二

化學會通總部

基礎化學部

題解

論説

綜述

傳記

著録

圖録

西技應用總部

產業技術部

題解

論説

綜述

傳記

著録

紀事

圖録

雜録

軍事技術部

題解

論説

綜述

傳記

著録

紀事

圖録

藝文

雜録

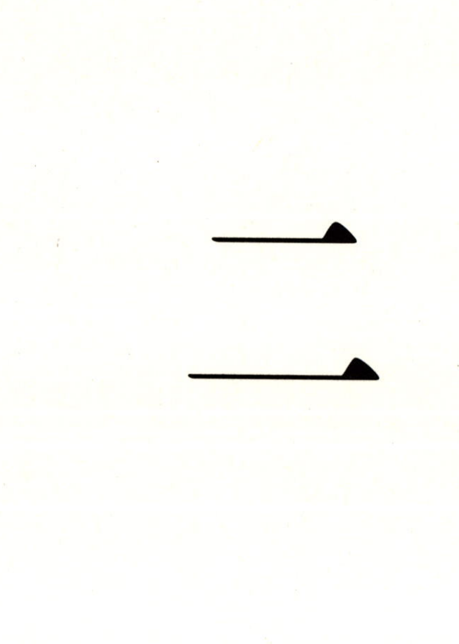
二

化學會通總部

基礎化學部

題解

富里西尼烏司　傅蘭雅　徐壽《化學考質按語》卷一　化學之旨，專論各質化合化分之理法，而藉以明其形性。化分者，將各雜質分析而得原質。化合者，將各原質合并而成雜質。由是而考質與求數相因爲用矣。是編爲考質之理法，能將不知原質之物，考出其各原質而盡知之。蓋令其雜質變爲已知之質，而從此得審其底蘊也。其旨有二：一須慎誤，二須從簡。至如求數之意，專藉已知其原質者，而求得其重數，亦有一徑求之者，兹姑不論。

考質求數之用，雖屬相因，而其法大不相同。先須熟練考質之工，然後再習求數，苟能聰明有餘而好學不厭，亦不可同習二事。

學習考質者，須先明曉各原質之形性，並其分合之變化，然後熟練其手工。因考質而能詳盡者，全在臨事不亂，而整齊精潔，苟非心靈手敏，恐難藏事，尤要心志堅定，而細審端緒。蓋萬物之形性與變化，俱成於一定之理，而毫不遊移更改。設如試作一事，而自以爲於法無差，而成效則差，究非萬物之公理有移改，實其人之昧於端緒，而未熟手工也。

考質之法，專藉化學之公理。故不知其公理者，即不能講習此學。然無此學，則化學之公理，亦無由以顯。故化學各事，理法相需，而以分合爲據。凡製造廠、鎔鍊家、醫藥、礦産、染坊、窑户、農工、圃夫，有與化學相關者甚多，所以化學必不可少。

化學各事，初視似無意趣，然久習之，實屬開心益志，且與民生實用有大益，故比諸別學尤宜玩索，往往愈習之，而得趣能愈多。因人心常欲知各事之準理，設其理不見於外，而必深入以得之者，則其味無窮矣。諸學之内，欲得其準理者，由極淺與極深皆有之。歷久而未能得者尚甚多，無論何種新理，思之不得，自覺難安，漸至不肯深思而棄之，化學亦然。故凡考，至半塗而廢，不但無益，而反有損，不如置而不考。所以讀此書者，宜自知之。

考質之事原意有二。其一，考一種質，内含別質否。如試驗泉水，或含鈣養。其二，考雜質之内所含之各原質。所以世上萬物，無一質不能化分者。

萬物之内，有數物化分之而得大益，有數物化分之而毫無益，又有偶然化分而得益之質。如藥品之料，製造之料，農圃之料，各種要質，是編格外加詳。至於無甚大用之物，如數種罕見之礦産，或難得之金類，是編概從略。因欲使學習者便，而以化分爲生計者亦便。

考質分爲四大類。其一，化分之工夫並器具。其二，化分之藥料並用法。其三，所化分之質遇藥料之變化。其四，化分之各事。依次排列。

如前各論，因知考質之理與法，必須合用而不可相離。若專談其理，而不問其法，或但用其法，而不問其理，俱致大差。故是編論法，而并論其理。

沈桐生《東西學書提要總敘》卷下《化學》　化學總敘

有鏡機先生問於崇實子曰，吾聞前民利用，古聖之睿知也。物格知至，儒者之精蘊也。自華離之秘既洩，陶槖之藏益恢，新識奮躍，羣竅翕張，歐西名邦，厥探化學，可謂繼聖哲之功能，補經傳之闕遺者矣。豈中國之智麗於虚，西人之學徵諸實者乎。言未畢，崇實子逡巡避席而對曰，不然。夫道者，本也。藝者，末也。聖人重道而輕藝，故寡説而眇論。且西人化學之精微，亦嘗竊中國之緒餘。夫潤下作鹹，炎上作苦，曲直作酸，從革作辛，稼穡作甘，此非《洪範》言化學之功用乎。化徵易若鼃爲鶉，五合水火土，離然鑠金，腐水離木，此非墨翟所言金石草木之化乎。漆淖水淖，合兩淖則爲蹇。金柔錫柔，合兩柔則爲剛，燔之則勿淖，此非《吕覽》言化分化合之理乎。水爲陰，火爲陽，陽化氣，陰成形。以及亢則害，承乃制，制則生化，此非《素問》言汽質、流質、定質，加熱減熱三質遞變之法，與兩物交感合化之理乎。由是言之，則化學者實根荄乎古義，而濫觴於泰西。鏡機先生曰，然則化學之用，可得聞乎。崇實子曰，化學之爲用，大矣哉。故以之養身，則壯筋骨也。以之製藥，則療疾病也。以之鍊鑛，則易得精金也。以之種植，則暢茂厥物也。而且有動物化學焉，有植物化學焉，有地産化學焉，皆須審其形性，考其質體，表其功能，定其名稱。蓋自有化學，而天地萬物乃無遺性、無遁形矣。鏡機先生曰，吾聞化學有六十四原質，其體不同，其用各異。子盍爲我一一言之乎？崇實子曰，僕不敏，雖嘗披覽乎譯編，而業究愧夫專門。若提綱挈要，僕病未能也。雖然，不知蓋闕，先聖之所以務實也；非能願學，賢者之所以求知也。兹姑就近人所發明者，採輯而備録之，以質正於大雅焉。攷化學原質，分金類、非金類二種，請即非金類而先陳之。蓋非金類之用甚廣，萬

物化成，大半恃此。其氣質有五，一曰養氣。原質中以此爲最多，地球涵三分之一，天氣内涵五分之一，水道中涵九分之八。至於生物體中，如草木鳥獸，均含養氣，蓋所以生養萬物也。故化學家謂人之呼吸亦需養氣。其體微而用甚宏，且其入物也，有能深入者，如鐵沾養氣，即全身透銹是也。有止蝕一層者，如鉛沾養氣，止銹外露之面是也。此養氣之體用也。一曰輕氣。凡屬酸質，均含之，其用亦廣。以之裝入球中，即可上升。以之裝入番鹻，水作氣泡，其泡亦上行甚速。又能與他質合，如輕氣與炭合，爲炭輕。與養氣合，爲輕養，即水也。此輕氣之體用也。一曰淡氣。天氣内含十分之六，動植物亦多涵之。其體極静，不易與别物相合，然化合之用不少。如鉀養淡、淡輕養等類皆是。凡作爆裂之物，以此氣爲最要。如火藥棉花藥及一切軍火炸裂之藥，俱不能無淡也。此淡氣之體用也。一曰弗氣。弗氣常藏於鈣中，而成鈣弗礦。西人鍊取金類，每用之爲配合之料。惟其性酷毒，與緑氣及碘質、溴質無甚懸殊。如遇金類及玻精，則牽合之力甚大。至與輕氣化合成酸類，其用尤宏。此弗氣之體用也。一曰緑氣。動植物之各流質，均涵是氣。因其色黄緑，故名曰緑氣。若論其用，則緑氣最有滅臭之性。凡各惡臭氣，皆可化合而滅之。又有漂白之功，凡各種顔料所染之色，一沾緑氣，其色頓滅。至於别質化合，亦甚多。如銻緑、輕緑、緑養、鈣養緑、鈉養緑、鉀養緑，皆是也。此緑氣之體用也。其定質有八，一曰炭。炭爲世間最多最要之質，在物中則草木鳥獸皆涵之，在地中則金石煤炭亦涵之。至論其用，如插地木樁電桿外炙令焦，反能經久不敝。若加大熱，亦有去色去臭之功。無論何物或腐爛臭惡，用炭粉鋪其上，臭味即收。又可濾器以濾流質，如將墨水或墨酒，以動物炭濾之，則其味與色俱無矣。此炭之體用也。一曰燐。燐無獨成者，動物、植物、沙石、田泥俱涵之，禾麥之涵此質，皆聚於穀仁，而稈榦中略少。其色白，其質輭，如密蠟。至其用，亦不少，動物、植物俱賴以生長。蓋燐與養、鈣化合爲鈣養燐養五，而成動物之骨，故骨中之燐爲最多。農家有用獸骨壅田者，亦以骨中之燐能肥禾稼耳。且燐之性易燒，故自來火柴亦用之。此燐之體用也。一曰硫。按，硫色黄，質脆，産於火山者最多。與金類化合，則成鐵硫、銅硫、鉛硫、鋅硫等礦。凡動植物亦多涵硫質，如銀匙入雞蛋，用久則黑，緣雞蛋亦含硫耳。若論其致用，則藥品軍火之需爲多。此硫之體用也。一曰碘。海水、泉水、海草、魚介等物中皆有之，其色青黑，狀如細鱗。若論其用，則爲西藥妙品。然性毒，不可多食。以治瘰癧等症，頗能見功。照相染紙亦用之。此碘之體用也。一曰硼。硼之形有三。一爲暗定質，其色棕緑。一爲晶粒形，其色似金剛石。一爲半明定質，其色如筆鉛。然無獨自生成者，與鈉養化合，則爲硼砂。與養氣三分劑化合，則成硼養三。其餘無大用處。此硼之體用也。一曰矽。矽與硼同，其形體亦有三。一爲晶粒形，一爲棕色粉，一爲筆鉛形，凡地球大小石内皆涵之。若受大熱，則爲流質。且矽亦無獨成之質，與養氣化合，即成矽養三，如玻璃、水晶、白沙、火石，以及竹筠、藤皮，大半皆爲矽養也。此矽之體用也。一曰碲。碲之原色，其白如銀，而脆如玻璃。化成後，與硫硒之質甚無大異。然其獨成之質不嘗見。常見者，合於金類之中，如金銀銅鉍等礦，皆涵之也。其用亦不大，與輕氣化合，則成碲輕。此碲之體用也。一曰硒。硒之爲物，質脆而色棕黑。其光，如新割之鉛銅鐵内含之。若論其用，與養氣化合，則爲硒養，成酸類二種。與輕氣化合，則爲硒輕，氣甚臭惡。故取五金礦者，恒以吹筒射火，嗅有此氣否，即知該礦含此質否也。此硒之體用也。其流質有一，曰溴。溴每藏於鹹水中，其臭味與緑氣相仿，而更猛烈。若論其用，則漂白照相所需。至與他質化合，則有溴養輕溴、溴養醋酸等類。此則溴之體用也。此十四種，皆所謂非金類。至如金類，其目有鹻金類，有鹻土金類，有貴金類，有賤金類，有土金類，凡計五十種，請續述之。曷言乎鹻金類也？蓋鹻屬之金，其力俱猛。一曰鉀。其色白而質輭，凡地中之石皆涵之，草木所涵尤多，故常法皆從草木灰内取之。與養氣牽合之力最大，如置鉀粒於水，即與養氣牽合成火而燒。其化合之用，除鉀養外，又有鉀養炭養、鉀養淡養等質，此鉀之體用也。一曰鈉。其質性與鉀略同，動物中多涵之。鈉非獨生，每於鈉養化分養氣，而得其浄質。在化學家以鈉爲有用之質，凡化分鎂鋁所不能缺，與他質配合之用亦廣。如食鹽，即鈉與緑化合所成。顆粒之鹽，即鈉與炭化合而成。朴硝，即鈉與硝强酸化合而成。元明粉，即鈉與硫化合而成。此鈉之體用也。一曰鋰。鋰之形性與鈉略同，石中所含最多，菸葉之灰内亦微有之。凡定質中，以鋰爲最輕，約比水輕一半。與養氣化合，則成鋰養，與他質化合，亦有數種。其最有用者，爲鋰養炭養，可以供療病之需。此鋰之體用也。一曰鏭。每泉水一礅，僅涵此質二三厘，又有數種石，亦涵之。與養氣化合，則成鏭養，此鏭之體用也。一曰鉫。化學家各出弗弢驗泉水而得之，又有數種石及植物之灰，亦微有之。與養氣牽合之力甚大，遇空氣能自燃，投水中亦自燒。與養氣化合，則成鉫養。此鉫之體用也。此五類者，均屬鹻金。曷言乎鹻土金類也？謂共與養氣合成之質，狀如土而性如鹻也。一

曰鎂。其色如銀，而質極輭，可打爲箔，可製成絲，其餘如西國之煙花火砲，亦多用鎂。航海夜行，亦用鎂以發火燄，此鎂之體用也。一曰鎴。其色亦白，磺養之鎴，産於硫礦。炭養之鎴，産於鉛鑛。凡鎴化成之質，於火中燒之，俱成猩紅色，然無大用處，惟製煙花而已。此鎴之體用也。一曰鈣。爲地殼所常有之物，其化合之用亦多。如石灰，即鈣與養氣所化合而成。石膏，即鈣與硫養三化合所成。大理石、珊瑚，以及白石粉、蛤螺類，亦即鈣養炭養二化合所成。此鈣之體用也。一曰鋇。鋇色白，而易消鎔。其産於地面者，多在鉛礦、銅礦之間。若與綠氣化合，則成鋇綠，化分物質常用之。若將鋇養炭養二入鈉養淡養五水消化，即結成斜方粒，用作火藥，宜於礫石開山。此鋇之體用也。此四類者，均屬鹻土金。其曰賤金類者，用有大而亦有小。其大者有六，一曰鐵。其形質爲藍灰色，純者爲熟鐵，性甚柔。含炭者爲鋼鐵，爲生鐵，性甚堅。生鐵性鬆，不能捶打，祇可鎔化於模，以成其用。如火管、燈柱、鐵欄、火輪等是。若熟鐵，則無論各種船炮，皆可用之。此鐵之體用也。一曰銅。銅之體質極緻而脆，可以打薄引長，並可引電、傳熱。其用如鼓鑄錢幣，製造器皿，均屬合宜。他如苟銅可以鑄炮，固銅可以鑄壓水筩。又銅六分錫十九分鋅七十七分，可作汽車行輪之軸襯。若與養氣合成銅養，尤爲化學工藝最要之物也。此銅之體用也。一曰錫。錫有二種，體純者爲紋錫，體粗者爲塊錫。既需打箔，又可鑄器。與養氣合則成錫養，可擦玻璃。以錫鍍鐵，可不生銹。此錫之體用也。一曰鉛，鉛體爲灰藍色，輭同於錫。其用處甚多，自來火管、自來水管，皆用之。與養氣化合亦有用，如白鉛粉，即鉛與炭養二合成。紅鉛粉，即鉛三與養氣四合成。他如白鐵釬，即鉛二分錫一分所化。此鉛之體用也。一曰鋅。爲灰白色之金，體質堅結，亦可搥打以製器皿。且鍍鋅於鐵皮，鐵即不銹。若與綠氣合成輕綠，則可收淡輕氣、輕硫氣，以及朽腐臭惡之氣。此鋅之體用也。一曰銻。爲藍白色之金，内含珠形，極脆，可研爲粉。若論其用，必與別金配合，如鉛養銻養五，可作黄顔料。銻養三果酸鉀養，可作藥材。銻硫三與鉀養綠養和勻，即成大砲之拉藥。再與汞爆藥和勻，即成銅帽藥也。此銻之體用也。至其小者有十六，一曰錳。色灰而白，一名黑礞石，其有角之粒，可劃玻璃。至於錳養二，地産甚多，研爲粉，可作玻璃及漂白粉。此錳之體用也。一曰鎘。形似錫而性如鋅，與碘化合，成鎘碘，可爲照相之用。與硫化合，成鎘硫，可作顔料之用。又洋白銅，即鎘與銅鋅合成，此鎘之體用也。一曰鈷。其色紅灰，與養氣合，則成鈷養，用作玻璃之顔料，色極鮮艷。與綠氣合，則成鈷綠，消化於水，濃則成藍，淡則成紅。此鈷之體用也。一曰鉻。無獨成之質，若與養氣化合，其色灰白似錳，若與他質化合，其色最鮮。故染布、繪畫、玻璃、瓷器各顔料，俱可用鉻製成。此鉻之體用也。一曰鉍。鉍色紅白，質脆而硬。若論其用，則如鑄精細鉛字，及印圖之板，均宜配合鉍質。此鉍之體用也。一曰鎳。其色白，光亮如銀。至其用處，可配合爲白銅，製造各種器具。凡易藏吸鐵電器者，惟鐵與鎳而已。此鎳之體用也。一曰鉮。其色綠，其體如銅，其性既酷而甚毒。與養氣合成，即爲砒霜。又有鉮二養三，可爲玻璃、瓷器之黄色及黑色。此鉮之體用也。一曰鎢。其質稍重於錫，鍊成之純質，色棕而光亮。稍配於鋼内，其鋼更堅。此鎢之體用也。一曰鐠。鐠無獨成之質，恒見於鐵礦。其用則與養氣化合成鐠養二，其質白，可作資料及僞牙。此鐠之體用也。一曰鈮。其質成顆粒而甚堅。其用，則與養氣二合而成白粉。此鈮之體用也。他如銦也，鉿也，鉭也，鈾也，鉬也，釩也，其物既屬罕見，其用亦覺甚鮮，均略而不詳。此二十二類者，皆屬賤金。至所謂貴金類者，其用亦有宏有簡。其宏者凡四。一曰金。金之純者，其體極輭，故打爲箔，其薄可至二萬分寸之一。抽爲絲，其細可至秋毫之末。實爲貴重之品。此金之體用也。一曰銀。其體質略硬於金，而輭於銅。論其用，則自古傳爲國寶，無容贅述。餘如鍍物製器，極裨工藝。此銀之體用也。一曰汞。即水銀也，其體爲流質。其用甚宏，凡風雨表、寒暑表，各種藥材，各種返光照鏡，及藉以取金銀之在礦中者，俱用之。又有汞養、汞綠，亦有裨用。此汞之體用也。一曰鉑。即白金也，其質甚堅，惟電火及輕養吹燈，始能鎔之。其用處，則鑄砲之人以鑲火門，補牙之人用鑲牙牀。并用以作器，可化分一切猛烈之物。此鉑之體用也。至其簡者，則如釕之體硬，銠之體脆，鋨之體堅，銥之體重，鈀之體固，而鎔化皆難。論其用，則釕與銠毫無所用，鋨與銥可作鐵筆尖，鈀則可打薄引長而制器，然其物皆罕見，故並略焉。此九類者，皆屬貴金。若所謂土金者，其用甚淺。惟所謂鋁者，爲有用之質。按鋁色白質堅，與銀無異，而音聲清越。故西洋以之製遠鏡筒，并洋琴版。若與養氣化合，尚有別用。此則爲鋁之體用。至若鉺也，鈦也，鋱也，此三質，恒出一礦。其性亦相同，惟鉺養色黄，鈦養色白，鋱養色玫瑰，此則不無微異。鏑也，鋃也，錯也，三者亦出一礦。蓋鏑養含水者，現茄花色。不含水者，現棕色。鋃養止成一質而無用，錯養草酸可以爲藥。若夫鋯，則似異形之矽，鉒與鉛形體與鉛略同，而均無所用。蓋因其既不能消化於水，又不能與炭氣相合，是以體用均淺也。

此十類者，皆屬土金。所謂化學六十四原質，分合體用，略備於是，請晳驗焉。鏡機先生曰，是則聞命矣，然吾觀化學之書，字異名異，心眩目迷，何歟？崇實子曰，是説也，吾聞諸傅君懋元矣。蓋研究化書，厥有五難。華西字異，一難也。譯音人人異，二難也。命名造字，以爲簡法，古意既違，而或依音，或會意，或望文生異，筆述又異，三難也。有假字，如昔作錯。有假名，如酸合反酸，謂之鹽類，實非鹽也。名實易淆，四難也。鹽類非他，中立性也，別酸與反酸而言也。養多爲强，養少爲酸，而酸類多，五難也。不董理之，紛如歧如，蓋分合名目，西人已苦其毓也。今傅君有《化學綱目表》歸一之作，首主名，次異名，次率數，次較水重，次代字，次西名，次譯音，次釋名，分別部居，不相襍廁，比類以觀，朗若列眉，實爲研究化學者之助。鏡機先生曰，化學之體用，既備聞之矣。然試驗練習，非器不行。曷再述之？對曰，化學之分合，形性千變萬化，其用最緐，其器亦夥。故有備料之器，消質之器，權量之器，試驗之器，生熱、容熱之器，取氣、試氣之器，如酒精燈，漏斗管，吹火筒，抽氣筒，以及蒸器、濾器，名目甚緐，不可勝數。總之，習化學者考庶物以知其質，推分劑以求其數，必使法有證據，理得顯明，方可致諸實用，蓋非語言所能罄其奧妙也。客退。因掇拾所問答者，以著於篇。述化學。

論説

杜亞泉《亞泉雜誌序》《亞泉雜誌》一期　我國自與歐洲交通以來，士大夫皆稱道其藝術。甲午以後，國論一變，講求政法者漸衆。雖然政治與藝術之關係，自其內部言之，則政治之發達全根於理想，而理想之真際非藝術不能發現。自其外部觀之，則藝術者固握政治之樞紐矣。航海之術興，而內治外交之政一變。軍械之學興，而兵政一變。蒸汽、電力之機興，而工商之政一變。鉛字石印之法興，士風日闢，而學政亦不得不變。且政治學中之所謂進步，皆藉藝術以成之，例如電信通而後文報疾是也。德意志之興，雖其君相之賢，而得賚賜創置新鎗，中興之功，未始非銅匠之力耳。且吾更有説焉。設使吾國之士，皆熱心於政治之爲，在下則疾聲狂呼，赤手無所展布，終老而成一不生產之人物；在朝則衝突競爭，至不可終日。果如是，亦毋甯降格以求，潛心實際，熟習技能，各服高等之職業，猶爲不敗之基礎也。夫日本固以改革政治而興者，今其教育社中之言曰，今日學生之趨向，欲當於應用之實務者甚少，可爲國家憂。見社中所著遊學案內。亦此意耳。抑吾豈謂政治學之不適於實用。但譬之人身，必以手足耳目口鼻組合而成，腦髓祇須一個。又譬之船艦，水手要多，船長祇須一人。則存活我社會中多數之生命者，必在農商工業之界可知矣。今世界之公言曰，三十世紀者工藝時代。吾恐吾國之人，嚚嚚然爭進於一國之中，而忽爭存於萬國之實也。苟使職業興而社會富。此外皆不足憂。文明福澤。乃富强後自然之趨勢。天下無不可爲之事，惟資本之缺乏爲可慮耳。吾願諸君之留意焉。亞泉學館輯《亞泉雜誌》揭載格致算化農商工藝諸科學，其目的蓋如此。然記者自料非能副此目的者。且區區雜誌，詎足當此目的。惟冀爲他日藝林中之一片敗葉也。是爲序。

又杜亞泉《定性分析後記》《亞泉雜誌》一〇期　甲午之秋，中日戰耗傳至內地，予心知我國兵制之不足恃，而外患之將日益亟也，蹙然憂之。時方秋試將竣，見熱心科名之士，輒憂喜狂，遽置國事若罔聞知，於是歎考据詞章之汩人心性，而科舉之悞人身世也。翻然改志，購譯書讀之，得製造局所譯化學若干種而傾心焉，以謂天下萬物之原理在是矣。窮日力以研究之，購造粗拙之瓶缽，搜羅紛雜之材料，水溶火鍛，皆督終日，喪財耗精，千失一得。僻居鄉曲，無所見聞，畏化學器材之繁貴，不敢問鼎，僅僅得寄其心思於卷帙之中而已。丁酉越中設郡學，予承乏以算學課諸弟，暇則讀分原辨質之書，知分類定性之理，乃專備考質之器料以治之，復得學堂所備之小學理化器械而試驗之，於是前所讀之書，始有條理而得綱領也。旋復以小學化學課諸弟，同志漸多，頗得研究之樂。惟以僅藉數種譯籍爲脚本，如溝之無源，如邱之無脈。時塾中同志延日人課東文，予從游焉。條理其文典，稍有一得，乃購日文之化學書讀之，漸得熟其學名與規則，而世界普通之化學乃畧窺其範籬。然所得東籍，言化學者既少，而亦非善本，其間惟丹、柴二氏所藏之書爲最美。其《無機化學》收採近世新理雖夥，但與舊譯相去尚少，惟《有機化學》則甚完備，而向來譯籍中百不得一二焉。工業、醫藥二者，均以有機化學爲根本，而門徑未開，譯名未立，則是書不可不亟譯矣。其《定性分析》《定量分析》二書頗精當，雖舊譯已有《考質》《求數》二書，但分析之門法較多，亦不可不擇他本以參究。予屢欲譯其書，而卷帙繁重，今得平野、河村二氏之書譯入雜誌，此書較之丹、柴所藏生田氏之書條理稍遜，但卷帙少而法亦備，惟譯録之舛訛，排印之誤字，自知甚多，祈同學正之。　亞泉又誌。

佚名《化學當學論》《皇朝經世文四編》卷一一　今之聚談實學者，非曰格物算法，即曰天文地理；步武西法者，不曰洋陣洋操，即曰英文英語。庸詎知此僅西學之皮毛，而非其精義哉！泰西有化學焉，與格物算法相表裏，與天文地理相頡頏。文字語言由此而開妙藴，行兵布陣亦藉之而瀹靈機。行之於大廷，固可以强兵富國；守之於一己，亦可以益壽衛生。乃魯鈍者苦其精深，聰穎者又鄙其瑣屑，是可惜也。請略言化學之理。化學者，化分化合之謂也。盈天地間之物，沓不知其億兆京垓秭壤溝澗正載，其原也而考質不過六十有六，苟非化合化分，則祇此六十六種而止，何由而有億兆京垓秭壤溝澗正載之物哉？然欲考其如何化分，如何化合，以何法化分，以何法化合，何質與何質化分，何質與何質化合，化分之後變何形，化合之後成何物，其中有奥理焉，有苦功焉，非三言兩語可以明，非三月期年可以解也。無已，姑就富國、强兵、衛生益壽數大端，略言化學之效。富國之急需開礦，夫人而能言之者也。以五金而論，豈漫爲是掘地鑿山哉？必也未開之先，如法化分，知其含金之貴賤；已開之後，如法化合，知其出金之盈绌。其法愈精，得金愈多，人工且又省。他如工藝製造，無非化學之所發皇也；照像鍍金，無非化學之所流露也。或曰此皆小民之事，初非君子所宜。豈知工力固屬乎小民，而理法必出於君子乎？我故曰化學可以富國。中國槍礮藥彈率皆購自西國，雖常設局製造，亦歸西人執掌。嗟！彼華工無非如奴僕之供人使令耳。今既欲與西國相争衡，而軍器必資於强敵，孰勝孰敗，較然易明。獨不思西人亦猶是人也，華人之心思且亦有勝於西人者，而遇事皆瞠乎在後，此無他，化學之明且精遠遜於西人也。假令我華人之於化學亦如西人之專心致志，將何鎗何礮之不能造，何藥何彈之不能製哉？吾故曰化學可以强兵。至於療病之藥材，中國雖有炮製煎炒諸法，西人則以化學之理，去其渣滓，提其精液。等藥也，華藥用數兩者，西藥祇用數分；同病也，華藥服半杯者，西藥祇服數滴。下咽既屬甚易，去病又形甚速，事半功倍，此之謂歟。且於化分化合之理察藥材，則知某藥之同質，是故中國外科有用珠粉者，西人則知珍珠與灰石同質，遂舍其貴而取其廉。華醫又有用硇砂者，西人則代以漢輕四綠。又如蛋白與輕粉相和，則結爲定質，以此推之，則遇服輕粉者，解以蛋白，毒自不散，豈有不效者乎？人每言西醫之藝絶倫，而不知其得力於藥材者，實其得力於化學也。泰西醫士必從化學入門。西人年壽今長於昔，歷觀西史具有明微，吾故曰化學可以益壽衛生。要此三者語焉不詳，欲讀成書，已有譯本。而其上益於國，下利於己，則此説實莫之易也。有志之士曷其舍化學而不學乎？

綜述

《康熙幾暇格物編》卷二六　石鹽　石鹽産於回子地方，每高山罅隙處多有之，巘峻不能至，土人多用箭射取之。色潔白，明朗略似水晶，性温入火不爆者乃真。可以療病，與中土之鹽迥異。又有紅色石鹽，産於平地水澤中，色微紅可愛，土人飲食用此，不聞入藥也。

又　卷二七　硭硝　前代禁止硭硝不令出口，立法甚嚴，不知口外頗多産硝之地。喀爾喀厄魯特地方，有白色土熬之，即爲硝，比中土所産更佳。始知天下有用之物隨地皆有，初不以中外異也。

又　卷二八　温泉　温泉可以療疾蠲痾，人盡知之，而不知尤宜於年長之人。若四十以内者，初浴湯池時，反覺氣弱，必久而後復。蓋人至四十以外，筋骨少衰，氣多收歛，得温和之助，自然情神怡暢。若少年血脉方剛，更以純陽之氣蒸逼之，汗液越泄，精氣外散，不無少損。李時珍曰，入浴後，當大虚憊。此未分老少之論也。又浴湯池必以七日爲期，湯之功力始到。再静養七日，調攝心志，導和引元，則一身之氣脉充足，諸疾自愈。張説《温泉箴》云，若入温泉居食失節，動出輕躁，莫之或益傷之者至矣。故君子慎微。此至言也。

鄭光祖《一斑録》卷三《物理》　物皆水土氣爲質

天以内之物，莫大於日陽也。衆星與月皆小於日陰也，日以一陽而統衆陰也。陽之本，火也。火生氣，氣者，火之表也，即空也。無空非氣，亦無氣非空。人在氣中而不知有氣，如魚在水中而不知有水。特魚能出水而至無水之處，人不能出氣而至無氣之處。近地則氣濃而重，遠地則氣淡而輕。過日天而上，愈淡愈輕，至恒星天外遠極氣盡，然後無空。

地爲陰，其質只水、土兩物。陰必耦也。日鼓陽氣，蒸於其上，近地氣濃，氣遂凝成萬物。一切飛、潛、動植以生以長，充牣乎其閒，其質皆水、土、氣三者合湊而成。物若枯槁，則水已先去；物若腐爛，或火化，則氣散，而土便還其本質。氣凝成物，即重而少；物散爲氣，即輕而多。方寸之木以火化之灰，即是土，其質甚少；而氣則千百倍於方寸之木也。火若在甕，氣衝出而散，若悶之使息，反

收氣入内。蓋氣欲凝而存其燼也。水之多寡有定。冰從甕口凝入，中即加多，雖銅瓶、鐵甕，爲之裂。竹木火燒，悶氣即息。若火藥發鎗礮，則城牆可洞，山嶽可摧。

熱，陽也，熱甚而木生火。冷，陰也，冷極而水成冰。

火酒在缸面味濃，而脚味淡。鹽水在缸面味淡，而脚味濃。酒味濃則輕，鹽味濃則重，此可證氣之上輕下重也。鹽水中之渣滓，沈浮上下，重疊不一，此可證日月諸星高低各别，亦因其質各有重輕，故雖同是空懸，而亦層層各異也。

羅斯古　林樂知　鄭昌棪《化學啟蒙》　第二十二　總論

今學得火、空氣、水、土四事，略知世界各種原質有氣質、定質、流質，動物、植物、金石類之分。總不出六十三原質，或專一爲獨質，或雜湊爲合質，究其原質終不能變易爲他質並，不能化分爲兩質，惟與絶不相似之質化而合之是爲雜質，其性情與原質迥判，若辨析之，而其本來之各質分兩輕重不爽毫釐，無論化學家如何化分化合，總不能令原有者變爲無，亦不能令本無者變爲有，惟互相變换，而其原質終在耳。凡化學工夫，少不得權衡之用，如試驗第二十，水若干磅，應有輕氣若干養氣若干，如十八磅浄水化分之得養氣十六磅，輕氣二磅，此一定之準率不獨水爲然也。又如紅汞養前試驗第三十，養氣十六，水銀二百，合成紅汞養二百十六，但化分之時，留神勿令有漏失而已，其定率如此，化學不能增之使多，亦不能減之使少，如欲得硝强水，勿費硝亦勿費硫强水，前試驗第三十六，朴硝即鉀養淡養。一百一磅，硫强水九十八磅，化分之得硝强水六十三磅，又試驗第四十六，以鎂絲二十四燒之，如不漏失，即得鎂養四十。以是知化合雜質之原質，各有一定之數，其數有多餘則所餘仍離而不合。若其數略減，即不能合成。單開化合分劑定數如左。此從法國權衡論體積分劑。

養氣每分劑十六
輕氣每分劑一
淡氣每分劑十四
炭每分劑十二
綠每分劑三十五
硫黄每分劑三十二
燐每分劑三十一
矽每分劑二十八
此爲非金類之原質
鐵每分劑五十六
鋁每分劑二十七
鈣每分劑四十
鎂每分劑二十四
鈉每分劑二十三
鉀每分劑三十九
銅每分劑六十三
鋅每分劑六十五
錫每分劑一百十八
鉛每分劑二百零七
汞即水銀每分劑二百
銀每分劑一百零八
金每分劑一百九十七
此金類之原質

以上原質兩相化合之分劑數，化學家屢經試驗得其定率。如化分紅汞養得其二百水銀、十六養氣之數，又如試驗第五紅銅得六十三、硫黄得三十二合成爲銅硫九十五，蓋不能略爲增減也。養氣與他金類化成之質總以十六爲率，鐵五十六合養氣十六爲鐵鏽，鈣四十合養氣十六爲鈣養合成之灰石，推之鋅六十五、馬口鐵一百十八、硬鉛二百零七，各合養氣十六，以成雜質。蓋所合不多餘十六也。此十六爲養氣之一分，化學書所稱汞養即汞一分二百、養一分十六是也。所稱鈣養即鈣一分四十、養一分十六是也。所稱鋅養即鋅一分六十五，養一分十六是也。若言乎水，則名曰輕養，即輕氣二，養氣十六是也。凡原質名下不添註數目字者，總指一分劑而言也，有雜質内之原質相合不獨一分，而有雙分、三分、四五分、拼合者，即如淡氣與養氣拼合成有五項雜質，其一曰淡$_{二}$養，即淡氣二十八，養氣十六是也。其二曰淡$_{二}$養$_{二}$，即淡氣二十八，養氣三十二是也，其三曰淡$_{二}$養$_{三}$，其四曰淡$_{二}$養$_{四}$，其五曰淡$_{二}$養$_{五}$，其餘皆可類推。此淡養兩質參互其合之分數，而所成雜質各異。然淡養兩氣拼合衹成此五項雜質，此外别無再拼之物。以是知，雙倍三倍四倍五倍之養氣，化學師不能於其中略有加損。試以二分淡氣二十八與養氣二十令其化合，而所合之養氣衹用十六，而餘剩其四，仍爲養氣無復相合也。然後知化學合法有兩例，其一合質有一定分兩配合成質，其二合雜質之合數總是一倍二倍三倍四倍五倍，而無倍半兩倍半之參差也。既知化數有一定之分劑更宜明曉化學書法。如試驗第三十六製淡養$_{五}$，用朴硝硫强水置曲頸甑内燒之，有硝强水行過曲頸而甑底餘爲鉀硫，即鉀輕硫養。其如何合、如何分，並應用若干化料，正合度而毫不多費。吾今以化學書法表明之，有如朴硝即鉀淡養$_{三}$，蓋鉀一分爲三十九，淡一分爲十四，養三分爲四十八也。此硫强水即輕$_{二}$硫養$_{四}$，蓋輕二分爲二，硫一分爲三十二，養四分爲六十四也。此二物拼在一處即化變硫强水，内之輕氣有一半歸至鉀養處化成新物二種，即輕淡養$_{三}$是爲硝强水，又鉀輕硫養$_{四}$，是爲定質鹽類之鉀硫。未化合之前有鉀淡養$_{三}$並輕$_{二}$硫養$_{四}$，既化合之後，即爲輕淡養$_{三}$，並鉀輕硫養$_{四}$，前後分兩不失毫釐。試詳言之，鉀淡養$_{三}$，即鉀二十九淡十四養四十八是也。輕硫養$_{四}$即輕硫三十二，養六十四。合朴硝共爲一百零一數，合硫强水共爲九十八數。迨化變後所得之物輕一、淡十四、養四十八，合成硝强水共六十三數。鉀三十九、輕一、硫三十二、養六十四、合成鉀硫共爲一百三十六數。是一百八數加九十八數共成一百九十九數，後以六十三數加一百三十六數仍爲一百九十九數。豈非化變後一毫不失乎。由是觀之，欲得若干硝强水，即用若干朴硝、硫强水可豫爲計算分

兩，以化得之推之他質皆然。今更以他質比例之。如前試驗第十五鋅即白鉛。加硫强水取輕氣其化爲鋅硫養。即鋅養硫養。彼此分兩皆同。

解曰：六十五磅鋅、九十八磅硫强水拼合一處化之得二磅輕氣、一百六十一磅鋅硫養，分兩相等而合質迥異矣。如欲得四十磅輕氣，試問鋅與輕硫養應用若干。

鋅　輕硫養四=輕二　鋅硫養四

六十五 ⊥ 二 三十二 六十四 = ⊥ 六十五 三十二 六十四

六十五 ⊥ 九十八 = ⊥⊥ 一百六十一

合共一百六十三　　合共一百六十三

凡化分化合書法照此式，俾知用化料若干得化物若干。化學工夫業已試驗質地性情有一定之分劑數。學者可永久遵行。

試驗例

一、凡欲試驗與看，須先熟練。將所試木文熟記，方能一面講解，一面搬演。二、所用器具均須潔净，搬演時心手靈敏，又顯豁呈露。三、應用器具物料預爲備齊挨次排列以便順手取攜，不至臨用躭待，且所用物件，先爲一一試用，雖瓶口木塞亦預爲拔動，以期取用利便。四、試驗與衆人看後，即將器具收拾揩净，硫强水、硝强水爛物甚烈，燐又易著火，又毒物均一一收拾清楚。藏貯箱内閉鎖不令學生妄動。五、大學徒看明試驗各法，可令親手演練，師長在旁監視。

試驗誡言

第一試驗之瓶口大，須用厚紙襯塞，否則外面空氣入瓶仍能燃著。第三試驗之曲管有辣鈉養者，用過後兩頭管口以紙塞緊，不令空中之炭氣濕氣入内，致有弊變。倘鈉養曾經用過數次，應取出將曲管洗净揩乾，另换鈉養仍兩頭塞緊。第五試驗之玻璃瓶，亦可用玻璃試管代之。總須留心，硫黄未沸之前漫漫加熱，俾銅捲片積得熱氣然後硫黄沸，至銅上能紅色明亮。第六試驗，燐須在水底切碎小心輕輕取出，置於吸水紙上，用小鉗或刀移取燐置瓶内。第十試驗，法在冬天不能演，即試之亦不驗以光熱不足用也。第十二試驗，用葛羅咈電池量一湃伍脱，水置盆内漸加量盃三英兩硫强水調匀，候冷用之。電池白金頂上銅絲兩相相連有螺絲勾搭旋緊，其螺絲勾搭，用沙揩令明潔，白金裝於小瓷泥瓶内，取其無釉而質鬆也。小瓷泥瓶置於大瓷瓶内，或用大玻璃直口瓶大瓷瓶盛滿硫强水，有白鉛即鋅。接連電路之銅絲，小瓷泥瓶盛滿硝强水，白金亦接連銅絲，第一瓶白金之銅絲接第二大瓷瓶之白鉛，第二瓶白金之銅絲，接第三瓶之白鉛，第三瓶白金之銅絲，接第四瓶之白鉛，第四瓶白金之銅絲，若與第一瓶白鉛之銅絲，聯續則電路通而逐發汽，惟兩銅絲拆開則電不動，白鉛最易鎔化，外須包以水銀，則鎔較緩，如見硫强水内有汽發出，則是白鉛有水銀未包之處恐硫强水侵蝕，鉛易銷爛應即取出用輕緑揩於無水銀處，以水銀澆裹之，或以輕緑與水銀和匀裹鉛亦可。凡用此種毒爛之料，不可用手須用瓷璃等器用爲要，白鉛既裹滿水銀，則兩頭銅絲未聯之前，鉛不爲硫强水所化，乃得從容搬演。試驗已畢將强水仍封貯瓶内藏之。如用久，亦可换新，小瓷泥瓶與鋅等應浸於水以滌之。第十六試驗，凡鈉與汞相化合，必有響聲，學者無懼其鈉與汞，論體積不論分兩，用量杯。汞五分鈉一分。第十七試驗，最好用硫强水與水，亦論體積不論分兩。硫强水一分，加水六分，先爲拼和，每加硫强水用璃壺或瓷壺，由壺嘴緩緩加入水中，隨加隨調。第二十試驗，用堅玻璃甲字管，管無圓泡則用玻璃管之中腹寬闊者，管之一頭套管，恐有漏氣用塞紙四面塞緊，至於黑銅養過少，所成水汽不能顯明，最好用一英兩，試驗畢後餘下净銅，仍可令變化還原爲銅養。如圖内左管已拆開，而其火尚未移去，宜用前第三圖放水吸氣器具，以吸空氣中之養氣入管，銅得養氣相合仍爲黑銅養。然後將横管器具拆開。第三十一試驗，圖第二十四。鐵屑吸滿於吸鐵，用火燒之，得有養氣若干，則分兩更重，欲其多吸鐵屑，所以鐵屑分外纖細，天平須格外靈活。雖毫釐之重亦須顯出：前節銅吸養氣而較重於净銅亦同此比例。第三十六試驗，引輕氣過細曲管，出來不易，須常常試演熟練，方得臨時應手。第四十試驗，取緑氣不可於密室中不通風處爲之，而人并不可立在下風致吸緑氣之毒。第五十二試驗，用管吹火，祇用兩頰收放而吹之，氣不由肺出，以其要養氣不用炭氣也。

徐壽《化學考質按語》 壽按，考質求數之學，乃格物之大端，而爲化學之極致也。能精熟焉，則凡天下庶物，俱能詳考其原質，而深求其準數，遂使法有證據，而理得顯明。其綱領指趣，聿分前後，而條目工夫，胥備舊新。故將各物而考知其原質者，詳在是編。藉考知之質而求得其準數者，後編詳之。兹二編者，係德國之原本，所有權度之數，俱用法國之制。後經英國化學家譯成英文，而權度不改。因改英制，必多畸零尾數之繁也。今又譯成華文，則其權度之制，祇可仍存其舊。蓋德之原本而重譯爲華，若泥於中國之器，必致繁而更繁。故能通曉其制，而即用其器，殊屬簡便。因將華、法、英三國之制相較，而成相等之數列

後。學者一以貫之，西器猶之中器也。或準相等之數，而得其比例，亦可易其制，而翻用中器也。

中權二十七釐二八八四八〇
英權一十五釐四三二三四八　等於法一格
法權〇〇三十六格六四五五
英權五百六十五釐二六一〇　等於中權一兩
中尺三尺一寸四九六八
英尺三十九寸三七一〇　等於法一枚

中權以曹平爲準。即曹平一兩，等於庫平九錢八分，中尺以工部營造尺爲準，《數理精蘊》《大清會典》並同。

中尺式

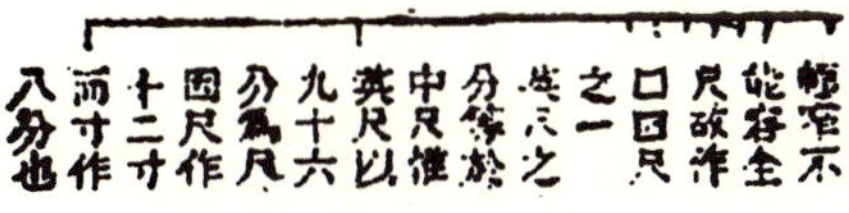

幅窄不能容全尺故作口曰尺之一英尺之分等於中尺催英尺以九十六分爲尺因尺作十二寸而寸作八分也

枚尺式

此係枚寸準此十之郎枚尺十析之爲枚分再十析之爲枚釐

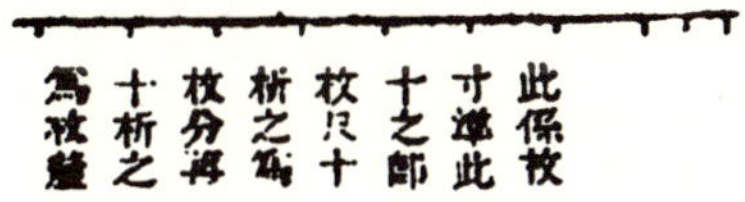

泰西權度量衡之制，法國之立數最簡。考定枚尺之後，權量隨之而定。各級以十升降而齊整，各器亦相通而相等。如蒸水一立方枚分，其重一格，而蒸水一千格之體積，爲一立方枚寸，即名一李得。此不但權度相通相等，而量亦相通相等矣。是書雖德、英屢譯而不改其數者，職是故也。以枚爲尺，十分之爲寸，遞降則分釐，故言枚寸、枚分、枚釐，後不用枚字者，省文也。

富里西尼烏司　傅蘭雅　徐壽《化學考質》卷一　化學之旨，專論各質化合化分之理法，而藉以明其形性。化分者將各雜質分析而得原質，化合者將各原質合并而成雜質，由是而考質與求數相因爲用矣。是編爲考質之理法，能將不知原質之物，考出其各原質而盡知之。蓋令其雜質變爲已知之質，而從此得審其底蘊也。其旨有二，一須慎誤。二須從簡。至如求數之意，專藉已知其原質者，而求得其重數，亦有一徑求之者，茲姑不論。

考質求數之用，雖屬相因，而其法大不相同，先須熟練考質之工，然後再習求數，苟能聰明有餘，而好學不厭，亦不可同習二事。

學習考質者，須先明曉各原質之形性，並其分合之變化，然後熟練其手工，因考質而能詳盡者，全在臨事不亂，而整齊精潔，苟非心靈手敏恐難藏事，尤要心志堅定，而細審端緒，蓋萬物之形性與變化俱成於一定之理而毫不遊移更改。設如試作一事，而自以爲於法無差，而成效則差，究非萬物之公理有移改，實其人之昧於端緒而未熟手工也。

考質之法，專藉化學之公理，故不知其公理者，即不能講習此學，然無此學則化學之公理亦無由以顯，故化學各事，理法相需，而以分合爲據，凡製造廠、鎔鍊家、醫藥、礦産、染坊、窑户、農工、圃夫，有與化學相關者甚多，所以化學必不可少。

化學各事，初視似無意趣，然久習之，實屬開心益志且與民生實用有大益，故比諸别學尤宜玩索，往往愈習之而得趣能愈多，因人心常欲知各事之準理，設其理不見於外，而必深入以得之者，則其味無窮矣。諸學之内，欲得其準理者，由極淺與極深皆有之，歷久而未能得者尚甚多，無論何種新理，思之不得自覺難安，漸至不肯深思而棄之，化學亦然。故凡考至半塗而廢，不但無益而反有損不如置而不考。所以讀此書者，宜自知之。

考質之事，原意有二。其一，考一種質内含别質否，如試驗泉水，或含鈣養。其二，考雜質之内所含之各原質。所以世上萬物無一質不能化分者。

萬物之内有數物化分之而得大益，有數物化分之而毫無益，又有偶然化分而得益之質，如藥品之料，製造之料，農圃之料，各種要質是編格外加詳，至於無甚大用之物，如數種罕見之礦産，或難得之金類是編概從略。因欲使學習者便。而以化分爲生計者亦便。

考質分爲四大類。其一，化分之工夫並器具。其二，化分之藥料並用法。其三，所化分之質遇藥料之變化。其四，化分之各事依次排列。

如前各論，因知考質之理與法必須合用而不可相離，若專談其理而不問其法，或但用其法而不問其理，俱致大差，故是編論法而并論其理。

第一章　化分之工

化分之工略同於化合之工，惟其原意不同故其法亦稍異，蓋化合之事，製造一切應用之料常有大廠爲之，化分則惟將各物考驗其原質，取用之物祇少許，其物即謂之試質。茲將考質之要工，分爲十六級如後。

第二章　消化第一

消化之事其意最寬，即將一種質，無論或氣或流或定，添入流質内相和，然析言之，所消化者爲氣質，宜謂之流質收氣質，或有一種流質添入别流質，亦非消化，宜謂之相和。所以消化之正名，以其用法言之，專在定質添入流質之内。

定質研磨愈細，在流質内消化愈易，其流質謂之消化質，其定質謂之被消

質，若消化時而定質與流質有化合者，謂之化合之消化，不化合者，則爲和合之消化。

不化合而消化之質，其定質仍存原性，惟其形與結力改變，而其流質亦仍爲原性，如食鹽在水消化，而嘗其鹹味與定質者同，熬去其水而成顆粒，亦與原物同，至如消化於流質而再不能消化，謂之飽足，然飽足之限甚寬，因流質之熱度愈大，所消化之定質愈多，故必以若干熱度爲準，否則飽足之限無定。

和合之消化，其熱度愈大則消化愈易，而愈速，若化合之消化，則流質内所含已消之質與未消時之形性不同，因二質非但和至極勻，而另有化合之性，故其質之舊性已失而變爲新質，其流質亦因此而顯出其新質之性，所以化合之消化，又能加熱而速成，平常言之，則各質之變化可爲熱所助成，然化合則無論熱度如何，其被消質之數與流質之數，比例恒不改變，因質之化合常有定數，而與冷熱不相關。

消化之事，其定質與流質必有相反之性，因二質彼此欲相減，必須相減至不分勝負，則再不能消化，故其流質常謂之飽足，但此名不甚妥洽，當謂之減性，或謂之成中立性，又飽足所有添料之數，謂之飽足限。

化合消化之質，大半爲酸質或鹼質，必用簡便之消化料，先令變爲流質，如其本質與配質有相反之性，彼此相減而變成新質，則此新質能與其流質又成簡便之消化水而存流質之形，如醋酸在水消化，而遇鉛養則其醋酸先與鉛養化合，而後得新結之鉛養醋酸即在流質之内消化。

製合藥品，常用瓷鉢將所欲消化之定質添水少許研勻，再添以水少許，而以濃淡得宜爲度，然化學之事不當用此法，但將定流二質盛於或筒、或瓶、或試筒、或瓷鍋，待其消化，惟消化各質爲水，宜將所欲消化之質，先以水或别種淡性流質消化之，然後漸添以與之化合之質，此可免所添化合之質太多之誤。又可免化合時太猛之病，又可省時，又可消化全盡。此爲極要之事。因化合之時常有用消化之料過限而反不肯消化者，則是初生之新鹽類微點不能在流質内消化，而包護於未消化之質外，故致餘質或不消化，或極難消化。如將鋇養炭養二礦即韋脱來得研作細粉，而傾水其上，再漸添以輕綠則消化甚易，若先將輕綠和水而以礦粉添入，即難消化，此因鋇綠能在水内消化而不能在輕綠内消化。

成顆粒與結成乃消化之相反者，其意欲令流質或消化之定質變爲定質之形，惟顆粒與結成二事，其理原屬相同，即消化之流質減少，故難定其成顆粒與結成之交界，然亦不可相混，而必分論。因所成之質，形體不同，並此二法，所成之事亦不同。

第三章　成顆粒第二

凡令流質變爲定質，而成合法之形，可用立體之名目，命爲何形者，即謂之顆粒，惟所得之定質，其形能合法否，全在工夫之遲速，故言成顆粒者，其意爲漸變成定質，即定質與流質分離之歷時須長，凡成顆粒要在定質之微點合法排列，其微點必能任意行動，方能合法，故流質變爲定質，或氣質變爲定質，能有任意行動之便，但有一事不在此公理之内，如將定質燒之使軟、或令其濕，則雖原爲黏力連成無法之粒，因此事而能令其合法排列，如將蔗糖熬之而成明質如冰，此其微點因黏力而不能合法排列，故能透明，若將此質遇濕即變白而不能透明，因成小顆粒之故。

欲其質成顆粒，須令其爲流質，或令其氣質散出，其故或在熱，如鎔化之金類，或在消化之流質，如鹽水，或爲熱與消化之流質相合。如鉀養淡養五，在熱水内消化飽足。若爲熱則減其熱，而成顆粒。若因流質則化散其流質而成顆粒，如兩者皆相關，又必合用二法。平常成顆粒，皆因有熱而飽足之水所以變冷即成。濾出顆粒所餘之水謂之母水。

成粒之事，常因已消化於流質之内而欲得其定質者，或流質内有數種定質，而欲分出其一種者，所成之顆粒常有異質而成同形者，或有大同小異者，必須細察其顆粒之形，或細察空氣内生霜與收濕或不改變等事，如鈉養硫養三與鉀養硫養三等，難分别之質是也。

備用之流質無多，而欲得合法之顆粒，宜將其水在空氣内緩化散，或用硫强水收乾之器，若成極小之顆粒，宜用顯微鏡察之。

第四章　結成第三

此與成顆粒之分别，因消化之質變爲定質而在倏忽之閒者，無論結成之質爲顆粒形，或無顆粒形，或沈至器底，或浮至水面，或散在水内，俱爲結成之例。其故或因被消質之改變，如鈣養硫養三在水消化，而添以醕，立即結成。或因有分出之質在水不能消化，如銅綠水内添以鋅，則鋅與綠化合而銅即結成，又因流質内之質其愛力或爲單顯者，或爲雙顯者，俱能成新雜質而不消化。如鈣養醋酸水内添以草酸，則有鈣養草酸結成鉀養鉻養三。水内添以鉛養淡

養五，則有鉛養鉻養三結成。凡屬此種化分，無論愛力或單或雙，而所成之新雜質常有一質在水消化，故可將一質分出，而一質存在水内。如鋅綠與醋酸與鉀養淡養五消化在水，間有變成之質，並令其變成之質，或變成之二質俱能結成而其水内不含定質。如鎂養硫養三水添以鋇養水，或銀養硫養三水添以鋇綠水皆是也。

結成與顆粒之意原屬相同，即令其流質内消化之定質仍歸定質，或流質内有數質消化而分出其一質，所以考質而令結成，或驗其色，或驗其性，或遇別質所有之變化。無論爲獨成者或合於別質而成者，俱藉此各事而辨明何質之實據，惟各種結成質之形性不同，須命名以別之。如顆粒形者、粉形者、雲點形者、乳花形者、膠形者以膏目視似粉形，後用顯微鏡察之始見顆粒形，故宜常用顯微鏡細察相似之形。

流質内有數種結成質極細而極少，因此而其微點目不能辨，但見其流質不透明，故即謂之變濁，或謂之起花，如有此事，可將瓶摇動，則能成雲點形之質，如其結成質爲顆粒形者，可用玻璃箸掉之，而磨擦於器之内面，則其顆粒易以結成，然助其質結成之法，平常爲加熱其器，或試筒、或燒瓶、或鍋、或盆，俱隨宜用之。

又富里西尼烏司　傅蘭雅　徐壽《化學求數》卷一　前編考質之意乃考驗庶物而定爲何原質所成，無論簡質繁質俱能條分而縷析之，是將不知之物變爲能識之物也。此編求數之工更屬精密，理其緒而分之大綱有二，一求其輕重，一求其體積。

推求物質之數是將考知之質變換其化合之法與形狀，由此改成之新質，或爲原體所分析者，或將原體内之質再與别質化合者，若爲原體分析之質，即可一逕求知其數，若爲原體之質再與别質化合，必藉比例而求知其數。兹設一例以明其理，如有汞綠若干，欲求其汞數。或用錫二綠水添入汞綠水内，而令汞結成。此即原體之質分析之理，或用輕硫氣行過汞綠水而成汞硫此即原體之質再與别質化合之理，若論其數則汞綠百分含汞七十三分八二，含綠二十六分一八，故用錫二綠水分出其汞，即能一逕得汞之數，若用輕硫變成汞硫則汞綠百分變成之汞硫八十五分六三四，而汞硫百分含汞八十六分二〇七，故以百分比八五・六三四若八六・二〇七與汞數，亦得七十三分八二，此必藉比例而得汞之數。

物質求數之工須令其質變爲他質，惟其變成之質必爲能識之質，又必爲能稱之質，且必有一定之分劑而可藉以比例，否則物質所含之原數無所據而求得之。

量法求數之理大不同於權衡輕重之理，量法者先準試水之體積而得物質之數，將其質和以濃淡定率之試水，使變爲别種定數之質，視其變化之限與所添之試水相準，即知其原質之數。如將鐵養硫養三水添以硫養三少許，而得酸性，再添鉀養錳二養七試水則鐵養變爲鐵二養三，此因紅色之試水放出養氣而變爲錳養，而錳養合於硫養三而成無色之錳養硫養三，故含硫養三之鐵養水内漸添以錳二養七水而連掉之，則其紅色漸滅而不見，視末後所添之一滴，紅色不變即知鐵養全變爲鐵二養三。

鉀養錳二養七試水，必配準其濃淡之率，用此試水若干而遇鐵養若干，全能變爲鐵二養三，此數已知則無論何水所含之鐵養，其數亦能推算而知，如水内有鐵養二分，而用鉀養錳二養七試水百分，適足全變爲銕二養三，則有含鐵養之水，而添以試水五十分，鐵養已變爲鐵養三而無餘，則知所含之鐵養爲一分，其餘皆可類推。所用之試水，常以其體積而定其數，故謂之體積之法。比諸權衡輕重之法簡而且便。

以上乃求數之大意，若欲精究其事，以造其極，則有三者爲要。其一通曉化學，其二手法靈便，其三專心篤好。

學習求數之工者，俱知初學之時常有遺漏之病，或疑有差處而難記憶其前事，或明知已誤而失於審察，又如傾流質而濺散、燒定質而爆裂、不能知其數之多少，或疑天平不準，或兩次化分而得數不同。如是者，必須追考差誤之源而重爲之，當觀古人試驗一事，竟有千百次而得準者，概可想見矣。故學者不可以省事爲先，而以準數爲次，尤不可臆度虚猜而不實驗，若犯此病，斷不可爲求數之事也。

求數之事，無論何種物質俱能化分而得之，顧是編所論者，專屬製合藥品與技藝百工，以及耕稼園圃之所相關者。

求數分作二大綱。一爲考驗和合之質，一爲考驗化合之質。或者以爲不必如此分析，殊不知化合之質求數，大不同於和合之質，且欲證其得數之法亦不同。求和合者之數略爲尋常之事所相關。若求化合者之數，必與格致之理有相需。設有配質與本質合成之鹽類質，用以化分，須知配質之形性與其化合之比

例，原與常事無甚相關，若將火藥，或屬金以及藥劑、與植物灰等考驗其數，但有益於工藝，而不能增化學之新理。

化學之理原藉求數爲準的，始可還證其分劑，設無求數之法，則化分之事亦空談。故有分劑之數，即能藉以求各數，而各雜質之配合，又藉求數而得之。可見求數之法尤爲化學之關鍵，民生日用非此不成，即如礦質所含之金類以何理相合，以何法辨別，又如動植生長之奥妙、農圃自然之利益，求數之外無從考究，惟此學術傳佈未久，不能知後世之有益於人者再能大至如何不特醫家之藥品製造之材料，格致之理法，盡受多益，尚能考得新理而還添求數之益，如分劑藉求數而得，求數藉分劑而詳，猶之玻璃瓷鉑各器以有化學而精緻，而化學則有此器而深微，相輔而行，其理顯然。

化分求數固爲分劑與工藝之大益，然費時耗財則甚多，若非深信篤好不能與此，或存心有爲而作又問作此何爲者，尤屬淺尠矣。所以學習此道必有恒心，嚮來名家皆非躐等而成。初知淺近之事不必驟作深奥之想，纔得此理不可懸揣彼理，至於求數之工，已在精微之境，然亦當如初學之時而循序漸進也。

頭緒繁多而諸難畢集者，莫如求數，稍涉鹵莽，必致欲速反遲。故宜詳審慎密而無急遽之心，則初似費時而終能得省時之益矣。

是編所論之各質分爲二大類，即非金類與金類，旁作雙線者因非要質。附論於後所論之各工，分作三級，其一先詳化分，後詳求數，其二總詳庶物，其三物質條例以便演習。

第一非金類

養輕硫硒燐緑碘溴弗淡硴矽炭。

第二金類

鉀鈉鋰鋇鍶鈣鎂鋁鉻鐠鋅錳鎳鈷銕鈾銀汞鉛銅鉍鎘鈀金鉑錫銻鉮鉬。

壽按，考質求數之學乃格物之大端，【略】故言枚寸枚分枚釐後不用枚字者，省文也。所用之寒暑表亦是法國之百度表。

備器 第一章

化分求數之工大概與化分考質相同，故已在前編詳論者茲不贅言，然或有不同之處則在此編註明之而詳其另加之工，若二事絶不相關者，則在各章列論又或間有相同者，則彼此不必重複而專在一章論之，並註明其詳在何章。

第二章

定質常以輕重定其數，氣流二質常以體積定其數，然無論或稱或量總以的準爲要，故宜詳細論之。

又 第四章

天平之衡梁必有重心，而梁之中樞謂之倚點，兩端之挂鈎謂之重點，若其倚點正當重心，則左右等重而不能靈動，斜置則定於斜，平置則定於平，或在重心之下，則稍稍動之而倚點脱離本處，故其倚點必在重心之上。

倚點既在重心之上，則與鐘擺爲同理，蓋倚點與重心之相距即擺之長無論衡梁低昂何如，而此相距之線必與衡梁爲正角，設如用線懸毬而令其盪動，則動力盡後懸線必合垂線。猶之衡梁兩端等重。而微動之，則左右迭更起落至力盡而停，其重心必歸直立之方向，而正在倚點之下，衡梁必合地平。

欲考衡梁低昂所需之力，當知非屬簡擺而爲繁擺，即有多質點繞其倚點而轉動，故所動之體爲此各質點之和數，而其動力爲重心以上與重心以下各質點之較數。

兩端之重點必與倚點同在一個平線内，若其重點高出平線之上，則兩端加重而其重心必移上，遂近至倚點。因所加之重物在其高點和其重，如再加以重，則重心再移上，而與倚點相合，遂不靈動。如再加重則重心移至倚點之上，必致倚點脱離。或作重點於倚點之下，則兩端加重而重心移下以致擺線加長，欲令衡梁活動，必增其力，所以絲毫微數不能顯明，故作重點與倚點同在平線，則加重之後而重心固亦移上，然總不能高至倚點，雖再加重仍能靈活，所顯之微數亦與未加重時相同。

衡梁之質須堅緻，始任重而不彎，如或稍彎，重□必移至倚點之下，遂至加重而不能顯微數。不彎之制有二式，或作斜方之形，或作二等邊之鈍角形。

衡梁之左右須等長，即二重點與倚點之矩準必相等，若不等者，雖左右等重而衡梁不平，必致長者昂而短者低，俗謂之欺平。

第五章

天平之能顯微數，又有三事如後。

倚點與托面之滯力愈小愈靈，其滯力之大小全在形式與材料。故倚點作刀口之形以極硬之綱爲之托面亦然，若用瑪瑙則更佳。至於二挂點之滯力，亦應極少。設將其盤與梁釘連而不動，重物置於一端之盤，其重雖有向下之性，而不

能直下，因與梁已成正角方向，故重端之盤偏向內，而輕端偏向外。偏向內者變短，而偏向外者變長，以致左右二端不相等。所以二挂點之滯力愈大，則愈近於釘連之病，愈不能見微數。

重心愈近於倚點，則其擺體愈短。設用二毬，一挂以長線，一挂以短線，同加力於二毬，使盪動，則短線所成之角大於長線所成之角。天平之內亦有此理。蓋重心與倚點之相距愈近，則衡梁愈能靈活。前言二挂點與倚點在一個平線內，則愈加重而重心愈向倚點移上，所以合法之天平雖加多重亦能見微數。然亦有相反之事，因加重既多而滯力亦大，此弊適與前言之益處相消，故天平之佳者無論大重與小重，其準略同。然重心與倚點愈相近，則梁之低昂必遲久，而稱物所費之時必大長。

天平之衡梁宜輕，若爲粗重，必致不靈。前言天平雖加重而仍能見微數，即是重心移近倚點之意。梁體若重則二端加重而重心不能移向倚點，而其滯力亦不能減，天平亦即不靈。設有物而動，力爲相等，輕物必是易動於重物，故衡梁當以輕爲要。

第六章

學者購用天平，必須合宜於各事，則於化分求數之工，庶無差誤。兹將當知者七事列後。

化分求數所稱之重，常以七十格至八十格爲大略，任此數而靈活者，足爲各事之用。

天平應有玻璃龕遮護，而不受塵埃。其龕不可短狹，前後有門可開闔。稱物之時，能避風之吹動，若其前面作整形而爲閘門之式，則在左右二旁各作活門。

天平須備一機括，以便稱物之時扶定衡梁。常法之機括將衡梁舉起而令倚點與托面相離，二盤仍是空懸，或托定二盤，而不使倚點離托面。其機括有柄通在龕外，用時不必開門。

衡梁重心之下應有懸針，指明擺動之分數或有作向上者終不如向下之佳。

天平應有垂線或用酒準。臨用之時可令二挂點與倚點同在平線內，故於龕下作螺絲足以準其平。

衡梁外面應刻分數，便用百分格之騎權以顯千分格之重。用此權有進退之桿通至龕外可任移至某分而不必開門。

衡梁之兩端應備螺釘以較兩端之輕重，又有螺釘以較兩端之長短，此即欺平之弊。二盤之下，又有軟毛之筆可使立停以免久待其自停之病。更有試驗之法乃稱物時所當知者以四事列後。

第七章

將各螺釘配準，而兩端或不平，可用錫箔小片加於輕端準平之，然後以千分格之權馬置於一端之盤，即能漸漸下墜始爲靈活，若能更靈萬分格之一亦顯。

盤內盛以重物而用權馬準平，隨在權馬之盤加重千分格之一，視懸針所指之分數與前空盤所加千分格之一相同。方爲極靈。然平常之器總不能如任輕之活動。

準平衡梁之錫箔須留於盤內，再在左右各加五十格之重，若不能平再加錫箔，隨將左右之重物調換仍必左右相平，否則必有欺平之病。

衡梁既自停而合於真平，遂撥動之懸針仍應指原處，若兩端之挂點不準或稍能移動，則每試一次每有不同，然此病惟不合法之天平始有之。

天平緊要之件概用純鋼，不可任其生銹，不可置於平常工作之處，宜藏於安靜之空房，玻璃龕內應置一碗，內盛乾透之鉀養炭養，令收濕氣此料或稍濕取出再煅之。

第八章　權馬

法國之權名曰格，推算各數最爲便用，其權自千分格起至五百格止，合於平常之事，惟常事所用，亦不必合權俱與定制者相較，而一副權馬則若大若小俱必自相準，然能得一副之每權悉與法國之定制較準，是爲全美。

全副權馬宜藏於一匣，此匣應蓋密，每一馬應隔一膛，雖爲極小者，亦必如是。

大馬合宜之式，作圓柱形，上有結頂以便鑷取，小馬用鉑片之方塊，而將一角折起亦便鑷取，其鉑片不可太薄，太薄則不久而或裂或傷或所刻之字不清。

定制之權馬以水晶爲之最佳。然平常化學之工不可用。因其式不便而價又昂，以鉑爲之亦最宜而價亦太昂，故從一格或半格起而至極小者，俱以鉑爲之，其餘則用黃銅，用時無論何質，俱必用小鑷夾取以免生銹，然作化學之事，常有强水等霧難免生銹之病，惟一副內所生之銹約因其體之大小而有比例，故其病亦自相消，且幸所生之銹極薄，雖有極靈之天平，亦不能見，若將銅權於未較準時鍍以金，可以日久不生銹。

較準權馬，在一端之盤置一格之權而一端用銅瑰略準平，再用錫箔準其微數，此不可用紙片恐有燥濕之差，取出其一格之權而以一格以下之小權湊成一格，與銅瑰相準，再將一格以上之各權同法爲之，如用一格之權兩箇準其兩格之重，兩格合以三格而準其五格之重，各小權之差不可多於萬分格之一。全權之差不可多於萬分格之二，方爲合用。平常出售者不能準過此數，若欲更準者，必自爲之。所以化學之準權一副實是寶藏，學者購用新權無論製造者之聲聞如何，亦必細較而驗其差。

第九章　稱法

稱物有二法，一爲直稱，一爲代稱。直稱者，將所稱之料置於一邊而權置於對邊，如衡梁之左右能等長則其權與料可任置於何端，而皆得真平。若不等長即是欺平。則權必常置此盆，而料必常置彼盆。

設有一種料，先稱一格而後再平分之，如其衡梁不等長左爲九十九分右爲一百分則將一格之權置於短端之盤，而料置於長端之盤，此料必加其重，足與格權正相對，或減其重而得料之實重。

以算法御之，將左右重物之數各與倚點挂點相距之數相乘，其二數若相等，則左右能相平，如前言長端之料應得〇・九九蓋九十九乘一等於一百乘〇・九九，如再平分之則短端換以半格之權而長端之盤内略減其料之半視能準平而止。則盤内之料爲〇・四九五而取出之料亦同數。所以算數無差即得料之一半。然尋常之權未必與定制之權正相對。惟其各分數能準則其全數稍差無妨。試將半格之權置於長端之盤，而料置於短端之盤，俟左右相平爲度，則短端之料得重〇・五〇五，蓋一百乘〇・五〇〇等於九十九乘〇・五〇五，其料即不平分乃爲〇・五〇五與〇・四九五之比，此即前言常置一端之意。

二盤之重不相等，必將料置於另器而稱之，方能同準。此説專爲盤而非關欺平之病。其權亦必常置於一端。凡作一事，其稱之次數無論多少，權與料兩物始終不可左右更換。

由前説而觀，無論何事應將所稱之料常置於左盤，而權常在右盤，如天平而專屬一人所用，固不必每用先較，若爲數人公用，難免無病，每用必較。

代稱者所得之數不但彼此悉準，且衡梁有左右長短並左右輕重之病皆可不問。將所稱之物如鉑鍋等，置於天平之此盤，而權置於彼盤，平後取去鉑鍋，而以權代之，左右仍相平，則所代鉑鍋之權必等於鉑鍋之重。故欲得最準之數，如求質點重率等事，必用代稱，又有簡法，將別物稍重於欲稱之物者置於左盤，權置於右盤，正得相平，記其權之重數，而取出換置欲稱之物，而添以小權準平，遂將二次用權之重數相減，則其餘數爲所稱物之重數，此雖用左右不等長與不等重之衡梁，亦得準數。設如左盤所置之別物五十格平之，換置鉑鍋於右盤添以十格而相平。是知其鍋之重爲五十格與十格之較，即四十格。玆將稱各物之要法分爲八款列後。

第十章

最妥最速之法，不可亂添灌馬而偶得準數，必當循序爲之，設有鉑鍋欲稱之，揣其重數約十格，即置於此盤，而用十格在彼盤。若爲太多，則逐級換權至太少，然後添以小權。如十分格以下各級得其真平而止。如此爲之費時甚少，若其懸針之擺動不甚慢，則數分時内能得極繁之重數，至萬分格之一爲度。

千分格與萬分格各數可用百分格之騎權，此比用原權爲簡而能與同準。

稱物必用記簿，先視權盒之内少何種而記之，後從盤内逐箇取還於匣而記之，二數相對即是不差，又凡稱物而欲兩數上下相減者，必將欲減之數記在第二行，而原數記在第一行，又或前行記鍋與料之重，後行記鍋之重第三行記淨料之重。

換稱別物或取去之先，必動其機括而舉起衡梁，各物安好之時，始放鬆其機括，若不照此天平不久而壞。

稱物不可即置於盤面，應用玻璃或瓷或鉑或銀作小盆，又不可用紙，因有燥濕之差，將小盆先稱準而添料於内共稱之以二數相較得料之重數。如其料欲分爲幾分，宜將其料盛於器内，而一逕稱之然後漸漸傾出而再稱之。所減之重即傾出者之重。

物質易收空氣之水氣者，必盛於蓋密之器而稱之，如大小玻璃表面大者盛料，小者作蓋，或盛於玻璃管内塞密。若爲流質必盛於玻璃瓶而塞之。

盛質之器或甚熱，必待其冷而稱之恐其數減輕，蓋物體之外面必附空氣與水氣，而所附之數依空氣之熱度與含水之數，又依本體之熱度，如鍋原冷後盛熱料變熱而同稱之，欲求其料之重即將原冷鍋之重與熱鍋合料之重相較則所減之數必太多，而得料之重必太少，此因熱體常將其熱傳與附近之空氣而空氣即漲大上升，其稍遠之空氣密而且冷必向熱氣之升處衝來，遂成風而舉起其熱體，故稱得之數減輕。

衡梁之二端，一挂金類，一挂玻璃，兩物若等重，左右仍相平。設將玻璃盃承於兩物之下，而令水没其物，則左右不相平。此因二物之與水較重不同也。蓋物在水中必減其重，此重之數，即與本物等體積之水重數，所以各種物質在空氣内稱之亦有此理，即是所稱之物與所用之權馬不能同其重率也。惟此差數極小，乃空氣之重率與定質之重率較數甚大，故求數之事可以不論。然欲求極微之數，而毫忽無差，則必將物質與權馬在空氣内稱得之重，與其等體積空氣之重相加，則所得之數與稱於真空内者相同。

第十一章　量法

求數所量之體積大半爲氣質與流質。化學家業已考究極詳，幾能與權法等準，但須極慎，故非極精細之事，不能常用。

德氏於一千八百〇六年初剏量法，以試鹼質。後有路氏用濕法試銀量鈉綠水。最後有麻氏又造塞門分度管，尤爲便用。惟量法雖極精，終不及權法之準，然將所量之流質以水沖淡而多其體積，雖差亦甚微，故求數之事亦常用之。

第十二章　量氣質

凡量氣質用分度管，大小不等，一端作圓頭化分生物質。所用量氣之器，有二種，其一爲鐘形之罩，能容一百五十至二百五十立方枚分，其徑略四枚分，側邊所刻分度亦枚分，其二爲玻璃管内徑十二至十五枚釐，共用五箇或六箇每管能容三十至四十立方枚分，所刻分度以二枚釐爲限。

量氣之管其邊應稍厚，否則易碎，用水銀者宜更厚，鐘形罩之厚應有三枚釐，管應厚二枚釐，量器之最要在所刻之分度無差，因得數之準俱藉此。

試驗量管有三事。其一管之分度宜逐級相等，其二此管之分度與彼管宜相等，其三各管之分度須與天平之權馬相準。驗之如後。

將管立置而漸添以汞。俱以定限之小數添入。視其分度與所添之汞均齊。添入之法用有底之小玻璃管，上口磨平滿盛以汞，用玻璃片壓其管口，多餘者溢出，然後傾入大管，此管不可手握當用木夾，恐汞遇熱而漲大。

再將小管所量之汞逐分傾入别管，如各管所受之汞盡合相同之分度，則知各管彼此相等，以上各管乃定其各氣質合比例之體積，若欲依其體積而定其重率，再須驗之如後。

將管稱準而記其數，用百度表十六度熱之蒸水滿至一百立方枚分。如其管之分度與權馬相準。則每水一百立方枚分在十六度之熱必重九十九格九。但此尚須再考或管或權之小差方可信用。設如管内之水量得一百立方枚分，而稱得九十九格六，若權不差必是管之分度太小，如用此管量氣質必設比例爲九九·六與九九·九之比。若一百與(天)[□]之比即知此管一百立方枚分對準分度若干。

又　第三十二章　求數各工

化分求數，原不能有公用之法可以遍試各質者，但亦勉能設法以求知其大半。所以先論化分各金類質，並金類與似乎金類者相合之質，並死物之酸類質與鹽類質，至於别種雜質亦無公法能求其數。必須先分爲本質與配質而後求之，如燐硫或硫綠或碘綠或淡硫等是也。凡求物質之數，當審知其各原質並所含各質之形性，此事已在前編詳之，由此而求各原質之數或求其一質或求其數質。設有鈉綠與無水鈉養硫養三相合，欲求其二質相配之比例，則不必求其鈉綠硫養各原質之數，祇須求其綠氣之數或硫養三之數已足知其鈉與鈉養之數。故將綠氣與硫養三二質求得其數，又能知推算之工則此質之數可證彼質之數。如以二質之和數與其鈉數與鈉養數相加必等於求數之質之和數。

物質之數，或用全質而逐級求之，或作數分而逐分求之。如鈉綠合於無水鈉養硫養三者，或先消化於水而以銀養淡養五令其硫養三結成，濾取其水而以銀養淡養五分出其銀綠，或取其原料之二分一用銀養淡養五一用銀養淡養五所以質雖甚少或不停匀，總以分求爲佳，因逐級而求必洗其初次結成之質，用水甚多難免耗靡。

習練求數必備記簿，以便隨事隨記，常有學者自恃强記而不寫明，以致日久而有錯誤，前後不能相，接無以查考，凡所用之法亦必預定而寫明其次第，方可起手作工，若用法未定而漫然爲之，則洗燒稱等事，不過借爲戲翫而於化學無甚關繫也，兹將化分求數各要事列後。

第三十三章　一稱法

用料之多少俱依原質之或簡或繁，故不能作定例，如鈉綠欲求其綠數則用半格或更少亦可，又如鈉綠合於無水之鈉養硫養三，則用一格已足用，又如植物灰與繁質礦須用三格至四格或更多，故以一格至三格爲常用之數，至於所含之原質爲微迹，雖三格尚不足顯其數，如求灰石内之鹼質、生鐵内之燐硫二質、所用之數必需十格至二十或五十格。

取用化分之料愈多，所得之數愈準，然能少用則工亦易，而料亦省，學者當

以得準與省時爲要，惟取料少者稱須極準，多用則稍差無妨，若論差數則多用者不可過千分格之一，少用者不可過萬分格之一。

用料衹須一分者，要將表面二個，彼此可相合者，先稱準或用鉑罐與蓋同稱準，將料盛其内而稱之，則二次得數之較，即其料之重數。

一種料欲取數分可將各分逐一稱之，或將料盛於玻璃管而稱之，從管傾出一分，而每次稱其管。

又有法可省工，將料若干稱而消化之，所得之水或爲四分李得之一，或爲半李得，或一李得，用五十立方枚分，或一百立方枚分之量管取其水，如量管與量瓶等器極準，最爲便用，否則有差詳十八與二十兩章。

第三十四章　二推算水數

化分之質含水者，宜先乾之，詳二十六至三十一各章。若仍含水，可推算其水數，惟各質之性不同，有易放水，易收水者，有耐熱至紅而化分者，有遇小熱而即放水兼散出別種質者。

求數之原質常以所含之水數爲要事，如化分鹽類質而已知其配質者，但求其水數而即知合成此質之方，故求質内所含之水不特爲化分之初工，又爲求數之常事，用法有二，其一先稱之而散出其水，遂又稱之，二數相較而得其水數。其二收得其散出之水而稱之。

第三十五章

甲從減輕之數以知水數。

角物質烘燒但散水氣而不收養氣。將質盛於鉑鍋或瓷鍋，用煤氣或酒燈加熱，先小後大，鍋已紅熱片時，待稍冷而置於收乾罩内，冷定而稱之，如是數次以不減輕爲度，若稱得之數能少於前次之數，必須再燒，不可揣度其水已全散。

含矽養二之質有數種，如托克、與斯替阿台得、與尼甫來脱等，必加大熱方能放水，再熱至紅，方能全水散出，故必用風箱與吹火筩。

易爆裂之質、忽噴氣之質，必用小玻璃瓶或小甑，再用玻璃管吸出其器内之水氣。

鈉綠等爆散之質，須研作細粉而盛於有蓋之鉑罐，此罐置於稍大之泥罐，而再蓋之，然後稱之，先加小熱而漸增大待冷而再稱之。

亢遇熱即放水，兼散別質，如硼砂與硫養三與矽弗二。此種質必先考知加小熱而水能放盡，不致散去別質，此須用隔水之器。若欲增大其熱，可用熱氣或熱油之器，必用熱表驗其熱度，或同時進風如二十九三十兩章之説。亦可助其放水，又可將乾砂和八質内令其質鬆而易放水，此必待重數不減而止。

加小熱而不能放水，或添別料在内令其易化散之質收住在内，如鉛二養三硫養三之顆粒，加熱至紅不但放水而兼放硫養三。若每一分而配以新煆之鉛養略重六倍，則其硫養三不散，又如含矽養二之質加熱至紅不免有矽弗二化散，又如求碘所含之水數，將碘一分與汞八分研匀加熱一百度乾之則所減之重，即水之重。

氐水在質内而與各質相合，其愛力大小不同，所以各質之水在不同之熱度而先後化散。此須先用隔水加熱至不減輕而止，再用熱油加熱至一百五十度或二百度或二百五十度，末用煤氣或酒燈。此各熱度必依其質性而配之。此事用前三十二圖之器最好。即有泡之管可用大玻璃管代之，又用小瓷器其形如船，即名瓷船可在大管内行動。所欲乾之質置此瓷船之内，而推至管中烘之又恐稱時再收空氣之水，氣，可將瓷船置於玻璃管内而用軟木塞之。

照此法易辨繁質内各質之含水數，如銅養硫養三之顆粒，每百分含水二十八分八七，此水在一百四十度熱以内即散，又含水七分二二，必在二百二十與二百六十度之間化散，又有數質不但加熱放水，尚須抽出空氣而令其氣薄，如鎂養硫養三，含水七分劑，如在一百度熱之真空内而下有硫强水則放水五分劑，又如在空氣内而用一百三十二度之熱烘之，再放水一分劑，加熱至紅又放水一分劑。

房物質有收養氣之性。如含鐵養等質可一逕放出其水而稱之詳後章。

又　第五十三章

其二將結成質與紙分燒。燒紙所成之灰有害於結成質者，或燒後之質欲作別用而忌雜紙灰者，或其質易從紙上取下者，俱宜分燒。

將鍋置於光潔之紙上，從漏斗内取出濾紙，輕捏其質鬆散而傾入鍋内，攤開其紙而拭其餘質并入。遂將紙作捲而用細鉑絲繞緊蓋在鍋内燒之，如其灰不可與結成質相和，則在鍋蓋内稱之或可相和，則待結成質燒後而并入，此事必須毫無風吹，有則必致飛散。

有數種結成質用常法燒之則其能消化之性改變，故結成之質欲留幾分爲後用者，其濾烘之事亦可共爲之，將紙預加熱至百度，而濾出其質，隨與濾紙同加熱百度乾之。照前五十之法稱之，然後分取乾質若干分置於稱準之鉑鍋内稱之。加熱至紅待冷而再稱之。將得數與前數相較用比例之法推算其全質之數，

設全質加熱至紅應得重數若干。

第五十四章　五量法求數

求數而量體積前已詳論，即水內含鐵養可用鉀養錳二養七定其數，因已知鐵養若干，需用鉀養錳二養七若干，即能變爲鐵二養五。

設有鈉綠水，其濃率爲一定之數，用此水一百立方枚分能取出銀養淡養五內之銀一格，則可用此水量別種水內未知之銀數，如有金類一塊，但知爲銀與銅相合，而不知其比例數，則將此金類一格，用硝强水消化，而以鈉綠水滴滴添入，俟有一滴不結成白質而止，如記得所用鈉綠水之數，即能知其水內之銀數，如用鈉綠水八十立方枚分即知其金類每百分含銀八十分，此用鈉綠水一百立方枚分，與銀一格櫃配。

碘與輕硫二質不肯同在一水之內，故凡水內有此二質，則輕氣與硫相離而與碘相合，即　碘|輕硫=輕碘|硫　其輕碘遇小粉漿不能變色，若有和合之碘在內必變藍色，故將鉀碘消化於水每水一百立方枚分，含碘〇格七四七可用此水化分輕硫〇格一，因十七與一百二十七之比若〇·一與〇·七四七之比。設有流質含輕硫不知其數而欲求之，可和以小粉漿少許而以鉀碘水滴滴添入，俟水變爲藍色，而掉之不散，即知有餘碘與小粉相合，而輕硫已全化分，其流質所含之輕硫可從所用鉀碘水之數而知之，如用鉀碘水五十立方枚分，即知其水內之輕硫〇格〇五，此因鉀碘冰每一百立方枚分，能化分輕硫〇格一。

化學家常備各種試水，以爲量法之用，謂之準。試水製法，有二種，其一，將其質稱之而消化於水，則每水若干含質若干。其二，將其質消化於水內，頗濃而試之得知每水若干，能證欲求之質數若干，後再添水沖淡得其便用之數爲度。

用第一法，先定其水之濃率，常藉其流質一李得含料之格數，令此數與其料之分劑數相配，其分劑數以輕氣爲一，若用第二法可將濃水添以淨水若干，令其水之濃率有一定之數，平常求數用第一法，惟製造之工，欲免推算之煩，則用第二法。凡試水每一李得內含各質之格數爲其質之分劑數相同之數，則謂之合法之試水，有因此水太濃而沖淡十倍者，此種試水謂之什一之水。

量法求數常以定其試水之濃率爲要事。蓋此水有差則所求之數皆差。故在臨用之時，須先驗試水之準否，此將欲試之質稱得若干，而消化於水，添以試水而視其用試水之數合法與否。

已知原質之試水並已知濃率之試水，雖爲二事，而其理則相同，蓋流質變化之力與其所含之質有比例，如試水含鈉綠一分劑能化分銀一分劑，而結成是也，但此尚不能爲定例，因鈉綠令銀結成之數另有別事改動之處。詳一百十五之乙之五。凡有此事不可藉其分劑數而配試水，必試其水變化之力，因有別事而其力不能與含料之數合比例。若準試水而總不改變者，則求數之時可藉不變之性而不必每用之時先試之。

流質內添以試水，而變化全成者，謂之化盡。如鉀養錳二養七水遇酸水，碘水遇輕硫合小粉，此二者以變色爲化盡之據。又如鈉綠水遇銀養淡養五水，此以全結成爲化盡之據。又如銀試水遇含鹼質之輕衰，此以初見結成爲化盡之據，又如將化分之流質，令遇別種料而視其變化，如鈣綠水內添以鈉養鉮養五試水，並無變化，須用紙片濕以鉀碘合小粉漿與前水相遇，而紙無藍色即知化盡之據。

凡試水，各料化盡之據，能易顯而速則爲量法內合式之料。所以考其化盡之限而或多少一滴則爲大誤，此須另備一種水，比常用者淡十倍，即什一水，俟其將化盡而用之可免多少一滴之誤。

化盡之據能速顯明尚未盡善，最要者必須變化常能相同，若暫時或有或無者，或濃水能變而淡水不變者，或所添酸質同而變化不同者，或有時速變有時慢變者，或結成之質首末異形者，此種料不可爲求數之用。

傅蘭雅　徐壽《化學材料中西名目表》

Acetal,	阿西他辣
Acetamide,	阿西他阿美弟
Acetates,	醋酸鹽類
Acetic acid,	醋酸
Acetic acid, glacial,	冰形醋酸
Acetic anhydride,	無水醋酸
Acetic ether,	醋酸以脱
Acetic oxychloride,	醋酸綠養二
Acetic peroxide,	醋酸養二
Acetine,	阿西低尼
Acetone,	阿西多尼
Acetone diethylated,	二以脱里阿西多尼

Acetone dimethylated,	二迷以脱里阿西多尼
Acetone ethylated,	以脱里阿西多尼
Acetone methylate,	迷以脱里阿西多尼
Acetones,	阿西多尼類
Acetonic acid,	阿西多尼克酸
Acetonitrile,	阿西多内脱來里
Acetyle,	阿西台里
Acetyle binoxide,	阿西台里養二
Acetyle chloride,	阿西台里綠
Acetyle urea,	阿西台里由里阿
Acetylene,	阿西台里尼
Acetylene silver precipitate	銀阿西台里尼
Acetylide of copper,	銅阿西台里弟
Acetylide of potassium,	鉀阿西台里弟
Acetylide of sodium,	鈉阿西台里弟
Acid,	酸質又配質
Acid of sugar,	糖酸類
Acid radicals,	酸底子或配底子
Acids, acetic series,	醋酸級
Acids, acrylic series,	阿各里里克酸級
Acids, anhydrous,	無水配質或酸質
Acids, aromatic,	香酸類
Acids, bibasic,	二本之酸類
Acids, dibasic,	二本之酸類
Acids, hydrated,	含輕養之酸質
Acids, lactio series,	拉格的克酸級
Acids, non-volatile,	不自散酸質
Acids, organic,	生物酸類
Acids, polybasio,	多本之酸質
Acids, tribasic,	三本之酸質
Acids, vegetable,	植物酸類
Acids, volatile,	能自散酸質
Acidulous waters,	酸性水
Aconitic acid,	阿古尼低克酸
Aconitine,	阿古尼低尼
Acrinyl,	阿格里乃里
Acroleine,	阿各里哇里以尼
Acrylic acid,	阿各里里克酸
Actinic rays,	光內化物線
Actinolite,	阿格替奴來得即光線石
Adipic acid,	阿弟比克酸
Adipocere,	阿弟布昔里
Adularia,	阿度拉里阿石
Aeschylic alcohol,	依喜里克醕
Aerated bread,	壓空氣發鬆之饅頭
After damp,	煤硐燒後變成炭養二氣
Agalmatolite,	阿軋辣馬土來得即像石
Agate,	黑白瑪瑙
Aich-metal,	愛血蘇又名苟之銅
Air,	空氣
Air benzolized,	含徧蘇里之空氣
Alabaster,	阿拉巴司得
Alabaster, oriental,	東方所產阿拉巴司得
Albanum,	阿立白奴末
Albite,	阿勒倍得
Albumen,	阿立白門即蛋白質
Alcarsin,	阿里卡耳新
Alcohol,	醕
Alcohol absolute,	無水醕
Alcohol allylic,	阿來里克醕

Alcohol amylic , 阿美里克醕
Alcohol anisic , 阿尼西克醕
Alcohol benzoic , 徧蘇以克醕
Alcohol caprylic , 加布里里克醕
Alcohol cerylic , 西立里克醕
Alcohol , cummie , 固迷尼克醕
Alcohol , methylated , 迷以脱里醕
Alcohol , methylic , 迷以脱里克醕
Alcohol , radicals , 醕底子
Alcohols , 醕類
Alcohols , diatomic , 二質點醕類
Alcohols , monatomic , 一質點醕類
Alcohols , polyatomic 多質點醕類
Alcohols , triatomic , 三質點醕類
Alcohols , vinic series , 酒醕級
Aldonyde , 阿勒弟海特
Aldonyde acetic or vinic , 醋酸阿勒弟海特
Aldonyde ammonia , 淡輕四養阿勒弟海特
Aldonyde anisic , 阿尼西克阿勒弟海特
Aldonyde benzoic , 徧蘇以克阿勒弟海特
Aldonyde butyric , 布低耳以克阿勒弟海特
Aldonyde caprylic , 加布里里克阿勒弟海特
Aldehyde cinnamic , 西捺迷克阿勒弟海特
Aldehyde cuminic , 固迷尼克阿勒弟海特
Aldehyde eudoic , 由度以克阿勒弟海特
Aldehyde lauric , 羅耳以克阿勒弟海特
Aldehyde methylic , 迷以脱里克阿勒弟海特
Aldehyde oenanthic , 以難弟克阿勒弟海特
Aldehyde propionic , 布路比阿尼克阿勒弟海特
Aldehyde pyromucic , 貝路母西克阿勒弟海特
Aldehyde resin , 阿勒弟海特膏
Aldehyde rutic , 而烏弟克阿勒弟海特
Aldehyde salicylic , 薩里西里克阿勒弟海特
Aldehyde valeric , 發里里克阿勒弟海特
Aldehydes , 阿勒弟海特類
Alder wood , 阿拉達木　榿木　即赤楊木
Ale , 濃啤酒
Algaroth , 阿里加羅特　即銻綠三和銻養三粉
Alizarine , 阿里撒里尼
Alkali , 鹻類質
Alkali metals , 鹻屬金
Alkaline earth metals , 鹻土屬金
Alkaline earths , 鹻土屬
Alkaloids , 似鹻類
Alkaloids organic , 生物似鹻類
n , 阿陸格善
Alloxantine , 阿陸格善的尼
Allyle , 阿來里
Allyle isoide , 阿來里碘
Allyle sulphide , 阿來里硫
Allyle sulpho-cyanide , 阿來里硫衰
Allyle terbromide , 阿來里溴三
Allylene , 阿來里尼
Allylic alcohol , 阿來里克醕
Allylic aldehyde , 阿來里克阿勒弟海特
Almond oil , 杏仁油
Aloeine , 啞囉以尼
Aloes , 啞囉即蘆會
Alum , 鋁二養三三硫養一　即白礬
Alum basic , 爲本礬類

Alum concentrated, 濃礬類
Alum shale, 成礬尼板石
Alumina, 鋁二養三
Alumina acetate, 鋁二養三醋酸
Alumina hydrate, 鋁二養三輕養
Alumina phosphate, 鋁二養三燐養五
Alumina silicate, 鋁二養三矽養二
Alumina sulphate, 鋁二養三硫養三
Aluminite, 阿呂迷奈得即鋁礦
Aluminum, 鋁
Aluminum bronze, 鋁銅
Aluminum chloride, 鋁二綠三
Aluminum ethide, 鋁以脱愛特
Aluminum fluoride, 鋁三弗三
Aluminum methide, 鋁迷以脱愛特
Aluminum silicide, 鋁二矽三
Alums, 礬類
Amalgam of ammonium, 淡輕四汞膏
Amalgam of sodium, 鈉汞膏
Amalgams, 金類含汞之膏
Amalgamated zinc plates, 飽足汞之鋅板
Amalic acid, 阿瑪力克酸
Amarine, 阿瑪里尼
Amber, 琥珀
Ambergris, 龍涎香
Amethyst, 阿迷替司得 即墨晶
Amianthus, 阿迷安土斯石
Amides, 阿美弟類
Amidide of potassium, 阿美弟鉀
Amidine, 阿美弟尼
Amido-diphenylimide, 阿美朵二非内里美弟
Amidogen, 阿美朵真
Amylacerie acid, 阿埋里醋酸
Amylamine, 阿埋里阿美尼
Amyle, 阿埋里
Amyle acetate, 阿埋里醋酸
Amyle iodate, 阿埋里碘養二
Amyle nitrite, 阿埋里淡養三
Amyle valerianate, 阿埋里發里里阿尼克
Amylene, 阿埋里尼
Amylene glycol, 阿埋里尼各里各哇里
Amylethylic ether, 阿埋里以脱里克以脱
Amylic alcohol, 阿埋里克醕
Amylic iodide, 阿埋里克碘
Amyloid, 似阿埋里質
Amyrine, 阿埋耳以尼
Analcime, 安阿勒西迷石
Anatase, 安阿大西石
Ancaster stone, 安卡司得石
Anchoic aoid, 安可以克酸
Andalusite, 安達盧歲得
Angelic acid, 安者里克酸
Anglesite, 安古賽得 即鉛養硫養三礦
Anhydrides, 無水質類
Anhydride acetic, 無水醋酸
Anhydride benzoacetic, 無水偏蘇阿西的克
Anhydride benzoic, 無水偏蘇以克
Anhydride carbonic, 無水炭養一
Anhydride lactic, 無水拉格的克
Anhydride nitric, 無水淡養五

Anhydride phosphoric, 無水燐養五
Anhydride sulphuric, 無水硫養三
Anhydride sulphurous, 無水硫養二
Anhydride tartaric, 無水果酸
Anhydrite, 無水石即安海特來得
Anhydrous acids, 無水酸類
Anline, 阿尼里尼
Anline black, 阿尼里尼黑
Anline blue, 阿尼里尼藍
Anline green, 阿尼里尼緑
Anline purple, 阿尼里尼紫
Anline red, 阿尼里尼紅
Anline violet, 阿尼里尼茄花色
Anline yellow, 阿尼里尼黄
Aminal charcoal, 動物炭
Aminal heat, 動物熱
Animi resin, 阿你迷松香
Aniseed, 阿昵西子即八角
Anisic acid, 阿呢西克酸
Anisic alcohol, 阿呢西克醕
Amines, 阿美尼類
Ammonia, 阿摩尼阿　即淡輕三
Ammonia alum, 淡輕四養礬
Ammonia arsenite, 淡輕四養鉮養三
Ammonia bicarbonate, 淡輕四養二炭養二
Ammonia bihydrosulphate, 淡輕四養二輕硫
Ammonia bisulphate 淡輕四養二硫養三
Ammonia carbonate, 淡輕四養炭養二
Ammonia common, 二淡輕四養三炭養二
Ammonia ethylsulphite, 淡輕四養以脱里硫養二
Ammonia hydriodate, 淡輕四養碘養五
Ammonia gas, 淡輕三氣
Ammonia hydrobromate, 淡輕四溴
Ammonia hydrochlorate, 淡輕四緑
Ammonia hydrosulphate, 淡輕四硫輕硫
Ammonia hydrosulphite, 淡輕四養硫二養二
Ammonia isethionate, 淡輕四養以蘇以脱以哇尼克
Ammonia molybdate, 淡輕四養鉬養三
Ammonia muriate, 淡輕四緑
Ammonia aitrate, 淡輕四養淡養五
Ammonia oxalate, 淡輕四養草酸
Ammonia salts, 淡輕四養鹽類
Ammonia sesquicarbonate, 二淡輕四養三炭養二
Ammonia sulphate, 淡輕四養硫養三
Ammonia solution, 淡輕三水
Ammonia urate, 淡輕四養由里克酸
Ammonia voleanic, 火山噴出淡輕三氣
Ammoniacal liquor, 淡輕三水
Ammoniacum, 阿摩尼阿古末樹膠
Ammonias, complex, 繁淡輕三類
Ammonias, ethylated, 以脱里淡輕三類
Ammoniated chloride of silver, 淡輕四養銀緑
Ammonide sulphuric, 二淡輕三硫養三
Ammonium, 淡輕四
Ammonium amalgam, 淡輕四汞膏
Ammonium bisulphide, 淡輕四硫二
Ammonium bromide, 淡輕四溴
Ammonium chloride, 淡輕四緑
Ammonium heptasulphide, 淡輕四硫七
Ammonium iodlde, 淡輕四碘

Ammonium oxide,	淡輕四養
Ammonium pentasulphide,	淡輕四硫五
Ammonium sulphide,	淡輕四硫
Ammonium sulphocyanide,	淡輕四衰硫二
Amorphous bodies,	不成顆粒之質
Amorphous phosphorus,	不成顆粒之燐
Amygdaline	阿迷葛大里尼
Apomorphia,	阿布莫非阿
Apoccdeia,	阿布苟弟以阿
Aqua fortis,	淡養五
Aqua regia,	合强水
Arabine,	阿喇比尼
Arachic acid,	阿拉幾克酸
Archidic acid,	布低克酸
Arbor Dianae,	銀汞成花形顆粒
Archil,	阿耳扣勒
Argont acetyle chloride,	銀阿西台里綠
Argont acetyle oxide,	銀阿西台里養
Argont allylene,	銀阿來里尼
Argillaceous iron ores,	泥鐵礦
Argol,	阿耳古勒
Arrack,	阿剌格酒
Arragonite,	阿拉果奈得
Arrow root,	洋藕粉
Arseniates,	鉮養五鹽類
Arsenic,	鉮
Arsenic bisulphide,	鉮硫二
Arsenic native,	生成鉮　即自然鉮
Arsenic oxide,	鉮養三
Arsenic pentasulphide,	鉮硫五
Arsenic subsulphide,	鉮硫二
Arsenic sulphide,	鉮硫三
Arsenic terbromide,	鉮溴三
Arsenic terchloride,	鉮綠三
Arsenic terfluoride,	鉮弗三
Arsenic teriodide,	鉮碘三
Arsenic tersulphide,	鉮硫三
Arsenic triethoxide,	鉮三以脫里養
Arsenic acid,	鉮養五
Arsenical nickel,	鎳鉮
Arsenical pyrites,	鐵硫二鐵鉮二　即含鉮之鐵硫二礦
Arsenical soap,	鉮養三肥皂
Arsenides,	以鉮爲本之質
Arsenietted hydrogen,	鉮輕三
Arsenio-diethyle,	二以脫里鉮
Arsenio-dimethyle,	二迷以脫里鉮
Arsenio-sulphides,	鉮含硫之各質
Arsenio-triethyle,	三以脫里鉮
Arsenio-trimethyle,	三迷以脫里鉮
Arsenious acid,	鉮養三
Arsenious acid, tribasie,	三本鉮養三
Arsenious acid, crystalline,	顆粒形鉮養三
Arsenious acid, vitreous,	玻璃形鉮養三
Arseniuretted hydrogen,	鉮輕三
Asafoetida,	阿魏
Asl・sztog,	不灰木
Anisyle hydride,	阿呢西里輕
Annatto,	安那吐
Annabergite,	安那白蓋得
Anthophyllite,	安吐非來得　即花葉石

Anthracite, 白煤又名硬煤
Anthraconite, 安特辣古內得俗名臭石
Antichlore, 滅綠氣之質
Antimonic acid, 銻養五
Antimonietted, hydrogen, 銻輕三
Antimonite, 安弟麻內得
Antimony, 銻
Antimony amorphous, 無顆粒形銻
Antimony antimoniate of, teroxide, 銻養三銻養五
Antimony, butter of, 銻綠三
Antimony chlorosulphide, 銻綠三硫
Antimony crocus, 三鈉硫銻硫三
Antimony crude, 銻硫三
Antimony glass, 銻玻璃
Antimony grey ore of, 銻硫三礦　即灰色銻礦
Antimony ore, red, 銻養三二銻硫三即紅銻礦
Antimony ore, white, 銻養三即白銻礦
Antimony oxide, 銻養三
Antimony oxychloride, 銻綠三二銻養三
Antimony oxysulphide, 銻養三二銻硫三
Antimony pentachloride, 銻綠五
Antimony pentasulphide, 銻硫五
Antimony potassio tartrate, 鉀養銻養三果酸　即打打伊密的
Antimony regulus, 純銻
Antimony sulphide, 銻硫三
Antimony terchloride, 銻綠三
Antimony teroxide, 銻養三
Antimony tersulphide, 銻硫三
Antimony triatomic, 銻爲三質點之質
Antimony vermillion, 銻硫三紅

Antiseptics, 免腐之料
Antozone, 滅電臭之質
Ants acid of, 蟻酸
Ants oil of, 蟻油
Apatite, 阿巴台得　即欺人石
Apocrenic acid, 阿布格里尼克酸
Apophyllite, 阿布非來得即易分頁石
Apple oil, 蘋果油
Bathgate coal, 巴得蓋得煤
Bathstone, 巴得石
Baume's flux, 波密氏配料
Bauxite, 波格歲得
Baysalt, 大粒食鹽
Bear, 鉬養三礦
Beef tea, 牛肉湯
Beer, 黃啤酒
Bees' wax, 蜜蠟
Bell metal, 鐘銅
Bengal saltpetre, 孟加拉硝
Benic acid, 偏尼克酸
Benzamide, 偏蘇阿美弟
Benzine, 偏西尼
Benzoacetic anhydride, 無水偏蘇阿西的克
Benzoic acid, 偏蘇以克
Benzoic alcohol, 偏蘇以克醕
Benzoic anhydride, 無水偏蘇以克
Benzoic peroxide, 偏蘇以克養二
Benzoin gum 偏蘇以捺
Benzoine, 偏蘇以尼
Benzole, 偏蘇里

Benzole chloride, 偏蘇里綠
Benzoline, 偏蘇里尼
Benzolized air, 含偏蘇里空氣
Benzone, 偏蘇尼
Benzonitrile, 偏蘇內脫來里
Benzoplienone, 偏蘇非奴尼
Benzoyle, 偏蘇愛里
Benzoyle bingxide, 偏蘇愛里養二
Benzoyle glycocoll 偏蘇愛里各里各可勒
Benzoyle hydride, 偏蘇愛里輕
Benzoyle salicylamide, 偏蘇愛里薩里西里阿美弟
Benzoyle salicyle, 偏蘇愛里薩里西里
Benzoyle series, 偏蘇愛里級
Benzoyle urea, 偏蘇愛里由里阿
Benzule, 偏蘇烏里
Benzureide, 偏蘇由里以弟
Benzylamide, 偏蘇以里阿美弟
Benzylamine, 偏蘇以里阿美尼
Benzvle chloride, 偏蘇以里綠
Bergamotte oil, 布而格莫特油
Beryl, 伯而以勒石
Bessemer's iron, 別色麻氏鐵
Bezoars, 獸黃類
Bibasic acids, 二本之配質
Biborate of soda, 鈉養二硼養三
Bibromosuccinic acid, 二溴色格西尼克酸
Bierbonate of lims, 鈣養二炭養三
Ashes of coal, 煤灰
Asparagine, 阿司叭拉故以尼
Asparagus, 阿司叭拉故司

Aspartic acid, 阿司叭拉低克酸
Atacamite, 阿大卡迷得
Atmosphere, 空氣
Atom, 質點
Atropine, 阿特路比尼
Asphaltum, 阿司弗辣脫姆　即硬石油
Asphalte, 阿司佛辣得
Augite, 哇蓋得
Auric acid, 金養三
Aurum, 金
Autunite, 哇土奈得
Axinite, 阿格西奈得　即斧形石
Azolitmine, 阿蘇立特迷尼
Azote, 阿蘇的　即淡氣
Azurite, 阿素來得
Balenic acid, 巴里尼克酸
Balsam of Peru, 秘魯國波勒殺末
Balsam of Tolu, 朵路波勒殺末
Balsams, 波勒殺末類
Banca tin, 彭加錫
Barilla, 海草灰　即生鈉養炭養二
Bar iron, 熟鐵條
Barium, 鋇
Barium binoxide, 鋇養二
Barium chloride, 鋇綠
Barium diatomic, 二質點之鋇質
Barium sulphide, 鋇硫
Barley sugar, 熬糖
Baryta, 鋇養
Baryta carbonat 鋇養炭養二

Baryta chlorate, 鋇養綠養五
Baryta hydrate, 鋇養輕養
Baryta hypophosphite, 鋇養二輕養燐養五
Baryta nitrate, 鋇養淡養五
Baryta sulphate, 鋇養硫養三
Baryta sulphovinate, 鋇養硫養三費尼克
Barytine, 貝里的尼　即鋇礦
Baryto-calcite, 鋇養炭養二鈣養炭養二礦
Basalt 巴所得
Base, 鹽類質之本
Basic oxides, 含養本質
Bassorine, 巴蘇里尼
Basylons, 正電强柱金類
Basylons globules, 血輪
Basylons venous, 迴血
Basylons arterial, 發血
Bloom iron, 初成熟鐵團
Blue blaze, 鍊鋅藍火
Blue copperas, 銅養硫養三
Blue malachite, 藍色瑪拉開得　即銅養炭養二礦
Blue metal, 藍色銅
Blue oxide of molybdenum, 藍色鉬養三
Blue oxide of tungsten, 藍色鎢養三
Blue pill, 藍丸即水銀丸
Blue Prussian, 普魯士藍
Blue stone, 銅養硫養三　即膽礬
Blue Thenard's, 替乃特氏藍料
Blue Turnbull's, 特而捺布勒氏藍料
Blue verditer, 銅養輕養
Blue vitriol, 銅養硫養三

Bog-iron ore, 卑濕地鐵養礦　即無名異
Boghead cannel coal, 北格海特干尼里煤
Bolsover Moor stone, 扒所發母而石
Bone ash, 骨灰
Boracic acid, 硑養三
Boracic acid, vitreous, 玻璃形硑養三
Boracic anhydride, 無水硑養三
Boracic ether, 硑養三以脱
Boracite, 布拉歲得　即鎂養硑養三礦
Borates, 含硑養三之質
Borax, 硼砂　即鈉養二硑養三
Borax vitrified, 玻璃形硼砂
Boric othide, 硑養三以脱弟
Boric methide, 硑養三迷以脱弟
Borneene, 北爾尼以尼
Borneo Camphor, 龍腦　即北爾尼樟腦
Bornite, 北而奈得
Borofluoric acid, 硑養三三輕弗
Borofluorides, 硑養三三輕弗鹽類
Boron, 硑
Boron amorphous, 無顆粒形硑
Boron chloride, 硑綠三
Boron crystallized, 顆粒形硑
Boron diamonond, 金剛石形硑
Boron ocoride, 硑弗三
Boron graphitoid, 筆鉛形硑
Boron Hitride, 硑淡
Bicarbonate of soda, 鈉養二炭養二
Bicarbonates, 二炭養二鹽類
Bichloracetic acid, 二綠醋酸

Bi-equivalent elements , 雙分原質

Bile , 膽汁

Bimetantimoniate of potash , 鉀養輕養銻養$_{五}$

Bimetantimoniate of soda , 鈉養輕養銻養$_{五}$

Binoxide of hydrogen , 輕養$_{二}$

Binoxide of nitrogen , 淡養$_{二}$

Birch , oil of , 布而止油

Biscuit porcelain , 無釉瓷器

Bismuth , 鉍

Bismuth glance , 光點鉍礦　即鉍硫$_{三}$

Bismuth nitrate , 鉍養淡養$_{五}$

Bismuth ochre , 鉍養$_{三}$礦即鉍養黄土

Bismuth oxide , 鉍養

Bismuth oxychloride , 鉍綠$_{三}$二鉍養$_{三}$

Bismuth sulphide , 鉍硫

Bismuth telluride , 鉍碲礦　即含碲之鉍

Bismuth terchloride , 鉍綠$_{二}$

Bismuth triatomic , 三質點鉍

Bismuth trisnitrate , 鉍養三淡養$_{五}$

Bismuthic acid , 鉍養$_{五}$

Bistearine , 二司替阿里尼

Bisulphate of potash , 鉀養二硫養$_{三}$

Bisulphide of carbon , 炭硫$_{二}$

Bisulphites , 二硫養$_{二}$鹽類

Bisulphuret of carbon 炭硫$_{二}$

Bitter almond oil , 苦杏仁油

Bitter spar , 苦司巴耳即苦光石

Bittern , 煮鹽餘水

Bitumen , 必刁門　即地柏油又名硬石油

Bituminous shale , 烟煤舍勒石　即含地柏油泥板石

Bituminous coal , 烟煤

Bixine , 北各西尼

Black ash , 黑生鈉養炭養$_{二}$

Black band , 黑帶粗煤

Black dyes , 黑色染料

Black lead , 筆鉛

Bleierde , 布來爾得　即鉛養礦

Blende , 布倫得　即鋅硫礦

Blistered steel , 泡面鋼

Blook tin , 上等馬口鐵

Blood coagulatod , 凝結之血又結血

Blood defibrinated , 去非布里尼血

Butter-mill , 去油牛乳

Butylactic acid , 布低里拉格的克酸

Butylamine , 布低里阿美尼

Butyle , 布低里

Butyle amyle , 布低里阿埋里

Butyle caproyle , 布低里加布路以里

Butylene , 布低里尼

Butylene glycol , 布低里尼各里各哇里

Butylic , alcohol , 布低里克醕

Butyramide , 布低耳阿美弟

Butyric acid , 布低耳以克酸

Butyric ether , 布低耳以克以脱

Butyrine , 布低耳以尼

Butyrone , 布低耳阿尼

Butyryle , 布低耳愛里

Butyryle urea , 布低耳愛里由里阿

Cacao butter , 卡高油

Cadet's fuming liquor , 卡弟特氏發霧水料

Cadmia, 鎘硫
Cadmium, 鎘
Cadmium carbonate, 鎘養炭養二
Cadmium diatomic, 二質點鎘
Cadmium iodide, 鎘碘
Cadmium oxide, 鎘養
Cadmium sulphide, 鎘硫
Caen stone, 嵌石
Caesia, 鏭養
Caesia carbonate, 鏭養炭養二
Caesium, 鏭
Caesium platino-chloride, 鏭綠鉑綠二
Caffeic acid, 加非以克酸
Caffeine, 加非以尼
Caffeone, 加非哇尼
Caffeo-tannic acid, 加非哇歎尼克酸
Cairngorm stone, 嵌納各末石
Caking coal, 鎔結煤
Calamine, 卡拉迷尼　即鋅養炭養二礦
Calamine electric, 電性卡拉迷尼礦
Calcareous waters, 含鈣之水
Calcite, 丐勒賽得
Calcium, 鈣
Calcium bisulphide, 鈣硫
Calcium chloride, 鈣綠
Calcium fluoride, 鈣弗
Calcium oxychloride, 鈣綠二二鈣養
Calcium pentasulphide, 鈣硫五
Calcium phosphide, 鈣燐
Calcium silicide, 鈣矽
Calcium sulphide, 鈣硫
Boron terchloride, 硼綠三
Boron terfluoride, 硼弗三
Bornatrocalcite, 硼鈉鈣礦
Bosjemanite, 僕司只曼內得
Botany Bay gum, 巴搭尼灣樹膠
Bournonite, 布而奴奈得
Boyle's fuming liquor, 蒲愛勒氏發霧流質
Brandy, 罷蘭地酒
Brass, 黄銅
Brassic acid, 布拉西克酸
Braunite, 布羅奈得
Brazil wood, 巴西木　即紅染料
Bread, 饅頭
Breidine, 布累以弟尼
Bright iron, 白生鐵
Brimstone, 硫
Brewsterite, 布陸司大來得
Britannia metal, 錫鉛合質
British gum, 英國膠
Brochantite, 布陸嵌台得
Bromates, 溴養三鹽類
Bromhydrins, 溴海特里尼類
Bromic acid, 溴養三
Bromine, 溴
Bromine chloride, 溴綠
Bromine hydrate, 溴養輕養
Bromite, 布陸埋得　即溴銀礦
Bromoform, 布羅母福密

Bromosucenic acid,	溴瑟格西尼克
Bronze,	銅錫鋅和質
Brookite,	布陸蓋得
Brown acid, sulphuric,	樱色硫强水
Brown blaze,	鍊鋅樱色火
Brown haematite,	樱色鐵礦　即二鐵二養三三輕養
Brucia,	布魯西阿
Brucine,	布魯西尼
Brucite,	布路歲得
Brunolic acid,	波羅奴里克酸
Branswiek green,	布侖司會格綠色料
Bryoidin,	布來愛弟尼
Buckskin,	麂皮
Burnette's disinfecting fluid,	伯呢得氏滅臭料
Burnt iron,	燒壞之鐵
Butic acid,	布低克酸
Butine,	布低尼
Byssolite,	皮蘇來得
Butter,	牛乳油
Carbo nates,	炭養二鹽類
Carbo nates alkahne,	炭養二鹼性鹽類
Carbo nates normal,	炭養二合法鹽類
Carbonic acid,	炭養二
Carbonic acid anhydrous,	無水炭養二
Carbonic acid ether,	炭養二以脱
Carbonic acid oxide,	炭養
Carbotinamine,	加耳波三阿美尼
Carboynate of potash,	鉀養加耳波費尼克
Carburetted hydrogen,	炭二輕四
Carbuncle,	卡朋可勒石
Carmine	卡耳迷尼
Carmine red or lake,	卡耳迷尼紅料
Carminic acid,	卡耳迷尼克酸
Carnallite,	卡耳那來得
Carnelian,	卡耳尼里思　即紅瑪瑙
Carraway oil,	茄香油　即揩羅衣油
Carron oil,	卡倫油
Carthamine,	卡而大迷尼
Cartilage,	脆骨
Caseine,	加西以尼
Caseine vegetable,	植物加西以尼
Cassiterite,	卡西特來得
Castiron,	生鐵
Castiron grey,	灰色生鐵
Castiron malleable,	韌性生鐵
Castiron mottled,	花點生鐵
Castiron containing phosphorus,	含燐生鐵
Castiron containing silicon,	含矽生鐵
Castiron containing sulphur,	含硫生鐵
Castor,	楷司土爾　即海騾
Castor oil,	萆麻油
Castor oil, cold drawn,	冷壓萆麻油
Castorine,	楷司土爾以尼
Cast steel,	生鋼　即鑄鋼
Catechu,	加的主即兒茶
Catechuic acid,	加的主以克酸
Cat's eye,	貓兒眼石
Caustic alk ,	烙炙鹼類　即無炭養二者
Caustic lunar,	銀養淡養五
Caustic potash,	鉀養

Caustic soda,	鈉養
Cawk,	夸克鋇養礦之類
Cedar wood,	片柏木
Cedrene,	西特里尼
Calc spar,	丐克司巴耳
Calomel,	汞二綠
Cameos,	刻陽紋花寶石
Camomile,	揩暮迷拉　即野菊花
Camphiline,	加暮非里尼
Camphic acid,	加暮非以克酸
Camphine,	加暮非尼
Camphol,	加暮非哇里
Campholic acid,	加暮非哇里克酸
Camphor,	樟腦
Camphoric acid,	樟腦酸　即加暮夫里克酸
Camphorimide,	加暮夫衣美弟
Candles, composite,	洋燭
Cane sugar,	蔗糖
Cannel coal,	干尼里煤即燭煤
Caoutchine,	古得止以尼
Caoutchouc,	古得止格
Caoutol　ue solvents,	化古得止格之料
Cap composition,	銅帽藥料
Capillary pyrites,	毛形鎳硫二礦
Capric acid,	加布里克酸
Caprine,	加布里尼
Caproic acid,	加布路以克酸
Caproic alcohol,	加布路以克醕
Caproine,	加布路以尼
Caproyle,	加布路以里
Caproylene,	加布路以里尼
Caprylene,	加布里里尼
Caprylic acid,	加布里里克酸
Caprylic alcohol,	加布里里克醕
Capsicine,	揩普西幾尼
Caramel,	卡拉末勒
Carbazotic acid,	加耳波阿蘇的克酸
Carbolic acid,	加耳波力克酸
Carbon,	炭　西名加耳波
Caron bichloride,	炭綠二
Caron bisulphide,	炭硫二
Caron chioride,	炭綠
Caron iodide,	炭碘
Caron oxide,	炭養
Caron oxychloride,	炭二養二綠二
Caron protechloride,	炭二綠
Caron sesquichloride,	炭二綠三
Caronsesquichloride hquid,	炭二綠二流質
Caron subchloride,	炭二綠
Carbonate of baryta and lime,	鋇養炭養二鈣養炭養二
Carbonais of lime and soda,	鈣養炭養二鈉養炭養
Chsque paper,	銀票紙
Chessylite,	只西來得　即銅養炭養二之藍礦
Chalybite,	卡里倍得　即鐵礦之一類
Chalcophy sllite,	卡勒古非來得
Chili saitpetre,	智利硝　即鈉養淡養五
Chinese wax,	蟲白蠟
Chloantite,	格羅安台得　即鎳鉮礦
Chlonapthalise,	格羅那普塔里司
Chloracetic acid,	格羅阿西低克酸

Chloracetine, 格羅阿西低尼
Chloral, 格羅拉勒
Chloranile, 格羅拉阿尼里
Chloraniline, 格羅拉阿尼里尼
Chlorate of baryta, 鋇養綠養五
Chlorate of potash, 鉀養綠養五
Chlorates, 綠養五鹽類
Chlorhydrine, 格羅海特里尼
Chlorhydrine of glyool, 各里各哇里格羅海特里尼
Chloric acid, 綠養五
Chloric acid, hydrated, 綠養五輕養
Chloric sther, 綠養五以脱
Chloric geroxide, 綠養四
Chlorides, 以綠爲本之質
Chloride of aluminum, 鋁二綠三
Chloride of aluminum, and sodium, 鋁二綠三鈉綠
Chloride of ammonium, 淡輕四綠
Chloride of caicium, 鈣綠
Chloride of lime, 鈣養綠　即漂白粉
Chloride of mitrogen, 綠淡
Chloride of potassium, 鉀綠
Chloride of soda, 鈉養綠
Chloride of sodium, 鈉綠
Chloride of sulphuryle, 硫養二綠
Chloride of thionyle, 替哇内里綠　即硫養綠
Chlorine, 綠氣　即格羅里尼
Chlorine hydrate, 綠輕養
Chlorine oxide, 綠養
Chlorine peroxide, 綠養四
Chlorite, 格羅來得
Chlorites, 綠養三鹽類
Chlorobenzole, 偏蘇里綠
Chlorocarbonic acid, 炭二養二綠二
Chlotochromic acid, 鉻養二綠
Cedriret, 西特里留的
Celadonite, 西拉度乃得
Celery, 色勒里草　即芹菜類
Celestine, 細勒司的尼　即鍶養硫養三礦
Celluhne, 寫留里尼
Cellulose, 寫留路司
Cement, 空氣中變硬灰
Cement Portland, 水内變硬之巴得蘭特灰
Cement Keating and Keene's, 水内變硬之幾丁氏與幾納氏灰
Cement Scott's, 水内變硬之司殼得氏灰
Cement Roman, 水内變硬之羅馬灰
Cerasine, 西拉西尼
Cerine, 西路以尼
Cerite, 昔來得
Cerium, 錯
Cerium oxalate, 錯養草酸
Cerium oxides, 錯合養氣質
Ceroleine, 西路哇里以尼
Cerosine, 西路西尼
Cerotene, 西路弟尼
Cerotic acid, 西路弟克酸
Cerotine, 西路弟尼
Ceruse, 西魯司　即鉛養炭養二礦
Cerylic acid, 西路里克酸
Cetine, 西低尼
Cetyle, 西低里

Cetylene， 西低里尼
Cetylic alcohol， 西低里克醕
Cetylic ether， 西低里克以脱
Chabasite， 遮罷賽得
Chalcedony， 卡勒西度尼石即石英之屬
Chalcopyrites， 卡勒哥貝里的司石
Chalk， 白石粉　即綽格石
Chalk precipitated， 水内結成之白石粉
Chaly oeate waters， 含鐵之泉水
Chameleon mineral， 卡迷里恩礦
Champagne， 沙末貝捺酒　即湘冰酒
Charben roux， 紅色炭
Charcoal， 木炭
Charcoal alder， 阿拉達木炭
Charcoal ammal， 動物炭
Cheese， 乳餅
Cheitenham waters， 車吞哈末泉水
Chrysophanic acid， 可里蘇發尼克酸
Chrysorhamnine， 可里蘇拉磨尼尼
Chrysotite， 可里蘇替里
Chyme， 開末　即胃内半消化之汁
Cigars， 吕宋菸
Cinchona bark， 金雞那皮
Cinchonine， 金雞那以尼
Cinchonine hydrochlorate， 金雞那以尼輕綠爐
Cinder， 爐
Cinder iron， 鐵爐
Cinnabar， 汞硫礦　即硃砂
Cinnamerne， 西捺迷以尼
Cinnamic acid， 西捺迷克酸　即桂皮酸
Cinnamol， 西捺迷哇里
Cinnamon， 桂皮　即西捺迷
Cinnamyle， 西捺迷里
Cinnamyle hydride， 西捺迷里輕
Citrene， 西特里尼
Citric acid， 檸檬酸　即西特里克酸
Claret， 格拉里特酒即紅酒
Clay， 泥即韌泥
Clay ironstone， 泥鐵石
Clay ironstone kidney form， 腰子形泥鐵石
Cleavelandite， 格里甫蘭台得
Clot of blood， 結血
Cloves， 丁香
Coal， 煤
Coal Bathgate， 巴得蓋得煤
Coal bituminons， 烟煤
Coal Boghead， 北格海特煤
Coal brown， 椶色煤
Coal caking， 鎔結煤
Coal cannel， 燭煤　即干尼里煤
Coal stone， 石煤
Coal welsh， 威勒士煤
Coal-gas， 煤氣
Coal-napuba， 煤那普塔
Coal-tar， 煤黑油
Coarse copper， 粗銅
Coarse metal (copper)， 粗雜銅
Cobalt， 鈷
Cobalt arseniate， 鈷養鉮養五
Cobalt bloom， 鈷紅　即鈷布路末

Cobalt chloride， 鈷綠

Chloroform， 格羅路福耳密　即炭輕綠三又名迷蒙水

Chloronitric gas， 淡養二綠二

Chloronitrous gas， 淡養二綠

Chloropal， 綠色哇巴勒石

Chlorophosphamide， 格羅路燐阿美弟　即炭二輕四燐綠二

Chlorophyll， 格羅路非勒　即葉綠

Chloropicrine， 格羅路畢格里尼

Chlorospiroylic acid， 格羅路司配里哇里克酸

Chlorosulphuric acid， 硫養二綠

Chlorous acid， 綠養三

Chocolate， 綽故拉特

Choke damp， 煤硐轟後炭養二氣

Choleric acid， 可里以克酸

Cholestrine， 可里司替里尼

Cholic acid， 可里克酸

Choloidic acid， 可里愛弟克酸

Chondrine， 可捺得里尼

Chondrodrite， 可捺得路待得

Chromates， 鉻養三鹽類

Chromate of lead， 鉛養鉻養三

Chromate of potash， 鉀養鉻養三

Chrome alum， 鉻礬

Chrome iron， 鉻鐵礦　即含鉻之鐵

Chrome yellow， 鉛養鉻養三

Chromic acid， 鉻養三

Chromite， 各路美得　即鉻礦

Chromium， 鉻

Chromium chloride， 鉻綠

Chromium diatomic， 二質點鉻

Chromium oxide， 鉻養

Chromium oxychloride， 鉻養二綠

Chromium protoxide， 鉻養

Chromium sesquichloride， 鉻二綠三

Chromium sesquioxide， 鉻二養三

Chromium sesquisulphide， 鉻二硫三

Chromium sulphate， 鉻養硫養二

Chromium terfluoride， 鉻弗三

Chrysaniline， 可里蘇阿尼里尼

Chrysarabin， 可里蘇阿喇比尼

Chryseolla， 可里蘇殼拉礦　即銲料石

Chrysene， 可里蘇以尼

Chrysoberyl， 可里蘇伯而以勒石　即金色伯而以勒石

Chrysop-ase， 可里蘇伯拉司石　即翡翠玉

Copper， 銅

Copper acetylide， 銅阿西台里弟

Copper amalgam， 銅汞膏

Copper ammoniasulphate， 銅養硫養三淡輕四養

Copper Anglesea， 安古西銅

Copper arsenite， 銅養鉀養五

Copper basic acetate， 多本銅養醋酸

Copper basic carbonate， 多本銅養炭養二

Copper basic phosphate， 多本銅養燐養五

Copper blistered， 泡面銅

Copper chloride， 銅綠

Copper diatomic， 二質點銅

Copper electrotype， 電氣鍍銅

Copper emerald， 銅養矽養二礦

Copper glance， 銅二硫礦　即光色銅礦

Copper hydrated oxide， 銅養輕養

Copper hydride, 銅輕
Copper Lake Superior, 生成銅　即美國太湖銅
Copper Mona, 麻那銅
Copper moss, 苔形銅
Copper native, 生成銅
Copper nitride, 銅淡
Copper ore grey, 灰色銅礦
Copper ore red, 紅色銅礦
Copper ore variegated, 雜色銅礦
Copper overpoled, 掉過限之銅
Copper oxide, 銅養
Copper oxychloride, 銅養綠
Copper peacock, 孔雀色銅
Copper pentasulphide, 銅硫五
Copper phosphide, 銅燐
Copper pyrites, 銅硫二鐵硫二礦
Copper quadrant oxide, 銅四養
Copper sand, 銅砂
Copper silicate, 銅養矽養二
Copper smoke, 銅炱
Copper subchloride, 銅二綠
Copper suboxide, 銅二養
Copper subsulphide, 銅二硫
Copper sulphate, 銅養硫養三
Copper sulphide, 銅硫
Copper tough cake, 韌銅餅
Copper tough pirch, 韌銅
Copper underpoled, 掉不及限銅
Copper verdigris, 銅養醋酸
Copperas, 鐵養硫養三即青礬
Copperas blue, 銅養硫養三
Coprolite, 卡布路來得
Cobalt glance, 鈷鉀鈷硫二礦　即光色鈷礦
Cobalt oxide, 鈷養
Cobalt phosphate, 鈷養燐養五
Cobalt pyrites, 鈷硫二礦
Cobalt sulphide, 鈷硫
Cobaltine, 古薄勒的尼礦　即含鉀與硫之鈷礦
Cocaine, 高卡以尼
Coccolite, 殻故來得　即小果形石
Cocculus indicus, 印度殻故路司
Cochineal, 呀蘭米
Cocinic acid, 哥格尼克酸
Cocoa, 苛苛
Cocoa nut oil, 椰子油
Codarmina, 苛大迷那
Codeia, 苛弟以阿
Codeine, 苛弟以尼
Cod liver oil, 各特魚肝油
Cesium, 銫
Coffee, 加非
Coin bronze, 錢銅
Coke, 枯煤
Colcothar, 夸故他爾　即鐵二養三粉
Cold short iron, 冷脆鐵
Coilodion, 哥路弟恩
Coilodion cotton, 哥路弟恩棉花
Colophene, 殻路非尼
Colophony, 殻路夫尼　即黑松香
Colouring matter, animal, 動物顏料

Colouring matter , mineral , 死物顏料
Colouring matter , vegetable , 植物顏料
Columbite , 高倫倍得
Columbium , 鎶即鈮
Colza oil , 菜油
Combined carbon , 化合之炭質
Combustible , 能燒之質
Common salt , 食鹽
Concrete , 卵石與灰合成之石
Condurrite , 干度來得
Condy's disfecting fluid , 甘弟氏滅臭水
Coniferin , 可尼非里尼
Conime , 哥尼以尼
Copaiva , 可派以發
Copal , 哥巴勒
Copaline , 哥巴勒以尼
Curarine , 固拉里尼
Curcumine , 固耳固迷尼
Curd of milk , 乳腐
Curry , 咖哩
Cyamelido , 衰阿迷里弟
Cyanic acid , 衰養
Cyanic other , 衰以脱
Cyanide of phosphorus , 燐衰
Cyanide of potassium , 鉀衰
Cyanides of alcohol radicals , 醕底子合衰質
Cyanine , 衰阿尼尼
Cyanite , 蓋阿奈得
Cyanogen , 衰
Cyanogen chlorides , 衰綠
Cyano-metallic radicals , 金類合衰底子
Cyanuric acid , 衰由里克酸
Cylinder charcoal , 蒸成木炭
Cymene , 歲迷尼
Cymole , 歲暮哇里
Cymophane , 歲莫反尼石
Dadyle , 打對里
Dadyle hydrochlorate , 打對里輕綠
Damaluric acid , 大瑪勒由里克酸
Dammara , 他馬拉
Datholide , 大妥來得
Daturine , 打都里尼
Dead head , 鑄物餘頭
Dead oil of coal tar , 黑煤油之死油
Dephlogisticated muriatic acid , 輕綠
Deibyshire spar , 鈣弗石　即德爾比司巴耳石
Desmine , 兑司迷尼礦
Detonating tubes , 礮火門拉引管
Dextrine , 對格司特里尼
Dextro tartaric acid , 對格司特羅果酸
Dhil mastic , 弟勒瑪司的格
Diacetine , 二阿西低尼
Diacid diamine , 二酸二阿美尼
Diallage , 弟阿拉知石
Diamines , 二阿美尼類
Diamines aromatic , 香二阿美尼類
Diamond , 金剛石
Diamond glazier's , 劃玻璃金剛石
Diamylamine , 二阿埋里阿美尼
Diaspore , 弟阿司布而石即熱散石

Diastase，弟阿司打西

Dialomic elements，雙質點之質

Coquimbite，格苟末倍得

Coral，珊瑚

Corpse light in coal mines，煤硐燭火藍色

Corrosive sublimate，汞綠二

Corundum，寶砂石　即可倫都末

Cotarnia，哥他而尼阿

Cotarnine，哥他而尼尼

Cotton，棉

Crackers detonating，汞藥爆章

Cream，乳皮

Cream of tartar，鉀養二果酸

Crenic acid，格里尼克酸

Creosote，格里亞蘇特

Cress，辣芹菜

Cresylic acid，格里歲里克酸

Crocus of antimony，三鈉硫銻硫三即銻渣滓

Cross stone，十字形顆粒石

Croton，chloral hydrate，各羅敦格羅拉勒輕養

Croton oil，巴屯油

Crotonic acid，各羅敦以克酸

Crow fig，番木鱉

Cryolite，格來哇來得　即雪形石

Cryptopia，格里布度鴉比阿

Cudbear，紫粉

Cumidine，固迷低尼

Cuminaldehyde，固迷尼阿勒弟海特

Cuminic acid，固迷尼克酸

Cuminic alcohol，固迷尼克醕

Cuminole，固迷尼哇里

Cummin，固迷尼　即馬芹

Cumyle，固埋里

Cumyle hydride，固埋里輕

Cumylene，固埋里尼

Cumylene diamine，固埋里尼二阿美尼

Cupric acid，銅養二

Cupric chloride，銅綠

Cupric oxide，銅養

Cuprite，銅二養礦　即固潑來得

Cuprousscetyle chloride，銅阿西台里綠

Cuprousscetyle chloride oxide，銅阿西台里養

Cuprousscetyle acetylide，銅阿西台里弟

Cuprousscetyle chloride，銅綠

Cuprousscetyle oxide，銅養

Curacao，固拉梭而

Curara，固拉拉

Disodacetic ether，二鈉養醋酸以脱

Distilled Sulphur，蒸過之硫

Distilled water，蒸水

Dithionic hydrosulphuric acid，硫二養五

Ditoluylamine，二朵路以里阿美尼

Doeglic acid，杜格里克酸

Dolomite，多路美得

Dough，未烘之饅頭

Dragon's blood，血竭

Dryers，令油易乾之料

Dutch liquid，荷蘭流質

Dutch metal，荷蘭假金箔

Dutch pink，荷蘭紅

Dyad elements, 二質點之原質
Earthenware, 瓷器
Earths, alkaline, 鹻土屬
Earths proper, 土屬
Eau-de-Javelle, 雅維勒水　即鈉養緑養或鉀養緑養
Ebonite, 以步奈特　即硬象皮似烏木
Ecbolia, 愛格蒲里亞
Egeran, 以其蘭石
Eisennickelkies, 鐵鎳開司礦
Eisenzinespath, 鐵鋅司巴得
Elaene, 以拉以尼
Elaidic acid, 以拉以的克酸
Elaldehyde, 以拉阿勒弟海特
Elba iron ore, 愛勒拔島鐵礦
Electrical amalgam, 汞油膏磨電器所用
Electro-negative elements, 負電原質
Electro positive elements, 正電原質
Electro-plating, 電鍍銀
Element, 原質
Elemi resin, 以里迷香
Ellagic acid, 歐拉其克酸
Embolite, 安步來得亦名中間石即銀礦
Emerald, 明緑寶石
Emery, 寶砂
Emetics, 吐藥
Emetine, 以密低尼
Empyreumatic products, 焦成質
Emulsine, 衣暮辣西尼
Enamel, 瓷釉
Enamel glass, 發郎玻璃

Endosinose, 通膜和勻
Diazoamido benzole, 二阿蘇阿美朵偏蘇里
Dibromotyrosine, 二溴太路西尼
Dichloranilne, 二緑阿尼里尼
Didymium, 鏑
Diethacetic acid, 二以脱醋酸
Diethacetic ether, 二以脱醋酸以脱
Dethoxalic acid, 二以脱草酸
Diethylamine, 二以脱里阿美尼
Diethyl-diethyline-diamine, 二以脱里二以脱里尼二阿美尼
Diethylene diamine, 二以脱里尼二阿美尼
Diethylene diammonium hydrate, 二以脱里尼二淡輕四輕養
Diethylene-diethyl-triamine, 二以脱里尼二以脱里三阿美尼
Diethylene-trialcohol, 二以脱里尼三醕
Diethylene-triamine, 二以脱里尼三阿美尼
Diethylene-triammoniumtrichloride, 二以脱里尼三淡輕四三緑
Diethylzincamine, 二以脱里鋅阿美尼
Dimethacetic ether, 二迷以脱醋酸以脱
Dimethoxalic acid, 二迷以脱草酸
Dimethylamine, 二迷以脱里阿美尼
Dinitraniline, 二淡養五阿尼里尼
Dinitrobenzole, 二淡養五偏蘇里
Dinitro-diphenylamine, 二淡養五二非尼里阿美尼
Dioenthylene-dyamy-lamine, 二以難弟里尼二阿埋里阿美尼
Dioptase, 臺哇布大西礦
Diphenylamine, 二非尼里阿美尼
Diphenyl-benzoylamine, 二非尼里偏蘇愛里阿美尼
Diphenyl diethylene diamine, 二非尼里二以脱里尼二阿美尼
Diphenyl-guanidine, 二非尼里古阿尼弟尼
Diphenyl urea, 二非尼里由里阿

Diplatinamine，二鉑阿美尼
Diplatosamine，二鉑蘇阿美尼
Diplatosamine hydrate，二鉑蘇阿美尼輕養
Diplatosamine hydrochlorate，二鉑蘇阿美尼輕綠
Diplatosamine sulphate，二鉑蘇阿美尼硫養三
Disinfectant，McDongall's，麥度加氏滅病氣料
Disinfecting fluid，Burnett's，伯昵得氏滅臭料
Disinfecting fluid，Condy's，甘弟氏滅臭水
Ethylene binoxide，以脱里尼養
Ethylene diamine，以脱里尼二阿美尼
Ethylene hexethyl-diphosphonium-hydrate，以脱里尼六以脱里二燐輕養
Ethylformate of soda，鈉養以脱里福耳密克
Ethylglucose，以脱里哥路哥司
Ethylic alcohol，以脱里克醕
Ethylic bromine，以脱里克溴
Ethylic chloride，以脱里克綠
Ethylic ether，以脱里克以脱
Ethylic iodide，以脱里克碘
Ethyl-methyl-phenylmine，以脱里迷以脱里非尼里阿美尼
Ethyl-methtl-urea，以脱里迷以脱里由里阿
Ethylo-platammonium hydrate，以脱里鉑淡輕四養輕養
Ethylo-toluidine，以脱里朵路以弟尼
Ethyloxamide，以脱里哇格司阿美弟
Ethylurea，以脱里由里阿
Euchlorine，由綠氣
Euclase，由可賴斯石即易斷石
Eudoic acid，由度以克酸
Eugenic acid，由幾尼克酸
Eugenine，由幾尼尼

Euperion matches，由比里恩自來火
Euphorbium，由福比由末即大戟香
Eupione，由比阿尼
Evernic acid，以分尼克酸
Excretions，棄津液
Exicile，愛格西台里
Fahlerz，發勒士即灰色銅礦
Faroelite，發里來得
Fast colours，定質顏料
Fats，定質油
Fatty acid series，油酸類
Feldspar，非勒司巴耳
Feldspar potash，鉀養鋁二養三六矽養二
Feldspar soda，鈉養鋁二養三六矽養二
Fennel，茴香
Ferric acid，鐵養三
Ferric ehloride，鐵綠
Ferric oxide，鐵二養三
Ferric sulphate，鐵養硫養三
Enysite，衣尼歲得
Epidote，以比佗得
Epsom salts，鎂養硫養三
Erbium，鉺
Erucic acid，衣魯西克酸
Erucine，衣魯西尼
Erytherite，以里特來得
Erythric acid，以里特里克酸
Erythrine，以里特里尼礦即紅鈷礦
Erythrosic acid，以里特魯西克酸
Esculetine，愛思古里低尼

Esculine, 愛思古里尼
Eserina, 以西里那
Essence of almonds, 杏仁露
Essence of turpentine, 松香露
Essential oils, 能蒸油類
Essonite, 愛蘇奈得　即桂皮包寶石
Ethal, 以脱勒
Ethalic acid, 以脱勒克酸
Ether, 以脱
Ethereal oil, 以脱油
Etherine, 以脱以尼
Ethers, 以脱類
Ethers double, 雙以脱類
Ethers perfuming, 香以脱類
Ethers flavouring, 加味以脱類
Ethylamine, 以脱里阿美尼
Ethylammonia, 以脱里淡輕三
Ethylaniline, 以脱里阿尼里尼
Ethylate of potash, 鉀養以脱里
Ethylate of soda, 鈉養以脱里
Ethylate of zinc, 以脱里鋅
Ethyl-codeyl-ammoaium hydrate, 以脱里苟弟里淡輕四養輕養
Ethyle, 以脱里
Ethyle amyle, 以脱里阿埋里
Ethyle butyle, 以脱里布低里
Ethyle cyanide, 以脱里衰
Ethyle hydride, 以脱里輕
Ethyle iodide, 以脱里碘
Ethyle kakodyle, 以脱里卡可待里
Ethyle nicotyl-ammonium-hydrate, 以脱里尼古弟里淡輕四養輕養
Ethyle orthcarbonate, 以脱里炭養二
Ethyle subcarbonate, 二以脱里炭養二
Ethyle sulphide, 以脱里硫
Ethylene, 以脱里尼
Ethylene bibromide, 以脱里尼溴二
Formyle, 福耳美里
Formyle terchloride, 福耳美里三綠
Foundry iron, 合鑄物之生鐵
Fonsel oil, 甫司里油
Fowter's solution, 鉀養鉮養三水
Frankincense, 乳香
Franklinite, 福蘭格林愛得　即鋅養鐵二養三礦
Free stone, 輭砂石
French chalk, 鎂養矽養二石又名法蘭西白石粉
Fructose, 夫路格拖司
Fuel, 燒料
Fuller's earth, 石脂即漂白家沉
Fulminic acid, 夫路迷尼克酸　即爆藥酸
Fulminate of mercury, 汞爆藥
Fulminate of silver, 銀爆藥
Fulminates, 爆藥類
Fulminating gold, 金爆藥
Fulminating silver, 銀爆藥
Fulminating platinum, 鉑爆藥
Fulvic acid, 夫路肥克酸
Fumaric acid, 甫瑪里克酸
Fumigative, 滅臭料
Fumingsulphuric acid, 發霧硫强水
Fumitory, 甫瑪土里
Fur, in kettles, 水壺内生皮

Furfuramide，福耳福耳阿美弟
Furfurine，福耳福耳以尼
Furfurole，福耳福耳哇里
Fused common salt，已鎔化之食鹽
Fusible alloy，易鎔羼金
Fustic，甫司的格
Fuze，引火器或料
Fuze composition，Abel's，亞比勒氏電引火料
Gadolinite，加度里内得
Galbanum，加勒巴奴末
Galena，加里那即鉛硫礦
Gallic acid，加里克酸
Gall nuts，五倍子
Galvanized iron，鍍鋅之鐵
Gamboge，籐黄
Gangue，包礦之石
Garancine，加蘭西尼染料
Garlic，蒜
Carnet，加尼得紅寶石
Gas，氣質
Gas carbon，炭精
Gaseous hvdroearbons，氣形之鮮炭質
Ferricum，鐵
Ferricyanygen，衰六鐵二
Ferrocyanates，含衰六鐵二之質
Ferrocyanic acid，衰三鐵
Ferrocyanide of potassium，鉀二衰三鐵
Ferrocyanogen，衰三鐵
Ferrosoferric acid，鐵三養四
Terrosum，鐵
Ferrous oxide，鐵養
Ferrous sulphate，鐵養硫養三
Ferrutted chyaze acid，鉀二衰三鐵
Fibrine，非布里尼
Fibrine of blood，血非布里尼
Fibrine of muscle，肉筋非布里尼
Fibrine of vegetable，植物非布里尼
Fibroine，非布路以尼
Fibrous iron bar，絲紋鐵條
Finery cinder，二鐵養矽養二 即做净鐵所得之燼
Fire bricks，火磚
Fire clay，火泥
Fire damp，炭二輕四
Fish oil，魚油類
Flags，版石
Flake white，鉍養三淡養五
Flame，火焰
Flame oxvdizing，放養氣火
Flame reducing，收養氣火
Flesh，肉
Flint，火石
Flour，麪粉
Fluoboric acid，硼養三三輕弗
Fluorescence，回光閃色
Fluoric acid，輕弗
Fluoride of calcium，鈣弗
Fluoride of silicon，矽弗二
Fluorides，含弗氣之質
Fluorine，弗氣
Flour-spar，鈣弗石

Flux, Baume's, 波密氏配料

Forge iron, 合於變熟鐵之生鐵

Formamide, 福耳密阿美弟

Formic acid, 福耳密克酸　即蟻酸

Formiate of hinc, 鈣養福耳密克

Formonitrile, 福耳密內特來里

Formylamine hydriodate, 福耳美里阿美尼輕碘

Formyl-diphenyl-diamine, 福耳美里二非尼里二阿美尼

Glycol chiorhydine of, 各里各哇里輕綠

Glycol monacetate of, 各里各哇里醋酸

Glycolic acid, 各里各哇里克酸

Glycols, 各里各哇里類

Glycoside, 各里哥歲弟

Glycyrrhizine, 各里色里盡

Glyoxal, 各里阿格撒里

Gneiss, 乃斯石

Gold, 金

Gold fumigatin, 金爆藥

Gold leaf, 金箔

Gold lace, 金絲帶

Gold oxide, 金養

Gold pool ochioride, 金綠

Gold nuby, 金紅

Gold standard, 準金

Gold sulphide, 金硫

Gold terchloride, 金綠三

Gold thread, 金絲

Goshenite, 過申內得

Goulard's extract, 二鉛養醋酸水

Grains brewer's, 啤酒糟

Granatite, 古闌那台得　即十字形顆粒石

Granite, 花剛石

Granitie rocks, 花剛石類

Granulated zinc, 鋅顆粒

Grape husks, 葡萄皮

Grape juice, 葡萄汁

Grape sugar, 葡萄糖

Graphile, 筆鉛

Green, arsenical, 二銅養鉮養三

Green borate of chromium, 鉻養硼養三

Green, Brunswick, 銅綠三銅養四輕養

Green chrome, 鉻二養三

Green malachite, 銅養炭養二

Green mineral, 銅養炭養二銅養輕養

Green Rinmans, 林曼綠

Green salt of Magnus, 馬軋奴斯綠鹽

Green vitriol, 鐵養硫養三

Grey copper ore, 灰色銅礦

Grey iron, 灰色鐵

Grey nickel ore, 灰色鎳礦

Grey powder, 汞含白石粉

Grey wacke, 古留滑格

Gristle, 脆骨

Grougb saltpetre, 生硝

Graicum resic, 古阿以古末

Gastric juice, 胃汁

Gaultheria, 各拉弟里阿樹

Gaylussite, 該路賽得

Gedge's metal, 苟之氏銅

Geic acid, 奇以克酸

Gelatine, 直辣的尼

German silver, 日耳曼銀 即白銅

Gin, 進酒

Glass, 玻璃

Glass bottle, 洋酒瓶玻璃

Glass crown, 無鈉玻璃

Glass flint, 火石玻璃

Glass gall, 玻璃浮滓

Glass plate, 厚玻璃片

Glass common window, 平常玻璃片

Glauberite, 古魯麗來得

Glauber's salt, 鈉養硫養三

Glaze for earthenware, 釉做碗用

Glazier's diamond, 劃玻璃之金剛石

Globuline, 格路布里尼

Glonoine, 格羅奴以尼

Glucic acid, 哥路西克酸

Glucina, 鋊養

Glucinum, 鋊

Glucose, 哥路哥司

Glucose artificial, 人造哥路哥司

Glucose stearic, 司替阿里克哥路哥司

Glucosides, 哥路哥歲弟

Gluco-tartaric acid, 哥路哥果酸

Glue, 動物膠西名哥路

Gluten, 哥路屯

Glutine, 哥路低尼

Glyceric acid, 各里司里克酸

Glyceric alcohol, 各里司里克醕

Glyceric ether, 各里司里克以脱

Glycerides, 各里司里弟

Glycerine, 各里司里尼

Glycerine soap, 各里司里尼肥皂

Glyceryle, 各里司來立

Glycocholalic acid, 各里各可路里克酸

Glychocholic acid, 各里各可里克酸

Glycocine, 各里各西尼

Glycocoll, 各里各可勒

Glycogen, 各里各真

Glycol, 各里各哇里

Glycol acetobutyrate of, 各里各哇里醋酸布低里克

Glycol aldehyde of, 各里各哇里阿勒弟海特

Glycol binacetate of, 各里各哇里二醋酸

Heavy oil of wine, 重酒油即以脱油

Hepatic waters, 益肝之水

Hexamincobaltic chloride, 六阿美尼鈷綠

Hippuric acid, 希布由里克酸

Homogeneous metal, 勻質之銅

Heliotrope, 希里倭特路巴石 即血點石

Heulandite, 許蘭台得

Hircine, 希爾西尼

Honey, 蜜

Hoofs, material, 獸蹄料

Hops, 霍布花

Hornblende, 河拿布侖得

Horn lead, 鉛綠 即明角形鉛礦

Horn material, 獸角料

Horn silver, 銀綠 即明角形銀礦

Horse chesnut bark, 馬栗樹皮

Horseradish, 辣根

Hot blast iron , 熱風鐵
Humic acid , 呼迷克酸
Humine , 呼迷尼
Humus , 呼莫司
Humus coal of , 呼莫司煤
Hyacinth , 海耶辛得
Hyalite , 海耶來得　即玻璃色石
Hydrargyrum eum creta , 汞含白石粉
Hydrated bases , 含水之本質
Hydrated oxides , 含水之配質
Hydrate of lime , 鈣養輕養
Hydrate of potash , 鉀養輕養
Hydrates , 含輕養之質
Hydraulic cements , 水内結成之灰
Hydrides of alconol radicals , 含水酯本質
Hydriodate of potash , 鉀養輕碘
Hydriodic acid , 輕碘
Hydriodic ether , 輕碘以脱
Hydroboracite , 海得路硼拉歲得　即水硼養三礦
Hydrobenzamide , 海得路徧蘇阿美弟
Hydrobromic acid , 輕溴
Hydrobromic ether , 輕溴以脱
Hydrocarbons , 輕炭類質
Hydrochloric acid , 輕綠
Hydrochloric ether , 輕綠以脱
Hydrocotarnia , 海得路哥他而尼阿
Hydrocyanic acid , 輕衰
Hydrocyanic ether , 輕衰以脱
Guiacol , 古以阿哥里
Guanidine , 古阿尼弟尼
Guanite , 古阿奴愛得
Guano , 古阿奴
Guelder rose , 繡毬花
Gum Arabic , 阿喇伯樹膠
Gum anime , 阿你迷膠
Gum British , 英國膠
Gum Senegal , 歲尼加勒膠
Gum tragacanth , 特拉茄看得膠
Gum resins , 松香膠類
Gums , 樹膠類
Gun cotton , 棉花藥
Gun cotton pulp , Abel's , 亞比勒氏棉花藥漿
Gun metal , 砲銅
Gun paper , 紙藥
Gun powder , 火藥
Gutta percha , 格搭伯查
Gutta , pure , 净格搭
Gypsum , 紀布速末即石膏
Haemateine , 喜瑪替以尼
Haematine , 喜瑪替尼
Haematite , brown , 櫻色喜瑪台得　即櫻色鐵礦
Haematite red , 紅色喜瑪台得　即紅色鐵礦
Haematosine , 喜瑪托西尼
Haematoxyline , 喜瑪托客西里尼
Haemoglobin , 喜瑪格路比尼
Hair , 毛髮
Hair dye , 染髮料
Halite , 哈來得
Halogens , 成鹽類之底質
Haloid salts , 似鹽之鹽類

Hammer slag，打鐵所出之滓
Hard metal，硬銅
Hard water，濇水
Harmatome，哈馬土密　即劈節石又名十字石
Harrogate water，哈路該得水
Hartshorn，spirit，淡輕三水
Hausmannite，何司曼内得　即錳黑礦
Haüyne，何以尼石
Hayesine，亥以西尼石　即鈣養硼養三
Heath's steel，希德氏鋼　即加錳之鋼
Heavy lead ore，鉛養二礦
Heavy spar，鋇養硫養三礦又名重光石
Imides，衣美弟
Imidogen，衣美朵真
Incrustationscn boilers，鍋爐内所結之質
Indian fire，印度火
Indican，奄的甘
Indifferent oxides，無本配性之質
Indicolite，奄的故來得　即靛藍色石
Indigo，靛
Indigo blue，靛藍
Indigo copper，銅硫
Indigo red，靛紅
Indigo reduced，熟靛
Indigo white，靛白
Indigotine，奄的故低尼　即純靛藍
Indium，銦
Indium oxide，銦養
Ink，vanadium，釩墨
Inorganic substances，死物質
Inosite，以奴西的
Inuline，以奴里尼
Iodates，含碘養五之質
Iodic acid，碘養五
Iodide of nitroger，淡碘
Iodide of potassium，鉀碘
Iodide of silver，銀碘
Iodine，碘
Iodine bromide of，碘溴
Iodine chloride，碘綠
Iodine oxide，碘養
Iodine terchloride，碘綠三
Iodized starch paper，小粉碘紙
Iodoform，愛亞度福密
Indium，銥
Indium ammonio-chloride，淡輕三輕綠銥綠二
Indium black，銥二養三
Indium chloride，銥綠二
Indium oxide，銥養
Iron，鐵
Iron amalgam，鐵汞
Iron basic persulphate，爲本之鐵二養三三硫養三
Iron bisulphide，鐵硫二
Iron black oxide，鐵三養四
Iron carbonate，鐵養炭養二
Iron cast，生鐵
Iron chloride，鐵綠
Iron cold short，冷脆鐵
Iron cyanide，鐵衰
Hydrocyanic acid，anhydrous，無水輕衰

Hydrocyan-rosaniline, 輕衰羅殺阿尼里尼
Hydroferricyanic acid, 輕三衰六鐵二
Hydroferrocyanic acid, 輕二衰三鐵
Hydrofluoboric acid, 三輕弗二硼弗三
Hydrofluoric acid, 輕弗
Hydro-fluo-silicic acid, 輕弗矽弗二
Hydrogen, 輕氣
Hydrogen binoxide, 輕養二
Hydrogen peroxide, 輕養二
Hydrogen persulphide, 輕硫二
Hydrogen phosphide, 輕燐三
Hydrogen seleniетted, 輕硒
Hydrogen sulphuretted, 輕硫
Hydrokinone, 海得路幾奴尼
Hydro-nitro prussic acid, 輕二衰五淡養三鐵二
Hydroselenic acid, 輕硒
Hydrosulphocarbonic acid, 輕硫炭硫二
Hydrosulphocyanic acid 輕衰硫二
Hydrozincite, 海特路辛蓋得
Hydrosulphuric acid, 輕硫
Hydrotelluric acid, 輕碲
Hydrotelluric ether, 輕碲以脱
Hydroxylamine, 淡輕三養二
Hyoscyamine, 海哇歲阿美尼
Hypobromons acid, 溴養
Hypochlorite of lime, 鈣養綠二養
Hypochlorous acid, 綠二養
Hypogeic acid, 海波其乙克酸
Hyponitric acid, 淡養四
Hyponitrous acid, 淡養三
Hypophosphites, 含二輕養燐養五質
Hypophosphorus acid, 二輕養燐養五
Hyposulphates, 含硫二養五之質
Hyposulphindigotic acid, 硫養三二靛
Hyposulphite of soda, 鈉養硫二養二
Hyposulphites, 含硫二養二之質
Hyposulphuric acid, 硫二養五
Hyposulphurous acid, 硫二養三
Ice 冰
Iceland spar, 愛斯蘭光石即鈣養炭養二
Idocrase, 以度可拉司即雜形石
Ignis fatuns, 燐火
Ilmenium, 鈮
Jewellers' rouge, 金銀匠紅料
Juniper, 側栢
Kakodyle, 卡可待里
Kakodyle bisulphide, 卡可待里硫二
Kakodyle chloride, 卡可待里綠
Kakodyle cyanide, 卡可待里衰
Kakodyle oxide, 卡可待里養
Kakodylic acid, 卡可待里克酸
Kaolin, 高陵泥 即做瓷器之白泥
Kapnomor, 加波奴木爾
Keene's cement, 幾納氏灰
Keating's cement, 幾丁氏灰
Kermes mineral, 格密士
Kermesite, 格密歲得
Ketones, 幾朵尼
Kid leather, 小山羊皮
Kieserit, 開西來得

Killas，紀辣斯石
Kings' yellow，鉮養$_{三}$鉮硫$_{三}$黃色料
Kinic acid，幾尼克酸
Kino，幾奴
Kinone，幾奴尼
Kirschwasser，櫻桃燒酒
Kish，開施
Klumene，格路迷尼　即阿西台里尼
Kola nut，苛辣核
Kouniss，格密司乳酒
Kreasote，格里阿蘇特
Kreatine，格里阿的尼
Kreatinine，格里阿的尼尼
Kresole，格里蘇里
Kresyle，格里歲里
Kresylic acid，格里歲里克
Krupp's steel，克虜伯氏鋼
Kryolite，格來哇來得
Kupfer nickel，可伯發鎳　即鎳$_{一}$鉮礦
Kyanised wood，漬汞綠$_{二}$水之木
Kyanite，開阿內得
Lac，拉格即紫鉚
Lac seed，拉格子
Lac stick，拉格條　即柴梗
Labadorite，拉巴拉多來得
Lacquer，拉格漆
Lactarine，拉格的里尼
Lactic acid，拉格的克酸　即乳酸
Lactic anhydride，無水拉格的克酸
Lactide，拉格對特
Laotine，拉格的尼
Iron，ferricyanide，鐵$_{三}$衰$_{六}$鐵$_{二}$
Iron，fibrous，絲紋鐵
Iron，galvanized，已鍍鋅之鐵
Iron，glance，光點鐵礦
Iron，groy，灰色鐵
Iron，homogenous，匀質鐵
Iron，iodide，鐵碘
Iron，magnetic oxide，鐵$_{三}$養$_{四}$
Iron，mould，鐵鏽痕
Iron，oxides，鐵養
Iron，perchloride，鐵$_{二}$綠$_{三}$
Iron，peroxide，鐵$_{二}$養$_{三}$
Iron，persulphate，鐵$_{二}$養$_{三}$三硫養$_{五}$
Iron，phosphate，鐵養燐養$_{五}$
Iron，protochloride，鐵綠
Iron，protosesquioxide，鐵$_{二}$養$_{三}$
Iron，protosulphate，鐵養硫養$_{三}$
Iron，protoxide，鐵養
Iron，prussiate，輕鐵衰
Iron，pyrites，鐵硫$_{二}$礦
Iron，pyrophoric，鐵$_{二}$養$_{三}$
Iron，red oxide，鐵$_{二}$養$_{三}$
Iron，red short，熱脆鐵
Iron，sand，鐵沙
Iron，scales，鐵衣
Iron，sesquichloride，鐵$_{二}$綠$_{三}$
Iron，sesquiferrocyanide，鐵$_{四}$鐵衰$_{三}$　即普魯士藍
Iron，sesquiodide，鐵$_{二}$碘$_{三}$
Iron，sesquioxide，鐵$_{二}$養$_{三}$

Iron , sesquisulphate , 一鐵$_{二}$養$_{三}$二硫養$_{二}$
Iron , specular , 鏡光面鐵礦
Iron , sulphate , 鐵養硫養$_{三}$
Iron , sulphide , 鐵硫
Iron , sulphuret , 鐵硫
Iron , tincture , 鐵酒
Iron , wrought , 熟鐵
Isatine , 衣薩低尼
Iserine , 以西里尼
Isethionic acid , 以西以脱以哇尼克
Isinglass , 魚肚膠
Isocumole , 以蘇古母里
Isoprene , 以蘇布里尼
Isotartaric acid , 以蘇果酸
Isoterebenthene , 以蘇特里偏替尼
Ivory black , 象牙黑
Jasper , 青碧
Jatrophine , 牙特羅非尼
Jelly , 凍水膠
Jet , 借得即墨珀
Lemons , 檸檬
Lepargyhe acid , 立怕格里克酸
Lepidohle , 立必佗來得　即鱗形礦
Leucaniline , 留格阿尼里尼
Leucanilinetriphenyhe , 留格阿尼里尼三非尼里
Leucic acid , 留昔克酸
Leucine , 留昔尼
Leuone , 留昔得即白色石
Leucopyrites , 留格貝里底司　即白色鐵硫$_{二}$礦
Leucone , 留格尼
Levyne , 里維尼石
Lias , 里阿司層
Libe benite , 里本敦愛得
Lichens , 苔類　即里真
Light carburreltod hydrogen , 炭$_{二}$輕$_{四}$
Light oil of wine , 輕酒油
Light oil of coal tar , 黑煤油輕油
Lignine , 立故尼尼
Lignite , 木煤
Lime , 鈣養
Lime acetate , 鈣養醋酸
Lime bicarbonate , 鈣養二炭養$_{二}$
Lime binoxalate , 鈣養二草酸
Lime carbonate , 鈣養炭養$_{二}$
Lime hydrate , 鈣養輕養
Lime hypoohlorite , 鈣養鈣綠
Lime hyposulphite , 鈣養硫$_{二}$養$_{二}$
Lime kinate , 鈣養幾尼克
Lime lactate , 鈣養拉格的克
Lime malate , 鈣養瑪里克
Lime oxalate , 鈣養草酸
Lime palatinate , 鈣養三鉑養$_{二}$
Lime stone , 鈣養炭養$_{二}$
Lime succinate , 鈣養瑟格西尼克
Lime sulphate , 鈣養硫養$_{三}$
Lime superphesphate , 二鈣養三燐養$_{五}$
Lime water , 鈣養水
Limonite , 里暮內得　即樱色鐵$_{二}$養$_{三}$礦
Linoleic acid , 利尼哇里以克酸
Linoxyn , 利尼客西尼

Linseed，胡麻子
Lipic acid，里比克酸
Liquor ammoniae，淡輕四養水
Liquor sanguinis，血水
Liqaorice root，甘草根
Laevotartaric acid，里扶果酸
Lakes，alumina，鋁二養三雷格色料
Lakes lead，鉛雷格色料
Lamp black，炱黑
Lanarkite，蘭那開得
Lanthopine，蘭特鴉比尼
Lanthanium，鋃
Lapis lazuli，青金石
Lard，豬油
Laudanosia，羅丹哇西阿
Laughing gas，淡養氣
Laurel water，羅耳烏司葉露
Lauric acid，羅耳以克酸
Lauric alcohol，羅耳以克醕
Laurite，羅耳愛得
Lavender，拉分打
Lead，鉛
Lead acetate，鉛養醋酸
Lead argentiferous，含銀之鉛
Lead basic carbonate，爲本之鉛養炭養二
Lead basic chromate，鉛養鉻養三
Lead binoxide，鉛養二
Lead carbonate，鉛養炭養二
Lead chloride，鉛綠
Lead chlorosulphide，鉛綠鉛硫
Lead chromate，鉛養鉻養三
Lead dichromate，鉛養二鉻養三
Lead hydrated oxide，鉛養輕養
Lead iodide，鉛碘
Lead malate，鉛養瑪里克
Lead molybdate，鉛養鉬養三
Lead oxide，鉛養
Lead oxychloride，鉛綠鉛養
Lead peroxide，鉛養二
Lead phosphate，鉛養燐養五
Lead protoxide，鉛養
Lead pyrophorus，自燃鉛粉
Lead selenide，鉛硒
Lead sulphate，鉛養硫養三
Lead sulphide，鉛硫
Lead tartrate，鉛養果酸
Lead tribasic acetate，三鉛養醋酸
Lead vanadiate，鉛養釩養三
Lead vitriol，鉛養硫養三
Leadhillite，留弟來得
Leather，熟皮
Leaven，酵
Lecanoric acid，里卡奴里克酸
Leeks，韭
Legumine，里故迷尼
Malaeic acid，瑪里以克酸
Malamide，瑪里阿美弟
Malic acid，瑪里克酸 即蘋果酸
Malleable cast iron，韌性生鐵
Malonie acid，瑪路尼克酸

Malt dust, 大麥去芽粉
Manganate of potash, 鉀養錳養三
Manganese, 錳
Manganese alum, 錳礬
Manganese binoxide, 錳養二
Manganese black, 錳養二
Manganese carbonate, 錳養炭養二
Manganese chloride, 錳綠
Manganese hydrated peroxide, 錳養二輕養
Manganese oxide, 錳養
Manganese peroxide, 錳養三
Manganese protoxide, 錳養
Manganese red oxide, 錳一養四
Manganese sesquioxide, 錳二養
Manganese spar, 錳養光石
Manganese sulphate, 錳養硫養三
Manganic acid, 錳養
Manganite, 孟加內得　即灰色錳石
Manna, 瑪內
Mannitane, 瑪內打尼
Mannite, 瑪內得
Mannite glyceride, 瑪內得各里司里弟
Mannite glycerine, 瑪內得各里司里尼
Mannite stearine, 瑪內得司替阿里尼
Manures, 粉類
Maraschino, 瑪拉司扣奴酒
Marble, 雲石
Marcasite, 馬耳加歲得　即白色鐵硫二礦
Margaric acid, 瑪加里克酸
Margarine, 瑪加里尼
Marine glue, 海膠
Marking ink, 寫布墨
Marl, 瑪而拉　即含鈣養之土
Marmolite, 瑪暮來得
Marsh gas, 炭二輕四
Marsh gas series, 炭二輕四級類
Marsh gas mallow, 蜀葵
Mascagnine, 生成淡輕四養硫養三
Massicot, 馬西格得　即鉛養礦
Mastic, 瑪司的格
Matches, 自來火
Litharge, 密佗僧　即鉛養
Lithia, 鋰養
Lithia carbonate, 鋰養炭養二
Lithia mica, 鋰養雲母礦
Lithia phosphate, 三鋰養燐養五
Lithic acid, 里的克酸
Lithium, 鋰
Lithius, 力低暮司　即石蕊
Lithius paper, 藍試紙
Load stone, 磁石
Loam, 羅末即不净之泥
Logwood, 洋蘇木
Lucifer matches, 自來火　即洋媚頭
Lunar caustic, 銀養淡養五
Lupuline, 羅布里尼
Luteo-cobaltic chloride, 羅的哇鈷綠
Luteoline, 羅的哇里尼
Luting for crucibles, 封鍋泥料
McDougall's disinfectant, 麥度加氏滅病氣料

Mader，　茜草根
Magenta，　瑪真塔
Magnesia，　鎂養
Magnesia ammonio phosphate，　二鎂養淡輕三燐養五
Magnesia arsenite，　鎂養鉮養五
Magnesia borate，　鎂養硼養三
Magnesia calcined，　鎂養
Magnesia carbonate，　鎂養炭養二
Magnesia citrate，　鎂養檸檬酸
Magnesia hydrate，　鎂養輕養
Magnesia hydraulic，　鎂養輕養
Magnesia phosphate，　鎂養燐養五
Magnesia silicate，　鎂養矽養二
Magnesia sulphate，　鎂養硫養三
Magnesian limestone，　鎂養炭養二鈣養炭養二石
Magnesite，　鎂養炭養二礦
Magnetite，　馬軋尼台得　即八面形鐵礦
Magnesium，　鎂
Magnesium chloride，　鎂綠
Magnesium nitride，　鎂淡
Magnesium silicide，　鎂矽
Magnet fuze eomposition，　吸鐵引火藥料
Magnetic iron ore，　吸鐵礦即磁石
Magnus' green salt，　鉑綠淡輕三
Malachite，　瑪拉開得　即銅養炭養二寶石
Mercury black oxide，　黑汞養
Mercury chloride，　汞綠
Mercury chlorosulphide，　汞綠二汞硫
Mercury cyanide，　汞衰
Mercury fulminate，　汞爆藥
Mercury iodide，　汞碘
Mercury nitrate，　汞養淡養五
Mercury nitric oxide，　汞養淡養四
Mercury nitride，　汞淡
Mercury oxide，　汞養
Mercury protochloride，　汞二綠
Mercury protonitrate，　汞養淡養五
Mercury prussiate，　汞輕衰
Mercury red oxide，　紅汞養
Mercury sub-sulphide，　汞二硫
Mercury sulphate，　汞養硫養三
Mercury sulphide，　汞硫
Mercury yellow oxide，　黃汞養三
Mesotype，　迷蘇台伯石
Metacetone，　迷塔阿西多尼
Metacetonic acid，　迷塔阿西多尼克酸
Metagallic acid，　迷塔加里克酸
Metal，　金類
Metalamides，　金類阿美弟
Metaldohyde，　迷塔阿勒弟海特
Metallic oxides，　金類合養氣之質
Metals，　金類
Metals alkali，　鹻屬金類
Metals alkaline earth，　鹻土屬金類
Metals earth propor，　土屬金類
Metals noble，　貴金類
Metals platinum group，　鉑屬金類
Metals slag，copper，　銅渣滓
Metameconic acid，　迷塔迷故尼克酸
Metantimonic acid，　二鉀養銻養五

Metaphosphates，　含輕養燐養五之質
Metaphosphoric acid，　輕養燐養五
Metastannic acid，　錫五養十
Metastyrole，　迷塔司土辣哇里
Metatartaric acid，　迷塔果酸
Metaterebenthene，　迷塔脱里偏替尼
Meteoric iron，　天降鐵
Methides，　迷以脱弟
Methyl acetyle，　迷以脱里阿西台里
Methylamine，　迷以脱里阿美尼
Methylaniline，　迷以脱里阿尼里尼
Methylated spirit，　迷以脱里醕
Methyle，　迷以脱里
Methyle caproyle，　迷以脱里加布路以里
Methyle iodide，　迷以脱里碘
Matches enpyrion，　由比里恩自來火
Matches lacifer，　平常自來火
Matches safety，　惟匣邊擦着之自來火
Matches vesta，　蠟條自來火
Matt，　化礦所得粗銅
Matter，　質體
Mauve，　暮甫
Mauveine，　暮甫以尼
Meadow-sweet oil，　司配里耶油
Meal powder，　火藥粉
Meconic acid，　迷故尼克酸
Meerschaum，　美耳束末石
Meconidia，　迷故尼弟阿
Meconine，　迷故尼尼
Megabromite，　迷加溴銀礦
Melaphyr，　迷辣弗耳
Meionite，　末由內得
Melam，　迷拉阿美
Melaniline，　密辣阿尼里尼
Mellone，　迷路尼　即炭三淡四黃色粉
Melissine，　密里細尼
Melissic acid，　密里西尼克酸
Melissic alcohol，　密里西尼克醕
Melissine，　密里西尼
Melissyle，　密里賽里
Menachanite，　迷那根內得
Mendipite，　門弟配得
Menthol，　面替哇里
Menthene，　面替尼
Mercaptan，　末而卡波旦
Mercaptide of mercury，　汞末而卡波旦
Merchant bar iron，　平常出賣之鐵條
Mercuramine，　汞阿美尼
Mercuric ethide，　汞以脱愛特
Mercuric iodide，　汞碘
Mercuric methide，　汞迷以脱愛特
Mercuric nitrate，　汞養淡養五
Mercuric sulphate，　汞養硫養三
Mercuricum，　汞
Mercurosum，　汞
Mercurous iodide，　汞二碘
Mercurous nitrate，　汞二養淡養五
Mercurous sulphate，　汞二養硫養三
Mercury，　汞
Mercury ammoniated oxide，　四汞養淡輕三

Mercury ammoniated subchloride，汞緑三淡輕四緑

Mercury bichloride，汞緑二

Molybdenum oxide，鉬養

Molybdenum sulphide，鉬硫

Molybdenite，鉬硫二礦

Molybdic acid，鉬養三

Molybdic acid dialysed，通膜之鉬養三

Molybdic achre，粗鉬養三礦　即鉬養三黃土

Monacetene，一阿西低尼

Monacite，麻那歲得　即獨居石

Mona copper，麻那銅

Monad elements，一質點之原質

Monamines，一阿美尼類

Monatomic elements，一質點之原質

Monkshood，草烏

Monobasic acids，一本之配質

Monophosphamide，一燐阿美弟

Monostearine，一司替阿里尼

Moradite，們拉台得

Mordants，染布濇料

Morine，摩里尼

Moringic acid，摩令記克酸

Moritannic acid，摩里歎尼克酸

Morocco leather，摩洛哥皮

Morphine，莫爾非尼

Morphine hydrochlorate，莫爾非尼輕緑

Mortar for building，灰

Mosaic gold，錫硫二粉　即摩西金

Mountain ash borries，山槐樹子

Mucic acid，茂昔克酸

Mucilage，植物膠

Mucus，暮古司

Mulberry calculus，桑椹形石淋

Mundic，們的礦　即鐵硫二礦

Muntz metal，們子氏銅

Murexide，暮里格歲得

Muriate of morphia，莫爾非阿輕緑

Muriatic acid，輕緑

Muscle，精肉

Mushrooms，蕈

Mussite，麥歲得

Mustard，芥

Mycose，美哥司

Myricipe，美里西尼

Myristic acid，美里司低克酸

Myronic acid，美洛尼克酸

Myrosine，美洛西尼

Myrrb，没藥

Nacrite，那格來得

Naples yellow，那普里黃料　即銻養五鉛養

Methyle oxide，迷以脱里養

Methyle phenylamine，迷以脱里非尼里阿美尼

Methyle salicylate，迷以脱里薩里西里克

Methyle theobromine，迷以脱里替哇布路迷尼

Methyle valeryle，迷以脱里發里來里

Methylene，迷以脱里尼

Methylethylamine，迷以脱里以脱里阿美尼

Methylethylamyloplienylium hydrate，迷以脱里以脱里阿埋里非尼里輕養

Methylethylaniline，迷以脱里以脱里阿尼里尼

Methylethylie ether ,	迷以脱里以脱里克以脱
Methylmorphlammonium hydrate of ,	迷以脱里莫爾非尼淡輕四養輕養
Methylic acctate ,	迷以脱里克醋酸
Methylic alcohol ,	迷以脱里克酯
Methylic formiate ,	迷以脱里克福耳密克
Methylic hydrate ,	迷以脱里克輕養
Miargyrite ,	迷埃兒奇來得　即銀少礦
Mica ,	千層石雲母石
Microbromite ,	美格路溴銀礦
Microcosmic salt ,	溺中之鹽
Mild alkali ,	輭性鹻類
Milk ,	乳
Mill cake ,	碾成之藥餅
Millerite ,	迷勒來得　即毛形鎳礦
Millstone grill ,	粗磨石
Mimetannic acid ,	迷母太尼克酸
Mine iron ,	無渣滓之鐵
Mineral alkali ,	金類鹻質
Mineral green ,	金類緑
Mineral silicates ,	金類含矽養二質
Mineral waters ,	地産之水
Mineral yellow ,	金類黄
Minium ,	鉛三養四
Mirbane ,	迷耳貝尼
Mispickel ,	迷斯必格勒礦
Moire metallique ,	錫面成顆粒形花紋
Molasses ,	漿糖
Molybdate of lead ,	鉛養鉬養三礦
Molybdena ,	鉬養
Molybdenum ,	鉬
Molybdenum bisulphide ,	鉬硫二
Molybdenum blue oxide ,	鉬養
Molybdenum chloride ,	鉬緑
Nitrogen binoxide ,	淡養二
Nitrogen bisulphide ,	淡硫二
Nitrogen bromide ,	淡溴
Nitrogen chloride ,	淡緑
Nitrogen iodide ,	淡碘
Nitrogen oxide ,	淡養
Nitrogen peroxide ,	淡養四
Nitrogen protoxide ,	淡養
Nitroglycerine ,	淡養五各里司里尼
Nitrohipporic acid ,	淡養五希布由里克
Nitromannite ,	淡養三瑪内糖
Nitromnriatic acid ,	合强水
Nitrophenisic acid ,	淡養五非尼西克
Nitro prussides ,	含衰五淡養三鐵一之質
Nitrotoluole ,	淡養五朵路阿里
Nitrous acid ,	淡養三
Nitrous acid commercial ,	常淡養三
Nitric ether ,	硝以脱
Nitric oxide ,	淡養三
Nitroxylole ,	淡養五歲路里
Noble metals ,	貴金類
Nonmetallic elements ,	非金類
Nordhausen oil of vitriol ,	奴陀僧硫養三
Normal salt ,	合法鹽類
Nosian ,	奴西安石
Nuggets ,	生成金塊

Nox vomica, 番木鼈即馬錢
Oak bark, 橡樹皮
Obsidian, 哇步西弟恩石 即火山玻璃
Ochres, 紅土黃土之類
Oenantheue, 以難弟尼
Oenanthic acid, 以難弟克酸
Oenanthic alcohol, 以難弟克醕
Oenanthole, 以難拖哇里
Oil of spirea, 司配里耶油
Oil of vitriol, 硫養三
Oil of wine, 酒油
Oils, 油類
Olefiant gas, 炭四輕四
Olefines, 哇里非尼
Oleic acid, 哇里以克酸
Oleine, 哇里以尼
Olibanom, 乳香
Oligistie iron, 哇里紀司得鐵
Oligist iron ore, 鐵二養三光點礦
Olive oil, 橄欖油
Oliventie, 奥里非奈得 即橄欖色銅礦
Olivine, 奥里非尼石 即金色石
Naptha coal, 煤那普塔
Naptha wood, 木那普塔
Napthalic acid, 那普塔里克酸
Napthaline, 那普塔里尼
Napthaline chloride, 那普塔里尼緑
Narceia, 那而西以阿
Narceine, 那而西以尼
Narcotine, 那而故弟尼
Nardic acid, 那而弟克酸
Natrolite, 内特路來得
Natron, 内特侖 即鈉養炭養二
Nettles acid of, 蕁麻酸
Nickel, 鎳
Nickel arsenical, 含鉮之鎳
Nickel arsenic-sulphide, 鎳鉮鎳硫二
Nickel glance, 鎳古闘司 即鎳二硫二鉮
Nickel oxide, 鎳養
Nickel speiss glance, 鎳司不司古闌司 即鎳二銻礦
Nickel sulphate, 鎳養硫養三
Nickel sulphide, 鎳硫
Nickelkies, 鎳開司
Nicotine, 尼古弟尼
Nil album, 鋅養飛花
Niobic acid, 鈮養二
Niobium, 鈮
Nitraniline, 淡養五阿尼里尼
Nitrate of potash, 鉀養淡養五
Nitrate of silver, 銀養淡養五
Nitrate of soda, 鈉養淡養五
Nitrates, 含淡養五之質
Nitre, 朴硝
Nitre cubic, 立方顆粒硝
Nitre heaps, 成硝之土堆
Nitre overfused, 鎔化過限之硝
Nitric acid, 淡養五
Nitric acid anhydrous, 無水淡養五
Nitric acid, fuming, 發霧淡養五
Nitric acid, hydrated, 含水淡養五

Nitric anhydride, 淡養五
Nitric ether, 淡養五以脱
Nitric oxide, 淡養二
Nitric peroxide, 淡養四
Nitrides, 含淡養三之質
Nitriles, 内特來里類
Nitrobenzoic acid, 淡養五偏蘇以克
Nitrobenzole, 淡養五偏蘇里
Nitrococcussic acid, 淡養五告故西克
Nitrogen, 淡氣
Ozone, 臭養氣亦名電臭氣
Ozonized air, 含臭養氣之空氣
Ozeocerite, 哇蘇誅得　即蠟臭
Paint, 石油色
Palladamine hydroch-lorate, 鈀阿美尼輕綠
Palladium, 鈀
Palladium carbide, 鈀炭
Palladium chloride, 鈀綠
Palladium cyanide, 鈀衰
Palladium nitrate, 鈀養淡養五
Palladium oxide, 鈀養
Plam oil, 巴勒麻油
Plamitic acid, 巴勒麻的克酸
Palmitine, 巴勒麻的尼
Pancreatic juice, 甜肉汁　即胰汁
Pancreatine, 攀克里阿低尼
Papaverine, 拍拍甫里尼
Paper, 紙
Paracyanogen, 巴辣衰
Paraffine, 巴辣非尼
Paraffine oil, 巴辣非尼油
Paraguay tea, 巴拉圭茶
Paramylene, 巴辣阿埋里尼
Paranaphthaline, 巴辣那普塔里尼
Paraniline, 巴辣阿尼里尼
Paraoxybenzoic acid, 巴辣阿客西偏蘇以克酸
Parasorbic acid, 巴辣所皮克酸
Paratartaric acid, 巴辣果酸
Parchment, 寫字羊皮紙
Paris yellow, 巴里黃　即鉛綠七鉛養
Pargesite, 怕而其歲得
Parsiey, 怕而司里
Patent yellow, 鉛綠七鉛養
Pavnne, 巴非以尼
Pea iron ore, 豌豆形鐵礦
Pearl ash, 生鉀養炭養二
Pearl white, 鉍綠三二鉍養三
Pearlhardener, 結成鈣養硫養三
Pearls, 珍珠
Pearlspar, 珠色司巴耳　即珠色光石
Peas, 圓豆類
Peat, 比得即土煤
Peat bog, 爛比得之處
Pectic acid, 貝格的克酸
Pectine, 貝格的尼
Pectolite, 貝格士來得　即梳形石
Onions, 葱頭
Onions oil of, 葱油
Onyx, 哇尼格斯石　即帶紋瑪瑙
Oolitic iron ore, 魚子形鐵礦

Oolitic limestone, 魚子形灰石
Opal, 哇巴勒石
Opium, 鴉片
Orange chrome, 二鉛養鉻養三
Orceine, 哇耳西以尼
Orcine, 哇耳西尼
Organo-metallic bodies, 金類合生物之質
Oriental alabaster, 雜色阿拉巴司得
Orpiment red, 鉮硫二 即雄黄
Orpiment yellow, 鉮硫三
Orsellic acid, 哇耳色里克酸
Orthite, 哇而台得 即直形粒石
Orthoclase, 哇而土格拉斯石即正劈石
Orthophosphate, 含三輕養燐養五質
Orthophosphoric acid, 三輕養燐養五
Osmazome, 哇司瑪蘇密
Osmic acid, 銤養四
Osmiridium, 銤銥礦
Osmium, 銤
Osmium chloride, 銤綠
Osmium oxide, 銤養
Osmium tetrasulphide, 銤硫四
Osseine, 哇西以尼
Oxalates, 含草酸質
Oxalethylic acid, 草酸以脱里克
Oxalic acid, 草酸 即阿格撒里克
Oxalic acid bibasic, 二本草酸
Oxalic acid ether, 草酸以脱
Oxalonitrile, 草酸以脱來里
Oxalovinic acid, 草酸費尼克
Oxalyle, 草酸阿來里
Oxamic acid, 哇格司阿美克酸
Oxamide, 哇格司阿美弟
Oxamhde, 草酸阿尼來弟
Oxides, 含養氣質
Oxybenzine, 阿客西徧西尼
Oxygen, 養氣
Oxygenated water, 含養氣之水
Oxygenized muriatic acid, 含養氣之輕綠
Oxylinoleic acid, 阿客西利尼哇里以克酸
Oxymuriatic acid, 輕綠
Phenylaniline, 非尼里阿尼里尼
Phenyle, 非尼里
Phenyle hydrate, 非尼里輕養
Phenyle hydrate oxide, 非尼里養輕養
Phenylene diamine, 非尼里尼二阿美尼
Plienylene-ditolylene-triamine, 非尼里尼二朵路以里尼三阿美尼
Phenylene-ditolylene-triethyl-triamino, 非尼里尼二朵路以里尼三以脱里三阿美尼
Phenyle-ditolylene-triphenyl-triamine, 非尼里尼二朵路以里尼三非尼里三阿美尼
Phenylic hydride, 非尼里克輕養
Philosopher's wool, 鋅養飛花
Phlogiston, 火氣
Phloral, 夫路拉勒
Phloretine, 夫路力低尼
Phloridzeine, 夫路力得西以尼
Phloridzine, 夫路力得西尼
Phocenine, 夫雪尼尼
Phonolite, 夫奴來得 即響石即靈壁石

Phosgene gas , 炭二養二綠二
Phospham , 燐阿美　即淡二輕燐
Phosphamic acid , 燐阿美克酸
Phosphates 以燐養五爲配之質
Phosphethylic acid , 燐以脱里克酸
Phosphides , 含燐之質
Phosphite , 含燐養三之質
Phosphodiamide , 燐二阿美弟
Phosphoglyceric acid , 燐各里司里克酸
Phosphomolybdate of ammonia , 鉬養三淡輕四養燐養五
Phosphorescence , 發光似燐
Phosphoric acid , 燐養五
Phosphoric acid dihydrate , 燐養五二輕養
Phosphoric acid glacial , 冰形燐養五
Phosphoric acid hydrated , 燐養五輕養
Phosphoric acid monobasic , 一本之燐養五
Phosphoric acid monohy-drated , 燐養五輕養
Phosphoric acid tribasic , 三本之燐養五
Phosphoric acid trihydrated , 三輕養燐養五
Phosphoric anhydride , 燐養五
Phosphoric ether , 燐養五以脱
Phosphorised oil , 含燐之油
Phosphorite , 發司甫來得
Phosphorous 燐
Phosphorous acid , 燐養三
Pectose , 貝格土司
Pectosic acid , 貝格土司克酸
Pelargonic acid , 比拉而各尼克酸
Pelopium , 鈹
Pentathionic acid , 五替哇尼克酸
Penthylene-triethyl-
tetrammoniam-hydrated oxide , 五以脱里尼三以脱里四淡輕四輕養
Pepper , oil of , 胡椒油
Peppermint , oil of , 薄荷油
Pepsine , 伯布西尼
Perchlorates , 含多分劑綠養五之質　即綠養七鹽類
Perchloric acid , 綠養七
Perchloric acid hydrated , 綠養七輕養
Perchloric ether , 綠養七以脱
Perchloro-kinone , 綠養七幾奴尼
Perchromic acid , 鉻養三
Percussion cap composition , 銅帽藥
Perfume ether , 香以脱類
Periclase , 派利可賴斯石　即圍劈石
Pericline , 派利可里尼石
Periodate , 含碘養七之質
Periodic acid , 碘養七
Permanent gas , 不變之氣質
Permanent ink , 不退色之墨
Permanent white , 不退色之白　即鋇養硫養三俗名恒白
Permanganate of potash , 鉀養錳二養七
Permanganates , 含錳二養七之質
Permanganic acid , 錳二養七
Peroxides , 含多養氣之質
Peruvian bark , 金雞那皮
Peruvian ltpetre , 秘魯國硝
Petalite , 比太來得　即劈成瓣形石
Petinine , 比的尼尼
Petrolenm , 比得路里編末　即㮕石油
Peucyle , 比胡蓋里

Pewter，含鉛錫
Phenacite，非那歲得即騙人石
Phenic acid，非尼克酸
Phenole，非尼哇里
Pheoose，非尼阿司
Phenyl toluylamine，非尼里朵路以里阿美尼
Phenylamine，非尼里阿美尼
Platammonium hydrated oxide，淡輕三鉑養輕養
Platinum muriate，鉑綠二
Platinamine，鉑阿美尼
Platinates，鉑養二鹽類
Plasma，普拉司馬即成形石
Platmised asbestos，鍍鉑之不灰木
Platino-chloride of potassium，鉀綠鉑綠二
Platinoid metals，似鉑之金類
Platinum，鉑
Platinum analgam，鉑汞膏
Platinum ammoniochloride，淡輕四綠鉑綠二
Platinum bichloride，鉑綠二
Platinum black，鉑黑粉
Platinum fulminating，鉑爆藥
Platinum oxide，鉑養
Platinum protochloride，鉑綠
Platinum spongy，鉑絨
Platinum sulphide，鉑硫
Platinum tetratomic，三質點之鉑
Platosamine hydrate，淡輕三鉑輕養
Platosamine hydrochlorate，淡輕三鉑輕綠
Platosamine sulphate，淡輕三鉑輕養硫養三
Platotriethyle arsonium chloride，鉑三以脫里鉮綠
Platotriethyle phosphonium，鉑三以脫里燐綠
Platotriethyle stibonium，鉑三以脫里銻綠
Plumbago，筆鉛
Plumbic acid，鉛養
Poison nut，番木鱉
Pollux，布魯客斯
Polyammonias，含多分劑淡輕之質
Polyatomic alcohols，多質點醕類
Polyhalite，布里哈來得即多鹽類石
Populine，拍布里尼
Porcelain，瓷器
Porphyry，拍弗里石
Porter，布而他而酒即黑色苦酒
Portland cement，水內變硬之巴得蘭特灰
Portland stone，巴得蘭特石
Port wine，布爾得酒
Potash albite，鉀養阿勒倍得
Potash，鉀養
Potash antimoniate，鉀養銻養五
Potash arsenite，鉀養鉮養三
Phosphorus allotropic，變形燐
Phosphorus amorphous，變形燐
Phosphorus bromide，燐溴
Phosphorus chloride，燐綠
Phosphorus cyanide，燐衰
Phosphorus iodide，燐碘
Phosphorus oxide，燐養三
Phosphorus oxychloride，燐綠三養二
Phosphorus pentachloride，燐綠五
Phosphorus suboxide，燐二養

Phosphorus sulphide ,	燐硫三
Phosphorus sulpho-chloride ,	燐綠三硫二
Phosphorus ter-chloride ,	燐綠三
Phosphorus viscous ,	膠形燐
Phosphorus vitreous ,	玻璃形燐
Phosphotriamide ,	燐三阿美弟
Phosphovinic acid ,	燐費尼克酸
Phosphurets ,	含燐之質
Phosphurretted hydrogen ,	燐輕三
Photagraphic baths ,	照像浸水
Phthahc acid ,	甫塔里克酸
Phyllocyanine ,	非勒衰阿尼尼
Phylloxanthine ,	非勒哇格散的尼
Physetoleic acid ,	非司拖里以克酸
Picamar ,	披客瑪爾
Picoline ,	比哥里尼
Picric acid ,	畢格里克酸
Picrotoxine ,	畢格路托克西尼
Picrophyllite ,	畢格路非來得
Pig salt ,	豬鐵
Pimelic acid ,	貝迷里克酸
Pimple metal ,	泡面銅
Pine apple flavouring ,	人造波羅蜜香水
Pinic acid ,	比尼克酸
Pinite ,	貝尼得
Pink salt ,	淡紅鹽類　即淡輕四綠錫綠二
Piedmontite ,	比得門台得
Pipe clay ,	白色石脂　即作煙管之泥
Piperine ,	貝比里尼
Pit charcoal ,	礦内燒之炭
Pitch ,	乾巴瑪油又名柏油
Pitchblende ,	必治布侖得　即柏油色鈾礦
Pittical ,	比低加來
Plaster of Paris ,	石膏
Platammoni-ammonium hydrated oxide ,	淡輕二鉑淡輕四養輕養
Potassium ferricyanide ,	鉀三衰六鐵二
Potassium ferrocyanide ,	鉀二衰三鐵
Potassium iodide ,	鉀碘
Potassium morcaptan ,	鉀末而卡波旦
Potassium pentasulphide ,	鉀硫五
Potassium peroxide ,	鉀養二
Potassium plainochloride ,	鉀綠鉑綠二
Potassium silico—fluoride ,	鉀弗矽弗二
Potassium sulpharsenite ,	三鉀硫鉮硫三
Potassium sulphide ,	鉀硫
Potassium sulpho—cyanide ,	鉀衰硫二
Potassium tersulphide ,	鉀硫三
Potassium tetrasulphide ,	鉀硫四
Potassium valerianate ,	鉀養發里里阿尼克
Potato spirit ,	番藷酒
Potato starch ,	番藷小粉
Press cake ,	壓成火藥板
Preston salts ,	普來司頓鹽　即二淡輕四養二炭養二
Prenhite ,	普侖愛得
Promothean light ,	布路暮弟恩自來火
Proof spirit ,	準酒
Propione ,	布路比阿尼
Propionic acid ,	布路比阿尼克酸
Propionic aldehyde ,	布路比阿尼克阿勒弟海特

Propiontrile，布路比阿内特來里
Propionyle，布路比阿内里
Propylamine，布路比辣阿美尼
Propylene，布路比里尼
Propylenic glycol，布路比里尼各里各哇里
Propylic acid，布路比里克酸
Propylic alcohol，布路比里克醕
Protecatechuic acid，簡加的主以克酸
Proteine，布路的以尼
Protopia，布路的鴉比阿
Prussian blue，普魯士藍即鐵四鐵衰三
Proustite，布老司台得　即淡紅色銀礦
Prussic acid，輕衰
Pseudemorphine，假莫爾非尼
Psilomelane，西路密拉尼　即光滑黑錳礦
Ptyaline，台阿里尼
Puddled bar，掉成之熟鐵條
Puddled steel，掉成之鋼
Pulvis fulminans，爆藥
Pumice stones，浮石
Potash aurate，鉀養金養三
Potash biantimoniate，鉀養二銻養五
Potash bichromate，鉀養二炭養二
Potash bichromate，鉀養二鉻養三
Potash bimetantimoniate，鉀養輕養銻養五
Potash binoxalate，鉀養二草酸
Potash bisulphate，鉀養二硫養三
Potash bitartrate，鉀養二果酸
Potash biurate，鉀養二由里克酸
Potash bromate，鉀溴
Potash carbonate，鉀養炭養二
Potash caustic，鉀養
Potash chlorate，鉀養綠養五
Potash chromate，鉀養鉻養三
Potash oyanate，鉀養衰養
Potash cyanurate，鉀養二輕養衰三養三
Potash ferrate，鉀養鐵養三
Potash fulminuarate，鉀養鐵二養二
Potash fused，鎔過鉀養
Potash hydrate，鉀養輕養
Potash hydriodate，鉀養輕碘
Potash iodate，鉀養碘養五
Potash isocyanurate，鉀養衰二輕二養五
Potash manganate，鉀養錳養三
Potash meiantimoniate，鉀養燐養銻養五
Potash metastannate，鉀養錫五養十
Potash mtrate，鉀養淡養五
Potash oleate，鉀養哇里以克
Potash osmite，鉀養鉌養
Potash perchlorate，鉀養綠養五
Potash permanganate，鉀養錳二養七
Potash plumbate，鉀養鉛養
Potash prussiate，鉀二衰三鐵
Potash quadroxalate，鉀養四草酸
Potash red prussiate，鉀三衰六鐵二
Potash sulphate，鉀養硫養三
Potash tartrate，二鉀養果酸
Potash terchromate，鉀養三鉻養三
Potash trithionate，鉀養三替哇尼克
Potash urate，鉀養由里克

Potassamide，鉀養阿美弟
Potassium，鉀
Potassium alcohol，鉀醕
Potassium amidide，鉀阿美弟弟
Potassium biaoxide，鉀養
Potassium bisulphide，鉀硫$_{二}$
Potassium bromide，鉀溴
Potassium chloride，鉀綠
Potassium cyanide，鉀衰
Potassium ethyle，鉀以脫里
Quince seed，木瓜子
Quinic acid，雞那以克酸
Quinidine，雞那以弟尼
Quinine，雞那以尼
Quinine amorphous，變形雞那以尼　即不成顆粒者
Quinine hydrochlorate，雞那以尼輕綠
Quinine sulphate，雞那以尼硫養$_{三}$
Quinoidene，雞那阿以弟尼
Quinoline，雞那阿里尼
Quinotannic acid，雞那歎尼克酸
Racemic acid，拉西密克酸
Radicals，alcool，醕本質
Radicals，negative，負電性本質
Radicals，polyatomic，多質點本質
Radicals，positive，正電性本質
Radishes，蘿葡類
Raisins，乾葡萄
Rancid oil，變壞酒
Rangoon tar，藍乃古捺油
Raphides，拉非弟士　即鈣養草酸顆粒質

Ratholite，拉土來得
Realgar，雄黃即鉮硫$_{二}$礦
Reaumur's porcelain，六麻氏瓷　即不透光玻璃
Red copperas，銅$_{二}$養　即紅色銅礦
Reddle，紅石粉
Red lead，鉛$_{三}$養$_{四}$
Red lead ore，鉛養鉻養$_{三}$礦
Red ochre，輭鐵$_{二}$養$_{三}$礦
Red orpiment，鉮硫$_{二}$
Red precipitate，汞養即三仙丹
Red short iron，紅脆鐵
Red silver ore，三銀硫鉮硫$_{三}$　即紅色銀礦
Red sulphide of antimony，銻養$_{三}$二銻硫$_{三}$
Redruthite，來特路台得
Regulus，純金類
Regulus of antimony，純銻
Rennet，連尼德　即小牛胃汁
Resin，white，白松香
Resin yellow，黃松香
Resins，松香類
Resists，令布不收染色之料
Rhodium，銠
Rhodium oxide，銠養
Rhodium sesqnichloride，銠$_{二}$綠$_{三}$
Rhodium sodiochloride，銠養鈉綠
Purbeck stone，白爾比格石
Purple of Cassius，金養錫養$_{二}$錫養錫養$_{二}$　即紅玻璃料
Purpurates，不而不而以克鹽類
Purpuric acid，不而不而以克酸
Putty powder，錫$_{二}$養$_{十}$　即磨光物質之粉

Pyrene，貝里尼
Pyridine，貝里弟尼
Pyrites，貝里底司
Pyrites arsenical，鐵硫二鐵鉀礦
Pyrites capillary，毛形鐵硫二礦
Pyrites efflorescent，鐵硫二面生白霜形礦
Pyrites Fahlun，法倫鐵硫二礦
Pyrites white，白色鐵硫二礦
Pyrocatechine，貝路加的主以尼
Pyrogallic acid，貝路加里克酸
Pyrogalline，貝路加里尼
Pyroligneous acid，木醋酸
Pyroacetic spirit，貝路阿西的克酯
Pyroargyrite，貝路阿軋來得
Pyroguaicine，貝路古阿以西尼
Pyroligneous ether，木醋酸以脱
Pyrolusite，貝路羅歳得又名火洗礦　即錳養二礦
Pyromeconic acid，貝路迷故尼克酸
Pyromorphite，貝路莫非得又名火變形石　即綠色鉛礦含燐與綠
Pyromucic acid，貝路茂昔克酸
Pyrophoric iron，自燃鐵粉
Pyrophorus lead，自燃鉛粉
Pyrophosphates，以二輕養燐養五爲配之質
Pyrophosphoric acid，二輕養燐養五
Pyroterebic acid，貝路特里比克酸
Pyroxanthine，貝路散的尼
Pyroxene，貝路落客西尼
Pyroxylic spirit，貝路阿客西里克酯
Pyroxyline，貝路阿客西里尼

Pyrrhotine，比耳阿替尼
Quadrequivalent elements，四分劑原質
Quartz，石英
Quercetine，苦耳西低尼
Quercitannic acid，苦耳西歎尼克酸
Quercitrine，苦耳西特里尼
Quercitron，苦耳西特倫
Quick lime，生石灰
Quicksilver，汞
Sahlite，薩來得
Sago，莎木麪　即西穀米
Salad oil，橄欖油
Sal alembroth，汞綠三淡輕四綠輕養
Sal ammoniac，淡輕四綠
Sal gem，立方形明食鹽
Sal polychrest，鉀養硫養三
Sal prunelle，鎔過之鉀養淡養五
Sal volatile，淡輕四養香酒
Saleratus，鉀養二炭養二
Salicine，薩里西尼
Salicyle，薩里西里
Salicyle hydrated oxide，薩里西里養輕養
Salicyle hydruret，薩里西里輕
Salioylic, acid，薩里西里克酸
Salioyligenic acid，薩里西里治尼克酸
Saligemine，薩里治尼尼
Saline waters，含鹽類之水
Saliretine，薩里里低尼
Saliva，口涎
Salt cake，鹽餅即取鈉養炭養二先成料

Salt of lemon, 檸檬鹽
Salt of sorrel, 草鹽
Salt of tartar, 果酸鹽
Salt petre, 硝
Salt radicals, 鹽類本質
Salts acid, 酸性鹽類
Salts haloid, 弗綠碘溴各鹽類
Salts neutral, 中立性鹽類
Salts oxyacid, 養氣配質之鹽類
Samarskite, 撒麻斯蓋得
Sanadine felspar, 散那他納非勒司巴耳
Sand, 砂
Sand stone, 砂石
Sandarach, 散達拉格
Sandstone, Craigleith, 苦來軋里得砂石
Sapogenine, 薩布治尼尼
Saponine, 薩布尼尼
Sapphire, 撒非耳　即藍寶石
Sarcosine, 薩而殻西尼
Saturated solutions, 飽足之水
Savin, 薩肥那
Saxon sulphuric acid, 撒克司尼硫養三
Saxony blue, 撒克司尼藍　即靛藍
Scaghola, 假紋理石
Scammony, 司卡暮尼
Scheele's green, 西里氏綠
Scheele's prussic acid, 西里氏輕衰
Scheelite, 西里愛得
Rhodium sulphide, 銠硫
Rhodochrosite, 路度格路歲得
Rhodonite, 路度內得　即玫瑰紅錳礦
Rhubarb esculent, 羅巴伯萊
Rhubarb medicinal, 大黄
Richterite, 立處特來得
Ricinoleic acid, 利西尼哇里以克酸
Rinman's green, 林曼氏綠色料
Rochelle salt, 路式里鹽
Rock crystal, 水晶
Rock oil, 石油
Rock salt, 石鹽
Rock soap, 石肥皂
Roman cement, 水內變硬之羅馬灰
Rosaniline, 羅殺阿尼里尼
Rosaniline acetate, 羅殺阿尼里尼醋酸
Rosaniline triethylic, 羅殺阿尼里尼三以脱里克
Rosaniline triphenylic, 羅殺阿尼里尼三非尼里克
Rosemary, 路士馬里
Rosette copper, 紅圓板鋼
Rosiclers, 路西可勒礦　即紅色銀礦
Rosin, 松香
Rosin soap, 松香肥皂
Rosolic acid, 羅殺里克酸
Rotten stone, 腐石
Rubian, 羅被安
Rubidia, 鉫養
Rubidium, 鉫
Rubidium platino-chloride, 鉫養鉑綠
Ruby, 明紅寶石
Ruby glass, 明紅玻璃
Rue, oil of, 而烏草油

Rufigallic acid, 路非加里克酸
Rum, 勒木酒
Rupert's drops, 玻璃自裂之滴
Rust, 鏽
Ruthenic acid, 釕養
Ruthenium, 釕
Rutic acid, 如弟克酸
Rutic aicohol, 如弟克醋
Rutile, 魯的里　即鐟養二礦
Rye, 麳麥
Saccharide, 薩卡來德
Saccharine matter, 糖類之質
Safflower, 紅藍花
Saffron, 番紅花
Silicium, 矽
Silicium ctbyle, 矽以脱里
Silicium methyle, 矽迷以脱里
Silicofluoric acid, 輕弗矽弗二
Silicon, 矽
Silicon amorphous, 變形矽
Silicon bisulphide, 矽硫二
Silicon chloride, 矽緑
Silicon diamond, 矽成之金剛石
Silicon fluoride, 矽弗二
Silicon graphitoid, 筆鉛形矽
Silicon hydride, 輕矽
Silicone, 夕里苟尼
Silver, 銀
Silver amalgan, 銀汞膏
Silver arsenite, 銀養鉮養五
Silver periodate basic, 銀碘二
Silver bromide, 銀溴
Silver chloride, 銀緑
Silver fulminate, 銀爆藥
Silver glance, 光色銀礦
Silver hyposulphite, 銀養硫二養二
Silver hyposulphate, 銀養硫二養五
Silver iodide, 銀碘
Silver metaphosphate, 銀養輕養淡養五
Silver antive, 自然銀
Silver nitrate, 銀養淡養五
Silver nitride, 銀淡
Silver ore red, 紅銀礦
Silver oxalate, 銀養草酸
Silver oxide, 銀養
Silver pyrophosphate, 銀養二輕養燐養五
Silver solder, 銀銲料
Silver standard, 準銀
Silver subchloride, 銀二緑
Silver sulphide, 銀硫
Silver triphosphate, 銀養三燐養五
Sinapisin, 西那比西尼
Size, 稀膠
Slag, 金類渣滓
Slaked lime, 熟石灰
Slate, 端石
Slow protfire, 引火硝紙
Smalt, 司莫得　即玻璃藍色料
Smelling salts, 二淡輕四養三炭養二
Smithsonite, 斯密孫奈得　即電性鋅養炭養二礦

Soap araenical, 含鉀肥皂
Soap Castile, 加司的里肥皂
Schist, 喜司得　即頁形石
Schlippe's salt, 司里伯氏鹽
Schorl, 舍耳勒石
Scorodite, 司可路台得　即蒜臭台
Scotch pebbles, 蘇格蘭晶
Scott's cement, 水内變硬之司殼得氏灰
Sea water, 海水
Sea weed, 海草
Seal oil, 海狗油
Sebacic acid, 西巴西克酸
Sedative salt, 安胃之鹽
Sel d'or, 鈉養合金養硫二養二之質
Selenic acid, 硒養三
Selenides, 含硒之質
Selenietted hydrogen, 輕硒
Selenious acid, 硒養二
Selenite, 賽里内得　即透明石膏
Selenuim, 硒
Selenuim chloride, 硒綠
Selenuim sulphide, 硒硫
Seltzer water, 歲勒蔡水
Senarmontite, 須那而孟台得
Sericine, 絲里西尼
Serpentine, 賽奔弟尼石　即蛇色紋石
Serum, 血肉黄流質
Shale, 舍勒石　即泥板石
Shear steel, 剪鋼
Shell-lac, 舍來格
Sherry, 舍利酒
Shot, 砲彈鉛沙
Sicilian sulphur, 西西里硫
Sienna, 細恩那土
Signal light com-position, 號火料
Silica, 矽養二
Silica amorphous, 變形矽養二
Silicate of alumina and soda, 鈉養硫二養三矽養二
Silicate of soda, 鈉養矽養二
Silicated soap, 含矽養二之肥皂
Silicates, 含矽養二之質
Silicic acid, 矽養二
Silicic hydrated, 矽養二輕養
Silicic ether, 矽養二以脱
Silicide of magnesium, 鎂矽
Soda water, 鈉養荷蘭水
Sodacetic ether, 鈉養醋酸以脱
Sodamide, 鈉養阿美弟
Sodium, 鈉
Sodium alcohol, 鈉醕
Sodium amalgam, 鈉汞膏
Sodium aurochloride, 鈉綠金綠三
Sodium chloride, 鈉綠　即食鹽
Sodium ethyle, 鈉以脱里
Sodium fluoride, 鈉弗
Sodium glycol, 鈉各里各哇里
Sodium nitroprusside, 鈉二衰淡五養三鐵二
Sodium pentasulphide, 鈉硫五
Sodium platinochloride, 鈉綠鉑綠二
Sodium silicofluoride, 鈉弗矽弗二

Sodium sulphantimoniate, 三鈉硫銻硫五
Sodium sulpharseniate, 三鈉硫鉮硫五
Sodium sulpharsenite, 鈉養鉮硫三
Sodium sulphostannate, 二鈉硫錫硫二
Soffioni, 地噴硳養三汽
Soft soap, 鉀養肥皂
Solanine, 蘇辣尼尼
Solder, 銲金類料
Soluble glass, 流質玻璃
Soot, 炱
Sorbic acid, 所皮克酸
Sorrel salt of, 所而曷辣鹽　草酸俗名
Sparkling wines, 發泡之酒類
Sparry iron ore, 鐵養炭養二
Sparteine, 司巴低以尼
Spathic iron ore, 司巴的格鐵礦
Specular iron ore, 鏡格鐵礦
Speculum metal, 鏡銅
Speiss, 司貝斯　即鎔礦得含鎳料
Spelter, 生鋅
Spermaceti 司巴瑪息的
Sperm oil, 司巴瑪油　即鯨魚腦中之油
Sphene, 司非尼　即劈形礦
Spiegel eisen, 含錳鐵礦
Spinelle, 司批内勒石即寶石
Spirit methylated, 含迷以脱里醕
Spirit of salt, 輕綠
Spirit of wine, 酒醕
Spirit of turpentine, 松香酒醕
Spodumene, 司布佗迷尼　即火變灰色石

Sponge, 海絨
Sponge glycerine, 各里司里尼肥皂
Sponge mottled, 花紋肥皂
Sponge nut, 皂莢子
Sponge stone, 肥皂石
Sponge transparent, 明肥皂
Sponge wort, 皂草
Sponge yellow, 黄肥皂　即松香肥皂
Soda, 鈉養
Soda acid pyrophosp-hate, 酸性二鈉養燐養五
Soda aluminate, 鈉養鋁二養三
Soda arseniate, 鈉養鉮養五
Soda ash, 粗鈉養炭養二
Soda biborate, 鈉養二硼養三
Soda bicarbonate, 鈉養二炭養二
Soda bimetantimonrate, 鈉養輕養銻養五
Soda bisulphate, 鈉養二硫養三
Soda bitungstate, 鈉養二鎢養三
Soda carbonate, 鈉養炭養二
Soda caustic, 鈉養輕養
Soda chloride, 鈉綠
Soda glycocholate, 鈉養各里各可里克
Soda hydrate, 鈉養輕養
Soda hypochlorite, 鈉養綠二養二
Soda hypophosphite, 鈉養燐二養三
Soda hyposulphite, 鈉養硫二養二
Soda lime, 鈣養輕養合納養輕養
Soda lye, 鈉養輕養水
Soda manganate, 鈉養錳養二
Soda metaphosphate, 鈉養燐養五

Soda naphthylsulphite, 鈉養那普台里硫養二
Soda mtrate, 鈉養淡養五
Soda oleate, 鈉養哇里以克
Soda palmitate, 鈉養巴勒麻的克
Soda phosphate, 鈉養燐養五
Soda phosphite, 鈉養燐養三
Soda platinate, 鈉養鉑養二
Soda pyrophosphate, 二鈉養燐養五
Soda silicate, 鈉養矽養二
Soda stannate, 鈉養錫養二
Soda stearate, 鈉養司替阿里克
Soda subphosphate, 二鈉養燐養五
Soda sulphate, 鈉養硫養三
Soda sulphite, 鈉養硫養三
Soda sulphoxy phosp-hate, 三鈉養燐養三硫二二十四輕養
Soda taurocholate, 鈉養托而可以克
Soda tetrathionite, 鈉養硫三養五
Soda tungstate, 鈉養鎢養三
Soda urate, 鈉養由里克
Strontian carbonate, 鍶養炭養二
Strontian nitrate, 鍶養淡養五
Strontian sulphate, 鍶養硫養三
Strontianite, 鍶礦　即鍶養炭養二礦
Strontium, 鍶
Strontium sulphide, 鍶硫
Struvite, 司特路非得
Strychine, 司脱立格尼尼
Stucco, 司得苟
Styracine, 司土辣西尼
Styrole, 司土辣哇里
Styrone, 司土辣哇尼
Suberic acid, 蘇毗里克酸
Sublimate corrosive, 汞硫二
Substitution products, 替代法變成之質
Succinic acid, 瑟格西尼克酸
Sucrose, 蘇格羅司
Suet, 生牛羊等定質油
Sugar beet root, 胡蘿蔔糖
Sugar candy, 冰糖
Sugar cane, 甘蔗
Sugar flesh, 肉糖
Sugar fruit, 果糖
Sugar grape, 葡萄糖
Sugar lime, 含鈣養糖
Sugar loaf, 糖塔
Sugar maple, 楓樹糖
Sugar manna, 瑪内糖
Sugar milk, 乳糖
Sulphamylic acid, 硫阿埋里克酸
Sulphantimoniate, 含銻硫五合鹼類與硫之質
Sulphantimonite, 含銻硫三合鹼類與硫之質
Sulpharsenic acid, 鉮硫五
Sulpharsenious acid, 鉮硫三
Sulphate of soda and lime, 鈉養鈣養硫養三
Sulphates, 含硫養三質
Sulpherhylie acid, 含硫之質
Sulphides, 含硫質
Sulphinoligotic acid, 硫養三靛
Sulphindylic acid, 硫養三奄的里克酸
Sulphites, 硫養二鹽類

Sulphobenzolic acid, 硫養三偏蘇里克酸
Sulphocarbolates, 硫養三加波力克鹽類
Sulphocarbonates, 硫合炭養二之鹽類
Sulphocarbonic acid, 硫養炭養二
Sulphocyanide of ammonium, 淡輕三輕衰硫二
Spongio-piline, 象皮面絨毡
Spongy platin, 鉑絨
Stalactites, 上成石鍾乳
Stalagmites, 下成石鍾乳
Stannates, 含錫養二質
Stannic acid, 錫養二
Stannic chloride, 錫緑二
Stannic oxide, 錫養二
Stannic sulphide, 錫硫二
Stannine, 司塔尼尼
Star antimony, 星形面銻
Stannous chloride, 錫緑
Stannous oxide, 錫養
Stannous sulphide, 錫硫
Starch, 小粉
Staurolite, 司托路來得
Staurotite, 司托路台得　即十字形石
Steam, 汽
Stearic acid, 司替阿里克酸
Stearic glucose, 司替阿里克哥路哥司
Stearine, 司替阿里尼
Steatite, 司替阿台得即肥皂石
Steel, 鋼
Steel Bessemer's, 別色麻氏鋼
Steel cast, 鑄鋼
Steel blistered, 泡面鋼
Steel Krupp's, 克虜伯氏鋼
Steel mild, 輭性鋼
Steel shear, 剪鋼
Steel puddled, 掉鋼
Steel tempered, 退火之鋼
Steel titanic, 含鐟之鋼
Stereochromy, 含玻璃釉色
Sterro-metal, 固鋼
Stibethyle, 銻以脱里
Stibio trienthyle, 銻三以脱里
Stibio trimethyle, 銻三迷以脱里
Stibnite, 司弟伯奈得　即灰色銻礦
Stilbite, 司替勒倍得　即光亮石
Stockholm tar, 木黑油
Stone ware, 上釉之瓦器
Storax, 司土辣克司
Stout, 黑苦酒
Straits tin, 彭加錫
Strassfurthile 斯太司富太得
Stream tin ore, 河底聚之錫礦
Sympathetic ink, 冷隱墨
Symplesite, 辛布勒賽得
Synaptase, 西那普太西
Tagalite, 太茄來得
Talc, 託格石即肥皂石
Tallow, 化過牛羊油
Tallow-tree, 柏樹
Tallow waste, 成鈉養炭養二工內所得餘廢料
Tannic acid, 歎尼克酸

Tannin, 數尼尼　即樹皮質
Tantalic acid, 鉭養二
Tantalite, 鉭礦即旦大來得
Tantalum, 鉭
Tap cinder, 成熟鐵工內所得渣滓
Tapioca, 打比夏格
Tar charcoal, 他爾炭
Tar, coal, 煤他爾
Tar, wood, 木他爾
Tarragon, 大拉艮
Tartar, 鉀養二果酸　即打打
Tartar salt of, 果酸鹽
Tartar emetic, 打打伊密的　即鉀銻養果酸
Tartaric acid, 果酸即打打里克
Tartaric anhydride, 無水果酸
Tartrate of potash and soda, 鉀養鈉養果酸
Taurine, 托而以尼
Taurocholalic acid, 托而阿可路里克酸
Taurocholic acid, 托而可以克酸
Tellurretted hydrogen, 輕碲
Telluric acid, 碲養三
Telluride of bismnth, 鉍碲
Telluride of potassium, 鉀碲
Tellurium, 碲
Tellurium foliated, 頁形碲
Tellurium graphic, 筆鉛形碲
Tellurium sulphide, 碲硫
Tellurous acid, 碲養三
Tendons, 筋
Tennantite, 特難台得

Tenorite, 低奴來得
Tephroite, 低夫羅愛得　即灰色石
Terbium, 鋱
Tereloene, 脫里比尼
Terebilene, 脫里比里尼
Terequivalent elements, 三分劑之原質
Terne plate, 鍍錫合鉛之鐵板
Sulphocyanogen, 衰硫二
Sulphoglyceric acid, 硫養三各里司里克酸
Sulpholeic acid, 硫養三哇里以克酸
Sulpho-palmitic acid, 硫養三巴勒麻的克酸
Sulphophenates, 硫養三非尼克鹽類
Sulphophenic acid, 硫養三非尼克酸
Sulphophosphotriamide, 淡輕三輕硫燐硫二
Sulphosaccharic acid, 硫養三薩卡來克酸
Sulphostearic acid, 硫養三司替阿里克酸
Sulphovinic acid, 硫養三費尼克酸
Sulphoxyphosphoric acid, 燐養三硫二
Sulphur, 硫
Sulphur amorphous, 無顆粒形硫
Sulphur chloride, 硫綠
Sulphur dichloride, 硫綠二
Sulphur dimorphous, 二形顆粒硫
Sulphur flowers of, 蒸硫粉
Sulphur iodide, 硫碘
Sulphur milk of, 結成白硫
Sulphur oxide, 硫養
Sulphur roll, 硫條
Sulphur sublimed, 蒸過之硫
Sulphur subiodide, 硫二碘

Sulphureous waters, 含硫之水
Sulphuretted hydrogen, 輕硫
Sulphuric acid, 硫養三
Sulphuric fuming, 發霧之硫養二
Sulphuric glacial, 冰形硫養三
Sulphuric Nordhausen, 奴佗僧硫養三
Sulphuric ether, 硫養三以脱
Sulphurous acid, 硫養二
Sulphurous anhydride, 無水硫養二
Sulphuryle, 硫養二
Sulphuryle chloride of, 硫養二緑
Sumach, 蘇瑪格疑　即烏柏
Superphosphate of lime, 二鈣養三燐養五二輕養
Supersaturated solutions, 飽足有餘之水
Swedish iron ore, 瑞典之鐵礦
Sweet oil, 菜油
Sweet spirits of nitre, 硝以脱酒
Syenite, 歲以内得
Syepoorite, 賽以不而愛得
Sylvanite, 西勒法乃得　即金合碲礦
Sylvic acid, 西勒非克酸
Sylvine, 西勒非尼石
Tin, 錫
Tin amalgam, 錫汞
Tin bichloride, 錫緑二
Tin binoxide, 錫養二
Tin bisulphide, 錫硫二
Tin foil, 錫箔
Tin nitride, 鍇淡二
Tin nitromuriate, 錫緑二
Tin ore of Montebras, 滿低布賴錫礦
Tin plate, 馬口鐵
Tin protochloride, 錫緑
Tin protosulphide, 錫硫
Tin protoixde, 錫養
Tin pyrites, 錫硫二礦
Tin sequioxide, 錫二養三
Tin stannate, 錫養錫養二
Tin stone, 錫養二礦
Tincal, 汀加勒　即生硼砂
Tin-white cobalt, 鈷鉮二礦
Titanic acid, 鍇養二
Titanic iron, 含鍇之鐵
Titanium, 鍇
Titanium bichloride, 鍇緑二
Titanium bisulphide, 鍇硫二
Titanium cyanonitride, 鍇衰二三鍇三淡二
Tin sequichloride, 鍇二緑二
Tin sequioxide, 鍇二養三
Toast, 烘脆饅頭
Tobacco, 煙葉
Tokay, 土該酒
Tolu, balsam, 朵路波勒殺末
Toluic acid, 朵路以克酸
Toluidine, 朵路以弟尼
Toluole, 朵路阿里
Tolylene, 朵路以里尼
Tolylene diamine, 朵路以里尼二阿美尼
Topaz, 吐巴司石
Torbanite, 妥而伯内得　即烟煤

Touch paper, 引火硝紙
Touch stone, 試金石
Tourmaline, 土耳末里尼石
Trachytic porphyry, 特拉紀得拍弗里石
Trap rock, 特拉伯石　即級形石
Travertine, 特拉弗的尼石
Treacle, 漿糖
Tree wax, 蟲白蠟
Tremolite, 特里莫來得
Triacetine, 三阿西低尼
Triacid triamines, 三酸三阿美尼類
Triad elements, 三質點之原質
Terpin, 脱爾比尼
Terpinole, 脱比奴里
Terstearine, 三司替阿里尼
Tesselite, 低西來得
Test papers, 試紙
Tetradymite, 低特拉代埋得又名四角礦　即鉍碲硫礦
Tetrad elements, 四分劑之原質
Tetrahedrite, 低特拉希特來得又名四面礦　即灰色銅礦
Tetramercurammonium oxide, 淡汞四養
Tetramethylium hydrated oxide, 四迷以脱里養輕養
Tetramines, 四阿美尼類
Tetramylium hydrated oxide, 四阿埋里養輕養
Tetrathionic acid, 四替哇尼克酸
Tetratomic elements, 四質點之原質
Tetrethylarsonium hydrate, 四以脱里鉮輕養
Tetrethylium hydrated oxide, 四以脱里養輕養
Tetrethylium iodide, 四以脱里碘
Tetrethylphosphonium hydrate, 四以脱里燐輕養
Tetrethylstibonium hydrate, 四以脱里銻輕養
Tetrethylures, 四以脱里由里阿
Thallium, 鉈
Thallium alcohol, 鉈醕
Theine, 替巴以尼
Thebolacticacid, 替巴拉格的克酸
Theine, 替以尼
Thenard's blue, 替乃特氏藍料
Thenardite, 替乃待得
Theobromine, 替哇布路迷尼
Thionyle chloride of, 硫養綠
Thiosinnamine, 弟哇西那阿美尼
Thomaite, 朶馬愛得
Thorina, 釷養
Thorinum, 釷
Thorite, 土來得
Thrombolite, 特羅末波來得
Thulite, 吐來得
Thumite, 吐埋得　即斧形石
Thuringite, 吐林茄愛得
Thyme, 太靡草
Tile copper, 銅錠底之雜料
Tin ore, 紅瓦色銅礦
Turpentine, 松香醕
Turquoise, 土而古哇斯石
Type metal, 作印字之鉛料
Tyrosine, 太路西尼
Ulmate of ammonia, 淡輕四養烏勒迷克酸
Ulmic acid, 烏勒迷克酸
Ulmine, 烏勒迷尼

Ultramarine,	青金石粉
Ultramarine green,	綠金石粉
Umber burnt,	熟赭色土
Umber raw,	生赭色土
Uniequivalent olements,	一分劑之原質
Uranite,	由拉奈得　即鈾礦
Uran ochre,	含鈾黃色土
Uranium,	鈾
Uranium oxide,	鈾養
Uranium protosequioxide,	鈾三養四
Uranium sequioxide,	鈾二養三
Uranium sulphate,	鈾養硫養三
Urea,	由里阿
Urea nitrate,	由里阿淡養五
Ureides,	由里以弟
Uric acid,	由里克酸　即尿酸
Uric acid bibasic,	二本由里克酸
Urino,	尿
Urochloralic acid,	由里格羅拉勒酸
Uroxanthine,	由里阿格散的尼
Valentinite,	發侖弟內得
Valerian,	發里里阿尼
Valerian root,	發里里阿尼根
Valerianic acid,	發里里阿尼克酸
Valerine,	發里里以尼
Valerlactic acid,	發里路拉格的克酸
Valerone,	發里路尼
Valeryle,	發里來里
Vanadic acid,	釩養三
Vanadium,	釩
Vanadium chloride,	釩綠
Vanadium oxide,	釩養
Vanadium sulphide,	釩硫
Varnished,	漆類
Vegetable parchment,	植物明皮紙
Venetian red,	非尼司紅料
Venice turpentine,	非尼司松香油
Veratric acid,	非辣得里克酸
Veratrine,	非辣得里尼
?	二銅養醋酸
Verditer,	勿弟脱藍
?	古韋尼氏綠色類
?	汞硫即銀朱
Triamines,	三阿美尼類
Triamylamine,	三阿埋里阿美尼
Triatomic elements,	三質點之原質
Tribasic phosphates,	三燐養五之鹽類
Tribasic phosphide,	三燐養五
Tribenzoly-phosphide,	三偏蘇愛里燐
Tribenzolamine,	三偏蘇愛里阿美尼
Triborethyle,	三硼以脱里
Tricetylamine,	三西低里阿美尼
Trichloracetic acid,	三綠醋酸
Trichloraniline,	三綠阿尼里尼
Trichlorhydrine,	三綠海特里尼
Trichlorhydrine of phenose,	三綠海特里尼非尼阿司
Triethylamine,	三以脱里阿美尼
Trithylarsine,	三以脱里鉮
Triethylene-octethyltetrammonuim hvdrated oxide,	三以脱里尼八以脱里四淡輕四養輕養

Triethlene tetralcohol, 三以脱里尼四醕
Triethlene tetramine, 三以脱里尼四阿美尼
Triethlene triamine, 三以脱里尼三阿美尼
Triethlene phosphine, 三以脱里尼燐
Triethlene stibine, 三以脱里尼銻
Trimethylamine, 三迷以脱里阿美尼
Trimethylarsine, 三迷以脱里阿耳西尼
Trinitro cellulose, 三淡養$_{四}$寫留路司
Trinitro crosylic acid, 三淡養$_{四}$格里歲里克
Trinitro phenic acid, 三淡養$_{四}$非尼克
Triphane, 特里發尼石　即火變灰色石
Triple phosphate, 三燐養$_{五}$之鹽類
Tripotassamide, 淡鉀$_{三}$
Trithionic acid, 三替哇尼克酸　即硫$_{三}$養$_{五}$
Tungsten, 鎢　西名董斯敦
Tungsten binoxide, 鎢養$_{二}$
Tungsten blue oxide, 藍鎢養$_{二}$
Tungsten chloride, 鎢綠
Tungsten steel, 含鎢之鋼
Tungsten sulphide, 鎢硫
Tungstic acid, 鎢養$_{三}$
Turbith of tuepeth mineral, 得必得　即汞養硫養$_{三}$二輕養
Turkey red, 土耳其紅
Turmeric, 托末里客　即薑黃
Turnbull's blue, 特而捺布勒氏藍料　即鐵$_{三}$二衰$_{三}$鐵
Turncns yellow, 特那氏黃色料　即鉛綠七鉛養
Wool, 羊毛
Woorari, 烏拉里毒
Wormwood, 茵陳草
Wort, 發芽大麥漸水

Wrought iron, 熟鐵
Xantheine, 散的以尼
Xanthogenamide, 散的陳阿美弟
Xanthine, 散的尼
Xylidine, 歲里弟尼
Xyloidine, 歲路以弟尼
Xylole, 歲路里
Yeast, 酵
Yellow, chrome, 鉛養鉻養$_{三}$
Yellow ochre, 黃色土　即二鐵$_{二}$養$_{三}$三輕養礦
Yellow orpiment, 鉮硫$_{三}$　即雌黃
Yellow, Paris, 鉛綠七鉛養
Yttrium, 釱
Yttotantalite, 釱鉭礦
Zaffre, 薩弗耳　即鈷礦合沙燒成顔料
Zeolite, 西哇來得　即熱發沸石
Zinc, 鋅
Zincite, 辛蓋得
Zinc acetimide, 鋅阿西的美弟
Zinc slcohol, 鋅醕
Zinc amalgam, 鋅汞膏
Zinc amide, 鋅阿美弟
Zinc amyle, 鋅阿埋里
Zinc arsenide, 鋅鉮
Zinc arsenite, 鋅養鉮養$_{三}$
Zinc carbonate, 鋅養炭養$_{二}$
Zinc chloride, 鋅綠
Zinc ethyle, 鋅以脱里
Zinc hyposulphite, 鋅養硫$_{二}$養$_{二}$
Zinc methyle, 鋅迷以脱里

Zinc nitride,　鋅淡
Zinc oxide,　鋅養
Zinc oxinide,　鋅哇格司阿美弟
Zinc phenylimide,　鋅非尼里衣美弟
Zinc sulphate,　鋅養硫養三
Zinc sulphide,　鋅硫
Zinc valerianate,　鋅發里里阿尼克
Zinc white,　鋅養
Zircon,　素告納石
Zirconite,　素告内得
Zirconiun,　鋯
Vesta matches,　蠟條自來火
Vinegar, malt,　大麥醋
Vinegar white wine,　白酒醋
Vinic acid,　費尼克酸
Violane,　非哇蘭尼
Violet,　紫金花色　即茄花色
Vitelline,　非弟里尼蛋白内物
Vivjanite,　非非阿内得
Velcanic ammonia,　火山發之淡輕三
Vulcanised caoutchcu,　硫象皮
Vulcatine,　硫象皮
Wad,　華得　即筆鉛形錳養二
Wash leather,　麂皮
Water, hard,　濇水
Water of crystallization,　成顆粒之水
Water soft,　滑水
Waterproof cloth,　加象皮料呢
Waterproof felt,　加象皮料氈
Waters, mineral,　地産之水
Wavellite,　韋夫來得
Wax, bee,　蜜蠟
Wax, Chinese,　蟲白蠟
Websterite,　韋步司太來得
Wernerite,　韋爾納來得
Welsh coal,　威勒士煤
Whale oil,　鯨魚油
Wheaten flour,　麥麪
Whey,　乳水
Whiskey,　灰司記酒
White gunpowder,　白火藥
White lead,　鉛養炭養二　即鉛粉
White lead ore,　鉛養炭養二礦　即白色鉛礦
White metal ore,　白色銅礦　即銅二硫
White precipitate,　淡輕二汞汞綠
White vitriol,　鋅養硫養三
Willemite,　韋勒迷得
Willow bark,　柳皮
Wines, ropy,　酒内已生膠質
Winter, green oil,　各拉弟里阿油
Witherite,　韋特來得
Wolfram,　鎢　西名烏甫辣末
Wood naptha,　木那普塔
Wood smoke,　木烟
Wood spirit,　木醕
Wood tar,　木他爾
Woody fibre,　木紋質

又傅蘭雅　徐壽《造硫强水法》卷一　燒造硫强水法

硫强水古已有之，但剏造之人年代難考。或言法倫汀所造，尚非確據。大約天方國之醫士，名賴齊斯，曾於西歷八百六年試造此物。是書不尚考古，姑置

弗論。初造之法，用皂礬盛於甑内加以大熱，收其散出之氣，而得那陀僧强水。那陀僧者，多造此種之地名。今在此處，仍用舊法燒造。前此數十年，此法固已足用，厥後化學漸盛，用廣而價貴，則有羅白格更刱新法，至今遵用。所有燒造之工，分爲三級。其一，將硫或含硫之礦，置於爐内燒之，視一、二、三各圖。其二，用大鉛房，令硫氣透進。其三，添以空氣，並淡養五之霧與水氣。

硫在空氣内焚燒，則化而爲氣，收得空氣内之養氣，而變爲硫養氣。透入鉛房，隨與淡養五之霧並水氣相遇，即收淡養五之養氣一分，而變爲硫養三水。其淡養五放出之養五氣，又在空氣内收回，而自能復原。既有此理，幾疑連作此事不必另添淡養五氣二，然不免常添者，所以補其靡費也。

架造鉛房之鉛皮，須用輕氣火燒粘其邊，如以錫銲，必被强水侵蝕。常用之鉛房長一百尺，高二十尺，闊三十尺，更大更小，亦無不可。

燒造硫强水之理原屬易明，然其事則甚難。所有之難處，大半在司其務者，總以少用材料而多得强水爲要。此事必有一定之法，須在各鉛房細心試驗而求其所以然。是書大旨即言此理，並使覽者能知鉛房所有之病。此事業已深究多年，初欲求精賅之書而未得，故特以歷年所見鉛房與各器之變化，思其理而得其法，彙集成書，以備參考云。【略】

硫强水變化之理

第一章　論含鉮之弊

鐵硫二礦燒成之强水，以含鉮之弊爲最大，而除此弊端亦最難。其除之之法，必依强水之作何用處。章内所考含鉮之弊，從原礦以至强水，並用此强水再成别料，逐級言之。又言造强水之廠，不但常散硫養二與輕綠二氣，害人害物，又有鉮養三氣之害更毒。一廠所散之鉮養三氣雖不多，若有數廠相合，則甚多。

選擇鐵硫二礦有二要，其一打碎能成小塊而不成屑，其二不含鉮質。

今者前人書中所載各種硫礦含鉮之數，遂將其礦造成之强水，分出鉮質，因知前人所言礦内之數，與今强水内取得之數不同。如礦含鉮〇分二一至〇分三一，强水含鉮一分至一分五，俱以百分爲率。

利稼孫書中所載硫礦，每百分含鉮之數，最多者〇分三一至〇分三三，最少者只有微迹。間有無鉮之礦，如將多鉮各礦造强水，其内必雜鉮質。

余在製造化學料之廠内辦理化學之各事，遇以上之事甚怪，故數年以來，將各種礦化分立表，與前人之各表有不同之處。表内上半爲利稼孫書中摘出者，下半即近年所化分而得者。所得之鉮數，與造硫强水所考之鉮數略有比例，非若前人所考之數俱不相合也。

化分礦内所含鉮質，最好用燒鎔之法。如用硝强水之法，尚不盡善，兹論用法如後。

考鉮之數，將礦一分，再將硇養炭養二與鉀養炭養二共三分、鉀養淡養五一分相合，燒鎔歷十分時，取出，置於水内沸之，濾取不消化之質，再燒鎔而沸之、濾之，以兩次之水相合，熬至四分體積之一，均作二分，用兩法定其含鉀之數。第一法，令變爲鉮硫三，第二法令變爲淡輕四養鉀養五與鎂養鉮養五。兩法所爲之質，烘乾而得其準數。或將變成之鉮硫三化之，再成淡輕四養鉮養五與鎂養鉮養五。第二法所得之數，比常得者稍多。

凡用此法，必將第一次所餘之質再燒鎔，因平時第二次所含之鉮爲最多。

硫强水内分出之各質，其化分之法略同。

第一表上半

礦名	每百分含鉮之中數
西班牙礦	〇·二一至〇·三一
卑里知礦	微迹
普魯士礦	微迹
諾爾回礦	無
阿爾蘭礦	〇·三三
谷你司礦	〇·三一
意大里亞礦	微迹
蘇以旦礦	微迹
古里甫蘭礦	數未定

第一表下半

礦名	每百分含鉮之中數
西班牙太西斯礦	一·六五一
西班牙美生礦	一·七四五
卑里知礦	〇·九四三
普魯士礦	一·八七八
諾爾回硬礦	一·六四九
諾爾回軟礦	一·七〇八

第一表上半内，阿爾蘭礦含鉮最多，然其數尚不甚大。今所考之阿爾蘭礦，其鉮數比此表更多，竟有百分之二分至二分三者。有友人多造强水者云，化分阿爾蘭礦所得之數，比今所分者尤大。

第一表下半内，卑里知礦之鉮爲最少，可爲第一等。惟此礦打碎之時，成屑甚多，即是其病。第二净者爲諾爾回硬礦之净者，爲第二等。此礦打碎不成屑，

其質堅而不鬆，入爐加熱易紅。此礦之雜質雖多於卑里知礦，然能不成屑，而又易燒，則比卑里知爲更好。

諾爾回硬礦燒後，考其餘燼，仍有鉮質少許，試驗四次，得中數爲百分之〇分四六，可見鉮已大半燒出，而入强水內。

燒礦爐通至鉛房之管，其內面有凝結之質，光亮而甚厚。此管之長二十尺，近鉛房之一半內十尺許，幾欲塞滿。其質大半爲硫黄，每百分有四十六分爲鉮養五，取出其質，燒之成藍色之火，如燒硫之色。將冷瓷盆覆其霧上，則結硫黄與鉮養五。

鉛房內變成之强水，含鉮甚多，試驗十二次，得鉮養五爲百分之一分〇五一，因知管內所結者爲原礦含鉮之大半。造成之强水，必須除去此鉮，始可爲合製各物之用。

鉛房之底與四面有灰色之質，其內之顆粒爲鉮養五，此因管內之鉮養五收得養氣而變成者。此灰色之質，每百分含鉮養五一分八一一至一分九，其餘各質爲鉛養硫養二與矽，用此硫强水加以食鹽成鈉養硫養三之時，其鉮養五變爲鉮綠三，而與輕綠氣同散至凝水塔形器，故鈉養硫養三所含之鉮甚少。化分其輕綠八次，得鉮養三之中數爲〇分六九，其各數從〇分五八九起至〇分九一一止。

鈉養硫養三所含之鉮養三，祇有百分之〇分〇二九，視第二表可知其數。如爲醫學所用，必須最浄之品。

第二表

材料名	每百分含鉮養之中數
諾爾回硬礦未燒之前	一·六四九
諾爾回硬礦既燒之後	〇·四六五
硫强水	一·〇五一
自爐中至鉛房之管	四六·三六〇
鉛房底	一·八五七
輕綠	〇·六九一
鈉養硫養	〇·〇二九
未變之渣滓	〇·四四三
鈉養炭養	
收回之硫	〇·七〇〇

提浄之後所含之鉮

第三表

諾爾回硬礦未燒之前，每百噸含鉮一噸六四九

諾爾回硬礦既燒之後，每百噸含鉮〇噸四六五

能成硫養三一百四十噸八七五，含鉮一噸四八一

此種强水能成輕綠一〇四噸九，含鉮〇噸七二四

又能成鈉養硫養三二〇四噸一二，含鉮〇噸〇五九

此表最便於造强水者之查檢。

鹽餅爐，即燒煉鈉養硫養三之倒焰爐。通至凝輕綠之塔形器，其管內亦有凝結之質，管長二十尺，距爐十五尺之處，取出所結之質，略似食鹽與鈉養硫養三少許，用顯微鏡察之，始能辨鉮養五之顆粒成八面形。化分之，第四表每百分得鉮養三之中數四三分四，但此管已連用數年，故積成此物。

凝輕綠之塔形器內，原盛枯煤，化分而考之，亦有鉮質。每用枯煤十磅，先浸以蒸水，後用極浄之輕綠試三次，每百分得二分八，爲鉮養三。少者爲二分六，多者爲三分二。想塔形器內之水，應能化盡所入之鉮綠，此鉮質不知從何而來。視第五表。

第五表　凝輕綠水塔形器內之枯煤

試驗次第	每百分含鉮養三之數
第一次	二·六四一
第二次	三·一八二
第三次	一·八三七
共	八·六六〇
中數	一·八八六

塔形器通至煙通內之空氣，取而考之，始知塔形器內不能化盡鉮綠，尚有鉮質透入煙通之內，但其鉮質不知何形。試法，將煙通內之氣五百立方尺作一次之用，將玻璃瓶三箇，各瓶之容積約水四十兩，第一瓶盛清水，第二瓶盛輕綠水，第三瓶盛銀養淡養三水，俱約半瓶，令氣緩通過各水，用吸法如分空氣之式，第一、第二兩瓶已能收盡所含之鉮。銀養淡養三水似屬無用。試驗十二次，所得之中數，每氣一千立方尺含鉮〇厘一五八，此煙通每小時透出之氣三萬一千七百二十二立方尺，則散出之鉮養爲五厘〇一二，每日通過一百二十厘二八二。此數

既不甚大，略可不計，然此爲一廠内一煙通之數，如曼尺斯達相近各處，此類之廠甚多，其害亦不小矣。

第六表　凝水塔形器邊至煙通内之氣含鉮之數

試驗次第	每一千立方尺所含鉮養數	每一小時散出之鉮養	每一晝夜散出之鉮養
第一次	○・○六八	二・一五七	五一・七六八
第二次			
第三次	○・○八二	二・六○一	六二・四二四
第四次	○・○七二	二・二八四	五四・八一六
第五次	○・一○二	三・二三五	七七・六四○
第六次	○・○六四	二・○三○	四八・七二○
第七次	○・一九八	六・二八○	一五○・七二○
第八次	○・二四八	七・八六七	一八八・八○八
第九次	○・一八六	五・九○○	一四一・六○○
第十次	○・二三二	七・三五九	一七六・六一六
第十一次	○・二六二	八・三一一	一九九・四六四
第十二次	○・三八二一	二・一一七	二九○・八○八
總數	○・八九六六	○・一四一	一四四三・三八四
中數	○・一五八	五・○一二	一二○・二八二

煙通底距地十尺之氣，每次亦用五百立方尺相試，其九次得中數，每立方尺含鉮○厘○八六，即略爲十分厘之一，此數雖微，亦能害人。

第七表　煙通底距地十尺氣内含鉮之數

試驗次第	每一千立尺所含鉮養之數
第一次	○・○四六
第二次	○・○二二
第三次	○・○八六
第四次	○・○六二
第五次	○・一一二
第六次	○・○五四
第七次	○・一一二
第八次	○・一三三
第九次	○・一四四
總數	○・七八○
中數	○・○八六

收盡此鉮養，令不散出，有數法，詳後。

强水所成之鈉養炭養二，歷試十二廠所造者，共試十五種，俱無鉮養三之微迹。

爐底渣滓，即未變成鈉養硫養三之物，試驗六次，得中數爲百分之○分四四二，視第二表。

收回之硫，有含百分之○分四四二者，有含○分九○一者。此數之多，因用未提净之硫黄也。其已提净者，試四次，得數爲百分之○分七。如欲去盡鉮質，必在硫强水内取之。因硫强水爲化學材料之根源，果能取盡，則所成之各料亦净。

第二章　去鉮之法

硫强水内去盡鉮質，有二事宜慎。其一，所用之料，不可有害於强水所成之物。其二，所用之法，不可有害於廠内外之人。兹將應用之各料，歷論如後。

輕硫氣　此質用之者已有多人，但其得益不等，且亦遺害於人，費又甚大。用法，作鉛箱闊三尺，深三尺，長二十四尺，略滿强水。箱外有一鐵管，接以鉛管，此鉛管通過强水之内，鉛管上作多小孔，則鐵管噴進之輕硫氣，能從小孔噴出，即收强水所含之鉮，而變成鉮硫。後將强水引至一尺方之小盤，盛滿枯煤小塊，盤底有多小孔，强水經過枯煤而流出，其鉮硫盡附於枯煤之上。每日將枯煤洗净而再用。大鉛箱上用木作蓋，如屋之式，只留小孔，接以鐵管，能放所餘之輕硫氣，令散至遠處。若在鐵管加熱至紅，則輕硫化分，又能收其硫黄。

輕硫氣固能分出强水内一切鉮質，其難在所放之輕硫氣不能化分使盡。此法必用甚多强水作輕硫氣，所費甚大，氣又不能匀發，常有過多過少之弊。故剏一法，用未提净之强水，將鐵硫磨粉添入。惟所得之强水，只可用於鐵上鍍鋅等事，而不能爲漂白染布、印花等用。

鈉硫　此質爲造鈉養炭養三所得之黑灰内取出，將硫强水盛於大鉛箱内，箱底置枯煤一層，此枯煤預用輕緑收盡鐵等雜質。其强水所含鉮養三之數，必須預知，則依數而添以鈉硫，自有結成之鉮硫沉下，至枯煤面上而止。强水則通下枯煤，從箱底之塞門流出。每一日夜取出其鉮硫，枯煤可用數月而更换，散出

之輕硫氣用前法收其硫黄。此法所得之强水，試過一千磅，只有鉀養三之微迹，可稱善法。

食鹽　將此添入强水内，則鉀養可變鉀緑而散出，但此殊不可用，蓋食鹽不能全化分，而致强水雜鹽，反增一病。且有棕色之强水，食鹽尤不能分盡鉀質，必俟强水盛於玻璃甑，燒若干時之後，再添以食鹽，更屬不便。因强水沸時而添入，忽然變化，必有危險。所發之氣亦甚難當，而又不能變盡，如甑内之强水未沸而添鹽，則聚於甑底，難免礫裂，司其事者甚危，故已棄而不用。惟其費用則甚省。茲將所試之數，列後爲據。

未提浄强水含鉀養分數	已提浄强水含鉀養分數
一·一三一	〇·三四
一·三〇三	〇·四八
〇·九九一	〇·六三

食鹽所提之强水，不能爲製造化學材料之用，前曾以食鹽之法小試之，似覺可用，即以爲多燒造者，亦或可用，後又大試，始知有弊。

輕緑氣　將此氣通過强水，亦能變鉀緑，但其病與食鹽之法同，而更兼費大，不便於多造。

將各法比較，以輕硫爲善。令其鉀質盡凝結而沉下，比化分而散者尤善。如令分散，則必生熱，而所放之輕緑氣散出甚速，俱是弊端。又用輕硫，只要氣能足用，而有一定。若用輕緑，其工難定，一定者自然爲好。又有一事，不可不知。英國之例，不準放輕緑外出，犯者必受大罰，而輕硫氣則不問。

以上所試各事，悉是數年來深思而得，別家只言强水含鐵則不可用，其實即含鉀質，嘗見製造淡輕四養硫養三者，往往變壞。數百金錢之料，俱是强水含鉀之故，而其人尚以爲含鐵，試盡各種取鐵之法，究屬無用。所以造强水與用强水者，不可不求含鉀之數。各法之内用鈉硫爲最善，前所言之鈉硫法，尚屬美法，如細考之，自更有益。

第三章　鉛房各氣彼此流動

歷試此事，因欲明鉛房内所有變化之奥妙，尋常所言之理雖屬可信，然有數事未得其據，只能以化學之理談論而已。

燒造强水之理，有數事必須深考。如依化學之理，則硫養三氣遇淡養二淡養四等氣與水氣，必收其養氣而變化。如將小器試此事，往往不成。器内之熱度過大或過小，亦不能成。又如小氣過多或過少，則散出之硫養三氣必多，凝水塔形器内所收之淡養二霧亦過多，所得之强水必少。又有數種相類之事，俱已詳考。先小試之後，在大鉛房内試之，用盡所知之法，而得其最可信之據。茲將各氣試過之事，一一論之。

硫養二遇淡養之變化

化學家多有人論此變化甚詳。如可里門德立、索密斯兑、非布魯福司對等，俱是名家。今所歷試者，與前人不同。前人俱言乾硫養二與淡養三在一器之内相遇，不能有變化之事，故化學書中申明其説。如密賴《化學》書云，硫養氣與養氣不能化合，必再遇水氣，始能化合，其化合亦甚慢。

米令《化學》書云，將乾硫養二一分，乾養氣一分，共入一器之内，不能變化。如氣内有水，則漸變爲硫養。要之化學各家之説，俱以爲二氣無水必不化合，無論其氣在器内，或流動，或安静，終無變化之理。及今考之，殊不其然。所以歷試十次，求得其據，始知二氣無水，亦能化合成强水，用硫黄取得硫養，用鈉養淡養二與硫養三取得淡養二，將此二氣先通過於硫養三與鉀養之内，收盡所含之水點。

第一試，將極乾之玻璃瓶引進二氣而封密，初時不見變化，俟十日之後，開瓶放出所餘之氣，而瓶内有白色小顆粒結成，顯微鏡可視其形，能於水内消化，性與硫强水相同。但此有數事，能令不成，如熱度等是也。若氣内用白金絲，添水一滴，則能加速。

或以爲所成之顆粒，不過是鉛房内常得之顆粒，而非真硫强水，此乃粗率之言也。如細察之，竟是無水硫養顆粒之形，雖遇空氣，數日不變，確與鉛房内之顆粒不同，投於水中，消化而不發淡養各霧，亦可爲據。此理已試多年，與別家不同。此理譬如做饅頭之酵，雖用少許，能令大塊發酵。又如鹽類水，已至極濃，而再不能消化，臨能成顆粒之時，添以極小之顆粒，則金流質立結爲定質。故其變化之事，惟在起首之工，所有之養氣，能與硫養化合。起首之後，如加水氣，但能助速合耳。

第二試，用器與料同前，惟將諸置於冰内，則變化同而歷時甚久。

第三試，用器與料同前，瓶外忽加以大熱，則變化稍速。由前事觀之，硫養能收養氣若干，固無藉乎水氣，故雖添水極少，能令變化之事速起。以後所試，欲用多水成此事而得其據。

第四試，將二種氣盛於玻璃瓶内，再添水氣二倍體積，俟一日夜。

第五試，將二氣如前不放空氣進內，而添以水，亦俟一日夜，則第四試得强水，每百分有六十六分，第五試得九十三分，又有未變化之硫强水，在第四次較多。

第六試，將二氣共一體積、水氣一體積相和，得强水每百分有七十四分，故以爲變成强水之理，與發酵之理同意，又可見水氣之體積應小於二氣和之積。再試三次，與第四、第五、第六各次並同，惟將瓶置於水內加熱至沸。

第七試，與第四試同法，每百分得八十六分七。

第八試，與第五試同法，每百分得九十四分五。

第九試，與第六試同法，每百分得八十分二。

觀此三試，知變化之事與熱度大有相關。從此又得一總理，熱度愈大，需用之水氣愈多。

淡養$_{五}$氣與硫養$_{五}$氣相合，不用水氣與用水氣所有之各事，再必求其器內何處變化最多。

尋常教化學之館內示人造强水之法，將大玻璃瓶盛以硫養$_{二}$與淡養$_{五}$，再添水氣，則先見紅色之霧，後乃結成顆粒，再後變爲無色，但細察瓶內，尚有極細紅霧一縷在顆粒之處，故思已成强水之處，能比別處多成强水否，所以再試第十次。

第十試，將硫强水令沸久久，俟一切水氣盡出，標準而盛於玻璃瓶內，再添硫養$_{二}$與淡養$_{五}$，而不添水氣，則瓶之上半立變爲無色。其瓶底近於强水之面變化極速，上半無有變化之事，俟周日之後，開其瓶，毫無硫養$_{二}$氣，而先盛之强水已增重。屢次試之，所得並同。

小試此事已成，遂於大鉛房內作此事即不能成，因大鉛房而不用水氣，不能生熱，故雖求得此理，尚屬無用，衹得一有益之事，即添水氣之數，必與增熱度爲比例。惟此理既可小試，而不能多造，仍無裨於實用，自必再求多造之理。

楊毓煇《問化學六十四原質中多中國常有之物，譯書者意趨簡捷，創爲形聲之字以名之，轉嫌杜撰。諸生宣究化學有年，能確指化學之某質即中國之某物，並詳陳其中西之體用歟》《格致書院課藝・庚寅春季特課》 今夫化學之功用大矣哉。用之於組織，則可化朽腐爲神奇。用之於洗煉，則可化渣滓爲精華。用之於一切製造測量，則可化粗澀爲工良，並可化煩難爲平易，然則化學之功用不誠大矣哉！查泰西化學家共分物質爲二類：一曰原，一曰雜。當西歷一千八百年以前，所攷得之原質，不過二十有九，厥後續攷得三十有五，共爲六十四原質。可知西國化學之精，亦爲時未久也。其六十四中，又分二類：一爲非金類，一爲金類。何謂乎非金類？則曰養，曰輕，曰淡，曰弗，曰綠，曰炭，曰燐，曰碘，曰硫，曰溴，曰碲，曰矽，曰碲，曰硒，此十四種皆非金類也。何謂乎金類？則曰鏭，曰鉫，曰鋰，曰鉀，曰鈉，曰鎂，曰鏓，曰鈣，曰鋇，曰鋁，曰鈦，曰鉺，曰鏑，曰鋃，曰錯，曰鉽，曰鋯，曰釷，曰鋊，曰鐵，曰錳，曰銅，曰錫，曰鉛，曰鋅，曰釩，曰鈾，曰鉍，曰鎳，曰鈷，曰鉻，曰錮，曰鎘，曰鎢，曰鈶，曰銻，曰鐠，曰鈮，曰鉭，曰鉮，鉮亦有列於非金類者。曰鉬，曰金，曰銀，曰汞，曰鉑，曰鈀，曰銥，曰釕，曰錴，曰銤，此五十種皆金類也。在譯書家，嘗謂二類中其爲世所常有者，止十餘種。其餘非特中國無之，即西國亦罕有之。若譯以西說，實覺繁冗。若繙作華名，又無其物。故特創爲形聲之字，以名之。計所創之法有二。一以平常字外加偏旁，而爲新名，仍讀其本音，如碲、矽、鉮、鎂等類是也。一以字典內不常用之字，釋以新義，而爲新名，如鋅、鈷、鉀、鉑等類是也。果若是，似養、輕、淡、綠、炭、燐，以及硫、鉛、鋅、汞五金之外，皆非中國所有之物矣，不知中國實有之也。試舉數端，以見梗概。即如化學中之鋅，即中國之白鉛也。化學中之錳，即中國之粗鐵也。至於鉀，在西國亦無獨成者，然鉀養、淡養$_{五}$，即中國之火硝也。使中國亦化而分之，即可得鉀於硝之內。是中國雖無鉀，而實亦有鉀也。鈣，於中國向無獨生者。然鈣養、硫養$_{三}$，即中國之石膏也。使中國亦化而分之，即可得鈣於石膏中，是中國雖無鈣，而實又有鈣也。其他如鉮養，即中國之砒霜也。使化砒霜而分之，鉮亦可得，是中國又未嘗無鉮矣。矽養，即中國之水晶也。使化水晶而分之，矽亦可得。是中國又未嘗無矽矣。況乎化硼砂即可得硼，化元明粉即可得鈉乎。是可見化學中本多中國之物也。且夫化學中原質其體不同，其用各異，如不嫌繁瑣，請詳陳之。一曰養氣之體用。養氣無色無味，原質中以此爲最多，地球體涵三分之一，天氣內涵五分之一，水道中涵九分之八。至於生物體中，如草木鳥獸等物，均涵養氣。蓋養氣所以生養萬物者也。故化學家謂世間人每日呼吸，需養氣七十五億斤。禽獸每日呼吸，需一百五十億斤。然則養氣之體微，而其用則宏矣。且養氣遇各原質除弗而外，俱可配搭成物。如底類酸類、蛤蜊類，皆爲養氣化合所成。可見六十四原質中，惟養氣之用爲最廣。其入物也，有直能深入者，如鐵沾養氣，即全身透銹是也。有止食一層者，如鉛沾養氣，止銹外露之一面是也。此則養氣之體用可見者也。一曰輕氣之體用。輕氣亦無色無味，非金類內以此爲最輕，約比養氣輕十六倍，比空氣輕十四倍半。

當中國乾隆三十一年，西人始行查得。凡屬酸質，均涵輕氣焉。其用亦廣。以之裝入毬中，即可上升。以之裝入番鹻水，作氣泡，其泡亦上升甚速。又能與他質化合，如輕氣與炭合爲炭輕，西名曰瑪而式氣，與養氣合爲輕養，即水也，西名曰奈脱力酸。與緑氣化合，爲輕緑，西名曰海特羅克羅立酸。此則輕氣之體用可見者也。一曰淡氣之體用。乾隆三十七年，始查悉萬物中本多淡氣，天氣内涵十分之六，動植物亦多涵之。其氣亦無色無味，而不能燃燒，亦不能獨養生命。故置生物於淡氣中，則立即氣悶。投火於淡氣内，則立即煙消。以無養氣均匀故也。雖其體極静，不易與别物相合，然化合之用亦不少，如鉀養淡、淡輕養等類皆是，惟合之難而分之易耳。凡作爆裂之料，以此氣爲要物。如火藥、棉花藥，及一切軍火炸裂之藥，俱不能無淡也。此則淡氣之體用可見者也。一曰弗氣之體用。弗氣常藏於鈣中，而成鈣弗礦。西人鍊取金類，每用之爲配合之料，惟其性酷毒，與緑氣及碘質、溴質，無甚懸殊。如遇金類及玻精，則牽合之力甚大。至與輕氣化合成酸類，其用尤宏。此則弗氣之體用可見者也。一曰緑氣之體用。動植物内之各流質，均涵是氣。因其色黄緑，故名曰緑氣，西語則云咭咾連。其味甚惡，氣質中以此爲最重，約比空氣重一倍有奇。若冷至六十餘度，再以四倍之空氣壓力加之，即成流質，而色黄，惟不易結冰，雖冷至下二百二十度，亦仍如故也。若論其用，則緑氣最有滅臭之性。凡各種惡臭之氣，皆可化合而滅之。又有漂白之功，凡各種顔料所染之色，一沾緑氣，其色頓滅。至與别質化合，亦甚多。如銻緑、輕緑、緑養、鈣養緑、鈉養緑、鉀養緑，皆是也。此則緑氣之體用可見者也。一曰炭之體用。炭爲世間最多最要之質，在物中則草木鳥獸皆涵之，在地中則金石煤炭亦涵之，其色黑，其質脆，無臭無味，而能經久。嘗有西人查驗二千年前火山所噴之處，其迹尚存，可知炭能經久。炭精禀賦之純者有三。一爲筆鉛，一爲金剛石，一爲煤與純炭。至炭與養輕淡化合之物，尤不可以更僕數。此可見炭之爲用亦宏也。凡插地木樁電桿，外炙令焦，反能經久不敝，若加大熱，亦有去色去臭之功。無論何物，或腐爛不堪，或臭惡已極，用炭粉鋪其上，臭味即收。又可作濾器，以濾流質，如將墨水或墨酒，以動物炭濾之，則其味與色俱無矣。此則炭之體用可見者也。一曰燐之體用。燐無獨成者，動物植物，沙石田泥，俱涵之。禾麥之涵此質，皆聚於穀仁，而稈幹中則略少。燐之爲色也白，質輭如蜜蠟，然水不能化，必須衣打酒，或火酒油，而始鎔。若露而放之，即與養氣化合，熱自初度至十五六分，便能自燃，故必須貯之水瓶中。至其用亦不少。動物植物俱賴以生長，蓋燐與養鈣化合，爲鈣養、燐養五，而成動物之骨，故骨中之燐爲最多。農家有用獸骨壅田者，亦以骨中之燐能肥禾稼耳。且燐之性易燒，故自來火亦用之。此則燐之體用可見者也。一曰碘之體用。碘之爲物，當嘉慶十六年，西人始行查出。海水内有之，泉水内間亦有之，其餘如海草魚介等物，亦多有之。其色青黑，狀如細鱗，不冷不熱，則爲定質；如加熱至一百零七分，則化爲流質；加熱至一百七十七分，則化爲氣質。此物入水，能令水色變黄。故此物一分，用水七千倍，方能鎔盡。惟火酒及礦酒精，化之甚易。若論其用，則爲泰西藥中之妙品，然不可多食，多食則毒。以之治瘰癧等症，頗能見功。照相染紙亦用之，餘則無大用矣。此則碘之體用可見者也。一曰硫之體用。硫之爲色黄，而其質脆，産於火山者最多。與金類化合，則成鐵硫、銅硫、鉛硫、鋅硫等礦。凡動植各物多涵硫質，銀匙入雞蛋，用久即黑緣，雞蛋中亦涵硫耳。硫磺之體厥有二形。地中産者，爲八面橄核形，一經燒煉，即變爲長方形。若致力擦磨，即能生電。惟性易燒燃，其火焰成淡藍色。火酒及伊打酒、松香油皆能鎔之也。其用亦甚廣。中國石膏内，即有硫磺。西人以之作藥料，共分三等：一爲白粉，一爲團塊，一爲條子。又能與别質化合，而最要者，尤首推硫養三及輕硫也。此則硫之體用可見者也。一曰溴之體用。溴每藏於鹹水中，每鹹水七千分，約有溴一分。其臭味與緑氣相仿，而更猛烈，故西人名之曰步咾綿，即臭惡之意也。受熱至六十三分，則沸而化氣。受冷至下二十三分，則凝而爲冰。惟其性甚毒，生物之皮肉沾之，即變黄色。若論其用，則漂白最爲有功，照相亦多用之。與他質化合之用，則有溴養、輕溴、溴養醋酸等類。此則溴之體用可見者也。一曰硴之體用。硴之形有三。一爲暗定質，其色粽緑。一爲晶粒形，其色似金剛石。一爲半明定質，其色如筆鉛。然無獨自生成者，與鈉養化合，則爲硼砂。與養氣三分劑化合，則成硴養三。其餘無大用處。此則硴之體用可見者也。一曰矽之體用。矽與硴同，其形體亦有三：一爲晶粒形，一爲粽色粉，一爲筆鉛形，凡地球大小石内皆涵之。若受大熱，則爲流質。且矽亦無獨成之質，與養氣化合，即成矽養三，如玻璃、水晶、白沙、火石，以及竹之筠、藤之皮，大半皆爲矽養也。此則矽之體用可見者也。一曰碲之體用。碲之原色，其白如銀，而脆如玻璃。化成後，與硫硒之質無甚大異，然其獨成之質不常見。常見者，合於金類之中，如金銀銅鈊等礦，皆涵之也。其用亦不大，與輕氣化合，則成碲輕，性甚酷毒。其餘化成之質，嗅之不覺其臭，人若誤食少許，

則發出之汗、呼出之氣，竟至穢臭不堪。此則碲之體用可見者也。一曰硒之體用。硒之爲物，質脆而色粽黑，當嘉慶二十一年，始行查得。萬物中涵此質者甚少，銅鐵銀内間或涵之。其光如新割之鉛，形體化成與硫磺無異，受熱至二百十二度即鎔。若論其用，與養氣化合，則爲硒養，成酸類二種。與輕氣化合，則爲硒輕，氣甚臭惡。故取五金礦者，恒以吹筒射火，嗅有此氣否，即知該礦涵此質否也。此則硒之體用可見者也。一曰鏭之體用。鏭每於泉水中得之，每泉水一噋，僅涵鏭二三釐，又有數種石亦涵之。與養氣化合，則成鏭養，亦頗有用，餘則無大用矣。此則鏭之體用可見者也。一曰鉫之體用。鉫與養氣牽合之力甚大，遇空氣能自燃，投水中亦自燒。凡泉水内俱涵之，又有數種石，及植物之灰亦涵之。與養氣化合，則成鉫養，鹻性極大，故與鏭、鈉、鉀、鋰同爲鹻屬之金。此則鉫之體用可見者也。一曰鈉之體用。鈉之形性與鉀略同，凡植物中多涵鉀，動物中多涵鈉。鈉非獨生，每於鈉養化分養氣，而得其淨質。在化學家以鈉爲最有用之質，凡化分鎂鋁，所不能缺。與他質配合之用亦甚廣，如食鹽，即鈉與緑化合所成，化學家名曰鈉緑。顆粒之鹽，即鈉與炭化合所成，化學家名曰鈉養炭養二。蘇特硝，即銅與硝强酸化合所成，化學家名曰鈉養淡養五。元明粉，即鈉與硫化合所成，化學家名曰鈉養硫養三。此則鈉之體用可見者也。一曰鉀之體用。鉀之色白而質輭，凡地中之石皆涵之，草木所涵尤多。故常法，皆從草木灰内取之也。與養氣牽合之力最大，如置鉀粒於水，即與養氣牽合，成火而燒。如化分輕氣，氣燒則光顯玫瑰之色，水中若先加紅色草酸，則所發之光便成藍緑等色。其化合之用，除鉀養外，又有鉀養炭養，鉀養淡養等質。此則鉀之體用可見者也。一曰鋰之體用。鋰之形性，與鈉略同。然不常見，惟石中含鋰最多，菸葉之灰内亦微有之。凡定質中，以鋰爲最輕，約比水輕一半。與養氣化合，則成鋰養。與他質化合，亦有數種。其最有用者，爲鋰養炭養二，可以供療病之需。此則鋰之體用可見者也。一曰鎂之體用。鎂與鏓鈣鋇，皆爲鹻土屬之金，其色如銀，而質極軟，可打爲箔，可製成絲，置於空氣中，歷久而不生銹。其爲用亦甚廣，飛甘石，即鎂與養相合而成。鎂養與石灰相合者，成鎂灰石。與矽養三相合者，成石數種。其餘西國之煙火花礮，亦多用鎂。航海夜行，亦用鎂以發火燄。此則鎂之體用可見者也。一曰鏓之體用。鏓之色亦白，磺養之鏓，產於硫磺礦中。炭養之鏓，產於鉛錫礦中。凡鏓化成之質，於火中燒之，俱成猩紅色，惟無甚大用處，若以之製煙花尚佳，西國煙花，即以鏓淡養等品合製而成也。此則鏓之體用可見者也。一曰鈣之體用。鈣質極淨，其色淡黃，可打成薄片如紙，加熱至紅色即化，再加熱則現亮白之光。如將鈣碘及鈉同鎔，即得淨鈣。鈣爲地殼常有之質，其化合之用亦多。如石灰，即鈣與養氣化合所成。石膏，即鈣與硫養三化合所成。大理石，珊瑚，以及白石粉、蛤螺類，亦即鈣養炭養二化合所成。此則鈣之體用可見者也。一曰鋇之體用。鋇之色白，而易銷鎔，不須煆至紅色即化，故打爲箔片極易。然與別質化合，則又體重。西人故呼之曰巴哩䩕，即重意也。其產於地面者，多在鉛礦銅礦之間。若與緑氣化合，則成鋇緑，化分物質常用之。若將鋇養炭養二入鈉養淡養五水消化，即結成斜方粒，用作火藥，宜於礫石開山。此則鋇之體用可見者也。一曰鋁之體用。鋁出於泥土，有幾許石俱涵之。其色白，其質堅，與銀無異，而價值則兩倍於銀。雖在空氣中，亦不生銹，若打爲箔，抽爲絲，擊之其聲甚大。與養氣化合，則成鋁養。其餘化合之用亦多。故土屬之金有十，惟鋁爲最有用。餘如鈦鉺鏑鋃錯鉽鋯鉒鉛，皆屬罕見，亦無大用也。此則鋁之體用可見者也。一曰鈦之體用。鈦之礦不多，現產於瑞、顛等國，與養氣合則成鈦養，色白而性與鉒養同。與他質化合，俱爲白色，惟無大用處。此則鈦之體用可見者也。一曰鉺之體用。鉺亦產於瑞、顛等國，與鈦同出一礦。與養氣化合，則爲鉺養，性與鈦養之性同。惟鈦養色白，鉺養色黄耳。此質亦無大用。此則鉺之體用可見者也。一曰鏑之體用。鏑無自然獨成者，多出於錯礦，與鋃之性相同，而形體迥別，合於養氣，則成鏑養一物，其含水者現茄花色；其不含水者，現粽色，而用極少耳。此則鏑之體用可見者也。一曰鋃之體用。鋃亦無自然獨成者，大都出於錯礦。與養氣化合，止有鋃養一質，餘則不聞矣。此則鋃之體用可見者也。一曰錯之體用。錯之礦亦鮮，與養氣化合，則成錯養，其色白，錯養草酸，亦可以作藥料，餘亦無大用。此則錯之體用可見者也。一曰鉽之體用。鉽與鉺同，而出於鈦礦。鉽養之性，亦與鈦養相同。其所化成之質，大都具玫瑰色，鮮豔異常，惟無大用耳。此則鉽之體用可見者也。一曰鋯之體用。產鋯之礦有二，非特中國無之，即泰西各國亦罕有之。其形似矽，而質稍有不同。若遇大熱，反難鎔化，置沸水内，能漸使輕養二氣化分。此質亦無甚用。此則鋯之體用可見者也。一曰鉒之體用。鉒之形體，與鋁略同，亦爲地球中罕見之物。與養氣化合，則成鉒養，置鉒養於鉀養水中，則消化甚難；置鉀養炭養水二中，則消化甚易。其質雖無大用，然化學家不可不知耳。此則鉒之體用可見者也。一曰鉛之體用。鉛之物世不恒有，泰西化學家嘗化分

寶石而得之。與養氣化合，則成鉛養；與别質化合，味甚甜。此則鉛之體用可見者也。一曰鐵之體用。鐵與錳銅錫鉛鋅釩鈾鉍鎳鈷鉻銦鎘鎢鉛銻鐠鈮鉭鉀，皆爲賤金之屬，而鐵之用爲最多。其形質爲藍灰色，顆粒爲立方形，斷處皆有紋理，磨之能光。其純者爲熟鐵，性甚柔。含炭者爲綱鐵，性甚堅。惟生鐵之性甚鬆，不能捶打，打之易碎，祇可鎔化於模，以成其用。如火管、水管、燈柱、鐵欄、火輪、鐵架，皆是也。西人嘗謂鐵與國政相關，若無鐵，則國之政令即不能行，汽車、火船、機器、槍礮，皆不能造矣。可見鐵之用爲最宏也。此則鐵之體用可見者也。一曰錳之體用。錳色灰白，宛如生鐵，形性亦與生鐵同，質脆而堅，鑽挫所不易入。其有角之粒，可劃玻璃。若與别金化合，所用亦廣，惟提煉純質非易耳。至於錳養$_{二}$地産甚多，研爲粉，可作玻璃及漂白粉。又與他質化合之物，其色皆如玫瑰，亦大有裨於化學之用。此則錳之體用可見者也。一曰銅之體用。銅質略帶紅色，而不甚硬，可搥爲片，可率爲絲，在空氣中不甚生銹，惟受濕氣過甚，亦生緑銹。其礦之種類不一，形體亦各不同。若與各金相合，而其爲用也尤廣。如炮銅，即浄銅九十分，錫十分合成者也。黄銅，即紅銅六十六分，鋅三十四分合成者也。鐘銅，即銅一分，錫十分合成者也。宣爐銅，即銅九十一分，錫二分，鋅六分，鉛一分，合成者也。此則銅之體用可見者也。一曰錫之體用。産錫之地甚多，如英國孟加拉、中國雲廣等處，以及麥西國、南亞美利加，皆有所産。其質甚輭，而易鎔化，若屈曲之，則簌簌有聲。常用者有二種：一爲紋錫，其質純；一爲塊錫，其質粗。但錫之爲物，磺養能食少許，輕緑酸由漸而食，淡養則化之甚速。既化便成白散，即錫養也。以此白散煅至水盡，以擦玻璃，殊覺光亮。若以錫鍍鐵，則可不生銹。又與銅鐵合鎔，可作器皿，色白如銀，而軟過之。此則錫之體用可見者也。一曰鉛之體用。鉛之天然獨成者極少，多與别質合礦。其顆粒爲正立方形，其形體爲藍灰間色，軟同於錫，可作薄片，可抽長絲，若沾濕氣，亦能生銹。其用處甚多。自來火管、自來水管，俱用之。亦可軋薄以蓋屋，若與他質化合，亦極有用，如白鉛粉，即鉛與炭養$_{二}$合成。紅鉛粉，即鉛$_{三}$與養氣$_{四}$合成。硬鉛與醋酸合，則成鉛養醋酸。黄鉛與養氣合，則成黄鉛養鉛養鉛糖。其他如白鐵釬，即鉛二分、錫一分所合。作字粒之鉛，即鉛三分、銻一分所化也。此則鉛之體用可見者也。一曰鋅之體用。鋅爲灰白色之金，無獨成者，常見於鋅硫礦，及鋅養炭養礦。其質亦脆，加熱即可摺疊搥打，若熱至紅色，則化氣，遇空氣即焚燒，而變成鋅養也。此質亦爲有用。鍍鋅於鐵皮，鐵即不銹，若與緑氣合成輕緑，則可收淡輕氣、輕硫氣，以及朽腐臭惡之氣。並可使動植各物，不至有朽腐之虞。此則鋅之體用可見者也。一曰釩之體用。道光七年，西人始查出是質。色白如銀，而硬過之。外觀其質似重，實則頗輕，可扯爲絲，可打成片，雖遇養氣亦不生銹。地球中有數種寶石，俱涵釩養，又有釩緑$_{三}$水，其色藍，又有釩養淡養$_{五}$水，其色亦藍，此則釩之體用可見者也。一曰鈾之體用。鈾之性與錳略同，而不常見，亦無大用。所成之質，有鈾$_{二}$養$_{三}$，其色緑。又有二鈾養鈾$_{二}$養$_{三}$，其色深黑，可爲玻璃瓷器之黄色及黑色。此則鈾之體用可見者也。一曰鉍之體用。鉍色紅白，質硬而脆，受熱至四百餘度即化，與别金相合，則銷化尤易。如以鉍八分、錫二分、鉛五分，至水沸之度，即可鎔化也。若論其用，則必與别金配合，始有大用。如鑄精細鉛字，及印圖之板，俱用之。此則鉍之體用可見者也。一曰鎳之體用。鎳産於礦，多與鉀、硫、鈷相合。其色白，光亮如銀，抽爲絲亦極易。其與各物配合之質，色多淺緑，化於水亦無異也。至其用處，可配合爲白銅，製造各種器具。凡易藏吸鐵電器者，惟鐵與鎳而已。此則鎳之體用可見者也。一曰鈷之體用。鈷本紅灰色，爲罕有之物，天隕星石，及空中墜下之鐵，始涵是質。與養氣合則成鈷養，用作玻璃之顔料，藍色極鮮。與緑氣合則成鈷緑，消化於水，濃則成藍色，淡則成紅色。若以淡者寫字，隱而不見，遇熱則即現深藍色，冷則仍隱，故西人謂之冷隱墨。此則鈷之體用可見者也。一曰鉻之體用。鉻無獨成之質，各處所産者，多與養氣化合。其色灰白似錳，顆粒爲方橄欖形，若與各質化合，色皆鮮豔無匹。故染布之顔料，繪畫之顔料，玻璃瓷器之顔料，俱可用鉻製成也。此則鉻之體用可見者也。一曰銦之體用。近人用光色分原之法，始攷得銦之質。色白而脆，可打成薄片，清水不易鎔化，若加以鹽强水，熱至紅色即燒化，見茄花色之光。惟其質亦無大用耳。此則銦之體用可見者也。一曰鎘之體用。鎘常合於鋅礦内，其形似錫，其性如鋅，亦爲白色之金，鎔化較易於鐵，與碘化合成鎘碘，可爲照相之用。與硫化合成鎘硫，可作顔料之用。泰西各國亦有用以合成白銅，作各種器具者。如洋白銅，即鎘與銅鋅相合而成者也。此則鎘之體用可見者也。一曰鎢之體用。鎢恒見於錫礦，顆粒大而長方，色棕而光，體堅而脆，所化合之質亦不少。而最有用者，惟鈉養鎢養$_{三}$，凡印染棉布，先浸布於此水，染之甚覺光潤。既乾後，火不易燒。此則鎢之體用可見者也。一曰鉛之體用。鉛亦用光色分原法攷得，其體質與鉛同，而易於生銹；既銹後，其味甚烈。凡與鉛化成之質，亦如之，惟亦無大用耳。

此則鉛之體用可見者也。一曰銻之體用。銻爲盐白色之金，內含珠形極脆，可研爲粉。常熱不能變，若加大熱則鎔，發光亦甚明亮。與養合共分三級，若論其用，則獨自一質其用甚少，必須與別金配合，如作鉛字及充銀等項是也。此則銻之體用可見者也。一曰鍇之體用。鍇無獨成之質，恒見於鐵礦。其顆粒爲長方形，與銅相似。與養氣化合成鍇養$_{二}$，其質白，可作瓷器及僞牙。又與淡氣化合成鍇淡，爲茄花色之粉。此則鍇之體用可見者也。一曰鈮之體用。鈮之顆粒極堅，而無獨成之礦，常與鈮養$_{二}$鐵養錳養相合。然不常見，亦無大用。惟與養氣$_{二}$，合則成白粉，尚屬有用耳。此則鈮之體用可見者也。一曰鉭之體用。鉭之爲物，也不多見，其形體與鈮略同。昔人故誤作鈮，後始知其爲鉭。現産於瑞顛國，惟無大用耳。此則鉭之體用可見者也。一曰鉮之體用。鉮色如鋼，而質極脆，可研爲細粉，恒見於銅鐵錫鈷鎳等礦，其純質極少，與別質化合之用，則甚多。如砒霜，即信石。即鉮與養氣$_{三}$化合所成，而性酷毒，若以之擦動物之身上，則可永不腐爛。又有銅養鉮養$_{三}$，可作綠顏料。鉀養鉮養$_{三}$，可爲藥材。若與硫化合，則成鉮硫$_{三}$鉀硫$_{五}$，即雄黃雌黃也。此則鉮之體用可見者也。一曰鉬之體用。鉬之色白而質硬，最難銷鎔，常合於硫礦內，爲鉬硫$_{二}$，狀如筆鉛。若以硫强水煮之，水即變棕藍色。此質之大用，惟合成之淡輕$_{三}$鉬養$_{三}$而已。此則鉬之體用可見者也。一曰金之體用。金與銀汞鉑鈀銥釕鐽鉢，皆爲貴重之品。其色極黃，其性極韌，可造成極薄之葉片，並可造作極長之細絲，質純者體輭如鉛，加大熱即鎔，鎔後復硬，則略縮小。惟無論寒暑濕燥，皆不發銹也。至其用處甚廣。以之作金錢器皿，須加銅十分之一，始能耐久。又用以打成金箔，可作包金之用，亦極玲瓏。若與養氣化合，則成金養，與綠氣化合，則成金綠，照相亦用之。此則金之體用可見者也。一曰銀之體用。銀之色最白，其體質硬於金，而輭於銅，可抽爲極細之絲，可搥爲極薄之片。惟銀於礦中，常與硫礦相合，或兼涵磺鉛、磺銅、磺鐵、磺銻等質。其所以貴於用者，以在空氣中不與養氣牽合，故雖歷久而不銹也。若以之造錢幣器皿，亦須攙銅少許，始能堅久。故西國於製造銀餅，入銅多少，皆有定率。計英國銀餅，每銀十一分，銅一分。美國銀餅，每銀十分，銅一分。又可鍍銀於銅鐵玻璃等器，亦頗雅觀。與他質配合之用，尤不可以更僕數。此則銀之體用可見者也。一曰汞之體用。汞之色白而體重，獨成之汞，間亦有之，然不如含硫者多，即汞硫礦也。由礦取出，必加甑煉，始得純汞。凡遇空氣及濕氣，俱不生銹。其質甚密，不冷不熱，爲流質。冷至三十九度，則凝結如鉛，可製成薄片。熱至三百五十度，則沸而化氣。其功用甚大，凡風雨表、寒暑表、各種藥材、各種返光照鏡，及藉以取金銀之在礦中者，俱用之。又有汞養，即三仙丹，汞$_{二}$綠即輕粉，其用亦宏。此則汞之體用可見者也。一曰鉑之體用。鉑即白金，其色如銀，微有灰色，常産於海濱沙坦之中，不與別金溷雜。相見者爲小扁粒，大塊極少。其體硬於銅而輭於鐵，可以打箔抽絲，惟電火及二氣火管，始能鎔之，否則雖烈火亦不化也。若論其用，自銅鐵絲而外，以白金絲爲最韌，自金銀線而外，以白金線爲最良。且可以之作化學各器，化分一切猛烈之物，及熬煮濃厚之强水。其與別質化合，又有鉑養、鉑綠、鉑綠$_{二}$與淡輕$_{四}$綠化合，則成鉑絨。射以輕氣，能自生火。此則鉑之體用可見者也。一曰鈀之體用。鈀之色如鉑，而光亮過之。性亦堅固，質則稍輕，可以引長，可以打箔，可以作精微之器。餘無所用，以其貴而希耳。此則鈀之體用可見者也。一曰銥之體用。銥之色白而質脆，體比鉑重，鎔化亦比鉑難。用作鐵筆尖，最爲上品。故洋鋼筆恒鑲金剛石或銥質，取其堅硬能耐久也。與養氣化合，則成銥$_{二}$養$_{三}$，色黑，可作磁器面之黑色。此則銥之體用可見者也。一曰釕之體用。釕性甚硬，極難銷鎔，惟合强水鎔之尚易。常合於鉑礦中，而不多見，亦無大用。此則釕之體用可見者也。一曰鐽之體用。鐽之性脆，常見於鉑礦中。鎔界則較鉑更大，合强水亦不能銷化，與鉑相合而始鎔。其所配成之雜質，大都爲紅色。此則鐽之體用可見者也。一曰鉢之體用。鉢無獨自生成者，每與鉑粒相間，其性頗硬，質亦較重於金。金類中以此爲難化。論其用處，泰西各國多有用以作鐵筆尖者，惟亦貴而希耳。此則鉢之體用可見者也。以上皆六十四原質之體用大略也。竊謂西人之於化學，精則精矣，備則備矣，顧何以伏煤瘴於礦內，究無以杜漸防微，是礦務之猶待化矣。何以駛輪船於海中，終不能有利無弊，是船務之猶待化矣。且何以機器之織綢，華美而不耐久，機器之造紙，粗澀而不光華，是織造之猶待化矣。可知西人之於化學，雖係專門，亦必逐漸而精，而不能毫髮無憾。然則化學之功用不誠大矣哉，然則化學之功用，不誠大而難盡矣哉。

又　王輔才同題　格致中有一門焉，曰化學。物之邇者，可以化之而使精。物之粗者，可以化之而使美。其爲效也甚廣，其爲用也甚宏。而其爲學也，遂獨冠乎聲學、熱學、光學、電學之上。蓋聲熱光電，非藉化學不能精也。譬之於人身，則化學猶心也，聲熱光電猶四肢也。心不靈，則耳目手足無所措，猶之化學不妙，則聲熱光電無以入神也。譬之於文學，則化學猶經也，聲熱光電猶雜著

也。經不熟，則詩詞文賦無以佳，猶之化學不精，則聲熱光電無以悉妙也。然則化學者，豈非至大至要之學哉！西國化學家共分萬物爲兩大類，即化成與生長也。何謂化成？如金土水氣等物是也。何謂生長？如動植等物是也。其物之能分者，曰雜質。不能分者，曰原質。雜質甚多，而原質則有六十四種。蓋天下之萬類萬物，皆恃此六十四原質化合而成也。六十四中又分二類，一爲金類，一爲非金類。金類雖多於非金類，然萬物之以非金類化合，反較金類加多。此亦物質使然也。其二類中，如硫、燐、炭、鉛、銅、鐵、錫、金、銀、汞等質，皆爲中國自古所有之物也，其餘則中國罕有其物，自無其名，於是譯書家乃創爲形聲之字以名之，此亦苦心孤詣，似不容厚非者也。其實化學中之質，尚多中國所有之物。謹就管窺所及者，臚列如左。即如錳，即中國之粗鐵也。查湖廣等處，即有所產。南皮張制軍，自督兩湖以來，日留心於礦務，本年春間曾派襄陽令前往六冶一帶，履勘錳鐵等礦，此則已見於湖北官報矣。

鋅即中國之白鉛也。查白鉛一物，向爲中國所無，近數十年來始有之，惟不及西國之所產多耳。

硼，即中國之硼砂也。硼非硼砂，硼養乃爲硼砂。然查硼之質，在西國亦無獨成者，恒與養氣相合而成硼養，即硼砂也。再將硼砂化而分之，始得純硼。以是觀之，可見中國亦有硼，不過西人化而分之，遂得純硼。中國未嘗分之，其硼即藏於硼砂中。夫硼既在硼砂中，則謂硼即硼砂也亦可。

矽即中國之晶石也。矽亦非晶石，矽養乃爲晶石。然矽亦無獨成者，必從水晶、白沙、火石，以及各石類，化而分之始能得矽。使中國亦化而分之，矽亦可得。是可見中國亦有矽，不過多藏於晶石中耳。則謂矽即晶石也，又孰曰不可。由是而推之，則鈉養即中國之食鹽，鈣養即中國之石炭，化食鹽、石灰而分之，即可得鈉與鈣，則謂鈉與鈣即食鹽與石灰也亦宜。何則？蓋鈉固藏於食鹽中，鈣固藏於石灰内也。鉮養，即中國之砒霜。鋁養，即中國之寶石。化砒霜、寶石而分之，即可得鉮與鋁，則謂鉮與鋁即砒霜與寶石也亦可。何則？蓋鉮固含於砒霜内，鋁固含於寶石中也。此可見化學中本多中國常有之物也，則且由化學之物而申論其體用。蓋嘗細而觀之，而知非金類之體用甚廣也，鹻金類之體用甚微也，鹻土金類之體用頗簡也，土金類之體用頗淺也，賤金類之體用有大而亦有小也，貴金類之體用有簡而亦有宏也。請詳陳之。

何言乎非金類之體用甚廣也？非金類中有氣質五種，即養、輕、淡、弗、緑也。有流質一種，即溴也。有定質八種，即炭、硫、磷、矽、碘、碲、硒、硼也。若論氣質之體用，則養氣爲最多之質，其體極醖釀，而能生養萬物。設人無養氣，人即不能生。物無養氣，物亦不能生。其所關係者，誠非淺鮮也。且養氣在六十四原質中，除弗而外，俱可配合成物，然則其用不誠廣矣哉！輕氣之體極輕，與養氣合則成水，爲養生之用所難缺。淡氣之體極淡，與養氣五合則成硝强水，爲化學之用所急需。至於緑氣，其體性極惡，而有漂白滅臭之功，與輕氣合則成鹽强水，大有裨於化學之用。至若弗氣，其體性極毒，除養氣外，與別質之愛力皆甚大，而又能銷玻璃，故其用亦不少也。若論流質之體用，則溴之體質甚溴，不冷不熱，爲深紅色，其色深甚，幾不能透光，而且最易化散，用作漂白，則與緑氣同功。又可用作治病之藥材，及照相之物料，與金類化合，大半爲有用之物，故其用亦廣也。若論定質之體用，則炭爲最要之質。煤含之最多，餘如金剛石、筆鉛、木炭，亦皆係純炭結成。將炭研爲細粉，可收一切香臭。尤奇者，人若誤食鴉片，馬前莫非亞等毒物，用炭粉和水飲之，其毒即收，而不爲害。且炭所成之雜質俱有用，如炭輕、炭硫二鉀二衰三鐵皆是。鉀二衰三鐵水與鐵二養三水相合，則成藍墨、洋藍，用作染料，極鮮也。硫爲淡黄色之脆定質，磨而擦之，即生臭氣，其體不易傳熱，而與金類之愛力則甚大。以作藥料，頗爲有功。又與養氣合，則成硫强水，可爲化合、化分之用。燐有二形，尋常所見者，爲半明輭質，水不能化，能化於火酒、火油中。其體性最易燒，故自來火即可用燐造成。其所成之質，如燐養三、燐養五、燐養二、燐養，皆爲有用之質也。矽之形體有三：一爲粽色粉，二爲晶粒形，三爲鉛筆形。本係地球中最多之質，如水晶、沙石等類，大半矽與養氣合成。又尋常透明之玻璃，皆用鉀養矽養三，或鈉養矽養三，與鈣養矽養二化合而成也。至於碘，西人嘗燒一種海草而得之。不冷不熱，本爲定質。加熱至二百二十五度，即變爲流質。與養化合有數種，而最要者爲碘養五，與鉀化合而成鉀碘，可供藥材之用，及照相之需。至於硒，恒合於金銀銅鉍等礦中，而體質極脆，又易與別質化合，大致與硫硒二質相同，其所成之質亦有用。至於硒，無獨成者，常合於銅鐵銀内，其體質極脆，而稍透明。熱至二百十二度，即可銷鎔。與養氣配合，即成硒養二、硒養三，亦頗有用。至於硼，其體質之光堅，與金剛石相仿。與養氣合，則成硼養三，爲銲藥所必需，又爲製鍊金類之用。以上非金類，雖止十四種，然萬物之化成，大半恃此，此其體用不誠廣矣哉。吾故曰，非金類之體用甚廣也。

何言乎鹻金類之體用甚微也？鹻屬之金，其力俱猛，且俱能消化於水中。若與各種定質油，或難散油相合，便成肥皂，餘無大用。此則總論之，即可見其體用微也。若分而論之，則鹻金共有五。一爲鋰。鋰之金不常見，石内及菸葉之灰中始有之，然亦無多，其體質略同於鈉，原質中以此爲最輕，其用處惟鋰養炭養二而已。一爲鋤。化學家各出弗攷驗某處泉水而得之，又有數種石及植物之灰，亦微有之，其體與鉀略同，而與養氣之愛力較大，故投於空氣及水中，皆能自燒也。惟所成之質，其用皆屬極微。一爲鉀。鉀粒剖開，其質甚白，而生銹亦易。不冷不熱，輭如蜜蠟。至下三十二度，則甚脆。其與別質化合，惟有一質爲有用，如鉀養淡養五，即硝也。用作火藥，猛烈異常。一爲鈉。鈉似鉀，而色略白，投於沸水，即能自燒，冷水則否。其有用者，惟鈉綠及鈉養硫養三、鈉綠即食鹽，鈉養硫養即元明粉也，餘則無大用矣。一爲鍶，化學家攷得數種石内含鍶少許，又泉水中亦有含之者。每水一墩，僅含此質二三釐。蓋鍶之爲物，其體用尤微乎其微者也。吾故曰，鹻金類之體用甚微也。

何言乎鹻土金類之體用頗簡也？鹻土金有四：曰鈣，曰鋇，曰鎂，曰鎴。謂之鹻土者，以其與養氣合成之質，其狀如土，而其性如鹻也。鈣之體質，易於銷化，加熱至紅色即鎔。故以之打箔，薄可如紙，其雜質亦有有用者。如鈣養，即石灰也。鈣養硫養三，即石膏也。又有鈣養炭養二，其質有數形，即灰石，及白石粉也。鋇爲白色之金類，亦可打成箔，煆至紅色亦可鎔。其雜質中，惟鋇養淡養五爲有用，製成火藥，可以礮石，可以開山，其餘之用則鮮矣。鎂之體質如銀，亦可打成箔片，然無獨自生成者。獨自一質，亦無用。與別質配合雖有用，而亦無大用。惟鎂養，及鎂養硫養三，可用作瀉藥而已。鎴與鋇略同，而體質亦白。其合成之雜質，雖無大用，然置於火中，則燒而現大紅之色，故可用作焰火中之紅火也。由此觀之，則知此四質之體用皆屬甚簡，不過鈣尚爲彼善於此耳。吾故曰，鹻土金類之體用頗簡也。

何言乎土金類之體用頗淺也？土屬之金，皆不能消化於水，亦不能與炭氣相合，故其體用極淺。而其爲數則有十：即鋁、鉺、鎔、鋯、鈦、釷、鋃、鉞、錯、鏑也。試申論之。蓋鋁之質與銀同，而其體之重，僅與玻璃相等。雖遇濕氣，銹亦不生，可抽爲絲，可打成箔，並可與別質成配合之用。如紅藍色寶石，及磨銅使亮之砂，即鋁二養三化合而成也。生泥，即鋁二養三矽養三化合而成也。白礬，即鋁二養三三硫養三與鉀養硫養三并水二十四分劑化合而成也。惟獨自一質無甚大用，故其體用雖非極淺，亦不得謂之不淺也。至若鉺與鈦、鉞，此三質恒出一礦，而其性亦相同。惟鉺養色黃，鈦養色白，鉞養色玫瑰，此則不無微異，要其同歸於無用，則無異也。鏑與鋃、錯，此三質亦出一礦，而其性則相異。蓋鏑養含水者現茄花色，不含水者現棕色，鋃養止成一質而無用，錯養草酸可以爲藥，此則各不相同。要其悉歸於無用，則皆同也。若夫鋯，則似異形之矽，雖産有二礦，然亦罕見，亦無大用。釷與鎔，其形體與鋁略同，而其用處則遜於鋁遠甚。故化學家嘗謂土金中，惟鋁爲有用，餘則俱屬罕見，且亦無用也。由是觀之，可知土金之體用甚淺，初無裨於强兵之計與富國之圖也。吾故曰，土金類之體用頗淺也。

何言乎賤金類之體用，有大而亦有小也？其大者有六。一爲鐵。鐵之體極重，而又極固。純者爲熟鐵，其性柔。含炭者爲鋼鐵，爲生鐵，其性堅。金類中以鐵之用爲最大，凡造輪船，製鐵路，以及大小器具，俱用之。故鐵之爲物，與國治相關，苟無鐵，即無以致富，並無以致强也。二爲銅。銅之體質極緻而脆，可以打薄引長，並可引電傳熱，雖不甚生銹，久則亦成綠色之皮。其用亦大，鼓鑄錢幣，製造器皿，均合宜。他如苟銅，可以鑄砲。固銅，可以鑄壓水筩。又銅六分，錫十九分，鋅七十七分，可以作汽車船行輪之軸襯。若與養氣合成銅養，尤爲化學工藝中最要之物也。三爲錫。錫有二種，體純者爲紋錫，體粗者爲塊錫。雖遇濕氣，亦不生銹，且打箔亦易。鑄成各器，亦極玲瓏。與養氣合則成錫養、錫養二，亦有用之質也。四爲鉛。鉛之體質甚軟，而結力亦小，遇空氣則銹一層，能保全質不再銹。若加熱而化，冷則縮小甚多，故不能模鑄爲器。與養氣化合，頗有用，如鉛養，即黃色之粉也。鉛二養四，即紅色之粉也。鉛養二，即深紫色之粉也。五爲鋅。鋅之體質雖堅，亦可摺打以製器皿。若加熱過其鎔度，便化氣。遇空氣，則焚燒。又有鋅養、鋅綠等質，亦極有用也。六爲銻。銻與鉍同，而堅脆過之，可研爲細粉。銻之爲物，雖不能獨用，然與別金配合，其用甚多。如鉛養、銻養五，可作黃顔料。銻養三果酸鉀養果酸，可作藥材。銻硫三與鉀養綠養和勻，即成大礮之拉藥，再與汞爆藥和勻，即成銅帽藥也。此皆賤金中體用之大者也。其小者，有十六。而錳之體質如生鐵，其尖鋒可刮玻璃，並微能藏吸鐵電氣。鎘之體質如錫、鋅，與硫合，可作顔料之用。與碘合，可作照相之需。鉻與鈷皆無自然生成者，其雜色俱鮮豔，故可作顔料。如鉻之雜質可繪圖染布，鈷之雜質可染玻璃是也。鎳與鉍，皆無獨能成用者，其與別金合則甚佳，

故可作配合之用。如鎳可合成白銅，鉍可合鑄鉛字是也。用光色分原法攷得者，惟錮與鉿，而其用皆鮮。地球中所極罕見者，惟鉭及鈾，而其用更寡。鉀之爲物也，其體如鋼，與養氣合成，即爲砒霜，其性既酷而且毒。鎢之爲物也，稍重於錫，鍊成之純質色棕而光亮，稍配於鋼內，其鋼更堅。鍇則合之於養氣，可作僞牙。鈮則爲極堅之顆粒，可爲黑粉。至於鉬、釩二質，尤爲取法甚繁，而爲用極小者也。吾故曰，賤金類之體用有大而亦有小也。

何言乎貴金類之體用，有簡而亦有宏也？其簡者有五，即釕、銠、鉩、銥、鈀也。論其體，則釕之體硬，銠之體脆，鉩之體堅，銥之體重，鈀之體固，而鎔化皆難。化學家所攷得者，大抵皆與鉑同見，惟銥亦間有自然獨成者。論其用，則釕與銠毫無所用，鉩與銥可作鐵筆尖，鈀則可打薄引長，並可作最精之器，惟其物貴而罕見，故其用亦鮮而不多也。然則體用之簡，又何有簡於此數質者哉！其宏者有四，首曰汞。汞爲流質，體質甚密，冷至下三十九度，則成定質，可打爲箔，其用甚宏，工藝中爲最要之質。格致之器，如風雨表、寒暑表，皆所必需。又爲鏡背，又爲藥材，又爲鍍金之料，及用以取礦中之金銀。其雜質中有汞養、汞二綠等質，亦大有裨於用也。次爲銀。銀之體，質堅在金銅之間，可抽爲絲，可打成箔，遇空氣而不生銹，其用亦宏。自古以來，相傳爲國寶。若鑄成銀器、銀幣，攙之以銅少許，可以歷久而不敝。又可鍍於賤金之面，亦極玲瓏。與綠氣合，則成銀綠，極有裨於工藝之用也。又次爲金。金之純者，其體甚軟，幾與鉛相同。故打爲箔，其薄可至二萬分寸之一。抽爲絲，其細可比秋毫之末。其用亦宏。以之鑄金幣器皿，亦須攙銅少許，始能耐久。其雜質中，以金養、金綠爲最有用。又次爲鉑。鉑即白金，其堅在銅鐵之間。故銅鐵之外，以鉑爲最固。雖有大熱，亦不消化，惟電火及輕養吹燈，始能鎔之。其用亦宏，用以作器，可化分一切猛烈之物。又有鑄礮之人，用鑲火門。補牙之人，用鑲牙牀。俄國嘗用以鑄幣，尋廢不行，以其貴而希也。與綠氣合則成鉑綠，亦化學家不可少之物也。然則汞也，銀也，金也，鉑也，其體用之宏博，較之釕銠鉩銥鈀，不且超越尋常哉。吾故曰，貴金類之體用，有簡而亦有宏也。由是觀之，可知化學實格致中至大至要之學也。方今我國家崇尚實學，黜除虛文，於是採西法之長，設同文之館，凡天下之有志者，遂聽風聲，莫不爭自濯磨，以期上副聖主良相作人之雅意，行見格致之學，海內風行，而豈徒化合化分足與西人齊驅並駕也哉。謹對。

又　歐陽驥同題　今夫西學之爲類多矣，而其體之大、用之宏者，則莫如化學。蓋化學者上之可以富國，下之可以利民，小之可以致器用之精靈，大之可以致土產之饒裕，此中西之講求化學者所以於今爲烈也。顧化學中之六十四原質西人命名甚繁，如燐則曰勿司勿而阿司，金則曰阿日阿末，錫則曰阿而件得阿末，實無文義可譯也，於是譯書者乃創爲形聲之字，凡原質皆以一字名之，原質連書，即爲雜質，此固簡捷之法也。其實化學中之質，中國雖不能盡有而究之，有爲中國顯有者，有爲中國隱有者，其隱與顯雖殊而其有則一也，故化學中實多中國常有之物也。請詳陳之。曷言乎化學之質有爲中國顯有者也，西人譯書定名之始，凡中國古有之物皆仍之無則始創爲新名，故化學中之硫，即中國之硫黃也，化學中之燐，即中國之燐火也，炭即中國之炭也，鉛即中國之鉛也，鐵即中國之鐵也，金與銀即中國之金銀也，銅與錫，即中國之銅錫也，汞與鋅，即中國之水銀白鉛也。至若養氣即所謂生養之氣，輕氣即所謂輕清之氣，綠氣即所謂黃綠之氣，弗氣即所謂毒惡之氣，此數質人人知其爲化學之質，即人人知其爲中國之物。初無所隱晦，初無所難知也。此皆中國顯有之物也。曷言乎化學之質有爲中國隱有者也，蓋化學之質多有隱於別質內而非自然獨成者，化而分之始得其純質，即如硼之質，西人恒取於硼砂中。今中國雖無硼而實有硼砂，中國既有硼砂，即不得謂無硼。是硼即中國隱有之物也。矽之質西人恒取於水晶內，今中國雖無矽而實有水晶，中國既有水晶即不得謂無矽。是矽，又中國隱有之物也。其類此者尚多，如鈉綠即中國之食鹽也，鈣養即中國之石灰也，鉀養淡養五即中國之硝也，不過中國未嘗化而分之，即不得其原質。實則中國何嘗無之也。此皆中國隱有之物也。若其體用，則且別金類與非金類而論之。一曰非金類，世間物質，以非金類化合者最多，金類不及也。其中之氣質五種，體皆甚微，而用皆甚廣。蓋其質或藏於萬物中，或隱於空氣內，非化而分之，不能見其形質，然天下之動植生長等物，多賴以相合而成，此其用之所以廣也。定質中之炭燐硫硼矽，其體用亦大，如金剛石筆鉛煤，皆爲炭質，炭粉且能滅臭滅色，而一切香臭並收，燐則動植物皆含之，其體極烈，故可用爲自來火之料，硫則動物含之最多，試以銀匙入雞蛋黃中，則匙變黑色，以蛋黃中之硫與銀合，而成銀硫故也，其體極猛，而化合最爲有用，如硫强水即硫與養氣化成，乃化學中最要之品也，硼與矽合於他質，其體極明，其用極廣，如硼砂即硼所成之質，石類水晶。一切白沙火石，即矽所成之質，若夫碘與碲硒則藏於物類中而不多見，其用亦大不及硫燐，溴則爲流質，其臭略同綠氣，而更猛烈，又可以漂白，可以照相，可以治病，故

其用亦非淺鮮也，此可見非金類之體用各異也。一曰金類，金類五十種，而世間常見者不多，其所以别於非金類者，則以金類能返光，且能傳熱傳電也。論金類之返光，則以鋼與汞爲佳，故以汞作鏡背，鏡甚明亮，論金類之任重，則以鐵與銅爲最，如鐵條厚百分寸之五者，能任物三百三十斤。銅條厚百分寸之五者，能任物二百二十斤。較之金能任百斤，鉛能任十八斤者，相去甚遠也。論剛與硬，則首推鈦與錳，鋼鐵次之。論軟與柔，則首推錫與鉛，鉀鈣次之。而且有比水尤輕者，如鉀與鈣是也。有比水尤重者，如金則重十九倍。鉑則重二十二倍是也，至於成造箔之用者，有數金最佳，即金銀銅錫鉛鉑鐵鎘鋇鈣鋁鋅銦鈀等金也。抽絲之用者，亦有數金最易。即鋁鎳鋅鈀金銀銅鐵等金也。且金類用之宏處，有與國政相關者，如造火車，製輪船，惟鋼與鐵是賴。是鋼與鐵之用，有關於國計也，鑄貨幣，造器皿，惟金銀銅最佳。是金銀銅之用，有關於民生也。餘如鉛錫鋅汞鉍鎳鈉鉑，亦大有裨於世用。至若鹻金中之鋰鏭鋤，土金中之鎔鋯釷鉺鉽鋃錯鏑，賤金中之鉻鈷鉛鈾釩鎢銻，鈮鉏鐠鉬貴金中之銠釕銤銥，其體雖異，而其用則皆微乎其微也，此可見金類之體用不侔也，以上管窺之見。何補高深，亦聊以獻一得之愚耳。

又　李國英同題　嘗聞之道家有煉藥升丹之術，説者謂即泰西化學之祖也。不知道家之化黄化白皆屬誕妄無憑，而西人之化合化分，實爲功效可驗者也。顧西國之化學者甚夥，今所譯者則有化學啟蒙、化學初階、化學鑑原、化學分原、化學考質、化學指南、化學闡原、化學求數等書。共六十四原質，有爲中國罕有者，則創爲形聲之字以名之。夫創之猶可説也。創之而不能合力同心，徒亂學者之心目，則杜撰之誚又何能辭也，即如同一鈉也鑑原中作銅，而初階中則作鏀，同一鉀也，鑑原中作鉀，而初階中則作鋏，諸如此類難以縷述。此混名之弊，所以不免物議也。今試就中國所有之物而確指之，並詳陳其體用如左，一則養，即中國所謂和煦之氣也，大抵天地和煦之氣能生養人畜百物，故譯書者名之爲養。易繫辭天地絪緼，萬物化醕，太極圖説，二氣交感，化生萬物，文子守弱篇，氣者生之元也。此正與化學中養氣之體用相合。蓋養氣固能生養萬物者也，論其體則無色無臭無味而有動静二性。如水與泥土水晶火石，以及各種定質，養氣在其中，皆隱而不顯，此則静性也。一旦燃而燒之，熾而爆之，其性遂猝然大變，忽而發火，忽而現光，此即動性也。而且與别質化合其愛力甚大，故其用亦甚宏。凡中西之動植物，俱賴以生長，苟無養氣，即無人物也。況地球中之金石等物，亦爲養氣化合而成，然則養氣之用。誠可謂極大極宏矣。一則淡，即中國所謂爆裂之氣也，中國製造火藥，即須此氣，試將火藥燃之，則聲發甚宏，化爲氣而遠去，其氣即所謂淡氣也，淡氣之體雖清静無爲，而其性實猛烈，與别質化合，愛力皆甚小。設有小故，即欲分離，而且喜熱，凡化合之質，一遇熱氣，其淡氣即爆而遠颺，仍爲氣質。此即喜熱之明徵也。論其用則造一切火藥、棉藥、汞藥爆藥、銀爆藥，皆以淡氣爲要品。其雜質中有淡養$_{五}$。即硝强水，凡化合化分及變化金類，皆用之也。一則輕，即中國所謂輕微之氣也，水中含此氣最多，人試立諸水濱，便覺有涼爽氣，而不甚大此即輕微之氣也。論其體則萬物内以此質爲最輕，其純者無色無味，而性易燒，試取純輕氣盛於瓶中入以燭火，則其氣立燃，若空氣二三體積，與輕氣一體積，相合而燃之，更能爆烈。故取輕氣時，不可使養氣和入也。輕氣之用甚廣，裝入球中，可以帶人上升，即輕氣毬也。與養氣化合則成水，如河水、海水、滑水、澮水、鹹泉水、熱泉水、土質泉水，皆輕氣合養氣所成也。一則綠，即中國所謂黄綠之氣也，食鹽内含之最多，動植物内之流質，以及金類礦，亦皆含之，論其體則氣味難當，極多之空氣内，有此少許。然不可吸，吸則肺管痛癢而大咳。以之漂白滅臭，最爲有功。與綠氣合則成輕綠，即鹽强水也。爲化學中最有用之物，亦爲醫藥中最有功之品。一則弗，即中國所謂酷毒之氣也，弗氣之性。與綠氣大同小異，感受其氣少許，即不可當，蓋毒氣足以害人也，其與别質化合，除養氣外，愛力皆甚大，輕弗一質，亦爲有用之質也。一則燐，即中國之燐火也，歿燐之字一作粦。説文兵没及牛馬之血爲粦，粦、鬼火也。博物志戰鬭之處有人馬血積年爲燐，著地及草木如露不可見行人觸之著體有光，拂拭即分散無數。此二説即與化學中之言燐，隱隱相合也。蓋人物之骨皆爲燐與養鈣化合而成，故骨中之燐最多，並可於骨中取之，化學家尋常所取者，爲半明輭質，其面極光，而水不能銷鎔，必須醕及以脱等酒始能化，其用亦宏。凡土石灰石以及動植各物，皆爲燐與别質化合，若取燐以作自來火，亦極佳也。一則硫，即中國之硫黄也，中國臺灣一帶，所産甚多，考之正字通云。淮南子夏至硫黄澤，蓋陽入地遇陰而成者，舶硫似蜜黄，中有金紅處，擊開如水晶有光，此可見中國硫黄之體質，本與西國相同也。不過中國第用以作藥料，西國則以之配成雜質。其用尚多，如輕硫、硫養$_{二}$、硫$_{三}$養$_{二}$硫養$_{三}$皆是。其硫養$_{三}$即硫强水。化學中最要之品也。一則炭，即中國之炭也。中國之煤炭等物，皆含炭氣。凡近煤火炭火之處，久則其壁自黑。即炭氣也。常見之炭，爲黑色脆

定質，無味無臭，地産之物含炭者甚多。如金剛石即純炭結成。又筆鉛，木炭，煙炱，以及數種石類，亦爲炭化合所成，論其用則研爲細粉。可收一切香臭，並可解毒，又作濾器，可以濾污濁之水，使之自清。與别質合成，亦多有用之質也。一則矽，即中國之水晶玻璃也，中國所産水晶玻璃，質甚明亮，其中即含有矽，但西人謂水晶玻璃爲矽養，其實所含之養極少，而矽居多，則謂矽水，即晶玻璃亦可也。況西人前已有譯作玻者，觀化學初階便知矣。若其用亦多，如水晶玻璃，可造一切器物也，一則硎，即中國之硼砂也。硼砂一物中西皆有，西人謂之硎養鈉養。然化學初階不譯作硎而譯作硼，是硎即硼砂，無疑也。不過稍含鈉養耳，化而分之，其形有三，一爲晶粒形，一爲半明定質，一爲棕緑色暗定質，其體如此其用則亦宏也。一則金即中國之黄金也。中國黄金，自古爲貴，前漢食貨志，金有三等，黄金爲上，説文。五色金黄爲之長，文薶不生衣，百鍊不輕從革。不違四方之行生於土書洪範、金曰從革。傳，金可以改更疏可銷鑄以爲器也。又從革作辛。傳金之氣味，疏。金之在火，别有腥氣。非苦非酸，其味近辛。西人言金亦大略相若。是中國黄金之體質。又與西國相同也。蓋黄金之性最軟，純者更軟，故易於打薄抽長，若論其用則中西皆視爲至寶。除造箔牽絲外，西人更用以鑄錢幣，攙銅少許，可以歷久而不渝也。一則銀，即中國之白金也，中國之金有三品，白金居其中，即銀也。寶藏論載銀有十七種。天生牙出銀坑内石縫中，狀如亂絲色紅者上，入火紫白如草根者次之，銜黑石者最奇。生樂平鄱陽産鉛之山，一名龍牙，一名龍鬚，此可見中國銀之體質也。若西國銀亦大致相同。蓋銀之體質柔軟。獨自一質，必不能成其用。中西各國以之造器皿，鑄錢幣，皆須攙銅少許，蓋非銅不能堅久也，一則銅，即中國之赤金也。漢書註，赤金，丹陽銅也，師古曰。金者五色，黄金、白銀、赤銅、青鉛、黑鐵，蓋中國之銅與西國無異。其質極緻而韌，可引之長而細，可打之薄而寬。並可引電傳熱，遇空氣而不銹，止生緑皮一層。中西皆用以製器具。與别金相合，又成各種之銅，如固銅，苟銅，黄銅，白銅，礮銅，皆純銅與别金相合以成其用也。一則汞，即中國之水銀也。中國水銀甚多，係丹砂所化，西國則吕宋，奥地利，祕魯，墨西哥，舊金山，所産亦多。其質甚密而亮白，不冷不熱，則爲流質。冷至下三十九度，則成定質。熱至六百六十度，則沸而化氣，其體質之變化無定如此。若其用亦甚宏。中國用以作鏡背，明亮異常。西國工藝中，更視爲至要之品，如造寒暑表等物，皆所必需也。一則錫，即中國之白錫也。説文，錫在銀鉛之間，徐曰，銀色而鉛質也。化學家亦謂錫之色白如銀而較軟。若屈曲之，簌簌有聲，是中西之錫，其體質又無甚懸殊也。若論其用，則可打爲箔，製爲各式器具，色甚明亮，極似銀質之玲瓏也。一則鉛，即中國之青鉛也，中國青鉛，一名黑錫。攷正字通，錫類生蜀郡平澤。今銀坑處皆有之，一名黑錫，錫白故鉛爲黑錫，李時珍曰，鉛易沿流，故謂之鉛，大抵鉛之質甚輭，而結力亦小，加熱而鎔，冷則縮小甚多，故不能模鑄爲器。中西常用爲引水管，或盛水桶之内襯，與别金配合，亦極有用也。一則鋅，即中國之白鉛也。白鉛一物，中國古時所無，今始有之，其色藍白。其性堅脆，可以摺疊搥打，並可研爲細粉，加熱過其鎔度即化氣而焚燒，中西皆有用以造箔抽絲者，惟不及青鉛用之廣耳。一則鐵，即中國之黑鐵也，鐵用之廣由來久矣，史記貨殖傳，邯鄲郭縱以冶鐵成業，蜀卓氏之先，趙人也，用冶鐵富。魯人曹邴氏亦然。可見致富者莫如鐵也。其純者爲熟鐵，含炭者爲生鐵鋼鐵。熟鐵體柔，鋼鐵與生鐵體堅，而結力最大。論其用，可以打薄，可以引長，並可以任重。中國自古以來，即用以造刀槍器具，西人之造房屋，築橋梁，製輪船，造車路，皆惟鐵是賴。然則鐵之用，不誠宏矣哉。以上皆中國所有之物也。其餘非中國所有者，則固無層質矣，總而論之，化學之質，中國所以不能盡有者，則以中國之化學未盛行也，果使盛行後，一物也必攷核其根，審察其性，一物也必化分其質，窮究其原，則無者自能變爲有，蓋原質本多，非自然生成者，必待化之而始得也，然則化學盛行，又何難轉無爲有哉。

又　程瞻洛同題　溯自伏羲氏之畫卦也，陰陽互變，剛柔相推，六十四卦立，猶六十四原質立矣，神農氏之嘗百草也，一日遇七十二毒，神而化之，而本草經中顯示以硫磺能化金銀銅鐵等物硝石能化七十二種石，則硫强水硝强水所由昉矣，軒轅氏素問經云，水爲陰，火爲陽，陽化氣，陰成形，則汽質流質定質。加熱減熱，三質遞變之法著矣，又云，亢則害，承乃制，制則生化，則兩物交感合化之理明矣，承制者參同契謂五行相克，更爲父母。化學家謂愛攝力也。而陰符經一書謂至静之道。律歷所不能契，爰有奇器是生萬象，尤賅西學之全。惜李筌假託六家謬爲註解，演會家據禽之制在炁一語，謬爲占卦推命之用，惟宋夏元鼎陰符經講義。四庫全書簡明目録發明謂其説以丹法釋陰符繪圖列説。陰符之變爲爐火，自此書始然爐火實亦陰符之正也。今西國奇器果出，考察庶物，而得六十四原質焉，夫六十四原質中，原多中國常有之物，惟譯書者意趨簡捷，創爲形聲之字以名之。非融貫中西之學者，未免隔膜也。謹按化學中某原質，即

中國之某物而確指之。夫原質之中，化生動植諸物，易一位置，即變一物者，一曰養氣，一曰輕氣，一曰淡氣，一曰炭氣，中土西土同在氣交之中，自同一空氣，但炭固有質，氣則無形，略就人身言之。輕與養氣化合則生水，炭與養氣化合則生火，淡與養氣攙和則爲呼吸之氣是也，竊嘗推諸懸象，移宮換度，尾火將爲司令之星，則炭固今時之要物矣。炭分木石二種，石炭又分二類，一軟煤，即煙煤，今用以作煤氣燈者也。一硬煤，地中已受大熱，氣少炭多，能發大熱者也，煙煤取氣之後，仍成枯煤。能發大熱。電學家鑄銅鐵家皆取用之，其價反貴，而又有煤黑油，可作漆繩網之用，煤柏油可爲作街路硬石油之用，而又有明藍大紅青蓮等色之顔料。皆蒸煤氣時所收得之質也。至於金鋼石與筆鉛雖同爲炭之原質，而形性迥異，即功用各殊。未可泥其原質。即如同一炭也，用以入藥，石炭不如木炭之善，木炭又不如骨炭之靈，若用石炭，則煙煤又不如枯煤之妥，煙煤質雜，枯煤質純也，中國黑石脂舐之黏舌可書字畫眉，名曰石墨，似即筆鉛之類矣。抱樸子云，金鋼石雖鐵椎擊之，亦不能傷，惟羚羊角扣之則漼然冰泮。丹房鑑源云，紫背鉛能碎金鋼鑽。此有關化學之理。西人所未及者也。又聞太湖山中産煤，名曰香煤。質如薪炭，無臭氣。烹物甚良。此則須辦礦務者訪之矣。一曰鐵，其原質亦中西同名，若其雜質鐵二養三名鐵紅散，即中國之代赭石。管子云，山上有赭，其下有鐵。可見古人早重認礦之學矣。西國用以磨銅鏡、鋼鐵玻璃諸器使發寶光，中國用以罨金益色赤。而張華以赤土拭寶劍，倍益精明，亦即此物。中西之用大旨相同。惟中國入藥，爲用尚廣耳。其鐵三養四爲吸鐵石，即中國之磁石。磁石之大用，始於周公指南車之作，此法流傳西國，西國遂藉此航海東來。今又以電造磁鐵，俾之能吸能放，爲電報之用。是磁石一物。隱關中西會歸之大局。中國僅爲治病之需。而註本草者又不明電氣之理，亦未得神農本旨。惟徐之才謂其殺鐵毒消金。獨孤滔謂其伏丹砂養汞去銅暈，須有化學器具試之也。其鐵硫，即中國自然銅，西國用以取硫，中國用治折傷續筋骨，鐵硫顆粒必成方形，紋理皆自中心引出，加熱則發硫臭，所以又有散血排膿，止驚止痛安心等功。中醫不知物之原質，但以氣味釋藥性，皆捕風捉影之談耳。其鐵養硫養三即中國青礬，中西皆用以治病。西國因其與澀味相遇，則成黑色，又用爲染料，及爲墨水也。一曰銅，原質亦無別名，惟銅養即中國銅緑，銅養硫養三即中國胆礬，二者皆可入藥，而胆礬之用尤多，可作染料。可發電氣，可浸木質。使不蠹蛀，可浸動物使不朽腐，可洗窗户門壁，使不霉爛。是則中國所未知者也。一曰鉛，原質亦同名，惟鉛養炭養二，即中國鉛粉。一名胡粉。中華謂胡粉能制硫磺。雌黄得胡粉而失色，胡粉得雌黄而色黑。又入酒中去酸味，收蟹不沙，此即相感而化之理也。其鉛養即中國之密陀僧，其鉛三養四即中國之鉛丹。二物中國但用以入藥，西國則密陀僧可作玻璃及磁器之面。可與油内配質合成肥皂而作膏藥。可與數種油同熬成漆。而鉛丹亦作玻璃之顔料，及紅火漆與紅紙也。一曰錫，原質名同。其雜質即俗名馬口鐵，以薄鐵皮兩面鍍錫也。獨孤滔曰，羖羊角，五靈脂，伏龍肝，馬鞭草，皆能縮賀。硇砒能硬錫。巴豆萞麻能制錫，松脂銲錫，錫礦縮銀。醫家以錫器於粗石上磨水服，解砒霜毒。此皆化學之理。若試之有驗，可補西國所未及也。一曰銀，一曰金，原質皆無異名。中國謂荷葉蕈灰能粉銀，羚羊角，烏鰂魚骨，龜殼，磁石，俱能瘦銀。羊脂、紫蘇子皆能柔銀。又謂洗金以鹽，駱駝驢馬脂，皆能柔金，金遇鉛則碎。翡翠石能屑金。凡此制化之理，皆西説所未及，如試之果驗，是可增化學之新理者多矣。一曰汞，即中國之水銀；其汞硫天産者，即中國之硃砂人造者。曰銀朱，西國但用爲顔料，中國則並以入藥。其汞二緑即輕粉中國謂黄連土茯苓陳醬黑鉛鐵漿，可制輕粉之毒。化學家謂誤食汞緑惡輕粉毒，急食卵白或牛乳解之，以與卵白化合所成之質。水不能消化，推之凡制輕粉毒之物。理宜相同矣。又寇宗奭曰，水銀得鉛則凝，得硫則結。併棗肉研則散，別法煆爲膩粉粉霜。唾研之死虱。銅得之則明，灌尸中則後腐，以金銀銅鐵置其上則浮，得紫河車則伏。得川椒則收。可以勾金，可以涌泉匱，果然，亦可增化學之新理矣。一曰硫黄，即中國之石硫黄，中國但用以入藥，及合焰硝木炭爲火藥之需。西國之硫養三即硫强水。其用甚多，硝强水、鹽强水、因得硫强水而後成。又與鹵鹼合則爲元明粉，與銅合則爲胆礬，與鐵合則爲青礬也。一曰鉀，鉀養即中國之石鹼滌垢治病，中西用同。鉀養淡養五即中國之硝石。神農本草經，朴硝是水硝，硝石是火硝，因二硝主治互相錯簡。李時珍本草綱目辨之甚明，惜其未敢更正。故西國亦踵中國之謬，以火硝爲朴硝，須知鉀養淡養五是硝石，而鈉氣淡養五是朴硝也。然皆可取，淡養五即硝强水，蓋取硝强水法，將鉀養淡養五或鈉養淡養五焙乾，與濃硫强水等分入甑蒸之，使其化分化合，其義則鉀養或鈉養與硫養三化合，所餘下之淡養五即硝强水也。一曰鈉，鈉養即中國之鹵鹼，亦可入藥，鈉緑即中國之食鹽。其鈉養淡養五西名蘇特硝，似即中國之朴硝。爲大有功力之藥也。而化學家緑氣之原質，又即由食鹽分出，食鹽西名鈉緑也。其輕緑水即鹽强水，亦由食鹽製

成。其鈉養硫養三註云，即元明粉，則亦即朴硝之類。硫磺焰硝性原相近耳。一曰鈣，鈣養即中國之石灰。其鈣養硫養三即中國之石膏。石膏誠爲胃腑熱證要藥，西藥略釋極詆之，謂石膏水化極尠，即以三五兩煎服，入胃者亦止些須。且無蛤蜊酸力，亦無發吐攻瀉之能。本草皆浮泛之詞。此西醫好詆中藥而誇西藥無非爲自售之計，而不知適自呈其陋也。夫藥之治病，丸散則取其質，煎劑則取其氣味。若謂石膏水化極尠，斯無功力，即西人亦不謂然。格致啟蒙云，將石膏磨粉，略糝數點於浄水瓶内，摇而化之，水即略渾，用濾紙漏過，雖石膏粉質不能過紙而清水已變爲濇水。是亦西人之言也。著西藥略釋者何以辨之。且蛤利藥，即中國味蔹螯之品。酸藥，即酸醋檸檬之類。吐藥，即胆礬瓜蒂之類，瀉藥即巴豆大黄之類。試思人之百病豈僅蛤利質太多酸質。太多兩種醫之用藥。豈可非吐即瀉。若謂神農本經不足爲憑，何以硫硝二强水，本經先言之，而果有此功用耶。西醫視中國之大，無一知醫者，醜詆中藥殆盡，不得不就石膏辨之，其餘可以類推。庶不爲其所欺，且中國方振興礦學，若盡信其説，則中土所産有用之物，多成無用矣。一曰錳，錳養二一名黑礞石，即中國之無名異。化學家謂形與性皆如生鐵，甚脆而堅，用小粒作尖鋒可劃玻璃，微能藏吸鐵電氣。中國用此治病，得其説而藥性可明，而西國則用之作玻璃與漂白粉及取養氣也。一曰鉀，鉀養三即中國之砒霜，鉀硫三即雄黄，鉀硫五即雌黄。二黄，西國但作顔料，中國入藥。砒乃大毒之藥，二黄中既含砒質。當可代砒用。是則中醫所未知也。至解砒毒之法，中國用紫河車，石青緑豆黑豆，西國用蛋白或乳，或白糖，或肥皂，可見物理無窮。中西互廣其益則善矣。一曰硑，硑養三鈉養，即中國硼砂，一作蓬砂，此物爲製煉家常用之品。中西並皆入藥，中國又謂其柔物去垢，殺五金與硝石同功，與砒石相得，同砒石煅過有變化也。曰淡輕四屬鹼類流質，淡輕四緑即中國之硇砂。中國謂硇砂柔金銀，可作銲藥，西國鐵皮鍍鋅鍍錫二法，皆用淡輕四緑蓋面。使鋅錫不與養氣化合。黏合之後，鐵不生銹，是硇砂硼砂功用多相似者。入藥用硼砂，當可代硇砂也。一曰鋁，鋁二養三硫養三與鉀養硫養三并水二十四分劑，即中國之礬石。中國謂紋如束針，狀如粉撲者，爲波斯白礬。入藥爲良古之所謂波斯礬，即今西國所製之礬矣。中國地産之礬，别有黑紫二種，今據西國造礬之法，用鉻二養三代鋁二養三則爲深紫色，用鐵二養三代鋁二養三則爲淺紫色與紅色。是遇深紫色之礬。可知其含鉻，遇淺紫色或紅色之礬，可知其含鐵，此則又有裨於礦學矣。一曰鎂，鎂養化學家謂飛甘石。西藥略釋謂滑石即鎂養服。具酸者服此。則能合酸作瀉。又云本草謂其能療石淋、黄疸、水腫脚氣，不過鋪張揚厲之詞。未必有此大用。殊不知彼所謂腹中酸質即中醫所謂胃中濕熱瘀積爲病也，濕熱之毒下注膀胱則結爲石淋。西醫亦用鹼類藥治酸質過多之沙石淋。鎂養，即鹼類藥且滑以利竅，何謂無此大用。其餘可不辨而明矣。又詆赤石脂内含鋏炭養三别無功用。不堪入藥。按化學鑒原云，鎂養與石灰相合者爲鎂灰石，與矽養三相合者成石數種。如石脂之類。凡地産之石滑如蜜蠟者，皆含此質，故名肥皂石，因滑膩也。夫略釋之。鋏，即鑑原之鉀。據鑑原之論，石脂並不含鋏炭養也。可悟其欺中醫之不明化學者矣。一曰矽，過地球最多而甚繁者，矽與養氣化合之質，凡石類非鈣養爲要質，即矽養三爲要質。水晶幾全爲矽養三。白砂與火石大半爲矽養三。矽養三再與含養之質少許化合即爲各種石英。石英之紫者，含錳養三也。凡寶石及玉皆以此爲要質。瑪瑙等石即在水中凝結也。凡各種泥砂與雲母石亦含矽養三者過半焉。其在化學諸質中配性甚烈，設有雜質爲甚猛之配所成，投以矽養三則能擠去其配而自與其本化合。中國用諸石入藥，考知此種配性，則主治之症庶乎不差。而醫家之用玻璃者，亦知其功力之所在矣。一曰鋅，中國名之曰倭鉛，寶藏論謂倭鉛可勾金，化學家未言及之，今與白金或紅銅或木炭配合爲化生濕電之大用矣。一曰碘，舊譯挨阿顛，海中所生之草。海絨及蛤蚌與海中介屬俱有之。碘爲燒海草所得之質。照像染色，固須用碘，若作藥材，則可勿泥如中國用海藻海帶昆布及牡蠣粉等，治瘰癧亦能如碘之取效也。以上各質，皆取化學所得爲中國所有者，略指明之。第造化之妙，在雜質不在專質。不知專質無以明其體，不知雜質無以達其用。張横渠謂一則神兩故化是也，攻化學者，化分以考其原質，化合以增其雜質，易云一陰一陽之謂道也。若執原質之一節，如金剛石筆鉛同爲炭質，至以入用，果可即皆視爲炭耶。此如十干十二支及七政四餘，配合人命，而貴賤壽夭，智愚賢不肖，要各懸殊。即養輕淡炭，易一位置。即變一物之旨也。凡執原質之一端，不論其相感而化之妙，以詆中國所産者，皆不可爲其所愚。丁韙良氏云，交感相合所成之物，其性必與本質迥異，故謂之變化，顔色臭味與燥濕剛柔之不同，要皆變形易性，甚至毒與毒者相合則轉不毒。不毒者與不毒者相合，反致有毒。斯言實扼化學之要。西藥略釋詆珍珠石決明牡蠣石蟹凝水石等。謂各物均函有鈣質，及炭養二氣。功用祇同火石粉，亦祇解酸而已。斯言也，西國化學家聞之，肯以爲然耶。又如中國之秋石，化學分原言其體質，

係鈉養淡輕四養輕養燐養五而略釋謂秋石内含尿酸尿底及鉐養閒或兼含綠氣。殊無功用。不惟名不雅馴，且據分原所覈秋石，並非含石灰及綠氣之物，而按分原言，秋石所含各質，則中國本草秋石之主治亦多，對症，且化學家用以考含矽養三之質，可謂殊無功用耶。夫化學之妙在於能增新物，中國古之人亦有行之者矣。九鼎神丹經中云，石脾乃陰陽結氣，五鹽之精，因礬而成。峨嵋山多有之。俗無識者，故古人作成代用。其法用白礬戎鹽各一斤爲末，取苦參水二升，鐺中煮五沸，下二物煎減半，去滓熬乾，色白如雪，此爲石脾也。用石朴硝芒硝各一斤爲末，苦參水二斗，銅鐺煎十沸，入三物煮減半，去滓煎著器中。冷水漬一夜，即成硝石。可化諸石爲水，此非即今化學家之以人造代天工耶。可否請飭化學生按法試之。果如其說。能化諸石爲水，當可代諸種强水，不惟有益於化學，且有裨於礦學矣。

韋而司　傅蘭雅　徐壽《化學鑑原》卷一

第一節　萬物分類

萬物分爲兩大類，一曰化成類，如金土氣水等物，二曰生長類如動植等物。

第二節　原質之義

萬物之質，今所不能化分者，名爲原質。

第三節　原質之數

萬物中之原質，人所已知而且有憑驗者，共得六十四種，如後人又得別物竟不能化分者，可增益其數，或現有之物，後人再能化分者，即不爲原質。

第四節　原質分類

原質分爲兩類，一爲金類一爲非金類，金類之品，雖多於非金類，然萬物以非金類化成者，乃多於金類，六十四原質之内，氣質五種，流質二種，其餘者不甚冷不甚熱之時俱爲定質，世所常有者止有十四種，地上萬物約多用此十四種化成。此外所見甚少用處亦不多矣。故萬物内獨成爲原質者無幾，大半化合於雜質之内。雜質者，數原質所合成也。

第五節　雜質之義

雜質乃數種原質化合而成，蓋數原質交互更易，可成雜質無窮，今人以各物相試，增多無數新物，有大益於人者，有大奇怪者，有甚烈者。

第六節　化合之理

古常言各質皆有靈性，使之化合，後又言各質如相錯之意而化合，其實皆不然。今人考知此理，係質點各自相引至極親極切而化合也，相引之力，名爲愛攝力，然此愛攝之理，究不能窮其所以然，或言乃類乎電氣者爲之也。

第七節　愛攝力之理以下省稱愛力。

其一，物質在體界之内，其愛力甚大，若出體界之外，則愛力全無。

如鐵線一條，雖懸挂重物不斷，若入硫强水内，則消化而變爲明流質，因鐵與强水化合也，然流質之内亦不見鐵之形迹矣。又設異類二物，雖磨至極細之點而相和，尚難顯其愛力。如白礬與鹻共置缽内，乳之極久不見愛力之驗，若加以水，則兩物相親而化合且暴發，如沸矣。愛力之驗，有時甚大，人可得其益。如煤之燃，因煤内之炭質與空氣中之養氣化合而生熱，熱極生火，火可生汽，汽可生力，故將好煤一磅，燒諸精器之内，所生之汽，可起一百磅之重高至二十里，起一磅之重，則高至二千里也。準此法，又可較量煤質與養氣愛力之數。

其二，同類之物不能顯愛力。

鐵二塊或硫黄二塊或銅二塊，自相切並無愛力，若硫黄與鐵或硫黄與銅愛力，即顯故天地間之物，而祇爲一原質，則不能有愛力且無化學矣。

其三，大約物質相異者愛力大，相似者愛力小。

其四，顯愛力而化合之後物之形性全改。

改變形性極爲奇異，未化合之前，不能知其化合之後變何形性。如硫强水化銅，則得藍色半明之質，硫强水化鐵，則得淺綠色之明質，然化合之後，雖其形性改變，視之如毁滅而原質仍存其内。若反用其法，即可復得原質。

其五，此質與別質之愛力，各有大小不同，但雖不同而有定率。

硝强水與各金，大半可化而合之，如銀汞銅鉛是也。惟與此四金之愛力，大小迥異，與銀不若與汞之大，與汞不若與銅之大，與銅又不若與鉛之大，故以一原質與別質其愛力可作一表，以大小爲次第。

其六，化合之後形性雖變原質仍存權其化後之重，必與未化之時等。故知原質未毁滅也。如第一圖用玻璃瓶甲，可容二百五十立方寸，口有銅蓋蓋有塞門，内盛棉花火藥十二釐，用抽氣筒抽盡其氣，權得重數，將電氣乙丙二線引點之，火光閃爍藥化爲氣而不見，再權之，重數與前等。可見原質之不毁也。

第一圖

其七，自能化合之物，共置一處，或可立顯愛力

而化合，或待片時，或待多時，或待別力，如熱之力相助其愛力而化合。尋常之物不能自顯其愛力，如積炭雖多，久之亦無改變，取數枚燃之而還置原處，則空氣中之養氣與所積之炭顯出愛力而使盡熾矣，又有物不必再加外力，自能顯出愛力者，如燐少得空氣，即漸燃，置諸日中即立燃。

有時二物自不能化合，再以一物近之，其二物立能化合，其一物與彼無關並不改變形質也。

如糖消化於水，加酵少許，則通體變酸發大。

各物纔生發之時比平時之愛力更大。

如輕氣與淡氣已成之後，共置器内不能化合，惟於別物中並發而相遇，方能立時化合。

其八，凡作雜質，有用原質並合而成者，或有雜質之内本具數質，再用原質與化合，即使一質離開此原質代之而成者。

其九，各原質之化合，以發熱爲常事，間有發熱之外，又能發光者，其熱與光之數以化合之遲速爲比例。

第八節　化合之例

平常配合，其權量之多少本無定限，人因此事而以爲化合之理亦同，此例則不然矣。蓋化合之理，其數自有一定之率，若不依此定率，斷不能盡成也，此率有三各質化合，必依此三率内之一率，其一定比例，其二加比例，其三等比例。

第九節　定比例

化合而成雜質其原質之數有定率自可測而知之。且永無改變。試此定率有分合二法。

如純水一百分，養氣居八十八分八九，輕氣居十一分一一，此水無論在谿在河，爲汽爲冰爲霧爲雲，若分之爲原質，其兩原質之數終不改變。若化合此兩原質，而其數不依此定率，則不能全成爲水，必有偏多之原質餘出，又如火石分爲原質，每百分有五十一分八爲養氣，有四十八分二爲矽。此定比例之理，雖屬顯易，而分合之奥旨，乃由此以生凡一切製造之事，大半與化學相關。若不審察乎此，殊難成事也。

第十節　加比例

此原質與彼原質化合，或比例不一，而有等級，故所成之各物，性雖大異，而其級數可考而知。設甲乙兩原質之比例，甲用一數，乙用一數，或乙遞加一數，如二如三如四之類，又設甲用二數，乙用三數，乙又遞加二數，如五如七之類。

第十一節　等比例

設有此原質甲，彼原質乙丙丁，使之化合，其定率則乙丙丁與甲化合之比例，即乙丙丁各自化合之比例，所以原質各相化合之定率，即可用數表明其比例。今以養氣與各原質爲例，若與輕氣化合則成水，每百分之内有養氣八十八分八九，輕氣十一分一一，若與鈣化合則成石灰，每百分之内，有養氣二十八分五八，鈣七十一分四二，若鏀百分，則養氣十七分〇二，鉀八十二分九八。以是知養氣與各質化合，其數各不等，若成此一質之數，則無不等，故其化合之數，自有比例之定率。設用養氣八分爲定率，則各原質之數入算最易，所以西人有以養氣爲主者，此數既定，則各原質之數無不定矣。如水有養氣八分，輕氣一分，則以八十八分八九與十一分一一之比，即八與一之比。又如石灰有養氣八分，鈣二十分，則以二十八五八與七十一分四二之比，即八與二十之比。又如鏀有養氣八分，鉀三十九分，則以十七分〇二與八十二分九八之比，即八與三十九之比。其餘各原質可依此八分養氣之率爲定數。如養氣八分，與淡氣十四分，與硫黄十六分，與炭六分，與鐵二十八分，與銅三十二分，與汞一百分，與鉛一百四分，與銀一百八分，俱可化合而爲雜質。此各數不但與養氣化合之數，亦即各自化合之數，如輕氣一分，與硫黄十六分爲一質，硫黄十六分與鐵二十八分爲一質，汞一百分與鉀三十九分爲一質。

第十二節　化合相代

以一原質擠去他質而自與此質化合也。如甲與乙合爲一質，愛力不甚大，再用丙與相合，其愛力與甲甚大，則丙必擠去乙，而自與甲化合。其數仍與前相同。以貿易之事明之，如洋錢百枚買金六兩，或鉑十二兩，或銀一百兩，或汞一千五百兩，則金六兩，與鉑十二兩，與銀一百兩其值並相等。在化學亦然，即如鐵二十八分與汞一百分，與銀一百八分，與輕氣一分，俱以養氣八分化合，以是知鐵二十八兩，與汞一百兩，與銀一百八兩，輕氣一兩亦相等。

第十三節　化合分劑此論輕重。

各原質化合所用之數，名曰分劑數，養氣以八分爲一分劑，如言一分劑，即八分也，鐵以二十八分爲一分劑，如言一分劑，即二十八分也，汞以一百分爲一分劑，如言一分劑，即一百分也。所用分劑之數不過與他質比較之數，其原質本無此數，所以不拘何數，可立一分劑數。一質之數既定，各質之數必依此爲比例矣。如輕氣爲分劑數之最小者，其數即一，可用一百代之，或一千代之，或一十代之，而他質之數亦依此相代，而以本數乘之。且用〇·一亦可或〇·〇一亦

可，而他質之數亦依此相減，如輕氣一百，養氣八百，鐵二千八百，若輕氣爲○一，則養氣爲○八，鐵爲二八。

英國與美國俱用輕氣爲主，其分劑數即一，因比他質之數最小，整數便於推算，如輕氣爲一，養氣即爲八，歐羅巴之別國，用養氣一百分爲主，則輕氣數爲養氣數八分之一，以八分爲百分，即一爲十二五，他質俱依此而改矣，是書仍用輕氣爲主。表附卷末。

分劑之法，不但各原質有之，而各雜質亦有之，其雜質分劑之數，即各原質相并之數。如一分劑輕氣爲一，一分劑養氣爲八，并之即水一分劑爲九。又硫强水之一分劑爲四十，因其内硫一分劑十六，與養氣三分劑二十四十六，并二十四，即爲四十。又鉀一分劑爲三十九，養氣一分劑爲八，化合之後，即成鐮，故鐮之一分劑爲四十七。各原質盡依此法化合，而各雜質之化合亦依此。如水一分劑爲九，鐮一分劑爲四十七，兩物之比例即九與四十七，準此始能化合，否則雖化合而不全矣。如硫强水與鐮之雜質，名爲元明粉，必用硫强水四十，鐮四十七也。而元明粉之分劑又爲八十七也。所以分劑之法，皆宜深考。西國數十年前，尚未知此。故作雜質常有屢次相試而未能全成者，今則一檢分劑之表，而可成各雜質矣。

第十四節　體積分劑

化合之分劑固依輕重，然以氣質化合者，亦可以體積爲比例。設甲乙爲兩種氣質，甲用體積一，乙用體積一、二、三、四俱可化合，或甲用體積二，乙用體積三，亦可化合。如一氣質稍多，所餘者不能化合。

有時兩氣質已合之後，其體減小於未合之時，因兩氣相切緊密也，然其減小之數亦有定率，如輕氣三分劑，與淡氣一分劑，合爲淡輕氣其體比未合之時小一半，而輕重仍相等。

第十五節　質點之理

原質化合之時，必用分劑之數。不依此數不能化合。細思其理，久而未得。前六十年，西人多而敦極精化學，思得一理，徧傳各國，雖未有全據而考究，化學者盡宗其說。名爲質點之理。蓋萬物俱以極細無内之點，相切而成。此點不能再分，雖明力極大之顯微鏡亦難辨察，然其所有之據，即在化合之中。

多而敦又言，凡原質點所成之形式，與體積輕重，皆點點相等。而化合之時，乃兩原質之彼此兩點，依附密切，而成一雜點，或彼一點與此二點相切，或彼一點與此三點、或四點、或五點相切，或彼二點與此三點、或五點、或七點相切。如是相切，相間，相累，相積，而成雜質。惟彼一點不能與此半點，或小半點相切，所以然者，因點不能再分也，此即各質不依定率不能化合之故。

各質化合，特因質點彼此相切相間，而一質内各點之形體輕重，本屬相等，所以彼此兩全質化合。固不得不依定率也。

二不等原質之點先化合而爲雜點，此雜點再與他質之點化合，亦必依各原點化合之法。其雜點亦不能再分，若能分之，其爲雜點之性則毁滅。

質點之理，即從分劑考知，既得此理，又可還證分劑之理，若言無此質點之理，而以爲萬物可分至無窮，則各質分劑之數，亦可任意多少矣。且準此無窮分之理，則化合各質之時，可用無窮之率，而成無窮雜質矣，所成無窮雜質又得無窮之性矣。習化學者，皆謂必無此理。

多而敦又思一理，既知化合分劑之數，即可知原質每點輕重之數。先知最要數原質每點輕重之數，即推廣而至各原質及各雜質。每點輕重之數，無不可知矣。但最要數原質，每點輕重之數，何以知之。即借此分劑之理以知之，如彼一分劑與此一分劑能化合，即彼一點與此一點亦然，即彼一點與此二點，或彼一點與此三點，或四點，以上無不然。水之一物，乃養氣與輕氣所成，其養氣爲八分，輕氣必一分，兩氣各一點之化合，則輕氣八點，如養氣一點之重，是知養氣之點與輕氣之點。其重若八與一矣。又養氣與淡氣化合。分劑之數，有淡氣一分劑，養氣一分劑爲第一，淡氣一分劑，養氣二分劑爲第二，以後次第相加，即爲第三第四第五，其第一種之雜點，每點内一點淡氣。一點養氣所成，則養氣點與淡氣點之輕重，如八與十四，至此已知三原質每點重數之比例。即輕氣點爲一，養氣點爲八，而淡氣點爲十四，再推言之，如淡輕氣乃輕氣淡氣所成，其二質分劑之數與質點輕重之數，亦無不同。又如硫黄與養氣化合，硫黄與輕氣化合，其每點輕重之數，即十六與八，十六與一之比。其餘一切原質，一切雜質，俱依此法相試，其據盡同。

依前論，既知質點之重數，即分劑之數，則彼此兩分劑數合成雜質，即彼此兩質之點合成雜點也。繼多而敦之後而考驗者，俱以質點輕重之理爲不謬。且又考得質點容熱有定率，亦爲此理之證。

第十六節　質點容熱定率

物質各點之容熱皆有定率，亦與分劑之數爲比例。如鐵銅汞鉛四物之分劑數，即二十八、三十二、一百、一百四，若將此四物之重，各依其分劑之數，加熱而

使其熱度等，則所用之熱必等。設鉛一百四磅，用酒加熱至二百十二度，考得用酒若干，再以汞一百磅，或銅三十二磅，或鐵二十八磅，使其熱皆至二百十二度，則用酒之重必與熱鉛之酒等。此外，如錫鋅鎳鈷金鉑硫碲，歷試盡同。推至一切原質，當無不同。故能知萬物容熱之數，即可考萬物質點之重，且可證萬物分劑之數矣。由此而考雜點容熱之數，與原點容熱之數，其比例亦等。

凡原質能化氣質者，其重率及質點重數，輕重分劑，體積分劑四者，皆有比例。如淡氣一立方尺，比輕氣一立方尺，其重十四倍，綠氣一立方尺，其重三十五倍，溴氣之重八十倍。養氣之重十六倍。碘氣之重一百二十七倍。此數物與輕氣較重之數，適與其分劑之數，及質點之重率相等，其不等者，惟養氣爲二倍耳。

化學家必明辨質點之重率，與質點之大小二者之别。蓋質點之重率，即爲分劑之數者，可考試而證之。質點之大小，無法求其實據，雖歷經精博之士，細分物質，終未得其極小之限也。近時所造至精之顯微鏡，將物質一釐，分爲萬萬萬分，尚能見之，然將黄金分至顯微鏡所不能見，而用法試之仍現金性。故質點大小之據，恐難得也。

論質點之形有二理。其一點之形勢，必若順理而劈成之顆粒。如銻之顆粒爲斜立方形，試將銻一塊碎之，每小塊之形，必與大塊相同，再碎爲極細之粉，用顯微鏡察之，亦與大者同形，其粉若能再分至原點，其形當亦無不同也。然以各質而論，則又各異，或有四等面者，或六等面者，或不等面者，惟一質之中則各點無異也。所以各質順理劈之，成各等面形，其原點亦即此形故也。其二，前形爲無數圓球累積而成形之不同，因圓球累積之式不同也，以方爲底，而正累之，即爲正立方形，斜累之。即爲斜立方形，漸累漸減，即爲方錐形，以三邊形爲底，亦然。

第十七節　體積分劑與輕重分劑之用

論化學之理，以體積分劑爲精妙，所以化學家多從此法，惟化學之用，仍以輕重分劑爲便也，如水依輕重分劑爲輕養，若依體積分劑則爲輕養，即養氣一質點，與輕氣二質點相切也，惟其指數必另加記號，使與輕重分劑之指數有别。

第十八節　本質

本質者，與配質化合而能減其性者也，品類繁多，而鹻類居其一，鹻類者，能消化於水，捼之膩而滑，嘗之辝而臭。草木之藍色爲酸所變紅者，此能復之，性正與酸相對，常用之鹻及淡輕水，即此類也。鹻類西音阿格利言草木燒出之灰内含鹻質也。後推此意凡類乎此者俱言阿格利

第十九節　配質

配質者，與本質化合，能減其性，使成鹽類者也，品類亦繁，而酸類居其一，酸類者，亦能消化於水，嘗之味酸，能變草木之藍色爲紅，硫强水醋酸等，皆此類也。

第二十節　鹽類

本與配化合之雜質，謂之鹽類，若以金類，電氣化分之，還成本配二物，其配往陽極，故爲陰電質，其本往陰極，故爲陽電質。

欲知酸與辝之性，用草木之色證之，如紫色菜所煮透明紫水是也。將此水分盛甲乙二器，在甲内稍添硫强水，其色猝變爲紅，在乙内稍添鹻水，其色猝變爲緑。將二器之水漸并一器，初時爲紅色漸變爲紫色，并盡而成明藍色。蓋辝與酸化合，而二性皆泯没也。若將變成之藍水，用微火煮之，使水化汽而去，則賸下之定質成顆粒，即爲鹽類，名鉀養硫養三。乃硫强水與鹻化合所成也。

化學家試驗酸味辝味之物，有藍色之材名里低母司，此物係一種苔草取出，將少許滲水染紙，此紙雖遇極淡酸味之水，立變紅色，紅後雖遇極淡辝味之水，立復藍色。故習化學者，常備此二色之紙，名曰試紙。

酸與辝之極奇者，乃具最烈之性，如濃强水，雖極堅之金類，尚能消化以改其形，稍淡者亦能毁滅動植諸物，如鹻類亦能毁動物之皮，或玻璃器，或磁器之皮，用鹻類之水，滴於有油之物，其油立即泯没，更奇者化合之後，其對性兩相毁滅。

原質之内，並無一酸味之物，亦無一辝味之物，故凡酸與辝皆爲雜質。

第二十一節　非配非本謂之中立，如水是也，故水或可，爲配，或可爲本。

第二十二節　同原異物

昔言兩種雜質之内，所有原質與分劑相同者，其二雜質之性，亦必同此雜質内之原質與彼雜質内之原質，可交互更易也，近考其言謬誤，蓋雜質之内原質與分劑雖同，而性與形色有大異者，如易化油類之松香油、檸檬油等。皆爲同分劑之炭輕氣合成，而其香、其質其功用、其沸界、其較水輕重，皆大不同。又玫瑰花油，内凝結之顆粒，香最馥郁，而原質與分劑適同碟氣燈之氣。所以同原異物之故，必考質點之理，以證之。論者以爲各質點之排列不同，則形性自異，如西國棋盤，其黑白之方錯綜爲數式。如第二圖每大方内有黑小方八，白小方八，甲大方一

第二圖

甲

乙

丙

丁

一相間，乙大方二二相間，丙丁大方四四相間，蓋質點之相間亦然，形性亦因此改變矣。

第二十三節　同質異形

有數種原質，或爲二形，或爲多形，其性亦不同，炭一物也，而爲金剛石，而爲黑炭，爲筆鉛，爲煙炱是也。硫矽硃燐養氣等，亦如此，最奇者，金剛石燒之甚難，而煙炱著火即燃，燐常爲輭質，而色黄，臭味極烈，少熱即燃，或爲一黑色，硬體無臭無味，雖切身亦無害。此原質之異形、異性也。想亦無外乎質點之排列，如棉花可擠之極密極細而爲紙，或彈而爲絮，或紡而爲紗，或織而爲布，其形異其性亦異焉。

第二十四節　西國命名之始譯存備考。

化學之事，今精於昔，原雜兩質，日增月盛，若不定名，必致混淆，前九十年，習化學者，會集多人於法國大書院内立意定名，既定之後，不但視其字可別各物之名，並可知雜質之内係何等原質所成，且可知原質分劑之數，所以流傳各國，遵而不改。

第二十五節　原質命名

昔時已知之原質多仍俗名，間有羅馬方言，如羅馬名鐵曰勿日阿末，金曰阿日阿末，銅曰古部日阿末，汞曰海得喏治日阿末，銀曰阿而件得阿末，鉛曰部勒末布阿末，錫曰司歎奴阿末。若近時考得之原質，則命名之意，即以表其性，如勿司勿而阿司，即燐，其意發光也，克羅而因，即綠氣，其意此氣綠色也，孛羅明，即溴水，其意此物有臭氣也。考得金類之原質，則於其名之末添阿末以別之，使與羅馬舊有金類名之，末字相同，如布拉典阿末，以日地阿末，卜對斯阿末，素地阿末，皆是。

第二十六節　雜質命名

二原質化合之雜質，名曰二合質，如水，即養氣輕氣化合。硫養，即硫强水乃硫黄與養氣化合。鐵養，即鐵鏽乃鐵與養氣化合。二合質與二合質化合之雜質，名曰三合質，因内含三原質也，又名鹽類尋，常地産之石，三合質爲多鹽類與鹽類化合之雜質，名曰四合質，又曰雙鹽，如白礬。即鉀養硫養三與鋁二養三硫養二化合而成是也。又於名内減一字母，或加一字母，以表明其原質之分劑數，若字無更改，則爲一分劑，此法雖能表明雜質内之原質與分劑數，然雜質往往有多種原質合成者，則字必甚多，而不便記憶，所以又思以號易名之法。

第二十七節　原質立號

凡立號用羅馬方言，以原質名之第一字母爲之。設第一字母有相同者，則加第二字母以别之。羅馬言各原質之名號表見第二十九節。再於各號之右旁，加指數以表其分劑數。不加指數者即爲一分劑。如 O 即養氣一分劑。若以輕氣爲主者，則養氣之重率爲八，如 H 即輕氣一分劑，其重率爲一，如 C 即炭一分劑，其重率爲六；如 Pb 即鉛一分劑，其重率爲一百四。或有指數在前者，其意並同此法。亦可爲原點之重數，如 O_2 爲養氣二點之重數，如 O_5 爲養氣五點之重數。

第二十八節　雜質立方

立方之法，並列各原質之號，而加指數於號之右旁，以表其分劑不加指數者爲一分劑。如 HO 即水之方，爲輕氣一分劑、養氣一分劑。如 SO_3 即硫强水之方，爲硫黄一分劑、養氣三分劑。又 $C_{12}H_{11}O_{11}$ 即糖之方，乃炭十二分劑，輕氣十一分劑，養氣十一分劑。凡並列數原質之號及分劑之指數，謂之雜質方。雜質與雜質化合之方，其法亦同。惟鹽類内之本，即陽電質。必書在左邊。如硫强水方 SO_2 與鐵養方 FeO 化合所成之雜質其方爲 $FeO+SO_2$ 中間所加之十字，乃相加之意，或有用點者，如 $FeO\cdot SO_2$ 然用之有别，用點乃化合之極緊者，用十字乃稍鬆者。如 $SO_2HO+2HO$ 方之意爲硫養二一分劑與水三分劑化合，而三分劑之内一分劑化合極緊，二分劑化合稍鬆也。

若欲表明三合質以上總分劑若干，則於方外左右加括弧，再於左括弧外加指數，設用前方三分劑則如。 $3[FeO\cdot SO_2]$ 左括弧外之指數，但乘右方兩括弧内之號，若括弧之右再有號，則不可相乘，如白礬之方爲 $KAl(SO_4)_2\cdot 12H_2O$ 其 $3[SO_2]$ 號左之3即指硫强水三分劑，或不作括弧，則號左之指數祇乘右號至間號而止。

以上各號不但能表各雜質如何而成，且可以代數左右相等之號，表明各質變化之新質。其法將各質之號書在相等號之左，而書所成之新質於右，因化合之時其各質無一點毁滅，故其左右必相等。總計各質之共重數，必與所成新質之重數等。如以硫强水加於灰石之内，即石灰與炭養所成。散其炭養二而化合之。其式如

$$\underset{Ca}{20}+\underset{O}{8}+\underset{C}{6}+\underset{O_2}{16}+\underset{S}{16}+\underset{O_3}{24}=\underset{Ca}{20}+\underset{O}{8}+\underset{S}{16}+\underset{O_3}{24}+\underset{C}{6}+\underset{O_2}{16}=90$$

於本方各原質之上書明重數，若并之，則左右兩邊之重數，皆爲九十。此可以證相等法之無訛，此法初習若甚難，而熟之又甚便矣。

第二十九節　華字命名

西國質名，字多音繁，繙譯華文，不能盡叶，今惟以一字爲原質之名。原質連書即爲雜質之名。非特各原質簡明，而各雜質亦不過數字該之，仍於字旁加指數，以表分劑，名而可兼號矣。原質之名，中華古昔已有者，仍之，如金銀銅鐵鉛錫汞硫燐炭是也。惟白鉛一物，亦名倭鉛，乃古無今有，名從雙字，不宜明於雜質，故譯西音作鋅。昔人所譯而合宜者，亦仍之，如養氣、淡氣、輕氣是也。若書雜質，則原質名概從單字，故白金亦昔人所譯，今改作鉑。此外尚有數十品，皆爲從古所未知，或雖有其物，而名仍闕如，而西書賅備無遺譯其意義，殊難簡括。全譯其音，苦於繁冗，今取羅馬文之首音，譯一華字，首音不合，則用次音，並加偏旁，以別其類，而讀仍本音。後表所列即此類也，至雜質之名，則連書原質之名，如水爲輕養，硫强水之無水者，爲硫養三。其養旁之小三字，即指養氣三分劑也。多種原質合成者，由此類推，俱以本質在上，配質在下，如鐵養硫養三，其鐵養本質也，硫養三配質也，雜質亦有方，所以徵輕重相等，交互變化之理，在其間，作⊥號者，指相加，而化合不緊之意。作一號者，乃多質化合其本或配之分劑不止於一。則在其土作大指數，至一號爲大指數所止也。如二鉛養、鉛養二指鉛養二分劑，與鉛養二一分劑化合也。作‖號者，指上下相等而變易化合也。如 鈣養炭養⊥硫養三‖鈣養硫養三⊥炭養 是也。

西名	分劑	西號	華名
Oxygen.	八	O	養氣
Hydrogen.	一	H	輕氣
Nitrogen.	一四	N	淡氣
Chlorine.	三五五	Cl	綠氣
Iodine.	一二七	I	碘
Bromine.	八〇	Br	溴
Fluorine.	一九	Fl	弗氣
Sulphur.	一六	S	硫
Selenium.	四〇	So	硒
Tellurium.	六四	Te	碲
Phosphorus.	三二	P	燐
Boron.	一一	B	硼
Silicon.	二一三	Si	矽

西名	分劑	西號	華名
Carbon.	六	C	炭
Kalium.	三九二	K	鉀
Natrium.	二三	Na	鈉
Lithium.	六九	Li	鋰
Caesium.	一三三	Cs	鏭
Rubidium.	八五三	Rb	鉫
Barium.	六八五	Ba	鋇
Strontium.	四三八	Sr	鍶
Caicium.	二〇	Ca	鈣
Magnesium.	一二二	Mg	鎂
Aluminum.	一三七	Al	鋁
Gluciumn.	六九	G	鋊
Zirconium.	二二四	Zr	鋯

西名	分劑	西號	華名
Thorium.	五九六	Th	釷
Yttrium.	三二二	Y	釱
Lrbium.	一二二六	E	鉺
Terbium.		Tb	鋱
Cerium.	四七	Ce	錯
Lanthanium.	三六	La	鋃
Didymium.	四八	D	鏑
Ferrum.	二八	Fe	鐵
Manganese.	二七六	Mn	錳
Chromium.	二六三	Cr	鉻
Cobalt.	二九五	Co	鈷
Nickel.	二九五	Ni	鎳
Zinc.	三二八	Zn	鋅

華名	西號	分劑	西名
鎘	Cd	五六	Cadmium.
銦	In		Indium.
鉛	Pb	一〇三五	Plombum.
鉈	Tl	二〇四	Thallium.
錫	Sn	五九	Stannum.
銅	Cu	三一八	Cuprum.
鉍	Bi	二一二	Bismuth.
鈾	U	六〇	Uranium.
釩	V	六八六	Vanadium.
鎢	W	九二	Wolfralnium.
鉭	Ta	九二	Tantalum.
鐟	Ti	二五	Titauium.
鉬	Mo	四六	Molybdenum.

華名	西號	分劑	西名
鈮	Nb	九八	Niobium.
銻	Sb	一二二	Stibium.
鉮	As	七五	Arscuic.
汞	Hg	一〇〇	Mercury.
銀	Ag	一〇八	Argentum.
金	Au	一九六七	Aurum.
鉑	Pt	九八六	Platinum.
鈀	Pd	五三三	Palladinm.
錴	Ro	五二二	Rhodium.
釕	Ru	五二二	Ruthenium.
銤	Os	九九六	Osmium.
銥	Ir	九九	Iridium.

蒲陸山　傅蘭雅　徐壽《化學鑑原續編》卷二二　植物生長

植物之原質即生長植物各種材料之原質，如炭輕淡養硫磷綠矽鉀鈉鈣鎂鐵錳，此各質内之炭輕淡養硫燐乃相合變化而成植物所需之料，其餘各質仍爲平常之狀。

鉀綠鈉綠，

鈣養硫養三，

鉀養矽養三，

鈉養矽養三，

鐵養燐養五，或有錳養燐養五。又有鈣養燐養五，鎂養燐養五，淡輕四養燐養五。

鉀養鈉養、鈣養與植物酸質合成之質。

植物能得養之之質，或藉葉吸氣，或藉根吸水。

養植物最要最多之質爲炭，此炭常有炭養二氣之狀，葉與根俱能食之。得此炭養二氣有兩法，一得於空氣之内，一得於根之相近處動物腐爛之所發。

養植物之輕氣亦有兩法得之。一從雨露，一從近根之淡輕，即土内含淡氣動物腐爛所發者。其淡輕四亦爲養植物淡氣之一源。其餘淡氣或爲雨水所含之淡養五，或淡養，或土内成此兩物，因其淡輕五，而放其淡氣。植物所需之養亦從炭養二氣與水所得。此二物含養氣之數比植物所需用者尚有餘。

植物所含之硫與燐大略得於土内，所有硫養三與燐養三之質其綠與矽與金類俱從土内所得。

植物俱是藉土而生長，其土如何而成，考地學之理大略可知，地球在混沌之初，祇有火成之石類，即花綱石，其火漸熄之後，其石遇空氣燥濕冷熱之變化，歷數萬年剥蝕腐爛而成土，層層相疊，俱能考其質而言其理。

花綱石爲數質相合而成，一爲石英即矽養二，一爲非勒特司怕耳，即鋁二養三並鉀養或鈉養與矽養二合成之物。又有雲母石，即鋁二養三、鐵養、鉀養、鎂養等物合成之質，另有鈣養、硫養三並含硫養三之質合綠氣之質，含錳之質少許。

此石多年遇空氣變化之事，漸漸爛而鬆散，爲雨水衝至低窪之處積成粉質一層。此粉質内含植物所需養之金類質，如是而石之外面有薄層之土質，偶有植物易生之種着其上，如苔類之子即能生長，其炭輕淡養各質從空氣與雨露所得，其金類各質從土内所得，此苔結子後即死而腐爛，土又收其各質而此各質本

爲空氣與土所有，之簡質，由是而變爲稍繁之質，能養上等之植物，自有上等之種，如前事之榮枯久之而草木暢茂，禽獸宿食其中而繁殖，一切動物又從別處得各種别質帶至其地，或爲糞或身死其地，俱留積於土，而其土漸肥，再後有農夫耕其地，而樹藝各物，所産之物爲動物所食而運至别處，以致本處土内所含之金類質漸缺而爲瘠土，故必用法補之。

農夫糞地之意即補土内缺少之料。所補之料或能令徑養植物，或能令土内之質變化而植物食之。

徑養植物之料有十三種詳列於後。

一、煤與草木之灰，此灰含本處植物所收土内之料，壅於地面而土得其原物。

二、鈣養硫養三、鎂養硫養三，此二物不但能補硫與鈣與鎂，尚能化分土内植物質腐爛所成之淡輕四養炭養二，令變爲淡輕四養硫養二，此質能存在土内，如淡輕養炭養二不變，則散於空氣之内，而植物失去此物。

三、鈣養燐養五即骨灰，此物或者徑用之，或先用硫强水令變爲鈣養二輕養燐養五而用之，此質易於消化。

四、鈉綠，即食鹽能放出其鈉而遇土内常有之鈣養炭養使大半變爲鈉養炭養二，又能變爲鈉養矽養二，或養植物之别種鹽類。

五、鈉養淡養五，有數種土用此最宜，因能發鈉養與淡氣俱是植物所需。

六、鉀養矽養二鈉養矽養二，此二質宜於長養穀類，如麥類之梗多含矽二養二，土内雖有此物，然須與鹼類合成能消化之質而植物始能吸食。

七、淡輕四養硫養三，此質從燒煤氣之廠所出，能放硫養三與淡輕四，俱有益於植物。

八、草木之根葉等物埋在土内，則腐爛之後能還養植物。

九、皮骨之膠質腐爛能生炭養二與淡輕四，並多成鈣養燐養五。

十、尿内之由里阿與由里酸化分時能放淡輕四養炭養二，又能放燐養五與别種鹽類質。

十一、各種動物之糞，此内有動物所食之物而不肯消化之鹽類，再有易腐爛之生物質内能發淡輕三與輕硫甚多。

十二、古阿奴，即食肉之海鳥之糞，此質多含淡輕四養、由里酸等含淡氣之生物質，又含燐養五之鹽類與鹼類之鹽類。

十三、臭。此質之益處大半含燒煤所有各種淡輕鹽類質，土質變化所成之料，宜於植物之用，其最要者爲鈣養，此質能改變土内之生物質與金類質，故遇生物質即令腐爛而變爲炭養二或水或淡輕或淡養五，俱有益於植物者，又鈣養遇土内之死物質，即令其金類化分，如含鹼類質與非勒特司怕耳等，令變爲易消化之質。

有數種土，農夫疑其生長之力已乏，而必多加以糞，有時停種一年或二年，令不生植物即能復其原力，然亦不必如此。蓋一處本不可每年常種一物，因常種一物，則養此物之料必缺，而養别物之料尚足，故種别物二三年，而再種本物，仍能如前之茂，農家試驗此法名爲輪種，如第一年大麥、第二年草、第三年豆、第四年蘿蔔、第五年仍種大麥等法。

此輪種之理，可從長養各物所需之金類質明之，如蘿蔔所需爲鈣養與鹼類，麥所需爲鹼類與矽二養三，大麥所需爲鈣養與矽二養三，草等物所需爲鈣養。所以種麥而矽二養三既缺，其所餘之鹼類與鈣養尚能養蘿蔔。鹼類缺後則所餘下之鈣養尚能養草，此時其麥所需之料已變化而出。

每年所産之物，所有無用者埋在土内變爲有用，如數種植物其根甚長而深，其吸食之料爲短根者所不能吸，如長根在土腐後，短根即能食之。

化學家能知植物變化成各植物質之理甚少，其所知者糖與小粉用炭養二氣與水在植物内所成，又知哥路登爲此各質並淡輕二或硝强水並數種含硫養二與燐養五相合而成，惟此種變化之層次無法能知。

種子之内常含小粉與哥路登或同類，含淡氣之質，如里故米尼等，再有數種金類質，此金類之在種子内，所以養此草木，使其生根生葉，能自吸食空氣與土内之料。

種子發芽之時收得養氣，而發炭養二氣，此因蛋白質，即各質内之最易變化者，先與養氣化合，而令其不能消化之小粉變爲能消化之糖，種子在此時須得多水，必用水之原質令其小粉之炭輕養變爲糖之炭二輕二養二，又必用水消化其糖並可變之蛋白質與金類之鹽類質，以備變成植物之汁。此内所能生長之力令其汁變爲根，其根入土尋食自養之料，又令生葉向上，吸食空氣内之料，葉既生長之後，遂能吸炭養二氣與水與淡輕三以自成其汁。葉之功里似乎動物之肺，但其職相反，肺乃吸養二氣而放出炭養氣，葉，則吸炭養二氣而放出養氣並淡氣少許。

植物在夜間亦能放炭養二氣，惟少於有光之時所收之炭養二氣。

植物之炭質俱從炭養二氣與水所得，故必有放養氣之事，因植物内炭質所含之養氣比炭養二與水所含之養氣更少。

植物内所有含炭與輕之質，或此各質與養氣化合之質俱爲炭養二氣與水所成，而有全養氣或幾分養氣放出，如寫留路司即炭一二輕養爲炭養二氣十二分劑與水十分劑而有養氣二十四分劑放出，又如瑪里酸即炭八輕六養二爲炭養二氣八分劑水、六分劑相合而有養氣十二分劑放出。

植物内含淡氣之雜質與前同例乃淡養二，與水與淡輕三相合而成，而有養氣放出，因此各雜質内所含之淡氣與炭輕之比甚少，則其炭養二與水所放之養氣，足令其淡輕三之輕氣變爲水，如其輕氣在雜質内，無有别種專職，其養氣亦足用而有餘，兹以成雞那之式明之。

四十炭養二丄十八輕養丄二淡輕三‖炭四十輕二四淡二養□即雞那。丄養八二可見養氣之有餘。

植物質所含之硫乃在土内所得，因土内所有硫養三之質所發之硫養三遇炭養二氣與水與淡輕三而有硫分出，如哥路登原質之式爲炭二一六輕六九淡二七養六八硫二，則從養植物之料變成之式爲。

二百十六炭養二丄八十八輕養丄二十七淡輕三丄二硫養三‖炭二一六輕六九淡二七養六八硫二丄養四五八

以上生長之理祇能略知其概，惟植物之果實漸漸變熟其理較明。

植物之變化將養之之質減去養氣，動物之變化將養之之質加以養氣。

果實初生之時，含寫留路司與小粉與植物酸質如瑪里酸檸檬酸果酸歎尼酸其歎尼酸，果内常有之，所以生果之味濇。但生果有一質名貝格士司，爲炭輕養三質所合成其原質之數，尚未考得。貝格士司不能在水内消化，果子漸熟則變貝格的尼即炭六四輕四二養五六能在水内消化成一濃流質，全熟之時，貝格的尼又變爲貝格的酸，即炭三二輕二二養二與貝格士司酸，即炭三二輕二二養二能在沸水消化，冷則能成稠質如膠，所以蘋果等浸於水内沸之即得膠形之物。

果實生時，與空氣之相關其職司與葉相同，亦能收炭養氣而放養氣，初變熟時，則收養氣而放炭養二氣，其小粉與寫留路司變爲糖，因遇植物酸質之故遂成甜味。前言小粉與寫留路司之炭一二輕一零養一零變爲糖之炭一二輕一零養一二只收水之原質而已，故其收養氣而放炭養二氣或爲樹皮等酸變爲糖所不可少之事。如炭五四輕二二養三四即樹皮酸。丄二輕養丄養四八‖二炭一二輕一二養一二即果糖。丄三十六炭養二

三炭八輕六養一二即果酸。丄養六‖炭一二輕一二養一二丄六輕養丄十二炭養二

糖已足後，其變熟之事已成，如再存若干時，則收養氣而令腐爛。

生長各種植物乃自然之變化。設如無有循環之法，令其植物死後散於空氣與土中，以養將來之植物，則其變化不全，所以植物死後而得濕氣，即能變化含淡之質腐爛。後則漸爲空氣内之養氣所侵而全質腐爛，其炭仍爲炭養二其輕仍爲水，其淡仍爲淡輕。此各質散於空氣爲風所吹以養别處之植物。其金類質被雨衝入土内，以備後用。木質遇濕氣則漸爛而成稷色之料，名爲呼莫司、土内之生物質。此居其大半。鹼類能令此質消化而得稷色之水，如將此水加以酸質即結稷色之質，有人已試此質含呼米酸與烏勒米酸與奇以酸，但此各質不肯成顆粒，則其實爲酸質尚是無據。又有二種同類之酸質，即苦里尼酸與阿布苦里尼酸，苦里尼即井之意。俱從此法得之，地内所出之水間有含此二質者。

木欲令其不腐爛必用藥料，能與其汁内之蛋白合成不能變化之質，常用之料爲苦里亞蘇脱。見第二卷加波力酸節。與汞綠將此料在水内消化，其木或浸於内日久或加壓力使水漬入木内。

西人布式利令木不腐爛之法，藉其樹汁能往上至枝葉之力吸取藥料之水。在樹之近根處割一槽，外圍以泥令不漏水，槽内傾入銅養硫養三或鐵養醋酸或鈣綠之淡水，則樹皮能吸其水無處不到。如樹已砍下而平置者，可將一皮袋盛此水包在一端，仍能吸入與活時相同，木含此種藥料，不但不能腐爛，且不爲蟲所食又不能養莓類。

又　卷二三　長養動物

動物長養之變化與植物有大别，植物收聚各料而成質，動物則毁壞各質以自養。動物不能徑以炭養與輕養與淡輕三養其身，而植物能將此簡質造成繁質，如蛋白與糖等。動物即食此繁質而變爲植物所需之簡質，惟動物質所成數種材料，如非布里尼與膠，其原質繁於數種植物質，所以成此材料所食之物亦必爲繁質，而其原質必與所成之質略同，動物所食之物與其身内之原質亦略同。則長養動物之理，已得考知其要矣。

動物體之原質與植物體之原質略同，惟動物體之雜質比植物體之雜質更多，而其性與形又大不同。

動物之骨含鈣養燐養$_{五}$鎂養燐養$_{五}$鈣養炭養$_{二}$鎂養炭養$_{二}$並膠類之質，因動物所食之物，多含燐養$_{五}$之質，並多含淡氣之質，如哥路登則能成膠類之質，小動物所食之乳，亦含燐養$_{五}$質，而其加西衣尼亦含淡氣質。

肉所由生，亦藉米麥之哥路登與乳之加西衣尼變成，非布里尼之含淡氣質，而其變化較少於成骨之直辣的尼即膠類之質，非布里尼、直辣的尼、加西衣尼三種之原質略同。

血之蛋白與非布里尼，其相配之質爲米麥之哥路登與乳之加西衣尼，而血內之一切鹽類質亦從此二種食物所得。

食品之內，略以麵與乳爲主動物之性，雖喜食肉者亦當以此二物爲主，惟其肉之質更繁。

動物體不含淡氣之各物，須用不含淡氣之物養之，如麵內之小粉、乳內之糖與油。

動物所食之物不能徑至，欲補之處，必先消化而得精液，融和於血遂入肺內而遇呼吸之氣以成其變化，然後周行各處以補百體所需之料，因百體常欲修補之，全藉此血。

消化之事，將所食之物嚼細與口津相和成漿，口津爲鹼類之流質兼含一種蛋白類之料，名台阿里尼。台阿即涎吐之意。此質易於臭爛，其口津之用處大略浸潤乾質令易下咽，其鹼類之性能備與別料化合所有之油類質，使變爲肥皂之形，台阿里尼易臭爛之性，能令食物更易消化有發酵之意。

下咽之後，直至胃中，待若干時得身內之熱度，即九十八度胃汁，即令消化最要之質。

胃汁爲胃之内皮所生，含輕綠水與拉克的酸，即乳酸也，兼含蛋白類之質，名伯布西尼，伯布西即消化之意。淡酸質而兼有此物易能消化非布里尼，即肉紋與已結之蛋白，如無此物，而但有酸質，難於消化食物。

胃汁可倚材料配合，令消化食物同於胃所生者。將豬羊等胃之内皮浸於最淡之鹽强水內，須稍加熱，置肉或豆腐於内加熱至身體之熱，亦漸消化，所以豬羊胃内所得之伯布西尼可用作藥品，令人易消食物。

食物遇胃汁而變化，乃將非布里尼與蛋白質變爲能消化之形，其小粉亦大半變爲對格司得里尼與糖，惟油類之質不消化。

胃内幾分消化之質名爲開末，從胃往幽門之前再遇二質即膽汁與甜肉汁。其膽汁大半爲兩種鹽内質之水。一爲鈉養古里古殼里酸，一爲鈉養托路殼里酸。此二酸質有松香類之性，不能滅其鹼類，所以膽汁有大鹼性，又含炭質甚多，古里古殼里酸之質爲輕養炭$_{五二}$輕$_{四}$淡養$_{四}$，則每百分含炭六十七分，托路殼里酸之質爲輕養炭$_{五}$輕$_{四}$淡養$_{三}$硫$_{二}$，則每百分含炭六十一分。此二酸質能出二種材料，一名各里各可勒，一名托而以尼，又有二種不含淡氣之酸質，欲取此質將其兩種本酸質與淡鹽强水相和，令沸。其式爲

輕養炭$_{五}$輕$_{四二}$淡養$_{二}$即古里古殼酸。丄輕養‖炭$_{四八}$輕$_{三九}$養$_{九}$即可路以的酸。丄炭$_{四}$輕$_{五}$淡養$_{四}$即各里各可勒。

輕養炭$_{五二}$輕$_{四四}$淡養$_{三}$硫$_{二}$即托路殼里酸。丄二輕養‖炭$_{四}$輕$_{七}$淡養$_{六}$硫$_{二}$即托而以尼。丄輕養炭$_{四八}$輕$_{二九}$養$_{九}$即可里酸。

托而以尼所成之顆粒甚美，觀所含之硫，每百分有二十五分，此質爲甚繁之動物質。然有簡法可用材料造成，將炭$_{四四}$輕$_{四四}$通過無水之硫養則爲强水所收，再以淡輕滅其酸而熬乾之，即得淡輕$_{四}$養$_{二}$以西替哇尼酸其式爲

炭$_{四}$輕$_{四}$丄二硫養丄淡輕$_{三}$丄二輕養‖淡輕$_{三}$輕養炭$_{四}$輕$_{五}$硫$_{二}$養$_{七}$即淡輕$_{四}$養以西替哇尼酸。

將此鹽類質加以小熱，則放水二分劑而成托而以尼，此變化之式爲

淡輕$_{三}$輕養炭$_{四}$輕$_{五}$硫$_{二}$養$_{七}$即淡輕$_{四}$養以西替哇尼酸。丅二輕養‖炭$_{四}$輕$_{七}$淡養$_{九}$硫即托而以尼。

膽汁内尚有一物，名各立司替里尼，各立即膽之意司替里即油之意。即炭$_{五二}$輕$_{四四}$養$_{二}$，爲明顆粒與油類略同，常在腹内凝結成膽内之石痳，此種曾在植物内，如豆如麥並數種植物之油類質見之。

膽之色料未能分出而得其純質。

肝内亦有一物，名各里各真，即動物小粉，即炭$_{二}$輕$_{二}$養$_{二}$，動物死後此質速收水之原質而變爲糖。

食物之消化，其膽汁所運用，尚未考其詳，然因有大鹼性，疑其職相助消化油質。

甜肉汁亦爲鹼類質，其與膽汁之别，因含甚多之蛋白質，極易臭爛，此汁之職大略。將飯内之小粉，令變爲糖。見第九卷蘿葡糖節。然此質亦能令油質化分，略如做肥皂之意，所食之物經過此汁之後，即至腸内，腸亦有汁，能令小粉與糖成其消化之事，所以小腸内一切能消化之物變爲白色漿形之質，名開勒，即精液

也。所有不能消化之質，如木紋等，必與此質分開，而往大腸。小腸內分開此兩物，有兩種微細之管密佈腸包膜內。一名美生脱里克管，專吸能消化之小粉類質，引至肝內，從肝引至心之右上房。一名吸液管，專吸能消化之油類質，引至吸液總管，而往心之右上房。

此爲半成血之料從心之右上房往右下房。在此處與迴血管迴進之血相合時，得一深稷色而爲心噴至肺內，偏通至極細之管，與吸進之氣相遇，其血與氣祇有極薄之皮分隔，即在此處放出其炭養$_{二}$氣而收等體積之養氣，血遂變爲明紅色，通入心之左邊而從發血管行至百體之微絲管。

血質通行全體，所有各種變化之事不能甚詳。其最要者，常添需用之養氣，而血內之各質與養氣化合而生熱，令身温煖，其變成者有炭養$_{二}$硫養$_{三}$燐養$_{五}$拉克的酸，即炭$_{六}$輕$_{五}$養$_{五}$布低里酸，即炭$_{八}$輕$_{七}$養$_{三}$由里酸，即炭，輕$_{二}$淡$_{四}$養$_{四}$由里阿，即炭輕$_{四}$淡$_{二}$養$_{二}$等質。既爲養氣所變，其質必從精液內再得新質，補之而其血必放出已變之各物，如炭養$_{二}$氣從肺與皮而出，硫養$_{三}$燐養$_{五}$由里酸、由里阿從內腎而出。

身内各種流質，如膽汁與口津與胃汁等，必從血內生出，其血從迴血管歸至心內之時，收得食物內成此各流質之料，爲發血管運至應當之處。

身遇大冷或大熱則必或減或加其熱，令週年平勻身內各處之油質能補其熱以禦冷，因油質含炭與輕甚多，在身內與養氣化合，必令所生之熱大於多含淡氣與養氣之物所生之熱，所以身體受冷，則血放養氣令其油質化合，因此生熱能補所散之熱。此有一天然之事，凡寒冷之時，須多用養氣補熱，則吸進之養氣因空氣緊而必多，且遇冷時之呼吸必比平時稍速。

天冷之時，身內需用之炭與輕比平時更多，故宜多食小粉與糖與油等質，因此各料所含炭輕質最多，所以此各種不含淡氣之料，常稱爲補呼吸之所用之料，又如肉與哥路登與阿勒布門等質，爲成百體之料。

食物之功用有二，一養身，一生熱。故所食之物，應依其用而分二類，但食一類必有所偏，如欲補身之料，必食蛋白與非布里尼加西衣尼，如欲補熱之料，必食不含淡氣之質如小粉與糖與油。

動物食此二類，彼此之比例必依其時與事爲主，未壯健者全賴含淡氣之物，以補養百體成堅固身。已壯健，此物略可少食，至如嚴寒之時，又宜多食生熱之料。

壯健之人所食之物，以六分爲率，可食不含淡氣之物，如小粉與糖等質五分，含淡氣之物，如哥路登之類一分。惟饅頭含此二種，略有此五與一之比。小兒之身正須長養所需含淡之料，自宜更多故以食乳爲宜，因乳內不含淡氣之質，如糖與油每四分略有含淡氣之質，如加西衣尼略一分。

凡冷地之人食油比熱地與煖地之人更多。

常食之物宜以二種并用，使其料常相配如以饅頭爲主，則其二類有一與五之比，茲將數種相配者列左。

物名	養身料	生熱料
牛肉	一	一・七
山芋	一	一〇
火腿	一	三
小牛肉	一	〇・一
羊肉	一	二・七
米	一	一二・三

人之運動與知覺俱耗身內之各質，如汽機每一轉爐內之煤必費若干，所以動物或出力或運思必令精血漸虧，全賴食物之相補，並養氣之相助。

吸進之養氣呼出之炭養氣與所食之物大有相關。設食植物質，如小粉與糖，其養氣適足令其輕氣變爲水，則吸進之養氣大半可以合成炭養$_{二}$氣之用。其炭養$_{二}$氣之體積略等於每吸所費之養氣，如食肉與油則必多用吸進之養氣令其肉與油內之輕氣變爲水，故其炭養氣之體積少於每吸所費之養氣，如動物歷久不食，則炭養$_{二}$氣之體積與所用養氣之比例略同於食肉之後。故人不食肉必漸費已身之肉。

傅蘭雅　徐壽《化學補編附卷・體積分劑》 質點之理

英國化學家都勒敦考驗原質之化合，其重數與體積常是相同，無稍改變。其原質乃無數小質點合成，而此小質點不能再分。如輕氣，每一質點爲一，而養氣每一質點爲八，則輕與養彼此化合，或與別質彼此化合，其比例常爲一與八，或爲此二數之若干倍，是即質點不能再分之理。各原質變爲霧而化合，其重數之體積同於輕氣一分劑之體積，惟養、硫、硒、燐、鉀、碲爲其體積之半。

各原質變爲霧而體積相等，則易明質點之理，必依重率與體積化合之事。然養、硫、硒、燐、鉀、碲化合之數，其體分劑數不能與重分劑數相等，因此各質爲

體積之半，則必爲各重率之倍。如養之重數爲十六，即養氣重十六分之體積，等於輕氣重一分之體積，惟其重分劑數爲八，因養八分重與輕一分重能化合，所以水之體分劑式爲輕一養二等於水二體積，其輕三爲重二分，即二體積，即輕氣二質點；而養爲重十六分，即一體積，即養氣一質點。近時化學家俱用體分劑式，而不用重分劑式。其體分劑式爲雜質內所含各原質之體積，然將此兩法相比，則考究變化之理固以體分劑爲宜。若欲作分合之事，當以重分劑爲主。此書專論化學之功用，故仍依重分劑數。

又有一事可證質點之理，即質點之重率，與各質增熱至若干度所需之熱，略爲同比例。即原質之質點熱率，與其質點體積相同。惟等分劑之原質，令得若干度之熱，所加之熱數各不相同。

如水一分劑，增熱一度，所需之熱數爲一，則養氣之熱率爲〇·二一七五，而輕氣之熱率爲三·四〇九，約多至十六倍。故知輕氣若干重，減熱若干度，所散之熱多於等重之養氣所散之熱十六倍。即輕一分重之熱，與養十六分重之熱等。又因其熱率爲一分重之熱數，則養之質點熱率，爲其體積熱率之十六倍，即〇·二一七乘十六，得三·四八。此數略等於輕氣之質點熱率，即三·四〇九乘一。

雜質之變霧或氣，其化合之重數與體積，或爲養氣化合之重數與體積二倍至四倍，故得二種要理如後。

一、凡原質之霧或氣，其化合之體積爲一體積，如養氣等；或爲二體積，如輕氣等。

二、凡雜質之霧或氣，其化合之體積，或爲二體積，或爲四體積。

故以體分劑式代重分劑式，在考驗氣質與霧質最爲簡明。因原質之體分劑，爲其霧之一箇體積，而雜質之體分劑爲其霧之二箇體積。

炭養與炭養二之體積

炭在養氣內燒之，其合成之炭養氣適等于養氣之體積，故養一體積，合成炭養二氣仍是一體積。

炭養氣一體積之重率，即一·五二九，減去養氣一體積之重率，即一·一〇五，得餘數〇·四二四，爲炭養一體積內所含炭霧之重。如謂炭質能變爲霧，則體積必等於養氣之一體積，而炭霧之重率爲〇·四二四，所以炭養二必爲炭霧與養氣各一體積相合而成。

炭養二氣一體積，即含養氣一體積者，行過燒熱之炭，即成炭養氣二體積。此二體積內含養氣一體積與炭養一體積，其重率爲〇·九六七。故得炭養二二體積之重一·九三四減去養氣一體積之重一·一〇五，餘數爲炭養二體積內炭之重，即〇·八二九。

炭霧一體積之重率既爲〇·四二四，即可命〇·八二九爲炭霧二體積之重，而炭養二體積內含養一體積與炭霧二體積，惟此炭霧尚未有人取得，即謂之虛質，而但論其理。

如以輕氣代空氣而爲重率之主，其理更屬顯明，即(炭養二)

炭養二一體積之重率爲二二。

養氣一體積之重率爲一六。

炭養一體積內，炭霧一體積之重率爲六。

炭養一體積之重率爲一四。

炭養二體積之重率爲二八。

養氣一體積之重率爲一六。

炭養二體積內，炭霧二體積之重率爲一二。

炭養與別質化合之分劑數，各質分合既以重分劑爲主，則但言分劑數者，即重分劑數。如以鉀化分水，用鉀三十九分，能散出水之輕氣一分。而與養氣八分，合成鉀養四十七分，故以輕氣爲主，則鉀之分劑數爲三十九，鉀養之分劑數爲四十七，而鉀養四十七分，能與炭養氣一十二分化合。故即命二十二分爲炭養氣之分劑數。惟鉀養四十七分又能與炭養二四十四分化合，又必收水九分，而其合成之質爲鉀養二炭養二易放炭養二之半，即可謂含炭養二二分劑。又炭養二二十二分之內含炭六分，合于養氣十六分，而炭養氣內炭之六分與養八分化合，自可命六爲炭化合之分劑數，即與輕氣一分劑相配之數。

如命養氣八分重之體積爲一，則所成之炭養二氣十一分重爲一體積，而二十二分重爲二體積，內含炭霧二體積與養氣二體積。茲依此理，而將炭養與炭養二之分劑與原質列後。

炭養　分劑數十四　炭重六養重八　體積數二　炭體積二養體積一

炭養二　分劑數二十二　炭重六養重十六　體積數二　炭體積二養體積二

炭之質點重率，常以爲十二，然亦難考炭霧一體積之重率，所以化學家不能逕得其數，祇能依公理而用比較之法得之。

如前理,則炭養與炭養二之體分劑式爲

炭養　體分劑式　炭養　重分劑數二十八　炭重十二　養重十六　體積二　炭體積一　養體積一

炭養二　體分劑式　炭養二　重分劑數四十四　炭重十二　養重三十二　體積二　炭體積一　養體積二

淡輕三之分劑

輕綠一分劑,即三十六分五,能滅淡輕三十七分之鹻性而成淡輕四綠,更用別種强水試之,亦得同數,因命十七爲淡輕四之分劑數。此數之體積,等於養氣一分劑,即八分之四倍體積,故以養氣爲體積之主數,則淡輕三化合之體積數爲四。又如淡輕三十七分之體積,等於輕氣一分劑之倍體積,若以輕氣爲主數,則淡輕三之化合體積數爲二。

淡氣之分劑

淡輕十七分,含淡氣十四分、輕氣三分。如以輕氣爲主,則三分爲輕氣之三分劑,而淡氣十四分當爲淡氣之一分劑。淡輕三以電氣化分之,則得輕氣三體積、淡氣一體積,故淡輕三所含之淡氣十四分,自必爲一分劑,其輕氣既爲三分劑,則淡氣之化合體積,可以同於輕氣之化合體積。生物化學亦證淡輕三內之輕氣三分劑,每一分劑可以別質代之。故輕氣之質點,必爲三箇。至於淡氣之十四分,不能分析而與別質化合,如有化合,必足十四分,是必爲一箇質點之數,從此而得淡輕三之分劑與體積。

淡氣一分劑,以養爲主者二體積,以輕爲主者一體積,分劑之重十四。

輕氣三分劑,以養爲主者六體積,以輕爲主者三體積,分劑之重三。

淡輕三一分劑,以養爲主者四體積,以輕爲主者二體積,分劑之重十七。

因是知淡輕三之體分劑式,即原質變爲氣質,其一體積爲一質點之理,與其重分劑數相配。

淡養五之分劑

嘗考鉀養一分劑即四十七分,遇輕養淡養五六十三分,即化合而全滅其性。輕養淡養六十三分,含輕一分、淡十四分、養四十八分,故其質爲輕淡養,如欲指明原質之排列,必爲輕養淡養五。

輕綠與綠氣之分劑

輕綠三十六分五,合於鉀養四十七分,則能彼此滅性,故以三六・五爲輕綠一分劑之重率。如將綠氣化分之,詳見綠氣取法。即得綠氣三五五、養氣八,即一分劑,故以三五五爲綠氣一分劑之重率。如將綠氣三五五量其體積,即得倍於養氣八之體積,故以養氣一分劑爲一體積,綠氣一分劑爲二體積。其餘輕氣之分劑同。因知輕氣二體積,即一分劑,其重一分。綠氣二體積,即一分劑,其重三十五分五。兩質化合成輕綠四體積,即一分劑,其重三十六分五。

姚元之《竹葉亭雜記》卷三　硇砂出庫車。徐星伯云其山無名,在唐呼爲大鵲山。其山極熱,夜望之如列燈,取砂者春夏不敢近。雖極冷時,人去衣著一皮包,露兩目,入洞鑿之。然不過一兩時即出,而皮包已焦,不能逾三時也。其砂著石上紅色星星,取出者皆石塊,每石十數斤,不過有砂一二厘許。攜此者,用瓦罐盛石,密封其口。罐不可滿,蓋火氣特重,滿則熱甚,砂走也。然受風亦走,受潮濕亦走。賈人攜此,每行十數日,遇天氣晴明無風時,揭其封以出火氣。星伯過庫車時,曾攜數石密封之,及抵伊犂,則石皆化成黄粉,而砂已不見矣。故攜此甚難,即其地亦不易得。惟白色成塊者不化,乃其下等也,然可以及遠,內地所謂硇砂類即此耳。

鏹水以真硇砂合五倍子水而成,可爛銅鐵。星伯同年寓伊犂時,適有一舊鐵香爐,戲取爛油畫一龍,題數字於上。置水中一宿,爐上鐵銷鎔一二分,而爛油所畫則凸起不動,龍與字高出,而其地光平如鏡。攜至京,觀者以爲刀法之平,非秦、漢以後人所能,斷其爲秦、漢器。可知鑒古者大率易欺也。

空青恒産於關外戈壁中,其地無水盡沙,所謂旱海也。惟巃石有之。沈縣令仁樹初宦甘肅徽縣及兩當雜職,其地爲蒙古年班入京孔道。一歲蒙古包過,蒙古所攜物,俱以大皮貯爲包。里下馬家兒從。凡官差用里下之馬,其家必以人從。蒙古押包者前行,過一處下騎,見若蹲地者,見其手若釋子之捻訣者,見若拾地上物塗目者。馬家兒從後觀之瞭然也,而不知所以。追及之,騎者去,視其地,無有物也。諦尋之,見沙中有小石剖爲二,就審之,剖處皆有窩,有滴水貯窩中,意前騎者之塗目必是水也,亦醮而塗其目,水盡乃行。及夕問之,前下騎者莫肯告,復自言其塗目事,前騎者驚曰:「爾何來得此造化耶?」明日騎者行,從馬者以其馬歸,無他異也。久之,里中有聚賭押寶者,此子至即見其盒中物,或青龍,或白虎,若置於前無障礙者,因大笑衆人之皆盲也。衆隨之輒中,寶主患之。異日有出寶者,此子至,無不中。寶主因相約賄之,乞勿至,至亦勿言。於是衣服飲食不謀而裕如矣。一日衆飲之,詢其術,祕不言。又極飲之醉,若詢之,始具道其故。

衆共謀曰：「此子不死，此目不得除也。」因共殺之，遂成獄。沈備得其詳。余忘其爲兩當爲徽縣矣，此子亦忘其名。可知空青不徒治目疾也。

赫胥黎　艾約瑟《格致總學啟蒙》卷中

四十八節　借水爲互離之無數原點所成説

水之原點爲吾等所不能見，上文業經論及，縱水誠爲無數可互相離分之點成者，余等或終不能有可得見之方術，恐亦無由確得準據，第余等無不可暫立虛解，以試看夫能否解透屬水之各種事矣。

設有數分水，其各點誠爲百萬分寸之一分闊厚者，亦不嫌其過微，大抵水之真實原點，較此之闊厚尤微細也，余等祇暫借以立之説耳。

假使如上文十八節所論，各物諸質點，均有互相遷就之勢，水亦在萬物中也，水之原點，亦應有此性情矣。余等確知一情真有據事，即水能微縮小也，緣此即將其内之諸質點，視爲有空間者，宛同室内之有微塵飛揚然，目不能見，經日光射照，則見滿室分飛若許微塵矣。

水中諸點，均如是之有間隔，實因何故，設以極大之壓力，使水之各原點互相即就，稍近則可，嚴切亦爲勢之所不能，殆因有扞格者阻止之，使各原點不能甚切近也。此等不能詳知之阻隔，大抵與余等所覺之熱爲同源，熱減少時，水之體微縮小，亦即水之各原點互就近，原點互近，爲阻隔者之勢亦自減小，於是反而論之，熱增多時，水之體亦漸漲大，然此果何故哉，即水之諸點更爲離分，而其間隔有舒漲加寬大勢也。

設以令水各點互相即就之故，權爲互攝力觀，復反言之，使水諸點離分之故，權爲互離力觀，使余等覺有熱者即是也。上文不曾言，可視熱爲各物原點從速盪擺或旋轉之動乎。然水於爲流質時，既有互攝之力，兼有互離之力，順造化之位置，舉屬令水各原點，一面有自由之動，不似被縶維束縛者少舒適之意，一面使各點，互有關涉牽連，不致離去過遠。

凡流質物加入熱時，能增其各原點離分之力，使各原點較前時約可互遠至十二倍，即各方向言之均如是，是互離之力勝於互攝之力也。其各原點殆脱郤約束，順其各欲往之方向分飛，成爲氣質式，反而論之，減去其熱時，離分之力亦減去，各原點將凝合而爲定質式矣。

於是臆爲度之，水中各質點在寒暑表針三十九度下漲大之故，即因各質點互相即就，成有異式規模，設有十六人於此，判爲四佾，每佾四人，且人與人相距俱去一尺，三十九度上，流質各點切近式，殆即類此，復有一可比擬之式，十六分爲八雙，一前一後，列爲方城式，八面外向，其人與前後伫立，左右並立者，相去不及一尺，惟局勢較先益大，而中有空處，三十九度下，流質物結冰時，不外是式。諸生欲知冰結時均有規模，觀乎冰結之稜即知，至水化爲霜時，霜各點位置成花式，俱以其原質點爲本，而得出有定之花樣形式也。

由是觀之，余等於上文所設，水爲無數互相分離之微質點合成之説，實爲有用矣。能襄助余等解明屬水之諸理矣。更有講論益透者，諸生後此，觀玩格致質學啟蒙，明曉乎物行動之諸理，即知賴夫此説，能解明若許人所試驗，查考之實事者甚多也。借彼證此，乃知此説非不可暫憑以形容實理者，深可取以爲法，布列昭顯夫各等實事，雖屬暫藉此説爲法乎，後時或查得是説爲非之實據，遺棄是説而遵定理，未爲遲也。

四十九節　萬物似皆爲原質點合成

水之爲物，爲無數之互離質點所合成，既可據理立説解明，他等物類，均可立此等説解明之。緣萬物即此事論之，無異理也。

可權水銀爲諸質點所成者，且權其諸水銀質點，爲極微細點拆分者，亦以熱度爲率，或凝合而爲定質水銀，或解而爲流質，即平素之水銀式，或漲而爲氣質，即水銀氣。無論加減其熱度，爲氣質、爲流質、爲定質，要永爲水銀，而其各質點均未能有法拆分出他質也。是以名之爲原質物，水銀歸原質物類内，即緣其不爲他等質物所成也。

講論至此，諸生可酌量其有確據之事，所以不同於所設之擬議説矣。化學家於水銀中，由來無可拆分爲他質之法，要不可確指水銀不能判分爲各等原質也。亦祇現時所設之推測法則然耳，後此之以各種法驗試者，尚不能確知所測驗者何若，兹時暫以水銀爲無他質之物矣。

前此百五十年時，人均以水爲原質物，至今日乃知其爲輕養二氣所成矣。化學啟蒙一書，所記載者，有分水爲輕養二氣之法，考此輕養二氣也，於平常熱度皆爲氣質物，邇來有人，設法使之歸至極涼，並加以極大力壓之，使其氣各變爲流質形，是二種氣質。據余等所立之説虛擬之，俱爲無數質點成就者，既無法可復拆分之，余等即將其歸於原質物類内，與水銀無異矣。

水之分兩，權取爲九分，其内有八分養氣，一分輕氣，從可知於水中虛擬之原質點，所含輕養二氣之輕重，在在應照一八之數合成也，而化學之家，復有謂

水之每一原點中，有養氣一點、輕氣二點者，伊等如是言之，亦非無理，倘其言果無訛，水之原點益覺不純矣。水非二點所合成，殆三點合成乎。

至此，猶有不能已於言之一事，人所呼爲原質者，或實爲純一質點合成，亦或爲二三質點合成耳。

五十節　萬物内諸原質不能有泯有增

設有一立寸水於此，因加熱成氣，其水似泯没不見，究非消歸於無有也。止有流質變爲氣質之事耳，其分兩之輕重仍舊，或將其立寸水拆分輕養二氣，其水雖不見，而其各質猶存也，輕重乃分毫無差，譬猶水重爲二百五十二格蘭有半也，其養氣即爲二百三十四格蘭有百分格蘭之四十五，輕氣即爲二十八格蘭有百分格蘭之五，無論何人行何等法，均未更其輕重，緑養氣某數輕重若干，輕氣某數輕重若干，乃一定也。蓋質物無論遭何境遇，俱不能更其輕重分兩，既不能滅，復不能增，雖暫不見其原質物，而得其輕重分兩，即有可循之緒矣。

天生物與人造物之同處，即在其内含之各原質，無消滅無增多也。萬物之各質點，或連合，或解散爲他等形色物，與經人工將各質點或集成，或分開爲他等形色各物，事理相似也。

五十一節　各物渾合

諸生欲知水如何分爲原質，當看化學啟蒙書，於茲時也。可先將化學中淺近之數種測驗法，亦仿如水之若等合而不散者，畧述論之。

試取水半升，加入濃墨汁少許，水即變暗色，將此水復與半升清水兑合之，成爲一升暗色遂變爲半暗色，當二半升水合時，其體渾合於一，無大小之變，各質點之性情，亦依舊無變，且水於低熱度變氣上升，其蒸氣與風氣，殆亦如是之渾合也。處處有風氣各點，亦處處有水氣各點，均匀參於中，各依其分兩渾合，譬猶以沙土與白糖二物合於一處，土在糖中不變，糖在土中不變，而所佔據之地，亦不變也。

於是反而論之，油與水殆不能如是渾合乎，用茶匙頻頻調和，究屬徒然，油體微輕，終於上升，水體微重終下沉，二者不能渾合於一。水銀體重於水，嘗下沉至器底，水在上浮，沙土不能與水渾合，鐵末亦不能與水渾合，均因其體重沉水底，設以冰粉置於涼如冰之水中，每在水面漂浮，因其體微輕於水，亦不能渾合。

五十二節　燒酒精清水渾合質點必加密

燒酒精，亦透光物也，觀其式與水相似，而性不同，沸點較水極下，火燄藍色，能令飲之者醉，分兩較水輕，與油差無幾，將酒精從輕徐酌於水，可於水面漂浮。譬猶取一玻璃筩，均分相等之十段落，外畫記號，筩之下五段落滿貯水，將力極大之燒酒精加入紅色，或他色，從輕酌入，上五段落至極高之第十記號爲止，則見無色水之下半體，等於有色酒精之上半體，水與酒精於筩之中間交遇處見紅色，或他色，微進水内。第相去不遠，可知其二者不甚渾合矣，要非謂二者原不易渾合也，試用茶匙頻攪和之，上下之酒與水，處處連合爲一，顔色較燒酒精深已減半，所得水之性情，既不同清水，復不同燒酒精，乃在二者之中處。

經如是之一番調理，諸生視燒酒精與水，僅有渾合乎，吾語汝等，不惟有渾合也。外復有他等變化，最明顯者，即已多生有熱，此水酒兑合之水，既較燒酒精温暖，並較清水温暖，於是將此水涼起，涼定時，量其體之大，不及先時高至第十記號處，約在九段記劃上有四分段之三處。由是而觀酒水渾合之體，與燒酒精清水，二者之本來體，兩相對較，已有減少，即知新合水之體積質點增密矣。既有是事，可知此水中之各質點密率，較清水者小，較燒酒精者大，亦不在清水密率燒酒精密率適中處，而較之稍大，十分體已縮至九分有四分之三也，與減去熱度水體稍縮無異。究乎其實，二物之體，因經茶匙調和縮小時，有若許熱氣，由水中散放出耳。

所新得水酒渾合之水，與原清水，原燒酒精不同者復有一事，其滚沸點與結冰點，較清水則下，較燒酒精則高，究之，化學家於燒酒精，猶未得其結冰之法也，設燒酒精之各點散居於清水各點中，同於水之浸瀵散分於濕沙中，據理而論，其流質變爲氣質之熱度，應與燒酒精沸熱度無異，用造燒酒之蒸氣法，庶可將清水與燒酒精分開，而得燒酒精，第不易令水盡散止存燒酒精也。僅有一法，將一種性喜取水如石灰之物先加入少許，使水於復加熱時歸石灰不變氣，乃可藉以得未參水之燒酒精矣。

由是觀之，是燒酒精與清水合後，所得之物，乃爲具有他等性情之新物矣，其物内水之各質點，與燒酒精之各質點互感，使新物所有之各性情，不同於燒酒精，不同於清水，而自爲一物也。

五十三節　鹽與各等物入水消化

質性不一之物渾合時，其互相感動，既如是明顯，倘水與某類之定質物渾合，益可見矣。

試取鹽一勺，傾於盛涼水之玻璃杯内，以物攪和水，鹽速化不見，過不多時刻，人視水如無物在内，於是將其水之分兩權之，設使原水爲五兩，原鹽爲二兩者，此水重恰足七兩，而其味即鹹矣。人呼其水曰鹽水。倘復加鹽於其水，即不能消化，緣水僅能消五分已重二之鹽也。更將其鹽水杯，移置於寬闊盆内，使水由漸蒸爲氣，或移於火上使水沸，當水變爲氣隨時減少時，内所含五分水中之二分鹽質，即還歸爲定質而沉器底，繼此，水盡蒸爲氣，鹽仍得其原分兩，各等性情，與未經水消化時無異。

水於鹽有如是之奇異功效，其他屬於鹽之各種性情，俱未變易，惟其定質之形式有變也，碎冰紛入涼水之事，上文不業經談及乎。冰粉不與冰涼水渾合，依舊爲定質，至水熱度加大，則不然矣，各點冰粉，失其互凝定之性，活潑潑運動，與水之各點參合，或可謂固結冰粉者，已解釋消滅，定質之冰，即變爲流質之水。

冰粉如是之化爲流質水，適與鹽消化之情形相似，世俗均呼之謂糖化爲水。鹽化爲水。第諸生欲用熱消化乎鹽亦非易事，非用極大之熱不能也。定質鹽用熱度化爲流質鹽，較鹽入水消化者大不同，同是消化也，而其義理異矣。論及鹽之情形相同者，即涼水所化鹽之各點，不依舊之互相凝合，且皆均匀分散於水各點中間。與水氣之分居於風氣各點中無異。諸生後此用心習化學，即知鹽之消化於水中者，每一極小之點滴水内，均按其分位，含其所應有鹽之分兩也。

倘使鹽水徐蒸爲水氣，必見鹽之各點，成爲有規模，極美，觀之立體稜形，一一爲六面平方式，以顯微鏡隨時窺之。可見，其稜形即鹽，無他物雜於内，於是加熱不已，熱至定質鹽透顯紅色，即變爲流質，設復加熱，其流質將變爲氣質，而飛散空中矣。

由是觀之，是鹽與水二者合時，鹽有消化，水亦有變更矣。假令鹽水熱至二百十二度，不即滾沸，必多加熱度方滾沸，蓋水内所含之鹽能使水不速沸而變爲氣質，適與上文所言，水與燒酒精渾合，水能令燒酒精不速變氣質。無異。或亦可云熱力遇有鹽在内之水，較無鹽之水阻力乃尤大。熱力微加，始能變氣，猶之燒酒精與水渾合，令水之結冰點向下沉去，鹽在水中，亦能如是之。令水結冰點下移也。海中之水，寒暑表針降至二十七度方可結冰，即因内含有鹽差五度也，而海水所結之冰内無鹽將鹽質胥增與未結冰之海水内而其水益鹹矣。

鹽之諸點，與水之諸點，可以謂其有欲親近連合意，即性不同物相合之理，於化學啟蒙書内，講明質性不同之各質物，如何相合不相合，可將是理著明。

五十四節　論石灰與水合、石膏與水合

石灰之爲物，即選含有灰之石，火燒紅而得者也。火煆極透時，爲色白而硬之定質物，難變爲流質氣質，惟熱度極大方可，譬猶用新煆之石灰一團，置於盤内，用三分其石灰重之一分水酌其上，石灰必發出熱氣，消化水而不見，且變爲極軟之白粉，瓦工將石灰煮而爲熟灰，即有此番操作也。設於其石灰内所加之水，原未逾乎三分之一，所得之熟灰粉，必既硬而且乾，而所酌入之水終不得見。

鹽消化於水時，定質變而爲流質，水酌於石灰上，乃流質變爲定質矣。倘復增水於内，定質將解釋化消，更變而爲流質，呼之曰石灰水，於是令其水徐蒸爲氣，從新可得石灰而結爲定稜形，與鹽無異。惟有不同之一事，鹽定稜内無水，石灰定稜内有水，其含水多寡有定之數，與熟灰内無區別，即七十四分中，石灰五十六，水十八也。

水與石灰如是新成之定質物，後欲復分之不易，須以將石灰燒紅之熱度，方能拆分開，石灰與水如是之相合，其内含各物之分數，按率永屬無異，故謂其相合之率屬均有定也，所得之物，名曰硤水强鹽。

石膏爲白而且乾之粉，用水少許和之，不與石灰之變化同，所合成者，速定爲質硬物，水大都不見。究乎其實，而石膏與水合成爲他等强鹽。餘而不用之水，乾後毫無存者，乃深爲作石膏玩物極便之一事也。泰西國匠役，恒將此等石膏水，傾注於有形象，或石或銅之玩物上，使爲成形之石膏模，當石膏爲流質時，於其玩物之起伏高陷處，無微不到，及凝定，而從輕劃開，脱玩物體下，内具玩物形狀，依舊不變，由是模而脱出若許石膏玩物均可，而凝定之石膏中，或七分重之一，或八分重之一，仍爲水，流質乃成定質，譬猶於其定質加極大之熱度，使水散放，可仍得原形石膏也。

有石膏之處甚多，其凝結爲極美觀之定稜，亦所屢見有時見其明亮透光，潔如水晶，考其如是之結稜也。亦屬爲硫磺與水相合成之强鹽。且此等生而凝定之石膏，與上所言人工合之石膏相同。設以顯微鏡窺其重疊累積之薄層面。乃處處皆同，然據理細酌，其物爲水之諸點與石膏諸點所合成者，以其切合嚴緊，是以光明如玻璃也。亦屬極硬性脆能破之定質。復考其水與石膏各種點結聚之式，非各方向同，有數方向結聚益較堅固，用豎力劈開則易，從横截斷甚難，不能由直線平裂，必有參差不齊之破裂痕也。

城磺强鹽，並馬革尼西亞與硫磺合之强鹽，即瀉藥。亦爲水中可消化，火蒸

水氣上騰，冷定時，凝爲稜形之定質類。考是定質類也。亦仿如石灰石膏之與分兩有定之數分水相合，可結爲稜形之異質新物，凡此等性脆如玻璃之物中，其分兩率多爲水。

由是觀之，是水與某種他物，可合爲與其二物不同之新物矣。談論至此，余等已道及化學之境域。化學書中，能令余等知異物如何合而爲他物，並可考究得各他物合爲何物分，而爲何原質物。

五十五節　泥石等不靈動諸物體可將同質增體漲大成定稜

水與硫磺石灰等，皆爲不靈動之物。既不能與飛潛動植物爲同類，而與各金類、石類同歸一類，上文不業經言乎，水與他等不靈動物相合，能凝成各等花式之定稜。如冬令户牖之玻璃面，有水氣結爲冰雪花即是，外復有鹽與石灰、石膏，並馬革尼西亞與城同硫磺所成之各强鹽，與水參合沉水底時，俱結爲定稜形。若者不參他物自凝定，若者與水相合而凝成異質新物，設將内有城磺强鹽所消化之水一滴，酌於插入顯微鏡内之玻璃片面，以目徐窺，水散盡成定質時，冰稜之形勢甚奇異，有仿如縫針密排平片並列者，與户牖玻璃而所結之冰雪花雖有不同，而其美觀無異，或用内化有硝之水一滴。亦可，後乎此時，諸生明乎結稜之理，即知能結稜之各物，既各有己之凝結定形，兼總不離夫形勢相等，角度有定，諸面所成之各體狀也。

如上文所載能結定稜之諸物，均有法使其有漲大之式，即以結爲定稜之鹽論之，譬猶取此定稜鹽，加於一縷細麻線上，使入於有鹽消化之水中，且其水消化之鹽，已至足分不可復加之地位，令風氣行於其水面上，使其水由漸化爲氣耗去，所餘之鹽點，因水散失，不能依舊爲流質，是以由漸遞聚，一一懸掛於細麻線上，鹽之定稜外，而其原定稜鹽之體已增大，惟不改其原定稜體式。譬之冰糖塊，均爲糖與水二物合成者，即因極濃之糖汁内，加入數縷麻線，火煮其糖汁，水漸散失，糖即漸聚於麻線縷上而成冰糖塊。惟有一應加意者，其物體向外漲大，質點乃由外增來，其所增之鹽與糖，均屬鹹水内所含之鹽，甜水内所含之糖耳。

有體質屬乎飛潛動植之靈物

五十六節　論小麥並麥内各體質

諸生俱曾瞻望麥田，見麥爲無數長莖，亭亭直立，下端插入土内，及成熟收穫也。知其各莖之下均有根荄，上均有穗實，莖之四周有若許葉裹護。穗内所結之實，爲無數長卵形之子粒。即小麥種子也。此麥種子去其麩皮外衣。内瓤磨爲細粉，以之作饅首餅糕均可。試取麵粉數撮，加涼水和爲水麵團，納於經緯線稀之粗布囊内，將囊移置於有清水之大盆中，用手頻頻揉之，即見粉有黏性，而水變白色。將此水傾注於他器，復注清水頻揉之，水仍變白色，於是屢易水，屢揉之，其麵粉愈透出膠黏凝合式，水亦漸清淡無色，所餘於布囊内者，即黏質，西語呼曰革路典，是時已成供口腹用之麵筋也。

洗麵筋之水，可暫不遺棄，存於盆内鎮静數點鐘，頃見盆底沉有若許白粉，粉上之水即清，從輕挹出，餘沉盆底者，即漿洗物之無數細點粉子，以顯微鏡細窺，見其每細點層層聚積，結爲相向同有一心式。復將澄出粉子之清水，注釜内火滚沸之，見其水由漸濃厚，與卵中清消與水者無異，繼乃向釜底湊合，有微透白色形似酪之一種物凝結，即植物學啟蒙所言植物中之阿羅不敏也。

麥種子中，於革路典粉漿，阿羅不敏三者外，復有數種他物。第方言之水火敖煮法過粗，不能察考使出也，以考植物學家之細查驗法可得之。小麥種子中，有造胞壁之料形近似木質，有糖數分，有油數分，無論取小麥之莖，或葉，或根，設法查考之，亦可得粉漿，阿羅不敏，與胞質並糖與油，惟其胞質，較他者極多。譬猶即小麥之稭論之，百分中有九十餘分爲胞質，麥種子外，稭莖中猶有數種屬於泥石之物。所最要者，即西利加也，西利加即火石精設或遇不戒於火，麥稭烬化爲灰燼，細視其灰，必見有西利加，微以玻璃式，當小麥生活於土内時，此數種物與若許水相渾合，若者消化於水中，若者存聚於水中，惟種子内之水極少，莖内葉内水較多耳。

五十七節　論雞與雞内各質

諸生不習視乎雞夫，既能行兼能飛，周身羽毛，背生二翼，腹下生二足。雌者遺卵，卵外有硬殼圍裹。試將其卵破開，見流出之汁有二，一無色者，一黄色者，將其無色者收於一器内，置火上燔炙之，其無色汁由漸變濃厚，終成白色定質。形勢與植物内之阿羅不敏相若，可謂爲屬動物之阿羅不敏。

利稼孫　華得斯　傅蘭雅　丁樹棠《製火藥法》卷三　化分火藥原質法

一、求火藥内含水質

其法以若干之藥，細稱其重，置入最濃硫强水器上，以玻璃罩罩之，取出空氣，留至數日，令硫强水收去水質，或將曲玻璃管置藥於管内凹處加熱一百四十五度至一百七十度，令極燥之。空氣漸由此端貫入，出彼端外，藥中濕氣即爲燥氣所帶出。以上二法皆可隨意用之。俟濕氣已出，稱其分兩，如原藥爲十兩三

分之數，燥後稱之得十兩正，則知三分爲水質。

二、求火藥内硝數

其法取已乾之藥十厘，以沸水浸之，則所消化者爲硝，所不硝化者爲炭與硫。濾取其水，所不能濾過之質，以少熱熱之令乾，而稱其數，將此數較藥之原數，其餘數即爲硝數。若將濾下硝水加熱乾之，得乾硝稱其數亦可。

三、求硫與炭之數

其法取前所得硫炭，或以藥置沸鉀硫或鈉硫水内，或置碱類硫養水内，則硫必爲水消化，惟存炭質。以水濯之，乃曝乾稱其重數，與原物相較，即得餘數，爲硫分兩。

所用鉀硫，或鈉硫，或碱類，硫養二必最輕者，否則因尋常炭内多藏生物所成之質，其質必與料内碱質化合，故所得炭數必略少。若試紅炭所製之藥，須明此事。蓋紅炭内多藏輕氣與養氣，倘不留意，所求炭數必然差謬。

又有一法能分硫與炭。用炭硫照前法取硝，以其餘質乾之，入小玻璃瓶，瓶内再入炭硫，並以脱，則硫必全消化。惟留炭質，可濾出乾而稱之，乃得其數。此數與原物相較，即得硫數。

凡製藥之炭，皆非原質，蓋有輕氣與炭氣雜之。二者之數，乃視燒炭之法或善或否爲别。因藥之高下，亦略倚炭之善否爲差。故欲細辨藥之等次，必察兩氣之數，其試法用銅養和藥燃之。

藥内硫質更有一法可查出之。以乾藥十厘浸入少沸水中，添硝强水再加熱令沸，嗣再徐添鉀養緑養，添法由每點漸增藥内之硫，即化爲硫强水。若將鋇緑添入，則能與硫强水化合成鋇養硫養三，乾而稱之，得其數，可知硫數多寡。

又有查硫數之法，用藥若干重，並硝等重，又鹽三四倍重，共三物調合之。取一白金小火爐燃熱至紅，將三物逐漸投入爐内，徐徐燃起，惟不得騰出爐外。燃畢，加水調入，以鹽强水添之，嗣添入鋇緑與硫强水，成一定質，乾之，稱其數即得硫數。

藥中最要之物，而價極昂者爲硝。故尋常試藥，能識硝數，則硫與炭可不必問。有一便捷之法。取藥五十厘，浸入沸水二百厘，嗣以玻璃管，管上有號誌之，水至五百立方寸，即至號處，以濾斗置玻璃管上，使藥水由濾斗徐入管中，再加清水入玻璃管至號處爲度，俟漸冷至三十六度，復加少水。因水已漸冷，加之以補其縮數，以物調之，令其全體和匀。取一小量硝水表入内，驗表上所刻誌號，可知藥百分内藏硝若干數。照此法所得硝數無甚差謬，每千分之數所差最多者僅三分而已。

杜亞泉《化學原質新表》《亞泉雜誌》一期 我國已譯化學書雖不多，然名目參差百出，肄業者既費參考，續譯者又無所適從。且近世檢出之新原質，名目未立，無可稽考。平日寒齋披閲，常作表以便檢，偶有記録，即藉表以爲準。其舊有之名，大都從江南製造局譯本者居多，並列他書譯名之異者。若未有舊名，不得已而杜撰之，有米記者皆是。非敢自我作故，亦冀較若畫一耳。以後本雜誌中有記述化學者，悉準是表，故不揣疎漏而録之，以俟諸大家教正也。表中以原點重率序次，皆近世名家核定之最正確者，以便與化學週期律相核對云。週期律係近來新得之學理，可以明世界各物質性相推移之故，當於他册譯録。

原質	臘丁名	西號	日本譯名	譯本異名	原點重率
輕	Hydrogenium	H	水素		一・〇〇
鋰	Lithium	Li	利手謨	鉐與鈣之又名鉐者不同。劣非地恩	七・〇三
鈹米	Beryllium	Be	別利留謨		九・〇八
硼	Borum	B	硼素	硼精　布而倫	一〇・九五
炭	Carboneum	C	炭素	炭精　碳	一二・〇一
淡	Nitrogenium	N	窒素	硝氣　育	一四・〇四
養	Oxygenium	O	酸素		一六・〇〇
弗	Fluorum	F	弗律阿僴謨	消尅尅夫羅而林	一九・〇三
鈉	Natrium	Na	那篤倫謨	鏀鍼鐮精素地恩	二三・〇五
鎂	Magnesium	Mg	麻倔涅叟謨	鏀美合尼西恩	二四・二九
鋁	Aluminium	Al	亞爾密紐謨	鑻鉒釩膠泥精哀盧彌厄恩	二七・一一
矽	Silicium	Si	珪素	玻　砂精　西里根　碣　玻精　夕里　西恩	二八・四〇

續表

原質	臘丁名	西號	日本譯名	譯本異名	原點重率
燐	Phosphorus	P	燐	光藥 砒	三一·〇二
硫	Sulfur	S	硫黄	硫磺 磺	三二·〇七
緑	Chlorum	Cl	鹽素		三五·四五
鉀	Kalium	K	加僧謨	鋏 灰精木炭精 卜對斯恩	三六·一一
氬	Argou	Ar	亞兒艮		三九·七〇
鈣	Calcium	Ca	加爾胄謨	鏚 錙石炭精 丐而西恩	四〇·〇一
鉰米	Scaudium	Sc	斯甘胄謨		四四·〇一
鐟	Titanium	Ti	知答紐謨	鉥同文館譯本。鈦《初階》。替脱尼恩	四八·一五
釩	Vanadium	V	華那胄謨	鐇 凡奈弟恩	五一·三八
鉻	Chromium	Cr	格魯繆謨	鐃 鐀廣學會譯本。鏴客羅彌恩	五二·一四
錳	Manganium	Mn	滿俺	鑭 鏍 孟葛尼斯	五四·九九
鐵	Ferrum	Fe	鐵		五六·〇二
鎳	Niccolum	Ni	曜結兒	鐸 鎘《初階》。臬客爾	五八·六九
鈷	Cobaltum	Co	箇拔爾	錆 鉗 鎬《初階》。苦抱爾	五八·九三
銅	Cuprum	Cu	銅		六三·六〇
鋅	Zincum	Zn	亞鉛	鋖 鉦 鍟 倭鉛	六五·四一
鈲米	Gallium	Ga	瓦僧謨		六九·八〇

續表

原質	臘丁名	西號	日本譯名	譯本異名	原點重率
鈤米	Germanium	Ge	日爾曼紐謨		七二·三〇
砒	Arsenicum	As	砒素	䃟 鉮 鋯 鎏	七五·〇九
硒	Selenium	Sc	攝列紐謨	硎 西里尼恩	七九·〇〇
溴	Bromum	Br	臭素	澳 孛羅名	七九·九五
鉫	Rubidium	Rb	留彪胄謨	鑢	八五·四三
鍶	Stroutium	Sr	斯篤倫胄謨	鑑 鉥息脱浪 西恩	八七·六一
鈦	Yttrium	Y	伊篤僧謨	鐿	八八·九五
鋯	Zirconium	Zr	悉爾箇紐謨	鍇 入爾果尼恩	九〇·六〇
鈮	Niobium	Nb	尼阿彪謨	鈳	九四·〇〇
鉬	Molybdenum	Mh	莫利貌垤紐謨	鋗 鉾目別力 迭能	九五·九八
釕	Ruthenium	Ru	留的紐謨	銠 貳鳥地恩	一〇一·六八
銠	Rhodium	Rh	魯胄謨	鈃	一〇三·一〇
鈀	Palladium	Pd	巴剌胄謨	巴留底恩	一〇六·三六
銀	Argentum	Ag	銀		一〇七·九二
鎘	Cadmium	Cd	嘉度繆謨	鑛 鉌 鐸開特 彌恩	一一一·九三
銦	Indium	In	銦胄謨	鍐	一一三·七〇
錫	Stannum	Sn	錫		一一九·〇五
銻	Stibium	Sb	安知母尼	鈯 銨 安的 摩尼	一二〇·四三
碘	Iodium	I	沃度	燐 紫海藍愛 阿靛	一二六·八五

續表

原質	臘丁名	西號	日本譯名	譯本異名	原點重率
碲	Tellurium	Te	的律僧謨	碲　脱羅里恩	一二七・〇〇
鏭	Caesium	Cs	攝叟謨	銫	一三二・八九
鋇	Raryum	Ra	拔留謨	鍾　貝而以恩	一三七・四三
鋃	Lanthanum	La	蘭多奴	鑭　浪替尼恩	一三八・六〇
錯	Cerium	Ce	攝留謨	鐼　昔而以恩	一四〇・二〇
鋖米	Neodymium	Ndi			一四〇・五〇
鐠米	Praseodimium	Prd			一四三・五〇
鏑	Didyum	Di	實實烏謨	鉪　地里彌恩	一四七・〇〇
鏾米	Samarium	Sa	撒麻僧謨		一五〇・〇〇
釓米	Gadolinium	Gd	瓦奴里紐謨		一五六・一〇
鉽	Terbium	Tb	的律繆謨	忒而比恩	一六〇・〇〇
鉺	Erbium	Er	英爾彪謨	耳比恩	一六六・三〇
銩米	Thullium	Tu	丢僧謨		一七〇・七〇
鍉米	Decigium	DP	的池比謨		一七一・〇〇
鐿米	Ytterbium	Yb	伊的爾彪謨		一七三・〇〇
鉭	Tantalum	Ta	旦答僧謨		一八二・六〇
鎢	Wolfram	W	阿爾佛蘭謨	東斯天	一八四・八四
銖	Osmium	Os	阿斯繆謨	鐚　哈思彌恩	一九〇・九九
銥	Iridium	Ir	伊利胄謨	鉒　衣日地恩	一九三・一二
鉑	Platinum	Pt	白金	鈂	一九四・八九
金	Aurum	Au	金	鏋	一九七・二四
銾	Hydrargyrum	Hg	水銀	汞	二〇〇・〇〇

續表

原質	臘丁名	西號	日本譯名	譯本異名	原點重率
鉈	Thallium	Tl	多留謨	鉇	二〇四・一五
鉛	Plumbum	Pb	鉛	黑鉛	二〇六・九二
鉍	Bismuth	Bi	蒼鉛	鉘　別斯末斯	二〇八・一一
釩米	Morvegium	Mg	那威希謨		二一九・〇〇
釷	Thorium	Th	篤留謨	釗　土里恩	二三二・六三
鈾	Uranium	U	烏羅紐謨	鐼同文館譯本。鐼　由日尼恩	二三九・五九

以上原質共七十六種，舊有譯名者六十三種，未有舊名者十三種，皆近時所得之新原質也，亦可見斯學之進步矣。

製造局舊譯原質，共六十四種，今衹列舊名六十三種者，因《鑑原》之鉻，即《指南》之鉗、《初階》之銑、《金石製别》之谷羅西恩，據近來新出之書，多已删去，兹録於此以備考。

又有一與氬同類之物，西名Helium日本名歇留謨，日語曰ヘリウム係一千八百六十八年化學家用分光鏡於太陽中檢出，至一千八百八十二年，始於火山噴出之石汁中，查得其質亦爲地球所有。一千八百九十五年，化學家考得空氣中除淡氣、養氣、炭强氣、濕氣即水瀛。之外，又混有氬氣。正試驗時，又於空氣中得歇留謨之實證。然化學家以但據光線分析，恐爲他兩種氣質之和合，故未列入。

鋃之西名爲Lauthanium西爲號La按諸近世化學書，大都相同，乃查日本丹波氏所譯彬湼兒氏之《無機化學後編》三百八十七至三百八十九葉所載，有蘭答紐謨，西名Lanthanium西號La日語ランタン紐謨，原點重率一三九・〇〇，又有蘭多奴，西名Lauthan西號La日語ランタン原點重率一三八・〇〇，是恐係同一原質，偶因西字稍異，遂别爲兩質耳。

又杜亞泉《質點論》《亞泉雜誌》一册　萬物之體質如何搆造而成，格致家深求其故，而得質點理也。是理也，創於英人覃坦，譯音。數年後意人復修正之，今爲格致家定律矣。或謂之學問上之假説，言學問中假此以爲説，非實有此景象也。其實不然。蓋此理者，處處有實證，無可疑議，愈思愈真，實造物化育之元功，物

類成形之根本。理論上如是，實際上亦無不如是。惟其理繁賾，非詳析而證論之，不易洞澈其意味也。故設爲問答之語，亦期其明了而已。

問：物質如何構造？答：皆由極細之質點連結而成，謂之微點。同一物質，必同一樣之微點構成，其諸微點之形性重量皆同。故雖一微點，仍不失其本質之性。

問：微點之形況如何？答：世上之物皆可分析，如金可研之如泥，石可磨之爲粉，然人工分析，雖愈分愈細，終不能達至分盡而不可再分之界限。惟天然分析，始能達之。至達其界限時，其所分之一小分，即爲微點。故其細已甚，其形況斷不能目擊。

問：何謂天然分析？答：如以麝香一粒，置室中，其微點散佈滿室，觸入鼻觀，即聞其香，數年不絕。然權其重量，幾不覺其減少。又如鹽一撮，化於大杯水内，以針尖刺水一微滴，而此微滴中，亦必有鹽少許，皆天然之分析也。

問：微點可再分否？答：物質分至微點，已達至分盡而不可再分之界限，但所謂不可再分者，謂雖再分之，而其分出之一小分，不能獨自存立。世界之内，無有從微點中分出而成爲物者。如以理論，則微點者尚爲二原點或數原點合成，則原點之微，當更甚於微點矣。

問：原點與微點有分乎？答：原點者，微點中之一支體，譬之物質者，一國也；微點者，國中之一箇人也；原點者，人中之一支體也。故微點者，必合數原點而成，如水之微點，合輕二原點與養一原點而成。天下無獨一原點能存之物，必合成微點而後能存耳。前答亦此意。

問：原質之物，皆原點積成，則原質物中之原點與微點，何所分別乎？答：原質之物，以兩箇同形性同重率之原點，合成一微點，並非原點積成，仍係微點積成也。此理係近來新得。自此理出，而質點化合化分之理愈明矣。

問：微點有合兩原點而成者，有合多原點而成者，如是，則合二原點而成者。其微點必小，合數十原點而成者其微點必大。如輕氣之微點，合輕氣二原點而成。而水之微點，合輕氣二原點、養氣一原點而成。錏即淡輕三。之微點，合淡一原點、輕三原點而成。而有機物質中，有一微點而合數百原點而成者。原點之多寡既殊，微點之大小必異。然乎？否乎？答：若但就一微點而論，則合原點多者必較大，少者必較小。然合多微點而論，則不然。譬之以同號鉛字排印成書，以一字比較，則筆畫多者字形大，筆畫少者字形小。然筆畫無論多少，一字總居一格，故聚多字而成篇幅時，其篇幅之大小，不關於其字之筆畫之多少，但論其每字相距之疎密，與字之多少而已。

問：其理可得聞與？答：若合多微點而成物質，其物質之大小，在乎其微點之多少，與微點相距之遠近而已。無論何種物質，或同或異，若其微點之相距等，微點之多少等，則其物之體積大小亦必等。反言之，若微點之相距等，物之體積亦等，則其微點多少之數必等。

問：何謂微點相距？答：凡微點相連，此微點與彼微點之間，空隙甚大，無論如何堅實之物，或任用何法逼壓之，其微點總不能緊切。諸微點連結成物，非如多物堆積，擠而不落，蓋如地球與日月諸星之相攝無異，但空隙雖大，終非目力能見，與木或浮石等之空隙，固大異也，格致家謂之微隙。

問：微隙之理有徵乎？答：以金製空球，中滿水而重壓之，球雖毫無破損，而水自滲出。可見水之微點，能透金之微隙而過，而金之微隙，大於水之微點可知。惟不加壓方時，水之微點能自相結合，故不至於漏耳。又如盛水滿杯，漸漸加鹽，隨化隨加，加至許多而水尚不溢，此因鹽之微點，已滲入水之微隙中也。

問：各微點之間，既有微隙，而自能相攝者，何也？答：其相攝之力，謂之結力。水銀在盤中，自成圓顆，將兩顆互近，即并合。雨在空中自成圓形，鹽化水中，曬乾而自成方形，皆結力之天然自顯者。鐵條之任重而不折，金剛石之能破堅而不損，何莫非結力之效用乎！

問：結力於微隙之關係如何？答：結力大者，其物堅而爲定質。結力小者，微隙放大，其物寬鬆而爲流質。無結力時，則其微點自欲相離，其微隙愈大而爲氣質。一體積之水，能蒸爲一千五百體積之瀛，可見水之微隙，比瀛之微隙大一千五百倍矣。

問：各物質之微點，如何使其等距乎？答：凡物化爲氣質時，其本體既無結力，則其微點有自欲相離之性。此時若無外來之抵力，則各微點必自行擴散。故其微點之相距，但論外來之壓力與温度如何。有兩種氣質，其外來之壓力等、温度相等，則其微點之相距亦等。或温度不變，壓力有變，則壓力倍者相距半，壓力半者相距倍，成反比例。壓力不變，温度有變，則温度在零度上增減一度。攝氏表。其相距之增減，爲零度時之二百七十三分之一，故兩種氣質之隙，孰大孰小，可由其温度與壓力而測知之。從此知兩種氣質，在同温度、同壓力時，但使其氣之體積相等，則所含微點之數，亦必相等矣。

問：各種氣質，於同温同壓時，其體積等，則微點之數亦等。然何以證之，而知其微點之數相等也？答：水瀛二體積，以電氣分之，常得輕氣二體積，養氣一體積，此何故歟？必三種氣質，每一體積中微點之數相等故也。假使無論輕氣、養氣、水瀛，每一體積設爲一千微點，則是二千微點之輕氣，一千微點之養氣，合成二千微點之水瀛。夫原質物之一微點，既爲兩原點合成，而水瀛之微點，爲輕二原點，養一原點合成。故須以輕二代輕氣之微點，以養二代養氣之微點，以輕養二代水之微點，則其式爲二千輕二加一千養二等於二千輕二養，即二輕二加養二等於二輕二養，若其每體積之微點，畧有多少，則其理必不可解。

問：更有證歟？答：凡化合之理，無不如是。如以輕緑氣即鹽强之氣。二體積，分之得輕氣、緑氣各一體積，其式爲輕二加緑二等於二輕緑。又錏氣即亞莫尼亞之氣，即淡輕三。二體積，分之得輕氣三體積、淡氣一體積，其式爲三輕二加淡二等於二淡輕三。此外如輕二硫氣、硫養氣，均可以此理推之。

問：化學記號及方程式，於微點之關係如何？答：譯本中常以原質名爲此原質之記號，此名用於方程式中，其原質名之一字，當作此原質之一原點論。若書原質物之一微點式，當於左下之角注二字，因原質之微點，常含二原點故也。此外數字相連，如輕二硫如輕二硫養四者，皆當合其數字而作此化合物之一微點觀之。其左之倍數不列入於微點之内，如二輕二硫養四之式中，輕二硫養四者，爲硫强水一微點之式。倍數二，乃指其微點之倍數耳。

又《質點論續前》《亞泉雜誌》二册 問：依上所論，三體積之輕，一體積之淡，合成二體積之淡輕三，是四體積之物縮成兩體積矣。化合物之體積，與其所化合原質之體積，常能減少歟？答：體積之大小，專論微點之多少，及微隙之大小，上已詳之。多體積經化合而體積能減少者，愈可以微物質之必有微隙矣。

問：原質化合而成合質，於體積有增減，其重量有增減否乎？答：重量不能增減也。譬如一體積之養氣，重十六分，又一體積之硫霧，重三十二分，則二體積養、一體積硫，共爲六十四分，化合成硫養二氣二體積，共六十四分，不稍增減，而硫養二氣一體積之重爲三十二分。

問：何爲原點重率與微點重率？答：先以各氣質一體積於同温同壓時比重，知養比輕重十六倍，淡比輕重十四倍，緑比輕重三十五倍半，惟因等體積中微點之數多少必等，而原質之每一微點均合兩原點，則各質每一體積相比之重率，即可爲其質之一原點相比之重率。故以輕之一原點重率爲一，而養爲十六，淡爲十四，緑爲三五·五，皆其原點之重率也。如是而輕二養一微點之重率爲二加十六，即十八。輕緑一微點之重率爲一加三五·五，即三六·五。淡輕三一微點重率爲十四加三，即十七矣。是即以其微點内之原點重率相合，爲微點重率也。夫微點之重率相比，即其氣質等體積之重率相比。則輕二養一體積，與淡輕三一體積之比，若一八與　七之比，即輕緑與輕二養或淡輕三相比，亦無不可推矣。又輕氣之原點既定爲一，則微點之重率應爲二，推之養氣微點之重率應爲三二，淡氣微點之重率應爲二八，皆爲原點重率之倍。因是而輕二養、輕緑、淡輕三等之與輕氣、養氣等各原質比重之數，亦無不可推矣。但化學家定各合質氣體之重率，常以輕氣一爲本位，而以微點重率折半爲與輕氣相比之重率，何也？蓋輕氣之微點重率爲二，則各氣質之微點重率與二之比，若其微點重率折半與一之比。既定輕氣爲一，則必以原微點折半爲其氣質之重率也。

問：以上輕養淡緑硫各質之原點重率、微點重率，及各種氣體比重之數，固可以此法測定，然原質之中有不易化爲氣質者，測其重率，必皆令其化爲氣質乎？答：凡其質之不易化氣者，可將化合質中之易化氣者測之。如炭之爲物，必爲定質，雖受極高之熱，不化氣質，然與炭化合之質，如炭强氣，即炭養二者，可藉以測定之。如於一定容積之養氣瓶中燒炭質，得與該養氣同體積之炭養二氣，但體積雖不增大，而重量有加。蓋養氣之重率本爲一六，輕氣本位。今已增至二十二，倍之得四十四，爲炭强氣一微點之重率。又因其體積無增減，可知其微點與原有之養氣微點相等。從此推得炭强氣一微點中，必有養氣二原點，即一微點。故於炭强氣微點重率内，減去養氣兩原點之重率三十二，則其餘之十二，必爲炭强氣微點内所含炭原點之重率。此炭原點之重率，將爲一原點之重率乎，抑或爲數原點之重率乎，尚未可知。惟藉炭質化成之質，屢覈其原點之重率，無在十二以下者，故以十二爲炭一原點之重率也。

問：設其質所化合之質皆定質，而不易化爲氣質，則其原點之重率，更以何法測之？答：更有一法，可以測定質原點之重率，其法謂之微點比熱。比熱者，任一物加熱，令其物體之熱昇上若干度，試其需若干熱力，又以此熱力加之等體積之水，試其能昇上若干度，於是以其質昇上一度所需之熱力，與水昇上一度所需之熱力相比，定水所需之熱力爲　，而推得其質所需熱力與一相比之數，其數爲之熱率。各原質之熱率，與其原點重率相乘之數，名曰原點熱。各原質之原點熱，其數畧同大，其均數爲六·四，如水銀之熱率爲〇·〇三二，以約六·四，

得二〇〇，即水銀之原點重率。又鉛之熱率爲〇・〇三一，以約六・四，得二〇七，即鉛之原點重率。鎳之熱力爲〇・一〇九，以約六四，得五六，即鎳之原點重率也。故各原質之熱率測定後，亦可藉此以檢出其原點之重率矣。因各質之熱率與其原點重率，略成反比例，如鉛之熱率，比鎳之熱率，等於鎳之原點重率，比鉛之原點重率也。

平野一貫　河村汪　杜亞泉《定性分析》　此書係日本醫科大學教授下山順一郎校閲，平野一貫、河村汪編纂，爲日本有名之化學書。編纂之時，取俄國某府大學教授排依魯氏所著之*Anleitung zur quantitativen Analyse*爲標準，旁採諸家之書，參互考訂。其宗旨在指導生徒實習考質之法，書分二章：上章選擇鹽類中常用之物，分別試驗，以示各本質配質相感之性，名曰考質分試法。下章則示以考質相生之法，名曰考質相生法。今擬譯録一通，揭入《亞泉雜誌》，仍依原名題曰《定性分析》。定性分析云者，蓋亦考質之意也。

光緒二十六年十一月十一日，即西歷二十周之第一日，亞泉記。

目録【略】

第一章　考質分試法

［第］一　鈉緑食鹽。

一、置食鹽於試筒中加熱，咇咇發聲，更加大熱則熔融。試筒臨用須以蒸水洗淨。又凡使定質加熱之試筒，須甚乾燥，而使試筒乾燥之法，則先於酒燈上加熱，而用玻管插入吸出其濕。

二、以食鹽黏於白金線端，入酒燈火焰之邊緣，或吹火之外層燒之。其火燄顯黄色，此黄色火燄，以鉀二鉻二養七之顆粒，或録碘二塗紙上照之，其顆粒或紙片呈白色。若以藍色玻片隔之，則其透過之色不見黄色。白金線之端屈成小圈濕之，然後可黏欲考之質。

三、以食鹽鎔化於水，此鹽水加銀淡養三，結成白色之銀緑沈下。硝酸不能溶化，錏莫尼亞能溶化之。溶化後加硝酸，使有酸性，復結成銀緑。其銀緑遇日光漸變紫黑色。

四、以鹽水加録（淡養三）二，即結成白色之録緑二沈下。硝酸不能鎔，加錏莫尼亞即變黑色，爲録與錏緑之和合質，名曰含録錏緑。

五、以鹽水加錯鉛，即鉛（炭二輕三養二）二，結成白色之鉛緑二沈下。錏莫尼亞不能溶，沸水能溶之。冷時結成針狀之顆粒爲鉛緑二。

六、加濃硫酸則沸，而有激刺性之臭。加熱，則發生輕緑氣飛去。

［第］二　鈉二炭養三加一〇輕二養蘇特。

一、於試筩中加熱，則有水分出。

二、火焰顯黄色。見［第］一之二。

三、易溶化於水，其溶液呈鹻性，加輕緑則發生炭養二氣。

［第］三　鈉二硫養四加一〇輕二養元明粉。

一、於試筩中加熱，有水分出。

二、火燄顯黄色。見［第］一之二。

三、於木炭上以吹火内層灼熱之，生褐色之鈉二硫。此鈉硫研細，置白銀片上，加水一二點，則周圍有黑色之痕跡，爲銀二硫。

四、以水溶之，加鋇緑二，結成白色之鋇硫養沈下。酸類不能溶化。

五、加醋鉛，結成白色之鉛硫養四，酸類不能溶。加輕二硫變黑色，是爲鉛硫，其式爲

鉛硫養四加輕二硫＝輕二硫養四加鉛硫。

［第］四　錏緑即淡輕四緑硇砂。

一、試筒中加熱，不鎔融而化氣飛散，凝於試筒之上截。

二、溶化於水，加鉑緑四，結成黄色之質沈下。譯註：以後凡將物質溶化於水者，稱之曰某某水，或稱溶液。

三、錏緑水加銀淡養三，結成白色之銀緑沈下。參看［第］一之三。

四、錏緑水加鈉輕炭四輕四養六，結成白色之質沈下，爲錏輕炭四輕四養六。

五、錏緑加石灰水，即發生淡輕三，其氣易辨，紅試紙遇之即變藍色，以玻璃條濕鹽酸或醋酸近其氣，即生白霧。

六、查錏莫尼亞或其鹽類之痕跡，如於飲水中查其含錏莫尼亞否。用訥司雷氏之試藥最佳。此試藥遇錏莫尼亞或其鹽類，即結成紅色之質沈下。如所含錏莫尼亞極少，則其水亦略變黄色。製此試藥之法，爲鉀碘二分，加水五分，溶化之。復於此溶液中加紅色之録碘二三、二分，溶化後更以水二十分與鉀輕養十三・四分之溶化於水二十六・六分者。注入静置之，澄清之後，更以石棉過淋。其遇錏莫尼亞變化之式爲

四（録碘二鉀碘）加六鉀輕養加二淡輕三＝二（淡輕二録碘）録養）加十鉀碘加四輕二養

[第]五　鉀淡養三鹹硝。

一、試筒中加熱能溶，若更加高度之熱，能放養氣，其所餘爲鉀淡養二。

二、以吹管於木炭上加熱，剥剥發聲，所餘之質含鉀炭養三。

三、其火燄有茄花色，隔藍玻片視之，現深紅色。

四、溶化於水至飽足，凡溶化於水愈濃，則其相感愈速愈靈。尋常消化物質，須將物質溶化於沸水至有餘。俟其冷而過淋，提其不溶化及結成者方可。加鈉輕炭四輕四養六結成白色之質沈下。若其水淡，則結成稍緩，以玻條在試筒内邊摩擦之，則速能結成。

五、鉀淡養三水加鉑綠四，結成黄色之重質沈下，即鉑綠四二鉀綠。其式爲

三鉑綠四加四鉀淡養三＝二(鉑綠四二鉀綠加鉑(淡養三)四)

六、將鉀淡養三水加等分之濃硫酸，待冷，緩緩加入鐵硫養四水，令浮於該水之上，則二水相接之界成一紅黑色之輪層，此輪層即二(鐵硫養四淡養)。其變化之式爲

六鐵硫養四加二輕淡養三加三輕二硫養四＝二淡養加三鐵二(硫養四)三加四輕二養

七、以藍靛即炭八輕五淡養化水一二滴，加入鉀淡養三，更加鹽酸煮沸，其藍色消滅，變爲紅黄色之質，係炭八輕五淡養二名曰衣柴親。其式爲

三炭八輕五淡養加二輕淡養三＝三炭八輕五淡養二加輕二養

八、以鉀淡養三與銅屑混和，加濃硫酸熱之，發紅霧，即淡養二。

九、以鉀淡養三加鈉輕養及鉛屑或鋅屑鐵屑而熱之，即發錏莫尼亞氣。其式爲

鉀淡養三加八輕＝淡輕三加鉀輕養加二輕二養

[第]六　鈉淡養三智利硝。

一、以鈉淡養三加熱於木炭上，剥剥發聲，其所餘之質含鈉炭養三，故其殘渣以水濕之，置紅試紙上即變藍色。又加輕綠，能發炭養二氣。

二、有鈉之感應。如[第]一之三。

三、有淡輕養三之感應。如[第]五之六。

杜亞泉《化學週期律》《亞泉雜誌》六期　本雜誌第一册，揭録《化學原質新表》，其序次悉依原點重率，以冀與週期律相核證，惟週期律爲近來新得之學理，向來譯書中未曾述及。去年臘底，承鎮海虞君欽和，以所譯《化學週期律》一篇見示，同氣相求，實有先得我心之樂。兹將虞君來稿揭録一過，更不揣疎漏，就本館所見聞者，補述一二，藉以質之虞君，并乞海内諸學家正之。

原質之天然分類

週期律未明以前，化學家向有原質分類之法，因原質之特性，成天然之族類，計非金屬、金屬合二十一族，如下表。

非金屬	金屬	同上	同上
第一　輕族	第七　鉀族	三鉻四鈾	三鐠四鋯
一輕	一鉀二鈉	第十二　鈷族	五釷
第二　綠族	三鋰四鍐	一鈷二鎳	第十八　銻族
一綠二溴	五銣	第十三　鋅族	一銻二鉍
三碘四弗	第八　鈣族	一鋅二鎘	第十九　鉑族
第三　養族	一鈣二鋇	三鈺四錮	一鉑二銥
一養二硫	三鎴	第十四　銅族	三鉌四鈀
三硒四碲	第九　鎂族	一鉛二鉛	五銈
第四　淡族	一鎂二鈹	三銅四銾	第二十　釩族
一淡二燐	第十　鋁族	第十五　銀族	一釩二鈮
三砒	一鋁二錯	一銀	三鉭
第五　硳族	三鋃四鏑	第十六　金族	第二十一　鉬族
一硳	五鈦六鉺	一金	一鉬二鎢
第六　炭	第十一　鐵族	第十七　錫族	
一矽二炭	一鐵二錳	一錫二鉬	尚有銅釕鋖鐠鐵釔鉽鋙鍉鐿釢未列入

週期律表

前表分類之法，雖不如週期律之自然，然已具週期律之基礎，且因各原質既有交相類似之性情，而其所以相類之故，似與其原點重率有關係。此事久已惹

當世學者之注目，至西歷千八百六十九年，俄國米台而夫Mendeljeff氏始作一表，以明其關係。同時又有Rother及Mnyer兩氏，皆講究週期律之理，其理遂暢明於世。米氏所作之表，屢經後來學者修改，左表爲數年前英人Walker所修正者。

	七週期	六週期	五週期	四週期	三週期	二週期	一週期
一屬	一	一	鍶	鋤	鉀		
二屬	一	一	鋇	鍶	鈣		
三屬	一	鐿	鋃	鈦	錭		
四屬	釷	一	鐠	鋯	鐠		
五屬	一	鉭	一	鈮	釩		
六屬	鈾	鎢	一	鉬	鉻		
七屬	一	一	一	一	錳		
八屬	一	鉥	一	釕	鐵		
	一	鉱	一	銠	鈷		
	一	鉑	一	鈀	鎳		
一屬	一	金	一	銀	銅	鈉	鋰
二屬	一	銾	一	鎘	鋅	鎂	鈹
三屬	一	鉈	一	鋼	鉫	鋁	硼
四屬	一	鉛	一	錫	鈤	矽	炭
五屬	一	鉍	一	銻	砒	燐	淡
六屬	一	一	一	碲	碘	硫	養
七屬	一	一	一	碘	溴	緑	弗

右表除輕氣外，自鋰至鈾諸原質皆依其原點重率之大小，自上而下，復自左而右，順次序列。其空位中，另有新原質之未明其質性者，及未知之元質，可以補入。如錯以下諸空位，有餟、鐠、鏑、鐵、釔、鉽、鉺、銩、鍉可以補之。鉍以下空位，可以釙補入。但因此等新原質之質性，未甚明了，故姑置缺如。又有氬及歇留謨二原質，目下尚未明其位置。

各週期原質之關節

表中共分七週期，一、二兩週期各以七個原質合成，三、四兩週期各以十七個原質合成，其餘週期則皆不完全。茲將各週期中原質性情相關之處，摘其大要列下。

一、每週期之始，皆同爲一屬，以下遞次皆爲同屬。一、二兩週期，自一屬順次以至七屬而終。其餘一自屬順次以至八屬，復循環一次，至七屬而終。其同屬中性情皆類似。詳下。

二、任一原質與其同週期中上下相近之質相遇，無急烈之變化。因每週期中性情，皆逐漸推移，至一週期終之原質，與次週期始之元原質，則大相差異，愛力最强。如弗與鈉、緑與鉀是也。

三、表中三角形之内，皆非金屬聚於一處。

四、一、二兩週期之始所列原質，其爲本之性最强。自此逐漸推移，至週期末之原質，其爲配之性最强。其餘各週期，則皆以强於本性之原質始漸漸變遷，至中間成亦本亦配之性。以下復爲强於本性之原質，至末之原質，復强於配性，可見第八屬與其上下相近諸原質關係最妙。

五、各原質成定質時，其等積之重率，亦與週期律有關係，例如下。

鈉·九八 鎂一·七 鋁二·五 矽二·四 燐二·二 硫一·九 緑一·三

鉀·八七 鈣一·六 錭三·八 鐠一 釩五·五 鉻六·五 錳七·四 鐵七·九 鈷八·六 鎳八·九 銅八·九 鋅七·三 鉫五·九 鈤五·五 砒五·六 硒四·○ 碲三·一

各屬原質之關節

《週期律表》中分七週期，又分八屬，其同屬性情相類似，較於天然分類，更爲自然。可知當週期律未明以前，其分類法尚未完備也。然互相核證，出入無幾，茲表明如下。

第一屬即鉀族，第二屬鈣族鎂族及鋅族銅族之一分，

第三屬硼族鋁族及鋅族銅族之一分，第四屬炭族錫族及鋁族銅族之一分，

第五屬淡族銻族釩族，第六屬養族鉬族及鐵族之一分，

第七屬緑族及鐵族之一分，第八屬鈷族鉑族及鐵。

各屬中之原質性情相類之處，證據甚多，茲摘其大要如下。

一、同一屬中其化合價相同。化合價，見雜誌四册《化學理論》所列各原質之價，與此有一、二出入，因有數箇元質間有數箇化合價，理論中録其常用者，而畧其罕用者。其出入之處，可以參觀而得也。

二、各屬之化合價，自一屬至四屬爲遞增，即自一價增至四價。自四屬至七屬爲遞減，即自四價減至一價。例爲：

一價	二價	三價	四價	三價	二價	一價
一屬	二屬	三屬	四屬	五屬	六屬	七屬

三、各屬化合價有依次遞增者，自一屬至八屬，即由一價增至八價。例爲：

一價	二價	三價	四價	五價	六價	七價	八價
一屬	二屬	三屬	四屬	五屬	六屬	七屬	八屬

四、凡輕氣與三角形内各原質化合，亦依上二條之例，而三角形以外，不易與輕氣化合。

五、凡養氣與各原質化合，多依上三條之例。如：

銀二養　鈣養　鋁二養三　炭養二　燐二養五　硫養三　錳二養七　鋏養四

惟八屬原質與養氣化合時，其化合價間或不依三條之例，而另成一式，如下表。

與養氣化合價	六價	四價	二價
八屬原質	鋏	鋨	鉑
	釕	錴	鈀
	鐵	鈷	鎳

觀此表，知八屬中之同週期者，遞次減二價，可見第八屬原質，實與其同週期中上下相近之各原質，成中立遞推之妙。因八屬原質在每週期中，其上爲七價原質，下爲一價原質，今由七而減爲六，由六而減爲四，爲二，再由二而減爲一，甚爲匀稱。

據週期律發明之學理

以上將週期律中各週期與各屬之關節，臚舉大要，可見週期律所發明之學理甚多，但化學中因得週期律後而發明者，尚有數端。如錮之原點重率，舊爲七五·八，今改爲一一三·七。鈾之原點重率，舊爲一二〇，今倍爲二四〇，據晚近之試驗，其數適相符合。此外如碘與碲及鋏與鋨之原點重率，皆據週期律更正者。又週期律初創之時，鈳、鈪、鉬三原質，尚未發見，惟因表中空位，豫想此各位必有未知之新元質可以充補，並豫言其原點之重率，及性質之大概，後果有此三原質發現，一切果與豫言相吻合。今前列四列週期中，祇有一空位，將來亦當有新元質可以補充。此新原質之性情，大約與錳相似，其原點重率約爲一〇〇者，此亦可據理而豫言者也。至非金類格内，尚有一强配性之原質未曾發現，後人當必能取以補之焉。

又杜亞泉《論氩》《亞泉雜誌》八册　氩者，其東、西名已詳《原質表》中，蓋空氣中不關緊要之成分也。空氣之一百體積中，含氩爲〇·九三五體積，又百重量中含一·三重量，爲路特希里氏所攷見。路氏初因空氣所得之淡氣，與由淡氣化合質内分出之淡氣重率不同，精究之，遂攷得此質。即以由空氣中去盡養氣及水瀛、炭强諸賢之純淡氣一定體積，納真空器中，而於一定熱度與一定壓力之下，測得重量二·三一〇二格，更以淡、養氣等類之淡氣化合質同體積，入同器中，於同熱度同壓力之下測之，得重量二·三九九〇。而以此改算平熱度，即百度表零度。平壓力風雨表七百六十密里邁當，即二二·二二寸時。時，一里得法量，之質量，化學淡氣重一·二五〇五格，空中淡氣重一·二五七二格，實差百分之五。若果化學淡氣與空中淡氣其質相同，則其疏密本斷不至如是之差異也。因此於曩所得空氣中除去炭、輕、養之純（静）［浄］淡氣，大爲置疑，以爲空中淡氣，必尚有少許雜質。繼乃考見一新原質，而名曰Argon　泉水含氩者頗多，如Reykjavik (Island)之噴出温泉中，含氩百分之一以上。又Schwary wald 之Wildbad 温泉中，又Vorkshire 及England 及英國之硫黄泉中，皆有之。

製氩之法，通常皆以空氣爲原料，由鹻屬除其炭酸，由合用之乾燥料收其濕氣，再用紅熱之鎂除其淡氣及養氣。此氩氣不受變化而殘留，其初自空中除去淡氣所得之氣，謂之粗製氩氣。再反覆數回在鎂金屬中引導之，後其氣質在炎光管試驗，至不見淡氣之光線而止。

氩在常温度中，服從氣質之規律最爲精密，爲一原點性之氣質，與輕氣比重爲一九·八五，其原點重率與微點重率相同，均爲三九·七，故爲一原點性，於不變之壓力下，其比熱爲〇·一三三，其折光之力比空氣稍小，而其粘性比空氣爲大。其折光指爲〇·九六，而粘性爲一·二一。此質於低熱度中始能凝縮，其沸界在零下一百八十五度，自沸界稍下，即凝冰樣之塊。其熔界在零下一百八十八度半，其極期温爲零下百二十一度，其極期爲五十氣壓。

氩比各種二原點性之氣質甚富傳電之性，故在真空管内放電之時，成許多之光線，現出分光像。而用其分光像於試驗之時，則因其行於管中之壓力之大小，與其所用電流之性質，而常有差異。管内之質稀薄，壓力在一密特空氣壓力爲七百六十密特，爲法國之度，即邁當之千分之一也。壓力一密特云者，即一氣壓之七百六十分之一。之下，則呈藍色光線，三密特之壓力時呈紅色光線，電流最强而有二十密特之稠度時，其光線甚鮮明。若稠度增加自百至二百密特時，變其分光像之質性而呈鮮緑色之線。但無論爲藍爲紅爲緑時，其分光像之紅色部中，但有二條之弱線而已。

氩能溶化於水内，於常温一里得法量也，十分邁當之一之立方尺，爲一里得。之水，溶化其四十立方仙迷，仙述亦法量，當爲千分里得之一，恐未確，俟查。故天然之海水、河水、湖水、雨水，均含氩少許。此少許中之一分爲和合於水者，其又一分則仍爲含包於水之氣質。

氩之化合物尚屬未知，雖往往有查報已得氩之化合物者，是皆出於誤謬者

也。是故氬之化學質性可得確指者，不過一事，即一怠惰無作用之質性，決不與既知之化學質有感應之事。按其原點重率即從比熱查得。此氬之西名，希臘語爲怠惰無作用之意。而此氣質一微點，衹含一原點，故微點重率與原點相同。其微點重率即由容積測得。其爲一箇新原質已無疑義，雖然，近來所得從空氣中取得之純氬，終不能謂之純，因空氣中所殘餘之氬，尚含有他種無作用之原質也。所以真正純浄之氬，與從空氣中取得之氬，其性質有無異同，尚不能確言之。固不論何法，若欲將氬中所含之歇儸謨之微跡除去之，至今尚未能也。

王琴希《昨年化學界》王琴希先生來稿，譯日本《物理學校雜誌》。《亞泉雜誌》第三册

一、無機化學

輕氣沸度　輕氣凝成流質後，常有少許定質空氣浮沉其間，是最可恨事也。台滑而Dewar曾去此等物而得純輕氣流質二百五十格，以供測定沸度之用。其測熱器用富來民Fleming測極限熱度即最小熱度。所用鉑鈀羼金阻力一比九，測得爲二百三十八度，用白金則差二度，爲二百三十六度。而觀示熱度與電阻力比例之曲線，則白金幾成直線，鉑鈀羼金則爲漸近線云。衛希而姆伐貝Welhelm Vaubel稽查台滑而之成蹟，知爲二百三十八度，又測其流質形分子即分劑。之大小得五・二云。

台滑而又由流質空氣而得大真空，其法以有空氣之管，置輕氣流質中，則先成養氣流質，次淡氣亦凝流質，越一分鐘後，則空氣成定質，管中成一氣壓一千萬分之一之最大真空。此管中通以電火，則玻璃發强燐光云。

阿純識别法及其分子　異性非尼里二阿米尼鹽類之鎔於水者，遇阿純即臭養氣。則現赤色，然亞硝酸氣　HNO_2　及過養輕　H_2O_2　遇之，皆無變化，故能與二者區别。又其真性及假性化合質，亦皆有此變化云。

司鉄兑而Staedel因鉀碘水不能變改養氣及阿純和合氣之體積，故知其分子爲　O_2+NO　而N之數等於一。辣廷拔搿Ladenburg又令阿純流質化氣，而由所測得重率，知確爲O_2云。

發光原質　披苦列弗拉P. Burie Frau愛司苦列S. Curie及奇貝門脱GBemont自丕豈冷特Pechblende中得甚能發光之原質，此質在分析學中之性甚似鉍，而名之曰薄羅紐姆Polonium諸人又徧究發光性物質，得第二種質，此二質性情全異。前者於其酸性水中通輕硫氣則結沉質，其鹽類在酸内能溶，加阿摩尼阿亦全結成。而第二種發光質，則性頗似鋇，遇輕硫氣、阿摩尼恩硫、阿摩尼阿等，皆結成。其硫酸化合質，酸類不能鎔。其炭酸化合質，水中不鎔。其緑氣化合質，水中易鎔，而醇及鹽酸不鎔。其發光性，以弗葛台麥而指Fug Demarcay之法觀之，則見較鋇線之弱光帶浪長等於三八一四・八勢冷特之度Rawland者，顯遠强之線，故名之曰拉地由姆Radium此質有時存於鋇中甚多云。鈾、釷及薄羅鈕姆拉地由姆，通以電氣，則皆發如愛格司線之光，能感照片，而後二質力尤强。

用碘化分鹼類及酸類　碘酸及碘化合質之和合者，遇死物酸質則變化如左。

$RJO_3+5RJ3H_2SO_4=3J_2+R_2SO_4+3H_2O$　此變化頗完備，故可供酸類求數之用。而此分出之碘，可用次亞硫酸鈉　$Na_2S_2O_3$　定規水檢定之。葛路蓋而Groger曾以碘求鹼類之數，其法於該液内加某一定量之碘，而在澆瓶中沸之，則變化如次式：

$6ROH+6J=RJO_3+5RJ+3H_2O$　而所餘存之碘，可由次亞硫酸鈉檢定之。

空氣含碘　阿門特加台而Armond gautier以二百至二千里得空氣，行過以濃鉀養水濕潤之玻璃絲間，得有碘之物。其種類如左。

一爲水能鎔之碘定質，止於玻璃絲之上者。二爲水不鎔之定質，而黏附於玻璃絲者。三爲氣質，止於鉀養水之中者。此各種皆可用硫酸與硝酸鈉相和之物，令其碘分出，加炭、硫摇之，以其色與已知溶碘數之流質之色相較而定之。其二之一種，可以鉀養溶之而施上之法云。由上之法，所試得成蹟如左。

獨立及成氣之碘，空氣四千里得中，最少含一密里格之五百分之一。二之形者，一千里得空氣中，在巴黎則含一・三密里格，海上雲氣則含十六密里格。此等質蓋皆存於浮游空氣中之芽細胞等生物内者也。愛甫加勒貢F. garigon亦曾試驗加台而之成蹟云。

又愛甫加賴時Poul Bourcet查知，人身内血中及肺心諸處，亦有碘質。泊而蒲而開脱F. gallard曾作一海草内含碘之表。

又《昨年化學界續前》《亞泉雜誌》四册　過鉻酸Perchromic acid　據惠時Wiede所報過鉻酸四米以脱里阿摩尼恩　$CrO_5N(CH_3)_4$　及過鉻酸雞那阿里尼　$CrO_5HNHC_5H_{10}$　及過鉻酸披倍里第尼　$CrO_5HC_9H_7N$　諸鹽類之製法

性質如左。

此諸鹽類皆以其本質之濃冷以脱溶液。令遇該酸而得之。其四米以脱里阿摩尼恩鹽爲黑色顆粒，驟遇熱硫酸或阿摩尼阿，則化分爲二鉻酸，溶於水中者爲紫褐色流質。加鋇綠及銀硝酸，則析出無水過鉻酸。又其三米以脱里阿米尼鹽　$CrO_5NH(CH_3)_3$　爲黑色細顆粒，甚易炸裂。其〇·一五格已能發大炸力云。其雞那阿里尼鹽爲青色小顆粒，性輕而能浮。以脱及偏蘇里克·羅路福密、炭硫、醋酸等皆能溶之。水及炭綠、醕、里克羅里尼中皆不能溶。其披倍里第尼鹽爲棕黑色油。冷則凝結成顆粒，溶於水爲棕黑色。

衰化合質遇鎂之變化　愛豈茫Eichman以含衰金類與鎂同熱至紅，則變化如左之方程式。

$$M(CN)_2+3Mg=NC_2+Mg_3N_2$$

又從其所用衰化合質之性及量與熱度之異，有變化如次者：

$$M(CN)_2=M+(CN)_2 \qquad CN_2+3Mg=Mg_3N_2+2C$$

鋇衰$Ba_3(CN)_2$　鈣衰$Ca(CN)_2$　鍶衰$Sr(CN)_2$　鎂衰$Mg(CN)_2$　鉀衰KCN　鈉衰NaCN等，紅熱時皆變化如首式。鋅衰$Zn(CN)_2$　鎘衰$Cd(CN)_2$　鎳衰$Ni(CN)_2$　鈷衰$Co(CN)_2$　鉛衰$Pb(CN)_2$　銅衰$Cu(CN)_2$等，皆變化如次式。又銀衰Ag(CN)　銢衰$Hg(CN)_2$亦大概先化分成金類與衰，再遇鎂生變化。

輕養阿米尼之構造　白羅而Bruhl謂此質遇亞硫酸即硫養二。則令收養而成硫酸，遇燐綠則化分成阿摩尼阿及淡氣，遇輕二養則化分爲淡氣及少許硝酸。故由此數端觀之，則表此物性質之構造式，當爲　$H_3N=O$　較愈於NH_2OH之式。

米蘇矽草酸　賈鉠而茫Jatterman及愛而列Ellery二人，令綠氣遇矽，則於$SiCl_4$及Si_2Cl_6之外，更得Si_3Cl_8之化合質。此矽八綠爲八面形顆粒，二百十度而沸，置鉑皿上而以冰冷之，則爲空中濕氣所化分，放鹽酸氣而成無定形之白色定質。此質之實驗式似　$Si_3O_6H_4$　即米蘇矽草酸，譯注：按$C_3O_6H_4$即爲米蘇草酸，此質乃以矽三原點代其炭者，故有米蘇草之名。其構造式似爲

$$\left(\begin{array}{l}SiOOH\\ Si\begin{cases}OH\\ OH\end{cases}\\ SiOOH\end{array}\right)_n$$

其質無色，不鎔於水，則甚不安定。衣服之頗乾者，觸之已能化分，又收養性甚大，加鉀過錳酸舊譯作鉀養錳二養七。之水而稍熱之，即滅其色。

鋰一米以脱里阿摩尼恩　亨利木司生Henri moisson以純淨米以脱里阿米尼氣，通過金類形鋰之上，始則其金類形漸失盡而成深青色流質。此物爲鋰阿摩尼恩之溶於阿摩尼恩中者，而終則成黑色濃流質。其變化如次：

$$N\begin{cases}CH_3\\ H\\ H\\ Li\end{cases}+2N\begin{cases}CH_3\\ H\\ H\end{cases}=3(NH_2CH_3)Li$$

此流質於真空中，在平熱度時則分開，而得深青色之鋰一米以脱里阿摩尼定質。其式爲　$N\begin{cases}CH_2\\ H\\ H\\ Li\end{cases}$

胡兆鸞《西學通考》卷五《化學考》

丁氏論化學

美國丁韙良曰，金木水火土，中國以爲五行。水火風土，西國以爲四行。皆不爲原質，推而進之尚有本原也。水則分爲二氣，火則二氣相合而生熱，木係水風土三行合成，土亦可分爲二物，惟金有數種不得分者，祇可謂原行而已。《格物入門》。

羅氏論化學

英國羅斯古曰，今先舉人共曉者四物：曰火、曰空氣、曰水、曰土。試爲格之。化學之始，先論火。火不自燃，得空氣乃燃。如燭質化合養氣成熱，不獨燒燭爲然，即萬物化合均有成熱之理。化合極速即成火，速並成極烈之火。試將塊石炭置於馬口鐵盆内澆以水，則有聲淎然而沸，化汽飛散。次論空氣。空中之氣不可捉摸，以手揮之似覺非虚，扇之有風冷然。凡樹枝拂動雲煙飄颺，甚至木拔浪騰，皆空氣爲之。次論水。人但知冰塊得熱化爲流質水，再加熱令沸便成汽，而不知水含養氣，魚吸氣必帶水入腮，吞其養氣而分漏其水，故魚之唼水非唼水也，乃唼養氣也。如以沸過熱水置活魚其中，移時魚必僵矣。以其水經沸滚養氣全無耳。次論土。地質内有煤，煤之爲炭，衆所共知。燒時發出炭氣，即空氣中之養氣與炭化合爲火以發者也。《化學

啟蒙》。

赫氏論化學

英國赫施賚曰，欲知化分水輕養二氣之法，觀化學各書，如以半斤墨水加入半斤清水，墨水之色已減其半。而與清水化合，共成一斤水，而成汽亦匀播於空氣之中。至糖與沙可合而不可化，水與油並不能合，油輕於水必浮於上汞與水亦不能合，汞重於水，必沈於下，鐵屑亦然。冰粉入冰冷水亦不易化。又曰，如以一調羹鹽攪於水内，鹽即化而不見。視其水似乎無别。然水若重五兩。鹽若重二兩，消化後必共重七兩。水已化足變鹹，不可再加鹽，以五分水止化二分鹽也。如以鹽水傾入盤内加熱化汽。鹽沈於下重與水化時等性亦不改。是水祇能變其形也。鹽者，水化易火化難，火化須極大熱度。然化雖有難易。令質點分則一也。火化之鹽與水化者無異鹹味相同。又曰麥之爲物。人人皆知麥。秋刈麥，取而觀之有根，有穗，穗中有麥，麥外有殼。麥入磨坊磨成稱粉。以水漉之，爲麵筋，爲小粉，爲蛋白質。更有木質、糖質、油質與矽養等，而木質居多。《格致小引》。

達微氏論化學

英國達微氏以電氣試之。土類、鹽類各分二質。《格物入門》。

嗶氏論化學

英國嗶唎利始究得養氣。方知天氣以外有氣也。隨後多人煅煉究察續得各種氣類。《格致入門》

鈉　鈉惟食鹽含之最多。其形性與鉀略同。惟與養氣化合不若鉀之易且速。

鋇　鋇爲白巳金類。其雜質大半用地產之鋇養、炭養取出。要者有鋇緑爲化分物質所常用。

鎴　鎴與鋇略同。其雜質置火中燒之。恒現大紅色之光。

鈣　鈣爲淡黄色金類，狀若羼金。易與養氣化合成鈣養即石灰。故一名鏚。

鎂　鎂色如銀。數種石内含之，如鎂灰石、肥皂石是也。

鋁　鋁之光色堅固並同於銀，而價兩倍於銀。不易生鏽可打箔抽絲。

鐵　鐵爲金類中最多而最有用者。動物之有脊骨其血内必含之。凡金類與養氣化合之質動物食之而無害者，止有一鐵鐵。在地中常與别質化合而成礦。

錳　錳爲炭白色之金，無甚大用。

鉻　鉻色灰白，甚脆而堅。其雜質色皆悦目，可作顔料。

鈷　鈷色紅灰，與養氣化合成鈷養，用作玻璃之顔料藍色甚美。

鎳　鎳爲光亮之金，色白如銀，可作錢幣。

鋅　鋅色藍白，性稍堅。

鎘　鎘色白，形如錫，性如鋅。其雜質有鎘碘，爲照像常用者。

錮　錮色白，熱至紅色，即燒現茄花色光，而成錮養，色黄。

鉛　鉛色藍灰，質甚輭易鎔，遇□氣亦生鏽、性毒。

鉈　鉈形如鉛，而生鏽更易於鉛，其雜質性皆毒與鉛同。

錫　錫色白如銀，而較輭性易鎔，與養氣無甚愛力，故鍍於鐵。面能不生鏽而且光亮如馬口鐵等是。

銅　銅有自然生成者爲小粒。金類中惟銅與鉛爲紅色，故俗稱爲紅銅。其質堅韌不甚生鏽。

鉍　鉍爲硬脆之金。色白稍紅，質輕於錫熱則易鎔且易化氣，其在地中恒獨成而不與别物相合。

銻　銻爲藍白色之金，與鉍略同而堅脆過之。

鉮　鉮色深灰，質如銅而甚脆，與養氣化合而爲砒霜。又名信石。

汞　汞有自然獨成者爲流質色白亮，質甚密可作玻璃鏡背及寒暑表、風雨表等用，亦可爲藥品。又有汞硫地產者多純者名硃砂製鍊而成者，爲最佳之顔料即銀朱也。

銀　銀質堅韌其色爲金類中最白者，可作器皿及錢鈔等用，遇養氣不生鏽惟見硫臭易變黑色成銀硫銀八硝强水能消化而成銀養淡養五爲透明無色之片粒銀之雜質。此爲最要，醫家多用之爲藥品。

金　金産地中而無鑛，常見獨成薄片或顆粒間有大塊，大半爲純金或稍雜别質。其色正黄面光亮性最韌。純者更輭幾與鉛同。打箔抽絲此爲最易，亦可作器皿錢鈔等用。鹽硝硫等强水皆不能化，惟合强水可以化之。金之極純者其價十五倍於銀。

鉑　鉑如銀微帶灰色比金銀更重更堅，各强水不能化亦不畏酸水，淨鉑價略等於金。

鈀　鈀形與鉑相似，色亦白而光亮過之。

錴　錴性脆而鎔界較鉑更大。

銤　銤重於金而質極堅。

釕　釕性硬而脆鎔亦極難。

銥　銥亦比鉑難鎔而質更重，重於水有二十二倍，三鈀錴銤釕銥皆産之不甚多。以上見《化學須知》。

非金類

養氣　養氣不但空氣與水内有之，地殼上石等亦皆含之，因其與别種原質幾皆能化合也。故凡鉛鐵等物見之無不鏽者。

輕氣　輕氣水内含之頗多，故取者皆使水化分而得。其氣不養火能自燒，是與養氣有别。

淡氣　淡氣在空氣内爲最多，動物内亦多，植物内則少。取法，以空氣取去養氣，餘者即是淡氣。

緑氣　緑氣在食鹽内含之最多，金類礦及動植物内亦有之。

弗氣　弗氣當化合在一種石内。即鈣弗石。分取之爲無色，氣質，性與緑氣略同。

碘　碘多含在海水之内，取者恒自海草灰中蒸而得之。爲光亮定質，狀如鱗片而色青黑，人皮沾之則染樱黄色。

溴　溴亦在海水内，純者爲深紅色流質。見熱易散，其臭略同緑氣而更猛，人食之則爲酷毒。

硫　硫多産於地内，每與金類化合爲礦，可以法升錬而得。純者爲淡黄色，脆定質，微熱或磨擦之則生臭氣，性易燃燒。火色淡藍，燒時即與養氣化合成硫養二氣，味臭惡，能薰白物質。其氣再添養氣一分即成硫養三氣，融化於水即爲硫强水，爲化學事内最要之品，各種强水大半藉此而造。

碲　碲一名磃。

硒　硒一作⿰金西，硒、碲二物性與硫黄略同。

燐　燐無自然獨成者，每在動物内成爲鈣養燐養，植物内亦含之。取法，用獸等骨粉升錬而得，其形有兩種。一爲半明輭質，面光如蠟，性最易自燒，可用爲自來火之料，人食之爲極毒之藥。一爲變形者，質硬色紅，性不自燒，不大熱亦不發光，亦可爲自來火之料。

⿰石希　⿰石希無獨成者，常與養氣化合成⿰石希養三，⿰石希養三與鈉養化合則成硼砂。

粉子　粉子乃食物中之細液也，百穀皆含此質。西國以麥麪爲之，南海以草根爲之，如藕之成粉。南方更有大樹類棕櫚者，醴鬆汁濃，土人往往以取以造粉。

糖　糖不拘草木動物。製取甘汁皆可爲糖。唐時西番僧熬蔗汁成糖分數種。總分二類有可釀成酒者。如甘蔗高粱葡萄牛乳之類。有不可釀成酒者蜂蜜質亦同。

蛋白　蛋白不但鳥屬生之。即動植體中亦含其質。

肉膠　肉膠以木棍攪鮮血。有膠黏者而出之。

乳膏　乳膏乳中有水有油，更有白質名乳膏蛋白。肉膠、乳膏皆含硝氣。

醕　醕一曰酒精。

醋　醋草木之有甘汁者。可釀爲酒醋。

草酸　草酸多物之總名。與礦硝炭鹽各酸相似。

油　油之難散者。牛羊油、芝麻油、是也。可以作胰。其易散者極香、薄荷是也。見水即凝。以上見《格物入門》。

右化學辨質。

硝氣　與養氣和而成風。其分量硝氣爲十分之八。其數十四。其重□。

硝强水　其重較水加一半。

喜氣　其數二十二其重較風氣加一半。

養氣　較淡氣重十六倍。

鹽氣　其數三十五有半其重|㐅|〇。

炭氣　其數二十有二其重1811X。

炭淡重氣　其數二十八其重〤亖8。

炭淡輕氣　其數八其重888。

光藥即燐。　其數三十二其重丄丄|。

海藍即碘。　其數一百二十六其重8。

他如灰精其數三十九、鹻精其數二十三、石精其數二十、礬精其數十三、白鉛其數三十二。有半黑鉛其數一百零三，鐵本其數二十、銅本其數三十一、錫本其數五十九、銀本其數一百零八、水銀其數一百新舊率數尤資攷覈。以上見《格物入門》。

右化學求數。

附録

化學治病

有患腹中痞結，堅硬如石，已歷十寒暑。以化學膏貼於痞上數日其病若失。《西國近事彙編》。

化學驗屍

西國化學家有專爲辨毒驗屍之書。《格物入門》。

化學捕魚

以各種獸骨造成燐質塗於捕魚船上。魚類見之即相聚而來捕之甚易。《西國近事彙編》。

化學解毒

以毒物所喜好者配合下之。合則解下則愈。《格物入門》。

化學製綢

法人某自創新法以化學製成純縷。再以蠶絲之零頭牘脚煎膠，浸之深入質地組織成綢。光滑如西緞。《西國近事彙編》。

不必求精器，不必購佳料

昔人考究此學未嘗狃於精器。若兑飛、若多而敦、若法拉侍、若西里、若杜麻斯、若利皮格皆老名家。初僅用酒瓶、茶杯、吸煙管、小泥鑪爲器。料則醋、鉛、硝、硫而已。《化學分原》。

傳記

《清史稿·徐壽傳》 徐壽，字雪村，江蘇無錫人。生於僻鄉，幼孤，事母以孝聞。性質直無華。道咸間，東南兵事起，遂棄舉業，專研博物格致之學。時泰西學術流傳中國者，尚未昌明，試驗諸器絶尠。壽與金匱華蘅芳討論搜求，始得十一，苦心研索，每以意求之，而得其真。嘗購三稜玻璃不可得，磨水晶印章成三角形，驗得光分七色。知槍彈之行抛物線，疑其仰攻俯擊有異，設遠近多靶以測之，其成學之艱類此。久之，於西學具窺見原委，尤精製器。咸豐十一年，從大學士曾國藩軍，先後於安慶、江寧設機器局，皆預其事。

壽與蘅芳及吴嘉廉、龔芸棠試造木質輪船，推求動理，測算汽機，蘅芳之力爲多；造器置機，皆出壽手製，不假西人，數年而成。長五十餘尺，每一時能行四十餘里，名之曰黄鵠。國藩激賞之，招入幕府，以奇才異能薦。既而設製造局於上海，百事草創，壽於船礮槍彈，多所發明。自製强水棉花藥、汞爆藥。

創議繙譯西書，以求製造根本。於是聘西士偉力亞利、傅蘭雅、林樂知、金楷理等，壽與同志華蘅芳、李鳳苞、王德均、趙元益孳孳研究，先後成書數百種。壽所譯述者，曰《西藝知新》及《續編》、《化學鑑原》及《續編》、《補編》、《化學考質》、《化學求數》、《物體遇熱改易説》、《汽機發軔》、《營陣揭要》、《測地繪圖》、《寶藏興焉》。法律、醫學，刊行者凡十三種，《西藝知新》、《化學鑑原》二書，尤稱善本。

同治末，與傅蘭雅設格致書院於上海，風氣漸開，成就甚衆，壽名益播。山東、四川仿設機器局，争延聘壽主其事，以譯書事尤急，皆謝不往，而使其子建寅、華封代行。大冶煤鐵鑛、開平煤鑛、漠河金鑛經始之際，壽皆爲擘畫規制。購器選匠，資其力焉。無錫産桑宜蠶，西商購繭奪民利，壽考求烘繭法，倡設烘竈，及機器繅絲法，育蠶者利驟增。

壽狷介，不求仕進，以布衣終。光緒中，卒，年六十七。子建寅、華封，皆世其學。

著録

梁啟超《西學書目表》上

化學

《金石識别附表》 瑪高温、華蘅芳。 製造局本，六本。九百

《化學鑑原》 傅蘭雅、徐壽。 製造局本，四本。五百六十 以上[下]三書，合成一書。

《化學鑑原續編》 傅蘭雅、徐壽。 製造局本，六本。八百

《化學鑑原補編》 傅蘭雅、徐壽。 製造局本，六本。一千

《化學分原》 傅蘭雅、徐建寅。 製造局本，二本。三百

《化學考質》 傅蘭雅、徐壽。 製造局本，六本。一千 以下二書，合成一書。

《化學求數》 傅蘭雅、徐壽。 製造局本，十四本。二千 即《考質》之續編。

《化學材料名目表》 傅蘭雅。 製造局本，一本。一角五分 中西文並列，最要。

《化學易知》 傅蘭雅。 益智書會本，一本。二角五分

《化學闡原》 畢利干。 同文館本。二兩四錢 難讀。

《化學初階》 嘉約翰。 廣州刻本，四本。一元 即《化學鑑原》，譯文不佳。

《化學器》 傅蘭雅。 格致彙編本，二本。四百 極要。

康有爲《日本書目志》卷二《理學門》

《羅斯珂氏化學》二册，茂木春太。一圓一角

《改正增補羅斯珂氏化學書》二册，杉浦重剛 宮崎道正合譯。一圓七角五分

《訂正四版羅斯珂氏小化學》一册，英國氏原著，千本松美郎譯。二角五分

《中學化學書》九册，理學士磯野德三郎編述。一圓五角

《應用化學》十册，平尾錟三郎 鬬口寬一郎合編。七角三分

《化學》一册，高島勝次郎編纂。二角

《中等教科化學》二册，近刻。

《化學論》一册，磯野德三郎編纂。二角五分

《化學日記》六册，市村盛三郎筆記。一圓二角六分

《初等教育小化學書》《通俗教育全書》十三篇，谷口政德著。一角二分

《小學化學書》三册，市川盛三郎譯。二角

《小有機化學》一册，工學士近滕俞次郎 田中禮助共編。三角五分

《實地化學》一册，村上榮太郎譯，久原躬弦校閲。八角

《實驗化學書》一册，西村麻五郎編述。三角

《中等教育實驗化學》一册，西村麻五郎譯。三角

《普通實驗化學》一册，共益商社譯述。五角

《增訂新編化學》三版一册，理學士市岡次太郎編。一圓五角

《新式化學》一册，太田雄寧譯。一圓八角

《實驗應用理科入門》化學之部一册，衣笠弘遺稿，來島正時輯録。三角

《百科全書百工應用化學》文部省藏板。四角二分

《壽賀多美》一册，伊藤一郎譯。一角五分

《奇術秘法》一册，西村於菟著。一角

《化學譯語集》一册，東京化學會編。三角

《化學對譯辭書》一册，宮里正静。八角

《再版羅斯珂氏化學問題》一册，小野太郎譯，杉補重剛校閲。一角

《受驗問答化學一千題》《通俗教育全書》三十七篇湏永金三郎著。一角二分

《受驗叢書化學新門答》一册，吉岡哲太郎著。一角

《化學問題解釋》一册，蘆葉六郎著。五角

《化學分析法》三册，小山健三譯。五角四分

《百科全書化學篇》文部省藏板。三角

《化學理論之實驗證明》一册，櫻井錠二譯氏元著。四角

《化學教科書》《無機》第一篇二册，高松吉著。一圓一角五分

《化學教科書》一册，理學士櫻井淀二序，久田督著。七角

《訂正三版化學書》一册，敬業社編纂。二角

《化學書》實驗之部二册，志賀雷山譯。四角五分

《化學初階》四册，羊城何燎然。五角

《化學新書》《普通學全書》第六篇。富山房編。二角

《化學新説》一册，小山健三譯。二角

《簡易化學器械》一册，中村謙二郎著。二角

《無機化學》二册，丹波敬三譯。二元五角

《無機化學粹》一册，山田董編。七角五分

《普通化學》一册，渡邊讓著。六角五分

《訂正三版布氏小化學書》一册，敬業社譯補。七角五分

《近世化學》一册，西澤公雄纂譯，吉田彦六閲。九角

《有機化學》二册，丹波下敬三譯。二圓五角

《中等教育有機化學》一册，鳥居工學士著。五角

《有機化學粹》一册，山田董編。七角五分

《小化學書》二册，久原躬弦 織田顯次郎合譯。一圓五角

《實地應用化學工藝新法》一册，長谷川純一編纂。二角

《化學試驗問題答案》一册，鈴木榮藏編。二角

《小學化學問答》小學校用一册，蘆葉六郎著。二角

右化學五十一種。

《化學初步》一册，飜刻。二角五分

《化學書》一册，飜刻。一圓一角

《化學初步》一册，飜刻。二角

右横文化學三種。

造化、神化、變化，道莫尊於化矣，凡百學皆由化學也。凡百器用製作之精，皆由化學爲之也。化學能析之，能合之，能離之，能亂之，以一物爲數物，以數物爲一物，錯綜參合，代化工矣。吾製造局亦譯化學書，但不如日本之詳，且施之學校也。觀其問題試驗普通分析之學，駸駸乎逼泰西矣。

《醫用分析畧法》一册，須田勝三郎譯。二角五分

《地質調查報文分析之部》一册，農務省藏板。五角

《多氏定量分析》一册，磯野德三郎　高山松高合譯。七角三分

《多摸氏定質分析》一册，森外三郎增訂。五角六分

《農用分析表》一頁，勸農局藏板。五分

《農産物分析集》一册，恒藤規隆編輯。四角

《定量分析法》一册，生田秀譯補。九角

《定性分析》一册，平野一貫　河村汪編纂。五角五分

《定性分析法》一册，山田董編纂。九角五分

《試驗升屋》二册，三崎尚之　松本之盛同譯。三角六分

《生理化學分析表》一册，高坂駒三郎譯。二角五分

《化學分析法》三册，小山健三譯。五角四分

右分析書十二種。

韓信將兵，多多益善。朱子謂其善用分數。一尺之棰，削之而無盡。點綫之體，析之而無窮。分析是爲治之要道哉。

徐維則《增版東西學書録》卷三　化學第十五　首化學，次化學器。

《化學啓蒙》一卷，製造局刻《格致啓蒙》四種本，上海石印四種本，《西學大成》本。　英羅斯古著，美林樂知譯，鄭昌棪述。言化學者宜從是書及《化學入門》《化學須知》入手，然後讀《鑒原》諸書，方爲有序。後列試問二十二則，即本書綱領。

《化學啓蒙》一卷，《西學啓蒙》本，一册。　英艾約瑟譯。化學之大要不外乎火、風、水、地，此書專論四物之若何助長，含若何原質，並論金類、非金類，後論測驗所得諸理最爲精要，中附習問數十則，專爲考課童蒙而設。

《化學須知》一卷，《格致須知》初集本，一册。　英傅蘭雅輯。專論化成類質之大概，不及生長類原質，是書與羅氏《啓蒙》同出一本，譯者稍異其文。

《化學易知》二卷，益智書會本，一册。　英傅蘭雅著。

《化學指南》十卷，同文館本，上海石印本。　法畢利幹譯。前六卷論金、非金類交感之理，後四卷論生物化學，書中多設答問，其體例如《格物入門》。

《化學入門》一册，廣州刊本。　泰西[厚]美安著。以火、氣、水、土四行爲大綱，與《化學須知》體例略同，詞意簡顯，最便初學。圖乃西印，較爲精細。

《化學入門》一卷，《格物入門》七種本。　美丁韙良輯。此書亦論化學之公理，與《重學入門》體例相似。

《化學鑒原》六卷，製造局本，四册，《富强叢書》本。　英韋而司著，英傅蘭雅譯，徐壽述。其書凡四百十節，專論化成類之質，于原質論其形性取法、試法及各變化，並成何雜質，變而無垠，小而無内，皆能確言其義理，中譯化學之書殆以此爲善本。《彙編》二有原質化合、愛力大小説，可參觀。

《化學鑒原補編》六卷附體積分劑一卷，製造局本，六册，《富强叢書》本。　英蒲陸山著，英傅蘭雅譯，徐壽述。書刊於光緒五年，以補《鑒原》之不及，其一、二、三、四卷論非金類質，五、六卷論金質類，所論原質亦六十有四，惟較《鑒原》爲詳，附卷論體積分劑亦極詳細。《彙編》二有欒學謙譯《論媾質》，可參觀。

《化學鑒原續編》二十四卷，製造局本，六册，《西學大成》本，《富强叢書》本。　英蒲陸山著，英傅蘭雅譯，徐壽述。書中專詳生長類之質，首論含衰之質，次論蒸煤、蒸木所得之質，次論油、酒、粉、糖、醋等質性，以至動物變化、植物生長等，各盡其理。

《化學分原》八卷附表，製造局本，二册，《西學大成》本。　英蒲陸山著，英傅蘭雅譯，徐建寅述。專言原質化分之法，爲考質學最簡之本，與《考質》相生法稍有出入，可以參核同異，下卷略及求數，後載金類結成表、化分表、試驗各質表、預備物質細目，與《初階》後二卷相似。

《化學考質》八卷附表，製造局本，六册。　德富里西尼烏司著，英傅蘭雅譯，徐壽述。書分四類，一化分功夫並器具，二化分藥料並用法，三化分之質遇

藥料之變化，四化分各事。依類排列，其考驗各物定其爲何原質，所成無論簡質、繁質、不知之物，條分縷析，大意與《分原》略同而加詳焉。

《化學定性分析》□卷，《亞泉雜誌》本，普通學書室原印本，一册。　日本下山順一郎校閲，平野一貫、河村汪編，亞泉學館譯。斯書爲日本有名之化學書，編纂之時取俄國某府大學校排依魯所著之書爲標準，旁采諸家之書參互考訂，其宗旨實導生徒實習考質之法。書分二章，上章選擇鹽類中常用之物分別試驗，以示各本質配質相感之性，名曰考質分試法；下章則示以考質相生之法，名曰考質相生法。　顧補。

《化學原質新表》□卷，《亞泉雜誌》本。　杜亞泉譯。表中以原點重率序次，皆近世名家核定之最正確者，以便與化學週期律相對。按，斯表所列原質七十六種，舊有譯名者六十三種，未有舊名者十三種，皆近時所得之新原質也。顧補。

《化學求數》十五卷，附求數便用表一卷，製造局本，十四册，《富强叢書》本。　德富里西尼烏司著，英傅蘭雅譯，徐壽述。即《考質》之續編，專求輕重體積之數，或爲原質所分析者則於所分各求其數，或兩質合而爲一者則以比例求其數與夫變换之質性、化合之形狀。蓋化學之理原憑求數，所求愈工，其理愈密，學者宜細心讀之。後附表以折數推算原質，皆燦若列眉。

《化學闡原》十五卷，同文館本，十六册。　法畢利幹譯，承霖、王鐘祥述。畢氏既譯《指南》，復譯此以續之，蓋《指南》論化合之理，此書詳化分之法，化學中法文譯本只此兩種，此外製造局譯本皆英文也。論體例名目則譯英與譯法者不相謀，論學問階級則《鑒原》及續編、補編爲入手功夫，《分原》《考質》《求數》《闡原》爲精深地步，學者拾級而上，得英、法文兩種譯本考證之較爲詳審。

《化學新編》一册，光緒丙申金陵匯文書院印本。　英福開森著，李天相譯。講化學以考質爲基，譯化學書以定名爲要，書中皆用考定之新名，復旁綴西字，至爲清晰。論生物、死物各質自取法、收法、性情、功用一一詳載，後附金類二十六種、酸質十二種，考底質之要，又試驗金類全法圖，工商業家不可不讀。

《化學工藝》初集四卷，二集四卷，三集二卷，附圖三册，製造局本。　英能智著，英傅蘭雅、汪振聲譯。初集造硫强水法，二集造鹽强水法、造城類，三集造城類法、造漂白粉與鉀養、鎳養五，又附卷二集各有圖一册。　徐補。

《化學初桄》□卷，《勵學譯編》本。　泰西李姆孫著，楊學斌譯。書中試驗設問，於化學之事言之明晰，殊便學者。　顧補。

《昨年化學界》一卷，《亞泉雜誌》本。　日本《物理學校雜誌》原本，王季點譯。　顧補。

《化學週期律》一卷，《亞泉雜誌》本。　虞和欽譯。週期律爲近來新得之學理，向來譯書中未曾述及，亞泉學館揭録化學原質新表，其序次悉依原點重率，以冀與週期律相核證焉。　顧補。

《化學初階》二卷，博濟醫局刊本，四册，《西學大成》本。　美嘉約翰譯，何了然述。是書前二卷與《鑒原》同出一本，後二卷亦與《分原》大同小異，雖譯例不同，逐節考證，互相發明，偶有疑難，取兩本對讀之較省心力。

《化學材料中西名目表》一册，製造局本，《富强叢書》本。　英傅蘭雅編。表成于同治九年，在江南製造局翻譯《化學鑒原續編》《補編》時所作，故爲《鑒原》諸書之鈐鍵，惟此譯尚仍舊名，于近譯諸書無所用處。

以上化學。

《化學器》二卷，《格致彙編》本在《格致釋器》中。　英傅蘭雅輯。化學以置器試驗爲第一義，是書爲倫敦各里分格致器行所造必須之器，約分二十一類，共有一千餘圖，可謂繁備，材料價值亦備列。《彙編》一有《化學器具説》可參觀。

以上化學器。

又　附下之下　中國人輯著書下

《化學理論》□卷，《亞泉雜誌》本。

《質點論》□卷，《亞泉雜誌》本。

《化學原質大同表》一卷，江南商務報館本。分南名、北名、東名、西名、西號、分劑、體積、較水重溶。

以上化學。

顧燮光《譯書經眼録》卷四《理化》　理化第十一　首物理，次化學。

《化學》一卷，商務印書館洋裝本，一册。

美史砥爾著，中西譯社譯，謝鴻賚鑒定。書凡三章，一總論，言化學各原質，熱光消化比例，物體組織，有機、無機之别；二曰無機化學，言非金金類、貴金各質之原理；三曰有機化學，則言生物各質之作用；四結論、五問題，將全書前三

章編爲問題以便教科之用，卷首另附教授要言、化學原質簡要表，分列原質舊名號元重考得之，期以便學者考證。據譯例言，原書訂正後出版數十次，美國學塾重之，此譯系正編，另有附卷，分試驗方針、定性分析、舉要名目表三類，尚未譯刊。綜觀本書，力祛艱深以求簡要，故所言頗明晰易曉，洵中學教科化學之善本也夫。

《化學新書》一册，上海啓文[譯]社洋裝本。

徐有成譯。是書以實驗爲主，故於各元素化分各理言極詳明而多新法，中附圖六十八，亦足發明。卷末附列器械品數、藥品重量，皆本書實驗時所必備。

《理科教本化學礦物編》三卷，附《化學原質異同表》一卷，上海進化譯社洋裝本，一册。

日本櫻井寅之助著，楊國璋譯。是書爲日本弘文書院理化專科講義，經文部省檢定者。凡三編，上編述化學原理，爲本書之本論；中編礦物，即無機化學；下編述有機化學，總計六十章，外結論一章。書中以事實、實驗、推定、決定四類闡明化學各理，插附八十餘圖以資印證。卷末所附化學原質異同表一卷，爲陳君石麟所編，搜羅新譯書甚廣，頗便考核。

《中等最新化學教科書》二卷表一卷，教科書輯譯社洋裝本，一册。

日本吉田彦六郎著，何燏時譯。本書上編三十五章爲無機化學，下編十二章爲有機化學，皆發明物質能力、化合分解構成實驗各理，征以歐洲中等教育之教課程度而觀察有得者。插圖凡三十六，皆於本書有關者，附《元素週期律表》、《日法度量衡比較表》、《原質名異同表》、《化學器具及藥品價目表》。

《化學新教科書》二卷表一卷，商務印書館洋裝本，一册。

日本吉田彦六郎著，杜亞泉譯。本書與何氏炳時所譯同，惟較原書間有增補竄改之處，蓋譯者取合近日中國教科之用，故特加以訂正，其精詣處固未嘗刪去也。且是書初稿由日本中島端氏譯爲漢文，又經易稿數次，其斷理明審似較何譯爲善。附録各類，除週期律表、中法度量衡比較法、合質名目表三類，餘皆爲何譯所無。

《化學探原》一卷，會文學社石印本。

美那爾德著，範震亞譯。本書以試驗各類元質雜質爲主要，故臚舉試驗各類甚詳。蓋探原學分兩種，一探雜質內之元質，二定其函元質多寡，故第一分九類定各金類於鹽內爲何元質，第二凡三類則再驗鹽內之酸質，並詳論或負電元質之理焉。

又　卷八　本國人輯著書

理化第十

《化學探原》一卷，會文學社本。

《化學命名法》一卷，虞和欽，《普通學報》本。

《化學》一卷，北洋學校司編，北洋官報局《蒙學課本》本。

《蒙學化學教科書》一卷，周柏年。

《白話化學指掌》一卷，壽昌書局編，温州木刻本。

《最新化學原質表》一册，侯鴻鑒，日本遊學社洋裝本。

《有機物原質之鑒別法》一卷，杜煒孫，《普通學報》本。

趙惟熙《西學書目答問》　藝學第二　化學

化學者，考察萬物之質性，分之而得純一之原質，合之而成蕃變之品匯，與格致之事相參，格致其功，化學其用，一則順物之性以深入，一則毀物之性以顯出，事異而理無殊也。

《化學啓蒙》一册，英艾約瑟譯，税務司本，在《西學啓蒙》十六種中。是書製造局亦有譯本。

《化學鑒原》四册，續編六册，補編六册，英蒲陸山撰，英傅蘭雅譯，徐壽述，製造局本。

《化學闡原》十六册，莫[法]畢利干譯，同文館本。

《化學初階》四册，美嘉約翰譯，何了然述，廣州本。以上二書即《化學鑒原》原本。蓋西書一經翻譯，其文法遂判若天壤，故譯筆最要，亦最難。

《化學分原》八卷，訂二册，英蒲陸山撰，英傅蘭雅譯，徐建寅述，製造局本。

《化學考質》六册，德富里西尼烏司撰，英傅蘭雅譯，徐壽述，製造局本。

《化學習之數》十四册，附表，德富里西尼烏司撰，英傅蘭雅譯，徐壽述，製造局本。是書即《考質》之續編，《考質》於各物之原質及何物聚何原質而成，縷晰條分，推闡頗詳，此編於各物中求其原質之實數，以考知化合、化分之法，立論更屬精密，習化學者最要之本。

《化學易知》一册，英傅蘭雅輯，益智書會本。

《金石識别》十二卷附表，訂六册，美代那撰，美瑪高温譯，華蘅芳述，製造局本。是書于金石品類及試驗礦質與熔煉分化之法論之頗詳。

《化學材料名目表》一册，英傅蘭雅輯，製造局本。中西文並列，易於檢察。

《化學器》一册，在《格致釋器》中。

王景沂《科學書目提要初編・格致科》 化學

《化學鑑原》英國韋而司撰，英國傅蘭雅無錫徐壽同譯，六卷。

《化學考質》德國富里西尼烏司著，英國傅蘭雅無錫徐壽同譯，八卷。

《化學新編》匯文書院編譯本，一册。

《化學中西名目表》上海製造局編譯本，一册。

右化學四種。

自滬局譯化學書以來，我國學子頗有深造之者，能成物製器以利實用。惜質齊化合多須貴金良藥，非恒人所能致，其間猛氣毒物動致危險，故萌芽有年而菁華不昌。他日國立斯學，以倡率摩研之成就，豈有涘乎！

《江南製造局譯書提要》卷二《化學》

《化學源流論》四卷

英國化學師方尼司輯，烏程王汝駢譯述。凡天下之物，莫不以生死兩端爲大關鍵，亦莫不以生死兩端爲大化機。窮則變，變則通，通則久。易論如此，化理亦然。化學之法，進而益廣，然定理率未嘗易也。故是書論理不論法。

第一卷　天地生物之理　生物化學

第二卷　植物化學

第三卷　動物化學

第四卷　植物與動物相關之理

《化學工藝初集》四卷　《二集》四卷　《三集》二卷　附二卷

英國能智原撰，傅蘭雅口譯，六合汪振聲筆述。每集有圖，爲工藝中要書。惜校對尚欠精審。

《初集》

卷一　論硫磺合養氣所成之質　論化分硫强水　論造硫强水源流　論造硫强水所用各種生料　論硫磺造成硫養二氣之法

卷二　論燒鐵硫二礦成硫養二氣　論爐内所生之硫養二氣　論鉛房

卷三　論鉛房内各變化　論收回含硝各質　論鉛房内成硫强水之理　論提淨硫强水法

卷四　論熬濃硫强水法　論硫强水廠擺列各器具法　論造硫强水費用與所得之利　論造硫强水所成之餘料　論發霧硫强水又名奴陀僧强水。　論造硫强水另設各法　論硫强水之用處與數目

《二集》

卷一　論硫强水合鹽成鹽强水　論成鈉養硫養三各法　論用鹽與硫强水成鈉養硫養三與鹽强水

卷二　論做鈉養硫養三法　論造鈉養硫養三之各費及提淨之法　總論造鹽强水　論成鈉養硫養三之工内收輕綠氣令不飛散各法　論凝水之法并提淨鹽强水與用法運法

卷三　論鹻之源流　論鹽變成鹻并從前造鹻各法　論用鈉養淡養五做鹻法　論用勒布蘭克法做鹻所需之生料　論燒黑灰爐

卷四　論用勒布蘭克法之理　論黑灰與黑灰水　論黑灰熬濃與煆法　論常出賣之鹻粉　論提淨鹻灰法　論鈉養炭養二　論成鹻類之開銷與得利　論鈉養化學名鈉養輕養　論漂黑灰所得之餘料　論鈉養硫二養二

《三集》

卷一　論淡輕四養成鹻法　論用雪形石成鹻法　論鈣養炭養二等鹻類之用處與數目　總論造漂白粉與鉀養綠養五　論造綠氣法　論造漂白粉法

卷二　論造綠氣之别法　論綠氣甑内之餘水用法　論書勒登成綠氣法　論地根做綠氣法　論漂白粉水　論漂白料之原質與用處　論鉀養綠養五

附卷　論建造鹻類廠之費　論鹻類廠地面平圖　論各種新法與圖説

《化學材料中西名目表》一卷

繙譯《化學鑑原續編》《補編》時所作，極有用。惟化學日異月新，名目亦日益繁多，以後尚須續增也。

《化學鑑原》六卷

英國韋爾司撰，傅蘭雅口譯，金匱徐壽筆述。所以鑑别原質，無機化學之首務也。

第一卷　論理原質之西名及記號

第二卷　養氣　輕氣　淡氣　綠氣

第三卷　碘　溴　弗　氣　硫　硒　碲　燐　砷　硼砂　矽　炭

第四卷　鉀　鈉　鋰　鍶　鋤　淡輕　鋇　鏓　鈣　鎂　鉛　鋁　鋯　釷　鈥　鉺　鉽　鋯　鋃　鏑　土屬

第五卷　銕　鋼　熟銕附　錳　鉻　鈷　鎳　鋅　鎘　鈿　鉛　錫　銅　鉍　鈾　釩　鎢　鉭　鐠　鉬　鈮　銻　鉺

第六卷　汞　銀　黄金　鉑　鈀　銠　銤　鈣　鋨

《化學分原》八卷

英國蒲陸山撰，傅蘭雅口譯，無錫徐建寅筆述。凡十七章三百三十三節，有圖五十九，表十二。逐節發明化分試驗之法，學者與《化學考質》參觀，可以會通。

第一卷　總論　製造玻璃各器

第二卷　試驗已知之物　試驗未知之物

第三卷　論簡質　無金類狀之質　有金類狀之質　水内消化之質　消化於淡水之質　消化於酸水之質

第四卷　論繁質　辨證繁質　水消化之質

第五卷　消化於淡水之質　消化於酸水之質

第六卷　考數條目　考驗重數設例

第七卷　論製合材料　論材料之用辨美惡之法　製合材料簡法

第八卷　附表

《化學鑑原補編》六卷　附一卷

撰人失名，英國傅蘭雅口譯，無錫徐壽筆述。有圖二百六十。論金類、非金類各種原質，闡發無遺。附卷論體積分劑，亦極精碻。足以補《鑑原》之缺。

第一卷至第四卷　論非金類質性凡十五種　養輕淡炭砷矽硫硒碲燐鉀弗緑溴碘

第五卷至第六卷　論金類質性凡四十九種　鍶鋤鉀鈉鋰鋇鎴鈣鎂鋁鋊鋯釷鈥鉺鉽錯鋃鏑鈮鋅鎳鈷鐵錳鉻鎘鈾鈿鉬鉍鉛鉛錫鐠鉭鈅鎢釩銻汞銀金鉑鈀銠釕銤鋨

《化學攷質》八卷

普國富里西尼烏司撰，英國傅蘭雅口譯，無錫徐壽筆述。凡二百五十三章，有圖四十七，末附以表。書分四大綱：一、化分之工夫器具，二、化分之藥料用法，三、化分之質藥料之變化，四、化分之各事。依次排列，縷析條分，本攷質之理，與法發揮盡致，視《化學分原》尤爲詳細。

《化學求數》十五卷，附表一卷。

德國富里西尼烏司撰，英國傅蘭雅口譯，無錫徐壽筆述。凡二百七十六章，有圖一百八十六。數分二綱：一輕重，一體積求數。其求數亦分二綱：一求和合之質數，一求化合之質數。求數之法，就原質所分之數剖析求之，易，舉雜質所合之數比例求之難。所求愈精，所得愈準。無求數之法，則化分之事徒然。此書可爲《攷質》之續進一步之工夫也。

《西藥大成》十卷首一卷

英國來拉、海得蘭同撰，傅蘭雅口譯，新陽趙元益筆述。有圖二百六十九。中國於藥品自有《神農本草經》後，後世若《大觀本草》《本草綱目》等書，卷帙繁多，議論侈富，然不過各承師説，參以私意，强分之以五味、五行，而曰治某臟通某經而已。初未嘗深明其所顯何性，所含何質也。此書各藥雖不盡爲中國所恒有，然其分化取材，攷質辨性，因病處方，皆再三詳究，有非我國向時醫學所能解辨其什一者。誠醫學之要書，宜家置一編，以備研求者也。

首卷　總論　化學工内所取藥料新舊兩式表　英國藥品書所定各種試水

第一卷　製藥各工　手工　化學工　分細　鎔化　消化　成霧　蒸　乾蒸　霧質凝成　結成顆粒

第二卷　藥品化學　化合　化分　化分求原　化分簡質與繁質　原質定比例　分劑重數　原質表

第三卷　金石藥品　自非金類原質至金類質　尋常形性　化學形性　取法　試法　功用　服數

第四卷　草木藥品　植物各體　植物分列　植物質體　植物地理　植物藥性　植物採取烘曬　植物本性分類　植物藥品依次分類部表

第五卷　草木藥品　自毛茛科至松栢科　依植物學家特看杜辣分列法　植物類自然形性　藥品記録　分別植物尋常形性與化學形性　取法　功用　服數

第六卷　草木藥品　自椶櫚科至香附子科　餘與卷五同

第七卷　草木藥品　自鳳尾草科至芝栭科　餘與卷五同

第八卷　造釀發酵等質　酒醋　以脱　哥囉叻　發醋酵　乾蒸所成之質

地中挖出之植物質

第九卷　動物藥品　自波里非辣科至乳哺科

第十卷　藥品依性與功用分類排列　沖淡　潤内皮　柔軟　令皮肉爛　酸類　鹼類　解溺中沙粉　滅臭　收斂　解毒　改血　取嚏　生津　吐　化痰　發汗　利小便重瀉　殺蟲　調經　引炎　引病外出　發疱　補　行氣與香　散性行氣　特用行氣　寧睡　治轉筋　解熱　平火安心　照人年數配藥之比例表　毒藥與解毒之法　地產藥性水

《西藥大成補編》六卷

英國哈來撰，傅蘭雅口譯，新陽趙元益筆述。補《西藥大成》所未備，頗有功于前書。

第一卷　存貯藥料　開配藥方

第二卷　未補

第三卷　補一百五條　金石

第四卷　未補

第五卷　補二百三條　植物

第六卷　補十七條　植物

第七卷　補八條　植物

第八卷　未補

第九卷　補十六條　動物

第十卷　未補

《顔料篇》三卷工藝

日本江守謙吉郎編，日本藤田豐八譯，六合汪振聲重編。凡自生物質及礦質所成之顔料，此書皆擇要論列，以色區別。其製法及性質，亦詳加攷核。譯筆明鬯，每種華名下附譯西文，尤便參閱。

《廣學會譯著新書總目・化學》

化學

《化學初階》四本，價洋一元五角。

《化學辨質》一本，價洋五角。

《化學衛生論》　人所常呼吸之氣，名曰空氣，爲養生最要之物。無空氣即不能呼吸，無呼吸即立難生活。夫衛生者最切於人身者也。計四本，價洋一元。

《無機化學》　山西大學堂教習瑞典新常富君之講義，爲化學實驗書之最佳者。兩册，價洋一元。

《化學須知》　古有鍊丹術士鎔冶金石鍛鍊藥物，或冀得長生不死之丹，或貪求黄白致富之術，因而踵事爐火，代不乏人，此化學之所由起也。及至推考日深，事理愈明，雖古人所求不可得，然於民生利益良有以也。蓋化學一道，爲用甚溥，以之養身，可壯筋骨；以之製藥，足療病源。是化學與丹術，本雖同而功實異，循天地自然之變化而化，察庶物，足識造化之元機，以化學之不可以不講求也。一册，價洋八分。

圖録

丁韙良《格物入門・化學圖式》

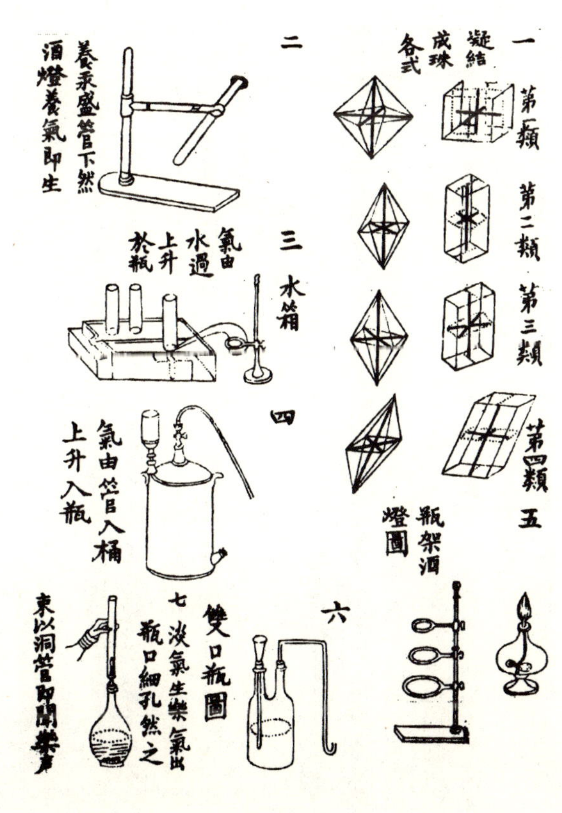

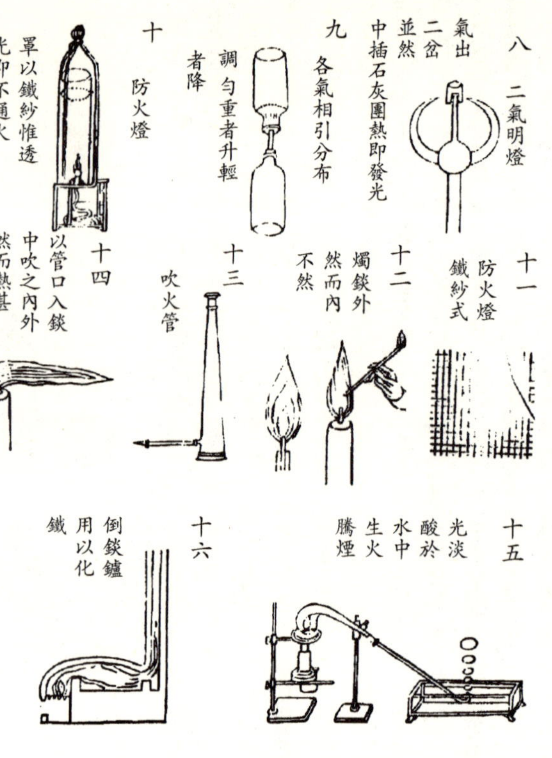

羅斯古　林樂知　鄭昌棪《化學啟蒙》

第一　今先舉人所共曉者四物，曰火、曰空氣、曰水、曰土，爲吾徒格之。化學之始先論火，火不自燃，得空氣乃燃，即如燒燭，蠟盡油乾，人看不見蠟油，而以爲無蠟無油可乎。開帆遠駛目不見船，不得謂爲無船。調糖於水，目不見糖不得謂爲無糖。燭雖燒盡人不見蠟與油，不得謂爲無蠟與油。惟用試驗之法，便可知蠟與油之所在。試驗第一。如第一圖，以曲鐵絲插燭置玻璃瓶內，初點燭光熒熒，繼而光小，既而燭滅，其理云何。試思其滅燭之故，驗其瓶內究有何物。於是取一空玻璃瓶盛以净石灰水，水不變色，將石灰水納入燒燭之瓶，則水變渾濁，白色與空玻璃瓶之石灰水大相懸殊，蓋已結成净鈣養炭養。西名敲克。方知石灰水遇炭氣而變此也，炭氣與衆氣同目所難分，火遇之即滅，蠟油之性燒之即變炭氣，凡火尖有煤煙出即炭未經燒化者也，顧燒物之變炭氣，尚有變出一物人所難

第一圖　燭生炭强氣

解其物維何，曰水也。火中出水非若尋常沸滾之水汽可以看見，必取以試之。試驗第二。如第二圖，以玻璃大盃罩於燭上，則璃盃內有汽漸多，如露水滴下，候燭燒盡，璃盃冷即成水一小盃，惟稍有炭氣味耳，然則燒燭而蠟與油實未失去，不過變爲炭氣與水而已，吾於此驗得四事。一爲燭之所以滅，一爲成無形之炭氣，一爲炭氣出於蠟內之炭質，一爲燒燭時變有水汽。有是四者之變，名曰化變。因知試驗之法，即化學所由明也。

第二圖　證明燃燭之理

第二　燭質並未失去，業已試驗知之。推之燒柴、燒煤，所變何物亦由此而悟如。柴與煤等未燒時，有數百磅重，燒之灰祗數磅，其質大半變爲炭氣，飛入空氣中也，然化變之説，必更有一相關者而後得成炭氣。須試驗而知之。試驗第三。如第三圖，玻璃管底有插燭之盤，如燈籠底盤。盤有小孔，可以通氣。上旁連有玻璃曲管，管內置辣鈉養䃋，先將璃管與燭及䃋在小天平稱之，看砝碼得若干分兩，其右用瓶盛水，瓶口有木塞，塞內有玻管，上通用像皮圈將左右兩管相連，束緊，不令漏氣。瓶之下口有關捩。扭開可放水，藉以吸左邊燭管之氣，燭點燃後，有氣行過，則不滅，候燭將見跋，將關捩扭閉。水不放流，而燭即滅，由是將像皮圈解開，稱左邊璃管，燭雖燒去，而分兩比有燭時更重。其故何耶，油蠟中不過有炭質與輕氣，一經燒灼，炭質變爲炭氣，輕氣變爲水汽，其變也，非能獨變也，有相與合而化之者也。何也，養氣也，油蠟內之炭遇養氣化合爲炭氣，油蠟內之輕氣遇養氣化合爲水汽，曲管中之䃋，即將炭氣水汽收住，不使漏過，是以比前更重也。假令於未燒燭時，將需用之空氣抽入櫃內，稱有若干分兩，空氣經過燭管轉入他櫃內，復將他櫃稱之，畧比初稱之數少些。其所少之數，即燭管所增之數。蓋燭管所增與他櫃所少，均此養氣也。吾於此驗得二事。一爲物質全不失去，一爲化合空氣中之養氣，如此試驗三次，而於用火燒物之理，所見較以前之人增長不少，吾乃歎天地間無一質能滅之使無，亦無

第三圖　知有養氣法

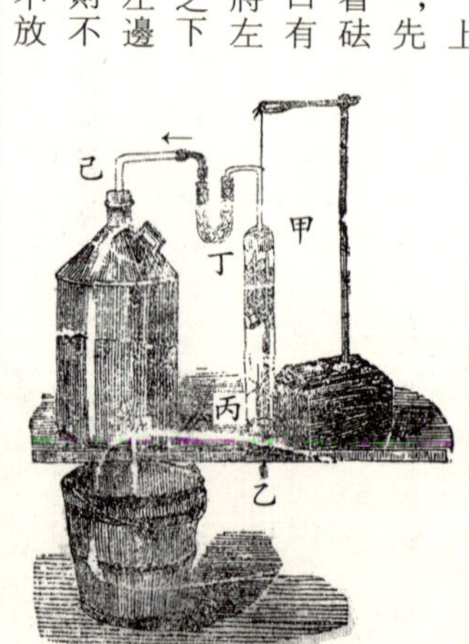

一質能造之使有，蓋其化變皆自然也。更有一事於燒燭知之，燭質化合養氣成熱，不獨燒燭爲然，即萬物化合，均有成熱之理，化合極速，即成火，並成極烈之火，試將塊石灰置於馬口鐵盆内，澆以水，則有聲渚然而沸，化汽飛散。試驗第四。如第四圖，盆内僅存灰粉，究其熱與汽之由來，以石灰與水化合之故也。又將硫黄粉置於玻璃瓶内，粉上再置紅銅捲片。即鏰床鏰出之銅片捲而相連者。瓶擱鐵架上用火燒之，試驗第五。如第五圖。硫黄沸滚變黑色，硫與銅相合即熄火，看銅發紅色明亮化合硫黄，落在瓶底，候冷，碎瓶，取出驗之，結成非銅非硫黑色之質。此非火之灼銅，實硫黄與銅化合極速，便成大熱即養氣爲之也，由是知化合成熱，全賴養氣，吾於是由火而進論夫氣。

第四圖　水與石灰相合熱出式
第五圖　合成銅磺强盎法
第六圖　風氣中養硝二氣分法

第三　空中之氣不可捉摸，以手揮之似覺非虚，扇之有風泠然。凡樹枝拂動，雲煙飄颺，甚至木拔浪騰，皆空氣爲之。顧空氣所載，究係何質，可用法試驗。試驗第六。如第六圖，玻璃瓶如鐘式，上有口，下無底，置於水盆内，水面浮一小盆，中置燐一顆，如黄豆大，勿令潮濕。須小心勿令燐著火，著火必燒盡而後熄。瓶之上口，用璃塞塞緊，揭起無底瓶以火引著燐，即以瓶罩之，看瓶内有白煙上騰，而不漏洩，然燐燒未盡，而火竟熄滅。白煙沈下，試問瓶中所餘之氣與前未燒燐時之氣異乎，同乎。吾仔細察之，瓶内之水漲高，知其氣已少，故水泛以補其缺，復以火入瓶口以點之，屢點屢滅，是何故也。蓋燐則猶是，而氣則已異，此氣中之養氣業爲燒盡，所餘祇屬淡氣，故燐不能燃，然後知空氣有二，一爲養氣，一爲淡氣，其氣迥不相同，果由此而逐層試之，格致之事，思過半矣。

第四　觀以前所指，無論燒燭及燒煤柴等物，必得空氣中之養氣化合以成火之用，顧於燒物之初，必用火以引其熱，火之連續發熱即養氣連續化合，試觀吹火燭滅，一因熱度不足，二因不及化合，可以悟也。空氣内之養氣不獨燒物所不可少，即人與禽獸等動物亦一些少不得。動物所用之氣須新鮮清浄未經用者方合，若關門塞洞不通外氣，則室内之養氣隨用隨少，數小時即病矣。然則人吸養氣以化合於身者，亦如燒燭之有變化否乎，吾請驗之。試驗第七。如第七圖，用澄清石灰水置玻璃盃内口，啣細管吹之，頃刻間水色渾濁，與第一圖之驗石灰水竟無少異，亦發白色而成鈣養炭養。可知口内吹出之氣即是炭氣，然此炭氣非空氣由肺而出，如將空氣吸入石灰水内永不變色，以是知口鼻呼出有炭氣而吸入之空氣並無炭氣也。然則此炭氣何由而生乎，試問人身之熱抑與燒燭之熱同否，吾再四求之人身之熱與定質物比較，則我熱而物冷。人身一僵不復吸氣其冷與死物無異，即動物如禽獸亦與養氣有化合工夫。於今驗得空氣中之養氣由口鼻入喉至肺，肺有微絲血管吸養氣而運行周身，養氣即與血内之炭質相合，便成炭氣，其理與燒燭無異。試將燒燭之炭氣一瓶與肺出之炭氣一瓶比較，瓶無大小，炭氣亦無分多寡，而所用之熱數亦同焉，顧熱數既同，燭被燒而人獨不燒，何也。燒燭之熱數聚於一點，人身之熱數散佈全軀，若合全軀之熱數聚於一指，則指亦爲之燃矣。熱氣散佈周身故遍體皆煖，如是試驗又增三種識見。一爲動物吸空氣中之養氣，二爲養氣運行於血中，三爲身體内無用之炭質爲養氣所化合，變成炭氣以呼出，且血得養氣而成全體之熱也。

第七圖　呼氣中有炭强氣

第五　若然則花草與空氣有無相關否乎，吾且試驗之，試驗第八。將芥菜子或克來斯水芹菜名。子，置於平常所用之福蘭納爾絨，絨須潮潤，子散於上，不多時即生芽，置於有陽光處抽莖放葉，試問其莖葉從何而來，看福蘭納爾絨並未改變，必非由福蘭納爾絨上得來可知。然亦非全由子發生以其莖葉較子數倍重也，又非全由水發生，以莖葉爲炭質水不能生，則枝葉所不可缺之炭，究由何處得來，曰從空氣中得來，曷以知其從空氣得來，前經説明燒物之炭氣與動物呼出之炭氣散在空氣中，炭氣雖不多而

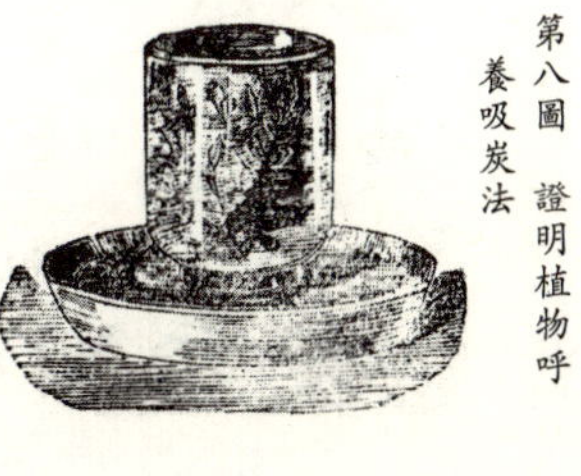
第八圖　證明植物呼養吸炭法

總有在空氣中，吾爲試驗之。試驗第九。將石灰水置於浄盆内，候其澄定，傾入璃盃内，或置露天、或置屋内，摇動之水面有一層極薄白皮，相似此即是鈣養炭養。前經講過炭氣與石灰水化合所成，而此則遇空氣中之炭氣而成也。惟此須工夫略久，因空氣中炭氣無多，凡花草所吸亦是此物。花草吸空氣中之炭氣，生枝生葉生菓，炭氣者炭與養相合而成，是炭氣内本有養氣，試問花草吸炭氣亦併養氣而吸之否，吾今與驗之。試驗第十。如第八圖，大口玻璃瓶盛滿山泉水而以花草葉納入瓶内，即用水芹菜葉亦佳，將瓶倒置於盆中，水不漏洩，在太陽光内一二小時細觀其葉發細小汽泡浮至水面，此汽泡盡是養氣，即與炭氣化分於水者。如欲驗是養氣與否，納入試驗玻璃管於氣出管時，以火煤近之即著火是也。蓋泉水有炭氣加以石灰水即凝結成白色之鈣養炭養。花草在太陽光内有化分空氣中炭氣之力，吸其炭質，而遺其養質以長其枝葉。凡青緑花草置於黑暗處即不能生長，試問能曉其緣故否。今與試驗之。試驗第十一。仍將前泉水花草葉之瓶置於無太陽暗處，候久無汽泡發出，便知花草葉在暗中不克化分以吸炭而吐養，是則太陽之光所以成其化分之力也。

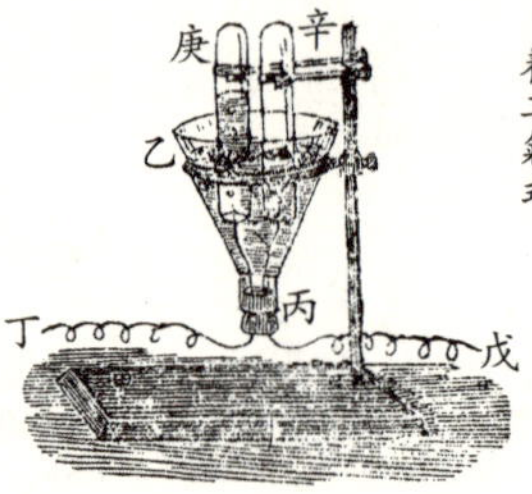

第九圖　以電氣分水爲輕養二氣式

庚　辛　乙　丙　丁　戊

由前言之已明，動物植物常在空氣化分化合，有無窮之改變，知化學一事不獨關涉定質死物，又關係動物植物之生命，吾歷爲試驗動物吸養吐炭，以生發其熱，如蠟燭之常時燒化。然植物吸炭吐養得太陽光熱之力，以成其能燒之炭質，動物與植物兩相反，適兩相成，走壙之獸、擇木之禽所吐炭氣如積在空中則氣不清，而有花草植物，以葉吸取炭氣吐遺養氣，令空氣清而平勻也，其互相調换以資生之理。有可試者，如璃瓶内有水與水草復置一小活物於内塞其口，使不漏氣，論常理外氣不入草與物勢不克久存，不知水草吐遺之養氣爲活物所吸，活物吐遺之炭氣爲水草所吸，至其水，猶空氣以相爲遞送循環，相生互依爲命，故得長生也。

第六　夫水得何質而成，學者但知冰塊得熱化爲流質，水再加熱令沸便成汽，汽雖爲細點之水，而人看不甚明其性情與水迥别，汽可壓緊束小，水則分毫不能壓束。今吾試驗水之原質，試驗第十二。如第九圖，不用火，而用電氣行水而過，便可化分，水中先加數點酸如硫强水、硝强水之類。以便電易行過，其電池用葛羅哰電池一副，計四箇。其詳見《格物》二卷八十七段。將玻璃漏巵，巵底有木塞盛滿清水，有兩條白金絲於巵内正對兩玻璃試管下，從木塞通出接連銅絲，絲分左右，左接電池銅絲，右則中斷如聯之亦繞接電池銅絲，則電路迴環而通矣。其玻璃試管有木架帶住。電路既通，看璃巵内發泡沫，如水沸然，然試之並非水沸。凡水沸氣升上，遇冷則復爲水，今視兩玻管氣上升而水下讓，氣愈升，水愈讓，其氣全歸入管。一絲不溢，且一管氣滿半截，一管氣已全滿。今欲取出試之，看是何氣。先將半滿之管以指頭按住管口，取出轉口向上，用未吹燃之火煤紙置玻管口，指頭一鬆，有氣放出，火煤紙即燃，便知此管内爲養氣也。再將氣全滿之管，以指頭按住管口，取出，惟此管口不可向上，將火於管口引之，氣由管内放出而氣自燃，以此知全滿者爲輕氣也。凡試驗，夫水無論用何法化分，祇有輕養二氣，别無他氣，在内今既試與爾觀而得知其二事，一爲用電氣化分水質，知水是輕養二氣所成，一燒他物，一自燒也。一爲輕氣較養氣所佔方寸體積加倍，一全滿，一半滿也，既知養氣化合他物而燒，非如輕氣之可以自燒，更有一事可試而得之。試驗第十三。如第十圖，取一顆浄鉀，如黄豆一半大置於瓷盆之水面，鉀比水輕浮於水面，鉀一遇水，即自發火而燃，試問火從何來，曰養氣遇鉀龢化合甚速，故發火。水中化出輕氣，見火自燃，養氣與鉀化合便成鉀養，盆内即爲鉀養水，可用紅色力低暮司入水試之，即變藍色，此其證也。若取鈉一顆浮於水面亦能化分輕氣而爲鈉養，因養氣化合較緩。養氣不能獨燒必與他質化合而燒，非若輕氣能自燒也。是以輕氣不著火也。鉀名怕台西恩須收藏在石油内，不令見濕氣亦不令見空氣，免與養氣化合成火也。臨用取出刀切一顆，仍藏石油内。聚輕氣法，試驗第十四。如第十一圖，用前試鉀之器具而不令著火，將鈉數小顆置有口小鉢内，略加水銀和之，傾入盛水玻璃盆内，令沈水底再用試管裝水令滿，以指頭按住管口，倒置玻璃盆内，不令空氣入管。鈉在盆底漸漸化成鈉養，其化分出來之輕氣上沖入管，候試管内輕氣滿足，以指頭入水按住管口，取出試管，管口不可向上。因輕氣上升容易飛散。以火引之則氣自燃，便知試管内所聚全是輕氣也。

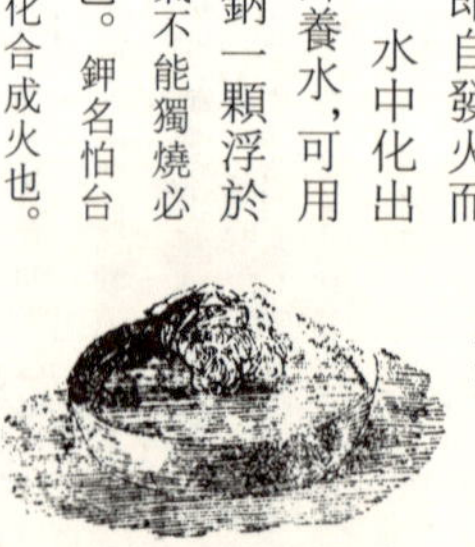

第十圖　生輕氣法

第十一圖　收得輕氣法

第七　用鉀鈉化分既得明曉，更有他金類能化分水中之養氣，而得其輕氣，或用鐵燒紅，以化合水中養氣，令放出輕氣，又有用白鉛者，雖冷鉛不能化分，而略加酸質，即可取其輕

氣,今與試驗。試驗第十五。如第十二圖,玻璃大瓶盛水置零碎白鉛,加磺强水,瓶口以木塞塞之,塞有兩孔,一插玻璃漏管通至水底,一插玻璃曲管,一端至瓶頸而止,一端通至水盆内,視磺强水加入不多時,發有汽泡,如沸滚然,此即爲輕氣分出,而欲聚得之,用玻璃小瓶盛滿清水,倒罩於水盆内之曲管俾輕氣由此達彼,通入玻璃小瓶。輕氣愈升,則水愈下,候小瓶氣滿,以指掩瓶口取出,仍倒置於小水盆内,再换小瓶以接受輕氣。然用小瓶接氣,先須用試管接受曲管之氣,而以火引之。如輕氣夾雜空氣火燃之,必爆裂有聲。若果純是輕氣則火燃無聲,應細爲辨之。倘瓶内輕氣漸少,不可拔木塞,即於直管上口加入硫强水,令發泡再化輕氣,仍用玻璃小瓶罩於水盆内之曲管,候輕氣一滿,即取出倒置於小水盆,瓶口向下,則輕氣不出,且瓶口有水裹住則氣愈不漏也。復用小瓶再接受之,如是得有三瓶,應用法試驗其性情。試驗第十六。如第十三圖,以曲鐵絲燃燭近瓶口引之,輕氣即燃,以瓶口内輕氣口外養氣故燃。如將燭入瓶,瓶内但有輕氣而無養氣燭火熄滅,復將燭退至瓶口而燭與輕氣仍燃,再進瓶内而燭又熄,屢試皆然。吾於此試知二事,一爲輕氣引燃光色淡藍,一爲輕氣不能助火而止能自燒。輕氣比空氣更輕,故謂之輕氣,今爲試驗。試驗第十七。取一瓶輕氣以火引之,翻口向上,火燄比前愈大。前以瓶口向下,輕氣出口不多故火微。欲將輕氣换瓶有法,如第十四圖,輕氣性上升,將空瓶口置於有輕氣瓶口之上,令輕氣貫入空瓶,空瓶氣滿,而氣瓶即空,如欲試之,將新裝輕氣瓶以火引之即燃。有時試之發有響聲,以瓶内空氣未淨盡也。以火引原瓶而火不能燃,蓋原瓶已成爲空氣瓶也。如是又明悉一事,輕氣在萬物中爲極輕之質,故輕氣爲球能上升空際也。以上所陳輕氣在空氣中能燃,顧燃之究成何物,請與試驗之。試驗第十八。如第十五圖,將前裝白鉛之瓶去其曲管,而另插一玻璃漏管,管上尖有極細孔,用乾試管罩於尖管,候輕氣上入試管取火引之,果全是輕氣燃之無爆裂聲,然後以火引燃尖管細孔之氣,氣屢出而火不熄,將玻璃盃罩於火上,如試驗第一,盃内粒粒如露,冷即成水。由是知燃輕氣即與空氣中之養氣化合成水也。今更試驗或成他質否。試驗第十九。取瓶罩於火上,令瓶内輕氣燒化,將淨石灰水如第一試驗。傾於瓶内觀之,而石灰水仍清如故,知此輕氣燒化成水者。是爲輕養化合,並無炭氣雜其中也。化學師屢試以他法,輕氣燒化,總爲清水。如前(圖)[第]十八試驗以大玻璃盃罩於尖管火上,盃内水汽淋漓以他盃接受之,而水色清澄,毫不似前用燭燒之有炭氣也。今而後知前用蠟燭燒化成水,以蠟内輕氣與空氣中之養氣相合而成,吾與爾等化分夫水,轉明曉夫氣,蓋水本爲輕養二氣化合之質,學問之道可觸類旁通也。

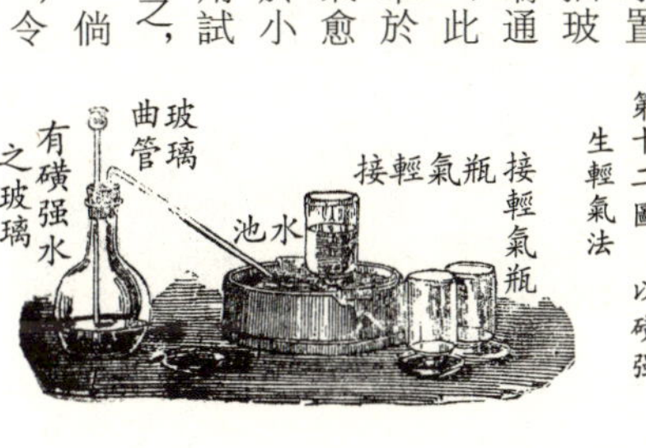

第十二圖 以磺强水生輕氣法

第十三圖 輕氣火燃式

第十四圖 風氣輕氣互相即就式

第十五圖 燃輕氣生水

第八 前經第三第六試驗已明曉空氣内有養氣淡氣兩種,其養氣並不與淡氣化合,惟水則爲輕養二氣化合而成,又試驗第十二明曉輕氣體積比養氣加倍,而養氣之重又數倍於輕氣,學者所當留意於此,以水之體積若干,令化分二氣確得其真準分兩極難,然此爲化學家最要明曉之事。業輕累年積月,用法試驗,其試法奧妙。此編不能詳陳。兹録其大略,可照此以明試之。試驗第二十。如第十六圖,圖中甲字横管,以硬韌玻璃爲之,火不能裂管之中段有玻璃泡置黑銅養半英兩,一頭彎插於乙字曲管,曲管置白鈣緑所以收吸水汽,内字輕氣瓶。即前用白鉛硫强水化得輕氣者。旁有丁字瓶置硫强水。輕氣由硫强水内經過即爲乾燥。横管亦有戊字玻璃泡管與泡内亦裝滿鈣緑。輕氣經過此鈣緑可將濕氣收吸乾淨而成純輕氣。當其未試驗之前,先將甲字横管及泡内所裝之物在天平稱之,記其分兩若干,又將乙字曲管内之物在天平稱之,記其分兩若干。切勿攔入他質,亦勿任有漏失,仍照圖装配,然後將硫强水從漏管口加入,瓶底有鰜於是有輕氣發出,經由丁字瓶走戊字甲字泡管,行過乙字曲管而出口,即用玻璃試管套於曲管之口,得納輕氣試管口,即向下以火引之,先有爆裂之聲,知輕氣

第十六圖 同物各質永無更變式

夾雜空氣，如無聲而燃，知空氣已盡而純是輕氣，將兩頭口塞住，於是扭開自來火小燈在黑銅養泡下燒之。黑銅養即銅落。輕氣行過黑銅養，銅養得熱則黑色變爲金類紅亮，泡旁火所不到之處有細點水汽在內，泡如全熱則水汽均到曲管內被鈣綠吸盡，直至各泡管内黑色全變爲紅色，即扭閉自來火機捩而火遂熄。候泡管涼後，再稱夫輕氣行到銅養泡内與黑銅養之養氣化合成水。養氣遇有輕氣即離銅質而化合爲水。或成水汽行至鈣養曲管，水汽全被吸盡，而無復遺漏。泡内餘剩紅粉，此紅粉即純是紅銅。已無養氣矣。泡管既涼折開仍在天平稱之，先稱銅養之泡，比前略輕，以其養氣已去也，次將曲管稱之，比前更重，以有水汽合住鈣綠也，計開前稱銅養泡重有一千零五十六英釐，迨今用法試過稱有一千零十六英釐，則是減去四十英釐矣。前稱鈣養曲管重有八百零三英釐，迨今用法試過稱有八百四十八英釐，則是轉多四十五英釐也。吾由是以觀，凡有水四十五分，豈非明明其中四十分爲養氣乎。又思水惟養與輕化合成者，其餘五分，豈非輕氣乎。然則水之爲水，有二分輕氣即有十六分養氣。無論若干水，總此二與十六之例。推之萬物化合，其爲質之數可試而知也。自此試驗過後，再仍前物試之，輕氣由横管至曲管終不復成水，以銅養之養氣已盡而管内無復有他養氣以化合也。

第九　學者無不知海水味鹹，以有鹽在内。凡水内調以鹽便與海水無異，可辨其味而知也。欲使鹹水變爲淡水，可以法蒸之。令鹹質爲鹽，而化汽復原爲淡水也。今與試驗之。試驗第二十一。如第十七圖，將海水或鹽水置於玻璃曲頸甑，甑上有洞，下置自來火燈，令水沸滾，水即成汽行至管之下口，入接水瓶。有冷水澆過，汽即冷結爲水。此水絶無鹹味，而火燒之甑泡内盡成爲乾鹽矣。此蒸水之法行海輪帆各船多用之。凡山澗泉水或大江水，亦不無有些鹽質於内，而味不能辨，化學家不用舌辨味，而用法以辨之，今特試與觀之。試驗第二十二。將兩瓶蒸水或雨水，以一瓶置一細粒鹽調化於水中，辨之固絶無鹹味，然後以銀養淡養於兩瓶水中，均各滴三四下，不多時有鹽之瓶水内似有白雲繚繞，其無鹽之瓶水仍清澄無物，以此化學家表明，目不能見、舌不能辨之質，可以化法辨之。其水中成白色如雲之故詳見後第二十一款。鹽之外更有他質如糖如鈉養如礬等，均易消化於水，如石膏止能略有消化，如沙泥、火石粉、玻璃不能消化。今試驗之。試驗第二十三。假如璃盃置鈉養二英(爾)[兩]，以玻璃試管挽水一英兩調之，下用火燃燒而發汽，如第十八圖。玻璃管内鈉養調化之水，候冷結成極細顆粒散於玻璃邊旁發亮。雖顆粒有大小，而其形則一。如第十九圖。又如璃盃置明礬一英兩，熱水一英兩調化之。候冷結爲顆粒，工夫略緩，其顆粒形狀與鈉養顆粒不同。如第二十圖之首圖，更用銅養硫養三調化於熱水，候冷結成藍色顆粒，工夫亦緩，其顆粒形狀又與前二項顆粒不同。試驗第二十四。如第二十圖之次圖。是則觀其顆粒形狀，即可辨其爲何質所結也。又如將明礬半英兩，銅養硫養半英兩，各磨作粉復置於乳缽内乳勻之，以熱水一兩調化，候冷，細視其所結顆粒各異，一爲無色之礬所結，一爲藍色之銅養所結，明明各結各顆粒，自相分別，毫不混同，此即表明，萬物結成大小顆粒，各異其狀，人可辨而認之，即在地中遇有鈣弗礦拷克司怕耳，鋇養硫養三礦、非勒特司怕耳。按，司怕耳，即土類結成顆粒之謂。石英及他質結顆粒者，均經火化，而各自成爲顆粒之形焉。

第十七圖　蒸鹹水法

第十八圖　鹽合銀硝成白雲務式

第十九圖　鹹結冰形

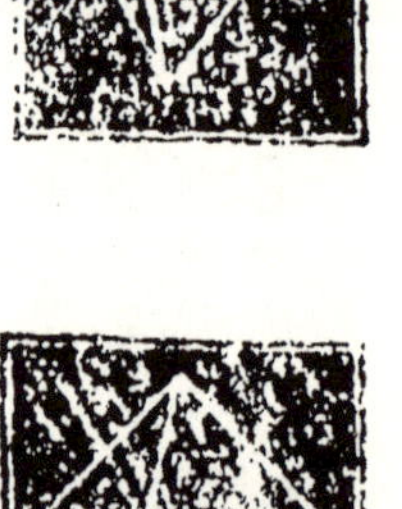

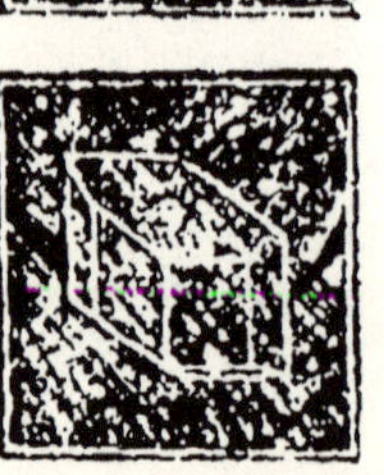

第二十圖　銅礦强鹽結冰形[上]　礬結冰形[下]

第十　今試問天之雨水，自何而生，油然作雲沛然下雨。即爲地上極净之水與蒸水同理。凡江海水面皆有水氣，太陽光内熱風經過江海而來，風即帶有水氣，人目所不能見，如前第十七圖蒸水之氣無異。熱風挾氣吹到冷處則熱風亦縮。載不住多氣而氣縮細點如霧，在天空成雲汽，縮細點併成大點，則重墜爲雨。由是進而推之，江海之水爲太陽所蒸成汽，空氣爲太陽所炙成熱風，熱風挾汽吹至冷處，縮凝爲雲爲雨。雨由陸地或由山澗流入江海，仍復原處，惟水由地入江入海，帶有他質，試觀江河沙土各質爲水沖激流行，固不能免，無論何地之

水，置璃盃半晌澄定後，必有質沈下。用沙漉或用漏卮，如第二十一圖，於尖底略置沙泥，或襯濾紙以水漏過，可分出其物質。或用木炭以分清其臭惡，或用海絨或用明礬均可分清，雖然人亦知各質在水內，不過浮沈其間，並非消化於水也。若消化於水，則必與水同漏下矣。今試與驗之。試驗第二十五。將藍靛數滴於水化爲藍水，用濾紙漏過水色仍藍，此即藍靛消化於水之明證。今欲分其藍色仍用蒸水法，令水變汽復還爲水，則藍色去矣。江河流入海之水，雖看不見有他質，而必有質在内，今試驗之。試驗第二十六。取一勺山泉水，或用明礬澄清之水在瓷盆或璃盆，曬乾，盆底必有定質存留。若以蒸過之汽水曬乾盆底净無他質。何也。雨水經過陸地高山或石或土，遇有能化之質，帶與俱流入海，海水内日積月累，滷質更多，故須察看水經何等地面，如化金類、化鹽類、化石類、化鹻類等，或經城市，帶有垃圾雜質，有泉水經過鹽礦，味較海水更鹹。總名之曰滷水。惟天雨之水，總是淡水，可試而辨之。試驗第二十七。將石膏即鈣養硫養三。磨粉，略摻數點於雨水瓶內，或蒸水瓶內，摇而化之，水即略渾，用濾紙漏過雖石膏粉質不能過紙，而清水已變爲滷水。試用肥皂洗化不發沫，而與酸乳汁一般，即以熱水消化肥皂沖之亦然。故無論何等清水而有石膏質在内即爲滷水，雖沸滚而滷質不沈下也。

第二十一圖　淋水之酒漏形漏卮式

第十一　更有一滷水可試而辨之，前第七試驗以肺出炭氣吹入石灰水內，成不能消化之白粉，名曰鈣養炭養二。今重與試之。試驗第二十八。將此石灰水置璃盃內，口銜管入水吹之比前多吹約有五分工夫，水中白粉轉不見，而與清水一般，如不純清更用濾紙漏過，白粉應不過紙，水更清矣。然以肥皂試之仍與試滷水同。此何以故，清水不能化鈣養炭養二，而因肺中吹出之炭氣過多，能將水內之鈣養炭養二消化於水，水雖清而仍滷不能變成淡水，炭氣本是一種氣，如將此水煮沸，炭氣離水飛散，水中仍有白粉沈下，或用濾紙分清之，則上浮之水不滷而淡，即用肥皂試之亦無滷性矣。此可於璃瓶內煮滷水而試之。更有一法可以分清鈣養炭養一之水。用净石灰水加入此水內，石灰與炭氣化合而成鈣養炭養一，西名敲克。沈於水底上面即爲淡水。凡有此種水皆可以此法分清之。鈣養炭養滷水與石膏滷水有别，鈣養炭養之水一經煮沸即淡或加石灰水可澄清之，惟石膏水則不能如是也。凡天雨之水經過山中，石膏石即爲石膏滷水，如英國脱令得江水便是，雨水雖比他水清，然亦不十分清净，以天空中略挾帶炭氣而下也。説見試驗第九。雨水經過灰石，或於有鈣養炭養二之處流過，雨本挾空中之炭氣而鈣養遇之略被消化，是以水有滷也。如英國推姆斯江水便是，若以此水煮飯烹茶常見鍋上黏有薄片如鐵鏽然。因煮沸時炭氣飛散，止有鈣養留黏鍋內積厚可成塊也，雨水經過花鋼石，此石最堅潔俗名麻石。江浙用以爲階磉者。而無鈣養石膏相值，便成净潔好水，如蘇格蘭提江水便是，雨水經由城市溝渠有垃圾雜質動植死質，水中多毒，不可用，飲之致病，即有似清潔而極明亮之水，必不免有溝渠帶出腐爛物質在內，是以我國中大城市，必置有甜水囤在遠方山水清潔處築囤蓄水。用大鐵管分通各小鉛管以資家用。氣能化水，業已明曉，天空中有炭氣隨雨而下，⿰口奇囒水必裝炭氣於瓶，令滿木塞不免迸出，故有鐵絲牽住，空氣化於水中，雖泉水亦含有養氣，味覺甜净，若將泉水煮沸，令所含養氣離水飛散，則水淡而無味矣。海水亦含有養氣，鱗介所吸以爲生，與陸路飛禽走獸無異，此養氣非輕養化合成水之養氣，乃是水另含養氣。魚吸養氣必帶水入腮，吞其養氣而分漏其水，故魚之唼水，非唼水也，乃唼養氣也，如以沸過熟水置活魚其中，不多時魚必僵矣，以其水經滚沸養氣全無耳。

第十二　今已略知火與空氣與水之化法，尚須略講土質。前三項理最顯著，不過於物質化合成熱氣謂之火，淡養二氣浮於空中，謂之空氣，地球外輕養二氣化合變成一質謂之水，至於地球內土質甚爲奥賾，此編不及備載，不過略與指明而已。凡定質之物，經能化之熱度，即可消融而成流質，地球定質之所以不化者，以未經消融之熱度焉耳。地質内之鐵可消化如水銀一般。玻璃之堅硬者可消爲小塊，大石之堅可沸滚爲流質，成汽飛散，究之地中熱度，足以消化大石，是以火山流出白質，此白質非色也，乃熱甚而爲白也，如鐵加熱則色紅，熱極欲化則色白，即此理也。故謂之熱白，竟有沖燒城市，如意大利之勿穌肥合斯火山是也，現將各土質試之，能得何物。試驗第二十九。將數塊鈣養炭養二、或灰石、或大理石此三種石以化學講之，實同一質也。如第二十二圖，隨便將一石塊置璃瓶內，瓶有水寸許，口有木塞，塞有兩小孔，一裝漏管，一裝曲管，曲管一頭插入另瓶，即於有石塊之瓶水內，加輕綠少

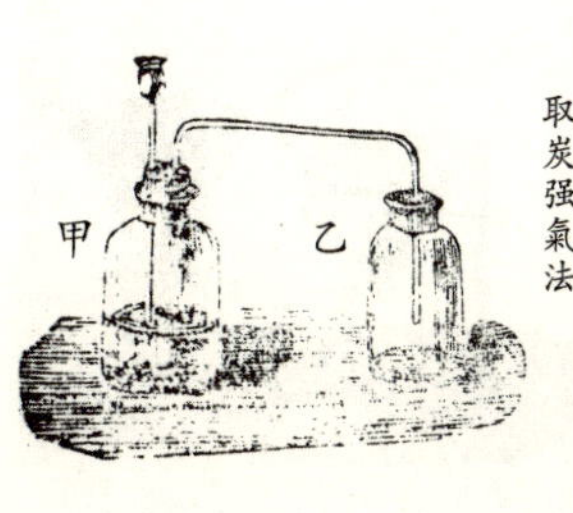

第二十二圖　由石灰取炭强氣法

許，細看瓶內發泡粒即汽。汽一滿即由曲管通入另瓶，候數分時，以曲鐵絲插燭點燃入瓶，不獨火熄，即燭芯之火亦滅，復將淨石灰水加入此瓶，便泛爲白色渾濁如乳汁。如以火入他瓶，即不至熄滅。顧炭氣亦可換瓶，將白色渾濁之甲瓶傾去水，以炭氣倒入乙瓶，復以火入乙瓶而火亦滅，此非炭氣而何。炭氣分兩較他空氣重，故可以甲瓶倒入乙瓶。炭氣本與鈣養等石相合，因加輕綠，則炭氣離石飛散，或將鈣養炭養二、或灰石、或大理石，置於火燒之。試看載有何質，因取燒過之石視之，樣似改變，以輕綠或硫强水加上，無泡粒之汽發出，知炭氣經火業已飛散矣。若以水加上，則發熱氣如沸，而定質遂變爲粉，蓋用火燒灰石或大理石，炭氣飛散成爲生石灰。復加以水，則水與石灰化合，便成爲熟石灰，由是以觀，凡鈣養，灰石、大理石，無非石灰與炭氣化合而成，今而後於此土質內明曉一事，以石內含有炭氣也。

第十三　前既於土質內得一炭氣之質，今又將一種土質試之。試驗第三十。此種質非如鈣養等質之多可常見者，然亦可得而驗之，此質是紅粉，名曰汞養。置於堅硬玻璃管內，管口有木塞，塞有小孔插一曲頸管，有架。如第二十三圖。另有水盆盆內置杯，杯旁有孔，以插曲管之一頭，杯口有直口瓶，直口瓶盛水倒裝於杯口內，汞養管下燃一火酒燈燒之，不多時管內紅粉變黑，再燒之仍白色明亮如露黏於管之冷處，管內汽泡發出行過曲管，通至杯上之直口瓶，汽愈上則水愈下，即將直口瓶取出，用吹熄之火煤入瓶即燃。此無他，直口瓶口有養氣故也。仍裝入杯口，再燒汞養，令全變白色露凝管邊，此露究屬何質，試觀管內已無紅粉，先拔去管塞，拆開曲管，然後將火燈移去，若先將火燈移去後拆曲管，則管一冷恐水吸上。將管邊白色露珠刮下，於管內搖動之，細視之，即水銀也。於此驗得汞養經火可分爲二質，一養氣，一水銀也。凡汞養無論何處得來，一經火燃不獨分爲兩質，其質之分兩亦相同。蓋有若干汞養分之即得若干養氣若干水銀也。汞而兼養名，因以立汞養一紅粉也。非化分之。何以知其爲水銀爲養氣化合而成。今化學家考究多方，得其化分定數，如汞養二百十六磅，化分之得水銀二百磅，養氣十六磅，以此推之，無不合符。於此得有確證可知化合成質本有一定之數。多其數不得，少其數亦不得也。凡屬土質，以及石類、金類大都皆有養氣與他質配合而成。所謂養氣爲配之質是也。西名凹格賽而特。養氣既合之後

第二十三圖　取養氣法

較未合時分兩更重，以養氣亦有分兩也。今試與觀之，試驗第三十一。如第二十四圖，以半規式吸鐵吸滿鐵屑，在天平秤之，令平於是用火酒燈燒吸住之鐵屑，鐵屑俱燃，此即養氣配合而成鐵鏽。自燒過後鐵即成鏽，分兩加重，天平即不能平。經此二次試驗始知土質內有明亮金類，吾進而試之。試驗第三十二。取一顆銅養硫養三即膽礬。置玻璃試管，加熱水調化之成藍色。如第二十五圖，用光潔之刀，插入試管浸於藍色水內，約一分工夫取出，視刀變紅色，磨之光亮與包銅無異，再將刀置試管內，俟一刻工夫，藍色已無，視之有銅如樱色粉沈下。另用一條光潔之鐵插入浸之，如清水一般鐵亦毫不變色，蓋水內之銅早已沈下也。今又有一法試之，試驗第三十三。如第二十六圖，將半英兩鉛養醋酸置於盃水化之，用線縛小塊白鉛懸於水內，候數小時，其中所有之鉛均結成白色顆粒黏於白鉛上，倒視之如樹葉蓬蓬然，此表明顆粒（丙）[內]有軟鉛也。

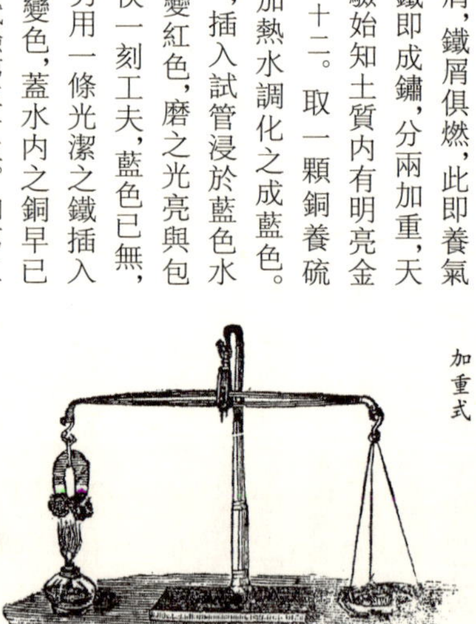

第二十四圖　火燒碎鐵分兩加重式

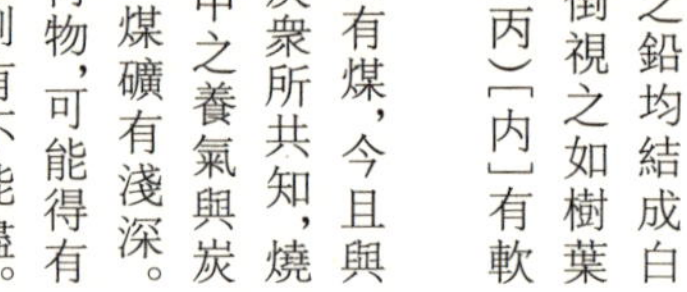

第二十五圖　浸刀以明胆礬內有銅式

第二十六圖　鉛於水中結成樹形　發明土內有金類

第十四　地質內有煤，今且與試驗之可乎，煤之爲炭衆所共知，燒時發出炭氣，即空氣中之養氣與炭化合爲火以發者也。煤礦有淺深。深或數里，煤中所含何物，可能得有何質，及煤之用處，論列有不能盡。兹略陳之，煤因何而成。煤即千萬年前地面之樹木花草經灰土堆積，埋於地中，挖掘時每見其枝榦形跡，如將塊煤切作極薄片，可視其紋之爲植物也。煤所含是炭，燒之有焰，知已成炭氣，火中所出黑煙是爲未燒之炭，煤並含有輕氣今試之。試驗第三十四。如第二十七圖，將細煤粉置於泥造長煙筒頭內，筒頭封以泥，候泥乾透，煙筒裝於架上，下燃以火，煙筒嘴出有黃煙以火引之即燃，此黃煙即

煤氣也，惟其黄色未經滌净耳。煙筒梗通至水盆内之玻璃試管，管先盛水倒置於盆，候管内氣升而水即下，取管以火引之即燃，並不見有黄色，以黄色經過水後已滌净也。燒時所出炭氣可用石灰水試驗。又煤有輕氣，何以知之，蓋燒煤時用璃盃罩於火盃邊，即有水如露以此知煤内有輕氣與空中養氣化合爲水也。煤氣無色比空氣更輕，火引即燃也。如英國各處所用自來火煤氣燈，製法均如此。惟不用煙筒而用大火爐，有磚造、有鐵造，不用璃管而用盛氣大鐵井耳。烟筒冷後將筒頭泥封刮去，筒頭内有灰色枯煤。電學家、□銅鐵家俱用之。此枯煤氣已燒去爲焦炭也，燒之火力極大，煤内所含輕氣略有炭隨之行過煙筒梗而上行，又煤黑油併水亦流過去，凡煤質不一等，有一種煤不可以製煤氣，以其氣不多而炭多，是以燒之多成枯煤，而無甚煤氣也。然則煤除煤氣外可得他物否乎，今燒煤得有煤黑油，可用以漆繩網等件，以免鹹水之爛，又有柏油可用以作街路，爲硬石油。又得有明藍之顔料色與凡獲勒花即紫金花。無異，又得一大紅顔料，又有兩顔料之色一曰莫獲甫色，如青蓮色。一曰墨勸得色。煤之有益於國家也。非數語可了。試思英若無煤何以爲國所有冬問日用，均賴有便宜之煤，汽車輪船所需甚廣，惟英地不盡出煤，有煤之處，各式製造皆興，如藍喀賽，縣名。興紡織，南威立士並出煤鐵，製造大盛。姚克賽耳亦出煤，興造呢布，至如鉛脱鏗脱愛塞格斯瑟色等處。無煤專務農事，耕種而已。

第二十七圖　造煤氣法

第十五　今試以煤氣發光驗之。試驗第三十五。如第二十八圖，輕氣發光小，見圖十八。煤氣發光多，玆用本生煤氣燈驗之，燈之管下有多孔，以指盡按其孔，則燈光發亮，放指則火光藍而不明，此何以故，蓋明亮燄中有極細炭燒著，而藍色光中則無炭也，試將白紙罩於明亮燄上，紙有黑點煙煤，罩於藍色光上則無煙煤，此煙煤即是炭也。以此知管下細孔所進養氣，即與煤氣中之炭相合，成爲炭氣，而炎上之火内衹有輕氣而已，無炭矣，故不能發亮。若管下無孔則空氣中之養氣由管口而入煤氣燄中，則煤氣中細點之炭遇養氣而自燒，即發大明光矣，請以燭試之。試驗第三十六。如第二十九圖，燭燄大有講究，細觀之可增見識不少。燭燄有三層。外一層略有藍色，此即燒質全透之證，次一層明亮即炭所化出之處發光尚未燒透也，中間一層燭芯内化出之氣尚未燒著。由是觀之，蠟燭可作一小煤氣房，觀蠟油爲煤料，燭芯爲燒煤之爐，其燄即自來火燃著之處是也。燭芯中間化氣未燒，圖内有表明之處，以玻璃細曲管一頭置燭芯中間，一頭自有煤氣出來，以火引之，即燃，此即自來火之作用。煤氣見火即燃，煤礦内往往自焚，以煤氣與空氣相遇，挖煤之人因礦内黑暗以火明之，轟然焚燒，礦坍人没，無法救援，自代肥創有救生燈以鐵紗製成，救人無算。今用以試之。試驗第三十七。如第三十圖，將一片鐵紗置於自來火燈上，或置於本生燈上，扭開煤氣管關捩，煤氣出管，隔一層鐵紗，上面以火引之，發有火燄，因將鐵紗離煤氣管數寸，而火燄仍在鐵紗上面，鐵紗與管相距之間雖有煤氣，而無火，可見火燄不能過鐵紗也，此何以故鐵紗吸去熱氣，火力至鐵紗而已盡，用是以鐵紗製成燈籠，外雖有空氣進紗孔，而鐵紗内之火燄不能傳到外面，所以挖煤之人取以入礦，可恃無恐，此代肥救生之功莫大焉。圖内之燈，即代肥式燈籠下座，仍是平常裝油芯之燈盤，有螺絲釘旋緊，此爲格致内之小事，已成大關緊要之用，化危險爲平安焉。代肥一作兑飛。

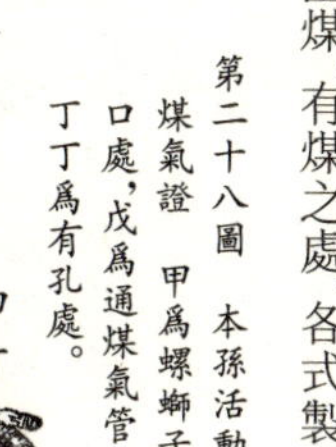

第二十八圖　本孫活動煤氣證　甲爲螺螄子口處，戊爲通煤氣管，丁丁爲有孔處。

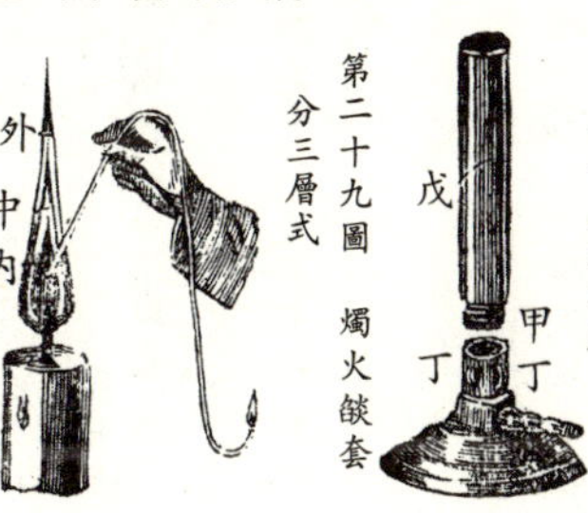

第二十九圖　燭火燄套分三層式

第三十圖　防火護命燈

第十六　前將平常所見數地質試驗已略知一二，吾今試驗大略，不如化學家將地面地中各質逐一試驗考究，所試驗考究者不過欲知其性情、功用、本質、配合、分數，或有出於空氣或出於地面，或出於地中，及海底，或金類或植物類，或動物類質分兩種，一原質，一雜質。原質專一自成之質也，雜質配合各原質以爲質也。自成專一之原質不能再化分也，配合之質可化分爲二爲三也，即如氣質中之養氣爲原質，輕氣亦爲原質，無可化分，而煤氣即非質，以炭與輕氣化合者也，炭氣亦非質，以炭與養氣可化分爲二也，流質如水銀爲原質，不能化分，而水則輕養二氣化合所成，前已與試驗矣。定質如汞養爲雜質，可化分得水銀與養氣，鈣養炭養二亦爲雜質，可化分得炭氣與石灰，食鹽亦雜質，可化分得鈉與

緑氣，銅養硫養三，亦雜質，可化分得硫磺與紅銅。惟硫磺、炭、燐、紅銅、鐵、金、銀等爲專一原質，化學家從未分有雜質而變化爲他質也。化學家常將各類物質試驗，業經查得天地間萬類物質，計共有六十三原質，有在氣質如養氣是，有在流質如水銀是，有在定質如硫黄是。六十三原質，平常有多遇見者，並多見配合雜質，養氣在空氣中不過自成一質，與他氣相並而不相合，養氣若與輕氣化合即成水，養氣若與他物相合，則爲養氣爲配之質，如鐵之有鏽是也，有不常見者，製造化學亦不多用，但同是原質，不得以不常見而置爲無用。此編固非專擇常用者而言之，惟容易明曉者有金類，有非金類，非金類祇有十五質，金類有四十八質，單開非金類：一養氣、一輕氣、一淡氣、一炭、一緑氣、一硫黄、一燐、一矽，金類：一鐵、一鋁、一鈣、一鎂、一鈉、一鉀、一紅銅、一鋅，即白鉛。一錫，即軟鉛。一鉛，即硬鉛。一汞、一銀、一金。此皆常見常用者也。六十三原質各有性情不同，易於識認辨別，亦有十分相似如净錫與净鉛，較之輕氣與養氣更屬難辨，查原質配合成物往往於極不相似而化合之，若净錫與净鉛合之無甚歧異，至輕養二氣合爲水，水之性情比之養氣不相似，比之輕氣亦不相似也。

第十七　今將單開各質一一論列之。其一，養氣爲無色無味之氣在天空内不與他質相合，惟與淡氣並列互行於空際耳，淡氣體積四倍於養氣，是養氣在空氣中不過居五分之一耳，養氣惟有一質不相合，餘俱能爲凹格賽而特，凹格賽而特者，猶言養氣爲配之質也。凡養氣與他質化合極速者即生熱氣，有時發光，即燒之謂也，所有沙土金石等物内均含有養氣，以地球面而論之，大半是養氣。養氣所以生養萬物，又不可過濃，故有淡氣以勻淡之養氣，由口鼻吸入肺於血内遇着炭即相合而成炭氣，從口鼻嘘出，其與血相化相合，即生熱血之流運徧身，即分散其熱，以周流不息也。有數種雜質可化分之，以得其養氣如前試驗汞養是，又以鉀養緑養五置於璃管燒之，如化分汞養法，取其養氣而以吹熄之火煤紙引之即燃是也。如欲多聚其氣，可用鉀養緑養五半兩磨粉，以黑色錳養加入，不過令其色黑而止，照第二十二圖裝法可多得養氣。用吹熄之燭，而芯尚未滅者，置於養氣瓶内即燃，候燃畢，瓶内變成炭氣可以石灰水試之。又用一瓶養氣置一木炭於中，炭亦燃，其火甚明，亦變炭氣，又用一瓶養氣以點著火之硫黄置小匙内，納入瓶中，火光耀目不能逼視，燒硫之氣無色，燒燐之氣如白雲，蓋酸類多如是，或以藍試紙或以力低暮司水試之，即變紅色，以是知其爲酸類也。其二，輕氣亦無色無味之氣，不若養氣能在空中與空氣並存也，一見養氣即化爲水，有數法於水中化分得輕氣，如第九圖第十一試驗、第十一圖第十四試驗，又可表明輕氣燒時成水，如第十五圖第十八試驗，以養氣化合反變爲水也。輕氣又能與他質相合，如輕氣與炭合爲炭輕，名曰瑪而式氣，每於煤氣内見之，凡屬酸質，内均含有輕氣，即如淡養五、即硝强水，名曰奈脱力酸。輕緑名曰海特羅克羅立酸。等酸皆有輕氣在内。萬類物質内查得輕氣比空氣輕有十四倍半，是以製成輕氣毬能上升也。其三，淡氣亦無色無味之氣，在天空中與養氣上下同流，用磷試之可於空氣中得淡氣，見前試驗第六。淡氣亦有合質不少，如淡養五、即硝强水。朴硝、即鉀養淡養五。阿摩尼阿、即淡輕養。動物肉内亦有相合成肉之淡氣。淡氣性情清静，不易與物相合，其原質不能獨燒，亦不能獨用以養生命。火入淡氣則熄，若置動物於獨淡氣中則氣閟而斃，以無養氣參勻故也。淡氣與輕氣相合爲阿摩尼阿，淡輕養三質相合成淡養伍製淡養五法，試驗第三十八。如第三十一圖，以朴硝半英兩磨粉，置於曲頸甑内，以硫强水半兩加入，用燈火燒之，有氣從甑内行過甑口，至冷水盆内氣遇冷水即沈下，其色黄，此即化離鉀養而成爲淡養五也。淡養五味極酸，能腐爛一切物，其純者皮肉沾之色黄，亦爛以藍色力低暮司水試之，色變紅，倘以阿喀唻鹻性之通稱。類如辣鉀養加入則紅色變藍，蓋酸者鹻之對也。以辣鉀養調化於水，以力低暮司水滴之色藍，復加以硝强水即淡養五。不多時即變紅，即將此水在瓷盆内烘乾，成爲白色鹽類，此即是朴硝。鉀養與硝强水相合而成者。如再以此朴硝加熱燒之，置少許於水中化之，仍用力低暮司水或試紙試驗則其色不紅不藍，此即表明鹻與酸力相敵勢相平，不復有相勝也。吾於此學知三事，一酸一鹻一鹽類，凡物有酸性能爛物，以藍色力低暮司試之，變紅者爲酸物，有鹻性能去酸，以紅色力低暮司試之變藍者爲鹻。鹻與酸相勻配不紅不藍。別成一質者爲鹽類。曩謂極不相似之質可化合成物。今鹻與酸性正相反而乃合爲朴硝，可知天地間萬彙羣生，往往於極不相似之質化合而成焉者也。其四炭，炭爲煤炭之炭，炭爲原質非與他質相合，此原質有極異之質，如金剛石爲極堅之物，本是專一原質，質屬煤炭之精。又如黑鉛爲極輭之物，亦是原質，質亦屬炭。化學家以金剛石黑鉛煤炭質地出於一本，何以知之。假如以木炭一塊燒於養氣即

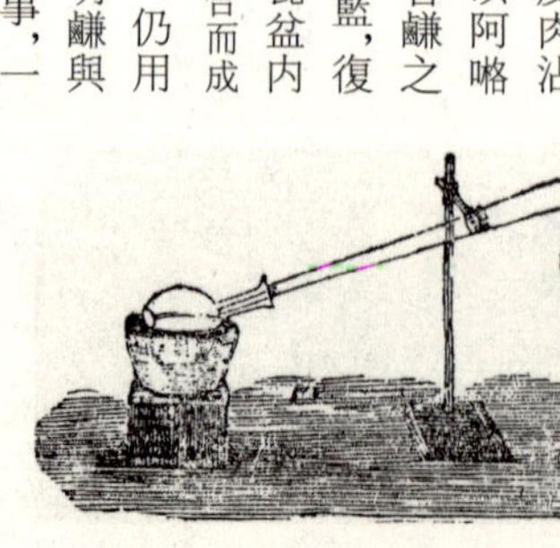
第三十一圖　煉得硝强水式

成炭氣，以黑鉛金剛石燒於養氣亦成炭氣，由是觀之，此三種無非炭質，或求其有無雜質，以木炭十二英釐，黑鉛十二英釐，金剛石十二英釐，分爐燒之，所得炭氣分兩皆同，每爐各得炭氣四十四英釐也。其中養氣如有三倍並無他質可求。顧金剛石爲寶石中極珍貴之品，乃下與極賤之炭同質，非化學家試驗烏從而知之耶。夫炭乃動植物所不能無，木有紋理將木燒成炭而木之紋理仍在，動物之肉燒之變爲黑炭，如再加熱燒去則炭質不見，而所餘只少許白灰，蓋炭質已化爲炭氣飛散。植物爲炭質今試之。試驗第三十九。以白糖數塊置於璃盃，略加熱水調爲稠質，以硫强水滴之，糖見硫强水色變黑發沫。白糖盡成黑炭，因糖內有炭得硫强水而表明也。炭爲專一原質，大有關係地面，苟無炭即無植物。並無動物矣。且炭質不獨爲動植物所含，即空氣內亦有之，如前試驗第九得識空氣內之炭氣樹木花草吸之以爲生也，又石類如鈣養炭養灰石大理石內皆有之。

第十八　其五緑氣，緑氣與上所説各質性情迥異，其色略黄，其味亦烈，如吸入口鼻，即爲緑氣之毒，此質非獨生，每於物質内得之，如食鹽内有緑。緑與金類之鈉相合即成爲鹽。化學家名爲鈉緑。今有法取鹽内之緑。試驗第四十。如第三十二圖，取少許食鹽，以磨成粉之黑錳俗名礞金，或謂即無名異。調入置於璃瓶，將硫强水與清水各等分，加入瓶口裝曲管通至另瓶。用火酒燈燒之，略加熱則鹽與錳成汽色黄，如雲行過曲管而聚於另瓶。其汽體重不上行，此即鹽内與鈉相合之緑氣分而離焉者也。學者須小心勿令吸入口鼻，免致喉内生炎。緑氣遇有金類即成緑氣爲配之質。如以磨成粉之銻略置於緑氣瓶内，即迸發火星成如白雲，即化合爲銻緑，於此學得一事，燒不獨養氣即緑氣亦能燒，可見凡物化合，必有熱氣發出也。又緑氣有退色之力，蔴布棉布皆用緑氣令雜色退而潔白，此易於試驗，以一方藍色布用水沾潤，於緑氣瓶内拂之。不過數分工夫，即退藍色爲白色。凡市售退色粉，皆有緑氣在内，粉色白，置於瓶，加淡硫强水，白粉内即化出黄色緑氣。試驗第四十一。緑氣固能退物之有色爲無色，然以顔色布浸於退色粉水内，色仍不退，須略滴淡硫强水俾令分出緑氣，漂布於緑氣中而色乃退也。其六，硫黄硫爲黄色定質，有成塊有成粉。試以硫黄置於小瓷匙内，以火燒之始則化，繼則沸，隨後即著火，燒盡而止。燒時有淡藍光，其氣味亦惡，燒時即硫與空氣中之養氣相合成爲硫養，燒時發無色之氣於瓶内，是即爲硫養氣。硫黄取用甚宏，造火煤、造火藥皆用之。硫黄爲專一原質，生於地中，凡火山所在皆有。歐洲所得硫黄惟昔昔島最多。硫黄能與金類質相合，以成硫黄爲配之質。若在礦内挖出業已配合如鉛硫礦、鐵硫礦等類，蓋必用化分法分去硫黄而後得浄鐵浄鉛。硫黄與養氣輕氣相合，爲硫黄强水。化學製造家爲要需之合質。硫强酸體重如油，爲流質，歐洲各作每日約製有數千噸。凡屬阿啰唻坊、肥皂作、染坊、印花坊、退色作，暨各等作用，均不可少。硫强水與金類合質如鈉養硫。即明□。鐵硫銅硫及金硫銀硫等。其七燐，燐非獨生之質，每在動物骨内與養氣相合，又金類内之鈣相合，謂之鈣燐。凡動物骨燒後餘下白灰謂之骨灰即可取以製爲燐。燐與炭相似而有二種，一黄一紅，其性情亦不同，今試之。試驗第四十二。如第三十三圖，三脚架上置一鐵盆以一黄豆大之黄色燐，即於水下分切爲四。分切須於水底切之，因燐在空氣容易著火，不肯熄滅，必燒盡而止。取水下切成之黄色燐一塊，置於紙以收乾其水，即用鉗取置盆上，再取紅色燐，或紅燐粉紅燐著火較緩，是以不置水内。與黄色燐各等分，並置盆上，下用火酒燈燒之，不多時黄色燐著火，極明亮，煙成白氣，紅色燐則不然，須再加熱片晌然後著火，其燒與黄色燐同，以是知黄色燐最易著火，因置水底，以免與空氣中之養氣相合。又試之試驗第四十三。黄色燐包於紙内一擦即著火，凡製火煤而能自來火者，以其有黄色燐也。火煤有黄色、有紅色皆有燐。隨便在器物上擦之，即燃。蓋黄紅色外皮一破，燐出即燃，近有新法造成保安火煤，將藥料分作兩處，一在匣旁，一在細木條上，以免自燃若僅用細木條葉擦之不能著火，惟於棕色匣上擦之乃燃。蓋細木條上無燐衹有引火之藥，其匣上有燐與細沙和匀，一擦至燐即發火而引火之藥亦燃，並燃至木條也。其八矽，矽亦非獨生之質，與養氣化合之物極多，有矽養三者，即水晶，又沙石、火石皆爲矽養之質。但不純浄耳。矽養三與金類相合，成爲矽養爲配之質，沙泥磚瓦與瓷與玻璃皆爲矽養。凡製玻璃有二料，一爲白色沙泥，即矽養三。石灰鈉養，一爲沙泥鉛養鉀養。皆於極熱火内燒煉而吹成璃器也，其沙泥石灰鈉養三者化和製爲厚玻璃，窗鏡均用之，其沙泥鉛養鉀養三者

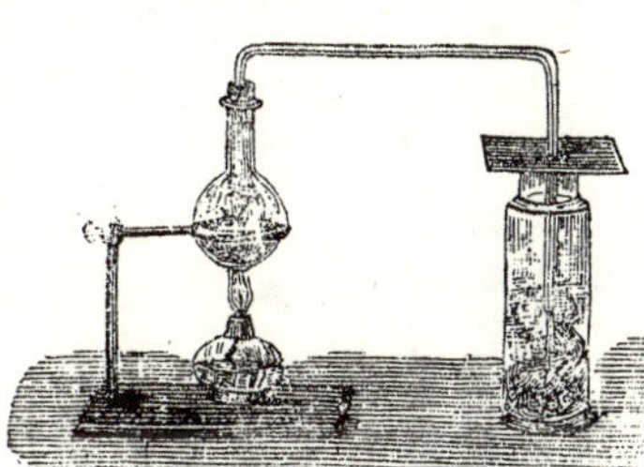

第三十二圖　取得緑氣式

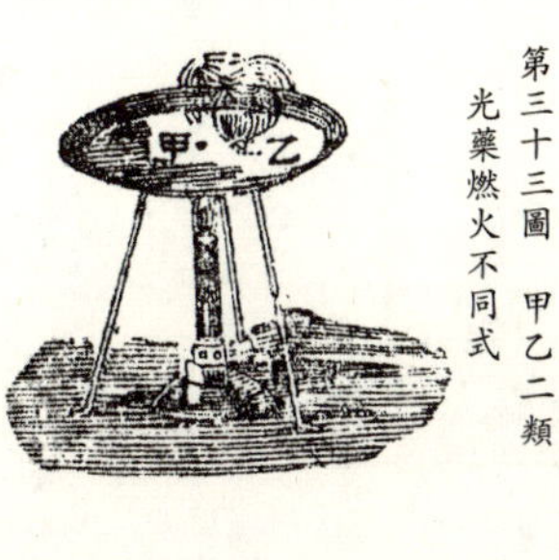

第三十三圖　甲乙二類光藥燃火不同式

化和製爲極佳之明浄玻璃，天文館遠鏡多用之，矽爲顆粒黑色之獨質，矽養三化去養氣即爲矽。矽本黑色，而與養氣合即爲明質，凡地面地中大小石内均有矽，有與金類相合，而養氣或亦化合於中。由是觀之，地内所含物料，皆與養氣配合而爲燒之質焉。吾今與學者進究金類。

第十九　其一鐵，鐵爲金類中極有用，不可少之物。若無鐵則國之政教不能行，如汽車、機器、鎗礮、器具等皆無矣。上古之世無鐵，非無鐵也，以不知取鐵之方也。鐵非獨成，其爲鐵必與他物並生於土礦，苟無術以化分之，雖有鐵質亦不適於用，是以野番至今無鐵之用也。古時器具或以銅代鐵，未有銅之前，則以石爲之。銅亦不浄，每夾雜他金類，今猶有古銅之器。凡鐵礦内有與鐵結成各質，代赭石乃有用各質中之一物，是即鐵與養氣合而成者，惟燒之則養氣離鐵而合於炭是爲熟鐵，用以製造。其性韌數片可打成一片，又有一種生鐵其質鬆不能打，祇可鎔化於模，以成其用。如火管水管、燈柱鐵欄、大輪鐵架等類。鎔鑄之法以礦鐵、煤灰石置在沖天爐内，以風輪鼓養氣，令鎔化之，蓋生鐵不能打，打之易碎如玻璃。生鐵從煤内得來，鐵中尚有炭質，化分之亦可作熟鐵用，更有一種鋼用處甚多，鐘表法條剃刀等即是，其性質堅韌，然亦雜有炭質，或以生鐵或以熟鐵煉成。鐵燒空氣内，見試驗第三十一第三十四圖，或在養氣内合成謂之鐵鏽，即鐵養合成之質，今試之。試驗第四十四。如第三十四圖，以璃試管置少許鐵屑，以淡硫强水滴之則發氣，更以火燈燒之氣出更多，甚速，以火引之即燃，此氣即輕氣也。鐵於淡硫强水内化之，硫强水合於鐵成一種鹽類，即青礬。如以水加入試管，以濾紙漏過，漏過之水無色。如第三十五圖，置璃盃内燒之，略似稠質，去火，候冷即結爲青礬顆粒。試以少許青礬置於一洴唔脱水内，加數滴硝强水，又數點鉀三衰六。鐵三青色變爲深藍，即顯明有鐵否則無也。其二鋁，鋁出於泥土，有幾許石内含此質，誰識此平常泥土竟有此明亮如銀之質。非格物而能知者乎。顧鋁在泥内與養氣相合，惜不易化分，若有法分清，即有許多用處。蓋泥土雖平常，而化分工夫費用甚大耳。以明亮之鋁在空氣内燒之，即成養氣爲配之質。如鋁二養三是也。平常明礬内之白顆粒，即有鋁在内。其三鈣，

第三十四圖　鐵與硫礦化爲青礬水法

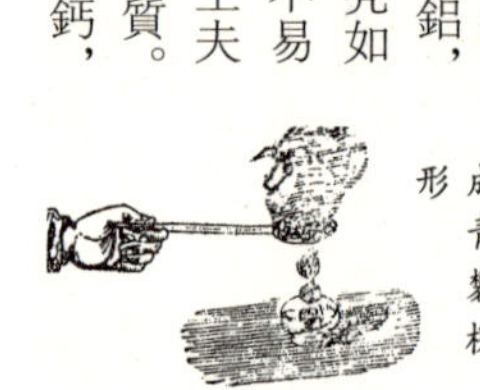

第三十五圖　鐵礦水煅成青礬楞形

鈣亦爲難得之浄質，往往與他物合質甚多，生石灰即鈣與養氣配合而成，又敲克、鈣養炭養二。大理石、一名桃花石。珊瑚皆爲鈣養炭養之質。石膏即鈣與硫相合之物，骨灰即鈣與燐相合之物。以此知地面之金類質多矣，今試之。試驗第四十五。如前試驗第二十九，取炭氣時，輕綠加入鈣養炭養二即發炭氣，餘下瓶内即爲鈣綠，倘以餘下之流質以濾紙漏過水色清潔，曬乾即成白粉，此鈣綠屬於鹽類質也。前試驗第二十用以吸水汽即此鈣綠也。試以此白粉置於空中，吸滿天空中之濕氣，即化爲流質，因天空中總有濕氣而鈣綠善收濕氣故耳。若先將此鈣綠白色粉置於試管以水調化之，復加以水化之鈉養炭養二，較之未經合併之前大相懸殊。一經併合，即發渾濁如乳汁，此何以故。蓋鈣遇炭合成鈣養炭養二，在水即不能消化，故渾濁而沈下爲白粉也。其未經合併，一爲鈣綠化於水固清，一爲鈉養炭養二化於水亦清。一合併後，一面合成鈣養炭養二，一面成食鹽，即鈉綠。鈉綠可化而鈣養炭養二不能化也。此可表明，此金類質合成爲鹽類質。此鹽字，西國譯義可作粉字解。有合此而能化合彼而不能化，然此非由外加，乃前質内本有之質，惟所合異，故其性亦異耳，學者須知之。其四鎂，鎂爲質甚輭韌，其色銀白，可製爲絲并可製爲帶，試驗第四十六。試以一條鎂帶長六尺八寸，以火燒之，其光白亮耀目，落下爲白粉，即鎂養。即飛甘石。燒時出有白煙，並有黑煙，其黑非煙煤也，鎂爲專一之質，質内本無炭，又何煙煤之有，其黑煙未經燒著之鎂，其白煙業已燒過之鎂，俱散作細點，如灰塵飛散耳。試驗第四十七。取鎂已燒過餘下之白粉，置於璃試管，滴硫强水數點，以火燒之。其白粉均化於强水内如清水，即以此化粉之水，置於瓷盆略烘去其水，離火候冷，凝結成如針式，此即鎂養硫養三。即苦硝。此外，金石類中有與鎂相配爲合質者不少，蓋鎂非獨生之質，即如飛甘石，以鎂養相合而成，煙火花礮有鎂，航海夜行，用以發大圓光燄，鎂質置於空氣内，不生鏽，用處甚多，特其價過昂貴耳。

第二十　其五鈉，鈉在試驗十三水中取輕氣而用者，其質非同尋常金質，不能置空氣中，恐其變爲白粉，亦不能置水中，恐其化出輕氣而吸養氣，須置於煤油中，不遇空氣中之養氣，乃可常存。鈉浮水面，化出輕氣。十三試驗業已見於前矣。今試其性，試驗第四十八。所用之水，業已有紅色力低暮司在内，以鈉置其中，與養氣化合即變爲藍色。鈉在化學家爲最有用之質。凡化分鎂與鋁所不能缺。鈉非獨生，每於鈉養化分養氣以得浄鈉。倘以一瓷匙鈉置火上，初化如蠟繼而著火，其光耀，其燄黃，出有白煙，即鈉養細粉之飛散，其麤重者

沈下爲鈉養也。凡化合雜質，謂之鹽類，鈉鹽爲雜質，如食鹽即鈉與綠化合而成，化學家名曰鈉綠。元明粉即鈉與硫黄水化合而成，化學家名曰鈉硫。成顆粒之鹻，即鈉與炭氣化合而成，化學家名曰鈉養炭養。智利硝，即鈉與硝强酸化合而成，化學家名曰鈉養淡養五。鹽類中最多爲石鹽，天生成鹽山。歲出數萬噸，又於海水得之，除此食鹽外，又可得他鹽類，即如欲得元明粉，以硫强水加之即成，加時有輕綠氣，如煙上騰，餘下即元明粉，本來鈉綠與硫强水可得一合一分之用，其化合即爲鈉硫，化分即爲綠氣，如欲試煙之是否綠氣，以藍色試紙用水沾潤置於綠氣煙内，即變爲紅色，便知真綠氣酸也。其六鉀，鉀亦爲阿咯唻合雜質而爲鹽類。取一細顆鉀，置於水即與養氣化合成火而燒化分輕氣，輕氣燒則光紫便成爲鉀養鹽類之鉀。各處地内多有，有從花草灰内得之。鉀鹽用處甚多，鉀與鈉同爲阿咯唻，而所化合亦相同。平常花草辣灰内有鉀有炭氣，化學家名曰鉀養炭養，硝强水化合之，化學家名曰鉀養淡養五。鉀與綠與養氣三者化合，化學家名曰鉀養綠養。肥皂本爲雜質，動植物油與鉀與鈉化合而成。試驗第四十九。試以草蔴油半英兩，置於瓷罐加熱水並辣鈉養燒之，候油不看見，即成爲肥皂流質。略加食鹽令肥皂分清上浮，放去其水，成爲定質硬肥皂，可用以洗盥。常法用牛羊猪油兹不過隨便用草蔴油試之耳。

第二十一　其七銅，銅質略帶紅色，其用處甚多，有時得天生净銅礦内所出之生銅，每與他質相合，如銅與硫黄合成爲銅硫，則試驗第五所化合之銅硫與礦出銅硫無異。銅有與他質參和用者，如黄銅孛郎呫士是也，銅在空氣中燒之變色，結有黑皮，即養氣與銅爲配之質，燒久養氣與銅之全體化合，即成爲黑銅養，如前試驗第二十所用之銅養是。銅養名鉛落。今又試之試驗第五十。以鏷成之銅片置於玻璃試管，滴數點硝强水發有紅樱色煙，管内銅與硝强水養氣相合成藍色之銅硝，即銅養淡養五。若以試管盛滿水取銅硝一細粒，置於水中，看不見有銅，略加阿摩尼阿即淡輕四養。仍顯出藍色，便知此水内有銅鹽類。又如前試驗三十二所用之膽礬，即銅與硫强水合成之質。試以一二點膽礬化於水中，亦看不明，略加阿摩尼阿即顯有藍色，知其中有銅也。其八鋅，鋅色白爲極有用之質，用以包鐵皮免鏽並包鐵釘。礦所出之生鋅，每與硫黄合爲鋅硫，亦有與他金類合質，如黄銅即鋅與紅銅合成。試驗第四十一。照前試驗十五法，以鋅化於淡硫强水内，得有輕氣發出，所餘成爲鋅養硫養三之流質，即以此流質燒之，候略稠離火結成白顆粒，即鋅養硫養三也。如以鏷成薄片之鋅，在空氣内燒之，所成白粉即鋅養，其性與鎂相似。其九錫，或作馬口鐵者非。錫爲白色之金類，亦用以包鐵，常用之鐵片即用净錫包成，其包法，先將净錫鎔化，以鐵片蘸之即得矣。製器皿者亦用之，又有合雜質爲雜錫，又合成爲銲金。礦内所出之錫不净，每與養氣相合，入即名曰錫石，置於木炭燒之，則養氣合炭燒去便成爲真净錫。試驗第五十二。如第三十六圖，礦出之錫石而加以鈉養炭養二置於火炭，用管吹旺火燄，則一物相鎔一處，取出磨粉於水内洗去炭灰，其沈於水底成爲細粉便爲净錫。我今如是試驗知，養氣離錫而合於炭成爲炭養飛散，則其爲錫不已净乎。其十鉛，西謂之硬鉛。鉛性重有藍色，易鎔、易鑽，不與空氣中之養氣相合，故不生鏽，用處甚廣，自來火管，自來水管皆用之，可軋薄以蓋屋。鎔化自空中滴下即成子彈。鉛礦甚多，每與硫黄合成鉛硫，化分之即得净鉛。鉛與他質相合，亦有數質爲極有用。如白鉛粉，鉛與炭氣合，化學家名曰鉛養炭養。紅鉛粉，鉛與養氣合，化學家名曰鉛養。密陀僧，黄鉛與養氣合，化學家名曰黄鉛養鉛糖。西名舒掰奥福來特。硬鉛與醋酸合，化學家名曰鉛養醋酸。克羅彌勒鉛與鉻合，化學家名曰鉛養鉻養三。白鉛粉、紅鉛粉、克羅彌勒三者合用爲漆，至於黑鉛乃是炭質非鉛也。試驗第五十三。試以化於水之鉻與鉀，置於已化之鉛養醋酸玻璃盃内，成明黄色鉻鉛沈下，此即鉛養鉻養三也。其未合之前，鉻鉀與鉛糖本可調化於水，及至合成鉛養鉻養三即爲不能化之黄粉，而其鉀與醋酸相合别爲一物亦能化於水也。其十一汞，汞爲金類内之流質，寒暑表用以量冷熱，風雨表用以量天氣輕重，此編不詳。詳於格物類，汞在空氣内不與養氣合，惟燒熱則成爲汞養，如前試驗第三十。再行加熱則汞養粉亦可燒去養氣而仍復爲水銀也，水銀亦如水然可以沸滾成汽，用管束其汽而沈於冷水，亦可還原爲汞。汞合質其與他金類相似製之可成良藥。其十二銀，銀爲貴重之質，出於美國、墨西哥、秘魯爲最多，其所以貴於用者，以在空氣内不與養氣相合。故久遠色白不變。惟與硫黄相雜，則發黑爲銀硫。自古珍貴以爲國寶便民利用。英國通寶内特爲參少許銅質，令其略硬，今與試之。試驗第五十四。以昔格斯本士約一角二分之數。一圓切

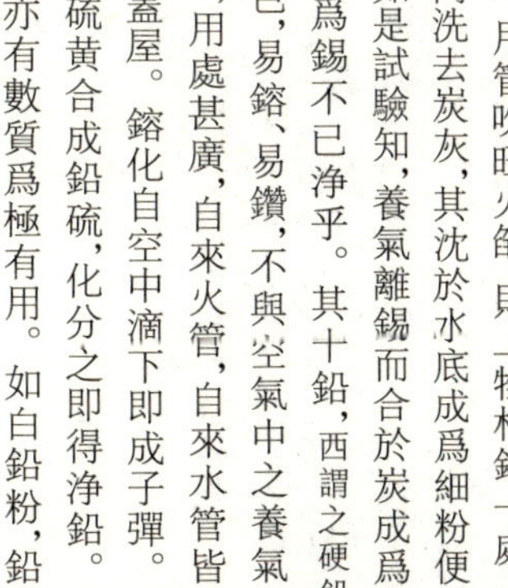

第三十六圖　煅錫石以得錫法

作小塊，置於玻璃試管加硝强水數滴，不多時見有濃重紅霧發出，用火燒之令熱銀即鎔化成爲銀養淡養五。如前試驗第二十二用銀以顯鈉綠。即食鹽。其沈下之白粉即銀綠。此銀養淡養五與鈉綠均化於水，合併一處銀與綠相合爲銀綠。又鈉與硝强水化合爲鈉淡養五，除銀綠白粉外，其流質即鈉淡養五，以濾紙漏過，有綠藍色，此綠藍色即銅質也。試以一光潔鐵刀，置於綠藍色流質內，刀上即包裹紅銅，此其明證。其十三金，黄金在金類内爲極貴重之品。在沙石内净是純金不與他質相合，出於美國喀勒方尼邦，即舊金山。南洋澳大利亞、即新金山。其體重，其性韌，可抽作極長之細絲，並作極薄之葉片包裹物件。試驗第五十五。金無一酸可化，試以金葉分作兩片，各置試管内，甲管内加硝强水，乙管内加輕綠水，金葉皆不能鎔，惟硝强水與輕綠合爲一試管，則金葉漸漸鎔化。人以其養氣所不能合，其色永久不變，用以粧飾極爲珍貴。

富里西尼烏司　傅蘭雅　徐壽《化學考質》卷一

第五章　過濾第四

濾工專爲流質内已結定質而使兩質分離，常用之器爲玻璃漏斗，内襯以紙，其紙依法摺叠，使與漏斗相配，則流質落下而定質留在紙上。如其定質欲存爲別用者，當用象限摺之紙，若只取其流質者，當用襞積摺之紙。象限者，將圓紙一張對摺而再對摺，襞積者，周摺如繖形。如濾得之質欲淋洗，則其紙邊不可伸出漏斗口外，平常用紙先須以水數滴濕之，不但能速濾，又可免定質竄入紙孔塞住或爲水所衝下。凡濾紙不可雜酸質能消化之死物質，如鐵二養三與鈣養等，常售之紙衹可粗用，若欲得準數者，必先以酸質與水洗之。其器如第一圖，呷爲無底之瓶，甲乙爲玻璃片，稍小於瓶之内徑將濾紙作圓形而叠在玻璃片内，丁爲玻璃管通於丙塞，戊爲象皮管，用簧夾關之，瓶内添入淡鹽强水。此用重率一・一二之輕綠一分，水二分相和，濾紙浸此水内十二小時則放出其水，而换以净水，待一小時而再换水，須换至流下之水和以銀養淡養五數滴而毫不變濁爲度。即取出其紙而夾在生紙之中，置於煖處自乾，此爲多用之法。若衹小試可將紙二三張叠置於漏斗内，用淡鹽强水、或淡硝强水濕之，待片刻而以净水淋之。紙若上等者，不但净流質易流下，且能存留極細之結成質，如鋇養硫養三與鈣養草酸等。紙或不能合此用，可用粗細二種，以細密者分出細質，以粗鬆者分出粗質。

第一圖

漏斗必用玻璃或瓷爲之，見第十八之十。平常安在架上。如第二圖，此最便於小漏斗之用，速濾之法，須用吸氣，詳見後編。

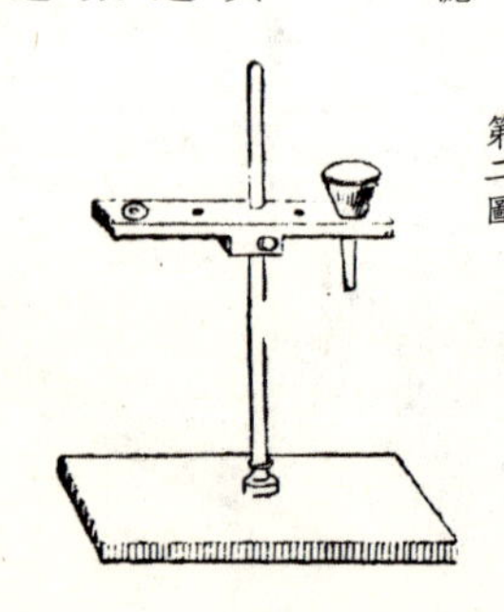

第二圖

第六章　澄洗第五

澄洗之工，所以代濾，即傾清水之法。如定質之重率甚大於流質而能速沈至器底，則其面上之水易以傾出，或用虹吸取出而屢次换水。故有數種質不能用別法分開其定流二質。如有膠類之性，或有別性能塞濾紙之微孔，以致流質不能下注者，必用此法，閒有迭用傾清與過濾者，即俟其定質沈下，而後將其水傾入濾紙内，所有帶出之定質愈少愈好。

第七章　淋洗第六

過濾或傾清水分出定質之後，必再洗净定質之面黏附之流質，此在濾紙上者用洗瓶。如第三圖，噴水管之甲端引長成小尖，另有一管可以吹氣甲管口有水之細條冲出而稍有力，瓶内盛冷水與熱水俱可，然用熱水必燙手可作木柄或用軟木包在瓶頸，以便手執。若用澄洗之法，先將其清水傾出，而再添水或醇、或別種合用之流質。待其定質沈下，再傾出清水。如此至洗净爲度。

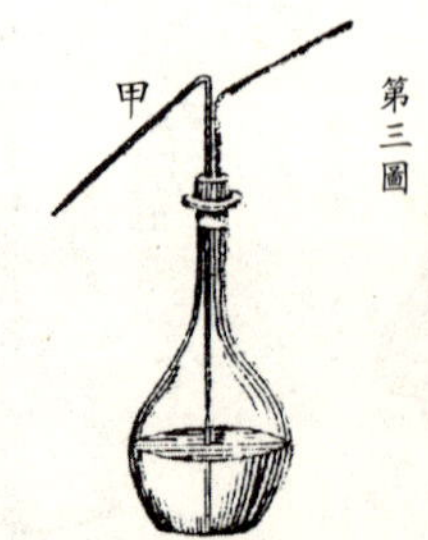

第三圖

考質之工，全藉淋洗合宜，須察其結成質。所有黏附之流質盡净，而毫無微迹，然洗净與否不可揣度而知，必須試驗其淋下之流質爲準。如淋下之質，或有水内消化之定質，可將其水一滴在鉑片緩緩熬乾，若全化散則知洗透。

第八章　通膜第七

數種定質消化於流質之内，此可分出之。故與濾法似是而非，其中妙理全藉能成顆粒與不能成顆粒。如有能成顆粒之質在水消化，而其水遇合法之薄皮，即能通過，若爲不能成顆粒之質則無此性。故此二種質同在流質内消化者，

可藉此性而分開之。所有不成顆粒之質，如動物膠、植物膠、對克司格里尼樹皮酸、蛋白質、膏類質、輕養矽養二等，其膜亦爲不成顆粒之質，即動物之薄皮如膀胱或明皮紙，即浸過硫強水之紙，外面必與水相切。所有能成顆粒之質，欲收膜内所吸之水，即沁入膜中而散至外水。其不成顆粒之質不收膜内之水，故不能過膜。如第四圖、第五圖爲最合宜之通膜器。四圖用有頸之罩或無底之瓶冒以明皮紙或膀胱。五圖用木匡或硬象皮匡，亦冒以前物，其徑應大於匡三四寸先濕之而用繩紮緊。如用明皮紙宜驗其漏否，可用海絨揩水於上面，而視其下面有滲泄者敷以蛋白而加熱令結即能補其漏處，各器備齊將欲考之質傾入，如其質全爲流質可用第四圖之器。若含不消化之定質宜用第五圖之器。其流質不可深過半寸，其膜應入外器之水少許，第四圖者挂起第五圖者自浮水面待二十四小時後，則其能成顆粒之質大半通至外水，而不成顆粒之質留於器內。設有通出外水者爲數無多，必須常換外水，則成顆粒之質與不成顆粒之質，亦全分開。檢驗毒死之屍將所食之物或吐出之物分出其能成顆粒之毒性質，常以此法爲據。

第四圖

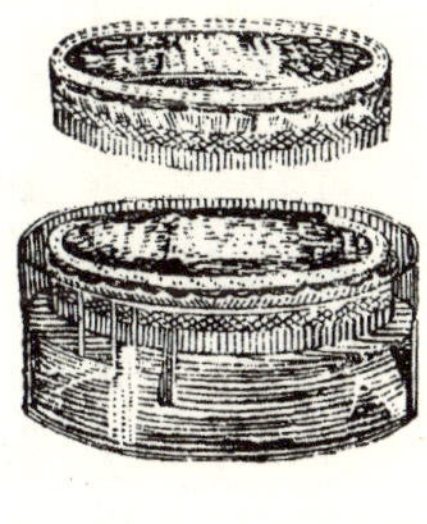
第五圖

分出易化散之質，並難化散之質與不化散之質，厥有四法。曰熬、曰蒸、曰燒、曰煏，其一其二爲流質之用。其三其四爲定質之用。

第九章　熬第八

熬者，加熱化散其流質也，難化散之質、或不化散之質，欲分去其不用之物，無論定質或流質，俱可用此法。如含鹽之水，而去其水，即能得鹽之顆粒，或爲不能成顆粒之質，則熬出其水，而使結成。此事原須加熱或令其流質遇空氣而漸散氣質，或與收水氣之質同置罩內，如灑硫強水或鈣綠等或用抽氣筒而置其質於真空內。凡考質之要事不可有别質雜入，蓋化散之歷時愈久，則雜入之異質愈多，故常以速爲佳，加熱用鉑鍋或瓷鍋並酒燈或煤氣燈，必在無塵埃處爲之，如能有櫃關閉而作通氣之孔更佳。若無此器須以大漏斗爲蓋，用架扶之而稍斜，使所凝之流質隨漏斗邊而落下，承以小筒、或用濾紙蓋之，惟其紙須預用淡鹽強水或淡硝強水洗净，見第五章。若用未洗之紙，則所含之鐵二養三與鈣養等質必被所發之霧消化，其霧若有酸性、消化更多，凝成落下而致羼雜。然非考究極細之質、亦可不必如此，如其流質較多，可將燒瓶斜置而用净濾紙作冒以木炭火或煤氣火加熱，或盛於有塞之甑，而頸向上並開其塞。若欲加熱，在一百度者可用熱汽器，或隔水器。如第六圖，平常熬乾一逕用火，俟其將濃再用隔水或隔砂或鐵板等器。

第六圖

玻璃器與瓷器熬乾流質不免爲流質所消化說見後編。所考之質須精詳者宜慎之，如鹼性流質斷不可用玻璃器，因加熱至沸必多消化。

第十章　蒸第九

蒸者，加熱化散而取其凝成之流質也。蓋將易散之質與難散之質從不能化散之質内分出之。此法大半用於流質，其與熬之區别、因欲收用所化散之質。凡冷凝之器厥有三件，其一爲盛流質之器，流質盛於此器而加熱令變爲氣，其二爲冷凝器，令氣受冷而仍成流質。其三爲受器，收取凝成之流質。若蒸流質甚多可用紅銅甑，其冒與凝器以錫爲之，或用大玻璃甑，如爲小試，可用小甑或用第七圖之器。流質盛於甲瓶而加熱，氣即行過冷凝之管，此管之外另有套管盛冷水，能收甲瓶内所受之熱，故必屢屢换冷水，此水在丁漏斗添入而由庚管放出熱水。另用小瓶受得凝成之流質。

第七圖

第十一章　燒第十

定質之燒與流質之熬略爲同，意亦將易化散之質從難化散之質、或不化散之質内分出，所散出者棄之不問。凡定質欲燒者，原須加大熱若宜小熱則謂

之烘，更小則曬。無論散出之質冷時變爲氣質，如鈣養炭養二之炭養，或變爲流質如鈣養輕養之水，或變爲定質如含淡輕四綠之質，而得其淡輕四綠，俱謂之燒。

燒法原欲分出易化散之質，然亦有令質改變而不分出其别質者，如鉻二養三爲能消化之質，燒之而改變爲難消化。又有不欲分去别質，亦不欲改變，但欲驗其紅熱時或白熱時之性，如能鎔化否，能化散否，或含生物質否。

燒質常用之器謂之燒鍋，質若甚多，用瓷或筆鉛之罐，而以煤氣加熱，小試則用小鍋，或小盆，瓷鉛銀鐵玻璃皆可用。各依燒質之性，其加熱可用白雪里由司酒燈，或煤氣燈，或風箱，或吹火筒等。

第十二章　熇第十一

熇即乾蒸之意，常用於定質，令其受熱而變爲霧，再凝其霧而仍復定質。凡定質化散之性不同者，此法能分開之，故可化分數種質，而驗其含易化散之質否，如試含鉀等質。所用之器形式不一，俱依其質之易化散與難化散之性而用之。常用之器爲封密之玻璃管，若欲通進輕氣或炭養二氣，則用開通之玻璃管，加熱之後端宜收小。

第十三章　鎔化第十二

鎔化者，加熱於定質而變爲流質，所以令質化分或化合也。如有質而難在水内或酸質内消化，或不能消化，則和以别質而加熱，令其變形，所得之新質即能在酸質或水消化。此用瓷或鉑或銀等質之鍋，依各質之性，其鍋用鉑絲之三足架托之，此架連於白氏酒燈或煤氣燈之圈，若用粗鐵絲之三足架，而安在燈之大圈則傳散之熱太多而不能得大熱度。故以鉑絲爲佳質。若不多，可用玻璃管封其一端而加熱。

化分鹼土屬金合硫養三之質，必須鎔化，又數種含矽養二之質或含鋁二養三之質，常用之配料，爲鈉養炭養二或鉀養炭養二或此二質相和，各依其分劑比例而配之，見第七十六。或用鈉養炭養二等而不便者，可用鋇養輕養代之。

鎔化鋁二養三鹽類質，常和以鉀養二硫養三或鈉養二硫養三。

無論用鹼屬合炭養二之質，或合二硫養三之質，或用鋇養輕養，其鎔化之器俱須用鉑鍋。然用鉑鍋宜慎數事。以免鉑質受傷，凡放綠氣之質斷不可用鉑器，又鹼屬含淡養五之質與鉀養輕養並鈉養輕養，並金類合硫之質，或鹼屬合衰之質，俱不可在鉑鍋内鎔化。又易放養氣之金類合養之質，又重金類合生物配質之鹽類質，又燐養五之鹽類合於生物質，概不可用鉑鍋加熱。又鉑鍋與鍋蓋不可遇木炭之猛火，因其灰内含矽養三質易與鉑化合而成鉑矽二，鉑即變脆，凡用鉑鍋或燒或鎔，宜用鉑絲三足架托之，如用風箱吹火加熱至白不可忽斷其煤氣，而以冷風吹其面。因冷風能令鉑稍裂，故其煤氣須漸減少，而其風則倏停。使鉑漸冷，擦淨鉑鍋須用濕海砂，因其粒已圓滑而鉑不起毛，如海砂不能去其污痕可將鉀養二硫養三在鍋内鎔化後添以水沸之，再用海砂擦之。

第十四章　速燒第十三

速燒之意與鎔化稍有相同，即一切發響而成變化，無論其化分藉何故而成，惟用乾法令質與養氣倏忽化合，必有一質在其料内速散，所用之放養氣料，常爲含淡養五或綠養五之質，即能忽然成燒而發火發聲，有如閃電疾雷之勢而速變新質。

用此法者或欲變成與養氣化合之質，先將其料乾之，而以令其速燒之質分作數次投入紅熱之鍋内，每投一次立即變成，如鉮硫三和以鉀養淡養五而速成鉀養鉮養五，若欲試驗鹽類質内或含淡養五或綠養五者，可和以鉀衰而取少許，用鉑片或小杓，試其能速燒否。

第十五章　吹火筩第十四

吹火筩專爲化分之用，内有數事非此不成。玆先論其制而後論其用，再論所成之事。如第八圖之式，以黄銅或白銅爲之，共有三件，其一爲吹管，如甲乙管端有角與牙之接嘴以便口吹。其二爲圓筩，如丙丁，甲乙管有螺絲，與此圓筩相連，不泄氣，此筩能爲聚氣之用，又能存口氣凝成之水。其三爲噴氣管，如己庚，亦有螺絲相連於筩上。此小管與甲乙筩爲正角。其尖用鉑絲鑽細孔，或鉑作套，而中作細孔如辛。此套之制視第九圖易明。雖稍貴而耐用，如套内之孔塞住可加熱至紅而去其垢。

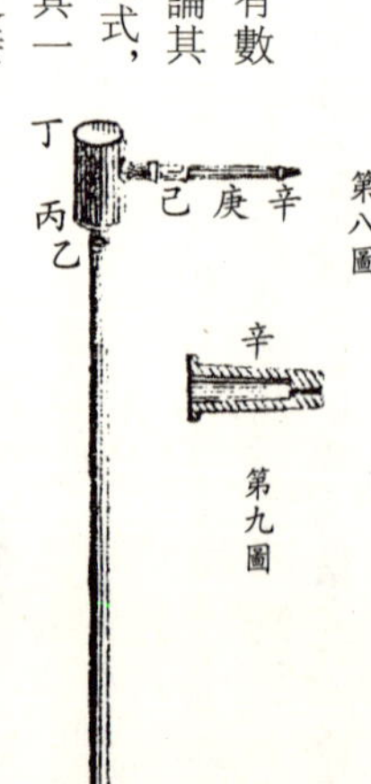

第八圖

第九圖

吹管之長短依人眼光之遠近，平常長二十至二十五枚分，其接嘴之形不定有用扁杯形者，有用喇叭嘴形者，此比别形可省力，多用此器者謂此爲佳。

吹火筩之用能作空氣一細條而透入燈火之内，其火分爲三層。如第十圖，内層爲火中黑色之心如甲，中層爲發光之處如戊己庚，外層爲稍亮之層如乙丙丁。其中心之黑色爲氣質，即蠟或油遇熱所放出者，此處不燒因無養氣之故。其中層發光之處乃氣質遇養氣而不足令燒盡，所以在此層内與炭輕質所分出之輕氣同燒，而其分出之炭質即受大熱而燒遂令火發亮。其外層能多遇空氣，故中層所有燒不盡之質，至此層而燒盡。所以此層之熱爲最大，其尖之熱爲更大，如有能收養氣之質即在此處，收之極速，因此處之熱度甚大而遇養氣甚多，此爲令質收養氣一切之事所需者。故名外層爲放養氣之火，若有含養之質而易放其養氣者，須吹以中層之火則質之養氣能放出而爲其炭質。並未燒之炭合輕之質所收，此即發亮之處，名爲收養氣之火。

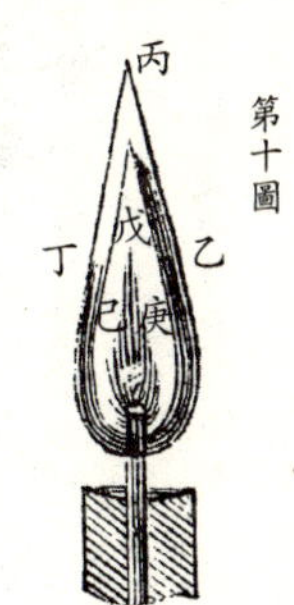

第十圖

第十一圖

第十二圖

吹火筩之氣射進燈火之内能成二事，其一，令其火形改變，火性雖炎土遇吹氣而能隨氣之方向，又因氣之噴力而變窄。其二令其燒能從外層移至内層，因此而火熱增大，又因形長而窄熱聚於小界限内而濃，故熱度能極大。

又有煤氣燈嘴如第十一圖。其嘴長約一枚分，徑一枚釐半至二枚釐。因用煤氣則不但能消息所進之氣，又能消息燈火之大小。令吹火筩不動之法可用器托之，又本生煤氣燈之圈，可托盆鍋等器所用者。

第十一圖爲收養氣之火，第十二圖爲放養氣之火，火内發亮之層以黑色顯之。

欲成收養氣之火，將噴氣之口置於頗多煤氣之邊，而吹氣頗大所得之空氣合煤氣不能停勻而在火内藍色與白色之交界處有發亮之火，即收養氣處，其最熱之點略在中層之尖外欲成放養氣之火，則宜令放出之煤氣少而氣口宜入火稍多，吹力宜稍大。如此即能令空氣與煤氣相和極勻，中層火尖爲藍色向其尖處稍發亮，其外層薄而尖爲淡藍色幾不能見，火之極熱處，即在中層火之尖，極難鎔之質，安在此處即鎔，如欲令質收養氣宜安在尖外少許，即能多得空氣而燒，如無煤氣可用闊心之油燈，或用大蠟燭，若欲令質收養氣，則用小酒燈。

吹火之法全藉兩頤伸縮之力鼓氣，不可一逕出自肺中，學者須預習練將口啣管兩頤滿氣而接連逼送肺中，需用之空氣，仍由鼻内呼吸，如是而平常之呼吸自若。筩口之噴氣不息。

吹火之時，須將受熱之質置於木炭之凹，此因木炭之性能令金類合養之質放出養氣，又能令質易鎔。如收養氣之火而遇能化散之金類，則金類放養氣時，或盡化散或化散幾分，其霧遇外層火而再與養氣化合，所結之質附於木炭之面，此謂之結皮。其皮之色各金不同，故視其色略能知何種金類。所用之木炭必爲煏透者，否則常自發氣爆裂而噴散試驗之質。故以松或楊之炭爲佳，甚好於硬木之炭與多灰質之炭。又須揀得平面之塊，如有節者棄之，因亦有爆裂之病，宜將松木存久伏透，直劈開而煏成炭，鋸成長方之塊，刷淨面上之細屑，以便手執而無污，臨用之時，作凹於有圈紋之面，若用旁面，則所鎔之質易散在炭面，肆中常造木炭小杯，用炭粉和以米漿或小粉漿而在模内印成，最便用而最淨。

炭爲吹火試質之用。其妙處有四：其一不能鎔化。其二極難傳熱故鎔質之受熱甚大。其三質鬆而多微孔，故能收易鎔之質，如硼砂與鈉養炭養二等而存不鎔之質在其面。其四收養氣之性甚大，故能助吹火之收養氣。

第十三圖

鉑絲或鉑片亦可爲吹火放養氣之用，如將所試之質和以配料而鎔之，試其能鎔與否，或試其鎔化時顯出之形性，或試鎔成珠之各色，又可將所試之質入於火内試其變色否，將鉑絲之二端彎成圈。如第十三圖，將圈醮水一滴而黏以配料之粉，即置於燈火之内，鎔成珠待冷而濕之，再以所試之質少許黏在珠上，先加小熱，融合後置於吹火之内層或外層加大熱。

吹火之有大益者，因考得之據能最速厥有二種，一能知質之不化散與能化散，又難鎔與易鎔。二能分别爲何種金類或非金類所有變化之據。詳在各質遇各藥料之内。

吹火筩須以一手執之，又須連吹不息，又須出力，又須令其火停匀而不變形，又須令其質常在適當之處。種種非易，故化學家久思作自吹之器，已造成者有數種，如存氣筩、象皮泡、水箱等。所有最便者，係本生煤氣燈，燒時不發亮，不發炱，最爲考質之要器，特詳於後。

第十六章　燈火第十五

考質所用試驗之質，衹須少許，故加熱不必用大器，如熬蒸燒煏鎔化等，俱可不用爐火，而用燈火。如有煤氣之處爲最便，否則用酒燈。

常用之酒燈有二種，一爲簡式如第十四圖，一爲白氏酒燈，有雙進風之法，如第十五圖。此燈燃火之處與盛酒之處相離，而用小管相通以免燒時酒沸之病。其吸氣筩不可太窄，添酒之孔宜鬆塞而通氣，此燈易在架上起落，而架柱上有活動之圈能托各鍋各杯，又用鐵絲圈托住鉑絲三角架，可安或燒或鎔之鍋，如第十六圖之式，玻璃器與玻璃筩等，欲用燈火加熱宜用鐵絲布襯其底。

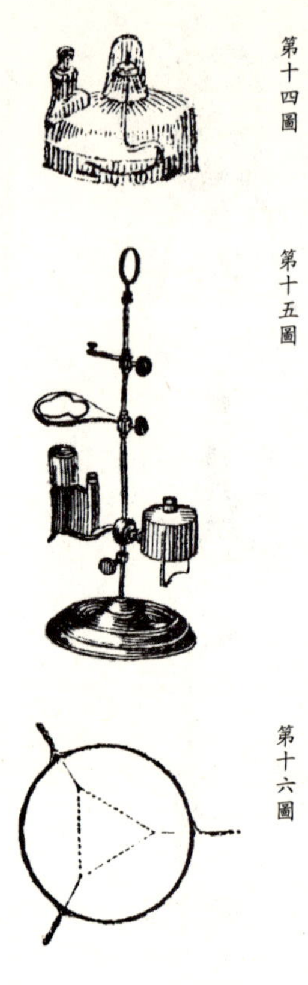
第十四圖　第十五圖　第十六圖

煤氣燈以本生者爲佳，如第十七圖，第十八圖爲最簡之形。甲乙爲生鐵座，徑約七枚分，上安黃銅方匣如丙丁。此匣之邊高二十五枚釐，寬十七枚釐，中心有圓孔深十二枚釐，徑十枚釐，其匣之四旁離上邊四枚釐之處各有圓孔徑八枚釐，通入中孔，旁孔之下相離一枚分，有黃銅管，徑四枚釐，可連象皮管以便進氣。管端照第十七圖之式有竹節形，象皮管套上而不洩氣，進此管之煤氣通至中心之管而透出，此管之上端厚四枚釐而下端更厚，上端伸出匣外三枚釐，其煤氣從小縫放出，此小縫之形如平圓之三個半徑綫，而各綫彼此成一百二十度之角，縫長一枚釐，寬三分枚釐之一。戊己爲黃銅管，長九十五枚釐，内徑九枚釐，二端開通，其下端之螺絲配於匣中孔之上而與其相連，此管之螺絲旋緊，燈即完備。開其塞門而煤氣隨與旁孔所進之空氣相和，而透上戊己管即在己處燃成藍色之火，而毫無黑炱。其火可任意配其大小，如將塞門稍開，可當平常酒燈之用，若用盡其煤氣之力，火能高至二枚分，可當白雪里由司酒燈之用，若令火最小，間有欶進之病，因其煤氣合空氣不能在管口而燒，即在出縫處之管下而燒，果有此病可用鐵絲布之小冒套在管口之上。若將玻璃瓶加熱，亦宜用鐵絲布。如第十九圖之式，以薄鐵皮爲外匡，而將鐵絲布釘上，然衹用鐵絲布亦可，惟不能耐久，若欲將此燈爲吹火之用，可將庚辛管通入戊己管内，庚辛管端作斜形，約成六十八度之角，其孔長一枚分，寬一枚釐半至二枚釐，庚辛管通入戊己管至最深之處，則遮住進空氣之各孔，而其管口所出之氣爲淨煤氣，火乃大亮。第十八圖爲用此燈之法，即平常之架，其横桿之端作叉形以便燈之進退，又能在柱上起落，柱上另有一圈，亦便起落，可托受熱之器。燈管上之芒星形板可托鐵皮煙通，如第二十圖，又能托求數所用之白瓷片。若欲得最大之紅熱或白熱，必用風箱吹火筩，如不便用此種筩者，可用泥外套而挂鍋於套内，用架安在燈管上，如第二十一圖。此外套高一百十五枚釐，徑七十枚釐，體厚八枚釐，若平常本生燈之熱不足用，可用三合管之燈，如第二十二圖。

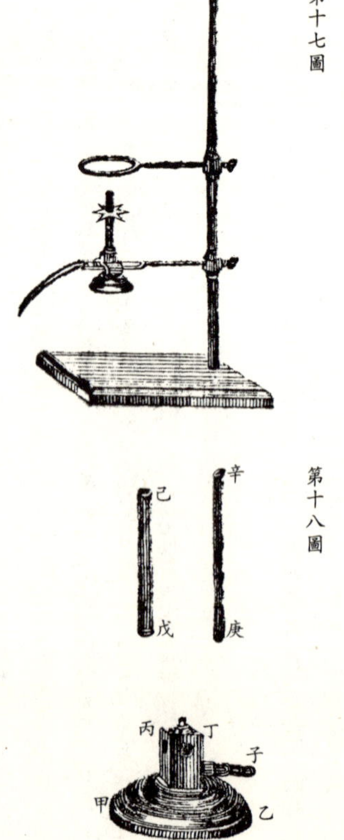

第十七圖　第十八圖

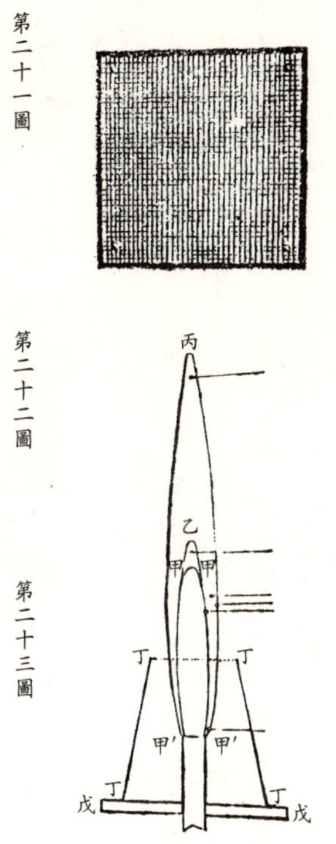

第十九圖

第二十圖

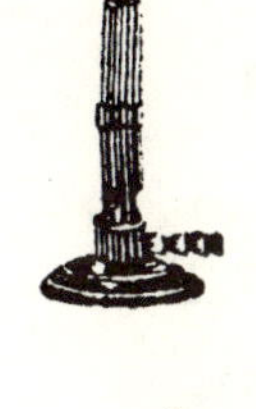

第二十一圖

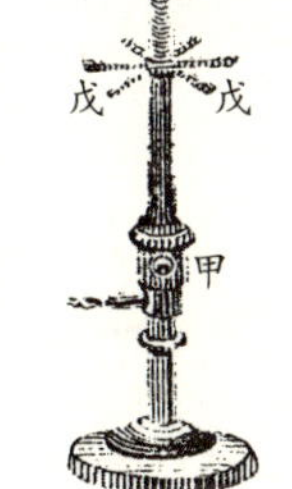

第二十二圖

第二十三圖

本生又作此種燈之更便用者，其火可代吹火筩之各用，即收養氣、放養氣、鎔化與化散各事。又能試驗火色，見第十七章。此燈之形如第二十三圖。甲爲套可轉動而配通進空氣之數，臨用時有截圓錐形套如二十圖之丁丁丁丁。此套安在芒星形板戊戊之上，配準其高低而令火合宜，如二十圖之火爲原火尺寸之一半，視圖易明，其火分爲三層，第一層甲甲甲'甲'，即冷煤氣，每百分含空氣六十二分，第三層甲丙甲即煤氣與空氣相和，而燒成之外焰。第二層甲乙甲即黑色火層，發亮之頂，如其孔不關幾分，則此發亮之處不見此發亮處最宜收養氣之用。

以上爲燈火之要事三種，本生又分爲六種如後。

一、角處之火底，此處之熱度不大，因放出之煤氣在此遇新空氣而受冷，又因燈體傳其熱此處宜試易散質之變色既易化散祇須小熱即能變火之色，而易與平常之色分別。

二、鎔化之層，此離火底略三分全高之一。而爲外層之內外正中，如亢其火在此處最寬，亦即最熱，其全熱約有二千三百度。故能試驗各質之能鎔化、或化散、或發光等事，又能試大熱方鎔之質。

三、放養氣下層，此在鎔化層之外邊，略近底處，最宜於含養氣質能在玻璃類之配料鎔化者收養氣。

四、放養氣上層，此爲火頂不發亮之處，如圖內之心若多進空氣，則其火力極大，能燒去收養氣質所變成之易散質，又有不需極大之熱而放養氣者亦宜。

五、收養氣下層，此在鎔化層之內邊近於暗層之處，如圖之房，其收養氣之各氣質在此處與養氣相合，故不顯其全力，如遇數種質不能在收養氣上層內放出其養氣者，在此處亦不改變，火之此處宜於木炭上收養氣，或在玻璃類配料中放養氣。

六、收養氣上層。此在暗層發亮之頂，如圖之尾，前言減其空氣之數即能成此層，其熱能令含水之試筩面不積黑炱，此層不含和合之養氣而但有放出發亮之炭氣甚多，故其力比收養氣下層更大，如金類已變爲皮而聚在炭面者，最易令其放出養氣。

此燈之火所得之熱度同於吹火筩，如試質之散熱面極小者，則其受熱可比吹火更大。又如前說將火之各處依其性而用之，則收養氣與放養氣各事俱便。

欲驗物質受最大熱之各變化，如發亮、或鎔化、或化散、或令火變色，當用鉑絲作圈黏試質而置於火內。鉑絲不可粗於馬棕，如其質能銷鉑質者，可用不灰木作小條，若爲爆裂飛散之質，宜研爲細粉而安在濕紙之上，其紙略方一枚分，再用極細鉑絲縛其紙而燒之，則其質變爲相黏之皮形而可燒且在火內不散，若試流質所含之質能令火變色，則將細鉑絲之圈安在小砧上，以椎打薄而醮流質一滴置於近火之處，烘乾隨入火內，辨其火色。

試質須遇火歷久者宜用架，如第二十四圖。呷吃有簧可起落，呷上有橫桿甲可托住連於玻璃管之鉑絲，如第二十五圖。又有別器能夾住乙管，並不灰木之小條，丁吃上有夾器能夾試筩，即能在火一定之處而久不移動，呐爲架可安連於玻璃管之鉑絲全副。

第二十四圖

第二十五圖

欲收試質之養氣，可將試質與收養氣之質同置於小玻璃管內加熱，或將鈉養炭養二未生霜之顆粒置於火之相近處變軟，用小木

條長略英寸許，以鎔過之鈉養炭養二。黏於其上，入火摇轉移動而烘之，即生鈉養炭養皮一層，木條亦變爲炭，將此置於火之鎔化層，即鎔而爲炭質所收，故其炭條不能爲火所燒。再將試質研粉，又將鎔過之鈉養炭養二、水一滴與粉相和成漿，遂用炭條之尖挑漿少許，先入放養氣下層，鎔之後移過暗層，而至對面收養氣下層最熱之處，視其鈉養炭養二發泯，即是其質收養氣。歷數小時而移在火之暗層，則收養氣之事亦停，俟質漸冷，而將炭條之端割下，置於瑪瑙乳鉢和水數滴研細，則其放出養氣之金類，必有光亮之小片，可洗浄驗之，如有疑心可用顯微鏡察之。

易化散之質，可用輕氣或炭質，令其放出養氣等質，即能令其質分出，或其含養氣之質分出，而在瓷面凝結，此種質謂之成皮質。中心厚而近邊薄，又能令變爲含碘之質，或含硫之質，因此而易以分別，此種變化最爲細緻，故其質雖爲千分格之一至萬分格之一亦能顯明。

欲令金類質成皮，可將試質少許安在不灰木之上，而入收養氣上層火。以白瓷盆徑略一枚分，盆内盛水，亦置收養氣上層，而安在不灰木上相近處，則其金類在盆底成皮一層或爲㒵形，或光亮如鏡。

試質照前爲之，則所成之皮爲金類合養之質，如欲一定能得其皮而所試之質甚少，其火宜小，若已在盆底成金類合養之皮，而欲變爲金類合碘之皮，則待冷而口呼氣於成皮之處，即將盆底置於大口瓶上，如第二十六圖。此瓶所含之燐碘已變化爲發霧之輕碘與燐養五，其瓶塞須凖而不洩氣，如輕碘已變至甚濕而不發霧，可添以無水燐養五，即能復原而再發霧。金類皮遇此霧即變成金類合碘之質，若欲此皮變爲金類合硫之質，可將淡輕四、硫之氣吹在其上，每少頃而呼氣濕之，再加小熱，散去其多餘之淡輕二硫。

第二十六圖

金類皮，或欲再試別事，或欲得皮更多，則不用瓷盆而用試筩盛水至半，如第二十四圖之叮筩，内置雲石數小塊，使水沸而不濺散，將不灰木之條如丁並其面上所有之質安在收養氣上層之當中等高處。如圖式試筩之底正在不灰木之上，試質正在收養氣之火内，則其金類皮在試筩底凝結，可屢換新料數次，俟試筩底之皮厚而足用爲止。

第十七章　驗火變色並光色分原第十六

物質之大半能令無色之火變成各色，而各質又爲一定之色，故視其火色即知何質。如鈉養之鹽類質火色黄，鉀養之鹽類質火色茄花，鋰養鹽類質火色紅。本生煤氣燈與煙通如第二十二圖者，最宜於此用。將試質用極細之鉑絲作小圈，如二十四圖之式夾住之或用更簡之法，如第二十七圖將其質置於煤氣火之鎔化層，如鹼屬金鹽類質並鹼土屬金鹽類質能令火最奇異。如將一本質之數種鹽類質以此法比較，用大熱度而能化散，或能令其本質化散，則火色相同而濃淡不同。又如鹽類質之極易化散者能令火色極深，如鉀綠之火深於鉀養炭養二。鉀養炭養二之火深於鉀養矽養二。又如極難化散之雜質難令其火變成所需之色，則可添以別質而令其質化分，即易顯明，如矽養二鹽類質每百分含鉀養數分，入燈火而不能辨其色，若添以鈣養硫養三少許。即化分成鈣養矽養二，與鉀養硫養三則易化散而火色易辨。

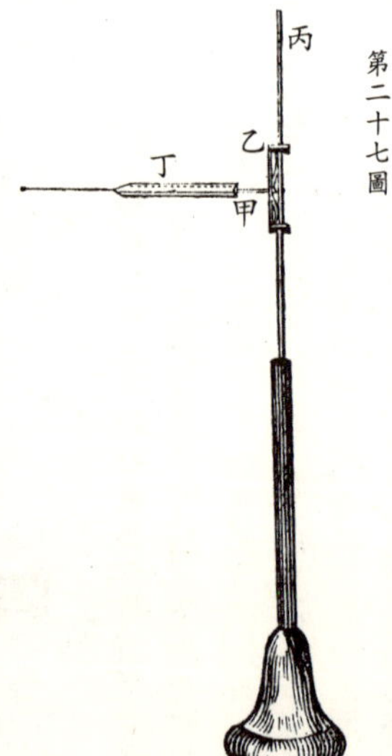

第二十七圖

火色雖能分辨數種金類質，然爲金類之簡質固甚顯明，若爲繁質尚難顯其一定之色，所能見者惟其色之最强者。如鉀養合鈉養之雜質衹能見鈉養之火色；鋇養合鎴養之雜質衹能見鋇養之火色。近有化學家搿思二法，凡屬金類無不能辨其火色，極爲巧妙。

第一法顯隱辨色。此用各色能透光之質，其質之本色能滅去數種金類之色，即能見所考金類之火色，如將鉀養鹽類與鈉養鹽類相和而在火内燒之，用深藍色之鈷玻璃試之，或用靛水試之則滅去鈉養之黄色而能見鉀養之茄花色，可用最簡之器考得此據如後二種已足用。

其一，如第二十八圖爲玻璃三角匣，其二旁面之長一百五十枚釐，闊端三十五枚釐。内盛靛水，此水將靛一分用發霧之硫强水八分消化，再添水一千五百至二千分而濾之。用此器之法，平置於目前而相離極近，移動往來，從薄處至厚處，則其後面之火漸隱，餘各色而漸顯欲考之色。

其二，用藍色、茄花色、紅色、緑色各玻璃片，其藍色爲鈷養所成，茄花色爲

錳養$_{2}$所成，紅色爲銅養$_{2}$所成，可作幾分有色、幾分無色者，其綠色爲鐵$_{2}$養$_{3}$合銅養$_{2}$所成，燒各質而變火色時，用此各色玻璃隔目視之，即能知何種金類。所有分别各色之法詳第三卷論各本質與各配質之内。

第二法光色分原。此法令其各色之火光行過極窄之縫，再行過三稜鏡而在遠鏡看其折光，則其光帶内依所燒之金類而顯相配之色線。如爲銀則顯平行之色線數條，如爲鋰則顯不同色而相距頗遠之線二條，如爲鉛則顯淡綠色之線一條。此各色之光線，不但有一定之色，而與方位在光帶内亦一定。故從其色與方位能考得最詳。

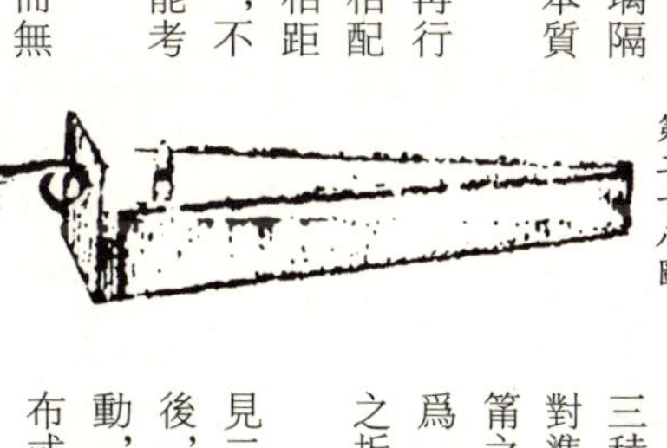
第二十八圖

將數種金類質相和入火，而令火變色，即能分别各金類而無差。如將鉀養與鈉養與鋰養等相和而燒之，則其火色能顯各金類之光線，俱爲平行排列，其色亦甚分明。

扣而差弗與本生剙設二器，俱合宜於光色分原之用，又能量其光帶内各線之方位，二器之理相同。其制大小不同，大者另詳專書，小者簡便而價廉。合於平常考驗之用。習化學者應備之，其形如第二十九圖。呷爲圓鐵板，中心安三稜鏡其折光之面二十五枚釐，以弓形夾壓住三稜鏡之上面，而下有螺絲連在鐵板，此板之近邊安置吃哂叮三箭，各箭俱有銅座，其形如圖内之乙。此銅座有二個行螺絲與二個螺釘相接，此螺釘通過圓鐵板之大孔，安箭於合式之方位，則轉緊而不能活動。吃爲遠鏡，其放大之力約六倍。目鏡之徑約二十枚釐，哂箭之端有黄銅之圓板，中有細縫合垂線，火光在此縫内透入，近來改作左右二板，可任意遠近而配準其縫之大小。叮箭内有刻準枚釐之尺，以照像法爲之，而收小其分寸略爲十五分之一，此尺用錫箔

第二十九圖

蓋之，但露中間之分度線。尺之後面用燭火或煤氣火令光通入。吃叮二箭皆向三稜鏡面之心對準，二箭與鏡面所成之角度必相同，哂箭則向三稜鏡之又一面對準。如是而試質燒成之火光行過哂箭，而爲三稜鏡所折入吃箭，所以對準吃箭之遠鏡，窺其光帶甚易分明。而同時能看叮箭内分度，尺之影在光帶面合而爲一。故其光帶内之光線俱能分辨而定其方位，安置三稜鏡之方向，令鈉光線之折差爲最小，安置遠鏡之方向，令其紅色線與茄花色線與光帶之中間相距等。

燒試質之火，必爲無色者，與縫相距約十枚分，如用本生燈之火最爲合宜，見二十三圖，燈火之位置，令煙通之上端略在光縫之下二十枚釐，此燈燃火之後，將試質一小粒如鉀養硫養$_{3}$等質用二十七圖之器送入燈火内，將圓鐵板轉動，俟遠鏡内所顯之光帶極亮，若欲隔開别種火而使不能雜入此火之内，須用黑布或硬紙作套。

又有一種光色分原鏡亦甚便用，其價亦廉，如第三十圖，其制與前鏡不同，乙乙爲圓柱形之銅管，連於重座甲，另有金類厚板丙蓋在其上。丁戊爲遠鏡，壬丑爲彎管皆與丙蓋相連，壬丑管可視圖而知其内之各物，丑爲活動之光縫，子爲折光鏡，寅爲凸鏡進縫之光線遇寅而變爲平行，再遇回光鏡庚，而折入三稜鏡己，從此三稜鏡而折入遠鏡有螺絲辛將庚平動而令其光帶一一移至遠鏡，便看之處，三稜鏡折光面之對面，有横管辰，内有照像所成之分度尺，又有凸鏡卯，能令辰所來之光線俱平行，故其折光亦能從三稜鏡之上面回入遠鏡而與光帶同時見之。此分度尺定而不動，用小油燈或煤氣燈令其分數顯明，故轉動辛螺絲，而令光帶無論何處顯出，而其分度尺定而不改其方位，可先用辛螺絲配準鈉線。如各線彼此相遠，而欲鉀之藍色線易在分度尺上看其方位，即將鈉線移向左二十分，則鉀藍線易以分别，惟其得數必加二十分，若將鈉線移向右二十分，而令鉀之紅色線在中間，則所得之數必減二十分，方爲準數之分度。

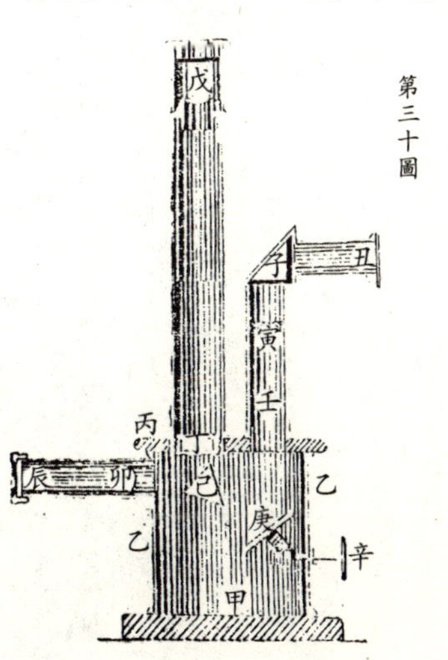

第三十圖

各種鹼屬與各種鹼土屬並鉛與錮所成之各光線，有設色之圖附於後，其太陽之光帶在上，第一條顯明其餘各帶内之光線方位，用天文遠鏡連於光色分原鏡而得之。卷三内詳言各種金類光色分原所得之各線，兹但言分原之用法，將金類雜質之浄者，作柱形小粒送入燈火，又用分度尺畫成各光線之方位，視圖第二條内鎴之光線即知未知之質之光線，不能誤爲鎴之光線，惟其未知之質之光線，不但色與鎴相同，而其方位正在鎴之方位，方能知其實爲鎴。

各種光色分原器之分度尺各不相同，所以各人須特設一比例尺，然或移動其分度尺，或移動其三稜鏡少許，則所畫之各圖即無用，故宜將器内之各件，令其易歸原方位最便者，令其鈉線之左邊，合於圖内之五十分，則易以對準。

光色分原剏設之後，則考質之工比從前更精，似乎增一新學，因用此法所得物質之微數，乃别法所不能得者，更兼考得之據，毫無疑義且能省工，舊法必費數時或數日之工者，今以數分時成之，惟是編不及詳載，因其各器各法甚繁，另有專書詳之。

第十八章　備用器具

習練考質之工者，宜備器具全副，兹故詳言平常合用之器十八種如後。

一、白雪里由斯酒燈。見第十四圖。

二、玻璃酒燈。見第十六圖。若有煤氣之處，可不用此二器，而以本生煤氣燈代之。有煙通者更佳。見第十七、第十八、第二十二各圖。

三、吹火箭。見第八圖、第九圖。

四、鉑鍋。小者容水四分兩之一，其蓋作淺盆形。

五、鉑片。不可過薄，其長略四十枚釐，闊略二十五枚釐。

六、鉑絲。見第十三圖、第二十五圖，如有粗者三條，細者三條已足用。應存水内，因鎔質之珠大半能在水消化。

七、試筒架，並試筒十二個。此筒之長十六枚分至十八枚分，徑一枚分至二枚分，必用上等白色之玻璃爲之，而烘工必全傾以沸水亦不裂，其口須正圓而有摺邊，不可有嘴，不但無用且不能用指蓋密而摇之。加第三十一圖，爲便用之架，上層有小木桿，可倒置此筒於上，易以乾净。如盛流質之管，可直立於下層之板上。

八、玻璃筒杯並燒瓶。宜薄而烘透。

九、瓷盆瓷鍋。大小各數個，德國柏林所造者極佳，形式好而耐用。又德國之密生地方，與凝分白軋地方所造者，亦爲合用。

十、玻璃漏斗。大小數個，其内角度必爲六十度，兩面須平直。

十一、洗瓶。容水三百至四百立方枚分，見第三圖，極大者一李得。

十二、玻璃管並條。大小各數條，其管用白氏燈或煤氣燈引長之，或彎之，任得何形式，其條之端鎔成圓形。

十三、玻璃表面。數個。

十四、瑪瑙乳鉢。一個。

十五、鐵鉗或黄銅鉗。一副，長四寸至五寸。

十六、木質漏斗架。見第二圖。

十七、薄鐵三角架，便托各鍋各器，可用小酒燈或煤氣燈加熱。

十八、各色玻璃片。如第十七章之説，藍與緑者爲最要。

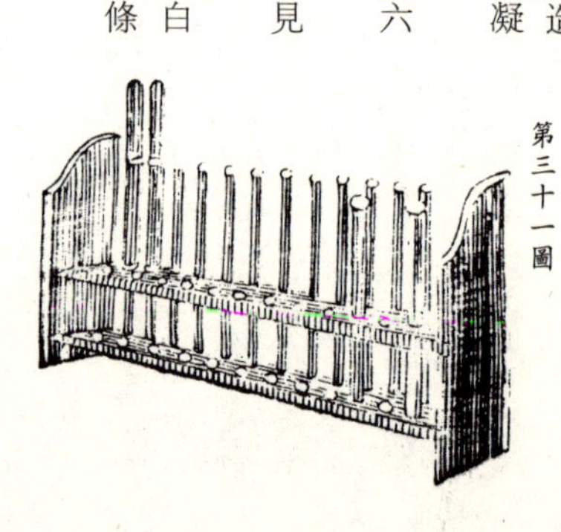

第三十一圖

又富里西尼烏司　傅蘭雅　徐壽《化學求數》卷一

第三章

凡稱法須用二物，一爲極靈之天平，一爲極準之權馬。如第一圖爲天平最合宜之式，其製度與材料學者不可不知，而其靈動則在四事如後。

第十二章

【略】

化分氣質而用合式之分度管乃爲極簡極準之法。如第二圖爲本生之分度管，長五十至六十枚分，内徑二十枚釐通體須等厚約爲二枚釐，上端有鉑絲二條通入管體之内而相對。又與管頂之圓形相配，其二端相離一枚釐或稍多。此管所刻分度準枚釐。將汞傾入而定其各細分，另須備短管如第三圖，亦刻枚釐之分度其下端作嘴形，此管長二

第一圖

十五枚分內徑二枚分，體厚二枚釐。

凡量氣質有四事其一較準分度，其二空氣熱度，其三空氣壓力，其四空氣燥濕。

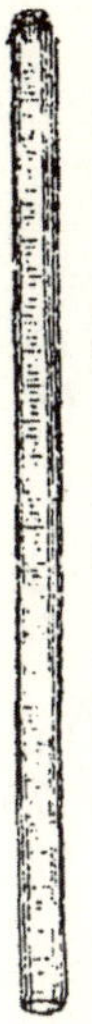

第二圖

第三圖

又　第十三章　較準分度

汞盛於分度管，其面常不平，管愈小而面愈凸，此因汞有結力之故。若管內盛水，其面反凹，此因水有緣附力之故。較量之時管須直立。而人目與流質之面等高，管架有二懸錘以準管之直立。或與窗櫺門闌相比較。又在管後置一小鏡而鏡面與管相切。人目照在鏡內而移向上下。俟瞳神正對流質之面即去其鏡而記其分數。

本生常用之法與前不同。在直立其管之處相距四步至六步置一遠鏡。此鏡可上下移動，以流質面在遠鏡之中心爲度。此不但看清分度之便，而人身之熱亦不令其氣質漲縮故，用小鏡尚難免近手之熱。

凡量水類之質，則水面與管體相切處，必有黑痕一條，可準此痕之中爲平線，若爲汞質須準凸面之頂與切管體處之中爲平線，但此尚是略數。

量水或別種流質，其性能粘於玻璃面者，難得準數。惟汞之凸形常與管徑有比例，故可以算理求之。而改正其差。此差數每管可以預定。如將汞傾入管內而記其凸面之數，再將汞綠水數滴添入則其凸面爲汞綠水所壓平。而得汞之平面數。即將兩數相較，而將此較數倍之，以此倍數加於所量之氣質數，此當知較驗分度之時，其管正立量氣質之時，其管倒立。

量氣質所用之汞，斷不可雜鉛錫，因此二質能令汞粘於玻璃面，故不純者可盛於瓷盆，添以淡硝強水而屢掉之，俟純而止。

第四圖爲本生所製之試氣槽。甲爲梨木長三十一至三十五枚分，闊八至九枚分，其上面作凹，長二十四至二十五枚分，闊深各五枚分，凹底作圓形，而一端有平面，闊三十二枚釐，長五十枚釐，其平處之面有硫象皮一塊，厚三枚釐，以膠粘連。甲之二端有乙乙二木板，其厚十九枚釐，闊一百至一百十枚釐。丙丙爲厚玻璃片，通入甲與乙乙內所刻之槽，而成一不漏水之槽。其玻璃長三百十至三百二十枚釐，高五十五枚釐，排列不平行。下二端相距六十七至七十枚釐，上二端相距八十五枚釐。所成水銀槽其下有平置之板丁丁，爲足用木片戊戊相連。其足板有立柱己以螺釘連於丁板。此柱之面上有斜置之槽庚，此槽之內面鋪氈等料爲墊，能托住分度管以便裝氣。辛爲乙板內所刻之凹，可以接其管。壬爲托管之足槽內之小平面，令其管不落至槽底，臨用之時，其槽盛汞離玻璃之上邊略一寸，共用三十磅至三十五磅，盛汞之先，須用汞綠水擦其面，後用汞擦之，則添入之汞不粘於槽邊，如氣質已收在大瓶而欲換入量管，可用同類更大之槽。

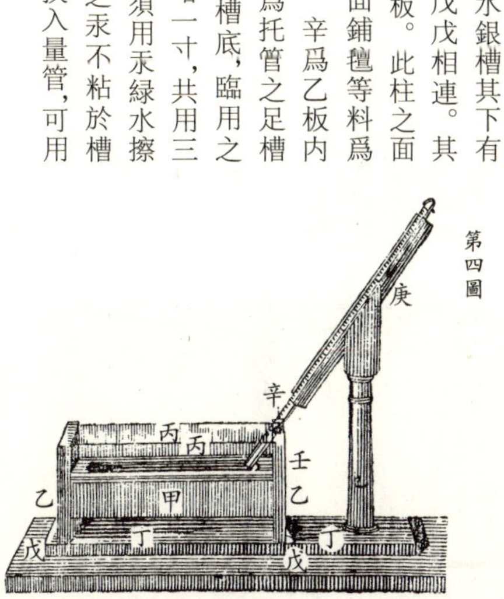

第四圖

欲量氣之體積將管滿汞，不可稍留空氣在內，又必先用水洗净，後用生紙收乾，此將紙捲於木桿，如第五圖其桿之一端作鐵刺十餘箇紙之毛屑不留在內，添汞之法用長管漏斗。如第六圖。在添汞時，必令其不空。此漏斗之管端須通至分度管之底。添入之汞如鏡之明光。如漏斗之管不長可用玻璃管相接而吹火銲粘。

第五圖

第六圖

第十四章　空氣熱度

氣質之熱度與流質之熱度原略相同。故測流質之熱度可挂一細寒暑表於流質之旁，而記其熱度。

如收氣之盆能容含氣之管者，則其流質與氣質易得同熱度。若不能將全管之體置於流質內，則每用一次必待半小時，或已用加熱之工，必待一小時始可定其管內汞之熱度。

各事齊備，愼視分度管內流質所呈之分數，其氣不可增減其熱，故不可用手取管，而身上之熱亦不可傳至管內，凡正倒其管等事，皆用木夾爲之。

試驗氣質之熱度應與周圍之空氣相同，故不可在忽然變冷熱之房內爲之，最宜者牕户向北之房，其房外之空氣不可直達牕户之內。

第十五章　空氣壓力

分度管内外之流質等高則内外之壓力相等。視風雨表之汞高即知所試管内氣之壓力，如分度管内之流質高於外流質則其氣之壓力小於外空氣之壓力。管内之流質低於外流質者反是。須將其管稍移上下至内外之流質面等高。方爲壓力相等。如用水則内外高低配準不難。若用汞而其管爲大徑者則難令内外之汞等高。

第七圖其管内氣之壓力爲空氣壓力減去甲乙線等高汞柱之壓力，故可細察甲乙線之高數，而與風雨表所指之空氣壓力數相較，則其餘數爲管内氣之壓力數，假如風雨表爲七百五十八枚釐，甲乙線爲一百枚釐，可將七百五十八減去一百，即知管内氣所受之壓力等於汞柱高六百五十八之壓力。

第七圖

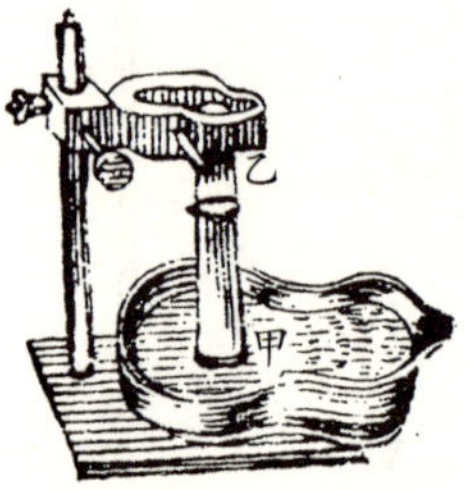

汞之上面有别種流質，如水或鉀養水等平常之事亦可不計。惟令内外之汞等高或量内外汞高低之較其汞面所浮之水壓力極小不計固屬無妨。然欲極準，亦應量其水面之高而推算其重與若干汞高相當，將此數與風雨表之數相減始得準數。

第十六章　空氣燥濕

測量含水氣之氣質，須知其水氣之數。因其漲力必令所試之氣受壓力。此改正之工極易，無論何熱度其相配之水氣壓力俱可檢表而得，惟所試之氣必含水氣至飽足方能推算而改正其壓力數。故凡測驗氣質不外二事，其一水氣飽足，其二毫無水氣。

汞面所收之氣質可用鈣綠作小毬連於鉑絲而通至氣質之内，以收盡其水氣而全乾。此將鑄鉛彈之小模徑約六枚釐，將鉑絲之一端作鈎而置於模内，加熱鈣綠至恰鎔之度。裝滿於模待冷取出，割去其飛邊，此毬有鉑絲爲柄可從汞内彎入試管之氣中，待一小時取出氣必全乾。其鉑絲之外端須没入汞面之下。以防氣質隨鉑絲而洩出致有差數。

測量之氣質内收盡其水氣甚難，添足以水氣甚易，故令其水氣飽足而試之爲便，可將玻璃條醮水送至量管之底，稍轉動其管而令水粘於管端之内面，别處不宜沾水如平熱度内，此水足令管内之氣收得水氣飽足。

凡欲比較各氣之體積，則其熱度與壓力與水氣俱必相同。化學家常準寒暑表之〇度，風雨表之〇枚七五，以毫無水氣爲度，而記之。若已得氣之體積，而從此求其重數其法詳後求數之内。

第十七章　量流質

量流質之器須知其能容若干立方枚分，能傾出若干立方枚分，此事大不相同，如能容流質一百立方枚分之器而欲傾入别器則傾盡之後仍有若干附在器邊，必用淨水少許洗之，而并入原傾出之水内，則二器所含原流質之數始相同。若其器傾出一百立方枚分，而尚有餘存者則傾出之後不必水洗，因傾出之數爲正數而器邊所附之水不可再加。

第十八章　量瓶

第八圖量流質之瓶化學器肆中常有出售者，或容二百至二百五十立方枚分，或五百或一千立方枚分，此瓶不備玻璃塞，但一副之中應有數个有塞者，此瓶必爲上等料所作，而如法烘之。其厚薄全體相等，所刻之識應在頸之下半，略爲三分之一。

第八圖

凡量瓶須預較準，極簡之試法將瓶之内外揩極淨以極準之天平稱之，用一千格之權馬準一李得之瓶或五百格準半李得之瓶，其餘各大小者可類推，用細鉛子與錫薄配準其瓶體之重數，遂將瓶置於真平面而傾入十六度熱之蒸水視水面所成黑痕之下邊，與瓶内之識相對，用生紙收乾瓶頸所粘之水，而將瓶置於天平稱之，如天平能準，則一李得瓶内之水應重一千格，如有或重或輕則加減其小馬而記其數，即其瓶大小之差數。如容一李得瓶内之水重九百九十九格，或半李得瓶内之水重四百九十九格半，則其瓶已可爲準，但其準數不到九百九十九格而爲九百九十八格九八一。凡量一李得之瓶則千分格之差不問。半李得與四分李得者同比之差亦不問。此因每稱一次所得之數往往不同雖用同熱度之水盛至同識每稱一次亦不同。

所試之瓶如偶有容積稍差不必棄去，或與别瓶亦尚可配用且平常之事亦可應用。凡有二个瓶而其差有比例，則其立方枚分之數與其格數必相比，如容一李得之瓶能盛十六度熱之水九百九十八格，又如傾水之管應能傾出水五十格，而所傾同熱度之水爲四十九格九，此二器之比例爲一千與五十之比若九百九十八與四十九九之比。

凡有新量瓶而欲定其刻識之處，或有舊者而欲改正之，則照第九章所言代

稱之法稱之。其瓶或爲一李得、或半李得、或四分李得之一，可配九百九十九格或其半、或四分之一重之十六度熱之蒸水，將瓶置於平面桌上人目對準水面黑痕之下邊用細筆作二點爲刻識之二端，將水傾出而用金剛石從此點至彼點劃一線。

閒有量瓶另作識以便傾出若干流質之用，但此難準。因每用一次，其内面所附流質之數各不同，然欲用此法可將瓶滿盛水而傾出，再盛水而稱之以作傾出之數，視其水面到何處即刻一線爲識。

第十九章　量管

刻分度之量管，如第九圖。徑應三枚分，其容積一百至三百立方枚分，所刻分度以枚分爲識，上口磨平以便毛玻璃片蓋密。此種器量流質不及量瓶之準。因量瓶之識在小頸不能大差此器配準之法。與配準量瓶略同，即用十六度熱之水稱之或用傾流質之量管傾水其内，視其水面所到之處能準與否。

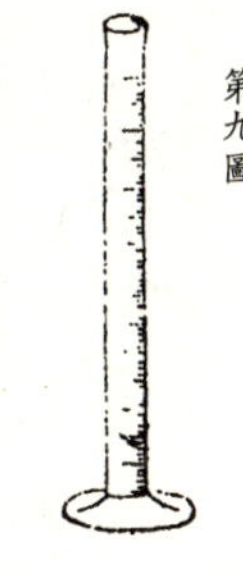
第九圖

第二十章　滴管

常用之滴管有大小八種，俱以立方枚分數定其名，自一立方枚分至二百立方枚分止。其形如第十圖又有更大者如第十一圖。

第十圖

第十一圖

用此器之法將管插入瓶口用口或用象皮管吸其上口，至其流質已至頸上之識以上，用食指稍濕而捺密其上口，將管外面揩乾稍鬆手指令流質下至識而止。下口所粘之一滴亦必揩乾隨將其流質放入别器但其流質不肯全流出常有數滴聚在管尖，不久而成一滴再以口吹之又有一滴以致每次所放之流質不同。此宜將管之下端與受瓶之内面相切則所得之數能不差。

凡欲較準滴管可滿以十六度熱之蒸水至識而止，隨放入稱過之器而稱之，如十六度熱之水一百立方枚分其重九十九格九可以爲準。然照此較準各管而後用之每用一次所得之數仍不同，雖極細心必有百分格之一爲十格之管極大之差，百分格之四爲五十格之管極大之差。

滴管之形如第十二圖之式者，連於架上用之其差甚小。管上之識在其下端流質到此識而滿數。前二管亦然又有象皮管與簧夾，詳後用此器之説。此法之差爲最小，五十立方枚分之管，其最大之差不外千分格之五。

第十二圖

如欲試一種料所含之原質數而消化此料於數器之内，則用此種滴管最合宜。將所試之料十格，用二百五十格之瓶消化，而其水之濃淡有定數用五十立方枚分之管取二次、或三次、或四次。取滿滴管一次内含原料五分之一，即一格惟其管與瓶必爲同比者，否則不合。如疑二器不合，可將二百五十立方枚分之瓶，用量五十立方枚分之管盛滿五次添入其内，如其水面黑痕之下邊與平常之識相合，則二器之比例同。如不相合，則視水面到處作一識以爲二器同用之時應用之識。

或將此種管多刻分度之識，以便任意盛若干流質此爲粗法。難看準其流質面之高低，或可不計其差者，方用之。如其管上下同徑而但在口與肩稍緊，則量流質之小數者，其差極微，即麻耳所作量管是也。

閒有用此種管而内面有數滴不肯落下，此因内面沾油之故，去此油之法將鉀養二錳養三水置於管内片時，油即消盡。

第二十一章　麻耳量管

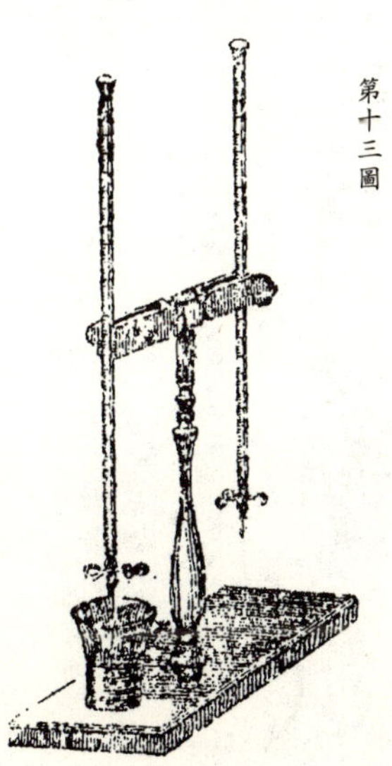
第十三圖

此器亦謂之夾緊管，如第十三圖即麻耳所作者，其形爲長管，下端略一寸收小，而近尖稍放大成凸圈，可套象皮管而不脱。常用者有大小二號，其小號容三十立方枚分，每一枚分匀刻十分，大號者容五十立方枚分，每一枚分刻二分。小號者常爲細工所用，大號則略粗之工所用。小號之長略五十枚分，刻分度之處略長四十三枚分，内徑約一枚分，上口侈形如漏斗以便裝料，徑約二枚分下端收小之處徑不過五枚釐。極細之工所用者，刻分度之處可長五十至六十二枚分。故其

分度稀而易以看清。此分度之相距約有二枚釐，大號之刻分度處長約四十枚分。

用此器時將下端稍加熱而以牛羊油擦在其面，再用象皮管長三枚分，內徑三枚釐套在其上，再將厚玻璃管長略二枚分，下端引長成小嘴而上端插入象皮管內，將線紮緊不脫不漏。

量管下端之象皮接管可加夾器，此器常以黃銅絲爲之，如第十四圖夾緊之時毫不洩漏，其簧力必停勻，手指按捺而放出流質之數與用力有比例。又有一器或用玻璃或用牛角爲之最爲合用，如第十五、十六兩圖製度極簡，將玻璃條兩條，各長八九枚分彎成鈍角，中間用軟木塊厚二枚釐，將厚象皮管剪成二圈，先以一圈套上而近軟木處，將此夾張開而夾住象皮接管，手指捏緊而以第二圈套上，如欲放出流質將夾之二柄捏緊則象皮圈放鬆而流質放出。托此量管之架，如第十七圖。此架能夾住其管，又能任意起落其管正立成垂線。所以夾玻璃管之處所有軟木之襯亦必合垂線，其底板必爲真平面，此架之立柱與橫夾相連之處亦活接，故能任意轉動。一架之上能通用幾管，此管之料用完，隨取去而移第二管。

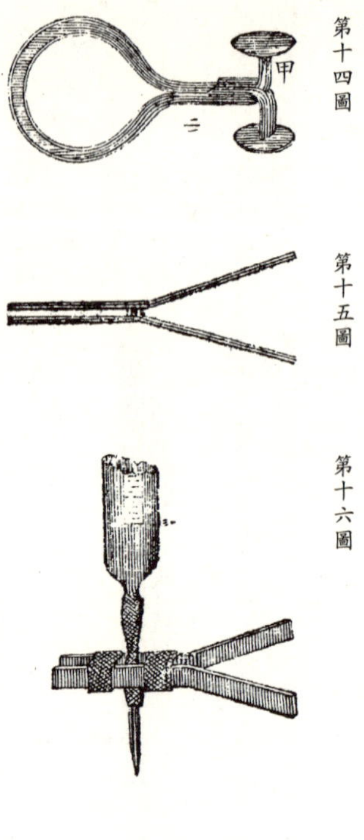

第十四圖　第十五圖　第十六圖

此管備用之時將下端之口垂入流質內，捏緊夾器而吸其上口，流質即由下口上升管內，試驗各質而欲添此流質於別器，則捏緊夾器待流出之質如數，再待管內粘附之流質全落下，方可準分度之數。如管內粘附之流質未落下後必溢於分度之數，又如放水或快或慢，所看之分度亦不同。又如先快後慢亦有不同之數。所以管內粘附之流質必待全落下爲要。

看準分度必以人目與流質面等高，但此頗爲難定，宜將分度管盛水而對面有白色光亮之墻，則其水面之形如第十八圖。又如管後有白紙一張與管相切而遇大光則其水面如第十九圖。此二種看法但須看明黑痕之下邊乃爲極易分明之處，麻耳之法將黑白各半之紙置於管之後面，令其黑白之界對在黑痕之下邊，相距二枚釐，如第二十圖即於黑痕下邊看準分度。【略】

第十七圖

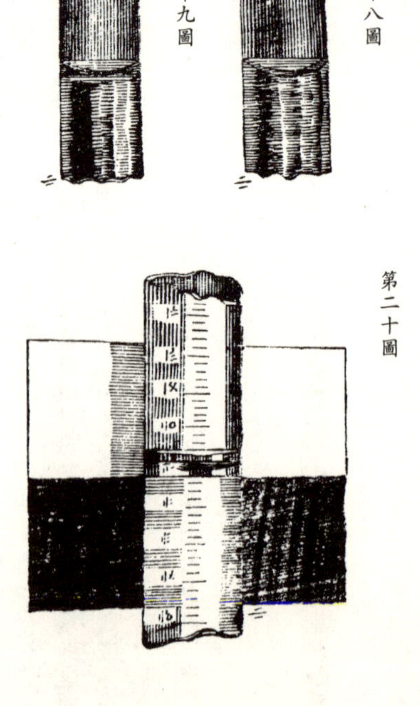

第十八圖　第十九圖　第二十圖

歐特慢所用之浮表不能看錯分度。如第二十一圖，分度管內之表周圍刻一圈，看此圈在何分即準其數。浮表之外徑必與管之內徑相配，置於管內自能直立。試將其壓下亦能漸漸升上，其浮之輕重以汞配之，量管裝滿流質則浮表之頂恰與管口相平，浮表之底必與量管之底相合，則浮表之圈常與管面之識平行。

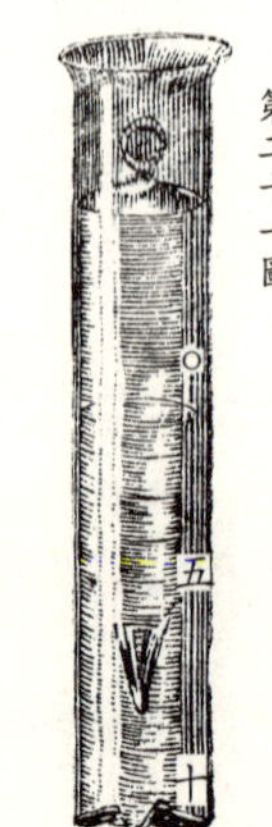

第二十一圖

試驗量管之分度準否，可用十六度熱之水滿盛於管至最高之分度，下置稱

準之瓶，放出其水十立方枚分，而稱之。又放如前數，而稱之，如此逐次，至其水放盡而止。如量管之分度不差而水爲十六度之熱，則每十立方枚分應重九格九九其差不外百分格之一，可以不計。因雖極慎爲之亦有此差，若用浮表差可更小，每十立方枚分不多於千分格之二。

量管爲極便用之式，如所用之料遇象皮而不壞者，應用此器，平常求數所用之試水只有一種不可遇象皮，即鉀養錳二養七。

第二十二章　路煞克量管

此器如第二十二圖有大小二種，大者五十立方枚分，以半立方枚分刻一識。小者三十立方枚分，以一立方枚分刻十識。大管長三十三枚分，其刻識處之長二十五枚分，內徑十五枚釐，小管之徑四枚釐近於口處漸收至二枚釐，小管刻識處之長二十八枚分，內徑十一枚釐。

第二十二圖

用此管時以左手執之，而管底抵於胸。藉以扶定而可俯仰其口得準。放流質時令小嘴迭更向上、向下，即轉過半周。欲放則轉下，欲住則轉上，惟不可昂起前端而令流質自小嘴流回。因必有空氣泡竄入其內，而流質難以放出。所用之架爲圓木板，高五枚分、徑十枚分，上面作一凹底之短管與管底之形相配。此比木足而以膠粘連者更佳。如暫不用常有空氣進小口，以後用時流質難放出，故麻耳用軟木作一孔而孔內插一彎成正角之小玻璃管塞於大管之口。小玻璃管套以象皮管吹氣於象皮管內，則流質可任放多少，或用象皮毬與象皮管相連，而毬有小孔進氣以指捺此孔而壓其毬，則流質亦任意放出。

看準管內流質所到之分度與前節所言相同。然不如將其管倚於正垂綫之牆，或光亮之門或窗之玻璃片等而視之。若用極濃之鉀養錳二養七水，幾不透光必視流質之上面將其管向白色之墻而視回光。此管試驗分度之準否亦與前節同。

第二十三章　蓋式辣量管

此器如第二十三圖，小嘴藏於大管之內，路煞克則在大管之外，其內管從大管伸出之處爲厚玻璃，極便用而不碎裂，看法、驗法俱與前同。

第二十四章　揀料

求數之先須知各事之本意，或求其原質之數，或有數種質全欲求數，或有數質不必求數，或將其原質合成簡質而再合成繁質，無論考驗格致之理、工藝之事，若不預定考驗之條目，必徒勞而無益。

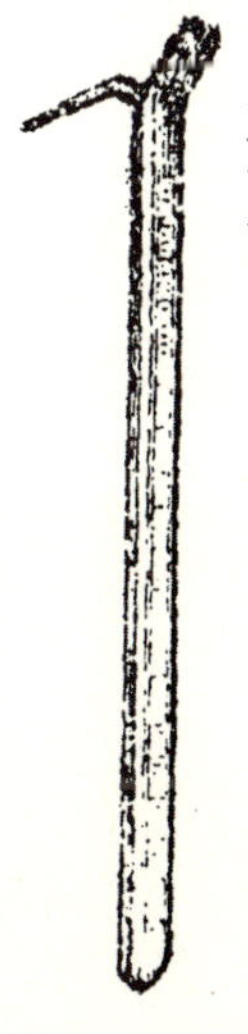
第二十三圖

設有礦質欲考其原質必先去其粘合之異質，若附於外或剥或洗，將厚紙包之而以鋼椎打碎，然後揀出其净塊，如有顆粒之質而爲人工所造者，其不净之處應消化於水，而再成顆粒，如爲結成之質應屢次洗之。

如有含錳之礦欲求其錳養二之數，或鐵礦求其鐵數，必考其礦塊内之原質停匀，而可爲準則者，或其礦塊所含之質不與峒内之成色相等，則其質或多或少而難得中數，祇可據此一塊而爲習練求數之工，不可定其全峒成色之數，所以揀選各料實無一定之公法，惟詳審化分之原意，欲考何事，將現有之物分辨其内形，並用顯微鏡細察其要質，以歸合用而已。

第二十五章　研料

備料以求數必先成粉，使易消化。因粗塊費料費工，研成細粉，則其質點不能相連而消化可速。

軋碎或舂碎者，平常之事或可用，若遇難消化之質必加研篩之工，而取極細之粉。

研粉之器用乳鉢，此器之質必更硬於所研之質，否則消磨而雜入求數之質内，如鹽類等不甚硬者可用瓷鉢，若甚硬之物如礦塊當用瑪瑙或火石之鉢，先將大塊以堅白紙包裹而用鐵椎打碎成粗粉，然後研細每次不可過多，如所試之料甚少，而恐其耗靡可用鋼舂臼。如第二十四圖，先舂而研之，圖内之甲乙丙丁係舂臼之兩要件，易以折開所欲舂之質，先打成小塊而後舂細，其質盛於戊己之内而有鋼柱戊當杵之用，此杵易以上下，可用椎打其上端。

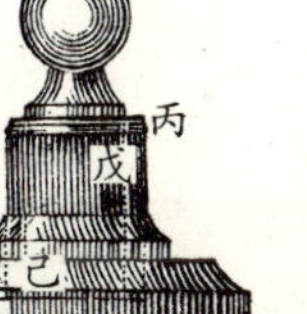

第二十四圖

礦塊之難碎者，宜先加以大熱而淬於冷水，但此

質必爲遇熱不散而入水不消者。

凡買瑪瑙、乳鉢須察毫無裂縫、并無凹缺，或有縫而小至指模不覺者尚爲可用。然終不能耐久。

强水難消化之礦必研極細，宜和以水而研之，或摇動而粗細自分。若有不可遇水者則乾研而篩之，學者於此往往錯誤。因有數質初時在水不消化，研至極細即能消化。如玻璃細粉，常以爲不消化之質，若遇冷水能消化其百分之二三。又如非勒特司巴耳，並花鋼石並土賴開得並帕弗里各質，俱能消化所含之鹼屬質與矽養$_{二}$質少許。和以水而研細之法須至鉢内無輥軋之聲，或將其研成之膠形質，置於瑪瑙板或火石板而研之，即在瓷鍋内隔水熬乾而再研之。

和水研細之膠形質用蒸水洗入玻璃筒内，待片時而重質沉下，將其上面之混水傾入别玻璃筒，取其沉下之質和水再研。俟有與水相和之形，沖以多水而置安静處待數時後定質沉下，傾出清水而即在筒内烘乾。

乾研之粉，用細麻布置於瓶口，其瓶高略十枚分，其麻布在瓶口作袋形，將研細之粉置此袋内，以軟麂皮冒緊於瓶口，而用指輕擊之則袋内之粉振動而落下，將存留之粉再研之，仍照前法至全落下。

化分雜質不可用篩内初下之粉，猶之漂洗不可用初漂出之粉，因其料有輕重數種相合，或硬軟數種相合，則初出之粉不與本料同比例，故不可用。

或漂或篩之料必慎耗靡之病，所有耗靡必爲最輕最重之質其比例與本料不同，若遇以上各事須將先後輕重之質和匀而用之。

化分之質或不停匀，如鐵礦等則揀出其中等之數塊研作細粉，而相和極匀，再取若干研至極細而用之。

第二十六章　乾法

化分求數之質稱時必爲常形者，此形又必爲一定，故凡稱時須先變成此形。平常之質與要質之外，另有無關緊要之質，如水等或夾在質點之中，間或粘在其外面，或從空氣收得，如欲求數極準，必須先去此水。

乾法爲求數最要之事，如稍不慎，各數盡差，以致化分同質所得之數，往往不同，即是燥濕各異。

平常之質含水者多，若爲顆粒之質，即是成顆粒之水，此水之外又有粘附之水，或夾雜之水，俱係成質不必有之水，故必去之。

求數所烘之質不過散出其餘水不可散去其質内應含之水，故必預知其質乾時應含水若干，又或遇空氣而有收水或放水之事，又必知在乾空氣内或百度熱之空氣内或加熱至紅之時，各應放水若干，從此可定其乾法用何器，凡乾物質分爲六種。

空氣内能自放水之物

鈉養硫養$_{二}$，鈉養炭養$_{二}$，顆粒等質遇燥空氣則變爲不透光之質，不久而成粉，故此種質不宜烘乾，須將其顆粒研粉，用細生紙數層夾於中而壓之，常換其紙俟全乾爲度。

平空氣内不放水之物

此質在燥空氣内外面生霜，如鎂養硫養$_{二}$鉀養果酸鈉養果酸等，必先研爲粉，如覺其粉稍濕，則用生紙夾而壓之。此種質壓後即鋪在生紙成薄層，不可受塵埃、不可曬户光。

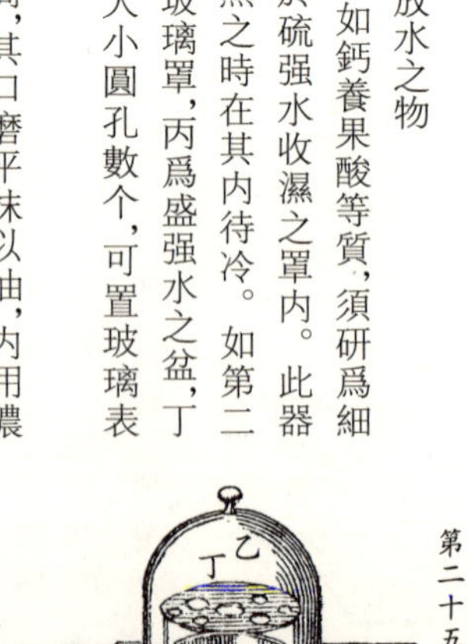

第二十七章　一百度熱放水之物

此質在燥空氣内不變化，如鈣養果酸等質，須研爲細粉而盛於表面或鉛盆，再置於硫强水收濕之罩内。此器之用，又可將各種物質已烘熱之時在其内待冷。如第二十五圖，甲爲毛玻璃片，乙爲玻璃罩，丙爲盛强水之盆，丁爲圓鐵板有三足，此鐵板有大小圓孔數個，可置玻璃表面，或鍋。

第二十五圖

第二十六圖，甲爲玻璃筒，其口磨平抹以油，内用濃硫强水，略至四分之一，或三分之一。乙爲毛玻璃片。丙爲鉛絲繞成架，能托住欲乾之物。

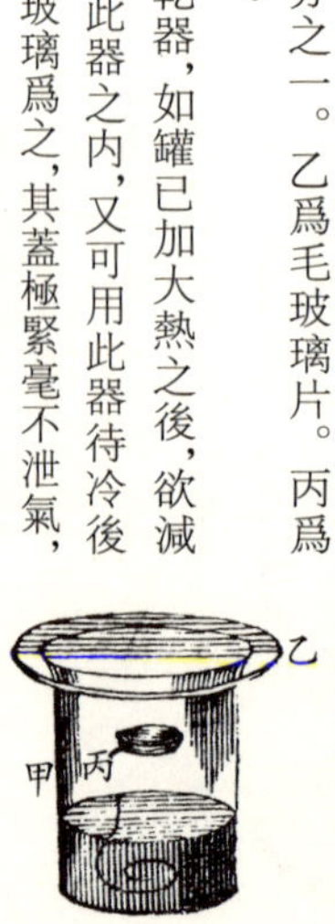

第二十六圖

第二十七圖爲易移動之乾器，如罐已加大熱之後，欲減冷而不可收空氣之水，則置於此器之内，又可用此器待冷後移至天平稱之，此器以堅固之玻璃爲之，其蓋極緊毫不泄氣，上下相切之處抹以牛油，外徑一百〇五枚釐，邊厚六枚釐，内徑八十枚釐，從底至收小之處，高六十五枚釐。其蓋亦高六十五枚釐，收小之處高十五枚釐，稍合截圓錐形。又有黄銅圈配合於口上，此圈之面有鐵或鉑之三角架，可托乾物。

第二十七圖

第二十八圖之器將加熱之罐置其內，空氣得熱漲大而放出，經過小管甲而後過乙下端之二个旁孔成氣泡而行，過丙內之硫强水，即由鈣綠管丁而出外，其罐漸冷之時，內氣縮小而外氣透進，此氣亦過鈣綠與强水，即能自乾，視强水之內無氣泡即知事畢。其小管戊之用處，恐有强水過甲而落下，藉可受之，此管口之軟木不可塞緊。或在其邊作槽通氣，已爲架不用罩之時，可安在架上。此器之大益，因其內之熱罐受平空氣之壓力，故從器內取出之時，不吸空氣，即不收空氣之水。別種乾器之內其壓力小於外空氣壓力，故取出之後易收空氣之水。如所乾之質驗其不減重率，則知水已散盡。又如有質遇空氣而欲收養氣者，應用抽氣筒從罩內取出空氣而待乾。又如有質在乾空氣內不放水而放淡輕三，則用乾石灰與淡輕四綠之粉相和，此料多放淡輕三，故不能收乾質之淡輕三，其氣亦不含水，又可不收空氣之水。

第二十八圖

第二十八章　一百度熱放盡其水而無別種變化之物，鉀養二果酸與糖等，俱有此性，可用隔水加熱乾之。若爲不易乾之物而欲其速乾，可另通以乾空氣。

第二十九圖爲常用之熱水箱以馬口或銅皮爲之，欲增其熱度可用油代水，其內膛丙有五面作夾層與外層。如丁戊夾層中之門亦通至內膛。有庚辛二孔在門內能換空氣。欲用此器之時，用雨水約滿至半以軟木塞其甲孔。此軟木之中亦作一孔接以玻璃管，而其乙孔關密之。在底加熱，如用木炭者，其器應從丁至已長二十枚分，如用煤氣或醋

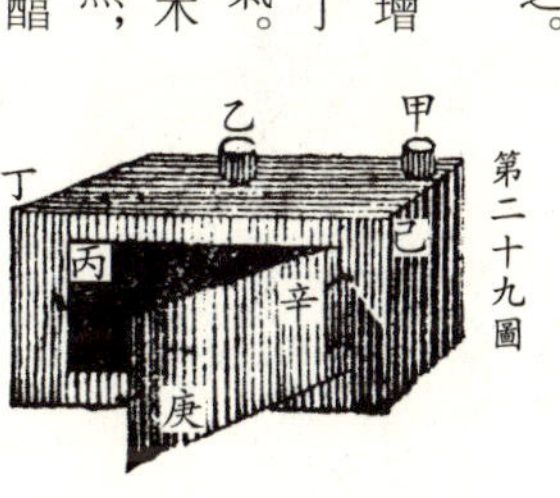

第二十九圖

或油燈者，長十三枚分，木炭加熱之內膛深十七枚分，闊十枚分至十四枚分。若不用木炭可深十枚分，闊九枚分，高六枚分。此器之內膛總不到水之沸界，近又設法用彎管與軟木塞於乙孔，而管之外端通入盛水之筒，甲孔用長漏斗與作孔之軟木塞密不洩氣，此漏斗管之下端則入箱底離寸許。

常作化分之工者，須備大鍋，日夜有沸水，鍋上又有甑，常得蒸水足用。現在通用之鍋，爲長方箱，長一枚二寸，闊六寸，高二寸四分，其前有熱水烘箱二行，列爲二層。如前二十九圖之式，共有數十箱以記號別之，各學徒與教習各有專用。烘箱之闊與深約十一分至十二分，高八分，間有深至十六分，闊亦十六分者，能容大號之盆。欲乾之質置於玻璃表面，而再襯以表面，入箱關密，取出之時，將下襯者蓋在上，待冷而稱之。如所乾之質易收空氣之水者，必用光邊之表面密合而再夾之，如第三十圖，再用硫强水盆之玻璃罩收出其水。若用別種器亦須略仿此意。其夾器必與表面同稱。夾器之制，用薄銅皮二條，長一寸，闊一分，二端銲粘欲張之時，捺其兩端。

第三十圖

第三十一圖爲通風之收乾器，其進風不過因加熱時而有之，甲乙爲銅皮之箱，內有槽丙丁銲粘，此槽通至煙通戊已，三面有蓋，庚辛圍之，此蓋亦與甲乙通而頂上無孔。壬爲圓孔能通中間之槽，可用軟木塞之，丑子爲安門之處，此門爲閘門而二邊有槽，臨用之時將放水之孔寅塞密，其外殼裝水滿至半而水從寅孔進內，加熱至沸將表面內所盛之濕質置於吃架上，而在丑子門內安進。關門不久而內空氣變熱，即由煙通放出，隨有空氣進壬孔補之，此空氣行過欲乾之質帶去放出之水氣，此法有小病，因壬孔所進之空氣其熱不能至一百度，欲免此病，可用管在其槽內銲粘，使通過箱內二次，而進壬孔即能得一百度之熱，圖內不作此管恐繁而混目。

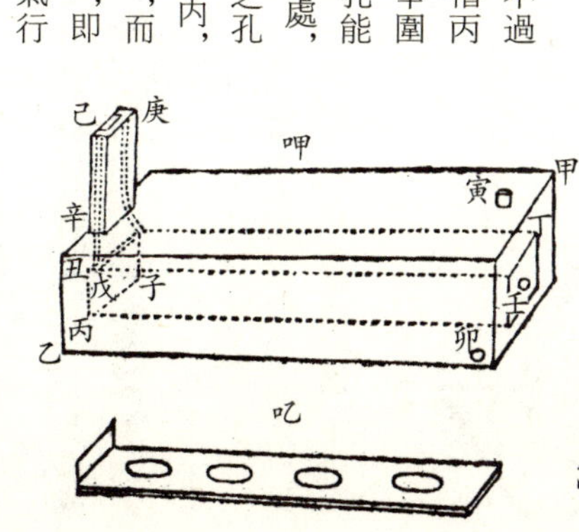

第三十一圖

或在箱面作大小圓孔而不作寅孔以便小盆安在上，此器長二十至三十枚

分，深十五枚分，高約十枚分，其槽寬六枚分，高三枚分。

進箱之風不足可，用硫强水或鈣綠令空氣先行過，而用收氣筒或象皮球吸進之。

熱度須大於水之沸界可以油代水，又用測熱表插於軟木而塞於寅孔。

第三十二圖爲吸氣之法，能令空氣通進甲爲瓶約三分之一盛硫强水，丙爲玻璃橫彎管，丁爲馬口鐵桶，在戊有塞門。第三十三圖爲馬口鐵小盒，丙盛水，上有蓋，甲乙爲蓋邊之二孔，可容丙彎管之二端，將含濕之質盛於丙管內而稱之，即置此小盒內，在其底加熱，再將丁桶滿裝水，用軟木庚連其彎管丙與其强水瓶，又用象皮管己連在丁桶，開其塞門戊而放水，則空氣必行過乙管先爲强水收盡水氣，再行過丙管，待片時而折開丙管稱之，再如前列之俟重數不減而止。其冷空氣常遇欲乾之物，故不能熱至一百度，若欲得百度之熱，宜用濃鹽水。

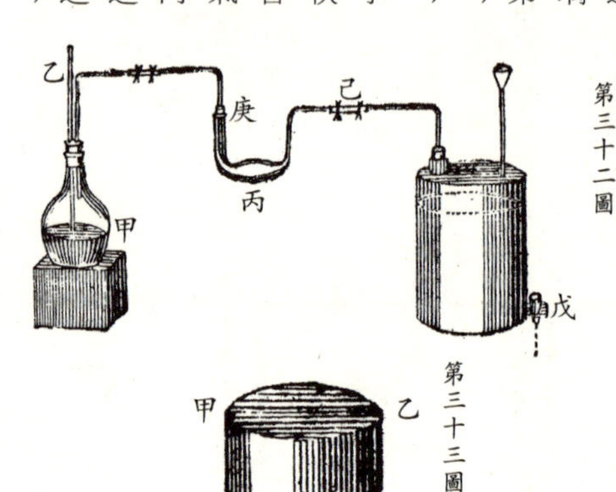

第三十二圖

第三十三圖

前兩圖之器最爲速乾之法，惟欲乾之物受熱百度而鎔或粘成塊者，此器不可用。

第二十九章　熱至百度而不放水或待久而放水或熱至紅而化分之各質

此種質必在熱氣箱或熱油箱或熱鐵板加熱，其熱度可至一百十度或一百二十度或更大者，俱必依各質之性而定之，間有數質必用熱空氣或炭養二氣之淡者。

第三十四圖、第三十五圖係簡便之熱氣箱，前器同乾數物，後器專乾一物。三十四圖，甲乙爲黄銅銲成之方箱，寬深高各略十五至二十枚分，用鑽孔之軟木塞納於丙孔內，而插一熱表，如丁戊爲鐵絲架，將濕物置於表面而安此架上，箱底用油或酒或煤氣加熱，可或加或減其火，令停勻。但箱外最易傳熱，應作厚紙套護之套之，前面亦作門，便於進出各物。三十五圖甲爲黄銅皮之圓筒，高約十一枚分，徑九枚分，上有蓋乙摺邊甚窄，蓋上有丙戊二孔，丙孔插熱表，丁用軟木塞緊，戊爲放水氣之孔，可依各事而或開或閉。筒內半高之處，有三釘托住三角形之鐵絲，架鍋或罐，安在其上而不必蓋，熱表之泡必近於鍋而不與三角架相切，加熱用煤氣或酒燈，冷至不炙手即取出其鍋而蓋之，再置於乾器內待冷而稱之。

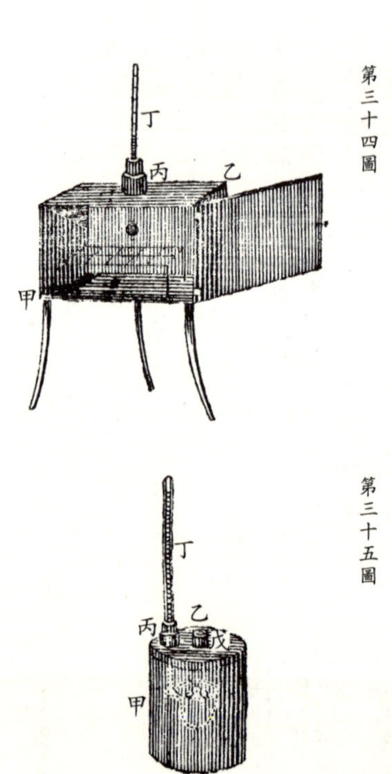

第三十四圖

第三十五圖

第三十六圖爲熱氣箱，可用有泡之管乾物而同時進乾空氣。此器爲空箱以鐵皮爲之，甲乙爲二十枚分，甲丙爲十三枚分，甲丁爲十二枚分，戊己爲十一枚分，戊庚爲六枚分，其二邊之孔徑略十六枚釐，熱表之泡應與泡管等高，在其旁相切，故辛孔不在蓋之中心，而在稍後略一枚分。此器易得一百度至二百六十度之熱，通進乾氣之法，將泡管之一端連於吸器，如三十二圖又一端通於鈣綠管，其水先快流，後漸慢流，如欲稱其管與料，必待冷後，其時亦必通進乾空氣。

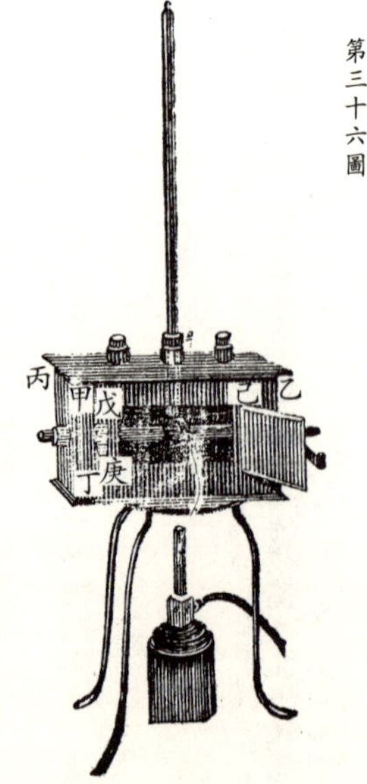

第三十六圖

第三十七圖之熱氣筒，用抽氣筩取出其空氣，後進以空氣如此迭更爲之，至乾而止。甲爲最堅固之黄銅筒，頂上有二孔，乙爲小玻璃管盛欲乾之物，丙爲熱

表，丁爲鈣緑管，戊爲抽氣筩。臨用之時，先在甲筩底加熱至所需之熱度而止，即動抽氣筩，吸出乙與丁之空氣，待數分時開己塞門而放進空氣，此空氣行過丁管之鈣緑則全乾，如此迭更抽氣放氣至庚管内毫無水氣而止，此須加冷驗其有水氣與否，將羊毛或棉醮得以脱包於庚管令其變冷。

第三十章

前二十九圖之銅箱亦可爲熱油盆之用，内盛提浄之菜油，滿約三分之二，又有熱表插於軟木而納於甲孔。其泡全入油内。其油加熱之時所發之氣難嗅，可用拍拉非尼油代之，價亦甚廉。又如三十七圖之熱氣筒，亦可用油，如欲稱其物，則用稍短之管安於通入油内之管，閒有數種生物質，加以稍大之熱，即收空氣之養氣而變。所以此種生物質欲收乾之，其器内不可有養氣竄入。

第三十八圖爲陸克來特之器。辛爲塞門，在抽氣筩甲處相連乙，用象皮管與象皮袋或牛膀胱相連，此袋裝滿炭養二氣。吃爲油盆，用熱表測其熱度，申爲大口厚玻璃瓶，置於油盆之内。所欲乾之物盛於試筒而再置於大口瓶内。如關塞門辛，開塞門辛，則其大口瓶收炭養二氣至滿。其炭養二氣因行過鈣緑管丙而已乾。照此法做數次，則其器内滿炭養二氣隨時辛門關密而動抽氣筩，即於油盆加熱至應得之熱度，每片刻從辛門進炭養二氣，待其炭養二氣抽出之後，關辛塞門，則其水氣亦隨炭養二氣外出而爲鈣緑管丙所收。此事略一小時内可成。

第三十一章　製造等事常欲同時烘乾數種物，而其熱須稍大可用烘板，如第三十九圖極爲便用。此板生鐵所鑄，厚三十七枚釐，圓徑二十一枚分，其體頗重略爲八紀路，每紀路核二磅二〇四。其熱容在全體，易加減其燈火而得適宜之熱度。板面車平而鑽凹六个皆作圓柱形，再用圓銅盆六個徑五枚分半，内深一枚分八，外徑稍小於板凹之内徑，此盆各有小柄伸出板周之外，而板面有槽相容，每柄刻識自一至六，每槽之内亦刻自一至六，各盆對識無差圓板之心與各凹之心相距六枚分半，盆口與板面相平六盆之内，可用五盆盛物如礦或土或植物等。第六盆則受一熱表，故用銅圈鑲入第六盆内，而出於盆外略三枚分。此盆裝滿銅屑而熱表通至盆底烘板之下，宜用煤氣加熱。

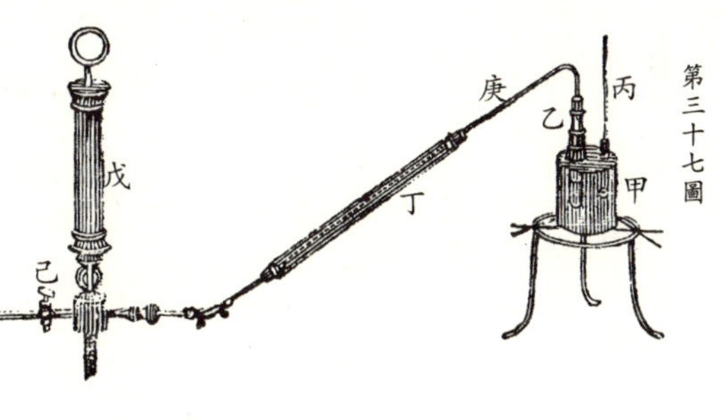

第三十七圖

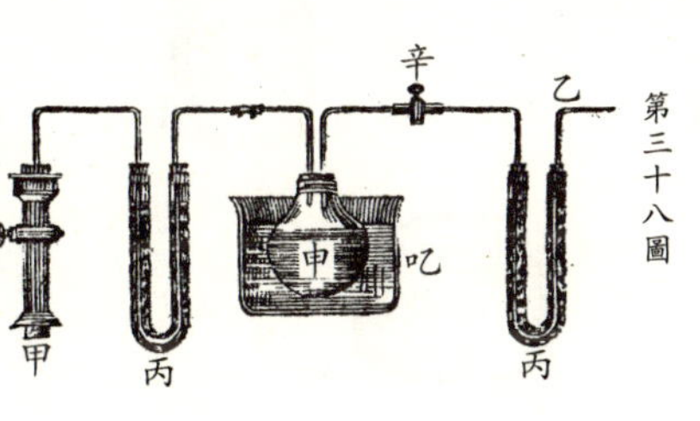

第三十八圖

第三十九圖

加熱至紅而不改變之物

鋇養硫養二與植物灰等質所含之水最難散出，故盛於鉑罐或瓷罐而用煤氣或酒燈加熱，俟水氣全散而止遂將其罐離火，而待稍冷速置於收乾器内，待冷然後稱之。

又　第三十六章　乙一逕稱得水數

用此法或證前法之不悞或因其質遇熱，不但放水而兼散别質。不能添以别料收之而令其不散。如添以炭養二或養氣仍不能收住其水，或其質之本性欲收養氣，如鐵養等，須加熱至紅而放出其水，用器收其水氣凝結而稱其收水之器所加之重即得水數。

此器之最簡者如第四十圖，吃爲含空氣之桶，乙爲玻璃瓶盛濃硫强水，丙與甲爲鈣緑管，丁爲泡管，所欲求數之質置於乾泡管丁，而連於鈣緑管甲，此管必先稱之，又連於丙鈣緑管。各器全備之後將戊塞稍開，放空氣行過乙與丙而至丁，隨將丁管加熱至人於水沸度。須在己相近之處加熱不可燒壞其軟木塞，再將燈火漸移至中處，令内質受熱至暗紅，己處之熱度仍須大於水之沸度，其水全放之後，必漸進空氣，俟泡管己冷而折開各件，將甲鈣緑管稱之，即得質内之水數，其空泡甲連於鈣緑管

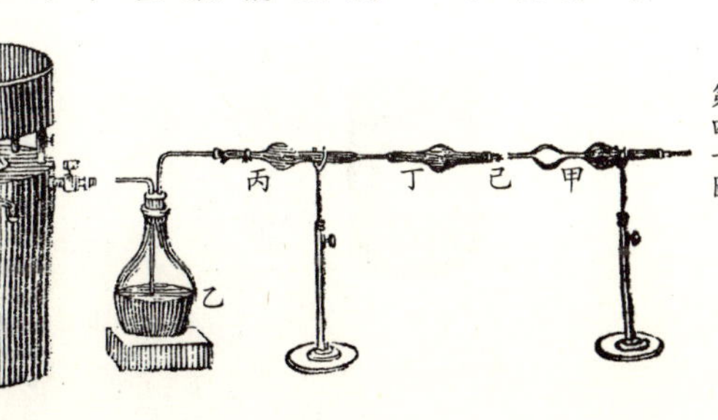

第四十圖

上，能令其水凝成，不但令鈣緑不消化，尚能得若干水而驗其性，知其爲淨水或雜水。

前器可更改其形，如鈣緑管可作彎形者，又可用彎形管盛漬透硫强水之浮石，以當强水之用，其收氣桶可用三十二圖之式與甲鈣緑管相連。

質内之水可用别質驅其水氣出外，將質和以鉛養炭養二盛於極乾之管内，加熱至紅則放炭養二氣，此氣噴出之時，令水氣同出，與進空氣同意，又有質内含一種配質能與水同散者，而欲收之，即鉀養二硫養欲求其含水數是也。

第四十一圖爲合此用之器，甲乙爲平常燒爐，丙己爲管内所盛之質，自丙至丁爲鉛養炭養二，丁至戊爲所試之質合於鉛養炭養二，戊至己爲淨鉛養炭養二，所盛鈣緑之管庚必細稱之，而用鑽孔之軟木己與丙己管相連，初在管外加以紅熱之炭，自己起向丙止管之前端出於爐外者，其熱度不可大於炙手之熱，此工詳在化分生物質内，其質在管内掉和，可用鐵絲丙己管，宜窄而稍短。

第四十一圖

又有數質其配質不能爲鉛養所阻，如硒養三顆粒所含之水，不能用此法收住其水而定其數。宜和以乾鈉養炭養二而盛於玻璃管内，此管在後端引長作小嘴，加熱至紅，有鈣緑管收其水氣，將其餘存之水氣吸出，即將小嘴摘斷而吸入鈣緑管，詳化分生物質内。

以上求水數之各法，尚不全，因有數事不能用三十五章之法，如用之必有與水同散之質在鈣緑管或鉀養輕養管或浮石之管内，不能全凝或只能凝其數分，此最合宜於求鋅養炭養二所含之水，而不宜求鈉養硫養三或淡輕二所含之水，故此種質必用化分生物質之法或用繞道之法推算而得其略數。

第三十七章　三消化各質

化分之工，先將其質消化，能用水或酸質或鹼質一逕消化，則爲最簡，否則必和以配料而鎔之方能消化。若爲繁質而其内有數質消化之性不同，則不能將全質同消化而必逐質消化。設有鉀養淡養五鈣養炭養二鋇養硫養三各質相合者，可先用水消化其鉀養淡養五，後用鹽强水消化其鈣養炭養二，其不肯消化者，即鋇養硫養三，所以消化之法可依質性而用之。

第三十八章　甲一逕消化

消化之器，必依其質性或用管、或用瓶、或用盆，又可用隔水加熱。若用隔砂、或火爐、或鐵板，須慎其質飛散。淺盆之内更須留心。又如流質内有定質沉底，或爲不能消化、或尚未消化者，則加熱時常有噴濺之病，未至沸界已有之。消化時有氣質放出者，宜用瓶。其瓶應斜置，則爲氣帶出之質遇瓶頸而止，或用燒筒而以表面爲蓋消化後而隔水放出其氣，用洗瓶洗之。又如消化之質必需發霧之濃强水，如鹽强水硝强水合强水等，亦應在瓶内而用表面爲蓋或斜置之熱度不可過限，瓶上應有一罩引出所散之霧，毋使害人，最好用鉛管由消化之處通至外空氣，此管在房内之端連於二口瓶之一口，瓶内盛水少許，又一口用鑽孔之軟木塞而孔内插一彎成正角之管，下端不可通至水内，其消化料之瓶用鑽孔之軟木塞或象皮冒蓋之，内接二口瓶之彎管，則散出之霧引出房外，不害人物，待冷之時亦無吸水進瓶之弊。又法可用大玻璃管滿盛玻璃小塊與清水或鈉養炭養二水，此管可接於二口瓶之一口，再用鉛管通至房外則更佳。間有數事將所放之霧引至水内，俟消化畢而去其燈火，吸水進瓶藉以沖淡瓶内之水，然或瓶内之質尚未消盡而吸水進瓶，則誤事矣。

消化之質間有須防收氣之病者，可用炭養二氣行過消化之瓶，藉以驅出其空氣，即將鈉養炭養二並强水各少許置於瓶内，待其放炭養二氣之後，隨將消化之質添入。

第三十九章　乙和以配料鎔之而後消化

有數種質在水不能消化，在酸質與鹼質亦不能消化，須和以配料鎔之，方能消化於水，此種質大半爲地産者，如含矽養二之質或鹼土屬與硫養三相合之質，並含銘養三之鐵礦。

和以配料之原意與其工夫已詳前編，而是編化分含矽養二質内亦詳之，因其法甚繁，不得不在各質之内申明之和以配料之工，其熱常須最大者，故雙進風之酒燈與平常煤氣火皆不能鎔，必用做玻璃之燈而燒以煤氣。

第四十章　四消化之質變成能稱之形

消化後之質而欲稱之，則有二法或熬乾或結成。熬乾者或一逕將其水加熱或和以别料而加熱。惟所和之料必爲加熱時能化散者。如有鈉養硫養三水，欲求其鈉養硫養之數，可一逕熬乾而稱其重。若有鉀養炭養二水，欲求其數必和以淡輕四綠水而變爲鉀綠，然後熬乾而稱其鉀綠之數，從此推算鉀養炭養二之

數。如其消化之質，可添別質與之化合而結成，則所結成者便於稱得其數，又如能洗浄而得其配合之原質常不變者，始可用結成之法，否則不宜。

第四十一章　甲熬乾

製合藥品或習練化學，原以省時省燒料爲妙，但求數中熬乾之事，此不可計，惟須慎化分之質之耗靡並有混雜之弊。

有數種不必熬至極乾，但至濃而已足用，則將流質盛於鍋内，不可滿過三分之二，或用隔水，或用隔沙，或常用之爐，或熱鐵板，或煤氣，或酒燈，須慎其滚時而有小點噴出。致有差數，如用煤氣或酒燈而慎爲之，其工可速且不沾污，或用本生煤氣燈，如第四十二圖最佳，宜用鐵絲布之冒鬆套於燈管上，甚有益處。此可任意令火大小，而其煤氣不能從管衝上。

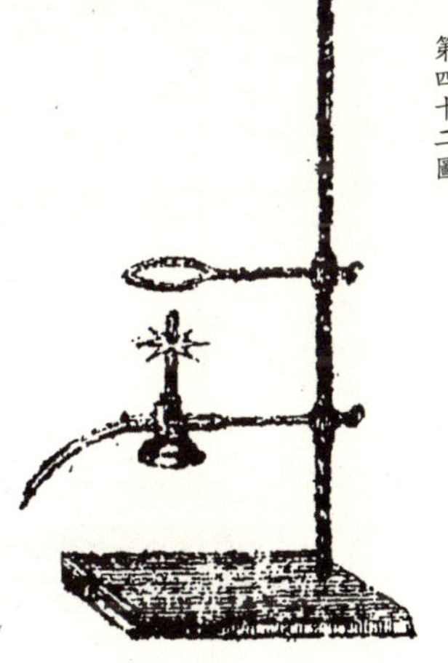
第四十二圖

隔水加熱，或水氣加熱，可將盛質之鍋置於相配之孔内，如無此器可如第四十三圖之鍋。此以銅皮爲之，半滿，以水用煤氣，或酒燈，或油燈加熱，令沸。此鍋之徑自甲至乙十二至十八枚分，又可備數個平圈，其外徑與鍋口相同，而内徑不一，則無論大小各器，可用相配之圈置於其口，而蓋密之。

甲　乙
第四十三圖

閒有物質置於熱水鍋而已乾，失於料理以致熱度漸大，外鍋之水漸乾，而滚散外出，大爲誤事。故現在所用之隔水鍋，如第四十四圖，其水必常爲等高者，此器以鋅皮爲之，甲乙丙丁爲桶高十枚分，徑十二枚分，有管戊以象皮爲之，又管己以銅爲之，通至隔水鍋庚，又有瓶辛壬子丑以鋅皮爲之，裝滿以水而倒置於桶内，此瓶之圓柱形處高十七枚分，頸之徑三枚分，瓶之口徑十五枚釐，其瓶倒時在頸處有門寅關密，又有鐵絲卯遇桶底而抵開，又有架托其瓶可任意高低以配隔水鍋内水面之高，其管己在隔水鍋内，向下彎至近底而止。

求數者須有浄室以爲熬流質之處，可免空氣内之飛塵並别種污穢相雜，且其盛質之器不必用蓋，然或人多常有開關窗門，並點各種燈火以及燒煤燒灰之爐，故必極慎其流質沾染塵灰之病。

平常之化學房，須蓋密其器，或用濾紙一張，其周作摺邊圍之，或用玻璃條彎成三角形而兩端作勾，如第四十五圖置於鍋面，而蓋以紙，再在紙上壓以直玻璃條，又法用薄竹籬二層相套，如第四十六圖。將紙冒在裏層而以外層套上，以作蓋器更佳，惟平常之濾紙間有强水能消化之質，如鈣養鐵養等以此作蓋而遇放强水之流質，易爲其霧所消化而落至器内相雜，故用此種紙須先去其强水能消化之質。

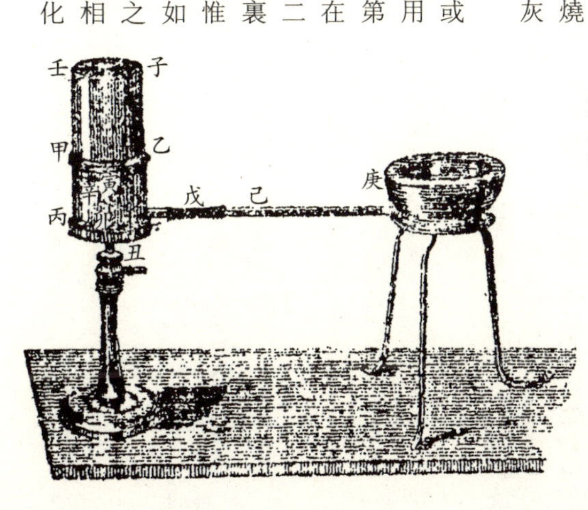

第四十四圖

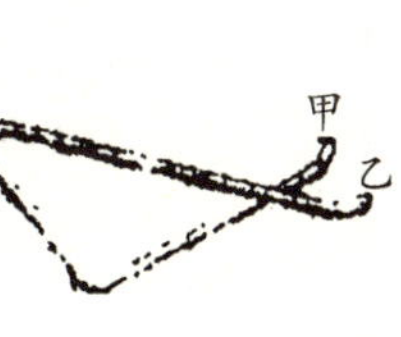

第四十五圖

第四十六圖

熬乾亦可在瓶内爲之，其瓶宜滿至半，而在砂盆内斜置或用煤氣燈酒燈或木炭燒之。如用木炭或酒燈可將瓶置於鐵絲布上，瓶内雖大滚而不妨，瓶已斜而尚有濺出，又可用甑另添斜管在其彎處有似煙通之意，空氣能從甑口常進而從斜管常出。能助其熬乾之工。

流質内有結成之質者，隔水鍋爲宜，然欲增大其熱，須用砂盆或燈火，難免

發滚噴散之病。此因器底之結成質阻其熱而不能停匀分傳之故，妙法如第四十七圖將其器斜置，使與火相遇之處離其平底。

流質欲熬極乾者，則將乾之時應换隔水鍋，如消化在水之質，其性不宜用隔水者，可將盛質之器在上面加熱或置其器於熱箱，而加熱於箱上面之板，如其流質在有蓋之鉑鍋内，可將燈火灼其蓋。若加熱於底務令其熱停匀，分傳熱汽，乾物與隔水略同。惟器内之水多少耳。其器以鐵爲之，中有鐵絲三角架鉑鍋或瓷鍋。置此架而與器之周圍相離半寸許，又可用前四十三圖之器作此事，如用燈火加熱器底，必在火尖之上或用鐵絲布襯於底，能令熱度停匀，若用鐵板而以煤氣加熱更佳。但無論何法必須屢視其料，稍濃即減熱而免其噴出，或面上生皮隨用玻璃條或鉑絲或小杓取出之。

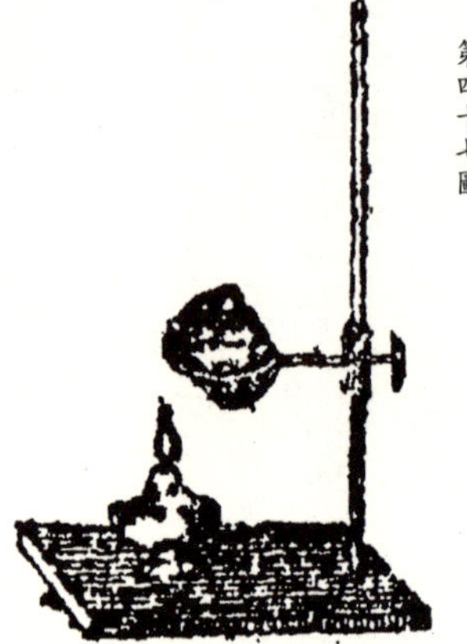
第四十七圖

有數種鹽類質，其水將乾漸在鍋邊緣上，因此而有耗靡，須照前法從上面加熱則其器，邊先得熱而緣上之流質先乾，又可在鍋邊近口處擦以定質油一薄層，則緣上之流質遇油即止亦不粘連。

流質臨乾時，欲放氣泡外散者，宜用燒瓶斜置，或用燒筒而以玻璃表面蓋之，氣泡散完蓋可取去，表面上所沾之質可用洗瓶洗回原器，如用鍋盆等器須揀大號，流質乾時不宜遇空氣者，宜將其器置於抽氣筒之玻璃罩内，底下置硫强水盆，而抽出空氣或用有塞門之甑，而從塞門通進輕氣或炭養二氣，其管不可遇水面而但相近。

乾物所用之器閒有意外之誤，以致求得之數不準，此因流質遇器面之料而自變化，或收得器面之料而混雜，故亦爲求數所宜慎。附卷第一至第四詳之，兹先論其大略如後。

用最好之玻璃燒瓶盛蒸水加熱令沸多時必有玻璃消化於水内，此因玻璃内有含矽養二質之能消化者，其質或鉀養或鈉養與矽養二化合者，水内若含鹼屬或鹼屬合炭養二則消化玻璃較多，若將淡輕四綠水在玻璃瓶内沸之則消化玻璃亦多，至於輕弗與輕弗矽弗二則爲更多，惟淡强水在玻璃瓶内沸之消化玻璃少於蒸水。瓷器面之白釉被水消化少於玻璃，鹼屬流質之消化瓷釉亦少於玻璃。淡輕四綠水之消化瓷釉同於玻璃之數。淡强水消化瓷釉雖不多，而比諸玻璃則多，所以化分求數欲極準，宜用鉑或鉑合鉉或銀作器，凡水内無綠氣或溴或碘或加熱時不放此三質者，可用鉑器。不含炭養二氣之鹼屬亦可在鉑器熬乾。惟不可至將鎔之熱度，如含强水之流質或含鹼屬含硫之流質，斷不可用銀器，惟鹼屬質而炭養二或有或無並中立性之靈類質，俱可用銀器。

第四十二章

熬乾所得之餘質，即可稱之，此種餘質係水内所能消化者，所有濾洗之質，在後詳之。平常稱質即在熬乾之器内，故用鉑盆徑四枚分至八枚分，而用輕薄之蓋或用大鉑鍋，因輕於同容積之瓷鍋，如所熬之流質多而鉑鍋不能容，分次熬之，又費工，可先在大瓷鍋熬濃，而用小鉑鍋熬乾。

第四十八圖

流質從大器換入小器，必將大器之口薄敷以油，又用玻璃條接受其流質，如第四十八圖，再將大鍋用洗瓶沖之，以沖下之水烘乾無迹爲度，隨用隔水乾之，而將餘質在鉑鍋内燒之，加熱先小後大至紅而止，令其火斜遇其蓋則散出之病極少，已紅熱之後，即置乾氣器内待冷。若所燒之質易燥裂，如鈉綠等則從隔水器取出之後，先用隔沙加熱至百餘度，而後燒之，爆裂較少。

熬乾之質不可受紅熱者，如生物質或含淡輕三之鹽類質，必依其性而配其熱度，閒有數質用隔水之熱度已足，如淡輕四綠等，又有數質必用熱氣或熱油者，如二十九與三十兩章之説要之熬乾各質，以不減重率爲度，如加熱半小時而不再輕，可知其水全散，惟稱時必蓋密其器。

流質含鉀養或鈉養之鹽類質少許，欲求其數而多有淡輕三在内，即化分之時所添者，可將其質盛於大鍋而隔水熬之將乾時之熱稍多於一百度，遂取乾質另盛於小玻璃盆而暫置於乾氣器内，大鍋内之微迹以水洗入小鍋，而熬乾，即以玻璃盆之乾質并入而燒之，以化散其淡輕三之鹽類質，將其餘存之鹽類質稱之，如玻璃盆内有粘連之微迹，即用淡輕四綠粉揩之，而并入燒器，或用淡輕三之别種鹽類質亦可，若用水洗定有耗靡。

第四十三章　乙結成

求數結成之工，多於熬乾之工，其質不但可稱而又可與別質分開，此意欲令求數之質變爲流質內不能消化之質，故結成之質愈難消化，則其得數愈準。如有同質或有難消化之性相同之質在流質或多或少消化者，則令結成之後其流質少者，耗靡亦少。

凡欲結成而可相宜擇用者，應令結成之質有極難消化之形，如水內有鋇養，則令變爲鋇養硫養三而結成，比諸變爲鋇養炭養二而結成者更好。又如有質欲令結成而在流質內難盡結，則宜熬乾幾分，俟其質不能消化，如鎴養之淡水欲用硫強水結成，須先熬濃而添強水始盡結成，或有質稍能在本流質消化，而難在別流質消化者，可將本流質變爲不能消化其質之流質而後結成。如鋇綠合淡輕四養，或鉛綠，或鈣養硫養三在消化之流質內不能全結成，則添以酯而其質全結。又如爲本之鎂養燐養三與淡輕四養燐養五等，在淡水內難全結，若添以淡輕三即不能消化而全結成。

結成之器常用筒或盃，間有流質發沸，方能結成，或其質已結成而須沸多時者，宜用瓶或鍋，但必慎其器爲何料所成，詳四十一之末。

流質內分取其定質，或傾出其流質，或濾出其定質，或合用此二法，但分取之先必驗。令結之料添足與否又必驗。所結之質結全與否，此須預知各種結成質之性。詳見卷三。

如欲驗所添之料足與否，待已結者盡沉而再添數滴，視其明流質變濁否，但此亦非一律，因有數質不能立刻結成如淡輕四養合於燐養五或鉬養三之質，用吸管取出其明流質少許而置於別器，添以令結之料，或冷或熱隨其所宜，須待片時，而能見其再結否。故凡結成之事，宜多待數小時而方可分取，如顆粒，或粉形，或膠形各類之質是至於乳腐形，或棉花形者，可隨時濾取。若爲沸時結成者更可速濾。

第四十四章　角潷出流質

結成質之沉下甚速者，其明流質易以傾出兼用吸管或虹吸，即在原器內洗淨其質，如銀綠與汞綠之類。但有數質必令其結成者速全沉底，此可加熱即能速沉，亦有數質雖加熱而無用。又有數種非特加熱須尚搖動，如銀綠等。又有數質必另添別料，如令汞結成須另添鹽強水。詳見卷四。

結成之質，宜在洗至數次之後驗其淋下之水毫無微迹，即將其質盛於鍋內或盆內，依其性而烘乾或加熱至紅，潷出流質，比諸濾出定質用水必多，惟其結成質全不能消化者，潷法爲合宜。若結成質之外，尚有別質在其流質內，而欲求其數者，潷法不宜。

潷出之水不可棄去，須存留一日，或一日夜視其尚有結成否，如無所結即可棄之。若有結成可另求其數，而將此數與前數相加方得準數。

第四十五章

亢濾出定質

傾法或不宜用，即當濾取結成之質，凡濾得之質必爲濾紙上可淋洗之質。若不能淋洗，如膠形之質，即鋁二養三輕養之類，必須傾濾兼用。詳四十八。

甲甲濾淋之器

濾淋用紙爲多，其式常作平圓間有作毬形者，其紙必用精潔，辨有三事，其一質宜細密而極細之點不通過，其二流質速下，其三不雜死物質，如或有之亦必強水或鹼質所不能消化者。

此種紙極是難得，因各種紙難免以上三病，惟瑞顛國所造之紙，質內有暗記，即人名門格得來乃爲上品而價亦昂，但此紙之佳處亦不過第一第二兩事，尚不能爲極準求數之用。因燒之而每百分得灰〇分三又遇強水則放出鈣養鎂養鐵二養三等。曾有人化分瑞顛紙之灰每百分含矽養二六十三分二三，鈣養十二分八三，鎂養六分二一，鋁二養三一分九四，鐵二養三十三分九二，故欲求數極準，須將其紙浸在淡鹽強水內，而再洗淨烘乾，始能合用。設有極細之紙，可將數張相疊而置於漏斗內，如單層者之式以淨鹽強水一分，淨水二分相和，傾在其上待十分時，用熱水屢次淋盡其強水，再用紙一張，周作摺邊而蓋在漏斗上，置煖處待乾亦能合用。詳前編第五章之七。濾紙含鉛者斷不可用。令遇輕硫氣而變黑者即是。

求數者應備大小各號現成之濾紙，其樣板或用厚紙或馬口鐵，最便之器如第四十九圖，以馬口鐵爲之，乙爲象限能套在甲上，甲之兩半徑作摺邊，比乙稍小，將濾紙先作方塊而兩摺之置於甲內，將乙壓於上而剪去餘角，即成正圓而無大小之差。

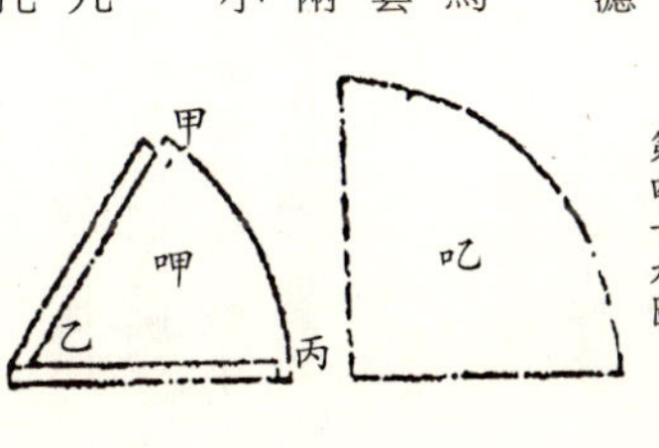

第四十九圖

濾紙之樣應備大小八種，其徑爲枚分三四五六七八九十，用時須擇其大小以配其質，濾乾之後，在紙內爲半高，托

紙之漏斗，應爲六十度之角，其邊必直而有凸紋，玻璃者最佳。

濾紙邊不可伸出漏斗口外，宜低於口少許，紙在漏斗内須各處相切，又須灑水令濕，多餘之水不傾出而任其流下。

漏斗架如第五十圖，第五十一圖，五十者能受大漏斗，故體制堅牢，五十一者可受小漏斗，此架用堅木爲之，托漏斗之板。在柱易以起落，用螺釘緊住，板内之圓孔爲錐形，與漏斗相合，此種極使用，濾時可搬移而不誤事。

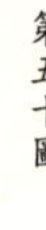
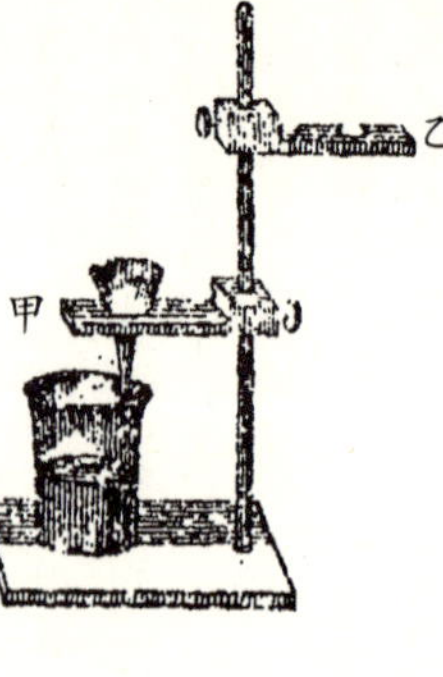

第五十圖

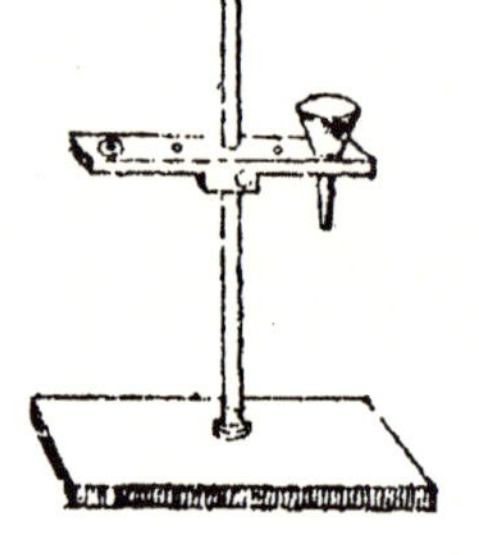
第五十一圖

第四十六章　乙乙濾工

結成之質爲乳腐形、棉花形、膠形、顆粒形者，無濾流下之水不透明，若爲極細之粉，則宜俟其沉下而先將上面之流質傾入漏斗，後漸傾入粉質。閒有加熱而結成之質，須乘其熱時濾之，否則難於流下，因熱水之流下易於冷水也。又有數質其性欲與流質同過濾紙者，如鋇養硫養三濾時極易過紙，可添以鹽强水或淡輕四綠水少許其病即免。

未濾之時失於檢點而致濾後之質高過漏斗之半，即宜分出而再用一漏斗，因在一器内不能淋洗。

流質不可直衝在濾紙面上，宜如前四十八圖之式，傾流質器之口邊稍擦以牛油，此油鎔化而傾入玻璃管内，用軟木塞其一端，抵進其塞而油即從口凸出，手指沾得少許，擦於器邊，傾水於玻璃條，宜偏在一邊，而不可落在中心恐致衝破其紙。　如其流質欲先濾之，而結成質不可帶動，則所用之玻璃條不可留在原器内，而另置於乾净之盃内，後將此盃以水洗之，而并入前器。

濾出之流質或瓶或盆受之，俱依後工之相宜，其流下之時須近受器之邊不可落在中心，以防濺出可如前五十圖之式，漏斗之管切於受器之邊。

淋洗必在無塵埃之處，漏斗與受器俱可不蓋，但平常之室飛塵必多，宜將各器蓋密，用圓玻璃片爲好，其受器之蓋近邊作一缺，便受漏斗之管。

流質與結成質全傾入漏斗之後，以水洗其空氣數次，如有粘附之質必以玻璃片刮下，或用硬雞毛剪平，則器之角内可以刷出，如玻璃瓶内有難出之重質，可將瓶倒置於漏斗上，而用洗瓶如第五十二圖與五十三圖噴水進瓶衝出之。惟噴水之嘴不可如圖之向下，而必向上。若用各法而不應手當消化之而再結成。然有數種任添何料俱不能消化，如鋇養硫養三等，則其結成不可在瓶内，而用筒盃。

第五十二圖

第五十三圖

第四十七章　丙丙淋工

前論結成質傾入漏斗之工，玆即在漏斗内淋洗其質所用之器，謂之洗瓶，其式多端。現在通用者如前五十三圖，噴水之孔不可太大，恐有水力太猛之病，或用第五十四圖之式。甲爲玻璃管，用吹火引長而折斷，將瓶倒置水自流出極細而緩。

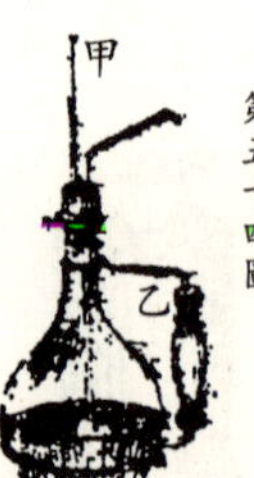

第五十四圖

結成質用水淋洗，以熱水爲佳，惟熱水不宜者則用冷水。五十三圖之瓶合於熱水之用。有木柄可執而不燙手，或在瓶頸繞以粗線數層亦可。

噴水於漏斗不可過滿，待其流下而再噴所噴之水須周遍各處而全衝散其質，或堅結而噴水不能衝散，則用鉑絲或玻璃條撥散之。

一切能消化之質，淋洗净盡方爲工畢，隨將淋下之水一滴用鉑片熬乾，視有微迹否，學者不可虛揣必得實據。閒有數質稍能在水消化者，如鎴養硫養三等，

又當別論，在後詳之。

數年前常用連噴水之洗瓶，現在幾不用，因不如後章之法也。連噴之病，因噴水之嘴不能移動以結成質，常有不遇水者，洗水又必多用，熱水又不能用。

第四十八章　氐淋漂兼用

質在漏斗而噴以清水曰淋洗，質在筒盃而傾出清水曰漂洗。如結成之質有膠類之性，或有別種鹽類質同結成而不能在漏斗内淋洗，或淋洗而極難。宜待其質沉下，而將其流質傾於漏斗内，隨添洗水於結成質之器。其質遇熱不壞者，可加熱沸之，待片時而再傾其流質於漏斗。如此數次，視其質幾净始傾入漏斗，而用洗瓶淋之。

結成之質而欲再消化者，可傾出其流質而添水漂洗數次，亦不必濾。遂添消化結成質之料，而後濾之。

洗質之工已畢，宜將洗水在鉑片烘乾而驗之，或另用法驗其原含之別質。如原含輕緑則加銀養淡養五以知其洗盡與否。但有數種質不能用此法者，可屢洗至淡於原水一萬倍，此從第一次傾出後用尺量其洗質器内餘存水之高數，隨添滿以水而再量其滿水之高數，即以前所量存水之高數約之，如此遞傾遞量，每次將約得之數與前次約得之數相乘，以至得數一萬有餘而止。假如第一次存水高二寸添水共高十寸則以二約十得五，第二次亦得五與前五相乘得二十五，第三次亦得五與前二十五相乘得一百二十五，如此類推至第六次得一萬五千六百二十五，所添之水能用沸者更好。

第四十九章　丙烘燒之别

凡質未結成之先，必變爲已知之原質，結成之後而或烘或燒俱依其性而爲之。惟烘工必多於燒工，而烘工所得之數不及燒工之準。故能受紅熱而不壞者可不必烘，若燒後之餘質而重數不定，亦不可燒。如汞硫與鉀硫並銀衰與鉑緑二鉀緑等質，紅熱即壞，只可用烘。若受熱至紅而不變，如鋇養硫養三等，則烘之燒之無施不可，即以燒爲便。

第五十章　甲甲烘質

結成質已洗净而在濾紙上烘乾，常有粘附紙上之質難以取下，故稱質之時必同稱其濾紙方準，前人常用濾紙二層相疊，俟質烘乾之後揭出外層，而置於天平權馬之盤以抵彼盤之紙，此以爲等大之紙必等重，殊不知尚有小差。試將濾紙二張稱之，常因厚薄而有輕重者，間有差百分格之二三或更多者。故欲得準數，先須將紙稱之烘之，烘紙之熱度須同於烘質之熱度。所用之濾紙，不可含所濾之流質能消化之料。

烘乾之工或隔水，或隔油，或隔砂，或水氣，俱依所需之熱度。稱時必用蓋密之器，如前三十圖之對合表面，或用鉑鍋待其質將乾，即置於表面或鍋，而再置於罩内硫强水盆上，待冷而稱之。再將其鍋或表面開之，加熱少頃，待冷而稱之。如得數與前次相同，不必再烘，遂記其器與料之總數。

結成質洗净之後，俟其水流盡，即將盛質之紙取出，以上邊之餘紙包之，襯以生紙而置於烘熱之器，後置於表面或鉑鍋之内，而在熱水、熱油、熱汽等器烘乾，取出蓋密。如爲表面則用前三十圖之器夾之，待冷而稱之。再以同法加熱，待冷稱之，如此數次，至其重數不變，或雖變亦不過萬分格之一二，遂稱得其器並濾紙之共重，與前得之總數相減，即得乾質之重數。

結成質在漏斗内，或甚滿，或收住其水而不放出，或紙薄而將破須待其紙與質在漏斗内將乾，方可取出，此將破底之筒盃，如第五十五圖用三角架托住漏斗，又用濾紙作摺邊爲蓋，用隔砂，或爐，或板等器，或用鋅皮作錐形之筒，如第五十六圖以代筒盃亦可。

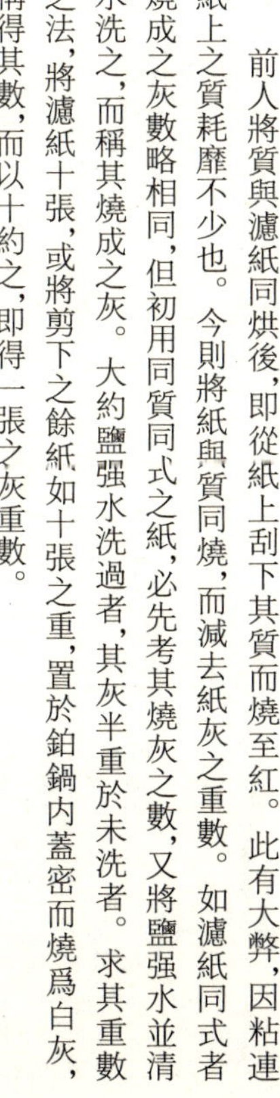

第五十五圖

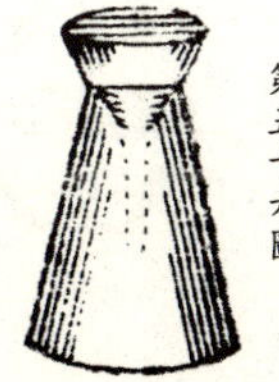

第五十六圖

第五十一章　乙乙燒質

前人將質與濾紙同烘後，即從紙上刮下其質而燒至紅。此有大弊，因粘連紙上之質耗靡不少也。今則將紙與質同燒，而減去紙灰之重數。如濾紙同式者燒成之灰數略相同，但初用同質同式之紙，必先考其燒灰之數，又將鹽强水並清水洗之，而稱其燒成之灰。大約鹽强水洗過者，其灰半重於未洗者。求其重數之法，將濾紙十張，或將剪下之餘紙如十張之重，置於鉑鍋内蓋密而燒爲白灰，稱得其數，而以十約之，即得一張之灰重數。

燒質有四事宜慎。其一不可爆裂飛散，其二不可雜異質，其三必須燒透，其四鍋罐不被銹蝕。

以後五十二、五十三所論最爲簡妙，可以擇用。但無論何法，必俟質烘至全乾而後加熱至紅，斷不可將濕質忽加紅熱。輕鬆之質如矽養二等，其水氣陡然化散，必衝出其質而大耗。又有數質，如鋁二養三輕養，或鐵二養三輕養，常結成小硬塊，若在濕時如大熱，必致爆裂飛散。

燒質應加之熱度並所歷之時刻，俱依其性並紅熱時所有之變化，平常加熱

至五分時而見微紅，則已足。但此尚不可爲公法，以後有特論之處。

鉑與瓷二種鍋俱屬可用，然以鉑者爲佳。因其輕而不裂，又易傳熱至紅。常用之鍋，其容積與所燒之質有比例。鍋若太小常有耗靡，中等者高四枚分徑三枚分半。凡用鉑鍋之後，宜洗淨擦光，將海砂之光圓者，用指粘少許而擦其內外二面，方可備後用，且其鍋可以耐用一倍。用煤氣燈者，鉑鍋外常生灰色薄皮，此因外面之質漸鬆。若用海砂擦之，則不生此皮，而鍋之重數不覺減少。又如銥作之鍋，亦可同法用之，惟質更硬而擦光更難，鉑鍋或銥鍋生斑點而用砂揩擦究有消耗。宜將鉀養二硫養三少許，在鍋鎔化提起摇盪，待冷而添木令沸，斑點自能消盡。若在外面可將其鍋在稍大之鍋內煮之，或將其鍋加熱至紅，而速用前料撒在其外面，如無此料，可用硼砂代之，後亦用海砂擦光。

鍋已淨光即置於鉑絲三角架，如第五十七圖燒之。

第五十七圖

待冷而稱之，先得空鍋之重數，燒質用酒燈或煤氣燈，或在燒殼置於爐內，如用煤氣燈，可將多孔之板套其上，此板有橫釘六个托住，如前四十二圖之式。若其質燒後而復金類質之形者，必慎其火放出炭輕質而遇所燒之質，煤氣短更宜加慎，如其火不甚大而鍋在熖之上，又將鍋斜置，此病較小或可極小，茲將燒法二種詳論如後。

第五十二章

（其一）將結成質與紙同燒　結成質遇紙內之炭質而不改變者，可將紙同燒。烘乾之質與紙從漏斗內取出，摺其餘紙成包，令質不散，置於鍋內蓋密。用空心酒燈或煤氣燈，先加小熱俟紙變炭，遂去其蓋而斜置其鍋，加以大熱至質盡燒，再蓋密。而熱至紅。待鍋稍冷，鉗取離火，而置於乾氣罩內，待冷稱之，所用之鉗，如第五十八圖第五十九圖。

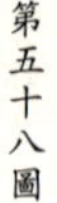

第五十八圖

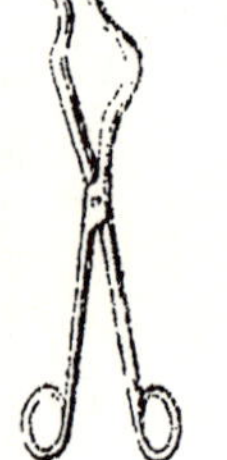

第五十九圖

紙燒成炭而變灰甚慢，可將未變之炭用鉑絲推至易燒之處，或將鉑鍋之蓋平置於鍋口。如第六十圖令空氣進鍋更快。

間有紙炭久不肯燒盡者，則將鎔過之淡輕四養淡養五少許置於鍋內蓋密，先加小熱後漸增大，但此難免其質耗靡。

結成質易從紙面取下者，可將其質先置於鍋內，後將紙摺疊而置於上，其餘各事同前。

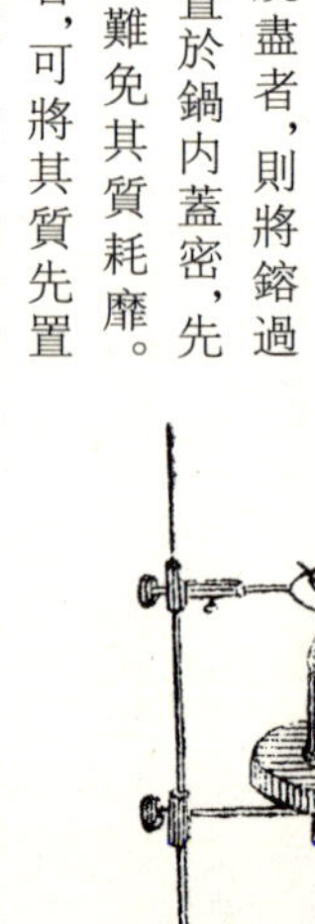

第六十圖

傅蘭雅《格致釋器》第二部化學器共有一千餘圖，爲倫敦格致器行各里分所造之化學器。

總引

格致事內，化學爲最繁者。惟其事最繁，故其器亦多。雖萬物中原質不過六十餘種，然其分合形性則有千變萬化，而所成雜質幾爲無窮。欲攷此事，非器不成。如令原質合成雜物，或將雜物分出原質，或分合生死各物以求有益之質，或試驗原、雜等質以啓童蒙之心，是則所需之器幾難盡核。茲者欲將各器類別門分摘其要端，輯成一部，備圖式以顯其規模，贅價錢以便人檢閱，於習化學或購器料者，不無小補云。各器與料約共分二十一類，以下逐件分詳。一備料之器，二托器之架，三權量之器，四化學寒暑表，五驗流質重率表，六抽氣筩，七生熱容熱之器，八消化各質之器，九存各質之瓶，十各種濾器，十一化乾流質之器，十二各種蒸器，十三取氣試氣之器，十四試驗定質流質之器，十五化分求數之器，十六吹火筒等各器，十七試驗礦與金類之器，十八化分動植物質之器，十九化學器分爲大小各副，二十地學礦學所需礦石之樣，二十一化學所用各料。

第一類備料之器

各式鐵鎚　地學家遊山度嶺察探土石，以鎚爲不可少之器。造鎚必用上等之鐵製，柄尤須堅韌之木。鐵剛則耐用，木韌可不折，又必有大小精粗各式，便於開各種土石之用。如第一、第二兩圖爲開硬石之鎚，第一圖者重略五磅，柄長三尺，價銀十圓銅六圓。第二圖者重與前略同，價銀十二圓。第三圖者爲輭石中提出動植物餘質之鎚，價銀三圓銅六圓。第四圖者略大，價銀四圓銅六圓。第五圖者爲礦學家所用之鎚，能將礦塊小樣琢去餘質，以成方形等，便於存儲礦

樣架中。其柄長十八寸，價銀四圓銅六圓。如第六圖爲通用之鎚，價銀二圓銅六圓。第七圖者亦通用，價同第八圖者，亦同第九圖者，爲吹火筒工内須用之鎚，價銀一圓銅九圓。

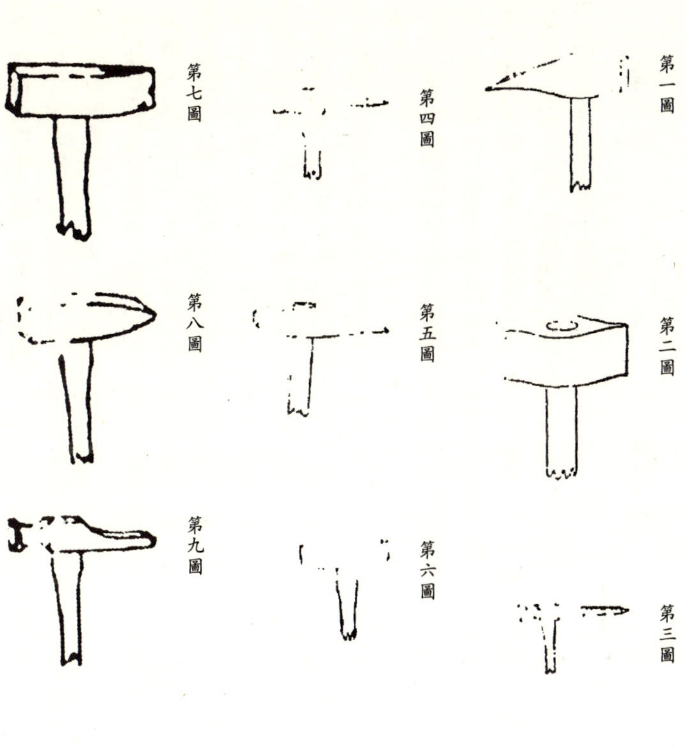

各式鋼碪　用吹火筒之工内常試煉金銀等，須用小碪，其碪以鋼爲之，面必光平，可聯於鐵座。如第十圖爲鋼碪之式，面方一寸有半，價銀二圓。如第十一圖爲打輭金類粒令成扁形之碪，面方二寸，價銀六圓。如第十二圖爲試驗金類所需之碪，面方三寸半，下有方凸，以便入於木塊方凹中，價銀二十五圓。如第十三圖爲修理小器具並打彎金類絲或片所用之碪，下有螺絲可聯於座邊使其牢固，其價銀六圓銅六圓。

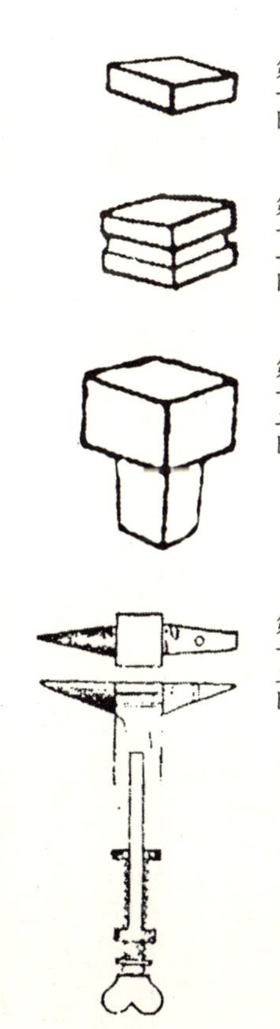

各式夾器亦名老虎鉗。　此種器爲自造化學零器或修理器件所用者，俱以鐵爲之。如第十四圖爲夾與碪合成一器者，下有螺絲可聯座邊，其價銀十五圓。如第十五圖爲較大而無碪者，價銀十二圓。如第十六圖爲小夾器，與造鐘表所用略同，可以手執之，不必聯於座上，其價銀五圓。

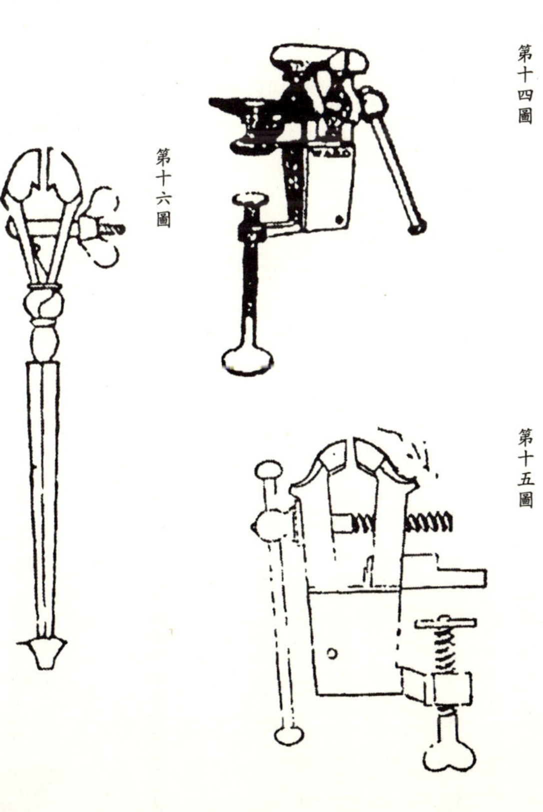

金類絲與片定號表　化學中常用金類絲或片，以試驗各質，如鉑絲鉑片等，或用銅絲通電氣等。凡欲購此種物，應知其粗細各號與厚薄各號，茲列其表，以便購者知所指示。如第十七圖爲金類各種絲，自最粗者起至最細者止，共有二

十六號。如第十八圖爲金類各種片，自最厚者起至最薄者止，共有十六號。購者欲買何式，可指明某號，即不致誤。

第十七圖

一 二 三 四 五 六 七 八 九 十

十一 十二 十三 十四 十五 十六 十七 十八 十九 二十 廿一 廿二 廿三 廿四 廿五 廿六

第十八圖

一 二 三 四 五 六 七 八 九 十 十一 十二 十三 十四 十五 十六

各式研器　試驗金類或研光金類器皿等事內，嘗需瑪瑙研器，如第十九圖者，共有九號，每號價銀一圓。如第二十圖爲瑪瑙研器聯硬木柄以銅桿鑲接者，價銀六圓。如第二十一圖爲更簡之式，價銀三圓銅六圓。

第十九圖

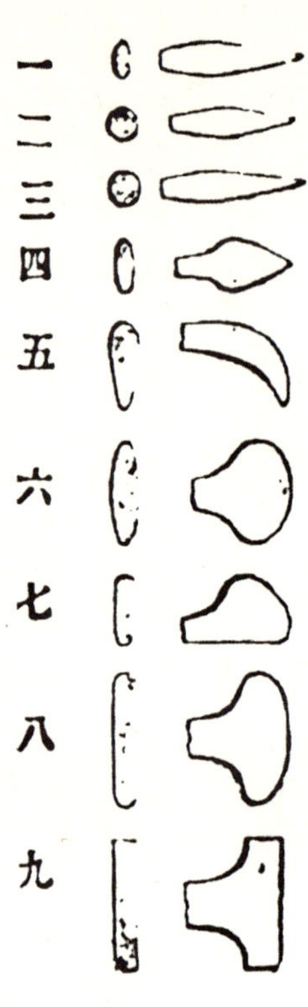

一 二 三 四 五 六 七 八 九

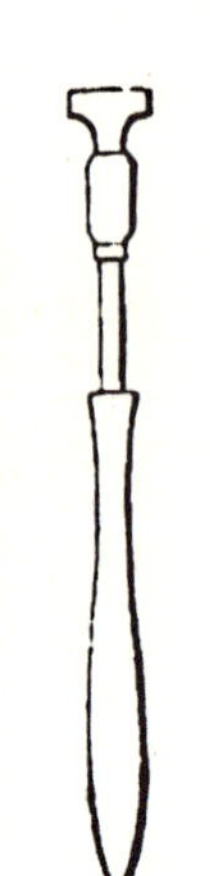

第二十圖

第二十一圖

各式乳鉢　化學家欲將礦石或藥料擣碎研粉，必需數種乳鉢。如第二十二圖爲生鐵乳鉢，可擣粗粉等用，共分七號，小者徑五寸，價銀二圓。大者徑十二寸，價銀十八圓。如第二十三圖爲鋼乳鉢，能擣碎最硬礦塊，以便用瑪瑙鉢乳粉，其鉢以堅鋼爲之，徑五分寸之三，價銀六圓。如第二十四圖爲分四件合用者，徑一寸又四分寸之三，價銀二十五圓。如第二十五圖爲有長杵者，價銀三十一圓銅六圓。

第二十二圖

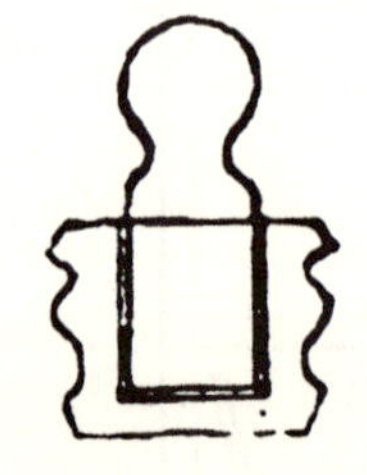

第二十三圖

第二十四圖

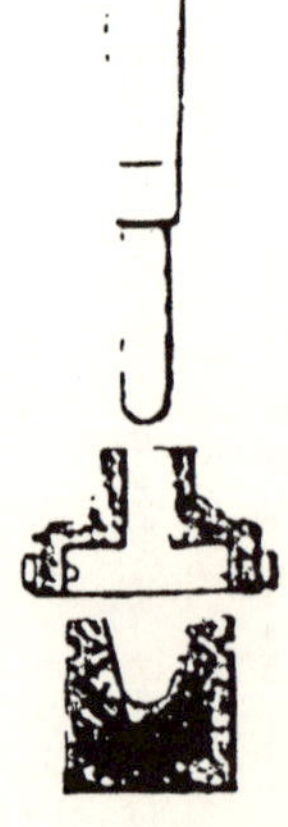

第二十五圖

察此各式乳鉢，第二十三圖者不甚堅牢，因其杵與鉢徑略相同，幾如逗筍，杵入時內空氣幾難散出容讓。若二十四圖者，則便於用，因有螺絲可聯其底於鋼座，能穩固。用此各鋼乳鉢之法，必以木鎚擊其杵頂，若礦塊甚硬，則碎之愈難。故第二十五圖者甚便用，因其杵柄可手執以擣，不必鎚擊，雖堅礦硬塊不久亦易成粉，且其底面平滑，覆置之可當碪用。如十二圖者同。

如第二十六圖爲瑪瑙乳鉢，能將礦石乳成細粉。此器有大小二十一號。小

號者徑一寸，價銀二圓銅六圓。大號者徑六寸，價銀九十五圓。俱爲上等瑪瑙製成者，磨極光滑，永無縫裂等弊。如第二十七圖爲更大之瑪瑙乳鉢，按在硬木架上架有柄，可以手執穩其杵，亦以瑪瑙爲之，鑲以黄楊木柄，共長六寸。此種器有大小六號，小號者徑四寸，價銀四十七圓。大號者徑六寸，價銀一百十五圓。

第二十六圖

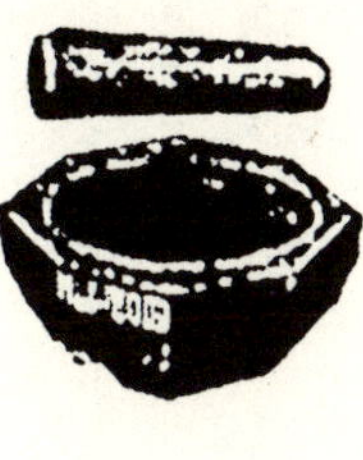

第二十七圖

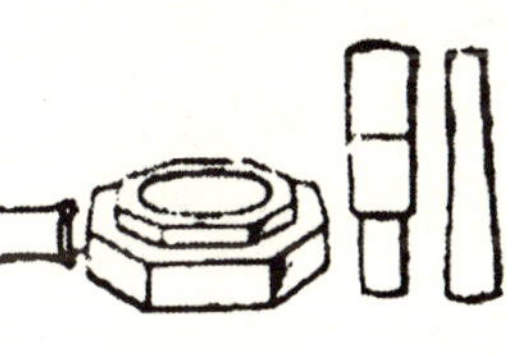

如第二十八圖，爲白瓷乳鉢，便於磨勻或和勻各種粉所用。生物化學內常用之。此器之內面與杵外面俱敷白釉，器旁有小嘴以便傾出粉等物，其大號者能容水十兩，價銀三圓，銅六圓。小號者能容水五兩，價銀二圓銅九圓。

如第二十九圖亦爲白瓷乳鉢，體格外厚，內面有釉而外無釉，其內爲杵。此種鉢爲淺而闊者，共分六號。小者口徑一寸又四分寸之三，價銅六圓。大者口徑七寸半，能容水三十六兩，價銀四圓。

第二十八圖

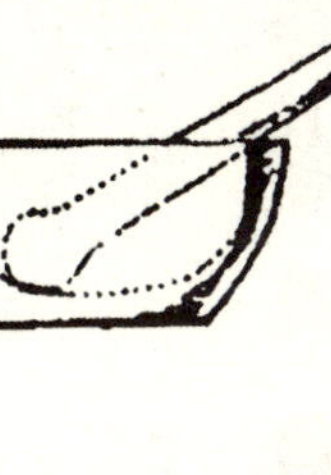

第二十九圖

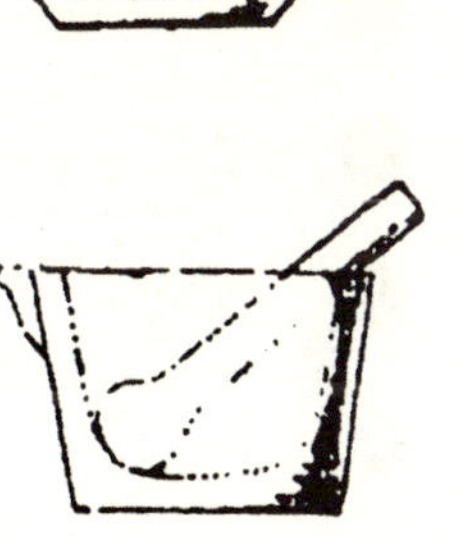

第三十圖

如第三十圖爲截錐形乳鉢，甚便於用，共分五號。小者口徑二寸又四分寸之一，價銅九圓。大者口徑六寸半，能容三十二兩，價銀四圓銅六圓。

如第三十一圖爲深而堅之乳鉢，便於磨勻水銀、油膏等用。旁有兩耳，便於攜提，而上口無嘴，共分二號，小者高五寸半，口徑六寸，能容二十兩，價銀四圓銅六圓。大者高七寸，口徑七寸半，能容三十兩，價銀九圓。

如第三十二圖爲瓷乳鉢深而有嘴者，外有釉而內無釉，內爲其杵，共分九號，小者口徑二寸又四分寸之一，價銅五圓。大者口徑九寸又四分寸之一，價銀四圓銅六圓。

如第三十三圖爲在水內磨料之機器乳鉢，下爲瓷乳鉢，內有轉動之杵，杵下爲平底而面有槽紋，杵上有曲拐形鐵柄，便於手摇。四外以木爲架，上有滑車，亦可以皮帶動之。鉢下有小塞門，以便放出所磨勻之料，又有桿，可提起其杵，以便裝料於下。

第三十一圖

第三十二圖

第三十三圖

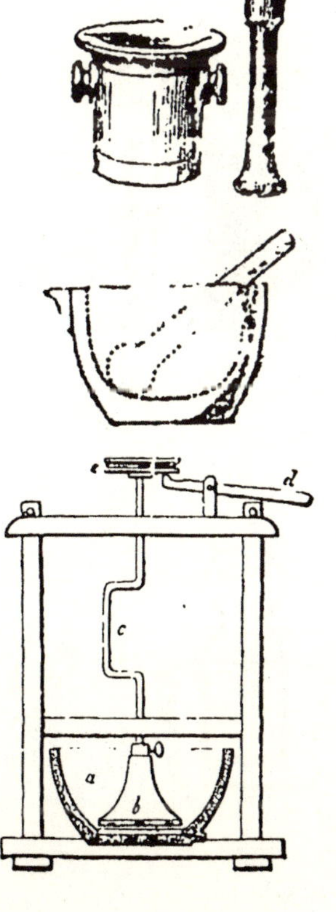

便用篩器　篩器爲化分泥土事內所常用者，可以分出土中石磈或粗沙、細沙等。如第三十四圖爲篩器，徑有五寸，其底以金類絲布爲之，共有三具，可隨意調用。粗布之孔每寸三十，中者每寸五十，細者每寸一百。每副篩價銀三圓。如第三十五圖爲筩形篩器，徑爲三寸，以馬口鐵爲之，外敷以漆中有金類絲篩三具，粗者每寸三十孔，中者每寸五十孔，細者每寸一百孔，外有蓋可開闔。其篩能隨意放入或提出，用此器篩土則一舉可得粗細三種，其價銀四圓。此器亦可用鐵絲布或黄銅絲布，或紅銅絲布或馬鬃布，或夏布等爲篩之底。

第三十四圖

第三十五圖

各式起粉勺　凡研粉至細時，常用勺起出其粉，如第三十六圖爲白瓷勺，可爲起粉等用。大者長五寸半，寬二寸又四分寸之一，價銅十圓。小者長四寸半，寬二寸，價銅八圓。

如第三十七圖爲牛角起粉勺，長三寸者價銅六圓，四寸者銅八圓，四寸半者銅十圓。

各式調料匙　凡流質之類每用匙調之，如第三十八圖爲瓷匙，便於調和强水等能消金類匙之用，價銀三圓。

第三十六圖

第三十七圖

第三十八圖

第三十九圖

如第三十九圖爲圓匙，下有多孔，可以此撈取水中顆粒，價銀四圓銅六圓。

如第四十圖者，銀二圓。

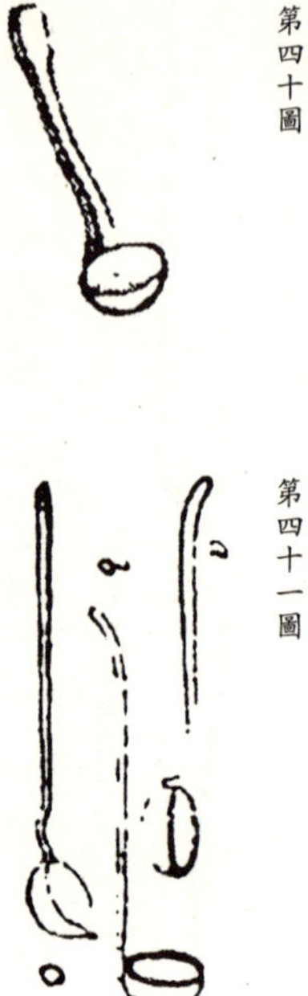

第四十圖

第四十一圖

如第四十一圖爲日耳曼玻璃匙，長有六寸，分爲三形，每形價銅二圓。

如第四十二圖爲吹火筒工内常用之勺，以磨光白銅爲之。勺徑四分寸之一，可爲少取各粉之用。其把長可當調料之刀，最便於吹火筒工内之用，長三寸半，價銅三圓。

如第四十三圖爲小鐵勺，可用以試欲化分之料能燒否，又可用以令生物質變炭質，亦可以之鎔化欲化分之料。勺徑四分寸之三，其價銅二圓，每十二把價銀一圓銅六圓。

第四十二圖

第四十三圖

如第四十四圖爲半球形鐵勺，口徑半寸，口邊車平磨光，有薄鐵蓋可以蓋之，又有車光木柄。此勺便於化分金類内黑色料，或用吹火筒吹燒各料之用，其價銀三圓。其車光木柄不便畫於圖中，然已包此價内。

各式碾料或調料刀與桿　凡碾和或調和料時必用刀或桿，其式有數種，如第四十五圖爲鉑碾料刀，共分六號，各價依鉑價之低昂不能定準，祇可計以略數。其小者長二寸半，最寬處爲八分寸之三，重有八十釐，價銀八圓銅六圓。大者長六寸，最寬處爲八分寸之五，重三百釐，價銀三十二圓，如於中腰欲其加厚，則價亦加昂。

第四十四圖

第四十五圖

如第四十六圖爲鋼碾料刀，磨極光滑，且能凹凸不斷，柄以椰子木爲之。柄與刀連處有凸圈，若放於桌上，刀尖可以不拄。共分九號，小者長四寸，價銅八圓。大者長十二寸，價銀四圓。

如第四十七圖爲磨光之鋼碾料刀，長四寸，價銀一圓。如第四十八圖爲白瓷和料刀，一端有勺，最便於化分工内所用。分有五號，小者長六寸，價銅八圓。

大者長十八寸，價銀二圓銅六圓。

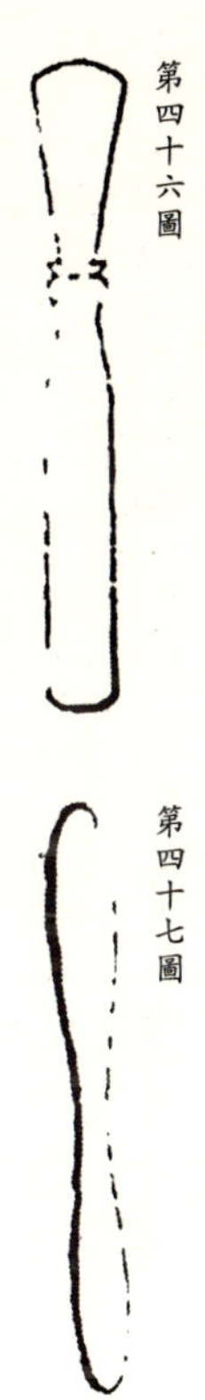
第四十六圖　第四十七圖

如第四十九圖爲有把瓷和料刀，分有五號。小者長六寸，價銀一圓銅三圓。大者長十八寸，價銀三圓。

如第五十圖爲雙和料刀，分有五號。小者長六寸，價銅八圓。大者長十八寸半，價銀二圓銅四圓。

第四十八圖　第四十九圖　第五十圖

如第五十一圖爲圓玻璃調料桿，一端圓一端尖，便於滴試料之水。共分長短粗細各號，小者長三寸，每十二條價銅二圓。大者長十二寸，每十二條價銀一圓。又細者每十二條銀一圓。粗者每十二條銀一圓銅六圓。

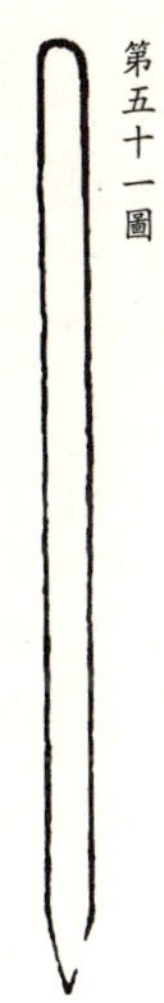
第五十一圖

如第五十二圖爲牛角刮器，能刮浄乳鉢等，其形與其大小不等。小者價銅四圓，大者價銀一圓。

如第五十三圖爲擱玻璃調桿與玻璃管之瓷架用。此架可免其桿或管之濕端遇於桌面，此器分有三號，小者長三寸而有六凹，價銅四圓。大者長十二寸，而有十二凹，價銅八圓。

各式鉗器　凡於爐中取物，常必用鉗，而鉗亦有各式。如第五十四圖爲木炭爐所用之鉗，以磨光之鐵爲之。其鉗端爲彎形，分有三號。小者長十四寸，價銀二圓。大者長十八寸，價銅三圓。

如第五十五圖爲小白銅鉗，把有二圈，便於指入而執之，鉗端有圈形，便於自爐中鉗取小鍋，或以圈套鍋上提出。鉗長八寸，價銀三圓銅六圓。

如第五十六圖爲粗鐵鉗而不磨光，便於鉗取大鍋。分有三號，小者長十四寸，價銀二圓。大者長二十五寸，價銀三圓銅六圓。

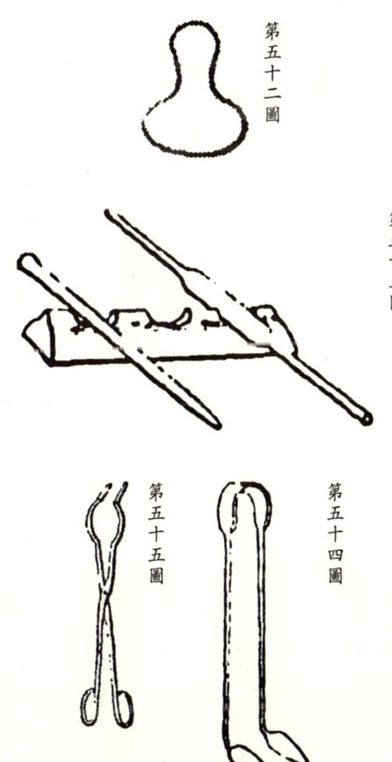
第五十二圖　第五十三圖　第五十四圖　第五十五圖

如第五十七圖者，與前略同，惟其端有圈形，其大小及價錢亦與前者同。

第五十六圖　第五十七圖

如第五十八圖爲彎頭鉗，分有三號，小者長十四寸，價銀二圓銅三圓。大者長二十五寸，價銀三圓。

如第五十九圖爲取大鍋所用之鉗，以磨光鐵爲之，格外堅牢。鉗頭爲彎者長十六寸，價銀六圓。

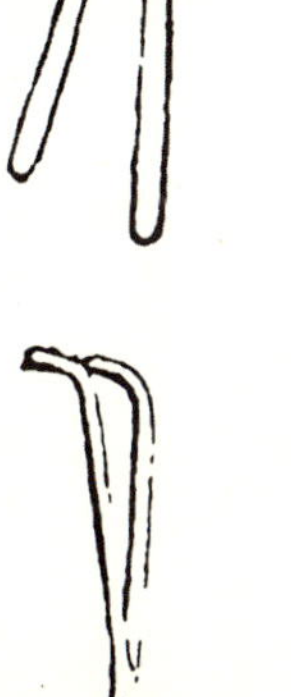
第五十八圖　第五十九圖

如第六十圖爲自爐中直取重鍋之鉗，以鐵爲之，不磨光，分有四號。小者長二十四寸，鉗口相距三寸，價銀四圓銅六圓。大者長三十二寸，鉗口相距八寸又

四分寸之一，價銀八圓。但用此鉗自爐中直取其鍋，難免傷手，故另設一式。

如第六十一圖鉗頭爲圈形而頸彎，雖車鍋亦能取出而手無害，分有二號。小者長十八寸，圈徑二寸半，價銀三圓銅六圓。大者長二十寸，圈徑五寸，價銀五圓銅六圓。

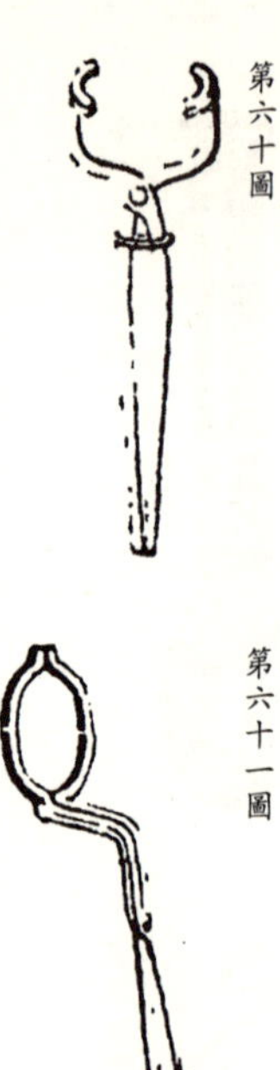
第六十圖

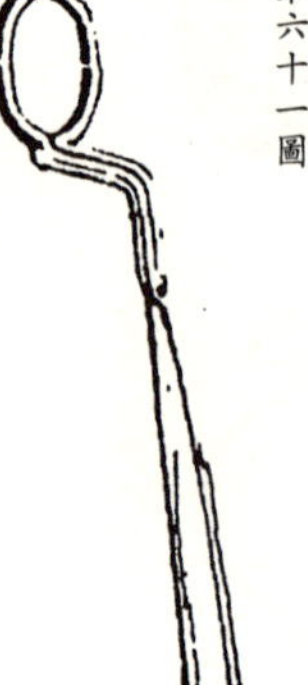
第六十一圖

如第六十二圖爲鋼簧鉗，可鉗鉑杯或匙入火内，價銅六圓。

如第六十三圖者爲簧銅鉗，其端以鉑爲之，雖鉗物入火，其端無害，價銀三圓銅六圓。其餘各種小鉗在吹火筒器内言之。

第六十二圖

第六十三圖

如第六十四圖爲黄銅簧鉗，可以鉗取小物或小法碼，或提燈心等用。長二寸半，價銅三圓至四圓。

如第六十五圖爲鐵簧鉗，長有四寸半，而柄端爲方匙形，甚便於用，其價銀一圓。

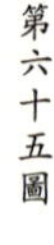

第六十四圖

第六十五圖

如第六十六圖爲磨光黄銅簧鉗，其尖以象牙爲之，價銀三圓。

如第六十七圖爲修理各器常用之鉗，以鋼爲之，面不磨光，其鉗口内毛糙，價銀二圓。

第六十六圖

第六十七圖

又 第二部化學器下本 上年《彙編》中所釋之化學器七類已結，是爲上本，尚有下本。計未釋者共十四類，兹欲接而釋之，以全其書。此各器皆爲倫敦格致器行各里分造而出售者。

第八類消化各質之器

化學内所用各器有繁有簡，皆所必需，故須俱講釋之。如前，各類器多屬繁者，此下各器略爲簡者。簡器内以存流質及消化各質之器件爲要，其器件約分數種，如燒瓶、多口瓶、玻璃筩、瓷鍋煮器、無座筩、有座筩及各式盆等，兹一一釋之如左。

燒瓶　此各瓶以容水之兩數或升數分大小號，計每一升爲英國二十兩。

如第三百五十六圖之燒瓶，以硬玻璃爲之，能耐火，分有三十號。小者能容水一兩，每十二個價銀一圓銅六圓。容水一升者，每十二個價銀六圓。大者能容十升，價銀二十八圓。其容三升以上者，瓶形如第三百五十七圖，其口格外厚而堅。

如第三百五十八圖之瓶，亦以硬玻璃爲之，底平頸短口大，能容三兩至四兩，每十二個價銀三圓。

第三百五十六圖

第三百五十七圖

第三百五十八圖

如第三百五十九圖爲法國燒瓶，底圓口大而厚，口内面磨光，可接以甑頸而當甑用，分有二十一號。小者能容一兩至二兩半，每十二個價銀二圓。容一升者，十二個價銀五圓。容八升者，十二個價銀三十圓。

第三百五十九圖

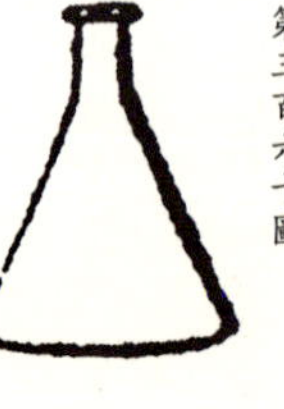
第三百六十圖

如第三百六十圖爲大底燒瓶，如欲以少流質化多定質，或以煤氣等燈令流質速沸，則此瓶甚合用。乃以上等硬玻璃爲之，厚薄勻稱，口可安塞，分有九號。小者能容四分升之一，每個價銅九圓。大者能容四升，價銀三圓。

如第三百六十一圖爲球形燒瓶，頸甚短，口大而外成凸圈形，以硬玻璃爲之，能熬濃地産之水，以便化分之。分有二號，小者徑八寸至九寸，價銀三圓。大者徑十一寸至十二寸，價銀四圓銅六圓。

如第三百六十二圖爲化分金類所用之小玻璃瓶，其泡爲擀圓形，頸甚長，分爲四號。小者能容一兩，每十二個價銀一圓銅六圓。大者容四兩至五兩，每十二個價銀二圓銅六圓。尚有化分金類各等瓶，在試驗礦與金類器内言之。

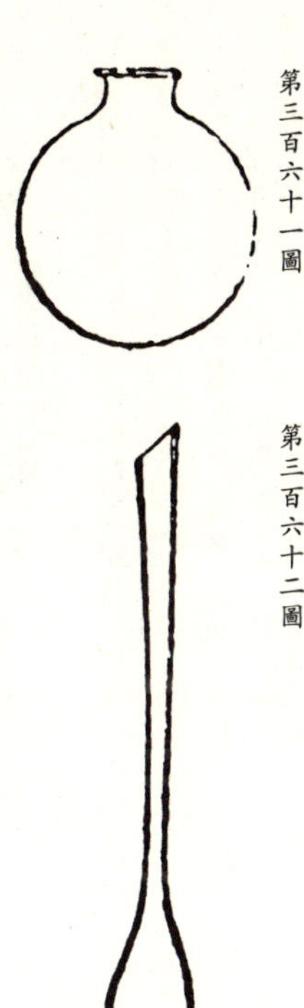

第三百六十一圖

第三百六十二圖

如第三百六十三圖爲沸流質之泡管，以硬玻璃爲之，口有摺邊，與平常試管同，分有十號。小者泡爲圓形徑一寸又四分寸之一，頸長二寸，徑三分寸之一，每十二個價銀一圓銅四圓。大者泡爲擀圓形，長徑三寸，短徑二寸又四分寸之一，頸長三寸徑四分寸之三，每十二個價銀三圓。

如第三百六十四圖爲玻璃瓶口之蓋，以白玻璃爲之，燒物質時以此蓋之，能令外塵不入而内質不出也。其徑一寸至一寸半，分數號，每十二個價銀一圓銅六圓。

第三百六十三圖

第三百六十四圖

多口瓶　取氣質，或提浄氣質，或凝氣質等所用之瓶，須有多口，設此瓶爲化學家烏勒夫，故名爲烏勒夫瓶。如看《化學鑑原》等書，則易知其用法。

如第三百六十五圖爲二口瓶，一口在瓶心，一口在瓶肩，分十五號。小者能容四分升之一價銅九圓大者容十升價銀四圓銅七圓。

如第三百六十六圖爲三口瓶，一口在心，二口在肩，分十八號。小者容四分升之一，價銀一圓銅六圓。大者容三十升，價銀十六圓。

如第三百六十七圖爲二口瓶，二口距瓶心相等，分四號。小者容半升，價銀一圓銅十圓。大者容一升又四分刀之三，價銀三圓銅三圓。

第三百六十五圖

第三百六十六圖

第三百六十七圖

如第三百六十八圖爲三口瓶，其中口有玻璃塞磨平配準，分四號。小者容半升，價銀二圓銅六圓。大者容一升又四分升之三，價銀三圓銅六圓。

如第三百六十九圖爲二口瓶，其大口在瓶心，小口在瓶肩，小口有玻璃塞，大口磨平，以便用輭木塞，俱以上等白玻璃爲之。分三號，小者容一升，價銀二圓銅六圓。大者容三升半，價銀四圓銅六圓。以上各瓶相配之管等件，俱在取氣器内言之。

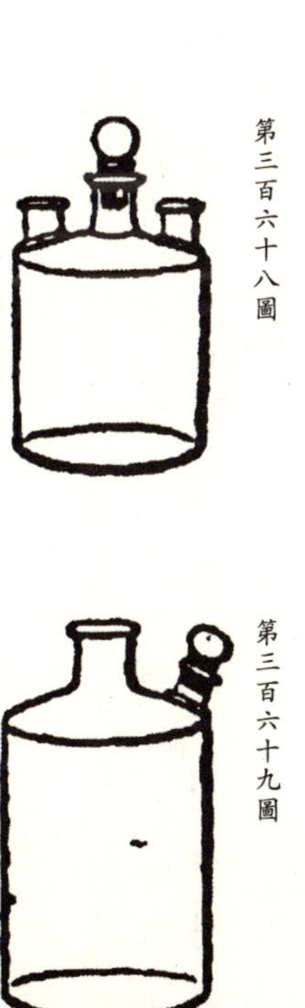

第三百六十八圖

第三百六十九圖

玻璃筩　化學工内常有將熱流質自瓶傾出待冷者，如用平常玻璃筩受之，則因筩質厚而内遇熱即漲，外尚未漲，恒因内外漲力不勻而易碎裂，若其料有厚薄不勻，亦生此弊，故須用特造者。其玻璃薄而勻，傾以熱質則不礫裂。

如第三百七十圖爲高形者，以十三個爲一副，小者容一兩，大者容一百一十兩，共價銀九圓銅六圓。亦可任揀成小副者，又有矮形者，價略同。

如第三百七十一圖爲有嘴之筩，以上等白玻璃爲之，厚薄勻密，可以單買或

買全副。

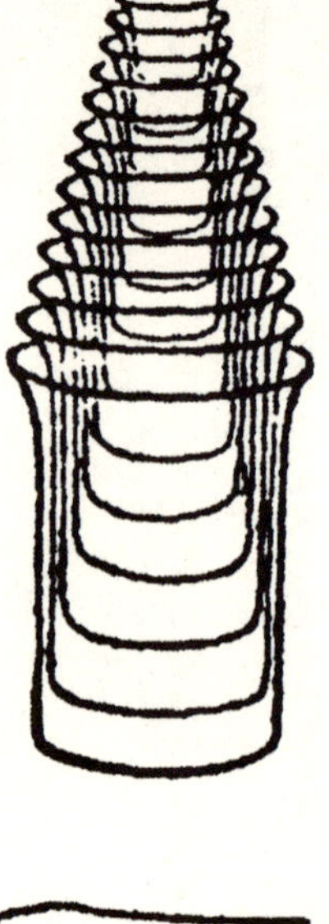
第三百七十圖

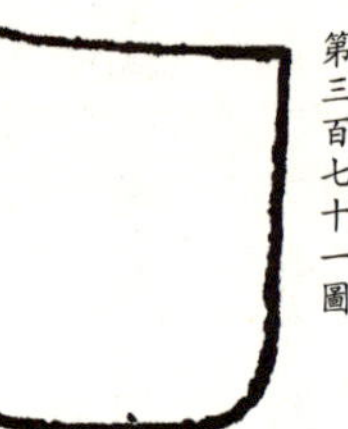
第三百七十一圖

如第三百七十二圖爲全副者，共價銀四圓。

如第三百七十三圖爲雙嘴之筩，以六個爲副，價銀五圓。

第三百七十二圖

第三百七十三圖

如第三百七十四圖爲直筩，無嘴無摺，邊底略平，小者高二寸半，徑一寸半。大者高八寸，徑四寸半，以七個爲一副，價銀四圓銅六圓。

如第三百七十五圖爲大底小口之筩，有一嘴，分六號。小者容四分升之一，價銅七圓。大者容四升，價銀二圓銅六圓。

如第三百七十六圖之筩爲同用者，其形略低，分六號。小者容四分升之一，價銅四圓。大者容九升，價銀三圓。

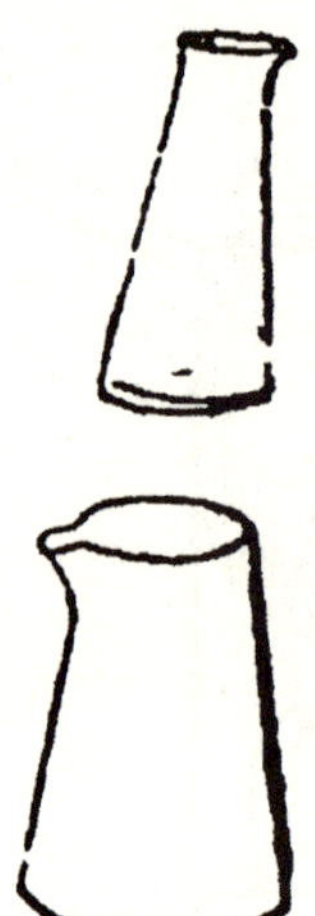
第三百七十四圖

第三百七十五圖

第三百七十六圖

如第三百七十七圖爲掉和料之筩，近口處收小，以便和料時令在內旋流而不外散，能容五兩，價銅四圓。

瓷鍋等

如第三百七十八圖爲工藝內常用之瓷鍋，左右有耳，可以提携。有一嘴便於傾出流質，深略十九寸，能容一百二十磅。雖加熱至紅，亦無妨礙。凡用强水消化金類等大作之事，此器甚合用，惟價稍貴，每具金五圓銀五圓。再大者亦有之，然非大造之廠，不能用之。

如第三百七十九圖爲圓形瓷鍋，分有七號，小者徑十七寸，能容二十磅，價銀十二圓。大者徑十九寸，能容六十磅，價銀四十五圓。此各種鍋其外可加鐵絲網，以便携挈，亦耐用，不易壞。

第三百七十七圖

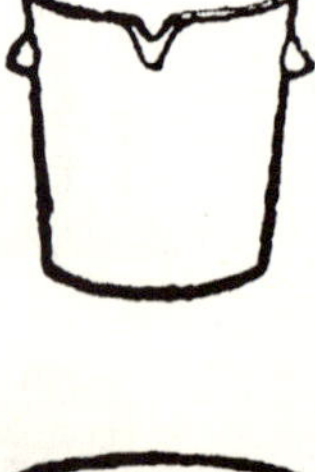
第三百七十八圖

第三百七十九圖

煮器　有數種質必加大熱方能消化，故其鍋不獨須蓋密，且須令汽不外出，則鍋內之熱始能比水沸度更大。其蓋上有簧與萍門，若鍋內汽力過大，恐致鍋裂，則簧自鬆，萍門稍啓，汽即放出若干。如廚房中欲燒肉或骨之湯，用此等鍋，則湯能多消化肉與骨之質而更濃。

如第三百八十圖爲苦拉克所設之鍋，以生鐵爲之，內有瓷，裏蓋有鋼絲簧與萍門，鍋旁有把，便於手執，分有四號。小者容二升，價銀四圓銅六圓。大者容八升，價銀八圓。

如第三百八十一圖爲更大者，有提梁，分數號。小者容八升，價銀八圓。大者容百餘升，價以大小而異。

如第三百八十二圖爲速令水熱之鍋，與煤氣爐如鍋內盛冷水一升，則五分時能沸，盛二升則八分時能沸，其鍋與爐及煤氣燈全副價銀八圓。

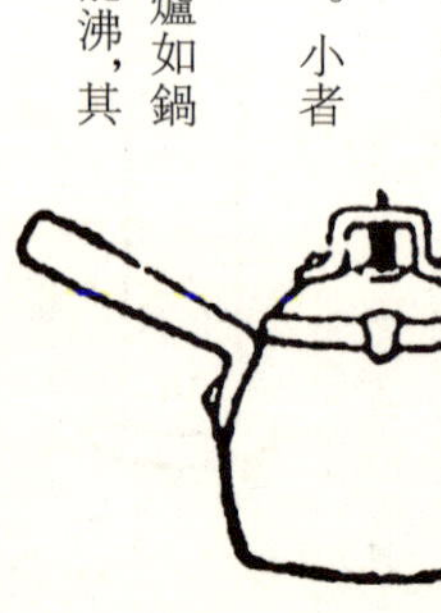
第三百八十圖

第三百八十一圖

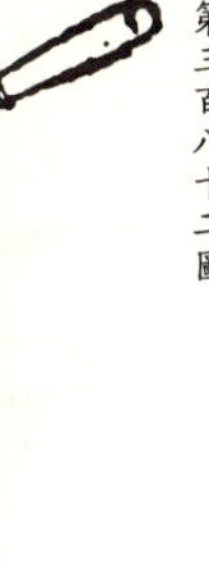
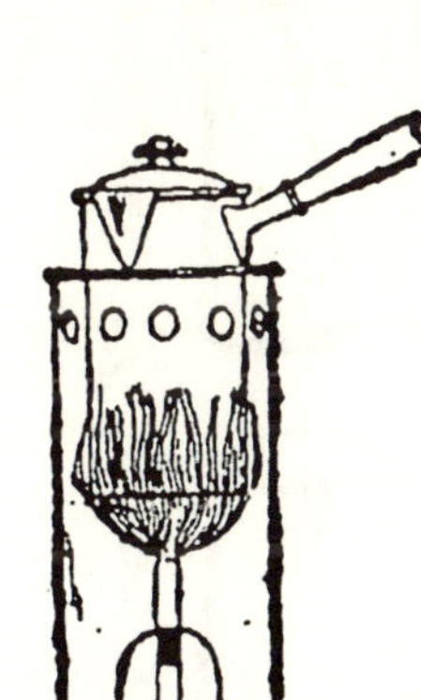
第三百八十二圖

無足筩

如第三百八十三圖爲柱形筩，其邊直底平無摺邊無嘴，以上等玻璃爲之，可盛冷流質，或作掉和流質之器，或當發電氣之筩均可。分有五號，小者高八寸，徑四寸，容三升，價銀一圓銅六圓。大者高十二寸，徑八寸，容十四升，價銀六圓銅六圓。

如第三百八十四圖爲細腰筩，形高，中腰收小，便於手握，口大有嘴，底厚而堅，分有九號。小者容一升，價銅六圓。大者容七升，價銀二圓。

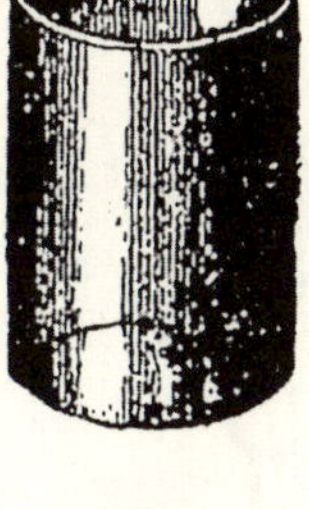
第三百八十三圖

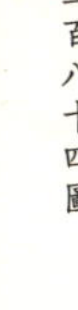
第三百八十四圖

第三百八十五圖

如第三百八十五圖爲大口筩，以堅厚玻璃爲之，能容二十八升，價銀四圓銅六圓。

有足筩

如第三百八十六圖爲有足玻璃筩，口有摺邊，無嘴有蓋，爲光或毛玻璃者，能蓋密，不洩氣，便於存流質之用。

如第三百八十七圖爲有足有嘴之筩，可爲配合流質等用。此二種筩分有五十二號，小者徑一寸又四分寸之一，高六寸，價銅八圓。大者徑八寸，高二十五寸，價銀十二圓銅六圓。

第三百八十六圖

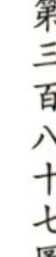

第三百八十七圖

如第三百八十八圖爲有足與塞之筩，以上等白玻璃爲之，其玻璃塞磨配甚準，筩面可刻分度以便量試流質，惟其分度須買者自刻。共分十三號，小者高七寸半，徑一寸，價銅十圓。大者高二十三寸，徑四寸，價銀七圓。

如第三百八十九圖爲有足與大塞之筩，以上等白玻璃爲之，博物院内可用之裝各質各料，又醫院或動物院内可用之盛動物等，以無色火酒浸之，能不朽壞。分有二十六號，小者徑一寸，高四寸，價銅八圓。大者徑十寸，高十八寸，價銀三十圓。

第三百八十八圖

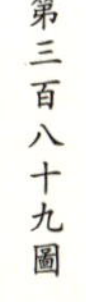

第三百八十九圖

各式盆

如第三百九十圖爲化學或製造等備用之瓦盆，外敷釉，可在熱沙盆或熱水盆内加熱，又可以盛流質，令成顆粒等，分有三號。小者徑八寸，容三升，價銀一圓銅三圓。大者徑十二寸，容八升，價銀一圓銅十圓。

第三百九十圖

第三百九十一圖

如第三百九十一圖爲最堅之瓦盆，外敷釉，左右有耳。染布工内可用以盛

各强水，或鏀類水，或染料水等，分有九號。小者容二升，價銅八圓。大者容六十升，價銀九圓。如欲定作大者，能容至二百升。

如第三百九十二圖爲化學家常用之方鐵盆，以木架托之，盆面加釉，下有塞門，以便放流質出其盆，長二十八寸，寬十六寸，深十寸，價金三圓。

第三百九十二圖

第九類存各質之瓶

此類器分兩種，一爲小口瓶，可存試水等。一爲大口瓶，可存乾料等。

小口瓶

如第三百九十三圖爲盛藥水之瓶，以上等玻璃爲之，質硬而不含鉛，色白而甚佳美。口之摺邊薄，便於傾滴藥水，其塞長而爲錐形，且磨平與口吻合，塞頭平而外伸，便於提拔。平常玻璃瓶每有因口黏凝結之質，則塞難拔，用此法者即無此弊。分有十二號，小者能容四分兩之一或半兩，價銅四圓。大者能容三十五兩，價銀一圓銅九圓。

如第三百九十四圖亦爲盛藥水之瓶，乃倫敦造者，其料爲火石玻璃，瓶形低而圓，頸短，塞圓磨，亦甚準，比前者堅。分九號，小者容半兩，價銅六圓。大者容二十兩，價銀一圓銅八圓。

第三百九十三圖

第三百九十四圖

如第三百九十五圖爲盛强水或鏀類水等所用之瓶，其口小，塞頭平，以上等日耳曼玻璃爲之，面有白釉，一方以黑釉寫所盛流質之名而燒成之，乃因强水等雖滴此上亦不蝕壞所寫成之名。共有八種，即硫强水、鹽强水、硝强水、鈉養水、鉀養水、淡輕四養水、酒醇、以脱也。欲用他名，必須定作。如欲用中國字様，亦可定作。此瓶分二號，小者容十兩，價銀二圓。大者容二十兩，價銀二圓銅六圓。

如第三百九十六圖之瓶，以日耳曼玻璃爲之，口上無塞，而有小滴管，可以取試水滴用。分八號，小者容一兩，價銅六圓。大者容八兩，價銀一圓銅二圓，惟其面不用釉寫流質之名。

如第三百九十七圖爲盛强水或易散之藥水瓶，有配準之玻璃塞，又有玻璃帽，凡照像等易散之藥料，以此盛之，能省糜費。分十號，小者容一兩，價銅六圓。大者容二十兩，價銀二圓銅六圓。

第三百九十五圖

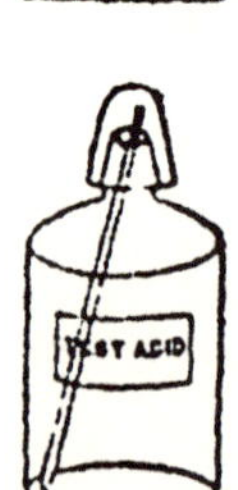

第三百九十六圖

第三百九十七圖

如第三百九十八圖爲盛流質之瓶便移動者，瓶外以去皮之柳條編成有耳之套，可以提携。分有三號，小者容四升，價銀三圓。大者容十六升，價銀五圓。

大口瓶

如第三百九十九圖爲存定質藥料之瓶，口大無塞，以法國白玻璃爲之，可配以輭木塞。分二十九號，小者容半兩，價銅四分之三圓。大者容八升，價銀二圓銅一圓。

如第四百圖爲有塞之大口瓶，以日耳曼玻璃爲之，分二十五號，小者容四分兩之一，價銅二圓。大者容六升，價銀三圓。

第三百九十八圖

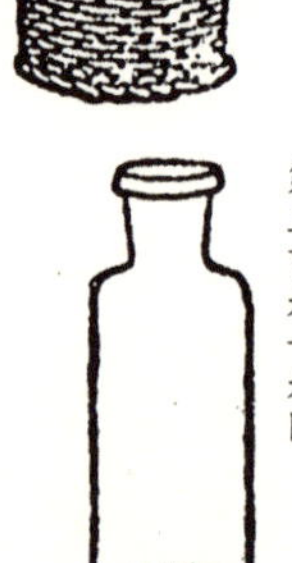

第三百九十九圖

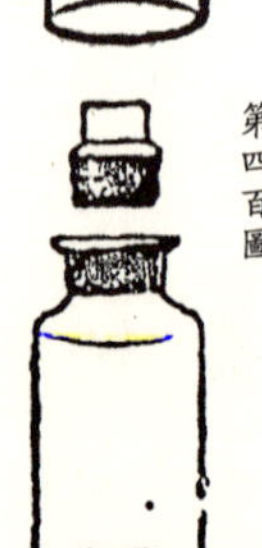

第四百圖

如第四百零一圖亦爲有塞之大口瓶，以日耳曼硬玻璃爲之，形與第三百九十三圖者同，塞形亦同，惟口大，故存藥料之瓶大半相似，不過有大小之分耳。此瓶分八號，小者容半兩，價銅五圓。大者容三十五兩，價銀一圓銅九圓。

如第四百零二圖之瓶，以白色硬玻璃爲之，口格外大而頸短，亦有配準之玻璃塞，然雖甚準，亦難不洩氣。分十五號，小者容半升，價銅六圓。大者容二十升，價銀六圓。

如第四百零三圖爲倒置之瓶，以塞頭爲底，凡博物院等處可以此瓶存化學各料，便人觀識。其玻璃料格外清明，分六號。小者容四分升之一，價銅十圓。大者容三升，價銀四圓。

第四百零一圖

第四百零二圖

第四百零三圖

如第四百零四圖爲玻璃管所造之瓶，頸小體長，可用玻璃塞或輭木塞。分八號，小者長一寸半，徑四分寸之一，每十二個價銅八圓。如皆配以玻璃塞，則價銀一圓銅九圓。大者長三寸，徑八分寸之五，頸小塞短，塞頭爲球形，每十二個價銀三圓銅六圓。

如第四百零五圖爲平常玻璃管所造之小筩，可存藥料之塊，或爲小試取氣之用。底平或圓，價以其長短而異，最小者長二寸，徑四分寸之一，每十二個價銅四圓。最大者長八寸，徑一寸半，每十二個價銀四圓銅六圓。

第四百零四圖

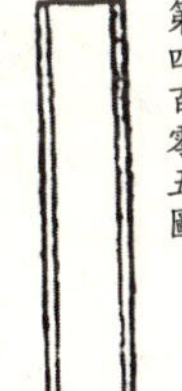

第四百零五圖

第十類各種濾器

化學工內常有流質不清，或其內有凝結之質，須分清始合用，如凝結之質重則能沉而清，若其質細而重等於水，恒若沈若浮，則必以法濾之。所常用之濾器爲漏斗，其內襯濾紙一張，紙能通流質而阻定質也。亦有濾器，爲較繁者，此下一一言之。

如第四百零六圖爲玻璃漏斗，其邊之角爲六十度，如立剖之則爲三等邊形，故將圓濾紙一張疊其三分之一，襯漏斗內即適合。分有十五號，小者口徑一寸，價銅一圓半。大者口徑十二寸，價銀三圓銅六圓。另有一種漏斗，內面有凹凸紋，能令濾紙不緊連其面而難揭脱。

第四百零六圖

如第四百零七圖爲瓷漏斗，邊角亦六十度，旁有一圈便携挈，分六號。小者口徑二寸，價銅六圓。大者口徑六寸，價銀二圓銅六圓。

如第四百零八圖爲瓷漏斗，內有凹凸紋，旁有一圈。分二號，小者口徑三寸半，價銀一圓銅六圓。大者口徑六寸，價銀三圓銅六圓。

如第四百零九圖爲瓷漏斗，下無頸而多孔，外有凸圈，以便切於瓶或筩口上，分二號。小者口徑四寸半，價銀二圓銅六圓。大者口徑六寸，價銀三圓。

第四百零七圖

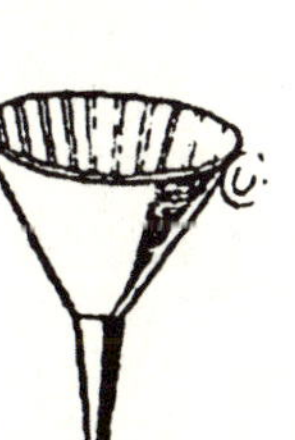

第四百零八圖

第四百零九圖

如第四百十圖爲瓷漏斗，便於襯濾布之用。其孔大，分六號。小者口徑四寸，深四寸又四分寸之一，價銀一圓銅二圓。大者口徑七寸半，深八寸半，價銀四圓銅六圓。

如第四百十一圖爲濾圈，不用漏斗，能托濾低以濾流質。圈有三指可安放瓶或筩口上，以瓷爲之，價銅四圓。

如第四百十二圖爲速濾之器，用時以濾紙或紗布縛於器下口，插入濁流質內，則清者過紙而上，如本圖式，則由其嘴傾出試用，其價銅九圓。

第四百十圖

第四百十一圖

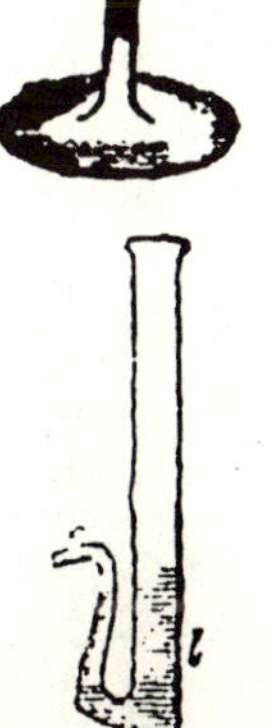

第四百十二圖

如第四百十三圖爲馬口鐵盒，外敷黑漆，便於盛各濾紙。每濾紙一號，須配一盒，共分七號。每盒盛濾紙百張，共價銀六圓銅八圓。

如第四百十四圖爲盛濾紙之塔形架，以馬口鐵爲之，外敷黑漆，背面有門，中分各隔，共盛濾紙七號，每號百張，共價銀十一圓。如不備濾紙，則價銀九圓。

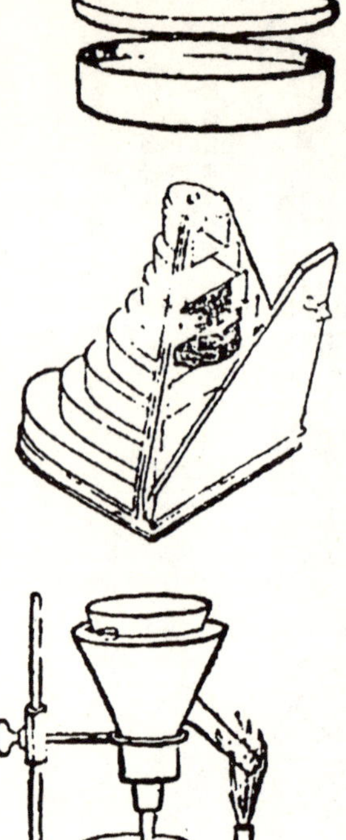

第四百十三圖　第四百十四圖　第四百十五圖

如第四百十五圖爲濾沸流質之漏斗，因有數流質必趁沸時能濾之，冷則濁或結，故須用特設之漏斗。其器以銅爲之，分雙層，二層之間盛以沸水，旁伸一管，可以煤氣燈加熱，令沸水不冷。分四號，小者內徑四寸，價銀七圓。大者內徑六寸，價銀九圓，而架與燈等件不在內。

過濾器

有數種藥料須先渧若干時，待消化出其內質始可濾之。又有藥料不能以水或醇渧之，止可用水或醇傾其料上，連濾數次始得消出其質，故必特設漏斗方能濾之。

如第四百十六圖爲玻璃漏斗，其頸有玻璃塞門可開之以濾流質。分六號，小者口徑四寸，價銀六圓銅六圓。大者口徑九寸，價銀十二圓。

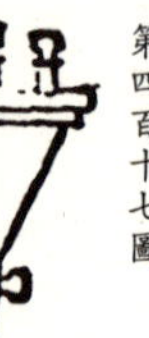

第四百十六圖

第四百十七圖

第四百十八圖

如第四百十七圖爲有蓋與塞門之玻璃漏斗，蓋上有槽，以便存水。並有二塞，能節制所進之空氣。其斗徑五寸，價銀十圓銅六圓。

如第四百十八圖爲長管漏斗，亦有塞門，俱以玻璃爲之。管長十二寸，斗徑二寸，價銀二圓。

如第四百十九圖亦爲長管漏斗，斗爲泡形，上有塞，下有塞門，管長十二寸，泡徑二寸，價銀二圓銅六圓。

如第四百二十圖爲泡形漏斗，頸有塞門，上有塞，塞旁有雙耳可執持，分有四號。小者泡徑三寸，價銀八圓。大者泡徑八寸，價銀十一圓。

如第四百二十一圖爲有蓋之漏斗，其蓋與斗邊相連，上有玻璃塞，頸有玻璃塞門，分二號。小者斗徑五寸，價銀十圓。大者斗徑六寸，價銀四圓銅六圓。

第四百十九圖

第四百二十圖

第四百二十一圖

如第四百二十二圖爲過濾器，用法，將藥品置其泡內，傾以水或醇，渧若干時，開其塞門，則濾下在收瓶內。其泡徑二寸，取瓶能容四兩，共價銀五圓。

如第四百二十三圖爲同用者，惟玻璃薄而無塞門，其收瓶僅容半兩，其泡能容流質數滴，共價銅九圓。

第四百二十二圖

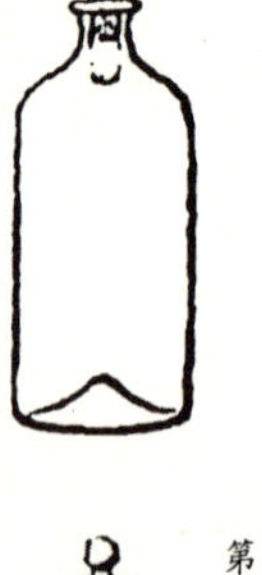

第四百二十三圖

第四百二十四圖

如第四百二十四圖之過濾器，以白玻璃爲之，其收瓶肩上另有塞門，共分三號。小者收瓶容二升，價銀七圓。大者容八升，價銀九圓。凡用此器時，如漏斗內置定質甚密，水不易漏，可以小抽氣筩如前第一百九十七圖者聯於收瓶肩旁之塞門，抽出瓶內空氣，稍得真空，則漏斗內流質隨吸力而下流也。

如第四百二十五圖爲本生所設吸水器，能吸流質行過濾器，因此器藉水就下之性而成真空，則濾器內之流質必隨吸力而吸入真空內也。其器有二種，一

爲水銀者，理與風雨表同。水銀管略長三十寸，即足用。一爲吸水者，其管須長四十尺方能得所需之吸力。如本圖爲吸水者，有托板與分度面，及吸管並所配之夾器，共價銀四十二圓。

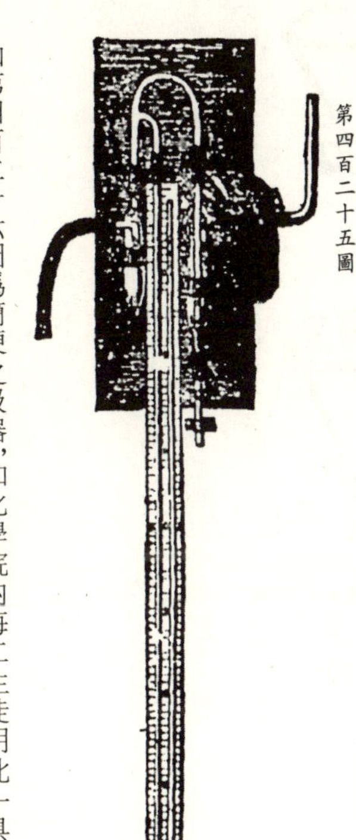
第四百二十五圖

如第四百二十六圖爲簡便之吸器，如化學院内每二生徒用此一具即足用，其價銀十圓銅六圓。

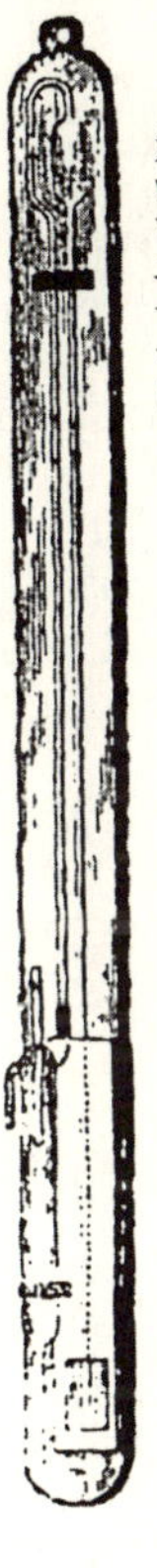
第四百二十六圖

如第四百二十七圖爲化學家司柏陵沽所設水銀吸器，上有漏斗以便添水銀。其水銀落下時，能帶空氣若干隨之而下，故可作吸器之用，又能用作壓器。平常抽氣筩各事所得之真空，此器俱能爲之。其架以黑木爲之，共價銀三十五圓。如用洋紅木架，則價金二圓銀五圓。

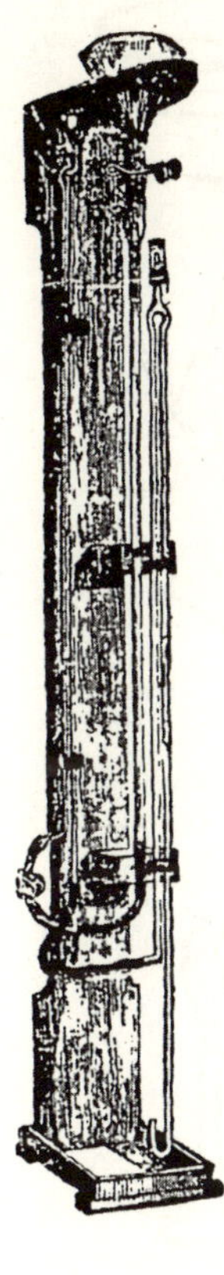
第四百二十七圖

篩器類

如第四百二十八圖爲瓷鍋，其底多孔，能當篩器或濾器之用，可安於玻璃筩或大口瓶之口上，分有九號，共價銀八圓。單買則小者徑二寸半，能容一兩，價銅七圓。大者徑六寸半，容十六兩，價銀一圓銅六圓。

第四百二十八圖

如第四百二十九圖爲平底瓷篩，其邊直，分有五號。小者徑六寸，深三寸，價銀一圓銅九圓。大者徑十二寸，深二寸又四分寸之一，價銀五圓銅九圓。

第四百二十九圖

玻璃蓋類

如第四百三十圖爲圓玻璃片，合於作鍋或瓶或漏斗之蓋，其二面光或一面毛，皆磨甚平，能蓋密不洩氣。分十三號，小者徑二寸，光面者價銅五圓，一面毛者銅九圓。大者徑九寸，光面者價銀三圓銅六圓，一面毛者銀六圓。

如第四百三十一圖爲厚玻璃圓蓋，中有圓孔，徑一寸，可安漏斗，分三號。小者徑四寸，價銀一圓。大者徑六寸，價銀一圓銅四圓。

如第四百三十二圖亦爲圓玻璃蓋，而邊有缺口以便安漏斗，分三號。小者徑四寸，價銀一圓。大者徑六寸，價銀一圓銅四圓。

第四百三十圖

第四百三十一圖

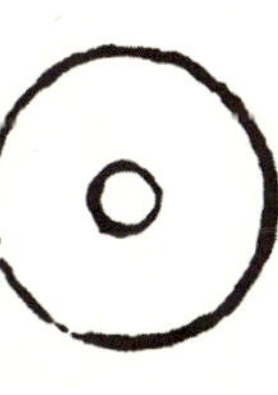
第四百三十二圖

滴管虹吸管噴水器類

如第四百三十三圖爲常用之滴管，用法，將管置水内，以指按其上口取起，則管内含水若干而不落，再置於所欲添水處，鬆其指則水自流出，或指稍鬆則能任添滴滴。分七號，小者長四寸，徑四分寸之一，價銅一圓。大者長十二寸，徑三分寸之一，以硬玻璃爲之，而尖甚細，亦可當燒輕氣管之用，價銅四圓。

第四百三十三圖

如第四百三十四圖爲有泡之滴管，以便多容流質，分數號，容自半兩起，至容四兩止。小者價銅三圓，大者銅六圓。

如第四百三十五圖爲寬腰者，寬處長十二寸，徑一寸，價銅八圓。其尖或頸

亦有彎者。

第四百三十四圖

第四百三十五圖

如第四百三十六圖爲虹吸管，其管彎，而一端長一端短。用時將短端置流質內，於長端以口吸之，至流質吸滿則能自流不息，盡而後已。此爲最便之器，化學工內屢用之。如本圖者，其長端另有吸管便於口啣而吸，免其流質入口之弊。其價銀一圓銅六圓。

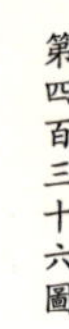
第四百三十六圖

如第四百三十七圖者，其二端頗近，而短端向上彎或有多孔，如流質內有結沉之質，則能止其吸其清者而免混濁。其長端亦另有吸管，與前者同。分四號，小者價銅九圓，大者價銀一圓銅六圓。

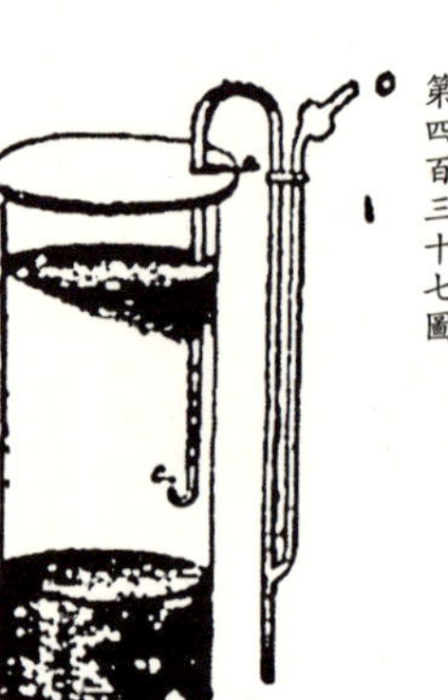
第四百三十七圖

如第四百三十八圖爲噴筩，以玻璃爲之，能噴水洗所濾得之定質。又凡流質內有結沉之質，可用此吸取其清者。其鞲鞴用麻或棉花包之而不洩氣，其筩長十寸，徑四分寸之一，其尖或直或彎，價銀二圓。

洗瓶類

如第四百三十九圖爲化學家西里尤司所設之洗瓶，其口塞以玻璃管，管尖細而孔小，用時將瓶直立，以口啣管，吹氣入瓶，令其內空氣壓力大則倒置之，其水受壓力而外噴。其容一升者，並管與塞，全價銀一圓。容二升者，價銀一圓銅六圓。單買其管，價銅二圓。

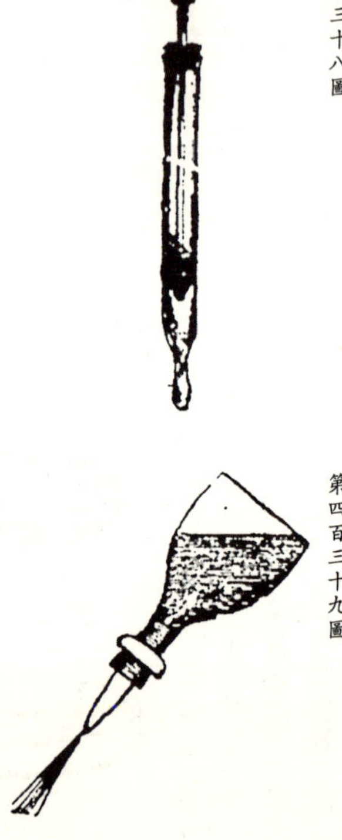
第四百三十八圖

第四百三十九圖

如第四百四十圖爲二管之洗瓶，一管入瓶內水中，一管在水面之上。以口啣之，吹氣入瓶，則水受壓力由管外出。如濾得之定質在紙上，以此瓶洗之最便。其瓶以白玻璃爲之，能容一升，價銀一圓銅六圓。

如第四百四十一圖爲洗瓶之放水管，能連放水如源而不息，以此管通入洗瓶塞中，將瓶倒置而入漏斗內，令管彎嘴在漏斗邊之下，如圖，則水能源源而出，其管連瓶價銅六圓，單買管則銅三圓。

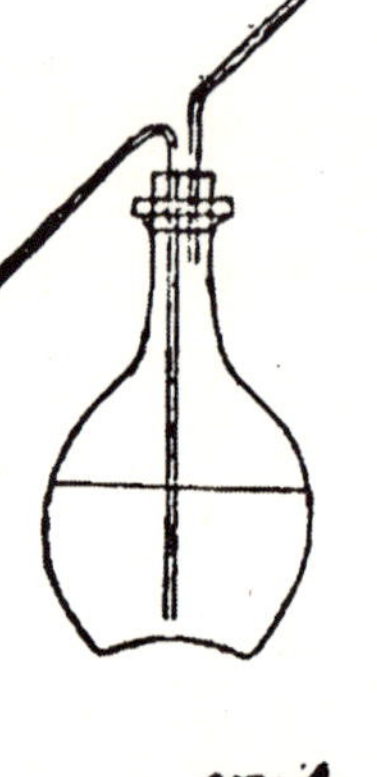
第四百四十圖

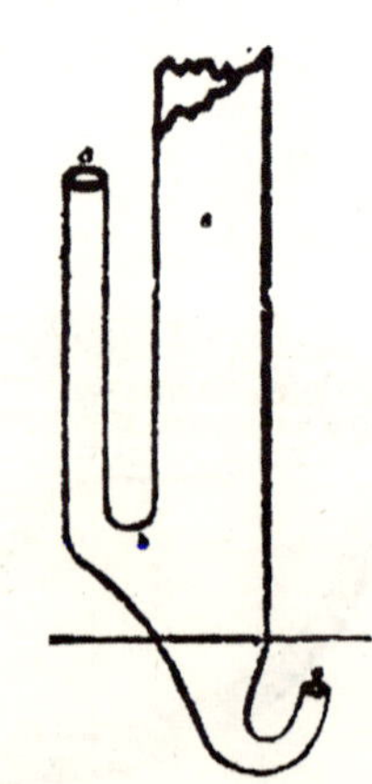
第四百四十一圖

如第四百四十二圖亦爲洗瓶，其嘴細而尖，旁有管可接象皮管以進氣，其瓶容二兩，價銀一圓。

通膜器

通膜之法，爲近來化學家最考究者，原爲英國鈔局之官古拉哈未所設者。大略用薄皮如膜，或浸硫强水之皮紙，連於圓殼上，成小盆之形，將流質傾入，而浮在蒸水面上，待若干時，則流質分開其能成顆粒之質過膜消化蒸水內，而膠形等不成顆粒之質存膜內。如生物質水內含毒質，欲驗之，可用此法。雖含毒甚

微亦能試知。已有醫士將微含之毒質如砒霜等，從蛋白或樹膠，或魚肚鰾，或乳或血内分之，而得其據。凡膠形質含能成顆粒之質者，俱可以此法分之。如樹皮酸小粉蛋白，或膠質，或鋁二養三輕養，或矽養二輕養等，俱爲膠形質也。其器用硬象皮作大小二殼，一深一寸，一深二寸。深二寸者上寬下窄，深一寸者能套於二寸者下端之外。二殼先用蒸水洗極净，再將滲過硫强水之皮紙，其徑必大於殼，畧三寸，浸蒸水内略一分時，則鋪於大殼小端，以小殼套之，令紙平緊，紙面不可有小孔。須先試之以蒸水，傾殼内畧深四分寸之一，而置於白生紙上。待若干時驗視生紙上有濕處否，如有，則皮紙必有孔，須補之。法將流質蛋白敷其孔，以小塊皮紙糊之，用熱烙熨乾即不漏。可盛以所欲分之流質，深不外半寸，將器浮於蒸水面上。蒸水須比所欲分之流質多五倍，待二十四小時即分成。如用六寸徑之器，能分流質七兩至八兩。八寸徑者，能分十二兩至十四兩。十寸徑者，能分二十兩。十二寸徑者，能分三十兩。其器愈大，用蒸水愈多，而分成之工愈速愈全。

第四百四十二圖

如第四百四十三圖爲硬象皮二殼合套者，分四號。小者徑六寸，價銀三圓。大者徑十二寸，價銀七圓。上等皮紙小號者，每十二張價銀一圓。大號者，每十二張價銀二圓銅六圓。

第四百四十三圖

如第四百四十四圖爲玻璃通膜器，形如抽氣筩之玻璃罩，上下有摺邊，分三號。小者徑三寸，價銅八圓。大者徑五寸，價銀一圓。其器用法，將皮紙鋪於罩之大口上，以繩縛緊，將流質傾入而掛於玻璃筩内，如本圖式。再將蒸水傾筩内，至高於皮紙面少許。近來醫士用此器成鐵藥爲最有益之劑，其製法已在三年第三卷彙編之問答内言之。

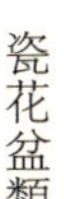
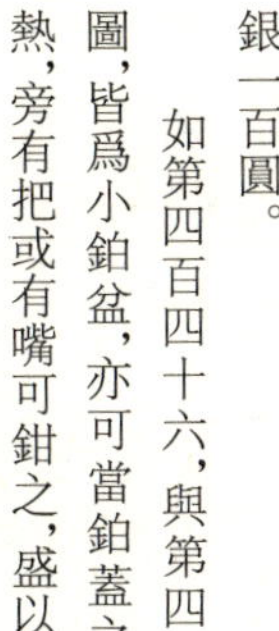
第四百四十四圖

第十類熬化流質之器

化學事内常有過淡之流質，須熬濃方可試用，或欲令成顆粒或欲化至全乾等事，皆須用特設之器。常用者爲化盆類，或以鉑或銀或瓷或瓦爲之，試分析之如下。

鉑化盆類

化學工内有須將强水等猛烈之質熬之者，如用玻璃或瓷器則易爲侵蝕而壞，須用其不能損之器，惟鉑盆最合用。鉑爲白色之金，可打箔抽絲，比金銀尤堅，大熱難鎔，除合强水外，幾無他質能毁之。雖其價數倍於銀，然謹慎使用，不以侵鉑之質遇之，能經久不壞。

如第四百四十五圖爲常用之鉑化盆，分九號，其價因數事而異，如鉑價時有低昂，又盆質有疏密輕重大小厚薄之别，故難預定也。計平常小者，徑一寸半，能容八分兩之三，體重一百二十五厘，價銀十四圓。大者徑三寸半，容四兩，重九百六十厘，價銀一百圓。

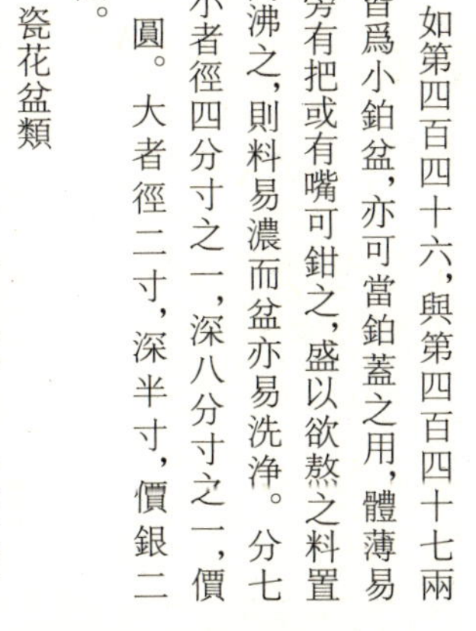
第四百四十五圖

如第四百四十六，與第四百四十七兩圖，皆爲小鉑盆，亦可當鉑蓋之用，體薄易熱，旁有把或有嘴可鉗之，盛以欲熬之料置水内沸之，則料易濃而盆亦易洗净。分七號，小者徑四分寸之一，深八分寸之一，價銀一圓。大者徑二寸，深半寸，價銀二十圓。

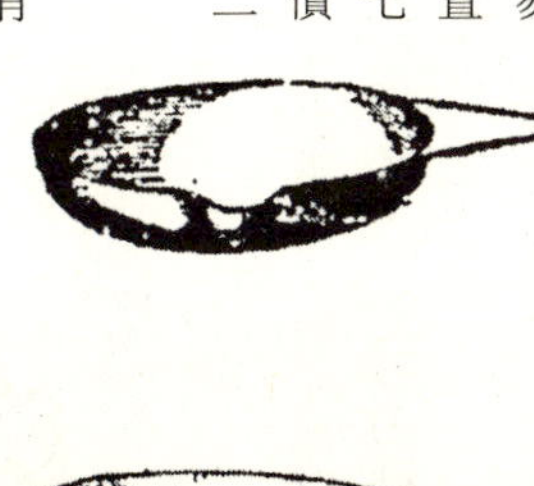
第四百四十六圖

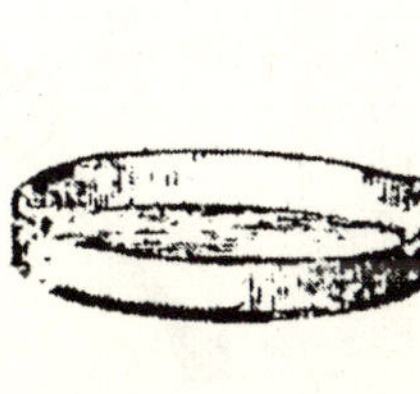
第四百四十七圖

瓷花盆類

如第四百四十八圖爲常用之瓷盆，有嘴，内外有釉而邊無釉，其深爲徑三分之一，共分十四號。小者徑三寸又四分寸之三，容二兩，價銅四圓。大者徑十五寸半，容十八升，價銀二十五圓。

如第四百四十九圖之瓷盆，内外上釉，底幾平，有嘴，盆深爲徑之四分之一。分七號，小者徑二寸半，容一兩半，價銅五圓。大者徑六寸，容十八兩，價銀二圓。

如第四百五十圖爲半球形瓷盆，或有嘴，或無嘴，分五號。小者徑五寸半，容十七兩，價銀二圓銅六圓。大者徑九寸半，容五升，價銀六圓銅六圓。

如第四百五十一圖爲常用之瓷盆，有鐵箍與雙耳，便移動。分二號，小者徑十四寸，價銀十三圓。大者徑十五寸，價銀十六圓。

第四百四十八圖

第四百四十九圖

第四百五十圖

第四百五十一圖

如第四百五十二圖之瓷盆，外面有鐵絲網，可以上輭泥一層，便於加大熱時免爲火傷。分二號，小者徑十四寸，價銀十圓。大者徑十五寸，價銀十二圓。

如第四百五十三圖爲淺瓷盆，底平，內有釉，外無釉，分六號。小者徑六寸半，容一升，價銀一圓銅九圓。大者徑十六寸半，容十三升，價銀十二圓。

如第四百五十四圖爲瓦盆，外敷粗釉，底薄、口敞、無嘴，可用熱沙或炭火加熱，慎之亦可用酒燈或煤氣燈加熱。其內面因稍毛，最便於令流質成顆粒，又能化乾鹽類水。惟其盆不能加熱至紅，又不合細化學工之用，因質粗也。又遇濃强水亦易壞，若淡者無妨。其深爲徑之三分之一，分十二號，小者徑二寸半，容一兩半，價銅三圓。大者徑十寸，容六十兩，價銀一圓銅二圓。每十二個共價銀六圓。

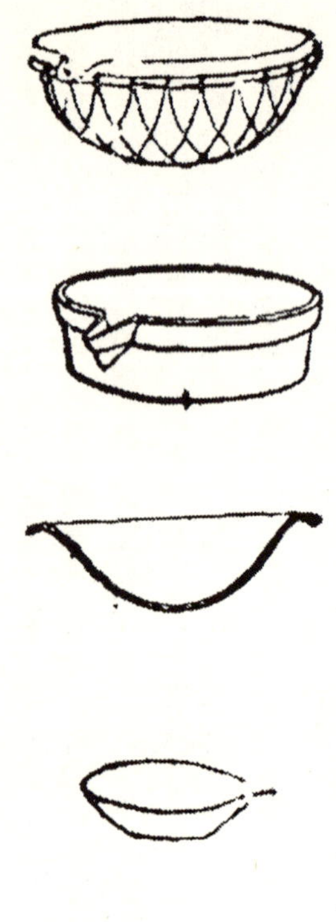

第四百五十二圖

第四百五十三圖

第四百五十四圖

第四百五十五圖

如第四百五十五圖爲鐵化盆，外敷釉略同瓷器，有嘴，分九號。小者徑六寸，價銀一圓。大者徑二十九寸，價銀三十五圓。

玻璃化盆類

如第四百五十六圖爲半球形玻璃盆，有嘴，其邊磨甚平，體料勻密，分十一號。小者徑二寸半，容二兩，價銅五圓。大者徑四寸，容四升，價銀二圓銅六圓。

如第四百五十七圖爲平底玻璃盆，邊直口平，體勻無嘴，合於將流質熬濃，或化乾，或令結顆粒等用。分十四號，小者徑二寸，深一寸又四分寸之三，容二兩半，價銅三圓。大者徑十八寸，深十寸半，容六十六升，價銀二十五圓。

有把瓷化盆類

如第四百五十八圖爲有把之瓷盆，內外上釉，有大嘴，便於挹取强水，或將水銀傾於管內等用。分五號，小者徑一寸又四分寸之三，容半兩，價銅七圓。大者徑六寸，容二十六兩，價銀三圓銅六圓。

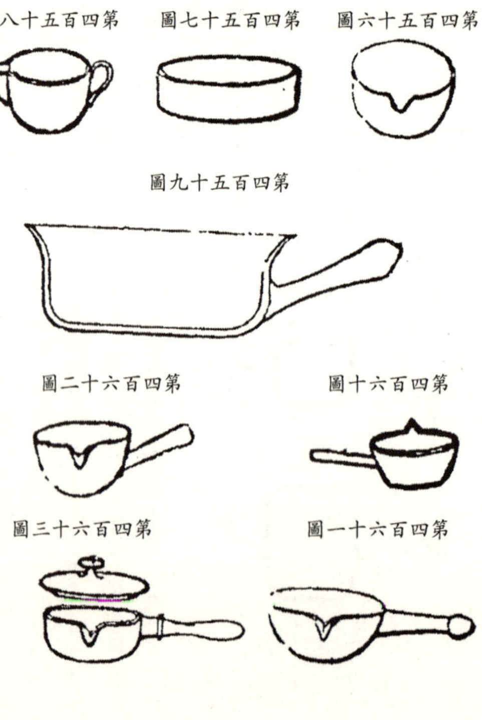

第四百五十六圖　第四百五十七圖　第四百五十八圖

第四百五十九圖

第四百六十圖　第四百六十二圖

第四百六十一圖　第四百六十三圖

如第四百五十九圖之瓷盆，把與體爲渾成者，其尺寸與圖等大，即徑一寸半，容四分兩之一，價銅三圓。

如第四百六十圖之瓷盆，有把有嘴，亦爲渾成者。分三號，小者徑二寸，容

一兩，價銅十圓。大者徑三寸半，容四兩，價銀一圓銅三圓。

如第四百六十一圖之瓷盆，與前者同，惟嘴小而尖，可當勺用。分八號，小者徑三寸半，容六兩，價銀一圓銅九圓。大者徑八寸，容三升，價銀六圓銅六圓。

如第四百六十二圖之瓷盆，與前者同，分六號。小者徑三寸，容四兩，價銅九圓。大者徑六寸半，容三十二兩，價銀三圓銅六圓。

如第四百六十三圖之瓷盆，有嘴及木把與瓷蓋，分六號。小者徑三寸，容三兩，價銀一圓。大者徑六寸半，容三十二兩，價銀三圓銅六圓。

瓷鉢類

如第四百六十四圖爲各式小瓷鉢，皆內外上釉，可作化盆用。不拘何式者，每個銅三圓。如任揀十二個，則價銀二圓銅六圓。其體有甚薄者，如甲乙丙三號，皆可加熱至紅，其餘者不耐大熱。甲爲半球形者，無嘴體薄，尺寸與圖等大。乙爲平底者，亦與圖等大。丙爲圓者，徑與丁等。戊爲盂形，與圖等大。己爲淺者，徑二寸又四分之一。庚爲更淺者，有寬平邊，可以試驗變顔色之質，視其結成之顔色，其徑一寸又四分寸之一。辛爲圓底者，體厚，可爲緩化流質之用，徑有一寸或一寸又四分寸之三、或二寸者。壬爲外底平、內底圓者，體厚，亦爲緩化之用。徑有一寸又四分寸之一，或一寸又四分寸之三者。

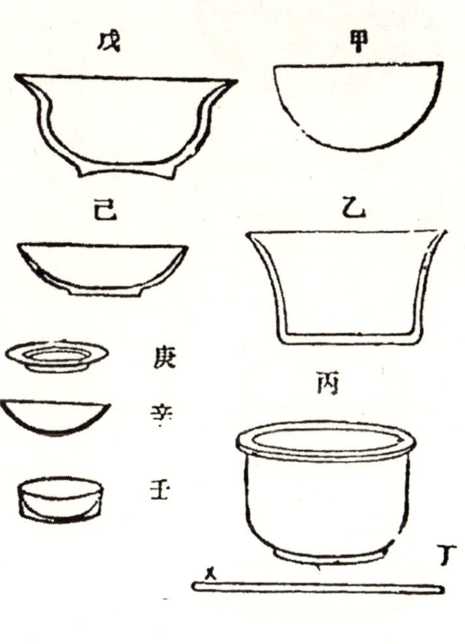

第四百六十四圖

如第四百六十五圖之各瓷鉢，可爲化乾各料或燒各料之用，皆內外上釉而無蓋。如甲爲深者，體最薄，分三號。大者徑一寸，容四十厘，價銅三圓。小者徑半寸，容十五厘，價銅三圓。乙爲短形者，徑一寸半，或一寸，容半兩，價銅四圓。丙爲直形者，徑一寸又四分寸之三，深一寸半，容一兩又四分兩之一，價銅六圓。丁爲半球形者，深四分寸之三，徑二寸，容四分兩之三，價銅五圓。戊爲圓底者，體薄，深一寸半，徑三寸，容二兩半，價銅九圓。己爲橢圓形者，長二寸，寬一寸又四分寸之一，深半寸，容三錢，價銅四圓。又有容一錢者，價同。凡吹火筒工內每用此器。庚爲敞口者，用吹火筒化分礦時，須先化乾其流質，則用此器。其深一寸又四分寸之一，徑二寸又四分寸之一，容一兩又四分兩之一，價銅七圓。又有小者，容半兩，價銅六圓。

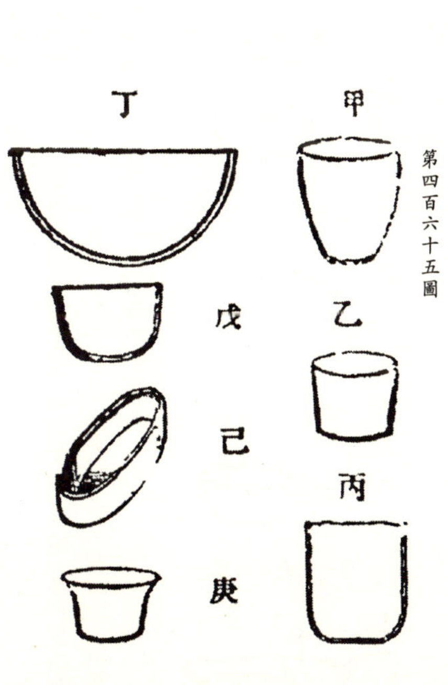

第四百六十五圖

第十二類各種蒸器

化學內常有定質含硫質或氣質，欲分出之，或欲分出流質所含之氣質，或有二種氣質化散之熱度不等而欲分出其易散者，或定質內有難易化散之質而欲分出其易散者，所用之器爲蒸器。平常用者分三件，一爲甑，即盛蒸料而耐熱之器；一爲收器，即收所蒸得之質者。此二件之間，則用凝管或加冷之器等，此下一一分析之。

各式甑

常用之甑大都以玻璃爲之。

如第四百六十六圖爲平常之形，亦有球形者，合於加大熱之用。其料爲上等無鉛之玻璃，能耐火，分十八號。小者容一兩，每十二個價銀一圓銅二圓。大者容三升，每十二個價銀十二圓銅六圓。另有德國造者，比前者貴，分二十一號，小者容二兩，每十二個價銀二圓銅九圓。大者容十六升，每個價銀七圓銅六圓。

如第四百六十七圖爲有塞之玻璃甑，蒸時可開其塞以添料，分二十四號。小者容二兩，每十二個價銀六圓。大者容十六升，每十二個價銀九十圓。

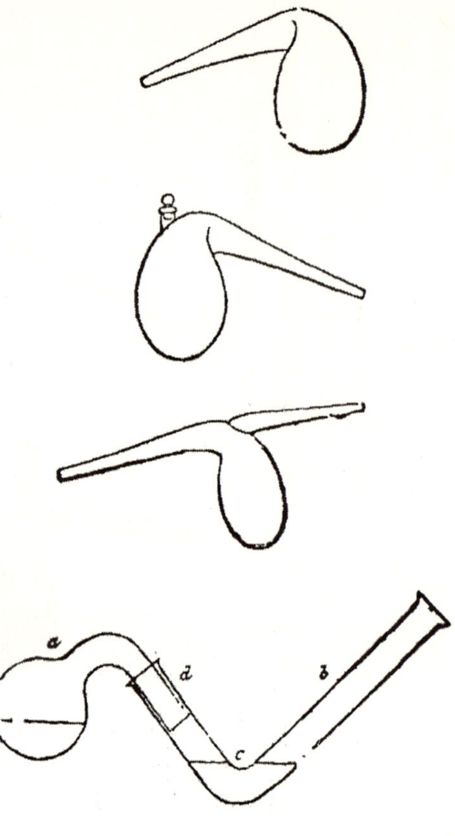

第四百六十六圖　第四百六十七圖　第四百六十八圖　第四百六十九圖

如第四百六十八圖爲化學家里必格所設之雙頸甑，以便引氣質行過甑中，因有數質，蒸時不可遇空氣，恐與其養氣化合而變壞，故必令輕氣或綠氣由背頸行過其間，而免入空氣之弊。其甑分六號，小者容十兩，價銀一圓銅六圓。大者容一百兩，價銀四圓。

如第四百六十九圖爲化學家苦拉克所設之甑與收器，如蒸少許酸質等最合用。其甑以硬玻璃爲之，泡徑一寸，頸徑四分寸之三，長八寸，爲彎管形，價銀十圓。頸上可套以彎管，蒸時所蒸得之流質能蓄於管之彎處。凡欲蒸流質少許者，俱可用之。

如第四百七十圖爲化學家法拉代所設之蒸器與收器，以一玻璃管渾成者，長十二寸，徑八分寸之五，價銅六圓。

如第四百七十一圖爲化學家和福曼所設蒸器，最便蒸汞養少許取養氣之用，價銅八圓。

如第四百七十二圖爲分蒸流質甑，以玻璃爲之，有數種流質如蒸煤氣所得之煤黑油等蒸之，加熱至若干度，即有一種質蒸出，再加熱至若干度，又蒸出一種質，如預知各質之熱度，則甑内插寒暑表以驗之，能將其繁質分成數種簡質。甑口有塞，以寒暑表插塞中，可任提高或按低。甑旁有頸，以便透出所蒸之料。分有二號，小者容一升，價銀一圓銅六圓。大者容二升，價銀二圓。其頸可接凝管，其管形如第四百七十三圖，每個價銅五圓。

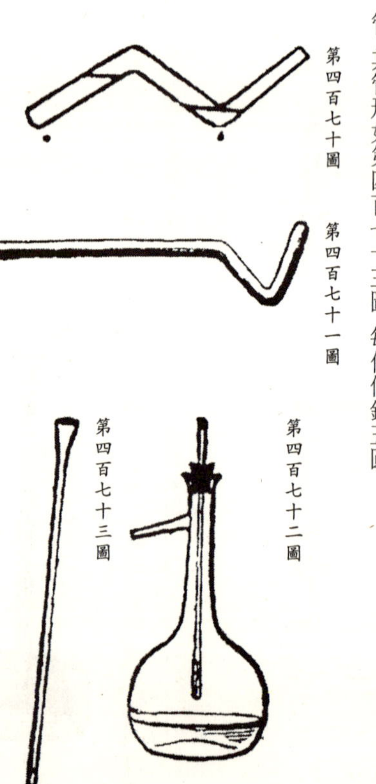

第四百七十圖　第四百七十一圖　第四百七十二圖　第四百七十三圖

如第四百七十四圖爲分蒸之小甑，分四號，小者容半兩，價銅四圓。大者容三兩，價銅七圓。

如第四百七十五圖亦爲分蒸之甑，可以分蒸生物質少許。分三號，各號之泡大小不等，而頸與塞及長相同。頸各長四寸，徑半寸，其泡徑一寸者，容半兩，價銅三圓。一寸半者，容一兩，價銅四圓。二寸者，容三兩，價銅五圓。另有白瓷甑數種，可爲取淡輕$_4$養等用。又有火泥甑，能耐大熱而不壞。

如第四百七十六圖爲取炭硫$_2$合用之甑，其塞之門格外長，分二十一號。

小者容四分升之一，有塞者價銀一圓銅六圓。無塞者銀一圓，大者容三十二升，有塞者價銀二十五圓，無塞者銀二十一圓。

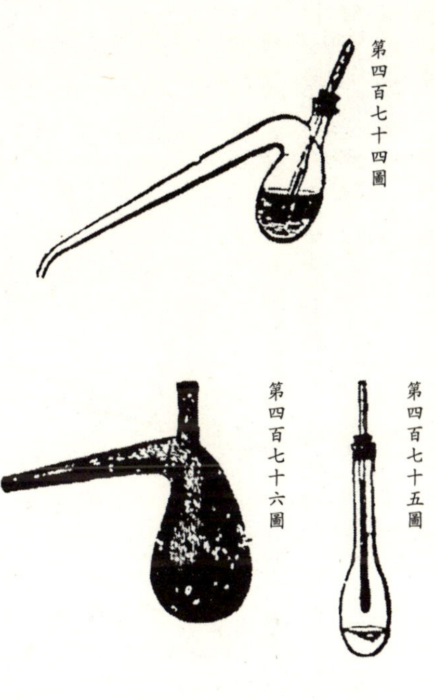

第四百七十四圖

第四百七十五圖

第四百七十六圖

又 第二部化學器續前卷

如第六百四十二圖爲新設之法，能令試水流入分度管內，毫不生泡致誤。蓋水有泡，則分度不準故令試水由分度管底入而上升，將器置近窗户則趁亮視之，能毫釐不爽。其盛試水之瓶，置於擱板，以象皮管通至分度管底。象皮管中有簧夾，啓之則瓶內試水自流下由分度管底上升，分度管上端亦有象皮管與瓶相通，則分度管內空氣能由此管而入於瓶，瓶口另有漏斗管以進空氣，待分度管滿，則緊其簧夾，水不再流。而分度管內之水毫無氣泡，分度管下端亦有簧夾，以便放出試水。其價銀一圓銅六圓，而瓶與架不在內。

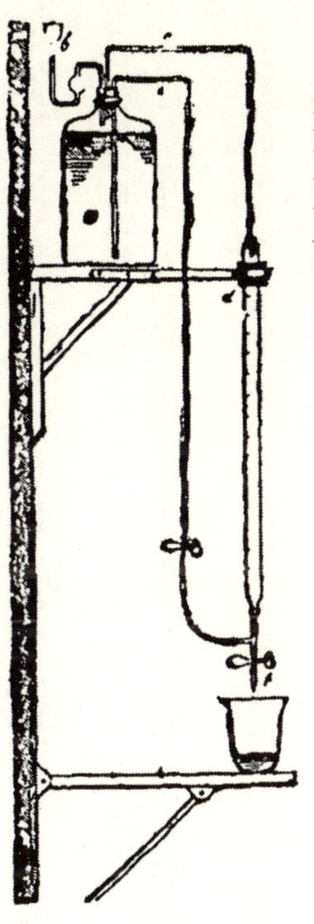

第六百四十二圖

如第六百四十三圖爲托暮爾分度管之架，有絞鏈與螺夾，能夾住大小分度管，任配其高低，以黑木爲之，價銀四圓。洋紅木者，價銀五圓銅六圓。

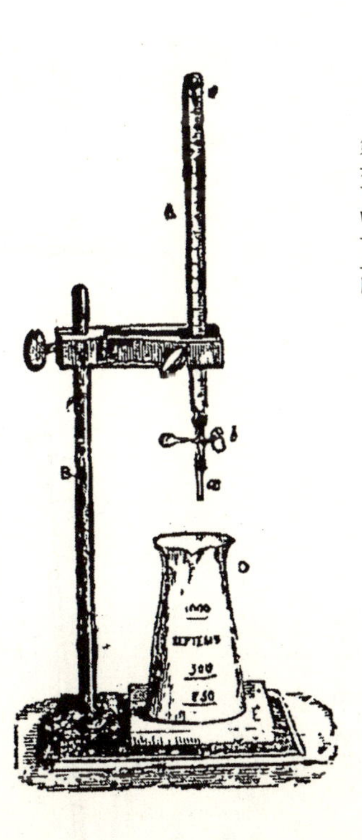

第六百四十三圖

如第六百四十四圖爲托暮爾分度管之雙架，左右有螺夾，能夾甚緊，以黑木爲之，價銀六圓銅五圓，洋紅木者價銀七圓銅六圓。

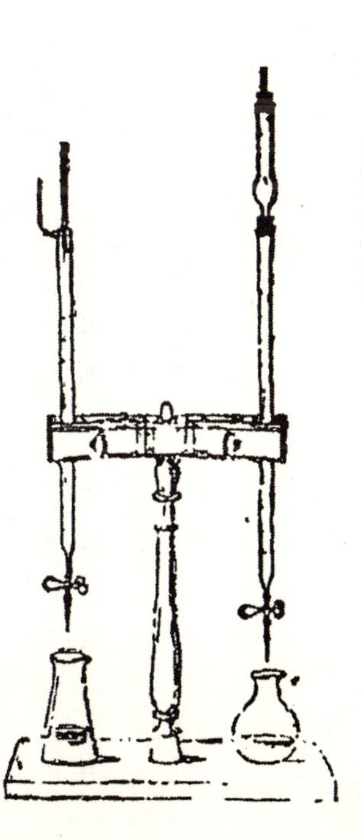

第六百四十四圖

如第六百四十五圖亦爲托暮爾分度管之雙架，其立柱以鐵爲之，長二十四寸，徑八分寸之三，方座亦爲鐵者，長十四寸，闊五寸半，三横桿以紅銅爲之，各桿之中有螺絲可以任配高低，中桿托分度管，上者扶定其管令立直，下者束其放試水之嘴，令不擺動。其價銀六圓銅六圓。此架可置近窗户，在一擱板之下，板上置盛試水之三口瓶兩個，一或盛鉀養水，一或盛硫養$_3$水，有象皮管通至分度管。象皮管有簧夾，鬆之則試水自流入分度管，毫無生氣泡等弊。平常存試水

之瓶，宜置櫃內，不使見光而熱，略爲六十二度。凡多試化分工之人，皆知此器之便也。

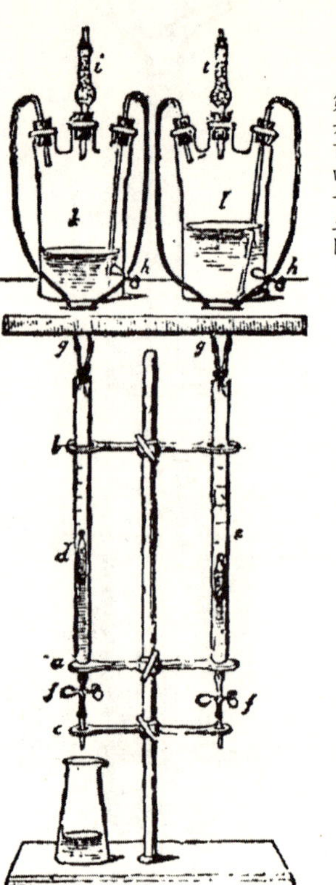

第六百四十五圖

如第六百四十六圖爲托暮爾分度管之圓架，可以提携轉動，能托分度管八支。管底托板有螺絲，可任配高低。管之分度皆易看清，不必由架取下。各管口可以石球蓋嚴，灰塵不入。其架以磨光黑木爲之，價銀十二圓銅六圓。

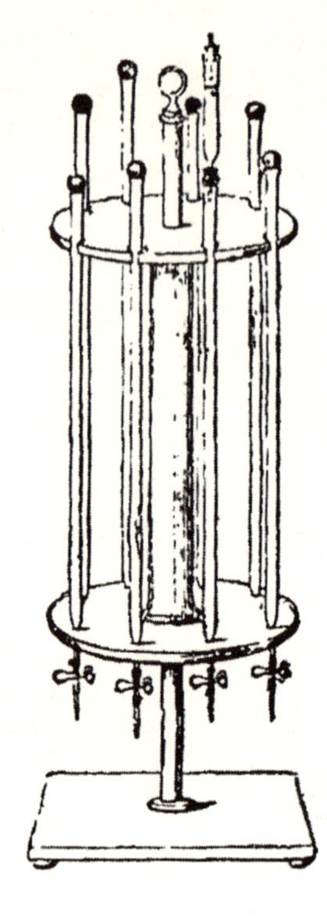

第六百四十六圖

如第六百四十七圖爲托暮爾分度管之長架，立柱與座以鐵爲之，橫桿與螺絲以銅爲之，可共安分度管六支。每管之嘴相距三寸半，各桿可上下移動任令高低，價銀十五圓。其各分度管上口可以石球蓋之，以免衝入灰塵。

如第六百四十八圖爲暮爾分度管與架，其柱與座以鐵爲之，橫桿與螺絲以銅爲之，價銀十二圓，其管之分度自〇度至二百度，能容一千釐。其象皮管有螺絲夾，能令所放出之試水最準，可任放出一滴或數滴。其價銀五圓。凡暮爾分度管爲化分求數工內最便用者，蓋可任用其試水一滴或數滴，而分度數能甚準也。

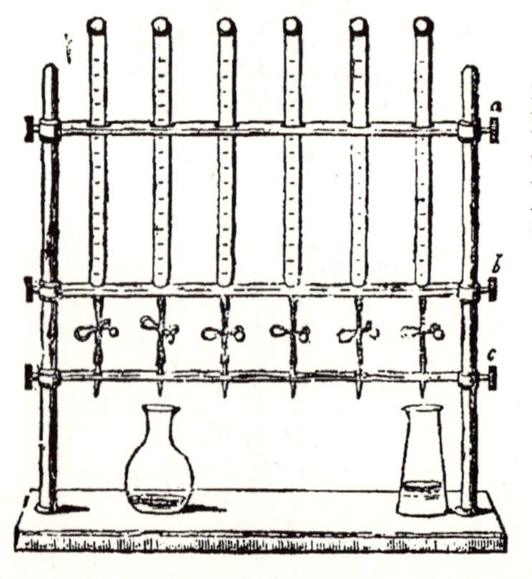

第六百四十七圖

如第六百四十九圖爲厄德曼所設之浮表，可置於暮爾分度管內，視其表上端之孔，而對準其分度，如前第六百四十五圖之分度管中各有此表，其價銀四圓。

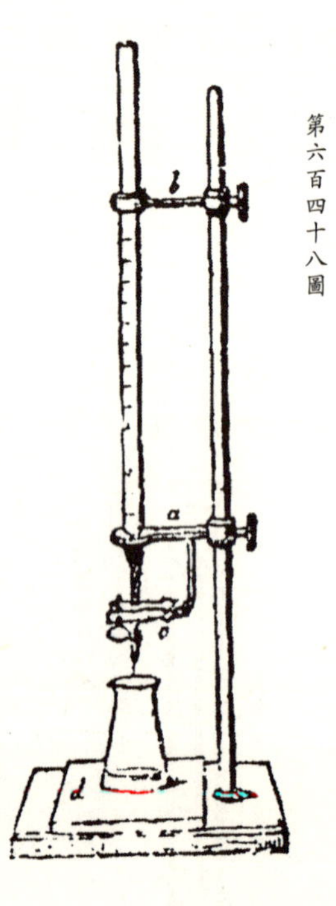

第六百四十八圖

如第六百五十圖爲丙克所設之分度管，其用雖不及暮爾分度管之便，然各種試水均可用之，且比虹吸分度管或蓋魯撒克分度管更堅固，傾試水時易從嘴

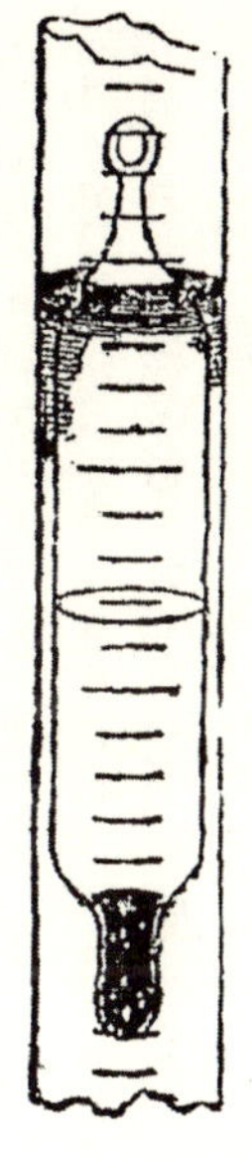
第六百四十九圖

上流下，故嘴外宜加牛油少許，以針刺通，則免此弊。執此管法，手須近上端，而大指在分度之上。如執近底端，則難將試水分滴傾出。此管分十一號，小者價銀一圓銅六圓。大者價銀六圓。

另有托此管之座，如第六百五十一圖，以木爲之，小者價銅六圓。大者以紅木爲之，底内加鉛令重而穩，價銀一圓銅六圓。

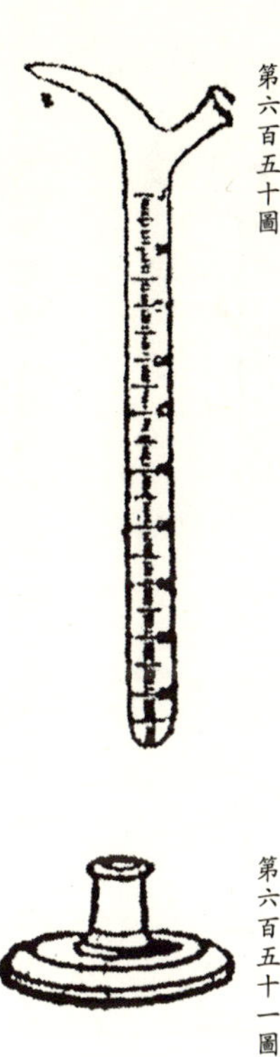
第六百五十圖

第六百五十一圖

如第六百五十二圖爲有足之丙克分度管，體甚堅，便於工匠等使用，分四號。小者價銀三圓，大者價銀四圓。

第六百五十二圖

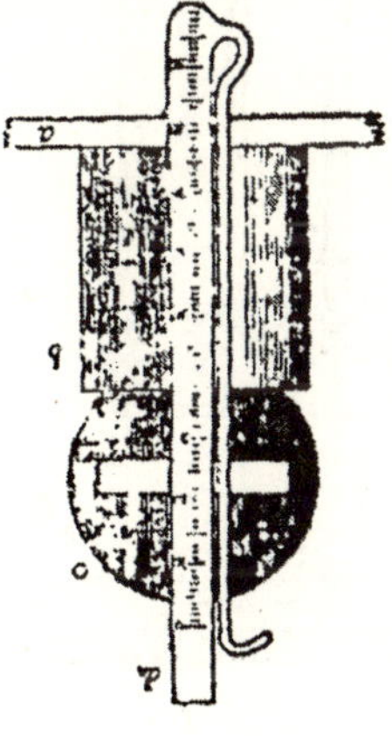
第六百五十三圖

如第六百五十三圖爲蓋魯撒克所設之分度管，旁有管與嘴，便於傾出試水或成滴而放出，無論何種試水，皆能合用，惟不及暮爾分度管之便，且易碎。若以象皮管連其上，可作吹管之用。共分十一號，小者價銀二圓銅六圓，大者銀五圓。其管背面有便於看分度之架，架底以木爲之，上有馬口鐵圓板，板中有長方孔，糊以極薄之白紙如窗，手執分度管，令其内試水面與窗處等高，則易見試水面所至之分度無訛。

如第六百五十四圖爲有足之分度管，便於量試鹼類之用。其塞内有槽，可任傾出所盛之酸性水。此器雖不甚精細，然化學製造家常將此器與工匠用之，以其堅而不易損，如所試之事不求甚詳，用此器亦屬無誤。共分有五號，各號分度不同，而價銀三圓。

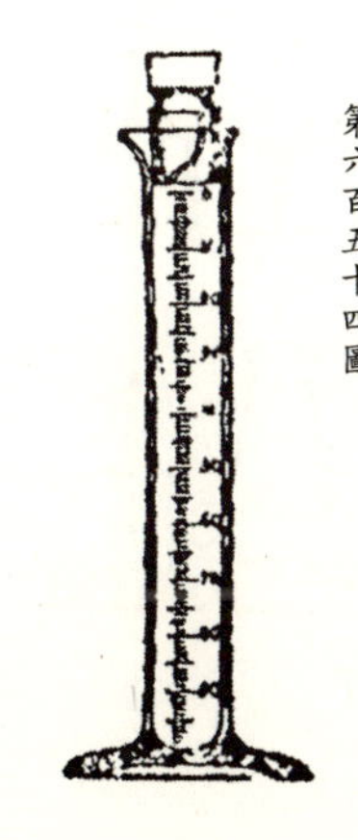
第六百五十四圖

滴管　滴管之用，能將試水若干數自此器移至彼器内，其形式大槩分兩種，一有泡者，其泡或球形，或圓柱形，而頸上有一識如後第六百五十五與第六百五十六兩圖之式，能吸取之流質恒爲定數。二爲刻分度之滴管無泡，如後第六百五十七圖之式，可以任取若干流質而知其數。凡滴管有數事爲要，即其下端嘴之徑不可大於二十五分寸之一，而上口足令指按嚴，宜用吹火筒等法，令其口狹而邊厚，且宜齊平，而指按之不洩氣。視第六百五十五圖易明其理。

用滴管法，先將食指之腹濕之，而以大中二指持管之近上口處，令管下端入試水内，以口吸管上口，至試水升至所需之識，則以食指隨口按之。吸時須慎使管下端在試水面下，不致空氣入口，又須慎含毒，或可惡之試水勿使入口。如試水有毒性，可以象皮管接管之上端，以免誤吸入口。如管内試水已滿，須在盛試水器上稍放食指，令水落至識而止，再將管置於須添試水器内，鬆其指則試水自落。平常放出滴管内之試水有四法，一鬆食指，放水落至餘一滴在下端嘴内不落。二水放後令管遇受試水之器，則餘滴緣器而落。三以口吹出其餘滴。四須將各滴管試其能放出試水之數。蓋各試水有濃淡之別，濃者恒難流盡，淡者易洩無餘，故宜試之。管内必存流質若干，始可以準。又可以準分度管較量之，如滴管能容試水十分，可將容百分之分度管，以此滴管加試水十次，每次視其所至之分與分度管配否。凡滴管爲化分考體積之事不可少者，猶之求輕重之數以天平爲主，而求體積之數則以滴管爲主也。

又

如第七百二十七圖爲量鉛屑之管與柄，管以玻璃爲之，面刻分度。柄上端爲桿，可適入於玻璃管內。欲量鉛屑時，將柄桿插入玻璃管，桿端通至某分度，即可量若干鉛屑。其器價銀二圓。此提鍊貴金之工爲化學中最有趣者。凡銀礦含鉛數，或鉛礦含銀數等事，俱可藉此法爲之。

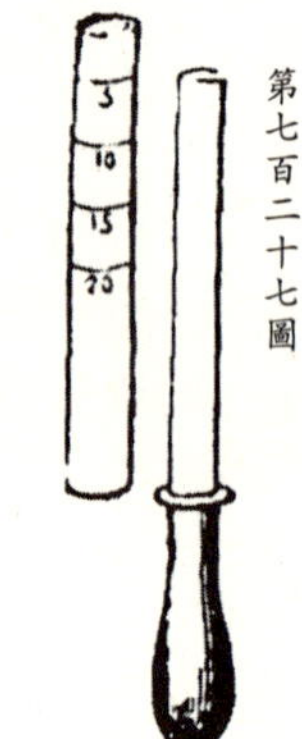

第七百二十七圖

吹火筒零器

如第七百二十八圖爲舂碎礦等所用之乳鉢與砧，下爲剖面式。其器甚靈，價銀十一圓。

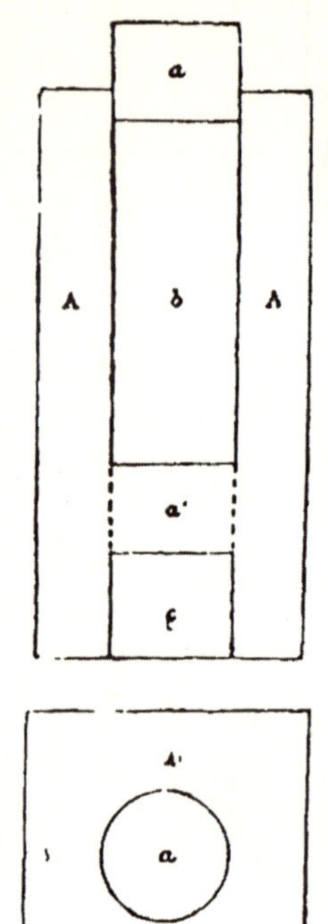

第七百二十八圖

如第七百二十九圖爲不辣他那設之和料勺，吹火筒工所用之料可在此勺內和勻，以便添入第七百三十六圖之紙筩內。其勺以黃銅爲之，長二寸半，闊一寸，價銅六圓。

如第七百三十圖爲象牙匙，把長三寸，匙徑四分寸之一，把一端可當刀用，價銀一圓。另有乳鉢與夾剪與銼刀各等器合於吹火筒用者，在前第一類器內述及，茲不再言。

如第七百三十一圖爲吸鐵針與電氣針，各長一寸半，可在銅架上用之，共盛一盒，價銀七圓銅六圓。此二針爲試鐵線等礦所用者。

如第七百三十二圖爲顯微鏡，有三個可以看小顆粒或吹火筒所鍊成之料。鏡之光距各不同，一徑八分寸之七，一徑四分寸之三，一徑八分寸之五，鑲鏡之殼爲牛角之料，價銀三圓。

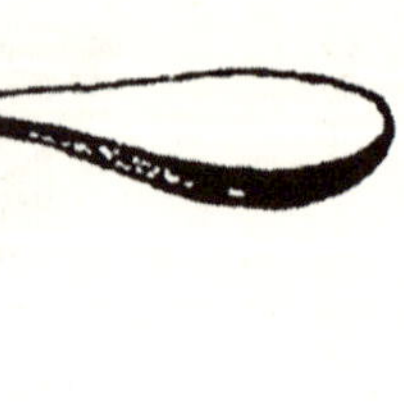

第七百二十九圖

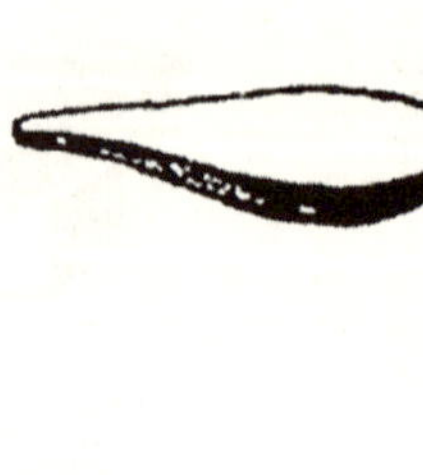

第七百三十圖

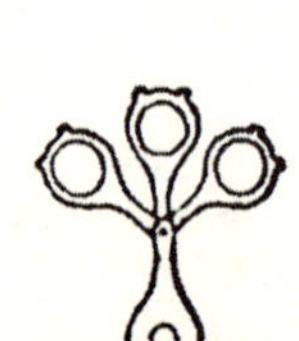

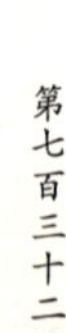

第七百三十二圖

如第七百三十三圖之顯微鏡，其殼以玳瑁爲之，一端有二鏡，各徑八分寸之五，皆一面平、一面凸，以隔圈分隔之。一端有高定頓所設之鏡，此顯微鏡合於吹火筒並化學各工之用，價銀十二圓。

如第七百三十四圖爲高定頓之顯微鏡，其殼以象牙爲之，合於吹火筒等工之用，價銀四圓。

如第七百三十五圖爲司坦活坡之顯微鏡，其殼亦以象牙爲之，合於吹火筒等工之用，價銀四圓。

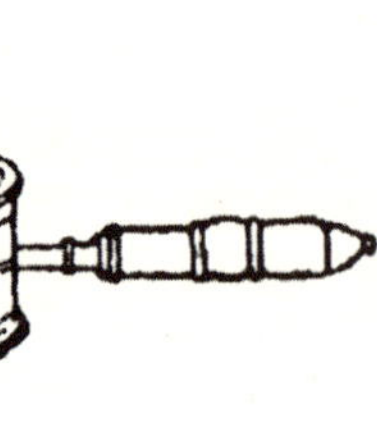

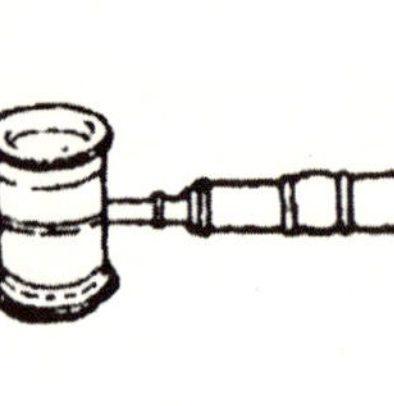

第七百三十三圖

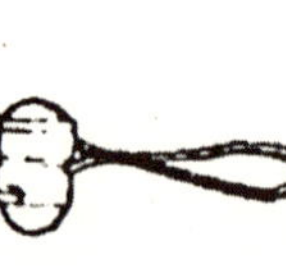

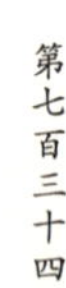

第七百三十四圖

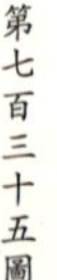

第七百三十五圖

附吹火筒等器

鍊試礦類之器

如第七百三十六圖爲鍊試礦類所需之鈉養紙，乃以極淨之濾紙漬入淨鈉養炭養二水所成者。紙長一寸又五分寸之二，闊一寸。每五十張盛一盒，價銅四圓。另有一黃楊木柄桿，可置紙上，如圖，則紙可藉之捲成筩，其價銅六圓。用

法，將欲試之礦塊二釐，置乳鉢內和硼砂與鈉養炭養二乳細，盛以第七百二十九圖之勺，而傾入此鈉養紙筩內。將紙筩摺包齊整，置於第七百零九圖之木炭小鍋中，將小鍋以第七百十八圖之火泥柄托之，加火吹試。其用鈉養紙者，欲吹火時不致吹散礦質。待礦已鎔之後，則餘質可以常法化分之。如含矽之金類礦，欲在酸內化之，則以此法吹試爲最便。

如第七百三十七圖，爲用輕弗氣化分含鏻類之矽養三礦所用之器，以鉛爲之，口有槽，可填以濕石膏，其蓋入石膏內即不洩氣。欲化分之礦質以鍋盛之，置於器中之架，所用之鈣弗礦與硫强水安在器之底，隔其器，徑四寸，高四寸，價銀八圓。

如第七百三十八圖爲少發輕硫氣使用之器，有二玻璃泡以管通之，安於架上。泡可任使高低，而架亦能任令上下。左泡盛鐵硫塊，右泡盛淡硫强水，令右泡高則强水流入左泡，遇鐵硫即發輕硫氣，可由泡口之管放出用之，用畢則令左泡高，而强水流回右泡，氣即不發。不用氣時，左泡口之象皮管宜加簧夾，以免洩氣害人。全器價銀六圓，獨買二泡與管，價銀二圓銅六圓。

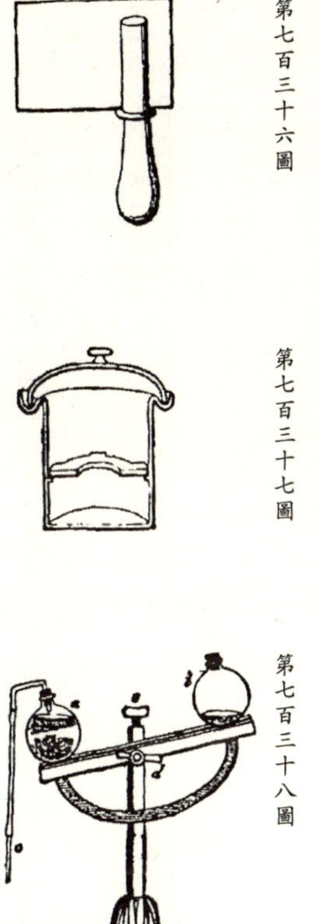
第七百三十八圖　第七百三十七圖　第七百三十六圖

如第七百三十九圖爲盛銛養淡養五水或各酸質之玻璃瓶，其口中有玻璃塞，甚長而尖，幾通至瓶底。塞拔出時，其尖總粘瓶內之藥水數滴，以便滴入欲試之料，使之變色。瓶口外有玻璃罩，可密罩瓶口。瓶分三號，小者容半兩至一兩，價銅十圓。大者容三兩，價銀一圓銅三圓。

如第七百四十圖爲盛試藥之玻璃瓶，其塞亦長而口外無罩，瓶能容一兩，價銅六圓。

如第七百四十一圖之玻璃瓶，有短塞，向上有尖，尖端有細孔，便於傾出試水，成小滴。瓶容半兩，口外有罩，共價銀一圓。

第七百三十九圖

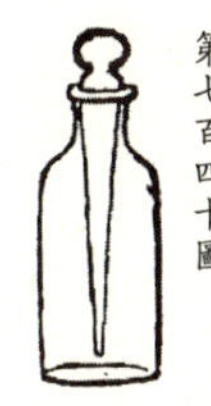
第七百四十圖

第七百四十一圖

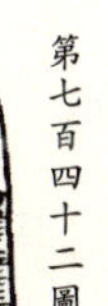
第七百四十二圖

如第七百四十二圖之盛試水玻璃瓶，有尖嘴，原爲管而引長者，尖端有細孔，便於傾出試水之微數。如將瓶加熱，令其嘴入試水內，則試水能自吸入。用時握其瓶，則手之熱又足令試水滴出。每瓶價銅三圓，每十二個價銀二圓銅六圓。

如第七百四十三圖爲盛試藥瓶之箱，以洋紅木爲之，長十一寸又四分寸之一，寬二寸又四分寸之三，高二寸又八分寸之五，能容第七百四十四圖之瓶二十個，價銀九圓。

如第七百四十四圖爲盛試藥之瓶，有玻璃塞，瓶能容八分兩之三，每個價銅三圓，十二個價銀二圓銅九圓。

如第七百四十五圖爲盛乾試藥之木盒，高一寸又四分寸之三，徑八分寸之七，每十二個價銀三圓。

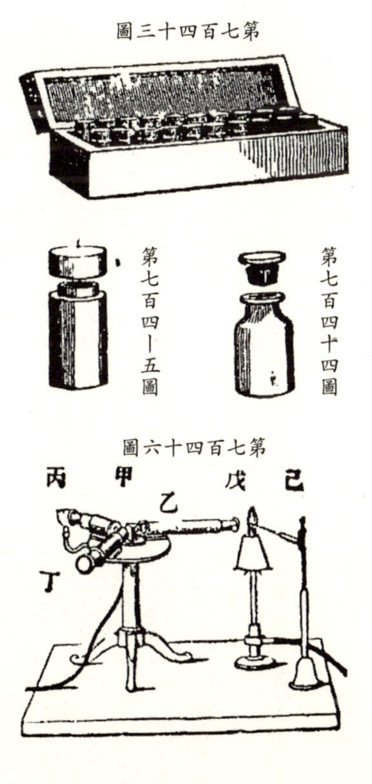

第七百四十三圖　第七百四十四圖　第七百四十五圖　第七百四十六圖

光色分原各器

尋常以吹火筒試鑄金類質其火有時變色。因其火色之變，可知中有某質。如含鈉之質，能使火色變爲黃，含鉀能使火色變爲紫是也。然各質各能使火變色，若數質相合，則火色必混而難辨，如鈉養之火黃色極濃，鉀養之火紫色較淡，所以鉀養雖多，若內雜鈉養微數，燒時則紫色不見。可見吹試各質雖可以火色

辨之，尚難取準，故有人另設新法，謂之光色分原法，能分各物之光色，而知其中之原質，往往不誤，且較常法更優更精。近來化學家多仿效之，所用之器，如第七百四十六圖中爲三稜鏡，安在銅盤上，盤下有三足鐵架托之，乙丙丁爲三個小遠鏡，戊爲煤氣燈火，己爲托住，有玻璃桿鑲以鉑絲，能托入火欲試之質。用時將欲試之質粘於鉑絲，入燈火燒之，其光由乙管向甲來透過三稜鏡而自丙鏡或丁鏡看之，即可分辨其光色。蓋無論燈光或日光，透過三稜鏡收入小遠鏡則成有色之光帶，即紅黄緑藍紫各帶也。如其火内燒一種金類質，則光帶中另顯光條若干，如鈉之光在光帶中另顯明黄色二條，鋰之光另顯紅條，鉀之紫光在光帶中紅藍二處各顯細明線二條，因各質之光在光帶中所顯之光條數，及其寬窄疏密恒有定限，不相混亂，如以鈉養與鉀養相和，燒之則火所成之光帶在鈉之明黄條處仍顯其明黄條，若不知内有鉀者，在鉀之明光條處仍顯鉀之明紅、明紫條，亦若不知内有鈉也。蓋各質所顯之光條各不相同，故所燒之物，有此質即有此色光，有彼質即有彼色光，逐細視之，即可知其爲某原質也。且物内雖含金類質極微，亦能分辨而知之。如含鈉一萬八千萬分釐之一，其光帶内即顯其明條。

此器全副立架、銅盤、三稜鏡三個、小遠鏡，如第七百四十七圖之煤氣燈嘴兩個，如第七百四十八圖之托柱一個，如第七百四十九圖之托柱一個，鉑絲八條，連於玻璃桿之用。又有鉑絲四條，圖内未顯，合於第七百四十九圖托柱上之用，共價金六圓銀六圓。如單買第七百四十七圖之煤氣燈嘴，則價銀五圓。第七百四十八圖之托柱價銀二圓，第七百四十九圖之托柱價銀二圓銅六圓。

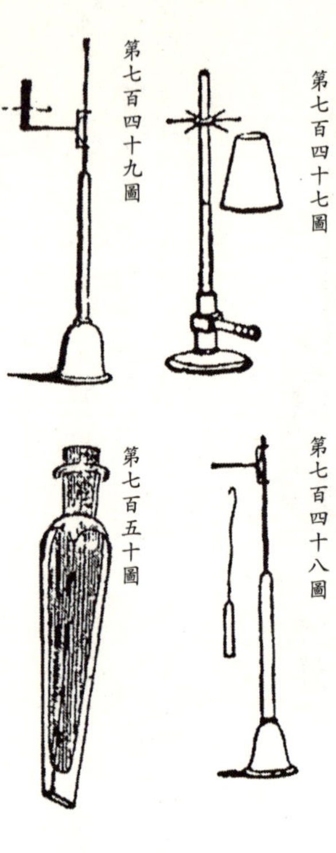

第七百四十七圖　第七百四十八圖　第七百四十九圖　第七百五十圖

如第七百五十圖爲盛碇硫養三之三稜瓶，可當視鏡之用，以觀吹試之火色而辨其原質。如吹試含鈉之黄色火，以此瓶裝滿碇硫養三水，隔視之則變淡藍色，含鉀之紫色火，隔視之爲茄花色。故所吹試之物質，或含鉀，或含鈉，自能以其火色辨知。另有他用處頗多，不必詳言。每瓶長九寸，寬一寸又四分寸之三，口有玻璃塞，共價銀三圓。

吹火筒等器全副

如第七百五十一圖爲吹火筒工常用之器件，共盛於盒内，有吹火筒與瑪瑙乳鉢，與鉑絲鉑片，與鋼砧，與鐵椎，與鉗剪鑷器，與玻璃管及試管，與自來火，與酒燈，與試藥若干種，與木炭、小鍋及小瓷鍋等件，共成一副，皆爲乾試法合用之器。亦有濕試法合用者，其盒更大，器件較多而價亦貴。所有成副之吹火筒各器，分大小數號，小者價銀十圓銅六圓，内有器件十五種試藥四種。略大者價銀二十一圓，内有器件二十四種、試藥十三種。此副足分辨礦類與常見各質之大半，再大者價金三圓銀十三圓銅六圓，裝於二盒内，共有器件四十種、試藥二十一種。又有再大者，價金五圓銀五圓，内共有器件五十五種、試藥二十一種。最大者能作化分求質、化分求數各吹火筒工之用。共有器件八十八種，試藥四十五種，内有鉑鍋及天平等器裝於四盒内，四盒可並盛於一皮箱，其箱長十四寸，寬十二寸，深十二寸，共價金三十圓。

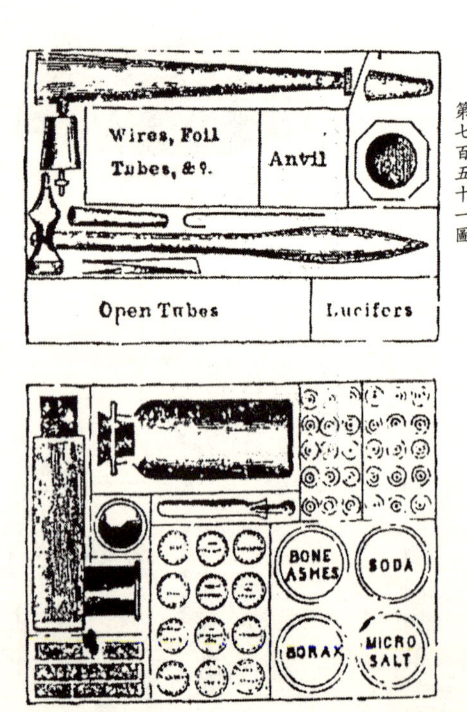

第七百五十一圖

第十七類試驗礦與金類之器

試驗礦質及鍊取金類所需各器已大半在前數類器内言之，然另有數器爲前所未及者，兹特分釋如左。

鍊金銀等爐

如第七百五十二圖，爲熟鐵爐，右係横剖面式，可以鍊金銀等金類。爐内鋪火泥爲裏，兩旁有圓孔便於通管加熱，爐内火膛長十寸、寬九寸，能容燒殼長九寸、寬四寸半，爐價金五圓銀五圓。燒殼價銀三圓銅六圓。

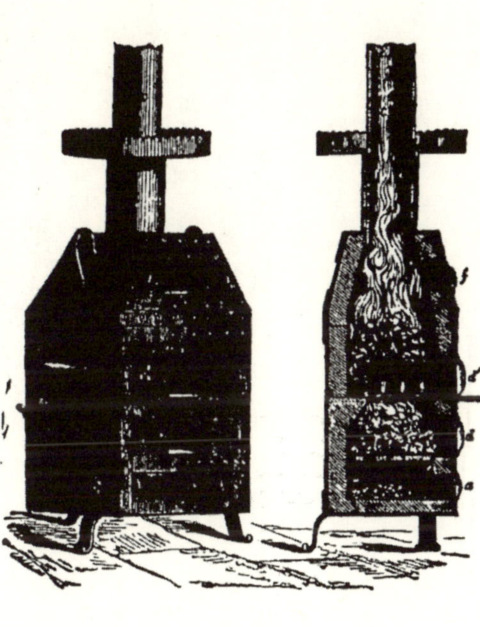

第七百五十二圖

如第七百五十三圖爲鍊金類爐合用之火泥燒殼，價以尺寸而定。凡不能直遇火之金類質，可置此燒殼内入爐加熱。

如第七百五十四圖爲火泥爐，亦可鍊金類。爐分五號，小者内高七寸，徑五寸，價金一圓銀五圓。合用之燒殼價銀一圓銅九圓。大者爐内高十一寸，徑九寸，價金五圓銀五圓。合用之燒殼，價銀三圓銅六圓。

如第七百五十五圖亦爲火泥爐，合於鍊金類之用，分五號，小者内徑九寸半，外高十九寸，爐底不在内，價金二圓銀十六圓，其燒殼價銀二圓銅六圓。大者爐内徑十三寸，外高二十六寸，價金五圓銀十五圓，其燒殼價銀五圓。

第七百五十三圖

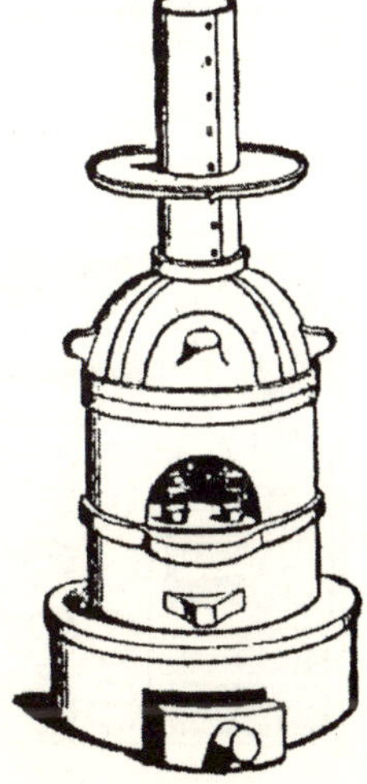

第七百五十四圖

精細天平

如第七百五十六圖爲化學家本知設之天平，便於化分礦及金類等細工之用。此天平大可省時，權物極細。因凡天平横桿愈短，權物愈快。如天平桿長三尺，摇盪一次需時九秒，若令桿長不過尺，則一秒内足盪一次。又因桿短，則輕輕則易準。此天平能權萬分格之一，爲最小數，至二千格爲最大數。不用時，桿心之刀與托刀之面不相切，故能久用不鈍。天平裝以玻璃箱，箱外有摇柄，能令天平各件一一行其職司，即先放鬆其盤，待已穩而摇其柄，令刀與托面相切，而桿即動盪可以權物。用畢反摇其柄，則各件依次歇穩不再自動。其刀與托面俱以瑪瑙爲之，各件可裝盛一盒以便移動。小法碼以金類絲爲之，繞成螺絲形，中端伸直成把，便於鑷取。此器分四號，小者桿長二寸又四分寸之三，每盤能權二十格，價金十四圓銀十四圓。大者桿長九寸又四分寸之三，每盤

第七百五十五圖

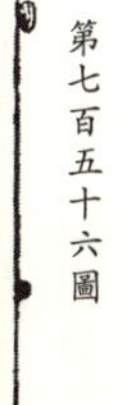

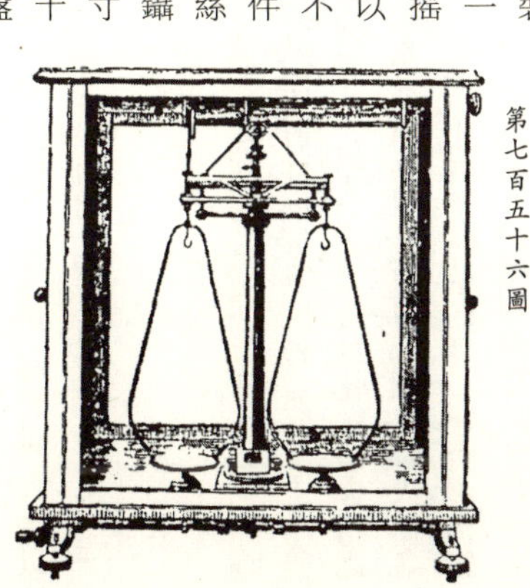

第七百五十六圖

能權二千格，價金二十七圓銀六圓。前第一百四十二圖至第一百五十四圖見第三年彙編第八卷內。之各天平，亦合於化分等工之用。

鍊金零器

如第七百五十七圖爲鍊金類爐合用之撥火鐵桿，長三尺，徑八分寸之五，價銀二圓銅六圓。

如第七百五十八圖爲剔爐柵去渣等合用之鐵桿，長三尺，徑八分寸之五，一端扁而彎，價銀三圓。

如第七百五十九圖爲鏟形鐵桿，長三尺，徑八分寸之五，一端扁如鏟形，價銀三圓。

如第七百六十圖爲長火剪，能箝制小鍋置於爐之鍊殼內，或自燒殼内將小鍋夾出。剪長三十寸，以鐵爲之，價銀三圓銅六圓。銅者價銀五圓銅六圓。

如第七百六十一圖爲同用之火剪，長三十寸，價銀五圓銅六圓。

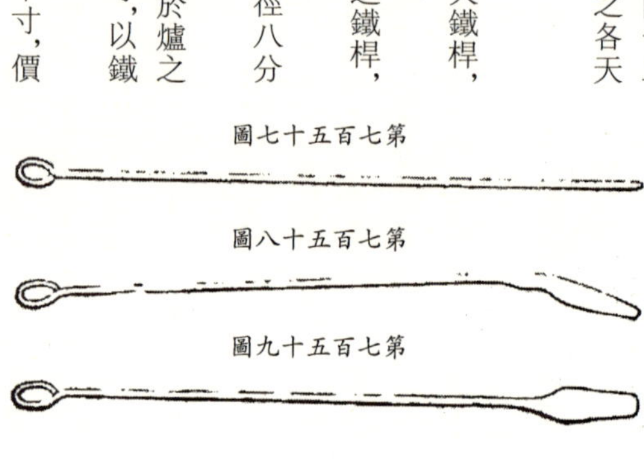
第七百五十七圖

第七百五十八圖

第七百五十九圖

第七百六十圖

第七百六十一圖

第七百六十二圖

第七百六十三圖

如第七百六十二圖爲鋼火剪，後段連有鋼板二半，用時能遮護人手使不受熱，價銀十圓。

如第七百六十三圖爲移動小鍋合用之火剪，長二十五寸，一端有叉，價銀二圓銅六圓。

如第七百六十四圖爲作骨灰鍋之模，以磨光之鐵爲之，其杵以黃楊木爲之，分四號。小者能成鍋徑一寸，價銀七圓。大者能成鍋徑二寸，價銀十四圓。

如第七百六十五圖爲木椎，可擊前器之杵入模以成骨灰鍋，其椎價銀二圓。

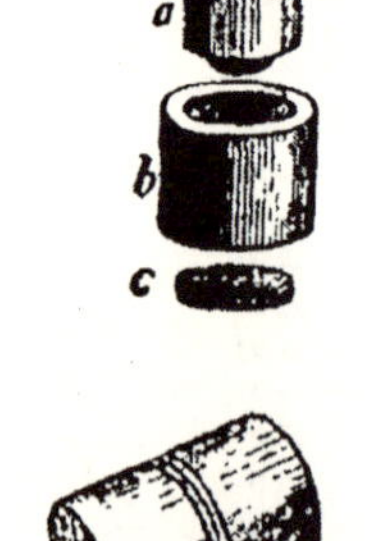

第七百六十四圖

第七百六十五圖

傅蘭雅　徐壽《造硫强水法》卷一　燒造硫强水法

是書之本意，專論含硫礦之燒法，然燒淨硫之事，亦已包括無餘。常見造强水而不能用硫礦得利者，因硫礦多含異質，而欲分去甚難也。茲將燒煉之爐，作三圖以顯其法。

第一圖，即燒硫礦爐之平剖形。共有爐十座，背背相接，令少占地。乙爲爐柵，硫礦即置其上。

第二圖即爐之直剖形，甲爲添礦之門，乙爲掉礦之門，丙爲爐柵，丁爲出爐之門。

第三圖，即爐之横剖形，甲爲添礦之門，乙爲掉礦之門，丙爲爐柵前端之限，前圖内可見此限；丁爲出煙之門。

第四章

鉛房内各氣之排列

前章言玻璃瓶内作强水，近於顆粒之處有紅霧一小縷，又第十試，所見變化之事，多在近於强水之面，因知鉛房内所盛之强水，近其面處必是變化最多，而

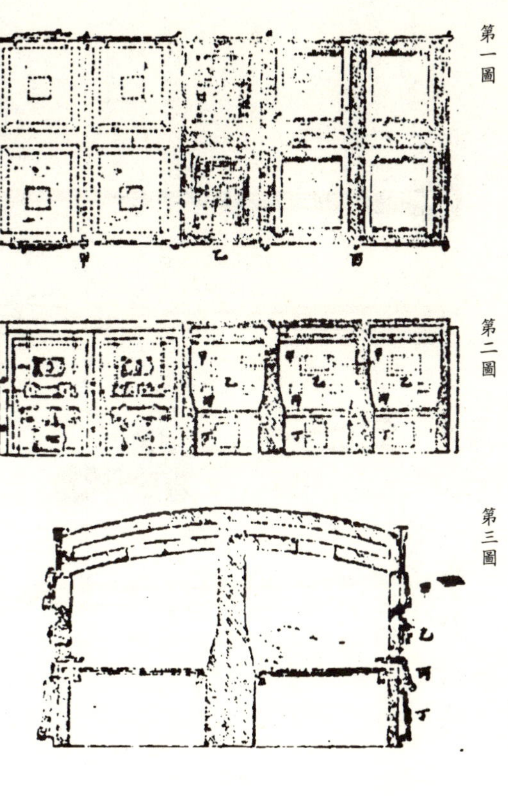

第一圖

第二圖

第三圖

以上各處不過能容各氣，所以鉛房不可過高，宜低而長者爲好。依此理，房長一百四十尺，高三十尺，寬二十五尺。在長之一面以三處噴進空氣，前面有鐵管長十二尺，徑三寸半，進以硫養與淡養三二氣，即在鉛房之各處試其各氣。自前至後，每長十尺、高十五尺之處試一次，又每長十尺、高三尺試一次，考其所含硫養三淡養五各氣。前人所作化學諸書，無有試此事者。

硫養氣之數

最多在通氣管之近口處，每相距十尺，其數遞少。相距十尺，有百分之七十二。相距二十尺，亦略同。至三十尺，爲百分之四十六。至四十尺，爲百分之三十一。至三十三，再遠漸漸減少。至一百二十尺，則爲百分之十三。此爲最小之數。以上俱離底十五尺。如離底三尺者，相距十尺爲百分之三，至四十尺，爲百分之二十九，此爲最大之數。至一百三十尺，爲百分之八。近於出氣處，爲百分之十六。如第一圖甲。

橫線上爲鉛房長之尺數，縱線上以鉛房分爲百分之數，虛線爲三尺高硫養之數，實線爲十五尺高硫養之數。如第一圖乙。

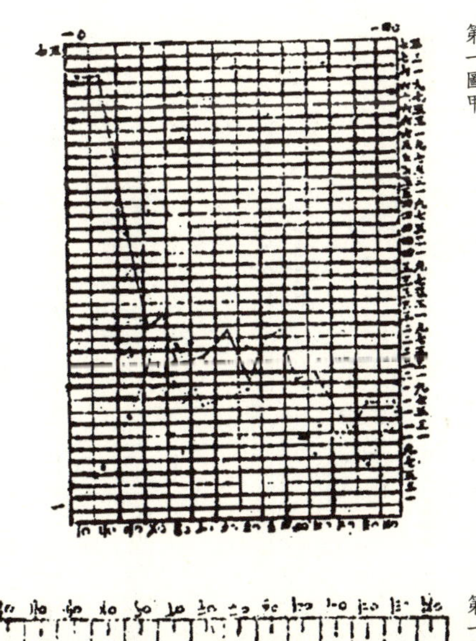
第一圖甲

第一圖乙

是圖各行內之數目字，爲各處硫養氣之分數，茲列比例表於後。

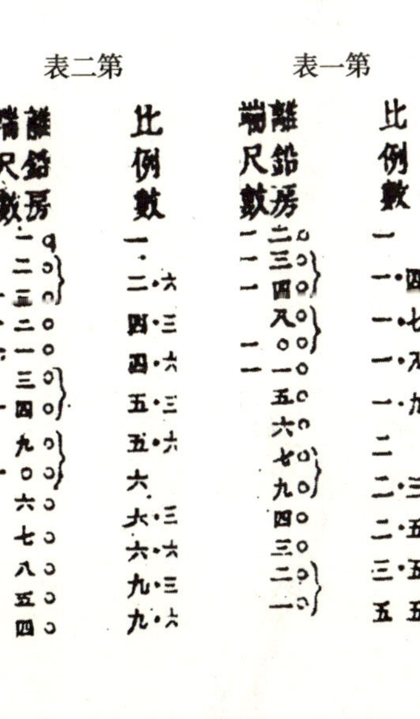
第一表

比例數	離鉛房端尺數
一 一·四 一·七 一·八 一·九 二 二·三 二·五 三·五 五·五	一 二〇 一 三〇 一 四〇 八〇 一 〇〇 一 一〇 五〇 六〇 七〇 九〇 四〇 三〇 二〇 一〇

第二表

比例數	離鉛房端尺數
一· 二·六 四·三 四·六 五·三 五·六 六· 六·三 六·六 九·三 九·六	一〇 二〇 一 三〇 一 二〇 一 一〇 三〇 一 四〇 九〇 一 〇〇 六〇 七〇 八〇 五〇 四〇

視第一圖甲，可見硫養氣之數三次降下，三次升上，最爲明顯。而其降下，即噴水氣之處，降下三次，在二十尺、七十尺、一百十尺。而噴水氣在二十尺、六十五尺，與一百十尺各處。

二十尺至四十尺之內，降下最多。因二十尺處有噴氣而在鉛房之端，近於進氣管處亦噴氣，即是水氣，能收甚多熱硫養二氣之據。

三尺高之處，無有大降，因水氣從高處噴進也。試此各事之時，鉛房內之熱

度不大，而所噴水氣之體積爲硫養二與淡養五二氣體積和之四分之一，所以鉛房之上半不過容此各氣也。其硫養二氣從上漸下而至變化之處，亦用法試之。

鉛房之内作漏斗形之器，有管通至外面，受以小鉛瓶，即能知房内成强水之數。常法，離底八尺安此器，今則安在十六尺高之處，俟九日燒煉不息，祇得十六分寸之一。後安於四尺高之處，則得强水多而每日略同。十六尺高之處，常有硫養二氣放散，四尺高之處略爲無有，此可爲所考之據。

硫養二之數

試此霧與前法略同，高十五尺，而相距十尺硫養二數爲〇至一百四十尺，爲百分之十。中間之各數不甚改變，在五十尺之處爲百分之二十三，此爲高十五尺處所試。如在高三尺之處，其變數比第一圖更大。相距十尺爲百分之八十一，再十尺得八十九，此爲極大之數。後則忽然降下，至一百尺之處，爲百分之三十，再後不多變。

第二圖甲，横線上爲鉛房長之尺數，縱線上爲百分數，實線爲高十五尺之數，虚線爲高三尺之數，如第二圖乙。

第二圖甲

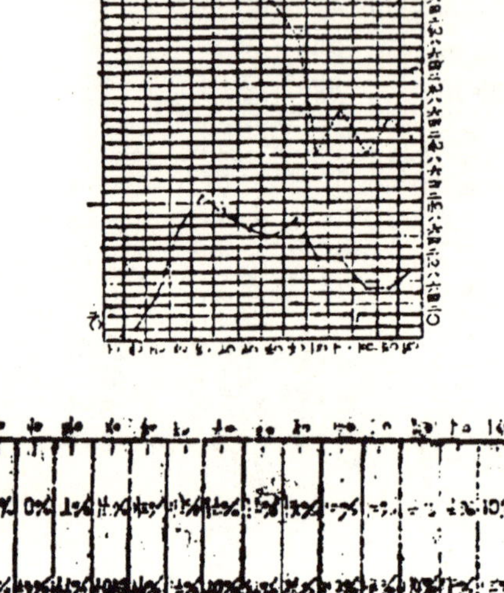

第二圖乙

是圖各行内之數爲含硫養二之百分數，與第二圖甲相配。

如將第一圖甲之實線與第二圖甲之虚線相比，又第一圖甲之虚線與第二圖甲之實線相比，則知其分別甚小。惟第一圖硫養氣最多在鉛房之近頂，最少在鉛房之近底。第二圖硫養二最多在近底，最少在近頂。

第二圖甲乙之比例表

第一表

比例數	離鉛房端尺數
一	三〇
一·二	一二〇
一·七	一三〇
二	一四〇
二·七	一〇〇
三	一一〇
三·二	八〇
三·三	四〇
三·七	七〇
〇	九〇
	六〇
	五〇
	一〇
	二〇

第二表

比例數	離鉛房端尺數
一	一〇〇
一·一	一二〇
一·二	一四〇
一·六	一一〇
一·八	一三〇
二	九〇
二·二	八〇
二·三	七〇
二·五	六〇
二·七	五〇
二·九	四〇
	三〇
	一〇
	二〇

淡養五之數

此氣改變不甚多，最小數百分之三，最大數百分之二十六，最大數在一百尺至一百十尺之間，至一百四十尺處，忽降至百分之三。如第三圖甲。

第三圖甲

第三圖乙

第三圖甲實線爲高十五尺淡養五氣之各數，虛線爲高三尺淡養五氣之各數。如第三圖乙。

是圖各行内之數爲合談養之百分數，與第三圖甲相配。

第一表

比例數	離鉛房端尺數
一 二 二·三 二·七 四·三 四·七 五·三 六 六·七 八·三	一二〇 一三〇 一四〇 六〇 一一〇 五〇 三〇 四〇 七〇 八〇 九〇 二〇 〇 一〇

第二表

比例數	離鉛房端尺數
一 一·三 二 二·七 四 五 五·七 六·五 八·七	二〇 一四〇 四〇 五〇 三〇 一〇 七〇 六〇 一三〇 一二〇 八〇 九〇 一〇〇 一一〇

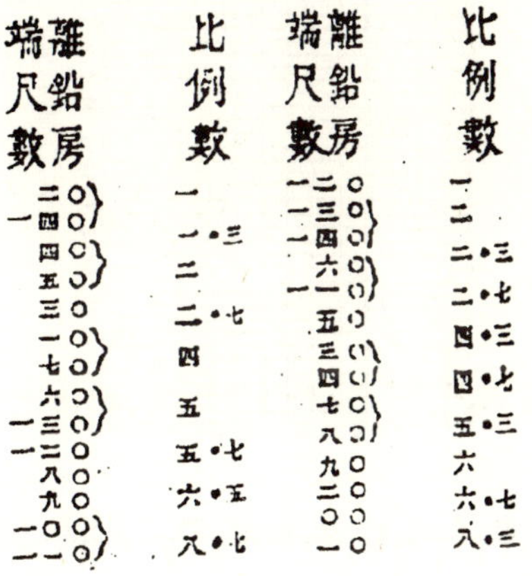

第三圖甲乙各比例數之表

以上所考各數之據，大有裨於燒造强水之事。鉛房所有變化各氣之處，並存氣之處，以數考之，鉛房宜作低而長者，則房底强水之面積加大，自能變化速，更能進氣暢通。又凡燒造之時，應備一表，以顯各熱度相配之水氣數，則可免多氣散出，而變成之强水自多。故必考房内之熱度若干，强水之得數若干，因熱度爲造强水所最相關者，如不慎此，費料必多，而强水必少，並有未變化之硫黄相雜。詳論見後。

第五章　論淡養五氣與硫養二氣變化之熱度

前已論小試之各事，兹但論二種氣最合宜之熱度，其試法與前略同。將玻璃瓶盛以二氣而添水少許，以寒暑表插於瓶口而至瓶底之水内，瓶置於冷水之鍋，而加熱令沸，鍋内之水亦以寒暑表驗其熱度。

第一試，瓶内之熱三十六度七分，外水之熱四十度三分，瓶内稍冷於外水，無甚變化。

第二試，鍋下加熱漸大，所記各數於左。

時刻之數	瓶外熱度	瓶内熱度	變化之事
〇分	四十度三分	三十六度七分	無變化，瓶内滿紅緑
二分	六十二度四分	三十九度	同上
四分	一百二十七度六分	一百二十二度八分	紅緑漸漸不見
六分	一百五十四度三分	二百度二分	變化極速

將瓶從熱水鍋内取出，置於冷水之内，漸冷至八十一度五分，瓶内之變化仍極速，而熱度自能增大。

第三試，瓶置於冷水之後，各數如左。

時刻之數	瓶外熱度	瓶内熱度
〇分	四十五度六分	八十一度五分
二分	四十五度六分	九十二度三分
六分	四十五度九分	七十六度六分

六分之後，熱度不變，可見瓶内略至二百度之熱，大變化之事始起。從第二試觀之，變化時自能生熱。

瓶留於冷水一日夜後，將瓶内之質化分之得數如左。

硫養三氣　六分二一

淡養五氣　無

硫養二　九十三分九一　共一百分一二

試時之熱度，瓶内總不至水沸界，而幾及乎水沸界。化分時之熱度，瓶内四十六度九分，外水四十七度三分。

第六章　論鉛房内各處之熱度

前章言硫養二與淡養五二氣在二百度之熱變化始大，兹考鉛房内變化最多處之熱度，並若干之熱度爲最宜。此事不能於一日之内試定，必須每日在鉛房之數處驗其熱度而記之。歷一年之久，將所得之各數列表，始更明顯。

試熱度之法，用自記寒暑表，以鉛條繫之，從上放下，兩小時記數一次，每日亦記變成强水之數，並强水之色。所得之各數，與前章試熱度同理。

試此事將鉛房分爲四處，每相距十尺，在各處試一次。

第一處離房底二十四尺

第二處　十五尺

第三處　八尺

第四處　三尺

第一圖高二十四尺，試其熱度，其相距十尺至二十尺之間，熱度忽然降下八十七度，而爲一百二十九度。後至一百十尺，不多改變。一百十尺以後，則又降下，至出氣之處，爲一百十三度。

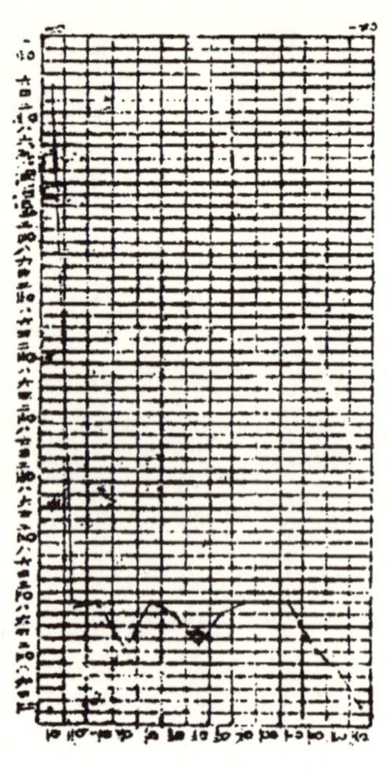

第一圖

高二十四尺之處，即前言存氣之處。氣在此處，變化無多。除起首十尺之外，未有一處至一百三十度者。前章第二試，紅霧初散在一百二十二度八分，所以鉛房上半無有變化之事，只能存氣，或能令氣相和。此圖內噴氣之處，其熱度降下，即相距四十尺、七十尺、一百尺各處也。首十尺之內熱度加大之故，因近於進氣管之處。

第二圖與第一圖略同，惟其十尺與二十尺相距之間，忽降之熱度大於第一圖，即從二百二十七度降至一百二十六度，有一百〇一度之數，此因進氣管口近於測熱度之處，自二十尺至一百二十尺相距，熱度不多改變。一百二十尺之後，則漸漸降下，而其熱度中數爲一百二十六度至一百二十八度，可見高鉛房之上半，殊屬無用。

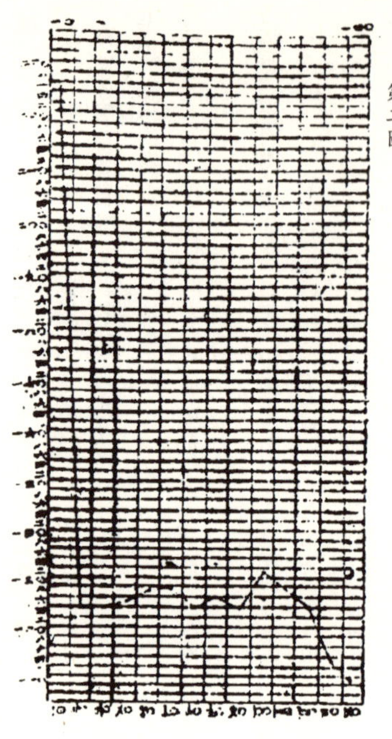

第二圖

第三圖即高八尺處之熱度，其中數比前者更大，約在一百五十度與一百六十度之間。進氣處與出氣之熱度較小，至中間而大，此處之熱度略同於前章瓶內變化之熱度，所以鉛房變化之處在此。

第三圖

第四圖即高三尺處之熱度。前已言高三尺爲變化最多之處，又言硫養二與淡養五之初變化在二百度之熱，故將此兩圖相比，可見小試與大造之相關，第三圖與第四圖甚是明顯，從一百十二度起忽然增大，至相距二十尺之處有一百九十五度之熱，而各處之熱度大半在一百九十五度至一百九十九度，相距九十尺以外者，每十尺降二十度，至一百四十尺，祇有一百二十度。

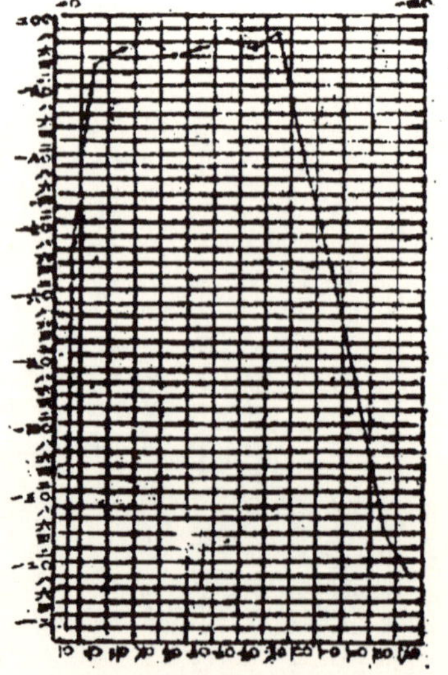

第四圖

此熱度爲最宜於造强水。考其强水之數，略爲理所當然者，或加或減其熱度，則强水必少。

化合之後已無淡養五氣散出，收回淡養二氣之塔形器內，驗其流質之色，已屬淡養二氣所變。驗色之法，深紅色爲淡養三淡養四淡養五之據，淡色者爲淡養二之據。

從以上考驗各事之內，又知切要之事有三。

(一)[一、]鉛房之式，以長而不高者爲善。如長一百五十尺，闊二十五尺至

三十尺，高十尺至十二尺，爲最合宜之數。各氣相遇之面自大。

二、房内之熱，須二百度，應與噴氣之數相配。

三、房底必預盛硫强水，多少不計，約鋪滿爲度。

第七章　論鉛房最宜之式

鉛房造强水之法，爲英國伯明漢人，名羅伯格所剏，至今遵用，其理法與前略同。

舊法將硫、硝兩物相和焚之，置於鉛箱之内封密，其箱約方十尺，俟若干時，開門取出燒硫硝之爐，添此料而再納於箱内焚之。今觀此法甚粗亦甚奇，其病亦易知：每開門一次，則未化合之氣必散，而變化亦停。今在鉛房之外作燒料之爐，各氣自可透進而不斷。蓋司捺又剏噴水氣之法，鉛房又漸大其制，化學既盛，英國之人藉此興財。

鉛房内各種變化之事，未有人詳考。前已言用鉛房最便之法，兹論造鉛房最宜之式。視第四章硫養二氣，即知硫養二在鉛房之一端透進，立與淡養五氣並水氣化合，惟鉛房之上半變化甚少，近底爲最多，所以應作低而長之式，使凝水之面積加大。此爲近世所未知，因混面積與容積也。平常人但求容積，而不知强水藉底之面積，故致强水之得數不足。

鉛房減其高而添其長，則通氣之力相等，而費亦稍省。今列考定之尺寸如後，長一百六十尺，或可至二百尺，無妨闊三十尺，或依加長之比例而加闊，高十尺。雖加長若干，不可加高。如照此式作鉛房，必比現在之高鉛房更好，乃燒硫少而强水多。

華而特之法，用玻璃管與玻璃片層疊置於鉛房之内，令各氣遇其面而凝成强水。先引二氣，入副鉛房爲調和之處。如一日夜燒硫礦一百四十擔，副鉛房可長六十四尺，高十六尺，闊二十尺。二氣在副房調和，另噴水氣使起變化，即引至正房，長二百尺，高三尺，闊三尺，隔成四間，各間之强水不同。此房内平置玻璃片，每片相距一寸。擺列之法，先用玻璃或瓷二條，略高一寸，略與玻璃片等長，略近於鉛房兩邊。條與片相間疊，上至房頂而止。其玻璃片之長以便爲度，共長二十五尺，此後可空四尺。如前再安一副，再噴水氣於正房之前端，足令第四間内之强水重率一·六七五至一·七五。此强水亦含淡養五與淡養二、淡養三、淡養四等，將此水引回第一間内，令遇硫養二與水氣，則放其淡養各氣。如玻璃片不便，可用玻璃管平置，但其玻璃之質不可多含鹼類，恐爲强水侵蝕。如通氣之力太小，則玻璃片之相距可更大，玻璃之面冪亦愈大愈好。所噴之水氣必慎其數，如太少而天冷，則玻璃片之間有顆粒結成而塞住，太多則硫黄多費而淡養各氣亦多費。用此法能省容積，又省硫黄與硝，又省鉛房常欲銹壞而修理之費。

谷曬池之法。鉛房之高大於其長，所進之各氣俱上升。

以上兩法俱欲求凝面積而不求容積，因硫養二凝時一事近於强水面者多，而在空處者少，故此兩法俱有理。

嚮來造强水之鉛房只求其大容積，華而特之法則相反。但其法太繁，玻璃片或管必阻通氣之力，且兩房所成之事亦與一房相同。惟其面積則加大，然置玻璃片之處必與燒硫之數有比例。如減少硫數，則置玻璃之鉛房必作更短，而副鉛房亦可減少。以今考之，其法乃空費玻璃之料耳。如不用玻璃，而鉛房之高作八尺至十尺，隔爲二三間，令通氣之力自足，費亦不甚大也。谷曬池之法原有此意，但有一大病，因變化最多之處在近底，其體既高則不遇，强水之面變化必少。若以此平置之，豈不更妙。總之，依化學之理、並試過之事，确知長而低之鉛房，必能用料少而得益多。

第八章　論蓋勒色所作之塔形房，並硫養二氣散出之事

前概論鉛房内之各種變化，兹論鉛房以外之事，最關切者，所有散出之硫養二氣。

蓋勒色之塔形房，其理固佳，惟用之不甚便，因此房需用强水之重率不可少於一·七五，而司此之工人不肯留心其事，往往不問重率，隨手取得，噴入房内。又如通氣之力稍不經意，則通過塔形房之淡養各氣不能被硫養三所收。又如燒硫之數，亦應與通氣之力有比例。

此塔形房更有數種難處，如硝强水須多用而太費，硝强水之數又難配準，所以燒造者難免二弊。其一，放硫養二。其二，放淡養五。故尋常所添硝强水從少，而任放硫養二氣，因價小於淡養五，或言不必用此塔形房。數年前哈甫曼在英國造白礬之肆，業已設法試用，然亦無甚益處。

西曆一千八百七十年，哈甫曼在布國京師著書論其理法云，用淡養之意，能收空氣内之養氣，送與硫養二氣。依此理，則硝强水不可飛散。設有若干硝强水，應能使無數硫養二氣變成硫養三，祇須常添空氣而已。但此理雖屬甚巧，而亦不能得其利。又言硫養二氣經過含硫養三之淡養三，則淡養五變爲數質，與硫養二相合爲顆粒，而不多成淡養各氣。以上所言硫養三之重率爲一·六七五至

一・七一四者，如硝强水所含硫養三水爲一・五三二，而令硫養二經過則變成甚多淡氣。此氣之弊，與變成淡養氣之弊略同。其故因硫養三不濃，遂與淡養各氣結成顆粒。哈甫曼試得此理，令水氣噴入鉛房内之數，合於能成一・七一四之强水，則所用之硝强水比尋常用者可更少。如鉛房内之强水偶小於此數，則必添以一・八四七之强水，補使濃。如依此法，則燒硫一百磅，只用硝强水一磅。

英國造白礬之肆，名司本司，改變此法，用鉛房三座相連，第一房通以硫養二與淡養五，以尋常之法，得强水重率一・五，其第二、第三兩房不噴水氣，得强水之重率爲一・七五。即將此兩房之强水流回第一房，則一・七五之强水遇一・五之强水，遂放所含之淡養二，因是可省所需之硝。司本司云，初時每六日用鈉養淡養五四噸二擔，後用此法，漸減至三噸，而所成之强水比初時稍多，每六日成强水九十噸至一百噸，重率一・八四五。又云，後日想能減至二噸，則六日内可省二噸二擔，已過於一半。

此法原爲蓋勒色之變法，雖不用塔形房，而其第二、第三兩房之强水流回之意其理仍同。

此法之大病，强水必致銹壞鉛房。司本司亦言，不信哈甫曼之理。

淡養各氣之放散，世人雖知是病，然亦不求其根源而設法改之，因未考所以放散之故，以爲無奈此氣何，而無法收回。殊不知化學之理不可有放散之事，設有之，即是作法之不善。蓋勒色所刱之塔形房無有新法之益，只能補舊法之病。

燒造强水之廠，大概有硫養二氣散出，即有數法收之。如令通過鋇礦而成鋇養硫養三。此法雖好，必阻通氣之力，而硫養二究尚有散出。

曼尺斯達有造鹼之廠，其硫强水鉛房放散之硫養二氣，每一立方尺所含之數列後。

一千八百七十二年六月初十日　百分之二分一三

六月二十一日　百分之三分九〇

六月二十二日　百分之三分六六

六月二十九日　百分之五分六五

從此知空氣内之硫養二氣甚多，有數處燒造之肆云，其廠内所散每百分有十二分至十五分者。

此爲大有害於人與物者，極宜示禁，同於十一年前禁止輕綠之例。如設此例，即燒造强水之肆亦能得利。蓋既禁之後，必能深思不散之法，遂因此而省料。

曼尺斯達之格致家名羅司苟云，出氣管内之氣，每立方尺含硫〇厘二五，但此數甚少，疑其尚未考準。尋常燒造之肆，多於此數二倍有餘。後日各肆果能詳考此中奥妙，而使近於鉛房之隣不受硫黄之病，誠爲甚善。如每立方尺氣内不多於半厘，則無有大弊。

真司騰　傅蘭雅《化學衛生論》

是書本意，將歷試成效之事列論，殊有裨於燒造之家。惟此事盡屬化學之理，尋常司廠務者固無講求此學，是以不能深知肯棨。今有此書，示諸斯乎。

目録

第一章　論呼吸之氣　第二章　論所飲之水　第三章　論所種之土

第四章　論所植之物　第五章　論所食之糧　第六章　論所食之肉

第七章　論所泡之茶類　第八章　論所泡之茹非類　第九章　論所泡之可可類　第十章　論所熬蔗等糖　第十一章　論所熬乳等糖

第十二章　論所釀五穀等酒　第十三章　論所釀葡萄等酒　第十四章　論所蒸各火酒　第十五章　論所食煙等安性之質　第十六章　論霍布花等醉性之質　第十七章　論鴉片等醉性之質　第十八章　論印度蔴等醉性之質　第十九章　論檳榔胡椒等醉性之質　第二十章　論高卡等醉性之質　第二十一章　論醉仙桃毒菌等醉性之質　第二十二章　論醉性質總義　第二十三章　論所用毒性之質　第二十四章　論所用香油與松香等質　第二十五章　論所用以脱與動物等香　第二十六章　論天生之惡臭　第二十七章　論工藝内所成之惡臭　第二十八章　論免惡臭與滅惡臭　第二十九章　論呼吸空氣之理　第三十章　論消化食物之理　第三十一章　論養身之理　第三十二章　論質體循環之理　第三十三章　論質體歸原之理

第一章　論呼吸之氣

人所常呼吸之氣，名曰空氣，爲養生最要之物，一無空氣即不能呼吸，一不呼吸即立難生活。昔人亦知其爲要物，故列爲四行泰西以水火氣土爲四行。之一，而地球各處空氣彌滿，約計其高有一百三十餘里。其質雖輕，浮流行虚若無物，惟因其高且厚，則丁壓有力。如與海面等高之地，每平方寸受空氣壓力約十五

磅。然地面愈高，如高山等。空氣愈稀，而壓力愈小。地面愈低，如深井等。空氣愈稠，而壓力愈大。如高一千尺，每平方寸壓力減若干磅，高五千尺，壓力再減若干磅等是也。

空氣雖爲四行之一，然非純一之物，細而分之，要質有四種：一爲養氣，二爲淡氣，三爲炭養二氣，或名炭氣。四爲水氣。

其一養氣　養氣爲無色無臭無味之氣質，如燃蠟燭置其氣內，則燭光甚亮，蠟亦速燒。以動物置其氣內，則體覺暢快，喘息甚速，而脈數身熱性易狂躁，不久即死，與蠟油易燒而發大光者同理。

取養氣法：將鉀養綠養五，和以細砂或玻璃粉或錳養二，置玻璃瓶內，以酒燈加熱，如第一圖。其料融化時，則發養氣，但非人之官骸所能別者。如燃燭或木炭，懸以鐵絲，置瓶內，立發大光，即爲有養氣之據。

其二淡氣　淡氣亦無色、無臭、無味，燭火入之立熄，動物入之立斃。取此氣法，將燐小塊燒於小杯內，杯浮於水盆，即用大口瓶罩覆其上，令瓶口入水，如第二圖。俟燐燒盡而瓶冷，於水下密塞其口而出，如第三圖。燭火入之則熄，小獸入之則死，其理因燐燒盡瓶內之養氣，所餘者爲淡氣，不能養生，亦不能燃火也。淡氣比空氣更輕，而養氣比空氣稍重。

第一圖

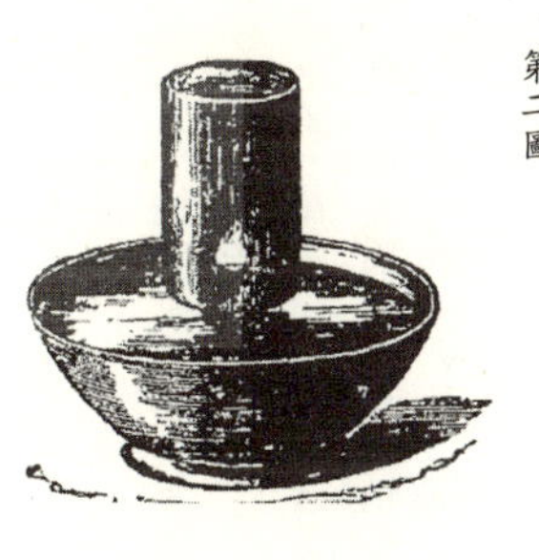
第二圖

其三炭養二氣　炭養二氣無色而稍臭，味稍酸，燭火入之亦熄，動物入之亦死。其氣比空氣重一半，故能以此器之氣傾於彼器，與水相似。如第四圖，若以石灰小許調於淨水，俟水澄清，其清水即名石灰水。令炭養二氣過其水，則水變白色如乳，即有白石粉粒結而沉下。取炭養二氣法，瓶內盛鹻，以醋傾入，或以淡鹽强水傾於白石粉或灰石上，亦可傾後即塞瓶口，以管通至石灰水杯內，如第五圖，水亦變白。或用高杯如第六圖，以燭火置其內，則炭養二氣升至下燭，其火即熄。升至上燭，其火亦熄。

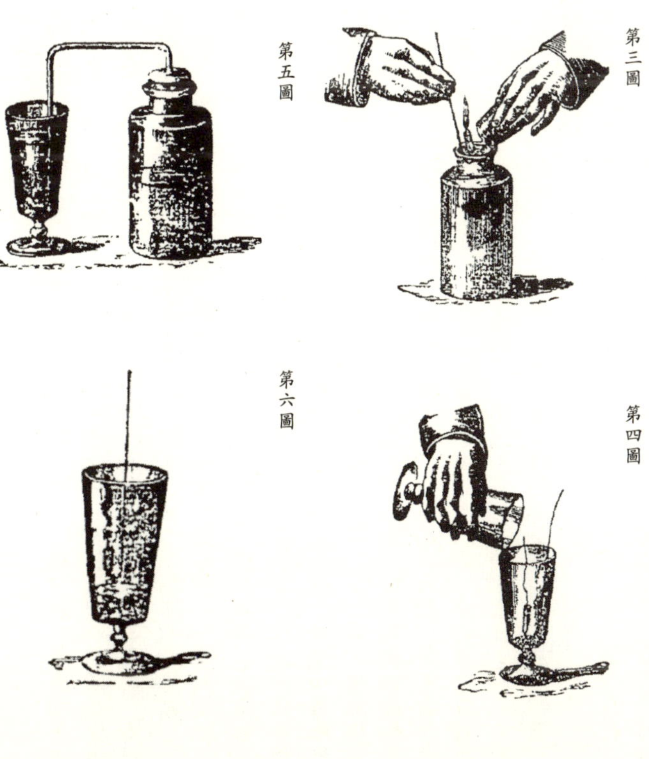
第三圖
第四圖
第五圖
第六圖

其四水氣　水氣爲水面常發之汽，□沸水氣，後仿此。天熱不可見，冷則易見。熱時以水傾於地面，水即化汽，升入空中。天陰此氣較多，天乾此氣較少。

空氣所含以上四種氣質比例恒略同。有化學家魯殺克乘輕氣球升至高四英里處，每英里畧中國三里。以瓶取空氣若干，又於高山頂及城內鄉間各取空氣若干，化分試之，其四種氣質比例略同。又西歷一千八百五十二年，有化學家回勒司，在山頂高一萬八千尺處取空氣化分之，每百分含養氣二十分八八。又於平原取空氣化分之，每百分含養氣二十分九二。可知其差無幾也。此四種氣質足爲全地上動物植物之用，惟養氣與淡氣居多，而炭養二氣與水氣爲數甚微。

略言之，每淡氣四立方寸，有養氣一立方寸配之。詳言之，每淡氣七十九分，有養氣二十一分配之。

昔有人推算地球上空氣所含養氣總數，約一千萬萬萬噸。動物、植物并燒物等，每年共需養氣約十萬萬噸，可見百年所用者，不過萬分之一耳。

空氣内之炭養　氣甚少，每空氣五千立方寸含炭養二氣約二立方寸，此就地面而言。若山高八千尺至一萬尺處，炭養二氣約加一倍。然炭養二氣之數雖少，而植物賴之。如無此氣，則不能生長矣。

炭養二氣比空氣更重，前謂愈高之處炭養二氣愈多，固爲奇事，然使炭養二氣盡沉至地面，聚於深凹處，則動物植物俱不聊生。惟空氣内有風流通，能調動各氣互相融和，且各氣質原有彼此相合之性，雖無風鼓動，亦能和勻。譬如酒輕於水，似不相投，乃有相合之性，故兩物自能相和。若無相合之性則否，如汞與水相調，立即分離，是無相合之性也。所以兩種氣質相遇，雖有輕重之別，亦能自相融和，重率愈不同，則融和愈速。如緑氣比輕氣重三十六倍，而相遇時立即相合，終不自分。所以空氣内之輕氣雖至輕，而不能升至高處浮於重氣質之上。炭養二氣雖重於別種氣，亦不能降至低處，沉於輕氣質之下。故無論地球面或高或低，輕氣與炭養二氣等其比例恒略同。推此理，則知地面所生之炭養二氣或升或降，自能以彼多此少而調補之，然後空氣始能合於動植各物之用。但有數處地面凹而深者，恒發炭養二氣，其氣不及上升，則日久而積聚甚多，如有人或禽獸行至，則不免於死亡。又有山頂高處，炭養二氣比低處更多者，是因地面之深林叢篠，及海面之水俱收炭養二氣甚多，而高處炭養二氣不及下降補之，故有高處多、低處少之事也。其事固甚奇異，其理亦易解已。

空氣内所含水氣，有關於各處水土之冷熱。冷則水氣少，熱則水氣多。論其大略，空氣最熱時，每六十立方寸含水氣一立方寸。空氣最乾時，每二百立方寸含水氣一立方寸。

如欲明空氣内之炭養二氣，可將石灰水盛玻璃器内，待數時，則其水收炭養二氣而面生白皮，是爲鈣養炭養二。即白石粉。如欲明空氣内之水氣，天熱時以冰水傾瓶内，則瓶外有凝結水點如露，是即空氣中水氣遇冷而成。以上所言空氣内四種氣質，缺一不可，而各氣質之比例，恰合於動植各物之用，稍損益之，則動物植物均受其害，不久即滅。

雜録

黎庶昌《西洋雜誌》卷五《輕氣球》　上年巴黎大會時，有一大氣球，予未及上。會畢後，聞英國欲買此球，以爲探北極之用，價六萬佛郎。議成而錢久未付，復爲法人索回，安置於舊王宫内，備禮拜日游人坐而上昇，予亦隨衆一試。球下懸大圓木筐，護以鐵闌，爲站立處，可容五十人。中心正空，有一巨如手臂之麻繩墜繫，長五百買特爾，力能受二十頓。容球之池心，安一大機環以爲管約，使可動蕩自如。引其繩於百步外，用螺旋鐵軸收放，三百匹馬力之汽機進退之。軸心徑三尺許，長可三丈，繩軸共重四萬吉羅，三器價值八十萬佛郎。欲坐者納十佛郎買票，上升在空中五分時，一人舉紅旗數繞，即徐徐而下。升降時微覺身中發熱，若有風則增頭暈。司球者以表驗其輕氣，若過漲足，則曳小繩洩之。臺上作樂爲節。既下，則人受一徑寸大之銅錢，面鑄球形，極其精致，用爲記念。球皮用布縫成，塗以印度膠、松香、白油，日曬雨淋不易敗壞。其大徑三十五買特爾，圍圓一百零五買特爾，容輕氣二萬六千建方買特爾，空中壓力每建方買特爾重一百吉羅。司球者云，若無繩，可升至四五千買特爾，再上則人不能呼吸矣。此球因有繩繫，故下降時不用洩氣。間一二日微有走漏，則增氣填實之，晝夜兼放。後二十餘日，余正擬乘夜再升，而其球爲外繩磨破，輕氣走出，不能用矣。幸其破時在夜深，未曾傷人。貫氣之法，球下有一管，徑六七寸，長可二丈。先將球皮置平地，外絡綱繩，方目不過一尺。引皮管套於鐵筒上，用繩紮緊，用煤氣貫入，球即漸漸浮起。慮其偏重，四面皆挂沙袋墜之。候其漲足，則去沙袋而聯以大索，然後繫筐籃而坐以上升。予曾在伯爾靈敷諸園内見之，並記於此。

應用化學部

論説

張之洞《增設洋務五學片》《張文襄公全集・公牘》 再，近來萬國輻湊，風氣日開，其溺於西人之説喜新攻異者固當深戒，然其確有實用者亦不能不旁收博采，以濟時需。查西學門類繁多，除算學曩多兼通外，有鑛學、化學、電學、植物學、公法學五種，皆足以資自强而裨交涉。查外國以開鑛爲富國首務，以中國地產至蕃，而銅鐵鉛煤之屬多從洋購。其招商開鑛者擇之不精，取之不盡，理之又不得其人，往往虧本無效，視爲畏途。將來鐵路創興，用鐵益廣，輪船日富，用煤益多，縱一時未能遠銷外國，總當使中國之材足供中國之用，此鑛學宜講也。提煉五金，精造軍火，制作百貨，皆由化學而出。今各省開局製造之事甚繁，而物料之涉於化學，不能自製自修者，仍必取資外洋；且不通其理，則必不盡其用，此化學宜講也。電之爲用，若電綫、電燈、電發雷礮之屬，最裨軍政。今各省用電之事甚多，而生電之機、發電之氣、製電之藥，亦皆仰給外洋，此電學宜講也。聖人教民樹藝，後世抑爲農家，西人竊其緒餘而推闡之，遂立植物一學。析其物類性質，辨其水土宜忌，勒爲成書。天時之窮，濟以人力；人力之窮，輔以機器，於是國無棄地，地無遺力。農桑爲生民之本業，方今生齒日多，灾沴時有，豈可不亟爲經營？此植物之學宜講也。泰西各國以邦交而立公法，獨與中國交涉，恒以意要挾，舍公法而不用。中國亦乏深諳公法，能據之以争者。又凡華民至外洋者，彼得以其國之律按之，而洋人至中土者，我不得以中國之法繩之，積久成憤，終滋事端。夫中外之律用意各殊，中國案件，命盜爲先而財產次之；泰西立國畸重商務，故其律法於凡涉財產之事，論辯獨詳。及其按律科罪，五刑之用、輕重之等，彼此亦或異施。誠宜申明中國律條，參以泰西公法，稽其異同輕重，衷諸情理至當，著爲通商律例，商之各國，頒示中外。如有交涉事出，無論華民及各國之人，在中土者咸以此律爲斷，庶臨事有所依據，不致偏枯。顧欲爲斯舉，非得深諳中外律法之人不可，此公法之學宜講也。凡此數端，皆爲有益自彊之務。今粤省既設水陸師學堂以儲武備人材，則此數種學藝亦應及時講習，以期相輔而行。臣已電致出使英國大臣劉瑞芬，分別募致鑛學、化學、電學、植物學、公法學五種洋教習各一員來粤教授。水陸師學堂屋宇寬敞，應即令新立五學附設其中。此項學生擬各以三十名爲額，五項共額設一百五十名。惟鑛學、公法兩項人員，在其國皆食優俸，募作教習，薪費必倍尋常。凡習公法者，於精通該國語文以後，尚須兼習希臘、臘丁二國語文，則此項學生未便以新招者當之，以致縻費多而收效遲。現由閩廠酌調已通英國語文及各項算學之上等學生五六十名，更就上海廣方言館及廣東同文館考校録取，以充斯選，可期事半功倍。除應行拓建堂舍，購置各項書籍、儀器、畫具、文具、藥料之屬，暨按月所需經費悉由總辦水陸師學堂道員吴仲翔等分別籌計另案咨部外，所有增設洋務五學情形，謹附片具陳，伏祈聖鑒。

又張之洞《勸學篇》《張文襄公全集》卷二〇三 勸農之要如何？曰講化學。田穀之外，林木果實一切種植、畜牧、養魚皆農屬也。生齒繁，百物貴，僅樹五穀，利薄不足以爲養。故昔之農患惰，今之農患拙。惰則人有遺力，所遺者一二；拙則地有遺利，所遺者七八。欲盡地利，必自講化學始。《周禮・草人》掌土化之法，實爲農家古義。養土膏，辨穀種，儲肥料，留水澤，引陽光，無一不需化學。又須精造農具，凡取水、殺蟲、耕耘、磨礱，或用風力，或用水力，各有新法利器，可以省力而倍收，則又兼機器之學。西人謂一畝之地，種植最優之利可養三人。若中國一畝所產能養一人，亦可謂至富矣。然化學非農夫所能解，機器非農家所能辦，宜設農務學堂。外縣士人各考其鄉之物產，以告於學堂，堂中爲之考求新法新器。而各縣鄉紳有望者、富室多田者試辦以爲之倡，行而有效，民自從之。《上海農學報》多采西書，甚有新理新法，講農政者宜閲之。昔者英忌茶之仰給於華也，印度錫蘭講求種茶無微不至。自印茶盛行，茶市日衰，銷路僅恃俄商。大率俄銷十之八，英美銷其一二。緣茶中含有一質，澀而兼香，西人名曰膽念，印茶惟膽念較華茶略少，故俄尚食華茶。若再數年，印茶日精，恐華茶無人過問矣。此茶户種茶不培，摘芽不早，茶商不用機器，烘焙無法之弊也。光緒二十年，湖北、湖南兩省合力以官款買茶三百二十箱，附俄公司船運赴俄境，自銷之。西路水運銷阿疊薩，託出使許大臣交俄行代售；東路陸運銷恰克圖，託俄商佘威羅福代售。除茶價、運費、關稅外，西路贏餘得息一分，東路贏餘得息五分。若使我自有公司在彼，其利必更饒餘可知也。絲之爲利比茶尤多，十年以前，西洋各國用華絲者十之六；三年以内，日本絲銷十之六，意國絲十之三，華絲僅十之一。且本貴則價難減，價昂則銷愈滯。此由

養蠶者不察病蠶，售繭者多攙壞繭，繭耗既多，成本自貴之弊也。外國種棉分燥土、濕土兩種，長莖宜濕地，短莖宜燥地，種植疏闊，故結實肥大。種子三粒爲一窠，長至四五寸，留壯者一株，其餘拔去。每莖相距横三尺三寸，縱一尺三寸。洋布洋紗爲洋貨入口第一大宗，歲計價四千餘萬兩。自湖北設織布局以來，每年漢口一口進口之洋布已較往年少來十四萬匹。特是洋紗最精有四十號者，而華棉絨短紗粗，以機器紡之，僅能紡至十六號紗止，以故不能與洋紗洋布敵。購洋棉子種之，多不蕃茂，此由農夫見小，種棉過密，又不分燥濕之弊也。麻爲物賤，南北各省皆產，然僅供緝繩作袋之用，川、粵、江西僅能織夏布耳。西人運之出洋，攙以棉則織成苧布，攙以絲則織爲紬緞，其利數倍。此由漚浸無術，不能去麻膠，又無攙絲之法之弊也。湖北現設製麻局於省城外，以西法爲之，若有效，各省可仿行。絲、茶、棉、麻四事皆中國農家物產之大宗也，今其利盡爲他人所奪，或雖有其貨而不能外行，或自有其物而坐視内灌，愚懦甚矣。惟種稻，西人謂其勤力得法。西法植物學謂土地每年宜换種一物，則其所吸之地質不同，而其根葉壞爛入土者其性各別，又可以補益地力。七年一周，不必休息，而地力自肥，較古人一易再易三易之法更爲精微。此亦簡顯易行者也。

陳熾《續富國策》卷二《礦書》 廣采羣金説

泰西地學家攷金類之脈皆熱變所成，有因地震地動地心之真火上騰而變者，有因火山噴發所噴之流汁經過地面而成者。故各種金脈多在裂縫之中，分堛分層，較然可辨。惟大地震動，火山涌流，古險而今夷，古多而今少，形勢遷變，處處不同。然細意察之，遺蹟宛成，自有一定之土石。先辨土石以驗礦金，如象罔求珠，百不失一，此泰西礦學所以精於中國也。地產之金共有四十餘種，罕見者二十餘種餘，皆恒見而恒用之者。論其用，以銅錫爲最先。論其產，以鐵爲最富。論其結成之候，以黄金、白金爲最遲。太古之人礪石爲兵，以禦毒蛇猛獸，有智者出，采用銅錫鑄成利器，遂以稱雄地上垂二千年，所謂蚩尤作五兵、聖帝明王因而用之弗能廢也。黄帝首山采銅製爲錢幣，太公九府廣鑄泉刀，嗣後五銖三銖、布貨莢錢之類沿用至今，銀錢、鐵錢、錫錢、貝錢、盧卑菊花、騎馬王面之屬通行海外，而其法皆自黄帝開之。允矣中國萬邦之首，夐哉黄帝百王之首，千秋萬古無異詞焉。錫之爲器，雖亞銀銅而利用宜民，雕文鏤采陳之几席，亦堪媲美敦槃。則錫礦宜開。鉛以入藥，和之鑄錢。今市中白銅皆參鉛質，體柔而韌，漲縮隨心，故槍礮之彈皆有銅子、鋼子、鐵子之不同，而内必含鉛。剛柔相濟，始不致擠裂礮管，爆炸傷人。鉛固生人之物，亦殺人之具也。且其性柔，善入礦内，常含貴金而銀爲最富，則鉛礦宜開。自餘西人之所稱爲金類者，則汞也，鋅也，鉍也，銻也，鈷也，鎳也，錳也，鋁也，鈣也，鉀也，或爲照相之神方，或備醫宗之妙藥，或爲製器尚象生長植物之要需，必有專家乃窺秘鑰。而鋁之用爲最廣，其物爲最奇，此物取之土中，大地之土幾無處無鋁。美國化學家搠得之，其色白，其質輕，華人呼爲洋白銅者是已。金類之質一經養氣剥蝕消磨，除金銀外皆含毒性。如銅，則有緑也，鐵則有鏽也，鉛錫則有屑與皮也，惟鋁金不受消磨，不含毒質。飲食之器鍍鋁一層，則積久收藏毫無流弊，醍醲肥膩入口如新。西人食器羹匙，大小輕重無不鍍者。並有人推廣此意，以鍍槍子礮彈，能令傷人，入肉之後不致潰爛成瘡，取出鉛丸，長合如故。其運售中國之馬口鐵皮，亦皆鍍鋁，故鐵鏽甚稀也。雖贋作鍍銀，亦藉以售其欺詐，而養人利物實有莫大之功。蓋純土之精，作甘以濟世，於五金而外，別擅全能，不可不知取用者也。至西人之所稱非金類，爲中國所知者，如磺也，硝也，砒也，雄黄也，硃砂也，石膏也，石灰也，硼砂也，石鍾乳也。此外中國不知其名而確有大用者，尚數十品，皆雜於各礦之中。華人視若泥沙，一律棄擲，西人熟精格致，審其質，辨其性，嘗其味，察其形，化而分之，提而煉之，取而裁之，配而合之，或用以入藥，延年卻病卓著奇功，或製爲滋培植物長養動物之良方，遂能改變肥磽增添種類。每覓一新物，得一新法，必求其有利於物，有益於人，上養天地之和，下彌陰陽之憾，所謂朽腐化爲神奇者也。雖未知與古聖王仰觀俯察裁成輔相之心同異若何，大小若何，而盡屏虚無，歸諸實用，較諸釋氏末流之弊，致印度全國之人念佛談空積貧積弱，甘以身飼毒蛇猛獸而不辭者，其智愚賢不肖何如也。西藏偏地金礦，土番佞佛齋僧惛然悍然不肯開采，今又將爲印度續矣，可勝歎哉。

綜述

徐朝俊《自鳴鐘錶圖説》 鐘錶瑣略

按五金情性，銲藥包金蘸火諸法，凡攻金之工，類多通曉。兹取工匠所不及講求，而爲鐘錶所專需者，畧識數條如左。

凡作鐘錶之銅，須將雜用熟銅板鎔去渣滓，則色潤而質高。案，黄銅鎔鑄一

次，則其質便高一層，鉛錫亦然。但銅質太高則敲打易裂，不可不知。

一，黄銅經礬水煮沸則色成紫紅，或用於夾板底蓋，頗見雅致。

一，黄銅銼光，用火逼之便成赤金色。

凡銅鋼淬水則硬，獨紅銅淬水則柔，作指南針帽，不可不知。

一，鑄鐘碗向用脱沙，近命鑄銅杓。人仿其法用硬脱亦佳。向用銅料，將紅銅一觔、好錫四兩配合鎔和，近用碎鑼鈸鑄亦響。一説畧加白銀，則其聲清越。凡初鑄就時，切勿置潮濕處，經濕則聲喑。

一，打鋼軸不得蠻用猛火，最忌夾灰。

凡純鋼事件，用汕銼銼光，另用鐵板置火上逼之，便成燕子青色，頗覺可觀，并難銹蝕。

一作指南針鋼，必宜蘸火，若如現成鐵絲，儘養磁石經年，終不能得指南之性。

一，銅上欲鍍金銀，其法不一，總以肥烏梅爲要藥，蓋銅性喜酸故也。余向以噴銀之法爲便，故常用之。即欲包金，亦必以噴銀作地。法用銀屑一錢，黑官鹽一兩，搓和裝入泥罐，武火鎔和，傾出候冷，研細待用。先將銅事件用烏梅水浸透，臨時仍用酸水在瓦罐中煎至三四沸，以所台銀屑細細滲勻，有薄而未到處再煎再滲，取出拭乾，以軟稻草殼擦之使亮。

一，銲藥之方不一。于鐘錶中，銀銲爲良，配合之法用菜花銅六分、紋銀四分，則老嫩恰好。銅銲藥近于銅舖中，有合就者買用。

一，燒錶泡法。用薄浄洋玻璃剪圓，平置泥罐上，用武火燒紅。初燒時，當于罐上蓋一鐵片以遮炭灰，燒至火盛灰滅，輕輕取起鐵蓋，看其火候，約沉下已成泡形，即連罐取置乾浄竈灰内。須不透風，如見風及唾沫即碎。候冷取出，用寶砂磨邊覅嵌，邊要磨得極光，否則嵌緊易碎。

一，裁玻璃。先于玻璃上，欲裁若何樣式用墨畫形。次以橄欖烙鐵燒紅依墨線劃之，即屈曲兩開。其開裂難在起首，如起首不開，可于烙鐵烙熱之邊求以微唾，即裂。裁到將畢，臨邊則移烙須速，否則有不炤墨痕斜迸之慮。

劉嶽雲《格物中法》卷四《土部鹵類》

嶽雲謹案，以下所列，西人謂之鹻土屬，今依中國書名命之。

鹻

冬灰，即今浣衣黄灰耳。燒諸蒿藜，積聚煉作之。性亦烈，荻蒿尤烈。《名醫別録》。

冬灰，乃冬月竈中所燒薪柴之灰也。專指作蒿藜之灰，亦未必然。今人以灰淋汁取鹻，浣衣，發麪令皙，治瘡，蝕惡肉，浸藍靛染青色。《本草綱目》。

石鹻，出山東濟寧諸處。彼人采蒿蓼之屬，開窖浸水，漉起曬乾，燒灰，以原水淋汁，每百引入粉麪二三斤，久則凝淀如石。連汁貨之，四方澣衣、發麪，甚獲利也。他處以竈灰淋濃汁，亦去垢、發麪。《本草綱目》。

嶽雲謹案，此西人所謂鉀養炭養二也。今南方所貨者是。

自然灰生南海畔，狀如黄土。灰可澣衣，琉璃、瑪瑙、玉石以此灰埋之，即爛如泥，至易雕刻。藏器《本草》。

嶽雲謹案，西人言鹻有二種，一種鉀養炭養二，一種鈉養炭養二。今北土所貨鹻，皆掘土淋水凝結而成，正是鈉養炭養二，以爲出南海，迂矣。

晉寧硝鹻歲課二十六錠七兩四錢。《元史》。

鹻出定襄，土多斥鹵，居人刮而煉之。《山西通志》。

鹻隨地有之《天鎮縣志》。

晉王灘在蒲城縣東南三十里洛北崖附近，地出鹻，較諸灘味厚且饒。貧家采熬之，注水結塊，名鹻墮。涇原諸邑多用之，惟晉王鎮一區有焉，遇澇則減。《西安府志》。

已上出産煉治形性。

涚水，以灰所泲水也。《周禮·㡛氏》：以涚水漚其絲。鄭玄説。

湅帛，以欄爲灰，渥涫其帛。《周禮·㡛氏》。渥，讀如鄫人渥菅之渥。以欄木之灰，漸釋其帛也。《周禮注》。

嶽雲謹案，欄音練，即楝樹也。用草木之灰淋水以浣，古人早知之矣。

楝木名子，可以浣衣。《玉篇》。

攻玉以石，澣布以灰。《御覽》引仲長子昌言。

凡浣故帛，用灰汁則色黄而且脆。擣小豆爲末，下絹簁投湯中以洗之，潔白而柔肕，勝皁莢矣。《齊民要術》。

凡雕刻琉璃，先以自然灰煮令輭。《酉陽雜俎》。

嶽雲謹案，此與陳藏器語同。今玉工煮玉、提油，以木炭灰和水煮之。蓋玉得灰則文理漲開，故污易出，色易入。欲紅，以紅色入之。欲緑，以緑色入之。不必自然灰也。

作胰子法，用猪羊油，或鵝油，雞鴨油亦可。先以鹻提浄，用鹻若干，水融化，加石灰少許，澄去其脚，置另釜中。入油，微火煉濃，傾盤中。再晾乾，切成塊。粗者不用提浄，加油錘之，令相合。或加觀音粉，易成塊。《徽州戴某言》。

嶽雲謹案，今西人作肥皁法大畧倣此，加精。

石灰草鹻，能于水中發火。《感應類從志》。

嶽雲謹案，二物相和不能發火，古人語簡。蓋謂用石灰提鹻，得鉀養，再煏成鉀，見水立即發火。今碰水雷中用之，豈知爲中國舊法哉。

已上功用。

凡海水自具鹹質，海濱地高者，名潮墩，下者名草蕩地，皆産鹽同一海鹵傳神，而取法則異。一法，高堰地潮波不没者，地可種鹽。種户各有區，畫經界不相侵越。度詰朝無雨，則今日廣佈。稻麥藁灰及蘆茅灰寸許於地上，壓使平匀，明晨露氣衝騰，則其下鹽茅勃發，日中晴霽，則鹽一併掃起淋煎。一法，潮波淺被地，不用灰壓，候潮一過，明日天晴半日，曬出鹽霜，疾趨掃起煎煉。一法，逼海潮深地，先掘深坑，横架竹木，上鋪席葦，又鋪沙于葦席之上，俟潮滅頂衝過，鹵氣由沙滲下坑中。撤去沙葦，以燈燭之，鹵氣衝燈即滅，取鹵水煎煉。總之功在晴霽。若淫雨連旬，則謂之鹽荒。又淮場地面，有日曬自然生霜如馬牙者，謂之大曬鹽，不由煎煉，掃起即食。海水順風飄來斷草，勾取煎煉，名蓬鹽。凡淋煎法，掘坑二箇，一淺一深，淺者尺許，以竹木架蘆席于上，將埽來鹽料，不論有灰無灰淋法皆同。鋪於席上，四圍隆起作一隄壋形，中以海水灌淋滲下淺坑中。深者深七八尺，受淺坑所淋之汁，然後入鍋煎煉。凡煎鹽鍋，古謂之牢盆，亦有兩種制度。其盆周闊數丈，徑亦丈許，用鐵者，以鐵打成葉片，鐵釘拴合其底，平如盂，其四周高尺二寸，其合縫處一經鹵汁結塞，永無隙漏，其下列竈，燃薪多者十二三眼，少者七八眼，共煎此盤，南海有編竹爲之者，將竹編成闊丈深尺，糊以蜃灰附于釜背，火燃釜底，滚沸延及成鹽。亦名鹽盆。然不若鐵葉鑲成之便也。凡煎鹵未即凝結，將皂角椎碎，和粟米糠二味，鹵沸之時，投入其中，攪和，鹽即頃刻結成。蓋皂角結鹽猶石膏之結腐也。凡鹽，淮揚場者，質重而黑，其他質輕而白，以量較之，淮場者一升重十兩，則廣浙長蘆者只重六七兩。凡蓬草鹽，不可常期，或數年一至，或一月數至，凡鹽見水即化，見風即鹵，見火愈堅，凡收藏不必用倉廩。鹽性畏風，不畏濕。地下疊藁三寸，任從卑濕無傷，周遭以土磚泥隙，上蓋茅草尺許，百年如故也。《天工開物》。

附予監台州杜瀆鹽場，日以蓮子試滷。擇蓮子重者用之，滷浮三蓮四蓮，味重。五蓮尤重。蓮子取其浮而直，若二蓮直，或一直一横，即味差薄，若滷更薄，即蓮沈于底，而鹽煎不成。閩中之法以雞子、桃仁試之，滷味重則正浮在上，鹹淡相半，則二物俱沈。與此相類。《西溪叢語》。

嶽雲謹案，海鹽煎淋，大抵不出以上諸法。元陳椿著《熬波圖》，爲圖四十有七，凡曬灰打滷之方，運薪試蓮之細，纖悉畢具。其書未見。凡鹹水之浮力，大於淡水之浮力，故用石蓮以試水中含鹽之多寡。海水内所含碘溴等雜質，從熬時化氣而散，所含鎂質仍在滷中，故用皂角以分鎂質。然初次所得，尚不能浄，須再提浄，始能純白。然惜工惜費者多，斯淮南鹽所以不佳也。鹽中又含有鈣質。

已上海鹽。

【略】

井及七八十丈而得鹹者爲草皮水，量水一椀可燒鹽四五錢，積二百八十椀爲一擔，可值銀五六分。井及百二三十丈而得鹹者爲黄水，椀燒鹽一兩零擔值銀一錢零，井及二百六七十丈，而得鹹者爲黑水，椀燒鹽二兩零，擔值銀三錢零。椀與擔有大小，水有鹹澹，率以三等爲差，其值視鹹之輕重而增減之。草皮水者，鹹輕者也。井至二百六七十丈而鹹極。草皮火者，火之弱者也，井至二百六七十丈而火旺。《自流井記》。

凡已未成之井，均不能無病。有病必停工，謂之掛井，因其病而治之。如落大銼者，用埽鐮。落小銼者，用偏尖。落筒者，用木龍。落索者，用穿魚刀。落篾者，用獨脚棒。其器之機巧，不能名狀，有時神明變通，並不能拘成法也。又有走巖、流沙、冒白諸病。走巖者，以油灰補之。流沙、冒白，當俟沙盡水乾，否則不能治矣。《自流井記》。

井之衰旺，以地氣論，視乎年之久暫，以人事論，係乎運之否泰。有鑿三百餘丈不見功，更他姓而成者。有極旺之水火，易一人而衰者。鑿井之功費，淺井以千計，深井以萬計，有費至三四萬而不見功者。《自流井記》。

嶽雲謹案，鑿井爲中國最古之法，如欲察知地底有金類之礦與否，亦可以此法逐漸察其形迹。如欲開自升之井泉，見《管子》。亦可以此法爲之。富順王茂才言，鑿法甚簡易，所用繩必堅固，以其常受扭力，爲土石所磨也。所用鑿必上等鋼者，否則遇各種堅石，不能鑿開。取泥沙之筩内皮舌門，有繩引之

達於井外，初下時以手引繩，時時拽之。俟泥沙碎石既滿，則放繩，而舌門爲泥沙所壓，故可不洩。取出井口，放去泥沙，再放入井。俟泥沙盡，再鑿。亦有用球形之木，置於筒中爲舌門者。若繩鑿偶斷，亦不難取。惟已鑿成井之四周，或遇沙土層，則不能膠固，往往卸下，壓住其鑿，甚糜費工夫。故用大竹爲井牆，節節放下，然後再鑿。凡地内遇輭沙，最易鑿。又云，初時衹用人力動桿，現在多用牛馬力爲之，以上王茂才言。與《蜀中方物記》大致相同。而李榕《自流井記》爲最明析。西人鑽地之法，蓋即得之蜀省也。

已上井鹽。

凡地鹻煎鹽，除并州末鹽外，長蘆分司地土人亦有剖削煎成者，帶雜黑色，味不甚佳。《天工開物》。

濱州有土鹽，煎煉草土而成，其色最麤黑。蘇頌《本草》。

并州河北所出，皆鹻鹽也。刮取鹻土煎煉而成。《本草綱目》。

山西諸州平野，及太谷榆次高亢處，秋間皆生鹵，望之如水，近之如積雪。土人刮而熬之爲鹽，微有蒼黄色者，即鹵鹽也。《本草綱目》。

嶽雲謹案，刮取鹻土煎鹽，自古有之。故《神農本草》列有鹵鹹一條，蘇頌云，并州人刮鹹煎煉，不甚佳，即鹵鹹也。是也。而宏景《别録》不能詳考，本草諸家遂無知鹵鹹與大鹽之分，良可歎也。唐憲宗時，皇甫鎛加劍南東西兩川山南西道鹽估以供軍。盜刮鹻土一斗，比鹽一升，州縣團保相察。是諸處並有鹻土也。本經以大鹽爲甘鹹、寒，鹵鹹爲苦寒。考《周禮・鹽人》：祭供其苦鹽、散鹽，賓客供其形鹽，王之膳羞供其紹鹽。苦鹽即本經之鹵鹹，散鹽即本經之大鹽。形鹽、紹鹽則鹽之經製造者。苦字一作盬，與鹽爲二種，其所以苦者，由含鎂之質，未經提浄故也。

已上鹻土鹽。

【略】

敝箄淡鹵，烏賊骨亦淡鹵。《炮炙論》。

以浸魚肉，則能經久不敗。以霑布帛，則易致朽爛。所施各有所宜也。《名醫别録》。

鹹走血，故東方食魚鹽之人多黑色，走血之驗可知。其燒剥金銀，鎔汁作藥，仍須解州大鹽爲佳。宗奭《本草》。

能收豆腐。《本草綱目》。

戎鹽乾汞制丹。《丹房鑑源》。

鹵鹽制四黄作銲藥，同硇砂罨鐵，一時即軟。《丹房鑑源》。

治金以鹽。《物類相感志》。

嶽雲謹案，今銀工猶用之，西人則用鹽强水，實一理也。

已上形性功用。

又《土部石類》

無名異

生川廣深山中，而桂林極多。一包數百枚，小黑石子也。似蛇黄而色黑，近處山中亦時有之。《本草綱目》。

嶽雲謹案，此西人所謂錳養$_2$，煆之則色椶。

已上出産形性。

用以煮蟹殺腥氣，煎煉桐油收水氣。《本草綱目》。

無名止楚截指，而似去甲毛。《炮炙論序》。

打傷腫痛，無名異爲末，酒服，趕下四肢之末，血皆散矣。《集驗方》。

嶽雲謹案，此物，化學用之，中國惟外科用。至煎煉桐油，多用密陀僧，少用無名異。

已上功用。

砒石

今近銅山處亦有之，惟信州者佳，其塊有甚大者，色如鵝子黄，明澈不雜。此類本處自是難得之物，一兩大塊，真者人競珍之。蘇頌《本草》。

今信州鑿坑井，下取之。其坑，常封鎖，坑中有濁緑水，先絞水盡，然後下，鑿取生砒，謂之砒黄，色如牛肉，或有淡白路。《本草衍義》。

衡山所出一種，力差劣於信州者。陳承《本草别説》。

嶽雲謹案，此西人所謂鉮也。中國以出信州謂之信石，今北方亦有之。色紅成塊者謂之紅礬，緑色者，砒銅雜質。黄色、紅色者，砒硫雜質非純砒也。錫礦夾砒，間有純者。

已上出産。

今市貨者取山中夾砂石者，燒煙飛作白霜。《本草别説》。

取法，將生砒就置火上，以器覆之，令煙上飛著器，凝結纍然下垂，如乳尖者入藥爲勝。《本草衍義》。

凡燒砒，下鞠土窯，納石其上，上砌曲突，以鐵釜倒懸，覆突口，其下灼炭舉火，其煙氣從曲突内熏貼釜上，度其已貼一層，厚結寸許，下復息火，待前煙冷定，又舉次火，熏貼如前。一釜之内數層已滿，然後提下，毁釜而取砒。故今砒有鐵砂，即破釜滓也。凡白砒只此一法。紅砒，則分金爐内銀銅腦氣有閃成者。《天工開物》。

嶽雲謹案，此西人所謂鉀養三也，中國謂之砒霜。其色潔白，若紅色者，砒雜質也。

已上煉冶。

初燒霜時，人在上風十餘丈外。立下風，所近草木皆死。又以和飯毒鼠，其死鼠貓犬食之亦死，毒過於射罔遠矣。《本草別説》。

燒砒之人經兩載，即改徙，否則鬚髮盡落。《天工開物》。

晉地菽麥，必用拌種，且驅田中黄鼠害。寧紹郡稻田必用蘸秧根，則豊收也。《天工開物》。

此乃錫之苗也，故新錫器盛酒日久能殺人者，爲有砒毒也。《本草綱目》。

辛酸，大熱，有大毒。《本草綱目》。

畏緑豆、冷水。《大明本草》。

砒石，用草制煉，出金花成汁，化銅乾汞。青鹽、消石，皆能伏砒。《土宿本草》。

若得酒及燒酒，則腐爛腸胃，頃刻殺人，雖緑豆、冷水亦難解矣。今之收瓶酒者，往往以砒煙熏瓶，則酒不壞，其亦嗜利不仁者哉。此物不入湯飲，惟入丹丸。凡痰瘧及齁喘，用此真有劫痰立地之效。但須冷水吞之，不可飲食杯勺之物。静卧一日或一夜，亦不作吐。少物引發，即作吐也。其燥烈純熱之性，與燒酒焰消同。氣寒疾濕痰被其劫，而怫鬱頓開故也。今煙火家用少許，則爆聲更大，急烈之性可知矣。《本草綱目》。

嶽雲謹案，砒石疑即礜石也。《説文》有礜字，無砒、磇字。磇字，始見於《集韻》，云磇霜，石藥，出《道書》，亦作砒。是礜字最古，而磇爲後出之字。《説文》以礜爲毒石，出漢中。《山海經》亦言，西山，臯塗之山，有白石名礜。《周禮》注今醫方有五毒之藥，作之，合黄堥置石膽、丹沙、雄黄、礜石、慈石其中，燒之三日三夜，其煙上著，以雞羽掃取之，以注創，惡肉破骨則盡出。《神農本經》列之下品，決非不經見之藥。郭璞注《山海經》言，鼠食之死，蠶食之肥，必確有所據而言。陶宏景《别録》言之亦甚詳晰。是晉時，此物尚多，何以後來迷其形狀？而砒石自宋《開寶本草》始入藥用，治瘧及齁喘如神。其他用處亦多，何以古無其物？所謂置水不冰及毒鼠乾汞，二物相同？《丹書》言，礜石化爲水，服之長生，與服砒石長生亦同。胡孜《漁隱叢話》云，長安驪山之礜石泉，又云有砒石處亦有湯泉，則二物似是一種。疑古名礜石，後名砒石，世但從其後出之名，相承久久，忘其所自耳。李時珍《綱目》但博采諸書，而於礜石並未真知灼見，與段玉裁注《説文》，直云今世無此物者何異。後人仿《周禮注》燒取五毒，徑以砒石代礜石，極爲得效，則以礜石、砒石爲古今異名，未必盡非矣。

又案，有以含鐵與砒與硫之一種毒沙指爲礜石者，然其色黑，與各書言白色者不同。毒沙亦有白色者。而雞冠石即雄黄之紅者。即含砒與鐵，但色紅不似毒沙，研成灰黑色。含砒之金石礦甚多。鈷砒礦或紅或白，鈷多則紅，砒多則白。銅砒礦，或黑或緑，亦雜於鎳礦、銀礦、銻礦、鉛礦、錫礦。率皆煉取其金屬，砒則從火飛散。惟砒硫同産者，采供取砒之用，則礜石爲砒礦，砒爲提浄之質矣。有天生砒礦。

已上形性功用。

雄黄、雌黄出階州。雄黄好者如雞冠，色透明可愛。雌黄佳者成葉子，如金色，入乳盍内研，頃刻成粉色，極鮮麗。與韶粉相忌，繪事不可用二物，稍相親，則色淪胥而黑。向在蜀，曾令畫工用之，卷藏數月，已而展翫，其色果然，工亦不曉。《游宦紀聞》。

雄黄變鐵，雌黄變錫。《本草綱目》。

《丹經》謂捉龍伏得雄，言雄黄見火則飛走爲煙焰，最難伏也。其法，用雄黄不拘多少，研細。坩鍋火内煅，令通紅，取出攙雄黄末、焰硝末，急用桃枝攪轉，即成水矣。急傾出瓦堞，微側堞子，則清者一邊，俟凝，取出去麤者，研細，以宿蒸餅爲丸如菉荳大，每服三丸至七丸。如前法伏雄黄末一兩，大約用焰硝一錢，此乃丹竈家祕法，得之甚難。《游宦紀聞》。

雄黄生武都山谷，燉煌山之陽，采無時。《名醫别録》。

今階州，即古武都，山中有之，形塊如丹砂，明澈不夾石，其色如雞冠者真。有青黑色而堅者，名熏黄。有形色似真而氣臭者，名臭黄。並不入服食，只可療瘡疥，其臭以醋洗之便去，足以亂真，尤宜辨。又階州接西戎界，出一種水窟雄黄，生于山岩中有水流處。其石名青煙石、白解石，雄黄出其中，其塊大者如胡桃，小者如粟豆，上有孔竅，其色深紅，而微紫，體極輕虚，而功用更勝，丹竈家尤

貴重之。蘇頌《本草》。

其内有劫鐵石，又號赴矢黄，能劫於鐵，並不入藥用。《炮炙論》。

餌服之法，或以蒸煮，或以酒餌，或先以消石化爲水乃凝之，或以玄胴腸裹，蒸之於赤土下，或以松脂和之，或以三物煉之，如布白如水，可點銅成金，變銀成金。《抱朴子》。

焚之蛇皆遠去。《本草衍義》。

嶽雲謹案，雄黄西人所謂鉀硫三也。玄胴腸，《本草綱目》引作猪脂。

雌黄生武都山谷，與雄黄同山生，其陰山有金，金精熏則生雌黄，采無時。《名醫别録》。

雌黄一塊重四兩，拆開得千重，軟如爛金者佳，其夾石及黑如鐵色者不可用。《炮炙論》。

造化黄金非此不成，亦能柔五金、乾汞、轉硫黄、伏粉霜。《丹房鑑源》。

雌黄見鉛及胡粉則黑。《土宿本草》。

嶽雲謹案，雌黄西人所謂鉀硫五也。

已上砒石與硫和合。

滑石

滑石生赭陽山谷及太山之陰，或掖北白山，或卷山，采無時。《名醫别録》。

滑石色正白，《仙經》用之爲泥，今出湘州始安郡諸處。初取軟如泥，久漸堅强。人多以作家冢中明器物，能熨油污衣物。《名醫别録》。

膋石縣生膋石，因以爲名，今冷石也。古人鑿之爲器用，故號爲五侯石。《寰宇記》。

滑石白黑二種，功皆相似，山東蓬萊縣桂府村出亦佳，故醫方有桂府滑石與桂林者同稱也。今人亦以刻圖畫，不甚堅牢。《本草綱目》。

畫家用刷紙，代粉最白膩。《本草綱目》。

滑石，桂林屬邑及猺峒中皆出，有白黑二種。初出如爛泥，見風則堅，又謂之冷石，土人以石灰污壁，及未乾時，以滑石末拂拭之，光瑩如玉。《桂海虞衡志》。

石州産石深土中，色多青紫或黄白，其質甚輭，頗似桂州府滑石，微透明，土人刻爲佛像及品物，甚精巧，或雕刻圖畫印記字畫，極深妙。《雲林石譜》。

嶽雲謹案，此質西人謂含鎂養與矽養，其石滑膩，易於受刃，故有刻爲印章者，又硯材，亦多含鎂質。

已上出産形性功用。

凡使有多般，其白滑石，如方解石，色似冰白，畫石上有白膩文者真也。烏滑石，似黳，畫石上有青白膩文，入藥亦好。緑滑石性寒，有毒，不入藥用。黄滑石，似金顆顆圓，畫石上有青黑色者，勿用，能殺人。冷滑石，青蒼色，畫石上作白膩文，亦勿用之。《炮炙論》。

嶽雲謹案，又有紅褐色者，含鎂較多，並供製器之用。滑石之緑色者，可粉之爲麤顔料，白色者入面粉用。又石之含滑石者即含鎂。恒有，惟雲石、端石作研材。稍多。

鹽膽水，乃鹽初熟槽中瀝下黑汁也。藏器《本草》。

鹽下瀝水則味苦，不堪食，今人用此水收豆腐。《本草綱目》。

嶽雲謹案，此熬鹽時所餘之水，内含鎂質爲多，亦有溴及鈣養之屬。生於地面之鹽所含鎂質尤多。鹽提不浄則含鎂質而味苦，泉水、井水内亦多含之，飲久則生頸癭餘詳鹽。此同類之質亦産于山。西人取之製鎂原質。

已上滑石雜質。

粉石

龍平縣白土坑在富州城北隅，其土白膩，郡人收以爲貨，終古不竭。今五嶺婦女率皆用之。《太平寰宇記》。

粉坊所作鉛粉，恒以石粉參和。其石，云出太湖，極膩白。其石有小毒。《鄖事綴紀》。

嶽雲謹案，此西人所謂鋇養硫養三、鋇養炭養二石也。

已上出産形性功用。

石

石有數種，尋常製石灰之石爲最鬆之料，不堪建造，祇堪入藥用。《鄖事綴紀》。

嶽雲謹案，中國尋常白石，西人所謂鈣養炭養二也。入藥有收水斂肌之功。凡藥内用牡礪、蛤粉、珍珠之屬，並是用其鈣養炭養二之質。

水中白石，處處溪澗中有之，大者如雞子，小者如指頭，有黑白二色，入藥用白小者。昔人有煮石爲糧法，即用此石也。其法用胡葱汁或地榆根等煮之，即熟如芋，謂之石羹。《本草綱目》。

嶽雲謹案，服石之方極多，昔人已言其害，今並不采。惟所食者，大抵爲鈣養炭養二之質，非凡石皆能服食也，亦非必水中白石，而後可食也。

石麪，益氣調中，食之止饑。《本草綱目》。

觀音粉，生山土內，白如粉，絶細膩。歲荒，鄉人輒掘取之，和麥麪作餅餌以食。但不可多食，多食能令便閉腹重。以其土性滯澀腸胃耳。《處州府志》。

嶽雲謹案，觀音粉産處甚多，荒年充饑，亦各處有之，其質亦鈣養炭養二也。李時珍引唐宋諸史以爲祥瑞，固失之誕，而《處州府志》以爲白善泥，亦失考也。今京師賣麪人有攙入圖利者。

鍾乳，桂林接宜融山中洞穴至多，勝連州遠甚。余遊洞親訪之，仰視石脈湧起處，即有乳牀如玉雪，石液融結所爲也。乳牀下垂，如倒數峰，小山峰端漸鋭，且長如冰柱，柱端輕薄中空如鵝管，乳水滴瀝未已，且滴且凝。此乳之最精者，以竹管仰盛折取之。鍊治家又以鵝管之端，尤輕明如雲母爪甲者爲勝。《桂海虞衡志》。

静江多岩洞，深者數里。岡穴之中，或高不可踰，或下不可隧。石脈滴水，風所不及，悉成鍾乳。風之所及，雖曰結乳，色乃黧黄，不堪入藥。鍾乳之産也。乳牀連延，乳管倒垂，漸鋭而長，滴瀝未已，冰筯成列，長者一二尺，短者四五寸。人以竹管仰插而折取之，煮以七復之重湯，研以三旬之玉槌，試之肌紋以觀其細，澄之灰池而乾其體。日以烜之，其色微輕紅。真者細妙，服之刀圭，淪肌浹髓。凡乳通如鵝管，中無鴈齒，或破如爪甲，文如蟬翼者上也。《本草》所謂石鍾乳是也。管無梢連石牀者，商孽也。乳牀之石，明潔如玉者，孔公孽也。三物本同種。《本草》以石鍾乳居玉石上秩，商孽、孔公孽皆在中秩，其功用必有優劣爾。今廣西帥司所造鍾乳粉，率二孽也。所謂鵝管石，蓋什之一二耳。《嶺外代答》。

以薑石、通石二石推之，則似附石生而麤者爲殷孽，接殷孽而生，以漸空通者爲孔公孽，接孔公孽而生者爲鍾乳。《本草綱目》。

石牀，一名石笋，生鍾乳堂中，采無時。鍾乳水滴下凝積，生如笋狀，久漸與上乳相接爲柱也。陶謂，孔公孽爲乳牀，非也。殷孽、孔公孽在上，石牀、石花在下，性體雖同，上下有別。蘇恭《本草》。

石花是鍾乳滴于石上迸散，日久積成如花者。《本草綱目》。

《列仙傳》言，卬疏煮石髓服，即鍾乳也。《本草綱目》。

嶽雲謹案，山中之水屈曲滲注，得洞穴而下滴，以其滲注之時消化石質，故滴下後，水氣散去，而石質則漸滴漸凝。蘇恭言，其久漸與上乳相接爲柱，與西書所言正同，是乳爲鈣養炭養二之質無疑，入於服食，與服石及服石麪不殊。

紅色爲初結之石，淡緑色爲將蝕之石，白石儘堪作灰用，均不宜於建造，其堅固之白石不及青石，能耐鑿取者佳。《鄙事綴紀》。

已上石質。

以燔石投之。《周禮・壺涿氏》。

嶽雲謹案，燔石，即石灰，辟穢去蟲，故壺涿氏用之，疏謂其聲驚去水蟲，非也。

近山生石，青白色，作竈燒，竟以水沃之，即熱蒸而解，俗名石堊。《名醫別録》。

所在近山處皆有之，燒青石爲灰也，又名石鍛。有風化、水化二種。風化者，取鍛了石，置風中自解，此爲有力。水化者，以水沃之，熱蒸而解其力差劣。蘇頌《本草》。

今人作窯燒之，一層柴或煤炭一層在下，上累青石，自下發火，層層自焚而散。入藥，惟用風化不夾石者良。《本草綱目》。

洪武二十六年，定在京營造局，合用石灰。每歲於石灰山置窯燒煉，每窯一座，該正副石灰一萬六千斤合燒。五尺圍，蘆柴一百七十八束，計七十五工。《明會典》。

凡石灰，經火焚煉爲用，成質之後入水，永劫不壞。億萬舟楫，億萬垣牆，窒隙防淫，是必由之。百里内外，土中必生可燔之石。石以青色爲上，黄白次之。石必掩土内二三尺掘取受燔。土面見風者不用。燔灰火料，煤炭居十九，薪炭居十一。先取煤炭，泥和做成餅，每煤餅一層，疊石一層，鋪薪其底，灼火燔之。最佳者曰礦灰，最惡者曰窯滓灰。火力到後，燒酥石性，置於風中，久自吹化成粉。急用者，以水沃之，亦自解散。《天工開物》。

嶽雲謹案，今京師西山燒石灰者，余嘗詢之，純用白石，不用青黄色石。用劈木爲引火，不必用薪炭，上置煤塊，不用煤餅。發火後，六日成，再冷四日，取出，以塊大而無未燒之石爲佳，成粉則值賤矣。急用，以水沃之，則多未燒之石，其值亦賤。灰露放則自坼碎而無黏性，即西人所謂還收空氣中之炭養二而爲石也，故必藏於無風處，《天工開物》所言多未核實。

又案，此西人所謂鈣養二也，石爲鈣養炭養二之質，經火燒散其炭養二之質，餘爲鈣養。

凡海濱石山傍水處，鹹浪積壓，生出蠣房，閩中曰蠔房。經年久者，長成數

丈，闊則數畝，崎嶇如石假山形象。蛤之類壓入巖中，久則消化作肉團，名曰蠣黄，味極珍美。凡燔蠣灰者，執椎與鑿，濡足取來，疊煤架火燔成，與前石灰同法。黏砌成牆、橋梁，調和桐油造舟，功用皆相同。《天工開物》。

嶽雲謹案，西人謂螺蛤類皆鈣養炭養二之質，中國知之久矣。惟此種尚含燐等雜質，非浄鈣養炭養二也。

石灰性至烈，人以度酒飲之，則腹痛下利，古今多以搆冢用。捍水而辟蟲，故古冢中水，洗諸瘡皆即瘥。《本草別録》。

《別録》及今人用療金瘡止血大效。若五月五日采蘩蔞、葛葉、鹿活草、槲葉、芍葉、地黄葉、蒼耳葉、青蒿葉，合石灰搗，爲團如雞卵，暴乾，末，以療瘡生肌。蘇恭《本草》。

止金瘡血，和雞子白、敗船茹，甚良，不入湯飲。甄權《藥性本草》。

古方多用，合百草團末，治金瘡，殊勝。今醫家或以臘月黄牛膽汁(搜)[溲]和，納入膽中風乾研用更勝。蘇頌《本草》。

石灰，止血神品也。但不可著水，著水即爛肉。《本草綱目》。

凡灰，用以固舟縫，則桐油、魚油調，厚絹細羅，和油杵千下，塞艌。用以砌牆石，則篩去石塊，水調。黏合瓷墁，則仍用油灰。用以堊牆壁，則澄過，入紙筋塗墁。用以襄墓及貯水池，則灰一分，入河沙黄土二分，用糯米、粳[米]羊桃藤汁和勻輕築，堅固永不隳壞，名曰三和土。其餘造澱、造紙功用，難以枚述。《天工開物》。

製灰泥法，用磚屑爲末，白善泥、桐油枯，如無桐油枯，以油代之。莩炭、石灰、糯米膠，以前五件等分爲末，將糯米膠調和得所地面爲磚，則用磚末脱出，趁濕於良平地面上用泥墁成一片，半年乾硬如石磚然。圬墁屋宇，則加紙筋，和勻，用之不致坼裂。塗飾材木上，用帶筋石灰，如材木光處，則用小竹釘簪麻鬚惹泥，不致脱落。《農政全書》。

嶽雲謹案，湖北人鋪地即用此法，俟半乾，劃成大方磚式，不知者以爲磚砌也。

灰，乃青石燒成，内有不著火未過石筋，亦有侵白土及白石末，須用水，碗中試之乃見，惟灰真正則發而堅，不可不慎。王文禄《葬度》。

灰隔法，三分石灰，一分黄土，一分湖沙，曰三和土。予偶閲一書，曰石灰火化糯粥水，煮，合築之。水火既濟，久久復還原性，結成完石。今曰黄土，山間爛黄石末也。若黄土損其石力，不能成石云。予築二親塋，用糯米粥、純石灰。唐一庵曰，湖州山中有寫樟樹，取皮葉杵爛，水浸取汁，甚黏，勝糯粥也。陳圬師鳳曰，古法得土而堅，得砂而實。予曰，用沙，不燥烈耳，非特禦斧鑿也。凡塋以三和土爲得中制。《葬度》。

和灰須乾濕均停，搏之成塊，撒之成灰。若太濕，則黏杵難築。太乾，則燥散不堅。凡鋪二寸餘厚，築之一分，漸漸築起，人力須齊，不可停歇，歇則結皮不相連矣。不能一日完，必鋤動面皮，刷汁加築，硜硜有聲，錐釘不入爲妙。《葬度》。

石灰須揀大塊燒透者，始可爲建造之用，其施用亦各不同。如平常砌牆，則和入青灰，各處多寡亦不一，南中常率，石灰一石，用青灰一石，加廢紙於内，北地則用亂麻絲。《鄙事綴紀》。

嶽雲謹案，南中所用青灰，乃燒柴餘剩之灰，未冷即用水澆熄者。北地所用青灰，乃地中窆出者。凡窆煤窯者，往往不得煤，誤得青灰窯，亦可稍資貼補。

已上燔石。

石膏生齊山山谷，及齊盧山、魯蒙山，采無時。細理、白澤者良。黄者令人淋。《名醫別録》。

嶽雲謹案，今時出於湖北者爲最多，雲南亦有之。

石膏有軟硬二種，軟石膏大塊，生于石中，作層如壓扁米糕形，每層厚數寸，有紅白二色。紅者，不可服。白者潔浄，細文短密如束針，正如凝成白蠟狀，鬆軟易碎，燒之即白，爛如粉。其中明潔色帶微青，而文長細如白絲者，名理石也，與軟石膏乃一物二種，碎之則形色如一，不可辨矣。硬石膏，作塊而生，直理起稜如馬齒堅白，擊之則段，段横解，光亮如雲母。白石英，有牆壁，燒之亦易散，仍硬不作粉，其似硬石膏成塊。擊之，塊塊方解。牆壁，光明者，名方解石也。燒之則烢散，亦不爛，與硬石膏乃一類二種，碎之則形色如一，不可辨矣。自陶宏景，蘇恭，大明，雷斅，蘇頌，閻孝忠，皆以硬者爲石膏，軟者爲寒水石。至朱震亨始，斷然以軟者爲石膏，而後人遵用有驗，千古之惑始明矣。蓋昔人所謂寒水者，即軟石膏也，所謂硬石膏者，乃長石也。石膏、理石、長石、方解石四種，性氣皆寒，俱能去大熱結氣，但石膏又能解肌發汗爲異耳。《本草綱目》。

嶽雲謹案，此西人所謂鈣養硫養三也，彼書言有數種，一灰白色，不過光而脆，次作珠如綫而密比，三能過光。或無色，或作椶灰色，以刀可開，如千層紙。所云第三種正是方解石，次種正是理石，是三種皆係石膏。古人紛紛置

喙，實則仍一物也。至如時珍分別之精細，雖西人亦不能方駕矣。

火煅，細研，醋調封丹竈，其固密，甚于脂膏。《本草衍義補遺》。

嶽雲謹案，西人書言，加熱在三百度之下，散去所含之水，則成乾粉，再添以水爲漿，少頃又成堅質。人見此變化之能，以漿印物，待乾成模，再用漿印之，即肖前物之形。但加熱若過三百度，則和水以後不能堅固。朱震亨所云，即因其乾後還堅，而知其固密也。

今人以石膏收豆腐，乃昔人所不知。《本草綱目》。

石膏，南人以之壅田，歲糜千百石。《鄙事綴紀》。

已上石膏。

凝水石，色如雲母，可坼者，鹽之精也。生常山山谷、中水縣及邯鄲。《名醫別録》。

常山即恆山，屬并州。中水屬河間，邯鄲屬趙郡。此處地皆鹹鹵，故云鹽精。而碎之亦似朴消。此石末置水中，夏月能爲冰者佳。《名醫別録》。

《別録》言，凝水，鹽之精也。陶氏亦云，鹵地所生，碎之似朴消。《范子計然》云出河東。河東，鹵地也。獨孤滔《丹房鑑源》云，鹽精出鹽池，狀如水晶。據此諸説，則凝水即鹽精石也。一名泥精，昔人謂之鹽枕。今人謂之鹽根。生于鹵地積鹽之下，精液滲入土中，年久至泉，結而成石，大塊有齒棱如馬牙消，清瑩如水精，亦有帶青黑色者。皆至暑月回潤，入水浸久亦化。陶氏注，戎鹽，謂鹽池泥中自有凝鹽如石片，打破皆方而色青黑者，即此也。蘇頌注玄精石，謂解池有鹽精石，味更鹹苦，乃玄精之類。又注食鹽，謂鹽枕作精塊，有孔竅若蜂窠，可緘封爲禮贄者，皆此物也。《本草綱目》。

嶽雲謹案，凝水石，即西人所謂鈣綠之質也。彼是人手所製，此則天生爲異耳。予嘗得此物，係出自河東鹽池者，以之收取藥料濕氣，極佳。食水既飽，以火烤令濕去，仍可再用。又可和雪水冰塊爲發凍藥。考西書言，鈣綠有三種，一、作珠形，無色，過光，經天氣能牽吸潮濕而自化，故水化極易。中國之光明鹽即是此種。二、色白或灰白，作塊而鬆，能吸水濕成潮，水化亦易。三、煅鎔，返冷能作綫形而聯連爲塊，賦形殊堅。然作珠形者，置之乾空氣中，即能作塊。則三種仍是一種也。李時珍所説，大致相同，惟云鹽結而成石，則甚不然。鹽結而成石，乃玄精石，此則石感鹽氣，而碎爲鈣綠耳。

已上凝水石。

泥

厥貢惟土五色。《書·禹貢》。

嶽雲謹案，五色即白壤、黃壤、黑墳、赤埴、青黎之屬。土爲九州最多習見之質，即西人所謂鋁養二質也。有黏有不黏，《禹貢》之塗泥，謂不黏者，其實亦通稱，亦曰堊土。土多含鈣，含矽，亦含鎂屬，鎂土屬金屬。《禹貢》言土五色，則泥含雜質，亦古人所知。考其所含，或爲講求種植之資，或爲陶鑄配合之用。

房子白土細滑如膏，可用濯錦，色奪霜雪，光彩鮮異，潔於常錦。《水經注》。

《圖經》：始興縣山中，多白善，用以浣衣。《庶物異名疏》。

白善土，京師謂之白土粉，切成方塊，賣於人浣衣。《本草衍義》。

白土，處處有之，用燒白瓷器坯者。《本草綱目》。

嶽雲謹案，此西人所謂鋁二養五矽養二之純者，以燒瓷器，其用甚溥，其雜色則兼他質，皆黏土也。

胡居士云，始興小桂縣晉陽鄉，有白墡，而今處處皆有之，人家往往用以浣衣，《西山經》云，大次之山，其陽多堊。《中山經》云，葱聾之山，其中有大谷，多白黑青黃堊，有五色。入藥，惟白者耳。《蘇頌本草》。

穆宗喜華麗，所建殿閣，以紙膏膠水調粉飾牆，名雪花泥。秣陵孟娘山土，正白色，名白墡土，周護始調塗其四堵，因呼隱土泥。《清異録》。

四飛山，亦曰陽山，産白墡，膩滑精細，張士誠取之作階面之飾，和以脂膠，久而不變。《壟起雜事》。

王元寶用紅泥泥壁。《譚藪》。

王青未遇時貧甚，有人告之曰，何不賣脂灰，令人家補壘器。青如其言，家資遂豐。京師賣此自青始。《談圃》。

坩鍋，吴人燒瓷器，屑碓爲末，篩澄取粉，呼爲滓粉，用膠水和劑作鍋，以銷金銀。《本草綱目》。

嶽雲謹案，瓷器屑，即白堊粉之經火者。《綱目》白瓷器條下云，此以白土爲坯燒成者。古人用代白堊是也。富陽陸桂星言，做鎔銀椀者，用螺殼灰、舊草履灰、糠灰、石灰、白堊土相合，水團入模，以火烘乾，方與六一泥相同。京師用不灰木。惟西人作火磚及鎔金罐轉，不用石灰。景德鎮作火泥筒，用石脂加鐵屑十五分，細砂三十分，水六十分，食鹽五分和勻，亦不用石灰。而所用鐵

養，即鐵屑。西人又云，不宜加。間有西書言宜加鐵養者，無定論也。

慈恩寺僧廣升言，貞元末，閬州僧靈鑒善彈。其彈丸方，用洞庭沙岸下土三斤，炭末三兩，瓷末一兩，榆皮半兩，泔澱二勺，紫礦二兩，細沙三分，藤紙五張，渴搨汁半合。九味和擣三千杵，齊手丸之。《西陽雜俎》。

嶽雲謹案，此皆堊土之用。

已上堊土。

五色石脂，生南山之陽山谷中。又曰，青石脂生齊區山及海涯；黄石脂生嵩高山，色如鶯雛；黑石脂生潁川陽城；白石脂生泰山之陰；赤石脂生濟南射陽，又泰山之陰，並采無時。《名醫別録》。

赤白石脂，四方皆有，以理膩、黏舌、綴唇者爲上。《本草衍義》。

黑石脂，亦可爲墨，其性黏舌，與石炭不同，南人謂之畫眉石。《本草綱目》。

今染鋪洗衣上油迹多用赤白石脂敷，再用熨斗熨之，則油入脂中。《鄙事綴紀》。

嶽雲謹案，古人多用滑石，北方猶然。西人言，間有一種生泥與油之黏力甚大，所以綢布有油跡者，用水調爲漿，敷於污處，能將油污收去，即指石脂也，此亦鋁二養三矽養二之屬。

藥泥十四日，此三字疑有誤。黄土、蚌粉、石灰、赤石脂、食鹽六味各一兩爲末，水調用之，名六一泥。《丹房須知》。

已上石脂。

女牀之山，其陰多涅石。《山海經》。

涅石，礬石也，楚人名涅石，秦人名爲羽涅。《山海經注》。

今白礬出晉州、磁州、無爲州，入藥及染，人所用甚多。又有礬精、礬蝴蝶、巴石、柳絮礬，皆是白礬也。煉白礬時，候其極沸，盤心有濺溢如物飛出，以鐵匕接之。作蟲形者，礬蝴蝶也。但成塊，光瑩如水精者，礬精也。二者入藥，力緊於常礬。其煎煉而成輕虚如棉絮者，柳絮礬。其燒汁至盡色白如雪者，謂之巴石。《蘇頌本草》。

凡礬，燔石而成，白礬一種，所在有之。最盛者，山西晉南、直無爲等州。值價低賤與寒水石相仿，然煎水極沸，投礬化之，以之染物，則固結。膚膜之外，酒水永不入。故製糖餞與染畫紙、紅紙者需之。其末乾撒，又能治浸淫惡水，故濕瘡家亦急需之也。凡白礬，掘土取磊塊石，層疊煤炭餅煅煉，如燒石灰樣。火候已足，冷定入水，煎水極沸時，盤中有濺溢，如物飛出，俗名蝴蝶礬，則礬成矣。《天工開物》。

礬出顏神鎮，皆山石也。采而碎之，合石炭中，黑石名曰銅清，入鑊煎煉乃成，有白礬，黑礬。《青州府志》。

嶽雲謹案，含礬之石，即名白礬石，多有磨治斯石作階石闌楯者。迎日視之，石中片片能回光，打碎煎成爲白礬，即西人所謂鋁二養三三硫養二鉀養硫養三二十四輕養質也。地産之鋁養鹽屬，能在水消化者，祇此一種常見。

礬石有五種，白礬多入藥用，青黑二礬療疳及瘡，黄礬亦療瘡生肉兼染皮，絳礬本來緑色，燒之乃赤，故名絳礬。蘇頌《本草》。

嶽雲謹案，礬之有諸種，即西人所謂同物異源。有鉀養礬，鈉養礬，淡輕四養礬，鐵養礬，鉻養礬，錳養礬也，蘇恭知之而言之不詳，李時珍未見其藥，乃以鐵養硫養三當青礬，又以煅赤者爲絳礬，又不著黑礬爲何物，但云亦名皁礬，不堪服食。而黄礬但云出瓜州、沙州，不加詳考，其謬誤甚矣。蓋真者本非通行之物，其名但著于丹經，後人因以色相似者當之耳。

已上白礬及礬屬。

附陶器

呂氏曰，陶者爲瓦，必圓，而割分之，則瓦合之，則圓而不失其瓦之質。《禮儒行毀方而瓦合注》。

夏時昆吾氏作瓦。《古史考》。

燔埴爲瓦。《淮南子》。

泥壤易消者也，而陶之爲瓦，則與二儀齊，其久焉。《抱朴子》。

相州魏武故都所築銅雀臺，其瓦初用鉛丹，雜胡桃油搗治，火之，取其不滲，雨過即乾耳。後人於其故基掘地得之，鑱以爲研，雖易得墨，而終乏溫潤。《春渚紀聞》。

銅雀瓦，世傳鄴城古瓦，夫魏之宫室，焚蕩於汲桑之亂久矣。《鄴中記》曰，北高起鄴，南城屋瓦皆以胡桃油油之，光明不蘚。筒瓦覆，故油其背，版瓦仰，故油其面。筒瓦長二尺，闊一尺，版瓦之長亦如之，而其闊倍之。今得其真者，當油處必有細紋，俗曰琴紋，有白花，曰錫花。傳言當時以黄丹、鉛錫和泥，積歲久而錫花見。鄴人有言曰，銅雀瓦研，體質細潤而堅如石，不費筆而費墨。此古所重者，而今絶無，鄴民乃僞造以紿遠方。《偃曝談餘》。

凡埏泥造瓦，掘地二尺餘，擇取無沙黏土而爲之。百里之內必産合用土色，供人居室之用。凡民居瓦形，皆四合分片，先以圓桶爲模骨，外畫四條界，調踐熟泥，疊成高長方條，然後用鐵線弦弓綫上空三分，以尺限定，向泥不平戛一片，似揭紙而起，周包圓桶之上，待其稍乾，脱模而出，自然裂爲四片。

凡瓦大小苦無定式，大者縱横八九寸，小者縮十之三。室宇合溝中，則必需其最大者，名曰溝瓦，能承受淫雨，不溢漏也。

凡坯既成，乾燥之後，則堆積窯中，燃薪舉火，或一晝夜，或二晝夜，視陶中多少，爲熄火久暫。澆水轉銹與造磚同法。其垂於簷端者，有滴水。下於脊沿者，有雲瓦。瓦掩覆脊者，有抱筒。鎮脊兩頭者，有鳥獸。諸形象皆人工逐一做成，載於窯内，受水火而成器，則一也。若皇家宫殿所用，大異於是。其制爲琉璃瓦者，或爲板片，或爲宛筒，以圓竹與斲木爲模，逐片成造。其土必取於太平府，造成，先裝入琉璃窯内，每柴五千斤燒瓦百片，取出成色。以無名異、椶櫚毛等煎汁，塗染成緑，代赭石、松香、蒲草等，塗染成黄。再入别窯，減殺薪火，熖成琉璃寶色。外省親王殿與仙佛宫觀，間亦爲之，但色料各有配合，採取不必盡同。民居則有禁也。《天工開物》

凡埏泥造甎，亦掘地驗辨土色，或藍、或白、或紅、或黄，閩廣多紅泥，藍者名善泥，江浙居多。皆以黏而不散，粉而不沙者爲上。汲水滋土，人逐數牛錯趾踏成稠泥，然後填滿木匡之中，鐵綫弓戛平其面，而成坯形。凡郡邑城雉、民居垣牆，所用者，有眠甎、側甎兩色。眠磚，方長條，砌城郭與民人饒富家，不惜工費，直疊而上。民居算計者，則一眠之上，施側磚一路，填土礫其中以實之，蓋省嗇之義也。凡牆磚而外甃地者，名曰方墁磚，榱桷上用以承瓦者，曰楻板磚。圓鞠小橋梁與圭門，與窀穸墓穴者，曰刀磚，又曰鞠磚。凡刀磚，削狹一偏，面相靠擠緊，上砌成圓，車馬踐壓，不能損陷。造方墁磚，泥入方匡中，平板蓋面，兩人足立其上，研轉而堅固之。燒成效用，石工磨斲四沿，然後甃地。刀磚之直，視牆磚稍溢一分，楻板磚則積十以當牆磚之一。方墁磚則一以敵牆磚之十也。凡磚成坯之後，裝入窯中，所裝百鈞則火力一晝夜，二百鈞則倍時而足。凡燒磚有柴薪窯，有煤炭窯。用薪者出火成青黑色，用煤者出火成白色。凡柴薪窯，巔上偏側鑿三孔以出煙，火足止薪之候，泥固塞其孔，然後使水轉銹。凡火候少一兩則銹色不光，少三兩則名嫩火，磚本色雜現，他日經霜冒雪，則立成解散，仍還土質。火候多一兩則磚面有裂紋，多三兩則磚形縮小拆裂，屈曲不伸，擊之如碎鐵，然不適於用。巧用者以之埋藏土内爲牆脚，則亦有磚之用也。凡觀火候，從窯門透視，内壁土受火，精形神摇蕩，若金銀鎔化之極，然陶長辨之。凡轉銹之法，窯巔作一平田樣，四圍稍弦起，灌水其上，磚瓦百鈞用水四十石，水神透入土膜之下，與火意相感而成，水火既濟，其質千秋矣。若煤炭窯，視柴窯深，欲倍之，其上圓鞠小，併不封頂。其内以煤造成尺五徑闊餅，每煤一層，隔磚一層，葦薪墊地發火。若皇居所用磚，其大者，廠在臨清，工部分司主之，初名色有副磚、券磚、平身磚、望板磚、斧刃磚、方磚之類，後革去半。運至京師，每漕舫搭四十塊，民舟半之。又細料方磚，以甃正殿者，則由蘇州造解。其琉璃磚，色料已載瓦款，取薪臺基廠，燒由黑窯云。《天工開物》

凡白土，曰堊土，爲陶家精美器用。中國出惟五六處，北則真定定州、平涼華亭、太原平定、開封禹州，南則泉郡德化，土出永定，窯在德化。徽郡婺源、祁門。他處白土，陶範不黏，或以掃壁爲墁。德化窯惟以燒造瓷仙、精巧人物、玩器，不適實用。真、開等郡瓷窯所出，色或黄滯，無寳光，合并數郡，不敵江西饒郡産。浙省處州麗水、龍泉兩邑，燒造過釉杯碗，青黑如漆，名曰處窯。宋元時龍泉華琉山下，有章氏造窯出款貴重，古董行所爲哥窯器者即此。若夫中華四裔馳名獵取者，皆饒郡浮梁景德鎮之産也。此鎮從古及今爲燒器地，然不産白土，土出婺源祁門兩山，一名高梁山，出粳米土，其性堅硬；一名開化山，出糯米土，其性粢輭。兩土和合，瓷器方成。其土作成小塊，小舟運至鎮，造器者將兩土等分入臼，舂一日，然後入缸水澄，其上浮者爲細料，傾跌過一缸，其下沈底者爲麤料。細料缸中再取上浮者，傾過爲最細料，沈底者爲中料。既澄之後，以磚砌方長塘，逼靠火窯，以借火力。傾所澄之泥於中，吸乾，然後重用清水調和、造坯。凡造瓷坯有兩種，一曰印器，如方圓不等瓶、甕、爐、盒之類，御器則有瓷屏風、燭臺之類。先以黄泥塑成模印，或兩破，或兩截，亦或囫圇，然後埏白泥印成，以釉水塗合其縫，燒出時自圓成無隙。一曰圓器，凡大小億萬杯盤之類，乃生人日用必需造者居十九，而印器則十一。造此器坯，先製陶車，車豎直木一根，埋三尺，入土内，使之安穩，上高二尺許，上下列圓盤，盤沿以短竹棍撥運旋轉，盤頂正中用檀木刻成盔頭冒其上。凡造杯盤，無有定形模式，以兩手捧泥盔冒之上，旋盤使轉，拇指剪去甲，按定泥底，就大指薄旋而上，即造成一杯椀之形。功多業熟，即千萬如出一範。凡盔冒上造小坯者，不必加泥。造中盤大碗，則增泥大其冒，使乾燥而後受功。凡手指旋成坯，後覆轉用盔冒一印，微曬，留滋潤，又一印，曬成

極白，乾，入水一汶漉，上盔冒，過利刀二次。過刀時，手脈微振，燒出即成雀口。然後補整碎缺，就車上旋轉打圈，圈後或畫或書，書畫後噴水數口，然後過釉。凡爲碎器與千鍾粟、與褐色杯等，不用青料。欲爲碎器，利刀過後，日曬極熱，入清水一蘸而起，燒出自成裂文。千鍾粟則釉漿捷點，褐色則老茶葉煎水一抹也。古碎器日本國極珍重，真者不惜千金。古香爐碎器不知何代造，底有鐵釘，其釘掩光色不鏽。凡饒鎮白瓷釉，用小港嘴泥漿和桃、竹葉灰調成，似清泔汁，泉郡磁仙用松毛水調泥漿，處郡青磁釉未詳所出。盛於缸內。凡諸器過釉，先蕩其內外邊，用指一蘸塗弦，自然流徧。凡畫碗青料，總一味無名異。漆匠煎油亦用以收火色。此物不生深土，浮生地面，深者掘下三尺即止，各直省皆有，亦易辨認。上料中料下料，用時先將炭火叢紅煅過，上者出火成翠毛色，中者微青，下者近土褐。上者每斤煅出只得七兩，中下者以次縮減。如上品細料器及御器龍鳳等，皆以上料畫成，故其價每石值銀二十四兩，中者半之，下者則十之三而已。凡饒鎮所用，以衢信兩郡山中者爲上料，名曰浙料。上高諸邑者爲中，豐城諸處者爲下也。凡使料煅過之後，以乳盔極研，其盔底留麤，不轉釉。然後調畫水。調研時，色如皁，入火則成青碧色。凡將碎器爲紫霞色杯者，用胭脂打濕，將鐵綫紐一兜絡，盛碎器其中，炭火炙熱，然後以濕胭脂一抹即成。凡宣紅器，乃燒成之後，出火另施工巧微炙而成者，非世上硃砂能留紅質於火内也。宣紅，元末已失傳，正德中歷試復造出。凡瓷器經畫過釉之後，裝入匣盔裝時手拏微重，後日燒出即成坳口，不復周正。盔以麤泥造，其中一泥餅托一器底，空處以沙實之。大器，一匣裝一箇。小器，十餘共一匣盔。盔，佳者裝燒十餘度，劣者一、二次即壞。凡匣盔裝器入窯，然後舉火。其窯上空十二圓眼，名曰天窗。火以十二時辰爲足。先發門火十箇時，火力從下攻上，然後天窗擲柴燒兩時，火力從上透下。器在火中，其軟如棉絮，以鐵叉取一，以驗火候之足。辨認真足，然後絕薪止火。共計一坯工力，過手七十二，方克成器，其中微細節目，尚不能盡也。《天工開物》

嶽雲謹案，所言間有誤處，不若《陶事圖説》之核。

惟陶，利用範土作胎，其土須採石煉製。石産江南徽郡祁門縣，距窑廠二百里，山名坪里，谷口二處皆産白石。開窖採取，剖有黑花如鹿角茯形。土人藉溪流設輪作碓，舂細淘净，製如磚式，名爲白不。不，音敦，上聲。凡造瓷之泥土皆以此爲名，蓋景德鎮人土音也。色純質細，製造脱胎，填白青花圓琢等器，別有高嶺、玉紅、箭灘數種，各就産地爲名，皆出江西饒州府屬各境，採製法同白不，止可供攙合製造之用，於麤厚器皿爲宜。唐英《陶事圖説》。

造瓷，首需泥土，淘煉尤在精純，土星石子定帶瑕疵，土雜泥鬆必至坼裂。淘煉之法，多以水缸浸泥，木杷翻攪，漂起渣滓，過以馬尾細籮，再澄雙層絹袋，始分注過泥匣盔，俾水滲漿稠，用無底木匣，下鋪新磚數層，覆以細布大單，將稠漿傾入，緊包，磚壓吸水，水滲成泥，移貯大石片上，用鐵鍬翻撲結實，以便製器。凡各種坯胎，不外此泥，惟分類按方加配材料，以別其用。《陶事圖説》。

陶製各器，惟釉是需，而一切釉水，無灰不成。其釉灰出樂平縣。在景德鎮南百四十里，以青白石與鳳尾草疊壘燒煉，用水淘細，即成釉灰。配以白不細泥，與釉灰調和成漿，稀稠相等，各按瓷之種類，以成方加減，盛之缸内。用曲木橫貫鐵鍋之耳，以爲舀注之具。其名曰盆，如泥十盆，灰一盆，爲上品瓷器之釉。泥七八而灰二三，爲中品之釉。若泥、灰平對，或灰多於泥，則成麤釉。《陶事圖説》。

瓷坯入窑，最宜潔净，一沾泥滓，便成斑駮。且窑風、火氣沖突，易於傷坯，此坯胎所以必用匣盔套裝也。匣盔之泥土産於景德鎮之東北里淳邨。有黑紅白三色之異。另有寶石山出黑黄沙一種，配合成泥，取其入火禁煉。造法用輪車，與拉坯之車相似。泥不用過細傒，匣坯微乾，略鏇入窑，空燒一次，方堪應用，名曰鍍匣。而造匣盔之匠，亦常用麤泥拉造砂盌，爲本地鄉邨坯房人匠等家常之用。《陶事圖説》。

圓器之造，每一式款動經千百，不有模範，式款斷難畫一。其模子必須與原様相似，但尺寸不能計算。放大則成器，必較原様收小，蓋生坯泥鬆性浮，一經窑火，鬆者緊，浮者實，一尺之坯，止得七八寸之器，其抽縮之理然也。欲求生坯之準，必先模子是修，故模匠不曰造，而曰修。凡一器之模，非修數次，其尺寸式款燒出時定不能脗合。此行工匠務熟諳窑火泥性，方能計算加減，以成模範。景德一鎮羣推名手，不過三兩人。《陶事圖説》。

圓器之製不一，其方瓣稜角者，則有鑲雕印削之作，而渾圓之器，又用輪車拉坯，就器之大小分爲二作，其大者拉造一尺至二三尺之盤、盌、盅、碟等，小者拉造一尺以内之盤盌盅碟等。車如木盤，下設機局，俾旋轉無滯，則所拉之坯方免厚薄偏側，故用木匠隨時修治。另有泥匠，摶泥融結置於車盤。拉坯者坐於車架，以竹杖撥車，使之輪轉，雙手按泥，隨手法之屈伸收放，以定圓器款式，其大小不失毫黍。《陶事圖説》。

瓶罍樽彝皆名琢器。其渾圓者，亦如造圓器之法，用輪車拉坯，俟其曬乾，

仍就輪車，刀鏇定樣之後，以大羊毛筆蘸水洗磨，俾光滑潔浄，然後吹釉，入窑即成白器。如於坯上畫料罩釉，即爲青花。其鑲方稜角之坯，則用布包泥，以平板拍練成片，裁成塊段，即用本泥調糊黏合。另有印坯一種，係從模中印出，製法亦如鑲方鑲印二種。洗補磨擦與圓琢器無異。凡此坯胎有應錐拱雕鏤者，俟乾透定稿，以付專門工匠爲之。《陶事圖説》。

瓷器無分圓琢。其青花者，有宣成、嘉萬之别。悉藉青料爲繪畫之需，而霽青大釉亦賴青料配合。料出浙江紹興、金華兩郡所屬諸山，採者赴山乞取，於溪流洗去浮土。其色黑黄大而圓者爲頂選。統名爲頂圓子，俱以産地分别名目。販者攜至燒瓷之所，埋入窑地煆煉三日，取出淘洗，始售賣備用。其江西、廣東諸山間有産者，色澤淡薄，不耐煆煉，止可畫染市賣麤器。《陶事圖説》。

青料煉出後，尤須揀選，有料户一行專司其事。料之黑緑潤澤光色俱全者，乃爲上選，於仿古、霽青、青花細瓷用之。色雖墨緑而鮮潤澤者，爲市賣麤瓷之用。至光色全無者，性薄煉枯，悉應選棄。至用料之法，畫於生坯，罩以釉水，過窑燒出，俱成青翠。若不罩釉，仍是黑色。如窑火稍過，則所畫青花多致散漫。惟青料中有韭菜邊一種，獨爲清楚，入窑不改，故細描必用之。《陶事圖説》。

大小圓器，拉成水坯，俟其潮乾，用修就模子套坯其上，以手拍按，務使泥坯周正匀結，始褪下陰乾，以備鏇削。其濕坯不宜日曬，曬即坼裂。至畫瓷所需之料，研乳宜細，麤則起刺，不鮮。每料十兩爲一盎，專工乳研，經月之後，始堪應用，乳用研盎，貯於矮凳，凳頭裝有直木，上横一板，鏤孔以裝乳槌之柄，人坐於凳，握槌乳之。工價每月三錢，亦有兩手乳兩盎，夜至二鼓者工值倍之。老幼殘疾多藉此資生焉。《陶事圖説》。

青花，繪於圓器，一號動累百千，若非畫款相同，必致參差互異。故畫者止學畫，而不學染。染者，止學染，而不學畫。所以一其手，而不分其心。畫者、染者，各分類聚處一室，以成其畫一之功。其餘拱錐雕鏤業，似同，而各習一家。釉紅，寶燒技，實異而類近於畫。至於器上之邊綫青箍，原出鏇坯之手。其底心之識銘、書記，獨歸落款之工。花鳥禽魚寫生，以肖物爲上，宣、成、嘉、萬倣古，以多見方精，此青花之異於五采也。《陶事圖説》。

琢器之式，有方圓稜角之殊。製畫之方，别采繪鏤雕之異。仿舊須宗其典雅，肇新務審其淵源。器自陶成，矩規悉遵古製。花同錦簇采，色騰上春臺。官、哥、汝、定、(均)[鈞]抔汚之儀則非遠，水、火、木、金、土，洪鈞之調劑維神。或相物以賦形，亦範質而施采。功必藉夫埏埴，出自林泉。制不越夫樽罍，重均彝鼎。鑪煙焕色，雖瓦缶亦參橐籥之權。彩筆生花，即窑瓷可驗文明之象。《陶事圖説》。

圓琢各器，凡青花與官、哥、汝等均須上釉入窑。上釉之法，古制將琢器之方長稜角者，用毛筆搨釉，弊每失於不匀。至大、小圓器及渾圓之琢器，俱在缸内蘸釉，其弊又失於體重多破。故全器最爲難得。今圓器之小者，仍於缸内蘸釉，其琢器與圓器大件，俱用吹釉法，以徑寸竹筒，截長七寸，頭蒙細紗蘸釉以吹，俱視坯之大小與釉之等類别，其吹之遍數，有自三四遍至十七八遍者，此吹蘸所由分也。《陶事圖説》。

圓器尺寸既定於模，而光平必需於鏇，故復有鏇坯之作。作内設有鏇坯之車，形與拉坯車相等，惟中心立一木樁，樁視坯爲麤細，其頂渾圓包以絲綿，恐損坯裏也。將坯扣合樁上，撥輪轉旋用刀鏇削，則器之裏外皆得光平。其式款麤細關乎鏇手之高下，故鏇匠爲緊要之工。至乞足一行，因拉坯之時，下足留一泥靶，長二三寸，便於把握，以畫坯吹釉。俟吹畫工竣始鏇去其柄，乞足寫款。《陶事圖説》。

窑制，長圓形如覆瓮，高、寬皆丈許，深、長倍之，上罩以大瓦，屋名爲窑棚。其煙突圍圓，高二丈餘，在後窑棚之外。瓷坯既成，裝以匣盎，送至窑户家。入窑時，以匣盎疊壘，罩套分行排列，中間疏散，以通火路。其窑火有前中後之分，前火烈，中火緩，後火微，凡安放坯胎者，量釉之輭硬以配合窑位。俟坯器滿足，始爲發火，隨將窑門磚砌，止留一方孔，將松柴投入，片刻不停。俟窑内匣盎作銀紅色時止火，窨一晝夜始開。《陶事圖説》。

瓷器之成，窑火是賴。計入窑至出窑，類以三日爲率，至第四日清晨開窑。其窑中套裝瓷器之匣盎，尚帶紫紅色，人不能近。惟開窑之匠用布十數層製成手套，蘸以冰水護手，復用濕布包裹頭面、肩背，方能入窑搬取瓷器。瓷器既出，乘熱窑以安放新坯，因新坯潮濕，就熱窑烘焙，可免火後坼裂穿漏之病。《陶事圖説》。

圓琢白器五采繪畫，摹仿西洋，故曰洋采。須選素習繪事高手，將各種顔料研細調合，以白瓷片畫染燒試，必熟諳顔料火候之性，始可由麤及細，熟中生巧。總以眼明心細手準爲佳。所用顔料與法瑯色同。其調色之法有三，一用芸香油，一用膠水，一用清水。蓋油色便於渲染，膠水所調便於搨抹，而清水之色則便於堆填也。畫時有就桌者，有手持者，亦有眠側於低處者，各因器之大小，以就

運筆之便。《陶事圖説》。

白胎瓷器於窑内燒成，始施采畫，采畫後復須煉煉，以固顔色。爰有明暗爐之設，小件則用明爐，爐類法瑯所用，口門向外，週圍炭火，器置鐵輪，其下託以鐵叉，將瓷器送入爐中，傍以鐵鈎撥輪，令其轉旋以匀火氣，以畫料光亮爲度。大件則用暗爐，爐高三尺，徑二尺六七寸，週圍夾層以貯炭火，下留風眼，將瓷器貯於爐膛，人執圓板以避火氣，爐頂蓋板、黄泥固封。燒一晝夜爲度，凡燒澆黄緑紫等器，法亦相同。《陶事圖説》。

瓷器出窑，每分類揀選，以别上色、二色、三色、脚貨等名次，定價值高下。所有三色、脚貨，即在本地貨賣。其上色之圓器，與上色、二色之琢器，俱用紙包裝桶，有裝桶匠以專其事。至二色之圓器，每十件爲一筒，用草包紮，裝桶以便遠載其各省。行用之麤瓷，則不用紙包裝桶，止用茭草包紮，或三四十件爲一仔，字書云，仔，任也，一仔猶俗云一馱。或五六十件爲一仔，茭草直縛於内，竹篾横纏於外，水陸搬移便易結實，其匠衆多以茭草爲名目。《陶事圖説》。

嶽雲謹案，造瓷以高嶺土爲要，即純白堊也。均州、定州、杭州、建州、龍泉窑皆著名，後惟江西景德鎮一處明世極盛，他省麤瓷不足比倫。宜興紫砂差爲世稱，然白堊幾於各省恆有，而造釉之料與法則惟景德鎮得其傳。釉灰，即鉀養，矽養二爲其本質而配以色料。近來脱胎、挂銅及仿古大件造法，又不如康熙乾隆年間官窯。蓋皆偷減草率之過，非地利有異也。其言物料工業，《陶録》又詳於此，與宜興紫砂並附於後，以備考求。

德化縣白瓷，即今市中博山、佛像之類是也。其坯土産程寺後山中，穴而伐之，綆而出之，碓極細滑，淘去石滓，飛澄數過，傾石井中以漉其水，乃摶埴爲器，石爲洪鈞，足推而轉之，薄則苦窳，厚則綻裂，土性然也。初似貴，今流播多，不甚重矣。或謂開窑時，其下多藏白瓷，恐傷地脈，復掩之。《泉南雜志》。

陶土出浮梁新正都麻倉山，曰千户坑，曰龍坑塢，曰高路坡，曰低路坡，土埴壚均，有青黑界道，灑灑若糖點。瑩若白玉，閃爍若金星者爲上土。萬曆間，坑深膏竭，鏤空穿穴，民力維艱，其後因縣境内吴門托新土，有糖點如麻倉者，尤佳。取土於彼，造龍缸用，餘干、婺源土及石末、坯屑，參和爲之。石末，出湖田一二圖，以和官土造缸，取其堅也。釉土，出新正都。曰長嶺，作青黄釉，曰義坑，作澆白器釉。二處皆有柏葉斑，又出桃樹塢，青花、白器通用之。砂土、黄土用造匣盎。鮮紅土，未詳出何地，燒煉作紅器。正嘉間斷絶，燒法亦不如前，僅可作礬紅色。西紅寶石，宣窯造紅魚靶杯，粉寶石塗堊，紅鮮奪目。硃砂，宣窯作小壺大盌，色紅如日。青用陂塘青，産樂平一方，嘉靖中樂平格殺遂塞，用石子青。産瑞州諸處。蘇泥勃青，宣窯青花器用此，至成化時已絶。回青，正德時大璫鎮雲南，得此於外國。嘉窯御器用此，其後亦不能繼。黑赭石，出廬陵，新建一曰無名異，用以繪畫瓷器。回青，搥碎有硃砂斑者曰上青，有銀星者曰中青，每觔可得青三兩。敲青後，取奇零瑣碎，入注水中，用磁石引雜石澄定，每觔可得真青五六錢。回青渲，則色散而不收，石青加多則色沈而不亮，每回青一兩，加石青一錢，謂之上青。四六分加，謂之中青。中青用以設色，則筆路分明。上青用以混水，則顔色清亮。油色，用豆青油水，煉灰，黄土合成。紫金色，用罐水，煉灰，紫金石合成。翠色，用煉成古銅水硝石合成。黄色，用黑鉛末一觔，碾赭石一兩二錢合成。金緑色，用煉過黑鉛末一觔，古銅末一兩四錢，石末六兩合成。金青色，用煉成翠一觔，石子青一兩合成。礬紅色，用青礬煉紅，每一兩加鉛粉五兩，用廣膠合成。紫色，用黑鉛末一觔，石子青一兩，石末六兩合成。澆青，用釉水、煉灰、石子合成。純白，用釉水、煉灰合成。祭紅，以西紅寶石爲堊。又有硃砂點，翠青花點，色不同，堊肥乃有橘皮紋起。瓷器用苧蔴灰淋汁塗之，黄色者，赤土汁塗坯燒之，用芝麻稭淋汁染色，則成紫。黑赭石磨水畫坯上，初無色，燒之便成天藍，呼之爲畫燒青。堆器，以筆醮白泥堆坯上，成各樣龍鳳花草，加釉水、煉灰燒成。錐器，各樣坏上，用水泥錐成龍鳳花草，加釉水、煉灰燒成。描金，用燒成白坯上貼金，過色窯，如礬紅過爐火二次，餘色不上全黄。金花定盌，用大蒜調金描畫，再入窯燒，永不復脱。五彩，用燒過純白瓷器，續彩，過爐火燒成。《朱琰陶録》。

匣窯，除龍缸大匣外，其餘大小匣，可燒七八十件。燒成計薪五十五擔。有一用即損者，有再用方壞者。每窯燒缸匣六層，大樣二樣，或蓋或圈，皆燒香一炷，旁以小匣培之，三樣缸匣，小則燒查二炷，培亦如之。薪視前加十之一贏，溜火三日夜，緊火一日夜，止火三日，出窯。窯座，前寬六尺，後如前，饒五寸。八[入]身六尺，頂圓。龍缸大樣、二樣者，容一口。三樣者，一窯接砌二臺，容二口。青窯比缸窯略小，前寬五尺，後五尺五寸，八[入]身四尺五寸，每座燒盤碟中樣器二百有奇。缸窯，溜火七日夜，溜火如水滴溜，續續然，徐徐然，不絶而已。使水氣收，土氣和，然後可以揚其華也。起緊火二日夜，視缸匣包變紅，轉而白，前後洞然矣，可止火封門，又十日開窑。每窯約薪百二十擔，遇陰雨，加十

之一。青窯溜火對日，緊火一日夜，候火色如缸窯。火止封門，則窯易冷，首尾五日，可出器。每窯用薪六十擔，器大加十之二，遇久雨窯濕，又加十之二，秋陽烈日，即大器，薪可不加。六窯之中，風火窯匠最勢，溜火一日之前，細心而已，無所用力。第二日，緊火之後，晝夜添薪，不使忽爐忽燄，炎涼不均。倦睡不能應機，神昏不能辨色，火有破壘走煙之失，器即有坼裂陰黃之患。《陶録》。

嫩泥出趙莊山，以和一切色土，乃黏脜可築。明周高起《陽羨茗壺系》。

石黄泥，出趙莊山，即未觸風日之石骨也，陶之乃變硃砂色。《陽羨茗壺系》。

天青泥出蠡墅，陶之變黯肝色，又其夾支有梨皮泥，陶現梨凍色，淡紅泥，陶現松花色，淺黄泥，陶現豆碧色。蜜口泥，陶現輕赭色。梨皮和白砂，陶現淡墨色。《陽羨茗壺系》。

老泥，出團山，陶則白砂星星，按若珠琲，以天青、石黄和之，成淺深古色。《陽羨茗壺系》。

白泥，出大潮山，陶缾盎缸缶用之，此山未經發用，載自吾鄉白石山。江陰秦望山之東北支峯。《陽羨茗壺系》。

出土諸山，其穴往往善徙，有素産於此，忽又他穴得之者，實山靈有以司之，然皆深入數十丈乃得。《陽羨茗壺系》。

造壺之家，各穴門外一方地，取色土篩擣，部置訖，弇窖其中，名曰養土。取用配合，各有心法，秘不相授。壺成幽之，以候極燥，乃以陶甕皮五六器，封閉其隙，始鮮欠裂射油之患。過火則老，老不美觀，欠火則稚，稚沙土氣。若窑有變相，匪夷所思，傾湯貯茶，雲霞綺閃，直是神之所爲，億千或一見耳。《陽羨茗壺系》。

沙

沙，水散石也。《説文》。

老沙爲石。《易林》。

嶽雲謹案，沙即西人所云矽養三，彼云石類非鈣養爲其要質，即矽養三爲其要質是也。又云水晶之質幾全爲矽養三，白沙與火石之質大半爲矽養三，石散而爲沙，沙凝而爲石，則壓成石板，古亦必有其法矣。

臨安府仁和縣圖經，出橐籥沙，在縣東四里，海際之人采用鼓鑄銅錫之模，諸州皆來采，亦猶邢沙可以碾玉。《西溪叢話》。

已上礫沙。

合玉石，即碾玉沙也。玉須此石碾之乃光。《本草綱目》。

嶽雲謹案，此含鋁二養三矽養之質，而矽養二較多。寶石，有紅色、藍色、數種幾全爲此質，今料坊作僞寶石，即用此沙同煉。

玉人攻玉，必以邢河之沙。《齊東野語》。

中國解玉沙，出順天玉田與真定邢臺兩邑，其沙非出河中，有泉流出，精粹如麪，藉以攻玉，永無耗折。《天工開物》。

已上寶沙。

越砥，今細礪石也，出臨平。《名醫别録》。

礪石，色如新墨，瑩然堅膩，以之試金，能辨好惡，賈人販金，必佩之。明劉維《礪石記》，檀萃《農部瑣録》。

已上礪石。

嶽雲謹案，李時珍以爲羊肝石出湖南，有麤有細，薙頭鋪所用是極細者，煙鋪所用次之，平常磨刀者，最麤，此等石皆含矽養三。

火石，有兩種，一種白色外有黑皮，一種紫色，京師火鐮内所用即此。《鄖事綴紀》。

嶽雲謹案，西人言紫色者，復有二種，一圓形作塊，能過光色，或稍紅。一作六面，尖錐形。

已上火石。

馬腦，生西國玉石間，亦美石之類，重寶也。《藏器本草》。

嶽雲謹案，中國産處甚多，云出西國誤也。

峽州宜都縣産瑪瑙石，外多沙泥積漬，擊去麤表，紋理旋繞如刷絲，間有人物、（爲）［鳥］獸、雲氣之狀，土人往往求售博易於市。泗州盱眙縣寶積山與昭信縣皆産瑪瑙石，紋理奇怪。《雲林石譜》。

下午，從盧西下坡峽中，一里轉北，下臨峽流，上多危崖，藤樹倒罨，鑿崖迸石，瑪瑙嵌其中焉。色有白有紅，皆不甚大，僅如拳，此其蔓也。隨之深入，間得結瓜之處，大如升，圓如毬，中懸如岩，而不黏於石。岩中有水養之，其精瑩堅緻，異於常蔓，此瑪瑙之上品，不可猝遇，其常市於人者，皆鑿蔓所得也。其拳大而堅者，價每斤二錢，更碎而次者，每斤一錢而已。《徐霞客遊記》。

出保山縣。瑪瑙山巔有紅白色相間者，曰纏絲瑪瑙，有紅如燕支者，曰紅瑪瑙，有色白如玉而光潤者，曰白瑪瑙，有紫色者，曰紫瑛瑪瑙。其體極堅，然脆而

易破，製之甚難。《一統志》。

嶽雲謹案，瑪瑙含矽養三極多。

瑪瑙品類甚多，有名柏枝者，花如柏枝，有名夾胎者，正視則白，側視若凝血，一物二色，有名截子者，黑白相間，有名合子者，漆黑中有一白綫間之，有名錦紅者，色如錦，有名纏絲者，紅白如絲，皆貴品。有名漿水者，淡水花。有名醬斑者，紫紅，皆價低。顧文薦《負暄録》。

瑪瑙，今雲南處處有之，名土瑪瑙，蓋玉之賤者。《潛確類書》。

凡瑪瑙，非石非玉，中國産處頗多，種類以十餘計，得者多爲簪箧(釣)[鉤]結之類，或爲棊子，最大者爲屏風及桌面。上品者産寧夏外徼羌地砂磧中，然中國即廣有，商販者亦不遠涉也。今京師貨者，多是大同、蔚州九空山、宣府四角山所産。有夾胎瑪瑙，截子瑪瑙，錦紅瑪瑙，是不一類。而神木、府谷出漿水瑪瑙、錦纏瑪瑙，隨方貨鬻，此其大端云。試法以砑木不熱者爲真。僞者雖易爲，然真者值原不甚貴，故不樂售其技也。《天工開物》。

已上瑪瑙。

磁石上飛，雲母來水。《抱朴子》。

服五雲之法，或以桂葱水玉化之爲水，或以露於鐵器中，以玄水熬之爲水，或以消石合於筒中埋之爲水，或以蜜溲爲酪，或以秋露漬之百日，韋囊挻以爲粉，或以無顛草樗血合餌之。《抱朴子》。

雲母有五種，而人多不能分別也。法當舉以向日，看其色，詳占視之，乃可知爾。於陰地視之，不見其雜色也。五色並具而多青者名雲英，多赤者名雲珠，多白者名雲液，多黑者名雲母，但有青黄二色者，名雲沙。《抱朴子》。

雲母生太山山谷，齊山、廬山及琅琊北定山石間，二月採之，雲華五色具。《名醫别録》。

今兖州雲夢山及江州、湻州、杭越間亦有之。生土石間。作片成層可析，明滑光白者爲上。其片有絶大而瑩潔者，今人以飾燈籠，亦古扇屏之遺意也。江南生者多青黑，不堪入藥。蘇頌《本草》。

玻璃紙爲天生雲母之屬，起層似明瓦，透光若玻璃，色明而稍黑，其薄似紙，輭脆不可摺，然擲地不碎，入火不焦，向來用之窗櫺。《鏡鏡詅癡》。

煉粉法，八九月間取雲母，以礬石拌匀，入瓦罐内封口，三伏時則自柔軟，去礬。次日取百草頭上露水漬之，百日，韋囊挻以爲粉。《丹藥秘訣》。

道書言，鹽湯煮雲母可爲粉。又云雲母一斤，鹽一斗，漬之銅器中，蒸一日，臼中搗成粉。又云雲母一斤，白鹽一升，同搗細，入重布袋挼之，沃令鹽味盡；懸高處，風吹自然成粉。《本草綱目》。

嶽雲謹案，雲母含矽養三甚多，兼含鋁養，治之以消、鹽、礬，皆能化水，其性可知。

已上雲母。

水精謂之石英。《廣雅》。

堂庭之山多水玉。《山海經》。

政和間，伊陽太和山崩，奏至，上與魯公，皆有慙色，及復上奏。山崩者，出水精也，以木匣貯之進，匣可五十斤，而多至數十百(斤)[匣]來上。《鐵圍山叢談》。

幽州密雲郡都管有水精，是寶出昌平縣。《太平寰宇記》。

水精亦頗黎之屬，有黑白二色，倭國多水精，第一。南水精白，北水精黑，信州、武昌水精濁。性堅而脆，刀刮不動，色澈如泉，清明而瑩，置水中無瑕，不見珠者佳。古語云水化，謬言也。藥燒成者，有氣眼，謂之消子，一名海水精。《抱朴子》言，交廣人作假水精盌，是此。《本草綱目》。

海州出水晶，大者盈丈。《一統志》。

凡中國産水晶，視瑪瑙少殺，今南方用者，多福建漳浦産。山名銅山。北方用者多宣府黄尖山産，中土用者多河南信陽州黑色者最美。與湖廣興國州潘家山。産。黑色者産北不産南。其他山穴本有之，而采識未到，與已經采識而官司厲禁封閉如廣信懼中官開采之類。者，尚多也。凡水晶出深山穴内瀑流石罅之中，其水經晶流出，晝夜不斷，流出洞門半里許，其面尚如油珠滾沸。凡水晶未離穴時如綿輭，見風方堅硬。琢工得宜者，就山穴成麤坯，然後持歸加功，省力十倍云。《天工開物》。

嶽雲謹案，從水流出，不知何據。今廣産者，皆以火藥爆石取之。

今水晶出於閩之漳州，其用遍天下，無人不知，《夷堅志》水精出信州靈山下，惟以大爲貴。今信州並不産此，而漳州所産白者最多，又有茶色者，曰茶晶，墨色者，曰墨晶，又有淺紫者，深紫者，而尤以緑色爲貴。皆生於山中。初不水産也。土人云，山中産晶，則其地先有氣如煙，尋而掘之，往往得晶。其産亦無常處，有産晶久而掘空者，有素不産而忽生者。別有一種髮晶，晶中有髮，縷縷可數，或以爲髮落水中，遇冰結成。然漳州水晶生於山，並非有水衝激而成也。

《陔餘叢考》。

水晶爲天生玉石之類，明澈最勝，惜不能大而無綿。得其净者，取以爲鏡，别爲銀晶，以示貴重。今海州所産，其白爛然奪目。凡晶性涼，能消熱氣。料自火出，忌作眼鏡，當慎辨之。其别有五，一曰綿。綿是其病，然正如玉之萊菔花，硯之鸜鵒眼也。一曰紋，銀晶無綿，法：閃側向明，睨而審諦，見有如水波，雲頭堆起之紋，摸之實無。一曰緺，晶不定有紋，然必有晶之形，則橘皮緺是也，若肌膚之有毛孔，視之較難。一曰重，與料較重必鎮手。一曰舐，其涼澈骨，此法最易。《鏡鏡詅癡》。

水晶生具五色，除金晶貴重罕見外，餘色可充玩器，惟墨晶能養目，及視日具有大用。别有茶晶，乃其淺者，價則大減。《鏡鏡詅癡》。

白石英生華陰山谷及太山，大如指，長二三寸，六面如削，白澈有光。長五六寸者，彌佳。其黄端白棱，名黄石英。赤端白棱，名赤石英。青端赤棱，名青石英。黑澤有光，名黑石英。二月採亦無時。《名醫别録》。

嶽雲謹案，六面如削，即西書所謂六面橄欖形也。《嶺表録》云，大小皆五棱，是亦有不盡六棱者。古人服食惟重白石英。若紫石英但入五石飲。黄赤青黑四種，方家都不見用。今時惟用紫者。《御覽》云，自大峴至太山，皆有紫石英，西人以紫者爲含錳養二。

菩薩石出峨眉五臺匡廬岩竇間其質六棱或大如棗栗其色瑩潔映日則光采微芒有小如櫻珠則五色粲然可喜亦石英之類也。《本草綱目》。

嶽雲謹案，形與石英同即石英也。

已上石英。

玉泉。玉屑，生藍田，山谷采無時。《名醫别録》。

《别寶經》云，凡石韞玉，但將石映燈看之，内有紅光，明如初出日，便知有玉也。《海藥本草》。

玉，有山産，水産二種。中國之玉，多在山，于闐之玉，則在河也。《本草綱目》。

大理、騰越水中皆産玉，翠玉出武定，翡玉出麗江，黑玉出永昌，亦有兼産者。《滇中志勝》。

玉，産大石窩，至京城一百四十里，折方估價，營繕司主之。《明水軒日記》。

嶽雲謹案，此西人所謂鈣養矽養三之質也，仍含金類養氣質，以爲其色。

玉，亦可以烏米酒及地榆酒化之爲水，亦可以葱漿消之爲飴，亦可餌以爲丸，亦可燒以爲粉，服之。《抱朴子》。

比來玉工每以極壞夾石之玉染造，欲紅則入紅木屑中煨之，其石沁處紅，欲黑則入烏木屑中煨之，其石沁處黑，謂之新提油。《玉紀》。

附凡玉工描玉，用石榴皮汁描之，則見水不去。《癸辛雜識》。

紅沫，煉丹砂爲黄金，碎以染筆，書入石中，削去逾明，名曰紅沫。《酉陽雜俎》。

已上玉。

回回石頭種類不一，其價亦不一，大德間，本土巨商中賣紅刺一塊於官，重一兩三錢，估直中統鈔一十四萬錠，用嵌帽頂上。自後累朝皇帝相承寶重，凡正旦及天壽節大朝賀時則服用之。呼曰刺，亦方言也。今問得其種類之名，具記于後。《輟耕録》。

紅石　刺淡紅色嬌。　避者達深紅色石薄方嬌。　昔刺泥黑紅色。　古木蘭紅帶黑黄不正之色，塊雖大石至低者。

緑石　助把避上等暗深緑色。　助木剌中等明緑色。　撒卜泥下等帶石淺緑色。

鴉鶻　紅亞姑上有白水。　馬思艮底帶石無光二種，同坑。　青亞姑上等深青色。　你藍中等，淺青色。　屋撲你藍下等，如水樣帶石渾青色。　黄亞姑　白亞姑

貓睛　貓睛中含活光一縷。　走水石新坑出者似貓睛而無光。

甸子　你舍卜的即回回甸子，文理細。　乞里馬泥即河西甸子，文理麤。　荆州石即襄陽甸子，色變。

雲南寶井産紅寶石。明永樂中，曾得一顆大者，重三兩一錢，深紅色，明瑩嬌豔非常，估值銀三千兩，自後從無此大者。一種石，色嫩紅嬌倩，如新開海榴花，光彩奪目。又一種，淡紅明瑩者，名童子色，最貴。又有石，色大紅而帶黄黑色，名爲油煙紅，最下，所産酒黄寶石，色嫩黄如金。珀青寶石，色嫩青如翠藍，亦有淡青，如月下白者。谷泰《博物要覽》。

寶石，出猛密土司之寶井，井有數處，夷人環屋圍之，得佳者，緬酋持去。元時謂之凸凹石，以紅刺爲上品，重一兩二錢，值鈔十四萬錠，用嵌帽頂，累朝寶重。其次，淡紅色嬌曰刺，深紅石薄色嬌曰避者達，黑紅曰苦刺泥，紅帶黑黄曰古木蘭，凡四品。張含謂：須以紅透者爲寶，嘗於王太監處見之，比軟紅則黑，比硬紅則乾，以予在滇所見，皆苦刺泥也，而價且巨萬矣。《滇海虞衡志》。

碧霞璽，一曰碧霞玭，一曰碧洗，皆寶石之類，出猛密土司中。五色俱有，以深紅透水爲最，紫、黄、緑間白色次之，白黑二色最下。《滇海虞衡志》。

印紅，亦寶石之類，方徑不過數分，投之大水缸中，紅光即映滿缸。以嵌冠上，臨陣則矢石俱不能及，敵人望之如見仙佛圓光，皆驚怖，此其寶也。《滇海虞衡志》。

豪猪牙，亦寶石之類，取形似而名也。臨陣時以挂胸前，矢石不能及，故蠻方貴之甚，至以諸寶嵌於頭項，及身，以豪長於諸部。張君《記》云，寶井在阿瓦國界，井深寒，蠻服砒始敢下，取石子滿囊，負以上，寒戰欲絶。每袋謂一叶，索價甚昂，江右客買之。《滇海虞衡志》。

凡寶石皆出井中，西蕃諸域最盛，中國惟出雲南金齒衛與麗江兩處。凡寶石自大至小，皆有石牀包其外，如玉之有璞也。金玉必積土其上，韞結乃成，而寶石則不然，從井底直透上空，取日精月華之氣而就，故生質有光明。如玉產峻湍，珠孕水底，其義一也。凡産寶之井，即極深無水，但其中寶氣如霧，氤氳井中，人久食其氣多致死。故采寶之人，或結十數爲羣，入井者得其半，而井上衆人亦得其半也。下井以長繩繫腰，腰帶叉口袋兩條，及泉近寶石，隨手疾拾入袋。寶井内不容蛇蟲。腰帶一巨鈴，寶氣逼不得過，則急摇其鈴，井上人引緪提上。其人即無恙，然已昏瞢，止與白滚湯入口解散，三日之内不得進糧食，然後調理平復。其袋内石大者如椀，中者如拳，小者如豆。總不曉其中何等色。付與琢人鑢錯解開，然後知其爲何等色也。屬紅黄種類者，爲貓睛、靺鞨芽、星漢砂、琥珀木難、酒黄、喇子。貓睛黄而微帶紅，琥珀最貴者名曰璧，此值黄金五倍價。紅而微帶黑，然晝見則黑，燈光下則紅甚。木難純黄色。喇子純紅。前人於松樹注茯苓，又注琥珀，可笑也。屬青緑種類者爲瑟瑟珠，珇琗緑，鴉鶻石，空青之類。空青既取内質，其膜升打爲曾青。至玫瑰一種，如黄豆、緑豆大者，則紅、碧、青、黄皆具。寶石，有玫瑰，如珠之有璣也。星漢砂以上，猶有煮海、金丹，皆西蕃産，亦間氣出，滇中井所無。《天工開物》。

嶽雲謹案，寶石似琥珀者，名琥珀耳，乃以茯苓之琥珀爲可笑，誤也。又寶石似空青者，名空青耳，真空青爲銅坑中常有，非寶石也。其日精月華寶氣之語，亦屬腐論。寶石多爲鋁養合鹻類質。有數種祇爲鋁養矽養所結，與生泥同質。有含鈣而希見者，有含鋇鎴等質者。而恆含於矽養之中，所謂璞也。自寶井揀得之人，並不知爲何寶，必俟工人審視善剖之而後見。以透明有色者爲貴，間有兼銅鐵錳鉻等質者，不能一一得其物而考之。其作僞者多用鹻類質與鋁矽及他金類質，化分其原質即易辨識。

已上各種寶石。

附琉璃料器

天子西征，有采石之山，取以鑄器。《穆天子傳》。

嶽雲謹案，《陔餘叢考》引此，謂煉石爲琉璃，自古已然，其論甚確。

外國作水精椀，實是合五種灰，以作之。今交廣多有得其法，而鑄作之者。今以此語，俗人殊不肯信，乃云水精本自然之物，玉石之類，況於世間本有自然之金，俗人當何信其有可作之理耶。《抱朴子》。

陽燧之取火也，五月丙午日中時，消煉五石以爲器，仰以向日則火至。《論衡》。

嶽雲謹案，《陔餘叢考》引此，謂即琉璃，其言甚確是。當時不獨有琉璃，且能取以爲透光鏡矣。

又案，《御覽》引《萬畢術》方諸，取水。方諸，形若杯，無耳，以五石合冶。又《華嚴經音義》引許叔重曰，方諸五石之精，作圓器，似杯仰月，則得水也。據二書，則陽燧、方諸皆透光玻璃，陽燧爲凸者，方諸爲凹者耳。

大月氏國世祖時，其國人商販京師，自云能鑄石爲五色瑠璃。於是采礦山中，於京師鑄之，既成，光澤乃美於西方來者。乃詔爲行殿，容百餘人，光色映徹觀中，見之莫不驚駭。以爲神明所作。自此中國瑠璃遂賤，人不復珍之。《魏書·西域傳》。

稠爲大府丞，時中國久絶琉璃之作，匠人無敢厝意，稠以緑瓷爲之，與真不異。《隋書·何稠傳》。

琉璃，自然之物，彩澤光潤，踰於衆玉，其色不常。魏略云，大秦國出緑、縹、青、紺、赤、白、黄、黑、紅、紫十種琉璃。《西京雜記》武帝以白光琉璃爲鞍，闇室照十餘丈如晝是也。今用青石琉璃，皆銷冶石汁，以衆藥灌而成之。《鼠璞》。

嶽雲謹案，玻璃皆冶成者，戴植以爲自然之物，誤矣。《倚晴閣雜鈔》云，北史，月氏、人商販京師，采石礦中鑄之，光澤美於西來者則是西域瑠璃，亦用石鑄，非自然生成者矣。語頗有識。

瑠璃本質是石，欲作器，以自然灰冶之。自然灰狀如黄灰，可浣衣用之，不須淋。但投水中，滑如苔石，不得此灰，則不可釋。《南州異物志》。

嶽雲謹案，瑠璃即玻璃，云瑠璃本質是石者，取鈣養矽養二等石煉之也，自然灰者，鈉養炭養二之天生者也，所言極明白簡易。

凡琉璃石與中國水精、占城火齊，其類相同，同一精光明透之義。然不産中國，産於西域。其石五色皆具，中華人豔之，遂竭人巧以肖之。於是燒瓴甋，轉釉成黄緑色者，曰琉璃瓦。煎化羊角爲盛油與籠燭者，爲琉璃碗。合化硝，鉛寫珠，銅綫穿合者，爲琉璃燈。捏片爲琉璃瓶袋，硝用煎煉，上結馬牙者。各色顔料汁，任從點染。凡爲燈、珠，皆淮北、齊地人，以其地産硝之故。《天工開物》。

嶽雲謹案，此皆影想之談，並博山之料石不知，遑論其他哉。

俗所用琉璃，皆消融石汁及鉛錫，和以藥而成。其來自西洋者較厚而白，中國所製則脆薄而色微青。《陔餘叢考》。

瑠璃廠，原爲燒殿瓦之用。瓦有黄碧二種，明代各廠俱有内官司之。如殿瓦之外所製，一曰魚瓶，貯紅魚，雜翠藻於中。一曰瑠璃片，以五色渲染，人物花草，煉成嵌入牕户。一曰葫蘆小者，寸許大，或至徑尺，其色紫者居多，一曰響葫蘆，小兒口銜嘘吸成聲，俗名倒掖氣，一曰鐵馬，懸之簷，以受風戛者也。《倚晴閣雜鈔》。

凡製琉璃，先以琉璃爲管焉，必有鐵杖剪刀焉，非是弗工。石之在冶，涣然流離，猶金在鎔。引而出之者，杖之力也。受之者，管也，授之以隙，納氣而空中，使口得爲功，管之力也。引之使長，裁之使短，拗之使屈，突之使高，抑之使凹，剪刀之力也。凡爲葫蘆，先得提，後得腹，接處爲腰。凡爲魚瓶，先得口，次得腔，凡爲響器，先得下口，後得上口。凡爲燈椀，先得圓毬，吸其下，按其上，斷其臍而坐之，上反爲底，下反爲面。凡爲鼓璫，先得葫蘆，旋燒其底而凹流之以均其薄，欲平而不平，使微杠焉，以隨氣之動乃得鳴鼓璫者，響葫蘆也。《顔山雜記》。

予親見張明益鎔玻璃於鐵管一端，其一端套木嘴，含而吹之成泡。欲作管，則火而長之，欲作方，則火而範之，據云，閩廣人以博山石粉加鉛藥煉成料，亦如此吹成大泡，再火而平之。予曾遊粤，見肆中吹成之泡，高三尺餘，大如甕，剖成者形似瓦，洵不誣也。《鏡鏡詅癡》。

嶽雲謹案，西人做法並同，但吹力要匀耳。

奉宸庫中玻瓈母二大篚，玻瓈母者，若今之鐵滓，然塊大小猶兒拳，人莫知其用。又歲久無籍，不知其所自來。或云，柴世宗顯德間大食所貢，又謂真廟朝物也。諸璫以意用火煅而模寫之，但能作珂子狀，青紅黄白隨其色，而不克自必也。《鐵圍山叢談》。

嶽雲謹案，此玻璃料之已配合者，鎔之火力不足，故但得珂子狀。今山東所製玻璃，皆甚薄，用鹻類太多，入沸水即化，京師作者亦然。若多加矽養三，自可得值。廣東人業此者，多以西來玻璃破碎者重入爐煅，鮮知配合之法者。

又案，今俗以鎔牛角者，曰琉璃用料者曰玻璃。古則用料者，亦曰琉璃，鎔牛角法别見。

《禹貢》曰，璆琳琅玕，此則土地所生，真玉珠也。然而道人消爍五石，作五色之玉，比之真玉，光不殊别。兼魚蚌之珠，與《禹貢》璆琳，皆真玉珠也。然而隨侯以藥作珠，精耀如真，道士之教至，知巧之意加也。《論衡·率性篇》。

嶽雲謹案，此即今之法瑯料器。

永昌之碁，甲於天下。製法，以瑪瑙石，合紫英石研爲粉，加以鉛、硝，投以藥料，合煅之。用長鐵蘸其汁，滴以成碁，有鵶色深黑者最堅，次碧緑者稍脆，又蠟色、雜色及黑白俱有花者，其下也。《一統志》。

滇南皆作碁子，而以永昌爲第一，蓋水土之别云。燒碁之法，以黑鉛七十斤，紫英石三十斤，硝百二十斤爲一料，可得碁子三十副，然費工本已三十六七兩矣。其色以白如蛋青，黑如鵶青者爲上。若鵝黄鴨緑中外洞明者，雖執塗之人，而贈之不受也。燒碁之人，以郡庠生李德章爲第一，世傳火色不以授人也。余在永昌日，曾以重價得之，出以與郡大夫較，皆不能出余右也。庚申冬日爲叛兵所掠，惜哉。今滇中游客，出銀五錢，使市碁三百六十，豈復有佳物乎。劉昆《南中雜説》。

嶽雲謹案，依此分劑，在玻璃中亦可稱極精矣，石英價貴而質純故也，此種亦可作僞寶石。

煉琉璃法，黑鉛四兩，硝石三兩，白礬二兩，鎔三物，以白石末一兩，搗飛極細和之，用鐵箝夾抽成條。欲紅入硃，欲青入銅青，欲黄入雌黄，欲紫入赭石，欲黑入杉木炭。《多能鄙事》。

嶽雲謹案，此等玻璃火度亦小，參和顔色法甚多。

料絲燈，出永昌，言取藥料煎熬抽絲，織之爲燈，故曰料絲。其藥料則紫石英、鈍磁、赭石之類，不一也。始出於錢，能以此進上，不使外人燒造能出。始習

爲之，顧更精。長大幾二三倍，價甚昂。燒造者死，其子傳其法，人競燒之。江西人以販於京師，料絲燈遂多，價減半，及官取之，價益賤，爲之者遂不能精矣。李東陽誤以爲繚絲，殊失其義。今永昌尚有料絲燈，大底穿燒珠而成者。問之彼地諸生，質以南園所録，則茫然不知也。《滇海虞衡志》。

嶽雲謹案，玻璃抽絲，此亦易事，惟織之爲燈，則必玻璃爲韌性者，故能屈伸不折。西人並無此法，則其遜中國之智遠矣。

琉璃器出顔神鎮，以土産馬牙、紫石爲主，法用黄丹、白鉛、銅緑熬煉，成珠穿、燈屏、棊局、帳勾、枕頂類，光瑩可愛。《青州府志》。

西京洛河水中出碎石頗多，青白間有五色斑斕。採其最白者，入鉛和諸藥可燒變假玉，或琉璃用之。《雲林石譜》。

琉璃，出陽曲交城山，有礦，色微紅，不甚堅硬。土人取搗成末，如煉硫礦法，以爲簪釧釵鈕之屬，五色胥備，間有用以製燈者。《山西通志》。

料絲燈，見李西涯詩，而詩用繚絲字，郎瑛謂，誤也。料絲出於滇南，以金齒衛者爲勝。用瑪瑙、紫石英諸藥搗爲屑，煮乳如粉，必市天花菜點之方凝，然後取以爲絲，極晶瑩可愛。蓋以煮料成絲，故名料絲耳。王文格《海月庵觀燈》詩有，新樣驚看出洱河，天機文斷水微波，等句，蓋亦咏料絲者，則此物前明時僅出於滇也。《韻石齋筆談》亦謂料絲燈始於雲南，有丹陽人潘鳳者，隨楊文襄公至滇，得其法，歸而煉石成絲，於是丹陽之料絲燈達於海内，而鳳實造燈鼻祖云。則内地之有此燈，實始於鳳。然元人馬祖常有《琉璃簾詩》云，萬縷横陳銀色界，一塵不入水晶宫。琉璃安可作簾？且詩云萬縷，必非方塊琉璃，蓋即今之料絲耳。然則料絲在元時已有之。今之爲料絲者，不必用瑪瑙等石，但以糯米和藥煮耳，其色亦復不滅。《陔餘叢考》。

嶽雲謹案，糯米和藥乃，流俗之言。

武帝以金彈彈鳥，破其白光琉璃馬鞍，甚悔恨之。李少君取續骨和豨膏接之，映日而視，初無損處。《記事珠》。

嶽雲謹案，今釬玻璃之方，亦有數法。

又 《工部非金類》

硼砂

硼砂出南海，其狀甚光瑩，亦有極大塊者，諸方稀用，可銲金銀。蘇頌《本草》。

硼砂，生西南番，有黄白二種。西者白如明礬，南者黄如桃膠。皆是煉結成，如硇砂之類。西者柔物去垢，殺五金，與消石同功，與砒石相得也。《本草綱目》。

嶽雲謹案，此西人所謂𥑮養也。今西藏有硼砂湖，其根原由於火山。

甘，微鹹，涼，無毒。《本草綱目》。

制汞、啞銅、結砂子。《丹房鑑源》。

同砒石，煅過有變化。《土宿本草》。

已上出産形性功用。

硇砂

硇砂出西戎，形如牙硝，光净者良。蘇恭《本草》。

今西涼夏國，及河東陝西近邊州郡亦有之，然西戎來者顆塊光明，大者有如拳，重三五兩，小者如指面，入藥最緊。邊界出者，雜碎如麻豆粒，又夾砂石，用之須水飛，澄去土石訖。亦無力，彼人謂之氣砂。《本草綱目》。

嶽雲謹案，水飛則硇化，用之自然無力，此西人所謂淡輕四緑質也，化學含淡輕三等質，均從此物製成。

硇砂，乃鹵液所結，出於青海，附鹽而成質。虜人采取淋煉而成，狀如鹽塊，以白净爲良，得濕即化爲水。《本草綱目》。

高昌北庭山中常有煙氣涌起，而無雲霧，至夕光焰若炬火，照見禽鼠皆赤色，謂之火焰山。采硇砂者，乘木屐取之，若皮底，即焦矣。《行程記》。

嶽雲謹案，此與西人所説大致相同。

已上出産。

柔金銀，可爲銲藥。蘇恭《本草》。

番硇赤，可化汞。色白者良，性毒，人食之即化。《本草圖經》。

硇遇赤鬚，汞留金鼎。《雷斅炮炙論》。

無毒，畏一切酸，世人自疑爛肉，而人被刀刃所傷，以之罨傅，當時生痂。《大明本草》。

此物本攻積聚，熱而有毒，多服腐壞人腸胃，生用又能化人心爲血，固非平居可餌者。而西土人用淹肉，炙以當鹽，食之無害。蓋積習之久，自不毒也。蘇頌《本草》。

嶽雲謹案，池之匯爲硇，猶地之匯爲鹽也。鹽之質爲納緑，硇之質爲淡輕三緑，故硇亦可代鹽醃物。化學藥，鹽硇恆通用，則其性可知。

其性，善爛金銀銅錫。庖人煮硬肉，入硇砂少許即爛，可以類推矣。《本

草綱目》。

北庭砂，秉陰石之氣，含陽毒之精，能化五金八石，去穢益陽，力並硫黃。《玉洞要訣》。

嶽雲謹案，此藥自唐慎微《本草》，始收入，後來諸方引用，率皆取其輭堅消腫，與朴消相同。雷公《炮炙論》除癥去塊，全仗硝磠是也。又凡藥中用磠砂者，並可以硼砂代之，二者用處相同。又同出於火山，而西人書以淡輕二爲金屬硼砂之本質，爲硴，爲非金屬。依化學之法試之，自不能遽易其言矣。此質或出於舊石灰坑，猶滷地取硝鹻，亦或於動物質中取之，猶尿中取秋石也。

已上形性功用。

炭

炭，燒木餘也。《説文》。

燎木而爲炭。《淮南子》。

季秋之月，草木黄落乃伐薪爲炭。《禮記》。

掌炭，掌灰物、炭物之徵令，以時入之。《周禮》。

炭，燒木留性，寒月供然火取煖者，不煙不燄，可貴也。（類函引總説）

櫟炭火，宜煅煉一切金石藥。《本草綱目》。

西蜀又有竹炭，燒巨竹爲之，易燃、無煙、耐久，亦奇物。卭州出鐵，烹煉利於竹炭。《老學庵筆記》。

今徽人作花砲者，其藥綫必用壺蘆炭，取其疾速，勝於杉柳梢。《本草綱目拾遺》。

鳥槍用糯穀炭，取其鎔鐵力速，見風鉛子不凝。《盧鏜日記》。

嶽雲謹案，凡植物料，皆可以製炭。

赤友氏掌除牆屋，以蜃炭攻之，以灰洒毒之，凡隙屋除其貍蟲。《周禮》。

蜃，大蛤也，擣蜃炭以坋之，則走。《周禮注》。

始厚葬，用蜃炭。《左傳》。

燒蛤爲炭，以瘞壙。《左傳注》。

嶽雲謹案，此所謂動物炭，内有鈣養燐養五等質，非浄炭也。

百草霜，乃竈額及煙爐中墨煙也，其質輕細，故謂之霜。《本草綱目》。

百草霜，釜底墨，梁上倒挂塵，皆是煙氣結成。《本草綱目》。

嶽雲謹案，此所謂炱。炱亦炭也，中國墨皆炱所作，又漆家用之。

又案，西人化學論炭質最爲未盡，彼意以凡質燒之不變者，皆謂之炭，然物之不同千派萬殊，即以焚植物而言，燒餘之燼區以別矣，豈可混而同之。蓋生物化學門徑纔開，久之，必有新論也。

柞柳，速朽者也，而燔之爲炭，則億載而不敗焉。《抱朴子》。

嶽雲謹案，西人謂各物中以炭爲最能經久，而不言其理。考，李時珍云，燒木爲炭，木久則腐，而炭入土不腐者，木有生性，炭無生性也，爲得其説矣。

謝景魚家有陳無已手簡一編，有十餘帖，皆與酒務官託買浮炭，謂投之水中則浮故也，樂天詩曰，日暮半爐麩炭火，浮炭謂之麩炭。《老學庵筆記》。

洛下有豪家子，飲食鮮華。有李使君爲具召之，曾不下箸。至飯，李曰此以炭炊。豪家子勉食一匙，曰，凡以炭炊，先煉炭，謂之煉炭，方始無煙氣，此亦非也。《劇談録》。

嶽雲謹案，煉炭者，燒炭訖又蓋之，如枯煤之義。麩炭者燒木所餘，非由窯煆者也。麩亦作烰。

琇，性豪侈，費用無復齊限，而屑炭和作獸形以温酒。《晉書・羊琇傳》。

楊國忠家以炭屑用蜜捏塑成雙鳳，謂之鳳炭。《開天遺事》。

黑太陽，出自韋郇公家，用精炭擣治作末，研米煎粥，溲和得所。預辦圓鐵範，滿内炭末，運鐵面鎚實擊五七十下，出範陰乾。範巨細若盞口，厚如兩餅餤。盛寒，爐中熾十數枚，烘然徹夜。晉人獸炭，豈此類耶？《清異録》。

嶽雲謹案，此即今人所捏炭團耳。賣炭者所遺碎炭屑，以此法爲之，反得善價，猶煤之製餅也。

白炭，治誤吞金銀銅鐵在腹，燒紅，急爲末，煎湯呷之。甚者刮末三錢，井水調服，未效再服。又解水銀輕粉毒。帶火炭納水底，能取水銀出也。《本草綱目》。

嶽雲謹案，西人言，誤食毒藥，用炭粉和水飲之，能收其毒而不害人，亦中國書中所已知。

今市中賣燈草人皆販自南方，既賣則收買各種獸骨而去，不知所用。或云閩人燒之爲炭，以濾蔗糖則變白色。《桑根筆記》。

腐肉以炭灰醃之，再煮之，則臭味悉去。《鄙事綴紀》。

嶽雲謹案，西人謂以動物炭濾，則色香味俱滅是也。木炭亦可用，但力差薄。

已上人製之炭。

竇少君爲其主入山作炭，寒卧岸下百餘人，岸崩，盡壓殺卧者，少君獨得脱，

不死。《史記・外戚世家》。

竇太后弟廣國，傳賣至宜陽爲其主人入山作炭，暮寒卧炭下百餘人，炭崩，盡壓死，廣國獨得脱。《論衡》。

夏馥，入林慮山中，親突煙炭。《後漢書・黨錮傳》。

鄴縣冰井臺，井深十五丈，藏冰及石墨焉。石墨可書，又燃之難盡，亦謂之石炭。《水經注》。

豫章有石炭二頃，可燃以爨。《續漢書・郡國志》引《豫章記》。

無勞縣山出石墨，爨之彌年不消。《酉陽雜俎》。

豐城、萍鄉二縣皆産石炭於山間，掘土，黑色可燃，有火而無燄作硫黄氣，既銷則成白灰。《山堂肆考》。

石炭不知始何時，熙寧間初到京師，東坡作《石炭行》一首，言以冶鐵作兵器甚精，亦不云始於何時也。予觀前漢《地理志》，豫章郡出石可燃爲薪。隋王邵論火事，其中有石炭二字，則知石炭用於世久矣。然今西北，處處有之，其爲利甚博。《曲洧舊聞》。

嶽雲謹案，《隋書・王劭傳》，劭上表請變火，曰今温酒及炙肉用石炭、柴火、竹火、草火、麻荄火，氣味各不同。

宛平縣西齋堂村産石，黑色而性不堅，磨之如墨。今時宫人多以畫眉，名畫眉石，亦曰黛石。《燕山叢録》。

石炭，即烏金石，上古以書，字謂之石墨。今俗呼爲煤炭，煤，墨音相近，《拾遺記》言焦石如炭。《嶺表録》言康州有焦石穴，即此也。《本草綱目》。

石炭，南北諸山産處亦多，昔人不用，故識之者少。今則人以代薪炊爨，煅煉鐵石，大爲民利，土人皆鑿山爲穴，横入十餘丈取之。有大塊如石而光者，有疏散如炭末者，俱作硫黄氣，以酒噴之則解。入藥用堅塊如石者。昔人言夷陵黑土爲劫灰，即此疏散者也。《本草綱目》。

嶽雲謹案，石炭自古用之，特未通行，六朝以後乃大行于世，嗣是日益增多矣。作硫黄氣者，煤内多雜硫黄故也，非酒噴所能解。煤中具有種種氣質，不惟硫氣。

凡煤炭，普天皆生，以供煅煉金石之用。南方秃山無草木者，下即有煤，北方勿論。煤有三種，有明煤、碎煤、末煤。明煤大塊如斗許，燕、齊、秦、晉生之。不用風箱鼓扇，以木炭少許引燃，熯熾達晝夜。其傍夾帶碎屑，則用潔净黄土調水作餅而燒之。碎煤有兩種，多生吴楚。熖高者曰飯炭，用以炊烹。熖平者曰鐵炭，用以冶煅。入爐先用水沃濕，必用鼓鞴候紅，以次增添而用。末炭如麪者，名曰自來風，泥水調成餅，入於爐内，既灼之後，與明煤相同，經晝夜不滅，半供炊爨，半供鎔銅、化石、升朱。至于燔石爲灰與礬、硫，則三煤皆可用也。凡取煤經歷久者，從土面能辨有無之色，然後掘挖，深至五丈許方始得煤。或一井而下，炭縱横廣有，則隨其左右闊取，其上支板，以防壓崩耳。凡煤炭取空而後，以土填實其井，經二三十年，其下煤復生，長取之不盡。其底及四周石卵，土人名曰銅炭者，取出燒皂礬與硫黄。凡石卵單取硫黄者，其氣薰甚，名曰臭煤，燕京房山、固安、湖廣荆州等處間有之。《天工開物》。

嶽雲謹案，二三十年即再生，或當作二三千年。煤窟空置，久而遇地震則地裂，而地面所有悉入其中，復成煤，非二三十年所能。燒皂礬、硫黄者，言其略耳，尚有多種可取之質。

柴皮炭，形類木而濕。椶色，枝幹膚理了了可辨。暴乾則紋裂，質頓輕矣，燄弱而多煙。又一種，色黑作泥層，擠之有水，土人名活牛糞，乾亦可燃，而皆不甚發火。《繁峙縣志》。

木煤，出昆明山中，土人掘地數丈得之，狀類梁柱榱棟，或如大樹，皆條理有文。燒之，火燄於他煤。間有於煤中得銅、鐵佛像及砧、臼諸器者，質皆柔腐易化，不知何代物也。《雲南通志》。

滇多地震，地裂兩旁之木震而倒下，旋即復合如平地，林木人居皆不見，閱千百年化爲煤。掘煤者得木板煤，往往有刀翦器物。或得此木，謂之陰沈木。《滇海虞衡志》。

城東南雷起潛之田，土壤皆黑土，人謂之海糞，如煤而實土，取以代薪，其地掘即墳起。數百年來，歲取之，不加深，其木煤乎？《騰越州志》。

嶽雲謹案，《高僧傳》云，漢武帝穿昆明池，底得黑灰，以問東方朔。朔曰，可問西域胡人。後竺法蘭至，衆人追問之。蘭曰，世界終盡，劫火洞燒，此灰是也。蓋漢武所見即煤，而法蘭以爲是劫火所燒。亦煤爲植物類灰之一證也。

安陽縣龍山出石炭，入穴取之，無窮。取深數百丈，必先見水，水盡然後炭可取也。炭有數品，其堅者謂之石，輭者謂之烸氣，愈真者，燃之愈難。《日知録》注引《崔銑彰德志》。

嶽雲謹案，煤礦恆因水溢致廢，精于此者，因煤在地層恆爲斜置，故必自煤之極低處先開，漸斜而上，則水性下趨，由低處入于河道，省力而多得煤。若西人，則全用機器吸水，不復計其高低也。

人有中煤氣毒者，昏瞀至死，惟飲冷水則解。《本草綱目》。

嶽雲謹案，此氣即西人所謂炭養二氣，人不堪吸，以其重于空氣也。

初見煤端時，毒氣灼人，有將巨竹鑿去中節，尖銳其末，插入炭中。其毒煙從竹中透上，人從其下施钁拾取者。《天工開物》。

嶽雲謹案，此即煤氣，即炭養二氣也，非竹所能透發。須待其發出後，始可施功。

又案，煤有數種，稽考其種，即可知煤所由成。一種泥煤，其質如泥，而能燒火，不甚旺，而佳於柴火。其生也或於卑濕之區，茂林之下，由其枝葉歷年堆積腐爛而成。其淺者，尚有枝葉未腐者，漸深則漸成煤，再深則儼與煤同，但存枝葉之迹。最深則爲泥，乃古時之平地矣。其中亦有多數林木，或已伐，或未伐者，爲水衝激，埋没於内，因年代尚淺，不能腐爛。如四川所謂陰沈木者，偶然發露，遂爲世用。亦有動物埋没於中，或於大湖之底，乾涸時亦能取出供焚。江蘇太湖、湖南洞庭，皆曾有之。諸書所謂活牛糞、海糞、木煤是也。一種輭煤，比泥煤差强，焚之有臭，京師謂之臭煤。度其成煤年代，自較泥煤爲久，因山水流入硫黄、燐養五等種種雜質和合，故有臭氣。此中植物形狀亦多明顯。一種油煤，較輭煤年代更久，其中雜質業已化爲油類，雖因地質變遷，或在地層深處，或不甚深，要其凝結之時，必比輭煤更古。一種乾煤，則煤層最深，雖厚薄不定，而年代又久，可以測度，其初約即油煤，日久油化分而存乾質，與燒煤爲枯煤同理，所以油井出處與煤層不遠。若爲地火煏焚，則不爲油井而爲火井，若終不發洩則蘊久而成火山或致地震，但火山地震又有别理所致，不僅此也。年代再久則成堅石，煤礦之下恆得堅而微透光之石，中國名爲煤根石。能充黑色水晶，或堅而反光，西人以爲鑽石。此皆就所見而測知之，非意度也。故煤之與炭，其質相近，而堅脆懸殊。

已上地産之炭。

附石油

延壽縣南有山，石出泉水，大如筥簴，注池爲溝。其水有肥如煮肉洎，羕羕永永，如不凝膏，燃之極明，不可食，縣人謂之石漆。《續漢郡國志》引《博物記》。

延安縣北九十里有石油井，出石油，六月收以塗瘡疥。《延安府志》。

石腦油，出陝西延安府。此油出石岩下水中，作氣息，以草拖引煎過，土人多用以點燈云。浸不灰木，浸一年，點一年，理或然也。《格古要論》。

高奴縣石脂水，脂膩，浮水上如漆，采以膏車，及燃燈極明。《酉陽雜俎》。

鄜延境内有石油，舊説高奴縣出脂水，即此也。生於水際沙石與泉水相雜，惘惘而出。土人以雉尾裛之，乃采入缶中，頗似淳漆，燃之如麻，但煙甚濃，所霑幄幕皆黑。予疑其煙可用，試掃其煤，以爲墨，黑光如漆，松墨不及也。遂大爲之，其識文爲延州石液者是也。此物，後必大行於世，自予始爲之。蓋石油至多，生于地中無窮，不若松木有時而竭。今齊魯間松林盡矣，漸至太行、京西、江南，松山大半皆童矣。造煤人蓋未知石煙之利也。《夢溪筆談》。

西北邊城防城庫，皆掘地作大池，縱横丈餘，以蓄猛火油。不閲月，池上皆赤黄。又别爲池而徙焉。不如是，則火自屋柱延燒矣。猛火油者，聞出于高麗之東數千里，日初出之時，因盛夏日力烘石極熱，則出液。他物遇之即爲火，惟真琉璃器可貯之。中山府治西有大陂池，郡人呼爲海子。余猶記郡帥就之以按水戰試猛火油，池之别岸爲敵人營壘，用油者以油涓滴自火焰中，過則烈焰遽發，頃刻列營淨盡。油之餘力入水，藻荇俱盡，魚鼈遇之皆死。《昨夢録》。

石油泉，在玉門縣一百八十里，泉中有苔，如肥肉洎，燃之可代燭，此油能於水中發火。《元和郡縣志》。

州東北二十里，有油山，高數十仞，旁有小穴出油，人取以爲利。《南雄州志》。

縣北二十餘里有石油山，舊出石油。《黟縣志》。

火井油，出嘉定犍爲火井中，井泉皆油，人取之爲燈燭，明正德中方出。《丹鉛總録》。

井之精液爲油，凡四色，米湯油色白，緑豆油色青，梔子油色黄，墨漆油色黑。青黄黑三者氣，熏人，如硫磺。白者氣較輕，光較明曬。牛馬糞爲乾餅，以此油浸之，浮水不熄，又能療癬癩，價昂時，一斤可值八十錢。《自流井記》。

正德末年，嘉州開鹽井，偶得油水，可以照夜，其光加倍。沃之以水，則焰彌甚，撲之以灰則滅。作雄硫氣，土人呼爲雄黄油，亦曰硫黄油。近復開出數井，官司主之。此亦石油，但出於井耳，蓋皆地産。雄硫、石脂，諸石源脈相通，故有此物。《本草綱目》。

石油所出不一，出陝之肅州、鄜州、延州、延長及雲南之緬甸，廣之南雄者，

自石岩流出，與泉水相雜，汪汪而出，肥如肉汁。土人以草挹入器中，黑色頗似淯漆，作雄硫氣，土人多以燃燈甚明，得水愈熾，不可食，其煙甚濃。《本草綱目》。

顯德五年，占城國王貢猛火油八十四瓶，以灑物，得水則出火。《五代史》。

嶽雲謹案，猛火油，即石油，得水則出火，傳聞之誤耳。

猛火油，樹津也。一名泥油，出佛打泥國，大類樟腦，第能腐人肌肉。燃置水中光焰愈熾。蠻夷以製火器，其烽甚烈，帆檣樓櫓連延不止，雖魚鼈遇者，無不燋爍也。《海語》。

嶽雲謹案，石油，自漢時已著於書，其後地志所載，益知産處甚多，由是以煙製墨，以油焚膋。清者燃燈，濁者膏物。久澄，堅結則爲土瀝青。西人蒸煉之製各種色料、藥料，用尤甚廣。不知者因外國亦有此油，以充貢品。遂謂油出外國，陋矣。大約地産石油相近必有煤礦，煤中積油，爲地火所熖，流出耳。

附不灰木

不灰木，出上黨，今澤潞山中皆有之，蓋石類也。其色白如爛木，燒之不燃，以此得名，或云滑石之根也。出滑石處皆有之，采無時。蘇頌《本草》。

要燒成灰，但斫破，以牛乳煮了，黄牛糞燒之，即成灰。藏器《本草》。

至元三年，奏布格齊山出石絨，織爲布，火不能燃，請遣官采取。《元史・阿哈瑪特傳》。

嶽雲謹案，石絨即不灰木也。火浣布，即石絨所織。

建昌山中産不燼木，其物得於山谷石脈中，掘深丈許，非石非木，堅而且白，鑿之緜緜不斷，如絮，績以爲帨，投火不燼，名曰火毳。《天下郡國利病書》。

火浣布，予初於蘇州張廷義家及仁和縣純一僧院見者，皆大如折二錢。近於朱孟瑜家見者，狹長如衣帶，漬油則可代燭，覆火則可爇者，油盡火熄則完全如故。《方洲雜言》。

今回紇之野馬川，有木曰鎖鎖，燒之不燼。亦不作灰。婦人取根爲帽，入火不焚，亦豈炎山木之類耶。《疑耀》。

不灰木，有木石二種，石類者，其體堅重，或以紙裹，蘸石腦油燃燈，徹夜不成灰，人多用作小刀靶。《開山圖》云，徐無山出不灰之木、生火之石，山在今順天府玉田縣東北。《庚辛玉册》云，不灰木，陰石也，生西南蠻夷中黎州、茂州者好，形如針文，全若木，燒之無煙，此皆言石者也。伏深《齊地記》云，東武城有勝火木，其木經野火燒之不滅，謂之不灰木。楊慎《丹鉛録》云，《太平寰宇記》云，不灰木，俗多爲鋌子，燒之成炭，而不灰，出膠州。黄葉如蒲草，今人束以爲燎，謂之萬年火把，此皆言木者也。時珍常得此火把，乃草葉束成，而中夾松脂之類，一夜僅燒一二寸耳。《本草綱目》。

嶽雲謹案，不灰木，乃自生一種，非木非石。時珍爲調停之説，非也。不灰木，中有鎂質鋁質。屬砂石中之一類，《金石識別》譯爲低摩而愛脱結，長針形，其柔輭纖長者，即石絨，其狀如松木者，爲不灰木，其細碎絲縷，或名山紙、山革製紙與布皆石絨也。

又案，火浣布，自古有之，《後漢書・西域傳》：大秦國有火浣布。又《西南夷傳論》云，其賓幪火毳馴禽封獸之賦，軨積于内府。注，火毳，即火浣布也。《三輔黄圖》：奇華殿，火浣布充塞其中。《魏志》：青龍三年，西域重譯獻火浣布。《宋史・哲宗紀》：元祐七年，大食進火浣布，蔡絛《鐵圍山叢談》云，火浣布，若木棉布，色青黧，投火中則潔白。宣和政和以後，盈筥而至，御府紉爲巾、褥、裙、袍之屬。【略】然近時日本及南洋島嶼均有火山，不聞中生動植，疑皆轉相稗販不根之論。考《元史・阿哈瑪傳》所言，至爲明顯，顧炎武《郡國利病書》建昌路考，火毳即阿哈瑪所云石絨。蘇頌《本草》言，並相合而。李時珍《本草》乃云，不灰木有木石二種，不能碻，指形狀。蓋時珍亦未深考矣。英吉利國人傅蘭雅云，西國數處亦産不灰木。有麤、有細、有硬、有輭，各各不同。如意大利國近來開采甚多，細者能紡綫，比棉綫更堅牢，其綫能織布，麤細隨人意，又能造紙，便於寫字或印書，又可在房屋内加其厚紙一層，則不能通火。意大利國所造大半運往美國出售。如用其厚紙作盒，所有要信置盒内，則不易爲火所燒，造此盒之家，用平常厚紙作盒，又用不灰木紙作盒，兩盒裝書信等件，置火爐内待五分時，則常紙之盒已燬，不灰木之盒尚可取出其内信件，毫不受害。予曾得此紙試之良驗。中國奉天、直隸、山東、四川、山西等省並産此物，惜無人倣爲之也。予見四川所出不灰木布甚麤，想今工不能如古之精。

又　卷五　辰錦砂最良，麻陽即古錦州，舊隸辰郡，砂自折二至折十皆顆塊，佳者爲箭鏃結。不實者爲肺砂，碎則有趦趄，末則有藥砂。砂出萬山之崖，爲最犵狫，以火攻取。《溪蠻叢笑》。

朱砂，皆鑿坎入數丈許，雖同出一郡縣，亦有好惡。地有汞井，勝火井也。宏景《別録》。

今出辰州、宜州、階州，而辰砂爲最。生深山石厓間，土人采之，穴地數十

丈，始見其苗，乃白石，謂之朱砂牀。砂生石上，其大塊者如雞子，小者如石榴子，狀若芙蓉頭箭鏃。連牀者紫黯若鐵色，而光明瑩徹，碎之嶄岩作牆壁。又似雲母片可拆者，真辰砂也。無石者彌佳。過此皆淘土石中得之，非生於石牀者。宜砂有絶大塊者，碎之亦作牆壁，但罕有類物狀，而色亦深赤，爲用不及辰砂，蓋出土石間，非白石牀所生也。然近宜州隣地春州、融州皆有砂，故其水盡赤。每煙霧鬱蒸之氣，亦赤黄色，土人謂之朱砂氣，尤能作瘴癘爲人患也。階砂又次之，不堪入藥，惟可畫色耳。蘇頌《本草》。

辰砂爲上，宜砂次之。然宜州出砂處，與湖北大牙山相連。北爲辰砂，南爲宜砂，地脈不殊，無甚分别，老者亦出白石牀上。蘇頌乃云，宜砂出土石間，非石牀所生，是未識此也。别有一種色紅質嫩者，名土坑砂，乃土間者，不甚耐火。邕州亦有砂，大者數十百兩，作塊黑暗，少牆壁，不堪入藥，惟以燒取水銀。頌云，融州亦有，今融州無砂，乃邕州之訛也。《桂海虞衡志》。

辰州砂，多出蠻峒錦州界狤獠峒老鴉井，其井深廣數十丈，先聚薪於井焚之。其青石壁迸裂處，即有小龕。龕中自有白石牀，其石如玉。牀上乃生砂，小者如箭鏃，大者如芙蓉，光明可鑑，研之鮮紅，砂泊牀，大者重七八兩至十兩。晃州所出形如箭鏃帶石者，得自土中，非此比也。《本草衍義》。

凡朱砂上品者，穴土十餘丈乃得之。始見其苗，磊然白石，謂之朱砂牀。近牀之砂，有如雞子大者。其次砂不入藥，衹爲研供畫用與升煉水銀者。其苗不必白石，其深數丈即得。外牀或雜青黄石，或間沙土，土中孕滿，則其外沙石多自坼裂。此種砂，貴州思、印、銅仁等地最繁，而商州、秦州，出亦廣也。《天工開物》。

嶽雲謹案，凡朱砂礦，即汞硫礦也。

俗醫别取武都仇池雄黄夾雌黄者，名爲朱砂。宏景《别録》。

信州近年一種砂，極有大者，光芒牆壁略類宜州所産，然有砒氣，破之多作生砒色。若入藥用，見火恐殺人。今浙中市肆往往貨之，不可不審。《本草别説》。

嶽雲謹案，此砒石與汞相雜之礦，亦堪燒作水銀。

已上出産。

采巖次朱砂，作爐置砂於中，下承以水，上覆以盆，器外加火煆養，則煙飛於上，水銀溜於下，其色小白濁。《本草衍義》。

取砂汞法，用瓷瓶盛朱砂，不拘多少，以紙封口，香湯煮一伏時，取入水火鼎内，炭塞口，鐵盤蓋定。鑿地一孔，放盌一箇，盛水，連盤覆鼎於椀上，鹽泥固縫。周圍加火煆之，待冷取出，汞自流入椀矣。《丹藥秘訣》。

嶽雲謹案，此少取之法。

邕人煉丹砂爲水銀，以鐵爲上下釜，盛砂隔以細眼鐵板，下釜盛水銀，埋諸地。合二釜之口於地面，而封固之。灼以熾火，丹砂得火化爲霏霧，得水配合轉而下墜，遂成水銀。《嶺外代答》。

嶽雲謹案，此多取之法。

凡次砂取來，其通坑色帶白嫩者，則不以研朱，盡以升汞。若砂質既嫩而爍視欲丹者，則取來時入巨鐵碾槽中，軋碎如微塵，然後入缸，注清水澄浸。過三日夜，跌取其上浮者，傾入别缸，名曰二朱，其下沈結者，曬乾即名頭朱也。凡升水銀，或用嫩白次砂，或用缸中跌出浮面二朱，水和搓成大盤條，每三十斤入一釜内升汞，其下炭質亦用三十斤。凡升汞，上蓋一釜，釜當中留一小孔，釜傍鹽泥塗固。釜上用鐵打一曲弓溜管，其管用麻繩密纏通梢，仍用鹽泥塗固。煆火之時，曲溜一頭插入釜中通氣。插處鐵絲固密。一頭以中罐注水兩瓶，插曲溜尾於内，釜中之氣達於罐中之水而止。共煆五箇時辰，其中砂末盡化成汞，布於滿釜，冷定一日，取出掃下。《天工開物》。

嶽雲謹案，此亦多取之法。

已上煉治。

其狀如水，似銀，故名水銀。《本草綱目》。

甚能消化金銀，使成泥，人以鍍物是也。宏景《别録》。

銅得之則明。《本草衍義》。

嶽雲謹案，汞入於銅而浮於外，故明銅多含汞則脆，折之易斷。

邕州溪峒燒取極易，以百兩爲一銚。銚之制似猪脬，外糊厚紙數重貯之即不走漏，若撒失在地，但以川椒末，或茶末收之，或以真金鍮石引之，即上。《本草綱目》。

水銀撒了，鍮石引之即上。《物類相感志》。

收得後，用葫蘆貯之，免遺失。雷斆《炮炙論》。

嶽雲謹案，汞與金類多能相合，惟鐵不合，故收貯之法用鐵罐、竹筒，此用葫蘆尤便。

畏慈石砒霜。《大明本草》。

水銀得鉛則凝，得硫則結，并棗肉研則散，灌尸中則後腐。《本草衍義》。

水銀入耳，能食人腦至盡，入肉令百節攣縮，倒陰絶陽。人患瘡疥多以水銀塗之。性滑重，直入肉，宜謹之。頭瘡切不可用，恐入經絡，必緩筋骨，百藥不治也。藏器《本草》。

凡朱，文房膠成條塊，磨石硯則顯。若磨於錫硯之上，則立成皁汁。《天工開物》。

嶽雲謹案，汞與錫鉛緣力甚大，故汞含硫而入鉛，失其色耳。

製紅昇丹法，水銀二兩，用鉛一兩化開，投入水銀聽用，火硝二兩，綠礬二兩，明礬二兩。共研爲末，投入鍋内化開，炒乾，同水銀研細，入泥護陽城罐内。上用鐵盞蓋之，兜以鐵梁梁之。兩端用燒熟輭鐵綫上下紥緊，用紫土鹽泥如法固口，留出盞面。烘令十分乾燥，架三釘，上砌百眼爐圍之，先加底火二寸，點香一枝，中火點香一枝，頂火點香一枝，預用小罐安滚湯在旁，以筆蘸湯搽擦盞内，常濕勿乾，候三香已畢，去火罐。待次日取起，開出藥末，如粉凝結，盞底刮下，收藏聽用。《外科正宗》。

嶽雲謹案，此丹紅色，西人所謂汞養也。

輕粉，石灰以水久浸，去水取粉，以塗瘡疥。《普濟良方》。

燒水銀時飛著，釜上灰，名汞粉。俗呼爲水銀灰，最能去蝨。宏景《别録》。

嶽雲謹案，此質灰色，西人所謂汞養二也。煉三仙丹，火力不足亦或得此。

作丹砂水法，治丹砂一斤，内生竹筒中，加石膽、硝石各二兩。覆薦上下，閉塞筒口，以漆骨丸封之，須乾以内醕苦酒中，埋之地中，深三尺三十日成水色赤味苦也。《抱朴子》。

造丹砂水法：丹砂一斤，石膽二兩，消石四兩，以小口磁罐漆固其口，埋地中四十九日出，視成水，則藥成矣。若未化，再埋。又法用竹筒盛亦可。《臞仙神隱》。

丹砂以石膽消石和埋土中，可化爲水。《本草綱目》。

嶽雲謹案，此皆西人所謂汞養淡養五之質也。

升煉輕粉法，用水銀一兩，白礬二兩，食鹽一兩，同研不見星，鋪於鐵器内，以小烏盆覆之。篩竈灰，鹽水和，封固盆口。以炭打二炷香，取開，則粉升於盆上矣。其白如雪，輕盈可愛，一兩汞可升粉八錢。《本草綱目》《古秘苑》。

又法水銀一兩，皁樊七錢，白鹽五錢，同研，如上升煉。《本草綱目》。

又法先以皁礬四兩，鹽一兩，焰消五錢，共炒黄爲麴。水銀一兩，又麴二兩，白礬一錢，研勻如上升煉。無鹽，則色不白。《本草綱目》《古秘苑》。

輕粉温燥，黄連。土茯苓、陳醬、黑鉛、鐵漿可制其毒。《本草綱目》。

嶽雲謹案，此西人所謂汞綠之質也。

飛水銀霜方：水銀一斤，朴消八兩，大醋半升，黄礬十兩，錫二十兩，曾煉二遍者玄精陸兩，鹽花二斤。右七味先煉錫訖，又温水銀令熱，乃投錫中。又擣玄精、黄礬令細，以絹篩之。又擣錫令碎，以鹽花並玄精等合和，以醋拌之，令濕，以鹽花一斤藉底，乃布藥令平以朴消蓋上訖，以盆蓋合。以鹽灰爲泥，泥縫固濟乾之。微火三日，武火四日，凡七日。去火一日，開之掃取。極須勤，心守，勿令須臾間懈慢大失矣。《千金翼方》。

嶽雲謹案，此法所得，亦輕粉。所加各料分出鹽中之鈉，令汞綠上升，無他故也。

白雪，粉霜也。以海鹵爲匱，蓋以土鼎，勿洩精華，七日乃成。《抱朴子》。

以汞粉轉升成霜，故曰粉霜。《本草綱目》。

粉霜升煉法，用真汞粉一兩，入瓦罐内，令勻，以燈盞仰蓋罐口，鹽泥塗縫。先以小炭火鋪罐底四圍，以水濕紙不住手在燈盞内擦，勿令間斷，逐漸加火至罐頸，住火，冷定，取出即成，霜如白蠟。《本草綱目》。

崔氏造水銀霜法，用水銀十兩，石硫黄十兩，各以一鐺熬之。良久銀熱黄消，急傾入一鐺，少緩即不相入，仍急攪之，良久硫成灰，銀不見，乃下伏龍肝末十兩，鹽末一兩，攪之。别以鹽末鋪鐺底一分，入藥在上，又以鹽末蓋面一分，以瓦盆覆之，鹽土和泥塗縫，炭火煅一伏時，先文後武，開盆刷下。凡一轉後分舊土爲四分，以一分和霜入鹽末二兩，如前法飛之訖。又以土一分，鹽末二兩和飛如前，凡四轉土盡，更用新土。如此七轉，乃成霜用之。《外臺秘要》。

嶽雲謹案，此西人所謂汞綠二之質也。李時珍以爲造粉霜古法後人罕知，不知時珍所言粉霜乃輕粉之重加升煉者耳。此方用鹽甚多，所成質與前不同。《綱目》所引主治各方，皆指輕粉之潔净者，非崔氏之水銀霜也。

水銀一兩四錢，净火硝一兩四錢，夏天加二錢。白礬一兩，硃砂五錢三分，雄精二錢三分，硼砂四錢，皁礬一兩七錢，白砒二錢，食鹽三錢。諸藥研至不見水銀星爲度，盛於陽城罐内，用烰炭微火鎔化，火急則水銀上升走爐，熬至罐内無白煙，起以竹枝撥之，無藥屑撥起，用木杵槌實，則藥吸於罐底，謂之結胎。胎

成，將空罐合上，用棉紙條潤以墨水，置於縫間，鹽泥封固，烤乾。如有裂縫，添鹽泥密固之，再用宜興盞頭盛水，上放大黄沙盆，中開一孔，將有藥之罐在上，空罐在下，入沙盆孔中水平罐底。然後盆内鋪以浄灰，輕輕按平，不可動摇，恐傷封口，即要走爐。鋪畢，取燒紅栗炭攢圍藥罐，用扇微扇，煉一炷香，謂之文火。再略重扇，煉一炷香，謂之武火。炭隨少隨添，勿令間斷，而見罐底再煉一炷，即退火。俟盆灰冷定，去灰，及封口土，開看下罐内所有白霜，即謂之白降丹。瓷瓶收貯聽用。《外科正宗》。

嶽雲謹案，所得爲汞緑二之質，特中國取法，夾雜多藥，不如西人之直捷耳。

凡朱砂、水銀、銀朱，原同一物，所以異名者，由精麤老嫩而分也。上好朱砂出辰錦與西川者，中即孕汞，然不以升煉，蓋光明、箭鏃、鏡面等砂，其價重於水銀三倍，故擇出爲朱砂貨鬻。若以升汞反降賤值。惟麤次朱砂方以升煉水銀，而水銀又升銀朱也。《天工開物》。

嶽雲謹案，天生者爲丹砂，人製者爲銀朱，其精者爲靈砂，同爲汞硫相合之質。李時珍云，昔人謂水銀出於丹砂，鎔化還復爲朱是也。由是可見，中國於化分化合之事知之早矣。

凡將水銀再升朱用，故名曰銀朱。其法或用磬口泥罐，或用上下釜。每水銀一斤，入石亭脂二斤同研不見星，炒作青砂頭，裝於罐内。上用鐵盞蓋定，盞上壓一鐵尺，鐵綫兜底綑縛，鹽泥固濟口縫。下用三釘插地，鼎足承罐，打火三炷香久，頻以廢筆蘸水擦盞，則水銀自成粉貼於罐上。其貼口者，朱更鮮華。冷定，揭出刮掃取用。《天工開物》。

升煉銀朱，用石亭脂二斤，新鍋内鎔化。次下水銀一斤，炒作青砂頭，炒不見星研末，罐盛，石版蓋住，鐵綫縛定，鹽泥固濟。大火煅之，待冷取出，貼罐者爲銀朱，貼口者爲丹砂。《丹藥秘訣》。

升靈砂法：用新鍋安逍遥爐上，蜜揩鍋底，文火下燒，入硫黄二兩鎔化，投水銀半斤。以鐵匙急攪，作青砂頭。如有焰起，噴醋解之。待汞不見星，取出細研，盛入水火鼎内，鹽泥固濟。下以自然火升之，乾水十二盞爲度，取出如束鍼紋者，成矣。《丹藥秘訣》。

嶽雲謹案，靈砂爲汞硫加硫之質。

已上形性功用。

又　卷六《木部》　論理

今夫麰麥，播種而耰之，其地同，樹之時又同，浡然而生，至于日至之時，皆熟矣。雖有不同，則地有肥磽，雨露之養，人事之不齊也。《孟子》。

夫稼爲之者人也，生之者地也，養之者天也。《吕覽》。

至於神農，因天之時分地之利，制耒耜教民農作。《白虎通》。

凡穀成熟有早晚，苗稈有高下，收實有多少，質性有强弱，米味有美惡，粒實有息耗。早熟者苗短而收多，晚熟者苗長而收少。强苗者短黄穀之屬是也，弱苗者長青白黑者是也。收少者美而耗，收多者惡而息也。地勢有良薄。良田宜種晚，薄田宜種早。良田非獨宜晚，早亦無害。薄地宜早，晚必不成實也。山澤有異宜。山田，種强苗以避風霜，澤田種弱苗以求華實也。順天時，量地利，則用力少，而成功多，任情反道勞而無獲。《齊民要術》。

已上言天時、地形，人力不可偏廢。

又

煮白餳法，用白牙散蘖佳。其成餅者，則不中用。用不渝釜，渝則餳黑。釜必磨治令白浄，勿使有膩氣。釜上加甑，以防沸溢。乾蘖末五升，殺米一石，米必細昁，數十偏浄淘，炊爲飯。攤去熱氣，及暖於盆中以蘖末和之，使均調，卧於酮甕中，勿以手按，撥平而已。以被覆盆甕令暖，冬則穰茹。冬須竟日，夏即半日許，看米消滅離甕，作魚眼沸湯以淋之，令糟上水深一尺許，乃止。下水冷訖，向一食頃，便拔酮取汁煮之。每沸，輒益兩杓尤宜緩火，火急則焦氣，盆中汁盡，量不復溢，便下甑。一人專以杓揚之，勿令住手，手住則餳黑。量熟止火，良久向冷，然後出之。用粱米者，餳如水精色。《齊民要術》。

黑餳法，用青牙成餅。蘖末一斗，殺米一石，餘法同前。《齊民要術》。

琥珀餳法，小餅如碁石，内外明徹，色如琥珀，用大麥蘖末一斗，殺米一石，餘並同前法。《齊民要術》。

作飴法，取黍米一石，炊作黍著盆中，蘖末一斗，攪和一宿，則得一斛五斗，煎成飴。《齊民要術》。

黍白者亞於糯赤者，最黏俱可作餳。《本草綱目》。

韓保昇曰，飴即軟餹也，北人謂之餳。糯米、粳米、秫粟米、蜀秫米、大麻子、枳椇子、黄精、白术並堪熬造。惟以糯米作者入藥，粟米者次之，餘但可食耳。《本草綱目》。

凡飴餳，稻麥黍粟皆可爲之，《洪範》云，稼穡作甘，及此乃窮其理。其法，用稻麥之類浸濕生芽，暴乾，然後煎鍊調化而成。色以白者爲上，赤色者名曰膠飴。一時宫中尚之，含於口内即溶化，形如琥珀。南方造餅餌者，謂飴餳爲小糖，蓋對蔗漿而得名也。《天工開物》。

嶽雲謹案，生芽暴乾，此僅指後世麥芽作糖一種耳。既知稻麥黍粟皆可爲糖，應知小粉生糖之理，稻粟所成，今人謂之米糖，古人謂之飴糖，入藥用之。

按，宋玉《大招》已有柘漿字，是取蔗汁已始于先秦也。前漢郊祀歌《柘漿析朝酲注》謂，取甘蔗汁以爲飴也。又孫亮取交州所獻甘蔗餳，而二《禮》注飴字，俱云煎米蘗也。一名餳，則是煎蔗爲糖，已見于漢時甚明。《學齋佔畢》。

雩都縣，土壤肥沃，偏宜甘蔗，味及采色餘縣所無，一節數(拾)[寸]長，郡以獻御。《齊民要術》。

《異物志》曰，甘蔗遠近皆有，交趾所産甘蔗特醋好，本末無薄厚，其味至均，圍數寸，長丈餘，頗似竹。斬而食之既甘，迮取汁如飴餳，名之曰糖，益復珍也。又煎而曝之，既凝而冰，破如塼棊，食之入口消釋，時人謂之石蜜者也。《齊民要術》。

自古食蔗者，始爲蔗漿。宋玉作《招魂》，所謂胹鱉炮羔有柘漿是也。王逸註，柘，藷蔗也。又云，柘一作蔗。其後爲蔗餳。孫亮使黄門就中藏吏取交州所獻甘蔗餳是也。其後又爲石蜜。《廣志》云，蔗餳爲石蜜。《南中八郡志》：笮甘蔗汁曝成餳，謂之石蜜。《本草》亦云，煉糖和乳爲石蜜是也。唐史載，太宗遣使至摩揭陀國取熬糖法，即詔陽州上諸蔗，柞瀋如其劑，色味愈西域遠甚。按《集韻》酢、笮、醢、醋通用。而《玉篇》：柞，側板切，疑字誤。熬糖瀋作劑，似是今之沙糖也。蔗之技盡於此，不言作霜，然則糖霜非古也。王灼《糖霜譜》。

微山，在小溪縣涪江東二十里，孤秀可喜，山前後爲蔗田者十之四。糖霜户十之三。蔗有四色，曰杜蔗，曰西蔗，曰芳蔗，《本草》所謂荻蔗也，曰紅蔗，《本草》所謂崑崙蔗也。紅蔗止堪生噉，芳蔗可作沙糖，西蔗可作霜，色淺。土人不甚貴。杜蔗紫嫩，味極厚，專用作霜。藏種法，擇取短者，芽生節間，短則節密而多芽。掘坑深二尺，闊狹從便，斷去尾，倒立坑中，土蓋之。不倒則雨水入夾葉久心壞。凡蔗田，十一月後深耕杷耬燥土，縱横摩勢令熟。如開渠闊尺餘，深尺五，兩旁立土壠。上元後，二月初，區種行布，相攙灰薄蓋之，又蓋土不過二寸。清明及端午前後，兩次以者牛糞細和灰薄蓋之，蓋土常使露芽。六月半，再使溷糞，餘用前法，草不厭數耘。土不厭數添。但常使露芽，候高成叢，用大鋤翻壠，上土盡蓋。十月收刈。凡蔗最困地力，不可雜他種，而今年爲蔗田者，明年改種五穀，以休地力，田有餘者，至爲改種三年糖霜成。《糖霜譜》。

糖霜户器用，曰蔗削，如破竹刀而稍輕。曰蔗鎌，以削蔗，闊四寸，長尺許，勢微彎。曰蔗凳，如小杌子，一角鑿孔，立木叉。束蔗三五挺閣叉上，斜跨凳剉之。曰蔗碾，駕牛以碾所剉之蔗，大硬石爲之，高六七尺，重千餘斤，下以硬石作槽底，循環丈餘。曰榨斗，又名竹袋，以壓蔗，高四尺，編當年慈竹爲之。曰棗杵，以築蔗入榨斗。曰榨盤，以安斗，類今酒槽底。曰榨牀，以安盤牀，上架巨木，下轉軸引索壓之。曰漆甕，表裏漆，以收糖水防津漏。凡治蔗用，十月至十一月先削皮，次剉如錢，上户削剉至一、二十人，兩人削供一人剉，次入碾，碾闕則舂，碾訖，號曰泊。次蒸，泊蒸透出甑，入榨，取盡糖水，投釜煎，仍上蒸，生泊約糖水七分熟，權入甕，則所蒸泊亦堪榨。如是煎蒸相接，事竟歇三日。過期則釀。再取所寄收糖水煎，又候九分熟，稠如餳，十分太稠則成沙脚。插竹徧甕中，始正入甕，簸箕覆之，此造糖霜法也。已榨之後，别入生水，重榨作醋極酸。《糖霜譜》。

糖水入甕兩日後，甕面如粥文，染指視之如細沙。上元後，結小塊，或綴竹梢如粟穗，漸次增大如豆，至如指節，甚者成座如假山，俗謂隨果子結實。至五月，春生夏長之氣已備，不復增大，乃瀝甕。過初伏不瀝則化爲水，下户急欲前四月瀝。霜雖結，糖水猶在，瀝甕者戽出糖水，取霜瀝乾，其竹梢上團枝隨長短剪出就瀝，瀝定，曝烈日中，極乾，收甕。四周循環連綴生者，曰甕鑑。顆塊層出，如崖洞間鍾乳，但側生耳。不可遽瀝。瀝，須就甕曝數日，令乾硬，徐以鐵鏟分作數片出之。凡霜，一甕中品色亦自不同。堆疊如假山者爲上，深琥珀次之，淺黄色又次之，淺白爲下。不以大小，尤貴牆壁密排，俗號馬齒霜。面帶沙脚者刷去之，亦有大塊，或十斤，或二十斤，最異者三十斤。然中藏沙脚，號曰含。凡沙霜性易銷化，畏陰濕及風，遇曝時風吹無傷也。收藏法，乾大小麥鋪甕底，麥上安竹篼，密排笋皮，盛貯緜絮，復篼簸箕覆甕，寄遠即瓶底著石灰數小塊，隔紙盛貯，原封瓶口。《糖霜譜》。

前熬甘蔗法，若刈倒放十許日，即不中煎熬。將初刈倒稭稈去梢葉，截長二寸，碓擣碎，用密筐或布袋盛頓，壓擠取汁，即用銅鍋内，斟酌多寡，以文武火煎

熬。其鍋隔牆安置，牆外燒火，無令烟火近鍋，專一令人看視，熬至稠粘似黑棗色。合用瓦盆一隻，底上鑽箸頭大竅眼一箇，盆下用甕承接，將熬成汁，用瓢盛傾于盆內，極好者澂于盆，流于甕內者，止可調水飲用，將好者即用有竅眼盆盛頓，或倒在瓦罌內，亦可以物覆蓋之，食則從便。慎勿置于熱炕上，恐熱開化。大抵煎熬者止取下截肥好者，有力糖多，若連上截用之亦得。《農桑輯要》。

凡甘蔗有二種，産繁閩、廣間。他方合併得其十一而已。似竹而大者爲果蔗，截斷生噉，汁適口，不可以造糖。似荻而小者爲糖蔗，口噉即棘傷脣舌，人不敢食，白霜、紅砂皆從此出。今蜀中種荻蔗，冬初霜將至，將蔗斫伐去杪與根，埋藏土內。土忌窪聚水濕處。雨水前五六日，天色晴明，即開出，去外殼，斫斷約五、六寸長，以兩箇節爲率，密布地上，微以土掩之，頭尾相枕若魚鱗然，兩芽平放，不得一上一下，致芽向土難發。芽長一、二寸，頻以清糞水澆之。俟長六、七寸，鋤起分栽。凡栽蔗必用夾沙土，河濱洲土爲第一。試驗土色，堀坑尺五許，將沙土入口嘗味，味苦者不可栽蔗。凡洲土近深山上流河濱者，即土味甘亦不可種。蓋山氣凝寒，則他日糖味亦焦苦。去山四、五十里，平陽洲土，擇佳而爲之。黄泥脚地，毫不可爲。凡栽蔗治畦，行闊四尺，犂溝深四寸。蔗栽溝內，約七尺列三叢，掩土寸許，土太厚則芽發稀少也。芽發三四箇或六七箇時，漸漸下土，遇鋤耨時加之。加土漸厚，則身長根深，庶免攲倒之患。凡鋤耨不厭勤過，澆糞多少視土地肥磽。長至一、二尺，則將胡麻或芸薹枯浸和水灌，灌肥欲施行內，高二、三尺，則用牛進行內耕之。半月一耕，用犂一次墾土斷傍根，一次掩土培根。九月初培土護根，以防斫後霜雪。《天工開物》。

凡荻蔗造糖，有凝冰、白霜、紅砂三品。糖品之分，分於蔗漿之老嫩。凡蔗性至秋漸轉紅黑色，冬至以後由紅轉褐，以成至白。五嶺以南無霜國土，蓄蔗不伐，以取糖霜。若韶、雄以北，十月霜侵，蔗質遇霜即殺，其身不能久待以成白色，故速伐以取紅糖也。凡取紅糖，窮十日之力而爲之。十日以前，其漿尚未滿足；十日以後，恐霜氣逼侵，前功盡棄。故種蔗十畝之家，即製車釜一付，以供急用。若廣南無霜，遲早惟人也。《天工開物》。

凡造糖車，制用横板二片，長五尺，厚五寸，闊二尺，兩頭鑿眼安柱，上筍出少許，下筍出板二、三尺，埋築土內，使安穩不摇。上板中鑿二眼，並列巨軸兩根，木用至堅重者。軸木大七尺圍方妙。兩軸一長三尺，一長四尺五寸。其長者出筍安犂擔。擔用屈木，長一丈五尺，以便駕牛團轉走。軸上鑿齒，分配雌雄，其合縫處須直而圓，圓而縫合，夾蔗於中，一軋而過，與棉花趕車同義。蔗過漿流，再拾其滓，向軸上鴨嘴扱入再軋，又三軋之，其汁盡矣，其滓爲薪。其下板承軸，鑿眼只深一寸五分，使軸脚不穿透，以便板上受汁也。其軸脚嵌安鐵錠於中，以便捩轉。凡汁漿流板有槽梘，汁入於缸內，每汁一石，下石灰五合於中。凡取汁煎糖，並列三鍋如品字，先將稠汁聚入一鍋，然後逐加稀汁兩鍋之內，若火力少束薪，其糖即成頑糖，起沫不中用。《天工開物》。

凡閩、廣南方經冬老蔗，用車同前法。笮汁入缸，看水花爲火色。其花煎至細嫩，如煮羹沸，以手捻試，粘手則信來矣。此時尚黄黑色，將桶盛貯凝成黑沙。然後以瓦溜教陶家燒造。置缸上。其溜上寬下尖，底有一小孔，將草塞住，傾桶中黑沙於內。待黑沙結定，然後去孔中塞草，用黄泥水淋下，其中黑滓入缸內，溜內盡其白霜。最上一層厚五寸許，潔白異常，名曰洋糖，西洋糖絶白美，故名。下者稍黄褐。造冰糖者，將洋糖煎化，蛋青澄去浮滓，候視火色，將新青竹破成篾片，寸斬撒入其中，經過一宵，即成天然冰塊。造獅象人物等，質料精粗由人。凡白糖有五品，石山爲上，團枝次之，甕鑑次之，小顆又次，沙脚爲下。《天工開物》。

蔗糖，取蔗入碓杵爛用桶實之。桶側近底有小竅，其下承以大桶，每實一層，以薄灰洒之，至滿，淋以熱湯，則漿液自竅流出，注于大桶，始入釜烹煉。火候既足，蔗漿漸稠，乃取油滓點化之，挹置大方盤中，俟其凝結，是爲黑沙糖。又取黑砂糖入釜烹煉，劈鴨蛋攪之，使渣滓上浮，輒去其渣，復以粗甆器，上廣下鋭如今酒家漏卮者，有竅當其鋭，以草塞竅下，承以瓷鍋，挹糖漿入器中，攪之，及冷，凝定，瀝入鍋爲糖水，至濃，而後用赤泥封之。約半月而易封，伏月剖封出糖，則糖水減盡，其凝定者，遂燥結無濕氣，是爲響沙糖。其響糖，糖霜，皆煮白沙糖爲之。《福建通志》。

嶽雲謹案，糖有兩種，一種成顆粒者，蔗糖之屬。一種不能成顆粒者，飴糖之屬。大凡五穀類所成皆不能得顆粒，果木所成皆能得顆粒。常用以飴糖、蔗糖爲大宗，故詳之而以餘種附焉。

木蜜，生南方，合體皆甜，嫩枝及葉皆可生噉，味如蜜，解悶止渴。其老枝及根幹堅不可食，細破煮之，煎以爲蜜，味倍甜濃。《古今注》。

茅地，經冬燒去枝梗，至春取土中餘根白如玉者，搗汁煎之，至甘，可爲洗心糖。《雲仙雜記》。

冬祠用荆餳。《盧諶祭法》。

又漆樹，春分前後移栽後樹高，六、七月以剛斧斫其皮開，以竹管承之，汁滴則成漆。《農桑輯要》。

漆木高二三丈，皮白，六月中以剛斧斫皮開，以竹筒承之，液滴之則成漆。先取其液，液滿則樹菑翳。一云取於霜降後者更良。取時須荏油點破，故淯者難得，可重重別拭之。上等清漆色黑如瑿，若鐵石者好。黄嫩若蜂窠者不佳，稀者以物蘸起，細而不斷，斷而急收，更塗於乾竹上，蔭之速乾者佳。《羣芳譜》。

今廣浙中出一種漆樹，似小榎而大，六月取汁漆物，黄澤如金，即《唐書》所謂黄漆者也。《本草綱目》。

嶽雲謹案，漆爲樹脂之一種，日曬久之能極清明，髹物發光，謂之退光漆。凡樹脂皆以油爲本質，類漆者並附於後。

凡用楓香脂，以虀水煮二十沸，入冷水中，揉扯數十次，曬乾用。《本草綱目》。

楓脂，名白膠香。《花鏡》。

芸香，酒浸則融。《文房樂事》。

嶽雲謹案，楓香脂與芸香大同小異，皆樹脂也，能合成精美之漆。

采煉松脂法，以桑灰汁或酒煮軟，挼納寒水中數十過，白滑則可用。陶宏景《别録》。

凡用松脂，先須鍊治，用大釜加水置甑，用白茅藉甑底，又加黄砂於茅上，厚寸許，然後布松脂于上，炊以桑薪，湯減頻添熱水，候松脂盡入釜中，乃出之投於冷水，既凝又蒸，如此二過，其白如玉，然後入用。蘇頌《本草》。

嶽雲謹案，松脂入酒融化，可以髹物，西人謂之酒漆較油漆易乾。

煉松脂成水服之。《淮南子》。

嶽雲謹案，煉松脂成水，今西人松香油也。割松樹所得汁蒸之，其流質即松香油。極能去垢，故道家服之，以去三尸，然書缺有間，不可妄試。

《元中記》言，楓脂入地爲琥珀。《世説》曰，桃瀋入地所化也。《淮南子》云，兔絲琥珀苗也。《酉陽雜俎》。

琥珀，永昌城界西去十八日程，琥珀山掘之，去松林甚遠，片塊大，重二十餘斤。貞元十年，南詔蒙異牟尋進獻一塊大者，重二十六斤，當日以爲罕有也。《蠻書》。

寧州沙中有折腰蜂，岸崩則蜂出，土人燒治以爲琥珀。常見琥珀中有物似蜂形。《南蠻記》。

《神仙傳》，松脂淪入地中，千年化爲茯苓。茯苓千年化爲琥珀。今泰山出茯苓，而無虎魄。益州永昌出虎魄，而無茯苓。或云燒蜂窩所作，未詳此二説。《博物志》。

虎魄生地中，其上及旁不生草，淺者五尺，深者八九尺，大如斛。削去皮，中成虎魄，如斗。初時如桃膠，凝堅乃成，出博南縣。《太平御覽》引《廣志》。

產緬甸諸西夷地，松脂入地千年所化。又云，松木精液凝成，其中亦有蚊蟻等形者。以火珀及紅杏爲上，血珀金珀次之，蠟珀最下，又其下者，供藥餌而已。《一統志》。

識得老茯苓，原是寒松液，蚊蚋落其中，千年猶可覿。韋應物詩。

時人僞造者，琥珀易假，高者煮化硫磺，低者以殷紅汁料煮入牛羊明角，映照紅赤隱然。今亦最易辨認。琥珀磨之有漿。至引草，原惑人之説。凡物借人氣能引拾輕芥也。《天工開物》。

嶽雲謹案，琥珀與琥珀珠係兩種。琥珀珠爲瑟瑟之屬，色似琥珀耳。真琥珀與松香一類，故掘松樹相近得之。僞者即熬松香製成，亦能吸取輕微之物。煮硫磺僞者手搓有硫氣，煮角僞者不能拾芥，易于識別。琥珀爲樹膠之屬，故楓脂桃膠皆能變形相似，中有蚊蚋，皆飛時偶觸爲所膠黏。

又案，虎魄爲松香之質，所以虎魄亦可爲漆，西人有用之者。

構汁黏粘，今人用黏金薄。古法黏經書以楮樹汁和白芨，飛麪調糊，接紙永不脱解，過於膠漆。《本草綱目》。

構膠可以團丹砂。《物類相感志》。

楮皮，白中有白汁如乳，可充膠。《花鏡》。

有一種椑柿，葉上有毛，實皆青黑，最不堪食，止可收作柿漆。八月内用椑柿搗碎，每柿一升，用水半升，釀四五時，榨取漆。令乾，添水再取。傘扇全賴此漆糊成也。《花鏡》。

橄欖枝，節間有脂，並皮葉煎之，如黑餳，謂之欖糖，用泥海船，著水如漆，益堅緊也。《物類相感志》。

桃茂盛時，以刀割樹皮，久則膠溢出，采收。《本草綱目》。

胡桐淚有木淚，乃樹脂流出者，其狀如膏油。有石淚乃脂入土石間者，其狀成塊。《本草綱目》。

嶽雲謹案，構、柿、橄欖，今廣人以橄欖核取油充食。均可作漆用，胡桐淚及

柏油桃、杏等膠及甘松、三柰兒茶、蘆薈之屬，亦均有用，惜無人考求推擴耳。

紫膠，熬茜草汁成餅，徑寸五分，中爲孔，繫繩，同鐵章佩之皮囊。紙檝繩結之間，烘膠塗之，印以鐵章，人莫能解拆。余慶遠《維西聞見録》。

嶽雲謹案，今西人封信漆，即仿此法，而所用或爲蠟與銀朱，或爲松香與各色料，謂之火漆。

以桼桼物，謂之髤。《漢書注》。

燒骨以漆，曰垸。《解脱道論音義》引《通俗文》。

嶽雲謹案，《説文》垸字註以漆和灰而髤也。不言灰是燒骨葉夢得。《崖下放言》載洛中營西内甚急，宫室梁柱、闌楹、牕牖皆用灰布。期既迫，竭洛陽内外猪羊牛骨不(充)[克]用，韓溶建議掘漏澤人骨以代，爲冥中所録。是宋時猶以骨灰爲之。

紵絮斮陳漆其間。《漢書》。

嶽雲謹案，此漆工通用法。

黑光法，凡造碗碟盤盂之屬，其胎骨則梓人以脆松劈成薄片，于旋牀上膠粘而成，名曰捲素。髤工買來，刀刳膠縫乾净平正，夏月無膠汎之患。却煬牛皮膠，和生漆，微嵌縫中，名曰梢當。然後膠漆布之，方加粗灰。灰乃磚瓦擣屑篩過，分粗、中細是也。膠漆調和，令稀稠得所。如髤工自家造賣低歹之物，不用膠漆，止用猪血厚糊之類，而以麻筋代布，所以易壞也。粗灰過停，令日久堅實，砂皮擦磨，却加中灰，再加細灰並如前。又停日久，磚石車磨，去灰漿，潔净一二日，候乾燥，方漆之，謂之糙漆。再停數月，車磨糙漆，絹帛挑，去漿跡，纔用黑光。黑光者，用漆斤兩若干，煎成膏。再用漆，如上一半，加雞子清，打匀，入在内，日中曬翻三五度，如栗殼色，入前項所煎漆中和匀，試簡看緊慢，若緊再曬，若慢加生漆，多入觸藥。觸藥，即鐵漿沫。用隔年米醋煎此物，乾爲末，入漆中，名曰黑光。用刷蘸漆，漆器物上，不要見刷痕。停三五日，待漆内外俱乾，置陰處晾之，然後用揩光石磨去漆中纇。揩光石，雞肝石也，出杭州上柏三橋埠牛頭嶺。再用篘蚡，次用布蚡，次用菜油傅，却用出光粉揩，方明亮。《輟耕録》。

朱紅法，修治布灰一一如前，不用糙漆，却用贉朱桐葉色，然後用銀朱，以漆煎成膏子，調朱。如朱一兩，則膏子亦一兩，生漆少許，看四時天氣試簡加減。冬多加生漆，顔色闇。春秋，色居中。夏四、五月，秋七月，此三月顔色正且紅亮。《輟耕録》。

鰻水法，好桐油煎沸，以水試之，看躁也，方入黄丹、膩粉、無名異，煎一滚，以水試如蜜之狀，令冷。油水各等分，杖棒攪匀。却取磚灰一分，石灰一分，細麪一分和匀。以前項油水攪和，調黏灰器物上。再加細灰，然後用漆，並如黑光法。用油亦可。《輟耕録》。

鎗金銀法。嘉興斜塘楊匯髤工鎗金鎗銀法，凡器用什物，先用黑漆爲地，以針刻畫，或山水樹石，或花竹翎毛，或亭臺屋宇，或人物故事，一一完整。然後用新羅漆，若鎗金則調雌黄，若鎗銀則調韶粉。日曬後，(用)[角]挑挑嵌所刻縫罅，以金薄或銀薄，依銀匠所用紙糊籠罩，置金銀薄在内，逐旋細切取，鋪已施漆上。新綿揩拭牢實，但著漆者自然黏住。其餘金銀都在綿上，于熨斗中燒灰，甘鍋内鎔鍛，渾不走失。《輟耕録》。

凡漆器，不問真僞，送客之後，皆須以水净洗，置牀薄上於日中半日許，曝之使乾，下晡乃收，則堅牢耐久。若不即洗者，鹽醋浸潤氣徹則皺，器便壞矣。《齊民要術》。

嶽雲謹案，中國用天生漆質，其髤工之精，大率如是。其以桐油入無名異等，煎爲假漆，謂之熟桐油。或入陀僧煎用髤屋及粗木器亦佳。西人以各種油配陀僧、陶丹、鉛粉屬，大率取鉛屬、白鉛屬。用髤屋及粗木器，其佳者，以松香類各種樹汁配製成漆，髤精細器物。

已上樹脂屬。

右木質油脂。

利用

自古書契多編以竹簡，其用縑帛者謂之爲紙，縑貴而簡重，竝不便於人。倫迺造意，用樹膚、麻頭、及敝布、魚網以爲紙。元興元年奏上之。帝善其能，自是莫不從用焉，故天下咸稱蔡侯紙。《後漢書》。

前漢《外戚傳》赫蹏注，謂小紙也。則紙已見于前漢。《學齋佔畢》。

蜀人以麻，閩人以嫩竹，北人以桑皮，剡溪以藤，海人以苔，浙人以麥麴、稻桿，吴人以繭，楚人以楮爲紙。蘇易簡《紙譜》。

昔人以海苔爲紙，今無復有。今人以竹爲紙，亦古所無有也。《東坡集》。

今天下皆以木膚爲紙，而蜀中盡用蔡倫法。牋紙有玉版，有貢餘，有經屑，有表光。玉版、貢餘雜以舊布、破履、亂麻爲之，惟經屑表光，非亂麻不用。《牋紙譜》。

蜜香紙，以蜜香樹皮葉作之，微褐色，有紋如魚子，極香而堅韌，水漬之不潰爛。《南方草木狀》。

獮猴桃皮堪作紙。今陝西永興軍南山甚多。《南方草木狀》。

羅州多箋香樹，身如柜柳，皮堪搗紙，土人號爲香皮紙。《北户録》。

稻穰，煮治作紙，大爲民利。《本草綱目》。

江南鑿臼爲碓，上下相接，凡造紙之物，必杵之使爛，滌之使潔，然後隨其廣狹長短之制以造砑，則爲布紋，爲綾綺，爲人物花木，爲蟲鳥，因時制宜。元費著《牋紙譜》。

張開東《紙棚記》其法，取稻藁漬而舂之，暴於日，而以練水簡其穢惡，復漬於水，乃去其筋絡而存液，采構樓漿和而匯於石窠。延江南工人批竹篾如絲爲簾，如其紙之式，置於木匡。以手納石窠水中，水之精浮結於簾上者，皆成紙胎，覆于板，叠而累之，如其數，乃榨去其水而揭之，以分布於焙。既燥，則又叠而累之，亦各如其數，其棚在宅外泉之下，夾澗而處。凡造紙之具，悉庇焉。時以竹筧乘泉而瀉於石窠，不用則去之。《蒲圻縣志》。

石塘人善作表紙，搗竹絲爲之。竹筍三月發生，四月立夏後五日，剥其殼作蓬紙，以竹絲置於池中，浸以石灰漿，上竹楻鍋煮爛，經宿水漂浸之，復將稿灰淋溼水，上楻鍋煮爛，復水漂浸之，始用黄豆泻注一大桶，楻一層竹絲，則一層豆泻，過三五日始取爲之。白表紙止用籐紙藥，黄表紙則用姜黄細舂末，稱定分兩。每一槽四人，扶頭一人，舂碓一人，檢料一人，焙乾一人，每日出紙八把。《江西通志》。

楮之所用爲構皮，爲竹絲，爲簾，爲百結皮。其構皮出自湖廣，竹絲産於福建，簾産於徽州、浙江。自昔皆屬吉安、徽州二府商販貨運本府地方貨賣。其百結皮，玉山土産。槽户雇倩人工，將前物料浸放清流急水，經數晝夜，足踹去殼，打把撈起，甑火蒸爛。剥去其骨，扯碎成絲，用刀剉斷，攪以石灰存性，月餘，仍入甑蒸。盛以布囊，放於急水，浸數晝夜，踹去灰水，見清，攤放洲上。日曬水淋，無論月日，以白爲度。木杵舂細，成片擒開，復用桐子殼灰及柴灰和匀，滚水淋泡，陰乾半月，澗水灑透，仍用甑蒸。水漂、暴曬不計徧數，多手擇去小疵，絶無瑕玷。刀斫如炙，揉碎爲末，布袱包裹，又放急流洗去濁水。然後安放青石板合槽内，決長流水入槽，任其自來自去，藥和溶化，澄清如水。照依紙式，大小高闊，置買極細竹絲，以黄絲綫織成簾牀，四面用筐绷緊。大紙六人，小紙二人，扛簾入槽，水中攪轉，浪動撈起，簾上成紙一張，揭下叠榨去水。逐張掀上磚造火焙，兩面粉飾光匀，内中陰陽火燒，薰乾收下，方始成紙。《江西通志》引王宗沐《江西大志》。

造紙之法，率十分割粗得六分，净溪漚灰，盦暴之，沃之，以白爲度。瀹灰大鑊中，煮至糜爛，復水洩水漚一日，揀去烏丁黄眼。又從而盦之，擣極細熟，盛以布囊。又於深溪用轆轤推盪極净入槽，乃取羊桃籐擣細，别用水桶浸按，名曰涓水。傾槽間，與白皮相和，攪打匀細，用簾抄成張，經宿乾於焙壁。張張攤刷，然後裁叠，其爲之不易如此。《徽州府志》。

福州紙漿硾亦能歲久，越陶竹萬杵在油拳上，緊薄可愛。余年五十始作此紙，謂之金版也。六合紙，自晉已用，乃蔡侯漁網遺制也。網，麻也。人因而用木皮。河北桑皮紙白而慢受糊漿硾成，佳如古紙。余得用淮陽守糊背二幅，硾亦頗佳，仍發墨。油拳不，漿濕則硾能如漿，然不耐久。唐人漿硾六合慢麻紙，書經明透，歲久水濡不入。饒州竹，入墨在連上。又有黄皮紙，天性如染，薄緊可愛，宜背古書。川麻不漿，以膠作黄紙，唐詔敕皆是，所以有黄白之别。二十年前未使灰，透明有骨。古紙擣細者，不在唐澄心之下。康王教紙，(近)[匠](遂)[入]灰，品不及康王。唐硬黄墓書，皆令冷金向明搨也。紙細無如川紙，故詔敕。因而禁臣下，上表不得僭也。米芾《十紙説》。

温州作蠲紙，潔白堅滑，大略類高麗紙。東南出紙處最多，此當爲第一焉。由拳皆出其下，然所産少。至和以來方入貢，權貴求索寖廣，而紙户力已不能勝矣。吴越錢氏時，供此紙者蠲其賦役，故號蠲云。宋程棨《三柳軒雜識》。

福建皮絲煙紙，其鋪號住址藏于紙中，法以竹絲編成字形，使麗紙漿自然成迹。宣紙佳者亦有之，或作種種花紋。《文房樂事》。

嶽雲謹案，今歐人銀票多用此法，山西、江西造紙亦有之。

又案，紙取草木之筋網爲用，大率用楮、用竹、用桑皮、用稻穰，其有用他種爲之者，各隨其土之宜。作成之紙，粗細寬窄亦各隨所用之宜。較外國講求詳備，良由承用久遠故也。外國多用破爛舊布浸搗，或用廢棄字紙重作。中國紙貴，地方間有同者，而字紙還魂多恥爲之，是亦風俗之不同也。

凡打紙欲生，生則堅厚，特宜入潢。凡潢紙滅白便是，不宜太深，深則年久色闇也。入浸蘗熟，即棄滓，直用純汁，費而無益。蘗熟後，漉滓擣而煮之，布囊壓訖，復擣煮之。三擣(二)[三]煮，添和純汁者，其省功倍，又彌明净。寫書經

夏然後入潢，縫不綻解。其新寫者，須以熨斗縫縫熨而潢之，不爾，久則零落矣。豆黄特不宜裛，裛則全不入潢矣。《齊民要術》。

造色紙法，用橡子殻、大黄梔，傘店所用者二味量濃淡合用。次用上白荆川連厚而少路者，光浄長几上鋪開，用排筆上色，次疊上，務令色遍，勿使有白點。約一刀分二疊，置透風處候乾極燥，揭開裱用，季象傳。明馮夢徵《快雪堂漫録》。

造葵牋法，五六月戎葵葉和露摘下，搗爛取汁。用孩兒白鹿堅厚者裁段，葵汁內稍投雲母細粉、明礬些少和勻，盛大盆中，用紙拖染挂乾，或用以砑花，或就素用，其色緑可人，且抱野人傾葵微意。《快雪堂漫録》。

染宋牋色法，黄柏一斤槌碎，用水四升浸一復時，煎熬至二升止，聽用。橡斗子一升，如上法煎水聽用。燕脂五錢，深者方妙，用湯四碗，浸榨出紅。三味各成濃汁，用大盆盛汁，每用觀音簾堅厚紙，先用黄柏汁拖過一次，復以橡斗汁拖一次，再以燕脂汁拖一次。更看深淺加減，逐張晾乾可用。《快雪堂漫録》。

仲斯敦　秀耀春　范熙庸《農務化學問答》卷上　綱領

問：農爲何事。曰：耕地之藝也。

問：農夫耕地所求者何事。曰：欲收穫豐而費少，而又不傷地力。

問：農夫欲得所求，其必應知者何事。曰：植物泥土肥料之性質，各植物所宜之肥料，各肥料應如何製造而使植物易得其益。

問：農夫於樹藝外復有他事否。曰：牧畜使之肥腯，及製造乳油、乳餅。

問：農夫欲各事美備，所應知者尚有何事。曰：畜類之性質，及其所需之料，牛乳之性質，製乳油乳餅之法及其法所本之理。

馮焌光《乘查筆記》　造玻璃

嗣往造玻璃處。詢知以海岸沙及鉛與鹻實土缶中，納巨爐猛火燒一晝夜，傾出，融如水，入模凝塊。又有用鐵器搓成團，以長鐵筒貫而吹之，即如水泡，旋燒旋掄，漸長至三尺許，中空而大如瓜瓠，齊其兩端，一直劃，置文火中燒，半刻許即開，以鐵尺於微火中横砑之，則平如紙矣。

志剛《初使泰西記》卷三

天船

西人有天船，可升空際，以資瞭望，洩不通之信，非止作奇器炫奇觀也。其法縫皮爲大毬畝許，鼓空氣於中，而掣出炭養之氣，止留淡氣，則中氣輕於外氣，如沉木於水而自浮。毬底繫皮兜，恰受兩三人，俟氣毬浮空，連兜帶起，謂之船者，借稱也。夫空氣而有三名，所謂淡氣者，空中沖淡之氣。其中有養氣，則人物資之以爲生者，常附地，近則有，若離地高，則其氣亦淡矣。炭氣即萬物之死氣與濕氣，其氣重濁，常附於地。西人既能考其分數，又能離之而成水，合之而成氣。總計天空氣千分中，有養氣二百一十，淡氣七百七十五，濕氣十四分二，炭氣僅一分之八，是炭氣、濕氣重於養氣，養氣又重於淡氣，故天船所鼓入之空氣，以法掣出重濁之氣，則不能附著於地，飄空而起也。常於巴里見空中有圓如升斗之物，下墜一物如盌，飄空而行，即天船也。然以畝許大之毬，空際止如升斗，真不啻船如天上坐矣。後聞布法交戰，巴里後困時，即以此物飛空求救，而布營亦以此應之，乃携槍擊其毬而落之，則是空中鬬法，幾同小説神怪之事，而亦千古戰陣兵法之所不及知者矣。

造糖

本處爵紳拜勒司約觀造糖作。作在福爾司地方，其糖乃蔓菁所出，即中國所謂塔爾糖者。其色青白而質堅勁，雖溽暑不解。作場建樓數重，將田間所種之蔓菁頭，以轆轤提至樓上層，由筐傾於長木槽。槽上有水管澆水，下有滚輪送出以洗泥滓，爲一層。隔層有女工，接上層送出之蔓菁頭，切去尖毛，以擲於雙層木盤，轉至盤豁口，以木鍁撮於轉桶。桶如淘河之蜈蚣車，以去浄尖毛爲一層。隔層又有轉磨，磨置於桶中，桶裏磨面皆有齟齬，如礱稻之礱；上下有口，上口接送出之菁頭，下口出磨爛之菁漿，承以方斗，整而碎之，爲一層。又有連案，分鋪麤布，舀漿於布，以包之，夾以薄鐵板，累置於木架，滿則開水機，由兩端而擠之以出菁汁，爲一層。擠乾之渣如豆餅，以飼牛，擠出之汁總承以鉛槽，而分流入於提清之鍋，鍋下有熱鐵筒以烘之，酌入人骨灰，灰如黑膠以理之，則清汁浮而濁汁沈，爲一層。清汁之中，又分次清爲兩等，故熬成之糖，有精麤之别，蓋浮者清，而中間者微濁也。清出之汁，分管而歸於總桶之管，分兩層：清者由總桶之高管而出，數管歸於一桶，而流入於熬精糖之鍋；中間微濁者，由總桶之矮管而出，歸於一桶，而流入於熬麤糖之鍋，爲一層。銅鍋橢圓丈許如立卵，周圍大小數管，有流入者、瀉出者、貫熱氣者、放氣者，皆有關捩。又有圓孔如碗，玻璃隔之，自外而窺鍋內之氣泡，以驗糖之老嫩，用熱氣以烘，非以火熬也，烘汁成糖，爲一層。又菁汁既分清濁，清者提出矣，濁中仍有汁在，則用扁方布袋排而隔以鐵片，前所分出濁汁，順管分灌於布袋兩端，以火機轉軸而夾擠之如榨

酒，亦歸於熬鍋。至糖汁已成，瀉於大木桶，舀稀糖於薄鐵模如圓筒，而尖其底，即所謂塔糖之形也。每塔中國七八斤至二三十斤不等，支模有連架，模口有捲邊架，孔承模邊，縱横排列數十百枚，澆汁其中，涼則凝爲糖而色黄。又澆硫水以洗之，熱機以烘之，乾則潔白如雪，堅硬如石，而運之四海之内，皆食洋糖矣。雖其質色堅白，而味之甘香則弗如蔗糖遠甚。西人或稱其爲煉中國之冰糖所成而昂其價，未有言其爲蔓菁軋水而成者也。其燒鍋燒酒，味劣無香氣，乃番薯所造也。

又　卷四

提煤與煉鋼

比外部官雷尤包勒歐勒邦約往色闌觀煤窑。有本地官滿業里，及機器局主人薩都阿那迎候。其處有地窑，掘地攻煤而出之，窑口外有大火氣鑪以運諸機器，器有提輪以提煤，風輪以搧風，水機以拔水，轉機以上下人。窑口之上爲大厦，旁立巨輪，輪繞皮條，其一端繫於輪，一條垂下，值出煤之窑口，以繫鐵箕。箕盛煤約中國之一袋，由窑口至於底約十數丈，輪上所纏之皮條翻上，則提鐵箕至於窑口，則有人推鐵車以接煤而推出。厦外爲纍成之槽，槽中有煤車以俟之，推出之煤至槽邊，揚其柄而傾之，即落於車箱，盈車即運而走，再推鐵車入厦中以接煤。輪上所垂之皮條有二，窑口亦中隔爲二條，所繫之鐵箕亦二，如一箕上，則一箕下，更迭提放，則窑中常有入煤之箕，窑口常有出箕之煤，不致耽時矣。窑中無風，則人悶絶，設風輪如搧車，斜搧入於風口，則窑底有風，而人不悶。地窑深則見水，攻煤者於窑底掘坑，使所出之水入於坑。於坑中置汲筩，上有輪機，軋而激之，則水之入於汲筩者不竭，而機之軋而激之者不止，雖溥博淵泉，而時出之矣。人之入窑者，直下而墜入，則虚火上炎而頭目眩暈，乃另設轉梯，秉燭而入。初入進木匡中，立落丈許，又過一匡，匡分左右，人有倒换之暇，而不覺其暈矣。凡窑口，每五分工夫可出煤將千斤，然此提放之法，用於地窑則便，中國多山窑，每曲折高下以循煤路而攻之，則此法爲無用。又當於窑口外設火機，隨曲折設轆轤滑車，如引重之法以出之，庶乎亦可用力少而見功多也。

又往鐵廠，觀煉鋼。鐵中之生性，西人謂之炭氣，亦如氣中之炭氣，謂其麤而濁者也。去其生性，則堅韌而不脆。其廠建大厦，厦有煉鑪、化鑪，有煉鍋，有熱風輪機，有窺鏡。其中間空處，爲就鍋灌鑄之地。煉鑪高三丈許，甎砌如立覆甕之半，近上亙鐵横梁，貫於煉鍋之腹如攲器，可以仰而受，可以俯而傾。煉鍋如巨深釜，而口稍小於腹，以之盛鐵汁。化鑪在煉鑪之右，有觜接以流汁之槽，如承檐漏之隔漏。由化鑪觜至煉鍋口，尚懸空離兩丈許，而隔漏接鑪觜之處有活軸，鐵鎔成汁，將槽下口轉而搭於煉鍋之口，拔塞出汁，流入煉鍋，足數則仰其鍋，使口向裏。鍋有夾底，内底多斲細眼，近上有進風籥，籥連火機之槖，機動鼓槖，吹風入於夾底，則鐵汁沸騰而噴花，而鐵中之炭質出。又慮吹風氣冷而鐵汁凝，則火機所蒸之氣本熱，就以此氣吹之，則無慮其凝。而煉鑪之下，又爇火以烘之，但見鍋中火星噴出，上激於半覆甕券，紛落如雨。煉鑪之左，設架置小鏡以窺火，初紅中白，至純青而炭氣浄。時許鍊鐵五千，可得浄鋼四千五百，以之鑄鎗礮，則細膩堅固，雖輕其體而勝藥力之重矣。向來鑄礮，外模易而内膛難，今西法以煉浄之熟鋼，一氣鑄如柱，而以機器鑽膛，由細至麤，故鋼以渾爲體，故堅而多勝藥力，然舍機器而徒用人力，則不可爲矣。

鑄礮局白鉛廠

觀鑄礮局。所鑄皆瓦郎兜夫，先鑽膛，後掏來夫。其局内堆積鐵件，如椽者縱横纍之，而見其有精粗之别，使者因指其細膩者問之：是腦威鐵否？局官云：然。又見大噴礮口徑三尺餘，即所謂蛤蟆礮者，云：今已不用而廢置之。問：其子若許？答云：炸子四百斤，然所擊不遠，而未能取準，不如近用之來夫大礮，力大致遠而有準也。

至非勒非業觀白鉛廠。煉鉛之鑪，縱横排立數十扁方孔，每孔插入鐵匣，匣中置鉛礦末，自鑪後加煤爇火以煆之，鉛化孔外，承以器，則流其精而留其粗于匣，則出匣置礦而又入鑪以煆之，鉛出則軋片以代屋箔，然此箔非鐵屋架，而亦不勝其重也。軋機如碌碡，轉之由厚而薄焉。

玻璃作

往馬里孟觀玻璃作。其料係稱白鉛礦黄丹水中明砂，共碾成麵入罐中，以火煉之，即粘如膠。所見者吹法非鑄法。閲其鑄法，乃極清之料，用有邊棱之槽，下烘以火，以精料傾于槽，俟其凝定，或磚或片，瑩澈可擬水晶。今所見吹法，用烘爐，對爐下有磚槽，長方深數尺，人執鐵吹筒，以一端攪粘料成團，入烘爐烤之軟，適用則吹之成圓泡，入磚槽中，往來擺使漸長，稍硬則入爐烤之，則又吹又擺使粗，徑七八寸長三四尺則挺放于平案，以紅鐵烙其兩端則開，僅賸長圓筒，細撒煤末筒中，又以紅鐵條入筒直烙之，則裂璺，乃移入烙爐中。爐如小屋，下鋪光面鐵底，正門入筒，旁門出片，底下爇火，正門下有曲條活軸，條上曲爲兩偃月形横托，將玻璃筒架于托上，轉條送筒，入于爐中平底上，筒熱而軟，則以扁

條入于軟筒以舒之，則筒平爲片。又以平板安柄之耙以耙之，使片平無凸凹，則由旁門入鐵片扇撮于玻璃之下而出之，片涼硬則積累而入于夾板箱，擠之以草，而運之于各國，謂之洋片焉。

傅蘭雅《礦石圖説》卷一　總論

礦與石類，爲天然化成之體，内無筋絡汁液，故不能滋養，不能行動，無知覺，不種傳，且不生長。非遇空氣濕氣，外形不見侵剥，若經風吹雨淋，漸爛而散，則能另成新物。按此以解擴而充之，則水亦可爲礦石之類，然礦石家不列於中。至於蛤螺殼類、禽獸骨骼、草木形踪等殭石，亦不列於礦中。兹僅畧論編末，以顯梗概而已。

凡礦石類，畧分兩端：一爲質勻者，一爲不勻者。不勻者謂之石，或土石類。考求土石形性，並參地體脈理，斯謂之地學。質勻者謂之礦，别其形類，辨其質體，斯謂之礦學，而專考地中植物形踪，動物骨跡者，則謂之殭石學。

開地礦石形性及化學性

礦類有數種性可以識别。約畧言之，分有十事：一形式，二質紋，三剖面，四硬率，五重率，六光彩，七色式，八明率，此其外形之性也，九遇藥變化，十所含原質，此其化學之性也。化學之性，理奥功深。

傅蘭雅　徐壽《色相留真》卷一　第二章

合製哥路弟恩

照像所用之哥路弟恩，即棉花藥，用以脱與醕消化，再添含碘含溴之質，其數依其用而酌定。棉花藥之佳者不易製，故宜向專造此物者購買。若欲自製必須深知其法，兹將極有效之數法詳論之。

製造棉花藥有二法。其一用硫養$_{二}$與鉀養淡養$_{五}$。其二用硫養$_{三}$與淡養。此料備齊將棉花浸入，俟若干時而取起，洗净晒乾即成。初學者必以爲棉花尚未改變，然先後各稱之其質加重，且棉花不能用以脱與醕消化，成後即能消化。以棉花燒之甚慢，而不發氣，成後則速燒而放多養氣與淡氣，大有爆裂之性。

第一法，鉀養淡養$_{五}$之極净者用十二兩，研爲細粉微火烘乾。重率一・八三二之硫養$_{三}$二十四兩，重率若爲一・八四必另備水一兩。如更重於千一・八四另備水二兩。極净之彈熟棉花六錢分爲數塊，用大瓷鍋傾滿沸水，俟外面已熱，傾去其水，而以净布揩乾，即將鉀養淡養$_{五}$盛於鍋内，添以另備之水掉勻，又將硫强水傾入掉勻，後將棉花逐塊用玻璃條速捺入而掉之。此須掉至四五分時而止，取出之後，在寬水内漂洗，屢次换水俟强水幾盡，再在長流水内用手分合揉洗，必須酸性全去爲度。如無長流水亦可多次换水，後將棉花擠乾，盛於净水盆内，水内預添淡輕$_{三}$數滴，棉花亦揉之，擠之，令其水勻走内質。用藍試紙試之，待一小時後紙不變色，即知酸滅盡，但有鹻性少許，又必多次换水漂洗，故此事亦以長流水爲便，此後即在日中晒乾，或在熱水盆以小熱度烘乾，乾後應重八錢，加重於原者二錢。

第二法，用大瓷鍋浮於熱水。將重率一・三七之淡養$_{五}$六兩並一・八四之硫養$_{三}$十二兩傾入鍋内，掉勻，用寒暑表試其熱度，降至一百五十度，即將棉花六錢如前法捺入，鍋上用蓋，俟十分時取出，棉花擠去强水，隨在寬水内漂洗，其餘各事盡同前法。尋常之淡養$_{五}$重率一・三七，如爲更重，必依比例而加水或配以硫强水，淡養$_{五}$之重率一・四二者則用九兩配以一・八四之硫强水九兩，淡養$_{五}$之重率一・四者則用八兩配以一・八四之硫强水十六兩，另添水一兩，棉花俱用六錢。棉花藥造成之後，藏於紙匣内歷久不壞。

配合之法，硫强水以脱四升、醕二升、棉花藥十二錢。共盛瓶内大摇之。藏於無光之涼處，待自澄清。如其棉花藥爲净質，而合法製之，則瓶底之渣極少。欲用之時，將虹吸取出其清者，此哥路弟恩爲膩質，所加碘料多有酒醕能令稍稀。

哥路弟恩所加含碘與含溴之各料必依其用處爲主。料有數種，照像者俱宜備齊。第一料照山水所加者，其方用淡輕$_{四}$碘一百四十四厘，鎘溴一百二十厘，醕十二兩。第二料爲照人物所加者，其方用鎘碘一百八十二厘，淡輕$_{四}$溴九十六厘，醕十二兩。第三料爲照山水與人物所公用者，其方用鎘碘一百零八厘，淡輕$_{四}$碘一百零八厘，淡輕$_{四}$溴四十八厘，醕十二兩。第四爲所加不含溴之料，其方用淡輕$_{四}$碘一百四十四厘，鎘碘九十六厘，鎂緑九十六厘，醕十二兩。以上各種俱名碘料，應藏於無光之涼處，房内如有地窖藏此料爲最好，雖多年不壞。

哥路弟恩配合加料

哥路弟恩三兩，碘料一兩相和，如用第一或第二方，則每碘料一兩含溴碘五厘半，第四方每兩含六厘，第一第二方内之定質料，其數略合於其分劑數。

配好之哥路弟恩，每兩所含棉花藥略爲六厘，但稍有多少亦可，以其用處爲度。如小玻璃片宜稍濃。大者宜稍淡。配好之哥路弟恩不明净而有小點在内，即宜濾之始可傾在片上。惟宜用瓶式之濾器能使不遇空氣。中有一玻璃小管

通氣。否則不能濾下。其小管之端須引長半寸許，使更細而作小口，以免哥路弟恩在管口吸上而阻濾下。此濾器不用生紙，而用浄棉花鬆塞其底孔，收藏哥路弟恩之瓶，有最便於用者，傾時不能成氣泡或有小點，並已乾之碎垽在瓶内，能至瓶口即停，以上備齊三事，即可講玻璃上結皮之工。先將玻璃片辨準蛋白料在何面，再將駱駝毛之大筆輕輕拭盡其纖塵。如有濕空氣，可用酒燈稍加熱於下面使水氣散去。待冷後在玻璃片之左前角用大食二指之尖執之，片或稍大，下面用食中二指相抵。更大者用四指，右手執哥路弟恩之瓶傾在片之右前角，傾時此角必稍昂，令哥路弟恩流至左後角隨時片放平而向前稍斜，令哥路弟恩流向前，又即反斜之而令流至右後角，遂以瓶在此角下受其餘料，餘料流下之時，須將片擺動，而以此角爲心可免所結之皮成條痕。餘料流盡，平執其片而向左右二邊盪動之，則前擺動所生之細紋亦平。待少傾，以手試其邊上而覺將乾，即可浸以銀水，此結皮之工藉手之靈活，故必習練久，久方能精到。片若甚大，手難執持，必用象皮吸氣器執之，其器之吸面應有二个或三个更好，近來所造者最靈。在背面一壓即吸住，有一簡法便於極大極重之片。在地板鑽一小孔，用四尺高之小木桿插於孔内，桿端作半圓形，用呢一塊冒於上，左手執片而以中心靠於呢冒，則四面任何方向俱可轉側。用呢之故可免磨毛其片又能不滑。哥路弟恩之倒法同前，片面之皮既匀，餘料流去即可。兩手執持哥路弟恩，皮不久即將乾。如太嫩而浸在銀水内易致破裂，若爲太乾則銀水不能侵入皮内，照時不能靈。

第三章

銀養淡養五

銀水之料爲銀養淡養五，藥肆中因其價貴，往往羼雜物以漁利，故照像者必知分别真假之法。此料以大片粒者爲好，如其粒不成片形而似石鹽顆粒之形，即可疑其不浄而用法試之。將其物五厘用水一錢消化，將輕緑滴滴添入，必有白色之質結成，如豆腐形，添至不再結成而停，此質名銀緑。用紙濾出，將濾下之水再添輕緑一滴，如無結成之白質，則知銀俱分出，如有雜質必在水内，即盛於瓷鍋内熬乾，若無餘質即知銀養淡養五爲浄質。然雜鉛養淡養五者，則鉛質仍在銀緑之内，若水熬乾而有白粉必細細，取出而以準天平稱之，即知羼雜之比例，再將紙上濾得之白質少許加以磨細之石灰少許，掉和之後加水一滴，令濕，如其原料雜淡輕四養，淡養五必爲石灰所化分，而有淡輕氣散出，一嗅即知，如無此氣再試其雜鈉養淡養否。可將原料少許撒在燒紅之木炭上，則燃如硝。又可再將原料少許消化於水而沾於生紙晒乾，燒之即發聲嘶嘶，與硝紙同，俱是鈉養淡養五之據。

分辨濾出之水内含鉛養淡養五否，將淡硝强水傾在濾紙上，任水流下，如有鉛養淡養五即消化而隨硝强水流下，熬乾此水而有餘質，則爲鉛養淡養五。無餘質者則知不雜此質。

又傅蘭雅　徐壽《垸髹致美》卷一

油桼總説

西國之硬桼俗名東洋桼，即中國之廣桼，可合以各種顏色，又可刻鏤花紋或貼金。凡器欲髹東洋桼，其面極宜乾浄，若用於皮，必以架掤緊，若用於紙必堅韌者。

法國所造東洋桼之器，先拭底子之料，其料常用膠類，然先拭底子者不甚堅牢，不久而裂，其桼成片脱落，故英國不用此法。

花紋之紙或貼金之器，欲避風塵而不閃色，可將魚肚膠消化於水，須稍濃厚，再加米湯或冰糖匀拭一層。

東洋桼所用純白之底子，將羊皮紙膠三分，魚肚膠一分相和，先拭極薄一層，或二三層，俟第三層已乾，可畫花紋，惟在第三層之先必將器磨至極光，若髹東洋桼於本面或皮面而不用底子者，其法將舍來克與松香各二兩以醕消化，以布濾清，拭此料時必在暖處，其器亦稍烘熱，切不可在濕處爲之，恐此料受冷而壞，先拭此料一層，待乾而髹東洋桼。如不做白色，則最好之料爲舍來克，因各種顏色俱可相合極匀法，用上等舍來克五兩，研成細粉浸於醕二升之内，加以小熱二三日，屢摇其瓶用佛蘭絨袋濾之，盛於瓶内塞密。凡紅銅或馬口鐵或鉛錫等器以此拭之永不脱落，若欲染色任何顏料能顯明。

東洋桼之白色底子

硬而純白之底子，最爲難做。因欲令東洋桼變硬之料，既拭數層之後，其色必暗。有一方，將鉛粉六分，以水洗浄和以小粉一分，晒乾而再和極細之膠水，其膠水用膠一兩，提浄之松香油半兩，相和研匀。薄拭一層，始髹東洋桼，再用後方之料五六層，其方將極浄之舍來克二兩，安尼米膠三兩，各研細粉，和以醕二升，其舍來克必揀最白者，稍帶雜色即棄之，若嫌太硬可添松香油少許，而減少安尼米膠，又方甚佳而不脆，將安尼米膠漸漸添入花生油内，鎔化常沸不止，

添至不能鎔化爲度。白桼可用此料爲底子，可拭二三層，此料用時必和松香油，令淡，雖不甚脆然碰之易有痕，又不能磨光，惟用之得法，亦已有光，可不必磨。凡油質加熱，其色必暗，油類之白色者，不遇日光，易變黄色。

哥巴辣膠

哥巴辣膠爲配合東洋桼最好之料，能用胡麻子油消化之，但其胡麻油必先熬濃，其法加小熱至將沸，不致化分，其油添以生石灰令其易乾，再添松香油少許，即成明亮之桼，依法拭於器面，令漸乾則甚堅而耐用。如鼻煙盒、茶盤等器可用此桼器面，有設色花卉者，亦可用此桼，令其顔色之光匀和。

哥巴辣膠之粉和以樟腦而在乳鉢内研匀，即變爲膏。或將醕消化樟腦而和入哥巴辣膠之細粉稍加以熱，亦易鎔化。但其瓶塞必甚密，瓶體必堅牢，使能任漲力，瓶内裝此料只可四分瓶之一，哥巴辣亦能與松香油鎔化，法將哥巴辣一分和以净松香油十二分，在長頸之瓶内隔沙加熱數日，屢次摇其瓶，此桼最好髹於金類之面，錫爲尤好。髹後須烘乾，每髹一層必烘乾一次，有數種顔色最合用，若用醕合成者，無論何色可用，如白色之東洋桼可用白石細粉，或鉛粉爲底子，而外面用此桼。

皮面要拭白色之東洋桼，其桼須有凹凸力，故其工與木類或金類或紙類大不同。如白色之皮則油爲最要之料。製皮者多用白石粉，令得純白之色。白皮先有白桼爲底，于後即髹以前言之純桼一薄層，而烘乾或用哥巴辣油一層，亦可待乾之。後即用熬濃之花生油連拭數層而晒乾即爲皮上最好看之白桼。不易裂但此桼晒乾歷時甚長，其價亦貴如做粗桼可將熟胡麻油爲之，漸漸添以鉛養醋酸爲乾料，此料或速添油乃發沸而溢出器外。又有一種乾料好於鉛養醋酸，其法將鉛養醋酸以水少許消化，而添以白石脂足減其酸爲度然後熬濃，將前料漸漸添入沸油内。

以上數種桼與東洋桼俱是白面所用。其工夫極細必考究其料之性情，並天氣之寒暖燥濕，又須知配料所需之時刻，此各事須習慣，方能爲之。

黑面上之桼

凡作黑色，東洋桼之底子必將骨灰和以舍來克。稍粗者，用煙炱與舍來克子。又有更粗之法用乾油，即用鉛養醋酸同熬之油拭在器面，置於爐内加小熱漸漸令熱更大至久，但其熱度不可令油將燒而發泡，如用此法其桼好看而不必磨光。

黑色東洋桼

將那波里地方所産之阿蘇弗辣脱姆五十磅、黑色之阿尼米香八磅，兩物相和鎔化，再添胡麻油一百二十磅，加熱令沸，另將黑色琥珀膠十磅鎔化之，再用胡麻油二十磅加熱令沸。添入前沸料内再添燥料，如前法此桼木類或金類之器皆宜。

伯倫白會格黑桼

第一方將阿蘇弗辣脱姆四十五磅，易乾之油六斗六六，密陀僧六磅，照前方熬之。再添松香油二十五斗，令稀。此料鐵器上用之。第二方，用黑色柏油二十五磅，熖煤氣所得之柏油二十五磅，五小時内令小沸。再添胡麻油八斗，密陀僧十磅鉛丹十磅照前方沸之，再添松香油二十斗。令稀。此桼次於前方，其價亦廉六十度之熱清水，十磅爲一斗。

藍色東洋桼

藍桼可用光亮之普藍爲底子，其色料可先合於舍來克而拭一層，後用舍來克子拭至四五層，而磨光。但此桼原帶黄色，而黄合於藍，即成緑色，不甚美觀。凡欲淡藍者必用最純之舍來克。

大紅色東洋桼

作此色可用銀硃，但銀硃之色過深，故必用玫瑰花色之料或用類克色料蓋在其上。如要得最光明之大紅底子，必用紅花，或印度類克爲之。此料必在醕内消化之，或用卡耳米尼紅料代其類克亦可。價能更廉，惟其桼之第一層必用白色之舍來克子爲之，此物前已言之，拭若干層無一定。蘇木水内加鋁二養三謂之類克。

黄色東洋桼

薑黄在醕内消化以布濾之，再合於純舍來克子桼，即成最好之黄色東洋桼。如用撒法即黄花亦可以同法爲之。此黄色桼宜用純鉛養鉻養三爲底子，則其色甚光明，或用荷蘭國紅料，能得黄色底子，價亦廉，如將血竭少許添入，則得美觀之金黄色，此兩種料無論何種紅黄色，俱可用以相配。

緑色東洋桼

普藍合於鉛養鉻養三或合於薑黄或合於石黄或合於黄土，俱能成緑色，其二物必研匀，用醕消化作底子，再拭舍來克桼四五層，或貼荷蘭金箔一層或真金箔一層，外面拭以蒸過之銅絲，化在醕内者一層，再加以桼，此緑色最美觀而光

亮射目。

橘皮色東洋桼

橘皮色之底子可用前黄料爲之。再添銀硃或卡耳米尼相和，此黄料所添之紅須配其深淺，如所用之黄料不足，則其色爲若有若無之形。

紫色東洋桼

其底子將類克與普藍或卡耳米尼，若爲次色，可用銀硃。其用法如前説，其底子已乾之後，即將熟花生油如法拭一層，而待乾亦不易裂。更好之法將油合於桼内拭之，或拭底子之後，在第一層料内添之其桼，宜多加松香油。凡添油於桼内，應添松香油若干，因松香油能令各種油合於醕或水，若添鹻類亦有此性。

黑色東洋桼

第一方，用阿蘇弗辣脱姆三兩，熟花生油一斗，燒過之赭色土八兩，加熱令和匀，再添松香油令稀。第三方，將琥珀膠十二兩，阿蘇弗辣脱姆二兩，加熱令鎔化，再添熟油半升，松香二兩，待冷而添松香油十二兩。以上兩種桼專在金類上用之。

皮面黑色東洋桼

第一方將燒熟赭色土四兩，純阿蘇弗辣脱姆二兩，熟油四升，將阿蘇弗辣脱姆用油少許消化，將熟赭色土，用油少許研匀，共入油内，和匀待冷，即添松香油令稀，此種桼有韌性，能隨皮彎直。第二方，將舍來克一分，木那普塔四分，消化添以煙炱，配其色，此桼性脆。

透光東洋桼

將松香油四兩，拉分打油三兩，樟腦半錢，哥巴辣膠一兩，消化。此桼宜於錫器，尋常速乾之哥巴辣桼作此用。

速乾哥巴辣東洋桼

阿非里加淡色哥巴辣膠鎔化，添以提净之胡麻油半斗，加熱令沸五分時，再添沸松香油三斗，濾入收器速蓋密。此桼宜於木器，並馬車等用，一刻即乾，即可磨光。

玳瑁色東洋桼

上等胡麻油一斗，赭色土半磅，相和令沸，待油變濃而有深棕色，以布濾之，再令沸至略濃，如柏油爲度，即合用。另將舍來克桼或易乾之油，合於松香油令稀，和以銀硃。如紅銅或鐵等器，欲拭玳瑁淡色之處，用此一層爲底子，待乾，即將前桼添以松香油令稀，拭一層，待乾而硬，即置於爐内，烘至十日或半月之久，其熱度必稍大，則其色甚美。與真玳瑁難辨。所有假玳瑁鼻烟盒與茶盤俱以此法爲之，底子之面，亦可做花紋。

東洋桼内設色

用顔料與油相合，而油内應添白膠香四分重之一，又添松香油，令稀其色始匀，間有用水和顔料者，或以金爲底子，巧匠能做至甚美觀，遠看有凸出之形，如用和水之色，其水内應添魚肚膠，合於米湯或冰糖，設此各色之後即拭前言之桼數層。

舊茶盤加桼

先以肥皁洗極净或用嫩石粉磨擦而以乾布揩之，近火烘乾，再將上等哥巴辣桼合於紅銅色粉拭之，即在爐内加熱二百十二度至三百度，乾後再髹桼二層，可與新者無異。

東洋桼之髹法

東洋桼之髹外層與磨光之工最爲細緻。凡拭有色之底子，其工俱用此法。如欲明净，必用白色之桼，因舍來克了之桼雖最硬而牢，尚帶黄色，此桼最好者惟將舍來克桼與舍來克子之桼并用之，則得其二益。其方，將舍來克子三兩，揀出各種泥土與木條以冷水洗净，屢次撈起换水至水清爲度，晒乾研粉盛於瓶内，合以醕一升，其瓶之容積必空三分之一。多次摇動塞須甚密，稍加熱以消化爲度，將清者傾出，其餘滓以布濾之，所得之清者，並濾出者藏於瓶内塞密，用法同前。若合於净舍來克桼，最便於磨光。髹至末一層，必在温燥之房内，或近於火爐之處，每髹一層，必待全乾，所用之筆其毛必細，須在中間髹起以至兩端，此手工須久久習練，必多髹若干層以磨光時不露底子爲度。磨光之法，用嫩石細粉醮於軟布磨擦，將光時再用油少許，和於石粉擦之，已光之後，全用油揩擦，如極細之工應用法國之白石細粉，預在水内漂之恐内有砂子。初磨光時可用浮石磨得極細之粉，後再用白石細粉烘乾之法。宜緩不宜急。凡木器之面髹桼不可過加熱，金類或紙類或皮等器，應在熱房内令乾。其金類加熱固可稍大，然亦不可過大，而令色變壞，若用金色之桼添入東洋桼，可得鍍金之狀，如不要金色並發光或啞光之狀則其金色桼應用松香油與别種油少許相和。如欲得大光亮而不要啞光，則將金色桼與油少許相和，此髹法之大畧也。

桼内所用數種材料，最要爲配合之法，或爲膠，或爲松香類，或用松香油消

化之，或用醋或油質消化之，或盛於瓦器，或玻璃器，或金類器內，稍加熱而消化之，或冷化之，其醋或松香油，能化膠質或松香質，令變爲流質拭於器面之後，醋或松香油散去，而膠或松香則粘於器面。

煎熬胡麻子油爲桼工最要之事。如將熟胡麻子上等之油盛於白色玻璃瓶，而細看之，其色淡而光明，不顯粘力之性，嘗之微甜，嗅之甚香，比粗油甚輕，提淨之後，速乾而硬，與各色之桼和勻，其色不變，有光亮而無粘滯之性。

合桼所用各種松香類

琥珀

此質能耐久，故爲上等之料，尋常帶黃色而能透光，其質硬而不甚脆，加熱至五百四十九度，則鎔燒得之火極明而發香。

阿尼米膠

此質從印度所得，應揀大塊，其色淡黃而透光，折斷之面如玻璃則爲上等，其次者用作金色桼，或東洋黑桼，此質比琥珀乾得更速，而其硬則略同，惟所合之桼遇空氣不久而色變深，且易裂，桼工多用之，合於哥伯辣桼。

白膠香

此質不多用於桼料，因價甚貴也。

松香

松樹之汁，加熱蒸之，則餘下之質爲松香，其暗色之故因甑內之熱，如在胡麻子油內加熱化之，或以松香油加熱化之，拭於器面，能成光明堅硬之質，但甚脆耳。

哥巴辣

此爲桼工不可少之料，內有數種松香類之質相合而成。其耐久稍次於琥珀，揀得上等之質作桼，遇空氣而色能漸淡。此爲大益。尋常出賣之哥巴辣成塊如山芋大，揀其淨而淡色者爲上等桼之用。次等者，爲馬車桼之用，再次者先去其異質可作東洋黑桼，或金色桼之用。哥巴辣添入醋內不易消化，或云研成細粉，而置於露天，遇空氣十二箇月，方能消化。尋常消化之法，將哥巴辣加熱鎔化，趁其鎔時將沸醋或沸松香油傾其面上，即全消化，但須漸漸傾入，急則不能盡化，如添樟腦於哥巴辣內，亦易消化或添路士馬里油，亦易消化。

他馬拉

此爲白色松香類之質，無味無臭易在油質內消化，比馬司的克稍軟，亦可合於其質用之。

以里米

此爲黃色松香類之質，半明半暗，稍有香氣，內含二種松香質，有一種能成顆粒，能在冷醋內消化。

拉克

此爲酒桼類內不可少之料，能在濃醋加熱消化，若在淡輕消化，可當桼之用。髹器後一二小時，可見水而不壞。

馬司的克

此爲軟性之松香類，有大亮光，一種爲小圓粒，其質甚淨，亦爲二箇松香類相合而成。一種易在淡醋消化，如合於松香油即成最淡色之桼，最有亮光。質稀而流動，易以拭勻，又易磨去，故在細工用之。

散達拉格

此爲淡色之松香類。有香氣，比拉克更軟，常與拉克和用而成酒桼。內含三箇松香類之質。酒醋內以脫內松香油內所能消化之性不同，白色與淡色之木可用之。易以磨光。若加物逆司松香，更能堅牢，此各松香類消化之法。不必贅言。惟須極淨，應先以熱水淘洗，去盡砂土，又必晒乾依其色而分爲數等。淡色者可存爲極細之工所用，其胡麻子油亦須淡色者，先宜提淨。因新油常含膠質，並別種異質以致不能收空氣之養氣。故必用法提淨，常法將油和以密佗僧而加熱令沸。但密佗僧尚不及鉛養硫養三，最好之法將胡麻油和以乾鉛養硫養三而研勻成漿。約十日令見光，屢次搖動則所含之膠質合於鉛養硫養三，而油乃淨器底結成之質，能生硬皮一層，故其淨油可全傾出。

松香油

此油之用處最廣，愈舊愈能與養氣化合而愈好，凡松香油之桼比別油之桼更速乾。其色更淡，其質更韌，其價更廉，但不甚耐用。

酒醋

此可消化散達拉格與拉克，愈濃愈好。

那普塔與米以脫里醋

此二質可成價廉之桼，惟其臭難聞，那普塔消化松香類之性更好於醋。

酒桼

各種酒桼可配合各色，如加血竭即得紅色，加籐黃即得黃色桼，欲作各色則

所用之松香類不論其何色，如拉克桼有便法能漂白，將舍來克五兩、用酯二升消化之，再加動物質之新炭十兩，加熱數分時令沸，待數分時之後傾出少許而濾之，如尚帶色則多加動物炭，而再令沸。如此以至無色爲度。先用絲布濾之，再用細生紙濾之，即能合用。又法用鐵鍋加水八分，生鹼一分，消化再加舍來克或拉克子一分。加熱令沸，俟拉克消化之後，則置於冷處，待冷噴入緑氣至拉克全結成質而沉下。所得之質爲白色，再洗之，而令其質更密，則其色變爲更深，將此質以酯消化，即得再光明之桼。同於哥巴辣桼。凡酒桼不可遇空氣之濕處，恐有松香類之質結成，其色如乳，用之不净。

酯桼

各種酯桼配合之法與酒桼略同。而此桼之色更光，更能耐用，惟稍難乾。

油桼

桼之最耐用而最光亮者，用松香類與油與松香酒三物合成。常用之油爲胡麻子油，或核桃油。其松香類大半爲哥巴辣與琥珀。其油預用密佗僧或鉛養二或鉛養硫養三，令其易乾又必揀得合式之哥巴辣質，然後可用下法合成桼，配合此桼有五事爲要。其一，油桼非消化各材料而成，惟用松香類合於熟油與松香酒而成者。其二，松香質先須全鎔化，方可添入油質。其三，油必加熱至二百五十度至三百度爲限。其四，稱準其油與松香質，在加熱之時而添入松香酒，此酒必用極小口之器漸漸添入。其五，合桼必在空氣極燥之時爲之，否則桼收空氣内之水，而不能明亮且不易乾。

各料已齊備，必有紅銅鍋數箇，將哥巴辣桼盛鍋内，用木炭火加熱，屢次掉之，謹防燒壞而變深色，又必另用銅鍋燒熱其油，俟哥巴辣全鎔之時將油漸漸添入，掉之不出。所用之油不能預定其數，必試而得之。將一滴落於瓷面，待冷而用指甲搯之，指甲能漸入而其質不裂則油已够用。如尚燥裂必再加油。其松香酒另有鍋加熱，用小口之器漸添入前質内，必連掉不止，令其質不減熱。

拉克桼

此可爲木器或黄銅器用之，黄銅者將淡色舍來克半磅以酯四升消化，多次摇動而不可加熱，停數日，則清者浮上，濁者沉下，不可見光，因光能令其色變深，所用拉克之色或深或淡，必與配合之桼色相稱。

哥巴辣桼第一類

第一方，松香油一升，盛於瓶内隔水加熱，漸添哥巴辣粉三兩，此哥巴辣粉，必先加熱鎔化滴入水内成珠，磨珠爲粉，數日後傾出其清者，即合用。此質晒乾較慢其色較淡，可鬆於設色花之面。甚是耐用。第二方，將淡色而硬之哥巴辣二磅鎔化，易乾油一升照前法鎔化，加松香油三升或够用，其色甚淡，十二小時至二十四小時能乾。第三方，將明而淡之阿非利加哥巴辣八磅，鎔化淡色之易乾油十六升，加熱令沸至能拉出成條形，待冷後添以熱松香油二十四升，掉極匀濾之而存於桼桶。此質最細，俱合於花紋面上之用。第四方，將哥巴辣之粗粉四兩，玻璃粉四兩九十分，酯一升，樟腦半兩。隔水加熱至水泡浮出甚多爲限。屢次掉和，待冷時以清者傾出，此桼之用同前。第五方，將哥巴辣三兩鎔化而滴入水内，散達拉克六兩，馬司的克二兩半，幾河地方松香油二兩半，玻璃粉四兩八五分，酯二升。稍加熱鎔化，此合於金類或椅櫈等器之用。哥巴辣桼雖硬，而耐用，然不及琥珀桼之耐用。惟淡於琥珀桼之色，如馬車與畫幅並磨光金類與木等物俱合用。凡欲美觀而耐用者，用此桼。

哥巴辣桼第二類

將硬哥巴辣三百分，易乾胡麻子油或花生油一百二十五分，至二百五十分，松香油五百分，此三質各另盛於鍋内，哥巴辣須忽加熱令鎔化，其易乾油必加熱至將發沸而漸添入鎔化之哥巴辣，掉和。待熱稍散，再漸添入松香油，此油初添者稍化散再添即能和合。但必慎松香霧之着火，如着火，則大險。其桼合成俟漸冷至一百三十度，即可濾之而分出其渣與未消化之哥巴辣，然沸松香油易與鎔化之哥巴辣桼和匀。間有先和此二質而後加油者，此法能得最白之哥巴辣桼，因易乾油加熱至近於沸度即變色而暗，此桼愈存久愈清，而其或濃或稀，可以料之多少配之，夏令用此桼則二十四小時内須乾至手指按之無痕迹，如欲磨光必用火烘之數日。

哥巴辣桼第三類

其一，用鐵盆盛哥巴辣粉八分，稍加熱鎔化，另將可派以發二分，稍加熱而添入，即從火爐取開添以温松香酒十分，各物掉和。其二，哥巴辣十分，馬司的克二分，磨成細粉，合於白色之松香油一分，熟胡麻油一分，稍加熱掉匀再添松香酒二十分。其三哥巴辣十分，白松香油二分，在酒酯内消化。

哥巴辣易在松香酒内消化之法，先將生質磨爲細粉而鎔化。再磨爲細粉存在瓶内鬆塞之，則不久而能以松香酒消化之。

平常木器所用之桼

將哥巴辣十四磅鎔化，再與熟胡麻油八升，熱松香油二十八升。相和，熬熟十分時內可乾。

桌面之桼

他馬拉香一磅，松香酒二磅，樟腦二百釐，加以小熱二十四小時，上面所得之浄者已合用。

平常桌面桼

松香油一磅，密蠟二兩，松香一錢。

內面哥巴辣桼

第一方，已收養氣之細塊哥巴辣二十四分，松香酒四十分，樟腦一分。第二方，有凹凸力之哥巴辣桼，將哥巴辣粉十六分，樟腦二分，拉分打油九十分，先將樟腦在油內消化，加熱而漸添哥巴辣至全鎔化爲度，再加松香油得所需之濃稀。

細哥巴辣桼

此桼合於馬車等之用。外面能磨光，將阿非利加細哥巴辣八磅，提浄之油十六升鎔化，加熱至四五小時，令沸而不過甚，看其內質成條形爲度，再加松香油二十八升，掉和待若干時將其清者傾入器內。若不能速乾，則桼工可以另添配料如下。將細安尼米八磅，提浄之油十六升，松香油二十八升。加熱四小時，令鎔化，將前料二分，加此一分掉和，即合用。

哥巴辣桼可磨光之料

將細哥巴辣粉四分，樟腦一分，添以以脫够成稠質爲度，即用酒醋消化，濃稀合用爲度。

白色酒桼

散達辣格二百五十分，馬司的克之細粒六十四分，以里東香三十二分，八五分酒醋一千分。消化之後添以松香油六十四分，此爲光明之桼，但不甚硬不能磨光。

白色硬性酒桼

一方，散達辣格五磅，樟腦一兩六五分，醋十八升，玻璃粉二磅。其法與配合馬司的克桼相同。濾後再加最淡之松香桼二升，此桼最細。二方，將極細之馬司的克四兩，玻璃粉四兩，散達辣克三兩，淡色之非尼司松香三兩，酒醋二磅。照前方爲之。三方，散達辣克一磅，明士拉司布辣松香六兩六五分，醋三升。消化之。四方，馬司的克粒二兩，散達辣克八兩，以里米香一兩，前松香或西和松香四兩六五分，醋二升。此各桼之質有硬性，可在金類面上用之，又可磨光。

白桼

一方，嫩哥巴辣八兩半，樟腦一兩九五分，醋二升，消化再加馬司的克二兩，非尼司松香一兩，消化傾出其清者。此桼白色易乾，又可磨光，尋常玩器用之。二方，散達拉克八兩，馬司的克二兩，加那達膠四兩，酒醋二升。紙木布俱可用之。

軟性光桼

散達拉格六兩，阿尼米一兩，樟腦半兩，酒醋二升。合製如前。此酒桼爲小木器所用。然無論何器，如紙木麻金類者，亦俱可用，乾能極快，一日之後，即可磨光，惟其耐用不及油桼。

棕色硬酒桼

一方，散達辣格四兩，淡色拉克子二兩，以里米一兩，酒醋二升。摇動至全消化爲度。再加非尼司松香二兩。二方，散達辣格三磅，舍來克二磅六五分，醋十六升。消化之後，加松香桼二升，摇動之而濾清。此桼爲最細。三方，拉克子與黄松香各一磅半，準酒十八。

金類面之桼

將舂碎哥巴辣膠一分，以無水醋一分。消化之，此桼乾太速，宜令稍慢。將哥巴辣一分，魯司馬里油一分，無水醋二分至三分，此質淡如水，用時必加熱，乾則硬而耐用。

鋼鐵之桼

馬司的克明粒十分，樟腦五分，散達辣格十五分，以里米五分，酒醋足消化之。鬆時不加熱，此桼不但器面不生銹，而桼之光色亦不變。

鐵器之桼

將流質柏油二磅，阿司福士半磅，舂碎之松香半磅。盛於鐵鍋加熱相和，待冷即合用。此桼最宜露天之鐵或木。

鐵面黑桼

將阿司福士四十八磅鎔化，加以熟油八十升，紅鉛粉七磅，密佗僧七磅，乾鋅養硫養三三磅。和匀而加熱令沸二小時，再將鎔化之黑琥珀膠八磅，胡麻子油十八升，加熱令沸二小時，取出少許能撚成丸爲度。即減其熱再加松香油二百四十升，此桼合於車上之鐵器等細工所用。

人物像銅色之桼

將上等之硬肥皂五十分，刨成薄片用沸水二分消化，另將銅養硫養三十五分，清水六十分。消化二物和勻成銅肥皂，以水洗之稍加熱，而烘乾臨用以松香酒消化之。

琥珀桼

一方，琥珀一磅，淡色之熟油十兩，松香油一升，將琥珀盛於鍋內，加熱變爲稠質，即添油質掉和，退火稍冷，再添松香油掉和。二方，同上惟琥珀鎔化之後，再添舍來克二兩。此桼稍帶黑色，而甚韌。第一方好於第二方，其用處與哥巴辣桼略同，可髹木器或別種暗色之物，易乾而硬且能耐用。

琥珀黑桼

琥珀一磅，熟油半升，阿司福土六兩，松香油一升，將琥珀鎔化照前方，另將阿司福土掉和，再加大熱，離火待冷，而添松香油，此油先須稍加熱。

以上各桼如太濃，須添松香油令稀，前方爲最美觀之黑桼合於馬車等器之用，但有製合者，因貪賤而不用阿司福土，即以黑松香代之，再加黑炱之細粉或黑炱先合於熟油，此則大不及阿司福土合成者。

琥珀桼

一方，淡色者，將淡色明珀六磅鎔化，加以提淨之胡麻子油十四升，先加熱而合於珀內掉和，令沸至成條紋，待稍冷加以松香油三十二升，此桼之色淡如哥巴辣，不久變甚硬而爲油桼之最耐久者，但必多待數日，方能磨光，如欲速乾可用速乾之油代胡麻油，或沸時加以速乾之料。二方，珀一磅鎔化，而加西亞松香半磅，明白松香二兩，熟胡麻子油一升。後加松香油够用，照前法爲之。此桼最韌。三方，硬性者，將珀四兩鎔化，熱熟油二升。照前法爲之。四方，淡色者，最淡最明之珀四兩，提淨胡麻子油一升，松香油一升。照前法爲之。五方，合於各事之用，凡欲用硬性耐久之油桼，即可用琥珀桼，其淡色者比哥巴辣桼更好。常有人和以哥巴辣桼，令更硬而耐用。

黑桼

將胡麻子油之桼十分，煆過之赭色土三分，阿司福土粉一分。待冷而加以松香酒配其濃稀。

馬車桼

舍來克十六分，白松香油三分，酒酯九十分，拉分大油四分。黑炱酌用。

紅洋木桼

阿尼米膠八磅，提淨之油二十四升，密佗僧四兩，鉛養醋酸之乾粉四兩。各質和勻，加熱令沸，至易成絲條形，待冷而加以松香油四十四升，待久傾出其清者。

小木作之桼

淡色之舍來克七百五十分，馬司的克六十四分，九十分酯一千分。各物用量法，不加熱而消化，屢次掉之，此桼不能濾清，如用平常之酒酯，則合成之桼合於釘書家皮蓋面之用。

灰桼

此用於不漏水之節。白色之松香油十四分，舍來克十八分，松香六分，酒酯八十分。

鍍金面之桼

拉克子一百二十五分，籐黃一百二十五分，血竭一百二十五分，阿那土即植物黃料一百二十五分，九十分酯一千分消化其拉克子。籐黃、血竭、阿那土，各用酒酯另消化。臨用時即將各料以所需之濃淡而配其多少。

賤價之橡皮桼

淡色明松香三磅半，以松香油八升消化，而加黑炱少許配其色之深淺。

木器桼

將散達拉克膠之細粉八分，馬司的克膠二分，拉克子八分，酒酯二十四分。置於煖處，待數日而加酒酯，配其濃稀。

木面之暗色桼

舍來克十六分，散達拉克三十二分，馬司的克膠八分，以里米八分，血竭四分，阿那土一分，白松香十六分，酒酯二百五十六分。以酒酯配其濃稀。

平常器具之桼

拉克子一分，酒酯七分。消化而濾之。

木玩器之桼

嫩哥巴辣膠七十五分，馬司的克一百二十五分，勿尼司松香油六十五分，九十五分酯一百分，水酌用，以酒酯先消化哥巴辣，或加拉分大，或加樟腦俱可。此二物能令其速消化，用麻布濾之，另將馬司的克用勿尼司松香油加熱消化。添入前料內，配此各料，其熱愈小而色更美觀，此桼爲白色，最易乾、最易磨光。

木器桼

又法此可專用舍來克，然亦可另添別料，如散達辣格馬司的克，哥巴辣阿拉伯樹膠等，如其鎔化之料爲精者，則阿拉伯膠不必用。因酒醕價貴，故常用那普塔代之。以下各方俱用那普塔，如不惜工本，即可用醕。一方，舍來克一磅半，那普塔消化之，不必濾而合用。二方，舍來克十二兩，哥巴辣三兩，或別桼三兩，用那普塔八升。消化之。三方，舍來克一磅半，拉克子四兩，散達拉克四兩，馬司的克二兩，酒醕或那普塔八升。消化之。四方，舍來克二磅，偏蘇以格膠四兩，酒醕八升。五方，舍來克十兩，拉克子六兩，散達辣格六兩，哥巴辣桼六兩，偏蘇以格膠三兩，那普塔八升。

凡桼欲其色深必用偏蘇以格膠，或血竭，或姜黄等料，欲其色淡則用淡色之拉克子，或加草酸，但此質不能在上等之那普塔或酒醕消化。

法國桼之髤法

將器安平，以砂皮磨至平滑，否則不能得光，再將海毯或布作團以軟布包之將法國桼少許沾於布團，又將生胡麻子油以手指點於布團之桼中，即揩於木面必圓轉如磨墨，俟木面有桼一層爲度。待乾而用細砂皮磨去其不平之處，揩上二三層後，即用濃酒醕揩一次桼即明亮。

新木器之桼

將散達辣克三四塊，略如胡桃大，用熟油一升，加熱令沸約一小時，將冷時，加勿尼司松香一錢，如太濃，另加松香油少許，將此質拭於木器，待數小時而揩去其木器必日日揩淨，每一二月拭桼一層，此桼不畏水，如有痕迹可再拭一層補之，法國桼不能如此。

木器之光料

家用之木器有數種材料，令其恆有光或以蠟或以油等質爲之，玆將其常法列後。

膏類

蜜蠟一磅，肥皂四兩，木灰鹼二兩，雨水四升。加熱令沸至勻爲度。

油類

一方，醋酸二錢，拉分大油半錢，準酒一錢，胡麻油四兩。二方，胡麻油一升，奥卡納得根二兩。加熱濾之，添以拉克桼一兩。三方，胡麻油一升，酒醕二兩，銻綠三四兩。

木器之漿

一方，蜜蠟、松香酒、胡麻油各等分，加熱鎔化待冷。二方，蜜蠟四兩，松香油四兩，奥卡納得根足配其色。鎔化之，而濾之。三方，蜜蠟一磅，胡麻油五兩，奥卡納得根半兩，鎔化而加松香油五兩。濾之待冷。四方，蜜蠟四兩，松香油二兩，松香一兩，鉛養三足配其色。

鐫刻護銅之料

一方，蜜白蠟二兩，黑柏油半兩，布根弟柏油半兩。共鎔化漸漸添阿司福土粉二兩，加熱令沸，取出一滴，置瓷面上用手彎之二三次，能斷爲度，後傾於温水内成小球以備用。二方，硬料胡麻子油四兩，馬司的克四兩。共鎔化。三方，軟料軟胡麻子油四兩，偏蘇以格與蜜白蠟各半兩。加熱令沸熬乾三分之一爲度。

圖面之桼

散達拉克膠二十分，馬司的克八分，樟腦一分，酒醕四十八分。先將圖畫之面，拭以直辣丁一二層，後拭此桼。

糊圖於木面之料

散達拉克二百五十分，馬司的克粒六十四分，松香一百二十五分，勿逆司松香油二百五十分，酒醕一千分。

油色畫成石板畫之桼

一方，對格司脱里尼二分，酒醕一分，水六分。二方，對格司脱里尼二分，酒醕半分，水二分。先將極細之小粉漿拭一層，後拭此料。

油色畫之桼

散達拉克膠二分，馬司的克膠四分，哥比亞發膠二分，白松香三分，松香酒四分，酒醕九十五分。

油色畫與別種畫極美觀之桼

蜜糖一升，雞蛋二十四枚，分取其白，淨魚肚膠一兩，鉀養輕養二十釐，鈉綠半兩。加熱八十度至九十度，捭和。其熱度不可過大。其時候不足令蛋白凝結，捭好存於瓶内待用。臨用時將好松香油一分，和以此桼二分，趕速捭和而拭於畫面。

又方，蜜白蠟盛於瓷鍋鎔化，添以等分之八三醕。捭和，而傾於石面之上，研成漿，每若干時，加酒醕少許，待和勻而漸添以水，如蜜蠟之重四倍爲度，以布濾之，分出未和勻之質，此質可用軟刷拭於畫面，待乾之時，用烙鐵稍離紙面移

過，鎔化待冷，而用麻布揩之即能光亮。意大里火山之邊何苦拉尼恩與邦皮愛二城，二千年前掩壓者，現在挖起，所有牆上之畫色甚鮮明幾同新畫，大略同此類之料。

水晶桼

一方，淡色加那大膠與提淨之松香油等分相和，將瓶浸於温水内屢摇動之，置於暖處過六日，傾出其清者，凡紙上書畫以此拭之，薄紙拭此料一層，即可映摹書畫。二方，馬司的克三兩，酒醋一升消化。此拭於鉛筆所作之畫。

意大里國桼

一方，將西亞松香油加熱令沸至脆爲度，研成粉，以松香油消化。二方，加那大膠六兩，明白松香六兩，松香油二升。消化。可拭於圖面。

書肆之桼

上等淡色膠四兩，白色硬肥皂四兩，熱水三升。消化再添白礬粉二兩，凡用墨印之圖，未設色之時，拭此桼一層。

馬司的克桼

一方，上等者將極淡色之馬司的克五磅，玻璃舂碎之小粒洗之乾之二磅半，提淨松香油十六升。盛於乾淨瓦瓶或馬口鐵圓瓶，而塞蜜之。在平面上將瓶輥轉來往四小時，俟其膠消化盡，即將清者傾出，以細紗濾入别瓶，待若干時停而不動，存六箇月至九箇月，始得甚韌甚淨之質。二方，次等者馬司的克八磅，松香油三十二升，稍加熱消化而加淡松香桼四升。三方，馬司的克六兩，松香油二升。消化。

馬司的克桼

此可刷於畫面，其上等者韌而硬，光而無色，如有雜物而不清，則將硬砂子一磅，配桼八升，將砂子洗極淨。加熱不過大，而添入其内掉動五分時，待其砂子沉下即可用。

象皮桼

一方，將生象皮一磅切作小塊與硫以二十磅同盛於玻璃瓶内，隔砂加熱，令消化再將淡色胡麻子油一磅，另加熱而添入掉和，待清之後又將松香油一磅，另加熱而添入，乘其煖時濾之，存於瓶内，爲難慢乾。二方，將生象皮二兩磨成細粉，用卡莫非尼油四分磅之一，那普塔半兩或偏蘇里半兩。消化之後，再加哥巴辣桼一兩，更能耐用。此桼大半爲鍍金之工所用。三方，將大口玻璃瓶盛松香油一磅，象皮薄片二兩，待二日而稍加熱，不可摇動，用木刀掉和，再加松香油一磅，加熱俟全消化，必屢摇之，再將所得之料一磅半，和以白色哥巴辣桼二磅，又沸過之上等胡麻子油一磅。半摇之，而隔沙加熱消化，至全合成桼爲度。此桼可鬆於皮面。四方，生象皮四兩切成薄片，隔沙加熱，所存之瓶必有蓋，加熱之先，必添偏蘇里二磅，胡麻子油四磅，松香油一磅半。此桼易乾。五方，能彎曲之桼，將松香油一磅，漸添以象皮細片半磅，加熱而掉至消化，即去其火，連掉至冷，再漸加熱而添熱胡麻油一磅，待消化乘熱濾之。六方，又能彎之桼，將他馬辣膠一磅切細之，象皮半磅，松香油一磅，隔水加熱。加熱之時，先入松香油一磅，消化盡後，再加熱油桼一磅而濾之。七方，將象皮切細塊洗之烘之，存於瓶内蓋之，隔沙漸加熱三小時而去火，掉至十分時爲度。再蓋密之，俟一日，再以同法加熱，視面生小泡而止，即以細鐵絲篩濾之。八方，雨衣之桼或令布不通水之桼，將象皮切細塊四分磅之一，和以松香油半磅。令其消化再加熟油二磅，加熱兩小時令沸而掉和之。消化之後，再加熟胡麻油六磅，密佗僧一磅，加熱令沸至極匀爲度，必乘熱刷於布面。九方，硬象皮桼即格苔伯查。將硬象皮四分磅之一，用温水洗之而乾之，將提淨之松香油一磅消化之。又添胡麻油之桼二磅。必乘其沸而掉和之，此桼鬆於金類能免生銹。

皮條面之黑桼

舍來克十二分，白松香五分，散達辣克膠二分，黑炱一分，松香酒四分，酒醋九十六分。

熟油之桼即胡麻子油之桼

胡麻子油六十分，密佗僧二分，錊養硫養$_3$一分。磨成細粉與油和匀，而加熱至水乾爲度。又法將錳養硼養$_3$四分。油少許，和匀成漿，再加胡麻子油三千分，加熱令沸。

他馬辣桼

他馬辣十分，散達辣克五分，馬司的克一分，稍加熱時添松香酒二十分，令消化暫時摇之。後再加松香酒至成漿爲度。

常用之桼

舍來克一分，酒醋七分至八分。消化之。

不通水之桼

硫花一磅，胡麻子油八升，加熱令沸，至全和匀，凡布面欲刷不通水之桼，此

料最爲合用。又法，用鉛養四磅，黑臭二磅，硫五兩，松香油消化之象皮十磅。此各物相和，加熱令沸，至全和勻爲度。又可加以色料，如斜紋布用此方更好。須刷二三次，每刷一次，待乾再刷。

氣袋或輕氣毬之桼

一方，象皮一兩切成薄片，地産那普塔二磅。盛於瓶而蓋密，稍加熱至全消爲度而濾之。二方，象皮一磅切細添以松香油六磅。置於暖處，七日後再隔水加熱待全和勻。而加熬熟易乾之油八升，和勻待冷而濾之。三方，胡麻油八升，鉛養硫養三三兩，鉛養醋酸三兩，密佗僧八兩。加熱令沸，常掉動之，凝結後漸冷，傾出其清者，如太濃則加易乾之胡麻油。

金色之桼

舍來克十六分，散達辣尼三分，馬司的克三分，黄鐵銹一分，籐黄二分。各物打細和以酒醕一百四十四分，又方，舍來克八分，散達辣克八分，馬司的克八分，籐黄二分，血竭一分，白松香油六分，姜黄四分。各物打細，和以酒醕一百二十分。

房屋木料之桼

阿尼米膠八磅，提淨胡麻子油二十三升，密佗僧四分磅之一，鉛養醋酸半磅，銅養硫養三四分磅之一。各物和勻，加熱令沸熬至起絲爲度。再和熱松香油五十四分，如其色太淡可加金色膠少許。

鐵器黑桼

阿司福土四十八磅，盛於鐵鍋加熱令沸四小時。首二小時加以密佗僧七磅，鉛養硫養三三磅，熟油八十升，暗色之膠八分磅之一，熱油十二升，加此各料之後連加熱二小時，或加熱至能撚成硬丸，待冷而將松香油二百四十升和勻，或多或少以應得之濃稀爲度。

黑色東洋桼

必周門二兩，黑臭一兩，土耳其赭土半兩，鉛養醋酸半兩，熟油十二兩。將松香油與熟油先和勻，漸添其餘磨粉之料，漸加熱十分時。

馬口鐵器先拭有色之哥巴辣桼，後在爐内加熱令乾而硬，此桼所加之色料，可與平常之油色料同。

皮桼

熟胡麻油即合於密佗僧而加熱者，和以黑臭，此桼拭數層於皮面則光亮而皮可彎。又平常之皮桼，用稀拉克桼合於黑臭。

光面木模之桼

酒醕八升，舍來克一磅，黑臭或骨灰足得黑色。

馬車黑桼

琥珀三十二兩，松香六兩，阿司福土六兩，易乾胡麻油一分。加熱和勻，待將冷時，加煖松香油一升。

拉克桼類

金拉克桼

馬口鐵瓶，能容三十二升者，姜黄粉一磅，籐黄一兩半，散達辣克膠三磅半，舍來克四分磅之一，酒醕十六升，各物盛於瓶内，摇至消化而濾之，再加以松香油之桼一升和勻。

紅色拉克酒桼

法與前同。惟用酒醕十八升，血竭一磅，西班牙阿那土三磅，散達辣克膠三磅又四分之一，松香油二升。

黄銅色拉克桼

酒醕十六升，好望角阿魯膠三兩，切細之淡色舍來克一磅，籐黄一兩。和勻照前法爲之，而不可加松香油，以上之比例爲不深不淡之色，若欲更淡或更深者，可將以上之各料各在瓶内消化，臨配合時，可以多少配其深淺。

馬口鐵桼

凡馬口鐵器，外面用上等拉克桼變爲紅銅或黄銅之色，將拉克桼和以姜黄即有黄銅之色，和以阿那土即有紅銅之色，拉克桼合於姜黄或阿那土，以棉布濾之，即可當桼之用。

深金色之桼

拉克子三兩，姜黄一兩，血竭四分兩之一，酒醕一升。添入瓶内。七日内屢摇之，傾出其清者濾之，此種拉克之用，宜於磨光之金類或木類令有金色。如欲得黄色者，用姜黄或阿魯或紅花或籐黄，如要紅者，則用阿那土或血竭。

畫或金類或木或皮之桼

一方，拉克子八兩，酒醕二升。存在瓶内，若干時傾出其清者而濾之。二方，用平常之拉克以綠氣漂白之，此二方最韌而硬，並能耐用，第二方幾乎無色。

製合各種拉克桼之公法

和勻其料，而將存料之瓶置於太陽處或暖處，三四日後，又屢搖至全消化，停一日或二日，傾出其清者，即合用或用玻璃粉令其異質速沉下。

黄銅桼

九十五分酒醑十八升，拉克子一磅，哥巴辣桼一兩，英國紅花一兩，阿那土一兩。

黄銅面深色之桼

將前桼一升，添以籐黄一兩。

深金色之桼

上等酒醑四十兩，阿那土八兩籐黄二錢，舍來克半兩，紅色之散代司十二兩。消化之後，加以松香酒三十滴。

淡黄色之桼

酒醑三十二升，姜黄三磅，籐黄三兩，散達辣克七磅，舍來克一磅半，松香油之桼一升。

深黄色之桼

酒醑三十六兩，拉克子六兩，琥珀二兩，格塔膠二兩，紅檀香二十四釐，血竭六十釐，東方所産之紅花三十六釐，玻璃粉四兩，以上二方，俱爲銅面所用。

黄銅桼

拉克子六兩，琥珀二兩，或哥巴辣二兩，上等酒醑三十二升，玻璃粉四兩，血竭四十釐，水内熬成之紅檀香膠三十釐。

鍍白銅色之桼

上等酒醑九十六升，拉克子九磅，姜黄十二磅，西班牙之紅花四兩。如木器之面，不必用紅花。

上等之拉克桼

酒醑八兩，籐黄一兩，舍來克三兩，阿那土一兩，另將舍來克一兩消化在酒醑一升之内，而加勿逆司、松香油半兩，血竭四分兩之一。則得暗色，置於暖處四五日，即合用。

淡色之拉克桼

此宜馬口鐵所用，上等酒醑八兩，姜黄四錢，英國紅花四十釐，血竭二十釐，紅色之散代司一釐，舍來克一兩，散達辣克一錢，馬司的克二錢，卡那大樹膠二錢，消化而添松香酒八十滴。

銅面之桼

酒醑六十四升，血竭四磅，西班牙之阿那土十二磅，散達辣格十三磅，松香油八升。

銅面淡色拉克桼

酒醑十二升，好望角之阿魯切細三兩，淡色舍來克一磅，籐黄一兩。

銅面最好之拉克桼

酒醑三十二升，舍來克二磅，琥珀膠一磅，哥巴辣二十兩，拉克子三磅，紅花足得其色，玻璃粉八磅。

拉克之色料

酒醑二升，阿那土四兩。

格致器之桼

酒醑八十兩，格塔膠三兩，散達辣格八兩，以里米八兩，血竭四兩，拉克子四兩，末里塔士三兩，紅花八釐，玻璃粉十二兩。

膠類

阿米尼阿膠

一名金光石膠，凡粘碎玻璃器，或寶石與他物相粘，將魚肚膠浰在水内至軟，再將酒醑和以馬司的克膠少許，又阿摩尼阿古末膠少許，與前物和勻。土耳其人將寶石粘於金銀器，並金剛石等粘於表面，專用此膠。將其表面之金或銀做成小凹，稍加熱而點此膠，乘熱將石安於凹内。此膠亦能粘鋼器，土耳其人配合此膠將馬司的克膠五六塊，每塊大如豆，浸於酒醑，足令其消化爲度，浸軟之魚肚膠，合於法國之罷蘭地酒成膠二兩，其膠必極濃。而其魚肚膠不可有水在面上，另添阿勒白奴末膠，或阿摩尼阿古末二小粒，稍加熱，令全消化而掉勻，其瓶必塞極密。臨用時將其瓶置沸水内，英國藥肆出賣者，亦謂之阿米尼阿人之膠，所用之料不合此方，其質太稀，馬司的克亦太少，故買用者必悮事。此膠最好之方，將魚肚膠二兩，浰於水，而再用酒醑消化以極濃爲要。再將淡色阿摩尼阿古末之小粒十釐，研勻至消化，再將馬司的克六小粒以酒醑消化，其酒醑之數以够消化爲度。合於前料即可用。又方，將魚肚膠以酒醑消化，得其極濃者三兩，馬司的克膠之極濃而明者一兩半，兩膠和勻亦佳。以上二方之膠見水不消化乾時無色。

粘合碎瓷器與玻璃器

一方，將破碎之器，加熱至稍大於水沸度，即將舍來克膠，在兩箇破面敷一薄層而緊合之，待冷即同原物。二方，舍來克在酒醕內消化，而拭於破處，用繩紮緊，全乾即成。

瓦器之桼

乳酥在多水內加熱，令沸，俟酥變軟，和以生石灰，而置於石板上研之成膠。臨用時，加熱而敷於二口，待冷即成。

銹鐵縫之料

銹屑五十分至百分舂碎而篩細，和以淡輕四綠一分，研勻之。臨用時，加水恰成膏，前有人和硫於內，又用淡輕四綠多於前方，殊屬不佳。因此法欲銹與養氣化合，故其鐵粉能漲而結，如有異質在內，恐不甚粘合，所以鐵粉百分，用淡輕四綠一分爲最好。或將細鐵屑四分，瓷泥二分，打細之瓷器或瓦器粉一分，用食鹽與水和勻各物，如膠粘合鐵器之接處，結成之後，最爲牢固。

牆壁堆花之料

白石粉，牛皮膠，紙漿，三物相和，或用此作人物之像，亦甚結實。

發而里馬司的克膠

此下各料，臨用時，必加熱鎔化，提淨之白石粉十六分，篩之而加熱至紅，待冷則另將黑松香十六分，蜜蠟一分，加熱鎔化，將石粉和在其內，連掉至冷。

電氣器與化學器之膏

松香五磅，蜜蠟一磅，紅土一磅，石膏二大勺，各物和勻，加熱鎔化即成。又有更便宜之方，係銅板鋅板連於電箱之用。松香六磅，紅土一磅，石膏半磅，胡麻油一磅，其紅土與石膏應預先加熱至紅，待冷，而添入鎔化之松香與胡麻油，用時愈薄愈好。

鐵管與鍋爐等物之膠

極細之鐵屑九十六分，淡輕四綠一分，加水成漿。

象牙與蚌殼等物之膠

將魚肚膠一分，白膠二分，水三十分，消化之濾之而熬至六分，酒醕半分，馬司的克三十分之一，鋅養一分，與前膠水相和，臨用時加熱搖之。

鑄成之鐵器塞蜂窩之膠

硫一分，淡輕四綠二分，淨鐵屑八十分，加水成濃膏，嵌入孔內，此各料必臨用時相和。

銅匠與機器匠便用之膠

將胡麻油合於紅鉛粉，凡布或皮之軟墊上用此甚堅牢。

廉價之膠

將硫鎔化，而和以松香與爛石之細粉。

鉛匠之膠

將黑松香一分，爛石粉二分，鎔化和勻。

軟木塞上之粗膠

用柏油合於松香與爛石粉。

中國灰即瓷灰

將乳腐之乾粉十兩，生石灰一兩，樟腦二錢。和勻，存於瓶而封之，用時將少許和水成膏，速即用之。

皮膠

象皮合於舍來克桼，即成粘皮之膠。又平常魚肚膠合於醋少許，成上等之皮膠。

大理石之膠

將石膏浸於極濃之白礬水，置於爐內大熱烘之，磨成細粉，用時和水乾透之後，同於原石膏，能磨至極光，可配合色合於各色之石所用。

大理石匠或銅匠所用之膠

雞蛋白能當膠之用，或蛋白合於極細之生石灰亦能粘合不見水之器。如銅鍋之冒釘與接邊，亦用同類之質，若用牛血代蛋白亦可。

玻璃明膠

象皮一分，克羅路福密六十分，消化再添馬司的克粉十四分至二十四分，二日內數次搖之，全消化，用毛筆刷之。

修理鐵鍋之膠

硫二分，在舊鐵鍋內鎔化，添入筆鉛粉一分，掉和傾於鐵板或平石上，待冷而打碎研細。凡鐵鍋裂縫，將此料一塊置其處，以烙鐵熨入縫內，如其鐵鍋有小孔，可用紅銅釘補入，而兩面作冒，外面再加此膠。

木箱木桶不漏水之料

將膠八分鎔化，其濃略如木匠平常所用者，又胡麻油四分，添入密佗僧，熬至稍稠，待二十四小時即成。粘在木器之縫內，毫不漏水。又方，用膠四分，勿

逆司松香一分，照前法爲之，又能粘連玻璃金類等。又方，將新做乳酥合於陳乳酥，在水内加熱，令沸則成膠形，再用鉀養二炭養二水消化，可膠玻璃或瓷。又方，將麥浠出其哥路登，亦可當膠之用。

公用之膠

無論何物折斷，俱可粘連。將鉛養炭養二置於石板上，和以熬熟胡麻油，掉匀之後，不遇空氣。此膠粘物必待數十日方乾，如石或鐵添硫一分，柏油一分，更佳。

補木器裂縫

石灰一分，蕎麥麵二分，胡麻油足，成漿。又法，用膠一分，水十六分，將冷之時，添入木屑與白石粉。又法，將油桼合於鉛養炭養二一分，鉛養一分，密佗僧一分，白石粉一分。匀和成漿。

粘金類與木之膠

將松香鎔化，添入煅過之石膏，再加熟油熬稠，乘熱用之。又法，將松香一百八十分，煅過之赭土三十分，煅過之石灰十五分，熟油八分。加熱和匀。

煤氣管接縫之膠

松香四分半，蠟一分，鉛養炭養二三分。和匀。

格致器並瓶塞等不通水之膠

鋅養合於哥巴辣桼，成漿。補滿各孔，再上哥巴辣桼一層。

粘銅於玻璃面之膠

松香一百五十分，蠟三十分，煅過之赭土三十分，煅過之石膏三十分。用熟油掉成稠質，乘熱用之。

粘刀或磋之木柄

舍來克研粉二分，浄白石粉一分。和匀。填滿柄孔，將刀磋加熱插入。

雜方

鐵絲銅絲各器之桼，將上等胡麻油合於密佗僧，再添黑臭少許，稍加熱，令沸三小時，其濃稀以易刷爲度。第一層應比别層更稀。

磨剃刀之粉

一方，錫養之浄者一兩，草酸粉四分兩之一，樹膠研細二十釐。用水掉成膏敷於皮面，可備磨刀，得極利。二方，寶砂研成極細粉二分，司巴瑪息的油一分。和匀，而敷在皮條上。三方，銀匠所用之紅粉一分，筆鉛一分，羊油一分，和匀。

漂白珍珠

麩皮在水内沸之，取其熱水，將白礬與鉀養果酸少許，消化於内，乘熱時以珠在水内挼之，待水已冷，仍用此法。至雜色散出，再用煖水洗之，置於白紙上，藏暗處待乾。

劃玻璃之法

凡瓶或罩等器，將油傾入器内，高至欲劃之處，將鐵桿加熱至紅，緩緩插入油内，則油面受大熱而玻璃忽然自裂，可取出上節。

膠水

將上等白膠香十六兩，乾鉛養炭養二四兩，雨水二升。先將膠與鉛粉隔水加熱鎔化，屢掉不止，後添酒醕而加熱數分時，乘熱傾入瓶内封之。又方，將牛皮膠三十三分置於瓷鍋内，隔水加熱鎔化於水三十六分之内，連掉而加硝强水三分，或够。膠冷時不結。又方，將白礬粉一分，水一百二十分，牛皮膠一百二十分，醋酸十分，醕四十分。消化之，而存於瓶内。

海膠

象皮四分，煤那普塔三十四分，加熱掉動，令消化，再加舍來克六十四分，以加熱至全消化爲度，乘熱傾於金類板面成薄皮。臨用之時，以鍋加熱至軟，粘於器之罅隙，若以二木相粘，歷久不能分開。

對格司得里尼又名英國膠

將山芋，小粉，加熱三百度至六百度，俟變棕色爲度，又以冷水消化之，又加碘而不變藍色，三事俱是準則。印花布者，用此質代阿拉皮膠，其價甚廉。

膠水久存之法

上等膠二磅，水二升，漸加硝强水七兩。

藏鮮菓之瓶塞敷以火桼

蜜蠟半兩，銀硃一兩半，舍來克二兩半，松香八兩。先將松香鎔化，次添銀硃，後漸添舍來克而掉動，末加蜜蠟。臨用之時，加熱鎔化，將瓶倒粘其料，取出即成封面。或用此料治貴種菓樹所生之病，用蜜蠟多而不用銀硃。又瓶塞之用，亦可不加銀硃，因不過得色而已。

易鎔之金類

一方，鉍八分，鉛五分，錫三分。相合，能在二百十二度以下即鎔。二方，鉍二分，鉛五分，錫三分。相合，亦能在沸水内鎔化。三方，鉛三分，錫二分，鉍五

分。能在一百九十七度鎔化。

金類膠

此膠即銅合水銀所成，能粘金類，或玻璃，或瓷器。將極細之銅粉，即用輕氣收出銅養之養。所得之細粉。或用銅養硫養三，以鋅分出其銅粉俱可。將二十分或三十分，合於硫強水成膠，再加水銀七十分，研勻。待勻之後，用熱水洗去硫強水，待冷，約十小時之後，即硬而能磨光，其尖鋒能劃金或錫，加熱則鎔化，略似蜜蠟之稠，冷時不縮小，不但能粘金類，與玻瓷猶能塞牙孔。

假金

此爲法國近日之新法，純紅銅一百分，錫或鋅十七分，鎂養六分，淡輕四綠三分六釐，生石灰一分八釐，鉀養果酸九分。其配合之法，先鎔其銅，後加鎂養，與淡輕四綠，與鈣養，與鉀養果酸掉和。約半小時後，再以錫或鋅漸添在面上，而掉入其內。俟全鎔化，將鍋蓋密停三十五分，取盡面上之浮渣，傾入模內成形。此質點極細，能打薄，可磨光，不易生銹，可當金之用，如外面生銹，則稍加酸水，仍能光亮，如用錫而不用鋅，更能光亮。

假紅色金

法國多用此質，如火爐等所用光亮之金類是也。即以黃銅之分劑，而加多其銅，減少其鋅，以強水洗淨之後，可用極細之銅絲刷洗其面，得光。如拭以桼一層，即不生銹。

漂白之紅銅

將紅銅四兩，鉀鹽類半兩，共鎔化所用之配料，爲煅過之硼砂，與炭屑，與玻璃粉。

槍筩作棕色

將碘之濃酒二分，水一分。和勻拭於磨光之槍筩。又方，硝強水和以清水，令淡，拭於筩面，待數日後，再拭以油而擦以蜜蠟。

紅銅變銀色

將銀養淡養五三十釐，凈食鹽三十釐，鉀養二果酸三錢半，和勻成細粉，臨用時和水少許。

軸枕之櫬

紅銅二十四磅，錫二十四磅，銻八磅。先鎔銅，次添錫，後添銻，應鑄成錠，而再鑄所需之物。

自鳴鐘內之鐘

紅銅七十二分，錫二十六分五六，鐵一分四四。

古人造刀之料

紅銅一千分，錫一百四十分。此質依古法，淬水磨光，幾如鋼。

鑼鈸等料

紅銅一百分，錫二十五分。成器之後，須燒至極熱，而立淬於冷水。

鋼節之銲藥

銀十九分，紅銅一分，黃銅二分。置於罐內，蓋以木炭屑，而鎔化之。

軟金桿藥

金四分，銀一分，銅一分。如太硬稍加黃銅，但有黃銅易致生銹。

舊磋變快

將用鈍之磋，浸於淡硫強水，俟水浸入爲度。

鐵器不生銹

將熟胡麻油拭一層，久不生銹，用司巴麻則不久而銹，若在露天者，須用哥巴辣桼。

鍍金之法

銅面鍍金，將金以合強水消化之，再將以脱或酒醋一升，消化其金料，將銅器或鏈等浸在其內，一刻之後，得金一層，其銅面必極凈，不可有油或銹。

易車光之黃銅

紅銅二十磅，鋅十磅，鉛一兩至五兩。其鉛必臨鑄之時加入。

易車之紅色黃銅

紅銅二十四磅，鋅五磅，鉛八兩。臨鑄加鉛。

易車之黃銅

此質稍脆，紅銅一百六十磅，鋅五十磅，鉛十磅，銻一百十四兩。又方，紅銅三十二磅，鋅十磅，鉛一磅。又方，爲鑄成細巧之物所用，紅銅二十四磅，鋅五磅，鉍一兩，臨鑄加鉍。

紅黃色之銅

紅銅七磅，鋅三磅，錫二磅。又方，紅銅一百磅，鋅十二磅，錫八磅。

大鐘之銅

紅銅一百磅，錫二十磅，至二十五磅。

小鐘之銅

紅銅三磅，錫一磅。

塞門銅

紅銅二十磅，鉛八磅，密陀僧一兩，銻三兩。

各種白銅類

令白銅變硬之料

銅二錫一，此質必先配好，而添入白銅料。

上等白銅

錫一百五十磅，紅銅三磅，銻十磅。

二等白銅

錫一百四十磅，紅銅三磅，銻九磅。

易鑄白銅

錫二百十磅，紅銅四磅，銻十二磅。

紡線器之白銅

錫一百磅，令白銅變硬之料四磅，銻四磅。

火爐所鑲者

錫一百磅，硬料八磅，銻八磅。

做嘴者

錫一百分，硬料五分，銻十分。

上等者做柄所用。

錫一百四十磅，紅銅二磅，銻五磅。

上等白銅爲燈之用。即架足與嘴。

錫三百磅，紅銅四磅，銻十五磅。

易鑄之料

錫一百磅，硬料五磅，銻五磅。

火輪車軸襯之料

錫二十四磅，銅四磅，銻八磅。先鎔勻，再加錫七十二磅。

白銅有色如銀

錫一百磅，銻八磅，銅四磅，鉍一磅。

日耳曼銀

銅五十磅，鋅二十五磅，鎳二十五磅。

日耳曼銀次等者

銅五十磅，鋅二十磅，鎳磨粉十磅。

日耳曼銀能軋皮者

銅六十磅，鋅二十磅，鎳二十五磅。

日耳曼銀鑄中等器者

銅六十磅，鋅二十磅，鎳二十磅，鉛三磅，馬口鐵板二磅。

假銀

錫三磅，銅四磅。

并知倍格

銅五磅，鋅一磅。

象末拔克

銅十六磅，錫一磅。

象末拔克紅色

銅十磅，鋅一磅。

白銅

黃銅四分，錫四分，鎔化時加鉍四分，銻四分。

硬白銅

黃銅皮三十二兩，鉛二兩，錫二兩，鋅一兩。

做樣之料

鉛三磅，錫二磅，鉍五磅。

西班牙之多打尼阿

鐵或鋼八兩，銻十六兩，硝三兩，共鎔化，再將錫每八兩，加此料一兩。又方，銻四兩，鉮一兩，錫二磅。

玻璃鏡之料

錫六兩，鉛十兩，鉍二十一兩，汞少許。

金銲藥

金六分，銀一分，銅二分。

銀銲料

銀十九分，銅一分，黃銅皮十分。

銀銲白料

銀一兩，錫一兩。

白銅銲

錫一磅，銅三兩，鉛三兩。

鑄白銅銲料

錫八分，鉛五分。

紅銅或黄銅銲料

紅銅一磅，鋅一磅。又方，老銲。銅三十二磅，鋅二十九磅，錫一磅。

紅銅銲料

銅十磅，鋅九磅。

黑銲

銅二磅，鋅三磅，錫二兩。

鍍銀器銲料。

銀一兩，黄銅半兩。

鉛銲

鉛二分，錫一分。

馬口鐵銲料

鉛一分，錫一分。

錫銲

錫二分，鉛一分。

硬銲

銅二分，鋅一分。

黄色鍍金料

紅銅三十二磅，鋅二磅，軟銲料二兩又三分之一。

假金色之洗水

硫養三一分，淡養五一分，添鹽少許。可洗至發光。

浸銅器之料

硫養三十二磅，淡養五一升，硝四磅，黑炱二掬，硫二兩。將硫研細而浸於水内二刻，淡養五必後加。

浸鑄銅之料

硫强水二升，硝强水二升，水一升。稍加輕緑亦可，不加亦可。

浸銅器之水

硫强水三十二升，硝强水十六升。鐵養硫養三極濃水一升，銅養硫養三水一升。

浸洗黄銅皮

硫强水十六升，硝强水一升，鹽强水一升，水一升，硝十二磅。其鹽强水必後添，並須漸添而掉之。

浸洗黄銅皮又方

硫强水八升，淡輕四緑一兩，硫花一兩，銅養硫養三一兩，另將淡養五消化鋅飽足之水四升，和以硫强水四升，再合於前料。

浸洗銅器之法

器面有油浸以鹻水，如爲極細之工，或車平，或磋平者，則浸在用舊之强水内，或用前假金色之洗料，若爲粗器而無油污者，可用濃强水之料，再浸以净硝强水，後浸以用舊之水，即可刷金色料。浸洗之後，看其面粗而有若點，則必多加硫强水至恰好。如所浸之物極平滑，則加鹽强水與硝以色合宜爲度。其假金色，必配其原料得所需之濃。用時應多掉之，不可消停。

紅銅變棕色之料

醋八十升，銅養硫養三三磅，鹽强水三磅，汞緑二四十釐，淡輕四緑二磅，礬八兩。

棕色浸銅水

鐵落一磅，鉀一兩，鹽强水一磅，鋅一兩。其鋅須在用時置於内，用過即取出。

緑色浸銅水

白醋四升，銅緑二兩，淡輕四緑一兩，食鹽二兩，白礬半兩，法國小果八兩，水十六升。各料加熱令沸。

硝强水浸銅水

硝强水八兩，鹽强水二升，淡輕四緑二兩，白礬一兩，食鹽二兩，水十六升。各料令沸之後，再加食鹽，必乘熱用之。

橄欖色浸銅水

硝强水三兩，鹽强水二兩，再加鐠或加鈀若干。待其消化，每升加雨水十

六升。

紅銅器染棕色

鏹酒四兩，硝以脱酒四兩，屯弟香四兩，銅養硫養三一兩，水半升。在瓶消化。用極細之刷上此料，至得深色爲度。

各種金類鍍銅之料

淡輕四綠四錢，草酸一錢，醋一升。先消化其草酸，其金類器面須極净，用刷上之。

鐵或銅之銅色油㭍

鉻二養三二磅，骨灰一兩，鉛養鉻養三一兩，東洋㭍四分升之一。各物研勻，用胡麻子油捍和。

加熱鍍銀

將銀一兩，用硝强水消化，加以食鹽少許，而洗之。再加淡輕四綠，或食鹽，合鋅綠六兩，又加汞綠二四分兩之一，研勻成漿敷於欲鍍之物，而加熱至銀鎔化後，以淡硫强水洗净之。

鍍銀之料

銀二兩，汞綠二三釐，果酸四磅，食鹽十六升。

銅内分取銀

將硫强水一分，硝强水一分，水一分。加熱令沸，將銅浸於内，加熱至全消化，再加食鹽少許，即得銀綠。

中國白銅

銅四十分四，鎳三十一分六，鋅二十五分四，鐵二分六。

瑪奈瑪金

紅銅三分，鋅一分，錫少許。

法碼之料

紅銅五百七十六分，錫五十九分，黄銅四十八分。

浴盆之料

黄銅三十二分，鋅九分。

回光鏡之料

銅六分，錫二分，鉮一分。又方，銅七分，鋅三分，錫四分。

白色紅銅

紅銅三分，鉮半分。

平常錫器之料

錫四分，鉛一分。

上等錫器之料

錫一百分，銻十七分。

冷時能漲之料

鉛九分，銻二分，鉍一分，鑄鐵有蜂窩，亦可用此料塞之。

王后之金料

錫九分，銻一分，鉍一分，鉛一分。

假白金

黄銅八分，鋅五分。

假金

紅銅十六分，白金七分，鋅一分。

變硬鋼質製刀之用

鋼五百分和以白金一分，或用銀一分。

配合羼金之公法

將難鎔化者，先鎔。其餘各質，以其難易，而漸加入。

粘合生鋼之料

硼砂十分，淡輕四綠一分，研勻而用金類鍋鎔化，取净面上浮滓，而後傾出，待冷研爲細粉，將鋼加熱至光黄色，即插入粉内，再燒至紅色，易以打粘。

粘合生鐵

生鐵屑十六分，淡輕四綠二分，硫花一分。研勻加水成膏，若添磨刀石之細粉亦佳。

鐵銅黄銅鍍鋅之料

鹽强水二升，添鋅於内，以不發泡爲度，即加研細之淡輕四綠二兩，如欲鍍錫，必加水二分。

又傅蘭雅　徐壽《造玻璃法》卷一　鎔造玻璃

製造玻璃，實爲工藝内之要事。而其變化亦奇妙。能將數種不透光之質變成明澈之質。成形之後，歷久而不改變，此乃出於古人意料之外者。格致之學未興行時久已。考得此法。後世格致盛行，半藉此物相助。如無玻璃恐難成

事。現在用慣此物之人，難想到無玻璃之不便，如從前富貴之家，房室需光亮而難免冷風吹進。現在窮人之房室，藉有玻璃遮護，能免風冷之弊。而仍通光。又如家用之器，以玻璃爲之。則稍有不浄，無不顯明。酒或水稍有不清，亦能窺見。作鏡照形，毫髮畢現。不但爲陳設，尚能爲修容之用。年老之人可藉目鏡看書作字。短視者亦能遠望。遠鏡能窺諸曜之奥妙。顯微鏡能察虛空爲有物。化學家多藉玻璃器具分合各質。其餘格致製造各家，無不藉此玻璃應用。所以鎔製玻璃之法，乃工藝内最要之事。

又　第二章　造玻璃之料並化學之理

玻璃之質，加熱而鎔，能變爲明光或透光之質，永不改變其性。雖折破之處，亦有玻璃之光色。其質俱爲鹽類之雜質，即配質合於本質而成。其配質爲矽養二，其本質爲鹼屬合於鹼土屬之本質，如鈣養等。或合於一種重金類合養之質，如鉛養等。

矽養二，每一分劑，有矽十五分，養十六分，共重三十一分，即其全分劑數。萬物内所有之矽養二甚多，如石類與砂等居其大半，又有數種，幾爲浄矽養二，如火石、瑪瑙、水晶、石英皆是上等之料。水晶與石英，已屬浄質，矽養二不能在水並大半流質内消化。則其酸性，即爲配之性，不易顯明。若加熱至紅，則矽養有强配性，即能驅出炭養二與輕緑等配質，而與本質合成定性之雜質，謂之矽養二鹽類質，如將矽養二久浸於鹼屬水内，亦成矽養二鹽類質。又如無水鉀養一分，矽養十分，在風爐内加熱，即能合成矽養二鹽類質。又如多用鉀養，即得呆白之玻璃，其色如乳。又如將無水鈉養一分，和以矽養二十二分，在風爐加熱，亦能合成矽養二鹽類質，即玻璃。

前言之矽養二鹽類，俱能在水内消化，又能被酸質化分，故不能當爲玻璃之用。又如鹼土屬之矽養二鹽類，如鈣養矽養二等，亦有易鎔之性，又能消化，又能化分，與鹼屬質之矽養二同，惟此各性較小，如造鈣養矽養二，需用風爐最大之熱，所得之質無玻璃之性，不同於鹼屬矽養二鹽類，而有石類之性，稍能明光，與瓷質同。又如鋁二養三矽養二需用極大之熱方能造成。又金類合養之質，易令其與矽養二化合成鹽類。如矽養二與鉛養化合，其比例與質點之比例同。如鐵養能合於矽養二成數種質，其色或黑或深橄欖灰色，此各種重金類合矽養二所成之質，如遇别種料與其本質之受力頗大者，則易被其化分。

以上各種矽鹽類質獨用之，不合於造玻璃之用，因玻璃必明光，必無色，須遇甚大之熱而鎔，又不能在水消化，然無一種矽養二鹽類質，有此各性，必須數種矽養二鹽類相合，始有此各性，且此性之多少不定。如合法配料，則鹼土屬金與金類之矽養二鹽類能失其明性與欲成顆粒之性。又鹼屬金之矽養二鹽類失其能消化之性，兩種矽養二鹽類相合而鎔之，所需之熱度爲鹼土屬金矽養二鹽類所需之大熱與金類矽養二鹽類所需之小熱相和之中數。此中數之熱度便於造玻璃之用。但鹼屬矽養二鹽類質未必毫不消化，因最好之玻璃，亦稍消化。試將上等玻璃片磨成極細之粉，置於薑黄試紙上，而以水濕之，必顯鹼性之變化。化學家古里非施將火石玻璃粉和以水而沸之數十日，屢次研之洗之，每百分消去鉀養七分，所以玻璃片常遇雨水與濕氣必致鹼屬質消去，而有矽養二或鈣養矽養二一薄層露出，或顯出彩色。古人所造之玻璃，至數百年或數千年後，從地中挖得者，其光色如珍珠，因鹼屬久遇濕氣而消去，祇留面上之矽養二，近人設法造成易消化之玻璃，可當油漆之用，敷在房室之木料上，即不易着火。用鉀養炭養二七十分，鈉養炭養二五十四分，火石粉或細砂一百五十二分相和鎔成此質，能沁入木紋之微孔而面上存玻璃料一層。

人所造之矽養二鹽類質與生成者之大别，即不成顆粒形。然有一種矽養二鹽類質，大有成顆粒之性，惟與别種矽養二鹽類相合，則所成之料亦不成顆粒，如平常之泥爲鋁二養三矽養二，又如非勒特司巴耳爲鋁二養三矽養二合鉀養矽養二，又如雲母石爲鋁二養三矽養二合鈣養矽養二。

平常之玻璃，以鉀養或鈉養或二質相合，各種玻璃不同之性，大半因鹼土屬矽養二鹽類或金類矽養二鹽類之本質，或改其比例，或改其成色。兹以玻璃爲化學料所成之質，可分爲四大類如後。

一、鉀養矽養二合鉛養矽養二，如火石玻璃，與水晶玻璃，與司脱拉斯玻璃。此三種内火石玻璃之含鉛多於水晶玻璃，司脱拉斯玻璃之含鉛多於火石玻璃，司脱拉斯可作假寶石之玻璃料，係矽養二與鉀養合於多鉛養而添各種顔色料。

二、鈉養矽養二合鈣養矽養二，或鈣養矽養二合鉀養矽養二、鈉養矽養二。

三、鉀養矽養二合鈣養矽養二，如剛國所造轉成之玻璃片，與難鎔化之蒲喜米阿玻璃。

四、鈉養矽養二合鈣養矽養二，與鋁二養三矽養二，與鐵養。如平常緑色粗瓶玻璃。

鉛養矽養二能令不易鎔化之矽養二鹽類質鎔化而透光。然有鉛養過限，即帶黃色。若加鈣養矽養，則令其質變硬，鋁二養三矽養二亦有此性。鐵養矽養二令玻璃片有深色，鉀養與鈉養令玻璃易鎔，而鉀養更有此性。

各種玻璃配料之數，不以分劑數之比例。因常用之玻璃配料數，尚在考驗分劑數之前。自古以來，偶得妙法，或試得妙法，俱不藉化學之理，雖以化學能推廣造玻璃之事，但其益處不過爲格致家，而造玻璃家幾無益，因仍照舊方配料，而反致秘而不傳。

造玻璃需用之矽養二，大半爲海灘之細砂。從前多用煅過之火石而磨成細粉，故名爲火石玻璃。其砂爲石英之細粒，在海水内輥磨而鋭角變成鈍角，此質常含鐵養，能令玻璃帶緑色。初以爲將砂浸在鹽强水内，以消去其鐵，然造火石玻璃之廠，常不用含鐵之砂。英國有數處海口或小海灣，其砂最佳而不含鐵。又常有船從新金山等處回國時，以極細之砂爲壓載而運回，須驗其浄雜而定其價。此砂須先用水洗之，如英國南疆之會特島岸邊所産之砂，必以水洗之八次，方能去盡白石粉等異質。洗浄之後，將砂加熱至紅，燒去其各種植物質，待冷而用極細之紗篩之，分出其大粒與燒料等異質。

英國造玻璃所用之鉀養炭養二，又名木灰鹼，係俄國並北阿美里加，英國屬地所産。内含鉀養硫養三，與鉀養輕緑等異質，必將鉀養在水消化，待其異質沉下，將其面上之浄鉀養炭養二水，用虹吸取出而熬乾，但現在另有法將硝强水廠内餘存之鉀養硫養三，依法變爲浄鉀養炭養二。又造鹼之廠亦有提浄之木灰鹼賣與造玻璃廠。

所用之鉛，或爲密陀僧，即鉛養或鉛丹，即鉛二養四，但造玻璃廠常用鉛丹，因其質粗。又因在罐内鎔時，即分出養氣而變爲鉛養。所放之養氣，能令數種異質與養化合，如炭等質是也。此質不去盡，即令玻璃帶棕色，間有加硝少許。今其硝放養氣，又能令其玻璃料内之氣泡散出。

造火石玻璃之料，常加黑色錳養二，此錳養二能去其料内之炭質，或鐵養質。即能滅其色。因鐵養矽養二原爲緑色之質，如遇錳與多養氣化合之質，收出其養氣，即變爲鐵二養三矽養二。此質幾能無色，錳養二放其養氣之時，即變爲錳養而與矽養二化合成無色之鹽類質。其炭質遇錳養二亦收其養氣而變爲炭養與炭養二二種氣質，所以錳養二在造玻璃之工有大益。俗名爲洗玻璃肥皂。但用此質，不可過限，恐致玻璃有淡紅色，或茄花色，此因矽養二合於錳二養三之故。如偶有此事，可將木條插入鎔化之料，而屢速挑起，則錳二養三變爲錳養而其色不見。此略與鍊銅用木桿掉攪之工相同。

以上爲造玻璃料錳養二之正用，然有造玻璃廠用下等之料，得玻璃爲緑色，此因祇能通光之黄與藍，而阻止其光之紅色，若加錳養二得紅色，即能通光之紅，而阻光之藍與黄，故配準錳養二之數足，令其紅抵對其黄與藍，則三色相合而所通之光爲白色。間有造厚玻璃片，故令其錳質稍餘而微帶茄花色，則牕内所坐之人，面上收此色而更好看。然倫敦之西邊有數處所用之牕片，稍帶紅色，則非此故，蓋其玻璃原爲白色，因錳質之紅色料漸與緑色料相離，而紅料之性强於緑料，所以紅色易顯。又有别事能令玻璃更易化分，如馬房之玻璃牕，過久而顯出彩色，此因馬房内常有淡輕氣，能爛其矽養二。又如玻璃内含鉛養，則遇含輕硫之空氣而易變爲黑色，此種玻璃加熱，則其鉛養變爲鉛，而玻璃發黑，至於輕弗爛玻璃之性，詳在化學書中，此不贅言。

玻璃可令改變而失去玻璃之性。化學家路暮而考得一法，將玻璃器置於罐内，以石膏或細砂蓋没，而在燒瓷器之窑内加大熱，即失去玻璃之光色與透明。其折破之處變暗，而有土質之形質，紋如絲，而在中間存玻璃之質，尚未改變，絲紋俱向此處排列。又有化學家杜賈化分此種玻璃，考知失去鉀養甚多。又有人化分而知此種玻璃含數種變成之質，内有一種成顆粒之形，造玻璃之工，内如屢次加熱，則其玻璃亦失其本性，即其質有數處變爲不透明，且稠韌而難施工。又脆性與能受大熱之性亦爲減少。此種玻璃韌於瓷，有一種玻璃，名爲路暮而瓷器，即此種玻璃製成。

有名之造玻璃家名皮辣脱，將貿易所用之各種玻璃分爲二大類，一爲簡者，一爲繁者。其簡玻璃有三種，第一爲轉成玻璃，用砂五分，磨細之白石粉二分，鈉養炭養一分，鈉養硫養三一分，俱依體積。第二爲鑄成厚玻璃，用上等砂洗浄而燒過者四百磅，鈉養炭養二百五十磅，磨細之白石粉三十磅。第三爲平常之酒瓶玻璃，用砂一百分，肥以廠之廢鹼料八十分，煤氣廠之廢石灰八十分，平常之泥五分，石鹽三分，俱依體積。所有繁玻璃，在前各料之外，另加金類質，其比例不等，如乳色玻璃，含鉀或錫或銻，此各質並鉛，俱能成繁玻璃之各類。能加玻璃之重率，又能助其鎔化，其金類合養之質，亦能令玻璃得各種色，最明之火石玻璃，可用鉀養炭養二一擔，鉛三養四或鉛養二擔，洗浄燒過之砂三擔，硝十四磅至二十八磅，錳養四兩至十二兩，此種料可爲以後各種顏色玻璃之原料。

不透明而軟性之乳色玻璃，用前料六擔，加鉀二十四磅，銻六磅。

不透明而硬性之乳色玻璃，用前料六擔，加以錫合鉛二百磅。

藍色明玻璃，用前料六擔，加鑽養一磅。

天青色明玻璃，用前料六擔，加銅養略六磅。

大紅色明玻璃，用前料六擔，加金養四兩。

葡萄色明玻璃，用前料六擔，加錳養$_{二}$二十磅，即藍紅相并之紫色。

橘皮色明玻璃，用前料六擔，加鐵礦十二磅，錳養$_{二}$四磅。

綠色明玻璃，用前料六擔，加銅衣，即銅落十二磅，鐵礦十二磅。

金色明玻璃，用前料六擔，加鈾養三磅。

以上各玻璃料，可添以廢玻璃若干，多少之數，依其色之深淡。

各種玻璃之重率，從二·四至四·〇止，火石爲玻璃之最密者。因鉛數頗多，其重率自三·二至四·〇止，鑄成之厚玻璃片，其重率二·四至二·六，曾有人細驗各種玻璃之重率，得數如後。

蒲喜米阿玻璃二·三九六　聖古坂地方鑄玻璃二·四八八　平常牕片玻璃二·六四二　平常火石玻璃二··九至三·二五五　白色火石玻璃三·〇〇　黑得地方水晶玻璃三·一八九　轉成玻璃二·四八七　含白軋地方鑄玻璃二·五〇六　酒瓶玻璃二·七三二　儀器明鏡玻璃三·三至三·二八　微綠色明玻璃二·六五四

試驗火石玻璃之疏密率，即能知其原質，並其各料之比例，但別種玻璃不能從其重率而考得此各事。化學家名陸西勒考得各種玻璃之疏密率，但所設之式不能爲公用，因各種玻璃必另設其相配之式，而試驗之工必極細，故不如用平常化分之法，則考得之原質與數方能準。杜買斯云，造成之玻璃有四事能壞其質，一爲空氣或收養氣之質，二爲水，三爲酸質，四爲鹼質。至於空氣或養氣遇玻璃，無論冷熱，不改其質，若含水霧即能漸壞，因壞之者在水而不在氣，若令玻璃放養氣之質，即玻璃含鉛養並錳養等質，玻璃亦易壞。含鉛之玻璃和以木炭而加熱，或在輕氣內加熱，則易令其化分，而玻璃變爲黑色，故造發藍器等之玻璃料，用吹火筒鎔化，若稍不慎速即發黑。幸有一法能免之，即將肥皂少許擦於燈心，則其火變色，而玻璃不變黑，此不知其何故，或是肥皂阻塞燈心之微管，而令其油不多上升。至於熱水遇玻璃亦能消化玻璃內之鹼質，如化分物質常因此事而得數有差。玻璃又有吸水之性，故空氣含水氣多者，玻璃上生小水點，久之而成水一薄層，攞錫鏡常有此事，日久而玻璃不明。光學之器，亦常有此病。如其鏡爲上等之玻璃料，則面上生此小病而止，若多含鹼質者，則其面上所生之病漸漸增多，無法能治。惟須磨去一層而再磨光，間有光學鏡之面上，幾不能見其病，然加以熱則其面上有極薄之細斑脱下，其形整齊而平，玻璃面則變毛而生皺紋，遂失其明光。如化學房之玻璃管，或泡，或甑，或量杯等器，常遇濕氣所以常生此病。磨光之玻璃，比不磨者更有此病，其故略因造器變冷之時，面上生硬皮，磨去此皮，則其內之軟質露出，易致消爛。水質既能壞玻璃，何況鹼質，鹼若極濃更有此性，若加熱至紅，則鹼質一逕與玻璃化合，鹼合炭養$_{二}$之質，玻璃但收其鹼質而放其炭養$_{二}$，如有鹼合養氣之質合於玻璃，而加熱，其比例爲大者，則令其玻璃易在鹼質內消化，故化分玻璃之工，將玻璃先合以鈉養炭養$_{二}$，或鋇養炭養$_{二}$，或鉛養而加大熱，則其玻璃易被强水消化。至於酸質遇玻璃即能與其本質化合，而放其矽養$_{二}$。酒瓶雖能耐酒之酸，若遇各種强水易被消爛。硫强水久存在此種瓶內，即成鈣養，或鐵養，或鉛$_{二}$養$_{三}$之鹽類。先在瓶內面成小凸點，漸漸變大即在凸點之底蝕穿玻璃，而强水漏出。間有此種凸點大如豆者，而其矽養$_{二}$沉在水內如膠形。酒瓶之玻璃含鋁$_{二}$養$_{三}$過多者，最易被强水所消。杜買斯云，已驗過此種酒瓶，所存之酒內含鉀養二果酸，能速消化其玻璃，待數日後，而試其酒，即知其化分玻璃而成鋁$_{二}$養$_{三}$之鹽類。能令其酒變色變味，瓶之內面有消爛之形，而酒脚有雲點形結成。間有數種金類質之顆粒，玻璃以鉛爲本質，而含鉛爲過限者，愈不耐强水。上等明玻璃，俗名水晶玻璃，始能耐强水，又牕片玻璃含鹼過多者，易以化分，然合法爲之，亦能耐强水，如欲試玻璃能耐强水與否，可加熱而看其光色。如光色減少者，易被强水消化。

玻璃之脆性大略在鎔化之後，或速冷，或緩冷，如將玻璃燒軟而令其速冷，質乃甚脆。若緩冷者，即變韌性，或輕擊之，或改變冷熱，俱不拆裂，此略與鋼淬水退火同理。化學家云，此種變化，因成顆粒不停匀，又因鎔化時，其質點常欲照一定之法排列，而此排列必漸漸自成，若令其質速冷，則其質點不及順其本性而排列，遂依當時之排列而結成，即是不能成顆粒。玻璃之冷愈速，則其質點勉强排列而愈亂。玻璃器速冷之處，其亂多於緩冷之處，故外面比内面更亂，而其質之牽力加大，内面則牽力減小，所以玻璃器遇振動或忽改熱度，則助其牽力而致碎裂。此種玻璃之脆性甚大，試將玻璃料鎔化而滴入冷水則忽然結成而爲懸

膽形，或彎圓錐形，上端有小尾，如第一圖。此玻璃滴之外質甚硬，折斷其尾，全體忽裂成細塊，稍有爆裂之聲。杜買斯云，玻璃滴速淬在冷水，外面先結成而縮小，內面尚紅熱而漲大，久之而冷結則此體積小於熱時之體積，故其中之質點牽力甚多，外皮裂時內質點忽然縮小，餘質點順之而向內移動，遂致全體盡裂，周圍之空氣被其推動，忽然漲縮而發聲。又有法與前同理。如造火石玻璃而欲試其罐內之料鎔足否，可將鐵管插入料內，而在其端粘料少許，取出稍吹，令其玻璃料成厚玻璃管，如第二圖。冷時可看其玻璃之色，而不作別用。在空氣內摇其管而令速冷，則外冷速而內冷緩，試在外面擊之，雖重不碎，若在內面輕擊，全體速裂成粉，爆裂之聲同前。如將玻璃料一小片，落入其管之內面，亦能碎裂，因此故而玻璃器之厚者，必易碎裂，間有從熱處移至冷處而忽裂者，各種玻璃管愈厚，亦易自裂，如有厚薄不同之處，更易自裂，所以玻璃必用退火之法，令其漸冷，則過脆之病，大半可免。

第一圖

第二圖

杜氏云，火山相近處有數種質，係火山噴出者，如火汁，如浮石等。其原質略同於造酒瓶之粗玻璃料，故早有化學家設法用此料造粗玻璃酒瓶。初爲法國化學家舍普太辣所剏。先化分此質，而知浮石與鐵落，白石粉與鈉養，以比例鎔之，即能成粗酒瓶。又一種名巴所得，和以白石粉與鈉養少許鎔之，亦可用。初造此種瓶用舊火山所結成之火汁，以煤鎔之，一逕作瓶。再有人將火汁合砂與鈉養鎔之，所成之瓶，比別法者更佳。四年之後，其料漸壞，實因初時所用之火汁漸少，而別處之火汁不佳。

虎伯　茄合　哈来　舒高第　趙元益《内科理法》　藥品分類並藥方

卷中大半方内之藥，係照一千八百六十七年英國家藥品書定之。方內之權量，亦照其書所用者，如左。

衡一磅等於十六兩，亦等於七千釐。一兩等於四百三十七釐半。

量一斗，西名軋倫，等於八升，西名湃引脱。一升等於二十兩。一兩等於八錢十。一錢等於六十滴。

以下服數，皆配男子成人者，其餘者另行表明。婦女長成者，其服數略爲減少。其減數之分劑，照醫士之意見，爲少年人之服數。下表顧爲穩當，即照男子成人之服數，六十釐或六十滴。

男子成人者　六十釐即一服

十四歲者　三十釐即二分之一

七歲者　二十釐即三分之一

五歲者　十五釐即四分之一

三歲者　十釐即六分之一

一歲者　六釐即十分之一

半歲者　三釐即二十分之一

三箇月者　二釐即三十分之一

照此服數，每一服可隔四小時，或六小時。

行血氣藥

一、全身行血氣藥

此包括易化散之行血氣藥，並安肚腹腦筋行血氣藥。

一、淡輕$_{四}$養炭養$_{二}$　服數　三釐至十釐

二、淡輕水　服數　五滴至十滴

三、淡輕$_{四}$養醋酸水　服數　二錢至六錢

四、阿脱路比亞、硫養$_{三}$水並阿脱路比亞水　服數　三滴至五滴

五、淡輕$_{四}$養炭養$_{二}$　香酒　服數　二十滴至一錢

六、哥囉汸酒(醋)　服數　半錢至二錢

七、淡輕$_{四}$綠　服數　十釐至三十釐

八、硫以脱　服數　二十滴至一錢

九、硝以脱酒　服數　半錢至二錢

十、白蘭地雜藥、水　服數　一兩至二兩

十一、蒔蘿油、安替米司油、大茴香油、芫茜油、丁香油、桂皮油、智尼柏油、薩肥那油、臘芬大拉油、脱里平替尼油、咾士孭釐油、水蘇油、綠薄荷油、肉荳蔻油、比門屠油、揩耶菩提油、胡薄荷油、檸檬油、而烏草油　服數　三滴至五滴

十二、樟腦酒、揩耶菩提酒、阿莧賴西依雜酒、智尼柏酒、水蘇酒、肉荳蔻酒、臘芬大拉酒、咾士孭釐酒　服數　二十滴至四十滴

十三、橘皮酒、阿魏酒、啤啦𠯈啲酒、安息香酒、布故酒、辣椒酒、白荳蔻雜酒、楷思楷里拉酒、脰肭臍酒、哥囉汸雜酒、黄色金雞那樹皮酒、金雞那樹皮雜酒、桂皮酒、龍膽草雜酒、古阿以苦末淡輕$_{四}$酒、臘芬大雜酒、檸檬皮酒、羅布羅司酒、没藥酒、色噴他里亞酒、蘇末蒲勒酒、甘松酒、甘松淡輕$_{四}$養酒、薑酒　服

數　半錢至二錢

十四、樟腦　服數　五釐至十釐

十五、樟腦水　服數　一兩至二兩

十六、麝香　服數　五釐至二十釐

十七、阿魏　服數　五釐至二十釐

十八、苦里亞蘇脱　服數　一滴至二滴

十九、燐　服數　八分釐之一至四分釐之一

二十、蘇末蒲勒根　服數　十釐至二十釐

又有數種，爲送大力行血氣藥所用者。如樟腦水、蒔蘿水、芫茜水、蔲香水、桂皮水、胡薄荷水、比門屠水、緑薄荷水、水蘇水，並下數種補藥沖水，如安替米司沖水、橘皮沖水、布故沖水、高林布沖水、丁香沖水、楷思楷里拉沖水、黄色金雞那樹皮沖水、克司配里亞沖水、龍膽草雜沖水、架拉美剌阿沖水、霍布花沖水、苦白木沖水、色噴他里亞沖水、甘松沖水，並糖漿之最要者，即如橘皮糖漿、薑糖漿，令其味適口。

行血氣藥成方

一方　淡輕四養炭養二二十釐，淡輕四養醋酸水三錢，橘皮糖漿一錢，蒸水一兩半。調和爲一服。

二方　淡輕四養炭養二香酒半錢，臘芬大拉雜酒一錢，水一兩。調和服之。

三方　古阿以苦末淡輕三酒半錢，黄色金雞那樹皮煮水一兩半。調和爲一服。

四方　古阿以苦末雜水一兩半，淡輕四養炭養二八釐。調和爲一服。

五方　以脱醋一錢，臘芬大拉雜酒一錢，甘松沖水一兩半。調和爲一服。

六方　以脱醋三十滴，淡輕四養炭養二香酒半錢，楷耶菩提酒半錢，楷思楷里拉沖水一兩半。調和爲一服。

七方　麝香二十釐，脱辣茄看得雜散半錢，桂皮水一兩半。調和爲一服。

八方　甘松淡輕四養酒一錢，阿魏酒一錢，比門屠水一兩半。調和爲一服。

九方　擣爛阿莫賴西阿根二兩，芥子一兩半，捶碎智尼柏子三兩，舍利葡萄酒三升。浸七日後濾之，每服一酒杯。此方國家禁用。

十方　松香油四錢，蛋黄一箇，白糖半兩，水四兩。攪和，以燕麥粉粥一升。調和，取四分之一或六分之一，噴入肛門作外導藥。

十一方　苦里亞蘇脱一滴，杏仁雜水一兩半。調和爲一服。

十二方　啤啦叮喲酒二十滴，淡輕四養炭養二五釐，樟腦雜水一兩半，調和爲一服。

十三方　燐五釐，橄欖油半兩，置暗房内十四日消化之，加芫茜油四滴，每服十五滴，謹慎漸加多，以牛乳沖之。此方國家禁用。

行血氣藥成丸散之方

十四方　加拿大脱里平他以那五釐，甘草末，足以成丸。

十五方　樟腦十釐，麝香十釐。調和以大麥水服之。此治妄言笑病。

二、有界限之行血氣藥

通過腦線至肉筋條上

甲　臨自主肉筋條者

一、木鼈子膏　服數　四分釐之一漸加至二釐

二、馬錢霜水　服數　五滴即二十四分釐之一，加至十滴，即十二分釐之一

十六方　馬錢霜一釐　消化於數滴酒醋内，然後攪和於足用之。龍膽草膏與甘草散，分爲二十四丸，每服一丸。

成雜方

十七方　馬錢霜水三滴，雞那以亞二硫養三二釐，淡鹽强水五滴，桂皮水一兩半。調和爲一服。

十八方　鐵二緑三酒十滴，馬錢霜水四滴，胡薄荷水一兩。調和爲一服。

乙　臨不自主肉筋條者

爲子宮而設

一、耳卧達散　服數　四十釐

二、耳卧達水膏　服數　十五滴至一錢

三、耳卧達沖水　服數　一兩至二兩

四、耳卧達酒　服數　一錢至二錢

三、有界限外用行血氣藥

一、烙炙藥

一、硝强水　硫强水　鉀養三

二、銀養淡養五

三、銅養硫養三

四、濃淡輕三水

五、汞養淡養五酸水

六、烙炙納養

七、烙炙鉀養

八、鋅緑　鋅養硫養三

二、發疱紙

一、發疱紙

二、斑蝥膏

三、弔炎水

四、巴豆油洗藥

五、芥子油

三、引炎藥

一、斑蝥醋

二、醋酸　淡鹽强水　淡硝强水　淡合强水　淡硫强水　硫養

三、阿莫賴西阿根

四、淡輕三洗藥　樟腦洗藥　樟腦雜洗藥　哥囉叻洗藥　水銀雜洗藥　碘洗藥　肥皂洗藥　芥子雜洗藥　脱里平替尼洗藥　脱里平替尼合醋酸洗藥

五、水銀阿摩尼阿古末硬膏　加勒巴奴末膏藥　白更弟柏油膏藥　松香膏藥　引炎暖膏

六、淡淡輕三水　含緑氣之鈣養水　鈉養緑養五水

七、米聚里恩以脱膏

八、楷耶菩提油　丁香油　巴豆油　而烏草油　咾士損釐油　松香油

九、燐

十、白更弟柏油　流質柏油　松香　加拿大・脱里平他以那　亞美利加・土斯　秘魯・波勒殺末　到魯・波勒殺末

十一、芥末軟布膏

十二、淡輕四養炭養二香酒　楷耶菩提酒　樟腦酒　哥囉叻酒醕　正酒醕　準酒醕　咾士損釐酒

十三、硫碘

十四、亞尼架酒　斑蝥酒　辣椒酒　碘酒　伯里脱里酒

十五、銻養三鉀養果酸油膏　汞二緑油膏　紅汞碘油膏　汞淡養五油膏　紅汞養油膏　汞二緑淡輕三油膏　碘雜油膏　苦里亞蘇脱油膏　流質柏油油膏　松香油膏　以里米油膏　斑蝥油膏　脱里平替尼油膏　硫黄油膏　薩肥那油膏

爲生溺器具而設

一、斑蝥　服數　半釐謹慎加多

二、斑蝥酒　服數　十滴謹慎加多

三、薩皮那酒　服數　二十滴至一錢

四、薩皮那油　服數　一滴至五滴

成方

十九方　斑蝥酒十滴，鐵二緑三酒十五滴，比門屠水一兩半。調和爲一服。

二十方　薩皮那酒半錢，肉荳蔻酒半錢，布故沖水一兩半。調和爲一服。

二十一方　薩皮那油二滴，哥囉叻酒醕半錢，水一兩半。調和爲一服。

爲内皮而設

一、哥把拜　服數　二十滴至二錢

二、哥把拜油　服數　五滴至二十滴

三、蓽澄茄粉　服數　二十釐至三十釐

四、蓽澄茄油　服數　五滴至二十滴

五、胡椒甜膏　服數　六十釐至一百二十釐

六、秘魯・波勒殺末　服數　十五滴至三十滴

七、脱里平替尼甜膏　服數　三十釐至五十釐

八、到魯・波勒殺末　服數　二十釐至三十釐

九、到魯・糖漿　服數　一錢至二錢

十、到魯・酒　服數　半錢至一錢

十一、偏蘇以尼雜酒　服數　半錢至一錢

十二、松香油　服數　十滴至一錢

十三、加拿大・脱里平他以那　服數　五釐至二十釐

成方

二十二方　哥把拜半錢，鉀養水十滴，到魯・糖漿半錢，水蘇水一兩半。調

和爲一服。

二十三方　華澄茄粉半錢，罌粟殼糖漿一錢，桂皮水一兩半。調和爲一服。

二十四方　偏蘇以尼雜酒半錢，到魯·糖漿一錢，脱辣茄看得粉一百釐，水一兩半。調和爲一服。

成丸散之方

二十五方　啰把拜十釐，鎂養十釐，作兩大丸。

二十六方　華澄茄粉一錢，鈉養二炭養二半錢。成散爲一服。

作霧吸藥

綠氣霧　苦里亞蘇脱霧　碘霧

十六、鋅養硫養三

行血氣藥作洗水之方

二十七方　硝强水二十滴，鹽强水二十滴，水八兩。調和爲洗水。

二十八方　淡硫强水半兩，蒸水半兩。調和。

二十九方　硫養二、水，各等分。調和。

三十方　濃淡輕三水一兩，咾士孭釐酒半兩，樟腦酒二兩。調和洗之，此藥甚行血氣。

三十一方　鋅養硫養三六釐，咾士孭釐酒一錢半，臘芬大雜酒一錢半，水五兩半。調和。此名紅色洗水。

行血氣藥點眼之方

三十二方　白礬五釐，水一兩。消化點用。

三十三方　銀養淡養五一釐，水一兩。消化點用。

三十四方　銅養硫養三五釐，水一兩。消化點用。

三十五方　鋅養硫養三二釐，鴉片葡萄酒二錢，水一兩。消化點用。

三十六方　汞綠二四分釐之一，蒸水一兩。消化點用。

三十七方　鉀碘七釐，碘三釐，蒸水一升。消化點用。

行血氣藥作浴水之方

三十八方　鹽强水二兩至四兩，水足用。調和。洗浴。

三十九方　淡合强水一升，九十六度熱之水足用。調和。洗浴。照强水六兩、温水八斗之比例，如洗水之方亦可。

四十方　苦里亞蘇脱二錢，各里司里尼二兩，熱水三十斗。調和。洗浴。

四十一方　碘二錢，鉀養水二兩、熱水三十斗。調和。洗浴。

四十二方　汞綠一百釐，鹽强水一錢，水三十斗。消化。洗浴。

四十三方　硫白二兩，鈉養硫二養二一兩，淡硫强水半兩，水三十斗。調和。洗浴。

行血氣洗藥方

四十四方　淡淡輕三水半兩，肥皂洗藥一兩半。調和。

四十五方　斑蝥酒半兩，肥皂洗藥一兩半。調和。此爲治皸瘃之妙藥。

四十六方　樟腦一百釐，松香油半兩，樟腦雜洗水半兩。調和。

四十七方　芥末一百釐，醋酸半兩，松香油一兩半。調和。

四十八方　銻養三鉀養果酸一百釐，玫瑰花水二兩，斑蝥酒一兩。調和。

四十九方　硫强水一錢半，松香油半兩，橄欖油一兩半。燒融。

五十方　楷耶菩提油一兩半，樟腦雜洗水半兩。調和。

行血氣藥油膏方

五十一方　銀養淡養五十釐，簡油膏一百釐。調和。

五十二方　巴豆油一錢，豬油一兩。調和。成油膏。

五十三方　苦里亞蘇脱五滴至三十滴，豬油半兩，調和。

五十四方　樟腦十五釐，各里司里尼半錢，豬油一兩，調和。

五十五方　樟腦二十釐，水銀油膏半兩。調和。

五十六方　鉀養炭養二一兩，硫白二兩，豬油四兩。調和。

五十七方　銅養硫養三三十釐，淡硫强水十滴，豬油一兩。調和。

行血氣藥漱喉方

五十八方　辣椒酒半兩至一兩，净糖漿一兩，玫瑰花水六兩。調和。

五十九方　巴而得紅酒六兩，辣椒酒半兩。調和。

六十方　淡鹽强水半兩，紅玫瑰花蜜糖一兩，大麥煮水六兩半。調和。

六十一方　玫瑰花酸性沖水三兩半，没藥酒半兩，糖半兩。調和。

六十二方　阿楷西耶膠水七兩半，松香油半兩。調和。

六十三方　鉀養綠養三一百釐，鹽强水二錢，清水七兩半。調和。

行血氣外導藥之方

六十四方　松香油半兩，阿魏酒半兩，大麥煮水一升。調和。

六十五方　正酒醋半兩，色噴他里亞沖水二兩半。調和。

行血氣藥散

鋅銅汞之鹽類

薰法

六十六方　硫黄半兩至一兩半，碘二十釐至五十釐。調和。每一次用其十二分之一，如皮膚病久延，用硫黄或碘□專用之。

六十七方　茄路米十五釐至三十釐。

六十八方　錳養二二兩，食鹽三兩。調和。再加硫强水一兩，清水二兩，薰之，則緑氣騰出。

六十九方　汞二硫二十釐至三十釐。

四、寧睡止痛平火安心藥與其服數此包括治轉筋藥之類。

一、以脱二十滴至一錢　爲吸霧之用一錢至二錢

二、淡性輕衰水三滴至八滴

三、阿古尼低膏一釐至二釐　阿古尼低酒五滴至十五滴　加其服數須慎之　阿古尼低亞爲外用之藥

四、阿脱路比亞水三滴至五滴　阿脱路比亞硫養三水三滴至五滴

五、啤啦吖呦膏四分釐之一至一釐　啤啦吖呦酒五滴至二十滴

六、鉍養三炭養二五釐至二十釐　鉍養三淡養五五釐至二十釐　鉍養三淡輕四養檸檬酸水半錢至二錢　鉍養三淡養五糖片，每一片含此藥二釐，每服一片至六片

七、印度麻膏四分釐之一至一釐　印度麻酒五滴至半錢

八、錯養草酸一釐至二釐

九、克羅路勒十釐至四十釐此藥用之宜慎。

十、嗬囉昉酒十五滴至二錢　爲吸霧之用一錢至二錢

十一、嗬勒枝噤根團並種子　嗬勒枝噤膏半釐至二釐　嗬勒枝噤醋酸膏半釐至二釐　嗬勒枝噤葡萄酒十滴至半錢　嗬勒枝噤種子酒十滴至半錢

十二、哥尼由末膏十五釐至八十釐　哥尼由末果酒　哥尼由末汁一錢至二錢

十三、毛地黄葉半釐至一釐半　毛地黄沖水二錢至四錢　毛地黄酒十滴至半錢　弟其大里奴末六十分釐之一至三十分釐之一

十四、羊躑躅葉五釐至十釐　羊躑躅膏五釐至二十釐　羊躑躅酒十滴至二錢　莨菪膏五釐至十五釐　羅耳烏司櫻桃水五滴至三十滴

十五、可吸煙路卑利阿散一釐至五釐　路卑利阿酒十滴至半錢　路卑利阿以脱酒十滴至半錢

十六、嗼啡啞四分釐之一至一釐　嗼啡啞輕緑四分釐之一至一釐　嗼啡啞輕緑水每二錢含此藥一釐十五滴至二錢　嗼啡啞糖片，每三十六片含嗼啡啞一釐，每日服一片至十五片　嗼啡啞合吃嗶咯糖片，每三十六片含嗼啡啞一釐

皮膚下噴入嗼啡啞水，常有危險，初次不可過於八分釐之一。　如不知病人體氣者，須先將阿脱路比亞六十分釐之一，噴入皮膚下，然後以嗼啡啞從之。

十七、鴉片一釐至六釐　鴉片膏半釐至二釐　鴉片外導藥，每鴉片酒半錢，含鴉片二釐，合於小粉水二兩　鴉片流質膏，約二十三滴，含鴉片膏一釐　肥皂雜丸，每丸五釐，含鴉片一釐，每服五釐至十釐　司土辣克司雜丸，每丸五釐，含鴉片一釐，每服五釐至十釐　鉛鴉片丸，每丸八釐，含鴉片一釐，每服四釐至八釐　白石粉鴉片香散，每散四十釐，含鴉片一釐，每服十釐至四十釐　幾奴雜散，每散二十釐，含鴉片一釐，每服五釐至二十釐　吃嗶咯雜散，每散十釐，含鴉片一釐，每服五釐至十五釐　鴉片雜散，每散十釐，含鴉片一釐，每服二釐至五釐　鴉片酒，每十五滴含鴉片一釐，每服五滴至半錢　樟腦雜酒，每半兩含鴉片一釐，每服半錢至半兩　嗼啡啞糖片，每三十六片，含嗼啡啞一釐，每服一片至六片　嗼啡啞合吃嗶咯糖片，每片含嗼啡啞三十六分釐之一、吃嗶咯十二分釐之一，每服一片至六片　鴉片糖片，每十片含鴉片膏一釐，每日服一片至五片　鴉片葡萄酒，每二十三滴含鴉片一釐，每服五滴至四十滴

十八、罌粟殼糖漿一錢　罌粟殼膏二釐至五釐　非蘇司替格瑪膏十六分釐之一至四分釐之一

十九、醉仙桃葉合種子二釐至十釐　醉仙桃膏四分釐之一至三釐　醉仙桃酒十滴至二十滴

二十、淡巴菰外導藥，淡巴菰二十釐，沸水八兩沖之，全數噴進

二十一、非辣得里亞十二分釐之一至六分釐之一　寧睡藥等成方

七十方　鴉片酒二十滴，桂皮水六錢，清水六錢。調和。

七十一方　鉀養二炭養二二十釐　緑薄荷水一兩，鴉片酒二十五滴。調和。　此方可加檸檬酸汁一兩，令其適口。

七十二方　鴉片酒三十滴，淡輕四養醋酸水一錢，桂皮水半兩，到魯·糖漿

半兩。調和。

七十三方　淡硫强水十五滴，鴉片酒十滴或羊躑躅酒半錢，毛地黄酒十滴，苦白木沖水一兩半。調和。

七十四方　淡性輕衰水五滴，杏仁雜水一兩半。酒和。

七十五方　鉍養三炭養二十釐，淡性輕衰水五滴，阿楷西耶膠水一兩，橘皮糖漿一錢。調和。

七十六方　毛地黄酒十滴，樟腦水六錢，桂皮水六錢。調和。

七十七方　鉀養淡養五十五釐，毛地黄酒十滴，淡輕四養醋酸水二錢，希密特司摩司糖漿一錢，蒸水一兩半。調和。

七十八方　哥勒枝噤種子酒十五滴，毛地黄沖水四錢，桂皮水一兩半。調和。

寧睡藥等成丸之方

七十九方　鉍養三淡養五十釐，羊躑躅膏五釐。成丸兩顆。

八十方　啤啦吖喲膏半釐，吖嗶喀雜散十釐。成丸兩顆。

八十一方　毛地黄散五釐，士哇盧散五釐，羊躑躅膏五釐。調和成丸三顆。

八十二方　樟腦散二釐半，羊躑躅膏二釐半，正酒醕足用。成丸一顆。

八十三方　吖嗶喀散二釐，嘆啡啞輕綠八分釐之一。成丸兩顆。

八十四方　錯養草酸二釐，莨菪膏八釐。成丸兩顆。

寧睡藥等成散之方

八十五方　吖嗶喀雜散一釐，糖二十釐。調和。分爲四服配嬰兒用，每服含鴉片四十分釐之一。

八十六方　樟腦三釐，正酒醕二滴，吖嗶喀雜散五釐。調和。臨睡時服之。

平火安心藥成霧之方

一、輕衰霧

二、哥尼由末霧

五、平火安心藥外用法

一、哥尼由末軟膏

二、哥囉昉

三、罌粟殼煮水

四、啤啦吖喲膏藥以松香與啤啦吖喲膏成之。　鴉片膏藥每十釐含鴉片一釐。

五、阿古尼低膏　啤啦吖喲膏　哥尼由末膏　鴉片膏　鴉片流質膏

六、阿古尼低洗藥　啤啦吖喲洗藥　哥囉昉洗藥　鴉片洗藥每半錢含鴉片一釐。

七、阿古尼低油膏每一兩内含此藥八釐。　阿脱路比亞油膏每一兩内含此藥八釐。　啤啦吖喲油膏每一兩内含此藥八十釐。　没石子合鴉片油膏每十四釐内含鴉片、没石子各一釐。　非辣得里亞油膏每一兩内含此藥八釐。

藥品書内，有數種寧睡與平火安心之藥，亦可爲外治之用。凡物因散氣而生冷者，皆可當爲平火安心之藥。

平火安心藥作洗水之方

八十七方　鴉片酒三十滴，清水一兩。調和。洗患處。

八十八方　鴉片酒、淡性輕衰水各等分。調和。洗患處。

八十九方　淡性輕衰水一兩半，杏仁雜水六兩半。調和。洗患處。

九十方　啤啦吖喲膏二釐，鴉片膏二釐，水一兩。調和。洗患處。

九十一方　鉀衰十釐，此藥用之宜慎。杏仁雜水六兩。調和。洗患處。

九十二方　鴉片葡萄酒二十滴，樱桃羅耳烏司水一兩。調和。洗患處。

生冷敷藥

九十三方　淡輕四綠四兩，鉀養淡養五四兩，水八兩。調和。有病欲減熱者用之。

九十四方　淡輕四養淡養五一磅，清水一磅。消化。冬時欲生冷者，可將雪與尋常食鹽等分調和用之。夏時欲生冷者，用冰屑二分、鹽一分，調和用之。

平火安心藥熱敷法

九十五方　鴉片一百釐，沸水一升。調和。用之。

九十六方　阿古尼低膏六十釐，沸水一升。調和。用之。

平火安心藥油膏方

九十七方　鉛養醋酸三十釐，淡性輕衰水三錢，簡油膏三兩。調和。

九十八方　鉀養十二釐，杏仁油二錢，簡油膏二兩。調和。

平火安心藥作外導藥並外塞藥之方

鴉片外導藥　淡巴菰外導藥　嘆啡啞外塞藥　鉛雜外塞藥

九十九方　肥皂雜丸五釐，作外塞藥。納入肛門。

六、行血氣寧□平火安心止痛藥成方

此包括行血氣藥與止痛安肚腹腦筋藥。

一百方　甘松淡輕四養酒半兩，以脱醕一錢，羊躑躅酒半錢，樟腦水一兩。調和。服之。

一百零一方　毛地黄酒十五滴，淡輕三雜酒半錢，樟腦水一兩半。調和。服之。

一百零二方　麝香十釐，以脱二十滴，鴉片酒二十滴，桂皮水一兩。調和。

一百零三方　樟腦水三兩，以脱醕一錢，樟腦雜酒一錢，罌粟殼糖漿一錢。調和。

一百零四方　鴉片酒半錢，樟腦雜水一兩。調和。

一百零五方　鴉片酒十滴，以脱醕四十滴，樟腦水一兩半，調和。

一百零六方　呵勒枝嗉種子酒半錢，淡輕三雜酒半錢，色噴他里亞沖水一兩半。調和。

作丸之方

一百零七方　阿魏雜丸料五釐，樟腦五釐。作丸兩顆。

一百零八方　膃肭臍五釐，肥皂雜丸料三釐，胡薄荷油一滴。作丸兩顆。

一百零九方　樟腦五釐，楷耶菩提油二滴，鴉片散半釐，羊躑躅膏五釐。作丸兩顆。

一百十方　苦里亞蘇脱一滴，肥皂雜丸料三釐，羊躑躅膏八釐。作丸兩顆。

七、行血氣藥與平火安心藥外用法

一百十一方　楷耶菩提油一兩半，鴉片酒半兩，脱里平替尼洗藥二兩。調和。

一百十二方　啤啦町呦洗藥，哻囉叻洗藥等分。調和。

一百十三方　斑蝥酒半兩，樟腦洗藥一兩，淡淡輕三水一錢，鴉片酒三錢，調和。

一百十四方　巴豆油十滴，肥皂雜洗藥一兩，鴉片酒半兩。調和。

行血氣藥與平火安心藥作外導藥

一百十五方　阿魏酒半兩，鴉片酒一錢，大麥煮水半升。調和。

一百十六方　樟腦二十釐，脱里平替尼油一兩，大麥煮水半升。調和。

八、補藥

一　金類酸質

一、淡性輕衰水　服數　十滴至三十滴

二　淡硝强水　服數　同上

三、淡合强水　服數　同上

四、淡燐養五水　服數　同上

五、香硫强水　服數　同上

六、淡硫强水　服數　同上

含鐵者

七、鐵二養三淡輕四養檸檬酸　服數　五釐至十釐

八、三鐵養鉀養五　服數　十六分釐之一至十二分釐之一

九、鐵養炭養二糖　服數　十釐至五十釐

十、鐵碘　服數　五釐至十釐

十一、雞那以亞鐵養檸檬酸　服數　五釐至十釐

十二、鐵養果酸　服數　五釐至十釐

十三、鐵三養四即磁石　服數　五釐至三十釐

十四、濕鐵二養三　服數　一百釐至半兩

十五、鐵二養三輕養　服數　五釐至一錢

十六、三鐵養燐養五　服數　五釐至二十釐

十七、鐵養硫養三　服數　一釐至十釐

十八、煅皂礬　服數　一釐至十釐

十九、鐵養硫養三沙　服數　一釐至十釐

二十、鐵粉　服數　一釐至十釐

二十一、鐵二緑三水　服數　十滴至三十滴

二十二、鐵二養三淡養五水　服數　五滴至二十滴

二十三、鐵香雜水　服數　一兩至二兩

二十四、鐵雜水　服數　一兩至二兩

二十五、鐵養炭養二丸　服數　五釐至二十釐之一

二十六、鐵碘丸　每五釐含鐵碘一釐又三分釐之一　服數　五釐至二十釐

二十七、鐵碘糖漿　每一錢含鐵碘四釐半　服數　半錢至二錢

二十八、三鐵養燐養五糖漿　服數　一錢至四錢

二十九、鐵養醋酸酒　服數　五滴至三十滴

三十、鐵二緑三酒　服數　十滴至三十滴

三十一、通膜鐵粉糖片　每片含鐵一釐。　服數　一片至六片

三十二、鋼酒或鐵二養三檸檬酸葡萄酒　服數　一錢至四錢

三十三、鐵硬膏

含鋅者

三十四、鋅養醋酸　服數　二釐至五釐

三十五、鋅養炭養　服數　二釐至五釐

三十六、鋅養　服數　二釐至五釐或更多

三十七、鋅養硫養二　服數　二釐至五釐或更多

三十八、鋅養甘松酸　服數　一釐至五釐

含銅者

三十九、銅養硫養三　服數　四分釐之一至二釐

含鉮者

四十、鉮養二即信石　服數　二十分釐之一至五分釐之一

四十一、三鐵養鉮養五　服數　十六分釐之一至半釐

四十二、砒霜水　每一兩含此藥四釐，即五滴含此藥二十四分釐之一。

服數　五滴至十滴

四十三、鉮緑三水　每一兩含鉮養四釐，即五滴含鉮養二十四分釐之一

服數　二滴至八滴

四十四、鈉養鉮養五水　每一兩含此藥四釐，即五滴含此藥二十四分釐之一　服數　五滴至十滴

含銀者

四十五、銀養　服數　半釐至一釐

四十六、銀養淡養五　服數　四分釐之一至一釐

二、植物補藥並其服數

除另有詳注外，其服數如下。

膏類　服數　三釐至十釐

煮水沖水　服數　半兩至二兩

浸酒　服數　半錢至二錢

四十七、安替米司膏　安替米司沖水

四十八、橘皮沖水　橘皮雜沖水　橘皮糖漿　橘皮酒

四十九、比白里亞硫養三一釐至十釐

五十、高林布膏　高林布沖水　高林布酒

五十一、楷思楷里拉沖水　楷思楷里拉酒

五十二、奇勒大沖水　奇勒大酒

五十三、黄色金雞那樹皮水膏半錢至一錢半　黄色金雞那樹皮煮水並沖水與酒

五十四、淡色金雞那樹皮雜酒

五十五、克司配里亞沖水

五十六、龍膽草膏　龍膽草雜沖水　龍膽草酒

五十七、羅布羅司膏　羅布羅司沖水　羅布羅司酒

五十八、木鼈子膏半釐至二釐　木鼈子酒十滴至二十滴

五十九、沛離拉膏　沛離拉水膏半錢至一錢半　沛離拉煮水

六十、苦白木膏　苦白木沖水

六十一、雞那以亞二硫養二一釐至五釐　雞那以亞雜酒一錢至四錢　雞那以亞葡萄酒半錢至一錢

六十二、色噴他里亞沖水　色噴他里亞酒

六十三、馬錢霜三十六分釐之一至十二分釐之一　馬錢霜水每水五滴含此藥二十四分釐之一，每服三滴至十滴

補藥成方

一百十七方　雞那以亞硫養三二釐，橘皮酒一錢，玫瑰花酸性沖水一兩半。調和。

一百十八方　砒霜水五滴，羅布路司沖水一兩半。調和。

一百十九方　淡硝强水十五滴，安替米司沖水一兩半。調和。

一百二十方　橘皮沖水一兩半，色噴他里亞酒半錢。調和。

一百二十一方　比白里亞硫養三五釐，奇勒大沖水一錢半。調和。

一百二十二方　高林布沖水一兩半，淡合强水十五滴。調和。

一百二十三方　鈉養二炭養三二十釐，楷思楷里拉酒一錢，高林布沖水一兩半。調和。

一百二十四方　克司配里亞沖水一兩半，馬錢霜水四滴。調和。

一百二十五方　楷思楷里拉沖水一兩，橘皮酒一錢。調和。

一百二十六方　羅布路司沖水一兩半，木鼈子酒十滴。調和。

一百二十七方　黄色金雞那樹皮煮水一兩半，淡硫强水二十滴。調和。

一百二十八方　羅布路司沖水一兩半，沛離拉根水膏一錢，淡鹽强水十滴。調和。

一百二十九方　鐵二緑三酒二十滴，苦白木沖水一兩半。調和。

一百三十方　雞那以亞鐵養檸檬酸五釐，橘花糖漿一錢，桂皮水一兩半。調和。

一百三十一方　鐵二養三淡輕五檸檬酸十釐，淡輕四養炭養二香酒半錢，水蘇水一兩半。調和。

一百三十二方　鐵碘五釐，肉荳蔻酒半錢，胡薄荷水一兩半。調和。

一百三十三方　鐵養硫養三三釐，鎂養硫養三半錢，淡硫强水半錢，水蘇水一兩半。調和。

一百三十四方　淡燐養五水二兩，橘皮糖漿一兩，水十九兩。調和。爲尋常飲物。

補藥成丸之方

一百三十五方　銅養硫養三四分釐之一，肥皂雜丸料二釐，饅頭屑二釐。調和爲丸。

一百三十六方　鋅養甘松酸二釐，羅布羅司膏三釐。調和爲丸。

一百三十七方　煆皂礬五釐，安替米司膏五釐。作丸兩顆。

一百三十八方　雞那以亞硫養五一釐，龍膽草膏四釐。調和作丸。

一百三十九方　銀養一釐，龍膽草膏四釐。調和作丸。

一百四十方　銀養淡養五半釐，羊躑躅膏四釐。調和作丸。

補藥成散之方

一百四十一方　鐵粉三釐，桂皮雜散五釐。調和作散。

一百四十二方　鐵養炭養二糖十釐，桂皮雜散五釐。調和作散。

一百四十三方　三鐵養燐養五三釐，桂皮雜散五釐。調和作散。

一百四十四方　金雞那散一錢，桂皮雜散五釐。調和作散。

九、收斂藥

甲　金類

一、金類酸質

二、白礬　服數　十釐至五十釐

三、煆白礬　服數　五釐至十五釐

四、銀養淡養五　服數　四分釐之一至一釐

五、鎘碘並其油膏外科用。

六、白石粉雜水　服數　一兩至二兩

七、銅養硫養三　服數　四分釐之一至二釐

八、鐵二緑三水鐵二緑三酒　服數　十滴至三十滴

鐵二養三三淡養五水　服數　五滴至二十滴

煆皂礬鐵養硫養三砂　服數　一釐至十釐

九、鉛養醋酸　服數　一釐至五釐

十、鋅養醋酸鋅養硫養三　服數　二釐至五釐

乙　植物質

一、卑利果水膏　服數　一錢至二錢

二、淡色兒茶　服數　十釐至三十釐

三、兒茶雜散　服數　五釐至三十釐

四、兒茶酒　服數　半錢至二錢

五、兒茶沖水　服數　一兩至二兩

六、兒茶糖片　服數　二片至二十片

七、淡色金雞那樹皮　服數　三十釐至一百釐

八、金雞那樹皮雜酒　服數　半錢至二錢

九、石榴根皮煮水　服數　一兩至二兩

十、洋蘇木煮水　服數　一兩至二兩

十一、洋蘇木膏　服數　十釐至半錢

十二、幾奴雜散，每二十釐内含鴉片一釐　服數　五釐至二十釐

十三、幾奴酒　服數　半錢至二錢

十四、架拉美刺阿膏　服數　五釐至十釐

十五、架拉美刺阿沖水　服數　一兩半至二兩

十六、架拉美刺阿酒　服數　半兩至二兩

十七、苦里亞蘇脱　服數　一滴至三滴
十八、苦里亞蘇脱雜水　服數　一兩至二兩
十九、瑪替哥沖水　服數　半兩至四兩
二十、替路楷蒲司木即紅檀木
二十一、臘芬大拉雜酒　服數　半錢至二錢
二十二、橡樹皮煮水　服數　一兩至二兩
二十三、没石子散　服數　十釐至半錢
二十四、没石子酒　服數　半錢至二錢
二十五、樹皮酸糖片　服數　二片至二十片
二十六、樹皮酸外塞藥　用數　十釐至三十釐
二十七、没石子酸並樹皮酸　服數　一釐至五釐
二十八、没石子酸並樹皮酸合於各里司里尼　服數　十滴至三十滴
二十九、玫瑰花酸性沖水服數　一兩至二兩
三十、紅玫瑰花甜膏　服數　半錢至二錢
三十一、法國玫瑰花糖漿　服數　半錢至二錢
三十二、野薔薇甜膏　服數　半錢至二錢
三十三、烏勒每司樹皮煮水　服數　二兩至四兩
三十四、烏伐烏爾西葉沖水　服數　一兩至二兩

丙　金類與植物質

一、鉛鴉片丸　服數　二釐至八釐
二、白石粉香散　服數　十釐至三十釐
三、白石粉鴉片香散　服數　十釐至二十釐

收斂藥作雜水之方

一百四十五方　白礬十釐，淨糖漿一錢，玫瑰花酸性沖水一兩半。調和。

一百四十六方　淡硫强水二十滴，玫瑰花酸性沖水一兩半，紅罌粟糖漿一錢。調和。

一百四十七方　淡合强水十五滴，烏伐烏爾西葉沖水一兩半。調和。

一百四十八方　白石粉雜水一兩，鴉片酒一滴，兒茶酒一錢。調和。

一百四十九方　鐵二綠三酒半錢，苦白木沖水一兩半。調和。

一百五十方　鐵二養三三淡養五水十五滴，橘花糖漿一錢，清水一兩半。調和。

一百五十一方　卑和果水膏一錢，克司配里亞沖水一兩半。調和。

一百五十二方　金雞那樹皮雜酒一錢，烏伐烏爾西葉沖水一兩半。調和。

一百五十三方　臘芬大拉雜酒一錢，架拉美剌阿沖水一兩半。調和。

一百五十四方　法國玫瑰花糖漿一錢，兒茶沖水一兩半。調和。

一百五十五方　没石子酸五釐，鴉片酒五滴，玫瑰花酸性沖水一兩半。調和。

一百五十六方　架拉美剌阿酒一錢，洋蘇木煮水一兩半。調和。

收斂藥成丸之方可觀前金類節。

一百五十七方　鉛鴉片丸三釐至五釐。

一百五十八方　没石子酸三釐，鉛養醋酸一釐，紅玫瑰花甜膏足用。成丸。

一百五十九方　没石子酸二釐半，嘆啡啞十六分釐之一，紅玫瑰花甜膏足用。成丸。

一百六十方　銅養硫養三四分釐之一，鴉片粉四分釐之一，紅玫瑰花甜膏三釐。成丸。

收斂藥成散之方

一百六十一方　淡色金雞那樹皮散四十釐，没石子酸二釐。調和作散。

一百六十二方　白石粉鴉片香散十釐，兒茶雜散十釐。調和作散。

收斂藥作洗水之方

一百六十三方　銀養淡養五二釐至四十釐，蒸水一兩。消化之。

一百六十四方　石灰水一兩，橄欖油二兩。調和。

一百六十五方　銅養硫養三三釐至四十釐，樟腦水一兩。消化之。

一百六十六方　樹皮酸十釐，淡鹽强水半錢，清水一兩。消化之。

一百六十七方　二鉛養醋酸水二十滴，各里司里尼一錢，玫瑰花水七兩。調和。

一百六十八方　二鉛養醋酸水半錢，正酒醕三十滴，蒸水七錢。調和。

一百六十九方　鋅綠一釐，清水一兩。消化之。

一百七十方　鋅養硫養三五釐，臘芬大拉雜酒三十滴，水一兩。消化之。

一百七十一方　鋅養硫養三一釐至十釐，玫瑰花水一兩。消化之。

收斂藥作噴入皮膚水之方

一百七十二方　白礬一百釐，橡顆煮水一升。消化之。
一百七十三方　銅養硫養三二釐至五釐，清水一兩。消化之。
一百七十四方　鐵二綠三水三滴，清水一兩。調和。
一百七十五方　二鉛養醋酸水十滴，鴉片流質膏半兩，蒸水一兩。調和。
一百七十六方　鋅養硫養三二釐，白礬二釐，清水一兩。消化之。

收斂藥點眼之方

一百七十七方　白礬三釐至十釐，清水一兩。消化之。
一百七十八方　銀養淡養五一釐至五釐，蒸水一兩。消化之。
一百七十九方　銅養硫養三一釐至五釐，清水一兩。消化之。
一百八十方　汞綠二二十分釐之一，水一兩。消化之。
一百八十一方　鉛養醋酸二釐，蒸水一兩。消化之。
一百八十二方　鋅養硫養三一釐至五釐，鴉片葡萄酒一錢，清水七錢。消化之。

收斂藥漱喉方

一百八十三方　白礬一錢，香硫强水半錢，没藥酒二錢，金雞那樹皮煮水六兩。調和。

收斂藥油膏方

一百八十四方　樹皮酸一百釐，正酒醋半兩，樟腦水五兩半。調和。
一百八十五方　銀養淡養五二十釐，豬油一兩。調和。
一百八十六方　硫强水半錢，豬油一兩。調和。
一百八十七方　結成白石粉一兩，橄欖油一錢，豬油半兩。調和。
一百八十八方　銅養硫養三三十釐，豬油一兩。調和。
一百八十九方　汞綠二五釐，豬油一兩。調和。
一百九十方　二鉛養醋酸水一錢，豬油一兩。調和。

十、減血氣藥

一、淡性輕衰水　服數　二滴至八滴
二、銻養三　服數　一釐至五釐
三、銻硫三二銻養三　服數　一釐至五釐
四、銻養三鉀養果酸　服數　八分釐之一至半釐
五、銻養三鉀養果酸葡萄酒　每半兩含銻一釐。服數　半錢至二錢
六、銻雜散　每三釐含銻一釐。服數　三釐至十五釐
七、哥勒枝噤種子酒　服數　二十滴至一錢
八、哥勒枝噤膏　服數　一釐至三釐
九、哥勒枝噤醋酸膏　服數　一釐至三釐
十、哥勒枝噤葡萄酒　服數　二十滴至二錢
十一、毛地黄沖水　服數　二錢至四錢
十二、毛地黄酒　服數　十滴至半錢
十三、弟其大里奴末　服數　六十分釐之一至三十分釐之一
十四、叱嗶喀散　服數　五釐至十釐
十五、叱嗶喀葡萄酒　服數　十五滴至一錢
十六、路卑利酒　服數　二十滴至一錢
十七、路卑利以脱酒　服數　二十滴至一錢
十八、士哇盧糖漿　服數　一錢至二錢
十九、士哇盧酒　服數　半錢至一錢
二十、淡巴菰外導藥　服數　四兩至八兩
二十一、蒜藜蘆散　服數　一釐至三釐
二十二、蒜藜蘆酒　服數　五滴至二十滴

減血氣藥作雜水之方

一百九十一方　銻養三鉀養果酸葡萄酒半錢，蒸水半兩。調和。
一百九十二方　哥勒枝噤葡萄酒一錢，樟腦水一兩半。調和。
一百九十三方　蒜藜蘆酒十五滴，蒔蘿水一兩半。調和。
一百九十四方　毛地黄酒十五滴，桂皮水一兩半。調和。
一百九十五方　淡性輕衰水五兩，杏仁雜水一兩半。調和。
一百九十六方　叱嗶喀葡萄酒十五滴，桂皮水一兩半。調和。

減血氣藥成散之方

一百九十七方　銻養三鉀養果酸一釐，白糖三十一釐。調和。照年紀大小而定服數之多寡，每日服三四次。
一百九十八方　銻養三鉀養果酸一釐，銀灰散十二釐，白糖一錢。調和。分爲八服，每四小時一服。

十一、吐藥

吐藥分兩類：一、其性能行血氣，二、其性能減血氣。此兩類，照其服數俱能令人嘔吐，下方兩類俱有之。

一百九十九方　銻養三鉀養果酸葡萄酒半兩。

二百方　吆嗶喀葡萄酒半兩。

二百零一方　吆嗶喀散二十釐，銻養三鉀養果酸葡萄酒半兩，水蘇水十錢。調和。

二百零二方　鋅養硫養三二十釐至四十釐，桂皮水一兩半。調和。

二百零三方　銅養硫養三十釐，水一兩半。消化之。

二百零四方　芥子末半兩，清水四兩。調之。此合服毒者用。

二百零五方　淡輕四養炭養二十釐，吆嗶喀散二十釐，辣椒酒二錢，水蘇水二兩。調和。此合於胃病呆水時之用，即如中鴉片毒者。

二百零六方　煙葉一兩，熱水足用。將煙葉摘碎同熱水敷於腹上待其發嘔性。

十二、發汗藥

此藥亦有兩類：一、其性能行血氣，二、其性能減血氣。下方包括兩類。

發汗藥成方

二百零七方　淡輕四養醋酸水三錢，樟腦水一兩半。調和。

二百零八方　鉀養淡養五二十釐，銻養三鉀養果酸葡萄酒半錢，淡輕四養醋酸水二錢，水蘇水一兩半。調和。

二百零九方　淡輕四養炭養二十釐，哥囉昉酒醕一錢，水一兩半。調和。

二百十方　硝以脱酒一錢，淡輕五養醋酸水二錢，希密特司摩司糖漿一錢，水一兩半。調和。

二百十一方　鉀養淡養五半錢，鴉片酒十五滴，杏仁雜水一兩半。調和。

二百十二方　古阿以苦末淡輕五酒一錢半，鴉片酒五滴，比門屠水一兩半。調和。

發汗藥成散之方

二百十三方　吆嗶喀散十釐。

二百十四方　吆嗶喀雜散十釐，銻養三鉀養果酸六分釐之一。調和。

二百十五方　吆嗶喀散一釐，銻雜散十釐，糖六釐。調和。

十三、化痰藥

此藥亦分兩類：一、其性能行血氣，二、其性能減血氣。此兩類化痰藥之服數如下。

一、偏蘇以克酸即安息酸　服數　五釐至三十釐

二、阿摩尼阿古末　服數　五釐至一百釐

三、阿摩尼阿古末雜水　服數　半兩至一兩半

四、銻養三鉀養果酸　服數　六分釐之一至四分釐之一

五、秘魯·波勒殺末　服數　一錢至二錢

六、到魯·波勒殺末　服數　一錢至二錢

七、偏蘇以尼　服數　二十釐至五十釐

八、偏蘇以尼雜酒　服數　半錢至二錢

九、嚇吒嗱　服數　十釐至五十釐

十、吆嗶喀散　服數　一釐至五釐

十一、吆嗶喀葡萄酒　服數　十滴至半錢

十二、吆嗶喀雜散　服數　二釐至五釐

十三、可吸煙路卑利阿　服數　一釐至五釐

十四、路卑利酒　服數　十滴至半錢

十五、路卑利以脱酒　服數　十滴至半錢

十六、士哇盧雜丸料　服數　五釐至十釐

十七、士哇盧糖漿　服數　一錢至二錢

十八、士哇盧酒　服數　十滴至半錢

十九、遠志根沖水　服數　一兩至二兩

二十、遠志酒　服數　一錢至二錢

二十一、到魯酒　服數　二十滴至四十滴

二十二、銻養鉀養果酸。
葡萄酒　服數　半錢至一錢

化痰藥成方

二百十六方　淡輕四養炭養二五釐，哥囉昉酒醕半錢，遠志根煮水一兩半。調和。

二百十七方　秘魯·波勒殺末半錢，各里司里尼一錢，杏仁雜水一兩半。調和。

二百十八方　淡輕四養炭養二五釐，淡輕四養偏蘇以克五釐，吃嗶咯葡萄酒十滴，遠志根煮水一兩半。調和。

二百十九方　吃嗶咯葡萄酒十滴，罌粟殼糖漿一錢，淡輕四養炭養二香酒半錢，樟腦水一兩半。調和。

二百二十方　士哇盧糖漿半錢，阿摩尼阿古末雜水一兩半。調和。

二百二十一方　哥拜把波勒殺末半錢，蛋黄一錢，桂皮水一兩半。研和。

二百二十二方　淡輕四養醋酸水三錢，士哇盧糖漿一錢，遠志根煮水一兩。調和。

二百二十三方　路卑利以脱酒半錢，士哇盧酒半錢，樟腦水一兩半。調和。

二百二十四方　銻養三鉀養果酸葡萄酒四十滴，淡輕四養醋酸水一錢，士哇盧蜜醋一錢，比門屠水一兩。調和。

二百二十五方　吃嗶咯葡萄酒四十滴，鉀養二炭養二二十釐，水一兩半。調和。服時加檸檬汁一大調羹。

化痰藥成丸之方

二百二十六方　士哇盧雜丸料五釐。作丸。

二百二十七方　吃嗶咯合士哇盧鴉片丸料五釐。作丸。

二百二十八方　銻養三鉀養果酸八分釐之一，吃嗶咯雜散八釐，阿楷西耶膠水二釐。作丸兩顆。

二百二十九方　士哇盧雜丸料五釐，哥尼由末膏五釐。作丸兩顆。

十四、潤内皮藥

一、阿楷西耶樹膠　阿楷西耶膠水

二、甜杏仁　杏仁雜散　杏仁雜水　杏仁油　橄欖油　鯨魚　甘露蜜乳

三、小粉漿

四、大麥煮水　西脱拉里亞煮水　烏勒母司樹皮煮水

五、甘草根　甘草末　甘草膏

六、各里司里尼

七、胡麻子　胡麻子沖水

八、蜜糖

九、野薔薇甜膏

十、橘花糖漿　希密特司摩司糖漿　桑葚糖漿　紅罌粟糖漿　到魯糖漿

十一、脱辣茄看得膠　脱辣茄看得膠水　脱辣茄看得雜散

潤内皮藥成方

二百三十方　鯨魚一百釐，蛋黄一錢，到魯糖漿一錢，桂皮水一兩。研和。

二百三十一方　揀選瑪那一百釐，胡麻子沖水二升。調和。

二百三十二方　脱辣茄看得膠水一磅，牛乳一磅，糖一兩，調和。

二百三十三方　希密特司摩司糖漿二兩，大麥煮水十八兩。調和。

二百三十四方　西脱拉里亞煮水十八兩，桑葚糖漿二兩。調和。

二百三十五方　烏勒母司樹皮煮水十八兩，野薔薇甜膏二兩。調和。

二百三十六方　杏仁雜水十六兩，各里司里尼四兩。調和。

十五、柔軟藥

一、罌粟殼煮水

二、胡麻子軟膏麥酒酵軟膏

三、各里司里尼

四、杏仁油胡麻子油橄欖油

五、司巴瑪息的油膏簡油膏

六、白蠟

七、肥皂肥皂洗藥肥皂膏藥

八、鈣養洗藥

十六、微利輕瀉重瀉外導藥

一、拜貝徒司啞囉　服數　五釐至十釐

二、啞囉雜煮水　服數　半兩至二兩

三、啞囉外導藥　用數　十兩至二十兩

四、啞囉膏　服數　五釐至十釐

五、拜貝徒司或索哥德拉啞囉膏　服數　五釐至十釐

六、啞囉丸料　服數　五釐至十釐

七、索哥德拉啞囉　服數　五釐至十釐

八、啞囉酒　服數　一錢至一兩

九、啞囉葡萄酒　服數　二錢至六錢

十、杏仁油　服數　一兩至二兩

十一、籐黄　服數　二釐至五釐
十二、哥囉噺並哥囉噺雜膏　服數　五釐至十釐
十三、哥囉噺雜丸料　服數　五釐至十釐
十四、哥囉噺合羊躑躅丸料　服數　五釐至十釐
十五、巴豆油　服數　一滴至三滴
十六、衣拉特里　服數　十分釐之一至一釐
十七、哥囉噺雜膏　服數　五釐至十釐
十八、提淨牛膽汁　服數　五釐至十釐
十九、無花果　服數　半兩至一兩
二十、汞綠即茄路米　服數　一釐至十釐
二十一、水銀散　服數　一釐至五釐
二十二、渣臘伯散　服數　五釐至二十釐
二十三、渣臘伯膏　服數　五釐至十釐
二十四、渣臘伯雜散　每十五釐含渣臘伯五釐。　服數　十五釐至五十釐
二十五、渣臘伯合司卡暮尼雜散　每十五釐含渣臘伯五釐。　服數　十釐至二十釐
二十六、渣臘伯松香　服數　五釐至十釐
二十七、渣臘伯酒　服數　一錢至二錢
二十八、鎂養並輕鎂養　服數　二十釐至五十釐
二十九、鎂養炭養二並輕鎂養炭養二　服數　二十釐至五十釐
三十、鎂養炭養二水　服數　一兩至二兩
三十一、鎂養硫養三　服數　五十釐至半兩
三十二、鎂養硫養三外導藥　用數　十七兩
三十三、甘露蜜　服數　五十釐至一兩
三十四、啞囉阿魏丸料　服數　五釐至十釐
三十五、啞囉没藥丸料　服數　五釐至十釐
三十六、汞綠雜丸料　服數　五釐至十釐
三十七、籐黄雜丸料　服數　五釐至十釐
三十八、水銀丸料　服數　五釐至十釐
三十九、大黄雜丸料　服數　五釐至十釐
四十、布道非路末散　服數　十釐至二十釐
四十一、布道非路末松香質　服數　四分釐之一至一釐
四十二、鉀養硫養三　服數　十五釐至六十釐
四十三、鉀養果酸　服數　一百釐至二百釐
四十四、鉀養二果酸　服數　五十釐至一百釐
四十五、乾梅　服數　半兩至一兩
四十六、拉磨奴司汁　服數　半錢至一錢
四十七、拉磨奴司糖漿　服數　一錢至四錢
四十八、大黄膏　服數　十釐至二十釐
四十九、大黄沖水　服數　一兩至四兩
五十、大黄雜丸料　服數　五釐至十釐
五十一、大黄散　服數　十五釐至五十釐
五十二、大黄雜散　服數　三十釐至二百釐
五十三、大黄糖漿　服數　一錢至四錢
五十四、大黄酒　服數　二錢至一兩
五十五、蓖麻油　服數　二錢至一兩
五十六、司卡暮尼根散　服數　十釐至二十釐
五十七、司卡暮尼松香質　服數　十釐至十五釐
五十八、司卡暮尼甜膏　服數　二十釐至五十釐
五十九、司卡暮尼酪　服數　一兩至二兩
六十、司卡暮尼雜散　服數　十釐至二十釐
六十一、司卡暮尼哥囉噺雜膏　服數　五釐至十釐
六十二、司卡暮尼哥囉噺雜丸料　服數　五釐至十釐
六十三、司卡暮尼哥囉噺合羊躑躅雜丸料　服數　五釐至十釐
六十四、司卡暮尼　服數　五釐至十釐
六十五、亞勒散得黎或印度辛拏
六十六、辛拏甜膏　服數　五十釐至三百釐
六十七、辛拏葉沖水　服數　一兩至二兩
六十八、辛拏糖漿　服數　一錢至四錢

六十九、辛拏酒　服數　一錢至四錢
七十、鈉養鉀養果酸　服數　一百釐至半兩
七十一、鈉養硫養三　服數　二百釐至一兩
七十二、鈉綠　服數　一百釐至半兩
七十三、硫黄散或硫黄花　服數　二百釐至半兩
七十四、松香油外導藥　用數　十六兩
七十五、松香油　服數　半兩至二兩

微利輕瀉重瀉藥成方

二百三十七方　鉀養果酸一百釐，啞囉雜煮水一兩半。調和。
二百三十八方　巴豆油一滴，蓖麻油一兩。消化之。
二百三十九方　鎂養硫養三二百釐，甘露蜜五十釐，辛拏葉沖水一兩半。消化之。
二百四十方　大黄散十釐，鉀養果酸半兩，辛拏葉沖水一兩半，辛拏酒二錢。消化之。
二百四十一方　鈉養鉀養果酸半兩，水蘇水一兩半。消化之。
二百四十二方　鎂養炭養二十釐，鎂養硫養三五十釐，薑酒十五滴，水蘇水一兩半。消化之。
二百四十三方　白豆蔻雜酒二錢，鎂養炭養十釐，大黄沖水一兩半。消化之。
二百四十四方　玫瑰花酸性沖水一兩半，鎂養硫養三一百釐，玫瑰花糖漿一錢，調和。
二百四十五方　鉀養果酸一百釐，甘露蜜六十釐，比門屠水一兩半。調和。
二百四十六方　蓖麻油半兩，松香油半兩，阿楷西耶膠水半兩。調和。
二百四十七方　辛拏酒二錢，啞囉葡萄酒二錢，薑糖漿一錢，水蘇水一兩半。調和。
二百四十八方　蓖麻油半兩，蛋黄一箇，芫茜水一兩。調和。

微利輕瀉重瀉藥成丸之方

二百四十九方　汞二綠一釐，哃囉嘶合羊躑躅丸料八釐，蒔蘿油一滴。成丸兩顆。
二百五十方　哃囉嘶雜膏五釐，汞二綠五釐，成丸兩顆。
二百五十一方　司卡暮尼松香二釐半，汞二綠二釐半，哃囉嘶雜膏二釐半，芫茜油足用。成丸兩顆。
二百五十二方　巴豆油一滴，啞囉末足用。調和爲丸。
二百五十三方　布道非路末松香半釐，哃囉嘶雜膏五釐。作丸。
二百五十四方　水銀丸料三釐，哃囉嘶雜膏七釐。調和。作丸兩顆。

微利輕瀉重瀉藥成散之方

二百五十五方　渣臘伯雜散半錢，汞二綠三釐。作散。
二百五十六方　大黄散二十釐，鉀養二果酸五十釐，桂皮雜散五釐。調和。
二百五十七方　大黄散十釐，汞二綠三釐，桂皮雜散五釐。調和。
二百五十八方　司卡暮尼雜散十釐，汞二綠五釐。調和。

微利輕瀉重瀉藥成甜膏方

二百五十九方　硫黄甜膏一百釐，桂皮雜散二十釐。調和。
二百六十方　司卡暮尼甜膏三丨釐，布道非路末松香四分釐之一。調和。

十七、瀉性外導藥
一、啞囉外導藥
二、鎂養硫養三外導藥
三、松香油外導藥
四、阿魏外導藥

二百六十一方　安替米司沖水十兩，鈉養硫養三一兩。調和。
二百六十二方　哃囉嘶雜膏四十釐，辛拏葉沖水十二兩。調和。
二百六十三方　大麥煮水十兩，蛋黄一箇，蓖麻油一兩。□□□□
二百六十四方　鈉綠二兩，大麥煮水一升。爲外導藥。

十八、和小便藥

甲　鹽類

一、淡輕四養醋酸水　服數　二錢至六錢
二、淡輕養偏蘇以克酸　服數　十釐至二十釐
三、鋰養炭養　服數　三釐至八釐
四、鋰養檸檬酸　服數　五釐至十五釐
五、鉀養炭養二　服數　十釐至三十釐
六、鉀養醋酸　服數　十釐至五十釐

七、鉀養二炭養二　服數　十釐至五十釐

八、鉀養綠養五　服數　十釐至二十釐

九、鉀養檸檬酸　服數　三十釐至五十釐

十、鉀養水　服數　十五滴至六十滴

十一、鉀養淡養五　服數　十釐至五十釐

十二、鉀養二果酸　服數　三十釐至一百釐

十三、鉀養果酸　服數　三十釐至一百釐

十四、鈉養水　服數　十五滴至五十滴

十五、鈉養醋酸　服數　三十釐至一百釐

十六、鈉養二炭養二　服數　十釐至五十釐

十七、鈉養檸檬果酸　服數　六十釐至二百釐

十八、鈉養鉀養果酸　服數　一百釐至二百五十釐

乙　植物類

十九、硝以脱酒　服數　半錢至二錢

二十、阿莫賴西阿雜酒　服數　一錢至二錢

二十一、布故沖水　服數　一兩至二兩

二十二、布故酒　服數　半錢至二錢

二十三、喝把拜　服數　二十滴至半錢

二十四、喝把拜油　服數　三滴至二十滴

二十五、蓽澄茄散　服數　二十釐至五十釐

二十六、蓽澄茄油　服數　三滴至二十滴

二十七、弟其大里奴末　服數　六十分釐之一至三十分釐之一

二十八、毛地黄散　服數　半釐至一釐半

二十九、毛地黄沖水　服數　二錢至四錢

三十、毛地黄酒　服數　十滴至三十滴

三十一、智尼柏油　服數　四滴至六滴

三十二、智尼柏酒　服數　半錢至一錢

三十三、沛離拉煮水　服數　一兩至二兩

三十四、沛離拉水膏　服數　半錢至二錢

三十五、薩皮那散　服數　四釐至十釐

三十六、薩皮那油　服數　一滴至三滴

三十七、薩皮那酒　服數　二十滴至一錢

三十八、硬肥皂軟肥皂　服數　十釐至二十釐

三十九、士哇盧散　服數　五釐至二十釐

四十、士哇盧糖漿　服數　一錢至二錢

四十一、士哇盧酒　服數　十五滴至一錢

四十二、士哇盧雜丸料　服數　五釐至十釐

四十三、布羅末樹汁　服數　半錢至二錢

四十四、遠志根煮水　服數　一兩至二兩

四十五、蒲公英煮水　服數　一兩至二兩

四十六、蒲公英膏　服數　十釐至三十釐

四十七、蒲公英汁　服數　一錢至四錢

四十八、加拿大脱里平他以那　服數　十釐至四十釐

四十九、松香油　服數　半錢至二錢

五十、松香油甜膏　服數　六十釐至一百五十釐

五十一、烏伐烏爾西葉沖水　服數　一兩至二兩

丙　動物類

五十二、斑蝥酒　服數　五滴至二十滴

利小便藥成方

二百六十五方　淡輕四養偏蘇以克酸十釐，沛離拉水膏一錢，沛離拉煮水一兩半。調和。

二百六十六方　鋰養檸檬酸十釐，檸檬酸二十釐，橘皮糖漿半錢，清水二兩。消化之。以鈉養二炭養二十四釐化於水二兩內，與上藥相合，乘發泡時飲之。

二百六十七方　鉀養醋酸四十釐，毛地黄沖水二錢，硝以脱酒一錢，蒲公英煮水一兩半。調和。

二百六十八方　鉀養二果酸半兩，檸檬皮並白糖足用，沸水二升。可代尋常飲物。

二百六十九方　鈉養鉀養果酸六十釐，智尼柏酒一錢，布羅末樹汁半錢，蒲公英煮水一兩半。調和。

二百七十方　哃拜把半錢，蛋黄足用，白糖一錢，緑薄荷水一兩半。研和。

二百七十一方　布故沖水一兩半，智尼柏雜酒一錢。調和。

二百七十二方　薄公英汁一兩。

二百七十三方　斑螯酒十滴，沛雜拉煮水一兩半。調和。

二百七十四方　哃勒枝嘌種子酒半錢，鉀養醋酸六十釐，蔞香水一兩半。調和。

利小便藥成丸散等方

二百七十五方　士哇盧雜丸料十釐，汞二緑四分釐之一，智尼柏油一滴。成丸兩顆。

二百七十六方　毛地黄散一釐至二釐，水銀丸料二釐，士哇盧雜丸料六釐。研和。作丸兩顆分作兩服。

二百七十七方　弟其大里奴末六十分釐之一，士哇盧散五釐，蒲公英膏五釐。研和。作丸兩顆。

二百七十八方　鉀養淡養五十釐，鉀養二果酸二十釐。作散。

二百七十九方　蓽澄茄油二十滴，硬肥皂十釐，甘草散足用。作兩大丸。

二百八十方　加拿大・脱里平他以那五釐，蓽澄茄油一滴，甘草散足用。作一大丸。

二百八十一方　蒲公英膏半兩，士哇盧散四十釐，脱里平替尼甜膏半兩，蒲公英汁足用。作甜膏。

十九、殺蟲藥

一、鈣養水為外導用者。　用數　二兩至四兩

二、古蘇沖水　服數　四兩至八兩

三、陽非里西水膏　服數　一錢至三錢

四、陽非里西散　服數　二十釐至一百釐

五、石榴根皮煮水　服數　二兩至十兩

六、石榴根皮散　服數　二十釐至一百釐

七、卡瑪拉　服數　三十釐至一百釐

八、貍豆此藥用之宜慎。　服數　二十釐至半兩

九、司卡暮尼雜散　服數　五釐至二十釐

十、苦白木沖水為外導用者。　用數　二兩至四兩

十一、岫道尼尼　服數　一釐至六釐

十二、松香油　服數　半兩至二兩

二百八十二方　松香油一兩，大麥煮水一兩。調和。

二百八十三方　貍豆十釐，糖渣滓一錢。調和。

二百八十四方　陽非里西水膏一錢，脱辣茄看得雜散五十釐，水蘇水二兩。調和。

二百八十五方　岫道尼尼二錢，司卡暮尼雜散八釐。作散。

二十、調經藥

一、而烏草油　服數　二滴至五滴

二、薩肥那油　服數　一滴至五滴

三、薩肥那酒　服數　十滴至　錢

四、含鐵之補藥

二百八十六方　鐵二養三淡輕四養檸檬酸十釐，薩肥那酒二十滴，桂皮水一兩半。調和。

二百八十七方　而烏草油四滴，没藥散四釐，啞囉散二釐。作丸兩顆。

二百八十八方　薩肥那油四滴，軟肥皂足用。作丸兩顆。

二十一、解酸藥

一、淡淡輕三水　淡輕四養醋酸　淡輕四養炭養二　淡輕四養　偏蘇以克酸

二、淡輕四養香酒

三、古阿以苦末淡輕三酒

四、甘松淡輕四養酒

五、鈣養水　鈣養糖水　提净鈣養炭養二　含緑氣之鈣養　提净白石粉

六、白石粉雜水　白石粉香散　白石粉鴉片香散

七、鋰養炭養二　鋰養檸檬酸

八、鉀養水　鉀養醋酸　鉀養炭養二　鉀養二炭養二　鉀養檸檬酸　鉀養果酸　鉀養二果酸

九、鈉養水　鈉養炭養二　無水鈉養炭養二　鈉養二炭養二　鈉養鉀養果酸　鈉養檸檬果酸

十、鎂養　輕鎂養　鎂養炭養二　輕鎂養炭養二

十一、大黄雜散

十二、軟肥皂硬肥皂

如欲用方觀利小便藥

二十二、免腐爛藥與滅臭藥

一、醋酸

二、加波力克酸

三、各里司里尼加波力克酸

四、木炭

五、動物炭

六、炭軟膏　麥酒酵軟膏　含緑氣之鈉養軟膏

七、苦里亞蘇脱

八、含緑氣之鈣養水

九、緑氣水

十、含緑氣之鈉養水

十一、流質柏油

十二、鉀養錳四養水

十三、鋅緑

二十三、改血藥並其服數

一、碳合强水　鉀養三二十分釐之一至十分釐之一　砒霜水二滴至十滴　鉀緑二水二滴至八滴　鈉養鉀養四水五滴至十滴

二、銻硫二銻養五　銻養三鉀養果酸　銻養三鉀養果酸蒲萄酒每錢含銻四分釐之一。　銻養三一釐至五釐　銻雜散五釐至十釐

三、溴半釐至二釐　鉀溴三釐至一錢

四、辛泉沖水一兩至二兩

五、三鐵養鉀養五十六分釐之一至半釐

六、銻碘一釐至十釐　鐵碘糖漿每錢含鐵碘四釐半。　鐵碘丸五釐至十釐

七、希密特司摩司糖漿一錢

八、水銀散三釐至八釐　汞緑二十六分釐之一至四分釐之一

九、紅汞碘十六分釐之一至四分釐之一　緑色汞碘一釐至三釐　紅汞養　水銀丸　水銀洗藥　水銀油膏　汞二緑淡輕三油膏　紅汞碘油膏　汞養淡養五油膏　紅汞養油膏　水銀硬膏　水銀阿摩尼阿古未硬膏　汞二緑四分釐之一至二釐　汞二緑雜丸　汞二緑油膏

十、碘酒五滴至三十滴　碘洗藥　碘雜油膏

十一、鉀碘一釐至十釐　鉀碘硬膏藥　鉀碘油膏　碘雜油膏　碘雜酒　碘雜洗藥

十二、魚肝油

十三、洋土茯苓煮水　洋土茯苓雜煮水　洋土茯苓水膏

改血藥成方

二百八十九方　汞緑二水一錢，哥囉昉雜酒半錢，水蘇水一兩半。調和。

二百九十方　鉀碘五釐，橘皮沖水一兩半。調和。

二百九十一方　鐵碘糖漿一錢，洋土茯苓雜煮水一兩半。調和。

二百九十二方　砒霜水五滴，哥囉昉雜酒二十滴，橘皮沖水一兩半。調和。

二百九十三方　鈉養鉀養五水五滴，鈉養二炭養二六十釐，比門屠水一兩半。調和。

二百九十四方　鉀緑二水三滴，蒔蘿水一兩半。調和。

改血藥成丸散之方

二百九十五方　汞二緑三釐，肥皂雜丸料十八釐。作丸十二顆。

二百九十六方　紅汞碘一釐，洋土茯苓膏一錢。作丸十二顆。

二百九十七方　水銀散二十釐，銻養三鉀養果酸一釐，糖六十釐。作散分爲十服。

二百九十八方　汞二緑三釐，鴉片散一釐，甘草散六十釐。作散。分爲十服每服一包。

二百九十九方　水銀散一釐，白糖五釐。作散。

三百方　三鐵養鉀養五一釐，桂皮雜散六十釐。作散。分爲十服。

改血藥作浴水之方

三百零一方　鉀硫十兩，熱水一百十兩。洗浴。

阿發滿　傅蘭雅　趙元益《冶金録》卷下　此卷論各金類之雜質。

鐵之雜質

凡以金類加於鐵中，令其易鎔，所加之質或爲金類，或爲非金類，皆可用之。昔時所鑄各物，鐵與他質相合者，不常用之。近時又多變法，能將鐵器鍍金銀，

并上玻璃磁油，將來鐵器必多用雜質爲之，故詳述如左。

硫

鐵中含硫則易鎔，較之浄鐵更易生鏽。鐵含硫少許，亦無妨，但每鐵百分含硫多於一分，則冷時鐵性甚脆，即熱時亦能脆也。

炭

生鐵所含之炭，爲百分之二，或至百分之六，因能易鎔。含炭過多，則鐵變脆。含炭太少，則硬而脆。凡極硬生鐵，能磨光如硬鋼。

燐

鐵含燐，冷時性脆，若鐵不和別質而含燐，其色光而白，且甚硬也，但易生鏽耳。凡鐵二百分之内，含燐一分，則鐵之性情大改變矣。

矽

矽爲生鐵常含者，熱風鐵含矽多於冷風鐵。鎔鐵所燒之煤或鐵礦内，有硫或燐，則熱風鐵含此二物，較之冷風鐵稍多。凡鐵含矽則硬而脆，其性情與含燐者同。

鉀

鐵含鉀，其色白而質亦脆。

鉻

鐵含鉻，則其質之硬，幾似金剛石，但令鐵與鉻相合，非易事也。

黃金

黃金與鐵化合最易，可爲玩弄小鐵器之銲金。

銀

鐵含銀少許，則硬而脆，又易生鏽。

銅

銅與鐵相合，則熱時甚脆，冷則更堅結。但鐵含銅不可多於四百分之一，多則冷時亦脆。

錫

錫與鐵相合，其質硬而最佳。如錫與鐵相和各半，其色最白，堅光如鋼。

鉛

鉛與鐵相合，其數不能過多，其質爲軟而韌。

貴金類之雜質

此種雜質，祇可略言之。美國鑄金錢，每百分重，用黃金九十分，銀二・五分，紅銅七・五分。玩好之物，每百分重用黃金七十五分，紅銅二十五分，或用銀少許。黃金與鐵相和之銲金，每百分重用黃金六六・六分，銀一六・七分，紅銅一六・七分，最細之銀器，用銀九十五分，紅銅五分。銀之銲金，用銀六六・六分，紅銅三〇・四分，黃銅三・四分。

銅之雜質

凡金類雜質内，紅銅之雜質最多，用處亦甚廣。兹擇其最要者，述之如左。

鐘銅又名響銅。

有人言最好之鐘銅，用紅銅七十二分，錫二十六分半，鐵一分半。但鐵與錫與銅分開而調和之，則不易合。若將零碎馬口鐵塊，置於鍋中，與錫同鎔，則錫與馬口鐵已相合，加於化鎔之銅内，則三物易於相合。

平常之鐘銅，用紅銅一百分，錫三十分至四十分。但此方稍損於前。又有一方，用紅銅七十八分，錫二十二分。造此方者言甚妙也。又有一方，用紅銅八十分，錫一〇・一分，鋅五・六分，鉛四・三分。此方最佳，鐘聲甚響，模中潮濕亦無所害。法國慮安地名。所鑄鐘銅，用紅銅八十分，錫十分，鋅六分，鉛四分，其響略如銀器之聲。若用錫太多，則鐘銅甚脆。有人言鐘銅中加銀少許則更佳，然余意度之，亦無甚益處。

韌銅能任大牽力，故爲之韌銅。

此種雜質，用紅銅九分至十一分，錫一分。如鑄成大塊，則二物自能分開，雖少亦能分之。質内有數處，或含錫，或含銅，比他處更多。錫多之處在上面，錫少之處在下面。此材料堅固而韌，最難磨銼，久在空氣中，生鏽極細，古人不知用鋼，一切兵器皆用雜銅爲之。另加燐少許，如將雜銅粹火，則更鬆而韌，能以錐打薄之。有幾種銅之雜質，其性不同，有大小之別。鑄鐘之模，須極乾而無濕氣，否則聲音不能響亮。如上所言，有大牽力之銅，退火後牽力愈大。鐘銅退火，減其堅固三分之一。如用紅銅八十分，錫二十分，則最好退火，最能加其堅固。即如中國所鑄鑼鐃鈸之方，用紅銅八十分，錫二十分，鑄成之後，再加熱至極紅而焠火，則竟無聲。再退火數次，而令其漸冷，久之其聲甚大。

造像之銅

造像之銅，各人用料頗有分別，亦有用鐘銅，亦有用浄紅銅。金類之像，用

紅銅八十分，錫二十分爲之。用金類鑄最好之像，做法不佳，所以不便立方。如一千八百年以後數年，法國所造之像甚不講究，此時所造高柱形之銅牌，有用紅銅九十四分，錫六分，所以柱形不佳，生許多凸處。鏨下此凸處，有數十噸重也。法國君第十四盧儀之像，較前者清楚而講究。此像之料，用紅銅九十一・三分，錫一分至二分，鋅五分至六分，鉛一分至一・五分。如第十五盧儀之像，用銅八十二・四分，鋅一〇・三分，錫四分，鉛三・二分。

古時希臘國鑄銅

平常用錫與銅鑄物，有時另加金、銀、鉛、鋅、鉀，且不第將此料鑄像，又鑄鼎、兵器、錢、釘、鍋與外科刀、針等器。蓋古人能用各種銅之雜質，或令其韌，或令其堅，變化從心，雖不知用鋼，而器用不乏。設令今人代爲之謀，舍用鋼之法，將何以鑄成乎？

古時墨西哥鑄銅

鑄銅之人名呵斯得刻，能將各種銅鑄刀劍等器，極爲精妙。凡鑄小件，加碎塊馬口鐵少許甚佳，若鑄大件而加馬口鐵，最易成顆粒而不堅固也。

鏡銅

鏡銅用紅銅六十六分又三分之一，錫三十三分又三分之二，色白而明，磨之有光。有人得古鏡而化分之，得紅銅六十二分，錫三十二分，鉛六分。法國之鏡銅，用紅銅二分，錫一分，二物分鎔，鑄鏡時調和之。此方如另加鉀百分之一，或百分之二，則質堅而密，且更有光，不過遇空氣易生鏽耳。西人鹿斯伯所鑄遠鏡之回光鏡，用紅銅一百二十六・四分，用錫五十八・九分。此種雜質色白而有光，與水較重八・八一一，硬如鋼而脆。如廣漆鏡，徑六尺，厚五寸又四分寸之一，重三噸，鑄此鏡之工夫最難，已試過多法而未成。後用一箇熟鐵圈爲模之底，其中裝滿鐵箍，此鐵箍層層密排，衹能通空氣而不能通金類。將此底在車牀中車成凸形，與鏡之凹形相配，置於平地面，用砂圍之，而上不用蓋。此金類在生鐵礶中鎔之，如用熟鐵礶與泥礶鎔之，金類必壞。傾入模時，即乘其極熱而速置於退火之爐，此爐本已燒紅，鏡留在爐中一百十二日，令其冷。

牌銅

此銅含錫者少，有人設一方，用紅銅一百分，錫四・一七分成之，但其性甚硬，不能用鋼模打成牌形，必鎔而鑄之。若用紅銅九十二分，錫八分，加鋅少許，即加黃銅少許，可從鋼模打成牌形，不必鎔鑄。

假金銅

此銅顏色略如黃金，故謂之假金。銅用紅銅九十五分，錫六・五分，鋅三分。

鍍金銅

此種銅必須易鎔，而模必有極細之花紋。最好之鍍金銅，用紅銅、錫、鋅、鉛，其方與造像者同。有人設立一方，言鍍金最佳，用紅銅八二・二五分，鋅一七・四八分，錫二三分，鉛・〇二分。凡鍍金銅，其質點須淨而密，否則黃金走入其中，而費料必多。

黃銅

平常之黃銅，爲紅銅與鋅所合成，其方用紅銅二分，鋅一分。或紅銅六十三分半，鋅三十二・三分。其銲金用黃銅二分，鋅一分，另加錫少許。若欲令其韌，如爲管與水壺，後來須打薄者，則用黃銅二分，錫三分之一。

鈕銅

鈕銅用黃銅八分，鋅五分。

赤銅

赤銅用紅銅八分至十分，鋅一分。日耳曼國之方，用紅銅十一分，鋅二分。

白銅又名日耳曼銀。

此爲銅雜質之最佳者，耐用如銀。日耳曼國白銅方，用紅銅六十分，鋅二十五分，鎳十五分。又方，用紅銅五十分，鋅二十五分，鎳二十五分，此爲最好之方。中國之白銅，化分而得其方，用紅銅五十五分，鋅十七分，鎳二十三分，鐵三分。又有一種白銅，其聲甚響，牽力亦大，能打能軋，其色如銀。其方用紅銅四〇・四分，鋅二五・四分，鎳三一・五分，鐵二・六分。又有一種白銅，最易用電氣鍍銀，可鍍銀百分之一至百分之二，其質密而堅，價亦甚廉。其方用紅銅六十二分，鋅十九分，鎳十三分，鈷與鐵四分至五分。又有一種能任極大牽力之白銅，用紅銅五七・四分，鋅二十五分，鎳十三分，鐵九分。此物可以代鋼，鋼易生鏽，而此物不鏽也。最細之白銅，用紅銅八分，鎳四分，鋅三・五分。

日耳曼國銀銲金，將其本質一分，加鋅四分，而搗成粗粉。

雜質餘論

以上銅雜質外，又有數雜質，亦詳述之。布令使人名。銅、細密陸銅、奴那八格銅、馬漢了銅，其方各不同。有用紅銅三分鋅一分，至紅銅二分鋅一分，此各

質分鎔而攪之，久之則勻。紅銅含鉛百分之一至百分之二，較之平常之紅銅更易車平，不過更脆耳。可打銅箔之雜銅，用紅銅七十分，鋅三十分。黃銅退火質更韌而密，如令其忽然變冷則甚硬，如加鋅少許，則銅微紅而如深黃金色。加鋅甚多則變爲綠黃色，如加鋅大半，則變爲藍灰色。造船用之銅釘，用紅銅十分，鋅八分，鐵一分。輪機之軸與軸襯所含之鋅，視尋常之黃銅少。黃銅內加鐘銅而鑄軸襯，則更佳。有人言一方，紅銅十六分，鋅一分，鉑七分，則其各性與黃金竟難分別。赤銅鎔時，用鐵桿或鋼桿調之，則能得其鐵，或得其鋼，而銅質更韌。紅銅和銀無甚好方，不過加鉮少許，則色更白而如銀。銻少加紅銅，則其色如玫瑰花，多加紅銅，其色更深。銅與銻等重，則爲茄花色，再加紅銅，則其色爲深茄花色，而質皆甚脆。將紅銅九十分，銻五分，鋅五分，合鎔之，可爲大軸枕，又可爲鐵軸兩邊之限。紅銅含燐，則硬如鋼，可鑄兵器，但易生鏽。淨紅銅新磨光之面，頃刻生綠黑色之鏽，古人所用之兵器，皆有綠黑色，意想其鑄兵器時，加燐令硬也。銅與鉮相合，其色白而光，可以爲蠟臺，或鈕扣，或日晷面，或鐘面等物，切不可以鑄炊飯之鍋，因其性甚毒也。鑄法，將碎塊紅銅與鉮養三即砒霜。置於鍋中鎔化，而上加一層鹽蓋之，色如青銀，但易生鏽。

鉛之雜質

鉛之雜質其用甚廣，因各雜質硬於鉛之本質也。鉛加鉮少許，則難鎔而甚硬，可爲鳥槍之細彈子。作細彈，每鉛千磅加鉮三磅，粗彈加鉮八磅。如此作之，將鉛先鎔，加以砒霜，則砒霜之半化合於鉛內矣。鉛五分，銻一分，和鎔，可爲印書鉛字之料。有時少加鋅與鉍在內。法國印書鉛字方，用鉛二分，銻一分，紅銅一分。平常印書鉛字分，用鉛八十分，銻二十分。更易化鎔者，用鉛七十七分，銻十五分，鉍八分。作鉛板之人另加錫，如加之太多，則其質甚軟而易鎔，鑄成鉛板極細而清楚。又有一方甚佳，用鉛九分，銻二分，鉍一分。其鎔鑄法，先以鉛鎔之，然後加其餘之金類。鉛之雜質，易化鎔者有數種，其化鎔之熱度，有大小之別。即如熱至二百〇三度能鎔者，用鉛三十一分，錫十九分，鉍五十分。有熱至一百四十九度而鎔者，用鉛二八五分，鉍四五·五分，錫十七分，汞九分。此物常用之而填滿牙齒蛀孔。有一方，加熱至二百十二度即水沸之度。而鎔者，用鉍八分，鉛五分，錫三分。如鉛加鉍，而鉍之數未過於鉛之數，則鉛爲之更硬。又鉛三分，加鉍二分，則較之鉛之堅固勝十倍。又因鉍與鉛耐用略同，則用其雜質作各種管與絲爲最佳。

錫之雜質

錫之雜質其用亦廣，如錫與鉛，可任意配合鎔之，無不相合。平常所用錫器內，必有鉛。如軟銲金，用錫三十三分，鉛六十七分起，至錫六十七分、鉛三十三分止。兩類等重，則爲尋常軟銲金。盛食物所用之錫器，用錫八十九分，鉍二分，銻七分，紅銅二分。又有一種器，用錫七十五分，鉛九分，鉍八分，銻八分。又方，用錫八十九分，紅銅二分，銻六分，黃銅二分，鐵一分。日耳曼國錫，用錫四分，鉛一分。器皿之錫雜質，用錫百分，銻八分，鉍二分，紅銅二分。此方最佳。樂器用錫八十分，銻二十分。假銀箔，用錫五十分，鋅五十分。未曾磨銼之錫，用鉛、銻、錫、紅銅，其數未定。大風琴之管，用錫九分，鉛一分。此爲略數，非定方也。又用錫二十九分，鉛十九分，可爲假金剛石，及光明之寶石。其法將玻璃條一端磨成寶石各面之形，此兩金類鎔後，用厚紙拖去上面結成之皮，則將磨成之玻璃一端蘸入金類中，取起之時，有一薄層金類粘於玻璃上。取出之玻璃條之一端，其光亮同於金剛石，但必用玻璃罩覆之，因遇空氣生鏽易暗。此種金類又可爲鏡，如將圓底玻璃瓶蘸在鎔金類中，取出剥去所粘之一層皮，則成凹形之鏡。又一方，用錫一分，鉛一分，鉍二分，汞十分同鎔調和，用雙層玻璃置將此料傾入少許，而搖動之。待金類已遍於內面各處，則其光彩如銀，而其色恒不改變也。淨質錫箔，作鏡所用。尋常之錫箔，爲鉛與錫，或錫與鋅與鉛相合，各人用法不同，無一定之方。作錫箔之法，或打，或軋薄，或鑄成。其鑄法，用一架，架之面上糊棉布或蔴布一層，而成斜面，傾錫於斜面，自能流下而成錫箔。但此法非巧手不能爲之。

鋅之雜質

鋅之雜質，大半在別種金類之雜質內言之，用鋅之淨質所鑄之件，花紋甚清，但不甚堅固，祇能作玩弄之物耳。鉛與鋅調和，可爲模樣，然其質軟而易彎，用之幾次，樣已改變，所以鑄廠中不恒用之。

新鑄之物有古銅色法

黃銅等之雜質，久遇空氣則外面變成深綠色，可用法將新鑄之件亦得此種顏色。其方用銅綠二分，磠砂一分，醋酸消化之，令沸，漏去其渣滓，然後添水甚多，令淡。將新銅器置於其內，或用刷帚蘸水刷之亦可。待其顏色已合意，則可取出，其色如古銅。又有一法，用磠砂一分，鉀養二，果酸三分，鹽六分，用熱水十二分調和化盡。另將銅養淡養五水八分，調入其中，將其水在濕處上之。用此

方能令銅之顏色綠色中少帶紅色。銅之雜質，可以令其得各種深淺之古銅色，從深紅色起，至淡黃色止。又從深綠色起，至淡綠色止。將銅器浸於鹽强水中一刻，則變紅色。浸在淡輕四養內，則所得之色比本色更白。將硇砂與鉀養草酸等分，在多水内消化，而在暖室或太陽光内，用刷帚上之，則得最光明之淡綠色。如上時用一毛刷擦之，則其色更佳。如欲其略深而爲黑色，可以將上方之水上於器面，必先預備鉀、硫消化於水而放於大盆内，則發輕硫氣。此銅器遇所發之輕硫氣，則得平勻之黑櫻色。此種顏色已合意，則將銅器用清水洗之，曬乾或烘乾，而乘其未冷，用毛刷擦蜜蠟一層於其面，擦時必留意熱之多少，不可燒壞蜜蠟爲要。

又有一法，能令各種鑄成之物有古銅色。即如上古銅色油，生鐵可以浸於銅養硫養三淡水中，或浸於銅養綠養水中，鐵從此水内得銅一薄層，則洗之而上油漆一層，依此法，所有變爲古銅色之物，可任意先上一顏色，或爲淡綠，或爲深綠，或爲藍綠。上油色之後，即上最淨之漆一層，將乾之時，用金類之細粉包於布袋中，撲於其面。常用之金類粉，即錫硫二也。其色深淡皆有，頗能悦目。或用紅銅之細粉，或用金箔、銀箔等，或用乾油色，此種器所上之金類粉必在陽紋之處，并用時常磨擦之處，不知造作之事者，必爲真骨董矣。以上各物之外，須上酒漆一層，則工夫已成。

銅雜質鍍金

其法有二，一爲用汞之法，二爲用電氣之法。用汞之法，先將器之面磨甚平滑，不拘明暗，將金葉一分放於礶中，熱至將紅，傾入汞八分，則二物自能化合，傾於冷水中，將其餘汞壓出。再將所得之稠質，放於軟皮袋或布袋内，再壓一次。則其稠質所含金一分、汞二分，以之擦於所要鍍金之物件。若先將其銅器上一層淡汞養淡養水，并硝强水調和，則其稠質易於粘合。置於不發煙之爐，平勻加熱，水銀飛散，所賸下之金在於器之面矣。電氣鍍金之法，另有專書詳之，故不贅焉。

鐵鍍金

將鐵器磨甚光亮，再將金粉浸於硫以脱内消化之，用刷拭上。又用研光之法。但用此法鍍金，不能耐用。

紅銅黃銅鍍錫

將銅器之外面，用極淡之硫强水洗之，而以清水洗之，再以細砂擦之，錫必先鎔。又必將銅器加熱至錫鎔之熱度，而再擦松香一層，將布或蔴絲浸於水中令濕，則以布醮已鎔之錫，擦於器面即成。生鐵亦可用此法鍍錫，其面必須挫平而無鏽，方可鍍之。如未鍍錫之前，將錫養綠養五與硇砂等分，與水調和，而上於鐵之面，則鍍錫更易。又有更便之法，將鐵器放入大熱度之錫與鉀養水中，作此水之法，將錫養消化於鉀養水，再添薄錫片於内，如紅銅、黃銅器，數分時即成。

紅銅黃銅鍍鋅

將鋅加熱至變霧質，將銅器沾其霧質，有時令其面之數處有黃金色，其法可任意護其他處，而露其數處，沾此霧質即成黃金色。又有鍍鋅法，將其物磨之甚淨，醮鋅綠水，此水内必另加幾塊鋅。作此鋅綠水之法，將鋅浸入鹽强水中消化，漸加至不消化爲度，或將鋅用硇砂消化之，亦可。

金類之器上玻璃與磁油

鐵器之面上白磁油，可爲炊飯之鍋。其法先用强水洗其面極淨，而用細砂擦之。再將白磁油與水調和，鋪一層於其面，後加熱，與作磁器之法同。此法美國不多用之，因費大而器不能耐用也。近來英國設立新法，在鐵器之面上一層白玻璃，或各種顏色之玻璃，但此法恐不能耐用，且不及磁器之便宜而觀美也。

生鐵器面上黑漆

將筆鉛與醋或松香油調和，用毛刷擦之，以乾而有光爲度。如其器稍煖，則工夫更易。西國屋内火爐有黑色，即用此法。細花紋之生鐵器，先加熱而得藍色，上以哥招辣漆一層，其鐵須常有此熱，至漆乾而後可冷。至冷時，漆光必已暗，可將煙炱，或印書之墨，或燒骨成炭，磨爲極細之粉擦之。若粗大之件，用平常之粗黑色漆。又有一法，能得極好之鉛顏色。將蜜陀僧之細粉，置於鐵盆中而加熱，熱時用硫磺粉少許，散於其面，而時時調和。則蜜陀僧粉變爲鉛硫，色如新鉛，甚屬美觀，在空氣中亦不改變。此物與油漆調和，可上於鐵器之面。

磨平生鐵面

用大石令轉動極速，此生鐵之外面常硬而有砂，若挫平之，多費時日，壞銼亦不少。凡鑄成機器之各件，或刨平，或用車牀車平。

能打之生鐵

馬車與馬鞍、馬蹬，皆用能打之生鐵爲之。此即爲第二號木炭燒之猪鐵，或鑄廠中有零碎好鐵塊，更屬可用。如將第二號鐵與第三號鐵調和，亦可用之。凡能做好鐵條之猪鐵，亦可爲能打之鐵。此種大半從柱形爐中鑄之，鑄成之後，置於鐵箱退火。其法，加新而細之河砂，或極細之鐵礦粉，或黑錳養粉，或用以上三物調

和亦可。鐵筩盛滿材料，以物件插入其中，將鐵筩加熱十二時至十八時，如鐵質本是極硬，亦能少受捶打也。從鐵筩中取起，置於能轉動之鐵筩内，其中另加細砂，旋轉久之，則自相磨擦，更覺光明而淨。此種鐵最合於鍍錫與紅銅與銀。

鐵鍍銀

此法必用電氣而成之，鐵器須極淨而無油穢，再將鉀衰與新成之銀綠加水摇動，至消化爲度。所用之銀綠應有餘，若不能全消化，加少許鉀衰，必能消盡。再將此水漏過，得其明亮之水，置於玻璃杯内。以鐵器浸於水中，用銅絲連於金類電氣箱之鋅板，又有銀片，亦用銅絲連於金類電氣之銅板。二物相離稍遠，過數分時，雖面積極大之鐵器，亦能鍍銀。

利稼孫　華得斯　傅蘭雅　丁樹棠《製火藥法》卷一　論火藥源流

刱製火藥爲何代何國何人倡之，已無實據可考。第各西國相傳法，本東來考中國及印度國古籍所載，自古迄今已解此法，至刱造之孰先孰後，則代遠年湮，亦難追辨。大抵因有數處土面産硝，人或於此生火見硝能燃，且令火勢增烈，乃取炭合硝燃之，因稍悟藥性，即略會製藥之法，雖未添入硫質，祇硝、炭二物已敷製藥之用。惟此説僅屬臆見，縱略悟其法，亦非亟亟於製造火器。想其始，或第爲炸石並爆竹等用，洎製造火器之法徧傳各國，精益求精，於是自古各等兵器，如弓矢刀矟等物漸就廢置，以大小鎗礮代之，故一切戰事，莫不隨之改變矣。

近數十年來，有諳習化學之士，查有别物堪以代之，較藥力勝數倍。然火藥所以沿用至今歷久不廢者，有故。蓋由别物代藥有極危險者，或一經著手，或稍觸動，立能轟烈，多不便用。故燃火過速者，用於鎗礮彈子，尚未動而早已燃畢，氣必速散，定有炸裂之患。若燃火過緩者，彈子已出，而猶未燃畢，亦徒虚糜藥力。更有易銹壞鎗礮者，用之未久，而器已損，遂成無用。又有成燼較多者，亦未便用。唯配製如法，始無燃速及燃緩之弊，至銹壞鎗礮内質一弊，尚難全免。蓋製藥所用硫硝炭三料，大約隨地有之，而價亦廉，且製造之法不甚費工力。第有數種流弊，一生燼質而其質污，二發湮氣而其氣濁，三藥質易壞，四占地過多，分兩亦重，往來攜帶不便。若有明於化學者，能另尋一物，有火藥各種益而無其各等弊，則火藥亦可由此而廢矣。近新設棉花藥，泰西有數國略用之以代火藥，但此物益處雖多，然新設未久，不知究能勝火藥否。再閲數載，其法傳遍各處，則兩者相較，自分等差。

查西國載籍，知六百餘歲以來，西國已韻用火藥。嗣查五百六十餘歲以來，即載有用鎗礮之説，惟彼時所用之藥，與今大異，歷傳而後，製法每易代而愈巧。昔祇以人力，或以粗器與粗料成之，今則以絶巧輪器，倣化學之理分製藥料，以視昔之所製，精粗何如。西國昔時製藥，取炭硫硝三物磨至極碎而調匀之，嗣有人悟成粒之法，恐以水調匀，易損藥質，乃易以醋酒等物，則今昔所製之藥，其力相去較遠，從可知也。

自昔製藥所用各料分兩，與今不同。如三百二十年前，以大利國書中載製藥各方二十五則，内有一則，用硝一分，硫一分，炭一分。又一則，用硝十八分，硫二分，炭三分。二方所成之藥，非極利用而其餘者概不過如是。今欲倣其法爲之，更屬無當於用。但彼時藥力較今更小，恐因礮質不堅，僅與此等藥力相稱，或其時尚不解製力厚之藥也。

近各國製藥所用三料之重數無大異，惟倣各等藥之用處，以定三料之分兩。現有化學士化分各處所製之藥，每百分重所得各料之數如左。

	水	炭	硫	硝
中國大粒藥	一·六	一五·七	一一·三	七一·四
英國大粒藥	○·八	一四·八	一○·○	七四·六
英國大粒藥	○·七	一四·七	○七·六	七七·○
英國大粒藥	○·八	一四·一	一○·五	七四·六
英國大粒藥	○·八	一二·七	一○·一	七五·四
英國小粒藥	○·六	一四·九	○九·七	七四·八
法國大粒藥	○·九	一一·五	一三·六	七四·○
比利時國大粒藥	○·八	一三·五	一○·○	七五·七
美國大粒藥	一·○	一四·九	○九·七	七四·四
普魯士國大粒藥	○·六	一二·八	一○·○	七六·六
普魯士國小粒藥	○·七	一二·八	一一·○	七五·五
墺地利國鎗藥	○·八	一四·七	○九·一	七五·四
瑞顛國大粒藥	○·八	一四·六	○九·七	七四·九
俄羅斯國小粒藥	○·五	一五·七	○九·四	七四·四
瑞士國圓粒鎗藥	○·八	一七·八	一○·三	七一·一

傅蘭雅　汪振聲《開地道轟藥法》卷三

第十章　論爆藥

第一百十三欵　論轟裂與爆裂之分別

查各種爆性藥，應分別轟裂與爆裂兩種。輕者爲轟裂，重者爲爆裂。轟裂慢，而爆裂速。轟裂若推若舉，爆裂若擊若捶。如欲轟開泥土軟石，令其移動而不震動，則用轟藥，如火藥之類。如欲震動礫裂，其料爲硬性，如金石等類，則用爆藥爲合宜。如棉花藥，或淡養五各里司里尼，或代那買特等是也。

第一百十四欵　論火藥

所有各種藥内，以火藥爲最要，其性與原質爲人所皆知，不必詳言，只言其數要端。查火藥燃放時，其火從此處行至彼處，至藥之全體着火，所費之時雖少，亦有器能量之。凡用藥轟裂地道等事，必須塞緊，如棉花爆藥，則不必用塞緊工夫。但有法能令火藥爆裂，即用爆藥引火器放之，或用棉藥少許藏在火藥内，而用特設之法着火。此法在下詳言之。惟其性更慢，如火藥不能塞緊，遇交戰時忽然要放火藥，則用此法有大益。

第一百十五欵　論爆藥類

有數種金類，如汞鉑金銀等，能用强水與酒精等質，令變爲鹽類。此各質如擊之或加熱，則轟裂爆裂最慢。用之放別種藥，一次所用極少，即如銅帽，或放棉藥着火器，或放淡養五各里司里尼各種質。但此種藥不能多存，須分爲多小分，相離極遠擺之，則一小分轟裂，不能令其餘各分轟裂。

第一百十六欵　論棉藥

做棉藥法，將棉花浸在硝强水或硫强水所成之礆，先洗透，後用模壓成圓板或方板，令其質最密。如棉藥並淡養五各里司里尼，與代那買特各質，着火不過燃，不能轟裂。其數少，則點火無危險，只有火出之危險。如裝在堅固箱内着火，其爆裂最慢。欲令棉藥爆裂，必將最易爆裂之料含在其内，平常所用爲汞爆藥，又乾棉藥，須加擊力，方能着火。如此，比火藥更穩，稍加謹慎存之，無危險。

第一百十七欵　論濕棉藥

濕棉藥不但能爆裂，而濕時放之，其爆性更猛，且點火不能燃，故濕藥比乾藥存之更穩。如令其爆裂，用汞爆藥稍多，但過危險。故常法用乾棉藥少許放之，其乾棉藥仍用汞爆藥少許。又如棉藥幾分稍乾，則乾過應與乾棉藥相近。

第一百十八欵　論淡養五各里司里尼

英國工程兵所用爆藥爲棉花藥，但交戰時亦常用淡養五各里司里尼，並各種雜質，爲轟開石與各工用。其淡養五各里司里尼做法，將平常各里司里尼，合於硝强水或磺强水，必謹慎不令其生熱，則各里司里尼遇硝强水即刻變化成流質如油，用温水洗之，去其强水之微跡，則成常售之淡養五各里司里尼。

此質不能照常法令其轟裂，因着火則猛燃而不爆裂，不及棉藥之穩。遇凍冰變硬，則能燃火轟裂少許。如有汞爆藥數厘，與淡養五各里司里尼相切，則全行爆裂，與棉藥同。

如將此質藏在盒内，有人放槍彈碰之，則淡養五各里司里尼爆裂，而盒内裝棉藥不轟裂，可見交戰時用棉藥爲更穩。

淡養五各里司里尼因係流質，裝入瓶内易於漏出。如浸透紙布上，則一擊全行轟裂，最爲危險。以之開石，必最慎鑽孔處石無裂縫。因有裂縫，則流質流至別處，倘別處再鑽孔則轟裂，必致傷斃人。故凡微有裂縫處，則所用之淡養五各里司里尼必裝在不漏之管内放進。

淡養五各里司里尼冷至四十度以下，則凍冰變硬，難於爆裂。凍冰後加熱，令其鎔化，則臨化時最險，常有無故自行爆裂。雖凍冰時最易移動，然往往因此誤事，不可不慎。

放淡養五各里司里尼法，用特設之器，其形如極長之銅帽，其尺寸合於裝在平常必克否得之着火器，須將此着火器若干長放在此銅帽内，用剪剪之，而夾緊，令不脱，再放入淡養五各利司里尼内。

第一百十九欵　論淡養五各里司里尼雜質

因淡養五各里司里尼有流質之形，最不便用，有人設法用定質料收其油，令成定質。

現所用此各種質，最要者西名代那買特，其做法，用德國所産之土質，此土含矽養五甚多，而吸流質之性最大，所以能吸淡養五各里司里尼。另有配數種別質，與其性無大相關。

代那買特有濃淡數種，其濃者每百分含淡養五各里司里尼七十五分，平時裝在管内出售，用汞爆藥放之，與棉藥及淡養五各里司里尼同法。

有人特設放代那買特爆藥器，如英國家所發放棉藥之爆藥器，亦能放之。

代那買特比棉藥之性稍軟，其用法與棉藥大同小異。代那買特應在不洩水包内存之，若遇水及濕氣，最易壞。因遇水則土質放出，其油而流散，有危險。

代那買特凍冰變硬，則其爆裂之性減少，要用時輕加熱化之，與淡養五各里司里尼同。但凍冰時亦必慎用，常有人因凍冰無危險，故不謹慎，而過震動則轟

裂，致傷多人。

第一百二十欵　論別種爆藥

代那買特以外，另有數種爆藥，以淡養五各里司里尼，或棉藥，爲其根本。其最要有三種，第一爲裂石藥，其質略與代那買特相類。

爆裂膠。此膠爲一種特製之棉藥，全能在淡養五各里司里尼消化，與淡養五各里司里尼合成膠性之質，其力比淡養四各里司里尼更大，遇水不多改變，又受最大壓力，亦不放出淡養五各里司里尼。其做法，用淡養五各里司里尼九十三分，能消化之棉藥七分。但此種藥須有大力之着火料方能燃，如每百分合樟腦四分，則擊之亦不轟裂。在相近處放槍砲彈子，落下碰之，亦不能燃。棉藥粉，又名妥乃特，爲棉藥合錏養淡養五所製。

第十一章　論棉藥

第一百二十一欵　論棉藥塊尺寸與分兩

此爲陸地兵用，茲將所備棉藥尺寸分兩開列如左。

圓板形棉藥塊

徑寸數	長數	重磅數	乾或濕	着火法
一寸四分之一	一寸四分之一	一磅	乾	用着火塊鑽一孔
一寸四分之三	一寸八分寸之三	二磅	乾	有一孔

方形板

長寸數	寬寸數	厚寸數	重磅數	乾濕	着火法
六寸八分之一	六寸八分之一	一寸八分之三	二磅	濕	三孔
六寸八分之一	六寸八分之一	一寸八分之一	一磅半	濕	四孔
六寸八分之一	三寸	一寸八分之三	一磅	濕	二孔

以上棉藥外，另有數種，爲兵船或海底之用。查一千八百八十年，英國所發軍火書内，詳言之。

第一百二十二欵　論交戰所備棉藥

凡工程兵，每一哨所帶之棉藥，開列成表如下。馬兵各帶棉藥少許，以便遇有阻礙之物，立刻轟之。馬砲兵每砲一副，配棉藥十六磅，爲轟裂礮之用。此棉藥爲運動火藥砲彈餘兵隊所帶，隨時用完從總存料處取之。

每兵一哨或一營，在戰場預備棉藥。【略】

第一百二十三欵　論襯棉藥法

襯棉藥，須令每百分收水二十分至三十分。凡運至戰場，大半係濕棉藥，乾者僅着火塊。

着火塊。平常所用着火塊，爲乾棉藥圓板，中有孔接着火爆藥器。即着火棉藥，以全乾爲極要，所以平常之法，在馬口鐵罐内封密。

第一百二十四欵　論做乾棉藥法

凡濕棉藥欲令乾，最便之法，在屋内令遇乾空氣，或令遇日光。欲知其全乾與否，須細秤其分兩。

如試棉藥圓板乾否不便細秤，法將嫩而乾之玻璃片，對準人目，將其軟棉藥一塊，置玻璃面上。如周圍有露水一薄層，則知棉藥放出水氣尚未乾。

又有粗法，將乾着火塊劈開，其中顔色應與外相同，不可内深外淡。又如將着火塊切出數圓薄片，排成行，各相切而着火，則應全燒成光亮之火燄，不可有餘下未燒之棉藥。

第一百二十五欵　論鑽孔内裝棉藥

如在石内或磚工内，或木内鑽孔裝棉藥，必用極乾之藥，濕則難於着火。

第一百二十六欵　論截濕棉藥

如濕棉藥，可任截各種形狀。如海底用，特設之器具，最便用小齒鋸，其棉藥須用板夾之，如第一百圖。此器具爲工程兵所準用者，可隨處用板造此器。無論用何法，必謹慎，不可將棉藥板邊殘缺落下。

棉藥成細塊。如開石等工，棉藥板不便裝入小孔内，故折開成細塊，以便裝入。但壓緊則棉藥碎成粉，其力更小，所以塊愈大，其力之比例愈大。

第一百二十七欵　論棉藥與火藥相比

如土内或磚工内能塞緊，則棉藥力量比等重之火藥大兩倍至兩倍半。如不用塞緊之法，則棉藥力量比火藥大四倍。如在水底，則棉藥所能顯力之界圈，與火藥相比，約有五個半與三個半之比例。

有四項可用棉藥勝於火藥：一、其藥有不能塞緊之處。二、其藥所漲之容積，必爲極小之處。三、恐火藥不到時候而自燃。四、藥易着濕之處，則用棉藥更宜，必謹慎着火塊不可着濕。

第一百二十八欵　論預備棉藥着火法

如欲轟開地道或城門，可將棉藥合成一塊用之。欲轟裂牆及柵，可將棉藥成一條排列。此事在一百五十五欵言之。無論成塊成條，其着火塊必安在棉藥

一塊之孔內。如無孔，即用銅絲或蔴繩綁連。如用電氣放爆藥着火器，則用繩不用銅絲，其着火塊應在全體棉藥當中爲要。

第一百二十九欵　論放大孔之器

其爆藥着火器與相連之銅絲通入棉藥着火塊，令其尖之一邊全入棉藥內。此事必最慎，不可用力。恐用力則爆藥爆裂，以致傷斃人。如孔太小，須用黄楊木錐放大其孔，每着火爆藥管一桶，内配此器一個。又其孔太小，須用薄紙一張，繞其爆藥管外，則放入時用極輕之力配準。另用小蔴繩，將着火爆藥管，與棉藥着火塊或棉藥板綁連，如用必克否得着火器，必謹慎着火器不能在棉藥别處相切，或放火星在棉藥之别處。如不能塞緊棉藥，則用青草等料蓋在棉藥面上，令爆藥火星不能與棉藥相切。

第一百三十欵　論塞緊之法

如用棉藥轟墻與橋洞等處，則塞緊之厚，與泥水工等厚爲合宜。如塞緊處比泥水工更厚則無益。

代那　瑪高温　華蘅芳《金石識别》附《金石表》　美國代那作《金石識别書》，同治八年瑪高温譯以漢文，所定金石之名，初時未曾列表，故考究礦學者，往往既得金石祇有西名，而無華名，即不能從已譯之書索其底藴，且後人續譯化學、礦學等書，因無金石名表，故不免另立新名，由是金石家更以名目不同爲憾。茲將西名列於左行，瑪氏所定之名列於中行，其有遺漏者，則考其原有之别名代之，其竟無别名可代者闕之。續譯化學、礦學等書所定金石之名，與其最要之原質列於右行，異同是非，可比較而得之。金石家從礦石而得西名，從西名而得華名，求之於已譯之金石礦學等書，亦足有裨實用也。光緒九年三月。

Teams used in J. D. Dana's Manual.	Teams used in Dr. Macgowan's Translation.	Teams in general use and chief elements
A		
Acadiolite, (Chabasite),	哀開台育來脱	阿卡弟哇來得　鋁鈣鈉鉀矽
Achmite,	鴨克每脱	阿格迷得　鐵鈉鈔養二
Acid, arsenious,	少砒酸	鉮養三
Acid boracic,	布而偷酸	硼養三
Acid carbonic,	炭酸	炭養二
Acid hydrochloric,	鹽酸氣	輕綠氣
Acid muriatic,	鹽酸氣	輕綠氣
Acid sulphuric,	硫礦酸	硫養三
Acid sulphurous	硫酸氣	硫養二
Acid, tuugstic,	東斯天酸	鎢養三
Acmite,	鴨克每脱	阿格迷得　鐵鈉矽養二
Actinolite, (Hornblende),	阿克低摩兒愛脱	光線石　鎂鈣矽養二
Actinolite, asbestiform,	哀斯倍斯得斯阿克低摩兒愛脱	不灰木形光線石
Actinolite, glassy,	玻璃阿克低摩兒愛脱	玻璃形光線石
Actinolite, massive,	塊阿克低摩兒愛脱	成塊光線石
Actinolite, radiated,	星阿克低摩兒愛脱	星形光線石
Adamant, or Diamond,	金剛石	金剛石　明炭
Adamantine spar,	阿得蠻淡斯罷	金剛性光石　鋁二養三
Adularia, (Orthoclase),	愛度琉璃耶	阿度拉里阿石　鋁矽養二鉀
Aeschynite,	曷斯間奈脱	依喜奈得　錯鐵鍩鈮
Agalmatolite, or Pagodite,	像石	像石　鋁鉀矽養二
Agaric mineral, (Calcite),	灰拓發	蕈形石　鈣養炭養二
Agate, (Quartz),	鴨呆脱	黑白瑪瑙　矽養二
Agate, moss,	莫斯鴨呆脱	苔紋瑪瑙　矽養二
Alabandine		阿拉班弟尼礦　錳硫
Alabaster, (Gypsnm),	阿拉罷斯登	阿拉巴司得　鈣養硫養三
Alalite, (Pyroxene),	哀來來脱	阿拉來得　鎂矽養二
Albite, (Cleavelandite),	阿兒倍脱	阿勒倍得　鋁鉀鈉矽養二
Albite granite,	阿兒倍脱合拉尼脱	含阿勒倍得之花剛石
Alexandrite, (Chrysoberyl),	哀來刻殘奪來脱	亞勒散得來得　鉛鋁鐵

Allagite, (Rhodonite),	鴨拉呆脱	阿拉蓋得 錳矽養二
Allanite, or Cerine,	俺蘭奈脱	阿蘭奈得 錯鋁鐵鈣
Allophane, or Reimannite,	哀盧非能	阿陸法尼石 鋁鐵銅 矽養二
Allophane, opal,	阿背爾哀盧非能	阿陸法尼哇巴勒石
Alluaudite,	哀盧哀得愛脱	阿魯哇台得 鐵錳燐養五
Almandine, (Garnet)	鴨兒鑾定	阿利滿的尼石 鋁鐵 矽養二
Alum,	明礬	白礬
Alum Ammonia,	阿摩尼阿礬	淡輕四礬
Alum Iron,	鐵礬	鐵礬
Alum magnesia,	美合尼西養礬	鎂礬
Alum manganese,	孟葛尼斯礬	錳礬
Alum potash,	卜對斯礬	鉀礬
Alum soda,	素特礬	鈉礬
Alumina,	哀盧彌那	鋁二養三
Alumina dihydrate,	二水哀盧彌那	鋁二養三二輕養
Alumina fluate,	夫羅而林酸哀盧彌那	鋁二弗三
Alumina hydrate,	水哀盧彌那	鋁二養三輕養
Alumina hydrous silicate,	水夕里開哀盧彌那	含水鋁二養三矽養二
Alumina hydrous sulphate,	水硫酸礬	含水鋁二養三硫養三
Alumina mellate,	蜜來脱酸哀盧彌那	鋁二養三密來克
Alumina phosphate,	燐酸哀盧彌那	鋁二養三燐養五
Alumina sulphate,	硫酸哀盧彌那	鋁二養三硫養三
Alum shale, (clay slate),	礬泥石	成礬泥板石 鋁矽養二
Alum stone, or Alunite,	礬石	礬石 鋁鉀硫養三
Alum slate,	礬泥石	礬端石 鋁矽養二
Aluminite,	哀盧彌那愛脱	阿呂迷奈得 鋁鉀硫養三
Aluminum,	哀盧彌尼恩	鋁
Aluminum fluoride,	夫羅而林酸哀盧彌那	鋁二弗三
Alunite,	阿拉奈脱	阿魯奈得 鋁鉀硫養三
Amalgam native,	銀汞礦	自然銀汞膏
Amber,	琥珀	琥珀 炭輕養
Amblygonite,		阿瑪布里古奈得 鋁鋰 燐養五
Amethyst, (quartz),	阿彌地斯脱	阿迷替司得 矽養二
Amethyst Oriental,	東阿彌地斯脱	東方阿迷替司得 鋁二養三
Amianthus, (asbestus),	曖昧安得斯	阿迷安土斯石 鎂鈣 矽養二
Ammonia,	阿摩尼阿之鏽	淡輕三
Ammonia bicarbonate,	二股炭酸阿摩尼阿	淡輕四養二炭養二
Ammonia carbonate,	炭酸阿摩尼阿	淡輕四養炭養二
Ammonia muriate,	鹽酸阿摩尼阿	淡輕四綠
Ammonia phosphate,	燐酸阿摩尼阿	淡輕四養燐養三
Ammonia sulphate,	硫酸阿摩尼阿	淡輕四養硫養三
Ammoniac, Sal,	磠砂	腦砂 淡輕四綠
Amphibole, or Pargasite,		安非蒲里石 矽鎂鈣硫鐵
Amphodelite, (Anorthite),	安富馱兒愛脱	安夫的來得 鋁鈣鎂 矽養二
Amygdaloid,	哀彌奪羅愛脱	杏核形石
Amygdaloidal basalt,	哀彌奪羅愛脱倍素脱	杏核形巴所得
Analcime, or Cubicite,	鴨捺兒西姆	安阿勒西迷石 鋁鈉 矽養二
Anatase,	鴨奈台斯	安阿大西石 鍇養

Ancramite,		安可拉埋得　鋅養
Andalusite, or Stanzaite,	安奪羅斯愛脱	安達盧歲得　鋁矽養二
Andesin,	安地西能	安弟西尼石　鋁鈉鈣矽養二
Anglarite, (Vivianite),	安葛利兒愛脱	安古拉來得　鐵燐養五
Anglesite,	安合利雖脱	安古賽得　鉛硫養三
Anglesite cuprous,	銅安合利雖脱	含銅之安古賽得
Anhydrite, or Karstenite	安海奪來脱	無水石　鈣硫養三
Anhydrons sulphate of lime,		無水石膏　鈣硫養三
Ankerite,	安己兒愛脱	安格來得　鈣鎂炭養二
Anorthite, or Biotine,	愛奴雖脱	安哇而台得　鈣鋁矽養二
Anthophyllite, (Hornblende),	安土非兒愛脱	花葉石　鎂鐵矽養二
Anthosiderite,	安素須提來脱	花鐵石　鐵矽養二
Anthracite, or Stone Coal,	安得里斯愛脱	硬煤　白煤
Anthraconite, (Stinkstone),		臭石　鈣養炭養二
Antigorite, (Serpentine),	安得果兒愛脱	安低哥來得　鎂矽養二
Antimoniate of lead,	安的摩尼酸鉛	鉛養銻養五
Antimoniate lime,	安的摩尼酸灰	鈣養銻養五
Antimonial copper,	安的摩尼銅	古銻之銅
Antimonial nickel,	安的摩尼臬	含銻之鎳
Antimonial silver,	安的摩尼銀	含銻之銀
Antimony,	安的摩尼	銻
Antimony native,	自然安的摩尼	生銻
Antimony arsenical,	砒安的摩尼	含鉮之銻礦
Antimony feather ore,	毛安的摩尼礦	翎形銻礦
Antimony gray,	灰色安的摩尼	銻硫三礦
Antimony red,	紅安的摩尼	紅銻礦
Antimony sulphuric,	硫磺安的摩尼	銻硫三
Antimony white,	白安的摩尼礦	銻養三礦　白銻礦
Antimony and lead sulphuret,	硫鉛安的摩尼	銻與鉛合硫各礦
Antrimolite, (Mesolite),	安脱來摩兒愛脱	安德靈哇來得　鋁鈣矽養二
Apatelite,	哀白底來得	阿巴弟來得　鐵養硫養三
Apatite,	鴨不對愛脱	欺人石　鈣養燐養五
Aphanesite,	厄非尼雖脱	阿法尼賽得　銅鉮
Aphrodite, (Meerschaum),		阿佛羅台得　鎂養矽養二
Aplome, (Garnet),	鴨不盧彌	阿布羅迷石　鈣鋁鐵矽養二
Apophyllite,	哀剥非來脱	易分頁石　鈣鉀矽養二
Aquamarine, (Beryl),	鴨桂枚林	海水色寶石　鋁鋊矽養二
Aragonite, or Igloite	哀來果奈脱	阿拉果奈得　鈣養炭養二
Arendalite, (Epidote),		阿連打來得　鋁矽養二
Argentane,	白銅	白銅　日耳曼銀
Argentine, (Calcite),	阿纏丁	銀色石　鈣養炭養二
Argillaceous shale,	泥石	泥板石　鉛矽養二
Argillite,	阿其來脱	泥石　鋁矽養二
Arkansite, (Brooke),		阿甘色愛得　鐠養
Arquerite,	阿己來脱	阿耳幾來得　銀汞
Arseniate of cobalt,	砒酸苦抱爾	鈷養鉮養五
Arseniate copper,	砒酸銅	銅養鉮養五
Arseniate iron,	砒酸鐵	鐵養鉮養五
Arseniate lime,	砒酸灰	鈣養鉮養五
Arseniate nickel,	砒酸臬客爾	鎳養鉮養五
Arsenic,	砒石	鉮

Arsenic native,	生砒	自然鉮
Arsenic sulphuret,	黄紅硫砒	鉮合硫各質
Arsenic white,	白砒霜	鉮養三
Arsenic antimony,	砒安的摩尼	含鉮之銻礦
Arsenical cobalt,	砒苦抱爾	含鉮之鈷
Arsenical iron pyrites,	砒鐵倍來底斯	含鉮之鐵硫二礦
Arsenical lead,	砒鉛	含鉮之鉛
Arsenical manganese,	砒孟葛尼斯	含鉮之猛
Arsenical nickel,	砒酸臬客爾	鉮鎳礦
Arsenical silver,	砒銀	含鉮之銀
Arseno-siderite,	砒息地來脱	鉮鐵礦
Arsenious acid,	少砒酸	鉮養三
Asbestus,	哀斯倍斯得斯	不灰木　鎂鈣矽養二
Asbestus ligniform,	木哀斯倍斯得斯	木形不灰木
Asparagus stone,	哀斯罷里刻斯	阿司叭拉故司石　鈣燐養五
Aspasiolite,	哀斯倍斯育來脱	阿司叭肖來得　鋁鎂矽養二
Asphaltum,	鴨西發而登	阿司弗辣脱姆　硬石油
Asteria,		星形光色寶砂　鋁二養三
Atacamite, or Remoliuite,	阿台開每脱	阿大卡迷得　銅養綠
Atmospherio air,	天空氣	空氣
Angite, (Pyroxene),	鵶呆脱	哇蓋得　鎂矽養二
Angite white,	白鵶呆脱	白色哇蓋得
Anrichalcite,	屋來刻而斯愛脱	哇利丐勒賽得　鋅銅炭養二
Anriferons pyrites,	金倍來底斯	含金之鐵硫二礦
Aurotellurite,	金脱羅里恩	金合磅礦
Automolite,	哇吐摩愛脱	哇土暮來得　鋁鋅鐵矽
Aventurine, feldspar,	阿墳邱陵非而斯罷	阿分度里尼非勒司怕耳
Aventurine, quartz,	阿墳邱陵科子	阿分度里尼石英　矽養二
Axinite, or Phunite,	鴨克雖奈脱	斧形石　鈣鋁矽養二
Azure,		鈷藍料
Azurite, or chessylite,	愛如來脱	阿素來得　銅炭養二

B

Babingtonite,	拔平得奈脱	巴丙頓愛得　鐵錳鈣矽養二
Balas ruby, (Spinel),	倍拉斯露佩	巴拉司紅寶石　鋁二養三
Baltimorite, (Serpentine)		巴勒替暮來得　鎂鐵矽養二
Barium,	貝而以恩	鋇
Baryta,	貝而以之鏞　貝而以養	鋇養
Baryta carbonate,	炭酸貝而以養	鋇養炭養二
Baryta sulphate,	硫酸貝而以養	鋇養硫養三
Baryta sulphato carbonate,	硫酸炭酸之貝而以養	鋇養硫養三鋇養炭養二
Baryt-Harmotome,	貝而以哈摩多姆	鋇養哈馬土密石　鋇硫矽
Barytocalcite,	貝而多開來愛脱	鋇養炭養二鈣養炭養二礦
Basalt,	倍素脱	巴所得　鋁鈣矽
Basaltic conglomerate,	倍素合子石	巴所得合子石
Basanite,	皮雖奈脱	巴薩奈得　試金石矽養二
Bath metal,	罷孚金	巴得銅　銅鋅
Bell metal,	鐘銅	鐘銅　銅錫
Bell metal ore,	鐘銅礦	鐘銅礦　錫硫
Beraunite,	皮羅肥脱	比羅奈得　鐵燐養五
Berenglite, (guyaquillite),	皮文其兒愛脱	伯令來得　炭輕養

Beryl,	倍里爾	伯而以勒石　鋁鋊矽養二
Berthierite, or Haidingetite,	白兒茄來脫	伯替愛來得　銻硫
Biddery ware,	別奪利	比特里銅器　銅鋅鉛錫
Biotite, (Mica),	倍阿對脫	比阿台得　鋁鎂矽養二
Birdseye marble,		烏眼紋雲石　鈣炭養二
Bismuth,	別斯末斯	鉍
Bismuth acicular,	針別斯末斯	針形鉍礦
Bismuth alloys,		鉍之攙質
Bismuth blende,	別斯白倫	鉍養矽養二礦
Bismuth carbonate,	炭酸別斯末斯	鉍養炭養二礦
Bismuth cupreous,	銅別斯末斯	銅鉍礦
Bismuth native,	生成自然別斯末斯	自然鉍　純鉍
Bismuth nickel,	別斯末斯臬客爾	含鉍之鎳礦
Bismuth ochre,	別斯末斯土	鉍養黃土
Bismuth oxide,	別斯末斯養	鉍養
Bismuth silicate,	夕里開別斯末斯	鉍養矽養二礦
Bismuth sulphuret,	硫磺別斯末斯	鉍硫三
Bismuth telluride,	脫羅里恩別斯末斯	含碲之鉍
Bismatite,	別斯毋得愛脫	鉍養炭養二礦
Bitter spar, or Brown spar,	褐斯罷	苦光石　鈣鎂炭養二
Bitumen,	石油	必刁門　地栢油　炭輕養
Bitumen elastic,	輭石油	能伸縮之地栢油
Bitnminous coal,	別區門那斯可兒	烟煤
Bitumen shale	石油泥石	含地栢油泥板石
Black cobalt,	黑苦抱爾	黑鈷　鈷養黑礦
Black copper,	黑銅	黑銅　銅養黑礦
Black jack,	硫磺白鉛礦	鋅硫礦
Black lead,	石墨	筆鉛
Black marble,	黑灰石	黑雲石
Blende,	白倫脫	布倫得　鋅硫礦
Bloodstone, Heliotrope,	血石	血點石　矽養二
Bloodstone		血色鐵礦　鐵二養三
Blue asbestus,	藍哀斯倍斯得斯	藍色不灰木
Blue copper,	藍銅礦	藍色銅礦　銅養炭養二
Blue iron earth,	藍鐵土	含鐵藍土　鐵養燐養五礦
Blue malachite,	藍麥來蓋脫	藍色瑪拉開得　銅養炭養二
Blue spar, or Lazulite,	藍斯罷	藍色光石
Blue vitriol,	硫酸銅	膽礬
Bodenite, (orthite.),	蒲奪奈脫	布頓愛得　錯矽養二
Bog iron ore,	澤鐵土	卑濕地鐵養礦　無名異
Bog manganese,	澤孟葛尼斯	卑濕地錳養二礦
Bole,	蒲貳	黃紅石脂
Boltonite,	蒲待奈脫	波勒頓愛得　鎂矽養二
Boracic acid,	布而倫酸	硼養三
Boracite,	布而倫斯愛脫	鎂養硼養三礦
Borate of lime,	布而倫酸灰	鈣養硼養三
Borate magnesia,	布而倫酸美合尼西	鎂養硼養三
Borate soda,	布而倫酸素特	鈉養二硼養三
Borax,	硼砂	硼砂
Boron	布而倫	硼
Boro-silicate, of lime,	布而倫夕里開炭	鈣養硼養三鈣養矽養二
Botryolite, (Datholite),	布胎兒愛脫	葡萄串形石鈣矽硼
Boulangerite,	蒲蘭其兒愛脫	布浪遮來得　鉛銻硫
Bouruouite, or Endellionite,	婆兒奴愛脫	布而奴奈得　鉛銅銻硫

Branchite, (scheererite),	辦刻愛脫	布蘭蓋得 炭輕養
Brass,	黃銅	黃銅
Braunite,	白勞奈脫	布羅奈得 錳二養三
Breccia,	稜角合子石	稜角形合子石
Breccia marble,	稜角合子灰	稜角形粒雲石
Breislakite, or Cyclopeite,		布來司拉蓋得 鎂矽養二
Breunnerite, (Dolomite),		布倫納來得 鈣鎂炭養二
Brevicite, (Natrolite),	白里肥斯愛脫	布里非賽得 鋁鈣鈉 矽養二
Brewsterite,	白羅希得兒愛脫	布陸司大來得 鋁鋇鍶 矽養二
Britannia metal,		英國攙錫
Brittle silver, ore	脆銀礦	脆性銀礦
Brocatella di-sienna,		黃色花點雲石
Brochantite,	白羅蓋得愛脫	布陸嵌台得 銅養硫養三
Bromie silver,	孛羅名銀	含溴之銀
Bromine,	孛羅名	溴
Bromlite, (Witherite),	薄姆愛脫	布陸暮來得 鋇鈣炭養二
Bronze,	礮銅	銅錫鋅合質
Bronzite,	白狼是愛脫	布浪賽得 鎂鐵矽養二
Brookite,	白羅客愛脫	布陸蓋得 鐠養
Brown iron, ore,	褐鐵礦	椶色鐵礦
Brown coal, (Lignite),	白勞而可兒	椶色煤
Brown hematite, (Limonite),	褐希美台得	椶色喜瑪台得 鐵二養三
Brown ochre, (limonite),	褐鐵土	椶色土
Brown spar, (Dolomite),	褐斯麗	椶色光石 鈣鎂炭養二
Brneite,	白羅斯愛脫	布路歲得 鎂養輕養
Bucholzite, (Silimauite),	薄哥兒自愛脫	布可勒賽得 鋁二養三 矽養二
Buekaudite, (Epidote),	薄客蘭台脫	布各蘭台得 鋁鈣鐵 矽養二
Buhrstone, (Quartz),	磨石	布耳磨石 矽養二
Building stone,		造房屋之石
Buratite,	掊利推脫	布拉台得 鋅銅炭養二
Bustamite,	婆斯得美脫	步司他埋得 錳鈣矽養二
Bytownite,	倍當奈脫	拜套奈得 鋁矽養二

C

Cacholong,	開果倫	卡卓浪石 矽養二
Cacoxene,	利開信	卡可格西尼石 鋁鐵 燐養五
Cadmia,	開特彌耶	鎘硫
Cadmium,	開特彌恩	鎘
Cairugorm, (Quartz),	煙科子	嵌納各末石 墨晶
Caking coal,	開克可兒	鎔結煤
Calaite, or Taranois,	推而廓	卡拉愛得 鋁銅燐養五
Calamine, (Smithsonite),	開來鑾尼礦	卡拉迷尼礦 鋅養炭養二
Calamine electric,		電性卡拉迷尼礦
Calc spar,	丐而刻斯罷	丐克司巴耳 鈣養炭養二
Calcareous spar,	灰斯罷	含鈣之光石
Calcareous tufa,	灰拓發	含鈣之都法 鈣養炭養二
Calcedony, (Quartz),	開而西馱能	卡勒西度尼石 矽養二
Calcium,	丐而西恩	鈣
Calcium chloride,	綠氣丐而西恩	鈣綠
Calcium fluoride,	夫罷而林灰	鈣弗
Caleite,		丐勒賽得 鈣養
Caledonite,	却里馱奈脫	軋利朵奈得 鉛銅硫養
Catlais, or Turqnois,	推而廓	卡雷司 鋁銅燐養五
Cauaanue, (Scapolite),	斯蓋波來脫	迦南愛得 鋁鈣矽養二

English	譯名	成分
Caunel coal	恰逆兒可兒	干尼里煤　燭煤
Caontehoue , mineral ,	金抹紙膠	地産輭象皮
Capillary pyrites ,	毛倍來底斯	毛形鎳硫二礦
Carbon ,	炭	炭
Carbonic acid ,	炭酸氣	炭養二氣
Carbonic oxide ,	養炭酸	炭養氣
Carbuncle , or Garpet ,	茄納	卡朋可勒石　鋁鈣矽養二
Carburetted hydrogen ,	炭輕氣	炭二輕四氣
Carburet of iron ,	炭鐵	鐵炭
Carnelian , (Agate) ,	蓋尼里恩	卡耳尼里恩石　矽養二
Carpholite ,	茄孚兒來脱	麥柴色礦　錳鋁鐵矽養二
Carphosiderite ,	茄孚昔地來脱	麥柴色鐵礦　鐵養燐養五
Carrarn Marbel ,	花灰石	揩拉刺雲石
Castor , (Petalite) ,	卡斯得兒	揩司土爾石　鋁鋰矽養二
Catlinite , (Clay) ,	煙管石	煙管石　鋁矽養二
Cats' eye , (Quartz) ,	貓睛石	貓兒眼石　矽養二
Celestine ,	靭斯底	細勒司的尼　鎴養硫養三
Cerasite ,		西拉賽得　鉛綠炭養二
Cerine ,	昔而林	昔里尼石　錯矽養二
Cerite ,	西來脱	昔來得　錯矽養二
Cerium ,	昔而以恩	錯
Cerium ochre ,	昔而以恩鴉葛爾	錯養黃土
Cerium ores ,	昔而以恩礦	錯礦
Cerium phosphate ,	燐酸昔而以恩	錯養燐養五
Cerium silicate ,	夕里開昔而以恩	錯養矽養二
Cernsite ,	西路雖脱	西魯司愛得　鉛養炭養二
Chabazite ,	揩白斯愛脱	遮罷賽得　鋁鈣矽養二
Chalcedony , (Quartz) ,	開而西馱能	卡勒西度尼石　矽養二
Chaleolite , (Uranite) ,	綠色由日奈脱	卡勒哥來得　鈾銅燐養五
Chalk , (Caleite) ,	茶而刻	白石粉
Chalk red ,	紅茶而刻	紅石粉
Chalybeare waters ,	鐵金水	含鐵之泉水
Chalybue , or Spathose ,	開倍脱	卡里倍得　鐵養炭養二
Chamoisite ,	奢莫尼斯愛脱	奢莫賽得　鐵矽養二
Chathamite , (Smaltine) ,	轄的每脱	查他埋得　鈷鉀
Cherry-coal ,	七里可兒	櫻桃色煤
Chessy copper , (Azurite) ,	愛如來脱	只西銅　銅養炭養二
Chiastelite , or Macle ,	才哀斯多兒愛脱	齊阿司土來得　鋁矽養二
Childrenite ,	七兒代兒愛脱	知勒屯愛得　鋁鐵錳燐養
Chiolite ,	氣奴兒愛脱	奇哇來得　鋁鈉弗
Chlorastrolite ,	客羅辣四多愛脱	綠星石　鋁鈣鈉矽養二
Chlorine ,	綠氣	綠氣
Chlorite ,	客羅愛脱	格羅來得　鎂鋁矽養二
Chlorite slate ,	綠泥石	格羅來得端石　鎂鋁矽養二
Chlorite rock ,	綠泥石	格羅來得　鎂鋁矽養二
Chloritoid , (Sismondine) ,	客羅利多愛脱	似格羅來得　鋁鎂鐵矽養
Chloropal ,	客羅羅倍爾	綠色哇巴勒石　鐵矽養二
Chlorophane ,		格羅路發尼石　鈣弗
Chlorophyllite , (Iolite) ,	客羅落非來脱	綠葉石　鋁矽養二
Chlorospinel ,	客羅羅斯比偶爾	綠色司比內勒石　鋁鎂養
Chondrodite , (Humite) ,	康奪羅台脱	可捺得路待得　鎂矽養二
Chromate of lead ,	客羅彌酸鉛	鉛養鉻養二
Chromate of lead and copper ,	客羅彌酸銅鉛	鉛養鉻養三合銅養鉻養三
Chrome yellow ,	客羅彌漆畫色料	鉛養鉻養三黃色料
Chromic iron , or Chronite ,	客羅彌恩鐵	含鉻之鐵

Chromic ochre,	生成客羅彌酸土	鉻養三黃土
Chromium,	客羅彌恩	鉻
Chrysoberyl,	客里蘇倍里爾	金色伯而以勒石　鋊 鋁二養三
Chrysocolla, or Copper-green,	客里蘇各落	銲金料石　銅矽養二
Chrysolite or Olivine,	客里蘇兒來脱	金色石　鎂鐵矽養二
Chrysolite iron,	鐵客里蘇兒來脱	鐵金色石　鐵鎂矽養二
Chrysoprase, (Chalcedony),	開蘇倍斯	翡翠玉　矽養二
Cimolite, (Clay),	惜摩來脱	西暮來得　鋁矽養二
Cinnabar,	惜納拔	汞硫礦
Cinnabar hepatic,	肝色惜納拔	肝色汞硫
Cinnamon-Stone, (Garnet),	肉桂石	桂皮色石　鋁矽養二
Cipolin marbles,		西布里尼雲石　鈣養炭養二
Clausthalite,	客羅斯對來脱	鉛硒礦
Clay,	土	韌泥　鋁矽養二
Clay brown and yellow,	褐黃泥鐵石	椶黃泥鐵石
Clay for bricks,	磚泥	磚泥
Clay iron-stone,	土鐵石	泥鐵石　鐵養炭養二
Clay pottery,	砂磁之泥	作瓷瓦之泥
Clay slate,	克來斯里脱　泥石	泥端石　鋁矽養二
Cleavelandite, (Albite),	客里勿蘭待脱	格里甫蘭台得　鋁鉀鈉矽
Clinkstone, or Phonolite,	響否	響石　鋁矽養二
Clintonite, or Segbertite,	客林脱能愛脱	格林敦愛得　鋁鎂矽養二
Cloanthite,	客羅安得愛脱	白色鎳礦　鉀鎳礦
Coal, anthracite,	安得里斯愛脱無石油之煤	硬煤白煤
Coal bituminous,	別區門那斯可兒　石油煤	煙煤
Coal brown,	白勞兒可兒　褐色煤	椶色煤
Coal caking,	餅煤	鎔結煤
Coal cannel,	燭煤	干尼里煤
Coal cherry,	櫻桃煤	櫻桃色煤
Coal glance,	光煤	光色煤
Coal mineral,	煤炭	煤
Coal splint,		硬櫻桃色煤
Coal stone,	石煤	石煤
Coal wood,	木煤	木煤
Cobalt,	苦抱爾	鈷
Cobalt arsenate of,	多砒酸苦抱爾	鈷養鉮養五
Cobalt arsenical,	砒苦抱爾	含鉮之鈷
Cobalt arsenite,	少砒酸苦抱爾	鈷養鉮養三礦
Cobalt black oxide,	養氣苦抱爾	黑色鈷養礦
Cobalt bloom,	紅苦抱爾	鈷紅料
Cobalt earthy,	養氣苦抱爾	含土之鈷養礦
Cobalt mica, (bloom),	枚格苦抱爾	雲母石形鈷礦
Cobalt nitrate,	硝酸苦抱爾	鈷養淡養五
Cobalt ochre,	紅苦抱爾土	紅色鈷養土
Cobalt pyrites,	苦抱爾倍來底斯	鈷二硫三礦
Cobalt radiated,	星白苦抱爾	星紋白色鈷礦
Cobalt red,	紅苦抱爾	紅色鈷養礦
Cobalt sulphate,	硫酸苦抱爾	鈷養硫養五
Cobalt sulphuret,	硫磺苦抱爾	鈷二硫三礦
Cobalt tin-white,	錫色苦抱爾	錫白色鈷礦
Cobalt vitriol	硫酸苦抱爾	鈷養硫養三

Cobalt white,	白苦抱爾	白色鈷礦
Cobaltic lead ore,	苦抱爾鉛礦	含鈷之鉛礦
Cobaltine, (cobalt glance),	苦抱爾低能	古薄勒的尼礦　鈷鉮硫
Coccolite,	顆顆來脫	小果形石　鎂矽養二
Colcothar,	渴兒可撒	鐵二養三粉
Colophonite, (Garnet),	果羅無奈脫	松香色石　鋁矽養二
Columbite,	可倫倍脫	高倫倍得　鐵錳鈮
Columbium,	可倫皮恩	鎢　鈮
Compronite, (Thompsonite),	康白脫奈脫	干布敦愛得　鋁鈣矽養二
Coke,	枯塊煤	枯煤
Condurrite, (Doneykite),	康馱來脫	干度來得　銅鉮
Conglomerate,	合子石	合子石
Copal, fossil,		地產哥巴勒
Copper,	銅	銅
Copper alloys of,	攙銅	攙銅質
Copper antimonial,	安的摩尼銅	含銻之銅礦
Copper arseniate,	砒酸銅	銅養鉮養五
Copper arsenical,	砒銅	含鉮之銅
Copper blue,	藍色炭酸銅	藍色銅養炭養二礦
Copper carbonate,	炭酸銅	銅養炭養二
Copper chloride,	綠氣銅	銅綠
Copper froth,	銅沫	淡綠色銅養鉮養五礦
Copper glance,	玻璃銅礦	光色銅礦
Copper glance antimonial,	安的摩尼玻璃銅礦	含銻之光色銅礦
Copper mica,	銅枚格	雲母石形銅礦
Copper muriate,	鹽酸銅	銅綠
Copper native,	生成白然銅	生成銅
Copper nickel,	銅臬客爾	鉮鎳礦　銅色鎳礦
Copper oxide,	養氣銅	銅合養氣礦
Copper phosphate,	燐酸銅	銅養燐養五
Copper pyrites,	硫銅礦	銅硫二礦
Copper pyrites, with iron,	銅倍來底斯	銅硫二鐵硫二礦
Copper pyrites, variegated,	紋銅倍來底斯	雜色銅硫二鐵硫二礦
Copper pyritous,	銅倍來底斯	銅硫二礦
Copper selenide,	西里尼恩銅	銅硒礦
Copper silicate,	夕里開銅	銅養矽養二
Copper silico-carbonite,	夕里開炭酸銅	含矽養二之銅養炭養二礦
Copper sulphate,	硫酸銅	銅養硫養三
Copper sulphato-chloride,	硫綠酸銅	銅綠硫養三
Copper sulphuret,	硫磺銅	銅硫
Copper uranite,	銅由日尼恩	含鈾銅礦
Copper ore, black,	黑銅礦	黑色銅礦　銅養
Copper ore, blue,	藍銅礦	藍色銅礦　銅養炭養二
Copper ore, gray,	灰銅礦	灰色銅礦　銅銻鉮硫
Copper ore, argentiferous,	銀灰銅礦	含銀之灰色銅礦
Copper ore, octahedral,		八面形銅礦　銅礦
Copper ore, red,	紅色銅礦	紅色銅礦　銅養
Copper ore, variegated,	紋銅倍來底斯	花點銅礦　銅鐵硫
Copper ore, velvet,	絨銅礦	絨銅礦　銅養炭養二
Copper ore, vitreous,	玻璃銅礦	光色銅礦　銅硫
Copperas,	各別累斯	青礬　鐵養硫養三
Coquimbite,	可緊倍來脫	格苛末倍得　鐵養硫養三
Coracite, (pitchblende),	可利雖脫	鴉黑色礦　鈾鉛鈣
Cordierite, or Iolite,	哀育來脫	哥弟阿來得　鋁鎂鐵矽養二
Cork, mountain,	山輭木	輭木形石　鎂鈣矽養二
Corneous lead,	角鉛	明角形鉛礦　鉛綠炭養二

Corundum,	可倫奪姆	可倫都末寶砂石　鋁矽
Cotunnite,	可多每脱	哥敦奈得　鉛緑
Couzeranite, (Seapolite),	苦澤兒安愛脱	故西南愛得　鋁矽養二
Covelline, or Indigo Copper,	可弗林	碘藍色銅礦　銅硫
Crichtonite, (Ilmenite),	克里脱奈脱	格來頓愛得　鐵鍇
Crocidolite,	客羅雖駄來脱	緯線紋石　鐵矽養二
Crocoisite, (Lehmannite),	客羅科雖脱	格羅蓋賽得　鉛養鉻養三
Cronstedtite,	克郎斯底台脱	格蘭斯特台得　鐵矽養二
Cross stone, or Staurotide,	雙合形斯多羅得愛脱	十字形顆粒石　鐵鎂矽養二
Cryolite,	哀育來脱	雪形石　鋁鈉弗
Cryptolite,	客里特台來脱	格利布托來得　錯燐養五
Cuban,	久倍能	古巴那礦　銅鐵硫
Cube ore, (pyrites),	結成四方塊礦	自然銅　立方粒礦鐵硫二
Cube spar,	安海奪來脱	立方形光石　鈣養硫養三
Cummingtonite,	孔名登愛脱	故明敦愛得　鎂鈣矽養二
Cupreous anglesite,	銅安合利雖脱	含銅之安古賽得
Cupreous sulphato-carbonate of lead,	銅硫炭酸鉛	含銅之鉛養硫養三鉛養炭養二
Cuproplumbite,	銅鉛石	銅鉛硫礦
Cyanite, or Disthene,	開也奈脱	蓋阿奈得　鋁矽養二
Cymophane, (Chrysoberyl),	雖莫非奴	歲莫反尼石　鋁鉛養
Cyprine, (Idocrase),	雖潑林脱	居比路以尼石鈣鋁銅矽養二

D

Damonrite,	待摩兒愛脱	打摩而愛得　鋁鈣矽養二
Danaite, (Mispickel),	代那愛脱	代那愛得　鐵硫鉀
Danburite,	彈布兒愛脱	旦布來得　鈣硼矽養二
Datholite, or Humboldtite,	台土兒愛脱	大妥來得　鈣矽硼養三
Davyne, or Sommite,	尼肺藺	打非尼石　鋁矽養二
Derbyshire, or fluor-spar,		德爾比司巴耳石　鈣弗
Dermatine, (Serpentine),	駄兒恙台能	特而馬弟尼石　鎂鐵矽養二
Deweylite, or Gymnite,	色而并台能	丟以來得　鎂矽養二
Diallage, (Pyroxene),	待約來其	弟阿拉知石　鎂鈣鐵矽養二
Diallage, metalloid,	金待約來其	金光弟阿拉知石　鎂矽養二
Diallage rock,	待約來其石	由富台弟石　鋁矽養二
Diallogite,	待愛羅其愛脱	弟阿拉知愛得錳鈣鐵矽養二
Diamond,	金剛石	金剛石
Diaspore,	台哀斯普兒	熱散石　鋁鐵鈣鎂
Dichroite, or Iolite,	台客羅愛脱	二色石　鋁鎂鐵矽養二
Diopside, or Pyrgom,	台惡不斯愛脱	臺哇布賽得　鎂鈣矽養二
Dioptase,	台屋不對斯	臺哇布大西礦　銅矽養二
Diorite,	待阿來脱	台阿來得　鋁矽養二
Dioxylite,	待屋克西來脱	台阿格西來得　鉛硫炭養二
Diphanite,	待愛非奈得	台發奈得　鋁矽養二
Dipyre, or Prehnitoid,	迭配兒	雨火石　鋁鈣鈉矽養二
Discrasite,	迭斯克里雖脱	台斯格拉賽得　銀銻
Disthene or Kyanite,	開他奈脱	二力石　鋁矽養二
Dog tooth spar (Calcite),	狗牙斯麗	狗牙形光石　鈣養炭養二
Dolerite, or trap,	度里來脱	度里來得

Dolomite,	駄羅美脱	多路美得　鈣養鎂養炭養二
Domeykite,	駄彌蓋脱	度迷蓋得　銅鉮
Drawing slate,	字板石	字板石　鋁炭鐵矽養二
Dreelite, (Barytes),	迭里來脱　第兒愛脱	特里來得　鋇養硫養三
Dufrenoysite, (Galena),	土弗里奴斯愛脱	杜福累内賽得　鉛硫鉮
Dysclasite,	迭斯刻來愛脱	難斷石　鈣養矽養二
Dysluite, (Spinel),	迭士盧愛脱	難鬆石　鋁鎂鋅錳鐵
Dysodile, (Lignite),	台素提兒	難嗅石　炭輕養
E		
Earthy cobalt,	養氣苦抱爾	含土之鈷鉀礦
Earthy manganese,		含土之錳礦
Edelforsite, (Retzite),		以弟勒福賽得　鈣矽養二
Edingtonite,	易定登奈脱	以定敦愛得　鋇鋁矽養二
Edwardsite, (Monazite),	莫奈是愛脱	以弟瓦德賽得　錯燐養五
Egeran, (Idocrase),	伊其蘭	以其蘭石　鈣鋁鐵鈉矽養二
Egyptian jasper, (Quartz),	哀及嚼斯不爾	埃及青碧　矽養二
Elaeolite, or Phonite,	伊里阿來脱	以拉以哇來得　鋁矽養二
Elastic bitumen,	輭石油	能伸縮地栢油
Electric calamine,		電性鋅養矽養二礦
Eliasite, (Pitchblende),	以累哀雖脱	以里亞賽得　鈾鐵
Embolite,	安蒲來脱	安步來得　中間石　銀綠溴
Emerald, (Beryl),	美彌來兒	明綠寶石　鋁鉛矽養二
Emerald, oriental,	東美彌來兒	東方明綠寶石　鋁二養三
Emerald nickel,	曷密來兒臬客爾	明綠色鎳礦
Emery, (Corundum),	哀牟利	寶砂　鋁二養三
Emerylite, (Margarite),	愛牟來脱	寶砂石　鋁鈔鈣
Enceladite,	渥里克愛脱	恩西拉台得　鐠錳鐵
Epidote,	曷碑度地	以比佗得　鋁矽養二
Epistilbite,	以別斯底兒倍脱	以比司替勒倍得　鋁矽養二
Epsom salt or Epsomite,	曷不斯姆索而脱	愛補生鹽　鎂養硫養三
Eremite, (Monazite),	莫奈是愛脱	獨居石　錯銀鏑釷燐養五
Erinite,	以勒奈脱	以里奈得　銅養鉮養五
Erubescite, or Purple Copper,	以盧倍雖脱	花點銅礦　銅鐵硫
Erythrine, or Cobalt Bloom,	伊來率林	紅鈷礦　鈷養鉮養五
Esmarkite, (Iolite),	哀斯抹蓋脱	以斯馬而蓋　鋁矽養二
Essonite, (Cinnamon Stone),	以色奈脱	桂皮色寶石　鋁矽養二
Eucairite,	由開來脱	巧遇石　銀銅硒
Euchroite,	由客羅愛脱	美色石　銅鉮養五
Euclase,	由客來斯	易斷石　鋁鉛矽養二
Eudialyte,	由台也來脱	易消化石　鋯鈉鈣矽養二
Euphotide, (Saussurite),	由富得愛脱	由富台得　鋁鈣鎂鈉矽鐵
Euphyllite,	油非來脱	易分頁石　鋁鈣矽養二
Eupychroite, (Apatite),	牛罷刻而愛脱	燒成美色石　鈣養燐養五
Euxenite,	油層奈脱	由格西奈得　鈦鐠鈮
F		
Fahlerz, (Tetrahedrite),	灰銅礦	發勒士　炭色銅礦　銅銀汞
Fahlunite, or Triclasite,	發勒奈脱	發倫愛得　鋁矽養二
Fassaite, or Pyrgom,	非雖愛脱	發薩愛得　鎂矽養二
Faujasite,	富嚼斯愛脱	浮乍賽得　鋁鈣鈉矽養二

Feather alum,	毛礬	翎形礬
Feather ore,	毛安的摩尼礦	翎形銻礦　鉛銻硫
Feldspar, or Orthoclase,	非而斯罷	非勒司巴耳　鋁矽養二
Feldspar, common,	常非而斯罷	常非勒司巴耳
Feldspar, glassy,	玻璃非而斯罷	玻璃形非勒司巴耳
Feldspar, Labrador,	辣白里馱非而斯罷	拉巴拉多非勒司巴耳
Feldspathic Granite,	非而斯罷合拉尼脱	非勒司巴耳花剛石
Fergusonite,	非蓋雖奈脱	夫耳故孫愛得　鈦錯鈮
Ferrotantalite, (Tantalite),	鐵談台來脱	鐵鉭礦
Ferruginpus,	鐵科子	含鐵石英
Fettbol, (Nontronite),	弗的蒲貳	非特波勒石　鐵矽養二
Fibro ferrite,	非白羅肺兒愛脱	絲紋形鐵礦　鐵硫養三
Fibrolite, (Bucholzite),	非白羅來得	細絲紋石　鋁矽養二
Fichtelite,	非得兒愛脱	非施特來得　炭輕養
Figure stone, or Agalmatolite,	像石	刻像石　鋁鉀矽養二
Fire-brick clay,	火磚之泥	作火磚之泥　鋁矽養二
Fire marble,	火灰石	火紋雲石　鈣養炭養二
Fire opal, or Girasol,	火阿背爾	火色哇巴勒石　矽養二
Fischerite,	肺式兒愛脱	非式耳愛得　鋁燐養五
Flagging stones,		成層作板之石
Flint,	火石　弗林脱	火石　矽養二
Float stones,	嚼斯不爾類浮石	能浮之青碧石　矽養二
Flos ferri,	鐵花	鐵花　鈣養炭養二
Flucerine,	夫羅率林	錯弗二礦
Flucerine, basic,	倍雖克夫羅率林	多本錯弗二礦
Fluellite,	夫羅曷兒愛脱	弗羅以來得　鋁弗二
Fluorine,	夫羅而林	弗氣
Fluor spar,	夫羅而斯罷	鈣弗石
Foliated tellurium,	頁脱羅里恩鉛	頁形碲鉛礦
Foliated talc,	頁台而客	頁形託格石　鎂矽養二
Fontainebleau limestone,	方點白羅愛脱	方典布路灰石　鈣養炭養二
Forsterite,	蒲待奈脱	夫耳斯特來得　鎂養矽養二
Fossil copal, or Copaline,		地產哥巴勒　炭輕養
Fossil wood,	木灰石	變石之木　矽養二
Fowlerite, (Rhodonite),	付勒兒愛脱	浮辣來得　錳鈣鐵鎂鋅矽
Franklinite,	弗蘭葛林奈脱	福闌格林愛得　鐵鋅錳
Freestone,		軟砂石　矽養二
Fuchsite,	富奢脱	福賽得　含鉻養三之雲母石
Fullers earth,	富勒士	石脂　漂白家泥　鋁矽養二
Fusible metal,		沸水能鎔之羼金類

G

Gadolinite, or Ytterbite,	呆度來奈脱	加度里內得　釱錯鐵
Gahnite, or Automolite,	哇吐摩愛脱	加奈得　鋁鎂
Galena,	呆里那	加里那　鉛硫礦
Gangue,	呆呃	包礦之石
Galmey, (Calamine),	開來鑾尼	加勒迷礦　鋅矽養二
Garnet common,	常茄納	尋常加尼得
Garnet,	茄納	加尼得　鋁鈣矽養二
Garnet manganesian,	孟葛尼斯茄納	錳養加尼得　錳鋁鐵矽養二
Garnet precious,	實茄納	實加尼得
Garnet tetrahedral,	海兒文	四面形加尼得
Garnet white, or Leucite,	白茄納	白色加尼得　矽鋁鉀

English	譯名	說明
Gaylussite, or Natrocalcite,	開路斯愛脫	該路賽得　鈉鈣炭養二
Gehlenite,	其勒奈脫	該林愛得　鈣鋁矽養二
Genesee oil,		幾尼西油　火油　輕炭
Geocronite, (Galena),	奇阿克奈脫	幾阿格路奈得　鉛銻硫
German silver,	白銅	白銅　日耳曼銀　銅鎳鋅
Gersdorffite, (Nickel glance),	光臬客爾	光色鎳礦　鎳鉮硫
Gibbsite,	結別斯愛脫	幾布賽得　鋁二養三
Gibraltar, rock,	帶灰石	直布羅陀石　鈣養炭養二
Gieseckite, (Pinite),	其率蓋脫	幾西改得　鋁矽養二
Gigantolite, (Pinite),	才强多來脫	巨石　鋁矽養二
Girasol, or Fire Opal,	火阿背爾	轉目石　矽養二
Gismondine, or Zeagonite,	齊哀果奈脫	幾斯們弟尼石　鋁鉀鈉矽養二
Glance cobalt,	苦抱爾低能	光色鈷礦　鈷鉮硫
Glauberite,	合羅白兒愛脫	古魯麗來得　鈉鈣硫養二
Glauber salt,	合羅白兒鹽	古魯麗鹽　鈉養硫養三
Glaucolite, (Scapolite),	合落苦來脫	海水色石　鋁矽養二
Glaucophane,	合羅哥非	顯海水色石　鋁矽養二
Glaucolite, (Chabasite),	合落台兒愛脫	格陸大來得　鋁矽養二
Glucina	谷羅西那	鋊養
Gmelinite, or Hydrolite,	米利奈脫	迷林愛得　鋁矽養二
Gneiss,	尼斯	乃斯石
Gold,	黃金	金
Gold native,	生成黃金	自然金
Gong Chinese,		中國鑼銅
Goslarite, or Zincvitriol,	硫酸白鉛	哥斯拉來得　鋅養硫養三
Gothite, or Brown Iron Ore,	合奪愛脫	哥台得　椶鐵礦　鐵二養三

English	譯名	說明
Gouttes d' eau, (Topaz),		水滴光色石　鋁弗矽
Grammatite, (Hornblende),	低摩兒愛脫	格拉馬台得　鎂鈣矽養二
Granite,	合拉尼脫	花剛石　鋁矽等
Granular limestone,	粒灰石	成顆粒灰石　鈣養炭養二
Granulite,	合拉尼來脫	無雲母之花剛石　鋁矽等
Graphic granite,	文合拉尼脫	文紋花剛石
Graphic tellurium,	文脫羅里恩	文紋碲礦　碲金
Graphite, or Plumbago,	石墨	筆鉛　炭鐵
Gray antimony,	灰色安的摩尼	灰色銻礦　銻硫
Gray copper ore,	深銅礦	灰色銅礦　銅銻硫鉮
Graystone,	灰色倍素脫	灰色巴所得
Green coccolite, (Pyroxene),	綠顆顆來脫	綠色小果形石　鎂矽養二
Green diallage, (Amianthus),	綠待約來其	綠色弟阿拉知石　鎂鈣矽養二
Green earth, (Augite),	綠土	綠土　鎂矽養二
Green iron stone,	綠鐵石	綠色鐵礦　鐵二養三燐養五
Green malachite,	綠麥來蓋脫	綠色瑪拉開得　銅養炭養二
Green porphyry,	綠色巴弗里	綠色拍弗里石　鋁矽養二
Green sand,	綠砂	綠砂　鐵矽養二
Green vitriol,	硫酸鐵	青礬　鐵養硫養三
Greenockite,	合里那格愛脫	格里奴蓋得　鎘硫
Greenovite, (Sphene),	合里奴無愛脫	格里奴非得　鐟鈣矽養二
Greenstone,	綠石	綠石　鋁矽養二
Grengesite, (Chlorite),	合倫其自愛脫	格令幾賽得　鎂鋁矽養二
Grit rock,	合里脫	粗砂石　矽養二

Groppite,	合落倍脱	格陸拜得 鋁鎂矽養二
Grossularite, (Garnet),	合拉朽來脱	綠色加尼得 鋁鈣矽養二
Grunanite,	合拉牛愛脱	格吕挪愛得 鎳鉍硫
Guanite, or Struvite,	開愛奴愛脱	古阿奴愛得 燐養五鎂 淡輕三
Guano,	開愛奴	古阿奴 鈣鎂炭
Gurhofite, (Dolomite),	合而苛府愛脱	故耳何非得 鈣鎂炭養二
Guyaquillite,	開哀及兒愛脱	瓜亞基爾來得 炭輕養
Gypsum,	絶不斯恩 石膏	石膏 鈣養硫養三
Gypsum, anhydrous,		無水石膏
Gypsum, fibrous,	絲光絶不斯恩	絲紋石膏
Gypsum, radiated,	星光絶不斯恩	星紋石膏
Gypsum, snowy,	雪花石膏	雪形石膏
Gyrasol, or Fire opal,	火阿背爾	轉目石 鋁二養三

H

Haloid salts,		似鹽之鹽類
Haloid minerals,	鏽金類	似鹽之金類
Haematite, or Red iron ore,	希美台脱	喜瑪台得 紅鐵礦
Haidingerite,	海定其兒愛脱	亥定格來得 鈣鉮養五
Hair salt,	毛鹽	毛形鹽 鎂養硫養三霜
Halloysite,	哀盧雖脱	哈雷賽得 鋁二養三鎂
Harmatone, or Cross Stone,	哈摩多姆	膀節石 十字石 鋁鋇鉀矽
Harringtonite, (Mesolite),	海林得奈脱	哈林敦愛得 鋁矽養二
Harrisite, Cubie Copper,	海里雖脱	立方光色銅礦 銅硫
Hartite,	哈對愛脱	哈耳台得 炭輕養
Hatchetine,	合日氏	哈幾弟尼石 炭輕養
Hauerite,	和愛來脱	何耳愛得 錳硫二
Hausmannite,	華斯蠻愛脱	錳黑礦 錳養二
Hauyne,	悔尼	何以尼石 鋁鈉矽養二
Haydenite, (Chabasite),	海岱奈脱	亥敦愛得 鋁鈣矽養二
Hayesine,	海星	亥以西尼石 鈣養硼養三
Heavy spar,	合肥斯罷	重光石 鋇養硫養三
Hedenbergite,	希得白兒斯愛脱	希敦伯蓋得 鎂矽養二
Hedyphane, (Mimetesite),	喝地非恒	希弟發尼礦 鉛鉮綠
Heliotrope, or Bloodstone,	血石	血點石 矽養二
Helvin, (Garnet),	海文兒	希勒非尼石 鋁鋊鐵錳矽
Hematite, Brown,	褐希美台脱	樱色鐵礦 鐵養
Hematite, red,	紅希美台脱	紅色鐵礦 鐵二養三
Hercenite, (Spinel),	黑爾信奈脱	希耳西奈得 鐵鎂養
Herschelite,	合式來脱	侯失勒愛得 鋁鈉鉀鈣
Heteroclin, or Marceline,	希低路客林	希低路格林礦 錳鐵 矽養二
Heterosite,	希太羅斯愛脱	希低路賽得 鐵錳燐養五
Heulandite,	朽蘭臺愛脱	許蘭台得 鋁鈣矽養二
Hisingerite,	翕信其來愛脱	希星格來得 鐵矽養二
Hone slate,	磨刀泥石	磨刀細端石
Hopeite,	阿白愛脱	胡伯愛得 鋅鎘燐養五
Honey stone, or Mellite,	蜜石	蜜石 鋁蜜里克酸
Horn quicksilver,	角水銀	明角形汞綠礦
Horn silver,	角銀	明角形銀礦 銀綠
Hornblende or Amphibole,	霍恒白倫	河拿布倫得 鎂鈣矽養二
Hornblende light colonred,	明霍恒白倫	淡河拿布倫得
Hornblende dark coloured,	暗霍恒白倫	深河拿布倫得
Hornblende slate,	霍恒白侖泥石	河拿布侖得端石 鎂鈣 鋁矽
Hornstone, (Quartz),	霍恒斯馱能	明角形石 火石 矽養二

Hudsonite , (Augite) ,	合蘇奈脫	哈德係愛得　鎂矽養二
Humboldtilite , or Zurlite ,	恒婆得愛脫	洪波特來得　鈣鋁鎂鈉矽
Humite ,		呼迷得　鎂鐵矽養二
Hureaulite ,	朽路來脫	呼路來得　鐵錳燐養五
Hyacinth , or Jargon ,	海也新得	海耶辛得　鋯矽養二
Hyalite , (opal) ,	海亦兒愛脫	玻璃色石　矽養二
Hydranlic lime ,	水石灰	水下能結成之灰　鈣養
Hydroboracite ,	水布而倫酸灰美合尼西養	水硼養三礦　鈣鎂硼養三
Hydrochloric acid ,	鹽酸氣	輕綠氣
Hydrogen ,	輕氣	輕氣
Hydrogen carburetted ,		輕炭氣
Hydrogen phosphuretted ,		輕燐三
Hydrogen sulphuretted ,		輕硫氣
Hydromagnesite ,	海得羅美合尼西愛脫	含水鎂養炭養二礦
Hydrophane , (Opal) ,	海得羅非能	入水顯明石　矽養二
Hydrocalcite , (Volknerite) ,	海得羅台而客愛脫	含水託格愛得　鎂鋁炭養二
Hypersthene , (Pyroxene) ,	海不思低能	格外難斷石　鎂矽養二
Hystatite , (Ilmenite) ,	海斯低得愛脫	亥斯他台得　鐵鐠養三

I

Iberite ,	哀皮來脫	意卑來得　鋁鐵矽養二
Ice ,	冰	冰
Iceland spar ,	愛而倫刻斯罷	愛斯蘭光石　鈣養炭養二
Icespar , (Orthoclase) ,	冰斯罷	冰形光石　鋁養二
Icthyophthlamite ,	哀剥非來脫	魚眼色石　鈣養矽養二
Idocrase , or Vesuvian ,	愛度客來斯	雜形石　鋁鈣矽養二
Idrialin , or Cinnabar ,	哀台兒愛脫	以特里耶里尼石　汞硫
Ilmenite ,	伊爾美奈脫	伊勒免愛得　鐵鐠養三
Ilvaite ,	力無愛脫	以勒法愛得　鐵矽鈣
Impurities ,	雜質	異質
Indicolite , (Tourmaline) ,	陰奪科來脫	靛藍色石　鋁矽養二
Iodine ,	愛阿靛	碘
Iodic silver ,	愛阿靛銀	含碘之銀
Iodic mercury ,	愛阿靛水銀	含碘之汞
Iolite , or Dichroite ,	哀育來脫	愛亞來得　鋁鎂鐵矽養二
Iolite hydrous ,	水哀育來脫	含水愛亞來得
Iridium ,	衣日地恩	銥
Iridosmine ,	衣日地恩哈思彌思礦	銥鋨礦　銥鋨釕銠
Iron ,	鐵	鐵
Iron arsenate ,	砒酸鐵	鐵養鉀養五
Iron arsenical ,	砒鐵	含鉀之鐵
Iron bisulphuret ,	二股硫磺鐵	鐵硫二
Iron carbonate ,	炭酸鐵	鐵養炭養二
Iron carburet ,	炭鐵	含鐵之筆鉛
Iron chromate	客羅彌酸鐵	鐵養鉻養三
Iron chrysolite ,	鐵客里蘇兒來脫	鐵金色石
Iron columbate ,	可倫倍恩酸鐵	鐵養鎢養二
Iron epidote ,	鐵曷碑庶地	鐵養以比佗得
Iron haematic ,	希美台鐵	樱紅色鐵礦
Iron hydrous oxide ,	水鐵鏽	鐵養輕養
Iron meteoric ,	隕星石中之鐵	隕星鐵
Iron mica ,	枚格鐵	鐵雲母石　鐵養
Iron native ,	自然鐵	自然鐵
Iron oligiste ,	阿來及斯鐵石	鐵二養三光點礦
Iron oxalate ,	馬莧酸鐵	鐵養草酸

Iron oxides,	鐵鏽類	鐵合養之各質
Iron phosphate,	燐酸鐵	鐵養燐養五
Iron silicate,	夕里西恩鐵	鐵養合矽養二之礦類
Iron sparry, or spathic,	斯罷底鐵礦	鐵養炭養二礦
Iron specular,	金光鐵石	鏡光面鐵礦
Iron stone, blue,	藍鐵土	藍色鐵土　鐵二養三燐養五
Iron stone, green,	綠鐵石	綠色鐵礦　鐵二養三燐養五
Iron sulphate,	硫酸鐵	鐵養硫養三
Iron sulphuret,	一股硫磺鐵	鐵硫
Iron tantalite,	談台來脫酸鐵	鐵養鉭養二
Iron titanic,	替脫尼恩鐵	含鍇之鐵
Iron tungstate,	東斯天酸鐵	鐵養鎢養三
Iron ore, argillaceous,	泥鐵礦	含泥之鐵礦
Iron ore, axotomous,	伊爾美奈脫	横軸劈鐵礦　鍇鐵
Iron ore, bog,	澤鐵土	濕地鐵礦　無名異　鐵養
Iron ore, brown,	褐鐵礦	椶色鐵礦
Iron ore, chromic,	客羅彌恩鐵礦	含鉻養三鐵礦
Iron ore, glance,	鐵合闌斯	鐵二養三光點礦
Iron ore, green,	綠鐵石	綠鐵礦
Iron ore, jaspery,	陷斯不爾泥鐵	青碧形鐵礦　鐵二養三鋁矽
Iron ore, lenticular,	泥豆鐵礦	小豆形鐵礦　無名異
Iron ore, magnetic,	磁石礦	磁石　鐵三養四
Iron ore, micaceous,	枚格鐵石	雲母石鐵礦
Iron ore, ochreous,	鴉葛爾鐵礦	紅黃土鐵礦
Iron ore, octahedral,	八面形鐵礦	八面形鐵礦　鐵三養四
Iron ore, pitchy,	鐵潑來脫	柏油形鐵礦　錳鐵燐養三
Iron ore, red,	紅鐵礦	紅色鐵礦
Iron ore, rhombohedral,	六魚鐵礦	斜方面形鐵礦　鐵二養三
Iron ore, spathic,	斯罷底鐵礦	鐵養炭養二礦
Iron ore, specular,	金光鐵石	鏡光面鐵礦　鐵二養三
Iron ore, titanic,	替脫尼鐵	鍇鐵礦
Iron pyrites,	硫磺鐵礦	鐵硫二礦
Iron arsenical,	砒鐵倍來底斯	鐵硫二鐵砷礦
Iron auriferous,	金倍來底斯	含金之鐵硫二礦
Iron hepatic,	肝倍來底斯	肝色鐵硫二礦
Iron magnetic,	吸鐵倍來底斯	吸鐵鐵硫二礦
Iron white,	白鐵倍來底斯	白色鐵硫□礦
Iron sinter,	鐵新搭	鐵新塔　鐵二養三砷養四
Iron stone, blue,	藍鐵石	藍鐵石　鐵養燐養五
Iron stone, clay,	泥鐵石	泥鐵石　鐵二養三
Iron zeolite,	鐵齊河來脫	鐵西阿來得　鐵錳矽養二
Iserine,	愛斯林	以西里尼礦　鐵鍇養三
Isopyre,	哀蘇倍耶	等火石　鐵鋁矽
Itacolumite, (Quartz),	愛台果拉母愛脫	以他可魯埋得　矽養二
Ixolyte,	愛蘇奈脫	飴性石料　炭輕養

J

Jade or Nephrite,	尼夫兒愛脫	玉　鎂鈣矽養二
Jamesonite,	全生愛脫	哲米孫愛得　鉛銻硫
Jargon, (Zircon),		乍耳良石　锆矽養二
Jasper, (Quartz),	嚼斯不爾	青碧　矽養二
Jaspery iron ore,	嚼斯不爾泥鐵	青碧形鐵礦　鐵養
Jeffersonite,	才非朔兒奈脫	渣法旬愛得　鈣鐵鎂錳鋅矽
Jet, (Lignite),	雀脫	借得　墨珀　炭輕養
Johannite, or Uranvitriol,	約翰愛脫	約翰愛得　鈾銅硫養三

Junkerite, (Chalybite),	斯罷底鐵礦	鐵養炭養二礦
K		
Kaemmererite, (Pennine),	開每每兒愛脫	蓋迷勒來得　鋁鎂矽
Kakoxene,	科開信	卡可格西尼石　鋁鐵燐養五
Kaolin, or China Clay,	高陵泥	高陵泥　鋁矽養二
Karpholite, (Prehnite),		稻草色石　鎂鋁鐵矽
Karphosiderite, (Vivianite),		稻草色鐵礦　鐵養燐養
Keilhauite, or Yttro-tantalite,	開而好愛脫	蓋勒好愛得　鈣鈦鐵鋁矽鐠
Kerolite, (Serpentine),	幾何兒愛脫	心石　鎂矽養二
Kilbrickenite, (Geocronite),	奇阿克奈脫	幾勒布里良愛得　鉛銻硫
Kirwanite,	克爾孛來脫	幾勒文愛得　鐵鈣鋁矽
Knebelite,	納皮來脫	尼布來得　錳鐵矽
Kobalt,	苦抱爾	鈷
Kobellite,	可白來脫	哥伯來得　鉛銻鉍硫
Kollyrite,	酷利來脫	哥利來得　鋁矽養二
Konigite, (Brochantite),	可泥蓋脫	哥尼蓋得　銅養硫養三
Konlite,	殼兒愛脫	干來得　炭輕養
Kraurite, or Green Iron Stone,	緑鐵石	緑鐵礦　鐵錳燐養五
Krisuvigite, (Brochantite),	客里蘇肥蓋脫	格里蘇肥蓋得　銅養硫養三
Kyanite, or Disthene,	開也奈脫	開阿內得　鋁矽養二
L		
Labradorite, or Mornite,	辣白里駄來脫	拉巴拉多來得　鋁鈣鈉矽
Labrador feldspar,	辣白里駄非而斯罷	拉巴拉多非勒司巴耳
Labrador hornblende,	里皮度兒霍恒白侖	拉巴拉多河拿布侖得
Lanthanium	浪替尼恩	鑭
Lanthanite,	浪雖奈脫	良他奈得　鑭鏑炭養二
Lapis lazuli,	拉必斯來如來	青金石　鋁鈉鈣鐵矽
Lapis ollaris, or Potstone,	台而客石	成鍋石　鎂矽養二
Latrobite, or Diploite,	來脫羅倍脫	拉特路拜得　鋁鈣鉀鐵鎂矽
Laumonite,	羅木奈脫	羅母乃得　鋁鈣矽養二
Lava,	拉乏石　火山流石	火山鎔料
Lazulite, or Azurite,	來時愛脫	拉蘇來得　藍色光石
Lead	鉛	鉛
Lead arsenate,	砒酸鉛	鉛養鉮養五
Lead arsenide,	砒鉛	鉛鉮礦
Lead carbonate,	炭酸鉛	鉛養炭養二
Lead chloride	緑氣鉛	鉛緑
Lead chromate,	客羅彌酸鉛	鉛養鉻養三
Lead molybdate,	目力别迭酸鉛	鉛養鉬養三
Lead muriate,	緑氣鉛	鉛緑
Lead native,	生鉛	自然鉛
Lead phosphate,	燐酸鉛	鉛養燐養五
Lead red oxide,	養氣鉛	鉛三養四
Lead selenate,	西里尼酸鉛	鉛養硒養三
Lead selenide,	西里尼恩鉛	鉛硒礦
Lead sulphate,	硫酸鉛	鉛養硫養三
Lead sulphato-carbonate,	硫炭酸鉛	鉛養硫養三鉛養炭養二
Lead sulphato-tricarbonate,	硫礦多炭酸鉛	鉛養硫養三三鉛養炭養二
Lead sulphuret,	硫礦鉛	鉛硫礦
Lead telluride,	脫羅里恩鉛	鉛碲礦
Lead tungstate,	東斯天酸鉛	鉛養鎢養三

Lead vanadate,　凡奈弟酸鉛　鉛養釩養三
Lead glance,　鉛合蘭斯　光色鉛礦
Leadhillite,　勒地來脱　留弟來得　鉛硫養三炭養二
Lead ore, argentiferous,　銀鉛礦　含銀之鉛礦
Lead ore, cobaltic,　苦抱爾鉛礦　含鈷之鉛礦
Lead ore red,　紅色養氣鉛　鉛三養四
Lead ore white,　白鉛礦　白色鉛礦　鉛養炭養二
Lead ore yellow,　黄鉛礦　黄色鉛礦　鉛養鉬養三
Ledererite, (Gmelinite),　鳌頭里愛脱　里特里來得　鋁鈣鈉矽燐養五
Lederite, (Sphene),　斯肺尼　里特來得　鈣矽鍇
Lenticular argillaceous ore,　泥豆石　小豆形鐵礦　鐵養　無名異
Leonhardite, (Laumontite),　蓮哈待脱　連哈耳台得　鋁鈣矽養二
Lepidokrokite, (Gothite),　合奪愛脱　鱗形黄鐵礦　鐵錳養
Lepidolite, or Lithia Mica,　利碑度來脱　鱗形礦　鋁鐵鈣鋰弗矽養二
Lepidomelane,　利碑度彌倫　鱗形黑灰礦　鋁鐵鈣矽養二
Leptynite, or Granulite,　合拉尼來脱　無雲母花剛石
Leucite, or Amphigene,　羅雖得　白色石　鋁鉀矽養二
Leucophane,　羅戈非能　顯白色石　鈣鉿鈉弗矽
Leucopyrite,　羅弋倍來脱　白色鐵硫二礦　鐵鉮硫
Levyne, (Chabasite),　鳌凡　里維尼石　鋁鈣鉀鈉矽養二
Libethenite,　來別非奈脱　里本敦愛得　銅養燐養五
Lievrite, or Pitchy iron ore,　力無愛脱　柏油形鐵礦　鐵鈣矽養二
Lignite,　里合兒奈脱　木煤　炭輕養
Lime　灰之鏞　石灰　鈣養
Lime arsenate,　多養砒灰　鈣養鉮養五
Lime bicarbonate,　二股炭酸之灰　鈣養二炭養二
Lime borate,　布而倫酸灰　鈣養硼養三
Lime borosilicate,　布而倫夕里開灰　鈣養硼養三鈣養矽養二
Lime carbonate,　炭酸灰　鈣養炭養二
Lime fluate,　夫羅而林酸灰　夫羅而林灰　鈣弗
Lime fluoride,　夫羅而林丐而西恩　鈣弗
Lime magnesian carbonate,　美合尼西養炭酸灰　鎂養炭養二鈣養炭養二
Lime nitrate,　硝酸灰　鈣養淡養五
Lime oxalate,　阿克斯來脱灰　鈣養草酸
Lime phosphate,　燐酸灰　鈣養燐養五
Lime silicate,　夕里開灰　鈣養矽養二
Lime sulphate,　硫酸灰　鈣養硫養三
Lime tungstate,　東斯天酸灰　鈣養鎢養三
Lime vanadate,　凡奈地恩酸灰　鈣養釩養三
Limestone,　灰石　灰石　鈣養炭養二
Limestone compact,　堅灰石　堅灰石
Limestone granular,　粒灰石　顆粒形灰石
Limestone hydraulic,　水灰石　造水下能結成灰之石
Limestone magnesian,　美合尼西恩灰石　含鎂灰石
Limestone Fontainebleau,　方點白羅愛脱　分典布路灰石
Limonite, or Hydrosiderite,　來脈奈脱　椶色鐵二養三礦
Lincolnite, (Heulandite),　林科奈脱　林哥奈得　鋁鈣矽養二
Linnaeite, or Siegenite,　力能愛脱　立尼愛得　鈷銅鐵硫
Litharge,　立雖而其　密佗僧　鉛養

Liroconite, or Chalcophacite,	來客羅奈脱	里路哥乃得　銅鋁燐鉮
Lithia,	劣非養	鋰養
Lithia mica,	劣非雅枚格	鋰養雲母礦
Lithium,	劣非恩	鋰
Lithographic stone,		石板印石　鈣養炭養二
Lithomargo, (Kaolin),	立蘇馬兒其	里朵馬耳治石　鋁矽養二
Liver ore of mercury,	肝色惜納拔	肝色汞硫礦
Lodestone,	自然吸鐵	磁石　鐵三養四
Loxoelase, (Orthoclase),	陸刻蘇刻來斯	横劈石　鋁鈉鉀鈣弗矽
Lumachelle, Fire Marble,	火灰石	火紋雲石　鈣養炭養二
Lydiamstone or Basanite,	力田西駄能	吕氏亞石　矽養二
M		
Macle, or Chiastolite,	麥葛里	空心光石　鋁矽
Maclnrite,	康奪羅台脱	馬格魯來得　鎂養矽養二
Madreporic marble,	珊瑚灰石	珊瑚紋雲石　鈣養炭養二
Magnesia,	美合尼西養	鎂養
Magnesia borate,	布而倫酸美合尼西養	鎂養硼養三
Magnesia carbonate,	炭酸美合尼西養	鎂養炭養二
Magnesia flnophosphate,		鎂養輕弗鎂養燐養五
Magnesia flnosilicate,	康奪羅台脱	鎂養輕弗鎂養矽養二
Magnesia hydrate,	水美合尼西養	鎂養輕養
Magnesia hydrocarbonate,		鎂養輕養鎂養炭養二
Magnesia native,	白羅斯愛脱	自然鎂養石
Magnesia nitrate,	硝酸美合尼西養	鎂養淡養五
Magnesia phosphate,	燐酸美合尼西養	鎂養燐養五
Magnesia silicate,	夕里開美合尼西養	鎂養矽養二
Magnesia sulphate,	硫酸美合尼西養	鎂養硫養三
Magnesian alum,	美合尼西養礬	鎂養礬
Magnesian chloride,	緑氣美合尼西	鎂緑
Magnesian limestone,	駄羅美脱	鎂養炭養二鈣養炭養二石
Magnesite or Sepiolite,	美合尼西愛脱	鎂養炭養二礦
Magnesium,	美合尼西恩	鎂
Magnet, native,	自然吸鐵	磁石　鐵二養四
Magnetic iron,	吸鐵石	磁石
Magnetic pyrites,	吸鐵倍來底斯	吸鐵鐵硫二礦
Magnetite,	每格密得愛脱	八面形鐵礦　鐵三養四
Malachite blue,	藍麥來蓋脱	藍色瑪拉開得　銅養炭養二
Malachite, green,	緑麥來蓋脱	緑色瑪拉開得
Malacolite, or Diopside,	美里哥兒愛脱	馬拉哥來得　鎂矽養二
Malacolite, white,	白美里哥兒愛脱	白色馬拉哥來得
Malacone,	慢來鋤	軟石　鋯矽錯養三
Maltha,	每兒的	地黑油
Malthacite, or Fuller's earth,	每兒的斯愛脱	石脂　鐵鋁矽養二
Manganblende,	曼呆白倫	錳布倫得　錳硫
Manganese,	孟葛尼斯	錳
Manganese arseniaret	砒孟葛尼斯	錳鉮三
Manganese bog, or Earthy,	澤孟葛尼斯	濕地錳礦
Manganese carbonate,	炭酸孟葛尼斯	錳養炭養二
Manganese oxide,	養氣孟葛尼斯	錳養
Manganese phosphate,	燐酸孟葛尼斯	錳養燐養五
Manganese phosphate ferruginous,	鐵燐酸孟葛尼斯	含鐵錳養燐養五
Manganese silicate,	夕里開孟葛尼斯	錳養矽養二

Manganese sulphuret,	硫磺孟葛尼斯	錳硫
Manganese spar,	孟葛尼斯罷	錳養光石
Manganesian epidote,	孟葛尼斯曷碑度地	錳養以比佗得
Manganite,	曼呆奈脱	灰色錳石　錳$_{二}$養$_{三}$
Marble,	灰石	雲石　鈣養炭養$_{二}$
Marcasite,	鐵倍來底斯	白色鐵硫$_{二}$礦
Marceline, (Braunite),	馬西林	馬耳西里尼礦　錳養$_{二}$
Marekanite, (Obsidian),	每里開奈脱	馬里干愛得　鋁矽養$_{二}$
Margarite, or Talcite,	馬呆兒愛脱	珍珠色雲母石　鋁鈣鉀鈉矽
Margarodite or Potash Mica,	馬呆羅台脱	含水珍珠色雲母石
Marl, (Clay),	麻兒	瑪而拉　含鈣養之土
Marmatite, (Blende),	白倫脱	馬耳馬台得　鋅硫鐵硫
Marmolite, (Serpentine),	馬摩兒愛脱	瑪暮來得　鈣矽養$_{二}$
Martinsite, (Salt),	馬的奈脱	馬耳典賽得　鈉綠鎂養硫養$_{三}$
Mascagnine,	硫酸阿摩尼阿石	生成淡輕$_{四}$養硫養$_{三}$
Masonite, (Sismondine),	梅雖奈脱	美孫愛得　鋁鐵矽養$_{二}$
Massicot, or Litharge,	麥西各	馬西格得　鉛養
Meerschaum,	米思恩	美耳東末石　鎂養矽養$_{二}$
Meionite,	埋育奈脱	末由內得　鋁鈣矽養$_{二}$
Melanehlor, (Dufrenite),	枚闌客羅	黑綠色鐵礦
Melanite, (Garate),	彌勒奈脱	黑色加尼得　鋁鐵鈣矽養$_{二}$
Melanochroite,	彌闌客羅愛脱	暗紅色鉛養鉻養$_{三}$礦
Mellate of alumina,	蜜來脱酸哀盧彌那	鋁$_{二}$養$_{三}$密來克
Mellilite,	每里得愛脱	蜜色石　鋁鈣鎂矽養$_{二}$
Mellite,	蜜來脱	蜜色顆粒石　鋁密來克
Menaccanite, (Hmenite),	覓捺克奈脱	鐵養鍇養$_{三}$礦
Mendipite,	免迭倍脱	門弟配得　鉛綠養
Menilite,	覓納兒愛脱	迷尼來得　矽養$_{二}$
Mercury,	水銀	汞
Mercury native amalgam,	銀汞礦	自然銀汞膏
Mercury chloride,	綠氣水銀	汞綠
Mercury iodic,	愛阿靛水銀	汞碘礦
Mercury muriate,	綠氣水銀	汞綠
Mercury native,	自然純質水銀	自然汞
Mercury selenide,	西里尼水銀	汞硒礦
Mercury sulphuret,	硫磺水銀	汞硫
Mesitine spar, (Dolomite),	密雖頂斯罷	迷西弟尼光石　鎂鐵鈣炭養$_{二}$
Mesole,	彌蘇兒	迷蘇里石　鋁鈣鈉矽養$_{二}$
Mesotype,		迷蘇台伯石　鋁鈣鈉
Metals,	金	金類
Metallic ores,	礦金類	金類礦
Meteoric iron,	隕星石	天降鐵
Metamorphic rocks,	熱變石	熱變石
Miargyrite	每阿其兒愛脱	銀少礦　銻銅銀硫
Mica,	枚格	千層石　雲母石　鋁鎂鉀鐵
Mica plumose,	羽枚格	翎形雲母石
Mica prismatic,	柱枚格	柱形雲母石
Mica slate,	枚格泥石	雲母端石
Micaceous iron ore,	枚格鐵石	雲母鐵礦
Micaceous granite,	枚格合拉尼硫	多含雲母之花剛石
Microlite, (Pyrochlore),	倍鉻羅	小粒礦　鈣鍇鈾鍇鈮
Middletonite,	密陀脱奈脱	迷特敦愛得　炭輕養

Miemite ,(Bitter Spar),	美以每脱	迷迷愛得　鈣鎂炭養二
Miemite or Hair Nickel,	臬客爾倍來底斯	毛形鎳礦　鎳鐵銅硫
Millstone grit,	合里脱	粗磨石　矽養二
Miloschine,	美路斯金	迷魯喜尼礦　含鉻之泥
Mimetene,	埋密低能	迷迷弟尼礦　鉛鋅燐養五
Mineral coal,	煤炭	煤
Mineral caoutchone,	金抹紙膠	地産輭象皮
Mineral oil,	金油	地油　火油
Mineral pitch,	鴨西發而登	地産柏油
Mineral tallow,	脂形石油	地産似脂之油
Mineral tar,	皮脱羅里恩	地産黑油
Mineral waters,	金水	地産之水
Mineral wax,	蠟形石油	地産似蠟之油
Minium or Red Lead,	密尼恩	鉛三養四
Mispickel,	密斯別葛爾	迷斯必格勒礦　鐵硫二 鐵鉮
Mizzonite ,(Meionite),	密坐奈脱	迷孫愛得　鋁鈣鈉鉀鎂矽
Mocha stone ,(Agate),	莫斯鴨呆脱	木甲石　矽養二
Molybdate of lead,	鉛目力別迭能酸	鉛養鉬養三礦
Molybdenam sulphuret,	硫磺目力別迭能	鉬硫二礦
Molybdenite,	目力別迭奈脱	鉬硫二礦
Molybdenum,	目力別迭能	鉬
Molybdic ochre or Molybdine,	目力別迭阿克	鉬養三黃土
Monazite ,(Eremite),	莫奈是愛脱	獨居石　錯鋃鏑鉏燐養五
Monradite,	目呫來得愛脱	們拉台得　鎂鐵矽
Moonstone ,(Orthoclase),	月光石	月色石　鋁矽養二
Moroxite ,(Apatite),	摩羅斯愛脱	摩陸格賽得　鈣養燐養五
Mosaic gold,	二股硫磺錫	摩西金　錫硫二粉
Mosandrite,	摩山倍脱	摩散特來得　鈣錯鋃鏑 矽錯
Moss agate (Agate),	莫斯鴨呆脱	苔紋瑪瑙　矽養二
Mountain cork,	山輭木	石輭木　鎂鈣矽養二
Mountain green ;	綠麥來蓋脱	綠色瑪拉開得　銅養 炭養二
Mountain leather,	山皮	石皮　鎂鈣矽養二
Mowenite,		摩恩愛得
Muller's glass,	海亦兒愛脱	磨拉玻璃　矽養二
Mullicite ,(Vivianite),		母里加愛得　鐵燐養五
Mundic ,(Pyrites),	鐵倍來底斯	們的礦　鐵硫二
Muriacite or Anhydrite,	顆粒形安海奪來脱	母里亞賽得　顆粒形無 水石膏
Muriatic acid,	鹽酸氣	輕綠氣
Murchisonite, (Orthoclase),	非而斯罷	没記孫愛得　鋁鉀矽養二
Muscovite or Phengite,	枚格	墨斯科非得　鋁鉀矽養二

N

Nacrite ,(Mica),	枚格	那格來得　鋁鉀鐵鈣 矽養二
Naptha,	捺潑雖	那普塔　炭輕養
Natrolite ,or soda Mesotype,	奈脱羅來脱	内特路來得　鋁鈉鈣 矽養二
Natron,	炭酸素特	鈉養炭養二
Necronite ,(Orthoclase),	臭非而斯罷	屍臭石　鋁鉀矽養二
Needle ore,	針別斯末斯	針形鉍礦　鉍硫
Needlestone,	斯果利斯愛脱	針石　矽鋁鈣鈉
Nemalite ,(Brucite),	泥美兒愛脱	線形石　鎂輕養
Nepheline,	尼肺藺	雲紋石　鋁鈉鉀矽養二

Nephrite or Jade ,	尼夫兒愛脱	碧玉　鎂鈣矽養二
Nickel ,	臬客爾	鎳
Nickel antimonial ,	安的摩尼臬客爾	含銻之鎳礦
Nickel alloys ,	攙臬客爾	攙鎳質
Nickel arsenate ,	砒酸臬客爾	鎳養鉀養五
Nickel arsenical ,	砒臬客爾	鉀鎳礦
Nickel bismllth	別斯末斯臬客爾	含鉍之鎳
Nickel copper ,	銅臬客爾	含銅之鎳
Nickel earthy ,	土養臬客爾	鎳養合土礦
Nickel glance ,	光臬客爾	光色鎳礦
Nickel green ,	綠臬客爾	鎳養鉀養五礦
Nickel ochre ,	臬客爾鴉葛爾	鎳養黄土
Nickel oxide ,	養氣臬客爾	鎳養
Nickel pyrites ,	臬客爾倍來底斯	鎳硫二礦
Nickel stibine ,	臬客爾斯對平	含鎳之銻礦
Nickel white ,	白臬客爾	白色鎳礦
Nigrine , (Ratile) ,	黑色盧對爾	黑色礦　鍩養二
Nitrate of lime ,	硝酸灰	鈣養淡養五
Nitrate magnesin ,	硝酸美合尼西養	鎂養淡養五
Nitrate potash ,	硝酸鹻	鉀養淡養五
Nitrate silver ,	銀硝酸	銀養淡養五
Nitrate soda ,	硝酸素特	鈉養淡養五
Nitre ,	奈脱	硝
Nitric acid ,	硝酸	淡養五
Nitrogen ,	硝氣	淡氣
Noble metals ,	貴金類	貴金類
Nontronite or Chloropal ,	囊脱羅奈脱	綠色哇巴勒石　鐵鋁矽養二
Nosean or Spinellane ,	那西俺	奴西安石　鋁鈉矽養二
Novaculite or Honestone ,	奴乏久來脱	細磨刀石　矽養二
Natrolite , (Scapolite) ,	衲得來脱	納托勒愛得　鋁鈣鈉矽養二

O

Obsidian or Volcanic Glass ,	火玻璃石	火山玻璃　鋁矽養二
Ochre brown , or yellow ,	褐或黄鴉葛爾	棧或黄土
Ochre cerium ,	昔而以恩鴉葛爾	錯養黄土
Ochre chromic ,	生成客羅彌酸土	鉻養三黄土
Ochre plumbic ,	鉛鴉葛爾	鉛養黄土
Ochre red ,	鴉葛爾	紅土
Ochre uranic ,	由日尼恩土	鈾養黄土
Octahedrite or Anatase ,	鴨奈台斯	八面形粒礦　鍩養二
Oerstedite , (Malacone) ,	曷斯底台得	烏耳斯弟台得　鋯鍩矽
Oil , Genesee , or Seneca ,		幾尼西油　火油
Oil mineral ,	捺潑雖　金油	地油　火油
Okenite or Dysclasite ,	阿寇能愛脱	哇艮愛得　鈣矽養二
Oligiste iron are ,	阿來反斯鐵石	鐵二養三光點礦
Oligoclase ,	阿里哥刻來斯	小劈石　鋁鈉鉀鈣矽養二
Oligon spar , (Chalybite)	阿利康斯罷	哇利艮光石　鐵錳炭養二
Dligonite , or Wood copper ,	屋劣物奈脱	橄欖色銅礦　銅燐鉀
Olivine or Peridote	屋劣維恒	金色石　鎂鐵矽
Onyx , (Agate) ,	阿尼刻斯	帶紋瑪腦　矽養二
Oolite ,	烏來脱	魚子形石　鈣養炭養二
Oolite marble ,	魚子石	魚子形雲石　鈣養炭養二
Opal ,	阿背爾	哇巴勒石　含水石英矽養二
Opal Common ,	常阿背爾	常哇巴勒石　鎂矽養二

Opal jasper,	阿背爾嚼斯不爾	青碧哇巴勒石	
Ophite, (Serpentine)	色而并台能	蛇色紋石	鎂養矽養二
Oriental verd anrique	綠色巴弗里	東方老綠色石	鋁養 矽養二
Orpiment,	硫磺砒	鉮硫三	
Orthite, (Allanite),	惡對脫	直形粒石	硒鋁鐵鋃鏑鉛
Orthoclase or Felspar,	哇蘇刻里斯	石劈石	鋁鈣鈉矽養二
	阿得里來脫	哇特里來得	鋁鐵錳 矽養二
Ouvarovite, (Garnet),	古來羅無愛脫	烏法魯非得	鋁鉻矽養二
Oxalate of iron,	馬莧酸鐵	鐵養草酸	
Oxygen,	養氣	養氣	
Ozarkite, (Thomsonite),	阿柴蓋脫	哇薩耳蓋得	鋁鈣鈉 矽養二
Ozonide	阿素色兒愛脫	蠟臭石	炭輕養

P

Packfong,	白銅	白銅	
Paisbergite, (Rhodonite)	別斯不爾戒脫	貝斯伯蓋得	錳鈣鐵 矽養二
Palladium,	鈀留底恩	鈀	
Pargasite, (Hornblende),	八呆斯愛脫	怕面其歲得	鎂養矽養二
Parisite,	倍來雖脫	巴黎賽得	錯鋃鏑鈣弗
Peach blossom ore,	桃花礦	桃花色礦	鈷養鉮養五
Peastone or Pisolite,	倍蘇來脫	豌豆形石	鈣養炭養二
Pearl mica,	珠枚格	珠光雲母石	鋁鎂鉀鐵 矽養二
Pearl spar, (Bitter Spar),	珠斯罷	珠色光石	鈣鎂炭養二
Pearl sinter,	珠新搭	水中結成珠色石	矽養二
Pearl stone, (Orthoclase),	珠石	珠色石	鋁矽養二
Pearl powder	珠粉	珍珠色粉	鉍養淡養五
Pebbles,	卵石	礫石	
Peatelite or Stellite,	別士兒愛脫	梳形石	鈣鈉矽養
Peloenaite, (Wad)	披蘿過奈脫	比魯哥奈得	錳鐵
Penaine,	鼻奈脫	卑尼尼石	鎂鐵鋁矽養二
Peperino, (Tufa),	不比里奴	比比里奴	鈣養炭養二
Periclase,	皮來客里斯	圍劈石	鎂鐵養
Peridote or Olivine,	客里蘇兒來脫	橄欖色石	鎂鐵矽養二
Perofskite,	皮落夫蓋脫	比路夫斯蓋得	鈣鍇養二
Petalite,	別堆愛脫	劈成瓣形石	鋁鋰鈉矽養
Petroleum	皮脫羅里恩	輭石油	炭輕養
Phacolite, (Chabasite),	非果來脫	扁豆形石	鋁鈣矽養二
Pharmacolite,	福美戈兒來脫	毒石	鐵養鉮養五
Phenacite,	肺奈斯愛脫	騙人石	鋊矽養二
Phillipsite,	非利不斯愛脫	非勒白賽得	鋁鉀鈣矽養
Phologophite,	弗羅戈倍脫	似火色石	鋁鎂矽養
Pholente, (Clay),	富利來脫	鱗形石	鋁矽養二
Phonolite or Clinkstone,	響石	響石	矽鋁鉀
Phosphoric acid,	燐酸	燐養五	
Phosphorite (Apatite),	發斯福而愛脫	發司甫來得	鈣鐵燐養五
Phosphorus,	燐火	燐	
Phosphoretted hydrogen,	燐輕氣	燐輕三氣	
Photizite or Tomosite,	富對才脫	佛度賽得	錳矽養二
Phyllite, (Sismondine),	非來脫	葉石	鋁鐵矽養二
Physalite, (Topaz),	非雖來脫	吹火石	鋁弗矽養二
Piauzite,	還猶是愛脫	表賽得	戾輕養
Piakeringite, (Alum),	美合尼西礬	比格含愛得	鋁鎂硫養三
Picrolite, (Serpentine),	倍果而愛脫	苦味石	鎂矽養二
Pierophyll,	倍果而非來脫	苦葉石	鎂鐵矽養二

Picrosmine ,　倍客羅自民　苦臭石　鎂矽養二

Pimelite ,　皮乍未脱　肥石　鈮鎂矽養二

Pinchbeck ,　銅五白鉛一之雜銀　品治貝格銅　銅鋅

Pinguite , (Nontronite) ,　平求奈脱　油石　鐵矽養二

Pinite , (Iolite) ,　倍奈脱　貝尼得　鋁鉀矽養二

Pipe clay ,　作煙管之泥　鋁矽養二

Pipestone , (Clay-slate) ,　煙管石　煙管石　鋁鈉矽養二

Pisolite , (Calcite) ,　倍蘇來脱　豌豆形石　鈣養炭養二

Pistacite , (Epidote) ,　別斯得蓋脱　比斯他賽得　鋁鐵鈣矽養二

Pitchblende ,　別溪白倫　柏油色鈾礦　鈾鉛鈣矽鐵

Pitching coal ,　別溪可兒　鎔結煤

Pitchstone or Fluolite ,　松香石　柏油色石　火山玻璃　鋁矽

Pitchy iron ore ,　鐵潑來脱　柏油形鐵礦　鐵鉀矽

Pittizite ,　必底自愛脱　比弟賽得　鐵鉀矽

Plagionite ,　潑來茄奈脱　斜拉石　鉛銻硫

Plasina , (Quartz) ,　倍斯馬　成形石　矽養二

Plaster of Paris ,　石膏　石膏　鈣養硫養三

Platiu-iridium ,　白金衣日地恩　鉑銥礦

Platinum ,　白金　鉑

Platinum native ,　生成白金　自然鉑

Pleouaste or Ceylonite ,　不留奈斯脱　錫蘭石　鋁鎂

Plumbago or Graphite ,　石墨　筆鉛

Plumbaginous schist ,　炭泥石　含筆鉛頁形石

Plumbic ochre ,　鉛土　鉛養黃土

Plumbo calcite , (Calcite) ,　盆婆丐而斯愛脱　含鉛之鈣養炭養二

Plumbo-resiuite ;　松香鉛　松香形鉛礦　鉛鋁

Polybasite ,　拍里倍斯愛脱　多本礦　銀銅鉀銻

Polycrase ,　卜里剋來斯　多雜礦　鋯鈾鈦鐵鐠鈮

Polyhalite ,　博里海兒愛脱　多鹽類石　鈣鎂鉀鈉硫養

Polyhydrite or Thraulite ,　卜里海奪愛脱　多水礦　鐵矽養二

Polylite , (Pyroxene) ,　婆里來脱　布里來得　鐵鈣矽養二

Polymignite ,　博里民愛脱　多合石　鋯鐵鈦錳鐠鈣鐠

Poonahlite ,　布內皃愛脱　埔拿來得　鋁鈣矽養二

Porcelain clay ,　細磁之泥　作細瓷之泥　鋁矽養二

Porcelain jasper ,　瓦嚼斯不爾　瓷形青碧　矽養二

Porphyry ,　巴弗里　拍弗里石　鋁矽養二

Porphyritic basalt ,　巴弗里倍素特　含拍弗里巴所得石

Porphyritic granite ,　巴弗里合拉尼脱　含拍弗里花剛石

Porphyritic trap ,　巴弗里脱拉潑　含拍弗里級形石

Porphyry conglomerate ,　巴弗里合子石　含拍弗里合子石

Potash nitrate of ,　硝酸卜對斯　鉀養淡養五

Potash or potassa ,　卜對斯之鏞　卜對斯　鉀養

Potash salts ,　卜對斯鹽　鉀養鹽類

Potassium chloride ,　綠氣卜對斯　鉀綠

Potstone or Lapis Ollaris ,　北斯馱能　成鍋石　鎂矽養二

Potters clay , (Clay) ,　砂磁之泥　瓦瓷之泥　鋁矽養二

Pozzuolana , (Limestone) ,　布粗哇拉那石　鈣養炭養二

Prase , (Quartz) ,　肧斯　韭色石　矽養二

Precious Opal ,　實阿背爾　實哇巴勒石　矽養二

Prehnite or Chiltonite ,　潑里奈脱　普侖愛得　鋁鈣矽養二

Protogene ,　潑羅多其能　原成石　矽鋁鉀

Proustite ,　紅銀礦　淡紅色銀礦　銀硫鉀

Pseudomalachite ,　假麥來蓋脱　假瑪拉開得　銅燐養五

Pseudomorph steatite ,　假斯底哀得愛脱　假肥皂石　鎂矽養二

Psilomelane,	雖路彌來	光滑黑錳礦　錳鋇
Pudding stone,	合子石	合子石
Pudding stone marble,	合子灰石	合子雲石
Pumice, (Orthoclase),	剥迷斯　浮石	浮石　鋁矽養二
Puniceous conglomerate,	浮石合子石	浮石合子石
Purple, or variegated copper,	紫色或紋剥倍來底斯	紫色或花點銅礦　銅硫鐵
Pycnite, (Topaz),	別刻奈脱	厚寶石　鋁弗矽養二
Pyrallolite, (Lolite),	倍來盧兒愛脱	火別石　鎂矽養二
Pyreneite, (Garnet),	倍勒奈脱	比里牛愛得　鋁鐵鈣矽養二
Pyrites, arsenical iron,	砒鐵倍來底斯	含砷之鐵硫二礦
Pyrites auriferous,	金倍來底斯	含金之鐵硫二礦
Pyrites capillary,	毛倍來底斯	毛形鐵硫二礦
Pyrites cockscomb,	雞冠倍來底斯	雞冠形鐵硫二礦
Pyrites copper,	銅倍來底斯	銅硫二鐵硫二礦
Pyrites hepatic,	肝倍來底斯	肝色鐵硫二礦
Pyrites iron or Mundic,	鐵倍來底斯	鐵硫二　自然銅
Pyrites magnetic,	吸鐵倍來底斯	吸鐵鐵硫二礦
Pyrites niekel,	臬客爾倍來底斯	鎳硫二礦
Pyrites radiated,	星倍來底斯	星形鐵硫二礦
Pyrites spera,		戈形鐵硫二礦
Pyrites tin,	錫倍來底斯	錫硫二礦
Pyrites variegated copper,	紋銅倍來底斯	光點銅硫二礦
Pyrites white iron,	白鐵倍來底斯	白色鐵硫二礦
Pyrochlore,	倍路客羅	火變綠色石　鈣炭鍺鈮
Pyrodmalite,	倍落素牟來脱	火臭礦　鐵錳矽養二
Pyrolusite,	倍路路雖脱	火洗礦　錳養二
Pyromorphite,	倍路莫非脱	火變形石　鉛燐綠
Pyrope, (Precious Garnet),	肧來皮	似火石　鋁矽養二
Pyrophyllite,	倍落非來脱	頁火石　鋁矽養二
Pyrophysalite,	倍路非雖來脱	吹火石　鋁弗矽養二
Pyrorthite, (Allanite),	倍路惡對脱	火直形粒石　錯鋁鐵矽養二
Pyrosclerite,	倍落斯客里兒愛脱	火硬石　鎂鋁矽養二
Pyrosmalite,	倍落素牟來脱	火臭礦　鐵錳矽養二
Pyroxene or Augite,	倍落客西能	火異石　鎂矽養二
Pyrrhite,	潑兒海脱	黃紅鋯礦　鋯鈮養二
Pyrrhotine,		暑紅鐵硫二礦

Q

Quartz,	科子	石英　矽養二
Quartz amethystine,	阿彌地斯脱科子	紫色石英
Quartz aventurine,	阿墳邱陵科子	阿分度里尼石英
Quartz granular,	粒科子	顆粒形石英
Quartz greasy,	油科子	油光石英
Quartz milky,	乳科子	乳色石英
Quartz rock,	科子石	石形石英
Quartz rose,	紅晶	玫瑰色石英
Quartz smoky,	煙科子	墨晶
Quartz tabular,	登科子	片形石英
Quartzose granite,	科子合拉尼脱	多含石英之花剛石
Quickline	石灰	生石灰　鈣養
Quicksilver,	水銀	汞
Quicksilver chloride of,	綠氣水銀	汞綠
Quicksilver horn,	角水銀	明角形汞綠
Quinzite, (Meerschaum),	金斯愛得	坤賽得　鎂矽養二

R

Realgar or Red Orpiment,	紅硫砒	雄黃　砷硫
Red antimony,	紅安的摩尼	紅銻礦

Red chalk,	紅茶而刻	紅石粉　鉛養炭養二
Red cobalt,	紅苦抱爾	紅色鈷礦
Red cobalt ochre,	紅苦抱爾土	鈷養紅土
Red copper ore,	紅銅礦	紅色銅礦
Red haematite,	血紅鐵石	代赭石　鐵二養三
Red iron ore,	紅鐵礦	紅色鐵礦
Red lead,	紅鉛	鉛三養四
Red marble,	紅灰石	紅色雲石
Red porphyry,	紅巴弗里	紅拍弗里石　鋁矽養二
Red silver ore,	紅銀礦	紅色銀礦　銀鉮硫
Red silver ore dark,	暗紅銀礦	深紅色銀礦
Red silver ore light,	明紅銀礦	淡紅色銀礦
Red zinc ore,	紅倭鉛礦	紅色鋅礦　鋅養
Reddle(Haematite),	紅茶而刻	紅石粉
Rensselaerite, (Dugite),	倫雖來愛脱	倫西雷來得　鎂矽養二
Retinalite (Serpentine),	來底奈兒愛脱	松香形石　鎂矽養二
Retinasphalt or Retinite,	臘的奈鴨西發而登	松香形硬石油石　炭輕養
Retinite or Resinite	臘的奈脱	松香石　炭輕養
Rhaetizte (Kyanite),	勒的自愛脱	里弟賽得　鋁矽養二
Rhodium,	日和地恩	銠
Rhodium gold,	日和地恩金	銠金礦
Rhodizite or Rhodicite,	羅提斯愛脱	紅焰石　鈣養硼養三
Rhodonite,	羅馱奈脱	玫瑰紅錳礦　錳鈣鐵鎂矽養二
Rhomb spar,	福斯罷	斜方形光石　鎂鈣炭養二
Riband jasper,	帶嚼斯不爾	帶形青碧
Ripidolite,	離披度兒愛脱	扇粒石　鎂鋁鐵矽養二
Rock or mountain rock,	山輭木	石輭木　鎂養矽養二
Rock crystal (Quartz),	陸刻刻里斯多羅	水晶　矽養二
Rock milk,	石乳	漂過之白石粉
Rock salt,	石鹽	石鹽　鈉綠
Rock soap, (Bole)	石肥皂	石肥皂　鎂矽養二
Rocks crystalline,	結成顆粒石	成顆粒石
Rocks uncrystalline,	搏結石	不成顆粒石
Rooling slate,	瓦泥石	代瓦之端石　鋁矽養二
Romeine or Romeite,	羅昧	羅美以尼石　鈣錳鐵銻
Rose quartz, (Quartz)	紅晶	玫瑰色石英　矽養二
Roselite (Erythrine)	羅士來脱	羅士來得　鈷養鉮養五
Rosite, (Anorthite),	盧雖脱	羅士愛得　鋁矽養二
Rubelite (Tourmaline),	露佩來脱	魯比來得　鋁錳鉀鈉矽養二
Rubicelle (Spinel),		橘皮紅明寶石　鋁鎂
Ruby alamandine,	阿拉鑾的露佩	明紅阿利滿的尼石　鋁鐵矽
Ruby Balas,	倍拉斯露佩	巴拉司明紅寶石　鋁
Ruby Oriental,	東露佩	東方明紅寶石　鋁
Ruby silver ore,	露佩銀礦	紅色銀礦　銀鉮硫
Ruby spinel, (Spinel),	斯比偶兒露佩	明紅司批內勒石　鋁鎂
Ruin jasper,	路恒嚼斯不爾	壞牆紋青碧　矽養二
Ruin marble (Calcite),	路恒灰石	壞牆紋雲石　鈣養炭養二
Rutherfordite,	羅雖福而台脱	魯特佛耳台得　鈣鍇養二
Rutile,	盧對爾	魯的里　鍇養二
Ryacolite or Ice spar,	來愛哥兒愛脱	冰形石　鋁鈉矽養二
S		
Saccharite (Andesine),	撒蓋兒愛脱	糖形石　鋁鈣鈉矽養二
Safflorite (Smaltine),	撒弗羅來脱	番紅花色礦　鈷鐵鉍鉮
Sahlite (Pyroxene),	雖來脱	薩來得　鈣鎂矽養二
Sal ammoniac,	硇砂	淡輕四綠

Saline springs ,	鹽水泉	鹽水泉
Salt , common ,	食鹽	鈉緑
Salt , Epsom ,	曷不斯姆索而脱	愛補生鹽　鎂養硫養三
Salt , Glauber ,	合羅白兒鹽	鈉養硫養三
Salt , Spetre ,	硝	硝
Samarekite , or Uranotantalite ,	才馬斯蓋脱	撒麻斯蓋得　鐵鈦鈾鈮
Sand ,	砂	砂　矽養二
Sand for casting	作模之砂	作模之砂
Sand for glass ,	作玻璃之砂	作玻璃之砂
Sandstone ,	砂石	砂石
Sandstone dark red ,		深紅砂石
Sandstone flexible ,	輭砂石	韌砂石
Saponite or Figure stone ,	雖巴奈脱	像石　鎂養矽養二
Sappar ,	薩非阿	撒非耳　鋁
Sapphire , (Corundum) ,	薩非阿	撒非耳
Sapphire asteriated ,	星薩非阿	星形撒非耳
Sarcolite ,	沙果來脱	肉色石　鋁鈣鈉矽養二
Sard (Quartz) ,	撒而奪	椶紅瑪腦　矽養二
Sardonyx (Onyx) ,	撒而奪阿尼刻斯	椶紅瑪腦　矽養二
Sassolin or Boracic Acid ,	布而倫酸	薩蘇里尼石　硼養三
Satin spar (Gypsum) ,	撒頂斯罷	緞色石膏　鈣養硫養三
Seapolite or Wernerite ,	斯蓋波來脱	桿石　鋁鈣矽養二
Seheelite or Wolframiate ,	東斯天礦	西里愛得　鈣養鎢養三
Scheererite ,	希勿兒愛脱	希勒來得　炭輕養
Schiller asbestus ,	朱勒阿斯倍土斯	失勒之不灰木　鎂矽養二
Schiller spar , (Diallage) ,	失勒斯罷	失勒之光石　鎂鋁鐵鈣矽
Schist ,	昔斯脱	頁形石
Schorl , (Tourmaline) ,	婆羅	舍耳勒石　鋁鐵矽硼
Schreibersite ,	婆羅美脱	舍耳勒哇埋得　鈣鐵銻矽
Schrobersite ,	臬客爾燐	舍來伯賽得　鐵鈮燐
Schrotterite ,	阿背爾哀盧非能	舍羅特來得　鋁矽養二
Scolecite ,	斯果利斯愛脱	蚯蚓石　鋁鈣矽養二
Scoria ,	浮石	火山燼
Scorodite ,	斯果羅台脱	蒜臭石　鐵鉢養五
Scythe stones ,	可磨粗刀之石	磨草刀之石　矽養二
Sea water	海水	海水
Sea Dead , water ,	死海之水	死海之水
Selenate of lead ,	西里尼酸鉛	鉛養硒養三
Selenite , (Gypsum) ,	雖利能愛脱	透明石膏
Selenpalladite ,	雖利能鈀留底愛脱	鈀礦　自然鈀
Selenide of copper ,	西里尼恩銅	銅硒
Selenide of lead ,	西里尼恩鉛	鉛硒
Selenide of mercury ,	西里尼恩水銀	汞硒
Selenide of silver ,	西里尼恩銀	銀硒
Selenium ,	西里尼恩	硒
Selensilver ,	西里尼恩銀礦	銀硒礦
Seleniferous silver & copper ,	西里尼恩銅銀礦	含硒之銀銅礦
Semiopal , (Opal) ,	常阿背爾	常哇巴勒石　矽養二
Senarmontite ,	生乃莫對脱	孫阿耳們台得　銻養三
Seneea oil ,		孫尼加油　火油
Serbian ,	色而皮央	賽耳比恩礦　鋁矽鉻
Serpentine ,	色而并台能	蛇色紋石
Serpentine common ,	尋常色而并台能	尋常蛇色紋石
Serpentine siecious ,	貴色而并台能	貴品蛇色紋石
Seybertite , (Clintonite) ,	雖皮得愛脱	雖伯台得　鋁鎂矽養二
Shale ,	舍爾	泥板石　鋁矽養二

Shell marble, (Calcite),	蚌灰石	蛤紋雲石　鈣養炭養二
Sicilian oil,	西西里油	西西里油　地柏油　炭輕
Sicilian white marble,	白灰石	西西里白雲石　鈣養炭養二
Sideroschisolite,	雖地落斯蓋蘇來脱	鐵頁形礦　鐵矽養二
Siente,	雖約奈脱	歲以內得　鋁矽養二
Silica,	夕里開	矽養二
Siliceous sinter,	夕里開新塔	水中結含矽之質
Silicified wood,	夕里開木	變矽養三之木　矽養二
Sillimanite,	夕里蠻愛脱	西里曼愛得　鋁矽養二
Silver,	銀	銀
Silver antimonial,	安的摩尼銀	銻銀礦
Silver antimonial sulphuret,	硫磺安的摩尼銀	銀硫銻硫礦
Silver bismuthic,	別斯末斯銀礦	鉍銀礦
Silver bromie,	孛羅名銀	溴銀礦
Silver chloride,	綠氣銀	銀綠
Silver chlorobromide,	綠氣孛羅名銀	綠溴銀礦
Silver fahlerz,	銀砂銅礦	含銀發勒士礦　銅銀硫
Silver glance,	光銀礦	光色銀礦　銀硫
Silver born,	角銀礦	明角形銀礦
Silver iodic,	愛阿靛銀	碘銀礦
Silver muriate,	綠氣銀	銀綠
Silver native,	生成之銀	自然銀
Silver red or ruby,	紅銀礦	紅銀礦
Silver selenide,	西里尼恩銀	銀硒
Silver sulphuret,	硫磺銀礦	銀硫礦
Silver tellurie,	脱羅里恩銀	碲銀礦
Silver ore, black,	黑銀礦	黑色銀礦　銀硫銻
Silver ore brittle,	脆銀礦	脆性銀礦　銀硫銻
Silver ore red or ruby,	紅銀礦	紅色銀礦　銀鉮硫
Silver ore vitreous,	玻璃銀礦	玻璃光色銀礦　銀硫
Sinter iron,	鐵新搭	水中結含鐵之質　鐵養鉮養五
Sinter silicious,	夕里開新搭	水中結含矽之質
Sismondite,	斯門定	西司們台得　鋁鐵矽養二
Skapolith,	斯蓋波來脱	桿石　鋁鈣矽養二
Skolecite or Scolecite,	斯果利斯愛脱	蚯蚓石　鋁鈣矽養二
Skorodite or Scorodite,	斯果羅台脱	蒜臭石　鐵鉮養五
Slate,	泥石	端石　鋁矽養三
Smalt,	斯馬皃	玻璃藍色料
Smaltine or Tin White Cobalt,	斯馬皃低能	白色鈷礦　鈷鐵鎳鉮
Smalite, (Kaolin),	斯偶皃愛脱	高陵泥　鋁矽養二
Smithsonite,	炭酸白鉛礦	電性鋅養炭養二礦
Soapstone or Steatite,	滑如肥皂石	肥皂石　鎂矽養二
Soda,	素特之鏀　素特	鈉養
Soda carbonate,	炭酸素特	鈉養炭養二
Soda nitrate,	硝酸素特	鈉養淡養五
Soda salts of,		鈉養鹽類
Soda sesquicarbonate,	半炭酸素特	鈉養二炭養二
Soda sulphate,	硫酸素特	鈉養硫養三
Sodalite,	素特來脱	蘇吋來得　鋁鈉綠矽
Sodium,	素地恩	鈉
Sodium chloride,	鹽	鈉綠
Somervillite, (Chrysocolla),	色末非皃愛脱	蘇末肥勒愛得　銅矽養二
Spadaite,	斯背台愛脱	司巴大愛得　鎂矽養二
Spar calcareous,	灰斯罷	含鈣之光石

Spar Derbyshire ,		鈣弗石
Spar heavy ,	合肥斯罷	鋇養硫養三礦
Spar tabular , (Wollastonite) ,	桌子斯罷	片形光石　鈣鎂矽養二
Sparry or spathic iron ,	斯罷底鐵礦	鐵養炭養二礦
Spear pyrites ,		戈形鐵硫二礦
Specular iron ,	金光鐵石　斯必葛爾鐵	鏡光鐵　鐵養
Specular iron ore ,	光紅血色鐵礦	鏡光鐵礦　鐵養
Speculum metal ,	鏡銅	鏡銅　銅錫
Speiss ,		司貝斯　鎔礦得含鎳料
Sphene or Titanite ,	斯肺尼	劈形礦　鈣矽鈶養
Spherosiderite , (Chalybite) ,	爲維那雖地來脱	球形鐵礦　鐵養炭養二
Spherulite or Pearlstone ,	斯比羅來脱	小球形石　鋁矽養二
Spinel ,	斯比偶兒	司批内勒石　鋁鎂矽養二
Spinel ruby ,	斯比偶兒露佩	明紅司批内勒石　鋁鎂
Spinel zinciferous ,	白鉛斯比偶兒	含鋅司批内勒石
Spinellane (Nosean) ,	斯比尼倫	司批内勒尼石　鋁鈉鈣矽
Spodumene or Triphase ,	斯普陀民	火變灰色石　鋁鋰鈉矽養二
Stalactite , (Calcite) ,	上絲帶石	上成石鍾乳　鈣養炭養二
Stalagmite ,	下絲帶石	下成石鍾乳
Staurotide or Grenatite ,	斯多羅得愛脱	十字形石　鐵鎂矽養二
Steatite or Soapstone ,	斯底哀得愛脱	肥皂石　鎂矽養二
Steatitic pseudomorphs ,	假斯底哀得愛脱	假形肥皂石
Steinmannite ,	斯對每奈脱	司台納瑪内得　鉛銻硫
Stellite , (Pectolite) ,	別士兒愛脱	星形石　鈣矽養二
Stiblite (Antimony ochre) ,	斯底白來脱	銻養三礦
Stilbite or Desmine ,	斯底兒倍脱	光亮石　鋁鈣鈉矽養二
Sternbergite ,	昔脱倫白而其愛得	司敦伯蓋得　銀鐵硫
Stilpnomelane ,	斯底兒奴彌綸	亮黑礦　鋁鐵矽養二
Stilpnosiderite , (Gothite) ,	合奪愛脱	亮鐵礦　鐵養
Stinkstone , (Limestone) ,	臭味灰石	臭惡灰石　鈣養炭養二
Stromeyerite ,	昔脱盧彌愛脱	司脱路迷耶愛得　銀銅硫
Strontia ,	息脱浪西養　息脱浪西養	鍶養
Strontia carbonate ,	炭酸息脱浪西養	鍶養炭養二
Strontia sulphate ,	硫酸息脱浪西養	鍶養硫養三
Strontianite ,	息脱浪西養愛脱	鍶養炭養二礦
Strontium ,	息脱浪西恩	鍶
Strontium sulphuret ,	硫礦息脱浪西恩	鍶硫
Struvite , or Guanite	燐酸美合尼西養阿摩尼阿	司特路非得　燐養五鎂淡輕三
Sulphur ,	硫磺	硫
Sulphuret of copper and iron ,	硫鐵銅礦	銅硫二鐵硫二礦
Sulphuret of iron and nickel ,	硫鐵臬客爾	鐵硫二鎳硫二礦
Sulphuret of silver and copper ,	硫礦安的摩尼銀	銀硫銻硫礦
Sulphuret of silver and iron ,	硫銅銀礦	銀硫銅硫礦
Sulphuret of silver and antim ,	硫鐵銀礦	銀硫鐵硫礦
Sulphuric acid ,	硫酸	硫養三
Sulphurous acid ,	硫酸氣	硫養二氣
Sulphuretted hydrogen ,	硫輕氣	輕硫氣

Sunstone, (Orthoclase),	日光石	日色石　鋁鈉鉀矽養二
Syepoorite,	雖布來脱	賽以不而愛得　鈷硫
Sylvanite, (Aurstellarite),	金脱羅里恩	金合碲礦
Syenite,	雖約奈脱	歲以内得　鋁矽養二
Sylvine,	昔而非能	西勒非尼石　鉀綠
Symplesite,	新潑里雖脱	辛布勒賽得　鐵鉀養五
T		
Tabasheer,	台白西亞	竹節中石　矽養二
Tabular quartz,	登科子	片形石英　矽養二
Tabular spar,	桌子斯罷	片形光石　鈣鎂矽養二
Tale,	台而客	肥皂石　鎂矽養二
Tale indurated,	硬台而客	硬肥皂石
Taleose granite,		原成石　矽鋁鉀
Taleose rock,	台而客石	含肥皂石之石
Taleose slate,	台而客泥石	似肥皂端石　鎂矽養
Tallow mineral,	脂形石油	地産似脂之油　炭輕養
Tantalite,	談台來脱	鉭礦　鐵錫錳鉭
Telluride bismuth,	脱羅里恩別斯末斯	含碲之鉍
Telluride lead,	脱羅里恩鉛	含碲之鉛
Telluride ochre,	脱羅里土	碲養三黄土
Telluride silver,	脱羅里恩銀	碲銀礦
Tellurium,	脱羅里恩	碲
Tellurium foliated,	頁脱羅里恩鉛	頁形碲礦
Tellurium native,	生成自然脱羅里恩	自然碲
Tellurium ores,	脱羅里恩礦	碲礦
Tennanlite or Copper Blende,	台難得愛脱	特難台得　銅鐵硫鉮
Tenorite (Melaconite),	低奴來脱	低奴來得　銅養
Tephroite, (Lithomarge),	低弗羅愛脱	灰色石　錳鐵矽
Tesselite, (Apophyllite),	哀剥非來脱	低西來得　鈣鉀矽養二
Tetradymite or Bornite,	低脱羅代每脱	鉍碲硫礦
Tetrahedrite or Fahlerz,	替脱來希奪來脱	灰色銅礦　銅銻硫
Thenardite,	替奈特愛脱	無水鈉養硫養三
Thomaite,	多每愛脱	朵馬愛得　鐵養炭養二
Thomsonite,	湯姆斯奈脱	湯勿生愛得　鋁鈣鈉矽養二
Thoria,	土里耶	釷養
Thorium,	土里恩	釷
Thorite,	土奈脱	釷礦　釷鐵錳鈾鈣
Thrombolite,	弗綸蒲來脱	特羅末波來得　銅燐養二
Thulite, (Epidote),	土來脱	吐來得　鋁鈣矽養二
Thumite or Axinite,	鴨克雖奈脱	斧形石　鈣鋁矽養二
Thuringite or Owenite,	素令蓋脱	吐林茄愛得　鐵鋁矽養二
Tile ore, (Cuprite),		紅瓦色銅礦　銅養
Tin,	錫	錫
Tin alloys,	錫之攙質	錫之攙質
Tin native,	生成自然之錫	自然之錫　净錫礦
Tin ore,	養氣錫礦	錫養礦
Tin oxide,	養氣錫礦	錫養礦
Tin pyrites,	錫倍來底斯	錫硫二礦
Tin stream,	澗錫	河底錫礦
Tin, sulphuret,	硫礦錫礦	錫硫二礦
Tin wood,	木錫	木紋錫礦　錫養
Tincal, (Borax),		生硼砂　鈉養二硼養三
Titanie acid,	替脱尼恩酸	鍇養二
Titanie iron,	替脱尼恩鐵	含鍇之鐵
Titanite,	替脱奈脱	鍇礦　鍇鈣矽
Titanium,	替脱尼恩	鍇

English	譯名	名稱及成分
Titanium ores,	替脱尼恩礦	鍺之各礦
Toad's eye tin, (Wood tin),	蟾眼錫	蟾眼形錫礦　錫養
Toadstone, or Wacke	蟾蜍石	蟾蜍石　鋁鈣矽
Topaz,	土不爾斯	吐巴司石　鋁矽
Topaz false,	茶晶　假土不爾斯	假吐巴司石　矽養二
Topaz Oriental,	東土不爾斯	東方吐巴司石　鋁二養三
Topazolite, (Garnet),	土不爾斯來脱	吐巴司來得　鈣鐵鋊鋁錳
Touchstone,	試金石	試金石　矽養二
Tourmaline,	普墨林	土耳末里尼　鋁鎂鋰　矽養二
Trachyte,	塔克愛脱	粗毛面石　矽鋁鉀
Trap, or Dolerite,	脱拉潑	級形石
Tremolite, or Byssolite,	低摩兒愛脱	特里莫來得　鎂鈣矽養二
Triphane,	台非能	火變灰色石
Triphyline, or Ferowakine,	鐵弗林	三家燐養五礦　鐵錳鋰　燐養五
Triplite, or Pitchy iron ore,	鐵潑來脱	三合石　錳鐵鈣燐養五
Tripoli, (Opal),	鐵玻璃粉	的黎波里粉　矽鋁
Trona		特路那石　二鈉養三　炭養二
Troostite, (Willemite),	月里每脱	特路司弟得　鋅鐵矽養二
Tscheffkinite,	切夫開奈脱	這夫幾奈得　錯鐠鐵鋁　鈣鎂
Tnesite, (Kaolin),	土意雖脱	丟以賽得　鋁鈣鎂矽養二
Tufa, (Calcite),	拓發	都法石　鈣炭養二
Tufa calcareous,	石灰拓發	含鈣都法石
Tungstate of iron,	東斯天酸鐵	鐵養鎢養三
Tungstate of lead,	東斯天酸鉛	鉛養鎢養三
Tungstate of lime,	東斯天酸灰	鈣養鎢養三
Tungsten,	東斯天	鎢
Tungsten calcareous,	灰東斯天	含鈣養之鎢礦
Tungsten ferruginous,	鐵東斯天	含鐵之鎢礦
Tungstic acid,	東斯天酸	鎢養三
Tungstic ochre,		鎢養三黃土
Turgnois, or Calaite,	推而廓	土而古哇斯　鋁銅燐養五
Type metal,		作印字之鉛料　鉛銻
U		
Ultramarine,	阿兒克兒牟林	青金石粉　鋁鈉鈣鐵　矽養二
Uranite, or Chalcolite,	由日奈脱	鈾礦　鈾鈣燐養五
Uran-mica,	由日尼恩枚格	含鈾之雲母石
Uranium,	由日尼恩	鈾
Uranium ores,	由日尼恩各礦	鈾之各礦
Uranic ochre,	由日尼恩土	鈾養黃土
Uranium oxide,	由日尼恩養	鈾養
Uranium phosphate,	燐酸由日尼恩	鈾養燐養五
Uranium sulphate,	硫酸由日尼恩	鈾養硫養三
Uranium ore, pitchy,		柏油形鈾礦　鈾養
Uranotantalite,		鈾鉭礦
Uran vitriol,	硫酸由日尼恩	鈾養硫養三
Urao, (Trona),		由拉哇　二鈉養三炭養二
V		
Vanadate of copper,	凡奈地酸銅	銅養釩養三
Vanadate of copper and lead,	凡奈地酸鉛銅	銅養釩養三鉛養釩養三
Vanadate of lead,	凡奈地酸鉛	鉛養釩養三

Vanadate of lime,	凡奈地酸灰	鈣養釩養三
Vanadinite,	凡奈弟奈脱	釩礦　鉛釩
Vanadium,	凡奈地恩	釩
Variegated copper ore,	紋銅倍來底斯	花點銅礦　銅鐵硫
Vauquelinite,	服客利奴愛脱	浮扣林愛得　鉛銅鉻養三
Vegetable acids,	草木酸	植物酸類
Velvet copper ore,		剪絨色銅礦　銅鋁鐵硫養三
Venice white,	漆中白色	緋逆斯白色料
Verd antique, (Serpentine),	綠花石	老綠雲石　鎂養矽養三
Verd antique, Oriental,	東方綠花石	東方老綠雲石　鋁矽養三
Vermiculite, (Pennine),	微覓求兒愛脱	熱成蟲形石　鎂鋁鐵矽養二
Vermillion,	硫磺水銀	銀朱　汞硫
Vesnvian,	維蘇維耶斯石	維蘇威石　鈣鋁鐵鎂矽養二
Villarsite,	維拉斯愛脱	非拉耳賽得　鎂鐵鈷矽養
Violan,	肥阿蘭	非哇蘭尼　鋁鐵矽養二
Vitreous copper ore,	玻璃銅礦	玻璃形銅礦　銅硫
Vitreous silver ore,	玻璃銀礦	玻璃形銀礦　銀硫
Vitriol, Blue	硫酸銅	膽礬　銅養硫養三
Vitriol, cobalt,	硫酸苦抱爾	鈷養硫養三
Vitriol, green,	硫酸鐵	青礬　鐵養硫養三
Vitriol, white,	硫酸白鉛	鋅養硫養三
Vivianite, or Blue Iron,	肥浮哀奈脱	非非阿內得　鐵養燐養
Volcanic ashes,	火山灰	火山燼
Volcanic glass,	火玻璃石	火山玻璃料
Volcanic seoria,	火山灰	火山燼
Valtaite,	伏兒對愛脱	佛勒大愛得　鐵養硫養三
Voltzite, or Voltzine,	服爾斯愛脱	佛勒特賽得　鋅硫
Vulpinite, (Anhydrite),		夫勒比奈得　鈣硫矽養二

W

Wacke, or Toadstone,	滑克石	蟾蜍石　錫鈣矽
Wad,	澤孟葛尼斯	華得　筆鉛形錳養二
Wagnerite,	爲納兒愛脱	伐格那來得　鎂鐵鈣燐養五
Warwickite, or Enceladite,	渥里克愛脱	窩爾維克愛得　鐵鎂硼鍇
Washingtonite, (ilmenite)		華盛頓愛得　鐵鍇養二
Water,	水	水
Water dead sea,	死海水	死海水
Water mineral,	金水	地產之水
Water sea,	海水	海水
Wavellite, or Devonite,	爲勿兒愛脱	韋夫來得　鋁燐養五
Websterite, or Aluminite,	哀盧彌那愛脱	韋步司太來得　鋁硫養三
Weissite, (Iolite),		韋斯愛得　鋁矽養二
Wernerite,	完納皃愛脱	韋爾納來得　矽鋁鈣鈉
Wheel ore, (Bournonite),	輪輻礦	齒輪形礦　鉛銅銻硫
Whetstone,	磨刀石	磨刀石　矽養二
White antimony,	白安的摩尼礦	白色銻礦　銻養三
White arsenic,	白砒霜	鉮養三
White coccolite,	白顆顆來得	白色小果形石　鎂矽養二
White copperas,	白各別累斯	白色鐵養硫養三礦
White iron pyrites,	白鐵倍來底斯	白色鐵硫二礦
White lead ore,	白鉛礦	白色鉛礦
White tellurium,	金脱羅里恩	白色碲礦
White vitriol,	硫酸白鉛	鋅養硫養三
Wichtine, (Glaucophane),	月奚台能	韋知弟尼石　鋁鐵鎂鈉矽

Willemite，	月里每脱	韋勒迷得　鋅養矽養二
Withamite，(Epidote)，	曷碑度地	韋他埋得　鋁矽養二
Witherite，	維底兒愛脱	韋特來得　鋇養炭養二
Woerthite，	渥的愛脱	韋耳台得　鋁矽
Wöhlerite，	胡納兒愛脱	胡拉來得　鈣鋯鈉鐵錳鉭
Wolchonskoite，	胡兒康恒斯果愛脱	胡勒干司蓋得　鉻鐵矽養
Wolfram，	胡兒夫蘭	鎢鐵錳礦
Wollastonite，or Tabular Spar，	胡拉斯得奈脱	片形光石　鈣鎂矽養二
Wood coal，	獲的可兒	木煤
Wood opal，(Semi-opal)	樹阿背爾	木哇巴勒石　矽養二
Wood silicified，	夕里開木	變爲矽養二之木
Wood tin，(Cassiterite)，	木錫	木紋錫礦　錫養
X		
Xanthite，(Idocrase)，	愛度客來斯	黄色維蘇威石　鈣鋁矽養二
Xanthocone，	殘安可吒	成黄粉銀礦　銀鉮硫
Xanthophyllite，	剛土非兒愛脱	黄葉形石　鋁鎂矽養二
Xenotime，	齊奴台能	釱燐養五礦
Xylite，	才來脱	木色不灰木　鐵矽養二
Y		
Yellow copperas，	黄各别絮斯	黄色鐵養硫養三礦
Yenite，	力無愛脱	言愛得　鐵鈣矽
Yttria phosphate，	燐酸以特里息	釱養燐養五
Yttrium，	以特里恩	釱
Yttrium ores，	以特里恩礦	釱礦
Ytro-cerite，	以特羅色兒愛脱	釱錯礦
Yttro-colambite，	以特里可倫倍脱	釱鎬礦
Ythro-ilmenite，	以特羅伊爾美奈脱	釱鋔礦
Ythro-tantalite，	以特羅談台奈脱	釱鉭礦
Ythro-titanite，	以特羅替脱奈脱	釱鍇礦
Z		
Zaffre，	朱浄之養氣苦抱爾	薩弗耳　鈷養
Zeagonite，	齊哀果奈脱	齊亞哥奈得　矽鋁鈣鉀
Zeolites，	齊河來脱	熱發沸石類
Zeolites iron，	鐵齊河來脱	含鐵熱發沸石
Zenxite，(Tonrmaline)，		蘇格賽得　鋁鐵矽養二
Zine，	白鉛	鋅
Zine allos，		鋅之攙質
Zine blende，	白鉛白倫脱	鋅布侖得　鋅硫
Zine bloom，or Zinconine，	白鉛花	鋅養炭養二合土之礦
Zine carbonate，	炭酸白鉛	鋅養炭養二礦
Zine ores，		鋅礦
Zine ores red，	紅白鉛	紅鋅礦　鋅錳養
Zine red oxide，	紅養白鉛	紅色鋅養礦
Zine silicate，	夕里開白鉛	鋅養矽養二礦
Zine sulphate，	硫酸白鉛	鋅養硫養三
Zine sulphuret，	硫磺白鉛	鋅硫礦
Zincite，or Spartalite，	尋克愛脱	辛蓋得　鋅錳養
Zinkenite，	尋克奈脱	辛根愛得　鉛銅銻礦
Zirconia，	入爾果尼	鋯養
Zircon，	入爾康	素告納石　鋯鐵矽養二
Zirconite，		素告内得　鋯鐵矽養二
Zoisite，	坐愛雖脱	蘇以賽得　鋁鈣鐵鎂銀
Zygadite，(Albite)，	才呆台脱	雙粒石　鋁鋰矽養二

杜亞泉《考察金石表》《亞泉雜誌》一冊　此表爲考查礦中金石之用。凡遇礦石之類，未知其名目質性者，可依表求之。

金石之質先分二類，一爲無金類光澤者，二爲有金類光澤者。

第一　無金類光澤之金石。此條分爲二類：一、易化於水而舌能覺其味者，二、不化於水或難化於水，故舌不能覺其味者。

若易化於水舌能覺其味者，可置於炭塊之窩中，用次火筩燒之：

燒時在炭上有爆發之聲，其火焰有茄皮色，味鹹且冷。［爲］朴硝［即鉀淡養三］，其火焰黄色，味鹹且冷。［爲］智利硝［即鈉淡養三］。

燒時不爆發，即融化而滲入炭中，可另以玻管盛而燒之，以分出其水。

若不見有水分出而味純鹹者，［爲］食鹽［鈉綠］。

有水分出，試之無𪉑性，炭上有褐色硫塊，味純鹹。［爲］芒硝［鈉二硫養四加十輕二養］。

有火分出，又有𪉑性。遇酸類泡沸，味甚𪉑。［爲］蘇特［鈉輕養］。遇酸類不泡沸，味先甘，後微𪉑。［爲］硼砂［鈉二硼四養七加十輕二養］。

不滲入炭中，猛火燒之，仍有不融之物留存者，用鈷淡養三水滴之：滴後其色變藍，味甘澀。［爲］白礬［鉀二鋁二［硫養四］四加二四輕二養］。滴後其色淡紅，味不快，鹹苦。［爲］舍利鹽［鎂硫養四加七輕二養］。

若不易化於水或全不化於水者，則舌不覺其味，亦置於炭上用吹火燒之，有容易化散或燃燒者，有不化散不燃燒者。

容易化散及燃燒者，又須辨其燒時之臭：

放硫養二臭即燒硫黄時之臭。及砒臭，韮菜臭。堅度一・五至二・五者，再辨其色：

色鮮黄，研之亦然，［爲］雄黄［砒二硫三］。色紅如霞，研之橙黄，［爲］雞冠石［砒二硫二］。

但放硫養二臭，堅度如前者，再辨其重率：

重率二，色黄或灰或褐，燒時火焰藍。［爲］硫黄。

重率八，赤色或鉛色，和蘇特而燒於管中，有水銀昇上，［爲］辰砂［銾硫］。

燒時有燃土之臭或有香氣，堅度不過二、五者，分爲二類：

不融而燃，比重一・二至一・七者，爲煤炭之類。

燒之無烟，色鐵黑或灰黑，研之灰色。［爲］無焰煤。以下皆含炭之生物質。

燒之多灰、多烟煤臭，和以鈉輕養煮之，微黄或無色，無木紋。［爲］石煤。和以鈉輕養呈褐色，間有木紋，色褐黑或褐黄。［爲］褐煤。

先融後燃，比重［〇・］七至一・二者，爲樹脂及油類。濃稠之液，無色，或黄及褐，屢屢現藍彩，有特異之臭［爲］石油。定質，透明，或微明，色黄或褐，燃時香，［爲］琥珀。定質，不透明，黑褐，比琥珀易鎔，有燃土臭，［爲］土瀝青。

不化散及不燃燒者，亦須辨其熱時有無發出之臭。

熱時發硫養二臭或砒臭或銻臭，蒜臭。吹火能融者。

以硼砂珠燒之藍緑色，原物色桃紅，研之鮮紅，堅度一・五，［爲］鈷三［砒養四］二加入輕二養。

和蘇特燒之生銀粒，又呈硫花，原物色紅或灰，研之洋紅，堅度二・五，比重五・八，祇發硫養二臭，吹火不能融者，［爲］閃銀鑛［銀三銻硫］。

和蘇特燒之，有鋅散佈，又呈硫黄，色褐又紅黄緑黑，堅度三・五，比重四。［爲］鋅硫。

熱時不發硫養二及砒臭者，須辨其堅度。堅度六・五至一〇者，以吹火於炭上燒之：

吹火不融

和以蘇特燒之，於炭上現錫粒，堅度六・五，比重七，［爲］錫石［錫養三］；

和以蘇特燒之，於炭上不現錫粒者

堅度一〇，無色透明或黄色，比重三・五，［爲］金剛鑽［炭］；

堅度九，比重四，青色紅黄灰褐，［爲］鋁二養三；堅度八至八・五，以秋石珠燒之呈矽質不化，色酒黄，比重三・五，［爲］鋁二養六弗10養118，以秋石燒之不呈矽質，一，菱角柱形，緑色有蛋白彩，比重三・七，［爲］鋁鈹二養四，一，整齊顆粒，色紅或青或褐，比重三・六，［爲］鎂鋁二養四；

堅度七至七・五，一，六角柱，無條線紋，比重二・七，［爲］緑玉石鈹三鋁二［矽養三］六，一，菱角柱，多粒狀，淡緑或黄褐，比重三・四，［爲］鎂二矽養四，一，菱角柱類於六角柱，灰青或青紫、青黑，比重二・六，［爲］二鎂矽養三加鋁四（矽養四）三，一，六角柱有横紋，和蘇特燒之成玻璃色甚多，比重二・六，［爲］矽養二；

吹火能融

鎔融成黑色或褐色之玻璃，原物十二面菱體，色紅或褐，堅度六・五以至七，比重三・三五以至四・三，［爲］石榴石［鈣三（矽養四）三］；和以元明粉即鉀二三硫養四。及螢石即鈣弗。燒之泡沸，吹管火有緑焰，原物六角柱有横紋，色

多，堅度七，比重三至三・二，「爲」電氣石「鈉六矽養五」。

堅度四、五至六者，亦以吹火於炭上燒之：

吹火不融

以秋石珠燒之，呈矽質，一，無顆粒形，和以蘇特燒之成玻璃，能溶化於鉀輕養水中色透明，或白色，或多色，堅度五・五至四・八五，比重二，「爲」蛋白石「矽養二加二輕二養」；一，有顆粒形，或塊或絲形，或粒，以鹽强化之，分出如膠狀之矽養三，白灰色或黄及褐，堅度五，比重三・五「爲」鋅二矽養四加輕二養。

以秋石珠燒之，不呈矽質，硼砂珠試之，内火色緑，外火紅黄，有鐵之質性。和蘇特燒之有磁性，遇酸類不泡沸而溶化於一，玻管中熱之有水分出，色褐，研之色淡褐或黄，比重三・四以至四「爲」褐鐵鑛「鐵二輕六養六」；一，玻管中無水，色黑或赤，研之色赤，比重四・五至五・三「爲」代赭石「鐵二養三」。

與蘇特共燒，有鋅之小顆粒散布，遇酸類泡沸而溶化，色白或灰或褐，堅度五，比重四・五「爲」爐甘石「鋅炭養三」。

吹火能融

以秋石珠燒之，呈矽質。無顆粒之玻璃塊，遇酸類畧侵蝕，玻璃光色黑「爲」黑曜石「火山玻璃」。

有顆粒形之玻璃塊，

能溶化於鹽酸中，比重二・六至二・八，堅度六。一、不十分溶化於酸類，色褐，變色青緑「爲」鈣二鋁二矽六養十六加二鈣鋁二（矽養四）二。一、白色或灰色無變色「爲」鈉鋁（矽養四）二；

不溶化於鹽酸中，堅度六至六・五、比重二・七，一斜式：明如水帶白紅黄，「爲」長石「鉀二鋁二矽六養十六」；三斜式：一、白色，劈口直角，「爲」鈉二鋁二矽六養十六，一、黄色或白色，劈口斜角，「爲」二鈉二鋁二矽六養十六加鈣鋁（矽養四）二。堅度五至六，比重七至三・五。一、顆粒之劈面成鈍角，色黑或緑，「爲」角閃石「鎂矽養二加天鋁養三」。二、又成直角，色黑或暗緑，「爲」輝石「仝上，惟鎂或爲鈣」；

以秋石珠燒之，不呈矽質，先濕硫强燃之，火焰緑色，堅度五，比重三・二，「爲」燐灰石「三鈣三（燐養四）二」。

又《考察金石表續前》《亞泉雜誌》三册

堅度一至四者，以吹火燒之：

吹火能融，久燒之無鹻性者，可和以蘇特燒之，

生鉛之細粒炭窩，外有黄緑色，原物堅度三，比重六・五，「爲」白鉛礦「鉛炭養三」；

生銅之細粒，在玻管中燒之，有水分出，遇鹽酸即沸而溶化，堅度三・五至四，一，原物緑色，比重三・六至四，「爲」孔雀石「銅二∧（輕養）二加（炭養三）」。一，紺青色，比重三・七，「爲」扁青石「銅三∧（輕養）二加（炭養三）二」；「生銅之細粒，」在玻管中無水分出，遇鹽酸不沸，亦不溶解，原物堅度三・五，比重七・五，「爲」紅銅鑛「銅二養」。

吹火能融久燒之，呈鹻性者，用碎片不可用細末。

能消化於鹽酸者，消化於鹽酸時，有泡沸之狀，吹火焰呈黄緑色，原物色白灰帶黄，堅度三・五，比重四・三，「爲」鋇炭養三；

消化時不泡沸者，和以蘇特灼熱，餘褐色硫塊如肝，醮鹽强水燒之呈紅黄之燄，一，於玻管中熱之有水分出，原物透明白色或他色，堅度三・五，比重二・八，「爲」石膏「鈣硫養四加二輕二養」。一，玻管中無水分出，原物黄或紅或青，白色者稀，堅度三・五，比重二・八，「爲」硬石膏「鈣硫養四」；

「消化時不泡沸者，」和以蘇特燒之不生硫塊，注加硫酸則生熱，一，能熔於燭火，其焰黄，原物色白帶黄，或帶紅，堅度二・五至三，比重二・八「爲」鈉六鋁二弗十二。一，熔之略難，其焰黄紅，原物色白，有紫緑黄者有螢石彩，堅度四，比重三・二，「爲」鈣弗。

不能消化於鹽酸，以蘇特和而燒灼之，無硫塊，可醮以鹽酸用燈火燒之，一，燒時火焰紅色，原物色白帶青或黄，堅度三，比重三・九，「爲」天青石「鍶硫養四」。一，燒時火焰呈黄緑色，原物無色，或白色間有他色，堅度三，比重四・五，「爲」鋇硫養四。

吹火不融，灼熱至多時不呈鹻性者，

以秋石珠燒之，有玻質之硬殼，呈矽性者，能分解於鹽酸中，一，能凝縮於吹火，能收水，原物白帶黄或灰色，堅度二，比重一・五，「爲」海泡石「輕四鎂二∨矽三養十」。一，吹火燒之變白，原物暗緑又碣黄黑，研之色白，堅度三，比重一・五，「爲」輕二鎂三∨（矽養四）二加輕二養。

鹽酸中，不分解或畧分解，如疊葉之狀，分析之成薄葉至薄可撓，有彈力，堅度二至三，比重二・八至三・二，一，薄片能融，色白黄灰緑，「爲」雲母「鉀二鋁三

V(矽養四)二]，一，祇緣端稍融，色綠褐黑。仝上。惟含鎂及鐵。

無彈力，堅度一至一·五，比重二·六至二·八，一，摩之甚滑，色綠及黃白，[爲]滑石[輕二鎂三V矽養三]，一，摩之畧滑，色綠，[爲]五輕二鎂五V(矽養四)三加鋁二(輕養)六。

密緻狀如土，或成厚片，堅度一至三，比重二至二·六，一，滴鈷淡養三水燒之色藍綠，摩之細膩而不滑，色白或黃灰，[爲]瓷土類；一其純潔者，滴鈷淡養三水燒之，色藍綠，原色白或灰或褐紅，[爲]陶土類。

秋石珠燒之，不呈矽質，有鐵之質性，和蘇特灼熱之，生有吸鐵性之塊，鹽酸中泡沸而能消化，吹火中有爆發之聲而變黑，原物黃或褐，堅度四，比重三·八，[爲]鐵炭養三。

鹽酸能消化而不泡沸，一玻管熱之有水分出，原物褐色，研色鮮黑或紅黃，[爲]褐鐵鑛[鐵二輕六養六]；一，無水分出色黑或血紅研色紅，[爲]代赭石[鐵二養三]。

吹火不融，久燒之現鹻性，遇鹽酸泡沸而溶化者，於酒燈中燒之，火燄色黃紅，冷鹽酸能消化，一，顆粒六角式，色白，間有他色，堅度三以下，比重二·七，[爲]灰石[鈣炭養三]，一，顆粒菱角式，色白，間有他色，堅度三·五，比重三，[爲]鵝管石[仝上]；

熱鹽酸僅能消化，堅度三·五比重二·九，[爲](鈣加鎂)二炭養三。

火燄紫色，原物色白帶黃灰，堅度三·五，比重三·七，[爲]鎴炭養；

火燄無色，滴鈷淡養三水燒之變綠，堅度三·五比重三·七，[爲]鎂炭養三。

第二　有金類光澤之金石。此條亦分二類：一爲以吹火於炭上燒之能飛散者，二爲全不飛散或略能飛散者。

若易於飛散者，須辨其所發之臭：

發砒臭飛散而不鎔，鉛灰色，剖面錫白色，堅度三·五，比重五·七，性脆，[爲]砒。

發硫養二臭而飛散炭上佈滿白色，原物鉛灰色，堅度二，比重四·六，[爲]銻二硫三。

不放臭而飛散者，一，炭上散佈白色，原物錫白色，常帶黃或灰色之曇靄，性脆，堅度三·五，比重四·六，[爲]銻；一，炭上散佈黃褐色，原物紅白帶雜色之曇靄，性脆，堅度二·五，比重九·七，[爲]鉍。

若全不飛散或略能飛散者，再分二類：一爲發臭而能鎔者，二爲不發臭者。

以吹管於炭上熱之，放硫養二臭，或砒臭銻臭，且易鎔者。

放砒臭銻臭者，和以蘇特而燒之，生銅粒色如鋼鐵，研色黑，性脆，堅度三至四比重四·四至五·二，[爲]灰銅鑛[銅四砒三硫七]；

生灰色之磁性塊，性脆，堅度五·五，燒後以秋石熔和，秋石珠綠色，現鈷性：一，錫白色或鋼灰色，研色黑，比重六·五，[爲]鈷砒二，一，銀白色帶紅，研色黑，比重六·一，[爲]鈷砒二加鈷硫二；秋石珠黃綠色，現鎳性，原物色如紅銅，研色帶黑，比重六·一，[爲]鎳砒；秋石珠現鐵性，色銀白或鋼灰，研色黑，比重六，[爲]鐵砒二加鐵硫二。

但放硫養二臭者亦和以蘇特而燒之，生鉛粒，一，有黃綠色，散佈鉛灰或鐵黑色，性脆，堅度二·五比重七·五，[爲]輝鉛鑛[鉛硫]，一，暗灰或暗黑色，堅度二至二·五，比重七至七·四，[爲]銀二硫；生銅粒，灰色帶黃，研色黑，堅度二·五比重五·六，[爲]輝銅鑛[銅二硫]，一，黃銅色有曇靄，研色黑綠，堅度三·五，比重四·三，[爲]黃銅鑛[銅二鐵二V硫四]，一，紅銅色或黃色，有曇靄，研色黑，堅度三，比重五，[爲]斑銅鑛[銅二硫加鐵二硫三]；

生灰色之磁性塊，以秋石珠鎔之現鐵性，原物能引磁針，黃金色褐靄，研色灰黑，堅度四·三，比重四·六，[爲]彡鐵三彡鐵二V硫八，原物不引磁針，性脆，堅度六·五，比重四·七至五，一，黃銅色，研色黑[爲]黃鐵鑛[鐵硫二]，一，黃銅色，研色帶綠。仝上。

以吹火於炭上熱之，不發臭者。

吹火能鎔

硝酸能溶，一，紅銅色，有黃褐曇靄，堅度三，比重八·五至八·九，[爲]自然銅。與本章之自然銅異。一，白銀色，有黃黑曇靄，堅度二·五至三，比重一〇至十一，[爲]自然銀。

硝酸不溶，黃金色，堅度二·五，比重一五·六至一九·四，[爲]自然金。

吹火不鎔

硝酸或鹽酸能溶，和以秋石熔燒之，秋石珠現鐵性者，磁性甚强，一，鋼灰色，褐黑曇靄，堅度五比重七·五，[爲]自然鐵。一，鐵黑色，研色黑，堅度五比重五，[爲]磁石[鐵三養四]。一，內火灼熱後現磁性，黑鐵色至血紅色，研色紅，堅度五·五至六·五比重五·二，[爲]代赭石[見上]。

秋石珠現鉻性，色褐黑，研色褐，堅度五·五，比重四·五，[爲]鉻二鐵

V養四。

秋石珠現錳性：一，褐色玻管熱之，有水分出，堅度三・五比重四・三，[爲]錳二輕二養四。一，黑色，研色黑，觸物即污黑之，玻管熱之無水分出，堅度二・五比重四・六，[爲]褐石[錳養二]。

强酸不能溶，一，鋼灰色至白銀色，堅度四至五比重一七至一九，[爲]白金[鉑]。一，黑鐵色，摩於紙上附鉛灰色，甚滑，極難燃燒，堅度一・五比重一・八至二・二，[爲]筆鉛[炭]。

又杜亞泉《食物標準及食物各質化分表》 凡人一舉手一投足，苟有動作，身體之某部必因之消耗多少，謂之老廢物，運出體外。若無自身外補之之物，身體必漸次衰瘦。少年之時，不但如右所言須補其消耗，尚須增長身體之筋肉。又人之生活，常要一定之温度，其温度非自衣服、火、日光等之身外之熱可得不絶，必發源於其身體內。故人欲保全生命，維持生活，則第一須取適宜之食物，以補充身體之損缺，併生長身體之筋肉，且使其與養氣化合生熱，維持其體温。

今欲進論吾人之食物，欲收其全效，當取如何質性、如何分量，先須將吾人體內運出物體之性質及分量驗之。[見下表]因而選定食物之質與量，蓋泄出之物既如此，則補其損缺且增長之者，必須含此等之成分可知矣。

成人每日身中泄出之物之中數表

表中單位爲錢數	水	除水外餘之諸物質				合計
		炭質	輕氣	淡氣	養氣	
自肺噴出	八七、九	六六、一			一七三、二	三二七、一
自皮膚發出	一七五、八	○、七			一、九	一七八、四
尿	四五二、三	二、六	○、八	三、九	三、○	四六二、五
糞	三四、○	五、三	○、八	○、八	三、二	四四、一
總計	七四九、九	七四、七	一、六	四、七	一八一、二	一○一二一

雖然炭質與淡氣不能自木炭及空氣中徑行攝取其原質，必自有機化合物中含之，故次宜論諸種之食物中最要成分，含此等有機化合物之性質與效用。

食物中養生之成分大別爲五：一水，二蛋白質，三脂膏，四小粉及糖類，五無機鹽類。

一水　水者，身體之各部，百分中平均占五八・五，將消化之質及吸收之質，均溶化於水中，而運入全體脈絡之內。又汗、尿等將老廢物運泄出外，又其化汽之多少，能增減身體之熱度而調理之，蓋最要之物也。故或化合而存於食品之內，或儘用飲料，大人約一日平均須七百十八錢至七百四十四錢。

二蛋白質　動物性蛋白質并植物性蛋白質，皆含淡氣之有機物，消化爲血液，循環於身體內。若至筋肉等之消耗損缺之處，即凝結而補充之，爲身體成形及經營新陳代謝之作用。故食物之最要成分中，視其所含之量之多少，可以判食品養生之益之孰大孰小也。

三脂膏　動植物性脂膏及類油者，不但補充體內之脂膏物質之消耗而已，又爲他物質搆造之作用，及通利大小腸連物之作用。又在體內，含於血液中，能與養氣化合，發不絶之温熱，維持温度而增進生活力。若久絶食物時，體內所存脂膏漸次與養氣化合，爲保身體之熱度，漸漸消費，故身體次第衰瘦。若平素脂膏富足之人，斯時猶可支持數日，則脂膏者，貯蓄於體內，可稱預備食品也。

四小粉及他之炭質化合物　小粉類及糖類者，皆炭、輕、養三原質化合而成，爲無淡氣之物，其主要之效用，在體內與養氣化合，生體之熱度。

五無機鹽類即金鹽類　吾人之身體，凡全數之九分之二爲無機鹽類搆成，人體之各部所最要者也。然其少量自然含於食物中，不必另行攝取。其多量如食鹽者，雖含於有機物中，仍須另行添補。就中最要者，爲鈣鹽類、鐵鹽類，及鹻屬金之鹽類。食品內若全無石灰，則骨之搆造必柔軟。鐵爲製造血液所必要，鹻屬金之鹽類含於蛋白質中，多與硫酸化合，使硫酸成中立性，皆必要之物也。

依以上陳述，熟考食物諸成分中之性質，知凡食物者大別爲二種，第一種如蛋白質、含淡氣之物，主組織身體成形者。第二種如脂膏、小粉糖等無淡氣之物，主與養氣化合生身體之熱者。故第一種稱補料，或稱成形質，第二種稱燃料。

然吾人日用之食物，補料與燃料應有若何比例，爲最適當乎？當先將乳汁考之，故不可不研究乳汁之成分。原來乳汁者，爲人之幼稚時未能自選取適當之食物，故自然生成乳汁，爲天然之食品，必極適當此比例，燃料與補料所含兩

成分之量。以此爲標準，不亦世人所公認乎！驗之乳汁中，每含淡氣物一分，必合無淡氣物三分半至四分半，中數爲四分。故補料與燃料，爲一與四之比者，其食品最收滋養之效。而吾人食物，亦可從此得方法矣。

今將常用食物，檢出其化分之成分列表。最近於上之標準者爲乳汁，次小麥粉，爲一與四・六之比，肉類及荳類皆含淡氣之物多，無淡氣之物少。穀類及野菜類，無淡氣物之成分多。吾人欲合於上之標準，得適當之食物，則不可單用一種之食品，必自配合適量，故動物、植物不能偏用。解剖學中，視人體消化器之搆造，知人類者，有兩物合用之性質，故人人當常注意，考其成分，使其適宜，則得食物之益，必更大矣。

以上所論吾人之體内泄出物質之量，及其補充之食物之各成分中之性質，并其混合比例之標準，可得而知。故今更進論吾人一日中宜攝取何樣食品，但此事因有種種之變狀，欲論定之頗覺甚難。然學者之議論，雖未一定。據德國化意他氏之説，凡體格中等之勞力者，一日平均要蛋白質三十一錢四分，脂膏十四錢九分，小粉糖等含水炭質百三十三錢。依日本人民之平均體重改算，則要蛋白質二十五錢五分至二十六錢六分，脂膏五錢三分，含水炭質類百十九錢至百二十七錢六分。日本諸學者近來熱心研究食物，或論化意他氏之食物標準，就現今歐洲人考察，猶謂過多，然或以此食量標準爲最好。拳拳服膺，且照之考察全國人之食物，知中等人以上之食物，猶嫌補料不足，主張日本食不可不改良之議。

上既將吾人日宜攝取食物中成分之性質、比例分量述明，次將食物之各種類分别記其質性效用之概略如表。

常用食物各質化分表

物名	水	蛋白質	脂膏	小粉	糖類及各種無淡氣物	絲棉之質即寫留路司	無機鹽類
乳類							
人乳 產後七八日	八八、九一	三、九二	二、六七		四、三六		〇、一四
人乳 產後百十三日	八七、七七	一、〇四	四、五八		五、一七		〇、二四
人乳 產後百五十日	八三、七一	〇、四二	七、四五		七、四二		〇、一六
牛乳 產後四五日	八六、五七	五、〇四	三、三八		四、二四		〇、七七
牛乳 產後百五十日	八八、一〇	四、三〇	二、五一		四、三五		〇、七四
牛乳 產後三百日	八七、七五	四、二〇	三、〇〇		四、三七		〇、六八
羊乳	八三、二三	六、九七	五、一三		三、六四		〇、七一
馬乳	九〇、四三	三、三三	二、四三		三、二七		〇、五二
驢乳	八九、〇〇	三、五六	一、八五		五、〇五		〇、五四
猪乳	八四、〇四	七、二三	四、五五		三、一三		一、〇五
犬乳	七六、六〇	六、六一	六、五七		三、一六		〇、七三
穀類							
米	一二、二一	五、八七	一、二五	七三、四四	二、二二	三、四三	一、三二
糯	一三、〇〇	五、一〇	三、〇〇	七三、〇〇		四、五〇	一、四〇
米糠	一〇、六九	一三、四一	三、二〇	四五、六六		七、六六	六、一一
小麥	一三、四四	一〇、二五	一、三八	七三、一二			一、八一
大麥	一四、〇四	一〇、〇八	二、三一	六四、四六		六、六五	二、四六
裸麥	一三、六五	一一、二〇	一、二三	七〇、一一		一、五〇	二、〇一
烏蕎	一三、三〇	一二、〇〇	六、〇〇	五四、〇〇		一〇、〇〇	三、〇〇
蕎麥	一三、〇〇	一五、二〇	三、四〇	三六、六〇		二、一〇	二、三〇
黍	一三、三五	六、五四	三、五八	六五、七七		四、五三	三、一三
粟	一三、〇五	一三、〇四	三、〇三	五七、四二		一〇、四一	三、〇五
稗	一三、一二	一〇、四六	一、五五	六二、九〇		八、八八	二、五六
菽類							
羅漢豆	一二、七二	三六、五九	一七、七三	一九、七三		八、七〇	四、四六
毛豆	一三、八七	一八、四一	〇、六一	五一、四七		一二、八一	二、八三
豌豆	一四、三〇	二三、四〇	二、五〇	四九、一〇		九、二〇	二、五〇
蠶豆	一四、三二	二三、六三	一、七二	五三、二四		五、四五	二、六五
根塊類							
馬鈴芋	七五、〇〇	二、三〇	〇、三〇	二〇、四〇		一、〇〇	一、〇〇
甘芋	七二、六三	〇、九三	〇、三一	一三、七三	八、五七	二、三六	一、一七
百合	六九、六三	三、四〇	〇、一二	一九、一〇	、、、	一、四二	一、三五
蘿蔔	六四、六六	〇、五四		三二、七五		〇、〇六	〇、六〇
胡蘿蔔	八七、〇〇	一、二〇	〇、二〇	一、八〇	四、五〇	四、三〇	一、〇〇
蕪菁	六二、五〇	三、二〇	〇、一四	一、四三	二、五一	〇、六一	〇、七四
藕	八五、三六	一、三八	〇、〇八	九、二〇	一、六九	〇、八二	一、一一
瓜類							
茄子	九四、〇〇	〇、九九	〇、〇六	〇、四五	〇、一五	二、五四	〇、四二

類	物名							
莖葉類	王瓜	九六、六四	〇、八七	〇、〇八	一、二〇		〇、七四	〇、四七
	西瓜	九四、七六	〇、一六	微跡	四、七七		〇、一〇	〇、二一
	葫蘆瓜	二〇、三九	八、三二	一、五四	三五、四九		一〇、六九	四、九二
	葱	九一、〇〇	一、五〇	〇、二〇	四、八〇	、、、、	二、〇〇	〇、五〇
	芹菜	九三、六〇	二、二一	〇、一四	三、二一		一、〇四	、、、
	芥菜	八六、三〇	二、八七		八、八〇			二、〇三
	笋	九一、〇〇	二、九四	〇、一二	一、三〇	一、二二	一、〇〇	一、〇五
菌類	香蕈乾	一四、四九	一一、八五	一、六九		六七、五一		四、三七
	松蕈	八一、七三	三、七七	〇、七六		二二、七四		〇、九九
海菜類	海苔	一四、四〇	二六、一四		四四、五一		五、五〇	九、四五
	昆布	二五、八一	六、九〇		三九、六二		七、一五五	二〇、五二
	裙帶菜	一五、一一	八、二九		四〇、六二		二、一六	三三、八二
人造物	豆腐	八八、五九	五、九三	三、一五			一、八一	〇、五二
	豆腐滓	八五、六六	三、六六	〇、八四	二、六三	三、五三	二、八九	〇、五九
	麩皮	七一、四六	一三、三二	〇、一七	一四、二〇	〇、五一	〇、一五	〇、三八
	豆腐皮	二一、八五	五一、六〇	一五、六二	六、六五		〇、四六	二、八二
	掛麵	一四、〇五	一一、一五	〇、八八	六三、六四	三、八二	、、、、	六、五六
	醬油	六四、八三	八、四一	、、、、	四、五六	四、四四	、、、、	一四、六六

魚介類

物名	水	蛋白質	脂膏	鹽類
鰛魚	七〇、二六	二二、三九	六、七一	一、六四
鰺魚	七三、二四	二〇、六〇	四八、〇	一、四六
鰡魚	七六、一六	二一、五〇	〇、七三	一、六一
鯛魚	七七、九〇	一七、六五	三〇、七	一、三八
比目魚	八二、八五	一五、二四	〇、六二	一、二六
鱸魚	七九、一三	一七、五九	二、一三	一、一四
鯽魚	七九、五二	一七、五八	一、六〇	一、三〇
泥鰌	七六、八二	一八、五六	二、七三	一、八九
鰻	六九、一七	一三、八九	一五、九二	一、〇二

鳥獸肉類

物名	水	蛋白質	脂膏	鹽類
牡蠣	七七、八〇	一三、三五	三、一四	五、六七
田螺	七九、六〇	八、一〇	一、二〇	二、二〇
蝦	七六、六二	一九、一七	一、一七	三、一四
雞肉中數	七六、五六	二〇、九八	、、、、	二、四六
各種家禽中數	七四、〇〇	二一、〇〇	三、八〇	一、二〇
牛之精肉	七二、二五	二一、二九	五、一九	一、一七
牛之肥肉	五二、八八	一五、八七	二八、五二	二、七四
小牛肉	六三、〇〇	一六、五〇	一五、八〇	四、七〇
羊之精肉	七二、〇〇	一八、三〇	四、九〇	四、八〇
羊之肥肉	五七、三〇	一四、五〇	二三、八〇	四、四〇
猪之精肉	五五、三〇	一四、〇〇	二八、一〇	二、六〇
猪之肥肉	四三、二〇	一二、一七	四二、〇七	一、五一
鹿肉	七五、七六	一九、七七	一、九二	二、五五
兔肉	七三、一七	二〇、九一	三、一五	二、七七
雞卵 卵白	七八、〇〇	二〇、四〇	—	一、六〇
雞卵 卵黃	五二、〇〇	一六、〇〇	三〇、七〇	一、三〇
雞卵 全卵	七四、〇〇	一四、〇〇	一〇、五〇	一、五〇

果實類

物名	水	糖	酸類質	蛋白質	膠類質	鹽類	仁皮等之不消化物質
葡萄	八四、八七	一〇、五九	〇、八二	〇、六二	〇、二二	〇、三八	二、五二
梅	八〇、八四	二、九六	〇、九六	〇、四八	一〇、四七	〇、三三	三、九四
杏	八二、一一	一、五八	〇、七七	〇、三九	九、二八	〇、七六	五、一六
桃	八四、九九	一、五八	〇、六一	〇、四七	六、三一	〇、四二	五、六二
蘋果	八二、〇四	六、八三	〇、八五	〇、四五	六、四七	〇、三六	三、〇〇
梨	八三、九五	七、〇〇	〇、〇七	〇、二六	三、二八	〇、二八	五、二〇
桑葚	八四、七一	九、一九	一、八六	〇、三九	二、〇三	〇、五七	一、二五

右從日人近藤會次郎與田中禮助所編之《有機化學》内節譯，養生家隨時檢閱，使燃料、補料合於比例，其益當不讓於參蓍珍品矣。

又杜亞泉《配合各色玻璃材料方》《亞泉雜誌》二册

乳色玻璃
白砂 一〇〇、〇
蘇特 四〇、〇
廣丹 五、〇
硼砂 五、〇
褐石 〇、三
骨灰 一、五〇

紫色玻璃〔一〕
白砂 五五、〇
蘇特 一五、〇
硝 二、〇
白石粉 五、〇
褐石 一〇、〇
鐵二養三 二、〇

紫色玻璃〔二〕
白砂 五八、〇
蘇特 一六、〇
硝 二、〇
白石粉 一〇、〇
褐石 二〇、〇至一〇、〇

綠色玻璃〔一〕
白砂 三七、五
蘇特 一二、五
白石粉 六、〇
硝 二、〇
鐵二養三 二〇、〇至五、〇

綠色玻璃〔二〕
白砂 六〇、〇
蘇特 二〇、〇
白石粉 六、〇
硝 一、〇
銘二養六 九、〇

黃色玻璃〔一〕
白砂 五五、〇
蘇特 一五、〇
白石粉 五、〇
硝 二、〇
褐石 一六、〇
鐵二養三 一三、〇

黃色玻璃〔二〕
白砂 五五、〇
蘇特 一五、〇
白石粉 五、〇
硝 二、〇
褐石 一六、〇
鐵二養三 一三、〇

赤色玻璃
白砂 一〇〇、〇
廣丹 二〇〇、〇
銅養 六、〇
錫養 六、〇

楊毓輝《問鍛鍊金質全視火候，西人將各物質試驗定爲鎔度，能一一詳列歟？電池必用二種金類，一陰一陽方能生電。有同一金質與彼金較則爲陰，與此金較則又爲陽，西人因列金質十數種，按序推排，任取二種，皆成陰陽，絕不淆亂，能詳其說並列表以明之歟》《格致書院課藝·庚寅春季特課》　今夫天地自然之美利，國家無盡之財源，其惟金類乎！蓋金也者，利用賴之，厚生亦賴之；富國賴之，强兵亦賴之。即推而至於生電發電，亦莫不賴之。然則金之爲金，豈云小補而已哉。即如礦產之金，必須鍛鍊。鍛鍊之功，必視火候。火候不可過小，小則必不得力。亦不可過大，大則反不爲功。於是精於化學之西人，將各金質一一試驗，然後知此質若干度可鎔，彼質若干度可鎔。今試詳考而分列於篇。一曰金。西人驗得黃金之純者，或成立方顆粒，或成立方變形之顆粒，或成線形，或成鱗形，或成環扣之形，或成紐繞之形。更有亂形之大粒，以及小圓粒。其質皆輭，受熱至二千零十六度即鎔，鎔後復硬，則略縮小。此第就鍛鍊純金而言也。若鍛鍊雜質之金，則又不然。蓋西人驗得凡含金之質，和以食鹽而煅之，即成金綠三，其金綠三受熱至百度表二百度，即放綠氣二分劑而變金綠。再熱二百四十度，則化分綠氣而得純金。此可見鎔金之度也。一曰銀。西人驗得各金類中以銀之色爲最白，而質輭於銅。稍加熱，便可鑄爲極薄之片，抽成極細之絲。再加熱至一千八百七十三度，即能鎔化。其鎔之之具，則莫善於倒焰爐，及鎔金類罐等器。其法則《冶金錄》與《寶藏興焉》言之綦詳，茲無庸贅焉。此可見鎔銀之度也。一曰銅。銅之質，經西人試驗，始知其堅緻而韌，故其鎔度較之金則減少，較之銀則加多。蓋純銅至一千九百九十四度乃鎔也，或有作一千九百九十六度。再加大熱則化散，所發之氣，燒而色綠，是以鎔銅之火候，最宜其難其慎。至於鍛鍊雜質之銅，尤須熱度合宜。蓋熱若過大，則銅養之外，必有別種含養之質鎔出，以致鍊工較難。如含鐵者，則鎔質內鐵多而銅少。含鋅者，則鎔質內銅少而鋅多也。若熱度過小，則成爐之工亦過少，因銅養內鎔出之銅，必致不全也。此可見鎔銅之度也。一曰鐵。鐵礦之類約有十九等，經西人試驗，而知適用者，只有八等：一爲黑鐵礦，二爲紅鐵礦，三爲鏡面鐵礦，四爲棕色鐵礦，五爲炭養二鐵礦，六爲泥鐵礦，七爲黑層鐵礦，八爲硫鐵礦。嘗之皆微澀，嗅之皆微臭，鎔度除鉑之外，以生鐵之度爲最多，蓋二千七百八十六度始鎔也。此可見鎔鐵之度也。一曰錫。錫之脈，常藏於石英花剛石端石之内，又在熟泥内，偶見圓塊錫礦，其質不甚硬，而亦易鎔。加熱至四百四十二度，即能鎔化。如再加熱，亦不化散，惟能與養氣牽合而燒耳。至於錫之雜質，其鎔度皆少。如錫三分，鉛五分，鉍八分，此三品合成，西人名之爲易鎔金。蓋熱至二百十二度便鎔，即水沸之度也。此可見鎔錫之度也。一曰鉛。産鉛之礦，每與硫合，即鉛硫礦也。經化學家試驗，始知其體質甚柔，而結力亦小。受熱至六百二十度，或作六百十二度。即可銷鎔，此亦僅就鉛之純質而言也。若鉛之雜質，其化鎔之熱度，各有大小之不同。即如鉛三十一分，錫十九分，鉍五十分，則熱至二百三度乃鎔也。鉛二八五分，錫十七分，汞九分，鉍四五五分，則熱至一百四十九度乃鎔也。鉛五分，鉍八分，錫三分，則熱至二百十二度乃鎔也。此可見鎔鉛之度也。一曰汞。汞即水銀，常見者爲汞硫礦，其色紅，鍛鍊之始得純汞。西人驗得，凡産於中國、日本、呂宋、祕魯、舊金山、墨西哥、奧大利等處者，其質皆屬甚密。不冷不熱，爲流質。冷至下三十九度，則成定質而輭韌，可以打成箔片。加熱未至六百度，即可銷鎔。若過六百六十度，便將沸而化氣，其氣有明亮之光。此可見鎔汞之度也。一曰鋅。鋅即白鉛，又曰倭鉛。中國所産亦不少。西人驗得其質稍堅，碎而視之，則其紋顆粒攢簇。當不冷不熱之際，則質脆。加熱自二百度至三百度，可造成絲箔。至四百度，可研爲粉。若加熱至七百七十度，或作七百七十三度。則鎔矣。設再加熱而至紅，即化氣，遇空氣則焚燒，變成鋅養，落下爲白粉，狀如棉花。此可見鎔鋅之度也。一曰鉍。西人驗得鉍爲硬脆之金，與別金配成，甚有大用。在地中産者，恆係獨成，而不與別物相合。其脈皆藏於嫩端石與端石泥中。體質較錫稍輕，而鎔度較錫稍大。蓋加熱至四百七十六度乃鎔也，若鉍與鉛錫合成之雜質，則其鎔度皆少，已詳列於鉛之鎔度中，茲不復贅焉。此可見鎔鉍之度也。一曰銻。西人驗得銻礦之多者，爲銻硫，常與鉛硫礦、鈣弗礦、鐵硫礦、石英諸質同見，其色藍白，略同於鉍，而堅脆過之。顆粒爲正方形，亦與鉍相似，惟鎔度則較鉍大。蓋加熱至八百度，始鎔也。若再加熱則燒，發光甚亮，並發白霧甚多。故鍊銻之時，斷不可使火候過其鎔度也。此可見鎔銻之度也。以上所列十金之鎔度，皆就其有用者而言也。其餘或爲地球所罕見，或爲製造所不需，則皆置之不議不論之列可矣。且夫金不徒供鼓鑄器具之用也，而其用之大者，尤莫大於生電。蓋電有乾有濕，其乾電俱由乾燥之物磨擦而出。其濕電，則由陰陽二金所生也。金之生電，當中國乾隆五十五年始行攷得。其時步路捺醫生賈法尼，買一田雞，其家人將剖而作羹。桌上有摩電器一具，學生搖動其輪，以發火星，左手恰執一小刀，切於田雞之脊髓，田雞之腿立即跳躍如生。

其後屢試皆驗，再用別金類傳電氣入田雞，亦跳動。用非金類，即不跳動。由是遂知金能生電矣。意大里之佛爾塔，一作法爾泰。因之創造電堆，嗣以電堆有不便處，又得一法，以木爲長箱，用磁杯十餘隻，或數十隻，中則盛以强水，並銅鋅各片，以鐵絲連其上端，由是第一盃之鋅，通第二盃之銅；第二盃之鋅，通第三盃之銅；第三盃之鋅，通第四盃之銅；第四盃之鋅，通第五盃之銅；互相交通，互相呼吸，而電生矣，是爲電池。又有葛氏電池、但氏電池、斯美氏電池，其法皆大同小異，蓋俱不外乎陰陽二金也。然同一金質，而各判陰陽，於是精於電學之西人，因列金質十數種，任取二種，皆成陰陽。其法甚精，其理甚奥。若求其説，則亦非無故焉。大抵金之生電也，俱係不同類之金，其同類金則不能生電。設用兩色金放於强水内，一金性硬而化遲，一金性輭而化速，則電自生。若兩色金性相同，隨時同化，則電即不生。此即陰陽之理也。彼西人所列之金質，其所以任取二種皆成陰陽者，則以所列之質皆經試驗，按序推排，其性俱屬相異，是故同一金質，較其上則爲陰，較其下則爲陽。一上一下之間，而一陽一陰判焉，此其所以皆成陰陽而不淆亂也。而且不特金質如是也，凡係生電之物，亦莫不如是。即如西人所列之動植各物，如貓皮、玻璃、鳥翎、羊毛、粗紙、絲紬、火漆、硫磺此八種，亦任取二種，皆成陰陽。即如玻璃與貓皮較，則爲陰。然與鳥翎較，則又爲陽矣。羊毛，與鳥翎較則爲陰。然與粗紙較，則又爲陽矣。其下各物亦如之。觀乎此，則金之皆成陰陽可喻矣。而且物質之判陰陽，猶之物質之分正負也。西人所列之正負電氣物質，即法竦待所列者，如養硫硒淡弗緑溴碘燐鉮鎘釩鎢炭銻鍗鏙矽輕，皆屬負電氣質也。鉀鈉鋰鋇鎴鈣鎂鋁鈾錳鋅鐵鎳鈷鉛錫鉍銅銀汞鈀鉑金，皆屬正電氣質也。然其負電質中，又各分正負。正電質中，亦各分正負。蓋皆與此質較則爲正，與彼質較則又爲負也。此其理可參觀而得也。觀乎此，則金之皆成陰陽更可喻矣。兹以支字列表以明之，如左表。

子　丑　寅　卯　辰　巳　午　未　申　酉　戌　亥

假如丑之金與子較，則丑爲陰；與寅較，則丑又爲陽矣。寅之金與丑較，則寅爲陰；與卯較則寅又爲陽矣。其餘亦按序推排，而不淆亂。噫，電學之精妙不測如此，實金質之變化無窮，神奇祕奥，不可限量也。然則金之爲金，豈云小補而已哉。然則金之爲金，豈云小補而已哉！

又　王輔才同題

經云，天不愛道，地不愛寶。金也者，地之寶也。取之不竭，用之不窮，大之足以立富强之基，小之可以成製造之用。而其爲利，遂非一二人之私利，而爲千萬人之公利；非一二世之微利，而爲千萬世之厚利。此金之見重於世也，所以久矣。顧礦産之金，其質多駁雜不純，且多與別質相間，即如同一錫也，或有時含養，或有時含硫；同一銅也，或有時含磺，或有時含炭。況礦産之純銀更少，其質多與磺相合，甚且兼含磺鐵磺銅。礦産之純鋅更鮮，其質每與養相成，甚且兼含炭養磺養。非鍛而鍊之，將何以得純金也。然而鍛鍊之功，全視火候，苟火候不能合宜，則金質必不合用。此鎔度所以不可不知也。泰西化學家素精於試驗之事，能將金質鎔於器中，而以器測驗之，即能知其鎔度。然西人所記之鎔度，有不相同者，則以所驗之具異也。今試就有用之金，而詳列其鎔度，並爲之推廣其説如左。

一則鐵之鎔，爲二千七百八十六度也。查生鐵本有二種，一灰色，一白色。將白色鐵鎔至二千七百八十六度，使自漸而冷，則體内炭質，自能離而外出，而白鐵變爲黑鐵。以之鑄器，最爲適用。若煉鋼及製鐵條，則白色者方佳也。至於鍛煉熟鐵，則用生鐵鎔至二千七百八十六度，焠水令冷，迨所含之玻炭等物既出，可將此鐵碾粗末，分三百八十一斤爲一作，入爐再煉，復至二千七百八十六度而鎔，則以長鐵條頻頻攪之，於是鐵中之渣滓，反其雜質消盡，即成熟鐵矣。鍛鍊鋼鐵，法亦與熟鐵相彷，惟略留炭精而已。

一則銀之鎔，爲一千八百七十三度也。查銀之純者，其礦極少，與別質溷雜者多。惟含銅者，最易鍛鍊。如將含銅之銀，加黑鉛入爐鍛鍊，範作方塊，焠水令冷，復置諸斜底之爐，則銀鉛受熱至鎔，即化液由斜面滚墜爐底，其銅便留存於爐中。蓋銅之鎔度，大於銀，故銀鎔而銅尚未鎔也。復將銀鉛置淺鍋中，銷至化液，則鉛合養氣而成鉛養，色微黄，可即於鍋面撥之令盡，而得純銀矣。此爲鍛鍊銀質之要法，故推廣而言之也。

一則金之鎔，爲二千零十六度也。查礦産之金賦形大小不等，間作珠形，或塊形。其質亦極輭，稍加熱，即可鑄片牽絲，惟較銅稍難消化，故鎔度比銅大二十度也。其鎔法亦易，如倒焰爐等器，皆適用也。

一則錫之鎔，爲四百四十二度也。查錫之質甚軟，色白如銀，可搥成極薄之片。雖沾養氣，銹亦不生。有用之金類中，以錫爲最易鎔化，蓋四百四十二度，不過兩個水沸之度有奇耳。再加熱亦不能甑，惟能自焚，焚時發亮白之光，故鎔錫之時，其鎔度不可過也。

一則銅之鎔，爲一千九百九十六度也。查銅之質不甚硬，稍加熱即可搥爲片，牽爲絲。再加熱至一千九百九十四度，即能稍鎔。故銅之鎔，亦有作一千九百九十四度者，實則必須九十六度始能鎔盡也。且鍛鍊銅質，器具必須合宜。考西人鎔銅之具，以鎔金罐爲最便。其罐亦不一，英國哥奴滑勒地方，有一種罐，專爲鎔銅之用，其形式甚圓，有大小二號，大者口徑三寸，高三寸半，小者可容於大號之内，惟其器過小，容銅無多。又有倒焰爐亦合用也。

一則鋅之鎔，爲七百七十三度也。查鋅之質，硬而色白，綻口現珠形。尋常之熱則脆，加熱自二百度至三百度，則可摺疊搥打，由此而冷，韌性仍存，至四百度則又脆，可研爲極細之粉，然非至七百七十三度，雖旺火亦不能鎔也。考西人鍛鍊鋅質，將礦研細，與枯煤屑同盛於火泥罐内，其罐底有孔，孔内入以鐵，管透上至三分之二，管之下端出於爐底之外。加熱時，初見管口有藍色光焰，即炭養也，次見緑光，知鋅已化氣而鎔，即在管之下端用器受之，便能凝結爲純鋅矣。

一則鉛之鎔，爲六百二十度也。查鉛之質甚軟，而鎔鉛之具，莫善於倒焰爐，即鍛鍊雜質之鉛亦然。蓋常用之鉛，大半爲鉛硫礦，如將礦質搗碎，衝洗去其異質，而與鈣養和勻，置於倒焰爐内，作凹形，加熱而任空氣透入，則礦之小半漸與養氣化合，成鉛養硫養三與鉛養。歷二小時，加以前次所成之滓，再加大熱，屢次掉攪，使滓與鉛盡成鉛養硫養三，熱再加大，則硫養化氣散去，而鉛盡分出，停於爐之凹面，即得純鉛。純鉛非六百二十度不能鎔也。

一則鉍之鎔，爲四百七十六度也。查鉍之質硬而脆，鎔化比錫稍難，故鎔度比錫略大也。鍛鍊鉍質，可將礦質搗碎，盛以鐵筩，而置爐中。其爐上口有鐵門，下口有多孔之火磚，加熱至四百七十六度，鉍鎔，自孔内流出，其流出者尚含銀鈡硫三物，再用銀内去鉛法，得鉍養三，將鉍養三與木炭和勻同煆，即得純鉍。鉍與別金配合，甚有大用，故其鎔度亦不可不列也。

以上所列有用之各金，其鎔度亦大可見矣。且夫金之爲用，不徒製器用之，不徒造箔用之，即生發電氣亦用之。蓋陰陽二金之生電，由來久矣。溯其源流，實本於西人賈法尼，偶以二金觸於僵蛙之腿，見其跳躍如生，自是電學家遂究得金能生電。後人因之創造電池，用木箱一具，内盛强水，並白鉛紅銅各一條，上端以銅絲連之，則電生行於其上矣。如以玻璃器盛强水，所生之電尤佳。其所以用紅銅白鉛者，則以一爲陽金，一爲陰金。非一陰一陽不能生電也。且電池之法亦不一，英國但氏之法，既用二金，復用二水。其法先用磺銅水盛於玻璃筩，而以紅銅片置其中，又以鹽强水盛於瓦筩，而以白鉛條豎其中，然後套於銅筩之内，則電生矣。如數池相聯，則以第一池之銅，接於第二池之鉛，第三池之銅，接於第四池之鉛，餘亦如之。此所謂但氏之電池也。葛氏之法，亦用二金二水，其一爲硝强水，其一爲磺强水和清水而成。所用之金，不用紅銅，而用白金白鉛，但白金即化學所謂鉑也，其物罕而且貴，後以炭精代之，亦頗合用。此所謂葛氏電池也。電池雖不同，要其必用陰陽二金則無不同也。即以陰陽二金而論，則有一定之金質，初無一定之陰陽，故同一金質與彼金較則爲陰，與此金較則又爲陽。西人因審其性而按序列之，其所列之表，電書中載之綦詳，固無庸鈔襲也。若求其説，則任取二種，皆成陰陽，亦猶任取二種，皆成正負也。何以言之，蓋作生電氣池，必用陽性之金。與陰性之金合，而作熱電氣器，必用正電氣之金與負電氣之金合。其事雖二，而其理則一也，西人克明者，因將正負之金類列爲等次，如左表：

鉛硫礦　鉍　汞　鎳　鉑　鈀　銛　錳　錫　鉛　黄銅　銈

金　紅銅　銀　鋅　鎘　炭　筆鉛　鐵　鈡　銻

此表所列之金類，將列内無論何金，任取二種，皆上者爲正，下者爲負。如使鉍與鉛硫礦較，則鉍爲負。然使鉍與汞較，則鉍又爲正矣。使鎳與鉑較，則鎳爲正，然使鎳與汞較，則鎳又爲負矣。其餘各金亦如之。由此觀之，則知陰陽二金，亦同此理。凡各金類，較其上者則爲陰，較其下者則爲陽，按序推排，而不淆亂。此所以任取二種，皆成陰陽也。蓋亦物質使然也。金之生電，神妙如此。然則金也者，其利不誠溥矣哉，其用不誠宏矣哉，噫，吾於是益嘆金之見重於世也，所以久矣。

又　歐陽驥同題

且上與國政相關，下與民生相係者，礦産之金也，蓋金之爲類也多。金之爲用也。廣非金無以致富强之道，即非金無以爲利用之謀也，昔周禮丱人之掌，實開西人礦務之先聲。然其時不過五金，今則西國礦産之金，除金銀銅鐵錫外，又有鉛礦、鋅礦、鉍礦、鎘礦、銻礦類皆有裨於大用。其餘無甚大用者尚多，彼西人開之，遂能兵强而國富。無惑乎今之言利者。動以開礦爲先也。顧取金於礦中，其質甚雜，非鍛鍊精深，不能成其用，亦非火候合度，不能成其功，蓋鍛金猶之調味也，調味之火候不匀，則其味必無以，美故鍛金之火候偶，過則其金亦無以純也，鍛金猶之鑄器也，鑄器之火候失序，則其器必不能精，故鍛金之火候少

差，則其金亦不能固也。然則火候之合與不合，即鍛鍊之精與不精所係也，夫豈可忽哉。夫豈可忽哉，於是化學家將各種金質一一試驗，定爲鎔度，而無偶差。由此火候無偶失之虞，即鍛金無不純之慮矣，今試擇有裨於用各金，將其鎔度，設爲問答以明之。

問金類惟鐵之用最廣否，答曰然。問然則鐵之用最廣而其鎔亦最易否，答曰否。蓋鐵之用所以最廣者，則以其質堅而硬耳，質既堅而硬，鎔必緩而難，故有用之金中，以鐵之鎔度爲最大。蓋加熱至二千七百八十六度始鎔也。

問然則有用之金中，鎔度未有大於鐵者乎，答曰然。問其次之鎔度孰大，答曰黃金，蓋黃金之鎔爲二千零十六度，較之鐵則少七百餘度有奇。

問又其次之鎔度孰大，答曰銅，銅之質似軟，而其性實硬，故加熱至一千九百九十四度，始能銷鎔。

問然則銀之鎔度不大乎，答曰銀之鎔度固非不大。然較之鐵與金銅則固不及耳，蓋銀之鎔爲一千八百七十三度也。

問就有用各金而論，其鎔度之最小者爲誰。答曰鎘。鎘加熱至二百四十三度即鎔，不過稍逾水沸之度耳，問鎘何以爲有用之金。答曰中國雖無鎘，然西國之鎘，與別金化合，其用甚宏，又安得謂爲無用哉。

問其次之鎔度孰小。答曰其次之鎔度最小者，莫小於錫，蓋錫之質甚輭，稍加熱即可摺疊，再加熱至四百四十二度即鎔。

問有比錫之鎔度稍大者乎，答曰有，鉍之鎔爲四百七十六度。較之錫不過大三十餘度耳，問鉍與別金配合其鎔更易，然乎否乎。答曰然。即如鉍八分，鉛五分，錫三分，熱至二百十二度即鎔也，鉍五十分，錫十九分，鉛三十一分，熱至二百零三度即鎔也。

問鉛之鎔度若何。答曰較之鉍則大。蓋加熱至六百二十度，始能鎔也。

問鋅即中國之白鉛，其鎔度亦同於鉛否，答曰否。白鉛之質，較之青鉛稍堅，其鎔度亦較青鉛稍大，非加熱至七百七十三度，不能鎔也。

問銻亦爲有用之質，其鎔度大乎。抑小乎，答曰不大不小。蓋加熱至八百度而鎔也。由是觀之，則知金質有硬與輭之殊，即鎔度有大與小之判也，亦即生電有陰與陽之分也。何以言之，蓋電池之生電也，必須用陰陽二金，陰陽者，即一硬一輭，而有相反之性者也，大凡物性之相同者，其愛力小，物性之相反者，其愛力大，愛力小故不能生電。愛力大故即能生電。此金之所以必用一陰一陽也。然同一陽金，與別金較，則或爲陰，同一陰金。與別金較，則或爲陽。故西人所列之金，任取二種，皆成陰陽而不淆亂。其所以然者則以所列之金皆屬性之相反者也。試借數目字列表以明之，如左表。

一　二　三　四　五　六　七　八　九　十

其一之金硬化遲，二之金輭化速。是此二金之性相反也。則任取此二種，即成陰陽也，二之金軟化速，三之金輭化尤速，是此二金之性又相反也。則任取此二種，亦成陰陽也，推而至於四五六七八九十等金，亦莫不然。此其所以皆成陰陽，而不淆亂也。噫電學之神妙，亦安有過於此者哉。

又　李國英同題

嘗考之古有丱人之掌所以開礦而鍊金也，又有冶人之司，所以鎔金而鑄器也。後人步其成法，精益求精，遂使礦務日興，亦鑄器日盛，蓋世間鉅細之器，精粗之器，陳設之器，利用之器，大半皆由金類鎔鑄而成也。顧鍛鍊金質，精粗每不能一律，即以鐵而論，同一鍛鍊爐所出之鐵，第一次最佳，可謂第一號之鐵，第二次稍遜，可謂第二號之鐵。第三次又遜，可謂第三號之鐵，其精粗之不同如此，然此猶以其火候合度而言也，若火候偶差，則所鍛之質更雜。此火候所以不可不講也，欲講火候，尤必須器具之精，查鍛鍊金質，莫善於倒焰爐，及鎔金類罐。西國所用之倒焰爐，其式亦不一，有一種內面皆以火磚砌成，外面上河泥灰一層，爐之全面必用生鐵板圍之，亦有以常用之磚圍之，而以鐵條橫箍者，煙通之高四十尺，或八十尺，爐柵面之長三尺有半，寬五尺至六尺，同於爐之內面，爐之底長五尺至八尺，寬亦如之，向下稍斜，與煙通相接。爲爐底之最低處，作一深窩。以受鎔各種金類，旁有門，通出火爐之一邊，或在煙通之後，以濕砂塞之，阻截火爐之煤。作一火壩。從爐底起，高十寸至十五寸，爐之一邊，有大鐵閘門，在爐底最高處，與火壩相近，爲加添金類與收拾爐底之用，煙通之上口有一鐵蓋，可自下啓閉，管理火爐之風力，此爲鍛鍊金質之爐最佳者也，西國鎔金類罐亦不一，其尺寸與形式，俱視所鎔之質而定。如鍛鍊寶金類，小至可套於指上，如鎔別種金類，能容金質八百磅。又略爲三角形、或圓柱形、有底小口大者、有口小底大者，皆依其容積定爲若干號。其號略以法國紀路爲率，如第三十號，容三十紀路。即略等於英國六十磅。此爲鍛鍊金質之罐最上者也。此外又有回熱爐，柱形爐，亦皆適用，惟不及上二器之佳耳，然器雖佳，而鎔度亦不可不審，於是精於化學之西人，將各物質試驗，定爲鎔度，今試列表以明之。

金類	鎔度	金類	鎔度
鎘	二百四十三度	錫	四百四十二度
鉍	四百七十六度	鉛	六百二十度
鋅	七百七十三度	銻	八百度
銀	一千八百七十三度	銅	一千九百九十四度
金	二千零十六度	鐵	二千七百八十六度

此表所列之各金，皆有用之金也，此表所列之鎔度，皆英表之度也。蓋各國之表度不同，故各國人所定之鎔度各異，如金亦有作一千一百零二分而鎔者，銀亦有作一千零二十分而鎔者，銅亦有作一千零八十八分而鎔者，錫亦有作二百二十八分而鎔者是也。然自華洋交涉以來，論文字則重英，論磅數則從英，列鎔度則亦何妨依英也。蓋英人所定之鎔度，固較他國爲準也。由此觀之，則知金之爲金，必須銷鎔而始能成用也。然亦有不須鎔者，如電池生電之金是也。金之生電，名爲化電氣，乃由陰陽二金，入硫强水感化而生。大凡金之生電，必須一陰一陽。最佳者莫如鉑與鋅，鉑爲罕貴之物，故易之以紅銅，亦頗合用，試將紅銅與鋅板各一塊置杯中淡硫强水内，則電氣自生，由紅銅行過鋅板，由鋅板入水而過紅銅，以成循環之路，如箭向。其餘各金之生電亦如之，然金之判陰陽，初無一定。彼西人所列之金質，任取二種，皆成陰陽者，則以所列之金，皆屬性之相反，較其上則爲陰。較其下則又爲陽，即如取甲乙二金，則甲乙二金，即成陰陽也。取丙丁二金，則丙丁二金，亦成陰陽也。按序推排，又何淆亂之有哉，謹對。

又　程瞻洛同題

昔者湯鑄莊山之金，禹鑄歷山之金爲幣。周禮特設丱人一職。掌金玉錫石之地。別其地產而授之圖。使取礦者辨白物質。皆貨惡棄地之意也。自前明礦使之害，而寶藏之宜興。罔敢議及者矣。善哉李時珍之言曰。大塊資生洪鈞鑪。韝金石雖若頑物，而造化無窮焉。身家攸賴，財劑衛養。金石雖若死瑶，而利用無窮焉。禹貢周官列其土產，農經軒典詳其性功。亦良相良醫之所當注意者也。第礦學之興，必輔之化學，以別其物質，尤必先明熱學以鎔其物質。蓋礦之棄雜取純，必精鍛鍊，鍛鍊之要，全視火候，各種物質，熱量不同，故西人將各質試驗，定爲鎔度。俾人一覽而明，法斯善矣。惟諸家所用寒暑表，間有度數不同者，則所列鎔度亦異。如化學鑑原中之鎔度，散見於各物者。錪則二百二十五度，硫則二百五十度至二百八十度。硒則二百十二度。燐則一百十一度。變形燐則四百八十度。鋅則七百七十度。鎘則二百四十二度。鉛則六百二十度。錫則四百四十二度。銅則一千九百九十度。銀則一千八百七十三度。金則二千十六度。鐵則除鉑之外熱度最多。而鉑則輕養吹燈及電火始能鎔之。此化學鑑原所定之度也。又格致啓蒙所列化變熱度。燐四十四也，鉀五十八也，鈉九十七也，錫二百三十五也，鉛三百二十五也，銀一千也。黄金一千二百五十也。鐵一千五百也。而鉑亦謂極難化變。總夫得有能化之熱度。以彼熱度寒暑表所不能量也。炭亦永遠定質。離燒極熱，不能化變爲流質。此格致啓蒙所定之度也。二家度數不同者，啓蒙所用，乃舍爾西愛斯長，其表一百度。鑑原所用，係法倫海表。二百十二度。故兩數相去懸殊也。夫采取金石，精其鍛鍊，固利國便民之要務矣。而今日廣開煤礦，據化學家言，蒸煤所得要質最多，能添化學中之新理新物。似蒸煤與鍛鍊金石並重，其用寒暑表以定熱度。分熱度以收各質者，詳化學鑑原續編中矣。按淮南子曰。陰陽相薄，感而爲雷。激而爲霆。莊子曰陰陽錯行，天地大駭。於是有雷有電。《起世經》曰，有三因緣相觸，故雷聚空中有音聲出，一雲中風界與地界相觸者，二千雲中風界。與彼水界相觸著。三千雲中風界。與彼火界相觸著。故即便聲出。譬如樹枝相揩，即有火出。此亦是。又曰東方有電曰無厚，南方有電曰順流，西方有電曰墮光明。北方有電曰百生樹。無厚與墮光明相觸相對。順流與百生樹相觸相對。故虛空雲聚之中，出生大明。名曰電光。此諸説者，雖出自雜家而西國電學之理實皆若合符節。如乾電必以陰陽兩物摩擦而生，濕電必以陰陽二金，交感而發。斯理也。天地人物一以貫之，西人謂人手掌心摩擦所生之氣，如硫磺者，即臭養氣。玻璃電氣所發者即此氣。雷擊處亦有此氣。蓋空中電氣即摩擦電氣也。是則電氣者，即易云剛柔相摩之謂矣。英國達微氏云，各種原質，所以能合成各物者，以此質含有陰電，彼質含有陽電，按二氣相吸之理，合而成之也。故仍以電之陰陽二極分之。可折而爲二矣。是即化學鑑原謂一本一配化合成物。若以金類電氣化分之。還成本配二質，其配往陽極。故爲陰電質。其本往陰極。故爲陽電質也。是則電池中必有二種金類。一陰一陽。方能生電。即化學爐中，必用二種物質。一本一配，方能生化，亦即化學家謂萬物化合。均有成熱之理。化合極速，即成火並成極烈之火之理矣。因是知兩物相摩，感而生電，猶火在木中石中，非鑽及擊不發，而鑽木擊石，皆必用鐵，又合鐵線傳電之義，至同一

金質，與彼金較則爲陰，與此金較則又爲陽。西人因列金質，按序推排，任取二種，皆成陰陽，斯理也。如貓皮玻璃鳥翎羊毛粗紙絲綢火漆硫磺及紅銅白鉛白銀之類。皆有定序。各物俱較其上爲陰，較其下爲陽，如火漆較綫綢則爲陰，較硫磺則爲陽也。夫陰陽之變遷者。丁韙良氏謂各物因電氣之多寡有殊，遂分陰陽，合信氏論二金相合生電之理。謂精錡之電氣爲減，是名爲陰。銅片之電氣爲增，是名爲陽。玻璃之電氣爲增，是名爲陽。皮墊之電氣爲減。是名爲陰。增減亦多寡之謂矣。更參之化學家曰，物有分强弱者，如彼物既與此物相合。遇有更强之物，則離彼而與此合。法國郡氏曾將諸物按其交感强弱，開列定爲次序。如磺硝鹽醋四種强水。並炭氣俱能與鹼相合。特其交感之力漸弱。上下遞減，是炭不如醋，醋不如鹽，鹽不如硝，硝不如磺。此與電學家之按序推排同意。電氣以有增減而有多寡，有多寡即有强弱，所以陰陽有定，而又無定，譬之勇敢之士，勇者較怯者勝，較尤勇者則又負矣。再按起世經之説，雲中風界，有與地界火界水界相觸之別。東西南北電氣相對之殊。而邵子皇極經世觀物外篇，謂雷有水火土石之異，水雷元，火雷虩，土雷連，石雷霹，師曠經曰。春雷初起，其音洛洛靂靂者。所謂雄雷旱氣也。其音依依不大靂靂者。謂之雌雷水氣也。張七澤曰，白玉蟾謂陰陽之氣，結而成雷，雷有五，曰天雷水雷地雷神雷社雷。或云風雷火雷雲雷蠻雷。此雖皆幻渺之説，然電氣之陰陽變化，錯雜紛紜。似亦非盡無稽也。故於常解之外，仍存別解焉。謹對。

王韜《甕牖餘談》卷五　金剛石説

金鋼石，金中之鋼，利而能斷，是石堅而無比，故名金鋼。人罕得之，寶踰兼金。若欲於其鋭處磨之使平，或欲於其平處磨之使鋭，雖有利器不能爲功。惟於本石之粉，輾轉磨之，庶可使其平而發其光，其堅蓋如此也。是石初生於沙石中。沙石者，積沙成石，故名沙石。沙石積成於懸崖，日久爲雨所淋，沙則隨流以至江中，而金鋼石亦隨沙而去，同雜於江沙中。採之者必先斷水之流，淘於沙中，然後得之。尤可奇者，得金鋼石之處，亦概有金可採，豈宇宙精華所聚，寶物亦以類應乎？金鋼石不一色，或黑、或紅、或緑、或藍。最上者如水晶，夜有光，置於暗室中，可以代燭。最大者約如鷄子之半，亦宛有鷄子之形。昔佛蘭西大臣得一金鋼石，略小於鷄子，曾以洋銀六十萬元購之，後其君拿破侖鑲於刀柄中，舉世傳爲希有。西國格致家，窮究物理，謂萬物皆有本質可尋，金鋼石本質與煤炭石灰相同，與鉛筆中之物亦同。何以知之？蓋金鋼石以火煉之，久之化爲氣，其氣可以燃燈，故知金鋼石之質與石灰同。鉛筆中之物亦産於沙石，英吉利、花旗多有之，雖不如金鋼石之堅，若以火煉之，亦化爲氣，故知金鋼石之質又與鉛筆之物同。然煤炭、石灰與鉛筆中之物，燼後雖化爲氣，要皆有灰，因内有雜物故也。若金鋼石則内無雜物，化氣並不見有灰，以此知金鋼石爲最貴焉。煤炭之成也，本於木，係人所造，石灰雖非人造，然内有草木之形，亦係草木所成。由此推之，金鋼石既與煤炭、石灰均能化氣，則其成也亦於木可知矣。究之金鋼石雖貴，而其爲用不如石炭之廣，凡西國火輪機器皆需煤炭。乃人莫不以希有者爲寶，而以常有者爲不足寶，是貴無用以賤有用也。嗚呼！即一金鋼石可以觀世矣。

西國造紙法

書契之具，端賴乎紙。中國自古書契，多編以竹簡。其用縑帛者，依書長短，隨事截之，名曰番紙，亦謂之紙。縑貴而簡重，並不便於人。貧者用蒲寫書，如路温舒之截蒲是也。東漢蔡倫，字敬仲，爲尚方令，乃造意用樹膚麻頭敝布魚網以爲紙。奏上，安帝善其能，自是莫不用焉，故天下稱蔡侯紙。按《後漢・輿服志》云：蔡侯紙用故麻，名麻紙，木皮名穀紙，故魚網名網紙，人莫不以蔡倫爲造紙之鼻祖矣。顧史龍《祖學齋佔畢》云：蔡倫乃後漢時人，而《前漢・外戚傳》云：赫蹏，注謂小紙也，則紙已見於前漢，恐非始於蔡倫。但倫所造精工於前世，則有之耳。書斷云：左伯，字子邑，能爲紙，時蔡倫亦爲之，伯尤爲精妙。見蔡倫似非始創，並不得專美於前。中國造紙之法，蓋已二千年，前於西國千有餘歲，洵可謂肇創文字之最先者矣。西國未有紙時，天竺人以黄楊葉牛羊皮代之，或刻以石牌，鏤以鉛板。後有穎悟者以竹造紙，較勝於葉；後又以棉花、棉布做之，較勝於竹；再後以麻造之，較棉花棉布爲尤勝。今英吉利、花旗皆以棉布麻布造紙。其造法用機器先碎其布，後以木輪研末，盛之以缸，調之以水。碎布雖有雜色，然有藥熬之使白。迨研之如牛乳之油，復加白礬與水，使之如漿。於缸底鑿孔，使漿流出，外盛以輪，輪裹以布，漿在布上，水必灑於布下，而布上之漿即成爲紙。當紙初成時，其體甚濕，復傳至別輪，一輪一輪展轉傳遞，迨傳之最後一輪，而紙燥矣。然後以刀截其長短闊狹。大凡造紙之物不一，惟用棉麻爲最勝。棉花造紙，創自八百年以前。其最古者，則以葉代紙。今浙省天臺山僧寺綱卷，尚有以葉編成者。蓋昔時從天竺來，而寺僧至今藏之耳。書於羊毛者，今在河南開封府，挑筋教人猶有之，堅白精緻，而筆墨端好。西士麥都思曾取數

卷至滬，所書係摩西《舊約》。其時漢時，而革不少壞，亦甚寶也。

造自來火説

曇見丁守存自來火銃造法云：西人有自來火木條者，乃硫磺製煉十餘次，將鍊過燒酒沖入，以木蘸之，磨之則立燃；或和入硝水少許，其火更烈。所言殊未詳也。又云：向來或傳自來火藥乃硝磺和人骨灰爲之，疑其傳聞之悞，不知向來固用骨灰所製，特非人骨耳。天下之物，皆有本質以成形，華人以五行爲萬物之本；西國格致家細究物理，以爲本質不止有五行，計其數共六十餘種。其一名發斯福爾斯，所成概自皮骨石灰中來，然自骨來者爲尤多。取之之法，先拾其骨，或牛馬骨皆可，煆之以火，迨煆白後即磨爲粉。假如有粉十五碗，復加以磺强水十碗，二日後以沙石難之，暴之以日，或燥之以風，使漸濃如粥。復以木灰磨粉，加以一半，共盛於鐵碗下，以微火灼之使乾燥，貫入於小口鐵瓶。瓶口上有銅管一枝，緊與瓶口相稱，勿洩其氣。鐵瓶下亦以微火灼之，使發斯福爾斯上騰，衝入銅管，接入於玻璃瓶，直注玻璃瓶底。發斯福爾斯自鐵瓶過銅管入貯以清水，高于銅管口少許。於是底玻璃瓶，沉於清水中，色黄，較厚如粥。玻璃瓶内另以一小銅管洩其毒氣，時於玻璃瓶中即見於光。製之者取出於玻璃瓶，别以他瓶盛之，滿浸以水，亦勿置於乾燥之處，恐其速於生火。將木削成小片，即塗本片之端，一經摩擦，其火速生，是謂自來火。今西方諸國多用是物，消售最廣。英有一處專造自來火，每日買死馬牛一匹，取其骨爲之。原其創造之始，約二三十年前，有一蘇格蘭人，研究其理，後遂盛行。其人死於咸豐十年。是在西國，此法亦行之未久也。

貝德禮　李提摩太　鑄鐵生《農學新法》　中國之講學者，必推士類。識字耕田，夫舉世曾有幾人。然樊遲以學稼爲請，許行爲神農之言，則知古之服田力穡者，必有專門名家之學。父傳子，師詔弟，然後能流傳以至於今，惟今之農，則僅知守成法而已。食九人之上農夫，既不概見，更質以泰西之農學，不幾如問道於盲乎。泰西農學，有新舊兩法之别，其要皆在於肥地以茁物，本與中華成法，無甚差殊。今姑舍舊法而言新法，新法中之可法者甚多，其他亦不必論，論化學之關乎農學者，蓋西人於近百年來，專講化學，遂於農學全書而外，别開門徑，名曰農學新法，或又稱爲農學化學之法，其命意之所在，厥有五端。

一，令人知地土花草樹木走獸及肥壅諸物與夫空氣等類，係何種原質配合而成。

一，令人知各種草木皆自有相宜之地土，其相宜之地土原質若何。

一，令人知肥壅諸物之原質，以補益地土之原質。

一，令人知何種草木於喂食畜類最屬相宜，即如牧牛以供人食，則宜用何種草料，倘僅欲其肥腯，則宜改用何種草料。又如牧羊使生柔毛合於織維之需，則宜用何種草料。其餘供他用之羊，又宜改用何種草料。舉一反三不勝僂指。

一，令人知熱知，光知一切事宜之關繫於茁物者。

竊謂天下不明化學之人總不能知各種原質之如何分，如何合。苟其知之，則如操管工書者。雖有萬字，總不離乎八法，隨意分合，皆化學之精藴也。今欲於化學中以求農學，其大要有四，四者之中，又有無數子目，試爲臚列於左。一曰察土性，考土之原質，大半係捶碎之石粉，小半係積爛之花草。而石粉又分青石、沙石兩種，欲知何處之土質，應知何種之石粉。石有青沙之異，土即有質性之殊。非於化學中深造有得，斷不能逐細研究。夫土中所孕之五金等類，及所茁之花草諸物，萬有不齊，而其實不過數十原質。或分或合，或多或寡，互相配合而成。雖化學家考究萬物，甚有多至七十餘種原質者，然農學所講之化學，其原質大都不過十四種，舉凡可耕之土所茁之花草與夫萬種物類，皆此十四種原質合成。一應新名亦列於左。

一曰養氣　二曰輕氣　三曰淡氣　四曰炭　五曰矽　六曰硫　七曰燐　八曰緑氣　九曰鉀　十曰鈉　十一曰鈣　十二曰鎂　十三曰鋁　十四曰鐵

以上十四種原質而外，間或别有三原質，再列於後。

一曰錳　一曰鉠　一曰弗氣

計原質中之養氣、輕氣、淡氣、緑氣、弗氣五種，皆氣類也。

欲知農學，請逐節各爲小論，以申明之。

一論養氣。天下萬物之各種原質，惟養氣爲最多。即以水而論，養氣居九分之八，以陸地而論，養氣居其半，以空氣而論，養氣居五分之一。查養氣與空氣相似，色香味三者俱無，而善能與各種原質配合而成新物。其所不能合者，或弗氣耳。假如石灰一物，本係鈣與養氣配合而成，又如白沙一物，則係矽與養氣配合而成，若無養氣，植物不能長，動物亦不能活。

二論輕氣。各種輕氣中，輕氣亦殊不少。如水則九分内含輕氣一分，而凡動植諸物皆有輕氣在内。至其分量，則天下之物，終無有輕於此者，故以輕氣爲名，其無色無香無味，亦與養氣相似。輕氣與養氣相化，即成爲水，而水則能化

實質流質氣質諸物，惟多寡不等耳。水若流到草木等植物之根，其根即能吸水中之原質，無以擬之，其如小兒之吮乳乎。

三論淡氣。各處空氣中，惟淡氣爲最多，動植諸物，皆合淡氣於其體質之内，淡氣若與輕氣化合，即成一物名曰阿摩尼阿。此阿摩尼阿者爲農家最要之物草木所不能少，空氣中亦略有阿摩尼阿。

四論炭。炭能變成三物，一則人間平常燒用之木炭及石灰，一則外國所用之鉛筆實係炭變而成，以其與鉛相似，故謂之筆鉛，一則金鋼鑽，人皆視爲至寶，其實與炭同質，不過變而成鑽石耳。夫水凝冷氣則成冰，煑之極熱則成氣，人皆知之。炭之變亦猶是也，惟炭若與養氣化合，則成一種毒氣，能殺人，故隆冬燒炭以禦寒，若使門窻緊閉，往往使人悶死，要皆炭與養氣化合而爲害，然人遇之則視爲毒物。草木欲其茁壯則此物斷不能少。

五論矽。有一種白石，如人之齒牙者，又有一種白沙，皆矽也。陸地四分之一，俱是矽之原質。

六論硫。硫即硫磺也，與輕氣養氣化合，即成一最猛之水，曰硫强水。凡物之不能以水化者，硫强水能化之，故能化鈣、化鎂，而此水所化之物，又名含硫養三質，此物於澆壅地畝，大有裨益。

七論燐。天下骨類中含燐質甚多，土中亦有之，草木中亦有之，而草木所結之子，如果實類者，更含燐質不少。燐若與他物化合，則成一物，名曰以燐養五爲配之質。此物亦爲滋長草木之地土中所斷不可少者。

八論緑氣，其色黄，其分量重於空氣，若與鈉化合，即成爲鹽。

九論鉀。鉀之原質係靭之一類，其分量輕於水，欲令土肥不能舍鉀。

十論鈉。亦靭物也，甚與鉀似。

十一論鈣。鈣之爲物，實質也。若與養氣化合，則成石灰。凡石，無論白與青燒之，能成石灰者，其原質皆係鈣與炭與養氣化成，而從此種碎而成土者，謂之石灰土。又雖非全係石灰，而此種石末較多者，亦名石灰土。

十二論鎂。石質也，其色白。

十三論鋁。亦石質也，而有光如金銀，然夫天下有一種土，以手拈之而黏或見地上有星星然之光，其細無比者，皆鋁也。西人寫字之石版及用以代瓦，其中含星星之光者，亦皆鋁也。

十四論鐵。鐵之爲物，盡人皆知之。惟有恒人所未及知者，能使土分五色，皆鐵之故也。

二曰分原質。試取肥土一千斤而分之，内有，矽六百四十八斤，爛草木九十七斤，鐵銹即鐵與養氣化成者。六十一斤，石灰五十九斤，鋁與養氣五十七斤，炭與養氣四十斤，鎂與養氣八斤半，燐與養氣四斤半，鈉與養氣四斤，鉀與養氣二斤，硫强水二斤，緑氣二斤，另有雜耗十四斤零。此皆茁長百穀之土之大概情形也。

若考草木之質，大半以十原質配成。十者維何，曰炭、曰輕氣、曰養氣、曰淡氣、曰燐、曰鉀、曰鈣、曰鎂、曰鐵、曰硫，此皆草木所不能少，尚有别質原質，亦間在内。

再考稻與麥與棉花子三物之原質，開列於後縱横數之，一覽瞭然矣。

	有水	有蛋白類	有油
稻千斤	一百四十斤	五十三斤	十斤
麥千斤	一百四十八斤	一百二十斤	十五斤
棉花子千斤	六十六斤	三百十九斤	三百十二斤
	有木	有小粉	有灰
稻千斤	二十五斤	七百六十五斤	七斤
麥千斤	五十斤	六百五十斤	十七斤
棉花子千斤	七十三斤	一百四十斤	九十斤

至蛋白類之一原質，觀之甚似雞蛋白，本係炭與養氣、輕氣、淡氣四種配合而成。

灰之質内有鉀與養氣，鎂與養氣，鐵與養氣，硫强水，鈉與養氣，鈣與養氣，燐與養氣，矽，緑氣等物，雜於一處，而各有分量輕重之别。此植物原質之大概情形也。按：灰中既有燐鎂鐵硫等類，無論稻麥棉花子若十分中偶缺一分即不能成熟。知其缺何分而補補即，芃芃暢茂也。

三曰澆壅之法。僅舉三類之原質，以概其餘。一曰骨，二曰以燐養五爲配之，三曰鳥糞，亦爲小論以申明之。

一論骨。計骨一千斤内凡有鈣連以燐養五爲配之質五百七十斤，生電之氣所結之物三百三十斤，鈣連炭養二鹽類八十斤，鈣含弗氣之質十斤，鎂連以燐養五爲配之質十斤。

二論以燐養五爲配之質。計燐養五爲配之質一千斤内凡有鈣連以燐養五爲

配之質六百十八斤有奇，矽一百零三斤有奇，鈣連炭養$_2$鹽類八十二斤，水七十七斤有奇，土連鹽類七十一斤有奇，能生長之物四十六斤。

三論鳥糞。海中有鳥焉，孳生甚衆，遺糞於海岸，幾可堆積而成山，取以壅地，實爲無上上品。計鳥糞一千斤內，凡有能生長之物四百八十餘斤，鈣連以燐養$_5$爲配之質二百六十餘斤，水一百三十餘斤，鹽類一百十斤，入水不融之物十餘斤。

四曰權壅田相宜之物。若能考察生長之物，係何種原質與之相宜，則試取計重二百磅之肥豕一頭而宰之，取其骨肉等類，而分其原質。則知內含淡氣三磅半，以燐養$_5$爲配之質一磅零五分之二，石灰一磅零十分之三，鉀一磅之十分之三，鎂一磅之二十五分之一，似此細爲分剖，即可以知農家所用之物，係何種原質配合而成矣。

假如一麥也，其中既合燐質農家澆壅種麥之地，必宜有燐在內。無燐，則不能詠風「來餠餌香」之句。

種山薯之土，若無鉀在其內，則薯不能長，蓋薯蕷中含鉀質也。

以上僅舉數端，而化學之大有關於農學。已可想見，其餘亦可類推。若欲逐一細講，則當成大部書矣。

農家者流，若能洞諳何種禾稼係何種原質，即以何種原質，按其分量配合而成，就大田中灌溉而培壅之，瘠土可成沃壤，沃壤更倍增腴美。人語中含樂歲聲將偏於南阡北陌之間矣。況中國地雖大而人甚稠，農學實爲最要，化學即萬不可拋荒。顧安得聚犁雲鋤雨之儔於一室，而偏教之也，姑懸此説，以俟有志於富國者。

江南製造總局《西藥大成藥品中西名目表附人名地名兩表》 此表載英國醫士來拉著《西藥大成》一書內各種藥品名目，並化學料與植物動物名，其中臘丁與英文俱依字母排列，便於用此書者查考，令其用處更廣。

凡植物動物分類所有之臘丁名目，平常譯其音，尚有分種之名，則譯其意，而列於類名之前。如圓葉金雞哪，其金雞哪爲類名，圓葉爲種名是也。如其種名因原爲人名或地名，或因他故無法譯其意，則仍譯其音。凡能察得中華已有常用之名目，亦並記之。

凡植物動物之英文名目，亦照前欵之意譯之。如確知中華名目者，則不譯其音。

凡藥料變成之名目，必存其原音之根，或原音根之要分，如金雞哪以亞、金雞哪以尼、金雞哪以西尼、金雞哪以弟亞等，俱存金雞哪爲音之根。又如雞哪以尼雞哪以西尼、雞哪以弟亞、雞哪畔尼等，俱存雞哪爲音根之要分。凡生物鹼類酸類等，其各名之末字，常歸一例記之，如以克以尼以亞等是也，與西名同法。

凡死物質之名，俱依前印《化學材料中西名目表》所載之公法而定之。

另附人名、地名二表，此不但有來拉所作《西藥大成》一書之人名、地名，兼有醫學、化學等書內常遇之人名、地名。此各名不用一定之華字代一定之西音，又如在已有之中國書內，得合用人名、地名，則必從之，不敢另設新法記之。

初譯此書兼造名目，自起手迄今，已逾十二載，祗爲試作之意，故不免有弊，且其弊有試作者所預知，而比他人知之更詳者，然如改其一弊，又恐有他弊由此而生，所以改弊之全法，以俟後之君子。

光緒十三年夏四月江南製造總局排印。

著録

梁啟超《西學書目表》上

【略】

《西藥大成》 傅蘭雅 趙元益 製造局本 十六本 二千二百 頗備。

《萬國藥方》 洪士提反 山東刻本 八本 三元 便於購藥。

《西藥略釋》 嘉約翰 廣州刻本 四本 一元 以所治證分類，亦便。

《泰西本草撮要》 傅蘭雅 格致彙編本 一本 三角五分 未譯全，即《西藥大成》之節本。

《中西藥名表》 一本 一角五分

《西藥大成藥名表》 傅蘭雅 趙元益 製造局本 一本 一百

《化學衛生論》 傅蘭雅 廣學會本 四本 五百七十 《格致彙編》中有之。

范熙庸《農學初級弁言》 西人之學，精益求精，新理日出，故其書每印一次，輒加增損。非曰訂訛亦義取乎，新也。《農學初級》始印於西歷一千八百七十八年，迄今凡九印，熙庸與秀君初譯是書係照第七次印本，譯至半又購得一千

八百九十七年所印本，即第九印也。秀君詳加檢閲見。第二章已改爲論種子，第六章以下改竄尤多。於是六章以下悉依新印本譯出，而補譯論種子一章附於原譯第二章之後，譯成爰述其梗概於簡端。

光緒二十四年歲次戊戌仲春既望上海范熙庸識。

康有爲《日本書目志》卷一《生理門》

《普通衛生學》二册，柴田承桂丹彼敬三譯。一圓五角

《衛生學》二册出版，片山國編纂。一圓四角五分

《新纂衛生學》一册，高陂駒三郎譯補。一圓五角

《婦人衛生論》附《育兒要訣》。一册，大井謙吉譯。三角

《衛生制度論》一册，後藤新平著。一圓二角

《衛生新編》二册，岸田吟香著。二角

《衛生新論》一册，福地復一編纂。七角五分

《應齡衛生要論》一册，是川漣造譯。三角

《國家衛生原理》一册，後藤新平著。七角五分

《簡明衛生論》一册，柴田承桂譯。七角五分

《衛生工事新論》一册，南部常次郎著。五角

《醫事衛生制度全書》一册，山谷德治郎編輯。一圓二角五分

《衛生醫藥全書》《法律叢書》第十七卷。二角

《百科全書温室通風點光》，文部省藏板。二角

《衛生試驗法》一册，小山哉譯。一圓五角

《虎列刺豫防法》一册，吉岡信行著。八分

《飲料水》一册，高橋秀松　柴田承桂編。八角五分

《衣服料試驗記》一册，衛生局。一角五分

《百科全書食物及飲料》，文部省藏板。一角六分

《衛生臭氣止新法》附屬器械付。一册，加藤正八郎著。二角五分

《飲水試驗新法》一册，鈴木卉人譯補。五角

《袖珍飲食品分析表》一册，江口襄纂著。五角五分

《食餌療法新論》一册，平野千代吉著。五角

《衛生必携防疫要論》一册，小川　早川。二角五分

《肺勞傳染豫防論》一册，柴田承桂譯。二角八分

《通俗飲酒効害論》一册，富松郁三郎著。一角六分

《看病學》一册，安藤義松編。七角

《看護學教程》一册，足立寛講述。三角五分

《小學校用養生淺説》二册，小林義直譯。二角五分

《百科全書養生篇》，文部省藏板。三角

《養生囊》二册，小川著。二角五分

《子育必携産育造化機論》一册，淺利保正著。一角

《男女交合論》一册，六分

《通俗家療法》一册，服部之道編。一角五分

《通俗齒養生法》一册，高山紀齋述。五分

《民間長壽法》一册，山田詮吉著。八分

《人生延命術》一册，高橋省三著。八分

《爲人金杖》一册，木内盛裕編。一圓七角五分

右衛生學三十八種。

人非天不生，非父母不生，身也者，天及父母之枝也。既受生身，敬而保之，《鄉黨》《内則》中和養生之篇，聖人于是至謹矣。後世儒者不明大道之統，禮樂之原，根佛氏苦行之義，蹈墨學太觳之風，王者因以束縛士人，于是高談理氣，溢爲考據，而宫室飲食衣服疾病之故，所以保身體，致中和，養神明，以爲鄙事，置不講。儒惟以敝車羸馬、陋室蔬食自高，而異道發導引之説，富貴縱奢欲之尤，皆無關至道。自唐以後，城市敝陋，宫室塵湫，道路不治，穢惡易覯，疫疾相踵，民不得安其生命長其壽年，豈止陋邦番俗之風，亦非養民保民之義矣。蓋佛氏養魂而棄身，故絶酒肉、斷肢體以苦行爲道，孔子以人情爲□被服別聲備色，加以節文，順天理以養生命，豈以佛墨夷貊之自苦爲哉。宋儒皆由佛出，故其道薄欲樂苦、身體爲多，故多樂養生之道廢。日人好潔，近講泰西衛生之學甚精，其飲水通風之法，防疫看護之方，亦綦詳矣。嗚呼！天子失官，學在四夷，此豈非聖人意哉！男女搆精，萬物化生，鑿枘之機捩，陰陽之順理，孔子閉房，《繁露》中和大發明之，加以品節，以明聖道之大，生人之本，故並録焉。

《勃海母氏藥物學》一册，緒方維準譯。一圓五角

《簡明藥物學》二册，長谷川泰譯纂。三圓七角

《區氏藥劑學》，原田。一圓六角

《藥物學》一册，高阪駒三郎譯纂。一圓二角
《藥物學講本》三册，樫村清德　伊勢定譯補。一圓八角
《藥物要論》三册，印東玄德著。一圓四角
《扶氏藥劑學》四册，柴田承桂譯。三圓八角
《最新藥一斑》一册，山田董編纂。五角
《實用藥物學》四册，平野千代吉編纂。五圓一角五分
《詳約藥物學》二册，鈴木孝之助　印東玄德譯。二圓六角
《新藥方鑑》一册，山崎元脩　石川清忠合譯。五角
《新藥纂論》一册，青木純造　小此木信六郎譯補。四角五分
《生藥學》二册，下山順一郎編纂。二圓五角
右藥物學十三種。
《改正日本藥局方》一册。一角□分
《改正日本藥局方》一册。二角二分
《日本藥局方》一册，山谷德治郎編輯。二角
《傍訓日本藥局方》一册，松尾連編纂。二角五分
《改正日本藥局方》附《醫藥條令》一册。二角
《日本藥局方》羅甸文。一圓五角
《改正日本藥局便覽》一頁，池田濟編纂。一角
《日本藥局方註解》三册出版，下山順一郎著。一圓五角
《日本藥局方註釋》一册，梠山仲藏　須田勝三郎共編。七角五分
《日本藥局方隨伴》二册，樫村清忠　伊勢錠五郎共編。一圓七角
《日本藥局方備考》一册，飯高芳高　青木純造同纂。一圓
《改正日本藥局方精鑑》一册，池田濟編纂。六角
《袖珍實用藥局必携》一册，上田貞治郎著。四角
右藥局方十三種。
《處方學》一册，印藤玄得著　鈴木孝之郎校。六角
《日本名家處方叢》，山本。二角五分
《病床必携新纂處方示要》一册，加藤猛編纂。五角
《獨乙方彙》一册，伊東盛貞譯。一圓八角
《臨床藥説》一册，伊勢盛雄錠五郎　柴田承桂纂。一圓五角
《類聚方函》一册，草野原養編。五角
《改正日本藥局方典對照臨床醫典》一册，筒井八伯珠譯纂。九角
右處方七種。
《調劑術講本》一册，小林九編纂。一圓二角
《調劑要術》一册，勝山忠雄譯。一圓
《配劑禁忌集》一册，佐野高之助編。一角五分
《實用藥品鑑定法》一册，佐野高之助編。五角
《劇毒藥》一册，杉山省吾編。七角五分
右調劑五種。
《藥令輯彙》一册，田原達也纂。九角五分
《藥品取扱心得》一册，上田貞治郎著。一角
《藥劑師試驗問題答案集》一册，芹江梯言　新明嘉編。四角
《藥劑師試驗問題集》一册，前島量平編輯。一角五分
《增訂藥品名彙》一册，伊藤謙編。一圓五角
《洋和藥名字類》一册，江馬春熙編輯。三角
右藥用六種。
《藥用植物學》一册，下山順一郎著。一圓三角
《藥用植物編》一册，松原新之助述。一圓五角
《草木性譜》附《有毒草木圖説》五册，清原重臣著。一圓二角
《毒品便覽》二册，小野職慤撰。四角五分
《藥用動物編》一册，松原新之助述。五角
右藥用動植物五種。
《製藥化學》三册，下山順一郎纂。三圓一角五分
《實用製藥全書》一册，上田貞治郎著。七角五分
《生理化學分析表》一册，高阪駒三郎譯。二角五分
《醫用分析略法》一册，須田勝三郎譯。二角五分
《撿尿法》一册，下田順一郎譯。一圓五角
右醫用化學及分析書五種。
【略】
《臨床化學的診法》一册，下平用彩譯補。五角

又

《法醫學提綱》五册出版，片山國嘉纂著　江口襄校閲。三圓

《袖珍法醫解剖指鍼》，長田定穗譯　石川清公校訂。六角

《詐病診斷法》一册，横山訒譯。八分

《增補斷訟醫學》一册，一圓七角

《裁判化學》一册出版，丹波敬三編。九角

右法醫學五種。《裁判醫學》附

《精神病學》一册，江口襄譯。一圓

《精神病者之書態》，吳秀三著。三角五分

右精神病學二種。

《皇國醫事沿革小史》二册，郭嘉四郎編。一圓一角五分

《日本醫道沿革考》一册，今村亮　河内。二角五分

右醫學沿革史二種。

【略】

《宫城縣下皮疽及鼻疽病》試驗報告一册，農商務省藏版。四角

《獸類藥物學》一册，陸軍文庫藏版。一角八分

《家畜醫範藥物學》，農商務省藏版。一圓五角

《獸醫藥物要論》一册，佐藤悠二郎纂著。六角

《獸醫藥物書》五册出版，今泉六郎譯。一圓八角

《獸類藥法書》一册，陸軍文庫藏版。四角

《獸醫藥方録》一册，農務局藏版。五角

《獸醫産科書》五册出版，大澤弘毅譯。一圓八角八分

《家畜醫範産科學》，農商務省藏版。六角八分

《牛病通論》一册，勸農局藏版。一圓六角

《牛病可治》一册，志賀雷山譯。六角

《馬原病學》一册，陸軍省文庫藏版。一角四分

《馬療新論》一册，陸軍文庫藏版。五角四分

【略】

日本之學，無不出吾廡下也。其醫學亦然，近則皆用西醫矣。泰西自康熙時日耳曼人哈芬創人體皆血脈皆血管，專主治血，乃盡變泰西四千年醫學之舊。近顯微鏡既精，乃知微絲血莞，又知人與微生物戰法。内科之鼇、儒、須、愛，外科之彪、知、虞、列皆名家也。日人皆譯之。若《産婆學》，尤關生理之本，泰西皆有學人專門考求，而吾中人棄于一愚嫗之手，草菅人命數千年。嗚呼，日人蓋知譯求之矣。日人近垂意畜牧，故獸醫之學亦極意講求。太平之世始於仁民，終於變物，漸萌芽矣。吾中國於西醫書亦略有譯者，皆可旁採而擇用之也。

天之道曰陰與陽，人之道曰生與殺。教化治亂之進退消長，視生殺之分數多寡。古亂尚力，大焚大獮大坑數十萬，流血成河，千里無人。故兵者，殺道，亂世之極也。太平尚仁，刑措不用，含哺歌嬉，極樂長壽。故醫者，生道，太平之極也。謁千聖之術，止亂安人以衛生而已。教學以生其魂靈，醫術以生其體魄。蘇援入微，窮百世之制。陶冶質氣，骨靈神飛，時大治在於醫，故以冠諸篇焉。

又　卷七《農業門》

《中等教育農學通論》一册，大内農學士著。一圓

《農業汎論》《農業全書》一篇，農學士横井時敬著。一角五分

《農場整備論》一册，今外三郎。六角

《百科全書農學》，文部省藏板。三角

《(秦)[泰]西農學》八册，文部省譯。一圓三角五分

《農業及農學》一册，農學士齋藤祥三郎編。

《富國全書實地農學》一册，中城恒三郎著。三角

《初等農學》，教育學館。

《小學農書》二册，吉田永三郎著。二角四分

《斯氏農書》六十四册，岡田好樹譯。十五圓

《農學教授書》一册，烏村泰著。一角五分

《農業教科書》二册，早川鐵治　岡文二同著。四角

《農業教科書》二册，澤村真。一圓三角

《翻刻欽定授時通考》四册，勸農局藏板。十二圓五角

《英國農業編》十一册，勸農局藏板。二圓七角五分

《實用農業編》二册，原田清太郎編。一圓七角五分

《小學校用農業書》二册，古澤角三郎編。四角五分

《新撰小學農業書》一册。

《新撰農業書》小學校用三册，農學士中根壽編述。五角一分

《訂正斯氏農書》四册，農商務省譯。五圓

《初等農業書》二册，志學雷山編。四角五分

《農業書》高等科用二册，振農會編纂。近刻

《農事要略》二册，奥並繼編。二角三分五釐

《農事主訣》第一編，寺師宗德抄譯。二角

《廣益農工全書》五册，宫崎柳條纂輯。一圓五角

《實用教育農業全書》十五册。每册一角五分

《農學讀本》三册，爾師應著。三角五分

《農業讀本》二册，横井農學士著。二角四分

《農學楷梯》一册，蘆葉六郎著。四角

《農理學初步》一册，久原躬弦。三角

《農業初步》四册，志賀雷山譯。八角

《農業初步》高等科用三册，黑宫武雄　中根壽同著。四角九分

《小學農業道》三册，小花春吉著。四角四分

《農業須知》《農業全書》二篇，農學士池田日升三著。一角五分

《大家演説勸農軌範》一册，齋藤健治編。二角二分

《勸農叢書農家須知》一册，大藏永常著。三角五分

《小學農業捷經》三册，闕澄藏著。三角六分

《勸農叢書農家心得草》一册，大藏永常著。二角五分

《日本振農策》一册，織田法學士譯。三角五分

《老圃實驗農家必用》一册，田村仁右衛門編輯。七角五分

《農業自得》一册，田村仁平著。三角五分

《叟氏通俗農家必携》四册，農商務省譯。七圓一角

《農家得益辨》一册，柰良專二著，岡松雍校定。二角五分

《斯氏農業問答》一册，後藤達三譯。四角

《勸農叢書豐稼録》一册，大藏永常著。二角二分

《勸農叢書耕稼春秋》二册，土屋又三郎著。一圓二角

《勸農叢書稼穡必携》一册，北田度三郎編輯。二角五分

右農學總記四十七種。

今天下皆知言礦學矣，然地面之礦未開，遑言地下之礦乎！農者，地面之礦也。萬物所出，其獲利顯巨宏深矣。《泰西農學》講求日精，而斯氏之書六十四册，網羅宏大，實其領袖；又譯其要者爲四册以行。斯氏又有《農業問答》，又有《叟氏通俗農家必携》，亦爲精博。其《泰西農學》《英國農業編》《農業初步》，亦並譯出。《泰西農學》雖未盡見，藉此可以考其大端矣。若其教育學館並設此學，編《初等農學》一書，以授農家，其《農學階梯》《農學讀本》等書，《農理學初步》《小學農書》《小學農業書》附之，爲初等小學校之用。《農學通論》則爲中等學校之用，《農業書》等則爲高等學校之用。蓋其學校分級，詳進而不紊如此。若其彙成巨册，則有《勸農叢書》《農業全書》。官有農商部、勸農局，以督勸之。民有振農會，以講求之。宜其地無遺利矣。農本九流之一，昔吾后稷實爲農家之祖，農師田畯本用士人亦何愧焉。考求農理，道參天地，豈可付之胼胝不識字之人哉！中國地當温帶，阻山海而拓平原，地廣萬里，草木二十六萬種，爲地球冠，如譯書開學以教之，土地之毛何可勝用哉。

《戎氏農業化學》二册，文部省譯。一圓九角六分

《勸農叢書農場化學》一册，森要太郎譯。六角

《小學農用化學》一册，熊谷直孝譯。六角

《農用分析表》一葉，勸農局藏板。五分

《農産物分析表》一册，恒藤規隆編輯。四角

右農業化學書五種。

《周禮·草人》掌土化之法，以化學爲農業，本吾中土學也，惜不傳矣。泰西窮極物理，皆可以化學分合變移之。造物者之神靈，亦不過造化而已。今泰西於製冰製電，皆以人力代化工，化之爲學大矣哉。今泰西化學要書日本皆已譯之，戎氏農學尤其精絶，亦中國宜亟亟也。

《土壤篇》三册，志賀雷山譯。六角

《土壤改良篇》《農業全書》十二篇，農學士中村鼎著。一角五分

《勸農叢書土地改良論》，平澤。二角五分

《土性辨》三册，佐藤信淵著。五角

《勸農叢書土壤及肥料》一册，山口泰次郎譯。八角

《農事圖解内退水法》，勸農局藏板。一角五分

右土壤類六種。

《勸農叢書肥料篇》一册，志賀雷山譯。五角

《肥料篇》《農業全書》十一篇，農學士原漑著。一角五分

《勸農叢書農稼肥培論》三册，大藏永常著。八角

《勸農叢書肥料保護篇》一册，户井重平譯述。一角五分

《勸農叢書和洋肥料集成》一册，户井重平編輯。三角

《農學糞培表》一葉，石原正吾集。八分

《農事圖解内糞培法》，勸農局藏板。一角五分

《骨粉及過燐酸石灰製造法并用法》一册，澤野涫著。三角六分

右肥料書九種。

泰西肥料之書在是矣。中土糞灌最古，但無學人考求，未嘗變改增加之，所進益蓋鮮矣。泰西近用灰石、燐酸、骨粉，及電氣，故能化小爲大，化淡爲濃，易少以多，刻期成熟，操縱開闔如治兵然。人也，取精、多，用物宏則魂魄强，草土亦然。以度量分界行之，壅其氣，和其中，可謂治及草木哉。

徐維則《增版東西學書録》卷四　醫學第二十三　先内科，次外科，次藥品，次方書，次衛生學。

《西藥略釋》四卷，光緒元年博濟醫局刊本作一卷，光緒十二年新增重刊本。不著撰人名氏，美嘉約翰、孔慶高同譯。説理精確，西書之善者。此書所載西國常用藥品約百餘種，前有總論講明用藥之總理，極便省覽，惜兩次寫刻譯音先後不同，學者當以第二次刊本爲準。《彙編》七有英稻維德譯《醫藥略論》，可參觀。

《西藥摘要》一册，上海通行本。不著撰人名氏。摘其名目，中西文並列，殊無用處。

《泰西本草撮要》一卷，《格致彙編》本，一册。英傅蘭雅輯譯。西國言藥之書不獨講論藥品形性，兼論治病理法，此書不能將藥品與治病相關之理一一詳論，但取植物、動物、金石之品繪圖以明之，擇要以解之，期其簡明也，惜又僅譯植物，餘皆未備。

《泰西本草名疏》三卷，東洋刊本。日本伊藤清民著。書以窮究植學之理爲主，故雌雄之辨、種屬之條頗爲詳密，説恐不明附之以圖。伊藤氏本有《本草大成》之作，惜未成。

《西藥大成》十卷首一卷，製造局本，十六册。英來拉、海得蘭同著，英傅蘭雅譯，趙元益述。屢次增修，造物之機久而愈泄，以割破牲畜試各種藥品功用爲非是，能集西醫之長而不護西醫之短。此書從第五次删補印本譯出，後哈來重增之條亦擇要譯補於内，西藥之書此爲最備。

《西藥大成藥品中西名目表》一卷附人名地名表，製造局本，一册。英傅蘭雅譯，趙元益述。列以西字對以中文，專爲查閲來拉氏《西藥大成》而設，惜初譯之本兼造名目未能改正，亦是書之弊也，人名、地名凡他書所常見者亦載之。

《中西藥名表》□卷。

以上藥品。

《萬國藥方》八卷，山東刻本，八册，關華書館石印本。英思快爾著，美洪士提反譯。古人能化各藥之性合爲一方，今人之方羅列藥品而已。是書于草木、金石之原質、化質曲盡功用，雖趨新而實能反古，其良毒之間在用者之詳慎耳。前後印本詳略互有不同，後刻本增收中國藥品多至數十種。

《醫方彙編》四卷首一卷，光緒乙未廣濟醫局排印本，五册。英偉倫忽塔著，英梅滕更譯，劉廷楨述。西國權量尺寸與中土不同，首載英、法各表最爲詳便，其言經絡臟腑部位名目悉準《全體通考》《闡微》諸書，學者當參觀也。

附《日本紅十字會同盟諸國記》□卷，《譯書公會報》本。譯書公會[報館]譯。顧補。

以上方書。

《孩童衛生論》一卷，益智書會本，一册。英傅蘭雅輯譯。極言血之功用，尤以飲酒、吸煙爲大害人身，書中發明食物之利害獨詳。

《幼童衛生編》一卷，益智書會本，一册。英傅蘭雅輯譯。原書爲約翰怒及布登所著，而戒煙會中女監督恨得氏復有所增改，大旨與《孩童衛生論》略同，此益加密，後附《學堂要言》《全身骨數》各一篇。

《初學衛生編》一卷，益智書會本，一册。美蓋樂格著，英傅蘭雅譯。此較以上二書又加精詳，中載護腦、免病各説，皆體貼微密。

《居宅衛生論》一册附圖，《格致彙編》本。英傅蘭雅輯譯。是書六章，爲圖六十有五，其汲汲於造屋事，内卻病通氣之法講求攝生，可謂詳備。倫敦大都會層樓高聳，煤氣薰蒸，尤易致疾，故此編論免煤瘴及通水之法三致意焉。

《居處衛生論》□卷，《蒙學報》本。英夫蘭考爾著，藍寅譯。凡七章，皆言築造房屋飲水、溝瀆、天氣諸事，于病人所居之室言之尤詳。《蒙學報》有曾廣銓譯《西文養生學》，未畢。顧補。

《學校衛生學》一卷，《教育世界》本。日本三島通良著，汪有齡譯。是書凡

十篇，一總論，二校地，三建築校舍及教室之搆造，四採光法，五换氣法，六暖室法，七机椅及學生態度及書籍、黑板，八生徒之疾病及學校醫之監督，九體操及遊戲，十授業及休業，於學校中有關衛生者備舉無遺，任教育者誠熟玩而實行之，庶不至以學校爲弱人、夭人之所矣。徐補。

《化學衛生論》四卷，廣學會本，四册；《格致彙編》本，二册。英真司騰著，英傅蘭雅譯。神農本經每言輕身延年，知衛生必資食養，以化學衛生能徹食養之利弊。真氏原本有與近時新理未合者，英羅以司重爲理董，即今刻也，廣學會重印本復增新圖三十餘幅。

《衛生要旨》一卷，上海石印本，一册，益智書會本。美嘉約翰譯，海琴氏校正。此書繼《西醫内科大成》而作，所言皆日用平常之事，鄉曲貧民亦易採用，其立論周密精微，具有至理，後論整飭全家，推愛鄉邑，爲國培元，慨乎言之，亦屬可取。

《延年益壽論》一卷，《格致彙編》本，一册。英愛凡司著，英傅蘭雅輯譯。是書論人老之故及天然之死，論人老死聚質之根原，論飲食用何重數能致延年，論人與動植物益壽之案，論人生免死之法，論益壽可用之物，其言率取醫義而究與醫義異，立法近乎衛生又與衛生不同，大旨以免病爲主、延年爲宗，所論平實可聽，亦西人養生之要書。

《治心免病法》二卷，益智書會本，一册。美烏特亨利著，英傅蘭雅譯。所言之理與尋常西醫書截然不同，其分無形之格致爲三級，一爲心靈變化層，二爲神靈變化層，三爲性始層，分析甚清，惟其於治心之要，未能確明其理，七章以後皆講求性始，西國甚屬風尚，書籍甚多，惜中國尚少譯本。

《免暈船嘔吐説》一卷，《格致彙編》本。美巴次著，英傅蘭雅譯。巴氏久在輪船行醫，考悉暈船之根源與治法，雖依其法未能全免，然十驗八九。《彙編》本僅摘其大要，原書未見。

《食物標準及食物各貨化分表》□卷，《亞泉雜誌》本。亞泉學館譯。系從日本近藤會次郎與田中禮助所編之《有機化學》内節譯，養生家隨時檢閲，使然料、補料合於比例，當不讓參蓍矣。顧補。

以上衛生學。

又 《醫術科》

《西藥略釋》美國嘉約翰遼陽孔繼良同譯，四卷。

《萬國藥方》美國洪士提反箸譯，八卷。

《西藥大成》英國來拉海得蘭同撰，英國傅蘭雅新陽趙元益同譯，十卷坿西藥表一卷。

右藥學三種。　藥名大要不外金石及動植物，中外所同。而西國方劑多用化學提錬精質，偶一不慎，輒至殺人。昔英國倫蘇愛三島各定藥品書，近乃合并重脩，頒行全國。違法配製，吏科其罪。誠以人命至重，其難其慎也。我國學子亦謹其所發哉。

《法律醫學》英國該惠連弗里愛同撰，英國傅蘭雅新陽趙元益同譯，二十四卷坿一卷。

右醫律學一種。　醫律學亦謂國政。醫學實始於英國，列爲專門，其勘驗死傷之一部，與中國《洗冤録》略相類。至其全體内容之界，廣矣。有國家者，莫不知慎重民命。而中國數千年來專恃舊學一卷之書，付於猥賤役隸，南面者掩鼻相向，斥爲凶穢之餘學，士大夫曾無有箸書考求之者。嗚呼，上失其道久矣，紬繹是書，其知愧也哉。

王景沂《科學書目提要初編・農業科》

《農學初階》英國黑球華來思箸，金山吴治檢譯，一卷。

《農學初級》英國馬爾車利箸，英國秀耀春上海范熙庸同譯，一卷。

《農學入門》日本稻垣乙丙箸，日本古城貞吉譯，三卷。

《農學論》香山張壽浯撰，一卷。

《農業三事》日本津田仙述，桐鄉沈紘譯，一卷。

《耕作篇》日本中村鼎撰，日本川瀨儀太郎譯，一卷。

右農學總論六種。　自丙申丁酉來上海創設農學會，以譯以箸，成書不下二百種，洋洋乎大觀哉。惜志士學者，力不足以致諸實驗隴畝。襏襫有書而不能讀，讀矣而不能信，此可惜也。若黑氏、旦氏、稻垣氏諸書，自天時、土宜、人功、物質，靡不推見至隱，深悉其所以然，視已成事，豈云欺我。津田發明荷氏之術，奇而有至理，學問之功，真參贊化育哉。張氏《農學論》以華人説華農，有味乎其言之入人較深矣。　録以爲時賢箸農學者先河焉。

《農務化學問答》英國仲斯敦箸，英國秀耀春上海范熙庸同譯，二卷。

《農産物分析表》日本恒籐規隆撰，日本藤田豊八譯，一卷。

《庇肥篇》美國啤耳撰，慈溪胡濬康譯，一卷。

《肥料保護篇》美國和爾連箸，日本户井重平譯，桐鄉沈紘重譯，一卷。

《農務土質論》美國金福蘭格令希蘭撰，美國衛理上海范熙庸同譯，三卷。

右農業化學五種。　化學亦農業一要術也。自白墳赤壚大別爲矽鈣鋁三類，味乎此者遂不能考見肥瘠，至於損益品料以適培壅，更迭種藝以劑蓄耗，殆無一能離化學者。此豈僅僅勤四體分五穀可盡其能事乎？

《廣學會譯著新書總目·礦物學》

《礦物教科書》日本神保小虎著，西師意譯，上虞許默齋校訂。一册，價洋四角。

《礦學須知》　礦之爲物，産於地中，其類甚繁。有屬金類者，有屬石類者，有屬煤炭類者，有常見者，有罕見者，有産之多而用廣者，有産之少而珍貴者。夫礦藏地中，任人間取，上可强國，下足富民，實當今之急務也。地不愛寶，人亦何患而不取耶。一本，價洋八分。

《礦石圖説》　一本，價洋二角。

《江南製造局譯書提要》卷一《農學》

《農學初級》一卷

英國旦爾恒理撰，秀耀春口譯，上海范熙庸筆述。凡十章。西人農學年精一年，其書每印一次，輒加增損。此書五章以前從第七次印本，以下從第九次新印本，而坿譯論種子一章。此書論察土性，擇種子，與分析原質配合澆壅之理。此外有殺蟲法，引陽光法，玻璃罩法，施放電氣法，汽機取水，電機犁田法，農學所從入手也。

第一章　論土　　第二章　論植物内質附論種子
第三章　論土内肥料　　第四章　論農夫自有肥料
第五章　論製造肥料　　第六章　論自然肥料
第七章　論耕法　　第八章　論輪種
第九章　論畜類　　第十章　論農務撙節各法

《農務化學問答》二卷

英國農學教習仲斯敦撰，秀耀春口譯，上海范熙庸筆述。凡二十三章，四百三十九條。甚合教科之用。

第一章　植物泥土動物相關之理
第二章　植物動物所含之生物質
第三章　植物動物所含生物雜質之原質
第四章　植物所食之生物質
第五章　水淡輕$_{3}$淡養$_{5}$之性質
第六章　木紋質小粉糖呼迷克酸及土内所成之質
第七章　動植物内油質哥路登非布里尼如何變成
第八章　植物動物泥土内之死物質不能燒之質
第九章　各種泥土之情狀
第十章　用深耕下層犁洩水各法以增地力
第十一章　土有生長力之理
第十二章　土内淡氣
第十三章　内死物質與植物相關之理
第十四章　植物吸土内各質之力
第十五章　植物肥料
第十六章　動物體内可爲肥料之物
第十七章　動物之糞
第十八章　鹽類質金類質肥料
第十九章　灰石及燒鈣養用鈣養之法
第二十章　各植物所含小粉哥路登油質之數
第二十一章　各種穀及飼畜料内所含之小粉與飼畜相關
第二十二章　動物食植物内之哥路登油質金類質之理
第二十三章　牛乳乳油乳餅及飼産乳之牛之法

《農務土質論》三卷

美國偉斯根辛農學書院教習金福蘭格令希蘭撰，衛理口譯，上海范熙庸筆述。凡十二章，有圖四十五。論土質以講農務。誠探源之論也。

卷一綱領　日光空氣水生物與其功夫流行不息之理
第一章　土之性質職分來原耗費
第二章　土之疏密與融合及各種之形
卷二
第三章　土内淡氣

第四章　論毛管吸力消化匀布透皮攙和
第五章　論土内之水
第六章　論保守土内之水
卷三
第七章　論植物之根如何分布於土内
第八章　土之熱度
第九章　空氣與土之相關
第十章　田莊開溝洩水之事
第十一章　論灌溉
第十二章　耕及壅肥之功用

《農學津梁》一卷

英國恒里湯納耳撰，美國衛理口譯，六合汪振聲筆述。凡六十章。書中論辨土質，用肥料，及耕種養畜各法，與《農學初級》大同小異而互有詳畧。學者參觀而會通焉。

《農務化學簡法》三卷

美國固來納撰，英國傅蘭雅口譯，上海王樹善筆述。凡二十九章。專以化學法分晰顯明各肥料之可以糞田疇而美土疆者。

第一卷　論養植物所需之生料
第二卷　論得肥田料之法
第三卷　論考究農務化學得利之理

《農務全書上編》十六卷

美國施妥縷撰，慈谿舒高第口譯，新陽趙詒琛筆述。凡十三章。因地土及空氣與植物大相關係，而地土空氣二項皆含各原質及水，故雖專論植物，而常及化學。此書乃摘録學堂之講義。誠農學家及農人實地研究書也。

第一章　地土並空氣與植物之關係　第二章　空氣爲植物養料之一源
第三章　水與地土關係　第四章　地下水動情
第五章　耕法　第六章　耕法器具並用法
第七章　肥料　第八章　地土化學工
第九章　各肥料功效　第十章　含燐養五肥料
第十一章　含淡養三肥料　第十二章　阿摩尼物
第十三章　他種淡氣和物

《農務全書中編》十六卷

撰譯述人(性)[姓]名均同上編。凡十四章。全書均論各種肥料。攷驗精詳，足資練習。

第一章上　含淡氣之動物並植物廢料　第一章下　含淡氣之動物並植物廢料
第二章　同生　第三章　炭養二氣爲肥料
第四章　青肥料　第五章　呼莫司並黴料
第六章上　糞溺並牧場肥料　第六章下　糞溺並牧場肥料
第七章　和肥料　第八章　用肥料法
第九章　糞溺爲高等肥料　第十章　人糞
第十一章　鉀養肥料　第十二章　含鎂物質
第十三章　石灰並含石灰物質　第十四章　含鈉物質

《農學理説》二卷

美國以德懷特福利斯撰，烏程王汝騊口譯，新陽趙詒琛筆述。凡十五章。末附表論植物所以生長，及土源土質並改良，肥料，兼及動物生長飼料。言簡意賅，表尤詳晰。施之實驗甚易。農學階梯，莫便于此。

卷上　論植物之體質及生長　論土　論肥料
第一章　植物體質與生長
第二章　土之源
第三章　土之合質
第四章　土之改良
第五章　天然肥料
第六章　製造濃厚肥料含淡者
第七章　製造濃厚肥料含燐養質
第八章　製造濃厚肥料多燐養質與鉀鹽
第九章　製造肥料購法與估價法
卷下
第十章　輪種
第十一章　選擇種子與各種產物
第十二章　動物生長　動物與動物食料内各質　食料性情與合質

第十三章　食料消化度　飼食規則　補養料等級　以農場産物易濃厚食料

第十四章　種類之理

第十五章　牛乳廠産物與料理法

附表

又　卷二《工藝》

《製羼金法》二卷

日本橋本奇策輯譯，吴縣王季點轉譯。金類工藝器件，以一種純金製造，往往不能適合其用。故西人有專論羼金之書。以兩種金類，或多種金類，如法相羼，能得甚合度之益，或增其堅，或減其值，皆大有關係於工藝學者也。

總論　金類關係物理學之性質及化學性質　各金類之特性　羼金通性　製法大概

銅羼金類　金與銅　銀與銅　鋅與銅　錫與銅　鎳與銅　錳與銅

鋁羼金類　銅與鋁　銀與鋁　金與鋁　錫與鋁　鎳與鋁

錫羼金類　鋁與錫　銻與錫

鉛羼金類　銻與鉛　鉺與鉛

鉍羼金類　錫與鉍

銀羼金類

金羼金類

鉑羼金類　鋨與鉑　銀與鉑　銅與鉑

鈀羼金類

雜品羼金類

《西藝知新》十卷　《續編》十二卷

此爲工藝叢書，著譯者不一人，論説者不一事，可分可合，有圖千一百九十三。

第一卷至第三卷　車床工程　車床緣起　改良　各種形式　用法　配法　刀法　各種鑽刨等器

第四卷　回特活得砲説　鑄銅及試驗法　與恩非特氏所造槍比較説　試砲及砲中各事表

第五卷　造管法造各種賤類之管

第六卷上　回熱鑪各家法式及出銕多寡

第六卷下　製鎔金類之礶

第七卷　硫强水法　各家造法比較　提凈鉀及他雜質

第八卷　色相留真即寫真舊法

第九卷　周羃知裁　以圓錐割截法，明各種金木器合縫聯接之理

第十卷　入水源流　入水工作法，大半論水衣之法，故又名《水衣全書》

附：用法、起船法、礫水中諸物法

《續編》

第一卷　油漆法　製各種漆　附銲金類之銲及雜合金法

第二卷　製肥皂法

第三卷至第四卷　製燭法

第五卷至第八卷　各種鍍金法

第九卷　製玻璃法　製法磨法　附蓖油法

第十卷　銕船針向　造船與行船者須知之理

第十一卷　機動圖説　凡簡單動法五百有七

第十二卷　海戰指要　論用砲及撞法

《電氣鍍金畧法》七卷

英國華特撰，傅蘭雅口譯，臨海周郇筆述。電鍍之法，始不過以爲戲玩悦心之事，其後日精，乃有專廠以成工業者矣。此書論鍍金理法及利弊。

第一卷　總論電氣鍍金

第二卷　鍍銅　造模法　各物鍍銅等金備雜用法　銅器製古色

第三卷　鍍銀　非金類質物鍍銀襍法

第四卷　鍍黄金　各物鍍黄金備用襍法

第五卷　鍍黄銅　并他雜質銅

第六卷　鍍鉑　鈀　鉛　鎳　鐵　銻　鉍　鎘　錫

第七卷　鍍鋅

附録《鍍法須知》十六欵

附續録四十六欵

《藝器記珠》不分卷

此書詳各種用料之值，可用爲比較今昔物價之用。

《鍊金新語》不分卷

英國礦師奥斯敦撰，慈谿舒高第口譯，海鹽鄭昌棪筆述。凡九章，有圖八十三。礦務與商業大有關係。礦務利厚，能增商業之强盛。礦務利薄，能阻商業之發達。而鎔鍊之利弊，毫厘千里，不可不明察也。此書專論礦務鎔鍊分化之事，甚爲詳盡。

第一章　提金類法與化學相關　第二章　論金類性
第三章　雜質金類　第四章　用熱度冶金類
第五章　鍊金所用燒料　第六章　鍊金所配各料法並所得之物
第七章　鎔鑪　第八章　使空氣入鑪
第九章　鍊金各法

《取濾火油法》一卷

美國日得烏撰，英國秀耀春、美國衛理口譯，六合汪振聲筆述。分十二條，有圖十二。論取火油及濾浄火油之法，及用法等事。惜甚簡畧，尚不足爲實業家研究之資。倘有續譯較詳之書，供人玩索，爲益豈淺鮮哉。

第一條　火油之原質　第二條　火油之源流
第三條　查看産火油之地形　第四條　火油之各用
第五條　開井　第六條　機器架及鑽器
第七條　濾法　第八條　濾清鐙用之火油
第九條　濾機器用之火油　第十條　運油法
第十一條　起油筩　第十二條　總則

【略】

《鑄金論畧》六卷

英國司布勒村撰，傅蘭雅口譯，六合汪振聲筆述。有圖三百五十一。專發明鑄生鉄之事，他金類附及而已。

第一卷　論生鉄情形并配法　配鑄各器式樣與金類結成顆粒相關之理　論鑪及燒料　論造沖天鑪并用處排列法
第二卷　論鍋形鑪　論倒燄鑪　論量度法　寒暑表　量熱表　各種耐火材料　論鍋
第三卷　論進風機器與風輪等　論木材並各料之樣用造模　論造模各材料
第四卷　論造模
第五卷　論樣板成模及成模機器　論製齒輪法　速冷法
第六卷　打薄之生鉄及鉄面變成鋼法　別種金類器上加鑄生鉄法　論烘乾各模之鑪　鑄各器之坑　用起重架起鎔料之鍋　製造廠内起重各架　鑄鋼鑄銅法　磨光鑄件及做平法　論建鑄金廠式及成件之費

《造漆法》一卷

日本籐原良純撰，籐田豐八口譯，六合汪振聲筆述。凡樹脂消化於易化散、易乾之流質中，總稱皆可謂之漆。而用以塗飾器物之面，並阻空氣水溼之侵蝕，其用甚繁，其工甚要也。

一　論漆之性及用　二　漆之原料及造法
三　製漆各種方　四　樹脂油原質
五　製樹脂油法　六　更精之製法
七　樹脂油成質　八　樹脂油性及狀
九　樹脂油功用

《金工教範》一卷

美國康潑吞撰，烏程王汝駛口譯，上海范熙庸筆述。此金工手工教課書也，共分二十四課。

第一課　攻金器具　生熟鉄　切剖
第二課　生火　引長　製頭
第三課　彎　製圈
第四課　扁　撞彎
第五課　彎　製頭　絞
第六課　熱合
第七課　配準與熱合
第八課　鉄匠與副工
第九課　舌形熱合
第十課　試驗鉄　製生鉄
第十一課　型製工
第十二課　熟鉄之性質與製法
第十三課　鋼之性情與製法

第十四課　熱合次等鋼
第十五課　熱合上等鋼
第十六課至十八課　淬鋼各法
第十九課　削工
第二十課　鑽鋸
第二十一課　銼
第二十二課　銲用本生煤氣管。
第二十三課　銲用烙鐵
第二十四課　銲用吹火管

《錬石編》三卷

英國黎特撰，慈谿舒高第口譯，海鹽鄭昌棪筆述。凡二十二章，造三合土法也。

第一章　帕得蘭西們脱緣起
第二章　論地學金石
第三章　製造料有由各廠廢物取出者
第四章　擇廠地
第五章　選料
第六章　查料
第七章　料理各料
第八章　礦粉及泥製法
第九章　用藍色來約斯層料製法
第十章　煤層石及灰石
第十一至第十五章　軋石機淘沙具磨石澄具烘鑪
第十六章　窑及燒法
第十七章　成塊機器
第十八章　試驗器
第十九章　用時試驗法
第二十章　論西們脱用不合法
第二十一章　帕得蘭西們脱用處
第二十二章　便用之益

又《地學》

《地學淺釋》三十八卷

英國雷俠兒撰，美國瑪高温口譯，金匱華蘅芳筆述，每卷有圖。地球全體均爲土石之質凝結而成，顧欲於攷金石層疊之外，更進一步從變化之迹而究其變化之由，則不得不察其殭石中所留動植物之遺蜕殘枝，以爲識別之據，使未有紀載之世界，亦可依據以推其所演，而地學由是興。此書譯筆簡潔，圖亦精美，講求地學之寶筏也。

第一卷　論石有四大類
第二卷　水層石之形質
第三卷　水層石中生物之迹
第四卷　水底沈積之物堅凝爲石生物變成殭石之理
第五卷　石層平斜曲折凹凸之故
第六卷　石層被水蝕去之處甚大
第七卷　泥河土石之鬆而未結者
第八卷　各類石皆有先後之期
第九卷　論殭石以定水層石之期
第十卷　今時新疊層及後沛育新之疊層
第十一卷　冰遷石
第十二卷　後沛育新冰期
第十三卷　殭石層　沛育新
第十四卷至第十五卷　埋育新
第十六卷　瘗育新
第十七卷　第二迹層克里兑書
第十八卷　下克里兑書
第十九卷　茶而克及尼阿可彌水蝕之形
第二十卷　求拉昔克之不爾倍克及烏來脱
第二十一卷　求拉昔克之來約斯
第二十二卷　脱來約斯
第二十三卷　潑爾彌安
第二十四卷　可而美什

第二十五卷　可而美什及灰石
第二十六卷　提符尼安老紅砂石
第二十七卷　西羅里安堪孛里安落冷須安
第二十八卷　火山石
第二十九卷　火山石之形
第三十卷至第三十二卷　各期中火山石
第三十三卷　鎔結石
第三十四卷　各期鎔結石
第三十五卷　熱變石
第三十六卷　熱變石之紋理
第三十七卷　熱變石之期
第三十八卷　五金藏脈

《金石識别》十二卷

美國代那撰，瑪高温口譯，金匱華蘅芳筆述。金石有可以作顔色者，作藥料者，作宫室器用者，糞壅田土者，故化學家、礦務家、地學家多取焉。化學家以原質連合相同者爲一類，金石家則以結成之形質，或積疊之法相同者爲一類。又化學兼生物非生物，而此書則專論非生物，故與化學諸書微有别也。

第一卷　金石結成之形
第二卷　金石形色性情
第三卷　氣類　水類　炭類　硫磺類
第四卷　鏽金類　阿摩尼阿　卜對斯　素特　貝而以養　皂脱浪西　丐而西養　美合尼西養　哀盧彌那
第五卷　土金類　夕里開　灰　美合尼西養　哀盧彌那　谷羅西那　入爾果尼　士里耶
第六卷　礦金類　昔而以恩　以特里恩　浪替尼恩　替脱尼恩　錫礦目力别迭能　東斯天　凡奈地恩　脱羅里恩　别斯末斯　安的摩尼　砒　由日尼恩　鐵礦
第七卷　礦金類　孟葛尼斯　客羅彌恩　臬客爾　苦抱爾　白鉛礦　開特彌恩　鉛礦　水銀礦　銅礦
第八卷　礦金類　白金礦　衣日地恩　日和地恩　鈀留底恩　黄金礦　銀礦
第九卷　石類
第十卷　雜論
第十一卷　金石　化學
第十二卷　金石分類之法

《金石中西名目表》一卷

謂《金石識别》時所作，凡讀金石書者，必取是書參觀之。

紀事

王韜《弢園尺牘》卷七　與法國儒蓮學士書勉纂國史以詔後來

抑韜更有諸者：自泰西諸儒入旅中國以來，著述彬彬，後先競美。如天算、格致、地理、律法，以逮醫學、重學、化學、光學、電學、航海、制作、機器，靡不輯有成書，言之有要。而其中尤切於事實者，則若慕維廉之《大英國志》，裨治文之《聯邦志略》，即以其國之人，言其國之事，不患其不審而實，可以供將來考索。特聞西國向無史官，半出私家紀録，故往往識小而遺大，略遠而詳近；且其作史體例，諸多未備。是草野之私書，非朝廷之實録；然遷革源流，實賴以明，不可謂非史家之鴻寶也。邇來之志歐洲國乘者，如徐繼畬之《瀛環志略》，魏源之《海國圖誌》，西洋瑪吉士之《地理備考》，英國慕維廉之《地理全志》，非不犖然昭晰，而終惜其語焉不詳。貴國之列在歐洲，不獨爲名邦，亦可稱古國，而千餘年來紀乘闕如，俾中國好奇之士，無以鑒昔而考今，良可慨嘆。閣下宏才碩望，備有三長，曷不出其緒餘，纂成一史，以詔後來。蒙雖不敏，願執鉛槧以從閣下之後，是所望也，諒無哂也。

圖録

藤田豐八《驗糖簡易方》《農務報》

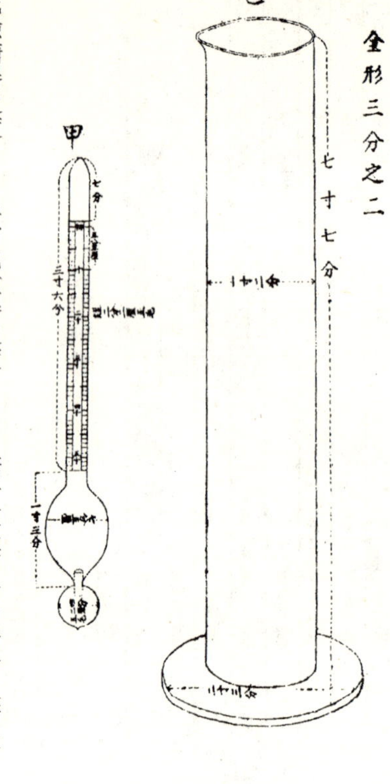

波梅氏驗糖器之度	尋常比重器之度	糖汁重量百分中所含之糖量
一	一·〇〇七	一·八三
二	一·〇一三	三·六七
三	一·〇二〇	五·二六
四	一·〇二七	七·三五
五	一·〇三四	九·一八
六	一·〇四一	一一·〇三
七	一·〇四八	一二·八一
八	一·〇五六	一四·七〇
九	一·〇六三	一六·五四
一〇	一·〇七〇	一八·三七
一一	一·〇七八	二〇·二一
一二	一·〇八六	二二·〇五
一三	一·〇九四	二三·八九
一四	一·一〇一	二五·七三
一五	一·一〇九	二七·一三
一六	一·一一八	二九·四六
一七	一·一二六	三一·二五
一八	一·一三四	三三·〇八
一九	一·一四三	三四·八八
二〇	一·一五二	三六·七六
二一	一·一六〇	三八·五九
二二	一·一六九	四〇·四四
二三	一·一七八	四二·二七
二四	一·一八八	四四·一二
二五	一·一九七	四五·九五
二六	一·二〇六	四七·七九
二七	一·二一六	四九·六二
二八	一·二二六	五一·四六
二九	一·二三六	五三·三一
三〇	一·二四六	五五·一四
三一	一·二五六	五六·九八
三二	一·二六七	五八·八二
三三	一·二七七	六〇·六六
三四	一·二八八	六二·五〇

此表較波梅氏驗糖器之度，以尋常比重器之度，見其度便知含糖多寡之率。此法雖精密不如化分，然於實際上亦可稱完全之法。

用法，先搾甘蔗或蘆粟汁盛玻璃筒乙約及十分之七八，尋納筒中，以驗糖器甲視水平所指之度，照之此表，以知其含糖質若干。假令驗糖器示四度，則其汁含糖質百分之七·三五，若示四度半，則含糖質四度與五度之得中數，以下倣此。

無驗糖器，則代以尋常比重器亦可。用此器驗糖質，若其所示之度不符驗糖器，則宜取其最近數。即驗糖器四度，當尋常比重器一·〇二七。然比重器若示一·〇二九，宜定當驗温器四度半，是比重之度，相當驗糖器四度與五度者

之得中數，即一·〇三〇五，最近當驗糖器四度半者也。

關此器及表要説尚多，今唯示其用法之畧。如其詳説，期之異日。

清國蘆粟糖汁試驗表

米國琥珀蘆粟糖汁試驗表

波梅氏製糖器之度	尋常比重器之度	糖汁重量百分中所含之糖量	月日
三	一、〇二	四、七	八月七日
四五	一、〇三	六、八	八月十二日
五五	一、〇四	八、〇一	八月十九日
六五	一、〇四六	九、〇八	八月廿五日
六五	一、〇四三	八、六六	九月一日
六五	一、〇四四	九、〇六	九月八日
六五	一、〇四七	九、〇三	九月十五日
七五	一、〇五七	九、九	九月廿二日
六五	一、〇四七	九、二三	九月三十日
六五	一、〇四三	一〇、二一	十月八日
七	一、〇五	一〇、五一	十月廿三日

又

波梅氏驗糖器之度	尋常比重器之度	糖汁重量百分中所含之糖量	月日
七	一、〇五	一一、〇二	八月八日
七五	一、〇五五	一三、五七	八月十四日
八五	一、〇五九	一三、七八	八月二十日
八五	一、〇六	一三、三二	八月廿六日
八五	一、〇六三	一四、六二	九月二日
九	一、〇六五	一三、六五	九月九日
七五	一、〇五六	一三、一二	九月十六日
九	一、〇六五	一二、八四	九月廿四日
九五	一、〇六九	一二、〇四	十月一日

右表明治駒場農學堂栽培清美兩種蘆粟，試驗含糖量，及收穫期節之際，所得之成蹟也。栽培蘆粟及製糖家，以爲指南，庶無誤收穫期節乎。

用法，若欲精密，預須用寒暑針測定測中温度，然實際上無大差。故姑省之，欲免其煩難也。又行此法，不唯蘆粟製糖須之，製甘蔗糖家亦宜留心於此。測定糖汁比重苟不能詳收穫期節，則不能得糖質多量也。故在泰西，專依此法詳收穫之期，且定蔗莖價值之貴賤。本邦製糖家亦漸次用此法，是所冀盼也。

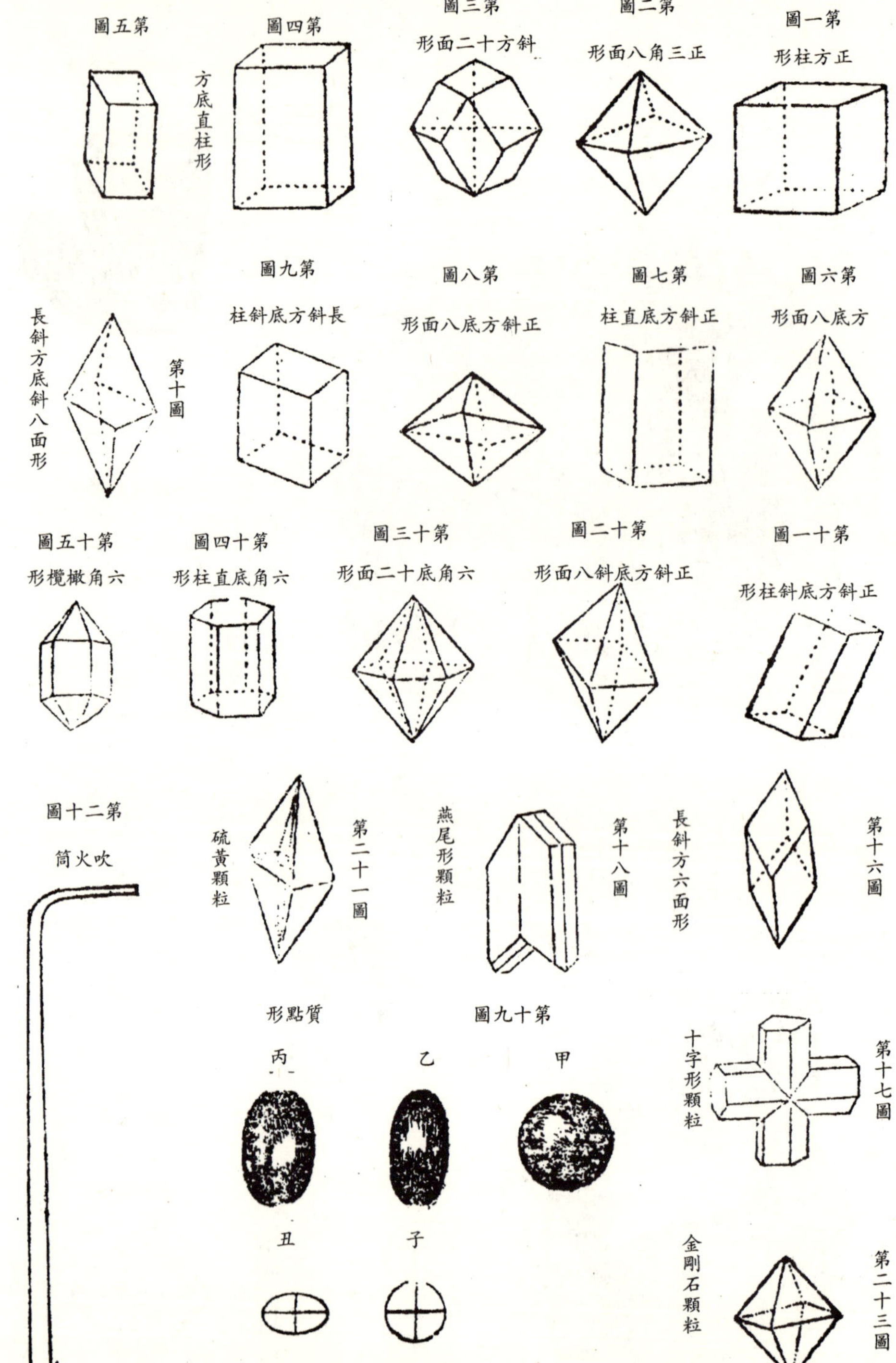
第一圖
正方柱形
第二圖
正三角八面形
第三圖
斜方十二面形
第四圖
方底直柱形
第五圖
第六圖
方底八面形
第七圖
正斜方底直柱
第八圖
正斜方底八面形
第九圖
長斜方底斜柱
第十圖
長斜方底斜八面形
第十一圖
正斜方底斜柱形
第十二圖
正斜方底斜八面形
第十三圖
六角底十二面形
第十四圖
六角底直柱形
第十五圖
六角橄欖形
第十六圖
長斜方六面形
第十八圖
燕尾形顆粒
第二十一圖
硫黄顆粒
第二十圖
吹火筒
第十七圖
十字形顆粒
第十九圖
質點形
甲
乙
丙
子
丑
第二十三圖
金剛石顆粒

第二十二圖

硫黃變形顆粒

第二十四圖

磨治之金剛石形

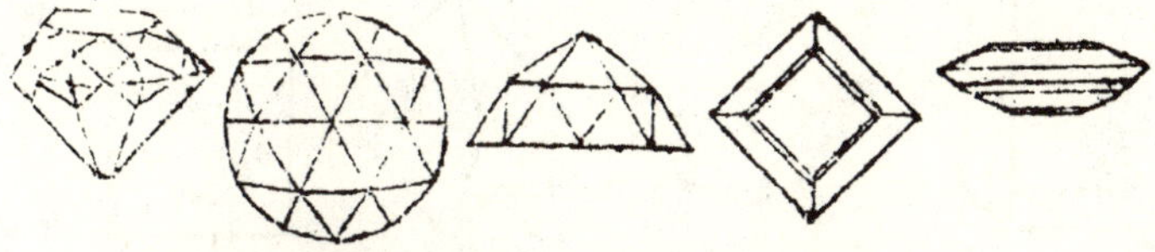

甲　乙　丙　丁　戊

第二十五圖

鈣養光石顆粒

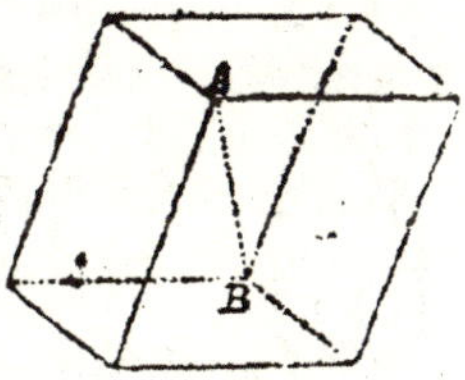

第二十六圖

洞中石鐘乳

第二十七圖

歎人石顆粒

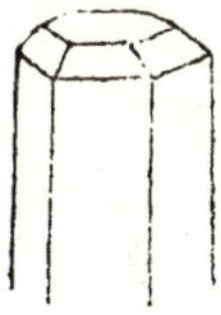

第二十八圖

鎂灰石顆粒

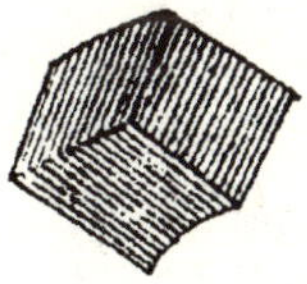

第二十九圖

鎂養硼養顆粒

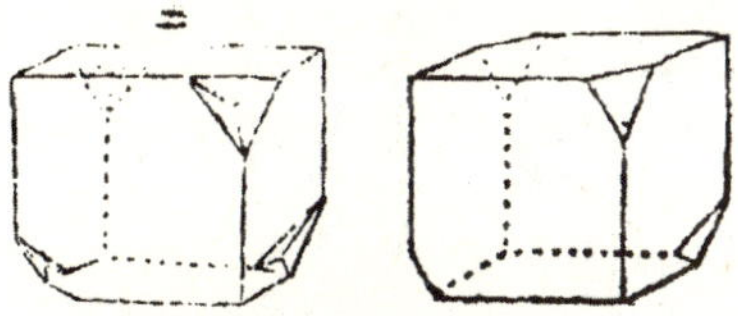

第三十圖

明礬顆粒

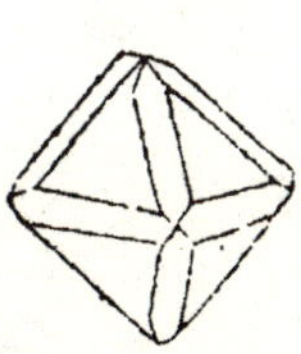

第三十一圖

寶砂石顆粒

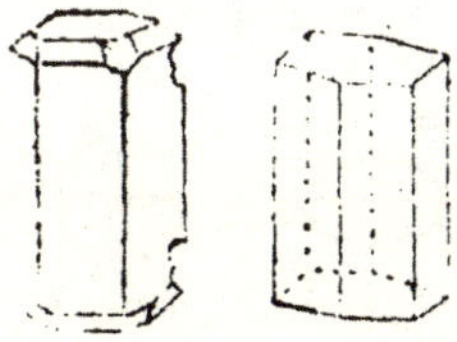

第三十二圖

鐵硫二礦

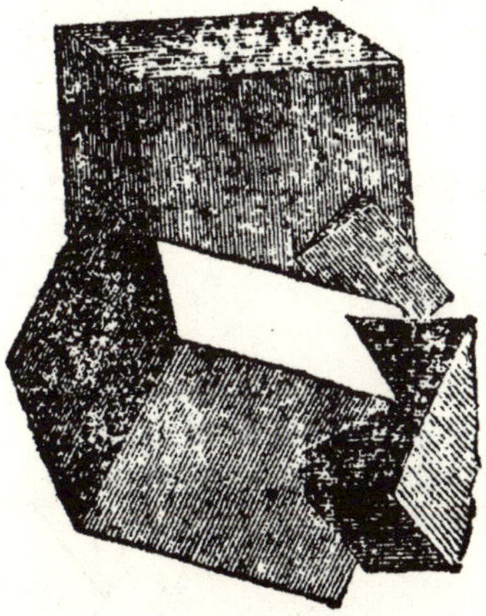

第三十六圖 黑色鐵礦

第三十三圖 鐵硫二礦

第三十四圖 鐵硫二礦

第三十七圖 光色鐵礦

第三十五圖 紅色鐵礦

第三十九圖 鋅硫礦顆粒

第三十八圖 錳養二礦顆粒

第四十圖 鉛養炭養二礦顆粒

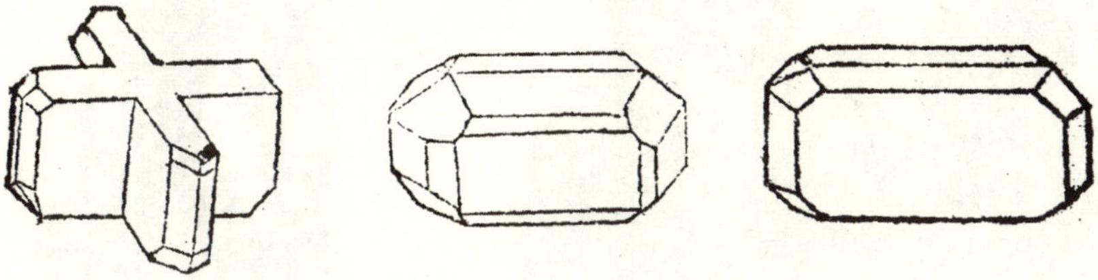

第四十一圖 錫養礦

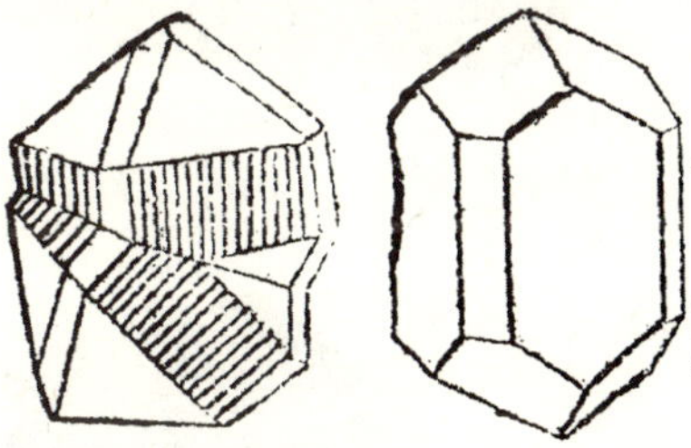

第四十五圖 光色銅礦

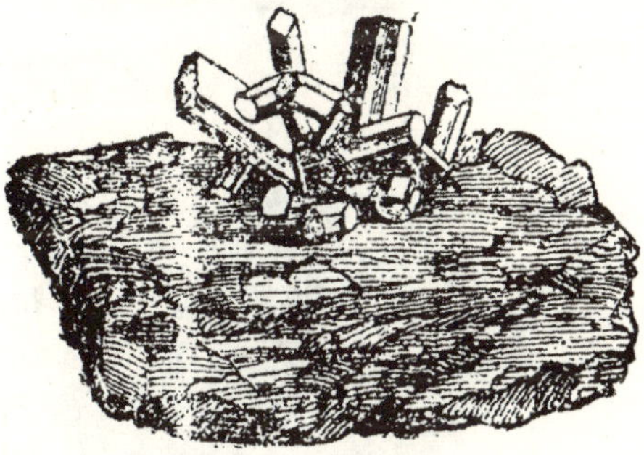

第四十二圖 銻硫三礦顆粒

第四十三圖 雌黃顆粒

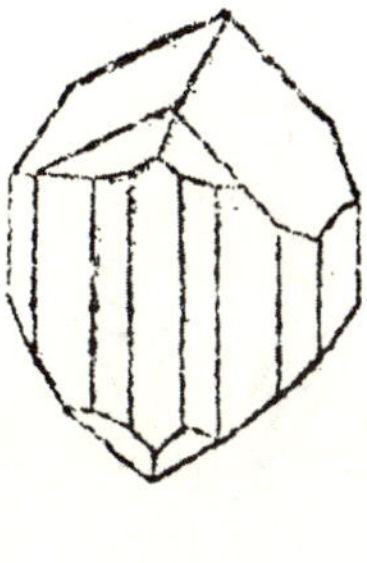

第四十四圖 樹形銅礦

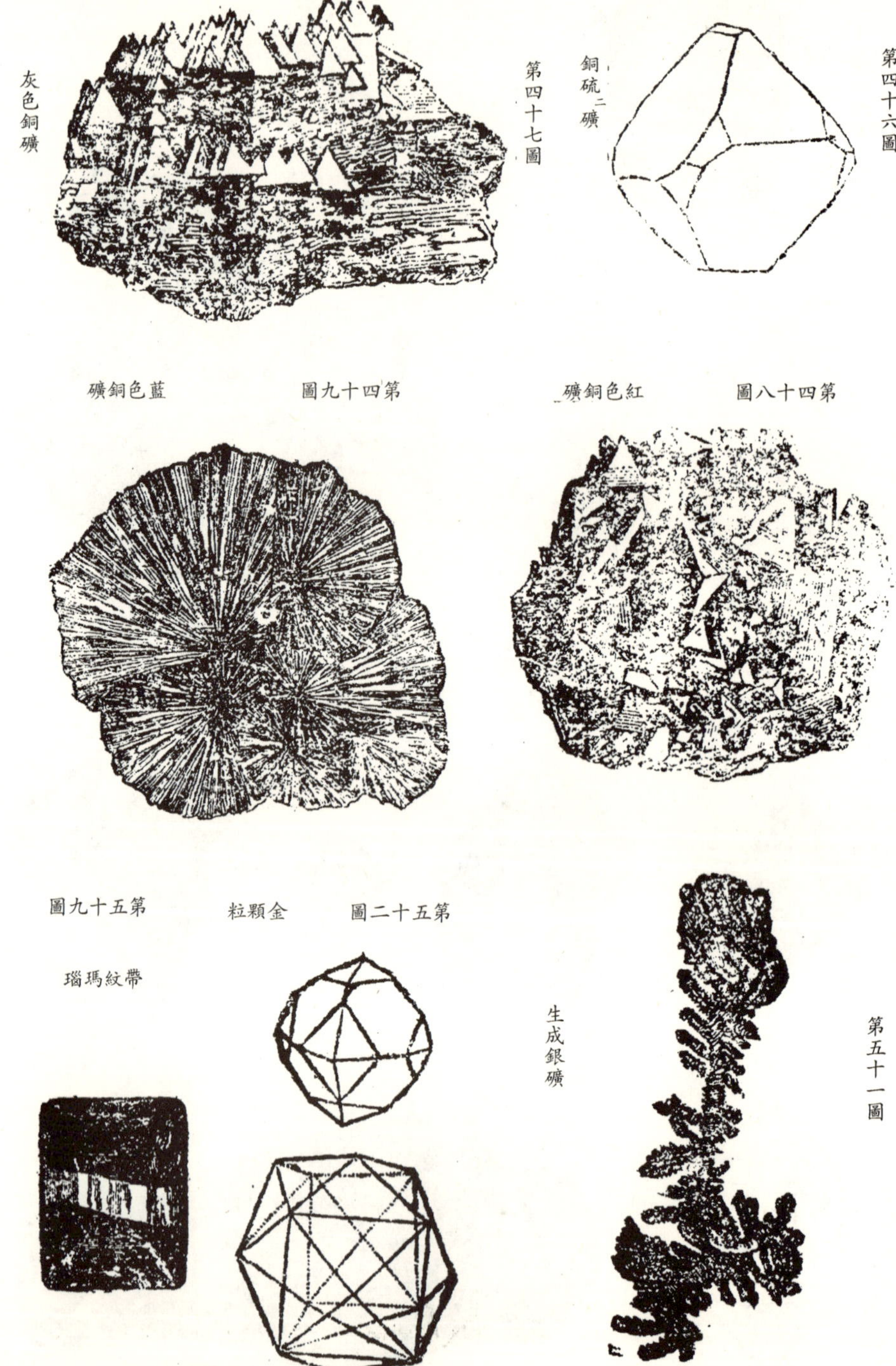
灰色銅礦
第四十七圖
銅硫二礦
第四十六圖
礦銅色藍
圖九十四第
礦銅色紅
圖八十四第
圖九十五第
粒顆金
圖二十五第
瑙瑪紋帶
生成銀礦
第五十一圖

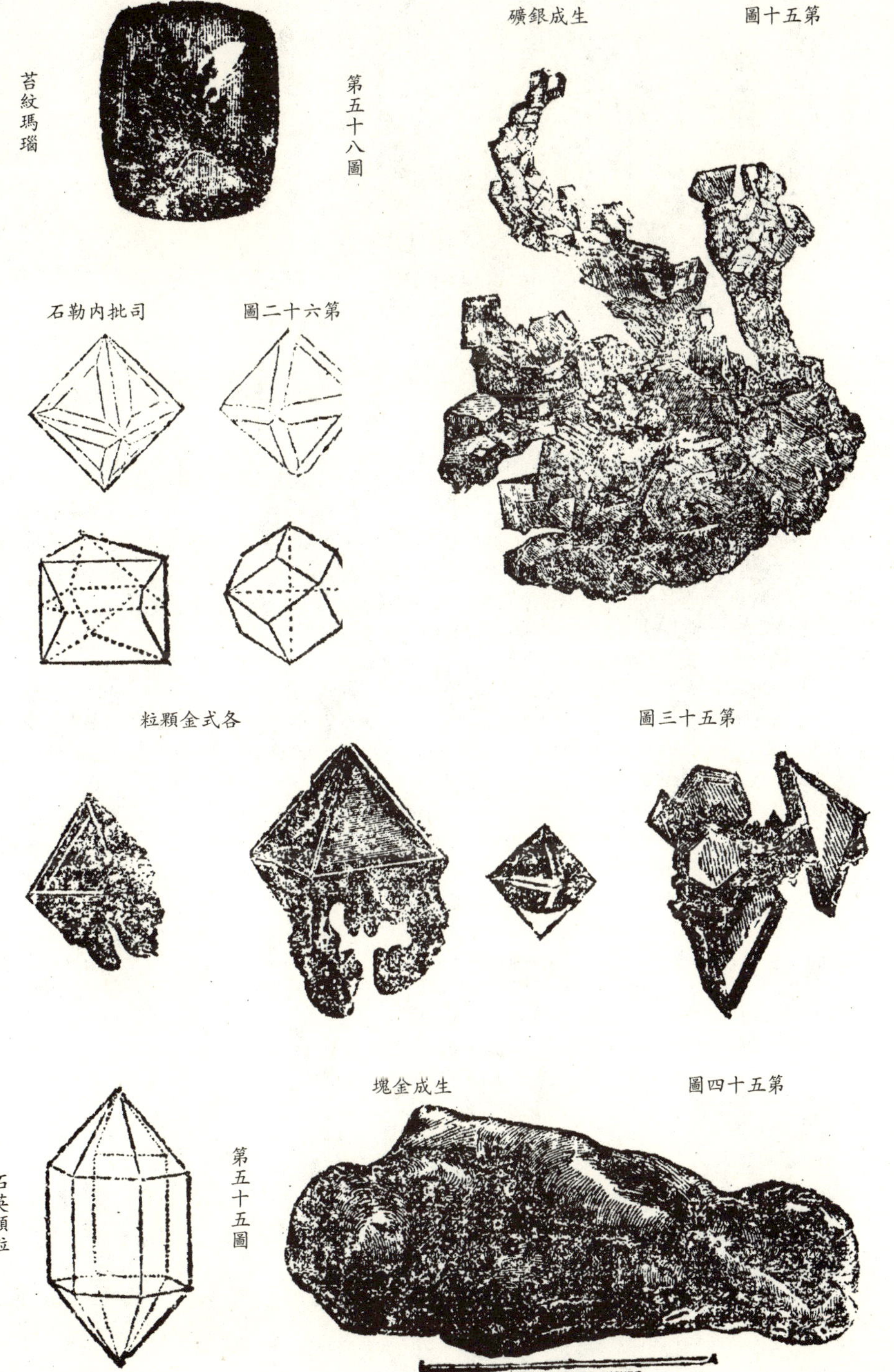

第五十八圖 苔紋瑪瑙

第五十圖 生成銀礦

第六十二圖 司批內勒石

第五十三圖 各式金顆粒

第五十四圖 生成金塊

第五十五圖 石英顆粒

第五十六圖 水晶

第六十四圖 土耳末里尼石

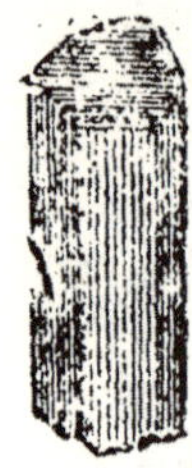

第六十八圖 伯而以勒石

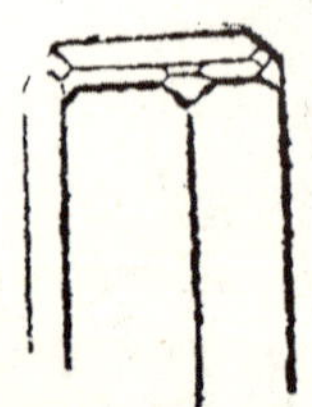

黑白瑪瑙

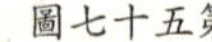

第五十七圖

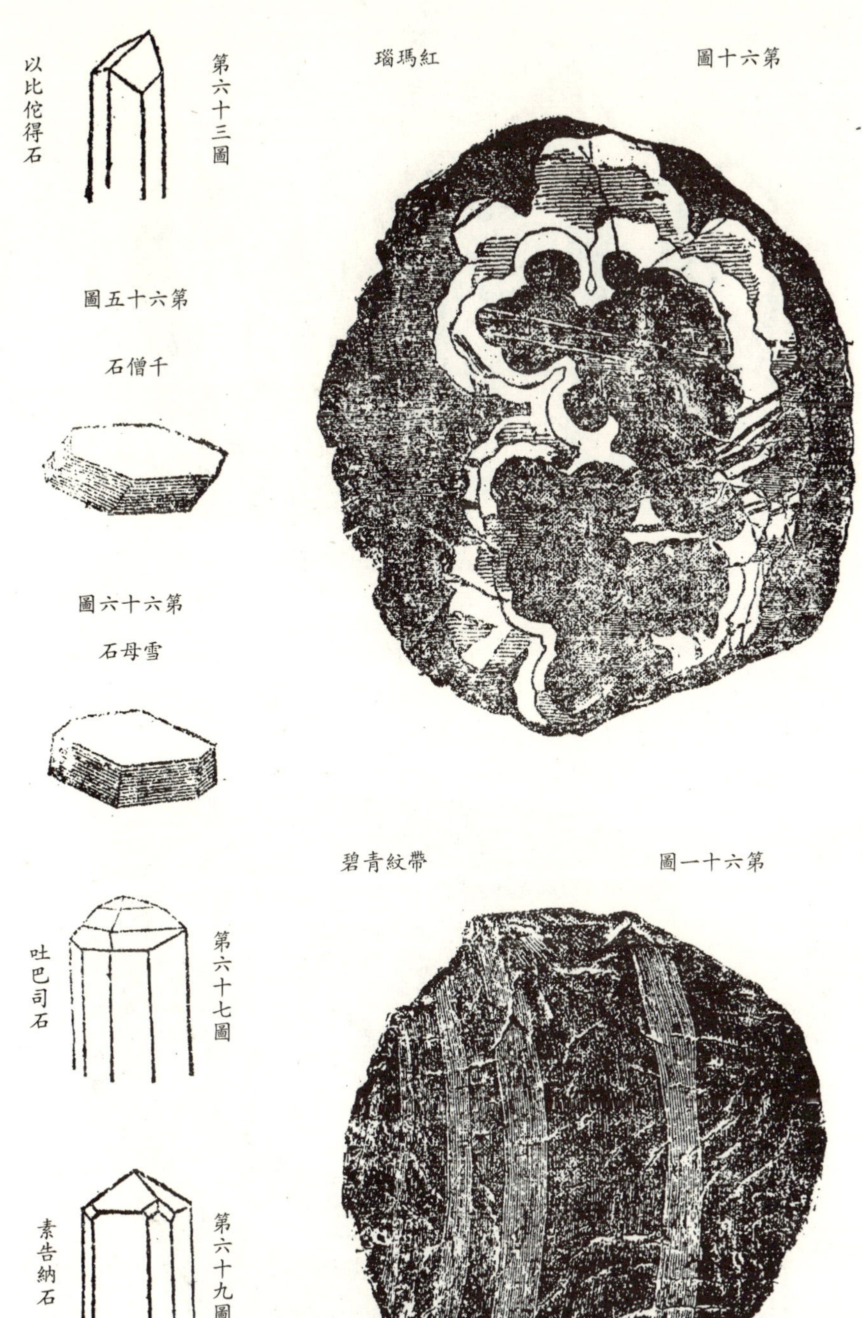

第六十圖 紅瑪瑙

第六十一圖 帶紋青碧

第六十三圖 以比佗得石

第六十五圖 千僧石

第六十六圖 雪母石

第六十七圖 吐巴司石

第六十九圖 素告納石

雜録

王大海《海島逸誌》卷五《聞見録》

製毒

各種赤脚番，「西北和蘭之屬，皆着襪履，戴毡笠，名曰三角帽；東南爪亞之類皆不冠不履，名曰赤脚番，按《齋》本無「各種赤脚番」一語，註釋作正文叙述；《舟》本無「各種」二字，「着襪履」作「著襪履」，「之類」作「之屬」。」皆能製毒，《齋》本在句前有「赤脚番」三字，「毒」作「藥」，《漳》本「毒」原作「作」，據《舟》本改。於山僻無人之處，用毒蛇惡獸脂膏合藥以塗刀鎗之上。《舟》本無「之上」二字。製愈久則其毒愈烈，《舟》本作「久則毒愈烈。」傷人及禽獸，見血立斃，登時潰爛，只存皮骨耳。《舟》本「耳」作「焉」。

暴暴煙

暴暴地土頗大，《齋》本在「暴暴」後有一「島」字，《舟》本無「土」字。物産繁多，《齋》本「繁」作「煩」，誤。商船無敢交易，其處風俗狡獪，如鬼如蜮，懼其煙也。《舟》本自「物産繁多」起全缺，僅有「其所焚之煙至毒」一語。不知何藥所製，於上風高處焚之，《舟》本無「高處」二字。聞其煙則舉船之人皆立斃也。《舟》本「皆立斃也」作「皆斃」，《齋》本無「也」字。所以物産卑賤，少有通往之船，必自運出耳。《舟》本作「故雖物産繁多，商船莫敢往，必自運出與人交易。」

和蘭醫

王珠生疽發於背，腐潰欲絶。《舟》本句首有「荷蘭醫最精」一語，無「腐潰欲絶」四字，《齋》本作「有疽發於背，腐潰欲絶者」。先是有人薦和蘭醫，《齋》本作「或薦和蘭醫」。珠生知其用刀宰割，《齋》本作「病人畏其用刀宰割」，《舟》本作「懼刀割」。懼而卻之。《齋》本作「固卻之」，《舟》本作「卻荷蘭醫」。後痛楚不堪，外科皆束手，不得已乃聘和蘭醫。《舟》本作「後不能堪，始用之」，《齋》本無「醫」字。入門一見，則曰：瘡劇矣，何不早告，自作之孽也，《舟》本作「一見歎曰：胡不早告」。急覓一家，《舟》本「覓」作「用」。乃唤其僕於車中攜小箱，出藥酒一瓶，斟以盞曰：飲之則身麻不知痛癢也，《舟》本作「先以所帶藥酒飲，珠生則身麻」。出銀刀割去瘡之腐潰者大如盤，《舟》本「割去瘡之腐潰者」作「割瘡腐肉」。縛豕於庭，生割其肉亦大如盤，《舟》本作「生割豕肉亦如盤」。摻藥敷之。《齋》本、《舟》本作「摻」作「操」。時許棄其豕肉，《舟》本省「其」字。臭黑不堪，《舟》本「臭黑」作「已臭」。其毒悉爲拔出矣。《舟》本作「毒爲拔矣」。如是者三，曰：可矣！乃敷以膏藥，《舟》本「敷以」作「貼」。戒曰：當慎房事節酒食匝月耳。《舟》本作「囑戒房事節飲酒匝月耳」，《齋》本「節酒食」作「節飲酒」。三日而平復。《舟》本作「三日後漸平復」。我華人外科無其技也，《舟》本作「我華人莫及也」。雖華陀、扁鵲何以過焉。《齋》本尚有「葛留巴流寓華人述」一語。

圓餅銀

和蘭鑄圓餅銀，《舟》本「鑄」作「製」。中肖番人騎馬持劍，《舟》本「中」作「文」。名曰馬劍；有半者，名曰中劍。有小而厚者，鑄和蘭字，名曰帽盾；有半者，名曰小盾。《舟》本無「曰」字。有小而薄者，中肖甲板船，《舟》本「中」作「文」。名曰搭里。又有黄金鑄者，中肖番人持劍而立，名曰金鈁。《舟》本「中」作「文」，無「曰」字。其馬劍、中劍、大小帽盾皆有金鑄者，以兩爲觔，每員當十六員之用。《舟》本「員」作「圓」。又有紅銅鑄者，中肖雌虎，名曰鐳，《舟》本「中」作「文」，無「曰」字，以當錢文之用。紅毛國貧，不産金銀，無所鑄。和蘭西鑄圓餅銀，中肖雙鷹，《舟》本「中」作「文」。名曰雙鷹。《舟》本「名曰」作「即名」。亦有半者，有小者，中肖獅子，《舟》本「中」作「文」。亦名搭里。有小而薄者，中鑄番字，名曰鈁，《舟》本無「名」字。以當十文之用。干絲臘國最富，多産金銀，鑄圓餅銀，中肖其國主之面，《舟》本「中」作「文」。名曰洋錢，《舟》本無「名」字。有半者二當一之用，《舟》本作「有二當一者」。有四當一者，有八當一者，有十六當一者，有三十二當一者。《舟》本作「有八當一、十六當一、三十二當一者」。中肖一朵花，《舟》本「中」作「文」。亦稀見矣！亦有金鑄者，大小悉如之，《舟》本「悉」作「皆」。作十六倍而用。又有紅銅鑄者，中作十字形，《舟》本「中」作「文」。名曰瓜，以爲錢文也。

西技應用總部

產業技術部

題解

沈桐生《東西學書提要總叙》卷上

農學總叙

周語有之曰，民之大事在農，上帝之粢盛於是乎出，民之蕃庶於是乎生，事之供給於是乎在，和協輯睦於是乎興，財用蕃殖於是乎始，敦龐純固於是乎成。農之爲學，顧不重哉。伊古黄帝，分疆畫井，聿開農政之先。禹平水土，則壤經邦，稷播百穀，烝民乃粒。伊尹創區田之法，成周垂任土之制，載在經籍，班班可考。至孟子之所謂上農夫食九人，其次食七人，其下食五人者，蓋鹵莽滅裂，斷無倖穫。藨蔉致功，必有豐殷。從可知地力之肥瘠，樹穫之多寡，統視乎人功之勤惰也。考上古農學，本有專書。漢藝文志謂農家者流，出於農稷之官，所載有九家，曰神農二十篇，野老十七篇，宰氏十七篇，董安國十六篇，尹都尉十四篇，趙氏五篇，氾勝之十八篇，王氏六篇，蔡癸一篇，今皆不傳。其餘如魏賈思勰有《齊民要術》，唐有《兆人本業紀》，宋陳敷有《農書》三卷，上卷論農事，中卷論養牛，下卷論養蠶。秦湛有《蠶書》一卷，坿於農政之末。元魯明善撰《農桑衣食撮要》二卷，以農圃諸務，分繫十二月令。王禎撰《農書》二十二卷，其於農事甚詳，所載挈水諸器，尤切民用。明徐光啟撰《農政全書》六十卷，凡農本、田制、農事、水利、農器、樹藝、種植、牧養、製造、荒政，分門別類，賅備詳明。然此皆文人學士博識所資，而犂雲鋤雨之流，固未能家喻而户曉也。今東西各國皆有農部總攬大綱，各省設農藝博覽會一所，集各方之土產，考農時，參化學，詳察地利，各隨土性分種所宜。每歲收成，自百穀而外，花木菓蔬，以至牛羊畜牧，胥入會考察優劣。至牲畜受病若何施治，穀蝨木蠹若何預防，復備數等田樣，併各種農具，先考土性原質，次辨物產所宜，徐及澆壅糞溉諸法，事事講求，不遺餘力。故能百物蕃昌，畝收數倍，地利俱闢，公私俱豐也。雖然，農學一門，所包甚廣，如種植之品，器具之用，并及用化學以辨質壅田，旁逮畜牧之學，蠶桑之學，以及種茶、種棉、種蔗、種菸與咖啡，凡兹作業，均歸此門。因舉其略而敘述之。曷言乎種植之品也？按西國之農，厥有八端。一曰食用品。凡充民食者皆是，而以小麥、大麥、稞麥、米，大麥也。燕黍、玉蜀黍、馬鈴薯洋芋。六項爲最要。二曰貿易品。如砂糖煙草咖啡之類，皆須耕種以爲貿易者也。三曰釀造品。以葎穗、葡萄兩項爲最要，皆供造酒之用。四曰紡織品。如棉花、大麻、亞麻之類，供紡紗織布之用。五曰製造之坿益品。如茜藍紅花用以染色，葛粉用以裱糊，皁莢用以洗濯，此類皆是。六曰榨油品。以芥菜爲最要，又鶯粟、胡麻、棉花子之類皆是。七曰秣草品，以供芻牧之用。八曰菜蔬品，用醃蓄之法，亦可遠售。泰西農政，不外乎是。總之，地無美惡，要使其無尺寸之曠，斯爲主義。此所謂種植之品也。曷言乎器具之用也？按西國農具甚多，如犂屬、杪屬、耙屬、耡屬，以及耘田之具，薙草之具，墾土之具，翻稿之具，捆禾之具，噴水之具，簸揚之具，割乂之具，糞壅之具，無不齊備。然其始，亦用人工，其繼乃改用機器。其最要者，爲撒種器、戽水機。所謂撒種器者，前有鋤，鼓動機輪，能自行於土面，控成小孔，器之中有漏斗，能撒種子於孔中。後有平面鋤，俟種子既撒於孔中，隨即掩平其土。一日之內，可撒成百畝，其速如此。所謂戽水機者，其器口有皮條，能噴水數丈以外，左右遠近，攸往咸宜。並能起水於河，噴於田內。故旱則灌溉田疇，潦則戽起積水，誠可救旱潦之患。此所謂器具之用也。曷言乎用化學以辨質壅田也？按《周禮草・人》掌土化之法，實爲農家古義。凡養土膏，辨穀種，儲肥料，無一不需化學。蓋各物有性有質，言乎土性，下爲灰石，土性必含灰。下爲砂石，土性必含沙礫。辨之既審，種乃合宜。然所種之土質，與所種之物質，尤有關係。必須兩質相合，方能繁盛。蓋物質爲十四原質所成，曰養，曰淡，曰炭，曰輕，曰綠，曰燐，曰矽，曰硫，曰鉀，曰鈣，曰鎂，曰鐵，曰鋁。其中有四質，無論何項植物所俱含者，則輕、淡、養、炭是也。餘則不能全備，如種矽硫之物，而所種之土無矽硫，則必不茂盛。含鐵鋁之物，而所種之土無鐵鋁，則必不蕃滋。此土宜之理也。土不合宜，則養物之料必缺，然可補以人工。假如麥之質含燐，而土質缺燐；芋之質含鉀，而土質缺鉀。則必按其所缺之數，配合成料，以時澆壅，而土自肥，此類是也。至於植物所斷不可缺者有三，即鹼、燐、鈣三者是。鹼爲膏草積水醖釀而成，鈣則中國之石灰，其質有取之於山者，有出之於地者，有爲骨角所成者，有螺蛤之殼所化者。燐則海島鳥糞所含最多，然如橐駝、贏馬、人畜之矢溺皮毛骨革，及腐草敗木之間，亦皆有之。化朽腐而爲神奇，此所謂化學之用也。曷言乎蠶桑之學也？按蠶桑之利，惟中國爲最先。故《禹貢》九州，

桑土居其七。古今養蠶諸法，如沈練之廣蠶桑術中，言飼蠶法六十六條。種桑法十九條，及一切蠶書所載，如擇種生蛾，分抬頭眠、停眠、大眠等項。至於桑類亦緐，有白桑、雞桑、壓桑等類，并剪枝壓條諸法，非不既詳且備。今西人巴斯陡又有考究蠶瘟之法，謂之伯撇靈即椒末瘟也。其他又有小五方形質，血輪形質，小腐質，小木蟲質，皆當分別觀之。蓋蠶有伯撇靈轉相傳染，且成蛾生子，世有惡疾矣。考驗之法，宜取無病蛾作蠶子分方法。凡蛾相交時，用小木板分置其内，編號爲記，不相羼雜。俟蛾既僵，即用乳鉢磨碎，以五百倍顯微鏡窺之，如某號蛾體有此病，即棄其子，另易他蠶。法意等國均用此法，故能蠶務日旺。此所謂蠶桑之學也。曷言乎畜牧之學也？夫畜牧之制，見於經籍史傳，其制最古。凡牛馬駝羊之羣，量以川谷。雞豚狗彘之畜，足於圈牢。亦養民之一助也。西人飲食之品，以牛乳爲大宗。故廣闢牧場，畜牛百萬，所得牛乳，封以鐵瓶，行銷徧於五洲。又以羊毛駱駝絨收儲剪剔，織成氈毯羽毛，歲銷不下二千萬金。即如雞毛之微，可作露水洋花。至其骨、角，均各可製作器物。此所謂畜牧之學也。至於種茶者，所以製茗也。按茶荈之利，萌芽於六朝，顯於唐，而興於宋。中國産茶之處，總計蜀楚江皖浙閩等省州縣，無慮數十處。所謂黄芽、紫筍、獸目、蛾眉，名目緐多，難以枚舉。西人精化學者，攷求茶質，大益人身，因其内有鹼性，故飲食之後，甘膿肥膩，惟茶足以滌蕩瑕穢，焕發精神，故競嗜之。今日本英俄皆購覓茶種，自行種植，冀奪華利。且參用機器製焙，加倍精純。如愛爾蘭臺惟生廠所造，有萎茶機器，揉茶機器，焙茶機器，揀茶機器，裝茶機器，無不畢具。故能火候均而色味勻，此所謂種茶之利也。至於種棉者，所以軋花也。按棉花之利，衣被天下，惟中國土棉，質粗絲短，洋産木棉，質輭絲長，且收穫倍豐者，亦由種之得其道耳。其法分選種、治地、糞壅、作畦、布種、審時、鬆土、打頭、拾花、收成、换種諸要，皆精心講求，故能利權獨擅。今英國有棉花廠二千餘處，織機四十餘萬座，紡紗挺子三千二百餘萬根。雖由製造之精，亦由種植之善。此所謂種棉之利也。至於種蔗者，所以製糖也。西人飲食之品，鹽少糖多。雖有蘿蔔製糖、楓脂製糖，諸法，而尤以蔗糖爲大宗。蓋别質之糖，總須參合蔗糖再加提煉，庶能色味清潔，濃淡得宜。其於種蔗製蔗諸法，固極講求，其外尚有新創造糖機器，較舊時夾蔗取汁之法，殊多便捷。此所謂種蔗之利也。至於種煙與咖啡者，所以佐食也。按西人言，飲食諸物具有鹼性者，茗茶之外，又有煙與加非。蓋煙草之性味能消濁去垢，故西人取其種於吕宋，分秧佈種，寖推寖廣。今所行者，若吕宋捲煙，及日本紙煙，寖淫殆徧。若加非之物，其初出自非洲，各國人咸嗜之。入以蔗糖，和以牛乳，飲膳畢後啜之，可以消膩解醒。今皆加意種植，獲利甚厚。此所謂種煙草咖啡之利也。其餘尚有種葡萄以製酒，種樟樹以熬腦，種林木以吸土膏，種麻枲以織布疋，養蜂以釀蜜，捕鯨以製燭，皆宜竭力攷求，如是則物産既盛，工藝自興。工藝既興，商務自旺。而因端竟委，無不以農學爲根本。近日本如種植樹菽之學，歲有新書，亦足以資攷證。是則農學者，乃殖民裕國之椎輪嚆矢也。我中國自古以農戰立國，地大物博，精華藴蓄，如西北擅山原之富，雍冀沃衍，古號天府，兩京三都之所艷述，芳草甘木之所灌聚，地氣稱爲極厚。東南擅海濱之利，凡蠶桑穀麥魚鹽畜牧，無不甲於天下。苟能盡心民事，廣種植以興大利，如稻粱禾黍桑麻棉茶果品林木煙蔗等類，收穫既繁，不但可塞漏卮，且可行銷外洋，挽回利權。興水利以資灌溉，如引泉、築塘、開渠、通潮、開井、蓄水、用車、填石諸端，有水可行之處，固當因地勢以暢其流。無水可行之處，亦可藉人力以收其用。以種植爲經，以水利爲緯，因地制宜，認真辦理，則萬里中原，駈駈邊徼，將見禾麥幪芃，桑麻翳薈，畎畝縱横，汙萊日闢。爲閭閻謀生計，即爲王國裕正供。其利賴正自無窮焉，又何必鰓鰓焉患貧患寡哉。世之關心國計民生者，其亦有樂於是乎。述農學。

工學總叙

古者百工居肆，以成其事。物勒工名，器無窳苦。日省月試，工有考成。后倉曲臺記，百工列於九經。且有虞氏尚陶，夏后氏尚匠，殷人尚梓，周人尚輿，聖人之重工也如此。至於《周禮·考工記》所載工藝，並有專門之學，如輪輿弓廬匠車梓者，皆爲攻木之工。築冶鳧㮚桃段者，皆爲攻金之工。函鮑韗韋裘者，皆爲攻皮之工。他若畫繢之工，則筐㡛染也。刮摩之工，則玉楖彫磬矢也。摶埴之工，則陶旊也。惟其學之專，故造之精。造之精，故業之盛。以及燕函、粤鎛、魯削、宋斤，並皆垂於千古。其餘如奇肱之製，指南之車，木鳶之飛，環帶之堞，銅龍地動之儀，木牛流馬之奇，載在傳籍，信而有徵，何嘗不精心巧思制器利用乎。今西人於工學一端，設藝塾以教之，立藝科以獎之，賜金牌，給憑照，以維持之。故官廠民廠，林立各國。數十年來，以工藝名者，如羅哲爾、懷德尼，塞明敦、嘎剌法尼、别色麻、回特活德、林明敦、克魯伯之屬，無慮數十百家，皆能學參造化，思通鬼神，審曲面勢，飭材辨器，爲國家開絶大利源，爲子孫遺無窮基業。他若講求工藝，則有學堂。如法之賽隆汕答、溼士、白海登、沙浦，各學堂於工藝

課程詳悉靡遺。由是知，西人之所以致富强者，固非無因也。因臚舉其大要而敘述之，其餘瑣屑者，概不著於篇焉。一曰紡織之工。查紡織工分三層，首爲軋花。西人軋花，向亦人力。自英人懷德尼出，始創機器，而利便百倍於人工。綜計每畝棉花收六十六斤，人工軋花每日可得浄棉三斤許。必須歷二十二日，始軋成一畝之花。自有機器，則半日已足。既能敏捷，又可提清使鬆勻潔白也。次爲紡紗，工分十二層，曰打花去土，曰彈花成片，曰梳棉成帶，曰引綫成條，曰初成鬆紗，曰引長，曰捲緊，曰紡經紗，曰製緯紗，曰絡紗成絖，曰合絖成包，曰提檢廢棉，皆由機器製成，倍精倍速。三爲織布，工分四層，曰絡經，曰理經，曰漿縷，曰摺布。其機器有大有小，而織成布縷，亦精細光勻。此所謂紡織之工也。一曰印染之工。查西人印染諸法，悉由化學研鍊而成，如棉布退色，須用緑氣，令雜色退而潔白。故退色粉中，非有緑氣不可。藍布欲染成棱白色花紋，須用鐵雜質水浸透，而投入鉀衰中，乃以鹼類印成花紋，則變棱色。再漬以淡酸水，則成白色。其染成洋藍，亦不盡用洋藍，有一種鉀衰鐵，色極紅艷，將其粒用水與醋調和，浸布其中，印成藍色，較洋藍所染尤鮮。其餘染料，如普魯士藍，五倍子，阿里撒尼，均有方配合。而其染亦用機器。有一種簡便器，係紅銅輥輪彫刻極細花紋，輪下有槽以盛顔料，汽機轉動輪軸，輪即入槽，槽外有小鋼刀，待輪出槽，刀能刮去渣滓，惟花紋處顔色獨存，將布捲於木輪，滚入印花輪下，由上而下，仍捲木輪，而染已成，法最靈妙。此所謂印染之工也。一曰鼓鑄之工。按西人自闢地美洲，覓得銀礦，用以鑄幣，或用化學提煉，機器製造，務極精工。蓋金銀皆有雜質，採出之時，必須提鍊，方合鑄錢之用。其法將銀鎔化，傾入水中，全成小粒，添入濃硫强水，加熱至沸，則銀銅皆化於水，而金獨沈底。再用含銀銅之水，傾入鉛盆，盆内加紅銅若干，則銅又漸漸消化，而銀獨結成浄質。鍊金亦如之。其用化學提煉有如此者，至其造法之次序，先將金銀鎔成胚板，次將胚板壓成長條，次將長條鑿錢成胚，淘而洗之，鏨而印之，而成錢矣。其鎔胚板法，用冶缸取汁入鐵模，鐵模每副四塊，合爲一套以鐵圈。將金銀傾入，而鬆圈上螺綫，則傾出銀板二塊，約長七寸，厚約三分，寬約八分，是爲胚板。再用機器將胚板壓條，其器疊鋼軸二，旁有機輪，將胚板夾緊二軸之中，輪動則穿過成條，寬厚恰與錢同，長約三寸左右，是爲長條。用機器將條壓令平直，前後左右無所參差。即於條内鑿成錢胚，然後以藥水磨擦，則明亮圓勻。以機器印花，則精緻工細。其印花機器下方上圓，全器俱爲純鋼，中有二鋼模，上下相對，模上鏤花甚細，即錢兩面之花紋也。模前有鋼管，下設鋼鉗，將錢胚疊入管内，機動則一胚落入鉗口，夾入模心，上下一擊，錢由模底漏入一處，印成甚速，其用機器製造有如此者。此所謂鼓鑄之工也。一曰船艦之工。按造船之法，西國初用鐵甲，繼用鋼甲，近來制度愈精。凡選造製料之方，機輪括鍵之理，頗爲繁密。先須築合式之船塢，以備修造。此外尚須分設打鐵廠、鑄鐵廠、模子廠、拉鐵廠、組鐵廠、鏜銼廠、帆纜廠、舢板廠，其器有水缸、汽槌、懸機剪、脊鐵牀、省煤機、起重器，以及拉鐵之碾輪，拗鐵之輪架，無不備具。其製造全船之法，大抵先用艙鑽各匠，黏灰，穿孔，塞罅，漚釘及鐵匠打鑲鐵梁、鐵脊、鐵條等件。次須刓雕梁座，關櫳機器車，治舵桅，再使鐵匠打鑲鐵條等件，拆移輪機水缸等，上船配合，偏嵌泡釘螺餅，兼製銅管、汽筒、尾輪、鐵輥等事。再船内之匠，則造艙堵、戰枰、桅架、椗車、舨板等件。船外之匠，則包龍骨鐵皮，造鋼凹槽，下水托鋼等件，乃加髹油漆，聯鈐銅板，而船成矣。然必須材料精純，鋼鐵堅固，庶能駕駛靈而攻擊捷。此所謂船艦之工也。一曰砲槍之工。按製砲，以德之克虜伯爲地球第一大廠。其中工匠甚夥，局廠分列，有鑄鐵之廠，有重錘之廠，壓鐵之廠，拉鐵之廠，車筒之廠，刨鐵之廠，吹風之廠，鎔鐵之廠，螺紋之廠，煤氣之廠，水龍之廠。其鎈鋸琢磨，則數十百處，不可勝述。總之，先以鐵塊放入砲爐，以風輪扇熾火力，去渣存液，一氣鑄成實心，再用機器車刮鏇挖，使砲之外光如鏡，内滑如脂，再於腹内安設鋼圈鋼底，并鑽螺絲綫紋，以及配備砲車等件。再行試驗，如合砲膛砲耳，以觀其角度。合砲柱砲身，以察其垂綫。用電火回鏡，觀其螺紋。抽後門環托，觀其藥氣。測以藥綫表尺，而知漲力。換以輕重之彈，以驗擊力。均關緊要。若洋槍一項，製造選料之法，與砲大同小異，如碾捲槍筒，車剖外光，攢挖内膛，鏇造斜稜，各有精器，巧式百出。至其驗法，則視其體質，量其口徑準尺，與鎗管中綫是否平行。既放後，卸其後門機簧，察其挺針是否堅厚，驗其藥氣有無滲漏，其法不外乎是。此所謂砲槍之工也。一曰鍊鋼之工。查鍊鋼之法，西國不乏專家，而以别色麻法爲尤精。德國有一鋼廠，設别色麻爐二座，每座容積七噸半，閲六時爲一工，能造料七百八十二次。每十五工，能成鋼塊七千二百六十四噸，神速若此。其法先將生鐵盛爐中，鼓以空氣，燒去異質，俟火候十分，則成熟鐵。熟鐵加炭質數分，則成鋼。炭之質有多有少，即鋼之質有輭有硬，傾模成塊後，恐有蜂窩形，則用壓水櫃壓去空氣之泡，而鋼必純矣。然不徒宜鑄純鋼，並當多鑄各種物料。蓋鋼有數類，其用各别。如造汽筩機軸車牀之輪軸，揰孔器

之兩心軸，砲之大箍耳箍者，則須用藍類之鋼。如製砲身、槍筒、鍋爐、摇桿、横担，拐軸、螺桿、曲拐、輪牙，及水雷空氣箭者，則須用紅類之鋼。如造螺絲模、耕種器、礫彈、鑽頭、撞頭、車牀、刨牀、細刀、鑽挫各器者，則須用棕類黄類之鋼。工藝製造，在在攸資。此所謂鍊鋼之工也。一曰鍊石之工。何謂鍊石？合灰、泥、沙三種，以製石之謂也。西人名塞門德土，近來其用頗廣。蓋此土爲海底泥沙，性柔而輭，滄桑變易，浮而上升。製造之法，每土三成，和以石灰七成，鐵渣一成，拌之極勻，磨之極細，風吹日炙，不易乾也。入水而雜質化分，未久即乾結如石。以之砌石縫，築城垣，造砲台、船塢，築水馬頭，寬廣隨心，天衣無縫，如山屹立，如鐵鑄成，其堅固較之花剛石，有過之無不及也。其法不外乎選料、製料、驗質諸端，其器則有軋石之具，淘沙之具，磨石之具，既可以土裝桶，并可以上燒磚，實爲工程之要需。此所謂鍊石之工也。一曰鐵路之工。按輪車之原，爲英人賽浮里司、勞丙生先後造機、造路，其後他國競相仿傚，而其用大顯。考鐵路之工程，首爲測地。用測平儀、千里鏡等器，以定方位，識度數。凡測平原，須審其凸凹。測山，須察其顛址高卑。測水，須察其深淺廣狹。至何處可開支路，何處可建彎路，何處可建車棧，均須逐加考核。一爲建軌。凡造車道，必填碎石，上置枕板，板上置鐵路。然其式不一，有雙頭軌、平頭軌、橋軌、馬鞍軌之别，而總以能承重力，而無傾覆之虞爲要。一爲擇料。建軌之物，曰碎石，曰枕板，曰鐵座，曰夾板，曰鐵釘，凡此五者，皆當審擇。如碎石，乃填道之物，貴堅硬而有鬆隙。蓋堅能任重，鬆能洩水也。碎石之上，則置枕板，尚有木、鐵、石三質。今皆用木叉。向有直枕横枕，今皆用横。所以承壓力也。枕石之上，則有鐵座，座有齒，齒内有木塞塞固，令鋼道不動不屈也。至軌道接頭，則有夾板夾入軌之凹槽内，貫以鐵釘，庶無鐵條震動、參差不平之弊也。若釘鐵座者，則有鐵釘，所以釘之使固也。一爲開道。鐵軌之道，平者無論矣，其彎道、分道，不可不深加講求。如車輪行至彎道，其外輪推力甚大，如彎左則右輪推，變右則左輪推，故變道小者，恒於彎内加一鋼條以轄輪，兩條隙處，剛容輪行，以免出軌跳越之虞也。至若分道者，蓋因車道分支合幹之處，必有尖道，能析能合，輪車始可因之分道。其尖道長須十餘尺，尖道之中挺以鐵條，尖端連以鐵綫，皆於鐵路下暗度之，旁有扳道，使人司其啟閉，庶車行不觸尖道之頭也。此四者工程略備於斯。其餘尚有鑿洞之鐵路，掛絲之鐵路，奇製百出，不可思議。此所謂鐵路之工也。一曰船塢之工。嘗考西國船塢，厥有三種。有修船之塢，則築塢水濱，而建閘以通水。船入其中，即閉閘而戽竭其水，以便修艌船底。此塢之建於岸者也。有泊船之塢，則於海濱築隄，以禦風浪，船入其中，無潮水漲落之高低，以便起落貨物。此塢之建於水者也。有藏船之塢，則專爲海軍養船之澳，蓋兵船常年行海，易爲海水銹蝕所壞，故收藏於塢。上建大棚，以遮蔽風雨。復吸水使乾，而置船於架上，時加油漆，有事則放船出洋，無事則收船入澳。此塢之水陸兼用者也。至於塢之工程所用者，如磚石、灰料、木樁、絞車、鐵桿、浮牐等物，以及將船在坦坡牽出水外，從水内舉起諸法，均關紫[緊]要。故造塢之地，須形勢環抱，港深吃水者，方爲合用。今諸國皆悉心考究，如英之阿白丁船塢，及日本之長崎、横須賀、緩野三處船塢，均極精緻。蓋船非塢不足以資製造、修理、藏泊也。此所謂船塢之工也。以上諸端，不過略舉大凡，其餘如井礦之工，海塘之工，鋪路之工，治河之工，製玻璃、火柴、肥皂之工，製磁皿煤油棉紙之工，不可勝述。惟其工藝振興，既廩稱事，分其事則有大工小工，專其職則有麤工細工，製造則有工廠，授受則有工師，故無失業之罷民，無捐棄之物力，無不中程度之器用。製作緐多，既藉工以養黎庶。貨賄阜通，亦賴工以資懋遷。豈非工學之明效大驗歟。述工學。

又 卷下 礦學總敘

中國之言礦學者古矣。《周禮·地官》卝人，以時掌金玉錫石之地。若以時取之，則物其地圖而授之。鄭注云，物地，占其形色，知鹹淡也，授之教取者之處。此即西人辨苗化質之法也。又按《管子·地數篇》云，出銅之山四百六十七，出鐵之山三千六百九，戈矛之所發，刀幣之所起。上有丹砂者，下有黄金。上有慈石者，下有銅金。上有陵石者，下有鉛錫赤銅。上有赭石者，下有鐵。此山之見榮者也。《淮南子》云，黄埃，青曾，赤丹，白礬，元砥，歷歲生澒，可見五金之礦，有苗可識，自古爲昭矣。至若漢置鐵官凡四十郡，小鐵官又徧天下。魏有銀官、金户之設，宋時産銀者三監五十一場三務，産銅者三十五場一務，産鐵者四監十二冶二十務二十五場，産鉛者三十六場三十九務，産錫者九場，水銀四場，硃砂三場。遼置五冶太師，金制措阬得實有賞，訪察礦苗有使。元有鐵冶、銅冶、淘金總府提舉使，金銀銅冶轉運使。明之鐵冶銀課布政司參議，與夫按察使僉事主之。此中國歷代辨礦之源流也。今西人精究礦學，不遺餘力。格致家之言曰，溯汽機之興，距今四十餘年耳。縱覽歐美各邦，鐵軌綿亘五六十萬里，輪船梭織六十餘萬艘，鐵塔則上摩霄漢，礦井則深鑿九泉，而梁江湖，穴長嶺，闢海渚，製巨砲，百物效靈，供人驅策者，皆由新舊金山採獲佳礦之故。由是言之，

則礦之所益，誠非淺鮮。雖然，開礦非易事也。夫以渾渾土石，略見苗引，而欲測其鑛質之優劣，礦層之厚薄，礦脈之横斜，施工之難易，是何異見垣一方人之神術乎，是非專心學習不可。西士偉烈亞力，言開礦其事有三。一爲辨陰陽。凡山得陰氣多而清者，礦産爲金爲銀爲錫。濁者，爲銅爲鐵爲鉛。得陽氣多而清者，爲硫黄，爲水銀。濁者，爲煤。故測量鑛山，在常年日月照臨，而得陰陽之分數，以爲始義。一爲驗礦苗，陰陽氣質難以分辨，當驗礦苗以徵實。産之在礦，猶樹之根株，苗之枝葉也。察苗之枯潤豐薄，即可知根株之虚實大小。充斯旨以驗苗，而礦産之多寡美劣，可得其實。一核經費。既知苗之確據，須核其用工之人數，程功之遲速，器具之總件，運腳之遠近，及一切食用經費，再約計開取礦産可值若干，兩相比較，利則舉之，不利則不舉也。此皆開礦者所宜知也。然綜計礦務之要，其大類有三。首爲辨質，次爲開採，終爲鎔鍊，而礦學於是乎備。曷言乎辨質也？按礦類形性各種不同，曰金礦者，分支交互，凝於砂石，其顆粒恒爲立方形，或立方變形，或八面形，或八面變形。曰銀礦者，其在山中時，有成小脈形者，小層形者，閒有成捆形、囊形者，情形互異。至其礦亦分數類，有純銀礦，有夾銅銀礦，此外尚有銀汞、銀銻、銀碲、銀硫、墨銀、紅銀、銀緑、銀溴、銀碘等礦。含銀既有多寡，取銀亦分難易。曰銅礦者，有生成銅礦，此外尚有紅色銅、灰色銅、淡藍色銅、雜色銅，及含鹽、含硫、含養、含銻鉮等礦，而以黄白赤三種爲最夥。曰鐵礦者，其類約有十九種。經西人試驗，而知適用者只有八等，如黑鐵、紅鐵、鏡面鐵、棕色鐵、炭養鐵、泥鐵、黑層鐵、硫鐵等類是也。曰煤礦者，有紅煤、泥煤等類。所謂紅煤，與木炭相近，係古木所化。泥煤則儼然黑泥，爲水草所化。從地面至地下，煤多者凡九層，少者三層。每一層隔厚者丈餘，薄者數尺。寬者千里，狹者數□丈，皆有苗可尋，有質可辨。曰石礦者，約分三類，如泥石、花剛石、殭石三類。泥石，即中國之青石。花剛石，即白石。殭石，即石灰也。至寶石一類，如金剛鑽、碧霞犀、翡翠、白玉、水晶、瑪瑙，及紅緑藍紫各項寶石，其顔色輭硬，西人皆繪圖識别。曰雜礦者，分雜金類、非金類二種。除鉛錫外，如西人所稱爲金類者，則有汞也，鋅也，鉍也，銻也，鈷也，鎳也，錳也，鋁也，鈣也，鉮也。所謂非金類，基名爲中國所知者，如磺也，硝也，砒也，雄黄也，硃砂也，石膏也，硼砂也，石鍾乳也，皆雜於各礦之中，化分配合，均有大用。是宜考究各物凝結根本，原式分類互變，此所謂礦學中辨質之要也。曷言乎開採也？蓋礦苗多藏於各層土石，其採法必資鑿孔開石，然人工既需浩緐，機器惟宜輭石，故如遇硬石及鐵硫，非攢挫所易穿者，當用硝强鹽强蝕孔，孔既蝕成，插玻璃管，管端安設漏斗，再將强水滴入，則孔必深，孔底更大於孔口，能容火藥轟炸。如此則礦面不傷，而礦苗必透矣。至若採煤之法，尤非鑿井深入不爲功。凡近地面之煤，其灰質必較多，其磺氣必較重，其煤質必不甚堅結，若以土法採之，斜穿而不能深入，遇水不能急抽，或積水淹，或煤氣閉，皆足以壞井傷人。今西國吸水之法，多用機器。一爲瓦特汽機，機中鍋鑪多置小煙管，並有各種巧機，使鑪中多得火力，能起水二千八百萬磅。故用其機以起礦水，雖遇有滂沱大雨，斷不致泛溢爲害矣。然而其法猶未周也，蓋礦内每有敗氣，易致疫癘，故開礦之法，又以灌注空氣爲要圖。西人注氣之法，或於井口累磚作風氣通，或於井中燃火鼓氣上升，並有起出風氣器具。如吸氣筩可去毒氣，轉輪風扇可吸風氣，寒暑表、量氣表可防敗氣，是皆礦中所宜預備。今英國煤礦章程，又於防火防壓諸法，妥爲整頓，宜譯出備用。此所謂礦學中開採之要也。曷言乎鎔鍊也？夫大塊資生，洪鈞鑪韛，礦石既經採獲，必須詳其性功，棄雜取純，庶可致用。是以西人既製鍊礦之器，復審鍊礦之火候。查鍛鍊金質之器，莫善於倒焰爐，係用火磚砌成，爐面圍以鐵板，爐旁啟以火門，爐膛横以鐵柵，爐頂樹以煙通，其爐窩則受鎔各種金類，制度極爲詳備。此外尚有回熱爐，柱形爐，亦皆適用。若鎔金類罐，其尺寸與形式不一。如鍛鍊寶金類，小至可套於指圈。如鎔别種金類，大至能容八百磅。又略爲三角形，或圓柱形，皆依其容積而爲定準。然器雖精矣，若火候過差，則所鍊必不能純。蓋各種物質熱量不同，鎔度亦不可不審。如金爲二千零十六度也，銀爲一千八百七十三度也，鋅爲一百七十三度也，鉍爲四百七十六度也，鎘則二百四十三度也，錫則四百四十二度也，鉛則六百二十度也，銻爲八百度也。至鐵則分生熟兩種，生鐵鎔度二千七百度，熟鐵鎔度二千三百八十也。凡此皆經化學家試驗確定，而鍊鑛者可奉爲準則，無過與不及之弊。此所謂礦學中鎔鍊之要也。即此三者，而礦學不外乎是矣。夫天不愛道，地不愛寶，礦産者爲炎精所藴結，富媪所胚胎，取之不盡，用之不竭，是造物者之無盡藏也。而精與粗各當其用，如金銀所以鑄錢幣，鉛鐵所以造軍械，銅錫所以作器皿，硫磺所以製火藥，煤炭所以運輪軸，至於雜金非金等類，或爲照像之神方，或備醫家之妙用，或爲生長植物之要需，或爲工藝制造之取資，皆屬宇宙自然之利，生民利用所關。苟能設法開採，利源日闢，以固疆圉，則無形之甲兵也。以濟度支，則不竭之府庫也。而議者猶以前明礦禍爲説，豈非所謂因噎而廢食乎。

述礦學。

論説

奕譞《奏請杜絶洋藥洋貨以絶洋人利源》 醇親王奏：竊思庚申之辱，變出非常，凡有志之士，無不翹首以待皇上親政，赫然震興。先帝庶有復讐之日，況臣爲國親藩，昔當燎原之勢，曾隨先帝痛哭於安佑宫，扈駕北狩。此日復隨聖駕，重至禁園，能不椎心泣血，暢所欲言乎！伏思重修圓明園，乃皇上孝養皇太后純篤之意，非徒事遊觀而已，天下萬世，必共諒而仰頌之。然承歡定省，乃尋常之孝，若能大復先世深讐，不負十二年垂簾聽政憂勤，孝之大者，無過於斯。譬如富庶之家，被人焚掠，僅能鳩工庀材，焕然重葺而新之，遂謂前此未足爲辱，可乎不可？此固早經聖明洞及者也。前日皇上出園，仰窺天顔，慘然不悦，並蒙將焚毁情形，諭及臣等，是前此皇上僅聞可恥可辱之事，今則親歷可恥可辱之境，要當赫然一怒，而固中興之基矣。

臣前數年曾進驅逐夷人各條，蒙皇太后命會同大學士議奏。原奏諒存軍機處，如蒙皇上傳覽，自可洞鑒愚衷，不敢再行瀆奏。竊思復讐之道，宜次第施爲，目前不在無釁興師，而在絶其利源。絶之之法，以洋藥洋貨爲大宗。臣二月間西陵差次，曾晤李鴻章。該大學士談及洋藥之耗我財貨，弱我人民，義憤溢於言表。並稱將來必指此一端，與夷辯理，竭盡心力，誓除中原鉅患。名臣謀國，迥異常人。請密諭李鴻章詳籌杜絶洋藥之策，不必倉卒施行，要在矢志弗懈，俟外洋鴉片不來，再嚴中國罌粟之禁。

至洋貨爲時所尚，琉璃銅鐵，湊爲淫巧，實堪棄擲。臣前曾請將大内洋貨，盡行頒賜臣下，名爲賤貨貴德，暗示永遠棄絶。今審時度勢，恐訛傳相播，致啟外國疑懼之心。又恐臣工未悟聖志所在，以爲格外榮賚，敬謹藏之，轉成珍異。可否將宫禁洋貨，除千里鏡、鐘錶、槍刀外，餘概發交内務府，轉飭粵海關監督，覈實變價，以佐修理禁園之費。不計值之多寡，不問司其事者羨餘與否，所重者棄之如遺。從此上既不好，下必視爲賤物。日就月將，我之財足，彼之利絶，我之志定，彼之技窮，然後奮我甲兵，惟力是視，使萬世史册，大書聖天子繼先帝未竟之志，開後世無窮之業，豈不盛哉！臣所擬二條，泛常視之，似屬迂緩難行，然伐木必先截其根，斷流必先塞其源，幸皇上俯察而深思之，曷勝切禱之至。

薛福成《庸盦全集・海外文編》卷三 治術學術在專精説

中國上古之世，賢者與民並耕而食，饔飧而治。孟子譏其以大人小人之事并而爲一。蓋鴻荒樸略之時，文明尚未啟也；厥後耕織陶冶之事不能不分，分之愈多，術乃愈精。是故以禹之聖而專作司空，皋陶之聖而專作士，稷、契之聖而專作司農、司徒，甚至終其身不改一官，此唐虞之所以盛也。管子稱天下才，其所以教民之法，不外士之子恒爲士，農之子恒爲農，工之子恒爲工，商之子恒爲商，此齊國之所以霸也。宋明以來漸失此意。自取士專用時文試帖小楷，若謂工其藝者，即無所不能，究其極乃一無所能。仕於京者，忽户部，忽刑部，忽兵部，迄無定職。仕於外者，忽齊魯，忽吴楚，忽蜀粤，迄無定居；忽治河，忽督糧，忽運鹽，亦迄無定官。夫以古之聖人所經營數十年而不敢自謂有成效者，乃以今之常人於歲月之間而望盡其職守，豈不難哉？泰西諸國頗異於此。出使一塗，由隨員而領事，而參贊，而公使，洊升爲全權公使或外部大臣，數十年不改其用焉。軍政一塗，由百總，而千總，而都司，而副將，洊升爲水陸軍提督或兵部大臣，數十年不變其術焉。他如或嫻工程，或精會計，或諳法律，或究牧礦，皆倚厥專長，各盡所用，不相攙也，不相撓也。士之所研，則有算學、化學、電學、光學、聲學、天學、地學及一切格致之學。而一學之中，又往往分爲數十百種，至累世莫殫其業焉。工之所習，則有攻金、攻木、攻石、攻皮、攻骨角、攻毛羽及設色、摶埴。而一藝之中，又往往分爲數十百種。即如造礮，攻金之一事也，而礮膛、礮門、礮彈、礮架，所析不下數十件，各有專業而不相混焉。造船，攻木之一事也，而船板、船桅、船輪、船機，所分不下數十事，各有專家而不相侵焉。所以近年訂購船礮，每由承辦之一廠向諸廠分購各料，彙集成器，而其器乃愈精。余謂西人不過略師管子之意而推廣之，治術如是，學術亦如是，宜其驟致富强也。中國承宋明以來之積弊，日趨貧弱。貧弱之極，恐致衰微必也。籌振興之善策，求自治之要圖，亦惟詳考唐虞以後宋明以前之良法，而漸擴充之，而稍變通之，斯可矣。

振百工説

古者聖人操制作之權以御天下，包犧、神農、黄帝、堯、舜、禹、周公，皆神明於工政者也。故曰備物致用立，成器以爲天下利，莫大乎聖人。聖人之制，四民并重，而工居士農商之中，未嘗有軒輊之意存乎其間。虞廷、颺拜、垂殳、斨伯，與皋、夔、稷、契同爲名臣。《周禮・冬官》雖闕，而《攷工》一記精密周詳，足見三

代盛時，工藝之不苟。周公製指南鍼，迄今海内外咸師其法。東漢張衡，文學冠絶一時，所製儀器，非後人思力所能及。諸葛亮在伊吕伯仲之間，所製有木牛流馬，有諸葛燈，有諸葛銅鼓，無不精巧絶倫。宋明以來，專尚時文帖括之學，舍此無進身之塗，於是輕農工商而專重士。又惟以攻時文帖括者爲已盡士之能事，而其他學業瞢然罔省。下至工匠，皆斥爲粗賤之流。寖假風俗漸成，竟若非性粗品賤不爲工匠者，於是中古以前智創巧述之事闃然無聞矣。泰西風俗以工商立國，大較恃工爲體，恃商爲用，則工寔尚居商之先。士研其理，工致其功，則工又兼士之事。吾嘗審泰西諸國勃興之故，數十年來何其良工之多也。鐵路火車之工，則創其説者曰羅哲爾、曰諾爾德，而後之研求致遠者不名一家。火輪舟之工，則引其端者曰迷路耳、曰代路爾、曰塞明敦，而後之變通盡利者不專一式。電報之工，最闡精微者，則有若嘎剌法尼、若佛爾塔、若倭斯得、若阿拉格、若安貝爾。煉鋼之工，最擅聲譽者則有若西門子、若馬丁、若别色麻、若陪爾那、若回特活德。製槍之工，則有若林明敦、若呍者士得、若毛瑟、若亨利馬梯尼。製礮之工則有若克魯伯、若阿模士莊、若荷乞開司、若那登飛。其他造船造鋼甲之工，則有德之伏爾鏗、英之雅羅、法之科魯蘇。造魚雷造火藥之工，則有奥之懷臺脱、德之刷次考甫、德之杜屯考甫泰西以人姓爲人名，自煉鋼以下，大抵以人名爲廠名，即以廠名爲物名者居多。當其創一法興一廠，無不學參造化，思通鬼神，往往有讀書數萬卷，試練數十年，然後能爲亘古開一絶藝者；往往有祖孫父子積數世之財力精力，然後能爲斯民創一美利者。由是國家給予憑單，俾獨享其利，則千萬之巨富可立致焉。又或奬其勳勞，錫以封爵，即位至將相者，莫不與分庭抗禮，有欿然自視弗如之意，則宇宙之大名可兼得矣。夫泰西百工之開物成務，所以可富可强可大可久者，以朝野上下敬之慕之扶之翼之，有以激厲之之故也。若是者，人見謂與今之中國相反，吾謂與古之中國適相符也。中國果欲發憤自强，則振百工以前民用其要端矣。欲勸百工，必先破去千年以來科舉之學之畦畛，朝野上下皆漸化其賤工貴士之心，是在默窺三代上聖人之用意，復稍參西法而酌用之，庶幾風氣自變，人才日出乎！

陳熾《續富國策》卷三《工書》

勸工强國説

今之因循守舊者，深閉固拒，動稱聖人，誠不解聖人之對哀公其勸百工一章，何以列於九經之内也。子夏曰：百工居肆，以成其事，君子學以致其道。子曰：工欲善其事，必先利其器。君子之居是邦也，事其大夫之賢者，友其士之仁者。孟子曰：大匠不爲拙工改廢繩墨，羿不爲拙射變其彀率。聖賢立言，諄諄以百工與士大夫相提並論，知古人藝進乎道，志凝於神。學者進德修業之心與工師制器尚象之意，功分體用，義判精麤，本末稍殊，源流則一。此治國平天下之實功，故曰勸百工則財用足也。司馬孫子兵法亦恒以節制與械用並舉，誥誡而丁甯之。荀卿子之言兵曰：械用不精，是以卒予敵也。古聖王治軍治國，其視百工之重如此，故古器流傳今日，精堅渾樸，度越人寰。度所謂日省月試，既稟稱事，所爲激揚而鼓舞之者，必有躬親目驗之方。而既稟所頒，略如俸糈，而決不如今日之夷諸賤隸，雖臧獲亦得而呵責之也。老子曰：形而上者謂之道，形而下者謂之器。莊子揚波助焰，遽欲裂冠毀冕，剖斗折衡。蓋因周末文勝之餘，激爲此説。秦倡君權以愚黔首，焚書坑儒而外，銷鋒鑄鐻，化作金人，畏天下作爲堅甲利兵以與之敵也。度其時，百工亦歸禁錮，故陳涉等皆徒手執梃，並起而亡秦，天下之無工可知矣。漢興，復師黄老，以清浄爲廢弛西京賦所艷稱工用高曾之規矩。夫工藝之事與學術同，不進則退，不良則楛，斷無中立。度周禮冬官一册，大學格致一篇，亦亡於秦漢之時。經傳語焉不詳，有其理，無其法。而天下工師陋劣，器用朽窳，遷延頹廢，以至於今，遂將俯首降心，終爲外人所制。推原禍本，則工政之不修，工藝之失傳，工匠之不能自給，實階之厲也。

泰西諸國百年以前亦與中國等耳，自法國王泰理曼刱立一例，徧國中有能創一新法，得一新理，制一新器，實有益於國計民生者，准其進呈，考驗得實，則給以文據，奬以金牌，准其專利若干年，不許他人仿效。於是蔀屋窮簷之士，日思夜作，心摹手追，倚此爲致富之媒，成名之券。一時才賢輩出，法國之工藝遂冠歐洲。英、美、德、奥諸國慕而效之。法王拏波侖第一以梟桀之資，倚其士卒選練，器械精良，遂以勝德挫俄，縱横一世。各國知其不敵，故於勸工一事盡力整頓，而歐洲之工藝驟興。其時德國有銅工克虜伯者，戰後因事至法，見沙場伏尸纍纍百萬皆德人也，旋拾一舊法之火繩槍泫然曰：法人槍械精利無敵，而我以此等窳鈍之器敵之，哀哉血肉之軀，輕試彈雨槍林之慘，死者有知，應亦同聲稱屈矣。奮然詣法，投效於礮廠主人，主人喜其敏慧，引以見拏波侖，拏波侖深加禮遇，命與廠主另出新意，製一後門入子之槍，百計精思，迄不能就，而拏波侖自俄敗還後爲英所禽，流錮於三厄那海島矣。法國内亂，浩然而歸，感於轉蓬，豁然大悟，屢作屢毁，十載始成，於是入以後膛，十子連珠疊發，管内加來福之

線，遠度多至兩倍，擊力增至八分。獻之德君，德君狂喜，禮之爲上賓，錫以寶星，予以文憑，榮以子爵，撥給巨帑，招工廣製，命推此意以造礮，益摧山裂石，所向無復堅城。蓄鋭十年，以與法戰，德軍百萬皆用此槍，法人國破王禽，賠費至華銀十五萬萬兩，一蹶幾於不振。雖師武臣力，而取威定霸、勝敗存亡之券，則操之於區區一銅工，嗚呼偉矣！

今中國人士迂論高談，動欲以弓矢刀矛爲制勝殺敵之具，獨不思此時後膛來福礮重至十數萬觔，擊力能至三四十里以外，目力尚未及見，而我軍百萬，尸山血海，已化蟲沙；排槍遠擊三里，連發不已，彈珠如雨，死者如麻，短箭長矛如何抵敵。持此論者以他人性命，逞我意氣，恣我談鋒，其不仁亦甚矣。莫妙於執持其人，使之挾矢操刀，驅當前敵，則死而無怨，免致貽害他人。此實哀詞，非快論也。

西人自有給憑專利之制，非止兵械精工，而百廢具興，遂以富甲寰瀛，方行海外，於是輪舟、輪車、電燈、電報種種新法生焉。雖古法無傳，然舉通國之人才力聰明之所萃，或無心闇合，或與古爲新，鬼斧神工，不可思議。而其原皆自給憑專利一法開之，所謂重賞之下必有勇夫耳。今通商諸國無一國無此例，每年呈獻新法給予文憑者，每國以三四千人計，窮思極巧，未艾方興。而中國獨掩聰塞明，自安簡陋。即槍礮、輪機、電線之類，不能不用，亦購之於泰西，安步徐行，坐受外人之盤剝。天下之財力幾何，恐雖周孔持籌，管商握算，亦斷無倖全之理矣。然轉移而補救之，固亦匪難也，無他，勸工而已矣。勸工之法奈何？仿各國給憑專利而已矣。禍重於邱山，福成於反掌。天下之大，豈曰無人，一富一貧，一强一弱，一興一廢，一存一亡，而皆以勸工一言爲旋乾轉坤之樞紐，當國者於此宜何去而何從焉？

藝成於學説

中國之工藝何以不如泰西也？曰學不學之分耳。中國之購機器、開製造者有年矣，何以終不若泰西也？亦學不學之分耳。泰西之學何所仿哉？仿於近百年來剏行新法之人。剏法之人又何所仿哉？仿於五六强國喜新尚異、争名逐利之心。然而天下之人不以爲非，且孜孜然慕而效之者何哉？以其有益於國也，有益於民也。效之者有大益，不效之者即有大損也。蓋藝也而進乎道矣，故曰天也。一舟也，行止聽乎風，一車也，遲速憑之馬，五千年來未之有改耳。有華忒者，緣茗壺之氣衝蓋有聲，始悟熱之有力，推之以擊石，推之以運煤，推之以起重，而火輪新法實始萌芽。父作之，子述之，不憚十反以來其利弊，而輪車之製遂成。獻之英君，錫以世爵。然僅一小輪信船，藉以遠通音問也。既而設學以教之，立廠以造之，而數十丈之巨舟，數千匹之馬力，海天萬里，絶迹飛行。繼之以快艦、巡船、雷艇、鐵甲，每一時行二百里，而輪舟之用始神。然而水道雖通，陸路仍虞梗阻也，復有人推廣此意，剏造輪車，嵌以鋼條，墊以木板，車行其上，神速無倫，每一時行三百里，於是水陸聯接，視萬里如户庭，幾幾乎縮地之神方，補天之秘鑰矣。復悟金鐵相摩生電之法，機輪磨盪，陰電陽電生生不已，如環之無端，而電報作焉。其始也，迅寄一音，僅以防輪車之撞擊耳；至今日而電線三匝，環遶金球，鐵筩沉浸於海中，銅竿森立於地上，環地球十萬里，通信不逾一時。推之於照夜之燈，則卓立雲霄，光明如皎月；推之於傳信之器，則懸隔山海，聲息猶比鄰。疑鬼疑神，胡天胡帝。而推原本始，則皆由茗壺熱力之一事門之，由是以火蒸水，以水化氣，以氣行輪，以輪生電，馴至天下萬事萬物皆入於機，皆出於機。物之細也入毫芒，力之大也摧山嶽，上關國計，下益民生，四海風行，五洲響應，此豈泰西之智士所能爲乎？然則孰爲之？天爲之也。天假手於西人，以成茲地球一統、萬國會同之法物也。環球十萬里，大小數百國，非輪舟、鐵路何以捷往來？非電線、德律風何以通文報？或卉衣木食，或穴處巢居，或飲血茹毛，或窪尊土鼓，將使冠裳棟宇，大啓文明，非以一人作十人百人之工，何以給生民之日用也？今各國呈奇效瑞，萃我中華，而中國二千年來，工師失傳已久，因循簡陋，不思變通，轉使海外小邦以器物之精良，出而傲我。習遠而忘近，騖虚而失實，得精而遺粗，皆不學之故也。天將以器歸中國，而以道行泰西，同軌同文，開萬國同倫之大化，所謂凡有血氣莫不尊親者，此其時矣。取彼良工，同我郅治，昭以文物，獲其王侯，孰重孰輕，爲得爲失，何去何從，必有能辨之者。

攻金之工説

鄉曲細人見泰西之機器，纖者入毫髮，大者若邱山。緪鐵成梁，任重及千萬觔以上；揉銅作線，通電至百萬里而遥；鋼甲爲牆，金船渡海；百噸巨礮，地裂山崩；十仭高樓，花雕月鏤。入織布紡紗各廠，則九天之上，九地之下，神工鬼斧，變動靈奇，幾疑偃師幻人别有換日偷天之秘術矣。效其法而不能，求其故而不得，則概以奇技淫巧譏之斥之，而不知此皆古人所謂攻金之工耳。其用力少而見功多者，借水火二氣之力耳。夫奇淫之辨，辨之於物之有益無益，與用心之仁與不仁而已矣。

西人驗之天文，徵諸地學，因地面隕星皆爲鐵質，試測日輪光熱，與鎔化之錳鐵相同。大地渾圓，實日中爆出之分體。地心奇熱，所然燒者皆鐵精也。謂生人日用所需，他日皆將用鐵，而鐵之質性可鎔爲象，可鑄爲刀，可抽爲絲，可軋爲片，淬水則剛，退火則柔，入藥爲補血之方，制礮即傷人之具，其用至廣而至神。此攻鐵之工一也。

白金出産至少，而化學必需。電燈廣行，金絲尤貴。黄金性柔而質韌，不爲養氣侵蝕，堅貞耐久，宜於鑄錢。然錬絲可抽千萬丈之長，製器可歷千百年之久。錘之成箔，每厚一寸，可薄至百萬分之一分。萬國通商，是爲奇寶。此攻金之工二也。

銀不受蝕，與黄金同，惟質性過柔，必參之以銅，始能錘錬。萬曆間美國、墨西哥始開銀礦，多如恒河沙數，取之不窮，舉世之紋銀遂賤。故於鑄錢之外，兼以製器，盤匜尊簋，厚薄隨心。他日用之，將與銅等。此攻銀之工三也。

自黄帝采銅首山，鑄爲錢幣，蚩尤五兵之製，易石而銅，迄今五千餘年，刀改而錢不改，通商日久，笨重不靈。製器則養氣所侵，易生銅緑，内含毒性，日久傷人。故歐西雖亦鑄錢，僅行本國。若製飲食諸器，必以錫或鋁金鍍之，使潔白如銀，以免緑氣化分之害。或以製麤重之物，與鐵同功。中國之人知其利而未知其弊，於鑄錢、鑄器二事，皆須參用他金，始能子母相權，變通盡利，未可拘泥古制，自窒生機。此攻銅之工四也。

至西人化學家所考求之金類、非金類兩種，名目繁多。金類惟鋁、汞、錫、鉛爲用最廣，非金類則硫磺、石英、石灰、石膏、砒霜之類。或鎔造玻璃，或笵成偶像，或錬爲堅石，或製作刀圭，各有專門，均收大利，切於民用，爲數綦多。西人謂金石二宗，是二實一，因金孕於石，石必含金，未可截然分界也。此攻雜金之工五也。

西人考金剛鑽石爲最古煤層之堅木所成，燒而化之，均爲炭質。中含五色，瑩淨光明，其堅爲天下第一，故磨琢最難，工費最巨，而獲利亦最豐。各國均設有專工，立有巨廠，大者以爲寶飾，價值連城；小者可劃玻璃，可鑽甆玉，可磨作顯微鏡，因其折光力大，且無暈差耳。此物中國西南各省均有之，因識者無人，棄同瓦礫，苟有專工采製，大利何可限量。此攻鑽石之工六也。

白玉、翠玉、碧霞玼、瑪瑙、水晶及五色寶石之類，産於和闐、西藏、川、滇各省，循崑崙之四面皆有之。中國雖有玉工，然地學不精，蒐采未廣，人工所製，磨琢仍麤。大谷深山，古多封禁，地不愛寶，人顧私之。滇南寶井一區，復不察而畀諸異國。他日光輝積久，風氣大開，寶氣神光，騰天照海，中國究心工作，大利乃在掌中矣。此攻寶石之工七也。

歐西古時埃及、羅馬等國多以花剛石製成梁柱，所刻字跡，如古時蟲鳥之文，至今三四千年尚有巍然獨存者，知太古良工傳於中國也。以作橋梁、牆壁、街道等用，縝密堅牢。又有所稱合子石者，入水益堅，歷年久遠。至於礪石、硯石、泥石、沙石、雲石、紋石、桃花石、大理石、磨石、碑石、像石、浮石之屬，亦復因宜施用，各有專工。鐵路既通，便於轉運，出我土石，易彼金銀，使百萬流民均有恒業，下全民命，上合天心。此攻石之工八也。

以上八端，發凡起例，此外之可以攻求物産，開闢利源，益民生而裨國計者，殆難悉數。自後儒兢兢以言利爲戒，閼塞耳目，付之不見不聞。夫財利之有無，實係斯人之生命，雖有神聖，不能徒手而救餓。夫惟人競利則爭，爭則亂義也者。所以濟天下之平也，非既有義焉而天下遂可以無利也，其别公私而已矣。利而私之於一身，則小人之無忌憚矣；利而公之於天下，則君子之中庸矣。此上天賞罰之權，斯世斯民生死之關，而人禽之界也。吾慮天下之口不言利者，其好利有甚於人也，且别有罔利之方，而舉世所不及覺也。若然則禍淫降殃之訓，正爲斯人矣藉曰：不然，亦楊朱爲我之心，佛氏舍身之説，鄉黨自好者之所爲，而決不足以語於古聖人修己親親仁民愛物之大道也。古聖人蓋日日言利以公諸天下之人，而決不避言利之名，使天下有一夫稍失其利也。世無孔子，存其説以俟後之聖人。

攻木之工説

自軒轅氏鑒飛蓬以作車，刳木爲舟，剡木爲楫，而舟車之利遂徧天下，天下於是有攻木之工，大者爲棟梁，小者爲欄楯，几席以聽政，棺槨以飾終，生人日用之資，皆於木乎是賴。孟子曰：梓匠輪輿，能與人規矩，不能使人巧。如世所傳之，木牛能運，木鳶能飛，棘刺獮猴，雲端棼橑，亦幾幾人巧極而天工錯矣。而其巧之百出而不窮，百思而不到，百變而不離其宗者，則莫妙於輪。西人竊我緒餘，而益加精巧，至於今日，水則輪舟也，陸則輪車也，大而槍礮，小而刀針，巨而室廬，細而鐘錶，以至有形有名之物、生光生力之原、磨電引電之器，無一不出於輪機。故謂西人工藝之精，其源必出於中國者此也。特西人刻意考求，進而益上，一器一名一物，必深究其長短、精粗、利弊之所由。然所乘馬車，精堅巧捷，

隱與三禮圖所繪古人車制相同，轂有曲衡，不損衢路。而今中國北方所乘皆屬衣車，古婦人女子之車也；南方單輪之車，古謂之手車，亦曰人力車，與輿轎踰嶺，皆蠻夷中道路崎嶇所用，決非三古遺規。近日西人刱行輪車，一車可牽三十車，每車六輪，容三十人，日行二千餘里，規模宏敞，捷速如神。彼此相衡，瞠乎其後。此車制之應變通者一也。

自虞政不修，堅木日少，船制笨重脆弱，不任風濤。洋船尖利如梭，力能破浪。中國仍用方頭之式，運棹不靈，逆流則倚風帆，順水則憑篙櫓，稍有觸撞，立付波臣。而西人大小輪舟，江河絡繹，製以楢木，運以汽機，堅固靈通，瞬息千里，較其巧拙，何啻天淵。此舟制之應變通者二也。

中國房屋大半架木而成，偶有火災，延燒動以千百户計。西人作室，磚石爲多，梁柱棟桴皆藏壁內，舍宇不相聯接，火政又復修明，雖值吴回，不爲大患。中國橋梁因石工過鉅，皆以木爲之，未及數年，已多斲朽。西人或鐵或石，動支數百餘年。偶造木橋，亦必購集巨材，權量重力，使車馬之馳驅無損，舟檣之來往如常，綿歷多年，屹然如故。此室屋、橋梁之應變通者三也。

木之堅者必重，而其輕者必脆，此理之常也。有不任燥而鎟裂者，有不任濕而霉爛者。何木何器，何器何宜，稱物而施事乃適用。西人講求植物學，於木身之堅脆，木體之輕重，木性之燥濕，木理之疏密，木質之剛柔，産於何方，宜於何物，皆有一定不移之理，然後施以斤斧，轉以機輪，長短方圓，自成規矩，故堅緻而渾樸，不能斲敗，不事華靡。華人雕琢雖工，而精堅遠遜。工師不明其理，因仍窳陋，坐聽外人奪我利權。此日用各器之應變通者四也。

羅馬者泰西之名國也，其地今屬意大利，有火山二，時時噴發，礦精鐵汁，煙霧彌漫。此於相距十里之地，掘獲湮没之古城，人物宛然，歷歷可數，房屋器用，街衢道路，率與今日華制相同。街中石路一條，亦有單輪車轍。英國某山巖，人跡不到，有古船一，狀如中國之船，約歷千年，毫未傷損。知泰西古制取法中華，近百年來精益求精，變通盡利。而中國自秦漢以後，不復留意考工，以致械用苦窳，盡亡古意耳。夫道不變者也，器屢變者也。世人不察，動泥不變之道，以概屢變之器，囂囂然曰：何必西法，我自有堯舜禹湯文武周公孔子之道也！試問今之所用者何？一爲堯舜禹湯文武周公孔子之器乎？是以賢智之士權衡利害，而較量重輕，與其因器以妨道，不若存道而參用其器。

織作之工説

嘗見西人紡紗、繅絲、織布之機而歎觀止矣，天工人巧，至此而窮。世以奇技淫巧目之者，皆與於不仁之甚者也。天下必有此機，而九州萬國之無衣者始得免號寒之慘也，噫仁矣。當世惑於老莊之説，動曰有機事者必有機心。自黄帝垂裳，大啓文明之治，蠶柔麻紵，何一不出於織機？使天下而無機，至今日猶草衣卉服耳。惟中國之機運於人，而西國之機動於氣，以水火之力代手足之勞，出我之有餘，補人之不足，彼此交易而利生焉。此人之情也，亦天之理也。歐西織機刱於英國，略與輪舟、鐵路同時，英人秘之不傳他國，擅入織廠與私授他人者均有厲禁，而英人遂獨擅利權。蓋英吉利區區三島地耳，其始也以煤鐵富，其繼也以洋藥富，其終也以洋布、洋紗富，而黄金布地，利冠全球矣。惟本國棉花不敷織造，初購之於印度，續購之於美洲，卒也購之於中國。美國之巧匠暗竊其法，參以新意，亦爲紡織新機，其功巧與英等。嗣而法效之矣，德效之矣，俄、日、奥、意、比、瑞均效之矣。英人知秘之無可秘也，乃推之以繅絲，推之以織綢、織緞，推之以織呢，推之以織羢、織羽毛、織氈、織毯、織各色細布、花布、苧布、麻布、蕉布、葛布、半絲半棉之布、半麻半氈之布，故其利不減，而且日增，四海風行，執萬商之牛耳。惟運脚極賤，定價極廉，冀中國、日本、朝鮮、越、緬諸邦不能仿效。又專用印度美洲之木棉，絲長色白，謂必此花乃能受織機之力，華棉色黄絲短，不能爲布，不可成紗，以爲如此則利分於歐洲，猶可坐收亞洲之大利也。日本自購織機，初亦購棉於美國，運費過貴，取值過昂，行銷不暢。其時上海亦購織機，開布局，彼此以中國之棉花試紡試織，機力不合，更改再三，所成之紗布乃一律精美，其光匀細密雖遜洋産，而温暖厚重過之，於是中國自紡、自織、自用、自銷。而日本之布亦暢行於沿海各省，人工既賤，運脚無多，定價與彼同，而獲利至二三分以上，視西國五釐之息，幾判天淵。彼乃悉華工之勤，華棉之美，欲自運機器至香港紡織行銷，而先廣購中國棉花運歸本國，此亦中國商務一大轉機矣。惟近日日本商約中有改造土貨之説，若不急行設法維持保護，自闢利源，正恐收利於桑榆者，又將失利於東隅，拒虎進狼，依然故我，豈計之得者哉？中國之大，豈無明哲，利之所在，人所必趨。如南方之繅絲、織綢，北方之織呢、織毬、織氈、織毯、織麻布、苧布、葛布各業，亦應一律振興，借彼汽機，成吾文錦，不惟行銷本國，並可販運外洋。此水穀之真源，富强之上策，而衣被天下，覆幬蒼生，其功德亦永無涯量矣。若夫衣襦冠履，中西服色不同，未必能裁製精工，恰合遠人之用。然西人製造各物，皆考求體察，投我之所好而來。日本自開埠

通商，講求工藝，皆能精置西物，以廉價售與西人，我亦何妨反其道而行之，迎其機而導之，以隱收其利。蓋中國人工值廉費省，與西人同製一物，我之成本必賤，彼之成本必昂，此中國商務大興之根本也。況今日裁縫機器，沿海盛行，運以手工，巧捷無比，一日能作五日之事，一人能任五人之工，均可采而行之，以免費時曠日。直東草帽邊一業，爲西人夏日戴用之需，每歲出洋合銀四百餘萬，天津、煙臺兩口全恃此物稍抵洋貨之來源。夫物至於草賤矣，以草編之爲帽，其工亦至麤矣，徒以行銷外洋，西人喜用，遂能歲入巨萬，爲北方土貨出口之大宗。天下之草何限，天下之物類於草帽邊者又何限，有志之士當奮然興矣。比聞區區微物亦復作僞亂真，致招西人詬病，日本起而承其後，近年草帽出洋之數已與中國略同。滄海橫流，人心不古，貪利忘害，自窒利源，不有清公精敏之才主持商務，以整齊而教導之，則他日之深患隱憂正渺然未知何底矣。

飲食之工説

約載西人食用之物照例免税，奇矣！天下之貨安有出於食與用之外者？初以爲西人之所食所用，華人決不需之耳，又安知今日之華人專取西人之所嗜者而亦嗜之哉？請先言飲食之品，一曰洋酒。中國之釀酒也以粱秫，泰西之釀酒也以蘋果、葡萄，其酒有香冰、紅酒、巴蘭地、巴得醞、皮酒各名目。華人初疑之，繼而試之，終乃甘之，大餐酒館徧於通商各埠，綜計入口之酒，歲不下千萬金。因西國酒税過昂，其價之貴無與爲比，而華人不顧也。此洋酒之應自釀者一也。一曰洋糖。西人向用蔗糖，近乃製以蘿蔔，購中國蔗糖，惡其不浄，以機提鍊，重運來華，潔白晶瑩，轉奪華糖之利。然參入蘿蔔，味甘而淡矣。何如種蔗購機，力求精潔，以自闢利源。此洋糖之應自鍊者二也。一曰牛乳。美國精製牛乳，盛以鐵盒，不使通風，時歷一年，途經萬里，華人喜用，入口甚多，德、奥諸國效之，獲利不可計算。何地無牛，何牛無乳，自牧自收，如法裝盒，價廉物美，即可杜彼來源。此牛乳之應自備者三也。一曰菸卷。菸葉之種出於南洋，此來四海風行，無人不嗜，因内含鹼性，足以滌穢清神也。西人初以吕宋煙卷入華，近則紙煙銷行更廣，鼻煙售入中國，歲亦三百萬金，總計之何翅千萬。豈洋産之果勝於華哉？彼收菸葉埋之地下，三年始出製造銷售，彼陳而我新，故覺彼優而此劣耳。此菸卷之應自造者四也。一曰鮮果。歐美兩洲之果，種類無多，其鮮美遠遜於華産。西人采摘，封以鐵瓶，遠道運售，非時可得，華人嗜食，銷數日增。苟仿其道而行之，則華果之甘鮮必風行於萬國。近惟廣東荔枝間有仿造，其他則未聞也。此鮮果之應自貯者五也。一曰乾鮓。西人嗜食野味，鳥如竹雞、鵪鶉之屬，獸如山羊、鹿肉之屬，鱗介如鰳魚、龍蝦之屬，每飯不忘，封以鐵瓶，貽之遠道，近日海疆市肆亦復甘之如飴。中國百産蕃昌，隨所好而投之，何施不可？此乾鮓之應自蓄者六也。一曰餅餌。西人餅餌製造精潔，貯以鐵盒或玻璃之瓶，華人嗜之尤勝於彼，友朋投贈，視若珍奇，腹地通行，銷售尤廣，何妨自用機器碾麵製糖，收彼洋瓶，敵以廉價。此餅餌之應自製者七也。加非一種，中國所無，質如紅茶而味微苦，含鹼較茶尤重，必入以白糖、牛乳，始覺和平。然茶性較寒，而加非性暖，久服能增氣力，長精神，西人嗜之與茶相等，華人嗜者又過於西人，再閲數十年，恐於洋藥而外又多一無窮之罅漏。此物播種田中，每歲一穫，中國土性適與相宜。法、奥兩國種之，遂爲出口大宗之貨物。此加非之應自種者八也。而中國飲食之品可以行銷外洋者，除茶荈一物外，他無所聞。猶復采焙不精，捐税日重，西商抑勒，歲歲受虧，向值五千萬金者，今通各省計之止值一千餘萬。我之出口者如此，人之入口者如彼。凡此八節，就其大者言之，以外尚難枚舉。綜計每歲入口之數不下數千萬金，載入約章，概經免税。每年海關總册不列貨價，不入税單，以爲西商之所需，而不知皆華人之所嗜也。每歲入口出口，以貨抵貨，明短數千萬金，此項之暗銷中國者又數千萬金。歲以貨價衡之，已虧至一萬萬金以外，而國家之借磅還磅，購船購礮者不與焉。嗟！我中邦不窮何待？既不能閉關絶市拒彼族以不來，又不能酷罰嚴刑禁吾民之不用，雖聖賢處此，除自造自用自收利權之外，亦將束手浩歎而無可如何。萬不能忍與終古，坐待死亡，諉之於國運天心，謂可告無罪於天下後世也，噫難矣！

軍械之工説

泰西機器之興，以軍械爲最後；而中國之仿而效之，又以軍械爲最先，其優劣難易之相懸也，倜乎遠矣。蓋自英人華忒借火水二力刱製新機，用以運煤，用以擊石，用以起重，用以駛船，用以造軌行車，用以鍊鐵製器，而各種化學、重學、光學、熱學、電學、天學、地學、植物、動物諸學相緣而並起，考求體察，逾近逾精，迫新式槍礮、魚雷、鐵艦之興，則物料充盈，一呼可集，汽機神捷，一擊而成，聚千百廠之名材，製千萬噸之利器。故自同治初元有南北花旗之戰，而後有鐵艦魚雷；同治八年有普法之戰，而後有後膛來福槍砲。而近日英國阿模士莊廠仍主前膛，譏克虜伯之後膛，砲身太短，不能及遠。上年中倭之役，北洋短砲過多，我之彈未及人，人之彈先及我，其利鈍可見矣。兵船之制，英人專主鐵甲，德國專

主快船，快則不能過堅，堅則不能過快，其大較也。上年大東溝之戰，中國有鐵艦，日本多快船，彼船來往如飛，我船轉折太鈍，幸船身堅固，尚能却敵還師，然而不能勝也。故西人近議鐵艦如心，爲提督座船，主三軍之進退，必須堅定不搖，無鐵艦是無心也，烏乎可？快船如手足，所以捍衛心膂，制服敵人，勝則追而敗則殿，無快船是無手足也，又烏乎可？中倭之戰，日本幸而不敗者，以中國快船太少耳。故定一軍之制，鐵艦一而足矣，多則二艦；而快船必須八號或十號，始能勝敵，始可自全。又因中國鐵艦砲彈已空，經倭船環攻二時，竟無大損，而威海夜泊之際，魚雷一發而定遠遂沉，自餘廣甲、廣乙諸船均以一雷轟碎，因廣製水雷船以爲鐵艦快船之輔。又廣製滅水雷船以保鐵艦，捉魚雷，增馬力，添速率，每鐘可行三十海里，合華里一百廿里，而籋雲天馬，行駛如風矣。故經一次戰事，則廣一番異聞，變一種新法。而中國福建船政局所用者，法國之舊法也；江南製造局所用者，英國之舊法也；北洋船隝、海軍、機器各局所用者，英、德兩國之舊法也。如法配鑲，絕無新得，每用一物一料，皆須購自外洋。西匠未必賢能，華工不求精進，見聞孤陋，材料不全，欲整頓而無方，欲考求而無地，不明各學之理，不知各器之源，安得不永落他人之後哉？湖北槍廠爲比利時最新之式，上海製造局所製快利槍亦稱利用，即可廣籌經費，多募工匠，專造此兩種之槍。天下軍營統歸一律，免致槍彈不合，再蹈前日覆車。至如鐵艦、快船、電燈、雷艇，中國斷難遽造，仍須購自外洋。舊日局廠之工，大可無須再製，蓋西人於軍械一事，亦復得魚忘筌，見月忘指，每變一新法，則舊法棄若弁髦也。中國於西人工藝製造諸事，百無一能，乃欲成西國最難之工，希西人最精之詣，是猶行遠而不自邇，登高而不自卑也，多見其不知量矣。十五年前德相畢思馬克之言曰：華人之至德者，必詢何式之船最堅也，何項之槍砲最精利也；日本不然，專考化、重、光、電諸學，及工藝商務之本原，回國之後皆自能製造。夫軍械之變日出不窮，未及十年已成棄物，否亦⿰齒少朽不堪復用。中國其衰矣，日本之興其未艾乎！於中倭勝敗之原，十載以前洞若觀火，雖非聖者亦明矣哉！雖然天下之大局，理勢而已矣，中國孱弱如斯，無勢何以言理？海軍、陸軍者，所以振國威而張國勢也；精槍、利砲、鐵艦、快船，又海陸二軍之性命，而制勝克敵之根原也。公法偶有戰事，局外義無偏助，購之不可，則自造之。當日左、李諸公剏興船砲各局，亦不可謂非深思而慮遠矣。所病者中西學術本末迥殊，工藝源流高深難罄，遂以中人下駟敵彼騄騮，重以議論難調，度支屢絀，未能選上等英奇之質，窺西師製造之源，一片苦心付之流水矣。然械用之成敗利鈍，亦非試驗不明。海軍之船，德主快而英主堅，相持十年迄無定論。至中倭戰後，乃悉堅之與快，相倚而成，亦相因爲用。而水雷、魚雷之猛烈，無煙火藥之精良，電燈之照夜逾明，長砲之及遠有準，歐美各國既已碻知其故，將各竭其心思才力以變通盡利，舍舊而圖新。中國當此之時，誠宜借鑒前車，力圖後效，揀派清忠正直、熟習化學製造之員游歷各國，博訪良法，訂購新船。仍選學生之熟悉西文而通古今識大體者分赴各大學堂，分門學習，暇則游歷各廠，考證見聞，博訪西國著名工師，籍而記之，期以五年學成歸國。然後就鐵政已成之局，聘泰西上等之工，分設船廠、砲廠、魚雷、電燈各廠，大興製造，中西合力，精益求精。漢陽居天下之中，有事時無虞侵掠。每開一廠，必設一學堂，選天下聰穎諸生，中西並教。各廠各學，特派大臣總理，日省月試，歲課其成。有能自出新意成一新法者，旌賞給憑，加以獎擢，以此爲海陸諸軍之根本，製造各器之會歸。刻計十年，或當有濟。即未必爭雄各國，亦可聊固吾圉矣。否則有七年之病而不求三年之艾，或因噎而廢食，或畏難而苟安，日月逝矣，時不我與。往者不諫，來者可追。夫謂華人之智不若西人，猶之可也；謂華人之明不若日本，豈理也哉？曷亦返其本矣。

製機之工説

洋貨之來也，皆以機製而後能奪我利權，則我之仿造洋貨也，亦必以機製而後能收回利權。若製以手工，決不能精美，不能捷速，不能整齊，欲持此以與機器爭利，是猶驅跛者躄者竭蹶奔赴與駿馬爭先，其不絕臏折足也幾希矣。惟物物皆須機製，而中國獨不能製機，生利收利之機關轉懸於他人之手。雖歐美兩洲各國均能製造，雖欲自私自秘而不能，然偶有損傷，則修理無人也；偶有殘缺，則添配無人也。即獲利豐盈，欲加推廣，又必函達外國，先期製造，舟車七萬里，運載來華，速則半年，遠須帀歲，此亦半年之利固已爲他人所有矣。況貿易贏絀，朝暮不同，萬一遲之又久，機器雖來，而情形已變，向之必能獲利者，今已無利可圖，則亦不得不四顧躊躇，別思變計。毫釐千里，移步換形。是中國不能製機，中國之工商即永不能力爭先著也。

西國大小機器，大抵以銅鑲配，以鐵製成，各廠製一新機，則銅皮鐵皮有作也，銅板鐵板有作也，銅絲鐵絲有作也，銅柱鐵柱有作也，銅座鐵座有作也，螺絲釘有作也，鍋爐有作也。大如梁棟，細如針芒之物，無不有作也。尺寸衡量，咄嗟可集。何處價賤，何處物精，長短重輕，一無差失。而其本廠亦物料充牣，堆

疊如山，鉅細何宜，精粗何適，既無窳物，亦無棄材，一錢不致虛糜，一物不教短缺。中國各局廠既不能鍊礦製物，一材一料皆須購自外洋。來貨有機延，需用有緩急，於是盈箱累捆，費千金萬金以購之，而零星分散以用之；稍有不足，則又急急增添，必使充溢有餘而後已。此項銅、鐵之材料均畏潮濕，西人所謂養氣者也，一爲養氣所蝕，則銅生綠，鐵生鏽，收貯既已不慎，防衛又無其方，霉爛銷亡，終成烏有。向也費千金萬金以購之，收其用者不能及半，製物之價安得不什佰倍蓰於外洋？此其故由於中國本無製機之廠，而機之不能自製，又由於中國本無製料之機，則一針一縷皆須仰給外人。故一言製機之機，而中西工藝之相懸，直不可以道里計也。漢陽之鐵政局，其知之矣，自開礦，自運煤，自鍊鐵，自製物料，自闢利源，可謂知其本矣。然而經費不敷采辦，則煤鐵無來源；各省製造所用仍專購於外洋，則材料無去路；所成之鐵料，不就中國所急需之物鑲造配合，製成機器，則商民上下無銷場，雖費多金，終無大用，遷延日久，朽壞隨之，可奈何！雖然，無難也。今上海之製造局已能自製繅絲機器矣，祥生、發昌諸鐵廠已能自製輪舟、輪車機器及各種軋花、縫衣、造紙、印字之小機器矣，亦多有華人雇西人，購機器，自設螺絲、銅皮、鐵皮諸作矣，耳目漸熟，風氣漸開，仿效漸易。近年德國、比國之工師入中國謀生者漸衆，其識礦鍊鋼製機之技與英、法略同，而工價較廉，性情頗合，志願不奢，作苦服勞，事有終始。誠能由國家提款，以鐵政局爲根本，而於其旁附設各小廠，專製各種物料，造各種汽機，延德、比諸國上等之工師分投經理，長於何事即製何機。偏告海内工商，需用機器者均至局中購買，所定價值務較外洋便宜十分之二。發給護照，沿途關卡一律蠲免税釐。並用西例，派人隨往各地裝配齊全；偶有損傷，代爲修理。中國自開煤鐵，自造機器，自行保險，自收運脚，雖復減價售賣，亦當必有贏餘。即使僅夠開銷，祗敷成本，而製機配料爲中國開闢利源之關鍵，振興工藝之權輿，國家亦何惜數百萬金以成此利國利民之盛舉哉！況此數百萬金者，旋製旋售，旋收旋放，開礦、運煤、鍊鐵、製機諸工作，爲天地養無算窮民，爲閭閻廣無窮生業，爲國家增無量税課，即爲薄海内外塞無限漏卮。似創實因，似難實易，有利無害，日起有功。求已不求人，無用化有用，在一轉移間而已矣。

工藝養民説

今之論者輒謂泰西各國土曠人稀，故以機器代人力；中國人稠地狹，民間技藝耑倚手工，若以機器爲之，必奪貧民生業。又謂西人以機器製物，既速且多，行銷中國，中國亦以機製物，何地可銷？物賤價廉，終歸無利。此井蛙夏蟲之見，淵魚叢爵之心，而貧中國、弱中國之大罪人也。持此論者多士大夫。彼愚魯之工人有何知識，以致通商六十載，坐聽西人盤剥把持，工藝不興，利源不闢，民生日蹙，國計日虛，驅他日之中國傭奴於洋人，驅今日之貧民俛而就飢凍死亡之地，皆此種之謬論讕言階之厲也。竊嘗仰體上天好生之心，古聖賢親親仁民愛物之意，留中國將來之人種，保朝廷未失之利權，不可以不辨。英吉利區區三島地耳，大不及中國一省，户口三千五百萬有奇，英京倫敦户口四百廿五萬有奇，通商流寓他國他埠者均不在内，每方里有居民百廿人。通國地畝，每畝值華銀二百兩以上。法國之大如中國省半，户口四千萬有奇。比利時之大如中國二府，居民二千六百萬有奇。果人稀乎？抑地曠乎？彼國機器初興，其手工之人亦欲竭手足之勞與之争利，心盡氣絶，無可爲生，乃改而入廠工作。其始也，月得工資三四元或五六元耳。入廠以後，技藝之高者月得數十元、數百元；即至愚極鈍者亦可得七八元或十數元。向以數十數百人作工者，加至數千數萬人而未止。驪之姬艾，封人之子也，晋國之始得之也，涕泣霑襟，及其與王同匡牀，食芻豢，而後悔其泣也。以此例之，果失業乎？抑不失業乎？中國每年入口及免税之貨，併計不下一萬五千萬金，皆西人機器之所成，而華人之所用也。我而購機自造，即僅銷中國，其利已不可勝窮。況中國工價既廉，費用又省，所成器物，價必倍賤於外洋。我之貨而精於彼也，彼將喜而購之；我貨之精與彼等也，彼亦必貪其價廉而購之。上海機器所繅之絲與法國里昂同價，貨物未出，銀款先來，專派人駐上海購之，惟恐不得。天下之貨物，患我之不能製造耳，患我所製之不合人用，不速不精耳。我不能禁吾民之用洋貨，彼獨能禁其民之用華貨乎？以是言之，果有銷路乎？抑無銷路乎？若而人者深惡洋人，遂兼惡洋貨，惡其以機器奪吾利，遂並機器而惡之，自以爲中國之干城也，而不知倒行逆施，實暗保洋貨之來源，暗絶華民之生路，不啻爲泰西各國之人傅翼而使飛，揚湯而使沸也，噫慎矣。然往者不可諫，來者猶可追。中國之地大矣，其物博矣，無業之民多矣，苟一旦翻然變計，豁然大悟，以現在繅絲、煉鋼、紡紗、織布諸局廠爲之根，凡華洋所需各物，一律購機自製，或銷本國，或運外洋。有業者改圖，無業者有業。西國各鎮埠，工作大廠多至百家或數十家，每廠工作萬人或數千人，少亦數百人。使中國各行省工廠大開，則千萬窮民立可飽食煖衣，安室家而養妻子。向日之手工餬口者，亦各免艱難困苦，憂凍啼饑，咸得享豫大豐亨之福也。天下

之功德，孰有如是之不可思議，不可限量者乎？

蓋嘗上下古今而深思其故矣。自黄帝以來，聖作明述，製器尚象，百業俱興，以前民而利用，亦越於今蓋五千有餘歲矣。五百年而名世生，五千歲而大聖人出，然後六洲合一，萬國大通。一手一足之勞，豈足以濟四十萬萬衆生民之日用？天乃假手西人，以陰陽水火之功能，發借力生光之妙理。人之目所不能見者，以機器見之；人之耳所不能聞者，以機器聞之；人之手所不能舉者，以機器舉之；人之足所不能及者，以機器及之；人之心思智慧千力萬氣所不能成者，以機器成之。所謂六合之外，聖人存而不論；六合之内，聖人論而不議。天地之大，雖聖人亦有所不知不能者，皆窮高極深，因端竟委，釐然、井然、皜皜然、鑿鑿然碻知其所由。然前聖人知其理而不明其數，後聖人通其數而並觀其象，然後人與天地並立爲三，參贊化育之功，至是而始毫無遺憾也。彼西人者深思好學，各明一義，自附於老聃、郯子之倫，萬靈風雨，聚精會神，合而成一大聖人之聖德神功，以膺此上下五千年之景運者也。故論聖之所以爲大也，則博厚配地，高明配天，悠久無疆，雖罄竹帛以書之，不能窮其萬一也。而要其實，則天道好生而已矣，地道養民而已矣，人道利用而已矣。中國萬邦之首，而今日生齒四萬萬，爲開闢以來所未聞。天下之窮民，以十分之一計之，已四千萬，雖堯舜亦窮於施濟矣。長此而不變，則惟有水火瘟疫、刀兵盜賊，草薙而禽獮之，成亘古傷心之浩刼已耳。而天不忍也，而天乃皇皇然思所以救之也。救之之道二：曰居，曰行。非、美、澳三洲，東南洋萬島，曠古榛蕪，使行者墾以爲田，則萬寶既成，而萬民不死矣，此啓尾閭以洩之之法也。天下窮民謀食之路，惟機器工作廠爲最豐，亦惟機器工作廠爲最易，使居者製以爲器，則外財可入，而内患潛消矣，此開天庾以賑之之法也。然而海不可渡也，器不可成也，天復載以輪舟，教以工作，勤勤懇懇，保抱提攜，父母愛子之心亦無所不至矣。今出洋謀生，共知其益，獨設廠工作一事，相率非之，是猶忤逆之兒不解父母顧復生成之意，而逞其小慧私智，攘臂以與之争，可乎？不可乎？人所決不能知者，天知之；人所決不能救者，天救之。而若人獨不肯救人，哆口以與天敵，能乎？不能乎？今日本已立約改造土貨矣，我終不開，人將開之；人即不開，天將命之，萬不能聽此數千萬窮民潦倒饑寒而死也。此天之心也，亦天之道也。知天之所以爲天，即知聖之所以爲聖也。

王韜《跋日本岡鹿門文集後》 近歲歐人創火輪舶，駕風破浪，萬里比鄰，往來如織，舉地球爲一大市場。平居和好，使命交通，有無相濟，若無復足慮者。旦遇利害，作於眇忽，蹶起而忿争，蹀血千里，蒼生塗炭，竟不免於弱肉强食矣。

蓋國之亡，非必易其主失其地之謂也。國體不立，受制於異邦，非亡乎？國力不贍，仰給於異邦，非亡乎？今夫制度文物，一模擬於彼，法制禁令，爲彼所掣肘，謂之國非其國。譬猶世農之家，釋其耒耜，從商賈之業，去樸就侈，自以爲得計，徒取市儈之笑耳。既不能爲農，又不能爲商，非亡家而何也？高其屋，華其室，衣服器用皆資之於異邦。工藝木興，産物未盛，而金貨濫出，府庫已空，上下爲此告窮。譬之東家之女，羡西鄰之婦，不度貧富之相懸，學其盛服，以飾外觀，不蠶不桑，資費無所出，終之不過溝中之瘠耳。智者防禍於未然，寧可不早爲之所乎。

法國有博覽會，我邦之人多往，友人某亦與焉。余謂之曰：吾聞博覽之會，天地之所出，人工之所製，蒐羅萬國，莫不皆有。觀之者足以增智力，發巧思；購之者足以詫新創，弋奇贏。故競技者必於是，争利者必於是。我邦所齎貨物器具，不爲不多，或有駕於彼者，則聲價百倍，而得贏之盛，從此始。其利於邦不亦大乎？

抑余更有進焉者。夫巴黎斯者歐洲大都也，是會坤輿萬國皆造焉。子試觀於其市，緑眼紫髯氣揚揚而視眈眈者皆虎狼也。子既得而與之交，歸而告於吾君吾相曰：市有虎焉，白晝羣行，盬人之腦，不斃不已。我寧爲管莊子，勿爲魚肉。彼不出刀而我自割，彼不出薪而我自烹，以飽其腹，非計之得者也。若吾君吾相，由子之言知所戒，國體以加鞏，國力以加强，則子之於此行，其利於我邦不益大哉。

觀此文，則知吾友之志慮深遠矣。孰謂日本無人哉！

夫日之變法，志在自强，初不謂其弊之至於此也。夫西法非不可學，而其所以治民生立國本者，要自有在。且日本之於中國，昔則可以閉關絶使，畫疆自守。今則萬國來同，舟車畢集，以亞細亞洲之大局而論，方當輔車唇齒之相依。且以地勢觀之，日本之在東洋，譬諸中國之門户也。其在東南洋諸島國，既爲泰西列邦蠶食鯨吞，印度廣土，又爲英踞。屏藩盡撤，險阻不完。越南、暹羅、緬甸，又皆爲英、法之所制。朝鮮蕞爾，不足與圖。波斯、阿富汗，則又僻在遠方，介於兩大，亦幾危弱不能自存。是則中國之外，惟日本而已。乃日本徒以能效西法，侈然自大，凌侮中朝，急欲輕於一試，是直不明利害之端，而昧於維持之義

者已。想日本有識之士，當必爲之痛哭流涕而長太息者也。

又王韜《弢園尺牘》卷七

代《上蘇撫李宫保書論馭夷之法》

或者曰如是言之，輪船用於江海，鎗礮用於軍旅，田器織具用於農婦，曆算格致用以取士，語言文字用以通彼此之情，不幾率中國而西人之乎？我中國先文教而後武功，重德性而輕詐力，不以近功易遠略，耻機心而賤機事，視之若甚拙且鈍焉，接之若可狎而侮焉，而久之爲其所化而不知，或陰中其病而罔覺，是實能以至柔克至剛，至弱克至强也。自古仁義爲國，其敝也衰；甲兵爲國，其亡也蹶。是以泰西諸國其興勃然，而亡亦忽焉。不見羅馬盛於漢，荷蘭盛於唐，西班雅盛於宋，葡萄牙盛於明，而今皆衰矣。就在中國而觀，商之鬼方，周之玁狁，漢之匈奴，晉之拓跋、五胡，唐之吐蕃、回紇，宋之契丹、女真，其種類或存或亡。而所謂中國者，數千年以來如故也。政事法令，未嘗改易，土地人民，未嘗損失。且唐時回人之散居天下，至今何如？宋時猶太人之入處河南，至今何如？奈何欲以暫來之西人，易數千年之中國！用夏變夷，則有之矣，未聞變於夷者也。不知如或之言，所謂主人枯槁，客自棄去之説也。如是則中國必先自受其敝，且勢必需之窮年必世，而非目前權宜補救之方也。況我之所以效西人者，但師其長技而已，於風俗人心，固無傷也。如謂既師其長，則中外交固而情洽，或將久處中國。不知西人以有利而來者，安知不以無利而去？機器既設，貨出必多；波畢既栽，煙來必賤。彼之利藪且爲我所奪矣，何慮之有。夫及今尚可有爲之時而爲之，先事預圖，先擬遠慮，因治以防亂，居安以思危，則可享長治久安之利，是亦古人謀國者之深心至計也。

某草茅微賤，罔識忌諱，辱承知週，敢竭區區。伏惟進而教之，不勝幸甚外，呈所著火器略説一卷，譯自西書，問參管見。竊見西人入中國，凡曆算輿地醫學格致之書，無不徧譯，獨於製器造礮一事，未及一言，豈以是爲不傳之秘哉？或者不欲以所長示人也。明人所輯湯若望則克録，專講鎗礮製造之法，頗爲賅備，然較之於今，間有不同。蓋近時用心日細，制器極精，視昔已遠過之矣。至於用礮，先在用兵，則非空言縱譚所能者也。求賜訓言，以增光寵，干冒尊嚴，主臣主臣。某再拜謹上。

《答包苻洲明經書論求變以求自强》

苻洲明經足下：書來屢以中外時事爲詢，經年曠隔，未措一詞，非竟緘口卷舌也，以時事實無可言耳。小爲彌縫，則無從下手，大之則必更張改革，丕然一變而後可。星使西來，已浹歲矣，往返跋涉，漫無成説。其有以江都一役藉口者，僞也。歐洲列國，今俱輯睦無軍旅事，所欲力爲經營者，在我中國。火輪車路，乃其一端。許之，則刱千古以來未有之變局。所謂嚴中外，控戎狄，守險阻，制要害者，我無其一，而權自彼操矣。不許，則嫌隙已構，釁患將開。西國好事之徒，言利之臣，必有以勉强從事之説進者，兵端一啟，勢難驟弭。和戎之議，又需籌餉數千萬緡，無異輪將。此蹈海孤臣，一念及此，不禁太息痛哭流涕者也。憤懣鬱煩，致嬰心疾，入春以來，羌無好懷，憂國念家，萬慮坌集。西國和約以後，每年隨事酌更，視爲成例。以時局觀之，中外通商之舉，將與地球相終始矣。此時而曰徙戎攘夷，真迂儒不通事變者也。原其厲階，一壞於葡萄牙之請濠鏡，再壞於利瑪竇之入内地。嗚呼！自明社之屋，僅二百四五十年，而疆事之壞，至於斯極，此誠非作俑者所及料，然亦由積漸而來。濠鏡既予列國，至者自然接踵，而通商之局開。内地既入，於是招徠繼起者如水赴壑，而傳教之風熾。故有心人於康熙初年，已深慮而倡言之。我聖祖仁皇帝亦有以後泰西諸邦中必有爲吾患者之諭。遠哉皇言！早燭於幾先矣。其由印度而南洋，由南洋而東粤，由東粤而内地，豈一朝夕之故哉？履霜堅冰，可不早戒？孰知勢至剥牀，尚猶宴然。三十餘年來，夫誰能握奇制要者，至今日而措施猶未盡善也。所可懼者，中國三千年以來，所有典章法度，至此幾將播蕩澌滅。鄙人向者所謂天地之創事，古今之變局，誠深憂之也。蓋天心變，則人事不得不變。讀明夷待訪録一書，古人若先有以見及之者。窮則變，變則通，自强之道在是，非胥中國而夷狄之也。統地球之南朔東西，將合而爲一，然後世變至此乃極。吾恐不待百年，輪車鐵路，將徧中國，鎗礮舟車，互相製造，輪機器物，視爲常技，而後吾言乃驗。嗚呼！此雖非中國之福，而中國必自此而强，足與諸西國抗。足下以爲然乎？否乎？所望豪傑之士，及早而自握此一變之道也。今者英國相臣極崇樸儉，仰慕中朝，務欲同歸輯睦而通商。中國之紳士，每事齟齬，媒蘖其間，以致所議新約，其臻美善者，尚有所阻，則此機會之失，亦殊可惜也。此間天氣尚寒，故國春風，想已嘘枯榮悴。遠處異方，曷禁淒戀，伏計珍重無既。

鄒誠《夷氛紀聞序》 昔夏后氏尚匠，百工居六職之一，工居四民之一。果能法古而盡其材力，使講求變通各法，如鐵甲戰艦、鐵甲砲臺，須開鐵礦煤礦，範模製器，便可爲之。蓋艦至鐵甲恢張之極則矣。由前明迄國朝乾嘉間，外夷多用三桅夾板木船；道光時漸用輪舶；咸豐以後則改用鐵甲。初則浮水，今則沉水；初則熟鐵厚

五寸，今則熟鐵厚有二尺餘矣。他若日用飯食居處各物，效中土而推廣者，更指不勝屈，固難一一悉數也。如周尺八寸爲尺，即今英尺。周禮之一鼓鐵，即今洋人之一噸一千六百八十斤。中土三代上飲食俱用刀匕，即洋人之用刀匙。漢以後多用梜，即今之箸。古禮尚右，今洋人亦尚右。論者不知西法之本中法；不鑑西人之變化苦心；不按物按事，分任推求；極則不究中土歷來尅扣物價之積弊，而徒諉諸西人不惜資本爲詞，噫！傎矣。即就廣東經費論，兩夷務一紅匪，共費去三十餘萬，未聞有一台一船一砲爲可恃者。倘再能以此鉅資選巧匠，如今藍開祥、何杰、梁濟、陸濟書輩，開礦範模，先行製作車刨椎鑿，煉冶熟鐵，製作新式槍砲，須盡其才，不難悉臻精妙。乃至曠日持久，閱三十餘年仍一事無成者，何哉？知籌餉而不知講求用餉；知購買而不思分往製器；中土洋務之興，四十餘年，費帑數千萬，所製船台砲械可以勝敵否？抑有能禦敵否耶？思求材而不能用材；欲使奸而不知妨奸；甚至奇伎異能，非爲忌才者所阻，即無資階進。廣東之遠遜燕閩江浙也，有以夫。近年有議專工製造兩人抬放之笨重抬鎗者；有造開河機，欲中土開天津、吳松、潮州、佛山各河，以便洋人進淺水火船入內地者；有議請棄虎門各台而守內河者；有議不用三合土台墻，而在空闊海面築露天台，一點灰不用者，不知是何居心？

夫製器不過格致中一道耳。中土開闢最早，在洋人所謂耶穌未降生千餘年以前。中土古聖，格致所見於經史者，班班可考。如觀天察地，結繩畫卦，始爲琴瑟網罟者，包犧氏之王天下也；日中爲市，斲耒揉耜，始嘗百草治疾者，神農氏之王天下也；剡矢刳舟，笵金製幣，畫野分舟者，軒轅氏之王天下也；定時成歲，封山濬川，設官分職者，堯舜之王天下也。而夏而商而周，凡利於民生者，漸稱備焉。可知中土聖教，原以格致爲治平入門首務，古本大學，不分經傳，自知止而後有定。至其所厚者薄，而其所薄者厚，未之有也。即接以此謂知本，此謂之至也，即格物實義。至程子提出作聖經，朱子補傳，遂失廬山真面目矣。不思定静安慮得及本末，終始先後，的是格致實義。三代下此學漸晦。漢人泥於訓詁，多格成物而不知格創物；宋人更以物爲事，説向虛處，別誇理學，空談臆説，無所附柄。二千餘年來，格致一道，益失其真，有如瞽者旡相，倀倀何之，漆室無燈，茫茫莫睹，深可痛也。誠特揚而明之。蓋理學一塗，非泛言性天者所可託，須求物事之理，物事之學，身體力行，庶幾無愧，此豈誠一人倡言哉？易曰：開物成務，冒天下之道。又曰：備物致用，作成器以爲天下利，處大乎聖人。詩曰：天生烝民，有物有則。周禮曰：知者創物，巧者述之。是物之一字，原從實處探討。所貴格之者，按一物一事，隨時研究而變通之耳。至備指格致用力所在，而包括無遺者，則禮經所謂禮樂射御書數六事爲六藝，大禹謨所謂金木水火土穀六科爲六學是。唐詩，五行志云：萬物盈於天地之間，而其爲物最大且多者有五：曰水、火、木、金、土。其用於人也，非此五物不能以爲生，而闕其一不可，是以聖王重焉。尚有可以援古證今者，則周禮具在，可覆按焉。考工記於攻木之工七，考金之工六，考皮之工五，設色之工五，刮磨之工五，摶植之工二，罔不備列。今之車刨剪鑿磋摩等事，皆擴而充之也。觀察車自輪始，欲其樸屬而微至，乃轂轉輻以爲直指，牙以爲抱固，則牙輪轂軸等，古人已有之矣。況所云：攻國之兵欲短，守國之兵欲長，即今攻砲守砲之義乎。攻砲宜短，守砲宜長。又如職方氏掌天下之圖，辨其邦國都鄙，四夷八蠻七閩九貉五戎六狄之人民，以其材用九穀六畜之數，要周知其利害，即今繪畫五大洲各國輿圖之學，與請派使臣駐各國偵探之義也。保章氏馮相氏考日月星辰之變動，天文算學之義也。司險周知其山林川澤之阻，而達其道路，設國五涂以爲阻固，即今擇險隘、設砲台、撬坑地、壘牆垣、通後路、設救護，以圖守險之義也。稍人考其弓弩，以上下其食，即中庸所謂口省月行，計廩稱事；書所謂允釐百工及工以納言，時而颺之，格則承之庸之，否則威之，可證即今考工匠製機器優劣之義也。象胥掌蠻夷閩貊戎狄之國，使傳王之言而喻悦焉，即今學洋話設通事之義也。今人於學習洋話，勸言不必，已屬非古。訓方氏掌四方傳道，正歲則布而訓四方，而觀新物；懷方氏掌來遠方之民，致方貢致遠物而送迎之，達之以節，即今待遠人稽察傳教及觀賽險會之義也。他如丱人譯丱字義，即知古人開礦是直礲易於車水，水底之礦方佳。西人照中土古法，用直礲率臻其妙。中代自三代後，見礦即挖，漸改用曲礲車水，難而無佳礦。中土地實勝於歐洲，而莫知取，大爲可惜。又如桌字傾煎五金，開後人無數法門，惜後人忽略讀過。

總之，格致之道，有宜變通者，有宜師古者。讀至欲新而無窮，敝盡而無惡二語，覺格致精義，盡在是矣。至待蠻夷猾夏，則舜典惟明克允，一言以蔽之。每慨由明至今，以制義時文取士，羣益捨格致而專尚時文，不知就時文論，亦當按時勢以立言也。試觀三代上語言文字，不分兩途：以當時之人，爲當時之文，即叙當時之事；或通今變古，或引古證今，經典所存，昭然若揭。今人作時文，只得代古人立言，好爲推測杜撰，甚至游滑空腔，終不敢輕議時務。直是僞古文耳，非真時文也。文事之失既如此，武略之失又如彼。竊見硜硜自命者流，非曰

能挽兩石弓，即曰能掇千斤石。問以兵法陣法，有若面牆；即行伍出身，亦祇令嫻習弓馬，而不講求駕駛輪舶，操演鎗砲之法。殊不思上古爲車戰，中古易而爲弓矢，元明則漸尚鎗砲，近則專尚之。是今之由弓矢而變鎗砲，無異昔之由車戰而變弓矢。就令聖人復起，斷不能捨鎗砲而別有所尚，可以因時制宜耶！

【略】

夫中華土地非小弱也，士庶非愚蒙也，寶藏非太多也，財貨非短絀也。乃自夷務之興，議者輒畏其船堅砲利，祇知購其器而效之，弗求所以勝之之法近十餘年，曾李左沈丁諸鉅公，均力求製器之法，但格致一道日新月異，而歲不同。觀湯銘所云日新，周禮所云欲新而無窮，可知獨不思船砲兩項，固格致中之一道。而西人之知格致人，多從中土傳往乎？考霹靂砲刱於宋之虞允文，中土傳自西域，西人從西域得之，日事擴充，至今西人有十餘萬斤一鋼砲，千餘萬斤一圭形彈矣。前明法國砲車中土，有三十餘斤彈，即爲駭異。自鳴鐘刱於明之揚州人，西人得之擴充其意，改鉈爲銅條而成錶，由是鐘錶層出不窮矣。琥珀氣始於法夷，由前明在澳門閩中土，試琥珀以能黏證草者爲真，悟出電氣端倪，遂擴充而爲電報電物直湊單微矣。電分陰陽，即天地之真火也。陰陽相激則火生。人身及萬物中均有電氣。惟琥珀、玻璃、蠶絲、火漆等，始能隔絕而聚之。計電火循鋼線行，可一刻而繞地球九萬餘里。他如西人算學，初名爲東來法，借根方即天元一；指南車稱承自中土周公，尤爲西法本中法之顯證。至輪船的創自西人，因汽學力學悟出，應讓其獨先者。但中土水碓風磨，用牛力用空力之器，亦復不少。道光時潮州藍開祥往外洋學習輪船機器，開中土風氣之先。誠舉操演、通商、睦隣、開礦、築台、製器、造船、開墾、種植、畜牧、偵探諸大端，固可按各地情形，隨時隨事斟酌盡善，覼縷行之，一年而粗備，三年而大成矣。而防奸一節，尤宜加意焉。易曰：幾事不密則害成。倘能力極時艱，扶翊格致之聖教，倡率而振作之，分院教習，考究討論，盡變化擴充之妙，將見船砲之堅利，有不僅在西人上者。威外夷而使之向化，行見書之國史，遠紹前徽，由是書而進之，臻三代上格致創始之盛，洗漢唐來格致淺陋之風，豈非中土大快事哉！

張之洞《勸學篇》下《張文襄公全集》卷二〇三 工學之要如何？曰教工師。工者農商之樞紐也，內興農利，外增商業，皆非工不爲功。工有二道：一曰工師，專以講明機器學、理化學爲事，悟新理，變新式，非讀書士人不能爲，所謂智者創物也；一曰匠首，習其器，守其法，心能解，目能明，指能運，所謂巧者述之也。中國局廠良匠多有通曉機器者，然不明化學、算學，故物料不美不曉其源，機器不合不通其變，且自秘其技，不肯傳授多人，徒以把持居奇、鼓衆生事爲得計，此王制所謂執技事上不與士齒者耳。今欲教工師，或遣人赴洋廠學習，或設工藝學堂，均以士人學之，名曰工學生，將來學成後名曰工學人員，使之轉教匠首。更宜設勸工場，凡衝要口岸，集本省之工作各物陳列於中，以待四方估客之來觀，第其高下，察其好惡，巧者多銷，拙者見絀，此亦勸百工之要術也。

【略】

大抵農工商三事互相表裏，互相鈎貫。農瘠則病工，工鈍則病商，工商聾瞽則病農。三者交病，不可爲國矣。至如駝羊之毛、鷄鴨之羽皆棄材也，馬牛之皮革皆賤貨也，西商捆載而去，製造而來，價三倍矣。水泥、西人名塞門德土，華名紅毛泥。火柴、火油、洋氈、洋紙、洋蠟、洋餹、洋鹹、洋釘，質賤用多而易造者也，事事仰給外人，而歲耗無算矣。然而以上諸事，非士紳講之，官吏勸之不可。荀卿盛稱儒效，而謂儒不能知農工商之所知，此末世科目章句之儒耳，烏覩所謂效哉？

周家祿《壽愷堂集》卷二四

答問郵政

三代置郵傳命，所從來速矣。若設爲郵政，筦以稅司，收其信資，與民爭利，此中國所不屑也。然既變法自强，爲理財計，不得不效法泰西。考歐洲各國之有郵政，始於中國道光年間，法前皇拏破侖因軍書貽誤，自設文報局，並代遞民間信函，掌以輪船鐵路公司，而嚴民局寄信之禁。各國見其利國便民，轉相放效。又創售賣郵票之法，由局自造，上蓋印文，作爲信資，黏貼函面，遠寄萬里，不費一文。國家收取票資，積成鉅款，西人理財之法大率類此。中國各省向設驛站，沿邊有臺站、卡倫，歲耗鉅資，積久弊生，談洋務者遂鋭意興辦郵政。光緒二十二年，經總理衙門飭據總稅務司赫德擬訂章程四項，一、通商口岸互相往來，一、通商口岸往來內地，一、通商口岸往來外國，一、郵政總章。奏奉準行，於二十三年正月開辦。查原定章程非不周妥，但試辦之初，仍不免嘖有煩言。其故由於郵政之權力止能及於通商口岸，其內地寄信仍不能不經由民局，於是有由通商口岸寄至內地之信，有由內地寄往通商口岸之信，民局因其不能徑達，苛索信資，商民既繳郵政印票之費，復出民局代遞之資，周折較多，遞送不便。而民局失業，又往往竊議其後。故論者謂中國郵政通行，必在蘆漢鐵路及各省支路造成之

後。沿江沿海則有輪船商局任其事，陸路則有鐵路公司任其事，夫然後郵政乃可四通八達，民局不致居奇，商民亦無所不便矣。查近年美國郵政局多至六萬餘所，歲收郵票費六十餘兆圓，日本小國歲收郵票費亦一百四十餘萬圓。中國幅員廣大，商埠繁多，若實力舉行，逐漸推廣，數年之後所入奚翅倍蓰。以之濟國用而有餘，又豈但裁驛傳，撤臺站，省區區無益之費而已哉？

答問農務

論者皆曰：今各國爲通商之天下，非務農之天下。雖然人但見各國之勇於通商，又孰知各國之於農務，考之精而治之勤哉？考歐洲各國皆設農部，以大臣統之。各省分設農藝會，就地考察土性原質，次辨物性所宜，繼及糞壅澆灌。自百穀蔬果花木以及牛羊畜牧，無不入會考驗，擇其優者獎賞銀幣。至穀蝨木蠹若何豫防，牲畜受病若何施治，無不繪圖貼説，實力講求。昔英國挪佛一郡，地屬不毛，後察知土性，偏種蘆荀，獲利甚厚。伊里島地形卑濕，後用機器涸水，土脈遂肥。撤里司平原之地既枯且薄，自用鳥糞培壅，百穀暢茂。又考植物所需之料有三種：曰燐，即陰火，出於獸骨鳥糞之内；曰鈣，即石灰，用螺蚌殼及數種土石化合而成；曰鉀，水草所生，稻藁茶蓼節間皆有之。近閲英國公論報，雷母司曲勒母在沸蘭，司班乃夫在南俄羅斯，塞黎在法國，皆用電氣灌於所散五穀花木之種及所植地内，收成倍豐。美國考納爾大書院近亦研究其理，有土地一方安設電線，所種五穀比未用電力之土，收成百分之中多收五十分。其他奧國之以電運犂，美國之以電耘草收禾，及以電鐙照蔬果花木使肥美速長之類，標新傾異，層出不窮。吾中國獨未有行之者。夫商由人通，物從地産，農學不講，商務奚興？上海士大夫創設務農會，且後有無成效，未敢縣斷。區區之愚則以爲，非國家特設專部，派員提倡，不足開風氣而變國俗。即如絲茶二産，近年中國日形彫敝，而法蘭西、意大利之蠶絲，錫蘭、印度之茶葉，則年盛一年。若不講求利弊，亟事變通，恐有江河日下之勢。重農務本，是所望於當道諸公矣。

答問紡織

木棉之種來自西洋，故紡織以西人爲精。然西人紡織始亦用人力，自英人懷德尼始創軋花機，一畝之花，工止一日有半；阿克來始創紡紗機，工分十二級：一打花去土、二彈花成片、三梳綿成帶、四引綿成條、五初成豬紗、六引長、七卷緊、八紡經紗、九製緯紗、十絡紗成統、十一合統成包、十二撓擦獲綿。克德來始創織布機，工分六級，一絡經、二理經、三漿縷、四織縷、五摺疊、六印花。事半而功倍，工省而價廉，於是洋紗洋布通行五大洲，英、美以致富强。而中國通商口岸始亦用機器紡織矣。上海織布廠燬於一炬，華盛、大盛各紡紗廠連年折閲巨本，湖北紡織局亦未獲利，非機器紡織利於外洋，不利於中國也。大率中國局廠官辦居多，既有督辦、總辦，復有會辦、幫辦，以及管廠、管工、文案、支應、委員、司事，名目繁多，歲耗薪工以巨萬計，浮支冒領，半入私囊。所出紗布價比外洋昂率過半，而又器窳工劣，製造不精，不足抵制洋貨。近年通州紳商創辦紡紗廠，以就地産出之棉供紗廠紡紗之用，即以紗廠紡出之紗供就地織布之用，土棉既不必外銷，洋紗亦無庸外購，出入兩利，獲效當在意中。但機器造貨值百抽十之税，則已由總税務司赫德擬定章程，經總署核準施行。而洋貨進口一律值百抽十之議，光緒二十二年十一月軍機總署議覆盛京卿奏稱，各國多方齟齬，迄無成議。然則重征華商，以增土貨之價值而阻其銷路，輕征洋商，以減洋貨之成本而厚其利權，得失盈虧，不待智者而知。況從前洋紗布進口值銀五千數百萬，近年歲有增加，日本紗布運銷中國近亦日見夥頤。洋貨榷税愈輕，紗布入口愈王；洋貨入口愈王，土貨銷路愈微，然則中國紗布之不能獲利，又不待智者而知矣。今欲創行機器紡織，非照外洋公司辦法不可，又非國家減輕税則不可。斯在有商務之權者設法維持，而非局外所能假箸而籌矣。

答問藝學

今中國士大夫頗言西學矣，顧西學有新有故，有粗有精，或嚌其糟魄，或襲其皮毛，或泛騖而不專，或淺嘗而輒止，卒致有輪舟而不能駛，有機器而不能用，則習西學與不習西學等。蓋西學之奥變不易窺，西學之門徑未嘗不可尋，故習西學者必舉水、火、光、氣、聲、電、重、化、鑛務、鐵路、軍械諸藝，各專一門，而先引其端於算數，夫然後工藝可興而富强可致。前年國子監司業潘衍桐奏請特開藝學科，方汝紹諸開實學科，皆交六部九卿會同總署議奏，至今未見施行。夫考工一職久不講求，士大夫薄工匠爲小技，不知歐美各國富强之基根於工藝。工藝不講，則器何由精？兵亦何由强？工藝之學莫先算數，何則？欲精工作，必先繪圖。繪圖必明度數，則句股弧三角之詣不可不精。精於此而後繪圖，積算成器在胸，及其成物，不差累黍。否則方隅不準，鉤鬭難工。英國工藝學堂先教算法，次教工程，專書研究機器之理，然後各就所學神明變化，此泰西藝學所以日新月異也。中國若能特設藝學一科，廣開藝院，延聘名師，擇已通西文算法之子弟入院學習，業成分發各局廠監督製造，小可開工商之風氣，大可濟國事之艱

難。所惜京師無工藝學堂，譯署同文館祇習各國語言文字，不及製造。各省局機器匠師粗諳機括，莫窺文字之精蘊；其精者又未免居奇而靳巧。如此藝學何由而興？風氣亦何由而開？考乾隆十三年，西一千七百四十八年，美將士弗蘭克令獻格致書二種，國家準設格致學堂，並開公會教授國中子弟，嗣後美洲藝學遂與歐人並駕齊驅。乾隆十八年，西一千七百五十三年，英國特開藝術大會，專籌巨款爲獎賞之用。英、美二國之重藝學如此，民風國運有不隆隆日上者乎？有志富强者盍思所以作與鼓舞吾民也。

農工商部《遵擬畫一度量權衡制度圖説總表及推行章程摺》《政治官報》號一八五

奏爲遵旨會擬畫一度量權衡制度圖説總表及推行章程，然摺進呈，仰祈聖鑒事。竊臣等於上年九月初三日奉旨：會同考定度量權衡畫一制度，詳擬推行章程，等因。欽此。當於九月内由臣等將設局開辦情形會奏在案。數月以來，督率局員於古今中外之制度，官商民用之習慣，折衷採取，定以一尊，釐爲六事，謹縷晰爲我皇太后、皇上陳之：

一曰恪遵祖制以營造尺、漕斛、庫平爲制度之準則也。中國度量衡之制，始自虞書，詳於漢志，其言度之數本於律，權量之數本於度。自晉迄明，罕通斯義。惟我聖祖仁皇帝稽古同天，前民利用，以横累百黍之度爲古律尺，縱黍之度爲今營造尺，凡漕斛升斗之容積，庫平法馬之體積，以營造尺之寸法定之，然後律度量衡四者乃真符舜典班書之精義，皆一貫以相通，爲列朝所未有。今工部營造之祖器雖已無存，而御製律吕正義之圖，與倉場所存康熙時之鐵斗，證其尺寸不爽，是成法確可據依，即舊貫無煩改作。此祖制之所以宜恪遵，即臣等所謂定一尊者也。

一曰兼采西制以實行畫一各種度量權之制度也。法國邁當之制風靡一時，英、俄、日本等國皆已參行，然其本邦舊制仍多未改，況中國五千年來之習俗，百姓之日用而不知，何必更張，反滋紛擾。顧有以不改爲便者，亦有以改爲便者。如近日學堂、工廠、鐵道建築多用英、法之尺，兼及英、日之權器已偏於國中，觀必求諸域外，何若以伐柯之則爲塞漏之謀，以集合所長爲統同之計。此西制之所以宜兼采也。

顧尚有進者，祖制雖宜恪遵，而立法或因時而異，故康熙時之定制，雍正、乾隆以來已有變通。今就會典所載，擬增損者約有八端：一，改量地之步弓爲鏈尺；一，依今庫平之式改方鐶爲圓圈，改兩尖齒爲對鍼；一，改法馬爲圓筒形，不用扁圓舊式；一，改金銀每方寸之比重爲純水一立方寸之比重；一，於度制之内增矩尺一種；一，於量制之内增勺、合、概三種；一，勺合升斗均各增圓式一種；一，於衡制之内增商用天平及一毫、二毫、五毫、一釐、二釐、五釐之法馬六種。凡此皆習用已幾於默化，而官司尚未有明文，允宜纂入定章，垂爲世守。此用舊制而不能不加損益之情形也。

西制之採用者，除度制之内酌增摺尺、鏈尺、捲尺三種，衡制之内增重秤一種，及上條之圓筒、法馬、純水比重外，其餘各種制度，粗者既未必通行，精者又驟難倣造。即如西國精平以權中國生銀之重，即時有損壞之虞。與其製不合宜，曷若俟諸異日。此又采西制而不能遽求全備之情形也。

以上四者，於制度之所宜似已得其大要，顧欲實行畫一，必須先挈綱維。小人草偃，由君子風行；上有道揆，斯下能法守。今若不將官用之器先求一律，又何以風示齊民。故官用之器，期以二年全行新制。若商民所用之器，改之太驟，恐積習難移，轉成虛飾，遲之過久，恐相安無事，又至愆忘，擬期以十年將舊章全廢。十年之中，先於第一年内，將各省府州縣城鄉市鎮最通行之舊器酌留一種；再於第二三四年内，將各省城及各商埠所留之舊器全改用官器；再於第五六七年内，將各府城所留之舊器全改用官器；再以三年之期，使各州縣所留之舊器全改用官器。而總以舊器准用而不准造，及舊器與新器相差若干一一折算之辦法爲扼要之圖。而且由官以及於商民，由省會商埠以及於内地，施之有序，操之不蹙，必使在下者無紛更之患，在上者無阻格之虞，而後整齊風俗之規乃不至爲刻覈厲民之政。此又臣等斟酌推行章程不能不倍加慎重之一端也。然而中國向來所以不能畫一者，固由廣土衆民自爲風氣，亦以宋斤魯削絶少師承，若非由臣部特設一廠，凡各種度量權衡之器皆用機器製造，專歸此廠發賣，不能使式樣材料均歸一致。考宋太宗時，度量權衡皆由太府掌造，以給官民之用，實爲前事之師。近代各國由官專賣者，爲財政計，則如日本之煙草，普、奥之富籤；爲行政計，則如英、日之電郵，法、德之鐵路。今臣部以專賣爲畫一之基，固爲行政計而非專爲財政計矣。此由部設廠專賣，尤爲畫一制度最要之一事也。

惟是立法雖在部臣，行法則全資疆吏；初辦雖宜寬假，持久則要在精嚴。故有虞五載而一正量衡，月令一歲而兩平權概，明代三日而一較斗秤。即各國之制，亦有巡警以爲檢察，有自治局以助稽查，故能令行而禁止。中國警察、自

治皆在萌芽，已有者尚堪相助爲理，未有者豈能坐待其成，祇可於地方官之外，責成商會以爲樞紐庶易推行。惟官商通弊尚有□者必宜慮及，一則度量衡器縱極精良，用度量衡器之人仍可意爲高下；一則平制雖經釐定，而銀色仍可低昂。此非明定制幣，不用生銀，斷難有濟。但幣制未能即定，亦當嚴束在官之人以祛前之弊，偏設公估之局以祛後之弊。至臣部所定章程，如有於地方不便者，儘可由各省隨時商改，如果有奉行不善者，亦當由各省實力嚴懲，庶聖主便民經國之大猷，不至爲猾吏奸商之所阻，此又不能無望於行政之人而預爲籌及者矣。

茲將臣等所擬度量權衡畫一制度圖説總表及推行章程四十條，分繕三册，恭呈御覽。至於列代制作之源流，此次定章之本末，以及制造檢查之一切法則，或已載於表説，或須別擬詳章，尚當陸續奏陳，以期完善。惟茲事體大，夷考各國改制之初，無不參稽國俗，造就專家，綿歷歲年，久而後定。即我朝之定法，亦經康熙、雍正、乾隆三朝之釐訂而始底於純全。今臣等才謝專門，事非素習，乃以半年之考校，期爲一代之規程，終虞缺失之滋多，敢冀措施之悉當，應請旨飭下會議政務處詳細核議，俾無疏舛，以便施行，庶幾關石和鈞，典則永貽，諸玉府協時同律，規模復見於聖朝。所有臣等會擬度量權衡畫一推行辦法緣由，謹恭摺具陳，伏乞皇太后、皇上聖鑒訓示。再，此摺係農工商部主稿，會同度支部辦理，合併聲明。謹奏。

《商務官報》九期《論中國宜求爲工業國》《東方雜誌》卷三期一〇《實業》　歐美各國，有以農業著者，曰農業國；有以工業著者，曰工業國；有以商業著者，曰商業國。若吾中國，非自古所謂重農之國者耶？就數千年之重農説，而發揮張大之，其事順，其效捷，故歷代憂時君子，皆以重農主義提倡天下。雖然，昔之中國處閉關自守時代，其所患者，饑饉耳，内亂耳。苟求民食不缺，内亂不興，則上下已相與安之，而可目爲太平之世。今則大非昔比矣。每舉行一新政，經營一新事業，皆必取資於洋貨。故以言練兵，則槍礮等物須購諸他國矣；以言造路，則鐵軌等件又須購諸他國矣；以言興教育，則學校内必用之標本品又有人儲之以待吾用矣；甚而至於日用必需之物，陳列玩好之類，亦一一惟洋貨之是求。則漏巵日大，脂膏日竭，其隱憂之所伏，實有萬倍於饑饉與内亂者。而吾國政府與草野志士，顧相與泰然安之者數十年，寧不怪耶？

西哲有言曰：舊開國以工業與他國戰，新開國以農業與他國戰。由前之説，英是也；由後之説，美是也。蓋新開之國，地利甫興，户口不繁，土地之所入，不特足養其全國人民，並可使他國之以地瘠民衆爲患者，皆俯首而仰給於我。美之以農業雄視全球，由斯道也。然户口日繁，則耕地日少，不別闢一途以補之，人滿之患，必不能免。美國自近年以來，頗汲汲焉以發達其工業爲務，其規模之大，方法之新，爲各國最。説者謂二十世紀之美國，將由農業時代進於工業時代矣。吾國農學未精，新法不講，可耕之地，等諸石田者，何可勝道。即言農業，尚有愧色焉。論時事者往往謂居今日而圖富强，惟有講明農學，以闢天地自然之利。夫天下大利，必在於農，論者之議，何可厚非，然吾謂中國將來之不能不爲工業國，猶諸美國今日之不能不爲工業國，事有必至，理有固然。然則振興實業之方針，其必求爲工業國而後已乎！

且夫中國者，實有爲工業國之資格者也。蓋工業所需者原料，中國則地大物博，物産豐富，西北之羊毛不減於澳洲，江浙之生絲凌駕乎法意，苟知所以利用之，則他國之精製品，其何能更充塞於市場也？工業所需者勞力，中國則人口日增，庸率頗廉，其勤而耐苦，又歐美人之公論也。工業所需者原動力，中國則東南水利，環球稱之，全國礦屬，甲於五洲，苟利用礦力與水力，則一切之大工場鮮有患其不能興辦者。工業所需者智巧，中國人之聰明材力，寧讓白種，苟使專利發明等條例一旦頒布，則利之所在，人争趨之，吾知新出之器必有足與歐美人鬭奇競巧者。即就目前論之，江西之紙磁，江浙之織物，福建之漆器，果能不安故步，日求精進，則持此以與世界競争，又何患不爲各國所歡迎也。夫不能不爲工業國之勢如彼，而易於爲工業國之理又如此，有志實業者，其盍投袂而起乎！

況今日之世界，實工業最發達之時代也。英、美無論已，請徵諸德。德之地味磽瘠，農利甚薄，然近年以來，事業日宏，度支不匱，苟非恃其創造之豐富與製作之堅牢，其何能有今日也。更徵諸法。法以毛織物、綢織物及葡萄酒著，而其他工藝亦復優美精巧，度越各國。巴黎之物，歐人稱之，誠有由也。更徵諸比。比之所恃，首推礦業，供給不乏，工乃大興。其以鋼鐵所製之器，足與英國品同其聲價，輸出日多，國藉以富。更徵諸意。意於各國大興機械之時，獨以手工業自樹一幟，絹織等物足稱名産。其國北部富而南部貧，蓋北部爲工業盛行之地，而南部則可見者少也。又試徵諸我同洲之日本。日本農産僅能自給，商之魄力不宏，信用不堅，尤爲他國詬病。乃考其每年統計，仍能戰勝於

經濟界者，則因其深究他國人嗜好，而輸出之工業品能風行各地也。夫各國之經營工業，其萃全力如此，我若不急起直追，與之角逐，其將何所待也？況昔日惠工要政，闕焉不講，局中人躊躇四顧，或有不能不畏難而止者。今則保護之責，商部任之，勸工之場，推行各省，苟能取吾國固有之工業，研究而改良之，取吾國所無之工業，擇尤而仿製之，本古來歷史上之沿革，而又神明於規矩之外，以求於工業史上特放異彩，則有美必彰，利與名俱。惟在我工業家好自爲之而已。

今欲振興工業，則格致之學萬不可不亟加講求也。夫電學明而工業界之面目一變，化學明而工業界之面目一變，力學明而工業界之面目又一變。説者謂今日歐美各國之新理日明，新器迭出者，皆出於格致學之賜，非虚言也。吾國學者向喜空論道德，不知研究物質，故能發新理製新器者，幾如鳳毛麟角。夫格致不講，則所謂電氣工業、化學工業、機械工業皆不能興。而欲專藉古來之習慣，作今日之椎輪，則人智我愚，人巧我拙，而尚欲戰勝於經濟場中，此何異南轅而北其轍也。故講求格致之學，又振興工業之本源也。

吾今敢告天下曰：從純正經濟學上言之，農工商三者可以譬之於鼎，鼎必有三足而鼎始平，國亦必有農工商三者而國始富。然一國必有一國之特徵，一時代必有一時代之趨勢，而國家所行政策即不能無偏重於其間。吾國雖幅幀甚廣，地有遺利，然循此以往，欲純以農業增進國富，勢實有所不易。即吾國人素工心計，以善於經商聞，然若貨物惡劣，信用不堅，則雖以白圭、計然之才，亦將束手無策。近來絲茶諸商往往有大失敗者，職此故也。然則今日振興實業，其必首重工業者，又豈待智者而始知之哉！

佚名《重工論》《皇朝經世文四編》卷四二　士農工商謂之四民，各執其業，各有所用，缺一不可，固無所軒輊高下於其間也。而中國則惟以士爲重，以工爲賤，業手藝者類皆粗鄙愚魯之人，故一切製造之物，僅能守前人之舊規，不能獨闢新法以成宙合間新奇之製。非中國人之心思材力獨遜於西國之人也，上不以是爲貴，則下亦不以是爲重，而工藝一項遂讓西人爲獨美矣。嘗考西國近百年間，良工之多不可以僂指計，如鐵路火車之工，則創其説者羅哲爾也、諾爾德也，而後之人又能研求其致遠之理，以故日出日精，日推日廣。火輪船之工，則引其端者迷路爾也、代路爾也、塞明教也，而後之人又能變通盡利，以故諸弊悉去，衆美畢臻。電報之工，最闡精微者則有若嘎剌法尼也、佛爾塔也、倭斯得也、阿拉格也、安貝爾也；鍊鐫之工，最擅聲譽者則有若西門子也、馬丁也、別色麻也、陪爾那也、回特活德也；製槍之工則有若林明教也、呿者士得也、毛瑟也、亨利馬梯尼也；製砲之工則有若克魯伯也、阿母士脱郎也、荷乞開可也、那登教也；其他造船造銅甲之工則有若德之伏爾鏗也、英之爾羅也、法之科魯蘇也；造魚雷造火藥之工則有若奥之懷塔脱也、德之刷次考甫也、德之杜屯考甫也，無不著名於環球萬國。然此舉其大者而言也，自餘細者小者亦莫不有創始之工，思得良法以垂久遠。蓋泰西各國以工商爲重，其大較以商爲用，以工爲體，故工藝之美月異而歲不同。當其興一法，創一物時，往往有祖父不能成，待之子孫而始能成之者；數年不克，竟遲之數十年而始克竟之者；一家一人之財力不能造，合數十人數百人之財力而始能造之者。其專心致志若是，其通力合作若是，此西國工藝所以能獨出冠時也。今我中國亦既知西國工藝之美，而知所以重工矣。示以年限，予之專利，人知致富之有道，而自當講求乎造作之精。定以官職，錫之殊榮，人知致貴之有由，而自研求乎創垂之善。以二十二省之大，四萬萬人之衆，庸獨無聰明機巧之士，闢一新法，創一新理，駕泰西諸工而上之者乎？而余以爲猶未也，何也？則以今中國之工大抵皆性粗品賤之人，斷不能精研制作，創一新奇之物，爲天下所利用也。必也開工藝學堂以教習之，設工藝專科以考試之，而後智創巧述之事始有可望。夫泰西工藝之精非苟焉而已也，其大要以汽學、重學、化學、電學爲本，故必用力於格致之學，而後能窺造化之靈機，成一亘古之巧製。中國明敏才智之士固不亞於西人，使之入工藝學堂以研求乎汽重化電諸學，數年以後，知必有思通鬼神創一絶藝者。若驟而期之，今之工人雖富之貴之，我知其必無心得也。中國習尚以科名爲重，空疏無具之文字，而士人所以孜孜不倦者，非不知其無用，以其能博科第也。工藝之事，中國舊時既以爲賤，今既設有專科，簡官考試一如文字例，則人人知有科第之榮，而人人遂自有競勝之意。若徒言能成新器者寵之以官，猶不足以盡鼓舞之方也。二法既行，而謂中國工藝猶一如前時之窳陋無新法也，吾不之信。説者謂西國之强，强以兵，實强於商之富；强以商之富，實强以工之精。旨哉言乎！吾是以作重工論。

佚名《利國宜廣製造論》《皇朝經世文四編》卷四二　今之談時務者莫不知崇尚西法，誠以西法以富强爲本，仿而行之，國之貧者可使致富，國之弱者可使變强。然謀强須先謀富，謀富之道非先致力於商務不可，而商務之原非講求機器不可。

觀於日本之效歐西，而即可知其明效大驗也。日本自二以羽毛紡織，專售於中國，以投華人之所好，豈不欲竟仿中國之綢綾羅緞，而以絲爲之，其謀利不更加於羽毛之貨乎？而洋人未嘗爲此者，其必有不合算之處，抑貨物終不能如華人人工之好，所以不爲。恐華人爲之，亦未必合算也。不知華絲優於洋絲，洋人在中國買絲回國，水脚税項所費既多，織成後運販來華，又加一重耗費，若價廉則必致虧折，價昂則中國自用中國之貨，誰肯加價而用一様之貨哉？是洋人之不織綢綾羅緞，不合算而不爲，非不能織而不爲也。若中國以本國之絲，織本國之貨，銷本國之人，較現在本機之貨必定合算。方今俗尚奢靡，數十倍於古昔，從前穿布者，今皆綢矣，從前穿綢者，今皆穿緞矣。然穿綢者多而綢未見缺，穿緞者多而緞不見少，若以機器爲之，則出數必多，穿者惟有此數，而外洋又不銷此種貨物，必至壅滯虧折。不知洋人爲之自不合算，而中國爲之，雖資本浩大，機器浩繁，而事成之後，出數必多。出數一多，價則較前必可減十之二三。價能輕減，則向之能穿外洋之羽綢者，必易而穿本國之綾羅矣。縱不能銷之外洋以收外洋之利，而穿綢者多，羽毛之貨銷數必減，則中國之利可少溢於外洋矣。

或曰：現在風氣日開，稍知時務講求謀利者無不知此種利弊，所以繅絲紡紗之廠日新月異，雖有織布機器，亦不過織粗布而已，皆以織絲織布其利不如紡紗之厚，故因循不辦。此尚齊其末而不揣其本者也。所繅之絲，所紡之紗，不過爲物之料耳，僅能成料而不能成物，則亦僅謀本國之利。且恐外洋因中國出料較多，販運成物再售與華，則華人不啻爲洋人代謀其利矣，留心商務者何不一計及此也？然中國雖不乏富商大賈，而集資匪易，掣肘殊多，所賴當軸者倡提勸勉，破除舊習，不惜工本，不計時日，必要於成。不具畏難之心，不存膈膜之見，則天下無不可爲之事，誰謂華人之智巧終精於西人哉？

佚名《論當仿西法興礦務》《皇朝經世文四編》卷四四　中外通商以來，合地球九萬里，絡繹互市，爲三千年未有之創局。我中國幅員非不廣大也，物產非不豐饒也，人民非不衆多也，而鰓鰓焉時慮西國乘其後，深懼挾其所長以浚我，此何故哉？患在因循苟且，地安荒廢而不盡其利，人安昏惰而不盡其才耳。中國近日之急務，莫如整頓礦務。夫開礦爲前明弊政，人人知之，然其咎由權璫僨事，非開礦罪也。即近日興辦者衆，迄無成效，亦未足爲礦務病。考外洋富强全資煤鐵，其採擇之法甚詳，煎煉之法亦甚精，由礦砂煉成生鐵，由生鐵煉成純鋼，層層研究，精益求精。中國平日輒鄙薄外洋，以爲不足取法，而不知其慮事精詳，任事堅忍，竟能用地之利以富國而强兵。中國礦產非不佳，祇以苟安目前，致令絶大利源棄置不取。由是觀之，彼將啞然笑人矣。或曰：礦本重大，官辦則庫藏支絀，何處籌此鉅款？商辦則生計艱難，安能集此重費？且礦務情形，民間不習，股票貽累，民志懷疑，議事易，成事難。是或然矣，然獨無良法以處之乎？往者招商局之創辦也，倡自有位望大員，搭股者官場居半，十數年來頗分外洋利權，何不仿照成法，合官紳股富入股集費，擇著名礦地，如江南、除州、福州、穆源各鐵礦先爲開辦，奏派熟悉廉幹大員專心經理，明定章程，延請名師，删除繁費，重懲侵漁，成則優獎，廢則詘罰，數年之後成效可觀。人性鶩利，踴躍争趨，斯礦政日有起色矣。更請朝廷責成封疆大吏，實心實力，鋭意必行，嚴諭確切查勘，限期衆報。已開者勸令勇於從事，未開者更令廣爲搜求。成者考其規條爲程式，廢者求其弊端爲補救。督撫以此爲考成，州縣以此爲殿最。毋畏難，毋粉飾，人事盡而天事出，安見不駕四洲而上之哉？傅金庵之治礦也，嘗結礦徒禦猓夷，礦丁衆多而强悍，撫循駕馭，未始不可編爲勁旅，神而明之，又其餘事，是則礦利尤爲兵事之權與。而説者乃以礦務有害而無利，真狂瞽之見也。夫一礦之興，其役可需數千衆，其利可及數百年。泰西晉國有山產銀鐵，歲得銀二千六百餘斤，鐵十餘萬石。日耳曼之薩克索尼亞國有大山，產銀最旺，開掘已五百年，至今礦苗未絶。此其明驗也。論者謂開礦盛行於泰西，爲中國上古所無。不知周禮卝人一職所掌金玉錫石之地，即指礦言也。其曰爲之厲禁以守者，爲未經開採言之也。曰以時取之，物其地，圖而授之，巡其禁令，此皆明言開採之法，爲後世所仿而行焉者也。中國礦產之富甲於天下，近時非無興辦，而任事不得其人，致滋疑懼。甚或考地不精，鑿空無成；或不能深求，得而旋棄；或不諳煉法，不盡其用。於是有以開礦之説進者，羣以爲笑。且惑於風水之謬談，謂於閭閻有大害。嗟！夫秦隋黷武失國，後世未嘗不治兵；元代治河召亂，後世未嘗不治河。懲羹吹齏，因噎廢食，何足與言礦利哉？

今夫國家利源之開，天事居其半，人事尤居其半，此不獨礦務爲然，而礦務其最著者。當先立定章以去弊而興利，約有四事：一曰杜詐僞。礦廠向係民開，外洋多屬公司，今之巧爲牟利者，仿照西法設立股票，誘人出貲開局，採辦承攬，既多半歸私囊，愚人因之受累無窮。徘徊觀望，多以此故，礦務爲之窒礙。兹欲創辦，必立法先杜此弊，使人誠信不疑，然後可期集事。一曰減浮費。礦本重大，而獲利厚薄未能預知。中國開礦必設局，於是有總辦、坐辦、提調、文案、

可事以及書吏、丁役，名目繁多，節次耗費。今雖不能盡除，當痛删無益之虚糜，而凡事悉歸實際。一曰聘真師。礦之要事凡三：曰搜求地隔，曰化分礦質，曰煎煉成材。泰西皆有真師，由漸遞及。非實得真傳而貿然從事，未有不徒耗貲財者，故必延請名師，專其責成，庶幾煎煉得宜，而起色有望。一曰寬禁令。鉛鐵有關軍火，例禁綦嚴，然鍾造錫箔、炒煉丹黄皆用黑鉛，鼎鐺器具需鐵甚大。從前設立官行售賣，徒增例耗，中飽吏胥而已，於實事無裨也。且外洋鉛鐵來華源源不絶，禁之徒以病良民，而不足以絶奸民，誠能開禁，則例費免而銷售多，集貲宏而取效速矣。此四者礦政之大略也。至於官辦商辦，因時制宜，總無一定。大抵專諸官，久則必懈，徒有其事，不有其功；專諸民，聚則必争，未見其益，先見其害。要惟官董其權而不與其利，民均其利而不有其權，斯則官民合辦，而後乃爲有利而無弊。

綜述

南懷仁　利類思　安文思《西方要紀》

土産

王穀六畜等無異，但日用以麥爲主，類中國之燕、魯、汴、梁。其五金、晶石、瓊瑶、玻璃尤多，用造宫室精器。至于蠶絲、綿花、花草、諸果品，種種皆同。所異者如絨緞之類，有鎖袱、多羅絨，有金銀絲緞，一疋值一二百金。布則以利諾草爲之，視棉更堅且潔，佳者一疋可十數金，所謂真西洋布是也。此布用壞，又可擣爛爲紙，瑩潔而耐久。果品葡萄爲上，以之釀酒極佳。有阿利襪、孟桃果類，中國所無者。乃若西洋所未曾有，則龍眼、荔枝、柿子耳。花以香爲美，其名玫瑰者最貴，取煉爲露，可當香，亦可當藥。

製造

有樂器，有水火器，有銅鐵、玻瓈等器，皆適用利民者。樂器雖多，西琴、編簫一種爲佳。琴用鐵絲弦五十許，撫時手不按弦，惟撫消息，則機自動而音自響。橐籥編簫，小者數十管，中者數百，大者數千，各成其音。撫法與琴略同，但有層層可以分奏、合奏。凡風雨、鳥獸之聲，效之無不曲肖。又以歌聲合之，其音更佳。水器多利於灌溉、鋸木、紡絲、舂磨等，用力少而成功多。火器以守城防敵，費省而國家安。銅鐵器如自鳴鐘，按候報時刻漏，輪轉指時，堪備出入之用。又有量路數步器，所經道里俱可以按而知。一切精巧未易言悉，有《泰西水法》、《遠西奇器圖説》諸書行世，可考其概也。

水庫記

熊三拔　徐光啓　李之藻《泰西水法》卷三　用雨雪之水　爲法一種

水庫者，積水之處也。澤國下地，水之所都。平原易野，厥田中中，引河鑿井，斯足用焉。若乃重山複嶺，陡澗迅流，乘水之急，激而自上，廢人用器，厥利尤大矣。別有天府金城，居高乘險，江河溪澗，境絶路殊。鑿井百尋，盈車載綆。時逢亢旱，涓滴如珠，或乃絶徼孤懸，恒須遠汲，長圍久困，人馬乏絶。若斯之類，世多有之。臨渴爲謀，豈有及哉！計莫如恒儲雨雪之水，可以禦窮。而人情狃近，未或先慮，及其已至，坐槁而已。亦有依山掘地，造作唐池，以爲旱備。而彌旬不雨，已成龜坼，徒傷挹注之易窮，不悟滲漏之寔多矣。西方諸國，因山爲城者，其人積水，有如積穀。穀防紅腐，水防漏渫，其爲計慮，亦略同之。以故作爲水庫，率令家有三年之畜，雖遭大旱，遇强敵，莫我難焉。又上方之水，比于地中，陳久之水，方于新汲。其蠲煩去疾，益人利物，往往勝之。彼山城之人，遇江河井泉之水，猶鄙不肯嘗也。今以所聞造作法著于篇，請先諗之秦晉諸君子焉。

水庫者，水池也。曰庫者，固之其下，使無受渫也。冪之其上，使無受損也。四行之性，土爲至乾，甚于火矣。水居地中，風過損焉，日過損焉。夏之日大旱，金石流，土山焦，而水獨存乎！故固之，故冪之。水庫之事有九：一曰具。具者，庀其物也；二曰齊。齊，所以爲之和也；三曰鑿。鑿，所以爲之容也；四曰築。築，所以爲之地也；五曰塗。塗，所以爲之固守也；六曰蓋。蓋，所以爲之冪覆也；七曰注。注，所以爲之積也；八曰挹。挹，所以受其用也；九曰脩。脩，所以爲之彌縫其闕也。

注曰：冪防耗損，亦防不潔。古人井故有冪。《易》曰：井收勿幕，齊與劑同。

一曰具。

水庫之物有六，以備築也、蓋也、塗也。築與蓋之物有三：曰方石，曰瓴甋，曰石卵。塗之物有三：曰石灰，曰砂，曰瓦屑。塗之物三合，謂之三和之灰，或砂或瓦去一焉，謂之二和之灰。煉灰之石，或青或白，欲密理而色潤，否者疏而不昵。煉之以薪或石炭焉，火不絶二日有半而後足。試之法：先取一石權之，

雜衆石而煉之，既成而出之權之，損其初三分之一。此石質美而火齊得也。砂有三種，或取之湖，或取之地，或取之海。海爲上，地次之，湖又次之。砂有三色，赤爲上，黑次之，白又次之。辨砂之法有三：揉之，其聲楚楚焉，純砂也；諦視之，各有廉隅圭角，純砂也；散之布帛之上，抖擻之，悉去之不留塵坌者，純砂也。否則有土雜焉，以爲齊，則不固。瓦之屑，以出陶之毁瓦瓴甋，鐵石之杵臼舂之，而簁之。無新焉而用其舊者，水濯之，日暴之，極乾而後舂之，而簁之。簁之爲三等：細與石灰同體，爲細屑；稍大焉，與砂同體，爲中屑；再簁之，餘其大者如菽，爲查。

注曰：方石、瓴甋者，以豫爲墻、爲蓋，二物皆無定度也。爲墻之石，取正方焉。廣狹、短長、厚薄無定度。墻厚則堅，堅則久。爲蓋者，或穹之，穹之石，合之其圓半規。穹之法有三，詳見下方也。石卵者，鵝卵之石也，以豫爲底也；無之，以小石代之，大者無過一斤，小者任雜焉。凡石卵，或小石，欲堅潤而密理，否者不固。昵，黏也。二日有半，三十時足也。陶，窯竈也。瓴甋，磚也。凡瓦之土，勝磚之土，用磚則謹擇之。簁，俗作篩，羅也；查，滓也。查無用簁，擇其過大者去之。三和之灰，今匠者多用之。其一，則土也。用土不堅，以瓦屑，故勝之。以後法爲之劑，又勝之。西國别有一物，似土非土，似石非石，生于地中，掘取之，大者如彈丸，小者如菽。色黄黑，孔竅周通，狀如蛀窠，儼然石也，而體質甚輕。揉之成粉，舂以代砂，或代瓦屑。灰汁在其空中，委宛相入，堅凝之後，逾于鋼鐵。近數十年前，有發故水道者，啓土之後，鍬钁不入，百計無所施。既而穴其下方，乃壞墮焉。視其甃塗之灰，用是物也，厚半寸許耳。此道由來甚久，以歷年計之，在漢武之世矣。後此凡用和灰，甚貴是物焉。或作室模，和灰塗之，崇閎窈窕，惟意所爲。既成之後，絶勝冶銅鑄鐵矣。然所在不乏，計秦晉隴蜀諸高陽之地，必多有之。其形大段如浮石，而顆細，色赤黄，質脆，爲異耳。以木草質之，殆上殷孽之類也。其生在乾燥之處，土作硫黄氣者，或産硫黄者，或近温泉者、火石者、火井者，或地中時出燐火者，即有之。求之法，視其處草不蕃盛，茸茸短瘠，又淺草之中，忽有少分如斗許、如席許大。不生寸草者，依此掘地數尺，當可得也。西國名爲巴初剌那，求得之，大利于土石之工。或并無瓦屑及砂，以青白石末代之，其細大之等，與瓦屑同。

二曰齊。

凡齊，以斗斛槩其物，水和之。三分其凡，而灰居一，砂居二。湅之如糜，謂之甃齊；三分其甃齊，加水一焉而調之，謂之築齊。塗之齊有三：湅之皆如糜；四分其凡，而瓦查居二，砂居　，灰居一，謂之初齊；三分其凡，而中屑居二，灰居一，謂之中齊；五分其凡，而細屑居三，灰居二，謂之末齊。凡湅齊，熟之又熟，無亟于用，無惜于力。日再湅，五日而成，爲新齊。新齊積之，恒以水潤之，下濕之處，窖藏而土封之。久而益良。

注曰：凡量灰，必出窖之灰；凡量瓦屑，必出臼之屑，凡量砂，必日暴之砂，皆言乾也。如糜者，今匠人所用甃墻塗墻，挑而槩之之劑也，太燥則不附，大濕則不居。加水爲築劑，則如稀糜。沃而灌之之劑也。凡治宫室、築城垣、造壙域，皆以諸劑斟酌用之。和之水，以泉水、江水、雨水，雜鹵與鹻勿用也。雪水之新者，勿用也。凡，總數也。

三曰鑿。

池有二：曰家池，曰野池。家以共家，野以共野。共家者，飲饌焉，澡滌焉；共野者，畜牧焉，漑灌焉。爲家池，計衆霤而曲聚之，承而鍾之。爲野池，計岡阜原田水道之委而聚之，而鍾之。爲家池，必二以上，代積焉，代用焉。爲野池，專可也，隨積而用之，皆計歲用之數而爲之容。積二年以上者，遞倍之，或倍其容，或倍其處。爲家池，平其底，中底而爲之坎，坎深二尺，以渟其垢。三分其底之徑，以其一爲坎之徑。墻方則笞，圜則固。大者圜之，小者方之。大者圜而方者小，則不畏深也。墻之周，或壁立，或下侈而上弇之。侈弇之數無定度，雖爲之土囊之口可也。若上侈而下弇，則寡容也；中侈而上下弇，則難爲墻也，無所取之。或爲之複池，限之以墻。中墻而爲之竇以通之。小者槷之，大者牐之，互輸寫之，可抒清而去濁也，代積而代用也。若山麓原田陂陁之地，則爲壺漏之池，高下相承，互輸寫之。爲野池利淺，以羣飲六畜，以漑田。方其墻，迤其一面以爲塗。欲爲深者，迤其底，漸深之，無坎。爲野池，擇磽确之地，不宜稼而水轃焉者可也。是化無用爲有用也。

注曰：共，與供同。霤，簷溝也。容者，通高下廣狹所容受多寡之數也。度池尺寸，計容多寡，用盤量倉窖術，在《九章筭》之《粟米》篇。專，獨也。遞倍者，二年則二倍，三年則三倍也。倍容者，倍其大。倍處者，倍其多也。倍大法，亦用立方立圓術酌量作之，在《九章筭》之《少廣》篇。方則稱者，或稱其室，或稱其庭，兩方相稱也。方墻而大，懼或墮焉，圓如井周，相恃爲固，上弇不墮，亦此理也。侈、廣，弇、斂也。如本篇一圖之甲乙丙丁，方池也；辛壬癸子，圓池也。二

形之外，或有爲長方者，方之屬也；有六角、八角以上諸角形者，圓之屬也。惟所爲之，未暇詳也。戊己丑寅，底坎也；乙庚辛壬，壁立之墻也；卯辰午未戌房氐亢，上弇之池也。卯未戌角，土囊之口也。複池，兩池並也。墻之齎，多寡、大小、高下，任意作之。槷，木杙也。凡牐與槷，或旁渫者，附之以熯木之皮而塞之。壺漏之池者，從上而下，位置如刻漏之壺，其開齎輸寫，亦若漏水相承也，如本篇二圖之甲乙，複池也。丙丁，限墻也。午壬申，齎也。戊巳庚辛，壺漏之複池也。壬，其齎也。癸子、丑寅、卯辰，壺漏之三複池也。酉與戌，皆其齎也。三以上，任意作之。其連接之處，如庚至己，丑至子，淺深高下，亦任意作之。迤之以爲塗，令人畜皆邐迤而下，恒及水際也。凡岡阜之下，山陵之麓，其地瀝脂，故不宜稼。其勢建瓴，水則輳之。牲降于阿，取飲既便，掣以灌田，趨下易達也。

四曰築。

築有二。下築底，旁築墻。築底者，既作池，平其底，則以木杵杵之，或以石碪碪之。杵之碪之，欲其堅也。依池之周而爲之墻，或方石焉，或瓴甋焉。甃之以甃齊之灰，甃必乘其界墻。量池之小大、淺深而爲之厚，不厭厚。若複池，則爲共池而中甃其限墻，仍甃爲行水之齎也。墻畢，以鵝卵之石或小石墊之，其底厚五寸以上，不厭厚。既墊之，復杵之，或碪之，不厭堅，無惜其力，亦欲其平也。既堅既平，以築齊之灰灌之，又灌之，滿焉，實焉，平焉，浮于石而止。復杵之，或碪之。有隙焉，復灌之，滿實平而止。中底之坎，亦杵之，亦墻之，亦墊之，而灌之如法作之。凡底與墻之交，碪杵或不及焉，則以邊杵築之。其墊與灌，必謹察之而加功焉。壺漏之齎，居水之衝，必謹察之而加功焉。凡墻，皆以方長之石爲之緣。若遇大石焉而鑿之池，以石爲之底，與墻與緣徑塗之。有闕焉，而爲之縫，亦杵之。而墻之，而緣之，而墊之，而灌之，如法作之。野池，或土或石，皆如之。

注曰：乘界，俗言騎縫也。緣，池面壓口也。縫，補也。本篇三圖之甲乙丙，木杵也。丁，邊杵也。戊，石碪也。己辛己庚，甃墻也。庚辛，石墊也。本篇二圖之甲乙，即共池也。以意度之，江海之濱、平原易野，土疏善壞，必以甃墻。處于山者，如秦如晉，厥土騂剛，陶復陶穴，壁立不墮。若斯之處，掘地爲池，雖無甃墻而徑塗之，不亦可乎？同志者請嘗試之。

五曰塗。

築畢，候池之底既乾其十之八，掃除之。過乾，則水沃之而後塗之。塗之，先以初齊，厚五分。池大者，加二分之一。池之底及周，連塗之；連塗之，則周與底之交無罅也。塗畢，以木擊擊之，欲其平以實也。次日又擊之。有罅焉，以鐵槩槩之。乾則以水沃而槩之，無罅而止。三日以後皆如之。俟其乾十分之六，而塗之中齊。中齊之厚，減其初二分之一，亦擊之槩之。次日以後皆如之。候其乾十分之六，而塗之末齊。末齊之厚，減其次二分之一，亦擊之槩之。次日以後皆如之。候其乾十分之五，以鐵槩摩之。有罅焉，以水沃而摩之，周與底，中坎之周與底，複池之水齎皆同之。凡周與底之交，若齎，必謹察之而加功焉。凡塗瓴甋之墻，或燥而不昵，以石灰之水遍灑之作堊色，乾而後塗之則昵。凡塗，石池與土池，野池與家池，皆同法。凡擊，欲具堅如石也。摩，欲其密如脂也，欲其瑩如鏡也。堅密以瑩，更千萬年不渫也。

注曰：本篇四圖之甲，木擊也。乙，鐵槩也。凡三和之灰，無所不可用。欲厚，則四塗之，五塗之，任意加之。四塗者，初一、中二、末一。五塗者，初一、中三、末一。末塗以飾宮室之墻。欲令光潤者，以雞子清或桐油和之，如法擊摩之。欲設色，以所用色代瓦屑而和之。石色爲上，草木爲下。

六曰蓋。

家池之蓋有二：曰平之，曰穹之。平有二：曰石板，曰木版，皆平而冪之，爲之孔以出入水。穹有三：曰券穹，曰斗穹，曰蓋穹。方池皆券穹。正方者，或爲斗穹。圜池之屬，皆蓋穹。券穹者，形覆券也。又如截竹，析其半而覆之，兩和爲之立墻。斗穹者，形覆斗也，方其隅，而四墻之趨其頂也，皆以圜。蓋穹者，其形蓋也，中高而旁周皆下垂。凡穹之空皆半規，皆去緣尺而甃之。甃之法，皆架木以爲模，緣而成之。甃以石，則治之以趨規。若瓴甋，亦以趨規之模造之；無之，則以甃齊加損而合之。穹之下，爲之齎以出入水。在野者，或穹之，不則苫之，或露之。

注曰：平蓋出入之孔有二。一居中，當底坎之上，以挹其渟汙也；一近池之緣，注水入之，挈水出之，大小皆無定度也。本篇四圖之丙丁戊己庚，券穹也。丁戊戊己，方池兩緣也。丁丙戊，和墻也。丙庚，穹背也。辛壬癸子丑，斗穹也。辛壬癸丑，方池緣也。子，穹頂也。依丑辛直線爲墻，漸狹而上以趨子。其丑子辛子皆圓線，餘三同之而結于子也。寅卯辰午未，蓋穹也。寅卯未辰，圓池緣也。午，穹頂也。旁周趨上，皆爲圓線。其全空，正如立圓之半也。空皆半規者，謂丁丙戊、丑子壬、未午寅，皆半圜形也。如是則固。去緣尺者，池口爲道，

將跨池以居梁也。趨規之勢，今工人謂之橘房形也。

七曰注。

凡家池，以竹木爲承霤，展轉達之。其將入于池也，爲之露池。迎輻輳之水，塹積焉以渟其滓。既澱而後輸之，露池之緣爲竇焉，以入于池。露池之底爲竇焉，而他渫之，皆以牐或以檗而節宣之。凡雨之初零也，必有滓也，長夏之雨也，必有酷熱之氣也，則啓其下竇而池渫焉。度可入也者塞之，啓其上竇而輸之。若水之來與地平，不能爲下竇者，則澱其滓，以時出之。爲新池，候乾極而注之。新注之水，不食也。既浹月，更注之，而後食之。爲二池者，歲食經年之水；爲三池者，歲食三年之水。是恒得陳水焉。水陳者良。若爲複池者，既注之，澄而後啓中墻之竇，而輸之空池，復注之。如是更積之，是恒得澄水焉。凡池既盈而閉之，則畜之金魚數頭，是食水蟲；或鯽魚，是食水垢。野池，注之山原之水，遂以畜諸魚可也。魚之性，有與牛羊相長者也。

注曰：澱，下凝也。露池，不羃也。如本篇五圖之甲乙丙，露池也；丁，上竇也；戊，下竇也。新注不食，灰氣入焉，味惡也。魚與牛羊相長者，如鱓食羊豕之惡而肥，鰱食鱓之惡而肥也。

八曰挹。

家池之水深。其挈之則以龍尾之車。更深者，爲之玉衡之車，恒升之車。無立其足，則以大石爲墜，關巨木而置之。無夾其筩，則跨池爲梁而置之。既出，而爲槽以達之，若挈瓶施繘焉，亦從其梁。中底之坎既澱焉，爲噏筩以去其澱。噏筩者，截竹而通其節，或卷銅錫焉，兩端塞之，中底而爲之孔，孔之徑，當底三分之一。上端之旁爲之孔，無過三分，一指可揜也。揜其上孔而入之水，至于底而啓之，則自下孔入者皆澱也。既盈，揜而出之而傾之。如是數入焉，澱盡而止。凡施筩，亦從其梁。野池之灌畦若田也，亦以三車挈之，置車亦如之。池大者無跨其梁，則跨之隅。

注曰：足，謂龍尾之下樞也。王衡之雙筩，恒升之筩底也。筩者，玉衡之中筩，恒升之筩上端也。繘，汲井繩也。本篇五圖之巳庚辛，石關巨木也。壬癸，梁也。子丑，噏筩也。寅，噏筩之底孔也。卯，旁孔也。未申，梁跨其隅也。

九曰脩。

池無新故，或渫焉，脩之則用細潤之石，舂之簁之，與灰同體，亦與同量。煮水百沸而投之，和之，日乾之。復舂之簁之，煮水投之，如是四焉。舂而簁之，牛乳汁和之，以塗其隙，或以生漆和而塗之。

注曰：同體，等細也。同量，等分也。

又 卷四 水法附餘

高地作井，未審泉源所在，其求之法有四：

第一氣試

當夜，水氣恒上騰，日出即止。今欲知此地水脈安在，宜掘一地窖，于天明辨色時，人入窖以目切地，望地面，有氣如煙，騰騰上出者，水氣也。氣所出處，水脈在其下。

第二盤試

望氣之法，曠野則可。城邑之中，室居之側，氣不可見，宜掘地深三尺，廣長任意。用銅、錫盤一具，清油微微遍擦之。窖底用木高一二寸以榰盤，偃置之。盤上乾草蓋之，草上土蓋之。越一日開視，盤底有水欲滴者，其下則泉也。

第三缶試

又法，近陶家之處，取瓶缶坯子一具，如前銅盤法用之。有水氣沁入瓶缶者，其下泉也。無陶之處，以土甓代之，或用羊羢代之。羊羢者，不受濕，得水氣，必足見也。

第四火試

又法，掘地如前，篝火其底，煙氣上升，蜿蜒曲折者，是水氣所滯，其下則泉也。直上者否。

鑿井之法有五：

第一擇地

鑿井之處，山麓爲上。蒙泉所出，陰陽適宜。園林室屋所在，向陽之地次之，曠野又次之。山腰者，居陽則太熱，居陰則太寒，爲下。鑿井者，察泉水之有無，斟酌避就之。

第二量淺深

井與江河，地脈通貫，其水淺深，尺度必等。今問鑿井應深幾何，宜度天時、旱澇。河水所至，酌量加深幾何，而爲之度。去江河遠者不論。

第三避震氣

地中之脈，條理相通，有氣伏行焉。强而密理，中人者。九竅俱塞，迷悶而死。凡山鄉高亢之地多有之，澤國鮮焉。此地震之所由也。故曰震氣。凡鑿井

遇此，覺有氣颮颮侵人，急起避之。俟洩盡，更下鑿之。欲候知氣盡者，縋燈火下視之，火不滅，是氣盡也。

第四察泉脈

凡掘井及泉，視水所從來而辨其土色。若赤埴土，其水味惡。赤埴，黏土也，中爲甓爲瓦者是；若散沙土，水味稍淡；若黑墳土，其水良；黑墳者，色黑稍黏也。若沙中帶細石子者，其水最良。

第五澄水

作井底，用木爲下，磚次之，石次之，鉛爲上。既作底，更加細石子，厚一二尺，能令水清而味美。若井火者，于中置金魚或鯽魚數頭，能令水味美，魚食水蟲及土垢故。

試水美惡，辨水高下，其法有五（凡江河、井泉、雨雪之水，試法竝同）：

第一煮試

取清水置凈器煮熟，傾入白磁器中。候澄清，下有沙土者，此水質惡也。水之良者，無滓。又水之良者，以煮物則易熟。

第二日試

清水置白磁器中，向日下，令日光正射水，視日光中，若有塵埃絪緼如游氣者，此水質惡也。水之良者，其澄澈底。

第三味試

水，元行也。元行無味，無味者，真水。凡味皆從外合之。故試水以淡爲主，味佳者次之，味惡爲下。

第四稱試

有各種水，欲辨美惡，以一器更酌而稱之，輕者爲上。

第五紙帛試

又法，用紙或絹帛之類，色瑩白者，以水蘸而乾之，無跡者爲上也。

以水療病，其法有二：

第一温泉

温泉可以療病者何也？凡治病之藥，皆以其味。四元行，皆無味。故真水不能爲藥。以水爲藥，必藉他味焉。温泉出于硫黄，硫黄爲藥，多所主治，而過于酷烈。醫方謂其效雖緊，其患更速，難可服餌。温泉本水，而得硫之精氣，故爲勝之。又温泉療病，用之薰治者什九，用之湯飲者什一。薰沐者，其熱毒不致入于腸胃，而性力卻能達于腠理，則利多而害少焉。第同一温泉，性味各異，其所主治亦悉不同。西國一大郡，其山間所出温泉數十道，每道各有主治。昔有國主徵集名醫，辨其性理，又多用罪囚患諸對症者。累試累驗，然後定爲方術。是何泉水，本何性味，主何疾病，作何薰蒸，或是沐浴，或是湯飲，用何藥物，以爲佐助，設立薰蒸器具，沐浴盆池，刊刻石碑，詳著方法，樹之本所，凡染病者，依方療治，多得差焉。今温泉所在有之，亦有沐浴而得愈疾者。若更講求試驗如前所云，所拯救疲癃，當復不少也。

第二藥露

凡諸藥，係草木、果蓏、穀菜諸部具有水性者，皆用新鮮物料，依法蒸餾，得水，名之爲露。今所用薔薇露，則以薔薇花作之，其他藥所作，皆此類也。凡此諸露，以之爲藥，勝諸藥物。何者？諸藥既乾既久，或失本性，如用陳米作酒，酒多無力。小西洋用葡萄乾作酒，味亦薄焉。若以諸藥煎爲湯飲，味故不全，間有因煎失其本性者。若作丸散，並其查滓下之，亦恐未善。凡人飲食，蓋有三化：一曰火化，烹煮熟爛；二曰口化，細嚼緩嚥；三曰胃化，蒸變傳送。二化得力，不勞于胃。故食生食冷，大嚼急嚥，則胃受傷也。胃化既畢，乃傳于脾。傳脾之物，悉成乳糜，次乃分散達于周身。其上妙者，化氣歸筋；其次妙者，化血歸脈，用能滋益精髓，長養肌體，調和榮衛。所云妙者，飲食之精華也。故能宣越流通，無處不到，所存糟粕乃下于大腸焉。今用丸散，皆乾藥合成，精華已耗，又須受變于胃，傳送于脾，所沁入宣布，能有幾何？其餘悉成糟粕下墜而已。病人脾胃，有如老弱。秖應坐享見成飲食，而乃令操臼執爨責以化治乎？今用諸水，皆諸藥之精華，不待胃化脾傳，已成微妙。裁下于咽，即能流通宣越，沁入筋脈，裨益弘多。又蒸餾所得，既于諸物體中最爲上分，復得初力，則氣厚勢大焉。不見燒酒之味醲于他酒乎？西國市肆中，所鬻藥物，大半是諸露水。每味用器盛置，醫官止主立方。持方詣肆，和藥付之，然且有不堪陳久者。國主及郡邑長吏，歲時遣官巡視諸肆，令取過時之藥。是水料者，即傾棄之；是乾料者，即雜燒之。蓋慮陳久之藥，無益于疾，或反致損也。其製法，先造銅鍋，平底直口，不稍廣，上稍斂。不論大小，皆高四五寸。次造錫兜牟，用鉛或銀尤勝也。製如兜牟，上爲提梁，下口適合銅鍋之口，罩在其外，錫口內，去口一寸許。周遭作一錫槽，槽底欲平，無令積水。錫口外，去口一寸許。安一錫管，管通于槽，其勢斜下。管之底，平于槽之底，寧下無高，以利水之出也。次造竈，與常竈同法。安鍋之處，

用大磚蓋之，四旁以磚甃成一竈，塗之黏土，以銅鍋底爲模銅。鍋底入于竈窩，深二寸，窩底大磚並泥厚二寸。欲作諸露，以物料治净，長大者剉碎之，花則去蔕，與心置銅鍋中。不須按實，按實氣不上行也。置銅鍋入竈窩内，兜牟蓋之，文火燒之。磚熱則鍋底熱，熱氣升于兜牟，即化爲水。沿兜牟而下，入于溝，出于管，以器承之。兜牟之上，以布蓋之。恒用冷水濕之，氣升遇冷，即化水。候物料既乾而易之，所得之水以銀石甆器貯之，日曬之，令減其半，則水氣盡，能久不壞。玻瓈尤勝。透日易耗故也。他凡爲香，以其花草作之，如薔薇、木樨、茉莉、梅蓮之屬。凡爲味，以其花草作之，如薄荷、茶茴、香紫蘇之屬。諸香與味，用其水，皆勝其物。若藥肆多作諸藥露者，則爲大竈，高數層，每層置數器。凡數十器，或平作大竈，置數十器。皆爇火一處，數十器悉得水焉。其薪火人力，俱省數倍矣。

注曰：如本圖之甲壬癸子，銅鍋也；乙庚辛，兜牟也；戊，提梁也；庚辛，錫口也；戊巳，漕也；丙丁，管也；丑卯辰，竈也；丑寅，竈面也；申酉，窩也。申酉與壬癸相入，甲子與庚辛相入也。午未，竈門也；亥角亢，大竈也；氐房心尾，平竈也。

此外測量水地，度形勢高下，用以決排江河，蓄洩湖淀，開濬溝渠，彊理田畝，捍大患興大利者，别爲一法；或于江湖河海之中，欲作橋梁，欲作城垣，欲作宫室樓臺，令千萬年不致圮壞，别爲一法。

或于山泉溪澗，去城郭數里，或數十里，乃至百里，疏引原泉，伏流灌注，入于國城，或至大内，或至官府，或至園囿，或至人家，分枝析脈，任意取用，别爲一法。

已上三法，别有備論，玆者專言取水，未暇多及。

鄭光祖《一斑録·雜述七》 三椗紡紗

吾鄉地處海濱，壤皆沙土，廣種棉花。自常熟曆文南至太倉、嘉定、上海、南匯、金山直至槎浦，其地畧同。軋而爲絮，彈而爲綿，紡之成紗，經之上機，機之成布，常、昭兩邑歲産布疋計值五百萬貫。通商販鬻北至淮揚及於山東，南至浙江及於福建，民生若無此利賴，雖棉稻兩豐，不濟也。但棉紡爲紗紡車，所架只一椗，抽緒只一條，每日人可五六兩。前至上海，泊舟閘上，見有紡車並架三椗抽三緒者，兩足蹈一木旋其車，皮環隨車以轉，則三椗胥旋，左手指縫夾三棉條引三緒，右手持一細竹竿按陣押其緒於椗上。偶或一斷，右手幫而續之。云每日人可十兩。余奇之，覓一車以回，多年人莫能用。

魏允恭《江南製造局記》卷三《製造表》

輪船 本廠造

船名	寬	長	吃水	馬力	受重	年份
惠吉	二十七尺二寸	一百八十五尺	八尺有零	三百九十二匹	六百噸	同治七年
操江	二十七尺八寸	一百八十尺	十尺有零	四百二十五匹	六百四十噸	同治八年
測海	二十八尺	一百七十五尺	十尺有零	四百三十一匹	六百噸	同治八年
威靖	三十尺六寸	二百零五尺	十一尺	六百零五匹	一千噸	同治九年
海安	四十二尺	三百尺	二十尺有零	一千八百匹	二千八百噸	同治十二年
馭遠	四十二尺	三百尺	二十一尺	一千八百匹	二千八百噸	光緒元年
金甌 鐵甲船	二十尺	一百零五尺	七尺	二百匹		光緒二年
保民 鋼板船	三十六尺	二百二十五尺三寸	十四尺三寸	一千九百匹		光緒十一年

續表

輪船 本廠承修

船名	寬	長	吃水	馬力	用煤	製造處
南琛	三十八尺四寸	二百七十七尺八寸	十五尺	二千八百匹	每點鐘一噸一千六百斤	德國
南瑞	三十八尺四寸	二百七十七尺八寸	十五尺	二千八百匹	一噸一千六百斤	德國
寰泰	三十六尺	二百六尺	十八尺	二千四百匹	一噸一千一百斤	閩廠
鏡清	三十六尺	二百六尺	十八尺	二千四百匹	一噸一千四百斤	閩廠
開濟	三十六尺	二百六十五尺	十九尺	二千四百匹	一噸一千四百斤	閩廠
龍驤	二十一尺四寸	九十二尺	七尺二寸	六十匹	四百五十斤	
虎威	四十一尺四寸	九十二尺	七尺二寸	六十匹	四百五十斤	
飛霆	二十四尺	一百尺	七尺二寸	六十六匹	百五十斤	
策電	二十四尺	一百尺	七尺二寸	六十六匹	五百五十斤	
登瀛洲	三十五尺五寸	二百零四尺四寸	十三尺	一百五十匹	一千三百四十斤	閩廠
普陀	十八尺	一百尺	九尺	五十五匹	四百十斤	

又 卷八《礮略・機器》各項機床表

車床 共六十三部均購自英廠

字號	長	闊	高	重
西上下三件	九百六十寸	六十寸	五十七寸	二百噸
肆上下三件	八百二十寸	七十四寸	七十寸	二百四十噸
困	二百七寸	十三寸	三十六寸	三噸
說	一百十寸	十寸五分	三十六寸	一噸一千五百磅
晉	七十寸	十寸	三十六寸	一千五百磅
楚	七十寸	十寸	三十六寸	一千五百磅
更	七十寸	十寸	三十六寸	一千五百磅
霸	七十寸	十寸	三十六寸	一千五百磅
趙	一百十寸	十三寸	三十八寸	二噸半
褒	一百十寸	十三寸	二十六寸	二噸半
背	一百寸	十八寸	二十八寸	三噸
面	一百六十寸	十一寸	二十六寸	三噸半
芒	二百四十寸	十三寸	二十八寸	四噸半
浮	一百寸	十寸	二十七寸	二噸半
有	一百六十寸	十三寸	二十六寸	四噸
俊	一百五十五寸	十寸	二十六寸	三噸半
卑	九十寸	十一寸	二十八寸	二噸
左	八十寸	十一寸	二十八寸	二噸
綵	八十寸	十一寸	二十九寸	一噸二千磅
畫	八十寸	十一寸	二十八寸	一噸二千磅
舍	八十寸	十一寸	二十八寸	一噸二千磅
對	六十寸	六寸	二十寸	二千磅
二	六十寸	八寸五分	二十寸	二千磅
丙	五十寸	十一寸	二十八寸	一噸
右	六十寸	十寸	二十八寸	一噸
洛	六十寸	六寸	二十九寸	一噸
承	八十寸	十寸	二十六寸	一噸半
槐	九十寸	十一寸	二十寸	二噸
席	二百寸	二十寸	二十四寸	七噸六百磅
多	二百四寸	十八寸	二十六寸	六噸半
樹	二百四寸	十八寸	二十六寸	六噸半
寗	一百四十四寸	十四寸	二十六寸	五噸
實	一百四十四寸	十四寸	二十六寸	五噸
內	一百六十六寸	十九寸	二十六寸	五噸
京	一百四十八寸	十九寸	二十寸	三噸半
杜	一百三十寸	十九寸	二十二寸	三噸半

續表

字號	長	闊	高	重
英	一百五十寸	十九寸	二十寸	三噸半
魏	二百九十寸	二百五十寸	二十五寸	十噸
趙	二百九十寸	二百五十寸	二十五寸	十噸
羣	二百十寸	十六寸	二十二寸	七噸
剪 雙尾車砲	四百三十寸	三十四寸	五十二寸	三噸
據	四百二十寸	二十二寸	二十寸	二十三噸
艾 二件	二百六十寸	二十三寸	十九寸	二十噸
武 二件	四百十寸	五十三寸	五十寸	七十噸
感 二件	三百九十寸	三十八寸	五十寸	七十噸
將 二件	六百七十寸	五十寸	六十寸	一百三十噸
羅 二件	五百五十寸	五十八寸	四十九寸	一百噸
夫	二百七十寸	二十六寸	四十寸	一百十噸
貞	二百六十寸	二十三寸	四十寸	一百十噸
以上東機器房				
和 三件	五百三十寸	五十六寸	七十寸	四十噸
母	二百八十六寸	三十七寸	六十寸	十三噸半
隨	二百十寸	三十六寸	三十六寸	十一噸
唱	一百三十寸	一百寸	八十寸	二十噸
睦	二百十寸	三十六寸	四十六寸	十三噸
通	三百寸	二十六寸	三十六寸	十三噸
廣	三百寸	二十六寸	三十六寸	十三噸
存	二百十寸	三十寸	三十九寸	十噸
儀	二百九十寸	三十三寸	四十寸	十二噸
既	二百十寸	三十六寸	四十寸	十五噸
畏	二百四十寸	二十寸	四十寸	十六噸
勿	三百七十寸	二十六寸	四十寸	二十三噸
密	三百七十寸	二十六寸	四十寸	二十三噸
以上後機器房				
硃 共二副臂長二十尺	一百四十寸	八十寸	八十寸	一百五十噸
以上汽錘房				

鑽床 共二十一部均購自英廠

續表

字號	長	闊	高	重
舉	一百二十七寸	三十寸	九十六寸	九噸
會	二百寸	一百二十寸	一百二十寸	二十噸
宮	一百三十寸	二十四寸	九十寸	十一噸
惠	一百十寸	三十寸	八十三寸	五噸半
迴 二件	一百六十寸	八十寸	七十七寸	七噸
路	五十寸	三十五寸	九十寸	九噸
文 二件	一百六十寸	六十寸	一百寸	十噸
乃	一百寸	三十寸	四百寸	二噸半
土	六十寸	二十六寸	二十一寸	二噸
以上東機器房				
集	六百八十寸	七十寸	三十六寸	一百二噸
知	五百八十寸	七十寸	三十寸	一百噸
踐	六百十寸	三十三寸	四十寸	八十噸
藏	六百十寸	三十三寸	四十寸	八十噸
以上後機器房				
漢	六十寸	二十寸	六十寸	一噸半
綺	六十寸	二十六寸	七十寸	二噸
調	六十寸	五十六寸	七十寸	二噸
伏	六十寸	三十寸	九十寸	二噸
給	四十寸	二十六寸	七十寸	一噸半
滅	五十寸	三十寸	七十寸	二噸半
設	五十四寸	二十六寸	七十三寸	四噸
能	四十四寸	三十寸	九十六寸	三噸
以上汽錘房				

插床 共十一部均購自英廠

字號	長	闊	高	重
何	三十寸	二十寸	五十寸	一千二百磅
道	三十寸	二十寸	五十寸	一千二百磅
約	五十寸	六寸	六十寸	三噸半
法	五十寸	六寸	六十寸	三噸半
盟	五十寸	六寸	六十寸	三噸半
韓	六十八寸	二十寸	八十寸	一噸
弊	六十八寸	二十寸	八十寸	一噸
以上東機器房				
河	一百七十寸	七十寸	一百四十寸	十一噸
墳	九十六寸	四十六寸	一百二十寸	十一噸
歸	一百二十七寸	四十九寸	九十寸	十四噸
赤	九十寸	四十寸	七十寸	八噸

續表

以上後機器房

刨床 共十四部內稍字號一部購自美廠餘均購自英廠

字號	長	闊	高	重
光	一百七十寸	三十六寸	八十六寸	十二噸
積				
月	六十寸	十寸	五十七寸	三噸
戶（雙）	六十五寸	十六寸	五十四寸	三噸
八	一百七十寸	二十六寸	三十寸	四噸
根	一百五十五寸	三十九寸	七十寸	十二噸
涇	二百四十寸	二十二寸	六十寸	十噸
澄	六十六寸	十六寸	五十四寸	三噸
縣	三百六十寸	一百二十寸	一百十寸	四十噸
聚	八十寸	十七寸	五十四寸	二噸半
封	九十寸	七十寸	三十寸	五噸
經（二件）	四百十寸	二十六寸	四十寸	二十噸
臺	二百四十寸	四十六寸	九十六寸	二十噸

以上東機器房

傳	六十六寸	四十六寸	三十寸	一噸半

以上鉗作房

刮床 共七部均購自英廠

字號	長	闊	高	重
書（[illegible]）	六十寸	二十六寸	一百寸	十噸

以上東機器房

謂（[illegible]）	三百寸	三十三寸	四十六寸	十噸
達（[illegible]）	一百九十寸	四十寸	四十寸	十三噸
延（[illegible]）	二百九十寸	六十寸	六十寸	二十噸
假	三百二十寸	二十二寸	四十寸	十四噸
積	三百二十寸	二十二寸	四十寸	十四噸

以上後機器房

啟	四十寸	十六寸	四十寸	一千六百磅

以上鉗作房

洗床 共三部均購自英廠

續表

字號	長	闊	高	重
頓	六十寸	二十七寸	二十一寸	二噸

以上東機器房

刑	七十寸	五十六寸	九十寸	二噸
逢	五十寸	三十寸	七十寸	二噸

以上鉗作房

拔絲床 共二部均購自英廠

字號	長	闊	高	重
傍（十件）	八百寸	二十三寸	二十四寸	六十噸
相（二件）	六百二十寸	二十三寸	二十九寸	四十噸

以上東機器房

絞螺絲床 共二部均購自英廠

字號	長	闊	高	重
盤	八十寸	十二寸	三十寸	一噸半
殿	九十寸	十三寸	四十六寸	二噸

以上東機器房

鋸床 共二部均購自英廠

字號	長	闊	高	重
起	四十寸	三十六寸	五十寸	一噸六百磅

以上鉗作房

卿	七十六寸	七十寸	七十六寸	二噸半

以上汽錘房

擦驗膛床 一部購自英廠

字號	長	闊	高	重
垩	五百七十寸	二十一寸	三十寸	二十五噸

以上東機器房

滾床 一部購自英廠

續表

字號	長	闊	高	重
頃	一百寸	七十寸	九十寸	十一噸
以上後機器房				
鎔春床	一部購自英廠			
字號	長	闊	高	重
唇	九十六寸	三十三寸	八十九寸	十一噸
以上汽錘房				

以上洗、鋸等機床十二部，計共機床一百二十八部。

謹按，礮廠後機器房，尚有由礮彈廠遷來之海子端本等字號造彈用之機床三十三部，及表所未載之木工房鋸床車床各二部，又大小鋸床三部，計共四十部，連前併計一百六十八部。另有大小汽爐二座，大小汽錘二座，大小鐵爐二十三座，套礮箍機缸一副，捲彎鋼板機器一副，捲風機器二副，磨石二具，磨器具床一部，分釐尺二架，大小起重架十八副，大小平臺十一座，大小虎鉗八十二把。

以上計共一百四十七座具，所有各種機件功用附表列後。

各項機件功用表

類	名稱及功用
機	捲彎鋼板機器 專彎百磅子四十磅子快砲礮板
	捲風機器 開小鐵爐用
爐	大小汽爐 運動廠中機器並著砲色關汽錘套砲礮
	大小鐵爐 燒砲身砲礮砲耳及各種零件
床	車床 車砲箍砲膛砲身砲架退力筩汽缸及各種砲位零件
	鑽床 鑽砲架鋼板砲管內膛並各種零件
	揷床 揷砲塞齒輪鋼機並各種零件
	刨床 刨鋼板砲塞及各種零件
	刮床 刮砲箍砲耳
	鋸床 鋸鋼板及零件內有二部爲鋸木用
器具	分釐尺 量較內外準鉗及表尺度數
	大小汽錘 打砲身砲耳並各種零件
	套砲箍機缸 專套砲箍
	磨石 磨鑽頭鑿子
	大小起重架 起砲件並各種重物
	大小平台 專供機匠畫綫砲架匠敲平鐵板之用
	大小虎鉗

續表

	洗床 洗表尺銷子槽並洗各種砲位絞鏈
	拔絲床 專拔各砲來復綫
	絞螺絲床 專絞螺絲公母紋
	擦砲膛床 專擦砲膛
	鎔春床 鎔鋼板並舂鋼板眼
	滾齒床 專滾齒輪
	磨車刀床 磨各種車刀
	磨器具床 磨平方大小板手等件
	鑿銼打磨各種砲用零件

汽機攷略

查礮廠八十馬力汽機，係平臥雙汽筩，康邦機器汽筩連於架座之上，汽罩砌於汽筩之旁，平面，挺桿行動於架面鍵鋪之內，鍵鋪蓋條用螺絲釘連於架座。搖桿後端與挺鍵之鍵相接，其前端接拐軸，以搖動曲拐。兩心輪套於大軸，運動全廠皮帶。雖號八十馬力，其實有五百馬力。又三十馬力汽機亦係平臥雙汽筩，與八十馬力相似，惟關汽門之處多一遮板，而無康邦機器下有四輪可以行動，並連汽爐一具。每届年終，修理八十馬力汽機始行開用。

以上汽機機床及起重架、汽錘、汽爐、平台虎鉗等，約合規銀九十一萬四千兩。

又《工程》

十五生船台快礮工程表

名目	車工	打磨工	鉗工	鐵工	裝配工	拔來復綫工	統計
礮身	一百二十六工	一百五十五工			五十工	十工	三百四十一工
鋼管	車內外徑八十二工						八十二工
第一箍	十九工		一工				二十工
第二箍	十九工		一工				二十工
第三箍	二十二工		一工				二十三工
第四箍	十七工		一工				十八工
第五箍	二十八工		一工				二十九工
第六箍	二十六工		一工				二十七工
第七箍	四十工		二工				四十二工
礮尾退力箍	三十三工		七十二工				一百五工
後膛螺絲砲塞	二十工		六十四工				八十四工
螺絲礮塞銷	二工半			一工十件			二工五點
礮塞保險簧	一工		四工				五工
礮尾鋼鉸鏈	十五工		四十八工				六十三工
鋼鉸鏈螺絲	一工四點半						一工四點半
鉸鏈銷子	二工半		三工	一工五件			五工五點
開關掩板	六工		十二工	二工			二十工
開關鋼套	半工		二工				二工半
開關鋼套心	一工		半工	一工五件			一工六點

又　卷一〇《鍊鋼略・攷驗》

配料

查大爐進料約十六噸至十六噸半不等，小爐進料約四五噸不等。配料以海墨太生鐵或湖南紫口生鐵七成，西門士碎鋼或本廠乙碎鋼三成亦不等。料純淨則火耗少，亦無險難之慮，劣者反是。進爐先進生鐵，次進碎鋼，再加進卡母尼礦石，鍊至十二點鐘久，即以鐵杓勺鋼汁傾地，入水浸冷錘之。錘之而其邊開裂，則必加進礦石錘而無裂，則其鋼將成。即以錘過之鋼片刮取其屑，用化學天平平準十分格蘭姆之一，倒入玻璃器內，以有分寸之玻璃吸管，吸取淨硝强水一個半立方生特邁當，倒入玻璃器內以化鋼屑。再以熱水蒸器，其鋼屑即化成黃色之水。察其水色，即知炭汽之多寡。多者色濃，少者色淡。然必先將鋼樣化作比例，無比例即無準式。察準之後，視鋼質含炭氣若干，再酌配錳鈔等料，敲成小塊烘熱，平準，加進爐內五分鐘久，開洞門瀉出鋼汁，由鋼桶轉傾於大小鋼模凝結成塊，此名熟鋼。再攷外洋煅鍊生鋼，係用極淨無燐、硫雜質之熟鐵，藏以炭屑，封以密箱，入燜火爐煨之。俟其火色暗紅發亮如熟櫻桃色者，或十日，或半月。取出，趁冷敲碎。其鐵塊滿發炭氣之空泡，入罐再鍊，加進錳、鋁、鈔料，傾入模內，即成生鋼。其鋼之經久，有埋之土中更數百年而其質不變者矣。查鋼廠因經費支絀，未能購備燜火爐機具等項，及瑞典上等熟鐵祇有小爐一座，成料甚少，變通其法亦能造車床所用之車刀鏨鑿等類。

鍊鋼各料所含性質

曼干尼司錳鐵　色白如次銀，性韌，與鐵相合成鋼，能受錘壓之力。凡鋼欲韌，必添至合度，然後出爐，故爲鍊鋼要質。咸豐七年始查悉其形性，廠中用者，爲已鍊淨錳。

美南鋁　其色其堅並同於錳，其重與玻璃等，性韌，比鐵難化，不易生鏽。廠中用者，形如古斗式銅鈕，爲已鍊淨鋁，可打箔抽絲。鋼含鋁則能增其伸漲力，而易於凝結，與錳性略同。

鈔立根　一名鈔立格，即化學科中之矽養，其形有三：一爲淡粽色，二爲筆鉛形，三爲晶粒形，成銀灰色兼隱粽色細點，有細方形之光質。廠中用者，即第三類，爲已鍊淨鈔。此質與銅鐵相合，均可和溶。法國曾有與銅相合鍊成礮料者，性堅，能使成鋼無含空氣之弊，惟過多及不另含錳質者以濟之則與鋼有礙，

故須因料斟酌，亦爲鍊鋼要質。

卡姆尼礦石　色紅如粽，即化學科中之鐵養，能化去炭氣，雜有土泥可研成粉，其色亦不變。配料較錳鋁鈔多，用爲爐中必需之質。

斯比哥而鐵　色微仄而白，發光，有定質之性，凡鋼將成時用之。

英海墨太生鐵　色如青鉛而深，微有紫暈，作晶結形，發光亳，質地不甚緊密，每萬分中僅含燐質二分，故其質甚浄，可成精鋼。廠中所鍊鎗礮鋼，盡用此質，現與湖南㷁鐵攙用。

湖南㷁鐵　色較海墨太更深，作晶結凝體，光喑，質地緊密，每萬分中約含燐五分，其質稍次於海墨太。廠中所鍊鋼料，現均與海墨太攙用，惟每爐所配分量不及海墨太之多。

湖北一號生鐵　色如海墨太，惟無紫暈，亦作晶結形，發光亮，質地亦與海墨相同，惟剖面不及海墨太浄潔，每萬分含燐十四分之多，故尚不合鍊上等鋼之用。若能提盡燐質，或亦可用，現不敢臆斷。

瑞典生鐵　作深青色，分上下二層，一層發細星光亳，其結粒比海墨太細而密，出鐵之數不能如海墨太之多。

西門司廢鋼　每種硬軟分儲不相攙合，入爐配生鐵七成，此料三成，先入生鐵，俟溶化後再進此料。

本廠廢鋼　與西門司相同。

以上各質，均係入西門士馬丁爐鍊鋼所用之料。

瑞典熟鐵　瑞典精鐵馳名天下，因其礦含鐵養甚浄，且用木炭悶成，不用生煤，較英猪鐵尤佳。國家以樹木有限而刊伐無窮，設律限制，故出産不能如英鐵之多。作青灰色而有光，可作器具。入爐增其炭氣之千分之二十至三十，即可成器具之精鋼矣。

卡本鐵　即炭酸鐵也。其色白如生銀，平面結成亂髮形，剖面成直絲形。其浄者含質養鐵六二·〇七，炭酸三七九三，内屢有曼干尼司及美合尼西養代其幾分養鐵。生鋼含炭百分之·七至·八五爲最軟之鋼，·八五至·九五爲鑿石之鋼，·九五至一·一爲螺絲母鋼，一·一至一·二爲刀鋼，一·二至一·三爲剃刀鋼，至爲鋒利，不入大爐。凡鍊罐鋼，始需此配合成料。

以上各質，係專鍊罐子生鋼所用之料。

勃乃文生鐵　色如青鉛，質地密而細緊，性硬。凡澆輥輪，需此和溶成料。

鎳格爾　其質不一，不易生鏽。鋼廠所用者色白，在銀與錫之間，發光質，面結成大蜂窠形。近來爲用甚廣，可作錢幣，與紅銅配合即成白銅，並可抽絲。廠中一用以攙入鐵内造礮架，一用以鍍子彈箭頭。

硬質生鐵　係泰西專門鑄硬面軋輪輥輪之料。

以上各質，係專澆鐵汁所用之料。

各種鋼質應配各料名目表

物料	汽爐鋼板及包角鋼條料	礮料	槍料	最軟鋼片料	翻沙料
湖南生鐵	二一〇〇〇砂	一九〇〇〇	一八〇〇〇		
海墨太生鐵		〇七〇〇〇	〇八〇〇〇	二〇〇〇〇	〇八七五〇
本廠廢鋼	一五五〇〇	一〇〇〇〇	〇九八〇〇		
曼干尼斯	〇〇二八〇	〇〇三〇七	〇〇三二三	〇〇三〇〇	〇〇二六〇
西立根	〇〇〇五〇	〇〇一四五	〇〇一五〇		〇〇五七五
卡姆尼礦石	〇〇六五〇	〇二九八〇	〇二一五〇	〇三四五〇	
奇石	〇〇二一〇	〇〇三一〇	〇〇二八〇	〇〇三九〇	
斯比哥		〇〇〇三〇			
瑞典生鐵				〇五八〇〇	
西門司廢鋼				一〇二〇〇	一七五〇〇
美南鋁				〇〇〇二〇	〇〇〇五〇

試鋼法

查鋼廠用化學中酸法鍊就各鋼，均係上等槍礮及汽爐鋼板用之鋼料。槍礮試條係仿照英國海部之定例，試條中節長英二寸，徑百分英寸之五三三。試法，每方寸面積自三十八噸至四十四噸之堅力，伸長每百分英二寸之二十至二十二分之韌力。汽爐鋼板試條係仿照英國囉耳特總保險公司之定例，試條中節長英八寸，寬英一寸，厚英寸之四分。試法：每方寸面積自二十六噸至三十二噸之堅力，伸長每百分英八寸之二十至二十五分。機器鋼試條亦係照英海部及囉耳

特總保險公司之例，試條中節長英二寸，徑百分英寸之五三三。試法：每方寸面積自二十八噸至三十五噸之堅力，伸長每百分英一寸之二十四至二十八分。以上係仿照英國以水力試機拉斷斷試之法，此外又有彎試、紐試、錘試等法。彎試之法，由鋼料中取出方、元、扁各條，以機彎至一百八十二度半，或至彎平爲止。紐試之法，亦以機紐至一百八十二度半爲止，以察其彎紐之稜角有無崩裂。錘試之法，用錘錘至極扁，以驗其邊開裂與否。以上等法，無論尋常鋼料，及槍礮鋼料，皆可照試。蓋鋼之爲物，其堅力愈富者，其韌力必少。抑其韌力愈長者，其堅力必低。故尋常鋼料韌力必加於堅力，槍礮鋼料堅力必多於韌力。此一定試法也。

附英國海部試鋼章程

一、鋼板剪成縱橫條，橫剖面每方寸能受牽力，必不可小於二十六噸，不大於三十噸，又鋼條必能引長百分之二爲限。

二、鋼板剪成縱橫條，長八寸，寬一寸半，加勻稱之熱至暗櫻桃紅，淬入八十度熱之水内，置壓器成弧形，其弧線之矢爲所試鋼板厚之一倍半。

三、鋼條必刨去其内口。

四、每鋼板一塊，必依上二法試其能受之牽力。或不加熱，用錘打成彎形，此必在包工料之廠内爲之，而其費用亦使該廠自認。

五、所用鋼板其内面不可有分層之弊，即外面亦不可有他弊。

六、鋼板每堆在五十塊以内，祇取一塊試其全力與引長力、退火力。如一堆多於五十塊，必取二塊試之。過於一百塊，必試其三塊。不必逐塊試驗而定其優劣也。

七、鋼板剪下試驗之塊，必在兩邊平行，或在長八寸之處平行亦可。

鋼板依其厚數論之，厚一寸，面積一方尺，須重四十磅。厚於一寸，依此推之，不可更重。板厚若半寸至一寸，每厚百分少五分以内亦無妨。板厚若在半寸以内，每厚百分少十分亦可用。因軋成之鋼板，其質料甚密故也。

以上所言鋼板之厚數，可以每次成十噸而定之。

又《機器》

各種機爐車牀表

類	名目
汽爐	二千馬力汽爐二具　一千馬力汽爐二具　三十馬力汽爐一具　十五噸鉎鋼爐一具　三噸鉌鋼爐一座　烘沙爐二座　煤汽爐七座　九噸化鐵爐一座　小化鐵爐一座　煉罐子生鋼小爐一座　大小倒焰加熱爐十一座　烘模房爐二座　打鐵小爐三座　大小鋼板煙囪十二座　大小磚砌煙囪五座
汽機	五十六馬力汽機一具　二千馬力雙汽筩倒順車汽機一具　一千馬力雙汽筩倒順車汽機一具　五十六馬力單汽筩倒順車汽機一具　二十馬力單汽筩汽機一具　小汽機一具　二十馬力雙汽筩汽機二具　二十馬力三汽筩汽機一具　三十馬力雙汽筩汽機一具　鑄大小砲膛大力汽機二具　十馬力單汽筩汽機一具　鑽抬槍管機器一具　車螺絲機器一具　打磨條鋸機器一具　打磨輪鋸機器一具　新式磨石機器一具　鍍鎳用擦電機器一具　存鋼盂機器一具　碾沙泥機器一具　裁鋼片機器一具　盛模大地缸四具　淬油大地缸一具　冷水直立式元缸五具
機牀	大力水抽機一具　剪十寸厚熱鋼雙汽筩倒順車大剪機一具　滾輥機一具　剪寸二厚冷鋼板單汽筩剪機一具　剪二分厚冷鋼板單汽筩剪機一具　三十六寸徑輥輪軋鋼機一具　滾輥機一具　二十四寸徑輥輪軋鋼機一具　十八寸徑輥輪軋鋼機一具　十二寸徑輥輪軋彈簧鋼條機一具　十二寸徑十三寸長輥輪軋鋼片機一具　軋槍坯機一具　鋸六寸方熱鋼雙汽筩輪鋸機一具　鋸三寸方熱鋼雙汽筩輪鋸機一具　鋸二寸方熱鋼輪鋸機一具　二千噸雙汽鼓水力壓鋼機一具　一千二百磅雙汽筩水抽機一具　水力頂重機三具　五十噸水力試鋼機一具　鼓汽雙汽筩水抽機一具　水抽機七具　五英擔力快打汽錘機一具　魯志風箱機四具

續表

水力壓生鐵機一具 水力打廢鋼機一具 四十噸二十五噸十五噸七噸半平行起重機各一具 車鑽大小砲管砲箍內外大車床一具 造砲箍內外徑大車床一具 車砲管砲箍外徑大車床一具 鑄砲管砲箍內徑大車床一具 車砲管大小外徑大車床一具 磨光大小軋輥車床一具 短面大車床二具 大小直行鋼床二具 大小平行刨床五具 大小鑽眼鑽床二具 條鋸鋸鋼機三具 輪鋸鋸鋼機一具 螺絲車床六具 平磨剪口機一具 旋磨石機一具 滾鋼盂木旋桶一具 修舂小車床一具 磨光鋼片機一具 二十五噸重地平磅一具 移動大洋磅一具 定安大洋磅一具 水力手鑿機二具 拉鋼挍車機二具 方水櫃四具 藥水櫃十具 十五噸鋼水桶搖車機一具 三噸鋼水桶搖車機一具 車十八寸徑軋輥車床一具

汽爐説

查鋼廠有西門士馬丁十五噸，鍊鋼爐一座，用煤汽爐五座，遠離五十二英尺，以一暗火道相通，中分二道，各相接於鍊鋼爐內之兩端，兩端間有暗風道兩條，下接於吸空氣之機器，下又有暗風道一條，接於分煤汽之機器。下又有暗火道一條，達於煙通。爐升火鼓煙，由暗火道達於鍊鋼爐內，以火引之即成烈火，約熱度表二千度。火由爐內兩端左右而進者，取其火力匀而炭汽亦匀也。每十分鐘捩其暗火道中分煤汽之門，掩右而火即由左端入於爐內，掩左即由右端入於爐內，餘燄仍回於分煤汽之機器之下，達於煙通。吸空汽之機門亦隨而左右掩，餘風亦隨左右而達於煙通機門之上。又有元蓋門一具，能隨意開合，以度吸風之大小，以助火力。無此空汽，則煙不能燃著，即不能成烈火。鍊鋼爐外殼係鋼板，內膛係西立格磚，干矗司打磚砌成，俟火鍊至爐膛發白色，即以西立格沙烘熱，勻進鋪於爐膛之底，成爲凹勢。再鍊至西立格沙堅結，而火如電光，即進海墨太生鐵先鎔一次，名爲搪爐底，以驗爐底之沙堅結與否，然後進鐵鍊鋼。再另有三噸鍊鋼爐，衹用煤汽爐二座，情形亦復如是，餘詳圖。

又《工程》

壓軋

查鋼廠壓鋼工程，用大元鉗鉗緊十五噸重之鋼塊，用四十噸力起重機吊起，進於倒燄加熱爐閘內，將爐門閘下用泥封好，以開平塊煤燒紅鋼塊，俟其發白亮之色，即由起重機吊起，進於二千噸水力壓機之中，開用一千馬力汽機，運動水力達於二千噸，水力壓機之汽鼓內另開水門之機，則二千噸壓機錘即能隨意上下，其鋼塊亦能隨意壓成方、元、扁之大料。其壓力亦能隨意大小。再燒再壓，即成塊料，能造一百磅子、四十磅子礮胚，及機器大小直軸曲軸等件。又軋鋼工程用七噸半力起重機，鉗吊一二噸重者之鋼塊，入於倒燄加熱爐內，亦用開平塊煤燒至亮白色，即由起重機吊起，至大軋機之輥輪機臺之上，再開輥輪，旋轉推入於大軋機之中。再開二千馬力汽機，運動大軋機軋之。其紅鋼塊能隨意進退大軋機之上，又有旋壓軋輥高低小機器一具，開用小汽機。其軋輥自能隨意高低軋造鋼板，亦能隨意厚薄，厚度不拘，薄度軋至英寸之二分爲止。鋼盂用之薄片不在此例。軋造方、元、扁、包角等鋼條，係由大軋機軋成六寸八寸方熟坯，開大剪機剪成三四英尺長，進爐燒紅，用人力鉗入中號軋機之內軋之。其軋輥有大小凹槽，挨次軋造，其尺寸，亦能視所需之尺寸若干，軋造若干也。

鑄輥

查鋼廠有九噸化鐵倒欿爐一座，又幫力倒欿小化鐵爐一座，試鑄硬面軋鋼軋銅用之。輥輪用料，須用專門鑄輥之特式硬質生鐵。硬質生鐵有三，一號極硬，爲輥輪外面之用。二、三號稍軟，爲輥輪内體之用。臨時察輥輪大小及壓力若干，酌配硬度之分劑。硬面應厚者則多配一號，硬面應薄者則少配一號。生鐵進爐，即鼓爐火溶化，火候須時時帶有煤煙，則鐵不至燒壞。鎔化之後，俟其鐵質汁面浮沸泡爲度，即以鐵杓取出少許，傾於小模凝結，敲開以察其硬質之厚度，再行出爐，注於輥模之内，即鑄成軋鋼軋銅之輥輪，加以車磨工程，磨如鏡面光者，即已可用。凡鑄硬面軋輥之範模，其兩端則用沙泥之模，其中段則用生鐵之模。生鐵之模能使輥輪面硬而質地堅實，沙泥之模則不能使其極硬而有漲縮之力也。凡輥輪中段，須硬，能受極大之壓力，兩端須軟，能保機器之危險。

鍍鎳

查鋼廠有鍍鎳電機一副，係鍍新毛瑟小口徑槍用之彈箭頭。造法，用試條試出之二十七噸堅力，伸長百分八英寸之二十九分之韌力之軟鋼料，烘紅，軋至英寸半分，厚十一英寸，寬二英尺八寸長之鋼片，再用冷軋機軋成三英尺十寸長，十英寸寬，千分英寸之三十五分厚之薄鋼片，用生鐵箱盛之，入於爐内，烘紅約六點鐘久，取出，浸入硝强水内，一小時取出，加白石粉擦洗潔淨，浸入熱鉀衰藥水内，去其油氣，取出，又入磺强水内浸之，取出用冷水沖洗潔淨，再入於一百二十二度之熱度銅炭養藥水内電鍍一刻鐘久，即鍍上紫銅。取出，浸入冷水内擦洗後，又入於棕色鉀衰藥水内浸之。取出，又用冷水沖洗，又以外洋紅粉擦之，沖洗潔淨，又入鎳格爾雙倍鹽水内電鍍三點鐘久，即成鍍鎳之鋼片。再入舂機，即舂成杯式之鋼盂矣。查電機每分鐘旋轉八百五十次，而有電汽運動壓力七度之時，足供電力四百度之用。有抵力板以較準電力之大小，有電力表以驗其壓力及電力之度數，以匀合鍍力也。

又《費用》

各種鋼胚工料銀數表

製造	物料	薪工	共價
一百磅子快砲鋼坯連架全副	約銀一萬一千零七十兩	約銀四千九百三十兩	約銀一萬六千兩
四十磅子快砲鋼坯連架全副	約銀四千五百五十六兩六錢五分	約銀一千九百五十三兩三錢五分	約銀六千五百兩
四磅子砲坯連架每尊	約銀一百九十九兩八錢	約銀七十五兩二錢	約銀二百七十五兩
二磅子小砲坯連耳箍每尊	約銀九十七兩四錢	約銀三十七兩六錢	約銀一百三十五兩
小砲坯用之鋼料每磅	約銀一錢一分二釐	約銀三分八釐	約銀一錢五分
小口徑毛瑟槍筒鋼坯每枝	約銀八錢五分	約銀三錢五分	約銀一兩二錢
指槍坯用之鋼料每枝	約銀六兩七錢六分	約銀三兩二錢四分	約銀十兩
鋼板坯之鋼料每噸	約銀七十八兩四錢	約銀十九兩一錢	約銀九十七兩五錢
包角鋼之鋼料每噸	約銀八十一兩七錢四分	約銀七兩八錢六分	約銀八十九兩六錢
元方扁之鋼條料每噸	約銀九十六兩三錢四分四釐	約銀十五兩四錢五分六釐	約銀一百十二兩
汽機用之元鋼料每磅	約銀一錢三分八釐	約銀一分二釐	約銀一錢五分
翻沙之鋼料每磅	約銀一錢二分八釐	約銀一錢二分二釐	約銀二錢五分
鍍鎳鋼盂每中擔	約銀五十四兩二錢一分	約銀十一兩二錢六分六釐八毫	約銀六十五兩四錢七分六釐八毫

按，以上各項鋼料價值銀數未能定準以爲一律因造件物料有貴賤之分工程有難易之别此係大略情形如有定造之件尚須隨時酌量增減也

光緒二十九年造成鋼件

方鋼十一萬一千七百二十一磅，元鋼七萬四千五百八十六磅，扁鋼八萬二十一磅，鋼板八十八萬九千一百七十四磅，包角鋼十九萬二千九百九十六磅，鋼皮七千五百四十一磅半，扁方鋼六百五十磅，八角鋼九千五百五磅，寸半徑槍筒鋼料八千二百四十二磅，小口徑毛瑟槍鋼筩坯一萬五百五十六枝計九萬四千九百二十四磅，十四寸毛坯鋼二千七百八十磅，方六寸長二尺礟尾塞鋼料二條四

百三十磅，二磅子小礮鋼坯五尊計二千三百八十一磅，四十磅子礮架鋼遮板六副每副大小三塊計三萬三千六百磅，鋼曲拐二條計一千五百十八磅，百磅子礮管三條礮箍二十四箇計十四萬九千八百九十五磅，百磅子礮退力筩三箇計一萬九千二百磅，百磅子礮架大墻三塊計一萬五百三十九磅，百磅子礮架小牆三塊計五千三百四十磅，百磅子礮耳蓋六件計六百磅，百磅子礮架磨盤蓋三個計一萬二千八百七十磅，百磅子礮架磨盤座三個計一萬七千四百磅，百磅子礮架表只八件計一千二百十六磅，百磅子礮架遮板座三件計一千八百磅，百磅子礮退力筩油缸三個計三千九百磅，四十磅子礮管三條礮箍二十一個計五萬七千三百九十四磅半，四十磅子礮架大墻八件計七千二百磅，四十磅子礮架小墻八件計四千八百磅，四十磅子礮架磨盤蓋十箇計二萬一千磅，四十磅子礮架磨盤座六個計九千磅，四十磅子礮耳蓋六件計五百二十八磅，四十磅子礮尾螺絲塞三個計五百十磅，十二磅子長式礮管一條計二千六百六十六磅，十二磅子長式礮耳架一件計六百七十六磅，十二磅子長式礮架中心座二十件計一千四百八十磅，銃模鋼圈八個計六百七十六磅，寸厚剪刀口鋼一件計一百三十五磅，八生七頭次陰模一個計八十二磅，壓鉛條水力機鋼心子二條計二千五十磅，又鋼螺絲二條計七百九十二磅，又輥機用鋼齒輪二個計一萬五千六百四十磅，百磅子礮架遮板四副每副三件計五萬七千六百磅，鋼齒輪五箇計二萬八千八百七十磅，大輥輪鋼接頭盤一箇計五千八百六十五磅，快打汽錘鋼心子一條計二千六百四十八磅，净生鋼件六百九十八磅九兩。

以上共計造成鋼料鋼件合壹百玖拾伍萬貳千肆百肆拾貳磅。

歷年鍊成鋼料

熟鋼

光緒十七年二萬一千七百一磅
十八年十三萬七千九百五十六磅
十九年八萬八百四十二磅
二十年七十五萬三千五百三十六磅
二十一年七十萬六千八百六十一磅
二十二年七十六萬九千三百四十二磅
二十三年四百五十三萬八千二百四十磅
二十四年一百六十四萬六千八百九十一磅
二十五年一百四十八萬五千五百四十七磅
二十六年一百二十四萬三千九百十六磅
二十七年八十五萬三千六百九十一磅
二十八年一百二十三萬一千七百九十六磅
二十九年三百四十五萬九千二百八十四磅
三十年六十九萬二千六百六十六磅

生鋼

二十八年一千七百十六磅三兩
三十年四千七百六十九磅半

阿發滿　傅蘭雅　趙元益《冶金録》卷上　此卷論範模造法。

冶人之事，創於古昔。後人精益求精，法既備，而器亦愈多。世間利用之器、陳設之器、工細之器，大半皆由金類鎔鑄而成。造範模者，實爲工藝中巧妙之事，而甚有益於民生日用者也。西國有極大之器，具重三十餘噸者。又有古功臣之遺像，及今名人之像，以及最細最巧之銅鐵等器，如鐘表中機件之類，皆能顯出造範模者之心思與手法也。範模之事其要有二：一爲作模，二爲作樣。模者，所以受已鎔之金類，而使成其形體者也。樣者，所以成模者也。凡鎔鑄金類，無論何種，所作之範模理法均屬相同。即如鑄鐵或紅銅、黄銅、錫、鉛等金類所作之模，其中所用之材料，并鎔鑄之法，不同之處甚少。凡作範模所用之材料，最要者爲各種砂子、生泥、熟泥、石膏、黑料，并各種金類，詳論如左。

砂　範模所須之材料，最適於用者，砂也，較别種材料用之甚廣。因砂質各粒間有極細之孔，可以通水與氣，而其形不致改變。又遇已化鎔之金類，雖極熱，而能不爲其所鎔，亦不爲其所爇，此砂之所以適於用也。砂之類，作模最宜者有數種，以化學之法化分之得其原質彼此相同，惟顆粒之形與色或有不同耳。每重一百分中有矽九十三分至九十六分，泥三分至六分，又鐵鏽少許。凡砂内含鈣養或鎂養者，乃養氣與金類化合之料，不合於作模之用。若鑄銅鐵之器，尤不可用也。蓋砂内含鈣養、鎂養等，其質嫩密，其形易改，且不通空氣，有化鎔之金類傾入其中，則沸而噴出，所以不合於用也。總之，用各種金類鑄成各種之器，所用之砂，又各不同。有如鑄成此種物件，所用之砂須鬆而有粘力者，又鑄成他種物件，所用之砂須極細而有大粘力者。作極細之範模所用之砂，其中不可有粗大之顆粒，若有之，則所鑄之形不能清楚。所以作各種範模，以各種合用

之砂爲定例。

作範模所最合用之砂，常在大河之邊得之，高山之巔亦偶有之。若從山内之河所得之砂，其粒太粗，其性甚軟，爲不合用。出最好砂子之處，常在最古之火成石即鎔結石。之相近處，因此種石之山，有水從其中流出，而經過其傍之熱變石或泥石等，其水即洗其石成沙，而積於下流之河邊也。如砂内所含之鐵不過多，即爲作範模之最好者。凡出䃶之地常有好砂。因其河邊之平地，大半爲此砂積成，但用此種砂作模而鑄重大之器，苟遇金類化鎔之大熱，有時亦能自鎔，必加以枯䃶粉或硬䃶粉調勻之，則可用矣。第三層土石現出之處，詳地學中。或在海邊，必出好砂。惟灰石與火山之處，好砂最爲難得。凡砂内所含之鐵，或石灰，或雲母石，無粘合之性，又能收水太多，此種之砂用以作模，鑄成之物其面必粗矣。試生砂可用之法，必擇其暗黄色者，以手搏之，易於成形，則爲可用。若以手搏之，而其質竟能不粘於掌中，且有手紋印於其上，則爲極細之砂矣。如其色或爲白色，或爲灰色，其性必甚硬或甚軟，爲不可用。作生砂範模，尋常用有孔之鬆砂，其與砂調和之泥，不可似乾模之多，否則此種模不能鑄極細之件也。作乾模所用之砂，必用最細而最結實者。若鑄重大之器，亦可用粗而有粘力之砂。

作模心砂　此種之砂極不易得，必擇其質粗而鬆，而又有大粘力者。常於火成石之山邊取之，或於其頂上取之。此等石初爛之時，其中所含之泥可使之粘合，而砂上從未生過花草，所以無動物植物之形迹，此爲石爛時所成之砂，最合於用。如不能得，則取水中大石碎下之砂，或取於大河之邊，或取於海邊，或以别種之粗砂與細而結實之砂和合之，間有以泥調和者，而所用之泥，必不可多。又有取鎔鐵爐中所出之渣滓，磨碎而添泥，或酵或豆粉，或馬糞，調勻用之。然用豆粉與馬糞，切不可多。因此物熱時能發多氣，而氣可使傾入之金類噴出也。凡作模心之砂，祇能用一次。已用一次則爲舊砂，不可用矣。燒過之砂，與䃶粉調和之砂，亦不可用。

生泥　砂中之用泥，使砂之性有粘力也。無論何種之砂，皆可用之。常用者爲白色含鋁之泥，或含鋁之土，或最細之泥。用法，將此種泥置於水中化之，將此水傾入砂中調和之，或將此種泥曬乾磨粉，用細絹篩篩之，與砂調和。最好之法，將砂子與泥水調和，溼而磨之。凡用泥砂之和數，依砂之性并泥之粘力，及模心之大小粗細而定。大約作模心之砂，用砂九分、泥一分，若大而繁形之模心，所用之砂較之小模心所用之砂，應更堅固。

熟泥　熟泥即生泥所作。尋常爲做磚之泥，其含鐵，或含鈣養或鎂養或鹼類者，不可用也。因有此種質能令泥軟而密，傾入化鎔之金類，與之相遇，易爲其所鎔，而金類亦即時噴出也。如鑄重大之鐵器，熱度過大，尤易化鎔。所以作模之人無上好熟泥，祇可照前法用砂與生泥調和之。凡熟泥作模，必以木屑或毛或切細之草，磨成細粉調和之。如此則有粘力，而又能通氣也。

黑料　䃶粉、硬䃶粉、筆鉛，皆爲黑料，與砂或泥調和，塗於模面，其色甚黑。常有數種砂，遇已鎔之金類，受其大熱而壞者。若砂質甚粗，已鎔之金類遇之，能入砂粒間空隙之處，鑄成之物其面必粗而不平。加黑料一層於模之外面，則遇已鎔之金類，受其大熱，不致燒鎔，所成之器外面必平滑。此黑料之所以有益也。最好之黑料爲筆鉛，但用之太多，則填塞砂中之孔，不能通氣，所鑄之物必不佳。其次則爲硬䃶粉，但用之太多，則砂不堅固。磨之太細，則易塞砂中之孔，而氣又不通。煙䃶粉，用之能令砂軟，不過取其鬆而使氣易散耳。且用之有數弊，所成之物雖面甚平滑，而物之邊角花紋不能顯出，一也。用此粉於鑄鐵之模中，能改變鐵之性情，紋粗而質軟，二也。令鐵色變爲灰色，三也。如所鑄之鐵爲二號猪鐵，尚爲合宜。大器之模，或火爐板之模，用枯䃶粉與砂調和爲最好。因枯䃶粉能令砂鬆，而不減其堅固也。但用此粉作模之外層，則所鑄之物面不能平滑耳。硬木燒炭磨成細粉，亦可用之。如用此粉一分，砂九分，調和之，鋪於模面鑄小件甚佳。若所鑄之物爲極細之件，其内不可有䃶粉或炭粉，必用細而結實之砂，否則所成之物其面不能清楚。最小之模，用黑料之法，或以燭火所發之煙，或以油松木之煙。

礬石粉　礬石粉亦爲有用之物，砂面用之，能令砂不燒壞。如所鑄之件甚薄，或火爐之板，或空心之器，用之最宜。成器之面甚平滑，而邊角花紋甚是清楚。然此種材料不可多用，因令砂質之軟，與䃶粉用多之弊相同。不過䃶粉能從砂中燒出，礬石粉内含鎂養，竟不能燒，如此分别耳。要之用礬石粉與䃶粉，取其易於通氣，若久用之，砂必易軟也。

又　卷中　此卷論鎔鑄各事。

鐵之性情不同

各處出售之猪鐵其類不同，所以鐵質之精粗，不能以一處之名號而定之。即所出之鐵爲同礦者，亦不能屢次得之而無同異也。同一鎔鐵爐所出之鐵，第一次可謂第一號，稍遲幾日所出之鐵，即稍次，可謂第二號，或第三號。但猪鐵

之高下，可以試驗而知，或用何種鐵礦，或用何種煤炭，或用何等煉法，以比較而分其高下者。以下姑不一一分言之。先論用何種形性之鐵，則有如何得益之處，而分爲第一號、第二號、第三號等鐵，以爲公論也。

第一號鐵

第一號之猪鐵，即是深灰色者，凡鑄物用之最多。此種鐵以硬煤或炭燒鎔之，則凝結之後，質紋甚粗，人粗看之，以爲斷處能見顆粒，及折而細觀，知其質紋如薄片聚成，不能見其顆粒也。鐵中所含之炭，結成極細之顆粒，其形亦難猝見。大約質點緊密，未易分别耳。枯煤所燒之猪鐵，并第一號之硬煤鐵，與熱風鐵，其顆粒更細，即如本司非利阿所出第一號之硬煤猪鐵，與皮次白格所出第一號鐵，在外面觀之，粗而色黑。美國之東邊各部，與美立蘭阿利減宜河、阿稀阿河、得納西乾都格等處所出第一號木炭燒成之熱風鐵，比上所言之鐵更細。又如蘇格蘭所出之猪鐵，其斷處質紋極細。

此種猪鐵尚嫌稍軟，而美國所出之鐵堅固者多。鎔時易於流動，變冷又甚緩，所以鎔鑄物件最爲省便。灰色之鐵可化鎔一次或二次，但質紋最細之鐵，或炭火鎔煉之時，遇空氣太多則變爲第二號鐵。

第二號鐵

此種鐵内所含之炭，較之第一號略少，其灰色亦更深，顆粒更細。如其顔色與第一號之鐵無甚分别，則比第一號鐵更爲堅固，而鑄物最便用之。若其色爲更深之灰色，則不合於鑄小器之用，而最合於乾模中鑄大器，化鎔時易於流入模中，而令模之曲折處皆滿也。所有浮於鐵面之異質，較之第一號更少，而不致有燒壞範模之弊。此號鐵牽力極大，可銼可刨，可車可磨，質紋細密，較之第一號鐵質更清。

第三號鐵

第三號爲白色猪鐵，如將第一號鐵或第二號鐵化鎔之時，令其多遇空氣，則變爲第三號鐵。若斷之，則其斷而頗明，顆粒能辨，此種鐵不合於鑄物之用也。

美國東鄙所出之猪鐵，其種類甚多，大半合用。所鑄之物任何式樣，皆可以成。以下特將最有用之猪鐵，論其形性，以便採擇。

深灰色鐵

深灰色之猪鐵，如見其中有筆鉛片者，用以鑄大器則不能堅固，祇可鑄各種小件與空心之器。但鑄極細之物，斷不可用粗而有顆粒之猪鐵。因有粗顆粒，

則不能流入模之細微處，已成之後，必不清楚也。猪鐵之中，若含燐少許，則其色略爲白色，其顆粒必不粗，亦可以鑄物，如空心器，或火爐之類。灰色猪鐵鑄成鍋類之器，而鐵中所含之炭或筆鉛太多，則經火熱而黑質化出，烹煮之物必受其黑色而不可食矣。若用含燐之鐵，斷無此弊。

黑色鐵

此鐵不可鑄任大力之器，因其質太鬆故也。

鐵有熱風冷風之别

尋常鍊鐵之坊，熱風鐵與冷風鐵出售時竟無分别，即有記號，亦不足爲憑。彼此互名，欺人圖利。間有誠實之坊另刻記號於其上，令購者一望可知，但欲實知其熱風與冷風，亦無確據。有人言得一分别之法，熱風鐵之質紋較冷風鐵之質紋更細。但此説爲二號鐵燒鎔時之手法同，所用木炭若干同，而礦亦相同，若用鐵者必依此法試驗，又極難而有差。又有人言得一分别之法，將二號鐵折之而看其顔色，若礦同、炭同、煉法同，熱風鐵之折面其色必更暗，而舊冷風鐵之折面其色必更明而新，且有時能看見熱風鐵之折面，細顆粒之中而有暗色粗顆粒間之。此看色之法，較之看質紋之法有把握，辨鐵者若將以上二法同試之，必更無差誤也。凡鐵以軟硬兩種煤燒鎔者，祇有一號，即爲熱風鐵。若以木炭燒鎔者，則有二號，一爲熱風鐵，一爲冷風鐵。鑄廠所用之鐵，或爲熱風，或爲冷風，不甚分别。不過熱風鐵之質紋，細而匀密，鎔時易流入模中耳。若冷風鐵與熱風鐵其斷處顔色無異，則冷風鐵所含之炭與異質更少，若以此二號鐵相和，鑄結實堅固之器最爲合宜，則鑄器者究以能分别爲有益也。

調和各鐵試驗法

調和各種鐵爲最要之事，如有花紋之物與玩好之物，美觀爲上，堅固次之。若任重之器，利用之器，堅固爲上，美觀次之。所以鑄廠中應細心試驗，所用之材料何者最爲堅固。試驗之法，用木條長二尺、厚一寸、闊二寸爲樣作模，而鑄同式之鐵條，以試驗各種鐵質所用之模與砂。大小斜平、乾溼粗細，均要相等。然後以各種欲試之鐵盛於礶内，或在空氣冶爐燒鎔之，傾入模中，鑄成各鐵條。待其冷後，將板之一端，用老虎鉗鉗之，一端懸以重物，漸加之，以折斷爲度。加重之時，必量得其曲線若干度，以之比較而得各種鐵之凹凸力，則可知調和之鐵，何種爲佳。凡用鐵之廠，各以此法試驗，最穩當而大有裨益也。

凡以多種鐵調和鎔化而比較之，必屢次試驗而各得其任折力之中數，方爲

確據。如熱風鐵之質紋，比冷風鐵更屬平勻，所含炭質亦更緊密，所以能將熱風鐵數種調和鎔化所得之鐵，比冷風鐵更爲堅固。但以上所言，必須礦同料同煉法同，所鑄之鐵方合比例，否則，總無一定之法，可以知何種猪鐵調和而得最堅固之質也。此事能顯管理鑄廠者本領之高下。如煉鐵礦之爐，其式已無一定，即所得之礦，與用各種之煤及燒煉之法，亦未有一定，猪鐵刻明何等字號，亦不足信，管理鑄廠者，於其所不能預知之事，而細心分別之，方能用之各當而無棄材也。

猪鐵之色爲極深之灰色，或其質太鬆，可以少加第三號之鐵，或舊生鐵之碎塊。若其色爲黑灰色，則每百分中加第三號鐵三十分，或加碎塊鐵三十分亦可。若鐵中所含之炭太少，可以加第一號鐵，至合用爲度。凡鑄廠中所用之好鐵，必從各處鐵礦所出之鐵，并各式冶爐所燒鎔之鐵，調和而得之。即如沙格喇硬煤所燒之猪鐵，如少加蘇格蘭之猪鐵，調和鑄物，則甚堅固。如少加牛雅格或巴題馬兒木炭所燒之鐵，更能堅固。總之，將一類鐵之第一號，與別類鐵之第二、第三號，或零碎塊調和，必出好鐵。又冷風鐵當與熱風鐵調和，此種鎔鐵法有藉此而得鐵之堅固者，俟後詳論之。

鑄廠所用之鐵，不但考驗其堅固，必須考驗用何種鐵最能合式而省費。所謂省費者，謂常以此種鐵鑄物不致誤事也。又鑄成之後，必無零碎小塊，所以最好用之鐵，必是軟密之灰色鐵。

凡調和各種鐵，以所鑄之器爲主。如鑄鐵梁，并鑄鐵軋軸，所合用之鐵不能用以鑄空而有花紋之物。又如鑄細小之器，能得其最清之花紋，則不可以鑄重大之件。若用第二號之硬煤鐵，或第一號之硬煤鐵，與第三號之木炭鐵，調和鎔鑄大件最爲合宜。但所用之硬煤鐵，必擇其佳者，因其質頗有高下也。美國亨庚鹿刻所出之猪鐵，爲泰西著名之鐵，設有人以此種鐵試得其堅固之數，而定其與他種鐵相較之比例，豈非有利於製造之事乎？

有一種易鎔而速凝之灰色鐵，可以鑄小而有花紋之器，但其色之過深者，鑄成之物不能清楚。鐵內含燐少許者，鑄此種物最爲合宜。若鑄極小之物，尚不可用，必取水鐵礪煉出之鐵用之，取其含燐多也。闌干等有花紋之物，不可用含燐之鐵，必擇最細質紋之浄鐵而鑄之，欲其能任猝加之重力也。軋軸與車輪鑄成之時，欲其速冷而凝結者，必用最堅固之第二號鐵。若用第二號鐵，再加第一號鐵，或第三號之木炭鐵，或零碎鐵塊與之調鎔，爲最宜。鑄極硬之軋軸，鐵內含燐少許亦無大害。若鑄車輪，切不可用水鐵礦煉出之鐵。

用模之法

凡欲器之堅固，非第考究鐵之性情而已也。即所用之模，亦必知其各有所宜。如輪機之架，及鐵梁軋軸，并一切任重之器，必在乾砂模或泥模鑄之。用生砂模者，速冷而凝，鑄成之物必極硬而無韌性。所鑄之物面須平滑者，則宜用生砂模，而模面加黑料一層，必甚平滑。輕而薄者，較之重而厚者，其面更能平滑，即冷凝甚速之驗也。凡所鑄之物欲其堅固結實者，必直立其模而鑄之，或斜其模而鑄之，其進金類之路在下，出金類之路在上。

鐵礦徑從冶爐鑄器法

鐵礦煉之即成生鐵。若煉鐵礦之時，乘其鎔化傾入模中，亦可鑄物，但此事不常爲之，美國用此法者亦甚少。大約從鐵礦煉出之鐵徑鑄物件，不能定佳，倘不合意，必毀鎔之，而與別種鐵調和，方可再鑄，豈不費事。然得易鎔之鐵礦，而用木炭從小冶鑪鎔之，亦可鑄成物件也。凡水鐵礦煉成之鐵，冷則易斷，必須以礦徑從冶爐鎔鑄成器，此種鐵其中含炭極微，已煉之後，不便再鎔，所以一切製造之廠鑄堅固任重之器者，皆不可用。有人用此鐵礦以鑄空心器，如火爐之類，鑄成之後細而清楚。又用此鑄炊飯之鍋，不污不鏽，爲別種鐵所不能及。常見一種飯鍋，燒成磁油或薄錫一層，以防鏽污，得此鐵而鑄之，功用略同矣。鐵礦徑從冶爐鎔鑄之常法，用一鐵架做一泥塞，與火爐之底孔相配，能直通至鐵中，則能去火爐中之渣滓，并鐵汁面之渣滓。但火爐所加之風必停止，則鐵汁面之渣滓取去之後，爲可鑄之鐵。若泥塞甚厚而不拔去，則燒鎔既久，鐵亦可淨。起鐵之器，用鐵瓢盛之。鐵已盡而物亦成，將泥塞拔出，而底板後之渣滓，可以盡運於火爐之面，再鼓風熾火鎔之。最好之法，在進風之兩口上弧形之處，作一井，此井不必極大，衹須能容鐵瓢爲度。所吹之風與井無關，即管理火爐之人，在其對面，亦與井無涉。井之用法，從後邊之石鑿成一孔，火爐近底之邊亦鑿一孔，兩孔相接之間，用火磚作一圓圈而圍之，外加鐵鏈條，四面圍固，以防其裂。此井與火爐相通之孔，其高下之度，必酌量井中常有鐵汁爲佳。初用井之時，必以燒紅之木炭置於其中，以極熱爲度，俟爐中之鐵已鎔，則從底孔漸流至井，至兩面相平，則不流矣。鑄物時可以任便取之。

傅蘭雅《格致書院西學課程綱目》

第一學　礦務

一課　數學

二課　洞内通風法　分爲氣質化學課　防火燈課　測風器具課　通風理法課　岔路通風法課等

三課　煤之地學

四課　求煤各法

五課　開煤井煤洞法　分爲開井開洞開煤各法課

六課　開各金類礦法

七課　測繪煤與各金類礦井洞法　分爲幾何略法課　指南針測繪課　經緯儀測繪課　水平儀測繪課　測井法課　測煤洞法課　測金類礦洞法課

八課　機器學　分爲重學略課　助力器課　配機器樣式課　器具材料堅固課　汽機鍋爐課　起重牽重課　用空氣與壓緊空氣器具課　静水學課　動水學課　水重學課　起水機器課　通風器具課　鑽器鑿器課　地面備用房屋機器器具課

九課　畫圖法　分爲畫圖器料課　運規各法課　畫各物體課

十課　立醫傷害初用各法

十一課　開煤開礦各國律例

十二課　開煤開礦管帳法

十三課　吹火筒辨試各礦法

十四課　礦學

十五課　試驗各礦法　分爲備礦法課　天平法碼課　鎔爐課　試礦藥料課　試驗金銀法課　鍋内錬礦法課　骨灰分銀法課　試驗鉛礦法課　試水驗鐵法課　試驗矽養二法課等

十六課　金類礦之地學　分爲地學畧課　金之地學課　銀之地學課　鉛之地學課　鋅之地學課　銅之地學課　鐵之地學課　煤與火油之地學課　錫之地學課　汞等地學課

十七課　相地求礦法

以上全課另分爲專課三門如左。

第一門　開煤課

一課數學　二課通風法　三課防火燈　四課煤之地學　五課求煤法　六課開井法　七課開煤法　八課測繪煤洞法　九課重學畧法　十課材料堅固法　十一課鍋爐學　十二課汽機學　十三課牽重機器　十四課起重機器　十五課起水機器　十六課鑽器鑿器　十七課壓緊空氣傳力法與電氣傳力法　十八課通風機器　十九課備煤塊大小分等法　二十課醫受傷初用法　二十一課開煤律例　二十二課開煤洞管帳法

第二門　開金類礦課

一課數學　二課測繪開金類礦洞法　三課吹火筒法　四課礦學　五課試礦法　六課各礦地學　七課相地求礦法　八課開井法　九課開礦法　十課重學畧法　十一課材料堅固　十二課鍋爐學　十三課汽機學　十四課起重機器　十五課起水機器　十六課壓緊空氣傳力法　十七課電氣傳力法　十八課鑿礦機器　十九課軋礦分礦機器　二十課醫傷初用法　二十一課開礦管帳法

第三門　礦務機器課

一課數學　二課重學畧法　三課機器重學　四課配機器樣式法　五課材料堅固法　六課鍋爐學　七課汽機學　八課起重牽重機器　九課起水機器　十課壓緊空氣傳力法　十一課用電氣傳力法　十二課通風機器　十三課鑽與鑿機器　十四課分煤塊大小機器　十五課軋碎各礦與分類機器　十六課鑿各機器圖法

第二學　電務

一課　數學

二課　代數學

三課　幾何與三角學

四課　重學略法

五課　水重學　分爲静水學課　動水學課

六課　氣學

七課　熱學

八課　運規畫圖法

九課　汽機學

十課　材料堅固學

十一課　機器重學

十二課　鍋爐學

十三課　配機器樣式法

十四課　電氣學　分爲電氣根源課　通電阻電料課　記電數法課　吸鐵

氣課　電與吸鐵之顯力課　測電法與器具課

十五課　用電各器　分爲發化電器課　電報課　傳聲器課西名德律風　吸鐵磨電器連通法課　吸鐵磨電遞更反正法課　電氣機器連通法課　炭條等電燈課　電鍍金類課　電銲金類法課

十六課　吸鐵電機器配式樣尺寸法　分爲電力與器具之相關課　銜鐵輪課　造銜鐵法課　通斷電氣軸課　聚引電氣帚課　電氣吸鐵器課　電氣吸鐵圈造法課　吸鐵機器零件課　十五馬力電機器圖與推算及繞線各法課

十七課　通電燃燈或傳力法　分爲總房各事課　安排電線各法課　電車鐵路法課

以上全課另分爲專課二門如左。

第一門　電氣機器課

一課數學　二課代數學　三課幾何三角學　四課重學略法　五課水重學　六課氣學　七課熱學　八課運規畫圖法　九課畫各體法　十課汽機學　十一課材料堅固學　十二課機器重學　十三課鍋爐學　十四課配機器樣式法　十五課電氣學　十六課用電各器　十七課配吸鐵電機器樣式法　十八課電線通光傳力法

第二門　電業課

一課數學　二課代數學　三課幾何三角學　四課重學略法　五課熱學　六課運規畫圖法　七課畫各體法　八課材料堅固學　九課電氣學　十課用電各器　十一課配吸鐵機器樣式法　十二課電線通光傳力法

第三學　測繪

一課　數學

二課　代數學

三課　幾何學　分爲幾何學課　三角學課　量法學課

四課　重學略法

五課　水重學　分爲静水學課　動水學課

六課　氣學

七課　運規畫圖法

八課　測量各法　分爲測量總理課　指南針測量法課　經緯儀測量法課　水平儀測量法課　細測小地面法課　測水面法課

九課　測國分地界法

十課　畫課地圖各法

第四學　工程

第一門　開鐵路工程課

一課數學　二課代數學　三課幾何學分爲幾何學課、三角學課、量法學課。　四課重學略法　五課水重學分爲静水學課、動水學課。　六課氣學　七課静重學畫圖法　八課材料堅固學　九課測量各法分爲測量總理課、指南針測量法課、經緯儀測量法課、水平儀測量法課、細測小地面法課、測水面法課。　十課畫地圖各法　十一課開鐵路定方向法　十二課開鐵路各工法　十三課安鐵條各工法　十四課鐵路建造各務法

第二門　造橋工程課

一課數學　二課代數學　三課幾何學分爲幾何學課、三角學課、量法學課。　四課重學略法　五課水重學分爲静水學課、動水學課。　六課氣學　七課運規畫圖法　八課繪畫橋圖法　九課静重學畫圖法　十課推算橋各處任力法　十一課材料堅固學　十二課配材料尺寸法　十三課造橋各件尺寸與樣式法

雷俠儿　瑪高温　華蘅芳《地學淺釋》卷一　此卷論石有四大類。

總論

地球全體均爲土石之質凝結而成，人若未常深求其故，以爲苟能察究某金某石之所在，或淺或深，已足以致用矣；及細攷之，而知地質時有變化；其變化之故，又有關於生物者，則不得不更究其鳥獸蟲魚草木之種類，以爲識別。如是窮源竟委，遂成地理一家之學。

地之定質，爲泥爲砂爲灰爲炭，其石或嫩或堅，此固夫人而知之者也。然不仔細察之，必以爲從古至今本是如此。惟究心地理者，知其不是忽然而成，均有逐漸推移之據。觀地中生物之形迹，別其種類，能知其當時生長之地，各有水陸湖海之不同；而其天時氣候，亦有冷熱温和之各異，是亦精微之至矣。然其所探索者，不過能知地球之面極薄之一層而已。凡人所能至，及可以測度者，深不過三十里。若深至八九十里，不過意料其當然，已不能有實據矣，則所知者不過地半徑四百分之一耳。故地理之學，人雖歎其精深，而比諸天文家之所知，不亦淺哉。

代那　瑪高温　華蘅芳《金石識别》卷一　總論

遍地球諸物，飛潛動植，謂之生物。氣水土石，謂之非生物。金類恒隱匿於非生物中，目不易辨，人視之或如鹽，或如脂，或如灰。又有無用之土石與有用之金類貌甚相似者，因此須仔細考究而識別之。

金石有可以作顏色者，有可以作藥餌者，有可以作宫室器用者，有可以糞美土疆者，故論造化之理，非生物與生物相類無甚差别。

或問何物爲金類，曰難言也。除生物以外，皆可歸金類，曰土石非生物，可謂之金類乎，曰土石中每有金，則金與土石恒相麗也。如任取一塊土以化學之法分之，其内皆有金，或一種或數種相連。石亦如之，故金石家之專門，能識别土石之種類，知某石與某金相連，先尋得各金石之純者，以知其雜者，則土石皆金類也。曰水爲流質，無一定之形狀，應不可謂之金類。曰鉛熱至六百一十二度而爲流質，硫礦熱至二百二十六度而爲流質，冰熱至三十二度而爲流質，水銀負三十九度以上爲流質，則流質亦不得謂非金類。水之堅而爲冰，其形甚似灰石，假使地面常冷冰堅不融，則水亦與石無異。如是推之，即天空之氣亦不能決其爲非金類，因已有數種氣以化學之法可使變爲流質，變爲定質，故也。蓋氣類冷之皆可爲流質，流質冷之皆可成定質，其不能變者，冷度未至耳。如無此例，則水銀亦不能入金類矣。所以除生物以外，其能獨成定質者，皆謂之金類，其出於礦藏之中，而鍊得者謂之金。

有人因金石亦能長大，疑其與生物無殊，然細考之，其理有别。蓋生物之長，因其有筋絡精液能吸取他質，以自培養。若金石之物，觀其碎者，與整者無異，觀其塊者，與大山亦無異，即使能繼長增高，亦不過附麗積累而成，非自能發榮滋長也。如海中之鹽，有沈積水底結爲石鹽者。水中鐵砂，因水從鐵礦中來，故水中有鐵重而下沉，漸積而多。又如灰石洞中及江湖之底有時因水中有二股炭酸之灰，其一股炭酸化氣而去，而炭酸灰沈積於底漸結而厚，以成灰石者。山中石洞有泉水下滴，其水中炭酸灰凝爲鍾乳，久則漸大而長，觀此諸物，則知金石之能長大，乃有物自外面附益之，並非自能滋長也，故其消磨剥落亦是蝕去其外皮，非能自内腐爛也，則金石之與生物異也亦明矣。

金石之外貌如顔色也，輕重也，輭硬也，光彩也，明暗也，臭味也，此外貌之易識别者也。

欲識别金石之内形，則必剖析之，如於鎔結石中見一點絶小枚格石，用小刀雕出剖析之，皆可分爲數薄片，即知凡可分爲薄片者，皆此類也。如見一點非而斯罷，用小刀雕出剖析之，見其面皆光如玻璃，則凡遇光如玻璃者，皆其類也。辨鋼鐵亦如之，辨玉石亦如之，按此剖析之法，可以知各物之本形，可以知數物合成之形，因各物各有自己之本來形像，其排比積疊而成多式，比人工所作者，更爲整齊，更爲精巧。

金石之性情，可以他物交感之，以觀其變。如熱之，酸之之類是也。金石有遇熱而升爲氣者，有遇熱而鎔爲汁者，有遇熱不變不能銷鎔者，用此等法試驗，亦是化學之根砥。所以金石家識别金石之法有三。

一、識别其如何積疊而成，其結成之式如何。

二、識别其顔色、光彩、明暗、輭硬、輕重如何。

三、識别其遇熱、遇酸、與他物交感變化之狀如何。

馮焌光《乘査筆記》

造輪車造鐵板輪及農具等

未刻又北十餘里至造輪車處閲看。每車大者板屋六間，每間可坐十人。印度運來堅木，文理細膩。匠用火輪法解木。木長丈許，向鐵輪推之，成板厚五分，頃刻已解十餘片，較兩人扯鋸之勞何啻霄壤！又閲造鐵板輪及農具等處。後至造衣鈕處，皆巧極。

織染

往織布大行遍覽。樓五重，上下數百間。工匠計三千人，女多於男。棉花包至此始開，由彈而紡而織而染，皆用火輪。總輪有四百匹馬力。置長軸於樓屋最高處，分布小輪於各屋，均以韋條盤於總軸，軸終日轉，則萬輪隨轉，無少停。輪下各設几案機器，工匠司之。紡紗織布，無慮千百人，機聲震耳，不聞人語也。棉花分三路，原來泥沙攙雜，彈六七過則白如雪柔於棉矣。又以輪紡由麤卷而爲細絲，凡七八過，皆用小輪數百紡之，頃刻成軸，其細如髮。染處各色俱備，入浸，少時鮮明成色。織機萬張，刻不停梭。每機二三張，以一人司之。計自木棉出包時，至紡織染成不逾晷刻，亦神速哉！

寓舍

卯刻再至倫敦，街市漸熟，仍赴叉耳思思忒力忒寓舍。居屋在三層樓上，頗高敞。飯廳精麗。與初住相埒，寓屬中等。然上下五層，每層數十間。夜則燈火晶瑩，迴梯曲檻，無不洞明，徹夜不息。飯廳大者十數處，住屋一百三十餘間。壁上均有消息，唤人以指按之，櫃房即知某層某屋呼唤也。浴室有銅管二，水由

管中出，一熱一涼，隨意增減。厠屋亦用水法，時時洗滌，極精潔。凡此則各處皆同也。

水法

司水晶宫包姓請觀水法。泰西多以水法爲玩具，國囿通衢隨地皆有。或砌石盤，周五六尺，琢人物海獸其上，内藏水管，由他處注水。機動激射，水從人獸口中噴出，高可十餘丈。水下注即由暗溝消去，不令泛溢。每日申刻起至亥刻始息，用助遊觀之興。

火輪取水及安特坦河道

巳刻乘火輪車五十里過來丁，内有大書院。又七十里看火輪取水器具，用洩亞零海水者。計立此法二十餘年，涸出良田三十餘萬畝。有司以繪圖與觀，田疇明晰，溝洫條分，變斥鹵爲膏腴，洵爲水利之魁。又易馬車行六十里，至北都安特坦。地勢低下，舊破淹浸。居民修治河道，於水中立樁，砌石、架木。其上築樓閣六七層。沿河積土種樹，闊二三丈，車馬往來甚便。兩岸雕欄彩户，倒影江中，恍登仙境。周三十里有河百餘道，無不皆然。每河寬狹不等，各設橋樑數座，以便車行。大小舟船處處皆通。通都計橋七百六十座。河之闊處舸艦迷津，商貨輻輳貿易之盛，爲歐士大都會。

洩水公所

午初乘舟至洩水公所。亞零海瀦水，低於外海數十丈。司事者導看各工，係臨河築堤，引瀦水至堤根，用火輪法轉動轆轤，以巨桶汲起，由外河達海隄，高數仞，日汲數千石，非火輪之力不能。江浙山居者，用竹梘引澗水灌注高田，又於山溪蓄水以春碓，皆順水之性爲之。至瀦河以水車戽水，江右有牛車戽井水灌田者，乃能使之逆行以救旱。惟人勞而灌溉不廣。中國現用火輪製船砲，若廣其法於民田水利，則宇内可無旱潦憂矣。

志剛《初使泰西記》卷一

鑄洋錢

觀籌洋錢局。籌法：鎔砂入槽成塊，以提渣滓；鎔塊入水成麩，以入分鑪；分金出銀入銅以造錢，則用戕水。其配合戕水藥物，以硝磺、鹽、鹻爲大宗。銖兩烹煉火候另有其法，然銷化五金，分而合，合而分之，皆使咸水而復還原質，則能事畢矣。造錢皆由氣鑪，先壓銀成條，用滚軸，兩軸相依，輪逼軸轉，而夾條於兩軸之縫，軸一滚而條成板矣。再緊軸而入板於縫，軸一滚，而板又扁，合式爲度，板之寬窄厚薄如式，則軋元入板於軋機，機如窌榫而入板於其間，榫軋於窌，而元即落，榫出於窌，而板又入，庤餘之板，頃刻而元孔相連，而錢質及分數成而均矣。成浄元餅，有肉無好，但擠邊有竪文而厚於肉，然後錢肉之文得不磨滅也。擠機如盤，外圈中有活底凸起如餅，餅圈之間相去如錢徑圓式，成四格五格之相去之分數，視錢式之大小焉。邊上立空銅筒於格旁，置浄洋元於筒中，下有撥機，撥元入格則餅轉，轉由鬆漸緊，則邊文出，又至於格，而元落矣。格中先寬後緊，則邊厚起而竪文出矣。再入印文機如蓋底而陰其文，機動蓋起由推機，送而置於底，則蓋下軋，而成文矣。蓋復起，則前元推而出，後元送而入矣。則又軋。自前視之，則入錢如生吞；自後視之，則出錢如流水矣。又有數錢之具，爲方盤，中有如錢式之槽五百，置散錢共上而摇之，則錢皆入槽，而五百之數出，易而準也。

印書法

觀印書法。其法以鉛壍爲洋字，共若干，如聚珍版，以黏聚於徑七八寸長尺許之圓木軸爲之一頁，横支於架，架下登轉皮，則上軸轉，軸下爲几鉽㡒其上，軸旁有墨毡，軸手扶㡒以視斜正，足登機以轉軸，軸經墨毡滚於㡒面而一頁成。其印新聞㡒機器則尤爲捷便。先以鉛字黏聚於瓦形之板，鑲於總圓軸，軸愈大則所鑲之板愈多，所見者一軸鑲六板，每板旁有小墨毡軸，每一墨軸承以墨池，上接繩屜以入㡒，下承墨池以滚墨，火機一動，大軸轉，而六㡒印成矣。聞每日所出萬餘㡒，㡒方三四尺。

農器

觀農器。其器甚夥，要皆用力少而見功多，是大有益於生民者也。如犂，則半鋭角收割之器，兩馬駕車，車僅坐一人爲御，車右附地爲扁横夾木，夾鋭角刀六，相離如其隴，是一割六隴也。刀釘於夾木而活其軸，刀尖向前，對隴中之禾，刀後爲環，貫於鐵條，附於夾木，而左右之夾木與鐵條，牽於車後之機。輪一轉而鐵條左牽，則刀右割，右牽則刀左割。御輪三周，則敷一束，旁有偏扇，所割之禾俾之倒於扇，敷一束則扇後掀，隨者因而束之，是兩馬兩人而作六人收割之役而且速也。至場圃，則搓粒、碾粃、簸糠、出草，統辦於一器，將收割曝乾連穗之禾束於場，器如轢車，去車十數武，場外立柱爲盤，車下亦有盤，兩盤之間，長鍊環之。車下之盤，中心有立軸，上管諸機，其場外之盤附地蓋板，四馬繞柱旋行如拽磨，則場外鑿之鍊，牽連下盤隨之而轉，軸隨盤轉，則車中有送者、揉者、碾者、搧者，諸機畢衆矣。用之者手束禾麥入於前口，口如斗張，口内能咽，則有刺滚木向内轉以送之也。咽下能分，則有夾齒木以揉搓之，搓下之米，有揚輪以出糠粃，則米落於下，糠吹於旁，而草接連吐於後矣。數事而以一器辦之，至農事

之始末，器具作用之次第尚多，惜不能久待而通觀之也。

激水機

觀激水機。凡成都成邑之地，水若不佳，則百數十里或二三百里之外，擇佳水而食用之。其取水之處，以機催之，可以不舍晝夜，源源而來。其遠者，則於其來也，築水庫以蓄之。又用機以激之，可使高於闔邑之岑樓，則家家皆於七八重之樓壁内隨便而接水焉。凡取水之處深幾丈，壓力若干，有分數焉。若累閘幾丈以蓄水，而於閘底留隙透水，則其横衡之力，即其水深下壓之力也。所取用之水，乃閘面流過之水也。承之以槽，歸於搧水之盒，轉而入於通水之鐵筩，筩之所通，即用水之都邑焉。搧水之盒，中貫鐵柱爲立軸，盒中灣旋鐵扇兩面連於柱，盒旁上有受水之口，通於槽，旁下有出水之口，通於筩。鐵柱之根下有托臍軸，根上爲盤，盤周列鐵頁爲扇盤之半，適當閘底横衡之水口，水横衡於周盤之扇則盤轉，盤轉則柱轉，而水盒中之扇隨軸而轉，則由槽入盒之水，隨水扇而入於通水之筩矣。柱之轉愈急，則水扇之搧力愈壯，故水之來也，可以由近而及遠，可以由低而抵高，以閘底横衡之水力，運閘面流過之水以通於都邑，以供闔邑之食用，而納其税焉。於事爲便，於用爲利。

飛橋

瀑布下游里許，隔河岸爲英地界，將作飛橋以通那嘎爾。前於觀瀑時，即仰見巨鍊横空，有挂如雀籠者；問之，則修橋過往之具也，因詑之，以爲非人之所能遊也。嗣修橋者約度飛橋之鍊，因訪其法，蓋修飛空鐵橋之法，無慮河面百數十丈之寬，只兩岸有堅土，則造百數十丈之銅鍊，鍊皆熟條所鍊，兩岸以火機鍊之，至尺許麤，深埋其兩端於兩岸，壓以重石，謂之下錨。又累石爲臺，高十數丈，架鍊其上，則臺爲柱，而鍊爲梁矣。其拽鍊過河，架鍊升臺，鍊細爲麤，皆借火機之力，人力弗能勝也。凡向之爲橋者，或柱之，或券之，而此則懸鍊於空以提之，而柱券無所用其提之也。用巨鍊二，徑約寸許，粗距丈許，可容車。輔鍊各三四。鍊之重也，不可扯而直，第如仰月形，則兩端高而中下，就其高下之數，爲鐵條長短之數，以挂於鍊，而齊其下。如以百丈計，每間二尺懸一條，兩行則需條千。再於兩條下垂相對之處横連之，又通長直連之，縱横鋪板，而橋體成。至屋其上壁其旁，皆用輔鍊以施功，中度車馬行人，而橋屋頂上平，接連鐵路，而行火輪車，則取多用宏。於百數十丈之間，飛空而過，爲奇觀，爲快事，奇而法，快而穩，懸空而堅實，能矣哉！使者所過之時，方架尺許巨鍊二，輔鍊各二，徑三四寸，長百八十六丈四尺，寬二丈五尺，去水面二十三丈，輔鍊上挂滑車，車懸木兜如方盤，容三四人，即前所遥望如雀籠者也。滑車引長繩於兩柱臺木架之巔，又下引於曳繩之馬，人從臺下坐懸椅，以轆轤繳於臺架上，再由架上，就於木兜，曳繩者自下放繩，則兜隨滑車而去。此臺放繩順而去，至仰月下灣處，再由彼臺曳繩逆而上，至於臺架之巔，又坐懸椅而下，可念般若波羅密而登彼岸矣。方其就木兜而去也，有同寓旅客男女數十人自下觀劇者，皆手揮巾帕而送之，泰西送遠行之儀也，一似此去將入於雲霄，可望而不可即者；又如荆卿易水一去不復還者。其危乎高哉，雖本土人猶難之。蓋修臺木架十五丈，下臨巨壑水面二十三丈，而滔滔浪浪，洶湧巨浪，寬百餘丈，深十餘丈，自兜下視，六合皆空，身如無物，而但冥寄於無何有之鄉耳。同兜者爲使者與英人柏協理卓安，即修橋主人。柏卓安謂此境可爲至險，使者曰：此境之險絶猶不若風洞之險而惡也。方其來約也，問中國欽使願度此鍊否？使者曰：有過者斯過之耳，當時有好事者以鏡照之，傳觀於遠近各國，西人新聞紙亦載此事，謂使者爲有膽也。

造紙

尼雅嘎爾上游小島有設水機造紙者。紙以細草、白麻、廢布爲質，先煮草使柔；次洗麻，洗用滚機使浄；次舂布，舂用碓機使爛；三者皆去其滓，而取其精，如粥漿，注於淺槽，接以細羅，下有微動機以滚之，使之漸而進也。又接以細簾，下有鼓機以顛之，使水滴下而漿漸乾也。又接平簾以挂之，而下有熱機以烘之，使質成也。又入鐵滚以軋之，使紙光潤也。滚旁有淺立刃，就便裁使邊齊也。盡頭有横滚軸，軸身有斜捲立刃，裁紙使斷也。人接斷紙，垛之使齊，而每垛若干張包之，匣之，而販運於四方，紙工畢矣。自煮草洗麻之後，皆水輪機之轉，相鉗相制，聯絡一氣而爲之，工省料精，貨佳而利厚矣。

樓倉

往波芾婁觀樓倉。倉建河干，高七級，於五級樓上設吸米方筒，自樓垂於米船之倉，如水田所用之蜈蚣車。車上建吸機筒，車隨輪機而轉，則捲米如吸水。筒上口接量斛，斛如鐵釜，而漏其底，旁建洋秤，秤如數則止上米而揭其漏以入倉，復抵其漏以接米，一時可收萬六千石，無搷運之勞費，空其樓之上下間而存米於中，無氣頭廒底之傷損，誠倉儲之善術也。

煉生鐵

鐵工爇火煉生鐵數千斤於大鑪，則難爲橐籥，乃即以爍鐵之火，蒸水入於輪

機以運大風輪，又使風入於籥以吹火，則是循環爲用矣。鐵熟，入於軋機使成塊，入於滚軸以成板，入於擠機以成條。方尺之鐵，滚之則爲方丈之板，擠之則爲數丈之條，勻浄無疵，使他工終日運錘成風以攻之，百不及一矣。軋機如重法，層累而下之，其力之遞加也十百，以之軋熟鐵如泥土矣。滚機軸如碌碡，平面而長，擠機軸身有凹渠數道，或方或圓，由粗而細，各適所用。兩軸横列，上下相依，如欲擠條，則推鐵車運赤鐵叚於軸旁，數人以鉤鉤起，撞於兩軸相依之孔，機動軸轉，由此入者，由彼出矣。再入再出，由粗而細，頃刻而圓勻直浄之條成焉。若修火車鐵路之工字條，即用工字凹形之鐵軸，同此擠法。條成而長者，則平地有鋼齒輪鋸以截之。故美國修萬餘里之火車路，費雖鉅，而所省者多矣。

織布染印

觀拉林斯織布作。其火輪機運長軸，由拉皮，以管數千織機之用，大略與織氈同。惟拉皮所管大軸提線，小軸穿梭之法，則由大軸輪靠兩邊鋻繩，上挂於提線之鋼，輪邊轉而下，則繩牽鋼而起；輪邊轉而上，則繩放鋼而落。一起一落，而經線提矣。小軸之能穿梭者，織機經絲之下有直軸，擔以横木如天平，衡梁十字中心，貫以立條而下出，其横木如織機之寬而長尺餘，横木之外安立板向上以攩梭。拉皮所管之小軸，旁有齒輪，其齒與下出之條相值，小軸一轉，則齒拨垂條，而横木爲之一偏，梭繫木端，旁有攩木，横木端，遇攩則自撞而回，而下，軸又轉則又撥而往横木，一往一回，則梭隨之皆自撞於木端横立板之上，而絲線穿於提線之間矣。至於每穿一梭之際，又有緊緯之篦，則又有拉皮輪機以隨之，應節合拍而不舛，至大小兩軸之一提、一穿、一緊，又皆統於大長總軸之轉，故一織千數百機往來上下，從無一絲之紊也。

凡監織，皆女工，監者但視其或有跳絲斷線，則停機而理之。每工日洋元一枚。然偶有躭誤，雖作工者千數百人，總司者能坐於一室而知之，乃以語使者而炫其奇。使者曰：此屋有通信線機，何得不知。司事者詫之，即於壁上所設之機開而示之，則其中如蛛絲密網數十百條，蓋之則其面有表鍼，無論何機一停，其鍼即轉於停機之數，織機編有號數也。旁有洋人，屢爲首肯，蓋信使者之諳於事也。又與之約計作工，可一人兼十五六人之力，司事者言：若並染印工，可得二十人之力焉，真可謂之用力少而收功多也。

染印亦用機器，係以織成之布，捲於大軸，粗如車輪，前軸轉而放，後軸轉而捲。大軸周圍設小印軸九，皆統於大軸。先以一小軸言之，凡印花皆一段，周而復始以接連之，故小軸用熟鋼質鏨花其上，使花樣周圍相接，其徑均六寸長如布寬，邊有齒，齒鉗於大軸邊之齒，小軸下懸色池，活軸下墜，但使小印軸經色池而過，墨色以印於大軸所捲之布。小軸管於大軸外之圈，歷管軸頭，使不移動，小軸隨大軸之轉，以齒相鉗也。大軸外有九小印軸，小印軸下有九顔色池，則是大軸一轉，而九色陸續一氣印成，非若他工每色一板，每板一換色，尚有花樣參差，顔色不齊，出而難售，徒勞工而費料。此法大致似印新聞紙之機器，而更覺聯絡有致也。聞此作房，作工者男女二千餘人，若每人可兼二十工，省三萬八千工，故洋布由東洋水陸運三萬餘里至中國，而獲厚利。是由利心而生機心，由機心而作機器，由機器而作奇技淫巧之貨，以炫好奇志淫之人。

與洋人論在中國開礦

總署咨詢山東平度州有洋人欲行開礦，囑爲在外料理。適有洋人來議其事，使者告以中國現非不需錢財之時，必欲禁而不開者，豈中國之愚於計而不屑其利乎？誠以無業游民易聚難散，中國人烟稠密，始見爲利者，不旋踵而大亂隨之。如口外奉天等處，礦匪成千累萬，聚而爲亂，必致大動干戈，兵聯禍結，而無所底止。目前之害，已有明徵，孰敢復開禍亂之端。蓋外國垂涎中國，止爲圖其利，而害則不與之相干，故多方鑽營以求遂其所欲也。其人又云：外國開礦亦知生亂，而設彈壓之兵以防之，人多則防亦因之而多，是法立而亂不生。則又告以出礦之地有旺有衰，旺時棄其本業而來者既多，而衰時則此千萬失業之民將散之而無所歸，不亂何爲？從前廢運河之水手亦其驗也。而中國又斷無若美國金山千數百里有金無人之隙地，以供人無盡藏之淘挖也。伊無以答，但云：此等情形恐外國人不信，自係中國辦法不善。蓋其意猶欲中國借外國代爲籌辦，乃又告以中國斷不能希小利而開大亂之端也。

煤氣燈

燈之爲用，所以照暗以繼明，大而庭燎，細而書檠，無時無地而不用也。力不能備，或鑿壁以倫之，精之所感；或然藜以照之。而需之殷，用之廣，不可不求其便捷之術，運用之方者，無如西人之煤氣燈。其法掘地爲圓窖，徑四五丈不等，支鐵屜如其窖，屜上鋪挾硫氣之煤，冒以鐵蓋，屜下爇火以蒸之。窖邊植鐵柱四，柱上有環，屜四角設環，以鍊連屜環，而上貫於柱環，可以提落之提冒。爇火以蒸煤，落冒以壓氣。氣之所以運於遠近者，則有鐵筩以通之。窖四圍設大鐵筩於地中，內通煤屜爲幹，幹生枝，枝枝相生，引於城邑用燈之所。每一家一

肆用燈各若干，即赴司燈者買之。斯由所通之筩，達於用燈之所。或層樓壁上以旁出，或廣廈梁間而下垂。若戲園，則數百間樓閣晃如白晝；若通衢，則數十里康莊忘其爲昏黑。徹夜熒煌，則由於屉中所蓄之煤氣有屉冒以蓋之，所挂之鍊由提漸落，氣之鬱於屉中者愈積愈多，則鐵冒之下垂愈軋愈緊，而氣之貫於羣筒者，自有不擇地而湧出之勢焉。並且無油汙，無花爆，終宵熖熖，不勞翦摘，無慮止熄。其沿通衢道旁之燈，植鐵筒，下麤上細，爇以上豐下收之玻璃方罩，不患風撲雨淋，以之照行人查奸宄，無所隱蔽。用之宫廷，守衛巡邏，最宜稽查。至於倉庫、監獄各項重地，尤爲得力。惟有止燄或忘擰塞，或開塞未及引燄，俾煤氣放於屋中，若一經見火，則盈屋烘發，最爲危險。有利有弊，雖妙法弗得免焉。

其煤經蒸鍊而爲焦熖，用於鎔鐵之鑪；滲下黑油，用以塗地如漆；又取其油而煎鍊之，激其濁而揚其清，以藥物凝之如白蠟，可謂盡其材矣。

張德彝《小方壺齋輿地叢鈔・航海述奇》

郵政

又至信局。見樓上書信堆積如山，有四十餘人在彼分別四方。路途皆輪車輪船帶送，千里亦一夫郎。每夫郎合銀一錢二分。輪車取送信皆不停車，在車頂上立二鐵鉤，應送某處之信，大包挂於頭鉤上。其某處車道旁皆立高竿，竿上亦有二鉤，有應送他處之信，大包挂於竿二鉤上，車過送者自挂在竿上，取者自從竿上鉤於車上。

錢局

又至法國錢局。東樓所集，乃天下各國古今金銀銅錢。行行高桌，大玻璃罩匣，每匣口盛一國錢。見有中國古錢、小銅錢、錫錢、當十錢、當百錢、當吊錢、紅銅錢。再入西面樓門鑄錢處。銅片切錢，鏨花雕字，皆用火機，一時可得數千金。銀錢分量不同，分毫不錯。洋錢最精致整齊，然造時亦必須經十數手。

電氣機

又上車行十數里，至電氣局。其電氣機皆外國使者，大同小異。惟一電氣機乃中國，亦是兩處各用電氣機，並無子母盤，當中接以銅線。此氣機與別處不同，置於架上，正中懸一銅鍼，有信時將稿以水貼上一紙如銀薄者鋪於鍼下，鍼自往來橫行，鍼過之處，字皆印書。在對面鍼下，只鋪一銀片，彼鍼動出一字，此處亦顯一字，雖隔千萬里亦然。其最捷者莫過於此也。印下之時，不甚了了，必將此紙在熱鐵上一烙，再洗，則行行真切，如筆帽一般。如在上隱以銅鍼，印出字皆紅色；若用鐵鍼，其色皆黑。乃皆電氣所使也。此線不惟能傳信文，且能傳送小照。

新聞紙

早偕德善至印造新聞紙處。見刷印悉用火機板架，形如鞦韆車，俗謂婆者印板，如車上人形，體甚圓，四面皆字，四圍八板，上下共八人。在上者送紙於板邊，下者取印就之紙，一人持一筩墨倒於當中鋼筒內，其墨自散於板上，半刻印新聞紙二千張。又一長板，形若層樓，來往運動極快，頂上坐一女送紙，下一女取紙，半刻可得印六千張。每日出六萬七千張，分散城內。至其板之作法，乃先以活字集成，而後捶於極厚紙上，再以紙板化鉛板，而紙板並不著火。日散二百餘人在滿城尋訪事故，至酉刻大會，各言新聞，録出印刷。其倫敦城內之事，除新聞事外，則通城內，是日誰家死，誰家生，誰家娶聘，某人移往某處，新開何鋪，大小事故，無不備齊。並宫中之事，亦記之。其他各國之事，皆係新奇駭聞者始記之。

鑄銅器

後至業慈造銅器作。上樓見所造者諸般陳設，人物、花鳥、臺盤、鼎鏤、鉓匙，一切使用傢伙，皆係鍍金鍍銀。其造法乃先以紙畫，再以泥堆，堆成時，乃以銅像之。其鏨花切鑄，皆有活法。鍍金鍍銀時，地下一池，池内有藥水，將金銀擲於水中自化，然後繫銅器於水内，金銀自動於銅上，薄厚如意，極爲光顯。

造輭物作及養啞院

早乘車拜本地總督包克二，又拜一將軍吴姓者，偕彼看紅衣馬兵演馬，皆在屋内。後往看造輭物作。在印度國，有樹以刀鑽孔於挺上，自有白漿流出，先曬後蒸，久自成塊，其色黑黄，以之造物，不怕雨水，能長能縮。所作者有雨衣、氣枕，暨百般器皿玩藝。凡各樣絲帶内，皆有此物。又有以羊毛織成虎狼，皮極輕，與真皮無異。又至養啞院，見樓閣整潔，内係啞子讀書之所。蓋英國文字，共二十六字母，在此皆以手指比成，或以石粉寫於木板之上，啞字皆能認識。彝乃與之比書多時，亦交談也。

黎庶昌《西洋雜志》卷四

馬得利農務學堂

馬得利之西，有國家所設農務學堂。庚辰九月二十六日，爲開學之期，日君

主君后親臨，學部尚書函請觀禮。房有三所，相距不遠，一爲學堂，一爲畜養牛羊雞鴨之處，一爲學生住房。君主、君后偕其姊妹三人逐間查看，宰相以下及各國公使參贊隨之。以行人多，未暇細觀。看畢，至一小圓房内聚集坐定，君主持白紙陳詞向衆宣讀，歸功於國家，衆皆稱善。誦畢，相與升樓小飲。君主至予前，予令繙譯問君主，年年至此乎？答曰否，凡每年應開學館、善堂之類，必親開一處，不全到也。飲畢而散。又月餘，始偕黄玉屏、吴禮堂赴該學堂細觀。入門，對面二間設有坐位，爲教習講解物質處。轉入一室，有二高玻璃匣，盛仿做植物花葉果實萌芽之形，皆放大數十倍。内爲若干層，可以逐層剔剥，觀其文理。又一壁，結鳥巢數十，各盛鳥卵，以知伏育之理。轉一室，有測地地平經緯儀十餘具。又轉入二室，爲用化學分驗物質處，有小天平二架極精，雖毫髮之細，可以知其輕重。轉而上樓，一大間悉玻璃瓶，盛設豆麥，種類無下數百千瓶。瓶内皆置樟腦一二小塊，以辟蟲食。又下樓，入下一層第一間，皆酒瓶酒樣，有榨葡萄器數具。器分兩式，一爲横榨，面置一木方斗，外侈内束。斗門下緊安巨鐵軸二，軸上鑄指粗方棱，使陰陽相間。再下爲轉輪，輪之旁有柄，爲手持以轉動處。再下承以銅槽，一接汁，一接渣，渣汁悉穿指大圓孔。傾葡萄八方斗内，轉兩軸軋之，酒出渣下，各歸其處，此一法也。一爲直榨，其器與石磨相仿，特有數重鐵籠護之。將葡萄置入，螺旋直壓，汁皆從下磨盤流出，此又一法也。是器，種葡萄者家家有之，人人能做。故造比而猶有大局，造葡萄酒無之，職是故也。又入一間，爲豆麥種類，亦玻璃瓶千百，與樓上無殊。又一間，爲農家雜物樣式。再轉出一間，爲犂耙風簸之屬。犂樣頗多，與中國無甚大異。惟一種於犂柄上直豎尖刀，與鏵相近。鏵後有兩翅，可以左右扳動。馬行犂駛鏵入土中，刀尖從上劃開，復有兩翅擺動之，則土易鬆脆，較爲靈巧。又有耙土二器，一用二寸許方鐵圈聯環，套爲十數排。一用大尺餘、厚二寸之鐵輪十數，貫以横軸，輪皆鑿方齒而鋭其尖。以此駕馬拖行於土方之上，則土皆細碎，其式亦巧。又一室，有割麥器數具。一爲英國新式，設巨鐵筒爲轉輪，貫以軸。軸上直豎一柄，向後如荷葉形，爲人坐處。前有活機，可以駕馬。左邊支木板，寬可四尺，亦用木板釘邊爲闌，高四五寸，而空其前。一面著鐵錐十餘，錐長二寸，每錐亦相離二寸。兩錐之間，平安刀口爲人字形。右邊有動軸，約高於左板四尺。軸之下、筒之上，爲聯環齒輪，近木板處亦有小轉軸，以麻布卷接之，斜上屬於動軸。而又斜下尺許，别有小轉軸聯之，再平拖二尺而止。緊逼小軸處横安一機，如縫衣之器。又另一不動之軸，高於動軸三寸許，亦以麻布從右邊木板處結之，斜上屬於此軸，再斜下近尺而止，亦有軸鉗之。又於不動軸之外，懸一鐵絲卷，令可轉圈。將鐵絲牽屬於縫器，然後駕馬馳行於麥隴中，其麥梗從右邊之鐵錐處經過，即觸刀而自斷，鋪於木板上，如手割者然。離刀口寸許有一活板，時時約束之，麥即陸續上移，從兩布間轉出於動軸之右，鐵絲即卷而束之成爲巨棍。而鐵絲自行剪斷，隨割隨束，迅速異常，可謂盡人巧之能事矣！總辦云，此器太大，路仄處尚不能用。令改製小者，更爲靈便。又一巨器，將麥穗裝入方斗内，由上而下，逐層出細，自打粒、去草，以至簸揚粗穢，而麥顆净潔，皆一氣呵成。此用火機爲之，亦英國之製。又有剥玉米之器，圓鐵板一塊，安轉柄中央，而於裏面悉著鐵錐，與靴釘相類，外用鐵殻雙合之，如蚌蛤形。左邊有筒，高近一尺，右開一缺口，下安小筒。總辦取壁間包蘆試之，從左筒貫入，以手轉動，須臾米粒皆從小筒漏下，其骨自從缺口向上送出，一皆剥剔净盡。此器了無奇處，而運用之妙，乃能如此。又一播種器，前如犂，後有横骨，直豎小筒尺餘，而侈其口，以盛籽種。中有小機竅，爲之管約，行動時漏下極少而匀。筒之下節，用麻布縫筒套之。馬行子落，筒尖即耙泥掩蓋之。又有翻草器、卷草器，無一而非減省人力。觀畢，總辦導至教習議事處及學生畫圖處。壁間有一巨圖，詢之，則附近學堂一帶之地，約有十數里，皆此堂地畝，歸學徒自種。總辦云，此堂有生徒八十餘人，皆先學有根柢，然後能入此學。每年學徒人出洋銀六元，滿四年攷試給與文憑，再出洋銀八十元，即出學，或充教習，或代人管理産業，各從其便。此堂雖不甚巨，規模亦自周密。

又 巴黎印書局

巳卯二月十日，予偕洋監督日意格往觀安卜利莫利拉西雍納爾，法國國家印書局也。所印之書，皆係各部應用官書文件，民間不得攙與。亦有文人學士所著之書，須先由各部驗明其書果裨實用，始准發印。雖私，猶官也。局中共用男女工一千二百人。總監督飭人導引，先看拼字之母，皆以鉛爲之，長可一寸，盈千累萬，臚列案上。次看拼字之鉛板，板皆方匡，而空其中，内施鉛條，隨文之長短、字母之大小，可以别自爲格。次看擺字處，各以小匡格取字母挨人排擠成行，待其既滿，用線從四周紥緊，便成一小版，再鑲入大匡中。合數版而爲一頁，别以鉛條、木楔楔之，即可付印。盛以小輪行椅，椅一木板釘直木兩條，另以横木聯屬，如椅之有靠背。竪列鉛板十數於上，一人推之以行，不形重滯。次至一

樓，爲鑄字處。火爐十二，機器五六座，皆煤氣火燒之。爐鍋高於字模處約二尺，有吸鉛管如半弧形，下屬於字模處，甚微細。機輪轉動，鉛汁即從爐管噴入字模內，立即凝結成字，即有一錐由下將字從模內頂出。前有半圓露槽承之，字皆陸續流下，計每一點鐘可成字三千枚。但字模多用，易於鎔熱，須有數器隨時更換。每器問價，值一千三百佛郎。器旁安手轉機輪，有時不用火氣，用人力亦可。而鑄稍大之字，必須人力，蓋機器流轉太快，噴激之力不足，鉛汁入模未能圓滿如式故也。字既冷定，以半槽木片排比成行，入一大平板中夾之，用鏤剷平，令長短如一。仍慮其不光匀，再以紙磨擦之。下樓至付印處，印機數十張縱横排列。每機前面有巨軸二，皆細絨厚裹，一爲壓紙之軸，一爲嵌板之軸。後又著兩小軸，而一頭可以斜行動轉，爲上墨處。機尾一横管，上安空心齒數十，齒尖有小孔，注油墨於横管內，徐徐從細孔漏出，兩小軸承而卷之。鉛板在其下，機輪一動，軸與板相磨盪，墨皆匀黏於板上。旁立一人，將紙伸入，經二巨軸間壓過，所印一面之字已成。復伸第二紙，前紙即從後推出。如印兩面者，則機上有四巨軸，鉛板一置於上，一置於下，紙既經過前兩軸，後復揚上，而轉入於後兩軸間，則背面之字亦出。機後一人揭去之，以付摺疊處，多用女工。印書之紙，慮其不光，以兩薄鉛片夾而微擦之，即渣滓盡去，或用粗厚紙夾之亦可。次至刻石處，石塊堆積盈屋。上石之法，須魚膠紙。其紙晶明而薄，頗類明角，鋪於底稿上，纖毫畢現。先用鋼筆影畫之，塗以丹赭，然後用布擦去，畫痕即皆顯露，以印於石上，再用鋼筆刊刻。最細者用鑽石筆。筆亦鋼所做，尖分兩岔，選極細鑽石嵌入，將螺旋轉緊，與鑄成無異。旁置顯微鏡，至極細處，一手持鏡斜視，一手刻之。鋼板亦同此法，惟刻畫則不然，用照相法影照，於鉛板上加油，向有形處仿填之，再用鏹水，即將無油處蝕縮，而有油處之花紋棱起，斯亦奇矣。次至印石處。先將溼布擦浄石板，薄塗油墨一層，復以溼布揩去之，鋪紙於上，用機軸推壓，即得一紙。次至洗鉛板處。板印多次，墨即膠糊，當用温水洗剔，陸續更易。又至烘潤處。紙未付印，慮其乾而易裂，則以水灑溼之。既印之後，紙不能遽乾，則置一機器上。機綜長丈許，駕於空處。紙從綜上卷過，綜下烘以氣筩，頃刻遂乾。紙乾不能即平，又用薄鉛片壓之。次至裁釘處。疊紙厚三寸許，視其應切之線，壓以厚板，置於機上。鋼刀從上軋下，一律斬齊。紙初疊時，多中窪而兩頭高起，别有水力機壓之使平。裝釘亦多女工，其法用兩鐵錐支於案邊，視書之長短，横結細繩於上，務令堅緊，另以粗線四股竪結之。然後取所疊書，逐層交互，縫於粗線上，既縫成本，用厚紙或皮爲册面，如其大小裁截，另以紙條或皮條塗膠於上，先黏固於書背縫紉處，始加册面，再以錦紋紙糊之，而書始成。閲畢，主者導至一室，巨櫃十餘，皆盛鑄成字母，多鋼料，亦有木刻者。所見中國字母，長二寸，如小指大。又出一書與觀，各國字母皆備。又一巨册，係繙譯印度佛經，法文與印度文並列，西人好古之深，於此可見。

又　賽勿爾磁器局

巴黎城西十餘里，有地名賽勿爾，官設磁器局在焉。賽勿爾磁器著名歐洲，猶如中國所謂宣德、成化、康熙、乾隆等窑者也。已卯四月初六日，予持工部所送照票往觀。入門有屋八楹，皆陳設燒成之磁器、磁人，兩壁所懸山水人物，極似油畫。內有沙哥兜畫一張，云值五萬佛郎。又一畫，女子袒臥，天光斜射胸際，云值三萬佛郎。又大瓶數隻，高四尺，係去年賽會時物，云值六萬佛郎。又淡白瓶一對，仿中國樣式，畫彩鳳雜花。别有白磁茶鐘，鏤刻精緻，亦中國之式，每箇值三十六佛郎。出門，上一大樓，樓一千八百二十四年所建。中一間，有大白瓶高可六尺，餘皆瓶盆之屬，刻畫故事，碗大者徑二三尺。右一長間，皆古泥窑，如埃及樣，云是七百年至八百年之物。又一槅存中國火爐及小瓶數件，一法藍火爐高六尺許。又一槅爲日本窑，又一槅爲德國窑，又一槅波斯窑，又一槅意大里窑。左一長間，有轉棹一張，上畫花卉，云值一萬八千佛郎。又各種景致、盤式，裝盈兩槅。又樹木雲影畫二張，一千八百二十六年物。又尺許高女子二人，裸而立，身被白紗，一千八百二十四年物，云值二萬七千佛郎。又有印度緑花棺一具，英太子送入此局者。又一匣中國碗碟。又一匣砒料三大碗，一發亮，一淺，一暗。又磁泥已做成者二大碗。又有三像，一爲本質，一係調粉做成，一經燒過，燒過者較小十分之一，以驗泥質漲縮之理。又有兩瓶，一豆緑色甚粗，云燒至二十六點鐘即細。又一匣中國法藍樣式。又有銅板法藍人物二幅。又中國塔式一座。又六匣中國古磁。又數匣法國古磁。又一匣係未尋得磁泥之先，以化學製成者。下樓，觀其做泥處。人各一轉盤，以足踏動，將磁泥團置盤上，盤轉甚速，兩手扶摸，令其長短大小方圓各如所做之式。稍稍晾乾，再付規矩出細。又一法，做薄者以石灰模，取其食水。用磁粉調水傾入，須臾倒出，粉黏模上，套以羊皮，攤泥。皮上，成爲薄餅。另换一模，將餅反貼，澆以清水，再用水沫摸之，存留模上。次日稍乾，再换一模。又過一日乾定，始加摩擦。其模至四五十次後，不能復用。次觀其燒磁處，兩爐筒高二丈，圜徑可八尺。付燒時每

件皆有模盛之，模如中國小蒸籠形，上合以蓋，逐層堆積至頂。如人物之不能以模盛者，恐其輭塌，用泥柱支之。燒至二十四點鐘而成，用柴用煤均可。其畫法，如燒白磁者，將釉粉筆填於泥底上，如作畫然，淺深厚薄以次遞加。有顔色者，用白磁底，鉛筆界出大致，置小火燒過，再加顔料。若花卉蝴蝶之類，新法將小火燒過之白底，填以磁灰，再用大火燒之，加熱一百十八度。釉分兩種，一生釉，石之本質。一熟釉，石之燒過可做磁泥者。研爲極細粉末，用水調而塗之。最後一小房，爲鑲磁處。用盤盛火山之土，將各色小塊玻璃拼配成文，置於盤內。土上以紙片塗膠黏之，玻璃隨紙而起。將土吹去，再塗以膠，嵌入磁器，此意大里法也。西洋磁器，若論作法之精，實遠在中國上。所以不及中國者，特磁質鬆脆，不能如徽、饒等處所産之佳耳。

又　布生織呢廠

正月初四日，日意格請觀法國緑野費地方織呢廠。早七點鐘，予偕日意格、馬建忠，同坐輪車，行兩點半鐘至其地。廠主達乃，已在車行迎候。經數街，先至其別業，有房一所，夫婦二人居焉。園内樹木蔥秀，又經殘雪點綴，景致頗幽，款留早膳。既畢，主人導至其廠，廠名布生。先觀其存料處，有大布袋數百，皆裝羊毛。其毛有來自俄羅斯者，有來自新金山者。毛分二色，其先洗而後剥者，則色稍白。未洗者，則泥汙成團而已。次至洗毛處，有兩大池。將毛置於熱水池內，用一種土粉如石灰狀摻入浸之，攪令鬆勻。再入別池，用清水漂洗。上置四方輪，每輪各安四巨齒。軸動輪轉，則齒連環梳爬於水中。至是羊毛漸白，亦漸成綹。取出置長箱中，用風扇扇之使乾。次至一樓，梳機十餘架，機上巨軸，皆以鐵絲爲細齒，密密排釘。毛從軸外碾過，逐漸爬鬆，皆黏於齒上，轉從前面湧出。有横檔爲闌闌，約使成條，如兩三指大，陸續下垂。再過一機，更加細密，始上抽機，抽成粗線。抽軸能左右摩盪，前有小銅鉤綰束之。又過一機，線畧細而仍鬆。然後付出細之機器。機寬丈餘，前有竪管百餘，後軸鐵錐多寡，與前管相埒，以鬆線傳於各錐之尖，用人推挽。每一迎送，則所抽之線勻細而緊，即纏繞於竪管上，頃刻成卷，另换他管亦如之。又至一樓，織機數十，將線卷數百臚列一大架上，皆有鐵錐横套管中，使可轉動。前設巨軸縈繞之，一繞即得經線數百。另入一室，將線梳勻，畧加漿粉，微火烘乾，始付織人。織機寬七尺，梭長一尺，兩端有機條發之，與手拋織無異，而迅捷遠甚。織一色者用綜二板，有花紋及色多者以次遞加。是日所見，有用綜至五板者。每匹長約法尺六十二尺，凡四日而成一匹。成匹之後，其質甚粗，另付機箱洗之。箱内置黄土及粉，激水入内，以呢之兩端相聯，套於動軸上，呢自迴環不已。土洗之後，入清水箱漂之，其法如一。既已漂清，又入一乾箱，以兩軸夾之，使漸柔輭。又入一箱，有橢圓孔約束之，使漸收縮而緊。呢初成時，寬六尺許，必令收仄至五尺爲度。又置機張之，機軸前横設鋼刀一具，長與軸等，鋒微厚而不甚犀利，離軸僅分許。軸轉，則呢從刀口刮過，漸起茸毛。又置一機細刮，粗膩悉去，茸遂發光，而呢以成。剪斷成匹，折疊成件，一皆機器爲之。觀畢，主人又導至一處，觀做軸上鐵齒。其法，用皮條寬二寸許，貼呢二三層於上，膠使堅固。一端置於機器，盛以大圓匣。一端從機器上屬於梁，而下垂用鐵球墜之，下安巨桶。做齒處機關甚多，旁置鐵絲一盤，引入左邊小孔。機動，則鐵絲自送出二寸許，正當其中，絲即自斷。旋有小鉗伸出夾之，遂疊成雙股，穿入皮條，如度針然，極爲神速勻密，與毛刷相等。皮條兩邊，有鉗挾之，每成一行，逐漸上提其後端，以次盤入桶內。又觀其製造鐵器處，此不過自造爲本局之用，以免購至他處索價較昂之弊，無甚可取也。製呢之法，其次第一如中國紡織棉布，並無差異。所異者，中國以人工，西人用機器，西人可爲百者，中國祇能爲一，優劣巧拙遂殊耳。

又　巴黎電氣燈局

予初至巴黎在丁丑年，尚無電氣燈。逾年，而倭必納戲館前大街，皆改用電氣。辛巳二月，予重游巴黎，偕聯春卿赴該局一觀。局中所陳，纍纍數十具，皆電機也。主者先試然點之法。棹上羅列銅盤十餘座，座八管，兩兩相近，有活機環通。每管插炭燭一，長可五寸。其燭係煤炭精結成，他火燒之不能化，惟用電氣發之，則炭精迸裂，光焰最巨。主者點試其一，光力可敵五十燈。每燭將盡，則熱氣透入，活機即跳躍而接續然於別管。計電機一具，可發四座十六燈頭，每燭可經半點鐘之久，四點鐘後即須重换矣。繼觀電機。機長二尺餘，徑尺二三寸，中安鐵軸如車輪式，有輻四出，每輻面嵌手掌大吸鐵一塊。外一層爲傳電銅絲，用印度膠包裹，而緊纏於小鐵軸上，成爲三寸徑之小卷，分列三行，環於吸鐵之外。兩端各十二卷，使與內一層之吸鐵相應。所離僅分許，中一行更爲細密。旁有別具，其製如一，而小三分之二。兩器各有安接傳線處，線亦七股銅絲絞成，外包印度樹膠。發電時，先用傳線一端，接於左旁之小具，一端屬於大軸，又以一線從大軸屬於燈盤。用兩匹馬力之機器動之，其大軸每一秒時約九百轉，尚微辨銅線之形，小軸則每秒時一千一百轉，不能見矣。因軸之急轉，兩相摩

盪，而電由吸鐵生出，傳入銅絲卷内，再由銅線引出燈盤而發光。主者云，此尚前兩年之式，今則大小兩具並爲一軸，更爲簡便。予叩其價，每具四千佛郎。再加機器，則須六千佛郎，可得四燈之用。別有一器，用吸鐵片連環相套，大而不靈，此舊式，今已不用。

又　葛美爾製鋼鐵廠

辛巳七月初旬，予在英國紐開色。中國所定購揚威、超勇兩鐵船，涉非爾得之葛美爾鋼鐵公司，其總辦名威爾生者，聞而以書請往觀該廠製造鐵甲。先是李丹崖星使，與德國士旦丁伯雷度之伏耳鏗廠，定造鐵甲戰艦。其船雖由伏耳鏗包辦一切，而鐵甲實由該廠購致，故請觀焉。初八日由紐開色赴之。福州船政學生魏瀚在廠監工，相與指導其製鐵甲之法。先用鐵塊長二尺餘，寬約六寸、厚四寸許者入爐燒紅，付軋輪壓之，壓成長五尺餘、寬四尺、厚一寸二三分之鐵板。凡製鐵甲，厚者至英尺二十四寸，薄者亦十四寸。每疊兩板，燒而壓之，疊至八九板，使合而爲一，約厚一尺二三寸。別以寸許厚鋼板一塊，四角將螺絲釘柱轉合枝拄，而空其中，相離可四寸，兩旁加鐵條鑲固，直視之如抽屜形。始付巨爐燒廿四點鐘，量熱至二千五百度，然後用起重架提出，豎置地箱内。地箱者，掘地爲條方形，使容此一甲者也。即啟別爐鋼汁，灌入令滿，四面築以沙土。候冷一日夜，起出，再入爐内燒十二點鐘，用五匹馬力之機器壓之。每壓一次，縮半寸許，壓至定造之度爲止。若鐵甲一邊厚一邊薄，或至船脇處有彎曲者，別用橢圓錘壓之。壓成之後，置巨木架上，鋼刀四面截齊，再穿四寸徑螺絲孔四或六，即成一甲。既又觀鎔鋼法。鐵桶徑三尺餘，長五尺，上頸稍偏窄，如葫蘆嘴形。旁有兩耳，皮懸能轉動。底係夾層，内一層小孔若干，外層有風門三。桶初平置，鎔鋼汁熱至三千度，啟爐，承以潤槽，引灌桶内。灌畢，即轉桶直豎，使其嘴向上，乃開底門鼓風筒吹之，鋼渣噴出丈許，如萬星流墜，大類烟火。約半點鐘，星漸少，紅色漸次轉白，知鋼質已淨。即攙入一種鋼質名此下原闕五字。者，始鑄以模，凝結成塊。觀畢，總辦出一圖，指示拼甲之法。船身既成，將鐵甲緊貼於外，内實以徑尺許厚木枋，再加寸許厚鋼板一層，用螺絲巨柱轉入鐵甲，只穿三分之二，不使柱紐外露。自外觀之，猶如無縫天衣也。船内皆露紐，惟礮門處不露，恐於施放有礙，故令與板平。又有鐵甲數塊，曾以試驗礮力者，一穿巨穴，一穿其半，一微有擊損痕。總辦曰，始用鐵，鐵質脆，故洞穿。繼用鋼，鋼性過堅，亦易裂，故穿其半。後以鋼鐵融合，鐵居三分之二，鋼居三分之一，剛柔得中，故微損。其精如此。

又　蟬生玻璃廠

玻璃爲用之廣，與木石同。英國之伯爾明根，有製造玻璃廠數家，而以名蟬生者爲最大，火輪公司道經其廠中。是廠盛時，工作日七八百人，今減至一二百人。辛巳七月初十日，余在伯爾明根，特往一觀。是日適值停工之期，因留以待。逾日再往，詢以玻璃料質，廠主云，凡地上細沙石之發光者皆是，但其質不淨。本廠所用，係從山内開出，其質最佳。質内須攙和細沙、石灰、踈打、一種洋藥名。砒霜、煤炭等物配成。料爐底一巨鍋，置料入内，用大火燒至二十五點鐘，將火力減微，再燒七點鐘，料已鎔化如米瓷。人持鐵桿長五尺餘，中空而細，其下端巨如拳，入鍋内勻攪，紅質即膠粘於拳上。取置鐵槽内團裹使圓，再入勻攪，如是者三四，傅質既厚，即從桿之上端吹之。吹如瓶大，提向地溝内左右摔動，屢吹屢摔，少頃即成巨筩如桶大，長三尺許，橫置鐵橋上。是時質在綿碎之間，用刀剪脱。其桿別攪紅質，拉成絲條，橫圍兩端敲之，即斷如刀截然。旋用金剛石刀劃破，舉長杆挑置平爐内，煤氣烘之，候漸輭，撥使攤開，推放爐内空處，重疊壓平，即得一片。如製大塊厚塊，則用平鐵案，施條爲邊界，一視所需之大小厚薄爲之。或中間加條爲方斜紋，一一鉗緊。持巨勺盛紅質，傾置案上，兩人手扶巨軸壓過即成，法甚簡易。其刻花，先搗本質爲粉，塗於燒成之玻璃片上，令乾，別鏤鉛板爲花，加於其上，用布摩擦，則空處粉去而花紋現出。再入爐燒之，花即凝結如一。或於花紋處塗用顔料，將鏹水刷過，自分兩色。於各種玻璃，但將化學所化五金之色配入料内，燒出即成，不假人力。玻璃成後，付機器磨平。磨法，合置兩板於機器架上，板面加氈片使澀，灑以細沙，機動則推移上板與下板自相摩盪。迨粗滓漸去，加用一種化學所分之料，如土紅末，即細瑩而發光矣。吹玻璃極傷氣，廠中工匠久役者，多病肺云。

又　卷五　巴黎大會紀略

一千八百七十八年五月，中曆之光緒戊寅年三月也。法國開賽會堂於巴黎，至冬十月盡而散，名爲哀克司包息相。未開會之前一年，法以書徧騰各國，請以珍物來會。至是，殊方異物，珍奇瑰瑋之觀，無不畢至。其堂設於商得媽司，舊時練兵之所，巨廈穹窿梁棟榱桷悉皆鐵鑄，而函蓋玻璃，下鋪地板，東西相望。外綴園亭池館，市肆酒樓，規模壯闊。自西洋賽會以來，詫爲未有。予數數往觀，默志厓畧，蓋千百中之十一耳。地分三大區：第一區爲各國房式及零星

售貨處，在三納河西。第二區爲講求製造各學及日用飲食之所，在三納河東。又東爲賽會堂，堂長二百十四丈，寬一百五丈。阿房四周外柱，刻石爲四大洲人物。中左右三樓高聳，而其中亦分三區。左區陳設本國之貨物，中區油畫、石像，右區爲各國貨。此三區又各界出若干小區，甬道縱横，物皆以類相從。一類之中，又分數十百類。夜則照以煤氣燈，華麗宏博，至不可名狀。入其中者，但覺千門萬户，光怪陸離，目迷五色。自西栅闌入大門，爲脱漏加得諾高樓。樓上下兩重。上一重爲作樂處，容坐數千人。下一層左右長廊環抱，如伸兩臂。近肩處各有小樓旁聳，高出正樓數丈，中懸徑尺鐵柱，長五六丈，以汽機旋轉之，可升降自如。正樓東嚮地漸低迤，平處鑿大圓池，累石層級而上，引水於樓闌外跌落赴注之，如瀑布然。池旁環踞石獅、銅牛，池内别設鐵管，激爲飛泉百道。西洋水法，類多如此。循池左轉爲法國飯館。飯館之西，有小花圃三，北則累石爲數池，高高下下，名爲阿魁爾亞模，養魚處也。東爲虞衡公所。東之北有屋數椽，各自成式，往往仿傚野人所居，茅茨樹幹，互相支拄，内陳百穀蔬果種類及山林材木之屬。又一間，悉食穀果小蟲，欲人究知其形狀也。又一間，以玻璃酒瓶裝爲城甕，日光射之，五色璀璨成文。又一間，爲風雨寒暑鍼表。再北爲阿爾及耳房，又東則悉唐花小玻璃房約十餘座，再東則爲講求百工新法之所。東之北爲巡捕房，至此近河沿而止。循池左轉爲日國飯館。飯館之西南有大花圃五、唐花房三，極西高處因石壁爲園，卉木翼然，已在長廊之外。東爲日本房，白板矮扉，以修潔勝。迤南爲瑞典、挪而威、堆義司、埃及、波斯房。波斯房内陳設無多，而承塵特爲精致，概用五色小方塊玻璃嵌成淺深凹凸，如石洞鐘乳然。再南稍高，爲中華公所。東嚮左右兩轅門，飛簷。正廳三間，陳設螺鈿几榻。院中央一小亭，兩厢十二門，爲售貨處所。售磁器、茶葉、古銅器、雕刻，象牙摺扇獨多。會畢後，中國以此房贈伯理璽天德，移建布洼得不朗囿内。又東爲暹羅房屋，爲唐花房，爲馬爾哥小圃。再東爲陳設各種新式車輛處，亦近河沿而止。是爲河西之一大區。由正中渡大板橋而東，爲中區。沿河左轉，爲攻求救生、救火、航海諸法圖器之所。北爲水龍會。再東爲唐花房。又東爲烟鐵兩作房，爲法國飯館。飯館之北，爲石板印像處、保衛牲畜會處。再北，爲唐花房，爲煤氣公司，爲巡捕房，爲飯館。稍東，有建造房屋灰石式樣所。再北，爲克魯數製造廠、待爾路瓦鐵廠。由此轉東，爲工部局，爲三沙孟鐵廠。又東，爲火油木炭公司，爲唐花房。克魯數以製造鋼鐵兼講礦務著名，與英之烏里治、德之克魯卜鼎足而三，待爾路瓦、三沙孟亦其次也。油炭公司之南、法飯館之東，有大花圃一、小花圃八。大圃中引泉爲池，至此已近會堂門首矣。沿河右轉，爲通商海口公局。再東，爲唐花房及種花器具所。唐花之中，又有一所，爲英國花房。又東，爲比利時飯館，其旁有小房，爲英大太子果下馬廐。南爲莫納哥房。再南，爲日國回式房。稍東又一花圃。日國房之西，爲醫學館，南爲水龍會，再南爲輪車公司，爲海關及城税局。税局之東，爲英國農務機器廠。廠之北、比國飯館之東，悉皆花圃，布置畧與左方同。是爲河東之中一區。由此升階爲會堂，上有平臺，臺以石闌爲護。入會堂大門，東嚮正中一長間，較左右兩區爲狹，而横分十四區。第一區爲法國古像、古衣冠，以次而英，而意，而美與挪而威，而德，皆油畫及白石雕琢人物。德與法爲仇讎，此次不以他貨入會，祇此存盟邦之誼而已。土耳其以有兵事，亦不與。第六區爲巴黎本城之物，地段較長，爲全堂中央樞紐。中左兩區交界處，走巷中穹然一石墩，建方五尺，塗飾以金，一千八百七十一年法所償德國兵費也。又次而法，而奥，而俄，而比，而葡，而瑞士與丹，而荷，亦皆油畫、石像。極東一區，爲法國工作藝術諸器用及珍奇寶玩之物，皆國家官物也。左一長間，雜陳法國百貨。横分之區，犬牙相入，尤爲細碎。而直分者共八行。第一行，首爲學部章程，次大學，次中學，次小學，各堂應用書籍圖畫器物，次印書局書坊之圖籍，次文尺鉤股權衡，次醫學，次文房百寶，次照像畫繪及顔料，次天文地理，次音樂，音樂以被阿魯琴爲多，凡十二區。第二行，精致古銅及鏨花新銅器，次貴重精細之家具，次粗賤之家具，次磁器，次時辰鐘錶，次刀劍，次糊壁花紙，次香水、脂粉、胰皂、梳篦之屬入之，異芬沁人，凡八區。第三行，織花錦毯，次簾帳、几榻所用之織線花邊，次五色玻璃挂燈，瓶盤銅管等類，四方亭一具最偉，次金銀刀叉等日用器具，次粗細氈毯，次煤氣爐竈，次鍼鑿合、線織筐籃、坐几、小車之類，凡七區。第四行，鎗礮及礮臺圖式，次粗細麻線、麻布，次各布匹、線樣，次手巾、包頭、領帶、手套，次金剛鑽石、真金首飾、鍍金盤盞，次男女裏衣、睡帽、衾枕，次各種戲玩器具，凡七區。第五行，棉花線布，次花素綢緞、五色絲線，皆用光學分别淺深攢集，次大絨大呢，次毛織粗褐，次錦繡花邊，次男子冠服，次婦女衣裙鞋襪及剪綵，雜花、駝鳥毛，如行萬卉叢中，穠艷極矣，次女披肩次行裝衣履箱袋，凡九區。第六行，礦務各産，次山林各産，次農田各産，次印花布，次漁獵之具，次醫藥化學材料，次生熟皮貨，凡七區。第七行，悉皆機器，大者數丈，小者盈尺，無下數十百種，兩端雜以鋼條銅管，此一行又並兩行之地而

爲一。第八行，各種車式及鞍轡、鞭、韁、嚼、鐙之屬，次紅白各酒及造酒盛酒之器，次魚、果、蔬菜，次食油，次麪包，次白糖、密餞、牛奶，次豆穀籽種，凡七區。總五十八區。右一長間爲各國之物，横分十八區。中、右兩區之間，有露空院落。十八區又各自爲門，以像其本國之形。第一區爲英國。英國之器約分四類，一爲局廠機器，一爲縫紉之器，一爲百工小技之器，一爲光、化、氣、重等學之器。次美國，次瑞典、挪而威，次意大里，次日本。日本間一小區爲農務局，亦頗別致。次中國，所陳磁器、木器爲多，而其出色者以廣東繡屏爲最。次日斯巴尼亞，次奥司脱利亞，次俄羅斯，多緑松石器物。次瑞士，金表、首飾獨精。次比利時，次希臘，次丹麻爾克，次南亞墨利加共爲一國，次馬爾哥，堆義司、暹羅、波斯、安南，次吕克桑波爾、莫納哥。莫納哥，法國南邊一小國。吕克桑波爾，則荷蘭君主自屬地也。次葡萄亞，次荷蘭，總共三十二國。由是而言，其四周南北兩周已盡。惟東西二周兩長廊，西廊即大門進處也。右邊皆英太子威士爾所陳珠寶玩具，蓋自印度攜來者。左邊爲哥布蘭織花錦毯，賽勿爾磁器，二廠皆極有名，故特設於此。又有沙爾勒滿尼一舊箱，未知何所取義。東廊雜陳男女百工技藝，佐以音樂。極東北張挂法國大地圖，中梁懸一金球，有機擺動之，以象地行，四角皆加非酒館。堂以内，規模備矣。至於堂外，東南北三面又各自爲區。南北分兩層，近堂一層皆汽爐，雜以花圃。東一區有銅鐵大鐘，有電氣機器，有磁器，有玻璃，有唐花之從屬地來者，有安南小屋，有大會章程所，有作冰機器局，有奥國麪包鋪，兩端有飯館，皆各自爲室，不相聯屬。南之外一區，由西而東，爲英國農務機器處，精致馬車處，次爲瑞典、挪而威房，次爲意大里房，次爲學習兵船挂旗傳話處，次爲奥國廳房，次爲瑞士房，次爲比國廳房，次爲丹、葡二國小房，次爲荷蘭酒店，次爲水龍局，次爲廵捕房，與東一區之飯館接，至此有角門可出。北之外一區，亦由西而東，有兩廊，皆穢器。再東爲飯館，與東一區之飯館接，亦有角門可出。兩機器房之中，爲北路大門，東爲辦公所，西爲供事人役住處。堂以外規模亦備。其畧，有如此者。

又　卷七　西洋游記第六

辛巳二月，予因事由馬得利至巴黎，因挈本署洋繙譯爾路賽，便道一游法國西境。【略】又觀一紙作。紙料分三種：一爲布筋，一爲木皮，木皮來自瑞典，一爲草料，其草名爲付爾密要丹納。製造之法，先將紙料装入徑四寸許鐵蒸桶，高懸丈許，用機器旋轉之，桶轉而湯氣貫入，四面皆匀。蒸至十二點鐘，料即腐朽。候其冷定，以付洗池。池内有刀梳爬之，梳爬既鬆，取出壓疊成餅，再付清水洗池，加入灰錏水，名爲克諾爾預得收，約二十分鐘，料即漸漸受白。上有機軸匀攪，池水迴環動盪，視其形如棉絮，啟池底通管漏出濾乾。次日，再入清池攪匀如豆渣，始放從大管流入別室。有木槽承之，澗有平齒，料水從平齒上漫過，逐漸停匀。凡四疊而下入五尺寬槽内，一銅絲透空巨軸横擋之，如織布之綜然。流過此軸，粗渣盡去，即有白粉一層，墊於細絲銅簾上。兩邊用印度膠方條約束，以定寬仄。再過一氊軸，而紙已成。過氊後，又入兩巨軸間，壓平其上面，復卷而上，再壓其下面。壓畢，騰過四烘軸。軸下熱氣薰蒸，須臾即乾，至末卷成巨捆。凡經機軸六次，皆一氣呵成，神速異常，不假人力。是局所用水輪機四十五馬力，火機八馬力，亦至省矣。

袁俊德《染政萃編・染始類》

原染

昔黄帝堯舜，垂衣裳而天下治。《虞書》以五采彰施於五色，作服。《夏書》羽畎夏翟，徐州貢之，《周禮》鍾氏染羽而黼黻文明大備。

染人

《周禮・天官》染人掌染絲帛。凡染，春暴練，夏纁元，秋染夏，冬獻功。掌凡染事，注，染人下士二人，府二人，史二人，徒二十人。染人主嬪婦染練之事。屬典婦功。其他染事，屬冬官。染而後織，爲染絲。織而後染，爲染帛。暴練，暴其素而練之也。纁絳色，元纁，夏暑而後可以染此色。夏夏翟，其羽五色，秋涼而後可以染此色，獻功。元纁與夏，至冬皆成功也。凡染事則不特絲帛而已。

掌染草

《地官》掌染草。掌以春秋斂染草之物，以權量受之，以待時而頒之。注，掌染下士二人，府一人，史二人，徒八人。染草，染色之草，掌染草主斂其草者，時謂染夏之時，鄭康成註，染草藍蒨象斗之屬，俗云，藍以染青，蒨以染赤，象斗染黑。

典絲

典絲，掌絲入而辨其物，以其賈揭之。掌其藏與其出，以待典功之時。頒絲於外内工，皆以物授之。凡上之賜予，亦如之。及獻功，則受良功而藏之。辨其物而書其數，以待有司之政令，上之賜予。注，典絲下士二人，府二人，史二人，賈四人，徒十有二人。典絲主婦功，治絲事者。后宫所蠶之絲，自爲祭祀之用，此絲當是他州所貢者。待其時，若温煖宜縑帛，清涼宜文繡也。外内工，謂外嬪

婦與內女御，以物授之，如縑帛則授以素絲，文繡則授以采絲也。亦如之者，謂亦如其物以授其絲也。良者藏之，將以共王與后之用。苦者書其數，所以待政令與賜予也。凡祭祀共黼畫組就之物，喪紀共絲纊組文之物，凡飾邦器者，受文織絲組焉。歲終則各以其物會之。注，白與黑色爲黼，雜飾五色爲畫。就者采色一成物者，絲之物色也。黼畫以爲衣服，組就以爲冕旒。絲纊絲絮以俟絶氣，組衣青赤色所以繫屨也。邦器如茵席旌旗之屬，文織以文爲織。絲組以絲爲組會者，各以所飾之物刖爲計也。

豳風七月

八月載績，載元載黃，我朱孔陽，爲公子裳。註，祭服元衣纁裳，蓋養蠶爲衣之始，故先言之。作裳爲衣之終，故後言之。而色之辨，則絲以染。

染羽

鍾氏染羽，《考工記》之鍾聚也。染羽之工，名以鍾氏，取其色之聚也。註，羽之爲物雖微，而旌旗車服之用衆而不可廢，此先王所有染羽之法。

歷代染制

《後漢書·百官志》平凖令一人六百石。本註曰，主練染作采色丞一人。註，漢官日員吏百九十人。《隋書·百官志》大府寺統司染署。《宋史·職官志》少府監染院，掌染絲枲幣帛。《明會典·顏料志》洪武二十六年，定凡合用顏料，專設顏料局，掌管淘洗青緑。將見在甲字庫石礦，按月計料支出，淘洗分作等第進納。若燒造銀硃用水銀，黃丹用黑鉛，俱一體按月支料。燒煉完備，逐月差匠進赴甲字庫收貯。如果各色物料缺少，定奪奏聞，行移出產去處採取，或給價收買。鈔法，紫粉所用數多，止用蛤粉蘇木染造，時常預爲行下本局，多爲備辦用度。如缺蛤粉，一體收買。黑鉛一片，燒造黃丹一斤五錢三分三釐。水銀一斤，燒造銀硃一十四兩八分二硃三兩五錢二分。次青碌石礦一斤，淘造淨青碌一十一兩四錢三分。暗色碌石礦一斤，淘造淨石碌一十兩八錢七分六釐。蛤粉一斤，染造紫粉一斤一兩六錢，碙砂一斤，燒造碙砂碌一十五兩五錢。洪武年間聖旨，如今營造合用顏料，但是出產去處，便著有司，借倩人夫採取來用。若不係出產去處，便著百姓怎麼辦那，當該官吏又不明白具奏，只指著朝廷名色。以一科百，以十科千，百般苦害百姓，似這等無理害民官吏，拿來都全家廢了不饒。若那地面本出產卻奏説無，以後著人採取得有時，那官吏也不饒。雖是出產去處，也須量著人的氣力採辦。似這等百姓，也不艱難生受。官民兩便。若有司家因而生事擾害他的，拿來全家廢了不饒。永樂二十二年聖旨，古者土賦，隨地所產不强其所無，比年如丹漆石青之類，所司更不究產究產物之地。一概下郡縣徵之，逼迫小民鳩斂金弊，詣京師博易輸納，而商販之徒乘時射利。物價騰湧數十倍，加不肖官吏夤緣爲奸，計其所費朝廷得其千百之什一，其餘悉肥下人。今宜切戒此弊，凡合用之物，必於出產之地，計置市之。若仍蹈故習，一概科派以毒民者，必誅不宥。成化二年，令內官監促辦累年未納物料，急用者以官銀收買。不急者停止。凡修建顏料，舊例內外宮殿，公廨房屋該用青碌顏料，俱先行內府甲字等庫關支，不足方派各司府。嘉靖三十六年，以大工題行雲南採解買辦。凡寶色，尚寶司每年該銀硃九十斤，行內庫開支。正德十二年，加硃三十斤派行四川，收買涪州水花銀硃一百二十斤解部轉發器皿廠淘洗送用。嘉靖三十六年，題準，以後動支節慎庫料銀照數召買，淘洗送用。每歲該銀六十三兩六錢。凡各衙門年例印色，工部題行順天府宛大二縣買辦。宗人府紫粉一十二斤銀硃二斤四兩。左軍都督府紫粉二十四斤。右軍都督府紫粉一十八斤。中軍都督府紫粉二十四斤。前軍都督府紫粉一十八斤。後軍都督府紫粉三十六斤，白芨一十斤十四兩五錢。吏部紫粉一十二斤，銀硃三斤，白芨二斤。户部紫粉二十四斤二硃三斤，白芨六斤。禮部紫粉一十八斤。兵部紫粉一十二斤，銀硃三斤，白芨二斤。刑部紫粉一十斤，銀硃四斤，白芨二斤。工部紫粉一十八斤，二硃二斤，白芨四斤。都察院紫粉二十斤，銀硃四兩，白芨一斤。通政司紫粉二十四斤。大理寺紫粉一十斤，銀硃二斤，白芨一斤。吏科二硃一斤一兩三錢三分三釐。户科二硃一斤十兩。禮科二硃一斤十兩。兵科二硃二斤三兩。刑科二硃二斤。工科二硃一斤八兩。設水部染局於朝陽門外種藍，打造靛青，煉染大紅紵絲紗羅經緯。合用礦子石灰，於馬鞍山廠燒造。

宋子曰，霄漢之間雲霞異色，閻浮之內花葉殊形。天垂象而聖人則之，以五采彰施於五色。有虞氏豈無所用其心哉？飛禽衆而鳳則丹，走獸盈而麟則碧。夫林林青衣望闕而拜黃朱也，其義亦猶是矣。老子曰，甘受和，白受采。世間絲、麻、裘、褐皆具素質，而使殊顏異色得以尚焉。謂造物不勞心者，吾不信也。

《蘇州府志·染作》

《大清會典》：內務府織染局郎中掌。內用衣服繪繡之事。

凡織染所用金線絲料等項，俱從户工二部取用。年終核算出入錢糧，造册二本送户部銷算。大通橋、漷縣、西頂沙窩場，種靛壯丁一百名。各給地四晌，

每丁每年徵靛一百斤。

凡額設員役，烏林大六名，撥什庫六名，匠役八百二十五名。

又《染湅類》

湅涚

湅絲，王昭禹曰，治絲帛而熟之，謂之㡃。絲帛熟，然後可設飾爲用。以涚水漚絲七日，去地尺暴之。鄭鍔曰，湅絲之法，以涚水漚之。漚如漚麻之漚，蓋浸漬之也。以水泲灰謂之涚。用涚水以漚其絲，所以取潔浄也。唯潔浄始能受色，既漚七日取而暴之日中。去地一尺，不欲其高，恐陽氣燥之，則色失於燥而不鮮明。近來湖中、川中多濯帛於河干，借河水以洗滌，即㡃氏湅絲之法也。

湅暴

晝暴諸日，夜宿諸井，七日七夜，是謂水湅。王昭禹曰，晝暴諸日，以陽氣温之也；夜宿諸井以陰氣寒之也。謂水湅則非渥湻之使熟也，以陰陽之氣使之熟而已。

湅帛

湅帛，以欄爲灰，渥湻其帛，實諸澤器，滛之以蜃。易氏曰絲弱於帛，帛壯於絲。湅絲不過涚水而漚之，湅帛則以欄爲灰煮而熟之。以至滛之盝之，又至於途之宿之，其法爲特詳。趙氏曰，燒欄木爲灰，渥湻以灰煮熟不可遽至乾熇。故實諸潤澤之器。蜃，白蛤也。以蛤爲粉，浸滛器中，欲令帛白。王昭禹曰，灰既澄而清，則盝而出之，而揮去其所惹之蜃灰。

暴有三等

暴工在漚湅之後，其要有三。上暴法，以二人牽綢兩頭，中一人執之，用手輕摇，如春風扇和，待其乾後，色最鮮明。若中暴法，則人力少用，乘天氣晴明，暴於郊外河干曠地，色亦鮮妍。至懸之杆上，風吹日曬，非病燥，即病暗，市中多用之，取其簡易。

春染

春日天氣晴和，染法暴練爲佳。按，《史記》凡染事，所以設色於布帛絲縷，以供帷幕幄帟袵席衣服之用，故春云暴練，取其白而受采。夏氏曰，春陽氣燥，故暴染之。

夏染

夏日天氣暑熱，染色纁元爲佳。鄭康成曰，纁元者，謂始可染此色。當及盛

暑熱潤，始湛研之，三月而後可用。其云纁者，黄而兼赤色。元者，赤而兼黑色。鄭鍔曰，纁黄而赤，法陽，夏則陽用事，位在南方，染纁宜矣。

秋染

秋宜染夏，凡染五色謂之夏。按，夏者其色以夏翟爲飾。《禹貢》羽畎夏翟，是其總名。其類有六，曰翬、曰摇、曰壽、曰甾、曰希、曰蹲。其毛羽五色皆備成章，染者以爲淺深之度，是倣而取名。又秋氣收而不散，五采此時亦皆受染。

冬染

冬令風涼氣冷，染色多晦暗。故曰獻功。取纁元夏采，至冬成而獻之。近坊間冬令染絲帛者少。

湖州染式

湖色甲於各省，其染時乘春水方生，水清而色澤。

錦江染式

漚法須用清水，水清則色鮮。暴時不可過高，過高則質燥。近來成都機房，多於錦江河濯帛，而暴之於地上，故蜀錦最佳。

又《料物類》

藍靛

藍，《周禮》注，染草。藍蒨象斗之屬。《本草》註，藍凡五種，各有主治，通治云。藍三種，蓼藍染緑，大藍如芥淺碧，槐藍如槐染青。三藍皆可作澱。色成勝母，故曰青出於藍而青於藍。藍靛，《本草綱目》藍質浮水面者，爲靛花。

藍澱

凡藍五種皆可爲澱。茶藍，即松藍，插根生活。蓼藍、馬藍、吴藍皆撒子而生。近又出蓼藍小葉者，俗名莧藍，種更佳。凡種茶藍法，冬月割穫，將葉片片削下，入窖造澱。其身斬去上下，近根留數寸，薰乾，埋藏土内。春月燒浄山土，使極肥鬆，然後用錐鋤（其鋤鉤末向身長八尺許。）刺土打斜眼，插入於内，自然活根生葉。其餘之藍皆收子撒種畦圃中。暮春生苗，六月採實，七月刈身造澱。凡造澱，葉與莖多者入窖，少者入桶與缸。水浸七日，其汁自來。每水漿一石下石灰五升，攪衝數十下，澱信即結。水性定時，澱沉於底。近來出產，閩人種山皆茶藍，其數倍於諸藍。山中結箬簍輪入舟航，其掠出浮沫曬乾者，曰靛花。凡靛入礀，必用稻灰水先和，每日手執竹棍攪動，不可計數。其最佳者曰標礀。

紅花

紅花場圃撒子種，二月初下種。若太早種者，苗高尺許即生蟲如黑蟻，食根立斃。凡種地肥者，苗高二、三尺。每路打橛，縛繩横欄，以備狂風拗折。若瘦地，尺五以下者，不必爲之。紅花入夏即放綻。花作梂彙多刺，花出梂上。採花者必侵晨帶露摘取。若日高露旰，其花即已結閉成實，不可採矣。其朝陰雨無露，放花較少，旰摘無妨。以無日色故也。紅花逐日放綻，經月乃盡。入藥用者不必製餅。若以染家用者，必以法成餅然後用。則黄汁净盡，而真紅乃現也。其子煎壓出油，或以銀箔貼扇面，此油一刷，火上照乾，立成金色。

造紅花餅法

帶露摘紅花，搗熟，以水淘，布袋絞去黄汁。又搗以酸粟或米泔清，又淘，又絞袋去汁。以青蒿覆一宿，捏成薄餅，陰乾收貯。染家得法，我朱孔揚，所謂猩紅也。

附燕脂

燕脂，古造法以紫餅染綿者爲上，紅花汁及山榴花汁者次之。近濟甯路但取染殘紅花滓爲之，值甚賤。其滓乾者名曰紫粉。丹青家或收用，染家則糟粕棄也。

淮靛直靛

江淮所産甚佳，色勝他省。近時直民亦善種靛。夾取河淀中淤泥，壅作畦田，撒子而生。若不水潦，可刈三次。頭杈足本，二三杈皆餘利也。染色可同淮靛，其利則倍之。

青檲椀

青檲椀，《篇海》云，高木也。《唐史》云，開寶五年，資州獻梅青檲二木，合成連理。四川，山多産此木，其樹結實，類板栗。其椀煎熬水，染青不落色。

四季青

四川，染青色，有用四季青，似槐葉，枝高數尺。採葉煎水染青，直隸人呼烏拉葉，又名葉子青。

橡樹

橡，《博雅》云，柔也。蔕有斗，可染皁。《周禮掌染注》謂之橡斗，實可食。《晉書庾衮傳》與邑人入山拾橡。

茜草

茜草，通作蒨。《説文》云，茅蒐也。《本草》云，一名地血，一名風車草，一名過山龍。今染絳色，《史記貨殖傳》千畝卮茜。言其花染繒赤黄也。漢官儀，染園出芝，供染御服。

槐花

凡槐樹十餘年後，方生花實。花初試未開者曰槐蕊，綠衣所需，猶紅花之成紅也。取者張度與稠其下而承之，以水煮一沸，漉乾，捏成餅入染家用。既放之花色漸入黄，收用者，以石灰少許曬拌而藏之。

諸色質料

大紅色　其質用紅花餅一味。用烏梅水煎出，又用鹼水澄數次，或以稻藁灰代鹼，功用亦同。澄得多次，色則鮮甚。染房討便宜者，先染蘆木打脚，凡紅花最忌沈麝，袍服與衣香共收，旬月之間其色即毁。凡紅花染帛之後，若欲退轉，但浸溼所染帛，以鹼水稻灰水滴上數十點，其紅一毫收轉，仍還原質。所收之水藏於綠豆粉内，放出染紅，半滴不耗。染家以爲秘訣，不以告人。

蓮紅桃紅色　銀紅水紅色　以上質用紅花餅一味，淺與深以分兩加減而成，是四色必用白絲方現，若黄絲則不現。

木紅色　用蘇木煎水，入明礬、棓子二物。

紫色　蘇木爲地，以青礬尚之。

赭黄色　制未詳。

鵝黄色　用黄蘗煎水染，以靛水蓋上。

金黄色　用蘆木煎水染，復用麻藁灰淋鹼水漂之。

茶褐色　用蓮子殼煎水染，復用青礬水蓋。

大紅官綠色　用槐花煎水染，以藍靛蓋，淺深皆用明礬。

豆綠色　用黄蘗水染，以靛水蓋。今用小葉莧藍煎水蓋者，名草豆綠，色甚鮮。

油綠色　用槐花薄染，以青礬蓋。

天青色　入靛缸淺染，以蘇木水蓋。

葡萄青色　入靛缸深染，以蘇木水深蓋。

蛋青色　用黄蘗水染，然後入靛缸。

翠藍色　天藍色　均用靛水分深淺染。

元色　用靛水染深青，以蘆木楊梅皮等分煎水蓋。又一法將藍芽葉水浸，

然後下青礬、棓子同浸，令布帛易污。

月白草白二色　俱用靛水微染。今法用莧藍煎水半生半熟染之。

象牙色　用蘆木煎水薄染，或用黄土。

藕褐色　用蘇木水薄染，入蓮子殼、青礬水薄蓋。

附染包頭青色　此黑不出藍靛，用栗殼或蓮子殼煎煮一日，漉起然後入鐵砂皂礬鍋内，再煮一宵，即成深黑色。

附染毛青布色法　布青初尚蕪湖千百年矣。以其漿碾成青光。邊方外國皆貴重之。人情久則生厭毛青乃出近代。其法取淞江矣。布染成深青不復漿碾吹乾用膠水參豆漿水一過，先蓄好靛，名標碙。入内薄染，即起紅焰色，一時重用。

又《色澤類》

釋綵帛

青生也，象物生時色也。赤赫也。大陽之色也。黄晃也，猶晃晃象日光色也。白啟也，猶冰啟時色也。黑晦也，如晦冥時色也。絳工也。染之難得，色以絳爲工也。紫疵也，五色之疵瑕以惑人者也。紅絳也，白色之似絳者也。緗桑也，如桑葉初生之色也。緣瀏也，荆泉之水於上視之，瀏然緑色此似之也。縹猶漂，漂淺青色也，有碧縹，有天縹，有骨縹，各以其色所象言之也。緇滓也，泥之黑者曰滓，此色也。皁早也，日未出時早起視物皆黑，此色如之也。蒸栗染紺使黄，色如蒸栗然也。紺含也，青而含赤色也。

辨正雜

元以象天，黄以象地，青以象東，白以象西，赤以象南，黑以象北。又如纁之赤黄，如緅之赤青，如縓之赤黑，如朱之象正陽，如緇之象正陰，如紫如緑之爲間色。《詩》所謂赤芾元衮，朱英緑縢之類，詳哉言之。

釋淺深

一染謂之縓再染謂之赬三染謂之纁。青謂之葱，黑謂之黝注，縓今紅也，赬染赤也，纁絳也，葱淺青也，黝黑貌。

《小雅》靺韐有奭，即一入也。又《國風》魴魚赬尾，即赤也。再染類之。

織之以爲席者鼠莞也。染之成色者鼠尾也。注，鼠尾勁也，一名陵翹可染皁色。

三入爲纁，五入爲緅，七入爲緇。註，纁赤而黄之色也。又纁四染入黑汁爲紺。紺入黑則爲緅。緅爵頭之色，赤多黑少，與紺相類。孔子云，君子不以紺緅飾，自緅而入則爲元。元即六入之色，自元入黑汁則爲緇矣。故七入爲緇《鄭風》云緇衣之宜。

分上下

元黄乃正氣，《豳風》載元載黄。註，元黑而赤朱深纁也。縞綦色雜。《鄭風》縞衣綦巾，縞白也。爲男服。綦巾蒼艾色，爲女服。《廣雅》云，縞細繒顧命四人綦弁。註，青黑白。《説文》綦蒼艾之色，謂青而微白，類艾草之色然。

菼青璊赤，《王風》毳衣如菼，毳衣如璊，菼鵻也。其色似鵻，郭璞註，菼草色如鵻，在青白之間，璊赬也，即淺赤。《説文》璊玉赤色，故以璊爲赬。

禁僞染

染色貴取其正，而僞色乃少。《禮記月令》季夏令婦官染采，黼黻文章必以法，故無或差貸，黑黄蒼赤，莫不質良。註，質正也。良善也。所用染者，真采正善，而禁其差貸也。

戒艾藍

染之取藍，當得其時。《禮月令》仲夏之月，令民毋艾藍以染。註，毋艾藍，爲恐傷長氣也。按，仲夏藍始可別。凡藍初叢生，至此可分移栽，其色最青。青爲赤之母，故刈之傷時氣。

明訣法

法有先染後織者，染絲難於染帛，上也。有先織後染者，染帛易於染線，次也。有湅半生半熟，染後織先是也。染無他法，總在湅暴到，質料佳，氣澤明，工藝巧。吴綾蜀錦，鮮艷奪目，價重一時以此。

辨水色

各省染工，各有所長。雖曰人工之巧，亦緣水氣之佳。天青，元青，江甯爲上。天藍，寶藍，二藍，葱藍。蘇州爲上。朱紅醬紫，鎮江爲上。湖色、淡青、玉色，雪青、大緑，浙之杭州爲上。淺紅、大紅穀黄、鵝黄，古銅，川之錦江爲上。是皆水色之美者，近直隸南關水源，爲一畝泉。

中泉，水清味甘，染工出色甚好，是水可擬江浙成都，再加工夫純熟，自可色色鮮明，極成上品。

巧技能

染之妙，得於心。色之妙，奪於目。工一也。有一入再入三入五入七入之

候。法一也。有熾之漚之暴之宿之滛之沃之塗之漬之之次，材一也。有象草本象翟象雀取蛋取梔取藍取茅蒐取豕首取象斗取丹秫秫取涚水取欄之灰之辨，色一也。有象天象地象春象夏象秋象之宜，其不善者，淺而暗。枯而劣，其善者，則深而明，澤而美，是在覔江浙之巧工而教之，各得其法。

出洋肄業局《西學課程彙編》

格林書院課程

數學三種　幾何　代數　微分　積分　平差　變差　數學致用　動學

力學　鏡學　聲學　光學　熱學　電學　吸鉄學　製造學　機器各法　御舟

天文學　總測法　測海　海疆志　測氣候　繪海圖　格致試驗　聲學　光學

電學　吸鉄學　化學　鍛學

水師機器學　製船學　營壘學

水軍交涉公法　引證律學　水軍律法　水軍陣法

各國語言

畫法

遵生學

書院山長格林官師水師提督一員　監院一員　監督一員　數習教習一員

格致教習一員　化學教習一員　重學教習一員　營壘教習一員　此外更有教授及宣講，又有教習水師官一員，以教御舟。天學、測量各法教授二員，以教汽學。其法語、德語、畫法等教習，隨時酌派，無定數。

格林書院攷課份數

代數　通分　開方　乘方　指數　各種方程　級數　對數　幾何前六卷以上共一百二十五份。　三角法界説　公式　平弧三角　邊角相求以上一百二十五份。

重學　動學　靜學　水學以上一百二十五份。

格致　水　氣　光　熱　吸鉄　並製用風　雨　燥　濕　寒　暑等表遠鏡　顯微鏡　經緯儀　紀限儀　地平經度之羅經以上一百份。

汽機熱理　汽理　蒸釜　汽機　螺輪又名四業輪，以上一百份。

法國語言文字　默書　字音　文法　由法譯英　由英譯法以上一百份。

颶風　急流　海中颶風界限　風　雨以上一百份。

御舟術　各種行舟法　墨噶篤海圖　恒星過午線以子午高弧求緯　測勾陳大星求緯　測近午線之高度求緯　重測高弧求緯　船表求經　月距求經

單高弧求表差　等高弧求表差　潮信地平經度求羅經差以上一百份。

測量　用海圖法　較表差法　里差　底線　經緯度　空向　測平　水深潮信　海口以上一百份

御舟　天學畍説　立法根源　各差　汕蒙那測天法　設問以上二十份。

儀器　水軍風雨表　紀限儀　借地平　羅經　經緯儀　酒準以上四十份。

測天　測日求緯度　羅經差　表差以上六十份。

統共一千五百份。一千二百五十份以上者，得一等執照。一千份以上者，得次等執照。七百五十份以上者，得三等執照。

涇士學堂章程

涇士學堂每年分三季，自西曆九月至十二月爲冬季，正二三月爲春季，四五六七月爲夏季。現學堂分作六科。第一科，數門之理，有晝夜兩課。第二科，文字之學，分經義、時務、印度公務、格致四課。第三科，總監工之理法。第四科醫藥之學。第五科晚課各學。第六科幼學課習之學。此六科有總辦總教習，有專科教習，又有講學之師、詳解之師。學生分爲二等，一爲駐館肄業之專科學生，一爲不駐館，摘習數事之外院學生。第一科專習教書，以備教士之選，宜習性理諸書、希臘文、舊約書、禮拜堂故事、牧師章程、希伯拉文字、臘丁文字宣講之法，奏樂之法。第二科之習經義者，性理、臘丁、希臘之教書，英國古文諸史，法德二國史，法文法〔語〕。其習時務者，性理、算數、格致、化學、地質學，英法德三國文字諸史，專習一國文字，便可不必統習。畫學、臘丁文字等。其習印度公務者，英史、英文譯語之法，希臘羅馬之記載，文詞性理之學，法文法語，德文德語，地質。學習格致者，習算學、重學、格致用器之法，化學、化學之手法，鳥獸之學，植物之學，剖驗人物之學，地質之學。第三科之學生，所以備商賈農工，或總監工之選，或電線監工，或測量教習，或將作工師，須習三年乃可竣工。學堂中有博物院，格致工作之器，與夫汽機，及各種木模，燦然陳列，以供學生之觀摩印證焉。是科所習者，一爲算學，第一年則習幾何、代數、平三角、少廣，第二年則習曲綫、微分、積分，第三年則習弧三角、及微積分之深義，立體之幾何。二爲格致，第一年分別合力軸桿法，重心法，動理，平速變速之理，汽機省工之理，錘擊之理，擺動之理，天平之理，砲彈飛行之理，水壓水浮之理，壓水力之理，風雨表之理，抽氣機之理，回光之理，平鏡凹鏡之理，三角玻璃之理，作遠鏡合力之理，熱之根原，

熱之攝引，寒暑表之理，水化氣之理，結露之理，雲氣開散之理，熱氣散成半圓之理。第二年習阻力，所以考證建造之安穩，輪軸之阻力，起重之阻力，齒輪之阻力，汽車之阻力，金木各料之力，各料受力之圖，各料之壓力、扯力，屋梁、橋面受力彎曲之理，飛輪之理，傳熱之理，以熱化力之理，汽機馬力，造顯微鏡，紀限儀、測量各儀器之法，光之濃淡遲速及回光之理，成光之理，物件蝕光之理，發光之源，光行浪紋之理，阻光之理，光與南北極相關之理，聲學中之聲音源委、聲行遲速及回聲之理，曲音似火焰之理，電學中之電動電聚之理，天氣中有電之理，電行之理，測電氣多寡之理，電光之理，攝鐵生電之理，磁石之理，地心攝鐵之理，攝鐵陰陽之理。三爲格致用器之法，用風雨、寒暑、燥濕各表法，定重心法，以氣伸縮量其多寡法，量物熱之法，量光之法，量水晶角度之法，量鏡中原光點法，分光中七色之法，定光有兩極之法，造攝鐵之法，代愛攝鐵之法，摩擦生電之法，用電氣之法，用量電多寡之法，用量電强弱之法，用量電阻力之法，造電線之法，試電線斷處之法。凡學生欲到此看者，須繳十昔令半，以爲修理器具之費。每日十二點開門，至四點止。四爲製造工程，各種石料、保固石料之法，人工造石、造磚、造瓦之法，造管、造灰、造火泥之法，各種木料、保固木料之法，造木片及造鐵、鑄鐵、打鐵、拉鐵、保固鐵料之法，黑鉛、白鉛、玻璃、油漆，及考驗天成基址，工成基址，造墻之理，環洞壓力之法，用木石鐵各料造橋之理，造水閘之法，浚溝之法，鑿井之法，築路之法，造汽車路之法。以上各事，二年可竣。第三年專習畫圖。五爲製造之理。第一年以礦沙煆成生鐵，以生鐵煉成熟鐵，造汽車之鐵轍，淬鐵之法，以鋼模印鐵之法，造鐵線之法，造鐵桿之法，作煤氣燈管之法，雕鐵之法，鋸木、鉋木、合木、彎木及造木模之法，刻石之法，合磚泥之法，劈甎之法，造磚窑之法，造瓦之法，造磁器、玻璃器之法，造繩纜之法，造石磨之法，印書有用手、用機器、用銅板、用石板各法，造鐘錶法，造煤氣之法，用機器造螺絲、車鉋鑽孔之法。第二年，習廠中布置機器之法，安設齒輪之法，抽水、壓水之法，各種汽鼓之造法，四葉輪之法，水輪之法，風磨之法，造海口燈塔之法，造鐵路及水車、水櫃轉盤、輪軸、簧條各件，與客車、貨車、料車之法。六爲測量。第一年冬春兩季，在學堂講理，夏季出院測量。第二年春季讀測量書，冬夏季俱出院測量。第三年夏季讀書，春冬季出院用水平測地勢高下。七爲圖畫。先畫幾何，次畫機器、房屋。凡初學畫圖，以一圖令學生拓大或縮小，其後習房屋之圖，其層層累叠，宜分陰陽。再習鐵路、轉盤、河道、山洞、橋梁，及汽車道頭、海口燈塔之圖，並習染色及深遠之法，以曲線畫機器各件之圖，畫山水之圖。八爲化學。第一年先以水化爲輕養二氣，明微塵之質點，以强水分金類之法，造輕氣球之理，金類遇養氣生鏽之理，水與化質有感化之力，辨雨水、泉水、礦水、海水之不同，水釜中所積白質水令鉛變之理，水中不活之物、濾清水之理，作蒸水之理，天氣中分別養淡輕之多寡，金鋼鑽與筆鉛、燈煤、木炭皆炭氣之理，骨炭用以點糖亦屬炭氣之理，分別各種煤炭之理，炭强水可試天氣之理，炭强水爲耕田需用之理，合炭養二氣爲煉鐵最要之理，輕淡二氣爲煤氣火之理，煤礦中用鐵紗罩燈之理，取礦油之理，用吹火筒驗物之理，阿馬泥阿造硝并耕田之理，硝强水化分金類有無雜質之理，造棉花藥之理，取鹽内緣質之理，造古魯餝迷藥之理，造輕緑氣强水之理，造銅帽藥之理，强水試黄金成色之理，金類雜有流質如何化分之理，造磺强水之理，用海布蘇非脱蘇打印映相紙之理，用骨驗光學之理，金類雜有信質如何化分之理。第二年習化學驗原質之手法，一用强水，一用吹筒。九爲礦學。一格致，如水土結成晶類之理，石質沕紋之理，石質之顔色光亮、柔軟、氣味，及電氣攝鐵氣之理。一爲礦務之化學，以强水吹筒辨别礦質。凡礦質爲四類，一爲土質，如水晶等三十四件。二爲可燒之質，如硫磺等五件。三爲玉類之質，如金剛鑽等十三件。四爲金類之質，甚多，下文再詳言之。凡礦質之在石中者，博物院中羅列其樣，可供學生觀法。十爲地質學。係論天下地質而言，亞墨利如洲之卡那大，及南洋之澳大利亞爲最多，礦師有時率徒至他處觀驗地質，又論及農田土質之理。十一爲映相理法，爲第三年學生所習。若第一年、第二年學生欲習此藝，須加繳學費。内有玻璃房及化學房，專造映相之藥。除在院學生外，有來學者，每學生教六次，每次二點鐘。如兩生同學可教八次，三生可教十次，四生可教十二次，每生繳修金六磅五昔令。十二爲廠中工技，分鐵、木兩種。攻木者，有車木、藥水者，須繳十三磅十昔令。攻鐵者，有倒燄爐，有鎔銅爐，有打鐵之爐具，有機器以動刳刨各架，有造模之房。第一年先明用器之理，預備木料，鬬合木笱、車木，可知造模之法。第二年鐵工，分爲二種，一爲鐵件，一爲砂模。習鐵件者，須在截鐵處看剪鐵、鎈鐵之法。習砂模者，須看造鑄鐵、鑄銅之模，用車鐵件造蛈螺絲之法，又習兩鐵相銲之法。以卜各件俱熟，則應自畫一圖，以備試造。第三年試造所畫之器，以驗其所習之工夫。凡學生，每人須備攻金、攻木之器具各一副。攻木者四磅四昔令，車木者一磅一昔令，車鐵者十昔令。六鑿八鎈，共一磅

一昔令，用過後仍可減價，歸入書院。其進廠規矩如下：一學生進廠，勿穿長衣。二應自管所習之事具，不可管他器具。三學生勿擅停汽機，先須告明匠首。四汽機一停，所有革帶俱須解下。凡造工處、汽機處有鈴爲號，欲停止曳之三聲。五學生非習工之時不得擅入。如有事入廠，不得擅動器具。六廠中車牀、鑽牀安放處不得移動，總須告明管廠。七零碎器具用過後仍須安置原處。八如需用料，須告管廠。九各料不准隨處抛棄，廠中不得大聲語言。十廠中桌椅不得居鑿傷損。十一學生所用傢伙，各自小心收藏。十二器具箱仍置於木櫈之下。十三學生在廠，無事不得來往走動，致誤他人工程。

法國沙浦製造官學堂課程單

論汽機五十課　汽機本源　伯西柳法各氏汽機並費煤數目及試詳之優劣　汽機各器　陸地各種汽機　直節反節立機、摇桶機、摇臂機、空心機、反節卧機　各種無臂機　直節船機　班氏摇桶機　英法汽機馬力摘要、明輪汽機費煤路程得失　螺紋輪汽機　齒輪機、直節機、班氏機、四汽鼓機、反節馬氏機、班氏空心機　謨氏機、韓氏機、立機　汽機各機件摘要　每磅汽得馬力若干之理法　汽力大小得失　常機費汽　馬力雙曲線　汽機同冷水得失　汽皷進汽　汽機輕重　推筭汽皷摘要、轉力、汽皷内汽化水得失　汽皷洩蒸汗各機　各種汽皷套位置汽皷　推算汽機理法　汽皷汽餅桿各塞匣、各種油匣　汽皷平安汽塞　各種汽餅并箍　打鉄汽餅鑲汽餅桿法　汽皷進汽出汽門　各種半圓汽罨、圓式汽罨、平面汽罨　汽罨壓力、各種汽罨匀力機、汽罨進退路　數門汽罨得失　汽罨平圓線、正弦曲線、橢圓曲線理、汽罨肘轉輪肘成角得失　位置進退機摘要　進出二汽先後得失、漲汽力得失　汽罨摘要尺寸　汽皷進汽不同理法　雙曲線推筭馬力理法、驗馬各機　明輪、葉氏、晏氏、馬氏錐輪，謨氏各種進退機　西陳氏進退機　汽罨運動曲線　直彎幹平叉節進退得失　運動進退機力　運動進退機小汽機　各動進汽匣　球氏進汽匣　匀力進汽匣　各種漲汽匣　添減進退路爲漲汽機得失　偏小漲汽機　各氏進退機爲□汽機　雙汽罨漲汽機法氏、梅氏漲汽機　冷水櫃　冷水凝汽得失　抽氣機立方積　抽氣機逆力　進水孔洩汽機　進水機　各種抽氣機　用銅並印度樹膠爲抽氣機活塞得失　活塞撞力　實心抽氣機　常氣壓氣倒置三種出水筩　出水筩活塞並平安各塞　别冷水理法　各種外冷水櫃　外冷抽氣機　各種小汽機運動活水各機　水缸進水得失　轉水機　實心轉水機　各種轉水機活塞匣　小馬力、伯氏小馬力　各種無輪臂小馬力　愈氏進水機　抛物線擺臂得失　轉輪臂並其磨力　磨力傷鉄理、用油磨力　用柔銅省磨力　斜方行直線理坿越氏何氏法　各種滑匡　滑匡磨力、壓力　匀力擺臂理式　各種轉輪軸并托轉輪離心軸理　各種康邦機　武氏各種省煤機並内外汽皷省煤機　三汽皷康邦機　擊水輪理法　擊水螺絲輪　白海陶各氏推算擊水輪表　擊水螺紋葉得失、擊水螺紋步並活葉得失　位置輪軸　輪軸套塞　束軸托　行退束軸托　轉機輪鉄木塞套　沸汽理　燒煤　煤得汽每磅煤得火力　各種高氏陸機火車、船機、平面圖式水缸　活承助汽各種火爐　推算水缸爐承、承門承托等　水缸受火面積　煙管並火櫃煙管　汽力水缸水汽旁積取汽筩　水缸平安汽塞並出滷機　各種水缸機件　各種筩管熄火法　康邦機水缸

論船身四十六課物浮水面穩而不欹理　浮物受掣於重壓托諸力　浮物式穩重穩船式　船有喫水重壓托旋等心　諸等重心高下有限數　船微擺諸等重心相差若干，並大擺時相差若干　船擺何力掣之不至傾覆　推算平向斜向船身頓儎並諸等重心及諸向安置方位　不用算法推求重心　增減船儎能改船身之重穩　肥瘦船式能改船身之式穩　各國海関噸税　流質流動理　水阻流物行進理　物浮水沉水其受水之，阻力有差　各家推求物浮而浮與浮而流其受水之阻力不等　船自展輪而行，與被他船引進，其水阻力亦異　英人論浪紋出没之理　法人羅氏驗船行，徐受其受水阻力大小不等　輪槳櫓行船理推算擊水螺紋二種輪船　螺紋輪擊水用力若干肘軸受氣力以轉輪不得盡用其力　各家驗各等螺紋輪船之優劣　船行浪上，其擺角若干度，應用擺力若干尺磅　船行静水上，其擺角若干度，應用時候若干分杪　船行進其動不自止之力能傷船身　船行静水其安穩方向如何　波浪形勢並流動曲線　船駛浪中其擺轉欹斜若何　船擺轉之曲線有定向　船避浪法　浪力大小　波浪阻船前進若何　鉄甲船禦浪法　推算駕駛帆蓬　推求近徑以拗駛帆船　風力　量測風勢以使帆　推算帆重心　船何故前仰後府，而桅檣何故斜立　推算船舵　大凡船式　能使行程噸載重心不失其要理

論製造船身五十課　繪畫船圖樣板圖　製木船　安置龍骨船脅　直木彎木　製造龍骨船脅等料測量斜脅角度各法　製方圓式船後法　安置船脅曲直木牽　製内龍骨前後　鬬鯨木柱内外舭板　船平曲形　船平樑　枰面諸等鉄

木雜料器具　挑列艙口桅檣錨鍊羅盤等件方位　船橫斜直三相連勁力　船身各部泣木料大小尺寸，美、英國人製木船法　保護船身能使耐久法　製造鐵船鐵船本原　製鐵龍骨船脅門鯨等件　鋪張鐵皷　排列皷釘　各種鐵梁　枰面鐵板　鋪張截堵板　鐵船堅力勁力　製鐵甲船　位置鐵甲槍砲　英人製鐵甲船法　製鐵脅木皷船身　各種放船下水法　防備船身下水機関　英船下水法石船隖　決抽隖水　各種隖閘　引船進隖　修船横槽用力氣　各種浮船隖坿測深尺算淺寸　修理船身　製舵　舵櫓轉力　舵軸居中　或雙面舵能平勻轉力各種轉舵器具　運用錨碇　鐵錨　鐵甲船各用錨　碇纜碇鍊　各種錨架錨抽鐵鍊錨　起錨機　各種鍊閘　水酒火藥砲子糧食帆纜等艙位次

雜學四十八課論木生長　木性質　擇時伐薪木　木朽腐　虫傷木　擇木供製造之用膠木　收買木料　諸藏並攻斫木料　各種攻木機鋸木機　位置鋸木廠　種麻　製纜　製纜機造牛皮纜　艌船　銅片保護船底理　保護水線下鐵甲法　各種油漆顔料　油漆護鐵船理　木炭煤礦　取煤　各種英法。煤燒煤取煤精　製煤磚并機器　收買並儲藏煤炭　鐵礦　鑄鐵礦土高爐　製火磚　堅鑄鐵　軟鑄鐵　黑白各種鑄鐵　打鐵　取打鐵　鐵料勁力　鑄鋼打鋼煆銅　鍊打鐵成鋼法　鍊鑄鐵成鋼　畢斯瑪一曰皮休瑪。［略］鑄鐵法　式氏馬氏鍊鋼法　鍊鐵銅各種炭爐氣爐　式氏氣爐　收買銅鐵　拉鐵板鋼板　製鐵甲之料　拉鐵甲　鑄鐵廠　製模　木鉄土諸模　各種土沙模　製模器具　鑄鐵鍋立爐卧爐　各種鑄鐵法　鑄銅　鑄銻　即柔銅尺名五金塊　鑄鐵廠應用器具　打鐵廠　各種打鐵爐　打鐵氣錘　拉鐵對輪　打鉄　拉鉄　打三肘轉輪軸法　錨鉄造法　打火車輪鉄環　水缺廠　銅質　紅銅、黄銅、鑄銅、拉銅、鉛、錫、白鉛等　打砲釘並各種機器　鑽剪圈銼鉄板各種機器　製水缸銅管造銅管各機　輪機廠　鑽銼鑿孔劃螺絲等機　位置輪鉄廠　量輪機旋轉徐疾各種球擺　各種手用機器　各種捩機　合龍並試演輪機　省儉廠費用　每廠費用物料若干，配匠徒工程若干，造料若干　各廠工程報單各廠應用徒匠小工人數轉運貨物宜便易省費　運重機器　選擇運貨水秤　擇地建設船政

論測算羅盤八課　羅盤刱始　羅盤測遠法　英法國海口　所設定向以便規正羅盤　羅盤差曲線海上、鉄船上、測笄羅盤差法　以經緯度推求羅盤差吸力牽引指南針理　鉄船不利羅盤　吸力隨經緯度改變　船欹擺不利羅盤以船欹擺之度推求羅盤差若干　輪機摇撞不利羅盤　改羅盤差諸法　位置羅盤　獨用一羅盤置於船中之便宜　木船利羅盤　海上改羅盤差　位置羅盤於桅頂可少差度　各等時用羅盤

論勁學三十五課　材料能受壓墜拗扭等力　捍棍任受壓墜二力每尺寸伸縮若干　桿棍受拗力　推算每截假任受剪力　凡桿棍受壓墜二力或一端緊塞土墻一端平靠撑住或兩端均靠撑柱均塞土墻中間用力壓墜之　製件每截叚任受均以省材料　桿棍平靠撑住率求托力若干立柱壓力　棍桿扭力　筩身球壳面面任受氣力用以算汽皷水鍋　已成曲線配製機物諸向受氣漲力　機物運動横直向撞力顫力若干　輪機活桿横樑轉輪臂擊水輪受諸等若干　静水行船運力隆殺差别　全船另添噸儎用以稱運力　推算甲乙子母二形船求乙船應添噸儎若干能與甲船運力齊等　求鉄鑑勁力以虚心筩代測之　測全船堅穩　測建屋構廠立柱横斜樑壓托牽抵諸力　測橋樑横斜牽柒并首尾撑住托力抵力

論軍火十六課　安插全船砲位并研究火藥燃火轟裂攻效　火藥精粗辨燃火辨并在火器内燃火遲速功效辨　辨火藥轟爆功效與火器内膛砲子輕重并槌築子藥諸力相關　黑火藥疵弊化學參配火藥　火藥發力　黑藥互有利獘　槌築子藥　砲子出口　不能以抛物線測砲子路綫　用已求數表測砲彈出口并砲架反退速數　諸氏數表測砲彈出口路綫　比論砲彈在無氣中運行　推論砲彈在有氣中運行　推論砲彈仰距度　圓彈出口　能準原向路綫　比論砲彈使尖圓彈出口與原測路綫相符　砲彈攻横直斜三向準的　較螺蚊膛光膛二砲利弊五金配製砲彈　空心實心砲彈　螺蚊彈尺寸斤兩螺紋遠近淺深横直距　砲膛陰紋線遞淺遞深用以稱砲彈陽紋線　測尖圓彈重心運銅帽法　砲膛諸徑　藥線孔徑及後膛酌用棕鬣諸物用以阻回退力　較某砲參配諸等藥力　以斤兩例諸砲運用功效　砲身勁力　砲膛藥力　保砲諸法　收藏大砲　歷年所製螺膛光膛砲　後膛塞蓋及動静砲鍵　製用螺膛銅砲　運動砲架堅固砲架　添配止環法條用以阻砲車回退　西瓜轉樞及諸氏砲架　酌配砲具砲手　砲向準向與船之摇擺噸儎相関　測船距以準砲的　論砲彈攻船須層層貼浪方爲攻力得勢水浪阻力　砲彈不能攻水線下截　運砲諸法　砲彈攻杜物之厚薄任砲彈攻力土墻鐵甲每重勻作數重　空心尖圓彈益處較多　鑄鐵打鐵空心實心圓彈攻打彈重及多重鐵甲　平頭尖頭彈攻打鉄甲［實］效　諸氏鉄鋼空實心砲彈　鉄甲試驗砲彈　酌用英法數表　添設木褥用以堅衛鉄甲　船上安砲　砲台宜高砲坎尺寸　砲座砲具等件　施砲　轉砲　坐砲　向砲　繫砲　築砲　洗砲

儲藥　運藥　儲彈　運彈　兩艦交砲　進船轉砲攻守法　測極遠船距以收交砲實效　諸國新式螺膛砲　微砲頓使其攻力仍無差減　諸國試演鎗砲　水雷溯源　法國常用水雷藥引　水雷引電綫　造理法　諸種水雷　水雷藥與鎗砲藥不同　諸種火藥優劣　法國常用火藥　諸機驗藥力　水雷靈猛攻效　諸法試驗水雷　港口埋布水雷　一船或數船進港應如何施放水雷　運用浮雷　布運水雷船　破水雷諸法

論熱力學十六課　一切機器皆由熱而運動　善取熱力之法　算物化氣所受熱度並漲縮熱度　論馮力二氏數表只能算真氣漲縮之力真即氣之氣不能凝化者。　算湯汽熱度及漲縮之力　用加挪氏曲線推輪機至善之要　論唯氣可蓄大力　汽中熱力互變有定法　量熱力相稱之數　算汽質因熱衝散之速率　諸色氣機非湯汽機。得失　湯汽機大要與他機較別　節汽過度機得失　省煤機有煖汽筒之用處

海務章程十課　設立海部　製造局　水師製造各學堂　人員班次擢陞月俸及致仕養銀　計廠中人員及匠徒　招補匠徒健丁　甄別徒匠等事　定匠徒健丁工資陞降并疾病死亡恤其孤寡等例　定各廠工程策記　稽查各廠出入料件人等　考廠中已成未成工料　稽查修理工程及船上支領料件

法國汕荅佃礦務學堂課程單

第一年計分四期。

第一期，西曆十月十五日起，十二月二十四日止。

代數闡詳八課　錯宗三法　鈕氏二位不拘元例表　各表常例　疊元總例　疊元求數　疊元堆域　域較　鄧氏例表　馬氏例表　對數理用　八綫理用

代數拾級十課　點綫　二位變數　域較函元　角度交軸　曲綫徑　曲綫切軸　幾何卸法　移軸　徑橢圓　單抛綫　雙抛綫　各心點　曲綫折合　曲綫截徑　二元面冪以上爲縱橫二交軸者。　垂軸法　函數解　冪交冪割跡以上爲縱橫三交軸者。

積微學拾級八課　函數並源數　域數纖數理解　微學算法　不拘元域較并微數　鄧氏馬氏例表　消長二域理解　函數求實　以代學御積微學　積學算法　各積種學　積算微學各表

礦學辨塊十八課　論凝體者六課　論礦體凝結六形　礦　煤　石油　鑽石　琥珀　鈾　銻　鉍　碲　緑　硴　鈥　鋁　矽　矽含金質養並矽含金質養與金質養　矽含金質養并金質養　白矽石　各種矽石　弗質矽石　硴質矽石　矽石罕有者　金類　鋇類　鏓類　石灰　鎂　鈉　鉀　鎰　鉄　鈷　鎳　鋅　錫　鉛　汞　銅　銀　金鉑

礦學開採六課　地學初步論大地濁凝礦碣因異之理　坿比例尺理解一課

第二期，西曆十二月二十四日起，次年二月二十八日止。

重學闡理二十四課　課如《德氏全書》，惟第三册内祇受堅質振擊之理。

畫學十課　軸旋法　板移法　立錐　圓柱　格冪平展　割跡　展冪　曲冪　旋冪　各種交冪割跡

化學十二課　非金類　鮮質　鮮原　金類　蛤利質　蛤利土質　鋁質錳質　石質鮮原　石質鹽類　石質化驗　試以各質化驗　求質内含酸

第三期，西曆三月二十九日起，四月二十八日止。

格物學二十七課　大學門　堅流氣三質熱長理數　寒暑針　過質　湯氣漲力　熱力　熱質　熱性　機以熱運者　電學門　磁鉄　顧氏電枰　磁氣互噏　地氣噏磁　電氣　磁氣學　生電鉍銻因熱生電　通電　磁電感生　以電運機　鏡學門　通光　鏡分日光　別光　論光　三角鏡　返映　浸透　四射

礦學開採三課　鑽地各器鑽鏟配護

畫學六課　影法　圓柱内容　立錐内容　設墨　繪法　形遠法　直綫界體　圓體

第四期，西曆四月二十八日起，六月十五日止。

礦學開採十五課　礦洞木架　礦井護匡　採法　礦廠内用各機於閱礦時周究

測量九課　地面繪法　礦内機用

化學十二課　鎰與鉄別質鹽類化驗。水化驗　緑氣化驗求各質中所含者。燒質別質。淡氣論各種炸爆之質　燐化驗　鉀與化驗　鈉塩類。化驗　炭與鋇塩類別質。以上爲年在堂之師課，此外尚有設墨習繪、代學積微學、習算爲第一期之窗課，畫法試圖、化學試驗、重學試解爲第二期之總課，影形試圖演畫評考，化學分驗，重學測力爲第三期之窗課，礦採録藁地圖摹本、究閱礦所化學枰驗爲第四期之總課也。四期之後、考課之前，自六月望至七月朔，共十五日，爲測量地圖之試也。次年在堂窗課則赴化學所，有四次，繪營造者二圖，録煎鍊者一本設色礦圖一張，機器圖一張也。凡每期課滿，攷問一次。年周則以七月朔至八月望止，爲彙考之期。【略】

第二年，亦分四期。

第一期，接續初年餘課外。

化學釋用拾課　銅　鉛　錫　銻　鈊　鎘　鈷　鎳　鋅　汞　銀　鉑　鈀　鉑塊　化學廠用各質　雷筒驗質　并夏氏高氏呵氏各機

煎鍊五金學十四課　畜熱力　燒質天生、人工。　煆煤爐　製煤　質煤博爐承　爐氣櫃　爐氣爐

重學釋用二十六課　阻動門　滑行面阻力　旋行面阻力　繩纜勁力　機器瑣件門　横軸托　直軸樞軸孔　滑轍　轆輪　革帶　鉄纜　輾輪　齒輪筍接　起重輪　螺絲轉輪□□　偏心輪　連使行　離使止　壓止　傳力要理助力輪　論驗機器流質重學門　止水　流水白氏理解。　水學釋用　水由孔噴槽流之理　傳筒勝力

第二期，西曆十二月二十四日起，二月十四日止。

煎鍊五金學十六課　各爐風機　爐　選礦砂　爇砂爐　鉄　鉄件　鑄鉄鋼　礦砂　熱砂法　□高爐　配置礦砂入爐　熱氣各機　高爐風機　高爐擬稿　鑄鉄理　木炭煉鑄鉄爲熟鉄

地學十八課　地質解　石質解　地帶　古昔沉埋樹木骨殼各質

第三期，西曆二月十四日起，四月三十日止。

營造十一課　筍接圖解　屋架　井匡　塚石　捲硐理并夾跡

煎鍊五金學十二課　以煤炭煉鑄鉄爲熟鉄　煎鉄機爐　鎚鉄　拉鉄　合煉砌打鉄廠　煉鋼　畢斯瑪法　馬丁法　古法　銅　瑞國法　英國法　濕煉法

重學釋用三十課　水學流質重學續前　運河　測流水積　以水運機　水由邊沖行之車輪并由心沖行者　水機　轉輪水車　螺旋水車　直運水抽　横激水抽　水自上行機　水力止機　氣質重學門　巴蒲氏例解　氣定　氣動　氣由孔口噴突　測所噴氣質　壓氣機　高爐畢斯瑪爐氣吹　風機　礦中氣道　湯氣重學門　湯氣總例　賈氏曲綫　理用較差　爐位　用火理　理烟法　進水

第四期，西曆四月三十日起，六月十三日止。

煎鍊五金學二十一課　鉛　脱礦去養法　入鉄去礦法　華氏法　德國提銀法　英國并巴氏提銀法　銀　汞　金　錫　鋅　銻　鉑　提浄礦砂法

重學釋用九課　湯氣重學門續前　記驗機　水缸沉濁并驗法　製造機器氣盒等機　進退機　冷水櫃　助力輪　武氏記驗機　礦用抽水各機

堅質勝力學八課

所有各課師授，以二點鐘爲率。初年、次年均同。

白海土登監工上等學堂課程單。

代數學　學者先窮第一級之理，及用第一級數表之法，并稍涉第二級之理，及第二級數表之用。

八線表　學者先討論諸線之長短，方其角度之更改，八線表之理，并算桅杆船對數之應斜之度。

切錐曲線　當知第一級及第二級之表，然後能定曲線之形。

勾設畫法　先學於三點能作一板及木板之切面質曲線等理，并稍涉畫遠近物體之法。

重學　學重學外，並學新學淺理使之體質之能任力與否。

雜學　雜學中有汽學，明汽質之鬆縮。有化學，别淡養氣之功用。

船學　先知擇各種木料之用，並起船槽上前後鬭鯨舨板諸法。

機學　學機器運用合攏諸法，並輪機窾竅之淺而易明者。

文字語言　須通究法國文法。

商賈籌算　凡製造貿易盈虧之數，均宜善知籌算。

繪事　窮船機諸畫法。

白海士登監工學堂課程單

課程總目　算法及代數入門　勾股入門　勾股畫法　重學　船身梗概汽機體用　法國語文　繪事

學算法、代數者，先學乘除加減四小數及命分立方諸學之變，既精，乃討論對數表之用、算尺之法，及代數第一級之理。學勾股者，先學劃直線及各種角於地並按驗直線及各種角命度與否之法，既精，乃學三角形、多角形之算，學勾分直線爲數段之法，遂及比例線諸平方形各種立方質體質之理，並參究法國各官廠日用各勾股便捷之法。學勾股畫法者，各徒當於逐日所討論法之圖彙成一帙，其所討論者則爲影立體諸形於直平二向，並求其本質之尺寸等事。學重學者，惟求其法，求法則籍考驗形體之實際而知重心、物質速力、熱力、馬力等事，亦擇其日用之法而學之。至於汽機之窾竅、起重之理法、輪臂輪齒螺絲及新學所用之法，亦皆討論大概。學船身者，於總監工既定尺寸之後，須能依其數目繪成全圖，船脅龍骨戰枰樑門鯨單雙重舨板等項，皆當深究其法。鑽艙手法尤當精，熟鉄

船之内，龍骨舨板、鉄槽鉄樑亦宜諳曉。學汽機體用者，先别流質、堅質、汽質，及流質之轉爲汽質，而汽質之能任運力諸理，凝汽櫃轉輪臂、汽筩、汽餅、汽門等之體用，水缸之任小力之大力之别。學法國語文者，究文理字法之訛。學繪事者，先畫拋物線、雙曲線、橢圓線、螺蚊線等，而後學、畫汽機、船身船尾之圖。

賽隆匠首學堂第一年功課

數學　加　減　乘　除四數理　乘方　整方　零分　代整數　各種奇數理法　約分小數　約分化小數　開平方立方各法　小數約法　各種秤量　古昔秤量　比例　設試　各算

代數初步　加　減　乘　除比例　立方　開乘各種乘方遞數　第一第二級算表法　第二級不第　算法化各多級爲第二級法域數　對表　表對　數用法

幾何入門　線　角　垂綫　斜綫　三角形　平行綫　多角形　綫　角設試　圓綫　弧失　切綫　側角　等邊　形　畫各勾股形法　圓綫　設試　等形　綫比例　面積等形　三角等邊相因　圓形徑邊相因　多邊形邊等綫角相因　面積　算面積　面積設試綫面正割　綫面平行立體角　平體角　立錐斷錐　立體等形　合掌形　圓柱　圓錐　斷圓錐　球曲綫　橢圓單拋綫　雙拋綫　立錐體交割綫面體各積法　解各螺紋綫曲綫　設試曲綫法

法國文字　文法　句法　論辨法　虚字解字義　句讀　説文　法字本臘丁説　默書　默書皆摘百工樽節著有成書者而默之，學者須解明文法、字義、句讀、故事地名各理，教習改正後，各學生應録記正簿。

壽算門　販買算訣　買賣交易　理　賬蓄本　規例贖法　税則　官印票期票　號單　利票　理税　水脚　數單　會兑票　字據　錢票　匯兑法　理期票　貨單　車票　鉄道票　書信底式　総藏　發貨　收貨　定貨　銀錢期票　收發棧房貨物　工匠姓名　日用抄信　清數各簿

畫法　建造畫法　綵飾畫法

賽隆匠首學堂第二年功課

幾何畫理　直線　曲線　面積　立積　交切影映諸法

八線　八線　加　減　乘　除　及測距法

諸體運動　諸體運行遲速　路綫及革帶　齒輪　偏心轉輪　輪臂　錐鑿等件

格致　流質　氣質　托力　張力　火學伸縮諸理　及寒　暑　風　雨量氣　量輕重　率諸表　吸氣機　引風升火等件

化學　純雜諸體質及用字代物法　養淡輕水四項　又泛論養氣　參淡養硫磺輕氣　火藥　藍紗　大石　礬　炭及五金質

法文　虚實字互相體用　句讀章節辨法　以天文書推辨文法　内坿地體大小　天度高低　經緯線　春秋分日月距又以古史爲默書

廠程　調劑匠徒　驗收物件以及布置廠務　頒發廠費等項

幾何畫法　内坿以上諸項畫理

堂中早課　五點三刻法文廠務及背誦前課七點至八點半數學廠規　格致化學九點至十二點堂課　教授諸法

堂中五課　一點半至三點畫圖　三點至七點觀廠七點半至八點三刻數學法文

賽隆學堂第三年課程

重學門　量時　格物　論質理　動静理　力　量力　壓漲二力相等　力用各法　變定各力法　尺磅起根　枰　用枰法　記機器壓力錶　遲速按例動理　力程比例理　重質解　動程數　物相衝動　因動測力　原力並動不自静工　工力解　分合動力行程三法　重距相尋理　平行力　擔機力　天氣壓力解　重心　定重心簡法　簡便建造定重心法　置物不傾重距相尋之理　置物穩定　置物不穩定　鍊曲綫　吊橋　旋軸動法　不静動法　工力理　排動省繁二法　切力　錐式排理　機器工力解　均匀動力有益解　界趾變程法　助力輪理　面阻力　止輪機理　用上輪機　齒輪　鎚　不斷螺紋　轉輪臂　偏心輪　革帶　鐘錶機　匀力機　勁力　勁力摘要

水學門　巴士簡壓力理　亞息默水學理　浮物理　灞堤解　壓櫃解　筒口水流各積理　水流力　量水機　水抽機理　造水抽　機理　流質阻力　水磨　風磨

氣機門　常用氣機解　量算實得氣力　論各種氣力優劣　驗試得失　氣機比例　進氣機驗

格致入門　電氣静力　電氣陰陽二類　電氣用處　磁石　電氣動力　電池　亞氏量電　鶯氏量電　電過磁　鍍　金法　電燈　電報

音學門　聲　聲之優劣　弦　管

光學門　光　光程　影　量　光　反映　鏡　側穿　三角鏡　通鏡　各

種器具

化學門　釋質　釋等　鹽類　化鎔　凝結　分　各種原質　各種合質　分驗初階　松香油　石腦油　燒酒　葡萄酒　芳酒　造煤包　膠漆因陳勒勃即印度樹膠等件　糖　胰皂　器機用油　燒質　泥煤　煤炭　木炭　炭骨爐灶等

起造料件　各種石　磚　瓦　灰　三夾土　火土　煉五金　礦土　鉄鑄鉄　鋼　鉛　錫　白鉛　五金齊　木料　泉　井

法國文字　造句　背誦古文　地球　各土方向　出產　販賣　製造　各家文字、各機器創始之人

畫學門　畫廠用機器圖

王韜《甕牖餘談》卷五　西國印書考

西國印書之(昉)[坊]，古矣。昔迦勒底國藏有巴比倫印章，其刻或字或畫，鐫版之法，實兆於此。但印小鈐遲，事勢工費，不能通之於印書也。當明初時，歐洲始有以木版印紙牌，爲法王迦羅思第六玩物者。永樂二十一年，又以木版鐫刻圖畫。其初印者，現庋置英京書院，第創始未知何人。嗣後作者精益求精，刊印歷代事蹟全圖，旁綴以字，刻字肇端於此。後分每字母爲活板，不必逐板鐫刻，而數十百種之書，悉可取給。始造此者，爲谷敦保，世居每納士，生於明永樂元年，二十二年至斯達四吧。洪熙末，同其地之特雒盛立夫希耳曼合作，設局於特舍。亡何特死，谷致書特弟，毋令人入其室，恐人知之而竊傳其法也。是時局中四人互相争，乃訟諸官，因此衙署中始知谷爲始作活板者。事在正統四年。四人由是不知，而谷貲亦磬，回故鄉，欲其法克傳，特患貧力不足以濟事。時有金工弗思特，家巨富，與之謀貸，因同設印書局焉。始印零星小帙，自景泰元年至六年，乃用臘頂語印新舊約書，字係鉛質，用刀鐫刻，現有一册印於羊革，存於普魯士書庫，谷因是得馳名一時。書成閱五載，弗思特之家業又磬。弗始料不及此，怒甚，訟谷於官，責償子母，於是谷所置器具，盡爲弗有，而弗遂得專行其業，人之見之者盡奇之。谷印約書外，更印別言，古致可觀。自離弗後，踪跡莫詳，有言谷自後忽忽不樂，隱處山林，人罕見其面。成化元年，國王詔給糈禄，四年乃卒。谷所造活字有謂鐫刻者，有謂澆製者，聚訟紛紛。但觀字之鋒稜，實係刀刻。澆製之法，始於鐃弗，乃谷後起之隽也。鐃弗年少思精，爲弗高弟。弗與谷相絶後，即偕鐃同業年餘，始印大闢詩篇，書尾言活字之作，肇自我二人。按是書作已四載，明爲谷所未竟之業。鐃按二十六字母之數，以作字模，鎔鉛澆製，濬與弗思特觀之，弗喜甚，因妻以女。其法秘不示人，印書工匠來者，必先密誓，後令工作。天順六年，其地法兵，衆匠離散，以印書法傳於他邦，於是歐洲列國始知其用。亂定，弗再建局於哈崙，復從哈崙遷於羅馬。成化三年，法國立印書局於吐耳。五年，設局於法京巴黎斯。天順四年，俄羅斯立局印書。英國刻印書册，未知始於何時。相昉傳自惡肆弗爾及京都倫敦，後建於阿爾班等處，咸爲教師勸立，所印皆教中書。宏治年間，設立官局，專掌玉印書事，行之六七十年，皆用臘頂語，及他國文士之言。後有以英國方言譯印新舊約者，主教嫉之。嘉靖五年，有博學士子，譯印新約，以英國語，倫敦教主怒，因繙譯他文，理旨或有背謬也。乃下令國中禁勿誦讀，諭人盡納是書於官，而投諸火，否則以背道論。令下民勿從，購者殊衆。按印書之法，行於英國甚遲。嘉靖隆萬間，國中亂甚，民不向學，印書者寥寥，國法局中無得過二十人。久而禁弛，文學大興，歐洲印書由漸而盛。顧惟日耳曼無禁，其餘皆有厲禁。凡事有關家國，例不許印，每刻一書，必上呈於官。法京巴黎斯禁稍寬，然總不若英之不設禁令也，以是印法莫精於英，當人助貲者衆。他國忌諱多，羣情疑沮，貲以不集，因歐洲多書禁，自米利堅乃興於西。明崇禎時，麻薩朱實立第一印書局，印器從英運至，其後日增月盛。至以西法變通，行於華字，此不過五十餘年耳。嘉慶時，英人馬施曼，自天竺學華言，譯印新舊約書，始造華言鉛胚，此印刻華字之濫觴也。其書至今尚有存於華地者。後有臺約爾至檳榔島，悉心於華字，造陰模陽模，澆成製字，大小二種。建屋曰英華書院，立和約後，遷於香港，開局印書。臺死，合衆人谷立繼之，廣印書籍。臺所作陰陽字模之未成者，谷竟其業，更作小字，及數目等字，共四種。他處印書購字者，悉於此取給焉。甯波聖華書院，又將每字偏旁分析，或分二，或分三，用字省簡，而工較費。近合衆姜教士，更以化學新法製字，以木胚代鋼模，費省事速，其價漸貶。觀於此可以略知西國印書之源流矣。

又王韜《瀛壖雜志》卷二　滬地多西洋奇器

滬肆諸物騰貴。談箋濮刀，著名已久，今皆失其初製。圜闠間所陳西洋奇器。俱因天地自然之理，刱立新法，巧不可階。如觀星鏡、顯微鏡、寒暑針、風雨針、電氣秘機、火輪機器、自鳴蟲鳥能行，天地球之類，下至燈瓶盂碟一切玩具，製甚精巧，亦他地所無。

徐家寶《錬鋼要言》卷一 用罐鎔鋼法 用罐錬鋼之法，將上等條鐵，或零碎別色麻軟鋼，及含錳之生鐵，或司貝格來思，同入罐中蓋密鎔之，則生鐵內之炭質、錳質即添入熟鐵內而成鋼。又有阿揩胡思所設一種錬鋼之法，用花點生鐵之小粒，合於煅過而磨成粉之鐵礦，及木炭屑，置於罐內，用枯煤燒鎔之，各號鋼所含之炭數如左表。

號數	三	二	一	・〇三	・〇二
每百分含炭之數	・七至・八五	・八五至・九五	・九五至一・一	一・一至一・二	一・二至一・三
鋼性	最軟之鋼	鏨石之鋼	螺絲母鋼	刀鋼	剃刀鋼

爐之內面鋪沙石塊，西名乾尼思太，爐作楕圓形，高三十九寸，寬二尺，深一尺半。自爐膛至烟囱之路，方九寸，罐常用火泥爲之。第一次盛鋼料五十五磅至七十磅，每提淨一次，則盛鋼少五磅至十磅，每十二小時鎔三次，每鎔鋼一頓，用枯煤二頓十五石至三頓十石，合之生煤四頓至五頓。

西門司所設回熱煤氣爐，能大省燒料，亦可用罐鎔鋼，爐膛底形如盂，每鎔鋼一頓，僅用生煤屑二十二石至三十石。爐膛作長槽形，用橫牆分隔，每隔內容六罐，兩兩配耦，成三行排列。

美國用筆鉛罐，每罐能容鋼一石，其罐能連用二十四小時。共鎔鋼五頓，每鎔鋼一頓，燒生煤屑一頓。

別色麻法之爐如瓶形，謂之桃形爐，名爲爐而實兼作罐之用。能鎔鋼五頓，徑七尺六寸，內鋪乾尼司太粒，厚九寸至十二寸。外用鍋爐板作殼，旁有二耳，如礮耳而空心，吹風即由此通入爐內。爐底可拆卸，便於調換，底內有火泥進風孔七至十二，孔徑六分。廠內必預備爐底多個，便於調換。吹風之抵力，每平方寸十五磅至二十五磅。

先用枯煤在爐內吹風至紅熱，倒出枯煤與灰，將其爐平臥，倒入已鎔之生鐵，隨即鼓風，次爐直立，吹進之風能與內含之炭、矽、錳化合而速生大熱，發出光焰，始爲橘皮色，嗣改光白色。其矽與錳并鐵少許先燒，待數分時炭即漸燒。吹風之時，自五六分起至三十分止，間有更久者，依材料之性，及含炭之數，全恃工入眼力，看其火焰而知合式，或用光色分原鏡定之。

有乘吹火時，另添鐵條，鋸下廢塊入鎔鐵內者，其數約百分之十五分至二十分。

佚名《鎔金類罐》卷一 造法與用法前爐典此罐同爲鍛錬金類之用，故將二器合成一卷。

鎔錬金類所用之器謂之罐。西國古時，爐火之家俱能自造此罐。自有西教以後，丹家用罐之時必在罐邊刻十字形。因此而西國稱此罐爲十字器，即中國符咒之意。

凡罐有不可少之數事。上等者，能耐極大之熱而不變軟，倏忽冷熱而不坼裂，遇鎔質而不被其侵蝕，能任鎔質之重，爐中取出之時不改形。現在各國所用者逐年增多。如鎔銅與提純金銀並鎔造鑄鋼，以及一切金類。如造錢局、化學房、鎔錬家皆是。

英國用罐最多之處，在伯明巷與失非特。所用之火泥在斯妥爾橋地方挖得，而另和以別料。如枯煤粉，可免受大熱時縮小之病。此種罐不必預烘，可在臨用時烘之，須倒置於爐中，待紅熱後取出而正置。若先正置必致坼裂。然用一次之後而待其冷透則不能再用。其料有二方。其一，用斯妥爾橋之泥四分，舊罐細粉二分，高嶺泥一分，枯煤粉一分。其二，用斯妥爾橋泥二分，硬炭精粗粉一分。此罐臨用之時，稍加熱遂倒置於爐內，以熱枯煤壅之蓋之。得紅熱爲度。現在造罐最能耐熱之料係筆鉛，此質幾爲純炭質。數年前除鎔寶金類之外不用此罐。今則無論何種金類俱用之。而別種罐幾乎不用。近於倫敦之白太西地方有大廠，名麻艮公司。其廠面甚竟。乃數年來所添之新工藝。

造罐之法：先將其料磨細而篩之，後再和以數種料令其有黏力，造成罐形。從前以手工爲之，用平常之木模。今以機器爲之，其形體與其重數最準。舊法總不能得此二種益處。此種筆鉛罐能用數十次不壞。一千八百六十二年，倫敦博物院內有此公司所造之罐。業經用過八十次至一百次。平常之泥罐，如能用一日不壞則以爲美物。筆鉛罐之價雖貴於泥罐，然大能省時與人力與燒料。如鎔鋼一頓能省燒料一頓半。

罐之尺寸與形式俱依所鎔之質。如錬質金類小至可套於指上，如鎔鋅鍍礮彈者能容鋅八百磅。又略爲圓柱形，又略爲三角形。有底大口小者，有底小口大者。俱依其容積定爲若干號。其號略以法國紀路爲率。如第二十號容三十紀路，即略等於英國六十磅。

英國哥奴滑勒地方有一種罐。係錬銅等用。其泥在本處挖取，即聽暮得所產之泥一分，普勒地方之泥一分，砂一分，其形圓。有大小二號，大者口徑三寸，高三寸半。小者可同入大號之內。其質粗。其色灰白。有黑色花點。

傳記

《清史稿·張之洞傳》　張之洞，字香濤，直隸南皮人。少有大略，務博覽爲詞章，記誦絶人。年十六，舉鄉試第一。同治二年，成進士，廷對策不循常式，用一甲三名授編修。六年，充浙江鄉試副考官，旋督湖北學政。十二年，典試四川，就授學政。所取士多雋才，游其門者，皆私自喜得爲學塗徑。光緒初，擢司業，再遷洗馬。之洞以文儒致清要，遇事敢爲大言。俄人議歸伊犂，與使俄大臣崇厚訂新約十八條。之洞論奏其失，請斬崇厚，毁俄約。疏上，乃褫崇厚職治罪，以侍郎曾紀澤爲使俄大臣，議改約。六年，授侍講，再遷庶子。復論紀澤定約執成見，但論界務，不争商務，並附陳設防、練兵之策。疏凡七八上。往者詞臣率雍容養望，自之洞喜言事，同時寶廷、陳寶琛、張佩綸輩崛起，糾彈時政，號爲清流。七年，由侍講學士擢閣學。俄授山西巡撫。當大祲後，首劾布政使葆亨、冀寧道王定安等黷貨，舉廉明吏五人，條上治晉要務，未及行，移督兩廣。

八年，法越事起，建議當速遣師赴援，示以戰意，乃可居間調解。因薦唐炯、徐延旭、張曜材任將帥。十年春，入覲。四月，兩廣總督張樹聲解任專治軍，遂以之洞代。當是時，雲貴總督岑毓英、廣西巡撫潘鼎新皆出督師，尚書彭玉麐治兵廣東。越將劉永福者，故中國人，素驍勇，與法抗。法攻越未能下，復分兵攻臺灣，其後遂據基隆。朝議和戰久不決，之洞至，言戰事氣自倍，以玉麐夙著威望，虚己聽從之。奏請主事唐景崧募健卒出關，與永福相犄角。朝旨因就加永福提督、景崧五品卿銜，炯、延旭亦皆已至巡撫，當前敵，被劾得罪去，並坐舉者。之洞獨以籌餉械勞，免議。廣西軍既敗於越，朝旨免鼎新，以提督蘇元春統其軍，而之洞復奏遣提督馮子材、總兵王孝祺等，皆宿將，於是滇、越兩軍合扼鎮南關，殊死戰，遂克諒山。會法提督孤拔攻閩、浙，礮毁其坐船，孤拔殪，而我軍不知，法願停戰，廷議許焉。授李鴻章全權大臣，定約，以北圻爲界。敍克諒山功，賞花翎。

之洞恥言和，則陰自圖强，設廣東水陸師學堂，創槍礮廠，開礦務局。疏請大治水師，歲提專欵購兵艦。復立廣雅書院。武備文事並舉。十二年，兼署巡撫。於兩粤邊防控制之宜，輒多更置。著《沿海險要圖説》上之。在粤六年，調補兩湖。

會海軍衙門奏請修京通鐵路，臺諫争陳鉄路之害，請停辦。翁同龢等請試修邊地，便用兵；徐會灃請改修德州濟寧路，利漕運。之洞議曰：「修路之利，以通土貨、厚民生爲最大，徵兵、轉餉次之。今宜自京外盧溝橋起，經河南以達湖北漢口鎮。此幹路樞紐，中國大利所萃也。河北路成，則三晉之轍接於井陘，關隴之驂交於洛口；自河以南，則東引淮、吴，南通湘、蜀，萬里聲息，刻期可通。其便利有數端：内處腹地，無慮引敵，利一；原野廣漠，墳廬易避，利二；廠盛站多，役夫賈客可舍舊圖新，利三；以一路控八九省之衝，人貨輻輳，足裕餉源，利四；近畿有事，淮、楚精兵崇朝可集，利五；太原旺煤鐵，運行便則開採必多，利六；海上用兵，漕運無梗，利七。有此七利，分段分年成之。北路責之直隸總督，南路責之湖廣總督，副以河南巡撫。」得旨報可，遂有移楚之命。大冶産鉄，江西萍鄉産煤，之洞乃奏開鍊鐵廠漢陽大别山下，資路用，兼設槍礮鋼藥專廠。又以荆襄宜桑棉麻枲而饒皮革，設織布、紡紗、繅絲、製麻革諸局，佐之以隄工，通之以幣政。由是湖北財賦稱饒，土木工作亦日興矣。

二十一年，中東事棘，代劉坤一督兩江，至則巡閲江防，購新出後膛礮，改築西式礮臺，設專將專兵領之。募德人教練，名曰「江南自强軍」。采東西規制，廣立武備、農工商、鐵路、方言、軍醫諸學堂。尋還任湖北。時國威新挫，朝士日議變法，廢時文，改試策論。之洞言：「廢時文，非廢《五經》《四書》也，故文體必正，命題之意必嚴。否則國家重教之旨不顯，必致不讀經文，背道忘本，非細故也。今宜首場試史論及本朝政法，二場試時務，三場以經義終焉。各隨場去留而層遞取之，庶少流弊。」又言：「武科宜罷騎射、刀石，專試火器。欲挽重文輕武之習，必使兵皆識字，勵行伍以科舉。」二十四年，政變作，之洞先著《勸學篇》以見意，得免議。

二十六年，京師拳亂，時坤一督兩江，鴻章督兩廣，袁世凱撫山東，要請之洞，同與外國領事定保護東南之約。及聯軍内犯，兩宫西幸，而東南幸無事。明年，和議成，兩宫回鑾。論功，加太子少保。以兵事粗定，乃與坤一合上變法三疏。其論中國積弱不振之故，宜變通者十二事，宜采西法者十一事。於是停捐納，去書吏，考差役，恤刑獄，籌八旗生計，裁屯衛，汰緑營，定礦律、商律、路律、交涉律，行銀圓，取印花税，擴郵政。其尤要者，則設學堂，停科舉，奬游學。皆次第行焉。

二十八年，充督辦商務大臣，再署兩江總督。有道員私獻商人金二十萬爲壽，請開礦海州，立劾罷之。考鹽法利弊，設兵輪緝私，歲有贏課。明年，入覲，充經濟

特科閱卷大臣，釐定大學堂章程，畢，仍命還任。陛辭奏對，請化除滿、漢畛域，以彰聖德，遏亂萌，上爲動容。旋裁巡撫，以之洞兼之。三十二年，晉協辦大學士。未幾，內召，擢體仁閣大學士，授軍機大臣，兼筦學部。三十四年，督辦粤漢鐵路。

德宗暨慈禧皇太后相繼崩，醇親王載灃監國攝政。之洞以顧命重臣晉太子太保。逾年，親貴寖用事，通私謁。議立海軍，之洞言海軍費絀可緩立，爭之不得。移疾，遂卒，年七十三，朝野震悼。贈太保，謚文襄。

之洞短身巨髯，風儀峻整。莅官所至，必有興作。務宏大，不問費多寡。愛才好客，名流文士爭趨之。任疆寄數十年，及卒，家不增一畝云。

著録

心齋居士《西方要紀跋》 西洋之可傳者有三：一曰機器，一曰曆法，一曰天文。三者亦有時相爲表裏。今觀《西方要紀》所載，亦可得其大凡。然必與其國人之能文者相與往復問難，庶足以廣見聞而資博識也。心齋居士題。

梁啓超《西學書目表》中 農政

《農學新法》 李提摩太 廣學會本 一本 三分

《農事略論》 傅蘭雅 格致彙編本

《蠶務圖説》 康發達 格致彙編本 一本 六十

《紡織機器圖説》 傅蘭雅 格致彙編本 一本 五分

《西國漂染棉布論》 傅蘭雅 格致彙編本 一本 四分

《種蔗製糖論略》 傅蘭雅 格致彙編本 一本 一角

《西國養蜂法》 傅蘭雅 格致彙編本

礦政

《實[寶]藏興焉》 傅蘭雅 徐壽 徐建寅 製造局本 十六本 二千四百

《開煤要法》 傅蘭雅 王德均 製造局本 二本 二百四十

《井礦工程》 傅蘭雅 趙元益 製造局本 二本 二百

《銀礦指南》 傅蘭雅 應祖錫 製造局本 一本 一百九十

《冶金録》 傅蘭雅 趙元益 製造局本 二本 二百四十

《西國鍊鋼説》 一本 一角

《鍊鋼要言》 製造局本 一本 二十

《礦石圖説》 傅蘭雅 益智書會本 一本 一角五分

《礦石輯要編》 傅蘭雅 格致彙編本

工政

《工程致富》 傅蘭雅 鍾天緯 製造局本 八本 一千二百

《考工記要》 傅蘭雅 鍾天緯 製造局本 八本 一千五百 即《工程致富》之續編。

《海塘輯要》 傅蘭雅 趙元益 製造局本 二本 二百四十

《行軍鐵路工程》 製造局本 一本 二百

《火車鐵路略論》 傅蘭雅 格致彙編本

《倫敦鐵路公司章程》 鄧廷鏗 楊葆寅 時務報館本 二本 此書本不能入工政，姑附於此。

《鍊石編》 舒高第 鄭昌棪 製造局本 二本 三百二十 言造塞門德土之法。

《鑄錢工藝》 傅蘭雅 鍾天緯 製造局本 二本 三百六十

《鼓鑄小銀説略》 同文館本 一本 二分

《匠誨與規》 傅蘭雅 徐壽 製造局本

《造管之法》 傅蘭雅 徐壽 製造局本

《色相留真》 傅蘭雅 徐壽 製造局本

《硫强水法》 傅蘭雅 徐壽 製造局本

《卻水衣全論》 傅蘭雅 徐壽 製造局本

《回熱爐法》 傅蘭雅 徐壽 製造局本

[以上，]《西藝知新》八種共六本，一千二百文。尚有三[二]種，一歸兵政，一歸算學。凡《西藝知新》各書，皆極有用，不必全加圈識。

《製肥皂法》 林樂知 鄭昌棪 製造局本

《製油燭法》 林樂知 鄭昌棪 製造局本

《垸髹致美》 傅蘭雅 徐壽 製造局本

《鍍金》 金楷理 徐華封 製造局本

《製造坡[玻]璃》 傅蘭雅 徐壽 製造局本

《鐵船針向》 傅蘭雅 徐壽 製造局本

《機動圖説》 傅蘭雅 徐壽 製造局本

[以上,]《西藝知新續刻》七種共八本,一千二百文。

《藝器記珠》 [不著撰譯人] 製造局本 一本 四百

《電氣鍍金略法》 傅蘭雅 周郇 製造局本 一本 一百五十

《電氣鍍鎳》 傅蘭雅 徐華封 製造局本 一本 五十

《西燈説略》 傅蘭雅 格致彙編本

《西國造紙法》 傅蘭雅 格致彙編本

《滅火器説略》 傅蘭雅 格致彙編本

又《西學書目表》 附卷 近譯未印各書其未譯成及已佚者,皆附見。

《金石略辨》 傅蘭雅 益智書會 未印

《試驗鐵煤法》 傅蘭雅 徐壽 製造局 一本 未印

《鑄銅書》 舒高第 朱格仁 製造局 一本 未印

《鍊金新語》 舒高第 鄭昌棪 製造局

以上礦政。

《泰西工藝》 傅蘭雅 益智書會 未印

《工藝準繩》 傅蘭雅 徐家寶 製造局 未印

《造鐵路書》 舒高第 鄭昌棪 製造局 三本 未印

《造指南針法》 傅蘭雅 徐壽 製造局 一本 未印

《造象皮法》 傅蘭雅 徐壽 製造局 一本 未印

《鑄鐵論略》 傅蘭雅 汪振聲 製造局 未印

以上工政。

康有爲《日本書目志》卷二《理學門》

《地球發育史》 小藤今泉。二角五分

《地産論》一部,農商務省地質調查所。七角

《百科全書地質學》 文部省藏板。二角

《地質學新書》《普通學全書第》二十二篇 富山房編。二角

《增訂新編地質學》三版一册,秘田維四郎校閲,理學士神保小虎講述。五角

《地質學初步地學要略》一册,富士各孝雄著。四角五分

《初等教育小地質學》《通俗教育全書》廿八篇 澁江保。一角二分

《地學入門》一册,横山彦次郎著。二角七分

《地學淺釋》一册,乙骨太郎乙、保田久成訓點。一圓

《地質調查報文分析之部》一册,農務省藏板。五角

《地産要覽圖》洋本仕立一部,農商務省地質調查所。二圓三角五分

《大日本豫察地形圖》一部,農商務省地質調查所。歐文二圓六角、和文一圓八角

《大日本地形詳圖》一部,農商務省地質調查所。歐文三角、和文二角六分

《大日本豫察地質圖》一部,農商務省地質調查所。歐文三圓、和文二角

《大日本地質詳圖》一部,農商務省地質調查所。歐文三角、和文五分

地質學一十五種。

地之爆出,於日而爲金汁也。金汁面乾,而爲石也。介蟲苔生,積石面而歲成層也。積數萬年,而地質厚數十里也。積介層、蟲層、大草大木層、大鳥大獸層,而後至於人層也。積火成石,蟲成石,沙成石,泥成石,而地質之學出焉,萬物之資生也。人之僕緣八十萬里之地,所託莫大焉,豈不宜知耶。日人近極考求有報文分析之部,有地産要覽之圖,其地形質諸圖成,資多識哉。

《地産論》一部,農商務省地質調查所。七角五分

《坑法論》一册,和田維四郎著。三角

《富國全書礦山學》一册,松本駒次郎譯。五角

《礦山學講義録》一册,工學士門馬軍平編輯。一角八分

《礦山法令大全》一册,涌井武次郎編纂。二角

《坑業要説》四册,吉井亨著。一圓二角五分

《帝國礦山法》一册,和田維四郎著。九角

《山相祕録》二册,佐藤玄明著。三角

《中等教科礦物學》一册,西松二郎編纂。六角

《富國全書礦物學教科書》一册,松本駒次郎譯。四角

《中等教育礦物學教科書》四册,菊地安編。八角五分

《中等礦物學教科書》一册,富士谷孝雄編。五角

《訂正八版礦物學》一册,敬業社編纂。二角

《初等礦物學》一册,高須治輔著。三角五分

《通信教授礦物學》一册,磯野德三郎著。五角五分

《礦物學新書》《普通學全書》第十七篇 富山房編。二角

《百科全書礦物篇》文部省藏板。二角

《金石學》一册，博物館藏板。四角六分

《普通金石學》一册，熊澤善庵柴田承桂編纂。八角五分

《通常金石》一册，过敬之著。八分

《初等教育小金石學》《通俗教育全書》第十六篇 湏永右四郎。一角二分

《金石小誌》一册，白井毅編。一角三分

《晶形學》附圖切形 一册，文部省藏板。二角八分五

《寶玉誌》一册，和田維四郎編。一圓

《地質鑛學地殼圖説》圖一折二册，佐藤政養譯述。六角

《日本金石産地》一册，博物館藏板。一角八分

《百科全書金類及錬金術》 文部省藏板。二角

《博物館列品目録鑛物之部》 博物館藏板。三角三分

《鑛物字彙》一册，小藤文次郎外二氏共編。七角五分

《鑛物字彙》一册，村上要信編輯。一角

《金石對名表》一册，博物館藏板。一角二分五

《上野鑛泉誌》一册，高橋周楨著。三角

《熱海鑛泉誌》 青木純造纂述。二角

右鑛學三十三種。鑛泉附。

礦也者，地之金精也。日者，金之精也。日爆鐵屑而爲地，地發火山而爲礦。泰西墨洲精華已洩矣。吾中國二萬里，一太璞未開之礦也。崑崙爲地脈之祖，火山之始，自阿爾泰山、天山，以及衛、藏，皆崑崙也，故阿爾泰山譯爲金山。吾在總署見天山金礦圖，有得塊金重二十五斤者，此萬里真大地之金窟哉。而吾中國府之其内地雲南銅錫，山西貴州煤鐵，湖廣江西銅鐵鉛錫煤，山東湖北銅，四川銅鉛鐵煤，皆四千年封禁，留待今日，積千百世祖父之藏，而子孫今日享之，其富若何也。昔者蔽於瞀儒之説，今則皆以開礦爲事矣。而礦學未開，冒昧從事，譬之不通醫而開方灌藥，其不增病而死者幾希。故今日欲開地中之礦，宜先開心中之礦、眼底之礦。心中之礦、眼底之礦者何？開礦學，譯礦書是也。不然，則欲其入，而閉之門也。礦學以比人爲最，自山色石紋，草木苗脈子色，皆有專書。日本蕞爾小島，爲礦無多，然博物院目録甚博，其礦書初學教科如是其詳也，泰西諸書已譯矣，較之吾中土，則我二萬里大國，遍地皆礦，而無一書，此真外人所垂涎者哉。嗚呼，臺灣五金煤鐵久付日人經營之矣，閔馬父之譏，不悦學，其可爲國乎？日人其寶玉錬金之篇，皆可採礦泉足愈疾，而吾中國温泉多棄之矣。礦章以英爲美，其防火、防病、防壓、防閉、防水、防争諸法，日本已擇之。西人礦質分金類、非金類二類。金類，則金銀銅鐵錫鉑汞鋅鉍鈷鎳錳鋁鈣鉮。非金類，則磺硝雄黄硃砂石膏石灰硼沙鍾乳。此外各礦之雜質，皆有大用尤多，其學會報告一書，可徵地理焉。

又 卷八《工業門》

《工學字彙》一册，工學會編。八角

《模氏掌中工學公式》二册，甘利忠田代哲太郎共編。二圓二角

《袖珍工手便覽》一册，今木七十郎編。七角

《配景圖法》一册，中村達太郎著。六角五分

《諳氏材力論》一册，瓜生寅譯述。五角

《廣益農工全書》五册，宫崎柳條纂輯。一圓五角

《鐵材重量表》一册，阪田貞一著。一角五分

《木材積計算表》一册，志賀泰山編。五角五分

右工學總計八種。

原泰西所以强者，自英人倍根，立勸工之法始也。倍根當明永樂之時，泰西之窮同中國也。倍根令工人能創新器新法者，皆賞功牌文憑，許其專利，于是舉國騖之美之，獻新法者，歲三千餘人：英千餘人，法八百餘人，德奥六百餘人，意、比利時皆四百餘人。于是輪舟、輪車、電燈、電報，寄聲傳聲之器，驟出並奏，而開闢地球矣。皆工之爲之也。英人既以工富其貧，民食於工者，亦富數倍。咸豐癸丑年，英民食麵者，每人歲十三斤，糖十一斤有奇，茶二十兩，肉十二兩，卵四枚，酒二斤。至同治癸酉，凡二十年，每人歲食麵九十三斤，糖三十八斤，茶四十八兩，肉七斤，卵二十枚，皆三四倍。故泰西近來所課試，不在彈血槍肉，而在家給人足。暨民既富，而闢地開疆亦浩達矣。工皆有學人傳之。《考工記》何其美也，視人工之窳敗精巧，可見道焉。《三國志》稱諸葛之治蜀也，工械技巧，物究其極，今泰西得之矣。模氏、諳氏，泰西工學之精者，日本皆已譯其書。泰西用鐵如用木，鐵材、木材今所不可少者哉。勸工爲九經之一，又爲智民富國之本，而吾尚未之知也。

《土木工學道路篇》一册，山崎鉉次郎纂譯。一圓

《土木工要録》五册，土木局藏版。二圓五角

《袖珍土木便覽》一折，竹内駿二著。四角五分

《百科全書土工術》 文部省藏版。一角八分五

《鐵道略説》一册，土木局藏版。一角二分五

《土木學》六册，太森俊次原龍太共譯。四元二角

《衛生工事新論》一册，南部常次郎著。五角

《堰堤築法新按》一册，大鳥圭介譯。三元五角

《隄防溝洫志》四册，佐籐玄明著。七角五分

《土木工學鐵道編》一册，二見鏡三郎編。八角

《鐵路起工纂要》一册，栗塚又郎著。四角

《百科全書給水浴澡堀渠》 文部省藏版。一角八分

《東京市水道改良竟見》一册，伴直之助著楠本正隆序。八角

《圖解庭造法》一帙，本多錦吉郎著并畫。一圓五角

《築山庭造傳》六册，北村援琴翁籬島軒主人共著。一圓

《百科全書花園》 文部省藏版。一角六分

右土木學十六種。

單子入陳，陳之道路茀穢不治。單子曰，陳將亡矣。故古者司空以時平治道路，若道茀不通，民氣壅隔，運移皆塞，病噎以鬱。故政之不行，莫病於道之不修。他病皆可藥，獨喉咽閉塞藥不能下，未有不死者也。聞日本變政之始，政皆不行，既乃悟皆由道路不通之故，而速修之，政乃大流。此已驗之方，不可不試也。蓋道路不通，商貨不行，圖書器藝皆難至，士不出鄉，民顓顓益愚，適府越縣動須旬日，若桂林至龍州西隆，非四十日不能達，遠於歐美矣。何以爲治鐵路，縮萬里爲咫尺，今人皆知其利矣。而泰西鐵路之先，皆築馬路以爲之基，道廣數丈，隱以金椎，鱗以碎石，夾以長松，載驟駸駸，日可數百里焉。若夫溝洫、隄防、宮室、橋梁，前民之用，衛生之方，奇麗瓌詭，皆有程量。海邦大風，已漸泱泱。

《花結之種》一册，筆者不詳。五角

《匠家土藏户前雛形》一册，猿田長司著。一角貳分

《彫工雛形》一册，二柳著，向井長右衛門校。九角

《雜工三篇大工棚雛形》二册，大賀範國著。一角五分

《新篇拾遺大工規矩尺集》三册。二角

《改撰大工初心圖解》二册，猿田長司著。二角二分五

《大工雛形》二册，天野卯之助著。二角六分

《大工新雛形》一册，安藤喜助著。一角五分

《增補大匠雛形》六册，鈴木勘右衛門。六角五分

《新撰增補大匠雛形大全》五册，重之□山田泰平合著。七角五分

《新撰棚雛形》一册，村田重次郎著。九角

《建具便覽》二册，青木鐵五郎著。二角

《新選繪樣建具雛形》二册，宫城呂成著。一角七分

《匠家雛形增補初心傳》六册，石川重補著。五角五分

《新篇欄間空漏雛形》一册，安竹幸太郎著。一角八分

《新篇欄間雛形》二册，大賀範國著。一角五分

《軒廻矩術早見》二册，本林常將著。三角五分

《規矩真術軒廻圖解》二折，鈴木多橋著。四角五分

《軒廻矩術口傳》一枚，本林常將著。一角七分

《增補軒廻棰雛形》四册，立川富房小兵衛合著。

《獨稽古隅矩雛形》三册，小林源藏昌長著。四角

《改正番匠規矩的當雛形》二册，池田增五郎著。三角

《番匠町家雛形》二册，廣岡保教著。二角

《新撰雛形工匠技術之懷》三册，河合信次著。六角

《明治新撰工匠技術圖解》一册，秋田世高著。二角五分

《初心手引左官雛形》二册，柴井重次著。一角八分

《大匠繪樣雜官雛形》四册，大賀範國著。三角

《極秘六角雛形》一册，熊阪盤谷閲，赤井幸七恒嘉著。二角

《當世初心雛形》二册，大賀範國著。一角五分

《匠家》四方轉柱之圖，四方轉勾配之圖一枚，本林常將著。二角三分

《匠家矩術要解》一册，平内安房著。八分

《棟上新始諸式禮格匠家故實録》三册，松浦長門緣著。四角

《雛形匠家極秘傳》二册，廣丹晨父著。二角

《秘傳匠家繪樣集》二册，廣丹晨父著。二角

《匠家雛形》六册，本林常將著。六角七分

《俗説正誤匠家必用記》三册，立石定準著。三角

《西洋技術新撰大工雛形》一册，秋田彌左衛門著。二角五分
《大工新撰雛形》五册，木暮甚七著。六角五分
《大工雛形秘傳書圖解》二册，西村權右衛門著。一角八分
《新選建具透雛形》二册，青木鐵五郎著。二角

右雛形類四十種。

【略】

右機器學十種。

漢陰丈人之桔槔，太古之法也。有機事者，必有機心，老莊好言太古之衛言説也。結繩網罟，已爲機器，豈待輪墨之鳶，偃師之木人，張衡之地動儀，諸葛亮之木牛流馬，祖暅之之輪船哉。易之道也，利用前民可以利用者，易之而已。若必舍鍾表而珮滴漏，斷輪舟而尚風帆，非特事勢不能，亦非人情所願安也。以水火代人工，不勝于勞役手足也乎。泰西百年前無機器也，什器事物皆藉十指之力，廢麤窳遲，拙與中國同。乾隆二十四年，華忒始創輪機，先製小樣，無匠可應命。使匠鑽氣筒之圓鐵，匠辭不能，而强之椎成一孔，既不光潤，又漏氣，幾不可用。故創器者雖極有巧思，然非有精工，不能按圖以成物。又須有精器以佐之，然後無粗窳之嫌。然無深明重學之良師，失之毫釐，謬以千里，作器雖精，機器雖多，不能必適於用也。及重學師把瑪創作自能運動之機器，以製各種鐵機，舉國風從，其弟子曰，模私麗創活動，而又死之馬鞍式機器。又一弟子曰，樞悶篩造鐶鐵機器。又瑙試梅者，始作火輪鎚。灰透瓦者，始作量物之小機器，可使一寸分一百萬分厚薄輕重長短闊狹，無論製何機器，賴以爲律度量衡之準，於是新出機器日益多。故百年前，皆身使臂，臂使指也。百年後，變身臂指而爲機器也。故前則以人製器，今則以機製器。機器之製，精、速皆過于人製之器也遠矣。而華忒於乾隆三十四年正月五日，創織布新機，又推行於他事，英國盡效而用之，機器大行，英遂大富。英人以正月五日爲重生日也。新法新器專利之憑，百年前歲，凡百餘種，近乃三千餘種矣。昔美人創國，未治機器百物，一器之微購於他國，苦貴甚矣。又萬國既通，不能絶之，美人乃發憤自造。於是昔之鐵鑄類從英運，今則開採自鑄，匠十四萬，歲出鐵三百七十五萬墩矣。布亦運自英，今則布廠千餘，毛廠三千，工匠六十萬，除自用外，售於他國矣。墾地勸工民以富樂，歸者如市，每十年增客民四百五十萬，以成大國。織機自華忒創造之後，哈爾該亞寇懷克楞呑繼有損益，於是織機大備，織布之利遂爲大地所未有。乾隆時英歲出布十八萬兩耳，至近時歲出布乃至三萬萬，織毛將二萬萬，織廠七千餘所。於是一人可代二三百工，一童女日可織三萬丈線矣。觀二三機器，微物耳，而英人以富闢地數萬里，大變地球之局，豈不變哉。美富於棉，而百年前無法長棉花之子也，故視爲無用。乾隆五十八年，灰忒創軋棉子之機，於是運往英者百六十萬，五十年間遂至二萬萬。英布廠益盛，棉終不足。各國運去者十七萬萬，以英磅而計。英織美棉皆以富國。此亦宋人之絣澼絖矣。夫泰西皆用機器，而以手工之不精不勻不速，而欲與機器争利權，是猶駈跛羊而與駿馬争先，使躄足者而與慶忌争捷也。且中國不能不用機器久矣，而損則須修，缺則增配，一針寸木，動須歲月以求之外洋，其重費生鏽且勿論。安有以萬里之中國，而事事仰之他人者哉。故今者機器一動，能養窮民萬千，自收利源，自生新法，此日人所以尤汲汲也。

【略】

《百科全書建築學》 文部省藏版。一角六分
《日本建築構造改良法》一册，伊藤爲吉著。五角
《建築學階梯》三册，中村達太郎著。二圓七角五分
《建築學階梯續篇》一册，中村達太郎著。七角五分
《增補西洋家作雛形》四册，村田文夫山田貢一郎合譯。四角五分
《家屋雜考百家説林卷七之□》 澤田名垂。四角
《地震家屋》一册，佐藤勇造著。三角

右建築書七種。

建章之千門萬户，張華得圖而後能築之。匠人爲國，水地以懸，有傳授焉。高室多風，曠室多陰，處陰陽之宜，衛生有道焉，曾惠敏之至法也。當新破之餘，而宮室宏麗，匪徒人工之巧，亦覘國力焉。考羅馬之舊蹟，橋染、戲園、衢路，堂堂皆用石，故能久傳至今。至涘及之斜塔，已能知重心之理矣。大吾先聖之訓，尚卑宮而戒峻宇者，以三古諸侯，猶今土司，多虐用其民，築城築臺，皆用民力，雖文王之聖，猶以民力爲臺沼矣，非用雇役。故《論語》重農時而戒改作，《詩》美橐鼓弗興，《春秋》譏興築，皆有爲也。自王安石改雇役之法，役作皆不徵民，並以錢雇，無復虐用其民之患。孔子、《春秋》爲三統，董子《繁露》傳其略，説明堂之制，法地者，卑污方；法天者，高大圓侈。又法天者楕圓，法地者習衡，是孔子之制，不限於卑宮矣。明堂之制，上圓下方，四阿重屋，三十六牖，七十二户。泰西宮室乃明堂之遺，若早變雇役，孔子固欲與民同樂之，當爲法天之統矣。不

然，是陋邦之風，非衛生之道也。

【略】

《百科全書印刷及石版術》 文部省藏版。一角二分
《教草一覽内蠟一覽》 博物局藏版。五分
《重刷蘆粟裁製簡易法》二册，農務局藏版。一角八分五
《經濟秘法廢物利用》合本三版一册，近藤賢三，高橋要亮合著。五角
《日本農工圖繪》二帙，村井熙之輔筆。五角
《日本製品圖説》五册，農商務省藏版。三圓
《伯林磁器製造法》一册，農商務省藏版。一角二分
《米國蘆粟裁製試驗表》一折，農務局藏版。三分
《陶器集談會紀事》一册，農務局工務局藏版。一角五分
《教草一覽豆腐一覽》 博物局藏版。五分
《百科全書陶磁工篇》 文部省藏版。二角四厘
《繭絲織物陶漆器共進會陶器出品圖》 工務局藏版。六角
《陶漆器講話會筆記》一册，農務局工務局藏版。二角五分
《教草一覽糖製一覽》 博物局藏版。五分
《百科全書彫刻及捉影術》 文部省藏版。二角
《琉球漆器考》一册。五角
《織物集談會紀事》一册，農務局工務局藏版。一角五分
《歐米水産及製造法》一册，柳猶悦著。一圓三角
《實地應用化學工藝新法》一册，長谷川。二角
《化學工藝品製造法》一册，西村麻五郎著。三角
《菓子話舟橋》一册，舟橋屋主人著。一角
《和洋菓子製法獨案内》一册，岡本純著。一角二分
《教草一覽内葛布一覽》 博物局藏版。五分
《教草一覽内褐腐一覽》 博物局藏版。五分
《工商技藝看板考》一册，坪井正五郎著。三角
《實監罐詰製造法》一册，猪股德吉郎著。五角
《甜菜砂糖製造法》六册，勸農局藏版。一圓六角
《勸業獨案内》一册，西村周三郎編輯。三角五分
《工業必携用法畧説》一册，菊永昌助編纂。一角五分
《大日本織物志》一册，須永金三郎著。二角五分
《教草一覽内疊表一覽》 博物局藏版。五分
《教草一覽内索麵一覽》 博物局藏版。五分
《教草一覽内漆一覽》 博物局藏版。五分
《教草一覽内葛粉一覽》 博物局藏版。五分
《教草一覽内蒔繪一覽》 博物局藏版。五分
《驗糖簡易法》一葉，農務局藏版。二分五厘
《佛國新法烟火全書》二册未完，清水卯三郎譯。七角五分
《府縣陶器沿革陶工傳統誌》一册，農務局工務局藏版。二角二分
《府縣漆器沿革漆工傳統誌》一册，農務局工務局藏版。一角五分
《教草一覽内香蕈一覽》 博物局藏版。五分
《工務局月報》三十二册出版 工務局藏版。三圓二角
《增補訂正工藝志料》一册，博物館藏版。六角
《東京府工藝共進會出品目録》一册，東京府藏版。九角
《工藝百圖漆器之部》五葉，博物館藏版。六角二分五
《工藝百圖陶器之部》十葉，博物館藏版。一圓二角五分
《百科工藝新書》二册，宫崎柳條纂。五角
《鹽豚製造法》一册，森田龍之助著。七分
《教草一覽内臙脂一覽》 博物局藏版。五分
《重用作物鹽水撰種法》一册，農學士横井時敬著。五分
《教草一覽内澱粉一覽》 博物局藏版。五分
《教草一覽内藍一覽》 博物局藏版。五分
《教草一覽内油一覽》 博物局藏版。五分
《砂糖甜菜根耕作法》一册，大藏省藏版。二角五分
《魚油蠟篇》一册，農務局藏版。六角五分
《綿絲集談會紀事》一册，農務局工務局藏版。一角五分
《百科全書織工篇》 文部省藏版。一角八分五
《富國全書實地製造化學》三册，上田貞治郎著。一圓二角
《漆器集談會紀事》一册，農務局工務局藏版。一角二分

《繭絲織物陶漆器共進會漆器出品圖》 工務局藏版。三角三分
《百工自在》一册，獨逸氏原著，杉本耕太郎譯。二角
《西洋百工新書》五册，宫崎柳條纂輯。一圓
《工藝百般實地經驗製法新書》一册，内藤加我編輯。八分
《發明秘術製法五百題》一册，蘆田束雄著。三角二分
《新撰速成製法秘訣》一册，蘆田束雄著。二角
《製糖試驗録補遺》二册，勸農局藏版。三角八分
《教草一覽内青花紙一覽》 博物局藏版。五分
《西洋烟火之法》一册，清水卯三郎譯。七角五分
《百工製作新書》三册，宫崎柳條纂輯。八角
《勸農業書製油録》一册，大藏永常著。三角
《教草一覽内製紙一覽》 博物局藏版。五分
《製造所簿記教科書》一册，有澤菊太郎竹田等閲編輯。一圓
《實地應用製品便法》一册，增島文治郎著。四角
《水産製造全書》一册，木下菱著。七角

右匠學書七十四種。

匠人、梓人，《考工》重之，梓慶斵鐻，見者驚若鬼神。郢人堊鼻，運斤成風，盡堊而鼻不傷。公輸爲鳶，飛三日而不下。當戰國之時，匠學尤精哉。能與人規矩，蓋有專書矣。故實之録，極秘之傳，繪樣之集，日人其傳之加精也。

《手工科教授新論》一册，淺井得次郎莊□□編。三角五分
《小學校用女工篇》四册，広生仙子著。一圓一角五分
《簡易手工學》《通俗教育全書》四十七篇。 澁江保。一角二分
《應用手工用具論》一册，梅村久靡作著。三角
《工業書》高等科用二册，學海指針社編
《小學校用手工篇》三册，瓜生寅編。五角
《小學手工篇》一册，永江正直編纂。四角
《東京府學術講義手工科講義録》二册，上原六四郎講述。五角五分
《手工科講義録》二册，上原六四郎講述。五角
《手工科用具使用法解説》一册，細川兼太郎著。二角五分
《手工科工具使用法》一册，細川兼太郎著。二角五分
《理論實地手工書》一册，一户清方。六角五分
《手工教科書》二册，平賀義美著。三角五分
《繪人工藝大意》《幼年全書》第十八篇 一角
《手工製作法》一册，山田要吉譯。八角

右手工學書十五種。

小民四業，士農商皆有待而後能之。惟工者，人人可能。童崽婦女，飽食終日，不出庭户而可以執業，以養其生。故四業之中，工爲最博，而手工其切近者也。學之者如是之易，業之者如是之廣，則所以教之者，宜尤詳密繁多。而吾中夏乃幾無其書，於逮下養民之道，無乃疏乎？吾邑南海地方六千里，人口將二百萬，人不得田半畝，皆以工爲生者也。吾鄉作工，有織布針鈕，而近者用洋針洋鈕。洋布物美而價賤，遂大相奪，針鈕業遂絶，布業亦微。吾祖姑之妾，老而寡，撫一孫，鈕業絶，則以織爲生，近無以食，告吾曰，織七日而成一機，走之市，則洋布充斥無採者。霖雨路塞不能至市，至，或售矣得銀一錢八分，豈能給祖孫二人之食哉。民食既窮，故壯者走而之海外，老婦寡妻不能走也，坐待斃耳。而美澳俱禁華工，又還歸於鄉，無所得食，但作盜賊。故近年粤盜最多，劫者數十家盡。粤省無地無之，其罪孽可惡，其情則真可憫也。粤地之産只此數，而户口之産日增，不爲彼別啟利源，走之海外則不容，還之鄉土則無食，不并而爲盜，將何之！牧民者不審盈虚消息之理，不窮謀變通。久之規，一任其自生自滅，至其廣生而不滅，而無術以待之，則敗血溢爲癰疽，漲水溢爲淫潦，乃適以成大患而已。泰西機器一廠，養窮民以萬千計。士農商之業俱窮，正宜大闢工業，以養無限之貧民，上以開新藝，下以銷亂源。日本之於工也，小學校有《手工篇》以教之，又有講義録、教科使用法，解説以條講之，小學又有《女工篇》以教女子，工務局又有月報，博物館有製物志料百圖，製造所有秘訣、簿記教科，及蠟糖至腐魚油、水産、果、麵、紙、粉、染色，一名一物之製造，皆有專書。瓷、漆、織作，且有會以講之，尤其注意。若泰西製造新書，則固已譯之矣。條理繁密，無不入微。今士夫富人宴席，多喜用罐頭魚果糖蠟，如荔枝等類，且有書目。中國運彼製造，復售於中國者。故泰西戲謂吾中國百物，皆爲天産，謂無人工製之也。昔伏讀會典，見諸蕃入貢物，泰西則量天縮地之尺，地球琿天之儀，千里顯微之鏡，皆人工者，無一天産之物也。緬甸、安南之貢，則象牙一雙，孔翠幾對，皆天産之物，無一人工者也。然而緬甸、安南已滅矣，泰西諸國横絶地球矣。嗚呼，强盛弱亡之故，

以工占之。

《美術工藝色之調和》一册，鹽田力藏著。三分

《通俗亞仁林染料》一名染粉案内一册，生田益雄著。六角

《初學染色法》染料藥品之部一册，山岡農商務技師著。七角五分

《初學染色法》絹染之部一册，山岡農商務技師著。一圓一角

《初學染色法》木綿染之部一册，山岡農商務技師著。九角五分

《富國全書實地染色法》一册，青木恒三郎譯。三角

《中外折衷實地染色法》一册，中村喜一編。一圓

《增訂西洋染色法》三册，齋藤實堯譯。五角

《化學實驗染工新書》一册，宮里正静著。二角五分

《染色術摘要》一册，平賀義美編。二圓五角

《化學實驗染色法》一册，兒島榮太郎著。二角五分

右染色書十一種。

青與白謂之文，赤與白謂之章。天有雲霞，地有花草，人有文章。聖王之爲治，因人之情，不廢黼黻文章之事，故染人有官焉。夫人之好尚，以目爲指使，有以奪其目，並其心將奪之。諸國並立，以貨爲戰，用同則實勝，實同則華勝，華同則文采尤麗者勝。染色之學，貨戰者之精兵也。賀齊之琱戈，光弼之旌旗，望氣者先奪哉。

《箱石釀造法質問録》一册，箱石東馬編述。五角

《日本酒改良實業問答》二册，德野嘉七著。三圓

《日本酒釀造新法》一册，倉田喜起著。五角

《改良酒類醬油滿端桶容量速算差分便法表》一册，綿鍋竹次郎編纂、礐田榮校閲。二角

《實地經驗學理應用改良酒造實益法》二册。一圓八角

《酒家必携灘青酒釀造實驗説》五册，小野藤介著。一圓四角

《新奇算法端桶容量速成書》一册，歸一社編纂。三角

《腐敗酒直法》一册。三角

《農事圖解内葡萄酒管理法》勸農局藏版。一角五分

《佛國釀酒法》一册，農商務省藏版。四角

《酵母顯微鏡圖解》一册。

《五器使用法》一册。六分

《改正酒桶端量滿量容積早算法》一册，梅川新右衛門編纂。一角八分

《改正酒醬油桶容量速算表》一册，大藏省主税局編。一角五分

《酒醬油新早算表》一册。八分

《增補再版銘酒製造法》内篇外篇一册。三角

《實業應用釀造簿記學精理》三册，龜井亮之著。一圓

《勸農叢書釀造篇》一册，西川麻五郎纂。三角

《醬油釀造法實驗要録》一册，飯塚要祐著述。四角

《灘酒釀造内幕秘傳酒藏之親父》一名酒造獨案内一册。五角

《增補改正序版酒造税則類纂》一册，湯淺順編輯。一角八分

《酒精篇》燒酎採取法一册，西川麻五郎編述。三角

《勸農叢書麥酒釀造法》一册，西川麻五郎纂著。二角五分

《獨逸製法麥酒釀造全書》一册，若井榮三郎纂輯，獨逸百工化學博士著。二角六分

《通俗製麴要訣》一册。三角

《實行清酒改良釀造法》三册，箱石東馬口述。一圓

《增補再版攝州灘酒釀造法實驗記》一册，高野諄治著。一圓

《新篇酢製造法秘訣》一册。一角八分

《釀造雜誌》每月二回　釀造雜誌社編。九分

《釀造雜誌摘要》一册。二角

右釀造書三十種。

普大地人跡不到之區，舟車不通之域，荒島野番，未有不能釀酒者也。未能食穀炙肉，未有不能造酒者也。飲，固在食之先哉。醉，固人之性耶，非人之性也。人無智愚，人無不好樂也。有所知，則樂不盡，必醉之而後樂盡。故酒之行，最廣博邈遠，以爲樂也，未有能禁之者也。吾議約者既不能深通物理之故，又不知外國之情，既不能察萬貨盈虚，自釀而行之。外國乃以酒爲飲食之物，概免其税。而中人嗜外國之酒，如蟻之慕膻也。於是洋酒之來，勢如湧泉。日人窺見之，亦廣種葡萄，經營釀造，考法國之法，圖顯微之酵，精簿記之驗，思改良之方，蒸蒸然爲一大業。吁，觀其箸書之多，可觀矣。

徐維則《增版東西學書録》卷二　農政第六　先農務，次蠶務，次樹藝，次畜

牧，次農家雜製。

《農事論略》一卷，附圖。《格致彙編》本、《西政叢書》本。英傅蘭雅輯譯。近年西國農事日精，農器日繇，今檢其易明者載之，中記英國農會略章，足備參用。

《農學新法》一卷，廣學會本，一册。《西政叢書》本。泰西貝德禮著，英李提摩太譯，蔡爾康述。曰察土性，曰分原質，凡化學之有關農學者，僅舉數端，未爲詳備。然農家苟依其説用之，其獲益已不少矣。

《農學入門》三卷。《農學報》本。日本稻垣乙丙著，日本古城貞吉譯。於天時地利、種植畜牧等事，言之甚詳，終論農業總要，於任土辨物分門講肄，條理燦然。此農學教科書之淺近者。

《農學初階》一册。《農學報》本。英黑球華來思著，吴治儉譯。書成於一千八百九十五年，爲普通農學，較入門稍深。其目録悉依文學會農學條理而引伸之，以便童蒙誦習。編中所列，皆取材各家之書，益以大書院中講解而復加以閱歷，通以格致。近譯農書，此最詳備。

《農書初級》一卷。光緒戊戌製造局本，一册。《農學報》本。英旦爾恒理著，英秀耀春譯，范熙庸述。書凡十章，多一千八百七十八年後所攷得之新法，中論農事公理，堪稱完備。末論撙節各法，尤不可不讀。五章以前從第七次印本譯出，以下皆從新印第九次本。

《農事會要》□卷。《農學報》本。日本池田日升三述，王國維譯。顧補。

《農學經濟篇》二卷。《農學報》本。日本今關次郎著，日本古田森大郎譯。顧補。

《農業氣象學》□卷。《農學報》本。

《農務化學問答》二卷，《農學報》本。英仲斯敦著，英秀耀春譯，範熙庸筆述。凡答問四百三十有九，于化學有關農務者言之綦詳。顧補。

《耕上試驗成跡》，□卷，《農學報》本。沈紘譯，從日本農事試驗成跡中摘譯。考農事以辨土性爲第一，能辨土性方知土中所缺者爲何元素、所饒者爲何元素，然後施肥乃有把握，中國農夫概施一定之肥料，固守往制，鹵莽因循，不知變通，此卷可資借鑒焉。顧補。

《農産物分析表》一卷，《農學報》本。日本恒藤規隆著，日本藤田豐八譯。專辨動植物類所合之質，列表分析，足以知何物所含何質爲多，于人身有益與否，一展卷即了然矣，講衛生學者不可不讀。《農學報》印有日本橋原正三著、日本古城貞吉譯《米麥篇》二卷，未成。

《日本農業書》二卷，《農學報》本。日本森要太郎著，樊炳清譯。書分九編，言氣候、植物、生理、土壤、肥料、農用植物、農用動物、農産製造、農業經濟各事頗詳。顧補。

附《英倫務農會章程》一卷，附録一卷，《農學報》本。英務農會原書，吴治儉譯。首載英君主准設會詔，次欽定會章，次化學分原之例，次化學分原之價，次買賣糞壅，畜牧食料規例，次會友醫治牲畜條例，次請本會除動物之害規例，次請本會查驗植物規條，次論買種子，次擇植物樣至本會查驗之法。此章定于英君主即位之第三年，首列大旨十事，可謂握得其要。《求是報》譯有《墨西哥開墾章程》，未全。

附《日本農會章程》一卷，《農學報》本。日本古城貞吉譯。所列章程可謂妥密，其會報支會章程最佳，頗可採用。後附會員入會應守章程，又會員券據品式，又賞牌章程，皆官設之例，讀之足以見日本講求農務之要。

附《日本農學章程》一卷，《農學報》本。日本古城貞吉譯。分爲四科，曰農學、曰農藝化學、曰林學、曰獸醫學，首大學章程，次大學乙科章程，次卒業獸醫學章程，次篤志農學章程。此乃日本國家大學章程，從《大學一覽》譯出者，所列各學條理繁瑣並三年爲期，日本所定學章皆考求西例，復酌劑己意，故詳善勝於西。

附《穡者傳》十二卷，《農學報》本。法麥爾香著，朱樹人譯述。此書乃寓言，藉農者之説，將農理、農法敘入事蹟中，俾讀者易於感動，雖不足爲農家專書，然有補農學。

《農學肥料初編》二卷，《續編》二卷，《農學報》本。法德赫翰著，曾仲東譯。上卷六章皆論活質肥料，如獸糞、生植物之類；下卷七章皆論質肥料，如灰石、燐養之類。

《廄肥篇》一卷，《農學報》本。美啤耳著，胡RUI康譯。家畜廄肥實壅田美質，此爲一千八百九十四年上之農部大臣刊入《農人報》者，書中專辨廄肥所含之質有益農田之理，凡攙合法及功用亦備言之。

《人造肥料品目效用及用法》□卷，《農學報》本。日本大阪硫曹公司編，林壬譯。顧補。

《害蟲要説》一卷，《農學報》本。日本小野孫三郎著，日本鳥居赫雄譯。蟲

之爲害不止農田園圃，實饑饉、疾疫之媒，流毒不少，此書研究考察，列圖系説，細及微芒，並詳論預防除滅諸法，殆採録歐美經驗之説而復加以親歷者。

《田圃害蟲新説》□卷，《農學報》本。日本服部徹著，日本井原鶴太郎譯。考察蟲類甚詳，計二百零一種，各附以圖，其言六足蟲居多。顧補。

《熏蟲法》一卷，《農學報》本。日本長崎常譯録，日本藤田豐八譯。計十八章，一緒言，二北美合衆國熏蟲法，三水化青酸、瓦斯之成跡，四麥利倫特州熏蟲法，五苗水熏蟲法，六温室熏蟲法，七穀倉、粉坊熏蟲法，八二硫化炭素、瓦斯熏蟲法，九加拿大熏蟲律，十克波哥洛尼熏蟲法，十一紐奇倫特熏蟲法，十二章比克脱利亞熏蟲法，十三紐紗威爾司輸出果處理法，十四南奥大利試驗，十五法國温室熏蟲法，十六普國熏蟲法，十七英國試驗，十八結尾。顧補。

《采蟲指南》一卷，《農學報》本。日本曲直瀨愛著，沈紡譯。書分十節，所述採集、儲藏、畜養、試驗之法專指六足蟲一類，不及他蟲，因六足蟲變化之微妙與肆毒之奇横甲於蟲類，此類能制則他類可無慮矣。全書大抵就英人貌黎斯氏《蝶蛾譜》、美人巴加德氏《蟲譜》、美國農務省年報擇要摘譯以成完書，附圖三十有五。顧補。

以上農務。

《秋蠶秘書》□卷，《農學報》本。日本竹内茂演述，日本遠藤虎雄筆記。是書記十餘年前僉謂秋蠶害桑，擯而不飼，近察知因誤於飼育、怠于栽培，於蠶無涉，所證有利四條頗有至理。顧補。

《飼蠶新法》一卷，益智書會本。美瑪高温著，英傅蘭雅譯。

《蠶桑實驗説》一册，《農學報》本。日本松永伍作著，日本藤田豐八譯。計四篇，一論桑，二論蠶，三論蠶室，四論飼養。松永氏供職蠶桑先後幾二十餘年，銜命巡行考求此事亦幾十餘次，得諸目驗，固可征信無疑。

《微粒子病肉眼鑒定法》一卷，杭州蠶學館本，在《蠶學叢刻》初集内。日本佐佐木忠二郎著。列論十章，其辨驗微粒子毒不用顯微鏡而仍憑目驗，其法由孵育及蠶、及蛹、及蛾調查三次，以定各毒病多寡之率，凡力不能購顯微鏡者，讀此書試用之甚便。

《試驗蠶病成跡報》第一第二第三，《農學報》本，杭州蠶學館本，在《蠶學叢刻》初集内。日本農商務省編，日本藤田豐八譯。分十章，曰蠶病有數種，白僵病、有節病、空頭病、縮身病、細身病、蛆病是也，此篇專述明治十七年農商務省試驗之成跡，其發明不少。其第二則言十八年試驗，第三則言十九年試驗。顧補。

《生絲繭種審查法》□卷《農學報》本。日本高橋信貞述，沈紡譯。附以圖説，列表以明之。顧補。

《簡易繅絲法》□卷，附圖，《農學報》本。日本島根縣農商課編，日本井原鶴太郎譯。顧補。

《屑繭制絲法》一卷，附圖，《工藝叢書》本，一册。日本竹澤章輯著，沈鉞譯。曰釋器，曰練繭，曰練絲，曰漂絲，曰儲料，曰計利，皆考究以最次之繭用藥料製成良絲之法，器簡制便而利頗厚，是不可不仿行。徐補。

《蠶務條陳》一卷，《農學報》本，《格致彙編》本印前二卷有圖，名《日本蠶務圖説》，《西政叢書》本同，單行本。英康發達著。中論中外蠶務情形甚詳，復極言中國蠶政敗壞，及蠶病之由，除病之法，蓋法國蠶務總會致函總署，總署令榷署通劄各關考察，此光緒十五年前後呈榷署各公牘也。【略】

《印度茶書》一卷，《農學報》本。英地域高勞著，容廉臣譯，陳士廉述。地氏以他處自植之茶與印度、錫蘭茶相比較，因得各種證據以成書者，復採集各家之説，附以己意，而植茶、制茶之法與格致、化學之理相關者，考求備録。言英國茶事當以此爲最詳。

附《茶事試驗報告》二卷，《農學報》本。日本農商務省編，日本藤田豐八譯。卷中列表考證中國、印度茶種頗詳。顧補。【略】

《種印度粟法》一卷，《農學報》本。直隸臬署原譯，羅振玉編。印度粟俗名「番麥」，亦名「珍珠米」，中國稱「玉米」，亦稱「玉粟黍」，亦稱「包穀」。此粟利用甚廣，可充食，可制酒，可飼牲，稈可制糖，中國則僅知杵以爲糜而已，此書言其種法甚詳。

《家菌長養法》一卷，《農學報》本。美威廉母和爾康尼著，陳壽彭譯。此書一千八百九十七年美國農學會所刊。菌之種法甚易，即無田小農亦可于隙地施種，和氏此書采諸法簡便者，陳君復取他書爲之補注、補圖，益縝密矣。

《蕈種栽培法》□卷，《農學報》本。日本本間小左工門著，林壬譯。顧補。

《樟樹論》一卷，《農學報》本。日本白河太郎著，日本藤田豐八譯。樟樹之産，日本爲盛，而臺灣尤盛。書成於割我臺灣後，竭力表明種樟制腦、制油之利，並論製造之法，復申言從前中國未能保護腦務之弊，坐失利益，可爲嘆惜。

《種拉美草法》一卷，《農學報》本。日本古城貞吉譯。拉美草亦麻屬，爲亞

洲特產，其皮可製縷紡織，此書言其種植收取之法，苟移種之亦興利之一端。

《麻栽制法》一卷，《農學報》本。日本高橋重郎著，日本藤田豐八譯。于播麻、制苧、剥皮諸法舉其大略。《彙編》四有《泰西治麻説略》一篇，可參觀。

《枇榔法》一卷，《農學報》本。日本《農會報》著，日本藤田豐八譯。枇榔即《本草綱目》之蒲葵，日本沖繩諸島多產之，篇中論枇榔種類甚詳，並附以各國制扇之圖。顧補。

《葡萄新書》二卷，《農學報》本。日本中城恒三郎著，林壬譯。上卷六節，言種植之理；下卷十節，言釀造之法。《彙報》二十三號有《葡萄制酒法》，可參觀。顧補。

《植楮法》一卷，《植雁皮法》一卷，《農學報》本。日本初瀨川健增著。楮與雁皮皆造紙之用，然二物種法小有不同，此書僅言其大概。

《植三椏樹法》一卷，《農學報》本。日本梅原寬重著。三椏一名結香，造紙最良。此書蓋即梅原氏《三椏培養新説》，益以初瀨川健增之説，合爲著明者。

《植漆法》一卷，《農學報》本。日本初瀨川健增著。日本漆樹有二種，一曰梨皮、一曰餅皮，此書所言皆日本種之種植、收刈法，講求此業者可與中法互考之。

《山藍新説》□卷，《農學報》本。日本崛内良平編，林壬譯。藍爲染料使用最多，日本所產凡二種，曰蓼藍、曰山藍，初不知山藍之適用，嗣經研究成跡頗優，斯編所叙述不僅山藍栽培法，且及制靛法及染色一班焉。顧補。【略】

《薄荷栽培製造法》一卷，《農學報》本。日本山木鉤吉著，沈紱譯。栽薄荷可以制油、制腦，其用於藥品甚廣，歐美近來製造極精，此爲日本人製造法，其器未甚詳細，惟栽培尚可仿效。

《淡芭菰栽制法》□卷，《農學報》本。美厄斯宅士藏著，陳壽彭譯。凡十五節，都三千餘言，而淡芭菰栽制諸法已備。末節論因地氣種類而判優劣，固然，然僅指緯線北三十一度上數部落而言，非概論諸地所產不足以制雪茄也。雪茄之美者固莫古巴若，今大地所售安得盡出於古巴仿製蓋百之九十矣，其爲美國所仿者不下四五十。此書所言制葉精美以備售，即供爲仿製雪茄之用，次者則爲紙煙，篇中不發明此説，而以限於地氣種類爲結，殆別有微意歟。顧補。

《阿芙蓉考》一卷，《農學報》本。英夏特猛著，陳壽彭摘譯。陳君自述謂，原書大旨以中國人嗜鴉片者痼疾難瘳，多譏刺語，是書摘其要旨，參以他書，考究其源流、種植之法，俾中國人明其流毒，非冀挽回利權也。【略】

《西國養蜂法》一卷，《格致彙編》本。英傅蘭雅輯譯。言光學聚蜂、化學察蜂之理至精至密，首言印度不養蜂而專種鴉片，所失之利過於所得之利，然則養蜂之利可謂大矣。《彙編》一有《論養蜂獲利》，可參觀。

《蜜蜂飼養法》二卷，《農學報》本。日本花房柳條著，日本藤田豐八譯。講求養蜂亦振興糖利之一事，此書上篇敘蜜蜂生理解剖、營巢育兒，下篇述飼養管理各法，條分縷析較《養蜂法》爲密。【略】

以上畜牧。

《農產製造學》□卷，《農學報》本。日本楠岩編，沈紘譯。以釀酒、制糖爲主，其餘凡農學與製造相關者皆附焉。顧補。

《西國漂染棉布論》一卷，《格致彙編》本。英傅蘭雅輯譯。以化學漂染棉布，其工夫分十七層，論甚詳悉，後論印花法亦由化學研煉而出，並詳所用之器具、材料。

《制絮法》一卷，《農學報》本。日本格山原治郎著，日本井原鶴太郎譯。言同宮繭、出蛾繭、屑繭等制絮之法。

《種蔗制糖論略》一卷，附圖，《格致彙編》本，一册。英梅盛令輯，英自萊喜譯，英傅蘭雅編。專論沙糖出自蔗汁，不言及糖晶，自栽種製造以至販運，大略已備。是書原爲臺地蔗糖工程而作，然能究心者未嘗不可仿行於内地也。圖從哥打郎許登幹公司繪出，後附西印度從前造糖圖並説爲傅蘭雅所增。

《制蘆粟糖法》一卷，附圖，《農學報》本。日本稻垣重爲著，日本藤田豐八譯。蘆粟本中國北方之種，近來法、美二國移植甚盛，書自下種以至制糖具詳其法，蓋此物勞費至小，收利甚多，不可不精意講求也。附圖專繪製糖之器具，亦頗簡便易制。

《美國種蘆粟栽制試驗表》一卷，《農學報》本。日本駒場農學校編，日本藤田豐八譯。此農學校以化學試驗栽培及制沙糖之實跡，後並列澳洲、中國栽培諸表及甘蔗栽培、榨汁諸表，以資比較。

《驗糖簡易方》一卷，《農學報》本。日本農務局原本，日本藤田豐八譯。所植蘆粟及甘蔗用波梅氏驗糖器以測定糖汁比重，庶無誤收穫之期，此書列表以言驗法，蓋泰西皆用此法以定蔗莖，日本乃仿效之耳。《彙編》一有《西國造糖法》，可參觀。又二有《造啤酒法》，附記於此。

《制糖器具説》□卷，《農學報》本。日本大鳥圭介著，樊炳清譯。論制糖之榨汁器、蒸發器、篩密器，列圖六幅以明之。顧補。

以上農家雜藝。

礦務第七。先礦學，次礦工。

《寶藏興焉》十二卷，製造局本，十六册，《礦務叢刻》本析爲《要法八種》。英費而奔著，英傅蘭雅譯，徐壽述。論金、鉑、銀、銅、錫、鐵、鉛、鋅、鎳、銻、鉍、汞諸礦形性，各盡其理，言煉法亦極詳密，中譯礦學之書以此本爲最要。《知新報》印有英珍遮時令加著，周逢源譯《考礦備要》，未成。

《礦學須知》一卷，《格致須知》三集本，一册。英傅蘭雅著。專論礦之性質，於開礦工藝未詳。時務報館譯有《開礦章程》，未出。

《礦務演説》□卷，《知新報》本。美安打必列治著，周靈生譯。言礦之試驗極詳，頗有新理法。顧補。

《礦石圖説》一卷，益智書會本，一册。英傅蘭雅譯。但言純整之礦石而不及汽、水、土、石各類，並有大圖一幅，繪各沙石之形色儼然逼真，習礦學者宜先觀此種書大有裨益。

《礦石輯要編》一卷，《格致彙編》本。英傅蘭雅輯譯。先論金、銀、銅、鐵之礦，後略論諸寶石之礦，雖形性名目極繁，而辨别精細，復列圖以明之，似繼《圖説》而作。以上礦學。

《開煤要法》十二卷，附表，製造局本，二册，《礦務叢刻》本，上海石印《礦務五種》本，《富强叢書》本，《西學大成》本無表。英士密德輯，英傅蘭雅譯，王德均述。試驗、開採、起運、防備之法及器具、工作無不詳載，後出之書雖多，但加密求便而已。書中論預防各險甚詳，中載中國産煤處所尚未周備。《彙編》一有《鑽地覓煤法》，又有《力儲於煤説》，又有《開煤略法》，並可參觀。

《試驗鐵煤法》一卷，製造局本。英傅蘭雅、徐壽同譯。

《驗礦砂要法》□卷，廣學會本。同文館化學教習施德明譯。書凡十節，論礦質内提取金、銀、銅、鐵、鉛、錫之類，系爲礦師驗礦所用，開礦之先將礦砂少許按法煆煉，查其内含各金之數，以定開礦時如何提煉、有無利益，記載明晰，法術簡當，器具、藥料開列全備，頗切於實用。顧補。

《井礦工程》三卷，製造局本，二册，《礦務叢刻》本，《礦務五種》本，《富强叢書》本，《西學大成》本。英白爾捺輯，英傅蘭雅譯，趙元益述。開井、開礦所論略備，中言造自湧水井及火藥拉開土石法，可與東國鑿井法、開地道轟藥法參證，又載中國開井二法殆行諸北方者，西人之留心可知。《彙編》二有《起水論》，可參考。

《銀礦指南》一卷，附圖，製造局本，一册，《礦務叢刻》本，《礦務五種》本，《富强叢書》本。英亞倫著，英傅蘭雅譯，應祖錫述。此爲亞倫重定本，中詳于煉銀諸法，於驗礦之事未爲詳備，蓋作者但求親試，力從簡便，勒爲一書，未嘗旁羅衆説，故講究此學者尚宜搜求新法參考之。

《冶金録》三卷，製造局本，二册，《礦務叢刻》本，《礦務五種》本，《富强叢書》本。美阿發滿著，英傅蘭雅譯，趙元益述。上卷論範模法及器具、材料，中卷論鎔鑄事，下卷論金類雜質、范鑄諸事，堪稱詳備，但近出各器日趨良便，其法但資參考而已，論雜質未詳。益智書會有英傅蘭雅《金石略辨》，未印出。

《西國煉鋼説》一卷，《格致彙編》本。英傅蘭雅輯譯。是書蓋譯《煉鋼全書》要説匯輯而成，凡煉銅、煉鋼各法與鋼之用處一一詳説。按中國近來需鐵甚多，若全取之外洋則鉅資流出特甚，亟宜講求開採、鎔煉，庶不至仰外人鼻息，書中亦見及此，每申論之。《彙編》二有《化分中國鐵礦説》、《西國煉鐵法略論》，可參觀。

《各國硫礦同異》□卷，《知新報》本。英倫敦《礦務報》著，周靈生譯。顧補。

附《印度産金額數紀略》一卷，《湖北商務報》本。湖北商務報館譯。顧補。

附《萍鄉安源機礦圖》八幅，照相本。德賴綸測繪，舒秉仁譯。萍鄉煤礦開採有年，自仿西法設機廠後，煤出日多，可與開平埒，此圖即開創時繪造房屋機廠之圖也。顧補。

以上礦工。

工藝第八　先工學，次塘工、河工、路工，次汽機總，次雜工，次雜藝。

《工程致富論略》十三卷，附圖，製造局本，八册，《富强叢書》本，《西政叢書》本。英瑪體生著，英傅蘭雅、鐘天緯同譯。前三卷專論工程利益及國家定律保息擅利助本，又包工查驗根源工程弊端，四卷以下分論各項工程利弊、開辦利益。蓋以工程能使商務興盛，英人視工程爲最要事，故其商務亦獨盛，書中皆就英人所作之工程立論，頗稱賅備。益智書會印有英傅蘭雅《泰西工藝》，製造局印有英傅蘭雅、徐家寶《工藝准總》，均未出。

《考工記要》十七卷，製造局本，八册，《西政叢書》本。英瑪體生著，英傅蘭雅、鐘天緯同譯。言辨理各種工程器具、材料，如何立合同，如何購買，如何定尺寸成色。即《工程致富》之二集，兩書相爲表裡，原名《製造須知》。《求是報》印有曾仰東譯《工程選料書》，未成。

《論機器之益》□卷，《新學彙編》本，廣學會單行本。英艾約瑟著，蔡爾康潤

色。論機器並不妨害人工，足破中國守舊之見。顧補。

附《伏耳鑒廠管工章程》一卷，《格致彙編》本。德伏耳鑒廠原本，美金楷理、徐建寅同譯。凡管工章程二十七條，救火章程四條，病會章程十五條，皆極詳細。

以上工學。【略】

《西國造橋論略》一卷，《格致彙編》本。英傅蘭雅輯譯。采拾各國造成之橋而總言鐵與磚石之利弊，後附《潮水論》，蓋自美國《格致報》録出，言潮水漲落以證每日地球之動，其説有據而可信。《求是報》印有法德勃甫撰，曾仰東譯《建造橋路工程書》，未成。

《行軍鐵路工程》二卷，附圖，製造局本，一册，《富强叢書》本。英武備工程課則，英傅蘭雅、汪振聲同譯。行軍鐵路爲工程兵專責，此書所載一爲兩要隘處擇適中地造鐵路以利軍行之法，一爲已成鐵路爲敵人毁壞修整復用之法，一恐敵人據此臨時自毁之法，其號令法尤宜採用。若常路汽車所配零物及裝運分兩尺寸，又另爲二表，頗極詳細。

《擬造浦東鐵橋圖説》一卷，《求是報》本。法邵禄著，曾仰東譯。專論新式鐵運橋之造法。

《火車與鐵路略論》一卷，《格致彙編》本。英傅蘭雅譯。一論鐵路之益，二論工程，大約采自各公司所報，雖未甚詳，讀之亦足見有歷略。又《彙編》二有《論簡便汽車與鐵路》一篇，爲近年英國新法，又六有《電車鐵路説》，均可參觀。

《爐承新制》一卷，《求是報》本。比卑郎著，曾仰東譯。卑氏新創火車爐承足以省工、省煤，堅實耐久，書中專論此器之料件質性、分量及運用之便，實爲近時要事。

《鐵路紀略》一卷，附圖，附《中國鐵路利弊論》，《西學大成》本。英傅蘭雅譯。先論鐵路各種工程，惟不詳言造法，後論中國造鐵路利弊，設爲答問，至周且晰，讀之足以破除成見。英柯理集，潘松譯。鐵路惟美爲最多，其製造立法亦以美爲最善，是書所記皆美國造路車及各工程之法，並述獲利之厚，局譯之以呈當路採擇者。

《開辦鐵路工程説略》一卷，附《美國大火輪車圖説》，《格致彙編》本。英傅蘭雅譯。書成於中國造成唐山鐵路之後，專取英國辦理鐵路成法筆之於報，以冀中國採用其議，卷頁雖少，于路車之事已言無不盡。《大火輪車圖説》爲近時所創之式，故附載之。

附《倫敦鐵路公司章程》一卷，《時務報》本。英鐵路公司著，鄧廷鏗譯，楊葆寅輯。凡行止車機，收卸貨物，搭客收票，夷險記號皆有章程，令發惟從英倫公司，尤爲詳密。《彙編》六有言印度鐵路一篇，其辦法頗善，可互證。《實學報》印有德伏耳鏗製造廠原本，美金楷理、徐建寅同譯《伏耳鏗廠製造股會章程》一卷，未成。

附《奥國商辦鐵路條例》一卷，《時務報》本。萬國鐵路會月報原本，黄致堯譯。此條例皆鐵路應辦之事，應享之利，應守之責，而未及行軍設路工程諸章程，於一千八百九十四年擬進，次年經奥王批准者。

附《論築造亞細亞鐵路事宜》一卷，《亞東時報》本。英茂聯著，亞東時報館譯。於各國承築中國鐵路分條言之，詳明可閲。顧補。

附《西伯利亞鐵路情形考》一卷，《湖北商務報》本。德《歌侖報》原本，商務報館譯。俄國建築西伯利亞鐵路，竭力經營以期速竣，篇中言各路入段，逐段工程道路遠近，需費若干，以及已竣者何時開行，未竣者何時告竣，皆詳志焉。顧補。

附《西伯利亞鐵路旅程紀要》一卷，《湖北商務報》本。湖北商務報館譯。顧補。

以上塘工、河工、路工。

【略】

《藝器記珠》一册，製造局石印袖珍本。英暮司活德著，英傅蘭雅譯，徐建寅述。書注二百四十頁，六十二頁以前工程各事，凡橋梁、屋脊、鐵路、船澳等類各種比例率；六十二頁以後製造各事，凡鍋爐、汽機等類各種比例率，又列各種比例表，算式皆用代數，極簡明。書册最小便於攜帶，實工藝家必不可少之書。

附《羅馬居民屋宇考略》□卷，《知新報》本。美紐約《格致報》原本，周靈生譯。言羅馬樓屋之制頗詳，亦考求西國工程之不可不閲者也。顧補。

《農具圖説》三卷，《農學報》本。法藍涉爾芒著，吴爾昌譯。各國農具式各不同，是編薈萃各制，皆系以圖，别其便用與否，前二卷皆論農具，後一卷皆論製造各物之具，亦工藝家要書。《彙編》七有《打米機器圖説》，可參觀。

《風車圖説》一卷，《農學報》本。美風車公司著，胡清康譯。詳言一切風車裝法，益以發動機器，其能力尤大。此爲風車公司所撰，有圖有説，以備購車者按圖索之。《彙編》一有《風車説》，又《吹風器》，可參觀。

《泰西農具及獸醫治療器械圖説》一卷，《農學報》本。日本駒場農學校原本，日本藤田豐八譯。先列説後列圖，凡農具之圖四十六，獸醫治療器械圖七，

皆藉人力，牛馬力而施之農畝，與泰西農具迥然不同，誠便於仿製也。《彙編》一有言起水機器，可參觀。

《新式焙茶機器圖説》一卷，《農學報》本。英愛爾蘭台維生廠原本，陳佩尚譯。中國欲興茶務，不得不講機器制法，是編所列制茶機器有圖有説，並列價值，可謂詳細，足爲講求茶務者之助。

《紡織機器圖説》一卷，《格致彙編》本，一册，《西政叢書》本。英傅蘭雅輯譯。前論機器用法、紡織功效，後附《字林報》論上海紡織及丹科論紡織工藝情形，最足借鑒。《彙編》一、二有論棉花工藝源流、論棉花去子及紡紗織布各機器並價值，又總論，又《紡織廠圖説》，又《美國棉油廠説》，凡八篇，可互證。

《英機器報紡織機圖》二十幅，《萃報》本。英《機器報》原本，萃報館譯繪。計二十圖，棉花抽出機，纏綿機，自動餵哈綿機，開棉並打棉用複製機，單制打棉機，梳機，精製梳絲機一，備註管凝汽器，精製梳絲機二，備註管凝汽器，輥軸並梳絲機，回轉平延梳絲機，梳絲匡前面之圖，梳絲匡後面之圖，纏絲機，紡績絲環錘匡一，英國方法複製絲環錘匡二，滑面用紡績機一，滑面用紡績機二，引伸匡機，整軸車機。顧補。

附《中國紡織情形》三卷，《湖北商務報》本。日本《時事新報》著，湖北商務報館譯。顧補。

《煉石編》三卷，圖一卷，製造局本，二册，《富强叢書》本。英亨利黎特著，舒高第、鄭昌棪同譯。專論製造塞門德土之法，中論地學金石及煤層石灰石，可與地質學書參證。《彙編》四有徐建寅《論造石灰法》，可參觀。

《西國造磚法》一卷，《格致彙編》本。英傅蘭雅輯譯。所言皆英國之法，並及税則，後有軋磨泥輪一篇，蓋軋磨沙泥爲造磚工程中要事，固不可不講求也。

《鑄錢工藝》三卷，附圖，製造局本，二册。英傅蘭雅、鐘天緯同譯。首總論錢法源流，並用錢定值之法，從英國《通商字典》摘譯，餘論各國鑄錢法及工藝物料，建造之費，换兑之值，誠理財者必須之書。製造局印有英傅蘭雅、汪振聲譯《鑄錢論略》，未出。

《英國鑄錢説略》一卷，《格致彙編》本。英傅蘭雅輯譯。是編所録皆造金錢法，而造銀、銅錢可以類推。從收生料起至造成止，其工夫分爲十六層，又列總計盈絀之數，依次論略。《中西聞見録》有葛世禮《日本新貨幣考》，附記於此。

《鼓鑄小銀説略》□卷，同文館本，一册。

以上雜工。

《西藝知新正編》十卷，《續編》十二卷，製造局本，上海石印二層本。江南製造局編。《彙編》一有《造冰機器》《造針法説略》，又二有《造荷蘭水機器》《制紐法》，又四有《西國發藍法》，又六有《壓成金類器皿機器圖説》《論機器造冰之法》《造自來火法》，又七有《制皮法》《論電氣熟皮》，皆西藝新法，特附記於此。

《匠誨與規》三卷，英諾格德著，英傅蘭雅譯，徐壽述。《富强叢書》本。專言工匠所用器具。

《回特活德鋼砲説》一卷，入「兵制」。

《造管之法》一卷，英由耳著，英傅蘭雅譯，徐壽述。《富强叢書》本。論造各種鉛、鐵、銅、鋼之管。

《回熱爐法》一卷，英各爾曼著，英傅蘭雅譯，徐壽述。《富强叢書》本。回熱爐乃制鐵之用，《彙編》一有《汽錘略論》，又《論壓水櫃》，可參觀。

《造硫强水法》一卷，英士密德著，英傅蘭雅譯，徐壽述。《富强叢書》本。

《色相留真》一卷，不著撰人名氏，英傅蘭雅譯，徐壽述。《富强叢書》本。論造照像器具材料及照像之法。

《周冪和裁》一卷，美布倫輯，英傅蘭雅譯，徐壽述。論罋壺、盤管之裁割焊接法，皆從圓周割分，然後合爲各器面積，故曰《周冪知裁》。

《卻水衣全論》一卷，英大斐斯著，英傅蘭雅譯，徐壽述。

以上正編凡八種。

《垸髹致美》一卷，不著撰人名氏，英傅蘭雅譯，徐壽述。

《制肥皂法》二卷，不著撰人名氏，美林樂知譯，鄭昌校述。《富强叢書》本。

《制油燭法》一卷，不著撰人名氏，美林樂知譯，鄭昌校述。《富强叢書》本。

《鍍金》四卷，不著撰人名氏，美金楷理譯，徐華封述。《富强叢書》本。專言電氣鍍金之法。

《制玻璃法》二卷，附瓷面釉質，不著撰人名氏，英傅蘭雅譯，徐壽述。《彙編》一有《論韌性玻璃》一篇，《西國瓷器源流》一篇，又二有《造玻璃法》一篇，《西國造瓷機器》一篇，《中西聞見録》有《論玻璃》二篇，均可鑒考。

《鐵路針向》一卷，不著撰人名氏，英傅蘭雅譯，徐壽述。

《機動圖説》一卷，不著撰人名氏，英傅蘭雅譯，徐壽述。裒采群書而成，凡機器運動之法畢具，閲之足以自出新裁。

以上續編凡七種。

《日用製造品》□卷，杭州《譯林》本。日本高橋橘樹篇。顧補。

《電氣鍍金略法》一卷，製造局本，一册，《格致彙編》本，《富强叢書》本。英華特著，英傅蘭雅譯，周郇述。按此法爲英人司本沙與俄人約克皮同時考得，首論鍍金源流，次論鍍銅、鍍銀、鍍黃銅、鍍鉑、鍍錞等法，附録四十六款，又續附四十六款，各詳節目。與《西藝知新》内《鍍金》參看，可互證其理。

《電氣鍍鎳》一卷，製造局本，《富强叢書》本。不著撰人名氏，英傅蘭雅譯，徐華封述。鍍鎳之法始於美國，近來别國皆仿效之，是書采拾各法，復備載器具材料，亦工藝之一助也。

《金類染色法》一卷，《工藝叢書》本，一册。日本橋本奇策著，沈紘譯。首染鋅，次染鐵，次染錫，次染金，次染銀，次染銅，次染黃銅，皆言金類器物用化學藥料染各種顔色之法，其法頗備，後附同藥異色表。顧補。

《造鐵全法》四册，製造局本。英非而奔著，英傅蘭雅譯，徐建寅述。《中西聞見録》有《泰西制鐵法》，《彙編》一有造馬口鐵法，又三有煉銅、鑄銅、軋銅板、鑄銅管、抽銅管、焊銅管各法，均可參考。

《論制白鐵》□卷，《知新報》本。知新報館譯。言制馬□鐵之事甚詳。顧補。

《合金録》一卷，《工藝叢書》本，四册。日本橋本奇策著，沈紘譯。外洋販賣金屬之物多作純質，一經化學分析，分劑自明，故凡金屬結合者皆曰合金。近來創造合金新制以適用途，不勝枚舉，若不明其學，不免絡繹輸入，以彼之合金易我之銀金，得失所關非細。玆編專載金屬之物理及化學及特質，以導製造之法，附載色素名目合璧表，分主色、染料，東西文並列，最便查檢。徐補。

《西國造紙法》一卷，《格致彙編》本。英傅蘭雅著。書中專論以化學造紙法並詳其用器，而機器、手工之制亦略言之，後附印字便法，雖不及膠板印法之便，然足以備一法。製造局印有英傅蘭雅、徐壽譯《造象皮法》，未出。

《西國寫字機器圖説》一卷，《格致彙編》本。英傅蘭雅著。所載二種，一爲哈門德機器，一爲卡利古拉夫機器，卷頁無多，未能成書，以其有合于用，姑載其目。《彙編》一有《印書機器圖説》，又二有丁韙良論代筆新機，又《石板印圖法》，又寫字機器，又七有《石印新法》，皆足參證。

【略】

《西燈説略》一卷，《格致彙編》本。英傅蘭雅著。西人于燃燈諸事亦頗詳究其利弊，書中先繪各燈體式，後論中國與英國海邊所造燈塔爲行船要事，特備詳之，講求船政者不可不考也。《彙編》二有《論煤氣燈》，又五有《藥水電燈圖説》，又六有美蔔舫濟論造臘燭法，皆可參考。又四有《影戲燈法》，足以補其未備。

《燈燭考》□卷，《中國日報》本。中國日報館譯。顧補。

《論制明油》□卷，《知新報》本。知新報館譯。顧補。

《滅火器説略》一卷，《格致彙編》本。英傅蘭雅輯譯。先論防火、免火諸法，尤注意於農家積穗場，後論滅火各器，如各種水龍皮管、火梯之類，西人于修舉火政最爲嚴慎，觀此可知。《彙編》一有《便用水龍説》、《汽機水龍圖説》、《論救火梯》，又二有《防火論》，又四有李提摩太《救火十則》，皆可參觀。製造局印有英傅蘭雅、徐壽譯《造指南針法》一册，未出。

《染色法》一卷，《工藝叢書》本，一册。日本伊達道太郎、小泉榮次郎合著，沈紘譯。言布帛、絲絨、毛革等物染色之法，後有攝、列、華三氏驗温度比較表，又波梅德、華特魯二氏度數及比重比較表，凡講求各藝學皆便翻檢，除汙跡各法亦附載之，原名《染色法一覽》。徐補。

《入水衣略論》一卷，《格致彙編》本。英傅蘭雅輯譯。先論各國製造源流及用法，後論起船之法及哈蘭胡弗公司日記，足見入水衣爲船中必需之物，宜各國汲汲講求也。後附火藥、棉花藥及水内電燈。

《妝品編》二卷，《工藝叢書》本，二册。日本松永新之助著，沈紘譯。皆言閨閣應用各種香品製造之法，凡配合之藥品、重量均詳載之，原名《化妝品製造法》。徐補。

以上雜藝。

商務第九　先商學，次税則，附會例。【略】

《世界商業史》□卷，《譯林》本。日本六條隆吉、近藤千吉合著，譯林館譯。斯書參考英人伊支氏丐賓氏所著者，其中凡言財政、農業之事采長棄短，以成此書，所叙古今萬國之商業沿革極爲詳明，減以外國貿易之興已數十年，其關係在文明二大原力，曰蒸汽，曰電氣，今日之五洲通道、四海一家者，非藉此蒸、電二原力之用哉。顧補。【略】

《中國工藝商業考》一卷，附表，時務報館本，二册。日本緒方南溟著，日本古城貞吉譯。分十章，所記皆中國與外國，貿易大勢，然各港但載上海、蘇州、杭

州，漢口，重慶，宜昌，沙市，九江，蕪湖，鎮江，他皆不及，言中國民業之不興頗能深切著明。東亞書局譯有《中國商業全書》、《俄國產業新書》、《英國工業新書》，均未出。

《中國各地銀兩表》一卷，附説，《江南商務報》本。日本藤田豐八譯，采譯各西人論説而成。顧補。

《中國度量權衡表》一卷，《江南商務報》本。日本藤田豐八譯。顧補。【略】

《美國博物大會圖説》一卷，《格致彙編》本。英傅蘭雅著。專記光緒十九年美洲希加哥地方之會。西人博物會之設，專考究五洲工藝商業以振厲國人，是編凡爲院十有五所，章程二十有四條，各院細目一百七十六門，制度精美，指陳繁富，其有益於工商業者誠非淺鮮。《彙編》二有《美國百年大會紀略》一卷，記其圖説、章程，足稱後先輝映。

《美費城萬國商務公會記》一卷，《江南商務報》本。伍廷芳定，周自齊編纂，容揆譯。系光緒二十五年九月美國邊西温尼亞省費里地斐亞城商務博物院舉行萬國商務會，先期文請各國派員赴會共議商務關係之事，與會者凡國四十，赴會衆請伍星使登壇宣議，昌言中美商務盛衰之由，並及美不當苛禁華民之意，會畢因取會中演説論列切實可行者擇要譯録，星使復取而刪訂詮次。蓋五洲之物產，列國之邦交於此具得大略，至其因革損益變通盡利之處尤足借鑒，裨於治道者良多，豈第區區商務矣哉。顧補。【略】

以上會例。

船政第十　先行船事宜，次船塢，次船制。

《行海要術》四卷，製造局本，三册。美金楷理譯，李鳳苞述。《彙編》一有美瑪高温《救溺新法》，又英救生局《救溺説》，可備考。

《船海簡法》三卷、《行海表》一卷，製造局本，二册，《西學大成》本。英那麗著，美金楷理譯，王德均述。西人於海面行船考求日精，沙線、風濤之外，尤以講究經緯度爲最要。此書即於行船若何依距經緯度之法悉心推測，著之於篇，而言求其簡，俾航海者易於尋覽。

《禦風要術》三卷，製造局本，二册。英白爾特著，美金楷理譯，華衡芳述。是書爲航海者避颶風之法，西人於颶風之由究之已數百年，知某處某種颶風其先見之兆如何，所行之路如何，用何法防之，書中所論至爲詳悉，而每年何處所起之狀備載之，以資後日征驗。

《航海章程》一册，製造局本。

《行船免撞章程》一卷，製造局本，一册。英傅蘭雅譯，鍾天緯述。

《長江駕駛便覽》□卷，上海石印本。泰西共得利纂述。輪舟引港並附各馬頭旗幟圖樣與各公司商標並法國風旗，著色繪成，附《商務銀洋兑錢總目表》、《中國丈尺斤兩表》。顧補。

《航海通書》，製造局本，每年一册。英行海通書原本，賈步緯譯。按即赤道經緯表。

以上行船事宜。

《船塢論略》一卷，附圖，製造局本，一册，《富强叢書》本。英傅蘭雅輯譯，鍾天緯述。西國船塢有三種，有修船之塢、有泊船之塢、有藏船之塢，是書據各國所設船塢以記其制度、論其利弊，殆亦采各工程報而成者。

以上船塢。

《西船略論》一卷，《格致彙編》本。英傅蘭雅輯譯。專論西國造船之法，首論各式之船，次論輪船源流，次論各船瑣事，次論鐵甲兵船，爲斯米德稿，後有各國兵船表及記英國商船，蓋傅氏采輯而成者，其論瑣事最精細。製造局印有英傅蘭雅、徐建寅譯《造船全法》十册，舒高第、鄭昌棪譯《裝船檣繩索書》一册，均未出。

《輪船溯源》□卷，《彙報》本。彙報館譯，推論輪舶創造之事極詳。顧補。

以上船制。

又　附下之上　中國人輯著書上

《葡萄酒譜》三卷，曾仰東輯譯，《農學報》本。

《煉樟圖説》一卷，陳驤，《農學報》本。

《蒲葵栽制法》一卷，劉敦煥，《農學報》本。

以上農政。

《礦物理學》□卷，《亞泉雜誌》本。

《礦學述管》一卷，馮瀓，《强自力齋西算叢書》石印本。

《考察金石表》一卷，《亞泉雜誌》本。

《江西前代礦政考》□卷，顧迪光，《課士新藝》本，《豫章補乘》本。

《湖南礦務章程》□卷，喻兆蕃，長沙礦局刻本。

《開平出售煤數表》□卷，《江南商務報》本。

《滇礦圖略》三卷，吴其濬纂，徐金生輯，雲南刻本。

《全台礦務説略》一卷，陳沛園未見。

《煉金新語》□卷，舒高第、鄭昌棪同輯譯，製造局，未印出。

《煉鋼要言》一卷，徐家寶輯譯，製造局本，上海石印《礦務五種》本，《富强叢書》本。

《煉鋼書》一册，舒高第、朱格仁輯譯，製造局，未印出。

以上礦務。

《萬一權衡》□卷，錢國寶，金山錢氏活字版本。

《藝學彙編》□卷，鄒淩沅，《通學齋叢書》本。

《造鐵路書》三卷，舒高第、鄭昌棪同輯譯，製造局本。

《星軺考轍》四卷，劉啓彤，光緒己丑上海印本，坊間縮印改名《鐵路圖考》。

《鐵路紀要》□卷，沈逋梅，未刻。

《中國鐵路新圖》一幅，中國旬報館，石印本。

《中國天津鐵路公司公牘並章程》一卷，伍廷芳等，光緒十四年天津石印本。

《蘆漢鐵路探路記》一卷，陳慶年，《求是報》本。

《籌辦萍鄉鐵路公牘》二卷，排印本。

《西悉畢利鐵路考略》一卷，錢恂，《時務報》本。

《俄羅斯鐵路圖表》□卷，李家鏊。

《機器圖説》八卷，傅雲龍。

《新造機器圖》三種，朱依典，見《湘輜叢刻》内。

《汽鍋用法》一册，不著撰人名氏，天津機器局印本。

《商原製造雜録》一卷，《江南商務報》本。

《通州大生紗廠章程》一卷，《江南商務報》本。

《東國鑿井法》一卷，胡璋，《農學報》本。

《代耕架圖法》一卷，王忠節公，《農學報》本。

《銀圓局製造章程紀略》□卷，《經世報》本。

《粤廠製造銀幣記》一卷，不著撰人名氏，會稽徐氏《政藝新書》本。

《鑄銅幣答問》一卷，不著撰人名氏，會稽徐氏《政藝新書》本。

《鑄錢説略》一卷，《工商雜誌》本，《湖北商務報》本。

《奇器補詮》二卷，梅文鼎，未刻。

《自鳴鐘説》一卷，梅文鼎，未刻。

《鐘錶圖説》一卷，徐朝俊《高厚蒙求》本，同文館本。

《照相易法》一卷，歐陽鵬，石印本，《彙報》本。

以上工藝。【略】

《福州船政局造船表》一卷，《萃報》本。

《火輪圖説》□卷，鄭復光。

《造船法》□卷，不著撰人名。

《船機圖説》三卷，戴煦，王朝榮續，未見。

以上船政。

趙惟熙《西學書目答問》卷二　政學第一

農政學

人知歐關以商立國，而不知其仍以重農爲富民本計，蓋耕桑畜牧無農則工靡所製造，商亦靡所營運也，西國農功以化學補天時、地利，以機器補人力，故所得常倍蓰於舊，惜自有譯書以來未嘗措意於此，故新法悉不傳於中國，年來東南行省開農學會、出農學報，所譯漸有成書，然尚未通行也。

《農學新法》一册，英貝德禮撰，英李提摩太譯，廣學會本。

《農事論略》一册，附圖，英傅蘭雅撰，《格致彙編》本。二書均言農學新法，惜太簡略。

《蠶務圖説》一册，英康發達撰，《格致彙編》本。康爲浙海關税司，以中國蠶業日壞，遂考察東西各國養蠶善法以資補救。亦自保利源之要圖也。

《紡織機器圖説》一册，英傅蘭雅撰，《格致彙編》本。

《西國漂染棉布論》一册，英傅蘭雅撰，《格致彙編》本。

《種蔗制糖論略》一册，英傅蘭雅撰，《格致彙編》本。

《西國養蜂法》一册，英傅蘭雅撰，《格致彙編》本。養蜂取蜜，其事雖微而利實大，書中謂印度不養蜂，其所失之利過於其所得鴉片之利，可見西人致富之法細大不捐，故能百産豐盈，民足而國亦盛也。

礦政學

自廿人失職，學遂不傳，明苦璫禍，更諱言茲事矣，西人謂中國礦産甲於五洲，近風氣漸開，多有議及開採者，惟前經譯出各本多冶煉事宜，而於察勘礦苗等專書尚闕如也。

《銀礦指南附圖》一册，美亞倫撰，英傅蘭雅譯，應祖錫述，製造局本。

《井礦工程》三卷，訂二册，英白爾捺輯，英傅蘭雅譯，趙元益述，製造局本。

《開煤要法》十二卷，訂二册，英士密德輯，英傅蘭雅譯，王德均述，製造局本。是書於辨質、開井、起運、防害各事論之甚詳。

《寶藏興焉》十六册，英費而奔撰，英傅蘭雅譯，徐壽、徐建寅同述，製造局本。

《冶金録》二册，美阿發滿撰，英傅蘭雅譯，趙元益述，製造局本。

《煉鋼要言》一册，徐家寶譯述，製造局本。

《礦石圖説》一册，英傅蘭雅輯，益智會本。

《礦石輯要編》一册，英傅蘭雅輯，《格致彙編》本。

工政學

古人最重工政，考工一事列爲專書，後世僅存其名而已，西國商務之盛由於工藝之精，顧其國地狹人稠，出産之物幾不足供其製造之用，每數萬里航海遠來購我物料，歸國造作既成，仍載運來華以朘我利，我苟能自精製造，則中國工價既賤，又可大省水脚關税，獲利之豐如操左券矣。大概以生料與熟貨之價值相比例。恒若一之與三，考海關總册出口者多生料，入口者多熟貨，然兩價相抵，中國所朒不多，若我能以生料變熟貨，將立增倍蓰矣。貨棄於地而日仰屋以憂貧，則何弗留心工政以求實效耶？孔子曰，來百工則財用足，聖人治國之經，初非有異術也。

《工程致富論略》十三卷附圖，訂八册，英瑪體生撰，英傅蘭雅譯，鍾天緯述，製造局本。

《考工記要》十七卷附圖，訂八册，此即《工程致富》之次集，前編論辨理各種工程之要務，此則專言製造需用之材料、器具，與夫購買機器、訂立合同各事，二書俱甚精密，撰譯人並同前。

【略】

《船塢論略附圖》一册，英傅蘭雅譯，鍾天緯述，製造局本。

《海塘輯要》十卷，訂二册，英韋更斯撰，英傅蘭雅譯，趙元益述，製造局本。

《行軍鐵路工程》二卷附圖，訂一册，英武備工程課則，英傅蘭雅譯，汪振聲述，製造局本。

《火車[與]鐵路略論》一册，英傅蘭雅譯，《格致彙編》本。

《倫敦鐵路公司章程》二册，鄧廷鏗、楊葆寅譯，上海本。

《星輔考轍》四册，劉啓彤撰，自刻本，坊間翻印改名《鐵路圖考》。

《鐵路章程要覽》三卷，訂二册，若癡主人撰，迪志堂本。

《煉石編》三卷附圖，訂二册，英亨利黎特撰，舒高第、鄭昌棪同譯。是書言製造西們脱土之法，或譯作「塞門德」。

《西藝知新》，凡八種，曰《周冪知裁》、曰《匠誨與規》、曰《造管之法》、曰《回特活德鋼砲説》、曰《色相留真》、曰《造硫强水法》、曰《卻水衣全論》、曰《回熱爐法》，合訂六册，英傅蘭雅譯，徐壽述，製造局本。

《西藝知新續刻》，凡七種，曰《制肥皂法》、曰《制油燭法》、曰《垸髹致美》、曰《鍍金》、曰《製造玻璃》、曰《鐵船針向》、曰《機動圖説》，合訂八册，美林樂知、英傅蘭雅、布金楷理分譯，鄭昌棪、徐壽、徐華封分述，製造局本。

《藝器記珠》一册，徐建寅述，製造局本。是書詳記工程製造各事之定率程式，附以圖表，極爲顯豁周備，工程家最要之本也。

《西國造紙法》一册，英傅蘭雅輯，《格致彙編》本。

《滅火器説略》一册，英傅蘭雅輯，《格致彙編》本。

《西燈説略》一册，英傅蘭雅輯，《格致彙編》本。

王景沂《科學書目提要初編·農業科》

《森林學》日本奥田貞爾著，山陰樊炳清譯，一卷。

《森林保護學》日本鈴木審三著，桐鄉沈紘譯，一卷。

右林學二種。　《周官》《孟子》諸書言林政者，三致意焉。彼特培養材木以利民用，未嘗知有變磽瘠、防旱潦之益。然其獎厲保護，已如彼。使生於今日，得所取法，豈尚有尋丈之山、四交之衢，任其童然而髡然也。日本列爲專科，而造林學與保護學又爲最重之分目，如護持嬰兒。若我坐擁樹帶之膏腴，陰崖大谷自生自腐，何相反若此乎。

《農具圖説》法國藍涉爾芒箸，烏程吴爾昌譯，二卷。

《風車圖説》美國風車公司編箸，慈谿胡濬康譯，一卷。

右農具學二種。　我中國耒耜之制舊矣。若漢陰丈人之用桔槔，可謂發明最先者也。而數千年來未聞農家創一新器，并古制亦十亡七八焉。藍氏書搜輯考驗，類別件繫，利器善事，理不可誣，宜專立農業工學，備擘精之用。

《害蟲要説》日本小野孫三郎箸，日本鳥居赫雄譯，一卷。

《田圃害蟲新説》日本服部徹編，日本井原鶴太郎譯，一卷，坿圖一卷。

右害蟲學二種。　詩曰，秉畀炎火。而迎貓祭，虎至，不惜假神道以驅除

之。古農政之防護者，周哉。意其時必有專書，考析種類，殆久而散亡歟。然觀《春秋》數紀螟螽等於天災，則當日人治不盡可知也。自歐西昆蟲學大明，農害寖稀，輸入益蟲尤最良之法哉。日人約計其國害蟲以爲不下二萬種，故圖之孳孳，汲汲如此，我國學士亟宜發憤箸書以考求之矣。

《意大利蠶書》意國丹吐魯箸，英國傅蘭雅六合汪振聲同譯，一卷。

《蠶桑實驗説》日本松永伍作箸，日本籐田豐八譯，一卷。

《簡易繅絲法》日本島根縣農桑課編，日本井原鶴太郎譯，一卷。

《湖蠶述》烏程汪曰楨述，四卷。

右蠶桑學四種。　昔法蘭西蠶病瘟疫，種類幾絶，得斯巴陡術，生息斯繁甚矣。新理之爲要，而舊利之不可恃也。《禹貢》九州桑土畇畇，乃今爲吴越專擅之美，自餘則多絶矣。長此委靡，安見蘇、湖文繡可永保乎。外人稱我桑枝柔沃，培治有法，而蠶病特甚。税司康氏賚華蠶詣法國考驗，凡三十八種無非病者。今又十餘年矣，不亟爲之擇種留良，吁可畏哉。

《果樹栽培總論》日本福羽逸人箸，桐鄉沈紘譯，一卷。

《種印度粟法》直隸臬署原譯本，一卷。

《植美棉簡法》同上，一卷。

《麻栽製法》日本高橋重郎箸，日本籐田豐八譯，一卷。

《蒲萄新書》日本中城恒三郎箸，山陽林壬譯，二卷。

《蒲萄酒譜》閩縣曾仰東輯譯，三卷。

《山藍新説》日本崛内良平編述，山陽林壬譯，一卷。

《淡巴菰栽製法》美國厄斯宅士藏箸，侯官陳壽彭譯，一卷。

右園圃學八種。　太史公傳貨殖，必貴本。富自木千章，竹竿萬個，乃至卮茜薑韭，醯醬果菜，苟坐而待取，其人皆與千户侯等。每讀其書，爲之神往。西農精蓺植物蔬果卉臬之屬，各盡其性，欣欣向榮，日人譯本詳矣。茲編箸録，特就三輔土質所宜，取導氓庶，學圃之士以覽觀焉。

《山羊全書》日本内籐菊造箸，一卷。

《牛乳新書》日本何相大三述，桐鄉沈紘譯，一卷。

《馬糞孵卵法》美國胡兒别士箸，日本大寄保之助山本正義同譯，一卷。

《畜疫治法》美國夫敦箸，日本宗我彦麿侯官薩端同譯，一卷。

《家禽疾病篇》屈克箸，日本赤松如一山本正義同譯，一卷。

《蜜蜂飼養法》日本花房柳條箸，日本籐田豐八譯，二卷。

《水産學》日本竹中邦香撰，日本山本正義譯，四卷。

《養魚人工孵化術》日本金田歸逸撰，丹徒劉大猷譯，一卷。

右畜牧水産學八種。　北地畜牧於古稱盛，藉廣漠之利，沿襲舊法，蕃息尚如此。使歐人處之，豈第卜式橋姚之流乎。内籐氏、河相氏書並研究歐法，實驗有得。胡兒别士投身爲雞翁，彼視銀行鐵道之契劵不如一匹雛，何專壹如此也。發新器，致榮富，宜哉。養魚飼蜂皆吾國所習見，而考之特詳，乃能投其嗜好，識其性情，可謂精能之至矣。

工藝科

《求礦指南》英國安得孫撰，英國傅蘭雅烏程潘松同譯，十卷。

《井礦工程》英國白爾捺輯，英國傅蘭雅新陽趙元益同譯，三卷。

《銀礦指南》美國亞倫箸，英國傅蘭雅永康應祖錫同譯，一册。

《鍊石編》英國亨利黎特撰，慈谿舒高第海鹽鄭昌棪同譯，三卷。

《鍊鋼要言》無錫徐家寶譯述，一册。

《冶金録》美國阿發滿撰，英國傅蘭雅新陽趙元益同譯，三卷。

《製羼金法》日本橋本奇策箸，吴縣王季點譯，二卷。

《攷化白金工記》德清傅雲龍述，一册。

《取濾火油法》美國日得烏特箸，英國秀耀春美國衛理六合汪振聲同譯，一册。

《鍊金新語》英國奥斯吞箸，慈谿舒高第海鹽鄭昌棪同譯，三册。

右採礦冶金學十種。　我國始譯礦書，實昉於江南製造局，成書不下數十種。而自開之礦，收效蓋寡，豈習之未得其要歟，抑言易而行則難，有掣而撓之者也。比年以來，萬寶外溢，五金石炭之産無待言，若西蜀油礦，英法攘臂。塞門德土、黄金同價，細大不捐，我其安有幸乎。冶金諸學，大者繫國防，小亦助美術，最而録之，期吾國讀是書者，皆一一致於用也。

《鐵路紀要》美國柯理輯，烏程潘松譯，三册。

《美國鐵路彙考》美國柯理輯，英國傅蘭雅烏程潘松同譯，十三卷。

右土木工學二種。　中國摹效西法而行之，最著成績者，其惟鐵路乎，計日達乎四境矣。然知之行之，而不能自爲之，蹞步之軌，輒借外力，誠方來之隱憂哉。歐美專家成書班班，博考精思，使自得之，毋久依賴他人爲也。

《江南製造局譯書提要》卷一

工程

《工程致富》十三卷

英國瑪體生撰，傅蘭雅口譯，華亭鍾天緯筆述。有圖六十七。

係英國考究工藝與商業之關係，故立論獨詳英國。

第一卷　英國得利之工程　開鐵路必得議院允准

英國工程律法與他國相比

第二卷　在他國開得利之工程須得該國之准許或專利及津貼保息等事

第三卷　續論他國朝廷家准行工程之事　富家及包工家應如何查各事之根源及工程弊端

第四卷　鐵路汽車

第五卷　各種電線

第六卷　海口船塢大小碼頭

第七卷　各種橋

第八卷　農學水利　築圩法

第九卷　自來火及通水法

第十卷　城鎮開溝引糞

第十一卷　煤氣燈

第十二卷　城鎮街道及鄉間街道鋏路

第十三卷　開市集

《行軍鋏路工程》二卷

英國武備學堂工程課本，傅蘭雅口譯，六合汪振聲筆述。有圖八十四。

第一款　造行軍鋏路總綱　第二款　務備地面鋪設鋏軌

第三款　久存鋏路各件　第四款　成鋏路手器

第五款　鋪設鋏墊工程　第六款　叉路與交路

第七款　停車場　第八款　號令法

第九款　各鋏軌寬數　第十款　車阻力

第十一款　鋏軌各件價目　第十二款　各車所任之重

第十三款　運兵章程　第十四款　修整已毁之鋏路

第十五款　毁已成之鐵路　第十六款　街道鋏路

第十七款　街道鋏路橋　第十八款　營外溝内鋏路

第十九款　行常路汽車

又　卷二

礦學

《開煤要法》十二卷

英國司密德輯，傅蘭雅口譯，懷遠王德均筆述。有圖五十七。爲開煤礦者所不可不知。

第一卷　用煤源流　各種煤及煤層形勢

第二卷　見煤内之動植生物迹可辨煤由何而成

第三卷　論地球全周多産煤之處

第四卷　辨地面形迹定鑿孔求煤法

第五卷　煤井下開煤洞并築平煤洞以取煤運煤各法

第六卷　取煤時預防上面土石壓下各法

第七卷　運煤至井下各法

第八卷　起煤至井上各法

第九卷　引煤洞中水至井下并起水至井上法

第十卷　井下各處得光法

第十一卷　井下進新氣去敗氣各法

第十二卷　預防各種危險法

《冶金録》上中下卷

美國阿發滿撰，英國傅蘭雅口譯，新陽趙元益筆述。鼓鑄之事，成整塊易，成件難。成小件易，成大件難。範銅錫類易，範鋼鋏類難。鎔一種純金易，鎔多種雜金難。金類件之有鎔鑄，猶學堂之初級蒙養，一不合度，美材盡爲棄物。庸不重哉。

上卷　作模範各法　中卷　鎔鑄之事　下卷　各金雜貨

《井礦工程》三卷

英國蒲爾奈輯，傅蘭雅口譯，新陽趙元益筆述。有圖一百四十。礦學功夫有二，一爲試驗鎔鍊，一爲開取移運。此書專論礦井開鑿事務。

第一卷　造自湧水泉之法

第二卷　開地取礦之法　令鑿轉動法　鑿孔常遇難事　孔内補管爲襯

開石之器具　白爾格開石器具　馬太與希拉特所設鑿孔器
第三卷　用火藥礫開土石之法　平路與火藥膛得光之法　開裂土石所用之別種藥料

《寶藏興焉》十二卷

英國費爾奢撰，傅蘭雅口譯，無錫徐壽筆述。論鎔鍊各種金類礦之法，于各種礦之形性，能盡言其理，甚爲詳核。誠巨觀也。

第一卷　金　　第二卷　鉑
第三卷　銀　　第四卷　銅
第五卷　錫　　第六卷　鋏鋼
第七卷　鉛　　第八卷　鋅
第九卷　鎳　　第十卷　銻
第十一卷　鉍　　第十二卷　汞

《銀礦指南》一卷

美國亞倫撰，英國傅蘭雅口譯，永康應祖錫筆述。凡九章，有圖二十一。爲鍊鑛取銀要法。

第一章　試礦分銀　　第二章　論何法爲便
第三章　論從礦分銀新法　　第四章　已煆之礦并煆礦法
第五章　消化各法　　第六章　磨鑛器
第七章　合水銀器　　第八章　論甑
第九章　煉銀瑣事

《求礦指南》十卷

英國礦師安得孫撰，英國傅蘭雅口譯，烏程潘松筆述。鑛學與地質學化學皆有關係。此書爲入門之階級，而附表尤有用。

第一卷　查地面形勢求礦　　第二卷　各種土石層
第三卷　吹火法分別礦質　　第四卷　礦石之性情
第五卷　含金類之礦　　第六卷　筆鉛
第七卷　各種土石之原質　　第八卷　用溼法試礦即用强水法也。
第九卷　驗礦中所含金類數目　　第十卷　測地求礦之法
附各種要石及礦分量表

《探礦取金》六卷　《〔續〕編》一卷　《附編》一卷

英國礦工密拉撰，慈谿舒高第口譯，六合汪振聲筆述。是爲開礦工程學中必備之要書也。

第一卷　論工作器　用器轟法各事宜　人馬之功力與機器之功力　機器用法　人馬起重力　水動力　風力汽力
第二卷　木工作礦架　礦井内木架及造礦井法
第三卷　論地學金石類　斜礦地之緣起及金類　所以到斜礦地之故
第四卷　相地　相地礦師所用器　查礦脈查漲地内澄定之重質水勻　金之法
第五卷　開金類各法
第六卷　測量礦地
續編　論開礦利弊
附編　論礦工危險　淘金砂法拆礦内木料法　開平路及司妥勃所創之法

《相地探金石法》四卷

英國喝爾勃特喀格司撰，烏程王汝駲譯述。凡十七章，附中西文合璧表。專論探金石及辨礦之法。是書成於西曆一千八百九十八年，故多新法。

第一章　礦學總論
第二章　辨別礦質
第三章　成原名之礦質及有商值而無金類之礦質
第四章　寶石與玉
第五章　成層堆積
第六章　礦紋與脈
第七章　無定形之堆積
第十章　貴金類
第十一章　銀鉛
第十二章　水銀
第十三章　銅
第十四章　錫鐠鎢鉬
第十五章　鋅鐵鎳鈷錳鉻鈾
第十六章　硫銻砒鉍
第十七章　可燒之礦質

《開礦器法圖説》十卷

美國俺特累撰，英國傅蘭雅口譯，上海王樹善筆述。有圖六百九十。專論開礦所用器具，皆係近時新式新法。開礦之利益，半恃考驗，半恃器械。觀此書殊有益也。

第一卷　論求礦器　鑽地器　機器開地之法　特復鑽地之法

第二卷　論開礦器具　手工鑿孔器　用石機器　鑿石機器架　聚氣膛　通氣管　聚水管放炸石藥之器　開礦手器

第三卷　論開礦器具　金特及收特倫開礦井器　開煤機器取煤機器

第四卷　論運礦與起礦之器具　車　倒車架　交路與换路轉臺　滑車與轆轤　相連車與繩之法　起煤車籠及託器　井口起籠器　井内起料繩

第五卷　論運礦與起礦之器具　馬力絞車　牽礦機器　起重車及機器　英國起籠機器表　活梯

第六卷　論起水機　起水桶　起水機器　起火油箭　水壓力機器　水輪

第七卷　論通風機器　鐘及箱法　量風器　防火燈

第八卷　論軋礦機器　碾輪　軋器　舂機　臼　篩　臼底墊　舂器

第九卷　論預備金銀礦所用之舂碾分析等器

第十卷　論預備錫銅鉛三種礦所用舂碾分析等器

《礦學考質上編》五卷　《下編》五卷

美國奥斯彭撰。《上編》慈谿舒高第口譯，海鹽沈陶璋筆述，江浦陳洙勘潤。《下編》舒高第口譯，陳洙筆述。此書宗旨，專論有用金類，及地下石層中位置，并礦質詳細情形，爐鍊乾鍊各法，靡不備載，且多考驗已有成效之言。研礦學者奉此書爲秘笈，蓋有事半功倍之效焉。

上編　金銀銅鎳銕錫鋅

下編　鉛錳鉑鉍汞銻鉍鉻鈷鉛　可倫登及哀末利浮石微細蟲泥礪石剖石鑽石

又 《工藝》

《攷工紀要》十七卷

英國瑪體生撰，傅蘭雅口譯，華亭鍾天緯筆述。有圖一百九十五。與工程致富一書相爲表裏，而此集爲用尤廣，故又名爲《製造須知》。

第一卷　各種工程工藝之立合同置貨等事

第二卷　運往他國之出售品

第三卷　製造廠

第四卷　各種力法

第五卷　煤及鋼銕之貿易

第六卷　買大小汽機之理

第七卷　起水滅火等機器及水池大小水管

第八卷　銕路所需各事及器具房屋

第九卷　續前論各車

第十卷　各種機器如車鑽刨銼之類

第十一卷　打銕器及汽錐

第十二卷　鑽地用挖泥鑽石機器及水中用打樁挖泥入水諸機器

第十三卷　尋常起重架及汽力水力起重架

第十四卷　水内凝結之灰

第十五卷　銕屋及銕瓦

第十六卷　鐙塔

第十七卷　各種雜事

《攷試司機》七卷

英國拖爾奈撰，傅蘭雅口譯，無錫徐華封筆述。有圖一百九十。英國律例，其輪船司機之人，非得有合法文憑，不能駕船出本國口岸。故考試之法，甚爲周詳。除年貌、名籍、出身以外，如算法、圖學，皆一一設題面試。是書所載，皆考試所應用之題也。

上半部　各種題，如常數、權量、分數、計息、折扣比例、開方、測量材料輕重率，汽壓力及自漲力，馬力推路長短，螺輪之速力及縻力，各器之牽力、剪力、彎力、扭力，熱之度數，添入海水所含之定質。

下半部　各種題，爲汽機全部器具，若汽箭、汽罨、韝鞴、挺桿、推路曲拐、摇桿、螺軸、螺輪、恒升車凝水櫃，萍門汽表、鍋爐進水及放水門等，並他緊要零件。

《製機理法》八卷

英國覺顯禄斯撰，傅蘭雅口譯，金匱華備鈺筆述。專論各種車床成件之法。觀條目已可知其大畧，其逐節分解，尤爲明晰。讀此，則車床工程學幾可無師自通。用以教課尤佳。

第一卷　論車刨牀相配之刀　論車刨工轉速進刀等事　車床所用之車孔器　車螺絲之刀

第二卷　各種車刨工夫　論二心輪等件　手執刀工夫

第三卷　論車床作鑽工法　鑽孔桿等件　磨孔器

第四卷　鑽器　論刀鋼　陰陽螺絲模

第五卷　虎鉗各工并所用器具

第六卷　論配操桿等件　論鋸輪刀

第七卷　磨石與磨刀工　所造各機件用劃線之法

第八卷　各種用刀機器　推算齒輪皮帶等轉動速率

配汽罨法

顧燮光《譯書經眼録》卷四

農政第六　首農務，次蠶務，次樹藝，次畜牧，次農家雜藝。

《農理學初步》一册，上海中西印刷局洋裝本，一册。美哀奴的伊辣刺統著，日本久原躬弦譯，王明懷重譯。本書凡十章，於土質、植物、空氣、養料、肥料、保護家畜等，皆擇化學簡易之理有關農學者言之，切於實用，足取法焉。

《麥作全書》一卷，附《農事試驗本場肥料配合表》，壬寅《農學報》本。日本杉田文三著，羅振常譯。篇中就日本各處麥作言之，凡分三類，曰大麥、小麥，於性質、種類、土地、播種、肥料、收護、病害皆縷晰言之，而大麥尤加詳焉，所列各場試驗表亦便調查之用。

《除蟲菊栽培製造法》一卷，壬寅《農學報》本。日本收野萬之照著，沈紘譯。徐蟲菊產日本南海紀伊國，采其花研粉和水可以殺有害植物之蟲，其用至廣，其效至大。篇中分選種、播種、培苗、分苗、移苗、施肥、去草、除蟲、採花、刹莖、合藥各條，語極淺近，可取法焉。

《特用作物論》四卷，辛丑《農學報》本。日本農學士本田幸介述，羅振常譯。是書第一卷纖維料屬上，言制紙用類；第二卷纖維料屬中，言織物用類；第三卷纖維科屬下，言繩索用類、疊表用類；第四卷染料屬、澱粉料屬、飲料屬，各用料屬於各植物堪以製作用物者言之綦詳，因材而篤朽腐神奇，日人誠善於農學矣。原書始明治二十二年本田君官駒場教官，至二十二年春奉命渡歐止所講述者，此系三十一年再版本，原序言日本田中節三郎勵精是學，所著書尚未脱稿，他日取而校之，當更有新理可互證者。

《啤嚕國雀糞論》一卷，壬寅《農學報》本。香港原譯本，日本東京民部省鈔本，雀糞出秘魯國海島之南八山，每年約有三萬萬擔，泰西農家用爲肥料收效極巨，篇中極言用雀糞之益，於(與)考驗爲制雀糞之法，惜譯筆俗劣，聊備參考可也。

礦務第七　首礦學，次礦工。

《求礦指南》十卷附一卷，《續富强叢書》本，二册。英安德孫撰，英傅蘭雅、潘松合譯。首卷論查地面形勢、求礦，二論各種土石層，三論吹火筒分別礦之法，四論礦石之性情，五論含金類之礦，六論别種有用之礦，七論各種土石之原質等事，八論用濕法試驗各種礦石，九論試驗礦含金類數目之法，十論測地求礦之法。全書所言礦學次第不紊，備極詳審，其論開礦不可謂愈深而可得佳礦處亦有至理。附卷論礦中之雜務，臚列各表頗便考核。近來所譯礦書《寶藏興焉》外，當以此爲善本。

《新式礦物學》五卷附録三卷圖一大幅　啓文譯社洋裝本，一册。日本脊水鐵五郎著，鐘觀誥譯。書凡五章，章各爲卷，所言頗多新理，其於地殼原料、岩石關係，購造沿革言之綦詳，至其識别各礦性質成分，莫不闡明其生育變化之理，並指明日本所產各礦之地以爲印證。附録礦質一覽表、吹管分析法大意，日本礦物模範本圖一大幅，均便礦學參考之用。

《中學礦物教科書》□卷，北洋官報局排印本，一册。日本山田邦彦、日本石上孫三合著，陳鐘年譯。此書略從礦物、岩石、地質等順次發明，凡四篇，計二十八節，系日本著爲中學課本之用。所言產額、產地、製造等處多征諸日本附近，蓋爲本邦人實用起見固宜爾也，譯者隨筆譯出，亦足爲考證日本礦物之一助。書中附圖若干幅，頗精采可觀。

《礦學簡明初級教科書》一卷，導歐譯社石印本，一册。日本江吉治平編著，梁復生譯。是書部分四版，言礦類凡三十餘種，皆日本所產者，其餘各礦之形式、取材試驗皆舉要言之。附標本圖四幅，惜石印模糊，未加彩色，不足供考察之用。

《日本礦律》一卷，《譯書彙編》本。唐寶鍔譯。日本礦律頒於明治二十三年，共九章，一總則，二試掘及採掘，三礦區，四使用之法，五礦業員警，六礦夫，七礦業税及礦區税，八罰則，九附則，而别施行細則，凡關於礦產種種辦法皆定有規則，簡明完備，其於保護國民權利尤三致意焉。

《日本礦砂採取法》一卷，《譯書彙編》本。唐寶鍔譯。是書頒於日本明治三十六年，凡採取砂金、砂錫、砂鐵皆依此律，共二十五條，另施行細則十四條，附

以規費章程，以補礦事之不足。

工藝第八首工學，次塘工、河工、路工，次汽機，次雜工，次雜藝。

《修路説略》一卷，湖北《武學全書》刊本，上海掃葉山房石印本，寶善齋石印本。德國武備原書，德何福滿、楊其昌同譯。凡十三節，均言修路工程，惟末節則言毁路、阻路之法，附圖七幅。

又 卷八 本國人輯著書

農政第六

《農雅》六卷，倪倬，辛丑《農學報》本。

《農事私議》一卷附《墾荒裕國策》一卷，羅振玉，武昌刻本。

《農事提綱》一卷，葉基楨，新農社洋裝本。

《農學》一卷，北洋學校司編纂，北洋官報局排印本。

《農學述要》一卷，《北洋學報》編。

《農學論》一卷，張壽浯。

《農學日記》一卷，蔡濟襄，《江西官報》本。

《農話》一卷，陳啓謙，商務印書館本。

《泰東西農業沿革考》一卷，江震學堂編輯。

礦務第七

《礦學圖説》二卷附圖八幅，《北洋學報》編，《北洋學報彙編》本。

《礦學問答》二十九卷，時敏齋主人，昌言報館排印本，二册。

《礦政輯略》八卷，劉嶽雲，教育世界社石印本。

《礦質教科書》一卷，商務印書館輯印，一册。

《礦務表》一卷，京都路礦衙門頒行本，《續富强叢書》本。

《礦物界》一卷，北洋官報局排印本。

《採煤韻語》一卷，程祖蔚，《江西官報》本。

《考化白金工記》一卷，傳雲龍。

工藝第八

《工學》一卷，北洋學校司編，北洋官報局《蒙學課本》本。

《實驗工藝學》一卷，徐自新，昌明公司洋裝本。

《鐵路論》一卷，胡棟朝，美洲學報社本。

《鐵路表》一卷，京都路礦衙門頒行本，《續富强叢書》本。

《東省鐵路合同原文、驛政表》一卷，錢恂《癸卯旅行記》附録本。洋裝，一册。

《俄西伯利亞鐵路圖表》一卷，李家鏊。

《西伯利亞鐵路考》一卷，瞿繼昌，未刊。

《河防述要》一卷，《北洋學報》編，《北洋學報彙編》本。

《水利存要》一卷，《北洋學報》編，《北洋學報彙編》本。

《紡織圖説》一卷，孫琳，《農學叢書》第三集本。

《自强軍工程學》一卷，沈敦和，上海石印本。

《氣球述略》□卷，天津武備學堂本。

《白話機器學指掌》□卷，壽昌編譯局本。

《洋鐵鍬圖説》□卷。

《鑄錢議》一卷，稷笙，《經濟叢編》本。

《造冰理法略解》一卷，《北洋學報》編，《北洋學報彙編》本。

又 報章第二十三

《國粹學報》，鄧實、劉光漢，上海排印本，始光緒三十一年正月，月出一册。

《科學世界》，虞輝祖，上海科學儀器館排印本。

《教育雜誌》，北洋學堂學校司編，始乙巳正月，月出二册。

《東方雜誌》，商務印書館輯，始甲辰正月，月出一册。

《政藝通報》鄧實，上海排印本，始光緒二十八年正月，月出二册。

《時務彙編》，劉作楫，湖南木刻本，始光緒辛丑年冬季，月出三册。

《群學社編》，許家惺，杭州木刻本，始光緒二十一年，月出二册，旋停。

《時術叢譚》，顧燮光、胡新德，萍鄉木刻本，始壬寅正月，月出二册，旋停。

《新農界》，羅會垣、葉基楨，日本新農社洋裝本，始光緒二十九年四月，月出一册。

《日俄戰記》，商務印書館輯，始甲辰正月，月出一册。

《中國商務報》，吴桐林，北京《啓蒙畫報》排印，始光緒二十九年冬季，月出三册。

《啓蒙通俗報》，傳廷璽、傳崇榘，成都排印本，始光緒二十八年，月出二册。

《啓蒙畫報》，彭貽蓀，北京排印本，始光緒二十□[八]年，月出一册。

《圖畫演説報》，杭州石印本，始光緒二十七年，旋停。

《中華報》，北京排印本，始光緒三十年冬季，日出一册。

《時事采新匯選》，北京擷華書局排印本，月出一函。

《北洋官報》，北洋官報局編，始光緒二十八年冬季，間日出一册。

《南洋官報》，金陵排印本，始光緒三十年，間日出一册。

《河南官報》，課吏館編，開封高等學堂排印，始光緒三十年十一月，月出六册。

《四川官報》，成都排印本，始光緒二十□[九]年，月出三册。

《湖南官報》，長沙排印本，始辛丑夏季，月出二册。

《江西官報》，陳澹然，南昌官書局石印本，始光緒二十九年九月，月出二册。

《秦中官報》，課吏館編，西安官書局排印本，始光緒二十九年，月出六册。

通論第二十四

《科學叢録文編》二卷，《北洋學報》編，《北洋學報彙編》本。

紀事

丁韙良《西學考略》卷下

工藝院

古人云，道成於上，藝成於下，是道爲本，而藝爲末，道爲源而藝爲流也。然藝爲人生所不可無，無則國不强、民不富，而器用鄙陋，則製造所宜講焉。夫工爲四民之一，品居商者之上，蓋先工作而後貿易，以通有無，故留心王化者，不但重農與商，亦必以工爲急務。倘執政重視，士儒而不設學校以訓課，烏得謂爲重視耶？若工匠止於奬勞而不謀所以精純，亦不足爲重。近代西國建工藝院，蓋有取於斯焉。在昔工匠雖亦製造，祇恃師傳，其業不廣，一如向之學醫，僅得私授，其術未宏。迨國家開設醫院，道乃因之丕興也。其建立工藝院，諸藝俱臻美備者，非謂工匠之粗者不得仍習家傳，實因工藝有涉於學問，故開學院，置機器，備圖書，延名師教授，則聰慧者窮源探本，綱舉目張，而各藝皆呈其效。如謂製造器具、營建房屋，學烏之壘巢，惟知葫蘆依樣亦未嘗不可，然欲省材省力、事半功倍，而求精於工者，非先務測算繪圖之學，無由而得其妙。蓋數居六藝之末，而實爲百工之首也。至水火之工，即謂火車輪舟、弩機也。若不諳水火之學，必致多誤，喪命百數，喪貨鉅萬，其所係不綦重哉！是以測算、格化等學，尤於工藝有關，博學之士未嘗不爲工匠講之。法京之《百藝院》上卷已略言及，各國仿建頗多，有會萃百工而爲各藝專開課程者，有將工藝之尤要者分而教之，如營造館、治礦館、機器館、農政館、船政館、精藝等館是也。

營造館

營造之義最廣，凡土木磚石之工皆是。近時多以鐵代木，則鐵工亦歸營造師經理。西俗重屋宇而輕冠服，不但宫殿衙署以堅石建造，垂諸永久，即富豪民宅以及城鎮市廛亦莫不然。其意不徒奢侈，實防水火之災，而冀爲百世之業。無論公私廬舍，皆高至數層，以地貴而天賤也。各殊其式，惟壯觀瞻，是以營建宫室除土木工外，必須營造師爲之，結構鋪張，以期鞏固，城鎮之美惡多賴其經營，其列於精藝者，宜也。至造橋修路，昔無專習其業者，彼時惟有土道，雨則泥水梗塞，旱則塵土飛揚。車以騾馬駕馭，故橋梁無須甚堅。百餘年來衝要之區，土路悉改爲石路，法以碎石鋪路壓平，以通車馬，火車則另有鐵路。法於兩旁鋪梁木，上釘以鐵以束輪轍，而利□行。高者□平，低者墊滿，非深諳算術者自不能測量而得其宜。再橋梁既任以數千噸之火車恒百數聯絡借越江河□應穩固如山。或以鐵架鐵柱排列於下，以支□之，或以鋼鐵纜索高結於上，以懸挂之。其下可通往來巨艦，長數里或數十里。低窪積水之區，橋梁每長如此。費用浩繁，關係重大，此尤非精於營造者所莫辦。夫以鐵木結構高樓，令之鞏固，不畏烈風，已屬高才，至以之浮海，令之往返神速，不畏波濤，其才豈不更奇哉！是以製造船隻視爲營造之尤要者，邦國恃以通商，恃以禦敵，故其營造得法，實關富强之要圖也。此雖爲營造別派，而學本相同，故攻於營造之學，其要有三：一精算學，俾克測量；一諳格化諸學，俾明水火土木金石之理；一善繪畫之學，俾得作圖布式。其營造師之昭著□爲巨擘者，不但因才致富，且有封以顯爵者。蓋營造師乃工匠中將軍之職也。

治礦館

開礦採取五金，自古所有。近年用法與古迥異，蓋古時煤鐵金屬並無定法尋求，或於山石間顯露其苗，遇則開採，而深藏於地中者，即無由而知，因亦無從而得也。其礦窑既開，雖出產富厚，遇水人力難施，因而廢棄者有之。即幸無水，每覺有積蓄毒氣，致人傷生，不敢復入，因而廢棄者有之。又有挖至數百尺，其上下提運，人力不能復施，因而廢棄者有之。或金屬不在沙土間，蘊於堅石之中，難以取煉，因而廢棄者亦有之。種種窒礙難行，以致無可施措。近代地學□

興，格化之學漸精，機器之具漸備，挾其術以用於礦窑，則未識之深藏必顯，已廢之舊窑可復，而無窮之利源出矣。蓋地中層次原有定序，雖深及流水，按地中□水皆流火也，堅地在上包括，如卵清而果黄然。其地面既顯露一層，其下應得何層，均可類推。且層層所出何石何金，亦可逆料。古者往往鑽鑿搜求，枉費心力，如入寶山，空手而回。蓋必熟諳地學，識其地面内有何等蘊藏，始敢破資採取，而不慮有緣木求魚之誚也。因地學如此重要，故各太學均設講席，各省會亦廣設地學一職，以究土脈之利。其覓取地中之寶，更有妙術施焉。係以汽機鑽孔，所用鑿器形如圓筩，筩底周圍嵌金鋼石數十枚如犬牙相錯，令筩旋轉如磨，雖堅石無不洞穿，層層如圓柱而不破碎，滿於筩中提而視之，以辨地中體質所藏若何。常有鑽至二千尺之深者，既知地中含有石油煤鐵，并知每層厚薄之數。□鑿井極深而得自湯泉者，亦用此等鑽鑿器具。礦窑既開，不但以汽機運載，即鐵路。亦可用以上提諸物并可以之取水，較千百夫之。力倍速，故礦窑有水不足爲患，無如煤毒之氣，遇火即燃，烈於火藥，工人每被燻斃，轟斃至數十數百之衆，欲防其毒，則用汽機運扇以散之。此等煤窑工人不敢用尋常燈燭，其燈名曰防火燈，係以極細鋼紗罩焰，能過光而不過火。【略】至金銀銅鐵等物，除以化學煅煉外，其隱於堅石中者，亦能以化學取之。法先擣碎石塊，復研極細，置强水中，則金石遂分，而其實出矣。古人所開銅銀等礦，不但既廢者淘水可以興復，即所棄之渣滓，亦可按化學之理煉而得之。是礦窑深賴地理、格化諸學之明證也，而需機器以取其利，尤爲至要。故廣開礦窑之國，莫不設專館以教焉。

機器館

機器以汽機、電機爲要，汽機能代人馬之力，垂功已至百餘年。初亦未甚靈捷，祇用於礦窑，以提携煤鐵，後乃漸精，既以之行火輪舟車，復以之運磨、紡棉、織布、冶鐵，以至石木諸工亦皆用之。習此機者，有二，一造機，一操機，均以測算、格致爲本。操機者之學雖未如造機者之深，亦須資性聰慧，方勝其任。蓋一有缺損，即行補救，以免有失。倘才具平庸，猝遇不測，不但輪舟慮有敗壞，而數百人之性命，亦無倚賴。是以輪舟每置五、六人，諳練操機，以備緩急。其司火車機器者亦同。電機之類甚夥，如電報一事，有專司安設電綫者。有專司寄送信件者。邇來又興電氣燈，異日必與煤氣燈並行於西國城鎮。按製造煤氣燈與經理其事者，在西國原爲大業，而以化學爲本。不但代煤氣以燃燈，亦代蒸氣以行機，甚至鐵路運車已試其端。他如鍍金作印板等事，皆各爲專業，其諳悉電學之理，莫不由格致爲始也。水機各類，如水輪作工，及壓櫃蓄力通力，不可枚舉。治水各法，如築隄、設閘、濬河等工，皆本水學以測算，更有零星機器不勝枚舉，率爲工匠所必需。機器之學，或分館而專授，或萃於一館以兼習。古者工匠習業，官置不問，近時機器精進，是以廣設學館而教之。

農政館

民以食爲天，古之論政者莫不以勸農爲先務。然徒督課以獎其勞，而不設教以導其術，則勸農之典未備。況聖門賢如樊遲，亦嘗以稼圃爲請，雖孔子誨以不如老農老圃，且鄙之爲小人，而究未嘗輕視農事也。蓋士恒爲士，農恒爲農，各守其業，有不得兼行者矣。昔先王作厤紀歲，授民以時，按其節候，酌其土宜，教以稼穡，此衣食所由來也。然農事不僅樹藝五穀，即栽種花木，飼養牲畜，亦皆與之相關。欲查地脈，辨何土與何物有益，應借助化學之理，如此土性缺石灰、木灰，彼土須加沙泥與馬矢、鳥矢等物，至栽種飼養，亦應諳植物、動物之學，如《本草綱目》等書。俾得各順其性。百年以來，英法兩國民數倍增，其農政與之並進，田畝所産亦倍於前。不但故有之物出産較前豐美，更有新物自海外來者，可爲民食。百年前西國無山藥豆，即和蘭薯，形如白薯但式圓而味淡，其滋生較白薯蕃衍，今愛爾蘭一島之人賴爲食之大宗，法、德兩國亦廣植之。其産較五穀爲易。除設館以授農事，泰西各國盡有之，今日本亦設農政館。並附設莊田，以備試驗各術，博採萬方嘉種，萃於一處，散於通國。美國以魚鼈各種散於各省。故動植漸臻佳美，如羊毛較昔豐滿，馬亦較昔膘壯而行速，幾令人疑與古若不同類也。馬之良者，多産於回域。英人借種培養，較本土尤良。【略】農政所關甚大，在上者知其術以示教，在下者遵其法以遂生，習之者或自治其田，收櫛墉而獲報，或官委以往歷郡縣而授民，殆有后稷之風焉。德國農圃各術，恒爲實學館、蒙館之别課，其設專館以教之，亦至百五十處，均有附置莊田於古汀浦。德之□邦。自咸豐二年始開農課，而肄業者已有一萬八千人。法國農政館有上中下三等之分，下者均置有莊田數十頃，設提調一員，教習三、四人或五、六人不等。所授之術，以種葡萄、酸酒、植桑、養蠶、繅絲爲要課。蓋酒、絲係法國貿易大宗也。道光十年，有好事者私行設館，行之數年，著有成效。至二十八年，國家知與民有益，始依照推行，今已有五十餘處。諸國辦法稍異，而設館以興農政，要無不同也。

精藝館

精藝與百藝不同，各有所求，各殊其用。尋常工藝所求，在供給日需，人之

起居、飲食胥賴之。精藝則不在物之體專於有用，而在物之美足以娛人。夫踵事增華，原非出於不得已，然不得謂爲徒事奢侈也。緣人性與獸性有異，不僅在明理而辨其是非，尤在體物而知其美惡。獸得巢穴，以蔽風雨即可知足。人必善爲營造，極其輪奐而後方可稱快，以仰體大造生物之心也。蓋兩間憑造化以幹旋，覆於上者有星辰之點綴，載於下者有花木之鋪陳，而人之精藝，雖曰巧奪天工，究不若大造裁成之萬一也。精藝有音樂、丹青、雕鏤三種昔營造在其內。大抵分館而課，欲明其理，須深通算術，熟諳格致，方底於成。蓋樂本於氣學，由氣顫以成聲，顫之疾則聲高，顫之徐則聲低，其輕重緩急之間，則以算術計之。然明其理者，未必能行其事，能製其器者，未必能奏其樂。有天性能爲音樂，而於其理一無所知者，倘能理用兼通，斯爲美備，此設館延師之由來也。其課有習口歌者，有吹笙爾者，有撫琴瑟者，皆分而教之。西國樂器甚繁，未能枚舉，而其品之高者，莫如洋琴、風琴二種。洋琴形如方桌，長方形、三角形者，均有之。內有鋼絃數十，無粗細，而音以絃之長短爲別。每絃上懸小錘，錘柄爲平滑象牙，指一按錘，即下而擊絃成聲。除貧民外，家家皆備此器，婦女彈者頗多，士大夫亦有習之者。風琴小者略似洋琴，大者高寬各數丈，用管代絃，以管之長短粗細，辨音之高低。賴風箱以吹氣，其管之啟閉，由懸鎚以爲之，彈法與洋琴同。小者以足鼓風，大者需人椎箱，甚有以汽機行之者。其最大者或在宮殿，或在廟堂，其聲可輕如蟬鳥，可重如雷霆。屋小則琴力大而鏗鏘，屋大則琴音和而清越。此二種恒以人聲和之，或以各樂器和之尤佳。常見四、五十人操器作樂，頗爲歡暢。余在德法義等國屢聞之，而竊憾諸友未能同聆雅奏，不禁有感於懷矣。因思孟氏有言曰，獨樂樂，與人樂樂，孰樂？良有以也。德義兩國每以音樂入蒙館課程，英法美三國則惟好者習之。丹青首在練習繪圖，不但水陸軍營、航海舟楫均需其技，即建造屋宇、製辦機器亦有所賴。其理本於測量，其事與樂器相若，非指骨熟練，未易盡善其藝之精者。能隨心象形於人談笑之間，竊繪其容使之不覺，俗謂繪像爲畫喜容，又名行樂圖，然必面目神情畢肖，令人愛敬，依稀如在目前，並能垂及後世，其丰采神韻不減，亦爲可珍。至繪山水能致遠若近，畫花卉能選色争妍，故足貴也。民間以畫圖裝飾居室，國君亦以之點綴宮廷，復設閣以儲之，有以古遺名畫而奉爲國寶者。學畫以鉛墨筆爲始，迨學有規模，然後習以著色，所謂繪事後素也。其課程無定限，按才力以酌之。此事雖不甚難，然非天資穎悟，而復進以苦工者，萬難造極。是以出類拔萃者，莫不揚名於天下，而榮富並臻焉。雕鏤石像，塑像亦在其內。亦屬盛行，各國雖鮮有立館設教，然名士每有開課。而授法也。以雕鏤而著名，往羅馬設館者多，因古□石雕神像人像其地最富。合觀音樂、丹青、雕鏤三種，其精藝之有益於學問爲何如哉。

船政館

船政館有二，一官設，一民設。官設之館，練習水師、武弁，其課程與陸軍武學略似。陸軍武學下文詳之。惟天文須較陸軍深邃，因航海測算用以行舟，其事綦重，無論帆船輪舟，一切器具均須熟諳，故格致水火諸學最宜講求。除陸地列陣、排隊，須隨時水操，以資練習。俟課程既滿，往往將生員數十人或數百人，移載於船，令出大洋以試所學，按英國恒有此事，在外數月之久，以便學者習慣波濤，如行陸地。則遇敵自收駕駛之功也。古有得不龜手之藥水。戰而致勝者，今之水戰，不獨熟悉水風，尤賴汽機、火機，其術甚深，而學亦不易也。民設之館，教習商船，爲船主者航海商船總計不下數萬，是以廣設學院而督課之。俟課程既滿，授之文憑，以證其學，足能駕駛。其不在館學習者，亦按例考以天文、算格諸學，方准管帶。諺曰，庸醫殺人。竊思船主之庸懦者，其予人危險甚於庸醫，若機器未諳，星算未精，沙綫不明，海程不達，而濾畀以重任，不但船貨拋棄，尤恐載客數百人難免葬於魚腹之患也。美國水師設大船政館一所，小者數處。【略】

李鴻章《致總署論派員出洋學習製造及在京或口岸設機器局》《海防檔機器局》

上海通商大臣李鴻章函稱：接奉二月十七日蘇字第七十六號密函一件，親自啟緘，回環誦悉。承示議派旗兵，前往外國布置機器局中，學習製造，以資制勝；若流弊太多，當作罷論；飭即密爲規畫，通籌大局，詳細具復等因。雄才卓識，思有以振積弱之勢，爲久安長治之圖，國家大計，無逾於此。特以事屬創始，必須計出萬全，詢謀所及，不厭審詳，敢不竭盡管蠡，以備採擇。

溯自和約頒行以後，中外之情稍通，不至如前此之扞格太甚。然洋人布徧於通商各口，且得游行內地，於中國文物聲明之盛，日有濡染；而中朝迄未遣一介行李，駛出外洋，游其都肆，一探其巧技造作之原。以事言之，未免有闕如之憾；以理與勢觀之，亦爲將來必有之舉。鴻章蓋嘗默存此見，而未敢倡爲是論，兹承明問及之，因復加以考究。竊謂此事若行，似不至於流弊之太多，特其功效遲速之如何，未可豫操左券。夫事未求有功，先求無弊，此慎之於始之意也。然事既求無弊，又求有功，此要之於終之義也。然則權量於彼我之間，請得爲殿下詳陳其説：

此事章程，未審將來如何議定，惟函示有與英使議立合同之語，自與奉使體

制不同。然既派旗兵，則必有本管之武弁偕往，以資約束，究屬出使外洋，其事又爲曠古所未有，所關國體甚大。遠游異域，從來視爲險途，主客之勢懸殊，猜嫌之迹易起，極力周旋，情好未必能固，一朝反覆，事變遂不可知。輕則季孫有西河之留，重則鍾儀有南冠之困。史册所載，可爲寒心。然以今日夷情論之，江海通商，已遂其願，隨時曲示羈縻，似不遽至決裂。又以外國諸書，參證傳聞之說，風土人情，頗敦東道之誼，凡有遠人投止，無不極力保護。況屬中國奏派官弁，殷殷就學，何至頓有違言？斯可無慮者一也。

敵人虛實，無由盡知，羈旅因依，最易入彀。或私交通其縞紵，或賓館隆其餼牽，秦越既漸若一家，肝膽遂爲之傾露，言之者無意，聽之者有心，漏洩已多，譸張必起，伊可畏也。然洋人駐在京師，中國事故，已習聞之，朝廷一動一言，無不宣布中外，我固不煩於庋詞，彼亦何勞於餌述。臨時再諄飭該兵弁謹慎將事，矢意三緘。斯可無慮者二也。

中國因循積弱之由，已非一日，忽焉改其故步，從彼問津，發憤自强之一念，豈能瞞過彼人？初或含慍不言，久必借端造釁。然外洋軍火機器，運售無禁，彼既恃其擅絶之能，不妨炫奇於中土，其中又有獨神之用，不畏盜法之有人。且機器之巧，兼備百工之妙，入門有得，自歸一貫之中。在我心摹手追，固專注於軍火製造，而向彼開宗明義，當旁參於日用便民。如紡織刷印陶埴代耕濬河之類，必有機器房可以分往學習，而軍火自可類及。善爲説詞，不見有機心之流露，則相忘無事，不遽啟彼族之驚疑。斯可無慮者三也。

洋人驕慢性成，多所要挾，只可來教，不宜往學。自昔上方冠蓋，未嘗一貢彼中，惟明永樂間，遣太監鄭三寶下西洋各國耀武，傳爲美談。今迺以天家之禁旅，逾重譯而從遊，雜工作於蜃樓，奉師資於鮫客，得無助其天驕，滋爲口實，傳諸史册，其若之何？則又不然也。無論中國制度文章，事事非海外人所能望見，即彼機器一事，亦以算術爲主，而西術之借根方，本於中術之天元，彼西士目爲東來法，亦不能昧其所自來。尤異者，中術四元之學，闡明於道光十年前後，而西人代數之新法，近日譯出於上海，顯然脱胎四元，竭其智慧不能出中國之範圍，已可概見。特其製造之巧，得於西方金行之性，又專精推算，發爲新奇，遂幾於不可及。中國亦務求實用，焉往不學？學成而彼將何所用其驕？是故求遺珠不得不遊赤水，尋濫觴不得不度崑崙。後之論者，必以和仲爲宅西之鼻祖，考工爲周禮之外篇，較夫入海三千人，採黄金不死之藥，流沙四萬里，繙青蓮般若之文，豈可同年語耶？事雖創聞，實無遺議。斯可無慮者四也。

凡此流弊多端，從彼外國而起疑者，皆得而辨之矣。若自我弁兵論之，亦有數弊可爲豫防。言語嗜好不同，飲食衣服異宜，苟非入國而問禁，入門而問俗，則羣居萃處之下，動輒牴牾，或冒瓜李之嫌，而苦於不知；或啟鼠雀之争，而莫爲之解，雖曰細微，頗關交際。彼處物産殷富，用錢無節，非特奇技淫巧，其財力足以取給，即日用百物，靡不稱是。而中國素崇儉約，京營弁兵，又多匱乏，縱臨行官爲辦裝，資斧稍從豐厚，豈能滿載而行，以供海角之取携？【略】

自中國海口至英國倫敦城，輪船約三月可到。彼都百物具備，遊者不以爲苦，弁兵此役，不過如出征邊境一次，而無鞍馬之勞，攻戰之危，又有探奇海外之樂，自當踴躍前行。惟彼國在北極出地六十一度，四面枕海，天時、地氣、人事，種種與中國殊。輪船行海，忌諱最多，越人之視疾徒勞，楚客之招魂無地，投鴟夷而不惜，載馬革以何從。而此項弁兵，前往人數不少，歲月淹留，疾病事故，勢所不免，禮雖殊乎奉使，事究異乎從軍，不安其身，何以責課程？不厚其終，何以示勸勉？凡一應豫籌之事，皆須慎於發軔之初，將來議立章程，鈞慮自必周密。然而此行亦談何容易矣！尊諭以此事必須熟思審處，縱令可以議辦，亦當徐爲布置，計出萬全，益徵慮遠思深，不爲見小欲速之圖，是凡管見之所及者，固早在燭照數計之中矣。

正繕復間，接奉蘇字七十七號密函，示飭體察情形，從長計議，必須利重弊輕，方可見諸施行等因。鴻章竊又反覆思之，兩利相權，則從其重；兩弊相形，則從其輕，此自來論事之大略也。今日講求製造，亦不出兩途：一則派人前往從學，一則開局延請教師。試以民家子弟課誦譬之：生徒負笈從師，不憚千里，謂可專心而力學也。然行李之往來既多勞頓，朋儕之遊處未必相宜，父兄在遠，督責無目，非特寬與嚴聽之師，即勤與惰亦聽之子弟。夫如是，則學之成否未可知也。若夫家塾，從容執經請益，無遠游之勞，故時不曠；無外人之擾，故志不紛。臨以家督，朝考夕稽，師不得不盡職，弟子不敢不勉。夫如是，則學之成庶乎其可期也。夫二者之爲學同，而得失不同。如是者，遠近主客之勢殊也。然則學習機器之事，亦如此矣。曰遠求不如近求，爲客不如爲主。夫派人往學，非不可行也，然事體繁重，攻效難期。鈞意既不欲輕於一試矣，不如仿照外國語言文字館之例，在於京城或通商海口，設立外國機器局，購買外洋人鐵廠現有機

器，延請洋匠，教習製造，而别選中國精於算術之士，分充教習，以洋匠指示製造之法，以中士探明作法之原。其學習之弁兵，亦分二等：算造兼通者上也；僅學製造而不能領會算法者次之。每造一器，必繪其圖式，詳説其意法，由淺以入深，由成法以求變化，計日而見功，計月而獲用，工程可大可小，洋匠可進可退，有利而無弊，莫善於此。

鈞諭慮及，購到機器，彼必秘其精者而與以粗；又謂延請洋人，恐良匠未必肯來，而拙工因之牟利，此皆透進一層，鞭辟近裏之論，誦之深爲佩服。然鴻章竊有説於此：中國智巧之士，非遜於外國，心思之靈變，非有不及也。課虛則難，徵實則易；不得其門而鑿空則難，得其路而漸入則易。張平子馬鈞藝元之流，天下之名巧，皆中國産也。昔之所有，未必遂爲今之所無，特以機緘未啟，不得不求其人與器，以爲先路之導。正慮假道莫由，望洋而嘆，即其拙工與粗器，且未可得致耳。何也？天下相需甚殷者，往往相遇甚疎，我既疑彼爲鄭人之賣蝶，不肯擲黄金於虛牝；彼亦慮我爲葉公之好龍，不肯以明珠而闇投。一旦啗以厚利，畀以美名，儼然有燕昭延士，請自隗始之意，安見彼良工不聞風而起，抱器而來耶？聰明奇傑之士，生長鬼方，勞身苦思數十年，幸所學有成，或亦欲播於上國，傳之其人。達磨泛海三年，而説法於梁朝，爲震旦之初祖；利瑪竇繞地行一周，而標奇於明代，爲西術之開山。以今方古，豈無同情？況乎行遠必自邇，登高必自卑；祭泰山必先林放，祭河必先滹沱；以拙者爲巧者之前茅，以粗者爲精者之嚆矢，不亦可乎？

尊諭又慮此中之巧拙，中國無由分晰，而華工域於聞見，即此拙工之藝，亦徒襲其貌，而不能神其技，於事仍無所補，則鴻章又有説焉。至難料者事也，至難得者時也。外海藩籬盡撤，門庭堂戶，我已與人共之，豈可一日以爲安哉？所幸彼陰用其浸淫之漸，而外託於通商之利，暫爲羈縻，我得以閒暇爲綢繆之計，此誠不可多得之機會。明知良工精器之在於其國，遠哉遥遥，將欲蹇裳相就，而又遲回審慎，歲月坐銷，何如就此拙工之指授，在彼若不甚吝惜，而我得以按圖索驥，徐求爲變通盡利之方。得寸則寸之益也，得尺則尺之益也。夫有形之器，徵諸實用，差之毫厘，謬以千里，非離奇恍惚不可知之數也。其製成之器，槍足以擊遠，砲足以摧堅，不謂之精不可也。鑄器不能成，或成矣，槍不可施放，砲不能開花，則器非其器矣，豈止於粗而已哉？故與其務精巧之虛名，不如獲粗拙之實效，故曰：猛虎之猶豫，不如蜂蠆之致螫也；騏驥之局促，不如駑馬之安步也。

鈞諭有學成回京教習之語，是先往學而後設局教習也。如先設局學習，稍有所得，不妨派人前往外國一爲考驗，則亦並行不悖之事。勞與費略皆相等，然而功效之遲速，有不同焉。鴻章所見止於此，不敢憚辭語之繁複，冀以副諏詢之鄭重。其有未盡，則涵於高遠之量矣。

承另示分别軍器輪船緩急之故，洵爲知彼知己，確當不易之論，並非過慮。製軍器與製船之器，其樞機之原，必無二致，而形式之大小，名目之繁簡，必有不同。若專製軍器，亦須多購機器，方易集事。滌生中堂於前年冬月，派容閎字醇甫者，前赴西洋購買機器。其人熟習花旗語言文字，大抵通事之流，然限定不得過銀三萬兩，恐難如願以償。承詢謹附及之，耑肅密復。

再蘇滬製造軍火局，製器之器，不易購備，承示已晤商威使，轉致巴領事，可令洋商由彼國代購，不致居奇昂價等因，具見垂厪要需，曷任感佩。當將該使所致巴領事洋字信函，飭道轉交。查蘇省製造一事，只就力所能及，稍資應用，隨時添置零碎器具，皆係洋人已運到滬之物，就地購買；或與洋商議定件數、價值、貨色，赴該國辦運，以期逐漸蓄集。惟全副機器，其價動以萬億計，遠求諸數萬里外，少與之銀，則不能任其取携，得以有詞延宕；多與之銀，一時難以設措，亦未見確有把握。又其爲器也，名目繁多，用法變化，未易識别精粗，探明底細，一經運到，即有一成不易之勢，設或不適於用，豈非鑄鐵成錯，故不敢不慎之又慎。仍與滬上洋廠内，該有全副製器之器，就近議購，進退之權，即仍在我，轉移之間，即資應用。如須再由彼國代購，或令巴領事一爲擔承。第慮價值過鉅，敝處無此力量，仍不能勉强爲之耳。

又李鴻章《奏報置辦外國鐵廠機器》《李文忠公全書·奏稿九》 奏爲置辦外國鐵廠機器，併局製造，並飭奉派京營弁兵，分起到廠學習，恭摺具陳，仰祈聖鑒事。竊自同治元年，臣軍到滬以來，隨時購買外洋鎗礮，設局鑄造開花礮彈，以資攻勦，甚爲得力。上年春間，蒙總理各國事務衙門函詢，學製各種火器成效何如。當即詳細具覆，以短炸礮與各種炸彈，均能製造；其長炸礮及洋火藥，非得外國全副機器，不能如法試造，現亦設法購求，以期一體學製。至於各項運用之妙，與洋人之貴重此器，暨日本視中國之强弱以爲向背各情形，亦推闡陳明。經總理衙門鈔函恭呈御覽，並以臣函中所言慮患防微，與該衙門所籌適相符合，宜趁南省軍威大振，洋人樂於見長之時，將外洋各種機器實力講求，期得盡窺其中

之秘，有事可以禦侮，無事可以示威等語，於同治三年四月二十八日，奏蒙諭旨，飭由火器營派撥護軍參領薩勒哈春等官兵四十八員名到蘇。經臣酌派在丁日昌、韓殿甲及洋人馬格里等三局分習製造，專摺覆奏在案。

查製造船礮軍火各種機器，有通用者，有專用者，若買製齊全，須數十萬金；雇覓中外匠工，采購外洋銅鐵木炭等料，亦需費不貲。臣處所設西洋礮局，其機器僅屬萬餘金，不全之器甚多，只可量力陸續添購，以求進益。前由曾國藩派人赴英美各國，探訪該處船廠機器實價。臣並議及此物若託洋商回國代購，路遠價重，既無把握，若請派弁兵徑赴外國機器廠講求學習，其功效遲速，與利弊輕重，尤非一言可決。不若於就近海口，訪有洋人出售鐵廠機器，確實查驗，議價定買，可以立時興造，進退之權既得自操，尺寸之功均獲實濟。擬飭海關道丁日昌，在滬訪購，如製器之器已可購得若干，仍應添補若干，或宜另擇妥口試辦，容通盤籌議，略有端倪，方可入告。以上各情均經節次函陳總理衙門，一面飭訪購辦。此臣處前此議辦鐵廠機器之原委也。

又去年十二月初九日，欽奉寄諭：昨據御史陳廷經奏，緑營水師廢弛，請飭整頓營伍，製造軍火一摺，著曾國藩、李鴻章會同商酌，奏明辦理，原摺著鈔給閲看等因，欽此。遵查原奏所議軍火一節，大意以夷情叵測，恃有戰艦機器之精利，逞其貪縱。然彼機巧之器，非不可以購求學習，以成中國之長技，請於廣東等處海口設局，行取西洋工匠置造船礮，以期有備無患等語。雖語焉不詳，未得要領，而大致與總理衙門暨臣所籌議不謀而合。曾國藩平時亦持此論，自應遵旨商酌辦理。茲據丁日昌稟稱：上海虹口地方有洋人機器鐵廠一座，能修造大小輪船及開花礮洋鎗各件，實爲洋涇濱外國廠中機器之最大者。前曾問價，該洋商索值在十萬洋以外，是以未經議妥。茲有海關通事唐國華，歷游外國多年，熟習洋匠，本年因案革究，贖罪情急，與同案已革之扦手張燦、秦吉等，願共集資四萬兩，購成此座鐵廠以贖前愆。廠內一切機器俱精，所有匠目照舊發價，任憑遷移調度。其餘廠中必需之物，如銅鐵木料等件，另值銀二萬兩，由該關道籌借款項，給發采買，以資興造。先行請示前來。當查唐國華一案既情有可原，報效軍需贖罪，亦有成案可援。此項外國鐵廠機器，覓購甚難，機會尤不可失，批飭速行定議，稟候分別具奏。並飭該廠一經收買，即改爲江南製造總局，正名辨物，以絶洋人覬覦。其丁日昌及韓殿甲舊有兩局，即歸併總局。一切事宜責成該關道丁日昌督察籌畫，會同總兵韓殿甲，暨素習算造之分發補用同知馮焌光、候選知縣王德均、熟諳洋軍火之候選直隸州知州沈保靖，一同到局總理。所有出入用款，收發器具，稽查工匠，分派委員數人，各司其事。分飭遵照去後，旋據丁日昌等查造該廠機器物料件數清册，擬具開辦章程，約有數端：

一，核計局用房租薪水及中外匠工等有定之款，月需銀四千五六百兩。其添購物料，多寡不能預定，大約每月總在一萬兩以外。

一，查原廠所用之洋匠，計留八人。其匠目科而一名，技藝甚屬精到，所有輪船鎗礮機器，俱能如法製造。現擬於華匠中留心物色，督令操習，如有技藝與洋人等者，即給以洋人工食；再能精通，則拔爲匠目，以示鼓勵。

一，現造洋鎗器具，尚未全備，已令匠目趕製，全副約大小四十餘件，數月可以成功。如式仿製，即省功力。惟已製洋鎗則必需銅帽，既得銅帽，又必需洋藥，皆係相因而至之物，不容偏廢。但聞製藥機器工料尤爲繁重，容再設法購求，俾可推行盡利。

一，查鐵廠向以修造大小輪船爲長技，此事體大物博，毫釐千里未易絜長較短。目前尚未輕議興辦，如有餘力，試造一二，以考驗工匠之技藝。其鑄錢織布挖河犁田諸器，雖可仿製，但其法式同中有異，觸類引伸，尚須考究，尤當權其輕重緩急，庶不致凌躐無序。

一，前奉議飭，以天津拱衛京畿，宜就廠中機器仿造，一分以備運津，俾京營員弁就近學習，以固根本。現擬督飭匠目，隨時仿製，一面由外購求添補，但器物繁重，非窮年累月，不能成就，尚須寬以時日，庶免潦草塞責。

一，查本廠現在虹口，每年房租價銀六七千兩，實爲過費；兼之洋涇濱習俗繁華，游藝者易於失志；廠中工匠繁多，時有與洋人口角生事，均不相宜，應請擇地移局。

其他所議如機器宜擇人指授，工匠不令隨意去留，費用宜實報實銷，賞罰宜明定章程。

以上各條均屬切實。臣查此項鐵廠所有，係製器之器，無論何種機器，逐漸依法仿製，即用以製造何種之物，生生不窮，事事可通，目前未能兼及，仍以鑄造鎗礮，藉充軍用爲主。用需經費，容臣隨時於軍需項下通融籌撥。如將來各種軍器仿造洋式造成，取攜甚便，即可省購買洋軍火之費。上海虹口地方設局，於久遠之計，殊不相宜，稍緩當籌款另建房屋，移至金陵沿江偏僻處所，以便就近

督察。曾國藩采辦西洋機器，俟到滬後，應歸併臣處措置。至前次派在丁日昌、韓殿甲兩局之護軍校達嚨阿等四員、京營兵二十名，已飭入廠學習。其儘先參領薩勒哈春、副參領崇喜等所帶弁兵，本在蘇州西洋礮局，該局機器與上海鐵廠亦自同源，仍可互相觀摩。惟此事形下不離形上，與規矩不能與巧，將來各弁兵所得之淺深，恐難以一例繩也。

機器製造一事，爲今日禦侮之資，自强之本，總理衙門原奏言之甚詳，已在聖明洞鑒之中。抑臣尤有所陳者：洋機器於耕織刷印陶埴諸器，皆能製造，有裨民生日用，原不專爲軍火而設。妙在借水火之力，以省人物之勞費，仍不外乎機括之牽引，輪齒之相推相壓，一動而全體俱動。其形象固顯然可見，其理與法亦確然可解。惟其先華洋隔絶，雖中土機巧之士，莫由鑿空而談；逮其久，風氣漸開，凡人心智慧之同，且將自發其覆。臣料數十年後，中國富農大賈，必有仿造洋機器製作，以自求利益者，官法無從爲之區處。不過銅錢火器之類，仍照向例設禁；其善造鎗礮在官人役，當隨時設法羈縻耳。

天下至奇至異之事，究必本於平常之理，如或不然，則推之必不能遠，行之亦不能久。陳廷經原奏以中國修造鐘錶，推之於機器，雖有精粗大小之别，可謂談言微中。中國文物制度迥異外洋獉狉之俗，所以郅治保邦，固丕基於勿壞者，固自有在，必謂轉危爲安，轉弱爲强之道，全由於仿習機器，臣亦不存此力隅之見。顧經國之略，有全體，有偏端，有本有末。如病方亟，不得不治標，非謂培補修養之方，即在是也；如水大至，不得不繕防，非謂濬川澮經田疇之策可不講也。事無鉅細，樂成固難，而圖始尤不易。自來建一議，興一利，勞臣志士，纏綿而經營之，及乎習之既久，相安於無事，或幾不察其所自來，而追溯創議之初，於此中難易得失之數，幾經審慎，曷敢鹵莽而一試哉？臣於軍火機器注意數年，督飭丁日昌留心訪求又數月，今辦成此座鐵廠，當盡其心力所能及者而爲之，日省月試，不決效於旦夕，增高繼長，尤有望於方來。庶幾取外人之長技，以成中國之長技，不致見絀於相形，斯可有備而無患，此則臣區區愚誠之所覬幸者也。除唐國華贖罪一案，另片附奏，並咨總理衙門外，所有置辦外國鐵廠機器，併局製造，並京營弁兵分廠學習緣由，謹會同協辦大學士兩江總督臣曾國藩，恭摺由驛具奏，伏乞皇太后皇上聖鑒訓示。謹奏。

左宗棠《奏陳擬購機器雇洋匠試造輪船大概情形》《左文襄公全集》《奏稿》卷一

八 奏爲謹擬購買機器，募雇洋匠，設局試造輪船，先陳大概情形，仰祈聖鑒事。

竊維東南大利在水而不在陸，自廣東、福建，而浙江、江南、山東、直隸、盛京以迄東北，大海環其三面，江河以外，萬水朝宗。無事之時，以之籌轉漕，則千里猶在户庭；以之籌懋遷，則百貨萃諸廛肆；匪獨魚鹽蒲蛤，足以業貧民，舵艄水手，足以安游衆也。有事之時，以之籌調發，則百粤之旅可集三韓；以之籌轉輸，則七省之儲可通一水；匪特巡洋緝盗有必設之防，用兵出奇有必争之道也。況我國家建都於燕，津沽實爲要鎮，自海上用兵以來，泰西各國火輪兵船直達天津，藩籬竟成虚設，星馳飆舉，無足當之。自洋船準載北貨行銷各口，北地貨價騰貴，江浙大商以海船爲業者，往北置貨，價本愈增，比及回南，費重行遲，不能減價，以敵洋商，日久銷耗愈甚，不惟虧折貨本，寖至歇其舊業。濱海之區，四民中商居什之六七，坐此闤闠蕭條，税釐減色，富商變爲窶人，游手驅爲人役，並恐海船擱朽。目前江浙海運即有無船之慮，而漕政益難措手，是非設局急造輪船不爲功。

從前中外臣工屢議雇買代造，而未敢輕議設局製造者，一則船廠擇地之難也；一則輪船機器購覓之難也；一則外國師匠要約之難也；一則籌集鉅款之難也；一則中國之人不習管駕，船成仍須雇用洋人之難也；一則輪船既成，煤炭薪工需費不訾，月需支給，又時須修造之難也；一則非常之舉，謗議易興，創議者一人，任事者一人，旁觀者一人，事敗垂成，公私均害之難也。有此數難，毋怪執咎無人，不敢一抒籌策，以徇公家之急。

臣愚以爲欲防海之害，而收其利，非整理水師不可；欲整理水師，非設局監造輪船不可。泰西巧，而中國不必安於拙也；泰西有，而中國不能傲以無也。雖善作者不必其善成，而善因者究易於善創。如慮船廠擇地之難，則福建海口羅星塔一帶，開槽濬渠，水清土實，爲粤、浙、江蘇所無。臣在浙時，即聞洋人之論如此，昨回福州參以衆論，亦復相同，是船廠固有其地也。

如慮機器購覓之難，則先購機器一具，鉅細畢備，覓雇西洋師匠與之俱來，以機器製造機器，積微成鉅，化一爲百。機器既備，成一船之輪機，即成一船，成一船即練一船之兵。比及五年，成船稍多，可以布置沿海各省，遥衛津沽。由此更添機器，觸類旁通，凡製造槍礮、炸彈、鑄錢、治水，有適民生日用者，均可次第爲之。惟事屬創始，中國無能赴各國購覓之人，且機器良楛亦難驟辨，仍須託洋人購覓，寬給其值，但求其良，則亦非不可必得也。

如慮外國師匠要約之難，則先立條約，定其薪水，到廠後由局挑選內地各項

匠作之少壯明白者，隨同學習。其性慧夙有巧思者，無論官紳士庶一體入局講習，拙者惰者隨時更補。西洋師匠盡心教藝者，總辦洋員薪水全給如靳，不傳授者罰扣薪水，似亦易有把握。

如慮籌集鉅款之難，就閩而論，海關結款既完，則此款應可劃項支應，不足則提取釐税益之。又臣曾函商浙江撫臣馬新貽、新授廣東撫臣蔣益澧，均以此爲必不容緩，願湊集鉅款以觀其成。計造船廠，購機器，募師匠，須費三十餘萬兩。開工集料，支給中外匠作薪水，每月約需五六萬兩，以一年計之，需費六十餘萬兩。創始兩年成船少而費極多，迨三四五年則工以熟而速，成船多而費亦漸減。通計五年所費不過三百餘萬兩。五年之中國家損此數百萬之入，合雖見多，分亦見少，似尚未爲難也。

如慮船成以後中國無人堪作船主，看盤管車諸事，均須雇倩洋人，則定議之初，即先與訂明，教習造船即兼教習駕駛，船成即令隨同出洋，周歷各海口。無論兵弁各色人等，有講習精通能爲船主者，即給予武職千把都守，由虛銜洊補實職，俾領水師，則材技之士争起赴之，將來講習益精，水師人材固不可勝用矣。且臣訪聞浙江甯波一帶，見亦有粗知管駕輪船之人，如選調入局，船成即令其管駕，似得力更速也。

如慮煤炭薪工按月支給，所費不訾，及修造之費爲難，則以新造輪船運漕，而以雇沙船之價給之；漕務畢則聽受商雇，薄取其值以爲修造之費；海疆有警專聽調遣，隨賊所在，絡繹奔赴，分攻合勦，剋期可至。大凡水師宜常川住船操練，俾其服習風濤，長其筋力，深其閱歷，然後可恃爲常勝之軍。近觀海口，各國所駐兵船每月操演數次，儼臨大敵，遇有盜艇即踴躍攫擊，以試其能，所以防其惡勞好逸者如此。且船械機器廢擱不用，則朽鈍堪虞，時加淬厲，則晶瑩益出。故船成之後，不妨裝載商貨，藉以捕盜而護商，兼可習勞而集費，似歲修經費無俟別籌也。

至非常之舉，謗議易興，始則憂其無成，繼則議其多費，或更譏其失體，皆意中必有之事。然臣愚竊有説焉：防海必用海船，海船不敵輪船之靈捷。西洋各國與俄羅斯、咪利堅數十年來講求輪船之制，互相師法，製作日精；東洋日本，始購輪船，拆視仿造未成，近乃遣人赴英吉利學其文字，究其象數，爲仿製輪船張本，不數年後東洋輪船亦必有成。獨中國因頻年軍務繁興，未暇議及，雖前此有代造之舉，近復奉諭購雇輪船，然皆未爲了局。彼此同以大海爲利，彼有所挾，我獨無之，譬猶渡河，人操舟而我結筏；譬猶使馬，人跨駿而我騎驢，可乎？鈞是人也，聰明睿知相近者性，而所習不能無殊。中國之睿知運於虛，外國之聰明寄於實。中國以義理爲本，藝事爲末；外國以藝事爲重，義理爲輕。彼此各是其是，兩不相喻，姑置弗論，可耳。謂執藝事者，舍其精，講義理者，必遺其粗，不可也。謂我之長不如外國，藉外國導其先，可也。謂我之長不如外國，讓外國擅其能，不可也。此事理之較著者也。如擬創造輪船，即預慮難成而自阻，然則治河者慮合龍之無期，即罷畚築，治軍者慮蕆役之無日，即罷徵調乎？

如慮糜費之多，則自道光十九年以來，所糜之費已難數計。昔因無輪船，致所費不可得而節矣，今仿造輪船，正所以預節異時之費，而尚容靳乎？天下事始有所損者，終必有所益。輪船成，則漕政興，軍政舉，商民之困紓，海關之税旺，一時之費，數世之利也。縱令所製不及各國之工，究之慰情勝無，倉卒較有所恃。且由鈍而巧，由粗而精，尚可期諸異日，孰如羨魚而無網也。計閩、浙、粤東三省通力合作，五年之久，費數百萬，尚非力所難能。疆臣誼在體國奉公，何敢惜小費而忘至計。

至以中國仿製輪船，或疑失體，則尤不然。無論禮失而求諸野，自古已然，即以槍礮言之，中國古無範金爲礮施放藥彈之製，所謂礮者，以車發石而已。至明中葉始有佛郎機之名，國初始有紅衣大將軍之名。當時得其國之器，即被以其國之名，謂佛郎機者，即法蘭西音之轉；謂紅衣者，即紅夷音之轉，蓋指紅毛也。近時洋槍、開花礮等器之製，中國仿洋式製造，亦皆能之。礮可仿製，船獨不可仿製乎？安在其爲失體也？臣自道光十九年海上事起，凡唐宋以來史傳、別録、説部，及國朝志乘載記，官私各書，有關海國故事者，每涉獵及之，粗悉梗概。大約火輪兵船之製不過近數十年事，於前無徵也。

前在杭州時曾覓匠仿造小輪船，形模粗具，試之西湖，駛行不速。以示洋將德克碑、税務司日意格，據云大致不差，惟輪機須從西洋購覓，乃臻捷便。因出法國製船圖册相示，並請代爲監造，以西法傳之中土。適髮逆陷漳州，臣入閩督勦，未暇及也。嗣德克碑歸國繪具圖式船廠圖册，並將購覓輪機招延洋匠各事宜逐款開載，寄由日意格轉送漳州行營，德克碑旋來漳州接見。臣時方赴粤東督勦，未暇定議。德克碑辭赴暹羅，屬日意格候信，彼此往返講論，漸得要領。日意格聞臣由粤凱旋，擬來閩面訂一切。臣原擬俟其來閩商妥後，再具摺詳陳

請旨，因日意格尚未前來，適奉購雇輪船寄諭，應先將擬造輪船緣由，據實馳陳，伏乞皇太后皇上聖鑒訓示。至設局開廠、購料興工一切事宜，極爲繁重，俟奉到諭旨允行後，再當條舉件繫，恭呈御覽，合併聲明。謹奏。

又《奏陳倣製輪船勢在必行》 奏爲遵旨密陳，仰祈聖鑒事。竊臣欽奉寄諭：各就該處情形及早籌維，仍令將通盤大局，或目前即可設施，或陸續斟酌辦理，或各處均屬阻滯，斷不可行，務須條分縷析，悉心妥議，專摺速行密奏。此事關係中外情形甚重，該督撫大臣等務當共體時艱，勿泥成見，知己知彼，保國保民，詳慎籌畫，不可稍涉疏略，是爲至要。外國論議及説帖照會四件，均鈔給閲看。將此由五百里諭令知之，欽此。臣維西洋各國，向以船礮稱雄海上，從前中國雖許通市，番舶鱗集南洋，然彼貪貿易之利，素仰中國之威，未敢妄逞。嘉慶、道光年間，始有兵船闌入中國之事，雖稱堅緻殊常，然不過夾板等類，藉保護洋商爲詞，實則護送鴉片。地方大吏以理喻之，旋即引去。其時各國未造火輪船，彼尚無所挾也。道光十九年，海上事起，適火輪兵船已成，英吉利遂用以入犯，厥後尋衅生端，逞其狂悖，瞰我寇事方殷，未遑遠略，遂敢大肆披猖。此次威妥瑪、赫德所遞論議説帖，悖慢之詞殊堪髮指。威妥瑪所論與赫德同，可知即赫德之意。我之待赫德不爲不優，而竟敢如此。彼固英人耳，其心惟利是視，於我何有？臣揣其意有三：髮逆既平，彼無所挾以爲重，恐啟中國輕視之漸，一也；結款已滿，彼無所圖，欲藉購雇輪船器械因緣爲利，二也；西洋各國外雖和好，内實險競，共利則争，英人欲首倡雇船買船之議，見好各國，以固其交，又知各國必將以新法售我，思先發以籠其利，三也。若云別蓄詭謀，藉以挑釁，尚或不然。前此中國賊勢甚熾，彼尚未以險語恫喝；兹值巨逆殄除，東南敉静，乃直舉不軌陰謀，坦然相示，似無是理。且就彼己强弱言之，中國前此兵力，制土匪不足，何況制各國夷兵；前此槍礮制髮逆不足，何能敵彼中機器。今則將士之磨練日久，槍礮之製造日精，不但土匪應予殲除，即十數年滔天巨寇，亦已掃除淨盡。英法兩國助我討賊者，需我援桴策應，乃能成其功；其助賊拒我者，經我擒斬赦宥，亦已挫其氣。彼獨無所聞，無所見乎？

就英法兩國而言，英詐而法悍。其助我也，法尚肯稍爲盡力，英則坐觀之意居多；法之兵頭捐軀者數人，英無有也。法人與中國將領共事，尚有親愛推服之詞，英則忌我之能，翹我之短，明知中國兵力漸强，彼之材技有限，而且深藏以匿其短，矜詡以張其能。如此彼之所恃以傲我者，不過擅輪船之利耳。若槍礮之製，廣東無設擡槍，三人可放兩杆，一發可洞五人，無需洋火藥銅帽之費，足收致遠命中之功，較之洋人所推來福礮，更捷而更遠。大礮之製，新嘉坡所鑄不如其祖家之良。中國若講求子膛、藥膛、火門三事合式，改用鐵模淨提鐵汁，可與來福礮同工。硼礮一種，又稱開花礮、天礮。用生鐵鑄成者，重百餘斤，可放十餘斤礮子；用熟鐵製成者，重四十五斤，亦可放十斤零礮子。遠可三里許落地，而始開花。其巧在子而亦在礮。臣回閩後，督匠鑄製，共已成三十餘尊，用尺測量施放，亦與西洋硼礮同工。至輪車機器、造鐵機器，皆從造船機器生出，如能造船，則由此推廣製作，無所不可。其信線一種，則運思巧，而不適於用，安置數十里之遠，無人常川監護，則機身易壞，徒增煩擾，非民間所宜，非官所能强。上年臣過福州時，美里登曾申前請，臣以此謝之，給以價值，收其器具，見尚存福州府庫也。此外奇巧之器甚夥，然皆美觀而不適於用，則亦玩藝而已，奚足與於有無之數乎？

抑臣竊有慮者：各口未開以前，英人專互市之利，所獲甚饒；各口既開之後，有約無約之國，均來中國貿易，利以分而見少。近聞英商各行買賣，折閲漸多，譬如巨賈多開子店，費用益繁，利市更少，其倒歇實在意中。雖彼自失計，於我無尤，然事急變生，不奪不饜。未屆换約之期，或無異説，數年以後，彼因生計愈耗，求贏於我，將顧而之他，藉端要挾，恐所不免。如有決裂，則彼己之形所宜審也。陸地之戰，彼之所長，皆我所長，有其過之無弗及也；若縱横海上，彼有輪船，我方無之，形無與格，勢無與禁，將若之何？此微臣所爲鰓鰓過計。擬習造輪船，兼習駕駛，懷之三年，乃有此請也。據德克碑云：中國擬造輪船，請以西法傳之中土，曾以此情達之法國君主，君主允之，令其選國中工匠與之俱來，未知確否？見在借新法自强之論，既發之威妥瑪、赫德，則我設局開廠，彼雖未與共議，當亦無詞阻撓。至我國家自强之道，莫要於捐文法，用賢才，任親賢以擇督撫，任督撫以擇守令，政事克修，遠人自服，是在皇太后皇上聖謨廣運，非微臣所敢議也。謹據實密陳，伏乞聖鑒訓示。謹奏。

又左宗棠《奏詳議創設船政章程購器及開辦求是堂藝局》《船政奏議彙編》卷二 奏爲詳議創設船政章程，飭洋員回國購器募匠來閩教習，恭摺奏祈聖鑒事。竊臣前議習造輪船，曾將應辦情形，及請簡總理船政大臣接管籌發購器募匠銀

兩各緣由，業經迭次陳明。臣於交卸督鹽兩篆後，駐營城外東教場，嚴裝以待洋員之至。本月二十三日，道員胡光墉偕日意格、德克碑來閩。據日意格等稟呈保約條議清摺合同規約各件，業經法國總領事官白來尼印押擔保，臣逐加覆核，均尚妥洽。所有鐵廠、船槽、船廠、學堂，及中外公廨、工匠住屋、築基砌岸一切工程，經日意格等覓中外殷商包辦，由臣核定，計共需銀二十四萬餘兩。船槽尤爲通局最要之件，應用法國新法，購辦鐵板運來船廠，嵌造成槽。此外一切局中應用雜物，由護撫臣周開錫委員估置。日意格、德克碑俟廠工估定，即回法國購買機器、輪機、鋼鐵等件，並購大鐵船槽一具，募僱員匠來閩。一面開設學堂，延致熟習中外語言文字洋師，教習英法兩國語言文字、算法、畫法，名曰求是堂藝局，挑選本地資性聰穎，粗通文義子弟入局肄習。並採辦鋼鐵木料，一俟船廠造成，即先修造船身，庶來年機器輪機運到時，可先就現成輪機配成大小輪船各一隻。此後機器輪機，可令中國匠作學造。約計五年限内，可得大輪船十一隻，小輪船五隻。大輪船一百五十匹馬力，可裝載百萬觔；小輪船八十匹馬力，可裝載三四十萬觔，均照外洋兵船式樣，總計所費不逾三百萬兩。惟採買物料一切，有此月需多彼月需少者，勢難畫一，應將開稅每月協撥兵餉五萬兩，劃提四萬兩，歸軍需局庫另款存儲，以便隨時應付。而前後牽計仍不得踰每月四萬之數，以示限制。

抑區區之愚，有不敢不盡者：玆局之設，所重在學造西洋機器以成輪船，俾中國得轉相授受爲永遠之利，非如僱買輪船之徒取濟一時可比。其事較僱買爲難，其費較僱買爲鉅。臣德薄能淺，不足爲其難，又去閩在即，不能爲其難。當此時絀舉盈之際，凡費宜惜，鉅費尤可惜，而顧斷斷於此者，竊謂海疆非此，兵不能强，民不能富，僱募僅濟一時之需，自造實爲無窮之利也。於是則雖難有所不避，雖費有所不辭。然而時需五載，銀需二百數十萬兩，事屬創舉，成否未可預知。幸而學造有成，縱局外議論紛紛，微臣尚有以自解。設學造未能盡洋技之奇，即解造輪船，不能自作船主，曲盡駕駛之法，則費此五年之時日，二百數十萬之帑金，僅得大小輪船十六號，機器一分，鐵廠、船槽、船廠及各房屋，雖所造輪船較尋常購買各色輪船精堅適用，而估計所費多於買價一倍，於大局仍少裨益，責以糜帑，咎何可辭。凡此皆宜預爲綢繆，而不能預爲期必者。故此局之定，愛臣者多以異時咎責爲臣慮，局外阻撓爲臣疑。即日意格亦言，此時局面既更，勢難兼顧，如欲停止，願將已領之銀仍即繳回。臣答以事在必行，萬無中止之理，但願一一謹守條約，盡心經畫，共觀厥成。如有差謬，當自請朝廷嚴加議處而已。察看人情，尚可望其有成。合將日意格、德克碑會稟條約條議清摺、合同規約，照抄咨呈軍機處、總理各國事務衙門存案外，謹臚舉船政事宜十條，另繕清單，恭呈御覽。謹會同兼署閩浙總督臣英桂恭摺具奏，伏乞皇太后皇上聖鑒訓示施行。謹奏。

謹將船政事宜臚列十條，繕具清單，恭呈御覽：

一，洋員應分正副監督也。日意格、德克碑各有所長，臣前摺曾陳及之。現經上海總領事白來尼以日意格通曉官話漢字，辦事安詳，令德克碑推日意格爲正監督，德克碑爲之副，咨商允洽，均無異詞。一切事務仍責成該兩員承辦。

一，宜優待藝局生徒，以拔人材也。藝局之設，必學習英法兩國語言文字，精研算學，乃能依書繪圖，深明製造之法，並通船主之學，堪任駕駛。是藝局爲造就人才之地，非厚給月廩，不能嚴定課程；非優予登進，則秀良者無由進用。此項學成製造駕駛之人，爲將來水師將材所自出，擬請凡學成船主及能按圖監造者，准授水師官職；如係文職文生入局學習者，仍准保舉文職官階，用之本營，以昭奬勸，庶登進廣而人才自奮矣。

一，限期程期分別酌定也。輪船一局實專爲習造輪機而設，俟鐵廠開設，即爲習造輪機之日，故五年之限，應以鐵廠開設之日爲始，一面造鐵廠房屋，一面購運鐵廠機器。計自法國購運來閩，約須十箇月、十一箇月不等。日意格、德克碑兩員回國後，一員約五箇月帶船廠洋匠來閩，開船廠，造船槽；一員俟機器等件齊備，交鐵廠洋匠管解起程後，先趁輪船來閩，約八九箇月可到。

一，定輪機馬力並搭造小輪船也。大輪船輪機馬力以一百五十匹馬準，除擬買現成輪機兩副外，其餘九副皆開廠自造。鐵廠造輪機頗費時日，船廠配造成船較爲迅速，恐船廠閒曠虛糜辛工，因議於大輪船十一隻外，另購八十匹馬力輪機五副，其式與外國便婆子兵船相近，乘船廠閒工加造小輪船五隻。

一，飭洋員與洋匠要約也。洋人共事，必立合同。船局延洋匠至三十餘名之多，其中賞罰進退，辛工路費，非明定規約無以示信。已飭日意格等擬定合同規約，由法國總領事鈐印畫押，令洋匠一律遵守。

一，宜預定奬格以示鼓舞也。洋員及師匠人等，須優定奬格，庶幾盡心教導，可有成效。現已與日意格等議定五年限滿，教習中國員匠能自按圖監造，並

能自行駕駛，如獎日意格、德克碑銀各二萬四千兩，加獎各師匠等共銀六萬兩，計共定獎格銀十萬八千兩。如果有成，則日意格、德克碑之忠順，尤爲昭著，應更懇天恩，再加獎勵，以示優異。

一，購運機器等件來閩，須籌小費也。各項器具物料由外洋運儎來閩，非按洋法包紮，恐多損壞；非交洋行保險，難免疏虞。此項包紮保險銀兩，已一並議給。

一，凡需用紋銀之項，應准開銷銀水也。閩省通行銀色，向較江浙廣東爲低。番銀到閩，無論官民皆不辨花樣，但用鐵錾烙印以辨真假，行之他省，外洋即減貶色。船局支發各款，除在閩境採辦物料，無庸補水外，其採買洋料等用款，應將補水銀兩作正開銷。

一，宜講求採鐵之法也。輪機水缸需鐵甚多，據日意格云，中國所產之鐵與外國同，但開礦之時，鎔煉不得法，故不合用。現擬於所僱師匠中，擇一兼明採鐵之人，就煤鐵兼產之處，開鑪提鍊，庶幾省費適用。此事須臨時斟酌辦理。

一，輪船中必需之物，宜籌備也。輪船中應用星宿、盤量、天尺、風雨鏡、寒暑鏡、羅盤、水氣表、千里鏡、玻璃管，以及墊輪機之輭皮，即音陳勒勃等件，現飭日意格等回國探問製造器具價值，如所費不過數千金，即由日意格等籌購一分，並酌募工匠一人同來一並教造。

謹將擬定藝局章程繕列清單，恭呈御覽：

一，各子弟到局學習後，每逢端午中秋給假三日；度歲時於封印日回家，開印日到局。凡遇外國禮拜日，亦不給假。每日晨起夜眠，聽教習洋員訓課，不准在外嬉游，致荒學業；不准侮慢教師，欺凌同學。

一，各子弟到局後，飯食及患病醫藥之費，均由局中給發。患病較重者，監督驗其病果沉重，送回本家調理，病痊後即行銷假。

一，各子弟飯食既由藝局供給，仍每名月給銀四兩，俾贍其家，以昭體恤。

一，開藝局之日起，每三箇月考試一次，由教習洋員分別等第。其學有進境，考列一等者，賞洋銀十元；二等者無賞無罰；三等者記惰一次；兩次連考三等者，戒責；三次連考三等者，斥出。其三次連考一等者，於照章獎賞外，另賞衣料以示鼓舞。

一，子弟入局肄習，總以五年爲限。於入局時取具其父兄及本人甘結，限內不得告請長假，不得改習別業，以取專精。

一，藝局內宜揀派明幹正紳，常川住局稽察師徒勤惰，亦便劇學藝事，以擴見聞。其委紳等，應由總理船政大臣遴選給委。

一，各子弟學成後，准以水師員弁擢用。惟學習監工船主等事，非資性穎敏之人不能。其有由文職文生入局者，亦未便概保武職，應准照軍功人員例議獎。

一，各子弟之學成監造者，學成船主者，即令作監工，作船主。每月薪水照外國監工船主辛工銀數發給，仍特加優擢以獎異能。

張之洞《張文襄公全集·公牘》卷八九　札司局設局講習洋務

照得地球上下各國通商以來，中外交涉，事體繁多，自應籌知彼知己之法，爲可大可久之圖，開物成務以富民，明體達用以自立。三晉表裏山河，風氣未開，洋務罕習，而各國使命所歷，幾徧天下，遇有交涉事件，恐難以空疏無據之材，出而肆應，自不得以遠距海疆，闕焉不講。查直省各局林立，取精用宏，裨益甚多，關係甚重，爲國家儲宏濟之才，爲民生裕日用之質。凡茲美利，屈指難賅，亟宜仿照興辦，極力講求，開利源以復舊規，圖近功而勤遠略。現於省垣建設洋務局，延訪習知西事、通達體用諸人。舉凡天文、算學、水法、地輿、格物、製器、公法、條約、語言、文字、兵械、船礮、鑛學、電汽諸端，但有涉於洋務，一律廣募。或則衆美兼備，或則一藝名家，果肯聞風而來，無不量材委用。各省局廠學堂人才輩出，擅長者當不乏人，已咨請選擇，資送來晉。此外官幕紳商如有講求此事，自請北來，即希量加考核，是否確有實際。如非處誕，亦併量予津遺，所有路費咨照歸款。其自行投効者，但察其果有所長，一體量能禮遇，優其薪資，以收實效而資利用。除備具文啟多張，分咨各省，飭屬張貼，遴選勸導前來，並分行遵照辦理外，爲此札仰該司局即便遵照，會同悉心籌議。即於東門內新買金姓房屋設立洋務局，酌派提調正佐委員，先就晉中通曉洋務之人，及現已購來各種洋務之書，研求試辦，詳立課程，廣求益友。如有試造新式各器，不得吝惜工料。該處地勢寬闊，將來酌於附近添修院落，以爲製造廠所。所有新出關涉洋務各書，隨時向津滬購買。刻即籌款，附赴蘇願募機匠便員，令其在上海購買外洋新式織機農器數種前來，以爲嚆矢。各省著名通曉中外交涉事務之人，即由清源局隨時訪求，指名禀請，以便商調，藉資倡辦。所有一切經費，即於河東道庫提存續增五款項下專案動支，並將以上各節，由清源局擬就簡明章程詳請核辦。

延訪洋務人才啟

蓋聞經國以自强爲本，自强以儲材爲先。方今萬國盟聘，事變日多，洋務最爲當務之急。海疆諸省，設局講求，並著成效。查中外交涉事宜，以商務爲體，以兵戰爲用，以條約爲章程，以周知各國物産、商情、疆域、政令、學術、兵械、公法、律例爲根柢，以通曉各國語言文字爲入門。世用所資，至廣且急。晉省僻處山陬，亟願集思廣益。其有研精天算，周歷地球，通曉諸邦之形聲，熟於沿海之險要，或多見機器，運用得宜，或推闡洋法，自能刱造，或究極船礮之利鈍，或精通鑛學之法門，或能貫澈新舊條約之變遷，或能剖析公法西例之同異，兼擅衆長者，俾爲人師；專通一門者，亦資節取。苟能褰裳就我，即當開閣延賓。各省廠局員弁、學堂生徒，以及官幕、紳商、良工、巧匠，或經各省大憲選擇遣行，或據本人自陳查明，津送盤費均由各省墊付，咨照歸款。或即不由各省咨送亦無妨，徑自前來到晉後，量才禮遇，優其薪資，俟美利漸臻，仍仿照各省局章程，詳請奏獎。所冀絶學宏開，時艱共濟，神州海外，莫譏衍説之虚荒，杕杜道周，竊比唐風之慕好。太行如砥，敬俟來游。此啟。

薛福成《庸盦全集・海外文編》卷四　書工商核給憑單之例

西洋製造之精，以汽學、重學、化學、電學爲本原，人人用力格致，實事求是，斯其體也。國家定例，凡創一器者得報官核給憑單，專享其利，斯其用也。夫開物成務之功，如火輪舟車，暨傳電鍊鋼諸大端，非一時一人智力所驟致，必有集衆能，研絶學，窮年累世，始獲變通盡利者。其用費，則雖斥私財貸巨債而不惜也；其用力，則雖積祖孫父子之創述而不倦也。國家既給憑單之後，凡購物之費，大較讎製器價者什八，讎創法價者什二，故或有以窶人崛起，或家財素裕，因攻新藝而致貧困，俄復富儗王侯者。其君若相必從而賓異之，旌以顯爵。如是則雖積數世之耗財竭智，有所不憚矣。中國則不然，此與一藝而彼效之，此營一業而彼奪之，往往有締造者大受折閲，摹襲者轉獲便利者矣。而一二千年以來，亦竟無一人研精闡微，爲斯民闢妙用，爲天下擴美利者。此無他，政權不足以鼓舞之也。一鏡於彼之所以得，則知此之所以失矣。西俗又有創一良法鬻與他人者，則必先報其法於官，官爲核定其價，賣者獲價後，概不訾省；買者鳩貲經營，專享其息。余於初抵倫敦時，見一美國之士潭思，得然燈妙法，因本國售價不高，特赴英工部獻其術，工部爲之核價英金三萬五千鎊，未及五旬，挈金如數以歸。評之者有定程，購之者無疑志。吁！此其所以能率數十百萬人之心思才力，以闢造化之靈機，而尚無窮期也。

王韜《甕牖餘談》卷五　給予文憑

英法美三國設立成例，凡民間有能獨出心思，精創一器一藝者，許專其利。或著書，或醫藥，或工作，類皆專門名家，他人不能摹倣影射，藉希行世，奪其利藪。所以懷才抱異之士，不患致富之無具也。惟是某人創製某物，必先奏明國家，給以文憑，方許行之久遠。其設立文憑之法，自古所無，今則歐羅巴及亞墨利加皆有之矣。溯英國給文憑，始於前二百年；法美二國始於前七十五年。以美國而論，自道光庚子以來，求給文憑者，每年或一千，或一百不等；至咸豐己未，則三千七百餘；庚申則四千五百餘；辛酉不下五千。文憑之給逐年加增，可見鬥巧趨利之人，愈久愈多矣。惟美國所給文憑，以十七年爲限，過此以往，有人如式製造，各從其便。此則差不同於英法耳。

圖録

清《皇朝禮器圖式》卷三　時辰表

謹按，本朝製時辰表，鑄金爲之，形圓，盤徑一寸五分二釐，均分時刻，以針指之。内施輪齒，皆如自鳴鐘之法，具體而微。盛以金合，當盤面處空之。合徑一寸五分二釐，通厚八分，周飾雜寶金索三行，三就間鏤花文。

阿發滿　傅蘭雅　趙元益《冶金録》卷上

範模造法

磨筩　黑料磨爲細粉，易於飛散，必特設一種磨筩。常用之磨筩，以鐵爲之，將黑料置於其中，使其轉動，筩中置生鐵球數箇，能加多愈妙。筩轉動時，球

在內大轉，則黑料易於成粉。筒之形如第一圖，徑二尺至三尺，長一尺至五尺，一分時動二十轉至三十轉，重二十五磅至五十磅。動之之法，用皮帶與滑輪，或用齒輪亦可。西國大城之內，鎔鑄之廠甚多，有人專以黑料磨成細粉發售爲業者。鄉間僻地，黑料隨作隨用，不發售於人。

第一圖

用諸物成模法

作模之人，所用之物多而價昂，或用生砂作模，或用乾砂作模。模成於箱內，所用之箱或以木，或以鐵爲之。作泥模，用鐵板與心軸、熟鐵桿、熟鐵箍、鐵絲等物。

箱　作模而用箱者，所以包已成之模於中，不使散開也。箱分上下兩片，如第二圖，甲爲上箱，乙爲下箱，丙爲箱面。箱內有隔板，上箱之板常寬於下箱之板。無論木箱與鐵箱，隔板總以木者爲佳，且活動而可任意置之與所鑄之物相近。丁、丁、丁爲三箇鐵釘，一端尖而細，一端圓而粗，令箱之兩爿可使漸相切合。如模有高突者，釘之長與箱之高略等，箱邊之兩鉤有相配之眼，箱之上下兩爿，可鉤之使相連。此鉤須結實而不過重，著鉤之眼通過木而轉脚使固。如爲鐵箱，則做成之時眼已在箱上矣。箱必有四柄，可令其移動。極大之箱與極小之箱，祇用兩柄，在於箱之兩短邊。最要之事，柄必牢固，砂裝滿於箱中，以柄起箱，可無斷裂之險。箱柄必對準重心，用起重器掛之，可以轉動。如第三圖，爲起重車起箱之法，所以試箱之堅固與否。若不能任砂與鐵之重，則箱易彎而模裂砂落，爲不可用矣。凡大箱，應以鐵爲之。模圓而箱亦圓，箱之形常合於模之形也。然尋常諸箱，皆欲其形合於所鑄之物，則每換一新件，須換一箱，豈不費事。所以常用之箱，皆作方形，任作何件之模，皆可使用也。箱之四角常多空處，填滿砂則箱太重，所以上下兩箱之四角，或用水塊鋪滿，或用鐵夾板分開令空，然有時不必移動下箱，則四角填砂亦屬無妨。若下箱必定移動，或必須反轉，則方箱之四角可任用上兩法爲之。方箱而容圓件，必有過重之弊。設有便用起重車，則多起數磅亦不妨。無論箱用何種，箱面與模面之相距極近，須二寸。用木箱者，相距之尺寸更大也。設箱與模太近，則砂薄而模易漏也。

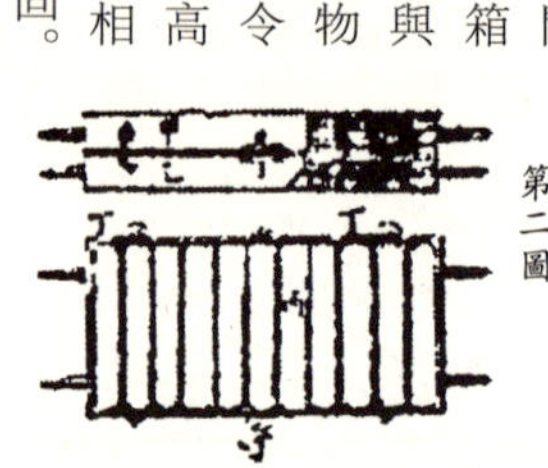
第二圖

第三圖

容模之箱，內面切不可平滑。砂在箱內不致分散者，一因砂有粘力，一因箱之內面粗毛也。然大箱之內面雖粗毛，而砂之粘力不敷，尚易分散。可於箱之內面周圍，通過數長釘，有阻砂之力，不使分散。生鐵箱鑄成時，釘已預備在內，因鑄箱時，在砂模之面鑿成多孔。如此則箱之內面可以托住。用釘之法，砂仍不能緊密，尚爲不便。設砂之各處鬆緊不勻，則太鬆之處不能當鎔料之大壓力，而砂必分散，所鑄之件不能合式。所以又設一法，能使砂之粘力甚大。其法於箱之內面，密置夾板，先拭泥水於箱與夾板之內，能使箱內之砂有粘力。

容模之箱，應以生鐵者爲佳。如用木者，雖稍便宜，然久之則須更換新箱，其費亦大。且木者易被鎔料燒壞致漏，所鑄之件不能合式，又上下之釘不能配而易彎。凡空心器與各種花紋之器，必用鐵箱，否則不能成。因鐵箱雖重，而能有穩當之益也。

小器具　作模所用之小器具，其形各處不同，此言其常用者。如第四圖，甲甲爲研鏟，大小不同。其最小者長一寸半，寬半寸，用此鏟能研平砂面，撤去餘砂，又能研平黑料，補好模面受傷之處。鏟與柄皆以金類爲之。乙、乙爲研器，其面或如圓柱形，或如球形。丙爲陰面鏟，若模中有陰面，不能用平面鏟者，此鏟可及之。以上各器常以黃銅爲之，不致生鏽。器之面必須光滑，而形亦須極準也。

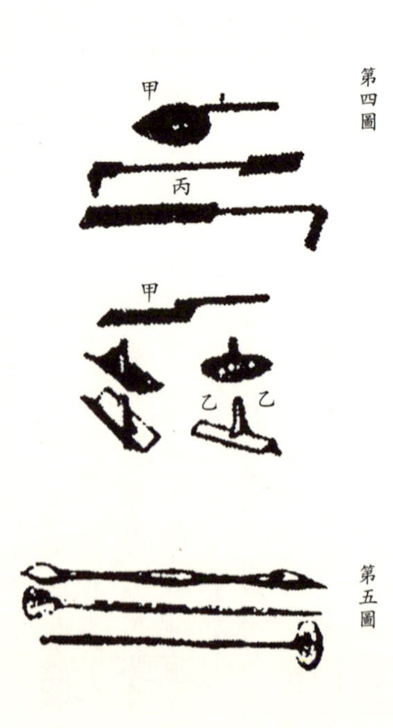

第四圖

第五圖

杵之形象各不同，如第五圖，用木與生鐵爲之。木杵上車牀令圓，壓砂於箱内與箱之四角，皆用之。鐵杵頭徑二寸至四寸，長二尺至四尺，其末甚尖，能刺入砂中。

以上各器之外，另有數種器具，如鐵鏟可運砂于箱内。使之調匀。大小粗細之篩，可以篩砂。小風箱可噴出乾鬆之砂於模上，又能吹去所餘之黑料。鐵鍋爲盛分砂之用，噴壺爲噴水之用，細麻布袋爲裝黑料、煤粉、筆鉛、豆粉之用，大刷帚爲刷物與上油之用。鐵針、紅銅針，徑八分寸之一至四分寸之一，長六寸至二尺或多尺，自頭至末皆尖，殺分砂。上下兩箱分開處所用之砂，爲之分砂，或用河砂，或用海砂，或用火爐所出之渣滓磨細之，或用鑄成之器所刮下之砂。所用之豆粉，亦可用别種穀粉代之，然用豆粉爲最宜。又有瑣屑之器，如方圓、橢圓、長方等形之釘，刺砂路使鎔料通氣。又有大小螺絲、鐵鎚、木鎚、鐵桿、火鉗、拔釘之鉗等物，皆須預備。

生砂模

模有三種，一爲生砂模，一爲乾砂模，一爲泥模。生砂模，鑄輕鐵器者常用之，如輪機内無甚要緊之小件，火爐之板爐栅、礮彈輪轂、引水之鐵管、引煤氣之管等。用生砂之法作小件之模，或鐵輪之模，法用極平之板，置於兩箇櫈上，或置於裝滿之箱上，將木樣置於板上，平面在下，如木樣分兩爿，則將一半置於板上，而上下接住之處，如第六圖爲平視形。板用松木，大者厚二寸，小者厚一寸，木樣置于板上之後，使之平穩，與板不切合之處，鋪砂于板，將箱之下半爿倒覆于木樣之上。

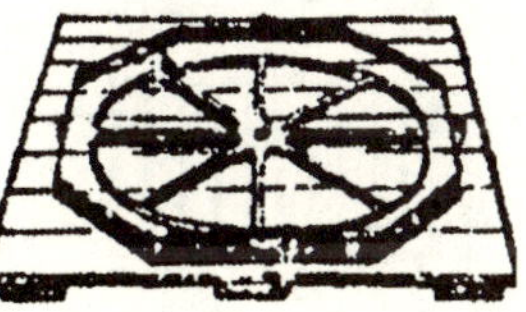

第六圖

有人於倒覆之前，鋪一寸厚之細砂于木樣之上，而後倒覆之，則箱與樣不甚震動，而成模甚準。此一寸厚之砂，用細篩篩上，必爲新砂，第一層厚八分寸之一至四分寸之一，再加數層至有模面上之細砂，其厚一寸或一寸有餘。凡砂有粗粒，不可與木樣相切。設木樣爲甚繁之式，切面之砂必用手壓緊模面，已成之後，用粗篩篩粗砂于箱内，令與箱面平，用木鎚將砂搗緊。每搗緊一次，再加砂而搗之，如此箱内裝滿之砂，各處鬆密甚匀，其餘砂以木片刮去。若箱内有隔板，則箱内之砂，各處鬆密極難平匀，所以平常之模，下半箱不用隔板，則箱與底板反轉之後，前之爲底者，今變而爲面矣。木樣大而箱重者，則必以箱之上下兩板，用法緊連於箱之邊，則箱反轉時板不移動。箱内有隔板而箱無底者，反轉之後，必置於極平之地面上。箱内無横隔板者，反轉之後，必置於木板上。底木板連於木樣者，如輕而有花紋之桿，輕而有花紋之火爐等器，則反轉之後，用木鎚或鐵鎚打木板之背，使砂與木樣相離，不傷模之面。箱内有長釘，與下半箱相連，而直通至箱底，則收拾箱内之模，有此長釘喫緊木樣，在砂内不致移動也。平常用釘，不過在上半箱内。有時木樣不置於極平木板上，而將上半箱仰置，裝砂搗緊而刮平之，將木樣置於砂面，嵌入於砂中，再將下半箱覆於其上，其餘各事如前。然用此法作模極遲，且木樣常壓壞而失其真形，所鑄之件不能合式也。撤去底板之後，分砂之上半面，用刀壓平，餘砂撤去，木樣與砂與箱之面，皆極平。此面名曰分面。分面之上，用手布分砂一層，愈薄愈佳，令上下兩爿砂模不相粘合爲度。布此分砂之後，木樣之面亦必有之，所以必用小風箱吹去木樣面之砂。若不吹去，所鑄之件面不平滑。模之下半已成，必將木樣之餘件置於上面，上半箱覆於下半箱之上，鈎入於眼，極爲緊切，先布一層細砂於模面，再用粗砂，木鎚打緊，如下半箱之法。遇木樣平面而式簡者，上半箱内之隔板易於配成，與木樣相距半寸爲度。如木樣之面不平，而又凸入上半箱内，則隔板與之相切處必鋸去而讓之，所以前言隔板，以木者爲佳也。凡箱之小於二尺者，可不用隔板矣。

進鎔料路

上半箱面鋪平之後，未去木樣之前，預作鎔料之進路。作路之法，用木釘數箇，略如喇叭之形，通入上箱之内，排列此各釘最難合法，若木樣甚薄而鎔料爲鐵，則作模之人必須留意，鑄成器之好壞，在此路之合法與否。若木樣爲厚重之形，其厚或有半寸餘而面積不大，則一路已足用矣。反之，則必再加多路。平常作路，在木樣之旁，倘作此路而箱之大尚嫌不足，則不用此法亦可鑄。極薄之板，其路徑至板者，則路必極長而窄。凡鑄圓器具，如輪與滑車等物，其路必在外。凡作模，無論各路在内在外，必另備一氣路，徑通至木樣。如所鑄之物最輕最薄而有花紋者，則定各路之方位爲最難，必熟悉此事之人，方能一見即定其方位也。作路之公法，令已鎔之金類行最近之路，而滿於模中，則金類雖行過模中窄路之後而稍變冷，與寬處仍易相連。如一路不敷，則用兩路或多路，皆依模之形而定其數。已鎔之金類行過各路，必在同時，如此模可速滿，而各路所進之鎔料，易於連合也。

鑄鐵輪之模已成之後，其外形如第七圖。木樣與路皆顯見其方位，上半箱裝滿砂而刮平之後，則拔去其鈎，用一人或兩人將上半箱取起，或用起重車起之

更好。上半箱起時，靠住一邊立直，將作路之木釘取出，路之内面必堅而平滑，鎔料易進而砂不致帶入也。上半箱已成後，即預備取出下半箱之木樣，未取之前，用一小刷帶水中浸溼，在木樣邊之砂面運之，則水有少許至砂中，然後用手指壓砂之邊，而知砂漬水與否。如覺太鬆，則取出木樣之時，或傾入鎔料之時，砂必移動，則必添砂壓緊，用力刮平。至各處妥貼之後，以刀研平全砂之面，始可取出木樣。然其事甚難，因常有砂粘在木樣之面而帶出也。再簡之法，用起重螺絲旋入木樣之面，用木鎚輕敲木樣之上面，待起至數分，或敲木樣之邊，或敲其角，或敲起重之螺絲，或特意預備數釘而敲之，皆臨時之手法也。

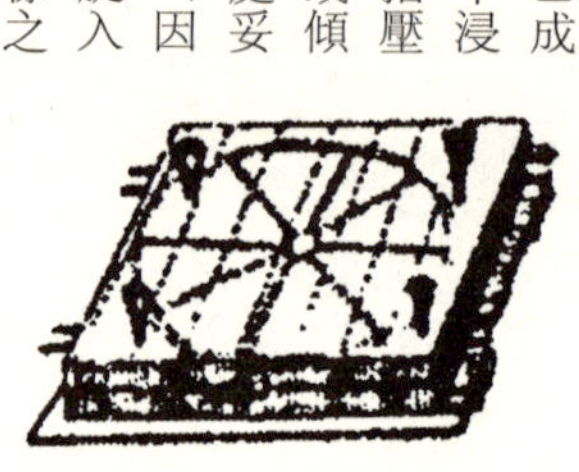
第七圖

起重螺絲末尖而線粗，爲起木樣而設。若用金類爲樣，則此樣預作螺絲孔，與起重之螺絲相配。凡花紋多之樣，及最繁形之樣，起時難免不傷砂模。補之之法，將刷帚灑水于傷痕，依傷痕之大小，以定其所加砂之多少。模内所有凸起之處，亦須稍加以水，將已取出之樣，用乾刷拭淨，輕置於前模内，再用螺絲起之。此爲第二次手法，若非繁形之樣，不必如此也。

上黑料法　模面上黑料之法，用細麻布袋内盛黑料或木炭粉，手持此袋向模上摇動之，則模面得極薄而平之黑料一層。設模之面爲新砂，則黑料可粘於砂面，即將木樣拭乾，置於模中，則模之内面極平滑。再將此木樣外之砂，用刀壓平一次。若模面非新砂，則黑料不粘，此法爲不便，所以必加穀粉或豆粉一層，然後上一層黑料，將此木樣放入，用黑料與豆粉不過太多，如太多，鑄成之件面不清楚。若模面爲新砂，而黑料爲極薄一層，鑄成之件可以平滑。好手作模，即不用豆粉、黑料，亦可將木樣置於模中，分面内必劃出鎔料之進路。前作路時，所用木釘之形，已在下半箱砂内，此各路與木樣相遇處，必有槽，深或四分寸之一，内窄而外寬，件已鑄成，易將此餘件斷去。設一槽不足，則一路可分兩槽而略寬之，則已鎔之金類更易進也。又可拭水使溼，則已鎔金類更難衝壞。以上工夫已成之後，取出木樣，將上半箱輕置於上，連固有鈎，可用金類傾鑄成形矣。

若木樣凸入上半箱内，或木樣分上下兩爿，則上半箱與下半箱同此一式而爲之。取出路釘之後，用板一塊，置於箱上，將此箱反之，則樣可向上矣。起樣之工夫，略與下箱同，更須謹慎耳。補模之傷痕，手法不到，則反置之時，所補之砂必脱下也。

設木樣釘於木板，必先取起而後將上半箱裝砂，則上半箱必安置平滑之板，用刀研之甚光滑，如此徑置於上。如用此法，則用猪鐵壓緊上箱而不用鈎。此種法極易而不費時，不過極斜極低之樣，更好用耳。

亞倫　傅蘭雅　應祖錫《銀礦指南・圖》

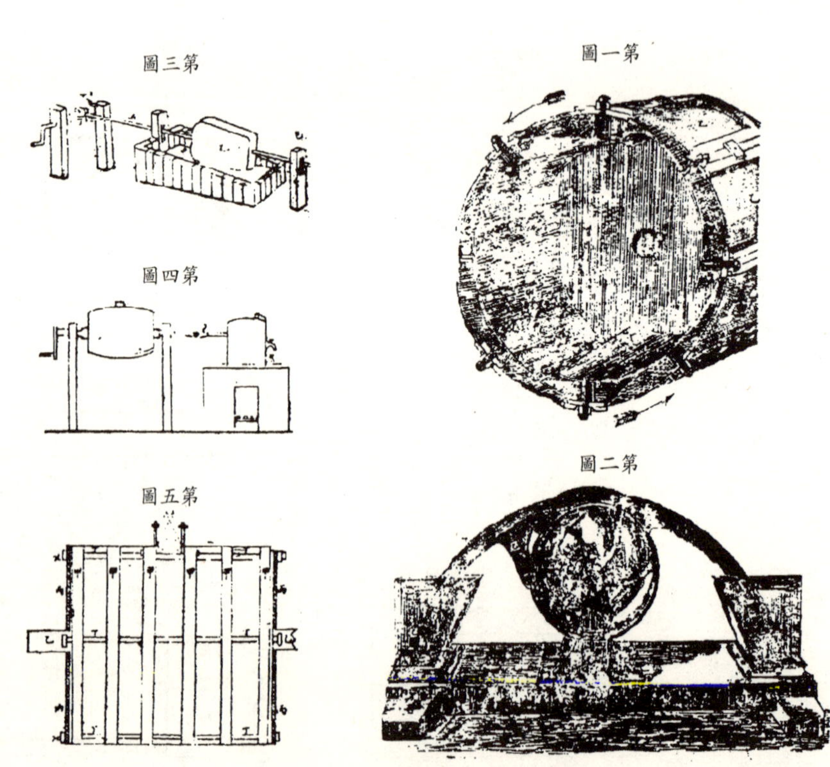
第一圖　第二圖　第三圖　第四圖　第五圖

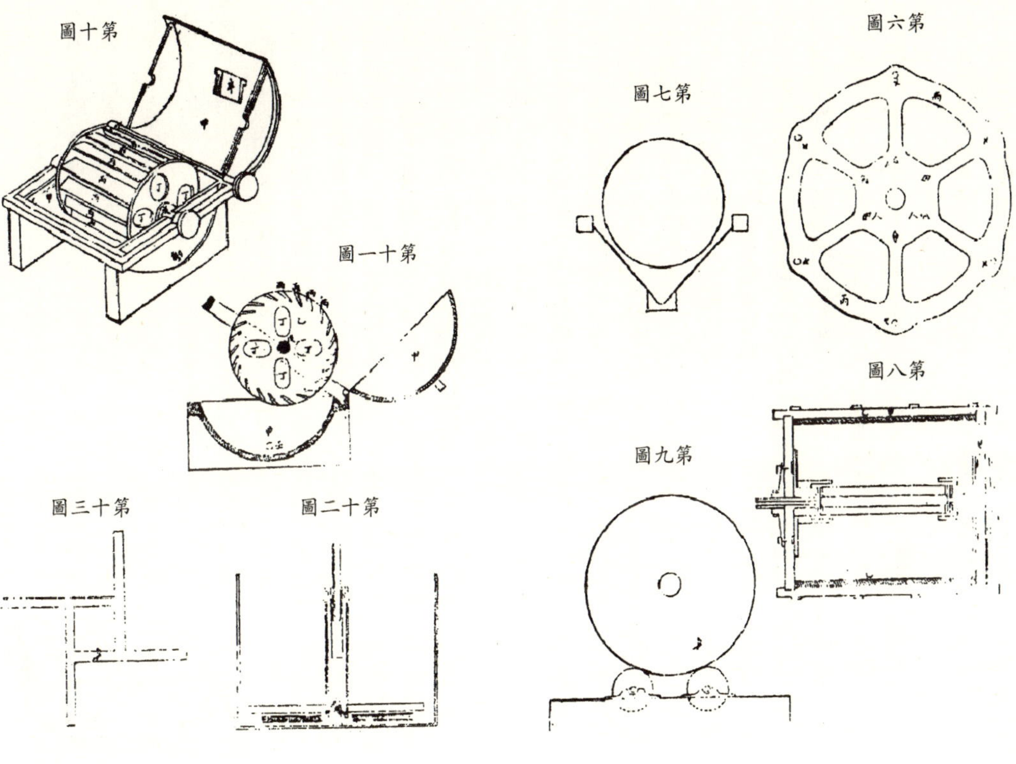

圖十第

圖六第

圖七第

圖一十第

圖八第

圖九第

圖三十第

圖二十第

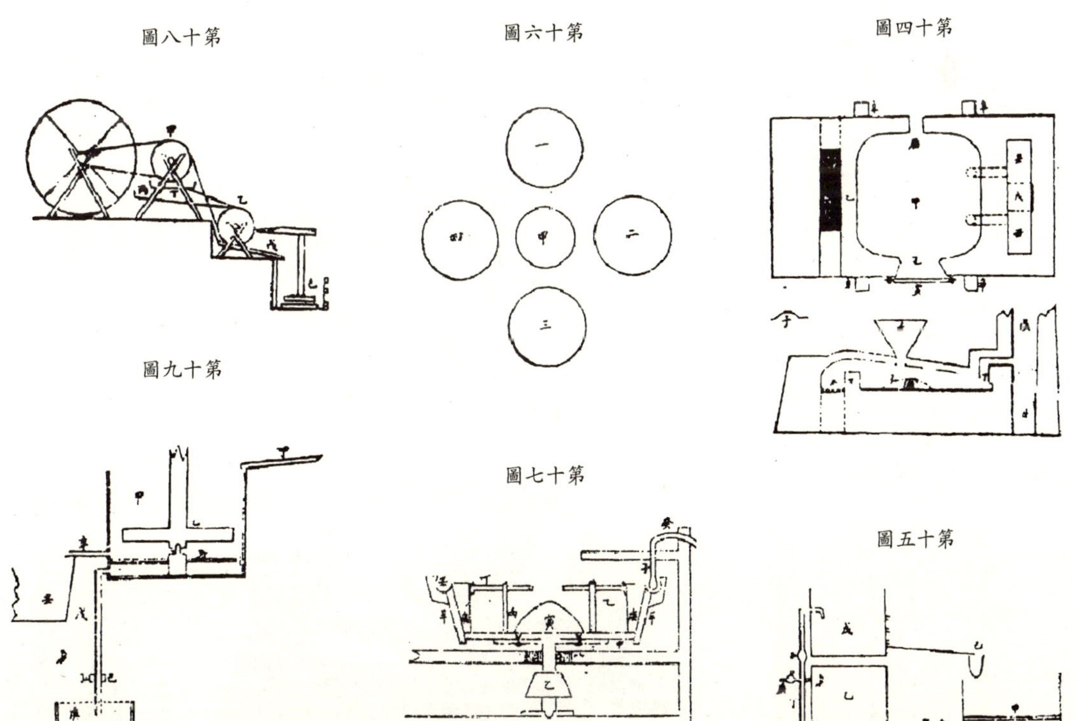

圖八十第

圖六十第

圖四十第

圖九十第

圖七十第

圖五十第

第二十圖

第二十一圖

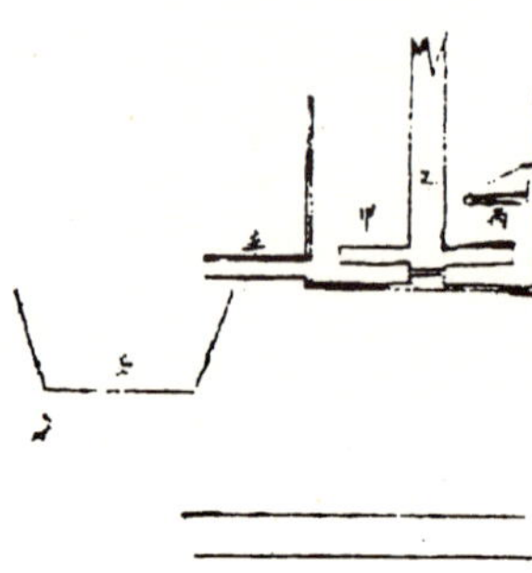

大鳥圭介　樊炳清《製糖器具說》《農務報》　余嘗遊產糖地方，詳察其製糖器械之狀，不問其文明與蠻野，要各有形態，然大別之不過三種耳：曰搾汁器，曰蒸發釜，曰篩蜜器是也。請依製糖之次序，論三者之得失。

搾汁器　我國向所用者，形狀雖有大小，然概爲木製、石製二種，一以櫸木爲之，一以御影石爲之，俱用圓筩三枚並列，其上下各有齒輪以相連絡，用水車或牛馬或人力牽轉之。歐美所用者，則有縱橫之別。其縱者粗，與我國所用者相似。其橫者係鐵筩三，平放而累疊之，用齒輪以相持，由水車或蒸汽力牽轉焉。在製糖極多之處，用此最宜。若其縱式者，則農家各就田圃之所出，以自爲製造者，乃適於用耳。春間曾由美國新新那的府購一新式之縱立器，頗極簡便。赤羽工作分局仿鑄數具，分給各製糖家，以試搾甘蔗及蘆粟之汁，奏効俱良。取我國向用者比較之，其遲速蓋懸殊。讚岐製者恃牛馬之力，僅能於十小時內，搾出甘蔗汁二百五十貫。目新式者不然，此據本年謂明治十二年。麻布區津田仙君所試驗，於十小時內，可搾汁六百餘貫。據青山吉田忠補君所試驗，以牛二頭互代，可搾汁六、七百貫。近又於駒場農學校試驗之，以水車轉者得千貫，以馬力牽者得六百貫云。按日本之石製者，價自三十五圓訖五十圓，今美國式者，統係鐵製，價一百八十圓，然其精粗強弱便否，不可一日論，此價不得謂昂也。

蒸發釜　我國向俗係用尋常淺底之釜，一竈安數具，不足供製糖用。本年見美國報告書，載可克氏蒸發器圖樣，因仿其式鑄之。是乃薄鐵板之平鍋，四方嵌以木框，內部劃界數條，使糖汁屈曲而流，蒸發速，結晶易，便利莫甚，觀圖自明。此器之價，大抵不踰四五十圓。

篩蜜器　煮糖汁結晶後而分出其糖蜜與其結晶者，是頗難之事。我國舊法，率置石於壓搾器，使糖蜜以漸漏洩。至歐式篩蜜器，則其狀恰似鼓腹，以網之細網，張其四周，而束於鐵桶中央。用水車或蒸汽力轉動，鼓腹之旋轉，一分時內可自千回訖五百回，十分時至十五分時內，可分出糖蜜十四貫。目其旋轉迅速如此，似用蒸汽力爲宜，然用人力亦可，價未詳。

第一圖，縱式搾汁轆轤。甲插生莖之口、乙搾後側筩之手鈕、丙搾前側筩之手鈕、丁牽木、戊心筩、己前側筩、庚臺足、辛流出搾汁之出口。

第二圖，可克氏蒸發鍋。甲盛糖汁之桶、乙桶内糖汁之出口、丙蒸發鍋之曲路、丁火口、戊泄濃液之出口、己接濃液之桶、庚煙囱、辛取污物之杓。

第三圖，遠心力篩蜜器。甲導動力之滑車、乙停遠心之手、丙鐵網之漉蜜、丁流出蜜質之口。

第四圖，石造搾汁轆轤。甲轆轤之心、乙左側石箭、丙正石箭、丁右側石箭、戊牽水、己液汁之出口、庚接汁物。

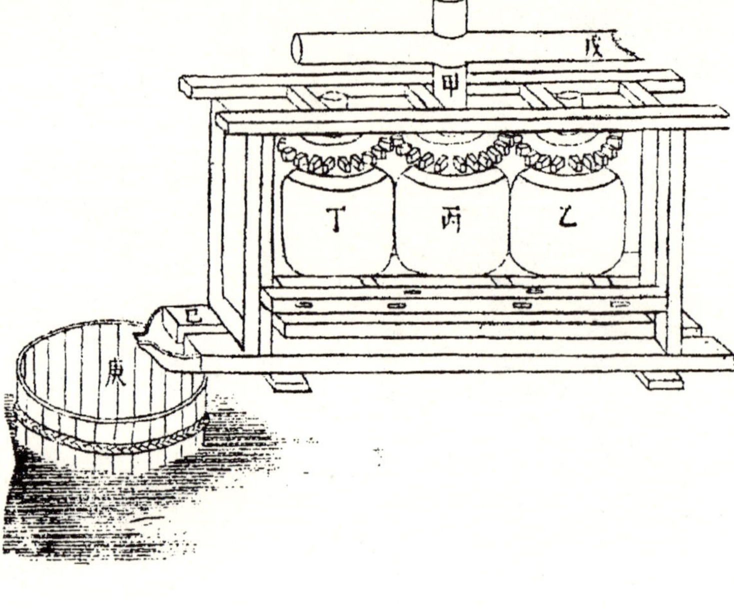

第五圖，沸取釜。甲沸取之上桶、乙沸出之口、丙污桶、丁澄桶、戊澄桶之出口、己結晶器、庚竈。

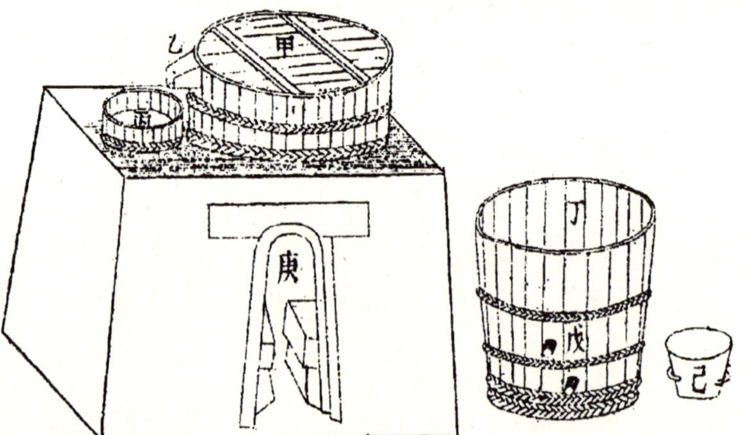

第六圖，分離糖蜜器。甲壓蓋、乙壓函、丙壓木、丁蜜之流出口、戊蜜桶、己揀桶。

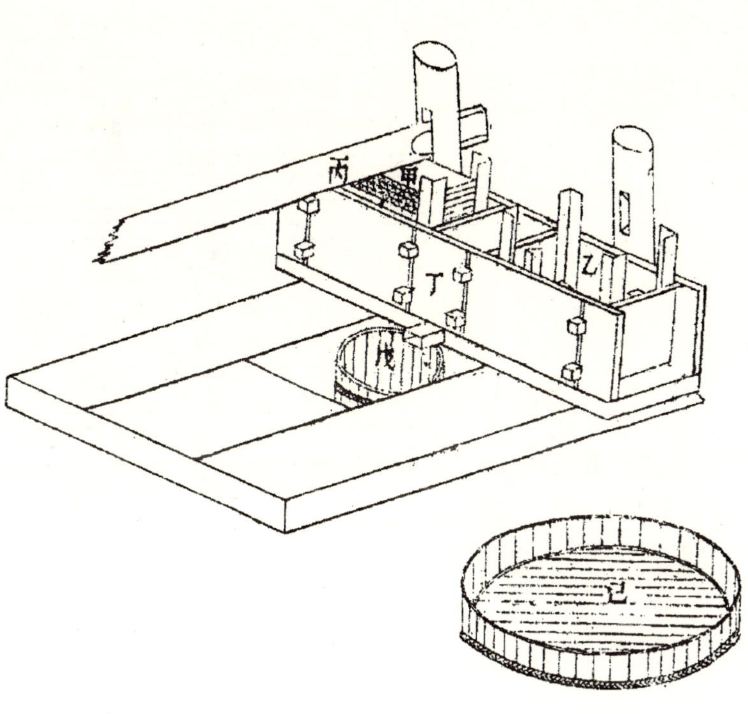

林樂知　鄭昌棪《製油燭法》卷一

第一章　論生料

動物油本不能净，總有連皮帶骨及肉筋夾雜其中。須用加熱法以分清之。製油家用火煮之，其自然之油固化爲流質，即皮骨肉筋亦煮爛而出油。油出盡則縮小成渣，市售有現成之油，本無庸詳述製法，顧有油燭坊喜自爲製油，是以略敘製法如左。

向來取油舊法，小油燭坊用之。將肥肉切塊置於鍋内加熱煮之，以取其流質之油。所餘肉渣可飼雞豚，此法固屬省便，但其取油，不能盡得。新鮮之肉苟非當時宰殺，隔數時則臭味已變，用火煮之，往往臭不可聞，但取油時皮骨肉筋之渣，不免帶有流質而所失之油亦不少。製燭者先須關白售肉之家將肉切成小塊，風之免有蒸臭之慮。切肉法，有用刀切，有用機器切成細粒。置於鐵鍋，鍋有蓋，蓋中間有出汽管，令沸滾時汽可升散。蓋有細鐵鍊牽之，可啟閉，天氣燥熱，肉内含水易乾，故煮時須加水。漸漸加熱，令沸一小時至一小時半。初加水時，發有白乳色，候水汽飛散，油仍清澈。其肉爛筋縮時，須頻頻攪擾，否則鍋底易焦。焦則油有黑色，分提不清，煮畢取其流質及肉渣傾於柳本漏篩濾入銅箳，或銅箳上即用銅製漏器濾之。即有他質任其漏下。乘其未凝結之先，分置於木桶。其渣滓重煮再用漉器瀝之。惟煮時熱度不可過多，防生鍋巴。視所煮之肉渣起有黑色，取以榨之。榨出之油色棕紫，可以充肥皂之用。此舊法固衆人所素曉也。

取油新法　油燭坊在城市製油，有臭氣爲衆鄰所不容。因有人想出新法，一不用鍋煮，一令臭氣上升飛遠。法國有名大賽者，在一千八百三十四年出一新法。將煮肉油所出之輕氣、炭氣，令入鐵管，轉至火爐内，令輕炭二氣在火内燒去。鍋蓋上有鐵皮門，約居鍋三分之一，可啟閉並可攪調。又用化料滅去臭氣，其法極好。將五十分淡硫强水先置於鍋内，加一千分油，油分作四次加之，每次二百五十分，隨後再加一百五十分水。水内並有五分硫强水。此硫强水用暴麥浮表量得六十度者，一併煮沸。如是油内肉筋有爲硫强水所化，有爲硫强水所滅，煮一小時一刻至二小時半。然其煮成工夫，無須滿二小時也。此大賽法也。又有名烏立孫者出一新法。其詳見於毛非德《論肥皂油燭法》。今特論其大略。將肥肉置於不漏氣之甑内，借用熱汽噴之，每方寸壓力有五十磅。約十小時至十五小時工夫，或油化時，可多加熱汽壓力。然毛非德云，多加熱汽雖化油輕快，而油色轉爲次等。此法不用化料，烏立孫器具，甑用鍋爐鐵造之，縫邊密釘鐵釘。甑高較對徑加兩倍半。可裝一千二百觔至一千五百觔。甑底有兩層，所借用之熱汽，即用鐵管通入夾底上有洞，所以納肉入甑。甑内之肉，裝距甑口，尚低二尺半。蓋上有管，壓力大小之漲權。譬如欲用六十磅壓力，即用六十磅漲權。如汽力過限，則萍門自開而放汽也。旁有塞門，扭其關捩可放油以爲試驗也。汽如變水，水或過多，則甑頂萍門一開，油必噴出，亟須開甑底塞門以

放其水。甑底有塞門，大啟之可放渣滓及他質。毛非德云用此法器具，美國西邦最多。其油價比尋常略昂，然用此壓力製油，油中之水內必有未全化之肉質，久之易變臭味，須以清水洗滌之，可使油淨而無臭也。

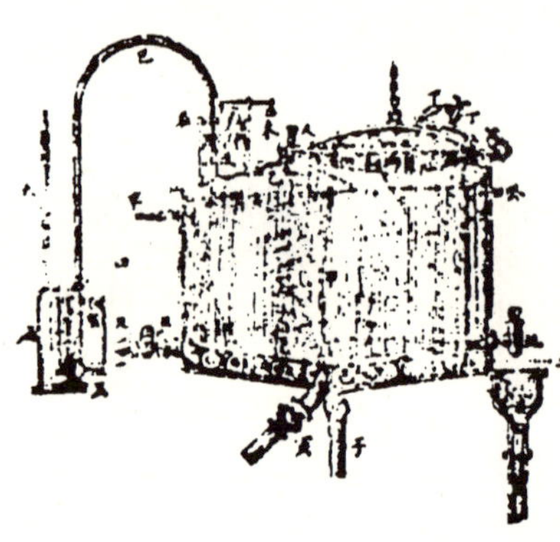
第一圖

論富倏製油法　其法爲衆佳製之一。如第一圖即器具立面式。右圖甲字即指此器，以銅爲之。乙字即其套，蓋有釘密排釘之。丙字即套蓋之洞，所以納油也。洞亦有鐵帽，上繫以細鐵練，可以起落開閉，洞蓋旁有螺絲勾搭，令其閉緊也。丁字即套蓋頂之小洞，可以望見底裏有丁字機括。扭開則有小洞，扭閉即無洞矣。戊字即其口，上有蓋。巳字即汽管。辰字即小口塞門。汽管之汽通至戊字器內變爲流質，如不變流質則汽由地字管放出也。如第二圖即第一圖器內諸熱汽管圍繞盤旋之式，有直條壓住。丑字爲進熱汽之管口，汽管由外圈盤旋至內圈中心，汽即從第一圖器底寅字管而出。辛字即指小管，汽從此管轉至器之中間，令熱汽沸滚以調勻其油。第一圖癸字管有塞門，其管直豎，扯之可放平，油從此管通至人字塞門，塞門有細篩眼。如第二圖壬字處，油從此篩眼漏過而不漏他質。油出人字塞門，其下又有一漉器，油於此再加濾瀝，即清澈矣。第三圖即第一圖戊字器之中心横剖面形，巳字即熱汽管由蒸油器轉入者。地字即出汽管，蒸油甲字器內，置油一千磅，水八十磅，淡硫强水二磅又十分磅之四。即兩磅，二五。浮表六十六度，用水十六磅以沖淡之，然後加入。開熱汽管，令二百五十五度熱之汽貫入器內。每方寸壓力四十五磅，其熱汽在管壓力，每方寸只須二十二磅半可也。如是漲權不必加重。熱汽沸油，有氣從巳字管出，轉至戊字器，行地字管，通至爐火，燒去其氣。即

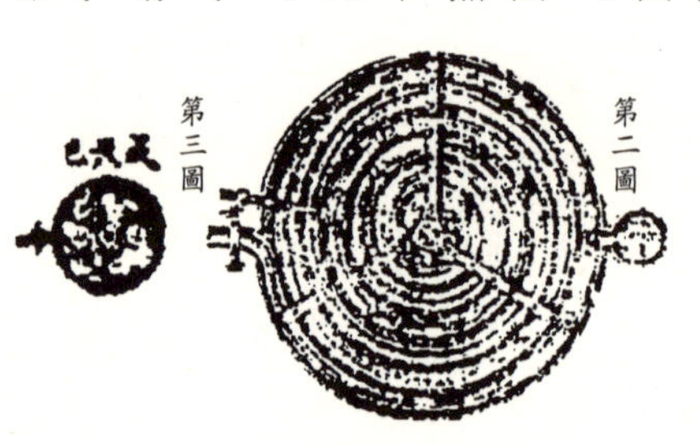
第二圖　第三圖

輕炭二氣。不至有臭氣外散也。

歐夫拉得新法　其器大略與烏拉孫同，而用法則異。每二百五十磅至三百五十磅釃油，加二十五軋倫辣鹻水。每一軋倫派得十分之一至七分之一顆粒辣鈉養而融化者。其所以加鹻水者，欲消化油內之肉筋，即大賽法。其沸油之熱度，不用火煮而借用熱汽。鹻水比水重，沸定後自然沉下，可開鍋底塞門以放之。重加清水，再用熱度沸滚。沸定停二十四小時，候油與水分清。取油另儲，有人試用此法煮新鮮油，則白淨無氣味，固佳。若煮次下等油，多發浮沫，又有臭味，不盡佳妙。若然則用硫强水之法最爲合度，又有人用此法，多發油沫，臭氣不少，沸定後難與鹻水分清，幾幾乎欲成肥皂也。

史登新法　此法新出，未詳其得用與否。如果得用，自較勝於他法。其法用泡過石灰汁與新炭調勻，置於夾層麻布之鍋蓋上，令鍋內煮油之臭氣從炭灰透過，即化去其臭氣云。

丕恩論生肉取油數　火煮生肉，每百分可得八十分至八十二分油。借用熱汽煮生肉，每百分可得八十三分至八十五分油。

高的后論生肉取油數　火煮生肉，每百分可得八十一分三油。借用熱汽煮生肉，即大賽法。每百分可得八十五分至八十六分油。若用火煮不過得八十一分二至八十四分二油。據毛非德云，用烏立孫法較尋常煮肉，油數不過每百分內多六分耳。阜斯得云，用歐夫拉得法，得油八十八分，所得之油淡而色白，後復於鹻水內得油八分，共有九十六分。

取淨油法　僅將煮化之油濾瀝，則油尚不能明淨，須分淨油內之質。法將油置於水，每百磅油加五磅水。或用火煮或借用熱汽煮，令油與水調勻，候水澄下，則油上浮，或用虹吸或開上管關捩以取油。如油尚帶有黃色，則加藍色。取一小瓢油，用藍靛粉磨勻，不過數滴即可去其黃色。若用水分清一次，而油尚未淨，可照上法，再用水煮一次，則必淨矣。當油浮水沈之時，油與水交界處，油有如魚身油滑之色，其水亦不清。有人取淨油不用清水煮而用鹽水，或礬水，或硝水，或阿摩尼緑，或用他鹽類質水。據羅谷云，此等水加於油內無他化力，惟令油內他質迅速沈下，然加此等水時，須攪調令勻，令水內之油均能遇此各質也。所化之油須分别肉質，如牛身則腰油最多，新宰之肉所出油較宿肉更多。其所餘肉筋，用火煮後，加壓力榨出，其油，尚餘肉渣四分。此一定不易之準度，其榨餘之渣仍不免有油在內，約居十分之一。

甲必嗅尼造硬油法　每千分化清之油加鉛養醋酸七分，譯其義曰錫糖。化於水內，調油時加入油內，候數分工夫，熱度已減。將十五分敲碎之香粉內加松香醅一分調入，勿加熱，勿任涼，候不能化之。香料沈下，而上面凝結即成硬油。蓋硬油因鉛養醋酸與油化合無，異司替阿里其香粉不過添香味而已。據云用，此法製油，則燭無淚也。

開司格蘭製黄蠟令白法　舊法將黄蠟在陽光內曬白。新法用熱汽化之，熱汽與蠟由鐵管走入大鍋，鍋有夾底，夾底內亦有熱汽，鍋內有熱水，蠟化於鍋內，所含之他質即沈於水底。取出再令蠟與熱汽經過鐵管入鍋澄清，如是者三次，無不净白矣。

舊法曬法　先將地平密釘樁木，用粗厚麻布製一大曬袱，下面襯一篩，四角牽牢，離平地樁木約二尺高。將鏍成極薄片之蠟鋪於曬袱上，晝曬夜露，即有雨亦可漏過，惟不喜風吹。每日將蠟片翻身曬。倘露少無雨，未免乾燥。則略曬水以潤之。或蠟片之中尚未全白，再鏍再曬，此全賴天氣以令色白，有時曬一次其黄色即去。總之，經過一個月，則無不全白，惟工夫長久耳。與新法相間用之亦可。其在鍋內化清之油有模子以成方圓之塊，但模子須用水以潮潤之，以便容易傾出。傾出後，即置於清水內洗過，取出鋪於紗篩，以漏去其水。曬乾裝箱，好出售也。據云，照此法提净令白，每百磅必失有八磅。

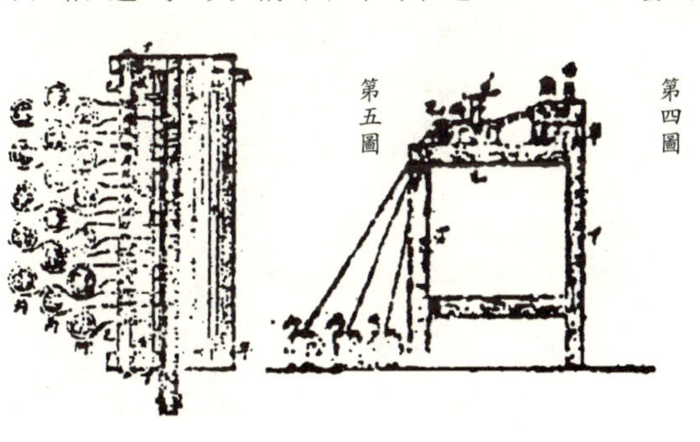
第四圖　第五圖

第二章　論造燭法

論製燭芯　燭芯用棉紗線造。有二種，一爲圓辮，一爲扁辮，而扁辮用者最多。平常燭芯以鬆線捲成，其製造用機器不少。兹不備載。其切燭法，亦有機器，惟賽格斯用機器法，英國各牛油燭芯坊均用之。如第四圖機器之立面，第五圖機器之横面。丙字即絡棉紗之軸，乙字即轉輪軸，丁字即克蘭潑，所以軋線者也。如第六圖，夾木有戊字套圈，己字即刀如剪，庚字爲油匣，壬字即後面之壓板，辛字即桌面活板，如車床，可以進退。其用法，先將絡軸之綿紗線紬去，經過輪軸之凹處引至克蘭潑，移進套圈軋緊，將己字剪刀之上升掀起，讓紗線經過，入油匣，拉至後面壓板壓住，即將己字刀之上升放下，剪斷，復將克蘭潑套圈移開放鬆。仍將棉紗線拉入油匣內，後面壓板壓住，如上法剪斷，其尺寸照燭之大小爲之。如是循環移動，而燭芯層出不窮矣。燭芯粗細，亦視燭之大小爲定。棉紗線有粗細，有寬緊，不能一律，惟造燭之棉紗線須用其鬆紡之線。凡扁芯用十六號紗線，平常用者八號十二號居多。暴雷刊發燭芯表所用棉紗線，均屬十六號。凡油燭八枝爲一磅者，芯用四十二線併爲一條。七枝爲一磅者，芯用四十五線爲一條。六枝爲一磅者，芯用五十線爲一條。五枝爲一磅者芯用五十五線爲一條。四枝爲一磅者，芯用六十線爲一條。芯之棉紗線辮，用十線爲一股，或十二線爲一股，或十六線爲一股，須寬鬆，使中空而通氣。司替阿里尼燭芯以三股辮成，若芯小，則所用之棉紗線亦細。假如燭四枝爲一磅者，則用一百八線爲辮芯。五枝爲一磅者，則用九十六線爲辮芯。六枝爲一磅者，則用八十七線爲辮芯。八枝爲一磅者，則用六十三線爲辮芯。法國油燭芯稍麤，然製司巴瑪息的燭、一作司只墨希的。巴辣非尼燭，巴辣非尼煤中所出之黑油用法提净。其芯相髣髴。如是，燭與芯相配，芯可燒盡無灰也。

第六圖

造燭芯有濇料。用阿摩尼鹽鉍鹽、西名鉍斯麥。硼鹽或硼養三化而用之，浸芯於其中，則芯得此濇料，燭滅則芯之火亦滅。然書中所論各質似屬過烈，最妙用便宜之濇料，將磠砂化於水中，暴麥浮表二度至五度。以浸辮芯。若濇料過淡，則滅燭後火仍燒芯，深入油內，致以後有欲點不能之弊。用此濇料浸潤辮芯，取置馬口鐵匣內，四圍有熱氣可以烘乾。有人浸芯不用磠砂水，而用阿摩尼燐養五〇。更有用硼養三二兩又十分兩之四，加於十磅水內，用極醕火酒三分兩之一、硫强水數滴亦佳。或以爲濇料不合用，不知弊病不在濇料，而在棉紗。因棉紗未曾喫足濇料故也。欲令濇料勻潤棉紗，須加酒醋於其中，令其容易喫足。取以烘乾其水，則質寬鬆而中空通氣矣。

舊法將芯排掛於横木，蘸油成燭。名曰迭弼斯西國小油燭坊有此造法。將分清之油融化於木桶，桶之上口，長三尺，濶十寸至十二寸，桶深二尺，桶底長三尺，濶三寸至四寸。將排挂之燭芯蘸於流質油內，令燈芯黏滿牛油，提起擱於架上，候油凝結再蘸。如上細下粗，將燭蘸入熱油內，以消融其外層，令合度爲率。中國造法亦如此。

澆燭新法　用機器可省工夫。令擇衆機器中之最省力有便益者著之。其法即愛登倍蘇格蘭都城。燭坊所用。如第七圖中間立軸即甲字，轉旋爲用。下軸襯即西字。上軸襯即巳字。立軸中間有六洞插横桿六條，如乙字。桿之兩端均有丁字架，所以懸挂燈芯。丁字短柱有小孔數箇，以便移上移下，有釘管住。丁字架懸挂燈芯，有六排，每排十十枝，計六條。横桿各兩端架下燈芯有一千二百九十六枝。横桿兩端一樣輕重，故平如衡。其轉旋時防有活動，因用鐵索牽住。丁字架轉到油鍋上，將申字柄捺下，燈芯即入油内，鍋即□鍋内層盛油，夾層内置熱水，下即爐□火，觀圖即知其造法，整齊便捷，且其蘸過熱油之燭，轉旋於空氣間，即易凝結。天氣寒涼時，一人管理機器，每二小時可出平常燭一千二百九十六枝，十二小時可出六輪每輪一千二百九十六枝。七千七百七十六枝。

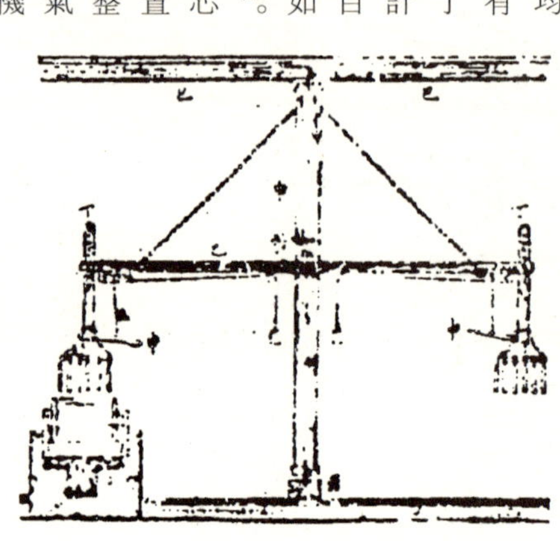
第七圖

用模澆燭新法　除尋常模子用馬口鐵軟鉛鎔匀製用外，復有玻璃模子，其長短粗細各有不同，其模管上略大下略小，插於木架上。模管尖底有細孔，以通燈芯。其燈芯業已浸過油内。上有模蓋，蓋頂亦有細孔，兩端軋緊然後用虹吸將熱油灌入。油須滿模，冷結後不致裂縫，且容易抽拔。拔起燭後，燈芯仍連引上來，油之熱度剛剛融化，不可多加熱度。據捺不云，化油時看浮面略有皺紋即可取以澆燭。凡熱天油熱至一百十一度或一百十九度即生皺紋，温和時油熱一百八度。天寒油熱一百四度，即有皺紋。油有用礬水融化者，入模後隔宿即可拔去，此手藝工夫，小燭坊用之，大燭坊必用機器也。

大燭坊用機器。如第八圖澆燭模子剖面式，第九圖管住燈芯之箝子即克，蘭潑。此賡道勒造法也。模有匣，匣有三層板，板有洞以裝模管。模匣裝於小輪車，每車可裝數十匣。廠内鋪有小鐵路，先將模管烘熱與油之化度同熱，送至油房，將油傾入模管，小車經過空曠處，以便冷結。復送至拔燭機器房。燭拔出則燈芯連引而上縛住模頂，復送至烘房烘熱模管，再送至澆油處，又送至拔燭房。如是周流不息，而燭出無數矣。如第八圖模子裝於甲乙兩板孔内。匣之四圍木板，留一面活動可以扯上扯下，模底有一墊板，墊板中凹，凹内襯硫橡皮，中有細孔，比燈芯更細。模底尖頭，正壓住硫象皮，使油不漏。其下有棉紗線燈芯絡軸。如子字，燈芯抽盡再換。丙丁二字處即第九圖之鐵箝，箝住燈芯，有釘管住鐵箝。箝有齒，如己字。其庚字爲管釘。子字爲活動鉤搭。兩處管緊，則齒箝管住燈芯，拔燭時不致滑脱。既拔後，燈芯即連引而上，仍以鐵箝箝住，已成之燭可剪去也。寅字即機器所以拔燭者。

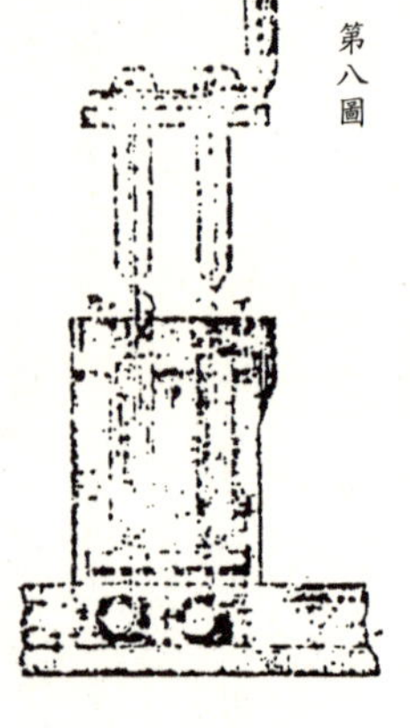
第八圖

第九圖

合料法西名康北才脱如左。

雞絡非你燭又名西洛番用大□鍋將司替阿里尼一百分，白蜜蠟十分至十一分，同化匀。候二十分至三十分工夫，不可攪動。若一攪動即不能透光。熄火候冷。浮面似有皺結，將烘熱之模子澆之。

透光假蠟燭西名拔斯搭婆桔即假蠟之謂法國特必得法，每百磅料内九十磅司巴馬息的，五磅羊油，五磅浄蠟，各歸各器融化，至併合之時，加明礬二英兩，鉀養二果酸二英兩，均磨作細粉。常攪調不停。加熱至一百七十六度，熄火候凉至一百四十度。法蘭吼寒暑表量之。俟渣滓沈下而流質流入他器，所製之燭費小而與上等同。據毛非德云，此種燭用扁芯最好。須用硼砂四兩，鉀養緑養五一兩，鉀養淡養五一兩，硇砂一兩，化於三夸爾□水内令燈芯浸潤，曬乾候用。

臺泛你燭　用植物蠟□子油之類。二磅半至十七磅半，壓過之羊油一磅半至十磅半，司替阿里尼二十二磅至四十磅合併融化澆之。按，雞絡非你燭，臺泛你燭法國包衣絡所創。

怕拉婆桔燭即供燭客堂所用。與芨特人名。官□燭。官□有國帖者許其獨享其利。相髣髴，然此非真婆桔也。婆桔蠟也。因其與蠟料相似，故名。據毛非德云，造此燭法，將内澆馬口鐵之銅鍋置浄司巴瑪息的七十磅，逐漸加白蠟三十磅，用文火融化。頻頻攪調，至多白蠟加至五十磅，燭格外透明。惟白蠟與司巴瑪息的合料，總不如浄蠟點火之經久，其加色隨便，紅則用卡耳米尼，虫名，出墨西哥及西印度島。或巴西木，均與明礬參用。黄則用藤黄西名，鉛婆韭藍則用藍靛，緑則用藍黄相間而

成。如欲添香，可用香露加之。更有分外透明之娑桔燭，每百磅清而乾之司巴瑪息的，加白蠟六磅半，融化澆燭無異芨特燭。又有康北才燭，即合料。用椰子油之司替阿里尼，牛油之司替阿里尼，合用亦省費，光亮經久。又有孛忙地名司巴瑪燭巴辣麻油及椰子油榨出之司替阿里尼相合而成。巴辣麻油酸用籐黄爲色即名孛忙燭。

王肇鋐《銅刻小記》 總論

刻銅版之法，創自泰西，行諸日本。鐫刻極精圖式，宜取諸此。雖細如毫髮之紋，亦異常清楚。其免燥濕伸縮之虞也，勝乎木刻；其無印刷模糊之病也，超乎石印。惟刊刻之法固難於木刻，亦遲乎石印。非心粗氣浮者所能從事也。茲就其工之次序縷言之：先磨版，次上蠟，次鉤圖，次上版，次刻蠟，次爛銅，次修版。法以平薄銅版，用堅木炭磨淨，將版在炭火上微烘，擦以黄蠟，輭毛板刷刷勻之，陰涼數時聽用。一面先將玻璃紙用鍼刀鉤圖，鉤時劃破紙半層，以紅粉揩入紙紋中，將此紙覆於版面，在紙背摩擦，粉落蠟面，再移火上稍烘，粉俱粘牢，仍陰涼片時，始可動刀。照紅粉處劃去蠟，劃時目視顯微鏡，將刀緩緩移動。刊迄，放版於平處，灌上爛銅藥水，俟一二時銅即爛深。洗淨藥水，揩去黄蠟，先印樣張校閱，有遺漏則可添刻；有差誤則可改正。倘磨版時不能淨，起有細紋，印出之紙上即有黑絲；刷蠟時不勻，起有極小之孔，印後即成黑點；或刻時偶帶傷蠟面一塊，則更成墨團矣。蓋藥水見銅即爛之故也。如未灌藥水時知之，尚有留藥敷塗，藥水即留住，而不能下矣。版成後，須擦淨藏妥，以免起鏽碰傷。至刷印也，亦有賴乎機器等物。蓋陰文之不同陽文耳。凡應用諸器，運用諸法，皆得筆之於書，神而明之，則存乎其人也已。

第一圖 擱手版

第二圖 鍼刀

第三圖 三邊版

第四圖 顯微鏡

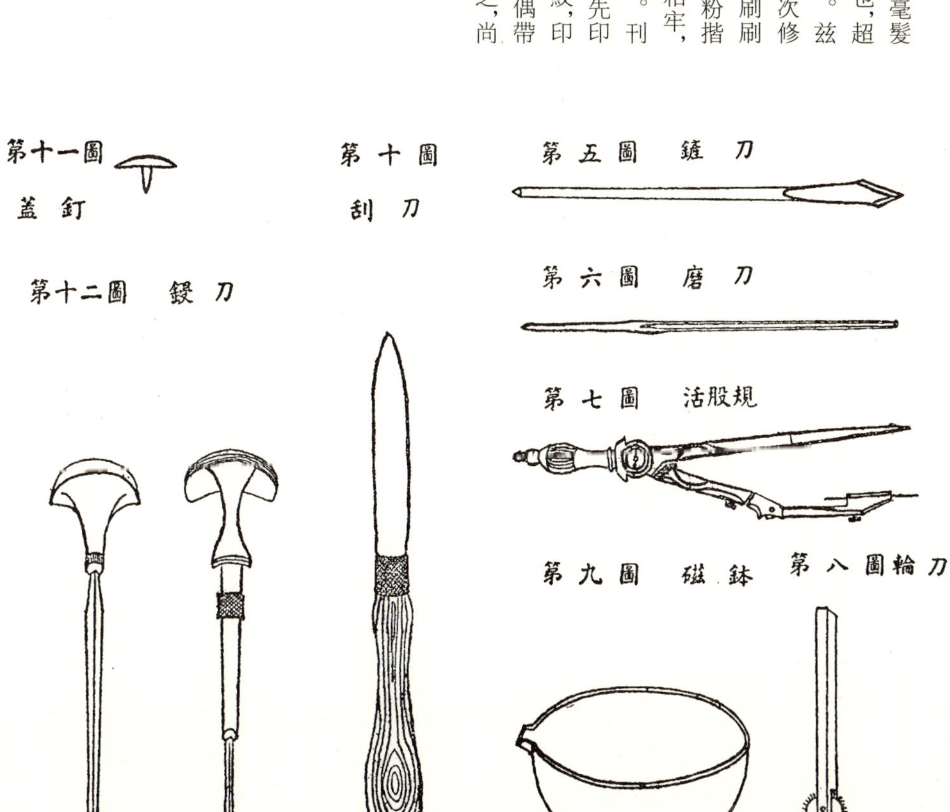

第十二圖 鏤刀

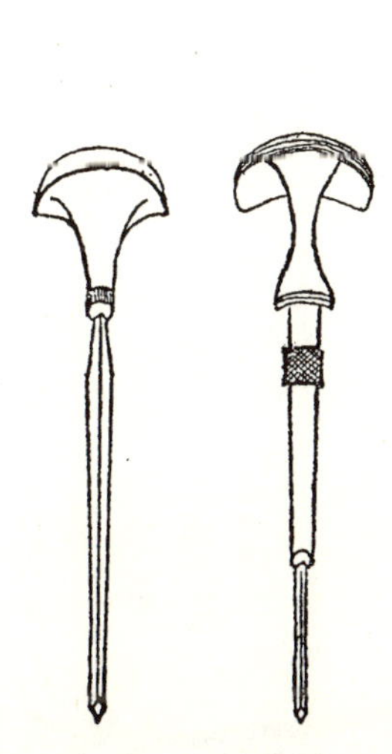

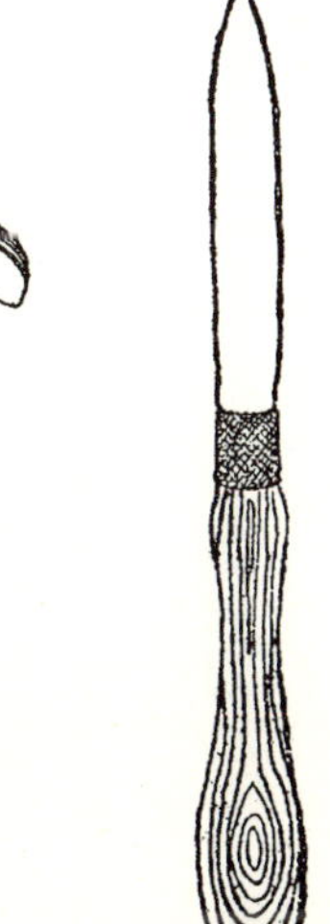

第十三圖　曲線規

磨版　以紅銅打成薄版，其厚薄視乎大小，厚者不過一分；用堅木炭磨之，使其極光凈爲度。磨時不可：第一磨横磨，第二磨直磨。須俟滿版磨到，始可轉手。則版上之光歸一律。亂磨則光必錯落，刻時耀目也。粗磨則以水，細磨則以油，或更以毡捲一圓式帚蘸油加擦之。

上蠟　以銅版就炭火文火。鑪上烘熱，將蠟擦之。版熱則蠟烊下，用輭毛板刷，式如糊刷帚毛長半寸木柄上圓而下扁闊。將蠟刷勻。刷法同磨法，勿横直錯雜。蠟須極薄而勻，刷時有灰沙粘入必起粒，此處易脱，爛銅後即成深孔。上蠟後須陰涼若干時刻，使其蠟老結。

鈎圖　用玻璃紙罩於圖面，四角用蓋釘式如第十一圖。釘牢。釘後，手握鍼刀，式如第二圖。目視顯微鏡，式如第四圖。細細鈎劃，將紙劃破半層；此紙一著口中熱氣即不平正，須留意之。宜將近身處遮没。至鈎時應用之器，平行直線則用三邊版，式如第三圖。曲線則用曲線規，式如第十三圖。圈線則用活股規，式如第七圖。與畫圖無異。不過彼用鉛筆墨筆，此用鐵筆；彼則一筆可到，此則須雙鈎耳。玻璃紙西洋者白且厚，日本者稍黄而薄，其價僅十倍之一，然已儘可應用。　蓋釘銅面鐵脚，面徑四五分，脚長二三分。鍼刀長約四寸，圓木柄，頭鑲銅套，中插一鍼，套内面有螺絲紋轉緊，不致摇動。顯微鏡分三節，下礎極重，中節上下曲尺式，下插孔中，上套顯微鏡，轉動靈活，伸縮遠近如意，以省屢移下礎。三邊版以堅木爲之，大小不等，厚約一分，上有圓孔，便於以指移動，弦合弦安放，按住下版，而移動上版，平行線用之最見均勻。曲線規式樣極多隨圖配用，質係明角等類之物最佳，明若玻璃，可透見下圖。活股規兩股可開可合，一股半截活動，有螺絲轉緊。

上版　玻璃紙鈎好圖式後，用棉花粘紅粉擦之，則粉入紙紋中，鮮明可觀，如有脱漏，甚易見出。將此紙覆於版蠟面，用光潔圓頭物擦紙背，則粉落蠟上。然粉易揩落，須將版再就火上微烘，蠟熱則粉俱粘住。惟擦摩紙背時不可移動，否則起雙線而花樣不清。

刻蠟　上版後須待蠟老透，始可動刀。刻時版上放一有脚擱手版，式如第一圖。始中間空虚，不著蠟面。擱版之長短，視乎銅版，其脚須在銅版外。手握鍼刀，照顯微鏡，將紅紋處緩緩劃去其蠟，不必用大力，銅版上僅鍼頭帶過耳。其握刀之法，將大食中三指捧住刀柄，柄尾適擱在食指下節上，無名指小指適托住中指，再將左手中指捺刀頭處，其食指則駢於中指也。不可性急，否則鍼頭一快必踰閑，蠟面即帶傷。有不順手處勿勉强刻劃，宜將銅版倒轉或横轉爲妥，否恐犯屈曲之病。總之，刻之工夫較遲鈎之工夫三五倍，蓋遇粗紋，鈎時總歸雙鈎，刻則費三刀五刀不等。如遇一分粗者，先雙鈎復劃布紋，且不能一氣成之；先爛雙鈎，後再劃布紋再爛，兩番之工必不能省作一番也。不然，銅爛後粗紋之表裏皆毛矣。其刻平行線，亦可用三邊版；曲線不必定用曲線規，圈線亦可用活股規。其刻斷續線處，則用輪刀。式如第八圖。線之疏密，依輪齒之多少；線之粗細，依齒輪之厚薄。倘地圖中須鋪滿細點者，用鍼刀恐不勻而費工，則另有機器也。

爛銅　刻去蠟後，用有嘴磁鉢式如第九圖。盛爛銅藥水灌于版面。其腐爛之時刻，視乎藥力之强弱。見水面浮沫，則吹開沫，照以顯微鏡，如尚未深，則再待片時，視深淺適度，即將藥水仍瀉入鉢，下次尚可用也。其藥水餘迹，先用紙或布輕輕揩抹，後用醋少許，灌上無醋時以食鹽少許擦上代之。冷水凈洗，然後在炭火上抹去其蠟，始能刷印樣張。

修版　印出樣張後，見有未刻到處，另用鋟刀式如第十二圖。硬刻之。刀長四寸許，四方形，刀尾裝短木柄，形如半荏。裝刀入柄，須一稜向下，一稜向上，將刀頭磨斜，故斜面成斜長方形。亦有長木柄者柄下面起三角槽將刀鑲入槽内外用鐵圈套緊之。握刀之法，手心抵住木柄，無名指小指鈎轉木柄，下面中大二指捧刀

兩旁稜上，食指捺住上稜，將下稜鋟入銅版，緩緩推去，其左手中指仍須捺於刀頭，庶不致鋟出界限也。如有小孔細紋須磨去之，則用磨刀式如第六圖。用力磨平之。刀長五寸，其頭如鞋釘形，其握刀之法，將刀尾夾入無名指小指指縫中，食中二指搭於刀頭外，大指抵於内，磨時甚著力也。如因有改正處，磨去之地步不少，則用彎頭斜鏟刀式如第五圖。鏟平，再將炭蘸油加磨之。如有許多細紋欲磨净之，則用鎗頭形大刮刀式如第十圖。刮之。

爛銅藥水　此藥水盛於玻璃瓶中，用時倒入磁鉢式如第九圖。内，由鉢嘴灌於版，版爛成後，仍倒入鉢内，由鉢入瓶，水色初如淡湖，隨用隨深，爛銅之力則逐緩。然新者爛銅紋必闊而淺，舊者則細而深；蓋新者力强，易於横走，舊者不過時刻久耳。其藥水之名，西人名阿斯哈魯託。舶來者藥力太强，不過數分時版即爛深；日本自合者，用鹽酸一磅，鹽酸加里加里者倭語也係鹽酸之乾塊其色白而如冰一般。七錢，清水五合，用瓦罐在火上配合。

融蠟　合蠟之法，以松脂黄蠟等分用瓦罐在文火上煮七日，乘熱用絹篩過於別器，稍停即結牢器中；再於火上旋轉微烘，蠟即脱然而出，然後捲條切斷聽用。惟併合之分量，四時變遷，寒則松脂多而黄蠟少，暑則反之。

留藥　以松脂及挨魯穀魯西洋藥水名。各等分，安放玻璃中，隔數日即化合。用時將毛筆蘸點傷蠟處，見風即凝。爛銅時藥水被其留住，而不入矣。

藏版　用木箱上下做槽，將版背對背，兩枚放一槽内，恐版面碰傷也。藏時須揩净墨迹，揩法以毡捲作圓帚，蘸油擦之至亮，再用輭布揩净，以免起鏽。

薄紙上版　不用玻璃紙者，用潔薄之紙，描出圖樣後，將紙稍著濕，反貼於蠟面，襯紙數層，徐徐摩之，墨即印於蠟面。其紙名雁皮紙，又名轉寫紙，滑而結，練畫時墨水不化也。

縮刻　縮刻之法有二：一須縮繪後付刻；一用照相法，照小再鈎出付刻，故能與原樣相肖。

刷印　刷印之法，先以紙張切齊，須較銅版稍小，將清水著濕，疊在機器上邊，一面將墨膏調匀，用斜版刮墨，刷於銅版，再行轉手刮去，則版面無墨，而陰文中有墨矣。將濕紙覆上，上襯一呢，入機器軸中軋之，則紋中之墨皆在紙上也。此紙須高挂陰乾，始能摺疊。日本印刷局内則夾厚紙於烘橱中烘乾。至銅印之機器，有木有鐵；如版在方一尺五寸左右者，可用木機器印之，每日可印二百張至三百張。

雜録

李兆洛《西洋奇器述》《海國圖志》卷九四　曰：氣槍者，爲銅球大如拳，上爲螺旋孔，一筒長二尺許，錫爲之，圓孔徑寸餘，以銅挺捎其中，而帛纏其端，令周密如鞴。筒之端，亦爲螺旋，以合於球，乃使有力者出入而致之，使其噓吸之氣，納於球，久之氣漸滿，鼓之不能入，球如火熱，幾不可着手，乃退螺旋而下之，以合於鳥槍之火門處，火門處亦爲螺旋而竅其中，附球於上而内閉之，啓其機，球中之氣激入火門，而丸出矣。其及遠中深，不減於藥。約可十餘發，過此則氣微而不能遠矣。

洋法之絶奇者，能取氣而制使之。云氣有三，凡所取者皆三氣雜，又有機器別之爲三，其氣了然有色可辨，一氣微紅色，一氣白，一氣即火也。三氣之中，別去一氣，其二氣即殺氣，人中之立死。云天地之氣，充塞兩間，木石等物皆不能隔，惟玻璃器能隔絶天地之氣而不透漏，故製用氣之機，必以玻璃爲之。有一火法，不知其名，爲玻璃圓罌，周尺許，四面無孔竅，罌中有二小銕錘，着其半腰，一銕絲細於髮，着錘旁而出罌外，人立一玻璃几上，以手指拈鐵絲，則其人鬚髮皆植立。以一指他指，則隨指有光如電，殷然作雷鳴。旁人或以指着其人，即亦然，響時人皆心神震怖。云彼國製此以治陰寒痰溼頑痺難治之病，若更大，則光與聲亦益大。極大則聲如霹靂，或殺人。其響之發，無論遠近，聞者心皆振動。天下之至疾者莫如風，而雷火則比風更疾，彼國置此器試之，響發時數十里内同刻皆聞也。蓋所制使者龍雷之火，隨地氣軋舊，拈鐵絲之人立玻璃器上，所以隔絶地氣，不着其身，故着地之人指之即震，本人所指之氣着地，亦即隨指而震也。予瀕行時，見易君山始言及之，匆匆未及一覩其器，深以爲恨。其理甚可思，雷電之發，因陰陽閉隔，近擊成聲，於此尤可信。

樂櫃高四尺，濶二尺，厚半之，周閉之如舊橱，藏風輪於中，以一機出外而轉之，中排管數十，風入管而鳴，嗚嗚如吹，鐘鼓方響等器皆具。一圓筒植立，隨機而轉，筒上綴小釘無數，高下疏密無一齊者。近筒左右銅絲如網，筒轉而釘牽其絲，即擊鼓撞鐘之節也。奏之凡五六節，巨細疾徐，各自不同。先開一機，而轉其風輪，樂即隨轉而作，既畢，則閉此機而復一機，其音節又異矣。

阮元《十三行》《廣東通志》卷一八〇　謹案：康熙二十四年開南洋之禁，番舶來粵者歲以二十餘柁爲率。至則勞以牛酒，牙行主之，所謂十三行也，皆起重樓臺榭，爲番人所居停之所。舶長曰大班，次曰二班，其餘貨物悉守船中，貨盡則給與紅單，限日出境。番舶於每五、六月收舶，九、十月歸國。或因貨物未消，或有欠項未清，准在海關請照住冬，於次年催令回國。惟澳夷自明季聽其居於濠鏡，無來去期限，每年租銀五百兩，歸香山縣徵收，不與十三行交接，自與香山縣牙行互市。各國蕃舶貨物，有嗶吱、哆囉嗹、玻璃、異香、珍寶等件，亦有裝載銀錢而來者。互易之物，以茶葉、大黄爲主，其餘則陶器、糖霜、鉛、錫、黄金，惟禁市史書，紅黄銅、硝磺、米、鐵及制錢。外洋諸國，因海道險遠，有每歲必來者，有數歲不至者，詳外蕃傳。

又阮元《揅經室續集》卷六　西洋米船初到

西洋夷船來，氈毼大人自注：即呢羽毛。可衣服。其餘多奇巧，價貴甚珠玉。持貨示貧民，其貨非所欲。田少粵民多，價貴在稻穀。西洋米頗賤，大人自注：僅有内地平價之半。曷不運連舳？夷曰船稅多，不贏利反縮。免稅乞帝恩，大人自注：余奏免米船入口船及米之稅，仍徵其出口船貨之稅，蒙允行。以後如船倍來，則關稅仍不短。米船來頗速。以我茶樹枝，易彼島中粟。彼價本常平，我歲或少熟。米貴彼更來，政豈在督促。苟能常使通，民足稅亦足。以後凡米貴，洋米即大集，故水旱均不饑。

湯彝《柚村文》卷四《市舶考》　清興，荷蘭首效順，遣兵船助討海寇，因請貿易。康熙廿四年開海禁，設榷關四於廣東澳門，福建漳州，浙江寧波，江南雲臺山，置吏以蒞之。自是琉球、蘇禄、吕宋、暹羅、大小西洋、紅毛諸番，畏懷威德，敏關款貢，争效方物。聯艅接檣，鱗次海澨，以畢吱、哆羅連、玻璃、異香珍寶來市。其互易之物，以茶葉、大黄、茯苓、湖絲爲重，外此則陶器、糖霜、鉛錫。惟禁市史書，黄金、紋銀、制錢、鐵、紅黄銅、硝磺，米如宋元故事。其稅額四萬兩，贏餘八十五萬五千五百。歲課無絀，比之唐宋則倍之，視明則無稅璫之蠹政。而沿海商民内有耕桑之獲，外有魚鹽蜃蛤之資。又以供賦之餘爲轉輸互易，以仰佐國計，上饒而下給，自通市以來未有如斯之盛也。

夫番土百貨非中國不可缺，而中國之茶藥則爲番土所必需。是以遠國商販不避盜賊剽刼，風濤沈溺之險，則向化之情，互市之利，昭然可覩矣。朝廷因之示招徠，寓懷柔，以奠安邊氓，慎固封守。又不寶遠物尚奇巧，譏其貨賄，使利權在上，絶奸豪外交内訌，此漢唐迄今，所以行之而不可終廢者，蓋亦設險之一道。豈惟軍國之供而已哉？

管同《因寄軒文初集》卷二《禁用洋貨議》　天下之財統此數，今上不在國，下不在民，此縣貧而彼州不聞其富，若是者何與？曰：生齒日繁，淫侈愈甚。積於官吏而兼并於大商，此國與民所以併困也。雖然，是固然矣，而猶有未盡。今鄉有人焉，其家資累數百萬，率其家人婦子，甘褕衣食，經數十年不可盡，既而鄰又有人焉，作爲奇巧無用之物以誑耀乎吾，吾子弟愛其物，因日以財易之，迨其久，則吾之家徒得乎物之奇巧無用者，而吾之財盡入於鄰。

今中國之與西洋固鄰居也，凡洋貨之至於中國者，皆所謂奇巧而無用者也。而數十年來天下靡靡然争言洋貨，雖至貧者亦竭蹶而從時尚，夫洋之貨胡爲而至於吾哉？洋之貨十分而入吾者一，則吾之財十分而入洋者三矣。昔者聖王之世，服飾有定制，而作奇技淫巧者有誅，夫使中國之人被服紈綺，玩弄金玉，其財固流通於中國之中，而聖王必加之厲禁者，爲其壞人心而財勢偏積也。今中國之人，棄其土宜，不以爲貴，而靡靡然争求洋貨，是洋之人作奇技淫巧以壞我人心，而吾之財安坐而輸於異域。其在聖王宜何如？天下之物取其適用而已矣，洋有羽毛之屬，而中國未嘗無以爲衣也，洋有刀鏡之屬，而中國未嘗無以爲器也。儀器鐘錶，彼所制誠精於吾，而爲揆日觀星者之所必取矣，然而舜在璇璣，周有土圭之法，彼其時安所得是物而用之？然則吾於洋貨何所賴而不可絶焉。

國家之制，汎粟出洋者官吏之罪至於大辟，夫粟之於財，其爲國與民所資也奚以異？以粟而易洋之財，與以財而易洋之貨，其爲傷民資而病中華也，又奚以異？今也獨禁粟而餘皆無禁，是知其一而不知其二者也。昔漢之時，匈奴愛漢繒絮食物，有中行説者，教以得漢繒絮以馳草棘中，衣袴皆裂敝，以示不如旃裘之完善也，得漢食物皆去之，以示不如湩酪之便美也，由是匈奴遂大爲漢患。夫欲謀人國必先取無用之物以匱其有用之財，故表餌交關互市之事，古之人常致意焉，洋之欒與吾貨，其深情殆未可知，就令不然，而中國之困窮固由於此，則安可不爲之深慮也哉？宜令有司嚴加厲禁，洋與吾商賈皆不可復通，其貨之在吾中國者，一切皆焚毁不用，違者罪之。如是數年而中國之財力紓矣。

梁廷枏《粵海關志》卷二五《行商》　臣謹按：國朝設關之初，番舶入市者僅二十餘柁，至則勞以牛酒，令牙行主之。沿明之習，命曰十三行。舶長曰大班，次曰二班，得居停十三行，餘悉守舶，乃明代懷遠驛旁建屋居番人制也。乾隆初

年，洋行有二十家，而會城有海南行。至二十五年，洋商立公行，專辦夷船貨稅，謂之外洋行，別設本港行，專管暹羅貢使及貿易納餉之事。又改海南行爲福潮行，輸報本省潮洲及福建民人諸貨稅，是爲外洋行與本港、福潮分辦之始。其後本港既分隸無當，總商章程亦屢易，蓋商得其人，則市易平而夷情洽，商不得人，則逋負積而餉課虧。聖訓昭垂，諄諄於停貢獻，禁採辦，凡以爲卹商也。而拖欠夷債者，必竄之重法，所以示調劑之平，而專責成之效。成規具在，董其事者，曷可不加之至意哉？

又道光九年，監督延隆奏言：竊照粤省外夷洋行，從前共有十三家，在西關外開張，料理各國夷商貿易，向稱十三行街，至今猶存其名。惟近年止存恰和等七行，其餘六家，或因不善經營，或因資本消乏，陸續閉歇。自應另招新商，隨歇隨補，方可恢復舊觀。自嘉慶十八年，前監督德慶奏請設立總商，經理行務，並嗣後選充新商，責令總散各商聯名保結，欽奉俞允准行在案。是以十餘年來，止有閉歇之行，並無一行添設。推原其故，皆因從前開行，止憑一二商保結，即准承充，今則必需總散各商出具聯名保結，方准承充。在總商等，以新招之商身家殷實與否，不能洞悉底裏，未免意存推諉。倘有一行不保，即不能承充，以致新商雖有急公踴躍之心，而歷任監督以格於成例，不便著充。數年以來，夷船日多，稅課日旺，而行户反日少，買賣事繁，料理難於周到，勢不能不用行夥。於是走私漏稅，勾串分配，其弊百出。臣等愚昧之見，應請嗣後如有身家殷實，具呈情愿充商，經臣察訪得實，准其暫行試辦一二年；果其貿易公平，夷商信服，交納稅項不致虧短，即請仍照舊例，一二商取保著充。其總散各商聯名保給，應請停止。如此略爲變通，實於國課商情，均有裨益。

又試辦一層，本爲擇商要衛。無如人心叵測，安知其不於試辦一二年內，巧作彌縫，以求遂其承商觖法之計。迨至限滿取結，卮漏已形，執法以從，究竟何補。是試辦之毫無足恃，亦有斷然而無疑者。

至德慶奏准舊制，保商必通行出結，曹好曹惡，一本大公，何等鄭重。新例則慮其或涉推諉，改議一二商具保，遽准承充，不知推諉致有遲延，其悮尚小，若此一二商者，使非其親昵，即事出賄通，馴致覆餗償轅，爲害乃大。況向辦商欠之案，鈔產不敷備抵，統派衆商攤賠，今已援爲成例。無論保商與否，不容稍事諉延。然與其所賠非所保之人，輸資類難甘服，何如所賠即所保之人，濫舉各生戒心之爲愈。臣等愚昧之見，竊以洋商既已招補無缺，足敷辦公，即當明立限制，應請嗣後十三行洋商遇有歇業或緣事黜退者，方准隨時招補，此外不得無故添設一商，亦不必限年試辦，徒致有名無實。其承商之時，仍請復歸聯保舊例，責令通關總散各商，公同慎選殷實公正之人，聯名保結，專案咨部著充，毋許略存推諉之私，以絶其壟斷之念，餘俱循照舊例，一律妥爲辦理。如此明立定限，庶幾簡而不濫，充商者必挾重貲，責有攸歸，保舉者務求覈實，於以裕餉課而杜朋奸，似亦不無小補矣。

奉上諭：鄧廷楨等奏請復承商舊制一摺，粤東洋商，自嘉慶年間設立總商經理，其選充新商，責令總散各商聯名保結，後因夷船日多，行户日少，照料難周，易滋弊竇，是以量爲變通，以殷户自請充商，暫行試辦，停止聯名保結之例。茲據該督等查明現在招補缺商，已復舊額，足敷辦公，自應仍復舊例，以示限制。嗣後該商遇有歇業或緣事黜退者，方准隨時招補，此外不得無故添設一商，亦不限年試辦，以歸覈實。其承商之時，責令通關總散各商，公同慎選殷實公正之人，聯名保結，專案咨部著充，並著該督等隨時查察，毋許該總商等仍蹈從前推諉壟斷惡習，俾保充者務求覈實，而走私漏稅諸弊，亦責有攸歸，以裕課餉而杜姦私，該部知道。

王之春《廣學校》三輯 今之自命爲通儒者，以洋務爲不屑，鄙西學爲可恥。有習其言語文字者，從而腹誹之，且從而唾駡之，甚至屏爲名教之罪人。嘻甚矣！夫所貴於儒者，貴其博古耳，通今耳。試問今之儒者，通各國言語乎？通各國文字乎？即叩以各國之名，能通知乎？徒拘拘於制藝之末，而學問經濟盡於是而已矣。方今海防孔亟，而所謂熟悉洋務者，不過市儈之徒，正宜培養人材。攻彼之盾，即藉彼之矛，誰謂西學可廢哉？又況西學者，非僅西人之學也。名爲西學，則儒者以非類爲恥，知其本出於中國之學，則儒者當以不知爲恥。即以文字論，古之制字者本三人：下行者爲蒼頡；從左至右而旁行者爲佉盧；從右至左而旁行者爲沮誦。泰西之字實本於佉盧也。天文曆算，本蓋天宣夜之術，周髀經、春秋元命苞等書言之詳矣。墨子曰：化，徵易，若鼃爲鶉，五合水火土，離然鑠金，腐水離木，同重體合類，異二體不合不類，此化學之祖也。均，髮均縣，輕重而髮絶，不均也，均，其絶也莫絶，此重學之祖也。臨鑑立景，二光夾一光，足被下光，故成景於上；首被上光，故成景於下。鑒者近中則所鑒大，景亦大；遠中，則所鑒小，景亦小，此光學之祖也。亢倉子云：脱地之謂水，脱水之謂氣，汽學之祖也。禮經言：地載神氣，神氣風霆，風霆流形，百物露生，電氣

之祖也。關尹子言：石擊石生光，雷電緣氣以生，可以爲之。淮南子言：黄埃、青曾、赤丹、白礜、元砥，歷歲生澒，其泉之埃，上爲雲，陰陽相薄爲雷，激揚爲電，鍊土生木，鍊木生火，鍊火生雲，鍊雲生水，鍊水反土，中國之言電氣詳矣。至於圜，一中同長；方，柱隅四讙，圜規寫殳，方，柱見股。重其前弦，其軲法，意規員三。神機陰開，剞劂無迹，城守舟戰之具，蛾傅羊坽之篇，機器兵法皆有淵源。墨言理氣，與管子、關尹子、列子、莊子互相出入。韓非子、吕氏春秋，備言墨翟之技，削鵲能飛，巧輗拙鳶，班班可考。泰西智士從而推衍其緒，而精理名言、奇技淫巧，本不能出中國載籍之外。儒生於百家之書、歷代之事，未能博考，乍見異物，詫爲新奇，亦可哂矣。

但西學規例極爲詳備，國中男女無論貴賤，自王子以至於庶人，至七八歲皆入學。在鄉爲鄉學，每人七日内出學費一本納。合中國錢三十文。在城爲城學，每人一月出學費一喜林。合中國銀一錢七分。如或不足，地方官捐補。其曰鄉曰城者，特就地而言之，其實即鄉塾也。塾中分十餘班，考勤惰以爲升降。其不能超升首班者，不得出塾學藝。鄉塾之上，有郡學院，再上有實學院，再進爲仕學院，然後入大學院。學分四科：曰經學、法學、智學、醫學。經學者，第論其教中之事，各學所學，道其所道，無足羡也。法學者，考論古今政事利弊，及出使通商之事。智學者，講求格物性理、各國言語文字之事。醫學者，先考周身内外部位，次論經絡表裏功用，然後論病源，製藥品，以至於胎產等事。更有技藝院、格物院，均學習汽機、電報、織造、採礦等事。又有算學、化學，考驗極精。算學兼天文地球句股測量之法，化學則格金石植動胎溼卵化之理。再有船政院、武學院、通商院、農政院、丹青院、律樂院、師道院、宣道院、女學院、訓瞽院、訓聾瘖院、訓孤子院、養廢疾院、訓罪童院，餘有文會、印書會。別有大書院數處，書籍甚富，任人進觀。總之，造就人才，各因所長，無論何學，必期實事求是，誠法之至善者也。

李提摩太　鑄鐵生《農學小引》　五十年來，歐洲競講農學新法。溯未明新法以前，假如每田一畝可藝粟一斛者，既明新法，便可二斛。美洲地脉本肥既得新法，竟可增至六斛。時則又有各種新式務農機器，從前三人所爲之事，既有機器，二人即可優爲之。而其口食，除糧食一百分，增至一百二十分外，其牧養牛羊以供肉食者，每百分亦增五十七分之多。民安得而不富者。

又查，歐洲人類，每五六人中有農夫一人，美國亦不相上下。至於泰西田間所種之五穀，以麥爲最多，次則油麥，形如麥而較細較長力則較麥爲大又次則大麥，其餘皆雜糧矣。

又考，美洲禾稼之多，甲於歐洲。每年所産約可值銀三千一百兆兩，其次則俄羅斯，每年值銀二千二百兆兩，又次則法國，每年一千八百餘兆兩，又次則德國，一千七百兆兩，又次則奥國，一千三百兆兩，又次則英國，一千兆兩，又次則意國，八百兆兩，又次則西班牙，六百七十兆兩，下此不計。

泰西農家，當年亦全恃糞力，然糞有限而田無盡，且與人相近之田，可得多糞，窮鄉僻壤，其若之何。今有化學所成之物，其形如灰，可以携挈至遠道，而將一切地畝偏行澆灌。其利何可勝道。試以驗過之地畝言之，無糞之地，約可産穀十二斗者，有糞之地，可産三十二斗，用化學培植之地可産三十四斗。以此數推於中國，中國每省之地，約計八千萬方里，計田三百兆畝，除山林城市而外，可耕之地約得一百五十兆畝。又以每省百縣計之，一縣約得地八萬方里，此係開方算術若以縱横計算每縣約不足九十里即得田一百五十萬畝，每畝地每年産穀一百斤，約值銀一兩，若以化學澆壅，可使地加倍增産，則每縣非增銀一百五十萬兩乎。中國本有糞可以肥地，再於此一百五十萬金中，折半計算，不尚可增銀七十五萬兩乎。一縣如此，一省若干，一省如，此十八省若干，一年如此，十年百年若干，此之謂本富。本富而未不强者，未之前聞也。此貝君以化學導中國農夫之苦心也。余既爲譯而存之，并揭其綱領於首幅，世之君子，應亦蹶然起皇然思矣。抑更有説者，中國既有腴田，可茁多物，若無好路，則轉運又恐不靈，考運糧之法，若行陸路三百里，其運脚必照原價加一倍，是産米之地，每銀二兩，購米一石者，運至三百里之外，必需銀四兩矣。近來各國偏築鐵路，有人通盤核算，就鐵路以運米，即越三千里之遠比原價不需加倍，若以輪船通水路，更遠而至於三萬里，亦不需加倍原價，此又籌富民者，所不可不知者也。

軍事技術部

題解

沈桐生《東西學書提要總敘》卷上《兵學》 兵學總敘

孔子曰，善人教民七年，亦可以即戎矣。又曰，以不教民戰，是謂棄之。蓋國家可百年不用兵，不可一日而忘戰。故戎兵克詰，元聖陳言，備豫不虞，左氏垂誡。蓋言教之不可無，而備之不容緩也。粵稽古昔，軒轅氏作弧矢以威天下，至若歷代相承，戰守方略，載在史册。及我朝龍興遼瀋，八旗勁旅，所向靡敵，武功之盛，昭耀寰區。乃自通商以來，門户洞闢，環球强國，虎視鷹瞵。居今日而欲自立，則經武整軍尤爲第一要義。閒嘗遠探孫武知己知彼之言，近師魏源以夷制夷之論，綜覽東西各國兵學諸書，而益歎其樞機之周密，規制之美，備器械之銛利，攻守之精嚴，可資效法焉。爰薈萃摭拾而分敘之。一曰規制。中國三代寓兵於農，今東西洋各國兵制，頗與暗合。其例，男子二十使應徵，四十、五十而免役。少者壯而老者退職，老者退而少者又入營。有常備之兵，有預備之兵，有後備之兵。其法德國創之，歐洲效之，東洋踵之。綜觀各國，大略相同，而其制之最善者有三。蓋人情莫不愛惜身家，西例，凡役兵以老歸者，給餉終身。死王事者，官爲給其父母妻子。此所謂撫卹之善。又西例，自步馬砲兵外，有工匠等隊，而戰兵得以專心攻敵。此所謂分職之善。又西兵皆由學堂出身，故於繪圖識字，皆能通曉，此所謂習藝之善。綜斯三善，士卒效死致命，有勇知方，無紛紜愚魯之弊，故能戰勝攻取，所向披靡。此規制之大略也。一曰陸軍。其別有五，曰步隊、馬隊、砲隊、工程隊、輜重隊，每一軍兼而有之。察遠莫如砲隊，行捷莫如馬隊。轉動分合整散，其最適用者莫如步隊。此三者相輔而行，譬如地勢平衍，以砲隊馬隊及步隊迎距其閒。去敵尚遠，則以大砲轟擊。及其漸近，則步隊逐層排列，以牽敵勢。若敵陣不動，則驅砲隊以攻之，放馬隊以衝之，其步隊或以包抄，或以偵探。總之，以砲兵亂敵陣，而開步隊之路。以馬隊遮蔽敵目，而便步兵之移。以步兵分爲自擊之小綜，以合共擊之大綜。如環無端，以操勝算。至於工程隊者，則主營壘渡橋之事，若遇溪河泥沙，必須應時可渡。輜重隊者，則主械藥衣糧之事。如槍砲所需彈藥，以及備戰器械，軍中糧餉，皆須收藏於後，遷舍不離。五者相需甚殷，缺一不可。此陸軍之大略也。一曰海軍。其事較陸軍爲尤難，而其制比陸軍爲尤密。蓋汪洋大海，渺無際涯，若折衝於洪濤巨浪之中，争戰於彈煙砲霧之閒，瞬息千變，故列國於海戰之法，尤爲加意講求。其法之繁，如魚貫法，雁行法，潑洛湯法，三角避砲法，旋轉免觸法，按行周度法，增減速率法，分合疏密法，是曰練陣。又如置浮臺法，安水雷法，布羣網法，保護砲臺法，阻遏登路法，是曰練守。又如包抄法，尾追法，測敵行率法，離合誘截法，乘閒直撞法，兩羣合搏法，雷筒助戰法，是曰練攻。又如砲準測量法，砲準改變法，迎擊斜擊法，聚擊遥擊法，借雷去阻法，配雷射敵法，角度交點法，檢表施放法，是曰練器。他如暗礁淺沙，均宜留意。雨雪風濤，皆須習慣。是又地利天時之須講求者。夫是以能出奇制勝，夫是以能設險守國。此海軍之大略也。一曰營壘。蓋泰西古昔治兵，皆預築土溝濠壘。昔羅馬横行時，皆速成土壘，其後兼併各國，皆用此技。蓋因敵人不能驟攻，我則易於伺擊也。築壘之要，牆取其矮而厚，濠取其淺而闊，防要於密，攻期於速。不但前鋒應築，即策應兵亦須築之。其法如攜鍬鑿以挖土，斫樹木以堆蔽，壘勿高長，以防己兵攔阻。牆須參差，以便己兵沖出。堡門以防敵衝，卡堡以需瞭遠。或掘地阬，或置鹿角，種種佈設，有條不紊，而尤以詳知地利爲要。如保護村鎮、澗水、谷道等用，審悉開路、塞路、造橋、拆橋等事。或作夜工，或防敵抄，在在均宜講求。蓋自有洋槍洋砲以來，恃此爲臨陣保護禦敵秘要，可以守，可以攻，而不可以敗。此營壘之大略也。一曰器械。夫器械不精，以卒予敵，故各國近來竭力講求，新式日出。以槍而言，英有亨利馬梯尼，法有哈乞開司，美有林明敦，俄有秘爾丹。近日本之苗也，理村田槍，發六十響，僅一分鐘，則愈出愈精矣。至論其用法，則有練眼練手練身之要，直差横差視差風差之殊，均宜研究。以砲而言，如德之克虜伯，英之阿姆斯莊，美之格林，爲尤著。德廠之砲，其鑄造時内用生鐵，外套熟鐵，釘以螺絲。既成之後，多用火藥轟放，使内外二層漲力匀透，然後施用。英廠之砲，其腹内加鋼圈鋼底，彈則加以鉛殼，砲膛有螺旋三十二轉，必使彈由膛中磨盪而出，故漲力速率加大加快。美廠之砲，則管多放速，有如魚貫蟬聯，均能各盡其妙。各砲制作之精，於此可見。至其施放，有見擊越擊之别，辨地審氣之要，以及照星表尺，象限度數，命中之技，精測入微。其外尚有水雷、魚雷之製。水雷名目不一，以繩繫雷者，謂之拖雷。以竿發雷者，謂之竿雷。其製用生鐵鑄殼，

厚約半寸，用藥自五十磅至百餘磅，以距水面之淺深，爲用藥之多寡。至若放雷之法，有藥綫引火，强水發火，觸物發火諸名色。故凡鐵甲船艦，一經轟擊，無不立沈。又有於雷腹寔以空氣，能入水直行射敵者，謂之魚雷。其法爲奥人魯閼司所創，其製以德人刷次考甫爲精。雷狀類魚，燐銅爲身，首尾畢具，全體四節。一節爲頭，鋒尖如箭，内藏爆炸彈藥。二節爲腮，乃全雷深淺升降之樞紐。三節爲腹，以蓄全船空氣，運動機輪。四節爲尾，前截曰機器艙，有氣管通入氣缸，中隔氣門，門閉則氣蓄於缸，門開則氣運其機，猶舟之有柁櫓。後截曰浮雷艙，以定左右偏倚遠近，猶車之有指南針。其外尚有舵架，在魚尾盡處，左右各鑲銅舵扇，接於深淺機。機動則舵扇隨之，載沈載浮，所以爲能自行升降之關鍵。此器械之大略也。一曰船艦。邇來歐洲各國争衡海上，鋭意經營，其兵艦由風帆變火輪，由明輪變艪輪，由是而變爲鐵甲砲房、露台旋砲、鐵甲快船。同治閒，英創船腰砲房之式。砲房者，聚砲於船之中腰，增置前後甲壁，周環成房也。咸豐閒，美創船面旋台之式。旋台者，就船面環甲爲台，覆以平甲，台下設機，與砲俱轉，可四面測量也。其曰露台旋砲者，台不置覆，環植之甲，取蔽砲架，砲轉而台不移也。其曰鐵甲快船者，以巡船快船砲彈易入，配甲以爲護者也。其式愈出愈精。爰考其制，鐵甲船初興之時，砲皆旁列，上啟砲門，下逾水綫，鱗接翼舒，以多爲貴。至砲房砲台，踵事改作，前後有障，平乘有覆，捍蔽之方，益臻於密。或則爲水綫帶之構，甲堡之峙，井甃之連屬，艙口甲之完繕。其船之程度，又有雙底，以防其損。隔堵以禦其漏，雙螺輪以速其行，撞嘴以鋭其觸，雷筒以淬其鋒。其船制幾經精核改變，可謂窮奇極巧矣。若夫水師全軍之需，自戰船守船外，如設巡船以利遐征，設砲船以給雜役，設雷艇以助折衝，設偵報船以捷消息，設水雷船以資轟擊。數者或備封遏，或備鏖逐，或備差遣，或備巡防。措置既裕，故能攻守咸宜。此船艦之大略也。一曰彈藥。尤須詳考試準，方能利用克敵。近來西人講求愈精，其砲彈由圓而尖而開花矣，其火藥由粉而粒而餅而無煙矣。所謂尖彈者，蓋其彈體有爲觜弧形者，有爲圓錐形者。其用宜於擊船。所謂開花彈者，虚其腹以儲炸藥，洞其嘴以函彈引。其製有銅盂活機螺綫隔針等件，機括咸備，猛力尤大。至於火藥之製，歐洲於宋時始有之，先用粉藥，繼用粒藥。其造法，曰煏炭，曰淋硝，曰提硫，以及碾匀、軋碎、壓實、烘乾，莫不有器。後又製藥成餅，可免潮溼，有圓餅、稜餅之分。至於無煙火藥，係用棉花所造，質輕力重，用以擊敵，猛速絶綸。此彈藥之大略也。一曰防禦。守口之用，最重砲台。高於水面者，曰陸砲台。低於水面者，曰水砲台。考台製舊式，各國皆用磚石，今皆易以泥沙。築台之法，上必設蓋，以禦自上之砲子。下必設堆，以禦横掃之砲子。其最下之地隧，必須加築堅固，四面俱通。溝外之小砲台，亦須迤邐照應。而綜厥大要，則砲不宜露也，列砲相去不宜近也，台後不宜空也，鐵甲砲房露面沙壘不宜大也，沙子隔堆不宜薄也。砲房應敵彈之路，宜成交角，使彈求遇斜偏行，不宜成正角也。此造台之要法。今各國形勝之台，如俄之芬蘭，英之直布陀羅，土之君士坦丁峽諸台，皆已精究之矣。而所以補砲台之窮者，有於淺河造筏，以衝燬敵船之法。其製，中有鐵倉，實以火藥。外用觸火之物，乘風乘水，送至鐵甲船邊，機發倉裂，敵船受傷。有於港口要處掘地成阬，用靈捷砲架，復設遠鏡窺敵，對準伺擊，轟時升砲阬外，擊畢收砲阬中，尤足以攻敵之無備焉。至於攔阻船路之法，如流淺沙梗則宜築壩，沙活浪緊則宜衝拒，此外又有沈船沈石植樁浮鏈浮牌諸法。其用之於各國戰事，皆有成效可睹。此守禦之大略也。綜此八者，而知彼族之講求兵學，可謂無微不至矣。近日各國修械增備，兵學日精，兵禍日亟，如英俄黑海之戰，南北花旗之戰，普法師丹之戰，争雄争長，靡爛生靈，睗睒伺釁，競求逞志。故識時憂時之彦，知公法之不足恃，弭兵之不可信，必須我之兵强械利，有以震懾乎强鄰，庶可輯睦邦交，保全和局。舍此之外，别無良策。是則兵學者，洵爲邦之要圖，而謀國之急務也。雖然有法，尤貴有人。吾願今之膺軍寄者，當時存忠君愛國之心，殺敵致果之念，勿粉飾，勿因循，勿欺弊，勿泄沓，寔事求是，共濟時艱，固吾圉以掃敵氛，國家庶有豸乎。述兵學。

論説

馮焌光《海防檔機器局》 稟南洋大臣陳江南製造局造船造槍砲及譯書情形並籌議商租輪船攬運漕米煤鐵等事

敬稟者：同治十年十二月二十八日，奉直隸爵閣督憲李抄發總理衙門密函，以閩滬製造輪船，養船經費不敷，議欲變通辦理，或招商租賃，或酌運漕糧，飭即妥籌具復。本年正月初八日，又奉原任通商大臣曾札開：奉上諭：宋晉奏，閩省上海製造輪船，請暫停止等語，著通盤籌畫，斟酌情形，妥籌熟計等因，

恭録札局欽遵妥議詳覆。二月初一日，又奉原任通商大臣曾抄發覆總理衙門函稿，内開：豢養輪船，變通之法，不外配運漕糧、商人租賃二議。中國欲圖自强，不得不於船隻、砲械、練兵、演陣等處入手。刻下祇宜自咎成船之未精，似不能謂造船之失計；祇宜因費多而籌省，似不能因費絀而中止。趁此内地軍務將竣之際，急謀備禦外侮，理與勢皆應及時以圖等語。並奉札飭卑局核明來往函内事理，酌量蘇省現在情形，詳細查明，妥籌章程，稟候核辦，勿稍拘泥遲延各等由，奉此。

竊惟西國船械之利，中土尚未講求，同治初年，直隸爵閣督憲李，創議設局，購買機器，特於甯、滬兩處，先後舉辦；嗣奉原任兩江爵閣督憲曾，奏留洋税，仿造輪船。由是閩省、津沽，陸續踵起，舉凡槍砲、輪船、火藥，以及一切軍營利器，逐漸擴充。徒觀其迹，似乎無裨目前，且啟外人之猜疑，而耗中原之財力；不知中西通市以後，門闥洞開，戰艦分布沿海，火器携帶出遊，據我要津，覘我情實，亂我風教，奪我利權，既有日逼處此之嫌，自無永遠相安之理；苟非亟圖自立，未雨綢繆，一旦釁起他人，恐成束手。

今之考求製造，門徑初窺，款不如彼國之裕，藝不如彼國之精，材料不如彼國之適用而充足，所成之器何敢遽與頡頏？然竊觀數年以來，工匠手藝，漸有進益，製造理法，漸知推闡，倘不設法求精，半途輒止，固非所以仰副憲台體國安邊，維持大局之意，尤恐轉生他人輕視之心。且聞西洋創造機器，已數百年，創造輪船，亦百餘年，其始由小而大，由粗而精，心思財力，耗費於無用之地，不知凡幾。即如道光年間，輪船到粤者，所配明輪，間或藏在船腹，行駛尚鈍；繼而有暗輪，有鐵殼，又復造爲鐵甲，愈出愈奇。洋砲一項，當初鑄以生鐵，鑄以熟銅，繼而用熟鐵包裹，用鈍鋼鑄成，並有來福及後開門等式。洋鎗一項，從前祇用火石敲擊，繼而改用銅帽，今則並省銅帽。洋火藥之佳者，往年但求光亮細緻，形如黑芝；繼而有三稜藥，有藕筒藥，有棉花藥。凡此層累曲折，彼族呆費工夫備歷甘苦。今中土開局，不滿十年，所用皆其新得之精，所習皆其已成之效，是西人費盡數百年心力，而以現成巧妙，轉授華人，所佔便宜不少，設非鼓勇精進，正如子弟讀書，纔知文義，又得良師啟牖，而一旦棄置不學，良可惜也。

查卑局開辦之始，亦深慮需費甚鉅，成效甚遲。顧西人製器，往往所製之器甚微，而所需以製器之器甚鉅。且機器重大，必求安置穩固之地，不惜工本，積累歲月而後成。其需用器具，缺一不備，則必俟各件齊全，方能下手。而選料之精，必擇其良而適用者，恰合尺寸，不肯略有遷就。此外不中繩墨，皆在擯棄之列。又經營構造，時有變通，往往甫造未成，忽然變計，則全料已經拆改廢棄。且以洋匠工價之貴，輪機費用之繁，倘製造甚多，牽算尚爲合計；若製器無幾，而逐物以求，分晰工料之多寡，則造成一器，其價有逾幾倍之數者。故卑局製造，與軍需則例，略有不同。部中製造工料，皆有一定章程，視卑局所造，初覺費工費料，而製法精粗，價值貴賤，似難一律而論。至局中工匠，均須雇募督造，與定價估造不同，全在督課之嚴，方免偷曠時日。物料多係從外洋購辦，專恃留心覈實，較勘日精。幸而開局草創之初，防檢嚴密，所用洋匠無多，稽核工料，皆有一定章程，故規模則由小而大，日見其擴充；綜覈則自略而詳，愈求其精細。

查自四年設局開辦，其始因尚未興造輪船，先將製造洋槍之器，查照西國圖説，如式仿造；及後鎗砲、輪船，以次舉辦。於是所用之車床、鑽床、刨床、滊鑪、滊機、鎔銅、鎔鐵大鑪，造鎗、造砲器具，及一切需用輪機各件，皆陸續添造。先後計造成各項機器共百餘座。此所謂以器製器，而先致力於製器之器也。

至仿造洋鎗，以購廠之先，並無造鎗機器，苦心探索，歷經盤錯而後成。其始仿造英國兵鎗、馬鎗，計已成報解者共七千九百餘桿。嗣因新出鎗樣，均從後門裝送子藥，施放既捷，子路遠而且準；其渾堅靈捷，尤以林明敦鎗爲最。刻下計造成林明敦馬鎗七百餘桿，兵槍一千餘桿。又上年寄信外國，購買製造林明敦鎗子藥銅捲之機器，於本年正月全數運到；所雇洋匠四名，於去年三月底，自外國抵局；於碾捲鎗筒、鏇刮内膛，較舊法加倍靈捷。其專造子藥銅捲之洋匠，本年正月，亦已到局，一俟機器安配齊全，即可將子藥一項，接續仿造。此造鎗之情形也。

上年卑局奉造開花子輕銅砲，共造成二百五十四尊，其時係爲陸路行營之用。嗣仿美國式樣，造成千斤重銅砲四十尊，除解軍營外，皆配作輪船邊砲。現於局之東北，添造大滊錘廠，擬試造四十餘磅之來福子熟鐵大砲。俟工匠手藝日熟，則可仿照銅砲，及後開門進子藥之砲。此又造砲之情形也。

至造船之事，分三大宗：一曰機器，一曰滊鑪，一曰木殼。卑局所造輪船，除第一號恬吉輪船，係在上海覓購機器，由局配造滊鑪木殼；又第三號測海輪船，其機器滊鑪，均購自外洋，由局裝配木殼外，其餘第二號操江輪船，第四號威靖輪船，及現造未完之第五、第六號輪船，所有機器、滊鑪、木殼三項，均由局出樣構造。又第七號輪船，因有開造未成之機器滊鑪，與威靖輪船同式，曾稟請仿

造鐵殼輪船，一以償天平輪船之缺，一爲鐵甲船先導。此外又擬仿造夾板船一隻。此造船之情形也。

【略】

至林明敦鎗子所配火藥，視別項之藥爲最精，現已專造林明敦鎗，自不能不仿造鎗子；既造鎗子，自不能不仿照火藥。且不獨鎗子之藥最關緊要，即各項砲藥，皆爲軍營所必需，如一概購自外洋，固恐洋商居奇，萬一遇有急需，來源一斷，則諸器俱爲無用。去秋奉原任通商大臣曾，飭令設廠開辦，經於上海龍華地方，酌買稻田，開建廠屋，擬先造林明敦鎗子火藥，及鎗彈砲彈所用白火藥，一面帶造砲藥。所有林明敦鎗子機器，即彙歸火藥廠内安置造辦。此擬造火藥之情形也。

此外如船塢一項，工程絶大，現既有輪船，不能不謀及修葺，不能不先作船塢，逐漸經營。刻下已將船塢造成。又上年添造鑄鐘鐵廠、洋鎗樓、捲鎗廠、熟鐵廠，及學習行船測量所用高台，俱已造成。其尚未竣工者，則有瀨錘廠、火藥廠兩處。此又前後增添工程之情形也。

夫鎗砲、火藥與輪船相維繫，繙書館與製造相表裏，皆係今日要圖，不可偏廢。且機器添造日多，局地增建日廣，又如奉札飭辦各項器用，分濟各處，兼管並舉，事既繁賾，費亦加增。計動用二成洋税，自六年開造輪船起，截至十年十二月車。將士百餘人，執戈排隊，皆衣赤。門内將弁持戟，按隊鵠立不動，每門皆四人。入門左轉過長巷四五折，間段熾爐火，堦用文石，咸鋪氍毹，兩旁遍植鮮花，芳菲滿砌，燈火照耀，無纖毫幽暗處也。上堦百餘級時，命婦接踵入朝。聞每月兩次朝君主，禮也。隨導者數轉，始至宴舞宫。屋宇之大，縱五六丈，廣十餘丈，高亦過五丈。屋角及四面懸燈，罩以玻璃，計八千五六百盞。是日入宫者公侯大臣四百餘人，命婦八百餘人。太子與妃南面坐，兩旁設坐三層，各官坐立皆聽坐，予與隨來員弁於對面。樂人於樓上奏樂，音節鏗鏘。男婦跳舞十餘次。武職衣紅，文職衣黑，皆飾以金繡。婦女衣紅緑雜色，袒肩臂及胸，球寶鑽石項下纍纍成串，光彩射目。迨子刻太子及妃起赴別所，衆皆兩旁立。旋有宫官稱太子請見，隨之往。太子及妃問倫敦景象較中華如何？惜相距遠，往來不易，此行尚安妥否？昨遊行館所見景物佳否？予一一應答，且云中華使臣從未有至貴國者，此次奉命游歷，始知海外有此勝境。皆含笑讓。旋赴宴，酒肴多品，膳宰皆衣金繡，持盞授餐。俄頃傳言君主約次日申刻進宫見。比返寓，漏已四下。

陳階平《請仿西洋製造火藥疏》《海國圖志》卷九一 竊照英夷輸誠，沿海安堵，正當講求武備，以期有備無患。臣駐守曹江，將及一載，防警之暇，察訪遠近各營，製造火藥能否一律認真。惟聞杭州省城精造加工火藥，現存數萬觔，其餘提鎮各標，因防堵，未及如法舂造，即調來浙江之各省征兵，裹帶火藥，亦係舊時陳藥，竝無加工新造，轟去不能甚遠。

查製造加工火藥，奈其中有賠累之艱，人工之缺，若不澈底講求，總有加工火藥之虚名，而無加工火藥之實效，何以靖海宇而衛生民？蓋硝不提炙，磺不揀浄，輕率製造，率難致遠透堅。細察歷年營員，在省領回營硝，一經提炙，必虧折三成，一經揀浄，必虧折一成，此虧折之苦，往往視爲畏途，不肯踴躍從事。又慮造成之後，仍須補足向定額數，坐使賠累，其難一也。製備石臼木杵一切器具，不可不良。加以提炙之柴薪，輪舂之工食，在在不能短少，無款補苴，其難二也。再查營中造藥，向來多用碾盤，一牛一日可碾藥百餘觔，今若加工舂造，每臼三人輪舂，每日造藥不過十五觔，此多寡勞逸之攸殊，經辦營員未有不貪多好逸，其難三也。有此三難，功無實濟，是以各營造藥，自奉行後略加工一二成，其餘照舊。臣晝夜思維，夷礮甚短，何以猛烈較甚於内地之長礮？其爲火藥精工無疑。因多方購得夷礮火藥一小包，用鳥鎗試遠，實有二百四十弓之數。是以臣造藥時，照提硝復加一次，共提三次，愈舂愈細，加至三萬桿，試遠亦能到二百四十弓，藥力與之相等。内地大礮本長加倍，倘遇使用，權操必勝，是加工造藥非比別技。兩相用則遠者勝，別自爲用，則精者遠，宜乘此閒暇之時，備不虞之用，可否仰懇勅下各直省督撫，預先添辦硝磺，嗣後凡各營請領硝磺，如領硝十觔，另加三觔，領磺十觔，另加一觔，以備折耗，同額一併發給。至炙硝柴薪，舂工口糧，約計每造萬觔加工火藥，需用經費銀五百兩，各省物料夫工貴賤不一，亦有用至七百兩者，由督撫籌數，或作正開銷，責成營員辦理，工料既真，俟藥造成稟驗，以鳥鎗二百四十弓遠打靶爲凖，如有再減料偷工，察出立予重懲，自此營員得免賠累，造藥必能加工，各省一律照備，於武備實有裨益。

潘仕成《攻船水雷圖説》《海國圖志》卷九二 《陰符經》曰：火生於木，禍發必尅。凡物必相尅而後可相制，水尅火也，乃藉水勢激發而火愈烈，相反而適以相濟。其理不可測，而其巧固不可階矣。

海夷犯順，恃其船堅礮利，而欲制礮必先制船。會米利堅夷兵官壬雷斯抵

粤，自言能造水雷，遣善泅水者潛至敵人船下，或順流放去，泊於船底，藉水激火，迅發如雷，雖極堅厚之舟，罔不破碎，事成索酬數萬。時值閩浙用兵，猝欲得其法以破敵，不惜重貲，如數予約，乃稟商靖逆將軍暨督撫大憲，給劄開局，凡九閲月而水雷成。演試以徑尺餘西桅數百本，聯貫六層，排比周密，纜椮成簰，廣袤七尺餘，厚約六七尺，將礮具載火藥二百觔，安置簰底，須臾機發，如迅雷警霆，煙焰燒空，木植飛騰折裂，屢試輒驗。夫夷船底厚不過尺，似此礮力猛鋭，又何堅之不摧何敵之不破哉？奉齎進呈，復於天津演試，其效如前。且每造一具，數日可成，價僅需四十金。每省但費四千金即可造成百枚，可攻百艘之敵，制夷勝算，莫過於此。爰繪圖系説刊布流傳，以便演習而靖海防。《易傳》曰：水在火上，既濟。即繼之曰：思患而豫防之。成之爲此，蓋亦居安思危之志也夫。

魏源《聖武記》卷一〇《道光洋艘征撫記》 論曰：《春秋》之義，治内詳，安外略。外洋流毒，歷載養癰。林公處横流潰決之餘，奮然欲除中國之積患，而卒激沿海之大患。其耳食者争咎於勒敵繳烟；其深悉詳情者，則知其不由繳煙而由于閉市。其閉市之故，一由不肯具結，二由不繳洋犯。然貨船入官之結，懸賞購犯之示，請待國王諭至之稟，亦足以明其無悖心。且國家律例，蒙古化外人犯法，准其罰牛以贖，而必以化内之法繩之，其求之也過詳矣。

水師總兵奏褫審訊，而仍以掣肘免罪，曷不以外洋没産正法之律懲之乎？海關浮費，數倍正税，皆積年洋商關胥所肥蠹，起家不貲，今既傾繳洋商千萬之煙貲，不當派捐洋商數百萬之軍餉乎？誠能暫寬市舶之操切，以整水師之武備，盡除海關之侵索，以羈遠人之感懷，奏仿欽天監用西洋曆官之例，行取彌利堅、佛蘭西、葡萄亞三國各遣頭目一二人，赴粤司造船局，而擇内地巧匠精兵以傳習之，如習天文之例，其有洋船、洋礮、火箭、火藥，願售者聽，不惟以貨易貨，而且以貨易船，易火器，准以艘械、火藥抵茶葉、湖絲之税，則不過取諸商捐數百萬，而不旋踵間，西洋之長技，盡成中國之長技。兼以其暇，增修粤省之外城内河之礮臺，裁併水師之員缺，而汰除其冗濫，分配各艦，練習駕駛攻戰；再奏請偏閲沿海各省之水師，由粤海而厦門，而寧波，而上海，城池礮臺不得地勢者移建之，水師缺冗者裁併之，一如粤省之例；而後合新修之火輪、戰艦，與新練水犀之士，集于天津，奏請大閲，以創中國千年水師未有之盛；雖有狡敵其敢逞？雖有鴉片其敢至？雖有讒慝之口其敢施？夫是之謂以治内爲治外，奚必亟亟操切外洋從事哉？

或曰：西變以來，惟林公守粤，不調外省一兵一餉，而長城屹然。使江、浙、天津武備亦如閩、粤，則廟堂無南顧之憂，島寇有坐困之勢，子何不責江、浙、天津之無備，與閩、粤後任之不武，而求全責備于始事之人？且林公于定海陷後，固嘗陳以敵攻敵之策矣，陳固守藩離之策矣，又奏請以粤餉三百萬造船置礮，苟從其策，何患能發之不能收之矣。

曰：《春秋》之誼，不獨治内詳于治外，亦責賢備于責庸。良以外敵不足詳，庸衆不足責也。吾曰勿驟停貿易，世俗亦言不當停貿易。世俗之不停貿易也，以養癰。曰英人所志不過通商，通商必不生釁，至于鴉片烟竭中國之脂，何以禁其不來，則不計也。設有平秀吉、鄭成功梟雄出其間，窺我沿海弛備，所志不在通商，又將何以待之，則亦不計也。與吾不停貿易以自修自强者，天壤胡越。望之也深則求之也備，豈暇與囊瓦、靳尚之徒，較量高下哉？

夫戡天下之大難者，每身陷天下之至危；犯天下之至危者，必預籌天下之至安。古君子非常舉事，内審諸己，又必外審諸時：同時人材盡堪艱鉅則爲之，國家武力有餘則爲之，事權皆自我操則爲之。承平恬嬉，不知修攘爲何事，破一島一省震，騷一省各省震，抱頭鼠竄者膽裂之不暇，馮河暴虎者虚驕而無實。如此而欲其静鎮固定，嚴斷接濟，内俟船械之集，外聯屬國之師，必沿海守臣，皆林公而後可，必當軸秉鈞，皆林公而後可。始既以中國之法令，望諸外洋；繼又以豪傑之猷爲，望諸庸衆；其于救敝，不亦遼乎！馳峻坂，則羣儆善御之銜綏；犯駭濤，則羣戒舵師之針向。故《甫田》慎彼勞忉，唐棣先其翩反也。

馮桂芬《校邠廬抗議》卷下 製洋器議

有天地開闢以來未有之奇憤，凡有心知血氣，莫不衝冠髮上指者，則今日之以廣運萬里地球中第一大國，而受制於小夷也。以地球三百六十度，每度二百五十里，或云二百里，或云二百三十里。如圓週積計之，大海三分去一，實爲方一里者，十三億五千萬。我大清國北自興安領，南自厓州，距四十三度，計萬七百餘里，東自庫頁島，西至喀什喀爾，距七十七度，計萬九十[千？]餘里。截贏補縮，約南北八千里，東西萬一千里，爲方一里者，八千八百萬，是一國而居地球十有五分之一也。餘百許國，俄、英、法、米爲大，據英人地理全志稽之，我中華幅員八倍於俄，十倍於米，百倍於法，二百倍於英，但就本國言，屬部不與。地之大如是。五洲之内，日用百須，無求於他國而自足者，獨有一中華，地之善又如是。雖彼中興地書，必以中華列首，非畏我，非尊我，直以國最大，天時地利物産無不甲於

地球而已。

而今顧靦然屈於四國之下者，則非天時地利物産之不如也，人實不如耳。彼人非瞳首重瞳之奇，我人非僬僥三尺之弱，人奚不如？且中華扶輿靈秀磅礴而鬱積，巢燧羲軒數神聖，前民利用所創始，諸夷晚出，何嘗不竊我緒餘，人又奚不如？則非天賦人以不如也，人自不如耳。天賦人以不如，可恥也，可恥而無可爲也。人自不如，尤可恥也，然可恥而有可爲也。如恥之，莫如自强。夫所謂不如，實不如也，忌嫉之無益，文飾之不能，勉强之無庸。向時中國積習長技，俱無所施，道實在知其不如之所在，彼何以小而强，我何以大而弱，必求所以如之，仍亦存乎人而已矣。

以今論之，約有數端，人無棄材不如夷，地無遺利不如夷，君民不隔不如夷，名實必符不如夷，四者道在反求，以上諸議備矣。惟皇上振刷紀綱，一轉移間耳，此無待於夷者也。至於軍旅之事，船堅礮利不如夷，有進無退不如夷，夷人練兵首重行步，先較定遠近若干丈尺行若干步，又較定鐘表若干分秒行若干步，千人一律，行軍時兩胯齊舉，其間雖流矢洞穿，無礙陣法之整，實勝於我。然豈我不能爲之事乎？《書》曰：不愆於六步七步，乃止齊焉。古法本如是，亦禮失求野之一證。又以《左傳》視其轍亂之説言之，則古時車戰，雖乘馬之步，亦齊也。而人材健壯未必不如夷，是夷得其三，我得其一，故難勝。北兵亦能有進無退，是我得其二，故間勝。粤人軍械半購諸夷而不備，并能有進無退，是我得其二有半，故半勝。然即良將勁兵，因械於敵，如天之福，十戰十勝，而彼能來我不能往，犂庭埽閭，固無其事，後患正無已時，而況乎勝負未可知也。得三與得二有半，究有間也，何如全乎其爲得三之相當也。果全乎其爲得三，不特主客異形，勞逸異勢，且我有可以窮追之道，彼有懼我報復之心，殆不啻相當焉，斯百戰百勝之術矣。夫得二之效，亦道在反求，而無待於夷，然則有待於夷者，獨船堅礮利一事耳。

魏氏源論馭夷，其曰以夷攻夷，以夷款夷，無論語言文字之不通，往來聘問之不習，忽欲以疏間親，萬不可行，且是欲以戰國視諸夷，而不知其情事大不侔也。魏氏所見夷書新聞紙不少，不宜爲此説，蓋其生平學術，喜自居於縱橫家者流，故有此蔽。愚則以爲不能自强，徒逞詭譎，適足取敗而已。獨師夷長技以制夷一語爲得之。夫九洲之大，億萬衆之心思材力，殫精竭慮於一器，而謂竟無能之者，吾誰欺。惟是輪倕之巧至難也，非上知不能爲也，圬鏝之役至賤也，雖中材不屑爲也，願爲者不能爲，能爲者不屑爲，必不合之勢矣。此所以讓諸夷以獨能也。道在重其事，導其選，特設一科以待能者，宜於通商各口，撥款設船礮局，聘夷人數名，招内地善運思者從授其法，以授衆匠，工成如夷製無辨者，賞給舉人，一體會試，出夷製之上者，賞給進士，一體殿試，廩其匠倍蓰，勿令他適。夫國家重科目，中於人心久矣，聰明智巧之士，窮老盡氣，銷磨於時文試帖楷書無用之事，又優劣得失無定數，而莫肯從業者，以上之重之也。今令分其半以從事於製器尚象之途，優則得，劣則失，劃然一定，而仍可以得時文試帖楷書之賞，夫誰不樂聞。且其人有過人之禀，何不可以餘力治文學，講吏治，較之捐輸所得，不猶愈乎？即較之時文試帖楷書所得，不猶愈乎？即如另議改定科舉，而是科卻可並不行悖。中華之聰明智巧，必上諸夷之上，往時特不之用耳。上好下甚，風行響應，當有殊尤異敏出新意於西洋之外者，始則師而法之，繼則比而齊之，終則駕而上之，自强之道，實在乎是。

昔吳受乘車戰陣之法於晉，而争長於晉。趙武靈爲服胡而勝胡。近事俄夷有比達王者，微服傭於英局三年，盡得其巧技，國遂勃興。安南、暹羅等國近來皆能仿造西洋船礮，前年西夷突入日本國都，求通市，許之未幾，日本亦駕火輪船十數，徧歷西洋，報聘各國，多所要約。諸國知其意，亦許之。日本蕞爾國耳，尚知發憤爲雄，獨我大國，將納汙含垢以終古哉？

孟子曰：國家閒暇，及是時，明其政刑。又以敵國外患，同於法家拂士。尹鐸曰：委士可以爲師保。今者諸夷互市，聚於中土，適有此和好無事之間隙，殆天與我以自强之時也。不於此急起乘之，祇迓天休命，後悔晚矣。

或曰：管仲攘夷狄，夫子仁之。邾用夷禮，春秋貶之。今之所議，毋乃非聖人之道耶？是不然，夫所謂攘者，必實有以攘之，非虚憍之氣也。居今日而言攘夷，試問其何以攘之，所謂不用者，亦實見其不足用，非迂闊之論也。夫世變代擅，質趨文，拙趨巧，其勢然也。時憲之秝，鐘表槍礮之器，皆西法也，居今日而據六秝以頒朔，修刻漏以稽時，挾弩矢以臨戎，曰：吾不用夷禮也，可乎？且用其器非用其禮也。用之乃所以攘之也。以經費言之，軍械之價常十倍，然利鈍所分，勝敗係之，固當別論，輪船亦然，然彼船一年而一運，此船一年而臺二十運，移往時鹽船糧船費用，改造輪船，即百船已不止千船之用，無事可以運鹽轉粟，有事可以調兵赴援，呼應奔走無不捷，豈特十倍之利哉？

或曰：購船雇人何如？曰：不可，能造、能修、能用，則我之利器也，不能造，不能修，不能用，則仍人之利器也。利器在人手，以之轉漕，而一日可令我飢

餓，以之運鹽，一日可令我食淡，以之涉江海，一日可令我覆溺。倉卒有隙，幡然倒戈，舟中敵國，遂爲實事，而購值不資，歲修不資，賞犒不資，使令之不便，駕馭之不易，其小焉者也，是尚不如借兵雇船之爲愈也。借兵雇船皆暫也，非常也，目前固無隙，故可暫也，日後豈能必無隙，故不可常也，終以自造自修自用之爲無弊也。夫而後内可以盪乎區宇，夫而後外可以雄長瀛寰，夫而後可以復本有之强，夫而後可以雪從前之恥，夫而後完然爲廣運萬里地球中第一大國，而正本清源之治，久安長治之規，可從容議也。

夫窮兵黷武，非聖人之道，原不必尤而效之，但使我有隱然之威，戰可必克也，不戰亦可屈人也，而我中華始可自立於天下。不然者，有可自强之道，暴棄之而不知惜，有可雪恥之道，隱忍之而不知所爲計，亦不獨俄、英、法、米之爲患也，我中華且將爲天下萬國所魚肉，何以堪之，此賈生之所爲痛哭流涕者也。

綜述

薛鳳祚《火法敘》《曆學會通・中外水法部》 宇宙中火性稱爲最烈，明哲之士復聚其類而蘊之以器，鬱極而怒，其奮迅酷暴殆不可以言語名狀。古之聖人作五兵以毒天下，豈更有慘於此者乎？嗚乎！上帝好生，即一物之微，不忍其失所，何忍合萬彙而空之一擊中也？！

儻能令强者不以好勝迫人，弱者亦不爲後起自救，殺機即生機矣。昔永樂時，神機火鎗得之交南。嘉靖時，佛郎鳥嘴傳自日本。近日復有神威諸瀀來自大西，其於斯道，蓋積久彌精，變化日新焉。以前應無古人，以後應無作者。第恐用之者不殫心精求，探盡奇巧，但粗解大意，遽謂此道不乏人焉，則其術明仍晦耳。今於其有度有數之事，深奥幽渺之理，詳其名目與其物性，更爲之測量諸瀀。儻盡其用，有得心應手之妙，世界中當更無重且大於此者。固不可謂水性養人，火性害人而棄之也。

穆尼閣　薛鳳祚《曆學會通・中外火法部》

火法

氣與火同類，内經云：氣有餘即是火。

兩間皆氣充塞，雖金石之堅，無不透入。若空穴之中，氣入秘塞，積久奮出，而地爲震裂，火器之義也。

空中皆氣充滿，物摇動則成聲。

二月陽氣壯，將雨，陰雲作大聲爲雷，以爆竹喻之，陽動而陰氣迸裂，故將雷，先有火光爲電，斯出地奮之意。

古人用火有神奇者，聞之西士，其國有强寇侵逼，時方亢陽。以窪心巨鏡照之，敵人營塞皆焚。今火鏡其制也。太陽爲真火，鏡面外高中下，火氣皆聚于中，故燃耳。

擇用名目

世傳機械之屬，種類繁多，以奇巧欺人，正誤事之大者。取其要用，惟有鳥嘴、佛郎、神威三種，其餘置之可也。至於火箭、火礶、竹石等砲，有可備緩急之用者附之。

神威將軍，第一等長一丈一尺三寸半，兩耳各長三寸，口至耳五尺五寸，得四分八厘五毫。耳中至火門三尺六寸，三分〇八〇。餘爲尾。內膛口徑四寸一分，外圍三尺，耳面濶二尺二寸，尾加耳面一倍。神威將軍第六等長七尺四寸，兩耳各長三寸，其餘分數同上。口徑三寸，其餘分數同上。第二等、第三等、第四等、第五等皆□許推之。

同上者一等口至火門四分八厘五毫之數也，以類推。

佛郎機子或五或九，器無大小，俱可爲之。毋長，照口徑四五十徑，長則力愈大，子口徑一寸，尾外圍三寸五分，平三百五十步，仰九倍。母之套接貴密，子之湊筍欲深拴之，鎮壓欲緊，此要訣也。

鳥鎗有大小二種，嘗用不厭。小造時就原小孔用鑽鑽之日寸許及底爲上。子須光圓合口，子大則入不及底，出口便落；小則藥氣先洩，不能致遠。必用星斗繩直方准。藥要精細，輕重與子相稱。用火索者有披火撥機，用火石者有鋼機相擊。子用鉛，小者平八十步，高五倍；大者平二百步，高五倍。子容一錢者合式。

攻守二器，照口徑三十三徑以及十七八徑皆可，大抵以長爲貴（大砲）。

彈一斤至八斤，藥照彈配；九斤至十七斤，彈作五分，用藥四分；十七斤至二十六斤，彈作四分，用藥三分；二十七斤以上，彈作三分，用藥二分。

此言其概耳，用時必細試容藥幾何，用彈幾何。惟藥能作轉身，砲身不甚，後坐則止。

石砲乃守禦利器，用藥横力大，大者可以崩山。

磁砲欲其炸裂之易，或者以泥爲之，纏火繩於上下數處。燃火一器，可燒畝許，舟中亦可擲用。器作四鼻各纏火繩，可以稍久不誤。

木砲大抵中有鐵筒，外束以木，爲權宜救急之用。

竹將軍用茅竹，厚者四尺，通節，留頭節作底。節後留一尺四五寸安木柄，依竹凹凸形直抵竹處，周圍用肥釘釘之，以繩辮自柄至口緊束。底上置黄泥二寸，以一分合口大錢置泥上，錢上開眼。放時木杈爲架，尾以大石抵住，躲輕費省，隨地立刻可辦。雖一發即費，而絶無傷人之患。

茅竹截筒，長三尺，先用湯藥浸透，外以鐵繩固之，堅木爲柄，内藏毒藥，發於上風，名爲竹筒。

火箭勢猛力大，善造者可得七百步遠。一枝約費二萬鎚，頭上回火約十分之二，鏃用點鋼茨骨頭。長信入箭腹中三寸，信外銼一肩，與箭竹湊合。竹鐵交處筋纏漆，漆其翎花，亦漆下方，耐風雨濕氣。眼用打成者纱。其肯綮全在箭眼，正則直，不正則斜，太深則後門出火，淺則低頭落地。筒用礬紙，間以油紙，夏不走硝，可留二年。

石砲以下數法，用者在神而明之一言耳。至於從來古器，如百子滅敵等，莫不皆有可用，但難定准頭落頭。

方藥

火藥硝爲君，黄爲臣，灰爲使，諸毒藥爲佐。硝性主直，黄性主横，灰性主火。諸灰柳最鋭，杉稍緩，箬性燥，葫蘆性烈，綝性急速，麻灰無聲，柳灰鋭烈。性直者遠擊，硝九而黄一；性横者爆擊，硝七而黄三。雄黄氣高而火燄，神火之君。石黄氣猛而火烈，法火之君。砒黄氣臭而火毒，毒火之君。金汁、銀銹、硼砂製鐵子磁屑，則傾爛見骨，牙皂、姜霜、椒末配飛砂神霧，着人則墮瞎雙目；草烏、巴豆、雷藤少加水馬煎藥矢龍鎗，則見血封喉；江子、常山、半夏合川黄造噴筒藥礶，則禁唇不語；桐油、豆粉、松香利用焚糧刼寨；人精、鐵汁、巴油用破革車皮帳；狼糞晝黑夜紅，遞傳警報；江豚逆風愈勁，尤顯神奇。

烏銃方：君十、臣一、使二。大砲：君十、臣十之、八八。使二。炸砲：君十、臣三、使二。崩山：君十、臣五、使一、石黄一、雄黄一之半。火彈：君十、臣四、使一。火餅：君十兩、臣六兩、雄黄十六兩、鉛粉十六兩、樟腦十兩、柳灰四兩爲細末，燒酒煮以糯米糊爲餅，拌藥築實如棋子，上開孔穿藥線。噴藥：硝二兩、細砂七錢半、桐油巴油炒灰三兩，竹筒用。火箭：硝四兩、黄三錢、灰一兩三錢。急引：君十、使三。慢引：君十、使一。神火：石黄三斤，燒酒浸桐油炒，松香一斤，雄黄、雌黄、黑信、蘆花、艾肭、豆末、銀杏葉、乾糞、巴霜，火藥三七加。烈火：銀杏葉、松香各一斤，硫黄二斤，石黄、雄黄信各三兩，硝七斤，灰二十八兩。飛火：蘆花十斤桐油泮，松香、豆黄、銀杏葉、乾糞、皂角末各半斤，松香三斤，三七加火藥。毒火：雄黄一斤，黑砒、巴霜、乾漆、乾糞、松香、艾肭、石黄各四兩，四六加火藥。逆風：狼糞、艾肭、江豚、骨煆灰，肉煉油，泮硝黄，曬極乾。斑貓，二八加火藥。竹將軍：湯藥、白芨、膏砒、明礬、末陀參，不拘多少，合一處煎水入竹筒内，浸一時傾出，待乾又浸三四次，爲度藥不傷竹。解毒方：明礬半斤，丹砂二兩，白鴨血泮浸九曬。又菉豆湯、白羅蔔汁、藍根汁各三浸三曬，爲細末。烏梅二兩，甘草八兩熬膏和丸，製毒藥。口噙一丸，仍用真阿魏抹口耳鼻竅。

點放諸法

新舊砲久不用者，先以礱糠火煨一晝夜，必内外打磨，令熱氣通徹，然後可用。放一次，用鐵鏟鏟過，用鵝翎打掃乾淨，方再入藥。二三次必熱，用濕沙土入内鏟淨。四五次必大熱，令麻箒醮醋入内，攪洗乾淨。

火門用粗細鐵條隨火門大小鎚眼，藥線務期神速。裝藥預用紙袋裝就，便臨時任用。入藥以合口木舂，以木榔頭擊數下。入木送子，一個方下鉛子，次下合口大子。

火繩用綝繩加砲藥煮，二人加進盤柱上。

攻打要意氣安閒，百步内用何器，幾十步用何器，以七人爲率，一人耑主點放，二人主運飽砲，二人專運空砲，一人洗，一人裝。如頭砲縱放，二砲已在右手下；空砲纔徹，飽砲已上；二砲未放，頭砲已刷洗；二砲即放，頭砲已裝藥；二砲纔徹，頭砲已裝完在右手下。飽者自右而上，空者自左而下，五砲更番循環無端矣。

硝重灰輕，久收或馱載，必致重沉輕浮，用時必攪和均匀，或先爲丸，則無此患。兩器皆精，則大及先發者勝，尤要在摘攢二法。

神器隨樣大小作厚牆鐵圍車，架銃耳其上。銃力最猛，必得活輪以殺其勢。砲雖如法，亦必少坐，以活輪故，少動猶不動也。

點放有三法，曰平，曰仰，曰俯，尾備木墊以便高下。平放高至六分止。（有圖）

城守俯放可至九分半，古法前一後二，謂一分懸車，一分墊砲。懸能四分七十，墊亦如之。

製銅量器爲四分規之，一以銅柄插砲內，看線所至分數，即可知銃力到處。高一分較平放過倍，至六分遠到乃止。（有圖）

彈有鉛鐵石之別，照度數用之。（有圖）鉛子要小口徑一運，其鐵菱、鐵練、小鐵彈、碎石俱准斤兩。

望遠鏡可看數十里，爲神器必用之物。

王大海《海島逸誌》卷五《聞見録》 甲板船

吧城海口有甲板嶼，因和蘭建造甲板船之處，故名曰甲板嶼。《齋》本、《舟》本作「甲板船，荷蘭在吧海口甲板嶼所造」。其船二十五年則拆毀，有定限也。《漳》本、《域》本「拆」原作「折」，誤。《齋》本、《舟》本作「定限二十五年則拆毀」。其船板可用者用，無用者則焚之，《齋》本、《舟》本「無用者則」作「否則」，無「之」字。而取其釘。鐵船板厚經尺，《齋》本、《舟》本無「經」字。橫木駕隔，必用鐵板兩旁夾之。《齋》本、《舟》本作「兩旁夾鐵板」。船板上復用銅鉛板連片編鋪。《齋》本、《舟》本、《域》本「編」作「徧」。桅三接，《齋》本、《舟》本「接」作「節」。帆用布，船中大小帆四十八片，《齋》本、《舟》本作「帆大小凡四十八片」。其旁紐、網、絆悉皆銅鐵造成，《齋》本、《舟》本「皆」作「用」。所以堅固牢實，鮮有悞事。《齋》本、《舟》本無「所以」二字。其船艦如女牆，安置大炮數十。小者炮一層。《齋》本、《舟》本無「炮」字。船大者，炮兩層，《齋》本、《舟》本作「大船炮兩層」。水手每人各司一事，雖黑夜暴雨狂風，不敢小懈。法度嚴峻，重者立斬，船主主之，所以甲板船洋寇不敢近也。《齋》本、《舟》本無「所以」二字。覩我廈島唐帆，《齋》本、《舟》本作「其視唐帆」。烏合草創直兒戲耳，《齋》本、《舟》本無「草創」二字。故每爲洋寇所害也。《齋》本、《舟》本無此句。

又《天炮》

和蘭禦敵多用天炮，《齋》本、《舟》本作「荷蘭用天炮克敵」，又《齋》本「炮」作「礮」，《舟》本作「砲」。而紅毛之技較之和蘭又精巧。《齋》本、《舟》本作「紅毛更精巧」。炮用銅鑄，每炮尺寸長幾何，《齋》本、《舟》本無「長」字。圍大若干，《齋》本、《舟》本無此四字。能及其遠近幾許，《齋》本、《舟》本作「能及遠近幾何」。皆有定限也。譬如敵營遠近幾許，用量天尺量之，用屈曲鏡觀之，《齋》本、《舟》本作「量天尺量敵營遠近」。則舉炮悉中其處，不踰尺寸。《齋》本、《舟》本作「舉炮所中不踰尺寸」。炮必向上而舉，《齋》本、《舟》本無「必」字。到其處，《齋》本、《舟》本冠「放」字。銃子即能墜落，《齋》本、《舟》本「銃」作「鎗」，「墜」作「墮」。而旋滾周徧焉，《齋》本、《舟》本「而」置於「周」之前。因沖天而舉，故名曰天炮云。《齋》本、《舟》本作「故以天炮名焉」。

阮元《海防略》《廣東通志》卷一一四 鄧鍾曰：廣東船制，兩旁設架，便於搖櫓。廣東自出五虎門，上及大鵬，下及北洋以西，俱有海嶼，或斷或續，聯絡於外，商船來往，多從裏海，且風氣和柔，全仗搖櫓，此廣船所由製也。《海防纂要》。

廣船　視福船尤大，其堅緻亦遠過之。蓋廣船乃鐵力木所造，福船不過松杉之類而已。二船在海，若相衝擊，福船即碎，不能當力之堅也。倭夷造船，亦用松之類，不敢與廣船相衝。但廣船難調，不如調福船爲便易。廣船若壞，須用鐵力木修理，難乎其繼，且其制下窄上寬，狀若兩翼，在海裏則穩，在外洋則動搖，此廣船之利弊也。廣東大戰船用火器，於濤浪中起伏蕩漾，未必能中賊，即便中矣，亦無幾何，但可假此以褫敵人之心膽耳。所恃者有發鑌佛郎機，是惟不中，中則無船不粉，一也。以火毬之類，於船頭相遇之時，從高擲下，火發而賊舟即焚，二也。大福船亦然。廣船造船之費倍於福船，而其耐久亦過之。蓋福船俱松杉木，鰍蟲易食，常要燒洗過八九汛後，難堪風濤矣。廣船鐵力木堅，鰍蟲縱食之，亦難壞也。同上。

廣海船　即前廣船。

浪開船　明參將戚繼光云：開浪以其頭尖故名，喫水三四尺，四槳一櫓，其形如飛，內可容三五十人，不拘風潮順逆者也。

蒼山船　蒼山船首尾皆闊，帆櫓兼用，風順則揚帆，風息則盪櫓。其櫓設於船之兩傍，腰半以後。每傍五枝二跳，每跳二人。方櫓之未用也，以板閘於跳，上需露跳頭於外。其制以板隔爲二層，鎮之以石，上一層爲戰場，中層穴梯而下，臥榻在焉。其張帆下椗，皆在戰場之處。船之兩傍俱飾以粉。蓋署隘於廣船，而闊於沙船者也。用之衝敵，頗便而捷。

八槳船　八槳船但可供哨探之用，不能撞擊。

漁船　漁船於諸船中制至小，材至簡，工至約，而其用爲至重，何也？以之出海，每載三人，一人執布帆，一人執槳，一人執鳥嘴銃，布帆疾捷，無墊没之虞，易進易退，隨波上下，敵舟瞭望所不及也。

兩頭船　按大學衍義補，有兩頭船之說，蓋海運爲船甚巨，遇風懼難旋轉，兩頭製舵，遇東風則西馳，遇南風則北馳，海道諸船，無逾其利。蓋武備不嫌於多，慮患不防於遠也。

蜈蚣船　船曰蜈蚣，象形也。其制始於東南外番，專以駕佛郎機銃。銃之重者千斤，至小者亦百十斤，其發之烈也，雖木石銅錫，犯罔不碎，觸罔不焦，其達之迅也，雖奔雷掣電，勢莫之疾，神莫之追。其法流入中國，中國因用之，諸凡火攻之具，砲箭鎗毬無以加焉。海行甚速，而遲者鬥風故也。惟蜈蚣船底尖面闊，兩旁列楫數十，其行如飛，而無傾覆之患。除颶風暴作，狂風怒號外，有無順逆，皆可行矣。況海中晝夜兩潮，順流鼓枻，一日何嘗不數百里哉？

沙船　水戰非鄉兵所慣，乃沙民所宜。蓋沙民生長海濱，習知水性，出入風濤，如履平地。然所置沙船，僅可於各港協守，小洋出哨，若欲出赴大洋，必須用巨船。沙船能調使鬥風，然惟便於北洋而不便於南洋。北洋淺南洋深也，沙船底平不能破深水之大浪也。北洋有滾塗浪，福船、蒼山船底尖，最畏此浪，沙船却不畏此。北洋可抛鐵錨，南洋水深，惟可下木椗。

戰船　廣之蒙衝戰艦，勝於閩艚，桅上有大小望斗雲棚。望斗者，古所謂爵室也，居中候望，若鳥雀之警示也，古所謂飛廬也。望斗深廣各數尺，中容三四人，網以藤，包以牛皮革，衣以絳色布帛，旁開一門出入，每戰則班首立其中。班首者，一舟之性命所繫，能倒上船桅，於望斗中以鏢箭四面繫射，勢便銜刀挾盾，飛越敵艦，斬其帆檣。或同蛋人没水鑿船，而乘間騰躍上船殺敵，或抱敵人入水淹溺之。其便多此類。艦旁有比籬，夾以松板，編以藤，蒙以犀兕綿被，左右架大砲及火磚火礶烟毬之屬。尾梢作叉竿連捧，又菁竹樓櫓以隱蔽。又或周身皆砲，旋轉廻環，首尾相爲運用，其捷莫當。此戰船之最精者也。其飄洋者曰白艚，烏艚，合鐵力大木爲之，形如槽然，故曰艚。尾又狀海鰍，白者有兩黑眼，烏者有兩白眼，海鰍遠見，以爲同類不吞噬。其載人與貨物者曰艘，製亦如鬥艦，上施兵器及砲火、飛石、灰罌旁布。

粵船　粵人善操舟，故有鐵船紙人、紙船鐵人之語。蓋下海風濤多險，其船厚重，船底縱一木以爲梁，而艙艎橫數木以爲擔，有梁擔則骨幹堅强，食水可深，風濤不能掀簸，且載重大，故曰鐵船。船既厚重，重則惟風濤所運，人力不費。小船一人一槳，大船兩三人一櫓，揚篷而行，雖孱弱亦可利涉，故曰紙人。篷者船之司命，其巨艦篷每當逆風挂之，一横一直而馳，名曰扣篷。諺所謂廣州大艨艟，使得兩頭風，輸一篷，贏一篷也。横行曰輸，直行曰贏。篷，颿也，以蒲席爲之，亦曰篗也。或以木葉爲之，曰帆葉也。每艦有二篷，風正曰八字，八字風在後則正，在前則横，故又有後八字風揚篷當中，前八字風勾篷西東之語。其或舟子撮唇爲吹竹葉聲，及鳴金鼓以召風，風至二蓬參差如飛鳥展翅，左右相當，其形亦如八字，是皆鐵船。

洋船　洋船底二重，皆以鐵力木厚三四尺者爲之，錮以瀝青石腦油泥油，填以礧石，矴以獨鹿木，紮以藤，篷以椰索。其椗以鐵力木，杪釘以恍榔箆𥯨，淬釘以蛇皮内膏。蓋海水鹹爛，鐵妨磁石，故皆不用鐵物云。桅凡三：一桅嘗植，二桅以風，而植桅長者十四五丈，或二三接，中皆横一杆，上有望斗，容四十餘人。又以木爲人，或升或降，遍置梯繩之間，前木照後柁，以黑鬼善没者司之，其舶小者四圍皆密，腹中僅留一孔，自上而下，飄洋時梢公縛身桅下，餘悉在船腹之中。凡上舶容人千餘，中者數百，皆有舵師歷師，然必以羅經指南，掌羅經者爲一舶司命，毫末分利害焉。每舶有羅經三：一置神樓，二舶尾，三在半桅之間。必有三鍼相對不爽，乃敢行海。大魚至，以銅銃擊而退之，大魚去，而波浪爲怪，以長劍斬之。

郝玉麟案：水師以船爲主，舢艫艨艟，前代制各不同，今考大略於此，我朝雙篷艍船、繒船、趕繒船、小白艕、哨船等類，度之精，運用之巧，所謂以船爲車，以楫爲馬，振揚國威，萬古海氛永靖者也。《郝志》

奕山《改訂丁拱辰演砲圖説並倣造火輪船水雷摺》《道光朝籌辦夷務始末》卷六三

靖逆將軍奕山、兩廣總督祁墳、廣東巡撫梁寶常奏：竊奴才等承准軍機大臣字寄：道光二十二年七月二十二日，奉上諭：有人奏：近得一書，名《演礮圖説》，係丁拱辰所著。此人曾在廣東鑄礮，演試有準，亦曉配合火藥之法。著奕山、祁墳查明據實具奏。又廣東造得火輪船，亦頗適用，著即繪圖呈進等因：欽此。

查丁拱辰係福建監生，前來軍營投效，呈獻象限儀一具，測量演礮高低之法。當經奴才於上年冬月間，親往燕塘地方，用象限儀測視演放，尚爲有準。因該監生頗知急公，曾賞給六品軍功頂戴，以示獎勵在案。嗣後該監生著有《演礮圖説》一册，係講求演礮準則，而於配合火藥，以及修築礮臺、鑄造礮位等事，亦只有論説，未經親爲製造。旋經署督糧道西拉本將書詳加考校，因該監生所論間有拘執及自相矛盾之處，逐條另爲籤出，與之講究，該監生始爲領會。該道復於團練壯勇之時，或在平地低處，或於礮臺高處，先立靶於水面，用象限儀測視，演放大礮，往往中靶者多。該道與丁拱辰互相參酌，擇其演礮要法，另擬圖説數則，言簡義賅，刊刻多張，懸掛礮臺，俾人人易曉。現在駐守各臺壯勇，俱能深明

其法。其臺上礮架，一律製造滑車絞架，推挽亦極靈便。除另製象限儀二具，交齎摺差弁帶京呈進外，茲將丁拱辰所著原書，及該道西拉本更訂數條各一冊，先附報便，咨送軍械處，進呈御覽。

至於火輪船式，曾於本年春間，有紳士潘世榮，雇覓夷匠製造小船一隻，放入內河，不甚靈便。緣該船必須機關靈巧，始可適用。內地匠役，往往不諳其法。聞澳門尚有夷匠，頗能製造。而夷人每造一次輪船，工價自數萬圓至十餘萬圓不等。將來或雇覓夷匠，仿式製造，或購買夷人造成之船，由臣祁塡等隨時酌量情形，奏明辦理。

再查本年六月間，紳士潘仕成獨力報效，不惜重資，雇覓咪唎㗎國夷官壬雷斯，在僻靜寺觀，配合火藥，又能製造水雷。據該紳士聲稱：所製水雷一物，尤爲精巧利用。奴才等曾派人在彼學習技藝，俟將來造成後，如果演試有效，該紳士自行派人齎送到京，聽候閱驗。

梁章鉅《歸田瑣記》卷二《砲說》 英夷之滋擾羊城也，余適在西省梧州，帶兵防堵，前後選運大礮，自三千觔至八百觔不等，凡四十座，解往廣州協濟，皆經奏明，令事平仍運還各處。嗣聞或失於賊，或沈於海，無一座還西省。既量移蘇撫，復在上海防堵，嘗與陳蓮峯提戎並騎，由吳淞海岸一帶查演各礮，大小不下百十座。又在上海城中親督局員開鑄新礮，亦不下數十座。次年英夷長驅直入，城內外各礮，盡歸烏有。議者遂謂中土之礮，遠不敵英夷之礮，此非探本之言也。

夷船之先聲奪人者，莫如桅頂之飛礮，廈門及寶山之陷，皆由於此。其火光迸射，縱橫一二丈，恃以攻敵，則不足用，以驚敵則有餘。故統軍者驚奔，而衆無不潰矣。此孟子所謂委而去之者。今日軍中皆坐此病，則又何我礮彼礮之分乎？

自軍興以來，各省所鑄大礮不下二千座，虎門、廈門、定海、寶山、鎮海、鎮江之陷，每省失礮約四百餘座，其爲夷船所得者，約千五六百座。廈門之戰，我軍開礮二百餘，僅一礮中其火藥艙，大艘轟裂沈海，夷船遂退，是數百礮僅得一礮之力也。定海之戰，葛總兵開礮數百，僅一次擊中其火輪頭桅，即欹側退竄，是亦數百礮僅得一礮之力也。但使礮發能中，則我礮亦足破夷。如發而不中，即夷礮亦成虛器，夷艘及火輪船多不過數十，大小杉板船，亦不過數十，但使我軍開數百礮，內有數十礮命中，即可傷其數十船，沈一船可殲數十人，壞一船可傷數十人，尚何夷礮之足畏？如發而不中，則虎門所購夷礮二百座，其大有至九千觔者，何以一船未傷？一礮未中？是知礮不在大，亦不在多，並不在專仿洋礮之式也。

或謂礮之能中，專在準頭，兼由地勢。余謂此亦非確論。陸戰之礮，須定準頭，而水面之船，則無定勢。昔人所謂：以呆礮擊活船，何能必中？地勢之說似矣。然余曾親登寶山礮臺，正當大海入港之口，不高不低，既無突出水面之危，又無四面受敵之慮，嘗與蓮峯提戎坐談半晌，深嘆昔人相度之善，克成天險之形，似他處礮臺更無如此之得地勢者，而虛礮一轟，全軍皆潰，又何說乎？故曰：兵無常形，地無常勢。果能衆志成城，則又何礮之不可用乎？辭官歸里後，有詢問夷情者，率以畏礮爲言，以摭所知告之。

又梁章鉅《浪跡叢談》卷五

水雷

粵東近傳咪唎㗎國夷官創造水雷之法，遣善泅水者潛至敵人船底，藉水激火，迅發如雷，雖極堅厚之船，罔不破碎。粵省洋商潘姓者如法製造，凡九閱月而成。曾經將水雷器具二十副，齎京恭呈御覽，於道光二十三年八月，奉旨交直隸總督、天津總兵會同演試。旋據覆奏：於九月，在天津大沽海口會同演試，用徑八寸長丈六杉木四層，紮成木筏，安於海面，墜定錨纜，將喫藥一百二十斤水雷送至筏底，繫定，引繩拔塞後，待時四分許，轟然一聲，激起半空，將木筏擊散，碎木隨煙飛起，其海面水勢，亦團圓激動，洵爲火攻利器云云，並纂成《水雷圖說》進呈刊布。竊謂此器甚好，非夷人之巧心，莫能刱造，非洋商之厚力，亦莫能仿成。惟是大海茫茫，波濤洶湧，此器如何能恰到敵船之底，又恰能使敵船渾然罔覺，坐待轟擊，則皆非瞀儒淺識之所敢知矣。

砲考

《歸田瑣記》中有說礮一條，頗中今日情弊，而礮之緣起未之詳也。或以爲問：余乃摭拾所見各書告之曰：礮字俗作砲，潘安仁《閒居賦》：礮石雷駭，其最先見者矣。李注：礮石，今之拋石也。然《說文》無礮字，旝字注云：建大木置石其上，發機以磓敵，是許氏以旝爲礮。《唐書・李密傳》：以機發石爲攻城械，號將軍礮。自後人有火礮之製，俗遂從火作炮字，非也。火礮之用，始見於宋，楊萬里《海蝤船賦序》云：宋紹興三十一年，金兵欲濟江，虞允文伏舟七寶山，舟中發一霹靂礮，礮墜水中，硫磺得水，火自跳出，紙裂而石灰散爲煙霞，眯

其人馬之目，金兵大敗。然此乃紙礮，用石灰以眯目，非以礮子爲攻擊之具也。礮之用鐵，始於金，名曰震天雷。以火礮攻城，始於元世祖得回回所獻新礮以攻破襄陽，名曰襄陽礮。明永樂間平交阯，始得神機鎗礮法。至嘉靖二年，佛郎機寇廣州，指揮柯榮禦之，賊敗遁，官軍獲其二舟，得其礮，即名爲佛郎機，詳見《明史》紀。又《兵志》云：佛郎機礮式，以銅爲之，長五六尺，大者重千餘斤，小者數百斤。礮之用銅，始見於此。至我朝天聰五年，始造紅衣大礮，名曰天佑助威大將軍。崇德八年，又造神威大將軍礮。康熙十五年，又造神威無敵大將軍礮。康熙二十八年，又造武成永固大將軍礮。詳見《皇朝禮器圖》式。造火藥法，洴澼《百金方》中所載頗詳。蓋硝、磺、炭三者，皆須研得極細，必擣至萬杵以外，愈多愈好。炭用柳條，以細如筆管者爲妙，必去皮去節，帶皮則煙多，有節則易炸也。製好後必須放手心燃之，藥去而手心不覺熱者，方爲合式。余提兵上海時，蘇州局員來繳新製火藥，余嫌其未浄，令以手心試之，委員皆縮手不前，曰：前繳藥時皆不如是。余曰：此試火藥定法也。然則前此收藥之皆不如法可知矣，因駁回令其再擣。再繳時以白紙舖棹上試之，藥去而紙絶不燒，於是衆始嘆服云。

金應麟《豸華堂文鈔》卷一二《恭進火器圖説摺》 臣又聞該夷所恃，惟在巨礮，其船最畏火焚，不敢停泊一處，或二三十里，或四五十里，是宜乘夜潛攻，用悶香以迷之，設水礮以擾之，以智不以力，欲詐不欲信，夷性多疑，未有不自相敗走也。

臣伏覽兵家之書，訪之老卒，凡口傳方藥歌、訣圖説及前人論計而合現在兵機者，彙爲一編，其中如《火龍經》《心略》等書，未能致遠者，存其方而不用其式，如自娱心書，治平、治算等書。有可仿照者，圖其樣而兼採各家。雖不必盡可行用，而變通推廣，存乎其人。不揣冒昧，敬繕進呈，用效愚者千慮之意。可否飭交揚威將軍採擇之處？出自聖裁。伏乞皇上聖鑒。謹奏。

方雄飛《請造戰船疏》《海國圖志》卷八四 英夷犯順，荼毒生靈，所以猖獗日盛者，以我軍徒守於海岸，無戰船與之水戰耳。海口城市，居民稠密，綿亘數里，防守弁兵，叢集海岸，夷礮轟擊，不必審準，發無不中，房屋傾頽，兵民傷斃，無膽者相率而逃，有勇者不免於死。於是議者動謂逆夷船堅礮利，其鋒莫當。不知逆夷之礮固利，我軍之礮何嘗不利？但夷船在水，進退左右，四面皆能自如，我軍只有退後一路，其餘三面，皆受其制。蓋在岸者其勢聚，聚則易於中，在水者其勢散，散則難於中，此勝負所由分也。夫邊疆之警則戰場在陸，沿海有警則戰場在水。我軍若有戰船，散布水面，夷船不過三四十隻，其來必乘風濤之便，不能一時俱到，乘其大幫未至，纔到數船，即放礮轟之，隨來隨剿。既可省力，即使大幫全至，我軍但能預先提向上風，壓而擊之，則火彈火箭火罐固可因風施爲，即風色或轉，逆風不利攻擊，則游奕趨避，沿海港汊皆我内地，可以寄碇，而夷船不能也。戰船定係兩旁有木架，高下兩層，遇賊即用綿絮漁網浸海水掛之，賊礮雖猛，以柔制剛，以水尅火，不能爲害。夷船高大如山，體勢笨重，非風不行，海上亦有數日無風者，昏夜暗令善水者數人，乘無風時，伏其舵後，用斧鋸斷其繫舵巨纜，舵必上仰而不得力，一遇風作，其船自覆，即不覆亦不能動。此時若用漁船，連環堆載火薪油硝，夜往焚之，漁船低小，夷礮不能下及，夷船底面雖有銅片包裹，而船上之蓬蓆繩索一燒，船亦坐困。此時再以戰船逼之，殆如釜中之魚，將焉逃哉？而且將士在船，四圍皆水，不比在岸之一人先逃，衆即相率而潰也。既絶逃生之念，自萌敢死之心。此時勇氣百倍，何患攻之不力，戰之無功？

愚昧之見，各海口用戰船數十隻，雇漁人之素習風濤慣駛船舵者以充水勇。在訓練每船以百人爲斷，以武弁數人領之，巡防海洋，自是有備無患之勝算。何也？各處沿海城市，如前此所失之鎮海、寧波諸處，以及後之失守等處，皆海港以内之地，非即海濱，其距海濱或百餘里，如天津之距海濱百二十餘里是也。至近亦有數十里，皆非海船之夷礮所能及。惟逆夷知無戰船以襲其後，故敢直入内港，攻陷城池，搶奪無忌。若有戰船散寄外洋，彼必不敢直入港内，而懼戰船之截擊港口，斷其歸路矣。則港内地方何至有失守之虞？不但此也，凡有漢奸與逆夷通水米販煙土者，即以戰船阻截，放礮擊之，逆夷之食糧無從而給，煙土無從而賣，財物無從而掠，水戰無從而勝，計窮勢蹙，坐而待斃矣。此一勞永逸之道，而議者概不及此。蓋因承平日久，額設之戰船，例價甚輕，監造者不肯賠累，板薄釘稀，一遇風濤顛播，以至破壞不堪應用。若得新造戰船，每船必需萬金，方能堅實。修造計百萬金，恐耗經費，故隱忍不言。不思逆夷之患，何時能休？軍餉之需，伊於胡底？以防守無益之費，作造船練兵之資，當時之所費相當，日後之所省甚大。如曰造船必待時日之久，緩不及急，則一面修造戰船，一面僱大商船以應之，且雇大漁船以助之，但能善乘風潮，亦可出奇制勝。至戰船成則無慮矣。

請以地勢之所宜，酌爲船數之多寡而詳定之：奉天、天津、粤之虎門、閩之

廈門，皆最大海口也，各宜二十隻。浙之定海宜十五隻，其乍浦宜十隻以爲策應。江蘇崇明宜十五隻，其上海宜十隻以爲策應。福建之福州，山東之澄州，二處海口最狹，防守猶易，各宜十隻。凡十處，共船百五十隻。無事可巡海口，一有警報，福州、廈門相近，可以互援。江蘇、浙江可以互調赴援，山東、天津、奉天亦可以互調赴援。外洋乘風乘潮行船，瞬息千里，應敵者相與暫阻於前。赴敵者不難隨蹴於後。我軍前後夾攻，逆夷腹背受敵，將見守無不堅，戰無不勝，是在水之百五十隻戰船，遠遠强於在岸之數十萬雄兵，尚何逆夷之足云？況戰船一造，即操必勝之權，有明徵矣。前此李提督之以三十船破粵東艇賊三百餘船，又破臺灣蔡牽八百餘船，及姚總督之破鄭芝龍，皆以船滅賊，以少勝多。又況逆夷聞修戰船，諒必心驚膽喪，不俯首求款，即望風而潰，不戰而自遁矣。豈非策之最上者哉？戰船之修，宜及此時，亡羊補牢，三年蓄艾，未爲遲也。迨夷匪蕩平，以此船巡洋緝賊，武備張而不弛，遐方畏而胥懷，長治久安，在此一舉。

汪仲洋《鑄礮説》《海國圖志》卷八七 夷礮鐵質，重七百餘斤，用銅仿鑄，重九百餘斤，其製火門一段最厚，自火門以至礮尾，其勢漸增，自火門以至礮口，其勢漸減。膛口極大而薄，火門下一段内有藥膛，較膛口收縮三分，裝藥二斤，封口鐵彈七斤，雖七百斤可抵三千斤礮用。時林少穆來浙，出前明焦勗所葺泰西湯若望造礮之法，分《火攻挈要》《秘要》二卷，總名之曰《則克録》，其論築臺、砌窑、造模諸法，似不若中國較爲簡便，但以礮模乾透爲主，而其確不可易者，如鑄銃，分戰、攻、守三等，銃身之上下長短厚薄，各有所宜。其言曰：西洋鑄大銃，必依一定真傳，比照度數，推例其法，不以尺寸爲則，只以銃口空徑爲則，蓋各銃異制，尺寸不同，惟銃口空徑，則是就銃論銃，比例推類，自無差誤。戰銃空徑三寸起至四寸止，身長自火門至銃口三十三徑，火門前銃牆厚一徑，耳前牆厚七分五厘徑，銃口牆厚半徑，銃底厚一徑，尾珠在外，其珠之長大，各得一徑，銃耳之長大，俱各一徑，火門至耳際得十三徑，耳得一徑，耳前之銃口徑得十九徑，此係四六比例之法，火門距耳得十分之四，帶耳至銃口得十分之六，此戰銃之制也。守銃一名彖銃，口下空徑五寸，火門前裝藥處空徑二寸五分，身長自火門至銃口八徑，膛内裝藥窄處得二徑，藥前寬處得六徑，裝藥牆厚半徑，銃口牆厚二分五厘徑，銃底厚一徑，尾珠銃耳長大各六分徑，火門至耳際二徑，耳得六分徑，耳前至銃口得五徑四分，此係四分比例之法，謂火門距耳得一分，帶耳銃至銃口得三分，蓋以銃前膛寬體輕故也。以其膛口徑極寬，故名彖銃，彖銃即守銃也。

又錬鐵之法，鐵質粗疎，兼褷土性，必着實燒煮，化去土性，追盡鐵屎，錬成熟鐵，庶得堅固。銅質精堅，具有銀氣，須先看驗純褷若何，如法參兑上好碗錫少許，用尋常爐座，將銅鎔成清汁，以錫參入化勻，傾成薄片，聽候燒入大爐鑄造。按今用鐵必用大爐，非兩日夜不能追盡鐵糞，洋銅本已煉浄，只用小爐鎔之，半日即能澆鑄。如鐵欲老，用銅欲嫩，皆與之合。其鑄造各種奇彈以及提硝煉磺，用炭皆有一定準則。

又放礮近遠之法，凡礮倒放只宜一度至四度，仰放自一度以至六度，蓋銃用彈三四斤重者，平度擊放，可到四百步，仰高一度，可到八百步，高二度，可到一千四百步，高三度，可到一千八百步，高四度，可到二千步，高五度，可到二千一百步，高六度，可到一[二？]千一百五十步，若高七度，從上墜落，則反近矣。諸凡放銃，以此例推。西洋教練火器之制，有學教官，教授各藝，朝夕演習，十日一考，立簿册註，三進者賞，退者罰，原等者免，再次原等者責，五次原等者逐回改業，限期以一季爲度，必欲造成。一應器械、飯食，悉資官給，亦無廩糧，學成方許教官開送武官處試演，十發而僅中五六者，止稱通藝，回學再習。十發不差一者，稱爲成藝，收入營内，厚給廩糧衣甲，即名武士，禮儀服飾，咸旌異之。百發不差一者，始爲精藝，給廩旌異，超等優示。其教官之責，即以所教武士之技藝精粗多寡以爲升降。又根本至要，則在智謀良臣，平日博選壯士，練精神器，膽壯心齊，審機應變，自能戰勝守固而攻克矣。否則空有其器，付託非人，適以資敵。其書約二三萬言，此其肯綮也。

予得此書後，與龔縣丞互相啓發，頗得神器三昧。用夷礮推放觔兩尺寸，按原礮加一倍，自二三四倍以至九倍，均可照算，先就夷礮用加一倍、加二部之法，作模試鑄，可抵舊礮五千斤、八千斤之用。計自開鑄以迄八月二十五日以前，共鑄大小銅礮一百二十餘門，除分撥定海外，餘皆擺列港口礮臺。又夷礮架、礮耳以後，架若層梯而下，以便演放時測量遠近高下，以爲仰放平放尺寸。架下有四輪，可以拽礮進退。林制府云：其在粵有磨盤礮架，可以旋轉四應者。龔縣丞將礮架改爲兩層，下層照常安輪。下層中心，以鐵椿貫之，礮耳以後，仍列梯級，雖四五千斤之礮，只以一二人撥之，即可隨意所向。予以英夷慣於奇正相生，水陸夾攻，應移港口内有餘之礮，兼防間道來襲，督師以兵不足倚，恐其委而資敵也。詎知英夷覘知港口礮臺層列，但以虛聲攻擊，而別用奇兵由招寶山金鷄山後攻入，鎮海不守，而所鑄神器及架俱爲夷人所有，豈不惜哉？又曰：銅礮光

滑，礮子及遠，計千斤銅礮可當三千斤鐵礮之用，但銅礮一放，則渾身熱透，難以連疊施用，而鐵礮則一時不能紅透，惟在鑄之精細光滑，使與銅礮同功，則善矣。

又曰：木礮用堅木爲之，長丈二尺，膛三寸，外圍口厚三寸，底厚五寸，形式一切如鐵礮之式，刳木心，兩面合成，圓圍用鐵箍十三圈，鐵圈外再用毛竹包裹，以麻繩絞固，裝藥斤許，或裝大鐵彈一枚，或裝鐵條十餘，皆可。共重百餘斤，四人六人，皆可抬放。每礮可連放數次，每放一次，刷礬水一次，即所謂抬礮也。或施於山谷之戰，或沙漠難運重礮之地，似較鐵礮爲便利。

丁拱辰《演礮圖説》《海國圖志》卷八七—卷九一

一、大砲須用滑車絞架圖説

礮法貴乎精，又貴神速便捷，則單架之法不可不講求。如八千斤至萬斤大礮，其礮架須用堅木製就，架之前後兩旁用粗鐵環各二箇。前面礮門下用槵木横限一條，鑲入石壁内，上亦安粗鐵環二箇。後面安絞架一具，左右立二柱，上架絞架横木軸二，柱之下亦安二鐵環。另製滑車二對，前面左右各一對，每對兩箇。前滑車内連鑲二小輪，後滑車内鑲一小輪，俱釘用鐵環，配用光滑油繩。如欲推出，將左右前滑車一對鈎在礮門横限上二圈内，後滑車一對鈎在礮架後環内，然後將二繩引於絞架之上，繞之以手，用力絞轉，則礮自然前進矣。務使礮頭伸出礮眼之外，方可施放，否則恐轟震礮牆。如欲挽回，將後滑車鈎在礮後木柱二圈内，前滑車鈎礮架前面鐵環内，前後互易而用，將前滑車二繩引於絞架之上，繞之如前，用力絞轉，則礮自挽回矣。將礮門掩閉，用濕透礮刷子掃浄礮膛，然後下藥。用木棍送入膛内，次下彈子。又用紮就麻毬如膛口大小塞入膛内，使藥不四洩，彈出有力，裝畢再放，放畢如前法挽回再裝，連發四五礮後，須少停片刻，以防砲身透熱。其砲臺下石板，須鋪平磨細，使其光滑，車輪行動無礙，方能輕便。大抵三二千斤之砲，只用滑車即可扯動，無須絞架。蓋用滑車一副，人力可省三分之二。譬如八千斤之砲架有四輪，按一人拉一百斤計之，須用八十人，如用滑車只須二十四人即可扯動。若再加用絞架，其省力加倍，只用八人絞之，便可輕輕行動，是用力省而成功多。如欲使砲高下左右，用堅木棍橇起墊之挪之轉之，不過二三人之力足矣。至於戰船上砲，尤宜倣製車架。現在粤省内河各臺均經安用滑車絞架，其新修戰船亦俱安設滑車，演放甚爲得法。若僅以木棍橇轉，不特多用人力，且重而難移，而砲架時被橇動不無損壞，究不若用滑車絞架之靈便得用也。今繪圖於後。圖【略】

二、旋轉活動砲架圖説

此旋轉活動砲架，又謂之磨盤架。用堅木製就，凡交接着力緊要之處，皆鑲鐵板以固之。所有一萬二千斤、八千斤大砲，須用此架，方能靈便。而其工價較巨，視砲之大小酌量配架，架分上下兩層，其下層比上層四旁略大。上架下藏生鐵轆轤小輪左右各三個，下露十分之二，聯絡下架，合而爲一，進退旋轉自易。架之前後安二鐵圈，爲施滑車之用。内有十字木前後二道，前一道安鐵磨心，須女[要]堅粗，貫於上架旁及後面，有二溝，其周圍下鑲鐵板，以利輪行。此二溝皆承上架轆轤鐵輪，得以左右旋轉。上架前有横鐵枝一道，横木四道，貫緊，旁加大釘貫下之，使堅固不脱。其前横木二道，上下相加，中心鐵板包固，中有一孔對入下軸，如磨之有樞而旋轉之，全在兩旁轆轤鐵輪三箇，加以架旁四孔插木棍推挽之，故覺靈便。如萬斤、八千斤大砲，只用四人可推，旋轉左右甚不費力。現在粤省砲臺各大砲均製此架，甚爲得用，今繪圖於後。圖【略】

三、論車架舉重等第

向者所製砲架，木脆而輪細，不堪演放，兼且遲重難移。匠人惟知有輪必轉，大小則一。殊不知輪大則輕快，小則重滯，有天淵之差也。試言乎舟上絞車，中安一枝絞柄，其長三尺，以絞重物，如重一千斤，手自絞柄之末，用力絞之，得一百斤之力，原有定額，若移而至一尺五寸之處，其用力必當三百斤，再移而至於一尺則甚重，或至五寸，則任出多力而不動矣。以此比輪，形異而法同。今之砲架製輪，必當配合，庶得輕快便捷。如架長六尺者，按十分之三折之，配輪徑一尺八寸，架長四尺者，配輪一尺二寸，餘可倣此。内外加鑲鐵箍，如恐大木難求，二三斤合亦可用之。如此則架上安砲，用力十分之一，可扯之行。若用銅鐵製輪，又再加輕，每百斤用力三斤八兩而已。又如製滑車之法，如圖倣製一對，上輪比下輪遞小，酌量繩之大小，而留其竅以穿繩，以不壓下繩爲度。每個内藏小輪三個，逐竅如式，穿絡麻繩扯物。如單用一小輪，一百斤之物用力四十七斤，二小輪用力四十斤，三小輪用力三十六斤，四小輪用力三十三斤，五小輪用力三十斤，六小輪用力二十五斤。如扯萬斤亦依此算法，假如大砲一位，重八千斤，落架用力八百斤。再用滑車一對，内藏六小輪，止用二百斤力扯之。又再加絞架一個絞之，得用力二十斤。絞架之上安二絞柄，其一插入軸中。上下對分，長與絞輪之全徑等。旁安撥柄，長與絞輪半徑均。若手對撥柄撥之，或對絞柄絞之，又或對絞輪扯之，此三者力均十分之一。另上一枝絞柄，上出軸心過

半，而手由柄木絞之則倍輕。若由後復用一絞架糾纏手中，所扯之繩，又再用力十分之一。聞者不之信，觀於時辰鐘機械内藏大小四五輪，下懸銅葫蘆重至七八斤，逐輪牽連，遞相減力，至擺尺之際，以一小篾阻之可止七八斤之力，於此可知也。又如撬物之木柄，長七尺，撬物百斤，過物至地平之上一尺二寸，手對二尺之處舉之，用力一百斤。舉至三尺，用力五十六斤，四尺用力三十八斤，五尺用力二十九斤，六尺用力二十四斤，七尺用力二十斤。又如挨磨輪軸面徑一尺二寸，亦用絞柄長七尺穿入竅中一尺二寸，手對二尺之處挨之，用力一百斤，對四尺挨之，用力三十八斤，其輕重等第與撬柄同。今將移大砲之高低用六尺之撬柄，其輕重與六小輪滑車等，二者取便，皆可擇之。至於滑車之用，不但輕快，兼且敏捷。觀象臺儀器重數千斤，窺測星辰轉運不容以稍緩，皆恃滑車功力。不然夜測星辰四分之久，星已移度。而測砲猶測星辰，不容稍遲，獨八千斤砲位非滑車不能便捷，利用小者可免耳。

四、西洋用砲測量説

前代制砲之法，原于佛郎機。佛郎機即佛蘭西也。初，佛郎機與巴杜回人戰，製火器大破回人，回人不知其名，遂以其國號名之。上古初未有以砲戰者，至北宋，廣州始效其法。西洋製物，恒遵勾股，立表測影，期于必合。夷礮之多中者，非恃千里鏡也。其製造演放，皆準乎法也。曾游海外諸邦，遇精于數學者，輒爲諮訪，且聞其製礮演礮，動合度數，心竊誌之。今者英夷肆擾，率土共憤，而水戰莫先於火器，謹即素所見聞者，筆之于書，以備當道之採擇。如圖所繪砲形而論之，以小挈大，以寸作尺，以尺作丈。如礮重二千斤，身長五尺，尾徑一尺，頭徑八寸，口徑四寸，設若用刀切爲上下兩半截論之，彈發出去，必由中間一線直出，不待智者而後知也。其下半截，可置弗論。而上半截尾徑五寸，頭徑四寸，以五尺之長，而尾至頭已差一寸，猶目中所視，上面之靶線與礮中所發下面之彈線出至砲口，漸合一寸，若出至一丈，漸合二寸，發至二丈五尺，已合五寸。則靶線與彈線已相交會合。發至三丈，則靶線轉在下面，而彈線反在上面，兩線相距已差二寸，由此而漸遠，至一百二丈五尺，彈與靶上下已差二寸。又如佛山所鑄生鐵大礮，身長一丈，尾徑二尺，頭徑一尺四寸，切去下半截不論，而上半截尾徑一尺，頭徑七寸，以一丈之身，而尾至頭，自上面之靶線與下面之彈線漸差三寸。若二丈則漸合六寸，至三丈三尺三寸，漸合一尺，則靶線與彈線相交會合，再發去四丈三尺三寸，則靶線又轉而在下，彈線又反而在上，兩線相距，上下已差三寸，至一百零三丈三尺三寸，上下已差三丈，若至二百零三丈三尺三寸，則差六丈。如彈發至四里，每里約一百丈計，共四百零三丈三尺三寸，則上下積差十二丈三尺三寸，如再鑄之，中銅砲重三千斤，身長六尺，尾徑一尺二寸，頭徑九寸五分，至四里亦差八丈。如欲中他船底面，彈反高越桅尾，不論大小砲位，皆有高越之差。此法按圖細心檢視，瞭如指掌。爲今之計，已成之礮不論萬斤至百斤，各先度尾之徑若干？尾之徑圍若干尺寸？于礮頭製一乾堅木圈，周圍與礮尾一樣大，不容毫髮之差。將木圈套附礮頭，與礮口平齊。木圈勿伸出，便符勾股度數。如此則自引門後正中一線，正視至礮頭正中。與敵船相對，然後施放，雖使童稚，亦能中的矣。或恐木圈經久銷縮，有破裂之變，則用鐵板鑲固，雖久不壞。而新鑄之礮，立令匠人于礮頭外皮，漸漸加厚如花瓶口圍，至與尾一樣大，便合用矣。至于礮頭上面，正中要起一珠，爲表礮尾大圍之處，上面正中亦當起一珠，爲表與前表相對，更爲細微，如前有珠後無珠，無可相對，反致生疑，不如前後皆無珠較爲妥協，久而精熟，得其變通制造，演放動中肯綮，克敵制勝，可操掌握矣。

五、用象限儀測量放砲高低法

此象限儀即渾天儀四分之一也。按周天三百六十度，一限計分九十度。每度本作六十分，今因製且狹小，以每度權作十分算。此儀俗謂之量天尺，其爲用也甚廣。測視七政躔度，與夫量山度雲，霄壤之高下，皆可推算，而西洋人用之測驗礮差，尤爲精微。蓋礮之高下各有不同，而加落之數亦屬無定，要在有所準繩，非可臆揣。故用此儀以較之，其法無論有表無表之礮，先將礮口安平，然後將此儀插入口内，使垂線不偏左右，其礮身中線自與之俱平。如欲擊百丈以内之靶，則先以線平，試演一礮，視彈去到靶或高或低，低則加高，高則落低。加高則用右儀，視垂線偏右幾度，低則用左儀，視垂線偏左幾度。其加落若干度、若干分，均須隨時記清。以後施放即爲準繩。如欲擊二百丈之靶，又須較之百丈量爲加高，如係擊三百丈，則又須倍加。總期中肯爲率，餘可類推。平時司礮者果能按礮一二演試得法，各自記明，雖未必礮礮皆中靶，然亦必不離上下左右之間。不然彈飛如隕星，一閃而過。又奚能遠視測量高下之尺寸？至若大礮固能擊遠，然過遠則彈去究竟無力。大約三百丈之内，一百丈以外，方能有勁也。蓋礮力近則猛烈，可以摧堅破鋭。至左右儀高下之數，只須左右各十度測量，即可足用。故將左儀十度附於右儀之左，以便運用，此用儀之大略也。然礮之食藥

分量之多寡，彈子之輕重大小，均須合式。平時一一配定，方能有準。若彈子小而膛口大，則藥力四洩，彈出無力，而不能擊遠。倘彈子稍大，不合膛口，又恐有澁滯之慮，必須詳慎，親爲檢點。此乃就平地設靶而言，若夫由高而擊低，自下而攻上，須將儀柄執之手中，與礮身比平，從柄上前後兩銅圈孔内測視彼處，或高幾度，或低幾度，高則遞加，低則遞減。須知陸地設靶與水面不同，如敵船來自水面，則進即無定。又在臨時相度遠近，測看敵船駛來，或乘風力，或順潮信，更須視風力之緩猛，潮信之長落，以察其船行之遲速，然後從容施放。如果審度得宜，不患礮發之無準矣。

六、演砲須知中線準則論

夫演礮須對靶，而目線與中線互有參差。立靶既有遠近之分，則彈去即有高下之殊，要必有所準繩，而後可融會變通。蓋礮有大小頭尾粗細之徑，固有不同，而其形質渾圓，自百斤至千萬斤，大小雖殊，用法則一。由中心測直而畫其中線，當爲準則，以較高下之差，然後用象限儀以記其加高落低之數，庶幾稍有把握。今於後幅繪二圖以論之，如無表之礮，其尾粗而頭細，若從引門上用目線對礮頭測平，則礮頭較礮尾必高，其中線亦與之愈遠而愈高。假如礮口中線與上線相距一尺出至二三丈之外，則中線漸遠漸高，及至到靶必高越目線之上而過。又如有表之礮，其頭已加表與尾徑相等，若從引門上用目線將礮頭測平，則礮口内中線亦與之俱平。假如礮口中線與上線相距一尺，則對靶上相去自亦一尺，此兩礮目線雖同，而中線彼此高下迥殊。設以此兩靶下子演放，如擊百丈以内之靶，可知無表之礮有高越之差，有表之礮有彈墜之失，然中線差高之數，其遠近丈尺各有不同，而算差之法，不可不知。譬如前論無表之礮作身長二尺，頭頸二寸八分計之，上下分中得半徑一寸四分，尾徑四寸得二寸。則頭較尾小六分，即以六分爲母，以身長二尺歸之，計每尺差三分。如一丈則差三寸，十丈則差三尺，百丈則差三丈。若彈子由中線發出，至百丈之遠，有漸墜之勢。譬如彈至百丈，約墜二丈四尺，除墜數外，計尚差高六尺，則彈子仍越靶而過。蓋因不知礮頭尾徑粗細之差，及加高落低之法，故兩礮俱不得中。此一定之理也。如能知中線高下之差，高測則低，低則加高，用象限儀測量合度，此兩礮又何嘗不中靶耶？此算遠近差高捷便之法，與勾股算數相同。故附其説俾司礮者得以易曉。

七、勾股相求算法圖説

按勾股之法，其用甚廣。以之測影，推度山川之高深，平原之廣遠，非勾股莫由而知。今略舉一端以明其法。如圖所繪，直線爲股，横線爲勾，斜爲弦。譬如大股高二丈，大勾長三丈，以股求勾，問小股一尺，該小勾幾何？法置大勾長三丈爲實，以大股二丈爲法除之，則每尺之股得小勾各一尺五寸。若股一丈，則得小勾一丈五尺。若大股二丈，則得大勾三丈。又以勾求股，問小勾一尺得小股幾何？法置大股二丈爲實，以大勾三丈爲法除之，則每小勾一尺得小股六寸六分六厘。如問小勾五尺，得小股幾何？法以小勾五尺與大股二丈相乘，得一丈爲實，以大勾三丈爲法除之，得小股三尺三寸三分三厘。若勾二丈則得股一丈三尺三寸三分，勾二丈五尺則得股一丈六尺六寸六分。若勾三丈，則得股二丈。恰符原數，餘可類推。此勾股相求算法之大略，與前篇礮位中線差高算法相同。因恐司礮者不諳勾股算法，難於洞曉，是以中線準則論内，附陳便捷算法，俾人易曉。今仍附此圖以備參考。圖【略】

八、量砲頭尾徑捷便法

前編所論演礮須知中線準則，然猶慮司礮者不諳測視頭尾徑之法，仍恐不甚瞭然，故又立一捷便較法，使人人可以易曉。假如有一礮，尾粗而頭細，其形質渾圓，必須量頭徑尾徑之數，方能得中線之準。其法以尺先自礮尾後蒂分中而上，用横線與尾扯平，量直有若干尺？譬如測得四寸，則上下可知計八寸矣。上下分中而算，下四寸可置勿論。計僅得上半四寸。再用尺測礮頭，譬如測得六寸，分而計之，則上下各得三寸，下三寸可置勿論。以礮頭上三寸，與礮尾上四寸測平相較，計礮頭周徑各短一寸，故須立表補一寸，前後各得四寸之數，使其勻平，分中測視，方得其正。此猶就一礮而言，其他各礮前後粗細又自不同，如較短一寸，則補一寸，短二寸，則補二寸，視短數之多寡，定立表之高低，力爲合式。蓋立表之意無非欲使頭尾之徑高低相等，取其平直，而以之測正，可爲標準。擊低視高，低亦可用，擊遠則礮口加高，難以取準，若臨時揣摩，則必失矩度。此又不若用象限儀測之，平時記明尺度，較有準則，俾倉猝施放，不致失所憑依。今繪圖於左。圖【略】

九、西洋圖形砲臺圖説

上所陳曲折礮臺式，乃是内河兩岸形勢，他如虎門横檔，孤懸海中，或兩山對峙，半面環海，半面枕山，則當稍異。此則不用曲折之字様，可用圓形臺式，就其山麓形勢，循環周築，或拱抱山後，就地築造，勿似大角沙角，後枕山面甚高，前臨海港甚低，如圈椅様，一遭礮擊，碎石炸裂，飛火噴燒，立足無地，何暇顧及

交鋒？夷礮來攻，最喜尋此形勢，便彼攻擊。若前高後低，并空其後，一面不築墻，則彼雖有許多奇礮，皆無所施其巧，今繪一圖，半面環海，就山麓環抱，開一平壤，濶四丈，内臺墻厚上八尺，下一丈二尺，墻後路濶二丈，路後兵房之前後，墻身濶一丈。兵房後用一坑，濶六尺，深丈餘，墻高一丈二尺，路張網喉，每喉下開一井。兵房高八尺，坑愈深愈好，若有山上流泉導入坑塹，可使大礮墜落，遇水必滅，如無泉水，已落坑底，其火亦不能噴高矣。兵房之制，亦與陸地河旁臺式稍異。前有門而後不開門。其山巔可剷平以築小臺。臺墻略低，只用大礮、中礮數位，過山礮、子母礮十桿。弓箭手十人，前助擊敵，後防間道。少臺之門向後開一小徑，曲折而下，直達大臺之右，入於大臺之内，臺内開一偏門，以通行人。臺墻後近山處，剷去山土一層，環抱周圍，高與墻等，使其山脚壁立，而從間道者亦不得越登矣。此抱山後之法，勝於枕山，而向聞澳夷云：中華礮臺，既不合式，况加石砌，更易迸裂。西洋各國礮臺，皆就山勢掘平，或掘山分爲二三層，依山築礮，隨式而成，率用三合土築成。觀澳門三巴門外城垣東西望洋礮臺，皆三合土爲之，二百餘年不圮，是其明證。至若山如屏障，或如木梳形，可就此法變通，亦難板執耳。以上二臺，俱開三角礮眼，勝於方圓礮眼。礮架下鋪細石，或堅木板，或三合土，不可用泥土，致礮架陷入土中，難以移動也。其本樁或三枝相近，連而爲一，中下用横閂交連一齊，打落水底，上加大小石塊壓之，使不能絞起。因夷人有舉重算法，及一應舉重挨磨車絞車絞架滑車螺旋轉諸器拔之甚易，若如此法，絞拔扯鋸，皆無所施也。

十、西洋低後曲折砲臺圖説

西洋礮臺可拒天礮、火礮、大礮、火箭。其臺最忌前低後高，以及臺内構屋建塔高出牆頭。因英夷一種天礮斜發空際，墜落炸裂亂滾。又學佛蘭西飛礮，將大彈入大礮内，對陣直擊，彈子炸裂，火迸敵營。倘轟擊只在墻外，不致焚燒，若臺内行兵之處，後有屋宇高墻，則一被轟擊，火光飛潰，立足無地，且能焚燒火藥局。其彈徑四五寸，形如臘丸，上留一口，腹中空處，藏許多小彈。每彈皆用染臘綿沙線札之，各通一引，總結於口内，實火藥。着處破裂，火光一發，小彈帶火亂噴，利害甚於天礮。如大礮對陣轟擊，若牆内屋宇高聳，或礮臺後牆枕山，高於前墻，一遭礮擊，瓦石飛揚，亦難立足。所以前宜高，後宜低，形勢宜曲折堅固，宜三合土，收彈宜網喉如圖所繪，墻高一丈二尺，厚上八尺，下一丈二尺，頂如覆竹形，墻内路濶一丈，密掛網一丈，或四方或斜方形，略如酒漏様，網喉長九尺，每網之下，開一井，將網尾入井一尺，使大礮自空中墜落，由喉入井，著水必熄矣。其後路築兵房，高八尺，比前墻低四尺，而房後高只四尺，倒水斜傾，落屋後之池。屋脊慎勿用瓦，亦用三合土，厚一尺，前後有門以通人。兵房之後，留一路，濶三尺。路之後，開一長池，若天礮之彈墜在網喉，必落井中。如墜在屋背，必輾轉落池，而礮墻既高於兵房，桅礮彈子不能中入矣。豪築河房，兩岸對峙，各築一臺，略朝向外，口如八字様，仍於礮臺之内相去半里，由河邊陸地填出一莖，直出中流，盡處漸廣，如出水蓮花，莖之兩旁，各築一墻，扶翼中道，以護來往接應者，於水中莖盡處，築一臺，長方形，勢向外，安礮共成鼎足形，三面攻擊，聲威雄壯，仍於臺前河中多立品字木樁，名梅花樁，中泓留一水道，甚狹，逶迤曲折如之字様，使敵艘不得直入。若循道曲折而進，則兩岸中流三臺合攻，豈能飛越？至若海外孤懸，或海口三面環海一回枕山者，則用圓臺，大略如是也。

十一、西洋製火藥法

夫槍礮之利與不利，全在製藥之精與不精。若拘定常例，不求精製，不但有炸裂之虞，且恐施放不能得力。西洋人用藥極意精細，其力足以擊遠，其烟多係白色。我但加工加料製造，即可敵彼洋藥。粤東有精製火藥，其藥力竟與洋藥相等，烟亦白色，見火即燃，毫無渣滓，曾製數千觔，頗得其用。自宜廣推其法。其製造之法：每藥一百觔，須用提浄牙硝七十六觔半，浄硫磺一十二觔，麻杆炭一十二觔，葫蘆壳炭半觔，汾酒二十觔，頂好大梅片二兩，摩犀公角二兩，煅炭配合而用。惟提硝之法，總以潔浄爲率，煎至二三次，用白糖以去盡其泥，用蘿蔔以去盡其鹽，用雪水以清浄其礬，必至於極浄而止，慎勿草率，然後取其面上之牙爲用，其底再以清水漂之，必如棉花雪體，用其浄而去其渣。其硫磺則用茶油煎之，以去其面，牛油煎之，以去其底。至於麻杆，先去其皮竝頭尾兩段，取中節，用明火煅炭，務令火候得宜。倘火候不到，其力不猛烈。火候太過，又不能致遠。燒煅葫蘆壳炭亦然。其製摩犀公角，打碎以鐵鍋煅之，使其燒透烟盡爲止。復以芭蕉葉取汁多煎之，次日澄清去水，加大梅片二兩，共入鍋。外用滚水泡之，使鎔化爲糊，以硝磺及炭灰汾酒合而同春，愈春愈好，碾煉極工，而後羅篩，細拉製成。以少許置之手掌中，用火點試，以不燒手爲佳，果能依法製造，尚可較勝洋藥，切勿輕忽減工減料，此配精藥之良法也。如礮中用藥，平時須先較準分量，某礮某礮用藥若干？一一説明。用紅布袋盛之，配合藥膛大小裝入，再用引門鐵錐探入，刺破布袋，然後下烘藥點放，方爲合法，特附其説以備參考。

十二、西人製藥用藥法

西人製火藥，每百觔之中用浄硝七十觔，用硫磺十觔，杉炭十五觔，用上料極厚好燒酒及好泉水和之。舂煉足透，用紙盛少許，舉火試之，火着藥發，其紙不焚爲度。其硝用好泉水煅煮二三次，去盡污穢渣滓，至極清浄，候冷堅凝，舂至極細，用細羅斗篩出細末，粗者棄之。其硫磺煮法，不用柴，防火氣上騰燒化，惟用好炭，燒得純白，而無火烟出爲度。次用灰掩之，使餘火不騰起，即將釜安在竈上，將熱用生油少許抹遍釜内，將硫磺先落一塊，每塊均半觔，次用鎚擂鎔。再落一塊，再擂均鎔。又逐塊再落，須各擂鎔，落至滿釜而止。所有污穢渣滓鳥色，盡浮上面，除去浄盡，方可盛入小桶。其桶務要浸水，而後覆在地上，使水氣落盡，然後盛貯桶内。欲貯之時，硫磺尚在釜内，當仍架在竈上。竈中之火炭，雖已用炭掩之，恐有餘火四出，當加瓦片蓋密，方不焚燒。盛貯桶内片時，便凝結成塊，再舂搗極細，用細羅斗篩出細末，即另行盛貯。其杉炭須選燒透不存木性者，庶無黑烟蔽目，並要飛碾極細，用水過洗，篩汰粗渣，合硝與磺和厚酒及好泉水各半，舂煉足透，愈舂愈好，故演時煙微而色白，有力能致遠，此製藥之法也。

至於用藥之法，亦各不同。中華論礮身重數，每百觔用火藥四兩，乃係論礮口入彈，就彈配藥。大率以彈三觔用藥一觔，惟彈至四十觔，或五六十觔之大，就應配之藥八折算。如中華新鑄四等生鐵礮五千觔者，我用藥十二觔半，口徑五寸三分，彼就口九折算，應用彈徑四寸八分，重三十一觔，應配藥十觔零五兩。又三千觔者，我用藥七觔半，口徑四寸五分，彼就口九折算，應用彈徑四寸，重十八觔，應配藥六觔。又二千觔者，我用藥五觔，口徑四寸，彼就口九折算，應用彈三寸六分。重十三觔，配藥四觔五兩。又如八千觔者，我用藥二十觔，口徑六寸六分，彼就口九折算，應用彈徑六寸，重六十觔，應配[藥]二十觔。其彈過大，不堪照配，當再入折算，堪用藥十六觔。凡此四等，用藥彼少我十分之二，可知彼藥勝我十分之二也。

彼就礮彈配藥，而我論礮身用藥，各從慣熟，不必更改。因數十年以前舊制礮位，其口極小，若因口用彈，因彈配藥，用藥過少不能遠及。惟火藥製法，效之無難，似宜倣製。

黄冕《炸彈飛砲輕砲説》《海國圖志》卷八七

一，攻夷宜用炸彈飛礮，方足制勝也。伏查夷變以來，歷見各省章奏，虎門廈門寶山皆爲夷船飛礮所潰，其礮彈所到，復行炸烈飛擊，火光四射，我軍士多望風膽裂。其實夷船亦不盡飛礮，大抵攻堅城沉敵船則用實心之彈，驚敵陣潰敵衆則用空心之炸彈，而内地大礮，則惟有實心鐵彈，故止能透一線，洞一孔，而無益於行陣變化之用。有正無奇，非善策也。惟飛礮炸彈之法，内地罕見，多駭爲神奇，不知如何製造？道光二十四五年間，勦番青海，曾隨林制軍講求火器。師心創鑄，居然造成，曾經試演，其彈炸裂飛擊，遠到邊方，聚觀無不駭異，且其彈渾成鑄就，較之洋夷飛彈用兩瓣合成者，更爲圓巧適用。曾經奏奉硃批嘉獎在案。其彈橢圓，有如鵞卵，其法以泥爲外模，復以泥爲中胎，其泥胎中，先藏尖利錐刀碎磁等件，復留上竅，以便鑄成之後去泥，入硝磺，入毒藥。大約二斤之彈，須空五六兩，六七斤之彈，須空一斤有奇，餘以類推，裝藥填實之後，仍與實心彈同重，則以橢補圓之故也。渾圓之彈，輕而寡力，故放出不能及遠，惟橢圓力重到遠始炸也。其入藥宜磺多而硝少，以硝性直出，磺性横出也。彈皮不宜過厚，亦不宜過薄，厚則藥力不能炸，薄則藥先炸而不能及遠也。彈所到處，其彈皮固炸裂四散，而彈心之尖鋭錐刀，亦復横穿直透，且毒煙所及，人皆暈倒，火光所射，衆皆潰駭，數彈落營，而闔營皆亂，一彈入船，而全船可破。聲如霹靂，勢如鬼神，實爲破敵奇器。伏查近年辦理善後以來，所造防江大礮，身笨膛小，雖七八千斤不過抵三四千斤之用，不若將此炸彈多造，裝入配用，則礮雖不可改造，而彈子易於得力，亦足以挽其弊。

一，水陸戰礮重笨，扛礮受子無多，宜改製以小受大之輕礮，方能利用也。竊查整頓水師之要，總以船礮爲先，如内地江船，斷不能如海船之堅大。至於海運沙船，雖係行海，亦非戰艦，即一二千斤之礮，亦難施用，而抬礮之力量遠近，又僅與抬銃等，故無以禦海賊。今日欲返其弊，必須講求礮制，使能以小受大，以輕勝重，以短及遠，簡便靈動。庶幾一礮抵數礮之用，小礮同大礮之長，足以收克捷實效。飛礮炸彈固爲制敵奇器，但大彈必大礮，方能容受，止可施于守城守礮臺，而不能施諸戰陣。可施於大海船，而不可施於中號小船，猶未足徵利用之效。因又講究小礮，可用大彈之法，不用鑄造，而用打造，不用生鐵，而用熟鐵，方能使礮身薄而礮膛寬。緣生鐵鑄成，每多蜂窩澁體。不能光滑，難于剷磨，故彈子施放不能迅利。至熟鐵則不可鑄，而但可打造，其打造之法，用鐵條燒熔百鍊，逐漸旋繞成圓。每五斤熟鐵，方能鍊成一斤堅鋼，光滑無比。初次製成小礮二位，一重二百斤，一重一百六十斤。二百斤者可容二斤有零之大彈，可抵千二百斤礮之用。重百六十斤者，可容一斤十二兩大彈，可抵千斤礮之用。雖不能以一當十，亦可以

一當五，因又精益求精，再仿製百二十斤小礮一位，百斤小礮一位，以上小砲，現存江南城守營。而其膛可受大彈，仍與前兩礮等，竟可以一當十矣。礮愈輕，工愈精，力愈大。砲輕力大，則其架必須稍大，或壓以沙袋，庶放砲時架不揚起。鐵經百鍊，永無鑄造之炸裂，施用靈活，尤勝巨礮之笨重。彈子飛出，到遠四炸，又足以驚敵營而裂賊船。一人可以挽放，兩人可以扛抬，小車小船，皆可運載，即施之陸戰行陣，亦可進止自如，摧堅破衆。較之生鐵鑄成，身厚膛小之大礮，其用廣而效大，殆不可同年語。即較之抬礮，僅受彈子數兩者，亦得力十數倍。

再大礮惟用諸戰艦，而不便於陸戰。現在江浙所製礮車礮架，亦止可施于沿海近岸。而西北平原列陣馳擊，尚非所宜。冕曾隨林制軍勦蕃青海，創製陸戰礮車，仿轎車式而略小，不用木箱而用生牛皮，以鐵架撑之，倒安成威遠礮一位，內用抽屜，分藏火藥炸彈，其箱內可放衣械行糧，駕以一馬，雖沙陸之地，皆可長驅而進。臨敵則卸馬用人，以後爲前，兩人倒推而進，連環開放，一如排鎗之用。地狹列小陣，前環十餘車。地廣列大陣，前環數十車、數百車，連環施放，間以抬鎗弓矢，夾護左右。我軍既有憑恃障蔽，心定膽壯，敵軍莫能犯，夜間下營，則以數百車環列向外，即成營盤，可代鹿角。歷來講求車戰者，莫善於此。東南各省，不能車行者，無所用之。若天津沿海，陸路伏地雷數層，迎敵於前，遥列車礮於地雷之後，敵至則先點地雷，後開車礮，而官兵大隊之鳥鎗抬礮，又在車礮之後。此萬全必勝之策，宜於平時置備，庶金湯鞏固，而人心安堵矣。

或謂空心炸彈，長於横擊，至攻堅直透，則不如實心彈之有力。曰：有此輕鐵寬膛之礮，則實心大彈亦可用，但其彈亦必用熟鐵而不用生鐵，用打造而不用傾鑄，方可光圓滑溜，與夷彈相等。以百斤之輕礮，而可容二斤之實心大彈，亦勝營制礮彈，得力良多。

又黄冕《砲臺旁設重險説》《海國圖志》卷九〇 （一） 礮臺左右旁近宜環設暗溝地雷，並設伏兵，以示重險也。查各省沿海礮臺，以防內地海盜則有餘，若以禦洋夷則適足樹的招攻，毫無益于守禦。緣洋夷以船礮爲城郭，習慣攻戰。如使我礮僅中其船舷兩旁，不過倒退摇撼，無損于敵。除非適中其火藥艙，方能轟裂。否則適中頭鼻，亦足使駕駛不靈，安能有此準的？而夷船攻我，則十數里外遥升高桅，用遠鏡測量，情形瞭悉。一面先用大礮飛彈遥注礮臺轟擊，使我兵驚潰，即一面分兵繞出礮臺後路，夾攻其後，使我水陸腹背受敵，此虎門廈門定海上海寶山失事情形，如出一轍。今議防夷，仍止以礮臺堅大爲事，而不講求夷敵繞攻礮臺之計，非善策也。欲求萬全，必移海口礮臺于內河要害之處，尤必于礮臺左右遠近別設重險，足以有備無患。其法在一伏地雷，一設暗溝。

地雷之法，有用之攻城者，必先掘地道潛入，且耗火藥十百倍，非戰守所用。其用之待敵者，古法用磁瓦罐甖分貯火藥，或用兩鐵一蓋一底，聯以螺絲旋，亦未以收迸裂之力。如欲用藥少而得力大，必用生鐵鑄成渾器，而空其中，但留小孔，實以火藥毒藥，並藏刀劍碎錐在內，閉氣愈緊，則迸裂愈雄。各就地勢，酌用方圓長短之地雷，相度敵兵來路，無論高坡平地，散伏錯設，平日不設藥線，俟臨敵之時，方始安置。其看守藥線之人，或伏山坳，或伏地溝，遠埋藥線，伺敵入伏，即行點放。或黑夜遣諜潛往點放，或募人佯作漢奸投敵點放。其地雷嘴口向下倒垂，以啣藥線，其藥線須藏於竹管內以防雨水潮濕。此只就內地火藥而言。若仿造西洋自來火藥，則但須蠟封嘴口，而別埋一無藥長繩於數里外，臨時但一牽動其繩，而火藥自發，尤可收一發聚殲之效，勝于攻勦十倍。一處受創，處處驚畏，草木皆兵，自不敢長驅無忌矣。蓋炸彈即小地雷，而地雷即大炸彈。用藥少而得力大，儘可多設數處數重，首尾互應，以資層層得力。

或謂敵于地雷已發之後，又遣後隊冒死續進，且或先驅牛馬俘卒前行嘗試，而後以精兵隨之，其時地雷已罄，又將何以制敵？曰：地雷以內又必環以暗溝，始萬全無患。深掘重塹，多種荆棘蒺藜，或灌泥水其上，施板蓋土，望如平地，一踐其上，人馬皆陷。此等如遇衝要之處，二道三道皆可施設，但必深秘勿泄，使我兵知之而敵不知避，則必墮吾計中矣。至於礮臺不過虚張旗幟，佯置兵礮以誘敵，其得力之處全在礮臺以外，別伏精兵相機策應。若夫當地雷之處，或佯走以誘敵，而無地雷之處，設疑形以誤敵，此則臨時制變，存乎其人，有非筆墨所能盡者。

語曰：三折肱始爲良醫。又曰：不經一失，不長一智。是故前車者後車之鑒也。夷變以來，非無宿將忠謀，皆以承平勦內寇之法，施之外夷，證〔診〕治不符，方藥屢換。冕從事浙海，目擊情形，痛深創鉅，因病悟方，不敢以敗軍之將，遽忘報國之心。爰成禦夷數策：一炸彈，二輕礮，以利其器。三地雷，四暗溝，以重其險。皆前人所未有，而邊防所必備。曾從林制軍勦番青海，已將炸彈輕礮制造試用有效，曾經奏聞，至地雷之法，不過就炸彈而擴充之，無論西北東南，皆可爲陸戰陸守之奇器，用力少而成功多，省兵省餉，妙難殫述。蓋親嘗利害，又竭耳目心思而後得之，其炸彈飛礮，英夷陸戰長技，實不外此，至輕礮地雷則英夷遇之尚不能當。此合之粵中所造攻船水雷而用之，水陸皆操勝算，而猶患

海防無備者，未之有也。然此法止可施之外夷劇寇，若内地亂民，脅從居半。宜勦撫兼施，未可玉石俱焚，敬告仁者，慎毋輕試。

又黄冕《地雷圖説》 地雷造法，其中以藏利器，以出藥線，竅其旁，内用泥胚，外用木模，鑄成後，去泥實藥，一切如造炸彈之法。每具輕者一二十觔，重者一二三百觔。每鐵十觔，配炸藥一觔許，輕重照數加減。

一，造地雷之法，以閉氣緊固爲得力，一二十觔者留孔方圓不過一、二分。一二百觔者留孔不過一寸。鑄成時，宜用口對孔吹之，遇有鐵窩露氣之處，宜以油灰粘糊，使不出氣爲度。

一，地雷一二十觔者可擊數十丈，一二百觔者可擊數百丈，鑄造須量其空處裝藥多少，酌定鐵之厚薄，以爲模式。總以炸力猛勇爲度，蓋鐵太厚而藥力少，則炸必緩而力弱。藥太多而鐵過薄，則地雷過於揚高，恐冒過賊面而擊賊無多。是在製造時每成一土模，必加斟酌，使恰合機宜，方可留用，否則另備土模，期於盡善。

一，地雷之法，必先試驗於天津陸地，或南苑空曠之處。由火器營監造演放，如果得力，再行多造，分給陸路各營，以及各海口水師。

一，地雷安設，宜于容敵量多最要之路，分伏數層，以數十具爲一層，藥線牽連，如同瓜藤蔓引，一發皆發。

一，地雷腹内藏有鋒利之物，倘鐵鑄地雷或不敷用，則竝用瓦罐，多貯石灰，夾放火藥、小炸彈於其中，用三合油灰封蓋堅固，以佐鐵雷之不及。同時點放則炸飛無數，皆能擊賊。而石灰迷賊亦可助我制敵。

一，地雷緊要全在引線。製造得法，安放得宜，不潮濕，不迸斷，不泄露，宜專派心腹備弁一二員，帶兵數十名，或登高瞭賊，或穵地數尺以藏身，勿令賊望見。其引線製造，必須試過，倘試而不效，加意講求，必以盡善爲度。否則，有治法無治人，而謂地雷之不可用，則謬之甚者也。

地雷之利，三言蔽之，曰省鐵、省火藥、省兵餉而已。何謂省鐵？内地鑄造三四千斤及七八千斤之大礮，費鐵費人工無數，笨重難運。及敵以飛礮火箭遥攻，守臺兵棄礮潰竄，徒委之于敵。今地雷外匣不過生鐵十餘斤，及一二百斤不等。連在内錐刄計之，每地雷小者不過需銀一二兩，大者需銀一二十兩而止，合計用銀一二萬兩即可。造地雷一二千具，分布天津江浙閩粤五省，每省數百具，即皆固若金湯，視大礮之費鐵多而得力少者何如？其善一也。古法所製地雷，皆掘坑藏窖，全恃火藥之多，其攻城地道固需火藥數萬斤，即攔路地雷，埋伏罌罐，亦動需火藥數百斤不等，由其少迸裂之能，但仗焚燒之燄。今則生鐵鑄成渾器，閉愈緊固則力愈猛烈，小者不過火藥數斤，大者不過十餘斤，而可當千百斤之用，且外而片鐵，内而刀劍。皆同時炸裂四出，不止焚燒之力，敵不入伏，斷不點放，無虚發浪費之弊，視大礮之亂轟浪放者，固殊天淵。即視古法地雷，亦費省而力大，其善二也。海夷船艘飄忽，沿海處處設防，每苦兵餉浩大。今但于天津江浙閩廣海口登陸之處，相度形勢要害，凡容敵最多最要之區，分設數伏，多設數處，可以一發再發。此外紛歧可繞之路，或開溝穵斷，或安放小地雷，或别設疑陣誤敵，但須閲定形勢之遠近，安轟擊之大小，繪圖貼説，秘存營縣，入于交代，或埋樁暗記，秘授心腹弁兵，則水師人人習有成算。識定膽壯，臨時毫不張皇，數十兵守險阨要，可當千百兵之用，可轟殲千萬之敵，視紛紛多調外省官兵，勞費萬倍者何如？其善三也。

丁守存《西洋自來火銃製法》《海國圖志》卷九一 中華銃礮，或用紙信，或用烘藥，總係火繩點燃。其不便有二：臨陣忙亂，倘裝放偶疎，則貽害甚鉅。又，紙信恐雨淋溼，烘藥恐風吹散，晦夜尤爲不便。故洋夷創爲自來火機，以螺絲轉嵌火石，以鋼板爲火門，蓋即以出火，内層置大曲鋼鑚一，小曲鋼鑚一，墊機一，綰斜齒二。外層小鋼鑚一，小鋼輪一，龍頭一，鴨嘴一，螺絲一，底層攀機龍尾一，護機鋼圈一。層層密合，皆按弧三角線，取其圓稜，恰對，製造可謂工細。然火石須常换，否則擊而無火，又大風之中，火星隨風亂撲，一放不燃，慮其悮事，是猶精而未盡精也。近復有自來火藥一法，紅銅爲筩，徑分許，長分許，中空，底粘白藥一層，其銃之信眼突出一小小鋼管，以紅銅筩冒其上，後設攀機銅鑚等件如前，惟龍頭端無鴨嘴，其端下垂，作深分計之，圓槽攀之，起放之下，一擊則火出而銃響，其法始萬全無弊。但不知白藥爲何物所配？視其火光所迸，竝嗅其氣味，知爲有硝無磺之物，然不知更有何藥？或謂係噶喇水雜硝磺爲之者，非也。夷人甚秘其方，但云以藥水化銀爲之。藥水一名强水，投錫銅鉛汞立化烏有，惟用銀化後，底澄白沫一層，收而晾之，以鐵鎚對鐵砧敲之立爆。近日粤中大吏，向夷人購得其方，其火乃燒酒蒸出，而用銀收乾成藥造成，可以爲大銃，可以爲三寸之小銃。取諸懷中可以防身，無煩覓火種，不憂倉猝，不憂昬夜，既安銅冒，藥在内層，若以蠟固銃口，雖水中可放，並不憂風雨。此西夷數百年洩造物之秘，拁此法，予既得其法，因詳其理以告人，蓋因理以悟事則難，即事以尋理則易也。

造藥方

淨硝、火酒、潮腦、砒霜、青粉、紋銀。

第一次，將淨硝置新廣鍋中，用雨水或長流水炭火化開，以鮮柳枝左右攪之，加水膠汁，俟濁沫上浮撇去，傾有銚磁缸，蓋嚴冷定，將硝牙取去。

第二次，將鍊過硝牙再入鍋，炭火化開，加雞子清、石膏，收取如前法。

第三次，用白礬末，收取如前法。

第四次，再用水膠，加蘿葡汁，如前法。

第五次，鷄子清、石膏，如前法。

第六次，白礬末，如前法。

第七次，水膠蘿葡汁，如前法。

第八次，鷄子清、石膏，如前法。

第九次，白礬末，如前法。

九次以後，再加清水煮提三次，不加藥料，上無沫，下無渣，此爲純硝。每硝十觔，餘不過一觔。此硝明透若水晶，瑩瑩可愛。再用小口大腹粗磁罐一個，約容硝二觔許者，底層先裝青粉八兩，上加鍊過硝，觔不令滿。再定造凹底小口玻璃瓶一個，凹底留一透孔，足容磁罐之口，如有不嚴，以不[木]灰和泥固之。玻璃瓶上口先以玻璃塞住，再以不[木]灰泥固之。再以皮紮之，置鐵火架上，用木炭文武火熬鍊一炷香，水升至玻璃瓶凹處周圍，不復下，仍以布醮涼水常溼玻璃瓶，俟火足取下，上下層之水各分置一玻璃瓶，緊固其口，無令出氣。懸風口處晾之，以消其浮水，晾三日取下，即以玻璃瓶作底層，另用前次之凹底透心玻璃瓶套於口上，拔去口塞，不[木]灰泥緊固之，上口亦固之。將鐵鍋一口滿盛密石砂，將瓶坐砂上文火鍊之，俟水升上，亦分置之，統用上層水爲精藥，仍以玻璃瓶固其口，此爲製硝法，硝既製成乃製酒。

上品廣錫製，徑尺大花露蒸甑一具，蓋用銀，底用紅銅，合縫處要極嚴，勿透絲毫之氣。取上好燒酒盈底銅釜十之七，文火蒸之，流出之酒，以小口大腹磁瓶盛之，蒸畢，再入甑，蒸之如前。共蒸九次，每酒一觔，入潮腦二兩，白砒末一兩蒸之。仍以小口瓶盛之，萬無洩絲毫之氣，此爲製酒法。酒既製成，乃配强水。花露甑，見泰西水法。將鍊過硝水置玻璃瓶，每水八錢，兑入鍊過酒七錢，即成强水，將足紋銀四錢，錘薄片如紙，翦碎入投玻璃瓶，其銀立刻翻花，半時化淨白沫坐底，旋將上層之水另傾一瓶，留底白沫若霜，陰處風晾三日，取出聽用，此藥一擊便然，是爲丹成之候。

鍊此藥宜淨室，擇丙丁日，天火日。爐宜南北向，忌閒人出入，尤忌婦女鷄犬僧道竝諸不潔，皆能令藥走洩。或至毀裂傷人，慎之。藥鍊成，再造銅冒。

造銅冒，用熟紅銅打薄片，先造鋼板一具，厚一分半，濶一寸，長五寸。平排二十眼，眼徑一分許。中密畫竪絲如髮，底置鋼砧爲托，以銅小杵合空徑少弱，將紅銅片蓋眼上，杵對之，鎚擊之，進成一銅冒，二十眼擊完，下其底透之出，置白藥少許，仍以小杵壓緊，入匣裝之。如是，銅冒藥造成。至於裝成銅冒，以便取攜，則另有機器詳見別集。製銃如常銃，大小任便，惟必須螺絲轉底，否則火機等物無所安頓，透火之凸火門，用螺絲空筩，擊火龍頭必用凹心，其深如銅冒之長相合，防銅冒炸飛傷手。大鑛回火法不一，有用火爐烤烘者，有用香油炸煮者。不如用鉛爲易。法將鑛打成彎過，銼光淬水勁極，化鉛數觔，將鑛投入，俟冷，再將炖火上熔之，將鑛箝出，內生外熟，勁而不折，柔而多力。鑛力須二十觔以上，否則不足，擊機與中軸須合勾股，否則不合用。且不堅。久推廣自來火之用，攻守埋伏，應變倉猝，無往不利，未遑盡述。

或問用硝何也？曰：硝之性純乎火者也。雷電之升，原本於硝，不以點燃而灼，不以風雨而滅，此乃硝之精氣，不雜形質，人之所取，則質多氣少，且多染鹹氣，故力不猛，多方陶鍊，所以取其氣也。玻璃不透氣而能見形。青粉緩其性，不使驟升，冷水頻沃者，氣遇冷際即化爲水，此天地陰雨之理也。至氣極清質全降，則隔之以砂，亦所以緩之也。

或問用酒何也？曰：酒者五穀之精，純乎氣者也。而水性居多，未能猛烈。故屢屢提之，棄粗取精，而又加以大熱之品，以助其燄，故一經兑入硝水，其力甚大。

或問用銀何也？曰：五金之性，皆主收斂，而至精者惟金銀。故銅朽則爲緑，鐵腐則爲鏽，金與銀從未見其朽腐，而一入此水，居然化爲異色瑩白。是銅鐵之所不及也。既化之後，水之精氣爲其所斂，銀質改而性不改，其收束之力與堅凝之體，將如許火氣攝入毫釐，經擊動，引其熱性，奮迅迸裂，蓋有不可思議者。日爲火光，雷爲火聲，聲之火疾，光之火徐。一擊之理，夫何疑歟？向來或傳自來火藥乃硝磺和人骨灰爲之，蓋人銀聲近，傳聞之誤也。

夷人有摔礮者，棉紙裹小石砂一包，合口用松香粘滴，摔地則響，火光四射，乃用此藥少許包入砂中所製。予造試之不謬。

夷人有拉礮者，褙紙剪條如韭葉，濶長二寸。計一頭以膠粘細石砂，粘此藥少許，以紙箍之，兩手拉之，火出爆炸。

夷人有自來火木條者，乃硫黃製鍊十餘次，將鍊過燒酒攙入，以木蘸之磨之則立燃，或攙入硝水少許，其火更烈。

其他各式奇巧火法，總係强水所配，無他謬巧。此水染肉上微痛，變黑色，洗之不去。染鬚髮亦然，若著肉過多，則肉腐爛，以入腹，殆無不立斃之理。

夫用火之法，爲攻戰伏守之要務，然點燃需人，則諸多未便，若精鍊此藥，充其用鍊鋼鍊鐵鍊銅，兼以刱造機器，或令自躍，或用人牽，或秘之徑寸之間，或置之山谷之險，洵用間出奇之妙術也。

陳其元《庸閑齋筆記》卷八《西國近事彙編》 英國武員改水雷之制，創而新之，曰魚雷。度敵船之遠近，運以電氣，能自行水底以擊之。試以木筏，信然，頗自矜喜。其僚友曰：「噫，作法自弊矣！我既用以攻人，人亦用以攻我，則新造數十號鐵甲兵船，恐不敷他國試魚雷之用耳！」【略】

俄、德、奥三主會次，各稽本國軍籍，合三國之兵數，與歐洲各國相較，則國之大小、勢之强弱見矣。俄國：陸兵計一百三十六萬二千三十四人，所屬亞西亞境可薩克兵不與此數；馬計三十四萬四千七百六十匹，砲計二千零八十四尊。奥斯馬加國：陸兵計九十六萬三千零五十一人，馬計十三萬二千三百二十二匹，砲計一千四百二十二尊。德意志國：陸兵計一百零五萬二千五百零六人，而在籍聽調者不與焉；馬計二十三萬九千三百二十四匹，砲計二千零二十二尊。法國：陸兵計五十萬五千五百三十七人，馬計十一萬三千九百三十九匹，砲計九百八十四尊。意國：陸兵計五十萬零一千九百九十七人，馬計四十三萬四百七十二匹，砲計七百二十尊。英國：陸兵計四十七萬零七百六十九人，馬計四萬二千八百五十六匹，砲計三百三十六尊。比國：陸兵計九萬九千八百七十七人，馬計一萬二千零三十四匹，砲計一百二十尊。荷國：陸兵計六萬六千七百六十四人，馬計八千五百匹，砲計一百零八尊。丹馬國：陸兵計五萬一千八百七十二人，馬計九千三百八十四匹，砲計九十尊。土國：陸兵計五十四萬五千九百三十八人，馬計六萬八千八百三十四匹，砲計七百三十二尊。西班牙：陸兵計二十一萬六千九百九十四人，馬計三萬零二百五十二匹，砲計四百五十六尊。

俄人謂中國近畿各口守禦甚嚴，大沽口增築砲臺，駕克虜伯大砲六尊，並開垣道，以通天津。十年前時，西船至此不易，今更因險設防，聲援相應，金湯之固，洵足資拱衛矣。

黎庶昌《西洋雜志》卷三

英君主閱視兵船

戊寅七月十五日，英國兵船之從土耳其散歸者，凡二十六號，調集於波自莫斯海口，君主親臨閱視。先期有船政局學生林泰臻，請星使及余赴彼船一觀。至，則星使得有海部照單，與各國公使共爲一船。一點鐘，林泰臻掉舢板來迎登其船，即兵船之第六號也。船主邀余入，坐，中飯。飯畢，導觀其第二層中艙，四面皆一寸三四分厚鐵板裝成，每艙皆可隔斷。其門用鐵環軋緊，水不能入。船之首尾，設爲敵軍擊壞，此艙尚可不至沈溺。又觀其存火藥艙，鐵板厚皆二寸。其船外鐵甲，厚皆四寸。既又試演放礮之法，礮重十六頓，每礮祇六七人司之，左右旋轉，操縱無不如意。二十六船，分兩行排列。每船皆用長繩，從船之首尾，上屬於桅頂。結綵幡數百，若游龍然。三點半鐘，君主及太子、太子妃、公主等，從阿思本行宫，乘坐輪船巡視。次一大船，爲各部院大臣及議院紳士之船，次爲各國公使之船，皆隨君主船後。經過處，各兵船聲礮三次，水手悉升桅齊立大呼者三。候君主船過稍遠，乃下。船中或奏樂，或不奏樂。君主船繞行三匝。是日陰雨有風，故各兵船皆不起碇。操演既過，船主欲詢對面一船，問君主所言若何。升小旗數面於桅上，須臾彼船亦挂數小旗，即知云君主甚喜，謂各船均頗堅實，可惜陰雨不能操演。其第一船，名赫而邱利斯，係水師提督所坐，安礮十四尊，馬力八千五百二十九匹，載重八千六百七十七頓，水手六百九十八人。第二名倭爾鰲亞，礮三十二尊，馬力五千四百六十九匹，載重九千一百三十七頓，水手四百零三人。第三名爾利細司敦斯，礮十六尊，馬力二千四百二十八匹，載重六千零七十頓，水手四百五十二人。第四名瓦利安脱，礮十八尊，馬力三千五百六十匹，載重六千七百十三頓，水手五百二十人。第五名海爾特克，礮十八尊，馬力三千五百二十六匹，載重六千七百一十三頓，水手五百二十七人。第六名烹利洛佩，礮十一尊，馬力四千四百零三匹，載重四千三百九十四頓，水手三百四十五人。第七名洛爾得瓦敦，礮十八尊，馬力六千七百零六匹，載重七千八百四十二頓，水手五百八十七人。第八名包亞地細亞，礮十六尊，馬力五千一百三十匹，載重四千零二十七頓，水手三百五十八人。第九名悠爾利亞納斯，礮十六尊，馬力五千二百五十匹，載重三千九百三十二頓，水手三百六十三人。第十名衣墨爾納得，礮十二尊，馬力二千一百匹，載重二千一百六十三頓，水手二百三十二人。第十一名三得爾勒爾，礮四尊，馬力六千二百七十匹，載

重九千三百八十七頓，水手三百四十九人。此船最大，而礮祗四尊者，以礮亦最巨故也。第十二名格拉敦，礮二尊，馬力二千八百六十六匹，載重四千九百十二頓，水手一百六十三人。第十三名卜令腮阿爾倍脱，礮四尊，馬力二千一百二十八匹，載重三千九百零五頓，水手一百九十八人。第十四名腮克格卜司，礮四尊，馬力一千零六十匹，載重三千四百三十四頓，水手一百五十人。第十五名高根，礮四尊，馬力一千六百六十九匹，載重三千四百三十頓，水手一百四十七人。第十六名海克脱，礮四尊，馬力二千七百五十五匹，載重三千四百三十頓，水手一百四十九人。第十七名海得納，礮四尊，馬力一千四百七十二匹，載重三千四百三十頓，水手一百四十六人。第十八名白賴而，礮四尊，馬力三千九百五十五匹，載重四千七百二十頓，水手二百零六人。第十九名考馬爾郎，礮六尊，馬力九百匹，載重一千一百二十四頓，水手一百三十九人。第二十名爾賴待，礮四尊，馬力七百一十五匹，載重五百九十二頓，水手七十七人。第二十一名推意得，礮三尊，馬力三百十匹，載重三百六十三頓，水手四十三人。第二十二船，礮三尊，馬力三百十匹，載重三百六十三頓，水手四十一人。第二十三名不賴則爾，礮一尊，馬力二百六十六匹，載重二百五十四頓，水手二十三人。第二十四名考墨脱，礮一尊，馬力二百六十二匹，載重二百五十四頓，水手二十五人。第二十五水雷船，名維汝維亞斯，馬力三百七十九匹，載重二百六十頓，水手十四人。第二十六水雷船，名賴脱令，馬力三百匹，載重二百八十頓，水手九人。

拿破侖第一墳墓

軍器庫，門内直竪中國萬觔銅礮二尊，上鐫威武制勝大將軍，咸豐六年僧親王所製。右間存貯法國古時旗纛，并各國軍士服式。左間塑列一千五六百年間名將。庫内存古鎗礮盔甲刀劍，及近時各式鎗礮，共四千餘件。後專庫爲亞細亞各國軍器，内有中國御府珍物數件，謹記如左：

大玻璃高罩盛黄緞金頂繡龍盔甲一副，頂嵌寶石。旁置玉如意兩柄，一刻執中御極調元化，民協年豐大吉昌。臣綿恩恭集敬書，小楷二十一字。另一壁懸御用鳥槍十一桿，内一名葉鐵槍，柄繫象牙牌，刻筒重四斤用藥一錢鉛丸重三錢一百弓有準字様。一名虎神鎗，鎗柄刻御用虎神鎗記云：虎神鎗者，皇祖所貽武功良具，用以殪猛獸者也。國家肇興東土，累洽重熙，惟是詰戎揚列之則，守而弗失。皇祖歲幸木蘭行圍，諸蒙古部落雲集景從，予小子雖不敏，纘承之志，其敢弗蘉。故數年以來，廵狩塞上，一如曩時。蒙業籍靈，四十九旗及青海喀爾喀之仰流而來者，亦較前無異。然若輩皆善射重武，使無以示之，非所以繼先志也。圍中有虎，未嘗不親往射之。弓矢所不及，則未嘗不以此鎗用之，未嘗不中。壬寅秋，於岳樂圍場中，獵人以有虎告，而未之見也。一蒙古云，虎匿隔谷山洞間，彼親見之，相去蓋三百餘步。朕約畧向山洞施鎗，意以驚使出耳，乃正中虎。虎咆哮而出，負隅跳躍者久之，復入。復施一鎗，則復中之，遂以斃焉。蓋向之發無不中，乃於其谿谷叢薄目所能見之地，斯亦奇矣。而兹岳樂所中，則隔谷幽洞，並未見耽耽闞如之形，於揣度無意間，忽然深入。不移時而殪猛獸，則奇之最奇。其稱爲神，良有以也。夫萬乘之尊，詎宜如孟克特庫之流一夫之勇哉。而習武一度，必資神器，以效奇而愉快，則是鎗也，與兑戈和弓，同爲宗社法守，不亦宜乎。乾隆壬申秋九月，御製虎神鎗記。又詩云：東入自伊遜，沙崗當圍始。西進由卜克，斯則圍未矣。過閏節氣涼，北鹿向南徙。鹿多鹿隨至，逐逐其常□。盧人抱伏璚，策馬率先匕。峻挺鞍轡登，崎嶇涉廿里。去歲叢薄中，今乃平岡起。目中有全形，較去遂易耳。神鎗皇祖貽，兑戈和弓擬。百發必百中，一中萬人喜。匪我不辭勞，家法繩無弛。乾隆丙午季秋月上澣，永安莽喀殪虎作。另一行御書隸體萬年至寶了子孫孫永寶用十一字，楷書嘉慶御用四字。一威烈鎗，上懸繫牙牌，刻嘉慶十八年十月十二日賜名威烈鎗。裝藥二錢，鉛子三錢。鎗柄刻詩云：不數當時突火鎗，熙朝武備製尤良。發機連弩踰垣盜，飛彈雙殲能語狼。威烈嘉名恩肇錫，斗星妙用習□□。毋忘肄武俱家法，合以皐比珍重藏。道光壬午録舊作。又刀劍架上有大刀一口，刀柄刻銛鋒二字。又牙牌上刻清文：張庫阿穆巴楞蒸重六十五兩康熙年間内製字様，未有咸豐御用小印章。又一口刻奇鋒二字。院例，兵院每日自十一點鐘開，四點鐘止。軍器庫禮拜二、四日十二點鐘開，三點鐘止。拿破侖墳墓禮拜一、二、四、五日十二點鐘開，三點鐘止。斗星妙用習下脱二字，今無可補。

又　卷四

烏里治製礮廠

烏里治製礮廠，英國官廠也。在倫敦東三十餘里，予兩次赴觀。第一次在丁丑年三月初五日，隨郭、劉二星使。第二次在戊寅年九月十五日，偕李丹崖監督、羅稷臣、嚴幼陵。兩次所見，詳畧不同。第一次所見，廠監督楊阿司本得演放魚雷。雷身長十四尺，重一百九十磅，中分三段。前一段，所以定魚行之遠近

遲速，有機竅如花瓣，薄銅所鏨。中段以定入水之淺深，機關在內，人不能見。局中知此訣者祇一人，秘不肯宣示。後段實棉花火藥。演放時，先用印度膠管貫氣魚腹中，候其氣滿，用機器納入池內。池長可半里許，專爲試驗魚雷而設。魚行處微有浪痕，廠監督云每一點鐘可行六十里，若敵船近在十五里，可一刻駛到。凡兩演試。次又試放三十八頓之來福大礮，礮身有孔三四，如小指大。子藥裝畢之後，先以螺絲鐵條長尺許，將孔塞緊。另用長寸銅條置諸孔心，再塞鐵條於上。視藥發時銅條壓縮若干分，即得藥力之輕重。礮之前面數十丈外，設一木架。其旁又數十丈，有一小室，安設電線，一端繫於木架，一端與機器相連，機上懸有銅箭。以表驗之，礮子從木架飛過，電線斷而銅箭落，視箭落之秒數，因定礮子之速率。廠監督云，從前每一秒時圓子祇行一百二十丈，慢而不能及遠。今用尖子，一秒時行二百丈，而及遠幾倍之。試畢，取視其銅條，近底處一條縮去四五分，餘則以次遞殺，可以知藥力之輕重矣。第二次所觀，則製造較詳。入門，首觀其礮式處，門外列大礮三尊。一爲八十頓，內膛徑十八寸，鋼管徑十六寸，長二十五尺，內開來復紋十三道，紋皆斜行，受藥四百二十五磅，子重一千七百磅，竪之可及人腰，底平而尖鋭。廠員云，可及八洋里遠。一爲三十八頓，內徑十二寸，受藥一百三十六磅，子重七百磅。一爲十二頓，內徑九寸，來復紋六道，受藥若干磅。門以內陳列之礮數十，以次遞小。有後開門者，廠員謂此式已舊，今已停鑄。壁間所懸圖樣，皆論鑲塊之法。八十頓礮先用十二塊鑲成，今祇用六塊，十二頓礮今祇用三塊，尋常礮祇用二塊，可以見其法之日精。次爲卷礮處。先將碎鐵入爐鎔鍊成餅，再燒之，錘作長方條，長可二尺，方一尺，以付拉長處用齒機軋之。齒凡十二，上下兩齒相接成方孔，逐漸收縮。齒機之旁，另有兩輪接於動軸，可以左右旋轉。旋左則右鬆，旋右則左鬆。齒機對面各一人，用鉗制其進退。十二次而條成，條皆長二丈許。所用軋機，馬力四十匹。再付二百尺長之大爐內燒之，旁有小爐十餘佐熱，其熱燒至一千五百度，可以屈伸，用鉗曳出爐門外，有槽承之。旁有巨軸，徑一尺八寸，接於動輪。輪有釘，將條端小孔套於釘上，輪動軸轉，徐徐裹束。一面引水噴之使凝，凡十卷而成爲一巨箍，其重六頓。又入一大爐，爐寬而不深，可鎔熱二萬方尺燒至三千度之融熱。屋頂有起重架，可起八十頓。鉗長六十尺，十餘人曳出之，鉗使竪立，用鐵錘錘十餘下，令其縫融合。再以冷鐵管套入，徐徐轉卧而横錘之。然此尚是礮之後半截，外箍未套入鋼心也。鐵錘重四十頓，汽機動之如數十百斤然，可謂靈巧之極。次爲軋作處。其軋礮箍，亦直竪於軋床上，中心一巨軸横貫鋼刀，二軸轉而刀自匀括，鏇去內皮約厚二三分許。刀力可開內徑四尺半。慮鋼熱生火，旁設小管噴水澆注之。其軋內膛，則置軋刀於機桿之端，刀口如半徑，著鐵甚淺，而其尖角之在中心者，挖入獨深，每軋一尺，須時三點鐘。其軋外皮，與軋礮箍相等，不過一横一直，鏇下之皮畧寬。惟打磨管皮之工，最爲精細，時時以半規尺量之，每長一尺，不得過分寸之一。每日必須較準數目，一一標記。又慮漲縮不匀，必須較準寒暑針，恒在六十度。故管皮雖無甚大工，而較量特苦。軋刀每重一頓，值金錢一百磅。其開來復紋，軋牀上平嵌鋼條，寬厚可二寸。初開之時宜直，漸入則漸漸斜行。每成一紋，須時至十五點鐘之久。次爲套管處。鋼管倒植於地，將所套之箍與底，燒熱至五百度。起重架起出，懸空套下，其大小適相脗合。慮外箍冷凝之速，而縮力不均，復於藥膛處然煤氣火，周圍烘之。次爲鑄彈處。彈模亦鐵鑄成，上下兩截，中安模心，左右有二口，如半月形。將細沙填實，四圍有銅釘，上設機柄，可以轉動伸縮。既填細沙之後，畧旋其柄，而釘皆縮入，然後將模心取出，補以沙釘。每排十二模，小爐鎔鐵汁，從口灌入。候冷去模，而彈之外壳已成。始試以水力，樹膠管相連，內結銅絲，注水激射之，每方寸應受力一百磅。再挖去沙釘，横置壓器，補以螺絲釘，其釘與礮心之來復紋相合，每半分鐘可補二十七孔。復倒置於地，用水氣噴入，灌以一種膠漆，旋即傾出，內心即結成紅胎一層。次爲鎔鐵處。排列大圓爐十二，各高二丈許，每爐容鐵七頓，一禮拜可成礮子二萬顆。次爲做架處。車輪礮架皆用鐵板鑲釘而成。鋸鐵之器，寬不過一寸，而切六寸厚之板，如鋸木然。次爲試鋼處。有上下兩秤，用小鋼圓柱粗如手碗[腕]者，置於兩秤間，將機器扯斷。視其扯斷之力，以知有若干頓數。每斷方寸，須力三十二頓。案上羅列數百，皆試驗之具也。次爲存舊礮處。一礮內紋作之字形。一中國礮，係明代之物，一千八百五十八年在大沽口掠來者。外銅內鐵，已早得塊拼之法，特做法不精耳。出門見大礮之新者、舊者，羅列如鋸截之木，礮子堆積成垣。據其監督云，每年經費二百萬磅，宜其取精用宏矣。

阿母司湯製礮廠

西洋最著名之礮廠三，一爲德之克魯卜，一爲英之烏里治及阿母司湯。烏里治係官局，阿母司湯則私廠也。廠主昔祇阿母司湯一人，今則分爲四股。辛巳七月初四日，余在紐開色，阿母司湯請觀該廠。其日，主人有事忙甚，然猶親

自導觀，指其大概。廠大五十洋畝，工匠常三千人，比烏里治局面尤壯，而製造之法則同。惟其中有新法三，爲烏里治所無，阿母司湯導視較詳。一爲銅礮用細鋼條寬二三分者，密密緊纏至四寸厚，其力比用寬鐵條裹成者加三分之一。如二十頓之礮，即敵三十頓。此理猶如篋箍與繩纏之分別也，爲阿母司湯心得。一爲後開門，礮食彈子於後膛。將門關閉，一手推之，轉動自由。後門正中有鋼心，可以伸縮。置銅帽於近礮子處，外施鐵櫝。向左搬至盡處，則機關正頂礮心，則藥發而礮響，微有不至，則機與礮心即相離一分，無誤發之患。一爲礮臺小式，設二十頓礮一尊，護以短墻，使敵人不能窺見。下置水機，緊接礮口安有長澗，將彈子卧放，引動機線，徐自貫入礮内，然後揚上施放。只一人司之，高下左右，毫不費力，可謂神奇矣。全廠機器，馬力一千二百匹。鍊鋼用煤氣，汽爐用煤，機器自行轉入，停匀不斷，此則他廠所同耳。

魏允恭《江南製造局記》卷二《建置表》 謹按，上海製造局同治四年五月初購洋人機廠在虹口開辦，六年夏，始移城南高昌廟鎮，分建各廠：曰機器廠，其樓上，曰洋槍樓，曰汽爐廠，木工廠，鑄銅鐵廠，熟鐵廠，庫房，煤棧。其管理各所曰公務廳，文案處，報銷處，支應處，議價處。又建中外工匠住居之室，繼建輪船廠，築船塢。七年，設繙譯館，八年增汽錘廠，另建槍廠，移城内廣方言館於局。十三年，立操礮學堂，又在龍華寺鎮購地，設黑藥廠。光緒元年，改汽爐廠爲鐵船廠，繼又改名鍋爐廠。是年設槍子廠於龍華鎮。二年，建火藥庫於松江城内。四年，改汽錘廠爲礮廠。五年，復於礮廠對面購地，設礮彈廠。七年，改操礮學堂爲礮隊營，又創設水雷廠。十六年，設鍊鋼廠。十八、十九兩年，添設栗色無煙火藥兩廠。二十四年，設工藝學堂。二十九年二月，署南洋大臣張之洞奏請裁節滬廠經費，在安徽宣城縣灣沚鎮啟發山分設新廠，政務處議准。三十年三月，湖廣總督張之洞會同南洋大臣魏光燾，奏請改建江西萍鄉縣湘東鎮以就煤鐵，并札委湖北候補道魏允恭、江蘇候補道方碩輔辦理，滬局兼籌萍鄉新廠。是年停止舊局黑藥、栗藥兩廠，籌辦銅元，改礮彈廠爲鑄錢廠，挑選礮隊營勇八十名，舉辦巡警。又設攷工處，併皮帶房於機器廠，併西木棧於庫房。十二月，署兩江總督周馥奏請將滬局銅元歸併江甯辦理，鑄錢廠仍改爲礮彈廠。三十一年，奏請將船塢改照商辦，派總理南北洋海軍提督葉祖珪及洋員巴斯經理其事。四月，劃分輪船、鍋爐、機器三廠，歸商塢經管，又改水雷廠爲銅引廠。

各廠

廠名	製造	機器	員役	廠屋
機器廠 同治六年設，光緒三十一年劃歸商廠	大小兵輪汽機，本局汽機機器，船塢抽水碼頭，挖泥起重機件，試驗煤筋，開放工匠汽鐘號令，添配南北洋魚雷兵輪機件	三百匹馬力康邦機器一部，一百二十匹馬力舊機一部，添鑪水抽二具，大汽爐二座，大小車牀四十七具，鑿牀鑽牀十九具，輪牀螺絲牀九具，鉋牀一具，起重架九具，共八十六件	委員一人，每月支銀五十兩，幫辦一人，月支銀三十一兩，司事六人，每月共支銀一百二十三兩，匠目二人，每月共支洋一百六十元，工匠幼童共二百九十八人，每禮拜六工共支洋四百五十七元，小工十九人，每六工共支錢二十八千餘文	前廠樓房十四間，後廠平房十六間，右新廠房屋十二間，左新廠房屋十二間，機器汽爐房九間，修改機件房五間，鋼作房七間，儲機器房二間，員司住房四間，共八十一間
木工廠 同治六年設	各類機器木模，輪船機器木模，各項軍火木箱，各廠應用木件	鋸木機器三部，車牀機器七部，共十件	委員一人，每月支銀三十兩，司事二人，每月共支銀二十八兩，匠目一人，每月支洋五十六元，工匠二十三人，幼童八人，每六工共支洋九十元，小工八人，每六工共支錢十一千文	廠房十四間，鋸木房一間，住房五間，收放器具房五間，共二十五間
鑄銅鉄廠 同治六年設	翻砂造模，鎔鑄銅鉄	磨砂機器一部，鎔銅爐二座，鎔鉄沖天爐三座，吹風箱二具，地窨鉄桶三個，起重架大小四具，盛鉄汁渡炭灰鉄桶十五個，翻砂機箱一百七	委員一人，每月支銀三十兩，司事三人，每月共支銀四十六兩，匠目二人，每月共支洋一百四元，工匠二十四人，每六工共支洋一百三十元	翻砂房三十二間，木模房八間，鎔鉄房三間，烘模房三間，辦公房三間，共四十九間

續表

		共六二百件	幼童八人每六工共支洋九元 小工二十一人每六工共支錢三十二千文	
熟鐵廠 同治六年設	各廠船應用熟鐵器具	二十匹馬力汽爐一座 三十匹馬力汽爐一座 進爐水抽二具 大小汽錘三具 起重架五具 共十二件	委員一人每月支銀二十六兩 司事三人每月共支銀四十二兩 匠目一人每月支洋四十二元 工匠六十人每六工共支洋二百二元 幼童十一人每六工共支洋十四元 小工八人每六工共支錢十二千文	前廠房屋十四間 後廠房屋六間 汽爐房二間 辦公房四間 共二十六間
輪船廠 同治六年設光緒三十一年劃歸商廠	南北洋兵輪 本省小號官輪 廣艇 砲架 廠房 水閘 鐵路木墊 橋梁 馬路 碼頭 船塢 機器木座 砲船 駁船 水溝 竹笆 水木雜作	三十匹馬力抽水機一部 二十匹馬力起重機一部 四匹馬力鋸木機一部 三十一匹馬力通墊船挖泥機一部 十六匹馬力導濬船挖泥機一部 共五件	委員一人每月支銀四十一兩 司事五人每月共支銀一百三十六兩 匠目三人每月共支洋一百四十六元 工匠一百五人每六工共支洋二百十七元 小工七十二人每六工共支錢一百二千餘文	船塢一座 大小房屋九十八間
鍋爐廠 同治六年設光緒元年改名鉄船廠尋復名鍋爐廠三十一年劃歸商廠	南北洋兵輪鍋爐 屋梁鉄架 添配蚊蠶船鍋爐機件 添配機器零件	四十匹馬力汽機一部 三十匹馬力汽機一部 水抽機器一部 浩鉄甲機器一部 挺直鉄條機一具 磨石機一具 地風箱機一具 壓鉄機二具 剪刀機五具 捲筩機四具 鉋牀機四具 鑽眼機五具 鍋釘機二具 總鍋爐二座 汽錘四具 烘鉄爐二座 打鉄爐十七座 車絞螺絲牀五具 共五十九件	委員一人每月支銀三十八兩 司事三人每月共支銀五十二兩 匠目三人每月共支洋一百七十元 工匠五十九人每六工共支洋二百八十九元 小工四十四人每六工共支錢六十六千餘文	機器房十三間 汽爐房十二間 總汽機鍋爐房八間 安設車牀廂屋一間 樣板房四間 儲物料房四間 辦公房三間 檢工房一間 共四十六間
槍廠 同治六年設原附於機器廠樓上名洋槍樓八年始設專廠	前膛來福兵槍 林明敦邊針槍 林明敦中針槍 黎意兵槍 快利新槍 七密里九口徑新毛瑟槍	五十磅汽鍋爐二座 烘鉄爐二座 打鉄爐六座 打水機器一具 六十匹馬力總汽機一部 五英担汽錘一具 十英担汽錘一具 十五英担汽錘一具 四連印錘一具 剪淨印胚粗邊機一具 造刀大砂輪一具 磨槍刀砂輪大小二具 地風箱三具 大小車牀刨牀鍘牀鑽牀計一百九十具 共二百九件	委員一人每月支銀四十兩 幫辦一人每月支銀二十三兩 司事五人每月共支銀七十九兩 畫圖學生一人每月支銀八兩 匠目二人每月共支銀一百二十四兩 工匠幼童小工共四百零五人每六工約共支銀一千兩	新廠平房二十四間 舊廠樓房上下一百三十二間 汽機房一間 汽爐房一間 打鉄爐房三十間 木壳房二十間 上色房五間 淬火房二間 堆機四間 畫圖房三間 員司住房三間 共二百二十五間
礮廠 同治八年	九磅子前膛砲 阿姆斯脫郎廠八百磅大砲	八十匹馬力汽機 三十匹馬力汽機各一具	委員一人每月支銀五十兩 會辦一人每月支	汽錘房二十間 砲架房二十

續表

續表

設十年落成本爲汽鍾廠專造輪船內重大鐵件光緒四年改爲砲廠	又三百八十磅砲 又二百五十磅大砲 又一百八十磅大砲 又一百四十磅大砲 又一百二十磅大砲 又一百磅大砲 又四十磅彈快砲 砲 又十二磅彈快砲 又七磅彈快砲 又六磅彈快砲 又三磅彈快砲 又二磅彈快砲	車牀六十二具 鑽牀二十四具 插牀十二具 刨牀十二具 刮牀八具 鋸牀五具 洗牀四具 磨牀一具 拔絲牀三具 分厘尺二架 擦膛牀一具 剪春牀一具 滚齒牀一具 磨石二塊 磨車刀牀二具 汽錘二具 汽爐三座 大小鐵爐二十三座 套砲箍機缸一副 捲鋼板機一具 起重架大小十八具 平抬十一座 共二百二件	銀二十二兩 司事五人每月共支銀八十四兩 洋匠一人每月支英金九十磅 匠目八人每月共支洋三百九十四元 畫圖學生四人每月共支洋三十元 工匠一百六十六人每六工共支洋六百三十六元 幼童六十五人每六工共支洋八十六元餘 小工五十九人每六工共支錢七十三千餘文	七間 東機器房連拔屋九十二間 後機器房連拔屋四十四間 汽機汽爐房十間 砲房套砲房連拔屋六十四間、 堆機十一間 木工房八間 辦公房員司住房門房共三十七間 共四百三間
火藥廠 同治十三年設於龍華鎮	黑藥 栗色藥 無煙藥	製黑藥三十匹馬力汽機二部 二十四匹馬力汽機一部 二十匹馬力汽機一部 十五匹馬力汽機一部 汽爐六座 提硝磺造藥機十九部 製栗藥百五十匹馬力汽機一部 汽爐二座 造藥試藥機器共二十部 製無煙藥一百二	委員四人每月共支銀八十兩 司事二人每月共支銀四十六兩 匠目三人每月共支銀九十六兩 工匠一百三十六人小工十一人每六工共支銀三百二十四兩	製黑藥汽機汽爐房五所計十五間 提硝磺燭炭造藥房五十六間 堆機二十間 製栗藥汽機汽爐房九間 煏柴炭碾硝磺造藥房七十六間 試藥房五間 製無煙藥汽機汽爐房九間

續表

		十匹馬力汽機一部 汽爐二座 造藥機器三十部 共八十六件		鎔鉛水櫃藥水造藥房四十五間 棧房廠棚三十三間 住房五間 共二百七十三間
銅引廠 光緒七年設原名水雷廠光緒三十一年改爲銅引廠	箱式百磅藥碰電熱鐵浮雷 銅螺絲拉火 開花彈碰火 千磅藥電火生鐵沈雷 水力機器銅擊火 八生脫克鹿卜砲彈銅引 百磅四十磅彈電火銅引 銅螺絲火門 六角新式百磅藥碰電熱鐵浮雷 百磅五十磅三十五磅拉碰火地雷 三磅六磅快砲彈銅引 三生七銅引 銅螺絲擊火 避電針 放砲手搖乾電箱 史高德砲彈銅引 格魯生砲彈銅引 手底擊火 快砲電鈴 百磅四十磅彈通用長短式鋼螺絲電火	三十匹馬力雙門汽爐一座 又單門汽爐一座 二十匹馬力汽機一部 十二匹馬力汽機一部 汽機水抽一具 上雷電機二架 手扳銑機八架 鑽牀三具 刨牀四具 軋牀一具 磨牀一具 車牀大小三十四具 共五十八件	管廠委員一人每月支銀二十四兩 司事三人每月共支銀四十八兩 匠目二人每月共支銀八十二兩 工匠幼童六十二人每六工共支洋一百零三元 小工六人每六工共支錢十一千九百文	汽機汽爐房二間 鉄匠房一間 工作房十一間 物料房三間 水雷館三間 電氣房三間 辦公房住房共七間 共二十九間

續表

	槍子廠 光緒元年設於龍華鎮	礮彈廠 光緒五年設，原名彈子廠，十八年改名礮彈廠
螺絲拉火 綠絨電火	來福槍子 林明敦槍子 馬梯尼槍子 黎意槍子 格林槍子 舊毛瑟槍子 新毛瑟槍子 曼里夏槍子 智利比利槍子 每日可造三萬餘粒	十二磅圓開花彈 二十四磅圓開花彈 克鹿卜包鉛開花實心彈 烏理治前膛四十磅八十磅開花實心彈 四十磅快砲銅殼 三磅快砲彈 六磅快砲彈 十二磅快砲彈 各種砲彈銅殼
	三百五十匹馬力汽機一部 二十匹馬力汽機一部 三十匹馬力汽機二部 汽爐三座 車牀、鑽牀、舂牀、刨牀、鋸牀共一百五十九具 手扳機器二十二具 各種機件一百八具 共二百九十六件	六十匹馬力汽機一部 三十五匹馬力汽機一部 三十匹馬力汽機一部 舂銅殼水力汽機二部 舂百磅銅殼機一部 舂三磅六磅十二磅銅殼機一部 壓四十磅銅殼底機一部 壓彈子銅箍機一部 軋銅板輾輪機一部 地風箱一具 碾砂篩砂機各一
	坐辦委員二人，每月共支銀八十兩 管廠委員二人，每月共支銀一百兩 司事七八人，月共支銀一百四十兩 畫圖教習一人，每月支銀二十八兩 匠目八人，每月共支洋三百八十二元 工匠二百三十四名，幼童一百七十人，小工六十四人，每六工共支銀六百九十餘兩	管廠委員一人，每月支銀二十四兩 稽核工料一人，每月支銀三十六兩 司事八人，每月共支銀四十八兩 畫圖學生一人，每月支錢九千文 匠目四人，每月共支洋一百二十八元 工匠幼童二百三十七人，每六工共支洋二百九十七元 小工四十二人，每六工共支錢六十四千數百餘
	機器汽爐房八間 工作廠房一百七十間 儲料房四十五間 辦公房庫房住房二十間 共二百四十三間	機器房五十四間 模箱機器房二十四間 翻砂房二十二間 銅作物料房二十間 鎔銅房四間 烘銅房四間 繪圖房三間 辦公房三間 共一百三十四間

續表

	煉鋼廠 光緒十六年設
	槍枝鋼料 小砲料 百磅四十磅快砲料 汽爐板 機件料 小口徑毛瑟槍 鋼箭頭
具 碾炭機一具 翻砂胎機大小三十二具 鎔銅鐵爐共十座 烘熱彈子爐一座 打車刀鐵匠爐二座 澆彈子爐二座 汽爐三座 彈胎鐵模箱四十二副 翻砂模箱一千三百只 刨牀三具 鑽牀七具 烘銅殼爐二座 彈胎機泥心模箱四十二副 共一千四百二十九件	二千匹馬力汽爐二座 一千匹馬力汽爐二座 烘砂爐二座 五十六匹馬力汽爐一座 二千匹馬力一千匹馬力雙筒汽機各一部 三十匹馬力雙筒汽機一部 五十六匹二十匹馬力單筒汽機各一部 二十匹馬力三筒汽機一部 二十匹馬力雙筒汽機二部 大力水抽三具 輾冷鋼板機二具 剪熱鋼板機一具
文	管廠委員一人，每月支銀四十兩 幫辦一人，每月支銀三十六兩 司事八人，每月共支銀二百九十二兩 匠目八人，每月共支洋四百七十三元 洋匠一人，每月支銀一百六十兩 工匠一百四十九人，每六工約共支洋四百二十餘元 幼童三十八人，每六工約共支洋四十八元零 小工六十九人，每六工約共支洋一百十七元零
	舊廠鐵屋一百五十五間 木架拔屋八十五間 新廠鐵屋十六間 木架拔屋四十四間 汽機汽爐房六間 木工房四間 儲料房十一間 辦公房三間 共三百三十二間

續表

		輥輪機軋鋼條彈簧機共六具 滾輪機二具 水力機七具 壓鋼鉄機各一具 打鋼模機一具 頂重機三具 試鋼機一具 軋鋼坯機二具 鋸鋼輪機一具 鍘鋼條機三具 小汽機一具 五英担快打汽錘一具 起重機四具 刨牀大小五具 車大小砲管砲箍大牀四具 鐵砲膛機二具 鍘牀二具 鑽眼牀二具 軋輥車牀一具 短面大車牀一具 鑽槍管機一具 螺絲車牀一具 車螺絲機一具 打鉋輪鋸機一具 打磨條鉚機一具 磨石機一具 磨剪口機一具 旋磨石機一具 鍍鎳搬電機一具 舂鋼盂機一具 裁鋼片機一具 潑鋼盂木旋桶一具 修舂小車牀一具 磨光鋼片機一具 碾沙泥機一具 水刀手鑿機二具 鋼水桶搖車機二具 拉鋼絞車機二具 煉鋼爐二座		

續表

		煤汽爐七座 化鐵爐二座 烘砂爐二座 烘模爐二座 打鐵爐三座 煉爐子生鋼爐一座 倒焰加熱爐大小十一座 共一百八十一件		
附工程處 同治六年設光緒二十九年改歸船廠兼辦三十年因工程事務紛繁復派專員管理仍附於船廠三十一年劃分船隝另設專廠	房屋 道路 橋梁 溝渠 各項雜工		委員一人每月支銀三十一兩 司事四人每月共支銀七十二兩 匠目一人每月支洋三十二元 木瓦匠 磚匠 漆匠 竹匠 鋸匠 玻璃匠 共五十六人小工三十人每六工敍共支洋四十一元二角錢八十六千文	測望台一所 平房二所計六間 竹棚四間 共十間

處所	職事	員役	房屋
公務廳 同治六年設	總辦會辦提調逐日到廠各廠員司稟承辦事		辦公房十四間
文案處 同治六年設	辦理公文案件	委員四人每月共支銀一百三十四兩 司事十四人每月共支銀二百七十兩 貼寫四人每月共支筆資四十三千八百文	辦公房十八間
報銷處 同治六年設	分年按照收支銀錢工料造册報部	委員二人每月共支銀八十兩 司事十人每月共支銀一百七十八兩	辦公房十八間
支應處 同治六年設	收發款項發給各廠匠役工食	委員二人每月共支銀七十四兩 司事四人每月共支銀八十兩	辦公房十二間
議價處 同治六年設	估核物料價值	隨時遴派	辦公房十六間
攷工處 光緒三十年設	稽核全廠工作	委員三人每月共支銀八十兩 司事二人每月共支銀二十六兩	辦公房五間 軍械標本房二間 謄錄房夫役住房五間 共十二間
儲物庫 同治六年設陸續擴造	採辦收發物料器具	委員四人每月共支銀一百八十兩 司事八人每月共支銀一百四十二兩 長夫二十二人每月共支錢一百八十三千餘文	煤鐵棧五十八間 銅鋼棧三十六間 雜料房四十七間 辦公房三間 共一百四十四間
軍火處 光緒十二年設 軍械所十八年改名軍火處	收發本局製造及購自外洋並寄存各項軍火	委員二人每月共支銀五十七兩 司事四人每月共支銀六十九兩 工頭小工共二十九名每月共支錢五十六千七百餘文	棧房十二所共一百二十二間 電線房二間 辦公房二間 住房四間 軍火樣房一間 共一百三十一間
松江藥庫 光緒二年設於松江府城內	存儲各種子藥以五十萬斤爲額	委員一人每月支銀三十四兩 司事一人每月支銀二十兩 小工四人每月共支錢二十四千文 護勇十人每月共支錢七十千二百文	舊庫二十三間 新庫二十六間 員司住房二十間 勇役住房十間 共八十九間

又　卷三《製造表》　謹按：同治四年創辦之初，廠中機器均未全備。先就原有機器推廣造成大小機器三十餘座，用以鑄造槍礮炸彈。六年，始造輪船。十三年，仿製黑色火藥。光緒四年，仿造九磅子、四十磅子前膛快礮。五年，更造前膛四十磅、八十磅各種開花實心彈。七年，造箭式一百磅藥碰電熟鐵浮雷及生鐵沉雷。十年，造林明敦中針槍。十一年，停造輪船，專修理南北洋各省兵輪船隻。十六年，仿造新式全鋼後膛快礮。十七年，改造快利新槍。試鍊鋼料，又造各種新式後膛快礮及五十二噸、四十七噸大礮。十九年，仿製栗色火藥，又稟准將用餘銅屑鑄造制錢，旋以折耗停止。二十一年，試造無煙火藥，停造水、旱雷，專製各種銅引。二十四年，造七密里九口徑新毛瑟槍，並將所有各式舊槍一律停造。二十八年，舊存快利槍報廢。三十年，遵照奏案添造銅元，尚未開工，旋奉札飭歸併江甯合辦。三十一年四月，復奉飭將船塢及輪船、鍋爐、機器三廠，劃歸海軍商廠辦理。

續表

	機器	船	槍砲水雷	火藥銅引	槍子砲彈	房屋
同治六年五月至十二年	車牀五十具 鉋牀二十具 鑽牀二十七具 開齒輪機器三具 捲鉄板機器二具 滚砲彈機器三具 汽錘一具 大鍵機器三具 印鍾機器四具 砂輪八具 磨石機器四具 挖泥機器連運泥船二副 添配各機器零件及造各種應用器具共一萬六百四十三件	惠吉兵輪一艘 操江兵輪一艘 測海兵輪一艘 威靖兵輪一艘 海安兵輪一艘 第一號雙暗輪鉄壳船一艘 第二號雙暗輪鉄壳船一艘 第三號雙暗輪鉄壳船一艘	前膛洋步槍一千四百八十七枝 前膛洋馬槍四千九百九十枝 林明敦後膛洋步槍三千四百四十二枝 林明敦後膛洋馬槍七百十七枝 洋抬槍一枝 六磅火箭三百枝並火箭架四座 十二磅火箭三百枝並火箭架六座 銅噴筒三十六個 十六磅開花子銅砲一尊並砲架一座 十二磅開花子銅砲五十五尊砲架六十三座 十二磅開花子生鉄砲十二尊並砲架十二座 三十二磅開花子生鉄砲七尊 九磅子後膛熟鉄來福砲一尊並砲架一座 十二磅開花子田雞銅砲二尊 二十四磅開花子銅砲三十四尊並砲架三十八座 來福砲砲架十九座並子藥箱車五座起重架一副 克鹿卜砲砲架十二座鉛子藥箱車二座 艇師鉄砲砲架一百十八座	慢藥引三萬五千三百二十六個 砲門自來火一萬五千二十枝	六磅實心砲子一百六十個 十二磅實心砲子八百七十三個 十二磅開花砲子四千五百六個 二十四磅實心砲子二百二十個 二十四磅開花砲子九千八百二十五個 四十磅實心砲子四十個 開花砲子木心一萬九千八百個 槍子二千個	機器廠 洋槍廠 子藥廠 船廠 鍋爐廠 熟鉄廠 鑄銅鉄廠 車水房 廣方言館 物料棧房 辦公房 以上共大小房屋八百三十間 測量天文臺一座 門樓二座 碼頭一座 大小橋梁十一座
十三年	車牀十八具 鉋牀三具 鋸牀二具 絞螺絲機器三具 捲鉄板機器三具 剪刀擅眼機器三具 磨抄機器三具 添配各種機器零件及造各種應用器具共八千八百二十八件		林明敦後膛洋步槍二千五百枝 十二磅開花子銅砲四尊並砲架九座 十二磅開花子田雞銅砲四尊並砲架四座 一號克鹿卜砲砲架五座 三號克鹿卜砲砲架六座 艇師鉄砲砲架一百八十八座 過山砲砲架一座 鉄壳水雷十四具 木壳水雷三十具	慢藥引一千八百個 砲門紙管自來火九千三百枝 黑色洋火藥八萬一千二百磅 林明敦槍子藥銅捲五十四萬二千個	銅砲十二磅實心子三百八十八個 銅砲十二磅開花子二萬一千二百十個 銅砲二十四磅開花子六百七個 烏理治砲一百二十磅實心子五百五十二個 過山砲實心子四百九十二個 一號克鹿卜砲開花子一千一百十八個 一號克鹿卜砲實心子七百二十個 二號克鹿卜砲實心子	子藥廠 砲廠 鑄銅鉄廠 船廠 物料棧房 辦公房 吳淞操場 以上共大小房屋一百六十六間 門樓一座 橋梁六座

續表

一百五十四個 二號克鹿卜砲開花子二百三十個 三號克鹿卜砲實心子一千八百十五個 三號克鹿卜砲開花子二千八百二十個 四號克鹿卜砲實心子四百五個 四號克鹿卜砲開花子四百八十個 五號克鹿卜砲實心子一百八十個 五號克鹿卜砲開花子三百八十四個 來福砲十二磅實心子六百個 來福砲十八磅開花子八百七十一個 來福砲四十磅實心子二百十五個 來福砲四十磅開花子二百九個 開花子木心一萬八千二百個

續表

光緒元年
車牀十二具 鉋牀十具 鑽牀十一具 翻砂機器四具 造砲子泥心機器三具 添配各機器零件及造各種應用器具共九千四十六件
馭遠兵輪一艘 第四號雙暗輪小鐵殼船一艘 第五號雙暗輪小鐵殼船一艘 成大夾板船一艘 輪機小舢板船一艘
前膛洋馬槍一千枝 林明敦後膛洋步槍二千五百五十八枝 十二磅開花子銅砲四尊並砲架八座 十二磅開花子田雞銅砲四尊並砲架四座 一號克鹿卜砲砲架一座 三號克鹿卜砲砲架三座 艇師鐵砲砲架七十一座 砲架鐵轆路二十四副 鐵殼水雷十六具 木殼水雷二十八具
慢藥引二千四十四個 砲門紙管自來火一萬一千五百枝 黑色洋火藥八萬八千九百八十二磅 林明敦槍子藥銅捲五十八萬一千二百六十個
銅砲十二磅開花子二萬七百三十六個 生鐵砲三十二磅實心子一百四個 生鐵砲三十二磅開花子四百二十五個 烏理治砲八十磅實心子四百八十四個 一號克鹿卜實心子六百三十四個 一號克鹿卜砲開花子一千二百九十八個 二號克鹿卜砲開花子二百九十五個 三號克鹿卜砲實心子一千一百個 三號克鹿卜砲開花子三千四百九十個 四號克鹿卜砲實心子四百二十二個 四號克鹿卜開花子四百七十五個
子藥廠 砲廠 鑄銅鐵廠 船廠 物料棧房 辦公房 吳淞操場 以上共大小房屋一百八十二間 橋梁四座 操砲土鞬一座

續表

二年	
車牀八具 鑽牀三具 鋸牀二具 鉋牀二具 砂輪二具 翻砂機器二具 添配各機器零件及造各種應用器具共五千八百三十五件	
金甌鐵甲兵輪一艘	
林明敦後膛洋步槍二千五百十枝 十二磅開花子銅砲一尊並砲架三座 一號克鹿卜砲砲架四座 三號克鹿卜砲砲架二座 勃休馬砲砲架十九座 生鐵砲砲架四座 砲架鐵轍路十三副	
慢藥引一萬四千個 黑色洋火藥十一萬五千五百四十四磅 林明敦槍子藥銅捲一百二十一萬三千四百個	
一號克鹿卜砲實心子一千四百八十七個 三號克鹿卜砲實心子一千七百四十八個 三號克鹿卜砲開花子三千六百六十七個 四號克鹿卜砲實心子一千九十六個 四號克鹿卜	五號克鹿卜砲實心子二百二十二個 五號克鹿卜砲開花子三百五十三個 來福砲十二磅實心子五百九個 來福砲十六磅實心子四十個 來福砲二十磅實心子五百二十四個 來福砲二十磅開花子六百二十八個 開花子木心一萬四千五百九十二個
子藥廠 砲廠 砲彈廠 鍋爐廠 火藥庫 武學館 車水房 物料棧房 辦公房 以上共大小房屋九十間	

續表

三年	
車牀七具 鑽牀三具 磨石機器五具 舂藥引機器四具 翻砂機器二具 起重機器三具 添配各機器零件及造各種應用器具共六千七十九	
林明敦後膛洋步槍一千七百三十枝 克鹿卜砲砲架一座 生鐵砲砲架六座	
慢藥引一萬二千個 黑色洋火藥八萬五千六十磅 林明敦槍子藥銅捲七十九萬二千六百個	
一號克鹿卜砲開花子一千四十四個 三號克鹿卜砲實心子七百三十七個 三號克鹿卜砲開花子四千二百七十五個 四號克鹿卜砲實心子一百三十	砲開花子一千四百九十一個 五號克鹿卜砲開花子四百七十六個 烏理治砲一百二十磅實心子九百二十三個 烏理治砲八十磅實心子一千五百八十三個 生鐵砲三十二磅實心子二百四個 銅砲十二磅開花子二萬九千六十四個 開花子木心五萬六千五百五十個
砲廠 砲彈廠 子藥廠 鍋爐廠 火藥庫 武學館 車水房 物料棧房 辦公房 以上共大小房屋八十二間	

四年	
車牀六具 鑽牀二具 翻砂機器六具 篩砂機器二具 試鈸力機器二具 添配各機器零件及造各種應用器具共七千九百九十四件	竹
林明敦後膛洋步槍一千六百三十八枝 四十磅子阿姆斯脫郎鋼膛熟鐵箍砲四尊並砲架四座 九磅子前膛來福砲砲架一座 三號克鹿卜砲砲架八座 砲架鋼轍路九副	
後藥引一萬二千二百一十個 黑色洋火藥八萬九百二十八磅 林明敦槍子藥銅捲七十三萬一千八百五十個	
一號克鹿卜砲實心子五千六百九十七個 三號克鹿卜砲實心子六千五百八十四個 四號克鹿卜砲實心子五百九十三個 四號克鹿卜砲開花子八百五十一個 烏理治砲四十磅實心子四千三百八十三個 烏理治砲四	六個 五號克鹿卜砲實心子五百八十三個 來福砲九磅實心子一百五十六個 烏理治砲一百二十磅實心子一千七百七個 烏理治砲八十磅實心子二千七百三十一個 開花子木心二萬一千九百個
子藥廠 汽機房 提礦房 試藥房 研藥房 打鐵房 物料機房 辦公房 以上共大小房屋三十六間	

續表

五年	
鉋牀三具 造槍準星機器五具 磨石機器一具 翻砂機器八具 添配各機器零件及造各種應用器具共八千三百九十三件	
林明敦後膛洋步槍一千三百枝 四十磅子阿姆斯脫郎鋼膛熟鐵箍砲十三尊並砲架十三座 瓦瓦司鋼砲砲架一座	
黑色洋火藥八萬二千五百三十磅 林明敦槍子藥銅捲一百四萬五千六百五十個	
三號克鹿卜砲實心子三百七十個 四號克鹿卜砲實心子七十二個 四號克鹿卜砲開花子六百十五個 五號克鹿卜砲實心子	十磅開花子六十六個 烏理治砲八十磅實心子五百八十五個 烏理治砲一百二十磅實心子二千二百四十五個 烏理治砲一百二十磅開花子八百四十七個 來福砲九磅實心子一百八十一個 鉄砲八磅實心子五百八十八個 鉄砲十磅實心子九百四十一個 銅砲十二磅開花子六千七百五個
子藥廠 汽機房 提礦房 試藥房 舂藥房 打鐵房 試砲房 物料機房 辦公房 以上共大小房屋三十間	

續表

續表

六年	
車牀七具 鋸牀二具 開齒輪機器二具 磨石機器三具 添配各機器零件及造各種應用器具共八千七百九十四件	
林明敦後膛洋步槍二千二百枝 一百二十磅子阿姆斯脫郎鋼膛熟鐵箍砲六尊並砲架六座 一百二十磅烏理治砲砲架一座 鐵殼水雷六十四具	
慢藥引二百四十個 砲門紙管自來火一萬枝 黑色洋火藥二十二萬四千四百四十六磅 林明敦槍子藥銅捲一百十六萬二千個	
阿姆斯脫郎砲一百二十磅實心子十八個 阿姆斯脫郎砲四十磅實心子二千六百十個 阿姆斯脫郎砲四十磅開花子二千二百十一個	三百四十二個 烏理治砲四十磅開花子三千四百三十五個 烏理治砲八十磅實心子四千三百八十三個 烏理治砲一百二十磅實心子三百五十三個 烏理治砲一百二十磅開花子八百四十四個 阿姆斯脫郎砲二百五十磅實心子十二個 鋼砲十二磅開花子一千十三個
水雷廠 砲彈廠 澆鉛房 烘模房 畫圖房 鋸木房 物料棧房 辦公房 以上共大小房屋一百四十四間	

續表

七年	
車牀四具 鋸牀二具 鉋牀三具 刨鐵機器三具 軋銅機器三具 篩砂機器三具 添配各機器零件及造各械應用器具共九千八百二十七件	
林明敦後膛洋步槍二千八百枝 一百二十磅子阿姆斯脫郎鋼膛熟鐵箍砲八尊 四十磅子物休馬砲砲架一座 十二磅開花子銅砲砲架四座 砲架鋼鐵轍路七副	
砲門紙管自來火一萬五百枝 黑色洋火藥十六萬二千七百六十磅 林明敦槍子藥銅捲一百十五萬六千個	
阿姆斯脫郎砲一百二十磅實心子一百二個 阿姆斯脫郎砲一百二十磅開花子八十四個 阿姆斯脫郎砲四十磅開花子十九個 烏理治砲二百五十磅實心子一百個 鐵砲十磅實	烏理治砲一百二十磅實心子五十五個 烏理治砲一百二十磅開花子四十九個 烏理治砲八十磅開花子二十九個 四號克鹿卜砲實心子一千六百五十九個 五號克鹿卜砲實心子一千二百九十一個 五號克鹿卜砲開花子三百十三個
砲廠 水雷廠 鎔銅房 澆銅房 烘模房 試藥房 裝藥房 畫圖房 鋸木房 軍火棧房 物料棧房 辦公房 以上共大小房屋一百四十九間	

續表

	八年	九年
	車牀二具 鉋牀四具 鑽牀二具 抽水機器六具 起重機器七具 添配各機器零件及造各種應用器具共一萬五百三十二件	車牀二具 鑽牀一具 造槍子機器一具 拌藥機器十具 碾藥機器十具 鼓汽門馬力
	林明敦後膛洋步槍二千四百枝 一百二十磅子阿姆斯脫郎鋼膛熟鉄箍砲六尊並砲架六座 八十磅子阿姆斯脫郎鋼膛熟鉄箍砲四尊並砲架四座 九磅開花子鋼砲一尊 一號克鹿卜砲砲架一座	林明敦後膛洋步槍二千枝 毛瑟後膛洋步槍十二枝 必利洋步槍十二枝 一百二十磅子阿姆斯脫郎鋼膛熟鉄箍
	黑色洋大藥十七萬一千三百六十一磅半 林明敦槍子藥銅捲八十五萬三千個 毛瑟槍子藥銅捲三十萬六千九百個	銅引一百五十副 砲門銅管自來火一萬七千二百枝 砲門紙管自來大二萬一千枝 黑色洋火藥十
心子三百十六個、鉄砲八磅實心子三百十七個	阿姆斯脫郎砲二百五十磅實心子三個 阿姆斯脫郎砲一百二十磅實心子二千四百三十三個 阿姆斯脫郎砲一百二十磅開花子一千三百五十六個 阿姆斯脫郎砲八十磅實心子四百六十一個 阿姆斯脫郎砲八十磅開花子一百四十個 鉄砲十磅實心子二百八十八個	阿姆斯脫郎砲二百五十磅實心子一百六十二個 阿姆斯脫郎砲二百五十磅開花子一百一
	砲廠 子藥廠 提硝房 汽機房 停藥房 裝藥房 物料棧房 以上共大小房屋一百四十八間 操砲砲台八座 望台一座	子藥廠 汽機房 汽爐房 鋸木房 鎔礦房 碾機房 拌藥房 燒柳炭房

續表

機器一具 起重機器七具 抽水機器十具 添配各機器零件及造各種應用器具共三萬五千一百三十九件	
砲二尊並砲架二座 八十磅子阿姆斯脫郎鋼膛熟鉄箍砲六尊並砲架六座 四十磅子阿姆斯脫郎鋼膛熟鉄箍砲四尊並砲架一座 劈山砲一百十一尊並砲架一百十一座 生鉄砲架十座 鉄壳水雷十具	
六萬三百五十磅 林明敦槍子藥銅捲六十一萬個 毛瑟槍子藥銅捲五十二萬四千個 裝配槍子扳手機器二十副	
個 阿姆斯脫郎砲一百二十磅實心子十個 阿姆斯脫郎砲一百二十磅開花子一千二百七個 阿姆斯脫郎砲八十磅實心子一千二百六十九個 阿姆斯脫郎砲八十磅開花子一千九百二十個	阿姆斯脫郎砲四十磅實心子三個 阿姆斯脫郎砲四十磅開花子一百個 三號克鹿卜砲實心子七個 四號克鹿卜砲開花子二百十六個 鉄砲十磅實心子二百十六個 劈山砲實心子二萬四千一百十八個 來福槍鉛子五千[illegible]
踏火藥房 印圖書房 木棧房 辦公房 以上共大小房屋六十五間	

續表

十年
車牀一具鉋牀二具造槍子機器二具磂砂機器一具抽水機器三具添配各機器零件及造各種應用器具共三萬一千五百四十件
黎意後膛洋步槍十二枝林明敦後膛洋步槍二千三百六十枝一百二十磅子阿姆斯脫郎側膛熱鉄箍砲五尊並砲架二座八十磅子阿姆斯脫郎鋼膛熱鉄箍砲九尊並砲架八座四十磅子阿姆斯脫郎鋼膛熱鉄箍砲二尊並砲架六座劈山砲一尊並砲架一座五號克鹿卜砲砲架二座生鉄砲砲架七十七座十二磅子銅砲砲架八座七磅子瓦瓦司砲砲架九座五門亮其治砲砲架二座格林砲砲架一座砲架銅鉄轆路八副鉄亮水雷二十二具
砲門銅螺絲拉火一千五百枝砲門銅管擊火二千枝砲門銅管自來火二萬八千二百枝砲門紙管自來火三萬三千一百八十枝林明敦槍子藥銅捲五十八萬個毛瑟槍子藥銅捲四十四萬二千個士乃得槍子藥銅捲七十萬個洋槍銅帽一百二十萬二千粒黑色洋火藥三十五萬七千二百五十磅
阿姆斯脫郎砲二百五十磅實心子九十五個阿姆斯脫郎砲二百五十磅開花子十五個阿姆斯脫郎砲一百八十磅實心子二百四十五個阿姆斯脫郎砲一百二十磅開花子六百五十七個阿姆斯脫郎砲一百二十磅實心子六百五十一個阿姆斯脫郎砲八十磅實心子六百九十五個阿姆斯脫郎砲八十磅開花子一千七百五十個阿姆斯脫郎砲四十磅實心子五百四十二個阿姆斯脫郎砲四十磅開花子二千二十一個
砲廠套砲籠房汽爐房水雷廠電氣房各廠儲模房各廠儲料房辦公房以上共大小房屋四十間火藥庫二所望台一座操砲台二坐局營勇[illegible]蘆蓆房二百六十三間

續表

烏理治砲八十磅實心子七十三個烏理治砲八十磅開花子二千二百九十七個烏理治砲四十磅實心子四百二十一個三號克鹿卜砲實心子一千三百六十九個五號克鹿卜砲實心子三十六個五號克鹿卜砲開花子一千一百十個鉄砲六十四磅圓實心子五十個鉄砲六十四磅圓開花子五十個銅鉄砲二十四磅圓實心子一百五十個銅鉄砲十二磅圓實心子七百五十個鉄砲十磅圓實心子五十個鉄砲十磅圓開花子五十個

續表

	十一年
	車牀五具 抽水機器六具 起重機器三具 造皮帶機器一具 壓鉛條機器一具 汽爐汽機三具 添配各機器零件及造各種應用器具共三萬二千八百二十六件 鉄槍靶四副
	保民鋼板兵輪一隻
	林明敦後膛洋步槍二千五百五十枝 黎意後膛洋槍十二枝 鉄噴筒四十個 一百二十磅子阿姆斯脫郎鋼膛熟鉄箍砲一尊並砲架一座 八十磅子阿姆斯脫郎鋼體熟鉄箍砲三尊並砲架三座 劈山砲二百尊並砲架二百座 生鉄砲砲架四十三座 砲架鉄轆路六副 鉄殼水雷十具
	砲門銅管自來火一萬一千五百枝 砲門銅管擊火一千枝 砲門銅螺絲拉火七百枝 林明敦槍子藥銅捲三十一萬四千個 黎意槍子藥銅捲八十八萬三千個 毛瑟槍子藥銅捲三十二萬四千二百四十個 洋槍銅帽十萬粒 黑色洋火藥三十四萬六千三百磅 法蘭絨砲藥袋三千三百七
鉄砲八磅圓實心子一千二百四十一個 鉄砲八磅圓開花子四百個 鉄砲五磅圓實心子三百個 鉄砲五磅圓開花子三百個 劈山砲圓實心子一萬八千四百個 來福槍鉛子五千個	阿姆斯脫郎砲二百五十磅開花子七個 阿姆斯脫郎砲一百八十磅實心子八百二十六個 阿姆斯脫郎砲一百八十磅開花子二百十三個 阿姆斯脫郎砲一百二十磅實心子六百五十七個 阿姆斯脫郎砲八十磅實心子三百四十個 阿姆斯脫郎
	砲彈廠 砲廠 簽砲箱房 汽機房 辦公房 以上共大小房舉四十九間

續表

十四個
砲八十磅開花子九百五十二個 阿姆斯脫郎砲四十磅實心子一千一百三十三個 阿姆斯脫郎砲四十磅開花子一千二百十一個 烏理治砲八十磅開花子一百四十八個 克鹿卜砲二百二十磅實心子四百四十個 三號克鹿卜砲實心子二十六個 三號克鹿卜砲開花子九百六十一個 五號克鹿卜砲實心子二百二十四個 五號克鹿卜砲開花子三百九個 厰都淮砲七十磅開花子一百四十八個 來福槍鉛子二萬七千個

十二年
車牀三具 抽水機器六具 起重機器三具 磨刀機器一具 翻砂機器一具 造槍子機器一具 汽爐二具 添配各機器零件及造各種應用器具共二萬九千九百五十四件
林明敦後膛洋步槍二千二百五十枝 一百八十磅子阿姆斯脫郎鋼膛熟鐵箍砲七尊直砲架七座 一號克鹿卜砲 砲架四座 三號克鹿卜砲 砲架四座
砲門銅管自來火一萬一千四百枝 砲門銅螺絲拉火二千九百九十六枝 黑色洋火藥二十三萬五千五百三十七磅 黎意槍子藥鋼捲一百七十五萬三千八百八十個 法蘭絨砲藥袋一千六百三十二個
一號克鹿卜砲開花子二千五百個 三號克鹿卜砲實心子六百個 三號克鹿卜砲開花子一千五十個 四號克鹿卜砲實心子二百個 四號克鹿卜砲開花子七百八十三個 五號克鹿卜砲實心子七百個 五號克鹿卜砲開花子一千九十五個 克鹿卜砲二百二十磅實心子一百個 克鹿卜砲二百二十磅開花子四百七個 克鹿卜砲二十八磅開花子六百個 阿姆斯脫郎砲二百五十磅實心子一百五十個 阿姆斯脫郎砲二百五
砲廠 砲彈廠 汽機房 辦公房 物料棧房 以上共大小房屋九十九間 碼頭牌樓一座

續表

	十三年
	車牀三具 抽水機器六具 磨槍頭砲子機器二具 壓機機器二具 汽爐汽機三具 洋槍鐵靶一具 添配各機器
	林明敦後膛洋步槍二千三百五十枝 黎意洋抬槍二枝 一百八十磅子阿姆斯脫郎鋼膛熟鐵箍砲六尊直砲架二座砲架鐵軌路四副 八十磅子阿姆
	砲門銅管自來火五千四百枝 砲門銅管擊火二千九百十六枝 黑色洋火藥二十四萬六千七百八十磅 毛瑟槍子藥銅捲一百六十萬四千二百
十磅開花子一百二個 阿姆斯脫郎砲一百八十磅實心子二十七個 阿姆斯脫郎砲八十磅實心子五百八個 阿姆斯脫郎砲八十磅開花子一千三百九十三個 阿姆斯脫郎砲四十磅實心子八百九十一個 阿姆斯脫郎砲四十磅開花子八百八十九個 威都澁砲七十磅開花子八十五個	二十六噸阿摩士莊砲五百磅開花子一百七個 一號克鹿卜砲開花子一千五百三十個 三號克鹿卜砲實心子一千二百
	砲廠 砲彈廠 機器廠 物料棧房 辦公房 以上共大小房屋一百四間

續表

續表

零件及造各種應用器具共三萬二千一百八十件
斯脫郎鋼膛熟鐵箍砲一尊 三號克鹿卜砲砲架十三座 生鐵砲砲架四十三座 鐵殼水雷五十具
六十個 黎意槍子藥銅捲四十六萬一千個 士乃得槍子藥銅捲二千個 洋槍銅帽六十六萬粒 法蘭絨砲藥袋一千四百四個
十個 三號克鹿卜砲開花子一千三百五十一個 四號克鹿卜砲實心子六百二十個 四號克鹿卜砲開花子一百一個 五號克鹿卜砲實心子六百五十個 五號克鹿卜砲開花子六百四十九個 克鹿卜砲二百二十磅實心子一百九十個 克鹿卜砲二百二十磅開花子八十個 克鹿卜砲二十八磅開花子一千二百六十個 烏理治砲一百二十磅開花子一千個 烏理治砲八十磅實心子五百個 烏理治砲四十磅開花子七百個 阿姆斯脫郎

續表

	十四年
	車麻三具 抽水機器二具 起重機器五具
	林明敦後膛洋步槍二千四百五十枝 二百五十磅子 阿姆斯脫郎
	砲門銅管自來火一萬四千枝 砲門銅管擊火二千枝
砲一百八十磅實心子二百十個 阿姆斯脫郎砲一百八十磅開花子一百八十二個 阿姆斯脫郎砲一百二十磅實心子八百四十三個 阿姆斯脫郎砲一百二十磅開花子五個 阿姆斯脫郎砲八十磅實心子七百二十個 阿姆斯脫郎砲八十磅開花子十個 阿姆斯脫郎砲四十磅實心子一千三百個 阿姆斯脫郎砲四十磅開花子一千個 鐵砲十磅圓實心子一百四十一個	一號克鹿卜砲開花子一萬一百二十個 二號克鹿卜
	砲廠 砲架房 汽錘房 打鐵房 以上共大

續表

磨槍頭機器二具 汽爐二具 洋槍鉄靶一具 添配各機器零件及造各種應用器具共二萬七千一百七十四件
鋼砲二尊 一百八十磅子阿姆斯脫郎鋼礮地砲一尊並砲架一座 一百八十磅子阿姆斯脫郎鋼膛熱鉄箍砲三尊並礮架三座 八十磅子阿姆斯脫郎鋼膛熱鉄箍砲三尊 七磅子阿姆斯脫郎鋼砲一尊並砲架一座 三號克鹿卜砲砲架六座 鉄売水雷五十二具
砲門鋼螺絲拉火二千三百五十枝 毛瑟槍子藥銅捲二百十萬一千個 士乃得槍子藥銅捲一千五百個 洋槍銅帽九十萬粒 黑色洋火藥二十三萬三千五百十六磅 法蘭絨砲藥袋一千二百九十六個
砲開花子一萬六百二十八個 三號克鹿卜砲實心子二千一百個 三號克鹿卜砲開花子二百五十三個 四號克鹿卜砲實心子六百個 四號克鹿卜砲開花子一百三十三個 五號克鹿卜砲實心子六百十個 五號克鹿卜砲開花子八十個 克鹿卜砲二百二十磅實心子一百四十八個 阿姆斯脫郎砲二百五十磅實心子二百三十六個 阿姆斯脫郎砲一百八十磅實心子六百九十一個 阿姆斯脫郎砲一百八十磅開花子一百八十二個
小房屋六十九間

續表

	十五年
	車牀四具 鋸牀一具 開齒輪機器一具 剪刀機器一具 起重機器六具
	林明敦後膛洋步槍二千一百四枝 黎意洋步槍二枝 黎意洋馬槍二十枝 二百五十磅子
	砲門銅管自來火一萬五千枝 砲門銅螺絲拉火一千一百六十七枝 毛瑟槍子藥銅捲一百六十
阿姆斯脫郎砲一百二十磅實心子四百個 阿姆斯脫郎砲八十磅實心子四百個 阿姆斯脫郎砲四十磅實心子一千二百個 三十六噸阿廓士莊砲七百磅開花子一百五個 鳥理治砲一百二十磅實心子八百八十個 鳥理治砲一百二十磅開花子一千八十個 鳥理治砲八十磅實心子五百個 鳥理治砲四十磅實心子三百個 鳥理治砲四十磅開花子一千五百四十個	三號克鹿卜砲實心子一千六百二十個 四號克鹿卜砲實心子二百九十個
	砲廠套砲箍房 汽機房 鍊鉄房 畫圖房 物料棧房 辦公房

續表

汽爐二具 添配各機器零件及造各種應用器具共二萬七千七百四十四件
阿姆斯脫郎鋼膛熟鉄箍砲二尊 一百八十磅子阿姆斯脫郎鋼膛熟鉄箍砲二尊 一百八十磅子阿姆斯脫郎鋼藏地砲一尊並砲架一座 一百八十磅子阿姆斯脫郎鋼膛熟鉄箍砲四尊並砲架六座 八十磅子阿姆斯脫郎鋼膛熟鉄箍砲四尊 七磅子阿姆斯脫郎鋼砲砲架三座 鉄瓷水雷二十具
三萬五千個 洋槍銅帽四百八十萬粒 黑色洋火藥十五萬八千七百磅
五號克鹿卜砲實心子一千六十五個 五號克鹿卜砲開花子二百三個 阿姆斯脫郎砲二百五十磅實心子二十四個 阿姆斯脫郎砲二百五十磅開花子二百個 阿姆斯脫郎砲一百八十磅實心子七百八十一個 阿姆斯脫郎砲一百八十磅開花子九百五十三個 阿姆斯脫郎砲八十磅實心子一千八百六十六個 阿姆斯脫郎砲八十磅開花子四百個 阿姆斯脫郎砲九磅實心子十二個 阿姆斯脫郎砲七磅實心子十二個 阿姆斯脫郎
以上共大小房屋七十九間

續表

	十六年
	車牀二具 鋸牀二具 起重機器六具 壓皮帶機器一具 汽爐三具 洋槍鉄靶五具 添配各機器零件及造各種應用器具共三萬二千二百二十三件
	林明敦後膛洋步槍六百枝 黎意新步槍二百二十枝 新利洋步槍三枝 新利洋馬槍二枝 八百磅子阿姆斯脫郎鋼砲一尊並砲架一座 二百五十磅子阿姆斯脫郎鋼膛熟鉄箍砲七尊並砲架三座 一百八十磅子阿姆斯脫郎鋼膛熟鉄箍砲一尊並砲架二座 八十磅子阿姆斯脫郎鋼膛熟鉄箍砲砲架四座 二號克鹿卜砲砲架二座 生鉄砲水師砲
	砲門銅管自來火一萬五千枝 黑色洋火藥二十八萬二千磅 法蘭絨砲藥袋一千二百九十六個 毛瑟槍子藥銅捲三十六萬四千個 黎意槍子藥銅捲一百六萬個 洋槍銅帽八百萬粒
砲七磅開花子九個 烏理治砲一百二十磅實心子一千七百二十五個 烏理治砲四十磅實心子一千九百十個 格林砲子二十三萬五千個	一號克鹿卜砲開花子二萬三十個 三號克鹿卜砲實心子八百六十個 四號克鹿卜砲實心子六百八十七個 五號克鹿卜砲實心子百四十三個 烏理治砲一百二十磅實心子八百二十三個 烏理治砲四十磅實心子一千二百個 烏理治砲四十磅開花子九百五十個
	鍊鋼廠 機器廠 汽爐房 軍火機房 辦公房 以上共大小房屋七十四間 鉄望台一座

續表

砲架十座 鉄壳水雷八十二具
阿姆斯脫郎砲二百五十磅實心子四百個 阿姆斯脫郎砲二百五十磅開花子四百四十八個 阿姆斯脫郎砲一百八十磅實心子四百七十五個 阿姆斯脫郎砲一百八十磅開花子一百六十六個 阿姆斯脫郎砲一百二十磅實心子四百五十個 阿姆斯脫郎砲一百二十磅開花子一千八百二十一個 阿姆斯脫郎砲八十磅實心子一千二百十七個 阿姆斯脫郎砲八十磅鋼實子四個 阿姆斯脫郎砲四十磅實心子一百個 鉄砲七磅圓

續表

	十七年
	起重機器四具 翻砂機器四具 抽水機器三具 車牀一具 汽爐三具 添配各機器零件及造各種應用器具共三萬五千一百二十七件
	飛輪火車一輛 並車路一條
	黎意新槍一千一百枝 快利連珠後膛洋步槍六枝 八百磅子阿姆斯脫郎鋼砲一尊並砲架一座 二百五十磅子阿姆斯脫郎鋼膛熟鉄箍砲三尊並砲架四座 一百八十磅子阿姆斯脫郎鋼膛熟鉄箍砲一尊並砲架三座 一百八十磅子阿姆斯脫郎藏地砲鋼罩二副 一百八十磅子阿姆斯脫郎砲砲架鉄轍路二副 鉄壳水雷六具
	砲門銅螺絲拉火三千枝 砲門銅管自來火九千枝 黑色洋火藥二十五萬四千五百磅 黎意槍子藥銅撥一百四十八萬二千個 洋槍銅帽一千一百八十六萬粒
實心子二百個 過山砲六磅開花子一萬個 劈山砲實心子一千九百四十二個 格林砲子五十三萬七千個	一號克鹿卜砲開花子一百九十三個 三號克鹿卜砲實心子七百九十二個 四號克鹿卜砲實心子一千三百六十七個 五號克鹿卜砲實心子一百五十五個 克鹿卜砲二十八磅開花子二百個 烏理治砲一百二十磅實心子三百個 烏理治砲八十磅實心子二千三百五十一個 烏理治砲八十磅開花
	鍊鋼廠 機器廠 汽機房 軍火械房 辦公房 以上共大小房屋八十間

子五百五十一個 烏理治礮四十磅實心子五百八十九個 烏邇治礮四十磅開花子一百九十七個 阿姆斯脫郎礮二百五十磅實心子五百二十六個 阿姆斯脫郎礮二百五十磅開花子一百二十個 阿姆斯脫郎礮一百八十磅實心子二百十八個 阿姆斯脫郎礮一百八十磅開花子三百二十三個 阿姆斯脫郎礮一百八十磅鋼實子二十個 阿姆斯脫郎礮一百二十磅實心子二千一百九十六個 阿姆斯脫郎礮一百二十磅開花子二百五

續表

	十八年
	起重機器二具 軋鋼機器一具 壓鐵機器一具 碾炭機器一具 抽水機器八具 汽鑪汽機六具 添配各機器零件及造各種應用
	快利連珠後膛洋步槍四百六十枝 黎意新槍四百枝 八百磅子阿姆斯脫郎鋼礮一尊臺礮架一座 四十磅子鋼快礮十尊臺礮架十座 七磅子阿姆斯脫郎鋼礮一尊
	礮門銅管自來火七千枝 礮門銅管擊火二百十枝 礮門電氣自來火一千八百五十二枝 黑色洋火藥二十萬六千九百六十磅 法蘭絨礮藥袋一千三百個 快利槍子藥銅捲十八萬二千五百個
十個 阿姆斯脫郎礮八十磅實心子三百五十個 阿姆斯脫郎礮八十磅鋼實子三十一個 阿姆斯脫郎礮四十磅實心子九百二十個 阿姆斯脫郎礮四十磅開花子一千八十個 快砲四十磅鋼實子三十個 鐵礮七磅圓實心子二百二十個 過山礮六磅開花子一萬個 格林礮子四千個	三十六噸阿摩士莊礮七百磅實心子三個 三十六噸阿摩士莊礮七百磅鋼花子十四個 二十六噸阿摩士莊礮五百磅實心子十八個 二十六噸阿
	栗色火藥廠 鍊鋼廠 汽機房 軍火機房 辦公房 以上共大小房屋一百十三間 門樓四座

續表

續表

器具共四萬二千七百七十件
鉄亮水雷九十一具
林明敦槍子藥銅捲五萬九千個　毛瑟槍子藥銅捲一千個　黎意槍子藥銅捲十六萬二千個　快利槍子銅簽一萬二千六百五十個　洋槍銅帽一千三百萬粒
摩士啟砲五百磅開花子十八個　阿姆斯脫郎砲八百磅實心子二百五十五個　阿姆斯脫郎砲八百磅開花子四百六十二個　阿姆斯脫郎砲八百磅鋼實子四個　阿姆斯脫郎砲二百五十磅實心子九百四十個　阿姆斯脫郎砲二百五十磅開花子四百四十四個　阿姆斯脫郎砲二百五十磅鋼實子二個　阿姆斯脫郎砲一百八十磅實心子七十個　阿姆斯脫郎砲一百八十磅鋼實子十九個　阿姆斯脫郎砲一百二十磅實心子一千九

續表

十個　阿姆斯脫郎砲一百二十磅鋼實子二個　阿姆斯脫郎砲八十磅實心子八百七十二個　阿姆斯脫郎砲四十磅實心子三千十個　阿姆斯脫郎砲四十磅開花子二個　阿姆斯脫郎砲七磅實心子二十四個　阿姆斯脫郎砲七磅開花子四百三十三個　阿姆斯脫郎砲七磅鋼實子七個　快砲四寸磅實心子二百五十七個　快砲四十磅開花子九個　烏理治砲八十磅實心子二百個　烏理治砲八十磅鋼實子一個　一號克鹿卜

續表

十九年	
起重機器六具 抽水機器三具 鋸鋼機器一具 鑿鋼機器一具 汽爐汽機八具	
快利蓮珠後膛洋步槍五百七十八枝 八百磅子阿姆斯脫郎鋼礮一尊並礮架一座 二百五十磅子阿姆斯脫郎鋼礮一尊並	
礮門銅管擊火二千九百枝 礮門電氣自來火一百二十枝 礮門銅螺絲拉火四千七百枝 黑色洋火藥九萬四十五磅	
阿姆斯脫郎礮八百磅實心子二百七十一個 阿姆斯脫郎礮八百磅開花子一百五十七個	礮開花子一百三十三個 三號克鹿卜礮實心子七百六十八個 三號克鹿卜礮鋼實子六個 四號克鹿卜礮實心子二千三百六十九個 四號克鹿卜礮開花子六百二十四個 四號克鹿卜礮鋼實子四十個 五號克鹿卜礮實心子九十個 五號克鹿卜礮鋼實子三個 過山礮六磅開花子二十七個
栗色火藥廠 鎔鋼廠 汽機房 軍大樓房 械公所 以上共大小房屋九十一間	

續表

添設各機器零件及造各種應用器具共三萬九千七百八十四件
礮架六座 四十磅子阿姆斯脫郎鋼快礮二尊並礮架二座 一百二十磅子礮礮架鐵轍路一副 生鐵礮礮架二十一座 鐵殼水雷二十八具
栗色洋火藥三萬八千四百八十磅 法蘭絨礮藥袋一千四百十八個 林明敦槍子藥銅帽八十萬五千五百個 洋槍銅帽一千四十萬粒
阿姆斯脫郎礮八百磅鋼實子二十九個 阿姆斯脫郎礮二百五十磅實心子八百三十八個 阿姆斯脫郎礮二百五十磅開花子一千二十二個 阿姆斯脫郎礮二百五十磅鋼實子二十四個 阿姆斯脫郎礮一百八十磅鋼實子八個 阿姆斯脫郎礮一百二十磅實心子二百個 阿姆斯脫郎礮八十磅鋼實子十個 阿姆斯脫郎礮四十磅實心子五百十個 快礮一百磅鋼實子四個 快礮四十磅實心子一千六百六十八個 快礮四十磅開花子二
牌樓二座 礮台一座

續表

	二十年
	起重機器十一具 造槍子機器八具 抽水機器三具 軋鋼機器一具 鍊鋼爐三具 汽機汽爐二
	快利連珠後膛洋步槍一千二百二十四枝 二百五十磅子阿姆斯脫郎砲砲架一座 一百磅子阿姆斯脫郎鋼快砲四尊蓮砲
	快砲子鋼殼一千五十個 阿姆斯脫郎砲罩子鐵三百個 克鹿卜砲罩子鐵七百九十六個 威都淮砲罩子鐵一百三個
千八百六十個 快砲四十磅鋼實子一千一百三十九個 烏理治砲八十磅實心子七百五十個 克鹿卜砲二百二十磅鋼實子十二個 克鹿卜砲一百八十磅實心子二百四個 克鹿卜砲一百八十磅開花子二百一個 三號克鹿卜砲實心子一千七百個 四號克鹿卜砲實心子一千二百十五個 五號克鹿卜砲鋼實子二十九個	阿姆斯脫郎砲八百磅實心子一百八十七個 阿姆斯脫郎砲八百磅開花子一百二十二個
	鍊鋼廠 無煙火藥廠 軍火棧房 辦公房 以上共大小房屋一百二間

續表

具 添配各機器零件及造各種應用器具共四萬五千九百十三件 洋槍鉄靶一具
架四座 四號克鹿卜砲砲架鉄磨盤三個 一號克鹿卜砲砲架二座 四十磅子傳浜砲砲架二座 子母砲二尊並砲架二座 鉄殼水雷四十具 鉄殼地雷四百九十一具
瓦瓦斯砲彈子鋼一百三個 砲門銅管自來火三萬七千六百七十九枝 砲門電線自來火二千五百六十二枝 砲門銅管擊火一萬二千四百三十枝 砲門銅螺絲拉火二千三百枝 地雷銅螺絲拉火二百七十枝 黑色洋火藥十一萬七千七百六十九磅 栗色洋火藥二十六萬四百八十磅 銅引四千副 快利槍子藥銅捲六十二萬四百個 快利槍子銅袋三萬九千九百個 哈乞開司槍子藥銅捲三十一萬五千五百四十個 馬梯尼槍子藥銅捲十一萬個 林明敦槍子藥銅捲四十四萬九千四百八十個 洋槍銅帽一千二百八十萬
阿姆斯脫郎砲八百磅鋼實子七個 阿姆斯脫郎砲二百五十磅實心子五百十六個 阿姆斯脫郎砲二百五十磅開花子四百九個 阿姆斯脫郎砲二百五十磅鋼實子二十四個 阿姆斯脫郎砲一百二十磅實心子七百個 阿姆斯脫郎砲一百二十磅開花子四百三十個 阿姆斯脫郎砲四十磅實心子一千一個 阿姆斯脫郎砲四十磅開花子一個 快砲一百磅實心子三百五十個 快砲一百磅開花子七百二十一個 快砲一百磅

續表

八千一百五十粒 法蘭絨砲藥袋四千八百六十個
鋼實子八十三個 快砲四十磅實心子一千一百五十一個 快砲四十磅開花子一千三百個 快砲四十磅鋼實子五百二十一個 烏理治砲八十磅實心子五百八十個 克鹿卜砲二百二十磅實心子一百四個 克鹿卜砲二百二十磅鋼實子八個 克鹿卜砲一百八十磅實心子一百八十三個 克鹿卜砲一百八十磅開花子一個 一號克鹿卜砲開花子四百個 三號克鹿卜砲實心子一千三十個 四號克鹿卜砲實心子六百七十

續表

	二十一年
	抽水機器四具 起重機器十一具 裝鋼帽機器四具 水力壓機一具 碾砂機器一具 汽爐汽機二具 鍊鋼爐四具 添配各機器零件及造各種應用器具共四萬四千一百十二件
	快利連珠後膛洋步槍一千一百六枝 毛瑟洋抬槍二枝並槍架二座 子母槍一枝並槍架一座 一百磅子阿姆斯脫郎鋼快砲三尊並砲架三座 六磅子阿姆斯脫郎鋼快砲一尊並砲架一座 一百八十磅子阿姆斯脫郎砲砲架鐵轍路八副 鐵兗水雷十具 鐵兗地雷三百七十一具
	快砲子鋼殼五百六十六個 砲門銅管自來火三萬六千五百九十枝 砲門電氣自來火一千一百九十四枝 砲門銅管擦火三千四十八枝 砲門銅螺絲拉火一千七百枝 地雷銅螺絲拉火三百七十枝 黑色洋火藥二十四萬四百五十四磅 粟色洋火藥二十四萬六千六百磅 無煙洋火藥二萬四千七百磅 快利槍子藥鋼捲一百十一萬六千七百八十個 快利槍子鋼袋二十二萬二百個 哈乞開司槍子藥銅捲十三
個 四號克鹿卜砲鋼實子三十個 來福槍鉛子十一萬九千二百五十個	阿姆斯脫郎砲二百五十磅實心子七百七個 阿姆斯脫郎砲二百五十磅開花子八百四十八個 阿姆斯脫郎砲二百五十磅鋼實子一個 阿姆斯脫郎砲一百八十磅實心子九百六個 阿姆斯脫郎砲一百八十磅開花子六百四十個 阿姆斯脫郎砲一百二十磅實心子五百五十個 阿姆斯脫郎砲一百二十磅開花子二百七十五個 阿姆斯脫郎
	鍊鋼廠 無煙火藥廠 軍火棧房 辦公房 以上共大小房屋八十三間

續表

萬九千四百三十個　馬梯尼槍子藥銅捲二十八萬二千九百六十個　林明敦槍子藥銅捲九十一萬六千八百四十個　洋槍銅帽一千六百十萬五千四五十個

砲八十磅實心子二百九十九個　阿姆斯脫郎砲八十磅開花子七百八十個　阿姆斯脫郎砲八十磅鋼實子一個　快砲一百磅實心子九百七十九個　快砲一百磅開花子二百個　快砲一百磅鋼實子一百六十九個　快砲四十磅實心子七百個　快砲四十磅開花子一千三百十個　快砲四十磅鋼實子七十七個　快砲六磅實心子四十一個　快砲六磅開花子六百二個　烏理治砲一百二十磅實心子一個　烏理治砲一

續表

二十二年

造槍子機器三具　起重機器三具　抽水機器二具　汽機二具　洋槍鉄靶三具　添配各機器零件及遭各種應用器具共六

快利連珠後膛洋步槍一千三百九十六枝　二百五十磅子阿姆斯脫郎鋼膛熟鉄箍砲二尊連砲架二座　一百磅子阿姆斯脫郎鋼快砲三尊連砲架三座

快砲子銅亮一千四百八個　砲門銅管自來火五萬一百八十枝　砲門銅管擊火二千三百四十枝　砲門銅螺絲拉火三千二百枝　栗色洋火藥十九萬一千四

阿姆斯脫郎砲八百磅實心子七十四個　阿姆斯脫郎砲八百磅開花子三十二個　阿姆斯脫郎砲八百磅鋼實子九個　阿姆斯脫郎百二十磅開花子一個　烏理治砲八十磅開花子一個　克鹿卜砲一百八十磅實心子二十四個　四號克鹿卜砲實心子十二個　世邦達砲開花子五千九百二十個　銅鉄砲十二磅圓開花子二百個　劈山砲圓實心子一萬八千七百個　子母砲實心子三百三十八個　來福槍鉛子七千九百個

鍊鋼廠　汽錘房　軍大機房　辦公房　以上共大小房屋四十一間

續表

萬七千二十件
六磅子阿姆斯脫郎鋼快砲一尊並砲架一座 鐵殼水雷八具
百磅 黑色洋火藥十三萬二百磅 無煙洋火藥二萬四千磅 法蘭絨砲藥袋八百十五個 快利槍子藥銅捲九十六萬二千個 快利槍子銅袋二十一萬五千三百個 林明敦槍子藥銅捲三十二萬九千個 曼里夏槍子藥銅捲二十萬六千個 毛瑟槍子藥銅捲四十萬九百個 洋槍銅帽一千四百四十五萬粒 裝配槍子扳手機器一具
砲二百五十磅實心子六百十個 阿姆斯脫郎砲一百八十磅實心子九百九個 阿姆斯脫郎砲一百八十磅開花子一千二百三十三個 阿姆斯脫郎砲一百二十磅實心子二百八十五個 阿姆斯脫郎砲八十磅實心子一百九十八個 阿姆斯脫郎砲四十磅實心子三百五十個 快砲二百磅實心子一千二百六十七個 快砲一百磅開花子六百八十九個 快砲一百磅鋼實子四十八個 快砲四十磅實心子一

續表

二十三年	
鑽牀二具 造鋼引機器一具 敲鐵機器一具 起重機器三具 抽水機器二具 汽錘一具 汽爐一具 添配各機器	
快利連珠後膛洋步槍一千四百七十三枝 毛瑟後膛洋步槍八枝 三百八十磅子升降地阱鋼砲二尊並砲架二座 千二磅子鋼快砲七[illegible]	
快砲三磅子鋼殼一千二十八個 砲門銅管自來火四萬六百枝 砲門銅管磨火四千六百六十六枝 砲門[illegible]拉火[illegible]千五百枝	
升降地阱砲三百八十磅實心子六個 升降地阱砲三百八十磅開花子五十一個 阿姆斯脫郎砲八百磅[illegible]實子八[illegible]	千七百個 快砲四十磅開花子一千八百九十個 快砲四十磅鋼實子七十五個 快砲六磅開花子二百二十五個 烏里治砲一百二十磅實心子五個 烏里治砲八十磅實心子二百五十五個 烏里治砲四十磅實心子二百十個 三[illegible]克虜卜砲實心子五百九十個 西[illegible]克虜卜[illegible]實心子[illegible]百個
鎔鋼廠 子藥廠 烘藥房 軍火棧房 辦公房 以上共大小房屋九十三間 更樓一座	

續表

零件及造各種應用器具共六萬四千五百五十五件
架七座 三磅子銅快砲十尊並砲架十座 生鉄砲砲架十座 鉄殼水雷六十五具
黑色洋火藥一萬二十七磅 栗色洋火藥二十萬六百磅 無煙洋火藥三萬二千五百四十一磅 快利槍子藥銅捲一百二十七萬五千八百三十個 快利槍子銅捲二千五百個 快利槍藥銅捲十萬個 毛瑟槍子藥銅捲一百四十一萬八千七百五十個 毛瑟槍子銅捲四十一萬二千三百個 毛瑟槍彈銅捲六萬個 林明敦槍子藥銅捲十二萬八千個 曼里夏槍子藥銅捲二十二萬二千四百八十個 馬梯尼槍子藥銅捲一萬五千個 馬梯尼槍藥銅捲二萬個 槍子銅袋二十六萬四千三十四個 裝配槍子扳手機器六十二具 洋槍銅帽一千二百四十四
阿姆斯脫郎砲二百五十磅鋼實子八個 阿姆斯脫郎砲一百八十磅實心子三百三十個 阿姆斯脫郎砲一百八十磅開花子一千一百五十個 阿姆斯脫郎砲二百八十磅鋼實子十六個 阿姆斯脫郎砲八十磅實心子六百十個 快砲一百磅實心子一千三百個 快砲一百磅開花子一千一百個 快砲四十磅實心子二千二百個 快砲四十磅開花子二千六百九十個 快砲四十磅鋼實子一百三十三個 快砲十二磅實心子二十九個 快砲六磅實心子一千

續表

	二十四年
	壓槍子銅殼機器二具 光槍子銅殼機器二具 剪藥機器二具 抽水機器二具 汽缸一具 添配各機器零件及造各種應用器具共七萬四千六百五十件
	快利連珠後膛洋步槍一千九百八十枝 二百五十磅子阿姆斯脫郎後膛長式砲一尊並砲架一座 一百磅子鋼快砲一尊並砲架一座 四十磅子鋼快砲一尊並砲架一座 十二磅子鋼快砲五尊並砲架五座 六磅子鋼快砲四尊並砲架四座 三磅子鋼快砲三十五尊並砲架三十五座
萬三千五百粒 槍子[illegible]二百十[illegible]	快砲子銅殼四千一百三十六個 砲門銅螺絲拉火三千九百枝 砲門電氣自來火一千枝 黑色洋火藥八萬三百五十五磅 栗色洋火藥十四萬八千五百二十磅 無煙洋火藥四萬七千一百三十四磅 快利槍子藥銅捲一百四十七萬四千個 快利槍藥銅捲三萬九千個 小口徑毛瑟槍子藥銅捲三十八萬六千個
二百個 快砲六磅開花子四百個 快砲三磅實心子三十[illegible] 快砲三磅開花子二百七十[illegible] 一[illegible]砲開花子九個 四[illegible]砲實心子五百九十七個	阿姆斯脫郎砲八百磅硬實實心子十個 阿姆斯脫郎砲八百磅開花子一百十一個 升降炮快砲三百八十磅硬實實心子二百十一個 升降炮隊砲三百八十磅開花子一百六十七個 阿姆斯脫郎砲一百八十磅硬實實心子一個 阿姆斯脫郎砲一百八十磅開花
	煉鋼廠 槍子廠 水雷廠 砲廠 船廠 軍火棧房 以上共大小房屋六十五間

續表

小口徑毛瑟槍藥銅捲七萬一千個 老毛瑟槍子藥銅捲一百六十七萬八千一百三十個 老毛瑟槍藥銅捲一百二十萬個 夏里夏槍子藥銅捲十九萬六千個 槍子銅袋三十一萬一千十個 洋槍銅帽一千五百六十五萬粒 槍子銅帽八百十九萬九千五百粒 駁殼槍子扳手機器七具
子七十六個 阿姆斯脫郎砲一百八十磅銅實子十七個 快砲一百磅硬質實心子三百九十個 快砲一百磅開花子四百二十個 快砲四十磅硬質實心子四百九十個 快砲四十磅開花子九百三十個 快砲四十磅銅實子一百個 快砲十二磅實心子四十個 快砲十二磅開花子九千三百八個 快砲六磅開花子三百八十個 快砲三磅實心子四十四個 快砲三磅開花子二萬三千八百五個 克鹿卜八生的包鉛開花子二萬一千二十

續表

	二十五年
	剪藥機器四具 擣槍子銅殼機器三具 鼓鑄機器一具 汽爐汽機二具 添配各機器零件及渣各種應用器具共七萬六千三百九十九件
	快利連珠後膛洋步槍一千八百枝 小口徑後膛洋步槍二十枝 二磅子銅快砲十三尊並砲架十三座 三磅子銅快砲二十二尊並砲架二十二座 六磅子銅快砲八尊並砲架八座 十二磅子銅快砲十二尊並砲十二座 四十磅子銅快砲二尊並砲架二座 一百磅子銅快砲四尊並砲架四座 二百五十磅子阿姆斯脫郎鋼壓熟鐵箍砲一尊並砲架一座 鐵殼浮水雷二具 水雷眼二十五副
	快砲子銅殼五千五百三十四個 快砲銅帽一千四百個 砲門電氣自來火九百枝 砲門銅管自來火二萬七千枝 砲門銅螺絲拉火五千九百八枝 砲門銅管摩火二萬八千一百九十枝 小口徑毛瑟槍子藥銅捲十六萬一千七百五十個 小口徑毛瑟槍藥銅捲六十七萬四千個 老毛瑟槍子藥銅捲三百四十八萬四千個 老毛瑟槍藥銅捲六十五萬個 夏里夏槍子藥銅捲五萬九千個 曼里夏槍藥銅捲四十萬五千個 哈乞開司槍子藥銅捲六十二萬四千個 快利槍子藥銅捲七萬九千個
五個	快砲三磅實心子一千八十個 快砲三磅開花子三萬五千五百一個 快砲三生七實心子一百二十三個 快砲三生七開花子五千二十四個 快砲六磅實心子三十個 快砲六磅開花子八千三百二十六個 快砲十二磅實心子六千六百四十個 快砲十二磅開花子八千三百一個 阿姆斯脫郎砲二百五十磅實心子一百二十七個 快砲一百磅實心子三百一個
	鍊鋼廠 槍子廠 水雷廠 砲廠 船廠 軍火機房 辦公房 以上共大小房屋六十一間

續表

二十六年	
抽水機器二具 起重機器三具 汽爐汽機五具 添配各機器零件及造各種應用器具共九萬九千七百二十九件	
快利連珠後膛洋步槍一千五百四枝 毛瑟後膛洋步槍四百二十枝 二百五十磅子阿姆斯脫郎鋼膛熟鐵箍砲一尊並砲架一座 一百磅子鋼快砲三尊並砲架三座 四十磅子鋼快砲四尊並砲架四座 十二磅子鋼快砲七尊並砲架七座 六磅子鋼快砲	
快砲子銅殼一萬二千九十四個 砲門銅管自來火三萬五千二百枝 砲門電氣自來火二千一百枝 砲門銅螺絲拉火一萬七千三百枝 砲門銅管擊火四萬六千二百枝 老毛瑟槍子藥銅捲五百三十九萬七千七十個 老毛瑟槍藥銅撬一百二十	洋槍銅帽八百四十七萬四十粒 洋砲銅帽一千七百五十五萬粒 槍子銅袋二萬三千五百七十八個 黑色洋火藥十三萬五千五百磅 栗色洋火藥三萬八千二百六十磅 無煙洋火藥四萬三千五百七十磅 法蘭絨砲藥袋四千八百個 裝配槍子扳手機器四具
阿姆斯脫郎砲八百磅實心子八個 快砲四十磅實心子四百個 快砲十二磅實心子一萬四百個 快砲六磅實心子八千一百個 快砲三磅實心子一萬一千三百個 快砲三磅開花子一萬一千個 三生的快砲	
槍子廠 火藥廠 機器廠 熟鐵廠 物料棧房 辦公房 以上共大小房屋一百九十九間	

續表

二十	
煎藥機器二具	
快利連珠後膛洋步槍七十	三尊並砲架三座 三磅子鋼快砲七十八尊並砲架七十八座
快砲子銅殼一萬三千七百	一萬一千個 小口徑毛瑟槍子藥銅捲三萬二千二百十個 小口徑毛瑟槍藥銅捲五萬個 快利槍子藥銅捲一萬三千三百個 快利槍子銅捲一千八百個 快利槍藥銅撬十一萬五百個 曼里夏槍子藥銅捲六千五百個 曼里夏槍藥銅撬九萬六千個 馬梯尼槍子藥銅捲二萬九千個 槍子銅袋三萬四千四百五十個 洋槍銅帽三百六十五萬一千枝 槍子銅帽六百四十萬粒 黑色洋火藥二十三萬五千九百七十七磅 無煙洋火藥四萬八千六百十磅 裝配槍子扳手機器七具
快砲四十磅實心子八	開花子一萬一千二百個 阿姆斯脫郎砲七磅實心子二百個 阿姆斯脫郎砲七磅開花子二百個 劈山砲實心子二百個 來福槍鉛子三十八萬八千個
鍊銅廠 水雷廠	

續表

七年
春銅殼機器八具 鑽牀一具 磨刀機器一具 起重機器一具 汽機一具 添配各機器零件及各種應用器具共七萬八千九百七十七件
八枝 小口徑毛瑟後膛洋步槍一千八百八十四枝 一百磅子鋼快砲五尊並砲架五座 四十磅子鋼快砲五尊並砲架五座 十二磅子鋼快砲十四尊並砲架十四座 六磅子鋼快砲十一尊並砲架十一座 三磅子鋼快砲四十三尊並砲架四十三座
七十個 砲門銅管自來火一萬八千六百枝 砲門電氣自來火三百十枝 砲門銅螺絲拉火二千六百枝 砲門銅螺絲擊火六萬八千五百枝 老毛瑟槍子藥銅捲四百十九萬三千五百個 老毛瑟槍藥銅捲十八萬個 老毛瑟槍子銅捲一百萬個 小口徑毛瑟槍子藥銅捲九十一萬一千五百個 小口徑毛瑟槍子銅捲二百個 小口徑毛瑟槍藥銅捲十二萬一千個 快利槍子藥銅捲二百個 曼里夏槍藥銅捲四十六萬二千八百個 曼里夏槍子銅捲一萬九千二百個 洋槍銅帽二百四十萬粒 槍子銅帽一千三百十五萬粒 槍子銅絞十三
十個 快砲十二磅實心子五千八百八十個 快砲十二磅開花子二千八百個 快砲六磅實心子一萬八百二十個 快砲六磅開花子三千三百五十個 快砲三磅實心子一萬一千個 快砲三磅開花子五千八百五十個 六生的快砲開花子三千九百個 三生的快砲開花子一萬一千八百個
皮帶房 物料棧房 辦公房 以上共大小房屋四十五間 門樓一座 望台一座

續表

二十八年	
開齒輪機器二具 鋸牀一具 起重機器一具 抽水機器五具 試煤機器一具 發電機器一具 壓書機器一具 壓皮帶機器二具 汽爐一具 添配各機器零件及造各種應用器具共六萬一千五百三十一件	
小口徑毛瑟後膛洋步槍二千五百三枝 小口徑毛瑟後膛洋馬槍四枝 一百磅子鋼快砲三尊並砲架三座 四十磅子鋼快砲四尊並砲架四座 十二磅子鋼快砲二十六尊並砲架二十六座 六磅子鋼快砲八尊並砲架八座 三磅子鋼快砲五十五尊並砲架五十五座	
快砲子銅殼一萬六百個 砲門銅管擊火三萬二百五十枝 砲門銅螺絲拉火三千枝 砲門電氣自來火四千六百五十枝 小口徑毛瑟槍子藥銅捲二百五十九萬一千五百個 小口徑毛瑟槍藥銅捲五十一萬二千個 小口徑毛瑟槍子銅捲二千九百個 老毛瑟槍子藥銅捲二百九十二萬七千個 哈乞開司槍子藥銅捲五十萬個 曼里夏槍藥銅捲一百八萬一千個 曼里夏槍子銅捲一百八萬三千個	萬八千二百個 黑色洋火藥十三萬九千三百三十五磅 無煙洋火藥二萬八千三十六磅 裝配槍子扳手機器九具
快砲四十磅實心子十個 快砲十二磅開花子六千個 快砲六磅實心子一百個 快砲六磅開花子七千四百個 快砲三磅實心子二百個 快砲三磅開花子一萬八千四百個 三生七快砲開花子一萬三千六百個 六生的快砲開花子七千六百個	
機器廠 洋槍廠 鑄銅鉄廠 木工廠 廣方言館 工藝學堂 畫圖房 洋匠住房 以上共大小房屋一百五間 八角亭一座	

續表

	二十九年
	礮藥機器二具 抽水機器二具 軋銅機器一具 鎔銅爐二具 化鉄爐二具 化鉄地缸一具 添配各機器零件及造各種應用器具共七萬四千一百六十八件
	小口徑毛瑟後膛洋步槍三千六十七枝 一百磅子鋼快砲五尊並砲架四座 四十磅子鋼快砲五尊並砲架三座 十二磅子鋼快砲二十一尊並砲架十九座 六磅子鋼快砲十二尊並砲架十二座
槍子銅袋三十八萬一千一百三十個 洋槍銅帽一千三百萬粒 槍子銅帽四百七萬粒 黑色洋火藥二十二萬四千一百三十磅 無煙洋火藥五萬二千七百二十八磅 裝配槍子扳手機器十五具	快砲子銅壳一萬四千六百個 砲門銅管自來火一萬八千枝 砲門銅螺絲鑿火一萬六千一百枝 砲門電氣自來火七千二百五十枝 砲門銅螺絲拉火二千八百枝 小口徑毛瑟槍子藥銅捲二百十二萬六千八百個 小口徑毛瑟槍子銅捲五百個 小口徑毛瑟槍藥銅捲三十六萬四千個 老毛瑟槍子藥銅捲一百八十三萬七千
	快砲一百磅實心子四個 快砲四十磅實心子二十四個 快砲十二磅實心子五十個 快砲十二磅開花子一萬三千六百個 快砲六磅開花子九千八百個 快砲三磅實心子二百個 快砲三磅開花子二萬二千六百五十個 六生的快砲開花子六千五百個 克虜卜砲九磅開花子
	熟鉄廠 軍火處 廣方言館 工藝學堂 物料棧 以上共大房 小房屋十七間

五百個 老毛瑟槍藥銅捲二十五萬六千個 老毛瑟槍子銅捲四萬二千五百個 哈乞開司槍子藥銅捲七十四萬個 曼里夏槍子藥銅捲一百十五萬二百五十個 曼里夏槍藥銅捲二百二十七萬四千個 曼里夏槍子銅捲十六萬七千個 智利槍子藥銅捲三十萬三千六百二十個 快利槍藥銅捲七十個 比利槍藥銅捲十萬個 槍子銅袋五十一萬三千一百八十個 洋槍銅帽五千五百粒 槍子銅帽四百九十五萬八千二百六十粒 黑色洋火藥十五萬八千一百十四磅 無煙洋火藥四萬九千四十七磅 裝配槍子扳手
一千個 史高得砲開花子一千二百個 阿姆斯脫郎砲八百磅實心子四十四個 八生七砲開花子一百個 五生七砲開花子一千七百個

續表

續表

	三十年
	汽爐一座烘砂爐一座抽水機器二具添配各機器零件及種應用器具共六萬五千八百八十三件
	十二磅子鋼快十七號並礮架十七座小口徑毛瑟後膛兵槍三千四百八十二枝
機器三十三具黎意桅聚鋼捲十五萬個	銅管電一千七個三磅子碰火一千五百三十一個銅螺絲擊火九千九百二十二個十二磅子銅引六千八百六個銅螺絲電火二千三百六十四個平底銅擊火二十個百磅四十磅通用快礮銅引五百四十九個六磅子快礮銅引七副三磅子過山礮用銅五萬一千付銅螺絲拉火一千一百四個七生半銅引一千四百付四開花銅帽火三百四十三萬九千粒老毛瑟小銅帽火并紙餅各一百十五萬粒曼里夏小銅帽火併紙餅各一百八十萬
	八百磅阿姆斯前膛開花重彈五十一個八百磅阿姆斯前膛硬質輕彈十一個八百磅阿姆斯後膛開花輕彈十七個八百磅阿姆斯後膛硬質重彈一百個八百磅阿姆斯後膛硬質輕彈七個百磅快礮實心子七個四十磅快礮開花子四百五個四十磅快礮實心子十四個十二磅快礮開花子八千九百三十四個十二磅快礮實心子一百五十九個六磅快礮開花子四千五百八十
	鑄銅鉄廠鍊鋼廠造礮廠廣方言館巡丁卡房望台一座以上共大小房屋十六間

續表

粒比利小銅帽火併紙餅各一百八十萬八千四百粒三寸銅管自來火一萬二百枝二寸銅管自來火二千二十枝平底銅擊火七百二十枝銅管電火一百二十個銅螺絲擊火五千三百五十個快礮大銅帽火四千粒無烟礮藥二萬四千九百十三磅半黑礮藥三千六百六十四磅黑槍藥六百三十六磅棉花藥三磅六角一孔栗色藥餅二萬五百四十磅白藥三磅新毛瑟黑藥銅売十一萬七千顆老毛瑟黑藥銅売八十五萬顆曼里夏黑藥銅売五十三萬顆比利黑藥銅売四十四萬六千顆
二個六磅快礮實心子十三個三磅快礮開花子六千五百四十個三磅快礮實心子十四個二磅快礮開花子一千個劈山礮彈一萬二千八百個一寸六分口徑子母實心子三百個二十倍五生七開花子一千七百個八生七開花子一百個史高德開花子一千二百個七生半梅花餅開花子一千個小口徑無烟銅頭槍子二百三十五萬七千八百顆老毛瑟黑藥槍子三百三萬顆曼里夏無烟無烟槍子一百五十

續表

老毛瑟手扳機器一付 曼里夏扳手機器一付 比利手扳機器十二付 百磅快砲銅殼八十八個 四十磅快砲銅殼三十一個 十二磅子快砲銅殼一千十一個 六磅子快砲銅殼五百四十個 三磅子快砲銅六百七十五個 八生七快砲銅殼一百二十五個 五生七快砲銅殼一千七百個 綠鋮螺絲電火五百九十個
萬顆 智利銅頭無烟槍子四十萬顆 六門手槍子一千五百顆

輪船本廠造。

船名	寬	長	吃水	馬力	受重	年份
惠吉	二十七尺二寸	一百八十五尺	八尺有零	三百九十二匹	六百噸	同治七年
操江	二十七尺八寸	一百八十尺	十尺有零	四百二十五匹	六百四十噸	同治八年
測海	二十八尺	一百七十五尺	十尺有零	四百三十一匹	六百噸	同治八年
威靖	三十尺六寸	二百零五尺	十一尺	六百零五匹	一千噸	同治九年
海安	四十二尺	三百尺	二十尺有零	一千八百匹	二千八百噸	同治十二年
馭遠	四十二尺	三百尺	二十一尺	一千八百匹	二千八百噸	光緒元年
金甌 鐵甲船	二十尺	一百零五尺	七尺	二百匹		光緒二年
保民 鋼板船	三十六尺	二百二十五尺三寸	十四尺三寸	一千九百匹		光緒十一年

輪船本廠承修。

船名	寬	長	吃水	馬力	用煤	製造處
南琛	三十八尺四寸	二百七十七尺八寸	十五尺	二千八百匹	每點鐘一噸一千六百斤	德國
南瑞	三十八尺四寸	二百七十七尺八寸	十五尺	二千八百匹	一噸一千六百斤	德國
寰泰	三十六尺	二百六尺	十八尺	二千四百匹	一噸一千一百斤	閩廠
鏡清	三十六尺	二百六尺	十八尺	二千四百匹	一噸一千四百斤	閩廠
開濟	三十六尺	二百六十五尺	十九尺	二千四百匹	一噸一千四百斤	閩廠
龍驤	二十一尺四寸	九十二尺	七尺二寸	六十匹	四百五十斤	
虎威	四十一尺四寸	九十二尺	七尺二寸	六十匹	四百五十斤	
飛霆	二十四尺	一百尺	七尺二寸	六十六匹	百五十斤	
策電	二十四尺	一百尺	七尺二寸	六十六匹	五百五十斤	
登瀛洲	三十五尺五寸	二百零四尺四寸	十三尺	一百五十匹	一千三百四十斤	閩廠
普陀	十八尺	一百尺	九尺	五十五匹	四百十斤	

又　卷五《征繕表》

年分	同治八年
北洋	神機營 前膛馬槍一千一百桿 絲尾式前膛馬槍三百桿 北洋大臣 前膛兵槍一百桿
南洋	江蘇巡撫 十二磅火箭架二座 六磅火箭架一座 前膛洋馬槍八十桿 蘇撫標護軍營 砲門自來火五百枝 督標親兵營 砲門自來火八百枝
礮台	
兵輪	湖州 十二磅開花彈單耳銅砲一尊 砲門自來火一百枝 惠吉 十二磅開花彈單耳銅砲八尊 二十四磅開花彈一百四十個 開花彈慢藥引四百個 操江 前膛兵槍二十四桿 二十四磅開花砲彈三百九十九個 十二磅開花彈二百個 二十四磅開花彈單耳銅砲四尊 又木心慢藥引各八百個 砲門自來火四百枝 鉛子一千粒 測海 十二磅開花彈單耳銅砲
各行省	湖廣總督 前膛洋兵槍一百桿

續表

	九年
	神機營 魚尾式前膛馬槍五百桿 北洋大臣 前膛兵槍七百桿 前膛馬槍二百桿
	蘇州內軍械所 前膛兵槍一百桿 前膛馬槍一百桿 十二磅開花彈四百個 木心慢藥引各六百個 蘇撫標護軍營 砲門自來火一百二十枝 十二磅開花彈雙耳銅砲一尊 督標親兵營 十二磅開花彈雙耳銅砲四尊 揚州營 前膛兵槍五十桿
二尊 又開花彈子四百個 二十四磅開花彈單耳銅砲六尊 又開花彈四百十二個 又木心慢藥引各六百個 砲門自來火三百枝 前膛洋兵槍四十桿 槍子一千粒	操江 前膛馬槍五十桿 測海 砲門自來火六百枝 威靖 林明敦後膛馬槍六十桿 十二磅開花彈單耳銅砲二尊 二十四磅開花彈單耳銅砲十尊 又開花彈二百三十九個
	寧夏軍營 二十四磅開花彈單耳銅砲五尊 又開花彈一千七百個 十二磅開花彈雙耳銅砲五尊 又單耳銅砲二尊 又開花彈一千四百個 木心慢藥引各三千個 砲門自來火一萬一千枝 六磅十二磅火箭各三百枝 湖廣總督 十二磅開

續表

	十年	十一年
	神機營 魚尾式前膛馬槍一千一百桿 北洋大臣 前膛馬槍六百桿 天津軍械所 開花彈木心慢藥引各四千二百四十個	北洋大臣 林明敦後膛兵
	蘇撫標護軍營 砲門自來火五百枝	
	惠吉 前膛兵槍二十四桿 二十四磅開花彈五十個 又實心彈五十個 又木心五十個 威靖 開花彈木心二百個 二十四磅實心彈一百二十個 十二磅開花彈一百個	
花彈雙耳銅砲八尊 又單耳銅砲五尊 又開花彈七百個 又木心慢藥引各七百個 砲門自來火七百枝 前膛兵馬槍各二百桿 湖北轉運局 林明敦後膛馬槍一百桿	寧夏軍營 二十四磅開花彈四千個 木心慢藥引各六千個 綏遠城 來福兵槍一千五百桿 銅帽七十萬粒 洋火藥一萬五千磅	

續表

	十二年	十三年
槍四百桿又後膛馬槍五百桿	北洋大臣 林明敦後膛兵槍一千五百桿 天津軍械所 十二磅開花彈雙耳銅砲十尊又彈八百個木心慢藥引各八百個	督標親兵營 林明敦後膛兵槍一百桿
	蘇州軍裝局 十二磅實心砲彈四百個 吳淞外海水師 銅噴筒三十六個 十二磅開花生鐵砲十二尊	江甯內軍械所 林明敦後膛兵槍一千桿 一號克鹿卜實心彈三百七十個 十二磅開花彈雙耳銅砲四尊又彈四百個 二十四磅開花彈銅砲四尊又彈四百個 木心慢藥引各四百個 江甯外軍械所 林明敦後膛兵槍六百桿
	威靖 林明敦後膛兵槍六十桿 海安 十二磅開花彈單耳銅砲一尊	惠吉 二十磅來福實心彈五十個 二十四磅開花彈四百個 十二磅開花彈一百個 木心慢藥引各六百個 二十磅來福開花彈一百個 又實心彈五十個 洋火藥一百磅 測海
		巴里坤營 十二磅開花田雞銅砲二尊 開花彈二百個 木心慢藥引各二百個

續表

金陵火藥局 洋火藥一萬二千磅 蘇州軍裝局 林明敦後膛兵槍一千桿 洋火藥三萬四千磅 一號克鹿卜實心彈二百個 上海道火藥局 洋火藥八千一百磅 蘇撫標親兵營 林明敦後膛兵槍一百桿 蘇松外海水師 十二磅開花彈四百個 木心慢藥引各四百個 前膛馬槍六十桿 海澄營 十二磅開花彈雙耳銅砲二尊 又開花田雞銅砲二尊 十二磅開花彈四百個 木心慢藥引各四百個 滬軍營 林明敦後膛兵槍二百桿 武毅右軍等營
一號克鹿卜實心彈四百個 二十磅來福砲實心彈三百五十個 四十磅來福實心彈二百個 又開花砲彈九十個 十二磅開花彈一百個 二十四磅開花彈一百個 木心慢藥引各四百個 威靖 二十四磅開花砲彈四百個 三號克鹿卜實心彈三百個 又開花彈一百五十個 四號克鹿卜實心彈一百個 十八磅來福開花彈一百個 十二磅開花彈二百個 木心慢藥引各八百個 砲門自來火一千枝 海安 林明敦後膛兵槍二十桿 林明敦後膛

續表

（續前）	光緒元年
	光緒元年
	神機營 前膛馬槍一千桿 天津軍械所 十二磅
林明敦後膛兵槍二百桿 蘇松太道 十二磅開花彈雙耳銅砲二尊 又開花砲彈二十個 木心慢藥引各十個 林明敦後膛兵槍一百桿 又前膛兵槍四十桿 本局防護營 林明敦後膛兵槍四十四桿	江寧外軍械所 洋火藥七萬八千磅 蘇州軍裝局 一號克鹿卜開花彈四十個 十二磅開花彈二千六百十個
	江陰 墊砲架輪鐵軌十副 洋火藥五千磅 象山 焦山 墊砲架輪鐵軌四副
兵槍三百桿 砲門自來火三千六百枝 三號克鹿卜實心彈八百個 又三號克鹿卜開花彈三百個 洋火藥八十二磅 四號克鹿卜實心彈二百個 又四號開花彈五十個 五號克鹿卜實心彈一百個 二號小鐵殼船 六磅來福實心彈一百二十個 三號小鐵殼船 十六磅開花銅來福砲一尊 又實心彈四十個 五號小鐵殼船 過山砲實心彈六十個	惠吉 洋火藥四百磅 操江 一號克鹿卜實心彈三百個 又開花彈一
	湖南撫標防營 十二磅開花彈雙耳銅砲四尊 又開花田雞砲二尊

續表

（續前）	二年
	二年
開花砲彈二萬二千個 木心慢藥引各一千四百個 督標親兵營 十二磅開花雙耳銅砲二尊 又開花彈十個 木心慢藥引各十個	天津軍械所 林明敦子藥銅捲四十萬個 十二磅開花彈一萬個 林明敦後膛兵
木心慢藥引各四千個 洋火藥一萬七千磅 上海道火藥局 洋火藥一萬五千八百磅 滬軍營 十二磅開花彈田雞砲二尊 本局防護營 洋火藥二百磅 一號克鹿卜開花彈一百三十二個 三號開花彈五十個 林明敦後膛兵槍二十桿	兩江籌道局 林明敦子藥銅捲十一萬個 洋火藥一萬磅 蘇州軍裝局 一號克鹿卜開花彈一百個 林明敦後膛兵槍一千桿 江寧外軍械所
都天廟 墊砲架輪鐵軌二副 吳淞 墊砲架輪鐵軌八副	江陰 三號克鹿卜開花實心彈各一百個 墊砲架輪鐵軌七副 洋火藥一萬磅 烏龍山 墊砲架輪鐵軌六副
百個 三號克鹿卜實心彈一百個 又開花彈一百個 十二磅來福實心彈二百個 十八磅來福開花彈三百個 木心慢藥引各三百個 砲門自來火五百枝 測海 洋火藥六百磅 林明敦後膛兵槍十六桿 海安 洋火藥三千二百五十磅 四號小鐵殼船 十二磅開花彈單耳銅砲一尊	登瀛洲 洋火藥二千五百磅 惠吉 洋火藥一千磅 林明敦後膛兵槍七十桿 測海 洋火藥一千

	槍一千桿 督標親兵營 十二磅開花彈四十個 木心慢藥引谷四十個	洋火藥二萬八千磅 林明敦後膛兵槍一千桿 又子藥銅捲十五萬個 上海道火藥局 洋火藥二萬一千五百磅 蘇撫標親兵營 林明敦子藥銅捲九千個 本局防護營 林明敦後膛兵槍十一桿 洋火藥一千四百磅 林明敦子藥銅捲七千個 一號克鹿卜開花彈一百三十五個 又實心砲彈四百九十一個 砲門自來火五百枝 五號克鹿卜實心彈十六個		五百磅 林明敦子藥銅捲二千十六個 威靖 三號克鹿卜實心彈三百個 又四號實心彈一百個 砲門自來火一千枝 海安 砲門自來火一千五百枝 十二磅開花彈罩耳銅砲二尊 洋火藥三千磅 金甌 洋火藥一千九百二十四磅 五號克鹿卜實心彈二十八個 又開花彈十個 砲門自來火五十枝	
三年	天津軍械所 林明敦子藥銅捲二十萬個 開花彈木心慢	江寧外軍械所 洋火藥二萬磅 江寧籌防局 一號克鹿卜開花彈二百個 又實心彈二百個 三號克鹿卜開	江陰 洋火藥二萬磅 都天廟 三號克鹿卜開花彈二百四十個 又實心彈四	登瀛洲 洋火藥二千五百磅 三號克鹿卜實心砲彈一百三十三個 惠吉 洋火藥二百	

續表

	藥引谷一萬六千個	花彈五百個 又實心彈二千五百個 又四號實心彈二百個 又五號開花彈三百個 又五號實心彈六百個 烏理治一百二十磅實心彈五百個 上海道火藥局 洋火藥一萬八千磅 蘇撫標親兵營 林明敦子藥銅捲一萬二千個 本局防護營 一號克鹿卜實心彈八百八十個 林明敦子藥銅捲八千個 十二磅開花彈雙耳銅砲一尊 又開花彈十個 洋火藥二千一百磅 一號克鹿卜開花彈三百二十個 又五號開花彈五個 又五號實心彈三十個 砲門自來火五十枝 木心慢藥引谷十個	百六十七個 洋火藥一萬磅 砲門自來火五百枝 吳淞 洋火藥八千磅 砲門自來火二百枝	磅 測海 四號克鹿卜開花彈五十個 又實心彈一百個 洋火藥一千磅 砲門自來火三百枝 威靖 砲門自來火六百枝 五號克鹿卜實心砲彈一百六十二個 又開花彈五十個 海安 三號克鹿卜實心彈四百個 砲門自來火二千枝 金甌 洋火藥八百磅 五號克鹿卜開花彈十五個 又實心彈三十五個 砲門自來火七十枝	

續表

續表

四年	北洋大臣	蘇州軍裝局	吳淞	登瀛洲	
	來福兵槍四千桿 林明敦後膛槍二桿 又子藥銅捲三十萬五千四百個 十二磅銅砲開花彈二萬二千個 木心慢藥引各二萬二千個	洋火藥一萬磅 上海道火藥局 洋火藥一萬八千磅 撫標 林明敦槍子藥銅捲一萬二千個 蘇松鎮 砲門銅管自來火五百枝 本局防護營 林明敦後膛兵槍三十六桿 子藥銅捲五千個 一號克鹿卜實心彈三百十五個 又開花彈三百八十個 洋火藥一千八百六十五磅 十二磅銅砲開花彈一百三十二個 木心慢藥引各一百六十個 砲門紙管自來火一百五十枝 又銅管自來火九百枝 來福兵槍二桿	砲門銅管自來火一千八十四枝 又紙管自來火二百十枝 洋火藥一萬二千九百十八磅半 鳥理治一百二十磅實心彈二百個 又八十磅實心彈一百二十六個 來福九磅實心彈一百四十五個 五號克鹿卜實心彈八十四個 十磅鐵砲實心彈一百五十六個 又八磅實心彈九十六個	瓦瓦斯四十磅後膛鋼砲六尊 又實心彈一百二十個 又開花彈一千二百二十四個 砲門銅管自來火一千四百枝 來福兵槍二桿 銅帽二萬粒 馭遠 三號克鹿卜鋼砲十二尊 又實心彈二百個 又開花彈一百四十個 四號克鹿卜鋼砲四尊 又實心彈九十二個 又開花彈五十二個 五號克鹿卜鋼砲一尊 又實心彈四十個 又開花彈二十個 砲門紙管自來火一千六百枝 後膛兵槍二十桿 子藥銅捲三千個 洋火藥二千	

續表

五年	北洋大臣	江寧外軍械所	吳淞	靖遠	
				二百六十磅 測海 砲門銅管自來火一千三百枝 槍子藥銅捲七千五百十六個 銅帽二萬三千粒 威靖 砲門銅管自來火八千枝 第二號鐵殼船 來福兵槍五桿 小手槍一桿 槍子二百粒 銅帽二百五十個 林明敦後膛兵槍一桿 子藥銅捲一百個 洋火藥五磅 第四號鐵殼船 兵槍六桿 子藥銅捲一百個 小手槍一桿 槍子二百粒 銅帽二百八十個 洋火藥五磅 橫雲 小手槍二桿 槍子五百粒	

續表

林明敦後膛兵槍一千桿 又子藥銅捲三十五萬個
洋火藥二萬磅 蘇州軍裝局 洋火藥一萬五千磅 上海道火藥局 洋火藥二萬二千二百磅 蘇州撫標親兵營 林明敦槍子藥銅捲一萬個 蘇松鎮標營 砲門銅管自來火五百枝 本局防護營 烏理治四十磅實心彈三十九個 又開花彈十二個 林明敦槍子藥銅捲一萬二千七百個 洋火藥一千五十七磅
洋火藥二萬三千九百九十磅 五號克鹿卜實心彈一百五十六個 烏理治八十磅實心彈二十六個 又一百二十磅實心彈三百九十個 鐵砲八磅實心彈一百五十六個 又十磅實心彈三百十二個 砲門紙管自來火三百九十枝
砲架鋼軌一副 測海 洋火藥七千六百磅 砲門紙管自來火一千三百枝 林明敦槍子藥銅捲五千八百個 三號克鹿卜實心彈三百個 又開花彈八十個 來福兵槍十桿 銅帽一萬六千粒 威靖 洋火藥三千磅 銅帽一萬粒 砲門紙管自來火一千四百枝 馭遠 林明敦槍子藥銅捲一萬個 砲門紙管自來火二萬五百枝 洋火藥三千磅 四號克鹿卜開花彈一百個 又五號開花彈五十個

續表

	十六年
	神機營 來福兵槍二千桿 天津行營軍械所 林明敦槍子藥銅捲四十萬個 海防軍械所 四十磅阿姆斯脫郎鋼膛熟鐵大砲八尊 又開花彈四百個 又實心彈八百個
	籌防局 四十磅阿姆斯脫郎鋼膛熟鐵大砲八尊 又開花彈四百個 又實心彈八百個 江寧內軍械所 林明敦後膛兵槍六千五百桿 又子藥銅捲十五萬個 洋火藥四萬磅 蘇州軍裝局 林明敦後膛兵槍一千桿 又子藥銅捲十五萬個 洋火藥四萬磅 砲門銅管自來火五千枝 蘇松鎮標營 砲門銅管自來火五百枝 來福槍三十五桿 江寧提標營
	吳淞 砲門銅管自來火一千七百八十八枝 又四百個 洋火藥二萬二千二百五十七磅 烏理治一百二十磅實心彈三百三十六個 又八十磅實心彈二百十六個 五號克鹿卜實心彈一百四十四個 鐵砲十磅實心彈二百八十八個 又八磅實心彈一百四十四個
銅帽二萬粒 金陵 五號克鹿卜實心彈十二個 又開花彈十七個 砲門紙管自來火三十枝 洋火藥八百磅	第二號鐵殼船 來福兵槍四桿 銅帽五百粒 洋火藥二十磅 測海 四號克鹿卜實心彈五十個 又三號實心彈二百個 砲門紙管自來火二千五百枝 林明敦後膛兵槍六十五桿 又子藥銅捲二萬七千五百個 洋火藥五千五百磅 砲門銅管自來火二千三百枝 銅帽七萬粒 來復兵槍十桿 威靖

續表

來福兵槍九十六桿林明敦後膛兵槍二十桿又子藥銅捲四千個 江蘇撫標營 林明敦子藥銅捲三千個 上海道火藥局 洋火藥二萬一千六百磅 本局防護營 洋火藥六千四百五十二磅林明敦槍子藥銅捲五千一百個砲門紙管自來火一百枝又銅管自來火一千一百十三枝銅帽一萬四千七百四十五粒烏理治四十磅實心彈八百十個三個五號克鹿卜實心彈十二個阿姆斯脫郎一百二十磅實心彈十五個燕飛來福兵槍二桿
洋火藥八千磅林明敦後膛兵槍七十桿又子藥銅捲一萬九千個砲門紙管自來火一千五百枝又砲門銅管自來火二千一百枝五號克鹿卜開花實心彈各五十個又三號實心彈一百五十個銅帽五萬粒 馭遠 洋火藥一萬八百磅五號克鹿卜開花實心彈各二十五個又四號開花彈八十個又實心彈一百五十個又三號開花彈二百個又實心彈三百個砲門紙管自來火二千二百枝又銅管自來火二千五百枝林明敦後膛兵槍二百二十九桿又子藥銅捲

續表

	七年
	海防軍械所 一百二十磅阿姆斯脫郎鋼膛熟鐵砲四尊
	江寧提標營 銅砲十二磅開花彈二百四十個又木心慢藥引各二百四十個來福兵槍二十桿 江蘇撫標營 林明敦槍子藥銅捲一萬三千個一號克鹿卜開花彈二百個 上海道火藥局 洋火藥二萬七千八百磅 總防局兵輪支應所 洋火藥二萬磅 江寧內外軍械所 來福兵槍一千
	下關 一百二十磅阿姆斯脫郎鋼膛熟鐵炮二尊 圖山關 一百二十磅阿姆斯脫郎鋼膛熟鐵砲六尊又實心彈六十個又開花彈九十個 江陰 烏理治一百二十磅實心彈八十個又八十磅實心彈一百六十個四號克鹿卜實心彈一百五十個
四萬二千五百個銅帽十五萬粒 金甌 洋火藥三百五十磅林明敦後膛兵槍八桿 飛霆 銅帽一千粒 策電 銅帽一千粒	碰快船 林明敦後膛兵槍八十桿又子藥銅捲一萬個 澄慶 五號克鹿卜開花彈二十個又實心彈四十個又三號開花彈一百個又實心彈二百個砲門紙管自來火四百枝砲架鋼軌六副 登瀛洲 林明敦槍子藥銅捲五千個來福兵槍二

續表

桿

蘇松鎮標營　砲門銅管自來火五百枝　太湖水師　銅帽五百粒　本局防護營　洋火藥二千六十六磅　烏理治一百二十磅實心彈九個　阿姆斯脫郎一百二十磅實心彈二十七個　林明敦槍子藥銅捲一萬個　毛瑟槍子藥銅捲六千個　銅帽一萬三千粒　來福兵槍二十桿

都天廟　架砲鐵軌一副　吳淞　洋火藥二萬一千九百十一磅　烏理治二百五十磅實心彈六十二個　又一百二十磅實心彈三百九十個　又八十磅實心彈一百八十四個　四號克鹿卜實心彈六十個　又五號實心彈一百五十六個　鐵砲十磅實心彈三百十二個　又八磅實心彈一百五十六個　砲門紙管自來火五百八十五枝　又銅管自來火一千九百三十七枝　洋火藥三千三百六十六磅

桿　銅帽二千粒　第二號鐵殼船　洋火藥二千磅　銅帽五百粒　瀏海　林明敦槍子藥銅捲二萬四千五百個　砲門紙管自來火三百枝　又銅管自來火四百枝　銅帽一萬四千粒　三號克鹿卜實心彈六十個　又四號實心彈三十個　洋火藥一千四百磅　威靖　林明敦槍子藥銅捲一萬六千個　砲門紙管自來火五百枝　又銅管自來火一千枝　銅帽二萬六千粒　馭遠　砲門紙管自來火一千八百枝　又銅管自來火二千枝　銅帽十二萬

續表

粒　林明敦槍子藥銅捲四萬一千個　洋火藥二千六百磅　金甌　四號克鹿卜實心彈二十個　又三號實心彈五個　砲門銅管自來火五十枝　洋火藥五十磅

八年海防軍械

所　阿姆斯脫郎一百二十磅熟鐵砲五尊

蘇州軍裝局　洋火藥六萬四千磅　一號克鹿卜開花彈二百個　江寧軍械所　洋火藥四萬磅　蘇松鎮標營　來福兵槍三十二桿　砲門銅管自來火五百枝　籌防局兵輪支應所　阿姆斯脫郎十二磅開花彈五百個　砲門銅管自來火四千七百五十枝　砲藥袋九百個

下關　阿姆斯脫郎一百二十磅開花彈三十個　又實心彈六十個　獅山關　阿姆斯脫郎一百二十磅鋼膛熟鐵砲二尊　又開花彈九十個　實心彈二百四十個　象山　四號克鹿卜實心彈五十個　江陰　烏理治一百

澄慶　砲門紙管自來火九百枝　五號克鹿卜開花彈二十個　又實心彈十個　三號克鹿卜開花彈八十個　又實心彈四十個　瀏海　洋火藥一千磅　砲門銅管自來火一千三百枝　林明敦槍子藥銅捲一萬二千個　銅帽二萬二千粒

續表

洋火藥二萬六千磅 上海道火藥局 洋火藥二萬九千四百磅 江蘇撫標營 林明敦槍子藥銅捲三千個 本局防護營 洋火藥一千五百四十磅 阿姆斯脫郎一百二十磅實心彈十五個 又八十磅實心彈十二個 烏理治二百五十磅實心彈三個 砲門銅管自來火一百九十枝 又電信自來火十二枝 銅帽一萬二千粒 來福槍三百三十桿 格林砲一尊 一號克鹿卜後膛鋼砲二尊 一號博洪砲一尊

二十磅實心彈二百個 又八十磅實心彈一百五十個 三號克鹿卜實心彈一百個 又四號實心彈三百五十個 洋火藥二萬六千磅 吳淞 烏理治二百五十磅實心彈四十五個 又一百二十磅實心彈二百七十個 又八十磅實心彈一百六十二個 五號克鹿卜實心彈一百八個 又四號實心彈五十四個 鐵砲十磅實心彈二百十六個 又八磅實心彈一百八個 砲門紙管自來火四百五枝 又銅管自來火八百九十四枝 洋火藥一萬六千九百九十五磅 毛瑟槍子藥

威靖 五號克鹿卜實心彈二百個 砲門紙管自來火三百枝 又銅管自來火一千一百枝 林明敦槍子藥銅捲九千六百個 銅帽二萬七千粒 洋火藥二千磅 馭遠 洋火藥七千磅 砲門紙管自來火六百枝 又銅管自來火九百枝 銅帽十一萬粒 林明敦槍子藥銅捲二萬四千個 第二號鐵殼船 洋火藥四十磅 金甌 三號克鹿卜實心彈十三個 又四號實心彈十二個 洋火藥四十磅 砲門銅管自

銅捲三萬三千個

來火十枝

九年

行營軍械所 裝配毛瑟槍器具十副

南洋大臣 必利槍五桿 林明敦槍子藥銅捲一千個 江寧內外軍械所 劈山砲一百八尊 又實心彈五千六百個 砲門銅管自來火六千九百枝 上海道火藥局 洋火藥二萬六千四百磅 鎮防局 黃火藥一萬磅 洋火藥二萬磅 六生的過山快砲四尊 又開花彈一千二百個 沙不乃爾彈子八百個 砲門銅管自來火二千枝 阿姆斯脫郎八十磅大砲五尊 又開花彈四十個 又實心彈一百個 蘇松鎮標營 生鐵砲十尊 來福兵槍二十九桿 砲門銅管自來火五百枝

焦山 砲門銅管自來火一千四百枝 又紙管自來火一千四百枝 三號克鹿卜開花彈五百個 又實心彈二百個 象山 四號克鹿卜開花彈二百個 又實心彈一百個 三號克鹿卜開花彈三百個 圌山關 阿姆斯脫郎一百二十磅開花彈二百十個 又實心彈一百五十一個 下關 烏理治一百二十磅開花彈二十個 又實心彈三十個 阿姆斯脫郎一百二十磅開花彈四十個

鈞和 阿姆斯脫郎四十磅開花彈三十個 又實心彈五十個 銅砲二十四磅開花彈二百二十個 又木心一百八十二個 林明敦後膛兵槍二十桿 又子藥銅捲四千個 砲門銅管自來火二百五十枝 銅帽一千粒 馭遠 五號克鹿卜開花實心彈各二十五個 又四號開花實心彈各一百七十五個 又三號開花實心彈各三百個 砲門紙管自來火七百枝 又銅管自來火二百枝 林明敦槍子藥銅捲一萬個 銅帽八萬粒 洋火藥四千磅

兩廣總督 鐵殼沉雷六十個 雷線六十條

續表

續表

本局防護營 劈山砲實心彈三十個 洋火藥二千九百八十六磅 阿姆斯脫郎八十磅實心彈二十一個 又四十磅實心彈三個 又一百二十磅實心彈九個 林明敦後膛兵槍二百桿 又子藥銅捲三萬二千個 砲門銅管自來火二百八十七枝 來福鉛子四千個 毛瑟前子藥捲捲一百九十個 馬梯尼槍子藥銅捲五百個 銅帽十二萬二千粒
又實心彈七十一個 五龍山 三號克鹿卜開花彈四十個 銅引一百五十副 吳淞 烏理治一百二十磅實心彈三百六十個 又八十磅實心彈二百十六個 五號克鹿卜實心彈二百十六個 又四號實心彈十八個 阿姆斯脫郎二百五十磅實心彈七十二個 又八十磅實心彈五十四個 鐵砲十磅實心彈二百八十八個 八磅實心彈一百四十四個 砲門紙管自來火五百三十九枝 洋火藥一萬一千五百七十四 砲門銅管自來火一千七
威靖 五號克鹿卜實心彈五十個 又三號實心彈一百個 砲門紙管自來火三百枝 又銅管自來火五百枝 銅帽三萬粒 洋火藥三千磅 測海 四號克鹿卜實心彈六十個 又三號實心彈一百個 紙管砲門自來火六百枝 又銅管自來火九百枝 銅帽二萬粒 林明敦槍子藥銅捲一萬六千個 洋火藥一千四百磅 開濟 砲門紙管自來火二千枝 金甌 砲門紙管自來火五百五十枝 洋火藥一千八百磅 克鹿卜四號開花彈三百

續表

	十年
	天津軍械所 阿姆斯脫郎一百二十磅開花彈一千個 又四十磅開花彈六百個 又實心彈四百個
	江西撫標營 林明敦後膛兵槍六百桿 又子藥銅捲二十萬個 撫標選軍營 十二磅開花雙耳銅砲二尊 開開花彈二百個 木心慢藥引各二百個 毛瑟後膛兵槍二百桿 又子藥銅捲四萬個 江蘇巡撫 電線三英里 蘇松鎮標練兵新營 海澄營 劈山砲四尊 砲門銅管自來火九百枝
百八十八枝 江陰 裝配毛瑟槍彈藥器具六副	江陰 三號四號克鹿卜實心彈各三百個 烏理治一百二十磅開花彈三百個 洋火藥六萬四千磅 林明敦後膛兵槍一千四百桿 毛瑟槍子藥銅捲四十萬個 阿姆斯脫郎一百二十磅開花彈一百八十個 又實心彈二百三十個 吳淞 阿姆斯脫郎二百五十磅開花實心彈各五十個 又八十磅實心彈一百個
二十四個 又實心彈四十八個 又三號開花彈二十七個 又實心彈五十八個 林明敦後膛兵槍二十桿 又子藥銅捲二千個 來福兵槍二十桿 銅帽二千粒	南琛 毛瑟後膛兵槍一百八十桿 又子藥銅捲五萬個 來福兵槍一百四十桿 砲門銅管發火一千枝 阿姆斯脫郎一百八十磅實心彈一百個 南瑞 來福兵槍一百四十桿 砲門銅管發火一千枝 阿姆斯脫郎一百八十磅實心彈一百個 登瀛洲 林明敦槍子藥銅捲三千個
	廣西定邊軍 士乃得槍子藥銅捲七十萬個 福建巡撫 阿姆斯脫郎八十磅砲七尊 砲門銅管自來火四百枝 阿姆斯脫郎八十磅開花實心彈各三百五十個 閩浙總督 林明敦後膛兵槍二千桿 又子藥銅捲八十萬個 鐵殼水雷

續表

來福兵槍二百八十桿 十二磅銅砲四 開花彈一百個 又木心慢藥引各二百個

督標練軍營
毛瑟後膛兵槍一百桿 又子藥銅捲二萬個

督標仁義忠信及親兵前後營
洋火藥六千四百磅 銅帽三十二萬粒

督標恪靖營
十二磅開花雙耳銅砲二尊 又圓開花彈二百個 又木心慢藥引各二百個 毛瑟後膛兵槍一百五十桿 又子藥銅捲三萬個 砲門銅管自來火三百枝

督標南宇營
來福兵槍三百七十桿 小洋槍二十桿 又子藥銅捲一千個 銅帽九萬粒 來福槍鉛子五千粒

又圓十磅開花實心彈各一百五十個 烏理治一百二十磅實心彈三百五十個 又開花彈二百個 又八十磅開花實心彈各一百五十個 五號克鹿卜開花實心彈各一百個 砲門紙管自來火五百八十五枝 又銅管自來火九千八百三十七枝 洋火藥五萬三千二百五十九磅 鐵殼水雷二十具 阿姆斯脫郎四十磅鋼膛砲六尊 三十二磅生鐵砲七尊 又五磅圓開花實心彈各三百個 又八磅圓開花實心彈各四百個 又十磅圓開花實心彈各五十個 又十二磅圓開花實心彈各五百個 又二十四磅

砲門銅管自來火三千枝

靖遠
林明敦後膛兵槍二十桿 來福兵槍一百二十桿 銅帽五萬粒 砲門銅管自來火三百枝

金甌
林明敦後膛兵槍十五桿 又子藥銅捲六千個 來福兵槍十五桿

馭遠
砲門紙管自來火九百枝 又銅管自來火三百枝 砲門銅螺絲拉火一千一百枝 五號克鹿卜後膛砲一尊 又實心彈一百個 洋火藥二千磅 銅帽十六萬粒 毛瑟後膛兵槍二百五十桿 又子藥銅捲四萬個 哈乞開斯砲二尊 又開花彈二

二十具 電線六英里

臺灣海防軍械所
八十磅子阿姆斯脫郎砲四尊 又開花彈七十個 又實心彈一百八十個 三號克鹿卜後膛砲四尊 又開花彈七百二十個 又實心彈一百八十個 鋼鐵砲路鐵各四副 安配砲位器具四副 銅帽二千粒 砲門銅管紙管自來火各二千枝

臺實總營
林明敦子藥銅捲五十萬個

續表

洋火藥一千五百磅

馬步水陸軍總統
洋火藥四萬四千磅 毛瑟後膛兵槍四百桿 又子藥銅捲四萬個 來福兵槍一千七百桿 銅帽二百二十萬粒

督標營務處
毛瑟槍子藥銅捲三萬粒

提標水師營
林明敦後膛兵槍一百桿 又子藥銅捲一萬個 洋火藥二百磅

新兵營
銅砲十二磅圓開花彈二百個 木心慢藥引各二百個

水師南澳營
洋火藥一百磅 銅帽一萬粒

淮揚鎮
毛瑟槍子藥銅捲八萬個 銅帽三十萬粒

蘇州軍裝局
洋火藥五萬磅 銅帽一百萬粒

圓開花實心彈各一百五十個 又六十四磅圓開花實心彈各五十個 又開花彈木心慢藥引各一千四百五十個

都天廟
五號克鹿卜實心彈一百個

焦山
烏理治一百二十磅實心彈二十個

圌山關
阿姆斯脫郎一百二十磅開花彈三十個 又實心彈一百二十個 又八十磅開花彈四十個 又實心彈一百六十個

象山
三號克鹿卜開花彈五十個 又實心彈一百個

百個 那鷹飛砲四尊 又銅子鉛子各二百個

威靖
五號克鹿卜開花彈六十個 又三號開花彈一百三十個 銅砲十二磅圓開花彈四百八十個 林明敦槍子藥銅捲一萬一千個 洋火藥七千六百磅 砲門銅管自來火八百枝 銅帽二萬粒

測海
四號克鹿卜開花彈六十個 又實心彈二百四十個 又一號開花彈一百二十個 銅砲十二磅開花彈二百四十個 又木心慢藥引各二百四十個 洋火藥五千五百磅 林明敦後膛兵槍八桿

續表

江寧內外軍械所

洋火藥五萬磅 砲門銅管自來火一萬二千二百枝 劈山砲圓實心彈二千個 銅帽四百萬粒

籌防局

林明敦後膛兵槍三千十桿 又子藥銅捲二百六十三萬五千個 砲門紙管自來火八千枝 又銅管自來火四千九百枝 洋火藥十四萬九千磅 五號克鹿卜開花彈一百三十個 又實心彈一百十個 三號克鹿卜開花實心彈各三百三十個 阿姆斯脫郎一百二十磅砲四尊 又開花實心彈各二百個 又四十磅開花實心彈各三百九十二個 又八十磅實心彈一千二百二十五個 四號克鹿卜開花彈四十個

又子藥銅捲六千個 砲門銅管自來火一千五百枝 銅帽一萬粒 來福兵槍七十八桿

開濟

砲門銅管自來火一百枝 來福兵槍六千桿

續表

又實心彈五十個 烏理治八十磅實心彈三千二百個 又四十磅實心彈三千九百五十個 又開花彈二千六百個 毛瑟後膛兵槍一百八十桿 又子藥銅捲五萬個 來福兵槍一百桿 銅帽四萬四千粒 五門亮治砲二尊 又彈九百九十個 小手槍子藥銅捲一千個 士乃得槍子藥銅捲三十萬個

兵輪支應所

四號三號克鹿卜開花彈各二十個 砲門電信自來火二百枝 小手槍二桿 又子藥銅捲一百個

上海道火藥局

洋火藥二萬八千磅

本局防護營

續表

林明敦後膛兵槍八十四桿又子藥銅捲四萬五千五百八十二個洋火藥八千二百六十四磅阿姆斯脫郎一百二十磅實心彈二十一個又八十磅實心彈二十四個又開花彈一百個又四十磅實心彈一百十五個又開花彈一百個一號克鹿卜實心彈一百十五個又開花彈五十個二十磅來復開花彈二十六個又實心彈二十四個又鉛子一百個砲門銅管自來火一千九十五枝鐵水雷二具鐵殼浮雷一具阿姆斯脫郎八十磅砲三尊又四十磅砲一尊劈山砲圓實心彈十八個銅帽十九萬四粒來福兵槍四十

續表

	十一年
八桿毛瑟後膛兵槍十四桿又子藥銅捲一千二百個五門克治砲彈十個格林砲彈二千個小手槍八桿又子藥銅捲一千個	蘇州軍裝局 克鹿卜三號開花彈一千個又一號開花彈八百個又實心彈二百個砲門銅管自來火五千枝 籌防局 林明敦後膛兵槍一千桿又子藥銅捲五十五萬一千個砲門銅管自來火二百枝銅螺絲拉火五百枝阿姆斯脫郎四十磅開花實心彈各六百四十八個又二十六噸大砲開花彈二百個三十八噸大砲開花彈二百個來福兵槍三十二桿
	圌山關 阿姆斯脫郎一百二十磅開花彈一百個又實心彈一百十個砲門銅管自來火三百十枝 吳淞 劈山砲二尊又實心彈七千九百十個砲門銅管自來火一萬六百七十一枝洋火藥五萬四千三百五十八磅法蘭絨砲藥袋三千三百七十四個阿姆斯脫郎二百五十磅開花實心彈各三十六個又八十磅開花實心彈各
	開濟 克鹿卜二百二十磅實心彈二十個砲門銅螺絲拉火五百枝 南琛 南瑞 阿姆斯脫郎一百八十磅實心彈各六十個 保民 洋火藥七百五十磅克鹿卜十二生的後膛鋼砲六尊又開花彈一百四十六個又實心彈一百四十二個又十五生的鋼砲一尊又十七生的鋼砲一尊又十五生的十七生的開花彈各四十
	福建海防軍械所 毛瑟槍子藥銅捲二十萬個 浙江巡撫 阿姆斯脫郎八十磅砲一尊又開花彈七百五十個又實心彈五十個又一百二十磅開花彈一百個三號克鹿卜開花彈二百個八十磅砲鐵路一副砲門銅管自來火一百二十枝 福建 毛瑟槍子

續表

銅帽一千粒

江寧內外軍械所
洋火藥三萬磅
生鐵砲四十三尊
銅帽一萬粒

督標親軍各營
毛瑟槍子藥銅捲一萬一千個
洋火藥八千磅
鐵暁筒四十個
砲門銅管自來火九千枝

蘇松鎮練兵等營
砲門銅管自來火一千七百枝

淮揚鎮合字營
黎意槍子藥銅捲二百個
鐵槍靶四副

上海道火藥局
洋火藥二萬六千四百磅

本局防護營
林明敦槍後膛兵槍四十桿
又子藥銅捲三萬六千五百個
銅帽二十四萬七千粒
洋火藥三千七百六十磅
來福兵槍十一桿
又鉛子七百粒
毛瑟槍子藥銅捲一千一百個
小手槍六桿

三十六個
烏理治一百二十磅開花實心彈各一百八十個
又八十磅開花實心彈各一百八十個
五號克鹿卜開花實心彈各七十二個
砲門銅螺絲拉火一百枝
二百五十磅彈鐵砲路一副

象山
烏理治一百二十磅開花彈三十個
又實心彈五十個
克鹿卜五號開花彈六十個
又實心彈一百個
又四號開花彈一百個
又實心彈一百六十個
又三號開花彈一百十個
又實心彈二百個
阿姆斯脫郎實心彈一百個

部天廟
烏理治八十磅開花彈三十個

六個
又實心彈各四十二個
砲門銅螺絲拉火一百三十枝

測海
林明敦槍子藥銅捲六千個
銅帽一萬粒
洋火藥一千五百磅
四號克鹿卜實心彈二十個
又三號實心彈四十個
砲門紙管自來火四百枝
又銅管自來火四百枝
銅帽一萬粒

威靖
砲門紙管自來火二百枝
又銅管自來火七百枝
銅帽一萬粒

藥銅捲二萬八千二百個
黎意槍子藥銅捲四萬個
鐵殼龍雷十具

續表

十二年

又子藥銅捲三百個

督標親兵慶字等營
劈山砲圓實心彈二千八百八十個
砲門銅管自來火一萬二千八百八十枝
洋火藥一千二百磅

撫標遇軍營

又實心彈六十個
克鹿卜三號實心彈一百五十個
又五號實心彈一百個
又開花彈五十個

焦山
烏理治一百二十磅實心彈一百個
三號克鹿卜實心彈二百個

江陰
阿姆斯脫郎一百二十磅砲四尊
又鐵砲路四副
又開花彈三百個
又實心彈一百個
砲門銅管自來火六百枝

吳淞
阿姆斯脫郎二百五十磅開花彈二十四個
又實心彈七十二個
又八十磅開花彈二十四個
又實心彈七十二個
烏理治一百

開濟
砲門銅管自來火一千枝
又銅螺絲拉火五百枝

保民
洋火藥一萬四千磅
銅帽一萬五千粒
來福兵槍一百六桿

廣西提督
開花彈銅引五千副

毛瑟後膛兵槍一百桿又子藥銅捲一萬個 金陵督捕滬軍營 毛瑟槍子藥銅捲一萬二千個 蘇松鎮標練兵營 外海水師左營 砲門銅管自來火一千七百枝 淞防局 洋火藥二萬五千磅克鹿卜四號實心彈六百七十五個又開花彈二十五個又三號實心彈四百四十個又五號實心彈一百五個又開花彈二十五個阿姆斯脫郎一百二十磅實心彈二百九十個又開花彈四十個又八十磅實心彈二百個又四十磅實心彈五百十三個又開花彈四百五十四個烏理治一百二十磅實心彈二百八十個又八十磅實心
二十磅開花彈一百二十個又實心彈三百六十個又八十磅開花彈七十二個又實心彈二百十六個五號克鹿卜開花彈四十八個又實心彈一百四十四個砲門銅螺絲拉火三百六十六枝又銅管自來火三千五百六十八枝洋火藥三萬三千四百八十八磅法蘭絨砲藥袋一千六百三十二個
又子藥銅捲三千個小手槍三十桿砲門銅螺絲拉火七百枝 瀏海 銅帽四千粒砲門紙管自來火五百枝又銅管自來火一千一百枝

十三年	
海防軍械所 一號克	
督標親兵應字營 驍山砲四實心彈二千三百四十個	彈一百八十個砲門銅螺絲拉火二百個 江甯炳軍械所 洋火藥一萬一千二百磅 蘇州軍裝局 一號克鹿卜實心彈一千個又開花彈二百個 上海道火藥局 洋火藥二萬六千四百磅 本局防護營 林明敦後膛兵槍三桿又子藥銅捲四萬六千個來福鉛子一萬個洋火藥五千二百八十磅銅帽二十七萬五千粒阿姆斯脫郎八十磅實心彈六個電線五里砲門銅管自來火二千枝又銅螺絲拉火八十八枝四號克鹿卜實心彈十八個又五號實心彈十二個
吳淞 阿姆斯脫郎二百五十磅實心彈七十	
瀏海 砲門紙管自來火六百枝又銅管自來	
臺灣海防營 開花彈木心幔藥引各一萬五	

鹿卜開花彈三十個　阿姆斯脫郎一百八十磅大砲四尊　又鐵砲路四副　又實心彈四百個　又開花彈二百個　砲門銅管擊火八百枝

砲門銅管自來火二千三百四十枝　洋火藥九百七十五磅

撫標遲軍營

洋槍鐵靶一具

蘇松鎮練兵營外海水師等營

砲門銅管自來火一千七百枝

金陵督捕護軍營

毛瑟槍子藥銅捲一萬三千個

籌防局

威都准七十磅開花彈五十個　林明敦槍子藥銅捲五十萬二千個　毛瑟槍子藥銅捲一百四十萬個　士乃得槍子藥銅捲二千個　銅帽二千粒　洋火藥四萬磅　烏理治一百二十磅實心彈十四個　阿姆斯脫郎四十磅實心彈一百八個　又開花彈五十四個　又一百二十磅實心彈二百個　克鹿卜三號實心彈二十七個

七個　又八十磅實心彈七十七個　烏理治一百二十磅實心彈三百九十個　又八十磅實心彈二百三十四個　五號克鹿卜實心彈一百五十六個　洋火藥四萬一千六十七磅　法蘭絨砲藥袋一千四百四個　砲門銅螺絲拉火二百三十四枝　又銅管自來火一千二百六十枝

都天廟

烏理治八十磅實心彈二十個　克鹿卜三號實心彈一百九十二個　又五號實心彈七十個

象山

克鹿卜三號實心彈一百五十四個　又四號五號實心彈各四十八個

火一千六百枝　銅帽三萬粒　洋火藥一千五百磅

威靖

砲門紙管自來火一千三百枝　又銅管自來火一千三百枝　銅帽四萬二千粒　砲門銅螺絲拉火四百枝

登瀛洲

林明敦槍子藥銅捲五千個

南琛　南瑞

阿姆斯脫郎四十磅實心彈各二百個

保民

砲門銅螺絲拉火二百枝

金甌

毛瑟後膛兵槍十八桿　又子藥銅捲二千個

龍驤

來福兵槍二桿

千個

續表

又五號實心彈二百個　砲門銅螺絲拉火九百枝　來福兵槍十六桿　又銅管自來火五百枝

蘇州軍裝局

砲門銅管自來火五千枝

上海道火藥局

洋火藥四千四百磅

本局防護營

砲門銅管自來火六千六百六十枝　又紙管自來火十枝　又銅螺絲拉火十二枝　洋火藥二萬三千四十磅　林明敦槍子藥銅捲六萬三千個　克鹿卜三號實心彈三十個　又四號實心彈三個　阿姆斯脫郎一百八十磅實心彈四十個　又八十磅實心彈三個　砲門銅螺絲拉火八十枝　銅帽十二萬一千粒　砲門銅管擊火

烏理治一百二十磅八十磅實心彈各二十二個

象山關

阿姆斯脫郎一百二十磅實心彈一百九十二個　又八十磅實心彈四十八個

續表

續表

		七十八枝			
十四年	海防軍械所 一號克鹿卜開花彈一萬個	老湘合字營 洋槍鐵靶一具 金陵護軍營標慶字等營 劈山砲開實心彈一千八十個 砲門銅管自來火一千八十枝 洋火藥四百五十磅 毛瑟槍子藥銅捲一萬二千個 蘇松鎮練兵營 砲門銅管自來火一千二百枝 蘇州軍裝局 一號克鹿卜開花彈一千個 洋火藥十萬磅 籌防局 毛瑟槍子藥銅捲四萬個 林明敦槍子藥銅捲四千個 洋火藥一萬七千磅 砲門銅管擊火二千二百枝 又銅螺絲拉火八百枝 又銅管自來火四百枝 上海道火藥局 洋火藥二萬六百磅	吳淞 阿姆斯脫郎二百五十磅八十磅實心彈各三十六個 烏理治一百二十磅實心彈一百八十個 又八十磅實心彈一百八個 五號克鹿卜實心彈七十二個 砲門銅螺絲拉火一百八枝 又銅管自來火一千八十枝 洋火藥三萬七千一百七十四磅 法蘭絨砲藥袋六百四十八個 圌山關 阿姆斯脫郎一百二十磅實心彈一百九十二個 又八十磅實心彈九十六個 焦山 烏理治一百二十磅實心彈五十個	南琛 士乃得槍子藥銅捲一千五百個 登瀛洲 阿姆斯脫郎八十磅砲一尊 四號克鹿卜開花彈五十個 又實心彈七十個 砲門銅螺絲拉火二百枝 測海 砲門銅管自來火九百枝 又銅螺絲拉火九百枝 威靖 砲門銅管自來火一千三百枝 銅帽三萬粒 洋火藥一千磅	

續表

		本局防護營 毛瑟後膛兵槍二百五十桿 又子藥銅捲一萬九十個 砲門銅管擊火一百六十枝 林明敦槍子藥銅捲一萬六千一百二十個 銅帽三萬五千五百粒 洋火藥九千六百七十二磅 阿姆斯脫郎一百二十磅實心彈十三個 又八十磅實心彈六個 砲門銅管自來火一千十枝 又銅螺絲拉火十四枝	都天廟 三號克鹿卜實心彈一百四十四個 五號實心彈九十六個 象山 克鹿卜三號四號五號實心彈各四十八個 烏理治一百二十磅八十磅實心彈各二十四個		
十五年	神機營 發伊犂 馬槍一千桿	[illegible]營標慶字等營 劈山砲開實心彈一千八十個 砲門銅管自來火七千八十枝 洋火藥四百五十磅 蘇松鎮練兵營外海水師各營 砲門銅管自來火一千二百枝 銅帽一千粒 洋火藥二十磅 蘇州軍裝局 銅帽二百萬粒	吳淞 阿姆斯脫郎二百五十磅八十磅實心彈各三十六個 烏理治一百二十磅實心彈一百八十個 又八十磅實心彈一百八個 五號克鹿卜實心彈七十二個 砲門銅螺絲拉火一百八枝	測海 砲門銅螺絲拉火三百枝 又銅管自來火一千枝 銅帽一萬五千粒 洋火藥一千磅 威靖 砲門銅管自來火九百枝 銅帽五千粒 洋火藥一千磅	

籌防局

砲門銅管擊火六百五十枝　又銅螺絲拉火一百五十枝　三號克鹿卜實心彈五十個　又五號實心彈一百十六個　又開花彈三百個　洋火藥一萬五千磅　阿姆斯脫郎一百二十磅開花彈四百個　又實心彈一千個　烏理治一百二十磅開花彈三百個　又實心彈四百個　砲門銅管自來火一千枝　黎意槍子藥銅捲一萬粒　銅帽二萬粒　格林砲彈二十個

江寧納軍械所

銅帽五十萬粒

上海道火藥局

洋火藥四萬一千八百磅

長江水師軍火局

洋火藥二十一萬三千二百八十磅

又銅管自來火一千八十枝　洋火藥二萬七千一百七十四磅　法蘭絨砲藥袋六百四十八個

圓山關

阿姆斯脫郎·一百二十磅實心彈三百五十九個　又八十磅實心彈一百四十四個

焦山

烏理治一百二十磅實心彈四十八個　三號克鹿卜實心彈三百三十六個

都天廟

三號克鹿卜實心彈七十二個

象山

三號克鹿卜實心彈四十八個　又五號實心彈四十八個　烏理治一百二十磅實心彈二十四個

續表

十六年

神機營

發伊犂

前膛馬槍一千桿

威海衛營

阿姆斯脫郎一百八十磅砲二尊

本局防[illegible]營

二號克鹿卜開花彈四個　又四號實心彈三個　砲門銅管自來火三千八十八枝　銅帽六萬四千粒　洋火藥四千九百四十七磅　阿姆斯脫郎一百二十磅實心彈十八個　又九磅實心彈二個　又七磅實心彈五個　又八十磅實心彈十二個　砲門銅螺絲拉火三十枝　黎意槍子藥銅捲五百個　毛瑟槍子藥銅捲八千五百個　小手槍子藥銅捲一百個　馬槍二桿

暨金陵護軍營

毛瑟槍子藥銅捲一萬三千個

督標中營

忠字慶字營

老湘合字營

洋槍鐵靶四具　砲門銅管自來火一千二百六十枝

吳淞

五號克鹿卜實心彈七十二個　阿姆斯脫郎二百五十磅實心彈四十八個　又八十磅實心彈三十六個　烏理治一百二十磅實心

威靖

砲門銅管自來火五百枝　又紙管自來火五百枝　銅帽一萬粒

廣西邊防營

三號克鹿卜後膛鋼砲四尊　又開花彈二千個　二號克鹿卜開花彈二千個　又後膛鋼砲二尊

續表

又開花
實心彈
各二百
個
天津海防
營
二號克
鹿卜開
花彈八
千六百
個

洋火藥五萬二
千五十五磅
外海水師六營
林明敦後膛兵
槍六十桿
來福兵槍九十
八桿
又子藥銅捲一
萬二千個
蘇松鎮標右營海
澄練兵等營
來福兵槍二百
十七桿
砲門銅管自來
火一千二百枝
狼山鎮
江寧提標營
來福兵槍二百
二十桿
裡河水師南北營
來福兵槍一百
六十八桿
籌防局
阿姆斯脫郎一
百二十磅砲一
尊
又生鐵砲跡二
副
又二百五十磅
砲四尊
砲門銅管自來
火三千二百枝
黎意槍子藥捲
一萬個
銅帽二萬八千
粒
格林砲彈四十

彈一百八十
個
砲門銅螺絲
拉火二百三
十四枝
又銅管自來
火二千三百
四十枝
烏理治八十
磅實心彈一
百八十個
洋火藥五萬
六百五十七
磅
法蘭絨砲藥
袋一千二百
九十六個
闔山關
阿姆斯脫郎
一百二十磅
實心彈三百
九十二個
又八十磅實
心彈二百八
個
都天廟
五號克鹿卜
實心彈一百
四個
又三號實心
彈一百五十
六個
象山
三號四號五
號克鹿卜實
心彈各五十
六個
江陰
三號克鹿卜
實心彈三百

萬二千個
過山快砲六尊
又開花彈一萬
個
林明敦後膛兵槍
槍一百二十桿
又子藥銅捲一
萬二千個
砲門銅螺絲拉
火六百枝
又銅管拉火七
百枝
二百二十磅克
鹿卜開花彈五
十個
江寧軍械所
銅帽五百萬粒
蘇州軍裝局
銅帽二百萬粒
上海道火藥局
洋火藥一萬三
千二百磅
本局防護營
洋火藥九千一
百六十七磅
砲門銅管拉火
三百五十五枝
毛瑟槍子藥銅
捲二萬二千二
百五十個
銅帽十七萬三
千粒
阿姆斯脫郎一
百八十磅實心
彈二十二個
又開花彈十五
個
又八十磅實心
彈十四個

三十個
烏理治一百
二十磅實心
彈一百八十
個
又實心彈一
百二十個
洋火藥三萬
磅
焦山
烏理治一百
二十磅實心
彈四十八個

續表

		又銅帽子二個 砲門銅螺絲拉火二十八枝 黎意槍子藥銅捲二百七十個 砲門銅管自來火三千五十枝			
十七年		金陵親軍營 毛瑟槍子藥銅捲一萬二千個 蘇松鎮練兵營 砲門銅管自來火六百枝 督標慶字營 洋火藥四百五十磅 長江水師火藥局 洋火藥四十五萬磅 籌防局 砲門銅管擊火一千一百枝 又銅管自來火一千一百枝 黎意槍子藥銅捲一萬個 洋火藥一萬五千磅 過山砲六磅開花彈一萬個 砲門銅螺絲拉火二百枝 小手槍子藥銅捲三千個 江寧納軍械所 銅帽一千萬粒 蘇州軍裝局	吳淞 阿姆斯脫郎二百五十磅一百八十磅實心彈各十個 砲門銅管擊火二百四十枝 洋火藥三萬一千六百七十四磅 圌山關 阿姆斯脫郎一百二十磅實心彈九十六個 又八十磅實心彈四十八個	威靖 砲門銅管自來火九百枝 測海 砲門銅螺絲拉火二百枝	廣西邊防營 砲門銅管自來火三千枝 又銅螺絲拉火一千枝

續表

		銅帽四百萬粒 砲門銅管自來火五千枝 洋火藥十三萬磅 上海道火藥局 洋火藥五千磅 本局防護營 砲門銅管自來火一萬一千四百九十枝 洋火藥五千七百四十磅 阿姆斯脫郎一百八十磅實心彈十個 砲門銅管擊火十枝 格林砲子四千個 毛瑟槍子藥銅捲一萬三千一百個 一號克鹿卜開花彈六個 黎意槍子藥銅捲七百四十個 銅帽十六萬二千五十粒 林明敦槍子藥銅捲一千個 利士比槍子藥銅捲九千個			
十八年	海防軍械所 砲門電氣自來火三十枝 無煙火	督標親兵忠信兩營 洋火藥八千八百磅 銅帽四十四萬粒	吳淞 阿姆斯脫郎一百八十磅實心彈七十八個 又二百五十磅實心彈五十二個	威靖 砲門銅管自來火五百枝	

續表

	藥一百磅阿姆斯脫郎四十磅彈快砲一尊又鋼實彈十個鋼砲四十磅開花鋼實彈各五個快利連珠後膛兵槍二百桿又子藥銅捲二萬一千個又子藥銅袋四千一百個砲門銅管擊火四十枝	**蘇松鎮綠兵營** 砲門銅管自來火一千八百枝 **外海水師六營** 林明敦槍子藥銅捲一萬二千個 **裏河水師松北營** 林明敦後膛兵槍四十桿又子藥銅捲四千個毛瑟後膛兵槍二十桿又子藥銅捲一萬四千個砲門銅管自來火一千三百枝又銅螺絲拉火四百枝二百二十磅克鹿開花彈三十個又四號開花彈三十個快利後膛兵槍二百一桿又子藥銅捲二萬三千個又子藥銅袋四千六百個 **江寧軍械所** 銅帽一千萬粒 **上海道火藥局** 洋火藥二萬八千六百磅 **本局防護營** 阿姆斯脫郎四	砲門銅螺絲拉火二百十六枝又銅管擊火四百十六枝又銅管自來火七百八十二枝洋火藥一萬九千八百七十二磅砲藥袋一千三百個 **都天廟** 阿姆斯脫郎二百五十磅鋼砲二尊又開花彈一百個又實心彈二百個 **象山** 阿姆斯脫郎二百五十磅鋼砲一尊又開花彈五十個又實心彈一百個 **湖口** 四號克鹿卜後膛鋼砲一尊又三號後膛鋼砲二尊又四號開花實心彈各一百個又三號開花實心彈各二百個		

續表

		十磅開花彈九個又實心彈二十六個又鋼實彈四個又七磅開花彈六個又七磅實心彈九個又七磅鋼實彈五個砲門銅管自來火九千二百四十枝毛瑟槍子藥銅捲一萬六千一百個銅帽八萬三千粒洋火藥七千七百三十磅三號克鹿卜實心彈十三個又四號實心彈二個砲門電氣自來火七十四枝又銅螺絲拉火八十二枝黎意後膛兵槍四桿又子藥銅捲一千個林明敦槍子藥銅捲一千四十個快利槍子藥銅捲二百二十個砲門銅管擊火一百枝無煙火藥二百四十五磅利比士槍子藥銅捲七十六個	砲門銅螺絲拉火六百枝		

十九年

馬梯尼槍子藥銅捲二百個

督標親兵忠信兩翼營 黎意槍子藥銅捲三萬個 洋火藥八千四百磅 銅帽四十二萬粒 蘇松鎮練兵營 砲門銅管自來火六百枝 籌防局 毛瑟槍子藥銅捲一萬八千個 砲門銅螺絲拉火一千九百枝 洋火藥一萬五千一百八十磅 林明敦後膛兵槍五千桿 又子藥銅捲五十萬個 黎意新槍一百桿 五號克鹿卜開花實心彈各四百個 又三號開花彈十五個 砲門銅管擊火六百二十枝 砲藥袋二百十八個 栗色火藥二千四百磅 阿姆斯脫郎四十磅快砲一尊 又開花彈六十

阿姆斯脫郎一百八十磅實心彈七十二個 又二百五十磅實心彈四十八個 砲門銅螺絲拉火二百四枝 又銅管擊火四百七十二枝 又銅管自來火六百八十枝 砲藥袋一千二百個 都天廟 阿姆斯脫郎二百五十磅鋼膛熟鐵大砲三尊 又開花彈一百五十個 又實心彈三百個 獅山關 阿姆斯脫郎二百五十磅鋼膛砲一尊 又開花彈五十個 又實心彈一百個 下關 阿姆斯脫郎

臺灣海防營 洋火藥三萬磅

續表

個 又實心彈四十個 又銅質彈二十個 砲門電氣自來火七十枝 江寧內軍械所 銅帽一千粒 本局防護營 砲門銅管自來火一千九十枝 林明敦後膛兵槍二桿 又子藥銅捲一萬三千個 黎意槍子藥銅捲一千五百九十個 銅帽八萬六千五百粒 洋火藥二千四百八十磅 阿姆斯脫郎八十磅實心彈十一個 又四十磅實心彈四十七個 又二百五十磅實心彈十八個 又一百八十磅實心彈十一個 砲門電氣自來火一百二十八枝 砲門銅螺絲拉火九十九枝 砲門銅管擊火三十四枝 栗色火藥五千八百七十四磅 無煙火藥四百

一百二十磅砲一尊 又砲架鐵路一副

續表

	二十年
	海防軍械局 阿姆斯脫郎四十磅全鋼快砲四尊 又開花實心彈一千各六百個 又鋼實彈四百個 又快砲彈鋼殼五百個 砲門電氣自來火一千枝 砲門銅管擊火二千六百枝 砲藥袋一百六十個 無烟火藥八百磅 快利槍子藥銅捲四萬個 山海關行營 快利連珠後膛
三十五磅	江蘇巡撫 滬軍營 湘軍右營 快利連珠後膛兵槍一百桿 又子藥銅捲二萬四千個 馬梯尼槍子藥銅捲二千個 又子藥銅袋一千四百五十個 黎意槍五十桿 林明敦後膛兵槍一千八百十六桿 又子藥銅捲二十一萬一千個 二十四磅鋼鐵砲開花彈五百個 砲藥袋一百個 洋槍鐵靶一具 黎意槍子藥銅捲二萬五千個 地雷銅螺絲拉火十二枝 鐵地雷二十具 洋火藥二千一百七十磅 砲門銅管自來火三千二十枝 銅帽二萬粒 劈山砲十六尊 又圓實心彈二千一百二十個 又木心慢藥引各四百個 一號克鹿卜後膛鋼砲一尊 又開花實心彈
	吳淞 砲門銅管自來火四千六百八十枝 又銅管擊火一千三百七十二枝 又銅螺絲拉火八百三十二枝 洋火藥九千七百四十四磅 栗色火藥七萬二千一百八十磅 砲藥袋一千九百八個 鐵地雷五十具 阿姆斯脫郎八百磅開花彈九十個 又實心彈一百二十八個 又鋼實彈十個 又二百五十磅開花彈九十個 又實心彈二百三十個 又一百八十磅實心彈三十六個 又八十磅實心彈十二個 烏理治一百二十磅實心彈三十個 又八十磅實心彈十八個
	保民 三號克鹿卜鋼實彈二十個 開濟 砲門銅管自來火六百枝 南瑞 砲門銅管自來火五百枝 威靖 砲門銅管自來火一千枝 又銅螺絲拉火五百枝 洋火藥一千五百磅 毛瑟槍子藥銅捲四千個 又後膛兵槍二十桿 銅帽五千粒 登瀛洲 林明敦槍子藥銅捲六千個 測海 砲門銅螺絲拉火一千枝
	湖廣總督 鐵殼水雷四十具 克鹿卜三號開花彈一百二十個 又實心彈二百八十個 又四號開花彈一百八十個 又實心彈四百二十個 洋火藥二萬磅 砲門銅螺絲拉火一千五百枝 毛瑟槍子藥銅捲四十萬個 浙江海防營 洋火藥四萬四千四百磅 又二百八十磅 阿姆斯脫郎一百八十磅熟鐵襯鋼膛大砲二尊 又開花彈四百個 又實心彈二百個 砲門銅管擊火七百

兵槍三百桿 又子藥銅捲九萬五千個 又子藥銅袋七千二百個 山海關湘軍營 快利兵槍子藥銅捲十五萬二千個 又子藥銅袋二千四百個
各四百個 籌防局 阿姆斯脫郎二百五十磅大砲三尊 又開花彈一百五十個 又實心彈三百個 又四十磅快砲五尊 又開花彈六十個 又實心彈一百三十個 又鋼實彈五十個 又鋼殼彈二百二十個 又八十磅鋼砲七尊 又四十磅開花彈四百九十個 又實心彈三百十個 又鋼實彈九十個 又鋼殼二百二十個 又八百磅全鋼大砲二尊 又一百八十磅鋼砲八尊 又鐵砲路八副 又一百二十磅開花實心彈各五十個 三號克鹿卜開花彈一百三十個 又實心彈三百四十個 又鋼實彈二
三號克鹿卜開花彈一百六十個 又實心彈一百四十個 又五號實心彈十二個 又一百八十磅實心彈七十二個 象山 栗色火藥七萬四千六百磅 克鹿卜五號實心彈二百個 砲門銅管擊火一千枝 又銅螺絲拉火一千枝 圌山關 阿姆斯脫郎一百二十磅實心彈二百個 江陰 阿姆斯脫郎一百二十磅彈全鋼砲二尊 又開花彈四十個 又實心彈六十個 又鋼殼二十個 砲門電氣自來火一百枝 又銅管擊火一百枝
二十枝 栗色火藥七千八百磅 銅帽四百萬粒 閩浙總督 洋火藥三萬磅 臺灣海防營 洋火藥十七萬磅 栗色火藥三萬磅 毛瑟槍子藥銅捲一百七十八萬一千個 林明敦槍皮件一千副 砲門銅管擊火四千枝 砲彈磁火銅引三千副 林明敦槍子藥銅捲五萬八千個 臺防軍械所 毛瑟槍子藥銅捲七十一萬三千個 林明敦槍子藥銅捲四萬八千個

續表

個
又四號開花實心彈各七十五個
砲門銅螺綵拉火二千一百枝
又電氣自來火九百九十枝
又銅管擊火三千五百五十枝
又銅管自來火一千五百枝
克鹿卜二百二十磅開花實心彈各二十六個
鐵殼水雷一百三十具
林明敦後膛兵槍二千桿
又子藥銅捲一百二十萬五百個
毛瑟後膛兵槍一百二十桿
又子藥銅捲六十六萬一千個
洋火藥二萬四百磅
快利後膛兵槍一千桿
又子藥銅捲二十二萬個
又子藥銅袋九千二百個
栗色火藥一萬磅
黎意新槍一千桿
又子藥銅捲五十萬個
哈乞開斯槍子藥銅捲十萬個
小手槍子藥銅捲五百個

洋火藥三千三百五十磅

川沙

快利槍子藥銅捲三萬個
一號克鹿卜開花彈八十一個
砲門銅管自來火五百枝
又銅螺綵拉火三百枝
洋火藥一萬五千八百五十磅
毛瑟槍子藥銅捲七萬五千磅
砲門電氣自來火七十枝
又銅管擊火四百枝
鐵地雷七具
又銅螺拉火五十枝
阿摩斯脫郎一百二十磅開花彈一百二個
又一百磅開花彈四個
又墓子續十三個
栗色火藥六千三百七十六磅
無烟火藥六十三磅

威海衛

砲門銅管擊火五百枝

續表

無烟火藥三千八百五十磅
八十磅彈砲架銅路速生根柱三副

江西振武軍

鐵地雷八具
砲門銅管自來火二千枝
洋火藥二千三百磅
哈乞開斯槍子藥銅捲五萬個
來福槍鉛子七千個
銅帽五萬八千五百粒

九江新勁營

四十磅博洪砲鐵架二座

吳淞水雷局

鐵殼水雷二十六具
洋火藥三萬五千一百磅
快利後膛兵槍六桿
又子藥銅捲二千一百個
又子藥袋一百五十個
毛瑟槍子藥銅捲一千個
又裝配藥彈器具二副

督標奇兵營及親兵忠信等營

洋火藥三萬八千九百二十磅

續表

黎意槍子藥銅捲九萬六千個
銅帽一百七萬五千粒
快利槍子藥銅捲四萬九千二百五十個
又子藥銅袋一千個
林明敦後膛兵槍二百五十桿
又子藥銅捲十一萬五千個
砲門銅管自來火一萬七千六百枝
哈乞開斯槍子藥銅捲十一萬八千個
來復鉛子二萬五千五百粒
鐵地雷十八具
砲藥袋四百個
劈山砲四尊
又鐵實心彈二百四十個

江寧提標各營

林明敦後膛兵槍一百桿
又子藥銅捲二萬三千個
銅鐵砲圓開花彈一百個
又木心慢藥引各一百個

海外水師六營

毛瑟槍子藥銅捲三千五百個

蘇松鎮練兵營

砲門銅管自來火六百枝

續表

太湖水師營

林明敦槍子藥銅捲二萬一千四百十一個
黎意槍子藥銅捲五千三百個

章字營

快利兵槍三百二十八桿
又子藥銅捲四萬個
又子藥銅袋四千個

蘇松鎮標營

鐵殼水雷十二具
鐵地雷一百具
洋火藥六千五百磅
砲門銅管自來火五百枝

蘇州軍裝局

銅帽六百萬粒
砲門銅管自來火五千枝
洋火藥十萬磅

江寧軍械所

銅帽五百萬粒

江寧水師學堂

鐵地雷一百五十具
地雷銅螺絲拉火五十枝

上海道火藥局

洋火藥一萬九千八百磅

續表

本局防勦營

阿姆斯脫郎二百五十磅實心彈十七個，又開花彈十個，又八十磅實心彈六十個，又實心彈四個，又四十磅實心彈二十個，克鹿卜一號開花彈七十個，又三號開花實心彈各五十個，又四號開花實心彈各一百五十個，又木心慢藥引各四十個，又單子罐二百四十六個，鐵地雷二個，瓦瓦司威郎進砲緊子罐各一百三個，砲門電氣自來火一百十五枝，洋火藥八千二百八十磅，毛瑟後膛兵槍四十二桿，又子藥銅捲九千八百個，栗色火藥二千五百磅，銅帽八萬五千粒，砲門銅管自來火一百枝，又銅管擊火四十八枝，又銅螺絲拉火一千四十一枝

續表

二十一年營

山海關行營

鐵地雷六十具，地雷銅螺絲拉火六十枝，快利槍子藥銅捲十三萬個，又子藥銅袋一萬七千個，馬梯尼槍子藥銅捲八萬個，又子藥銅袋十萬個，毛瑟槍子藥銅捲八十萬個，黎意槍子藥銅捲二十

快利連珠後膛兵槍十四桿，又子藥銅捲一萬六千二百個，又子藥銅袋五百個，來福槍鉛子五十粒，馬梯尼後膛兵槍四桿，又子藥銅捲二千個

江西振武軍

砲門銅管自來火四千枝，洋火藥三千二百磅，快利槍子藥銅捲一千個，哈乞開司槍子藥銅捲四萬個，來福槍鉛子八千個，銅帽十萬八千粒

督標親兵忠信及奇兵等營

子母砲二尊，劈山砲圓實心彈四百七十個，子母槍一桿，砲門銅管自來火一萬五千枝，阿姆斯脫郎六磅全鋼快砲一尊，毛瑟抬槍二桿，銅帽五十一萬粒，洋火藥八千七百磅

吳淞

阿姆斯脫郎八百磅實心彈五十個，又鋼實彈六個，又二百五十磅實心彈一百十個，又開花彈三十六個，又鋼實彈六個，又一百八十磅實心彈三十六個，又八十磅實心彈十二個，烏理治一百二十磅實心彈三十個，又八十磅實心彈十八個，克鹿卜一百八十磅實心彈七十二個，又三號實心彈一百三十六個，又五號實心彈十二個

湖北槍礮局

無烟火藥四百七十四磅，洋火藥四萬八千磅

臺防軍械所

砲門銅管擊火一千枝，洋火藥一萬六千八百磅，栗色火藥一萬五千磅，林明敦後膛兵槍一千七百桿，又子藥銅捲五十萬個，黎意新槍三百桿，又子藥銅捲十萬個，毛瑟槍子藥銅捲八十萬個，三號克鹿

萬個
又山海關
行營
快利槍子藥銅捲五萬個
又子藥銅袋一萬個

來福槍鉛子九千粒
籌防局
阿姆斯脫郎八百磅全鋼大砲二尊
又二百五十磅鋼膛熟鐵大砲一尊
又一百八十磅開花彈一百六十個
又實心彈三百二十個
又八十磅開花彈一百四十個
又實心彈二百八十個
洋火藥二萬磅
砲門銅螺絲拉火九百枝
又五百枝
哈乞開司槍子藥銅捲五千個
馬梯尼槍子藥銅捲五萬個
毛瑟槍子藥銅捲十萬個
林明敦槍子藥銅捲三萬個
砲門電氣自來火三百枝
又銅管自來火九百枝
又銅管擊火一千枝
無烟火藥二千二百磅
鎮江轉運局
毛瑟槍子藥銅捲三十萬個

砲門銅管自來火六百八十枝
又擊火三百九十二枝
又銅螺絲拉火四百七十二枝
洋火藥二萬三千七百八十四磅
栗色火藥四萬一千七百八十磅
砲藥袋一千一百八十八個
象山
砲門銅管擊火一千枝
栗色火藥二萬磅
江陰
阿姆斯脫郎八百磅開花實心彈各五十個
又二百五十磅開花彈二十個
又實心彈二十個
砲門銅管擊火五千枝
又銅螺絲拉火一百枝
克鹿卜三號開花彈二百二十個
又實心彈三十個
又四號開花

卜後膛鋼砲三尊
又開花實心彈各一百八十個
阿姆斯脫郎四十磅開花彈五百個
劈山砲圓實心彈二百個
砲門銅螺絲拉火四百枝
銅帽五百粒
甘肅巡撫
銅帽四百萬粒

江蘇撫標各營
砲門銅管自來火一千五百枝
黎意槍子藥銅捲二千個
劈山砲圓實心彈一百個
毛瑟槍子藥銅捲三萬個
林明敦槍子藥銅捲二萬六千三百三十三個
銅帽六萬四千粒
洋火藥一千六百磅
來福槍鉛子六千個
江寧提標各營
林明敦後膛兵槍二十桿
又子藥銅捲一萬五千個
外海水師六營
林明敦後膛兵槍六十桿
又子藥銅捲二萬四千個
章字營
林明敦後膛兵槍七百二十二桿
又子藥銅捲七萬六千五百個
快利槍子藥銅捲一萬個
砲門銅管自來火四百五十七枝
地雷銅螺絲拉

彈五十個
無烟火藥一千磅
川沙
洋火藥一千一百八十磅
無烟火藥一百四十四磅
銅帽四萬五千粒

續表

		火六十枝 洋火藥七千七百五十磅 蘇州軍裝局 砲門銅管自來火二千枝 林明敦槍子藥銅捲五萬個 江甯納軍械所 銅帽一千萬粒 上海道火藥局 洋火藥二萬六千四百磅 本局防護營 鐵地雷一具 洋火藥四千八百七十九磅 栗色火藥三千千磅 阿姆斯脫郎一百磅實心彈五個 又四十磅實心彈八個 砲門電氣自來火十五枝 無烟火藥六十三磅 銅帽十一萬四千粒 毛瑟槍子藥銅捲一千二百十個 砲門銅管自來火八百十二枝 快利槍子藥銅捲一百個 又子藥銅袋二十個 黎意槍子藥銅			

續表

		捲二百五十個 砲門銅管擊火四十枝 又銅螺絲拉火二十九枝			
二十二年		督標各營 洋火藥七千六百磅 砲門銅管自來火二萬五千二百枝 來福槍鉛子一萬八千粒 銅帽三十二萬粒 江蘇撫標各營 砲門銅管自來火三千六百枝 蘇松鎮標各營 砲門銅管自來火六百枝 納海水師各營 洋槍鐵靶三具 林明敦槍子藥銅捲二萬四千個 太湖水師營 毛瑟槍子藥銅捲二百個 籌防局 毛瑟槍子藥銅捲三萬個 阿姆斯脫郎快砲四十磅開花彈三十個 又實心彈四十個 又鋼實彈十個	吳淞 砲門銅管自來火三百四十枝 又銅管擊火二百三十六枝 又銅螺絲拉火一百九十六枝 洋火藥一萬一千八百九十二磅 法蘭絨砲藥袋八百十五個 江陰 砲門銅管擊火四百枝 又銅螺絲拉火一百枝 又電氣自來火一百枝	寰泰 砲門銅管自來火五百枝	

續表

砲門銅管擊火六百枝 又電氣自來火二百枝 無烟火藥二百磅 裝配毛瑟槍器具一副 江寧內外軍械所 銅帽一千萬粒 江寧製造局 無烟火藥一千磅 長江水師各營 洋火藥六萬八千二百二十五磅 蘇州善後局 銅帽二萬粒 砲門銅管自來火五千枝 洋火藥十萬磅 毛瑟槍子藥銅捲十萬個 裝配毛瑟槍藥彈器具二副 上海道火藥局 洋火藥四千八百二十六磅 又二萬三千七百七十四磅 本局防護營 洋火藥二千四百五十八磅 砲門銅管自來火三千一百三十枝 銅帽十一萬四

續表

	二十三年
	神機營 快利連珠後膛兵槍一千二百桿 又子藥銅捲七萬二千個 又子藥銅袋一萬四千四百個 練兵處 快利連珠後膛兵槍二千桿 又子藥銅捲十二萬八千個
千一百粒 阿姆斯脫郎一百磅開花彈十一個 又實心彈八個 又六磅實心彈五個 又二百五十磅實心彈六個 砲門電氣自來火二十三枝 又銅管擊火四十枝 又銅螺絲拉火十三枝 無烟火藥三百三十磅 栗色火藥一千四十二磅	籌防局 砲門銅管擊火二千九百枝 又銅螺絲拉火三千三百枝 栗色火藥一萬二千磅 毛瑟槍子藥銅捲四十六萬七千個 又七十萬個 馬梯尼槍子藥銅捲二萬個 槍子小銅帽一百六十五萬粒 阿姆斯脫郎八十磅實心彈三百五十個 又四十磅實心彈六百個 曼里夏槍子藥銅捲四十萬個 又子藥銅袋二萬個
	吳淞 砲門銅管擊火四百九十八枝 又銅螺絲拉火一千二百九十八枝 又銅管自來火八百二枝 洋火藥一千三百四十四磅 江陰 阿姆斯脫郎二百五十磅開花彈五十個 又八百磅開花彈四十個 又一百磅開花彈二百個 又砲彈銅殼五十個
	威靖 砲門銅管自來火一千五百枝 銅帽一萬粒 洋火藥五百磅
	湖南巡撫 洋火藥一萬三千三百磅

續表

又四十萬二千五百個 又子藥銅袋八萬六千一百個 槍子小銅冒二十萬粒 裝配槍子手扳機器六副
裝配槍子手扳機器二十具 哈乞開司開花彈五百個 鉛彈一百個 江寧內軍械所 銅帽五萬粒 蘇州善後局 銅帽二百萬粒 上海道火藥局 洋火藥二萬六千四百磅、 督標各營 來福槍鉛子六千七百五十枚 銅帽十一萬粒 小銅帽八萬六千四百粒 洋火藥三千四百磅 砲門銅管自來火三千六百枝 毛瑟槍子藥銅捲二萬二千三百個 裝配槍子手扳機器一具 江蘇撫標各營 砲門銅管自來火三千四百八十枝 蘇松鎮標各營 生鐵砲木架十一座 內河水師五營 林明敦槍子藥銅捲二萬四千個
砲門銅管擊火二百五十枝 又銅螺絲拉火五百枝 又電氣自來火一百枝 鎮江 砲門銅管擊火二千枝 又銅螺絲拉火二千枝 栗色火藥一萬五千磅

續表

自強軍 毛瑟槍子藥銅捲十萬個 又子藥銅袋五千個 本局防勇營 砲門銅管自來火一千六百七十九枝 毛瑟後膛兵槍一桿 又子藥銅捲二千個 銅帽十萬一千五百粒 小銅帽五萬粒 砲門銅管擊火一百十七枝 洋火藥八百九十磅 阿摩斯脫郎一百磅開花彈一個 又四十磅開花彈三個 又十二磅實心彈九個 又六磅開花彈一個 又十磅實心彈十二個 一號克鹿卜開花彈四個 林明敦後膛兵槍二桿 黎意新槍一桿 又子藥銅捲二百五十個 馬梯尼槍子藥銅捲一千六百五十個 哈乞開司槍子

續表

	二十四年
	海防軍械所 快利槍子藥銅捲三十萬個 又子藥銅袋十二萬個 八生的克鹿卜開花彈二萬個 快利連珠後膛兵槍三百桿 又子藥銅捲三十萬個 毛瑟槍子藥銅捲一百萬個
藥銅捲五百個 來福槍鉛子二百五十個 升降地咩砲三百八十磅實心彈四個 世邦道開花彈一個 砲門銅螺絲拉火九枝 栗色火藥八百二十五磅 裝配槍子手扳機器一具	[illegible]防局 阿姆斯脫郎三磅彈鋼砲八尊 又一百磅彈鋼砲二尊 又二百五十磅彈鋼砲二尊 砲門銅螺絲拉火五千四百枝 又銅管自來火一萬四千九百枝 槍子小銅帽七百八十五萬粒 洋火藥四萬六千磅 裝配槍子快砲機器扳手六副 毛瑟槍子藥銅捲一百萬個 阿姆斯脫郎二百五十磅開花彈一百個 又實心彈二十五磅 又一百磅開花彈一百個 又實心彈二百三十個
	吳淞 砲門銅螺絲拉火二百三十四枝 又銅音擊火二百六十枝 又銅管自來火二百枝 洋火藥一千一百十磅 江陰 快砲彈銅殼一百九十個 洋火藥二百四十磅 砲門電氣自來火六百八十枝 又銅管自來火二千二百枝 又銅螺絲拉火一千五十枝 栗色火藥一萬四千磅
	龍驤 阿姆斯脫郎一百二十磅開花彈四十個 又實心彈二十個 洋火藥五十磅 銅捲三千個 砲門銅管自來火四百枝 栗色火藥二千磅 毛瑟槍子藥 虎威 阿姆斯脫郎一百二十磅開花彈四十個 又實心彈二十個 砲門銅管自來火四百枝 栗色火藥二千磅 洋火藥五十磅 毛瑟槍子藥
	廣東善後局 無烟火藥一千磅 浙江防軍支應善後局 銅帽六百萬粒 福建善後局 銅帽一百萬粒 四川總督 阿姆斯脫郎六磅彈鋼快砲十二尊 又十二磅彈鋼快砲八尊 又三磅開花彈一千二百個 又十二磅開花彈八百個 砲彈銅殼

續表

又鋼實彈七十個 無烟火藥七千九百磅 馬梯尼槍子藥銅捲一萬六千個 具里夏槍子藥銅捲十四萬個 又子藥銅袋二千八百個 蘇州善後局 銅帽四百萬粒 督標各營 洋火藥二千一百五十磅 槍子小銅帽十六萬九百五十粒 毛瑟槍子藥銅捲六千六百個 江蘇撫標各營 毛瑟槍子藥銅捲二萬四百三十個 槍子小銅帽十萬九千粒 裝配槍子扳手機器一副 砲門銅管自來火一千三百七十九枝 自強軍 小口徑毛瑟槍子藥銅捲十九萬一千個 內海水師五營 林明敦槍子藥銅捲二萬四千
銅捲三十個 開濟 砲門銅螺絲拉火五百枝 又銅管自來火一千一百九十九枝 洋火藥五百磅 飛霆 阿姆斯脫郎一百磅彈鋼砲一尊 又開花彈五十個 又實心彈一百個 又鋼實彈十個 快砲彈銅殼五十個 砲門電氣自來火五百枝 又銅管自來火五百五十枝 洋火藥六百磅 無烟火藥八百磅 策電 阿姆斯脫郎一百磅彈快砲一尊 又開花彈五十個 又實心彈一百個 又鋼實彈十個 又砲彈銅殼
六百四十個 砲門銅管自來火二千二百枝 洋火藥八百磅 無烟火藥六百磅 裝配槍子扳手機器十具 甘肅練軍 快利連珠後膛兵槍一千桿 又子藥銅捲五十萬個 又子藥銅袋十萬個

續表

個 上海道火藥局 洋火藥二萬六千四百磅 本局防護營 銅鐵砲十二磅團開花彈六十四個 砲門銅管自來火七百五十枝 快利連珠後膛兵槍二百八十七桿 又子藥銅捲九萬二千三百三十個 馬梯尼槍子藥銅捲九百十五個 又子藥銅袋五千六百三十五個 洋火藥一千一百七十七磅 阿姆斯脫郎快砲一百磅實心彈十個 又四十磅實心彈十二個 又三百八十磅實心彈七個 十二磅開花彈十五個 又實心彈六個 又三磅開花彈五個 又實心彈三十五個 又二百五十磅實心彈三個 砲門電氣自來火一百三枝
五十個 砲門電氣自來火五百枝 又銅管自來火五百五十枝 洋火藥六百磅 無烟火藥八百磅

續表

	二十五年
	神機營 阿姆斯脫郎十二磅彈銅快砲十二尊 又開花實心彈各二千四百個 又砲彈銅殼一千二百個 砲門銅管擊火四千八百枝 洋火藥七百磅 無烟火藥二千磅 絨布砲藥袋四千八百個
又銅管擊火三百九十五枝 毛瑟槍子藥銅捲九十個 槍子小銅帽五千三百五十粒 銅帽五萬五千五百粒 栗色火藥一千八百二十磅 無烟火藥一百六十七磅 快砲彈銅殼二十四個 米爾槍子五百粒	省防局 洋火藥二萬二千一百五十磅 槍子小銅帽一千五百七十萬個 阿姆斯脫郎一百八十磅實心彈四十個 又四十磅鋼質彈五十個 又三磅開花彈一千六百個 砲彈銅殼四百五十個 砲門銅管擊火三千八百枝 又銅質自來火八千三百五十枝 無烟火藥二萬五百四十磅 栗色火藥十萬磅 毛瑟槍子藥銅捲一百二萬二千銅
	吳淞 砲門銅螺絲拉火二千枝 又銅管自來火四百枝 洋火藥一萬四千一百磅 阿姆斯脫郎三磅彈鋼快砲十二尊 又開花彈三千六百個 又六磅彈銅快砲八尊 又開花彈一千二百個 又實心彈四百個 又四十磅彈鋼快砲二尊 又開花實心彈各二百個 又銅殼二千個 砲門銅管擊火五千九百枝
	龍驤 阿姆斯脫郎三磅彈鋼快砲二尊 又開花彈八百個 又銅殼四百個 林明敦子藥銅捲一千個 砲門銅管擊火八百枝 洋火藥八十磅 無烟火藥一百二十磅 開濟 阿姆斯脫郎一百磅彈鋼快砲二尊 又開花彈四十個 又實心彈八十個 又砲彈銅殼四十個
	廣東善後局 無烟火藥一千磅 湖北善後局 毛瑟槍子藥銅捲二百萬個 浙江防軍支應局 洋火藥十六萬六千六百六十六磅八兩 栗色火藥五萬磅 銅帽五百萬粒 福建善後局 槍子小銅帽六十萬粒 砲門銅管擊火十枝

續表

武衛軍 小口徑毛瑟後膛兵槍二十桿 又子藥銅捲四千個 又子藥銅袋八百個
馬梯尼槍子藥銅捲三千個 曼里夏槍子藥銅捲四十萬個 裝配槍子扳手機器八副 砲門銅螺絲拉火二百枝 上海道火藥局 洋火藥二萬八千磅 蘇州善後局 洋火藥四萬磅 毛瑟槍子藥銅捲八十萬個 督標各營 毛瑟槍子藥銅捲二萬七千個 槍子小銅帽十八萬八千粒 洋火藥一千五百磅 江蘇撫標各營 毛瑟槍子藥銅捲三萬個 槍子小銅帽十四萬粒 銅帽一萬粒 自強軍 小口徑毛瑟槍子藥銅捲四十七萬個 又子藥銅袋一萬七千一百三十一個 裝配槍子扳手機器二副 外海水師六營
阿姆斯脫郎八百磅開花彈二十個 又實心彈三十個 又一百八十磅開花實心彈各四十個 栗色火藥六萬磅 無烟火藥三千四百磅 江陰 水雷瞻五十五副 砲門銅管擊火一千五百枝 又銅螺絲拉火五百枝 又電氣自來火九百枝 鎮江 栗色火藥三萬四千磅 無烟火藥五千磅 阿姆斯脫郎二百五十磅實心彈六百二十個 又開花彈二百五十個 又四十磅實心彈二百個 克鹿卜四號開花彈一百個 又五號實心彈一百個 砲門銅管自來火一千枝
砲門電氣自來火一百枝 又銅管擊火二百枝 無烟火藥一千磅 策電 砲彈銅殼二十一個 快砲一百磅彈銅殼一個 無烟火藥三百四十二磅 威靖 砲門銅管自來火一千枝 銅帽七千五百粒 洋火藥五百磅 保民 砲門電氣自來火一百枝 又銅管擊火一百枝 又銅管自來火八百枝 又銅螺絲拉火一千枝 哈乞開司開花彈一千個 六磅小手槍子藥銅捲一千五百個 鏡清 砲門銅管擊火五百枝 又銅管自來火五百枝
阿姆斯脫郎三磅彈銅快砲一尊 又開花彈十個 又銅殼十個 洋火藥一磅 無烟火藥一磅 毛瑟槍子藥銅捲四十萬個 福州將軍 毛瑟槍子藥銅捲七十萬個

續表

林明敦槍子藥銅捲一萬二千個 內海水師五營 砲門銅管自來火三千枝 馬梯尼槍子藥銅捲二千個 林明敦槍子藥銅捲二萬四千個 洋火藥四百磅 銅槍靶十具 本局防護營 阿姆斯脫郎快砲十二磅實心彈十七個 又六磅實心彈二十五個 又三磅實心彈一百十九個 又一百磅實心彈十七個 又四十磅實心彈九個 又二百五十磅實心彈五個 三生七快砲開花彈八個 又實心彈四十二個 砲彈銅殼十二個 砲門銅管擊火五百三十枝 又銅管自來火一百九十五枝 又電氣自來火二十五枝 又銅螺絲拉火二百二十六枝 快利槍子藥銅
又銅管擊火二千六百枝 又銅螺絲拉火一千枝 電氣自來火四百枝 烏龍山 阿姆斯脫郎二百五十磅鋼膛熟鐵箍大砲二尊 又一百磅鋼快砲二尊
通濟 砲彈小銅帽一千九百粒 南琛 砲門銅管擊火二百枝

續表

	二十六年	
	武威軍	毛瑟槍子一百萬粒，又黑藥銅殼一百萬粒。**北洋大臣** 黑藥一千磅，快利兵槍十桿，五件皮件十副，銅管自來火一千枝，快利槍子袋四百個，又無烟槍子二千粒
捲三萬七千三百個，毛瑟槍子藥紙捲四十五個，又小口徑槍子藥銅捲一百九十一個，銅帽二千六百粒，無烟火藥三百三十七磅半，洋火藥四百七十八磅，栗色火藥八百八十八磅，又子藥銅袋六百四十個，馬梯尼槍子藥銅捲一百個	江寗軍械所	**籌防局** 栗色火藥二十九萬二百二十磅，黑藥五千零四十磅，黑砲藥三萬五千六百三十磅，無烟火藥十萬六千二百七十七磅，炸藥一萬六千六百磅，黑藥八萬三百二十磅，開花彈銅帽二千一百五十六萬二千一百粒，小銅帽火箭紙餅六百九十萬五千五百粒，毛瑟槍小銅帽十萬粒
	九江	無烟火藥六千七百二十三磅，炸藥一千三百十三磅，黑藥五百二十五磅三兩，開花彈螺絲公二個，砲門銅擊火一千二百枝，快砲銅螺絲擊火三千二百十五枝，百磅四十磅快砲銅引六百副，三磅快砲銅引六百十副，六磅快砲銅引一千副，又起子五把，三磅砲扳手
	南琛	栗色餅藥二千磅，黑藥一千磅，無烟火藥三百磅。**南琛** 克鹿卜四十磅實心彈二百個。**保民** 栗色餅藥一千磅，無烟火藥三百磅，開花銅帽火三千粒，銅管自來火一千枝，馬梯尼槍子五千粒
	湖廣總督	小口徑精利兵槍一桿。**湖北製造局** 無烟火藥二萬三千五百磅，林明敦兵馬槍胚一千六百五十二桿，又中針槍子三十萬粒。**廣東製造局** 小口徑毛瑟槍銅胚一千桿。**福建軍裝局** 栗色餅藥

續表

銅螺絲擊火五百枝，手槍二桿，又槍子四百粒，毛瑟槍子一百萬粒，又黑藥銅殼一百萬粒
勞山砲銅管拉火一萬三千一百粒，又銅管自來火一萬三千七百七十枝，八秒木引二十個，又銅管擊火五百五十枝，又銅螺絲拉火一千二百二十枝，快砲電氣銅螺絲引火三百八十七枝，又銅螺絲擊火一萬八千五百八十五枝，長尾通用礮火七百六十四枝，三磅彈銅引一萬七千三百五十枝，又六磅彈銅引七十五枝，十二磅彈銅引三千四百個，八生的彈銅引三百五個，三生七彈銅引五千個，又銅殼一千五個，七生的八生的銅殼六百五十七個，三磅快砲彈銅殼二千八百五個，六磅快砲彈銅殼八個，十二磅彈銅殼一千二百二個
螺絲公二個，又銅殼三百六十四個，又六磅彈銅殼六百個，又四十磅彈銅殼三百六十個，又絨布藥袋九百個，六磅絨布藥袋一千五百個，三磅絨布藥袋九百個，四十磅快砲三尊，三磅車輪快砲三尊，六磅快砲五尊，四十磅快砲開花彈六百個，又硬實彈一百五十個，又實心彈三百個，又鋼實彈一百五十個，四寸徑繩雙餅鐵輪二個，四寸開口木輪六個，起五噸重鐵輪一個，三寸徑四寸徑白麻繩各一個，八磅鐵滑頭一個，六磅快砲開花彈一千個，又實心彈一
威靖 黑藥九百五十磅，砲門銅管自來火五百枝，又銅螺絲拉火二百枝。**策電** 黑藥七百磅，開花銅冒火八千枝，又銅擊火三百枝，電氣銅引火二百枝，老毛瑟槍子二千粒。**寰泰** 無烟火藥一百磅，黑藥四百磅，砲門銅管自來火一千枝。**開濟** 黑藥二百磅，開花銅冒火四千粒，砲門銅管自來火一千枝，又銅螺絲拉火二百枝。**鏡清** 砲門銅管自來火一千五百枝，老毛瑟槍子一千粒。**鈞和**
二萬五千二百磅，黑藥五千磅，小銅冒火三十萬粒，紙餅三十萬粒，毛瑟槍子二十萬粒。**雲南善後局** 來福後膛兵槍三千桿，又槍子三十五萬一千粒，又刀殼三百四十個，又刀頭九千四把。**四川製造局** 快砲銅螺絲擊火一萬枝，三磅快砲銅引五千副，又銅殼一千五百個，三磅車輪快砲五十尊，又開花彈五千個。**山東登州鎮** 毛瑟黑藥銅殼三萬粒。**陝西善後局**

續表

四十磅彈鋼壳一個 一百磅彈鋼壳六十四個 三磅彈車輪快砲十八尊 二十四磅鋼砲一尊 十二磅阿摩脫郎後膛鋼砲七尊 十二磅彈車輪快砲四尊 七磅彈克鹿卜砲一尊 馬克生七生半車輪快砲六尊 八生的克虜卜車輪快砲六尊 又二磅彈車輪快砲六尊 阿摩斯脫郎七磅彈後膛砲二尊 三生七車輪快砲十尊 劈山大砲一百三十二尊 阿摩斯脫郎三百八十磅後膛開花彈一百三十個 又二百五十磅開花彈六百三十四個 又硬質彈四百五十六個 又七磅開花彈七十五個 克鹿卜快砲八生的開花彈二百六個 又子母彈一百十三個 又葡萄彈五十
千個 三磅快砲開花彈六百十個 又實心彈六百個 吳淞 無烟火藥一萬七千五百磅 炸藥四千磅 砲門鋼管擊火一千枝 又銅螺線拉火一千二百枝 又電氣銅螺線引火五百枝 又銅螺線擊火一千九百枝 通用磞火銅引五百個 三磅快砲銅引一千二百個 又銅壳八百個 又六磅銅壳三百個 四十磅彈銅壳一百個 一百磅彈銅壳二百五十個 又快砲五尊 三磅彈車輪快砲三十六尊 一百磅快砲開花彈五百個
小手槍鉛子二百五十粒 呍啫司槍子六百粒
哈乞開司槍子五十九萬粒 毛瑟槍子九萬粒

續表

六個 又二磅實心彈一千五百九十八個 馬克生七生半陸路快砲開花彈九十四個 又葡萄彈六十一個 烏理治一百磅快砲實心彈三百三個 四十磅快砲實心彈二個 十二磅快砲開花彈六千個 又實心彈五個 又六磅實心彈五個 三磅快砲開花彈三萬六千四百五十個 又實心彈六百五十一個 三生七快砲開花彈五千個 阿摩斯脫郎十二磅開花彈一百七十九個 又實心彈四十四個 又子母彈一百十八個 又塞子線八十八個 劈山砲彈一萬三千一百個 格林砲彈八十個 來福後膛兵槍一萬二千四百三桿 林明敦槍二百四十桿
又實心彈五百個 又四十磅開花彈一百四十個 又實心彈六十個 又六磅開花彈六百個 又實心彈二百個 又三磅開花彈八百個 又實心彈四百個 馬梯尼兵槍五百桿 又槍子八萬粒 毛瑟槍子十八萬四千粒 哈乞開司槍子三萬四千粒 江陰 栗色藥餅六萬磅 砲門銅管自來火四千枝 又銅管擊火一千一百枝 又電氣銅螺線引火八百枝 四百磅藥生鐵沉雷二十具 二百五十磅藥瀰式水雷四十五具 烏龍山 栗色火藥四

續表

		又中針槍二千二百七十五桿 燕飛來騙兵槍二千三百七十桿 老毛瑟槍一百六十六桿 小口徑毛瑟槍十八桿 快利連珠兵槍二千八百七十六桿 馬梯尼槍二百二十一桿 呍嗜司馬槍一桿 又兵槍五桿 哈乞開司兵槍二桿 燕飛來騙馬槍八十桿 小手槍七百五十桿 又五百五十三桿 老毛瑟槍子七百三十二萬三千七百六十五粒 小口徑毛瑟槍子十三萬一千二十六粒 林明敦槍子一百五十萬二千九百六十粒 又二萬五千五百十一粒 快利無烟藥槍子十二萬四千四百十粒 又一百三十二萬三千粒 又黑藥槍子二十萬五百粒	千磅 黑藥一千、四百磅 柯達無烟火藥三十磅 砲門銅管擊火四百枝 又銅螺絲拉火三千枝 又電氣引火三百個 通用長尾礮火三百九十枝 又銅引六十個 一百磅快砲銅壳一百個 阿姆斯脫郎二百五十磅開花彈六十個 又硬實彈四十個 又實心彈八十個 克鹿卜一百二十磅開花彈一百個 又實心彈二百個 又八十磅開花彈三十個 又實心彈七十個 又四十磅開花彈十個 又實心彈四百個 又十二生的開花彈二百個 一百磅快砲開花彈六十		

續表

		又空槍子二十粒 來騙槍子四萬四千二百粒 馬梯尼槍子二十萬粒 黎意槍子三十萬七百三十粒 呍嗜司槍子四千五十粒 哈乞開司槍子二十粒 毛瑟槍子五十粒 曼里夏無烟藥槍子二萬粒 來騙後膛槍子一百三十二萬八千八百八十粒 小手槍鉛子七萬二千三百粒 毛瑟槍黑藥銅殼二十三萬個 老毛瑟槍黑藥銅殼九十七萬四千粒 二百五十磅藥桶式水雷十三具 雜式水雷七具 木殼水雷三十三具 安徽支應局 黑藥一萬磅 開花銅冒火十萬粒 裝子藥銅殼機器三具 毛瑟槍子一百十五萬粒 太湖水師營 黑砲藥五百磅 又槍藥五百磅	個 又實心彈八十個 又銅實彈四十個		

銅帽一萬粒老毛瑟槍子二千粒來福槍子一萬粒吰咭司槍子五百粒

奇兵營

黑砲藥七百五十磅又槍藥三千三百五十磅小銅帽火箭紙餅三十一萬五千粒劈山砲銅管拉火一千五百枝砲門銅管自來火三千二百五十枝野山砲羣子罐二百個又砲彈六百個老毛瑟槍一百九十二桿又槍子三萬八千粒又黑藥銅殼五萬四千個

遵軍營

小銅帽火箭紙餅十七萬五千粒劈山砲銅管拉火四百八十枝林明敦邊針槍四十枝黎意兵槍三百八枝林明敦槍子四千粒黎意槍子十五萬四千粒

又黑藥銅殼一萬二千個毛瑟槍黑藥銅殼三萬個

安字營

毛瑟兵槍四桿又槍子八十粒快利連珠兵槍三百桿馬梯尼槍二桿又槍子四十粒吰咭司兵槍二桿又槍子五百四十粒快利無烟槍子一千粒又黑藥槍子四萬二千粒又銅殼八萬一千五百個

江南提標各營

十二磅開花彈四百個林明敦邊針槍一百五十桿又槍子一萬五千粒快利無烟槍子一百粒吰咭司槍子五百粒

裏河水師營

林明敦邊針槍一百桿又槍子二萬粒

內洋水師營

林明敦槍子二萬四千粒

續表

松江守營 毛瑟槍黑藥銅殼一萬個 江勝軍 曼里夏黑藥銅殼二十萬個 本局防護營 黑藥三千八百六十磅 無烟炸藥四百五十磅 開花銅冒火十萬四千粒 砲門銅管自來火二千四百枝 又銅螺絲拉火六十枝 又銅管擊火二千枝 通用長尾鐵火四十個 快砲銅引二千個 又銅殼二千二百四十個 三磅彈車輪快砲三十二尊 克鹿卜八十磅開花彈三十個 又四十磅開花彈十個 克鹿卜七生半開花彈二十個 八生的開花彈六十個 烏理治二十磅實心彈二十個 三磅快砲開花彈二千個 十二磅圓開花彈二十個

續表

	二十七年
	天津海防營防局 營 黑藥二千九百磅 砲門銅管自來火三千枝 快砲銅冒火六千粒 又銅螺絲擊火五百枝
來福槍二桿 毛瑟槍七十二桿 快利槍四百五十桿 吰喏司兵馬槍各二十一桿 小手槍十二桿 又槍子十三萬八千六十粒 又三千一百粒 又銅殼二萬粒	江甯軍械所 四寸徑生鐵砲一尊 快砲一百磅實心彈十一個 又四十磅開花彈三個 又實心彈十個 十二磅實心彈六十九個 六磅開花彈五個 又實心彈九個 燕飛來福兵槍四十桿 曼里夏兵槍四桿 毛瑟兵槍五桿 又小口徑兵槍九桿 快利連珠兵槍二十四桿 精利快槍三桿 教意槍二百桿 吰喏司槍二桿 小手槍六桿 毛瑟槍子十萬七千四百六十粒
	江陰 快砲電火一百個
	南琛 阿姆斯脫郎四十磅彈快砲二尊 黑藥二千磅 開花銅冒火一萬五千粒 砲門銅管自來火二千粒 又銅管擊火五百枝 飛霆 毛瑟槍子一千粒 黑藥一千磅 開花銅冒火二千五百枝 砲門銅管擊火二百枝 鏡濟 黑藥一千磅 砲門銅管自來火一千五百枝 威靖 黑藥五百磅 砲門銅管自來火五百枝
	湖北製造局 小口徑毛瑟槍一桿 快利兵槍一桿 湖南善後局 裝子藥銅殼機器二具 廣東製造局 小口徑毛瑟槍銅胚一千桿 雲南善後局 小口徑毛瑟槍一桿

續表

精利無煙槍子六百枚
林明敦槍子三千七百五十粒
又一萬六百粒
快利無烟槍子六千粒
又黑藥槍子二千九百四十粒
祭意槍子一萬九千五百九十五粒
米[illegible]前膛槍子二千粒
吐嗗司槍子一千二百粒
手槍子一千九百八十五粒
毛瑟槍黑藥鋼殼二十萬五百粒
又空銅殼一百萬粒
黑色餅藥四千六百二十五磅
無烟火藥二千九百九十八磅
黑砲藥二萬四千六百三十二磅
炸藥四十二磅
黑槍藥五萬五千四百六十七磅
開花銅冒火三十二萬二千一百五十粒
小銅冒火一千二百九十五萬粒
砲門銅管自來火六百五十枝
又銅螺絲拉火十一枝

寶森
黑藥五百磅
砲門銅管自來火五百枝

龍驤
開花銅冒火二千粒

開濟
開花銅冒火三千粒
砲門銅管自來火五百枝

續表

快砲電火七十六個
又銅螺絲擊火八百六十個
快砲三磅彈銅殼十個
又六磅彈銅殼五個

內海水師五營
林明敦槍子二萬四千粒

江勝軍
曼里夏黑藥銅殼十一萬一千六百八十粒

奇兵營
黑槍砲藥二千一百六十磅
小銅冒火十七萬八十二粒
劈山砲拉火三百七十五個

滬軍營
小銅冒火十一萬六千粒
劈山砲拉火一千十七粒

本局防護營
燕飛來福兵槍一桿
毛瑟槍子一萬六千八百七十一粒
精利無烟槍子二百六粒
快利無烟槍子六千五十六粒
黑藥一千九十磅

續表

		開花銅冒火五萬六千粒			
二十八年	北洋大臣 毛瑟兵槍二桿 四生七砲撞針二個 撐鑽五個 毛瑟無烟槍子三千五百粒 黑藥六千二百磅 砲門銅管自來火四千枝 皮件二副 進彈子座二副 夾銅壳鐵夾一副 軍械局 毛瑟兵槍刀頭二百把 快利無烟槍子五萬粒	江西派辦處 三磅六磅十二磅快砲開花彈各一個 毛瑟兵槍四百四十桿 又無烟槍子二十二萬粒 又空槍子一千粒 又黑藥銅壳四萬四千粒 三磅十二磅四十磅快砲銅引各一副 三磅六磅十二磅快砲銅壳各一個 皮件四百四十副 籌防局 江寧軍械所 五生七快砲一尊 又開花彈二個 又銅螺絲擊火五枝 十二磅快砲一尊 六磅快砲一尊 三磅快砲一尊 三生七快砲一尊 阿摩斯脫郎一百二十磅實心彈二個 六生的開花彈七千二百個 一百磅快砲開	吳淞 一千磅藥生鐵沉雷五具 五百磅藥熟鐵沉雷五具 四百磅藥生鐵沉雷五具 二百五十磅藥桶式水雷十具 砲門銅管自來火三千枝 又銅管擊火一千一百枝	龍驤 十管連珠格林砲二尊 又砲彈四千個 開花銅冒火一千粒 南琛 四十磅快砲開花彈一百個 又硬實彈一百個 又實心彈一百個 又素珠開花彈一百個 黑藥一千三百五十四磅 無烟火藥二百磅 砲門銅管擊火一千枝 快砲電火二百八個 快砲銅引二百副 四十磅快砲銅壳一百個 飛霆 毛瑟槍子二千粒 黑藥三百磅 開花銅冒火一千粒 登瀛洲 黑藥一千二百磅	廣西巡撫 十二磅彈快砲十二尊 又開花實心彈各一千二百個 三磅快砲八尊 又開花實心彈各八百個 毛瑟兵槍四百桿 又無烟槍子二十萬五十粒 又黑藥銅壳四萬三十粒 無烟火藥一千四百五十磅 黑炸藥一千二百磅 黑藥六十磅 砲門銅螺絲擊火五千枝 三磅快砲銅引八百副 又銅壳四百個 十二磅快砲銅引一千二百副 又銅壳六百個 絨布藥袋
		花彈六百個 又實心彈五百十個 又硬實彈五百個 又四十磅開花彈四百個 又銅實彈四百個 又實心彈四百九個 四十磅素珠開花彈四百個 十二磅快砲實心彈三十四個 又六磅開花彈一個 又實心彈二十四個 三磅快砲開花彈一個 又實心彈一百二十四個 三生七快砲實心彈三個 六生的克鹿卜過山砲開花彈二個 燕飛來福兵槍十桿 毛瑟兵槍二百十九桿 呍啫司兵槍一桿 毛瑟槍子四百五十四萬二千一百粒 林明敦槍子一百七十七粒 快利無烟槍子四萬八千五十粒 又黑藥槍子一萬四千三百四		砲門銅管自來火一千枝 又銅螺絲拉火二百枝 虎威 開花銅冒火二千粒 威靖 開花銅冒火五千粒 砲門銅管自來火五百枝 開濟 砲門銅管自來火一千枝 寰泰 砲門銅管自來火五百枝 又銅管擊火二百枝	四千六百個 小鐵榴頭八個 三磅砲洗把棍八根 皮件四百副 廣東善後局 抬槍鋼坯五百桿 福建善後局 營務處 機器局 鋼槍坯一千桿 元鋼料二十三桿 鋼鑽管一百件 鑿手弓一百件 三寸扁鋼四十三條 一寸元鋼八十條 大小鋸鐵共五箱 無烟火藥二千磅 雲南善後局 毛瑟兵槍五百八桿 毛瑟無烟槍子二十五萬二千粒 又黑藥銅壳二十五

續表

十六粒來福前膛槍子一千粒黎意槍子五百二十粒呍嗜司槍子一千三百粒曼里夏黑藥鉛子二百八粒手槍槍子二百五十粒毛瑟槍黑藥銅殼三萬個曼里夏銅殼六十六萬四千八百個、毛瑟槍黑藥銅殼三千個栗色餅藥三百八十二個無烟火藥一萬二百五十五磅半棉花炸藥二磅黑藥四萬七千六百二十七磅三兩開花銅冒火三百七十一萬粒毛瑟槍小銅冒火一百四十萬粒曼里夏小銅冒火一百五十九萬粒砲門銅管自來火一千枝又銅管擊火一千三百九十六枝又銅螺絲拉火二枝快砲電火五十三枝

萬粒開花銅冒火一千萬粒皮件五百二副

又銅螺絲擊火七百三枝快砲銅引八千五百七十個又銅殼五百五十四個

外海水師營

燕飛來福兵槍六十桿林明敦槍子一萬二千粒

提標鎮標各營

呍嗜司兵槍一桿又槍子二千粒毛瑟槍黑藥銅殼二萬粒

內洋水師營

林明敦槍子二萬四千粒

奇兵營

老毛瑟槍子三千粒又黑藥銅殼一萬三千六百個黑藥一千七百四磅毛瑟槍小銅冒火十四萬四千粒

緝私營

老毛瑟槍子九萬粒

江勝軍

曼里夏銅殼十七萬五千六百八十個

續表

常備軍
曼里夏銅壳七
十萬二千七百
二十粒
小銅冒火四十
六萬粒
滬軍營
毛瑟槍小銅冒
火十一萬二千
粒
野山砲拉火一
千三百四十四
枝
本局防護營
三磅彈快砲八
尊
又開花實心彈
各八個
燕飛來福兵槍
三桿
毛瑟兵槍二百
五十四桿
又槍子二萬二
千二百八十粒
黑藥二百磅
開花銅冒火五
萬粒
砲門銅螺絲擊
火一百五枝
三磅快砲銅引
八個
六磅快砲銅壳
八十個

二十軍械局轉籌防局
九年發奉天
智利兵
槍一桿
天津鋼元

江寧軍械所
十二磅快砲三
十二尊
六磅快砲十尊
十二磅彈鋼砲

吳淞
一百磅彈快
砲二尊
毛瑟槍子二
十七萬粒
無烟火藥三
千六百磅

寶泰
一百磅快砲
開花彈十個
阿姆斯脫郎
一百二十磅
開花彈十個
無烟火藥二

湖南巡撫
毛瑟黑藥
槍子五十
萬粒
廣東善後局
三磅彈快

續表

局
六寸徑
砂輪二
十個
四寸徑
砂輪二
十個
生鐵砂
輪架二
副
螺絲板
三塊
保定軍械
局
毛瑟黑
藥槍子
五十萬
粒
又無烟
槍子一
百五十
萬粒
又小銅
冒火五
十萬粒
砲門銅
管電火
一千枝
快砲銅
冒火四
千粒
奉天將軍
智利無
烟槍子
三十萬
粒
又子藥
袋四萬
個
毛瑟黑

三尊
三磅彈快砲八
十六尊
生熟鐵砲共六
尊
一百磅快砲開
花彈八個
又實心彈二十
個
又四十磅開花
彈一千二百個
又硬實彈三百
個
又鋼實彈三百
個
又實心彈一千
二百十八個
四十磅素珠開
花彈六百個
十二磅開花彈
一萬二千八百
個
又實心彈一萬
二千八百二十
一個
六磅開花彈四
千個
又實心彈四千
二十九個
三磅快砲開花
彈三萬五千四
百個
又實心彈二萬
一百三個
五生七快砲開
花彈二個
六生的開花彈
一萬八百個
毛瑟槍一千三
百二十四桿
快利兵槍一千
九百桿
林明敦兵槍十
桿

粟色餅藥四
萬八千四百
磅
砲門螺絲電
火三百枝
一百磅快砲
開花彈一百
個
又實心彈一
百個
無烟火藥五
百磅
砲門銅冒擊
火二百枝
平底鋼擊火
二百枝
銅管電火四
百枝
快砲銅引一
百副
又銅壳八十
個
烏龍山
四十磅快砲
二尊
六磅快砲四
尊
四十磅快砲
開花彈二百
個
又硬實彈一
百個
又實心彈一
百個
又六磅開花
實心彈各四
百個
砲門銅管電
火六百枝
又銅螺絲擊
火二千枝
快砲銅引六
百副

百五十磅
槍砲黑藥二
千二百磅
粟色火藥五
百五十磅
黑色餅藥四
百五十磅
砲門銅冒擊
火二百枝
快砲銅引十
副
又銅壳十個
策電
一百磅快砲
開花彈四十
八個
又實心彈三
十二個
又硬實彈四
十八個
又鋼實彈十
個
十二磅沙不
乃爾開花彈
七十六個
又鋼實彈二
百九個
生鐵開花彈
四十五個
神機砲彈九
百七十個
哈乞開司砲
開花彈一千
七百三十八
個
又實心彈一
百八十個
老毛瑟兵槍
三十桿
燕飛來福兵
槍二桿
小手槍五桿
毛瑟黑藥槍

砲二尊
又開花彈
四百個
又銅引銅
壳各四百
個
毛瑟兵槍
一千五百
二桿
毛瑟無烟
槍子六十
萬一百粒
又黑藥槍
子十萬粒
無烟火藥
一萬五千
五十磅
鋼螺絲擊
火四百枝
五件頭皮
件一千五
百副
廣西善後局
毛瑟兵槍
五百一桿
又無烟槍
子二十萬
二百五十
粒
五件頭皮
件五百副
福建營務處
無烟火藥
八百七十
五磅
黑藥一萬
磅
雲南善後局
毛瑟兵槍
五百桿
小鐵鋼頭

藥銅壳二十萬粒

燕飛來爾兵槍二十桿 智利兵槍二桿 小手槍四桿 毛瑟槍子二百二十三萬七千六百二十粒 猾利無烟槍子七十粒 林明敦槍子十粒 快利槍子三十五萬粒 來福槍子五百六十一粒 馬梯尼槍子一百七十八粒 黎意槍子一百二十萬五百粒 哈喳司槍子四千粒 曼里夏槍子八十八萬三百十粒 新毛瑟無烟槍子二百十五粒 又空子二十五粒 小手槍子一千四百四十粒 又空子二十粒 毛瑟黑藥銅壳二十四萬一千四百七粒 曼里夏黑藥銅壳一百四十萬粒 又空銅壳二十萬粒 馬梯尼黑藥銅壳六千粒 智利槍黑藥銅壳十萬粒 綠烟火藥三萬

又銅壳三百個

下關

十二磅快砲四尊 又實心彈四百個 毛瑟兵槍四百桿 又無烟槍子八萬粒 又黑藥銅壳十二萬個 砲門銅螺絲拉火二十枝 又銅管擊火四千枝 十二磅快砲銅壳四百個

鎮江

毛瑟兵槍四百桿 又無烟槍子十二萬粒 又黑藥銅壳八萬粒 平底銅擊火二千枝 銅螺絲拉火二千枝

江陰

砲門銅管自來火五千枝 又銅冒擊火四千七百枝 平底銅擊火三百枝 螺絲電火一千五百枝 銅管電火一千枝

子四千四百八十粒 手槍子二百四十粒 無烟火藥二百九十九磅 黑藥三百九十磅 開花銅冒火六千五百二十六粒 砲門銅冒擊火七百十枝 又螺絲電火七百八十一枝 快砲銅壳七百四十個 哈乞開司銅壳一千七百七十一個

飛霆

一百磅快砲開花彈三十六個 又實心彈三十二個 又硬實彈三十六個 又銅實彈八個 八百磅素常炸彈二個 又硬鐵炸彈五個 十二磅沙不乃爾開花彈七十九個 又銅實彈二百九個 生鐵開花彈四十九個

十個 鐵釘七十五磅 毛瑟黑藥槍子一百萬粒 又無烟槍子二十萬粒 哈乞開司槍子一百萬粒

一千六百九十三磅 黑藥八萬六百八十六磅 黑炸藥三百二十磅 栗色餅藥四千二百三十二磅 紫色餅藥四百二十五磅半 黑色餅藥三千四百三十六磅 開花銅冒火一百萬九千五百 磅 老毛瑟小銅冒火二百四十五萬粒 智利槍小銅冒火一百四十五萬粒 曼里夏小銅冒火六十萬粒 砲門銅管自來火三萬一千五百六十一枝 劈山砲自來火一千八百五十枝 又螺絲電火五百五十枝 又銅管電火一千枝 又擊火九萬八千四百九十枝 又銅螺絲拉火二十六枝 長尾銅引十關 快砲銅引八千二百個 又四萬二千二百個 一百磅四十磅砲彈銅壳各一

銅螺絲拉火三千枝

神機砲彈七百四個 毛瑟兵槍三十桿 燕飛來爾兵槍二桿 毛瑟黑藥槍子一千五百三十粒 無烟火藥一百八十五磅 黑藥六百八十七磅 開花銅冒火四百三十枝 銅冒擊火三百四十七枝 螺絲電火五百枝 銅螺絲擊火二百十九枝 快砲銅壳三百個

南琛

四十磅快砲開花實心硬實銅實彈各十個 又四十磅素珠開花彈十個 阿姆斯脫郎一百八十磅開花實心子母彈各十個 又銅實彈十五個 又四十磅開花實心彈各十五個 又子母彈十個 毛瑟兵槍八

續表

個又四十磅彈銅殼六百個又十二磅彈銅殼二千九百八個六磅彈銅殼二千二個三磅彈銅殼一萬七千二百一個三生七快砲銅殼四個哈乞開司快砲彈銅殼二百個 江寧提標各營 野山砲三十一尊又砲彈三千一百個毛瑟兵槍二百十六桿又黑藥槍子五萬八千五百粒又無烟槍子六萬四千八百粒又黑藥銅殼二十一萬五千粒野山砲自來火六千二百枝 蘇捕水師營 毛瑟兵槍四百十四桿又無烟槍子九萬粒 蘇松鎮標各營 毛瑟兵槍一百四十八桿燕飛來福兵槍一百桿毛瑟黑藥槍子
十桿又黑藥槍子五千粒黑藥四千二百五十磅黑色餅藥五百磅砲門銅管自來火二千枝又銅冒擊火四百枝又螺絲電火五十枝四十磅快砲銅殼六十個 龍驤 阿姆斯脱郎一百二十磅開花硬實彈各二十個十二磅沙不乃爾開花彈八十個鋼實開花彈一百九十八個生鐵開花彈五十個格林砲彈三千九百八十個哈乞開司開花彈二千六百六十個又實心彈二百六十個毛瑟兵槍二十桿馬梯尼兵槍十五桿小手槍八桿毛瑟黑藥槍子二千二百

續表

二萬九千六百粒黑藥五百磅來福槍子一萬粒開花銅冒火二萬粒 緝私營 毛瑟黑藥槍子一萬粒 江陰合字營 毛瑟無烟槍子十二萬粒又黑藥銅殼八萬粒毛瑟兵槍四百桿 內洋水師五營 林明敦槍子二萬四千粒 奇兵營 毛瑟黑藥槍子銅殼一萬個黑藥一千七百四磅小銅冒火十四萬四千粒 滬軍營 小銅冒火六萬四千粒野山砲自來火七百六十八枝 本局防護營 十二磅快砲實心彈五十個毛瑟無烟槍子三萬二千七百二十粒
六十粒馬梯尼槍子三百三十粒手槍槍子七百粒無烟火藥二百四十一磅黑藥二百三十磅開花銅冒火五百六十粒銅冒擊火一百六十五枝螺絲電火三百九十八枝十二磅快砲銅殼二百個哈乞開司快砲銅殼二千七百八十三個 鏡濟 砲門銅管自來火一千枝

續表

	三十年
	練兵處 十二磅彈快砲十八尊 又開花實心彈各三千六百個 無烟火藥三千二十五磅 黑藥三百磅 黑炸藥一千二百三十磅 砲門銅螺絲擊火七千三百枝 十二磅快砲彈銅引三千六百副 又銅殼
又黑藥銅殼二萬三千粒 黑藥三百磅 開花銅冒火五萬粒 砲門銅螺絲電火十一枝 又銅管電火三十六枝 又銅螺絲拉火七枝 又擊火四百三十六枝 三磅快砲銅殼一百個	籌防局 江寧軍械所 四十磅彈快砲四尊 阿姆斯脫郎七磅後膛砲一尊 十管連珠格林砲二尊 一百磅快砲開花彈二個 又實心彈七個 四十磅快砲開花彈七百七個 又硬實鋼實彈各二百個 又實心彈一千二百十四個 素珠開花彈七百個 十二磅快砲開花彈五十三個 又實心彈五十八個 六磅快砲開花彈七個 又實心彈十三個
	南石壇 一百磅快砲開花彈五十個 又實心彈二百個 四十磅快砲開花實心彈各五十個 六磅開花實心彈各一百個 阿姆斯脫郎一百八十磅實心彈四十個 砲門銅螺絲擊火二千枝 又電火五百五十枝 又拉火二百枝 快砲銅引二百副 又銅殼一百個 獅子林
	南琛 四十磅快砲開花彈九十六個 又硬實彈三十四個 又實心彈四十八個 素珠開花彈四十個 二磅包鉛實心彈一千個 阿姆斯脫郎一百八十磅開花彈五十七個 又實心彈五十個 又子母彈二十二個 又四十磅開花彈一百十六個 又實心彈五十七個 又子母彈八十一個 格林砲子二
	廣東製造局 鋼料器具坯一千枝 四川機器局 鋼料器具坯三千七十枝 鋼頭七百十七根 河南機器局 二磅彈小砲坯二十尊 砲耳箍三十個 四磅小砲坯十尊 砲尾塞方鋼料六餘

續表

一千八百個 奉天將軍 毛瑟黑藥槍子六十萬粒 曼里夏無烟槍子二十萬粒 智利無烟槍子四十萬粒 海防軍械局轉發各兵輪 黑藥一千磅 毛瑟槍子二千粒 砲門銅螺絲擊火六百枝 保定軍械局 毛瑟黑藥槍子一百萬粒 五生七銅引一千七百副 八生七
三磅快砲開花彈十九個 又實心彈二個 阿姆斯脫郎二百五十磅開花彈八百個 毛瑟兵槍五百九十三桿 快利連珠兵槍二百桿 林明敦過針槍五百桿 燕飛來福兵槍八十桿 小手槍五桿 毛瑟黑藥槍子三萬五千五十粒 又無烟槍子六萬四千三百二十二粒 林明敦槍子三十五萬四十粒 快利空槍子三十五萬粒 來福槍子五百粒 馬梯尼槍子二千一百粒 黎意槍子一千二百三十四粒 曼里夏無烟槍子六十萬粒 利士比槍子三十六粒 小手槍槍子七百十七粒 毛瑟槍子銅殼五十五萬五千六百六十七粒 曼里夏銅殼八十八萬八千二百粒 比利黑藥銅殼
一百磅快砲開花實心彈各五十個 六磅開花實心彈各一百個 阿姆斯脫郎八百磅硬實彈三十個 又二百五十磅開花彈五十個 又硬實彈十個 又實心彈三十九個 砲門銅管銅螺絲電火各二百枝 銅螺絲拉火三百枝 銅引二百副 銅殼一百二十個 江陰 一百磅快砲鋼實彈五十六個 二磅車輪快砲開花彈一千個 阿姆斯脫郎八百磅硬實彈七十個 又二百五十磅硬實彈五十個 無烟火藥三萬二千磅 黑藥四千五百五十磅 黑色餅藥七十三百磅
千一百八十個 哈乞開司開花彈二千五十個 那騰飛砲彈二千個 手槍十九桿 毛瑟黑藥槍子五千粒 小手槍槍子九百粒 無烟火藥五百磅 黑藥二千五百磅 砲門銅管自來火五千二百枝 又銅冒擊火五百二十四枝 又銅螺絲電火二百枝 四十磅彈銅殼四十個 保民 四十磅快砲開花彈十個 又實心鋼實彈各十個 二磅包鉛實心彈二十個 克鹿卜十七生的開花實心鋼實彈各四個 又十五生的開花實心鋼實彈各四個 又十二生的開花實心鋼實彈各二十

銅引一百副，史高德銅引一千二百副，平底螺絲擊火二千六百枝，又起子二把，六件頭銅引一千副，史高德銅殼一千二百個，黑毛拉火三千枝 五生七開花彈一千七百個，又起子十把，又銅殼一千七百個，八生七開花彈一百個，又銅殼一百個，又起子二把，史高德開花彈一千二百個，又起子十二把
三十萬粒，無烟火藥一萬八千七百五十九磅半，黑藥十萬九千四十五磅，棉花炸藥三磅，毛瑟小銅冒火四十萬粒，曼里夏小銅冒火一百九十萬粒，比利小銅冒火一百三十萬粒，砲門銅管自來火二千二十二枝，又銅冒擊火二千六百五十四枝，又平底銅擊火四百六枝，又銅螺絲擊火七百三十四枝，又銅螺絲電火二千四百十五枝，又銅管電火一百九十七枝，又銅螺絲拉火八枝，快砲銅引八百四十九枝，又銅殼三個，開花銅冒火三百三萬二千粒 蘇州盤捕營 三磅彈快砲三十尊，又開花實心彈各六百個，黑藥一百十三磅四兩
銅冒擊火二千九百六十二枝，平底銅擊火四百三十枝，砲門銅螺絲電火六百七十六枝，銅管電火一百十九枝，銅引一千三百五十副 鎮江 毛瑟無烟槍子十一萬九千七百粒 下關 無烟火藥一千二百磅，砲門銅冒擊火三百枝，又銅螺絲電火二百枝，又銅管電火一千枝，又銅螺絲拉火二千枝 吳淞 曼里夏銅殼十萬個，無烟火藥二百磅，砲門銅管自來火三千枝
四個，毛瑟兵槍十桿，馬梯尼槍一百三十桿，手槍二十五桿，毛瑟黑藥槍子一千二百四十粒，馬梯尼槍子五千四百六十粒，手槍槍子二千四百八十粒，無烟火藥五十磅，黑藥五百磅，砲門銅管自來火五百枝，黑色餅藥五百磅，又平底銅擊火一百四十九枝，又銅螺絲電火一百五十枝，又拉火二十枝，快砲銅殼二十個，開花銅冒火一千粒 鈞和 毛瑟兵槍三十桿，又無烟槍子三十粒 威靖 黑藥一千五

七生半梅花餅開花彈一千個
砲門銅螺絲擊火一千二百枝，三磅快砲銅引六百十個，又銅殼六百個 江蘇撫標各營 三磅彈快砲四尊，又開花彈五百六十個，又實心彈二百四十個，毛瑟兵槍三百六十桿，又無烟槍子四萬粒，來福槍子八千六百粒，毛瑟槍子銅殼八萬粒，比利槍銅殼四萬六千粒，無烟火藥一百二十五磅，黑藥三千五百二十五磅，毛瑟小銅冒火十七萬八千粒，比利小銅冒火十五萬八千四百粒，砲門銅管自來火五百七十六枝，又銅螺絲擊火一千二百枝，三磅快砲銅引五百六十副，又銅殼二百個，開花銅冒火三萬三千粒 江寧提標各營
百磅，砲門銅管自來火五百枝，開花銅冒火火五千粒 策電 黑藥五百磅

續表

毛瑟兵槍一百五十桿，又九響兵槍二百五十桿，又槍子九萬四千粒，來福槍子八千六百粒，毛瑟銅殼四十一萬一千五百粒，黑藥三千四百四十五磅，黑炸藥六十磅，比利小銅冒火七萬九千二百粒，開花銅冒火三萬三千粒

太湖水師各營

毛瑟兵槍二百桿，又無烟槍子四萬粒

奇兵營

毛瑟銅殼二萬五千個，黑藥一千三百七十六磅，毛瑟小銅冒火二十萬六千粒

本局防護營

十二磅快砲開花彈一個，又實心彈一百二個，又三磅開花彈二百一個，又實心彈十二個，毛瑟無烟槍子

續表

五萬四千九十個，又黑藥銅殼五萬三千個，砲門銅螺絲擊火一千三百七十枝，又拉火一百四枝，銅引二百四十七副，銅殼二十個

又　卷六《存儲表》

謹按：初設局製造專供前敵軍火，迨髮捻肅清，漸有餘蓄，嗣後歷年仿造外洋軍械，並陸續購置，其所存舊式軍火推陳出新，而各省訂造或未經解付，及各礮台兵輪繳存本局者，屯積日夥。因專設軍火處，其全廠所需各項物料隨時採購，預爲儲備，日積月累，分存庫房四所，均各按時造報。光緒三十一年，分設船塢、商廠，經署兩江總督周派員監查，並飭將船廠應用物料估價存儲，聽候船廠隨時指撥繳價。謹就清釐各款，分列軍火物料表，以是年四月實存數目爲斷。

類別	數目
槍	本局製造 新毛瑟槍三千六十五枝 培來司槍一枝 林明敦馬槍八十五枝 來福魚尾馬槍二十一枝 購置 新式毛瑟槍十四枝 利士比槍一枝 前膛抬槍一枝 新式十門手槍八枝 繳存 來福奧槍八十五枝 林明敦邊針槍二十四枝 林明敦中針槍一枝 燕飛來福槍六百八枝 老毛瑟槍
砲	本局製造 三百八十磅子阿姆斯後膛地井砲二尊 百八十磅子阿姆斯前膛砲十尊 二百五十磅子後膛砲一尊 八十磅子阿姆斯前膛砲二尊 百磅子快砲十五尊 四十磅子快砲十尊 十二磅子船臺快砲一尊 十二磅車輪快砲三十一尊 六磅子快砲二十三尊 三磅子過山快砲一尊 三磅子長式快砲
水旱雷	本局製造 一千磅藥生鐵沉雷二十五個 四百磅藥生鐵沉雷六十九個 一百磅藥電汽熟鐵浮雷一百二十三個 一百磅藥六角電汽碰雷十六個 五十磅藥熟鐵浮雷二個 五十磅藥熟鐵沉雷二個 三十五磅藥熟鐵地雷二百個 一百五十磅藥生鐵地雷三十個 購置 四百磅藥生鐵沉雷一個 一百磅藥電汽熟
火藥	本局製造 栗色餅藥十二萬一千七百二十磅 黑色餅藥一千七百六十磅 黑砲藥十萬三千三百二十四磅 無烟砲藥六萬八千二百二十五磅 黑炸藥一萬一千六百六十磅 黑槍藥三萬六千一百五磅 購置 紫色餅藥二萬九百十五磅 七孔黑色餅藥一萬三千三百十一磅
銅引	本局製造 四開花銅冒火一百二十七萬九千六十四粒 老毛瑟小銅冒火五十三萬九千二百三十粒 新毛瑟小銅冒火七十萬粒 雙里夏小銅冒火九十二萬粒 比利小銅冒火五十九萬一千六百粒 銅管拉火三萬八千八百六十三枝 劈山砲銅管拉火二百六十五枝 銅擊火二萬六千九十三枝
槍子	本局製造 老毛瑟槍子二百八十八萬六百七十五顆 新毛瑟槍子三百五十七萬二千九百三十三顆 新毛瑟木箭槍子二千顆 林明敦邊針槍子十二萬一千七百五十顆 快利銅頭空槍子七十顆 來福鉛子三十四萬四千七百十八顆 馬的尼槍子五萬八百十九顆 黎意槍子五萬三千一百九十五顆
砲彈	本局製造 三十八噸阿姆斯莊前膛開花彈一百四個 二十六噸阿姆斯莊前膛開花彈一百六個 八百磅阿姆斯前膛開花彈四百五十二個 八百磅阿姆斯前膛鋼質彈十個 八百磅阿姆斯前膛硬質彈四百五個 八百磅阿姆斯後膛開花彈一百八十八個 八百磅阿姆斯後膛鋼質彈二十七個 八百磅阿姆斯後膛硬質彈八十四個 八百磅阿斯姆後膛實心彈三個 三百八十磅阿姆斯後膛開花彈三十七個 三百八十磅阿姆斯後膛硬質彈二百個

續表

續表
一百七枝 新毛瑟槍十三枝 快利連珠槍一百二十四枝 黎意槍四十枝 馬的尼槍五十九枝 吒啫司兵槍七十七枝 士乃得槍十六枝 各種後膛槍三十七枝 泰白胎槍四十枝 後膛擡槍六枝 吒唔司馬槍二十六枝 燕飛來福馬槍二枝 各種後膛馬槍二十五枝 十門手槍十二枝 一門手槍一枝 雙門手槍三枝 五門手槍二十三枝 六門手槍
一尊 二磅子車輪快砲二尊 七磅子捷身後膛砲一尊 十二磅子銅田雞砲一尊 十二磅子鐵田雞砲八尊 熟鐵後膛砲一尊 子母砲一尊 劈山砲二尊 購置 四十磅子快砲一尊 五生七快砲一尊 三生七快砲一尊 四十磅子瓦瓦司前膛砲一尊 八十磅子克鹿卜砲一尊 六生的克鹿卜過山快砲二尊 十二磅子威興後膛砲一尊 十二磅子
鐵浮雷五十六個 一百磅藥元式鋼殼浮雷二個 繳存 一千磅藥生鐵沉雷一個 四百磅藥生鐵沉雷二個 二百五十磅藥熟鐵浮雷十個 一百磅藥電汽熟鐵浮雷七個 二磅藥水雷十二個 二百五十磅藥元式熟鐵浮雷三十三個 桶式熟鐵小水雷八個
繳存 七孔黑色餅藥一萬四千四百六十五磅 柯達無烟藥二千五十磅
銅螺絲拉火七千一十枝 銅螺絲擊火八千三百八十一枝 綠絨銅螺絲電火三百九枝 旱雷用銅螺絲拉火一百三十五枝 銅管電火四百五十枝 銅螺絲電火三千三百九十四枝 繳存 四開花銅冒火十萬六千二百五十八粒 銅管拉火五千二百九枝 劈山砲銅管拉火一萬三百八十五枝 銅擊火二千五百六十枝 銅螺絲擊火五千四百二
哈吒克司槍子一萬一千六百四十四顆 六門手槍子一千五百顆 雙里夏黑藥槍子六千七百九十二顆 雙里夏無烟藥槍子七十萬六百九十顆 雙里夏木箭頭槍子一萬五千顆 新毛瑟黑藥銅殼二千四百六顆 老毛瑟黑藥銅殼三十萬顆 哈吒克司黑藥銅殼四百六十四顆 黎意黑藥銅殼十五萬八千顆 雙里夏黑藥銅殼八十三萬二百八十顆
一二百五十磅阿姆斯前膛開花彈四百八十六個 一二百五十磅阿姆斯前膛實心彈一百六十四個 二二百五十磅阿姆斯前膛裝沙彈二個 二二百五十磅阿姆斯前膛鋼質彈十個 二二百五十磅阿姆斯後膛開花彈四百三十八個 二二百五十磅阿姆斯後膛硬質彈一千七百九十四個 二二百五十磅阿姆斯後膛實心彈二十一個 二二百五十磅阿姆斯後膛鋼質彈四十個 一百八十磅阿姆斯前膛開花彈八百九十六個 一百八十磅阿姆斯前膛實心彈四百十六個 一百八十磅阿姆斯後膛開花彈三千一百四十三個 一百八十磅阿姆斯後膛鋼質彈七十八

續表
五十一枝
博樂惠耳後膛砲一尊 三寸徑前膛鋼砲四尊 繳存 三十八噸阿姆斯莊前膛砲二尊 二十六噸阿姆斯莊前膛砲二尊 二百五十磅子阿姆斯前膛砲二尊 一百八十磅子阿姆斯水力機器砲一尊 一百二十磅子阿姆斯前膛鋼砲八尊 八十磅子阿姆斯後膛砲一尊 八十磅子阿姆斯前膛砲四尊 四十磅子阿姆斯前膛砲一尊 一百四十
十三枝 銅螺絲拉火二千二百三十六枝 旱雷用銅螺絲拉火二百二十五枝
快利黑藥銅殼七千顆 比利黑藥銅殼十萬顆 購置 老毛瑟槍子六萬一千八百八十顆 新毛瑟槍子一萬七千七百八十三顆 林明敦邊針槍子六十八萬二千八百八十九顆 新式十門手槍子九千七百七十五顆 繳存 老毛瑟槍子五萬五千二百五十二顆 林明敦邊針槍子五萬二千二百八十一顆 林明敦中針槍子二萬三
個 一百八十磅阿姆斯後膛實心彈八百八十四個 一百八十磅阿姆斯後膛硬實彈二千五百二十九個 一百八十磅阿姆斯後膛裝沙彈一十四個 一百二十磅阿姆斯前膛開花彈二千四百二十個 一百二十磅阿姆斯前膛實心彈二千三百九十四個 一百二十磅阿姆斯前膛平頭實心彈二個 一百二十磅阿姆斯前膛裝沙彈七十個 一百二十磅阿姆斯前膛硬實彈二千五百十六個 一百二十磅阿姆斯後膛開花彈五百六十八個 一百二十磅阿姆斯後膛平頭實心彈二個 一百二十磅阿姆斯後膛硬實彈五百十五個

續表
磅子瓦瓦司前膛砲四尊 四十磅子瓦瓦司後膛砲一尊 一百二十磅子烏理治前膛砲十尊 八十磅子烏理治前膛砲三尊 四十磅子烏理治前膛砲一尊 二百二十磅子克鹿卜砲二尊 一百八十磅子克鹿卜砲二尊 八十磅子克鹿卜砲一尊 四十磅子克鹿卜砲二尊 十二磅子克鹿卜砲四尊 七磅子克鹿卜砲一尊 七十磅子威都准前膛鋼
千九百九十五顆 快利銅頭槍子三千二十四顆 快利銅頭槍子八千二百六十顆 快利銅頭空槍子一千九百五十八顆 快利銅頭黑藥槍子三千七百七十六顆 泰白胎槍子一千六百顆 來福鉛子一萬七千四百三十五顆 馬的尼槍子二千二百五十二顆 黎意槍子七千三百五顆 呍嗜司槍子二十萬二千九百七十一顆 十門手槍子一千顆
八十磅阿姆斯前膛開花彈三千九百四十五個 八十磅阿姆斯前膛裝沙彈五百二十六個 八十磅阿姆斯前膛硬實彈一千二百九十五個 八十磅阿姆斯前膛鋼質彈十個 八十磅阿姆斯前膛實心彈三千一百七十八個 八十磅阿姆斯後膛開花彈八百四十五個 八十磅阿姆斯後膛硬質彈五百二十二個 八十磅阿姆斯後膛鋼質彈十個 八十磅阿姆斯後膛實心彈五百二十二個 四十磅阿姆斯前膛開花彈二千四百五十八個 四十磅阿姆斯前膛裝沙彈一百九十九個 四十磅阿姆斯前膛實心彈

續表

砲一尊七十磅子威都雅後膛銅砲一尊四十磅子博洪後膛砲四尊二十磅子前膛銅砲一尊十二磅子銅砲三尊十二磅子銅田雞砲一尊十二磅子前膛銅砲三尊十二磅子博樂惠耳後膛砲一尊大小生鐵前膛砲十一尊殼治杷後膛砲二尊九磅子前膛鋼砲一尊哈吃克司快砲二尊五寸六分徑前膛銅砲一尊十門格林砲二尊
哈吃克司槍子二萬二千九百二十三顆六門手槍子五千六百五十顆士乃得槍子三千四百二十顆來福臬槍子三百三十顆馬的尼黑藥鋼殼二千九百十三顆呟嗜司黑藥鋼殼一千顆快利黑藥鋼殼四萬三千一百七十七顆
一千六百七十個四十磅阿姆斯前膛硬質彈四千三百十個四十磅阿姆斯後膛開花彈一千七百三十八個四十磅阿姆斯後膛實心彈六百個四十磅阿姆斯後膛硬質彈二千五百個七磅子阿姆斯後膛開花彈五百五十個七磅子阿姆斯後膛實心彈二百個二百二十磅克鹿卜開花彈三百七十八個二百二十磅克鹿卜硬質彈五百二十一個二百二十磅克鹿卜鋼質彈十八個二百二十磅克鹿卜裝沙彈十八個二百二十磅克鹿卜實心彈三百九十二個一百二十磅克鹿卜開花彈二千二百七十四個

續表

一百二十磅克鹿卜鋼質彈二十個一百二十磅克鹿卜硬質彈三百四十二個一百二十磅克鹿卜實心彈八百八十個一百八十磅克鹿卜開花彈二百二個一百八十磅克鹿卜硬質彈二百六十六個八十磅克鹿卜陽花彈二千八百六十四個八十磅克鹿卜實心彈二千一百六十四個八十磅克鹿卜硬質彈四千八百六十個八十磅克鹿卜鋼質彈五十五個八十磅克鹿卜裝沙彈九百四個四十磅克鹿卜開花彈五千九十六個四十磅克鹿卜實心彈四千三十個四十磅克鹿卜裝抄彈三千九百十五個四十磅克鹿卜

續表

						硬質彈三千三十個四十磅克鹿卜子母彈五個二十磅克鹿卜開花彈一百八十九個二十磅克鹿卜裝沙彈三百二十個二十磅克鹿卜實心彈一百二十九個十二磅克鹿卜開花彈二千八百八十一個十二磅克鹿卜實心彈一千七十七個十二磅克鹿卜裝沙彈二千一百六十一個七磅克鹿卜開花彈三百七十個十七生的克鹿卜開花彈四百八個十七生的克鹿卜硬質彈四百二十五個十七生的克鹿卜實心彈一百九十五個十七生的克鹿卜鋼質彈十個十五生的克鹿卜開花彈一千一百七十個十五生的克鹿

續表

						卜硬質彈四百三十個十二生的克鹿卜開花彈二千七百六十個十二生的克鹿卜裝沙彈六百十個十二生的克鹿卜實心彈四百個十二生的克鹿硬質彈四百個十個半生的克鹿卜開花彈二千六十個八生的克鹿卜開花彈九百六十五個一百二十磅烏理治開花彈二千四百三十九個一百二十磅烏理治硬質彈一千一百三十個一百二十磅烏理治實心彈二千四百七十三個八十磅烏理治開花彈二千三百三十一個八十磅烏理治硬質彈二千七百五十個八十磅烏理治裝沙彈四十五個八十磅烏理治

續表

實心彈一千五百九十四個
四十磅烏理治開花彈四千二百七十六個
四十磅烏理治實心彈三千九百九十八個
一百磅快砲開花彈一千二百七十三個
一百磅快砲實心彈三百七十九個
一百磅快砲硬質彈一千二百九十五個
一百磅快砲鋼實彈一百十四個
四十磅快砲開花彈一千二百七十三個
四十磅快砲硬質彈四十個
四十磅快砲鋼彈質二百三十個
四十磅快砲實心彈九百三十八個
四十磅快砲素珠開花彈二千二百四十九個
十二磅快砲開花彈二萬一千六百八十個
十二磅快砲實心彈二千二

續表

百八十個
六磅快砲開花彈二萬六千一百二十三個
六磅快砲實心彈一萬四千九十七個
三磅快砲開花彈三萬三千二百三十一個
三磅快砲實心彈五十二個
三生七快砲開花彈三萬六千六百個
七十磅威都淮前膛開花彈二百七十九個
三十二磅元開花彈一百個
三十二磅元實心彈一百個
十二磅元座開花彈一萬八千九百五十四個
七磅鋼砲用實心彈四百二十個
八磅元實心彈九百四十一個
十磅元實心彈四百個
騎山砲彈一萬五千五百六個
格林砲彈三萬六千九百七十七個
世邦道砲開花彈五千九百

續表

十九個一寸六分徑子母實心砲彈三百個七生半克虜卜開花彈六千個聯膛二百五十磅阿姆斯前膛硬實彈一百四十九個一百二十磅阿姆斯前膛開花彈一千四十七個一百二十磅阿姆斯前膛硬實彈四十九個八十磅阿姆斯前膛開花彈九十九個八十磅阿姆斯前膛硬實彈四十八個一百二十磅克虜卜開花彈一百九十九個二十磅克虜卜開花彈一百個十七生的克虜卜開花彈四個十七生的克虜卜硬實彈二百九十九個十五生的克虜卜硬實彈九個十二生的克虜卜硬實彈十

續表

個一百二十磅烏理治開花彈九十九個一百二十磅烏理治硬實彈一百個一百二十磅烏理治實心彈二百九十八個八十磅烏理治開花彈九十九個八十磅烏理治硬實彈二百四十九個四十磅烏理治開花彈二十四個一百四十磅瓦瓦司沙不乃爾開花彈十個四十磅瓦瓦司三條陰紋開花彈五十個四十磅瓦瓦司三條陰紋實心彈二十五個六磅快砲開花彈十二個五生七快砲開花彈十八個六生的克虜卜車輪快砲開花彈三百九十五個六生的克虜卜車輪快砲子母彈四百個六生的克虜卜車輪快砲銅銅彈二百個

續表

十二磅元產開
花彈二百團
十七個
六磅銅箍開花
彈九十九個
六磅銅箍實心
彈四十九個
格林砲彈一千
一百二十七
個
哈吃克司開花
彈五百個
哈吃克司實心
彈五百九十
四個
世邦道砲開花
彈一千十五
個
繳存
三十八噸阿姆
斯莊前膛開
花彈二十八
個
三十八噸阿姆
斯莊前膛實
心彈五十三
個
三十八噸阿姆
斯莊前膛子
母彈十六個
三十八噸阿姆
斯莊前膛羣
子彈十五個
二十六噸阿姆
斯莊前膛開
花彈三十七
個
二十六噸阿姆
斯莊前膛實
心彈三十六
個
二十六噸阿姆
斯莊前膛硬

續表

貿彈十個
二十六噸阿姆
斯莊前膛子
母彈十四個
二十六噸阿姆
斯莊前膛羣
子彈十六個
二百五十磅阿
姆斯前膛開
花彈一百一
個
二百五十磅阿
姆斯前膛硬
貿彈四十個
二百五十磅阿
姆斯前膛實
心彈一百三
十八個
二百五十磅阿
姆斯莊前膛
裝沙彈九十
八個
二百五十磅阿
姆斯前膛子
母彈六個
一百八十磅阿
姆斯後膛開
花彈二百七
十四個
一百八十磅阿
姆斯後膛實
心彈一百二
十九個
一百八十磅阿
姆斯後膛硬
貿彈二、百三
十八個
一百八十磅阿
姆斯後膛子
母彈四十四
個
八十磅阿姆斯
前膛花開彈

續表

一百二個 八十磅阿姆斯前膛裝沙彈三百九十七個 八十磅阿姆斯前膛實心彈一百十一個 八十磅阿姆斯後膛開花彈五十三個 八十磅阿姆斯後膛硬質彈十個 八十磅阿姆斯後膛實心彈三十個 四十磅阿姆斯前膛開花彈十一個 四十磅阿姆斯前膛實心彈十九個 四十磅阿姆斯後膛開花彈六百十七個 四十磅阿姆斯後膛實心彈四百八十八個 四十磅阿姆斯後膛子母彈二百五十三個 七磅子阿姆斯後膛開花彈九百十七個 七磅子阿姆斯後膛裝沙彈二百四十三個 二百二十磅克鹿卜開花彈一百六個

續表

二百二十磅克鹿卜硬質彈四十個 二百二十磅克鹿卜實心彈五十六個 一百二十磅克鹿卜開花彈三百四十九個 一百二十磅克鹿卜裝沙彈二百八十八個 一百二十磅克鹿卜硬質彈一百八十四個 一百二十磅克鹿卜實心彈三百三十八個 一百八十磅克鹿卜開花彈一百八十三個 一百八十磅克鹿卜實心彈一百三十七個 八十磅克鹿卜開花彈五十九個 八十磅克鹿卜實心彈二百十六個 八十磅克鹿卜裝沙彈十個 四十磅克鹿卜開花彈三百二十七個 四十磅克鹿卜實心彈七百九個

續表

四十磅克鹿卜裝沙彈八百六十三個 十二磅克鹿卜實心彈三個 十七生的克鹿卜開花彈二十九個 十七生的克鹿卜硬質彈五十二個 十七生的克鹿卜鋼質彈十三個 十五生的克鹿卜開花彈四十個 十五生的克鹿卜實心彈三十四個 十五生的克鹿卜鋼質彈十一個 十二生的克鹿卜開花彈一百三十九個 十二生的克鹿卜鋼質彈六十九個 十二生的克鹿卜實心彈二百三十七個 十二生的克鹿卜硬質彈一百九十個 七個半生的克鹿卜開花彈四百七十八個 八生的克鹿卜開花彈一百五十六個 八生的克鹿卜實心彈一百

續表

三十八個 一百二十磅烏理治開花彈四百二十一個 一百二十磅烏理治硬質彈一百三十八個 一百二十磅烏理治實心彈一千四百四十七個 八十磅烏理治開花彈一百二個 八十磅烏理治硬質彈一百四十六個 八十磅烏理治實心彈五百六十五個 四十磅烏理治開花彈一百個 四十磅烏理治實心彈一百個 二十磅烏理治開花彈一百二十五個 二十磅烏理治實心彈八十六個 一百四十磅瓦瓦司沙不乃備實心彈二百七十四個 一百四十磅瓦瓦司沙不乃備開花彈二百六十五個 四十磅瓦瓦司三條陰枚開

續表

花彈二十六
個
四十磅瓦瓦司
三條陵敘實
心彈三十五
個
一百磅快砲開
花彈九個
一百磅快砲實
心彈十九個
四十磅快砲開
花彈二百七
個
四十磅快砲硬
實彈五十個
四十磅快砲鋼
實彈八十六
個
四十磅快砲實
心彈二百二
十七個
四十磅快砲素
珠開花彈九
十三個
三磅子快砲開
花彈七百七
十個
七十磅威都淮
前膛開花彈
八十個
沙不乃爾開花
彈十六個
二十四磅元開
花彈五百二
十二個
二十四磅元實
心彈十七個
十八磅元座開
花一百四十
四個
十二磅阿摩士
莊後膛開花
彈二十九個
十二磅鐵座開
花彈六十五
個
十二磅元座開
花彈一千八

續表

百四十九個
十二磅元座實
心彈二十六
個
十二磅六角來
福開花彈一
百五個
十二磅六角來
福實心彈一
百十三個
六磅銅箍開花
彈一百四十
個
田雞砲一用元開
花彈一百五
個
一磅四兩元實
心彈九百個
四磅一兩元實
心彈六百二
十九個
八兩五錢元實
心彈六百六
十一個
四管神機砲彈
八千三百二
十個
劈山砲彈二千
六十一個
格林砲彈六萬
一千四百四
十五個
哈吃克司開花
彈六千五百
二十二個
哈吃克司秦子
彈九十五個
亮治紀開花彈
八百九個
二十五門砲彈
四千八十二
個
世邦道砲開花
彈六千九百
九十三個
那騰飛實心彈
一萬二千一
百二十六個
小元生鐵彈三
百十二個
二磅包鉛實心
彈三千七百
十個

物料	
煤鐵所	開平塊煤一百七十四噸一籮每噸七兩九錢合銀一千三百七十五兩五錢八分七釐五毫開平塊煤八百九十五噸半每噸七兩六錢五分合銀六千八百五十兩五錢七分五釐開平木煤一千三百十八噸每噸四兩六錢五分合銀六千一百二十八兩七錢豐國煤一千一百三十七噸六籮每噸五兩九錢合銀六千七百十二兩七錢二分五釐豐國煤三千九十六噸每噸五兩七錢合銀一萬七千六百四十七兩二錢黑松煤九噸五籮
銅鋼所	元鋼十二萬一千七百二十二磅九兩每磅一錢合銀一萬二千一百七十二兩二錢七分五釐方鋼十萬九千四百六十八磅每磅一錢合銀一萬九百四十六兩八錢扁鋼四萬八千五百七十八磅每磅一錢合銀四千八百五十七兩八錢八梭鋼六千六百十六磅每磅一錢合銀六百六十一兩六錢包角鋼一千零十八磅每磅一錢合銀一百零一兩八錢丁子鋼二萬二千一百二磅每磅一錢合銀二千二百十兩二錢鋼板四十六萬一千五百九十六磅半
雜料所	梓油三千三百八十六磅每磅七分合銀二百三十七兩二分豆油五百六十磅每磅六分合銀三十六兩六錢洋油三千九百二十二磅每磅二分五釐合銀九十八兩五分牛油四百六十六磅每磅八分合銀三十七兩二錢八分朱角油一百六十磅每磅二錢八分合銀四十四兩八錢漿油五瓶每瓶二錢合銀一兩拋輪油六百八十二磅每磅二錢合銀一百三十六兩四錢汽缸油七百八十一磅每磅一錢三分合銀一百一
木料所	杪枋七十二根申三萬七百六十六尺三寸每尺四分半合規銀一千三百八十四兩四錢八分三釐五毫寸半杪板三百五十九塊申五千五百二十八尺六寸每尺四分半合規銀二百四十八兩七錢八分七釐四五六寸杪板三十九塊申三千四百二十二尺四寸每尺四分半合規銀一百五十四兩八釐一寸杪板一千五十四塊論塊每塊五錢八分合規銀六百十一兩三錢二分柚木枋五十六根申一萬四千七百六十五尺七寸每尺八分合規銀一千
子藥廠庫房	紫銅二萬八千二十九磅半每磅二錢五分合銀七千七兩三錢七分五釐白鉛五千五百五磅半每磅九分合銀四百九十五兩四錢九分五釐黎鋼一千一百三十七磅每磅六錢八分合銀七百七十三兩一錢六分銅孟一萬四千八百三十三磅每担二十六兩合銀二千八百九十二兩四錢三分五釐點錫八十四磅每磅四錢四分合銀三十六兩九錢六分青鉛五萬四千八百五十五磅每磅五分合銀二千七百四十二兩

續表

每噸十四兩四錢合銀一百三十八兩六錢英焦煤十噸三籮每噸十八兩一錢合銀一百八十七兩七錢八分七釐五毫英焦煤五十九噸半一百七十磅每噸二十一兩合銀一千二百五十一兩九分三釐七毫萍鄉焦煤四十一噸一籮每噸十二兩五錢合銀五百十四兩六分二釐五毫萍鄉焦煤八十九噸三籮每噸十二兩二錢五分合銀一千九十四兩八錢四分三釐七毫海墨太生鐵三十八噸一千一百二十一磅每噸四十六兩合銀一千七百七十一兩
每磅一錢合銀四萬六千一百五十九兩六錢五分蘇鋼八千一百十六磅每磅一錢三分合銀一千五十五兩八分湘鋼[illegible]軟鋼皮[illegible]銅彈胚[illegible]四[illegible]鋼彈胚[illegible]八十磅鋼彈胚[illegible]八百磅鋼彈胚九個每個十二兩合銀一百八
兩五錢三分鍋柏油五百二十九磅[illegible]機器油[illegible]蜜油[illegible]打拉油[illegible]白漆[illegible]紫漆[illegible]黃漆[illegible]漆油[illegible]
一百八十一兩二錢五分六釐四六尺柚木枋[illegible]三六寸柚木板[illegible]一寸柚木板[illegible]柚木條[illegible]十八松枋[illegible]
七錢五分[illegible]鉀綠養[illegible]青梁酒[illegible]水碳[illegible]洋磺[illegible]淨硝[illegible]直硝[illegible]

續表

二分五毫
海墨太生鐵七十二噸六百三十八磅每噸三十六兩合銀二千六百二兩二錢五分三釐五毫
海墨太生鐵二百九十七噸一千六百三十一磅每噸四十四兩五錢合銀一萬三千二百四十八兩九錢一釐五毫
海墨太生鐵二百九十七噸一千三百八磅每磅四十四兩六錢合銀一萬三千二百七十二兩二錢四分三釐一毫
一號生鐵九十八噸一千二百三十磅每噸三十六兩合銀三千五百四十七兩七錢六分七釐八毫
一號生鐵七十九噸二千二百三十磅每噸三十三兩四錢

兩
二百五十磅鋼彈胚十個每個六兩台銀六十兩
一百磅鋼彈胚六個每個四兩台銀二十四兩
鋼鋼釘十二萬六千四百九十五磅每磅一錢台銀一萬二千六百四十九兩五錢
鋼門條六千六百七十七磅每磅七分五釐台銀五百兩七錢七分五釐
過長鋼絲一萬二千一百六十五磅半每磅二錢五分合銀三千四十一兩三錢七分五釐
論號鋼絲九十一磅每磅四錢合銀三十六兩四錢
螺絲板一副計銀一百二十五兩
澆彈子模三個每個二錢三分合銀六錢九

分
合銀二百六十七兩一錢五分
綠漆二百八十磅每磅一錢二分合銀三十三兩六錢
洋燭二千四百二支每支二分合銀四十八兩四分
素燭三十一觔每觔一錢九分合銀五兩八錢九分
燈座十一只每只一錢四分合銀一兩五錢四分
燈筒二百十三只每只二分四釐合銀五兩一錢一分二釐
保險燈筒八只每只一錢五分合銀一兩二錢
燈單一只每只三錢合銀三錢
燈蕊三千四百九十九根每根二釐二毫合銀七兩六錢九分七釐

五千四百七十七尺每尺五分台規銀二百七十三兩八錢五分
十寸松枋三根申一千六十一尺六寸每尺三分半合規銀三十七兩一錢五分六釐
八寸十二寸松枋十六根申五千一百七十六尺每尺五分合規銀二百五十八兩八錢
六寸十二寸松枋四根申七百九十七尺每尺五分三合規銀三十九兩七錢五分
八寸十寸松枋二十二根申六千四十八尺二寸每尺五分合規銀三百二兩四錢一分
六寸十寸松枋四根申五百九十二尺二寸每尺五分合規銀二十九兩六錢一分

百八十七兩八錢
硝強水十三萬一千八百四磅每磅三分三釐合銀四千三百四十九兩五錢三分二釐
以脫六萬一千六百七十一磅每担五十四兩合銀二萬四千九百七十六兩七錢五分五釐
酒酵二萬三千四百五十九磅每担十三兩合銀二千二百八十七兩二錢五分二釐五毫
納養炭養二十一磅每担七兩二錢合銀一兩一錢三分四釐
阿西多尼五千五百七十七磅每担六十八兩台銀二千八百四十四兩二錢七分
鹹毛硝二十九萬二千三百

續表

台銀二千六百七十一兩八錢五分八毫
三號生鐵三十八噸一千八十五磅每噸三十七兩二錢台銀一千四百三十一兩六錢一分八釐七毫
三號生鐵七十二噸一百五十四磅每噸三十三兩四錢台銀二千四百七兩九分六釐二毫
四號生鐵一百五噸三百二十四磅每噸二十八兩五錢台銀二千九百九十六兩六錢二分二釐二毫
湖北生鐵一百六十六噸六百三磅每噸二十七五錢台銀四千五百七十二兩四錢二釐九毫
湖北生鐵一百五十噸二百十九磅每噸二十九兩二錢五分

分
澆槍子模一百二十個每個二錢三分台銀二十七兩六錢
格林礮管九百七十一隻每雙五兩台銀四千八百五十五兩
磁鐵石六條每條一兩四錢台銀八兩四錢
太平斧二把每把一兩台銀二兩
鏟刀八千四百二十三把每把四錢五分台銀三千七百九十兩三錢五分
鏟刀布二十三條每磅七錢台銀十六兩一錢
鉛絲繩一萬三千六十一磅三兩每磅四錢合銀五千二百二十四兩五錢
長鋸二十八條每條十五兩台銀四百二十兩
小鋸七把

八毫
大小方燈五十七只每只三錢台銀十七兩五錢
桅燈一只每只三兩合銀三兩
棉紗五十五磅每磅九分台銀四兩九錢五分
洋皂九百三十二磅每磅四分五釐台銀四十一兩九錢四分
棉紗繩二百四十磅每磅二錢二分台銀五十二兩八錢
黃麻繩一百六十八磅每磅四分台銀六兩七錢二分
棉蓬布十二碼每碼五錢五分台銀六兩六錢
麻蓬線八百四磅每磅六分五釐台銀五十二兩二錢六分
麻布管七十尺每尺一錢四分

三六寸松枋八十一根申三千二百七十六尺九寸每尺三分五釐五毫合規銀一百十六兩三錢二分九釐九毫
二四寸松枋二十四根申一百八十八尺每尺五分台規銀九兩四錢
四寸松板十五塊申一千七百二十三尺每尺三分五釐八毫合規銀六十一兩六錢八分三釐四毫
三寸松板一百三十四塊申九千五百七十一尺六寸每尺三分五釐五毫合規銀三百三十九兩七錢九分一釐八毫
二寸松板四十三塊申一千八百六十七尺八寸每尺三分五釐五毫合規銀六十六兩三錢六釐九毫
寸半松板二十

五十三磅每担六兩七錢合銀一萬四千六百九十兩七錢七分四釐二毫
客司得油四千二百十七磅每磅二錢九分合銀一千二百二十二兩九錢三分
洋棉紗一萬二千八百二十八磅每担十四兩台銀一千三百四十六兩九錢四分
黑松香二百一磅每磅二分四釐合銀四兩八錢二分四釐
柳柴九萬一千三百七十九磅每担五分合銀三百四十二兩六錢七分一釐二毫
煙煤二百五十三噸一百二十磅每噸五兩四錢合銀一千三百六十六兩四錢八分九釐二毫

續表

合銀四千三百九十兩三錢五分九釐七毫
硬質生鐵一百一噸一千四百三十五磅 每噸二十六兩 合銀二千六百四十二兩六錢五分六釐二毫
外國生鐵三噸一千九百四十二磅 每噸二十六兩 合銀一百兩五錢四分一釐
湖南生鐵七百三十噸一千八百七十磅 每噸二十九兩五錢 合銀二萬一千五百五十九兩六錢二分七釐二毫
外國礦鐵四十五噸一千八百九十八磅 每噸十三兩二錢 台銀六百五兩一錢八分四釐六毫
曼千尼士鐵十二噸一百四十九磅 每噸一百六十兩

每把七錢 合銀四兩九錢
元鋸十六把 每把六兩九錢 合銀一百十兩四錢
螺絲帽頭十七個 每個八錢 合銀十三兩六錢
鋼鑽二十七把 每把九錢 合銀二十四兩三錢
扳鑽九把 每把六兩五錢 合銀五十八兩五錢
扳手鑽三把 每把六兩五錢 合銀十九兩五錢
螺絲鑽頭二個 每個六兩五錢 合銀十三兩
螺絲剛一百六十個 每個一錢三分 合銀十九兩二錢
鋼鍋塊一百三十磅 每磅二錢五 台銀三十二兩五錢
鎔鋼塊一百三十五磅

合銀九兩八錢
白棕繩一萬四千八百三十四磅 每磅一錢六分 合銀二千三百七十三兩四錢四分
油瓶一萬八千三百一磅 每磅二錢 合銀三千六百六十兩二錢
白蠟二十三磅 每磅八錢 合銀十八兩四錢
竹籃七十八只 每只二錢二分 台銀十七兩一錢六分
竹筐一千九十七只 每只四分四釐 合銀四十八兩二錢六分八釐
竹篩十五只 每只一錢八分 合銀二兩七錢
竹埽十八把 每把六分 合銀一兩八分
元漆刷十三把 每把四錢 合銀五兩二

四塊申八百五十一尺八寸 每尺五分五釐五毫 合規銀三十兩二錢三分八釐九毫
一寸歐口板四百八十一塊申四千六百七十一尺五寸 每尺五分四釐 合規銀二百五十二兩二錢六分一釐
寸二分歐口板二十九塊申二百二十四尺四寸 每尺六分九釐 合規銀十五兩四錢八分三釐六毫
東洋白木枋二十四根申一千一百二十五尺四寸 每尺六分二釐 合規銀六十九兩七錢七分四釐八毫
花梨木二十七根申五千十九尺七寸 每尺一錢 合規銀五百一兩九錢七分
麥拉桴滑木六

黑松煤七噸九百六十磅 每噸十二兩七錢 合銀九十四兩三錢四分二釐八毫
六角鋼一萬八千七十四磅 每磅五錢 合銀一千八百七兩四錢
八角鋼九百十八磅 每磅一錢 合銀九十八兩八錢
方鋼三千三百七十四磅半 每磅一錢 合銀三百三十七兩四錢五分
元鋼二萬五千八百五十七磅 每磅一錢 合銀二千五百八十五兩七錢
包角鐵一百七十五磅 每磅五兩三錢 合銀九百兩二錢七分五釐
鋼板一千四百十磅 每磅二錢二分 合銀三百十兩二錢
鋼絲一百十五

續表

合銀一千九百三十兩六錢四分二釐七毫
曼千尼士鐵十噸一百八十二磅 每噸七十六兩八錢 合銀七百七十四兩二錢四分
西尼格鐵一百四磅 每噸八十兩 合銀三兩七錢一分四釐二毫
西立格鐵五噸六十八磅 每噸九十九兩八錢四分 合銀五百二兩二錢三分八毫
特生鐵四十七噸二千二百六磅 每噸七十四兩八錢八分 合銀三千五百九十三兩一錢三釐四毫
美南鉛二千一百八十磅 每英担十八兩二錢四分 合銀三百五十六兩四錢九分四釐三毫
卡本鐵四千五百八十三磅

每磅二錢 合銀二十七兩
紫銅十二萬二千五百八十五磅 每磅二錢五分 合銀三萬六百四十六兩二錢五分
紫銅管六萬五千一百五磅三兩 每磅四錢 合銀二萬六千四十二兩一錢
紫銅板二萬一千八百二十七磅半 每磅二錢五分 合銀五千四百五十六兩八錢七分五釐
紫銅條三萬四百七十六磅半 每磅二錢五分 合銀七千六百十九兩一錢二分五釐
紫銅絲二千九百二十二磅三兩 每磅三錢五分 合銀一千二十二兩七錢八分七釐五毫

錢
扁漆刷二十一把 每把二錢 合銀四兩二錢
長短柄毛刷七十四把 每把四錢 合銀二十九兩六錢
排筆七十八把 每把一錢 合銀七兩八錢
牛皮八百八十八磅 每磅七錢 合銀六百二十一兩六錢
皮帶七千五百三十八尺 每尺六錢 合銀四千五百二十二兩八錢
皮條二百十三根 每根二分二釐 合銀四兩六錢八分六釐
牛皮管十一根 每根三十兩 合銀三百三十兩
牛皮繩六十五磅 每磅八錢八分 合銀五十七兩二錢
皮水桶四十四只

百三十根申六萬四千二百四十五尺九寸 每尺一錢 合規銀六千四百二十四兩五錢九分
麻栗木一百六十五根申四千三十尺三寸 每尺四分 合規銀一百六十一兩二錢一分二釐
呂宋木五根申二千三百二十七尺三寸 每尺八分 合規銀一百八十六兩一錢八分四釐
紅鐵梨木十三根申一萬一千五百三十五尺一寸 每尺六分 合規銀八百十二兩一錢六釐
梳木十三根申七萬五千二百六十二尺五寸 每尺六分 合規銀四千五百十五兩七錢五分
油松木一根申八十八尺 每尺五分 合規銀四兩四錢

磅 每磅一錢 合銀十一兩五錢
子袋鋼皮八百四磅 每磅二錢四分 合銀一百九十二兩九錢六分
羅鐵板三百四十五磅 每百磅七兩 合銀二十四兩一錢五分
英鐵板一百七十磅 每百磅五兩 合銀八兩五錢
方英鐵五百十八磅 每百磅五兩 合銀二十五兩九錢
元英鐵七百六磅半 每百磅五兩 合銀三十五兩三錢二分五釐
一寸皮帶一百五尺 每尺一角 合銀七兩六錢六分五釐
二寸半皮帶六十八尺 每尺二角半 合銀十二兩四錢一分
三寸皮帶四十九尺

續表

每英担六兩五分合銀二百四十七兩五錢六分三釐六毫元羅馬鐵七十四萬五千一百六十四磅每磅一錢合銀七萬四千五百十六兩四錢方羅馬鐵三十六萬四千一百八十三磅每磅一錢合銀三萬六千四百十八兩三錢扁羅馬鐵四十二萬五千五百八十四磅每磅一錢合銀四萬二千五百五十八兩四錢羅馬鐵板四十一萬六千九百八十磅每英担七兩合銀二萬六千六十一兩二錢五分元英鐵三十四萬五千四百四十三磅每磅五分合銀一萬七千二百七十二兩一錢五分方英鐵七萬八千三百五十

銅絲布二萬一千二百三十二尺每尺二錢五分合銀五千三百八兩紫銅絲繩二百十九磅每磅五錢五分合銀一百二十兩四錢五分紫銅羊眼三千九百七十七磅每磅三錢二分合銀一千二百七十二兩六錢四分紫銅皮捲七十九磅每磅三錢合銀二十三兩七錢紫銅彈簧條四千七百四十磅每磅二錢四分合銀一千一百三十七兩六錢紫銅皮帶釘一百六十磅半每磅三錢二分合銀五十一兩三錢六分紫銅釘一千八百三十六磅三兩

每只一兩六錢合銀七十兩四錢皮藥桶六十五只每只一兩六錢合銀一百四兩明膠一百七磅每磅七分合銀七兩四錢九分象皮八千七百九十磅每磅一兩七錢合銀一萬四千九百四十三兩象皮繩七磅半每磅七錢合銀五兩二錢五分象皮管五十尺每尺五錢四分合銀五兩四錢象皮帶一百七十五尺每尺二錢五分合銀四十三兩七錢五分象皮紙一萬二千九百五十六磅每磅三錢八分合銀四千九百二十三兩二錢八分

一寸紅板九百九十六塊每塊五分九釐合規銀五百八十七兩六錢四分東洋杭木一根申二百八十六尺每尺四分八釐合規銀十三兩七錢二分八釐東洋松枋二十根申六千九百尺九寸每尺二分七釐合規銀一百八十六兩三錢二分四釐三毫柿木一百四根每根七兩六錢八分合規銀七百九十八兩七錢二分紅歐板九十二塊申二百六十九尺三寸每尺二錢合規銀五十三兩八錢六分廣長楠木五十一根碼元四十一兩一錢九分七釐每碼十八貫合規銀八百九兩七錢六

每尺三角合銀十兩七錢三分一釐三寸半皮帶一百四尺每尺三角半合銀二十六兩五錢七分二釐四寸皮帶三十六尺每尺四角合銀十兩五錢一分二釐五寸皮帶一百五尺每尺五角合銀三十八兩三錢二分五釐六寸雙皮帶五十五尺每尺一元二角合銀四十八兩一錢八分九寸雙皮帶二十尺每尺一元八角合銀二十六兩二錢八分十寸雙皮帶八十五尺每尺二元合銀一百二十四兩一錢十二寸雙皮帶十尺每尺二元四角合銀十七兩五錢二分香牛皮二百五

續表

九磅每磅五分合銀三千九百十七兩九錢五分扁英鐵十二萬七千四百六磅每磅五分合銀六千三百七十兩三錢英鐵板七萬六千二百七磅每磅五分合銀三千八百十兩三錢五分四角扁鐵六萬八千八百七十四磅每英担四兩合銀二千四百五十九兩七錢八分五釐六毫丁字鐵一萬五百九十八磅每英担四兩合銀三百七十八兩五錢包角鐵十八萬五千九百二十四磅每英担五兩三錢合銀八千七百九十八兩一錢八分九釐半元鐵二萬八千七百四十六磅每英担四兩

每磅三錢二分合銀五百八十七兩六錢黃銅絲十萬九千五百六十六磅半每磅二錢七分合銀二萬九千五百八十二兩九錢五分九釐黃銅釘二十六百一磅每磅二錢合銀五百二十兩二錢黃銅絲三千二百二磅每磅二錢五分合銀八百兩五錢黃銅皮九千八百磅三兩每磅二錢四分合銀二千三百五十二兩六分黃銅管五萬五千五百八十一磅九兩每磅二錢八分合銀一萬五千五百六十二兩八錢九分黃銅板三百十二磅每磅二錢五分

象皮墊二塊每塊六兩合銀十二兩粗洋紙二萬六千九百六十三張每張一分五釐合銀四百四兩四錢四分五釐桑皮紙一百七十三刀每刀二錢五分合銀四十三兩二錢五分東洋皮紙三萬八千三十張每張二釐四毫合銀六十七兩二錢七分二釐連史紙八刀每刀四錢八分合銀三兩五錢二分毛太紙三十一刀每刀四錢五分合銀十三兩九錢五分洋信紙七百六十張每張五釐四毫合銀四兩一錢四釐白摺子三千四十只每只五釐

分八釐二毫四絲內捐銀六十八兩二錢二分二釐四毫雙連丈八全木一百十三根碼元一百十九兩五錢每碼八貫半合規銀一千一百九兩一錢九分九釐內捐銀九十三兩四錢四分九釐五六寸楠丈八全木八十三根每根一兩三錢九分合規銀一百二十五兩九錢八分四釐四絲內捐銀十兩六錢一分四釐四絲四五寸楠丈五全木一百八根每根五錢五分合規銀六十四兩八錢六分四釐八毫內捐銀五兩四錢六分四釐八毫三四寸楠丈二全木七十四根每根三錢四分

十磅每磅六分合銀十五兩厚牛皮九磅每磅七分合銀六錢三分牲牛皮條二百三十根每根二分二釐合銀五兩六分梓油一千八十四磅每磅七分合銀七十五兩八錢八分豆油二百七十磅每磅五分合銀十六兩二錢菜油二百六十磅每磅七分合銀十八兩二錢生菜油四瓶每瓶二錢合銀八錢松香水七桶每箱一兩八錢合銀六兩三錢洋皂六箱每箱一兩二錢六分合銀七兩五錢六分口鹼二百四十二磅每磅三分

續表

合銀一千二十六兩六錢四分二釐一毫
鑌螺絲釘四十五萬七千六百四十九只每只五釐合銀二千二百八十八兩二錢四分五釐
鐵螺絲鉤三千一百二十四只每只九分合銀二百八十一兩一錢六分
鐵螺絲八萬七百十三磅每磅二錢二分合銀一萬七千七百五十六兩八錢六分
鐵羊眼一萬七千一百五十一磅每磅一錢二分合銀二千五十八兩一錢二分
鐵木螺絲二千三百五十七磅每磅一錢二分合銀二百八十二兩八錢四分
鐵絲一百七十

合銀七十八兩
黃銅皮捲五百三十九磅每磅三錢合銀一百六十一兩三錢
銅螺絲管四百二十磅三兩每磅二錢八分合銀一百十七兩六錢七分
薄錫銅管二千二百八十八磅九兩每磅三錢二分合銀七百三十二兩四錢
銅門鎖三十四把每把三錢合銀十兩二錢
銅暗鎖四千五十六把每把一錢五分合銀六百八兩四錢
銅鉸連二千七十三副每副一錢合銀二百[illegible]兩[illegible]錢
銅插消五千二百七十七副每副一錢三分合銀六百八十六兩一分
銅油壺二十四

合銀十五兩二錢
銀硃六十一包每包一錢合銀六兩一錢
硼砂十八磅每磅一錢五分合銀二兩七錢
白粉九十八磅每磅九分合銀八兩八錢二分
鉛筆三百七十支每支八分合銀二十九兩六錢
筆鉛粉三百九十磅每磅二錢五分合銀九十七兩五錢
黃丹粉二百二十磅每磅六分合銀十三兩二錢
亮粉三千二百六十八磅每磅一錢二分合銀三百九十二兩一錢六分
燥粉十磅每磅二錢合銀二兩
紅粉三百三磅每磅八分合銀二十四

合規銀二十七兩四錢七分四釐七毫二絲
內捐銀二兩三錢一分四釐七毫二絲
八尺一寸東洋松板八百六十三塊寬一千零四十六尺每尺二錢三分二釐合規銀二百三十四兩六錢三分
八尺五分椰杉板五十塊寬三十五尺九寸每尺一錢三分六釐合規銀四兩八錢八分二釐四毫
以上所存木料共合規銀二萬三千五百九十九兩四錢一分五釐三毫

合銀七兩二錢六分
洋燭一箱十四包每箱三兩合銀四兩六錢八分
棉紗一百二十二磅每磅九分合銀十兩九錢八分
棉紗繩二十四磅每磅二錢二分合銀五兩二錢八分
松麻繩三十八磅每磅一錢七分合銀六兩四錢六分
黃麻繩七十二磅每磅四分合銀二兩八錢八分
白蠟繩七十八磅每磅八分合銀六兩二錢四分
麻蓬布四疋每疋五兩四錢合銀二十一兩六錢
白洋紙五十二令每令八兩合銀四百十六兩

續表

八磅每磅一錢二分合銀二十一兩三錢六分
鐵鍋釘十三萬四千九百八十八磅每磅二錢合銀二萬六千九百九十七兩六錢
鐵鑿四把每把一兩二錢合銀四兩八錢
鐵汽管三萬一千二百七十四尺半每尺八錢合銀二萬五千十九兩六錢
鐵煙管五萬八百四十二尺每尺三錢五分合銀一萬七千七百九十四兩七錢
鐵小螺管八百七十根每根三兩六錢二分一釐六毫合銀三千一百五十兩七錢九分二釐
鐵圈四千二百九磅每英担七兩六錢合銀二百八

把每把四錢五分合銀十兩八錢
銅抽環五百四十七副每副一錢合銀五十四兩七錢
銅鷹鉤六百九十六副每副一錢三分合銀九十兩四錢八分
銅螺絲八萬七千九十三個每個六釐合銀五百二十二兩五錢五分八釐
螺絲鉤一千四百十三個每個二錢一分合銀二百九十六兩七錢三分
銅汽鐘三百四十八個每個十四兩合銀四千八百七十二兩
關車汽鐘一副計銀七十兩
汽表六十七個每個九兩五錢合銀六百三十六兩五錢
向盤八個每個五兩四錢

兩二錢四分
薩那摩泥一千八百五十磅每磅三錢八分合銀七百三兩
安的摩尼三千五百三磅每磅二錢二分合銀七百七十兩六錢六分
康不錄身一桶每桶十六兩合銀十六兩
水泥一百十八桶每桶四兩五錢合銀五百三十一兩
火泥六萬四千六百九十四磅每磅一分五釐合銀九百七十兩四分一釐
白泥二萬一千一百七十六塊每塊四釐合銀八十四兩七錢四釐
火磚一百塊每塊七分合銀七兩
口鹼三十六磅每磅三分合銀一兩八分

桑皮紙十二刀每刀二錢五分合銀三兩
粗洋紙十六打每打一錢八分合銀二兩八錢八分
火煎紙五千二百張每張四分四釐合銀二百二十八兩八錢
洋錫箔一千八百四十三磅每磅一兩四分合銀一千九百十六兩七錢三分
砂皮五百二十張每張三分合銀十五兩六錢
布象布皮五百二十七磅每磅一兩七錢合銀九百八十兩九錢
象皮粉四百八十七磅每磅四錢三分合銀二百九兩四錢一分
紙象皮一百十八磅每磅三錢八分合銀四十四

續表

十五兩六錢一分六毫 鐵接頭四百四十六只 每只一兩八錢 合銀八百二兩八錢 鐵鍋二千九百六十磅 每磅一錢 合銀二百九十六兩 鐵鍊扣一千九十七磅 每磅五分 合銀五十四兩八錢五分 鐵鉸連八百十付 每付四分 合銀三十二兩四錢 鐵砧一萬二千四百八十四磅 每磅二錢五分 合銀三千一百二十一兩 歐羅鐵九萬八千三百三磅 每英担四兩 合銀三千五百十兩八錢二分一釐二毫 捲槍鐵板五萬八千七百七十四磅 每英担四兩 合銀二千九十九兩一錢 搭瑪鐵二十一

合銀四十三兩二錢 向盤燈三個 每個五百兩 合銀一千五百兩 廻光燈二隻 每隻七兩五錢 合銀十五兩 傳報機器二副 每副九十兩 合銀一百八十兩 千里鏡四個 每個四百六十五兩 合銀一千八百六十兩 量驗準尺一副 計銀二十兩 三角平表尺十五把 每把一兩 合銀十五兩 螺絲接頭九十三個 每個七錢五分 合銀六十九兩七錢五分 水龍接頭一個 計銀二兩 手力水龍一條 計銀二兩三錢 觸板鉤四個 每個三錢三分 合銀一兩三錢二分 壓機器銅件二十件 每件三錢

磨石二十六塊 每塊三十六兩 合銀九百三十六兩 砂輪七百二十個 每個一兩 合銀七百二十兩 紫泥罐二千五只 每只四兩八錢 合銀九千六百二十四兩 鐵砂二千一百五十八磅 每磅四分 合銀八十六兩三錢二分 紅隔電一千一百六十二只 合銀六十四兩三錢九分 玻璃磚二百十八塊 每塊三錢 合銀六十五兩四錢 元玻璃七塊 每塊三兩七錢 合銀二十五兩九錢 玻璃管八十三支 每支四錢 合銀三十二兩八錢 鐵木一千六百八十九磅 每磅一錢二分

兩八錢四分 松毛毯三十七張 每張三角 合銀八兩一錢三釐 篷布管二百五十尺 每尺一錢四分 合銀三十五兩 鉛刷九個 每個二錢二分 合銀一兩九錢八分 長柄毛刷六個 每個四錢 合銀二兩四錢 短柄毛刷四個 每個四錢 合銀一兩六錢 元漆刷九個 每個四錢 合銀三兩六錢 排筆十把 每把七分五釐 合銀七錢五分 黃銅條五千二百十二磅半 每磅二錢七分 合銀一千四百七兩三錢七分五釐 黃銅絲一百四磅 每磅二錢五分

續表

萬三千六百八十八磅 每英担四兩五錢 合銀八千五百八十五兩六錢八分 併線鐵七千九百八十三磅 每英担四兩五錢 合銀三百二十兩七錢四分五釐二毫 欄路鐵五千九百十八磅 每英担四兩五錢 合銀二百三十七兩七錢七分六釐 自鎔鐵末塊二十一萬九千四百三十二磅 每英担四兩 合銀七千八百三十六兩八錢五分六釐八毫 鐵線五萬六千二百八十三磅 每磅五分 合銀二千八百十四兩一錢五分 鐵釘六萬七千五十九磅 每磅五分 合銀三千三百五十二兩九錢五分 馬口鐵皮五十

合銀六兩 玻璃牕二塊 每塊八兩 合銀十六兩 鋼擦叉三個 每個六錢三分 合銀一兩八錢九分 銅鉗件三十件 每件四錢 合銀十二兩 白銅絲八百二十九磅三兩 每磅六錢八分 合銀五百六十三兩八錢九分 會力表一個 計銀十一兩 螺絲扭手二百九十八個 每個四錢 合銀一百十九兩二錢 椅轉腳一百七個 每個三錢 合銀三十二兩一錢 銅塊二千二十四磅 每磅一錢 合銀二百二兩四錢 點錫八千二百四磅九兩 每磅四錢四分 合銀三千六百十兩九分 硬錫塊九百六十磅

合銀二百二兩六錢六分 木樣二十三担 每担一兩四錢 合銀三十二兩二錢 松香六十磅 每磅二分四釐 合銀一兩四錢四分 黃蠟七十五磅 每磅一錢 合銀七兩五錢 膽礬八磅 每磅八錢 合銀六兩四錢 樟腦水九十五磅 每磅一錢五分 合銀十四兩二錢五分 蔴紗二千六百四十碼 每碼九分 合銀三百十一兩六錢 法蘭絨三千五百二十八碼 每碼四錢 合銀一千四十一兩二錢 麻繩三百八十四磅 每磅二錢 合銀七十六兩八錢 鬆麻繩三十磅 每磅一錢七分

合銀二十六兩 紫銅條七百十六磅三兩 每磅二錢五分 合銀一百八十六兩五錢 紫銅絲布二千百十二尺 每尺二錢五分 合銀五百二十八兩 紫銅釘四十磅 每磅二錢二分 合銀十二兩八錢 銅螺絲釘二十九包半 每磅九錢 合銀二十六兩五錢五分 紫銅管三十三磅 每磅四錢 合銀十三兩二錢 銅交連二副 每副一錢二分 合銀二錢四分 銅暗鎖四副 每副一錢五分 合銀六錢 鐵釘六百十六磅 每磅五分 合銀三十兩八錢 鐵螺絲釘二包

二張每張四分五釐八毫合銀二兩三錢八分一釐六毫馬口鐵銅引盒四十只每只六分四釐合銀二兩五錢六分木炭二百五十八擔每擔三錢五分合銀九十兩三錢白鐵釘二萬四千一百磅每磅一錢三分合銀三千一百三十三兩白鐵螺絲釘一千六百八十二磅每磅一錢五分合銀二百五十二兩三錢白鐵螺絲一萬六千四百八十七磅每磅一錢七分合銀二千八百二兩七錢九分白鐵桶七只每只五錢合銀三兩五錢白鐵絲繩二萬

每磅二錢合銀一百九十二兩青鉛三千二百三十一磅每磅五分合銀一百六十一兩五錢五分青鉛管九千七百八十四磅三兩每磅一錢一分合銀一千七十六兩三錢二分二釐五毫青鉛皮五千一百七十六磅每磅一錢一分合銀五百六十九兩三錢六分青鉛盤六個每個五錢合銀三兩青鉛宅二十八磅每磅九分合銀二兩五錢四分二釐五毫白鉛水桶二隻每隻五錢合銀一兩白鉛皮九百六十九磅每磅一錢五分合銀一百四十五兩三錢五分

合銀五兩一錢砂皮五千一百三張每張三分合銀一百五十三兩九分以上物料共合銀五萬一千九十七兩五錢四釐八毫

每包七錢合銀一兩四錢紙汽管三百六十一尺每尺八錢合銀二百八十八兩八錢雙料司坦管十五尺每尺一兩九錢合銀二十八兩五錢考克二百二十三副每副九兩合銀二千七兩塞門凡而二百三十六副每副十二兩合銀二千九百三十二兩鐵羊眼二十一磅每磅一錢二分合銀二兩五錢二分鐵螺絲八十六磅每磅二錢二分合銀十八兩九錢二分鉎刀九十六把每把四錢五分合銀四十三兩二錢煤鍬六把每把一兩二錢

續表

三千一百五十磅每磅三分合銀六百九十四兩五錢白鐵圓一百十五磅每磅一錢二分合銀十三兩八錢白鐵螺絲鉤三百三十六磅每磅一錢二分合銀四十兩三錢二分白鐵瓦一千九十磅每中担五兩六錢合銀四十五兩七錢八分外國鐵飯碗一具合銀三十兩三錢七分五釐以上共計銀四十八萬六千八百三十五兩九錢四釐九毫

白鉛塊十六萬八千七百八磅半每磅九分合銀一萬五千一百八十三兩七錢六分五釐白鉛板一千三百九十五磅每磅二錢二分合銀三百六兩九錢安的摩泥一千八百四十五磅每磅二錢五分合銀四百六十一兩二錢五分畫圖釘七十個每個二分五釐合銀一兩七錢五分破架鋼六萬九千六百五十磅每磅五分合銀三千四百八十二兩五錢鋼水管三百三十九隻每隻一兩合銀三百三十九兩進水管二百七十磅每磅一錢五分合銀四十兩

合銀七兩二錢鑽砂四十磅每磅二角合銀五兩八錢四分皮帶接頭八十打每打五錢合銀四十兩軋鋼棍一副英金六十磅合銀五百四十兩白鉛皮一百三十二磅每磅二錢二分合銀二十九兩四分泥利土膠一千一百九磅每磅四錢合銀四百四十三兩六錢明膠十二磅每磅七分合銀八錢四分薩那摩泥三十磅每磅三錢八分合銀一兩四錢四分瓦式火磚四百五十塊每塊七分合銀三十一兩五錢拱背火磚六十四塊每塊一兩合銀六十四

續表

續表

	五錢 鋼螺絲母八百十磅 每磅一錢五分 合銀一百二十一兩五錢 五百磅鋼彈托三十六個 每個三兩 合銀一百八兩 七百磅鋼彈托十四個 每個四兩 合銀五十六兩 八百磅鋼彈托六十個 每個五兩 合銀三百兩 四十磅底絲一百五十隻 每隻三錢五分 合銀五十二兩五錢 漏藥水桶一隻 計銀十六兩 銅叫鐘一隻 計銀八兩 銅彈箱二千九百九十七磅 每磅一錢五分 合銀四百四十九兩五錢五分 銅引頭九十九磅 每磅一錢五分 合銀十四兩八錢五分
	兩 川白蠟五十二磅 每磅五錢 合銀二十六兩 白漆三桶 每桶三兩三錢六分 合銀十兩八分 紅粉三桶 每桶二兩二錢四分 合銀六兩七錢二分 硍硃五包 每包一錢 合銀五錢 玻璃管四支 每支五角 合銀一兩四錢六分 松香二十磅 每磅四分四釐 合銀四錢八分 木炭八簍 每簍三錢七分 合銀二兩九錢六分 竹籮二十隻 每隻二錢二分 合銀四兩四錢 噴壺七十把 每把二錢 合銀十四兩 燈照三十八隻 每打二錢五分

續表

	鋼襯管七百五磅 每磅一錢 合銀七十兩五錢 元彈子模三百五十八磅 每磅一錢五分 合銀五十三兩七錢 棉花餅二十一磅 每磅一錢五分 合銀三兩一錢五分 彈鉛箱一百四磅 每磅四分 合銀四兩一錢六分 當十鋼角胚二百九十八磅半 每磅二錢七分六釐 合銀八十二兩三錢八分六釐 磁漏斗一隻 計銀五十兩 螺絲公併板一千二百八十五磅 每磅一錢七釐七毫 合銀一百三十八兩五錢 剪刀鋼板五百八磅 每磅一錢五分 合銀七十六
	合銀七錢九分一釐六毫 寸坎洋松板二百十四丈四尺 每丈一兩五錢 合銀三百二十一兩六錢 金山白木一千六百五十二尺 每尺一錢五分 合銀一百八十一兩七錢二分 檀木一千磅 每担二千圓 百丈 合銀十四兩二錢八分五釐四毫 吋厚吋方檀木二千塊 每塊一角二分 合銀一百七十五兩二錢 拇厚坪方檀木三千塊 每塊一角 合銀二百十九兩 以上共合銀十二萬七千一百九十四兩七錢八分二釐四毫

續表

兩一錢 白銅彈托九百九十七磅每磅一錢五分台銀一百四十九兩五錢五分以上共台銀二十八萬七千二百十三兩四錢二分一釐五毫

又　卷七《槍略》　攷驗

槍機説

機槽　上端作管形，如圖，其内部有陰螺紋甲，所以接連槍管也。螺紋之後有横槽一周乙，以容機管甲、伊二邊之凸體切入，使彈子出膛時機管不爲坐力所震而退也。機頭退離少許，即有漏火之患。槽之左右各車去一分，與中段平如子、仔。子以容機管頭之左右二凸體切入，仔以讓機管甲、伊二邊之凸體抽退也。當開後膛時，機管旋轉，其甲、伊離開乙槽，正與仔之平路相切。管之外下面丙、俩一凸二凹，所以承探插也。探插甲處，與此相連，乙孔用螺釘連於彈倉，丙孔承槍探之末。管之後缺其上作槽形，機管頭出彈殼及裝彈入膛之路也。再後以至中段，則上下皆缺，所以内彈入倉也。右口并缺，其邊以容機扭柄也。後段，上缺下全，復作槽形，爲機管全部作推路也。其左邊外有兩耳丁，耳各有小孔相對，以連扣機也。耳之前有二長方孔戊、伐，戊小而縱，伐大而横，直通内部，以切入扣機之丙、丁二齒也。下面有楕圓孔己，亦通内部，以切入扳機頭也。其孔前有垂舌式之體庚，體孔之交左右各有半圓式之小凹辛，兩凹相交處壬有小孔通之，所以銷連扳機架也。庚舌以制扳機横也。尾之上面有直槽一道癸，以容機管尾甲之切入，使機管尾，不爲扭柄旋轉時，所牽動而誤轉也。其下面有半圓形體，稍厚而開一孔，孔内有陰螺紋，所以貫螺釘也。此釘即有套管之通天螺絲，下連護弓，上連機槽，中套一管而通過木托。其附件爲通天螺絲一、套管一。

扳機　其分爲三事，如圖。第一事，爲架前後各作夾式，其有六孔，兩兩相對。頭部夾式子，其兩孔所以銷連於機槽之壬也。夾之下小管丑内安蟠簧，正對於機槽庚舌，以凹凸力制全機之運動，使閘機能上下，以制擊針之發縱也。中段寅，以安機閘，其旁孔卯以銷連二物也。後端夾式辰，其兩孔以銷連扳手鈎也。第二事，爲扳機閘納於扳機架之寅而銷連之，裝合全機時，其子面從機槽之楕圓孔己通入，當機管納彈於膛之後，扭柄旋回原位之時，此閘正扣住後機管乙之凸體，使擊針仍然撑開，必以手鈎其機尾。此閘與乙體相離，擊針乃突然椎其彈之引火，而彈乃轟發也。第三事爲扳手，即扳機尾之下垂於彈槍後端辛處者。其孔子，以銷貫連於扳機架後端夾式之卯孔内，其丑處頂於機槽楕圓孔之後，以曲節爲張弛俯仰之法，使機閘能離合於後機管也。其附件爲小蟠簧一，等徑、等長之銷三。

扣機　如圖，甲處二缺及其小孔子，所以連於機槽左邊之兩耳也，圓凹乙以承蟠簧也。首部第一齒丙，從機槽之戊孔通入内部，其厚正與機管、機管頭甲、甲二凸體之小直槽相等，使機管向後抽退之時，此齒切入其中，所以抵落彈釘使向前也。其第二齒丁，從機槽之伐孔通入内部，以扣其機管之凸體甲，使機管全部向後抽退，僅至適合之分而不至脱出也。如欲取去機管，則以指按此機之戊處，使丙丁二齒退出少許，與機槽内部平，而機管即可抽去矣。其附件爲小蟠簧一、銷一。

機管　全體作管形，如圖。右有柄以扭動全體也，管之中作滑膛，以容擊針及其蟠簧也。管頭外有二凸體甲、伊，當彈子入膛，機管旋復原位時，二體切入機槽乙之横槽内，使彈雖發坐力而全機不能震動也。甲部有小直槽一道，其寬與扣機之丙齒等，使退機時扣機之丙齒適能行過其中，而切入機管頭之乙槽内，以抵動落彈釘也。退機時，機管旋轉而改其方向，甲槽與機管頭端之丑槽正相接。頭之内部有小横槽一周子，而微缺其邊口之一小分，人所以容機管頭小方形丁之插入旋轉，而扣住之也。尾端作斜缺口如乙，與後機管之斜段正負相切，互以滑力旋轉離接之，使擊針蟠簧發出凹凸力，而擊彈出火也。其一邊之小凹丑以受停機扭半圓桿之閘力也。

機管頭　全體略作管形，上寬下細，後端剖而爲之。如圖，頭部之徑與機管等，右邊缺處甲以附退彈鈎也。彈殼後有槽一周，鈎適切入其間。頭部向左作月彎一道如乙，與退彈鈎左右相輔而鈎出彈殼也。左邊凸體丙其後端有十字槽，所以安落彈釘也。頭端小孔子落彈釘所出之路也。丙旁有小直槽一段丑，與機管

甲部之直槽寬狹相等，使退子時扣機丙齒直入其中，以抵落彈釘之十字尾，其釘頭即由子孔挺出，而擊彈殼離鉤也。頸下徑與機管內膛等，其一邊有小方齒丁，所以切入機管前段內部之小横槽，使二事相連也。裝法，以丁齒對機管頭部之小缺處而插入，插入而旋轉之，則齒入槽內而不脫。欲取出機頭，仍旋令丁齒對缺口而拔之。後段剖開之，所以夾輔擊針之乙部也。中心有孔戊，直通頭部，以出擊針尖也。其附件爲退彈鉤一、落彈釘一。

後機管　全體作兩管參差並疊形，上管小而長，下管大而短。如圖，上管後全，前缺如甲，全處以納入停機扭，缺處以便覆於機管之上也。下管以套於擊針後段也，其前端左邊之斜面乙，與機管之斜面乙正負互合，當轉動機管時，兩斜面能以滑力上下而運動擊針也。下面凸體丙，以受扳機閘之扣力也。其管內有小圓齒一，使與擊針後段之削面相切，以定方向也。

擊針　全體作桿形，如圖，頭之末爲針尖如甲，從機管頭之中心孔通出，以椎擊彈尾之引火也。針之後作扁方形如乙，以切入機管頭頸下之剖面內，以制針之旋轉也。針若旋轉，則機管不能以滑力撑開後機管，而蟠簧力失矣。其下分許作圓形，與內膛徑等如丙，以制簧使不能上行也。再後全作桿形，其徑小於丙，以容蟠簧套上而納入機管也。又後削去其面之一小分如丁，所以切定後機管內部之小圓齒也。其附件爲大蟠簧一。

停機扭　如圖，甲爲丙以執手也，乙爲桿之後段，正圓如柱，外套蟠簧，其前作半圓形如丙，丙之子面凹處正與機管圓體相合，納入後機管之上管內，其桿與柄相連之處，爲機管尾所壓而顯其簧力。當彈已入膛，機管柄旋歸原位之時，後機管爲扳機閘所扣住，機管與此機離開，丑處小凹正當此半圓桿頭之下，可以扭轉甲柄，使半圓桿之凸面頭閘入丑處凹內，則後機管與機管爲此桿所撑開，雖鉤動扳機，擊針仍不能動，欲其發彈，必將此機旋復原位，使擊針簧力仍歸於扳機閘，乃可鉤動扳機尾而發彈，因此而彈雖已裝，必不至非時誤發也。其附件爲小蟠簧一。

機尾　如圖，此機有三用，內螺紋甲以連擊針也。小凹乙以容停機扭柄尾之旋轉，兼以閘住之故，外徑與機管徑相等也。小方齒丙以嵌入機槽之後直槽癸，使後機管頭及擊針能進退而不能旋轉也。

以上爲後膛機件全部，其理最繁，當其各事連合之時，各有專用補助抵制之功。其各部變動之法略解如下：

一，各件全闗之時，機管頭切定後膛，而機管之頭部甲、伸從機槽仔部向右横旋而切入乙槽之內，機管與後機管之兩斜面交互切合，擊針之尖透出機管頭中孔半分許，爲原式。

一，機管柄左旋扭轉向上至足時，其甲、伸二部已離開機槽乙部而轉至仔部，與機管頭丙部同一方向。機管及後機管之兩斜面已交互移至高度而兩相頂接，擊針之尖已退入機管頭內，爲第一式。

一，機管扭轉，各事變動而向後抽退至足時，其機管全部離開機槽，其一切位置如上式，而扣機之甲齒，切入機管頭內及機管甲之直槽內，而丁齒扣住機管甲部之下，爲第二式。

一，各件全闗，而扳機未放之時，機管切定後膛機管之甲、伸二部，旋入乙槽。如上式，而機管與後機管之兩斜面，雖正負相對，而尚未切合，擊針之尖退入機管頭之內，後機管之下面凸體爲板機頭所扣住，爲第三式。

參此三式可知，機管能轉動，而各件不能轉動，故機管能將後機管撑開。其各件所以不能轉動之故，因機管頭爲機槽子部所制，擊針爲機管頭頸下剖分處所制，後機管爲擊針所制，機尾前連擊針，後又有小齒，爲機槽後段之直槽所制，故僅能直進直退，使各機俱完全其所作之事。

彈倉　全體略作弓形，故俗名護手弓，裝於木殼之下，以貯子彈袋也。如圖，頭部有孔甲，所以貫釘而連於探抽也。略後有凸式之三角體乙，其向前之一邊三角式之一邊。有圓孔子直通內部，所以納起彈挑之機也。即起彈挑頭。以下直剖爲二，至後段方合，以容各機及子匣也。其三角體後之內部兩邊相連處丙以制彈挑，使上托至適宜之地位也。丁孔兩邊相對，以銷連彈挑也。戊孔以銷連彈倉底板也。其內部之小斜槽二，相對天底板兩足所切入也。又其後刻而方之，即子匣位也。其後有二小孔，兩邊相對庚所以連子匣鉤也。其後端相連而横刻作橢圓形，上面有孔壬，以出扳機尾也。其附件爲螺銷三、蟠簧二、通天螺釘一、底板一，其各件安設之法，視圖自明。

起彈挑　如圖，甲孔以貫銷也，乙處圓體與簧機相抵制而發挑力，以逐一托彈入膛也。丙處作挑式而圓凹其體，以合彈殼之圓凸面也。

起彈挑頭　如圖，甲處以抵彈挑之乙體也，柱以套簧也，尾孔丙上機時貫銷也。上彈挑頭後欲上彈挑，須用一活銷銷住丙孔，使束住簧力，乃可上彈挑，否則簧力甚大，非一手所能兼及。

子匣鈎　如圖，甲處以鈎子匣，乙處以安簧也，上機時乙面正對彈倉之後。丙孔以貫銷也。欲起出彈匣，將機管抽開，用指從彈倉下面之橢圓孔内力按此鈎之尾，則鈎頭鬆開而彈躍出。

探插　即通條插，如圖，其曲處甲合於機槽之丙、俩處，其頭部有孔乙，内有螺紋，所以貫釘而連於護手弓也。其直孔丙所以插條也。

槍筒　如圖，甲準星接合處也，乙望牌位也，尾端陽螺絲以連機槽也。管長二十九寸二分，彈膛及交界肩接處長三寸二分，管内分螺紋四條，螺距與螺紋之寬相等，每十寸繞一周，共繞二周又一周十之六。管口内徑三百十一釐，計德量七密里九。外徑四分七釐半，彈膛内徑四百七十釐，外徑一寸一分半，重三十五兩七錢八分。

望牌座　如圖，裝連槍筒之乙處無機動之理，照星則桿連槍筒之甲處。

表尺　其分爲四事，如圖。一爲座，用藥焊連槍筒之乙處，以承表尺及其簧也。一爲簧，所以制表尺之俯仰，其尾端一孔所以貫釘而連於座也。一爲尺，面刻號碼，尾用銷貫於座上也。左邊有齒一道，所以令箍齒之切入，以表定欲擊之度數也。一爲箍，横套於尺之外，可上下移動，左邊有横齒，適可切入表尺齒内，而指出欲定之度數也。欲令箍行動，以手推動簧齒，使與尺上齒離開，自能或上或下逐一移動。舊式有副表尺一，貫於尺銷之上銷釘内。有小蟠一件，以制其俯仰，今改去矣。

木殼　如圖，其内部之各孔各槽，適可以容槍之全事，其頭部有小孔，直貫至後端托柄之彎，以插通條也。頭端以套頭箍也，中段以套下箍也，尾二孔以銷連護鐵，使槍頓地時不至傷及木殼尾也。下面有橢圓之凹形，以承背下環座也。近又增木護罩一件，如圖，在表尺之一面，與木殼相輔，使執槍者放槍時，不爲火熱所逼而至傷手也。

上箍　如圖，甲處以裝刀刺也，乙孔以貫螺釘而連於木殼也。下箍，如圖與上箍並爲束連槍體及木殼之用也。有簧一枝，首端之首有齒，以切入甲孔使箍不能移動也。其後端則連於木殼。以上三圖無機動之理，總圖有之，分圖無。

刺刀　如圖，其尾有簧機，以扣住頭箍之甲處使刀不能退出。欲去其刀，須以指按其子面之圓體使扣機離開頭箍之槽，乃能取下也。其刀護手之一面作圈與槍筒外徑等，所以套於槍筒之上，刀乃着力可以擊刺也。以上五圖均合總圖内，餘銷、簧、螺釘零件另表。

銷	簧	螺釘
扳機銷 扳機頭銷 頂頭銷 箍緊銷 扳機架銷 扣機銷 望牌座横銷 刺刀木夾銷釘	扳機簧 撃針簧 彈挑簧 箍緊簧 望牌簧 扣機簧 停機緊簧 彈挑機簧 扣刀簧 下箍簧	彈底板螺釘 彈乘鈎螺釘 扣刀螺釘 表尺座螺釘 起彈挑頭螺釘 表尺扳簧螺釘 上下箍螺釘二 彈倉後裝聯機槽螺釘　此釘外套一件 彈倉前螺釘 環座螺釘二 托尾螺釘二

各槍異同表

槍名	口徑	速力	全體	重率
毛瑟兵槍	三分五釐藥膛逕三百十六釐	三百碼起一千六百碼止	長四尺七分	身重十磅刀頭重二兩共重十二磅藥重一錢三分銅殼重三錢二分鉛子重六錢共重一兩五分
黎意兵槍	三分五釐藥膛逕五百十九釐	一百碼起一千二百碼止	長四尺二寸二分	身重九磅刀頭重二磅共重十一磅藥重一錢三分銅殼重六錢七分鉛子重三錢四分共重一兩一錢四分
林明敦邊針槍	四分一釐藥膛逕五百七十二釐	一百碼起一百碼止	長三尺十一寸三分	身重九磅三兩刀頭重二磅三兩共重十一磅半藥重一錢銅殼重一錢二分鉛子重六錢五分共重八錢七分
林明敦中針槍	三百五十釐藥膛逕五百七十七釐	三百碼起一千二百碼止	長四尺一寸七分	身重九磅九兩刀頭重二磅共重十一磅九兩藥重一錢八分銅殼重三錢五分鉛子重七錢八分共重一兩二錢七分
快利連珠兵槍	三分五釐藥膛徑四百九十四釐	三百碼起二千碼止	長四尺二寸四分	身重九磅半刀頭重一磅共重十磅半黑藥重一分半無煙藥重五分四釐至五分六釐銅殼重三錢四分鉛子重三錢五分
培來兵槍	四分藥膛徑八十一釐	一百碼起九百碼止	長四尺七分	身重八磅三兩藥重　錢二分銅殼重三錢五分鉛子重七錢八分共重一兩二錢五分
林明敦邊針抬槍	五分藥膛徑七百四十三釐	一百碼起一千碼止	長七尺七寸	身重二十九磅藥重六錢銅殼重二兩八錢鉛子重六兩二錢共重九兩六
毛瑟快兵槍	三分五釐六毫藥膛徑四百七十釐	五百碼起二千五十碼止	長四尺九寸	身重八磅六兩刀頭重一磅共重九磅六兩藥重六分二釐至六分四釐銅殼重三錢二分鉛子重四錢一分

槍機比較略説

查今所造毛瑟槍裝子之法，勝於十三連發之呍啫士槍、哈乞開斯槍，及九連發舊式毛瑟等槍。呍啫士槍裝彈用一副筒，筒内有螺絲簧，裝時將十三彈逐一由管右旁之門直送入内，頭尾頂接。發數雖多，然忙迫之際，或手太猛，或簧力太硬，或失於計數而多納一彈，則往往碰動引火，而非理轟發，甚爲危險。九連發毛瑟槍亦然。哈乞開斯槍雖納彈於槍柄，而其弊亦同。又呍啫士槍既裝彈在前，則每放去一彈，其前段之重即減去若干，逐節遞輕，則左手手勢必有逐發遞高之弊。哈乞開斯槍彈裝於後，其弊乃相反，而逐發遞低。今造槍五彈平行叠放於機管下層，用彈挑托至合宜之地位而入彈膛，能免此二病。美之黎意槍亦同此理。故德國一千九百零三年之新槍，不過略變其式，而未改其法。

查今所造毛瑟槍，其機管可以隨時取去，不必助以刀鉗等物，其裝入亦易，實乃行軍最宜之法。蓋當兩軍相接之際，或不得已而敗退，復不得已而棄其槍械，皆戰場中不可有不必無之事。若以精利完全之器委之敵人，則藉寇齎盜莫此爲甚。故西人於成槍之後，首先思如何可以去其槍之最要部分，使敗時委去敵人得之，仍與廢槍無異。如呍啫士槍及馬梯尼槍、黎意槍等，亦可折去其要件，然非用開螺釘等器不可。呍啫士槍，用螺楔去其兩旁蓋板之螺釘，而撬出蓋板，方可取去紐機連打火針之二曲節。馬梯尼槍亦需用桿舂去出其邊上簧銷，乃能取出其機。黎意亦需用刀撬出其壓拉殼鉤之蓋板，取去拉殼鉤，乃能退出機頭。舊式毛瑟雖可不用刀件，然尚多一螺絲蓋，必旋去其蓋板動開機，方能退出機頭，其裝上亦費事。快利槍退出雖易，而裝入尚難，亦不得爲盡善。苦戰之際安能得此閒暇。而此槍只用左手指壓住扣機，即可抽去機管，甚爲便捷，故一千九百零三年之新槍仍用其法。裝時只將機管向内一舂，即已入槽。

查今所造毛瑟槍之勝於快利槍，以彈子出膛時坐力較輕。快利槍受坐力處在機管後段，震力頗大。今造毛瑟受坐力處在機頭，故放槍者可以少受震動，既省力而并易取準。故一千九百零三年之新槍未改其理。

查今所造毛瑟槍之勝於黎意槍，以裝子法較佳。黎意槍雖亦五子平叠裝入，可免以上所言各弊，然其彈未放完時欲出其彈，必將子匣卸下再裝。其裝匣之法自下而上，尚覺多費時刻。今造毛瑟槍其子匣作兩薄片之夾式，自上而下納入護手弓之内，五彈放完，匣自墮地，放者即可納入第二個子匣。如此循環叠進，較爲便利。然西人猶以護手弓爲多設而改去之。改法詳另條。

查西國造槍之法，恒有一人先發明造槍管、槍彈之理，如管徑大小，螺紋條數、道數，及子藥重率。而一人專思槍機，故往往槍件改去，而槍管槍彈不變。

查來復綫之深淺，視鉛彈與鋼彈爲定。鉛彈性軟，易於擠密，故來復綫可深。鋼彈性硬，擠密較難，故來復綫宜淺。近見西報載，美國造一種新槍，來復綫更淺，而出彈更遠。推原其故，當必改來復綫之平槽而爲凹圓槽，擠彈更密。或於鋼彈之外及包鉛殼一段，其擠入來復綫更易密故也。

查毛瑟槍之放法，其機件較快利槍多至兩次扭轉，似不甚便捷。快利槍機直抽直送，往來甚速，但其機不甚佳。以後如能加意攷察參互，其機件槍管另成一式，則當更速矣。

查舊毛瑟槍之弊另有一端，爲不可不知者。其退殼鉤之所連箍簧，用以箍連機管頭者，遇兵丁不諳槍件之人，妄用手力，往往易於扭斷，蓋此件必歸直線乃可抽出，或有下半節離其部位，則必至斷其箍簧。見近日所修之舊毛瑟槍，犯此弊者十有八九也。

查今所造毛瑟之件，其退彈鉤亦有弊病，必匠人焠火及車槎之法，得其甚合之度方可。否則有折斷，及鉤退彈殼不得力之患。故最新毛瑟改去其式。

查今所造毛瑟之擊針、盤簧太硬，用時恒覺費力。蓋不如是，則不能扭轉其機，尚不得爲完全之器。故最新毛瑟已將盤簧改軟矣。

查今所造毛瑟之護手弓彈挑裝彈法，雖較他槍爲佳，然似太大，既增重而復占地步。故最新毛瑟，改成兩片平叠中夾折叠簧之彈托法，而改去護手弓及彈挑。

查今所造毛瑟之望牌座，先皆焊連槍管之上，若連放至百出以後，槍管受熱甚大，焊藥必鎔漲而望牌有摇動之弊。因而廠中有欲改去其法者。然此論尚非至理。蓋焊藥走動係連放百出之故，使中有停止之時，則無此病矣。兩軍即當猛戰，亦無有連放百出而不少停止之事。故其弊尚不爲大，但欲其無病，須改用螺釘之法。

查今所造毛瑟槍，近日於槍管左手托槍處，添木護罩一件以護手，使握槍者指着木而不着鐵，槍管熱時持槍之人不至因火熱所迫而停放。然木護軍之裝甚難，因其間適有望牌，必將望牌取去，乃能摘開護罩。今參仿最新毛瑟槍式，將望牌改狹，可以用手取去護罩，已造有成樣備驗。

查今日以後如欲仿造最新式之毛瑟槍，有最難者四端。一改子鉤之簧至佳而至難造。不合度必折式失力。二彈托之三叠折簧焠火甚難合度。三其機管上

有一套機一件，徑不及半寸之内膛有此式，而非字式之凹槽三道，無此機器可以車成，若用模鑄成，亦仍需修光，非尋常車牀所能工作。四其各機理法同而形式異，其用工成件更費於今造之槍，非有明文，無從專門試造。

又查英國馬克綏姆廠有自放槍，其放法，第一器槍彈用人力，其第二彈以後則均藉槍子之坐力，以運動各機，至爲精美。今炮廠中見有數尊自放炮，其理大同小異，然其中之機件及簧至爲難造。

查今所造槍有落彈釘，而黎意快利皆無之。或云可以省去，殊不知快利黎意之退子鈎皆單鈎，其着力在一面，故單壳退至全出藥膛，而下子上行抵之自能跳出。而毛瑟式係雙鈎對面着力，無論退子至何地，永爲扣住，非下子上行之抵力所能令其跳出，故必有落彈釘力推其尾之一邊，乃可躍然墜地。呍啫士雖亦雙鈎，然其下子上行之力甚大，且其鈎之位置爲上下相對，而鈎頭甚窄，故下子向上之力能令其鈎之一邊脱去。毛瑟槍之鈎爲左右相對，鈎頭甚寬，下子上行之力復小於呍啫士，故不能省去落彈釘。一千九百零三年之毛瑟槍，雖未嘗有落彈釘，而扣機頭之第一齒長於舊式，而機管頭之直槽爲通槽，退機時扣機之齒能切入槽内，行至機管頭之前分許，仍以代落彈釘之用。

查今所造毛瑟之退子鈎式比各槍較寬，是爲退子鈎中最佳之法。不特黎意等槍之偏鈎所不及，即呍啫士之雙鈎亦所不及。故新毛瑟雖改去鈎制，而寬窄不改。凡單鈎遇彈壳之漲大者，往往有鈎之不出之弊。雙鈎固無此病，然鈎頭狹者有時竟不免鈎斷彈壳。今鈎制從寬，可免此病。

查今所造毛瑟槍裝刀刺之法，從左邊嵌入，故爲偏刃，當時以裝在正面能礙通條之安置方向故也。然偏刃之用終不如正刃之用力大而順手，故新毛瑟將刀柄内膛車去一分，而從下面正插入槽，其通條正切入其刀柄内膛車去之空處。

查德槍與日本槍之别，其最關係者爲螺線及管徑、管長。日槍口徑六密里五而分螺線八條，槍身亦長於德槍五十密里。故德槍於距一百密達之處僅能擊鋼靶深五密里有奇，日槍可擊深鋼靶至六密里八。故知槍管口徑收小，螺綫增多，管身增長，則繞力愈顯，漲力愈大，而彈子之飛路更直更遠，擊力亦更大。此近日槍制不以增大口徑爲貴之明證。

查今所造毛瑟槍之望牌，初有副牌，近乃改去。其起牌之法，向後扳之至立直，然後移動其準箍，而號碼止牌葉上有而牌座無之。最新式則座上亦有號碼，且起牌爲向前推動，其測法更佳。

近年，我國既用後膛槍，於是各營中凡用後膛槍皆有拆開各機之事。然其法止可爲深明槍機，及出自學堂之兵士而設。若招充之額兵，亦令如法爲之，必有簧折鈎斷之病。如爲習練敗退時棄槍，及檢陣亡兵士之槍，令成無用之棄物，則止需習練將槍之機管全部抽去，易而且速，又不至傷及機簧。蓋槍之機管全部爲物不大，衣袋中亦可容，皮帶間亦可佩也。如必欲逐件拆出而去其機簧，則諳熟槍機之人至少亦必半分鐘之久，方能從容料理，恐我國兵士決然無此整暇耳。

查驗槍件其中弊端不一，有最宜留意者，一爲機管頭與後膛口之密合處微有不合，則有漏火之弊。二爲機管頭之頸及機管内槽之密合處微有不合，則易傷退子鈎。三爲機管與後機管之兩斜面如粗而毛，則滑力不易顯出。四爲保險扭之長短及其受轉動之凹處微有不合，則失其功用。五爲擊針尖之焠火及車工火力之過、不及，與中心之偏及枉，皆有害。六爲蟠鐄之火力以擊針簧爲最要，保險扭簧及碰機簧次之，過、不及皆失其命中。七爲探插與木壳及機槽凹凸相接之處不合度，則多受震動力。八爲槍管外面如有不平直之處，能令目力測量不準。九爲木壳木宜乾不宜濕，因濕木爲之不耐久，且難切合于槍體也。

又　歷年仿造各槍表

年分	來福槍	林明敦槍	黎意槍	快利新槍	小口徑毛瑟槍
同治六年	前膛兵槍一千四百八十七桿　馬槍四千九百九十桿	後膛兵槍三千四百四十二桿　馬槍七百十七桿　抬槍一桿			
十三年		後膛兵槍二千五百桿			
光緒元年	前膛馬槍一千桿	後膛兵槍二千五百五十八桿			
二年		後膛兵槍二千五百十桿			
三年		後膛兵槍一千七百三十桿			
四年		後膛兵槍一千六百三十八桿			
五年		後膛兵槍一千三百桿			
六年		後膛兵槍二千二百桿			
七年		後膛兵槍二千八百桿			
八年		後膛兵槍二千四百桿			
九年		後膛兵槍二千桿	兵槍十二桿		老毛瑟兵槍十二桿
十年		後膛兵槍二千三百六十桿	後膛兵槍十二桿		
十一年		後膛兵槍二千五百桿	後膛兵槍十二桿		

續表

年分	來福槍	林明敦槍	黎意槍	快利新槍	小口徑毛瑟槍
十二年		後膛兵槍二千五百五十桿			
十三年		後膛兵槍二千三百五十桿	洋抬槍二桿		
十四年		後膛兵槍二千四百五十桿			
十五年		後膛兵槍二千一百零四桿	兵槍二桿　馬槍二十桿		
十六年		後膛兵槍六百桿	兵槍二百二十桿	馬槍二桿　兵槍三桿	
十七年			兵槍一千一百桿	連珠後膛槍六桿	
十八年			兵槍四百桿	連珠後膛槍四百六十桿	
十九年				連珠後膛槍五百七十八桿	
二十年				連珠後膛槍一千二百二十四桿	
二十一年				連珠後膛槍一千一百六桿	抬槍二桿　子母槍八桿
二十二年				連珠後膛槍一千三百九十六桿	
二十三年				連珠後膛槍一千四百七十三桿	後膛兵槍八桿
二十四年				連珠後膛槍一千九百八十桿	

續表

二十五年				連珠後膛槍一千八百桿	後膛兵槍二十桿
二十六年				連珠後膛槍一千五百四桿	後膛兵槍四百二十桿
二十七年				連珠後膛兵槍七十八桿	後膛兵槍一千八百八十四桿
二十八年					兵槍二千五百三桿 馬槍四桿
二十九年					後膛兵槍三千六十七桿
三十年					後膛兵槍一千七百七十六桿

又 卷八《礮略》 攷驗

十五生船臺快礮説

礮身

查礮廠礮料皆由本局鋼廠鍊成，含炭每百分三八，堅力每方寸面積自三十八噸至四十四噸，伸長力每百分英二寸之二十至二十二。小礮用汽錘錘就，大礮用壓機壓成。壓法用大元鉗鉗緊十五噸之鋼塊，用四十噸力起重機吊起，進於倒燄加熱爐，俟其發白亮之色，即由起重機吊出，進於二千噸水力壓機之中，則開用一千馬力汽機，運動水力達於二千噸，水力壓機之汽鼓内另開水門之機，則二千噸壓機錘即能隨意上下，鋼塊展轉壓機之中，四面錘壓，漸就模範，再燒再壓，即成大礮鋼管胚料。鋼管壓成，再車外徑，鑽穿内膛，則該礮基礎已立。管外各箍亦由一段整鋼壓成，壓法同上。俟其車鑽工竣，再行節節鋸斷。惟退力一箍，則係翻沙鋼所造。翻沙之法，用兩生鐵格箱，以鐵條爲骨，填築泥沙，將木模印入。近模一層鋪以洋沙，裝進烘沙房烘乾，合緊兩箱，以鋼水澆之，即成退力箍及退力筩、礮架墻等件。此法自光緒二十三四年始精，前此不能造也。按十五生大礮套箍三層，如第一圖，甲爲鋼管，乙至丙係外箍，第一層丁至戊係第二層。已退力箍，係第三層。層層貼束，惟恐不固，放時受藥漲力，内層擠緊，外層伸縮隨之，以助内層之力，可免炸裂之虞。漲力坐後，有彈簧油缸抵之，礮身約退十寸許。

礮身口徑六英寸，即德尺十五生的密達。身長四十一倍，合英尺二十尺九寸二分，前外徑十寸半，後外徑二十二寸，來復綫二十八條，綫長十七尺四寸，寬四分，深四釐，紋轉三百零四度，藥膛長三十一寸六分，徑七寸。所有彈藥表昂、攻堅致遠以及漲力速率、火高坐高，另表列後。

查鋼管前爲綫膛，後爲藥膛。兩膛相交處，後膛略坡以容彈後銅箍謂之坡膛，有後膛而無前坡，又謂坡徑。子彈膛總之内膛大小坡徑平徑皆有定式。螺綫陰底陽面，淺深寬狹繞力角度均與礮準相關，工程極爲細密。西廠各礮管外有用箍者，有加管者，有用箍并加管者。現在新造之法，且有用鋼絲繩捆裹者。今礮廠此礮内惟一管外套八箍，套箍之法，穴地爲缸，將鋼管倒豎缸中，先套第四箍，次將礮口朝上套第三箍、第二箍、第一箍。次層外箍套法亦如之。各箍套畢，始套退力箍，如第二圖。套箍之時，箍燒熱至五百度，俟箍漲大，立時套上，再用噴水機圈圍繞箍外。噴水機頭直豎管中，水如雨注，俾箍速冷，免管受傷，並能令管與箍收異常緊密之效。彼其工程次第，另説於後。第四箍前用鋼圈，按螺絲鋼圈係就箍身車成，長二寸。鈴固鋼管尾節螺絲，與螺塞相配，前後互插去三方每方六度。按鋼管外徑第一、二節放大九絲，第三、四節放大一釐三及一釐四，尾内箍外徑放大二釐六，中内箍外徑放大二釐五，前内箍外徑放大二釐二，後段放大二釐四。又退力箍右膛爲銅鉸鏈，耳下節魚尾式爲退力拖板，距箍中綫下八寸，起規十六寸至魚尾下三十二寸，圓式。

礮塞

查礮門名目不一，有用單長方體者，有用圓底長方體者，有用螺絲從後門入者。按砲廠各砲，小砲用門，以柄司其起落。大砲用塞，以柄管共出入。十五生砲塞前後螺絲，按三百六十度各分六方，以與後膛相合。如第三圖，按砲塞平面螺絲長三寸三分、一寸五牙，光頭螺絲長五寸七分，頂上螺絲車平三分，距螺絲平面一寸三分，有螺絲頭。前有針管孔道嵌一螺蓋，按即火門眼螺絲蓋。以便損壞更換。後孔較大，係容納鉸鏈銅塞。按即銅鉸鏈塞頭。銅塞中孔亦針管所由進退也。砲塞用法有三。甲開閉，乙施放，丙進出彈殼。

甲開閉。零件曰銅鉸鏈，曰銅鉸鏈銷，曰保險鐄，曰拖板，曰銅套心，曰拖梗，曰拖梗左右銷，曰閂柄，如第四至十三等圖。查銅鉸鏈緊貼砲塞，子爲高管，丑爲塞頭，寅爲銷槽。子套入砲箍，按即退力箍右膛。丑套入砲塞，砲塞主綫距右九度，按砲塞上面左邊螺絲爲主綫。有保險一銷，銷脚插入寅槽自由運動，高管之底爲閂柄銷眼，銷眼之左爲拖板槽，拖板內鑲拖梗，拖梗右銷穿入閂柄舉連屬於銅鉸鏈。又砲塞主綫距左六度開一長槽，中鑲銅套。銅套或進或退，一聽命於銅套心。此爲開關砲塞最要之件。平時拖梗潛伏板下，一拉閂柄則拖梗挺出，拖板乘勢右進，帶動銅套砲塞左轉業已離縫，向右再推則砲門大開矣。次將閂柄左拉，往前一送則拖梗右退，拖板亦退，銅套下逼螺塞右轉，陽面陰底兩兩貼合而關嚴矣。又按砲塞左轉保險鐄闌入塞右短槽，以嚴制砲塞，按保險鐄藏銅鉸鏈內。必俟關時砲身抵進鐄角鐄始躍出。然後砲塞轉動自由，此亦開合最要機關也。按拖梗右銷內孔藏半分徑鋼絲蟠鐄，上有螺絲蓋頭，又有活落彈鐄銷一隻，下有七分徑螺絲母一隻，另橫銷一隻，又閂柄有生根螺絲銷一隻，螺絲母一隻，上下鐄銷二隻。

乙施放有二。一用電火。用電零件曰電箱，曰電綫，曰護手弓，曰護手弓零件，曰護手弓銅架，曰過電銅座，曰過電鋼螺絲接頭，曰過電大小銅銷，大銷鑲入銅座，小銷鑲入鋼螺絲接頭。曰電綫鋼夾，曰搭電鋼機，曰火針象皮套，曰火針銅管，曰火針皮墊，曰電綫銅夾。查護手弓下有銅片，銅托中有黑象皮座，上有銅鐄鐄之一端，用銅釘穿過皮座銅片，直貫銅托。前孔一端有象皮蓋，用銅釘銷入，元頂朝下。象皮座面亦露釘頭，兩釘隔斷，先以一綫由電箱接於銅托前孔，復以一綫由銅托後孔接於銅座大銷，再由小銷接綫於砲尾鋼機，另以一綫由電箱接於砲牆銅夾，一路備置銅銷、銅釘及象皮圈套，所以增長電力，俾循電路而行。放時一拉護手弓，則兩釘相碰，按即銅鐄黑象皮蓋，及黑象皮座釘頭相對之兩釘。銅托前孔之電過於後孔，由銅座鋼機而傳於火門針管，衝過針孔與金絲，引信遇火即燃。發電箱用乾濕兩電。濕電尤爲力大，法以白鉛、白金入水化成，在水內者爲陽片、陰片，在水外者爲陽極、陰極。電生於陽片，傳於陰片，達於陽極，而過所連之電綫，復循回綫而歸陰極。前所用接電銅夾，即備回電之用也。護手弓以下各件如第十四至二十八等圖。按護手弓黑象皮座面兩旁有銅螺釘兩隻，此釘緊制下面銅托，底距前二寸五分半又有螺釘二隻，此釘上緊制搭電銅鐄，下緊制過電銅片，面上起三周圓綫，中間兩眼各旋入二分徑螺釘。銅托有搭電綫螺絲眼二箇。象皮座有橫銷二隻。護手弓有制頭螺絲，有穿弓橫銷眼。過電大銷面上聞槽，嵌鈎鐄一條，頂面有一拉手，內平面一端有七分徑螺絲，一端鑲黑象皮一，長圈內置白銅一塊，接電螺絲眼鑲黑象皮一，圓圈中有銅絲蟠鐄一條。小銷接電螺絲，同後面鑲黑象皮一圈並銅心一根，蓋面厚一分，內有銅絲彈鐄抵制鋼機內搭電銷，中節聳凸，一肩兩端均套黑象皮管，橫頭搭電螺絲，內嵌過電銅套。火門針內象皮套、象皮墊皆係隔電所用。一用擊火。擊火零件曰火針，曰火針拉柄，曰火針外套管，曰彈鐄，曰彈鐄蓋，曰拉火保險銷。查針管左面隆起一筋，前陡後坡，保險機鐄銷從鉸鏈身左貫入騎制楞前，是時管已退後，鐄蓋擠緊彈鐄，厚蓄其力，放時將銷一拉，針管藉鐄力猛竄，擊銅引發火，則子彈出口矣。次將針管拉退，保險銷越過斜坡，仍制陡面以備第二次裝放。蓋有此銷則火針待時而動，不至妄發，可免意外，故曰保險銷。彈鐄以下各件如第二十九至四十一等圖。按火針外套管第三節內剜一寸二分徑孔，以籠套彈鐄。鐄蓋第三節起公綫二條，針脚螺絲長五分，加羊眼一箇，外加母螺絲二隻，又圓螺絲母一隻，拉柄一端扳針脚螺絲母用，一端扳伸縮圈底螺絲母用。拉火銷套半分圓鋼絲蟠鐄，並壓制彈鐄。螺絲套一隻，外套拉手環螺絲母一隻。

丙進出彈殼零件，曰進彈銅托，曰銅托銷，曰銅托尾螺絲，曰撥銅殼心，曰括頭鉸鏈，曰撥銅殼橫心蓋，曰蟠鐄。查銅托之用，爲保全砲尾螺絲而設。托有元頂，進退於銅鉸鏈底高下之槽，砲塞關時，頂入高槽則托尾垂下，砲門洞闢。托頂轉入低槽，則托身昂起，進彈出殼舉由於此。撥殼之件用一長銷即撥銅殼心。由砲身嵌入膛底，緊靠於銅殼底邊，而砲外一節則套入括頭。括頭上鉸鏈則橫銷生脚之所。銷即撥銅殼橫心。橫銷第二節鑲入退力箍，頂着銅鉸鏈高管，外加一蓋，中置蟠鐄。砲門一開，銅管逼橫銷前竄，由括頭帶轉長銷，則子殼跳出。砲門既閉，橫銷藉彈鐄之力乘勢退回，長銷頭上之月牙綫又緊靠於銅殼底邊矣。此與小砲撥殼鋼機靈動無異。銅托以下各件，如第四十二至四十九等圖。按撥銅殼心長十六寸六分，第一節車三層月牙綫，與銅殼邊同。第五節車成六角，係套入括頭，用括頭絞鏈一銷，外加羊眼橫心，蓋有螺絲一隻。

謹案，安銅帽於彈殼底以撞針擊火，不再用引火管、引火襯管等件，俾免洩氣受損。此砲廠各砲最擅優勝處。

退力箭上面兩節套砲身爲上箭，下面裝彈簧油缸爲下箭。

查退力箭爲抵制該砲坐力而設，如第五十一圖，上箭前節兩旁各凸出四寸十之五，爲該砲兩耳安擱於砲架兩牆，以便砲身昂俯中綫與砲軸綫同高。左耳中綫針對齒弧片子、丑兩眼之圓綫，按即高低齒輪板眼。爲該砲低昂取準最要之處，豪釐千里，不得差錯。從左耳中綫起規斜下四十九寸一分爲準。寅爲吊鈎銷眼，在前節上面隆起方塊，又起圓面爲該砲輕重適中之地，鑲入吊鈎銷子，可吊起全

砲。各件銷眼中綫亦與耳中綫同。卯、辰爲表尺架銷眼，在兩耳中心、螺眼前後。下筩形式前扁後圓，前彈鐄爲彈鐄窟，後置油缸爲油缸殼，缸殼左旁上下隆起，兩圓面中亘一筋。此兩圓面中心眼即齒弧片兩眼也。又筩腰縱横四筋則爲油箱底座，油箱置於其上，用螺釘釘固，斯皆關係重要，餘後詳。下筩彈鐄窟零件，曰彈鐄，曰鋼筒，曰銅套，曰壓鐄螺絲心，曰壓鐄蓋，曰彈鐄外蓋，曰螺絲桿，曰保險圈。查鋼筒底座下抵油缸，口鑲銅套，彈鐄籠罩其外，螺絲心從壓鐄蓋中孔貫入，銅套屢轉屢壓，壓至鐄蓋，距鋼筒口十三寸許爲度。兩螺絲桿則由彈鐄外蓋穿入砲尾退力箍，按即退力箍下節左右兩眼。以備拉鐄縮退之用。各件安畢，然後嵌置保險圈。保險圈在彈鐄窟口。油缸殼零件曰油缸，曰鋼心，曰銅心，曰銅銷，曰螺絲蓋。鋼心零件曰螺絲母，曰鋼圈、銅圈，曰皮碗、皮墊。油缸外零件曰油箱，曰銅管，曰進油螺絲，曰眎油螺絲，曰放油螺絲。查鋼心係一長桿，一端加螺母，螺圈生脚於退力箍，按即退力箍下節居中一眼。與拉鐄螺桿竝列，一端連有鉤盤，直抵缸底。缸底銅心按油缸底凸出一寸三分，中有一螺絲孔，銅心第二節嵌入此孔，餘套銅心。貫入鋼心中孔。缸右銅銷套鉤盤槽内爲缸油通過之路，缸口銅圈皮碗圍繞鋼心，所以防油滲漏。子彈出口，則鋼心隨砲管退後，拉鐄螺桿亦退，缸油由銅銷一帶斜坡繞出鉤盤前面，鋼心亦有旁孔令油透過銅心。該砲坐力一止，則彈鐄伸直，鉤盤乘鐄力回轉，油爲所逼，改由油箱轉入油缸，有冷氣自銅心噴出。蓋油缸之用，所以抵禦藥力也，彈鐄之用，所以拉回砲位也。兩物柔猛異質，交相裨助，俾砲管一退一進，如電光掣過，未由諦視，計不過千分刹那之一。其神妙如此。按油缸用蜜油，冬冷不凍，故俗呼不凍油，或稱油，或稱蜜，其實一物，西人則謂之格里采而零。彈鐄油缸及上筩各件，如第五十至七十四等圖。按吊鉤銷子有羊眼一隻，開口銷一隻，其環係一寸半圓鋼彎成。缸殼底兩眼，前一眼緊制銅銷用，後一眼放出缸油用。缸殼右旁起一肩角，中有螺眼，即眎油螺絲眼。彈鐄窟銅套有鋼釘四隻，鋼心螺絲母有横銷一隻，鉤盤嵌一銅圈，缸口有拌粳、兩螺絲銅圈、銅銷，有鋼螺絲一隻。油箱銅螺絲蓋，蓋上面有進油螺絲眼，有螺絲小銅蓋一隻，箱内螺絲銅管一根，通入油缸内。上筩前後兩節鑲銅圈三段，頂面銅油盅三隻，中間凹膛銅蓋周回螺釘二十二隻。兩筩後遮板鋼皮旋銕螺絲八隻，下筩左右起筋四條。

謹案，砲廠各船、臺砲，皆有此抵力筩，洵稱精善。然西廠之用此筩也，不獨船、臺，並用之，於行營快砲矣。其筩或安於移斗，或藏於砲臥，或套於砲身，較之坡墊輪鉤，巧拙天壤。新奇日出，並有去油質而專用彈鐄者，如馬克新之自放砲，羅登飛之機器砲，莫不各出心裁，馳騁大陸。倘亦所謂盡火器之能事，極彈鐄之妙用也乎。

眇準儀器

查眇準儀器有三。一表尺準星。按表尺名目，有鬆表尺，有緊表尺，有三角昂表尺。其佐眇者，有表桿，有稜鋒板，有前後搖尺。種類雖殊，用法則一。查十五生大砲表尺有二，一砲臺表尺，一兵船表尺。砲臺之竪表尺桿爲三角式，背面平角，左右斜平角，與眇準者對。左右刻碼數，右碼自五百至八千，左碼自二百至九千，每碼合三英尺。尺背面刻度數一至十五，竪桿頭上爲望牌架，架嵌銅片，即横表尺。尺有吸兒推移左右，一至十五爲敵船駛行英里數，下面敵船駛行方向，望牌上有缺口，中有綫眼，綫眼下有箭頭對準吸兒，則眇得之綫與砲軸綫平行。望牌架横置螺棍兩端，各套銅輪，轉動銅輪則望牌可移左移右。石子藥則用竪桿右碼，無煙藥則用竪桿左碼。子出口偏差，則移望牌或左或右，竪桿脚有銅套管，管置銅鐄，外加螺柄。銅輪以升降表尺，銅管置表尺架，後孔準星插表尺架前，孔架側面隆起處則罩砲耳，固以兩銷，即退力筩卯、辰兩眼是也。查準星子爲星兴，丑爲銅套，中有十字鋼絲。寅爲銅套梗，卯爲鋼圈，辰爲起落銅套，鋼圈圍梗中節開一銷槽，起落銷插脚其間，以求嵌入架孔不再摇動。十字鋼絲即望牌綫眼所由定眇也。恐眇缺口未準，於此加眇以昭慎重，從望牌缺口至星兴，所眇一直之虚綫，爲該砲準綫表尺分數，爲準綫千分之一。用於兵船者，其横竪尺同，惟望牌準星異。查兵船望牌，兩牆對峙，横擱一字鋼絲，無所謂缺口綫眼。至能移左移右，則與上同。其準星較長而瘦，矗立架座，亦能移左移右。架有螺棍，銅輪與望牌架同，背面銅螺釘一隻，兩旁移用架嵌銅片吸兒左右五至十五爲本船每句鐘駛行英里數，架脚鋼圈銅套與砲臺準星同。眇法由一字鋼絲直眇星兴以視準否。本船移動，則旋出螺釘推星兴左右，以便隨時定眇。以上砲臺表尺。兵船表尺等件如第七十五至九十一等圖。按表尺銅套管内三角式，三角下平面，中間彈鐄槽一條，管右邊一彎頭，斜下螺柄，上面套銅螺絲蓋，柄頭鑲以銅輪，輪心凸高一分處有横銷一隻，竪表尺左右嵌白鋼二條，即刻碼數處，底鑲黄銅三角式，頂面用銅小螺絲蓋，制望牌架嵌銅片處兩端有螺絲二隻，架右邊斜下三百六十度之一度，望牌中間旋左右母螺絲螺棍一寸六牙三箇，頭鋼輪中間有圓鋼銷一隻，準星十字鋼絲銅套上面有螺絲一隻，銅套梗第三節頂面開槽，鑲銅銷一隻，有一分徑螺絲緊制此銷。梗中節鋼圈開二分寬槽一條，起落銅套下面留銷一隻，以套入此槽，鋼圈有

横銷一隻。

一，高低摇器零件，曰銅摇輪，曰角尺齒輪，曰角尺銅齒輪，曰螺絲，曰螺絲銷，曰銅齒輪，曰齒輪心，曰月牙寬緊銅齒輪，曰齒弧片，即齒輪板，曰分度銅板，按此板嵌齒弧片砲架左牆兩處。如第九十二至一百零三等圖。查礮架左牆距礮耳心中綫後有形如横寫品字之膛，中置高低左右齒輪，外覆以銅罩，惟露出摇桿、摇輪及其套管，其間部署次第，詳敘礮架。左牆按高低角尺齒輪桿生脚於品字左膛，桿前段横露，罩面鑲以摇輪摇柄，齒輪之次爲角，尺銅齒輪，銅齒輪桿即螺絲銷，螺紋盤繞其上。膛有銷座，即螺銷轉動之所。品字右膛内置月牙寬緊銅齒輪，外置與齒弧銜接之銅齒輪，皆連屬於齒輪心。輪心第五節旋鬆緊母螺絲，可以隨時鬆緊，故名齒弧片，嵌退力箭子、丑二處銅罩，分甲乙等綫，齒輪銅罩甲乙丙丁戊綫詳後附註。戊綫處矗立一桿曰靠身銅桿，爲眇準者抵力之用。眇時一摇輪柄，則角尺齒輪轉，角尺銅齒輪亦轉，右膛内之寬緊銅齒輪，與銷座之螺絲及右膛外之鋼齒輪，與退力箭之齒弧片亦莫不交轉，礮口因之昂俯。柄後摇，則礮口昂，柄前摇，則礮口俯。昂則遠擊，俯則近擊。昂度至十五度，降度至七度。輪轉得力與否，惟齒輪心螺母是視，緊則得力，鬆則否。此用時所宜加之意者。月牙輪、鋼銅板等件，則所以防礮震時受其傷損而設也。餘敘於後。按高低銅摇輪輪檔四根，摇柄第三節外套一黄銅管，有蓋面羊眼一隻，爲制銅管用。角尺齒輪與桿相連，齒凡十二。桿中後段相接之肩下有扁銷一隻，角尺銅齒輪齒凡十六，距輪底高七分半有一四分徑螺絲，高低螺絲一寸六分，一牙中孔凸起，方銷二條，又摇左右螺絲與此相同，所異者，彼係左牙，此則右牙耳。螺絲銷第一節本身刨出方銷一條，第三節兩旁有方槽二條，鋼齒輪齒凡十一，齒下有二分徑開口銷一隻，輪内徑兩旁有槽二條，齒輪心第一節留二銷，第四節留四銷，第七節頂頭一孔内剜空三分深，係存油用。銅油盅一隻，有三分徑螺絲蓋頭月牙銅齒，輪齒凡十六。輪後面有圓槽一週，輪前面有尖式圓槽一條，寬緊鋼銅板膛邊槽四條，鋼板五片，每片内槽四條，銅板五片，邊銷四隻，每片兩面有油槽二週，蓋面鋼板一片，槽四條同上。又生鋼彈鑛板一片，鬆緊母螺絲前段螺絲深一寸六牙，又母螺絲一隻，一寸八牙齒。弧片距砲耳中綫四十九寸一分，齒凡十四，上下有兩螺絲銷眼，板邊分二十二度，每度六分。板後面剜空三處，有横銷二隻。又按圖，齒輪銅罩面上高低角尺齒輪眼爲甲綫，牆内轉灣之角尺齒輪眼爲乙綫，套月牙寬緊齒輪眼爲丙綫，摇左右直管眼爲丁綫，靠身直管眼爲戊綫。

一，左右摇器零件，曰銅摇輪，曰鋼摇桿，曰角尺銅齒甲輪，曰角尺銅齒乙輪，曰横摇桿，曰摇桿銅架，曰螺絲，曰週轉銅齒輪，曰中心鋼桿，曰鋼心螺絲，曰磨盤鋼罩，曰磨盤鋼座，曰脚輪銅心，曰盤磨滚輪鋼圈，如第一百零四至一百二十三等圖。查角尺甲輪鋼桿由下直挺而上，鑲以輪柄，與高低輪柄，係一横一竪。乙輪較大，裝於品字下膛。乙輪齒與甲輪齒交，横摇桿自膛底斜挺而出，横亘於磨盤鋼罩，在週轉銅齒輪右側，桿一端嵌入乙輪中孔，一端盤繞螺絲。螺絲與週轉輪齒交。鋼罩下爲磨盤鋼座，座有銕路一週，鋼罩亦倒懸銕路一週，爲二十四脚輪軌道週轉輪，鋼桿由鋼罩中孔穿入，上鑲螺頂，下套鋼圈。鋼圈旁孔即脚輪插脚之所。一摇輪柄，則甲乙兩輪轉，横桿與週轉輪亦轉，罩底脚輪相率而大轉，礮口因隨之左右。按礮口横移架牆等件與之俱移，較升降特形笨重。用脚輪者，所以使之便利而行其所無事也。週轉輪嵌銅板、鋼板，以防震損，與月牙輪同，鋼心螺絲鬆緊亦同，餘敘於後。按左右鋼摇桿上套摇輪，下套角尺銅齒甲輪。甲輪齒凡十二，内孔開一銷槽。乙輪齒凡三十六，輪身後面起筋八條。横摇桿後節方槽二條，平面中有螺孔蓋面，下有方銷一隻。摇桿銅架前後兩耳中爲左右螺絲膛，架上銅遮板一片，螺絲四隻。週轉銅齒輪齒凡五十四，與左右螺絲牙同。寬緊鋼銅板膛邊槽四條，輪擋六根，擋面起筋一條，擋内六孔，扇面式輪底外銅墊有四銷，上面有槽二週。寬緊銅板五片，邊凸四銷，兩面油槽二週，鋼板五片，孔内凸起四銷，蓋面鋼板一片，四銷同上，板面油槽一條，又生鋼彈鑛板一片。中心鋼桿外面開槽四條，頂面螺孔一寸八牙，銅心螺絲牙同。磨盤鋼罩中鑲銅套罩面距邊左右兩孔有銅遮板二片，螺絲六隻，罩之直面有加油眼左右兩箇，蓋面銅片嵌螺絲一隻，磨盤鋼座下面有筋六條，餘皆空洞。底邊週轉二十四眼，有螺絲、螺絲母各二十四隻，脚輪二十四箇，脚輪銅心二十四根，有六角螺絲母一隻，開口銷一隻，又方銷一隻，前面對準方銷有螺眼一箇，螺眼對面有加油眼一箇，此眼穿過銅心滚輪鋼圈，週轉二十四眼，靠身銅桿有工字式灣頭，頭上横銷一隻，上面鑲木套以象皮管裝入。

謹案，西礮眇準儀器，有用起落螺者，有用齒輪齒弧移斗並起落螺者。起落螺有二，一單起落螺，一雙起落螺。移斗者，擱於礮架，所以便横移也。今礮廠大礮類用齒輪齒弧以昂俯左右，至過山小礮，則一律用起落螺。法以螺棍旋入螺套，旁置一銷，嵌進礮體並保險閂。銅輪一轉，則螺棍隨意升降，礮口因之俯仰，極稱靈便，與西礮異曲同工云。按螺套外有陽螺紋，套鋼螺絲母内轉輪套於螺套上，螺套升降一度，螺棍則升降二度，此所謂雙起落螺也。

礮架零件

查礮架零件，曰左牆、右牆，曰齒輪銅罩，曰鋼罩，鋼座見上。曰前後鉤板，曰生銕底座，曰螺絲壓板，曰内外遮板，曰内遮板護鋼，曰遮板蓋，曰吊礮遮板鉤，曰内遮板鉤。如第一百二十四至一百三十八等圖。按高低齒輪、高低角尺齒

輪、左右角尺齒輪，併安一處而分三膛。膛式如横寫品字形，在砲架左牆後面，各輪羅列其中。品字右膛外置高低鋼齒輪，内置月牙銅齒輪，輪眼鑲一銅套。膛深三寸半，膛底凸高一寸。品字左膛藏高低角尺齒輪，輪眼鑲一銅套，膛底亦高一寸，膛内有凸出一斜銷眼之内座，内鑲銅套，與下面銷眼銅套相距五寸六分。品字下膛藏左右角尺齒輪，其斜銷眼距底高三寸，亦鑲銅套，膛内凸起三角式圓心，牆上面缺口爲砲耳，夾座鑲一耳蓋，有銷四隻、鋏絲一條，牆前直面裝遮板眼十箇，牆内距直綫八寸三分，凸起直筋一條，耳中綫下亦凸起直筋一條。耳後又起斜筋一條，斜筋下又起直筋一條，距後六寸，又起直筋一條。牆外起横斜筋四條，牆内底座中起一筋。牆底鋼釘每座二十一隻，後面一帶螺釘。右牆内面之筋距前直面八寸三分，與左牆同，又距十二寸一筋。耳中綫後斜筋均與左牆同。牆外距前直面三十三寸半一筋，由平面一帶斜下至底。此筋距後四寸，即後直面兩旁少斜筋四條，餘均與左同。後直面一帶劈下之圓式筋，兩牆亦同。緊制内遮板螺絲共二十隻，銅罩甲乙丙丁戊綫見上，週回螺眼十三箇，前鉤板三塊，每塊中間一寸徑眼三箇，螺絲九隻。後鉤板二塊，每塊一寸徑螺絲三隻，同上。生鋏底座座内起筋十二條，膛下十有二孔，上面邊内鑲入磨盤鋼座，週回螺絲銷眼二十四箇，底座生根螺絲十二條，上面方銷一條，套生鐵壓板板十二塊，板面凸出一寸半，有十字斜筋四條，並螺絲母内遮板當中開一護砲身之膛，左右各開一表尺槽，内遮板護鋼三角式，由底至上有階三層，上層鍋釘五隻，中層鍋釘六隻，底外圓邊距磨盤罩中綫二十九寸一分，磨盤罩下面螺絲五隻，緊制此鋼外遮板圈成内圓規四尺二寸六分，外圓規四尺四寸，遮板前面中綫距底高二尺五寸半，開一護砲身膛，膛左右各開一表尺槽，兩旁鑲制内遮板螺絲十八隻，遮板蓋前面圓規四尺四寸，後面距前三尺六寸開一膛，左右表尺槽同上。上面有螺絲二十四隻，後邊有曲尺護鐵一條，吊砲遮板鉤二隻，一寸圓鋼圈成，下有螺絲並六角螺絲母，内遮板鉤二隻，一寸圓鋼彎成，螺絲螺絲母同上。

銅殼　二十九磅
引火　電擊火
表昂　十五度二十分
速率　二千二百尺
命中　八千四百密達
致遠　八英里
攻堅　鐵甲十三寸
漲力　二十八噸
料質　全鋼
身重　七噸
架重　七噸
火高　六十四寸
坐高　六十四寸

案礮架左右兩牆，其上端擱置礮耳並護手弓，前節分置電箱而繞以電綫。左牆後面有形式如横寫品字之膛，則高低左右各齒輪羅列之所，以及鋼罩、鋼座均已詳著於篇。至底座遮板各件，則以無關奥旨，闕而不言。

十五生船台快礮定率

實心彈　百磅
開花彈　九十七磅半
彈長　二十一寸
彈徑　五寸九分六釐
喫足藥　石子藥三十磅　無煙藥十三磅
彈納藥　三磅

續表

十五生船台快礮表

距礮密達數	柯達無煙藥 昂表 度	柯達無煙藥 昂表 分	柯達無煙藥 彈歷 秒	頭號石子藥 昂表 度	頭號石子藥 昂表 分	頭號石子藥 彈歷 秒
一百		四	一六		五	二〇
二百		八	三一		一〇	三八
三百		一一	四六		一五	五七
四百		一五	六二		二〇	七七
五百		一八	七八		二六	九七
六百		二二	九四		三三	一·一七
七百		二七	一·一〇		四〇	一·三八
八百		三一	一·二七		四七	一·五九
九百		三五	一·四四		五四	一·八〇
一千密達		四〇	一·六一	一	二	二·　二
一千一百		四五	一·七九	一	一〇	二·二五
一千二百		四九	一·九七	一	一八	二·四八
一千三百		五四	二·一五	一	二六	二·七一
一千四百	一		二·三四	一	三四	二·九五
一千五百	一	六	二·五三	一	四三	三·一九
一千六百	一	一一	二·七三	一	五二	三·四四
一千七百	一	一六	二·九三	二	一	三·六九
一千八百	一	二二	三·一三	二	一一	三·九五
一千九百	一	二七	三·三三	二	二一	四·二一
二千密達	一	三三	三·五三	二	三一	四·四八
二千一百	一	三九	三·七三	二	四一	四·七五

十五生船台快礮表

距礮密達數	柯達無煙藥 昂表 度	柯達無煙藥 昂表 分	柯達無煙藥 彈歷 秒	頭號石子藥 昂表 度	頭號石子藥 昂表 分	頭號石子藥 彈歷 秒
二千二百	一	四五	三·九三	二	五一	五·　二
二千三百	一	五一	四·一四	三	一	五·三〇
二千四百	一	五八	四·三六	三	一二	五·五八
二千五百	二	五	四·五九	三	二三	五·八七
二千六百	二	一二	四·八二	三	三四	六·一六
二千七百	二	二〇	五·　六	三	四五	六·四五
二千八百	二	二七	五·三〇	三	五七	六·七四
二千九百	二	三四	五·五四	四	九	七·　三
三千密達	二	四一	五·七九	四	二一	七·三三
三千一百	二	四九	六·　四	四	三三	七·六四
三千二百	二	五七	六·三〇	四	四六	七·九五
三千三百	三	五	六·五六	四	五九	八·二六
三千四百	三	一三	六·八二	五	一二	八·五七
三千五百	三	二一	七·　九	五	二五	八·八九
三千六百	三	三〇	七·三六	五	三八	九·二一
三千七百	三	三九	七·六四	五	五二	九·五三
三千八百	三	四八	七·九二	六	六	九·八六
三千九百	三	五七	八·二〇	六	二〇	十·一九
四千密達	四	七	八·四九	六	三四	十·五二
四千一百	四	一七	八·七八	六	四八	十·八五
四千二百	四	二七	九·　八	七	三	一一·一九

十五生船台快礮表

距礮密達數	柯達無煙藥 昂表 度	柯達無煙藥 昂表 分	柯達無煙藥 彈歷 秒	頭號石子藥 昂表 度	頭號石子藥 昂表 分	頭號石子藥 彈歷 秒
四千三百	四	三七	九·三八	七	一八	一一·五三
四千四百	四	四七	九·六八	七	三三	一一·八八
四千五百	四	五八	九·九八	七	四八	一二·二三
四千六百	五	一〇	十·二九	八	三	一二·五八
四千七百	五	二一	十·六〇	八	一八	一二·九三
四千八百	五	三二	十·九一	八	三四	一三·二九
四千九百	五	四四	一一·二三	八	五〇	一三·六五
五千密達	五	五六	一一·五六	九	六	一四·　一
五千一百	六	九	一一·八九	九	二二	一四·三七
五千二百	六	二一	一二·二四	九	三八	一四·七四
五千三百	六	三四	一二·五七	九	五四	一五·一一
五千四百	六	四七	一二·九〇	十	一一	一五·四八
五千五百	七		一三·二三	十	二八	一五·八六
五千六百	七	一三	一三·五七	十	四五	一六·二四
五千七百	七	二七	一三·九〇	一一	二	一六·六二
五千八百	七	四一	一四·二五	一一	一九	一七·　一
五千九百	七	五六	一四·六一	一一	三六	一七·四〇
六千密達	八	一〇	一四·九八	一一	五四	一七·八〇
六千一百	八	二四	一五·三四	一二	一二	一八·二〇
六千二百	八	四〇	一五·七〇	一二	三〇	一八·六〇
六千三百	九	五六	一六·　七	一二	四八	一九·

十五生船台快礮表

距礮密達數	柯達無煙藥 昂表 度	柯達無煙藥 昂表 分	柯達無煙藥 彈歷 秒	頭號石子藥 昂表 度	頭號石子藥 昂表 分	頭號石子藥 彈歷 秒
六千四百	九	一二	一六·四四	一三	七	一九·四〇
六千五百	九	二八	一六·八一	一三	二七	一九·八〇
六千六百	九	四五	一七·一八	一三	四五	二十·二一
六千七百	十	三	一七·五五	一四	四	二十·六三
六千八百	十	二〇	一七·九三	一四	二二	二一·　五
六千九百	十	三七	一八·三一	一四	四二	二一·四八
七千密達	十	五四	一八·六九	一五	一	二一·九一
七千一百	一一	一二	一九·　八	一五	二〇	二二·三四
七千二百	一一	三〇	一九·四七	一五	四〇	二二·七八
七千三百	一一	四九	一九·八六	一六		二三·二二
七千四百	一二	八	二十·二五			
七千五百	一二	二六	二十·六四			
七千六百	一二	四五	二一·　三			
七千七百	一三	四	二一·四三			
七千八百	一三	二二	二一·八四			
七千九百	一三	四一	二二·二五			
八千密達	一四		二二·六七			
八千一百	一四	二〇	二三·一〇			
八千二百	一四	四〇	二三·五三			
八千三百	一五		二三·九六			
八千四百	一五	二〇	二四·四〇			

五生七六磅子船台快礮表

彈子配用柯達無煙藥六兩或三號石子藥二十二兩

距礮碼數	昂表 度	昂表 分	距礮碼數	昂表 度	昂表 分
一百		四	二千一百	二	三
二百		七	二千二百	二	一二
三百		一一	二千三百	二	二二
四百		一五	二千四百	二	三三
五百		一九	二千五百	二	四四
六百		二四	二千六百	二	五五
七百		二九	二千七百	三	七
八百		三四	二千八百	三	一九
九百		四○	二千九百	三	三一
一千碼		四六	三千碼	三	四四
一千一百		五二	三千一百	三	五七
一千二百		五八	三千二百	四	一○
一千三百	一	四	三千三百	四	二四
一千四百	一	一一	三千四百	四	三八
一千五百	一	一八	三千五百	四	五二
一千六百	一	二五	三千六百	五	六
一千七百	一	三二	三千七百	五	二○
一千八百	一	三九	三千八百	五	三五
一千九百	一	四六	三千九百	五	五○
二千碼	一	五四	四千碼	六	五

五生七六磅子船台快礮表

彈子配用柯達無煙藥六兩或三號石子藥二十二兩

距礮碼數	昂表 度	昂表 分	距礮碼數	昂表 度	昂表 分
四千一百	六	二○	六千一百	一二	三三
四千二百	六	三五	六千二百	一二	五四
四千三百	六	五一	六千三百	一三	一五
四千四百	七	七	六千四百	一三	三七
四千五百	七	二四	六千五百	一三	五九
四千六百	七	四四	六千六百	一四	二一
四千七百	八	一	六千七百	一四	四四
四千八百	八	一八	六千八百	一五	七
四千九百	八	三六	六千九百	一五	三○
五千碼	八	五四	七千碼	一五	五三
五千一百	九	一二	七千一百	一六	一六
五千二百	九	三一	七千二百	一六	三九
五千三百	九	五○	七千三百	一七	三
五千四百	十	一○	七千四百	一七	二七
五千五百	十	三○	七千五百	一七	五二
五千六百	十	五○	七千六百	一八	一七
五千七百	一一	一○	七千七百	一八	四二
五千八百	一一	三○	七千八百	一九	三
五千九百	一一	五一	七千九百	一九	五四
六千碼	一二	一二	八千碼	二十	

十二生四十磅子船台快礮表

彈子實重四十五磅平常開花彈或硬質彈

距礮適當數	石子藥二十磅 昂表 度	石子藥二十磅 昂表 分	石子藥二十磅 彈歷 秒	無煙藥四磅半 昂表 度	無煙藥四磅半 昂表 分	無煙藥四磅半 彈歷 秒
一百		六	二四		四	一七
二百		一二	四七		八	三三
三百		一八	七○		一二	四九
四百		二五	九三		一七	六六
五百		三二	一·一六		二二	八三
六百		三九	一·三九		二七	一·一
七百		四六	一·六二		三二	一·一九
八百		五三	一·八六		三七	一·三八
九百	一		二·一○		四二	一·五七
一千適當	一	七	二·三四		四七	一·七六
一千一百	一	一五	二·五八		五二	一·九六
一千二百	一	二三	二·八二		五八	二·一七
一千三百	一	三一	三·六	一	四	二·三八
一千四百	一	三九	三·三○	一	一○	二·五九
一千五百	一	四七	三·五五	一	一六	二·八一
一千六百	一	五六	三·八○	一	二二	三·三
一千七百	二	五	四·五	一	二八	三·二六
一千八百	二	一四	四·三○	一	三五	三·五○
一千九百	二	二三	四·五五	一	四二	三·七四
二千適當	二	三二	四·八一	一	四九	三·九九

十二生四十磅子船台快礮表

配用柯達無煙藥四磅半或石子藥二十磅

距礮適當數	石子藥二十磅 昂表 度	石子藥二十磅 昂表 分	石子藥二十磅 彈歷 秒	無煙藥四磅半 昂表 度	無煙藥四磅半 昂表 分	無煙藥四磅半 彈歷 秒
二千一百	二	四一	五·七	一	五六	四·二四
二千二百	二	五一	五·三四	二	四	四·五○
二千三百	三	一	五·六一	二	一二	四·七六
二千四百	三	一一	五·八八	二	二○	五·三
二千五百	三	二一	六·一五	二	二八	五·三一
二千六百	三	三二	六·四三	二	三六	五·六○
二千七百	三	四三	六·七一	二	四五	五·八九
二千八百	三	五四	七	二	五四	六·七八
二千九百	四	六	七·二九	三	三	六·四七
三千適當	四	一八	七·五八	三	一三	六·七七
三千一百	四	三○	七·八七	三	二三	七·七
三千二百	四	四二	八·一七	三	三三	七·三八
三千三百	四	五四	八·四七	三	四三	七·六九
三千四百	五	七	八·七七	三	五四	八·一
三千五百	五	二○	九·八	四	五	八·三三
三千六百	五	三三	九·三九	四	一六	八·六六
三千七百	五	四六	九·七○	四	二七	九
三千八百	六		十·一	四	三八	九·三四
三千九百	六	一四	十·三二	四	五○	九·六九
四千適當	六	二八	十·六四	五	二	十·四

續表

十二生四十磅子船台快礮表

彈子實重四十五磅平常開花彈或硬質彈配用柯達無烟藥四磅半或石子藥十二磅

距礮適當數	石子藥十二磅 昂表 度	石子藥十二磅 昂表 分	石子藥十二磅 彈歷 秒	無烟藥四磅半 昂表 度	無烟藥四磅半 昂表 分	無烟藥四磅半 彈歷 秒
四千一百	六	四二	十·九七	五	一四	十·三九
四千二百	六	五七	一一·三〇	五	二七	十·七四
四千三百	七	一二	一一·六三	五	四〇	一一·一〇
四千四百	七	二七	一一·九六	五	五三	一一·四六
四千五百	七	四二	一二·二九	六	七	一一·八三
四千六百	七	五七	一二·六三	六	二一	一二·二〇
四千七百	八	一二	一二·九七	六	三九	一二·五七
四千八百	八	二八	一三·三二	六	五一	一二·九五
四千九百	八	四四	一三·六七	七	六	一三·三三
五千適當	九		一四·二	七	二二	一三·七一
五千一百	九	一六	一四·三八	七	三八	一四·一〇
五千二百	九	三二	一四·七四	七	五四	一四·五〇
五千三百	九	四九	一五·一一	八	一一	一四·九〇
五千四百	十	六	一五·四八	八	二八	一五·二〇
五千五百	十	二三	一五·八五	八	四五	一五·七〇
五千六百	十	四〇	一六·二三	九	三	一六·一〇
五千七百	十	五八	一六·六一	九	二二	一六·五一
五千八百	一一	一六	一七·	九	四一	一六·九二
五千九百	一一	三五	一七·三九	十		一七·三四
六千適當	一一	五四	一七·七八	十	一九	一七·七七
六千一百	一二	一四	一八·一八	十	三九	一八·二〇
六千二百	一二	三四	一八·五九	十	五九	一八·六四
六千三百	一二	五五	一九·	一一	一九	一九·八
六千四百	一三	一七	一九·四二	一一	四〇	一九·五二
六千五百	一三	三九	一九·八四	一二	一	一九·九七
六千六百	一四	二	二十·二七	一二	二三	二十·四二
六千七百	一四	二五	二十·七〇	一二	四五	二十·八七
六千八百	一四	四八	二一·一四	一三	七	二一·三三
六千九百	一五	一二	二一·五九	一三	三〇	二一·七九
七千適當	一五	三七	二二·五	一三	五三	二二·二六
七千一百	一六	二	二二·五一	一四	一六	二二·七三
七千二百	一六	二七	二二·九七	一四	四〇	二三·二〇

四生七三磅子過山快礮表

彈子配用無烟藥一兩七錢或小礮藥四兩五錢

距礮碼數	昂表 度	昂表 分	距礮碼數	昂表 度	昂表 分
一百			一千七百	九	二八
二百		二九	一千八百	十	一四
三百		五七	一千九百	一一	一
四百	一	二六	二千碼	一一	四九
五百	一	五六	二千一百	一二	三八
六百	二	二七	二千二百	一三	二九
七百	三		二千三百	一四	二三
八百	三	三五	二千四百	一五	一九
九百	四	一一	二千五百	一六	一八
一千碼	四	四七	二千六百	一七	一九
一千一百	五	二四	二千七百	一八	二三
一千二百	六	二	二千八百	一九	二九
一千三百	六	四一	二千九百	二十	三八
一千四百	七	二一	三千碼	二一	五〇
一千五百	八	二			
一千六百	八	四四			

七生六十二磅子過山快礮表

彈子配用無烟藥五兩或小礮藥十兩五錢

距礮碼數	昂表 度	昂表 分	距礮碼數	昂表 度	昂表 分
一百			二千一百	九	五
二百		七	二千二百	九	四〇
三百		三一	二千三百	十	一五
四百		五五	二千四百	十	五一
五百	一	二〇	二千五百	一一	二八
六百	一	四五	二千六百	一二	六
七百	二	一一	二千七百	一二	四六
八百	二	三七	二千八百	一三	二七
九百	三	三	二千九百	一四	九
一千碼	三	三〇	三千碼	一四	五二
一千一百	三	五八	三千一百	一五	三七
一千二百	四	二六	三千二百	一六	二三
一千三百	四	五四	三千三百	一七	一〇
一千四百	五	二三	三千四百	一七	五九
一千五百	五	五三	三千五百	一八	五〇
一千六百	六	二三	三千六百	一九	四三
一千七百	六	五四	三千七百	二十	三九
一千八百	七	二六	三千八百	二一	三六
一千九百	七	五八	三千九百	二二	三四
二千碼	七	三一	四千碼	二三	三四

十四生九二後膛大礮表

十四生九二後膛大礮表

平常開花彈配用中號石子藥二十五磅硬質彈配用栗色藥餅三十五磅

距礮碼數	藥二十五磅昂表 度	分	藥三十五磅昂表 度	分
一百		七		三
二百		一四		六
三百		二一		一〇
四百		二八		一四
五百		三五		一八
六百		四三		二三
七百		五一		二八
八百		五九		三三
九百	一	七		三八
一千碼	一	一六		四三
一千一百	一	二五		四八
一千二百	一	三四		五四
一千三百	一	四三	一	〇〇
一千四百	一	五二	一	六
一千五百	二	二	一	一二
一千六百	二	一二	一	一八
一千七百	二	二二	一	二四
一千八百	二	三二	一	三一
一千九百	二	四二	一	三八
二千碼	二	五三	一	四五
二千一百	三	四	一	五二
二千二百	三	一五	一	五九
二千三百	三	二六	二	六
二千四百	三	三七	二	一三
二千五百	三	四九	二	二一
二千六百	四	一	二	二九
二千七百	四	一四	二	三七
二千八百	四	二七	二	四五
二千九百	四	四〇	二	五三
三千碼	四	五三	三	二
三千一百	五	六	三	一一
三千二百	五	一九	三	二〇
三千三百	五	三二	三	二九
三千四百	五	四五	三	三八
三千五百	五	五九	三	四八
三千六百	六	一三	三	五八
三千七百	六	二七	四	八
三千八百	六	四一	四	一八
三千九百	六	五五	四	二八
四千碼	七	九	四	三九
四千一百	七	二四	四	五〇
四千二百	七	三九	五	一
四千三百	七	五四	五	一二
四千四百	八	九	五	二四
四千五百	八	二四	五	三六
四千六百	八	三九	五	四八
四千七百	八	五五	六	〇〇
四千八百	九	一一	六	一二
四千九百	九	二七	六	二四
五千碼	九	四三	六	三六
五千一百	九	五九	六	四九
五千二百	十	一五	七	二
五千三百	十	三一	七	一五
五千四百	十	四八	七	二八
五千五百	一一	五	七	四一
五千六百	一一	二二	七	五五
五千七百	一一	三九	八	九
五千八百	一一	五六	八	二三
五千九百	一二	一三	八	三七
六千碼	一二	三	八	五一
六千一百	一二	四七	九	五
六千二百	一三	五	九	一九
六千三百	一三	二三	九	三三
六千四百	一三	四一	九	四八
六千五百	一三	五九	十	三
六千六百	一四	一七	十	一八
六千七百	一四	三五	十	三三
六千八百	一四	五三	十	四八
六千九百	一五	一一	一一	三
七千碼	一五	三〇	一一	一八
七千一百			一一	三三
七千二百			一一	四八
七千三百			一二	三
七千四百			一二	一八
七千五百			一二	三三

二十三生一七一短式後膛大礮表

二十三生一七一短式後膛大礮表

平常開花彈配用大號石子藥或單孔黑藥餅五十磅硬質彈配用栗色藥餅六十磅

距礮碼數	黑藥五十磅昂表 度	分	彈歷 秒	栗藥六十磅昂表 度	分	彈歷 秒
一百		三	一八		三	一六
二百		六	三五		六	三一
三百		九	五三		九	四六
四百		一二	七一		一二	六一
五百		一六	九〇		一五	七八
六百		二〇	一·一〇		一九	九五
七百		二四	一·三〇		二三	一·一三
八百		二九	一·五一		二七	一·三一
九百		三六	一·七五		三二	一·五二
一千碼		四四	一·九七		四〇	一·七一
一千一百		五二	二·二〇		四七	一·九〇
一千二百	一	〇〇	二·四三		五六	二·一一
一千三百	一	〇九	二·六五	一	五	二·三〇
一千四百	一	一八	二·九〇	一	一三	二·五二
一千五百	一	二八	三·一五	一	二一	二·七三
一千六百	一	三八	三·四〇	一	三〇	二·九五
一千七百	一	四九	三·六五	一	三九	三·一七
一千八百	二	〇〇	四·〇〇	一	四八	三·四〇
一千九百	二	一一	四·一六	一	五七	三·六一
二千碼	二	二二	四·四二	二	六	三·八四
二千一百	二	三四	四·六九	二	一六	四·〇七
二千二百	二	四六	四·九五	二	二六	四·三〇
二千三百	二	五八	五·二五	二	三六	四·五六
二千四百	三	一〇	五·五五	二	四六	四·八二
二千五百	三	二二	五·八五	二	五六	五·〇七
二千六百	三	三五	六·一五	三	七	五·三四
二千七百	三	四八	六·四五	三	一八	五·六〇
二千八百	四	一	六·七五	三	二九	五·八七
二千九百	四	一四	七· 六	三	四〇	六·一四
三千碼	四	二七	七·三六	三	五一	六·四〇
三千一百	四	四〇	七·七〇	四	二	六·七〇
三千二百	四	五四	八·〇〇	四	一三	六·九五
三千三百	五	八	八·三三	四	二四	七·二四
三千四百	五	二二	八·六六	四	三五	七·五五
三千五百	五	三六	九·〇〇	四	四六	七·八二
三千六百	五	五〇	九·三二	四	五八	八·一〇
三千七百	六	四	九·六五	五	一〇	八·四〇
三千八百	六	一九	十·〇〇	五	二二	八·六五
三千九百	六	三四	十·三五	五	三四	九·〇〇
四千碼	六	四九	十·七〇	五	四七	九·三〇

續表

二十生三一七短式後膛大礮表

平常開花彈配用大石子藥或單孔黑藥

距礮碼數	黑藥五十磅 昂表 度	黑藥五十磅 昂表 分	黑藥五十磅 彈歷 秒	栗藥六十磅 昂表 度	栗藥六十磅 昂表 分	栗藥六十磅 彈歷 秒
四千一百	七	四	一一·五	六	○○	九·六○
四千二百	七	一九	一一·四○	六	一三	九·九一
四千三百	七	三四	一一·七五	六	二六	十·二一
四千四百	七	四九	一二·一二	六	三九	十·五三
四千五百	八	五	一二·五○	六	五三	十·八七
四千六百	八	二一	一二·八六	七	七	一一·一七
四千七百	八	三七	一三·二五	七	二一	一一·五二
四千八百	八	五三	一三·六三	七	三五	一一·八五
四千九百	九	九	一四·一	七	四九	一二·一八
五千碼	九	二五	一四·四○	八	三	一二·五二
五千一百	九	四一	一四·八○	八	一七	一二·八七
五千二百	九	五七	一五·二○	八	三一	一三·二一
五千三百	十	一三	一五·六○	八	四五	一三·五六
五千四百	十	二九	一六·○○	九	○○	一三·九一
五千五百	十	四五	一六·四○	九	一五	一四·二六
五千六百	一一	一	一六·八一	九	三○	一四·六一
五千七百	一一	一七	一七·二二	九	四五	一四·九七
五千八百	一一	三三	一七·六五	十	○○	一五·三四
五千九百	一一	四九	一八·○五	十	一五	一五·七○
六千碼	一二	五	一八·五○	十	三○	一六·○八

二十生三一七短式後膛大礮表

餅五十磅硬質彈配用栗色藥餅六十磅

距礮碼數	黑藥五十磅 昂表 度	黑藥五十磅 昂表 分	黑藥五十磅 彈歷 秒	栗藥六十磅 昂表 度	栗藥六十磅 昂表 分	栗藥六十磅 彈歷 秒
六千一百	一二	二一	一八·九五	十	四五	一六·四八
六千二百	一二	三七	一九·三七	一一		一六·八四
六千三百	一二	五三	一九·八○	一一	一五	一七·二○
六千四百	一三	九	二十·二五	一一	三○	一七·六○
六千五百	一三	二五	二十·七○	一一	四五	一八·○○
六千六百	一三	四二	二一·一五	一二	一	一八·三九
六千七百	一三	五九	二一·六○	一二	一七	一八·七八
六千八百	一四	一七	二二·○五	一二	三三	一九·一七
六千九百	一四	三五	二二·五○	一二	四九	一九·五六
七千碼	一四	五三	二三·○○	一三	五	二十·○○

二十生三一七中式後膛大礮表

彈子實重二百一十磅平常開花彈配用單孔黑

距礮碼數	藥六十五磅 昂表 度	藥六十五磅 昂表 分	藥六十五磅 彈歷 秒	栗藥九十磅 昂表 度	栗藥九十磅 昂表 分	栗藥九十磅 彈歷 秒
一百		一	一二		一	八
二百		三	二七		三	一八
三百		六	四五		五	三三
四百		九	六五		七	五○
五百		一二	八六		九	六六
六百		一六	一·○七		一二	八八
七百		二一	一·二九		一五	一·六
八百		二七	一·五一		一九	一·二四
九百		三四	一·七三		二三	一·四二
一千碼		四一	一·九五		二七	一·六一
一千一百		四八	二·一七		三二	一·七九
一千二百		五五	二·三九		三七	一·九七
一千三百	一	三	二·六一		四二	二·一五
一千四百	一	一一	二·八三		四八	二·三四
一千五百	一	二○	三·○五		五四	二·五三
一千六百	一	二九	三·二七	一	○○	二·七二
一千七百	一	三九	三·四九	一	六	二·九一
一千八百	一	四九	三·七二	一	一三	三·一○
一千九百	一	五九	三·九六	一	二○	三·三○
二千碼	二	九	四·二一	一	二七	三·五○

二十生三一七中式後膛大礮表

藥餅六十五磅硬質彈配用栗色藥餅九十磅

距礮碼數	藥六十五磅 昂表 度	藥六十五磅 昂表 分	藥六十五磅 彈歷 秒	栗藥九十磅 昂表 度	栗藥九十磅 昂表 分	栗藥九十磅 彈歷 秒
二千一百	二	二○	四·四六	一	三三	三·七○
二千二百	二	三一	四·七一	一	四○	三·九○
二千三百	二	四二	四·九六	一	四七	四·一一
二千四百	二	五三	五·二二	一	五四	四·三二
二千五百	三	四	五·四八	二	二	四·五四
二千六百	三	一六	五·七四	二	一○	四·七六
二千七百	三	二八	六·一	二	一八	四·九八
二千八百	三	四○	六·二八	二	二六	五·二○
二千九百	三	五二	六·五五	二	三四	五·四二
三千碼	四	四	六·八二	二	四二	五·六五
三千一百	四	一七	七·○九	二	五一	五·八八
三千二百	四	三○	七·三七	三	○○	六·一一
三千三百	四	四三	七·六五	三	九	六·三五
三千四百	四	五六	七·九三	三	一八	六·五九
三千五百	五	九	八·二二	三	二七	六·八四
三千六百	五	二二	八·五一	三	三六	七·○九
三千七百	五	三五	八·八○	三	四六	七·三四
三千八百	五	四八	九·○九	三	五六	七·五九
三千九百	六	一	九·三九	四	六	七·八五
四千碼	六	一四	九·六九	四	一六	八·一一

續表

二十生三一七中式後膛大礮表

彈子實重二百一十磅平常開花彈配用單孔黑藥餅六十五磅硬質彈配用栗色藥餅九十磅

距礮碼數	藥六十五磅 昂表 度	分	彈歷 秒	藥九十磅 昂表 度	分	彈歷 秒
四千一百	六	二七	十·○○	四	二六	八·三八
四千二百	六	四一	十·三一	四	三六	八·六五
四千三百	六	五五	十·六二	四	四六	八·九三
四千四百	七	九	十·九三	四	五六	九·二一
四千五百	七	二三	一一·二五	五	六	九·四九
四千六百	七	三七	一一·五七	五	一七	九·七七
四千七百	七	五一	一一·九○	五	二八	十·　六
四千八百	八	五	一二·二三	五	三九	十·三五
四千九百	八	一九	一二·五六	五	五○	十·六五
五千碼	八	三三	一二·八九	六	一	十·九五
五千一百	八	四七	一三·二二	六	一三	一一·二六
五千二百	九	一	一三·五五	六	二五	一一·五七
五千三百	九	一五	一三·八八	六	三七	一一·八八
五千四百	九	三○	一四·二一	六	四九	一二·一九
五千五百	九	四五	一四·五七	七	一	一二·五○
五千六百	十	○○	一四·九二	七	一三	一二·八一
五千七百	十	一五	一五·二七	七	二六	一三·一三
五千八百	十	二九	一五·六二	七	三九	一三·四六
五千九百	十	四四	一五·九七	七	五二	一三·七九
六千碼	十	五八	一六·三二	八	五	一四·一二
六千一百	一一	一三	一六·六七	八	一八	一四·四五
六千二百	一一	二七	一七·　三	八	三一	一四·七八
六千三百	一一	四二	一七·三九	八	四五	一五·一一
六千四百	一一	五七	一七·七五	八	五九	一五·四四
六千五百	一二	一二	一八·一二	九	一三	一五·七七
六千六百	一二	二八	一八·五○	九	二七	一六·一○
六千七百	一二	四四	一八·八八	九	四一	一六·四三
六千八百	一三	○○	一九·二六	九	五五	一六·七七
六千九百	一三	一六	一九·六四	十	九	一七·一一
七千碼	一三	三二	二十·　二	十	二三	一七·四五
七千一百				十	三七	一七·七九
七千二百				十	五一	一八·一三
七千三百				一一	五	一八·四七
七千四百				一一	一九	一八·八一
七千五百				一一	三三	一九·一五
七千六百				一一	四七	一九·四九
七千七百				一二	一	一九·八三

二十生三一七長式後膛地阱礮表

彈子實重二百一十磅平常開花彈配用單孔黑藥餅七十五磅硬質彈配用栗色藥餅一百一十磅

距礮碼數	藥七十五磅 昂表 度	分	彈歷 秒	藥一百一十磅 昂表 度	分	彈歷 秒
一百		四	一八		三	一五
二百		九	三五		六	三○
三百		一四	五三		一○	四六
四百		二○	七一		一四	六二
五百		二六	九○		一八	七八
六百		三二	一·　九		二二	九四
七百		三八	一·二八		二六	一·一○
八百		四四	一·四七		三○	一·二七
九百		五○	一·六七		三四	一·四四
一千碼		五六	一·八七		三八	一·六一
一千一百	一	二	二·　八		四三	一·七八
一千二百	一	九	二·二九		四八	一·九六
一千三百	一	一六	二·五○		五三	二·一四
一千四百	一	二三	二·七二		五八	二·三二
一千五百	一	三○	二·九四	一	三	二·五○
一千六百	一	三七	三·一六	一	八	二·六九
一千七百	一	四四	三·三八	一	一三	二·八八
一千八百	一	五一	三·六○	一	一八	三·　七
一千九百	一	五九	三·八三	一	二三	三·二六
二千碼	二	七	四·　六	一	二八	三·四六
二千一百	二	一五	四·三○	一	三四	三·六六
二千二百	二	二三	四·五四	一	四○	三·八七
二千三百	二	三一	四·七八	一	四六	四·　八
二千四百	二	三九	五·　二	一	五二	四·二九
二千五百	二	四七	五·二七	一	五八	四·五○
二千六百	二	五六	五·五二	二	四	四·七一
二千七百	三	五	五·七七	二	一○	四·九二
二千八百	三	一四	六·　二	二	一六	五·一四
二千九百	三	二三	六·二七	二	二三	五·三六
三千碼	三	三二	六·五二	二	三○	五·五八
三千一百	三	四一	六·七八	二	三七	五·八一
三千二百	三	五○	七·　四	二	四四	六·　四
三千三百	四		七·三一	二	五一	六·二七
三千四百	四	一○	七·五八	二	五八	六·五○
三千五百	四	二○	七·八五	三	五	六·七四
三千六百	四	三○	八·一三	三	一二	六·九八
三千七百	四	四○	八·四一	三	二○	七·二二
三千八百	四	五○	八·六九	三	二八	七·四六
三千九百	五	○一	八·九七	三	三六	七·七○
四千碼	五	一二	九·二六	三	四四	七·九五
四千一百	五	二三	九·五五	三	五二	八·二○
四千二百	五	三四	九·八四	四	○○	八·四五

續表

二十三生一七長式後膛地阱礮表

彈子實重二百一十磅平常開花彈配用單孔黑藥餅七十五磅硬質彈配用栗色藥餅一百十磅

距礮碼數	藥七十五磅 昂表（度 分）	藥七十五磅 彈歷（秒）	藥一百十磅 昂表（度 分）	藥一百十磅 彈歷（秒）
四千三百	五·四五	十·一三	四·八	八·七一
四千四百	五·五六	十·四二	四·一七	八·九七
四千五百	六·七	十·七二	四·二六	九·二四
四千六百	六·一八	一一·二	四·三五	九·五一
四千七百	六·三〇	一一·三二	四·四四	九·七八
四千八百	六·四二	一一·六三	四·五三	十·六
四千九百	六·五四	一一·九四	五·二	十·三四
五千碼	七·六	一二·二五	五·一一	十·六二
五千一百	七·一八	一二·五六	五·二〇	十·九〇
五千二百	七·三一	一二·八七	五·三〇	一一·一九
五千三百	七·四四	一三·一八	五·四〇	一一·四八
五千四百	七·五七	一三·四九	五·五〇	一一·七七
五千五百	八·一〇	一三·八〇	六·〇〇	一二·六
五千六百	八·二三	一四·一二	六·一〇	一二·三五
五千七百	八·三六	一四·四四	六·二〇	一二·六五
五千八百	八·四九	一四·七六	六·三〇	一二·九五
五千九百	九·二	一五·〇八	六·四〇	一三·二五
六千碼	九·一六	一五·四一	六·五一	一三·五五
六千一百	九·三〇	一五·七四	七·二	一三·八六
六千二百	九·四四	一六·〇七	七·一三	一四·一七
六千三百	九·五八	一六·四〇	七·二四	一四·四八
六千四百	十·一二	一六·七三	七·三六	一四·七九
六千五百	十·二六	一七·六	七·四八	一五·一〇
六千六百	十·四〇	一七·三九	八·〇〇	一五·四一
六千七百	十·五四	一七·七三	八·一二	一五·七二
六千八百	一一·九	一八·七	八·二四	一六·〇三
六千九百	一一·二四	一八·四一	八·三六	一六·三五
七千碼	一一·三九	一八·七六	八·四八	一六·六七
七千一百	一一·五四	一九·一二	九·一	一七·〇〇
七千二百	一二·九	一九·四八	九·一四	一七·三三
七千三百			九·二七	一七·六六
七千四百			九·四〇	一七·九九
七千五百			九·五三	一八·三二
七千六百			十·六	一八·六六
七千七百			十·二〇	一九·〇〇
七千八百			十·三四	一九·三四
七千九百			十·四八	一九·六九
八千碼			一一·二	二十·〇四
八千一百			一一·一七	二十·三九
八千二百			一一·三二	二十·七四
八千三百			一一·四七	二一·一〇
八千四百			一二·二	二一·四六

二十三生短式後膛大礮表

平常開花彈或硬質彈配用單孔黑藥餅九十磅或栗色藥餅一百磅

距礮碼數	昂表（度 分）
一百	六
二百	一二
三百	一八
四百	二五
五百	三二
六百	三九
七百	四六
八百	五三
九百	一·〇〇
一千碼	一·七
一千一百	一·一五
一千二百	一·二三
一千三百	一·三一
一千四百	一·三九
一千五百	一·四七
一千六百	一·五五
一千七百	二·四
一千八百	二·一三
一千九百	二·二二
二千碼	二·三一
二千一百	二·四一
二千二百	二·五一
二千三百	三·一
二千四百	三·一一
二千五百	三·二一
二千六百	三·三一
二千七百	三·四一
二千八百	三·五一
二千九百	四·二
三千碼	四·一三
三千一百	四·二四
三千二百	四·三五
三千三百	四·四六
三千四百	四·五七
三千五百	五·九
三千六百	五·二一
三千七百	五·三三
三千八百	五·四五
三千九百	五·五七
四千碼	六·九
四千一百	六·二一
四千二百	六·三四
四千三百	六·四七
四千四百	七·〇〇
四千五百	七·一三
四千六百	七·二六
四千七百	七·三九
四千八百	七·五二
四千九百	八·六
五千碼	八·二〇
五千一百	八·三四
五千二百	八·四八
五千三百	九·二
五千四百	九·一六
五千五百	九·三〇
五千六百	九·四四
五千七百	九·五八
五千八百	十·一三
五千九百	十·二八
六千碼	十·四三
六千一百	十五八
六千二百	一一·一三
六千三百	一一·二八
六千四百	一一·四三
六千五百	一一·五八
六千六百	一二·一四
六千七百	一二·三〇
六千八百	一二·四六
六千九百	一三·二
七千碼	一三·一八
七千一百	一三·三四
七千二百	一三·五〇

二十三生中式後膛大礮表

彈子實重三百磅平常開花彈或硬質彈配用單孔

距礮碼數	黑藥餅一百二十磅 昂表（度 分）	黑藥餅一百二十磅 彈歷（秒）	栗藥餅一百六十五磅 昂表（度 分）	栗藥餅一百六十五磅 彈歷（秒）
一百	六	二一	三	一八
二百	一二	四○	七	三三
三百	一八	五九	一一	四九
四百	二五	七八	一五	六六
五百	三二	九八	一九	八三
六百	三九	一·一八	二三	一·○○
七百	四六	一·三九	二八	一·一七
八百	五三	一·六○	三三	一·三四
九百	一·○○	一·八一	三八	一·五一
一千碼	一·○七	二·○二	四三	一·六九
一千一百	一·一五	二·二三	四八	一·八七
一千二百	一·二三	二·四五	五三	二·○六
一千三百	一·三一	二·六八	五八	二·二五
一千四百	一·三九	二·九一	一·○三	二·四四
一千五百	一·四七	三·一五	一·○九	二·六三
一千六百	一·五五	三·三九	一·一五	二·八二
一千七百	二·四	三·六三	一·二一	三·○一
一千八百	二·一三	三·八七	一·二七	三·二一
一千九百	二·二二	四·一一	一·三三	三·四一
二千碼	二·三一	四·三六	一·三九	三·六一

二十三生中式後膛大礮表

黑藥餅一百二十磅或栗色藥餅一百六十五磅

距礮碼數	黑藥餅一百二十磅 昂表（度 分）	黑藥餅一百二十磅 彈歷（秒）	栗藥餅一百六十五磅 昂表（度 分）	栗藥餅一百六十五磅 彈歷（秒）
二千一百	二·四一	四·六一	一·四五	三·八二
二千二百	二·五一	四·八七	一·五一	四·○三
二千三百	三·○一	五·一三	一·五七	四·二四
二千四百	三·一一	五·四○	二·三	四·四六
二千五百	三·二一	五·六七	二·一○	四·六八
二千六百	三·三一	五·九四	二·一七	四·九○
二千七百	三·四一	六·二一	二·二四	五·一二
二千八百	三·五一	六·四九	二·三一	五·三五
二千九百	四·○二	六·七七	二·三八	五·五八
三千碼	四·一三	七·○五	二·四五	五·八一
三千一百	四·二四	七·三三	二·五二	六·○五
三千二百	四·三五	七·六一	二·五九	六·二九
三千三百	四·四六	七·九○	三·七	六·五三
三千四百	四·五七	八·二○	三·一五	六·七八
三千五百	五·九	八·五○	三·二三	七·○三
三千六百	五·二一	八·八○	三·三一	七·二八
三千七百	五·三三	九·一○	三·三九	七·五三
三千八百	五·四五	九·四○	三·四七	七·七八
三千九百	五·五七	九·七○	三·五五	八·○三
四千碼	六·九	十·○○	四·○四	八·二九

續表

二十三生中式後膛大礮表

彈子實重三百磅平常開花彈或硬質彈配用單孔

距礮碼數	黑藥餅一百二十磅 昂表（度 分）	黑藥餅一百二十磅 彈歷（秒）	栗藥餅一百六十五磅 昂表（度 分）	栗藥餅一百六十五磅 彈歷（秒）
四千一百	六·二一	十·三○	四·一三	八·五五
四千二百	六·三四	十·六○	四·二二	八·八二
四千三百	六·四七	十·九○	四·三一	九·○九
四千四百	七·○○	一一·二○	四·四○	九·三六
四千五百	七·一三	一一·五○	四·四九	九·六三
四千六百	七·二六	一一·八一	四·五八	九·九○
四千七百	七·三九	一二·一三	五·八	十·一八
四千八百	七·五二	一二·四五	五·一八	十·四六
四千九百	八·六	一二·七七	五·二八	十·七四
五千碼	八·二○	一三·○九	五·三八	一一·○二
五千一百	八·三四	一三·四二	五·四八	一一·三一
五千二百	八·四八	一三·七五	五·五八	一一·六○
五千三百	九·二	一四·○八	六·九	一一·九○
五千四百	九·一六	一四·四一	六·二○	一二·二○
五千五百	九·三○	一四·七五	六·三一	一二·五○
五千六百	九·四四	一五·○九	六·四二	一二·八○
五千七百	九·五八	一五·四三	六·五三	一三·一○
五千八百	十·一三	一五·七八	七·四	一三·四○
五千九百	十·二八	一六·一三	七·一六	一三·七一
六千碼	十·四三	一六·四八	七·二八	一四·○二

二十三生中式後膛大礮表

黑藥餅一百二十磅或栗色藥餅一百六十五磅

距礮碼數	黑藥餅一百二十磅 昂表（度 分）	黑藥餅一百二十磅 彈歷（秒）	栗藥餅一百六十五磅 昂表（度 分）	栗藥餅一百六十五磅 彈歷（秒）
六千一百	十·五八	一六·八三	七·四○	一四·三四
六千二百	一一·一三	一七·一八	七·五二	一四·六六
六千三百	一一·二八	一七·五三	八·四	一四·九八
六千四百	一一·四三	一七·八九	八·一六	一五·三○
六千五百	一一·五八	一八·二五	八·二八	一五·六二
六千六百	一二·一四	一八·六一	八·四○	一五·九四
六千七百	一二·三○	一八·九七	八·五三	一六·二七
六千八百	一二·四六	一九·三三	九·六	一六·六○
六千九百	一三·二	一九·六九	九·一九	一六·九三
七千碼	一三·一八	二十·○五	九·三二	一七·二六
七千一百	一三·三四	二十·四一	九·四五	一七·五九
七千二百	一三·五○	二十·七七	九·五八	一七·九二
七千三百	一四·六	二一·一四	十·一二	一八·二六
七千四百	一四·二三	二一·五一	十·二六	一八·六○
七千五百	一四·四○	二一·八八	十·四○	一八·九四
七千六百	一四·五七	二二·二五	十·五四	一九·二八
七千七百	一五·一○	二二·六二	一一·八	一九·六三
七千八百	一五·二七	二二·九九	一一·二三	一九·九八
七千九百	一五·四四	二三·三六	一一·三七	二十·三三
八千碼	一六·○一	二三·七三	一一·五三	二十·六八

二十三生長式後膛大礮表

彈子實重三百磅平常開花彈或硬質彈配用

距礮碼數	藥一百五十磅 昂表 度	藥一百五十磅 昂表 分	藥一百五十磅 彈歷 秒	栗藥餅二百磅 昂表 度	栗藥餅二百磅 昂表 分	栗藥餅二百磅 彈歷 秒
一百		四	·一六		三	·一五
二百		七	·三一		六	·二九
三百		一〇	·四六		九	·四三
四百		一三	·六二		一二	·五七
五百		一七	·七八		一五	·七一
六百		二一	·九四		一八	·八六
七百		二五	一·一〇		二二	一·〇一
八百		二九	一·二六		二六	一·一六
九百		三三	一·四二		三〇	一·三一
一千碼		三八	一·五九		三四	一·四六
一千一百		四三	一·七六		三八	一·六二
一千二百		四八	一·九三		四二	一·七八
一千三百		五三	二·一〇		四六	一·九四
一千四百		五八	二·二八		五〇	二·一〇
一千五百	一	三	二·四六		五四	二·二六
一千六百	一	八	二·六四		五八	二·四二
一千七百	一	一三	二·八二	一	二	二·五八
一千八百	一	一八	三·〇〇	一	六	二·七四
一千九百	一	二三	三·一九	一	一〇	二·九一
二千碼	一	二八	三·三八	一	一五	三·〇八
二千一百	一	三三	三·五七	一	二〇	三·二五
二千二百	一	三八	三·七六	一	二五	三·四二
二千三百	一	四三	三·九五	一	三〇	三·五九
二千四百	一	四八	四·一四	一	三五	三·七六
二千五百	一	五四	四·三四	一	四〇	三·九四
二千六百	二	〇	四·五四	一	四五	四·一二
二千七百	二	六	四·七四	一	五〇	四·三〇
二千八百	二	一二	四·九四	一	五五	四·四八

二十三生長式後膛大礮表

單孔黑藥餅一百五十磅或栗色藥餅二百磅

距礮碼數	藥一百五十磅 昂表 度	藥一百五十磅 昂表 分	藥一百五十磅 彈歷 秒	栗藥餅二百磅 昂表 度	栗藥餅二百磅 昂表 分	栗藥餅二百磅 彈歷 秒
二千九百	二	一八	五·一六	二	〇〇	四·六六
三千碼	二	二四	五·三七	二	〇五	四·八四
三千一百	二	三〇	五·五八	二	一〇	五·〇二
三千二百	二	三六	五·七九	二	一六	五·二一
三千三百	二	四二	六·〇〇	二	二二	五·四〇
三千四百	二	四八	六·二一	二	二八	五·五九
三千五百	二	五四	六·四三	二	三四	五·七八
三千六百	三	〇〇	六·六五	二	四〇	五·九八
三千七百	三	〇六	六·八七	二	四六	六·一八
三千八百	三	一二	七·一〇	二	五二	六·三八
三千九百	三	一九	七·三三	二	五八	六·五八
四千碼	三	二六	七·五六	三	〇四	六·七八
四千一百	三	三三	七·七九	三	一〇	六·九九
四千二百	三	四〇	八·〇四	三	一六	七·一九
四千三百	三	四七	八·二八	三	二三	七·四〇
四千四百	三	五四	八·五三	三	三〇	七·六一
四千五百	四	〇一	八·七八	三	三七	七·八二
四千六百	四	〇八	九·〇三	三	四四	八·〇三
四千七百	四	一五	九·二九	三	五一	八·二五
四千八百	四	二二	九·五五	三	五八	八·四七
四千九百	四	三〇	九·八一	四	〇五	八·六九
五千碼	四	三八	十·〇七	四	一二	八·九一
五千一百	四	四六	十·三三	四	一九	九·一四
五千二百	四	五四	十·六〇	四	二六	九·三七
五千三百	五	〇三	十·八七	四	三三	九·六〇
五千四百	五	一二	一一·一四	四	四〇	九·八三
五千五百	五	二一	一一·四一	四	四七	十·〇六
五千六百	五	三〇	一一·六八	四	五四	十·三〇

二十三生長式後膛大礮表

彈子實重三百磅平常開花彈或硬質彈配用

距礮碼數	藥一百五十磅 昂表 度	藥一百五十磅 昂表 分	藥一百五十磅 彈歷 秒	栗藥餅二百磅 昂表 度	栗藥餅二百磅 昂表 分	栗藥餅二百磅 彈歷 秒
五千七百	五	三九	一一·九六	四	五八	十·五四
五千八百	五	四八	一二·二四	五	六	十·七八
五千九百	五	五七	一二·五二	五	一四	一一·〇二
六千碼	六	六	一二·八〇	五	二二	一一·二六
六千一百	六	一五	一三·〇八	五	三〇	一一·五〇
六千二百	六	二四	一三·三六	五	三八	一一·七四
六千三百	六	三四	一三·六四	五	四六	一一·九八
六千四百	六	四四	一三·九三	五	五四	一二·二二
六千五百	六	五四	一四·二二	六	二	一二·四八
六千六百	七	四	一四·五一	六	一〇	一二·七四
六千七百	七	一五	一四·八一	六	一九	一三·〇〇
六千八百	七	二六	一五·一一	六	二八	一三·二六
六千九百	七	三七	一五·四一	六	三七	一三·五二
七千碼	七	四九	一五·七一	六	四六	一三·七八
七千一百	八	〇	一六·〇二	六	五五	一四·〇四
七千二百	八	一一	一六·三三	七	四	一四·三一
七千三百	八	二二	一六·六四	七	一三	一四·五八
七千四百	八	三四	一六·九五	七	二二	一四·八五
七千五百	八	四六	一七·二六	七	三一	一五·一三
七千六百	八	五八	一七·五八	七	四〇	一五·四〇
七千七百	九	一〇	一七·九〇	七	四九	一五·七〇
七千八百	九	二三	一八·二二	七	五八	一六·〇〇
七千九百	九	三六	一八·五四	八	七	一六·三〇
八千碼	九	四九	一八·八七	八	一六	一六·六〇
八千一百	十	二	一九·二〇	八	二六	一六·九〇
八千二百	十	一五	一九·五三	八	三六	一七·二〇
八千三百	十	二八	一九·八六	八	四六	一七·五〇
八千四百	十	四一	二十·二〇	八	五六	一七·八〇

二十三生長式後膛大礮表

單孔黑藥餅一百五十磅或栗色藥餅二百磅

距礮碼數	藥一百五十磅 昂表 度	藥一百五十磅 昂表 分	藥一百五十磅 彈歷 秒	栗藥餅二百磅 昂表 度	栗藥餅二百磅 昂表 分	栗藥餅二百磅 彈歷 秒
八千五百	十	五一	二十·五四	九	六	一八·一〇
八千六百	一一	五	二十·八八	九	一六	一八·四〇
八千七百	一一	一九	二一·二二	九	二六	一八·七〇
八千八百	一一	三三	二一·五六	九	三六	一九·〇[illegible]
八千九百	一一	四七	二一·九〇	九	四六	一九·三[illegible]
九千碼	一二	一	二二·二五	九	五六	一九·六[illegible]
九千一百	一二	一六	二二·六〇	十	七	一九·九[illegible]
九千二百	一二	三一	二二·九五	十	一八	二十·二[illegible]
九千三百	一二	四六	二三·三〇	十	二九	二十·六[illegible]
九千四百	一三	一	二三·六五	十	四〇	二十·九[illegible]
九千五百	一三	一六	二四·〇一	十	五一	二一·三[illegible]
九千六百	一三	三一	二四·三七	一一	三	二一·六[illegible]
九千七百	一三	四七	二四·七三	一一	一五	二二·〇[illegible]
九千八百	一四	三	二五·〇九	一一	二七	二二·三[illegible]
九千九百	一四	一九	二五·四五	一一	三九	二二·七[illegible]
一萬碼	一四	三五	二五·八一	一一	五一	二三·〇[illegible]
一萬〇一百				一二	四	二三·四[illegible]
一萬〇二百				一二	一七	二三·七[illegible]
一萬〇三百				一二	三〇	二四·一[illegible]
一萬〇四百				一二	四三	二四·四[illegible]
一萬〇五百				一二	五六	二四·八[illegible]
一萬〇六百				一三	九	二五·二[illegible]
一萬〇七百				一三	二二	二五·五[illegible]
一萬〇八百				一三	三五	二五·九[illegible]
一萬〇九百				一三	四九	二六·三[illegible]
一萬一千碼				一四	三	二六·六[illegible]

續表

二十三生半後膛地阱礮表

平常開花彈重三百二十磅配用栗色藥餅一百六十

距礮碼數	藥一百六十五磅 昂表 度	分	彈歷 秒	藥二百二十磅 昂表 度	分	彈歷 秒
一百		四	一六		三	一五
二百		七	三一		六	二九
三百		一〇	四六		九	四三
四百		一三	六二		一二	五七
五百		一七	七八		一五	七二
六百		二一	九四		一八	八六
七百		二五	一·一〇		二二	一·〇一
八百		二九	一·二六		二六	一·一六
九百		三三	一·四二		三〇	一·三一
一千碼		三八	一·五九		三四	一·四六
一千一百		四三	一·七六		三八	一·六二
一千二百		四八	一·九三		四二	一·七八
一千三百		五三	二·一〇		四六	一·九四
一千四百		五八	二·二八		五〇	二·一〇
一千五百	一	三	二·四六		五四	二·二六
一千六百	一	八	二·六四		五八	二·四二
一千七百	一	一三	二·八二	一	二	二·五八
一千八百	一	一八	三·〇〇	一	六	二·七四
一千九百	一	二三	三·一九	一	一〇	二·九一
二千碼	一	二八	三·三八	一	一五	三·〇八
二千一百	一	三三	三·五七	一	二〇	三·二五
二千二百	一	三八	三·七六	一	二五	三·四二
二千三百	一	四三	三·九五	一	三〇	三·五九
二千四百	一	四八	四·一四	一	三五	三·七六
二千五百	一	五四	四·三四	一	四〇	三·九二
二千六百	二	〇	四·五四	一	四五	四·一二
二千七百	二	六	四·七四	一	五〇	四·三〇
二千八百	二	一二	四·九五	一	五五	四·四八

二十三生半後膛地阱礮表

五磅硬實彈重三百八十磅配用栗色藥餅二百二十磅

距礮碼數	藥百六十五磅 昂表 度	分	彈歷 秒	藥二百二十磅 昂表 度	分	彈歷 秒
二千九百	二	一八	五·一六	二	〇	四·六六
三千碼	二	二四	五·三七	二	〇五	四·八四
三千一百	二	三〇	五·五八	二	一〇	五·〇二
三千二百	二	三六	五·七九	二	一六	五·二二
三千三百	二	四二	六·〇〇	二	二二	五·四一
三千四百	二	四八	六·二一	二	二八	五·六〇
三千五百	二	五四	六·四三	二	三四	五·七九
三千六百	三	〇〇	六·六五	二	四〇	五·九八
三千七百	三	六	六·八七	二	四六	六·一八
三千八百	三	一二	七·一〇	二	五二	六·三八
三千九百	三	一九	七·三三	二	五八	六·五八
四千碼	三	二六	七·五六	三	四	六·七八
四千一百	三	三三	七·八〇	三	一〇	六·九八
四千二百	三	四〇	八·〇四	三	一六	七·一九
四千三百	三	四七	八·二八	三	二二	七·四〇
四千四百	三	五四	八·五三	三	二八	七·六一
四千五百	四	一	八·七八	三	三四	七·八二
四千六百	四	八	九·〇三	三	四一	八·〇三
四千七百	四	一五	九·二九	三	四八	八·二五
四千八百	四	二二	九·五五	三	五五	八·四七
四千九百	四	三〇	九·八一	四	二	八·六九
五千碼	四	三八	十·〇七	四	九	八·九一
五千一百	四	四六	十·三三	四	一六	九·一四
五千二百	四	五四	十·六〇	四	二三	九·三七
五千三百	五	三	十·八七	四	三〇	九·六〇
五千四百	五	一二	一一·一四	四	三七	九·八三
五千五百	五	二一	一一·四一	四	四四	十·〇六
五千六百	五	三〇	一一·六八	四	五一	十·三〇

續表

二十三生半後膛地阱礮表

平常開花彈重三百二十磅配用栗色藥餅一百六十

距礮碼數	藥一百六十五磅 昂表 度	分	彈歷 秒	藥二百二十磅 昂表 度	分	彈歷 秒
五千七百	五	三九	一一·九六	四	五八	十·五四
五千八百	五	四八	一二·二四	五	六	十·七八
五千九百	五	五七	一二·五二	五	一四	一一·〇二
六千碼	六	六	一二·八〇	五	二二	一一·二六
六千一百	六	一五	一三·〇八	五	三〇	一一·五〇
六千二百	六	二四	一三·三六	五	三八	一一·七四
六千三百	六	三四	一三·六四	五	四六	一一·九八
六千四百	六	四四	一三·九三	五	五四	一二·二三
六千五百	六	五四	一四·二二	六	二	一二·四八
六千六百	七	四	一四·五一	六	一〇	一二·七四
六千七百	七	一五	一四·八一	六	一九	一三·〇〇
六千八百	七	二六	一五·一一	六	二八	一三·二六
六千九百	七	三七	一五·四一	六	三七	一三·五二
七千碼	七	四八	一五·七二	六	四六	一三·七八
七千一百	七	五九	一六·〇三	六	五五	一四·〇四
七千二百	八	一〇	一六·三四	七	四	一四·三一
七千三百	八	二一	一六·六五	七	一三	一四·五八
七千四百	八	三二	一六·九六	七	二二	一四·八五
七千五百	八	四四	一七·二八	七	三一	一五·一三
七千六百	八	五六	一七·六〇	七	四〇	一五·四一
七千七百	九	八	一七·九二	七	四九	一五·七〇
七千八百	九	二〇	一八·二四	七	五八	一六·〇〇
七千九百	九	三三	一八·五七	八	七	一六·三〇
八千碼	九	四六	一八·八	八	一六	一六·六〇
八千一百	九	五九	一九·二〇	八	二六	一六·九〇
八千二百	十	一二	一九·五三	八	三六	一七·二〇
八千三百	十	二五	一九·八六	八	四六	一七·五〇
八千四百	十	三八	二十·二〇	八	五六	一七·八〇

二十三生半後膛地阱礮表

五磅硬實彈重三百八十磅配用栗色藥餅二百廿磅

距礮碼數	藥一百六十五磅 昂表 度	分	彈歷 秒	藥二百二十磅 昂表 度	分	彈歷 秒
八千五百	十	五一	二十·五四	九	六	一八·一〇
八千六百	一一	五	二十·八八	九	一六	一八·四一
八千七百	一一	一九	二一·二二	九	二六	一八·七二
八千八百	一一	三三	二一·五六	九	三六	一九·〇三
八千九百	一一	四七	二一·九〇	九	四六	一九·三五
九千碼	一二	一	二二·二五	九	五六	一九·六七
九千一百	一二	一六	二二·六〇	十	七	一九·九九
九千二百	一二	三一	二二·九五	十	一八	二十·三一
九千三百	一二	四六	二三·三〇	十	二九	二十·六四
九千四百	一三	一	二三·六五	十	四〇	二十·九七
九千五百	一三	一六	二四·〇〇	十	五一	二一·三一
九千六百	一三	三一	二四·三五	一一	三	二一·六五
九千七百	一三	四六	二四·七一	一一	一五	二一·九九
九千八百	一四	一	二五·〇七	一一	二七	二二·三三
九千九百	一四	一七	二五·四三	一一	三九	二二·六七
一萬碼	一四	三三	二五·七九	一一	五一	二三· 二
一萬〇一百	一四	四九	二六·一五	一二	四	二三·三七
一萬〇二百	一五	五	二六·五一	一二	一七	二三·七二
一萬〇三百				一二	三〇	二四· 七
一萬〇四百				一二	四三	二四·四二
一萬〇五百				一二	五六	二四·七八
一萬〇六百				一三	九	二五·一四
一萬〇七百				一三	二二	二五·五〇
一萬〇八百				一三	三五	二五·八六
一萬〇九百				一三	四九	二六·二二
一萬一千碼				一四	三	二六·五九

三十生四七六後膛大礮表

八百磅平常開花彈或硬質彈配用單孔黑藥餅二百磅或栗色藥餅三百磅

三十生四七六後膛大礮表

距礮碼數	黑藥餅二百磅 昂表 度	黑藥餅二百磅 昂表 分	黑藥餅二百磅 彈歷 秒	栗藥餅三百磅 昂表 度	栗藥餅三百磅 昂表 分	栗藥餅三百磅 彈歷 秒
一百		三	一七		三	一六
二百		六	三五		五	三二
三百		一〇	五三		七	四八
四百		一四	七二		一〇	六五
五百		一九	九一		一四	八二
六百		二四	一.一〇		一八	九九
七百		二九	一.二九		二三	一.一七
八百		三四	一.四八		二九	一.三五
九百		四〇	一.六七		三五	一.五三
一千碼		四六	一.八六		四一	一.七一
一千一百		五二	二.〇六		四七	一.八九
一千二百		五八	二.二六		五三	二.〇七
一千三百	一	四	二.四六		五九	二.二五
一千四百	一	一〇	二.六六	一	五	二.四三
一千五百	一	一六	二.八六	一	一一	二.六二
一千六百	一	二二	三.〇七	一	一七	二.八一
一千七百	一	二八	三.二八	一	二三	三.〇〇
一千八百	一	三五	三.四九	一	二九	三.一九
一千九百	一	四二	三.七〇	一	三五	三.三八
二千碼	一	四九	三.九一	一	四一	三.五七
二千一百	一	五六	四.一二	一	四七	三.七六
二千二百	二	三	四.三三	一	五三	三.九五
二千三百	二	一〇	四.五四	一	五九	四.一四
二千四百	二	一七	四.七五	二	五	四.三三
二千五百	二	二四	四.九六	二	一一	四.五三
二千六百	二	三一	五.一八	二	一七	四.七三
二千七百	二	三八	五.四〇	二	二三	四.九四
二千八百	二	四五	五.六二	二	二九	五.一五
二千九百	二	五四	五.八五	二	三五	五.三六
三千碼	三	二	六.〇八	二	四二	五.五七
三千一百	三	一〇	六.三一	二	四九	五.七八
三千二百	三	一八	六.五四	二	五六	五.九九
三千三百	三	二六	六.七七	三	三	六.二〇
三千四百	三	三五	七.〇〇	三	九	六.四一
三千五百	三	四四	七.二三	三	一六	六.六二
三千六百	三	五三	七.四七	三	二三	六.八四
三千七百	四	二	七.七一	三	三〇	七.〇六
三千八百	四	一一	七.九五	三	三六	七.二八
三千九百	四	二〇	八.一九	三	四三	七.五〇
四千碼	四	二九	八.四三	三	五〇	七.七二
四千一百	四	三八	八.六八	三	五七	七.九四
四千二百	四	四七	八.九三	四	四	八.一七
四千三百	四	五六	九.一八	四	一一	八.四〇
四千四百	五	五	九.四三	四	一八	八.六三
四千五百	五	一四	九.六八	四	二五	八.八六
四千六百	五	二四	九.九三	四	三二	九.一〇
四千七百	五	三四	十.一八	四	三九	九.三四
四千八百	五	四四	十.四四	四	四六	九.五八
四千九百	五	五四	十.七〇	四	五四	九.八二
五千碼	六	四	十.九六	五	二	十.〇六

三十生四七六後膛大礮表

八百磅平常開花彈或硬質彈配用單孔黑藥餅二百磅或栗色藥餅三百磅

三十生四七六後膛大礮表

距礮碼數	黑藥餅二百磅 昂表 度	黑藥餅二百磅 昂表 分	黑藥餅二百磅 彈歷 秒	栗藥餅三百磅 昂表 度	栗藥餅三百磅 昂表 分	栗藥餅三百磅 彈歷 秒
五千一百	六	一四	一一.二二	五	一〇	十.三〇
五千二百	六	二四	一一.四八	五	一八	十.五四
五千三百	六	三四	一一.七四	五	二六	十.七八
五千四百	六	四五	一二.〇一	五	三四	一一.〇三
五千五百	六	五六	一二.二八	五	四二	一一.二八
五千六百	七	七	一二.五五	五	五〇	一一.五三
五千七百	七	一八	一二.八二	五	五八	一一.七八
五千八百	七	二九	一三.〇九	六	六	一二.〇三
五千九百	七	四〇	一三.三六	六	一四	一二.二九
六千碼	七	五一	一三.六四	六	二三	一二.五五
六千一百	八	二	一三.九二	六	三二	一二.八一
六千二百	八	一三	一四.二〇	六	四一	一三.〇七
六千三百	八	二四	一四.四八	六	五〇	一三.三三
六千四百	八	三五	一四.七六	六	五九	一三.五九
六千五百	八	四六	一五.〇四	七	八	一三.八六
六千六百	八	五七	一五.三二	七	一七	一四.一三
六千七百	九	八	一五.六〇	七	二六	一四.四〇
六千八百	九	一九	一五.八九	七	三五	一四.六七
六千九百	九	三〇	一六.一八	七	四四	一四.九四
七千碼	九	四二	一六.四七	七	五三	一五.二一
七千一百	九	五四	一六.七六	八	三	一五.四九
七千二百	十	六	一七.〇六	八	一三	一五.七七
七千三百	十	一八	一七.三六	八	二三	一六.〇五
七千四百	十	[illegible]	一七.六六	八	三三	一六.三三
七千五百	十	四〇	一七.九六	八	四三	一六.六一
七千六百	十	五二	一八.二六	八	五三	一六.九〇
七千七百	一一	四	一八.五七	九	三	一七.一九
七千八百	一一	一六	一八.八八	九	一三	一七.四八
七千九百	一一	二八	一九.一九	九	二四	一七.七七
八千碼	一一	四〇	一九.五〇	九	三五	一八.〇六
八千一百	一一	五二	一九.八一	九	四六	一八.三五
八千二百	一二	四	二十.一二	九	五七	一八.六四
八千三百	一二	一六	二十.四四	十	九	一八.九三
八千四百	一二	二八	二十.七六	十	二一	一九.二三
八千五百	一二	四〇	二一.〇八	十	三三	一九.五三
八千六百	一二	五二	二一.四〇	十	四五	一九.八四
八千七百	一三	五	二一.七三	十	五七	二十.一五
八千八百	一三	一八	二二.〇六	一一	九	二十.四六
八千九百	一三	三一	二二.三九	一一	二一	二十.七七
九千碼	一三	四四	二二.七二	一一	三三	二一.〇八
九千一百	一三	五七	二三.〇五	一一	四五	二一.三九
九千二百	一四	一〇	二三.三九	一一	五八	二一.七〇
九千三百	一四	二三	二三.七三	一二	一一	二二.〇一
九千四百	一四	三六	二四.〇七	一二	二四	二二.三二
九千五百	一四	四九	二四.四二	一二	三七	二二.六三
九千六百	一五	二	二四.七七	一二	五〇	二二.九四
九千七百	一五	一五	二五.一三	一三	三	二三.二五
九千八百	一五	二九	二五.四九	一三	一六	二三.五七
九千九百	一五	四三	二五.八五	一三	二九	二三.八九
一萬碼	一五	五七	二六.二二	一三	四二	二四.二一

續表

現造五種快礮暨歷年鑄造各種大礮述略

四生七口徑過山快礮，即三磅子快礮，身長三英尺一寸，來復綫十八條，綫長二尺五寸三分，寬二分二釐，深一釐半，裝膛徑二寸一分，長六寸一分。礮前外徑二寸半，礮後外徑四寸半，身重七十八磅，輪架重一百七十磅，彈子重三磅，配足本局功字號小礮黑藥四兩半，或無煙藥一兩七錢。平時練準應用小礮黑藥三兩六錢，或無煙藥一兩三錢六分。命中三千碼，及遠六中里。

五生七口徑船臺快礮，即六磅子快礮，身長九英尺四寸半，來復綫二十四條，綫長七尺九寸，寬二分，深二釐。裝膛徑二寸七分，長十二寸六分。礮前外徑三寸半，礮後外徑八寸半，身重一千二百八十磅，架重一千一百五十一磅半，彈子重六磅，配足三號小礮黑藥二十二兩，或無煙藥六兩。平時練準應用小礮黑藥十七兩六錢，或無煙藥四兩八錢。命中八千碼，及遠五英里。

七生六口徑過山快礮，即十二磅子快礮，身長四英尺四寸，來復綫二十四條，綫長三十九寸二分，寬二分，深二釐，裝膛徑三寸一分，長五寸六分。礮前外徑四寸六分，礮後外徑七寸，身重二百六十七磅，輪架重二百八十磅，彈子重十二磅。配足功字小礮藥十兩五錢，或無煙藥五兩。平時練準應用小礮藥八兩四錢或無煙藥四兩。命中四千三百碼，及遠四英里。

十二生口徑船臺快礮，即四十磅子快礮，身長十六英尺四寸，來復綫二十二條，綫長十四尺零四分，寬五分，深二釐，裝膛徑五寸四分半，長一尺六寸。礮前外徑七寸六分，礮後外徑十五寸，身重二噸七百二十八磅，架重二噸半，彈子重四十磅。配足石子藥十二磅，或無煙藥四磅半。平時練準應用石子藥十磅，或無煙藥四磅。命中七千二百密達，及遠六英里。

謹案，十五生口徑船臺快礮一種，詳著於首篇礮説內，故此未敘列。又案四生七、五生七、七生六三種快礮，前均經量出尺寸，以備立説。嗣聞各種小礮尚需改良，仿造新式，因未列入首篇礮説內，而略具梗概於此。至十二生船臺快礮，造法用法全與十五生礮相髣髴，祇零件略減損耳，故亦不贅。

十四生九二口徑大礮，即八十磅子大礮，身長十四尺三寸，來復綫二十五條，綫長十一尺十之五，寬四分，深四釐，裝膛徑六寸七分五釐，長二尺五寸。礮前外徑十一寸，礮後外徑二十三寸，身重四噸半又六十磅，彈子重八十磅。配足栗色藥餅三十五磅，或二號石子藥二十五磅。平時練準應用栗色藥餅二十八磅，或二號石子藥二十磅。及遠七千五百碼。

二十生三一七口徑大礮，即一百八十磅子短式大礮，身長十四尺一寸七分，來復綫三十三條，綫長九尺五寸二分，寬四分，深四釐，裝膛徑八寸半，長三尺五寸半。礮前外徑一尺二寸六分，礮後外徑二尺六寸半，礮身重八噸半，彈子重一百八十磅。配足栗色藥餅六十磅，或單孔黑藥餅五十磅。平時練準應用栗色藥餅四十八磅，或單孔黑藥餅四十磅。及遠七千碼。

二十生三一七口徑大礮，即一百八十磅子中式大礮，身長十七尺十寸，來復綫三十三條，綫長十四尺半寸，寬四分，深四釐，裝膛徑十寸半，長三尺五寸半。礮前外徑一尺五寸半，礮後外徑二尺九寸，身重十四噸又八十磅，彈子實重二百十磅。配足栗色藥餅九十磅，或單孔黑藥餅六十五磅。平時練準應用栗色藥餅七十二磅，或單孔黑藥餅五十二磅。及遠七千七百碼。二十生三一十七口徑大礮，即一百八十磅子長式大礮，身長二十三尺四寸，來復綫三十三條，綫長十八尺六寸，寬四分，深四釐，裝膛徑十寸半，長三尺七寸。礮前外徑一尺三寸，礮後外徑二尺八寸，身重十七噸半，彈子實重二百十磅。配足栗色藥餅一百十磅，或單孔黑藥餅七十五磅。平時練準應用栗色藥餅八十八磅，或單孔黑藥餅六十磅。及遠八千四百碼。

二十三生口徑大礮，即二百五十磅子短式大礮，身長十六尺三寸六分，來復綫三十六條，綫長十一尺三寸，寬四分，深四釐，裝膛徑十二寸，長三尺九寸。礮前外徑一尺七寸，礮後外徑三尺一寸，身重十九噸又四百五十磅，彈子重二百五十磅。配足栗色藥餅一百磅，或單孔黑藥餅九十磅。平時練準應用栗色藥餅八十磅，或單孔黑藥餅七十二磅。及遠七千二百碼。

二十三生口徑大礮，即二百五十磅子中式大礮，身長二十一尺，來復綫三十六條，綫長十五尺五寸二分半，寬四分，深四釐，裝膛徑十二寸，長四尺三寸。礮前外徑一尺八寸，礮後外徑三尺一寸，身重二十一噸半，彈子實重三百磅。配足栗色藥餅一百六十五磅，或單孔黑藥餅一百二十磅。平時練準應用栗色藥餅一百三十二磅，或單孔黑藥餅九十六磅。及遠八千碼。

二十三生口徑大礮，即二百五十磅子長式大礮，身長二十六尺三寸，來復綫三十六條，綫長二十尺二寸三分，寬四分，深四釐，裝膛徑十二寸，長四尺六寸七分。礮前外徑一尺八寸，礮後外徑三尺一寸，身重二十五噸，彈子實重三百磅。配足栗色藥餅二百磅，或單孔黑藥餅一百五十磅。平時練準應用栗色藥餅一百六十磅，或用單孔黑藥餅一百二十磅。及遠一萬一千碼。

二十三生半口徑大礮，即三百八十磅子大礮，身長二十六尺十寸，來復綫三十六條，綫長二十尺寬四分半，深五釐，裝膛徑十二寸半，長五尺。礮前外徑一尺五寸，礮後外徑三尺一寸，身重二十五噸又五百六十磅，硬質子重三百八十磅。配足栗色藥餅二百二十磅，開花子重三百二十磅。配足栗色藥餅一百六十五磅。平時練準，硬質子應用栗色藥餅一百七十六磅，開花子應用栗色藥餅一百三十二磅。及遠一萬一千碼。

三十生四七六口徑大礮，即八百磅子大礮，身長三十五尺，來復綫三十六條，綫長二十七尺六寸，寬六分，深六釐，裝膛徑十五寸，長五尺六寸。礮前外徑二尺，礮後外徑四尺一寸，身重五十噸，彈子重八百磅，配足栗色藥餅三百磅，或單孔黑藥餅二百磅。平時練準應用栗色藥餅二百四十磅，或單孔黑藥餅一百六十磅。及遠一萬碼。

用礮要法

一，審察礮體。查大小後膛礮皆用純鋼製造，內管外箍包束而成。管外鋼箍最後之處，大礮則有礮門螺絲，小礮則有礮門閂子，均爲裝進子藥時開關所需。而礮門內又有鋼鑚針，使之擊火或拉火，或另用電機發火以然藥。礮門之旁插有表尺，礮耳之上豎有眇頭，同一直綫即爲眇準之要器，不宜偏倚阻滯。所有大小零件礮架器具，均須時時擦抹，勿積塵垢，略加油膩以滋潤之，施放之後，來復綫膛藥煤急須用肥皂水加意洗滌。稍有渣滓於其間，則極易發鏽，逐漸增積，放礮之時亦能因此損傷內管，或致轟裂。各礮以配足藥數爲限，使彈子有攻堅致遠之功。如用藥過限外，恐致礮管受傷，臨時不能再放，貽誤非淺。故平時練準，不妨減藥二成，如四生七口徑礮，配足無煙藥一兩七錢半，練準時儘可照限八折。其餘各礮均可類推。近聞歐軍以操演大礮，每放子藥一出，計需銀自數十兩至數百兩不等，糜費甚鉅，於是定一省藥之法，每尊大礮另造一小礮管或槍管，納入大礮膛內，以爲操礮放響之用。不第子藥省費，更可省礮內體之磨擦云。至於礮表所限擊遠若干碼數，或若干密達數，係就礮之大小用藥之多寡，使彈子至此有準而言，若用盡表度，彈子往前無物阻當，尚不止所限之數也。

一，慎重子藥。查開花彈係生鐵鑄成，體長而薄，心空而脆，用時入滿小粒炸藥，以炸開塊數多者爲佳。彈體內外不可有鏽，免炸藥入時與之磨動發火甚險。銅引火，亦名碰火，大礮每安於彈頂，快礮多安於彈底。安引火之門，不拘在彈之上下，均宜潔净，旋安緊密，免致藥火透入，先在礮膛內炸開，損傷來復綫，是爲最要。實心彈亦係生鐵鑄成，爲平時練準擊靶之用。硬質彈頂尖體厚，堅韌如鋼，心內亦入炸藥，專擊硬物，復能炸開傷人。更有一種羣子彈，以鐵皮作罐，貯小鉛丸百有餘顆，一出礮口，橫掃無餘，最爲利器。礮藥各有不同，如放小礮，應用小礮藥。大礮擊靶，應用栗色藥餅，或單孔黑藥餅。若無藥餅時，則用試準藥力之石子藥，惟須視礮之大小，分別頭二三號藥相配取用，以法蘭絨或粗棉綢裹之。快礮用無煙藥，或條或塊，亦視礮之大小，斟酌配用。另以細粒黑藥錢許，用薄布包裹，先置底下，以爲引燃。大礮亦於近底一層置七孔黑藥餅六七枚接引然火，再於銅殼之底安一擊火或電火燃放。凡藥務要稱量極準，切勿過於礮表限數之外。若未經如法製造之黑色上藥，萬不可用。前閩省有二十八生的後膛大礮，初次施放而轟炸，想係用藥過於限數，或誤用不合式之土藥所致。可知子藥所以利用而危險即伏於其中，不可不加意慎重也。平日收存子彈，須豎置架上，不宜層疊平置，方免壓壞銅箍，不堪應用。而庫藏之處亦須乾爽通風，否則彈必沾潮發鏽，藥必變性減力，此又不可不知。

一，檢查礮表。查各項礮表均爲子彈擊物所用，若能嫻熟，既知物距礮之遠近，檢得礮表應用之度分，如數升起表尺，眇準即放，不至躭延時刻，實放礮定準之捷法也。按表內之距礮碼數昂表度分、彈歷秒數，均從華文體例，自右而左，橫推直看，即可檢查其中數目。設有物距礮二千四百碼，以七生六口徑礮之子彈擊之，應檢距礮行內二千四百碼相對隔行之昂表度分爲十·五一，當用表尺十度五十一分。若物距礮三千五百密達，以十二生口徑礮之子彈擊之，配用石子藥十二磅，應檢三千五百密達與藥十二磅行內相對之昂表度分爲五·二〇，即用表尺五度二十分。若用柯達無煙藥四磅半，則檢三千五百密達與無煙藥行內相對之昂表度分爲四·五，即用表尺四度零五分。其餘各礮皆倣此法檢表查看距數，昂表便能合式。其彈歷秒即彈行所歷之時候秒數也，每碼合三英尺，每密達合三十九英寸又百分寸之三十七，每度作六十分，每秒作一百分，每磅合中砝十二兩，每噸二千二百四十磅，合中砝一千六百八十觔。七生六口徑礮之表尺旁註洋字一至二十，即自一度至二十度之數目字，每度有六綫，每綫十分，共六十分，爲一度。十二生口徑礮之表尺左旁註度數一至十五，即自一度至十五度，每度分數同上。右旁註密達數五百至七千六百，即自五百密達至七千六百密達之數。尺巔之橫表以中〇之綫爲正，左右各二度。如子彈擊物偏差過多，即旋兩端之小輪，畧改移橫表之向，以俟子彈正行無所偏倚而擊及其物也。四生七口徑快礮之始速率一秒時彈

行八百三十九尺，五生七口徑快礮之始速率一秒時彈行二千一百五十尺，七生六口徑快礮之始速率一秒時彈行八百五十三尺，十二生口徑快礮之始速率一秒時彈行二千零八十尺，十五生口徑快礮之始速率一秒時彈行二千二百尺。

雜記四則

漲力　漲力者，火藥所化之氣之力，開放礮時所利用者也。漲力大則推力大，速力亦大。然此力增長過快，恐子彈不能得藥之全力，且或於礮體有損，亦用藥時不能不審酌者也。今日礮管加長，子彈加重，故藥餅遂有七孔、一孔之分，黑藥、栗藥之別，皆取其燃燒少慢以逐漸增加漲力也。至進而用無煙繩藥，則益臻美善矣。漲力既足，壓子彈循來復綫宛轉而前，則爲推力。子彈出口，按中心綫飛行，如箭鏃之赴的，則爲速力。以至坐力、退力、震動力，莫不由漲力所生也。量漲力器具有二，一羅德曼，一銅柱。

退力　夫礮之不能無退力也，鑄礮者所無如何也。各種臺礮類用退力蜜筩以抵制此力，至陸路過山小礮，取其靈便，不復加用此筩，一經施放，遂有連礮架退二三密達者矣。西人病之，或製鏟板輪鈎，或用三角坡墊，其法不一。即本局廠員，亦曾有用鋼夾箝住兩輪之議。可見講求此事，中外皆同。然至今日，東西各廠大都皆用蜜筩矣。

量礮機器　外洋各廠莫不有量礮機器。前德人哈卜門，查勘廠中亦以爲言。今舉西廠所用此項各機器名目列下：曰回光鏡，曰蓿燈，所以照礮管也；曰礮管準，曰量徑尺，曰星表，曰準桿，曰鋼劈，所以量管周、膛徑大小長短以及微差也；曰礮耳環，曰礮耳尺，曰礮耳準，曰礮耳桿，所以量礮耳周徑及耳軸綫與礮軸綫成直角否也；曰準板，所以量礮體外形各段尺寸也；曰量門，眼桿上嵌輭粉，所以量門眼恰在好處否也；曰量臺尺，量表尺等臺。曰量礮口二器，曰義規，量外徑用。曰門眼準，曰鋼絲鈎，所以量門眼之周也；曰半規尺，所以量門眼之斜度也；曰洗桿，曰量彈圈，曰壓水綫，此試礮時水器。曰探爬，上綴六齒，所以爬試礮管中缺損也；曰礮準尺，此量礮之器。曰彈準尺，此量彈之器。曰印子，曰大小徑規，曰方矩。皆量礮時所用，共二十八件。

阿姆斯脱郎　按，英國最著礮廠有二，一麥克信，即馬克新。一阿姆斯脱郎。麥克信善鑄小礮者也，其五生七、三生七行軍水師各礮，每分鐘自二十餘響至三十餘響，固爲靈巧無匹，若所造小口輕機以及雙管、三管、四管、五管各種自放礮，每分鐘放至六百，出尤爲飛行絶迹，駕格林諸小礮而上之矣。阿姆斯脱郎則以精製大礮著，其礮之最巨者，能容藥至二百磅，裝一噸半至兩噸重之彈，其魄力雄厚如此。故昔人評伊廠之礮曰，碩大無朋，可以得其梗概矣。

又　工程

十五生船臺快礮工程表

名目	車工	打磨工	鉗工	鑲工	裝配工	拔來復綫工	統計
礮身	一百二十六工	一百五十五工			五十工	十工	三百四十一工
鋼管	車內外徑八十二工						八十二工
第一箍	十九工		一工				二十工
第二箍	十九工		一工				二十工
第三箍	二十二工		一工				二十三工
第四箍	十七工		一工				十八工
第五箍	二十八工		一工				二十九工
第六箍	二十六工		一工				二十七工
第七箍	四十工		二工				四十二工
礮尾退力箍	三十三工		七十二工				一百五工
後膛螺絲耙塞	二十工		六十四工				八十四工
螺絲礮塞銷	二工半			一工十件			二工五點
礮塞保險簧	一工		四工				五工
礮尾鋼鉸鏈	十五工		四十八工				六十三工
鋼鉸鏈螺絲	一工四點半						一工四點半
鉸鏈銷子	二工半		三工	一工五件			五工五點
開關掩板	六工		十二工	二工			二十工
開關鋼套	半工		二工				二工半
開關鋼套心	一工		半工	一工五件			一工六點

續表

開關拖梗	四工半		八工	二工			十四工半
開關拖梗銷	一工		半工	一工十五件			一工四點
開關拖梗銷	一工		半工	一工五件			一工四點半
拖梗銷盖	一工半						一工半
拖梗銷盖彈簧	一工		半工				一工半
拖梗銷盖心	一工		半工	一工十五件			一工四點半
門柄	十一工		十二工	二工			二十五工
門柄螺絲母	半工		三工	一工八件			四工五點
門柄螺絲梗	二工			一工十五件			二工一點
螺絲梗銷	半工			一工十二件			五點半
過電護手工	一工半		十三工				十四工半
護手弓鋼架	半工		二工				二工半
護手弓內黑象皮	一工		三工				四工
黑象皮鋼托			四工				四工
護手弓內鋼簧			一工				一工
鋼簧象皮							一工
過電火鋼機			三工半	一工三件			三工六點
電箱木托							一工
電箱鋼托板							六工
過電鋼座	一工		三工				四工
過電銅銷大小各一件	一工半		八工				九工半
過電鐵銷二件	一工半		二工				三工半

續表

電綫夾	一工三件		十工	一工			十一工三點
電綫夾螺絲	一工四件						二點
電綫夾銷	一工十件		一工四件				三點
電火鋼蓋	一工四件		半工				六點
搭電鋼機							五工
打火針							三工半
打火針外套	七工半		八工	一工二件			十六工
打火針象皮套							二工
打火針鋼套							二工半
打火針鋼簧							二工半
打火針盖頭	二工半		八工	一工十五件			十工四點半
盖簧套							四工
拉火保險銷							十四工
打火針皮墊							一工
母螺絲二隻							二工
又母螺絲一隻							一工
羊眼一隻							一工
鋼拉手一筒							一工
進彈殼鋼托	一工半		十工				十一工半
鋼托螺絲	一工三件		一工六件				四點半
鋼托尾螺絲	一工半		一工				二工半
鋼托尾銷	二工			一工十件			二工一點

續表

撥銅殼心子刮頭	五工		六工	一工			十二工
撥銅殼橫心	二工半		三工	二工			七工半
撥銅殼橫心銷	半工		一工	一工十件			一工五點
撥銅殼橫心彈簧							三工
撥銅殼橫心蓋	四工		三工	二工			九工
撥銅殼橫心羊眼	一工六件		二工				二工半
撥銅殼心蓋螺絲二件	一工半		一工	一工十件			二工六點
退力箭	六十八工		八十五工				一百五十三工
內彈簧二件							均購自外洋
外彈簧二件							
彈簧蓋頭	十六工		十工	七工			三十三工
撥銅殼心	六工		三工	一工二件			九工半
彈簧銅筒							十六工
銅筒塞子	六工			四工			十工
彈簧銅尖							一工半
壓彈簧螺絲心	七工		二工	一工二件			九工半
彈簧外蓋	三工半		四工	一工			八工半
彈簧蓋外螺絲	一工		一工	一工八件			二工一點半
保險圈							三工
拉砲尾螺絲二件	五工		一工	一工二件		一	六工半
銅油箱	一工半		四工				五工半
油箱銅蓋	二工		一工				三工

續表

油缸	四十工		一工				四十一工
螺絲鋼心	十七工		十工	十二工			三十九工
銅心	二工		二工				四工
銅銷							七工半
螺絲蓋	十六工		二工	二工			二十工
蓋前銅螺絲	二工		二工				四工
蓋後銅螺絲	一工半		二工				三工半
螺絲蓋銅內圈							一工
螺絲母	五工半		六工	二工			十三工半
伸縮螺絲圈	二工半			一工			三工半
伸縮螺絲銅							一工一點
加油銅螺絲六件							二工
加油螺絲							一工五點
放油螺絲	一工		半工	一工十件			二工
螺絲銅四筒	二工半		半工	一工十件			三工一點
制油缸銅銷螺絲	一工		一工	一工十件			二工一點
退力箭吊鈎							一工
吊鈎心子	二工		四工	一工二件			六工半
吊鈎橫心銷子	二工			一工十件			二工一點
橫心開口銷							購於外洋
退力箭銅檔三件							十四工
加油銅管							二工

續表

托加油管鐵架			二工	一工四件			二工二點
油箱銅蓋螺絲三十六件	一工五件		一工四件				十六工
銅油盅三件							七工半
左表尺鋼架	六工		五十工				五十六工
右表尺鋼架	六工		五十工				五十六工
左表尺螺絲二件	二工半		一工	一工十件			三工五點
右表尺鐵螺絲二件							半工
前表尺內鋼鐵件二十件	八工		四十工	一工			四十九工
後表尺	六工		十四工				二十工
表尺銅套管	四工		七工				十一工
銅準頭	三工半		六工				九工半
表尺內鋼簧			二工				二工
表尺螺絲及高低螺絲帽	一工半		一工	一工五件			三工半
高低鋼搖輪	五工半		二工				七工半
高低輪桿鋼銷子			二工	一工十件			二工一點
高低角尺鋼齒輪螺絲帽	一工四件			一工十件			三點
高低角尺齒輪鋼鋼各一件	七工半		十三工	二工			二十二工半
高低鋼齒輪	六工		十二工				十八工
高低月牙寬緊鋼齒輪	十二工		四工				十六工
高低寬緊鋼板五塊	十五工		三十工				四十五工
高低寬緊鋼板五塊	七工半		四十工				四十七工半
高低齒輪心	六工		八工	二工			十六工

續表

高低齒輪心套	四工		二工	一點半			六工一點半
高低齒輪心外套	一工		二工	一點半			三工一點半
高低搖桿鋼油盅	一工		一工				二工
高低齒輪板	三工		三十七工	三工			四十三工
分度鋼板							二工
高低左右螺絲各一件							十五工一點
左右鋼搖輪	五工半		六工				十一工半
左右角尺鋼齒甲輪	一工半		二工				三工半
左右角尺鋼齒乙輪							十工
左右角尺鋼齒輪心	十工		十工	二工			二十二工
左右銷子			半工	一工八件			五點
迴轉鋼齒輪	三十六工		十二工				四十八工
左右寬緊鋼板五塊	四工一件		八工一件				六十工
左右寬緊鋼板五塊	二工一件		十工一件				六十工
迴轉鋼輪鋼心	八工半		五工	五工			十八工半
迴轉鋼輪鋼心螺絲	二工		一工	一工十件			三工一點
左右齒輪鋼桿	七工		五工	二工			十四工
迴轉搖桿鋼架	五工半		五工				十工半
齒輪鋼臬	十工		十八工				二十八工
齒輪鋼導螺絲十三件	十二工六點		三工二點	一工三點			十七工三點
鎗身鋼	二工半		三工				五工半
掟身象皮							二工半

續表

靠身左右鋼銷各一根							半工
磨盤鋼阜	三十八工		二十工				五十八工
磨盤鋼座	二十六工		十二工				三十八工
磨盤底座	八工		十工				十八工
脚輪鋼心二十四箇	八工		七工	一工十件			十七工半
脚輪鋼圈	十工半		二十四工	十二工			四十六工半
脚輪四十四箇、	一工六件			一工六件			十五工
脚輪螺絲母二十四箇							五工
礮架左墻	四工		五十八工				六十二工
礮架右墻	六工		五十二工				五十八工
左右墻螺絲二十件	一工二件		一工一件	一工十件			三十二工
內遮板			九十五工	十工			一百五工
外遮板							三百十一工
內遮板護鋼							二十工
外遮板蓋							六十工
內遮板鈎二件	一工半		二工	二工			五工半
吊砲遮板鈎二件	一工		一工半一件	二工			六工
遮板蓋螺絲二十六件	一工三件		一工六件	一工十件			十五工半
遮板左右螺絲十八件	一工二件		一工六件				十二工
磨盤螺絲二十四箇	一工二件		一工一件	一工五件			四十一工
內鈎板	十四工			五工			十九工
外鈎板	十工			五工			十五工

續表

鈎板螺絲十五件	一工三件		一工二件	一工十件			十四工
礮架銷子	一工半		一工	一工六件			二工五點半
砲架關口銷四件	一工二件		一工二件	一工五件			五工
礮口塞							五工
裝礮火箱							二工半
洗把送子棍二件							十三工
螺絲起子十四件							七十一工
螺絲扳子八件							四十三工
螺絲絞手二件							三工
出銅売拉手							七工

十五生快礮工程次第，並分別上中次三等工作攷略按，十二生快礮與此相同。

查造十五生快礮鋼管、鋼箍，各料到齊，照圖樣尺寸點明，先將各箍內徑車成，毫釐不得草率。次車外徑必留大二三分，以備再有車配地步。是項工作係用二等工人。至於鋼管，必先上車床較正其頭尾中三段，倘曲直無幾，均能合用，將三段約略車平，尋裝上鑽內膛機器，鑽第一次，是謂粗坯。鑽畢，仍過原處車床，照圖樣分段應先用何項箍，將其內膛尺寸細心量準，依法車配。此係套上內箍之舉動。車事工竣，即裝下套礮缸處。箍已烘熱，即分段套上。俟其礮身無熱，仍起上過原處車床，又照圖分段取所用之箍量準車配，照前裝下套礮處，分套外箍。此數事告竣，該礮之根基立矣。以上工作，非上等者不能爲之。且車是礮外徑礮尾螺絲並火藥膛位，拔來復綫及刨礮尾螺絲分數，又車配是礮螺塞及銅鉸鏈，以上數種，均係上等工作。鉗工鎈配螺絲塞各件，一律裝成，全套合式，開闔靈便，能適於用，此項工作亦非上等者不克勝任。是礮工竣，外徑仍要打磨光潔，略無疵病，此則用三等工匠爲之可也。隨是礮所用之大小件，無論車、刨、鑽及鎈，配用上等作者十居其六，二等者十居其三，三等者十居其一。再礮架所用各件，務照圖樣先行一律劃綫，分別車、刨、鑽三項工程。其中最宜細

意攷究者，乃退力篇也。礟架各件專用鋼銅兩種，其工程則上等作者十居其五，二等者十居其三，三等者十居其二。裝配是架全副合式，造架之人亦係上等工匠，至二等工匠，祇打磨一切，照圖鎈配成件而已。至於拔鑽眼位，或鉸螺絲，或鏨鎈架邊等處之工作，則不必定須上、中等工匠矣。

又 卷九《火藥銅引子彈略》 攷驗

造黑藥法

製造黑藥工作次序：一配料分兩。每造黑藥百磅，用浄硝七十五磅，浄磺十磅，柳炭十五磅。多則照加，少則照減。二項舂極細粉，次將三項拌和勻稱，三用麵水合碾以和藥性兼防暴炸，四將藥團敲碎，五用銅板間隔壓成藥塊，六將藥塊斫碎，七將碎藥篩分大小顆粒，八用木筒光藥，九將藥内水汽烘乾，十將藥末篩去，十一每藥百磅用鉛粉六七錢以光藥面，而藥以成。此造黑藥工作次序，槍礟藥造法略同，所分者，碾工多少，顆粒巨細而已。

凡藥，碾工多則力猛，其性速。碾工少則力減，其性緩。槍藥發火宜速，每料碾工以六點鐘爲度。礟藥發火宜緩，每料碾工以四點鐘爲度。然碾若有重輕，則碾工亦須增減。倘碾重，可少碾；碾輕，可多碾。總以粗細合宜爲度。

藥粒細則發火速而力猛，藥粒粗則發火遲而力緩。槍藥宜細，取其靈速。礟藥宜粗，取其和緩。槍藥少，故速而無礙。礟藥多，速恐炸裂。

製柳炭法

炭以柳柴煏成爲最佳，他木質粗，紋理縱横，柳木質細而輕，性亦較直，且易燃火。枝條不宜過細，細則嫩，著火即成白灰。亦不宜過粗，粗則老，恐内生而外熟。取二三寸徑，節少心實，皮青幹直者，極爲合用。採辦務在冬間，枝葉盡落，菁華内斂，氣力較足。須趁濕削去粗皮，不可浸水，防有鹹氣侵入，性即滯澀，因易回潤。燒時每爐約裝柳柴五百餘磅，計燒二十點鐘久，即可鍛蒸成炭。初燒時，柳汁從銕桶管内流出如黑漆，徐出黄烟化爲紅火，迨變青色藍烟，烟從管出化爲微火灰色，將管堵塞，冷一二日，取置爛篛，俟熱氣已盡，用布袋裝好，庋置屋内燥處，以便取用。

每拌黑藥一料，計硝粉四十六磅，磺粉五磅，柳炭粉八磅，按此與前開分量略有參差，蓋黑藥一項，外洋行之最早各國造法，不外硝、磺、炭三項，而分量則均不同，要皆因地因時，各盡其長。

造栗藥法

煏紫炭房，先用二三寸徑柳柴蒸去漿質，蒸至二十四點鐘之久，取出削去柳皮烘乾，用鐵桶每隻裝柳柴一百二十磅，放入煏紫炭爐内，煏十二點鐘或多至十四點鐘之久，暑天以熱氣表九十度爲止，寒天以熱氣表一百二十度爲止。每五分鐘時將鐵桶摇一轉，火力均勻，炭油成醬色，將桶出爐，用泥封密，冷透取出，成紫色炭，送入軋炭房。

軋炭房，用機器軋碎，磨成炭粉，篩浄，裝入鐵桶内，用銅圓球三百八十磅滚細成炭粉料。

簁篩硝磺房，每藥一料用硝八十九磅半，烘乾水汽。磺四磅半，拼入鐵桶内，計重九十四磅半。用機盤一具，銅圓球四百二十磅，合二料一滚共重一百八十八磅，滚至三點鐘之久，均勻篩出，成硝、磺粉料。

拌藥房，每料硝、磺粉九十四磅，用炭粉十八磅，計重一百十二磅，合二料一拌共重二百二十四磅，裝入拌藥桶内，用圓木球二百四十磅，拌三四點鐘，成拌藥料，送入碾藥房。

碾藥房，用拌藥二料一碾計重一百二十四磅，加汽水三磅九兩，陸續加勻碾四點鐘取出。以一小塊送至試藥房，試至水汽成數零二八，方能合用，送入軋頭次藥房，軋至粗細均勻，送壓藥板房。

壓藥板房壓成板式，其壓力以冷氣表爲據。暑天七十度至一百五十度，寒天一百二十度至一百八十度。然後將一小塊送入軋藥房，軋成如米粒大，再送至試藥房。試藥板壓力成數一七三四，方可出藥，送入軋藥房。

軋藥房將藥板軋碎，成小粒如米大，篩浄末藥粗細均勻，裝入木桶内送研藥房。

研藥房將軋碎之藥裝木桶内，滚二十分鐘。碎藥滚去稜角，篩浄末藥，粗細均勻，送入壓六角藥房。

壓六角藥房壓成藥餅，先送至試藥房，試藥餅壓力成數有一八三四，方可造藥。造成六角藥餅，每餅厚一寸，大一寸三分，重一兩二錢二分，送烘藥房。

烘藥房，熱度用德國天氣表六十度，烘十三四天，或至三禮拜。將熱氣烘乾，再送試藥房，試得水氣零二五，方可出藥，送裝藥房。

裝藥房裝洋鐵箱，每箱裝藥一百五顆，計重十磅。洋鐵箱口用泥利土膠水封固，外加木箱。每箱裝洋鐵箱六個，共六百三十個，計重六十磅。

栗藥性質

栗色藥須攷究燒炭碾功、壓功鬆緊、水氣較准，方能合用。按硝性堅而直，磺性炸而橫，硝性直則能致遠，故用硝宜多；磺性橫則易炸，礮即受傷，故用磺宜少。磺少則炸緩，可隨硝及遠以攻堅。有用炭以發其火，使硝、磺不至滯澀而難出。其合拌尤須勻和。磺質沈重，硝次之，炭之質極輕浮，三項最難勻合，必使拌和碾勻，壓軋成餅，庶能各盡其長。且鬆則漲力過大，緊則出力太微，或鬆緊亦須合宜也。

造無烟藥法

造無烟藥須先造棉花藥。以生棉紗揀淨筋條，用熱汽水洗淨。每桶用生棉紗一百二十磅，和納養炭養二即西國鹼名。各六磅或七磅，裝入熱汽水桶內蒸洗二十四點鐘，換水八次，即可洗淨。然後送撕棉紗房，取出烘乾。如棉紗潔淨，鹼粉可少用，棉紗污穢，鹼粉可多用。

撕棉紗房用撕棉絲機器拉鬆二次，送入烘棉料房。

烘棉料房烘乾透，取出成棉料，送入爛棉藥房。

爛棉藥房用硝强水一百磅，浮量表重一千四百四十度，用磺强水三百磅，浮量表重一千八百五十度，將硝磺强水拼合，陸續放入爛箱內。每箱用硝磺强水八十五磅左右，每次用棉花料八磅，或少用六磅亦可。浸入强水内約三十分鐘，强水即可吸透爛箱内熱度。如寒暑表七十度，藥水三十度，最爲合宜。爛棉藥看天寒用熱汽水蒸高度數天，暑用冷水壓下爛透，後用縮氣揭，上强水取出，用摇篩器具濾淨强水，取出用清水浸十四點鐘，換水數次，取出復用熱汽水桶和納養炭養二各五磅，蒸洗二十四點鐘，換水八次，取出篩乾，送入磨棉藥房。

磨棉藥房將爛過棉藥用機器拌水磨勻。每缸計重一百二十磅，磨二十四點鐘，棉藥磨研成醬，放於漂藥房。

漂藥房用機器拌清水漂淨，用自來水陸續噴勻，齷齪水漏下，漂二十八點鐘，棉藥即可漂淨。用試藥紙試過，取出裝入洋布袋内，用摇篩器具篩乾水漬，取出，用銅絲篩篩過，裝入棉蓬布木盤，送烘棉藥房。

烘棉藥房熱度用德國天氣表四十八度，約烘九十四點鐘，取出即成棉花藥料，送入拌藥房。

拌藥房用機器桶，每桶合棉花藥四十磅爲一料，槍、礮藥二項祇分藥片條粒大小，拌法則同。其應用各料列後：

棉花藥四十分，酒酯三十分，以脱三十分，阿西多尼三分，松香五分，樟腦十分，克司得油五分，白蠟二分。

拌至三點鐘之久，取出送入軋藥房。

軋藥房，將拌成之藥用頭次輥子軋成藥胚，連軋六次，換二次輥子。連軋四次，軋成薄片。無烟槍藥軋至二十三絲，藥因薄發火燥猛。無烟礮藥軋至四十五絲，藥因厚發火鬆慢。槍、礮藥略有分别。軋成，送入切藥房。

裁剪藥房，將軋成薄片之藥用機器裁剪，礮藥大小條塊，槍藥裁小方塊。剪好，用機器篩淨藥頭、藥末，裝入木桶，送入烘藥房。烘藥房，熱度寒暑表用一百十五度，將裁剪之藥放入盤中，關好汽櫃門。槍藥烘至二十六點鐘，礮藥烘至四十四點鐘之譜，取出，送入光藥房。

光藥房，用木桶器具將烘好之藥裝入木桶内，每桶槍藥一百二十磅，用黑鉛粉二兩，白蠟一兩五錢，光至十四點鐘之久，成上色無烟槍藥，送入裝藥房内裝成。

以上係大略情形。如爛棉紗以及拌藥、烘藥等事，須視天氣之寒暖陰晴，藥水之輕重度數，照法推算，隨時更變，並無定數。總之，無烟藥本自化學，其精微奥妙由化而得，若稍勉强，即不得法。須在一心運用，有難於言語形容者。按無烟藥廠創於光緒二十一年，初由德國聘來洋匠沙理温開辦，經年未著成效。據沙理温謂中國天氣異於外洋，與造此藥不相宜。嗣沙理温辭去，本廠各員照法細心推求，於水汽熱度、壓力均變通合法，而此藥始成。所造礮藥原係片條，上年又復仿照德國新式改造一孔圓式大小條藥，因礮配用，求其速率、漲力均能合度。此藥快槍快礮用之無烟無滓，施放靈捷，且力量甚猛，能收命中致遠之效也。

取水法

無烟藥最忌汙濁，取用之水宜格外清潔。本廠之水來自潮落，必先澄清方可取用。靠廠近港開小池二口，寬六丈，長六丈，深二丈。又井一口，圓徑一丈二尺，深二丈，四圍打樁，砌磚，底鋪黄沙並雜以碎焦炭，取其能收水中之泥汙鹹性。由港中放入第一池，留三晝夜，再放入第二池，由第二池放入井中。似此節節(陶)[淘]汰，自然異常清潔，方可取用。

熬提造無烟藥硝强水法

用鹽硝六百磅，磺强水一千一百磅，熬至二十二點鐘之久，强水即盡成硝强

水八百五六十磅，浮量表成一千四百四十度。又磺强水須外洋購來備用，此水亦關緊要，若熬提不精，或用過再經提用者，則製成藥力必遜。

調查鄂廠製無烟藥改良法二十條

第一次，以本地小花一百八十磅，分裝三桶，計每桶六十磅，用開水蒸洗四點鐘，將水放出，加入納養炭養二十一磅，復用開水拌蒸十二點鐘久，換水六次，時用木耙翻洗，驗視水色清亮爲止。

第二次，以開水蒸洗過之棉花，仍裝三桶，用冷水漂洗十六點鐘，換水八次，勤於翻動，洗至水不昏濁爲度。

第三次，以洗浄之棉花入熱汽蒸桶内，用開水蒸洗四點鐘，將水放出，換加清潔開水，祇要蓋平花面，不要過多。再加入鹽强水五磅，拌蒸四點鐘，又連換清潔開水六次，約歷八點鐘久，驗視洗浄，然後取出篩乾。緣生花質性與棉紗熟質不同，其韌力過好難於磨化，且内含油質最爲造藥所忌，故以少許磺强化其堅韌之性，去其油膩之質，庶易於磨洗。

第四次，以鹽强水蒸過之棉花，用冷水漂洗十六點鐘，換水八次，勤於翻洗，洗至水清不濁爲度，取出篩乾。

第五次，以退清磺强之棉花，進熱汽房烘三晝夜，熱度表高至六十度，驗其乾透取出。

第六次，以烘乾之棉花，用機器撕軋兩次，使之蓬鬆，庶爛化時藥水易於浸入。

第七次，以撕鬆之棉花六十磅，分裝爛棉花缸内，用藥水浸化。每缸計二十磅，日爛八九次不等。覘其爛透，篩乾取出。時候久暫須視天氣爲轉移。假如寒暑表高至六十度，約爛一點半鐘之久，餘可類推。查藥水配兑之數，每百分用磺强水四分之三，硝强水四分之一。每罐藥水祇爛兩次，即作爲殘藥水。初次爛者爲頭號棉藥，二次爛者爲二號棉藥。因初次力量較大，二次稍遜。須分别漂洗、標記，待拌藥時，將頭、二號搭配拌匀，以期力量適合。

第八次，以爛過之棉花，用冷水漂洗十八點鐘久，換水十次，以退去强水之原性，篩乾取出。以上兩次須用鉀典試紙試驗，不含一點酸質爲度。

第九次，以冷水洗過之爛繻花，用木桶蒸洗，每桶裝六十磅，加入納養炭養二二十一磅，用開水蒸洗，時時翻動，約點半鐘之久，換水一次。共换水十次，計蒸十八點鐘，除去强水之原性，篩乾取出。以上兩次須用鉀典試紙考驗，以不含一點酸質爲度。

第十次，以藥水化過蒸洗純浄之棉花六十磅，入磨藥機器内磨研十六點鐘工夫，必令成漿。如驗視尚粗，再須加工磨研。

第十一次，以磨成之漿放入漂藥缸内，用活水淘洗二十四點鐘之久，時時以木耙翻動，漂至水清不濁，試驗毫無酸性爲度。否則再須加工漂洗。查從前德匠柯爾富定漂二十四點鐘，現英匠杜白蘭只漂四點鐘，恐未清潔。

第十二次，以漂洗純浄之棉漿裝盛布袋，紮口放入摇篩機内，開動旋轉約歷一點鐘工夫，驗其水已濾浄，方行取出。

第十三次，以布袋裝盛篩乾之棉藥料，用開水蒸洗十六點鐘久，換水八次，再用摇篩篩乾。

第十四次，以開水洗過之棉藥料裝入木桶，用熱汽蒸四點鐘久，取出以清水淋洗，復裝布袋。又須篩乾。以上二次法則係前德匠柯爾富所定，現聘之英匠杜白蘭已停止不用。

第十五次，以熱氣蒸過篩乾之棉藥料分裝竹盤，每盤約十五磅，入烘藥房用熱氣烘三晝夜，熱度表高至五十度爲止。試驗水氣乾透，然後取出，而棉花藥以成。

第十六次，以烘乾之頭、二號棉藥各三十二磅半，共六十五磅，攙入曾經藥水浸化用剩之餘藥三十磅，又加阿西多尼四十磅，以脱二十磅，酒酯十五磅，用鉛箱盛，過一宵，使藥浸透，至兩相融洽爲度。

第十七次，以浸透之藥料，入拌藥機内旋轉和拌，約歷三點鐘之久，拌至凝結不散爲度。

第十八次，以拌好之藥料，放軋欒機上軋成長片。槍藥計厚十六絲，厚薄必須一律，不得稍有參差。此層工夫極關緊要。蓋速率、漲力視藥片之厚薄爲轉移，有此密切之關係，自宜格外留意。查鄂局未造大礮藥，祇造五生七陸路礮用方塊藥，配料皆同，惟軋片須畧放厚。

第十九次，以軋好藥片用剪機剪成小方塊，而槍藥以成。再傾入輥桶内，每八十磅須加上等銀色黑鉛粉一兩九錢，拌輥八點鐘久，務使色澤光滑。其剪刀鋒芒宜鋭，應用好鋼爲之。蓋刀快則剪成之藥端整一律，力量自然匀稱。

第二十次，以上色之藥入烘藥房烘三晝夜，熱度表高至五十度，試驗水氣乾

透淨盡，取出分儲標記。緣每日所出之藥力量各有不同，當聚半月、一月造成之藥，和拌勻稱，庶速率漲力歸於一律，免至參差不齊。

造白藥法

用水銀四兩，硝磠水四十兩，合裝玻璃盃中，置汽櫃内蒸至一百二十度，水銀化盡，與硝磠水均變黄色，取出，傾入磁缸内。兑頂上高粱酒三十三兩二錢，轉瞬沸騰，氣如白霧，倏變黄烟，俟成灰色後加清水數升，使已化之水銀結成細粒如鹹末沉下，即去浮面清水，裝入細白綢袋内，噴水濾之。硝磠水、酒氣均已濾盡，置陰涼處涼乾，再放汽櫃中，隔綢烘去水氣，收入細磁瓶内，塞以輭木，勿令透風。臨用配以玻璃粉、鉀綠養、安的摩泥，調以樹膠、敵力善膠内所入之高粱酒，務須氣力醕厚。

試高粱酒法

試法用量尺插入酒瓶，味厚者尺碼下沉，味薄者尺碼上浮，以七百五十度、八百度者爲最佳，八百四十度以上者即不合用。緣水性輕而上浮，酒性重而下沉，酒力弱而水力强，酒中攙水尺碼不能下沉，必須蒸去水氣，酒味始厚。

試造白藥硝磠水法

硝磠水最宜厚，而造白藥之磠水不可過濃，用浮量尺碼數濃至一千四百者最好。濃至一千三百八十者亦可用，若濃至一千五百者太厚，轉難消化水銀。淡至一千三百五十者太薄，亦難消化水銀，均不合用。

造成白藥分量

水銀一兩，硝磠水十兩，酒醕八兩三錢，可造成上等白藥八錢七分五釐，次等白藥四錢三分五釐。次等惟性稍急，亦可攙用。須將磠水重濾去盡，方可搭用，否則恐霉變，難發火。

配中針槍子濕白藥

配濕白藥工料過費，又不能多存，須防爆烈。自光緒九年改用乾白藥，工料亦省。兹將濕白藥各料分量開列於後：

白藥九錢，玻璃粉九錢，甲綠養九錢，樹膠四錢，安的摩呢七錢，敵力善膠二分。先將二膠化水調用。

配邊針槍子白藥

白藥三兩，玻璃粉三兩三錢，甲綠養一兩三錢，樹膠八分，敵力善膠四分。先將二膠化水調用。

配用白藥分量表

	白藥	鉀綠養	銻硫
裝四開花銅冒火 每料裝四板半每板一千顆	四錢五分	一兩七錢五分	五錢三分
裝老毛瑟小銅冒火 每料裝一板半每板一千六十四顆	五錢五分	一兩五錢	六錢
裝新毛瑟並快利小銅冒火	八錢八分	八錢八分	三錢六分
裝林明敦銅冒火乾用	八錢	一兩六分	四錢
裝林明敦銅冒火濕用又開花引火	一兩七錢六分	一兩七錢六分	一兩四錢
裝礮火開花又名擊火銅冒	一兩五錢	八錢八分	八錢八分
裝快砲引心	一兩五錢	一兩二錢	一兩二錢

提淨毛硝法

按提硝之法，用熟鐵大圓鍋一隻，安置高處，鍋底設盤腸管，管有無數小孔，上覆圓鐵板，板上亦鑽眼孔形如米篩，均令通達熱汽。每次取毛硝三千五六百磅，傾在鐵鍋内之鐵板上，加灌淡水三十五六桶，引鍋爐上汽管熱汽達入盤腸管，透出鐵板眼孔。蒸至三點鐘之久，硝盡化水，由鐵鍋底面之鐵管瀉下，承以木梘，經過兩道布袋，濾盡渣滓，水即流入長大木盆。用木把徐徐推轉，刻不停手，俟水冷成硝，顆粒自細，以鐵鏟撈到竹箕，瀝出硝水，然後過篩。篩盤圓式，以鐵爲底，以紫銅絲布爲周圍，將瀝出之硝傾入，每次約三百磅，兑冷汽水兩三桶攪動和勻，開展機輪篩盤旋轉靈快，每分鐘可有百餘轉，旋到五分鐘時，其水氣、鹹氣都從四圍紫銅絲布孔内洩出。篩盤外面護以鐵桶，使硝水流下地井，不致走散。用玻璃管盛清水，放硝少許，烘以高粱酒微火，其硝皆化。加入銀粉藥水二三滴，（子）[仔]細察看，倘不亮，是鹹氣未淨，再篩二三次，復行試驗，必須質色潔白方可合用。取出攤放木盆，任其濕氣散盡，然後烘乾以備和拌藥料。其剩餘硝水存在地井大缸，用抽水機器打入方鐵鍋，熾炭煮熬，熬至五六成時候，放到木盤攤冷，越一二日即成冰硝。仍傾圓鐵鍋内，與毛硝一併融化，依法提淨。至所提成分之多寡，須視硝質之清濁。惡濁輕者，可以提得七八成。惡

濁重者，祇能提到五六成或四五成不等。且天熱則每日出硝較少，天冷則每日出硝較多，仍隨氣候以爲轉移。此提硝之定法，其工作次第情形如是。

熬硝磖水法

净硝二十磅，磺磖水二十磅，合同並熬，汽化成磖法與蒸酒相似。每鍋日熬一次，約成十二三磅。熬以文火，鍋須極厚，口式平寬二三尺許，覆以瓦蓋，式如覆釜，中間一孔，坐以圓罐，口合瓦蓋。口上罐旁一管下垂，汽從此出，達於盤腸管內，流入瓶中，化爲磖水。

量硝磖水法

硝磖水以濃厚爲佳，清薄力弱者不甚合用。法用浮量尺插入磖水瓶中，濃厚者浮量尺高浮，清薄者浮量尺下沉，浮至一千四百五十者爲最好，浮至一千四百者亦可用，浮至一千三百五十者太薄，不甚合式，須置玻璃罐中提去水汽，方可濃厚。

提濃硝磖水法

法將硝磖水裝入玻璃瓶內，坐於黄沙之中，沙熱，磖水之汽上蒸，從玻璃管盤腸管流出，化爲濃磖，法與蒸酒相同。

驗硝磖水法

硝磖水一兩，兑清水四釐，浮量尺則低一數。如原磖浮至一千四百者，兑清水四分，僅可浮至一千三百九十之數，較原磖退去十數。以此類推，磖之厚薄無難立驗。然天時亦須參攷，天氣升則磖水氣降，天氣降則磖水氣升。天氣寒熱不齊，水氣亦升降不一，如天氣寒暑表六十度時，磖水浮量尺得重至一千四百之數，及寒暑表升至八十度，磖即輕至一千三百九十之數，比原碼輕去十數。及寒暑表降至四十度，磖即升至一千四百十之數，比原碼增重十數，是驗磖之厚薄，又當參酌天時以爲定準。

燒磺磖水法

凡燒磺磖水，須於鉛房前面修造兩爐，一爐煎熬清水，使熱氣噴入鉛房凝結黄烟，壓入水中融化成磖。惟熱度不可太過、不及。太過則水氣較重，磖難濃厚。不及則氣力太輕，不能裹壓磺烟，烟即散去。一爐專燒磺烟，置小鐵盆於爐內，裝硝粉淡磺磖各半磅，盆外以磺粉圍燒，次等磺亦可用。硝渣按時取出，每點鐘燒磺五磅，盆內换硝粉磺磖各半磅，未燒之前，先將爐內鐵板烘熱，磺鋪於上，以火燃灼盆，置裏面，爐門密閉，微露寸餘，使硝氣磺烟和入鉛房，與氣融結，悉化爲磖，約重一千三百五十左右即可，另熬提濃。磺烟臭味本重，氣能制烟，烟不外洩房外。其味臭較重，以臭之輕重，驗磖之化與不化，最爲確切。

鉛房熬磖水法此項磖水現由本埠商廠購辦，本廠早已停止。

房内净長八丈，高、寬七尺。前管以達烟汽，後管以出餘汽，中置鉛板三重，上下互换，留縫寬尺餘，長數尺，以便通達烟汽。房以木架造成，式若長櫃，週圍穿以經木，裡面護以鉛板，頂墻板厚一分，底厚二分，包過墻板六寸，中板半分，旁面開一水門，高、寬尺餘，上水則開，熬磖密閉。外置鐵汽管一道，從鍋爐上達房頂，中安鉛管四條，一由磺爐烟管達入鉛房，二由房頂穿入房內。管末孔細如針，噴汽不使過重。管旁置一汽表，以驗熱度輕重。過熱，塞門微閉。不及，微開。總以十四五磅爲准。房角安一鉛管，通入鉛缸，以備水溢取出。另熬房以長潤爲佳，烟汽流通，磖始易化。未燒之前，須將房內先裝清水二十餘擔，淡磺磖百餘磅，使烟汽凝結水中，不致解散，方可成磖。

提濃磺磖水法

法將淡磺磖裝入鉛鍋，熬去水汽，移置白金鍋內。用文火加熱，驗其濃厚，開去管塞門，使磖水從盤腸管流入瓶中，即爲濃磖。與提硝磖稍異。磺磖由烟汽融結所成，汽固可以凝烟化磖，汽重亦未免化水。故初成之磖，浮量尺碼數僅可重至一千四百左右，再濃則須另提鉛鍋，提至一千四百。亦須更换金鍋，否則鉛即銷化。白金質爲最堅，濃至一千八百，當可提出，過此則無可再提。

造圓開花銅冒火、小銅冒火法

造四開花冒火，用紫銅皮。造小銅冒火，用黄銅皮。先將銅皮浸潤梓油，春成後洗净烘乾，裝入牛皮筒或木桶內，滚去稜角，燒紅冷透，用硝磖水洗光，置汽櫃內烘乾。點膠水於殼底，將白藥貼入壓緊，再塗膠水烘乾，免有受潮落藥之弊。四開花冒火，再將錫皮壓掩白藥，名爲金底冒火。用錫皮，上塗有膠水，烘成黄色也。

造擊火法

造擊火，先將黄銅板軋成銅條，厚一百六十絲，寬一千二百五十絲。舂成銅餅，外徑一千絲，重五錢二分。春成銅盂，大六百八十絲，長四百二十絲，共舂十二次，每次烘一回，收至大五百三十二絲，切成長短，然後壓底。底厚六十絲，大六百絲，再加收口，鉸口至一千六百三十絲，長短大小合度。內鉸絲零配公螺絲一個，中鑽小孔，頂上用紫銅小冒火一粒，內裝白藥一分，將螺絲旋緊，再裝黑槍藥八分，中留一小孔透火，上蓋紙餅一個，將膠水封好烘乾。銅殼每個重四錢，

裝藥九分。濕白藥性和緩，用之以防危險也。

造拉火法

造拉火，先將黃銅板軋成薄銅皮，厚三千絲，寬三千五百絲，舂成銅片長三千絲，寬五百五十絲，捲成銅管，上裝小橫管一個，長七百二十五絲，大二百絲，用錫銲好。內膛鑽孔，裝濕白藥一分，頭用銅環一個，再點白藥，內裝黑藥三分，中留一小孔透火。然後將銅環小橫管壓扁，收緊，頂上用石膏膠水封好，外再塗以膠水。裝成連藥共重二錢五分。此種拉火，西人曾用鵝毛管代之後，因年久潮濕，改用銅管，便收存也。

軋造子彈銅殼冒、子袋各色銅條皮絲數表

軋造物件名目	銅色	烘燒次數	軋成次數	合用絲數（銅板係八百二十絲軋起）
新毛瑟子殼	黃銅條	三次	十六次	百三十絲 現軋三十五絲
曼里夏子殼	黃銅條	三次	十六次	百三十絲 現軋三十五絲
老毛瑟子殼	黃銅條	三次	十七次	百十絲
老毛瑟小銅冒	黃銅皮	五次	二十三次	二十七絲 或二十六絲
曼里夏小銅冒	黃銅皮	五次	二十二次	三十二絲 或三十絲
新毛瑟小銅冒	黃銅皮	五次	二十五次	十七絲 或十九絲
新毛瑟子袋	白銅皮	八次	二十四次	二十二絲
曼里夏子袋	白銅皮	七次	二十二次	二十八絲
四開花銅冒火	紫銅皮	七次	二十六次	十四絲
平底擊火	黃銅絲	三次	十七次	一百絲
拉火	黃銅皮	五次	二十三次	三十絲
六磅快礮銅殼	黃銅塊	一次	七次	四百二十絲
十二磅快礮銅殼	黃銅塊	一次	九次	三百四十絲
長三磅快礮銅殼	黃銅塊	一次	八次	三百六十絲
短三磅快礮銅殼	黃銅塊	二次	十一次	二百五十絲

此外，各種新式槍子銅殼與新毛瑟同各種舊式槍子銅殼與老毛瑟同

各種槍子銅殼鎔銅法

造各種銅殼，昉自鎔銅。銅有紫、黃、白三種，其性各有所宜。先鎔對半、三七銅，以爲鎔各銅之用。

對半銅　用新紫銅五十磅、白鉛五十磅，先將紫銅槌作小塊，用紫泥罐裝入爐內燒紅，始將銅置罐中，上覆鐵蓋。俟銅稍化，再將白鉛納入，上覆木炭粉磅餘，仍以鐵蓋堵塞。俟銅鎔透，取出，去炭粉渣滓，用鐵簽攪匀，傾入鐵模，瀉成銅胚。色亮紋細者爲佳，色暗紋粗者，不適於用。

三七銅　用紫銅七十磅，白鉛三十磅，鎔法與對半銅大略相似。

黃銅板　造舊式老毛瑟、林明敦、格林、黎意、哈吃克司、士乃得、馬梯尼七種槍子銅殼，需用之黃銅板不宜太硬，每罐用三七銅五十磅，碎黃銅五十磅，對半銅十磅，三項合鎔。

造新式快利、曼里夏、新毛瑟三種槍子銅殼，所需之黃銅板不宜太軟。每罐用新紫銅三十五磅三兩，碎黃銅四十三磅半，白鉛二十一磅三兩，三項合鎔。此就銅配搭而言也，鎔法原無二致。未鎔之前，將銅胚燒紅，納入罐中，稍有化意，即將木炭粉覆上，待至全化，再將對半銅與白鉛兑入，仍覆木炭粉，並入食鹽少許。俟銅鎔透，取出去木炭粉渣滓，用鐵簽攪匀，傾入鐵模瀉成銅板，其浮面星點及缺陷之處，鎈磨光浄，以便軋用。

紫銅板　造四開花銅冒、大小銅冒火所需之紫銅板，用紫銅八十七磅，對半銅九磅。紫銅先行化開，次入對半銅，上覆木炭粉鎔透，除去炭粉渣滓，傾入模內，瀉成銅板。

白銅板　造新式快利、曼里夏、新毛瑟各子袋所需用之白銅板，每罐用新紫銅六十二磅三兩，黎銅十三磅七兩，白鉛二十四磅。先將紫銅裝入罐內稍化，再入黎銅，覆木炭粉，間用鐵簽一攪，俟銅全化，加入白鉛及食鹽少許鎔透，去粉炭渣滓，再攪數次，方能和匀，傾模成板。

鎔法總以細看火候，攪拌匀稱，去盡渣滓爲妙。至造各種槍子銅殼剩下碎銅，必須次第存留，俟有成數，加對半銅鎔成，亦屬合用。需用木炭粉者，緣銅性堅，鉛性脆，鉛浮銅上，力不能入即化爲煙；必覆以炭粉，使鉛在銅下，氣不外洩，且可避煤內磺氣。再用食鹽，以除垢臟提渣滓，鎔出之銅綿韌光潤，不至炸裂也。銅出鑪時，務須閉門，以防風逼銅凝，凝難傾出。鎔出銅板有長短寬窄之

分，緣銅模大小不一，惟視作何用，斟酌得宜。模以生鐵鑄成，上下兩扇，外套鐵箍兩道。箍用螺絲，以便啟閉。鑄銅之前，先將模烘透，刻盡油潤，揩乾候用，免致銅板蜂窩夾灰等弊。若鎔澆紫銅，模宜速鬆，緣紫銅漲力過於黃銅，稍緩銅即漲而致裂。且銅質愈佳，漲力愈大，配料時必須斟酌得宜，方能合用。

鎔銅爐改良

本廠鎔銅爐原係方式，鎔化黃銅以六十號紫泥罐裝上等紫銅七十分、白鉛粉三十分入爐，周圍用焦炭煏燒，旁作煙路，使煙從路出。爐上用鐵蓋子蓋住，令不洩火。約三點鐘出爐，傾入鐵模，鑄成銅塊。每日衹能鎔三爐，用焦炭較多。

近仿東洋法，將爐改砌圓式，火力圈聚，每日能鎔四爐，用七十號紫泥罐，用煤亦少。且火聚則力猛化速，鉛性不致走散，而銅性自然綿軟，所造銅殼少破裂之虞。其餘仍照前法。

一，鎔銅配料，紫銅係德國華拉魯牌號，白鉛產自雲南爲佳。

一，每爐鎔銅四罐。

一，每罐鎔一百二十磅，或一百三十磅。

一，每罐鎔成四塊。寬鐵模四塊、窄鐵模五塊。

一，每塊重三十磅，或二十餘磅，鐵模因有大小之分。

一，每爐鎔兩點鐘。從前方式爐鎔三點鐘，每日衹出三爐，近改圓式，每日能出四爐。

一，每罐約用焦煤九十餘磅。

軋各色銅板法

黃銅板計厚八百二十絲。英度每百絲合一分，用分釐尺較量

初次軋成七百二十絲，二次六百六十絲，三次六百十絲，四次五百七十絲，五次五百三十絲，六次五百絲。

右第一回，共軋六次，入爐烘。用强水、清水洗滌一次再軋。

初次軋成四百三十絲，二次三百八十絲，三次三百四十絲，四次三百十絲。

右第二回，共軋四次，烘洗如前。

初次軋成二百六十絲，二次二百三十絲，三次二百絲，四次一百七十絲。

右第三回，共軋四次，烘洗如前。

初次軋成一百五十絲，二次一百三十絲，三次一百十絲。

右第四回，共軋三次，烘洗如前。

初次軋成九十絲，二次七十五絲，三次六十絲。

右第五回，共軋三次，烘洗如前。

初次軋成五十絲，二次四十絲，三次二十七絲，四次二十絲，五次十七絲。

右第六回，共軋五次，不烘。統共烘五回，軋二十五次。

軋至一百三十、二十絲時，剪成銅條寬一千五百絲，圈入鐵桶，再行烘過，用磺强水洗净，木屑擦光，捲成圓箍，而造新舊各式槍子銅殼之料以成。後又依法烘煆，層次軋薄，而造各式銅冒火之料以成。

紫銅板計厚八百二十絲

初次軋成七百二十絲，二次六百四十絲，三次五百八十絲，四次五百三十絲，五次五百絲。

右第一回，共軋五次，入爐烘，用强水、清水洗净再軋。

初次軋成四百三十絲，二次三百八十絲，三次三百四十絲，四次三百十絲。

右第二回，烘洗如前。

初次軋成二百六十絲，二次二百三十絲，三次二百五絲，四次一百八十五絲。

右第三回，烘洗如前。

初次軋成一百六十絲，二次一百四十絲，三次一百二十絲。

右第四回，烘洗如前。

初次軋成一百絲，二次八十五絲，三次七十五絲。

右第五回，烘洗如前。

初次軋成六十絲，二次五十絲，三次四十絲。

右第六回，烘洗如前。

初次軋成三十絲，二次二十三絲，三次十七絲，四次十四絲。

右第七回，烘完再用强水、清水洗净。共計烘七回，軋二十六次。總以軋薄至十四絲爲合用，此專造四開花銅冒火之料也。

白銅板計厚五百絲

初次軋成四百二十絲，二次二百三十絲，三次一百二十絲，四次五十五絲，五次四十絲，六次三十二絲，七次二十六絲，八次二十四絲。

每軋一次，計烘一回，共烘八回。此造快利、曼里夏、新毛瑟子袋用也。

槍子銅殼並銅殼底與銅冒相接處上漆油法光緒二十八年洋匠畢第蘭開呈。

紫黃色漆，即泥利士膠六啓羅格臘母，每啓羅計二磅二兩，六啓羅合十三磅。與

九十度力量之火酒即高粱酒之類。三十立得，每立得二磅半，三十立得即七十九磅半。急相鎔化，時常攪動。此外用愛來米松香一啓羅，與樟腦油一啓羅，煮滚，然後將此二項攙雜，俟其涼後，加於泥利土膠與火酒内，隨加隨攪，庶幾兩種攙雜者方能勻透。此預備漆油辦法，惟漆質宜薄而有紫黄色者爲合宜。此外，泥利土膠内與愛來米内所有不潔浄之物亦宜除去。其法用細黄銅絲布漉之，倘爲時過久，漆油必致太厚，則再加清浄之火酒，使之稍薄可也。

烘燒槍子、快礮各種銅殼法

銅殼每春一次，須烘一次，使其性回輭，方能春長。然烘不宜過度，過則銅性反硬破壞。必多烘，法先將温暖水滌去銅殼油膩，然後用雙蓋鐵桶盛裝，桶底裝木炭屑，覆以鐵片，不使炭屑與銅殼相雜。每桶約裝銅殼三四十磅，將内層桶蓋關住，其内蓋之上又實以炭屑，旋將外層桶蓋關住，桶邊徧塗爛泥，又洒泥水於桶身。烘至三四點鐘之久，桶變櫻桃色爲止。不可太過、不及。既有此色停留爐内，約歷四點鐘，不加減熱度，始可出爐。俟鐵桶冷透，方可揭蓋。如此烘法則密不通風，空氣無自而入，銅殼綿輭有力，且色澤光潤，歷久不變也。

以上係從前烘法。因慮鐵桶裝銅殼太多，或至四圍火候已過中央火候不及，不能盡勻，近乃仿砌東洋烘銅爐式，兩頭有門，以便將銅殼推進拉出。定造淺邊鐵盤，止盛銅殼七八磅，擺列勻稱，依照時刻，如法烘燒。爐有小孔，用塞抵住，看時將塞撥去，細察裏面火候，銅殼現櫻桃色，即當取出。烘到恰好，銅殼自無破裂之弊。爲時甚速，每日烘出較多。

烘銅之煤若磺氣太重、油烟過多，銅殼必致變壞。以開平九槽末煤爲宜。

每烘一次，再用磺强水、清水洗滌一次，去盡油汙，以便再春。每强水二十磅，約攙清水二擔。

造快礮銅殼法

長三磅銅殼，用黄銅板春長八次，烘燒七次，打圓凹、切口各一次，收口三次，車底車螺絲共一次，鉸口一次，造成底徑二千五百絲，底厚九十絲，外線徑二千三百三十五絲，外線徑厚七十絲，外殼底徑二千二百六十絲，外殼中徑二千一百四十絲，外殼口徑一千八百九十絲，内口徑一千八百五十絲，長一萬四千六百五十絲，重一磅九兩。

短三磅銅殼，春長七次，烘燒六次，打圓凹二次，切口三次，車底車螺絲共一次，鉸口一次，造成底徑二千八十五絲，底厚一百十五絲，外殼徑一千九百四十八絲，外口徑一千八百九十八絲，内口徑一千八百四十五絲，長五千絲，重六兩半。每個約合工料銀一兩六錢四分。

六磅快礮銅殼，春長十次，烘燒九次，打圓凹二次，切口二次，收口三次，車底車螺絲共一次，鉸口一次，造成底徑三千絲，底厚一百四十五絲，外綫徑二千二百七十絲，外線厚九十絲，外殼底徑二千六百六十五絲，外殼中徑二千五百絲，外殼口徑二千五百絲，外口徑二千三百十絲，内口徑二千二百絲，長一萬二千絲，重二磅二兩。每個約合工料銀三兩六錢。

十二磅子銅殼，春長九次，烘燒八次，打圓凹三次，砌口三次，車底車螺絲共一次，鉸口一次，造成底徑三千五百四十五絲，底厚一百四十三絲，外殼徑三千八十二絲，外口徑三千三十四絲，内口徑二千九百八十五絲，長五千四百絲，重一磅二兩。每個約合工料銀二兩八錢八分。

史德高三生七快礮銅殼，重三兩，長三寸五分。每個約合工料銀一兩一錢。局造三生七快礮銅殼，重六兩長五寸二分。每個約合工料銀一兩五錢四分。哈吃克司快礮銅殼，重三兩長三寸五分。與史德高銅殼仝價。

造老毛瑟槍子銅壳法

造老毛瑟槍子銅壳之銅皮，厚一百十絲，寬一千五百絲，銅片徑一千一百八十七絲。

春頭次銅壳，上口内徑六百五絲，下口内徑六百絲，外徑八百十絲，長一百八十七絲。

春二次銅壳，上口内徑六百絲，下口内徑五百九十絲，外徑七百六十二絲，長三百七十五絲。

春三次銅壳，上口内徑五百九十四絲，下口内徑五百七十絲，外徑六百九十絲，長六百八十七絲。

春四次銅壳，上口内徑五百八十二絲，下口内徑五百五十絲，外徑六百四十絲，長一千二百五十絲。

春五次銅壳，上口内徑五百六十八絲，至此打第一次圓凹，下口内徑五百二十七絲，外徑六百十絲，長一千五百絲。

春六次銅壳，上口内徑五百五十二絲，至此打第二次圓凹，下口内徑五百十五絲，外徑五百九十絲，長一千七百五十絲，第一次切口長一千五百絲。

春七次銅壳，上口内徑五百三絲，下口内徑四百八十八絲，外徑五百四十四

絲，長二千一百八十七絲。

春八次銅壳，上口內徑四百八十絲，下口內徑四百六十五絲，外徑五百十一絲，長二千七百五十絲。

共春八次。除第八次不烘外，餘每次烘一回。

春完又切口一次，壓底一次，打圓凹一次，打火門眼一次，收口二次，車底一次，絞口一次，量底大小一次，輥光一次，量底厚薄一次，照眼一次，揀净一次，量火台高低一次，壓小銅冒火一次，裝藥一次，插鉛子一次，緊口一次，揩油一次，量驗大小一次，量驗長短一次。

裝洋鐵箱，每箱二百五十顆，銲洋鐵箱蓋縫，外加木箱，每箱裝洋鐵箱四個，共計千顆。此舊式槍子造法，與新式略同，惟春八次，較新式多一次。銅壳較薄，且無機器較量，其各次攷較皆係手工。格林、黎意、林明敦、士乃得、馬梯尼、哈吃克司各槍子均仿此。

造新毛瑟槍子銅壳法

造新式槍子銅壳之銅皮，厚一百二十絲，寬一千五百絲，銅片徑一千一百七絲。

春初次銅壳，上口內徑五百二十絲，下口內徑五百十絲，外徑七百絲，長五百二十五絲，重四錢三分。

春二次銅壳，上口內徑五百十三絲，下口內徑四百九十五絲，外徑五百三十二絲，長七百八十絲，重四錢一分。

春三次銅壳，上口內徑五百八十絲，下口內徑四百八十五絲，外徑五百八十一絲，長一千一百十絲，重四錢一分。

春四次銅壳，上口內徑四百八十絲，下口內徑四百六十四絲，外徑五百二十九絲，長一千六百九十絲，重四錢一分。

春五次銅壳，上口內徑四百七十五絲，下口內徑四百四十四絲，外徑五百四絲。至此第一次切口，打圓凹，長一千七百八十絲，重三錢九分。

春六次銅壳，上口內徑四百五十九絲，下口內徑四百二十絲，外徑四百八十絲，長二千六十四絲，重三錢九分。

春七次銅壳，上口內徑四百四十絲，下口內徑四百十三絲，外徑四百六十絲，長二千九百絲。第二次切口，長二千二百五十絲，重三錢八分。

以上共春七次，打圓凹一次，切口二次，每春一次烘一回，烘過用磤水、清水洗净，浸油再春，末次春完。

壓底一次，打圓口火台一次，車底邊一次，收口二次，鑽雙火門眼一次，絞口一次，磤水洗油汙二次，烘乾、滾亮各一次。

用機器一具，量銅壳長短、陰紋淺深、壳底厚薄各一次。

用機器一具，量銅壳底大小、火台高低各一次。

用機器一具，較銅壳斜肩、口徑、內膛大小各一次。

用刷銅壳內膛膠漆一次，照火門眼一次，點圓凹膠漆一次，裝銅冒火一次。

用機器一具，裝藥上鋼彈各一次。用機器輥直槍子一次，緊口線一次。

用機器二具，權全子輕重一次，套槍膛是否合度一次，揩油汙一次。

末次裝入子袋，盛以鐵盒。每盒二百五十顆，外加木箱，每箱裝鐵盒四個，共計一千顆。此新毛瑟工作次第。曼里夏、快利及各種新式槍子銅壳仿此。

造老毛瑟鉛子法

鎔青鉛百磅，須攙入點錫八磅。因青鉛性柔，點錫性剛，柔則易傷槍膛來福線，且難及遠中的，故用點錫以堅其性。鎔透，以水力汽機壓成圓條，再用機器春成鉛子，上輥光起線，其式前尖後平，單響槍用。若十響、十三響槍，則係平頭，庶便多裝顆數，不致碰觸。冒火用白紙包裹，後半節插入銅壳內，收緊子口，免令濕氣浸入。

造成各種槍子尺寸分兩準數每百絲合一分英度XO=合一密里。

槍子名	口徑	銅殼附藥	鋼頭	共重附藥	共長
新毛瑟	七密里九計三百十六絲合英度三分一釐六毫	重三錢裝無烟火藥六分二三四釐裝黑藥一錢二分	重四錢	七錢六分三四釐裝黑藥共重八錢二分	三千二百三十絲合英度三寸二分三釐保西歷一千八百八十八年式
智利	七密里計二百八十二絲台英度二分八釐二毫	重三錢裝無烟火藥五分四釐裝黑藥一錢一分	重三錢	六錢五分四釐裝黑藥共重七錢一分	三千五十絲合英度三寸五釐保一千八百九十七年式
比利	七密里八計三百十三絲台英三分一釐三毫	重二錢九分裝無烟火藥五分六釐裝黑藥一錢二分	重二錢八分	七錢六分二釐裝黑藥共重八錢二分	三千一百絲合英度三寸一分
曼里夏	七密里八計三百十三絲合英度三分二釐	重三錢裝無烟火藥六分二釐裝黑藥一分二釐	重四錢	七錢六分二釐裝黑藥共重八錢二分	二千九百八十二絲合英度二寸九分八釐二毫
快利	七密里計三百八絲合英度三分八釐	重三錢裝無烟火藥六分裝黑藥一錢三分	重三錢五分	七錢一分裝黑藥共重七錢六分	三千八十五絲合英度三寸八釐五毫
老毛瑟	四百三十七絲合英度四分三釐七毫	重四錢裝黑藥一錢三分	重六錢六分	一兩一錢九分不上鉛頭祇裝黑火藥一錢一分	三千絲台英度三寸
哈乞開司	四百五十八絲合英度四分五釐八毫	重三錢五分裝黑藥一錢一分	重七錢	一兩一錢六分不上鉛頭祇裝黑藥一錢	二千六百絲合英度二寸六分

黎意槍子口徑、全彈長短輕重，與老毛瑟子相仿。

造鋼彈法

新毛瑟槍子銅殼上所插鋼彈，初造所用之鋼盂購自外洋。其配料得宜火候恰好，所以剛柔相濟，舂時不致破裂。鍍鎳尤爲得法，顔色不變。購來由外洋舂過初次，已成鋼盂，外徑五百三十二絲，長四百七十八絲。

本局購有造鋼彈機器，設在鍊鋼廠，配料、鍍鎳均與外洋購來者相同，絲數一律。復由子藥廠自第二次舂起。

第二次，上口内徑三百八十四絲，下口内徑三百七十三絲，外徑四百三十絲，長六百五絲。

第三次，上口内徑三百六十四絲，下口内徑三百四十絲，外徑三百八十六絲，長九百十絲。

第四次，上口内徑三百三十六絲，下口内徑三百十九絲，外徑三百六十絲，長一千一百七十絲。

第五次，上口内徑三百十三絲，下口内徑二百九十絲，外徑三百三十六絲，長一千二百八十絲。

第六次，上口内徑二百九十五絲，下口内徑二百七十六絲，外徑三百十五絲，長一千四百八十絲。

至此切口一次，舂圓尖一次，插鉛心一次，均外徑三百十七絲，長一千一百二十絲。

舂緊鉛心一次，外徑三百十七絲，長一千二百絲。

收鋼彈底口一次，外徑三百十七絲，長一千一百八十絲。

舂底邊鉛線一次，外徑三百十七絲，長一千一百九十絲。

再輥光一次，另用機器二具，一量長短及圓尖底徑大小一次。一權全子輕重是否合度一次，再揀剔揩擦各一次，然後就裝子機器裝上銅殼以成槍子。造成鋼殼重六分半，内插鉛心重三錢，共重三錢六分半。

又 機器

造各種槍藥機件名目表

藥名	機	爐	器具
黑藥	三十馬力汽機二座 抽水機器二具 碾藥機器八具 三十四馬力提硝汽機一座 抽水機器一具 篩硝機器二具 拌藥機器一具 壓藥板機一具 碾硝磺機器二具 水力機器二具 二十馬力篩藥汽機一副 抽水機器一具 篩藥機器一具 軋藥機器一具 光藥篩子機一具	三十馬力汽爐二座 二十四馬力提硝汽爐一座 燜柳炭爐一座 二十馬力篩藥汽爐二座	冷水缸二隻 冷水缸一隻 淡水缸一隻 煎硝鍋一隻 化硝鍋一隻 提硝缸二隻 烘硝盤一隻 燜柳炭鐵桶八隻 裝柳炭鐵桶六隻 飛磺鍋一隻 提磺鍋一隻 光藥銀桶四具
栗藥	一百五十馬力汽機一副 抽水機器一具 碾藥機器四具 拌藥機器三具 軋柳炭機器二具 壓藥板機器一具 水力汽機一具 壓六角藥餅機器一具 水力機器一具 軋碾藥機器一具 軋藥機器一具	一百五十馬力汽爐一座 煏紫炭爐一座	冷水缸一隻 銀硝磺炭桶三具 篩硝磺炭架三具 烘藥器具汽管六副 煏紫炭鐵桶四隻 鐵架子二具 存水鐵箱二隻 裝炭鐵桶八隻
無煙藥	一百二十馬力汽機一座 抽水機器一座 大水力汽機一座 汲汽機器一具 吹汽機器一具 撕棉紗機器一具 漂棉紗機器鉛缸七隻 篩棉藥機器篩子三具 壓圓頭砲藥機器一具 拌藥機器三具 軋藥機器四具 剪藥機器八具	一百二十馬力汽爐二座	存汽桶二具 篩無烟棉藥篩子一副 光藥木桶二具 燒硝磺强水缸二隻 攤棉紗架子八具 存藥水鐵缸二隻 篩棉紗篩子二具 烘圓條砲藥器具二架 漂棉紗木桶五隻 蒸洗棉紗木桶八隻 烘棉藥器具十三架 烘棉紗器具三架
白藥			提酒蒸二副 化學盃七隻 鍊藥磁缸六隻 烘藥汽箱一副 白紬袋三隻

造鎔銅軋銅銅壳機件名目表

工程	機	爐	床	器具
鎔銅		鎔銅爐十二隻 烘銅條爐四座 烘銅壳爐四座		澆黃銅鐵模五十四副 澆紫銅鐵模二十副 澆白銅鐵模二十副 澆銅大鉗四把 澆銅架四件 拮缸子長鐵鉗四把 長手鉗八把 長手鉗十二把
軋銅	二十馬力汽機一座 軋銅機器大小三具 裁剪銅條機器二具 抽水機器一具		一丈二尺長磨軋輥車床二具	剪銅條刀架一具
銅壳	六十馬力汽機一座 舂一百磅銅壳機器一具並水力汽機一座 舂四十磅大銅壳機器一具 舂三磅六磅十二磅大銅壳機器一具並水力汽機一座 舂三生七快砲銅壳機器二具 軋銅機器一具 車大銅壳底口機器一具 切大銅壳口機器一具	烘銅壳爐一座	六尺長車床二具 八尺長車床一具 一丈二尺長車床二具	冷汽壓力缸一隻

造各種槍子機件名目表

槍名	機	床	器具
老毛瑟	三十馬力汽機一座 壓底機二具 打圓凹機一具 切口機五具 車底機三具 收口機二具 打火門眼機二具 打圓口機二具 絞口機二具 舂小銅冒機一具 舂拉大銅管機一具 舂鉛子機一具 舂子袋片機一具 舂成子袋新式機二具 舂成子袋老式機四具 鋸木機二具 刨木機一具 鋸木筍機一具 輥鉛子線機六具 車銅売底邊機一具 老式舂鉛子機一具 打頭次圓凹機一具 打二次圓凹機一具 磨盤壓底機二具 壓那鵰飛銅売底機一具 裁螺紙條機器二具 舂紙餅機器一具	頭次舂床二具 各次舂売身舂床七具 直舂床一具 五尺長車床五具 六尺長車床六具 八尺長車床三具 十尺長車床一具 十二尺長車床二具 一丈六尺長車床一具 一丈八尺長車床一具 大小鑽床三具 大小刨床三具 鋸各樣光鑽鋸床一具 鍘床一具 磨模子磨床一具 車電火車床一具 車螺火螺絲車床一具 舂長各次舂床二具 自造刨鎔銅模刨床一具 五尺小車床一具	老虎鉗十七把 手扳器具十一副 磨刨木刀砂輪一部 澆螺餅器具三副
新毛瑟	三十馬力汽機一座 壓底機器二具 圓凹機器二具 收口機器二具 圓口機器一具 車底機器四具 鑽雙火門眼機器二具 切銅売口機器四具 切銅売口機器三具 舂圓夫機器一具 礶鉛心機器一具 收底口機器一具	頭次舂銅売舂床二具 各次舂銅売身舂床六具 舂各次銅売身舂床五具 五尺長車床六具 六尺長車床五具 八尺長車床八具 一丈二尺長車床二具 磨光鋼模車床二具 小刨床一具 大小鑽床二具	點膠水器一副 裝白藥小銅冒器具一副 冷水缸一隻

續表

槍名	機	床	器具
	舂鉛心機器一具 舂小銅冒機器一具 壓白藥小銅冒機器一具 壓平線機器二具 舂鉛心機器一具 舂小銅冒機器一具 車小銅冒口機器一具 澆銅売內塵膠水機器一具 上下銅冒膠水機器一具 裝成槍子機器一具 輥直槍子機器一具 較量銅売長短機器一具 較量銅売火台高低機器一具 較量銅彈大小機器一具 較量銅彈輕重機器一具 較量槍子輕重機器一具 裝準砲子機器一具 較量銅売大小機器一具 壓鉛條機並水力機鎔銅爐座一副 壓白藥小銅冒機器一副		
曼里夏	裝小銅冒手扳機二具 新廠老廠台用三百馬力汽機一座 三百馬力汽爐三座 抽水機器一具 壓底機器二具 圓凹機器一具 收口機器二具 圓口機器二具 車底機器四具 打雙火門眼機器一具 切銅売口機器三具 絞口機器一具	頭次舂銅売舂床一具 各次舂銅売身舂床六具 舂各次銅売身舂床五具 五尺長車床五具 六尺長車床五具 八尺長車床五具 一丈四尺長車床一具 磨光鋼模車床一具 大小刨床二具 小鑽床一具	裝白藥小銅冒器具一副 擦光銅彈簍桶一具 新銅彈子器具一副 點膠水器具一副 裝白藥器具二副 手扳器具十七副 老虎鉗二十把

續表

切鋼壳口機器二具 舂鋼壳圓尖機器一 撞鋼彈鉛心機器一具 收鋼彈底口機器一具 壓鋼彈平底線機器二具 壓比利老毛瑟小銅冒火機器一具 備用收槍子口機器一具 壓四開花銅冒機器二具 舂四開花銅片機二具 壓錫片機二具 壓四開花白藥奶子機二具 車快砲擊火螺絲機二具 打鐵爐八座		

又 工程

每日造成槍子數目表

造槍子各項工作	新毛瑟槍子每日造件數目	老毛瑟槍子每日造件數目
舂頭次鋼盂	三百六十磅	六百磅
舂二次鋼壳	六百三十磅	六百磅
舂三次鋼壳	五百八十五磅	六百磅
舂四次鋼壳	五百五十八磅	六百磅
舂五次鋼壳	五百四磅	六百磅
舂六次鋼壳	四百六十八磅	六百磅
舂七次鋼壳	四百五十磅	五百磅
舂八次鋼壳		五百磅
頭次切口	二百五十二磅	三百磅
二次切口	二百四十二磅	三百磅
打圓凹	五百四磅	五百磅
壓底	二百四十三磅	四百磅
頭二次收口	四百六十八磅	四百磅
打圓口火台	四百七十七磅	四百五十磅
絞口	一百九十磅	二百磅
車底絞口	九十九磅	
鑽火門眼	一百九十八磅	四百五十磅
車底	一百九十八磅	二百磅
舂二次鋼壳	九十九磅	

續表

舂三次鋼殼	一百八磅	
舂四次鋼殼	一百八磅	
舂五次鋼殼	一百八磅	
舂六次鋼殼	九十磅	
舂圓尖鋼殼	九十磅	
切鋼殼口	四十磅半	
撞鋼殼鉛心	三百六十磅	
收底口	四百九十五磅	
舂底過圓線	四百九十五磅	
量底大小厚薄	一萬顆、	九千顆
量殼身長短	一萬顆	九千顆
上鋼殼膠水	七千顆	
洗油膩	一次	一次
輥光	一次	一次
照火門眼	一萬顆	九千顆
揀淨	八千顆	九千顆
量火台高低	八千顆	九千顆
裝壓小銅冒火	三千五百顆	六千顆
揀小銅冒火高低	八千顆	九千顆
裝藥子	各一萬三千顆	一萬二千 五千五百顆
裝紙鉛餅		各一萬二千顆
碰緊收槍子口	四千五百顆	一萬二千顆

續表

輥鉛子線		一萬顆
輥直槍子	一萬三千顆	
銃槍子大小	六千顆	六千顆
搭油膩	四千顆	四千顆
揀鋼彈子	五千顆	
量鋼彈大小	一萬顆	
裝子袋並裝洋鐵箱	四千顆	四千顆
焊洋鐵箱	一百隻	一百隻
洗小銅冒油膩	一次	一次
洗藥水裝白藥	一次	一次
點膠水壓白藥	一次	一次

新式槍子多用機器上鋼彈，舊式槍子多用手工上鉛彈，此不同處也。

老式槍子每日車鑽定數表

器具	製造	工作	日程
頭次舂頭	舂舊式槍子初次銅盂	車工	三條
頭次剪刀管	舂剪初次銅盂之銅片	車工	二把
頭次大模子	舂初次銅盂	車工改內膛	二六個
二三次舂頭	舂二三次銅殼	車工	五條
四五次舂頭	舂四五次銅殼	車工	四條
六七次舂頭	舂六七次銅殼	車工	三條半
八次舂頭	舂八次銅殼	車工	三條
銅管	頭二次銅殼切口	車工	一隻半
壓底箍	打圓凹壓底	車改內膛	二十四個
壓底箍毛胚		鑲箍車鑲	二十四個
實心小舂頭	打圓凹	車工	四根
空心舂頭	銅殼壓底	車工	三根
長舂頭	壓底	車工光頭焠火毛胚	七十根
管子	壓底	車工	四個
長舂頭	打圓凹	車工光頭焠火毛胚	七八條
套管	打圓凹	改鑽	八個
小舂頭	壓底	車工	二十條
各次銅模	舂各次銅殼	車工改內膛	二十七個
收口銅模	銅殼二次收口	車工	三個
收口銅模	銅殼頭次收口	車工改內膛	十二個

續表

器具	製造	工作	日程
收口心子	收口銅殼	車工	六條
小舂頭	打圓口	車工	八條
管子	銅殼車底	車工	一隻半
銅鉞	打火門眼	車工	二十隻
各次銅模	舂各次銅殼	鑽眼	四十八個
座子下舂	打圓口	車工	六條
座子下舂	打火門眼	車工	六條
鑲箍銅模	壓底	車工	一個
小銅模	舂小銅冒火	車工	十二個
剪刀管	舂小銅冒火	車工	四個
舂頭	舂小銅冒火	車工	八條
各次銅模	舂銅殼	車外光	八個

器具	製造	工作	日程
頭次鋼舂	舂新式槍子頭次鋼殼	車工	三條
二次鋼舂	舂二次鋼殼	車工	五條
三次鋼舂	舂三次鋼殼	車工	四條
四五次鋼舂	舂四五次鋼殼	車工	三條半
六七次鋼舂	舂六七次鋼殼	車工	三條
初次鋼盂舂	舂初次鋼盂代鍊鋼廠	車工	二條
初次鋼盂模	舂初次鋼盂代鍊鋼廠	車工	二個半
二次鋼舂	舂二次鋼殼	車工	五條
三次鋼舂	舂三次鋼殼	車工	四條半
四次鋼舂	舂四次鋼殼	車工	四條
五次鋼舂	舂五次鋼殼	車工	三條半
六次鋼舂	舂六次鋼殼	車工	三條
鋼殼舂	舂圓尖	車工	四條
鋼舂	撞鉛心	車工	七條
鋼舂	鋼殼打圓凹	車工	三條
管子	鋼殼壓底	車工	四個
管子	打圓凹	車工	四個
套頭模子	壓底 打圓凹	車工	一個
小舂頭	壓底 打圓凹	車工	十八條
長短式鋼舂	壓底	車工未焠火	三四條

續表

器具	製造	工作	日程
長短舂頭	壓底	車工 車工改舊	七十條
頭次鋼模	壓底	車改	二個
剪刀管	舂頭次鋼盂	車改有無肩	二個 二個半
管子	切鋼殼口	車工	二個
管子	車鋼殼底	車工	二個
管子	切鋼殼口	車工	三個
鋼箍	壓底	車毛胚	三十個
小鋼模	壓底 打圓凹	車工	四個
小舂頭	打圓凹	車工	四個改成十個
頭二次收口模子	收鋼殼口	車工	三個
鋼箍	壓底	車工	二十四個
鋼箍	壓底	車鏇成內膛	十四個
小舂模	壓底	車工	四個
小管子	車底	車工	四個
鋼心子	鋼殼收口	車工	五個
底座子	鋼殼收口	車工	四個
鋼彈模	新毛瑟舂鋼殼	車工	三個
鉛子模	老毛瑟造鉛子	車工	一個半
凹頭舂心	鉛子凹頭	車工	一條
鉛子舂頭	老毛瑟舂鉛子	車工	三條
鋼舂	鋼殼打圓口	車工	五條
鋼舂	打圓口下座	車工	三條

續表

準數模子	量裝成槍子準數	車工	二個
舂頭	壓白藥小銅冒火	車工	十四條
剪藥刀	剪無烟藥	車工	三把
各次銅舂	舂銅殼	車毛坯	七條
六七次銅舂	舂六七次銅殼	車毛坯	五條
銅模	舂銅殼	車毛坯	十二個
銅殼模	舂新毛瑟銅殼	車改內膛	三十二個
銅殼模	舂銅殼	車改內膛	四十個
絞口刮鑽	銅殼絞口	車工	四隻
鉛子刮鑽	造鉛頭	車工	一個半
收口刮鑽	銅殼收口	車工	三個
緊口模子	裝槍子緊口	車工	三個
舂心	銅彈模內	車工	五條
各次銅模	舂銅銅殼	磨工	八十個
空心轆轉梗	新毛瑟車底	車工	一條估三工
銅模舂	裝藥掐緊銅殼口	車工	一個
銅心	車底機	鏟工	八隻
銅管	銅殼切口	鋸鏟工	五隻
收口刮鑽	銅殼收口	鋸鏟工	三隻
絞鑽	銅殼車底	鏟工	六隻
各次銅模	造銅殼	鑽眼	六十個
鑿頭	打火門眼	鏟工	十隻

續表

車底刀	車新毛瑟銅殼	鏟工	三把
機簧鉗頭	卓底機器	鏟工	二副
鋼鉗	造新毛瑟小銅冒火	鏟工	一把估十六工
機器鉗子	銅殼收口	鏟工	每副估一工半
機器鉗子	造銅彈	鏟工	每副一工
小鑽頭	打火門眼	鏟工	一百八十隻

又 費用

黑藥每百磅工料價值表

工料	用數	價值
淨硝	六十觔	每擔規銀十兩八錢
淨磺	六觔	每擔銀四兩八錢
楊炭	九觔	二錢一分八釐
烟煤	一千三百磅	每噸銀六兩八錢
洋松板	二尺六寸	每丈銀一兩三錢三分
馬口鐵盒	十個	四錢五分三釐六毫
雜料		一兩三錢七分八釐九毫
員司薪水		四錢八分
匠工	十工	每工銀三錢六分三釐三毫三絲

以上共合規銀十七兩。

按，黑礮藥用料與槍藥同，惟工夫較省。計礮藥百磅約少工銀七錢，實合工料規銀十六兩三錢。

栗藥每百磅工料價值表

工料	用數	價值
淨硝	二百二十三觔十二兩	每擔規銀十兩八錢
淨磺	十一觔四兩	每擔銀四兩八錢
椰炭	四十五觔半	一兩一錢
烟煤	二噸	每噸銀六兩八錢
洋松板	三尺六寸	每丈銀一兩三錢五分
馬口鐵盒	十個	四錢五分二釐七毫
雜料		二十五兩五錢
員司薪水		四錢八分
匠工	十工	每工銀三錢六分三釐三毫三絲

以上共合規銀六十九兩。

無煙藥每百磅工料價值表

工料	用數	價值
洋棉紗	九十觔	每擔銀十四兩
磺强水	二千磅	每磅洋四分六釐
鹹毛硝	三擔七十五觔	每擔銀七兩九錢
以脫	六十五觔	每擔銀五十四兩
酒醋	三十二觔	每擔銀十三兩
阿西多尼	六觔	每擔銀六兩三錢
烟煤	三噸七百八十磅	每噸銀六兩八錢
鉛箱	一個	七錢一分五釐
洋松板	一尺八寸	每丈銀一兩三錢五分
雜料		一兩四錢七分三釐
員司薪水		一兩四錢七分二釐
匠工	六十一工	每工銀三錢一分

以上共合規銀二百兩。

按，造無煙礮藥用料與槍藥同，惟工夫較省。計礮藥百磅約少工銀三兩二錢，實合工料規銀一百九十六兩。

老毛瑟槍子每千顆工料價值表

工料	用數	價值
紫銅	十八觔九兩	每擔銀三十六兩
白鉛	八觔一兩	每擔銀八兩八錢
青鉛	三十八觔七兩	每擔銀七兩九錢五分
點錫	十四兩九錢	每擔銀五兩三錢
白藥	一兩六錢	一兩一錢二分
黑藥	十二磅	每磅銀一錢七分
生鋼	二磅	每磅銀二錢六分
黑松煤	十三觔	每噸銀十四兩九錢
烟煤	五百磅	每噸銀六兩八錢
焦煤	一百六十磅	每噸銀十三兩五錢
馬口鐵盒	四隻	每隻銀一角一分五釐
洋松板	一尺六寸	每丈銀十三兩五錢
雜料		七錢二分一釐六毫
員司薪水		二錢五分
匠工	十七工五點	每工銀二錢五分五釐二毫

以上共合規銀二十三兩。

按，哈乞開司槍子、黎意槍子、格林槍子三種，工料價值與老毛瑟槍子同，不另列表。

新毛瑟槍子每千顆工料價值表

工料	用數	價值
紫銅	二十二觔九兩	每擔銀三十六兩
白鉛	八觔十兩	每擔銀八錢八分一釐
青鉛	二十一觔六兩	每擔銀七兩九錢五分
鋼盂	六觔半	每擔銀七十五兩
白藥	一兩	七錢
無烟藥	五磅	每磅銀二兩
生鋼	五磅	每磅銀二錢六分
黑松煤	十二磅	每噸銀十四兩九錢
烟煤	五百磅	每噸銀六兩八錢
焦煤	一百六十磅	每噸銀十三兩五錢
馬口鐵盒	四個	每個洋一角一分五釐
洋松板	一尺六寸	每丈銀一兩三錢五分
雜料		一兩三錢七分七釐八毫
員司薪水		
匠工	二十二工	每工銀二錢五分

以上共合規銀三十八兩。

按，智利槍子、比利時槍子、曼里夏槍子三種，工料價值與新毛瑟槍子同，不另列表。

又《江南製造局記》附

仿造克鹿卜礮説

礮身

查本局大小礮料，係用西門司馬丁鋼爐煅鍊而成，拉力達於四十四噸，與克鹿卜罐鋼礮料同一堅固。大礮壓以水力，小礮擊以汽錘。錘法，將鋼塊燒至白亮之色，鉗置五十噸力汽錘之下，轉動六十馬力汽爐門，俾進汽於汽缸之内，以一人開閉汽門，則汽錘自隨意升降，鋼塊展轉受擊，擊至合度而止，即成小礮。礮身胚料加以車鑽工夫，則該礮基礎已立。從前本局各種小礮皆用一段整鋼造成，今管退礮身内一鋼管，外一鋼套，鋼套籠罩鋼管，合而爲一件。法將鋼套燒熱至五百度，趁其漲大，立時套上。既冷之後，箝束緊密，與整段者無異。放時受藥漲力，内層緊外層輭，能得伸縮之力，而收完固之效，不至有意外炸裂之患。西人減輕礮身重量，多用套箍套管等法。昔惟用之九生特以上各礮，今日益加研究，並用之於小礮矣。箍套礮與整料礮兩兩比較，以受漲力論，箍套礮小一倍半。

又查此礮礮管共分三膛，螺紋右轉繞力平均，角度前後相等，謂之來復綫膛。綫膛底至鋼管底一律平面，謂之藥膛。兩膛相交處，有如圓斗形者，使子彈易於滑過，謂之坡膛。三膛之外，更有門膛，門膛，係四方式，横開之窩俾門體左右推動，上嵌螺板即礮門，開關所需。凡陸路礮中節，兩旁皆有礮耳，以礮因擱置礮床滑板，不安礮耳，而置中心柱於礮床之下，以定升降横移。礮身下距中綫七生特，有一方檻。礮底有二小孔，皆爲限制礮身，俾與滑板聯合爲一而設。又按各種山礮表尺準星嵌置礮身之上，或左或右，以便眇準，此礮則移置於礮床左方，此皆其特異之點，爲山礮所僅見者也。所有礮身内外尺寸及以下各種零件尺寸，另表於後。

礮門按原説，謂之帶鍵螺絲軸横斜楔式門。

查管退礮用長方體礮門，門底略帶斜式，左面開一缺口，謂之裝子路。右面鏇出裝膛，以便裝鑲各件。裝膛上面距中綫四生七密里，開螺絲柱進出轉側之長窩，窩内並鑿斜槽，工程極爲精細。長窩下有免險銷、蟠鐼，罩眼前面火針管眼，門底頂鐼，蓋眼以及礮門前面上下之撥彈殼機槽，與制機銷眼，皆最關重要之工作，不可疏忽者也。又按此門次第用法，一曰開關，一曰擊放，一曰撥彈殼。其開關零件，曰螺絲柱，曰門柄，曰免險銷，曰蟠鐼罩。查螺絲柱外套門柄，柱身一面凸出，斜銷嚴合於門體。窩内之陰槽一面有螺綫二條，與門膛上面螺板之斜紋兩相套合，將門柄往前往後半轉，而礮門即已開閉。設欲拉礮他去，而子彈已裝入膛，急將下插免險銷圓肩之缺口轉出門柄圓面之缺口，則門柄不能再動，擊火所用之鋼機亦因此受制不能再拉矣。此不惟保開關之險，並保擊火之險，

而銷脚插入頂鐀蓋，兼保鐀蓋之險。至恐此銷活動，則有蟠鐀罩制之部署，至爲周密。又於閂體圓面開槽半周，用一銷子運行槽内，以管制閂柄，亦一開關要件也。擊放零件，曰機架，曰擊火鋼機，曰扁鐀，曰直機，曰頂直機蟠鐀管，曰火門針管，曰蟠鐀，曰火門螺蓋，曰頂鐀蓋。查機架大小二筍，旁有彎槽，一大筍套擊火鋼機機底扁鐀一圈，扣入筍旁缺口，機身凸出一節，插入彎槽自由運動。此一節中孔則蟠鐀管生脚之所。機架小筍安配直機，直機一端抵制火針缺口，一端緊靠擊火鋼機蟠鐀管，頂面鑿出盤紆曲折之路，使直機顛簸於其上，最稱巧妙。至擊火鋼機自退，則機底扁鐀之力也。演礮之先，針管爲直機所制，擠緊彈鐀，厚蓄其力，擊火鋼機一拉，則直機閃動，火針挺出，擊銅引發火矣。鋼機藉扁鐀之力折回原處，直機旋繞蟠鐀管之頂，亦還歸原位，而火門針管又爲之撥退矣。查克鹿卜六生特山礮所用撥針鋼挑鐀，與此同一精妙，至鋼機自退，則又爲彼所無，蓋日見精益如此。搬彈殼零件，曰撥彈殼鋼機，曰制鋼機銷子。查此礮進彈由閂體裝子洞送進彈殼底邊，緊靠於鋼機雙脚，鋼機後節凸出斜肩，閂體前面上下亦隆起斜面，按，在鋼機槽頭。子彈擊出，將礮閂向右拉退，則閂體斜面與鋼機後節斜肩相碰，彈殼自跳躍而出。又礮閂推至此處，戛然而止，不復後退，亦賴有此鋼機抵制之故。至制機銷子，則又用以抵制此機也。按此閂附屬十六件，均以陰陽筍閂合而成，不用一螺釘，裝卸之時亦不須器具，靈便之至。

礮床

查礮床一具，周圍如凸形，滑板置於其上。板之長短寬狹，亦與同式。板左右凹槽鑲以銅夾，以便自由進退。礮身平臥滑板，滑板後段抵力座有二陽榫，套入礮身底面孔内。礮身前段方檻與滑板坐檻相連，旁插一銷半轉，即能開合。礮床最要之件，爲退力鋼油管。油管外套彈鐀，前鑲鐀座。彈鐀能緩坐力，人所共知，此礮妙處則不專在鐀，而並在油。油之爲用，不惟緩礮之坐力，並以緩彈鐀伸漲之力也。油管内徑有斜直綫三條，爲開閉油門之路，按自中心直綫右行二十六度，即鋼餅油門斜綫，計斜七十一度。又自中心横綫右行四十二度，即鋼翼油門斜綫，計斜三十一度。又自中心下直綫右行二十七度，即銅餅油門直綫。中置銅桿，桿一端挺出。礮床前蓋加以螺母，蓋内閂套稍轉即開，以備拖桿前退之用。桿一端套二銅餅，旁鑿油門，以下稱銅油門。中置鉸鏈鋼架，有鋼翼油門二扇，撑翼鋼鐀一根，銅餅一走直綫，一走斜綫，鉸鏈鋼架亦走斜綫。又恐油質滲漏，於桿之前節安配皮碗，加以銅座、銅夾、銅圈、皮圈，油管前口嵌一螺絲銅蓋，蓋外亦疊皮圈。油管後口則用螺絲鋼蓋，鋼蓋後節套入退力拉板，按拉板在滑板後節。以便拖管進退。礮床後蓋鑲一銅套，亦使油管利於行動。油管後蓋鑿出小孔，則備進油之用也。平時鋼翼油門二扇將銅油門緊緊遮蔽，至該礮受藥漲力，隨滑板油管退後，則油質衝過銅油門，將鋼翼油門頂開，繞出油管後面。該礮坐力一止，銅油門關閉，鋼翼油門復張，而管外彈鐀亦已縮緊。礮管油管藉鐀力回轉，銅油門漸漸開張，使油質循原路退回前面。惟銅油門與鉸鏈鋼架雖同一行走斜綫，而方向不同。銅油門漸開，而鋼翼油門漸關，迨行至油管後口，銅油門盡開，而鋼翼油門又嚴塞於外矣。質而言之，礮管往後，則鋼翼開而銅門閉。礮管往前，則鋼翼閉而銅門開。其中運動之巧妙，不可以言喻。究其實，惟善用油質而已矣。按銅油門窄狹或進或退，油質皆緩緩浥過，故礮件不至受損。該礮祇礮管後退而礮架不動，不必再事眇準，即可接續施放，每分鐘可放十九出。

眇準儀器

查眇準儀器有三，一表尺準星。按管退礮表尺裝置礮床左方，尺形如弓背，有鋸齒，用小輪司其起落，平水管嵌於表尺之旁，綫尺彎向左方，亦可作横尺之用，極爲精善。惟是項表尺原圖倉猝未能繪出，無從仿製，暫將本局七生六山礮表尺準星備用，俟演試後再仿照原式製造一副，以成完璧。備用表尺不過一時權宜補乏之計，徐當改造，不復贅説。

一高低摇器。查礮床中段有一鋼托，按，中心柱距礮口後二十四寸二分半，距輪軸中綫前三寸一分，距礮軸綫下八寸六分半。鋼托下節即中心柱插於十字鋼架前孔管以螺母十字鋼架之肩套於輪軸，鋼架之尾夾於横移螺管兩脚之間，距架尾十生特許，有如鉸鏈式者，即起落螺棍生脚之所。十字架用法不一，不徒取便低昂已也。查高低摇器零件，曰起落螺棍，曰起落螺套，曰螺母鋼架，曰鋼架耳套，曰銅斜齒乙輪，曰銅斜齒甲輪，曰銅摇輪。按高低螺母，鋼架嵌置礮架兩牆之間，兩耳各加鋼套，左方鑲以摇輪，鋼架旁孔裝配斜齒甲輪，而斜齒乙輪則覆於起落螺套，螺套紋綫左繞，螺棍紋綫右繞，均附屬於鋼架。母螺摇輪一轉，斜齒輪莫不交轉。前轉則螺套升，螺棍亦升，礮口因之而俯。後轉則螺套由鋼架螺孔而下，螺棍亦由鏇而下，礮口因之而仰。升度至十五度，降度五十度。螺棍頂有銷練一副，頂之前面另有撑桿一根，以撑住螺棍。尋以其贅累去之，用

昭簡便也。

一左右摇器。其零件曰横移鋼架，曰雙脚螺管，曰鋼齒甲輪，曰鋼齒乙輪，曰免險鋼圈，曰齒輪銅罩，曰銅摇輪。查横移鋼架套於礮床鋼架下座，倒懸床下。螺管嵌置其中，螺管雙脚即夾緊十字鋼架之尾，横移螺棍鏇入管之中孔，其左方鑲一齒輪銅罩，銅罩内安置鋼齒甲輪，與螺棍、鋼齒乙輪兩兩銜接，罩外套以摇輪，摇輪一轉，則銅罩内之甲輪與螺棍頭上之乙輪相隨而轉，螺棍因之或進或退。摇輪前轉，則礮口移左。摇輪後轉，則礮口移右。移左移右均各兩度。螺棍外套螺圈，所以防螺棍之滑落也，故曰免險圈。

礮架全件

查此礮架前後兩節係用一塊鋼板壓成，形如口式，不用帽釘相連。前節頭上鑲兩銅套，以護車軸。軸骰裝配車輪，外加新式銷子。架身兩旁安置墊板上面，護以牛皮，以便眇準時礮員蹲身其上，不致屈膝於地。該礮拉動此墊可以折攏後節，架尾安一尖頭插鏟，以備抵禦全礮往後之坐力。此鏟備有活機，亦可收攏，工程極爲細密。餘件無關奥旨，姑付闕如。

仿造克鹿卜七生五管退礮各件名目表

礮身	砲身砲尾扳手鐶一雙螺絲二雙方欄免險銷一雙鋼管鋼套以上鋼管銅墊併成一件又零件四件
礮門	砲門螺絲柱門柄螺鏇銷機架擊火自退鋼機扁鏇直機頂直機螺鏇管火針管螺鏇大門螺盤頂鏇盤免險銷螺鏇罩撥彈設機制機鋼銷以上砲門一件附屬十六件
礮床	鋼滑板板內左右凹槽鑲銅凹夾二條砲床鋼架護砲床方匣周圍鍋釘七十四隻中心柱鋼托螺絲母隔口銷各一雙十字式鋼架前安中心柱肩套輪軸尾套高低左右之用床後盔砲內鑲銅夾套砲床前盔制盔鋼扣左右二側盔內門托盔外退油管鋼拉手一雙扁銷一隻螺絲母開口銷各一雙退力油管管內開閉油門機三絛管外螺鑽二節壓鑽銅座鋼桿
高低搖器	起落螺棍銷螺一劉起落螺套螺母鋼架左右鋼耳套二件制耳套螺絲四雙鋼斜齒乙輪鋼斜齒甲輪鋼搖輪以上高低搖器共十四件
左右搖器	橫移鋼架雙脚橫移螺管鋼齒甲輪螺棍套鋼齒乙輪齒輪鋼罩制罩螺絲四雙免險鋼圈支頭螺絲一雙鋼搖輪以上左右搖器共十二件
礮架	砲架前節護軸鋼套左右二件右套外蓋一件螺絲二隻坐墊鉸鏈鋼架左右四件皮墊鉸鏈鋼板左右二塊角尺式撑鐵二塊鋼鉸鏈二節前後各一件鉸鏈銷左右二雙銷螺二條制螺螺絲二雙砲架後節工字式撑鐵三塊插托案鉸鏈鋼座起插鏈鋼鉸鏈架起插鏈斜心銷斜心鋼套尖頭鋼鏈三件合一扳手螺鑽管管內鋼心合筒鋼機架尾方鋼托圓鋼板一塊角鐵二塊
車輪	木輪二件鐵箍二件螺絲左右十二雙輪軸銷子左右各一雙內外銅夾圓件螺絲左右二十四雙以上車輪零件共四十七件

續表

皮墊銅座銅套銅圈皮圈銅餅油門二件鉸鏈鋼架小螺絲一雙鋼頁油門撑頁鋼絲銷鋼螺絲後墊琺銅圈一備油眼螺絲二雙銅螺絲前墊皮圈一雙墊外皮圈二雙表尺準星鋼架二座座底礟墩二片螺鏢銷二雙壓鏢螺絲母二雙螺鏢二根縮鏢鋼單二雙制鋼單銷二雙制架螺絲八雙表尺準星鋼齒柱二件表尺準星以上砲床墊油管一表尺準星一切零件共六十九件
鋼提鏟左右二雙撬桿扁銷銷螺制螺螺絲全副以上砲架零件共十四件

礟身連門重二百二十五磅，礟床連高低左右搖器重二百四十五磅半，礟架前節並車軸重一百五十七磅，礟架後節並車輪重二百二十一磅，以上全礟總共二百八件計重八百四十八磅半。

仿造克鹿卜七生五管退礟全礟尺寸説内砲身砲門兩項用德尺量度，餘用八分英尺。

礟身　長十四倍，計德尺一百四生特五密里，鋼管長八十七生五，藥膛深十三生五，徑七生九，綫膛長七十四生。來復紋二十八條，深七分五密里，陰綫寬五密里九分二，陽綫寬二密里半，紋繞一百二十度。鋼管外徑九生八，上下圓角五分，第一節長二生五，底面尖式五分，尖式前徑八生三。後徑九生，第二節長三十七生四，外徑十生九，圓角七分。第三節長四十七生七，後外徑十一生八，距内肩長四十二生，外徑十生五。礟唇外徑十一生八，圓式一生三，唇面凸起二分。外徑十生四，鋼管底距前七十五生，即礟身方檻。檻長六生五，寬五生八，距中綫七生，厚一生二，頸徑四生三。鋼套連礟尾方頭長五十九生三，套上鋼管長四十一生三，内徑與鋼管外徑同套外前圓徑十三生五，距後三十四生五，外徑十五生六，套前肩圓角一生五，後肩至方頭圓凹式一生五，方頭徑十八生，上至中心九生五，下至中心八生五，右至中心八生五，左至中心九生五。門膛中綫右距底十生八，左距底十一生二，斜式四分。門膛横徑九生六，直徑十一生六，肩徑十生八，左肩寬二生二，右肩寬一生九。左邊裝子洞徑九生，洞口圓式二生三。開關螺絲柱中綫距底十生八，鑲開關螺絲門膛上寬九生一，深二生，厚二生八，下寬面徑六生二，深一生五。螺絲門内鑲斜筍，底徑七生二，斜式一生四，深六生二至七生二，斜式一生。門膛上面開關螺絲柱窩圓式四生二，深九分，長十三生。制門銷槽距左邊六生五，爲中綫槽，寬一生四，圓式五生九。對左斜式五分，撥彈殼機窩圓式一生六，深六分，長十生八。礟底銷孔外徑二生三，内徑二生，深二生一。礟底上面扳手鐶角尺式，鐶座長七生五，寬三生五，底厚一生。鐶□圓徑一生三，□膛長五生，寬一生八。制座螺絲孔徑一生，螺絲肩膛徑一生三，深六密里。螺絲二隻，長二生八，圓徑同上。

礟門　長二十生，門面厚一生五。火針直中綫爲甲，横綫爲乙。門面開關螺絲柱膛直綫爲丙，横綫爲丁，門身四面爲戊己庚辛四綫，直面爲戊綫，起火針蓋爲辛綫，止戊庚對徑十一生六，戊面長十七生八，庚面長十九生九，己辛對徑十一生二，門面戊庚對徑十五生五，己辛對徑十四生五。庚面圓式八生五，辛面

兩肩圓式二十五生，已面上下斜式六密里，小圓角一生五，辛面上下撥彈殼槽深一生三，寬同長，十一生。碰機上下兩肩，上肩長六生七，下肩長八生七，肩右高一生，左八密里。火針管直綫距門面十生九，針管孔徑三生五，深七生。螺絲柱膛直中綫距庚綫十生五，横中綫距已綫四生九，膛徑五生，深十一生二，肩徑六生三，深二生三。機架直中綫距庚綫四生五，横中綫距已綫五生六，機架方膛直徑四生七，横徑六生七，深七生。免險銷膛中綫距已綫一生五，横中綫五生八，與火針管綫同銷孔徑一生一，深十四生六。蟠鑽罩中綫距已綫一生二，距庚綫三生，孔徑一生七，深四生。制彈殼機銷中綫距火針中綫八生三，距已綫九生三，銷孔徑一生五。撥針直機槽長三生八，寬一生六。裝子洞圓徑九生，已面上下圓角一生五，門身自右至左斜式一生。

開關螺絲柱　螺絲長十二生五，外徑四生八，肩厚二生。螺絲十寸一牙二陽三陰，陽牙圓徑八密里，陰牙深六生一。礮門伸縮長九生六，螺絲柱制門斜銷圓徑六生一，銷寬一生五，長一生六，斜式長六生一，斜五密里。制本身銷長二生六，螺絲柱蓋面邊圓徑六生二，厚一生九。套門柄方頭徑二生三，長五生七，柱底小筍長一生五，徑一生八。門柄圓面方膛中綫距柄中綫十七生，方膛徑三生。圓面外徑八生五，厚三生三，柄身横板厚一生，横板左節平式長十二生五。右節斜式長五生三，斜一生八。左節寬五生，右節寬三生六，厚二生。外圓徑三生四，柄心長九生七，圓徑一生五。木套長八生三，圓徑三生三，兩端銅套圓徑同上，厚一生三。套外羊眼圓徑二生五，厚四密里。

機架　高四生五，直長六生八。内第一節長二生，横徑五生五。第二節長四生九，横徑六生六。第三節長一生四，凸高五密里。每節轉角七密里。圓式架底厚七密里，凸高五密里處即保險機架之上角牆，寬一生四，厚六生，高一生六。機架底牆高二生，厚一生，長五生五。牆面小筍長一生六，圓徑一生二，中綫距牆底一生二，距架邊綫三生九。架中大筍距底面高三生六，圓徑一生七，中綫距架邊一生七，距架面邊二生二。架底中間灣槽一條，長三生七，圓徑一端一生九，一端一生八。

擊火自退鋼機　機厚三生五，夾扁鑽銷，即機架大筍。孔徑一生七。機底扁鑽窩圓徑二生七，深八密里，套扁鑽頭銷徑四密里，長八密里。扁鑽頭窩徑一生，銷中綫距夾鑽銷一生七，窩外圓式三生三。蟠鑽管孔徑一生六，深一生七，中綫距夾鑽銷二生五。孔外圓式二生五，厚二生，底面凸高八密里，圓徑一生八，内孔徑九密里，深一生。制蟠鑽管肩半圓式，徑七密里，深一生五，機板距夾鑽銷中綫八生七，板身厚一生八，板尾厚一生一。尾外拉火鉤圈内孔徑一生三、外徑三生，圈圓徑一生，板面凸高　，長方碰肩高六密里，長七密里，厚一生一。夾鑽銷孔頂面凸高一，碰肩長一生六，寬一生五，高三密里，外圓式四生。

扁鑽　寬八密里，厚二密里，長十五生五，蟠成外圓徑二生七。

直機　長八生五，厚一生六，内孔徑一生二，孔外圓式，徑二生五。一端厚一生三，寬一生二，頭背圓式一生七，係撥火針管用。一端厚八密里，圓式一生。内凹，半圓式，八密里。機底半圓式，槽深五密里，圓式一生六。

頂直機蟠鑽管　長二生三，頂面括機高五密里，肩徑七密里，半圓式長七密里，管徑九密里，長二生。管内孔徑一生三，外徑一生六。蟠鑽用一密里徑鋼絲蟠成，内徑一生，外徑一生三，高二生。

火針管　長四生，外圓徑三生五，内孔徑一生九，深三生三。火針頭長六密里，徑三密里，針底徑一生六。一帶尖式長一生八。針管肩圓式，一生六。

蟠鑽　二密里圓徑鋼絲蟠成，長六生五，外圓徑一生九，内圓徑一生五。

火門螺蓋　厚一生四，蓋面圓徑四生六，厚三密里。螺絲長一生一，徑四生四，火針孔徑二生。

頂鑽蓋　厚一生七，三面方，徑三生九。一面圓式徑三生九，外圓徑一生九，内圓徑一生五。

免險銷　長十六生五，第一節長五生六，徑一生。第二節長八生，徑一生二。第三節長九密里，徑二生三。第四節即蓋面邊長九密里，徑三生六。銷面拉手扁徑八密里，兩端圓式，徑二生七，距肩内二生八，凸出一保險括頭銷高七密里，長同銷，面圓式。

蟠鑽罩　長四生一，圓徑一生六，蟠鑽孔徑一生一，深三生三，上面一保險括頭銷高八密里，長一生三。銷面圜式。蟠鑽二密里鋼絲蟠成，高四生五，外徑一生一，内徑七密里。

撥彈殼機　寬十生六，兩脚長九生七，内徑八生，一距肩内九密里爲中心綫，距綫下四生六，圓式脚，上節厚八密里，下節厚一生五。碰機肩高距機直中綫一生八，肩寬二生，肩面寬一生三，背面凸高半圓式摇筋一條，圓式一生五，中綫距機底高一生二，距碰機肩平面二生一，曲柄寬二生三，厚一生，柄長四生，彎頭長一生八。

制機銷子　長十一生六，圓徑一生六，距面低一生六起一方肩，高一生七，長二生七，厚五密里。

滑板　長五十三寸三分半，寬五寸二分。板左右上面圓角五分，下面圓角二分。板前節長三十九寸七分半，厚一寸一分，後節抵力座長十四寸，前厚二寸一分半，後厚一寸六分半，前至後斜式四寸三分。陽榫二隻長六分半，榫前徑六分半，後徑七分半。礮身座檻距前三十五寸，檻長三寸一分，寬三寸三分，高一寸三分。左右凹槽上寬一寸五分，下寬二寸二分。鉤座肩厚三分，座底高三分半，横銷眼距前一寸四分半，距滑板平面二分半，滑板後節下端退力拉板中心眼距板底二寸四分半，眼徑一寸一分半，外圓式二寸二分。拉板厚一寸一分半，底寬二寸五分，中心眼面半眼窩徑一寸半，深二分半。滑板與床架合筍凹槽寬四寸六分，凹徑四分。凹膛内鑲銅凹夾長五十三寸半，左右徑四寸半，凹徑二分三釐二。銅凹夾底開徑二寸六分半，面開徑三寸六分半。滑板底面剜空之膛距拉板前一寸一分，起長十寸二分，寬二寸半，深五分，周圍圓坡式六分。制座檻横銷圓徑七分，銷中段一半圓式長二寸二分，銷身長五寸，徑同肩厚二分，圓徑一寸二分，銷柄長三寸，厚二分半，鐵練螺絲相連。

礮床鋼架　高一寸七分，長五十三寸二分，寬五寸一分半，架面徑四寸半，邊厚二分三釐二，面厚一分。左右滑槽與滑板筍同架内鑲座滑槽横徑三寸二分，凹槽徑二分三釐二。架内中徑二寸六分，下徑四寸五分，深一寸一分。左右肩下圓角式五分，架外下徑五寸，高七分。

護礮床方匣　高四寸，外徑五寸一分半。匣殼係九釐厚鋼板製成，左右鋼扣三角式，共長二寸七分，圓角式七分，肩厚半寸，身厚七釐，扣門槽寬二分半，深三分，肩寬一寸一分。内肩寬一寸六分，各帶圓坡式。

礮床後蓋　深入匣口二寸一分，蓋底厚五分，左右兩牆長一寸半，蓋底左右兩肩與架底槽同蓋内銅套，套底至中心二寸一分半，套厚六分，套底邊厚二分三釐二，横徑三寸二分，内徑三寸，鑲入蓋内深三分半，外徑三寸二分，套外圓徑四寸。

鋼油管　長五十寸零一分，外徑三寸，内徑二寸二分半，開閉油門綫三條，直綫一條，深一分，寬三分。彎綫一條，深一分，寬三分，彎七十一度。鉸鏈鋼架行走綫半斜半直，計斜三十一度，前直後斜。油管口内徑二寸四分半，長三寸五分。管口螺絲長一寸三分，餘長二寸二分，裝絆綆皮盌銅夾等項用。

壓鑚銅座　座底至中心高二寸一分半，座厚一寸二分半，底邊厚二分三釐二，横徑三寸二分。内螺絲徑三寸七分半，外圓徑四寸一分。

蟠鑚二節　扁徑一分七釐，内徑三寸，外徑四寸，每節長三十三寸。

銅螺絲前蓋　内孔徑一寸一分，外螺絲徑二寸六分，共長一寸六分半。蓋面邊徑三寸二分半，厚二分半。平面扳手眼四箇，眼徑二分半，深二分。螺絲長一寸半分，餘長三分，外徑二寸四分半。

皮盌　外徑二寸四分半，内孔徑一寸一分，高六分半，内圓式四分，外圓式五分半，一分厚皮壓成七釐厚。

銅座　外圓徑二寸四分半，内孔徑一寸一分，厚四分半。盛皮盌圓槽深三分，圓式五分，座底盛皮圈處深半分。銅套外徑二寸四分半，内孔徑一寸一分，高一寸一分。盔套皮盌處高六分，内孔徑一寸二分半，外圓徑二寸三分，盔肩圓式四分，蓋面邊周圍半分，徑眼四箇，進油漲皮盌力用。銅圈外徑二寸四分半，内徑一寸一分，厚二分半，中間斜式半分高，皮圈厚一分，内外徑均同上。

鋼螺絲後蓋　螺絲徑二寸二分半，長二寸三分，加紫銅圈一箇，厚一分。蓋面邊外徑三寸，厚五分半，邊内挖深三分半，内徑二寸二分，鑲退力拉板，下邊鉋通二寸三分半。寬拉油管方牙螺絲長一寸五分，徑一寸一分，内餘長一寸四分半。套拉板方牙螺絲母二隻。

鋼桿　共長五十寸，圓徑一寸一分，桿頭螺絲徑一寸，長一寸半。桿尾螺絲長一寸，徑一寸五分，肩徑一寸六分，厚二寸，上下圓式三分。

銅餅前油門　長一寸半，外徑二寸二分半，隆起一綫高一分，寬三分。内螺絲徑一寸五分，螺絲深一寸，餘二分深孔裝螺絲銷肩。過油空道内圓徑一寸七分，左右開一寸一分寬。螺絲銷肩徑一寸三分半，厚二分。銷外圓徑一寸一分半，銷内孔螺絲徑六分，銷身長七分。

銅餅後油門　長一寸二分半，圓徑二寸二分半，隆起一斜綫，高寬與上同。過油空道圓徑及左右開寬均與上同。餅内孔徑一寸五分，口面斜深二分，内肩徑一寸一分半，套入前餅内肩徑一寸五分，深二分。

鉸鏈鋼架　隨綫銷外圓徑二寸三分半，長三分，架身徑一寸五分，架高一寸一分，架内徑一寸一分。制架螺絲一隻，圓頂一寸一分，螺絲徑六分，長一寸。架内開通寬一寸零半分，深一寸。

鉸鏈鋼翼油門二扇　外圓徑二寸二分半，鉸鏈圓徑五分，鉸鏈銷孔徑二分。

鉸鏈銷一隻長一寸五分，銷身徑二分，銷頭螺絲徑三分，長二分。

撑翼鋼絲鑽　三釐圓徑鋼絲彎成。

礮床前蓋　高四寸五分半，寬五寸一分半，邊厚四分，中間圓式，凸高半寸。蓋口外徑二寸二分，内徑一寸六分，口高六分。蓋内孔深一寸，口外徑三寸七分，内圓式六分半。蓋上面與滑板内槽同。蓋内門套門頭外圓徑四寸六分半，内圓徑三寸二分，内圓肩二分半，門寬一寸零半分，厚二分半，長三分半。門套外圓徑四寸六分半，套内肩圓式六分半，外肩圓式一寸半。套身厚二分半，寬一寸零半分。除門套高一寸，與鋼蓋内圓式同。門套心内孔徑一寸四分，細牙螺絲外圓徑一寸七分，厚七分。套内凸高三分，套外凸高一分。蓋外拉手鋼套套厚二寸，第一層外圓徑二寸二分，厚三分半。左右拉手柄厚二分，長一寸，寬四分半，周圍圓角，第二層外圓徑一寸六分，厚六分。第三層外圓徑一寸四分半，細牙螺絲。第二層中間一扁銷孔寬二分半，長四分半，兩端圓式。扁銷長二寸半，厚二分半，寬四分半，銷柄彎頭寬六分，彎頭内制練小孔徑一分。一分圓鐵絲圈一箇，半分圓鐵絲彎成四寸長練一條。螺絲一隻長二分，開口銷一隻圓徑一分。

螺絲母内徑一寸，厚一寸。開口銷一隻圓徑一分半。

中心柱鋼托　中心柱長三寸二分，圓徑二寸一分，柱面圓螺絲母厚一寸，内徑一寸七分，外徑二寸七分。開口銷一隻，徑一分半。鋼托内徑五寸一分，外徑五寸六分，托底厚二分半，托長六寸半，高四寸三分。托牆面寬三寸七分半，托牆前後斜角斜一寸，鋼托中綫距礮床前三十一寸。

十字式鋼架　長二十一寸一分半，輪軸中心套長五寸七分，内孔徑二寸一分，外中徑三寸，邊徑二寸半。輪軸中心綫距鋼架底高一寸六分半，中心柱孔中心綫距輪軸中綫前三寸一分，架尾螺棍銷孔中綫距輪軸中綫十二寸半，架尾梢頭寬一寸一分，厚二分半，長二分。梢頭距輪軸中綫十六寸半，螺棍横銷孔徑五分，外圓式徑一寸二分，牆厚三分。架身剜空，兩牆各厚一分半。架底厚二分，架身前高二寸半，至後十寸，長高一寸。中心柱銅套内徑二寸一分，外徑二寸三分，長二寸二分，蓋面邊徑三寸，厚一分半。

表尺準星鋼架二座　高四寸二分，方套距架底高一寸五分半。架膛中綫距底高一寸二分。套外三面方徑一寸二分半，架底厚一分半，架底横方徑三寸七分，直方徑三寸五分，四角七分，圓式架管距横面高五分，四角螺絲孔四箇，孔徑四分。彈鑽銷管中綫距架高一寸零半分，管面距方套高六分，管外圓徑七分，管内孔徑四分半，深六分。裝蟠鑽用管口細牙螺絲徑五分半，襯鐵二片，厚一分半，長六寸半，寬三寸六分，四角鍋釘眼四箇。表尺架中綫距礮床前十九寸，準星架中綫距礮床前四十六寸。蟠鑽銷二隻，銷長一寸半，銷頭徑四分半，頭上半分，尖式銷面徑三分，銷身徑二分七釐，長一寸一分。壓鑽螺絲母外徑五分半，細牙螺絲内徑二分七釐，厚二分。蟠鑽半分鋼絲蟠成，高六分，外徑四分半，内徑三分半。縮鑽鋼罩内徑七分，外徑一寸，外徑長五分，内徑深三分。拉手邊厚七釐，邊寬五分半，長三分，邊外圓式五分。制鋼罩銷二隻，圓徑半分。又制架四分螺絲八隻。

起落螺棍　螺絲長五寸半，徑一寸一分。螺牙一寸四箇，頭上横銷鉸鏈方座高一寸六分，方式一寸二分，頂上圓式同鉸鏈銷，孔徑五分半。

起落螺套　長五寸半，外徑一寸六分，内徑一寸零半分。内外螺絲方牙均一寸，四箇，外面開方槽一條，寬二分半，深一分。

螺母鋼架　長八寸七分，高三寸，内螺絲徑一寸六分。方牙一寸，四箇。外圓徑二寸五分，左右兩耳内孔中綫距右耳肩三寸二分，距左耳肩二寸七分。右耳圓徑一寸六分半，長一寸五分，左耳圓徑一寸，長七分半。右耳内孔徑一寸三分，第二節内孔徑一寸零半分，深三分，距内角尺式齒輪膛深一寸零半分，左寬一寸七分，右寬二寸半。四角二分半圓式輪膛，外徑右二寸二分，左三寸一分半。兩肩圓角式七分。輪膛底一孔徑六分，深同右耳，肩徑一寸三分半，厚二分，距肩内長六分，扁徑四分半。兩旁圓凹式二寸，螺絲母上面左右兩鉗，鉗外徑三寸七分，鉗口内徑二寸六分半，口厚一分七釐，内凹槽圓徑二寸四分，鉗高三分半，寬一寸，槽内嵌銅斜齒乙輪用。左耳鋼套蓋面邊長四寸一分，寬一寸二分半，厚一分半。套身長一寸，外徑一寸二分，内徑一寸。制套四分螺絲二隻。右耳鋼套蓋面邊長四寸七分，中徑二寸二分，兩端圓式一寸五分，厚一分半。套身長二寸，邊内長四分半，邊外長一寸二分，外圓徑二寸四分半，内徑一寸六分。制套螺絲與上同。

銅斜齒乙輪　斜齒三十六箇，齒外徑五寸三分半，齒斜六十八度，齒内徑三寸六分半。輪内孔徑一寸六分，輪身高一寸五分，身面凸高五分，上面圓徑二寸半，邊厚二分。下面凹槽一條，寬三分，徑二寸一分半，輪底凸高半寸，外徑二寸二分，至輪底三分。圓式凹角，輪肩角圓式一寸三分。

銅斜齒甲輪　斜齒十五箇，齒外徑二寸半，內徑一寸六分，齒斜二十七度。輪內孔徑五分半，輪身高一寸二分，身面凸高二分，徑一寸零半分，輪底凸高二分，斜式。

銅搖輪　輪邊外圓徑六寸六分，邊圓徑四分。內擋四條，寬五分，厚二分，輪心內徑四分，外徑一寸三分，長一寸六分。第二節外徑一寸六分，長半寸。第三節外徑一寸二分，長一寸半。輪心厚五分，銅柄長二寸二分半，一端圓徑一寸一分，一端圓徑六分。輪柄內鋼心長三寸，徑二分半。頭上銅羊眼圓徑六分。鋼桿長六寸三分，第一節徑四分，長五分。第二節徑六分半，長一寸七分。第三節徑一寸，長一寸五分半。第四節徑五分半，長一寸七分半。

橫移鋼架　中綫距礮床前十二寸半，內徑五寸一分半，外徑五寸六分，托牆高一寸六分，托底厚二分，托牆長四寸，厚二分。左牆本身凸出。鋼齒甲輪內銷圓徑五分半，長一寸七分半，中綫距乙輪孔一寸六分半。橫中綫距托牆前二寸四分半，鋼架下節裝螺管牆，牆距托底二寸三分，牆底長三寸五分，牆下圓式，徑一寸七分。裝螺管膛方徑一寸一分半，托底後凹槽一條，深二分，寬同槽外肩，高六分，肩背五分，圓式，嵌十字鋼架尾梢用。

雙脚橫移螺管　長四寸二分，外徑一寸三分，內徑一寸。方牙螺絲一寸，六箇。螺管左底兩方肩，肩內方膛深五分，寬一寸一分半，肩厚三分。

螺棍兼銅齒乙輪　長五寸六分，螺絲徑一寸。螺絲牙一寸，五箇。齒輪徑一寸五分半，輪厚四分。齒輪下第一節徑一寸二分，長二分。第二節徑一寸零半分，長一寸二分。齒輪周圍齒十四箇。

鋼齒甲輪　長一寸半，圓徑二寸二分，輪厚四分，周圍齒十八箇。輪外凸高一分半，輪內外圓徑一寸一分，長七分，輪內徑四分半。

齒輪銅罩　長四寸，高七分，一端圓式三寸，一端圓式一寸七分。內孔周圍厚半分，罩下四脚厚半分，脚外圓式四分，內孔二分半。制罩二分半，螺絲四隻。

銅搖輪　圓徑三寸七分，邊圓徑三分，輪內長五分，圓徑四分半，輪內徑四分半。第二節內徑一寸一分，長五分。

礮架前節　一分厚鐵板壓成，長三尺七寸二分，翹頭高十四寸，距底高九寸三分即車輪軸中心孔。鐵殼外徑七寸六分，內徑七寸四分半，左右轉邊寬一寸三分，中間撐檔兩條，高四寸。

護軸左套　厚三寸，內孔徑二寸二分，外圓徑三寸三分，護牆套板厚二分，板長距中心四寸七分，板前寬三寸七分，後寬四寸六分，套心裏面距板高一寸一分，外面距高一寸半，套肩護板厚二分半，寬一寸半，套心下有兩耳，長一寸二分，寬同厚四分半。耳圓式，徑一寸二分，套底護板長二寸三分半，寬一寸七分半，厚二分。護板中綫距套孔中綫一寸五分。

右套除去兩耳，餘均相同。右肩鋼套內孔徑二寸半。

坐墊鉸鏈銅架　後架中心高四寸半，前架三寸六分，三角式，對角一寬四寸半，一寬四寸。鉸鏈耳在四寸半寬之平面，耳後二寸鉸鏈槽六分，耳圓式，一寸二分。鉸鏈螺絲銷二副，銷徑五分，長十寸，皮墊兩箇。

皮墊鉸鏈左架二條　鉸鏈外圓徑一寸，內孔徑五分，厚七分，肩高六分，與鉸鏈中綫同。鉸鏈檔距中心高五寸，檔厚三分，檔長距中心六寸，鉸鏈心至肩內一帶宛如半面太極圖式。

鉸鏈右架檔距中心高十四寸，檔長距中心七寸半。鋼板厚半分，四角圓式一寸半，左板長十二寸半，寬八寸，轉角寬九寸，右板長十寸半，餘同。

礮架前節鉸鏈　長九寸二分，高四寸二分，外寬七寸四分半，內寬六寸七分半，底厚二分，牆厚二分。牆內左右鉸鏈，耳內徑五寸五分，外徑六寸七分。耳外圓徑二寸一分，耳內孔徑七分，耳厚五分，耳底板厚二分半，長三寸一分。至內斜式，底長二寸七分，上至下斜一寸七分。鉸鏈平底，長一寸七分。卸架尾鋼骱槽長一寸五分半，寬六分半，骱心圓式，徑一寸二分半，長一寸，骱鉤頭孔長五分，寬六分。後節鉸鏈，鉸鏈板高三寸七分，寬三寸三分，上下斜式，四寸。板內寬七寸，外寬七寸半，鉸鏈底板厚二分，寬二寸零半分，骱鉤距底高二寸一分，底厚二分半，斜寬二寸三分。骱鉤座長一寸六分，鉤內圓式一寸三分，鉤背圓式三寸，鉤厚六分。鉸鏈銷左右二隻，銷徑七分，長二寸半。蓋面邊徑一寸一分，厚一分，拉銷彎頭圓徑二分，長四寸。頭上扁徑二分，圓式一寸，內孔徑五分。銅練二條，制練二分徑螺絲二隻。

礮架後節　長三尺六寸半，梢頭斜高七分，長七寸，撐鐵一擋高一寸二分。

撬套兼鉸鏈銅座　長十寸零半分，寬十寸半，座底兩筋內寬七寸一分半，高三分。筋外凹圓式七分，座底板厚二分半，鉸鏈耳兩隻，左右對峙高二寸二分，寬同上，面圓式亦同，厚一寸半。鉸鏈銷孔徑一寸一分，鉸鏈耳孔中綫距前三寸七分，距後六寸七分，中間撬套長三寸七分，前高二寸，後高二寸三分，上面圓式

同内孔，尖式，一端一寸二分，一端一寸。

起插鏟鋼鉸鏈架　鉸鏈座板長十八寸，寬三寸，厚二分，兩端圓式，三寸。鉸鏈檔二根，左右對峙，距座底斜高四寸七分。檔長九寸，檔身厚半寸，絞鏈頭厚六分，外圓徑一寸五分，内孔徑一寸。

起插鏟斜心銷　長十三寸，銷徑七分，蓋面邊厚三分，圓徑一寸三分。

尖頭插鏟　護板長二十寸，中間寬五寸，平面長四寸，兩端斜式四寸半，板厚二分，距中綫左右五寸一分，凸起兩筍，每筍寬一寸一分，再距左右五寸六分，兩筍每筍亦寬一寸一分。五寸平面之中嵌一尖頭鋼插。尖頭長三寸半，寬四寸，厚一寸六分，柄厚二分，長一寸半，周圍扁圓尖式。

扳手蟠鑚管　内孔徑七分，外圓徑一寸三分，厚六分，柄長四寸，圓徑六分，外套蟠鑚，半分徑鋼絲蟠成，長三寸，内徑六分，外徑七分，扳手柄長四寸六分，柄外圓，徑一端一寸一分，一端一寸。肩厚一分半，肩圓，徑一寸二分。肩下長方式，鉤彎頭寬一寸二分，厚二分。

合筍鋼機　寬一寸三分，長二寸半，筍膛高二分，深二分。

架尾方銅托　外徑長八寸半，内徑七寸五分半，寬三寸六分。後牆高二寸六分，距邊高二分，左右邊寬一寸三分半，長三寸三分。邊前距底高二寸六分半，後距二分半，前高後低，斜二分半。邊内轉角圓式七分，托底内左右圓式一寸一分。

鋼提鐶左右二隻　四分圓鐵圈成，高二寸半，長四寸。

撬桿　斜曲柄長二十八寸。

車輪二件　花梨木製，輪外徑三十一寸半，鐵箍寬二寸，厚二分。車輪圓邊寬二寸，厚同。輪檔十二根，每根長一尺，寬二寸五分，斜式五分。扁厚一寸五分，制箍螺絲十二副，徑四分，長二寸六分。

輪軸　長四十二寸一分，兩端套銅夾内尖式，長五寸半，餘長一寸二分，一端稍頭一寸三分，扁圓，長一寸一分。内扁厚六分，外扁厚四分，距内六分半，一孔徑五分。制輪方銷底至外長一寸半，頂面一寸二分，圓式。方銷膛寬半寸，長五分，外端圓式，距内兩端右端長七寸二分。第一肩徑二寸，厚二分，肩内徑一寸六分，至内長七寸，徑二寸。距内一肩徑二寸六分，厚半寸，左端長六寸六分。第一肩徑二寸，厚二分，肩内徑一寸六分，至六寸六分長徑二寸，中端長十一寸七分，左至右長十一寸三分，左端徑二寸二分，平徑長二寸半，右端徑二寸半，平徑長二寸二分，中間帶尖式，右端一肩徑二寸六分，厚半寸。制桿鋼蓋厚半寸，内孔徑二寸二分，上面平式，外徑三寸二分，下面兩耳對徑五寸二分，耳内孔徑半寸，耳外圓式一寸，制蓋螺絲二隻，徑半寸。制輪鋼銷長三寸，寬五分半，厚三分半，銷肩内圓式一寸三分，外圓式一寸七分，銷面彎頭高一寸三分，圓式七分，内孔徑二分半，厚四分。提銷鐶二分，圓鐵圈成，外徑二寸六分，内徑二寸二分，高二寸三分，鐶頭鉸鏈圓徑六分，内孔徑二分，厚二分。

内外銅夾四件　銅夾心邊外徑六寸五分半，厚二分，肩外徑二寸六分，高一寸半。銅夾身共長五寸半，内孔徑一端一寸半，一端一寸三分，銅夾蓋肩高一寸一分，内孔徑二寸，邊厚二分，邊外徑六寸五分。制夾螺絲二十四副，螺絲徑三分，頂面圓式六分，長三寸六分。

傳記

鄒漪《啟禎野乘》卷六《徐文定傳》　公名光啟，字子先，南直上海人也。舉萬曆丁酉鄉試第一，甲辰成進士，選庶吉士。公常學聲律，工隸、楷。及是，悉棄去，習天文、兵法、屯鹽、水利諸策，旁及工藝、數學，務可施用於世者。時台吉犯邊，廷議惴惴，公謂宜以市賞爲餌，戰守爲實，著選練。論擬上，卒不果。三十六年，授翰林院簡討。會江南水災，公建議留税金五萬賑蘇、松、常鎮，發儀真鹽課及税金各十五萬賑杭嘉湖，詔從之，全活甚衆。四十一年，分較禮闈，遷左贊善。時東事日亟，公策杜松等必敗，果如其言。又言燕臺形勢，非兵無以立國，非戰無以守土，時論韙之。未幾開原破，瀋鐵望風潰，乃感激復上書，請破常格，羅真才，京師宜築重層墩臺，鑄鉅砲，薊州、遼左諸臺堡宜倣此修建。更宜結連屬國使爲我用，因自請監護朝鮮，以聯外勢。朝廷壯之，而不能用也。天啟初，以少詹事兼河南道御史，團練京兵，欲倣岳飛背嵬軍法，角勇力層累登擢，操賞月例以次加優，示激勸。因先請定三義激勸法：一曰義募，二曰義餉，三曰義薦。乃議選丁壯二萬人，倣邊臣譚綸、戚繼光遺意，簡將設官，分營訓練，一年後可以成軍。當事謂公才，議以各省民兵召募約衆六十三萬，教練俱以屬公。然公所議行多費，爲當事所掣肘。公閲兵於山、陜三營，求入彀者不過數百人，甲仗多不堪。乃浩歎曰，即盡如予言，可擬譚、戚，當年匹馬不入爲功爾，何竟若此！然益

自振厲，酌古今，定營制。每部哨隊伍，皆用方圓曲直鋭，自五人以至數十萬，散可散操，合可合操，得曲直煩簡之衷，軍聲頗振。但皆步兵，無騎戰，而所需戰車、大砲、軍資、甲馬、樞部、計部類多庋置之。公憤甚，遂以疾請告歸。是年夏，尋召還。公念都城固守尤亟，乃上書，言宜倣西國法，以臺護銃，以銃護城，以城護民。乃具銃城圖，及制度規畫，銖兩皆悉具。併取西洋諸所製大砲上之朝，請倣造。有旨下部，覆復以經費無出難之。公乃請帑，上允，發帑四百萬。久未下。當時百費皆仰給內帑，公憂之，謂國家專恃內帑，亦非常策。古有聚兵百萬不齎斗糧者，屯法行也。因條議墾田用水諸方略，上報可。三年春，罷歸。思宗憂國用匱，御經筵歎曰，焉得天雨金乎！大禹時，天雨金。秦雨金於櫟陽。此外寧復有？公進曰，周成王時亦有之，書在臣邸舍中。取視之，益信。異日上讀《離騷》，又問曰，天有九，何也？公對曰，宗動，一天也。恒星，一天也。七政，各一天。合而爲九。因及日月薄蝕、五星順逆之故，日昃始罷對。又上言京畿東西屯田，及曝沙種鹽策數萬言。思宗讀之終日，意嚮用之。二年，轉左侍郎，旋加太子賓客。是夏，日食失驗，欲罪臺官。公言，臺官測候，本郭守敬故法，元時常當食不食，守敬且爾無怪臺官之失占也。臣聞曆久必差，宜及時修正。思宗從之，乃詔修曆，敕公而領其事。初，劉基造《大統曆》，雖用授時法，而郭守敬之術不傳。守敬之言曰，古之日長，今之日短，法當以七十五年爲消息，上推益一，下推損一，天官家莫曉也。公獨得其意，以泰西勾股測弧之法，三線交而布算，用測圓弧，以黄道緯度爲主視授時用黄道距度，其法加密。其後日食，臺官法大謬，而公所推亦差杪忽，乃更求所未合定之。曆書告成，三年，進禮部尚書掌詹事府。四年夏五月，思宗手敕公以本官兼東閣大學士參機務。五年，進兼文淵閣大學士，加太子太保。公在閣值周延儒溫體仁，後先首輔，公不得展。時年已老，六年秋九月，以勞瘁卒於位。訃聞，輟朝三日。賻賜有加贈少保，謚文定。十四年，詔求遺書于中書舍人，驥人謝進《農書》六十卷，進贈太保，録其孫爲中書舍人，命有司刊布其書。又有《毛詩六帖》《漕河議》《兵事庖言》《幾何原本》《歷指》等書，總百餘卷。

論曰：文定公固文武全才，即其所學出入天人，上下經史，而身當筦鑰，一拂意于璫人，再觸忌於司馬，遂不得竟其大用，殊可惜也。後之論世者，屈指兩朝綸扉輔佐，文章節義蓋不乏人，而求其宏通淵博，足爲萬邦之憲如公，豈有二哉！

張炳璿《明進士奉政大夫山東按察司僉事奉敕監遼海軍務端節先生葵心王公傳》王介《寶田堂王氏家乘》卷五《誌傳碑銘》　崇禎癸未之次年三月初四日，涇陽葵心王公卒於里第。卒之日，紳衿耆夙思公痛公，不能置於其懷，相與唁而嘆曰：「夢夢者天耶！胡生弗辰，乃竟使此公賫志以長逝耶！」既而不忍以名名公，復相與考行，私謚稱端節先生。蓋先生生平無逸行，於法得端，節則愾。逆闖之入關也，魚肉其薦紳先生，故以僞命辱之，故先生手題墓門之石：「有明進士奉政大夫山東按察司僉事奉敕監遼海軍務了一道人良甫王徵之墓」。旁更署一聯曰：「自成童時，總括孝弟忠恕於一仁，敢謂單傳聖賢之一貫；迄垂老日，不分畏天愛人之兩念，總期自盡心性於兩間。」又曰：「老天生我意何如？天道明明忍自迷！精白一心事上帝，全忠全孝更無疑。」付其子永春、侄永年輩曰：「吾不忍七十餘年君親生成之身，辱於賊手，旦夕且求死。死以吾所題字鐫諸墓門，泉下人渠復爲名計。死不忘君，永吾志足矣。」已聞賊且使使迫促應命，先生輒引佩劍坐卧所事天主堂中待盡，囑家人勿顧念：「使果至，吾以頸血謝吾主耳！」無何，子永春以先生老病狀復有司，有司縶永春代行。永春喜得代：「第俾吾父考終命於牖下，兒即九死目瞑已！」先生亦强相慰勞：「兒代我死，死孝；我矢自死，死忠。雖不能不痛惜兒，顧以忠孝死，甘如飴也。」從此，遂絶粒不復食。家人勉進匕箸，弗御；進藥餌，亦弗御。閲七日而捐館舍。屬纊之際，猶握予手，誦所爲：「憂國每含雙眼淚，思君獨抱滿腔愁」之句，絶無一語及他。

予同至親及及門視含殮，目先生脱然委蜕，金色浮滿大宅。意先生勤事天之學綦二十年，刻刻以畏天愛人爲心，至是復以憂憤盡節，滿面金色示異。君子雖不語怪，要必有不死者存。遠擬夷齊，近媲文山、雪菴先生之風，殆庶幾歟！

予既奉先生遺囑，撮先生生平大節，誌而銘之。尤念銘藏以示後世，近顧不可以無傳。維時關以西立言之士，凋謝殆盡。予鄙僿，甚辱先生情親而誼深，且知先生殊悉，有道之碑竊幸可以無愧，於是復爲之傳。

先生先世，遠莫可考。諱春，占籍涇陽之始祖也。數傳至瓚。瓚生尚仁。尚仁生雲，是爲先生王父，世有隱德。配衛氏，生子二。長應選，純終克世，以先生貴，封文林郎、直隸廣平府推官；配張，即予姑，慈惠靜順，贈孺人。以隆慶辛未四月十九日生先生，諱徵，字良甫，道號了一道人，葵心其別號也。

先生生而穎異岐嶷。七歲出就外傳，從先大夫學。先大夫固以理學名關西，教先生佔畢章句，灑掃應對外，即一言動不苟。已能日誦百千言，已能爲文，

駿發茂美。年十五，有修菴尚翁者，予舅氏也，過從先大夫，因晤先生，異之。試以帖括，不移晷成，蜚然可觀。翁即以女許委禽焉。十六歲遊於泮。廿四舉於鄉。名理淵涵，躬行砥礪，人謂先大夫宅相之奇，先生洵無忝於魏收、劉牢之云。居恒嗤士人一甫登賢書，有則狎俠邪，使酒罵座；不則飾裘馬，豪宕不羈；有則溷公府，徵逐貨利；不則求田舍，連卷猥瑣。乃爲文自誓，壹敷范文正做秀才便以天下爲己任。故困於公車垂三十年，而絶無一字陽觭其間。布袍蔬食，著書談玄。時而策蹇，時而徒步，謙光道氣，有滅明叔度之遺韻焉。至於事母之孝，根於天性。痛其多病，百計醫療，徒跣百里，十武一叩，以禱藥王。丙夜望斗，膜拜百數，以祈增算。居喪則不茹酒肉，不近寢室。瘠毀骨立，幾於一號殞命。邑里顧化，使人篤於毛裏之愛。錫類維則，迄今流餘風也。

壬戌，登文震孟榜進士，時年五十二矣。擢第之日，無論識與不識，莫不欣欣相賀。粹品積學，鬱然公輔之器，其有益風教民生，將未艾也。已乃司李平干，丁繼母艱。已復司李維揚，丁太公艱。實歷宦籍，纔二年餘耳。其在廣平，則辨白蓮之誣服，全活無辜以數百計。定清河之水鬨，澤被石田以千頃計。演諸葛之八陣而武備飭，築成安之河壖而昏墊拯。其他丹筆明冤，蓋魚表潔，美政難以指數。廣陵甫任，三王就封，無藝之征，王舟之費，榜人貂虎，幾以人爲脯已。先生挺身白之王前，力爲元元請命，王終折節聽之。未幾，魏璫羅織搆獄，連及舊嵯臺樊公、房公，故太守楊公、顏公。又搆黄山一案，蔓引幾數百人。奸人乘機磨牙，無一敢逆其顔行。先生獨矢天日曰：「司李，郡執法也。即某在，必不敢廢法。法不廢，齗齗者其容囓弱肉乎！倘不以平反報，司李願罷斥去。廢朝廷法而爲一己功名地，死不敢爲也。」當事卒無能奪。璫勢漸灼，人爭獻媚。白下、淮陽建祠纍纍，部使者以下，竭蹶恐後。先生獨與淮海道來公陽伯名復，毅然不往。來公與先生同里同社，同以風節表著，寧觸璫怒禍不測，必不污姓字於建祠籍中，一時有「關西二勁」之稱。

丁太公艱後，服尚未闋，會登萊叛將劉興治據島爲亂。登撫初陽孫公悉先生長於邊計，特疏起陞山東僉憲，監遼海軍務。先生赴闕控辭，弗允。與孫公劼毖島事，及圖恢復金復海蓋諸道。未幾，叛將授首，恢復諸務，駸駸有成算矣。而孔李二將，自吴橋激變，反刃歸登。家屬内伏，叛人外攻，侵尋至於淪陷。擨鼠羅雀，先生力竭，無異張許之於睢陽。而其間使逆黨服其忠義，不忍加害，授以艅艎，航海歸廷尉。卒徼鶏竿之赦，以返初服。此非至誠足貫金石，格豚魚，能及此耶！

返初服十五年，卻掃著書，禦虣賑饑；清貧如布素，而切己溺己饑之恥；勤渠如學徒，而開後知後覺之蒙。而且雅量容人，和風扇物。一時提陽秋之鏡者，擬先生孝謹如石建，平恕如劉寬，籌邊如仲淹，直節如汲長孺。其創製有自行車、自行磨、引水、代耕、測漏、連弩，著成《奇器圖説》等書，又如法和、孔明。而惜乎其中道免官，不能大竟厥施，不能不爲斯世扼嗌云耳。然先生享年七十有四，宣髮朱顔，步履强健，談論風生。與人無城府，好獎藉後學，所過人争延致，又如堯夫先生之花外小車，天下名碩習公藉甚。宦秦者争先式廬，先生每切切以憂時經世相勸勉。至於銅駝之嘆，杜鵑之慨，灼識兕觀，至今不幸其言驗，而付之無可奈何。如先生者，夫寧可多得哉！猶憶大祲之後，邑令誤信其下，催科過嚴。先生輒手疏數百言，侃侃切直。客虞觸令之怒，先生曰：「竿牘無私，我所自信。令君信我，涇民幸，令亦幸也。即不我信，我固未嘗負令君也。」令卒謝過惟謹。先生如傷之念，此更可窺一斑。

嗚呼！先生可傳之行，更僕難數，玆僅傳其大略。

予嘗有感於士君子完品之難。子雲當世名傑，而美新遺詬於千秋。信公有宋之第一人也，炎午猶風其速死。蓋人居恒談忠義，扶綱常，未嘗不鋼腸鐵骨自擬，視叩馬採薇，抉目斷舌可接踵者。一當患難死生之際，或蒙袂而不知恥，或澳涊而不能決。即甘一瞑矣，而或後時無以自白，均之於品有未完也。若先生者，迹其生平如此，按其晚節又如此。夫當逆璫操生死人權，雖望祠下拜，所損未若反面事仇之甚也。先生尚不肯屈一膝以嘗斧鑕，豈值世運鼎革，君父摧殘時，而顧偷一日之生靦哉？故人謂先生之品完於盡節之日，而予於不媚魏璫時，已覘先生品有獨完者矣。故予誌銘中特以完人與先生，秉彝同心，天下後世必不謂予阿所好也。

先生元配尚孺人，貞壽克儷厥德。側室申氏，青年貞静，矢志靡他，小星中尤難多得。子永春，孝思篤摯，其得脱逆闖禍也，明則黔首爲之代控，幽則碧翁爲之垂憐，天祐忠孝，豈真夢夢也哉！弟徽，醇學篤行，蜚聲藝苑，乙卯秋闈，大受知於有司矣，而顧以數奇未售，先先生卒。弟徹，樸茂忘機，無間言於友。於侄永年、永祚、永齡等，猶子情深。一門孝友，尤皆爲先生完品之助，故亦傳之末簡。

嗚呼！稗官國史，可使修夜常明。誰標金玉之管，尚有採於斯言。

欽詔賢良方正北平令長天臺隱者里眷弟張炳璿儀昭甫頓首拜書於怙冒山居。

張縉彦《僉憲王端節公墓誌銘》王介《寶田堂王氏家乘》卷五《誌傳碑銘》

癸未，李賊破關中。故進士僉憲王公不辱僞命死之，時甲申三月也。里人私謚曰端節先生。張儀昭傳其事，誌狀闕焉。越七年，子永春煢卹在疚，謂余令三原時與公最契，能悉公言行學術，託鄣乞言於余。嗟乎！余何忍誌先生？然播遷餘魂，未死者不爲死者誌，負先生哉！乃爲誌曰：

公諱徵，字良甫，號葵心，自稱爲了一道人。生而穎異。七歲，從張貞惠先生遊，已能日講百千言。年十五，文章駿發，立志落落，不與衆伍。敦大節，肆力問學。有修菴尚翁一見異焉，妻以女。十六，補弟子員。二十四，登賢書。人訝尚翁宅相之奇。得雋後爲文自誓以天下爲己任，曰：「范文正所爲，分內事耳。」困公車者三十年，芒履蔬食，以著書講學爲務。母病，徒跣百里，十武一叩以禱，病尋愈。壬戌成進士，年五十二，無論識與不識咸相慶，以爲是科得大儒矣。

司理廣平時，白蓮獄興，有司擊斷爲武，連無辜以千百計，公悉爲辨釋之。濬清河水閘，渠石田者千頃。教民以武侯陣圖，曰：「天下不可以無事之治治也。猝有變，何恃哉！」以繼母憂去。補廣陵，值三王之國，從舟執事者如林，膾人脂血爲食。公挺身白王，王爲折節。及魏閹搆黄山獄事，連巨室數百人。黠者乘機搆害，一時側目。公毅然曰：「某在，必不敢廢法，齗齗者其容噏弱肉乎！」以一官爭之，當事卒不能奪。建祠役興，公與淮海道來公陽伯力持不可，竟不往拜，一時稱爲「關西二勁」云。丁父憂。時島賊爲亂，登撫孫初陽疏起公爲山東按察司僉事，監遼海軍務。公赴任，規劃海事，進取金復海蓋諸道，擒叛將劉興治等。時吴橋兵變，登州繼破。公航海隻身歸赴廷尉，會赦返。初服十五年，卻掃著書，不異秀才時。

余令三原，公里居。值寇盜充斥，每從受方略，議戰守。創爲連弩、活橋、自行車，自飛礮諸奇器，演爲《圖説》。三原巖邑，賊視之咋舌去，公力也。歲祲，糾仁社賑之，全活千百人。又爲書數百言，諷涇陽令之急催科者，令改容謝之。公通西學，與利瑪竇之徒羅君善，造天主堂居之。著有《畏天愛人極論》，爲前人所未發。李賊入關，羅致縉紳大夫。公懼不免，手題墓石曰：「明進士了一道人之墓」。又書「全忠全孝」四大字付公子永春曰：「吾且死，死豈爲名？欲汝識吾志耳！」及賊使促公，公引佩刀自誓。有司乃擊公子永春行。永春喜得代父，急赴賊所。公亦强相慰勉。從此遂絶粒不復飲啖，越七日而殂。殂之日，猶誦所爲「憂國每含雙眼淚，思君獨抱滿腔愁」之句。顔色如生，面上浮出金光，姻戚吊者無不嘆異云。

嗟乎！李賊煽禍，臣子有死有不死，有被其掠殺而死，有遭其刑辱而死，有受僞命卒逢其怒而死，有求生不得無可如何而死。曰殉身，曰與難，人即稱之曰節，曰烈。若公者，進不與其憂，退可避其刃，而七日絶粒，談笑自若。視有宋文文山、謝疊山，其大節炳燐，豈有讓耶！謚曰端節，信有徵夫。今大清誅賊靡有噍類，余舉幟黄麻山中，慕義來朝，留滯者五年。追念我公，安能不涕泗横集也！

按狀，公始祖名春者，初遷涇陽。數傳至瓚，至尚仁，至雲，是爲公王父。子二，長應選，即公父也，封文林郎廣平推官。公元配尚氏。子永春。弟徽、徹，皆有文名。

銘曰：與其餒於德也，寧餒於身；與其壽於身也，寧壽於名。身則躓之，名則朠之。其丘以土，既安既固，後人是覩。

陛見在京前進士兵部尚書兼翰林院學士如是道人張縉彦拜撰。

查繼佐《罪惟録・王徵傳》　王徵，字良甫，號葵心，晚自號了一道人。陝西涇陽人。生穎異。七歲，過目成誦。二十四，舉於鄉。負志節，以著書、講學、力行爲務。母病，跣百里，步一禱，病愈。困公車三十年，乃登天啓壬戌進士。司理廣平，時白蓮黨所連無數，徵盡活之。補揚州，三王之國，挺身白王，民繇減。魏祠大興，徵獨與兵監道來復持之，邗上無香火魏者。來復亦陝人，時稱「關西二勁」。黄山吴養春獄多波及，徵據法争曰：「寧失官，不能深文。」

徵奉天主教，最闢佛事。因習西洋術，製有自行車、自行磨、引水、代耕、測漏、連弩，草《奇器圖説》。崇禎初，降將劉興治據島叛，登萊巡撫孫元化薦徵山東僉事監軍。徵行而興治亦貼。會兵亂吴橋，還據登州。徵與元化併自繫，詣闕請罪。元化死，徵赦歸里。

著兵書曰《癡想》，所載有三約、三論、四伏、四活、五飛、五助，凡二十四則。三約，約遼人也。三論，皆邊事也。餘者，火攻之制。時無有信其用者。先是，童謡有云：「水過雁塔，李王大發。」時果水浮塔頂。迄癸未冬，賊自成乘勝入秦。徵知不免，書「全忠全孝」四大字，付其子永春，且曰：「吾必死，當鐫石墓門：『有明進士奉政大夫山東按察司僉事監遼海防軍務王徵之墓』。」賊至，手劍

坐天主堂，閉口不食，七日而死。死之夕，猶誦「憂國每含雙眼淚，思君獨抱百年愁」之句。

論曰：王監軍諸著、諸器，惜不及一試。想但與山左滿巽兄一例，亦機，非能大用也。猶其奉天主教嚴，臨命猶喃喃二語。以此事天，儒教哉？嘗語其子：「死豈爲名？欲汝識吾之志耳！」知死非其所難。同人私謚端節先生，不止以其死也。

屈大均《涇陽死節王徵傳》屈大鈞《翁山文鈔》附《翁山佚文輯》卷上　王徵，字良甫，一字葵心。涇陽人。天啓二年進士。初任廣平推官，部民爲白蓮教所誣，徵得數百人，冤者釋之。又築清河水閘、武安河壩，有功於郡。丁母艱，歸。補揚州。天啓七年，瑞、桂、惠三王就國，供億繁重，民苦之。徵上啓三王，王皆折節以聽。魏璫忠賢起大獄，搆舊巡鹽御史、舊知府樊、房、楊、顏四人。又搆黃山一獄，蔓引至數百人。吏緣藉爲奸利，將不可底。徵曰：「司理，天子之執法也。殺人以阿媚人，死且不敢。事若不直，願罷斥。」忠賢無以奪。時大江南北争建忠賢生祠，徵獨與淮海道僉事三原來復毅然拒之，時謂「關西二勁」。

崇禎元年，登萊叛將劉興治據島爲亂，巡撫孫元化薦徵邊才，上命以山東按察司僉事往監遼海軍。時徵服未闋，赴闕控辭，弗允。至軍數月，斬興治，恢復金、復、海、蓋諸州。會孔有德自吳橋激變，反攻登州。徵城守旬餘，士飢不能出戰，城陷。逆黨重徵不忍害，使航海以歸。既下獄，會赦得釋。

闖賊初起，關中岌岌。徵歸與邑令募守禦，繕甲儲餉，爲桑梓計。流賊屢攻不能拔。賊往來飈忽數千里，秦無完城，獨涇陽、三原安堵，大抵多出徵與焦源溥方略云。十六年冬，西安陷，賊欲大用徵。使且至，徵引佩刀坐於門以待，謂其嗣子永春曰：「賊使至，吾必不行，當以頸血濺之。」永春叩首曰：「大人毋自苦，兒今走自成所，請死以代大人。」徵曰：「兒代我死，死孝；我矢自死，死忠。兒行矣。」既行，徵遂絶粒不食。延至五日，永春獲釋而歸，跪進湯餌。徵曰：「子之於父，當承其志。今日之事，不忍父死，是亂父志也。」揮之。又餓二日乃殁。邑人私謚曰端節先生。

其友袁養和者，字祥夫，盩厔人，繇舉人知屏山縣。獄焚，囚出避，火熄盡還獄。人皆奇之。陞衛輝同知。爲福藩採木於蜀，省金數千。遷河南知府，理南陽獄，出死囚百餘人。陞貴州副使，豫策知四川奢寇之叛。轉雲南參政，以病歸。西安陷，自成疾徵之，亦絶粒死。

屈大均曰：賊之僭號於西安也，吏部郎宋企郊爲賊進退人才，授官較士；舊副使張國紳進拷掠士紳、殺宗藩之議；舊磁州道僉事鞏焴進改八股、定官秩儀注之議。賊分鄉舉爲三等：一爲弘文院，僞館選也；次爲六府從事，僞部郎也；外爲防禦使，僞監司也。秀才亦分二等：優者充州縣長吏，次充教官。是時涇陽舉人聞而南遁者，有張惇、馬御輦；三原舉人聞而入山者，有周祚昌；縉紳則焦公慷慨，王公從容，同不污僞命以死。若袁公忠貞相繼，亦皆人傑也哉。

予嘗至魯橋拜王公祠，欷歔流涕。讀其《諭叛》《諭遼》《諭□》三書，並足餉、籌兵二議，惜其不獲早用以至死。有楊國柱者，聞徵死亦絶粒，七日不死，復食。未幾，京師陷，爲大行皇帝后位，哭奠盡哀，復絶飲食七日。家人强之，乃遯入空同山中牧羊，竟以死。國柱字叔堅，亦涇陽人，繇萬曆四十一年進士，初知泰興，入爲户部郎，出兵備河東，皆有政績。

萬斯同《明史稿·王徵傳》　王徵，字良甫，涇陽人。舉於鄉，十赴會試不第。以孝義爲鄉里所推。天啓二年始舉進士，授廣平府推官。時治白蓮妖黨，株連者數百人，多爲昭雪。建清河水閘，民獲其利。以繼母憂歸。服闋，補揚州。值三王之國，部内大擾。徵直詣王前，白之王，即爲戒戢。徽州黃山獄興，其富人多行賈於揚，主者大肆羅織。徵曰：「我在，必不使無辜受冤也。」獲全者衆。大吏建魏忠賢祠，惟徵與鹽司三原來復不與，時稱「關西二勁」。崇禎初，以父憂歸。

東江副將劉興治作亂，登萊巡撫孫元化以徵素習西洋火器，薦爲遼海道監軍僉事，節制東江。未幾興治爲部下所殺，徵乃與元化謀將進取四衛。上言：「十餘年來所爲耗費金錢，荼毒生齒者，總爲遼左一塊土耳。故議者僉曰：『遼事平，天下寧。』又曰：『遼餉不增，遼須罷兵。』夫兵何易言罷也？臣謂兵貴土著，不貴客兵。管仲曰：『有節制之兵三萬，足以横行中原。』況一隅乎？計莫如收拾遼人，令善將者簡閲而訓練之。明其賞罰，施以恩威，可省徵調召募之費。因而扼要設奇，乘險樹壘，以遼人守遼土，可益堅故土之思。因而廣收膏腴，大興屯種，以遼土養遼兵，可漸減加派之困，於攘外之中，得安内之道，幸聖明垂聽報聞。」四年十一月，李九成、孔有德反於吳橋，擁兵還抵登州。其黨與爲内應。明年正月朔，城即陷。徵及元化皆被執，幽之空舍，久之縱還。元化論死。徵謫戍，已而赦歸。

十六年冬，李自成陷西安，令有司召徵，徵誓死不赴。其子永春陳父老疾

狀，有司執以代行。明年京師失守，天子殉社稷，徵爲位慟哭，絶粒七日卒。鄉人私謚端節先生。

王心敬《端節王先生》《關學編》卷六　先生名徵，字良甫，既第後自號葵心，晚乃自號了一。卒之歸於致命遂志，故殁而士林謚以端節，至今稱端節先生焉。西安府涇陽人。生而器宇英邁。七歲從張湛川學，即言動不苟，文藝駿發。十六入庠。廿四舉於鄉，即自誓以天下爲己任，因自號葵心。識者已知先生之志所在矣。困公車者三十年，孝事兩親，餘惟講學著書爲事。芒履蔬食，一字不以干公府，母素多疾，百計醫不愈。徒跣耀州，十武一叩，禱醫宗孫真人洞，向夜望門，膜拜百數，以祈增算。一時士大夫聞之豔羨曰：「良甫事親如是，他日事君鞠躬盡瘁當生死以之矣！」年五十二，乃登天啓壬戌榜進士。

當是時也，明之季葉，盜賊、饑荒，海以内連綿不絶。先生自未第時即蒿目而憂，講經時濟變之略，於凡兵陣、城守、積貯、製器之宜，無不究極其要。故初任廣平司李，即贊守飭武備，演武侯八陣以禦盜。他如辨白蓮教之誣服，全活以數百千計；修整清河之水閘，溉石田以千頃計；築成安之河壩，拯數邑之昏墊，不啻百十萬；皆其救災捍患大目。餘丹筆明冤，難指數也。甫一年，丁母憂，柴毁骨立，不飲酒食肉近寢室者踰三年。服闋，再補廣陵。值魏璫扇虐搆黄山一獄，蔓引不可勝數。先生獨矢天自誓曰：「司李，郡執法也。倘以平反斥去，是固所願。廢朝廷法，爲己身功罪計，獲罪於天，孰甚焉，死不敢爲也！」一時默全爲多。及璫祠之議興，白下淮揚，纍纍相屬，部使者以下竭蹷恐後，先生獨與淮揚道陽伯來公屹立不往，一時有「關西二勁」之稱。蓋來公三原人，與先生皆關西人也。甫一年，又以丁父艱去。計兩任司李，實歷官僅年餘耳。先生設施固百不暨一，而膽略之弘偉已聲滿縉紳間矣。服尚未闋，會登萊叛將劉興治據島爲亂，撫軍孫公初陽素悉先生幹略，特疏起陞山東登萊兵備僉事監遼東軍務。先生固乞終制不得請，則親赴闕自懇，卒不允，奉特旨令與孫撫經營島事，及圖恢復金、復、海、蓋諸道。先生單車赴任，至則與孫撫慘淡經營。未幾叛將授首，恢復諸務駸駸有緒矣。而孔、李二叛將復自吴橋激變，賊黨家屬在内，外内勢合而城遂陷。先生乃以艅艎航海歸命廷尉，朝議量其非辜，特赦歸里。

是時海内盜賊益衆，而荒旱益甚。先生明見時事，知將益棘，於是築室於園，嚴事天之課。立心，則必以「盡性至命」爲歸，曰「學不至此則不可以對天」；講學，則皆拯溺救焚之務，曰「學不至此則言不得體天」。於救荒也，則以身倡糾仁社賑之，一民飢如己之飢。於禦盜也，則築城浚隍，倡鄉人固守。又籌輔車相依之勢，約合三原令君公議救援戰守之宜，復創爲連弩、活橋、自飛礮諸奇器，以出奇制勝，卒之二邑俱賴以全。厥後，兵部尚書張公縉彦誌先生墓，謂「三原嚴邑而賊不敢犯者，皆先生之力。」蓋是時張公令三原，本於先生受方略以保境，蓋知之最詳云。

既而逆闖攻關。先生自矢以死報國，遂更號了一道人。了一者，猶之葵心之旨，而殺身成仁之志遂決於此矣。及逆闖至長安，果羅致縉紳大夫。先生乃手題墓石曰：「明進士了一道人王某之墓。」又書『全忠全孝』四大字付其子永春，曰：「吾且死，尚何名？要使女曹識吾志耳！」越數日，賊果指名使促行，先生引佩刀自誓。令邑者素重先生，乃縶子永春以行。先生送而慰之曰：「兒代我死，死孝；我自矢死，死忠。吾父子得以忠孝死，甘如飴也，尚何憾哉！」及永春既行，先生曰：「此行縱使賊聽我，終不可苟生賊手。」從此遂絶粒不食。家人泣進匕箸不御，進藥餌不御，閲七日捐館舍。維時張公炳璿以至戚視含殮，目見先生脱然委蜕，金色浮滿大宅。嘗語人曰：「先生屬纊時獨把予手，誦所謂『憂國思君』，語甫畢而倏然逝去，一語絶不及他。但見其顔色如生意。」

先生三十年勤事天之學，刻刻念念以畏天愛人爲心，至是復以忠憤盡節。君子雖不語怪，要必有不死者存，遠擬夷齊，近媲文謝，夫何議焉！顧未知文謝當就義時其氣象從容，視此何如耳？嗚呼！殺身成仁，從容就義，於先生備見矣。

先生所著有《學庸解》《兩理略》《士約》《兵約》《了心丹》《百字解》《歷代發蒙辨道説》諸書，皆傳於世。門人私謚曰端節。而海内深知先生者，則猶謂是特就致命遂志一節名先生耳，其實與先生生平之大志弘學未之盡云。

子永春，性至孝。當逆闖之變，威逼縉紳入謁，先生以死自誓。永春乃告邑令，願身代父行。及行而先生卒七日不食以死，永春亦卒無恙以歸，俱如先生父忠子孝之旨，君子以爲天倫之難事焉。永春事備載《陝西通誌》。

《清史稿·劉瑞芬傳》　劉瑞芬，字芝田，安徽貴池人。以諸生從李鴻章軍援上海，檄主水陸軍械轉運。時初用西式槍礮，皆購自外洋，瑞芬考驗精審，應時解濟，淮軍遂以善用西洋利器名。累保道員，督辦松滬釐捐。光緒二年，權兩淮鹽運使。淮北薦饑，流民就食揚州，瑞芬築圩城外，搆棚分宿，計口授食，所全活六萬餘人。旋授蘇松太道。租界以黄浦南北分華洋船埠，洋人時侵南岸。瑞

芬丈量南北，中分爲界，設水利局委員董其事，洋人亦就範焉。擢江西按察使，遷布政使。

十一年，改三品京堂，命充出使英、俄等國大臣，授太常寺卿，遷大理寺，仍留使。改駐英、法、義、比。初，俄人覬覦漠河金礦，瑞芬亟達總理衙門，創議先自開辦。英既占緬甸，罷其朝貢，瑞芬執故事與争，乃如舊。英復侵西藏，瑞芬力争於其外部，追還印度入藏之師，乃别議藏印條約，事具《邦交志》。

瑞芬久事外交，有遠見。朝鮮亂初起，即上書言：「朝鮮毗連東三省，關係甚重。中國能收其全土改行省，上策也。次則當約英、美諸國共議保護，庶免强鄰獨占，存藩屬以固邊陲。」總署寢其議不行，其後果如所言。十五年，召授廣東巡撫。十八年，卒，卹如制。

子三。世珩，字聚卿。光緒二十年舉人。累至道員。歷辦江南商務官報、學務工程、湖北造幣等事。旋擢度支部參議，加三品卿。條議幣制，中外稱其精確，未及行而辛亥變起，遂歸寓上海。丙寅年，卒。嗜古，富藏書，校刊古籍尤精。有《聚學軒叢書》《貴池先哲遺書》《玉海堂宋元槧本叢書》及《曲譜》《曲品》等。

又《戴梓　丁守存　徐壽傳》　戴梓，字文開，浙江錢塘人。少有機悟，自製火器，能擊百步外。康熙初，耿精忠叛，犯浙江，康親王傑書南征，梓以布衣從軍，獻連珠火銃法。下江山有功，授道員劄付。師還，聖祖召見，知其能文，試《春日早朝詩》，稱旨，授翰林院侍講。偕高士奇入直南書房，尋改直養心殿。梓通天文算法，預纂修《律吕正義》，與南懷仁及諸西洋人論不合，咸忌之。陳弘勳者，張獻忠養子，投誠得官，向梓索詐，互毆搆訟。忌者中以蜚語，褫職，徙關東。後赦還家，留於鐵嶺，遂隸籍。

所造連珠銃，形如琵琶，火藥鉛丸，皆貯於銃脊，以機輪開閉。其機有二，相銜如牝牡，扳一機則火藥鉛丸自落筒中，第二機隨之並動，石激火出而銃發，凡二十八發乃重貯。法與西洋機關槍合，當時未通用，器藏於家，乾隆中猶存。西洋人貢蟠腸鳥槍，梓奉命仿造，以十槍賚其使臣。又奉命造子母礮，母送子出墜而碎裂，如西洋炸礮，聖祖率諸臣親臨視之，錫名爲「威遠將軍」，鐫製者職名於礮後。親征噶爾丹，用以破敵。

丁守存，字心齋，山東日照人。道光十五年進士，授户部主事，充軍機章京。守存通天文、曆算、風角、壬遁之術，善製器。時英吉利兵犯沿海數省，船礮之利，爲中國所未有。守存慨然講求製造，西學猶未通行，凡所謂力學、化學、光學、重學，皆無專書，覃思每與闇合。大學士卓秉恬薦之，命繕進圖説，偕郎中文康、徐有壬赴天津，監造地雷、火機等器，試之皆驗。

咸豐初，從大學士賽尚阿赴廣西參軍事，會獲賊黨胡以晄，使招降其兄以晄，守存製一匣曰手捧雷，僞若緘書其中，俾以晄致之賊酋，酋啓匣炸首死。尋檻送賊渠洪大全還京，遷員外郎。

從尚書孫瑞珍赴山東治沂州團防，造石雷、石礮以禦賊。尋調直隸襄辦團練，上戰守十六策。十年，回山東，創議築堡日照要塞，曰濤雒。賊大舉來犯，發石礮，聲震山谷，賊辟易，相戒無犯。丁家堡附近之民歸之，數年遂成都聚。

同治初，復至直隸，留治廣平防務，築堡二百餘所。軍事竣，授湖北督糧道，署按察使。充鄉試監試，創法，以竹筒引江水注闈中，時以爲便。瀕江諸省，率倣行之。尋罷歸。所著書曰《丙丁祕籥》，進御不傳於外，所傳者曰《造化究原》，曰《新火器説》。

徐壽，字雪村，江蘇無錫人。【略】子建寅、華封，皆世其學。

建寅，字仲虎。從父於江寧、上海，助任製造。尋充山東機器局總辦，福建船政提調，出使德國二等參贊，洊擢直隸候補道。光緒末，張之洞調至湖北監造無煙火藥，已成，藥炸裂，殞焉，賜優卹。

華封，字祝三。性敏，爲父所愛，秘説精器多授之，以製造爲治生。建寅、華封並從父譯書行於世。

著録

陳蘭彬《陸地戰例新選序》　戰争者，造物之憾也。仁義窮，斯戰争起，故聖人慎之。孟子生當戰國時，特明仁義之説，以止戰争之害，恐人之狃於戰争而不悟也。則曰，善戰者，服上刑。仍恐人之遺棄仁義，而莫之顧也。則曰，仁者無敵。蓋仁者以仁存心，其於兵也，不得已而後用之。聲罪致討，薄伐緩攻，不以争城殺人，不以争地殺人，所過之處，秋毫無犯，而民歸仁。此無他，能推不嗜殺人之心，俾義聞仁聲昭布天下。初無俟講韜鈐，利器械，習擊刺，而以力征經營耳。今覽瑞士國穆氏、德國布倫氏，偕英和法日俄奥義諸國十一人，所成《陸地

戰例新選》一書，不詳戰勝攻取之法，而惟以遵條約嚴犯律，脩好睦鄰，醫傷恤死爲心，與中國聖賢之書，大旨符合。可知惻隱之心，人皆有之，無分中外也。方今六合交通，日臻輯睦，苟同保此心，無胥戕，無胥虐，悉出以愷悌慈祥，將見太和之氣洋溢，宇宙間仁義充，戰争息矣。其有裨於生民豈淺鮮哉。同文館總教習丁冠西先生譯竟是編，將付手民，屬余爲序，余深喜其用心之厚，而立說之能，根本乎仁義也。爰弁數語於簡端。

光緒九年歲次癸未四月初吉，吳川陳蘭彬書。

梁啟超《西學書目表》上　兵政先陸軍，附營壘；次海軍，附戰船；次鎗礮，附藥彈。諸書多未讀，不敢妄加圈識。其已讀數書識之。

【略】

《鐵甲叢譚》[不著撰譯人]。製造局本，二本。三百
《水雷秘要》舒高第、鄭昌棪。製造局本，六本。一千
《艇雷記要》李鳳苞。一本。一元五角
《魚雷圖說》[不著撰譯人]。天津學堂本，二本。四錢六分
《水雷問答》[不著撰譯人]。天津學堂本，一本。二錢三分
《火器略說》黄達權、王韜。上海印本，一本。三角
《西礮說略》傅蘭雅。格致彙編本。
《回特活德鋼礮說》傅蘭雅、徐壽。製造局本，一本。在《西藝知新》中。
《礮法畫譜》[不著撰譯人]。製造局本，一本。一百
《礮法求新》舒高第、鄭昌棪。製造局本，八本。一千六百
《攻守礮法》金楷理、李鳳苞。製造局本，一本。一百六十
《兵船礮法》金楷理、朱恩錫。製造局本，三本。三百二十
《海戰用礮新說》[不著撰譯人]。一本。八角
《礮準心法》金楷理、李鳳苞。製造局本，二本。一百六十
《克虜伯礮說》金楷理、李鳳苞。製造局本，二本。四百八十
《克虜伯礮操法》金楷理、李鳳苞。製造局本，二本。四百八十
《克虜伯礮表》金楷理、李鳳苞。製造局本，二本。四百八十
《克虜伯演礮彙譯》[不著撰譯人]。一本。一角
《克鹿卜陸路礮行礮表》[不著撰譯人]。一本。三角
《克鹿卜新式陸路礮器具圖說》[不著撰譯人]。天津學堂本，一本。三錢六分
《克鹿卜電光瞄準器具圖說》[不著撰譯人]。天津學堂本，一本。一錢二分
《克鹿卜量藥漲力器具圖說》[不著撰譯人]。天津學堂本，一本。二錢
《克虜伯造彈法》金楷理、李鳳苞。製造局本，三本。二百四十
《克虜伯造餅藥法》金楷理、李鳳苞。製造局本，三本。三百四十
《克鹿卜子藥圖說》[不著撰譯人]。天津學堂本，一本。三錢八分
《呵墨士莊子藥圖說》[不著撰譯人]。天津學堂本，二本。四錢二分
《火藥機器》傅蘭雅、徐壽。格致彙編本。
《製火藥法》傅蘭雅、丁樹棠。製造局本，一本。一百五十
《子藥準則》[不著撰譯人]。製造局本，一本。一百
《爆藥記要》舒高第、鄭昌棪。製造局本，一本。一百二十
《開地道轟藥法》傅蘭雅、汪振聲。製造局本，二本。三百
《礮乘新法》舒高第、鄭昌棪。製造局本，六本。八百
《哈乞開司槍圖說》[不著撰譯人]。天津學堂本，一本。三錢

船政專言海軍者入兵政。

《行海要術附表》金楷理、李鳳苞。製造局本，三本。四百八十
《航海簡法》金楷理、王德均。製造局本，二本。三百
《航海章程》[不著撰譯人]。製造局本，一本。一百二十
《御風要術》金楷理、華蘅芳。製造局本，二本。二百四十
《西船略論》傅蘭雅。格致彙編本。
《船塢論略》傅蘭雅、鍾天緯。製造局本，一本。八十
《行船免撞章程》傅蘭雅、鍾天緯。製造局本，一本。一百四十
《海道圖說》金楷理、王德均。製造局本，九本。一千　不備。
《長江圖說》傅蘭雅、王德均。製造局本，一本。一千

又　下　近譯未印各書

《西國兵制源流》傅蘭雅、范。製造局。未印。
《陸軍戰法》傅蘭雅、范。製造局。未印。
《海用水雷法》傅蘭雅、華蘅芳。製造局，一本。未印。
《操格林砲法》傅蘭雅、徐建寅。製造局，一本。未印。
《砲與鐵甲論》傅蘭雅、徐建寅。製造局，十本。未印。

《營城要説》傅蘭雅、徐建寅。製造局，四本。未印。

《布國兵船操練》金楷理、李鳳苞。製造局，一本。未印。

《美國兵船鎗法》金楷理、李鳳苞。製造局，一本。未印。

《兵船礮法》金楷理、朱格仁。製造局，四本。未譯成。

《喇叭法》金楷理、朱格仁。製造局，一本。未譯成。

以上兵政。

《造船全法》傅蘭雅、徐建寅。製造局，十本。未印。

《裝船檣繩索書》舒高第、鄭昌棪。製造局，一本。未譯成。

《長江新圖説》傅蘭雅、徐家寶。製造局。未譯成。

以上船政。

康有爲《日本書目志》卷一五《兵書門》

《馬學全書》三册，陸軍乘馬學校。一圓六角

《馬學説約》二册，陸軍士官學校。六角

《馬學提要》四册，陸軍病馬廄。三角六分

《馬學形器學》一册，陸軍乘馬學校。四角

《癖馬調教書》二册，陸軍乘馬學校。八角

《馬術教程》二册，陸軍乘馬學校。六角

《馬術説》一册，秋庭守信譯。三角二分

《馬術要領》一册，中村敏求著。三角五分

《馬術獨稽古》一册，鈴木敬治編。八分

《馬道新書》一册，高橋正照著。四角

《本朝細馬集》《温知叢書》第九編之内。二角五分

《調馬索作業障礙飛越調教》一册，陸軍乘馬學校。五角五分

《軍隊及好事家乘馬調教書》一册，陸軍乘馬學校。二角三分

《乘馬隊用馬具須知》一册，陸軍乘馬學校。五角

《乘馬必攜》一册，松村延勝編。五角

右馬政書十五種。

《月令》《周官》之言馬政詳矣，而今乃無一書。治國之政，無所不治，下及牧畜，纖悉皆舉，日人遂恢恢乎有其意矣。

《航海表》一册，田中矢德編。一圓五角

《航海日誌》一册，永井重英編。三角

右航海書二種。

地球大通四百年，於是日之郵船出入四洲矣。而吾未有一舟能問津南洋者，況窺蘇彝士河乎？未有航海駕駛之學，則僻蔽一隅，不能商，不能戰，即不能國，嗚呼！

《銃獵新書》正續。二册，十文字信介編。七角

《狩獵圖説》一册，農商務省纂訂。五角

《狩獵規則詳解》一册，島田剛太郎講述。二角

《百科全書犬及狩獵》文部省藏板。二角

右銃獵書四種。

太古人與獸争地，故人道始于獵。中古國與國争地，故成于兵。後古講信修睦，人亦無所争，惟有馴獸。今中土已無獵地，蓋獸爲人滅盡矣，木蘭秋獮久不行。日人之獵，亦北海道耳。

《武經》一册，總生寬著。一角二分

《日本尚武論》一册，佐倉縣三著。一角五分

《再版尚武論》一册，尾崎行雄著。一角

《鐵木真帖木兒用兵論》二册，參謀本部。六角五分

《馬氏軍制要論》一册，陸軍文庫。二角六分

《行軍戰鬥術》二册，陸軍文庫。五角七分

《列國海軍提要》一册，本宿大佐著。三角五分

《佛國陸上交戰條規例解》曾禰荒助譯。五角

《野外要務令》一册，參謀本部編纂。一角

《兵基教範》一册，陸軍文庫。一角五分

《畧法兵基教例》一册，陸軍文庫。三角二分

《參謀必攜》一册，香川景後著。七角五分

《改正兵語字書》三册，陸軍文庫。八角

《五國對照兵語字書》二册，陸軍文庫。二圓一角二分

《兵要要言類纂》一册，中村老議編。八分

《劍術名人法》一册，高坂昌孝者。八角

《武道秘訣合氣之術》一册，武骨居士著。二角

《口傳極意各流柔劍秘傳法圖解》一册，松迺舍主人著。二角五分

《柔術劍棒圖解秘訣》一册，神原健吉校閲，井口松之助著。一角二分

《武道圖解秘訣》一册，神原健吉校閲，井口松之助著。一角五分

《警官必携拳法圖解》一册，久富鉄太郎編。二角

《七年戰論》四册，參謀本部編。二圓

《萬國有名戰記》二册，陸軍省文庫。五角五分

《歐羅巴戰記》八册，參謀本部編纂。四圓八角

《普法戰記》七册，陸軍省文庫。二圓一角五分

《哥里米戰記》二册，陸軍省文庫。八角七分

《佛安關係始末》四册，陸軍省文庫。一圓六角二分

《佛國陸軍清國遠征日誌》二册，陸軍省文庫。八角

《征西戰記稿》五册，參謀本部編。三圓

《明治十年西南征討軍團記事》一册，陸軍省藏板。一角二分

《陸海軍聯合大演習記事》二册，參謀本部編纂。九角

右兵書三十一種。戰記附。

吾讀《列國陸軍制》，日本參用法、德軍制，其卒皆知算數、圖繪、天文、地理、格致、醫學，雖極粗淺，然較之吾舊法爲將帥而不識丁者，相去如何也！其行兵也，嚴整而百物皆具，雖不敢望泰西，亦庶幾訓練之師矣。此兵書蓋寡，蓋日人之驟强，在變舊俗、開新學，人人發憤，有飛揚拔扈之氣，無委靡苟安之習。士農工商，人盡其智，工械技巧，物究其極。其所以勝强者，在此不在彼，實其餘事也。吾中國言自强者，攬日人述作之多寡輕重，亦知所從事矣。

徐維則《增版東西學書録》卷一　兵制第五

先陸軍，次營壘，次海軍，次船艦，次槍砲，次子藥。【略】

《步兵射擊教範》□卷，南洋公學本。

日本陸軍省原書，南洋公學譯書院譯。《射擊教範》爲陸軍省頒行各部隊教育步兵射擊之書，與《步兵操典》相濟爲用。是編據明治二十八年改正本譯出，凡四篇，首射擊學理，次射擊教育，三場地器具，四簿記報告。末附圖十七，說理者七、證器具者十；表十三，據實測者四、示成式者九。徐補。

《步兵操典》□卷。

南洋公學本日本陸軍省原本，南洋公學譯書院譯。是書據明治三十一年陸軍省所頒本譯出，凡二篇，分九章，總三百四十四款，附録十四款，則步兵科軍禮也。前篇述基本教練，以步伐謹嚴、技藝純熟爲主；後篇述戰鬥教練，以通權達變、不守故常爲主。明治初陸軍師法蘭西，至二十年更採用德意志法，於是成各兵操典，然兵一種初無後篇，屢經修訂始成今本，可謂擇之審矣。徐補。

《野外要務令》□卷，南洋公學本。

日本陸軍省原書，南洋公學譯書院譯。是書爲陸軍省頒示將校下士兵卒練習戰時應變之書，分上、下二編，上編爲陣中勤務，凡十四篇，首軍隊統屬聯絡之法，次偵探警戒，次行軍宿營，次行李、彈藥、輜重，次給養、衛生，次補充子藥，次使用鐵路、電信、船舶，而終以憲兵；下編爲秋季演習，凡七篇，首總説，次演習之結構、實施、審判，次與演習之工兵、電線、架橋、行李等隊暨一切關係之雜事，而終以地圖、文書焉。是書初名《野外演習軌典》，取裁法、德兩國兵家之言，折衷本國軍事已然之跡，成書於明治十五年，越五年修訂之，改名《野外要務令草案》，二十四年又損益之以成此本，並定今名云。徐補。

《軍隊内務書》一册，南洋公學本。

日本陸軍省原本，南洋公學譯書院譯。凡二十六章，章各有目，其大綱約分數端，曰官守、曰醫事、曰營規、曰軍禮、曰兵律、曰馬政，而冠以服從，終以報告。原書本二十八章，譯者删其無益實用者二章，而于二十二章增譯懲罰法令大略以便誦覽焉。徐補。

《騎兵斥候答問》□卷，南洋公學本。

日本陸軍教導團原本，南洋公學譯書院譯。凡答問六十四則，於搜索斥候一事曲折詳盡，細大弗遺。徐補。

《作戰糧食給養法》一册，南洋公學本。

日本陸軍經理學校原本，南洋公學譯書院譯。彼國陸軍經理學校學生分兩科，曰監督、曰軍吏，是書爲監督科教程本。分上、下二篇，上篇爲預習事項，凡五章，首章釋給養名義，二、三章論軍隊區別及行止事宜，四章論水陸交通之法，爲本書最要關鍵，末章論凡關係給養之事；下篇爲給養職事綱領及施行方法，凡三章，前二章即本篇條目，後二篇復推論給養之非常法者，至是而給養之道備矣。徐補。

《戰法學》二卷，日本善鄰譯書館印本，一册。

日本石井忠利著，王治本訂。書分二卷，曰高等戰法學、初學戰法學，高等

者曰戰略學，曰軍制學，初等者曰軍紀，曰教育，曰訓練。書作於甲午戰事以後，頗糾正中國兵法之弊，而立言簡要，于海、陸各軍法制已無不備，上卷之言編成、下卷之言教育尤爲切要。英奴里司撰、英傅蘭雅摘譯有《預擬將來陸戰議[論]》，未見。

《戰術學》三卷，南洋公學本，四册。

日本士官學校原本，南洋公學譯書院譯。是書爲日本士官學校教將之書，採取諸家兵學分類編輯，屢經增訂，始於明治二十年，凡九年而後成。爲篇十三，爲圖五十有二，首篇論用兵要旨，二、三、四篇論長短兵之用與步、騎、砲、工諸兵戰術聯合諸法，五篇論命令報知，六篇論警戒、偵探通法，七篇論行軍，八篇論駐軍，九、十兩篇論警戒、偵探則詳六篇之條目也，十一篇以下皆戰鬥之法。總其所論，蓋多身在行間閱歷有得之言，故慮遠思周，非紙上談兵者比。徐補。

【略】

以上陸軍。

《營壘圖説》一卷，附圖，製造局本。一册，《西學大成》本。

比伯里牙芒著，美金楷理譯，李鳳苞述。凡用兵者能明急成土壘之法爲要義，西國曩時以築壘獲勝者史不絶書，書中於佈置造作之法言之詳慎，蓋土壘既可蔽護圍內之兵丁，又可防馬兵之攻突，各國用此顯著成效，誠軍政之要事。

《營城揭要》二卷，附圖，製造局本。二册，《富强叢書》本。

英儲意比著，英傅蘭雅譯，徐壽述。備采各國造築城牆、營壘之式以成書，説有未明益以圖算，講兵事者所宜留意。

《營城要説》二卷，製造局本。

英傅蘭雅、徐壽同譯。

《營工要覽》四卷，附圖，製造局本，二册。

英武備工程課則，英傅蘭雅、汪振聲同譯。首攻守各法，二行軍取水法，三成行營各要件，四造望台及開路法，所論皆陸行工程，爲工兵要事。聞近年德國新出書所論尤詳，盍譯證之。

以上營壘。

《水師章程》八卷，《續編》六卷，製造局本，十六册。

英水師兵部原書，美林樂知譯，鄭昌棪述。書中凡官名及所辦事務等名皆譯音不譯義，故滿紙多不相屬之字，佶屈難讀。

《水師操練》十八卷，附雜説一卷，製造局本，三册。

英戰船部原書，英傅蘭雅譯，徐建寅述。名曰水師而陸地戰陣諸法間亦述及，其中言水師船艦操法未能詳盡，槍砲操法則略具矣，首卷所述爲戰船操練要例，不可不讀，特譯書欠簡達。

《防海新論》十八卷，製造局本。六册。《富强叢書》本改名《南北花旗戰記》。

布希理哈著，英傅蘭雅譯，華蘅芳述。專記南北花旗交戰水路攻守情形，大抵綴輯文報而希氏復有所論斷也。書中將所得新理、新法一一指出門徑，而藏伏水雷之法論之獨詳，末於燈光照海之法尤爲致意。

《海防臆測》二卷，湖南長沙刻本。

日本侗庵賀古著。序稱侗庵著述百二十種，是書天保九年所撰，特其緒餘耳，然其先見卓識可以窺矣。顧補。

《海軍調度要言》三卷，圖一卷，製造局本。二册，《富强叢書》本。

英拿核甫、英賴甫吞、英魯脱能闕麥爾同著，舒高第、鄭昌棪同譯。首卷摘西國史事與現在水師征驗，爲拿氏撰；次卷論水戰、論撞及分隊、論行陣與戰法不同、籌畫與征驗不同，爲賴氏撰；三卷論水師輪船戰法並圖，爲魯氏撰。

《海軍指要》一卷，《格致彙編》本。《西學大成》本名《海戰指要》。

美金楷理譯，趙元益述。海戰之要既在船堅砲利，尤在佈陣進退不失範圍，書中論攻防交戰諸法，或設問答以窮其旨，又列圖式以明其用，與輪船佈陣足以參觀。《彙編》六有《海戰要訣》一篇，亦可互證。

《海上權力要素論》一卷，《亞東時報》本。

美馬鴻著，日本劍潭釣徒譯。此書成於一千八百八十九年，當時北美怡熙爲風，海軍衰替，故爲大言以激勸國民，其後十年有古巴之役，美國政略情形一變，海軍推廣之議興，蓋馬鴻與有力焉。原書所謂一安穩口岸即古巴三查左之謂，當時該島國屬於西班牙，不便明言，故迷離其詞，俾讀者暗知其意之所在，美覬覦二島蓋濫觴於此，迨至一千八百九十八年藉救民而行其雄略，馬鴻之志始酬矣。顧補。

《水師保身法》一卷，製造局本。一册，《軍政全書》本。

法勒羅阿著，英伯克雷譯，程鑾、趙元益重譯。此法人所著，英人譯之，以告船主、軍醫者，凡飲食、操練、潔身諸法皆備，論鉛毒之害尤詳。【略】

《西砲説略》一卷，《格致彙編》本。

英傅蘭雅著。先論各種砲造法，後載各種砲圖極精細，中有《各廠前後膛砲優絀論》一篇，詳言砲製子藥之合法與否，爲全書綱領，講兵學者所宜深究。《彙編》二有《斯米德砲紀略》一篇，可參觀。

《水雷秘要》五卷，圖一卷，製造局排印本。六册，又重刻本。

英史理孟著，舒高第、鄭昌棪述。此書出於一千八百八十年，故其法稍新，凡水雷及水雷船防禦、保護、攻守、然放、製造及入水查看各法悉具，後論電光並制電法與電學參看。《彙編》一有《斯米德水雷説》一篇，又四有徐建寅《水雷外殼造法》一篇，亦可互證。

《水雷圖説》四卷，天津局印本。

英施立盟輯譯。英傅蘭雅、華蘅芳同譯有《海用水雷法》一册，稿存吴氏。

《兵船砲法》六卷，製造局本。三册，《富强叢書》本。

美水師書院著，美金楷理譯，朱恩錫、李鳳苞述。兵船槍砲與陸路槍砲不同，此書專言體式及然放法。《彙編》七有《大砲與鐵甲論》，可互參。製造局有美金楷理、李鳳苞譯《美國兵船槍法》一册，未印出。又金楷理、朱格仁有《兵船砲法》四册，亦未譯成。

《攻守砲法》一册，製造局本。

布軍政局著，美金楷理譯，李鳳苞述。

《管砲法程》一卷，光緒丙申金陵刊本。

德瑞乃爾輯譯，沈敦和重編。原書名曰《克虜蔔海岸砲管理法》，仲禮觀察詳加校正，乃改今名。書中論查明臨用法、用砲時法、用完時法、收存法，最詳密。

《海戰用砲新説》一册。

《砲准心法》一卷，圖一卷，製造局本，二册，《富强叢書》本。

布軍政局著，美金楷理譯，李鳳苞述。用砲取准，庶不虚糜子藥，此書專言克虜伯砲取准法，但於圖表演算法未能詳明，如謂彈在空中行抛物線不合可按表以畫各段之圖，然核算之法仍未道及。製造局印有英傅蘭雅、徐建寅譯《操格林砲法》一册，未出。

《砲法求新》三卷，附編附圖，製造局本，八册。

英烏里治官砲局原書，舒高第、鄭昌棪同譯。

《砲概淺説》一卷，附《借箸籌防論略》後。

德來春石泰著，沈敦和譯述。砲表、砲法中國已多譯本，是書專講各砲口徑大小種類。蓋中國所用之砲各處互歧，一有軍事，則彼處藥彈此處未能通用，甲午之役北軍皆坐此弊，是宜及早講求也。

《回特活德鋼砲説》一卷，製造局本。在《西藝知新》中，一册，《富强叢書》本。

英回特活德著，英傅蘭雅譯，徐壽述。論回特活德創制螺絲砲緣由及造法，內有鋼性表將鋼分紅、藍、棕、黄四類，並記各種鋼合宜之用，固製造軍器者所當詳究。《彙編》二有論，可參觀。

《克虜伯砲説》四卷，製造局本。一册，《富强叢書》本。

布軍政局原書，美金楷理譯，李鳳苞述。卷一記先事籌備，卷二記臨時致用，卷三記砲門、砲彈，卷四記砲表用法。此書所説在當時誠爲精密，但外洋于克虜伯砲之制與舊式多所更易，是宜復加考求矣。《彙編》四有徐建寅《閲克虜蔔廠造砲記》，可參觀。

《克虜伯砲操法》四卷，附表八卷，製造局本。二册，《富强叢書》本。

布軍政局原書，美金楷理譯，李鳳苞述。記操演法可謂周備，表記砲彈大小、遠近、遲速專爲取准之用，亦甚精善，然在教演者神明其用耳。

《克虜伯演砲匯譯》一册。

《克虜伯電光瞄準器具圖説》無卷數，天津學堂本，一册。

不著撰人及譯述名氏，觀總説知原書即克虜蔔砲廠所撰。電光瞄準者，加電燈於表尺準星之上，以利昏夜交戰之用。書分四節，論造法、用法、管理章程及所用電氣，後列四圖極精緻。

《哈乞開司槍圖説》四卷，光緒壬辰天津學堂本，一册。

《砲乘新法》三卷，首一卷，圖一卷，製造局本，六册。

英製造官局原書，舒高第、鄭昌棪同譯述。首論造砲乘材料，次論陸路砲車，次論水師砲架，于近時製造新法纖悉詳盡。

《砲藥記要》六卷，附圖，製造局本。一册，《西學大成》本。

美水雷局原書，舒高第譯，趙元益述。以化學之理，解其化分、化合之性質、切用，其理既確，其配合愈精，是書能詳言之。

《制火藥法》三卷，製造局本，一册，《富强叢書》本。

英利稼孫、華斯得同著，英傅蘭雅譯，丁樹棠述。以電氣然放水雷之法略論於此，惟未及無煙藥，宜輯補之。《彙編》五有《論新出新法火藥》，可參觀。

《火藥機器》一卷，《格致彙編》本。

英傅蘭雅譯，徐壽述。自造藥備料以至測火藥疏密之氣一一論列，可謂纖悉無遺。《彙編》六有《造大子藥銅殼機器圖說》，可參觀。

《開地道轟藥法》三卷，圖一卷，製造局本，二册，吴縣葉氏重校本。

英武備工程學堂定，英傅蘭雅譯，汪振聲述。先論各處開道工程，後論各藥及轟用法，以圖明説，皆有法度。《彙編》二有《鑿石機器》一篇，可互證。製造局有美金楷理、朱格仁譯《喇叭法》一册，未成。

《英機器報試彈圖》八幅，《萃報》本。

英《機器報》著。昔會巴黎斯時試急冷鐵法所製造之彈丸，其射擊力能將全鍛鐵甲板貫通，其後用新壓縮法造鋼甲板，年進一年，巴黎斯之彈丸遂不能擊貫之，於是造彈者亦更求精。當一千八百八十五年及八十六年中法國有幾家制鋼者，以秘密新法創造頂上着色鋼制彈丸，英國某公司即擬仿製，先購此種徑口十寸之彈丸，取十寸半厚之複製鐵甲板，後更加以厚柏板，向之試彈能貫全板，彈丸全長二十六寸，僅短縮其半寸，英遂購買此法用之。此後英政府試驗彈丸之法甚嚴，所用試彈之複製甲板必有彈子徑口之尺寸一倍半厚，遠約有一百二十碼，所定之火藥速力通例一杪時之間有一千七百餘尺。至制彈所用之鐵，須以上等最量瑞典鐵鍛冶，尤要者使其鐵變爲極剛硬之性，彈丸尖極硬，尾後略柔，則其射擊不裂破，此皆其試驗之圖焉。顧補。

《克虜卜新式陸路砲專用銅殼子藥圖説》，無卷數，附行砲表，天津學堂本。一册，無表，天津局印本。

不著撰人名氏，德瑞乃爾譯，蕭誦芬述。凡分五章，論砲身、砲閂、砲車、子藥、引信等件，後列砲表及各圖極精細，此即《克虜卜新式陸路砲圖説》。

《克虜蔔量藥漲力器具圖説》，無卷數，天津學堂本，一册。

不著撰人名氏，德瑞乃爾譯。首略説羅滿德器具，蓋其法創自羅滿德，次略説銅柱器具，皆有試法章程及表圖，次略説量藥漲力微尺，論羅滿德及銅柱兩種用法，後列兩圖。泰西火器愈出愈精，讀此及電光瞄準益歎功用之微妙。是書一名《羅滿德器具説略》。

《克虜伯砲彈造法》二卷，附圖一卷、《餅藥酒造法》一卷，製造局本，三册。

布軍政局原書，美金楷理譯，李鳳苞述。克虜伯來復砲彈製造之法至精且密，然大要不外鑄鐵體、包鉛殼、配彈引、儲炸藥，書中於此數端反復詳盡。

《阿墨士莊子藥圖説》一册，天津學堂本。

以上子藥。

又 卷四 議論第三十

《未來戰事論》一卷，《中國旬報》本。

俄布樂著，中國旬報館譯。布樂君爲俄舊京木斯哥之銀行老手也，近年棄其故業留心經濟，著有《過去未來戰事》等書，而尤著眼于未來一説。此卷爲其生平得意之作，四年前脱稿於俄，復譯爲法、德文，共六卷，英人史秩獨取其末卷節而譯之，已足括全書之要，並將其大意設爲問答以盡其義，而《中國旬報》即據史秩本轉譯華文，改名《俄人論戰》附報印行。顧補。

《擬請中國嚴整武備説》一卷，《格致彙編》本。

德瑞乃爾著。瑞君于同治九年來中國爲登榮水師教習，是編所列凡八章，計二十條，歷言德國武備之精及兵額，以冀中國更改其制，惜當時未嘗信從之。

《借箸籌防論略》一卷附《砲概淺説》，金陵刻本，一册。

德來春石泰著，沈敦和譯。此來春石泰訓督自强軍時上之南洋大臣之作。德人入中國稍後其能洞悉我各省水陸形勢，爲之從容措置，瞭若指掌，令人驚愧。至論查照人數、抽編兵額雖屬泰西之制，然裁汰緑營之後未嘗不可漸以仿行也。《砲概淺説》論別具。

《揚子江籌防芻議》一卷，《時務報》本。

德雷諾著，張永鑒譯述。長江本天險，江深水闊，大幫兵輪亦可暢行，雷氏奉江督之命委勘吴淞至金陵一帶江防而作。書凡八篇，於一切佈置台濠、安設砲位，皆因地制宜，慮周藻密，又輔具所需之電光燈、測遠鏡、水雷、電報機、德律風，復應添用藥庫、兵房、護牆、砲架等，皆條分縷析，不厭詳盡，可謂知所要矣。

《歐州列國慎戰論》□卷，日本《國光雜誌》本，《通學齋叢書》本。

日本《國光雜誌》著。顧補。

《論俄國增兵過度》一卷，《亞東時報》本。

英西門士著，美林樂知譯，任延旭述。顧補。

《論裁撤軍備大有害于文明》□卷，《亞東時報》本。

英士度尼羅著。論弭兵獨利俄人，以其性好爭戰而力不足，若各國賴有戰

事以鼓動民生氣，否則姑息苟安，有不甚設想者矣。蓋俄人倡議弭兵而反增軍備，誠有不足取信於人者。顧補。

以上論兵。

又 附下之上 《中國人輯著書上》

《中西兵略指掌》二十四卷，陳□□〔龍昌〕，上海石印本。

《自强軍西法類編》十八卷附《創制公言》二卷，沈敦和，石印本，《西政叢書》中有《自强軍洋操課程》十卷。

《泰西兵制考》□卷，夏承慶，《通學齋叢書》本。

《陸軍新書》六卷，葉耀元，未見。

《陸軍戰例新選》□卷，羅焕章。

《擬練新兵營章程》一卷，洪述祖，《求是報》本。

《城堡新義》□卷，李鳳苞，製造局本。

《地營圖説》一册，蕭開泰，刻本。

《列國海戰紀》一卷，李鳳苞輯譯，《西學大成》本。

《整頓水師説》附《英埃戰紀秘魯戰紀》一册，光緒乙酉天津機器局印本。

《法國海軍職要》一卷，馬建忠，上海石印本，《西政叢書》本。

《日本水陸兵志》□卷，劉慶汾，上海石印本。

《外國師船圖表》八卷附《雜説》三卷圖一卷，許景澄，原刻本，上海石印本。

《西國兵船紀略》三卷，光緒乙酉天津機器局印本。

《美國師船表補》□卷，謝希傳，未刻成。

《日本師船考》一卷附圖表，姚文棟附《日本地理兵要》後。

《日本師船考》一卷，沈敦和，光緒二十年江南水師學堂縮印本，上海印本附《日本史略》後。

《太平經略》四卷，蕭開泰，未刻。

《練閲火器陣記》□卷，薛熙，《昭代叢書》本。

《火器圖説》一卷，黄達權、王韜輯譯，枝園王氏自刻本，上海印本一册，《西學大成》本。

《火器測遠圖説》□卷，方愷，未刻。

《火器真訣解證》一卷，李善蘭、沈善蒸，光緒壬辰自刻本，則古昔齋本無解證。

《火器新術》□卷，黄方慶，黄岩喻氏刻本。

《火器考》一卷，陳壽彭輯譯，《求是報》本。

《陸兵槍學》二卷，傅範初，未刻。

《砲説》一卷，陸桂星，附《對數術》後。

《艇雷紀要》一卷附圖，李鳳苞輯譯，天津局本，《西學大成》本。

《魚雷圖説》一册，黎晉賢，天津局印本。

《魚雷圖解秘本》一卷，光緒乙酉天津機器局本。

《水雷問答》一册，王平，天津局印本，光緒丁酉石印本。

《演砲圖説前後編》一册，丁拱辰，道光辛丑廣州刻本，道光壬寅重刻本作四卷。

《砲法舉隅》□卷，丁友雲，未刻。

《砲法撮要》一卷，董祖修，光緒辛卯自刻本。

《砲法畫譜》一册，丁乃文，製造局本。

《砲規圖説》□卷，陳鵬，陳氏刻本。

《砲概問答》□卷，葛傳章，《自强軍西法類編・軍器學》之一，《通學齋叢書》本。

《算砲捷法》一卷，彭瑞熙，未刻。

《砲法求準》一卷，葉耀元，未刻。

《砲準測量》一卷，曾紀鴻，未刻。

《新創佛身砲架説》一卷，蕭開泰，未刻。

《克虜伯子藥圖説》二卷，郝薌、關鐘崎，天津局印本。

《子藥準則》一卷，丁友雲，製造局本。

《火藥問答》□卷，葛傳章，《自强軍西法類編・軍器學》之一，《通學齋叢書》本。

以上兵制。

顧燮光《譯書經眼録》卷三 兵制第五

首陸軍，次營壘，次海軍，次槍砲，次子藥器械，次戰術。

《近世陸軍》二卷，商務印書館，《政學叢書》本。

陶森甲譯輯。書分二編，一曰日本陸軍，凡十六章；二曰各國陸軍，凡二十六章。原書著自日人，故言日本軍制組織特詳，其下編臚舉歐美各國，亦能舉要

言之，洵爲近日言陸軍者最新之本。

《德國陸軍考》四册，江南製造局排印本。

法歐盟著，吳宗濂譯文，潘元善執筆。全書計八章，言德國兵制始乾隆四十年，至光緒十六年，損益處頗爲詳備。其卷首總敘德國今日情形及歷朝皇系，則摘譯法蒲以資《五洲通志》之德史補之。按自同治十年普法戰後，環球遂豔稱德之陸軍，然其能自强實造端於菲哩特威廉第一之講求武備，迨威廉第二始能克奏膚功，蓋二百餘年之經營締造方克成此精美之制。是書爲法將編輯，以專家而紀寇仇，其言尤爲可信。卷末另附德皇三代年表暨今德皇全家小像，俾士麥小傳，影片，並德戰歌，國典等類。

《日本武備教育》一卷，商務印書館《政學叢書》本。

商務印書館譯。日本，尚武之國也，自明治以來仿行西法，迄今摧折强俄，武功稱盛。是書凡五章，于日本武備教育言之極明，篇中臚列各國海軍比較表，愈足征日人之留心兵事，所論百年長策以制我華爲武備教育主義，則其忌我、畏我之心固與歐西各國表同情焉。其第七、第八章海軍、陸軍二史，尤足征日人軍事進步之速。

《養兵秘訣》二卷，泰東同文書局排印本，二册。

日本辻明俊著。本書酌采德國養兵之概，參以著者閱歷，今分前、後二編。前編七章，一總論、二新兵教育、三射擊法、四兵語及地形學、五徵候及方位學、六記號及暗號、七兵役義務；後編八章，一行軍、二宿營、三警戒、四步哨、五巡察及斥候、六戰鬥、七步兵之工程、八衛生法。雖寥寥萬余言，於兵之性質、責任、訓練尤三致意，文筆亦暢達可讀。末附銅版圖六幅，共四十類，皆本書下編中行軍時之用。

《護隊輯要》一卷，上海掃葉山房本，湖北《武學全書》本，武昌刻本，寶善齋石印本。

德譚發勒原本，德斯泰老、馮錫庚同譯。發勒，德之名將也，于德國頒行護隊章程外，各有自訂講護隊之書，俾官弁、兵丁考求實在之法。斯書删繁就簡，分行護隊、坐護隊二類，語簡可法，蓋譯以資學者肄習之書也。廣智書局所印英毅譯《德國名將兵法論》與此同。

《溝壘圖説》四卷，湖北《武學全書》本，上海掃葉山房石印本，寶善齋石印本。

德國武備原本，德福克斯選譯，詹貴珊同譯。行軍以營壘爲要，築造工程非簡易堅固不能禦於倉卒。是書凡四卷，於溝壘因地制宜之法詳晰靡遺，附圖若干，尤便檢查。

《砲臺説略》二卷，湖北《武學全書》刊本，上海掃葉山房石印本，寶善齋石印本。

德國武備原本，德何福滿、楊其昌譯，蕭誦芬筆述。上卷言工程形勢之宜，扼要爲説，凡二十有八，附圖十有五；下卷言攻台、守台之因時制宜，爲説一十有九。按砲臺爲固圉要著，譯印尚無專書，苟取是書法之則，鐵甕金城又誰敢越雷池一步哉？

《行營防守學》一卷，浙江《武備新書》刊本，《續富强叢書》本。

北洋武備學堂原譯，浙江武備學堂重譯。防守有久暫之分，並宜視時刻短長與當時就地取材，故其學分三種，一經久防守、二將戰防守、三行營防守。此書所論系第三種行營，其造法出於頃刻，勝負系之。全書凡三章、十五節，以建造槍溝、砲隊遮蓋、另造幫壘爲防守之要，附圖十五，均清晰簡明，可資考證。其計算每點鐘取土數目，以地質松堅定其多少，尤爲考核工程之准。

《步隊工程學》一卷，浙江《武備新書》刊本，《續富强叢書》本。

北洋武備學堂原譯，浙江武備學堂重譯。凡十一節，于步隊工程各事言之綦詳，所論溝牆各節尤爲全書之要，蓋與《行營防守學》互爲表裡者也。附圖三十三，足資實用。

《清國海軍近況一斑》一册，日本明治二十二年排印本。

日本海軍參謀部著。于中國海軍船艦、馬力、旗幟言之綦詳，原書作於明治二十三年，未數年而有甲午之役，大東溝一戰，我之海軍殲焉，則日人籌畫於數年前，其深謀遠慮可畏也哉。

《世界海軍力》上下編二卷。上海《通社叢書》本，一册。

日本淺野正恭著，錢無畏譯。白鐵甲、魚雷各物興，海上旌旗爲之變色，江南製造局舊譯《輪船佈陣》諸書，大都陳腐已不適用，茲書作者系日人，稿成於甲午戰後，深明海軍爲防護國權根本，於列强艦隊强弱考查極細，上編言海軍之制度，下編言各國海軍之强弱，於日本海軍構造言之尤詳。卷後附表三十五，尤極有用。全書無一泛語，非近日譯書冗雜可比。

《俄國水師考》一卷，《續富强叢書》本，一册。

英百拉西撰，英傅少蘭、李嶽蘅同譯。自俄士之役英禁俄舡不出黑海，俄幾

無水師矣，自東得琿春而海上旌旗爲之變色，甲午後得據旅順，俄之水師遂不可制。斯書所紀系一千八百九十五年俄國水師情形，後列鐵甲表十五、巡船於[及]砲船表十二、三副佐巡船表二十八，於船名、船質、噸數、馬力考察甚詳，出自英人，亦可謂有心人矣。

以上船艦。

《海軍毛瑟槍學》一卷，浙江《武備新書》刊本，《續富强叢書》本。

北洋武備學堂原本，浙江武備學堂重譯。後膛槍至毛瑟，精利極矣，不善用之反足以自害，教練士卒必使之明全槍機括裝卸之理，乃足以殺敵致果。書中備舉大端，分十八條，其零件、備件、瞄準諸法爲目六十有五，蓋本德國毛瑟槍章程而加以損益者。

《新式毛瑟快槍學》一卷，浙江《武備新書》刊本，《續富强叢書》本。

北洋武備學堂原本，浙江武備學堂重譯。前書言明毛瑟槍之理，此乃專言打靶命中之法，操演新軍者所宜急讀者也。

《美國新出薩維治新出靈巧六響來福槍利用功效圖説》一卷，益新西報館石印本。

元豐順洋行敘。書中言該槍雖屬六響，可當單響之用，隨裝隨放，快慢自由，急時可六響聯貫而出，洵軍中利器也。篇後臚列較他槍優處十條，自系確論，非揚己抑人者可比。附圖六幅，亦詳明可觀。

《快槍圖説》一卷，附《總件名目考》一卷，湖北《武學全書》本，上海掃葉山房石印本，寶善齋石印本。

德國武備原本，德瑞乃爾口譯，蕭誦芬筆述。七密里九毛瑟快槍爲德國最新之式，於西曆一千八百九十五年改定者，致遠攻堅，兩臻其美。此圖乃法國政府於是年頒發之本，凡四十一圖，專言快槍件數、用法、子彈施放、管理章程，使有此槍者熟悉而善用之，至打靶瞄準、線路身手等法或與老毛瑟槍同效，故未備載。書分槍件、總考、管理、槍法四類，尤爲明晰可讀。

《槍法圖説》一卷，湖北《武學全書》本，上海掃葉山房石印本，寶善齋石印本。

法國武備原本，德何福滿、楊其昌同譯，蔣煦筆述。凡八章、二十三圖，皆言持槍操演之法。

《快槍打靶通法》二卷，湖北《武學全書》本，上海掃葉山房石印本，二册，寶善齋石印本。

法國武備原本，德斯泰老口譯，蕭誦芬筆述，王肇鋐繪圖。凡十章，有圖有表，發明子彈速率、飛路、准力器具等理，譯筆亦淺明可讀。

《施放行營砲章程》一卷，浙江《武備新書》刊本。

北洋武備學堂原譯，浙江武備學堂重譯。凡三章，一擊静物，二擊動物，三隨機施法，共四十九條，於考究改正相距與偏差之法、用彈試擊之理，言之極確。

《施放砲書》一卷，浙江《武備新書》刊本。

北洋武備學堂原譯，浙江武備學堂重譯。全書凡十一章，論分甲、乙，甲論飛路，凡六章，一解説，二論飛路情形因何力而成，三論飛路由砲口至擊中處之情形，四論子彈擊出將與一物相遇及已遇之後情形，五論子母彈，六論群子彈；乙論砲之能力，凡五章，七論命中之功，八論砲表，九論事表，十論子彈中物效驗，十一論砲位本身相關之事。

《格魯森快放砲操法》一卷，浙江《武備新書》刊本。

北洋武備學堂原譯，浙江武備學堂重譯。全書凡三大節，曰未套馬之砲操法、曰上下砲尾、曰移動已下架尾之砲，臚列操法、口令共四十條，各有釋語以發明之。瞄準要法專言瞄準，此則詳論操法，蓋互相體用者也。

《瞄準要法》二卷，浙江《武備新書》刊本。

北洋武備學堂原譯，浙江武備學堂重譯。第一卷論起首教練法，凡三章；第二卷論教練深進之法，凡五章。發砲以瞄準爲要，其機巧快捷，非練習有素則臨陣不能得其利用，故新兵使其由初法練起，舊兵向深處習之，以期學至極精，方有實效，蓋訓練砲隊新兵之要書也。譯筆亦條暢簡明，專爲武備而設，無艱深蕪雜之病。

以上槍砲。

《雷火圖説》一卷，湖北《武學全書》刊本，上海掃葉山房石印本，寶善齋石印本。

德國武備原本，[德]何福滿、楊其昌譯，閔廣勳筆述。地雷爲行軍利器，轟毁敵軍工程，其效極大，藥性有猛緩之殊，工程有險易之别，臨敵有攻守之不同，故必相機行之始能收摧枯拉朽之功。書中備列埋雷轟工程藥性各説，附表以明其理，附器械圖三十四以明其用，蓋雷火書中之最新適用者。

《軍械圖説》二卷，湖北《武學全書》刊本，上海掃葉山房石印本，寶善齋石

印本。

德國武備原書，德何福滿、楊其昌同譯。卷一曰軍械總揭，則言軍械分別、砲彈聲路；卷二曰火藥，則言各種藥力運送管理之法，附圖三幅以明之。

《行軍帳棚説》一卷，湖北《武學全書》刊本，上海掃葉山房石印本，寶善齋石印本。

德國武備原書，德何福滿口譯，楊其昌同澤［譯］，閔廣勳筆述，石其榮繪圖。凡十二節，言帳棚制用各法甚詳。卷末附圖一大幅，言帳棚之用。

《地勢學》五卷，湖北《武學全書》刊本，上海寶善齋石印本，掃葉山房石印小字本。

德庫司孟撰，德福克斯增補，詹貴珊譯述，周家禄編校。武備中所謂地勢，乃就地上之山川而言，其城郭、樹木、房屋則爲人工地勢，故其學分二種，曰溥通地勢則泛論天生及人工，並就各地形勢以定其名目，其類有三，曰地面、曰水學、曰地勢分類學，武備地勢則專論行軍駐營、佈陣扼守之處，故皆分別表明，於橋渡之事尤三致意焉。附圖八十一，亦淺近易，行軍隊中要書也。

《步兵操法摘要》一卷，浙江《武備新書》刊本，《續富强叢書》本。

北洋武備學堂原譯，浙江武備學堂重譯。計分三類，曰論列隊時一哨官弁應站地步，曰操隊章程，曰撤操隊章程，寥寥萬餘言，簡要可法，圖二十二發明列隊變化各式。

《步隊戰法》二卷，湖北《武學全書》刻本，上海掃葉山房石印本，寶善齋石印本。

德梅開爾撰，德斯泰老、蔣煦同譯。上卷七章，言步隊操演之法；下卷十二章，言步隊打仗之法。于步隊進退疾徐皆言之井井，附圖九幅，發明因地制宜之理，頗覺了然。

《馬隊戰法》一卷，湖北《武學全書》刻本，上海掃葉山房石印本，寶善齋石印本。

德梅開爾撰，德斯泰老、蔣煦同譯。馬隊利於攻敵，用違其法最易取敗。是書九章，言馬隊沖敵、灑開打仗、列排各法甚當，洵軍政要籍也。

《砲隊戰法》一卷，湖北《武學全書》刻本，上海掃葉山房石印本，寶善齋石印本。

德梅開爾撰，德斯泰老、蔣煦同譯。凡十一章，於砲隊攻守、施放子彈各法皆分條言之，可資取法。

《三隊合戰法》一卷，湖北《武學全書》刻本，上海掃葉山房石印本，寶善齋石印本。

德梅開爾撰，何福滿、楊其昌同譯，蔣煦筆述。步、馬、砲三隊爲軍制所必備，蓋步隊利於近戰，馬隊利於沖敵，砲隊利於擊遠，互相補救，收效極大。書凡二章，則言各隊合戰之益、各隊聯合之法，雖千餘言，譯筆簡賅可讀。合以上三書讀之，而兵隊戰法乃全。

《戰法輯要》六卷，湖北《武學全書》刻本，上海掃葉山房石印本，寶善齋石印本。

德梅開爾撰，何福滿口譯，楊其昌同譯，蔣煦筆述。卷一言戰時報傳信令各法，卷二言開差安營糧食各法，卷三言戰時攻守各事附醫藥隊法，卷四言偵探保護各法，附意、法、奥、德各國前行護隊式圖一幅，又各圖坐護隊式圖二幅，卷五言隨地打仗之法，卷六言小戰法，附我兵各種記號圖一幅於後。

《治旅述聞》上中下三卷，光緒二十八年明恥堂排印洋裝本，三册。

顧臧譯。是書爲日本國士官學校教程，分爲三編，上編曰各種兵戰法原則，計六章，附圖二十八，步、騎、砲兵各自戰鬥之法詳焉；中編曰野外帥兵法則，計八章，行軍、駐軍、饟給、命令之事屬焉；下編曰臨敵決計通則，計十章，因地制宜、聯合指揮之用略載焉。查日本士官卒業者位僅將校末，職指揮只數十人，而其教程簡明詳核若此，宜其强矣。

趙惟熙《西學書目答問》 政學第一

兵政學

《營城揭要》二卷附圖，訂二册，英儲意比撰，英傅蘭雅譯，徐壽述，製造局本。

《營壘圖説》一册，比伯里牙芒撰，布金楷理譯，李鳳苞述，製造局本。

《輪船佈陣》十三卷附圖，訂二册。首卷英賈密倫撰，後十二卷英裴路撰，英傅蘭雅譯，徐建寅述，製造局本。

《防海新論》十八卷，訂六册，布希理哈撰，英傅蘭雅譯，華蘅芳述，製造局本。是書亦曰《南北花旗戰紀》，即戰事以考驗船砲之用、防守之法，頗資取鑒。然近來器械日精，運用之妙又不可拘守故轍矣。

《列國海戰紀》一册，李鳳苞輯譯，上海本。是書記俄土、秘智、英埃三海戰，

詳晰可觀，泰西船砲日精，各國均不敢先發難端，故近來海西無大戰事，不謂戰禍之慘烈乃見於華海中東一役，猛虎在山，藜藿不采，信已。

《海戰指要》一册，美金楷理譯，趙元益述，《格致彙編》本。

《水師保身法》一册，程鑾、趙元益同譯，製造局本。

《鐵甲叢譚》二册，附圖，製造局本。

《外國師船表》一册，許景澄撰，自刻本。

《水雷秘要》六册，舒高第、鄭昌棪同譯，製造局本。

《艇雷紀要》一册，附圖，李鳳苞輯譯，自刻本。

《魚雷圖説》二册，天津學堂譯本。

《水雷問答》一册，天津學堂譯本。

《火器略説》一册，黄達權譯，王韜述，上海本。

《砲法求新》八册，舒高第、鄭昌棪同譯，製造局本。

《回特活德鋼砲説》一册，有圖，《西藝知新》之一。

《攻守砲法》，附《克虜伯腰箍砲説》、《砲架説》、《船砲操法》、《螺繩砲架説》，均有圖，合訂一册，布軍政局原書，美金楷理譯，李鳳苞述，製造局本。

《兵船砲法》六卷，訂三册，美水師書院原書，美金楷理譯，朱恩錫述，製造局本。

《克虜伯砲説》四卷，訂二册，布軍政局原書，美金楷理譯，朱鳳苞述，製造局本。

《克虜伯砲准心法》一卷附圖，訂二册，製造局本。

《克虜伯砲操法》四卷，訂二册，有圖，製造局本。布軍政局原書，美金楷理譯，李鳳苞述，布軍政局原書，美金楷理譯，李鳳苞述。

《克虜伯砲表》八卷，訂二册，布軍政局原書，美金楷理譯，李鳳苞述，製造局本。

《克虜伯砲彈造法》二卷，附圖並《餅藥[酒]造法》，訂三册，布軍政局原書，美金楷理譯，李鳳苞述，製造局本。

《克虜伯造餅藥酒》三册，布軍政局原書，美金楷理譯，李鳳苞述，製造局本。

《克鹿卜新式陸路砲器具圖説》一册，天津學堂譯本。克鹿蔔即克虜伯，蓋譯音互並，原書如此，名從主人之義也。

《克鹿蔔電光瞄準器具圖説》一册，天津學堂譯本。

《克鹿蔔量藥漲力器具圖説》一册，天津學堂譯本。

《克鹿蔔子藥圖説》一册，天津學堂譯本。

《哈乞開司槍圖説》一册，天津學堂譯本。

《阿墨士莊子藥圖説》二册，天津學堂譯本。

《制火藥法》三卷，訂一册，有圖，英利稼孫、華得斯同輯，英傅蘭雅譯，丁樹棠述，製造局本。

《爆藥記要》六卷附圖，訂一册，美水雷局原書，舒高第譯，趙元益述，製造局本。

《砲乘新法》六册，舒高第譯，鄭昌棪述，製造局本。

《開地道轟藥法》二册，英傅蘭雅譯，汪振聲述，製造局本。

船政學

此門專收行船、測量、駕駛諸書，其言海軍者入兵政，言製造者入工政。

《行海要術附表》，訂三册，布金楷理譯，李鳳苞述，製造局本。

《航海簡法》，製造局本。

《禦風要術》三卷，訂二册，英白爾特撰，布金楷理譯，華蘅芳述，製造局本。

《航海章程》一册，布金楷理譯，王德均述，製造局本。

《行船免撞章程》一册，英傅蘭雅譯，鐘天緯述，製造局本。

《西船略論》一册，英傅蘭雅譯，《格致彙編》本。船政内尚有《海道圖説》十五卷、《長江圖説》一卷，亦系要本，因已見《答問》，故不重録。

王景沂《科學書目提要初編・武備科》

《訓練操法詳晰圖説》工部右侍郎袁世凱奉，勅纂，二十二圖。

《兵學新書》無錫徐建寅輯，十六卷。

《日本軍事教育篇》歸安錢恂輯，一册。

《行軍指南》滿洲蔭昌輯，一册。

《作戰糧食給養法》日本陸軍經理學校原本，無錫楊志洵譯，一册。

《自强軍兵法學》鄞縣沈敦和編輯，八卷。

《臨陣管見》普國斯拉弗司箸，普國金楷理、新陽趙元益同譯，九卷。

《前敵須知》英國克利賴箸，慈谿舒高第、海鹽鄭昌棪同譯，四卷附圖一卷。

《戰法輯要》德國梅開爾撰，德國何福滿、錢塘楊其昌同譯，六卷。

《護隊集要》德國譚發勒箸，德國斯泰老、慶雲馮錫庚同譯。

《野外要務令》日本陸軍省原本，閩縣盧永銘譯，上下兩編。

《陸軍戰法》德國梅開爾撰，無錫蔣煦、德國斯泰老同譯，四卷。

《德國陸軍紀略》嘉興許景澄譯輯，四卷。

《日本陸軍學校章程彙編》陽湖孟森譯述，四册。

《日本陸軍軍制提要》温州王鴻年編輯，一册。

《美國陸軍制》餘杭葛勝芳編輯。

《騎兵斥候問答》日本陸軍教導團版本，温州王鴻年譯述，一册。

《步兵操典》日本陸軍省原本，陽湖孟森譯述。

《步兵各個教練書》日本軍事教育會原本，日本稻村新六輯補，陽湖孟森譯述，二册。

《步兵射擊教範》日本陸軍省原本，日本山根虎之助譯，一册。

《步兵戰鬥射擊教練書》日本陸軍户山學校原本，日本山根虎之助譯，一册。

《步兵部隊教練書》日本户山學校原本，日本稻村新六輯補，陽湖孟森譯述，一册。

《德國體操法》德國瑞乃爾、德州蕭誦芬同譯，五卷。

《普通體操摘要》元和王肇鋐譯，一册。

右陸軍學二十四種。

鳥獸無爪牙則不肉食，有土地人民而無兵則不國。兵之古義始於衛生争存，而兼弱攻昧之公例起焉。列國文化既進，殆無不以佳兵殺人爲大戚者。然而愈益畏惡之愈益獎勵之，愈益銷弭之愈益擴張之，何哉？地醜德齊莫敢先發，則世界之大勢恒平，而民族進取之心又各思光榮其國旗，爲全球之主人焉。此所以糜金如邱山而不惜也。吾族强毅耐苦，至今日而號爲不能戰之國，爲世界僇笑，固由右文輕武，釀成柔弱。實以二千年來，祇供一姓驅除之資，於合羣自衛之真理，茫乎未有聞。斯義不明，雖譯籍汗牛，庸有濟乎！讀是書者，以爲大匠之規矩可爾。

《外國師船圖表》嘉興許景澄輯，八卷、增雜説三卷、圖一卷。

《輪船布陣》英國賈密倫著，英國傅蘭雅、無錫徐建寅同譯，十二卷、首一卷、圖一册。

《鐵甲叢譚》英國特黎著，慈谿舒高第、海鹽鄭昌棪同譯，五卷附圖。

《海道圖説》英國金約翰輯，英國傅蘭雅、懷遠王德均同譯，十六卷。

《防海新論》布國希理哈撰，英國傅蘭雅、金匱華蘅芳同譯，十八卷。

《法國海軍職要》丹徒馬建忠纂，一卷。

《水師操練》英國戰船部原本，英國傅蘭雅、無錫徐建寅同譯，十八卷。

《水師保身法》法國勒羅阿撰，英國伯克雷、嘉善鄭鎣、新陽趙元益同譯，一卷。

《英國水師律例》英國德麟極福德同纂，慈谿舒高第、海鹽鄭昌棪同譯，四卷。

右海軍學九種。

道光以來，中國盛言海防，彼族犯礁，颶冒霧露，越數萬里，輦金割地，必勝必取。而我設署購船，糜帑亡算，仍用僨績。藝不精，律不嚴，職不舉，以至此也。抑我誠有意自樹立，不當曰防之防之而已，必將大建商舶，衛以礮艦，出帆南洋，放乎歐海，練我水犀，揚我龍旂，乃可平揖羣雄，焜耀黄族，長守其雌。何時與世界相見乎？彼德意志陸師三百萬，宜可自足，比年經營海軍，不遺餘力，然則今代大勢可覩矣。希理哈之言曰，如國境海岸延長，不能扼要據守、先事迎擊，而於綿亘數千里節節分兵設守，則爲大謬之舉。此即就防論防，亦宜奉爲鍼砭者哉。

《兵船礮法》德國水師書院本，美國金楷理、嘉興朱恩錫同譯，六卷。

《管礮法程》德國瑞乃爾集譯，鄞縣沈敦和重編，一卷。

《攻守礮法》布國軍政局原本，美國金楷理、崇明李鳳苞同譯，一册。

《礮乘新法》英國製造局官書，慈谿舒高第、海鹽鄭昌棪同譯，一卷圖一卷。

《克虜伯礮説》布國軍政局原本，美國金楷理、崇明李鳳苞同譯，四卷。

《克虜伯礮彈造法》布國軍政局原本，美國金楷理、崇明李鳳苞同譯，二卷圖一卷。

《子藥準則》上海製造局本，一卷。

《製火藥法》英國利稼森華得司同輯，英國傅蘭雅、番禺丁樹棠同譯，三卷。

《爆藥紀要》美國水雷局原本，慈谿舒高第、新陽趙元益同譯，六卷。

《雷火圖説》德國武備原本，德國何福滿、錢塘楊其昌同譯，二卷。

《軍械圖説》同上，一卷。

《槍法圖解》同上，一卷。

《快槍圖説》德國武備原本，德國瑞乃爾、德州蕭誦芬同譯，一卷。

《自强軍器學》鄞縣沈敦和輯，五卷。

《打靶通法》德國武備原本，德國斯泰老、德州蕭誦芬同譯，二卷。

右器械學十五種。

孟子曰，矢人惟恐不傷人。彼其探弦飲羽，所殺一而已。今則雷火爆藥，伏尸億萬，宇宙慘酷之事，殆莫過於斯。若克虜伯藐焉，銅工愴念國恥，發明新器，一戰而霸。嗚呼，偉哉！

《溝壘圖説》德國武備原本，德國福克斯、上元詹貴珊同譯，四卷。

《營壘圖説》比國伯里牙芝箸，美國金楷理、崇明李鳳苞同譯，一卷附圖。

《營城揭要》英國儲意比箸，英國傅蘭雅、無錫徐壽同譯，二卷。

《礮臺説畧》德國武備原本，德國何福滿、錢塘楊其昌同譯，二卷。

《行軍帳棚説》同上，一卷。

《修路説畧》同上，一卷。

《步兵工作教範》日本陸軍省原本，山陰樊炳清譯，一册。

《自强軍工程學》鄞縣沈敦和輯，一卷。

《開地道轟藥法》英國武備工程學堂編定，英國傅蘭雅、六合汪振聲同譯，二卷附圖。

右軍事工程學九種。

軍事工程學者，實兼建設、破壞二義，凡以利我苦敵而已。華兵非甚窳惰者，大抵能爲粗工，盡人可任畚鍤，然師行之際，易致散漫。泰西専立工程隊，研精技術理法，猝遇險阻，因應裕如。亟宜取則者也。

《行軍測繪》英國連提撰，英國傅蘭雅、新陽趙元益同譯，十卷。

《行軍測繪學》德國武備原本，德國何福滿、錢塘楊其昌同譯，四卷。

《自强軍測繪學》鄞縣沈敦和纂輯，一卷。

《地勢學》德國庫司孟撰，福克司增補，上元詹貴珊譯述，五卷。

右軍事測繪學四種。

普法之戰，普軍人給一圖，所至夷險，遠近如履户閾；而法軍無之，雖在國境，不良於行。誠兵家勝負之樞紐哉。吾譯地勢測繪之書，多出於德人，精微細密矣，其圖式每繪蒲萄田，猶承謀法之舊制，想見操心積慮之遠焉。

《自强軍樂學》鄞縣沈敦和纂輯，一卷。

右軍樂學一種。

聲音之道微矣。軍樂者，非徒恃鐃鐲鉦鼓爲止齊步伐之節，蓋將以發揚蹈厲激奮忠愛，使知方敵愾，視死如歸。雅典跛樂師所以有轉敗爲勝之功也，遼東小婦彈《出塞》，則三軍雨泣。豐沛小兒歌《大風》，則朽夫掀髯。成敗興亡之機，詎可易視哉。日本奬厲音樂，愛國軍歌烏烏與鼓笛相間，其知要也已。

《江南製造局譯書提要》卷一《練兵》

《海軍調度要言》三卷

英國孥核甫、賴甫呑、魯脱能同撰，慈谿舒高第口譯，海鹽鄭昌棪筆述。首卷爲孥氏所撰，次卷爲賴氏所撰。末卷并圖一卷，爲魯氏所撰。議論翔實謹嚴，譯筆亦簡達。

第一卷　總旨　論砲　論撞頭　論水雷　試演陣法　論陣式

第二卷　原水戰　原撞　論分隊　行陣與戰法不同　籌畫與徵驗不同

第三卷　戰艦需用之煤　戰陣暗號令　海面水師船會戰通信法　英水師船臨陣派法

《防海新論》十八卷

布國希理哈撰，英國傅蘭雅口譯，金匱華蘅芳筆述。有圖九十五。論南北花旗戰事，以發明防海新法。觀其目録，可見崖畧。水師戰法學入門書也。

第一卷　總論美國防海之事

第二卷　論近時之城壘不能用古法

第三卷　論泥沙築城壘勝於磚石

第四卷　論露置之砲臺不能當兵船合力攻打

第五卷　論水路不可無阻船之物

第六卷　論船路若不全阻雖有砲臺不能阻多

第七卷　論船路用法攔阻又有砲臺守之可阻多數兵船

第八卷　波爾特所論防海事宜

第九卷　論攔阻船路之理

第十卷　論沉物阻船之法

第十一卷　論浮物阻船之法

第十二卷　論水雷

第十三卷至第十四卷　論電線發火之法

第十五卷　論水雷之力

第十六卷　論排列水雷之法及水雷之利弊

第十七卷　論攻船之水雷

第十八卷　論明燈照路之法

又　兵學

《製火藥法》三卷

英國利稼孫華德斯輯，傅蘭雅口譯，番禺丁樹棠筆述。有圖五十八。專講製火藥各法。

第一卷　火藥源流　取硝提硝法　取硫提硫法　製炭法

第二卷　製火藥各器具　收藏法　各種火藥法　炸藥滅火藥　製造各種之法

第三卷　火藥之外性　堅性　燃性　以各種電燃火藥法　火藥之力　試力法各種　分化火藥原質如含水及硝硫炭之分劑各法

《克虜伯砲說》四卷

普國軍政局原書，美國金楷理口譯，崇明李鳳苞筆述。有圖三十五。專論操演克虜伯砲之法。蓋後膛來復線砲其擊力速放，較之前裝藥光膛砲，有什百倍之利。而兵士用砲之法，亦遂有什百倍之難。就砲而論，要事有四。一劈即後門塞，二墊底鋼圈，三轉動機，四表尺。就彈子論，要事有二。一鉛箍，二火引。此數事關係甚大，非可淺嘗薄涉而爲之也。故是書爲練兵家所必讀。

第一卷　先事籌備分二欵　一砲兵分掌　二藥彈要旨

第二卷　臨時致用分五欵　一用開花彈及火彈　二用垂線及象儀　三用洋銕管彈　四回出彈藥　五開放餘事

第三卷　砲門砲彈分四欵　一圓劈砲門　二開花彈　三放砲記　四雜物名目

第四卷　砲表用法

第五卷至第八卷　各種操法

《輪船布陣》十二卷首一卷

英國賈密倫撰，傅蘭雅口譯，無錫徐建寅筆述。有圖五十八。專發明水師布陣之法，水師陸軍各種陣法，總不外乎一字魚貫、太極雁行及圓陣而已。其包圍、衝擊、踦角，并設法以避敵彈通行打之線路，水師與陸師亦仍無異。所特要者，爲繞圈之法。能明各種繞圈之法，則水師布陣之公理可十得六七矣。故此書可兼作教授學生之用。

首卷　獨行一圈說　連行多圈說　成列繞行法　衝撞法

第一卷至第二卷　總理總法

第三卷　分羣法

第四卷　速旗

第五卷　名目解釋

第六卷　正陣

第七卷　斜陣

第八卷　鋭陣

第九卷　魚貫改方向

第十卷　分陣法

第十一卷　換列反列法

第十二卷　增減相距法

《砲法求新》六卷　《附編》三卷　《補編》一卷

英國烏理治礮廠原書，慈谿舒高第口譯，海鹽鄭昌棪筆述。大致論改舊砲易新砲，鑄法製法試法用法皆備。數目甚繁，概括於下：

第一欵　論金類之情及牽漲等力率並砲料

第二欵至第三欵　鑄砲法如漲力藥膛彈膛來福綫彈行各路速率發火管表尺田雞砲及各質砲

第四欵　論各種砲彈藥裏速率彈鑽力及表

第五欵　各種製造法如車鑽磨銼等工程

第六欵　製砲之各附件

第七欵　英軍用各種來福砲重數

第八欵　新式來福大砲造法及查察法

第九欵　前膛大砲表尺各件

第十欵　改光膛爲來福前膛並零件

第十一欵　論軍前現用之來福前膛砲

第十二欵　大砲並其零件查察保護脩理各法

第十三欵　各大砲比較力量

附編一　一論每年按期詳報兵部格式　二表照星并砲體上上色法　三論格林砲　四論砲距拋物線

附編二　阿姆斯脱郎八寸徑後膛砲說

附編三　七磅彈螺改後膛砲兩接山砲用法說略

補編　論水師所用之砲架及壓水櫃等用法

《攻守砲法》一卷

普國軍政局原書，美國金楷理口譯，崇明李鳳苞筆述。分六節，有圖五十

四。論簡而理明，其別之爲攻守砲者，因非野戰快砲類也。

第一節　攻守砲法之布置運用

第二節　造腰箍鋼砲之法及子藥法用法

第三節　論船砲

第四節　克虜伯船砲操法

第五節　堡砲之架及説

第六節　用螺軸連繩之砲架説

《克虜伯砲準心法》上下卷

普國軍政局原書，美國金楷理口譯，崇明李鳳苞筆述。有圖二十三。卷帙雖少，論説詳明。兵工學入門所不可少之書也。

卷上　一察砲體　論製造制度　論新舊　論積煤　二考彈藥　論鋏論鉛殼　論全重　論藥之良楛　三辯地段　四審氣候　五度遠近　六擇位置　七明用法　八校砲準

卷下　一論抛物線　二論能力之强弱

《兵船砲法》五卷

英國水師學堂原書，美國金楷理口譯，嘉興朱恩錫筆述。有圖一百八十。教課書體例也。

第一卷　槍砲緣起水師用砲砲之形式制度　造件所用物料模範鼓鑄及車鑽各法　查察法　試驗法　坐退之故　破壞之由　廢棄有法　收藏有地

第二卷　砲架致用質料形式利弊，砲之俯仰及位置高低　火藥之緣起　配成之質料　造成顆粒及其化合性燒性速率試驗法

第三卷　砲彈造法及查驗　實彈炸彈　砲彈種類形式擊力　火箭造法及致用　火引種類及時刻　碰引或自來火引

第四卷　下墜速力　空氣阻力　審定砲準　越擊

第五卷　後膛來復綫槍砲之緣起　造彈子法　擊力用砲戰法

《營城揭要》上下卷

英國儲意比撰，傅蘭雅口譯，無錫徐壽筆述。有圖五十七。古者城以高爲固，自火器行而城壘之法一變，後膛槍砲行而城壘之法又一變。昔之巖巖者，今皆易而爲平坦幽隱矣。昔之磚石疊砌者，今皆易而爲沙土矣。蓋槍彈之通行打也，註：凡彈子自陣首貫至陣尾，或從船首貫至船尾，謂之通行打。炸砲鋼丸之摧堅陷鋭也，皆非舊法之所能抵禦也。讀此則各理自明。

上卷

第一欵　論營城原始

第二欵　推算牆壘尺寸

第三欵　營壘新制

下卷

第一欵　城牆形勢

第二欵　弗班氏造城法　果門汀造城法　新法　係城外牆

第三欵　守城兵器

第四欵　荷蘭國凹字形牆法

第五欵　總論各法普耳曼法

第六欵　攻守餘論

《營壘圖説》一卷

比國伯里牙芒撰，美國金楷理口譯，崇明李鳳苞筆述。有圖八。與《營城揭要》互有詳畧，相輔而行之書也。

第一欵　總論

第二欵　築法

第三欵　用器

第四欵　布置

第五欵　用兵之法

第六欵　引證

第七欵　卡堡砲臺

第八欵　火藥房

第九欵　堡門

第十欵　矮牆

第十一欵　鎮外堡

《爆藥記要》六卷

美國水雷局原書，慈谿舒高第口譯，新陽趙元益筆述。可以知水雷攻法及他礮法之用。

第一卷　論爆藥及爆法　如交互變化解釋徵驗情形　使齊爆發之故及法

切用及勢力　成藥法

第二卷　論淡養四各里司里尼　成法造法　變成之理　分别洗浄　情形放法　存貯　轉用　功用與勢力　化化餘之物及含此質之物　地那美德及其放法功用　比較齊發之勢力

第三卷　論棉花火藥　并法成法　制長絲紋棉藥法　壓棉藥成漿法　預備棉藥漿配用法　情形及放法　存貯料理轉運法　功用與比較勢力化分所餘質　含棉藥各物

第四卷　論畢克里類與汞震藥類與法并情形　鉀畢克里　阿摩尼阿畢里汞震藥之并法成法情形功用

第五卷　論含爆藥類之藥并法　總説　以硝强水與鉀養緑養五爲合質

第六卷　論淡養四各里司里尼與棉藥之功用與别種礮石藥之功用　料理法　收藏轉用法放法用藥之數

《淡氣爆藥新書上編》五卷《下編》五卷

英國棉花藥廠製造師山福德博士著。上編慈谿舒高第口譯，海甯沈陶璋筆述，江浦陳洙勘潤。下編舒高第口譯，陳洙筆述。凡各種爆藥材料熱度，及製造收藏各法，原原本本，靡不從實驗得來。誠海陸軍學堂必備之參攷書也。

第一卷　淡氣爆藥　與淡氣化合之物質　危險界限　秦格梅爾生斯諸博士之保護廠屋禦電法　淡氣格列式林略論

第二卷　淡氣格列式林性質　製造法　加淡氣法　分法　沙濾滌法　廢强酸

第三卷　啟式耳古但捺抹脱　但捺抹脱之分類　但捺抹脱性質及勢力柯達無煙藥

卷四上　寫留路司性質　棉花藥性質　棉花藥分消化與不消化　棉花藥製造法　浸棉花藥於强水並令强水透入法　漩出强酸　洗法　煮法　打漿法壓緊棉花法　華呑阿培法

卷四下　婁蒲歇製法　令棉花藥成細顆粒形　哥路弟恩棉花　製造法含淡氣之棉花藥　湯捺得製造法　製棉花藥之危險　脱林取之滅火藥　哥路弟恩棉花用處　寫留路以得　淡氣小粉　淡氣朱脱麻　淡氣瑪内脱

上編目録終。

又　下編第一卷　由偏蘇恩所得之爆藥　淡氣偏蘇恩並淡氣朶路恩　陸蒲拉脱　倍拉脱　西居來脱　啟納太脱　三號湯捺得　三淡氣朶路恩　淡氣那普塔林　阿摩來脱　司拍林格爾爆藥　比克里克酸　艾白耳合藥　貝魯齊亞散藥　汞震藥

第二卷　各種無煙藥略論　柯達無煙藥　華爾司羅得　苦派耳　安拍來脱　方福司克爆藥　孥美耳爆藥　比克里克藥

第三卷　啟式耳古但捺抹脱化分法　直辣丁合藥化分法　湯捺得　柯達脱化分法　阿西通化分法　未化棉花　查鹼性法　灰質並無機物質　龍甘測淡氣具所查淡氣多少　寫留路以得化分法　比克里克酸並含比克里克和物化分法　鉀比克里酸化分法　阿摩尼恩比克里酸化分法　似碱類與比克里酸相併物化分法　格列式林化分法　用銀試法　收淡氣試法　查酸性共數　測查中立性數　測自由油膩酸數　測相和油膩酸質　測攙雜之不潔物　查鈉緑法查格列式林法　用鈣養試法　造淡氣格列式林及棉藥用剩之廢酸質查驗法鈉淡養查法　化驗汞震藥

第四卷　爆藥攬火界點　試驗但捺抹脱轟石直辣丁并直辣丁但捺抹脱法試轟石直辣丁但捺抹脱直列捺脱等法　試棉藥許耳子藥衣西藥壓棉藥等法試許耳子藥衣西藥哥路弟恩棉花等法　試藥之滋失及融流法轟石直辣丁但捺抹脱等　佩志試驗具　爆藥重性與水比較表　以水爲一　齊爆藥熱度表　各爆藥用齊爆藥比較靈捷表

第五卷　測查爆藥比較力　測壓力具　孥布爾測壓力具

各種爆藥分劑詳表

《水師保身法》一卷

德國勒羅阿撰，英國伯克雷譯，嘉善程鑾重譯，新陽趙元益筆述。凡六章。專論水師保身之理法，而透達光綫，調換空氣，尤爲船中要義。近年西國水師以海水浴身，體尤健壯，此書尚未發明其理。蓋各國學術日精，水師進步亦愈速。讀此編者，其于保身諸法，宜精加研究，毋自封故步爲也。

首論法國水師初用輪船漸得養身美法　論飲水　論饅頭素菜等物　論肉調換飲食　論水手服食之改變　論潔身　論操練等事　論免身虚泄血病法論防鉛毒之法

《水雷秘要》五卷

英國史理姆撰，慈谿舒高第口譯，海鹽鄭昌棪筆述。有圖二百二十四。水師之用水雷，猶陸戰之用地雷。然地雷偶用，而水雷恒用。且水雷之功用，十倍

於地雷。而水雷引火之難，亦十倍於地雷。全書中除論雷式藥法外，大半皆論以電法引火，爲水雷中最新最便之法。電法不精，則所設水雷盡屬無用。此最宜研究者也。

第一章　水雷緣起及近時水雷情形
第二章　水雷保護法　用機捩　機捩引藥　安置法
第三章至第四章　水雷防守各法
第五章　水雷出擊法
第六章　雷船　雷舢板　水下行之雷船
第七章　水雷攻擊情形
第八章　論爆藥
第九章　試演記録
第十章　電光照察　攻水雷砲入水查看
第十一章　論電法

《開地道轟藥法》四卷

英國武備學堂編，傅蘭雅口譯，六合汪振聲筆述。有圖一百十四。攻城以不用地道爲上策，守城亦然，非若水戰之必用水雷也。然或兩軍勢力相敵堅持，頓兵則往往從事於掘地以出奇。遂不得不防人之掘地攻我。此開地道轟藥法，亦爲兵學中之要書。而其旁通，則開礦之補助也。

第一章　開地道工程
第二章　鑽石用爆藥轟裂
第三章　砲臺及城内地道
第四章　地面下相攻各法
第五章　地道通風透光法
第六章　裝藥與轟藥之力
第七章　地道預備轟藥法
第八章　引火放藥各法
第九章　用電線放轟藥法
第十章　爆藥
第十一章　棉藥
第十二章　用藥慢轟
第十三章　用藥急轟

《鋏甲叢談》五卷　附一卷

英國水師船廠總管黎特撰，慈谿舒高第口譯，海鹽鄭昌棪筆述。專討論鐵甲師船之利弊。蓋火器日精，則鋏甲愈宜堅固。船之出水，宜更低。其他若船行之速率也，撞鼻等器也，鍋鑪及轉動砲臺，柁房司令臺之保障也，砲位之多寡良窳也，無不力求精巧。學者可從已知之船械，而發明未來之船械，固不徒作紙上談也。

第一卷　英水師
第二卷　法水師
第三卷　意俄德奥土諸國水師
第四卷　美水師
第五卷　英國水師兵官魯脱能凱所著師船論
附卷　水下行船法　防海法

《克虜伯砲彈造法》四卷

普國軍政局原書，美國金楷理口譯，崇明李鳳苞筆述。有圖一百五十三。爲克虜伯廠製來復砲彈之法。其最要之大端，爲鑄車鋏殼，爲包鉛箍，爲灌各種火藥，爲安火引。蓋砲之利用，尤在彈之精良。而子母彈開花炸彈，其製法尤繁於實心彈也。

一彈房鑪竈各法　二量器　三查驗鋏體　四彈引量器　五包鉛諸器　六查鉛模　七子母彈諸器　八用洋鋏管諸器　九造藥裹諸器　十彈房物料　十一收查各件如漆料紙袋彈體火引等　十二包鉛　十三磨光　十四抹油　十五裝子母彈　十六灌磺　十七加底螺　十八安火引及銅盂　十九回出彈内藥物　二十收藏及發運諸法　末附新式子母彈造法

《水師操練》十八卷　首一卷　附一卷

英國戰船部原本，傅蘭雅口譯，無錫徐建寅筆述。首述戰船操練要例，後述船艦槍礮操練各事。附卷更詳及陸路守法。

首卷　分派砲位　砲手定數　分派職司　給發小兵器　對砲法　前赴敵船并用帆　將戰時預備各事　備夜戰　喇叭吹號　槍砲隊登陸　舢板備用兵器及各料　火藥等艙要法　出海戰船操例　砲法教習要事
第一卷　操砲初法　戰法　減人　更換絆繩　移砲　順船　起砲上架

第二卷　移轉砲樞
第三卷　輪架螺絲砲操法
第四卷　轉臺螺絲砲操法
第五卷　後膛砲操法
第六卷　田鷄砲操法
第七卷　陸地戰砲操法
第八卷　陸地戰砲陣法
第九卷　槍操法
第十卷　槍刃操法
第十一卷　腰刀
第十二卷　手槍
第十三卷　磔彈引火
第十四卷　火箭
第十五卷　下水器
第十六卷　喇叭號令
第十七卷　考試
第十八卷　各砲尺寸
坿卷　火藥　螺絲砲與彈　穿鐵甲之大砲　鐵甲與木墊　鐵甲把　棉花藥　打壞木橋木城　水雷　築營壘法　鹿角花籬　梅花坑　暫守鄉村　打壞敵壘　地道　地雷　舢板運放水雷附圖説　彈遠表

《砲乘新法》三卷　首一卷

英國製造廠原書，慈谿舒高第口譯，海鹽鄭昌棪筆述。專論造砲車砲架之法。有圖一百四十一。甚詳備。

首卷　論造件所用料　木料　金類　皮條繩索等料
第一卷　一造輪及軸各法　二陸路砲車全事之各件造法　三攻堅砲車山砲車製造法　四轉運車行營各車製造法
第二卷　一至二行營屯營砲架木砲架及並列平臺　三田雞砲座　四熟銕有銓砲架及後準砲架　五熟銕無銓砲架　六配單層轅板砲架之熟銕平臺　七銓雙層轅板熟銕砲架兼及壓水櫃　八雙層轅板砲架滑架兼及壓水櫃并以油代水之法　九芒脱鳌砲架滑架　十配旋滑架之磨盤并齒軌　十一熟銕砲架并滑架裝用零件及保護法　十二轉運車　十三小機器　十四零件
第三卷　一木砲架及滑架　二船砲用之熟銕斯來定砲架　三船用斯來特四砲艇之砲架及斯來特　五便行車架　六零件

又　船政

《行船免撞章程》一卷

英國傅蘭雅口譯，華亭鍾天緯筆述，金匱華備鈺校勘。凡十八章，末坿一千八百六十二年英國修改商船免撞各章程，并應答之問題四十三則。

第一章　論船燈
第二章　論最須謹慎之四事
第三章　論舵扳左不謹慎易於相撞
第四章　論單見一燈之光
第五章　論見雙燈之光
第六章　論見三燈之光
第七章　論各色號火
第八章　論下霧傳聲號報
第九章　論聞聲并能見其船
第十章　論何船前行何船讓路
第十一章　論何船應需讓路
第十二章　論兩船仍行本路而不成險可不用上列各章程
第十三章　論兩輪船彼此免撞之法
第十四章　論本船追及他船
第十五章　論下章之意以爲之引
第十六章　論兩帆船行交路而有相撞之險
第十七章　論明上章之意并另增各要説
第十八章　論總章程

《航海章程》一卷

美國弗蘭克林纂，蒙古鳳儀口譯，無錫徐家寶筆述。凡十六章。

第一章　論海中當用記號及別法以便遇有霧靄雨雪陰晦及黑夜指明船隻行駛之方向
第二章　論查驗船隻能行海與否

第三章　論船入水深淺
第四章　論船名與記號
第五章　論船已碰壞救人救物
第六章　論船中水手須能分别各種顔色
第七章　論避海中凍冰以免與船相碰并保護捕魚之船使其不阻船路
第八章　論海中夜間用通信之記號
第九章　論遇有暴風應預先報信
第十章　論見海中有壞船或有阻礙行船之物應如何毁去
第十一章　論報險規條
第十二章　論浮塔及保險之號應有定章
第十三章　論各國常設辦理水師事務人員

《船塢論畧》一卷

英國傅蘭雅口譯，華亭鍾天緯筆述。有圖四十。分修船泊船藏船三項。論工程形式利弊，與種種建造合宜之法。

《航海通書》不分卷

此書英國行海通書原本。西人航海度時表與通書相須爲用。南匯賈文浩譯成。其述年推一册，闡明理數，航海者宜人手一編。

《行海要術》四卷

美國金楷理口譯，崇明李鳳苞筆述。有圖五十有奇，并附以表。詳載紀行測量繪海探海較準測器並度時表諸法，與恒風颶風以及船行海流之方向速率，無不燦若列眉。洵爲航海要書也。

《御風要術》三卷

英國白爾特撰，美國金楷理口譯，金匱華蘅芳筆述。層解條晰，分爲一百七十六節，末坿總論。言趨避颶風之法，至精且悉。航海必讀書也。

紀事

劉獻廷《廣陽雜記》卷一　丙寅年，荷蘭噶嚦吧王耀漢連氏甘勃氏，差使者賓先巴芝、通事林奇逢等，進貢方物四十種。【略】哆羅絨十五匹，内黄色一匹，白色二匹，烏色四匹，硃紅色二匹，葡萄色一匹。中哆羅絨十匹，内紅色二匹，烏色八匹。織金大絨毯四領，烏羽緞四匹，緑倭緞一段，新嗶嘰緞八匹，中嗶嘰緞十二匹，織金花緞五匹，白色雜様細軟布共二百一十九匹。大自鳴鐘一座，大琉璃鐙一員，聚耀燭臺一懸，琉璃盞異式計五百八十一塊，丁香三十擔，冰片三十二斤，蜜甜肉豆蔻四甕。鑲金小箱一隻，内丁香油一罐，薔薇花油一罐，檀香油一罐，桂花油一罐，葡萄酒二桶，大象牙五枚。鑲金鳥銃二十把，鑲金馬銃二十把，連彩色皮袋二十佩。精細馬銃十把，連繡彩皮袋十佩。精細小馬銃二十把，短小馬銃二十把，連火石一袋。精細鳥銃十把，鑲金佩刀十把，起花佩刀二十把，雙利刃劍十把，起金花單利刃劍六把。照星月水鏡一執，照江河水鏡二執，雕製夾板三隻。

清穆宗上諭《同治朝籌辦夷務始末》卷一〇　諭議政王軍機大臣等：總理各國事務衙門奏，練兵必先練將，請飭沿海統兵大臣，悉心揀選一摺。逆賊竄擾東南，蔓延上海、寧波等海口，官兵不能得力，暫假洋人訓練，以爲自强之計。原以保衛地方，不至使洋人輕視，謂中國兵力不足恃，轉致視賊爲重。業於天津、上海等處，先後辦理，近來寧波亦已照辦。惟以洋人訓練，即以洋人統帶，是其既膺教習之任，並分將帥之權，日後徵調，必多掣肘。且兵少則不足以示强，兵多則餉需太鉅，莫若選擇員弁，令其學習外國兵法，去其所短，用其所長，於學成後自行訓練中國勇丁，則既可省費，亦不至授外國人以兵柄。著曾國藩、薛焕、李鴻章、左宗棠商酌，於都司以下武弁中，擇其才堪造就，酌挑一二十員，令其在上海、寧波學習外國兵法，以副參大員統之，會同外國教練之官，勤加訓練。其練習勤惰，即責成統帶之員，留心稽查，分别懲勸。練成之後，即令各該員弁轉傳兵勇，以資得力。如新練之將弁，數月後得有成效，即可將上海、寧波等處學習外國兵法勇丁，交其統帶，不必再令外國人經管。届時即著曾國藩等迅速具奏，以便飭知總理衙門照會各國公使，再行撤去外國統帶之員，以一事權。

白齊文所統常勝軍，如或不聽調度，即著李鴻章派令勇往知兵之鎮將接替。廣東、福建等省，營伍久弛，而廣州、福州各海口，必須仿照上海等處學習洋人兵法，以免外國藉口於中國兵力難恃，不肯協力防勦。著文清、耆齡、徐宗幹、穆克德訥、劉長佑、黄贊湯，於旗緑各營内，揀擇驍勇員弁，學習外國兵法，斷不可惜目前之小費，以致倉卒間不能悉心斟酌，爲外國所把持，轉涉糜費。其中國内地兵丁，仍應飭令隨時訓練中國兵法，不可偏廢。至天津所練之兵，並著文煜、崇

厚仿照辦理，揀擇妥員，以備統帶。以上各口，除學習洋人兵法外，仍應認真學習洋人製造各項火器之法，務須得其密傳，能利攻勦，以爲自强之計。

魏源《聖武記》卷一〇《道光洋艘征撫記上》 道光十八年四月，鴻臚寺卿黄爵滋奏言：「敬籌國計，宜防漏卮。近年各省漕賦之疲累，官吏之虧空，商民之交困，皆由銀價昂，錢價賤。向時紋銀每兩兑錢千，今則每兩兑至千有六百，其洋錢價亦因之遞長，而銀少價昂之由，由于粵東洋船鴉片烟盛行，致紋銀透漏出洋，日甚一日，有去無返。此烟來自英吉利，洋人嚴禁其國人勿食，有犯者以礮擊沉海中，而專誘他國，以耗其財，弱其人。既以此取葛留巴，又欲以此誘安南，安南嚴令誅絶，始不入境。今則蔓延中國，横被海内，槁人形骸，蠱人心志，喪人身家，實生民以來未有之大患，其禍烈於洪水猛獸。積重難返，非雷厲風行，不足振聾發聵，請仿《周官》用重典，治以死罪。」詔各省將軍督撫會議速奏。時中外覆奏，皆主嚴禁。惟湖廣總督林則徐，所奏尤剴切。言：「烟不禁絶，國日貧，民日弱，十餘年後，豈惟無可籌之餉，抑且無可用之兵。」上謂爲深慮遠識之言，詔林則徐來京面受方略，以兵部尚書佩欽差大臣關防，馳赴廣東查辦海口，節制水師。

初，鴉片烟在康熙初，以藥材納税，乾隆三十年以前，每年多不過二百箱。及嘉慶元年，因嗜者日衆，始禁其入口。嘉慶末，每年私鬻至三四千箱。始積澳門，繼移黄埔。道光初嚴禁，復移於零丁洋之躉船。零丁洋者，在老萬山内，水路四達，爲中外商船出入所必由，洋艘至，皆先以鴉片寄躉船，而後以貨入口。凡閩、浙、江蘇商船，即從外洋販運，其粵商則皆在口内議價，而從口外運入。始躉船尚不過五艘，其烟至多不過四五千箱，可籌火攻，而總督阮元密奏，請暫事羈縻，徐圖驅逐，于是因循日甚。其突增至二十五艘，烟二萬箱者，則在道光六年，兩廣總督李鴻賓設巡船之後，巡船每月受規銀三萬六千兩，放私入口。前此定例，互市以貨易貨，不准紋銀出洋，洋商歲補内地貨價銀四五百萬圓。逮後則但有外補洋烟之價，絶無内補貨價。于是援例影射，藩籬潰決。

及道光十二年，總督盧坤始裁巡船，而水師積習已不可挽。道光十七年，總督鄧廷楨復設[巡]船，而水師副將韓肇慶，專以護私漁利，與洋船約，每萬箱許送數百箱，與水師報功，甚或以師船代運進口。于是韓肇慶反以獲烟功保擢總兵，賞戴孔雀翎。水師兵人人充橐，而鴉片烟遂至四五萬箱矣。京卿中有奏請將鴉片烟照藥材收税者，不報。十九年正月二十五日，林則徐馳驛抵粵，傳洋商伍怡和，索歷年販烟之洋商查頓、顛地，時查頓已聞風先竄，惟顛地隨英吉利公司領事義律由澳門至省城洋館。林則徐派兵役監守之，並于省河之獵得礮臺，筏斷來往，諭令將零丁洋二十五艘之烟土，勒限呈繳，免其治罪，否即斷薪水，停貿易。又以禁烟事宜策問書院士子，皆以水師包庇販私對。于是奏革水師總兵韓肇慶之職，終以鄧廷楨所保，不能盡正其罪。

公司領事者，英吉利國王所派洋官，司貿易者也。他國皆洋商各自貿易，惟英吉利別有公司，皆通國富商，合貲銀三千萬圓，而國王派領事一員總管之，凡與中國官吏抗衡桀驁，皆領事所爲，故他國如中國鹺務之散商散輪，而公司則猶鹺務之總商整輪也。初議三十年爲一局，繼展限六十年。道光十三年，公司局散，粵中已無領事，此洋務第一轉機。

而總督盧坤初至廣東，未悉利害，聽洋商言，反行文英吉利國，令仍派領事來粵。初至者曰律勞卑，即以兵船闖入虎門搆釁，勒令歸國。

再至者即義律，在粵三載。至是既被圍省館，不能回澳，始于二月十二日具印稟遵繳，並將駛往東洋之烟船盡駛回粵，共繳鴉片烟二萬二百八十三箱，計每船大者千箱，次者數百箱，每箱百有二十斤，共二百三十七萬六千餘斤。林則徐會兩廣總督鄧廷楨，親駐虎門驗收，以四月六日收畢，每箱約賞茶葉三斤，其烟土請解京師，詔即在海口銷燬，毋庸解京，俾沿海民人共見共聞，咸知震讋。林則徐會同督撫，於虎門監視銷燬，就海灘高處，周圍樹栅，開池浸滷，投以石灰，頃刻湯沸，不爨自然，夕啓涵洞，隨潮出海。

其鴉片共四種：最上曰公斑土，白土次之，金花土又次之，每箱四十枚；又有小公斑土，尤貴。皆産于東印度之孟阿臘，南印度之孟邁及曼達剌薩，其印度洋埠發票，有每月發至萬有二千餘箱者，雖間售南洋各國，而中國居其大半，歲不下五六萬箱。其烟在印度本地每箱值價銀二百五十圓，至廣東則價銀五六百圓，爲利一倍。其燒燬貲本銀五六百萬圓，並利銀共千餘萬圓。

時有各國洋商聞風來觀，作文紀事，頌中國之政。林則徐下令盡逐外洋之躉船與澳門之奸商，不許逗留内地。其續至商船，有鴉片者，儻自揣不敢報驗，即日回國，亦免窮追。其進口之船，均應具結：有夾帶鴉片者，船貨沒官，人即正法。其令過嚴，已非律載蒙古化外人犯殺罪准其罰牛抵償之例。時西洋彌利堅諸國，皆遵具結，于是義律由省下澳，稟言躉船販烟之弊，極須設法早除，如委員來澳會議章程，可冀常遠除絶，並稟請准本國貨船泊卸澳門。此洋事第二轉機。

林則徐以澳門向例，惟准設西洋額船二十有五艘，若英人援此例，不入黄

埔，則海關虛設，而私烟夾帶，何從稽察，嚴駁不許。義律言不准泊澳，便無章程可議，因不受所賞茶葉，不肯具結，言必俟奉國王命定章程，方許貨船入口。時義律已寄信附貨船回國，往返不過半年，原可少需毋迫也。而五月內，復有尖沙嘴洋船水手毆斃村民林維喜之事。諭義律交出人犯抵罪。義律拘訊黑夷五人，未獲正犯，懸賞購告犯之人，亦非故意抗違也。

七月，林則徐與鄧廷楨遵例禁絶薪蔬食物入澳，並以澳門寓居洋人，原爲經理貿易，今既不進口貿易，即不應逗留澳門。義律率其眷屬及在澳英人五十七家，同遷出澳，寄居尖沙嘴貨船。于是義律始怨，暗招洋埠兵船二艘來粵，又擇三大貨船，配以礮械，赴九龍山，假索食爲名，突開礮攻我水師船。我參將賴恩爵揮兵發礮，擊翻雙桅洋船一，杉板船二，及英人所雇吕宋躉船一。八月，義律遂託澳門西人，代爲轉圜，願將躉船奸商，盡遣回國，其貨船亦願具結，如有夾私者，船貨充公，惟不肯具「人即正法」四字。此粵事第三轉機。

而林則徐以與各國結不畫一，必令書「人即正法」之語，且責繳凶犯。旋有英國二貨船，遵式具結，于九月晦入口，而義律遣二兵船阻之，且稟請毋攻燬尖沙嘴之船，以俟國王之信。水師提督關天培以凶犯未繳，擲還其稟。時我師船五艘在洋彈壓，彼見前稟不收，且我師船紅旗，即發礮來攻。蓋西人號令，紅旗進戰，白旗止戰也。關天培開礮應之，擊斷洋船頭鼻，西兵多落海死。十月初，又回攻我尖沙嘴迤北之官涌山礮臺，不克。洋船恐我乘夜火攻，又水泉皆下毒，無可汲飲，遂宵遁外洋。前此九龍山之戰，奏奉批諭有「不患卿等孟浪，但患過于畏葸」之語。十一月初八日詔曰：「英吉利自禁烟之後，反覆無常，若仍准通商，殊非事體，至區區關税，何足計論？我朝綏撫外人，恩澤極厚。英人不知感戴，反肆鴟張，是彼曲我直，中外咸知。自外生成，尚何足惜？其即將英吉利貿易停止。」且于原奏中「洋船遵法者保護之，桀驁者懲拒」之語，批諭云：「同是一國之人，辦理兩歧，未免自相矛盾。」此因禁烟而並斷英人貿易之本末也。

上又以大理寺卿曾望顔之奏，欲封關禁海，盡停各國貿易，交兩廣大吏議奏。林則徐力陳不可，且言各國不犯禁之人，無故被禁，必且協力謀我，始寢前議。自封港以後，英商貨船先後至者二三十艘，皆不得入口，人人懟怨。于是義律于十一月復遣人稟言，在粵辦事多年，實欲承平，今諸事擾亂，心多憂慮。自後請遵照《大清律》辦理，而無違國王之法，乞仍許英人回居澳門，俟國王諭至，即開貿易。此粵事第四轉機。

而林則徐以新奉諭旨，不便驟更，復嚴斥堅絶。其國貨船，先後起椗揚帆，駛出老萬山者十餘艘，並續至之艘，多觀望流連，寄泊外洋不肯去。而粵洋漁船蛋艇亡命之徒，貪薪蔬之厚值，並以鴉片與之交易，趨者如鶩。時林則徐已奉命總督兩廣，與水師提督關天培密籌，師船未可遽出大洋，不如以毒攻毒。遂招募漁艇、蛋户，授以火船，領以弁兵，于二十年正月，先赴各島嶼潛伏，約俟月晦夜，乘退潮往，乘長潮還。游擊馬辰等四路分進，出其不意，突攻之于長沙灣，燒燬運烟濟夷匪船共二十三，岸上篷寮六，生擒奸民十餘，焚溺死者無數。洋船帶火，倉皇開避，我兵勇乘潮急還，無一傷者。是時吸烟罪絞、販烟罪斬之律已頒，一年有六月之限期已半，各省查辦日嚴，紛紛戒食者，已十之五六。而英吉利國中聞廣東罷市之信，各埠茶葉，皆囤積不肯出售，市價踴貴，我閩、粵販茶之商船，赴南洋者，皆倍利而返。其倫敦國都銀肆，無銀轉輸，至借鄰埠之銀距萬，以供支發。義律已回國請兵，時女王令國人會議，其文武官皆主戰，其貿易商民皆不欲戰，連日議不決。最後拈鬮于羅占士神廟，三得戰鬮，始決計。國王命其外戚伯麥爲統帥，率兵船十餘，加以印度駐防兵艦二三十艘。二十年四月，林則徐奏聞，尚有「以逸待勞，以主待客，彼何能爲」之諭。五月初九夜，林則徐又遣兵船于磨刀外洋，以火船燒燬杉板洋船二，斃白洋人四。又有大洋船桅帆着火，棄椗駕逃，先後延燒大小匪艇十有一，擒獲漢奸十有三。五月，英國大小兵船十二，並車輪火船三，先後至粵，泊金星門，其餘盡泊老萬山外。林則徐又以火船十艘，每二艘絚以鐵索，乘風潮攻之，洋船皆急駛避，僅焚其杉板小船二，而英人自是不敢駛近海口。

林則徐自去歲至粵，日日使人刺探西事，翻譯西書，又購其新聞紙，具知西人極藐水師，而畏沿海梟徒及漁船、蛋户。于是招募丁壯五千，每人給月費銀六圓，贍家銀六圓。其費洋商、鹽商及潮州客商分捐。又于虎門之横檔嶼設鐵練木筏，横亙中流。購西洋各國洋礮二百餘位，增排兩岸。又雇同安米艇、紅單船、拖風船，共備戰船六十。又備火舟二十，小舟百餘，以備攻剿。並購舊洋船爲式，使兵士演習攻首尾、躍中艙之法。使務乘晦潮，據上風，爲萬全必勝計。林則徐親赴獅子洋校閱水師，號令嚴明，聲勢壯甚。至是又下令，每殺白洋人者賞銀二百圓，黑洋人半之，斬首逆義律者銀二萬圓。其下領兵頭目，以次遞降，獲兵艘者，除火藥礮械繳官外，餘盡充賞。于是洋船之漢奸，皆爲英人所疑忌，不敢留，盡遣去。

其近珠江之內河，在澳門西、虎門東者，盡以重兵嚴守，其餘海口多礁淺，非洋船所能入。洋船至粵旬月，無隙可乘，遂乘風竄赴各省。是月洋船三十一艘

赴浙江，先以五艘攻福建厦門，時水師提督陳階平，先期告病，總督鄧廷楨督金、廈兵備道劉耀春礮中其大兵船火藥艙，沉之。又募水勇數百，僞裝商舟，出洋攻之于南澳港。是夜無風，洋艘不便駛避，且柁尾無礮，我舟低，又外蔽皮幕，銃彈不能中，遂壞其柁尾，擲火罐噴筒，殲其夷兵數十，會風起，夷艇始竄遁。六月，全艘赴浙江，攻定海，陷之，總兵張朝發中礮折股，旋死。其分出之船，游奕閩、粵，時時窺伺。七月，洋船突攻澳門後之關閘，我守兵礮沉其數小舟，傷其洋目、洋兵數十。八月，林則徐偵洋帥士密之兵船五艘在磨刀洋，遂遣副將陳連升、游擊馬辰等，率五兵艘出洋剿之。每艘兵六百，馬辰先遇洋帥之船，即乘上風攻之，礮破其頭鼻，船欹兵溺，圍攻良久，洋船彈已盡，僅放空礮。于是他船以小舟十餘來圍馬辰之船，而洋帥之船，乘我兵與他舟相持，即乘間竄遁。

黄伯禄斐默《正教奉褒》 熹宗天啓二年，廣東、福建一帶海疆不靖，盜刼肆行。西士奉旨往墺，商請葡萄牙國水師官員撥發礮船兵弁捕剿。葡官允之。未幾，盜悉撲滅。荷蘭國人又侵擾墺門等處，葡師亦合力攻擊，荷人遂遠遁。上德葡人功，犒賞甚厚，并嘉奬教士。

天啓二年，上依部議，勅羅如望、葡萄牙國人。陽瑪諾、龍華民等，製造銃砲，以資戎行。

崇禎三年，先是天啓元年，部臣議招寓居墺門精明火礮之西洋人，來内地協助攻禦。至是龍華民、畢方濟奉旨前往，招勸股商等，集資捐助火礮。教士陸若漢、紳士公沙的西勞，俱葡萄牙國人。率領本國人多名，携帶銃礮，前來効力。寧遠涿州等處，屢次退敵。後登萊之役，公沙的西勞及同伴多人陣亡，陸若漢亦受傷。兵部題請賜恤，公沙的西勞等賜官御祭，陸若漢優語褒異，賞假回墺調理。

崇禎九年，兵部疏稱羅雅各等，指授開放銃礮諸法頗爲得力，但西士守素學道，不願官職，無以酬功。上遂降旨優給田房，以資傳教應用。

崇禎十三年，兵部傳旨：着湯若望指様監造戰砲。若望先鑄鋼砲二十位，帝派大臣驗放，驗得精堅利用。奏聞，詔再鑄五百位。若望在局内設臺一座，上供天主像，每開爐鎔鑄，必穿司鐸禮服，恭跪臺前，祝禱降祐。局中在事官員見之，俱稱羡不已。帝旌若望勤勞，賜金字匾額二方，一嘉若望才德，一頌天主教道理真正。若望即將原匾，由驛轉送於墺門西士。住墺之西國官紳士商，鼓樂放砲，排導歡迎，送至天主堂懸掛。

康熙十九年十一月初四日，南懷仁奉旨鑄造戰砲三百二十位。二十年八月

十一日，砲位告成。奉旨，著工部侍郎黨古里，同南懷仁往盧溝橋試放。著八旗砲手隨去，學習正對星斗之法。隨去砲手約有二百四十名。十月十九日，上率領王公及内大臣等，幸臨試放砲塲。諭八旗官員，各領砲手放驗，俱適中本鵠。天顔喜悦，即於砲塲賜宴八旗官員，並賜砲手御酒各一盃，及衣服銀兩。上釋御服貂裘，賜南懷仁，并奬慰曰，爾向年製造各砲，陝西、湖廣、江西等省，已有功效。今之新砲，較爲更好。先是康熙十三年八月十四日，上遣内臣至懷仁舘舍，傳旨：著南懷仁盡心竭力，繹思製礮妙法。懷仁回奏，製砲之説，臣固略知，然其製法究未精習。既承諭旨，勉造砲式一位，先行進呈，聽候飭驗。十四年三月，砲式告成。十四日奉旨，著内大臣同南懷仁往蘆溝橋試放一百彈。欽此。内大臣回奏，驗得砲式堅固，鉛彈中鵠。四月十九日，奉旨：依式製造。自十三年迄十五年，共製大小砲一百二十倍，俱於御前山清河海子等處，上親臨觀驗試放。懷仁於每礮製成後，必在製造局内，設臺供天主像，自穿司鐸品服，虔誠跪禱，行祝礮禮。每礮錫以教中聖人名號，令鑿刻其上。事傳西國，教宗聞之，深嘉懷仁辦事得體，特頒諭奬勉。

康熙二十一年正月二十七日，南懷仁進呈《神威圖説》，奏稱臣前奉旨鑄造砲位，試驗堅固，發交各省平寇，天威遠振，羣逆就誅。竊臣屢叨恩賞，親承天奬。以臣製造各礮，陝西、湖廣、江西等省，已有效驗。臣受恩感激，至於流涕。兹又不揣冒妄，竊欲闡明睿創準礮之制，使世世遵行。謹備理論二十六，圖解四十四，繕寫成帙，進呈御覽。伏乞睿鑒全覽，留傳施行。本月二十九日奉旨：南懷仁製造砲位，精堅可嘉。著議叙具奏，該部知道。圖法留覽。欽此。

康熙二十一年四月，吏部題稱，臣等議得工部疏稱，欽天監治理曆法，加通政使司通政使南懷仁，先鑄砲一百三十二位，又神威砲二百四十位，指様製造精堅，應交吏部議叙等語。查南懷仁指様製造砲位精堅，應加工部右侍郎職銜。又准加一級可也。本月初十日奉旨：南懷仁加工部右侍郎職銜。欽此。

康熙三十一年二月初三日，禮部尚書降一級臣顧八代，經筵講官尚書臣熊賜履，經筵講官左侍郎臣席爾達，左侍郎兼翰林院侍讀學士臣王颺昌，經筵講官右侍郎臣多奇，右侍郎兼翰林院學士臣王澤宏，文華殿大學士兼吏部尚書臣伊桑阿，武英殿大學士兼吏部尚書臣阿蘭泰，太子太傅保和殿大學士兼禮部尚書加三級臣王熙，文華殿大學士兼户部尚書臣張玉書，内閣學士兼禮部侍郎臣滿丕，内閣學士兼禮部侍郎臣圖納哈，内閣學士兼禮部侍郎臣思格則，内閣學士兼

禮部侍郎臣王國昌，內閣學士兼禮部侍郎臣王伊方，內閣學士兼禮部侍郎臣王機，內閣學士兼禮部侍郎臣李柟等，謹題爲欽奉上諭事。臣等會議得，查得西洋人仰慕聖化，由萬里航海而來，現今治理曆法，用兵之際，力造軍器火砲，差往俄羅斯，誠心効力，克成其事，勞績甚多。各省居住西洋人，並無爲惡亂行之處，又並非左道惑衆，異端生事。喇嘛僧等寺廟，尚容人燒香行走，西洋人並無違法之事，反行禁止，似屬不宜。相應將各處天主堂，俱照舊存留。凡進香供奉之人，仍許照常行走，不必禁止。俟命下之日，通行直隸各省可也。臣等未敢擅便，謹題請旨。二月初五日，奉旨依議。欽此。

魏允恭《呈送江南製造局記》卷首 總辦江南製造局三品銜湖北試用道魏允恭，呈送《江南製造局記》稟：職道上年五月奉委局務，攷驗製造新法，清查全局利弊得失，竊思曾文正、李文忠暨歷任管理大員，皆一時名臣碩彥，數十年經營締搆，其創造之端、成效之迹，亟應編輯志乘，昭示來兹，當派員分廠考詧，設立攷工處，隨時編輯。自今夏歷秋徂冬，排纂全稿，校印成書；以開局迄本年四月劃分船塢之前爲斷，凡爲圖一卷，表五卷，略四卷，都爲《江南製造局記》十卷。竊攷泰西十六世紀以後，奈端、瓦特發明汽機製造，垂四百年，得稱完備。我中國以平定髮捻，利用西洋槍礮，始講求兵工製造。然開闢維新，造端宏大，始則薈萃百工，合爲一局，繼則科別職事，分列各廠。一物不備，無非仰給外洋。一藝未精，全局爲之停頓，此其建置之情形也。局廠既設，取法泰西，然鳩工庀材，一器甫成，彼已更易新式，且各省征調軍火，供給紛繁，局存舊式機器，不得不遷就應用，株守繩墨致勝綦難，舍舊圖新，程功匪易，此其製造之情形也。謹編《建置圖》『製造圖第一』『建置表第二』『製造表第三』。中國度支之款，歲有定數，自增洋税，資用愈繁，而製造名目煩重。每設一廠，開辦需費，購料需費，常年工程薪貲動逾鉅萬，除額撥洋税而外，難籌協濟。在前人力求自强實業，但期鼓舞人材，廣開風氣，雖糜帑在所不惜。而時會屢變，或事舉而費多，或流節而稍弛，宗旨岐異，責效愈難。至今日而興革多端，殊勞擘畫，此其經費之情形也。謹編「會計表第四」。查各省操防兵械參差不一，徵發軍火新舊雜乘，甲午以來，解運前敵槍礮子藥，或以新式而施放未嫻，或以舊械而繳還廢棄，總之用器者，未能一律，則製器者，新舊多寡，應給不遑，此其供億之情形也。謹編「征繕表第五」。局中各廠按時課工，需用物料，臨時置辦不及，必須預爲儲備。若煤鐵大宗，尚不難躉購，而零星雜物種類無盡，時價不一，多則陳因腐敗，少則遲誤要工。且各料未經動用，不得開支報部，在本局已付價實銷，而報册仍係未支之款，或有他處稟咨代造，以及借用物料等項，應候繳還方能造報，此其存料之情形也。謹編「軍火物料存儲表職官表第六」。以上各表，或首加謹案，或後附公牘，區分部居，略存梗概。至於各廠工作積年，揣摩簡練，藝徒匠目非無造詣專精，然類皆心知其理，而不達於辭，既無以闡發新理，亦無從傳習競進。經職道責成員司，繪圖列説，日就各匠目口授筆述，或以表式填注，或以圖畫推求，並將册報價值總數分晰攷核，然文詞拉雜，而攷工編纂者既迫於期限，並以機器非所嫻習，未敢妄加刪改，爰就槍礮、子藥、銅引、鍊鋼各廠，搜集雜記，類分前後，並附《克虜伯礮説》，編爲「四略」，自第七至第十，大抵圖以精核爲歸，表以簡明爲主，而攷工略徵驗全局程度，關繫尤重。現在初次編記，就工匠口述之詞，沿襲名稱，聊存崖略，而此後似宜隨時修改，以覘進步。即圖表各卷，亦當陸續增補，俾成完帙。職道愚昧之見，是否有當，敬候訓示，兹以印成全書呈送。

又　卷三《製造表》　公牘

同治五年，總辦沈保靖等稟修造汽爐機器，卑局自上年十二月底停工，因汽爐火力不足，趕緊修理。於正月初六日工竣，初七日開工。目下運動機器氣力，比前加倍，所有新添之碾捲槍筒，及大汽錘，均能一齊動運。至車刮外光機器，昨日演試，車刮頗爲勻圓光滑，螺絲自行往復，不及一刻。將來駛用純熟，每日車刮洋槍外光即二三十枝，想亦不難。若捲筒之機器，以速爲妙，否則烘煅時久，鐵汁易於燒枯。現因爐內未盡全乾，恐火氣太猛，易於炸裂。數日内即可開辦捲筒，仍一面趕造大榔錘，以期早日工竣，則機簧等件，均可應手。至洋槍木托一節，查外國製造槍托均用機器剖鋸刨刮，用力極省。去年曾查此項機器，需價不過千金，惟往返約須六月。且千金之價，但據原書開列，其時價漲落，難以預定，亦無妥人可托，是以未遑議辦。現在卑局擬趕緊先製鋸木機一具，所有槍托即用此鋸曲折剖成粗坯，其刨刮鏇鑽機器當陸續添置。惟開廠至今已逾半載，刻下必須趕造洋槍，其槍托或先用人工，不能再待各器齊全然後興辦洋槍，致稽時日也。至十二磅輕砲，據洋匠云，英國原有此種名爲四寸百分之二十五，約重不過二百數十磅，較之解去之砲署短，惟砲身既薄，則用藥仍應慎重，不可過多致悞。前次稟請砲樣可否，即交王令帶回照樣仿造，較有把握。至憲論趕緊多造開花砲彈，正二月間陸續解甯，當即飭匠趕辦二千箇，呈解憲轅。其來福樣彈如用鐵盤未免費工，且恐鎔鐵之時鐵盤偶有不正，則膛內來福凹槽必致窒

礙，易於誤事。前造鑲嵌鉛錫之彈，曾經演試，頗能及遠。而鉛性柔軟，彈身圓滑，斷不致誤，且價廉工省，易於成造。現用螺絲機器每日可鏇出螺絲管口五十餘箇，視前用數人之力，每日僅能絞鏇十餘箇者，遲速迥別。可否即照鑲嵌鉛錫式樣，造辦二千箇，解呈之處，伏乞核示。祗遵署兩江總督李批，稟悉該局試辦捲筒槍機器，經營數月，糜費鉅萬，總未得手。馮丞初信洋匠未士科之誑語，以爲必可得心應手，今竟何如耶？未士科歸咎於火爐烟囱等器，若不拆造，無以折服其心。既經改造，斷不得再有推諉。自大爐工竣爲始，限一月期，如洋槍不成，委員則罰去薪水，未士科則令將所得薪工繳出，並劄行該領事，説伊手藝惡劣，不顧體面，專好騙人，押回本國。看該洋匠尚要顧臉否。仰隨時察度具復。又製造洋槍機簧、心板、銅鐵箍、木托等件，皆係手錯而成，似與打造無異，即用機器印出粗坯者，亦不能不用手錯使之光潔，費工費錢費時日。將來洋槍即成，每桿合銀已多，尚不知果能經久及遠否。竊料外國造洋槍法與器，必不如是之蠢且費也。該局仍在滬確訪苦思，求一省且多之法，方有長進。此槍即成，亦不可靠，況未必成耶！劉學士移營在即，屬購馬槍數百枝，即由沈牧代購約四五百枝可也。又曾閣部堂所需洋槍，但求槍質精堅，不論來復與否，即代購買具報。春營法國十二磅礮一尊昨已借送該局，即照此式製造。礮尾以木仍厚其輪廓，使旱路搬運完固不敗爲要。別項砲位均暫緩製。

七年兩江總督曾國藩奏報，第一號輪船工竣，竊中國試造輪船，臣於咸豐十一年試造，復奏購買船砲摺內即有此議。

同治元二年間，駐紮安慶設局試造洋器，全用漢人，未僱洋匠，雖造成一小輪船，而行駛遲鈍，不甚得法。二年冬間，派令候補同知容閎出洋購買機器，漸有擴充之意。湖廣督臣李鴻章自初任蘇撫，即留心外洋軍械，維時丁日昌在上海道任內，彼此講求禦侮之策、製器之方。四年五月在滬購買機器一座，派要知府馮焌光、沈保靖等開設鐵廠，適容閎所購之器亦於是時運到，歸併一局，始以攻剿方殷，專造槍砲。亦因經費支絀，難興船工。至六年四月，臣奏請撥留洋稅二成，以一成爲專造輪船之用。仰蒙聖慈允准，於是撥款漸裕，購料漸多。蘇松太道應寶時及馮焌光、沈保靖等朝夕討論，期於必成。查製造輪船，以汽爐、機器、船殼三項爲大宗，從前上海洋廠自製輪船，其汽爐、機器均係購自外洋，帶至内地裝配船殼，從未有自構式樣造成重大機器、汽爐全具者。此次創辦之始，攷究圖説，自出機器，本年閏四月間，臣赴上海察看，已有端緒。七月初旬第一號工竣，臣命名曰「惠吉」，其汽爐、船殼兩項均係廠中自造，機器則購買舊者修整參用，船身長十八丈五尺，闊二丈七尺二寸，先在吳淞口外試行，由銅沙直出大洋，至浙江舟山，而旋復於八月十二日駛至江甯，臣親自登舟，試行至采石磯，每一時上水行七十餘里，下水行一百二十餘里，尚屬堅緻靈便，可以涉歷重洋。原議擬造四號，今第一號係屬明輪，此後即續造暗輪，將來漸推漸精，即二十餘丈之大艦，可伸可縮之烟囱，可高可低之輪軸，或亦可苦思而得之。上年試辦以來，臣深恐日久無成，未敢率爾具奏，仰賴朝廷不惜巨欵，不責速效，得以從容集事。中國自强之道，或基於此。各委員苦心經營，其勞勣亦不可没也。

八年四月，兩江總督馬新貽奏報第二號輪船工竣：竊照上海機器局籌辦製造情形，並已造成第一號輪船，經調任督臣曾國藩於去年九月奏明在案，臣新貽抵任後，遵旨會同江蘇撫臣丁日昌，按照曾國藩、李鴻章所定規模，悉心籌辦。正值該局接造第二、三號輪船，隨時撥欵購料，飭由該局員等，督同中外工匠如法儹造。本年四月據報，稱第二號輪船係仿照外國暗輪兵船式樣製造完工，先由吳淞江口出洋駛行至浙江舟山，旋回上海，沿途察看船上機器，尚覺穩利。即經駛至金陵，臣親自登舟驗試，工料極爲堅緻，船身長十八丈，船面寬二丈七尺八寸，可以安砲八尊。即令開駛至采石磯而迴，往返幾及二百里，不過二時有餘。機器小而靈動，在長江行駛尤爲便利，取名曰「操江」輪船。察看該船規制，雖未能遽與外洋大兵輪相頡頏，而船壳、汽爐及暗輪機器全副均係廠内自造，頓覺機杼一新。其第三號約九、十月間亦可竣工，從此由熟生巧，似乎船工製造已有把握。除飭該局員加意講求，精益求精，並將廠内所需鉅細要件必需購之外洋者，陸續寬爲籌買，以免停工待料之虞，所有續成第二號輪船緣由，謹會同直督臣曾國藩、湖廣督臣李鴻章、江蘇撫臣丁日昌，合詞恭摺具陳。

光緒二年，兩江總督李鴻章奏復：製造輪船未可裁撤。竊查兵法，須知己知彼，乃得制勝之要。訪聞英國兵船三百六十餘隻，在諸國爲最多，内有鐵甲船四十餘隻。法國先有兵船三百餘隻，現減至二百四十隻，内有鐵甲船六十餘隻。美國兵船二百餘隻，内有鐵甲船五十餘隻。俄國兵船三百餘隻，内鐵甲船二十餘隻。布國兵船僅百餘隻，内鐵甲船六隻，現又續籌添造。此皆西洋數大强國勢力相埒，其餘小弱諸邦，或兵船數十隻、百隻不等。然而上年布法之戰，法兵敗於陸路，雖戰船多而堅，且數倍於布，尚無把握。兵事勝敗固難言已，大抵西洋商船只可運載兵糧輜重，其兵輪則分數等，其小者曰根駁，艙面置砲數尊，用

以哨探巡防。今閩廠所製「萬年清」「伏波」「安瀾」等船，滬局所造「惠吉」「操江」「測海」等船，大小尺寸雖稍異，總之不離乎根駁式樣，至外洋兵船大者，馬力或七八百匹，吃水至二三十尺，置砲兩層至四五十尊之多，現在滬局造成第五號船，身長三十丈，機器馬力四百匹，鍋爐均在船腹水線之下，艙面及兩旁兩層置砲二十六尊，確係仿照外國三枝桅兵船作法。□館新聞稱，係中國第一號大船，信不虛也。然吃水已十九尺，內江水涸時便虞阻擱。又據該局道員馮焌光稟，稱上年法國有鐵甲船至滬，該員登舟察看，船礮堅利異常，本年四月英國鐵甲船又至滬，俱泊吳淞江外，不能進口，該道等往觀水綫之上，鐵甲厚十寸，內襯木板厚十八寸，船旁均係夾層，中可藏人，即轟破外層而裹鐵未穿，外水不能灌入，機器鍋爐及兩層巨砲均在厚鐵甲之中，其首尾鐵皮稍薄，水綫之下鐵皮不過五分、六分，船內砲位用電氣線然放，各砲一時同響，又用汽機輪轉，起椗較人力尤為神速等語。此等製作實堪奇詫，蓋根駁不若大兵船之堅猛，大兵船又不若鐵甲船之堅猛，以鐵甲船禦兵船當之輒糜，況根駁乎。惟船愈堅大，則費愈多，今欲我數年創始之船遽敵彼百數十年精益求精之船，不待智者而知其不逮，然就已成者而益求精進，未必其終不逮也。中國大勢陸多於水，練陸軍視練水軍尤亟，即使兵船造精非專恃輪船可以禦侮，況如天津海口最淺，次則江南之吳淞口、福州、廣東進口均有淺處，外洋大兵船、鐵甲船勢難深入。即長江金陵以上，亦不能駛。我之造船本無馳騁域外之意，不過以守疆土保和局而已。海外之險有兵船巡防，而我與彼可共分之，長江及各海口之利有輪船轉運，而我與彼亦共分之，或不讓洋人獨有其利與險，而浸至反客為主。臣嘗督同滬局委員籌議仿造兵船，以該局現造第五號為度，不宜更求加大，庶無事時揚威海上，有警時仍可收進海口以守為戰。該局員匠近由英國覓得小鐵甲船式樣，身短中寬底平，僅置巨礮數尊，其圓活砲台在船中段，吃水淺而不能出洋。聞西國用以守口最宜。曾國藩上年曾經奏明仿造，尚未開工。第為禦侮之計，則不妨多為之備，彼見我戰守之具既多，外侮自可不作，此不戰而屈人之上計。即一旦齟齬，彼亦陰懷疑懼而不敢遽發。若慮制勝無甚把握，而遂自隳成謀，平日必為外人所輕，臨事只有拱手聽命，豈强國固本之道哉！

十六年，總辦劉麒祥稟仿造英廠新式全鋼後膛快砲：竊照籌辦海防專以船堅砲利為主，職局近來仿造新式極長後膛鋼鐵礮位，並擬造五十二噸及四十七噸全鋼後膛大礮各二尊，節經稟明憲鑒在案。惟查泰西各國所用槍砲，巧樣百出，日新月異。查有德國克鹿卜廠所造新式全鋼後膛快砲一種，與英國阿姆斯脫郎廠所造亦屬相同，較平常砲位，每放一出可以放至四五出，靈捷異常，以之安置礮台、兵輪，洵稱利器。職道麒祥前在外洋曾經見過，茲與華洋各匠再三討論，擬由職局設法仿造。第此種後膛新砲其中關鍵各件均係緊密湊合，曲折甚多，若憑空摹繪圖式範模試造，誠恐差以毫釐，失之千里。擬先由外洋購買快砲一尊來局作樣，以便逐件拆開仿照製配，庶有把握。一面將所需鋼料酌數定購，俟五十二噸、四十七噸大砲造成後，即接造新式一百磅子後膛全鋼快砲十尊，以備各砲台兵輪配用。至所需礮架，陸路與水師不同，必須臨時分別，如法配製。應俟砲位酌定歸於何處安配，再行繪圖請示遵辦。此項快砲係初次擬請試造，祇能配以一百磅重彈子五寸出口之式，倘將來造成演試，果能得力，再為推廣加造，數百磅子大砲亦可逐漸講求。職道等係為考究軍械起見，所擬是否有當，理合稟陳，伏候核示。祇遵兩江總督李批：據稟德國克鹿卜廠及英國阿姆斯脫郎廠新造全鋼後膛快砲，較尋常砲位，每放一出可以放至四五出，靈捷異常。該局與華洋各匠再三討論，擬即設法仿造十尊分擬砲台、兵輪配用，所云一百磅子後膛鋼快砲究係何廠所造，其中關鍵各件緊密湊合曲折甚多，若憑圖式範模試造，恐有毫厘千里之差，擬由外洋購買一尊，逐件拆開，照樣製配較有把握，一面將所需鋼料酌數定購，俟前造五十二噸、四十七噸大砲造成，即行接造，仰即照議，妥慎籌辦，認真講求，務與外洋快砲一律堅利，以資得力。其前造五十二噸等砲，何時能成，並先具報考查。

總辦劉麟祥稟復：查後膛全鋼快砲，英國阿姆斯廠及德之克鹿卜廠俱能製造。現在擬向阿姆斯廠購買樣砲一尊來滬，以便照樣仿製，一面即將所需鋼料酌數定購，所有前擬仿造之五十二噸、四十七噸大砲各二尊，其砲料甫經由外洋運到，正在飭廠興工，約須一年始能造成。至一百磅子快砲十尊，一俟砲樣鋼料購到後，擬就廠中機器勻工帶造，可以並行不悖，俾免延緩。仍當恪遵鈞諭，實力講求，妥為籌辦，以期仰副憲台，慎重軍需之至意。

總辦劉麒祥稟：造成後膛快利新槍，竊照講求軍實自以槍砲為先，而行軍利器尤以兵槍為重。近來泰西各國後膛槍式日新月異，種類不一。其較為精緻者，則以毛瑟、黎意及哈吃開水為最。職局向來所造兵槍係林明敦中針式樣，在從前原屬得用，而近來有外洋各種槍樣，則林明敦已嫌其舊。職局屢擬改造新式之槍，皆以機器不全故迄未定議。茲今督飭管理槍砲等廠委員知府銜候選直

隸州知州王直牧世綬與華洋匠目再三考校，仿照英國新出之兵槍名曰新利槍造成槍樣數桿，其機簧有似乎毛瑟而較爲靈巧省便，其槍筒有似乎黎意而較爲輕利。所配藥彈銅捲係用無烟火藥七厘，實係包銅之鉛子，形長而細，施放可及三千碼之遠。昨經在局試演，以無烟火藥之彈子，距槍靶三百碼，其彈子穿過二分厚鋼板，又洞穿四寸厚之木板。以黑藥彈子試放，僅能穿過鋼板而止，似槍件尚稱堅利靈捷，比校毛瑟、哈吃開斯等槍力量加半，較之林明敦槍則又倍之。惟現在廠内機器尚未齊備，所造之槍樣及藥彈，皆係參以手作，猶未能過求精緻。茲將槍樣二枝，並藥彈二百粒，專差賫呈，敬乞鈞督，飭員試演。如其合用，恭候批示，一面由局照樣製造，一面將所需機器除就現有之件酌用外，仍向外洋添購數座。一俟購齊器具，仍當精益求精，果能製造如法，再行逐漸擴充，添工多造。將來各軍皆可一律换用此槍，俾期利用。

總辦劉麒祥稟：請改造林明敦中針槍，添配活蓋，竊照林明敦中針兵槍多有走火之弊，故各營未肯領用。現在金陵存有數千桿，局存亦有萬餘桿堆置，殊爲可惜。上年准金陵機器局郭道、江南籌防局桂道、金陵軍械所吴道等往復函商，擬就原槍設法改造，以期化無用爲有用。嗣經職局再四講求，於原槍機簧之後，添配活蓋，試驗毫無走火疵病，約計改造工料每桿需銀二兩左右。惟施放時不過多費一手工夫，尚無妨礙。曾將添配活蓋之槍專差賫送金陵，由桂道等發營試演，俱稱合用，囑爲照辦。此時職局既擬改造新式之槍，擬仍將從前造存之林明敦槍，由職局抽工代爲改製，俾免廢棄。將來即以新式兵槍撥發各營，領備有事之用，以改製之林明敦槍爲各營平時操練打靶之需，俾令各適其用。

兩江總督曾批：近外洋後膛槍式日新月異，各國皆殫精竭慮，獨出心裁，以爲制勝之具，該局所造之林明敦槍式樣既舊，又有走火之弊，現雖就機簧之後添配活蓋，可免走火之虞，然亦衹能爲平時操練之需，自應及時改造，推陳出新，以資利用。改造之法，必得就各國新式各種後膛之槍互爲考究，擇定之後再行推求造法。多一考較，即少一弊病，不侈近功務求實際，試造如法，然後放手做製，庶得精美，費不虚糜。現據呈送仿製英國新利槍樣，飭據郭道、吴道、曾道等會同演試，子路迅直，機捩靈便，爲子彈用銅皮貫鉛膛路蓄勁稍弱，用二分厚板爲靶，相距三百碼，僅能靶上見窩。節次移近施放，至二十碼方能洞穿。此係就該局原來黑火藥彈與來禀所云黑火藥彈能洞穿距三百碼之二分鋼板大相懸殊。是槍式尚佳，製造猶未得法，自應再行詳細考究，力求精利，務期子能及遠，鋭力得與洋製相同。至所配無烟火藥是否該局自製，未據聲明。此項槍彈自行仿製，原欲圖其取用便捷，若彈内應配之藥仍須購自外洋，一旦有事，來源遽斷，便成無舵之舟，亦應一併預籌，仿製方爲妥善。仰即遵照辦理。

直隸總督李批：該局仿照英國新式兵槍造成槍枝，名曰新利，其機簧槍筒比毛瑟、黎意各槍較爲輕利，演以無烟火藥之彈子試放，距靶三百碼，能穿過二分厚鋼板，又四寸厚木板。以黑火藥彈子試放僅能穿鋼板而止，足見苦心探討，應將送到槍樣並子飭發天津軍械局張道，會同營員認真演試，據實具復。前造林明敦中針兵槍，各營多因走火不肯領用，現在金陵及該局存儲甚多，棄置可惜。該局近於原槍機簧之後添配活蓋一個，試驗已無疵病，自應設法抽工帶爲改造，化無用爲有用，專備各營操練之需。現製新槍據禀應全用無烟火藥，此藥購自外洋，究向何國訂購，何商經手，價值如何，並即查復具報。

十七年總辦劉麒祥稟：改造新快利槍，竊職局向外洋購到奥國曼里夏新式連珠快槍一桿，詳加考察，確係堅巧靈捷無比。惟查所用連珠子盒，衹能從上插入，兵士臨陣，每人至多不過携帶百餘盒，多則笨重。借令子盒放完，必需停手再裝，未免稍有不便。其槍筒口徑畧大，内膛來復線衹有六條，彈子出路尚嫌迅直，且望牌係連槍筒一爐鑄成，製造頗費工力，無所取義。旋飭華洋匠目按件繪圖，逐細考究，仍於仿造之中加以變通之道，業經造成樣槍數桿。其節套機簧、保險槍刺之類，即以曼里夏式樣全用鋼料製成，取其造法堅緻，開闔便捷，利於行間也。其槍筒仍用新利槍之式，蓋新利槍筒來復線計有七條，口小而子長，彈子逼出較爲勁利，槍之退力亦小。望牌係裝釘槍筒之上，取其精製而功省也。子盒一項，則以英國南夏槍五子手弓彈盒依樣更易，取其前後皆可裝子，陣仗之際，兵士所帶銅盒告匱，仍可隨手握子，從後裝入，亦能連珠施放，源源不絶。將來製造並擬不用銅盒，以便省便。至所配藥彈銅捲，係用無烟火藥六分三釐，實以包銅之鉛子，施放可及二千餘碼之遠。昨將造成槍件設靶演試，用職局自造之黑藥一錢重藥彈，距靶二百碼，能於靶上見裂六分三釐。外洋無烟藥彈便能穿一分半厚之英鐵板，即後面一寸木板亦畧有窩。其藥彈之分兩衹能如此，若再將火藥加重，誠恐張力過大，多放則槍筒必見損傷，反有窒礙。此職局自行演試新槍之實在情形也。現造之槍乃係初次仿辦，機器不全，多半參以手作，尚未能過求精緻。將來配齊機器，各匠手藝嫻熟，自當精益求精，以期利用。再彈子所需之無烟火藥，前經職局託地亞士洋行向英國購到二千磅，昨又與該行訂購

二噸，以現在購到之藥計之，可以配造彈子一百二十萬個。此後擬將無烟火藥彈子存備有事之用，如各營平時操練之需，則仍用職局自造之黑色藥彈。俟將來無烟火藥可以自行製造，再行統歸一律，以免匱乏。兹將造成樣槍二桿、無烟藥彈一百粒、自造黑藥彈一百粒，派令管理洋槍樓都司銜儘先守備劉吉順賫呈，敬乞鈞鑒，飭員試驗。如其合用，恭候批示，並懇命名，再由職局添器照製。仍當悉心探討，實力考究，以期仰副憲台講求武備之至意。

兩江總督劉批：外洋於製造一道得以日新月異者，以其用心專而考究精密，既創其器，必底于成。既成，其器復求其精，雖竭畢生之力，有所不憚，故得以出類拔萃，利賴無窮。今該道等能于此用意講求，將來于製造之件亦不難日有起色。送到仿製曼里夏様槍二桿，先在箭道試驗，實屬靈捷，出槍口槍之退力亦小，惟每槍放黑藥彈兩次，計十響，又放無烟藥彈一次五響，槍桿便覺極熱。約計每放三次十五響，即須停候槍冷，始能再放。將來能精錬鋼質，連環接放，庶臨陣可無停頓之虞。此係憑空演試其槍之率力、彈之勁利，一切應候再行設靶試驗。另行飭知栗藥不獨爲該局現造之新式長鋼砲所必需，即吴淞江陰各砲台所設前購八尊之大砲，亦非栗藥不能合用。前因海軍衙門來咨，因北洋自製栗藥，祇能敷北洋之用，未能外撥，若購自外洋，平時已不免利源外溢，遇事各守局外之例不肯出售，便成無源之水。是以南洋亦擬自行創製。曾咨海軍衙門核准有案，現在該局既經選員帶同匠目赴津察看，自應迅速考究，如有應添機器，即行購辦，以便趕爲仿造。無烟火藥較之黑藥力量過半，實爲軍中最利之物，新造之槍又必需此藥方能適用，其藥係用何料，應如何製造，亦當攷求其法，自爲仿造，以資利用而實軍儲。

直隸總督李批：該局仿造後膛連珠兵槍，仿照奧國曼里夏槍之式，而畧改其不妥之弊，並將子盒按英國南夏槍五子手弓彈盒依様更易，務期裝放便利，擊力遠大，具見講求新式利器，殫心製造。該局自行試驗，用無烟火藥六分三釐，可穿一分半厚之鐵板。用黑藥一錢，則板上只能見裂。其靶相距遠數相同，是無烟火藥之火力較黑藥爲大，無怪西洋各國多改用無烟之藥也。出使德俄洪、許兩大臣屢次函稱，各國争出連珠槍式，取其靈捷及遠，而操法亦精益求精，中國誠自愧不逮。候將送到槍枝子彈札發天津軍械局，會同營員妥細施放察驗。惟據稱現造之槍半由手作，配齊機器需費若干，額欵能否敷用，俟機器造熟後，每枝約計工料銀若干，仍核明專案具報，再請命名。並候南洋大臣蘇撫部院批示，另稟派員帶同匠目到津學習製造栗色餅藥，並候行知天津機器局遵照飭令隨同學習考究。

兩江總督劉札據金陵機器局稟稱，本月十四日，奉發上海機器局解到自錬鋼條，飭令詳細試驗成色，稟候核奪等因奉此，職道等遵即領回，發廠逐條詳細試驗。先按洋法用機器試其拔力之數，及伸力凹凸力各數，均與滬局原試之數相符。又用藥水化分試其所含鐵質、炭質、錳質、矽質各分數，亦與外洋鋼質之數相同。次又下爐燒至白熱，取出錘打，性能粘合無隙，伸長曲屈絶無疵病。其質性之堅而且韌實，與外洋造砲之鋼相埒，洵稱精良適用。擬俟該局錬有成數，嗣後職局所用後膛槍砲各鋼坯，即可改託滬局再錬運來應用，免向外洋購買。惟聞現在錬鋼所用之生鐵鐵石等件，尚向外洋購買，而劉道加意精求亟思，將來全用中土物料。職道等於光緒十三年間，曾將徐州利國所産鐵石運到十餘噸，及四川所産之生鐵，在職局就原有之爐機試錬砲鋼，造成二磅後膛鋼砲一尊，解津發營試驗，亦與外洋鋼砲相埒。本擬購置鑪錘開辦，嗣因經費支絀中止。所有運到利國鐵石尚有存儲，此次即將前存鐵石交鈞和輪船附解滬局，函致劉道發廠試驗，如能合用，則徐、滬一水可通轉運，甚便於製造，實多裨益。所有遵驗滬局自錬鋼質精良合用，並將前鐵石運滬試錬緣由理合稟乞鈞鑒等情，到本大臣據此除批據上海製造局自錬鋼條，經該局用機器藥水分別試驗質力之後，復又下爐錘打粘合屈伸，與外洋造砲之鋼相符，是試錬業已得法，匠作嫻熟，當可益精。昨已批飭將所製槍筒造成槍件，再行呈候試驗。一面將機器廠屋趕緊安配，逐細考求，以期添購大鑪，漸圖擴充。將來不獨可應該局之取用，並可供各局之購取也。至所需鐵料，據該局稟，覓得湘省所産礦鐵，入爐鎔錬不獨成數較多，且鋼質堅而不脆，最合槍筒砲料之用，已派員赴湘採買，亦經批飭。此外各處礦産亦當詳加購試，庶料物何者爲佳，價脚何者爲廉，得以擇便而從各在案。徐州利國礦鐵石，該局既有存儲，已交鈞和解局試錬，果能合用，似更較爲近便。仰候札行上海製造局遵照核辦。此批印發外合行札，飭該局遵照辦理。

直隸總督李札：據天津機器局稟稱，上年十一月十六日，奉憲台札，飭以上海機器局稟前購錬鋼機器，錬成各項鋼料體質查驗，與洋鋼尚無軒輊，候將送到鋼條槍筒一箱、鋼様一盒，札發天津機器局，督令員匠詳細試驗考核，飭局遵照辦理具復。計抄摺並發鋼條槍筒一箱、鋼様一盒等，因遵即行知化學委員考校，因京差較忙，一時未得考驗。現准承道霖交到節署，内開兹化得三角鋼每百分

含炭五十五分，圓鋼條每百分含炭三十五分，其他各種均與此二種大畧相仿。其鋼極佳，體細密，紋理勻净，毫無砒、硫、燐等迹，最爲上等之鋼。惟長方鋼板一種，紋理稍有未匀等由，理合禀報憲台鑒核等情，到本閣爵大臣，據此除批示外合行札飭札到該局即便查照。

【略】

直隸總督李札，據天津機器局、天津軍械局詳稱將江南機器製造局解到栗色餠藥提樣，發交洋匠施德林、施爵爾等先行分化製法是否精當，旋據聲稱化得百分內含硝七十九分七厘八毫，含磺二分二厘，含炭十六分四厘二毫，含水氣一分六厘，與職局所造不甚懸殊，頗爲合法，只含水氣稍多等語。復於本年正月二十二日職道等帶同熟諳藥性武備學生儘先守備孔慶塘前往試藥場，會同洋匠施爵爾，以克鹿卜二十一生脫三十五倍身長後膛鋼砲，裝放滬局新造栗藥二出。第一出輕裝四十啟羅，速率四百五十八密達五，銅柱漲力一千四百九十六，銅餠漲力一千三百五十九。第二出重裝四十五啟羅，速率四百八十五密達二五，銅柱漲力一千六百七十三，銅餠漲力一千六百三十七。復以機器職局所造之栗藥試放二出，第一出輕裝四十啟羅，速率四百九十三密達二五，銅柱漲力一千七百五十七，銅餠漲力一千五百七十九零五。第二出重裝四十五啟羅，速五百二十五密達，銅柱漲力二千一百四十一，銅餠漲力二千十六。職道查核較數目，輕裝較職局所造速率計少三十四密達七五，重裝較職局所造計少三十九密達七五。其滬局原試速力、漲力未能比較，委因所用砲位口徑身長、子藥輕重，及天氣各種均不相同。查驗所造栗藥，製法尚屬精細，惟水氣稍重，以致速力較少。擬請飭行該局考核，飭將水氣減少，速力加多，俾資利用。理合繕具表摺，詳報憲台鑒核批示祗遵等情到本閣爵大臣，據此除批示外合行札飭札到該局即便查照，逐細加意研求，務盡善而資利用。

二十一年，兩江總督劉坤一奏報造成無烟火藥片：再外洋軍火日精，近有無烟藥一種，施於槍砲最爲利用，法祕不傳。上海製造局覓僱洋匠設廠仿造，日久無成。該局委員候選直隸州知州王世綬心靈手敏，按辦此廠以意變通，竟收實效，洋匠自謂不及。現在每年可造六萬餘磅，將來添購機器，尚可擴充，是亦奇才異能之一端，可以節取者也。該局所造栗色藥、快利槍及鍊鋼鑄砲等項，均係新式，該員之力居多。該局總辦蘇松太道劉麒祥每與臣言及該員，贊不絕口，並稱該員聯絡各廠華洋員匠，認真講求各項製造，日有起色，尤堪嘉賴，理合附片具陳。

二十八年，署兩江總督張之洞奏舊存快利槍報廢片：再據前辦上海製造局道員毛慶蕃會同蘇松太道袁樹勛，禀稱該局上年停造快利槍枝，專造小口徑新毛瑟槍，從前局內造存快利槍二千餘枝，如將機簧彈倉等件改換新式，以防走火，尚可設法辦理，惟欲騰出機器人工，即須停造毛瑟槍半年，方可從事。每槍修改工料，較原造價值加倍，現在趕造新槍方虞不敷，若以修改舊日之快利槍，致停新工半年，且又一槍而費兩槍之工料，實覺無此辦法。若仍以舊槍存備轉發各軍，又恐或因此時各軍尚有快利槍，以致仍飭廠再造此項槍彈，亦覺紛歧。查泰西各國章程於槍砲等件，每得新製攷驗精確，國中一律通行，其舊式軍械，即由國家頒示，概行報廢，以一耳目而齊心志。擬請按照西法，將局存快利槍二千餘枝一律註明報廢，遇有請領者，不再發給。既免槍式雜出子彈紛歧之弊，亦免沿習搭用。日久走火之虞。禀請奏咨並行知各軍，如原發藥彈用完者，即一體繳換等情，前來臣查鄂滬兩局槍枝，現今一律專造新式小口徑毛瑟槍爲主。上海製造局所存快利舊槍，如不修改則流弊過多，如令修改則工料加倍，且與小口徑新毛瑟槍工作有礙，自應如該道等所議，將舊存快利槍枝一律作廢，以期騰出工作，專造新槍，於攷核軍火精益求精之道，實有裨益也。

年分	督辦：北洋大臣直隸總督	督辦：湖廣總督	督辦：南洋大臣兩江總督	督辦：江蘇巡撫	總辦：蘇松太道	會辦	提調
同治四年			李鴻章	劉郇膏	丁日昌 應寶時	韓殿甲 記名總兵 馮焌光 補用同知	
五年				郭柏蔭		沈保靖 候選同知 馮焌光 候補知府	
六年		李鴻章	曾國藩				
七年			馬新貽	丁日昌		杜文瀾 江蘇候補道 馮焌光 江蘇補用道	
八年	曾國藩			張朝棟	杜文瀾 涂宗瀛	沈保靖 湖北補用道 鄭藻如 選用同知 鄭藻如 選用知府	
九年			魁齡	丁日昌 張之萬		陳蘭彬 刑部主事	
十年	李鴻章		曾國藩	何璟		陳蘭彬 候補京堂	

續表

年分	督辦：北洋大臣直隸總督	督辦：湖廣總督	督辦：南洋大臣兩江總督	督辦：江蘇巡撫	總辦：蘇松太道	會辦	提調
十一年				恩錫 張樹聲	沈秉成	李興銳 江蘇補用道	
十二年			張樹聲 李宗羲				黃恩詔 華衡芳 徐壽 徐建寅
十三年				吳元炳	馮焌光		
光緒元年			劉坤一 沈葆楨			李興銳 直隸補用道	
二年							
三年					劉瑞芬		王鋼昌
四年				勒方琦	褚蘭生	蔡滙滄 江蘇候補通判	
五年			吳元炳	吳元炳 譚鈞培			
六年			劉坤一				
七年							
八年	張樹聲		左宗棠	衛榮光	邵友濂	聶緝槼 分部郎中	
九年	李鴻章					潘露 候選運同	
十年			曾國荃			鍾啟祥	

續表

						江蘇候補道	
十一年				譚鈞培		倪人涵 江蘇候補同知	
十二年				衛榮光 崧駿	湯壽銘 龔照瑗	黃思韶 浙江候補同知	程錫書
十三年			裕祿			唐壽嵩 江蘇候補知府	
十四年			曾國荃				
十五年				黃彭年 剛毅		劉麒祥 江蘇候補道 張慶勛 雲南候補知府	周純
十六年			沈秉成		聶緝槼	李家膵 江蘇候補道 錢壽圖 江蘇候補道 潘學祖 江蘇候補道	
十七年			劉坤一				張鏻
十八年				奎俊			
十九年							
二十年			張之洞		黃祖絡		
二十一年	王文韶			趙舒翹		阮祖棠 江蘇候補道	

續表

二十二年			劉坤一		呂海寰 劉麒祥	張慶勛 江蘇補用知府	王世綬
二十三年				奎俊	禁鈞	蔣德鈞 四川候補知府 林志道 直隸候補道	
二十四年	榮祿 裕祿			德壽			
二十五年				鹿傳霖	李光久 曾丙熙 余聯沅	許夔	
二十六年	廷雍		鹿傳霖 劉坤一	陸元鼎 鹿傳霖 聶緝槼	袁樹勛	潘學祖	周純
二十七年	李鴻章 袁世凱			恩壽		毛慶蕃 直隸候補道	陳本端
二十八年	吳重熹 袁世凱		李有棻			鄭孝胥 江蘇候補道	李鍾珏
二十九年		張之洞	張之洞 魏光燾			趙濱彥 湖北候補道 沈邦憲 江蘇候補道 唐緒華	

圖録

穆尼閣　薛鳳祚《曆學會通・中外火法部》

割圓切線小表

度	分數			
一	○○一七四	○○二一八	○○二六二	○○三○五
二	○○三四九	○○三九三	○○四三七	○○四八○
三	○○五二四	○○五六八	○○六一二	○○六五五
四	○○五九九	○○七四三	○○七八七	○○八三一
五	○○八七五	○○九一九	○○九六三	○一○一六
六	○一○五一	○一○九五	○一一三九	○一一八三
七	○一二二八	○一二七二	○一三一六	○一三六一
八	○一四○五	○一四四九	○一四九四	○一五三九
九	○一五八四	○一六二八	○一六七三	○一七一八
一○	○一八六三	○一八○八	○一八五三	○一八九八
一一	○一九四三	○一九八九	○二○三四	○二○八○
一二	○二一二五	○二一七一	○二二一六	○二二六○
一三	○二三○六	○二三五五	○二四○一	○二四五七
一四	○二四九三	○二五三九	○二五八六	○二六三三
一五	○二六七九	○二七二六	○二七八三	○二八二○
一六	○二八六七	○二九一五	○二九六二	○三○○九
一七	○三○五七	○三一○五	○五一五三	○三二○一
一八	○三二四九	○三二九七	○三三四六	○三三九六
一九	○三四四三	○三四九二	○三五四一	○三五九○
二○	○三六四○	○三六八九	○三七三九	○三七八八

測遠圖

卯爲人目，己爲遠。

加寅丑即寅己，假令寅丑二乘子。

一率午卯　丑五得十以子午　二率寅丑　卯二除之得五○

三率子丑　○○○爲丑己加　四率丑己　寅丑二得七

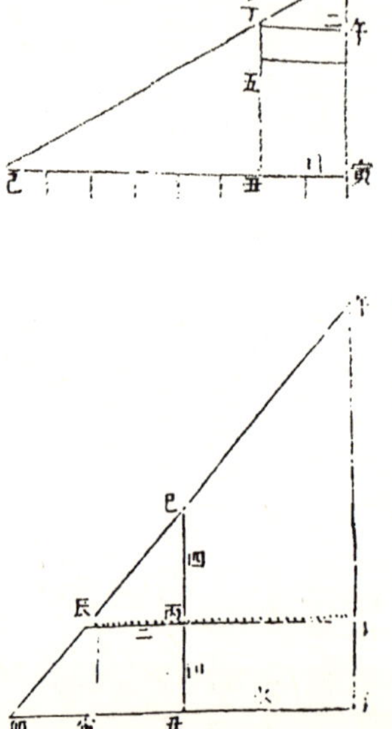

測高圖

一率辰丙　二率丙己　三率子寅　四率丁午

假令己丙四乘子寅六得二十四，以丙辰二除之得一十二爲丁午，加子丁得子午共十五。

測深圖

井口多與底不相直者，不可測

測井之深

於井口邊甲上立表，向井底乙、向地平之丁成甲丁丙、戊乙己兩直角形，是甲丙當廣，甲丁當深也。

高遠同測圖以上諸法皆可與切線相參。

丁亥與午酉相減之餘分爲一率，己子爲二率，申酉爲三率，得亥丙，亥丙加戌亥，爲戌丙。

有兩邊求一邊圖

一率子丑　二率丑寅　三率子辰　四率卯辰

假令丑寅二十丈乘子辰一百丈得二千丈，以子丑十丈除之，得辰卯二百丈。

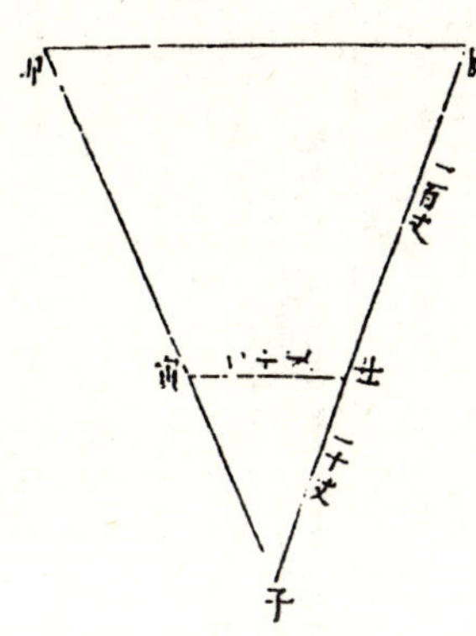

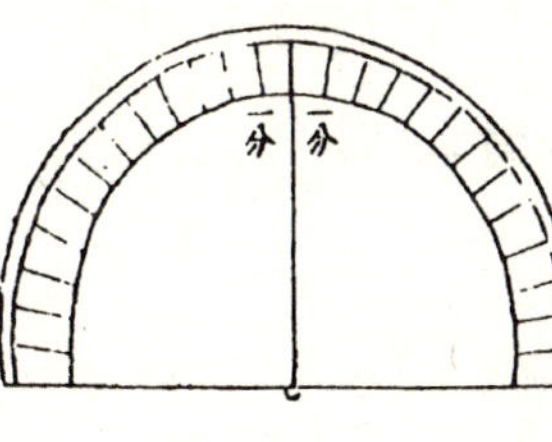

銃圖

高一分比平去加一十二分一釐六毫四絲

二分　再加〇〇七分四釐六毫二絲

三分　〇〇五分九釐〇〇七絲

四分　〇〇二分八釐〇〇九絲

五分　〇〇一分一釐

六分　〇〇〇〇四釐八毫五絲

子圖

累黍一百横一尺，斜黍九寸，直黍八寸

黑黍黄鐘尺（五寸）

累黍一百横一尺斜黍九寸直黍八寸

累黍黄鐘尺五寸

《重學敘》　聖人制器以利天下，凡茲百工之技皆有巧寓焉。以重學言之，今支磯、輪盤、等子、轆轤、滑車諸物，其資益世用久矣。但人日用由之，而不知其所以然。不明其理則不能變通諸法，即美利在前，亦以無所傳述，而不悟度數重學其輕捷省便處，新奇玄奥，令人心花頓開。雖其中有費時之慮，然得其意而善用之，自有遲速咸宜之妙。人情莫不欲逸，世人勞劇繁苦竭蹶而不能致者，費工不及十之一二而措辦無難。人情莫不欲富，世人畢智竭能、冀蠅頭微息而不得者，用力不過十之一二而封殖即厚。此度數之餘技，其關切人已如此。若曰機事機心懼啓人心之幻，自情識汩人之巧僞日難方物，即令制器尚象之旨執泥罔通，亦不能反未俗之涼薄而淳古之也。起重、引重、轉重三種爲類頗煩，每種取一端爲三隅之反。非謂此學已盡於此，非謂此學尚未盡於此也。

康熙三年歲在甲辰六月，海岱薛鳳祚識。

《師法敘》　昔兵農未分，卿大夫入爲民師，出爲民帥。武備之事，幼學壯行，正學者事也。從來制科文武並用，今國家鷹揚之選，禮待特優，文武且並重矣。惟此軍旅之事，不外守戰兩端，守者曰毋恃其不來，恃吾有以待之；毋恃其不攻，恃吾有所不可攻也。圜宇之中金湯相望，縱有失守，皆守之罪，不專罪歸雉堞也。而今不然者，平日雉堞爲矢石計耳，自度數之學出，以較矢石，乃萬不當一；以言保土，實百無一全。非工拙有異，時勢不同也。明此城法，可以弱制强，可以少敵衆。操制之權在我，則反側自安；必勝之勢在我，則衆心自固。何至以王土及忠義之士爲人魚肉哉？禦强敵莫大乎節制，齊衆力莫勝于分數。故今日之戰則置陣爲第一義。彼八陣爲方，六花爲圓，此古制也。方利變化，圓利固守。而又有銳利潰、曲利吞、直利行，皆因地因敵，不可闕者。而伍積爲隊，隊積爲哨，哨積爲部，部積爲營，皆以五者遞而成之，非能遽集五行營陣也。古今說

者如雲，益令人淆亂惶惑，皆由未探其本故耳，何以爲致勝長策哉？不遇大敵，技術偶長，雖足取勝一時，而欲以求萬舉萬當難矣。然此特其末耳，上焉者令民與上同意，可與之生死而不畏危者，則當進而求之。

康熙三年歲在甲辰閏月，海岱薛鳳祚識。

又《中外師學部》

敵臺新譯外洋法。

敵臺亦有三類，造于城角一也，或于城墻居中造之二也，或于城外另作三也。城角上者謂之正敵臺，此必不可無者也。墻居中者，因其角鈍，謂之匾敵臺。另作于城外者，謂之獨敵臺。

正臺之式具于後，匾敵臺之爲用蓋緣城墻大長，用爲犄角。其臺之頤鼻眉眼以及銃所，皆與正臺同，但二頤所交之角爲極鈍之形，取其便于用也。獨敵臺者，對城門外建，以掩門，以更爲固守難攻計也。蓋欲攻他臺，必先攻此，即使攻破，尚在城外，何損于守乎？其形皆如他臺，但此不作吭，用橋從上達之。

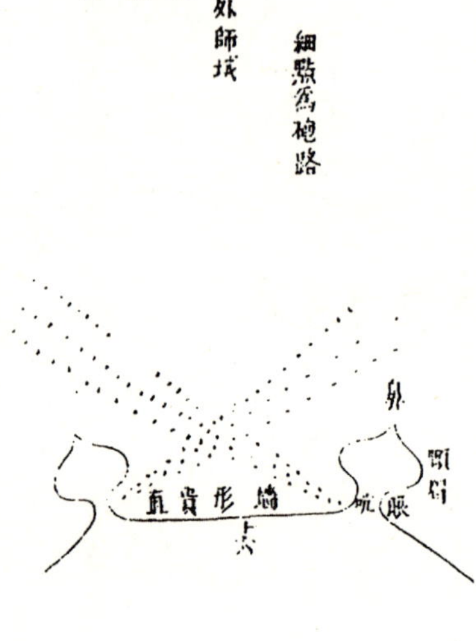

又有雙敵臺，其左右各銃眼，用以守山谷或湖海之夾洲則建之。

又有雙鼻臺，此乃建于極銃角式之城者，其鼻分作二角，便于相救。

雙眉雙眼敵臺

雙鼻敵臺

城墻

城墻乃二臺相去之墻也，其形貴直。或墻太長，二臺相去太遠，難以銃守，則當于居中作匾臺、獨臺矣。

匾敵臺

獨敵臺

護門

護門亦有二法，或門之外于左右二臺不相妨處，建一獨臺以掩門，或建于甕門之内，則更大益守者。

銃所　銃牕

凡銃所之地宜略低向前，蓋銃發時勢必退後，今後崇前卑是退而逆上也。其退必少，則銃士易于引往原所。其下或實以石，或襯以堅木厚板，便銃進退。

窗之形長，内外廣而中隘，止容彈發而已。制作之妙全在中隘，暇時實之以土，用備地虞，圖具于後。

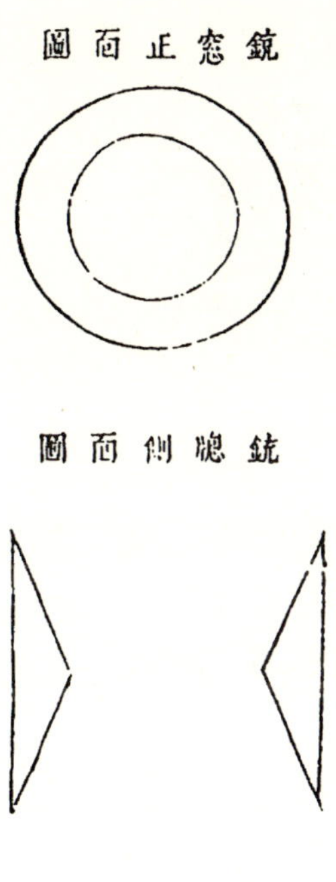
銃窗正面圖
銃牕側面圖

跳臺

跳臺者，更高峙於城垣敵臺之上，用以瞭遠者也。或造于敵臺吭中，或于吭之左右，其形則方圓象限半月等數不拘，第以一日能盡隍底城根爲宜。不用磚石，純用土堅築之，其高大約以自本敵臺得見對城磯外爲度。然亦不過出土垣二丈，倘太高，或受敵銃之害，則易于傾塌其顛，則周以護墻。其中平空處亦謂之銃所，第較之敵臺者略小耳。周圍皆成大衺，向内一面不設護墻，有坡守者便于馳驟，論其益有五。其一，高能瞭遠，斯可預備，且便用大銃俯擊敵臺。其二，敵欲作臺，用銃破守此處，偵知預用銃阻。其三，敵隱于對城磯後將入，城垣眼中諸銃難見，可發此處銃擊之。其四，城或失守，攻者已得敵臺，緣此在上，猶能用銃掃逐。其五，或有姦宄萌亂于内，從此瞭見亦易于平。

眺臺圖

甲上層墻衺，乙墻之厚，丙土垣之坡，丁爲護墻，戊敵臺平所，已眺臺之衺，辛其護墻，庚其平所。

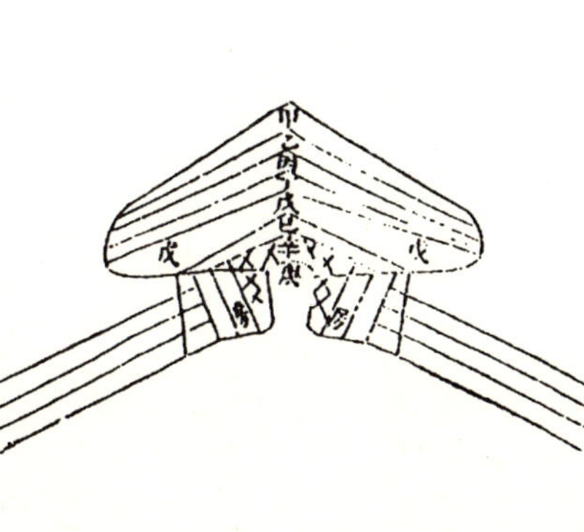

霖按，城之有敵臺也，如人之有元首四體，如獸之有角距爪牙。登陴而成營陣之形，守禦而兼攻戰之利。今琶邑城制亦略存其意，然合法者鮮矣。求其盡善，莫妙于西洋。蓋西洋之城全恃此耳。其制有吭、有順、有鼻、有眉、有眼，眼有珠，珠能左右盼數里之外，發必命中。精于度數之學，乃能造之，即講明其法，撥之人情物力，多不能行。徐文定公議于京師創造，諄諄藐藐不能强人必聽也。嘗竊論之薊鎮守邊之臺，人知今享其利，然當其時譚二華、戚南塘力主于外，張

文忠力斷于中，庸人衆咻幾敗，乃公事難與慮始。今昔同轍，況文忠、文定時勢迥異哉？今采西制，大略師其意扼要，爲守禦敵冦有餘矣。

墩制

墩臺約三四丈，必占山坡高處直起，不用階級上下，皆用軟梯。每墩一座，小房一間，床板一副，鍋皂各一口，水缸一箇，碗碟各五箇，米一石，鹽菜種火糞五擔，種火一盤，草架三座，每架務高一丈五尺，四面俱一丈，離地五尺，木横閣使草不着地上。用草蓋如屋形，南方狼糞少，拱把之草難見十里之外，且防陰霾晝晦。屋下草柴務相均停，一層柴、一層草，填實盈滿。以上俱軍採辦。

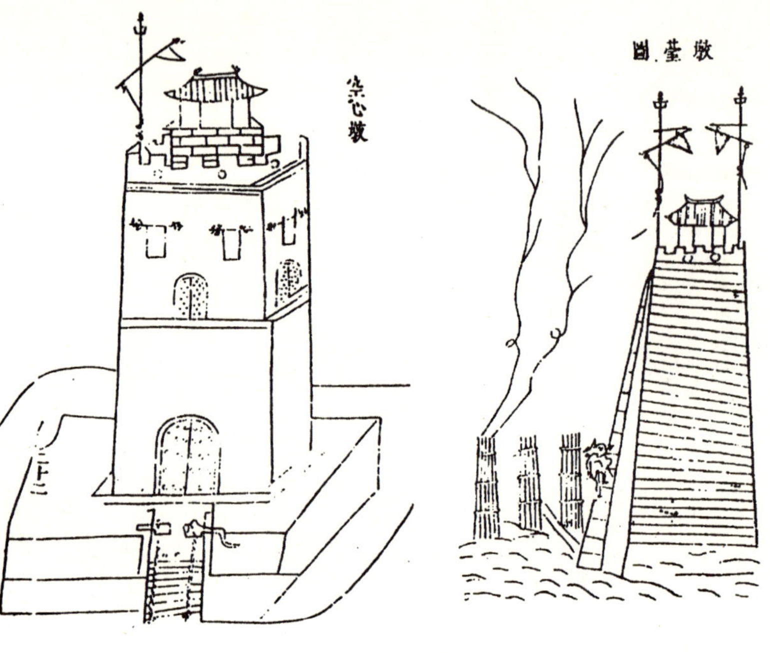

大銃三口，盞口、直口、碗口纓子皆可。紅旗五杆。燈籠五盞，白紙糊，務要粗徑一尺五寸，長三尺。大木梆一架，長五尺，内空六寸深，要性響躰堅之木。發火乾柴草三百束，每草架一座一百束，三座共三百束。火繩三條，火鐮火石各一副，刀斧火鎗照人數備。

砲臺築於孔道要津之處，如地方廣濶難守，尤當建築幾座，勝於屯駐强兵。其臺約高四五丈，爲三層樓，四面開牕，又多留小洞。窓内置格門大小諸砲。如遇賊來少，用小器；多，用大器，各啓窓洞攻打。但須度其近我方發，勿慌張預先空發。臺外掘壕，週廻築矮墻，過壕則用木吊橋。其下門内即掘深坑，藏插刀鎗，上蓋木板，進則閉門撤板，令賊入即陷。其第二層中留一孔，石板掩之，第三層亦然。賊進，撤石向孔中擲下火砲，賊必不能上攻。

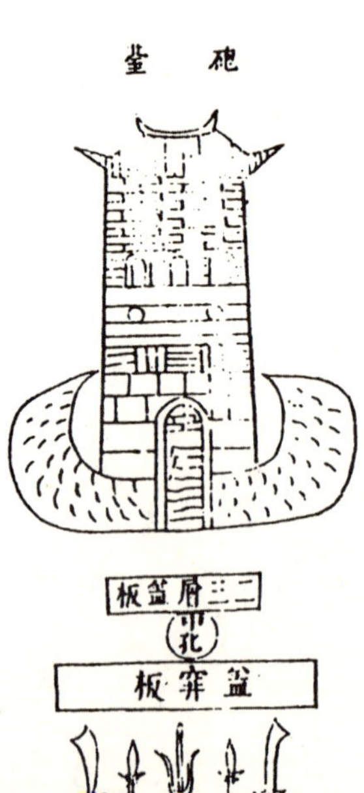

銃之爲用寔有理勢，藥自口出，仍作圓形，一丈之外，其徑十倍，數丈之外可推而致也。善用銃者，據高望之，以我銃心對敵陣心，藥力圍圓百步即所殺百步，若置之平地，雖一彈餘力能殺二三層，而全銃之下半圈空費于地矣。故戰銃攻鋭守鋭各有其法，不可以一而律百。平放、仰放、俯放各有其攻，不可以此而病彼也。

島嶼重臺

湖海島嶼，恐冦猝臨，可於扼要水口創一重臺以守。將臺址下釘築巨樁，壘以大石，上圍磚垣，其高一丈。亦有護墻四方，設銃之所突兀向外，彷佛城之敵臺。居中建一浮屠，周開銃窓，内藏各項守器，屯以戍卒塔頂，然烽夜可遠瞭。守用短銃石彈，更利擊舟。不作高大土垣者，緣攻銃用於舟上，力弱故也。

重臺

清《皇朝禮器圖式》卷三

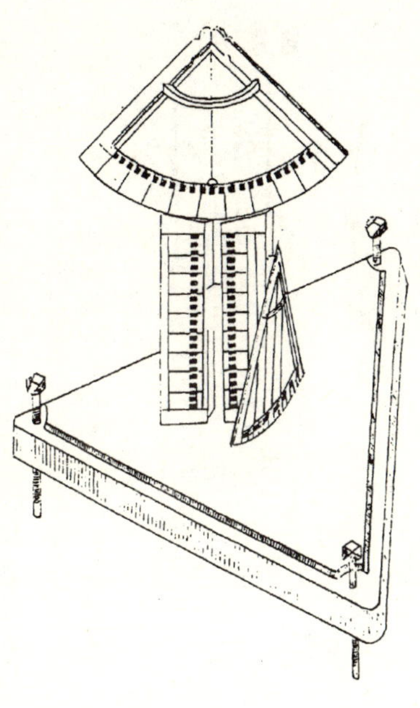

測礮象限儀　謹按，本朝製測礮象限儀鑄銅爲之，用兩象限，周皆九十度，中爲初度，左右各四十五度。圓心皆施墜線，當初度以取平，座上爲横方柱，一加柱端，一倚柱旁。用時置礮上，以柱旁墜線所指，合礮末所起之度。柱中空，左右各四十五度，中施遊表，穿小孔，對礮末所起之度，于孔內視礮之星斗。

魏允恭《江南製造局記》卷一《建置圖》

高昌廟總局

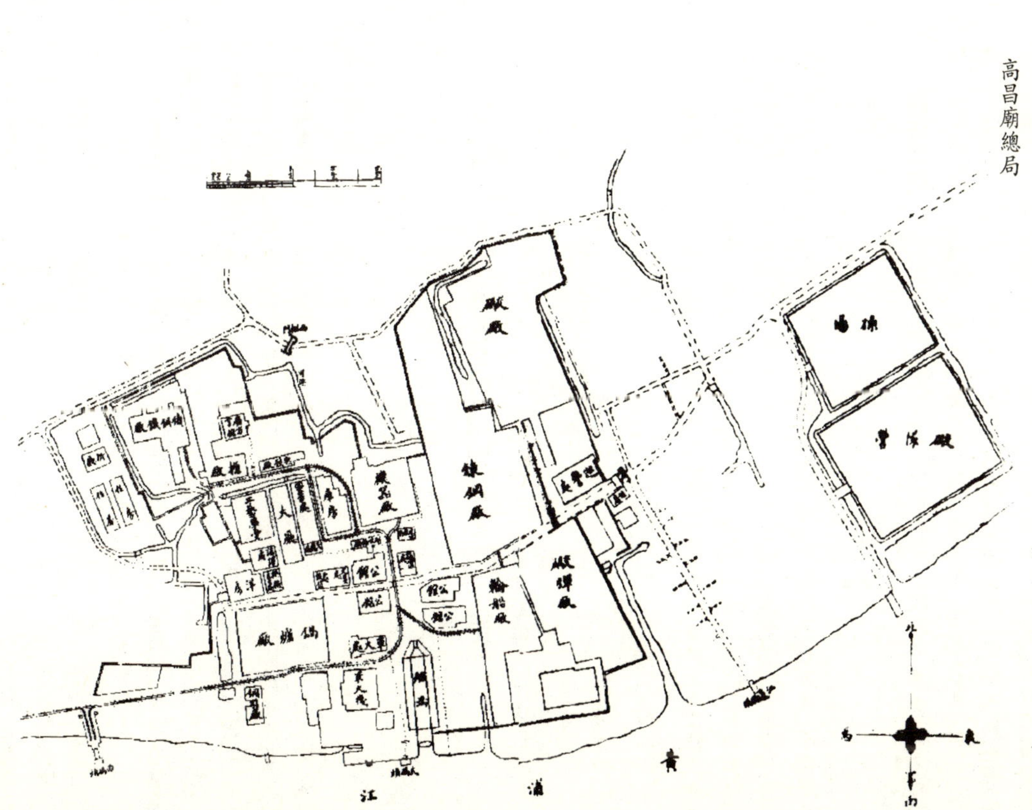

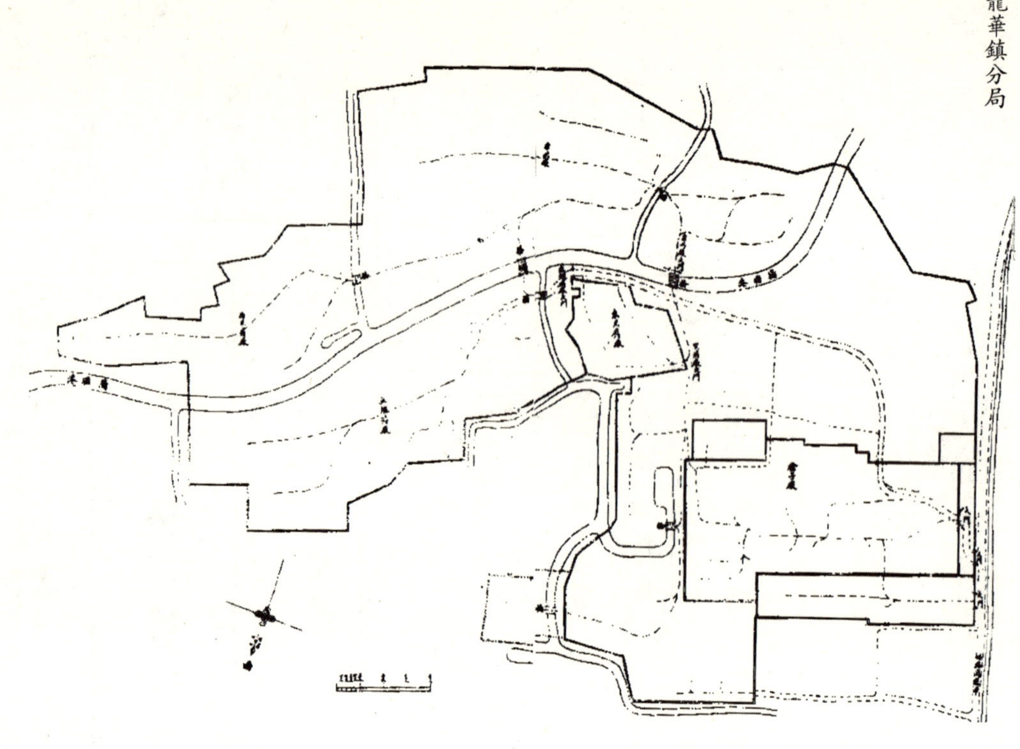

龍華鎮分局

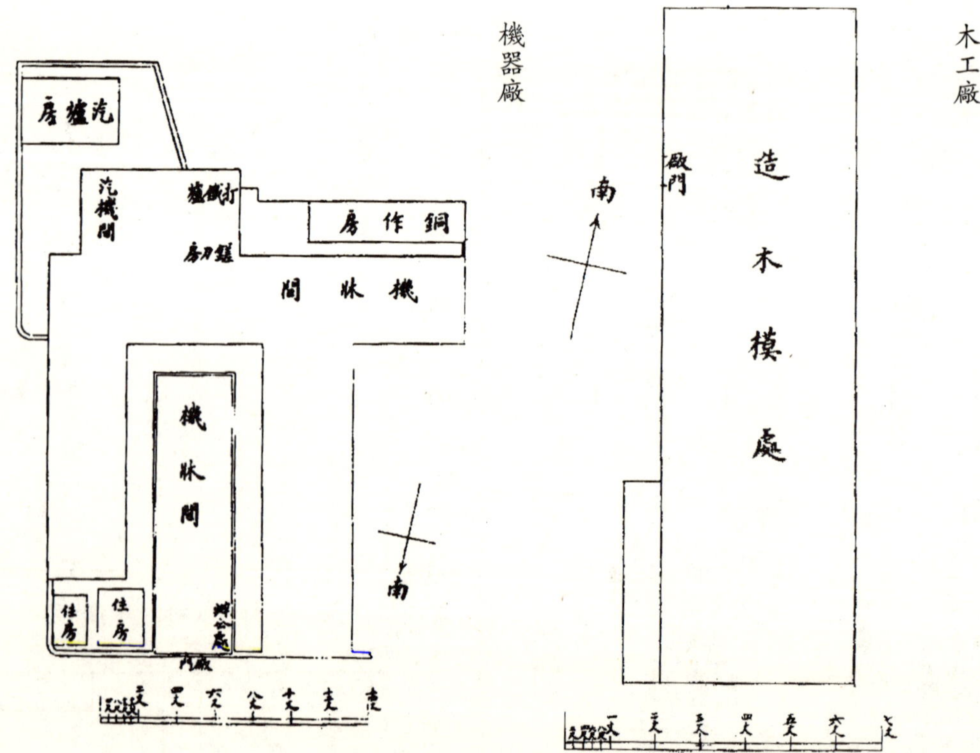

機器廠

木工廠

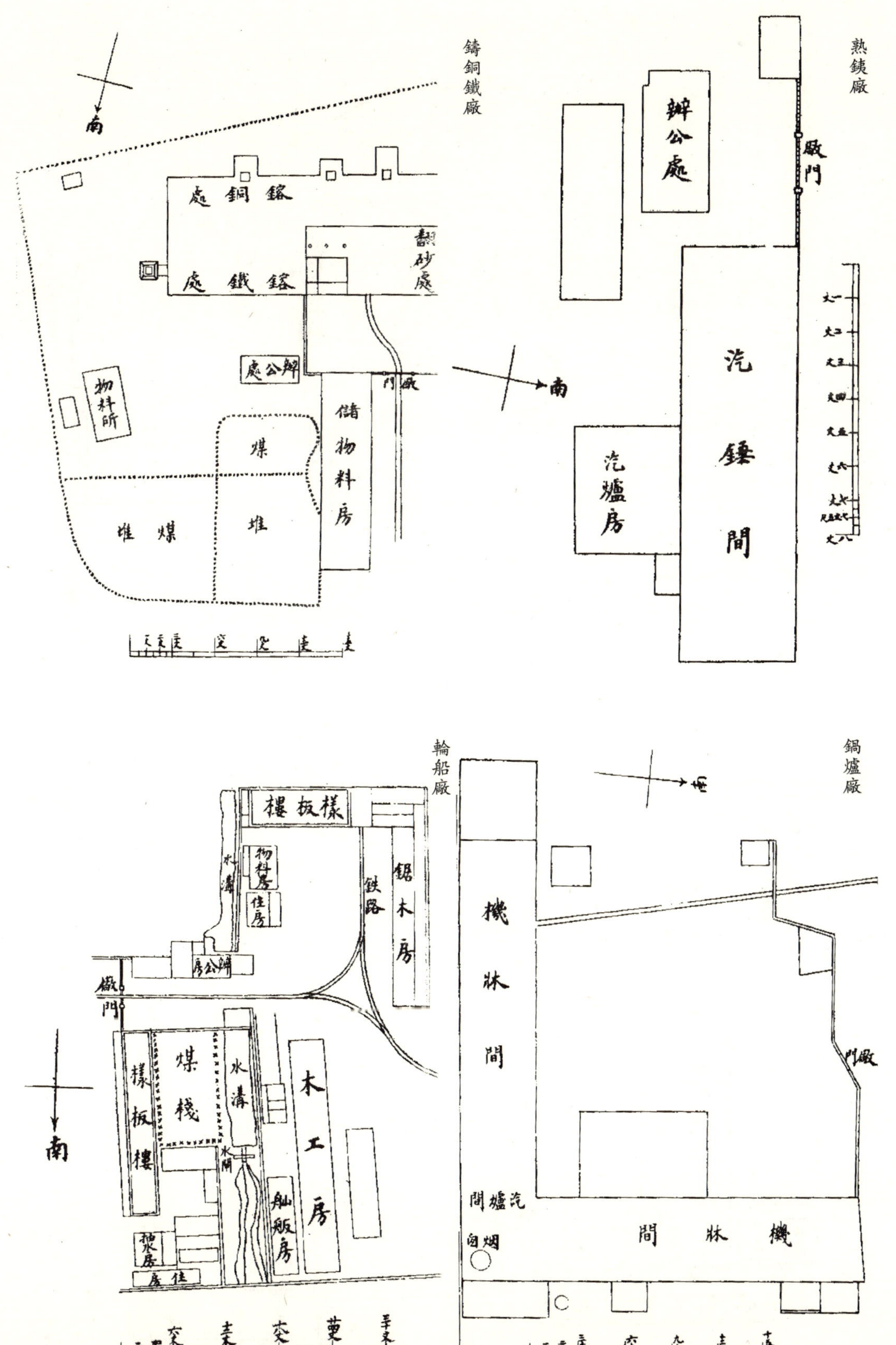
鑄銅鐵廠
鎔銅處
鎔鐵處
翻砂處
辦公處
物料所
煤
煤堆
堆
儲物料房
廠門
熟鐵廠
辦公處
廠門
汽鎚間
汽爐房
輪船廠
樣板樓
物料房
住房
水溝
鋸木房
鐵路
辦公房
廠門
樣板樓
煤棧
水溝
水閘
木工房
舢舨房
抽水房
住房
鍋爐廠
機牀間
廠門
汽爐間
烟囪
機牀間

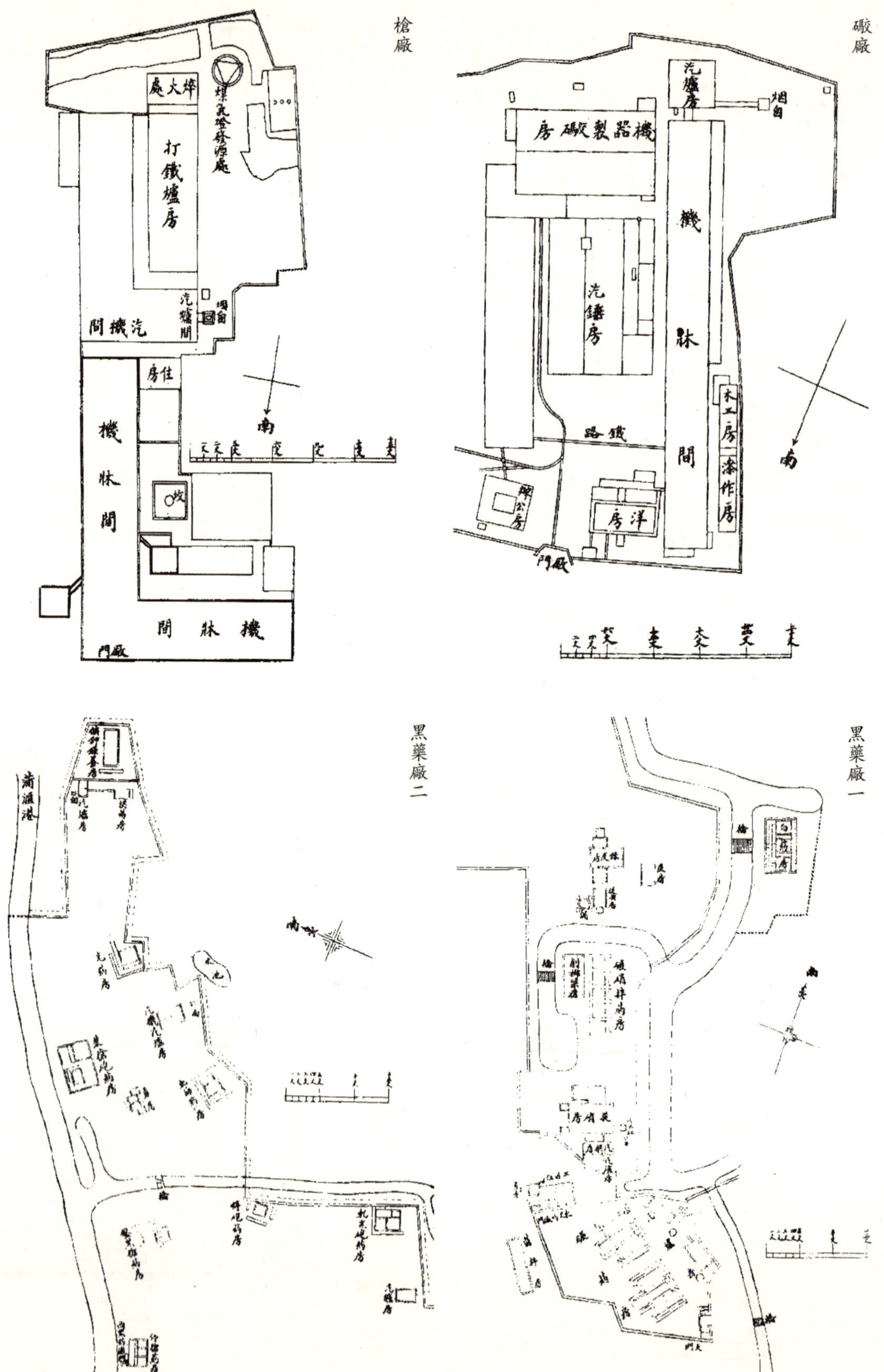
槍廠
熔大處
煤氣燈發源處
打鐵爐房
汽機間
汽爐間
烟囱
住房
機牀間
機牀間
廠門
南
礮廠
汽爐房
烟囱
機器製礮房
機牀間
汽鎚房
木工房
漆作房
鐵路
洋房
辦公房
廠門
南
黑藥廠二
黑藥廠一

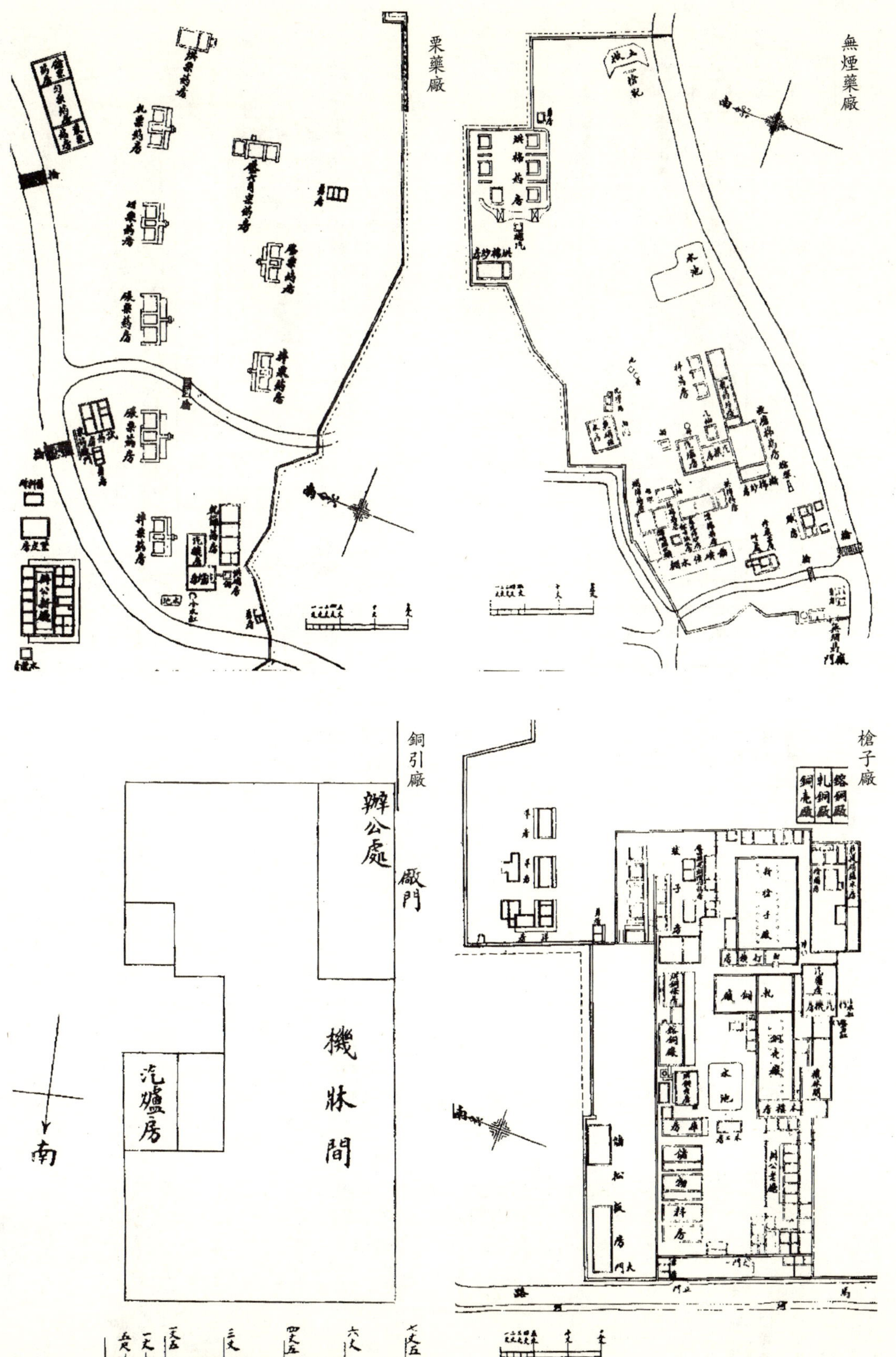

粟藥廠
無煙藥廠
銅引廠
槍子廠
辦公處
廠門
機牀間
汽爐房
南

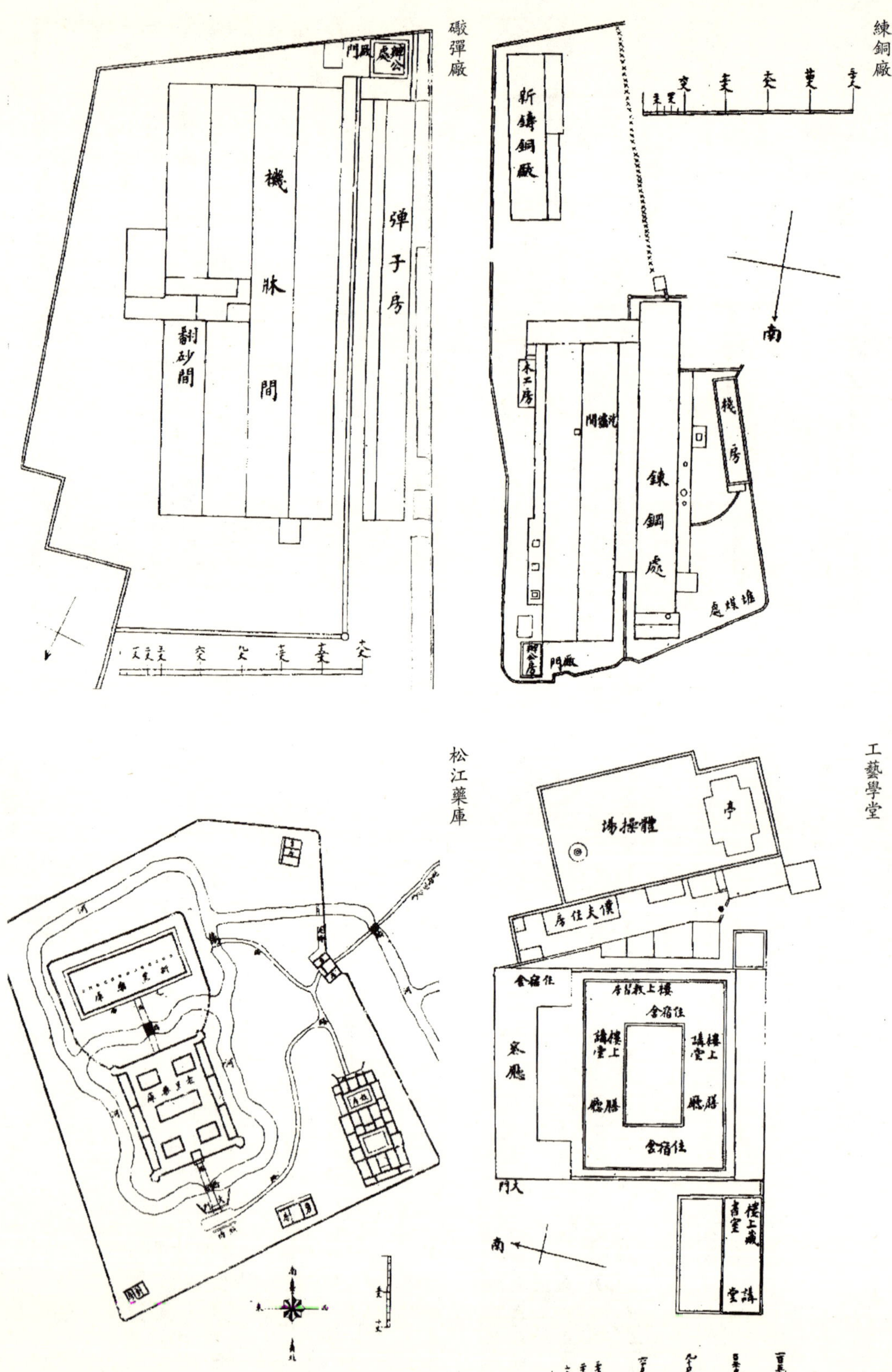
礮彈廠
彈子房
翻砂間
廠門
練銅廠
新鑄銅廠
木工房
機房
南
松江藥庫
工藝學堂
體操場
亭
僕夫住房
住宿舍
樓上教習房
樓上講堂
膳廳
客廳
大門
樓上藏書室
講堂

廣方言館

礮隊營

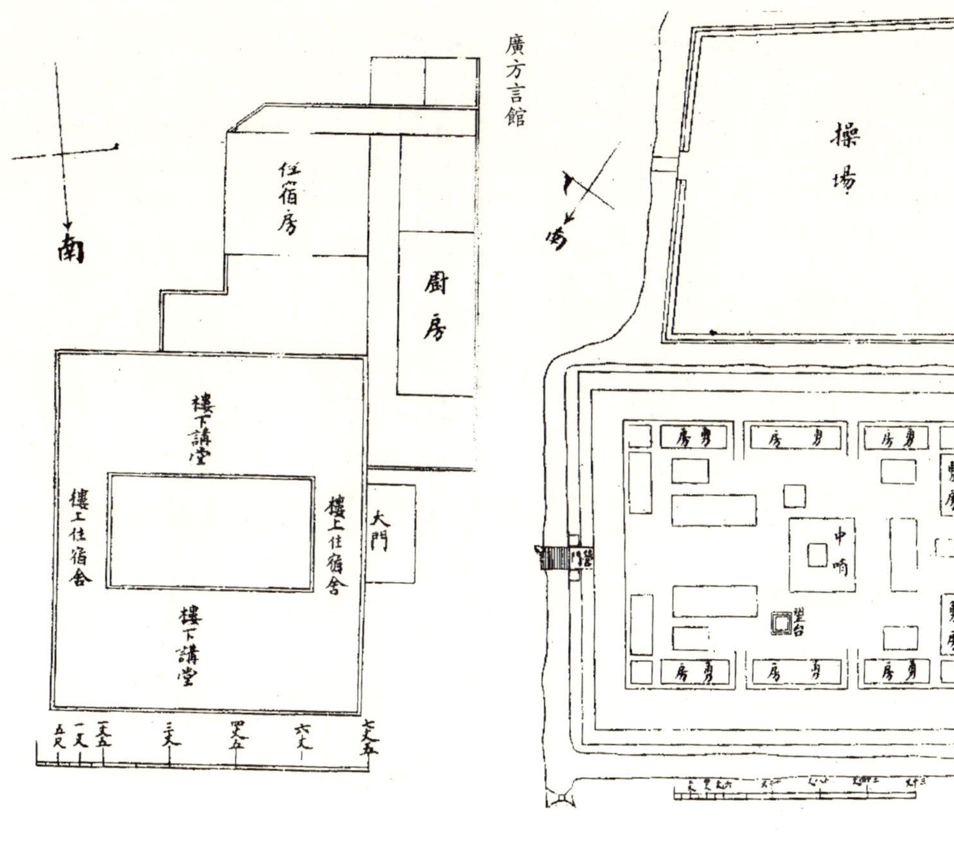

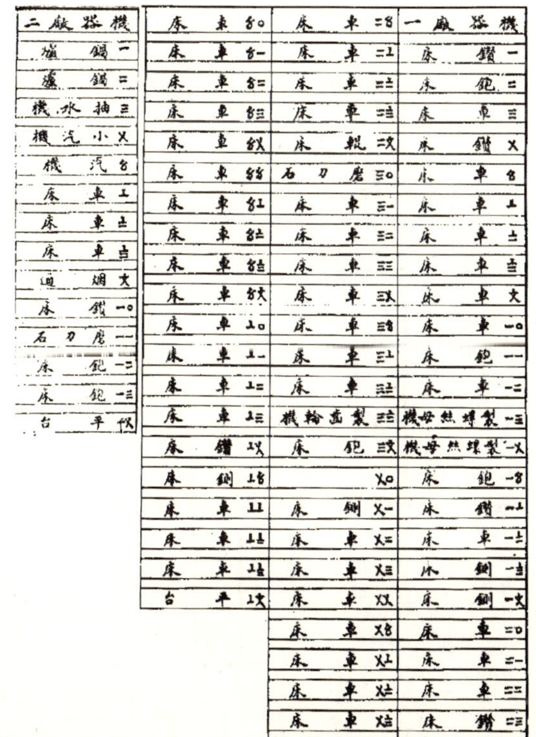

機器廠一	
一	鑽床
二	鉋床
三	車床
〤	鑽床
〥	車床
〦	車床
〧	車床
〨	車床
〩	車床
一〇	車床
一一	鉋床
一二	車床
一三	製螺絲母機
一〤	製螺絲母機
一〥	鉋床
一〦	鑽床
一〧	車床
一〨	銅床
一〩	銅床
二〇	車床
二一	車床
二二	車床
二三	鑽床
二〤	車床
二〥	車床
二〦	車床
二〧	車床
二〨	車床
二〩	輥床
三〇	磨刀石
三一	車床
三二	車床
三三	車床
三〤	車床
三〥	車床
三〦	車床
三〧	車床
三〨	製齒輪機
三〩	鉋床
〤〇	
〤一	銅床
〤二	車床
〤三	車床
〤〤	車床
〤〥	車床
〤〦	車床
〤〧	車床
〤〨	車床
〤〩	車床
〥〇	車床
〥一	車床
〥二	車床
〥三	車床
〥〤	車床
〥〥	車床
〥〦	車床
〥〧	車床
〥〨	車床
〥〩	車床
〦〇	車床
〦一	車床
〦二	車床
〦三	車床
〦〤	鑽床
〦〥	銅床
〦〦	車床
〦〧	車床
〦〨	車床
〦〩	平台

機器廠二	
一	鍋爐
二	鍋爐
三	抽水機
〤	小汽機
〥	汽機
〦	車床
〧	車床
〨	車床
〩	烟通
一〇	鑽床
一一	磨刀石
一二	鉋床
一三	鉋床
一〤	平台

機器廠機位圖

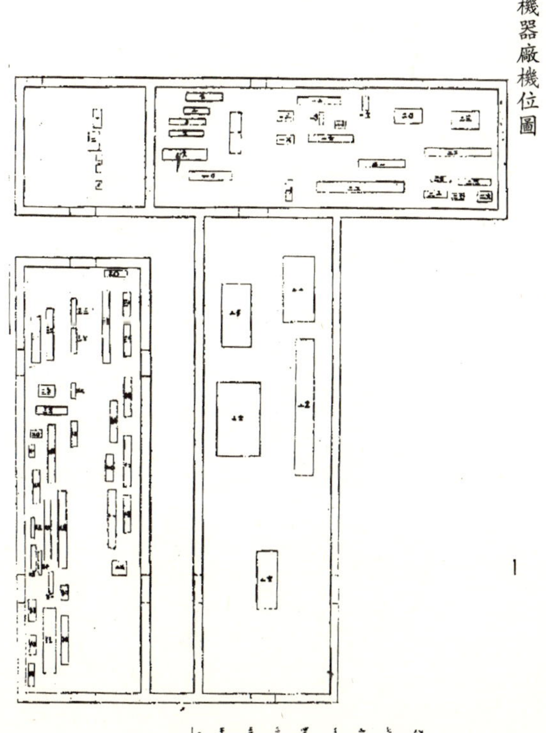

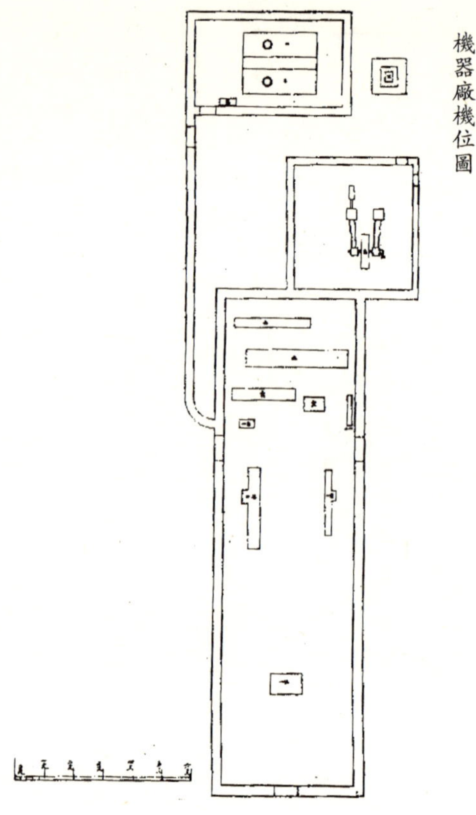

機器廠機位圖

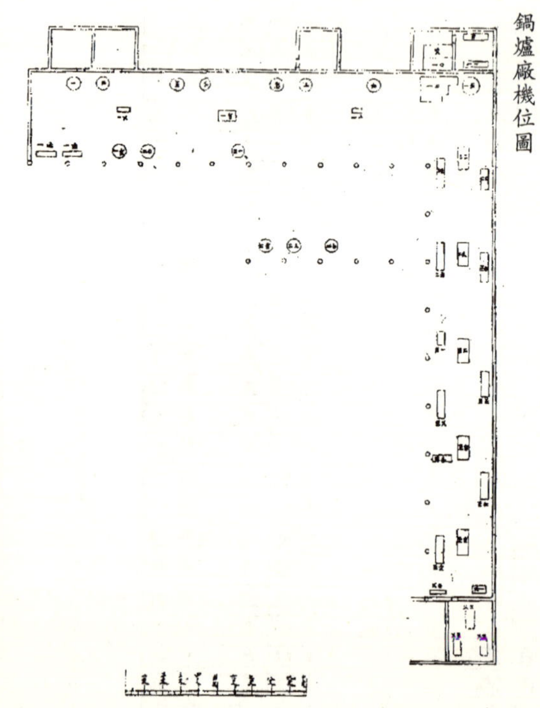

鍋爐廠機位圖

鍋爐廠	
一	打鐵爐
二	打鐵爐
三	打鐵爐
〤	打鐵爐
〥	打鐵爐
〦	打鐵爐
〧	打鐵爐
〨	汽機
〩	汽爐
一〇	汽爐
一一	汽機
一二	熱板爐
一三	烟通
一〤	汽錘
一〥	剪撞機
一〦	汽錘
一〧	鋸床
一〨	鋸床
一〩	打鐵爐
二〇	打鐵爐
二一	打鐵爐
二二	撞鋼釘機
二三	鑽床
二〤	鋸床
二〥	打鐵爐
二〦	打鐵爐
二〧	打鐵爐
二〨	鉋床
二〩	剪撞機
三〇	鉋床
三一	鉋床
三二	鑽床
三三	鉋床
三〤	軋床
三〥	剪撞機
三〦	軋床
三〧	車床
三〨	剪撞機
三〩	鑽床
〤〇	磨刀石
〤一	鋸床
〤二	車床
〤三	車床
〤〤	車床

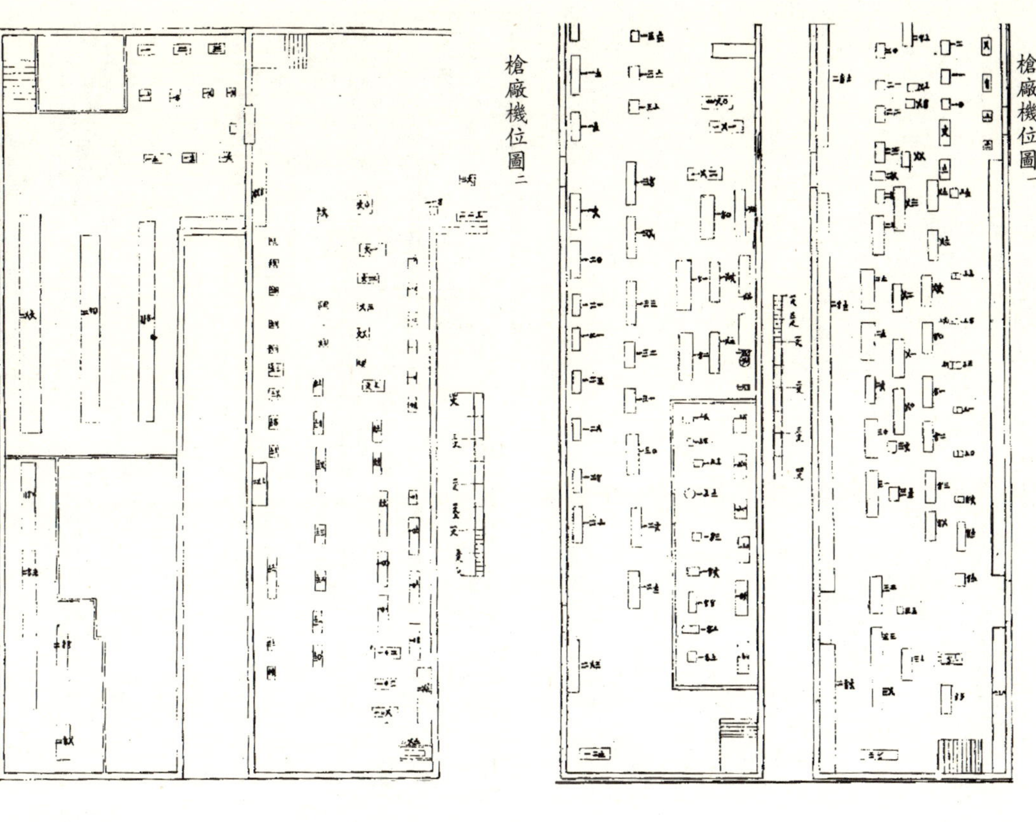

槍廠機位圖一

槍廠機位圖二

槍廠機位	二〥銼床	〥〇車床	〧〥銼床
一軋床	二〦齒鋸床	〥一車床	〧〦銼床
二軋床	二〧車床	〥二車床	〧〧車床
三軋床	二〨車床	〥三車床	〧〨銼床
〤軋床	二〩車床	〥〤車床	〧〩銼床
〥軋床	三〇車床	〥〥拔床	〨〇車床
〦軋床	三一車床	〥〦齒鋸床	〨一車床
〧軋床	三二車床	〥〧軋床	〨二鉋床
〨刮床	三三車床	〥〨刮床	〨三鉋床
〩鑽床	三〤車床	〥〩鑽床	〨〤鉋床
一〇軋床	三〥磨刀石	〦〇鑽床	〨〥車床
一一銼床	三〦輪床	〦一鑽床	〨〦車床
一二銼床	三〧輪床	〦二鑽床	〨〧軋床
一三輪床	三〨軋床	〦三鑽床	〨〨軋床
一〤輪床	三〩軋床	〦〤鑽床	〨〩鑽床
一〥輪床	〤〇車床	〦〥鑽床	〩〇鑽床
一〦鑽床	〤一車床	〦〦鑽床	〩一刨床
一〧拔床	〤二車床	〦〧砂輪床	〩二輪床
一〨熱螺輪床	〤三車床	〦〨軋床	〩三輪床
一〩輪床	〤〤車床	〦〩軋床	〩〤輪床
二〇輪床	〤〥車床	〧〇軋床	〩〥輪床
二一刨床	〤〦車床	〧一軋床	〩〦刨床
二二刨床	〤〧車床	〧二軋床	〩〧車床
二三車床	〤〨車床	〧三輪床	〩〨車床
二〤輪床	〤〩車床	〧〤輪床	〩〩車床

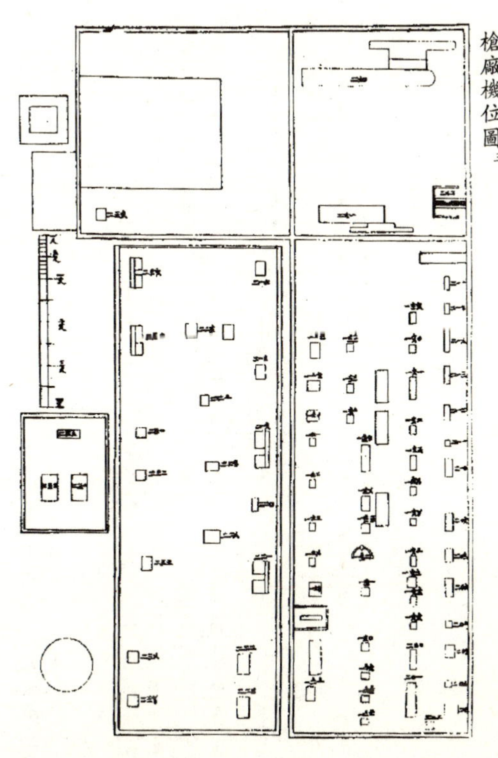

槍廠機位圖三

號	機	號	機	號	機	號	機
100	車床	125	車床	150	打眼床	175	押床
101	車床	126	車床	151	拔絲床	176	輴床
102	刨床	127	車床	152	拔絲床	177	沙輪床
103	刨床	128	車床	153	鋸木床	178	鑽床
104	刨床	129	車床	154	鋸木床	179	鑽床
105	車床	130	車床	155	鑽床	180	鑽床
106	車床	131	車床	156	車床	181	鍘床
107	車床	132	車床	157	沙輪床	182	鑽床
108	鍘床	133	光眼床	158	車床	183	鑽床
109	鍘床	134	光眼床	159	刮床	184	鑽床
110	鍘床	135	光眼床	160	車床	185	拔床
111	鍘床	136	輥床	161	刮床	186	輥床
112	鍘床	137	輥床	162	車床	187	輥床
113	鍘床	138	輥床	163	車床	188	輥床
114	鍘床	139	輥床	164	車床	189	鍘床
115	縒床	140	刨床	165	車床	190	輥床
116	車床	141	鋸床	166	車床	191	鑽床
117	車床	142	磨刀石	167	車床	192	輥床
118	車床	143	拔絲床	168	輥床	193	車床
119	車床	144	車床	169	輴床	194	刨床
120	車床	145	車床	170	輴床	195	輥床
121	車床	146	齒輪床	171	輥床	196	刮床
122	車床	147	齒輪床	172	輥床	197	輴床
123	車床	148	打眼床	173	輥床	198	輴床
124	車床	149	打眼床	174	輥床	199	輥床

號	機	號	機	號	機
200	車床	225	汽錘	250	鉗作台
201	車床	226	擠床	251	鉗作台
202	押床	227	押磨錘	252	鉗作台
203	輴床	228	押磨錘	253	鉗作台
204	輥床	229	鉄爐	254	鉗作台
205	車床	230	鉄爐	255	鉗作台
206	輥床	231	鉄爐	256	鉗作台
207	車床	232	鉄爐	257	鉗作台
208	車床	233	鉄爐	258	鉗作台
209	車床	234	鉄爐	259	鉗作台
210	車床	235	鉄爐	260	鉗作台
211	輥床	236	鋸木床	261	鉗作台
212	床	237	鋸木床		
213	鑽床	238	平台		
214	鑽床	239	進水汽機		
215	鑽床	240	汽機		
216	鍘床	241	汽機		
217	鉄爐	242	風箱		
218	鉄爐	243	車床		
219	鉄爐	244	鉗作台		
220	撞床	245	鉗作台		
221	鉄爐	246	鉗作台		
222	沙輪床	247	風箱		
223	沙輪床	248	鉗作台		
224	汽錘	249	鉗作台		

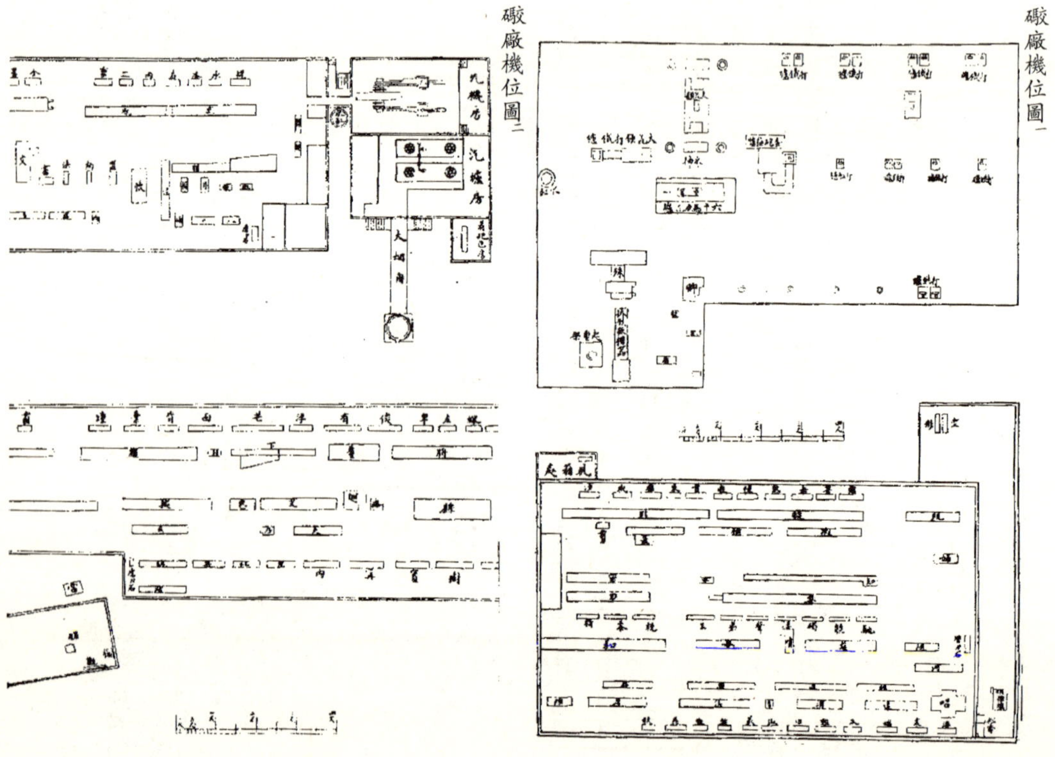

礮廠機位圖一

礮廠機位圖二

礮廠一	[illegible] 車床	歲 車床
琛 車床	歸 插床	存 車床
鄉 鑽床	知 鑽床	唱 車床
救 鑽床	亦 插床	達 刨床
龍 鑽床	密 車床	渭 刨床
虞 刨立床	集 鑽床	岩 鑽床
容 鑽床	勿 車床	儀 車床
彩 洗床	馳 車床	尊 車床
蘇 鑽床	龍 車床	墳 洗床
翡 車床	鳴 車床	海 車床
冰 車床	漢 鑽床	寒 車床
熱 車床	繁 車床	端 車床
穫 車床	弟 車床	春 車床
收 車床	主 車床	離 車床
霜 車床	魏 車床	四 車床
來 車床	泰 車床	微 車床
麻 車床	精 刨床	最 車床
咸 車床	隨 車床	牧 車床
沙 車床	筵 刨床	池 車床
琉 車床	壤 插床	混 車床
識 鑽床	毋 車床	秋 車床
践 鑽床	和 車床	
假 刨床	河 插床	
積 刨床	睦 車床	
最 車床	通 車床	

礮廠二	帳 刨床	路 鑽床
機 車床	八 刨床	遐 鑽床
承 車床	戶 刨床	艾 車床
洛 車床	頓 洗床	忠 鑽床
右 車床	均 車床	壤 車床
丙 車床	席 車床	夫 車床
二 車床	多 車床	乃 鑽床
壹 車床	綜 車床	貞 車床
舍 車床	左 車床	樹 車床
畫 車床	畢 車床	實 車床
式 車床	俊 車床	當 車床
感 車床	有 車床	內 車床
群 插床	浮 車床	京 車床
弊 插床	芒 車床	杜 車床
相 絞絲床	背 車床	英 車床
盟 插床	西 車床	魏 車床
約 插床	豪 車床	趙 車床
法 插床	鍾 車床	當 鋸木床
書 刨床	纂 車床	鬱 鋸木床
文 鑽床	將 車床	據 車木床
啟 絞螺絲床	董 刨床	觀 車木床
盤 絞螺絲床	下 絞絲床	
月 刨床	封 刨床	
猛 刨床	羅 車床	
塗 刨床	虧 刨床	

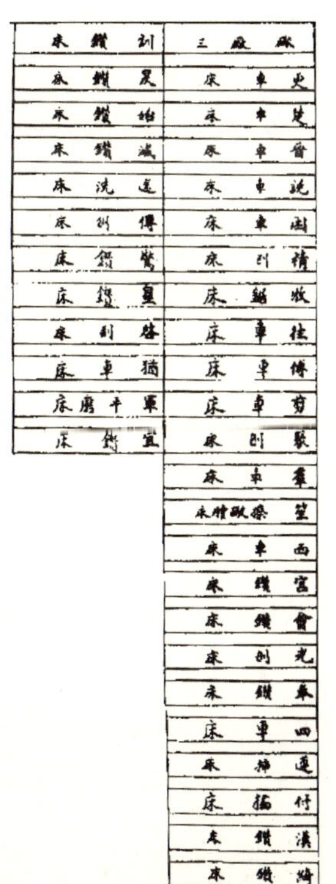

礮廠三	訓 鑽床
史 車床	昃 鑽床
楚 車床	始 鑽床
晉 車床	減 鑽床
說 車床	遙 洗床
尉 車床	傳 刨床
積 刨床	驚 鑽床
收 鋸床	皇 鑽床
往 車床	塔 刨床
傳 車床	猶 車床
穿 車床	畢 千磨床
駿 刨床	宜 鑽床
羣 車床	
望 磨礮膛床	
西 車床	
宮 鑽床	
會 鑽床	
光 刨床	
奉 鑽床	
四 車床	
遠 插床	
付 插床	
漢 鑽床	
綺 鑽床	
利 洗床	

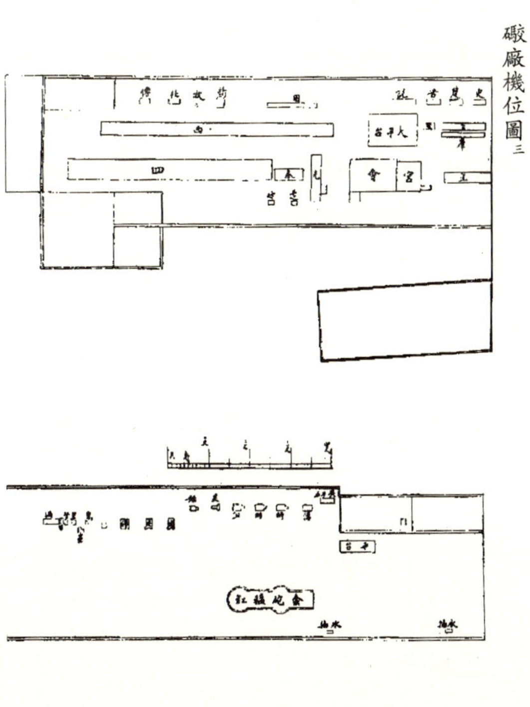

礮廠機位圖三

黑藥廠機位圖

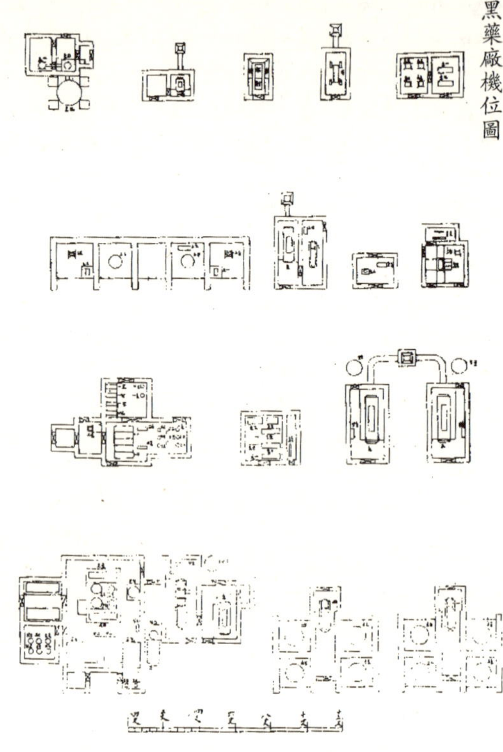

黑藥廠	二〥 燜炭鉄桶	〥〇 存硝木桶	〧〥 碾药機器
一 三十馬力碾药汽機	二〦 燜炭鉄桶	〥一 水、櫃	〧〦 軋棍碾药機器
二 三十馬力碾药汽機	二〧 燜炭鉄車	〥二 冷水桶	〧〧 軋棍碾药機器
三 廿四馬力提硝汽機	二〨 燜炭鉄車	〥三 冷水桶	〧〨 軋棍碾药機器
〤 二十馬力篩药汽機	二〩 修件爐	〥〤 冷水桶	〧〩 軋棍碾药機器
〥 十五馬力軋炭汽機	三〇 提磺爐	〥〥 冷水桶	〨〇 軋棍碾药機器
〦 汽爐	三一 提磺鉄桶	〥〦 抽水機器	〨一 搗药木杵
〧 汽爐	三二 提磺鍋	〥〧 抽水機器	〨二 搗药木杵
〨 汽爐	三三 熬硝鉄鍋	〥〨 抽水機器	〨三 搗药木杵
〩 汽爐	三〤 熬硝鉄鍋	〥〩 抽水機器	〨〤 篩药機器
一〇 汽爐	三〥 熬硝鉄鍋	〦〇 抽水機器	〨〥 篩药機器
一一 燜炭爐	三〦 篩硝機器	〦一 排药機器	〨〦 軸架
一二 燜炭爐	三〧 篩硝機器	〦二 排药機器	〨〧 軸架
一三 燜炭鉄桶	三〨 篩磺鉄桶	〦三 篩硝磺機器	〨〨 光药木桶
一〤 燜炭鉄桶	三〩 篩硝鉛桶	〦〤 篩硝磺機器	〨〩 光药木桶
一〥 燜炭鉄桶	〤〇 存硝鉛桶	〦〥 碾硝磺機器	〩〇 光药木桶
一〦 燜炭鉄桶	〤一 存硝鉛桶	〦〦 碾硝磺機器	〩一 光药木桶
一〧 燜炭鉄桶	〤二 存硝鉛桶	〦〧 篩炭機器	〩二 光药木桶
一〨 燜炭鉄桶	〤三 存磺木桶	〦〨 碾药機器	〩三 光药木桶
一〩 燜炭鉄桶	〤〤 存硝木桶	〦〩 碾药機器	〩〤 烘药木架
二〇 燜炭鉄桶	〤〥 存硝木桶	〧〇 碾药機器	〩〥 烘药木架
二一 燜炭鉄桶	〤〦 存硝木桶	〧一 碾药機器	〩〦 烘药木架
二二 燜炭鉄桶	〤〧 存硝木桶	〧二 碾药機器	〩〧 烘药木架
二三 燜炭鉄桶	〤〨 存硝木桶	〧三 碾药機器	〩〨 烘药木架
二〤 燜炭鉄桶	〤〩 存硝木桶	〧〤 碾药機器	〩〩 烘药木架

栗藥廠機位圖

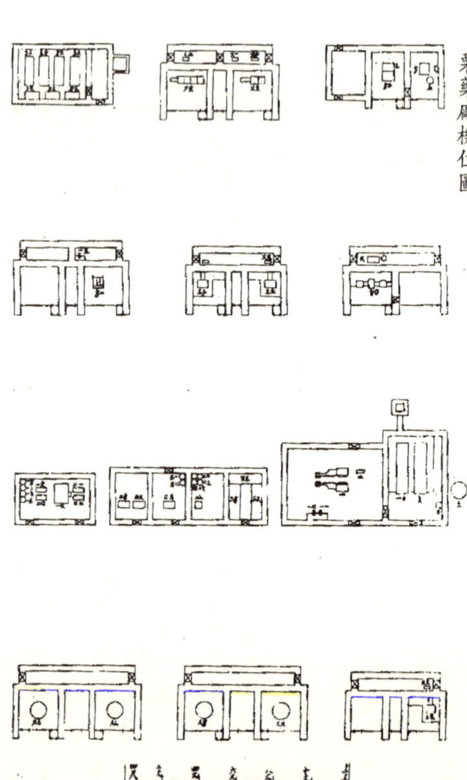

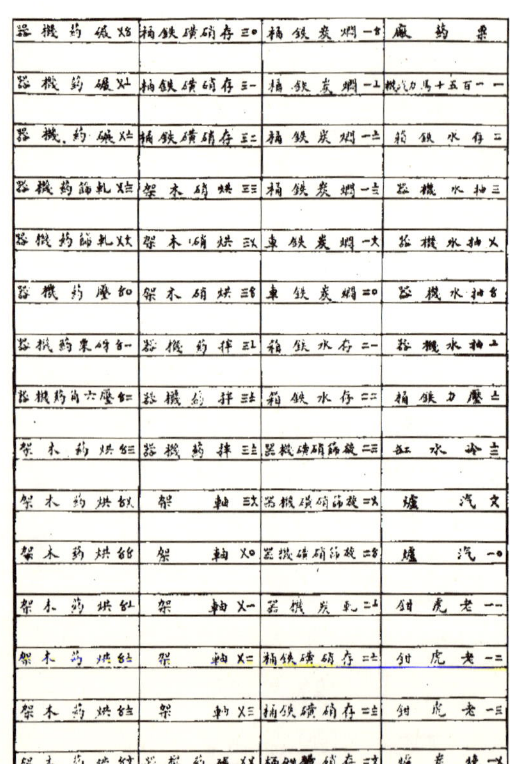

栗藥廠	一〥 燜炭鉄桶	三〇 存硝磺鉄桶	〤〥 碾药機器
一 一百五十馬力汽機	一〦 燜炭鉄桶	三一 存硝磺鉄桶	〤〦 碾药機器
二 存水鉄箱	一〧 燜炭鉄桶	三二 存硝磺鉄桶	〤〧 碾药機器
三 抽水機器	一〨 燜炭鉄桶	三三 烘硝木架	〤〨 軋篩药機器
〤 抽水機器	一〩 燜炭鉄車	三〤 烘硝木架	〤〩 軋篩药機器
〥 抽水機器	二〇 燜炭鉄車	三〥 烘硝木架	〥〇 壓药機器
〦 抽水機器	二一 存水鉄箱	三〦 拌药機器	〥一 碎栗药機器
〧 壓力鉄桶	二二 存水鉄箱	三〧 拌药機器	〥二 壓六角药機器
〨 冷水缸	二三 旋篩硝磺機器	三〨 拌药機器	〥三 烘药木架
〩 汽爐	二〤 旋篩硝磺機器	三〩 軸架	〥〤 烘药木架
一〇 汽爐	二〥 旋篩硝磺機器	〤〇 軸架	〥〥 烘药木架
一一 老虎鉗	二〦 軋炭機器	〤一 軸架	〥〦 烘药木架
一二 老虎鉗	二〧 存硝磺鉄桶	〤二 軸架	〥〧 烘药木架
一三 老虎鉗	二〨 存硝磺鉄桶	〤三 軸架	〥〨 烘药木架
一〤 燒炭爐	二〩 存硝磺鉄桶	〤〤 碾药機器	〥〩 烘药木架

無煙藥廠機位圖

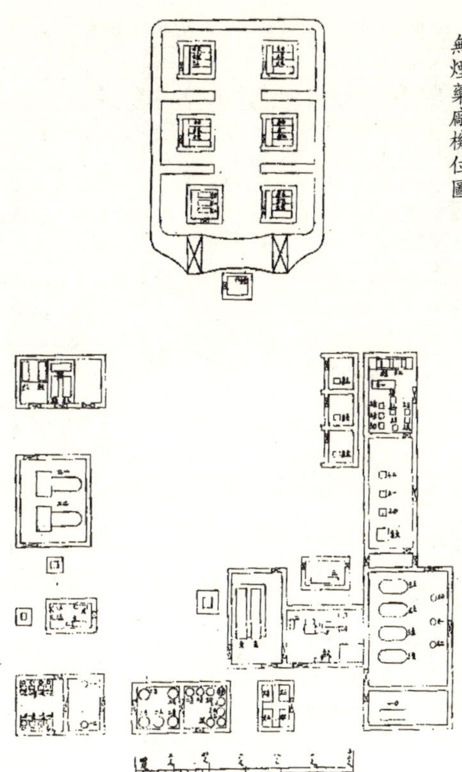

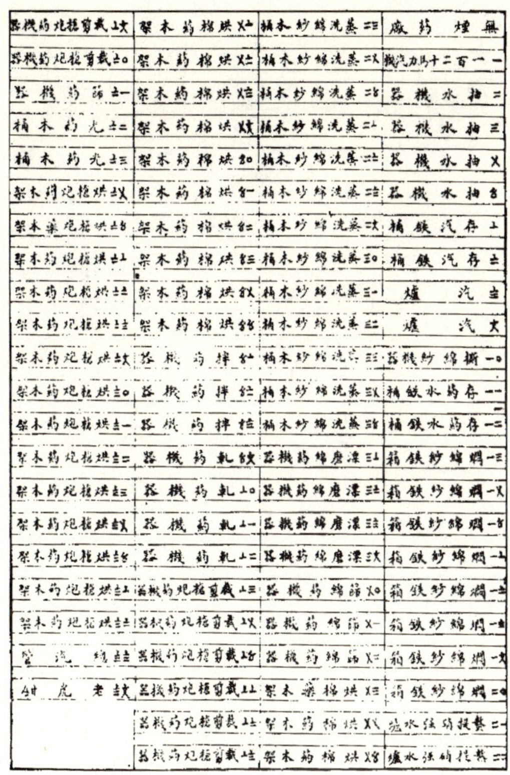

無煙藥廠			
一 一百二十馬力汽機	二三 蒸洗棉紗木桶	〤〦 烘棉藥木架	〦〨 裁剪搖炮藥機器
二 抽水機器	二〤 蒸洗棉紗木桶	〤〧 烘棉藥木架	〧〇 裁剪搖炮藥機器
三 抽水機器	二〥 蒸洗棉紗木桶	〤〨 烘棉藥木架	〧一 篩藥機器
〤 抽水機器	二〦 蒸洗棉紗木桶	〤〩 烘棉藥木架	〧二 光藥木桶
〥 抽水機器	二〧 蒸洗棉紗木桶	〥〇 烘棉藥木架	〧三 光藥木桶
〦 存汽鐵桶	二〨 蒸洗棉紗木桶	〥一 烘棉藥木架	〧〤 烘搖炮藥木架
〧 存汽鐵桶	二〩 蒸洗棉紗木桶	〥二 烘棉藥木架	〧〥 烘搖炮藥木架
〨 汽爐	三〇 蒸洗棉紗木桶	〥三 烘棉藥木架	〧〦 烘搖炮藥木架
〩 汽爐	三一 蒸洗棉紗木桶	〥〤 烘棉藥木架	〧〧 烘搖炮藥木架
一〇 撕棉紗機器	三二 蒸洗棉紗木桶	〥〥 烘棉藥木架	〧〨 烘搖炮藥木架
一一 存藥水鐵桶	三三 蒸洗棉紗木桶	〥〦 拌藥機器	〧〩 烘搖炮藥木架
一二 存藥水鐵桶	三〤 蒸洗棉紗木桶	〥〧 拌藥機器	〨〇 烘搖炮藥木架
一三 烱棉紗鐵箱	三〥 漂磨棉藥機器	〥〨 拌藥機器	〨一 烘搖炮藥木架
一〤 烱棉紗鐵箱	三〦 漂磨棉藥機器	〥〩 軋藥機器	〨二 烘搖炮藥木架
一〥 烱棉紗鐵箱	三〧 漂磨棉藥機器	〦〇 軋藥機器	〨三 烘搖炮藥木架
一〦 烱棉紗鐵箱	三〨 漂磨棉藥機器	〦一 軋藥機器	〨〤 烘搖炮藥木架
一〧 烱棉紗鐵箱	〤〇 篩棉藥機器	〦二 軋藥機器	〨〥 烘搖炮藥木架
一〨 烱棉紗鐵箱	〤一 篩棉藥機器	〦三 裁剪搖炮藥機器	〨〦 烘搖炮藥木架
一〩 烱棉紗鐵箱	〤二 篩棉藥機器	〦〤 裁剪搖炮藥機器	〨〧 烘搖炮藥木架
二〇 烱棉紗鐵箱	〤三 烘棉藥木架	〦〥 裁剪搖炮藥機器	〨〨 汽管
二一 熬提硝強水爐	〤〤 烘棉藥木架	〦〦 裁剪搖炮藥機器	〨〩 老虎鉗
二二 熬提硝強水爐	〤〥 烘棉藥木架	〦〧 裁剪搖炮藥機器	

銅引廠機位圖

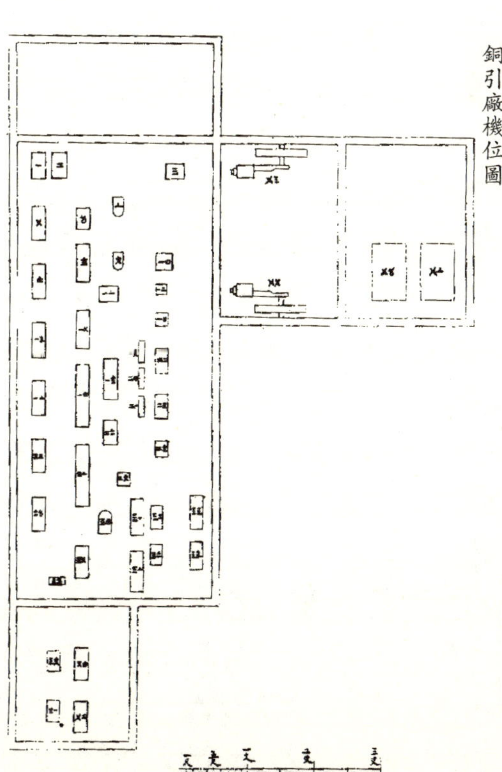

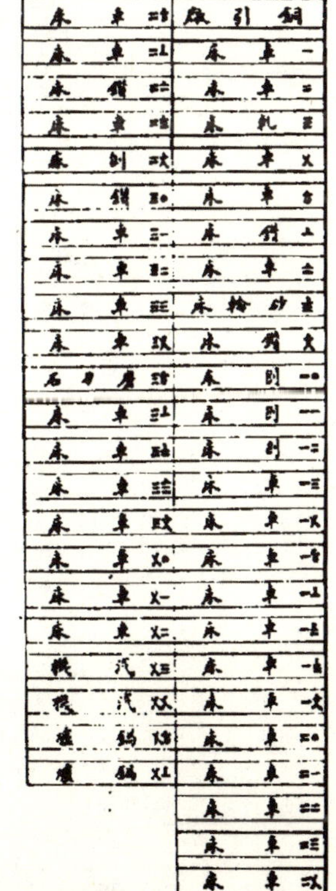

銅引廠	二〥 車床
一 車床	二〦 車床
二 車床	二〧 鑽床
三 軋床	二〨 車床
〤 車床	二〩 刨床
〥 車床	三〇 鑽床
〦 鑽床	三一 車床
〧 車床	三二 車床
〨 砂輪床	三三 車床
〩 鑽床	三〤 車床
一〇 刨床	三〥 磨刀石
一一 刨床	三〦 車床
一二 刨床	三〧 車床
一三 車床	三〨 車床
一〤 車床	三〩 車床
一〥 車床	〤〇 車床
一〦 車床	〤一 車床
一〧 車床	〤二 車床
一〨 車床	〤三 汽機
一〩 車床	〤〤 汽機
二〇 車床	〤〥 鍋爐
二一 車床	〤〦 鍋爐
二二 車床	
二三 車床	
二〤 車床	

熔軋銅廠機位圖

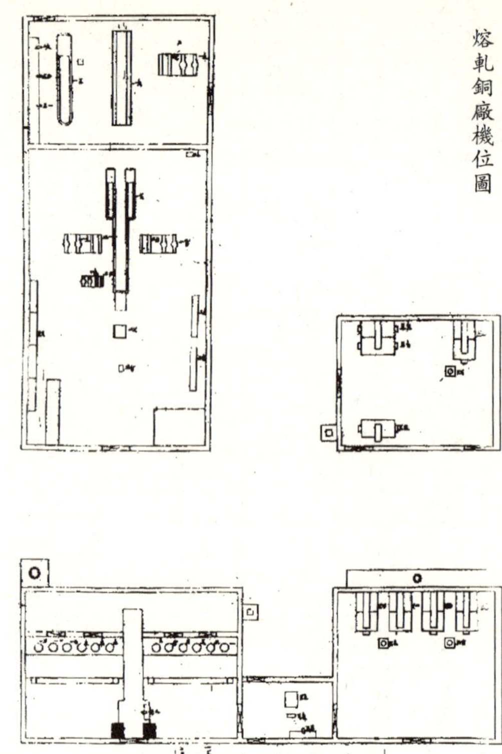

鎔銅軋銅廠	一三 李旁軋銅汽機	二〦 抽水機器	三〩 烘銅爐
一 鎔銅爐	一〤 李旁軋銅汽機	二〧 車床	〤〇 烘銅爐
二 鎔銅爐	一〥 軋銅機器	二〨 車床	〤一 烘銅爐
三 鎔銅爐	一〦 軋銅機器	二〩 老虎鉗	〤二 烘銅爐
〤 鎔銅爐	一〧 軋銅機器	三〇 老虎鉗	〤三 烘銅爐
〥 鎔銅爐	一〨 軋銅機器	三一 老虎鉗	〤〤 起重架
〦 鎔銅爐	一〩 軋銅軸架	三二 老虎鉗	〤〥 起重架
〧 鎔銅爐	二〇 軋銅軸架	三三 老虎鉗	〤〦 起重架
〨 鎔銅爐	二一 軋銅軸架	三〤 洗銅條鉛箱	〤〧 打鐵爐
〩 鎔銅爐	二二 軋銅軸架	三〥 擦銅條木枱	〤〨 打鐵墩
一〇 鎔銅爐	二三 軋銅軸架	三〦 烘銅爐	
一一 鎔銅爐	二〤 剪銅條機器	三〧 烘銅爐	
一二 鎔銅爐	二〥 剪銅條機器	三〨 烘銅爐	

銅殼廠機位圖

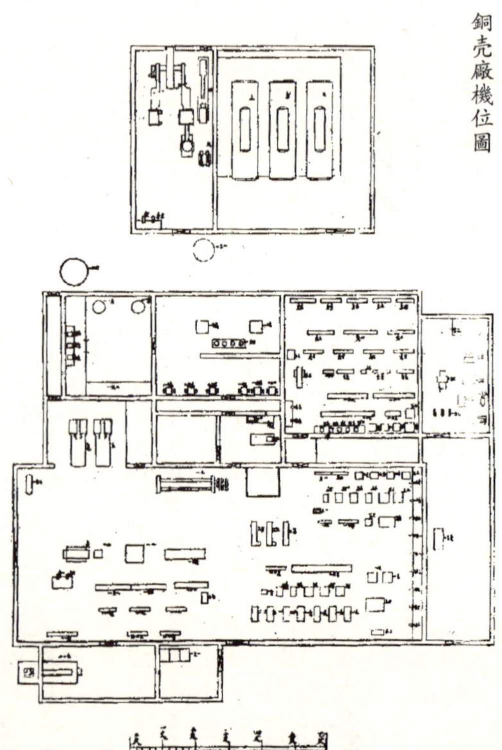

銅殼廠	三〦 打大門眼機器	〧二 老虎鉗	一〇〨 車床
一 壹旁鵝汽機	三〧 打大門眼機器	〧三 老虎鉗	一〇〩 車床
二 字旁汽機	三〨 舂小銅胄機器	〧〤 老虎鉗	一一〇 車床
三 抽水機器	三〩 舂小銅胄機器	〧〥 老虎鉗	一一一 車床
〤 汽機	〤〇 舂四間花機器	〧〦 老虎鉗	一一二 車床
〥 汽機	〤一 舂四間花機器	〧〧 老虎鉗	一一三 車床
〦 汽機	〤二 舂四間花機器	〧〨 老虎鉗	一一〤 車床
〧 抽水機器	〤三 舂四間花機器	〧〩 老虎鉗	一一〥 車床
〨 抽水機器	〤〤 舂子彈機器	〨〇 老虎鉗	一一〦 車床
〩 舂各種大銅殼機器	〤〥 舂子彈機器	〨一 老虎鉗	一一〧 烘銅爐
一〇 舂各種大銅殼機器	〤〦 舂子彈機器	〨二 老虎鉗	一一〨 肥皂缸
一一 舂各種大銅殼機器	〤〧 舂子彈機器	〨三 老虎鉗	一一〩 肥皂缸
一二 舂各種大銅殼機器	〤〨 舂子彈機器	〨〤 老虎鉗	一二〇 壓力缸
一三 舂銅盂機器	〤〩 舂子彈機器	〨〥 車床	一二一 冷水缸
一〤 舂銅盂機器	〥〇 扳手機器	〨〦 車床	一二二 光銅殼木桶
一〥 舂各次銅殼機器	〥一 扳手機器	〨〧 車床	一二三 光銅殼木桶
一〦 舂各次銅殼機器	〥二 扳手機器	〨〨 車床	一二〤 光銅殼木桶
一〧 舂各次銅殼機器	〥三 扳手機器	〨〩 車床	一二〥 光銅殼木桶
一〨 舂各次銅殼機器	〥〤 扳手機器	〩〇 車床	一二〦 光銅殼木桶
一〩 舂各次銅殼機器	〥〥 扳手機器	〩一 車床	一二〧 光銅殼木桶
二〇 舂各次銅殼機器	〥〦 扳手機器	〩二 車床	一二〨 存藥水鉛桶
二一 舂各次銅殼機器	〥〧 扳手機器	〩三 車床	一二〩 存藥水鉛桶
二二 舂各次銅殼機器	〥〨 扳手機器	〩〤 車床	一三〇 洗銅殼光缸
二三 打光口機器	〥〩 扳手機器	〩〥 車床	一三一 洗銅殼鉛箱
二〤 壓底機器	〦〇 鏇床	〩〦 車床	一三二 磨刀石
二〥 壓底機器	〦一 鏇床	〩〧 車床	一三三 鋸木箱機器
二〦 切各次銅殼口機器	〦二 刨床	〩〨 車床	一三〤 鋸木箱機器
二〧 切各次銅殼口機器	〦三 刨床	〩〩 車床	一三〥 軸架
二〨 切各次銅殼口機器	〦〤 刨床	一〇〇 車床	一三〦 軸架
二〩 切各次銅殼口機器	〦〥 鋸床	一〇一 車床	一三〧 鋸木機器
三〇 車底機器	〦〦 鋸床	一〇二 車床	一三〨 鋸木機器
三一 車底機器	〦〧 磨光銅模機器	一〇三 車床	一三〩 磨刀石
三二 收口機器	〦〨 老虎鉗	一〇〤 車床	一〤〇 大銅片模盤
三三 收口機器	〦〩 老虎鉗	一〇〥 車床	一〤一 大銅殼模盤
三〤 打光口機器	〧〇 老虎鉗	一〇〦 車床	一〤二 熔小銅蒸汽櫃
三〥 打光口機器	〧一 老虎鉗	一〇〧 車床	

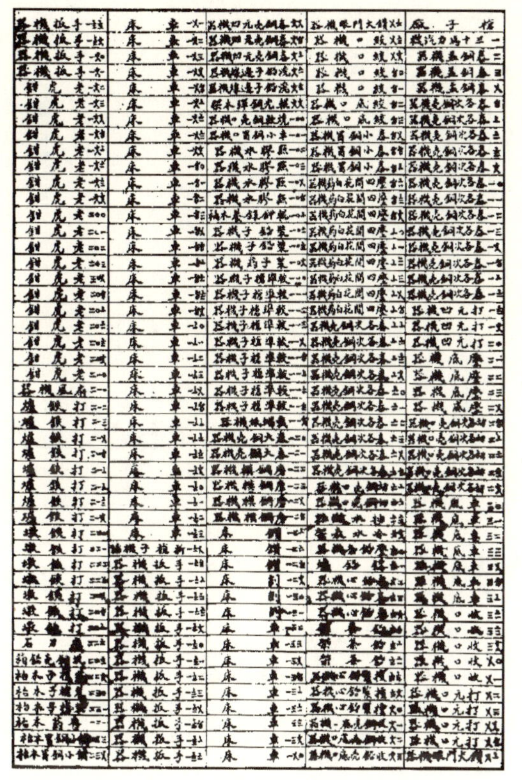

槍子廠	47 鑽大門眼機器	94 壓銅殼元四機器	141 車床	188 手扳機器
1 三十馬力汽機	48 鏃口機器	95 壓銅殼元四機器	142 車床	189 手扳機器
2 壓銅盃機器	49 鏃口機器	96 壓銅殼元四機器	143 車床	190 手扳機器
3 壓銅盃機器	50 鏃口機器	97 澆鉛子邊[illegible]機器	144 車床	191 手扳機器
4 壓銅盃機器	51 鏃口機器	98 澆鉛子邊[illegible]機器	145 車床	192 老虎鉗
5 壓各次銅殼機器	52 鏃底口機器	99 [illegible]	146 車床	193 老虎鉗
6 壓各次銅殼機器	53 鏃底口機器	100 [illegible]	147 車床	194 老虎鉗
7 壓各次銅殼機器	54 舂小銅筒機器	101 車小銅筒口機器	148 車床	195 老虎鉗
8 壓各次銅殼機器	55 舂小銅筒機器	102 蒸膠水機器	149 車床	196 老虎鉗
9 壓各次銅殼機器	56 舂小銅筒機器	103 蒸膠水機器	150 車床	197 老虎鉗
10 壓各次銅殼機器	57 壓四間花白藥機器	104 蒸膠水機器	151 車床	198 老虎鉗
11 壓各次銅殼機器	58 壓四間花白藥機器	105 蒸膠水機器	152 車床	199 老虎鉗
12 壓各次銅殼機器	59 壓四間花白藥機器	106 [illegible]	153 車床	200 老虎鉗
13 壓各次銅殼機器	60 壓四間花白藥機器	107 裝鉛子機器	154 車床	201 老虎鉗
14 壓各次銅殼機器	61 壓四間花白藥機器	108 裝鉛子機器	155 車床	202 老虎鉗
15 壓各次銅殼機器	62 壓四間花白藥機器	109 裝子藥機器	156 車床	203 老虎鉗
16 壓各次銅殼機器	63 壓四間花白藥機器	110 鈑準模子機器	157 車床	204 老虎鉗
17 壓各次銅殼機器	64 壓四間花白藥機器	111 鈑準模子機器	158 車床	205 老虎鉗
18 打元四機器	65 壓四間花白藥機器	112 鈑準模子機器	159 車床	206 老虎鉗
19 打元四機器	66 壓各次銅殼機器	113 鈑準模子機器	160 車床	207 老虎鉗
20 打元四機器	67 壓各次銅殼機器	114 鈑準模子機器	161 車床	208 老虎鉗
21 磨底機器	68 壓各次銅殼機器	115 鈑準模子機器	162 車床	209 老虎鉗
22 磨底機器	69 壓各次銅殼機器	116 鈑準模子機器	163 車床	210 老虎鉗
23 磨底機器	70 壓各次銅殼機器	117 [illegible]	164 車床	211 扇風機器
24 磨底機器	71 壓各次銅殼機器	118 壓大銅殼機器	165 車床	212 打鐵爐
25 壓各次銅殼口機器	72 壓各次銅殼機器	119 壓大銅殼機器	166 車床	213 打鐵爐
26 壓各次銅殼口機器	73 壓各次銅殼機器	120 磨鋼模機器	167 車床	214 打鐵爐
27 壓各次銅殼口機器	74 壓各次銅殼機器	121 磨鋼模機器	168 車床	215 打鐵爐
28 壓各次銅殼口機器	75 [illegible]	122 磨鋼模機器	169 車床	216 打鐵爐
29 壓各次銅殼口機器	76 [illegible]	123 磨鋼模機器	170 車床	217 打鐵爐
30 車底機器	77 抽水機器	124 鑽床	171 車床	218 打鐵爐
31 車底機器	78 [illegible]	125 鑽床	172 車床	219 打鐵爐
32 車底機器	79 [illegible]	126 鑽床	173 車床	220 打鐵爐
33 車底機器	80 鎔鉛爐	127 刨床	174 [illegible]	221 打鐵爐
34 車底機器	81 壓鉛心機器	128 刨床	175 手扳機器	222 打鐵爐
35 車底機器	82 壓鉛心機器	129 [illegible]	176 手扳機器	223 打鐵爐
36 收口機器	83 壓鉛心機器	130 車床	177 手扳機器	224 打鐵爐
37 收口機器	84 [illegible]	131 車床	178 手扳機器	225 打鐵爐
38 收口機器	85 [illegible]	132 車床	179 手扳機器	226 打鐵爐
39 收口機器	86 [illegible]	133 車床	180 手扳機器	227 打鐵爐
40 收口機器	87 [illegible]	134 車床	181 手扳機器	228 [illegible]
41 收口機器	88 模裝鉛心機器	135 車床	182 手扳機器	229 [illegible]
42 打元口機器	89 模裝鉛心機器	136 車床	183 手扳機器	230 [illegible]
43 打元口機器	90 模裝鉛心機器	137 車床	184 手扳機器	231 [illegible]
44 打元口機器	91 模鉛殼底機器	138 車床	185 手扳機器	232 [illegible]
45 打元口機器	92 模鉛殼底口機器	139 車床	186 手扳機器	233 [illegible]
46 鑽大門眼機器	93 收鉛殼底口機器	140 車床	187 手扳機器	234 [illegible]

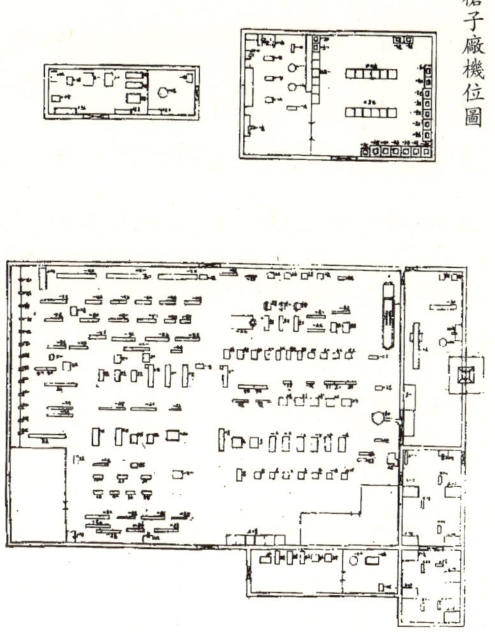

槍子廠機位圖

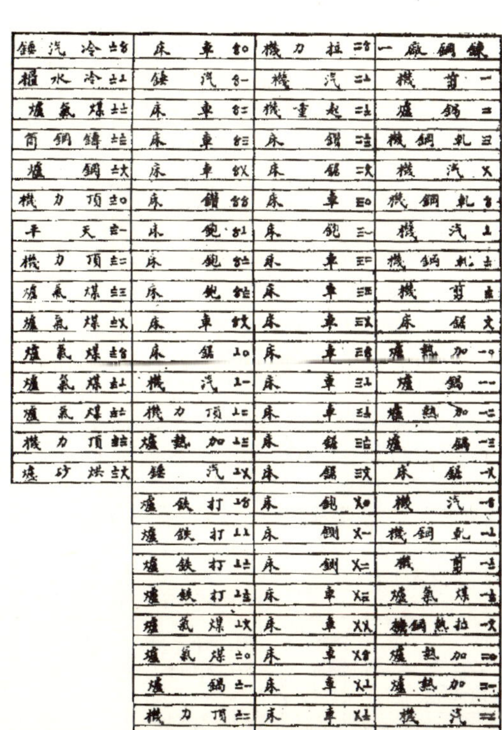

鍊鋼廠	25 拉力機	50 車床	75 冷汽錘
1 剪機	26 汽機	51 汽錘	76 冷水櫃
2 鍋爐	27 起重機	52 車床	77 煤氣爐
3 軋鋼機	28 鋸床	53 車床	78 鑄鋼筒
4 汽機	29 鋸床	54 車床	79 鋼爐
5 軋鋼機	30 車床	55 鑽床	80 頂力機
6 汽機	31 鉋床	56 鉋床	81 天平
7 軋鍋機	32 車床	57 鉋床	82 頂力機
8 剪機	33 車床	58 鉋床	83 煤氣爐
9 鋸床	34 車床	59 車床	84 煤氣爐
10 加熱爐	35 車床	60 鋸床	85 煤氣爐
11 鍋爐	36 車床	61 汽機	86 煤氣爐
12 加熱爐	37 車床	62 頂力機	87 煤氣爐
13 鍋爐	38 鋸床	63 加熱爐	88 頂力機
14 鋸床	39 鋸床	64 汽錘	89 烘砂爐
15 汽機	40 鉋床	65 打鐵爐	
16 軋鋼機	41 鋼床	66 打鐵爐	
17 剪機	42 鋼床	67 打鐵爐	
18 煤氣爐	43 車床	68 打鐵爐	
19 拉熱鋼機	44 車床	69 煤氣爐	
20 加熱爐	45 車床	70 煤氣爐	
21 加熱爐	46 車床	71 鍋爐	
22 汽機	47 車床	72 頂力機	
23 天平	48 車床	73 頂力機	
24 碾砂機	49 車床	74 頂力機	

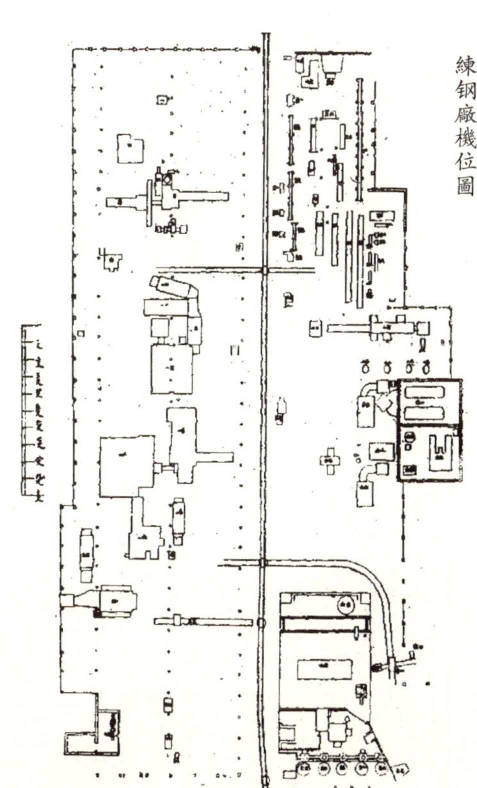

練钢廠機位圖

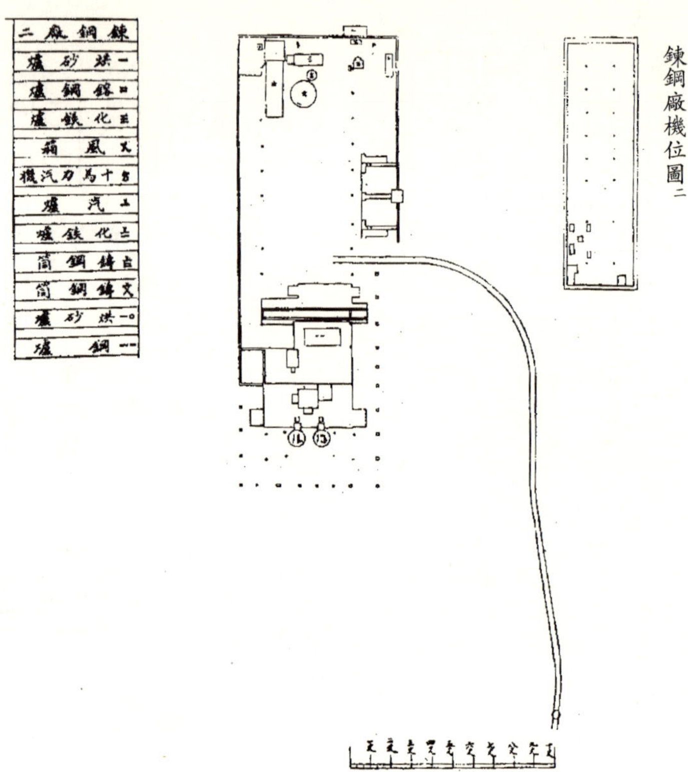

鍊鋼廠機位圖二

又《製造圖》

槍圖一 機槽

槍圖二 機槽

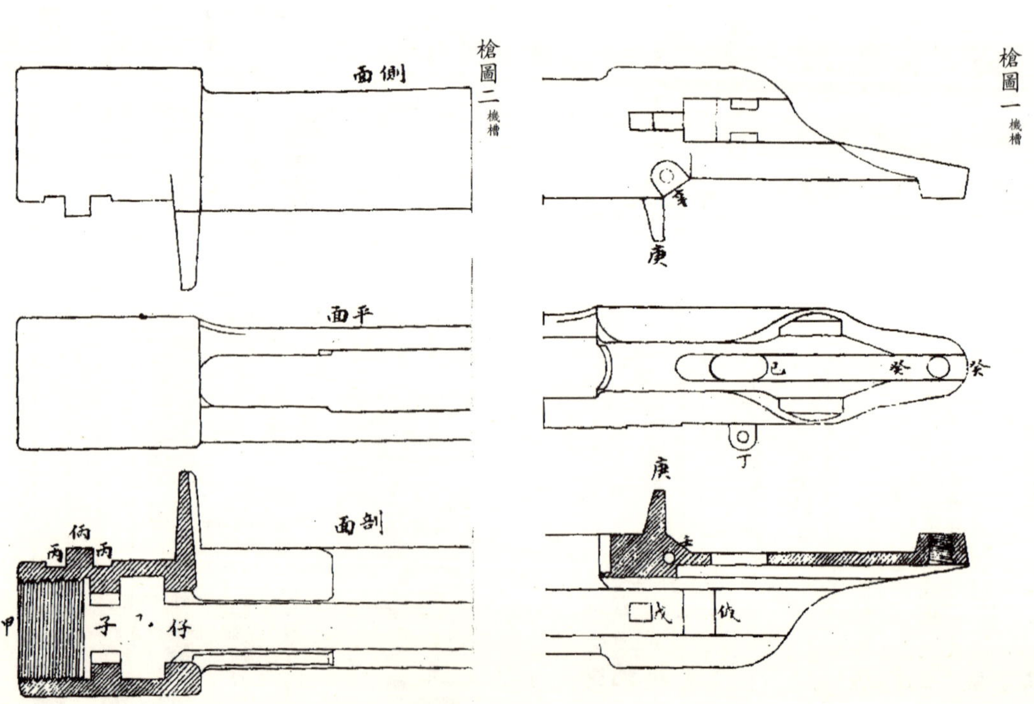

槍圖三

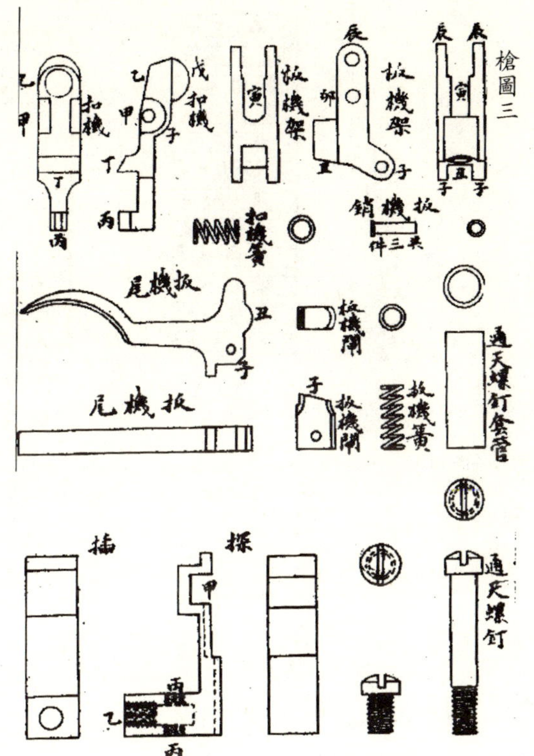

槍圖四

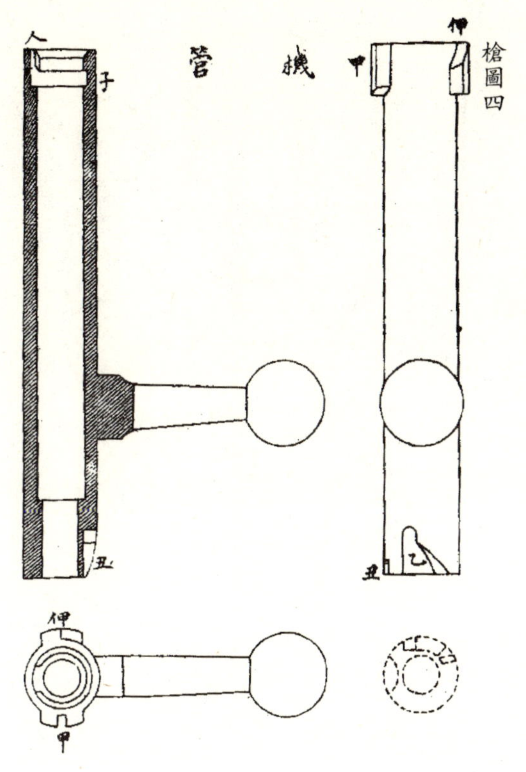

槍圖五

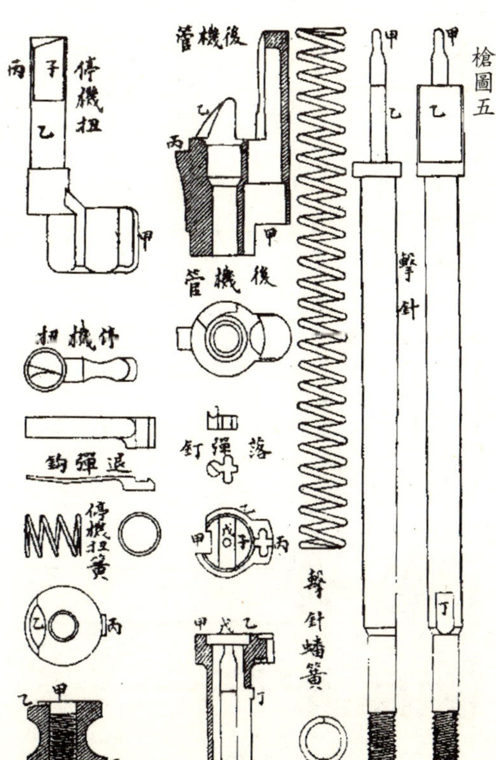

槍圖六

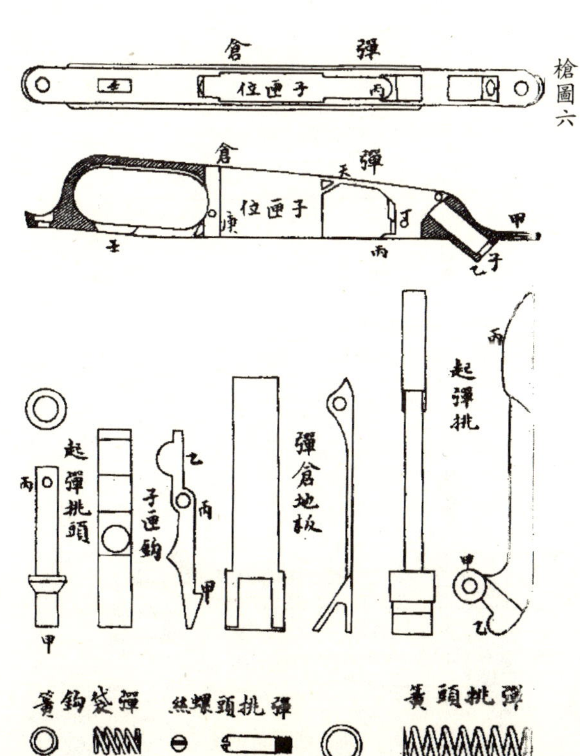

槍圖七

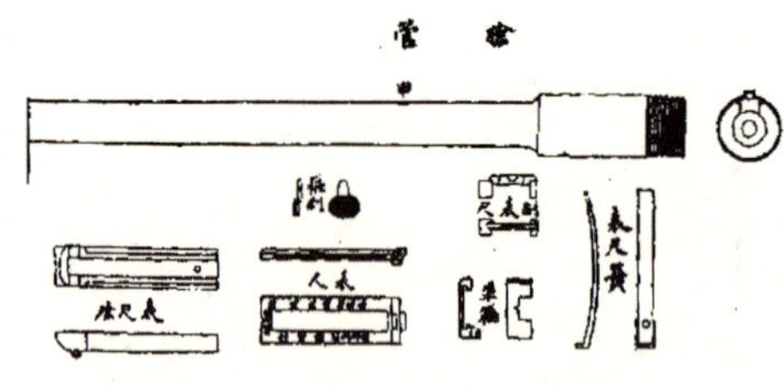

槍圖八

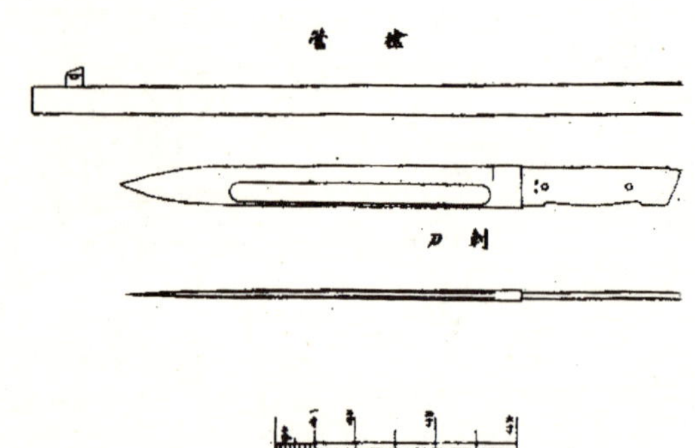

槍圖九

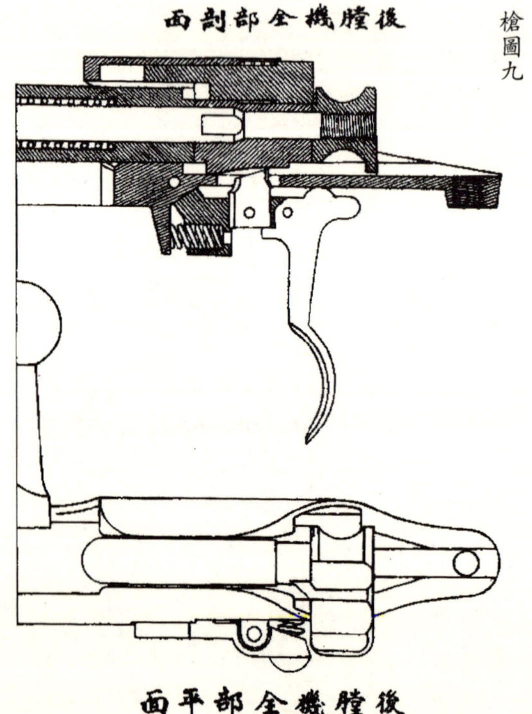

槍圖十

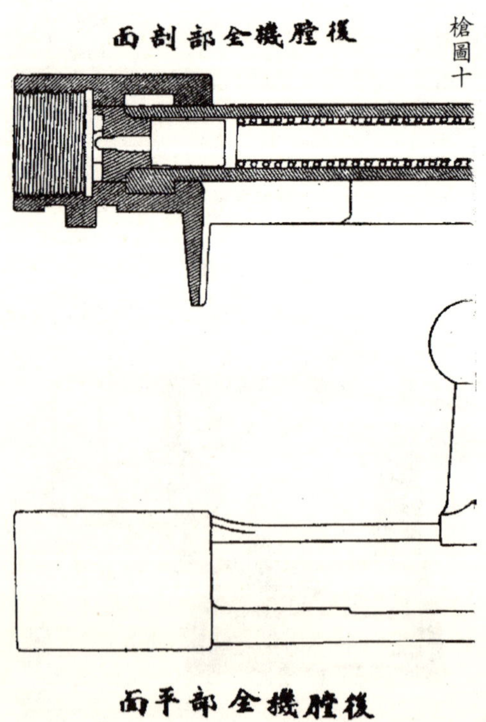

槍圖十一

毛瑟後膛全機一

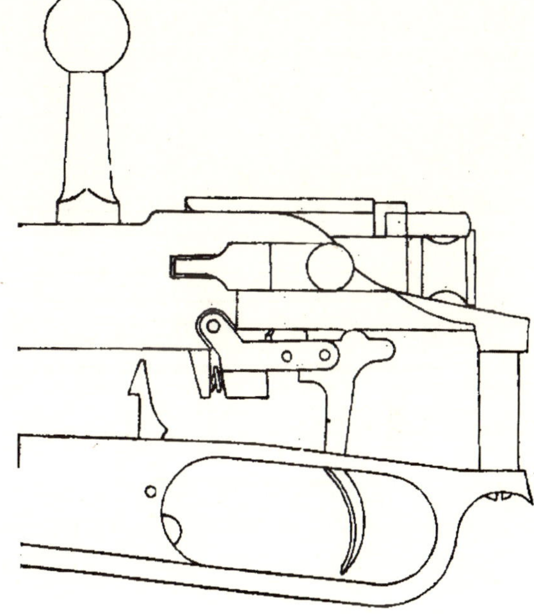

槍圖十二

毛瑟後膛全機二

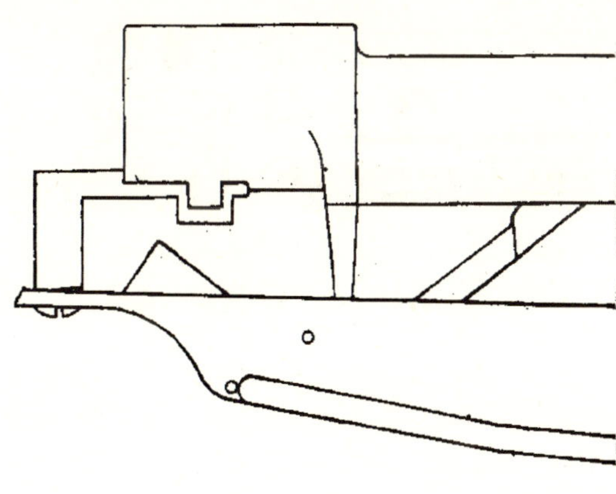

礮圖一

十五生船台快礮一

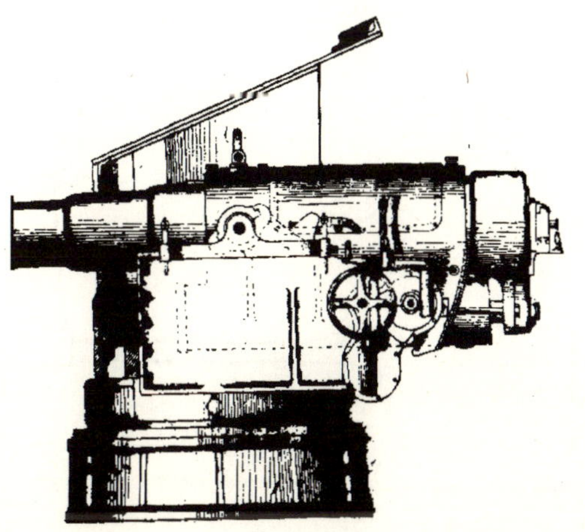

礮圖二

十五生船台快礮二

磤圖三

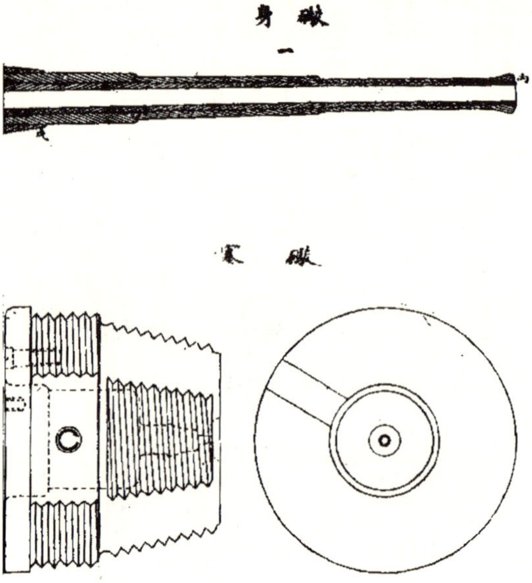
磤身
磤塞

磤圖四

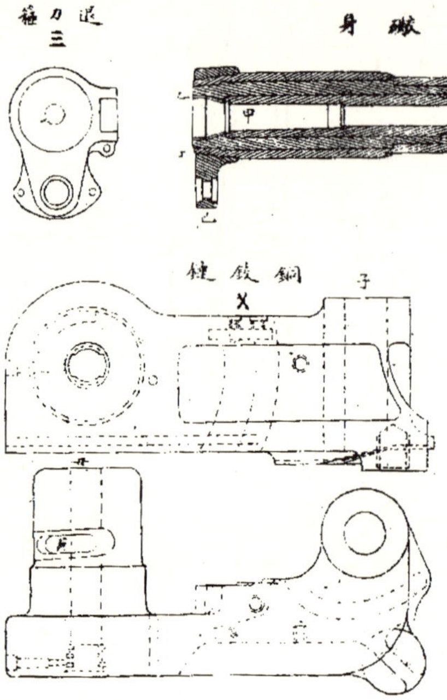
退力箍
磤身
銅鉸鏈

磤圖五

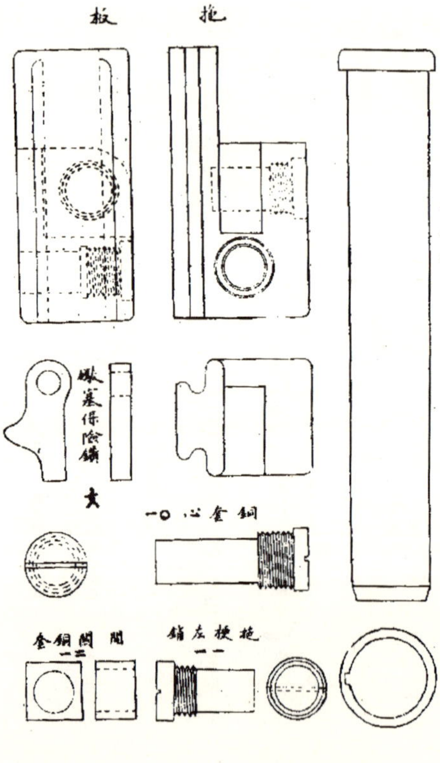
拖板
銅鉸鏈銷子
磤塞保險鑰
拖梗左銷

磤圖六

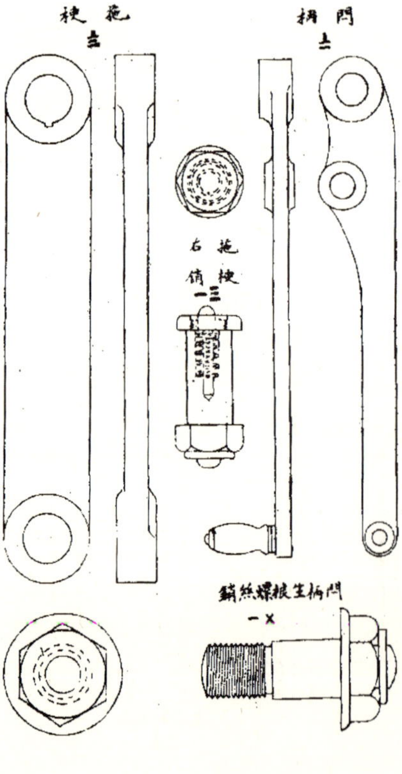
拖梗
閂柄
右拖梗銷
閂柄生根螺絲銷

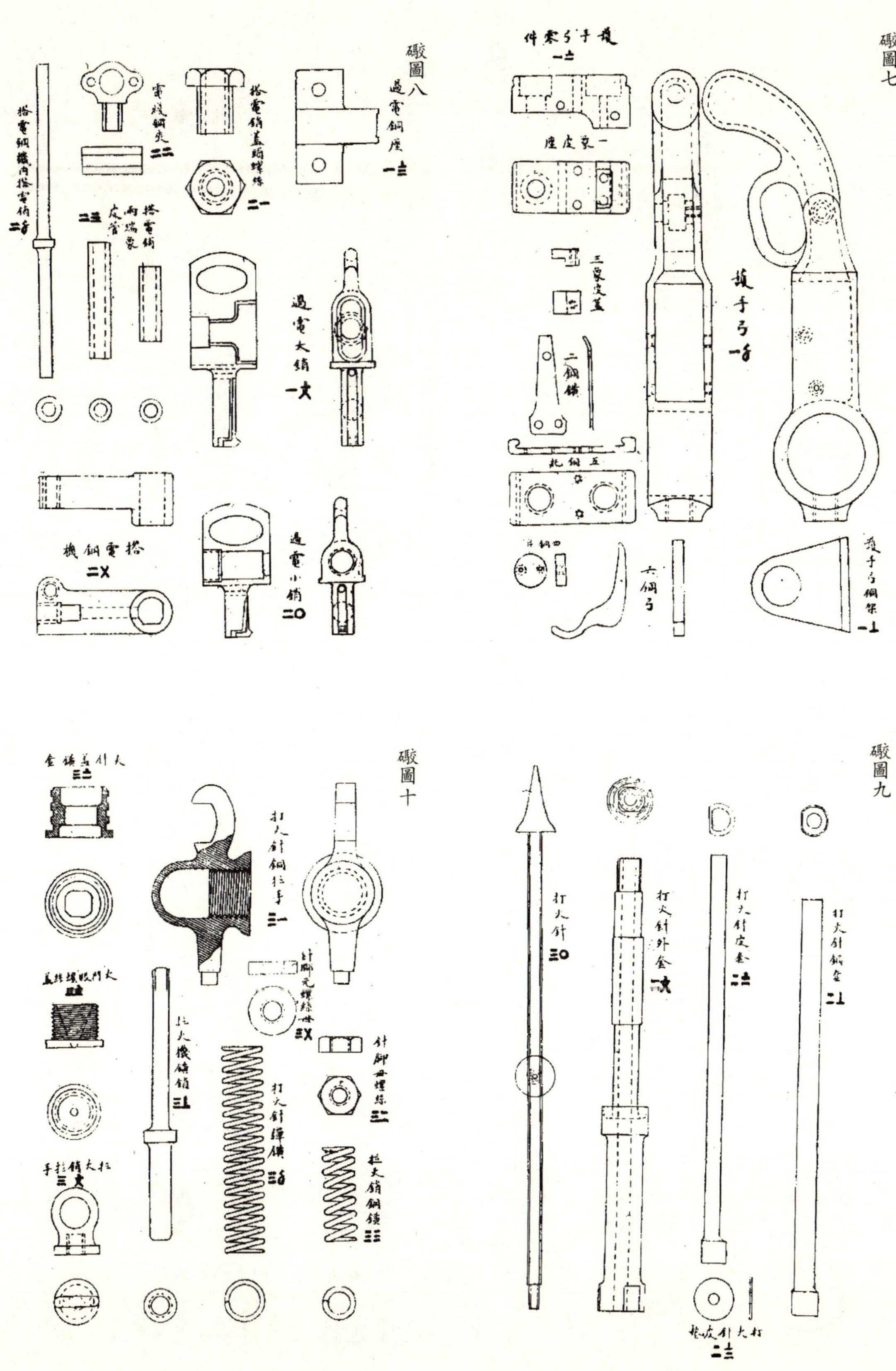

礮圖七
礮圖八
礮圖九
礮圖十

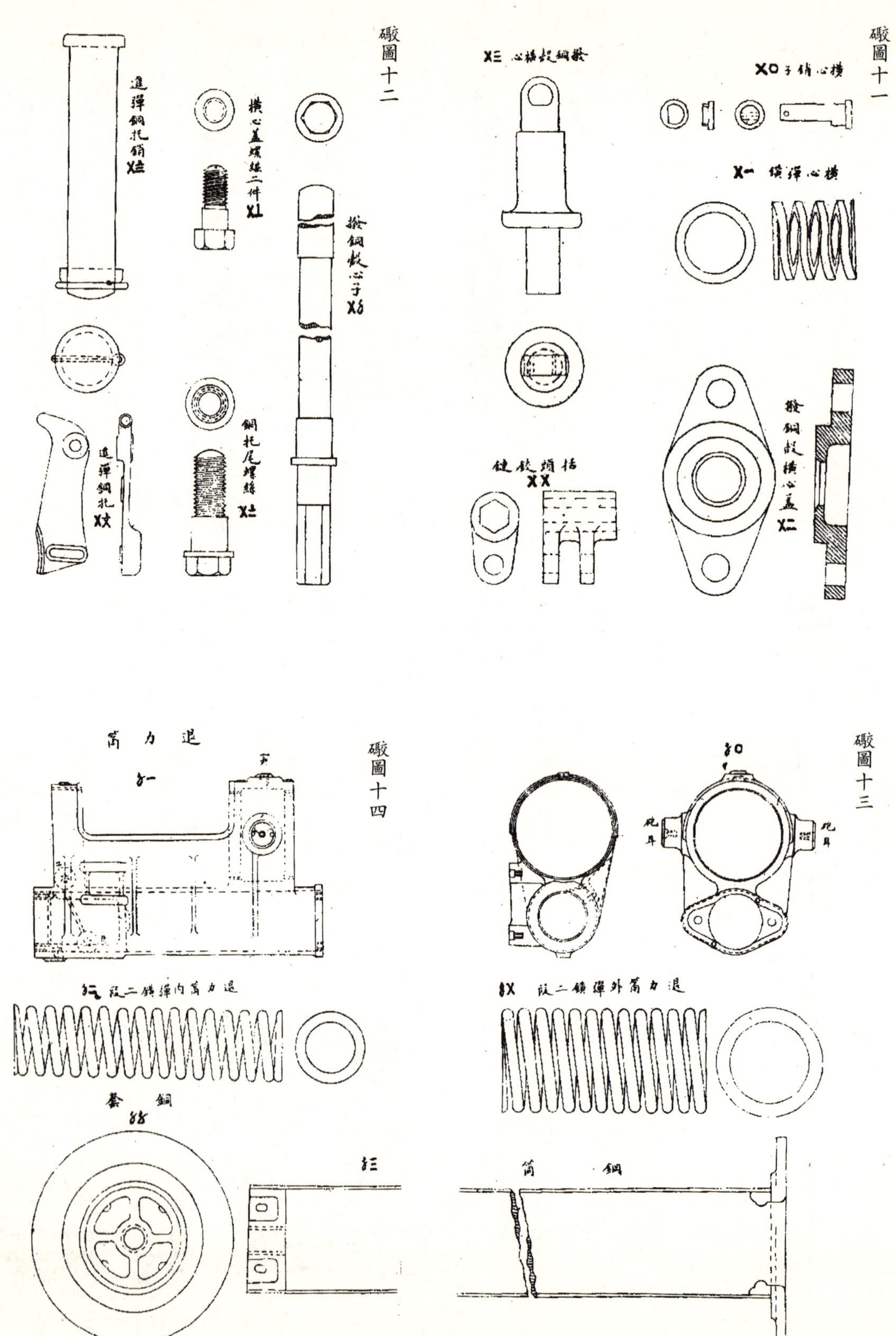
礮圖十一
横心銷子
横心彈簧
撥鋼鼓横心
撥鋼鼓横心蓋
礮圖十二
進彈鋼托銷
横心蓋螺絲二件
撥鋼鼓心子
鋼托尾螺絲
進彈鋼托
礮圖十三
砲耳
砲耳
退力筒外彈簧二段
鋼筒
礮圖十四
退力筒
退力筒內彈簧二段
鋼套

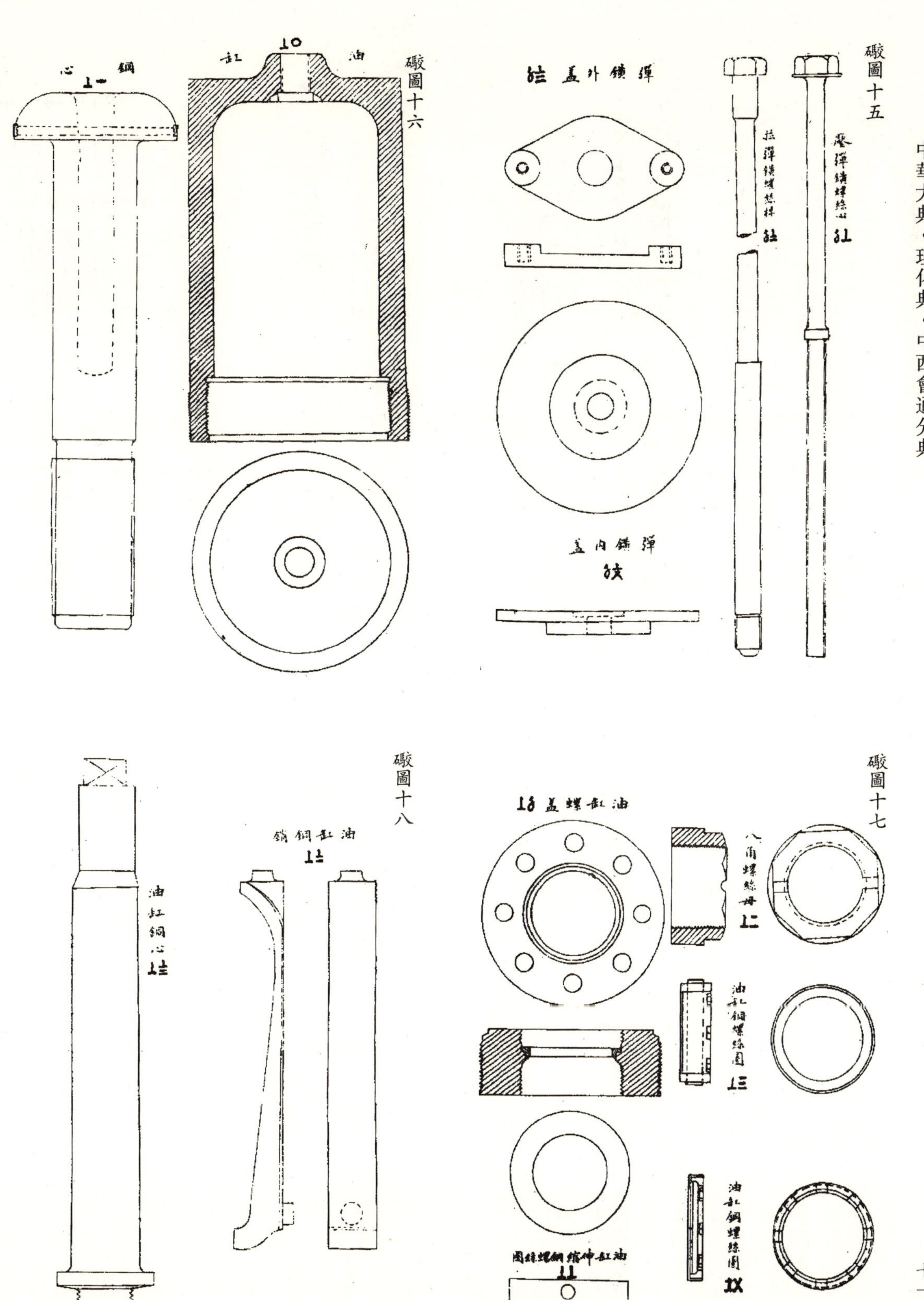

礮圖十五
彈鐄外蓋
彈鐄內蓋
拉彈鐄螺絲桿
壓彈鐄螺絲心
礮圖十六
鋼心
油缸
礮圖十七
油缸螺蓋
八角螺絲母
油缸鋼螺絲圈
油缸伸縮鋼螺絲圈
油缸鋼螺絲圈
礮圖十八
油缸鋼銷
油缸鋼心

礮圖十九

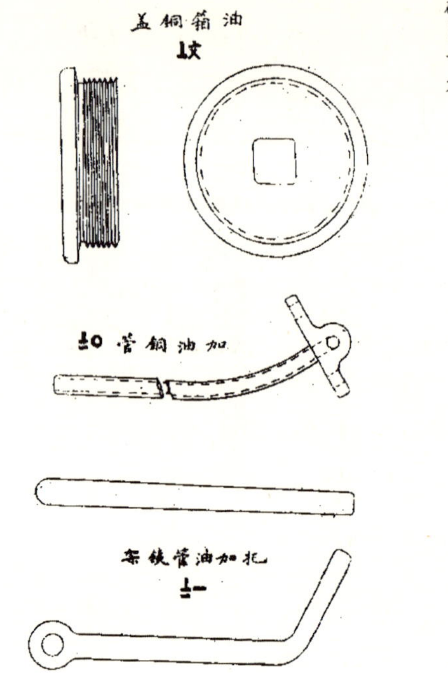

礮圖二十

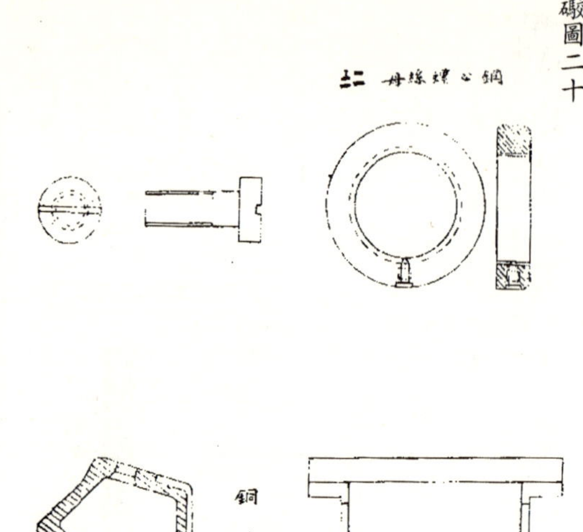

礮圖二十一

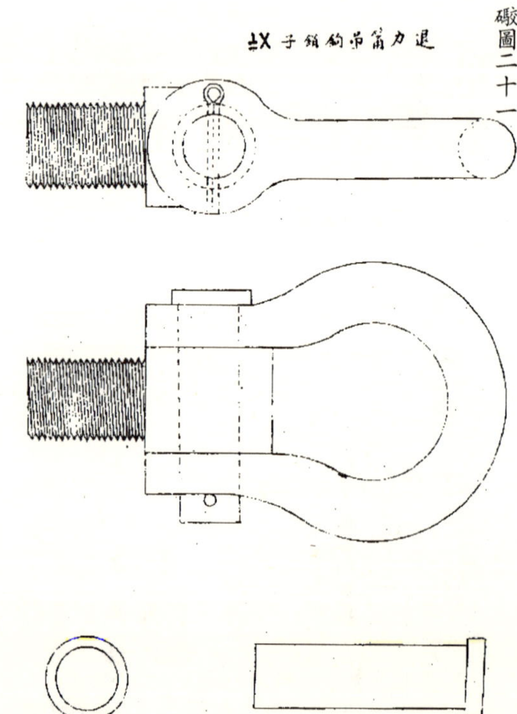

礮圖二十二

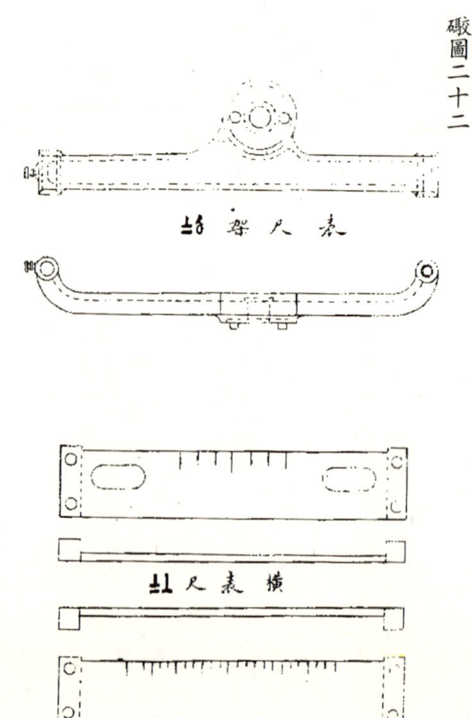

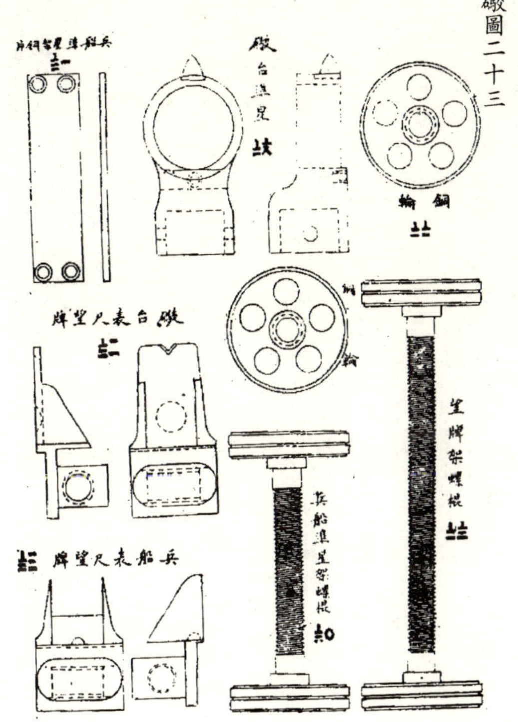

礮圖二十三

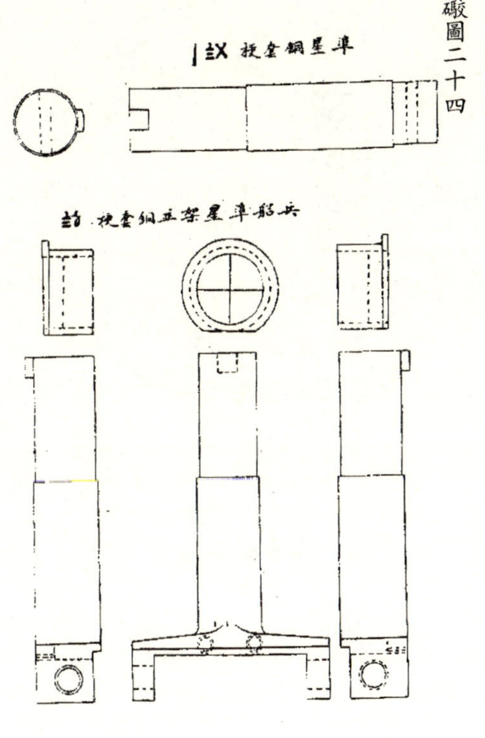

礮圖二十四

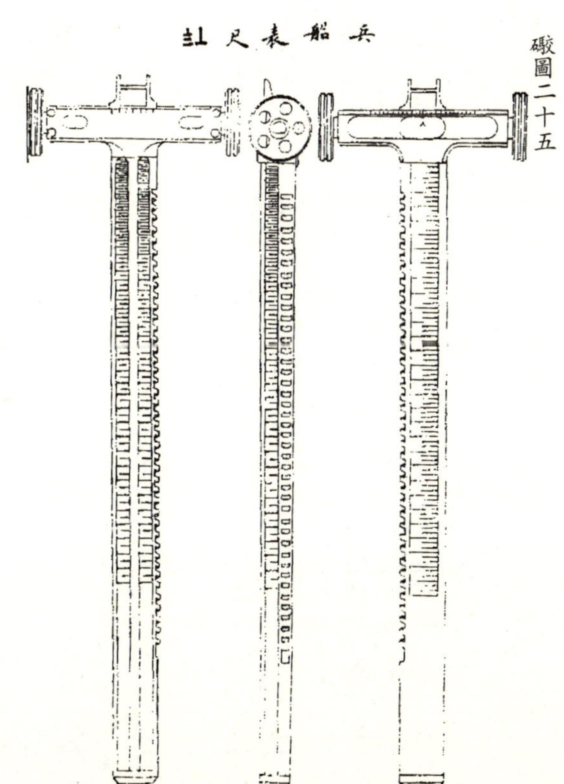

礮圖二十五

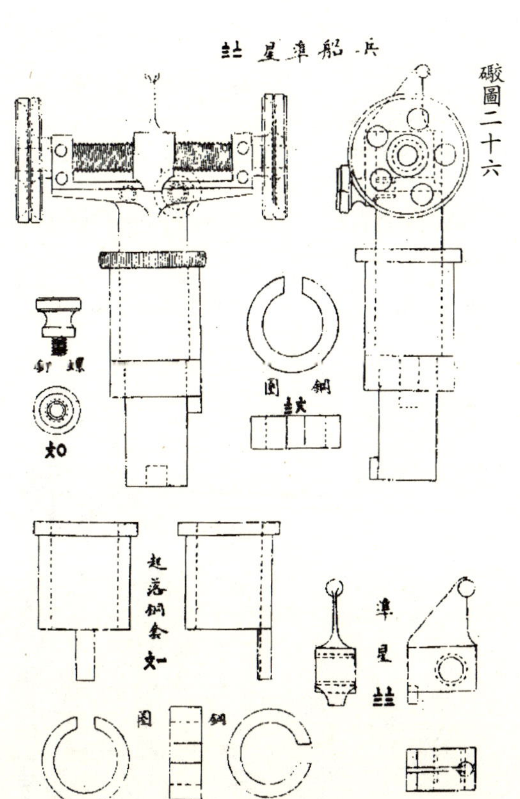

礮圖二十六

礮圖二十七

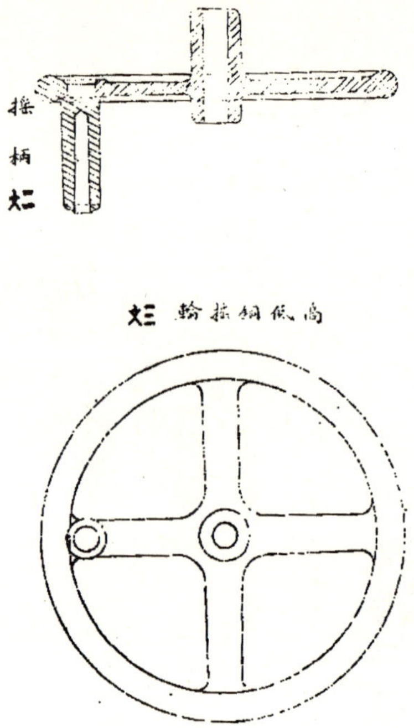

搖柄

高低銅搖輪

礮圖二十八

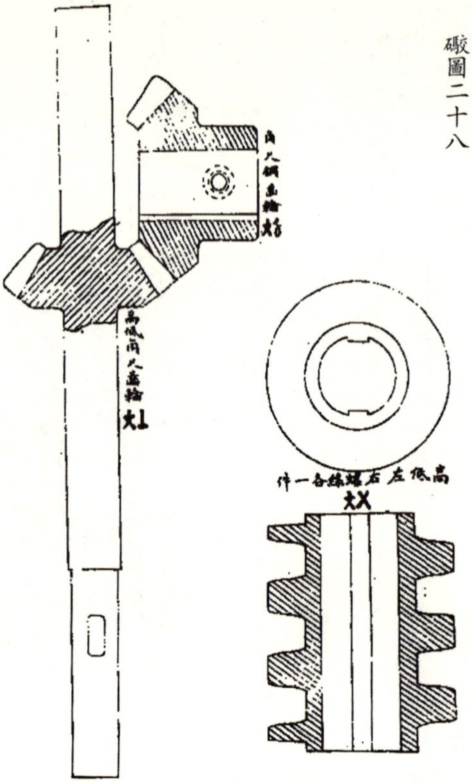

高低左右螺絲合一件

礮圖二十九

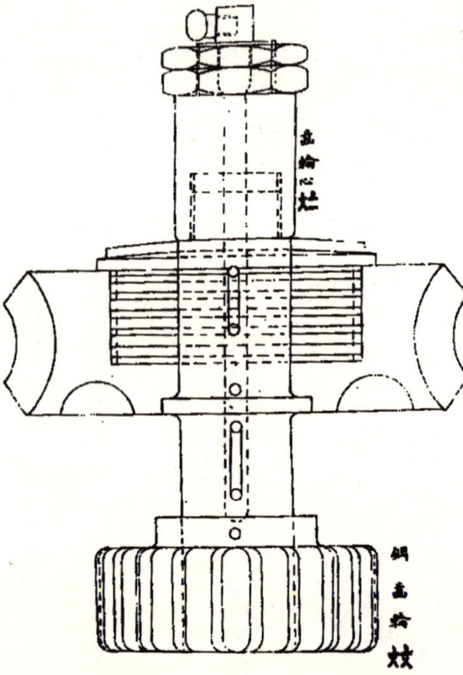

齒輪心

銅齒輪

礮圖三十

分度銅板

高低銷子

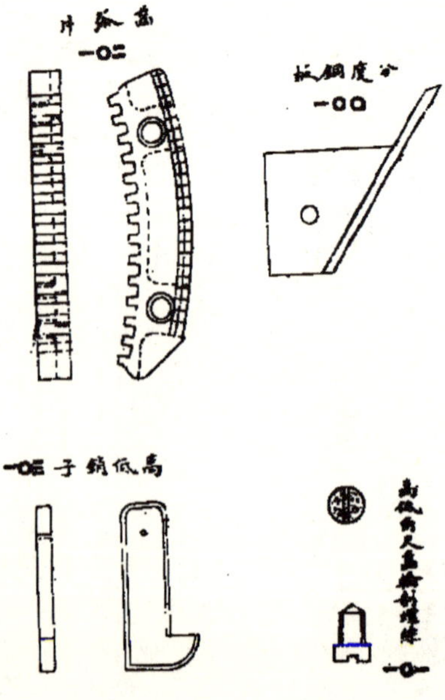

礮圖三十一

左右鋼搖輪

左右鋼搖桿

搖柄

礮圖三十二

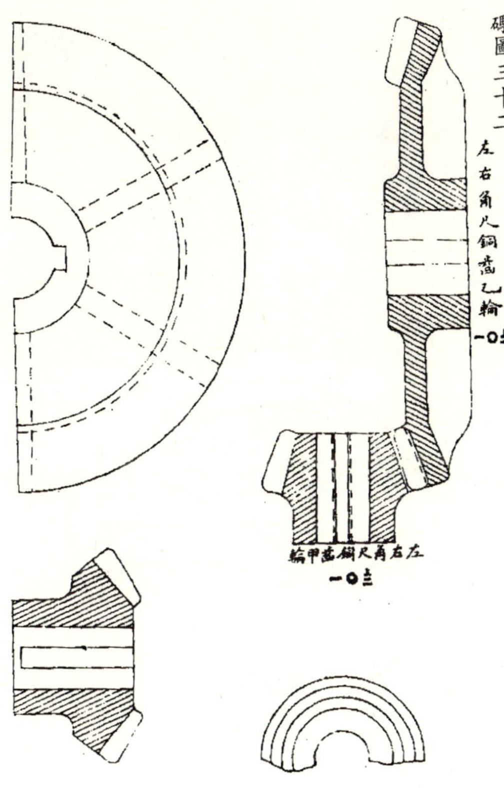

礮圖三十三

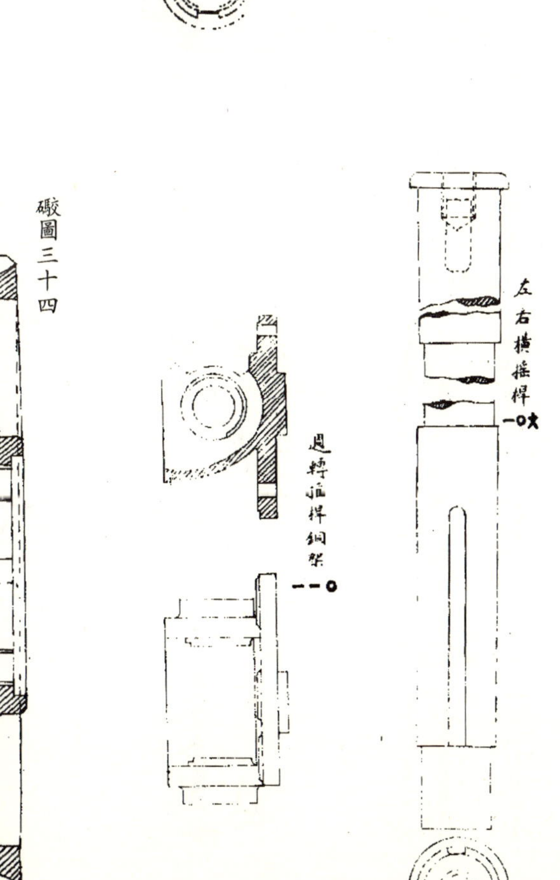

礮圖三十四

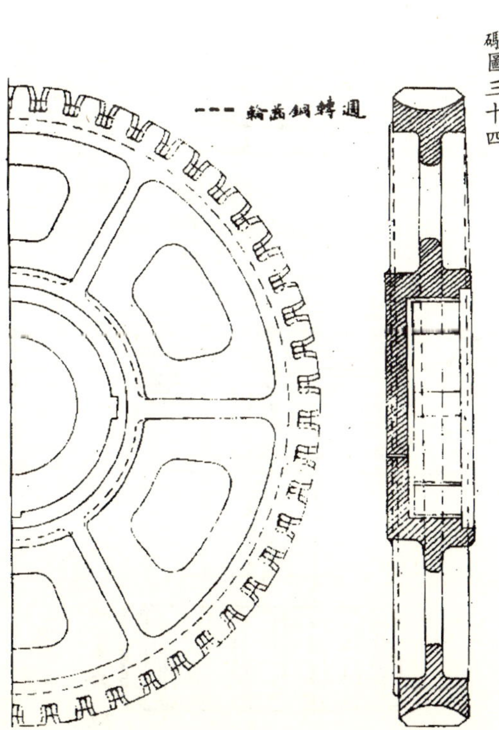

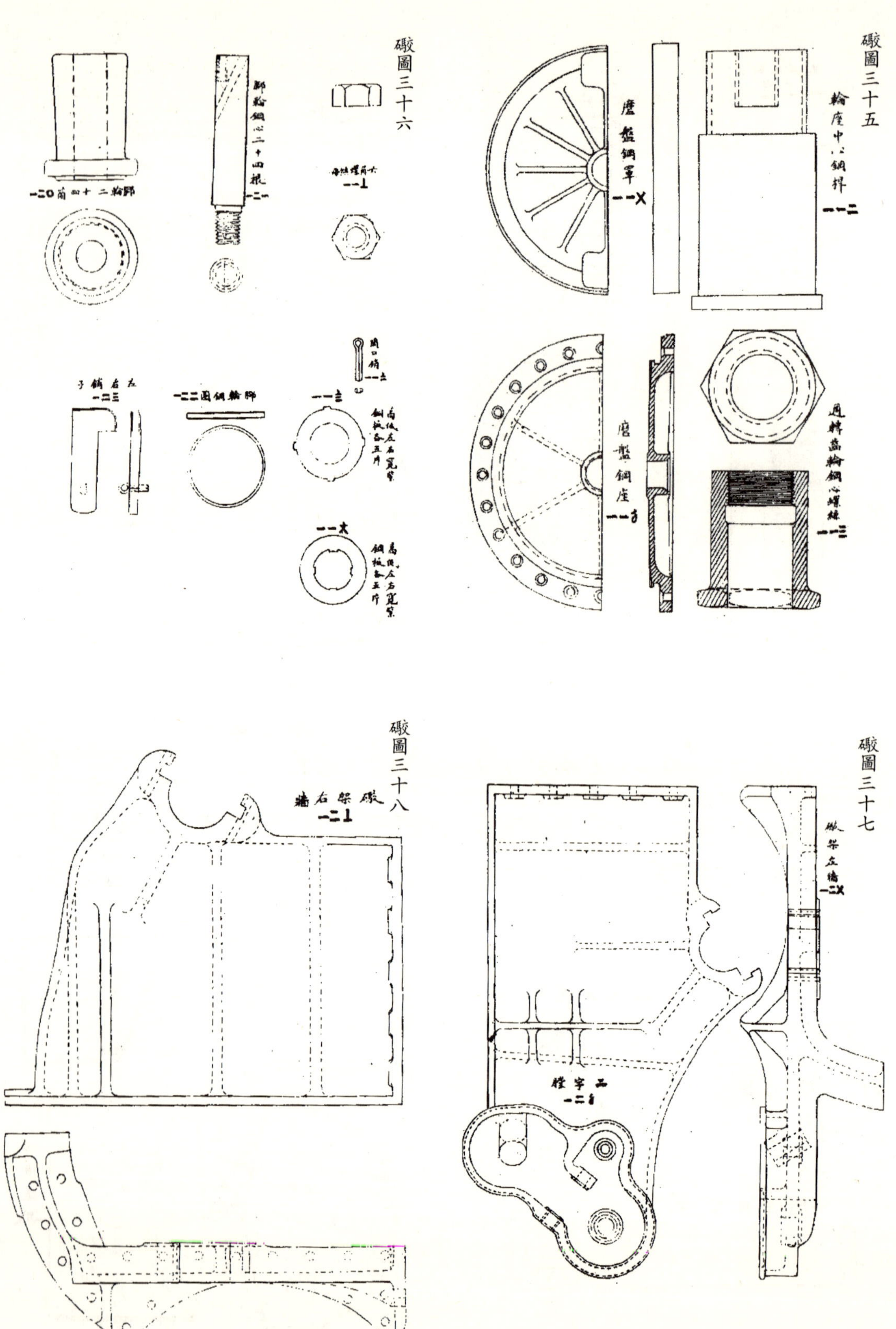
礮圖三十五
輪座中心鋼桿
磨盤鋼罩
磨盤鋼座
週轉齒輪鋼心螺絲
礮圖三十六
六角螺絲帽
轆輪鋼心二十四根
轆輪二十四箇
左右銷子
轆輪鋼圈
開口銷
礮圖三十七
礮架左牆
工字樑
礮圖三十八
礮架右牆

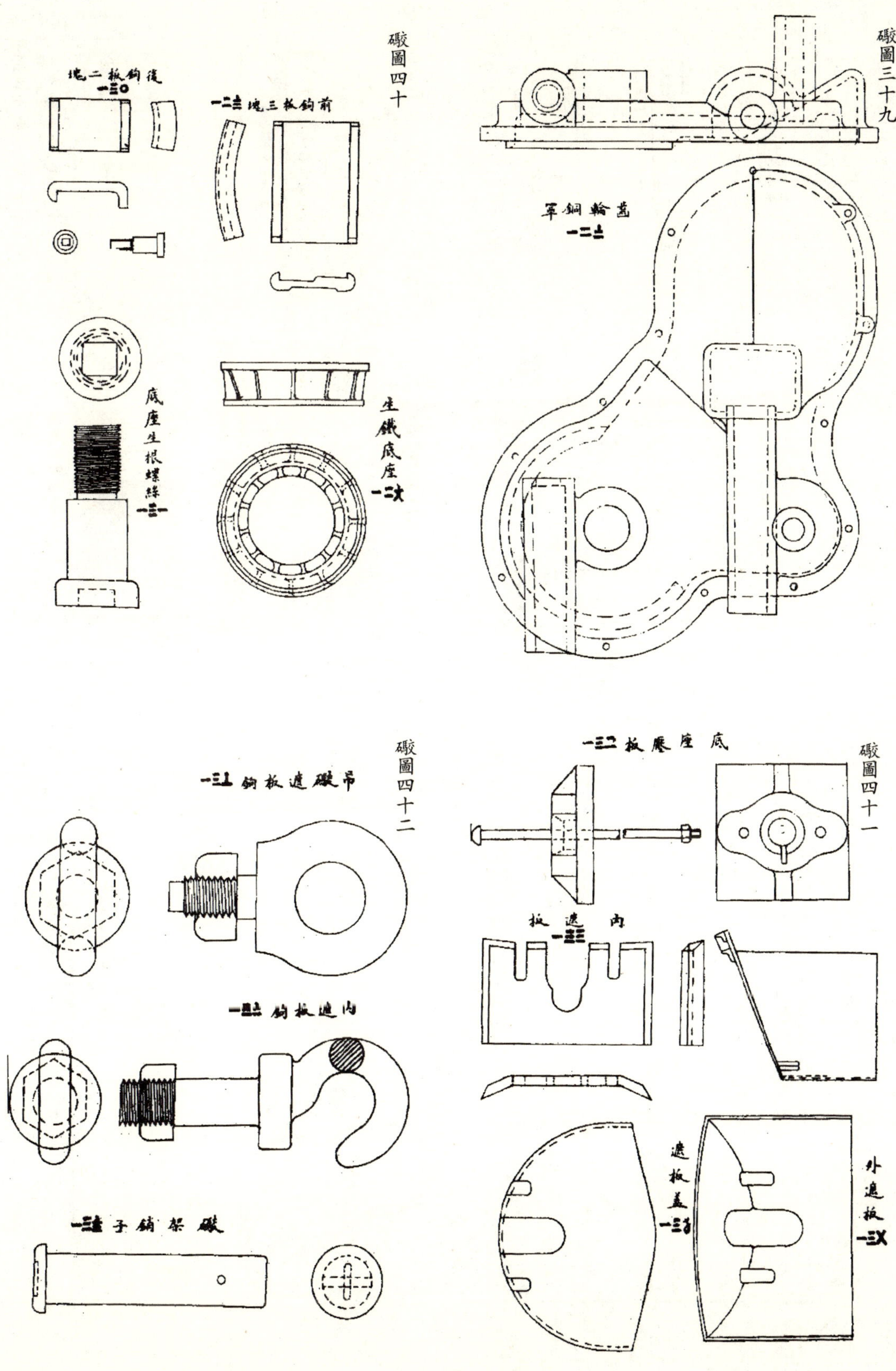
礮圖三十九
齒輪銅罩
礮圖四十
後鈎板二塊
前鈎板三塊
底座生根螺絲
生鐵底座
礮圖四十一
底座壓板
內遮板
遮板蓋
外遮板
礮圖四十二
吊礮遮板鈎
內遮板鈎
礮架銷子

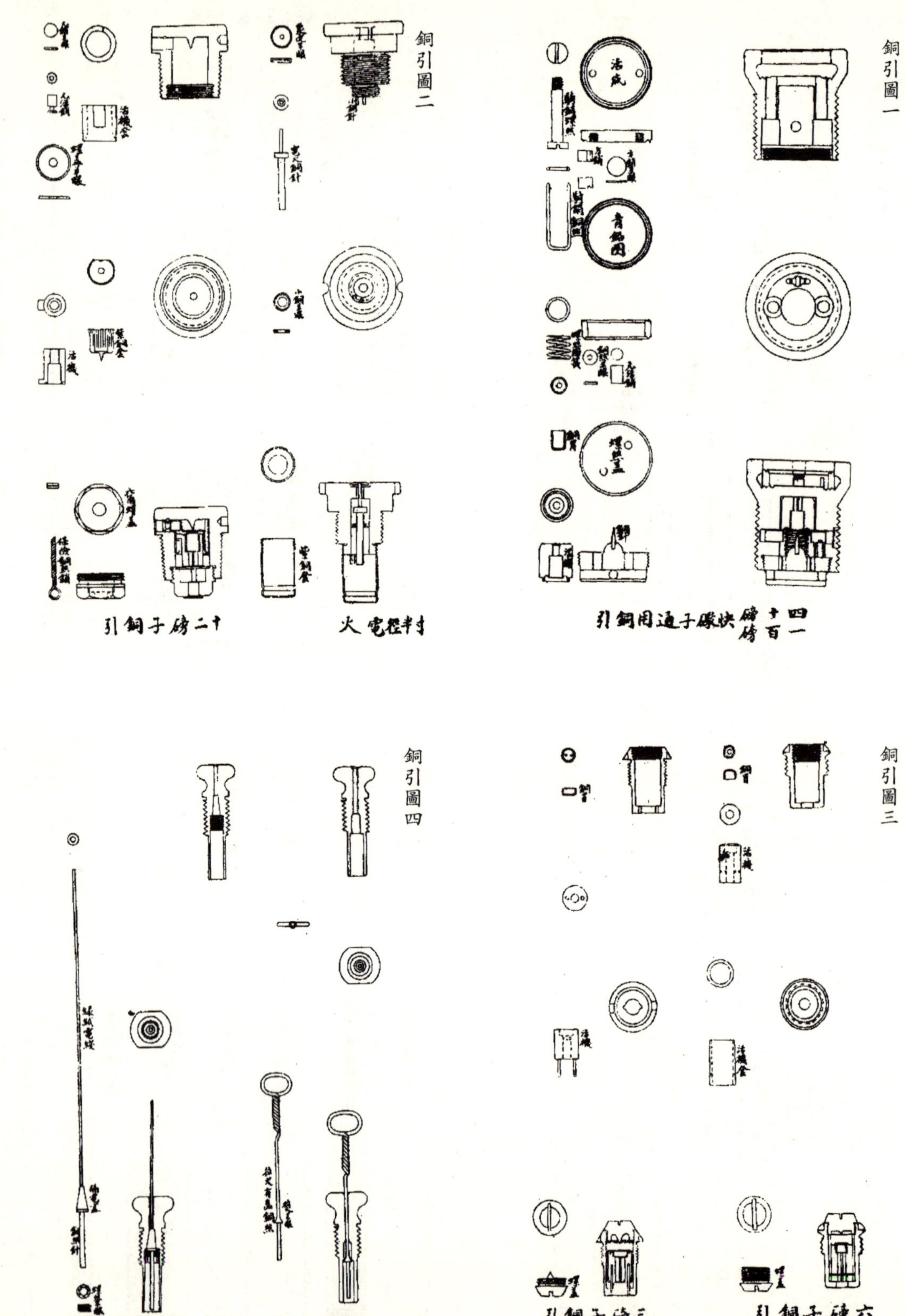
銅引圖二
十二磅子銅引
銅引圖一
一百四十磅快礮子通用銅引
銅引圖四
綠線電火
銅螺絲拉火
銅引圖三
三磅子銅引
六磅子銅引

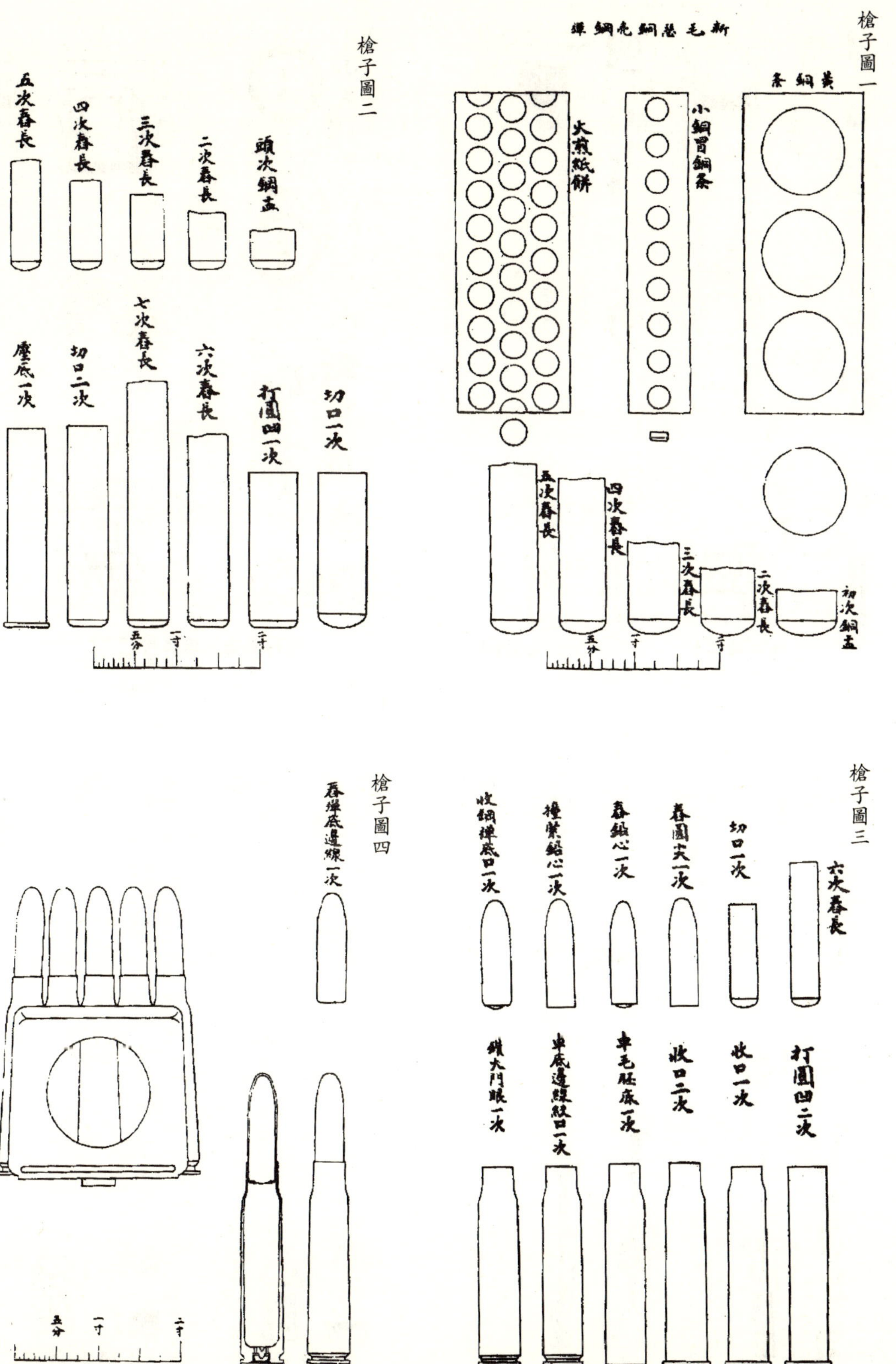
槍子圖一
黃銅條
五次舂長
四次舂長
三次舂長
二次舂長
初次銅盂
五分
一寸
二寸
槍子圖二
五次舂長
四次舂長
三次舂長
二次舂長
頭次銅盂
壓底一次
切口二次
七次舂長
六次舂長
打圓凹一次
切口一次
五分
一寸
二寸
槍子圖三
收銅彈底口一次
撞緊鉛心一次
舂鉛心一次
舂圓尖一次
切口一次
六次舂長
鑽火門眼一次
車底邊線紋口一次
車毛胚底一次
收口二次
收口一次
打圓凹二次
五分
一寸
二寸
槍子圖四
舂彈底邊線一次
五分
一寸
二寸

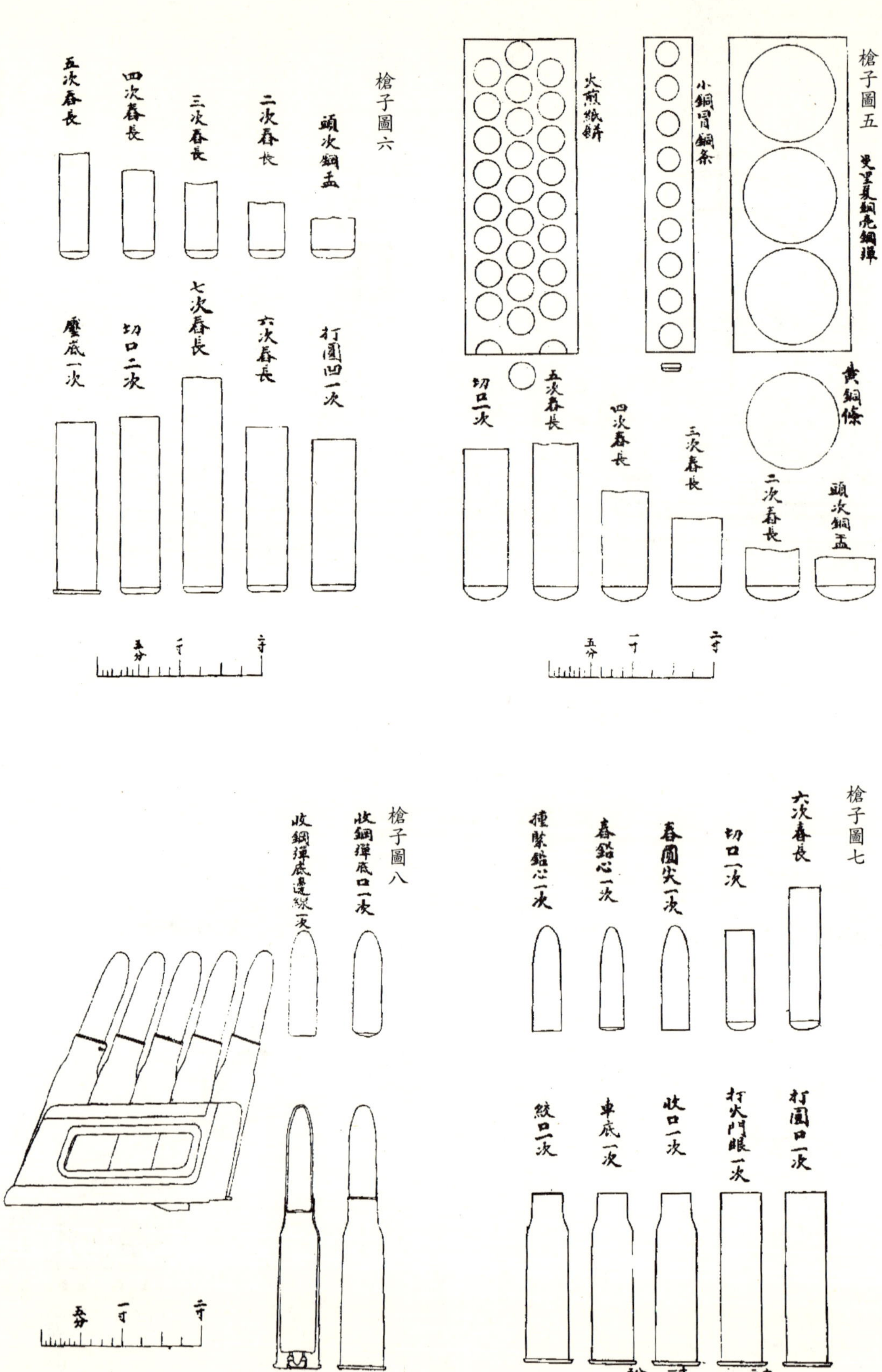
槍子圖五
黄銅條
小銅冒銅条
切口一次
五次舂長
四次舂長
三次舂長
二次舂長
頭次銅盂
五分
一寸
二寸
槍子圖六
頭次銅盂
二次舂長
三次舂長
四次舂長
五次舂長
打圓口一次
六次舂長
七次舂長
切口二次
壓底一次
五分
一寸
二寸
槍子圖七
六次舂長
切口一次
舂圓尖一次
舂鉛心一次
揰緊鉛心一次
打圓口一次
打火門眼一次
收口一次
車底一次
絞口一次
五分
一寸
二寸
槍子圖八
收鋼彈底口一次
收鋼彈底邊緣一次
五分
一寸
二寸

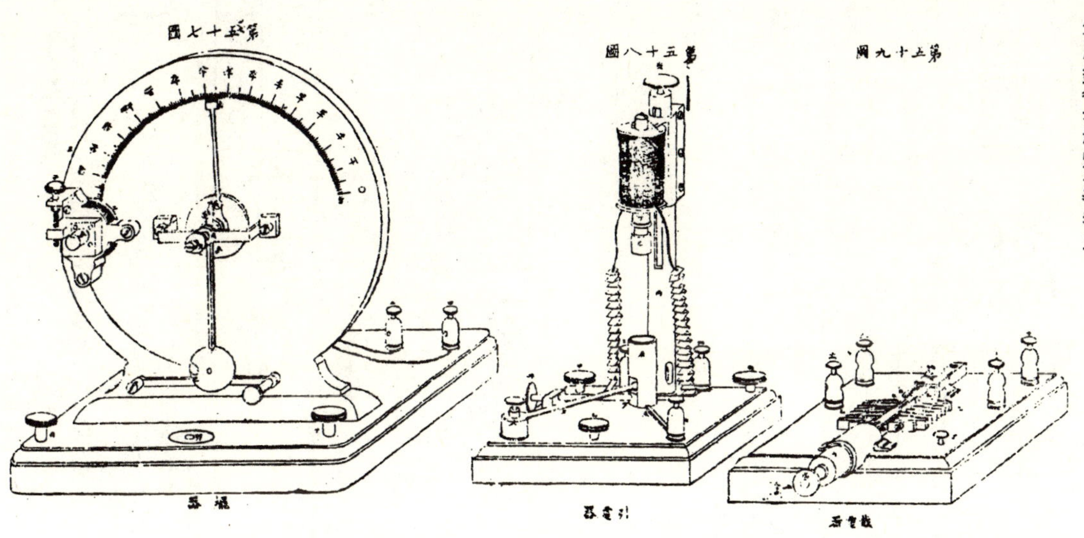
第五十七圖
擺器
第五十八圖
引電器
第五十九圖
截電器

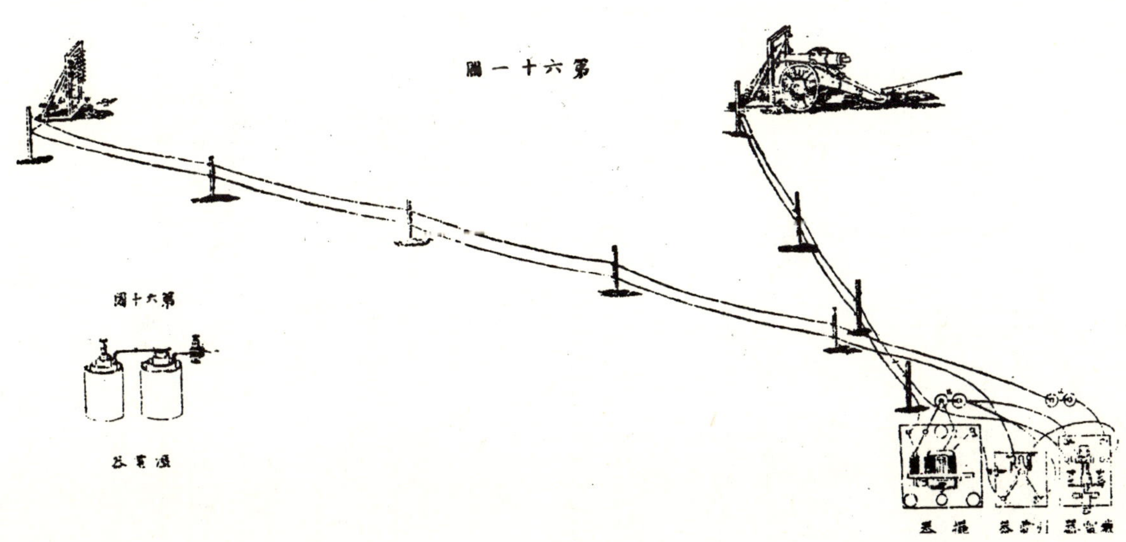
第六十一圖
第六十圖
濕電器
擺器
引電器
截電器

上下機相離時

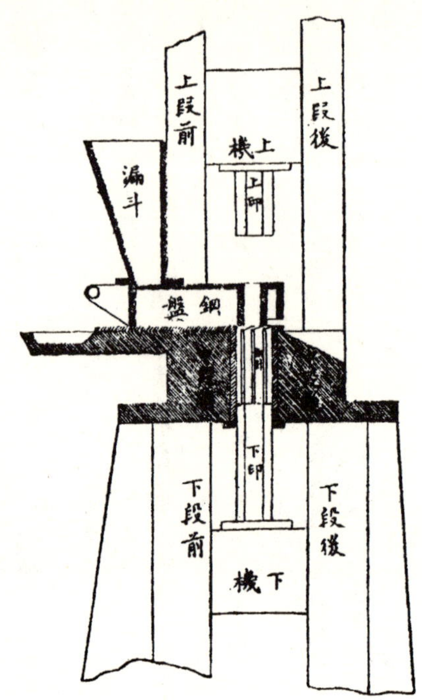

鞴力最大時

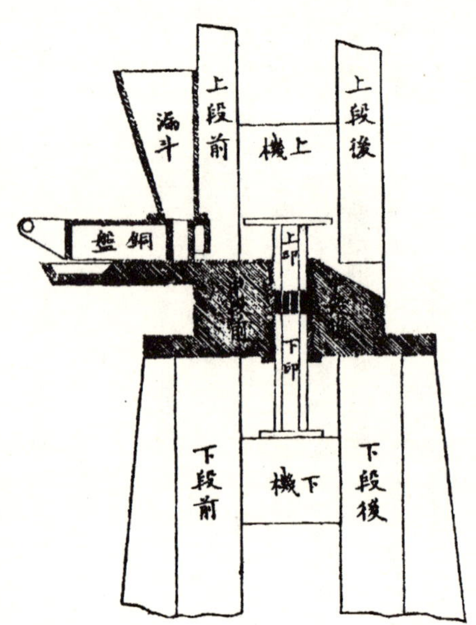

搖軸前面　搖軸旁面

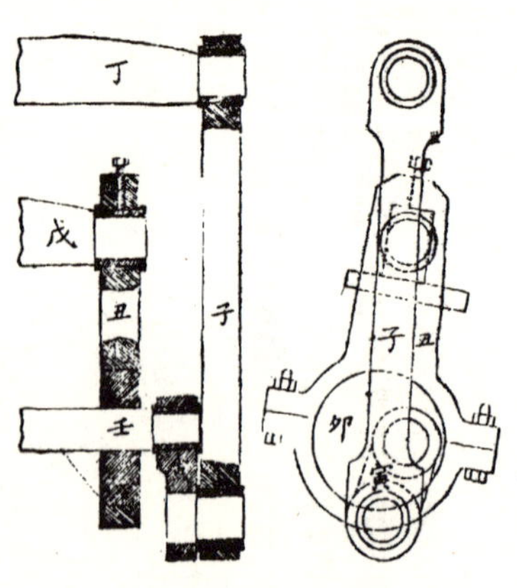

甲上段　乙中段　丙下段　丁上機　戊下機　巳上印　庚下印

辛鋼鋮　壬齒輪軸桿　子大搖桿　丑小搖桿　寅大兩心軸　卯小兩心軸

全鞴架前面　全鞴架旁面

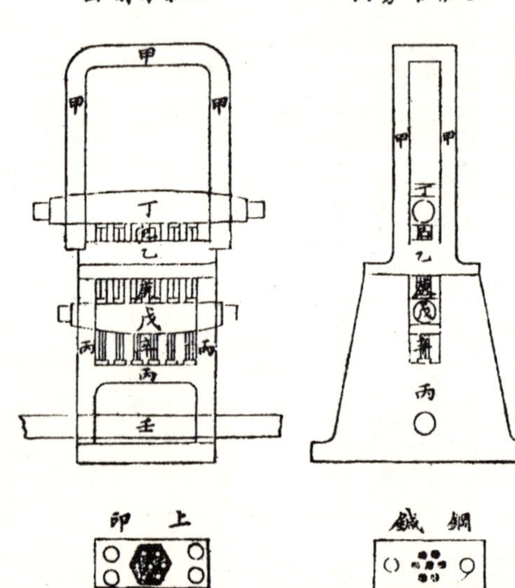

上印

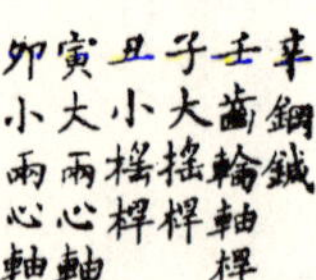

鋼鋮

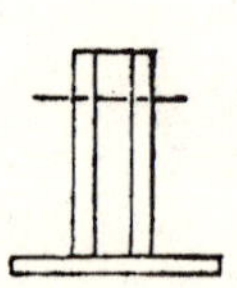

藝文

陳澧《東塾遺詩・砲子謡二首》

礮子來，打羊城，城裏城外皆礮聲。礮聲一響子到地，打牆牆穿打瓦碎。輕者受傷重者斃。老夫中夜起長歎。尋思礮子何由至？礮子之來自外洋，外洋人至由通商。通商皆由好洋貨，鐘錶絨羽争輝煌。鐘錶絨羽人人喜，誰知引出大礮子。吁嗟呼。礮子來，君莫哀，中國無人好洋貨，外洋礮子何由來？

請君莫畏大礮子，百礮纔聞幾人死？請君莫畏火箭燒，徹夜纔燒二三里。我所畏者鴉片煙，殺人不計億萬千。君知礮打肢體裂，不知喫煙腸胃皆熬煎。君知火燒破産業，不知買煙費盡囊中錢。嗚呼，太平無事吃鴉片，有事何必怕礮怕火箭？

蔡薰清《挹甕齋詩草》卷一　《黑貨》快蟹走何私？所走重黑貨。閩粤呼鴉片爲黑貨。黑貨初來時，鬼子無善價。番舶抵澳門，交易我資借。生心有奸民，壟斷搆精舍。千門萬户開，深邃迷樓亞。貧者効奔走，富者自高卧。苞苴官弁收，財物胥吏詐。我實操利權，夷亦無可奈。自從阮制軍，焚巢罪無赦。詎意失兔窟，夷反難驅駕。峨峨夾板船，黑貨盈四座。寄泊零丁洋，遠隔萬山垻。波浪大如山，盛氣不相下。官兵誰敢問，火礮森排架。由來利所在，雖死民不怕。因之製快蟹，涉險偷迎迓。利讓夷人專，禍延直省大。走私亦走公，桶敗箍全破。快蟹作津梁，陋規成正課。除弊轉生弊，觸目增歎詫。

又　卷二　《澳門航海》　長風吹短鬢，萬里渡滄溟。客子歌聲壯，魚龍水底聽。潮來天地白，雲散島門青。何處馳番舶，遥看僅一星。

快意無過是，淩虚欲到天。何須求大藥，即此便神仙。憶昨翻鯨浪，甲午，紅毛夷兵船闖入虎門。連番滌蜃涎。不知當事者，胡以善安邊。

《陳將軍義馬歌》英夷犯順，陳副戎連陞殉節，虎門所乘馬不食夷粟，自投海曲。澳門民人救歸，馬始怗服，歌以誌之。君不見姚興青獅同盡節，又不見再遇黑駿隨殉烈。英雄名馬不虚生，時危均灑一腔血。即今復得陳副戎，禦夷身當礮火紅。戰死馬落夷手中，馬忿不受夷牢籠。淚弗食粟，人立舞足。逆酋被齕，蠻奴蜎縮。一躍數丈投海曲，投海曲，驚海神，馬識節義古罕聞。火急捧出真麒麟，從此洗滌夷垢氛。嗚呼！馬性人性原相殊，難得馬亦能捐軀。將軍報國固人傑，馬報將軍馬丈夫。

雜録

方以智《物理小識》卷八《器用類》　洋舫　萬歷甲申七月，紅毛艘渡閩求市。沈士弘將軍遣之去。其人長身，紅髮，深目藍睛，高鼻，赤足帶劍，走舟上若飛，登岸不能疾行。舟長二十餘丈，雙底，木厚二尺，外瀝青錮之。桅三接，其帆用布。一桅竪樹，其二桅以候風之恬猛爲升降。中横一杆，桅上有斗，容四十人。繫繩若梯，上下瞭遠。下列發貢銃，前用木照，後用柁。黑鬼善没爲之使此，李衷一所記也。利瑪竇言船三等，小者舟腹自上達下僅留一孔，四圍點水不漏，下填以石。風濤起時，惟操舟者縛身檣桅，一日行千里。中者容數百人，大者上下八層，桅長十四丈，有舶師、曆師，將卒客商千人，江船用鐵毛。洋舫用木矴，多則獨鹿木，其縫以椰索貫，而瀝青石腦油塗之。

洋船釘　海鹹爛鐵，且妨磁巾，故用鐵力木碇桄榔篾簩竹作釘，今以蛇皮内膏浸釘，釘船則不妨。

鄭光祖《一斑録・雜述六》　火力甚大　火力猛狠不獨鎗砲然也。人家失火，延燒箱櫃，火氣穿突，遠至四五丈，俗稱火銃。若房户門窗内閉，火氣中膨，人從外推之不能啓。勉力得啓，火隨氣出，人爲之傷。故西洋船製機軸如風車格式，拘火力使旋，軸頭外出，船腰裝輪棹。水船行甚捷，同踏車船。

陳文輔《都憲汪公遺愛祠記》《〔嘉慶〕新安縣誌》卷二三《藝文志》　海多倭寇，且通諸番。瀕海之患，莫東莞爲最，海之關隘，實在屯門澳口，而南頭則切近之。成化三十三年占城、古來來奔，邊釁遂開，而番舶相繼擾攘。近於正德改元，忽有不隸貢數號爲佛郎機者，與諸狡猾湊雜屯門、葵湧等處海澳，設立營寨，大造火銃，爲攻戰具。佔據海島，殺人搶船，勢甚猖獗。虎視海隅，志在吞並。

引用書目

引用書目

書名	作者	年代	版本
關學編	馮從吾	明	續四庫本；中華書局一九八七年點校本，理學叢書
物理小識	方以智	明	四庫本；商務印書館一九三七年，萬有文庫
利瑪竇全集			光哲出版社一九八六年
通雅	方以智	明	四庫本；國家圖書館出版社二〇〇九年，中華再造善本
東西均	方以智	明	中華書局一九六二年點校本
徐光啟全集	徐光啟	明	上海古籍出版社二〇一〇年點校本
天學初函	李之藻	明	上海交通大學出版社二〇一三年點校本
理法器撮要	佚名	明	書林書局
測量法義	利瑪竇	明	上海古籍出版社二〇一一年點校本
泰西水法	熊三拔，徐光啟，李之藻	明	國家圖書館出版社二〇一三年，中華再造善本
玉麈新譚	鄭仲夔	明	萬曆十五年伏生草堂刻本
乾坤體義	利瑪竇	明	四庫本；學識齋古籍刊本
圜容較義	利瑪竇	明	四庫本；中華書局一九九一年
寰有詮	李之藻	明	崇禎元年伏生草堂刻靈竺玄棲本
簡平儀說	熊三拔	明	商務印書館一九三六年，叢書集成初編本
同文算指	利瑪竇授，李之藻演	明	商務印書館一九三六年
火攻挈要	湯若望，焦勖	明	續四庫本；中華書局一九八五年，叢書集成初編本；商務印書館一九三六年，叢書集成初編本
西法神機	孫元化	明	中國歷代兵書，商務印書館一九九六年，中國文化知識叢書
明末天主教三柱石文箋注	徐光啟、李之藻、楊廷筠	明	道風書社二〇〇七年
赤道南北兩總星圖	徐光啟、李之藻、楊廷筠	明	中國第一歷史檔案館藏崇禎七年刻本
徐光啟全集			明文書局一九八六年
帝京景物略	劉侗，于奕正	明	上海古籍出版社二〇〇一年
海防檔機器局	馮焌光	清	臺灣銀行經濟研究室臺灣文獻館一九八二年點校本，臺灣歷史文獻叢刊
海國圖志	魏源	清	嶽麓書社二〇一一年點校本

聖武記	魏源	清	續四庫本；中華書局一九八四年點校本
校邠廬抗議	馮桂芬	清	續四庫本；上海書店出版社二〇〇二年，上海社會科學院出版社二〇一五年
曆學會通	薛鳳祚	清	山東大學出版社二〇一一年，山東文獻集成
海島逸誌	王大海	清	學津書店出版社一九九二年點校本，海外華人歷史珍本文獻
廣東通志	阮元	清	續四庫本；上海古籍出版社一九九〇年點校本
道光朝籌辦夷務始末	奕山	清	中華書局一九六四年點校本
歸田瑣記	梁章鉅	清	續四庫本；中華書局一九八一年，清代史料筆記叢刊
浪跡叢談	梁章鉅	清	續四庫本；中華書局一九八一年，清代史料筆記叢刊
豸華堂文鈔	金應麟	清	上海古籍出版社二〇一〇年，清代詩文集彙編
庸閑齋筆記	陳其元	清	河北教育出版社一九九六年點校本
西洋雜誌	黎庶昌	清	光緒二十六年刊本
江南製造局記	魏允恭	清	光緒三十一年刊本
啟禎野乘	鄒漪	清	康熙十八年金閶存仁堂素政堂刻本
王徵遺著	張炳璿	清	陝西人民出版社一九八七年點校本
寶田堂王氏家乘	王介	清	
罪惟録	查繼佐	清	續四庫本；浙江古籍出版社二〇一二年點校本；齊魯書社二〇一四年點校本
翁山文鈔	屈大均	清	康熙年間刻本
明史稿	萬斯同	清	國家圖書館出版社二〇一三年，中華再造善本
清史稿	趙爾巽	清	續四庫本；中華書局一九七七年點校本
陸地戰例新選	陳蘭彬	清	光緒九年總理衙門鉛印本
飲冰室合集	梁啟超	清	中華書局一九八九年
康有爲全集	康有爲	清	上海古籍出版社一九九二年點校本
增版東西學書録	徐維則	清	光緒二十八年石印本
譯書經眼録	顧燮光	清	民國年間石印本
西學書目答問	趙惟熙	清	光緒二十七年刻本
晚清西學書目			中央研究院近代史研究所二〇一二年點校本

書名	作者	朝代	版本
廣陽雜記	劉獻廷	清	續四庫本；中華書局二〇一六年點校本，清代史料筆記叢刊
同治朝籌辦夷務始末	清穆宗	清	續四庫本；中華書局二〇〇八年點校本
正教奉褒	黄伯禄	清	光緒三十年上海慈母堂本
江南製造局記	魏允恭	清	光緒三十一年文寶書局石印本
皇朝禮器圖式	允祿、蔣溥等	清	吉林人民出版社二〇〇五年，欽定四庫全書薈要
兵船炮法	金楷理，朱恩錫	清	新輯各國政治藝學分類全書，光緒年間石印本
餅藥造法附圖	金楷理、李鳳苞	清	新輯各國政治藝學分類全書，光緒年間石印本
東塾遺詩	陳澧	清	崇文書店一九七二年，廣東文獻專輯
挹甕齋詩草	蔡蕙清	清	柳堂師友詩録初編本
一斑録	鄭光祖	清	續四庫本；中國書店一九九〇年點校本，海王村古籍叢刊
康熙新安縣誌校注	舒懋官	清	中國大百科全書出版社二〇〇六年點校本
龍定庵全集	龔自珍	清	新陆書局一九六三年
柏梘山房詩文集	梅曾亮	清	上海古籍出版社二〇〇五年點校本，中國近代文學叢書
化學考質	富裡西尼烏司，傅蘭雅，徐壽	清	光緒年間學識齋古籍刊本
東西學書録	沈桐生	清	光緒二十二年讀有用書齋木刻本
亞泉雜志	杜亞泉	清	
化學當學論	佚名	清	
康熙幾暇格物編	愛新覺羅·玄燁	清	書林書局，通學齋刊本
化學啟蒙	羅斯古，林樂知，鄭昌棪	清	光緒年間學識齋古籍刊本
化學求數	富里西尼烏司，傅蘭雅，徐壽	清	光緒年間學識齋古籍刊本
化學材料中西名目表	傅蘭雅，徐壽	清	臺北新文豐出版公司一九八八年，叢書集成續編
造硫強水法	傅蘭雅，徐壽	清	臺北新文豐出版公司一九八八年，叢書集成續編
格致書院課藝	王韜	清	上海科學技術文獻出版社二〇一五年
化學鑑原	韋而司，傅蘭雅，徐壽	清	臺北新文豐出版公司一九八八年，叢書集成續編
化學鑑原續編	韋而司，傅蘭雅，徐壽	清	臺北新文豐出版公司一九八八年，叢書集成續編
化學補編附卷	傅蘭雅，徐壽	清	臺北新文豐出版公司一九八八年，叢書集成續編

竹葉亭雜記　姚元之　清　中華書局一九八二年點校本，清代史料筆記叢刊
格致總學啓蒙　赫胥黎，艾約瑟　清　光緒戊戌年仿泰西法石印本
製火藥法　利稼孫，華得斯，傅蘭雅，丁樹棠　清　光緒年間學識齋古籍刊本
西學通考　胡兆鸞　清　書林書局，光緒丁酉年長沙刻本
晚清西學書目　佚名　清　中央研究院近代史研究所二〇一二年點校本
格物入門　丁韙良　清　同治七年同文館課本
格致釋器　傅蘭雅　清　同治年間古籍刊本
化學衛生論　傅蘭雅　清
不得已　楊光先　清　續四庫本；黄山書社二〇〇〇年點校本
江南製造總局翻譯西書事略　傅蘭雅　清　同治二十年刻本
弢園文新編　王韜　清　三聯書店一九九八年點校本
明經世文編　李之藻　清　天津古籍出版社一九九二年點校本
西方要紀　利類思，安文思，南懷仁　清　臺北新文豐出版公司一九八八年，叢書集成初編
窮理學存　南懷仁　清　浙江大學出版社二〇一六年點校本
康輶紀行　姚瑩　清　中華書局二〇一四年點校本，清代史料筆記叢刊
漫遊隨録　王韜　清　學識齋古籍刊本
甕牖餘談　王韜　清　商務印書館一九七六年點校本，人人文庫
瀛壖雜誌　王韜　清　上海古籍出版社一九八九年點校本
郭嵩燾日記　郭嵩燾　清　湖南人民出版社一九八一年點校本
郭侍郎奏疏十二卷　郭嵩燾　清　光緒二十八年刻本
近代中國教育史料　清總理衙門　清　上海科學文獻出版社二〇一五年點校本
李文忠公全書　李鴻章　清　金陵初刻本
海防檔　中央研究院近代史研究所　中央研究院近代史研究所一九五七年
西學考略　丁韙良　清　光緒九年同文館聚珍版刻本
張文襄公全集　張之洞　清　中國書店一九九〇年，海王邨古籍叢刊
邵氏危言　邵作舟　清　朝華出版社二〇一八年
適可齋記言　馬建忠　清　中華書局一九六〇年點校本

書名	作者	朝代	版本
時事新論	李提摩太	清	上海廣學會光緒二十年刻本複印
時務報	上海時務館	清	中華書局一九九一年
太傅孫文正公手書遺摺稿	孫家鼐	清	豫章書市宣統元年刊刻本複印
東華續録	王先謙	清	上海古籍出版社二〇〇八年
皇朝經世文編	奕劻	清	國風出版社一九六三年
清代檔案		清	中國第一歷史檔案館館藏複印
愚齋存稿	盛宣懷	清	中國書店一九九六年
選報		清	
月月小説	周樹奎	清	一九八〇年點校本
變法自強奏議彙編			臺灣文海出版社一九六六年點校本，近代中國史料彙編
皇朝經世文新編續集	甘韓	清	文海出版社一九七二年影印本
皇朝經世文四編	何良棟	清	世界書局一九六四年
畏天愛人極論	王徵	清	橄欖出版社二〇一四年點校本
明史	張廷玉等	清	四庫本；中華書局二〇一五年點校本
疇人傳合編校注	阮元	清	續四庫本；中州古籍出版社二〇一二年點校本
清史列傳	佚名	清	中華書局一九八七年點校本
泰西著述考	王韜	清	光緒年間學識齋古籍刊本
中西紀事	夏燮	清	續四庫本；上海古籍出版社二〇〇二年
中國現代出版史料甲編	張静廬	清	中華書局一九五四年
清末民初報刊叢編	林樂知		華文書局一九八二年
晚清四部叢刊	林慶彰		聞聽閣圖書公司二〇一〇年
清代家集叢刊	徐雁平，張剑		国家圖書館出版社二〇一五年
出版與文化政治：晚清的「衛生」書籍研究	張仲民	清	上海書店出版社二〇〇九年
弢園文録外編	王韜	清	中華書局一九五九年點校本；上海書店出版社二〇〇二年點校本
名理探	傅泛際，李之藻	清	商務印書館一九三七年；三聯書店一九五九年
費隱與知録	鄭複光	清	續四庫本；上海科學技術出版社一九八五年，神州科技名著
西學凡	艾儒略	清	明刻天學初函本

鄒徵君遺書	鄒伯奇	清	同治十二年刻本
舒藝室雜著	張文虎	清	大華印書館一九六八年
國粹學報	黄節	清	廣陵書社二〇〇五年
談天	侯失勒約翰等	清	商務印書館一九三〇年，萬有文庫
時務通考	杞廬主人	清	光緒二十三年上海點石齋刊本
南洋官報		清	南洋官報局
中外權衡度量權衡釋義合數表	述廬	清	古籍刊本，通學齋叢書
中西度量權衡表	佚名	清	臺北新文豐出版公司一九八八年，叢書集成初編
明史紀事本末	李有棠	清	四庫本；中華書局二〇一六年點校本
元明事類鈔	姚之駰	清	四庫本；上海古籍出版社一九九三年點校本，四庫筆記小說叢書
靈臺儀象志	南懷仁	清	康熙十三年刻本
庸盦全集	薛福成	清	臺灣華文書局一九七九年版光緒二十四年刊本
續富國策	陳熾	清	光緒年間學識齋古籍刊本，自强齋時務叢書
夷氛聞紀	梁廷枏	清	中華書局一九五九年點校本，歷代史料筆記叢刊
壽愷堂集	周家禄	清	上海古籍出版社二〇一〇年，清代詩文集彙編
論中國宜求爲工業國	佚名	清	國立故宫博物院一九八二年
冶金録	阿發滿等	清	江南製造總局古籍刊本
地學淺釋	雷俠兒等	清	光緒年間學識齋古籍刊本
金石識別	代那等	清	光緒年間學識齋古籍刊本
乘查筆記	馮焌光	清	光緒七年刊本
初使泰西記	馮焌光	清	光緒十二年課本
小方壺齋輿地叢鈔	張德彝	清	遼海出版社二〇〇五年點校本
染政萃編	袁俊德	清	光緒年間古籍刊本
西學課程彙編	出洋肄業局	清	光緒年間古籍刊本，自强齋時務叢書
鍊鋼要言	徐家寶	清	光緒年間學識齋古籍刊本
鎔金類罐	佚名	清	光緒年間古籍刊本
西方要紀	心齋居士	清	臺北新文豐出版公司一九八八年，叢書集成初編
左文襄公全集	左宗棠	清	光緒十六年左文襄公全集刻本
銀礦指南	亞倫等	清	清末幾道古籍書店石印插圖本

書名	作者	朝代	版本
農務報		清	
製油燭法	林樂知，鄭昌棪	清	光緒年間古籍刊本
銅刻小記	王肇鋐	清	光緒十五年鄉音室刻本
海國圖志	魏源	清	嶽麓書社二〇一一年點校本
廣東通志	阮元	清	上海古籍出版社二〇一一年
揅經室續集	阮元	清	商務印書館一九三七年，叢書集成續編
柚村文	湯彝	清	道光三十年刊本
因寄軒文初集	管同	清	道光十三年伏生草堂刊管氏刻本
粵海關志	梁廷枬	清	廣東人民出版社二〇〇二年點校本
王之春集	王之春	清	嶽麓書社二〇一〇年點校本，湖湘文庫
農學	李提摩太，鑄鐵生	清	[光緒]黄岡陶舫溪精刻本
遠西奇器圖説録最	鄧玉函，王徵	清	國家圖書館出版社二〇〇九年，中華再造善本
重學淺説	偉烈亞力，王韜	清	光緒年間古籍刊本
重學圖説	傅蘭雅	清	光緒年間古籍刊本
西藝通考	袁清舫，晏海瀾	清	幾道古籍書店古籍刊本
新製靈臺儀象志	南懷仁	清	光緒年間學識齋古籍刊本
數理精蘊	康熙	清	商務印書館一九三七年，萬有文庫
增删演算法統宗	梅瑴成	清	上海廣益書局一九一四年
重學	艾約瑟等	清	光緒年間古籍刊本
九數外録	顧觀光	清	光緒年間學識齋古籍刊本
曆算全書	梅文鼎	清	咸豐九年青珊瑚館刊本
齊家西學	高一志	清	鳳凰出版社二〇一三年，明清之際西方傳教士漢籍叢刊
水學圖説	傅蘭雅	清	光緒年間學識齋古籍刊本
物理學語彙	王季烈	清	商務印書館一九〇八年
天文揭要	赫士，周文源	清	光緒年間學識齋刊登郡文會館華美書館刊本
自鳴鐘錶圖説	徐朝俊	清	嘉慶年間萬叢書店木刻本
茶餘客話	阮葵生	清	商務印書館一九三六年
簷曝雜記	趙翼	清	中華書局一九八二年點校本，清代史料筆記叢刊
揅經室三集	阮元	清	[道光]三年文選樓刻本
浪跡續談	梁章鉅	清	續四庫本；福建人民出版社一九八三年點校本

新製諸器圖說　王徵　清　商務印書館一九三六年，叢書集成初編，中華書局二〇一六年點校本

桐橋倚棹録　顧禄　清　中華書局二〇〇八年點校本，清代史料筆記叢刊

中西普通書目表　黄慶澄　清　光緒二十四年算學報館刻本

申報館書目　申報館　清

富强齋叢書正全集　袁俊德　清　光緒年間古籍刊本

富强齋叢書續全集　袁俊德　清　光緒年間古籍刊本

新輯各國政治藝學全書　佚名　清　光緒年間古籍刊本

天問略　陽瑪諾　清　中華書局一九八五年

空際格致　高一志　清　上海聚珍倣宋印書局鈔本

遠鏡説　王雲五　清　中華書局一九八五年，叢書集成初編

新曆曉或　湯若望　清　道光十三年刊本

新法表異　湯若望　清　光緒年間古籍刊本，昭代叢書

渾蓋通憲圖説　王雲五　清　商務印書館一九三六年，叢書集成初編

宣西通　許桂林　清　光緒年間古籍刊本

天文啟蒙　佚名　清　光緒戊戌年雉水閣倣泰西法石印本

天文須知　佚名　清　光緒年間古籍刊本，新輯各國政治藝學全書

幾何原本　歐幾里得　清　國家圖書館出版社二〇一二年，中華再造善本

幾何論約　杜知耕　清　四庫本；光緒年間古籍刊本

視學　年希堯　清　雍正七年刻本

里堂學算記　焦循　清　嘉慶四年刻本

夏氏算學四種　鄒伯奇　清　南京古舊書店藏古籍刊本

徐氏算學三種　鄒伯奇　清　南京古舊書店藏古籍刊本

鑄炮鐵模圖説　龔振麟　清　道光二十七年刻本

火器説略　黄達權，王韜　清　解放軍出版社一九九三年，中國兵書集成

火器真訣　李善蘭　清　光緒十八年刻本

兵學新書　徐建寅　清　續四庫本；上海古籍出版社一九九五年，續修四庫全書

鏡鏡詅癡　鄭復光　清　商務印書館一九三六年，叢書集成初編；　中華書局一九八五年

光論　張福僖　清　中華書局一九八五年

書名	作者	朝代	版本
光學	田大理	清	光緒年間古籍刊本
光學揭要	赫士	清	光緒年間古籍刊本，新輯各國政治藝學全書
電學須知	傅蘭雅，林樂知	清	光緒年間古籍刊本，新輯各國政治藝學全書
聲學揭要	赫士	清	光緒年間古籍刊本，新輯各國政治藝學全書
畫形圖說	袁俊德	清	光緒年間古籍刊本
同度記	佚名	清	光緒年間古籍刊本，古今算學叢書第三
禦風要術	白爾特等	清	光緒年間古籍刊本
農學初級	旦爾恒理	清	光緒年間古籍刊本
農務化學簡法	固來納等	清	光緒年間古籍刊本
農學新法	李提摩太	清	[光緒]武昌質學會刻本
桑政萃編	佚名	清	光緒年間古籍刊本
內科理法前編	虎伯等	清	光緒年間古籍刊本
西藥大成藥品中西名目表	江南製造總局	清	光緒年間古籍刊本
繪圖礦學考	佚名	清	光緒年間古籍刊本，新輯各國政治藝學全書
鍊石編	佚名	清	
火戲略	趙學敏	清	[道光]吳江沈氏世楷堂藏板刻本，昭代叢書別集
琉璃志	孫廷銓	清	[道光]吳江沈氏世楷堂藏板刻本，昭代叢書續集
兵船汽機	息尼德等	清	光緒年間古籍刊本
機動圖說	袁俊德	清	光緒年間古籍刊本
汽機中西名目表	袁俊德	清	光緒年間古籍刊本
鐵路紀要	柯理等	清	光緒年間古籍刊本
工程致富論略	瑪體生等	清	光緒年間古籍刊本
考工記要	瑪體生等	清	光緒年間古籍刊本
地學淺釋	雷俠兒等	清	光緒年間古籍刊本
地學指略	文教治	清	光緒七年刻本
東西洋考	張燮	清	中華書局一九八一年
地球說	褘理哲	清	咸豐十年刊刻本
地球圖說	周春等	清	商務印書館一九三七年
坤輿萬國全圖	佚名	清	上海交通大學出版社二〇一七年點校本，坤輿萬國全圖

解密

坤輿圖説	南懷仁	清	商務印書館一九三六年，叢書集成初編
瀛環志略	徐繼畬	清	山西古籍出版社二〇〇四年
海國紀聞	李明農	清	道光二十四年博路書店刊本
職方外紀	艾儒略	清	商務印書館一九三六年，叢書集成初編
格致古微	王仁俊	清	[光緒]黄岡陶惺庭精刻本
格物中法	劉嶽雲	清	河南教育出版社一九九五年，中國科學技術典籍通匯
日本國志	黄遵憲	清	光緒二十四年博路書店重刊浙江書局本
西學啟蒙	艾約瑟等	清	光緒二十四年書林書局刊本
格致彙編	傅蘭雅	清	鳳凰出版社二〇一六年
西學圖説	王韜譯	清	馬睿古舊書店[光緒]己醜秋淞隱廬遯叟刊刻本，西學輯存六種
西學原始考	王韜譯	清	馬睿古舊書店[光緒]己醜秋淞隱廬遯叟刊刻本，西學輯存六種
德國學校論略	甘鵬雲	清	光緒年間書林書局刊刻武昌質學會本
日本學校紀略	張大鏞	清	光緒二十五年博路書店刊刻浙江書局本
肄業要覽	史本守	清	幾道古籍書店[光緒]黄岡陶舫溪精刻本
嚴復全集	嚴復	清	福建教育出版社二〇一四年點校本
西學課程	沈敦和	清	光緒年間古籍刊本，自强齋時務叢書
東西洋考每月統記傳	愛漢者等	清	中華書局一九九七年
遐邇貫珍	松浦章	清	上海辭書出版社二〇〇五年
六合叢談	沈國威	清	上海辭書出版社二〇〇六年
格致益聞匯報	李杕	清	
續富國策	陳熾	清	光緒年間古籍刊本，自强齋時務叢書
農務化學問答	仲斯敦等	清	光緒年間古籍刊本
色相留真	傅蘭雅	清	光緒年間古籍刊本
垸髹致美	傅蘭雅	清	光緒年間古籍刊本
造玻璃法	傅蘭雅	清	光緒年間學識齋古籍刊本
內科理法	虎伯等	清	光緒年間古籍刊本
開地道轟藥法	傅蘭雅	清	光緒年間古籍刊本
杜亞泉文選	杜亞泉	清	華東師範大學出版社一九九三年

書名	作者	朝代	版本
農學初級	范熙庸	清	光緒年間古籍刊本
驗糖簡易方	藤田豐八	清	幾道古籍書店刊時務報
繪圖礦學考	佚名	清	光緒年間古籍刊本，新輯各國政治藝學全書
主制羣徵	湯若望	清	光緒年間學識齋古籍刊本
地震解	龍華民	清	上海聚珍倣宋印書局古籍刊本
訓蒙捷徑	黃慶澄	清	光緒年間古籍刊本
汽機必以	蒲而捺	清	光緒年間學識齋古籍刊本
汽機發軔	美以納白勞那	清	光緒年間古籍刊本
重論文齋筆録	王端履	清	廣陵古籍刻印社一九八三年點校本，筆記小説大觀
熙朝定案	南懷仁	清	中華書局二〇〇六年點校本
曾文正公家書	曾國藩	清	團結出版社二〇一四年點校本
明清之際西學文本		清	中華書局二〇一三年
博物新編	合信	清	咸豐五年刊本
性學觕述	艾儒略	清	徐家滙耶穌會文學院館藏古籍刊本
聲學	田大裏	清	江南機械製造局刊本
日知録	顧炎武	清	商務印書館一九三三年，國學基本叢書
格術補	鄒伯奇	清	書林書局，長沙丁氏古荷花池精舍刊本
測食	湯若望	清	海南出版社二〇〇〇年，西洋新法曆書，故宮珍本叢刊；國家圖書館出版社二〇一二年，中華再造善本
鏡史	孫雲球	清	康熙十九年刻本
虞初新志	戴榕	清	河北人民出版社一九八五年點校本；大達圖書供應社一九三五年點校本
啟禎野乘	鄒漪	清	崇禎十七年學識齋刊柳圍草堂刻清康熙五年重修
方洲雜言	張甯	清	中華書局一九八五年，叢書集成初編
七修類稿	朗瑛	清	中華書局一九六一年
海國四説：粵道貢國説	梁廷枏	清	中華書局一九五七年點校本，清代史料筆記叢刊
廣陽雜記	劉獻廷	清	中華書局一九九四年點校本，清代史料筆記叢刊
茶餘客話	阮葵生	清	續四庫本；商務印書館一九三六年，叢書集成初編本
格致鏡原	陳元龍	清	江苏广陵古籍刻印社一九八九年影印本
遠鏡圖説	湯若望	清	商務印書館一九八五年，叢書集成初編

視學諸器圖説	金楷理，趙元益	清	光緒年間古籍刊本
十二樓	李漁	清	中華書局二〇〇四年
玉池生稿	蘊端	清	天津古籍出版社一九九〇年影印本
蓮坡詩話	查為仁	清	商務印書館一九八五年，叢書集成初編
御製詩初集	乾隆	清	吉林出版社二〇〇五年
番禺潘氏詩略	潘有度	清	國家圖書館出版社二〇一五年，中華再造善本
研經室集	阮元	清	中華書局一九九三年，中國歷史文集叢刊
碧城仙館詩鈔	陳文述	清	道光丁亥年刻本
池北偶談	王士禎	清	四庫本；中華書局一九八二年，古代史料筆記叢刊；學苑出版社一九九九年，歷代筆記小説小品叢刊
竹葉亭雜記	姚元之	清	中華書局一九八二年，清代史料筆記叢刊
電學	瑙挨德	清	光緒年間江南製造局
電學綱目	田大里	清	光緒年間江南製造局
鐵船針向	傅蘭雅，徐壽	清	光緒年間古籍刊本
各國電報考	佚名	清	光緒年間古籍刊本
電學圖説	傅蘭雅	清	光緒年間古籍刊本
清稗類鈔	徐珂	清	續四庫本；中華書局二〇一〇年點校本

U0910623